美国史 I

American History
A Survey

Alan Brinkley

（第13版）

[美] 艾伦·布林克利 —— 著

陈志杰　杨天旻　王辉　等 —— 译

北京大学出版社
PEKING UNIVERSITY PRESS

著作权合同登记号　图字：01-2013-5797

图书在版编目（CIP）数据

美国史：第 13 版：全三册 /（美）艾伦·布林克利（Alan Brinkley）著；陈志杰等译. —北京：北京大学出版社，2019.1
（世界史图书馆）
ISBN 978-7-301-27821-5

Ⅰ.①美… Ⅱ.①艾… ②陈… Ⅲ.①美国—历史 Ⅳ.①K712

中国版本图书馆CIP数据核字（2016）第294520号

Alan Brinkley
American History: A Survey, Thirteenth Edition
ISBN: 978-0-07-338549-5
Copyright © 2009 by McGraw-Hill Education.
All Rights reserved. No part of this publication may be reproduced or transmitted in any form or by any means, electronic or mechanical, including without limitation photocopying, recording, taping, or any database, information or retrieval system, without the prior written permission of the publisher.
This authorized Chinese translation edition is jointly published by McGraw-Hill Education and Peking University Press. This edition is authorized for sale in the People's Republic of China only, excluding Hong Kong, Macao SAR and Taiwan.
Copyright © 2018 by McGraw-Hill Education and Peking University Press.

版权所有。未经出版人事先书面许可，对本出版物的任何部分不得以任何方式或途径复制或传播，包括但不限于复印、录ına、录音，或通过任何数据库、信息或可检索的系统。
本授权中文简体字翻译版由麦格劳－希尔（亚洲）教育出版公司和北京大学出版社合作出版。此版本经授权仅限在中华人民共和国境内（不包括香港特别行政区、澳门特别行政区和台湾地区）销售。
版权 ©2018 由麦格劳－希尔（亚洲）教育出版公司与北京大学出版社所有。
本书封面贴有 McGraw-Hill Education 公司防伪标签，无标签者不得销售。

书　　　　名	美国史（第13版）
	MEIGUO SHI（DI SHISAN BAN）
著作责任者	〔美〕艾伦·布林克利（Alan Brinkley）著　陈志杰等　译
责 任 编 辑	李学宜
标 准 书 号	ISBN 978-7-301-27821-5
出 版 发 行	北京大学出版社
地　　　　址	北京市海淀区成府路205号　100871
网　　　　址	http://www.pup.cn　新浪微博：@北京大学出版社
电 子 邮 箱	编辑部 wsz@pup.cn　总编室 zpup@pup.cn
电　　　　话	邮购部 010-62752015　发行部 010-62750672　编辑部 010-62752025
印 刷 者	天津中印联印务有限公司
经 销 者	新华书店
	720毫米×1020毫米　16开本　94印张　1610千字
	2019年1月第1版　2024年10月第4次印刷
定　　　　价	268.00元（全三册）

未经许可，不得以任何方式复制或抄袭本书之部分或全部内容。
版权所有，侵权必究
举报电话：010-62752024　电子信箱：fd@pup.pku.edu.cn
图书如有印装质量问题，请与出版部联系，电话：010-62756370

本书得到教育部哲学社会科学研究后期资助项目资助
（项目号：16JHQ037）

总目录
CONTENTS

■ 中文版导言（李剑鸣）………………………………………………… 1

■ 前　言 ………………………………………………………………… 7

■ 第13版说明 …………………………………………………………… 9

■ 第一册

第1章　文化的碰撞 …………………………………………………… 15

第2章　移民与边疆 …………………………………………………… 61

第3章　美洲殖民地的社会与文化 …………………………………… 109

第4章　过渡中的帝国 ………………………………………………… 159

第5章　美国独立战争 ………………………………………………… 197

第6章　宪法与新共和国 ……………………………………………… 241

第7章　杰斐逊时期 …………………………………………………… 275

第8章　美国国家主义的多样性 ……………………………………… 323

第9章　杰克逊时代的美国 …………………………………………… 349

第10章　美国经济革命 ………………………………………………… 389

第11章　棉花、奴隶制和旧南方 ……………………………………… 439

第12章　战前美国文化与改革 ………………………………………… 473

第二册

第 13 章　迫在眉睫的危机 …………………………………………… 511

第 14 章　内　　战 …………………………………………………… 553

第 15 章　战后重建与新南方 ………………………………………… 607

第 16 章　征服西部边疆 ……………………………………………… 657

第 17 章　工业强国 …………………………………………………… 705

第 18 章　城市的时代 ………………………………………………… 743

第 19 章　从危机到帝国 ……………………………………………… 787

第 20 章　进步主义 …………………………………………………… 841

第 21 章　美国和世界大战 …………………………………………… 887

第 22 章　新时期 ……………………………………………………… 931

第 23 章　大萧条 ……………………………………………………… 967

第 24 章　新　　政 …………………………………………………… 1001

第三册

第 25 章　全球危机，1921—1941 …………………………………… 1037

第 26 章　世界大战中的美国 ………………………………………… 1067

第 27 章　冷　战 ……………………………………………………… 1107

第 28 章　富裕社会 …………………………………………………… 1139

第 29 章　民权、越南和自由主义的考验 …………………………… 1181

第 30 章　权威的危机 ………………………………………………… 1225

第 31 章　从"有限时代"到里根时代 ……………………………… 1271

第 32 章　全球化时代 ………………………………………………… 1303

附　录 ………………………………………………………………… 1347

翻译后记 ……………………………………………………………… 1453

目 录
CONTENTS

■ 中文版导言（李剑鸣） ………………………………………………… 1

■ 前　言 …………………………………………………………………… 7

■ 第 13 版说明 …………………………………………………………… 9

■ 第一册

第 1 章　文化的碰撞 …………………………………………………… 15
　　一、哥伦布到达之前的美洲 ……………………………………… 17
　　二、欧洲西望 ………………………………………………………… 28
　　三、英国人的到来 …………………………………………………… 48
　　小　结 …………………………………………………………………… 58

第 2 章　移民与边疆 …………………………………………………… 61
　　一、早期切萨皮克 …………………………………………………… 63
　　二、新英格兰的成长 ………………………………………………… 73
　　三、复辟时期的殖民地 ……………………………………………… 85
　　四、边陲与中间地带 ………………………………………………… 92
　　五、英帝国的演进 …………………………………………………… 102
　　小　结 …………………………………………………………………… 106

第 3 章　美洲殖民地的社会与文化 ………………………………… 109
　　一、殖民地人口 ……………………………………………………… 111

二、殖民地的经济 …………………………………………… 127
　　三、社会模式 ………………………………………………… 135
　　四、大觉醒和启蒙运动 ……………………………………… 144
　　小　结 ………………………………………………………… 155

第 4 章　过渡中的帝国 ………………………………………………… 159
　　一、日渐松散的关系 ………………………………………… 161
　　二、大陆之争 ………………………………………………… 163
　　三、新帝国主义 ……………………………………………… 171
　　四、起义的导火线 …………………………………………… 178
　　五、合作与战争 ……………………………………………… 190
　　小　结 ………………………………………………………… 194

第 5 章　美国独立战争 ………………………………………………… 197
　　一、邦联建立 ………………………………………………… 199
　　二、独立战争 ………………………………………………… 207
　　三、战争与社会 ……………………………………………… 220
　　四、建立州政府 ……………………………………………… 229
　　五、探索建立全国性政府 …………………………………… 232
　　小　结 ………………………………………………………… 238

第 6 章　宪法与新共和国 ……………………………………………… 241
　　一、建立新政府 ……………………………………………… 243
　　二、汉密尔顿与联邦党人 …………………………………… 256
　　三、国家主权的建立 ………………………………………… 261

四、联邦党人的垮台 ………………………………………… 265

小　结 ……………………………………………………… 272

第 7 章　杰斐逊时期 ………………………………………… 275

一、文化民族主义的兴起 …………………………………… 277

二、活跃的工业主义 ………………………………………… 286

三、杰斐逊总统 ……………………………………………… 296

四、国土增加一倍 …………………………………………… 302

五、扩张与战争 ……………………………………………… 307

六、1812 年战争 …………………………………………… 316

小　结 ……………………………………………………… 320

第 8 章　美国国家主义的多样性 …………………………… 323

一、快速增长的经济 ………………………………………… 325

二、西部扩张 ………………………………………………… 329

三、"和睦时期" ……………………………………………… 334

四、地方主义和国家主义 …………………………………… 337

五、反对派的复兴 …………………………………………… 342

小　结 ……………………………………………………… 346

第 9 章　杰克逊时代的美国 ………………………………… 349

一、大众政治的崛起 ………………………………………… 351

二、"我们的联邦" …………………………………………… 359

三、驱逐印第安人 …………………………………………… 363

四、杰克逊与银行之战 ……………………………………… 370

五、美国政治的改变 ………………………………………… 374
　　　　小　结 ……………………………………………………… 385

第 10 章　美国经济革命 ……………………………………………… 389
　　　　一、美国人口变化 …………………………………………… 391
　　　　二、运输、通信和科技 ……………………………………… 398
　　　　三、商业和工业 ……………………………………………… 407
　　　　四、男女同工 ………………………………………………… 411
　　　　五、工业社会模式 …………………………………………… 418
　　　　六、北方农业 ………………………………………………… 432
　　　　小　结 ……………………………………………………… 436

第 11 章　棉花、奴隶制和旧南方 …………………………………… 439
　　　　一、棉花经济 ………………………………………………… 441
　　　　二、南方白人社会 …………………………………………… 446
　　　　三、奴隶制："特殊的制度" ………………………………… 454
　　　　四、奴隶文化 ………………………………………………… 465
　　　　小　结 ……………………………………………………… 469

第 12 章　战前美国文化与改革 ……………………………………… 473
　　　　一、浪漫主义改革动力 ……………………………………… 475
　　　　二、社会改造 ………………………………………………… 485
　　　　三、反奴隶制运动 …………………………………………… 496
　　　　小　结 ……………………………………………………… 508

附录　本册地图彩色版 ………………………………………………… 510

插图目录

初遇美洲土著人…………………………………………………… 14
提科尔玛雅神庙…………………………………………………… 21
玛雅猿神…………………………………………………………… 22
卡霍基亚…………………………………………………………… 25
易洛魁妇女………………………………………………………… 29
克里斯托弗·哥伦布……………………………………………… 31
巴尔博亚发现太平洋……………………………………………… 32
皮萨罗在秘鲁……………………………………………………… 35
德索托在北美……………………………………………………… 35
普韦布洛的贸易中心……………………………………………… 39
杰内的雕塑作品…………………………………………………… 43
英格兰的布里斯托尔港…………………………………………… 50
约翰·加尔文……………………………………………………… 51
新阿姆斯特丹的"回归"………………………………………… 54
詹姆斯敦要塞……………………………………………………… 60
烟草作物…………………………………………………………… 67
殖民地货币………………………………………………………… 77
一位波士顿妇女的肖像…………………………………………… 77
安妮·哈钦森在波士顿家中布道………………………………… 81
一座被毁的佩科特村庄…………………………………………… 82
南卡罗来纳的查尔斯顿…………………………………………… 87
新阿姆斯特丹……………………………………………………… 89
1734年的萨瓦纳………………………………………………… 103
威廉·格里森医生………………………………………………… 108
奴隶待售…………………………………………………………… 114
节气指南…………………………………………………………… 116
运往美洲的非洲黑人……………………………………………… 122

"布鲁克斯号"贩奴船	124
德裔宾州人	126
加工烟草	130
新英格兰的商业	131
乔治一世时期的茶会	135
1770年的马伯里种植园	137
女巫形象	142
地狱中的罪人,1744	146
穷理查德历书	150
"女教师学校"的课本	152
本杰明·富兰克林关于电的讨论	154
新英格兰的刑罚	155
《波士顿惨案》(1770),保罗·里维尔作	158
攻占路易斯堡,1758	167
乔治三世	173
威廉·伯格的选择	179
"托利党人审判日"	180
效忠派的悲惨命运	184
公正的天平	187
酒馆台球赛	188
向收税官缴税	190
招募热爱家园者	191
英军撤出康科德,1775	194
英军投降	196
《常识》	200
为独立投票	205
革命战士	206
日耳曼敦战役	208
邦克尔山战役,1775	210
英国步兵	226
锡匠协会的旗帜	227

一名自由黑人 ………………………………………………………… 231
《格林维尔协定》 ……………………………………………………… 237
美国之星 ………………………………………………………………… 240
乔治·华盛顿于弗农山庄 ……………………………………………… 243
猛烈抨击"贵族阶级" ………………………………………………… 244
"最高委员会" ………………………………………………………… 247
联邦主义者文集 ………………………………………………………… 253
银行券 …………………………………………………………………… 257
杰斐逊式的田园生活 …………………………………………………… 260
对威士忌叛乱的评论 …………………………………………………… 262
弗农山 …………………………………………………………………… 266
约翰·亚当斯 …………………………………………………………… 267
XYZ事件 ………………………………………………………………… 268
国会中的斗殴 …………………………………………………………… 269
火烧华盛顿 ……………………………………………………………… 274
1800年左右的摩拉维亚男子学校 …………………………………… 278
卫理公会露营大会,1837 …………………………………………… 284
轧棉机 …………………………………………………………………… 287
英国的运河年代 ………………………………………………………… 289
路途之景 ………………………………………………………………… 291
奥克兰豪宅和赛马场 …………………………………………………… 294
"日食"与"亨利"的角逐 …………………………………………… 295
1821年的华盛顿市 …………………………………………………… 298
托马斯·杰斐逊 ………………………………………………………… 299
建筑师杰斐逊 …………………………………………………………… 299
西点军校 ………………………………………………………………… 300
1803年的新奥尔良市 ………………………………………………… 307
为应对"强征入伍"的保护措施 ……………………………………… 308
《格林维尔协定》 ……………………………………………………… 311
特库姆塞 ………………………………………………………………… 314
詹姆斯·麦迪逊与多莉·麦迪逊 ……………………………………… 314

攻击联邦党人	320
《七月四日在韦茅斯码头的野餐》(c.1845)，苏珊·梅里特作	322
新英格兰地区的早期纺织厂	325
"模范号"上的生活，1811—1812	328
斯奈灵堡	330
贸易集会	332
跨越普拉特河	333
詹姆斯·门罗的胜利之旅	334
塞米诺尔舞蹈	336
约翰·马歇尔	339
切诺基领袖	342
人民的裁决（1855），乔治·加勒伯·宾汉作	348
安德鲁·杰克逊	351
选举场面	357
约翰·C.卡尔霍恩	359
马丁·范布伦	360
丹尼尔·韦伯斯特	361
查尔斯顿，1831	362
黑鹰与旋雷	364
眼泪之路	368
"母行的垮台"	373
"时代"，1837	377
哈里森与改革	379
抨击范布伦	380
《纽约太阳报》	383
第一张"号外"	384
洛威尔工厂	388
1836年的百老汇	394
移民宣传广告	397
"一无所知党"旗帜	397
"美国人将要统治美国"	399

兴建伊利运河	400
铁路赛车	403
滚筒印刷机	406
1858年的芝加哥	408
工作中的妇女	412
四位纺织女工	414
邓肯·法伊夫的工厂和仓库	419
中央公园	419
美国的田园生活,1848	423
《内森·霍利一家》	425
公园剧院	428
阿斯特歌剧院暴乱	430
《古老的种植园》	438
新奥尔良棉花贸易	442
路易斯安那州的圣约翰种植园	449
路易斯安那州的衣物浆洗	450
《拖运一周的收成》	455
照看主人的孩子	457
贩奴生意	462
哈里特·塔布曼与逃亡的奴隶们	463
种植园宗教活动	468
《女子夜校》(1840),佚名	472
惠特曼《草叶集》扉页	477
"新和谐"社区	481
约瑟夫·史密斯检阅军队	484
醉汉的堕落	487
温泉浴	488
颅相学	489
伯金斯盲人学校	493
《感性宣言》	495
《逃奴法》大会	499

弗雷德里克·道格拉斯…………………………………………… 500
"难道我不是一个男人和兄弟吗？"……………………………… 502
《汤姆叔叔的小屋》……………………………………………… 506

地图目录

北美大陆上的迁移 ··· 19

早期北美土著人的生活方式 ·· 20

欧洲人的探险与征服,1492—1583 ·· 34

西属美洲 ··· 37

15 世纪的欧洲和西非 ·· 46

切萨皮克的发展,1607—1750 ··· 66

新英格兰的发展,1620—1750 ··· 80

17 世纪的加勒比 ·· 93

1700 年的北美 ·· 112

美洲殖民地时期的移民群体 ·· 127

"三角贸易" ·· 132

非洲黑人在总人口中的比例,约 1775 ·· 136

17 世纪的新英格兰城镇:马萨诸塞的萨德伯里 ······························· 141

七年战争 ·· 170

13 个殖民地,1763 ··· 172

1763 年的北美 ·· 176

莱克星顿和康科德战役,1775 ··· 193

北部的革命,1775—1776 ··· 209

中部殖民地的革命,1776—1778 ··· 212

独立战争在南部,1778—1781 ·· 217

关于西部土地的矛盾 ·· 234

土地丈量:1785 年法令 ··· 236

1800 年的美国 ·· 292

19 世纪初期的华盛顿特区 ··· 297

对购买的路易斯安那领地进行探索,1804—1807 ···························· 304

印第安人对白人入侵的回应 ·· 313

1812 年战争 ··· 317

"密苏里妥协案", 1820	337
1828 年选举	345
驱逐印第安部落, 1830—1835	367
1832 年大选	371
美国人口密度, 1820	393
美国人口密度, 1860	395
东北部的运河, 1823—1860	402
铁路的发展, 1850—1860	404
洛威尔, 马萨诸塞州, 1832	413
南方的奴隶制与棉花, 1820 和 1860	444
路易斯安那州的种植园, 1858	445
佐治亚州的一个种植园	448

图表目录

切萨皮克的非印第安人口，1607—1700 ·················· 69
新英格兰的非印第安人口，1620—1700 ·················· 81
北美的非印第安人口，1700—1780 ····················· 113
英属殖民地的非洲人口，1620—1780 ···················· 125
殖民地城市中的财富分布，1687—1771 ·················· 145
美国的进出口，1790—1820 ·························· 326
总统选举投票情况，1824—1860 ······················· 352
人口增长，1620—1860 ······························ 391
移民，1820—1840 ································· 391
移民的来源，1820—1840 ···························· 392
移民，1840—1860 ································· 396
移民的来源，1840—1860 ···························· 396

中文版导言

我没有见过艾伦·布林克利本人，不过早就听说，他在美国史学界是一位大名鼎鼎的人物。看过他的简历，知道他生于1949年，本科就读于普林斯顿大学，接着在哈佛大学获得博士学位，此后长期执教于哥伦比亚大学。他的学术专长是20世纪美国史，对大萧条、新政和第二次世界大战时期的研究建树尤多。他的主要著作有《抗议之声：休伊·朗、库格林神父和大萧条》(*Voices of Protest: Huey Long, Father Coughlin, and the Great Depression*, 1983)、《改革的终结：经济衰退和战争时期的新政自由主义》(*The End of Reform: New Deal Liberalism in Recession and War*, 1995)、《出版家：亨利·卢斯和他的美国世纪》(*The Publisher: Henry Luce and His American Century*, 2010)等。其中有的书还拿过学术大奖。

布林克利不仅是一个著述丰赡的学者，而且也是一位出色的教师，2003年在哥伦比亚大学得过"伟大教师"的称号，还曾远赴牛津和剑桥授课。他的知名度也得益于教科书的编写。他编过好几种美国史课本，除开本书，还有《未定型的国家》(*The Unfinished Nation*)、《美国史：联结过去》(*American History: Connecting to the Past*)等。这些书全都定期修订，一再重印，畅销不衰。许多大学和中学的美国史课程，都使用他编写的教材。

现在摆在读者面前的这本《美国史》，原来是理查德·柯伦特(Richard N. Current)、弗兰克·弗莱德尔(Frank Freidel)和T.哈里·威廉斯(T. Harry Williams)合编的教科书。布林克利于1979年开始参与这本教材的修订，到1995年便独力承担了第九版的编写。结果他使得这本教材面目一新，近于脱胎换骨，于是也就变成了唯一的作者。他带来的最大新意在于两个方面。一是增添了许多精选的插图、地图、表格和图示，使全书图文并茂，相得益彰；二是着力吸收美国史学的新成果，补充了有关普通人、少数族裔、妇女和日常生活等方面的内容。这本经过改写的教科书，出版后便广受欢迎。在1999年、2003年、2007年和2009年，布林克利又对这本书做了几次修订，在众多美国史教科书中始终保持着强盛的竞争力。

美国大学的历史教学具有多个层次,开设众多不同类型的课程,对于教科书的需求也不尽相同,由此形成了一个广阔的教科书市场;而教科书的编写、修订和更新换代,也就为职业历史学家提供了另一片用武之地。在美国,每年出版的美国史教科书为数甚多,一种教科书要能在竞争激烈的市场站住脚,显然不是一件容易的事。布林克利编写的这本《美国史》,不仅具有很高的学术水准,而且采取生动活泼的形式,非常适合一般读者的口味。这大约是它在美国大学师生中口碑甚佳的主要原因。

这本教科书的学术水准,突出地表现在它紧密追踪史学争议和前沿动向,着力传递某种历史主义意识和弹性的历史思维。我们知道,美国史学是在讨论、争议和辩论中获得进展的,不同时代的史家、同一时代的不同史家,对于同一问题往往有不同的切入角度,做出不同的判断,提出不同的解释。许多历史问题之所以重要,是因为史家没有共识,争议不断,于是留下了大量无法绕开的文献。在本书中,但凡富有争议的问题,布林克利都专设"历史学家的分歧"一栏,从史学史的角度梳理相关的观点,其写法提纲挈领,其评论则言简意赅。布林克利一般不是简单地对不同观点做出取舍,而是注意挖掘这些争议在学术上和政治上的意义。这样一个栏目看似平淡无奇,实则深有讲究。它不仅体现作者的渊博学识和敏锐眼光,而且要求有包容不同学术观点的胸怀,以及在纷纭复杂的争议中做出恰当判断的能力。对于读者来说,这个栏目不仅可以提供知识和见解,而且能传递历史的观念和方法。

其实,在教科书中胪列多种有争议的观点,还反映了一种很不一样的教科书理念。一般说来,教科书应当包含可靠的知识,提供可以遵循的标准。可是,布林克利在这本教科书中却反其道而行之,不断提醒读者,关于过去的理解和知识往往是复杂而不确定的。这样做无异于触及了知识社会学中的某种后现代争论:人文知识拥有标准答案吗?关于过去的解释有可能臻于客观吗?显然,布林克利对人文知识和历史解释持一种开放的态度,不仅欢迎历史知识的多样性,而且对读者的眼光和判断力也有信心。他还特意告诉读者,在各种史学争论中通常隐含着历史观念、治史方法乃至意识形态的分歧,而揭示这些分歧,不仅有助于理解相关的历史问题,而且还能显示史学多彩而有趣的一面。

在结构和内容上,这本书以政治为主线来组织叙事,兼顾经济、人口、社会和文化等方面,并且分时期、按主题来安排章节和篇目。这种处理方式看似老套,但有一个突出的好处，就是既能收线索分明、条理清晰之效，又可包罗丰富多样、多姿多彩的历史细节。历史编纂离不了框架和线索，而政治充满激烈的权力斗争和情节鲜明的事件，在通史编纂中最适合发挥搭建框架和提供线索的功能，因而一直受到史家的偏爱。当然，这其中还有某些更深层次的缘故。在社会运行、国家行为乃至日常生活中，政治无疑都是支配性要素；无论人们是否喜欢政治，它都时刻在作用于人们的生活。这就是说，政治确实构成历史的主干，完全撇开政治，或者刻意淡化政治，这种历史不仅是难以理解的，而且也很难说有什么意义。这就是何以本书和多数历史教科书一样，也倚重政治以确立基本的结构。

不过，在当前美国史学的语境中，一本教科书如果专讲政治，那就不免招致讥诮，甚至被目为"出土文物"。二战以前，美国史家普遍把政治视作历史的主要内容，把政治史作为史学的支柱。这种经典政治史所关注的是重大政治事件，其主角大多是政治领导人，所讲述的是政治制度、政治组织和政治思想的演变，其主题则在于彰显美国民主凯歌高奏的进程。因此，这种历史带有线性进步史观和精英主义的色彩。二战以后，社会史和文化史相继兴起，逐渐改变了美国史学的面貌。社会史将普通人作为历史叙事的主角，着重探讨过往的社会生活，发掘那些以往被忽视、被遮蔽和被边缘化的历史经验。文化史，尤其是新文化史，则把史家的眼光引向人的内在经验，重视那些以语言、器物和符号所表达的人类价值、情绪和感知。于是，史家的视野得到了极大的拓展，历史的层次感和立体感也由此增强。这一系列变化很自然地导致政治史在教科书中所占比重明显下降。布林克利的这本书虽然仍以政治为骨架，但同时用不少笔墨交代美国社会的变迁，并以较大篇幅叙述不同时期的社会生活、文化景观、休闲娱乐、大众文化和消费主义，还提到了儿童、毒品和艾滋病等问题。在二战以前的美国史教科书中，类似的内容是很难找到的。此外，本书还设有"大众文化模式"一栏，这更是社会史和文化史给教科书编写打下的鲜明印记。

最近二三十年来，国际史、跨国史和全球史在美国史学界声势日盛，美国史家的历史思维、研究兴趣和解释策略也随之出现许多变化。国际史从国家和文化之间的联系与互动出发，基于多国史料考察历史；跨国史所处理的是那些超越或打破国家边界的现象，或者从超国家因素着眼来阐释研究题材；全球史则基于对联系、影响、比较和整体性的重视，探讨全球化运动和全球性现象，并从全球视野来重新审视那些在传统上属于地区的、国家的乃至地方性的事件。于是，新的研究领域的开辟，新的研究路径的形成，不仅扩大了历史考察的范围和时段，而且革新了理解和解释历史的方式。这一切无疑给敏感的教科书编写者带来了灵感和启发。本书设有"美国与世界"一栏,所讨论的问题正好涉及国际史、跨国史和全球史。在具体的叙述中,布林克利注重从大西洋视角重新审视美国早期史,把美国革命作为大西洋革命的一部分来理解,将美国的工业化置于全球工业革命及各国工业革命比较的语境中来讨论,把美国奴隶制的兴衰和全球废奴结合起来考察,将美国内战视为同时期全球国家统一运动的一环。他还结合全球移民运动来论述美国的城市化,在讨论大萧条时采取国际比较的方式,论及二战的起源和爆发时还提到了中日战争。这样一种讲述美国历史的方式,不仅克服了以往国家视野的局限,而且有助于突破美国中心论或美国例外论,促成一种更开放、更有弹性的美国历史叙事。

当然,史学的演变,以及教科书模式的随之更新,从来都不是孤立自足的学术现象,而与社会政治和意识形态有着紧密的联系。在20世纪90年代,围绕中学美国史课程标准,美国政界和知识界曾发生过激烈的争论,这可以说是政治和意识形态高强度介入中学历史教学的重要案例。美国大学的历史教学固然没有强制性的统一标准,教科书的编写也多属学者的个人行为,但这并不意味着它完全不受政治和意识形态的影响。布林克利对这一点当然有着清醒的意识,因为他在开篇即交代,对美国历史的不同讲法,往往同历史观、方法论、意识形态和时代变迁有着复杂的关系。实际上,他的这本《美国史》就完全可以作为这方面的一个例证。

自19世纪末以来,美国在各个方面都发生了翻天覆地的变化。在崛起为世界最大经济体以后,经过几十年的彷徨和摸索,美国终于在二战后因时顺势地登上世界霸主地位,其政治、经济、军事、技术和文化的影响力在全球范围内急剧扩散,由此造成了一个许多美国人盼望已久的"美国世纪"。在一定程度上,只有在这种社会政治语境中,才能解释国际史、跨国史和全球史何以最先兴起于美国。同时,美国的人口构成、社会结构、价值取向和生活方式,也经历了同样深刻而巨大的变化。在边缘群体和底层民众的持续抗争下,到20世纪七八十年代,美国人对多样性和差异性的包容,对不同生活方式的尊重,对各类权利的保护,都达到了前所未有的程度,因此也带动了知识和观念的巨大转变,其中包括美国历史的重构。

美国虽然早已是一个大众民主国家,但政治文化中却一直有精英主义的存身之地,而且大学教育和知识生产也长期由精英所主导。具体到美国历史的编纂,各类精英人物一直是各种故事的主角。自 20 世纪六七十年代以来，随着社会抗争和民主化的进展，政治上的民众主义同知识生产的民主化齐头并进，精英主义史观的影响也一落千丈。自此以后，突出普通人的经历，从下向上看历史，成为美国历史编纂的基本原则。同样的趋向，同样的原则，也体现在布林克利的《美国史》中。本书叙述精英事迹的篇幅明显减少，而涉及普通人经历的内容则相应增加。本书介绍了普通人、特别是劳工对重大事件的参与，讨论了重大事件对普通人的意义和影响，讲述了劳工的工作和生活。在论及新政和二战时，作者的眼睛并没有仅仅盯着罗斯福和其他高层精英，而是用一定笔墨交代了普通人在其中所扮演的角色。

虽然族裔和文化的多样性贯穿整个美国历史，但美国主流社会长期不喜欢这种多样性，先后尝试过改造、同化、压制和排斥等多种办法，力图消除多样性，以促成某种同质而纯一的美国文化。二战以后，美国人口构成进一步多样化，文化相对主义逐渐兴盛，少数族裔持续抗争，政府政策取向也发生调整，多元文化主义最终成为一种核心的意识形态，并且经常被作为衡量政府政策和社会行为的准绳。于是，美国历史的内容和表述方式也为之一变。本书就带有鲜明的多元文化主义的色彩。在布林克利的笔下，美国历史的开端不再是"新大陆的发现"和殖民运动，而是印第安人、欧洲人和非洲人所代表的不同文化的相遇和碰撞。他采纳"中间地带"的命题，关注多个族裔和多种文化的交流与混合；在叙述印第安人的经历时，赋予他们的历史以独立性和自主性，而不再仅作为白人历史的搭配或陪衬；奴隶制下黑人的生活、反抗和文化创造也得到了高度的重视。本书尤其强调多元文化在美国发展中的意义，例如，书中谈到西部开发中印第安人、墨西哥人、法国人和亚洲人的作用；在叙述新政和二战时，提到了黑人、印第安人以及华裔美国人。至于那些以少数族裔为主角的社会运动和抗争事件，作者更是以浓墨重彩加以描摹。

在二战后风云激荡的社会抗争运动中，妇女扮演了重要的角色。她们不仅参与民权运动、反战运动和反主流文化运动，而且直接挑战流行千百年的性别观念，伸张女性的自主性和独特性，大力争取妇女的平等和自由权利。在激进的抗争运动中，女性主义理论也演化为一种意识形态，不仅支持妇女的抗争行动，而且在与妇女有关的各种知识中发挥改造性效应。这一点在美国历史写作中显现得尤为鲜明。不仅妇女史成为一个活跃而丰产的领域，而且在任何美国历史论题中都必须有妇女的位置。根据女性主义史观，妇女的历史不单是受压迫的经历，也是抗争和塑造历史的记录。布林克利在思想上不一定认同于女性主义，但他在《美国史》中吸收了大量妇女史的成果，几乎在所有的篇章都提到了妇女。他着重讨论了妇女与革命、妇女和家庭、女性与消费、女性和战争等问题，还设专节介绍妇女史学的发展。

在这种变动的社会政治和学术语境中，"阶级""种族"和"性别"成为三个主要的美国历史分析范畴。"阶级"这个范畴所注重的是底层阶级，这与新社会史"从下向上看历史"的视角如出一辙；"种族"所指涉的是少数族裔，体现了多元文化主义史观下对非欧洲裔群体的重视；"性别"则主要指女性，突出强调妇女在历史中的经历和作用。这三个分析范畴不仅为史家切入论题提供了新的思路和工具，而且改造了整个美国历史的框架和内涵，甚至逐渐演化为一个识别历史著述合法性的标准，从而具备了政治和意识形态的功能。自20世纪八九十年代以来，美国学者所写的美国历史著作，如果没有涉及底层群体、少数族裔和妇女的内容，或者没有考虑到阶级、种族和性别的意义，就难免受人诟病。布林克利本人专治高层政治史，在思想取向上也谈不上多么激进，但是身处这种社会政治环境和史学风气中，他必须在学术和政治之间寻求平衡，必须适应读者经"新史学"的熏陶所养成的阅读习惯。于是，他在本书中郑重其事地诉诸上述三个分析范畴。

从这里也可以看出，这本《美国史》是一位美国史家为美国大学历史课程所编写的教材，其作者、用途和使用者都决定了它在框架、内容和思想取向上必然带有特定的针对性。在美国大学，美国史课程不仅发挥一般意义上传授知识、训练思维的功能，而且承担着维护国家认同、培育社会意识的使命，因而所用教科书在知识、思维和价值方面都必须有助于实现这些目标。这种教科书在译为中文后，读者需要采取"鉴别吸收"的策略，避免单向而简单地接受。读者如果把本书当作了解美国、增广见闻的参考，视为理解自己的时代和生活的借镜，那么就不仅会得到知识和思想的滋养，而且能体验到阅读的快乐。

李剑鸣

2018年5月写于上海

前　言

如果要在一本书中道尽美国的辉煌历史，着实是一项艰巨的任务，而本书的目的也正在于此。任何历史都是其时代的产物，也都反映了近几代史学家的历史观，美国历史也不例外。这本书不同于一代或数代年前所写的历史，而同样今后几十年出版的类似书籍也可能会和这本书有所不同。当然，历史永远不可能改变，但我们对历史记述却在不断变化，历史学家以及公众对历史的看法和表达方式也在不断变化。

一直以来，对于历史理解的变化都存在着争议。许多人认为，历史就是事实的总和，不应受任何"阐释"或"修订"。但史学家认为，历史并不是，也不能单纯被看作事实的总和。这些事实只是历史理解的开端。而历史实际上是取决于著者和读者怎样去理解这些史实，这样，他们必然会将他们的问题、关注和经历感受带到历史的述说中来。

本书已经是《美国史》的第13版，这正是我们历史理解不断变化最好的佐证。20世纪50年代末，三位杰出的历史学家——理查德·柯伦特、弗兰克·弗莱德尔、T.哈里·威廉斯出版了第一版《美国史》。这本书起初主要着眼于传统的美国政治和外交的发展，很少涉及民众与私人生活文化。在过去的几十年中，我力图扩展这本书的涵盖范围，吸收学者们近年来创作的各种历史叙事，努力将传统的政治、外交和重大事件的历史与美国社会文化史相融合，展现美国历史的多样性与复杂性。历史要求我们考虑不同民族的不同想法，正是这种种想法塑造了当今的美国社会。同时，我们还要理解，美国是一个这样的国家，她的人民在共同的政治制度下，享有综合国民经济，如今是世界经济的成果，拥有能量巨大的大众文化。了解美国历史，既要了解将美国人分开的力量，也要了解让他们团结在一起的力量。

《美国史》的第13版努力进一步扩展我们对历史的理解，延伸了我们历史的时间界限。在这一版中，既包含了前哥伦布时期的美国历史，又含有上一版本至今的历史内容。同时还继续将美国史放入世界史的大背景下,比如"美国与世界"专栏;继续讲述科学、技术以及环境方面的发展。此外,作者改编了部分章节,特别是将原来19—22章的内容整合修订为两章。在这本书中,作者努力减少叙事的比重。往往教科书涵盖的时间跨度越长,内容越多。但是,对于这本美国史,学生和老师不会耗费更多的精力,尽管增添了一些新的内容,但是作者一直努力保持文字简洁精炼,不增加读者的阅读负担。

  对于本书的出版,我要感谢很多人。我非常幸运能够再次得到凯文·墨菲先生的鼎力相助,同时我要感谢几年来不断为我提出建议与指正的杰出的学者、老师和学生,谢谢大家。

艾伦·布林克利
哥伦比亚大学
纽约

第 13 版说明

结构与内容范围

全新!《美国史》第 13 版经整合已浓缩为 32 章内容,这更加便于教师将每一卷内容归于一学期之内。各章是按照美国历史的年代顺序编排的,同时,副标题也能帮助教师更好地根据教学大纲选择章节。

叙述

一个声音。《美国史》最大的特点就是它是由一位作者编写完成的,其叙述之连贯无与伦比,得到读者的一致好评,也让学生在连贯的组织概念与写作风格中受益匪浅。故事本身的整体性与连贯性使之成为了历史书写的完美典范。

故事。一直以来,《美国史》的特点都体现在对过去直截了当的叙述和历史主题的相互连接上。每一再版都会增加新的视角和内容,但是仍会保持清晰的散文文体和结构,便于学生和教师的理解和使用。

主题。如今,传统的政治叙述都会与更多的美国史当代主题交织起来,比如女性与性别,种族和民族,经济增长与劳动特征的变化,地区与宗教,大众文化与智性生活,环境以及经济。《美国史》一书在这方面起了先导的作用,它努力将政治融入社会史,也将社会与文化融进政治史。

特征

全球化

当前,历史学家常常在考虑如何将美国的经历融入全球的大背景之下。如果抛开他国孤立地去研究本国历史,那么就忽略了整个历史中的重要组成部分。

这一版继续以更加国际化的视野来展现美国历史，同时也保留了本国历史的特殊性。全球化的特征在正文的叙述中和"美国与世界"系列文章中都有所体现。

历史学的本质

《美国史》是十分清晰和易于理解的，但是对于学生而言，仍会有一些复杂问题和讨论。"历史学家的分歧"一栏中的文章让读者能够围绕历史迹象思考那些存在争议的问题，并激发读者去思考我们的是历史如何持续发展的。

文化与社会

学生们将会喜爱本书中"大众文化模式"版块，因为其体现了时代对社会的影响，像"殖民地历书""赛马""奴隶音乐"和"漫画书的黄金时代"都为美国史增色不少，使其内容更加丰富，历史背景更加清晰。

内容

学术

全新！ 作者更新了第1章的内容，更加着重于对哥伦布到达之前的美洲大陆的描述，本章也探讨了北美的环境史和早期社会的状况。

第31章和32章的内容更新到21世纪的美国，包括小布什的第二任期，2008年大选，卡特里娜飓风，博客，以及伊拉克战争。

艺术

全新！ 本书对地图进行了修订，放大了部分图片，这些将补充作者对历史的叙述，使之更加清晰、形象，让学生更容易理解。

原始资料在线搜索

全新！ 麦格劳-希尔原始资料搜索（PSI）现在已经可以使用，网址为www.mhhe.com/psi，这无疑支持并丰富了《美国史》第13版内容的讨论。PSI为教师和学生提供了数以百计的一手及二手文献，包括文档、图片、地图和影像资料，为新版《美国史》的每一章打开了学习研究的大门。学生们可以对这些资源进行讨论，将其作为学习工具，深化对每章主题的理解。所有的内容都按照类型、主题、地点和时期编入索引，让学生和教师能够在所有章节中更快更简单地找到相应资源。

原始资料搜索中的学生资源：

原始资料文档：这个资料库已经更新了第 13 版的内容，包括各种当代的记事资料。每一篇文档都配有一系列批判性思维的问题，将学生吸引到内容中去，并帮助他们进行深刻分析。

图片：大量的图片既收集了很多当代绘画、雕刻作品和素描，也包含手工艺品和房屋建筑的照片。每一张图片也都配有批判思维的问题以供思考。

互动地图：每张地图的图例都是交互式的，以让学生能够更好地看清历史的变化，并按照他们选择的顺序对不同的要素进行比照。

网站：这里按照章节编排，列出了可用的互联网网站，为某些特别的话题提供更多信息，这些对于那些寻找可靠研究资源的学生大有帮助。

书籍：这里既包括普通的文本，也涵盖了每一章话题的最新研究，为学生进行研究提供另一个有价值的资源。

电影：这里有教育影片也有商业电影。

事件：不只是一条时间线，它还按照时间顺序对重大历史时间添加了注释条目。

在线阅读：在线阅读为学生提供了尝试历史分析的机会。在 PSI 所提供的资源的基础上，阅读版块让学生去评估资源的价值，让他们自己来解释历史事件，为他们的研究提供有价值的技能。

写作指导：在线写作指导为历史类论文的写作提供具体技巧，也为大学论文写作提供一般知识，包括：研究方向的选定、段落的组织及论点的确立，不同风格的比较，剽窃和文献引用的相关信息和其他相关知识。

原始资料搜索中的教师资源：

教师指南：教师指南为本书及 PSI 上所有学习资源提供便捷的参考，教师和学生均可使用。各章内所有资源按照字母表顺序排列，以更好地整理讲稿和准备作业。通过图标可以迅速查找文本和 PSI 资源。每一项都按照标题排列，并包含简要注释。

此外，教师指南还包括章节概述、主题、教学策略、讨论建议、补充阅读书目的建议以及一些与章节相关的电影推荐。这些也按照章节和字母顺序排列，以方便在课堂教学中的使用。

在线学习中心

在线学习中心的教师资源：

在线学习中心的网址是 http://www.mhhe.com/brinkley13e。第 13 版还附有 PSI 和教师指南的链接、计算机试题库以及 Powerpoint 演示。

课堂表现系统 (CPS) 为《美国史》的学习提供了很强的互动性。课堂表现系统是一个无线反映系统，能针对课堂上每一位学生的表现提供及时反馈。通过这一系统，你可以在你的课堂上提出各种主观或客观的问题，通过使用他们个人的无线反应平板电脑，激发学生的积极性，为你提供即时的效果反馈。课堂表现系统指导完整版可到 www.einstruction.com 下载。采用本书作教材的教师可与 McGraw-Hill Education China 教师服务中心联系索取教学课件资料，传真：+86 10 59575582，电子邮件：instructorchina@mheducation.com

在线学习中心的学生资源：

在线学习中心的学生资源的网址也是 http://www.mhhe.com/brinkley13e，它为学生提供各种学习工具，帮助他们检测他们对课本的理解。它包括：章节概述、互动地图、小测验和一手资料索引。

初遇美洲土著人 这幅1505年的版画是欧洲人对美洲土著人生活方式的最早写照,它代表了欧洲白人对于之后多年他们称之为印第安人的那群人的看法。图中,土著人被描述为异族野蛮生番,他们的性行为不局限于稳定的家庭内部,并且会在杀死敌人后吃他们的肉。背景是记录这些场景的欧洲游客所乘坐的船。(*The Granger Collection, New York*)

第 1 章
文化的碰撞

美洲的发现并非始于克里斯托弗·哥伦布。先于哥伦布数千年前，就已有人来到这片新大陆栖居繁衍。年复一年，这些游牧民族零零散散相继而来，进而移居至新大陆的腹地。到公元15世纪末，当与欧洲人首次接触时，美洲已是数百万男男女女的家乡。据学者们推算，到公元1500年，生活在美洲的人口已超过5000万，甚或达到7500万，超过当时整个欧洲人口的数量，仅生活在当今美国版图上的人口就达数百万之多。

这些古老的文明在其漫长的历史上饱经沧桑，历尽磨难，然而任何一次灾难都不及欧洲人的到来那样使他们的命运变得如此悲惨。从长期看，欧洲殖民者将会抢占美洲的大部分土地。即使是从短期看，西班牙和葡萄牙人最初的探险与征服的影响也相当深远。欧洲人带来了疾病，尤其

大事年表

公元前14000— 前12000年	亚洲人开始通过白令海峡移居美洲
1347年	黑死病开始在欧洲传播
1480年代	葡萄牙探险者沿非洲西海岸航行寻找通往亚洲的航路
1492年	哥伦布从西班牙向西航行寻找亚洲，抵达加勒比海的巴哈马群岛
1494年	罗马教皇敕令，西班牙和葡萄牙划分新大陆
1497年	约翰·卡伯特首次宣布英国对北美的所有权
1502年	首批非洲奴隶抵达西属美洲
1517年	马丁·路德挑战天主教会，触发欧洲的新教改革
1518—1530年	天花在美洲中部和南部大肆传播
1519—1522年	麦哲伦环球远航
1521年	科尔特斯占领特诺奇提特兰并征服墨西哥的阿兹特克帝国
1532—1538年	皮萨罗征服秘鲁印加人
1558年	伊丽莎白一世登基
1565年	在佛罗里达建立圣·奥古斯丁
1566年	英国开始征服爱尔兰
1587年	"失踪的殖民地"在罗阿诺克岛建成
1598年	唐璜·德·奥内特在今新墨西哥建立西班牙殖民地
1603年	詹姆斯一世继位
1608年	法国在北美建成第一个永久殖民地魁北克
1609年	西班牙殖民者发现圣塔菲
1624年	荷兰在今纽约建成永久定居地
1680年	普韦布洛人起义，将西班牙殖民者从今新墨西哥驱逐出去
1692年	西班牙人重返新墨西哥
1696年	西班牙人在新墨西哥镇压普韦布洛人最后一次起义

是天花，美洲的土著人对这些疾病没有任何免疫力。其结果是数百万人死于瘟疫，原有社群被削弱，这大大帮助了西班牙人和葡萄牙人，使他们迅速彻底地征服了美洲当时的帝国。

但是，无论是在美洲的南部地区，还是英法殖民的北部地区，欧洲移民都没能消除当地人（即他们称之为"印第安人"的土著居民）的影响。一直到19世纪末之后，土著人与欧洲人之间仍战事不断。当然二者之间也曾经有过其他方式的接触，在这些接触中，不同的文明相互适应，相互借鉴，相互改变，其意义持久而深远。

一、哥伦布到达之前的美洲

对于美洲早期的居民,我们相对来说知之甚少,主要是通过零散的考古发现略知一二。考古学家不断从数千年前的遗物中发掘新的证据,我们也由此不断地了解早期的美洲人。

与欧洲人接触之前的美洲人

几十年来,学者们一直认为,所有早期移居美洲的人都是在大约1.1万年前跨过白令海峡上古老的大陆桥,到达今天的阿拉斯加,继而从寒冷的北部穿过两大冰原之间未冰冻的狭长地带,到达南部的非冰川地区。当时人们已开始使用投枪和其他狩猎工具,因而可以追猎一些定期迁徙于亚洲和北美之间的大型动物,或许正是这些新石器的使用促使人们迁居至此。一般认为,所有这些以土地为根本的移民都来自蒙古,与当今的西伯利亚人属同一血统。在新墨西哥有一座名为"克洛维斯"(Clovis)的小镇,20世纪30年代,考古学家在那里首次发现了早期移民所使用的工具和武器的痕迹,于是学者们将这些人称之为"克洛维斯"人。

"克洛维斯"人

然而,近期的考古发掘表明,美洲的早期移民并非全部是跨过白令海峡抵达美洲的,或许早在人们开始通过陆路迁移到北美之前,一些来自亚洲的移民就已在智利和秘鲁定居下来。这表明首批南美人可能并非通过陆路抵达,而是乘船横渡大海而来。其他大陆的考古发现也已提供类似的证据,如在日本、澳大利亚和太平洋上的其他一些区域,早在人们通过陆路抵达之前已有移民通过水路先行至此。

考古学者与人口多样性

因此,这些新的证据表明,美洲早期的人口复杂多样,分布稀疏零散,远远超过学者们以前的估计。有些人不是从蒙古而是从稍南的亚洲地区来到美洲的,他们有可能来自波利尼西亚和日本。新近的DNA鉴定表明,早期的人口中有一个群体与其他美洲人不同,他们不具有亚洲人的特征。因此很有可能早在哥伦布航抵新大陆数千年之前,就已经有人从欧洲移民至美洲。大多数当今的美洲印第安人具有相近的体质特征,这些特征表明他们与现代的西伯利亚和蒙古人有亲缘关系。但这并不表明蒙古人是唯一的早期移民,而只能说明蒙古移民逐渐统治并且可能最终淘汰了先期而来的其他早期移民。

美洲历史的"古代"阶段始于公元前8000年前后,一直持续了大约5000年之久。此阶段初期,多数人继续以狩猎采集为生,使用的石器与早期美洲人从亚

"古代"时期

洲所带来的别无二致。尽管一些早期美洲人曾猎杀的大型动物在古代时期逐渐绝迹，但人们仍然继续使用投枪之类的狩猎工具捕获猎物，如在后来被称之为大平原的地区，当时的印第安人就用投枪捕猎美洲野牛，之后的几个世纪里，人们仍以同样的方式狩猎。直到公元400—500年之后，北美大部分地区的人们才开始知道弓箭为何物。

古代后期，人们开始扩展他们的活动范围，并研制出新的工具使这些活动更为便捷。这些工具包括渔网和鱼钩，捕猎小型动物用的夹子，以及采集浆果、坚果、种子和其他植物用的篮子。再后来，一些群体开始农业生产。在美国的大部分地区，最重要的作物是玉米，但很多群体也种植其他作物，如豆类和南瓜。从事农业必然要求人们居有定所，于是在农业区域开始逐渐形成固定的聚居地，这为文明的进一步发展奠定了基础。

文明的成长：南部

最为精细的早期文明出现在当今美国版图以南——南美和中美以及现在的墨西哥境内。在秘鲁，印加人建立了美洲最大的帝国。他们在15世纪初只是库斯科山区的一个小部落，由一位强有力的领袖巴夏库蒂（Pachacuti，意为"撼动世界者"）领导，后将南美西部绵延近2000英里的土地纳入自己的帝国。巴夏库蒂意欲统治周边地区，于是派人四处游说，劝说相邻部落与其结盟。多数当地首领最终同意与印加人结为同盟。这样，一方面通过武力，一方面通过游说，一个帝国建立起来，而后通过改革行政体制并创建庞大的交通网络，帝国得以巩固。

另一大文明的创建者是所谓的中美洲人，即现在的墨西哥和大部分中美洲地区的人。早在公元前1万年左右，这里就出现了有组织的社会，美洲首个真正综合性的社会是由奥尔梅克人于大约公元前1000年创建的。公元800年左右，一个更为成熟的文化出现在中美洲的部分地区以及墨西哥尤卡坦半岛上被称为"玛雅"（这一术语后来用以指代居住在该地的各个部落）的区域。玛雅文明创立了书面语言、近似阿拉伯数字的计数系统、精确的历法，以及发达的农业体制，还开辟了通往该大陆其他地区的重要商路。

后来，玛雅社会逐渐被其他中美洲的部落所取代，这些部落后来被统称为阿兹特克人（这一说法欠准确）。当时他们自称墨西卡人，后来这一称谓用来指代几个不同部落的人。公元1300年左右，墨西卡人在墨西哥中部（今墨西哥城所在地）湖中的一个大岛上建立了一座城市，取名为特诺奇提特兰（Tenochtitlan），之

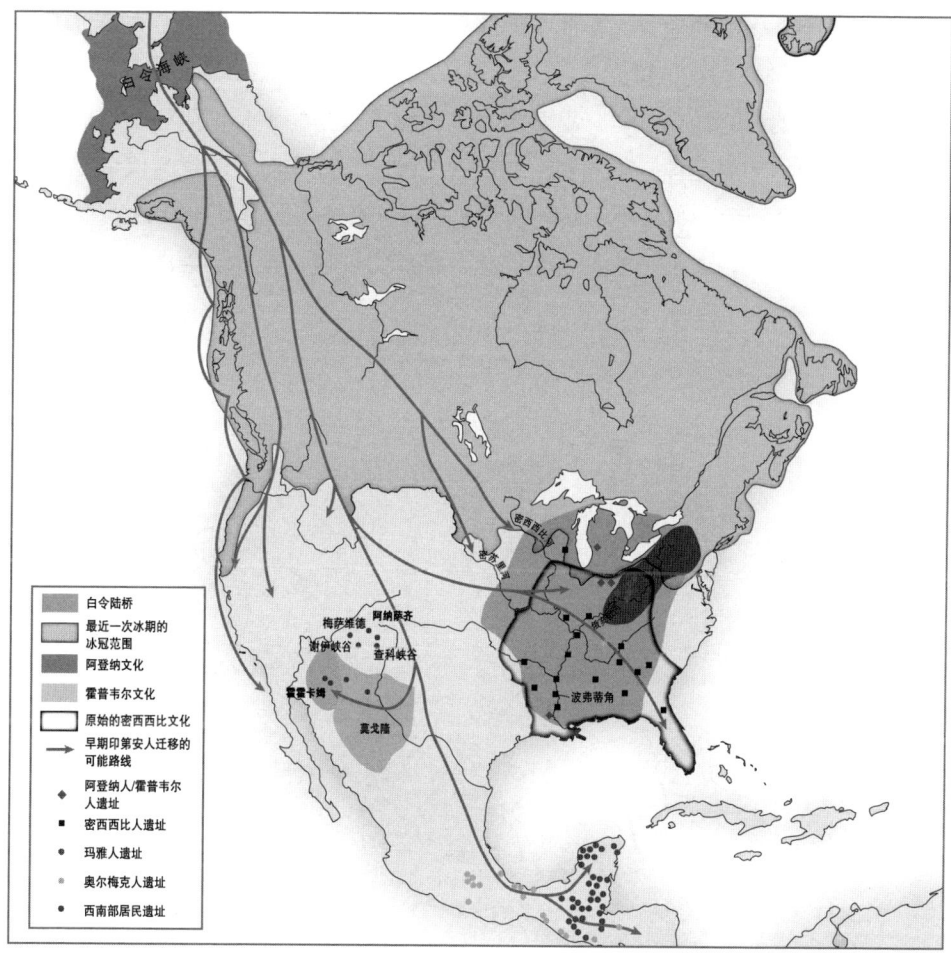

北美大陆上的迁移 这张地图所勾画的是在与欧洲接触之前的几个世纪中外来人口向北美迁移以及北美内部迁徙的路线图。图中标出了现已消失的西伯利亚和阿拉斯加之间的大陆桥,数千甚至数万人经此大陆桥迁入美洲。图中还标出了北美早期的殖民定居点。◆ 今天加拿大境内广大的冰川地带在古代美洲的居住模式中起到了什么作用?(彩图见第510页)

后又将其他部落的人并入他们的社会中。它逐渐成为当时美洲最大的城市,到公元 1500 年人口已多达 10 万,通过输水管道与该地区的水源连接。特诺奇提特兰的居民还创建了大型的公共建筑、可接收所有男童入学的学校、有组织的军队和医疗体系,还有由大批被征服的部落组成的奴隶劳动大军。逐渐地,他们在几乎整个墨西哥中部及以外的地区确立了自己的统治地位,通过武力强行建立起了赋税机制(通常是以缴纳谷物、布匹或牲畜为形式的重税)。然而墨西卡人统治下的部落保持着相当程度的独立性,很多部落只是因为墨西卡的专横统治力量过于强大,无力抵抗,才对其俯首称臣。

和其他中美洲的社会一样,墨西卡人也建立了自己的宗教,他们相信把人作为祭品进献给神才能令神心平气和。之前的美洲早期社会对神的祭献仅讲究流血而不必杀生,墨西卡人则认为,只有以活人的心脏祭神才能博得神的欢心。因此,他们将人作为祭品,通常是战争中的俘虏,祭奠的规模也是其他美洲文明中闻所

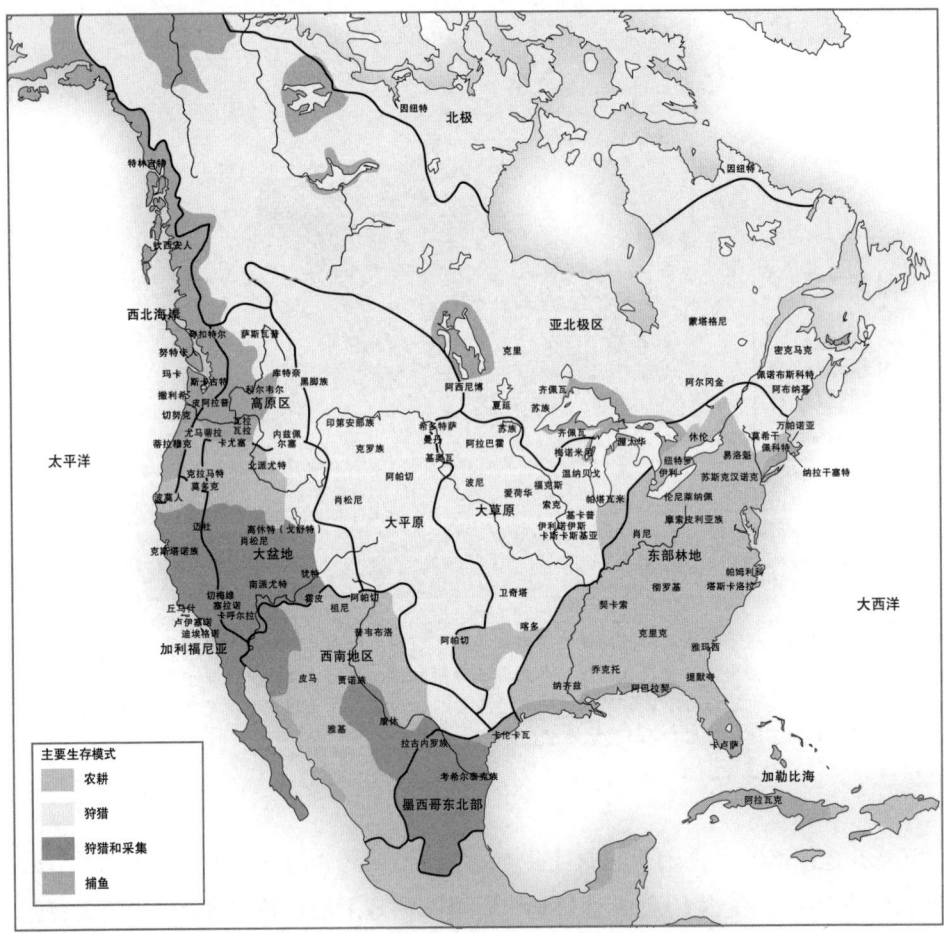

早期北美土著人的生活方式 该地图描述的是在欧洲文明到达之前北美土著部落的各种生活方式。美洲土著人和多数前商业社会的人们一样,主要依靠周围可以直接获得的资源维生,如大陆北部沿海部落主要依赖海产品,而在气候相对恶劣的北部地区,很难进行农业生产,人们主要以捕猎大型动物为生。多数美洲土著人以农耕为业。◆ 图中气候条件截然不同的农业区出现了哪些不同的农垦方式?(彩图见第511页)

提科尔（Tikal）玛雅神庙 提科尔是当时玛雅帝国最大的城市，纵贯今墨西哥、危地马拉和伯利兹。图中的神庙建于公元 800 年前，是玛雅人所建立的众多金字塔形建筑之一，此类建筑目前只有少数保存下来。(*M.L. Sinibaldi/Corbis*)

未闻的。

中美洲文明在数百年的时间里一直是北美和中美文明的中心、文化和贸易的枢纽，但他们的社会与同期强盛发达的欧洲社会依旧不可同日而语，这也是欧洲人入侵时他们无力抵御的原因之一。然而，他们仍不失为伟大的文明，或许他们只是缺少欧、亚社会使用已久的一些重要技术。即使到 16 世纪末，仍没有任何一个美洲社会研制出带车轮的交通工具。

北部的文明

在墨西哥以北，即现在的美国和加拿大境内，人们没有建立像印加、玛雅和墨西卡那样的大帝国，也没有形成完整的政治体系，但却发展出复杂多样的文明。在这片大陆的北部地区形成了多个社会群体，人们以狩猎、采集、捕鱼为生，或将三者合一。北极地区的因纽特人以狩猎海豹为生；他们的文明绵延于数千英里的冻土区，人们驾着狗拉的雪橇往来于这片土地。北部森林地区的人们主要捕猎驼鹿和驯鹿等大型猎物，过着游牧生活。在临太平洋的西北部地区，人们主要以捕大马哈鱼为生，他们沿海岸创建了长久的居住地，各个部落之间经常为了争夺自

复杂、多样的文明

然资源进行激烈的竞争。

另外一群部落分布在远西部相对干燥的地区，他们建立起了成熟的社区，多数社区物质丰富且人口稠密，主要以打渔、捕杀小型猎物和采集野果为生。北美其他社群以农业为主，其中最为完善的居住在西南部，那里的人们修建了庞大的灌溉系统，以便在干燥的地区从事农业，还建立了大的城镇，这些城镇逐渐成为贸易、手工业、宗教和庆典活动的中心。这些人口密集的居住区坐落在查科峡谷及其他地方，由石头和土坯建成的平顶房屋组成，现在通常称为普韦布洛（pueblos），在大小和设计上很像后来的公寓建筑。在大平原地区，多数部落也是以农业为主（种植玉米和其他谷物），长期过着定居生活，只有一些小的游牧部落以捕猎水牛为生。（直到18世纪欧洲人将马引入北美以后，捕猎水牛才开始成为很多人赖以生存的主业；很多曾经从事农业的人开始离开自己的土地去捕猎四处迁移的水牛群。）

玛雅猿神 玛雅人信仰数百种不同的神灵，并且试图将众多的神雕塑成人形，上图便是一例，雕刻于公元900年以前。猿神是一对双胞胎，他们被引诱到树上无法下来，之后便成了猴子的模样。根据传说，他们抛弃了缠腰带，腰带变成了尾巴，于是爬树可以更加灵活。猿神是书写、舞蹈和艺术的保护神。（*The Art Archive/Archaeological Museum Copan Honduras/Alfredo Dagli Orti*）

在占今美国版图三分之一的东部地区，多数地方被森林覆盖，因而居住在那里的人们被称为"林地印第安人"，这片地区是北美大陆食物来源最为丰富的地方。很多部落生活在那里，其中多数同时兼顾农业种植、狩猎、采集和捕鱼。在南部，密西西比河谷肥沃的土地盛产玉米和其他谷物，以此为基础，曾经一度建立长久的居住地和庞大的贸易网络。在发展贸易的过程中涌现出一些主要城市，其中之一就是卡霍基亚（在今圣路易斯附近），在1200年其巅峰期，人口多达1万人，建起了大量的土丘建筑群。

历史学家的分歧　历史学家因何经常各执己见？

8　　20世纪早期，当专门的历史研究尚属新兴领域的时候，很多历史学者曾一度认为，有关过去的问题也可以像其他科学领域的问题一样，得到肯定而精确的答案。运用精确的研究和分析方法，组织大批学者对现有的资料进行甄别筛选，精心推断过去的情形，这样就可以撰写出近乎权威性的历史，即使历经数代也无可争辩。持这种想法的学者被称作"实证论者"，他们与奥古斯特·康德和托马斯·亨利·赫胥黎所持的观点相似，认为真正的知识只能来自对清晰的"事实"的直接、科学的观察。因此，历史学家开始研读大量的档案资料和统计数据，来为历史的问题找到答案。

　　对于历史研究是否可能或应该纯粹客观的问题，尽管至今仍众说纷纭，但已经没有任何一位历史学家坚持"实证论"的观点，不再认为历史如同科学一样精确无误。实际上，对于过去的不同见解正是理解历史的关键，正如对当下的不同见解是理解我们自己这个时代的关键一样。当代历史研究的批评家经常认为，历史学家不断修正以前的历史解释的方法徒劳无益，有些批评家甚至否认历史解释本身的意义。他们认为，历史就是"过去发生的事情"。历史学家应该"以事实为依据"，而实际上学者们往往发现这根本不可能，由此不难理解为什么当今的历史研究领域存在诸多意见分歧。

　　历史学者之所以观点各不相同，一方面是因为所谓"事实"并非如历史批评家所想的那样简单，另一方面是事实本身如果没有被赋予特定的含义也就没有任何意义。当然，有些"史实"毫无争议，比如所有人都知道日本在1941年12月7日轰炸了珍珠港，也知道亚伯拉罕·林肯1860年当选总统。但有些"事实"就没有这么简单了，比如，在哥伦布到达之前美洲的人口是多少？（本章后面要探讨这一问题）有多少奴隶反抗奴隶制？后一问题看似简单，但是几乎不可能得出确切的答案，其原因一方面是有关奴隶反抗的历史记载凤毛麟角，另一方面是对"反抗"一词的界定就很难达成共识。

　　即使有些史实简单清楚，毫无争议，史学家们也会做出不同的解释，而且有时观点大相径庭。这些分歧可能是源于政治和意识形态的差异。近几十年中，有的学者认为经济利益和阶级划分是理解历史的关键，有的学者则认为思想和文化至少和物质利益同等重要，这两派学者的争论最为激烈。由于人们所处的背景不同，研究历史的视角也各不相同。白人与有色人种，男性与女性，南方人和北方人，青年人与老年人，诸如此类种种差异使得学者们在历史研究中见仁见智。也有些争论是源于方法论的差异，比如，有些学者认为量化研究可以解决重要的历史问题，有些则认为用其他方法进行研究所得出的结论更接近真理。

或许最为重要的是，历史的解释往往随时代的不同而改变。历史学者可能会在他们的著作中力求"客观"，但任何人都不可能完全脱离当前社会的焦点和意识形态。20世纪50年代，冷战的阴影无处不在，对多数史学家的历史观产生了深刻的影响，所以当时的很多历史著作似乎都想竭力证明美国民主经验的正确性，与当时新兴的危险的观念产生鲜明对比。60年代，对种族平等的关注和越南战争的失败使很多历史学者改变了观念。这些事件对学术研究产生了更为关键的影响，使学者们把注意力从政治和政府转到社会与文化研究。

很多学术领域近几十年都被一个问题所困扰，那就是"真理"是否存在？有些学者认为，世界不过是一系列的"叙述"，而叙述者看待生活的观念各不相同，而且往往带有很强的主观色彩。"真理"并不存在，一切都是主观解释的产物。接受这种偏激观点的历史学家不是很多，大多数人认为，解释只有以确凿的事实为依据才有价值。但是，历史学家也承认，即使是最无可争辩的事实，也可以有很多种不同的解释，而且理解历史的过程是永无止境、永远充满矛盾的。

由于东北部的大部分土地比较贫瘠，农业开发较晚，所以这里的农业社会比其他地区流动性强。东北部地区种植技术的特点通常是快速开发土地，而并不考虑将其建设为长久的家园。当地人采取焚林而田或伐木垦荒的方法，然后在枯死的树木中间种植玉米、豆类、南瓜等作物。几年之后，土地肥力耗尽或垃圾堆积太多的时候，他们就移居别处。在北美东部的一些地区，每到冬天，村落便散居各处，各家到荒野之中寻找食物，天气转暖再回来，度过严冬的人重新聚集起来开始农耕。

流动社会 密西西比河东岸的很多部落使用相同的语言，因而保持着松散的联系，其中最大的语族是阿尔冈昆语，这一语族在从加拿大到弗吉尼亚的大西洋沿岸地区居于主导地位。另一重要的语族是易洛魁语，以今纽约北部为中心。易洛魁包括至少五个北部部族——塞内卡族、卡尤加族、奥内达加族、奥奈达族和莫霍克族，易洛魁人也与南部卡罗来纳和佐治亚的切诺基人和塔斯卡洛拉人保持联络。第三大语族——马斯科吉语包括东部沿岸最南地区的部落：契卡索人、乔克托人、克里

卡霍基亚　图为一位艺术家所描绘的公元1100年左右的卡霍基亚城。大型的土丘为近圣路易斯附近的印第安人所建，一直保存到现代，现已成为密苏里风景的一部分。(Courtesy of Cahokia Mounds State Historic Site, Collinsville, Illinois. Painting by William R. Iseminger)

克人和塞米诺尔人。由于美洲的各个部族认为彼此之间不属于同一文明，因而印第安社会中的联盟，即使是操同一语言的部落之间的联盟，也都很不牢固。当欧洲人到达并且威胁到他们的生活方式的时候，印第安人只不过把这些入侵者看作另外一个部落加以抵抗，各个部落之间很少团结起来共同抵御白人。

历史学家的分歧　哥伦布到达之前的美洲人口

没有人知道哥伦布抵达之前有多少人在美洲生活。但是，仍有学人志士花了一个多世纪的时间，写了数千页的文字辩论这一问题。尽管这个问题几乎无法找到答案，但多年来人们仍孜孜以求，其原因是对哥伦布之前的美洲人口问题的讨论与另一个更大的论题紧密相关，即欧洲人在西半球殖民带来的后果如何。

整个19世纪，土著美洲人在抵抗白人文明扩张的斗争中屡遭失败，他们经常谈论哥伦布之前的美好时光，那时他们的部落人丁兴旺得多。他们有着丰富的口述历史传统，通过口传心授代代相传。画家兼人种论学者乔治·卡特林（George

Catlin)在19世纪30年代长期与土著部落相处,为他担心"即将灭绝"的一个部落绘制肖像,聆听他们的传奇故事,据他的估计,欧洲人抵达之前北美有1600万人口。多数美洲白人认为这一论断荒唐可笑,他们相信土著人口不曾超过100万。他们认为,印第安人文明太过原始,不可能有如此众多的人口。

20世纪早期,史密森学会的人种学者詹姆士·穆尼(James Mooney)开始探索一种比上个世纪更为科学的方法来估算北美早期人口的数量,前者以猜测为主。他以16世纪士兵和传教士的描述为依据,于1928年提出了异常精确的测算结果,认为16世纪早期生活在墨西哥北部的土著人口为115万人。这一数字比19世纪学者的估算要高,但仍比印第安人自己所统计的数字低很多。几年之后,人类学家阿尔弗雷德·克罗伯(Alfred Kroeber)借鉴穆尼的方法,得出了整个西半球人口的测算数字,这一数字大大高于穆尼的估算,但远远低于凯特林的统计。他1934年得出结论,认为1492年美洲的人口是840万,其中一半在北美,一半在加勒比和南美。这一结论在20世纪60年代之前无人质疑。

早期这些低估的数字首先反映出人们的假设,即欧洲人的到来并未使土著人口减少太多。尽管这是假设,但人们有理由推断,欧洲人在16世纪末期和17世纪所遇到的印第安人相对较少,这也反映出欧洲人抵达之前的几个世纪美洲人口的数量。

20世纪六七十年代,一些学者发现,哥伦布到达之后不久,早期的部落就大批死于欧洲传来的瘟疫,也就意味着欧洲人在16世纪晚期所估算的数字早已大大低于1492年人口的数量了。因此,在早期人口研究的方法上出现了重大的变化。人类学等方面的早期研究成果发现,疾病导致大面积人口死亡,一些历史学家根据这些文献做出了有力的论断,如威廉·麦克尼尔(William McNeill)和阿尔弗雷德·克罗斯比(Alfred Crosby)分别在1976年和1986年提出,有些部落濒临灭绝,有些部落则遭受了史无前例的瘟疫之灾。当前,几乎所有的学者都认为,多数土著人口在白人殖民者开始认真着手统计之前,就已经死于天花、麻疹、肺结核和其他一些欧洲传来的疾病。

一般认为,1492年的土著人口数量比几十年之后要多很多,这一观念促使人们对哥伦布之前的美洲人口数量作出较高的估算。人类学家亨利·多宾斯(Henry Dobyns)是最早对低估的数字提出质疑的学者之一,他在1966年提出,1492年墨西哥北部的人口在1000万至1200万之间,全美洲人口总数在9000万至1.2亿之间。他这一结论的依据是:哥伦布到达之前的人口95%死于传染病。他据此将哥伦布抵达之后的人口数字乘以20，得出之前人口的总数。其后的学者没有人做出如此之高的估算，多数史学家认为95%的人死于疾病这一数字估计过高，只有少数相对偏僻的地区死亡比例才有可能如此之高，例如伊斯帕尼奥拉岛（Hispaniola）。但之后多数估算的数字都与多宾斯的结论相接近，而与克罗伯的结论差异较大。例如，地理学家威廉·丹尼文（William M. Denevan）在1976年得出的结论认为，1492年美洲的人口在5500万左右，墨西哥北部的人口不足400万。这些都是现代研究中最低的估算数字，但与19世纪的估算相比仍高出很多。

学者和公众之所以围绕这些数字进行激烈的辩论，不仅仅是因为当时人口的数量很难确定，另一方面的原因是对这一人口问题的讨论涉及另外一个重要的问题，即哥伦布及其之后的数百万欧洲人的到来，是世界文明的进步（1892年美洲人欢欣鼓舞地庆祝哥伦布航海400周年的时候，多数人都这样认为），还是一场史无前例的灾难，使人口众多、欣欣向荣的土著人几乎灭绝（1992年举行500周年纪念时，美洲和欧洲人较原来清醒了，有些人持这种观点）。1492年之后欧洲文明在新大陆取得了诸多成就，而同时又使土著人遭受了毁灭性的灾难，如何在二者之间找到一种平衡，与其说是一个历史问题，不如说是一个道义上的问题。

部落文化

北美印第安人各个部落之间在经济、社会和政治结构上存在巨大的差异，因而很难归纳他们文化的共同特征。然而，欧洲人到达之前的几百年里，北美的土著人像世界其他地方的人们一样正在经历农业革命。在当今美国版图内的所有地方各个部落的居所逐渐稳定，并且不断开发新的衣、食、住所资源（当然各地之间彼此有程度上的差异）。多数地方人口显著增长。实际上，所有部落都在逐渐形成比较完善的社会习俗和礼仪，这种习俗和礼仪只有在相对稳定的社会中才能得以产生。和其他文化一样，宗教对印第安人社会具有重要的意义，而且通常和部落所赖以生存的自然界紧密相关。土著人信仰多种神灵，他们把神灵与庄稼、猎物、森林、河流以及其他自然界中的元素联系起来。有些部落创造出精细美观、色彩绚丽的图腾作为宗教仪式的重要组成部分；多数部落在收获或是重要狩猎活动等重要场合举行大规模的庆典。

农业革命

北美的社会和世界其他地方一样，通常根据性别进行社会分工。所有的部落都把照看孩子、准备一日三餐和采集食物的工作交由妇女来做，但其他任务的分配各个部落之间则各不相同。有些部落（尤其是西南部的普韦布洛）将全部农活都留给男人，在其他部落（包括阿尔冈昆、易洛魁和马斯科吉），则由妇女照看农田，男人负责狩猎、打仗或是开垦荒地。易洛魁族的男人在狩猎或打仗时，常常把妇女和儿童留在家里，因此，妇女往往控制着社会和经济组织，在家庭中也占有重要地位（因而很多部落属于母系社会）。

二、欧洲西望

15世纪之前，欧洲人几乎全然不知美洲的存在。挪威水手利夫·埃里克森等少数几位在大洋上漂流的早期探险者曾看到这片新大陆的部分地区，并且证明欧洲人能够跨越大洋到达这片新的土地。但是，即便是他们的发现已经成为家喻户晓的常识（况且在当时还没有成为常识），其他人也没有什么兴趣去开发这片新大陆。中世纪的欧洲（大致在公元500年至1500年之间）并没有多少探险的精神。以农为生是当时的主导，商业贸易极其有限，很少有商人将眼光投向自己的区域之外。罗马天主教堂对大陆的多数地方实行精神上的统治，神圣罗马帝国至少是名义上的政治中心。即使如此，实权四分五裂，因而由某位领袖发起一项重大的冒险活动十分罕见。然而，后来欧洲的情况逐渐发生了变化，到15世纪晚期，人们对海外探险的兴趣开始提高。

商业与民族主义

两个重大的并且相辅相成的变化诱使欧洲人把目光投向新大陆。一个变化是欧洲15世纪人口的显著增长。黑死病，一种1347年始于君士坦丁堡的严重传染病，造成欧洲人大批死亡。据统计，欧洲大陆1/3以上的人口死于瘟疫，这使原本并不发达的经济更为虚弱。而在150年后，人口再次出现反弹。随着人口的增长，土地价值开始提高，商业开始复苏，一切呈现出欣欣向荣之势。富裕的领主们迫切希望从远方购买商品，新兴商人阶层恰在此时出现以满足他们的需求。随着商业贸易的增加和航海、造船业的发展，长途航海成为可能，人们对于开拓新市场、发现新产品和开发新航路的兴趣也迅速增加。

另一重大变化是新的政体的出现，这些政体随着欧洲商业贸易的兴起而出现，

易洛魁妇女 这幅版画创作于1734年的法国,描述的是今纽约上州某殖民点易洛魁妇女干活的场景。前景中,妇女们正在烧饭。其他妇女在田间劳动。男子大部分时间在捕猎和打仗,将妇女们留在村子里料理内部事务。易洛魁社会通过母系继承财产,母亲在部落中享有很高的荣誉和权威。(*Library of Congress*)

并促进其发展,与过去欧洲封建政体相比要强有力得多。在欧洲的西部地区,教皇的权力鞭长莫及,神圣罗马帝国的皇帝也虚弱无力。因此,新的君主出现了,他们强大而有力,创建了集权的民族国家,有自己的法庭和军队,最为重要的,有自己的税收系统。这些雄心勃勃的国王和女王们在巩固自己权力、增加自己财富的同时,开始迫切希望发展国家的商业贸易。

集权化的国家

14世纪早期,马可·波罗(Marco Polo)和其他冒险家从亚洲归来,带回了异乡的产品(香料、织物和染料)和外国的故事。自那时开始,希望通过经商大获成功的欧洲人最大的梦想就是和东方进行贸易往来。然而两个世纪以来,由于通往亚洲之路漫长而艰难,贸易活动受到极大的限制。但到了14世纪,几个西欧国家的航海技术大大提高,加之伊斯兰国家控制了东部通往亚洲的路线,欧洲人开始认真考虑寻找一条更为快捷安全的海上航线。这种梦想逐渐得到了新崛起的君主们的认可。到15世纪后期,有些君主已经开始考虑为海上探险提供资助。

葡萄牙人是海上探险的先驱。他们在15世纪是海上强国,亨利王子本人就是一名航海家,他为葡萄牙海上实力的扩张做出了卓越的贡献。亨利的主要兴趣不是寻找通往亚洲的航线,而是探索非洲的西海岸。他梦想在那里建立一个基督

航海家亨利王子

教的帝国，以此来为其国家与北非摩尔人的战争助一臂之力，还希望发现新的金矿。他的探险并未达到预期的目的，但最终超越了起初的梦想。亨利的一些水手们曾向南远航到非洲西海岸的佛得角。1486 年（即亨利去世 6 年之后），巴托洛梅乌·迪亚斯（Bartholomeu Dias）绕过非洲南端（好望角）；1497—1498 年，瓦斯科·达·迦马（Vasco da Gama）沿着这条路线继续向前航行到达印度。1500 年，另一支船队在佩德罗·卡布拉尔（Pedro Cabral）的指挥下驶往印度，但被风吹得偏离了向南的航线，到达了巴西沿岸。但是在此之前，另一个人已经先行到达了新大陆。

克里斯托弗·哥伦布

克里斯托弗·哥伦布（Christopher Columbus）生长于意大利的热那亚，在葡萄牙服役期间积累了早期的航海经验。年轻时，他就开始对向西而不是向东航行到达亚洲的想法十分着迷，当时这种想法已经有人谈论。不过哥伦布的想法是出于一些误解。他以为世界很小，亚洲大陆向东延伸没有多远，因此他相信大西洋也很窄，经过相对短暂的航行即可横渡。他从未想过在西行之路上欧洲与亚洲之间还有其他大陆。

哥伦布的计划没有得到葡萄牙的支持，于是他求助于西班牙。虽然西班牙人航海技术不及葡萄牙人发达，但是他们至少精力充沛并且雄心勃勃。15 世纪，西班牙势力最大的两位统治者阿拉贡的费迪南德（Ferdinand of Aragon）和卡斯提尔的伊莎贝拉（Isabella of Castile）联姻，形成了欧洲最为强大的君主国。像其他的新兴国家一样，它建立之后不久就开始资助新的商业探险活动，以此来显示自身的强大。

哥伦布向伊莎贝拉女王寻求支持，希望自己向西航行的计划能得到资助。1492 年，伊莎贝拉在西班牙国内确立了君主统治地位之后，同意了哥伦布的请求。1492 年 8 月，哥伦布率领 90 名水手和 3 艘船只驶离西班牙，向西进入大西洋，沿着他以为是直线的航路驶往日本。10 周之后，他看到了陆地，以为到达了目的地。实际上，他到达了巴哈马群岛的一个岛屿。当他继续前行到达古巴时，他以为是到了中国。他凯旋而归，带回了几名当地的俘虏作为其成功航行的证据（他以为那些当地人来自太平洋上的东印度群岛，所以称他们为"印第安人"）。

显然，哥伦布没有到过中国皇帝的宫廷，也没能得见印度群岛的富庶。因此，一年以后他再次远航，这次探险规模更大。和先前一样，他朝加勒比海的方向驶

哥伦布的首航

克里斯托弗·哥伦布 这幅有些理想化的图画创作于哥伦布航海至新大陆这一历史性之举的数年之后，图中哥伦布立于船头，脚下放着一副铠甲，船即将驶达他误以为是亚洲一隅的新大陆。(*Library of Congress*)

去，发现了其他一些岛屿，并且在伊斯帕尼奥拉岛（Hispaniola）上短暂建立了一个小殖民地。1498年，他第三次出海，最终到达了美洲大陆，并沿南美北海岸航行。当他通过奥里诺科河（Orinoco River）河口（今委内瑞拉）的时候，第一次断定他所发现的并非是中国附近的岛屿，而是一片独立的大陆。他意识到，如此大的淡水河只可能发源于一片广袤的大陆。但他仍然坚信亚洲距此并不遥远。尽管由于巴拿马地峡的阻碍，他没能绕过南美东北海岸到达亚洲，最后打道返回西班牙，但他始终认为自己至少已经到了远东的边缘，并且一直到死都没有改变这种想法。

哥伦布的成就使他成为一个名噪一时的英雄，但他却在默默无闻中悄然离世。当欧洲人给这片新大陆命名时，完全忽略了他，却将这一殊荣留给了佛罗伦萨的

巴尔博亚发现太平洋　西班牙历史学家贺莱拉（Herrera）创作了这幅雕版画以纪念瓦斯科·德·巴尔博亚发现太平洋。巴尔博亚在渡过巴拿马地峡后发现了太平洋,当时的人们称之为"南海"。(Bettmann/Corbis)

商人亚美利哥·韦斯普奇（Amerigo Vespucci）。亚美利哥在哥伦布之后作为葡萄牙探险队的成员到达新大陆，撰写了一系列游记，生动地描述了所到之处的景象，并断定美洲是一片新大陆。

　　几个世纪以来，哥伦布被人们称颂为"海洋舰队司令"（他有生之年一直在争取获得官方的授予），一位文艺复兴时期欧洲全新的、世俗的科学探险精神的代表。但是哥伦布也是一位虔诚的宗教徒，甚至是一位神秘主义者。他的航行不仅出于他对地理和贸易的兴趣，也是因为他坚信自己在完成一项神圣的使命。他笃信《圣经》中的预言，并逐渐把自己看作命中注定的千禧年的先驱。他在晚年写道："上帝任命我为新天堂和新尘世的信使，他为我指点迷津。"在哥伦布之后对新大陆的探险和殖民中，许多探险家们也怀着类似的融尘世和宗教为一体的热情。

　　哥伦布造访新大陆在一定程度上刺激了西班牙，使其开始在海上探险方面投入更多的物力与精力，逐渐取代葡萄牙成为第一海上强国。西班牙人瓦斯科·德·巴尔博亚（Vasco de Balboa）于1513年横渡巴拿马地峡，驶入一片海域，这片海域恰恰位于美洲与中国及印度群岛之间，巴尔博亚成为第一个向西瞭望这

探险的宗教动机

片大洋的欧洲人。为了寻找这片大洋的入口，一位受雇于西班牙的葡萄牙人——费迪南德·麦哲伦（Ferdinand Magellan），发现了南美洲南端的海峡（即今麦哲伦海峡），历尽艰险穿越湍急的狭窄水道驶入大洋（他发现大洋如此平静，所以将其命名为"太平洋"），继续航行到菲律宾。在那里，麦哲伦在与当地人的冲突中不幸身亡，但他的探险队继续前行，完成了第一次环球航行（1519年至1522年）。到1550年，西班牙对北美的探险已经到达内陆的一些地区，沿海岸线的探险在西部最北到达俄勒冈，东部到达拉布拉多。

费迪南德·麦哲伦

西班牙征服者

新大陆的西班牙探险家不再仅仅把美洲看作是探索东方之路的障碍，而是开始将其看作争夺财富的渠道，对新财源的兴趣甚至超过了最初对印度群岛的兴趣。基于哥伦布的地理大发现，西班牙宣称整个新大陆属于自己，只有一块地方（今巴西）根据教皇颁布的法令留给葡萄牙。到16世纪中期，西班牙已经走上了建立美洲大帝国之路。

随哥伦布第二次航海而来的一些西班牙人在加勒比海的岛屿上定居下来。这些早期殖民者试图奴役印第安人，并寻找黄金，但都未能如愿。后来，在1518年，赫尔南多·科特斯（Hernando Cortés）率领一支约600人的小部队进入墨西哥。科特斯曾是西班牙在古巴的一名政府官员，任职14年之久，而政绩甚微。当他听说墨西哥有大量财宝时，他决定去寻宝。虽然遭到阿兹特克人和他们的首领蒙特祖玛（Montezuma）机智而顽强的抵抗，但科特斯和其所率的军队无形之中给阿兹特克人造成了沉重的打击，而且远比军事进攻更具毁灭性：他们在早期和平造访特诺奇提特兰部落时让当地土著人染上了天花。一场天花令土著人口锐减，使西班牙人在第二次征服中取得胜利。西班牙人把这场传染病看作上天对其殖民行为的护佑。当基督徒们在战争中筋疲力尽的时候，科特斯的一名手下说道："上帝认为适宜让印第安人染上天花。"由于科特斯对幸存的土著人进行残酷的镇压，因而长期以来被认为是最为残忍的西班牙征服者。

科特斯征服阿兹特克人

墨西哥发现银矿的消息吸引了其他西班牙人的注意。来自岛屿殖民地和西班牙本土的征服者接踵而来，到这片大陆寻找财富。这股浪潮堪与19世纪的淘金热相提并论，只是手段更为残忍。弗朗西斯科·皮萨罗（Francisco Pizarro）在1532—1538年间征服了秘鲁，向欧洲人展示了印加人的财富，为进一步开发南美开辟了道路。赫尔南多·德索托（Hernando de Soto）曾是他的助手，在寻找金银

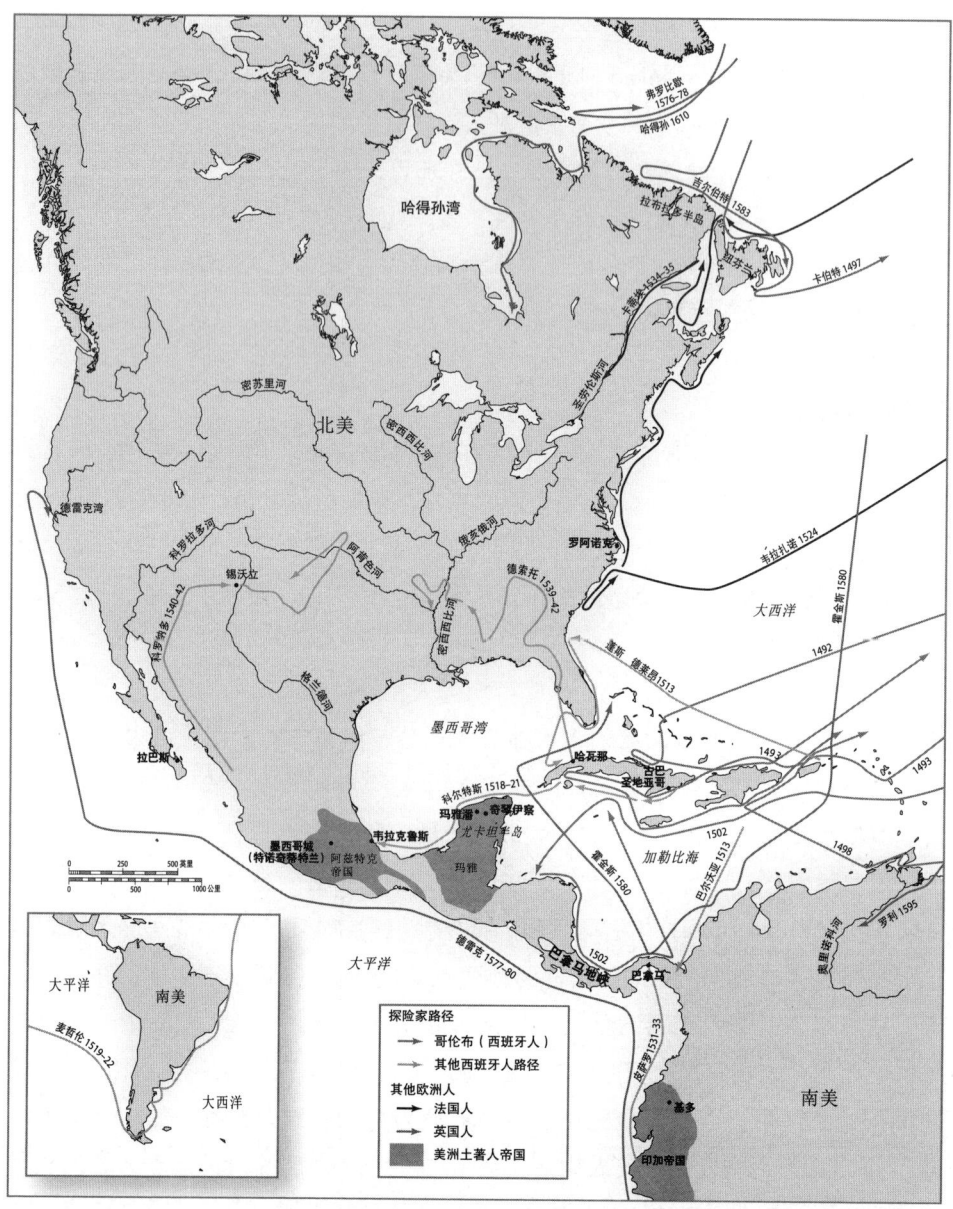

欧洲人的探险与征服，1492—1583 这幅地图所标示的是15世纪末和16世纪欧洲人北美探险和征服的航线。如图所示，哥伦布及其西班牙追随者大都快速进入墨西哥、加勒比、中美及南美地区，而英国人和法国人则到北美北部探险。◆ 什么原因使得这些不同国家到新大陆不同的地区去探险、殖民？（彩图见第512页）

财宝未果之后,在 1539—1541 年间数次率部从佛罗里达向西进入内陆,成为第一个横渡密西西比河的白人。弗朗西斯科·科罗纳多 1540—1542 年间从墨西哥向北进入今新墨西哥,同样寻找财宝而一无所获,而在此过程中,他为西班牙人开拓今美国西南部打通了道路。

西班牙战士勇猛顽强,战果辉煌;但他们也非常残忍贪婪,之后几个世纪中,欧洲人对美洲的征服也时常如此重演残忍与贪

皮萨罗在秘鲁 一位欧洲艺术家描述皮萨罗于 1530 年初到达秘鲁海岸的情景,他受到成群心怀敌意的印第安人的迎接。到 1538 年,皮萨罗已经征服了印加王国。(*Library of Congress*)

残忍与贪婪

德索托在北美 这幅令人毛骨悚然的画面描述的是 1540—1541 年冬西班牙军队在赫尔南多·德索托指挥下屠杀一群游牧印第安人的场景。德索托曾任古巴总督,但 1539 年他率 600 军队航行至佛罗里达,之后的几年中跨越了后来成为美国南部的大片区域,1542 年德索托死于热病。图中描述的是他的军队在途中邂逅印第安部落时肆无忌惮的残酷行径,在其他地方也是如此。(*Rare Books and Special Collections, Library of Congress*)

梦。殖民者征服了当地的土著人，在有些地方，战争与疾病交加，土著人口近乎灭绝。他们用这种恐怖的手段使在新大陆建立西班牙大帝国成为可能。

西属美洲

在发财梦的诱惑下，西班牙的探险家、征服者和殖民者在新大陆为西班牙建立了一个大帝国。新的欧洲疾病和西班牙的军事力量迫使曾经强大的阿兹特克和印加帝国俯首投降。西班牙帝国的历史分为三个阶段。第一阶段是发现与探索时期，始于哥伦布，持续至16世纪20年代。第二阶段为征服时期，西班牙的军事力量（加之他们带来的疾病）帮助他们攫取了土著人的土地，奠定了他们的统治地位。第三阶段始于16世纪70年代，新的西班牙法律——《地理发现法令》(Ordinances of Discovery) 禁止残酷的军事征服。从那以后，西班牙人开始通过殖民扩张其领地。

地理发现法令

首批到达新大陆的西班牙人（西班牙征服者）只对一件事情感兴趣，那就是发财致富，结果大获成功。自16世纪开始，300年来西属美洲的矿藏所出产的金银数量比世界其他地方产量总和的10倍还多。这些财富使西班牙成为当时世界上最富最强的国家。

然而，在第一次征服浪潮之后，多数在美洲的西班牙移民是为了其他目的而来到新大陆的。很多人希望创建有利可图的农业经济。原先那些征服者所到之处毁坏殆尽，而这些移民则不同，他们帮助欧洲文明的元素在北美确立下来，从而永久性地改变了美洲的自然景观和社会结构。

另一重要的殖民力量是天主教会。费迪南德和伊莎贝拉在占据了墨西哥南部以北的美洲大陆之后，满足了教会的愿望，规定天主教为新领地唯一合法的宗教。西班牙遵守了这一条件。因此，很多移居新大陆的西班牙人都是虔诚的宗教徒。尽管西班牙人在16世纪建立了商业和军事中心，但是到17世纪早期，另一种移民形式普遍存在，那就是布道使团。当然，使团不乏商业目的，但他们的主要目的（至少是首要目的）是使土著人皈依天主教。往往有一些卫戍部队与使团联系，保护他们不受土著敌人的袭击。军事基地也往往在他们附近建立起来，为其提供更多的保护。实际上，在16世纪40年代征服阶段接近尾声的时候，传教已成为欧洲人移居美洲的主要动机。每一次殖民活动都有牧师或修士参与。通过传教士的努力，天主教会的福音最终扩展到中、南美洲和墨西哥，进而传入今美国南部和西南部。

天主教传教团

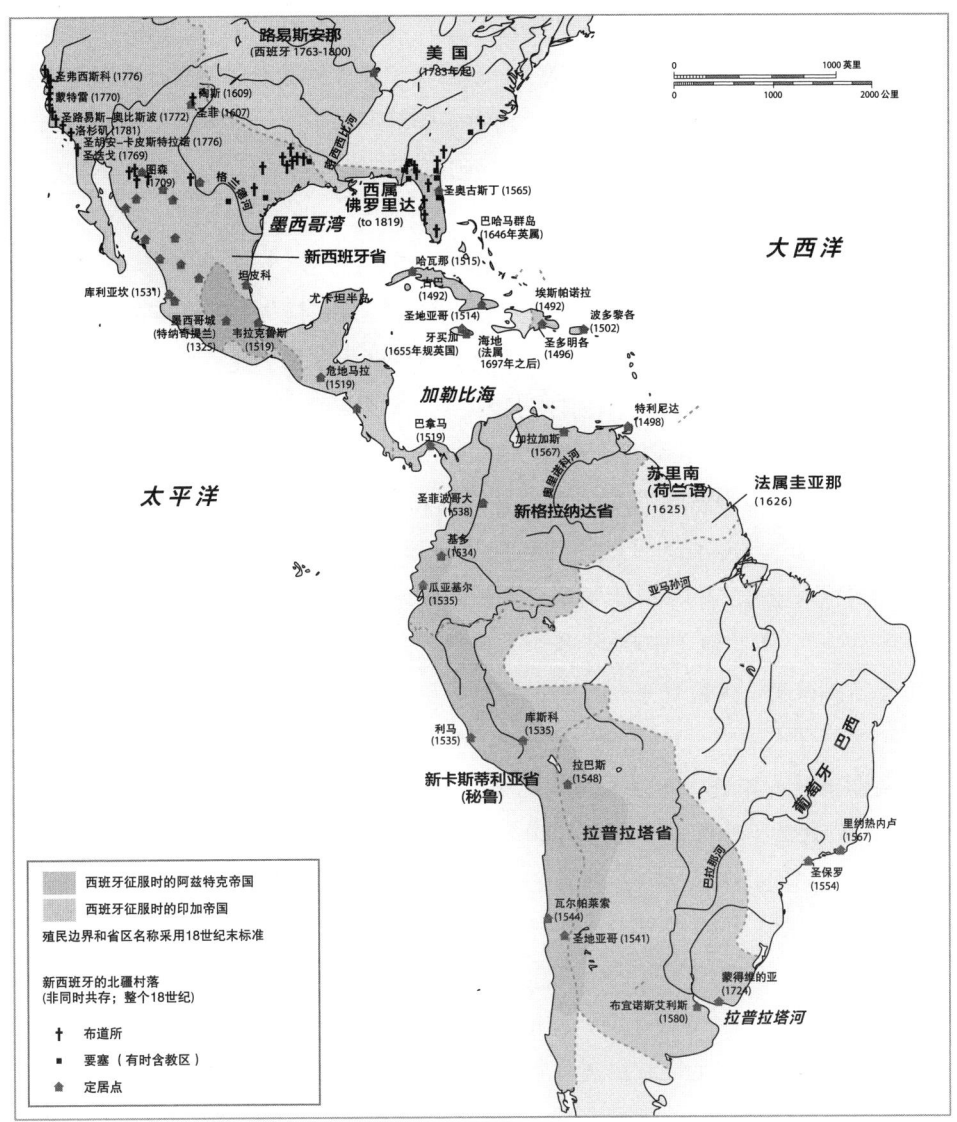

西属美洲 从哥伦布1492年首次航行到19世纪中期,西班牙在新大陆的殖民势力中一直居于主导地位。从南美南部到西北太平洋的北部,西班牙控制着世界上最大的帝国。西班牙帝国大部分只是简单地将其帝制移植到早期土著人的帝国之上,包括今智利和秘鲁版图上的印加帝国、南美其余地域的阿兹特克帝国、墨西哥,以及今美国西南部。(彩图见第513页)

北部前哨

圣·奥古斯丁

西班牙人 1565 年在佛罗里达的圣·奥古斯丁建立的城堡成为当今美国境内第一个永久的欧洲殖民地，它兼具多种功能——军事哨所、圣方济各会传教管理中心，以及与北美土著人的战斗指挥部（后因失败而取消），但它并非是在该地区开始大规模殖民的标志。

更为重大的殖民活动在 30 年之后始于西南部。1598 年，唐璜·德·奥内特（Don Juan de Onate）带着 500 人从墨西哥北上，声称科罗纳多 50 年前经过的普韦布洛印第安人的土地属于西班牙。西班牙移民开始在那里建立殖民地，其模式仿照其在南部（今新墨西哥）创建的殖民地。奥内特向印第安人出示"征集令"（encomienda），这是在特定地区强制当地人服劳役并缴纳贡赋的许可证（这套体制首次用于西班牙境内的摩尔人）。西班牙人据此开始要求当地的印第安人纳贡（也强征他们为劳动力）。西班牙殖民者于 1609 年建立了圣塔菲（Santa Fe）。

奥内特对土著人的残酷无情威胁到新殖民地的稳定（当时的土著人口远远超过西班牙人），致使他在 1606 年被革去总督一职。之后，西班牙人和普韦布洛人的关系得到改善。大批普韦布洛人在西班牙传教士的影响之下皈依了基督教，有的还与西班牙人建立了重要的贸易关系。然而，由于阿帕契族和纳瓦霍人的时常袭击对西班牙人和普韦布洛人都构成威胁，殖民地的情况很不稳定。即便如此，新墨西哥殖民地仍继续发展。到 1680 年，2000 余名西班牙殖民者生活在约 3 万名普韦布洛人中间。殖民地的经济重心不是早期西班牙探险家们徒劳寻找的黄金或是其他贵重金属，而是牛羊。西班牙移民建立了很多小村镇，牧场就绵延在这些小镇的四周。

1680 年普韦布洛人起义

1680 年，普韦布洛人起义，殖民地几乎被毁灭。17 世纪 60 年代和 70 年代，欧洲人认为有些部落的宗教仪式与基督教相悖，于是西班牙牧师和殖民政府发起了禁止这些仪式的行动。土著人对此行动的不满持续了数十年。然而，导致 1680 年普韦布洛起义的更重要原因是一场大旱和邻近的阿帕契族部落的一系列袭击。这些事件动摇了殖民地的稳定，成为起义的导火索。一位名叫波普的印第安宗教领袖领导了起义，杀死了数百名欧洲移民（包括 21 名牧师），占领了圣塔菲，并将西班牙人逐出本地。但是，12 年之后，西班牙人卷土重来，重新占领了普韦布洛人的土地，并于 1696 年镇压了最后一次起义。

西班牙人对普韦布洛人的压迫并未就此结束。但在起义之后，很多西班牙殖民者认识到，鉴于土著人口的数量大大超过西班牙人，如果长期与土著人发生摩擦，新墨西哥就不可能兴旺发达。于是他们设法通过两种方式来解决问题。一方面，西班牙人加强对印第安人的同化，在印第安婴儿出生时就实行洗礼，强制其遵守天主教礼仪。另一方面，他们允许普韦布洛人拥有土地，不再强制印第安人劳动，取消征集令体制，用相对宽松的一套体制取而代之，并且默许印第安部落的宗教仪式。

这些举措至少在一定程度上取得了成功。之后不久，大批欧洲人与印第安人之间开始通婚。普韦布洛人越来越把西班牙人看作他们的盟友，在与阿帕契人和纳瓦霍人持续不断的战斗中并肩作战。到1750年，西班牙人口的数量增加到约4000人，而普韦布洛人则由于疾病、战争和移民等原因减少到大约1.3万人，不到1680年人口的一半。新墨西哥当时已经成为西班牙帝国一个稳定的前哨，但仍然非常弱小，孤立无援。

帝国鼎盛时期

到16世纪末，西班牙已经成为世界历史上最大的帝国之一。它包括加勒比海上的群岛和南美沿海地区，那里是西班牙海上探险的最初目标。帝国的版图延伸至墨西哥和北美的南部，西班牙人在第二次殖民浪潮中在那里建立了前哨。最为重要的是，帝国向南、向西扩展到南美的广袤土地，即当今智利、阿根廷和秘鲁

西班牙大帝国

普韦布洛的贸易中心　这幅现代绘画描述的是公元1500年前后位于格兰德河谷的一个贸易中心佩科斯（Pecos）。这里是当地部落的集散地，来此进行贸易的有定居的普韦布洛人，他们种植农作物，生产陶器，还有平原地区的阿帕契人，他们以捕猎水牛为生。在定期举行的集市上，各个部落交换食品和其他物品。

的版图。1580年，当西班牙和葡萄牙的君主暂时联合起来的时候，巴西也在西班牙的统治之下。

然而，这个殖民帝国与英国在17世纪早期所建立的殖民地迥然不同。尽管最早在新大陆的探险活动基本上不受君主的控制，但到16世纪末，君主的权力已经直接介入地方社区的管理了。殖民者不太可能建立独立于国王之外的政治制度。在经济方面，西班牙帝国和后来的英国殖民地也有重大的差异。与英国相比，西班牙在美洲殖民地所开发的表面财富——金银远远胜于后来的英国，但是正因如此，他们对于农业和商业没有投入太多精力。西班牙政府严厉的商业政策使得情况更为糟糕（而英帝国从未在北美殖民地强制实行其政策）。为了收税并保护殖民地不受海盗劫掠，政府制定了严格的限制性法规。法规要求所有与殖民地的贸易往来必须经由同一个西班牙港口和几个指定的殖民地港口，每年只能出海两次。这套法令在一些方面遏制了西班牙殖民地在新大陆的经济发展。

皇室的严格控制

在人口方面，西班牙帝国和北部的殖民地也存在重要差异。几乎从一开始，英国、荷兰和法国就致力于在北美殖民地建立永久的殖民地和家庭生活。在经历了最初几年的艰难岁月之后，北美的欧洲人迅速繁衍，最后人口超过了土著人。而西班牙人则不同，他们虽然统治帝国，但不扩大人口。在移民的第一个世纪，来自西班牙本土或其他欧洲国家的移民不到25万人。17世纪上半叶只有大约20万人移民到美洲。其他移民来自大西洋上的岛屿——亚述尔群岛、佛得角群岛和其他地方。但是，即使有这些来源，西属北美的欧洲移民与土著人口相比也非常少。虽然土著人经常受到疾病和战争的侵袭，但他们在西班牙帝国的人口比例中仍占多数。换言之，西班牙是用少数统治阶级来管理多数的土著人；他们没有像后来的英国那样在新大陆建立独立的欧洲社会。

文化的碰撞

种族接触与文化交流

和后来北部英属殖民地相比，西班牙帝国内的种族界限逐渐开始模糊，但欧洲和土著文化从未完全融合。实际上，在当今所有南美和中美地区，欧洲文化和土著文化之间依然存在着重大的差异。然而，白人的到来开启了不同种族之间的相互交流，每个种族都因此而有所变化。

交流的增多

如果没有早期与土著人的接触，欧洲人不可能来美洲探险。通过土著人，欧洲人知道了这里有丰富的金矿和银矿。此后，在美洲的历史上不同的民族与文化之间的交流不断增多，有些交流是有益的，有些则是灾难性的。

交流所产生的首要的，也是最为深远的结果就是欧洲的病毒传入新大陆，使得美洲土著人接触了各种疾病，如流感、麻疹、水痘、腮腺炎、斑疹伤寒，尤其是天花，欧洲人对这些疾病已经产生了一定的免疫力，而土著人则没有任何抵抗力，其后果之严重难以言表，数百万人患病身亡（参见本章"历史学家的分歧"）。

在与白人首次接触后的50年内，居住在加勒比海上大的岛屿和墨西哥某些地区的土著人近乎灭绝。在伊斯帕尼奥拉岛（今多米尼加共和国和海地，哥伦布曾于15世纪90年代在此登陆并建立了一个短期的殖民地），土著人口从约100万锐减至500人。在墨西哥的玛雅地区，高达95%的人口在与西班牙人首次接触几年之后就染病死了。有些人群的景况稍好一些。墨西哥北部的一些部落（尽管远非全部）与欧洲移民接触较晚，而且来往不甚密切，因而得以幸免最严重的传染病。但是，新大陆的多数地区经历了深重的灾难。两个世纪前，黑死病夺去了欧洲三分之一的人口的生命，而欧洲传来的疾病导致新大陆人口死亡的人数不亚于黑死病，在很多地方情况更甚。

<small>人口灾难</small>

在美洲南部地区，土著人的大批死亡并非纯粹是由无心的疾病感染所致，而是西班牙征服者蓄意的灭绝政策的结果。欧洲人在全世界发动的战争都是残酷无情的，他们的残忍也在一定程度上反映出这一点。之所以如此，还有一个原因，那就是他们认为土著人是未开化的野蛮人，在欧洲人的眼里他们不完全算作人。

<small>蓄意镇压与灭绝</small>

当然，并非所有的交流都给土著人带来如此灾难性的后果。欧洲人将重要的作物带到了美洲（其中有甘蔗和香蕉），还带来了家畜（牛、猪和羊），或许最为重要的是马，因为马在冰川时代就从西半球消失了，又在16世纪由西班牙的船只运到了美洲。欧洲人把这些东西带来是为了自己使用的，但印第安人不久就学会了种植新的作物，欧洲的家畜迅速繁殖，并在土著人中广为传播。之前，土著部落除了狗之外，没有其他家畜。而此时，马成为很多土著人生活的中心，并且改变了他们的社会。

两种文化之间的交流对于欧洲人来说同等重要（而且获利更多）。不论是在北美还是南美，白人移民都从土著人那里学到了新的农业技术，那些新技术往往比他们从欧洲带来的更适合新大陆的自然条件。他们发现了新的作物，其中最为重要的是玉米，后来成为移民们重要的粮食作物。哥伦布首次从美洲返航将玉米带回了欧洲，不久也在欧洲传播开来。南瓜、豆类、甘薯、番茄、辣椒和马铃薯也随之传入欧洲，这些作物使欧洲的农业发生了重大变化。虽然最初的征服者都看重金银，但农业上的发现对于欧洲的将来更为重要。

<small>新的作物与农业技术</small>

在南美、中美和墨西哥，欧洲人开始与土著人密切接触，他们之间或许并不平等，但开始形成一种社会模式。于是，印第安人吸纳了欧洲文明的很多特征，当然这些特征传到新大陆之后已有所改变。很多土著人逐渐开始学习西班牙语和葡萄牙语，但在学习的过程中，他们把欧洲的语言与自己的语言相结合，创造出了各种方言。欧洲的传教士一方面通过说服，一方面通过恐吓，将天主教传遍了西班牙殖民帝国的大部分地区。但土著基督徒往往把基督教的信条与他们自己原来的宗教结合起来，创造出新的信仰，其本质是基督教，但具有明显的美洲特征。

欧洲的政府希望殖民官员带上他们的妻子同去美洲，但在绝大多数普通移民之中，男性人数大大高于女性，其比例至少是 10 比 1。因此，西班牙男子难免与土著妇女发生性接触，通婚现象日益频繁，不久之后混血儿逐渐成为殖民地人口的主要组成部分。因此，在西班牙帝国形成了明确的种族等级，西班牙人在顶端，土著人在底层，混血儿在中间。然而，不同种族之间的流动性比西班牙人所预料的要大得多，而且种族等级制度并未持续太长时间。随着时间的推移，血统不再是决定性因素，财富和家庭的影响逐渐开始决定社会地位。最后，一个人只要能够成功，有权有势，不论他的祖先是什么血统，都可以成为"西班牙人"。

> 复杂的种族等级制度

从通婚的频率可以看出西班牙帝国的社会是如何成型的。它显示出，独在异乡生活的男性渴望有女性伴侣和理想的家庭生活，而这些只有在土著人中间才能找到；白人移民亟须劳力，包括家务劳力，而土著妇女恰好可以充当这一角色；有时，通婚是招工的一种形式。英国的殖民地主要由英国的家庭组成，与土著人通婚现象很罕见，所以西班牙殖民地没有像后来的英国殖民地那样保持鲜明的特征。

通婚并非仅仅是出于白人男子的需求与欲望。有的印第安妇女迫于威胁才与白人结婚，但通婚现象之普遍说明不是所有的妇女都反抗通婚。土著妇女或许看到了嫁给西班牙人的好处，因为他们部落的男子由于战争或是被西班牙人奴役，其数量已大大减少。而且，印第安人部落中有约定俗成的通婚习俗，以此作为不同部落之间建立或巩固联盟的手段。很多印第安人认为白人移民不过是另外一个土著部落，这或许也是通婚现象频繁的一个原因。

> 通婚的原因

土著人是欧洲移民的主要劳力资源。实际上，所有西班牙和葡萄牙殖民地的商业、农业和采矿业都依赖于印第安人的劳动。在不同的地区劳动制度也各不相同。在有些地区，印第安人被卖作奴隶，而更多的殖民者采用工资制度，这种制度接近于但不等同于奴隶制，印第安人被强制在矿山或是种植园劳动，工期未满或不经雇主允许不准离开。这种劳动制度在南美大陆持续了数百年之久。欧洲移

> 各式劳动制度

23

民亟须土著劳力,所以对占有土地没有多大兴趣,而只是设法控制印第安人村落,这样才能保证劳力来源。

即便如此,土著人也满足不了殖民者对劳动力的需求。由于疾病和战争使土著人口锐减,甚至在有些地区消失殆尽,早在1502年,欧洲移民就开始从非洲贩运奴隶。

非洲和美洲

多数黑人都是被强行贩运到美洲的,他们来自撒哈拉沙漠以南的西非地区——几内亚,那里是很多民族和文化的故乡。由于1500年到1800年之间到达新大陆的移民一半以上都是非洲人,所以非洲文化对美洲文明的特征产生了深远的影响。欧洲和美洲的白人通常把非洲社会描绘成原始的野蛮状态,以便为他们奴役非洲黑人找到借口。但实际上多数非洲社会当时已进入文明阶段,经济和政治体系已十分发达。

至少1万年以前,人类就开始定居非洲。到15世纪,非洲已经形成了大规模的文明,建立起了复杂的政治体系。上几内亚的居民与地中海地区有重要的商业贸易往来,他们用象牙、黄金和奴隶换取食品。正因如此,他们成为伊斯兰教的较早皈依者。约公元1100年,加纳王国瓦解之后,马里王国崛起,其规模更大,一直延续到15世纪,马里王国的廷巴克图城(Timbuktu)成为传说中的贸易中心和教育基地。

加纳和马里

西非以南的地域与非洲和地中海相隔更远,政治上分崩离析,社会的基本单位是村庄,每个村庄通常是由一个大家族的成员组成。有些村庄联合在一起组成小的王国,如贝宁、刚果和桑海。但是南部的王国都无法和北部的加纳和马里王国相比。然而,这些南部社会发展了广泛的贸易,经营农作物、家畜,以及织物、陶器、木制品和象牙制品,以彼此之间的内部贸易为主,也与外

贝宁、刚果和桑海

杰内(Djenné)的雕塑作品 很多17世纪、18世纪被迫从家乡迁移到美洲的非洲人都来自东非文明的中心马里。这个陶俑塑像出土于20世纪40年代,完成于600年至900年前,可能是某家庭祖先的塑像,供于家族祠堂。(*"Seated Prisoner", 11th/16th Century, Djenné, Founders Society Purchase, Robert H. Tannahill Foundation Fund. Photograph ©1995 The Detroit Institute of the Arts*)

部有贸易往来。

非洲文明根据当地的气候和自然资源条件发展了自己的经济。在上几内亚，经济的基础是渔业和稻米，辅以与地中海地区的贸易往来。在内陆地区有一些游牧部落，主要以狩猎和采集为生，社会体系不很健全。但多数非洲人都过着定居生活，政治、经济和家庭关系紧密完整。

美国与世界　大西洋背景下的美国早期史

多数美国人认为我们的国家已经与世界其他地方密切相连，即我们生活在所谓的"全球化时代"。近年来，学者们也开始重新审视揭示历史的方法，发现了美洲所发生的事情与世界其他地方之间的一系列联系。简言之，他们已经接受了当前的全球化观念，并用它来解释较为久远的历史问题。其中，欧洲人在美洲殖民早期的历史是被重新审视的问题之一。很多研究美国早期史的学者正在把"新大陆"的历史置于"大西洋世界"的背景之下进行研究。

"大西洋世界"这一概念的提出，基于西欧与西班牙、英国、法国以及荷兰在南美和北美的殖民地之间显而易见的联系。欧洲人在美洲建立的所有早期文明都是欧洲主要强国庞大的帝国计划的一部分。欧洲人16世纪开始大规模移居美洲，他们击溃了土著人，在乡村和城市创建了殖民地，根据帝国的标准对贸易、商业、土地问题和政治生活制订了规章，所有这一切都体现着旧世界的帝国主义对新大陆历史的深刻影响。

然而，帝国的建立只是创建大西洋世界的一部分，与其同等重要并且紧密相关的是商业从欧洲到美洲的扩展。尽管一些欧洲人是为了逃避压迫或寻求探险的目的来到新大陆，但绝大多数欧洲移民来此是为了寻求发财致富的机会，所以，欧洲人在北美的殖民地从一开始就自然而然地通过商业往来与欧洲保持密切的联系，这种商业往来日益广泛复杂。美洲与欧洲之间的商业关系不仅促进了贸易的发展，而且随着新大陆对劳动力需求的增长，旧大陆移居新大陆的人口也与日俱增，从而促进了移民的增长。商业的发展是美洲奴隶制兴起的主要原因，也是欧属美洲殖民地和非洲之间奴隶贸易发展的主要原因。换言之，大西洋世界不仅涵盖欧洲和美洲，也包括非洲。

将大西洋世界联系起来的另一因素是宗教。欧裔人绝大多数是基督教徒，多数与欧洲保持着宗教上的联系。基督教会等级森严,天主教作为其中的一部分,以罗马为中心,与梵蒂冈保持着密切的联系。然而,在北美占据主导的新教信仰也与欧洲紧密相关。新的宗教思想和运动以惊人的速度传播于大西洋两岸。始于欧洲的宗教复兴运动迅速扩展到美洲,例如18世纪中期的"大觉醒"就发轫于英国,而后通过英国的福音传教士乔治·怀特菲尔德(George Whitefield)传入美洲,之后美洲的福音传教士又把新的宗教理念传回旧大陆。

欧属美洲的早期史也与欧洲的智性生活密切相关。启蒙运动强调人的理性,在17世纪和18世纪起源于欧洲,之后迅速传到美洲,在新大陆产生了重要的思想启示,在英属北美和加勒比殖民地影响尤为明显,如英国思想家约翰·洛克(John Locke)的思想对佐治亚的建立起了重要的作用。英国宪法以及"英国人的权利"的理念塑造了北美人的政治观念。美国革命背后的很多思想是英国和欧洲大陆哲学横跨大西洋的产物。对这些概念的重新阐释令诸如托马斯·潘恩(Thomas Paine)这样的人找到了争取独立的动机,而后又越过大洋重新在欧洲得以传播,其影响之一就是刺激了法国大革命。启蒙运动的另一产物——科技知识,也迅速往来传播于大西洋两岸。美洲人从英国学到了工业技术,欧洲人关于电的早期知识很多是从美洲的实验中获得的。而启蒙运动只是联系大西洋世界的众多智性因素之一,除此之外,艺术思想、学术思想以及政治理念也广泛地传播于大西洋沿岸的各个地方。

了解了"大西洋世界"的概念,我们就会认识到,当今美国的早期史不仅仅是北美大西洋沿岸十三个小殖民地的发展史,而是西欧、西非、加勒比和南、

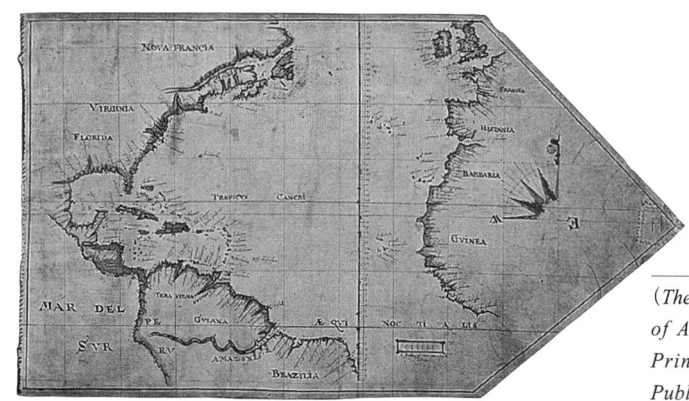

(*The I. N. Phelps Stokes Collection of American Historical Prints, Prints Division, The New York Public Library, Astor, Lenox and Tilden Foundations.*)

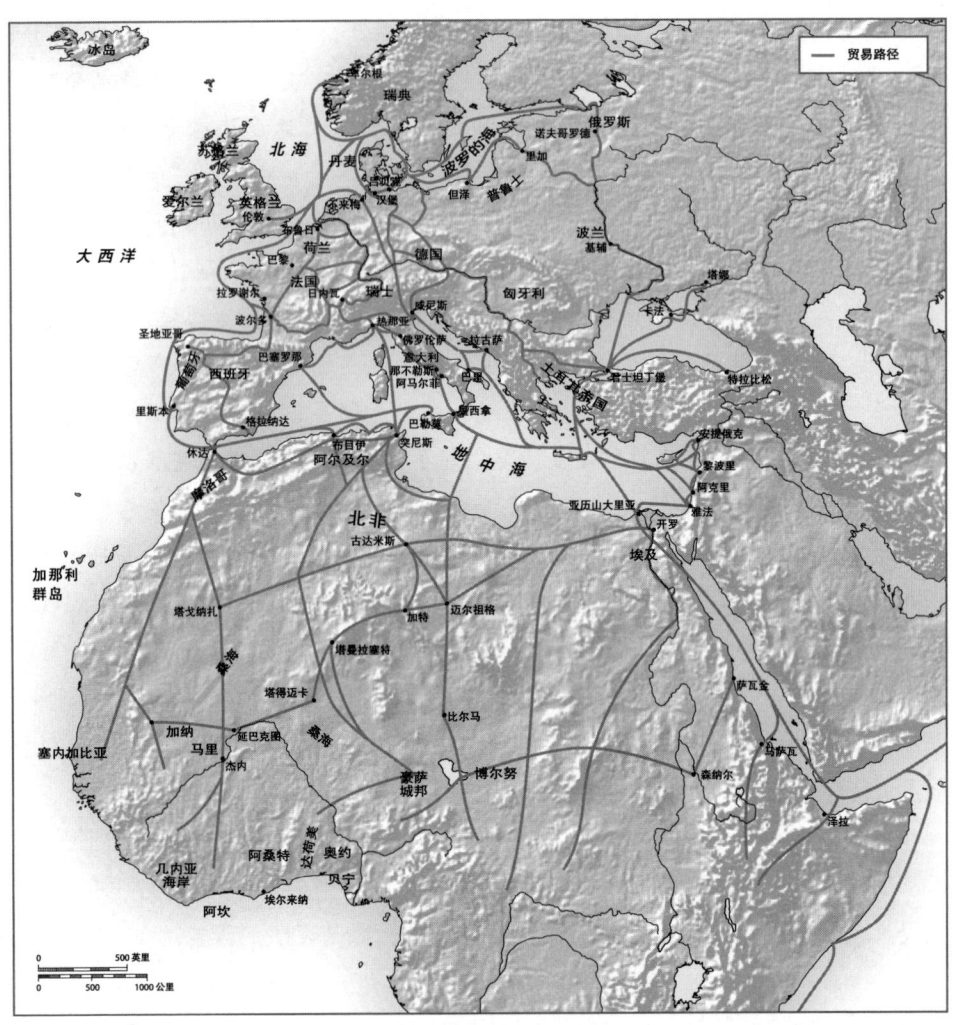

15世纪的欧洲和西非 对南美和北美的探险是早期欧洲在东半球贸易发展的结果。欧洲人将布匹和其他手工产品运往非洲北部，然后骆驼队带着这些货物穿过撒哈拉沙漠到达廷巴克图、高（Gao）和杰内等城市，然后满载黄金、象牙和可乐果返回地中海。非洲人也和亚洲进行贸易，换取织物、瓷器和香料。
◆ 在非洲和美洲的早期交流中哪些贸易领域最为重要？（彩图见第514页）

北美洲这些大西洋沿岸地区之间大规模交流互动的过程，是它们之间贸易、移民、宗教与知识交流和其他各种联系的历史。

土著社会相似,但与欧洲白人社会不同,他们大多实行母系制度,按照母亲的而不是父亲的血统继承财产。结婚以后,男子离开自己的家与妻子一家同住。和其他种族一样,非洲人按照性别分配工作,但分配的特点各地有所差异。妇女通常在贸易中担任主要角色,在很多地方她们是田间的主要劳力,而男子的任务是狩猎、捕鱼、饲养家畜,在所有地方男人都负责照顾孩子,准备餐饭。多数部落也按性别划分权力,男性自己推选领导人并制定管理体制处理自己的事务,妇女也选举相应的领导来处理女性事务。部落的酋长通常是男子(尽管一些地方有女性作酋长),但按照习俗这一职位并不传给酋长的儿子,而是传给酋长最年长的姊妹。简言之,非洲社会比世界其他地方享有更高程度的性别平等。

母系社会

在西非的一些地区(包括马里王国南部的地方),伊斯兰教的传播没有改变当地的宗教,人们信仰多神,他们把这些神与自然界联系起来,相信这些神灵寓于树木、岩石、森林与河流之中。多数非洲人形成了祖先崇拜的习俗,很注重家族血统,年龄最高的长者是最为德高望重的祭司,也是重要的社会政治领袖。

非洲社会等级分层十分明确,最上层是一些宗教精英和贵族,多数人处于中间,包括农民、商人、工匠和其他人,在最底层的是奴隶——战争中的俘虏、罪犯或无力偿还债务的人。非洲的奴隶不是终生为奴,他们通常在某一时期处于受奴役状态,在服役期间得到一定的法律保护,包括婚姻权,而且他们的子女不继承父母的奴隶身份。之后非洲人所遭受的白人奴役则与此截然不同。

非洲的奴隶贸易在欧洲人移民新大陆之前早已开始。早在 8 世纪,西非人就开始向地中海的奴隶贩子出售奴隶。当时富裕的家庭需要黑人做家仆,欧洲和北非的一些地方劳动力紧缺,奴隶贸易恰好满足了这一需求。当 15 世纪葡萄牙水手开始在非洲海岸探险的时候,他们也购买奴隶,带回葡萄牙,那些奴隶通常是罪犯和战俘。当时葡萄牙对奴隶的需求数量虽少但很稳定。

非洲奴隶贸易的发展

然而,到 16 世纪,由于欧洲对甘蔗的需求大大增加,奴隶市场也随之火爆起来。地中海上小块的甘蔗种植区已不能满足需求,于是产地迅速移到了非洲沿海附近的马德拉岛(Madeira),后来这座岛成为葡萄牙的殖民地。不久之后,产地又移到加勒比群岛和巴西。甘蔗是一种劳动密集型作物,在新产地对劳动力的需求迅速增长。欧洲奴隶贩子为了满足这一需求,从东非地区和西非沿岸增招劳力。随着需求的增长,非洲各个王国为了争夺奴隶以便换取欧洲物品,彼此之间不断开战。起初,奴隶贩子主要是葡萄牙人,也有西班牙人。到 17 世纪,荷兰占据了奴隶市场。18 世纪，英国又取得主导地位（虽然近年来有人认为犹太人也曾参与奴隶贸易，但这实际上纯属讹传）。到 1700 年，奴隶制已经远远传播到它在加勒比和南美的发源地之外，扩展到北美的英属殖民地。

三、英国人的到来

第一次有文献记载的英国与新大陆的接触仅比西班牙迟 5 年。1497 年，约翰·卡伯特（John Cabot，和哥伦布一样也是热那亚人）得到亨利七世的资助，航行到北美的东北沿岸。其他英国的航海家继续沿着卡伯特的航线向西北方向寻找从新大陆到东方的航路。他们在 16 世纪曾探察过北美的其他地区。尽管英国宣称对所开发地区具有所有权，但直到一个世纪之后它们才正式着手在那里建立殖民地。像其他欧洲国家一样，英国到新大陆殖民之前必须进行内部变革，这一变革发生在 16 世纪。

商业动机

新大陆的魅力之一在于它的"新"，与纷乱的欧洲形成鲜明对照。美洲似乎是一块使人的生活重新开始的土地，在这块土地上可以创造出一个完美的社会，摒弃旧大陆的瑕疵与不公。仅在哥伦布的航行几年之后，这种梦想就开始在英国出现。人们在托马斯·莫尔（Thomas More）爵士的《乌托邦》（1516 年出版，35 年后译为英语）里找到了经典的描述，书中描述了一个想象中的近乎完美的社会，位于新大陆水域的一座岛屿之上，据说亚美利哥·韦斯普奇的助手最先发现了那个地方。

莫尔对理想社会的描绘实际上是对当时英国社会和经济弊病的揭露。都铎王朝时期欧洲战争频繁，损失惨重，宗教冲突持续不断，尤其是乡村剧烈的经济转型，令当时的英国人深受其苦。由于世界对于羊毛的需求迅速增长，很多土地所有人发现，如果把土地变成牧场养羊会获利更多，其结果是羊毛贸易大幅增长。但是这就意味着曾经由农奴和佃户耕种的土地将被圈占，用来养羊。数千名被从土地上赶走的佃户成群地流浪于乡村，沿途乞讨（有时甚至抢劫）。

政府通过了各项法律以阻止圈地，救助穷人，让那些身强力壮的乞丐自食其力。但这些法令收效甚微。圈地运动继续进行，只有少数失去土地无以为业的农民能在养羊业或羊毛制造业中谋得一份工作。由于不再耕种，圈地运动使得本国食品无法满足人们的需求，而英国的人口却从 1485 年的 300 万增长到 1603 年的 400 万。因为农民无地可种，加之食品供应的限制，英国出现了严重的人口过剩问题。

在日益加深的困境中，商业资本家阶层开始出现，他们通过扩大外贸发展壮大起来。起初，英国除了未经加工的羊毛，几乎没有任何其他出口商品，但新型商业资本家促成了国内织布业的建立，使他们得以开始在国内外市场经销成品。一开始，多数出口商几乎完全各自为战，后来一些商人联合起来成立了特许公司。每个这样的企业都从君主那里取得特许状，这样便可以在某一地区实行垄断贸易。最早的特许公司包括俄国公司（1555）、黎凡特公司（1585）、巴巴里公司（1585）、几内亚公司（1588）和东印度公司（1600）。这些公司的投资者常常以英国的产品，尤其是羊毛制品，在换取外国商品的贸易中获得丰厚的利润，他们感到亟须继续扩大贸易规模，以便获利更多。

特许公司

这种动机的重要原因是一个新的经济生活概念的出现，这一概念就是重商主义，它风行于整个欧洲。重商主义的基本理念是国家（而非个人）作为一个整体是在经济中的主导因素，经济活动的目的应该是增加全国的财富总量。重商主义者认为世界的财富总量是有限的。一个人或一个国家只有在以他人为代价的情况下才能致富，因此一个国家的经济要健康发展，就必须尽可能多地从国外吸收财富，而把出口财富的量降到最低限度。

重商主义

在 16 世纪和 17 世纪，重商主义的原则成为所有欧洲国家经济政策的主导。重商主义大大地提高了新兴商业资本家的地位，人们认为他们的海外投资有利于整个国家，应该得到政府的援助。重商主义也加剧了各国之间的竞争。每个欧洲国家都尽量为自己的出口寻找市场，而限制进口数量。这种竞争的后果之一就是使获取殖民地成为各国追逐的目标，一旦获得了殖民地，就拥有了商品的来源，而不必从其他国家购买了。

在英国，重商主义兴起的基础是与欧洲大陆的羊毛贸易，尤其是在安特卫普的布料市场。然而，这个始于 16 世纪 50 年代的市场当时已因饱和而瘫痪，英国商人只得到别处去寻求海外贸易的机会。殖民地的建立恰好可以解决这一问题及其他相关的问题。理查德·哈克路特（Richard Hakluyt）是一位牛津的牧师，也是一位出色的宣传家，他鼓动殖民，认为殖民地不仅会为英国的商品开拓新的市场，而且能够通过分流过剩的人口缓解贫穷和失业问题。那些留在英国国内无所事事的穷人成为整个国家的祸患，对于他们来讲，殖民地兴旺繁荣会给他们提供新的

理查德·哈克路特的殖民主张

就业机会。最重要的是,殖民地商业可以让英国从新的领土上获得以前需要依赖外国竞争者的产品,如木材、松脂和金银。

宗教目的

殖民除了经济上的诱因之外,还有宗教的原因,它源于欧洲和英国的宗教改革。新教改革1517年始于德国。改革之前,罗马天主教会是最高的宗教权威,也是整个西欧最强的政治权威,而当时马丁·路德公开质疑罗马天主教会的宗教惯例和信仰。路德是一位信仰奥古斯丁的修道士,也是一位得到教会认可的神职人员。天主教会认为人可以通过自己的善行或是对教会的虔诚(或纳贡)得到救赎,上帝通过主教和牧师与世界交流,而路德对此提出质疑,他认为《圣经》才是上帝的心声,而非教会;人不是通过行为或宗教的仪式获得拯救,而是靠信仰。路德对教会的挑战得到北欧普通民众的广泛响应。他个人坚持认为自己并不想反叛教会,

英格兰的布里斯托尔港 此画绘于18世纪,当时布里斯托尔港已经成为英国的主要港口之一,在美洲殖民地、西印度群岛和非洲的所谓三角贸易中起着枢纽作用。而在更早的时候,布里斯托尔曾是成千上万的英国人移民新大陆的中转站。(*Docks and Quay. English School [18th Century]. City of Bristol Museum and Art Gallery/The Bridgeman Art Library, London*)

目的只是希望从内部进行改革。但 1520 年罗马教皇把他逐出了教会，路德才开始公开反对教皇，并带领自己的追随者完全脱离了天主教会。欧洲基督教内部自此开始了分裂，而且一发不可调和。

宗教改革的精神迅速传遍欧洲，激发了人们思想的火花，在有些地方甚至还引起了战争，其他持不同宗教见解的人也开始提出替代传统天主教的新方案。瑞士神学家约翰·加尔文是继路德之后最具影响力的宗教改革家，他摒弃天主教的信仰甚至更为彻底。天主教认为人类的制度会影响拯救的前景，加尔文彻底否认这一点，他相信宿命论，认为上帝已经"选定"哪些人将得到拯救升入天堂，哪些人将受到惩罚下入地狱，每个人的命运在出生之前就已经注定，谁也无法改变天命。然而，虽然个人无法改变自己的命运，但可以努力了解命运。

约翰·加尔文 继马丁·路德之后，约翰·加尔文是欧洲宗教改革最为重要的人物，他的宿命论观点是早期新英格兰清教信仰的中心。(Bettmann/Corbis)

宿命论

加尔文主义者认为人的生活方式能反映出他们获得拯救的机会的大小。作恶多端或无所事事是要下地狱的征兆，圣洁善良、勤勉成功则表明受上帝青睐。加尔文主义必然使其追随者产生焦虑心理，但它也促使人们注重德行，勤勉努力。这一新的信条迅速传遍欧洲北部，并催生了一些新的教派，如法国的胡格诺派和英国的清教主义。

然而，英国宗教改革的开始并非由于对宗教信条的反叛，而是源于国王与教皇之间的政治斗争。1529 年，英国国王亨利八世以没有生育子嗣为由意欲与其西班牙妻子离婚，教皇没有准许，亨利非常愤怒，于是与天主教会脱离关系，自立为英国基督教的领袖。但是亨利八世没有对英国的基督教做什么改革，他去世后新教能否继续存在尚属未知。亨利的女儿玛丽继承王位后，迅速恢复了英国对罗马教皇的忠诚，并且残酷迫害那些拒绝重归天主教的人。很多新教徒被处死（女

英国宗教改革

王因此得名"血腥玛丽"),其余的人逃往欧洲大陆,在那里接触到了激进的宗教改革思想。玛丽死于1558年,她的半血亲妹妹伊丽莎白继位,成为英国女王。伊丽莎白使英国与天主教会的关系再次紧张起来,同时也中断了玛丽与西班牙建立的联盟。

英国国教满足了英国女王的政治目标,但没有满足众多英国基督徒的宗教渴求。大批天主教徒宣称继续效忠教皇。其他人则受欧洲宗教改革的影响,认为新的英国国教虽然摈弃了罗马天主教,但没有摆脱其令人生厌的信条和宗教仪式。在伊丽莎白的领导下,教会开始将加尔文教的信条融汇进来,但批判之声不绝于耳,尤其是那些玛丽当政时期流亡国外的人,他们回国后带来了更为激进的宗教新思想。他们继续要求进行宗教改革,以便"清洁"教会,因此被称为"清教徒"。

清教独立派 以当时的标准来看,一些清教徒的思想十分激进,他们被称为"独立派",决意按照自己会众的意愿进行礼拜活动。根据英国的法律,未经官方许可举行宗教集会是非法的,所有臣民必须定期参加圣公会的礼拜活动,并向教会纳税,因而"独立派"的做法触犯了英国的法律。独立派的激进思想在其他方面也有所体现,其中的一种表现是,他们对当时社会公认的妇女宗教地位提出反对。很多独立教派,尤其是贵格会,允许妇女充当牧师并在其他宗教事务中担当重要角色,这在当时的教会中是不可能的事情。

多数清教徒反对独立派的思想,然而他们提出的要求也并不温和。他们要求简化圣公会的礼拜仪式,削弱主教的权力,因为主教由皇家所任命,而且往往公开腐败,穷奢极欲。最为重要的是,他们想整顿地方神职人员,他们多数是一些贪婪、缺乏教养的人,对神学没有兴趣,甚或根本不懂神学。温和派的清教徒希望教会不要过于注重俗世的贪欲,而应该关注自身的宗教角色。他们和独立派一样,发现自己所提出的建议无论在政治上还是宗教上都没有得到任何回应,感到越来越失意沮丧。

清教徒的不满 1603年,都铎王朝的最后一位君主——伊丽莎白去世之后,斯图亚特王朝的第一位君主、苏格兰的詹姆斯一世继位,清教徒本已开始激化的不满迅速加深。詹姆斯相信君权神授,认为没有必要向反对他的人妥协。他恢复了随意征税的做法,给英国天主教颁发特许状并提供其他优惠政策,支持"高教会派"的宗教仪式。17世纪早期,一些不信奉英国国教的宗教徒开始到国外寻找避难所。宗教上的不满,加之经济和社会的原因,促使英国把目光投向遥远的土地,到那里去殖民。

英国人在爱尔兰

英国的殖民体验并非始于新大陆，而是在一块与不列颠只隔一条狭长海域的土地——爱尔兰之上。英国长期以来一直宣称拥有对爱尔兰岛的主权，在都柏林附近地区常年保有小块殖民地，但直到16世纪后半叶才正式开始大规模的殖民活动。16世纪60年代和70年代，未来的殖民者移居爱尔兰，强占土地并试图征服当地居民。在此过程中，他们形成了很多臆断，这些臆断后来指导了他们在美洲的殖民。

这些臆断之中最为重要的一条就是爱尔兰原住民是一群乌合之众，他们都是些凶狠、邪恶、无知的"野蛮人"。当时的爱尔兰人口大约是100万，忠诚于天主教会，讲自己的语言（盖尔语），拥有自己的文化。英国人认为爱尔兰人的生活方式粗野挥霍（"像动物一样"），他们对入侵者凶猛反击，这被英国人看作是野蛮的行为。英国人断定这样的人不能驯化，当然也无法同化于英国社会。因此他们只能受压制，被隔绝，如果必要就将其消灭。他们最终或许能"文明开化"，但只有在完全被征服后才有可能。

征服爱尔兰

爱尔兰人对待英国殖民者残酷野蛮，而英国人也有过之而无不及。汉弗莱·吉尔伯特（Humphrey Gilbort）爵士曾任爱尔兰某地区的总督，他镇压了当地人的反抗，其手段残酷至极。吉尔伯特受过教育，当属文明人，但他认为当地人不能算作人，因此没有权利得到文明人所受的礼遇。于是，他在战斗中将爱尔兰士兵杀死后将他们的头砍掉，并设法为类似的暴行找到理由。吉尔伯特、沃尔特·罗利（Walter Raleigh）爵士、理查德·格伦维尔（Richard Grenville）爵士和其他一些在爱尔兰的殖民者在16世纪中叶从殖民经验中总结出了自己的观念，后来将这些观念带到美洲，在那里他们用同等残酷的手段征服并奴役土著人。

英国人根据在爱尔兰的经验得出的另外一条有关殖民的假设是：英国在遥远的地方建立的殖民地必须与土著人保持严格的界限。在爱尔兰，英国殖民者建立了所谓的"庄园"，把英国的社会形式移植过去。在爱尔兰的英国人和在美洲的西班牙人不同，他们不是仅仅征服当地人，而是设法建立一个属于自己的完整社会，所有移民都来自英国。这一新的社会存在于"殖民围篱"内，即在一块地域上与土著人分隔开来的地方。他们把这一观念带到了新大陆，尽管不论在爱尔兰还是在后来的美洲，历史的经验都证明与土著人分隔并保持"纯"英国文化是不

庄园模式

可能的。

法国人与荷兰人在美洲

北美的英国殖民者和在爱尔兰的殖民者不同,他们不仅会遇到土著人,还有其他欧洲人,而这些欧洲人和他们一样,也是在重商主义思想的驱使下到海外建立经济据点的。在他们的南面和西南面是西班牙帝国,多年以来西班牙的船只不断威胁沿岸的英属殖民地。但是,西班牙除了占据墨西哥、佛罗里达和新墨西哥的一些零散据点之外,没有打算在北美殖民。

16世纪初期,英国在北美更为强劲的对手是法国。英国在北美建立第一个殖

新阿姆斯特丹的"回归" 这幅画取自一幅雕版画,整幅画描述的是1673年庆祝新阿姆斯特丹"回归"荷兰的场面。英国于1664年占领新阿姆斯特丹,并宣布占有整个新尼德兰省,1672年,英国和尼德兰之间爆发战争,荷兰人重新夺回了先前失守的行省。在庆祝这一胜利之时,这一描述荷兰舰队壮观场面的画作在尼德兰出售。1674年初战争结束之时,荷兰人又将该殖民地还给了英国。(*Museum of the City of New York*)

民地詹姆斯敦后不到一年，法国就于 1608 年在魁北克建立了第一个永久性的殖民地。法国殖民地的人口增长缓慢。法国天主教徒很少有人愿意离开自己的家乡，而想要移居的法国新教徒又被排除在殖民地之外。但是法国人在新大陆的影响与其移民的数量不成正比，一个重要原因是他们与美洲土著的关系。英国人多年来紧邻海岸线，通过中间人与内陆的印第安人进行贸易往来，而法国人则与英国人不同，他们与大陆内部的印第安人建立了密切、直接的联系。法国耶稣会的传教士最早深入印第安社会，使两个种族之间初步建立了联系。更为重要的是那些冒险从事毛皮贸易的人也深入荒野之中，与当地人建立起广泛的贸易往来，使其成为法国殖民经济的支柱。

毛皮贸易

实际上，毛皮贸易是印第安人的特长，法国人并不擅长经营这种生意，很多时候他们不过是充当阿尔冈昆人和休伦人的代理商。阿尔冈昆人和休伦人是当地印第安人中主要的毛皮贸易商，法国人从他们手中购买兽皮。法国贸易商的作用就是与印第安人建立伙伴关系，仅此而已。法国人往往能够融入印第安人群体，生活在印第安人中间，有的还与印第安妇女通婚，以此与印第安人建立成功的伙伴关系。毛皮贸易有助于打开法国在北美其他方面的通道：如在圣劳伦斯河流域建立农庄，开发魁北克和蒙特利尔贸易和军事中心，与阿尔冈昆和其他部落建立联盟，这使法国可以与人员众多的英国殖民地抗衡，争夺对北美的控制权。与土著人的联盟导致法国与易洛魁人产生矛盾，易洛魁人是阿尔冈昆人的宿敌，而易洛魁人在英国的毛皮贸易中起着重要作用。这种冲突造成的后果之一是，1609 年，法国殖民者在魁北克的创建人塞缪尔·德·尚普兰（Samuel de Champlain）的带领下，向一群莫霍克人发动进攻，这显然是在阿尔冈昆贸易伙伴的煽动下做出的举动。

荷兰人也在北美建立了殖民地。荷兰在 17 世纪早期脱离西班牙的统治获得独立，是当时世界上重要的贸易国之一。荷兰的商船队比英国的船队规模大，荷兰商人不仅活跃在欧洲，而且在非洲、亚洲和美洲都有贸易活动。1609 年，一位受雇于荷兰的英国探险家亨利·哈得孙（Henry Hudson）在今纽约州境内沿一条河流逆流而上，之后这条河就以他的名字命名为"哈得孙河"。因为这条河流非常宽广，他甚至一度坚信他找到了寻觅已久的贯穿大陆通向太平洋的水路通道。当然，他的判断是错误的，但是他的探险使荷兰得以在美洲占据一席之地，从而在新大陆建立永久的殖民地。

亨利·哈得孙

哈得孙航海之后十多年间，荷兰在纽约及其周边地区的毛皮贸易一直很活跃。1624 年，荷兰西印度公司在哈得孙河、特拉华河以及康涅狄格河建立了一系列永久性的贸易据点，积极鼓励在该地区殖民，这些移民不仅仅来自荷兰本土，还有欧洲北部的其他国家，如德国、瑞典和芬兰。西印度公司把移民一家家运送至新大陆，并且只要他们带来更多的移民，就分给他们大面积的土地，使他们成为"庄园主"。在这种政策的鼓励下，荷兰建成了新尼德兰殖民地，并在曼哈顿岛上建立了重要的城市新阿姆斯特丹。不过，尽管殖民地人口多样，但数量并不多，组织松散，管理不力。

<small>新阿姆斯特丹</small>

首批英国殖民地

1607 年，英国在新大陆的弗吉尼亚建立了第一个殖民地詹姆斯敦。但在此之前的近 30 年里，英国商人和探险家已经开始尝试在美洲建立殖民地，只是未获成功。16 世纪的大部分时间里，英国人对新大陆的感情十分复杂。他们知道其存在，并对那里潜在的机会充满好奇。在伊丽莎白一世强有力的领导下，形成了强烈的民族意识，这种意识激励了他们扩张的梦想。然而，与此同时，西班牙在美洲仍占据主导，而且是欧洲的海上强国，所以英国还要对西班牙小心提防。

但是，到了 16 世纪七八十年代，形势发生了重大变化。像弗朗西斯·德雷克（Francis Drake）爵士那样的一些"老水手"多次成功突袭西班牙商船，使英国树立了挑战西班牙海上力量的信心。更为重要的是，1588 年，西班牙的"无敌舰队"企图入侵英国。当时，强大的西班牙国王菲利普二世刚刚与葡萄牙结盟，他决心结束英国对西班牙商业霸主地位的威胁，使英国回归天主教。于是，他集结了战争史上最大的一支军事舰队——"西班牙无敌舰队"，准备将自己的军队运过英吉利海峡，直逼英国腹地。然而，英国只派出一支不大的舰队就驱散了无敌舰队，一举瓦解了西班牙在大西洋上的霸主地位，菲利普大胆的冒险因此一败涂地。此后英国便更加放心大胆地在新大陆扩张自己的势力了。

<small>西班牙无敌舰队</small>

英国殖民的先驱当属汉弗莱·吉尔伯特爵士和他的半血亲兄弟沃尔特·罗利爵士，二人都是伊丽莎白女王的朋友，都曾参与早期在爱尔兰的殖民活动。1578 年，吉尔伯特获得伊丽莎白女王的特许，6 年之内可以"占据所有未被基督徒王子拥有的边远的异教徒的土地"。

<small>吉尔伯特远征纽芬兰</small>

几经周折之后，吉尔伯特在 1583 年率领一支探险队到达纽芬兰，以女王的名义将该岛据为己有。他继续沿海岸向南前行，试图寻找一个合适的地方建立军事据点，以便逐渐将其发展成为殖民地，从中获利，但不幸的是他的船被风暴吞没，

他本人也葬身大海。

罗阿诺克

　　罗利并未因吉尔伯特遭遇厄运而退缩不前。次年，他也取得了伊丽莎白女王类似的特许，派遣一小队人马到北美沿岸进行探险。他们抓了两名印第安人回来，并将所见所闻作了绘声绘色的描述。他们对于一个被土著人称为"罗阿诺克"（Roanoke）的岛屿和与其毗邻的一块土地（今北卡罗来纳州）表现出极大的兴趣，罗利呈请女王恩准，将这一片地方以伊丽莎白女王的名义命名为"弗吉尼亚"（Virginia，意为"处女之地"，因伊丽莎白女王终生未婚），目的是取悦女王以获得资助。女王批准了他的请求，但并未如他所愿给予资助，于是他又求助于私人投资，再次进行新的探险。

　　1585年，罗利将其堂弟理查德·格伦维尔爵士收到麾下，令其率领一支探险队（其中多数来自爱尔兰殖民地的英国庄园）到罗阿诺克去建立殖民地。格伦维尔把所带的移民留在岛上，因当地印第安人偷窃了他们一点财物，率众摧毁了一个印第安人村庄，之后返回英国。次年春天，弗朗西斯·德雷克爵士意外到达了罗阿诺克岛。由于来自英国的物资供应和援兵迟迟不到，被困已久的殖民者登上了德雷克的船只逃出小岛。

　　1587年，罗利再次尝试前往罗阿诺克殖民。他派出一支探险队，其中包括男子91人，妇女17人（其中有两名孕妇），儿童9名。他希望这些人成为"庄园"的核心成员，能够自行生存繁衍。这些移民抵达罗阿诺克岛，试图重新占领首批殖民者曾经占领的地方。（登陆不久，其中的一名妇女——探险队船长约翰·怀特[John White]的女儿产下一名女婴，取名弗吉尼亚·黛尔[Virginia Dare]，这是第一个在美洲出生的英国婴儿。）船长怀特几周之后返回英国寻找物资补给和更多的移民（将女儿和外孙女留在美洲）。他原本希望几个月之后便回美洲，但由于与西班牙开战，未能如期返航，三年没有回到罗阿诺克岛。当他1590年最终回到岛上时，发现岛上已空无一人，成为一座荒岛，只有一根柱子上刻着一个神秘的词"Croatoan"。有的历史学家认为岛上的殖民者是被印第安人所杀，因为格伦维尔（抑或是他们自己）未能与土著人和平相处。有的史学家则认为他们离开了那块定居地加入了土著社会，最终完全被同化。但对于"失踪的殖民地"之谜，至今尚无定论。

　　罗阿诺克的灾难标志着沃尔特·罗利爵士在新内陆殖民活动的完结。1603年，詹姆斯一世继承伊丽莎白女王的王位之后，罗利被控密谋反对国王，特许状被收回，遭监禁长达10年之久（被释放后他参加了一生中最后一次不走运的海上探险）。最后于1618年被国王处死。在之后到达新大陆的殖民者中，再没有任何人获得像罗利和吉尔伯特那么大的无限制土地特权。尽管那些早期的殖民先例令人灰心沮丧，但英国人的殖民热情依然十分高涨。

新殖民特许状

17世纪最初几年，一群曾经获得罗利特许权的伦敦商人准备在弗吉尼亚重建殖民地。另外还有一批来自普利茅斯和其他西部城镇的商人，他们也对美洲探险充满兴趣，于是出资赞助继续向美洲北部地区探险，一直到达纽芬兰岛，英国西部的渔民多年来一直在那里捕鱼。1606年詹姆斯一世颁发了新的特许状，将美洲分给这两批商人。伦敦商人享有在南部殖民的特权，普利茅斯商人在北部享有同等特权。在他们的努力之下，英国在美洲最早的永久殖民地得以建立起来。

小　结

在哥伦布到达欧洲人后来称之为美洲的土地之前，数百万人曾经生活于此。这些人移居美洲的时间比哥伦布早数千年，他们来自亚洲，遍布西半球，创造了伟大的文明，其中最令人瞩目的是秘鲁的印加文化和墨西哥的玛雅文化与阿兹特克文化。在格兰德（Rio Grande）以北的地区，人口相对较少，文明发展的程度也不及南部。即便如此，北美土著人所创造的一系列文明也可称得上兴旺发达。哥伦布到达之时，定居在墨西哥北部的人口已达几百万人。

在与欧洲文明接触后的一个世纪中，这些土著人遭遇了一系列的灾难，几乎将他们所创造的文明毁灭殆尽：西班牙人和葡萄牙人残酷入侵和征服，更为不幸的是，欧洲人无意之中带来了瘟疫，造成土著人口锐减。到16世纪中期，土著人已无力抵抗，西班牙人和葡萄牙人的殖民势力已经扩展到整个南美以及北美的大部分地区，建立了世界上最大的帝国。

在日后建立美国的北美地区，欧洲的殖民势力相对较弱。西班牙在今新墨西哥建立了重要的北部贸易据点，在那里欧洲人与印第安人虽然算不上平等相待，但也能比邻而居。他们还在佛罗里达的奥古斯丁建立了一座城堡。然而，总的说来，北美的印第安人在17世纪早期英国、法国和荷兰人迁居美洲之前，并未受到欧洲过多的侵扰。

阅读参考

Alvin M. Josephy, ed., *America in 1492: The World of the Indian Peoples Before the Arrival of Columbus* (1993) 和 Brian M. Fagan, *The Great Journey: The Peopling of Ancient America* (1987) 和 Charles Mann, *1491: New Revelations of the Americas Before Columbus* (2004) 介绍哥伦布之前的历史。

William M. Denevan, ed., *The Native Population of the Americas in 1492* (1976) 和 Russell Thornton, *American Indian Holocaust and Survival: A Population History Since 1492* (1987) 对于有关哥伦布到达之前美洲人口的规模及特点提出了重要见解。

Alfred Crosby, *The Columbian Exchange: Biological and Cultural Consequences of 1492* (1972) 对欧洲人和印第安人在美洲和欧洲的接触结果进行了探究。

Hugh Thomas, *Rivers of Gold: The Rise of the Spanish Empire from Columbus to Magellan* (2004) 是一部很好的西班牙帝国通俗史。

D. W. Meinig, *The Shaping of America, Vol. I: Atlantic America, 1492–1800* (1986) 对欧洲人与新大陆的接触进行了描述。

Gary Nash, *Red, White and Black: The Peoples of Early America* (1982) 对殖民地时期的美洲进行了简要的、多种族维度的考察。

Philip Curtin, *The Atlantic Slave Trade: A Census* (1969) 是了解被迫移居美洲的非洲人必读的入门参考书。

John Thornton, *Africa and Africans in the Making of the Atlantic World* (1998) 研究 15 世纪到 18 世纪奴隶制和奴隶贸易对整个大西洋世界的影响。

一部对美洲奴隶制时期进行概括的论文集是 Jack P. Greene and J. R. Pole, eds., *Colonial British America: Essays in the New History of the Early Modern Era* (1984) 是一部出色的概括当代殖民地美洲研究学术成果的论文集。

Columbus and the Age of Discovery (1991) 是一部七集文献纪录片，内容关于克里斯托弗·哥伦布和他所处的时代以及他的重要贡献。

詹姆斯敦要塞 詹姆斯敦从建立之初就困难重重，经过很多年的建设才发展成为稳定繁荣的城镇。在殖民早期，殖民者面临着各种不利——气候不适，缺衣少食，疾病蔓延，还要和邻近日益敌对的印第安人进行斗争，图中右上角为印第安人首长波瓦坦。

第 2 章
移民与边疆

最早的英属永久殖民地大多为商业而建，规模很小，财力匮乏，无力应对可能面临的困难。如同在爱尔兰一样，没有人打算将英国人与土著人融为一体。欧洲人所能做到的就是设法与印第安人隔离开来，并试图将英国模式"移植"过来，建立完全属于自己的独立社会。事实证明，这种设想根本无法实现。到达美洲的英国移民发现，这里不仅有美洲的土著部落，还有来自西班牙、法国和荷兰的殖民者、探险家和贸易商人，以及欧洲其他地方的移民，不久又来了非洲黑人。美洲的社会从一开始就是多种文化的混合体，不同的人种与文化共生共存，历史学家称之为"中间地带"。

实际上，早期所有英属北美殖民地都是边界地带，

大事年表

1607 年	詹姆斯敦建立
1608 年	清教朝圣者从英国逃往荷兰
1612 年	弗吉尼亚开始生产烟草
1619 年	首批非洲劳力到达弗吉尼亚
	弗吉尼亚地方议会首次会议
1620 年	清教朝圣者建立普利芽斯殖民地
1620 年代	英国加速在加勒比地区殖民
1622 年	波瓦坦联盟袭击弗吉尼亚英属殖民地
1624 年	荷兰人在曼哈顿岛建立殖民地
1629 年	新罕布什尔和缅因建立
1630 年	清教徒在波士顿建立马萨诸塞湾殖民地
1634 年	英国在马里兰的第一个殖民地建立
1635 年	哈特福德殖民地于康涅狄格建立
1636 年	罗杰·威廉斯在罗得岛建立殖民地
1637 年	安妮·哈钦森被逐出马萨诸塞湾殖民地
	佩科特战争
1638 年	瑞典人和芬兰人在特拉华河畔建立新瑞典
1642—1649 年	英国内战
1644 年	波瓦坦联盟反抗弗吉尼亚英国殖民者的最后起义
1649 年	查理一世被处死
1655 年	马里兰内战临时撤换天主教业主
1660 年	英国复辟：查理二世即位
	第一航海条例通过
1663 年	卡罗来纳获殖民特许
	第二航海条例通过
1664 年	英国占领新尼德兰
	新泽西获殖民特许
1673 年	第三航海条例通过
1675—1676 年	新英格兰"菲利普王之战"
1676 年	弗吉尼亚培根起义
1681 年	威廉·佩恩获宾夕法尼亚殖民特许
1685 年	詹姆斯二世即位
1686 年	新英格兰自治领建立
1688 年	英国"光荣革命"，威廉和玛丽登基
1689 年	美洲"光荣革命"，新英格兰反抗安德罗斯起义爆发
	莱斯勒在纽约领导起义
1732 年	佐治亚获殖民特许

或称"中间地带"。在 17 世纪很长的一段时间里，英国殖民者与印第安部落相互依赖又相互斗争，还要与其他欧洲人竞争。然而，久而久之，在英国殖民地的一些地方，尤其是东部沿海的一些社区，殖民者开始设法在自己的领地内占据主导，排斥、驱逐印第安人和其他挑战者。在这些东部殖民地，英国人创建了重要的村镇和城市，建立了政治、宗教和教育机构，建起了强大的农业体系。他们内部彼此之间也逐渐产生了重大的差异，最为明显的是在南部逐渐发展起奴隶制农业经济，而在北部这种制度则极其罕见。

"中间地带"在北美大部分地区一直延续到 19 世纪，而在内陆边界地区发展愈加迅速。在这些社区中，欧洲人还没有完全占据主导，印第安人和欧洲人均有自己的势力和影响，彼此之间密切接触，也互为隐患。

一、早期切萨皮克

詹姆斯一世 1606 年向伦敦和普利茅斯公司颁发特许状之后，在美洲建立新殖民地的主要障碍依然是钱的问题。起初，普利茅斯集团曾尝试在缅因沿岸的萨迦多亚霍克建立殖民地，但未获成功，之后便放弃了殖民的努力。而相比之下，伦敦公司的殖民行动则迅速而果敢。获得特许仅仅数月之后，伦敦公司就开始向弗吉尼亚进发，展开殖民探险，一行 144 人分乘三艘航船：祝福号、发现号和苏珊·康斯坦特号。

詹姆斯敦的建立

航程结束时，船上仅剩 104 人。他们在 1607 年春抵达美洲海岸，驶入切萨皮克湾，沿他们自己命名的詹姆斯河逆流而上，在河流北岸延伸出来的一座半岛上建立了殖民地，并称之为"詹姆斯敦"（Jamestown）。殖民者们的选址很不理想。为了避免重蹈罗阿诺克的覆辙（据信那里的居民被印第安人所杀），他们选择了自认为是易守难攻的地点——一个内陆工事，可以提供安全保证。但该地地势低洼，沼泽密布，夏季湿热，极易爆发疟疾；四周密林环绕，难以垦殖；而且坐落于强大的印第安人领地范围内，那些印第安人组成了以最高酋长波瓦坦（Powhatan）为首的联盟。选择这样一个地方，其结果再糟不过。

最早的殖民者中，喜欢冒险的绅士太多，而甘愿劳动的人太少，因此从登陆那一刻起就遇到了严重的困难。南部的印第安人一接触到欧洲的疾病便迅速感染，英国的殖民者也一样，由于之前没有接触过新大陆的传染病，因此也没有任何免疫力。疟疾在殖民地的蔓延尤其猖獗，人们或染病身亡，或虚弱不堪，无力进行任何活动。由于伦敦的投资商急于得到资本的回报，殖民者只得把他们有限而又日益减弱的精力用来寻找黄金，其结果是无功而返，只是在砍伐木材，采集柏油、沥青和生铁方面略有所获，得以出口。农业没有成为主要的谋生手段，原因之一是殖民者误以为可以依靠印第安人为他们提供食物。

伦敦公司的投资商没有打算建立以家庭为中心的社会，所以最初并未派妇女到詹姆斯敦，而没有妇女殖民者就很难建立所谓的"社会"。尽管据说有些土著妇女在殖民地和英国人一起生活，但殖民者中很少有人能够（也不愿意）与土著妇女通婚。没有女性，殖民者无法建立真正的家庭，也无法安排家庭生活，所以在群体中很难有长期的稳定感。

早期的问题

人们的贪婪和无所寄托导致食物生产不足，因而人们体质虚弱，无力抵御疾病，疾病的肆虐使殖民者无法改正早先的错误，其结果就是整个群体走向穷途末路。到 1608 年 1 月，当有船只载着人员和给养到来时，当初的 104 名殖民者中只剩下 38 人幸存。詹姆斯敦此时已濒临绝境，但在 27 岁的船长约翰·史密斯（John Smith）的努力下，殖民地最终渡过了危机。史密斯当时已经是闻名世界的旅行家，撰写并出版了游记。而且他还具有出色的组织能力。殖民地的领导权一直分散于一个议会的几名成员之中，那些人彼此之间争执不断。到 1608 年，史密斯成为议会主席，开始行使自己的意愿，强制实行劳动制度，并加强社区的秩序。他还组织偷袭邻近的印第安人村落，以盗取食物。殖民地的第二个冬天，死亡者不到 12 人（当时总人数约 200 人）。到 1609 年夏季，史密斯从议会卸任，并因严重火药灼伤回英国接受治疗，此时，殖民地已经呈现出生存的希望之光。

约翰·史密斯

重 组

伦敦公司（当时已更名为弗吉尼亚公司）同时在憧憬着更大的目标。1609 年，它从国王那里得到新的特许状，增加了对殖民地的监管权并扩大了管辖的区域。公司将股份出售给"投机商人"，他们待在英国而日后可以分享利润，公司借此筹集了更多的资本；又向愿意自费移民的"垦殖者"发放额外的股票，以吸引新的移民；对不太有钱的人，只要他们同意为公司服务 7 年，就可以免费搭乘航船至弗吉尼亚。1609 年春，公司自信能把詹姆斯敦变为一个充满生机的成功创业小镇，于是集结了 9 艘船组成一只"庞大的舰队"，载着约 600 人（其中一些是妇女和儿童）向弗吉尼亚进发。

然而灾难接踵而至。其中一艘驶往弗吉尼亚的船在飓风中迷失，另一艘搁浅在百慕大的一座岛上，数月无法起航。在到达詹姆斯敦的人中，很多人因经历了漫长而颠簸的航行而虚弱不堪，在寒冷的天气还没到来之前就患热病身亡了。1609—1610 年的冬天被称为"饥饿时期"，那是一段前所未有的艰难时期。当地的印第安人由于约翰·史密斯的袭击和早期英国殖民者其他的一些敌对行为，对白人甚为愤怒，他们把森林中的禽畜统统杀光，并用栅栏把殖民者围困起来。欧洲人无以为生，饥不择食，"狗、猫、老鼠、蛇、伞菌、马皮"，（据一位幸存者回忆）甚至"死人的尸体"，都被用来充饥。次年 5 月，被困百慕大的移民最终抵达詹姆斯敦。他们发现那里只有 60 人幸存（前一年夏天有 500 人），

饥饿时期

一些人已被折磨得形容枯槁。情况如此之糟，留下看来毫无意义。于是他们把幸存者拖到船上，离开了殖民地，顺流直下返航回国。

如果没有异乎寻常的时来运转，詹姆斯敦或许就走到了尽头。当逃亡的人们沿着詹姆斯河朝切萨皮克湾行进时，他们遇到了一艘逆流而上的英国船，那是一个船队中的一只，船上载着给养和殖民地的第一位总督德拉·沃尔勋爵（Lord de La Wall）。双方协商之后，本已准备离开的殖民者同意原路返回詹姆斯敦。之后，由数百名殖民者组成的新的增援船队迅速到达，人们又重新开始努力在詹姆斯敦寻找发财致富的机会。

德拉·沃尔和他的继承者（托马斯·戴尔［Thomas Dale］爵士和托马斯·盖茨［Thomas Gates］爵士）在殖民地实行了严苛的纪律。他们把殖民者分成帮组进行劳动，对违纪者施以鞭打、绞刑，或用车轮碾压。但是，这种公社劳动制度未能长期奏效。人们常常逃避劳动，"认为不论如何丰收，都要归公储藏"。戴尔不久就总结出了问题所在：只有人们劳动有了动力，殖民地才会有起色。于是他开始允许私人占有并耕种土地，土地所有者通过业余劳动对公司予以报偿，并向仓库缴纳粮租。

在首批严厉的总督任期内，弗吉尼亚并不总是一片乐土，但无论如何它还是得以生存下来，甚至逐渐扩大。沿河两岸的詹姆斯敦周边开始出现新的定居点。殖民地之所以得以扩展，原因之一就是总督们施行了严格的管理制度，另一个原因是对当地印第安部落加强了军事进攻，为新的殖民地提供了保障。不过，还有一条原因是，殖民者最终发现了一种市场前景良好的作物——烟草。

德拉·沃尔的严苛纪律

烟　草

哥伦布在西印度群岛发现古巴的土著人吸小雪茄（烟草），他们把这种东西塞到鼻孔中。在哥伦布首次航行之后，欧洲人就开始逐渐了解烟草。到17世纪早期，来自西班牙殖民地的烟草已经在欧洲广为流行。有些批评者斥之为毒草，将其看作诸多疾病的根源。詹姆斯一世1604年亲自撰文《抵制烟草》，力劝国民不要效仿"野蛮、邪恶、充满奴性的印第安人的粗野举止，尤其是这种令人生厌的恶劣习俗"。也有人担心英国人在西班牙殖民地购买烟草会使英国的黄金流到西班牙的进口商手里。然而，对烟草的需求依然与日俱增。

1612年，詹姆斯敦的种植园主约翰·罗尔夫（John Rolfe）效法当地印第安人多年种植的方法，开始在弗吉尼亚试种一种气味浓重的烟草。他种的这种烟

烟草经济的出现

草质量很高，而且在英国找到了买主。于是烟草种植业在詹姆斯河沿岸迅速发展起来。这种烟草经济的特点是获利高，风险大，对土地和劳力需求多，这些特点从根本上改变了切萨皮克的社会格局。

最为直接、最为重要的一点是烟草的种植给土地的扩张带来了压力。烟草种植者需要大面积的耕地种植他们的作物，而且，由于烟草几年之内就会把地力耗尽，因而对土地的需求增长更快。于是英国的垦殖者开始把种植园逐渐向内陆扩展，逐渐远离詹姆斯敦的欧洲殖民中心，不断侵占原本属于印第安人的土地。

切萨皮克的发展，1607—1750 这幅地图所显示的是17世纪和18世纪早期切萨皮克湾地区欧洲殖民地的政体形式。殖民地企业分为几种不同的类型：弗吉尼亚的皇室殖民地和马里兰、北弗吉尼亚和北卡罗来纳的业主殖民地，前者在早期商业公司失败之后直接由英国皇室控制，后者掌控在英国权力强大的贵族手中。（彩图见第515页）

扩　张

烟草种植业的开发对弗吉尼亚公司来说于事无补。到1616年，公司仍然没有盈利，有的只是土地和债务。然而，投资商依然对烟草业抱有希望，相信它可以使他们扭亏为盈。1618年，为了吸引殖民者并使殖民地盈利，他们发起了最后一次大规模的运动。

运动的内容之一就是招募新的殖民者和劳力。公司制订了所谓的"人头权"制度。人头权是指新移民可以通过各种方式获得50英亩土地。已经在殖民地定居的人每人可获得100英亩土地。每一位殖民者不论男女均可获得人头权。这种制度鼓励人们举家迁移，因为一个迁往美洲的家庭成员越多，他们获得的土地面积就越大。此外，任何人（无论新移民还是老移民）如果为其他移民担负前往弗吉尼亚的旅费，每资助一名就可以得到一份人头权，以期让有钱的人给美洲带来新的劳力。有些殖民者通过家庭人头权和仆役人头权获取了大面积的种植园。作为回报,他们要向公司缴纳一小笔代役租(每个人头权每年一先令)。

公司还实行了其他方式的鼓励措施。为了使殖民地的经济形式多样化,公司将铁匠和其他技术工匠运送到弗吉尼亚。1619年,公司又将100名英国妇女运送到殖民地(当时仍然是男子占绝大多数)充当男性殖民者的妻子。(120磅烟草就可以换购一名妇女,她们的地位介于契约奴和自由人之间,依她们丈夫的意愿而定。)公司允诺给殖民者英国公民的所有权利(依照1606年原特许状的规定),甚至一部分自治权,从而结束了严苛武断的统治时代。1619年7月30日,各社区的代表在詹姆斯敦教堂举行了市民议会。那是历史上在美国本土疆域内举行的第一次民选议会。

烟草作物 这幅图原为1622年创作的木刻画,后来进行了着色,图中所画的是约翰·罗尔夫将烟草推介给殖民者之后,弗吉尼亚的殖民者在17世纪初所种植的烟草作物。图中右侧是一个正在用巨大烟斗吸烟的人。

一个月之后,在弗吉尼亚又发生了一件事,这件事开创了一个独具特色而意义重大的先例。据约翰·罗尔夫记载,"大约在8月末"一艘荷兰船带来了"20余名黑人"。第一批非洲人在英属殖民地的身份和命运尚不明确,但人们有理由认为殖民者并没有把他们看作奴隶,而是看作仆役,就像种植园主们惯常对待白人契约奴那样,他们可以在侍奉主人几年期满之后获得自由。而且,黑人劳力的使用一度非常有限。尽管非洲人源源不断地涌入殖民地,种植园主们依然愿意使用欧洲契约奴做劳力,一直到17世纪70年代这种情况才有所改变,当时契约奴数量开始紧缺，而且价格昂贵。但是，不管当时是否有人意识到，1619 年那一小批黑人的到来标志着迈向黑人奴隶制的第一步，之后它将在美利坚合众国盛行起来。

<small>镇压波瓦坦印第安人</small>

殖民地之所以能够继续扩张，是因为成功地镇压了当地阻止英国人扩张的印第安人。在两年的时间里，托马斯·戴尔爵士不断率众向波瓦坦印第安人发动进攻，还在进攻过程中绑架了波瓦坦酋长的女儿波卡洪塔斯（Pocahontas）。波瓦坦不愿赎回波卡洪塔斯，于是她皈依了基督教，并于 1614 年与约翰·罗尔夫结婚。（波卡洪塔斯后来随丈夫回到英国，作为一名基督教的信徒和仁慈宽厚的女性，她唤起了人们对印第安人进行"文明开化"的兴趣。后来她在英国去世。）那时，鉴于力量差异悬殊，波瓦坦不再攻击英国人。但在他去世数年之后，他的弟弟，欧佩坎卡诺（Opechancanough）成为土著联盟的首领。他看到自己部落的地位江河日下，于是，为了阻止欧洲人对土地的蚕食，又重新开始了抵抗。1622 年 3 月的一天早晨，他们在白人殖民区佯装叫卖，然后突然发起攻击。一直杀到 347 名白人男女老少或死或伤才被迫撤退。劫后余生的英国人向印第安人发起了残酷的反攻，一度遏制了威胁。直到 1644 年欧佩坎卡诺再次率部反抗失败，波瓦坦人才最终停止了对殖民地东部地区的进攻。

<small>弗吉尼亚公司的终结</small>

此时在伦敦的弗吉尼亚公司已名存实亡。公司已将全部资金投入詹姆斯敦，但未获得任何收益，1622 年印第安人暴动之后，公司濒临破产。1624 年，詹姆斯一世宣告公司特许状失效，殖民地归由王室管辖，一直到 1776 年。

农业技术交流

早期殖民者之所以对印第安人表现出敌视态度，其原因之一是他们认为自己的文明大大优于土著文化，最重要的是他们的技术比印第安人先进得多。英国人毕竟拥有远洋船、滑膛枪等先进的武器装备，还有其他印第安人尚未制造出的器具。约翰·史密斯和其他詹姆斯敦的早期移民未能发现黄金和其他贵重物品，因此感到灰心沮丧，他们常常将此归咎于土著人的落后。史密斯曾写道，南美的土著人创造了发达的文明，开采了大量的黄金和白银，因此那里的西班牙人得以发财致富；如果墨西哥和秘鲁"也像弗吉尼亚那样人口素质差，土地荒芜贫瘠，无人耕种"，那么西班牙人也会像英国人一样找不到生财之道。

<small>印第安人的农业技术</small>

然而，詹姆斯敦得以幸存下来，最终是借助印第安人开发的农业技术。与英国殖民者带来的农业传统相比，土著人的农业技术更为适合弗吉尼亚的土质和

气候。弗吉尼亚的印第安人成功地建起了农场，土地规划有序，种植各种作物，其中一些作物英国人以前根本不知道。有些印第安人的农田绵延数百英亩，养育着众多的人口。

英国殖民者没有将印第安人的农业技术全部采纳。印第安人在开垦土地的时候，不像英国人那样把树木统统砍掉并连根伐除，而是用"环剥"（即在树基深割一圈）的方法令树失去活力或是放火把树焚烧到根部；他们种植庄稼不是一行行直线播种，而是环枯树的躯干种成圆形。这项技术英国人未予采纳，而在其他方面则向印第安人学到了很

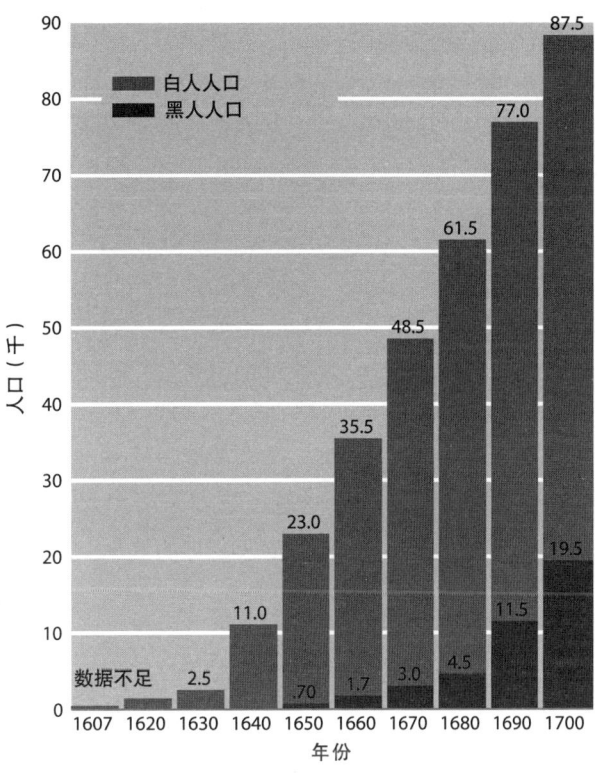

切萨皮克的非印第安人口，1607—1700 这幅图所描述的是欧洲殖民地最初一个世纪切萨皮克地区人口的迅速发展趋势。前半世纪人口飞速增长，后几十年增长速度稍缓。如果不把最后20年被强行贩运来的奴隶人口计算在内，非印第安人口就不会增加。黑人奴隶制会对欧洲移民速度产生什么影响？

多，他们学会了如何在新大陆种植粮食，尤其是迅速认识到了玉米的价值，这种作物比英国人所知道的任何欧洲谷物都易于耕种，而且产量很大。玉米对于殖民者来说具有吸引力的另一个原因是它的秸秆可以用于制糖，而且与其他谷物相比不易腐坏。英国人还学会在玉米地边种植豆类以增强土地肥力。

马里兰和卡尔弗特

马里兰殖民地建立的环境与弗吉尼亚大不相同，但与它南边的近邻却如出一辙。首位巴尔的摩领主乔治·卡尔弗特（George Calvert），是新近皈依的天主教徒，也是一个精明的商人，他一直梦想建立一个新的殖民地。卡尔弗特把殖民看作一宗大的地产投机生意，又当作英国天主教徒的避难手段，很多天主教

业主统治

徒感到在国内受到国教圣公会的压制。然而他还没有得到英王的特许状就撒手人寰了。1632年，他的儿子塞西莉厄斯（Cecilius），第二任巴尔的摩领主，取得的特许状则超乎寻常，不仅获得的土地面积大得出奇（除今马里兰以外，还包括今宾夕法尼亚、特拉华和弗吉尼亚的部分地区），而且被赐予的权力也令人瞠目——他和他的继承人对领地具有"真正绝对的所有权"，只需向王室缴纳年费，即可表明对国王的效忠。

巴尔的摩领主任命他的弟弟伦纳德·卡尔弗特（Leonard Calvert）为总督，并派另一个弟弟监督殖民地的建造。1634年3月，名为"方舟号"和"鸽子号"的两艘船载着二三百名乘客驶入波托马克河，而后转入它东部的一条支流。在一座独自耸立的峭壁上，这些首批移民建起了圣玛丽村（出于外交的目的，以当时英国女王的名字命名）。附近的印第安人对敌对部落时刻警惕，对新来的移民则十分友好，为他们提供临时的住所，卖给他们土地，送给他们玉米用以充饥。马里兰的早期殖民者和弗吉尼亚人不同，他们没有受到印第安人的攻击，也没有遭受瘟疫和饥饿。

宗教宽容

卡尔弗特家族对美洲属地投资巨大，他们需要吸引众多移民来使自己的投资获利。所以他们不仅鼓励英国的天主教教友，也鼓励新教徒移民，而这两个教派相对来讲都人数很少，而且大多不愿迁居他乡。新教殖民者多为英国国教信徒，从开始就比天主教徒的人数多，卡尔弗特很快意识到天主教徒在殖民地将永远是少数。他们谨慎地实行了宗教宽容的政策。为了安抚占多数的非天主教移民，1648年卡尔弗特任命一名新教徒为总督。一年之后，他派人从英国送来"宗教相关法"的草案，该草案保证了所有基督教徒的信仰自由。

然而，马里兰的政治依旧常年受到少数派天主教徒（包括业主本人）和多数派新教徒之间紧张关系的困扰。狂热的耶稣会士和锐意改革的清教徒都试图使自己的宗教占据统治地位，彼此之间相互对抗、恐吓。新教多数派曾一度禁止天主教徒参加选举，甚至废止了信仰自由法案。暴力事件时有发生，1655年，内战爆发，领主政权暂时被推翻，代之以由新教徒为主的政府。

到1640年，殖民地劳力严重缺乏，被迫改变了土地授予的程序；马里兰也和弗吉尼亚一样，实行了"人头权"制度，男性移民每人分配100英亩土地，其妻子和每个仆人也获得100英亩，孩子每人50英亩。马里兰和弗吉尼亚一样成为烟草种植中心，种植园主起初依靠从英国运来的契约奴劳动，之后，在17世纪末期开始使用从非洲贩运来的奴隶。

动荡的弗吉尼亚

到 17 世纪中期，弗吉尼亚殖民地已经渡过了艰难时期，人口在增加，经济逐渐多样化，收益也不断提高。同时，辖区内的各个派别为了争取政府的支持竞争激烈，政治纷争层出不穷。在殖民地向西扩张的过程中，不断侵入印第安人的领地，因此边界冲突日益频繁。17 世纪末，英属弗吉尼亚内部的主要问题是如何应对这些冲突。

_{弗吉尼亚向西扩张}

1642 年，36 岁的威廉·伯克利（William Berkeley）爵士被查理一世任命为总督，赴弗吉尼亚就任。他掌管政权一直到 1670 年代，其间仅有一次中断。起初，伯克利派人越过蓝岭山脉去探险，开拓弗吉尼亚西部腹地，因此很得民心。他组织兵力平定了 1644 年的印第安人暴动。印第安人被打败后，割让大面积土地给英国人，但伯克利与印第安部落通过谈判商定了边界线，禁止白人到此界线以西殖民。

伯克利试图以此来保护印第安人的领地，但是，由于弗吉尼亚人口的飞速增长，他的尝试和后来美国历史上的类似努力一样，从一开始就遭遇失败。奥利弗·克伦威尔在 1649 年英国内战（见边码第 52 页）中取得胜利，他的政敌纷纷逃往殖民地，这使原本已经大幅增长的人口再度飙升。1640 年到 1650 年间，弗吉尼亚的人口从 8000 人翻倍至 1.6 万人。到 1660 年，再度翻了一番还多，达到 4 万人。由于沿海地区的土地逐渐紧缺，新来的移民和服役期满或从主人家逃跑的契约奴纷纷向西涌入山麓地区。到 1652 年，英国殖民者已在原本应允给印第安人的领地范围内建了三个郡县。因此土著人与白人之间冲突频繁也就不足为怪。

到 1660 年代，伯克利实际上已经成了殖民地的独裁者。1619 年选举首届议会的时候，所有 17 岁以上的男子均有选举权。而到了 1670 年，选举权仅限于土地所有者，而且很少进行选举。那些对总督忠心耿耿、唯命是从的议员年复一年地在议院连任。尽管有些新的内陆郡县人口已经远远超过原来沿海地区的县，但每县仍然只有两名代表。因此"边远地区"的新移民在议会中代表名额远远不足，或（在尚未正式组成郡县的地区）根本没有代表。

_{伯克利的专制统治}

培根起义

1676 年，偏远地区的动荡不安连同政治纷争引发了一场严重的冲突。一名毕业于剑桥大学的富家子弟——纳撒尼尔·培根（Nathaniel Bacon）于 1673 年来到弗吉尼亚。他在西部买了很大的一片农场，并在总督的顾问委员会中谋得一席。换言之，他把自己定位为边远地区贵族阶层中的一员。

但是，新崛起的西部有势力的土地所有者不久就和沿海地区的当权者产生了分歧。他们在很多问题上都各执己见，最主要的分歧就是对土著人的政策。在西部殖民地所占的土地中，有很多是依照协议应该留给印第安人的，而白人却强行占有，因此他们经常处于印第安人的威胁之下，随时可能受到攻击。西弗吉尼亚的总督力图保持殖民地边界的稳定，以避免和土著人发生冲突，白人殖民者对此一直耿耿于怀。他们认为，东部的贵族想通过限制西部的白人来维护其统治地位，所以才实行这一政策。（实际上，伯克利之所以实行该政策，另一重要目的是维持与印第安人的毛皮贸易，以从中获利。）

培根是一位有着远大政治抱负的贵族，他对伯克利的不满还另有原因。由于他被排除在总督顾问委员会核心集团（所谓的"绿色之春"组织，其成员享受特殊待遇）之外，所以总是愤愤不平。此外，伯克利不肯让他在与印第安人的毛皮贸易中分得一杯羹，这也令他怒火中烧。因此，他对伯克利长期积怨，自然而然地成为反对派的领袖。

血腥的事件迫使培根承担起领袖责任。1675年，一些多格（Doeg）部落的印第安人由于不满欧洲人侵占他们的土地，袭击了一个西部种植园，杀死了一名白人奴仆。当地的几伙白人愤怒反击，不仅攻击了弱小的多格部落，还无意中进犯了强大的萨斯奎哈诺克（Susquehannock）部落。印第安人于是还以更多的袭击，杀死了更多白人。培根和其他有关的土地所有者向总督求助，而总督的反应谨小慎微，因此引起培根等人的强烈不满。随着斗争的升级，他们不再听命于伯克利，而是自作主张攻击印第安人。伯克利于是将培根从顾问委员会中除名，并宣布他率部叛乱。于是，原本对印第安人的非法进攻变成了对殖民政府的军事挑衅，史称"培根起义"。这是殖民地历史上反对殖民政权规模最大、势力最强的一次起义，只有独立战争能出其右。

培根曾两次率军东征詹姆斯敦。第一次他得到总督的临时赦免；第二次，总督违反了协议，他纵火烧毁城市，将总督放逐他乡。在殖民地社会普遍的动荡形势下，培根即将控制弗吉尼亚。但是，他却突然患上痢疾，抱病身亡；伯克利的地位因英国军队的到来得到巩固，又重新控制了形势。1677年，印第安人意识到自己在军事上无力击败白人，不得已签订了一个新的条约，同意开放更多的土地供白人殖民。

培根起义意义重大,其原因是多方面的:弗吉尼亚的印第安人与白人在边界划分的问题上一直争端不断,培根起义是其中的一部分;它表明英国殖民者如何不愿遵守早期与土著人订立的协议,印第安人如何不能容忍白人向他们的领地内扩张;它揭示了东部和西部土地所有者之间竞争之激烈,同时也揭示了培根本人不想公之于众的问题——殖民地众多自由、无地的人们潜在的不稳定因素。这些人多数曾是契约奴,没有财产,没有工作,没有前途,他们在起义中构成了培根军队的主要力量。他们逐渐变得人数众多,状况不稳,四处游荡,渴望得到土地。培根正是利用了他们对印第安人的仇恨,一度受到他们的拥戴。但是,培根渐渐发现,他自己无意中正在领导一场无地的人们反对有地贵族的运动,而他自己就是有地贵族中的一员。

<small>培根起义的意义</small>

其结果之一是弗吉尼亚东部和西部有土地的人开始认识到,防止社会从下层动乱是他们的共同目标。所以他们越来越依赖非洲奴隶贸易以满足对劳力的需求。被奴役的黑人也可能成为潜在危险,但1676年的事件使很多殖民者认识到,如果运来大量的白人仆役,其危险会更大。

二、新英格兰的成长

新英格兰的第一个永久性殖民地——英属北美的第二个殖民地——的建立,源于英国清教独立派的不满情绪。多年以来,清教独立派因为不服从政府和英国国教,常常锒铛入狱,甚至被处以死刑。因此,他们中的一些人开始考虑干脆离开英国,去寻找信仰自由(尽管清教徒并不赞成给所有其他人以宗教自由)。

<small>宗教镇压</small>

普利茅斯种植园

未经国王的准许而擅自离开英国曾属非法。然而,1608年,一群来自斯克鲁比村的独立派的清教徒开始三三两两悄然离开英国,迁往荷兰的城市莱顿,在那里他们可以虔心敬神,不受干扰。但是,他们无法进入荷兰的行会,只得做一些报酬很低的粗活赖以谋生。而且,荷兰社会的宗教气氛也让他们心绪难安,他们梦想建立一个组织严密的基督教社会,但他们发现在这样的氛围中所受的压抑并不亚于英国,长此以往,梦想也难以实现。因此,有些独立派的教徒决定再次迁移，这一次他们要跨过大西洋，希望在那里创建一个他们所向往的社会，"在遥远的地方传播基督天国的福音"。

斯克鲁比独立派的领袖们取得弗吉尼亚公司的许可，在弗吉尼亚定居下来。国王也以非正式的方式向他们保证"只要他们内部和平相处，就不会干涉他们"。（这是王室做出的历史性的让步，它不仅将英属美洲向斯克鲁比派开放，也向其他派别的新教徒打开了大门。）一些英国商人同意预先为他们支付必要的资金，条件是他们在殖民地定居满7年之后分享其利润。

清教徒移民领袖、历史学家威廉·布拉德福（William Bradford）后来写道，那些清教移民在离开荷兰之前就"认为自己是朝圣者"。1620年9月，35名"圣徒"（清教独立派信徒）和67名"陌生人"（非清教教会的成员）乘坐"五月花号"船离开英国口岸普利茅斯港。当他们11月份看到北美土地的时候，很难再继续前行。他们最初的目的地大概是位于今纽约的哈得孙河口，但是他们却到了科德角。在该地勘察一番之后，他们选择了科德角北部的一块地方作为定居点，几年之前，约翰·史密斯船长在一次探险航行中（以清教徒出发地的名字）将其命名为"普利茅斯"。普利茅斯坐落在伦敦公司的领地之外，殖民者意识到他们在此殖民不合法。因此，41名男性移民签订了一个文件——《五月花号公约》，该文件确立了民事政体，并宣布效忠于国王。1620年12月21日，朝圣者们踏上了"普利茅斯石"。

他们在一块开垦好的土地上定居下来，那里曾是一个印第安人的村落，三年前，一场神秘的流行病（可能是早期欧洲探险者携带至此的"瘟疫"）席卷整个地区，致使当地人口锐减。朝圣者的第一个冬天过得极其艰难，一半人口由于营养不良、疾病缠身、无处避寒而丧生。但殖民地保留了下来。

像南美地区的西班牙和葡萄牙殖民者一样，朝圣者（以及日后的英国殖民者）带给新大陆的不仅是人口和思想，他们也使新英格兰的自然景观发生了深刻的改变。1630年代的早期，一场英国人带来的天花几乎使普利茅斯周边的印第安人死亡殆尽，这大大改变了当地的社会景观。英国人想要动物的毛皮和肉，这使普利茅斯的野生动物几乎被赶尽杀绝，所以殖民者努力想办法饲养家畜，其中很多（如马、牛、羊和猪）是从欧洲引进的，在美洲从未见过。朝圣者和后来的英国殖民者还引进了新的作物（如小麦、大麦、燕麦等），将美洲土著食品（如玉米、马铃薯和豌豆）纳入自己的食谱，而后又把他们出口到英国和欧洲其他地方。殖民者将牧场、草地、果园和农田用篱笆围起来，逐渐地，美洲殖民地呈现出一派欧洲的景象。

与印第安人的关系

朝圣者与印第安人接触的经历，至少在一段时期内与稍南的英国早期殖民者迥然不同，其原因之一是土著人由于瘟疫变得人口稀少，余下的与他们以南的近邻相比弱小得多，他们认识到必须与欧洲人和睦相处。最终，对于殖民地的生存与发展，土著人的帮助起了关键的作用。一些重要的印第安友人，如斯匡托（Squanto）和萨莫塞特（Samoset），教给他们如何捕捞海产品、耕种玉米和猎取动物。斯匡托是普塔克赛特（Pawtuxet）部落的印第安人，曾被英国探险者抓住并带回欧洲。他会讲英语，帮助殖民者与当地以马萨索伊特（Massasoit）为首领的万帕诺亚格人（Wampanoags）组成联盟。1621年10月，第一次收获之后，殖民者邀请印第安人共同庆祝，这就是感恩节的由来。

然而，殖民者和印第安人的和谐关系好景不长。朝圣者到达美洲13年之后，一场天花席卷普利茅斯周边地区，很多印第安人在瘟疫中丧生。

朝圣者无法指望在泥沙覆盖的沼泽地上建立富饶的农场。他们的早期渔业也没有任何收益。1622年，殖民地领袖、军官迈尔斯·斯坦迪什（Miles Standish）建立了一个半军事化的政体对殖民者加以管理。后来朝圣者种植的玉米和其他作物开始能够自给自足，而且小有盈余。他们还和缅因的阿贝内基族（Abenaki）印第安人建立了小规模的毛皮贸易。新的英国殖民者陆陆续续来到这里，十年之内人口达到300人。

威廉·布拉德福

移民们称自己的殖民地为"普利茅斯种植园"，他们多次推选威廉·布拉德福为总督。早在1621年，他就劝说新英格兰议会（其前身为老普利茅斯公司，持有领地特许状）给予移民合法居住权。他还结束了斯坦迪什帮助建立的公社式集体劳动制，把土地分给各个家庭，他认为这样可以使"所有的人都变得勤劳"。他和一群"承办人"一起把殖民地欠英国投资人的债务承担了下来，并且利用在毛皮贸易中获得的利润将所有债务一起还清（尽管那些投资者一再欺骗他们，没有如约给他们提供给养）。

朝圣者一直是个贫穷的群体。直到40年代，他们还只有一部犁。但是，他们坚信上帝把他们安排到新大陆就是让他们过真正的基督教团体生活；总的说来，他们对自认为是神圣的生活方式心满意足。

有时，他们会谈及为其他基督教徒树立楷模。布拉德福回顾往事时写道："恰如一支小小的蜡烛可以照亮千人，这里发出的光芒已经照亮了众人，甚至整个民族。"但是，与北部的清教徒相比，朝圣者们不太关注宏图大业，也不在意别人怎样看他们。那些在他们北面的清教徒所建立的英属殖民地比他们的规模更大，更显得雄心勃勃。

马萨诸塞湾实验

1620 年英国的动荡（加之普利茅斯殖民地的例证）使得其他清教团体开始对殖民产生强烈的兴趣。詹姆斯一世多年来宣扬君权神授，对清教采取残酷的压抑政策，与议会关系紧张。1625 年，詹姆斯一世死后，他的儿子查理一世即位，局面进一步恶化。查理一世试图恢复天主教，消除宗教异端，40 年代开始把全国引上了内战之路。清教徒成了查理特别针对的目标。一些人因为自己的信仰被判入狱，很多人开始感觉到英国的氛围难以忍受。1629 年，国王解散了议会（直到 1640 年才重新召开），这就注定清教的问题没有政治解决的办法。

马萨诸塞湾公司

在这种政治和社会的动荡形势下，一群清教商人开始成立新的组织，旨在利用美洲的机会。起初，他们主要关注的是经济利益。他们得到了新英格兰的一块土地，其范围包括今马萨诸塞和新罕布什尔；还得到了国王（国王当时显然没有发觉他们是清教徒）的特许状，准许他们建立马萨诸塞湾公司并且在新大陆建立殖民地；他们从一个破产的渔业贸易公司（该公司曾试图在北美建立企业但未能成功）购买了设备和物资。1629 年，他们决定派大队移民迁往新英格兰。

但是，马萨诸塞湾公司的一些清教徒不仅仅把公司当作一个商业的冒险，而是开始考虑在新英格兰为清教徒创建一个避难所。这些成员于 1629 年夏在剑桥秘密集会，约定买通其他投资人，一起奔赴美洲。

约翰·温斯罗普

公司的新业主们推选约翰·温斯罗普（John Winthrop）为总督。温斯罗普家境殷实，受过大学教育，有着虔诚的信仰和坚强的性格。他在组织移民的工作中发挥了积极的作用，1630 年，他指挥船队驶往新英格兰，共 17 艘船，1000 人之多（与以往不同的是，这些人多数是举家迁移）。那是 17 世纪规模最大的一次移民活动。温斯罗普随身带着马萨诸塞湾公司的特许状，这意味着殖民者只对他们自己负责，而不必遵从在英国的任何公司的官员。

马萨诸塞的移民很快就建立了好几个新殖民地。查尔斯河口的波士顿港成为公司的总部和殖民地首府。但在之后的 10 年中，殖民者迁到了马萨诸塞东部的其他一些小镇，如查尔斯顿、纽顿（后更名为剑桥）、罗科斯伯里、多尔切斯特、沃特顿、伊普斯威奇、康科德、萨德伯里等。

殖民地货币 这枚马萨诸塞湾公司 1690 年所刻的印章是为了证实"信用券"（bills of credit）的有效性，殖民者据此信用券进行了很多财务交易。起初人们大多拒绝使用纸币，很多人怀疑其价值，不肯接受，而愿意使用当时广为流通的西班牙银币。但是，由于白银短缺，人们逐渐开始使用这种纸币和其他形式的纸质通货。这枚印章所刻的是一句印第安俗语"来帮帮我们"，这表明英国人认为欧洲白人社会优越于印第安人。(Courtesy of the Massachusetts Historical Society)

一位波士顿妇女的肖像 安妮·波拉德（Anne Pollard）是原来温斯罗普探险队的一名成员，1721 年这幅画像创作之时已经 100 岁了。1643 年，即她到达马萨诸塞 13 年之后，她与波士顿的一名小旅馆老板结婚，生了 13 个孩子。1679 年她的丈夫去世之后，她独自经营小旅馆。她于 1725 年辞世，享年 104 岁，身后留下 130 名直系后代。这幅画的作者不详，但据推测是一位美洲人，其画风比较古朴，是 1729 年首批受过专业训练的英国肖像画家到达美洲之前新英格兰流行的风格。

　　马萨诸塞湾公司不久就转变为殖民政府。根据最初的公司特许状，八位股东（或称"自由人"）应召开董事会选举公司官员，制定规章制度。约翰·温斯罗普先是掌管公司事务，后来掌控殖民地的政务，但 1634 年以后，他和殖民地的其他官员如果想继续任职，必须参加一年一度的选举。

　　与普利茅斯的独立派奠基人不同，马萨诸塞的创建者没有打算与英国国教分道扬镳，但是，即使他们感觉与圣公会有什么真正的关联，也没表现出任何迹象。在每一个小镇，社区教堂有（用有名的牧师约翰·科顿的话说）"完全独立的自由"，这与英国圣公会高度集权的组织结构截然不同。每个教派自行推选牧师，管理自己的内部事务。在普利茅斯和马萨诸塞，这种教区组织形式渐渐

公理教会

被称为"公理教会"。

马萨诸塞的清教徒不像很多人后来所描述的那样冷酷无情和沉闷无趣，而是一些严肃虔诚的人。他们俭朴勤勉，为人谋利，尽职尽责，看重物质上的成功，认为那是蒙神宠爱的见证。在到达后不久，温斯罗普写信给他的妻子说，"我们在这里得享上帝和耶稣基督的眷顾，难道这还不够吗？"他和其他马萨诸塞的创立者们相信，他们在建立一个圣洁的国度——一座"山巅之城"，为世界树立楷模。

如果马萨诸塞要成为别人的灯塔，首先要保持自己的"圣洁"。牧师虽然没有正式的政治权力，但他们对教会成员有着重要的影响，而只有教会成员才有权参加选举或担任公职。因此政府反过来保护牧师，向人们（无论是否属于教会成员）征税以资助教堂，立法强制要求人们参加教会活动。就像清教徒在英国一样，非清教徒在美洲没有宗教自由。殖民地时期的马萨诸塞实际上是"神权政体"，很难看出教会与政府之间有什么界线。

像其他新殖民地一样，马萨诸塞湾殖民地早期也遇到了诸多困难。第一个冬天异常寒冷，近三分之一的殖民者被冻死，其余的人第二年春天便弃它而去。但是，这个殖民地的发展和繁荣比詹姆斯敦和普利茅斯都要迅速。朝圣者和邻近的印第安人为他们提供了食物，还出了很多主意。新来的殖民者带来了必要的工具及其他物品，他们用这些东西从已定居的殖民者和土著人那里换取家畜、玉米和其他农产品。殖民地内有众多的家庭组织（与早期詹姆斯敦形成鲜明对比），这有助于加强殖民者的群体责任感和内部秩序的稳定，也使人口自身的繁殖速度更快。清晰的宗教和政治阶层划分在一定程度上确保了社会的稳定。

新英格兰的扩张

随着人口的增加，马萨诸塞的殖民者中越来越多的人不能接受殖民地官员所奉行的宗教信条，以及不是清教"圣徒"就不能参加选举的原则。新来的殖民者要么遵从殖民地的宗教惯例，要么离开。很多人离开了马萨诸塞，并由此开启了一个新的历程，这一历程日后将遍布今新英格兰及其以外的地区。

康涅狄格河谷在波士顿周围的欧洲殖民地边界以西约 100 英里的地方，这一地区早在 17 世纪 30 年代就开始吸引英国家庭移民。托马斯·胡克（Thomas Hooker）对该河谷尤其喜欢，他是纽顿（剑桥）的一名牧师，1635 年公然违抗马萨诸塞政府，率领信徒们穿过荒野，建立了哈特福德镇。四年之后，哈特福德和其他两座小镇建立了自己的殖民政府，制订了自己的宪法，名为《康涅狄格基本法》。

另外一个康涅狄格殖民地是由英国的一位清教牧师和一名富商发起的，它在康涅狄格沿岸的纽黑文周围发展起来。这个殖民地的建立反映出其创始人对马萨诸塞宗教信仰日益懈怠的不满情绪，依据《纽黑文基本条例》（1639），这是一个比波士顿更为严格的宗教政府。1662 年之前，纽黑文一直保持独立，之后王室下令将其与哈特福德合并，建成康涅狄格殖民地。

罗德岛的建立源于罗杰·威廉斯在宗教和政治方面持有异议。罗杰·威廉斯曾在马萨诸塞的塞勒姆居住，他是一个很有魅力但又颇具争议的年轻牧师，即便是认为他是异教徒的约翰·温斯罗普，也称他是一位"讨人喜欢、和蔼可亲"的人，威廉·布拉德福把他描述为一个"正直热情的人"，但又补充说，他"判事能力欠妥"。威廉斯是一名坚定的独立派信徒，他认为马萨诸塞教会应该彻底脱离英国国教。令神职人员更为不安的是，他主张政教完全分开，以避免教会在世俗世界中沦于腐败。殖民政府由此感到它的精神权威受到了挑战，于是将他逐出马萨诸塞。1635—1636 年那个寒冷的冬天，他到纳拉干塞特族（Narragansett）部落避难；次年春天，从他们手里买了一块土地，和几个追随者一起在那里创建了普罗维登斯城。其他异教团体也追随他而来，到达后来的罗德岛，1644 年威廉斯获得议会的特许状，允许他建立殖民政府。罗德岛政府对教会不予任何支持，允许"宗教事务自由"。那里一度成为当时唯一一个信仰自由的殖民地，持各种信仰的人都可以自由礼拜，不受干涉。

罗杰·威廉斯

对马萨诸塞湾的正常秩序构成更大威胁的是安妮·哈钦森（Anne Hutchinson），她出身于波士顿的一个殷实之家，聪慧迷人，1634 年随丈夫来到马萨诸塞。她与殖民地的官员进行了激烈的争辩，认为马萨诸塞的神职人员中那些非"被神选中的人"——即曾经改变信仰的人——无权就任神职。后来，她声称很多神职人员，包括她自己那位沉闷乏味的牧师都不在被神选中之列，因而无权对教徒行使权威。最后，她进而指责马萨诸塞的所有牧师都不是被神选中的人，只有社区领袖约翰·科顿和她的姐夫除外。在这样的观点（批评她的人称之为"反律法主义"，该词来源于希腊语"反对法律"）之外，哈钦森还公开挑战当时公认的妇女在清教社会中的适当地位，由此引发了社会慌乱。她不是一位羞怯恭顺的妻子和母亲，而是一名有独立见解、颇具影响力的宗教人物。

安妮·哈钦森 48

哈钦森在妇女中发展了大批追随者，在宗教事务中对她们进行积极的训导。

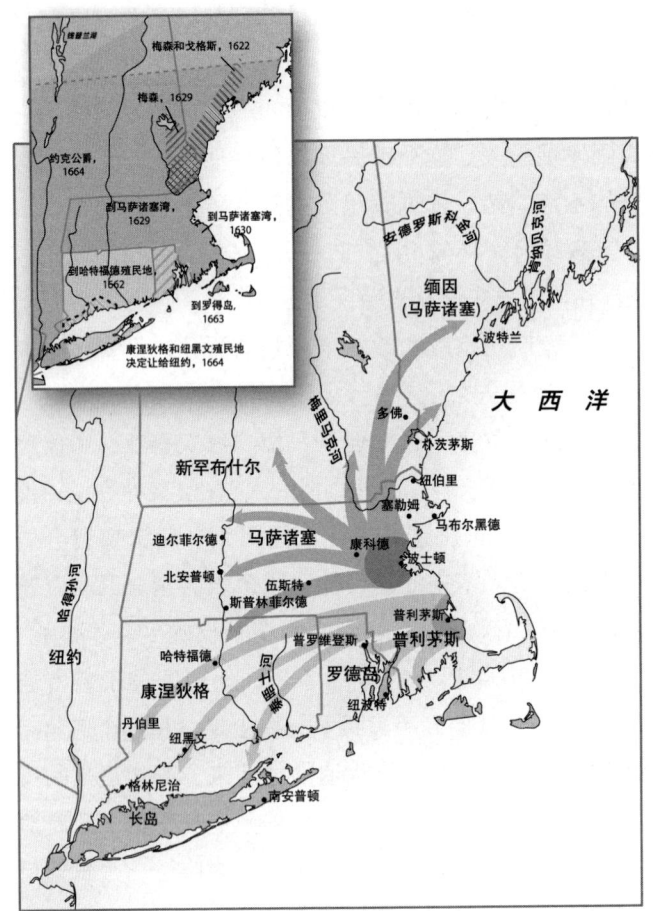

新英格兰的发展，1620—1750
如图所示，新英格兰的欧洲殖民地发源于大西洋沿岸的两个小定居点。第一个定居点是普利茅斯的朝圣者定居点，建立于1620年，后扩展到科德角、马萨诸塞南部、玛莎葡萄园岛和楠塔基特岛。第二个定居点1630年在波士顿建立，而后迅速发展到马萨诸塞西部，向北发展到新罕布什尔和缅因，向南到康涅狄格。◆ 为什么马萨诸塞湾的殖民者比普利茅斯的移民扩展得更为迅速、广阔？

她还吸引了其他一些反对殖民政府压制的人（商人、青年人和其他各种持不同政见者）。随着她的影响力日益扩大，马萨诸塞当局开始着手策划制止她的措施。哈钦森的追随者人数众多，影响面广，1636年温斯罗普甚至在他们的阻止下未能连任总督，但次年他再次任职，并以异教徒的罪名对哈钦森加以审判。哈钦森在法庭上凭借渊博的神学知识令控方尴尬不堪，但是，由于她一直藐视神职权威（还由于她声称自己曾直接与圣灵交流，而清教信仰认为这一启示时期已一去不返，因此她触犯了清教的教义），被判发布煽动性言论扰乱治安，作为"与社会格格不入的女人"遭到流放。对于清教占主导的马萨诸塞殖民地，哈钦森非正统的观点在宗教信仰和社会秩序方面都产生了冲击。她带着全家和一些追随者移居罗德岛，之后又迁入新尼德兰（后来的纽约），1643年，在一次印第安人的暴动中遇难身亡。

哈钦森的宗教叛逆为男性神职人员敲响了警钟。教会中的妇女社会活动本已十分有限,他们还进一步加以限制,结果,很多哈钦森的追随者开始离开马萨诸塞湾,迁往新罕布什尔和缅因等地。

1629年,这两个地方开始建立殖民地。那一年,英国的两位业主约翰·梅森(John Mason)船长和费迪南·戈杰斯(Ferdinando Gorges)爵士得到新英格兰议会的批准,以皮斯卡塔夸河(Piscataqua River)为界将该地划分为两个独立的殖民省份。但是,尽管他们不惜财力鼓励人们来此移民,仍然很少有人愿意移居这些北部地区,直到马萨诸塞湾发生宗教争端才见改观。1639年,哈钦森的一名弟子约翰·惠尔赖特(John Wheelwright)带领一些持异见者来到新罕布什尔的埃克塞特镇。其他持异见者或正统派清教徒不久也纷至沓来。新

新罕布什尔和缅因

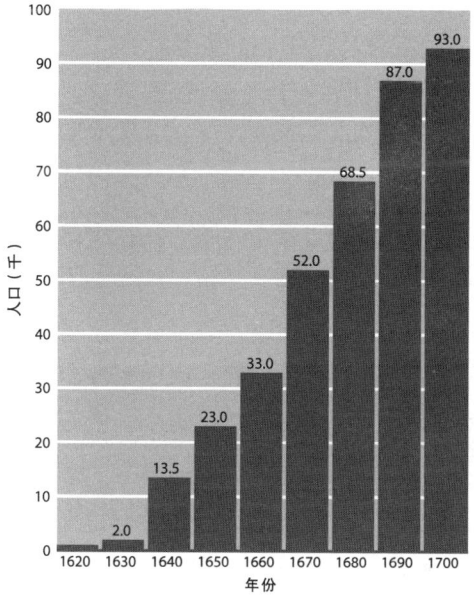

新英格兰的非印第安人口,1620—1700 和切萨皮克殖民地一样,新英格兰的欧洲人口在1620年建立之后迅速增长。意料之中人口增长的最高峰出现在最初的30年中,这也在情理之中,因为在此期间即使是一次普通的移民浪潮也会使人口翻一番甚或增加两倍。但1650—1680年间是新移民数量最多的阶段。◆ 英国的什么事件导致那些年中移居美洲的人口数量增加?

安妮·哈钦森在波士顿家中布道 安妮·哈钦森令很多波士顿宗教领袖担忧,不仅因为她公开挑战神职人员的权威,而且因为她也间接地挑战了清教社会的女性行为规范。(Bettmann/Corbis)

罕布什尔于1679年成为独立的殖民地，缅因则一直是马萨诸塞的一部分，直到1820年才成为独立州。

殖民者与土著人

对于早期的新英格兰移民来说，印第安人并不构成强大的威胁，这与新英格兰以南的英国殖民者所遇到的情况有所不同。到1630年代中期，原本数量很少的土著人口因传染病的侵袭几乎死亡殆尽，幸存下来的印第安人把大量土地卖给了英国殖民者（很多土地已经开垦，这对殖民地的发展起了巨大的推进作用）。一些土著人甚至皈依了基督教，并加入了清教团体，他们被称为"祈祷的印第安人"。

印第安人帮助的重要性

在早期殖民者学着适应新的环境的过程中，印第安人给他们提供了重要的帮助。白人从土著人那里学会了种植重要的粮食作物，如玉米、豌豆、南瓜和马铃薯。他们还学会了一些关键的农业技术，比如每年烧荒肥田和在地力耗尽的农田上种植豆类以恢复肥力。土著人还是欧洲移民重要的贸易伙伴，尤其是在北美兴旺的毛皮贸易中更是起了关键的作用。他们为制造品提供了重要的市场，铁锅、毛毯、带金属头的箭，以及后来的手枪、步枪，还有（给土著人带来不幸的）烈酒。的确，与印第安人的贸易往来给早期英属北美殖民地带来了巨大的财富，使殖民地出现了富有的家庭，这些家庭将对殖民地（和后来的美国）几代人产生深远的影响。

不过，和其他白人殖民地一样，他们也遇到了冲突；早期和平的印白关系好景不长。由于白人殖民者对土地贪得无厌，二者关系不久变得紧张起来。殖民地农业经济发生变化也促使白人的土地欲望不断膨胀。过

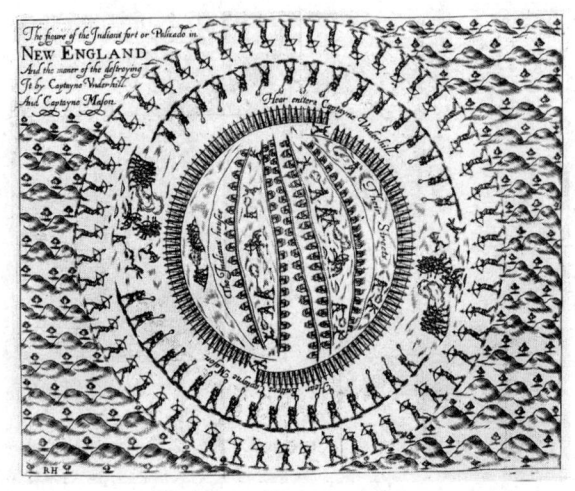

一座被毁的佩科特（Pequot）村庄 这是一位英国画家的作品，描述的是在1637年佩科特战争中，康涅狄格一座构筑有堡垒的佩科特村庄被英国士兵及其联合部落包围的情景。入侵者屠杀了这个村庄的600多名居民。(*Rare Books Division, New York Public Library, Astor, Lenox and Tilden Foundations*)

度狩猎致使野生动物开始消失，于是殖民者开始逐渐把精力集中在饲养牛、羊、猪、马等家畜上。畜群不断扩大，殖民者对土地的需求也随之扩大。结果他们就逐步迁入康涅狄格河谷等地区，那里的土著人与马萨诸塞沿岸相比人多势众，白人与土著人的冲突在所难免。

　　印白冲突之所以形成这种特征，白人对待印第安人手段之所以如此残暴，其原因之一是清教徒对土著人态度的改变。起初，很多新英格兰白人对印第安人态度谦恭，并略带敬意。然而，不久他们就逐渐将其看作"异教徒"和"野蛮人"，因此对新大陆的神圣社会构成威胁。有些清教徒认为解决印第安人"问题"的办法是让他们皈依基督教，接受欧洲的生活方式，以实现"文明开化"，一些英国传教士在这方面小有成就。其中的一名传教士约翰·艾略特（John Eliot）甚至将《圣经》译成阿尔冈昆语。但是，其他清教徒则提出了残忍的"解决办法"——把土著人赶走，赶不走就杀绝。

态度的转变

　　英国人对土著人构成了直接的威胁。欧洲殖民者向内陆渗透越来越深，他们攫取土地，砍伐森林，赶走大量土著部落赖以生存的野生动物。英国移民经常任他们的家畜乱跑，毁坏土著人的庄稼。由于瘟疫的肆虐，印第安人口连年减少，而今土地和食物的短缺更加剧了这一境况。17世纪初期，新英格兰人口有10万以上，到1675年，只剩下1万人。人口的下降使新英格兰的土著人充满了绝望，有些印第安人因此开始酗酒，有些被迫皈依基督教，但其他人则决定背水一战。

佩科特战争、菲利普王之战，战争技术

　　第一次重大的冲突发生在1637年，那一年，康涅狄格河谷的英国殖民者与佩科特族印第安人进入了敌对状态，矛盾的爆发出于两个原因，一是双方在与新尼德兰地区的荷兰人贸易上的竞争，二是因土地问题发生的摩擦。在佩科特战争中，英国殖民者与莫希干（Mohegan）族和纳拉甘塞特族（佩科特族的宿敌）联合起来。冲突中最为残暴的是英国人。在战争最为血腥的场面中，白人在约翰·梅森船长的带领下向佩科特族据点发动了突袭，放火焚烧据点的围栏，数百名印第安人或是在大火中丧失，或是在试图逃命时被杀死。那些侥幸活下来的则遭到穷追猛打，被抓到后卖为奴隶。佩科特族几乎被赶尽杀绝。

　　17世纪印白之间最为漫长的殊死冲突始于1675年，那就是几代英国人都不会忘记的"菲利普王之战"。和早期在康涅狄格发生的佩科特战争一样，一个印

第安部落——这次是万帕诺亚格族——在其酋长的带领下奋起反抗英国殖民者。他们的酋长在族人中被叫作梅塔科米特（Metacomet），而白人殖民者称之为"菲利普王"。万帕诺亚格人并非一直对殖民地怀有敌意，实际上，梅塔科米特的祖父曾经与英国人联盟，梅塔科米特本人也对殖民者十分了解。或许正是由于对英国人太了解了，他开始对他们产生戒心，着手与邻近部落建立联盟。到17世纪70年代，他已经清楚地认识到，只有武力抵抗才能保卫自己的土地，阻止英国人的入侵，更为紧要的是，只有武力抵抗才能阻止殖民当局对土著人强行实施英国法律（普利茅斯一法庭新近审判并绞死了数名万帕诺亚格人，罪名是谋杀本部落的族人）。

三年的时间里，组织有序并且配有枪支装备的土著人袭击了马萨诸塞的多个市镇，其中20座被捣毁，死亡人数达千人之多（其中包括殖民地至少1/16的白人男性）。这场战争大大削弱了马萨诸塞的社会和经济力量。但是，1676年白人殖民者开始反攻，并且逐渐占据上风。他们得到了万帕诺亚格人的宿敌莫霍克族的大力援助，而且在当地的所谓"祈祷印第安人"（皈依基督教的土著人）中招募向导、密探和士兵。就在白人进攻印第安人村落、断绝土著人食品供应的同时，一群莫霍克人伏击了梅塔科米特，并将其击毙，把他的人头带到波士顿呈献给殖民当局。自此以后，梅塔科米特精心组织的当地部落联盟土崩瓦解。欧洲人很快就镇压了起义。有些万帕诺亚格的首领被处决，其余的被卖到西印度群岛充当奴隶。万帕诺亚格人及其盟友的人口几乎伤亡殆尽，自然资源锐减，无力抵抗英国人。

燧发枪

然而，白人殖民者的这些胜利并未使殖民地的威胁完全消除。其他部落的印第安人劫后余生，他们仍有可能袭击英属殖民地。而且，新英格兰的殖民者不仅要对付土著人，还面临着荷兰人和法国人的竞争。他们要在英国本已建立殖民地的地方索要土地。尤其是法国人，他们与阿尔冈昆人组成联盟，这将对英国人构成长期的威胁。日后，法国人将与印第安人联手进攻新英格兰的边界。

在佩克特战争、菲利普王之战以及之后土著人与殖民者之间的多次冲突中，技术交流产生了重要的影响，尤其是迈尔斯·斯坦迪什等人把燧发枪引进新英格兰之后，印第安人充分利用了这种新式武器。燧发枪取代了以前的火绳枪。土制火绳枪非常笨重，精准性差，在英印战斗中不能适用。火绳枪必须先固定在一坚实的物体上，用火柴点燃才能射击（印第安人往往使用弓箭就能打败使用笨重火绳枪的白人殖民者）；而燧发枪不用支架就能举起，射击时也不必用火柴点燃。

很多英国殖民者迟迟不愿扔掉笨重的火绳枪、改用轻便的燧发枪。而印第安人则很快发现了这种新式步枪的好处,于是向殖民者大批购买。尽管殖民地禁止殖民者教授印第安人使用和修理武器,但土著人还是自行学会了操控步枪,甚至还学会了修理。他们甚至还造了巨大的铁炉用以铸造和修理枪支零件。

在与英国人的斗争中,印第安人还使用了比较传统的军事技术,尤其是修建堡垒。纳拉干族人是万帕诺亚格人在菲利普王之战中的同盟,1675年他们在罗德岛的大沼泽地区修了一个巨大的堡垒,在那里进行了这场战争中最为血腥的一次战斗,后来堡垒被英国人占领并烧为平地。再后来,在一名土著石匠(这名石匠跟英国人合作时学会了手艺)的帮助下,一群纳拉干族人开始修建一座巨大的石头堡垒。1676年菲利普王之战结束后,英国士兵发现了这座石头堡垒,杀死了里面的很多人,并将其捣毁。最后,无论在数量上还是在火力上,印第安人的技术(不论是从英国人那里学来的还是部落祖传的)都不能再与英国殖民者的绝对优势相抗衡。

三、复辟时期的殖民地

到17世纪30年代,英国殖民者已经在新大陆建立了六个重要的殖民地:弗吉尼亚、马萨诸塞、马里兰、康涅狄格、罗德岛和新罕布什尔(缅因是马萨诸塞的一部分,独立战争之后才独立成州)。但是,在巴尔的摩领主于1632年获得马里兰特许状之后的30年间,英国政府没有再进行任何殖民尝试——国内的矛盾已经令其自顾不暇。

英国内战

英国的问题在詹姆斯一世当政时期就已初露端倪。詹姆斯一世在1625年去世之前遭到普遍的反对,但从未公开与议会对抗。他的儿子,查理一世就没有那么谨慎了。他在1629年解散了议会,开始独断专行,因此越来越多的臣民与他疏离开来,尤其是势力强大的清教成员。最后,由于急需资金,查理重新召开议会,令其征收新税。但是,他在两年之中两度解散议会的行为触怒了议会成员。1642年,一些议员组织力量公然与国王对抗,英国内战由此爆发。

保王党人和圆颅党人(议会军队,多数为清教徒)的斗争持续了七年之久。

内战的源起

最终，圆颅党于 1649 年击溃了国王的军队，俘获了查理一世本人，并做出了不仅在当时而且后来也算得上是惊世骇俗的举动——将国王斩首。国王死后，他们推举圆颅党领袖奥利弗·克伦威尔为"护国公"，取代查理一世。克伦威尔执政九年，1658 年死后由他的儿子继位，但他的儿子没有能力保持其父的权威。两年之后，被斩首的国王之子查理二世流放后回国，重登王位。

斯图亚特王朝复辟产生了众多后果，其中之一就是恢复了在美洲的殖民活动。查理二世迅速开始在新大陆分封土地，赏赐给自己的亲信；在他统治的 25 年中，又给卡罗来纳、纽约、新泽西和宾夕法尼亚四个殖民地颁发了特许状。新的殖民地均为领主制（效法马里兰而不是弗吉尼亚和马萨诸塞），因而体现出美洲殖民地性质的重大变化。私人公司不再热衷于建立殖民地，他们认识到在新大陆不能快速取得收益。新殖民地的目标在于建立永久的定居点，使业主得到土地和权力，而并非商业的迅速成功。

<small>新业主殖民地</small>

南北卡罗来纳

卡罗来纳（得名于"查理"的拉丁语）和马里兰一样，脱胎于弗吉尼亚殖民地。查理二世将这块地方分封给八位朝廷中的宠臣，这些人都是积极参加殖民事务的重要政客。根据 1663 年和 1665 年颁发的一系列特许状，这八位业主取得了一大片领地的共同所有权，这片区域南至佛罗里达半岛，西至太平洋。和巴尔的摩的领主一样，八位业主对自己的领地拥有至高无上的权力。

与巴尔的摩领主一样，业主们作为土地的所有者，同时也是土地投机者，从中获利。他们为自己保留了大量的地产，将其余的土地分成小块出售或（采用近似弗吉尼亚和马里兰的人头权制）分发，向殖民者征收年利（免役税）。尽管他们本身是忠实的国教信徒，但他们也欢迎任何人来所辖领地殖民。殖民地特许状保证每个基督教徒的宗教自由。业主们还允诺保证政治自由；由代表大会来制定法律。他们希望通过这些政策吸引美洲既有殖民地的居民，从而省去资助移民从英国来美洲的费用。然而这些最初的努力都归于失败，这令他们大为失望，于是原先的一些领主选择了放弃。但是，有一个人仍坚持不懈，他就是日后成为沙夫茨伯里伯爵的安东尼·阿什利·库珀（Anthony Ashley Cooper）。库珀说服了伙伴，请他们资助从英格兰向卡罗来纳移民的人。1670 年春，第一批移民一行 300 人从英格兰出发，然而历经艰难的航程之后仅有 100 人幸存，他们在卡罗来纳沿岸皇家港口地区建立了殖民地。十年之后，他们在阿什利河

<small>殖民的动机</small>

与库珀河交汇处建立了一座城市，1690年该城成为殖民地首府，定名为查尔斯城，后更名为查尔斯顿。

沙夫茨伯里伯爵厌倦了英国的动荡不安，想建立一个规划周密、秩序井然的社会。在英国哲学家约翰·洛克的帮助下，他于1669年起草了《卡罗来纳基本法》，该法创建了周密的土地分配制度，确立了精心设计的社会秩序。然而，卡罗来纳的实际发展道路与沙夫茨伯里和洛克设计的近乎乌托邦的社会模式相去甚远。首先，殖民地只在名义上是个统一体而已。南部和北部地区相隔甚远，社会经济情况迥然不同。北部殖民者主要是边远地区的农民，他们与外界隔绝，靠务农勉强维持生计。他们之中没有形成贵族阶层，多年以来并未引进非洲奴隶。而在南部地区，肥沃的土地和查尔斯城的天然良港使经济得以繁荣发展，形成了贵族社会。殖民地在阿什利河与库珀河沿岸迅速发展起来，殖民者建立了繁荣的贸易体系，包括玉米、木材、耕牛、猪肉和（始于1690年代的）大米

卡罗来纳基本法

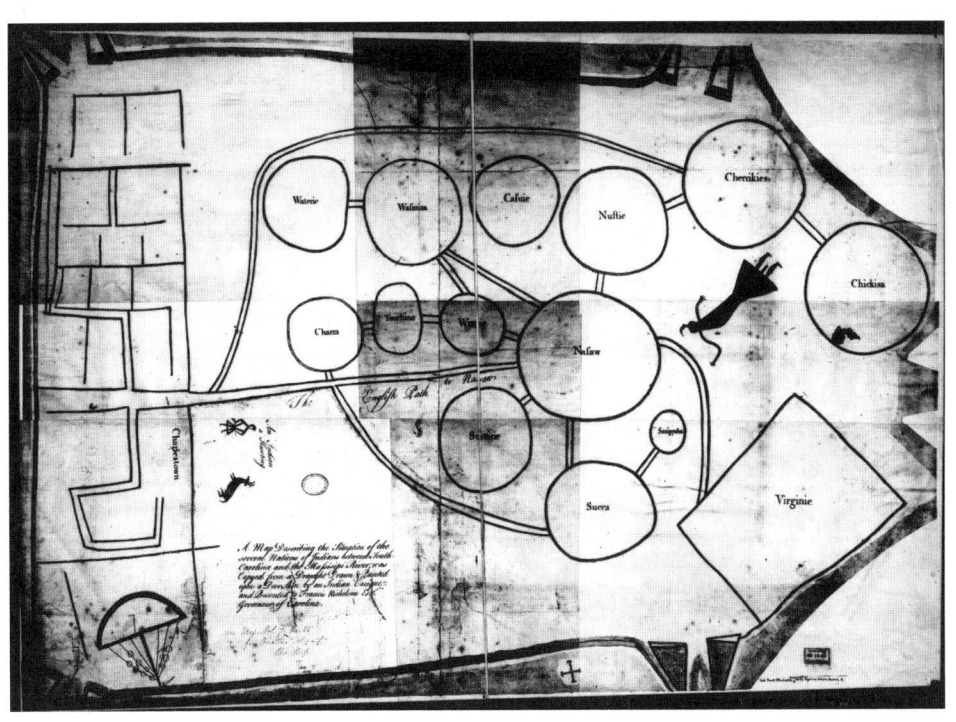

南卡罗来纳的查尔斯顿 这幅地图大约在1730年左右由一位印第安酋长绘于一张鹿皮之上，由图可见，在南卡罗来纳的查尔斯顿，英国定居点井然有序，彼此紧密相邻（图左），而印第安人居住地离市镇较近，分布较为灵活（图右）。此图也显示出东南部印第安人将政治关系视作是一系列彼此关联的圈子。（*Getty Images*）

贸易,其中大米后来成为殖民地的主要经济作物。内陆地区的商人利用查尔斯城贩卖从印第安人那里得来的毛皮,还有人贩卖印第安奴隶,那些奴隶通常是被敌对部落俘虏卖给白人贸易者的。

南卡罗来纳很早就与巴巴多斯岛的大规模英属殖民地建立了密切的贸易关系。多年以来,巴巴多斯一直是卡罗来纳最重要的贸易伙伴。在殖民地建立的前十年,卡罗来纳多数的新移民来自巴巴多斯岛,其中有些还带来了大批非洲劳力,不久便成为大种植园主。黑人奴隶制在巴巴多斯很早就确立下来,比北美大陆任何一个殖民地都早(见边码第56—57页)。一心牟利的白人加勒比移民也在卡罗来纳建立了类似的以奴隶制为基础的种植园社会。领主们也鼓励贩运非洲黑人,他们之中有四人对非洲奴隶贸易利润颇感兴趣。

数十年来,卡罗来纳一直是英属北美殖民地中最不稳定的一个。北部的阿尔伯马尔地区的小农场主和南部富有的种植园主之间关系紧张;南卡罗来纳富裕的巴巴多斯人和周边小土地所有者之间矛盾重重。沙夫茨伯里伯爵去世之后,其他领主无力维持当地的秩序,1719年,殖民者从他们手里夺取了殖民地的控制权。10年之后,国王将该地划分为两个皇家殖民地——北卡罗来纳和南卡罗来纳。

新尼德兰、纽约和新泽西

1664年,就在颁发卡罗来纳特许状一年之后,查理二世将康涅狄格河与特拉华河之间的区域赐给了他的弟弟——约克公爵詹姆斯。但事实上这片土地的大部分已经为荷兰人所有,他们从1624年开始就在新阿姆斯特丹和其他战略要地建立了稳固的殖民地。

英国和荷兰在美洲的冲突只是两国在世界范围内的商业竞争的一部分。但英国对荷兰在美洲的出现尤为反感,因为它如同楔子一样插在南部和北部的英国殖民地中间,并为荷兰走私犯逃避英国海关法律提供了基地。因此,1664年,理查德·尼科斯(Richard Nicolls)率舰队驶入防范松散的新阿姆斯特丹港,当时的荷兰总督彼得·斯特伊弗桑特(Peter Stuyvesant)不得人心,无力组织抵抗,只得投降。根据投降条约,荷兰殖民地移交英国,而英国保证荷兰的殖民者仍可留在新阿姆斯特丹。1673年,荷兰一度夺回新阿姆斯特丹,但1674年又永久失去了这块土地。

约克公爵詹姆斯完全占有了新阿姆斯特丹,并将这块殖民地改名为纽约,准备治理这片种族差异巨大的殖民地。纽约不仅有荷兰人和英国人,还有斯堪

新阿姆斯特丹 荷兰在曼哈顿岛上的这片小殖民地在1664年之前称新阿姆斯特丹,1664年被英国占领。这幅画所描述的是岛的南端密集排列的建筑群。一直到19世纪,曼哈顿岛都是后来纽约市的中心。

的纳维亚人、德国人、法国人、(荷兰西印度公司贩运来作奴隶的)非洲人和若干印第安人部落。当然,这群人所持的宗教信仰也各不相同。詹姆斯并未刻意在殖民地推行罗马天主教。他也和之前的领主一样,自己住在英国,把权力委托给殖民地总督和理事会。但是他并未建立议会,其原因或许是议会曾处决了他的父亲查理一世。不过他立法规定建立地方政府并保障宗教信仰自由。尽管如此,在殖民地权力的分配上仍出现了迫在眉睫的紧张状况。在英荷斗争中,荷兰大庄园主的经济和政治权力几乎毫发无损。詹姆斯还将大片地产分封给在政治上支持自己的人,以期培养忠于自己的大地主阶层。因而殖民地依然权力分散,势力不均,权力分别掌握在富裕的英国大地产主、荷兰大庄园主、毛皮贸易商(这些商人与易洛魁人结为紧密的联盟)以及公爵任命的官员手里。纽约也像卡罗来纳一样,在之后的许多年里是一个派系严重的社会。

纽约也是一个发展中的殖民地,总的说来比较繁荣。1685年,约克公爵继承英国王位,史称詹姆斯二世,当时纽约人口大约3万,相当于20年前詹姆斯获得特许状时的4倍。大多数人仍居住在纽约城(前新阿姆斯特丹)紧靠河边的哈德孙河谷,最大的居住区位于河口附近。

起初，詹姆斯在美洲的属地从哈德孙以南延伸至特拉华河谷以外，但他接到特许状之后不久，就将其中的一大部分土地赠予了两位政治盟友——约翰·伯克利（John Berkeley）爵士和乔治·卡特雷特（George Carteret）爵士，他们原本就是卡罗来纳的领主。卡特雷特出生于英吉利海峡中的一个小岛上，并以该岛的名字将领地命名为新泽西。经营了近十年之后，该地政治纷争不断，经济上不见任何收益，领主们便于1702年将土地控制权归还王室，新泽西于是成为皇家殖民地。

<small>新泽西的建立</small>

新泽西和纽约（新泽西的人口很多来自纽约）一样，种族复杂多样，宗教差异巨大。而与纽约不同的是，新泽西没有形成大地产主阶层，多数居民属小农场主。新泽西也没有纽约那样的天然港湾，所以没有建成任何重要的城市。

教友会殖民地

宾夕法尼亚和马萨诸塞的建立背景相似，由于英国新教各派不服从国教，希望为自己的信仰找到一个家园，建立独具特色的社会秩序，因而得以诞生。

<small>教友会</small>

教友会于17世纪中期起源于英格兰，在诺丁汉鞋匠乔治·福克斯（George Fox）和另一位牧师玛格丽特·费尔（Margaret Fell）的虔心布道之下，势力逐渐壮大。他们的追随者被称为贵格派（Quakers，意为"发抖的人"，因为福克斯教导信徒"闻主之名浑身战栗"）。他们和清教徒不同，不相信宿命与原罪说，认为所有人内心都有神性（一种"内心之光"，它可以照亮正义之路），凡发掘出这种神性的人都能得到拯救。另一点与清教徒不同的是，贵格派给予妇女在教会中与男子大体同等的地位。男女都可以布道，都有权界定教规，正是由于福克斯和费尔的长期合作，才形成了这种特有的性别平等。

在当时所有的新教派别中，贵格派是最具无政府主义和民主特征的，他们没有教会管理机构，只是定期举行教会代表会议。神职人员没有薪俸，在宗教仪式中他们有感而发，轮流发言。不论性别和阶层，他们彼此之间一律称呼"你"（"thee"和"thou"），这样的称呼在当时的英国社会中只用于仆人和社会地位低下的人。贵格派作为坚定的和平主义者，拒绝参军打仗，因而他们在英国是个不受欢迎的群体，加之他们还不时在宗教礼拜中分裂其他宗教团体，所以越发不受欢迎。很多人因此身陷囹圄。

于是，贵格派和之前的清教徒一样将美洲看作避难所。一些人去往新英格兰，但除了在罗德岛，他们所受的"礼遇"就是罚款、鞭笞和放逐，甚至有三男一女因拒绝离开而被处死。其他人迁往北卡罗来纳,在那里迅速发展壮大,不久便对殖民地的政治产生影响。但是,很多贵格派成员希望建立属于自己的殖民地。然而,由于遭受歧视,除非他们能在宫廷中找到有影响力的人物,否则很难取得皇家的特许状。不过,对福克斯和他的信众来说幸运的是,有几位家境殷实、门第显赫的人物为他们的教义所吸引。其中一位就是威廉·佩恩(William Penn),其父是皇家海军上将,在爱尔兰拥有重要地产。他接受过当时正规的绅士教育,虽然他的父亲曾教诲他不可受反传统宗教的影响,但他不从父命,接受了"内心之光"的教义,成为贵格派的传教士。他和乔治·福克斯一同出访欧洲大陆,发现那里的贵格派成员和英格兰的贵格派一样,希望能移居新大陆,于是开始着手为他们寻找合适的地方。

威廉·佩恩

佩恩先是把注意力转到新泽西,不久之后成为该殖民地的领主。但到1681年,其父死后,佩恩继承了父亲在爱尔兰的土地,也继承了英王对其父所欠的债务。查理二世因资金紧缺,将纽约和马里兰之间的一片土地封赐给佩恩用以抵债,那片土地比英格兰和威尔士加在一起的面积还要大,而且还有肥沃的土地和丰富的矿产资源,胜过任何其他英属北美殖民地(而英王对此并不知道)。佩恩将在该殖民地拥有一切权力。在国王的坚持下,该地以佩恩先父的名字命名为宾夕法尼亚(Pennsylvania,拉丁语意为"佩恩的森林"——译者注)。

宾夕法尼亚的建立

佩恩像多数领主一样,希望宾夕法尼亚能给自己和家庭带来收益,于是他用多种语言印发翔实可信的广告,在整个欧洲散发,以吸引移民。不久宾夕法尼亚便成为英格兰乃至整个欧洲大陆家喻户晓的殖民地,也是人口来源最多的地方。1638年,瑞典人和芬兰人在特拉华河口建立了一个贸易殖民地——新瑞典,殖民者从欧洲各处蜂拥而来定居于此。但是,该殖民地从未给佩恩及其子孙带来任何收益,而佩恩本人在晚年因负债入狱,于1718年在贫困中死去。

然而,佩恩不只是一个地产推销商,他试图在宾夕法尼亚进行他所谓的神圣实验。1682年,他驶往美洲,亲自监督特拉华与斯古吉尔河之间城市的设计,他将其命名为费城(Philadelphia,意为兄弟之爱)。费城矩形的街道和查尔斯顿一样,为后来美洲多数城市奠定了基本模式。佩恩和罗杰·威廉斯一样,认为土地是属于印第安人的,占用他们的土地必须给以补偿,并防止他们被毛皮贸易商的烈酒灌得堕落不堪。印第安人很敬重佩恩,认为他是一位诚实的白人,在他有生之年从未与印第安人发生严重的冲突。由于佩恩成功招募移民,精心设计城市规划,加之该地气候温和,土地肥沃,宾夕法尼亚从一开始就比任何一个"英属殖民地都繁荣得多"(尽管领主本人并未赢利)。

但殖民地内部也并非一直相安无事。到17世纪90年代末,一些宾夕法尼亚的居民开始反抗领主近乎绝对的权威。尤其是南部的居民,他们抱怨费城政府对他们的需求置之不理。于是,出现了大规模反对佩恩的势力,鉴于这些集团的压力,1701年,佩恩在最后一次赴英国之前不久批准了一项殖民地自由宪章。该宪章确立了代表制议会(一议院制,这在当时的英属殖民地中独一无二),大大限制了领主的权威。该宪章还允许殖民地的"下游各县"设立自己的地方议会。1703年,三个县据此设立了议会,它们因此成为一个独立的殖民地——特拉华(尽管在独立战争之前一直与宾夕法尼亚共设一个总督)。

_{自由宪章}

四、边陲与中间地带

大西洋沿岸的英属北美殖民地最终联合为一体,奠定了一个大国的雏形。但在17世纪和18世纪早期,它们只是一些蕞尔之地,处于其他群体的包围之中。北美的英帝国比南部的西班牙帝国弱小许多,与北部的法兰西帝国相比也并不强盛(至少表面是这样)。

各个群体争相竞争对北美的控制权,彼此之间关系复杂,这在英属殖民地的边疆附近体现得尤为明显,如加勒比和沿海殖民地的北部、南部和西部边陲。

加勒比群岛

17世纪上半叶,英国移民首选的目的地不是北美大陆,而是加勒比群岛和北部的百慕大群岛,当时半数以上的英国移民都定居在这些岛屿。这些岛上社会从开始就和英属北美有着密切的联系,并对内陆殖民的发展产生了多方面的影响。但它们处于西班牙帝国的包围之中,有时还受到其威胁。

英属加勒比

在欧洲人到来之前,多数加勒比岛屿有众多的土著人口——阿拉瓦人、加勒比人和席伯尼人,但从1492年哥伦布初到新大陆开始,欧洲人带来的传染病使土著人口锐减,1496年西班牙在伊斯帕尼奥拉岛建立第一个殖民地后,土著人口下降速度加剧,几乎死亡殆尽。印第安人在加勒比欧洲殖民地从来没有成为重要因素。实际上,在欧洲人开始在岛上建立殖民地的时候,很多岛屿几乎完全荒无人烟。

帝国冲突

西班牙帝国宣布占领加勒比海上的所有岛屿，但是西班牙所占据的殖民地只在一些大的岛屿上，如古巴岛、伊斯帕尼奥拉岛和波多黎各岛。英国、法国和荷兰的商人在16世纪早期便开始在一些较小的岛屿上殖民，尽管这些殖民地随时可能受到西班牙殖民者的袭击。1621年，西班牙与荷兰开战，转移了西班牙海军的注意力，使加勒比岛的英国殖民者得以高枕无忧，因而加快了英国殖民的速度。到17世纪中期，岛上已经建立起多个稳固的殖民地，最重要的殖民地建在安提瓜岛、圣基茨岛（St. Kitts）、牙买加岛和巴巴多斯岛。尽管如此，整个17世纪英国殖民地一直是西班牙、葡萄牙、法国、荷兰和当地残存的土著人的攻击目标。加勒比世界充满暴力，动荡不安。

加勒比殖民地以生产出口作物为主要经济手段。早期，英国殖民者试验种植烟草和棉花，未获成功。但是他们不久便发现，利润最高的作物是甘蔗，因为蔗糖在欧洲有稳固并且不断扩大的市场。甘蔗经过蒸馏还能酿成朗姆酒，这种酒在海外也有日益繁荣的市场。甘蔗种植在西印度群岛引进不到10年的时间里，几

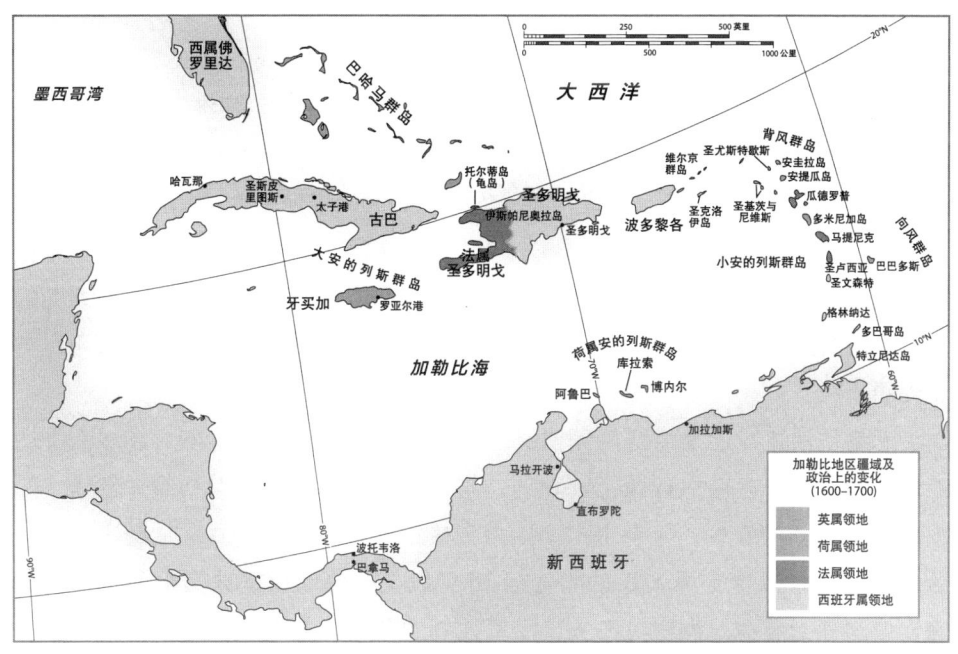

17世纪的加勒比 欧洲列强在美洲大陆扩张自己的殖民势力的同时，也在加勒比海的岛屿上建立殖民地。有时，这些岛屿对于大西洋经济的作用甚至比很多内陆殖民地更为重要，尤其是那些面积大、人口多的产糖岛屿（其中包括牙买加和巴巴多斯），这些岛上人口主要由非洲奴隶组成。◆加勒比群岛在北美奴隶制的发展中起了什么作用？（彩图见第516页）

乎所有的土地都被用来种甘蔗。在大量种植甘蔗的同时，殖民者砍伐森林，毁坏了很多小动物的生存环境，大大减少了种植粮食作物的土地的数量。

由于甘蔗属劳动密集型作物，而且当地土著人口太少，劳力不足，英国殖民者很快发现有必要进口劳力。如同在切萨皮克一样，他们起初从英格兰带来契约奴充当劳力。但是由于劳动过于艰苦，白人劳力望而却步，热带气候酷暑难耐，与英格兰大不相同，很多人无法适应。因此，到17世纪中期，加勒比地区的殖民者像之前的西班牙殖民者一样，越来越依赖于非洲黑人奴隶的劳动，不久黑奴人口就超过了白人。

在巴巴多斯和其他岛屿，甘蔗经济欣欣向荣，那里的英国殖民者都是些吃苦耐劳、不断进取、雄心勃勃之辈，他们当中的一些人后来成为巨富。由于他们的发达全赖奴隶劳动，所以他们迅速扩大并巩固了黑人奴隶制度。到17世纪末期，非洲黑人的数量已是白人殖民者的四倍。那时西印度群岛对普通的英国移民已不再具有吸引力，多数人迁居到北美内陆殖民地。

加勒比地区的奴隶主与奴隶

富有的白人人数很少，身处奴役之中的非洲黑人人口众多，这样的社会结构必定存在隐患。在新大陆的一些英属殖民地，非洲黑人数量逐渐超过欧洲白人，白人因此担心奴隶起义，加勒比的白人也和他们一样逐渐开始对奴隶起义产生恐惧。他们的担心不无道理，在岛上至少发生过7次大规模奴隶起义，比整个北美英属殖民地奴隶制时期的起义次数还多。因此，白人殖民者对奴隶严加监控，往往不乏残忍。17世纪60年代开始，所有岛屿都制定法律，对主人与奴隶之间的关系做出明确规定，给予白人对黑人绝对的控制权，甚至主人杀死奴隶都可以免受惩罚。

无论是法律，还是经济体制本身的特点，都决定了奴隶主不可能多么关注奴隶的福利。很多白人奴隶主都认为，与其花钱使现有奴隶保持身体健康，不如定期购买新的奴隶，奴隶主中使奴隶劳累致死者不乏其人。在加勒比严酷的劳动环境中，很少有黑人奴隶能生存10年以上，他们或是被卖给北美的殖民者，或是死于非命。即使是白人，尽管他们的劳动强度远远低于奴隶，也难以承受酷热的气候，多数人不到40岁就已命丧黄泉，其原因往往是患上热带疾病而本身又没有免疫力。

对于生活在如此恶劣甚至可以说致命条件下的人来说，要建立稳定的社会与文化是极其困难的。很多白人主要关心如何致富，并未打算长期留在岛上。那些有条件的人带着自己的财产返回英国，将地产留给监工照管。欧洲殖民者中一大部分是单身男子，他们很多人或是英年早逝，或是弃岛而去，留下来的大多是普通的白人农夫和劳力，生活贫困不堪，无力对社会发展做任何贡献。岛上女性极少，黑白通婚现象也很罕见，加勒比的欧洲殖民者没有像北美殖民地那样维持社会稳定的基本因素——教会、家庭和社区。

不稳定的社会

加勒比的非洲黑人自然面临更大的困难，但他们在艰难的环境中设法创造了自己的世界。他们建立了家庭（尽管很多家庭由于死亡或奴隶贸易而破裂），继承了非洲的宗教和社会传统（对基督教没有兴趣），在甘蔗种植园中虽受到严密的控制，但仍然形成了反抗的模式。

加勒比殖民地和北美殖民地有着多种联系。它们是大西洋贸易世界中一个重要的组成部分，很多美洲人都参与到大西洋贸易中，加勒比是蔗糖和朗姆酒的主要产地，也是北美内陆殖民地和英国本土产品的市场。它们是为内陆殖民地输送黑人奴隶的主要来源，北美的奴隶半数以上来自这些岛屿，而非直接来自非洲。由于加勒比殖民者比北美殖民者更早建立起完善的种植园体系，为大陆提供了范本，人们便有意无意进行模仿。在美洲南部，种植园主也是以贫穷白人，更重要的是以非洲黑人奴隶为代价而发财致富。

与英属北美的联系

西南边境

到17世纪末，西班牙帝国在当今美国版图之内建立了一个很小的殖民地，而在墨西哥及其以南的地区则建立起引人瞩目的成熟帝国，其首府墨西哥城是全美洲最耀眼的大都市。西班牙居民已超过百万，他们比北美多数英国殖民者都兴旺繁荣，只有少数几个英属殖民地能与之匹敌。

西班牙的北部殖民地

但西班牙在墨西哥以北的主要殖民地——佛罗里达、得克萨斯、新墨西哥、亚利桑那和加利福尼亚——尽管吸引了一些宗教少数群体、天主教传教士、逃离帝国压迫的农场主以及保卫帝国北侧边陲的军队，仍然十分弱小，仅是其南部大帝国中的边缘地带。

新墨西哥是这些西班牙前哨中最繁荣、人口最多的一个。西班牙在1680年镇压了普韦布洛起义之后，就开始与当地土著人积极合作，农业得以繁荣发展。到19世纪早期，新墨西哥非土著人口已超过1万人，在密西西比和墨西哥北部是最大的欧洲殖民地，而且在整个地区稳步扩张。但新墨西哥的繁荣只是与其他边境地区相对而言，与墨西哥和其他人口稠密地区相比还相差甚远。

当西班牙人意识到其他欧洲人（其中有英国商人、法国和俄国的毛皮贸易商）已开始在加利福尼亚建立据点时，也着手在此殖民。18世纪60年代，西班牙命令下加利福尼亚（Baja California）总督在北部为西班牙帝国创建贸易前哨，西班牙从此正式开始在加利福尼亚殖民。不久，一系列布道所、要塞和贸易区在太平洋沿岸蓬勃发展起来，最初于1769年建立了圣地亚哥和蒙特里，之后旧金山（1776）、洛杉矶（1781）和圣巴巴拉（1786）依次建成。如同在其他欧洲殖民地一样，西班牙人（和他们带来的疾病）的到来对土著人产生了毁灭性的影响。西班牙首个殖民地建立的时候，土著人口大约为6.5万人，而到1820年则减少了三分之二。随着新殖民地的发展，西班牙人要求残存的土著人皈依天主教，因而传教团在加利福尼亚所有要塞都处于中心地位。但西班牙殖民者同时也希望创建繁荣的农业经济，于是招募印第安人助他们一臂之力。加利福尼亚的印第安人只得由西班牙人支配，尽管土著人反抗西班牙人的起义时有发生。印第安部落原本已经大批死于疾病，加之在西班牙的布道所营养不良、劳累过度，人口进一步下降。

17世纪晚期和18世纪早期，西班牙把日益膨胀的法国人的野心看作对他们帝国北部边界的最大威胁。17世纪80年代，法国探险家沿密西西比河谷到达河口，声称他们所到之处的土地全部归他们的国王路易十四所有，并将该地命名为路易斯安那。由于担心法国继续向西侵入，加之被法国人驱赶的流浪印第安人也成为他们的隐患，西班牙人开始建立新的要塞、布道所和定居点（其中包括1731年建立的圣费尔南多，后更名为圣安东尼奥），以加固对得克萨斯的防卫。现今的亚利桑那版图内的区域与西班牙帝国的联系也日益密切。北亚利桑那是新墨西哥的一部分，属圣达菲管辖。亚利桑那其余的部分（菲尼克斯以南）由墨西哥索诺拉地区管辖。如同在加利福尼亚一样，建立这些殖民地的动机主要来自天主教传教士（在加利福尼亚主要是耶稣会士），他们希望土著人皈依天主教，但他们的传教计划收效甚微。亚利桑那的土著人与圣达菲周边定居的普韦布洛人不同，他们属游牧民族，不太可能定居下来皈依基督教，而且经常与敌对部落发生战争，他们和其他地方的土著人一样，对于天花、麻疹和其他欧洲传来的疾病毫无抵抗力。像在加利福尼亚一样，18世纪早期传染病使亚利桑那的人口减少了三分之二。

尽管西南部的西班牙殖民地与南部西班牙大帝国相比处于次要地位，但这些殖民地有助于创建持久的社会群体,这些群体与英国在大西洋沿岸建立的殖民地迥然不同。西班牙殖民地没有计划取代土著人,而是想把他们纳入自己的社会之中。他们设法使土著人皈依天主教,将他们征为(有时是强征)农业劳力,还把他们发展成为自己的贸易伙伴。当然,西班牙人并未平等看待土著人,也没有善待他们,但是他们也没有像东部的英国殖民者那样将他们看作自己殖民道路上的障碍。

西班牙边境的重要性

东南边境

对英国在北美殖民计划构成更直接威胁的是当今美国版图的东南边境西班牙属地。1560 年西班牙确立对佛罗里达的所属权之后(参见边码第 19 页),传教士和商人开始向北进入佐治亚,向西进入今西弗吉尼亚的狭长地区,还有些西班牙人甚至梦想将他们的帝国继续向北扩张,进入卡罗来纳及其以北的地区。1607 年,詹姆斯敦的建立打破了他们的梦想,取而代之的是恐惧不安。他们认为英国的殖民地会威胁到他们在佛罗里达和佐治亚现有的殖民地,所以在两地都建立了要塞,用以防御缓慢发展的英国殖民势力。整个 18 世纪,在加利福尼亚和佛罗里达之间的区域,西班牙与英国人之间关系持续紧张,冲突频仍,法国人在路易斯安那和今亚拉巴马境内所建的殖民地对西班牙的西北部边境也构成了威胁,因此西、法两国在这个地区也有矛盾。

在那些年,英国与西班牙之间没有正式发生战争,但这并未消解两国在东南部的敌对状态。英国海盗不断骚扰西班牙的殖民地,并于 1668 年将圣奥古斯丁洗劫一空。在冲突中双方都试图利用土著部落。英国人鼓动佛罗里达的印第安人起来反对西班牙传教士。而西班牙人则向加利福尼亚的黑人奴隶承诺,如果他们愿意皈依天主教就给他们自由,约 100 名黑人接受了西班牙人的条件,于是西班牙人将其中的一些人组织起来编入军队,镇守新西班牙北部边界。英国人明白,西班牙人招募他们的奴隶,目的是要破坏他们的经济体制。到 18 世纪早期,由于该地区斗争不断,几乎所有西班牙殖民者都被迫离开佛罗里达。西班牙人的活动范围几乎全部限制在大西洋沿岸的圣奥古斯丁、海湾沿岸的彭萨科拉城(Pensacola),以及要塞周边一些不大的殖民地之内。由于他们人少势弱,渐渐开始依赖土著人和非洲黑人(其依赖程度大大高于英国人),并且经常与他们通婚。

东南部的敌对状态

在东南部边界的冲突持续一个世纪之后,英国人逐渐占据优势,他们在"七年战争"(在美洲称为"法国人与印第安人之战",见边码第 109—111 页)

之后占领了佛罗里达，并迅速将北部殖民地的居民迁入此地。然而在此之前，对于英国人来讲，保卫北美英属帝国的南部边疆是他们的长期要务，也是建立佐治亚殖民地的重要保证。

佐治亚的建立

詹姆斯·奥格尔索普的设想

佐治亚的起源非常独特。这个殖民地是由一群未拿到报酬的托管人在詹姆斯·奥格尔索普（James Oglethorpe）将军（此公是一位议会成员，而且能征惯战）的带领下建立起来的。他们希望发财致富，但最初是出于军事和慈善事业的动机。他们想在英属北美的南部边界建立一道军事壁垒，还想为穷人提供一个避难场所，帮助那些在国内前景黯淡的英国人重新开始新的人生。

在18世纪的最初几年里，在南卡罗来纳和佛罗里达地区的西班牙殖民地之间急需一段军事缓冲地带。在1676年签订的一个合约中，西班牙承认已经被英国殖民者占有的土地归英国所有，但两个殖民大国之间的冲突依然继续。1686年，一些来自佛罗里达的印第安人和克里奥尔人在西班牙人的带领下，袭击并摧毁了南卡罗来纳合约线以南的一个殖民区。当西班牙和英格兰之间的敌对于1701年再度爆发时（在英国称为"安妮女王之战"，在欧洲大陆称为"西班牙王位继承战争"），双方在北美的冲突也重新继续。

奥格尔索普本人是一名退伍军人，参加过安妮女王之战，他敏锐地意识到，如果在卡罗来纳南部建立一个殖民地，英国将占有明显的军事优势。然而他对建立殖民地的兴趣更多的是出于慈善事业的目的。他作为英国议会监狱调查委员会的一名成员，对于那些诚实的债务人身陷囹圄的艰难处境深感震惊。他认为，这些囚犯和相似命运的人很可能成为美洲新殖民地的农民军。

佐治亚的军事目的

1732年，英王乔治二世将萨瓦纳河与亚拉巴马河之间的土地控制权授予奥格尔索普及其追随者。后者的殖民政策反映出该殖民地重要的军事目的。他们限制拥有土地的面积，以使殖民区小而坚固，易于防范西班牙人和印第安人的攻击。奥格尔索普担心奴隶会制造内乱，也害怕起义的奴隶会投奔西班牙人，所以对于非洲黑人，无论是自由人还是奴隶，一概驱逐出境。托管人在殖民地禁止朗姆酒，一是奥格尔索普认为它会扰乱道德规范，二是托管人担心它会对土著人影响不利。他们严格限制与印第安人的贸易活动，同样也是为了防止战时起义。他们担心天主教徒与西班牙殖民地同宗相互勾结，所以也把他们驱逐出去。

奥格尔索普亲自率队到佐治亚进行殖民探险，1733年在萨瓦纳河口建立了一个坚固的城镇,后来又在奥尔塔马霍河南岸建立了一些要塞。最终,只有少数几个债务人从监狱获释被遣往佐治亚,而托管人从英格兰和苏格兰运来数百名穷苦商人和工匠,还有一些来自瑞士和德国的宗教避难者,包括一小部分犹太人。英国殖民者在佐治亚所占的比例比任何其他英属殖民地都低。

由于对新殖民地生活的限制过于严格,抑制了殖民地早期的发展,注定了奥格尔索普计划的失败。佐治亚的殖民者中有很多人从事劳动密集型农业生产活动,他们像其他南部殖民地一样需要劳动力。几乎从一开始他们就要求拥有购买奴隶的权利。有些人反对限制个人拥有土地的数量。很多人对奥格尔索普及其同僚近乎绝对的权威十分反感。其结果是,新来的移民通常愿意定居南卡罗来纳,因为那里没有那么多限定性法规。

奥格尔索普(有些居民开始称他为"永久的独裁者")起初坚决反对居民提出的社会和政治改革的要求。然而,随着时间的推移,他逐渐对殖民地的冲突感到厌倦,更为殖民地的停滞不前感到忧心忡忡。他在军事上也不得志,1740年,他进攻西班牙在佛罗里达的圣奥古斯丁的前哨以失败告终。奥格尔索普在美洲探险的幻想已经破灭,开始放松控制。早在1740年遭败绩之前,托管人就已取消了对个人拥有土地的限制。1750年,他们取消了蓄奴禁令。一年以后,他们取消了禁酒令,把殖民地的控制权归还给英王,英王立即允许召集议会。佐治亚的发展仍然比南部其他殖民地缓慢,其他方面的发展轨迹大致和南卡罗来纳的殖民地相似。到1770年,佐治亚的非土著居民已超过2万人,其中近一半是非洲黑人奴隶。

佐治亚的转型

中间地带

对北美大陆的争夺当然不仅仅是在欧洲各帝国之间进行,也同样在新到来的欧洲移民与土著人之间进行。

在英属殖民地,如弗吉尼亚和新英格兰,英国殖民者迅速确立了统治地位,镇压并取代了多数土著人,建立起几乎完全由欧洲人统治的社会。但在其他地区,双方力量对比极不稳定,尤其是在英国殖民地的西部边界,欧洲人与印第安人比邻而居,双方均没有明显的优势。在这些所谓的"中间地带",尽管矛盾冲突时有发生,但双方都彼此让步,力图和睦相处。在这些地方,欧洲人意识到印第安人已经尽了很大努力去适应欧洲人,他们自己也必须同样学会适应印第安人。

矛盾与和解

对印第安人来讲,欧洲来客既令他们心存恐惧又使他们充满期待。他们惧怕这些陌生人的武力,他们有手枪、步枪和堡垒要塞;他们又希望这些法国和英国的殖民者表现得像"父亲"一样——帮助他们协调内部争端,送给他们礼物,缓和部落之间的矛盾。在欧洲社会中,一个国家或帝国的制度和军事力量决定彼此之间的关系。但土著人无法理解"国家"这个现代概念,只知道从仪式和血缘的角度看问题,因此欧洲人也逐渐学会了在一定程度上满足他们的期待。

互惠关系　　17世纪,在英国殖民者很少进入内陆地区的时候,法国就已通晓如何与土著部落建立互利关系的技巧。他们乐于和土著部落建立密切的关系,甚至与他们通婚。他们还意识到,应该对部落酋长以礼相待,通过他们与土著人互换礼物。但到18世纪中期,法国人在内陆地区的影响逐渐减弱,而英国殖民者逐渐在"中间地带"成为主导。法国人很久以前就已深知,仅凭强制和武力无法与土著部落建立良好的关系,而通过赠送礼物和以各种仪式进行协调更为行之有效。这一点英国人用了很长时间才明白,最后他们也效仿法国人的做法,在西部广大区域,尤其是大湖区周围,和土著部落建立起和平共处的关系,虽不稳定,却也维持了数十年之久。

力量失衡　　但随着英国人和美国人(1776年之后)在该地区的增加,欧洲人与土著人的力量对比发生了转变。早期殖民者长期以来逐渐学会了与印第安人交往的复杂礼仪,如赠送礼物和调解矛盾,而新来的移民一时很难适应,于是印第安人和白人之间的关系逐渐恶化。到19世纪早期,"中间地带"崩溃,取而代之的是欧洲人主宰的世界,印第安人受到残酷压迫,最终被驱逐出去。但是,必须要承认,在美国早期史上,白人与印第安人之间有相当长的一段时间并不是简单的征服与被征服的关系,在某些地区双方也维持着艰难但稳定的和平共处、相互适应的关系。印第安人不是简单的北美欧洲殖民地发展过程中的牺牲者,他们在新社会的发展中也是重要的参与者,有时起阻碍作用,有时又起推进作用。

历史学家的分歧　　美洲土著人与"中间地带"

数代历史学家在研究欧洲人北美殖民地向西扩张时,都把土著人看作这一过程中一个弱小的阻碍因素,认为它注定要被"文明"的进程所扫除。印第安人或是被刻画为杀戮成性的野蛮人,或是被描述为白人比较温驯的同盟,而鲜有人把他们本身看作重要的因素。弗朗西斯·帕克曼(Francis Parkman),19世纪一位伟大的美国历史学家,将印第安人描述为欧洲列强在新大陆殖民道路上的牺牲品,他们的文明在白人殖民过程中被摧毁,并遭到嘲笑。后来很多的史学家与他的观点大同小异。

近些年来,历史学家研究白人文明如何将土著部落变成牺牲品,以此来向这种传统的观点提出挑战。格雷·纳什的《红种人、白人和黑人》(Gary Nash, *Red, White, and Black*, 1974)就是最早的代表性著作之一,雷蒙·古替耶雷斯的《耶稣到来时,地母走了》(Ramon Guttierez, *When Jesus Came, the Corn Mothers Went*, 1991)是较新的成果。还有其他一些学者反对白人战胜逆境这种所谓的乐观、进步论观点,而将这段历史征服描述为既影响征服者又影响被征服者的征服,而且这种彼此之间的影响在征服之后远未结束。

然而,新近又出现了一种有关新旧大陆之间关系的新观点。这种观点认为,土著美洲人和欧洲殖民者在新的社会形成过程中是不稳定的伙伴关系,而在这一过程中(至少曾经一度)双方都是重要的因素。理查德·怀特颇具影响力的著作《中间地带》(*The Middle Ground*, 1991)是这种观点最早的论著之一。怀特对18世纪大湖区的文化进行了研究,阿尔冈昆人在这一地区与法国人、英国人及美国商人和游客建立了一系列复杂的贸易和政治关系。在日益发展的东部欧洲殖民地和西部相对完善的印第安人文明相接的中间地带,出现了一种由众多文化组成的新的混合型社会。持这一印白合作观点的另一部新作是詹姆斯·梅里尔的著作《走进美洲丛林》(*Into the American Woods*, 1999),该书对17世纪和18世纪西宾夕法尼亚边界的斡旋人和说客进行了研究。梅里尔和怀特一样,强调欧洲与美洲土著人在彼此交往中礼仪的相互融合,使双方得以进行商业往来,订立条约,和平共处。

丹尼尔·里克特将"中间地带"的观点进一步发挥,写出两部重要著作:《长屋的考验》(*The Ordeal of the Longhouse*, 1992)和《从印第安人之乡面向东方》(*Facing East from Indian Country*, 2001)。里克特的研究表明,易洛魁联盟在哈得孙河盆地的印白关系中起着积极的作用。在他的后一部著作中,里克特从土著美洲人的视角讲述了欧洲人殖民的故事。在与白人的抗衡中,17世纪的土著美洲人在很多方面占据优势。通过他们的视角,里克特揭示了诸如约翰·史密斯与波卡洪塔斯"初次接触"的故事如何与西方的传说迥然不同。

那么这些重要的合作关系是如何瓦解的呢?在"中间地带"又发生了什么事情?随着时间的推移,大批欧洲人(在有些地方是非洲人)向西迁移,白人殖民地边界微妙的合作关系逐渐发生变化。乔伊斯·卓别林的《主题》(*Subject Matter*, 2001)也认为来自旧大陆的美洲殖民者起初把土著人看作高贵的人种，尊敬有加，而后来欧洲的疾病肆虐于土著部落之中，给他们带来了毁灭性的后果，从而助长了白人起初就有的优越感。吉尔·莱波雷的《战争之名》(*The Name of War*, 1998)描述了17世纪新英格兰的菲利普王之战如何以暴力方式转变了他们对土著部落的看法，一方面白人战胜了印第安人，另一方面他们以此胜利来证实白人的优越，而将印第安人描述为残忍、未开化的人种（事实上，欧洲人与土著人彼此同样称对方为"野蛮人"）。多年来，新旧两个世界之间相互接触的重要特征即文化"中间地带"，随着白人殖民地势力的增大，战争和疾病使印第安人大大削弱，土著部落与欧洲殖民者的势力对比日渐失衡，这种特征逐渐消失。当历史学家在19世纪末开始认真研究这段历史时，印第安人确实已经如他们所描绘的那样，屡遭挫败，孤立无援，成为白人殖民的障碍。而在几十年之前，白人与土著人的关系远比后来平等得多。

五、英帝国的演进

各个北美英属殖民地建立的背景各不相同，多数情况下彼此之间各自为政。但到了17世纪中期，殖民地企业在商业上日益繁荣发展，使得英国感觉有必要对帝国进行重构，使其更为合理统一。

重组的动机

很多英国人认为，帝国重组将会提高殖民地的收益，并加强英国政府对殖民地的监管，最为重要的是能够推动英国经济的基础——重商主义。殖民地可以为英国的产品提供市场，还能提供国内无法生产的原材料，这样就可以增加全国的财富总量。如果不是为了增加新的财产达到促进商业的目的，英国人也会像西班牙人那样在殖民贸易中将外国人排斥在外。根据重商主义的理论，任何财富流入他国都会损害英国本身的利益，因此英国政府力图垄断与殖民地的贸易关系。

理论上，重商主义有利于殖民地，给殖民地提供了原材料市场，也为他们无力生产的产品提供了来源。但是，殖民地的产品不适合出口英国，因为英国

（重商主义）

本身出产小麦、面粉和鱼类，没有兴趣从美洲进口这些产品。殖民者还发现，即使是英国进口的产品，有时与西班牙人、法国人和荷兰人做生意也会赢利更多。因此，不久英属殖民地就与非英国市场建立了大规模的贸易关系。

对于殖民地这种对重商主义原则的挑战，英国政府起初未采取任何限制措施，但是后来逐渐制定法律监管殖民贸易。奥利弗·克伦威尔在1650—1651年任护国公期间，议会通过法律禁止荷兰船只驶入英国殖民地。斯图亚特王朝复辟之后，查理二世制定了三个《航海法》，目的是对殖民地的商业贸易进行更为严格的控制。第一个航海法制定于1660年，根据此法案，禁止殖民地与其他国家进行任何贸易，只能与英国船只进行商业往来。该法令还要求殖民地的某些产品，如烟草，只能向英国或英国属地出口。1663年颁布的第二个法令规定，凡从欧洲运往殖民地的货物必须途经英国，以便英国对其征税。1673年又通过了第三个法令，这是针对普遍逃避前两项法令的现象而出台的，因为当时很多殖民地商船离港时宣称驶往其他英属殖民地，但却驶向外国港口。根据这项法令，英属殖民地之间的沿海贸易需要纳税，还要任命专门的海关官员以执行《航海法》。这些法令构成了英国重商主义在美的法律基础，持续时间长达一

航海法

1734年的萨瓦纳 这幅英国画家的作品描述的是萨瓦纳殖民地早期的景象，图中展示了欧洲殖民早期佐治亚井然有序的特点。随着殖民地的发展，居民们逐渐抛弃了佐治亚创建者们所构想的严苛的发展规划。(*I. N. Phelps Stokes Collection of American Historical Prints, New York Public Library, Astor, Lenox and Tilden Foundations*)

个世纪之久。

航海法创立的商业体制明显有利于英国，但同时对殖民地也有诸多好处。由于法律限制英国商船的一切贸易活动，促使殖民者（他们本身在法律上是英国臣民）创建自己的造船业。因为英国人希望尽可能多地从本国殖民地（而不是从敌对国）进口商品，所以他们鼓励（也曾资助）美洲殖民地生产他们所需的物品，包括铁、丝绸和木材。尽管这些法律在17世纪晚期使人们怨声载道，并且在数十年后引起了更为强烈的不满，但18世纪的大部分时期，航海法体系既符合英国人的利益也符合美洲人的利益。

新英格兰的主权

航海法的实行不仅需要在美洲驻扎海关官员，而且需要在英国设置专门机构监督殖民地事务。1679年，查理二世取消了马萨诸塞殖民地对新罕布什尔的控制权，特许新罕布什尔为独立的皇家殖民地，并由他自己任命总督，试图以此加强对马萨诸塞殖民地的控制。五年之后，英国议会命令马萨诸塞执行《航海法》，但马萨诸塞大法庭不服从议会的命令，查理二世于是撤销了其特许状，将其改为皇家殖民地。

查理二世的弟弟詹姆士二世1685年继位之后，继续执行其兄的政策。1686年，他将马萨诸塞与新英格兰的其他政府合并，1688年又与纽约和新泽西合并，建立了一个独立的新英格兰主权殖民地。他解散了新主权中的所有议会，自行任命埃德蒙·安德罗斯（Edmund Andros）爵士为新英格兰总督，总部设在波士顿，统辖整个地区。安德罗斯是个有才干的行政长官，但为人却十分苛刻，缺乏灵活性；他强硬推行航海法，对于殖民地民众提出的"英国人权"的要求置若罔闻，再加上他独断专横，刚愎自用，很快就完全失去了民心。他试图在马萨诸塞加强英国国教，结果却在那里备受鄙视。

"光荣革命"

詹姆斯二世不仅在美洲失去支持，而且由于他在英国试图对议会和法庭实行独裁专制，也给自己树了劲敌。他还任命天主教教友身居要职，因此人们开始担心他会把天主教重新定为国教。到1688年，他完全失去了民众的支持。

直到1688年，詹姆斯二世仍只有两个女儿玛丽和安妮，二人均是新教徒。但就在这一年，国王喜得一子，他明确表示要把他培养成为天主教徒。有些议会成员开始警觉起来，于是邀请国王的女儿玛丽和她的丈夫奥兰治亲王威廉共掌王位。威廉是荷兰的统治者，也是欧洲新教的倡导者。当威廉和玛丽率一小队人马到达英格兰时，詹姆斯二世或许是记起了其父查理一世的遭遇，未加任何抵抗便逃往法国。这次没有流血的政变被英国人称为"光荣革命"，这次革命之后威廉和玛丽开始联合执政。

当波士顿人得知詹姆斯二世政权被颠覆之后，他们立即罢免了不得人心的总督。安德罗斯设法逃脱愤怒的民众的追捕，但在他男扮女装想逃出城时被抓入狱。英国新政权对于安德罗斯被推翻未加干涉，默许了殖民者的做法——废除新英格兰单一政权，恢复分立殖民政府。但是他们并没有满足殖民者所有的要求。1691 年，他们将马萨诸塞与普利茅斯合并后变为皇室殖民地。新的特许状恢复了大议会，但把任命总督的权力给了王室，还对选举和任公职的基本条件进行了改变，不再要求选举人和候选人必须加入教会，而代之以一定量的财产拥有权，新特许状还要求清教领袖对英国国教的信仰采取宽容政策。

统治的结束

安德罗斯一直通过副州长弗朗西斯·尼科尔森（Francis Nicholson）上尉管理纽约。尼科尔森深得当地富商和毛皮贸易商的支持，他们多年来在殖民地占据主导地位。而其他一些不很得势的人，包括农场主、工匠、小贸易商和店主，对于尼科尔森和他的同僚积怨已久。这些反对派的首领是雅各布·莱斯勒（Jacob Leisler），此人是一个德国移民和富商，他与一个显赫的荷兰家族联姻，但从未跻身殖民地的统治阶层。莱斯勒和弗吉尼亚的纳撒尼尔·培根很相似，他雄心勃勃，对于自己被排除在统治阶层之外一直耿耿于怀，盼望抓住机会挑战殖民地的精英阶层。1689 年 5 月，当英国的光荣革命和波士顿的安德罗斯倒台的消息传到纽约时，莱斯勒集结起一群民兵，占领了城市要塞，将尼科尔森驱逐出去，自立为纽约政府的新首脑。两年间，他面对各派系的劲敌，试图巩固自己的势力，但最终归于失败。1691 年，威廉和玛丽任命了新总督，对于这一挑战，莱斯勒进行了短暂的抵抗。尽管他不久便告屈服，但他的众多政敌以当初他的犹豫不决为由，治他以叛国罪。他和他的一个女婿被施以绞刑后五马分尸。此后，"莱斯勒派"和"反莱斯勒派"之间的严酷斗争主宰纽约政坛多年。

在马里兰，很多人听到光荣革命的消息时错误地以为，他们的领主天主教徒巴尔的摩勋爵（他当时住在英国）会与天主教徒詹姆斯二世站在一边，反对威廉和玛丽。所以 1689 年，领主政府的一位宿敌约翰·库德（John Coode）发动了起义，以新教的名义将巴尔的摩勋爵手下的官员赶出政府。通过一个民选代表的

约翰·库德起义

大会，他的支持者选出了一个委员会管理政府，并向英国皇室申请特许状，要求把马里兰建成皇家殖民地。1691年，威廉和玛丽同意了这一请求，剥夺了巴尔的摩勋爵的权力。殖民议会将英国教会定为殖民地的官方宗教，禁止天主教徒担任公职、参加选举，甚至不准他们公开进行宗教礼拜。虽然马里兰于1715年再度成为领主殖民地，但那是第五任巴尔的摩勋爵加入英国国教之后的事。

光荣革命之后，殖民地重新恢复了议会，并成功阻止了合并殖民地的计划。在此过程中，他们使一系列观念合法化：殖民者在帝国内有一定的权利，英国政府在制定与殖民地相关的政策时需要考虑他们的意见。但是，在美洲的光荣革命并没有（如很多后来的美国人所想的那样）展现出美洲英属殖民地实行自治的决心，也不是殖民地在实行自治方面的显著胜利。尤其是在纽约和马里兰，起义多数是源于地方纷争和宗教的分歧，而不是宏观视角下的帝国的本质问题。虽然反叛运动推翻了单一的新英格兰政权，其结果却是殖民地政府中英国皇室的权力在很多方面得到加强。在英属北美殖民地建立的第一个世纪即将结束之时，在殖民者们为战胜英国的独裁统治而庆祝之际，殊不知与以前任何时候相比，他们所受的帝国体制的控制都更为牢固。

小　结

多个欧洲国家都试图扩张他们日益增长的贸易活动，英国在北美的殖民只是其中之一。实际上，美洲的"英帝国"多年来只是帝国殖民地中最为弱小的殖民地之一，北有法国，南有西班牙，这两大殖民势力令其黯然失色。

在大西洋沿岸的英国殖民地逐渐出现了新的农业和商业社会——在南部，以种植烟草和棉花为中心，依靠奴隶劳动；在北部殖民地，以传统粮食作物为中心，主要依靠自由劳力。在波士顿、纽约、费城和查尔斯顿等城市开始形成重要的贸易中心，越来越多的人富裕起来，定居在这些日益复杂的社区中。到18世纪早期，英国的殖民地已经从新英格兰北部（今缅因界内）向南扩张到佐治亚。但是，在北美的其他地方，这个成长中的英帝国与其他欧洲国家同存共处，也常常相互冲突。在这些边界地区，社会不像潮汐地带和新英格兰那样稳定繁荣，这些殖民地土地荒凉，人口稀少，这里的欧洲人，包括日渐增多的英国人，不仅要学会彼此之间和谐共存，还要与印第安部落和睦相处。当时的印第安部落尚在强盛时期，与他们同处内陆地区。到 18 世纪中期，欧洲人已遍布北美的广大地区——从佛罗里达到缅因，从得克萨斯到墨西哥再到加利福尼亚，而英国只控制着其中很小的一部分。但在英帝国内部变化已悄然发生，这种变化不久便会使英国在北美更大的范围内占据主导地位。

阅读参考

William Cronon, *Changes in the Land: Indians, Colonists, and the Ecology of New England* (1983) 探究美洲殖民地时期英属殖民地对社会和环境的影响。

Richard White, *The Middle Ground: Indians, Empires, and Republics in the Great Lakes Region, 1650—1815* (1991) 是研究印第安人与早期欧洲殖民者在美洲内陆的和解的重要著作。

James H. Merrell, *The Indians' New World* (1991) 以及 *Into the American Woods: Negotiators on the Pennsylvania Frontier* (1999) 是研究欧洲殖民地对东部印第安部落的影响的最好的著作之一。

Nathaniel Philbrick, *Mayflower, A Story of Community, Courage, and War* (2006) 生动地描述了普利茅斯迁移的故事。

Perry Miller, *The New England Mind: From Colony to Province* (1953) 是研究清教文化环境的一部经典之作。

David Hall, *Worlds of Wonder, Days of Judgment* (1990) 与上述 Miller 的著作形成鲜明的对比。

George Marsden, *Jonathan Edwards: A Life* 是殖民时期一位最有影响的宗教领袖的重要的传记。

Michael Kammen, *Colonial New York* (1975) 描述了纽约在荷兰和英国统治下的多样性。

Russell Shorto, *The Island at the Center of the World* (2003) 是荷兰统治下曼哈顿的写照。

Edmund Morgan, *American Slavery, American Freedom* (1975) 是对弗吉尼亚早期政治和社会发展的生动叙述。

Peter Wood, *Black Majority* (1974) 描述了在南卡罗来纳建立过程中奴隶制最初所起的作用。

Richard S. Dunn, *Sugar and Slaves: The Rise of the Planter Class in the English West Indies, 1624—1713* (1972) 对于了解英属殖民地奴隶制的起源有着重要的作用。

David J. Weber, *The Spanish Frontier in North America* (1992), James C. Brooks, *Captains and Cousins: Slavery, Kinship, and Community in the Southwest Borderlands* (2002) 研究西班牙帝国的北部边境。

威廉·格里森医生 美国画家温斯罗普·钱德勒（Winthrop Chandler）于1780年创作了这幅作品，画中一位医生正在为一位女病人做检查。医生显然认为直视妇女卧床有些不妥，所以病人躺在床帘后，手臂从里面伸出由医生把脉。（*Ohio State Historical Society*）

第 3 章
美洲殖民地的社会与文化

无论是英国本土的人，还是在美洲的英国人，大多数都相信，英国的殖民地是大英帝国的前哨。随着殖民地的扩展和日益繁荣，它们也变得更加英国化。殖民者仿效英国的品位、风格和习俗，购买英国的货物，阅读英国的书籍和小册子，按照英国的体制发展他们大部分的政治、文化、教育机构。一些早期的殖民者来到美洲是为了逃离英国的独裁专制。但是，到18世纪早期大多数的殖民者仍像英国本地的居民一样把自己看作是英国人。

然而，与此同时，由于新大陆自身的特点，殖民地的生活在许多方面和英国的生活产生了差异。这里的自然环境与英国迥然不同，这里比英国辽阔得多，土地荒芜，人口也更加多元化。从荷兰在纽约建立殖民地起，这片即将成为美国版图的土地不仅吸引了英国人，还吸引了很多其他

大事年表

1636 年	哈佛学院在马萨诸塞建立
1640 年	烟草市场开始动荡
1647 年	马萨诸塞法律规定每个城镇必须建一所公立学校
1650 年	新英格兰人口开始自然增长
1662 年	"折中契约"制在新英格兰确立
1670 年代	契约奴的流入减少
	奴隶贩子开始直接从非洲向北美贩运奴隶
1685 年	法国取消《南特敕令》；胡格诺教徒开始迁居北美
1690 年代	水稻生产成为南卡罗来纳经济的中心
	随着奴隶价格下跌，奴隶贸易扩大
1691 年	马里兰官方开始禁止天主教
1692 年	塞勒姆巫术审判开始
1693 年	威廉玛丽学院在弗吉尼亚建立
1697 年	皇家非洲公司对奴隶贸易的垄断结束；奴隶进口开始增加
1701 年	耶鲁学院在康涅狄格建立
1708—1709 年	首批巴列丁奈特的德国人开始大规模迁居北美
1710 年	苏格兰-爱尔兰人开始大批迁居北美
	德国瑞士在北卡罗来纳建立殖民地
1720 年	科顿·马瑟在马萨诸塞首次接种天花疫苗
1734 年	"大觉醒"运动在马萨诸塞开始
	彼得·曾格在纽约受审
1739 年	乔治·怀特菲尔德抵达北美
	"大觉醒"运动深化
	斯托诺奴隶起义在南卡罗来纳爆发
1740 年代	南卡罗来纳开始生产蓝靛
1746 年	新泽西学院在普林斯顿建立
1754 年	国王学院（今哥伦比亚大学）在纽约建立
1755 年	费城学院（今宾夕法尼亚大学）建立
1764 年	大型炼铁厂在新泽西建立

多元的社会

地方的移民，他们有的来自西班牙和法国在美洲已经建立的帝国，有的来自苏格兰、爱尔兰及欧洲大陆。从弗吉尼亚首次进口奴隶开始，英属北美洲就成为强迫移入的非洲移民的最终归宿。同样重要的是，土著人口的数量很多年来超过欧洲人和非洲人的总和，而他们需要长期与土著人进行交流互动。尽管殖民者一直努力脱离印第安社会，并创造属于他们自己的文化，但欧洲人和美洲土著世界并不能完全脱离开来。

殖民者力图仿效英国社会的生活方式，因此二者在某种程度上变得越来越相似；而双方不同的环境又塑造了他们彼此不同的特征，使他们之间的差异逐渐拉大。事实上，北美洲一些地区的社会体制与其他地区有天壤之别。尽管美洲人最终会发现他们彼此间存在很多相同之处，这足以让他们联合成一个独立的国家，但是地区的差异在殖民地时期之后很长时间里仍会继续影响他们的社会生活。

一、殖民地人口

欧洲在美洲殖民很长时间之后，北美的欧洲和非洲人口才超过土著人。在詹姆斯敦和普利茅斯初期的动荡之后，非土著人口开始快速、大量增长，这都是通过不断的移民和自然繁殖而实现的。到 17 世纪后期，欧洲人和非洲人成为大西洋沿岸主要的人口群。

移民与自然增长

在早期英国殖民者中有一些属于上层阶级，他们一般是小贵族家庭中排行较小的年轻男子，（根据长子继承制）他们在本国无权继承土地，于是期望能在美洲建立自己的产业。但是大部分早期的英国殖民人口都是非贵族阶层，包括一些新兴的中产阶级、由于宗教和商业原因移民到美洲的商人，或者二者兼而有之（比如约翰·温斯罗普），而占绝大部分的还是英国劳工。他们有些是自己来到新大陆。英国新教徒构成早期新英格兰地区人口的主体，他们都是生活状况一般的人，按照自己的意愿远涉重洋来到美洲，带着一家老小，登陆之后即刻在自己的土地上安家落户。但在切萨皮克，至少四分之三的移民在 17 世纪是作为契约奴移民至美洲的。

契约奴制度

新大陆这种暂时的奴役体制源于英国的已有体制。年轻男女为他们的主人做四到五年的苦力，作为报酬他们可以获得食宿。一旦奴役期结束，男性契约奴可以得到衣服和工具，偶尔也会得到土地。而实际上，许多契约奴离开主人时什么都没有得到，根本没有条件自己谋生。切萨皮克大约四分之一的契约奴是女性，她们大多是家庭女佣。因为 17 世纪这一地区的男性数量大大高于女性，所以她们在奴役期结束后大都能够嫁人。而男性家仆则通常没有这种选择的机会。

起源

大部分契约奴是自愿来到殖民地的，但不是全部。早在 1617 年，英国政府就开始把成船的罪犯运到美洲卖做契约奴。据约翰·史密斯船长记载，有些罪犯宁愿受绞刑也不愿被运到美洲做契约奴。在 1650 年代，政府也把在苏格兰、爱尔兰战争中的俘虏送去，还有其他一些被认为不受欢迎的群体，如孤儿、游民、乞丐，以及那些邪恶的危险分子。其他非自愿的移民既非危险分子，也不是因贫困被迫到美洲的，他们只是被野心勃勃、不择手段的投资者和鼓动者绑架或强征来的。

契约奴役制对殖民雇主吸引力之大，其原因不难理解，尤其是当他们明白印第安人并不那么容易转变为奴役劳力时，更能体会契约奴役制的好处。契约奴制

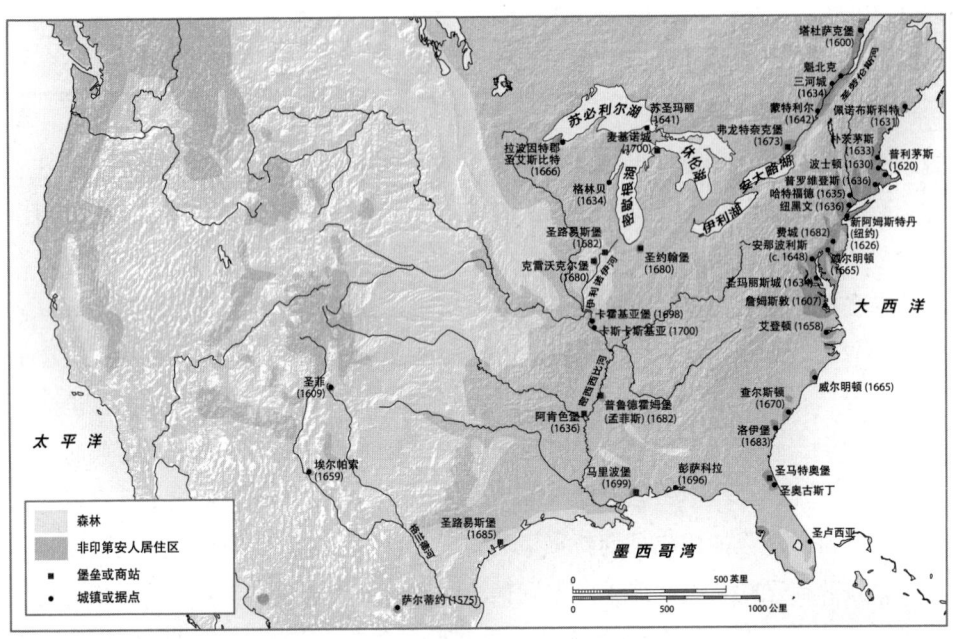

1700年的北美 从这幅地图可以看出,在首个英属殖民地建立将近一个世纪之后,1700年欧洲人的殖民地在北美仍只占很小的比例。在加拿大东部、南太平洋沿岸、密西西比河谷和西南部还有一些零散的殖民地,几乎所有这些殖民地都很小。◆ 为什么北美非沿海地区会建立起孤立的殖民地?(彩图见第517页)

度解决了新大陆劳动力严重短缺的问题。在切萨皮克,人头权制(这一体制下主人通过引进奴隶可以获得额外土地)更刺激了契约奴役制。而对于契约奴自身来说,吸引力就没有那么明显了。那些自愿来到这里的人都是为了逃避在英国遇到的麻烦,其他人则希望在他们奴役期满时建立自己的土地和产业,但是现实往往和期望大相径庭。

有一些契约奴成功转变为农民、商人或是工匠,而有些人(大多数是男性)期满之后仍没有土地,没有职业,没有家庭,也没有前途。大批年轻男性流动人口不停地从一地到另一地寻找工作,或是寻求土地,他们成为潜在的(有时是实际的)社会不稳定因素,尤其是在切萨皮克地区,这些人对社会构成的威胁最为明显。即使是那些找到工作或土地并且安家落户的自由劳动者,往往也不能长时间定居在一个地方。他们每隔几年便举家搬迁到另一个前景更好的地方,这是当时殖民地人口最突出的特征之一。

契约奴制度一直到18世纪都是人口增长的重要因素,但是从17世纪70年代开始这一来源大量减少。英国出生率下降,而且日益繁荣,这使那些本来考虑移

<small>契约奴的境况</small>

民的人们减轻了压力，放弃了原先的打算。1700 年之后，即使是那些本来到美洲做契约奴的人，期满之后一般也不去南部的殖民地，那里的工作条件很艰苦，发展的机会也很少，他们利用中部沿海殖民地的机会，尤其是宾夕法尼亚和纽约。在切萨皮克，大土地所有者自身就开始觉得契约奴制度不再那么具有吸引力，其原因之一是先前的契约奴常常引起骚乱，或是有引起骚乱的危险，这令他们坐立不安。这也是黑人奴隶制在南部农业经济中逐渐形成的一个原因。

出生和死亡

起初，大部分殖民地新到的移民，无论其背景和社会地位如何，都可能遇到巨大的困难：食物不足，疾病流行，英年早逝者数量之多骇人听闻。然而，条件逐渐改善，非土著人口增长的条件日益成熟。到 17 世纪末，北美殖民地的非土著人口增长到 25 万，其中四分之一是非洲黑人。

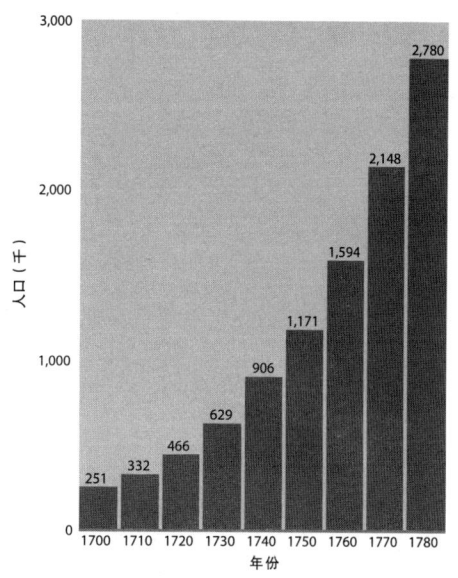

北美的非印第安人口，1700—1780　北美的欧洲人口在 18 世纪比 17 世纪增长迅速很多，到 1700 年已逾 20 万。但与 17 世纪不同的是，这一时期人口增长的主要原因是人口的自然增长（在美洲出生的人口），而不再是欧洲的移民。◆ 为什么这一时期人口的自然增长比之前高很多？

尽管移民曾一度是人口增长的最大来源，到 17 世纪下半叶，在新英格兰和中部沿海殖民地，人口繁殖率开始显著增加，1650 年代之后，自然增长成为最重要的人口来源。新英格兰的人口在 17 世纪下半叶通过自然繁殖增长了四倍。这并不是因为他们生育能力超常（新英格兰与其他地方的人在繁殖能力方面或许没什么两样），而是因为寿命超长。事实上，新英格兰一些地区居民的寿命几乎和 20 世纪的人一样长。根据一项研究发现，在美国出生的殖民者的第一代人中，没有夭折的平均寿命为男性 72 岁，女性 70 岁。下一代的寿命有些下降，男人平均寿命为 65 岁，但是仍比英国同期的人均寿命多 10 年，比南部多 20 年。对于如此长寿的原因，学者们众说不一，但主要的因素可能是寒冷的气候使环境相对洁净，病毒很少，（和近年的英国形成显著的对比）水源清洁，没有大量人口集中，流行病传播的几率比较低。

新英格兰的长寿

相比之下，南部条件的改善速度比较缓慢。直到18世纪中叶，切萨皮克地区白人的死亡率一直比其他地区明显要高（黑人的死亡率更高）。整个17世纪，这一地区白人的平均寿命仅40多岁，白人女性寿命还略低于男性。出生的婴儿中有四分之一夭折，一半20岁以前就已死亡。成年人的死亡率高就意味着只有三分之一的婚姻能维持10年以上。所以那些活过婴儿期的孩子很多在成年之前就已失去父母中的一个，甚至父母双亡。切萨皮克的鳏寡和孤儿在白人人口中占很大比例。疾病（尤其是疟疾）长期肆虐，受盐污染的水源泛滥，使南部地区的死亡率居高不下。直到殖民者对当地疾病形成免疫后他们的寿命才能有明显的增长。这一地区的人口增长很快，但是主要是移民的结果。

奴隶待售 查尔斯顿城的南卡罗来纳公报1749年11月刊登了这则广告，宣布一批英国"契约奴"到达美洲。这些契约奴是搭船到美洲的男男女女，他们自愿将自己卖为奴仆，服役一定年限。契约奴是17世纪多数殖民地最普遍的劳动力，但到1749年契约奴制度已经开始消失，在南部取而代之的是非洲黑人奴隶制。（Charleston Library Society, Charleston, South Carolina）

人口的自然增长，无论在哪里，大部分都是由于17世纪性别比例的稳步改善。殖民早期，四分之三以上的白人人口是男性。新英格兰地区起初比南部殖民地更具吸引力，即使在那里，1650年也有60%的白人居民是男性。然而，随着进入殖民地的女性逐渐增多，加之出生率的提高，使性别比例发生了变化。直到18世纪殖民地的男女比例才和英国接近（当时英国女性比例略高），但是到17世纪晚期，所有殖民地的男女比例都日趋平衡。

更加平衡的性别比例

殖民的医疗条件

殖民地时期产妇死亡率很高，这说明当时医疗知识和临床水平均处于原始的状态。17—18世纪的内科医生根本不懂得传染和消毒的知识，因此，许多产妇分娩过程中因手术工具或医生的手不洁而感染致死。因为当时人们不知道细菌的存在，因而许多人被垃圾或不洁水源传播的疾病所感染。

由于人们医学知识的有限，其中一个结果就是进入医生这个职业相对容易，即使没有受过专业训练也能行医。这种制度最大的受益者是妇女，出现了大量的接生婆。接生婆协助妇女分娩，但她们也为产妇提供医学建议，通常要求她们的病人使用草药或其他自然疗法。接生婆很受欢迎，因为她们通常是产妇的邻居或朋友，而职业医生却很少，人们对他们也并不熟悉。男医生觉得接生婆对他们构成了威胁，于是一直设法把她们驱逐出医学领域，但是直到19世纪才取得实质性的进展。

接生婆

接生婆和医生都根据当时流行的医学假说行医，其中大部分的结论得自于古罗马（原文如此，应为"古希腊"）2世纪的医师盖伦的"气质理论"。盖伦认为，人体由四种气质支配，而这四种气质分别寓于四种体液中：黄胆汁（或"胆汁质"）、黑胆汁（"抑郁质"）、血液（多血质）和黏液（黏液质）。一个健康的身体，四种特质是平衡的。人生病说明这四者的失衡，需要找出造成不平衡的那种特质，将多余的体液清除。所以这是17世纪医学的基本理论，据此所采用的主要医疗技术就是：清洗、排除、放血。其中放血疗法是最极端的（也是创伤最大的），所以采用此种疗法的大多为男医生。接生婆通常首选顺势疗法，通过使病人呕吐和排便清除多余的体液。然而，早期绝大多数的美洲人很少接触医生，甚至接生婆也不常见，他们生病时经常自己医治，他们相信自己的医术不亚于那些受过专业教育的医生，鉴于当时医学知识的水平，医生的医术确实往往并不比一般人强许多。

17世纪的医学大多依赖于1400年前的医学，从而证明了在当时的英国和美洲，通过实验和观察的科学方法并不受青睐，而只是继续沿用传统医学信仰。例如放血的方法，已使用了几百年，但却没有任何证据表明有助于人体的康复，事实上，如果有人去深入研究一下，就会发现有大量证据表明，放血疗法的危害性很大。以实验来验证假设的方法后来成为人们的常识，而当时尚未成为西方的主流思想。直到17世纪后期启蒙运动出现后，随着人们对人类理性的信念的加深，相信个人和社会有能力创造更美好的生活，科学的方法才逐渐被人们接受。

切萨皮克的妇女及家庭

17世纪美洲劳力紧缺，因此人口的繁殖十分重要，这对妇女的影响非常深刻。

男性比例偏高就意味着很少有女性长期单身。在美洲的欧洲女人平均婚龄在 20 岁或 21 岁，大大早于英国，在切萨皮克的一些地区，女性平均婚龄更提前 3 年至 4 年。在切萨皮克，直到 18 世纪中叶，影响妇女和家庭最重要的因素一直是高死亡率。在这种情况下，以男性为中心的英格兰传统家庭结构，丈夫和父亲独裁控制他们的妻子和孩子的情况是难以维持的。因为很少有家庭能维持长久，男权主义在不断削弱。性行为准则在南部也比在英国或美洲的其他地区更为灵活。由于大量的契约奴在期满之前禁止结婚，所以婚前性行为发生频率很高。女仆在期满前怀孕会受到严厉的处罚：高额罚金，如果没有人能够为其支付罚款就会遭到鞭打，或是奴役合同期被延长一年或两年，而且在断奶后会失去他们的孩子。私生子从小就会成为契约仆。另一方面，如果怀孕妇女在孩子出生之前奴役期满，或者其丈夫能为其赎出剩余的奴役期，那么她就要马上结婚。在切萨皮克，超过三分之一的新娘在婚前已经怀孕。

切萨皮克的妇女很可能在分娩时死亡。一般妇女平均每两年就会怀孕。寿命较长的妇女一般会生 8 个孩子（通常其中会有 5 个在婴儿或幼儿期夭亡）。由于分娩是女性死亡的最常见的原因之一，很少有妇女能活到看到他们的孩子长大成人。

尽管南部的妇女在 17 世纪遭遇各种艰辛，但与其他地区（或南部后来）的妇女相比，她们所享有的权利和自由也相对较多。因为男人太多而女子稀缺，女性在选择丈夫方面有相当大的余地。（而且也常常没有父亲或其他男性亲属干涉她们的婚事。）因为一般女人结婚年龄小于男人，她们的丈夫通常比她们去世早（尽管女性的寿命比男性短）。寡妇往往要照顾好几个孩子，并负责管理农场或种植园，但艰辛的同

节气指南 历书有众多的功能，其中之一是帮助农夫预测天气，为季节变化进行必要的准备。这幅图是耕种"历书"的一部分，图中的一男一女在 7 月份照料土地，准备收获。(*American Antiquarian Society*)

时，她们也有了强大的经济实力。

但是寡妇很少长时间不再婚，尤其是那些没有成年的儿子管理烟草种植园的丧偶妇女，她们需要男子来帮忙管理种植园，那么婚姻是获得帮助最安全的保障。由于很多寡妇和鳏夫的结合，家庭的组合通常非常繁杂。众多继子女，同父异母的兄弟姐妹生活在一个屋檐下，妇女常常要扮演和事佬，这一角色可以进一步提高她们在家庭中的威信。

到了 18 世纪初，切萨皮克的人口特征和家庭性质开始发生变化。人们的寿命不断增加，契约奴役制日益衰落，自然繁殖成为白人人口大量增加的主要因素。人口的性别比率趋于平衡。这些变化的结果之一是，在该地区生活的白人的生活变得不那么危险和艰辛了，而另一个结果是，少数妇女失去了他们曾经拥有的一些权力。随着家庭的逐渐稳定，传统的以男性为主导的家庭模式开始复苏。到了 18 世纪中叶，南部家庭变得高度"父权制"，即由男性户主在家庭中占主导地位。

父权制的复苏

新英格兰的妇女和家庭

在新英格兰，由于大量移民涌入，加之死亡率迅速下降，家庭结构比切萨皮克稳定，也更为接近传统的模式。由于性别比例平衡合理，大多数男人有望结婚成家。

然而，妇女仍占少数，和在切萨皮克地区一样，她们很年轻就结婚，很早就生儿育女，并且到三十多岁仍在继续孕育子女。与南部相比，北部的孩子存活几率较大（平均每个家庭抚养六到八个孩子长大成人），家庭保持完整的可能性较高。新英格兰妇女成为寡妇的比例较低，即使丧夫，也多是在晚年。因此，妇女很少独立于丈夫。年轻妇女对婚姻选择的主动性很少，一方面是因为未婚男性相对较少，另一方面是因为在她们结婚时父亲仍然健在，往往会对择婿进行干涉。

男权主宰的新英格兰

新英格兰人寿命的增加对人们的生活有诸多影响，其一就是，与切萨皮克（其中四分之三的儿童会在 21 岁前失去至少父母一方）地区不同，在新英格兰白人父母通常能活到自己的子女，甚至他们的孙辈长大成人。尽管如此，大多数的新英格兰妇女也和切萨皮克妇女一样，由于生育和抚养儿童而心劳神疲。即使六十多岁的妇女，她们大多数的时间也是在家里陪同孩子。长寿也意味着北方家长对孩子的监管时期也远远长于南部的父母。虽然他们不太可能像英国的父母一样"包办"子女的婚姻，但也很少有年轻人可以完全脱离父母的意愿自由选择配偶。男人通常由父亲分给土地——土地是建立家庭的先决条件。妇女如果想要理想的丈夫，就需要由父母提供嫁妆。由于父母对子女的严格监督，未婚先孕的现象远远少于南部（不过即使是在受清教影响广泛的新英格兰，未婚先孕的比例也并不低，一些社区高达20%）。

家庭关系和妇女地位在一定程度上由宗教信仰所决定，这在新英格兰比切萨皮克地区体现得更为明显。在南部，英国国教力量相对薄弱。但是，在新英格兰，清教徒教堂是一个强大的社会机构。在清教徒的理念中，男人和女人在上帝面前是平等的，因而都能够对《圣经》进行解读，所以从理论上讲，妇女同男子一样也能成为宗教领袖。但在现实中，宗教权威仍牢固地掌握在男人手中，他们常常利用这种权威去强化社会重男轻女的思想。安妮·哈钦森（见边码第48页）的例子足以说明妇女成为精神领袖既有可能，也有局限。

父权制的清教家庭

家庭在每一个社区内都是基本的经济和宗教单位，清教对于家庭非常重视，但同时强调近乎绝对的男权思想，认为女性弱小而低劣，她们应该温和顺从。（从常用的女子名可以看出清教徒对女性行为的期望：普鲁登斯（Prudence，谨慎）、佩兴斯（Patience，忍耐）、切斯提蒂（Chastity，贞洁）和康福特（Comfort舒适）。妻子需要专心投入家庭，相夫教子。

妇女对于新英格兰的农业经济起着重要的作用。她们不仅承担着抚养孩子的责任（孩子们通常很早就成为劳动力），而且她们本人也对农场的运作发挥着至关重要的作用——除煮饭、扫除、洗衣外，还要修剪花木，照料牲畜，纺纱织布。

美洲英属殖民地奴隶制的开始

几乎从欧洲人到美洲殖民开始，由于南部劳力长期不足，黑人奴隶总是供不应求。烟草成为切萨皮克的主要作物之后，对黑奴的需求更是迅速增长。但是在17世纪，非洲劳动力的供应十分有限，因为大西洋的奴隶贸易并不是优先服务于英属北美殖民地的。葡萄牙奴隶贩子自16世纪开始主导奴隶贸易，把俘获的黑人男女从非洲西海岸运送到欧洲在南美和加勒比地区的新殖民地。然而，渐渐地，荷兰和法国航海家开始参与奴隶贸易。奴隶贸易在美洲内部大幅增长，特别是在加勒比群岛和北美南部的英属殖民地之间，贸易往来十分频繁。到了17世纪后期，黑人奴隶基本满足了北美的需求。

随着奴隶贸易日益广泛和复杂，它也变得愈加可怕，在19世纪奴隶贸易结束前，多达1100万非洲黑人被迫移民到新大陆。（从非洲移民到美洲人口的数量高于欧洲人,这种情况直到 18 世纪后期才改变。)非洲土著酋长把在战斗中俘虏的敌人绑在一起,排成一列,在非洲海岸繁荣的集市上出售。当一些欧洲贩子和非洲的供应商进行一番讨价还价之后,惊恐不堪的受害者被装进黑暗、肮脏的船舱中,开始一场恐怖之旅,经"中间航线"到达美洲。黑人囚犯可能在贩奴船中被锁几个星期,甚至几个月。每一艘船的情况都不一样,一些船长会经常查看,以保证其具有潜在价值的货物身体健康,而其余的人则认为非洲黑人大批死亡是不可避免的,于是他们尽可能地往船里多塞黑人,确保船到岸时有足够多活下来的,以期从中盈利。在这样的船上,非洲奴隶们挤在一起,有时甚至无法站立,几乎不能呼吸。一些船只提供给他们尽可能少的食物和水。妇女往往被强奸或以其他方式受到性虐待。途中死亡者会被简单地扔到海里。来到新大陆之后,奴隶被拍卖给白人土地所有者,伴随着恐惧和困惑,他们来到新家园。

中间航线

第一批黑人劳力在 1620 年之前被运到英属北美,随着英国海员开始介入奴隶贸易,非洲黑人源源不断地流入殖民地,而且数量逐渐增多。但是,与新大陆其他地方相比,北美不是主要的奴隶交易市场。在加勒比群岛和巴西等地,劳动密集型的蔗糖经济需要大量奴隶,因而成为奴隶贸易的主要市场。在运往美洲的黑人之中,只有不到 5% 直接运到英国的殖民地。最终落户当今美国版图内的黑人大多数是先被运到西印度群岛,然后辗转来到北美的。直到 17 世纪 70 年代,奴隶贩子才开始直接从非洲进口黑人到北美。当时的交易量仍然很小,主要是因为英国皇家非洲公司对内陆殖民地保持着贸易垄断,使得奴隶价钱很高而供应量很低。

历史学家的分歧 奴隶制的起源

历史学家始终在争论美国白人为什么以及怎样在 17 世纪创造了奴隶劳动制度,他们又为什么以及如何决定非洲人后裔和其他人不属于这个体制——这是一个长期和异常激烈的过程。其中心问题是,奴隶制是不是由白人种族歧视所导致或者催化所产生的。

1950 年,奥斯卡和玛丽·汉德林夫妇(Oscar and Mary Handlin)发表了一篇有影响力的文章,题为《南部劳动制度的起源》。文章指出,许多美国殖民地(以及英格兰)居民在 17 世纪有着不同程度的"不自由",虽然这些地区不存在奴隶制。而第一个到美洲定居的非洲人与白人仆人没有区别。但是，本质上奴隶制终归是不同于奴役的。奴隶制是永久的束缚，从一代传递到下一代。汉德林夫妇认为，它之所以在美国出现，是受到殖民地立法机构试图增加劳动力的影响。它将非裔美洲人作为对象，因为他们几乎没有任何反抗。种族主义证明了奴隶制，并未造成奴隶制。

1959年，卡尔·德格勒（Carl Degler）成为第一个挑战汉德林的重要的历史学家。他在论文《奴隶制与美国种族偏见的成因》中说，非洲人从来不像切萨皮克的其他仆人。"黑人实际上从来没有被平等对待，不管是仆人或自由人"，种族主义很严重，"从奴隶制出现时就开始了"。它虽然没有造成奴隶制，但是却促进了它的形成。九年后，温斯罗普·乔丹（Winthrop D. Jordan）同样认为是白人种族主义，而不是经济或法律条件促成了奴隶制的形成。在《白高于黑》（1968）及其之前的一些著作中，乔丹认为，欧洲人早就以肤色识人，特别是认为非洲黑人低人一等，适合服侍白人。这种态度随着欧洲人的到达传到了新大陆，于是种族主义从一开始便塑造了人们对非裔美洲人的看法以及奴隶制度的性质。

乔治·弗雷德里克森（George Fredrickson）强调了乔丹对种族主义作为一个独立因素加强了奴隶制的事实，但与乔丹不同，他认为种族主义并非出现在奴隶制之前。他写道："对待黑人的方式在文化和社会心理方面造成了种族主义，这种种族主义不久便具有了独立的生命力。……种族主义虽然产生于奴隶制，但它不仅比奴隶制存在的时间更长，而且在奴隶制灭亡之后生命力变得更强，也更加独立。"

彼得·伍德写于1974年的《黑人占多数》（Peter Wood，*Black Majority*）一书研究的是17世纪的南卡罗来纳，将争议的焦点由种族主义转向当时的社会与经济条件。伍德认为，在殖民过程的早期，黑人与白人的关系还是相当平等融洽的，他们经常一同劳动。但就在稻米种植开始扩张后，愿意从事此项工作的白人劳工越来越少，这使得种植工作愈发艰难。强制将非洲劳工运至美洲是美洲本地对劳动力需求巨大的结果，而奴隶制这一长久的不平等关系的产生则源自白人对无法掌控这一劳动大军的恐惧。

与上述观点类似，埃德蒙·摩根在其著作《美利坚的奴役，美利坚的自由》（Edmund Morgan，*American Slavery, American Freedom*，1975）中指出，南部的劳务体制起初是相当灵活的，后来则越发呆板严格。作者认为，在当时尚属于殖民地的弗吉尼亚，白人定居者起初并没有想建立一个永久的奴隶制体系。但烟草经济的发展催生了对廉价劳动力的巨大需求，而白人种植园主们却不愿依靠难于招募和管理的白人劳动力来发展自己的事业。由上面的理由不难得出结论，种植园主对廉价而又可靠的劳动力的需求是奴隶制产生的主要原因，相比之下种族的原因反倒居于次要位置。摩根认为，种族主义是奴隶制的产物，是一种被创造出来的、用于解释为服务他人而存在的这一制度的合理性的说辞。同样，大卫·布里翁·戴维斯在著作《美国革命期间奴隶制问题研究》（David Brion Davis, *The Problem of Slavery in the Age of Revolution*, 1975）中指出，白人歧视黑人有相当长的历史，在美国革命时奴隶制就已经成型了——包括托马斯·杰斐逊（Thomas Jefferson）在内的许多美国人，都为解释为何美国这个承认个人自由的国度允许奴隶制存在这一自相矛盾的问题而绞尽脑汁。

1996年，罗宾·布莱克本的著作《新世界奴隶制的形成》（Robin Blackburn, *The Making of New World Slavery*）或许是阐释奴隶制经济基础的最强力作。在书中，他提出了这样的质疑：为何奴隶制在欧洲销声匿迹之后又在美洲殖民地欣欣向荣？他承认人种差异是其中一个因素；非洲人与欧洲殖民者在相貌、文化、信仰上都反差巨大，因此，奴役他们（非洲人）要比奴役英国人、法国人或者西班牙人有更多的合理性。但是奴隶制真正存在的原因是那些精明过头的企业主们，他们很早就认识到，在以劳动密集型农业为主的美洲南部及加勒比地区引入奴隶劳动体制，要比采用自由劳动体制（free-labor）更能财源广进。拥有奴隶的种植园主认为，这一制度不仅使种植园主们更加富有，同时还创造了大量财富使整个殖民地社会受益，也为英格兰快速发展的经济提供了重要的资本。由此可以看出，奴隶制养活了一批既得利益者：种植园主、商人、政府、工业家和消费者。种族区别可能是奴隶制形成的一个理由，它使得种植园主和商人们认为这一体制所造成的巨大人力成本消耗是合理的。但最重要的原因，是对利益的追逐和奴隶体制的高产出，而非种族主义。根据布莱克本的观点，奴隶制不是一个渐渐老去的世界的残余，而是一套醒目的现代劳动体系，不论其多么令人毛骨悚然，它还是满足了新兴的市场经济的需求。

1690年代中期，随着英国皇家非洲公司的垄断地位被最终打破，在北美的非洲人口的历史出现了转折点。随着奴隶贸易在竞争的基础之上对英国和殖民地商

奴隶人口的增加

人开放，奴隶价格下降，到达北美的非洲黑人数量急剧上升。到 17 世纪末，黑人人口仅占殖民地人口总数的一成左右（总共约 2.5 万人）。但由于非洲人大多集中在少数几个南部殖民地中，一些地方的黑人数量已经开始超过欧洲人。男女比例的严重失调（大部分地区黑人男女比例为 2∶1）妨碍了黑人人口的自然增长。但在切萨皮克，1700 年之前在当地出生的奴隶人数要多于同时期被贩运至此的非洲人的数量。与之形成鲜明对比的是，在南卡罗来纳，由于当地稻米耕种条件恶劣，从事该农业活动的劳力死亡率居高不下，当地黑人人口数量在相当长的时期内难以通过自然增长来维持。

1700 年到 1760 年这几十年中，殖民地黑人人口数量增加了十倍，达到了约 25 万人。其中，一小部分（1763 年约 1.6 万人）居住在新英格兰；中部殖民地的黑人稍多一些（2.9 万人），绝大多数还是生活在南部地区。由于当时几乎没有白人劳工再向这些地区流动，黑人便构成南部劳动力大军的坚实基础。

不确定的身份

起初，美洲的黑人劳力与白人契约奴的地位并没有根本的不同。17 世纪，南

运往美洲的非洲黑人　图中描绘了一艘驶往西印度群岛的西班牙船甲板下面的奴隶舱。一艘英国军舰截获了这艘贩奴船，年轻的英国海军军官弗朗西斯·梅内尔上尉当场画了这幅水彩画草图。画中的黑人看起来比其他贩奴船上的奴隶稍稍舒适一些，其他船上的奴隶往往被用铁链紧紧锁在一起，没有站立甚至坐的地方。（*National Maritime Museum, London*）

部地区条件艰苦，黑人与白人很难严格分工。在有些地区，如南卡罗来纳，黑人移民的增长速度远快于其他地区，黑人与白人的关系相对平等，并肩劳动。有些黑人劳力的待遇与被雇来做仆人的白人没什么不同，还有一些黑人在奴役期满之后就得到了自由，而且这些黑人中有的还摇身一变成了地主，还有的手下也有了自己的奴仆。

然而，到了18世纪早期，黑人与白人间形成了严格的界限（参见"历史学家的分歧"，边码第76—77页）。根据契约，奴隶主们在白人契约奴期满之后必须给他们自由，而对黑人则不必如此。由此，人们便开始认为，黑人可以终身做奴隶。还有一个原因使人们更加相信这一点，那就是黑奴的孩子将来会成为奴隶主用之不尽的劳动力资源。

白人对有色人种固有的偏见使得奴隶制度不断加剧。英国殖民者所带有的偏见更是深入骨髓。在与印第安人交往的过程中，他们就认为自己是比印第安人优越的种族（此前在爱尔兰人面前他们亦是如此）。因此，当非洲人大批来到美洲时，英国人的头脑中早已形成了种族优劣的观念。

18世纪伊始，殖民地就设立了《奴隶法典》，用以限制奴隶在法律上所享有的权利，保证奴隶主对奴隶的无上权威。判定该准则是否适用于某个人的标准有一条，也仅此一条，那就是这个人的肤色。在同时期的西班牙美洲殖民地，混血人种与纯血黑人地位不同（前者比黑人地位高），而在英属美洲殖民地，只要一个人有黑人血统，那么他就会被划作黑人之列。

奴隶法典

欧洲移民来源的变化

18世纪早期，英国的对外移民数量显著减少，其原因一方面是英国国内经济状况好转，另一方面是政府担心人口外流导致国内人口减少而限制移民出境。而与此同时，法国、德国、瑞士、爱尔兰、威尔士、苏格兰和北欧一些国家的对外移民仍在继续，而且数量比原来更多。

最早的英国以外的欧洲移民是一批为数不多的法国加尔文派教徒（Calvinists），也称胡格诺派教徒（Huguenots）。1598年颁布的南特敕令使他们得以在以罗马天主教为主的法国境内建立国中之国。到了1685年，法国政府一声令下，敕令变成了废纸一张。于是胡格诺教徒们便开始远走他乡。在之后的几十年中，三十万人离开故土，其中一部分便来到了英属北美殖民地。与这些法国人的遭遇类似，许多德国新教教徒也不堪国内统治者独断专横的宗教政策，而且所

胡格诺教徒和德裔宾州人

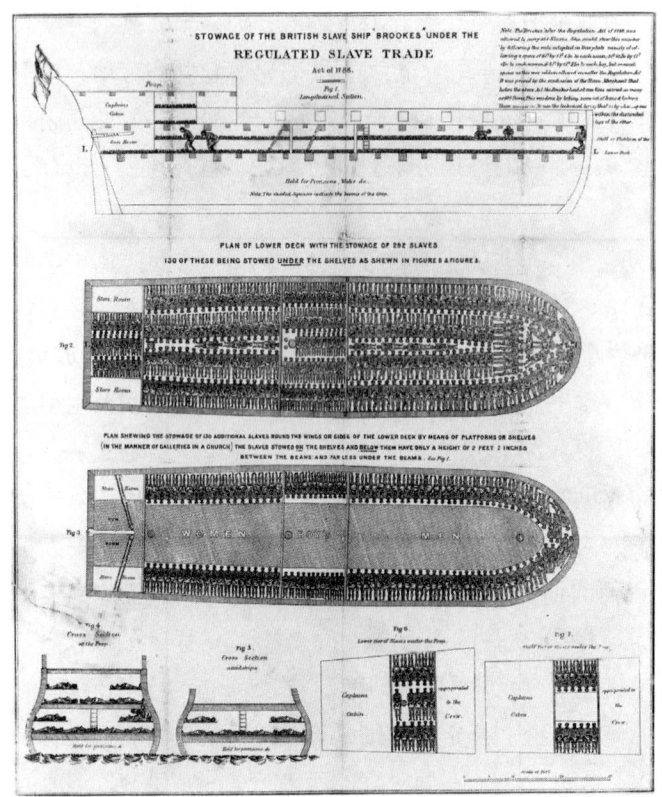

"布鲁克斯号"贩奴船 英国贩奴船"布鲁克斯号"依照议会 1798 年的立法设计了这个"堆载"奴隶的计划。该图生动地描述了奴隶们被从非洲运往美洲途中极度严酷的条件，他们像货物一样被塞进每个可能利用的空间，在漫长而危险的旅途中很多黑人死于非命。（Library of Congress）

有德国人，不论是新教徒还是天主教徒，都处在与法国国王路易十四（也称"太阳王"）艰苦卓绝的战争之中。在位于德国西南部被称作"帕拉丁领地"的莱茵兰地区，境况尤为艰难。这里与法国接壤，入侵者的铁蹄使这里民生凋敝，百姓生灵涂炭。1708—1709 年那个史无前例的寒冬使当地的经济情况雪上加霜。1.2 万多名当地居民去英国寻求避难，其中 3000 人辗转来到了英属北美殖民地。来到纽约后他们决定向莫霍克谷地（Mohawk Valley）地区发展，结果遭到了该地地主的无情盘剥。移民中的一部分前往谷地上游，脱离了大庄园主们的势力范围。他们多数人来到了宾夕法尼亚，在这里他们受到了热情的接待（也就是在这里他们被英国殖民者们称为"德裔宾州人"[Pennsylvania Dutch]，实为德语"Deutsch"的讹传）。贵格派殖民地也就成了越来越多的德国人（其中包括摩拉维亚教徒 [Moravians] 和门诺派教徒 [Mennonites] 等一批与贵格派宗教观点相似的人）来北美的目的地。还有许多德国新教徒去了北卡罗来纳，尤其是在 1710 年 600 名讲德语的瑞士人建立新伯尔尼（New Bern）之后。

迁居北美的新移民，人数最多的当属苏格兰-爱尔兰人——17世纪早期定居在爱尔兰北部（阿尔斯特省境内）的苏格兰长老会信徒（Presbyterians）。尽管当地土地贫瘠，而且还经常受到天主教派的镇压，阿尔斯特殖民者们还是曾经风光一时。到了18世纪初，情况便急转直下。先是英国议会禁止向英国出口羊毛制品和其他产品，而这些已经成为北爱尔兰经济的基础，同时，英国政府宣布阿尔斯特的长老会宗教非法，并要求他们改从英国国教。接着，1710年后，许多苏格兰-爱尔兰人的长期租约到期，英国地主们将地租涨到了原来的两倍乃至三倍。这一举措赶跑了数千佃户，他们乘船到了美洲。

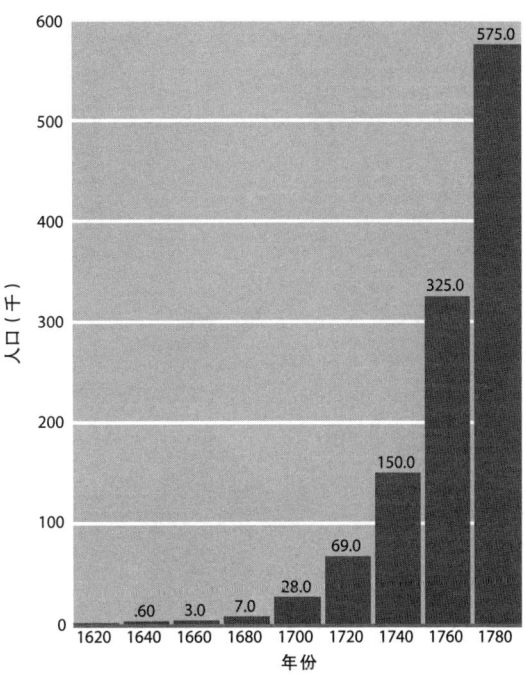

英属殖民地的非洲人口，1620—1780 英属殖民地的非洲人口在17世纪初数量很少，而在18世纪迅速增长。奴隶制的发展是供（在加勒比群岛黑人劳力随时可以买到）求（南部大片区域烟草、稻米和棉花种植业的发展）两方面的结果。殖民地的奴隶人口在这一时期的自然增长速度也大大高于以往，主要原因是黑人的劳动条件有所改善。
◆ 为什么奴隶主会改善奴隶们的条件？

苏格兰-爱尔兰人到达殖民地港口时经常遭到冷遇，他们很多人蜂拥至欧洲殖民地的边界。占地时从不管地的主人是白人、印第安人，还是殖民地政府，只管据为己有。对于印第安人，他们毫不留情地予以镇压，就像他们之前对待爱尔兰当地的天主教教徒一样。

18世纪，来自苏格兰和南爱尔兰的移民也开始出现在移民大潮中。苏格兰高地人，有些还是1715年和1745年叛乱中的残兵败将，进入了以北卡罗来纳为主的几个殖民地。低地地区的长老会教徒们，由于苏格兰乡村地区租金高昂，而城镇中无以为业，便在美国独立战争爆发前夕大批来到美洲，与17世纪末先期到此的苏格兰人会合。这些人来到新泽西和宾夕法尼亚后，成了当地一支重要的力量——建立长老会，并使之成为几个殖民地中有重要影响力的宗教派别。信仰天主教的爱尔兰人也不断地移民到北美，到独立战争时期，北美殖民地的爱尔兰人，

苏格兰-爱尔兰人

德裔宾州人 这幅画中身着传统服装的绅士体现了18世纪德裔宾州人民间艺术一个熟悉的主题。他们被误称为宾夕法尼亚的荷兰人(Pennsylvania Dutch),实际上是德国移民。因为在德语中他们的国籍被称为"Deutsch",多数讲英语的人听起来像"Dutch"(荷兰人),于是讹传。(*Free Library of Philadelphia*)

虽然与苏格兰人相比不太惹人注目,但其数量已经与后者不相上下。许多爱尔兰移民到后来都放弃了天主教信仰以及他们自己的民族身份认同。

连续不断的移民和人口的自然增长使殖民地人口总数在18世纪迅速增长。1700年,殖民地非印第安人口仅有不足25万;到1775年时,人口超过200万——增加了近十倍。在整个殖民时期,殖民地非土著人口的数量每25年便翻一番。

美洲殖民地时期的移民群体 尽管今美国版图的整个大西洋沿岸地区到 1760 年为止都已成为英国的殖民地,但其人口来自很多国家。如图所示,北美大部分地区主要是英国殖民者,但值得注意的是切萨皮克西部和宾夕法尼亚有大量的德裔移民,纽约和新泽西狭长的荷兰移民定居点,西南部的苏格兰 - 爱尔兰区域,还有大片黑人占多数的地区(尽管他们在少数白人的奴役之下)。◆ 在这些殖民地的历史中哪些因素促成了这样的种族结构?(彩图见第 518 页)

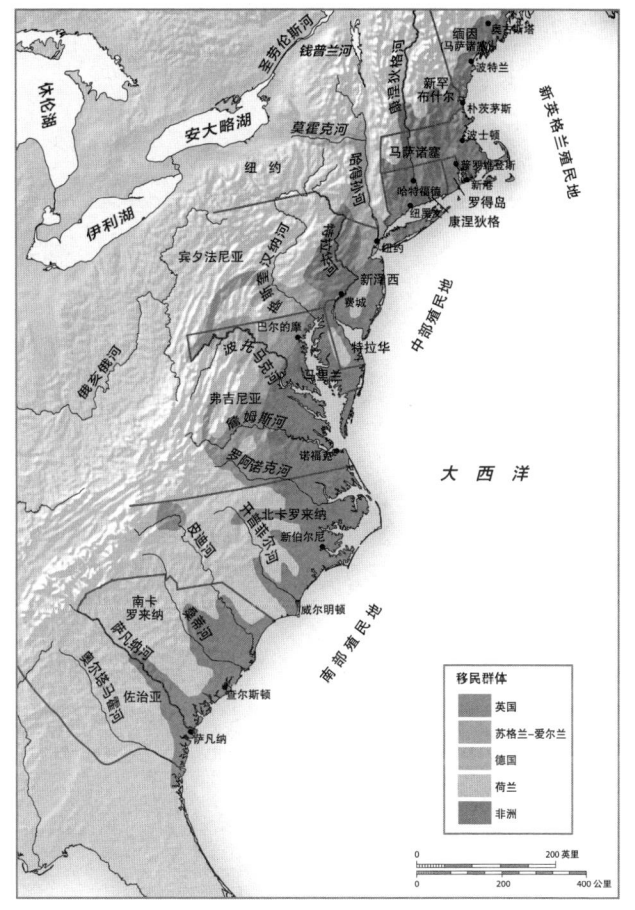

二、殖民地的经济

在那些留居在欧洲,甚至一些定居在北美的人看来,英国殖民地都太小太孤立,好像在世界的尽头。从一开始,几乎所有的英国殖民地都可看作是商业冒险,也都与其他经济体有着极为重要的联系。他们与北美本地土著人,与北面的法国殖民者,还有西面和南面的西班牙殖民者都发展了大量的贸易活动。到了 16 世纪、17 世纪,他们的贸易活动已经遍及整个大西洋,他们自己也成了贸易中的重要环节。

美洲殖民者的经营范围极为广泛,但 17—18 世纪,所有欧洲人和非洲人定居的地方都以农业为主,只有西部一小部分地区例外,那里白人人口稀少,主要依靠与印第安人的毛皮贸易为生。有的农民从事简单的自给自足的农业生产活动;但

人口迅速增长

只要条件允许,这些农民便会尽量多地生产农产品,以满足本地区、其他殖民地区以及出口市场的需求。

南部经济

烟草 在切萨皮克地区,烟草种植奠定了自身在经济中的基础地位。欧洲市场对这种作物的巨大需求使烟农们迅速致富,甚至促进了整个地区的繁荣。盲目的行动导致供大于求,结果造成烟草价格周期性地猛跌。1640年,烟草行业出现第一次大规模萧条,这种繁荣与萧条交替的局面贯穿了整个殖民地时期,并在其后很长时间之内继续。烟草种的越多,过剩的情况越严重,而切萨皮克的烟农却并不明白这一点。那些有一定财力的烟农们极力占有土地,扩大种植面积,并雇佣更多的劳动力。1700年代后,雇佣几十个甚至更多奴隶的烟草种植园已非常普遍。

南卡罗来纳和佐治亚经济的主要支柱是稻米种植业。通过在潮水河上建设水坝与堤防,农民们建起了稻田,根据需要进行排灌。种植稻米是十分艰辛的劳动,劳动者要冒着患疟疾的危险站在齐膝深的烂泥中劳作,头顶炎炎烈日,还要忍受蚊叮虫咬。正因如此,白人劳工大都不愿从事这项"高危工作"。所以在南卡罗来纳和佐治亚,水稻种植园主们对于非洲黑奴的依赖高于其他任何地区,这不仅是由于白人发现黑人"颇有价值"而强迫他们从事这项艰苦的工作,也是因为黑奴比白人干得要好。黑人从一开始就表现出了对疟疾及其他地方疾病的抵抗力(尽管那些疾病对非洲劳工的危害也十分严重)。他们在劳动中还表现出了对这项农活娴熟的技能,其原因之一是他们中一些人来自西非的稻米产区(有些历史学家们据此认为是非洲人把稻米种植业带到了美洲)。另一原因是相比于欧洲人,绝大多数黑人能够适应稻米产区炎热潮湿的气候。

靛蓝 18世纪40年代早期,另一种作物成为南卡罗开来纳的主要经济支柱:靛蓝。一位来自安提瓜的名叫伊莉莎·卢卡斯的年轻姑娘,负责管理家中在北部地区的种植园。她在大陆地区试种靛蓝(在当时的欧洲是一种需求量极大的染料原料)这种来自西印度群岛的植物时发现,这种植物能够在南卡罗来纳的高地地区生长,而这些地区是不适宜稻米生长的,并且在稻米尚在生长期时,靛蓝就可以收获了。因此靛蓝成为稻米的重要补充,并大量出口英国。

南部经济最早都是依赖大面积种植的经济作物,所以南部殖民地也就没有像北部那样发展商业和工业。烟草和稻米贸易在很大程度上被伦敦的商人所控制,稍后控制权转移到殖民地北部商人手中。南部城市的规模普遍不大，而且南部没有真正意义上的本地商业团体出现。这些成为南部经济的显著特征，也使之与其他地方的经济样式形成显著差异，在长达两个世纪的时间里一直如此。

北部的经济与技术生活

在北部，农业生产同样是社会经济活动的主要方面，只不过农业经济活动的形式更为多样，并且农业已不再是当地唯一主要的经济活动，原因在于自然条件恶劣，新英格兰北部地区尤为如此：气候寒冷、土地贫瘠，这一切使当地居民无法像南部那样发展大规模、商业化的农耕体系。而新英格兰南部地区气候温和、土地肥沃，发展农业的条件要比北部适宜得多。纽约、宾夕法尼亚与康涅狄格河谷地区则为当地和部分南部地区提供了绝大部分小麦供应。就在这些粮食主产区，商品经济作为一种新兴的经济形式，羽翼渐丰，并逐渐开始能够和农业经济相媲美。

北部更为多样化的农业

几乎每个殖民地居民都在家中搞起了或大或小的家庭手工业。这些作坊的产品主要供自家使用，偶尔也会将富余的产品用于交换或买卖。除了这些家庭经济活动外，一些有一技之长的人成为殖民地城镇里的皮匠、铁匠、造枪匠、家具师、银匠和印刷工。在一些领域中，生产者利用水力使小磨坊运作以研磨谷物，加工布料或者木材。除此之外，在一些地方，大规模的造船业也开始悄然兴起。

1640年，在马萨诸塞的索格斯（Saugus）发现铁矿之后，建立了铁厂，这是殖民地在发展强大的金属工业方面的首次尝试。而此时，铁的生产技术在英国已突飞猛进，殖民者试图将这种技术带到美国。索格斯铁厂运用水力控制风箱，进而控制炭化炉内的温度。矿石融化后，它会变为液体滴落到模具之中，或者流入简陋的铁锭沟（sow bar）之中，铸形成可以销售的商品。铁厂在技术上取得了成功；实际上，甚至可以说其技术在那个时候可以和欧洲的其他国家相媲美。但是在财政方面，它却是一个失败。该厂从1646年开始生产，然而到1668年，严重的财政问题迫使它不得不关门停产。

索格斯铁厂

但是，金属冶炼业逐渐成了殖民经济不可或缺的一部分。新泽西州北部有一位名叫彼得·哈森克勒佛（Peter Hasenclever）的德裔铁匠大师，他负责的铁厂成为英属北美最大的工业企业。这家工厂创建于1764年，由英国人投资，招纳了数百名工人，他们大多数都是从德国的铁厂里抽调过来的。北部的殖民地中也有一些小型的铁厂（主要集中于马萨诸塞、新泽西和宾夕法尼亚），南部的几个殖民地

加工烟草 这幅1790年的版画描绘的是弗吉尼亚的黑人努力加工烟草的情景。在该作品的作者——一位赴美旅行的法国艺术家看来，他们"原始"的装束是为了适应烘干、滚压和分类等加工烟草的流程。(*The Stapleton Collection/Bridgeman Art Library*)

中也有一些铁厂。即便如此，这些发展中的企业并没有像英国在18世纪末那样成为工业迅速发展的基础，原因之一是英国议会在类似1750年《制铁条例》等法令中对殖民地的金属加工进行了限制。相似的禁令限制了羊毛制品、帽子以及其他物品的生产。但是，美洲工业化最大的障碍是劳动力短缺，本地市场狭小，交通设备不便，能源供应不足。

比制造业更重要的是开发自然资源的产业。到17世纪中叶，曾经蓬勃发展的毛皮产业开始衰落，取而代之的是伐木业、采矿业和渔业，尤其是新英格兰水域渔业的开发。这些产业的产品可以出口英国，以便换取工业品。而且，由于这些产业的发展，北部经济形成了最鲜明的特征：商业阶层蓬勃兴起。

天然产业

新英格兰的商业　这幅18世纪的油画描绘了富裕的新英格兰渔民的住宅、码头、账房和船队,由此可见当时商业扩展的程度,甚至延伸到像马萨诸塞的德克斯布里(Duxbury)这样的小地方。图中地产的主人约书亚·温莎从事鲭鱼和鳕鱼捕捞业,生意兴旺。此画显然是为了表现温莎在物质上的巨大成功,将其记录下来供后人观赏。画的作者是他的女婿鲁弗斯·哈撒韦。(*A View of Mr. Joshua Winsor's House, 1793–95.By Rufus Hathaway. Museum of American Folk Art, New York. Promised anonymous gift.*)

技术的发展与局限

尽管在17—18世纪美洲的一些地区技术逐渐发展,殖民者在很多方面依旧明显缺乏基本的技术能力。殖民地中多达一半的农民设备很原始,他们甚至连犁都没有。很多家庭没有用来做饭的锅和水壶。只有大约一半的家庭拥有枪支——生活在乡村的人们几乎和城市居民一样很少拥有火器。人们很少拥有这些物品和基本工具,并不是因为这些东西不好制造,而是因为大多数的殖民者或是极度贫穷,或是与外界隔绝,十分闭塞,所以无法得到这些东西。许多家庭只有很少的几支蜡烛,因为他们买不起模具和牛脂(蜡),或者是买不到现成的蜡烛。在18世纪上半叶,农民有马车的极少。他们之中大多数使用两个轮子的手推车(也可以用马拉)往返于农场,但如果用这种车把货物运到市场,效率就不会很高。对于美洲的农民来说最常见的工具是斧头,这表明大多数的农民多数时间都在伐木造田。

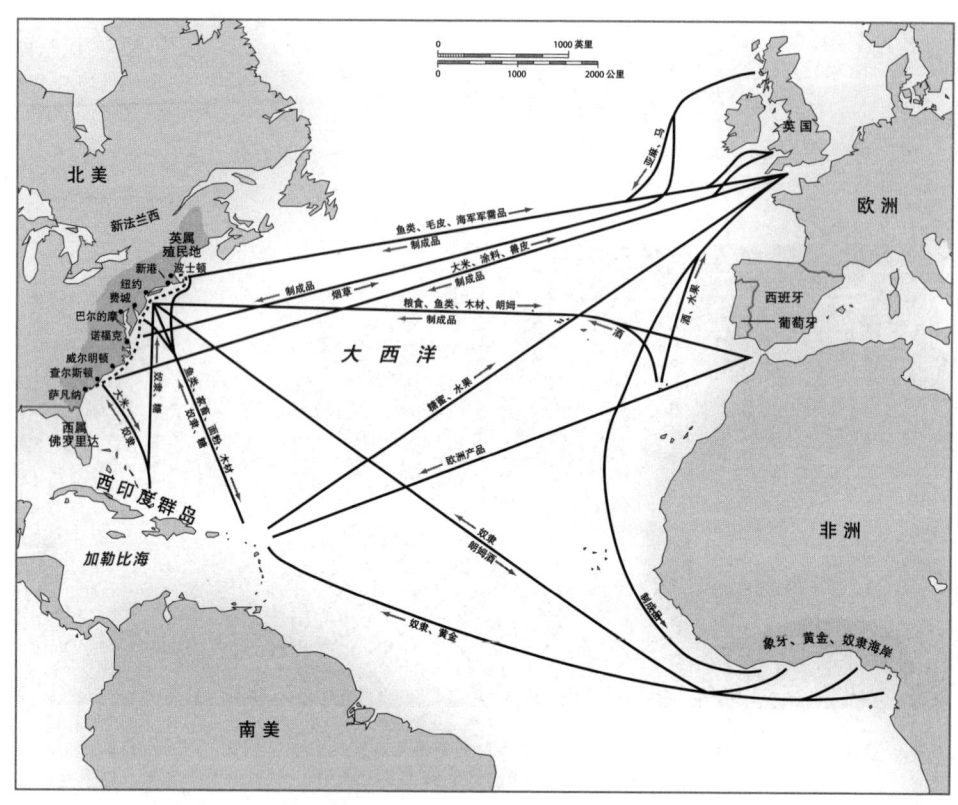

"三角贸易" 这幅地图所示为17—18世纪复杂的贸易模式，这种贸易模式促进了殖民地经济的发展。对这种贸易的一种简单的解释就是，美洲殖民地向英国和欧洲输出原材料（农产品和皮毛等），从它们那里进口工业产品。但是，这种解释虽然准确，却不完全，主要原因是大西洋贸易并不是简单的美洲和欧洲之间的贸易交流，而是一个复杂的贸易网络，其中涉及加勒比地区、非洲和地中海地区。北美大陆和加勒比群岛之间有着重要的贸易交流，美洲殖民地和非洲之间也有贸易关系，欧洲和地中海也有广阔的市场，美洲人在其中的贸易活动十分活跃，这些都值得注意。除此之外，英属北美的各个区域之间也有着大规模的沿海贸易，这虽然在图中没有体现，但对于殖民地贸易也起着重要的作用。◆ 为什么主要的港口几乎都出现在北部殖民地？

但是在整个殖民地，人们获取这些工具的能力远远落后于生产这些工具的能力。

自给自足的神话　　即便是这样，17世纪末至18世纪初，殖民者很少有人自给自足。在人们的印象中，早期美洲的家庭都是自己种粮食，自己做衣服，而很少买别人的东西。事实上，拥有手摇纺车或织布机的家庭很少，这表明很多人可以从商人那里买到他们所需要或买得起的纱和布料。大多数的农民把自己种的粮食拿到磨坊去加工。

殖民地商业的兴起

也许在17世纪，殖民地商业最显著的特点就是它竟然存活了下来。商人面临种种巨大的障碍而束手无策，而且没有最基本的贸易机构，这使得他们只能艰难地维持运营。他们面临的第一个障碍就是没有普遍认可的交易媒介。殖民地几乎没有硬币（金币或银币）。他们在不同时期试用不同形式的纸币，如烟草公司保存在仓库里的烟草券；或者以财产作担保的地契。这种类型的纸币并不能成为外来货物的付款方式，并且最终被议会视为非法。多年来，殖民地商人只能依靠不规范的物物交换，或者使用未经加工的货币替代物诸如海狸皮来进行交易。

通货的缺乏

第二种障碍是贸易往来几乎无法有序进行。美洲殖民地经济结构松散，商业社会组建仓促，没有商人可以确保他们赖以经营的产品能供应充足；也没有人能确保找到足够大的销售市场。通信渠道很少，商人无从了解国外的港口有怎样的销售前景；船只有的时候会在海上呆好几年的时间，从一个市场到另一个市场，以一种商品换取另一种商品，试图找到谋利的手段。而且，在这种混乱无序的环境下，大量的小公司也参与到激烈的竞争中，这使得稳定系统的问题更加迫在眉睫。

尽管有这样或那样的问题，殖民地的商业不但得以存活，而且还发展了起来。沿海贸易已经很完善，各个殖民地不仅彼此之间进行贸易，而且还和西印度群岛进行商业上的往来，主要经营诸如朗姆酒、农产品、肉类和鱼类等商品的贸易。内陆殖民地从加勒比市场进口蔗糖、糖蜜和奴隶。除此之外，还有跨大西洋贸易，它将北美殖民地与英格兰、欧洲大陆和非洲西海岸联结为错综复杂的商业网络。这种商业通常被称为"三角贸易"（triangular trade）（这种说法有些欠准确），其完整的交易过程是：商人把朗姆酒和其他物品从新英格兰运往非洲；用他们的商品换取奴隶，然后把奴隶送往西印度群岛（因此，恐怖的"中间航线"由此得名——它是三段航程中的第二段）；用奴隶换取蔗糖和糖蜜，然后再把它们海运回新英格兰蒸馏之后酿成朗姆酒。事实上，这个系统没有那么简单。关于朗姆酒、奴隶和糖浆的"三角"贸易事实上是复杂的贸易流程的一部分，还有很多其他的贸易商路：从南部殖民地到北部殖民地，从美洲到英国，从美洲到非洲，从西印度群岛到欧洲，还有其他各地之间的贸易往来。

三角贸易

在这个复杂多变、风险颇高的贸易中出现了一批冒险企业家，他们从18世纪中叶开始形成一个独立的商人阶级。他们集中在北部的港口城市（主要是波士顿、纽约和费城），在英属殖民地范围内享有贸易保护，免受外部竞争所带来的威胁——《不列颠航海法》（the British Navigation Act）禁止所有的非不列颠船只从

商人阶级的出现

事转口贸易。他们可以把美国的商品诸如毛皮、木材和船只销往英国市场。即便如此，也并不能满足他们所有的商业需求。许多殖民地的产品——鱼类、面粉、小麦和肉类，凡是英国可以自行生产的，都需要在大英帝国外寻找市场。英国的法律限制殖民地与英国及其属地进行贸易往来，而许多商人不顾这些禁令，在法国、西班牙以及荷兰所属的西印度群岛开发市场，而且价格通常高于英国殖民地。这些商业创造的利益使得殖民地可以从欧洲进口他们所需要的物品。

在18世纪，殖民地的商业体系开始逐步稳定下来。在一些城市，日益成功的商人扩张他们的企业，这样一来，他们便可以控制贸易中的一些部门，并且能够遏制竞争中的不稳定因素。商人们还与英国商界有着广泛的联系，从而确保他们在大西洋贸易中某些领域的地位。不过美洲经济的商业大门一直对新来者开放，其主要原因是商业以及商业赖以生存的社会发展非常迅速。

消费主义的兴起

在相对富足的殖民地居民中，英属北美的不断繁荣和商业的发展创造出新的品味和新的机会，以满足人们的需要。这使得人们热衷于物质消费，并且使人们把财产与社会地位联系起来。

促使18世纪消费增长的一个重要因素是美洲社会等级分层的加强。随着上层和下层人群的差异日益突出，人们想方设法显示自己处于社会的上层。要显示自己的社会地位，购买物品和炫耀物品的能力越发重要，尤其对于城市中的富人来说，他们没有大笔的地产显示自己的成功，所拥有的物品就成了他们身份的标志。此外，消费的增加也是工业革命早期的产物。尽管在18世纪美洲的工业尚未成形，但英国和欧洲的工业高速发展，生产出了越来越多的商品供富裕的美洲人购买，因为新的产业依赖于消费者购买其产品。消费增加的另一原因是殖民者中借贷之风逐渐兴起，有些商人愿意提供赊购。

为了刺激消费者的购买欲，商人们开始在报纸杂志上刊登广告。城市商人的代理人，也就是现代走街串巷的推销员的鼻祖，于乡野间奔走，试图唤起富有的地主和庄园主们对奢侈品的兴趣，让他们有钱就能买到。比如说，乔治和玛莎·华盛顿夫妇（George and Martha Washington）就花了大把的时间和精力为他们在蒙特维尔农的居所订购了典雅的家具。这些家具大多数是从英格兰和欧洲其他地方用船运来的。

消费型社会的特征之一就是以前那些被当作是奢侈品的东西如今唾手可得，

成了生活必需品。在殖民地,这些东西包括茶叶、家用亚麻布、玻璃器皿、金属餐具、陶器和家具等。消费主义盛行的另一个结果就是,人们趋向于把个人的品德修养与其所拥有的物质财富联系起来,从住房的质量、财产的多少和衣着的款式等方面判断一个人的品性。18世纪殖民地的男男女女都渴望成为有教养的"绅士"或"淑女",他们努力做到谈吐文明,举止优雅。他们阅读有关风度与时尚的书籍,购买介绍伦敦上流社会的杂志,努力使自己在交谈中表现得机敏睿智且彬彬有礼。他们还雇请画师为自己和家人画像,把家中大半地方投于娱乐之用,还制作各类搁架用来展示时髦的东西;修建正规的花园,并在穿戴和发型方面花费大量的精力。

社会效应

乔治一世时期的茶会 这幅油画创作于18世纪20年代,作者不详,画中描述的是一位弗吉尼亚的富人享用时尚、昂贵的茶饮服务时的姿态,其中茶具有的来自中国。他希望以此来炫耀自己的资产,这表明当时殖民地的有钱人日益热衷于雅致的生活方式。(Colonial Williamsburg Foundation)

人们对消费和自身修养的重视程度日益提升,这可在公共场所窥见一斑。18世纪的美洲人与英国人和欧洲人一样,也开始对栽种植物进行规划,以确保公共广场、公园和林荫大道能够更加雅致时尚。过去人们的社交仅限于亲朋邻居,或至多限于同一教派的教友;而现在城市中更为广泛的交际圈出现了,人们不仅需要在私下里展示自己,还要在公共社交场合一展风采。

三、社会模式

尽管殖民地社会差异明显,英国国内流行的阶级体系却没能在美洲生根发芽。英国地少人多,少数有钱有势的人对其他人拥有绝对的控制权力。人口与土地不均衡是英国社会经济的基础,也是阶级体制的基石。但美洲的情况刚好相反——

社会流动性

这里地广人稀。当然也出现了贵族阶层，但他们更多的依赖掌控劳动力数量的多少，而非土地面积的大小。而且比起英国的贵族，他们显得势单力薄。与英国相比，美洲的社会流动性很高，既有上升的机遇，也有下降的危险。

在美洲的大地上还出现了一些新型社会群体，其结构有别于英国的模式，而与美洲的环境更为相符。尽管它们的结构因地而异，但一些具有美洲特色的形态已初见端倪。

种植园

种植园定义了一种独具特色的生活方式，南部很多黑人与白人对此逐渐习以为常，而且它以各种形式一直持续到内战前夕。当烟草成为切萨皮克的经济支柱时，首批种植园便在弗吉尼亚和马里兰殖民地产生了。

有些种植园规模之大可以与当时的英国大庄园相媲美，如马里兰卡罗顿的查尔斯·卡洛尔（据说他是当时殖民地的首富）拥有4万英亩土地和285名奴隶。但是，总体上17世纪的种植园大多是贫瘠的小型庄园。早期的弗吉尼亚多是旷野荒地，奴隶主和契约奴一同劳动，环境极其恶劣，因此死亡事件时有发生。即便后来，死亡率有所下降，土地制度也逐渐确立，但种植园的劳力很少超过30人。

与其他农业经济形式一样，种植园经济的状况十分不稳定。赶上好年景，种植园主就收入充盈，可以拓展庄园面积。但由于他们没有能力掌控市场，因此即便是最强大的种植园主也不时处于险境之中。当农产品价格

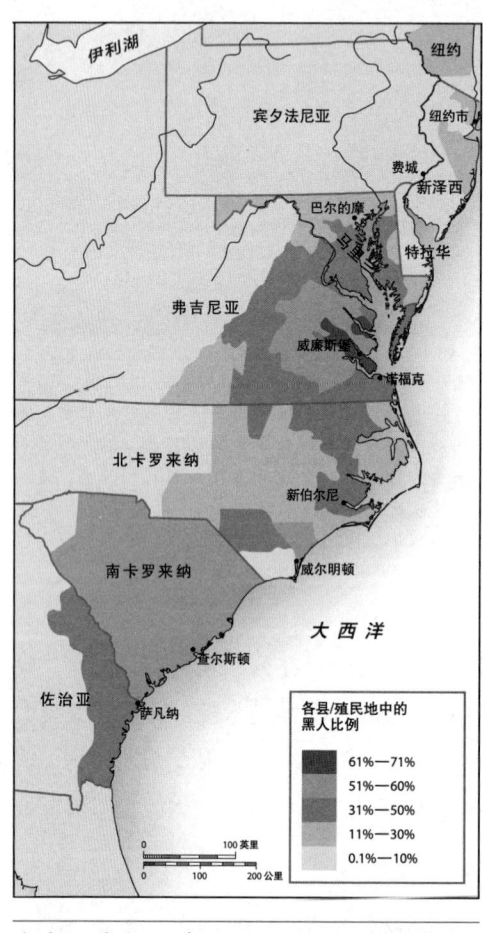

非洲黑人在总人口中的比例，约1775 这幅图显示的是殖民地中奴隶人口在总人口中所占比例较大的地区，在有些地方还占多数。黑人人口最为密集的地方是弗吉尼亚的低洼地带，在南卡罗来纳和北卡罗来纳部分地区黑人也占多数。奴隶人口最少的地方是南方殖民地的西部地区和切萨皮克的北部，尽管在新泽西和纽约的部分地区仍有相当数量的黑人（有些是奴隶，有些是自由人）。◆ 为什么南部的这些地区奴隶人口如此密集？（彩图见第519页）

种植园经济的变化无常

1770 年的马伯里种植园　这幅南卡罗来纳稻米种植园的油画的特别之处在于将奴隶的居住区置于画的最前方。奴隶所住的棚屋是奴隶自己建造的，其顶部呈斜坡状，反映出非洲的建筑风格。房子屋顶高可以使热气上升到房梁，因此能保持屋内凉爽。画的背景是主人的房子和邻近的教堂，都是传统的欧洲式建筑风格。(*View of Mulberry (House and Street) by Thomas Coram, Gibbes Museum of Art/Carolina Art Association*)

下跌时（例如17世纪60年代烟草价格就有一次下跌）他们就会面临破产。

由于种植园离城镇较远（而且南部城镇本来就不多），因此容易形成自给自足的社区。居民们紧挨着住在一排房子里，其中包括种植园主的"大房子"（但绝大多数"大房子"其实并不大）、辅助性建筑、谷仓和奴隶们住的小木屋。富有些的种植园主会把庄园布置得像座城镇，里面有学校（但只对白人孩子开放），有礼拜堂，而且人口众多。小种植园主的环境尽管要简朴得多，但仍是自给自足的。在南部的有些地方，如南卡罗来纳的查尔斯顿附近，种植园主往往有时住在城里，有时住在附近的种植园中。

在大庄园里，种植园主拥有大量的奴隶，这不仅改变了经济生活，而且对其家庭生活也产生了影响。不同于小农场主的妻子，大种植园主的太太们可以把家庭杂务交给奴隶们去办，自己则专心相夫教子。但她们的丈夫或儿子与黑人妇女常有私通，尽管南部妇女会假装对此一无所知，但显然这是她们烦恼和怨恨的一个来源。毫无疑问，黑人妇女对此更加愤怒。

南部社会阶层高度分化。大种植园主不仅握有对奴隶们的生杀大权，而且

等级分化的南部社会

也左右着小农场主的命运，因为后者在财富上无力与大种植园主匹敌，因而不得不依赖他们来销售产品，获得利润。那些仅拥有小块地皮和几个（甚至没有）奴隶的小农场主构成了南部农业人口的大多数，但掌控南部经济命脉的却是少数大种植园主。许多地主住在简陋的小屋里，与其奴仆为邻；很少有人住在豪华的大房子里。

种植园蓄奴制

毫无疑问，黑人奴隶的生活境况各不相同。在只有几名奴隶的小农场里，白人和黑人的地位界限并不十分明显。而到 18 世纪中期，四分之三以上的黑奴住在至少拥有 10 名奴隶以上的庄园，大约一半则住在 50 名奴隶以上的庄园里。这些大庄园里的奴隶发展了自己特有的文化习俗——尽管不可否认受到他们主人的影响，但还是具有一定的独立性。

尽管白人并不鼓励黑人奴隶之间的正式婚姻，但黑人们还是建立了一套庞大严谨的家庭结构，这种家庭结构之所以能够在 18 世纪初开始形成，其原因有三：一是奴隶们平均寿命延长，二是男女性别比例渐趋平衡，三是人口通过自然增长而增加。奴隶们试图建立自己的核心家庭，有些甚至建起了自己的家业，在由主人提供的园子里播种粮食。但他们仍未能摆脱险境——家庭成员随时可能被卖给别的奴隶主，甚至卖到别的殖民地。黑人家庭的发展在很多方面与白人很不一样。他们很看重血缘关系，甚至创造出一种叫作"代理亲属"的方法来帮助那些流离失所的奴隶。总之，他们无力掌握自己的命运，但总是想方设法去适应那些艰难的环境。

奴隶文化

非洲奴隶还发展了自己的语言。在南卡罗来纳，早期的奴隶们使用嘎勒语（Gullah）交流，这是一种英语和非洲本土语言的混合物。这种语言不仅加强了他们与非洲祖先的血缘纽带联系，而且能够使谈话内容不为其主人所知。此外，还出现了一种由基督教和非洲民俗结合而成的宗教，成为独立的黑人文化的重要元素。

但是，黑人社会还是会不断受到白人社会的干扰和冲击。虽然有些黑人家仆的生活条件相对奢华（以奴隶的标准来衡量），但他们不得不与族人隔离，还长期处于主人的监视之下；黑人妇女时常受到主人和监工的性侵犯，由此生下的混血儿得不到白人父亲的承认，而奴隶社群的成员总是接纳这些孩子。在一些种植园里，也有奴隶受到主人善待，作为回报，他们对主人忠心耿耿，至死不渝。而在有些种植园，奴隶则受到虐待，甚至暴打；但对此，他们束手无策。

奴隶反抗主人的事件也时有发生；奴隶制时期至少有两起这样的事件。南卡罗来纳的"斯托诺"起义就是其中之一。1739 年，100 多名奴隶拿起武器反抗，在杀死了一些白人之后，他们本想往南逃到佛罗里达，但很快遭到白人的镇压，大多数起义者被处决。奴隶们最常用的反抗方式是出逃，但出逃对于大多数奴隶来说并不是真正的办法，因为他们无处可逃。

无论男女，多数黑人都是田间奴隶（妇女还要负责做饭和照看孩子）。但有些大种植园希望自给自足，因此奴隶们学会了各种手艺，如打铁、木工、制鞋、纺纱、织布、缝纫、助产术等等。这些能工巧匠有时会被其他种植园主雇用；有的甚至在城里开店赚钱，将利润分给主人一部分。他们中有些人还能为自己赎回自由之身。美国独立战争前夕，南部城市已有一小部分自由的黑人。

清教社区

在清教徒居住的新英格兰出现了一种别样的、具有美洲特色的社区形式。这些具有新英格兰特色的社区并不是孤立的农场，而是城镇。社区成员间订立了一份"契约"，居民们团结一致，共同承担宗教和社会义务，建立一个和谐统一的社区。有些社区由同道而来的移民组成（其中有些是集体航行到新大陆的某个清教教派的全体成员）。

<small>社区的模式</small>

城镇结构体现了契约的精神。殖民者设计了一个村落，以中央草场，或称"公共区"为中心，周围建有房舍和教堂。他们还把土地和林地分给居民。一个家庭的人口、财产和社会地位决定了其可分得土地的面积大小和坐落地点。但无论分到的土地在哪里，各家各户总是比邻而居，以增强群体感。

城镇一旦建立，居民们就可以几乎不受殖民政府的干涉，独立处理自己的日常事务。人们每年举行一次"镇民大会"，讨论决定重大的问题，并选举出一届"行政委员"行使为期一年的管理权力。只有成年男子可以参加大会。但在这些人当中，也存在着明显的社会阶层划分，其中最关键的是入教资格——尽管所有的居民都必须到教堂参加礼拜，但只有那些能够证明恩典，且通过确保得到拯救的被选中的人（即"可见圣徒"）才能被正式接受。

<small>清教民主</small>

英国的长子继承制（即可继承财产只能传给长子的制度）并未在新英格兰生根发芽。相反，在这里父亲把财产平分给所有的儿子。对地产的控制是父亲能够在家庭男性成员中享有绝对权威的最有效的手段之一。儿子只有等到 20 多岁时父

亲才同意他们搬进自己的房子，耕种自己的田地。即便如此，儿子们住的地方还是离父亲的很近。女孩子们因为没有地产继承权，所以行动更具灵活性。她们的嫁妆和继承物都是可动产，比如家具、家庭用品，有时是现金及金银首饰。因此她们不会被禁锢在一个地方。

　　随着时间的流逝和社区的扩大，这种紧密的清教社会关系变得紧张起来，原因之一是新英格兰社会日益商业化，另外一个重要原因则是由人口增长带来的压力（即使在纯农业社会中也存在这种压力）。

人口的压力

　　随着城镇的扩大，居民们在离社区中心更远的地方开荒种田。有些人甚至为了靠近自己的田地而搬出城镇中心。如此一来，他们也远离了教会。于是，住在城镇边缘的居民开始提议建立属于自己的教堂——而这正是建立新城的前兆，但同时也激化了其他镇民和这些提议独立的居民间的矛盾。

　　同样的，族长制家庭结构下的土地分配办法也给清教社会带来了矛盾。在前几代人的时间里，父亲总握有足够的土地分给儿子们；但几代之后，由于同样数量的土地已经分过好几次，已无多余土地可分（尤其是在与其他城镇交接的地方毫无拓展空间），因此年轻人开始背井离乡，到土地丰富的地方另建新城。

普遍的矛盾

　　即便是在家庭内部，经济因素也时常削弱清教徒所推崇的族长制模式（至少从理论上来说是这样的）。事实上，不仅儿子们需要父亲，父亲也同样需要妻子、女儿和儿子们的帮助，需要他们作为劳力来维持农场和家庭的运转。由此可知，虽然理论上男子对妻儿有绝对的控制权，但实际生活中他们的关系存在某种契约性质，因为丈夫和父亲的权威受到经济需求的制约（当然还有感情的制约）。

女巫现象

　　凝聚团结的理想社会和疏离分散的现实社会的巨大差距是早期英格兰人难以接受的，而这种落差感有时会带来意想不到的灾难性后果。17世纪八九十年代新英格兰对莫须有的巫术的大范围恐慌就是其中一个例子。

塞勒姆女巫审判

　　其中最著名的一个事件（但绝非仅此一例）就发生在马萨诸塞州的塞勒姆城。有几名少女行为异常，人们猜想她们可能是被懂得伏都教（Voodoo）民俗的西印度群岛女仆施了巫术。这种恐慌蔓延至整个城镇。在这场风波平息之前，有数百名妇女被指控会使用巫术。随着塞勒姆危机的升温，指责的矛头由边缘人物（比如来自西印度群岛的妇女）转向一些要人。1692年，有19名塞勒姆人审判尚未

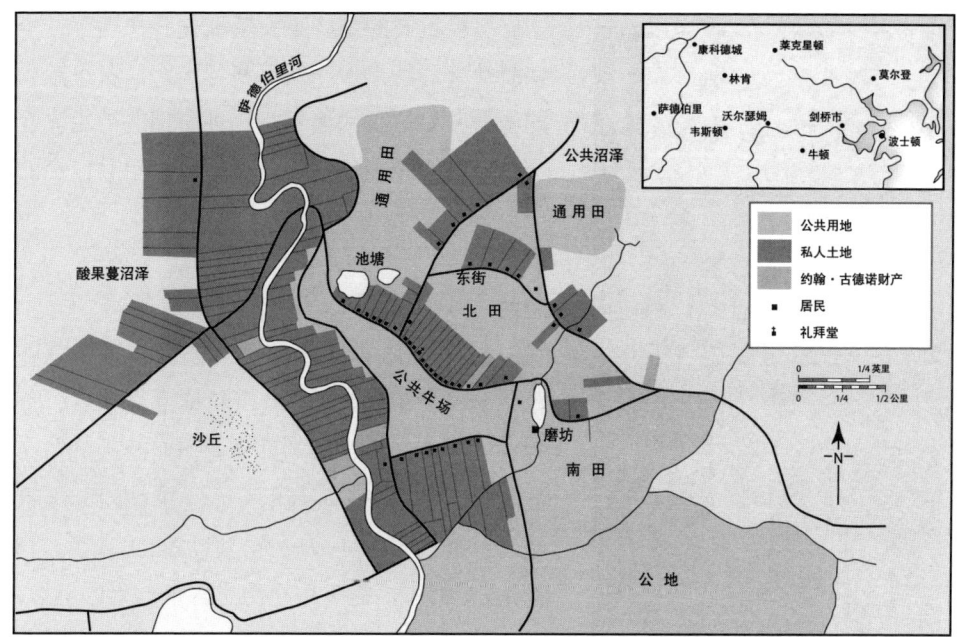

17世纪的新英格兰城镇：马萨诸塞的萨德伯里 正如种植园是南部殖民地重要的社会特征，城镇是新英格兰最普遍的社会单位。这幅图所描述的是17世纪建立不久的马萨诸塞的萨德伯里小镇的结构，这个小镇就位于波士顿以西。值得注意的是房屋的位置，这些房子主要集中在公共草场周围和教堂附近。边缘的土地分配给城镇的居民，而他们所分得的土地并不与自己的住处相邻，这也值得注意。图中显示了萨德伯里的一位居民约翰·古德诺的地产，其房屋在公共草场上，而土地则零散分布在萨德伯里的几个不同地方。◆ 新英格兰生活的哪些方面决定了居住区聚集在城镇的中心？ (*From Sumner Chilton Powell, Puritan Village: The Formation of a New England Town. Copyright © 1963 by Wesleyan University. Reprinted by permission from Wesleyan University Press*)（彩图见第520页）

定案就被处以死刑。而那些原告女孩后来撤诉，承认她们当初的指控纯属虚构。

但类似塞勒姆这样的事件在当时并不少见。17世纪90年代的新英格兰遍布关于巫术的指控（这种现象实际上在清教徒社会由来已久）。调查研究表明，被指控为巫女的常是那些子女少或无子女的中年妇女或寡妇；还有一些所谓的"巫女"则是那些来自社会底层、家庭关系不和谐并犯有其他罪行、被邻里所不齿的女人；其他被指控为巫女的则是那些通过继承或做生意而拥有大片土地和大笔财产的妇女，因为这样的人违背了当时社会的性别规范——清教徒社会对"独立"的妇女无法容忍。可以看出，在清教社会里，如此之多的"女巫"都是不安于男性占主导的家庭的妇女（她们很多人似乎公然对抗既定的社会规范，不驯服、不顺从），性别冲突在这场"巫女风波"中扮演着重要角色。

殖民地城市的发展

女巫形象 17世纪晚期，美洲人和欧洲人都认为他们之中很多人是女巫。这些图片摘自1681年出版的《关于女巫和鬼魅的充分而清晰的证据》一书，图中说明了女巫可能具有的魔力，并且描述了女巫们飞行和悬停的各种方式。(Houghton Library, Harvard University)

但最重要的是，巫女争议充分体现了这个宗教社会的特点——新英格兰人相信魔鬼撒旦的力量，相信巫术绝不是一种所谓的被主流社会否认的边缘迷信，而是清教徒们宗教信念的一个共同特征。

城市

如果把18世纪出现在大西洋沿岸的商业中心称为"城市"，以现代的标准来衡量，这种界定恐有不当，因为即便是当时最大的殖民社区也不过相当于现代的一个小镇；但以18世纪的标准来看，美洲确实已有城市出现了。18世纪70年代，费城和纽约是两个最大的港口，人口分别为2.8万人和2.5万人，比当时英国多数城市的人口数量都要大得多。以当时的标准来看，波士顿（1.6万人）、南卡罗来纳的查尔斯顿（1.2万人）和罗德岛的纽波特（1.1万人）也算得上是大社区了。

历史学家的分歧　巫术审判

巫术审判出现于17世纪90年代马萨诸塞州的塞勒姆，之后蔓延到新英格兰其他一些地方，已经成为几个世纪中流行的传奇故事的素材，也引起了数代历史学家的关注，他们试图解释为什么17世纪的美国人变得如此深信自己身边的人就是魔鬼的代言人，虽然对于巫术现象有许多的解释，但是近几十年中重点都集中在处于故事中心的女性身上。

20世纪前半期，大多数历史学家都将巫术审判解释为一种由刻板僵化的清教徒鼓动的歇斯底里的癔症。这种解释影响了最被人所熟知的对于20世纪巫术的描写：阿瑟·米勒的戏剧《严酷考验》(The Crucible)。该剧上映于1953年，明显努力将塞勒姆审判视为一种对当时强烈的反共狂热的评论。但是几乎在同一时间，著名的清教学者佩里·米勒（Perry Miller）提出了一系列重要的学说，阐明巫术不是癔症或宗教不宽容的产物，而是在17世纪宗教观中被广为接受的一种现象。对于清教徒来说，巫术不仅仅是看上去是有道理的，而且是科学合理的。

对于巫术阐释的新浪潮始于20世纪70年代，保罗·鲍伊和斯蒂芬·尼森鲍姆写作了《塞勒姆群魔》(Salem Possessed, 1976)，他们查阅了17世纪90年代塞勒姆城的记录，总结出巫术论战是塞勒姆穷苦、边缘的阶层和富有特权的阶层之间等级矛盾冲突的产物。这些社会矛盾不能简单地表达出他们的关系，导致穷苦的塞勒姆居民用巫术控告痛打他们的富有的邻居或其仆人。几年后，约翰·德蒙斯在《有趣的撒旦》(Entertaining Satan, 1983) 中同样将新英格兰大部分地区的巫术告发描述为不能以其他方式表达的对社会和经济拮据的种种愤怒转移的产物。对这种社会怨恨情绪，德蒙斯做出了比鲍伊和尼森鲍姆更为复杂的描述，但和他们一样，他认为巫术是社会与心理不安和矛盾的表现。

与此同时，一些学者开始将矛头对准巫术事件的另一方面——性别。卡萝·卡尔森的《一个外表是女人的魔鬼》(The Devil in the Shape of a Woman, 1987) 通过对新英格兰记录的仔细审查，发现被指控为巫术犯罪的很大一部分人是拥有财产的寡妇和没有结婚的女人，换句话说，即为没有适应一般由男人支配的家庭模式的女人。卡尔森指出，这些女人之所以容易受到指控是因为他们威胁了那些已经习惯于女性在群体中处于低下地位的人（包括许多女人）。

近来，玛丽·诺顿的《在魔鬼的陷阱》(In the Devil's Snare, 2002) 一书将巫术审判和当时的其他事件放在一个背景下——尤其是17世纪末清教徒组织的印第安战争中令人惊恐的剧变和驱逐。面对这样的危机，威廉王战争中的难民逃出了被印第安人毁坏的城镇，涌入塞勒姆和其他西方的城镇，恐惧和社会不稳定提供了一种不正常状态，将异常行为（例如一些格外独立或者古怪的妇女们的行为）和一些神奇的原因联系起来，结果便是巫术指控浪潮的出现，最终导致至少20人被施以死刑。

殖民地城市是当地农场主的交易中心，也是外贸交易的市场。他们的领导者通常是拥有大片地产的商人。几乎所有的美洲社区都有贫富不均的现象，在城市里这种现象更加显著，在富人周围住着一些小商人、打工仔和穷人，他们的居住环境拥挤而肮脏。与殖民地生活的其他方面相比（主人和奴隶的关系除外），社会差别在城市中真实而明显。

商业和文化意义

城市也同样是殖民地的工业活动中心，如钢铁厂和依靠进口蜜糖生产朗姆酒的酿酒厂等。城市里有先进的学校、各种成熟的文化活动，以及可以买到进口商品的商店。与此同时，一些典型的城市问题也同样存在：犯罪、恶习、环境污染、传染病和交通问题。与小城镇不同的是，城市需要完善的政府制度，需要建立治安部门和消防队。城市还必须针对不断增加的穷人数目（尤其在经济危机时数额更大）建立相应的保障制度。

城市对于商业的起起落落很敏感。当市场中某一种商品变得供过于求时，价格的下跌会给市民和商人带来很严重的影响，但对于农村的影响就很微小。最终，城市变成了新思想的传播地，这对于殖民地的政治前途尤为重要。印刷机的出现使报纸可以定期出版，进口图书和其他印刷品引进了新的文化。城市中出现的小酒馆和咖啡店成了人们聚会的场所，可以谈论时事并发表自己的见解。因此，当18世纪六七十年代革命危机开始出现的时候，革命的迹象最先发端于城市也就顺理成章了。

四、大觉醒和启蒙运动

18世纪殖民地居民的智性生活中有两种势力在相互竞争，一种是16世纪和17世纪的传统观点，强调上帝对人的眷顾，相信上帝与世界有着密切的联系，上帝时刻关注着每一个人；另一种便是启蒙运动的新思想。这是一场席卷欧洲和美洲的运动，强调科学和理性的重要性。旧的观念支持诸如对巫术的信仰，强调严格的道德规范，认为信仰高于理性。启蒙运动则恰恰相反，认为人类控制着自己的生活和社会的进程，世界是可以被认知的，因此可以用理性和科学的方式去改造世界。美洲殖民地的时代精神在这股思潮的张力之下得以形成。

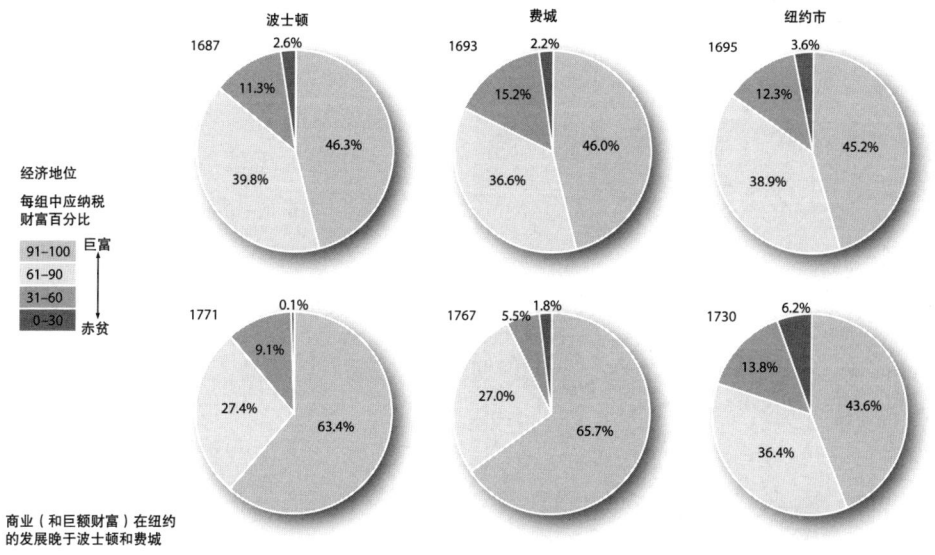

殖民地城市中的财富分布，1687—1771 尽管殖民地时期贫富差距没有19世纪和20世纪那么大，但18世纪早期商业的出现确实导致不平等现象愈发明显。这个图表描述的是波士顿、费城和纽约三大商业城市中财富的分布状况。上方的扇形图是17世纪末的财富分布情况，下方的是18世纪中后期财富分布的变化情况。值得注意的是，17世纪财富主要集中在10%的富人手里，18世纪在波士顿和费城财富集中的现象更为严重。相比之下，纽约在1695年和1730年之间由于处于英国的控制之下，原来荷兰人的大片地产被分割，财富的分配比之前稍平均一些。而1730年之后，纽约也和波士顿和费城一样，财富分配变得愈加不平等。◆ 殖民地商业中的哪些因素促使如此多的财富集中在相对少数人的手中？（彩图见第520页）

宗教模式

在美洲的很多地方，宗教宽容程度之高胜过任何一个欧洲国家，这并不是殖民者刻意为之，而是具体条件使然。殖民者将诸多不同的宗教派别带到美洲，使得很难将某一种宗教惯例加诸某个大面积的地区。

宗教宽容的根源

在弗吉尼亚、马里兰、纽约、南北卡罗来纳和佐治亚，英国国教被规定为官方信仰，然而，除弗吉尼亚和马里兰外，其他殖民地大多忽视了这一规定。即使在新英格兰，清教徒原本认为他们是属于同一信仰的，但在18世纪也日渐倾向于加入不同的教派，尤其是公理会和长老会。在纽约和新泽西的部分地区，荷兰殖民者建立了自己的加尔文宗——"荷兰改革派"，它存在了很长一段时间，直到这两个殖民地归属英国。美洲浸礼会信徒（罗杰·威廉斯被认为是该教派的先驱）发展了很多的宗派。浸礼会的共同信仰是，只在婴儿时接受洗礼是不够的，成年后还要接受再洗礼，通常是沉洗。他们有些人一直是加尔文教徒（相信宿命论），另

反天主教

地狱中的罪人，1744 这幅18世纪中期的宗教画体现出很多殖民地时期基督徒的恐惧，也表现出他们的偏见。画面中央是宁静宜人的耶路撒冷，四面受到邪恶势力的威胁，其中不仅有魔鬼撒旦和原罪的形象，还有一些新教徒们假象的敌人——天主教会（以教皇的形象为象征）和伊斯兰教（以土耳其人为象征）。(The Granger Collection, New York)

一些则相信人通过自由意志可以获得拯救。

新教徒们彼此之间能够相互宽容，却唯独无法容忍罗马天主教。和在英国的很多新教徒一样，美洲的新教徒对天主教既恐惧又痛恨，尤其是新英格兰人，他们不仅视交界地新法兰西（加拿大）的天主教徒为商业劲敌和军事对手，而且将他们视作罗马的奸细。不过罗马天主教徒人单势孤，不大可能引起严重的冲突。马里兰的天主教徒人数最多，也不足3000人。或许正因为如此，他们在该殖民地遭受的迫害最为严重。1691年原领主的统治被推翻，天主教徒不仅被剥夺了政治权利，而且被禁止公开举行宗教活动，只能在家中做礼拜。

美洲的犹太人从没有超过2000人。最大的犹太社区在纽约市，较小的社区在纽波特和查尔斯顿，各个殖民地社区都有散布的犹太家庭，在任何地方犹太人都没有选举权，不能担任公职，只有罗德岛允许他们公开举行宗教活动。

到18世纪初期，宗教的影响力明显衰落，一些美洲人为此感到担忧。由于人口向西部迁移，人们散居各处，很多社区和宗教组织脱离了关系。科学和自由思想在欧洲的不断发展，加之启蒙思想的传入，使得一些殖民者开始对传统的宗教信仰产生怀疑。

早在1660年代，新英格兰就已开始关注信仰危机，那里的清教寡头政治集团意识到了教会势力的衰落。在每个安息日，牧师的布道都充满哀伤（称为"哀诉

[jeremiads]），悲叹人们信仰的衰落。如果以其他社会或其他时期的社会标准来衡量，清教信仰可以算得上坚定，但新英格兰人有自己的标准，对他们来说，宗教信仰衰退是一个很严重的问题。

哀诉

"大觉醒"运动

到 18 世纪初期，在其他的地区和其他教派成员中也出现了同样的担忧——人们的信仰在衰落，社会日益世俗化，结果便是美洲第一次宗教复苏运动——"大觉醒"。

"大觉醒"运动真正意义上开始于 1730 年代，在 1740 年代达到高潮，它带给殖民地一种新的宗教精神。这次运动主要吸引了妇女（她们构成了皈依者的大多数），以及第三代和第四代殖民者排行较小的儿子们（他们只能继承很少的土地，前途未卜）。运动的宣传重点强调个人有能力打破传统的束缚，重新建立人与上帝的关系。这种信仰反映出当时许多人渴望摆脱家庭和社区的束缚，开始新的生活。

来自英格兰的福音传教士推动了这场运动的传播。约翰和查尔斯·卫斯理兄弟（John and Charles Wesley）是循道宗的创始人，他们于 1730 年代造访了佐治亚和其他一些殖民地区。乔治·怀特菲尔德（George Whitefield）是一位影响很大的牧师，他长于露天布道，曾一度是卫斯理的助手，他在殖民地进行了多次巡回传教，吸引了大批听众。但是大觉醒时期最杰出的牧师当属新英格兰的乔纳森·爱德华（Jonathan Edwards），他是一个传统的清教徒，同时也是具有原创思想的神学家。在马萨诸塞北安普斯顿的讲道坛上，他抨击了新的关于轻松获得拯救的教条学说。他以全新的视角讲解上帝的绝对权威、宿命论以及只有蒙上帝之恩才能获得拯救等清教的传统观念。他对地狱生动的描述使他的听众毛骨悚然。

"大觉醒"使既有的宗教派别发生分裂（"新灵光"复兴派和"旧灵光"传统派牧师之间具有明显的区别），它同时也使新的教派得以建立。大觉醒运动也对教会以外的领域产生了影响。一些复兴主义者公然抨击书本知识，认为它会妨碍人们获得拯救，一些社区甚至全盘否定普通教育。但是另一些福音传教士则认为教育是一种深化宗教的手段，他们建立学校或者领导学校去培养"新灵光"的牧师。

新灵光和旧灵光

启蒙运动

"大觉醒"在殖民地文化中引发了巨大变动；启蒙运动虽内容上与之截然不同，

但在很多方面可以与之匹敌，也带来了另外一种冲击。

启蒙运动在很大程度上是17世纪欧洲科学和文化探索发现的产物。当科学家和许多思想家发现自然法则决定万物规律之时，他们便开始崇尚人类理性和科学研究的巨大力量。启蒙思想家认为，人类的进步和知识的发展不能仅靠信仰，还要依靠理性。他们认为，人类有一种道德上的感性，能够依靠这种感性去分辨对与错，所以不必事事去问上帝应该怎么做。他们坚信人类能够通过自身理性的力量把文明推向新的高度。

传统权威受到挑战

在崇尚理性的同时，启蒙运动逐渐开始对传统的权威起到弱化作用——"大觉醒"运动也同样如此。而启蒙运动与"大觉醒"不同的是，它鼓舞人类要想知道如何生活和如何塑造社会，只有靠自身，而不是靠上帝。启蒙运动强调人类的理性，鼓励人们重视教育，同时也鼓励公民提高对政治和政府的兴趣（启蒙思想家们普遍认为，只有依靠政府，社会才能实现最大限度的发展）。多数启蒙运动思想家并未对宗教提出质疑，认为理性的探索会促进而不是破坏基督教。但是，当时有些宗教团体认为，有关人类社会的所有问题的答案都应该而且能够直接来自上帝，对于这种观念启蒙运动则持有异议。

17世纪早期，美洲的启蒙思想很大一部分是舶来品——主要来自早期的文化泰斗，如英国的弗朗西斯·培根和约翰·洛克，还有当时英国和苏格兰的启蒙思想家。很少有美洲人在科学和理性的新时代有所建树，但是，不久之后，本杰明·富兰克林、托马斯·杰斐逊、托马斯·潘恩、詹姆斯·麦迪逊等人在继承启蒙思想方面做出了至关重要的贡献。

教 育

启蒙思想在美洲传播之前，殖民者虽然面临很大困难，但仍然把教育摆在很高的位置上。纵使农业劳动负担很重，限制了农家子弟去学校接受教育的时间，一些家长仍抓紧一切时间在家里教孩子读书写字。1647年，马萨诸塞法律规定：每个城镇都要建公立学校，虽然许多地方都没有遵从这一规定，但正是由于该条法律，教育体系大致建立了起来。在其地方，贵格派等宗教派别开办了教会学校。在一些团体中，丧偶或未婚女性开办了"女校"，在她们自己的家中授课。在城市里，工长为学徒开办夜校；在1723年到1770年之间，至少有一百所这样的学校出现。

仅仅一小部分儿童接受了小学以上水平的教育，但是白种美洲男性，至少都接受了高程度的读写能力教育。在独立战争期间,半数以上的白种人能够读书和写字,比率大大超过了多数欧洲国家。殖民者识字比例的提高为美洲提供了一个除了《圣经》之外首次得到大众欢迎而发行的出版物市场:历书(见边码第98—99页)。女性识字的比率直到19世纪还大大落后于男性。男性进一步学习的机会很少,女性则几乎没有任何机会。殖民地女孩在其年幼时经常能够得到和男孩一样以家庭为基础的教育,而且她们的受教育程度明显高于欧洲女性。非洲黑奴根本没有机会接受教育。尽管有些时候主人或太太可能会教育黑奴的孩子们读书写字,但真正这么做的人很少。事实上,随着奴隶制的确立,社会习俗(最终成为法律规定)禁止任何提高黑人读写能力的努力与尝试,以免引起黑人对自身社会地位的疑问。印第安人也同样被排除在白人教育体系之外——在很大程度上他们自愿如此;大多部落希望用自己的方式教育孩子。也有一些白人传教士和慈善家为土著人建立学校,培养了一些能够说写英语的印第安人,虽然人数很少,但意义重大。

白人的高识字率

与任何地方相比,在美国殖民地成长起来的大学所受到的传统宗教和新思想的共同影响都更为明显。1763年的6所大学中,除2所之外,最初都是为了培养传教士而建立的。但是,在几乎所有大学中,以科学和理性探索知识的新方法都有所体现。美国的第一所大学——哈佛大学,建于1636年,是应清教神学家的要求,由马萨诸塞的议会建立,其目的是培养牧师。这所大学以查尔斯顿牧师约翰·哈佛(John Harvard)的名字命名,他死后将其图书馆和一半房产都捐给了学校。几十年后,1693年,威廉玛丽学院(以英国国王和王后的名字命名)由英国国教徒在弗吉尼亚威廉斯堡市建立。和哈佛大学一样,它也是为培养牧师而建。1701年,保守派公理会教徒对哈佛渐渐形成的宗教自由感到不满,在康涅狄格的纽黑文建立耶鲁大学(以最初的赞助人之一伊莱休·耶鲁 [Elihu Yale] 命名)。在"大觉醒"运动中还出现了新泽西学院,该校建于1746年,后更名为普林斯顿大学(以所在城市命名),乔纳森·爱德华曾任其校长。

大众文化模式　殖民地历书

书籍在美洲是罕见且昂贵的,许多家庭仅仅有一本书,那就是《圣经》。但是在英国的殖民地中,人们很早就有了获取信息的重要来源:历书,它也是早期美洲最重要的非宗教类读物。

历书至少在16世纪中期就已经很流行了。他们最早于1638年或1639年在美洲出现，那时马萨诸塞州坎布里奇的印刷厂刚刚发行了《好学者历书》(Philomath Almanac)，历书将宗教节日的详细日历和天文学、占星术，后来还有其他流行话题结合起来。17世纪90年代，《农夫历书》(Farmer's Almanac)开始和《好学者历书》相竞争。《农夫历书》插图很多，包括医学建议、生活常识、航海知识和幽默故事等内容。它还极力继承欧洲预言占卜的风俗，通过综合迷信、民间传说、天象和其他一些信息，预测天气变化、农作物产量等等。历书的预测是不准确的，但是因为没有其他读物可供参考，农民们只能依靠历书。

到1700年，大约出现了几十种甚至成百种历书，这些历书流行于各殖民地，甚至流传到西部和北部人烟稀少的地区。最畅销的历书每年能卖出上千册。大多数家庭至少有一本，许多家庭有好几本。一位历书作家在18世纪中期说道，很容易看出来，没有任何一本书（除《圣经》外）对社会产生过如此巨大的价值，如此地

穷理查德历书 这是1757年版的《穷理查德历书》中的一页，从中可以看出历书展现给读者的广泛内容——一首鼓舞人心的诗歌、一张节日和天气预测的日历，还有诸如"一个富有的无赖就像一头肥猪，除了死之外对人毫无益处"之类的忠告和谚语。(New York Public Library, Astor, Lenox and Tilden Foundations)

服务社会。美洲是一个多语言的社会，尽管大多数历书是全英文的，但有些也使用法语、荷兰语、希伯来语、挪威语、西班牙语、德语，以及各种各样的印第安语编纂而成。在美国独立战争之后的五年间，本杰明·班纳克（Benjamin Banneker）是唯一一位非裔美洲历书作家，他还出版了一部著作，其中包括抨击奴隶制度和黑奴交易的尖锐文章。

在美国独立战争之前的那些年中，殖民地最为人所熟知的历书是由一位画家的儿子本杰明·富兰克林撰写的。他在哥哥位于罗得岛的印刷厂做学徒，后来移居到费城。1732年到1758年间，他以笔名理查德·桑德斯（Richard

Sanders)发表了《穷理查德历书》(Poor Richard's Almanack)。"我竭尽全力让这本书既有趣又有用，"富兰克林后来在他的自传中写道，"看到人们都在读这本书，……我认为这是对普通民众进行教育的一种很好的方式，这些人几乎不买别的书"。在一期又一期历书上，富兰克林都在日历、天文信息和其他标准年鉴旁边附上"谚语"，"主要是一些劝诫勤奋的内容"。他最喜欢的谚语是"空口袋很难立起来"。理查德的许多谚语在美洲成为家喻户晓的文字。当时很多作家用历书促进他所处时代的科学发现，并怀疑迷信对于知识的作用，富兰克林便是其中之一，他尤其鄙视占星术。

历书事实上是美洲被最广泛阅读的出版物，其中包含了很多受大众欢迎的幽默故事，而且它们是了解早期美国人如何定义幽默的最好来源。与后世的幽默没有太大区别，美洲人嘲笑权贵（贵族、律师、牧师和政客），嘲笑男女关系，而这也反映出人们对于种族和民族的观点。在18世纪六七十年代，历书的幽默一般用于掩饰嘲讽英国官员和殖民地保守派的政治观点。战争期间，有关军官和政治领袖的幽默轶事反映了美国人对于持久而艰难的战斗的不满。

在独立战争时期和之后的时间里，历书的幽默诙谐大多表现为对当时美国最著名和最受追捧的"穷理查"本人——本杰明·富兰克林的赞美。在不少历书中也存在不太高雅的故事，但可能对于读者来说却更为有趣，很多历书中包含关于族群和人种的低级幽默。在1801年的《比尔历书》(Beer's Almanac)中，一个爱尔兰人自夸说他在去美国之前在爱尔兰拥有一大笔财产。人们问他为什么还要去美洲？"啊，"他回答，"确实还有一个小小的问题，因为另一个人的地正好压在我的土地上面。"

历书在19世纪一直广为流传，有些直到今天还在出版。但是它们影响最大的时期还是殖民早期，那时候，对于成千上万的美洲人来说，它们事实上是唯一可获得的文字印刷信息的来源。出版商艾萨克·布里格斯在他自己于1798年撰写的一本历书的前言中说："如果我们以历书在现实生活中的作用来衡量的话，一本好的历书，就像是铁，比黄金更有价值（尽管它并没有那么昂贵）。"

尽管这些大学建立在宗教基础之上，但大部分院校的学生都能够受到自由化的教育，其课程不仅包括神学，也包括逻辑学、伦理学、物理学、地理学、天文学、修辞学、拉丁文、希伯来语和希腊语。哈佛最初不仅计划培养受过良好教育

文科课程

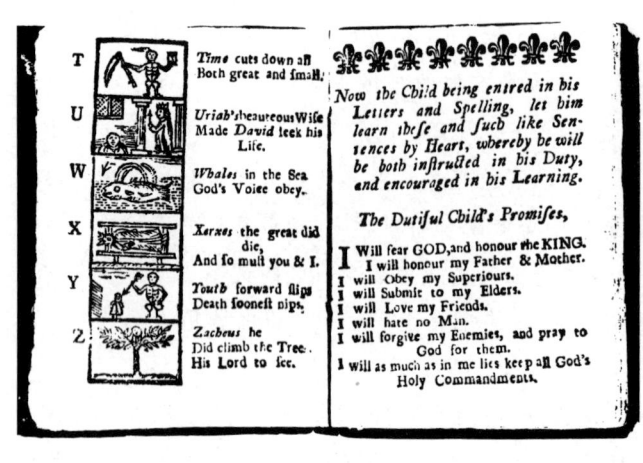

"女教师学校"的课本 新英格兰殖民者在教育儿童方面所付出的努力高于北美任何其他地区的人们（也比多数欧洲国家在教育儿童方面的投入多得多），当地的识字率或许是当时世界上最高的。整个地区的儿童都到"女教师学校"（因教师几乎都是女性而得名）之类的机构接受教育，学习类似图中的教材。从图中的课本样张可以看出，清教教育既强调基本技能（字母表和阅读），也注重道德准则和宗教戒律。（American Antiquarian Society）

的牧师，还要"增进学识，传承后代"。哈佛学院的教师们都竭尽全力传播新的科学思想——特别是关于哥白尼天文学的思想，努力将其推向更广大的人群，并且经常在畅销年历上发表自己的想法，他们希望以此摒除人们头脑中对占星术的信仰，他们认为占星术属异端迷信。

国王学院（King's College），1754年成立于纽约，后来更名为哥伦比亚大学。该校更加致力于传播世俗知识，它不设神学院，而且从一开始就兼容各教派。费城学院（The Academy and College of Philadelphia），后来的宾夕法尼亚大学，是一个完全意义上的世俗大学，于1755年由一批非宗教人士在本杰明·富兰克林的启发下建立。除人文学科外，它还开设了一些实用性的学科——机械学、化学、农学、政治学、贸易学和现代语言学。1765年，它还成立了英属美洲第一所医学院。

科学的传播

在美洲，启蒙运动的影响最为明显的体现就是人们对科学知识的兴趣日益增加。大多数早期大学都设立了自然科学教职，向学生们介绍欧洲一些前沿的科学理论，包括哥白尼的天文学和牛顿物理学。但是，那些年里促进科学进步的最富活力的贡献都发生在校园之外，依靠的是业余科学爱好者的个人努力和科学团体的活动。大商人、种植园主，甚至神学家都是"伦敦皇家协会"（Royal Society of London）的会员，这一协会是英国重要的科学组织。本杰明·富兰克林这位美洲最著名的业余科学家，凭借其证明闪电和电流性质的实验以及避雷针的发明而驰名国际。1752年，他利用风筝证明了闪电与电的性质相同，当时在殖民地广为流传。

当时富有影响力的美洲人逐渐开始重视科学知识,这一点的突出表现是 18 世纪所做的一场最大胆且最有争议的实验——天花疫苗。清教神学家科顿·马瑟 (Cotton Mather) 用他自己的奴隶做实验,有意让其感染少量天花病毒,以培养对这种致命疾病的免疫力。他知道在英国疫苗接种实验也取得了一定的成功。当然,马瑟不是一个彻底的科学家,他坚持认为疾病是对罪孽的一种惩罚。然而,在 18 世纪 20 年代的一场流行病中,尽管遭到很多邻居的反对,他仍力劝很多波士顿人接种疫苗。结果证实了这项技术是有效的。其他的神学家(包括乔纳森·爱德华)和许多医生继续从事这项实验。到 18 世纪中期,疫苗接种在美洲已成为一种普遍的医疗手段。

天花疫苗

法律与政治观念

对于 17—18 世纪的法律和政治领域,和在其他的领域中一样,欧裔美洲人认为他们只不过是在新世界里重新建造旧的制度。但也如同在其他领域中一样,他们无意间创造了一些不同于以往的新东西。

美洲法律制度发生变化的原因之一是缺少英国的专业律师,直到 1700 年之后殖民地才出现专业律师。直到 18 世纪,英国政府才试图将习惯法和成文法应用于各个行省,但为时已晚。尽管美洲法律体系采纳了英国体系中大部分必要的因素,包括古老的陪审团审判权等,但二者之间存在重大的差异。在起诉和法庭审理程序方面,美洲殖民地要比英国简单一些,惩罚措施也有些许不同。殖民地很少用绞刑架和监狱,而最常用笞刑柱、火烧烙铁、手足枷锁和浸水椅(专用于惩罚"嚼舌妇")。在劳力紧缺的社会中,各个社区都不愿将有劳动能力的人处死或关进监狱。在这里犯罪被重新定义了。在英国,发表文章攻击官员,无论所言是真是假,都被认为是诽谤的行为。而在纽约 1734—1735 年对出版商约翰·彼得·曾格(John Peter Zenger)的审判中,来自费城的律师安德鲁·汉密尔顿(Andrew Hamilton)强力为其辩护,法庭最后判定:如果对政府官员的批判是有证可寻的,那么就不算损害他人名誉。这个判决减少了一些对言论自由的限制。在法律观念方面,发生了微妙却具有决定性作用的改变。一些殖民者逐渐认为法律是神的意愿;另一些则认为法律源于自然的规律。无论在任何场合下,他们都不会认为法律是俗世的君主权势的表现。

在殖民地与英国未来的关系方面,意义更为重大的是二者在政治体系上出现

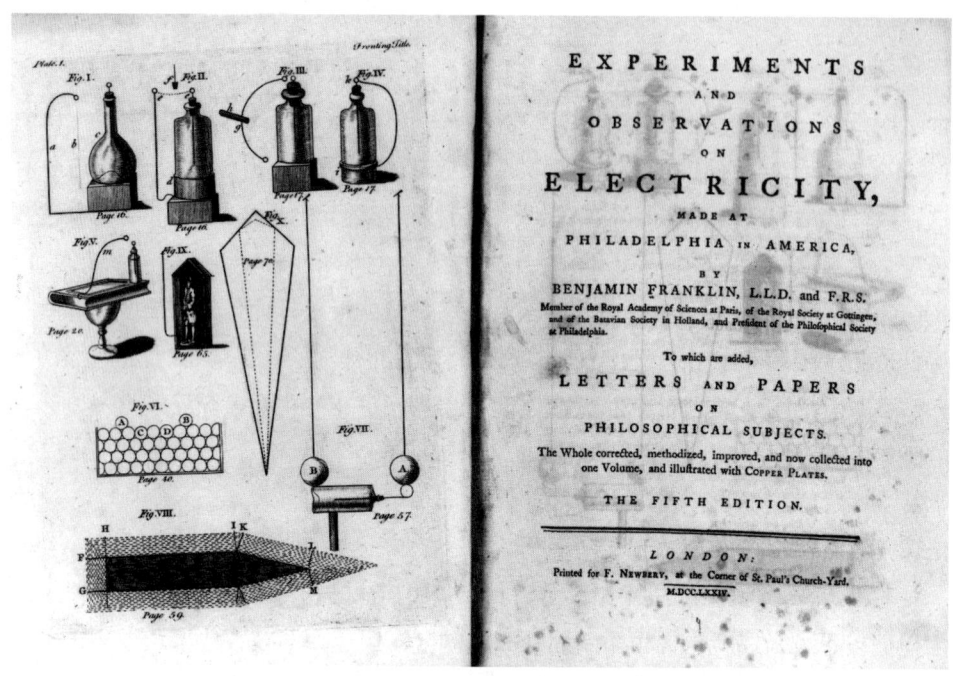

本杰明·富兰克林关于电的讨论 电的发现是18世纪最重大的科学成就之一，尽管大规模使用电能是多年之后的事。本杰明·富兰克林是最早（当然也是最著名的）进行有关电的实验的美国人。图中是1750年在费城初版的一本书的标题页，该书详述了他的"实验和观察所得"。此图选自该书1774年的伦敦版。（Getty Images）

殖民地政府

的重要差异。因为皇室政府与美洲远隔重洋，殖民者得以设立一系列属于他们自己的机构，这使他们获得很大程度的自治权（即使理论上不是这样，事实上也是如此）。在大多数殖民地中，地方社区渐渐习惯于自行处理内部事务，尽量避免高一级部门的干涉。各社区也希望对他们殖民地议会的代表进行严格的控制，而殖民地议会开始行使那些英国议会在国内所行使的权力（尽管在理论上英国议会保有对美洲的最终权力）。名义上，由王室任命的地方官员拥有广泛的权力，但是实际上他们的影响极其有限。他们无权任命官员，对于契约的签订也没有行政干预权，这些权力掌握在英国政府或殖民地官员手里。他们对自己的任期没有任何把握，因为总督是受业主担保而得到任命的，一旦业主在英国失宠，总督随时会被罢免。很多总督对于自己所要治理的殖民地根本不了解，有些总督是本土出生的，但大多数都是第一次到殖民地任职的英国人，其结果就是殖民地的政治焦点变得越来越地方化。地方官员都习惯了脱离国会在一定程度上独立行使权力，一些有关殖民者权利的设想和期望开始在美洲深入人心，但是英国决策者对此可能一无

新英格兰的刑罚 新英格兰在17—18世纪对行为不端和犯罪规定了各种惩罚措施,其中最普遍的惩罚方式之一是当众羞辱——将违法的人用夹具锁上,强行给他们戴上耻辱牌,或像这幅木刻画中所示,当众将他们浸到河里或水塘中再捞起来,让他们感到不适和难堪。(*British Museum*)

所知。这些差异在18世纪60年代之前很少引起麻烦,因为英国人虽然认为自己应该拥有对殖民地的控制权,但很少真正去行使他们的权力。而从1763年开始,英国政府尝试加紧对美洲殖民者的控制,于是一场巨大的帝国危机酝酿而生。

小 结

起初只是几个狭小、孤立、不稳定的定居点,到18世纪中期却发展为一个庞大而复杂的社会。在17世纪50年代至18世纪60年代期间,美洲英属殖民地无论是在人口、经济规模,还是复杂和多样性方面,都发展迅速。到18世纪中期,与殖民地早期相比,很多方面都已经发展得很英式了。而在某些方面,美洲式生活方式和英式生活方式开始出现分歧。

地区差别　　多种不同的社会形态在殖民地蔓延，但是殖民地中最大的不同是北部与南部的不同。在北部，社会是由几个不同的家庭农场和发展中的城镇及城市控制的。伴随着日渐多样的都市文化，一个生机勃勃的商业阶层正在发展。在南部也存在很多家庭农场，但是也有很多大型的种植烟草、大米、靛蓝和棉花等出口商品的种植园。在17世纪后期，这些种植园很大程度上要依靠被卖到殖民地的非洲黑奴。南部很少有重要的城镇和城市，除了作物交易之外也没有商业活动。

但是，殖民地之间也有很多共同点。大多数美洲白人接受种族不平等的概念。这就使他们容忍（有时也会鼓励）对非洲男女的奴役行为，为长达两百年的无情驱逐和残忍对待美洲土著人的行为进行辩护。大多数美洲白人（当然，以不同的方式，还包括非白种人）都深信宗教。因此，"大觉醒"运动在殖民地中引发了强烈的震动，无论在南部还是北部。而且大多数白人殖民者在基本的法律和政治方面都有共同的信念。他们认为这些原则已经深深嵌入英国宪法之中。也正是这些原则，在18世纪50年代之后的几年里引发了规模宏大的帝国危机。

阅读参考

Edward Countryman, *Americans: A Collision of Histories* (1996) 对美洲殖民地早期多种文化的相遇做了生动的描述。

Bernard Bailyn, *Voyagers to the West: A Passage in the Peopling of America on the Eve of the Revolution* (1986) 记述了欧洲人移民北美错综复杂的情况和规模；Bailyn's *The Origin of American Politics* (1968) 至今仍是一本初步了解殖民地政治的出色著作。

David Hackett Fischer, *Albion's Seed* (1989) 考察了英国人移民美洲的四种主要方式。

Jack P. Greene, *Pursuits of Happiness: The Social Development of Early Modern British Colonies and the Formation of American Culture* (1986) 对早期美洲社会的生活状况进行了全面的描述。

Laurel Thatcher Ulrich, *Good Wives: Image and Reality in the Lives of Women in Northern New England, 1650—1750* (1982) 探究殖民地时期新英格兰地区妇女的角色。

Mary Beth Norton, *In the Devil's Snare: The Salem Witchcraft Crisis of 1692* (2002) 探讨17世纪一场轰动一时的辩论中的性别作用。

John Demos, *The Unredeemed Captive: A Family Story of Early America* (1994) 对一名被印第安人俘获的新英格兰女孩的经历做了生动而不落俗套的记述。

Ira Berlin, *Many Thousands Gone: The First Two Centuries of Slavery in North America* (1998), Philip Morgan, *Slave Counterpoint: Black Culture in the Eighteenth-Century Chesapeake and Lowcountry* (1998), 以及 Jill Lepore, *New York Burning: Liberty, Slavery, and Conspiracy in Eighteenth-Century New York* (2005) 是研究殖民地时期奴隶制的出色的研究成果。

Robin Blackburn, *The Making of New World Slavery: From the Baroque to the Modern, 1492—1800* (1997) 是研究殖民地时期制度特点的重要著作。

Kathleen M. Brown, *Good Wives, Nasty Wenches, and Anxious Patriarchs: Gender, Race and Power in Colonial Virginia* (1996) 将性别作为切萨皮克地区奴隶制发展的中心问题。

Rhys Isaac, *The Transformation of Virginia, 1740—1790* (1982) 用文化人类学的方法研究殖民地时期弗吉尼亚的上流社会,是很有影响的研究成果。

《波士顿惨案》(1770), 保罗·里维尔作　保罗·里维尔等人以英军和波士顿人的冲突为素材创作了很多轰动一时的版画, 这是其中的一幅。这些作品成为18世纪70年代殖民地"热爱家园者"重要的宣传材料。在里维尔列出的死难者名单中, 有一位里斯普斯·阿塔克斯, 他是为争取美国独立牺牲的第一个黑人。(Library of Congress)

第4章
过渡中的帝国

直到18世纪50年代，绝大多数北美殖民者想不出有任何理由脱离英帝国。帝国体系给他们带来诸多益处：贸易和商业机会、军事保护以及政治上的稳定。得到这些益处没有多少代价；大多情况下，英国政府都任殖民地自由发展。尽管英国试图规范殖民地的对外贸易，但管理松散，很容易被钻空子。有些殖民者预言，殖民地将最终朝更高程度的自治发展，这已经成为大势所趋，但很少有人预料到变化来得如此之快。

然而，到了18世纪70年代，北美殖民地和英国统治者之间的关系已经变得十分紧张，彼此之间充满怀疑和怨恨，因此，之前看似牢不可破的帝国纽带即将断裂。1775年春，战争的第一枪打响了，而这场战争使北美最

大事年表

1713年	《乌得勒支条约》签订，安妮女王之战结束
1718年	建立新奥尔良，为路易斯安那的种植园经济服务
1744—1748年	乔治王之战
1749年	法国殖民者在俄亥俄河谷构建堡垒
1754年	旨在促进殖民地间合作的奥尔巴尼计划被否决
	杜肯堡战役揭开法国与印第安人战争的序幕
1756年	七年战争在欧洲爆发
1757年	英国的政策在纽约引起动乱
1758年	皮特还权于殖民议会
	英国占领路易斯堡和杜肯堡
1759年	英国军队在沃尔夫率领下攻占魁北克
1760年	乔治三世继位
	法军在蒙特利尔向阿默斯特投降
1763年	《巴黎和约》结束了七年战争（以及法国与印第安人战争）
	格伦威尔任首相
	1763年公告限制西部殖民
	宾夕法尼亚帕克斯顿起义
1764年	《糖税法》通过
	《货币法》通过
1765年	《印花税法》危机
	《叛乱法》通过
1766年	《印花税法》废止
	《公告法》通过
1767年	《汤森税法》强制执行
1768年	波士顿、纽约和费城商人制订不进口协议
1770年	波士顿惨案
	《汤森税法》大部分废止
1771年	北卡罗来纳自订约章者运动遭镇压
1772年	通讯委员会在波士顿成立
	罗德岛葛斯比事件
1773年	《茶税法》通过
	波士顿人策划成立茶党
1774年	不可容忍法令通过
	第一届大陆会议在费城举行
	北卡罗来纳妇女签订爱登顿声明呼吁抵制英货
1775年	莱克星顿和康科德冲突，美国独立战争开始

终赢得了独立。

危机的根源

革命危机的出现一方面是由于殖民地与英帝国之间由来已久的分歧，另一方面归因于18世纪六七十年代发生的特殊事件。自北美殖民地建立之初，殖民地的理念和机构就与英国有诸多不同，只是由于美洲与英国的关系松散，这些差异才没有引起二者之间关系的紧张与对立。而从1763年开始，英国政府对其殖民地实施了一系列的新政策，这些政策既是迫于国际局势的变化，也是出于英国内部新的政治环境的需要，新政策的实行使二者之间的分歧成为尖锐的焦点。起初，多数殖民者对于英国政策的变化采取了克制的态度，然而，随着危机的接踵而至，大批美洲人发现维系与帝国关系的幻想已经破灭，到1775年，双方之间的关系已到了无法调和的程度。

一、日渐松散的关系

在 1688 年英国光荣革命以及新英格兰在美洲的领导地位瓦解后的 70 多年间，英国政府（在 1707 年英格兰和苏格兰联合建立大不列颠之后成为不列颠政府）没有刻意尝试加强对殖民地的控制。在那些年中，确实有越来越多的殖民地在国王的直接控制管理之下——新泽西于 1702 年，南北卡罗来纳于 1729 年，佐治亚于 1754 年，先后成为皇家殖民地，使美洲皇家殖民地的数量变为了 8 个；在所有这些殖民地中，国王有着任命总督和其他官员的权力。在那些年中，议会还通过了新的法律用以补充最初的航海条例及加强重商主义的计划，这些法律限制殖民地制造业，禁止发行货币，管控贸易，但总的来说，在对殖民地事务的控制程度问题上，不列颠政府举棋不定，而且政府内部存在意见分歧。因而这些殖民地还是在比较宽松的环境里自行发展。

传统的忽略政策

光荣革命后的 50 多年里，不列颠议会的职权逐渐超过国王，成为最高权威机构。乔治一世（1714—1727 在位）和乔治二世（1727—1760 在位）都出生于德国，对英国的执政方式不习惯，在他们执政期间，政府首相和内阁大臣成为国家的实际执政官员。他们享有如此的地位，不是借助于国王的恩宠，而是凭借掌控议会大多数人的能力。

议会权力的增加

这些议会的领导者并没有像 17 世纪的统治者那样有意缩紧对帝国的管理。他们严重依赖于大商人和大土地所有者的支持，而绝大多数的商人和土地所有人都担心这样的试验将需要大量的资金，会加重税收，甚至会影响他们在殖民贸易中的利润。英国现代第一位首相罗伯特·沃波尔（Robert Walpole）坚信宽松的贸易环境可以促进商业发展，因此他曾故意阻碍航海条例的实施。

与此同时，对于殖民地日常事务的管理，政府的权力很松散，效率低下。在伦敦，没有专门的殖民地办公室，与其职能最接近的一个部门是成立于 1696 年的贸易与农业委员会（Board of Trade Plantations），但它仅仅是个顾问咨询部门，不具有政策决策权。真正的权力属于枢密院（整个政府的中央行政机构）、海军部和财政部，但是这些部门负责国内外的行政法律，没有哪个部门专门负责殖民地事务，而且它们之间责任重叠、权力混淆的现象非常严重，这使得情况更为复杂。

松散的殖民地管理

伦敦的官员中很少有人到过美洲，也很少有人了解殖民地的状况。他们收集消息的途径大部分是通过殖民地议会派往英格兰的代表，这些代表们站在美洲利益的立场上，不会做任何有意干涉殖民地事务的事情（其中最著名的代表是本杰明·富兰克林，他不仅仅代表自己所在的殖民地宾夕法尼亚，还代表佐治亚、新泽西和马萨诸塞）。

英国对殖民地的管理不力，不仅仅是由于伦敦行政力量的软弱和对美洲采取的忽略政策，还在于美洲皇室地方官员的职业素质与能力不佳，这些官员包括总督、海关税收官和海军军官，这些官员中有些人精明强干，但大多数却昏庸无能。职务的任命通常依靠贿赂和偏袒，并非依靠功绩才干。许多被任命的人仍然留在英国，用他们的一部分薪水雇人在美洲替其执政。这些代理人的薪水极其微薄，因此面对受贿这一能增加收入的极大诱惑，很少有人能够抵御得住。例如，当商人愿意付钱时，海关税收官就会给他们免去关税。即使是那些收入很高、人品淳厚的官员们，也发现想要和当地人搞好关系，对殖民者抵抗贸易限制的行为做出让步是非常实用的做法。

强有力的殖民地立法机构

抵抗帝国控制的方法集中体现在殖民地立法上。到1750年代，美洲议会已经掌握了征税、拨款、审批官员任命和立法的权力。他们的立法可能会面临总督和枢密院的否决，但地方议会控制着殖民地的预算，这一点可以制约总督，而且地方议会可以将被否决的法律做细微的调整之后避开枢密院而重新获得通过。地方议会渐渐自视为一个小型的国家议会，如同在英国一样，每一个地方议会在自己殖民地的范围内实际上掌握着至高无上的统治权。

殖民地分裂

尽管殖民地对伦敦政权不断进行抵制，殖民者仍然坚信自己是英帝国的忠实臣民。事实上，在许多方面他们和英国的联系比殖民地之间的联系要紧密得多。一位英国旅行者曾写道："北美各个殖民地之间的差异远远大于水与火的差异。"新英格兰人和弗吉尼亚人彼此形同陌路，康涅狄格人谴责纽约商人的"欺诈与不公行为"，而同时纽约人又在指责康涅狄格人"拙劣的手艺和奸诈的特性，不配生活在本地"。好像仅仅是出于地理原因，才把这些截然不同的社会联系到了一起。

尽管殖民地之间存在着种种差异，但他们彼此之间的联系仍是无法避免的。殖民地人口的增长使得沿海地区出现了连成一片的居民住宅，也进而促进了道路的建设和殖民地内部的贸易往来。殖民地的邮政服务促进着人们之间的交流。在1691年，只有马萨诸塞和纽约、宾夕法尼亚之间实现了通邮，到1711年便向北延

107

伸到了新罕布什尔；1732 年，向南至弗吉尼亚，最终邮政服务一路连通到佐治亚。

尽管如此，殖民地之间仍然不情愿相互合作，甚至到了 1754 年，他们共同面对宿敌——法国及其印第安联盟时也是如此。这一年，来自宾夕法尼亚、马里兰、纽约和新英格兰的殖民地代表在奥尔巴尼举行了会议，按照不列颠政府所提出的建议商讨与易洛魁人的谈判事宜。商讨之后代表们继续谈论商议成立殖民联邦来抵御印第安人的问题。经本杰明·富兰克林提议，代表们通过了一项计划，由议会在美洲建立一个代表所有殖民地（不包括佐治亚和新斯科舍）的"总政府"，每个殖民地可以"保持各自目前的法律"，但所有与印第安相关事宜的处理权限都必须交给新成立的总政府。总政府将设"大总统"，由国王直接任命并发给薪俸（像殖民地总督一样），还将设置由地方议会选举产生的立法机构（大议会）。

奥尔巴尼计划

当"奥尔巴尼计划"（Albany Plan）提交殖民地议会时，殖民地与法国和印第安人之间的战争已经开始。这个计划没有得到任何殖民地的认可。富兰克林在给马萨诸塞总督的信中这样写道："每个人都在呼吁，联邦是必需的，但一旦涉及联邦的形式和方法，这些人便完全无法达成共识。"

二、大陆之争

18 世纪 50 年代末 60 年代初，一场大战席卷北美，从此永久地改变了这片大陆，甚至改变了全世界的势力均衡状态。美洲的这场战争只是英法争夺世界贸易和海军力量的一部分。最终不列颠取得了这场被欧洲人称为"七年战争"（Seven Years' War）的胜利，重新确立了英国在世界贸易方面的霸主地位，同时也巩固了其对北美地区的统治。

然而，美洲的这场战争是北美东北部三大势力（英国、法国和易洛魁）之间持久斗争的最后阶段。在这场被美洲人称为"法国与印第安人战争"爆发之前的一百多年里，这三股力量大体势均力敌。1750 年代的事件破坏了这种平衡，使冲突持久和公开化，最终英国在整个地区内确立了微弱的优势。

不稳定的势力均衡

法国与印第安人战争对于英属北美殖民地的重要性还在于：战争中美洲人和不列颠政权的联系比以往任何时候都密切得多，战争使殖民地关系中一些潜在的危机浮出了水面。

新法兰西和易洛魁联盟

新的矛盾根源

　　法国人和英国人在北美和谐相处了将近一个世纪，但是在1750年代，宗教和贸易上的矛盾使新的摩擦和冲突频频出现。危机出现的原因之一是17世纪末期法国在美洲的扩张，这也是国王路易十四寻求国家统一和扩大海外势力的结果。利润丰厚的动物皮毛生意促使法国殖民者深入荒山野岭之中；传播宗教的狂热情绪使得大量法国耶稣会士（Jesuits）进入内陆去寻找潜在的信徒；因为加拿大作物生长期太短，密西西比山谷的低地也吸引了众多法国农夫。

　　到17世纪中期，法国占据着美洲广阔的土地。法国17世纪70年代的探险家路易斯·若利埃（Luis Joliet）和雅克·马凯特（Jacques Marquette）神甫一起乘独木舟航行，从密歇根湖的格林湾向南最终抵达了阿肯色河与密西西比河的交汇处。一年后，宫廷爵士勒内·罗伯特·卡佛利耶（René Robert Cavelier）开始了他的探险，并于1682年到达了密西西比河三角洲地带。他宣称周围地区全为法国所有，并以法国国王之名将这片土地命名为路易斯安那。随后商人和传教士向西南到达格兰德河。探险者皮埃尔·戈尔捷·德瓦雷纳（Pierre Gaultier de Varennes）和西厄尔·德拉韦朗德（Sieur de La Verendrye）在1743年向西从苏必利尔湖出发，最终来到落基山脉。至此，法国勾画出了整个内陆地区的轮廓，并宣称其为法国所有。

法兰西的北美帝国

　　法国为了巩固所占领的大片土地，建立了一系列零散的社区、要塞、传教区和贸易据点。布雷顿角岛东部的路易斯堡是劳伦斯湾的要塞入口。即将上任的封建领主沿着圣劳伦斯河畔建立了大片领地，在河的上游建立了防御性的城市魁北克市，它是法国美洲领地的中心城市。南边是蒙特利尔，西边还有苏圣玛丽和底特律。在密西西比下游地区还出现了与英属北美殖民地南部类似的种植园，以黑奴作为劳动力，归克里奥尔人（Creoles，法国白人移民的后代）所有。新奥尔良建立于1718年，服务于法国的种植园经济，不久便发展成为大城市，其规模可以与大西洋沿岸其他城市相匹敌。东边的比洛克希和莫比尔是法国殖民地的最后两个部分。

　　毫无疑问，法国并不是唯一在美洲内陆殖民的国家，他们和人口众多、力量强大的印第安人共同生活在通常被称为"中间地带"（见边码第61—62页）的地方。他们与当地人的关系对帝国的建设有着极其重要的作用。他们与越来越多的从东方跨过殖民地边界的商人和贸易者同处内陆地区。法英两国都很清楚，对北美的控制权之争在很大程度上取决于谁能赢得当地印第安部落更多的支持，因为印第安人既是贸易伙伴，有时也是军事同盟。对印第安人来说，他们最重视维持自己的独立性。他们与欧洲社会的合作关系通常出于便利，完全决定于谁提出的条件最具吸引力。

英国有着更为发达的经济条件，通常能够提供更好更多的商品给印第安人，而法国人却给他们提供了更为重要的东西：宽容。大多数英国殖民者总是试图把自己的社会规范强加于印第安人，而法国人通常主动适应印第安人的习俗。法国的毛皮商人与印第安妇女结婚并接受氏族部落传统的情况十分常见。耶稣会传教士与当地人能够和睦相处，数千印第安人在不改变大多数印第安习俗的情况下皈依了天主教。因此，到18世纪中期，与英国人相比，法国人与大多数部落的印第安人的联系更为密切。

然而，印第安人中最强大的一股势力与法国人有着另一种特殊的关系。"易洛魁联盟"——印第安五大部族（莫霍克、塞纳卡 [Seneca]、卡尤加 [Cayuga]、奥农达加 [Onondaga] 和奥内达 [Oneida]）在15世纪结成联盟，这个联盟自从1640年代通过一场鏖战战胜了休伦族人后，一直是西北地区最强大的部落。当易洛魁的主要竞争对手从该地区一消失，他们便建立了与东海岸英国人和荷兰人的重要贸易联系，并且同时维持与法国的贸易往来。的确，易洛魁人之所以能够成功保持自身独立，关键在于他们对于任何一方殖民者都避免太过亲密的关系，而且还能巧妙地使英法两国彼此斗争。就这样，他们成功地在五大湖地区保持着相对稳定的地位。

> 易洛魁联盟

多股力量冲突的重点地区是俄亥俄河谷，法国宣布自己占有此地，几个与之竞争的印第安部落也住在这个地方（他们很多是由于英国的扩张被从遥远的东部地区驱赶到河谷，逃难来到此地）；英国的殖民者扩张到这里，易洛魁人也尝试在这里进行贸易活动。多股势力在此竞争，俄亥俄河谷很快成为一块潜在的战场。

英法冲突

只要英法之间在欧洲保持和平，只要这种不稳定的平衡状态在北美内陆持续存在，英、法、易洛魁三方之间的矛盾便可相对缓和。但是在英国光荣革命之后，王位传给了路易十四的主要敌人威廉三世，他还兼任荷兰总督（首席法官），长期以来反对法国的扩张。威廉的继任者安妮女王（即詹姆斯二世的女儿），在1702年登上王位之后就同法国及其新盟友西班牙展开斗争。其结果是，英法在欧洲进行了一系列的战争，断断续续持续了近80年。

> 冲突的欧洲根源

这些战争对美洲产生了很重要的影响。其中，威廉王之战（1689—1697）造成了新英格兰北部的英国人和法国人之间的小冲突。安妮女王之战开始于1701年，持续了将近12年，战争引起大量的冲突：在南方与西班牙人的边境战争以及在北部与法国及其印第安盟友的战争。1713年的《乌得勒支条约》将大片北美地区的法国土地转让给英国，包括阿卡迪亚（新斯科舍）和纽芬兰，才使冲突告一段落。20年后，欧洲国家的竞争再次导致北美地区冲突的增多。英国在西班牙殖民地贸易权方面的纠纷导致了双方之间的战争，并且使佐治亚的英国人和在佛罗里达的西班牙人产生冲突。（就是在这个冲突的背景之下，英国在北美的最后一个殖民地——佐治亚殖民地在1733年得以建立；见边码第61页。）英国与西班牙的冲突很快与一场更大的欧洲战争合并在一起，在这场战争中，普鲁士的弗雷德里克大帝与奥地利的玛丽亚·特里萨发生领土争端，而英法两国各自支持一边。在美洲，英国殖民者很快就卷入了斗争，他们称之为"乔治王之战"，在1744年到1748年之间，他们与法国人爆发了一系列冲突。新英格兰人夺取了布雷顿角岛上的法国堡垒路易斯堡，但最终签订的和平条约结束了这场冲突，迫使他们（在痛苦与无奈中）放弃了这个地区。

乔治王之战之后，北美的英国人、法国人和易洛魁人之间的关系迅速恶化。易洛魁人开始允许英国商人到内陆地区进行贸易（这看来是易洛魁人的一个重大失误）。在当时英法关系已经十分紧张的情况下，这一举措牵动了一系列事件，这些事件对于易洛魁联盟来讲是灾难性的。法国人担心英国得陇望蜀，以此为开端，向法国领地扩张（在一定程度上正是这样），于是从1749年开始就在俄亥俄河谷兴建新堡垒。英国人将此看作是对他们在西部殖民地的威胁。他们进行抗议，并开始进行军事准备，修建自己的堡垒。印第安人与英国结盟，在随后的冲突中一直处于被动地位。

在接下来的五年里，英国人和法国人的关系愈加紧张。1754年夏天，弗吉尼亚总督派一队民兵到俄亥俄河谷阻止法国扩张，指挥官是缺乏经验的年轻上校乔治·华盛顿。华盛顿在如今的匹兹堡、距法国前哨杜肯要塞（Fort Duquesne）不远的地方修建了粗糙的防御工事内塞西蒂要塞（Fort Necessity）。在弗吉尼亚人向法国的一支小分队试图发起进攻失败之后，法国人向他们的堡垒内塞西蒂要塞发起反击，将华盛顿和他的士兵全部包围，三分之一的士兵在战斗中牺牲，华盛顿投降。

内塞西蒂要塞

这次冲突标志着的法国与印第安人战争的开始，当时正在进行规模更大的席卷欧洲的七年战争，而法国与印第安人战争是这场战争在美洲的延伸，这是长期以来英法帝国斗争的高潮。

帝国的伟大战争

法国与印第安人战争持续了近九年,分为三个阶段。第一阶段从 1754 年内塞西蒂要塞崩溃到 1756 年战争波及欧洲。这一阶段主要表现为北美当地的冲突,英国殖民者主要以自己的力量应对敌人。

英国在此期间曾提供有限的援助,但援助不利,对战争的影响不大。英国舰队未能阻止法国增援部队在加拿大登陆;1755 年夏,刚刚接受任命不久的驻美英军总司令爱德华·布拉多克将军试图夺回华盛顿在内塞西蒂要塞战斗中丢失的俄亥俄河军事要塞,但惨遭败绩。法国人和印第安人在距要塞几英里的地方进行了伏击,致使布拉多克阵亡,他的残余部队溃不成军。

布拉多克战败

与此同时,当地的殖民军队忙于抵御俄亥俄河谷的印第安人对西部殖民据点的袭击。几乎所有的印第安人(易洛魁人除外)都与法国结盟,认为杜肯要塞的

攻占路易斯堡,1758 路易斯堡位于新斯科舍省的布雷顿角岛,是法国与印第安人战争期间加拿大东部主要的法国要塞之一。英军动用了 157 艘战舰,历时近两月才迫使法国驻军投降。一名英国士兵在胜利后写道:"尽管我们登岸已有七周之久,但一周都没有用大炮攻城,地势险恶,我们很难接近城堡。要想把炮运来需要修路,工程量很大,还有人员伤亡,但军队士气高涨,使我们无往而不胜。"(*The New Brunswick Museum, Saint John, NB*)

失败是由于英军的软弱无能。即便是名义上与英国结盟的易洛魁人，也害怕与法国对抗。虽然他们迫于英国的压力对法国人宣战，但很少进犯其领地，也从未对加拿大展开任何攻势。到 1755 年底，边境地区许多英国殖民者撤回到阿勒格尼山脉以东，以避免与法国人对峙。

斗争的第二阶段始于 1756 年，当时法国和英国政府正式宣战，两国之间的冲突（七年战争）揭开序幕。在欧洲，复杂的联盟体系内部的关系重新得以调整。法国同其前敌奥地利结盟；英国与法国的前盟友普鲁士联合。战斗蔓延至西印度群岛、印度和整个欧洲，但主要的作战仍然在北美进行，在那里英国一直受挫，连遭败绩。

威廉·皮特接手

从 1757 年开始，英国国务卿威廉·皮特（后任首相）首次试图通过完全掌控战局来改变北美战争的态势。皮特亲自筹划新的应对北美冲突的军事战略，任命军事指挥官，并向殖民者发布命令。自布拉多克战败之后，英军在北美征兵变得极其困难。为了补充军队，英军指挥官开始强行征募殖民者（即"强征"策略）。军官们也开始从当地的农民和商人手中抢夺给养和物资，迫使殖民者为英国军队提供住房，通常没有任何形式的补偿。美洲的英国殖民者早已习惯于管理自己的事务，而且两年多来一直在没有英国政府援助和指挥的情况下独立作战。对于这些强加于身的新负担，他们非常不满，并且坚决抵制，有时甚至采取暴力的方式，如 1757 年纽约市就曾出现暴乱。到 1758 年初，英国当局和殖民者之间的摩擦使英国对于战事的努力几乎无果。

因此，从 1758 年开始，皮特放宽了很多遭殖民地人厌恶的政策，以此将战争导入第三阶段，即最后阶段。对于军队征用的物品，他同意给殖民者以补偿。他将征兵权交还给殖民地议会（这一举措立即使应征入伍的人数剧增），还派遣大批增援部队到美洲参战。

攻占魁北克

最后，战局开始向有利于英国的方向发展。法国殖民者的数量一直比英国殖民者少；1756 年之后，法国殖民地又连年歉收。因此，法国无法继续保持其早期的军事成就。到 1758 年中期，北美的英国常备军（就是这些常备军参与了大部分战斗）和殖民地民兵攻占了一个又一个的法国据点。1758 年 7 月，两个出色的英国将领杰弗里·阿默斯特和詹姆斯·沃尔夫攻下了路易斯堡，仅几个月后杜肯堡不战而降。次年，在围攻高居崖顶、固若金汤的魁北克的最后阶段，詹姆斯·沃尔夫将军在夜幕的掩护下率军沿峡谷攀上悬崖，令蒙卡尔姆侯爵猝不及防，法军被一举击败，双方指挥官都在这场战斗中阵亡。加拿大魁北克于 1759 年 9 月 13 日的意外陷落，标志着战争在美洲最后阶段的开始。一年后，法国军队在蒙特利尔正式向阿默斯特投降。

并非所有的战役都像沃尔夫突袭魁北克那样充满浪漫色彩，英国有时采取人口遣散这种野蛮的权宜之计，例如，在新斯科舍，因为怀疑法国居民不忠，英军令数千法国居民背井离乡，将他们遣散到英国的各个殖民地。（这些阿卡迪亚人[Acadians]中有一些最终到达路易斯安那，成为当今那里卡真人[Cajuns]的祖先。）在其他地区，英国和殖民地军队对法国的印第安人同盟更为残忍，例如，对可以证明自己曾杀死土著人的人给予重赏。法国和其印第安盟友也进行了报复，英属殖民地边界沿线的数百个家庭在他们的袭击中消失殆尽。

在乔治三世继承英国王位、皮特（他与新任国王不同，想继续保持敌对的状态）离职之后，和平终于到来。尽管1763年巴黎和约签订，但英国实现了皮特的大多数目标。根据巴黎和约，法国将西印度群岛的一些岛屿和印度的多数殖民地割让给英国。他们还把新奥尔良和密西西比河以西的领地割让给西班牙，据此法国放弃了在北美大陆的所有领地。

巴黎和约

法国与印第安人战争对大英帝国和英属北美殖民地产生了深远的影响。它极大地扩大了英国在新大陆的领土。同时，它也极大地增加了英国的债务；巨大的战争消耗使国库资金大量流失。它也使很多英国领导人对北美殖民者心生怨恨，其中不少人对殖民者嗤之以鼻，认为他们在战争中表现得软弱无能。同样令他们愤怒的是，战争主要是为了维护殖民者的利益，而他们在财务上的贡献甚微，尤其令他们咬牙切齿的是，整个战争期间，一些殖民地商人竟然向西印度群岛的法国人出售食品和其他物资以盈利。综合所有这些因素，很多英国领导人决定，在战争结束之后，有必要对帝国进行重大重组，加强伦敦当局对殖民地的控制权。

这场战争对美洲殖民者的影响同样深刻，但效果却截然不同。战争迫使他们第一次团结一心，同仇敌忾。1756—1757年由于英国的强行征兵政策产生了摩擦，1758年权力归还殖民地议会，这在殖民者的头脑中开创了重要的先例：它似乎证实英国对地方事务的干扰属于非法行为。对于成千上万的美洲人——那些在殖民地军队中服役的人来说，战争是一种重要的社会经验。殖民地军队与英国军团不同，他们把自己看作是"人民军队"。士兵们认为，他们与整个团体的关系在一定程度上是自愿建立的；他们的军队是一个公社性的团体，没有强制性，也没有森严的等级。殖民者普遍痛恨英国正规军的狂妄自大与专横跋扈，而殖民地军队恰恰与他们形成了鲜明的对比。在后来的几年中，这种鲜明的记忆对美洲殖民者应对

七年战争的后果

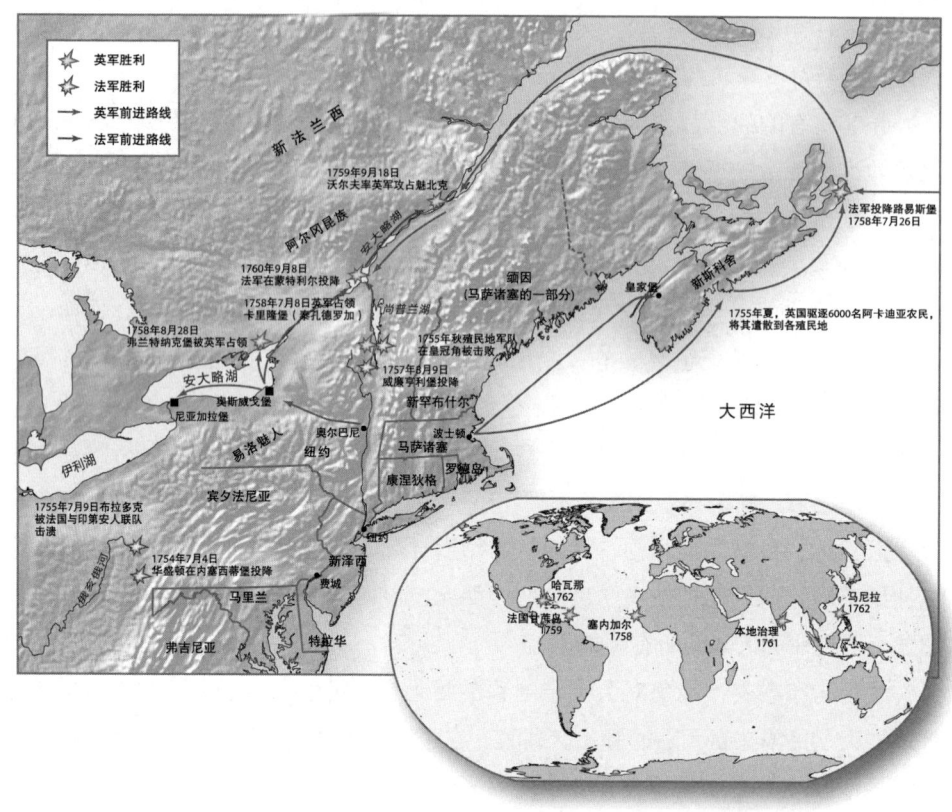

七年战争 华盛顿投降、布拉多克在宾夕法尼亚边远地区战败之后,英法为了称雄北美,在纽约北部和加拿大展开了最后的角逐,但英法之间的帝国之争是世界范围的,英国海军的优势使之得以占据上风。

英帝国的政策起了重要的作用。

对于俄亥俄河谷的印第安人来说,作为法国与印第安人战争的第三方,英国人的胜利是灾难性的。这些与法国联盟的部落遭到获胜的英国人的敌视。与英国结盟的易洛魁人,情况只是略好而已。易洛魁人在战争期间消极被动(这是他们两面讨好、避免与法国为敌的结果),英国官员由此认为他们口是心非。在和平解决战争的善后问题之后,易洛魁人与英国人的联盟迅速瓦解。易洛魁联盟内部也分崩离析。在此后的50年中,易洛魁人继续与英国争夺俄亥俄河谷的控制权,但是由于内部分歧日益加深,而且寡不敌众,无论在军事上还是政治上他们都很难再与其白人对手势均力敌。

三、新帝国主义

随着 1763 年条约的签署,英国获得了五十多年来第一次真正的和平。但是,由于背负着巨大的债务,且需要对新大陆大片新领地负责,帝国政府并不能长期对殖民地置之不理。

帝国的负担

但是法国与印第安人战争的经历表明,英国政府要想参与殖民地事务并非易事。不仅殖民地民众抵制英国的控制(皮特被迫在 1758 年放宽政策),殖民地议会对英国需求的反应也依然缓慢和勉强。殖民者不愿被议会征税以支持战争,一般也不愿意自行征税。在战争的最后几年中,殖民者对帝国的贸易法规和其他要求继续抱以蔑视的态度,甚至更甚。

1763 年之后,由于不列颠的帝国设想发生了根本改变,管理帝国的问题变得更为困难。以前英国主要注重殖民地在贸易方面的价值,反对为扩张领土而占有土地。但是到了 18 世纪中叶,越来越多的英国和北美殖民地领袖(包括威廉·皮特和本杰明·富兰克林)开始相信,由于土地供养了众多人口,可以征收赋税,为帝国带来辉煌,因此土地本身对于帝国很有价值。旧的商业帝国主义与新的领土帝国主义两种思想的辩论在法国与印第安人战争结束时进入白热化阶段。重商主义者想让英国把加拿大还给法国,以换取瓜德罗普岛,那是西印度群岛中法国最具商业价值的"甘蔗岛";而最终领土帝国主义获胜。取得法国在北美的领土是很大的胜利,在本杰明·富兰克林看来尤为重要,他一直强调,北美的殖民者需要广阔的空间才能快速、无限地发展。

1763 年兼并法国领土之后,英帝国的面积陡然翻了一倍,因而管理问题也相应地变得更加复杂。有些英国官员认为帝国应该限制西半球领土的迅速发展。他们警示说,如果欧洲人迁入新领地的速度过快,就可能引起与印第安人的严重冲突。限制殖民还可以将土地用于狩猎。

然而,很多殖民者希望新的领土即刻开发,但对于谁来控制西部土地的问题,他们内部也未达成一致。殖民地政府热切宣称对殖民地的控制权,有时甚至自相矛盾;而另一些人则认为殖民地的控制权掌握在英国政府手中,新的领土应当被看作新的殖民地,与现有的殖民点毫无关联。总之,英国人必须要面对的问题很多,压力也很大。

商业帝国主义与领土帝国主义

| 172 | 美国史 |

13个殖民地，1763 这幅地图是七年战争结束时13个殖民地的特写。图中红线的范围是根据1763年宣言建立的殖民地，黑色实线标出的是当年实际的殖民地范围。值得注意的是，到1763年宣言发布之时，在中部殖民地（北卡罗来纳、弗吉尼亚、马里兰和宾夕法尼亚南部），殖民地的范围已达到红线，宾夕法尼亚的西部小片地区甚至越过了红线的范围。另外，一系列已建成的堡垒也超越了宣言所界定的范围。◆ 图中的堡垒如何说明英国在限制殖民方面作的努力？从殖民地的实际范围看，如何说明英国要限制殖民为何如此困难？（彩图见第521页）

英国因战争债台高筑

同时，伦敦政府因战争而债台高筑，不得不想办法解决债务问题。英国本土的地主和商人早已感觉赋税过高，而英国政府仍在增加税收，因此遭到本土地主和商人的强烈抵抗。1763年之后，英国必须在与印第安人的边境地区驻扎大批军队，这进一步增加了美洲殖民地防御军费的支出。殖民地议会对于英国政府所做的战争努力反应消极，由此表明在寻求增加税收方面，英国根本不能指望殖民地政府的合作。帝国的领导人认为，只有伦敦当局执行系统的税收政策，才能有效满足英国的需求。

在英美关系的这一重要关头，帝国体系亟待重新调整，新一任国王的登基使英国政府经历了一系列变化。乔治三世在其祖父1760年去世之后登上王位。他执政的两个特点埋下了日后的隐患。其一是他与前两任国王不同，决意做一位积极执政、认真负责的君主。辉格党联盟建立时间已久，而且相对稳定，在皮特等人的领导下，18世纪大部分时间帝国行政大权掌握在他们手中。而新任国王并不信任辉格党联盟，并且由于乔治三世的母亲野心勃勃，经常向他施压，乔治三世取消了辉格党联盟的权力，通过赞助和收买的方式建立了自己的联盟，暂时控制了议会。这种变故之下出现的新管理部门从建立伊始就不稳定，每一届在任时间不过两年而已。

国王在心智方面存在着严重的缺陷，这使他在政治上遇到的困难更为复杂。他显然患有一种罕见的疾病，致使他间歇性的神经错乱。（根据大量记载，实际上，他在位的最后几年里长期神经错乱，幽闭宫中，无法行使任何职能。）而即使乔治三世头脑清楚，行为正常（18世纪60—70年代大部分时间是这样），他的心智也尚不成熟（他继位时年仅22岁），缺乏安全感。他一直努力证明自己心智健康，能够胜任国王的职位，但却屡屡发现自己面对挑战时总是力不从心。因此，在关键的那些年，国王的人格是导致英国政府结构不稳、缺乏灵活性的重要原因。

造成殖民地这些问题的更为直接的人物是乔治·格伦威尔（George Grenville），此人是国王1763年任命的首相。格伦威尔与其姐夫威廉·皮特不同，他并不同情北美殖民者的观

乔治三世的缺陷

乔治三世 乔治三世1760年登基时22岁，他的画像很多年来都非常正式，总是身着正式的长袍。这幅不很正式的画像画于他在位后期，当时他已开始神经错乱，最终成为废人。1810年之后，他双目失明，精神失常，根据1811年的《摄政法》，他被禁止参与所有官方事务。他的儿子（后称乔治四世）在那期间充当摄政王。（*The Granger Collection, New York*）

点，而是同意英国本土流行的看法。他认为英国政府对殖民者放任时间过长，应该强制他们遵守法律；对于帝国的国防与管理方面的财政支出，殖民地也应负担一部分。他上任后即刻开始着手对美洲殖民地一向松散的组织试行新的控制体系。

英国人与印第安部落

西部的问题最为紧迫。随着法国人的离开，英属殖民地的殖民者和商人即刻开始翻山越岭进入上俄亥俄峡谷。当地的印第安人为了抵制他们这种侵占土地、搅扰商业的行为，几个部落联合起来，在渥太华部落酋长庞蒂亚克的领导下奋起反击。为了防止斗争升级危及西部贸易，英国政府发布了一条政令，即《1763年宣言》，禁止殖民者越过阿巴拉契亚山脉向西部发展。

> 1763年宣言

英国人欢迎《1763年宣言》，原因有以下几点。其一，它使伦敦政府（而非地方政府和那些对土地梦寐以求的人）得以控制白人向西迁移，这样，向西扩张就可以有序地进行；其二，与印第安部落的冲突不仅在军事上代价颇高，而且危及商业，控制西进可以减少与印第安人的摩擦。英国最为重要的市场和投资都在沿海殖民地，向西扩张速度的减缓还可以减缓沿海地区人口向外流动；此举还可以将土地投机和毛皮贸易的机会留给英国人，而不至于落入殖民地企业家的手里。

《1763年宣言》要求印第安部落割让更多的土地给白人，因此印第安人对于这一法令并不热心，但也有很多部落支持这一协议，他们认为这已然是最有利的交易了。尤其是切诺基人，他们态度积极，努力促成边界的划分，希望由此结束白人对土地的侵占。《1763年宣言》之后，西部部落和英国人的关系至少在某些方面得到了改善，原因之一是英国所任命的印第安监管员发挥了协调作用。约翰·斯图亚特（John Stuart）当时主管南部殖民地的事务，威廉·约翰逊（William Johnson）爵士主管北部，两人对于美洲土著人的需求都抱有同情的态度，并且他们都生活在印第安部落中。约翰逊娶了一位莫霍克族女子玛丽·布兰特（Mary Brant）为妻，后者在美国独立战争中起了很重要的作用。

> 白人的蚕食

但是，《1763年宣言》最终也没能满足美洲土著人最起码的期望，它对于限制西部殖民地的土地投机和控制毛皮贸易起到了一些作用，但对于控制殖民地疆域这样一些关键问题几乎毫无作用。白人殖民者继续越过边界，向俄亥俄谷地纵深处扩张土地。英国当局不断试图限制殖民地扩张，但屡次失败，他们从来未能阻止白人殖民者将殖民边界继续向西推进。

殖民地的反应

不久，格伦威尔政府便开始以更为直接的方式加强对殖民地的管理。伦敦方面宣布，英国正规军将常驻美洲；根据1765年的《叛乱法》，殖民者应当协助供应给养，维持军队。英国海军的军舰被分派在美洲水域巡逻，稽查走私犯。对海关也进行了重组和扩大。英政府规定，皇家官员必须亲自赴殖民地就职，不得指派他人代为执行。此外，对殖民地制造业进行限制，使其无法与迅速扩大的英国工业相竞争。

1764年《糖税法》出台的目的之一是取消殖民地与法国和西属西印度群岛的联系，该法强化了对糖征收的关税（同时降低对糖浆的关税，进一步损害了殖民地蔗糖的销售市场）。该法还设立了新的代理海事法庭来负责审理走私嫌犯，而不指派当地陪审团，这样就剥夺了嫌犯得到同情的可能。1764年《货币法》要求殖民地议会停止发行纸币（在战争期间曾普遍发行），并限期收回所有正在流通的纸币。最为重要的是，1765年的《印花税法》对殖民地多数印刷品强行征税，征税范围包括报纸、年鉴、小册子、契约、遗嘱和执照。

_{糖、通货和印花税法}

新的帝国计划旨在对殖民地重新推行重商主义，在有些方面，该计划的执行相当有成效。英国官员在很短的时间内就收缴了大量税收，其岁入是1763年之前的10倍有余。新政策虽然解决了一些问题，但由此产生的新问题则更多。

殖民者们虽然对新的帝国政策极为不满，但起初他们很难找到有效的抵制办法。一方面，美洲殖民者怨恨英国当局，而同时殖民者内部彼此之间也仍然积怨颇多。他们之间的矛盾往往集中在大西洋沿岸相对稳定的殖民地与西部"穷乡僻壤"之间的冲突上，那些"穷乡僻壤"地区的人们感觉自己远离殖民政府，而且在政府中也缺少自己的代表。他们生活的地方与印第安人的距离比东部殖民地还近，有时感觉腹背受敌。比如1763年，西宾夕法尼亚一群称作"帕克斯顿小子"（Paxton Boys）的殖民者攻到费城，要求免除殖民地税务（不是英国的税务），并且要求政府出资帮助他们抵御印第安人。殖民政府向他们做出了妥协，这才避免了流血冲突。

_{帕克斯顿小子}

1771年，北卡罗来纳发生了所谓"自订约章者运动"（Regulator movement），致使小型内战爆发。这些"自订约章者"是来自卡罗来纳内地的农民，他们组织起来反对当地（由殖民地总督指派的）治安官征收高额赋税。由于西部郡县在殖民地议会中的代表极少，所以"自订约章者"们的请求没能得到满足。最后他们自己武装起来，开始以武力抵制征税。为了镇压反抗，政府官员威廉·泰伦

_{自订约章者运动}

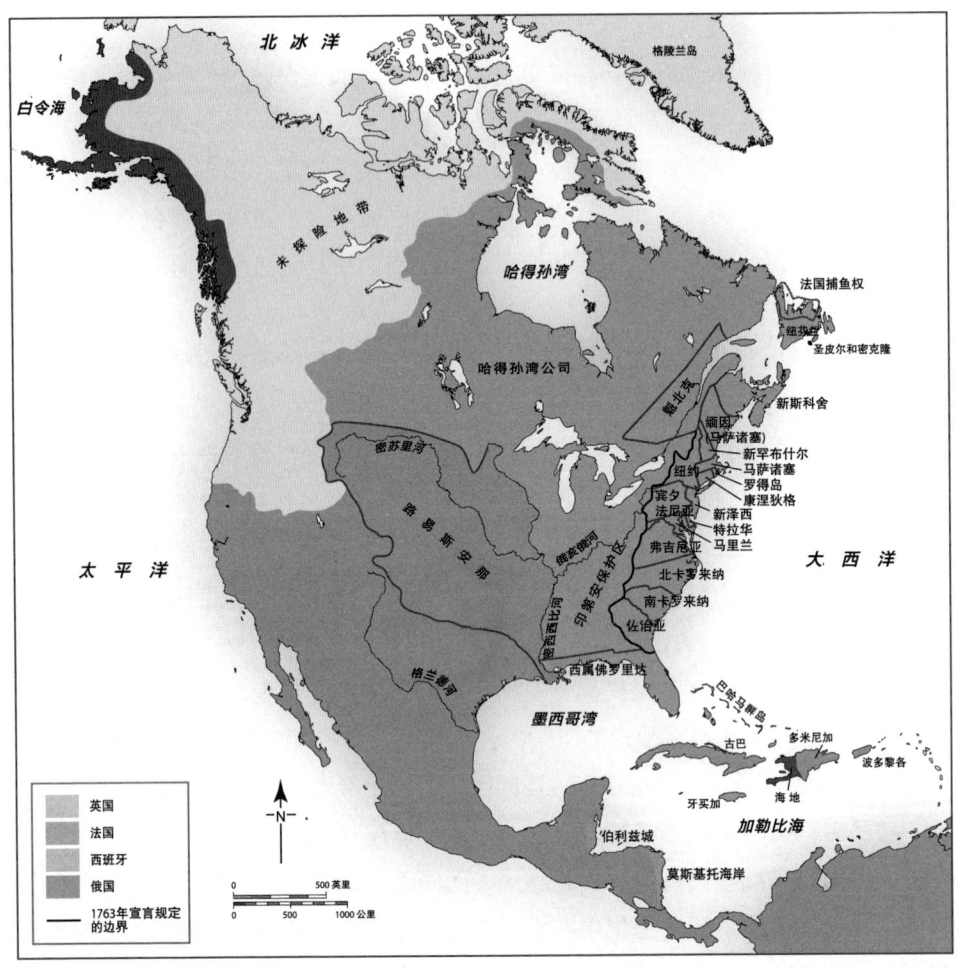

116 **1763年的北美** 英国在"七年战争"(在美洲称为"法国与印第安人战争")中战胜法国,使得北美殖民地的版图重新划分。英国新得到了一大片领土——加拿大和密西比河以西的大片区域,这片土地原先在法国的控制之下,因此使得英帝国在美洲的面积增加了一倍多。法国在新大陆的领地只剩下加勒比海上的几个小岛。西班牙继续在北美内陆控制着大面积的土地。英属殖民地西部边界的黑线所标注的是1763年英国确定的殖民范围,英国政府禁止白人殖民者越过这条界线。◆ 英国政府为什么要限制在西部土地的殖民?(彩图见第522页)

(William Tryon)组建了一支民兵卫队,士兵主要来自东部各县,这个民兵卫队在阿拉曼斯战役(the Battle of Alamance)中击败了由2000名"自订约章者"组成的队伍。双方各有9人死亡,多人受伤。之后,有6名"自订约章者"被以叛国罪施以绞刑。

类似这样的流血事件是罕见的,但殖民地之间激烈的冲突却屡见不鲜。在

1763年之后，英国政府的新政策开始令几乎所有的殖民者都产生了抵触情绪，这在一定程度上抵消了其内部的分歧。

格伦威尔的计划确实惹怒了所有人。北方的商人认为，他们的商业贸易会受到限制，制造业将没有发展的机会，税务负担也日益加重。对于关闭土地投机买卖和毛皮的交易，北方偏远地区的殖民者愤愤不平。向英国商人借贷的南方种植园主，担心支付额外的税务，也担心因为丧失西部土地投机买卖而降低他们负债的能力。牧师、律师和教师等专业人员依靠商人和种植园主维生，他们同样对英国法律所产生的影响十分担心。小农场主是殖民地最大的群体，他们认为自己将承受日益增加的赋税之苦，而且由于废除纸币，他们也将无力还贷。城市中的工人也反对对制造业的限制。

而且，新的限制法规出台时恰恰赶上经济萧条出现，英国政府通过在殖民地投入资金为战争提供援助，刺激了战火的膨胀，而当这些资金流动在1763年战事平息之后停止时，便造成了经济瘫痪。此时伦敦当局又提议通过从殖民地抽取资金来缓解本土的危机，致使殖民地的经济问题更为严重。很多殖民者担心帝国的政策注定会使他们的经济永久停滞，进而导致生活水平的不断下降。

<small>战后萧条</small>

事实上，大多数美洲人很快就找到了应对（或绕过）不列颠新政策的方法，美洲的经济实际上并没有被摧毁。但是，殖民地人对经济的忧虑正在滋生，不安的情绪日益攀升，尤其是城市中反对不列颠政策的力量最为强大。周期性经济萧条出现的频率越来越高，这使城市里的美洲人颇为担心。18世纪60年代初发生的经济危机使他们大为震惊，大批不稳定的失业或半失业人群的增加又为他们敲响了警钟。所有这些焦虑，使得一些殖民城市——特别是在经济问题最为严重的波士顿——的殖民者普遍感觉到一些事情出现了问题。

无论英国政府的计划对经济产生了怎样的后果，至少在殖民者的眼中，其政治后果要严重得多。或许，在18世纪后期，没有其他任何地方有如此众多的人对公共事务感兴趣。其原因之一是英裔美洲人习惯于（并深深依赖于）广泛的自治权利，并且决心捍卫这种权利。他们认为，自治政府的核心是地方议会；而地方议会权力的核心是长期建立的对殖民地政府的拨款权，而不列颠人此时正在对这种权力提出挑战。因此，地方自治权不是殖民者努力争取的新东西，而是他们渴望保持的熟悉的旧事物。因而抵抗帝国新政策的运动既是民主的，又是保守的，很多人都将为它而战，为它牺牲。这是一场美洲人保护他们认为已经拥有的自由权利的运动。

<small>格伦威尔计划的政治后果</small>

四、起义的导火线

因此，到 18 世纪 60 年代中期，英、美双方都开始采取愈加强硬的态度，这使殖民地和宗主国之间的冲突日益加剧。帝国战争的胜利使殖民者进一步意识到自我的重要性，更加积极投身于保护他们自己的政治独立性的事业。这也使英国更坚决地相信他们必须加强对帝国的管理，也更渴望把殖民地当作财政收入的来源。矛盾斗争的结果是在美洲产生了一连串的事件，致使英帝国在美洲迅速瓦解，没有人想到它会来得如此之快。

《印花税法》危机

尽管格伦威尔首相曾经尝试过各种说法，但 1765 年《印花税法》最严重地惹怒了殖民地并使其团结一心。一年前的《糖税法》除了使新英格兰的商人贸易受到阻碍之外，很少人受到影响，而此次新税法的影响波及所有的美洲人，特别是激起了殖民人口中最有权力的一些人的反对。根据该法令，商人和律师必须要为船只证件和法律文件购买印花，酒店老板（通常是社区政治领袖）要为他们的执照购买印花，在殖民社会里传播信息和思想方面最有影响力的群体——印刷商也必须为他们的报纸和其他出版物购买印花。

《印花税法》实际所带来的经济负担并没有那么严重，这些印花并不贵。这项法案之所以引起殖民者的反感，与其说是因为它带来的直接经济负担，不如说是它看似开创了一个先例。过去，殖民贸易中的美洲人把对殖民贸易征税看作一种规范商务行为的手段，而不是筹款的方式。实际上，即使对旨在筹款的《糖税法》，一些美洲人甚至也认为该法与传统的帝国税法没有什么不同。但是，对于《印花税法》，他们的理解只有一种：这是英国在没有得到殖民地议会同意的情况下，企图直接在殖民地征收赋税的行径。如果对这项新法案不加抵制，将为更加繁重的税法敞开大门。

起初，大多数殖民者认为，他们只能发发牢骚而已，印花税只得缴纳，直到弗吉尼亚众议院吹响了殖民者所谓的"反叛的号角"，才激起美洲人在各地普遍的响应。这个"号角"是一群年轻的弗吉尼亚贵族共同的心声。他们的目的之一就是挑战沿海低地种植园主的权力，这些种植园主把控着弗吉尼亚的政界，并与皇家总督联盟。在这些反叛者中最著名的是帕特里克·亨利（Patrick Henry），他在当时凭借激情的演讲和不时的公开反抗英国权威已经名声大噪。1765 年 5 月，在下议院一

《印花税法》的影响

场生动的演讲的结尾,亨利做了一个预测,认为如果现行的政策不修改,乔治三世就会像以前的专制君主一样掉脑袋。这时听众中有的人为之震惊,高呼"叛国罪!"据一个目击者称,亨利当时立即作了道歉。(而很多年后,有人印证了他的回应:"如果这是叛国,那就是好了。")

亨利阐述了一些观点,他宣称美洲人拥有和英国人同样的权利,尤其是只向他们自己的代表纳税的权利,弗吉尼亚人只缴纳经弗吉尼亚议会通过的赋税,支持英国议会向弗吉尼亚人征税的人,将被视为殖民地的敌人。议会下院否定了亨利大部分的极端想法,但是所有这些思想作为"弗吉尼亚决议"都被印刷并发行出来(这使其他的殖民地产生了这样一种印象:弗吉尼亚人比他们看起来更为好战)。

弗吉尼亚决议

威廉·伯格的选择 作为"波士顿茶党"事件的余波,以及对英帝国带有惩罚性的《强制法令》的回应,第一届大陆会议号召美洲人抵制英货,直到法案取消。在这幅画中,一位弗吉尼亚富商正在签署不进口协议,显然是被迫的。画的背景中可以看到一根悬挂着沥青和羽毛的柱子上写着:"治疗疑难病的良方。"(Colonial Williamsburg Foundation)

大约同一时间,在马萨诸塞,詹姆斯·奥蒂斯(James Otis)劝说他在殖民地议会中的同僚,为反对这个新税法,召开所有殖民地参加的代表大会。1765年10月,"《印花税法》代表大会"在纽约召开,与会者是来自9个殖民地的代表,他们决定向英国国王和议会两院请愿。请愿内容包括承认美洲殖民者对英国议会的"完全从属地位",但否认英国向殖民地征税的合法性,除非通过他们各自的地方议会同意征税。

同时,在一些殖民地城市,民众开始接触新法。1765年夏天,沿海的暴乱此起彼伏,其中规模最大的暴乱发生在波士顿。新兴组织"自由之子"的成员恐吓税务人员,烧毁印花。而这些税务人员本身就是美洲人,他们匆匆辞职,印花

自由之子

"托利党人审判日" 在这幅木刻画中,一群"热爱家园者"者将一名亲英派邻居吊在旗杆上,此画的作者显然对被吊的人抱同情态度。画中的"热爱家园者"都是一些肥胖、粗俗的酗酒之徒。公开羞辱托利党人在战争中并不罕见,没收他们的财产则更为普遍。(Library of Congress)

在殖民地的销售近乎停止。在波士顿,一群人还袭击了亲英的"贵族",其中就有副总督托马斯·哈钦森(Thomas Hutchinson),他本人反对通过《印花税法》,但作为一个王室官员,他认为一旦成为法律,就应遵守。抗议者闯进哈钦森豪华的官邸抢劫财物,并将房屋捣毁。

就殖民地和英国政府的关系而言,印花税危机是一个非常危险的时刻。危机的平息大部分归功于英国的退让。但伦敦当局的宽厚并不是因为殖民地议会的决议和"《印花税法》代表大会"的请愿,也不是因为美洲城市中的暴乱,而是迫于经济的压力。在《印花税法》之前就有很多新英格兰人为了反抗1764年的《糖税法》而停止购买英国的货物。现在殖民地开始普遍抵制英货,而且"自由之子"对不情愿进行抵制的人进行威胁恐吓。英国商人感到失去了很多殖民市场,请求议会取消《印花税法》,失业、贫穷和不满在英国的港口和制造业城市滋生。

议会让步　1765年7月,继格伦威尔之后,时任英国首相的罗金厄姆侯爵(marquis of Rockingham)试图安抚英国商人和美洲殖民者,最终说服国王取消了《印花税法》。1766年3月18日,议会废除了该法案。罗金厄姆的反对者势力强大,而且大声疾呼,声称如果英国不强行要求殖民地服从《印花税法》,后者不久将不再服从议会制定的任何法律。所以,在同一天,为了满足这些批评者的要求,议会通过了《公告法》,声明议会在"任何情况下"都对殖民地拥有绝对的权威。而美洲的殖民者都在欢庆废除《印花税法》,很少有人注意到这个在英国广为人知的权力声明。

汤森计划

英国对罗金厄姆政府缓和政策的反应并不如美洲那样强烈。作为一支强有力的政治力量，英国地主愤怒地提出抗议，他们认为政府"为了商人和殖民者的利益牺牲了地产绅士的利益"。他们担心对殖民地拒绝征税行为的让步会导致政府对他们征税的力度增大。国王最终迫于他们的压力解散了罗金厄姆内阁，任用虽已年迈但仍势力强大的威廉·皮特重组政府。皮特曾经强烈反对《印花税法》，虽然他在1766年接受了贵族封号，但在英属北美一直被看作是殖民者的朋友。然而皮特（现已是查塔姆勋爵）一上任，就因痛风引起的体力不支和精神病而不胜其力，政府实权落入财政大臣查尔斯·汤森（Charles Townshend）的手中。汤森是一个头脑聪明、派头十足而有时过于鲁莽的政治家，当时人称他为"墙头草"和"香槟查理"。

汤森一开始面临的挑战之一就是安抚美洲人对议会的抵触情绪，最重要的一个问题是1765年的《叛乱法》（或称《军营法》），该法令要求殖民者为驻扎在美洲的英国军队提供住宿和给养。英国认为这是一个合理的要求。军队驻扎在北美保护殖民者不受印第安人或法国人的袭击，镇守边疆，把军队驻扎在沿海城市只是为了减少英国对他们的供给。但是，对于殖民者来说，这项法律再一次侵犯了他们的自由。

《叛乱法》

殖民者并不反对为军队提供住宿和给养，自从法国与印第安人战争以来他们一直自愿这样做，真正令他们气愤的是这一切都变成了命令，而且他们认为这是另一种未经同意而强行征税的形式。法令一出，他们即刻提出反对。马萨诸塞的议会拒绝就强制性军需品问题进行表决。纽约议会紧跟其后，态度相似，并向帝国权威提出了更大的挑战，因为英军的司令部就设在纽约。

为了在殖民地加强上述法律的实施并再次试图提高殖民地岁入，汤森在1767年通过议会采取了两项措施。第一是解散纽约议会，直到当地殖民者同意执行《叛乱法》为止。（汤森之所以单独拿纽约开刀，是因为他认为这样可以避免重蹈格伦威尔的覆辙，引起所有殖民地的反抗）第二项措施是推行新的税法（称《汤森税法》），对从英国出口到殖民地的铅墨、油漆、纸张和茶叶等各种货物征税。汤森认为，殖民者没有理由反对这样的税法，因为它们符合殖民者自己接受的标准。本杰明·富兰克林作为驻伦敦的殖民地代理人，曾试图阻止《印花税法》的通过，他很早就强调要区分"内部"和"外部"税，并认为印花税只能算作内部税。汤森本人认为这种划分很可笑，但此时他所实行的税法针对的就是他认为明显属

内部税与外部税

于"外部"税的部分。

汤森消除殖民地抵触情绪的方法不会成功。汤森可以把他的新税法称为"外部"税法，但对于殖民地的商人来说，这和印花税一样不可能被接受，殖民地的消费者仍然需要间接地缴税。美洲人认为，它们的目的和《印花税法》一样，都是在没有经过殖民者同意的情况下向他们征税。而解散纽约议会的做法也并没有孤立纽约，而是激起了所有殖民地的愤怒。他们认为侵犯一个殖民地政府的权利就是日后剥夺所有殖民地权利的前兆。

马萨诸塞议会首先提出反对新的税法措施，他们向所有殖民政府发送信件，号召它们站出来反对所有英国议会推行的税法，不论是外部税还是内部税。起初，信件的传播没有在殖民地立法机构引起什么反应（在宾夕法尼亚甚至遭到强烈的反对）。后来，主管殖民地事物的大臣希尔斯伯勋爵（Lord Hillsborough）亲自从伦敦给殖民地写信，警告说凡响应马萨诸塞议会号召的议会都将遭到解散。马萨诸塞议会于是重申支持公开信（投票以92∶17票通过，因此在一段时间内，"九十二"成为整个英属北美"热爱家园者"的口号）。这一次，包括宾夕法尼亚在内的其他各殖民地立即站在了马萨诸塞一边。

在汤森不受欢迎的诸多举措之中，有一项是试图加强殖民地的商业规范，其手段之一是在美洲建立一个新的海关委员会。汤森希望新的委员会能够杜绝殖民地海关猖獗的腐败现象，在某种程度上，他的这一愿望实现了。新委员基本制止了走私总部波士顿的走私活动，尽管其他殖民海港仍有走私者进行繁忙的贸易往来。

像所有殖民地商人一样，波士顿商人已经习惯了《航海法》在执行上的宽松管理，新委员会的建立使获利巨大的走私贸易转移到了其他地方，使他们损失加倍，因此愤怒无比的波士顿商人领导了又一次抵制运动。1768年，费城和纽约的商人也加入他们的行列，签订了一份禁止进口的协议。不久之后，一些南方的商人和种植园主也同意与他们合作。殖民者对凡是适用于《汤森税法》的英国货物一概抵制。一时间，在各个殖民地，美洲的粗布和其他土产品流行起来，英国的奢侈品则备受冷落。

1767年，查理斯·汤森在其构想计划的失败结果完全显露之前突然过世了。解决殖民地区抵制《汤森税法》问题的责任落到了新任首相诺斯勋爵（Lord North）身上。1770年3月，诺斯废除了除茶税以外的所有关税，希望这样可以打破禁止进口协议并以此分化殖民者。

波士顿惨案

《汤森税法》的废除并没有平息殖民地的怨气。在废除税法的消息到达美洲之前，马萨诸塞发生了一个事件，使殖民地居民的愤怒情绪上升到了一个新的令人紧张的高度。鉴于殖民者对波士顿新海关委员会的侵扰日益加剧，不列颠政府派遣了4个常规军团驻扎在城里。"英国兵"的出现是对殖民者独立意识的进一步冒犯，也使他们意识到英国的压迫。此外，由于收入不高、军队待遇不好，英国士兵常常在不当班的时间里谋求工作，而当地劳动力市场原本已经十分紧张，英国兵与当地工人产生竞争，他们之间的冲突时有发生。

> 争夺稀有劳动力

1770年3月5日晚上，也就是船帆具厂工人和那些想在工厂谋生的英国兵发生冲突几天之后，一群包括码头工人、"自由男孩"（liberty boy）在内的波士顿人向在海关站岗的哨兵投掷石头和雪球。英国军官托马斯·普雷斯顿（Thomas Preston）急忙召集士兵保护大楼。在混战中，一名士兵被打倒，显然有几个士兵向人群开了枪，5人被射杀（死者中有一人是黑白混血水手克里斯波斯·阿特科斯[Crispus Attucks]）。

这起夜间发生的事件几乎完全是出于恐慌混乱的结果，但很快它就被当地的抵抗派领袖描述为"波士顿惨案"，成为英国压迫和残暴的贴切的象征，受害者变成了家喻户晓的烈士，这起事件衍生出很多骇人听闻的（并不准确）报道主题。一个由保罗·里维尔（Paul Revere）创作的著名的雕刻作品将这场惨案描述为一场精心策划、蓄谋已久的针对和平人民的暴行。这件雕刻作品被大量复制并广为流传。马萨诸塞的殖民者陪审团认为英国士兵犯有杀人罪，并象征性地给他们定了罪。而殖民地的一些宣传小册子和报纸使人们相信这些士兵杀人是受官方指使。年复一年，殖民地抵抗派领袖组织游行和演讲以纪念这场惨案。

> 塞缪尔·亚当斯

唤起民众对波士顿惨案巨大愤怒的领袖人物是塞缪尔·亚当斯（Samuel Adams），他是殖民地最有影响力的激进派代表。亚当斯（美国第二任总统约翰·亚当斯的远房亲戚）出生于1722年，比殖民地其他抵抗派领袖年纪稍大。作为一个与新英格兰清教徒有着密切联系的前辈，他尤其倾向于用严格的道德标准看待公众事务。他在经商失败后，不断表达对英国压迫的愤怒之情。他认为，英国已经变成了一片罪恶和腐败的沼泽，只有在美洲社会公德才得以存在。他经常在波士顿的城镇会议上发表演说，随着英国不受民众欢迎的政策——《汤森税法》、设立波士顿海关委员会、英军在城内驻扎（包括其暴力后果）——接连出台，他的演讲得到越来越多的支持。1772年，他提议在波士顿建立"通讯委员会",宣传整个殖民地对英国的不满,他成为这个委员会的第一任领袖。其他的殖民地也纷纷仿效马萨诸塞,于是,一个结构松散的政治组织体系逐渐建立起来,这个体系将抵抗的精神一直维系到1770年代。

反叛哲学

尽管在波士顿惨案之后,看似平静的状态在殖民地持续了将近3年,但在1760年代发生的危机唤起了人们头脑中对英国积蓄已久的质疑,这种质疑对于殖民地不满情绪的宣扬产生了巨大的作用。渐渐地,这样一种政治观点在美洲得到了认同应,最终为反叛英国找到了理由。

支持革命的思想有很多来源。有一些来源于宗教(尤其是清教),或是来源于殖民地的政治经历,其他的来源于海外,而其中最为重要的可能是英国国内反对政府的"激进派"思想。一些激进派是苏格兰人,他们认为英格兰政府残暴专制;其他一些则是怨声载道的"乡村辉格党",他们感觉自己被排除在政权之外,认为现存的政治体制贪污腐败,压制民众。这些持不同政见的英国人吸取了许多前辈哲人的伟大思想,尤其是约翰·洛克(John Locke)的观点,形成了反对政府强有力的理由。

效忠派的悲惨命运 这幅英国卡通画发表于美国革命即将结束之时,画中有三名印第安人,他们代表着美国革命,他们正在杀害六名效忠派分子,其中四名施以绞刑,一名用刀割头皮,还有一名正在祈求命运之神的帮助的人马上要被一名手执斧头的土著人杀掉。英国人用印第安人来代表英裔美国战士,旨在将土著人的野蛮和革命的行为等同起来。(*Library of Congress*)

这种新出现的意识形态的核心是一个关于"政府应该是什么样"的新观念。因为人的本性是腐败和自私的,政府有必要使个体免受邪恶的腐化。但是,任何一个政府,其成员都有可能腐败,民众需要监督他们以防止其滥用职权。大多数的英国人和美洲殖民者长期以来一直认为,英国宪法是满足这种需求的最佳体系。通过君主、贵族和平民的三权分立,英国政治体系可以保证没有任何个人或团体不受他人的监督滥用权力。但是，到了17世纪中期，英国和殖民地持不同政见者发现宪法陷入了危机。国王及其大臣这一单一的权力中心变得十分强大，由于这种权力得不到有效的监督，整个体系正在变成一种腐败而危险的专制体制。

这些见解在英国本土的大多数地区得不到共识。因为英国宪法并不是书面文件，也不是一成不变的条文，它是关于"做事方法"的普遍观念。大多数英国人愿意接受宪法的变化。相比之下，美洲人的观念多来源于殖民宪章的经验，政府的组成形式和权力以文字形式永久地写在宪章之中。他们认为基本原则的体系不宜灵活多变。

<small>实质性代表制与实际代表制</small>

美洲人相信的一个基本原则是人民应该经由自己认可才能纳税，这种观点在广为流传的"无代表不征税"的口号下逐渐成形。但这种关于"代表"的呼吁对英国人来说毫无意义。根据英国宪法理论，一名议会成员无论来自哪里，他都不代表任何个人或地区，而是代表整个国家的利益，事实上就是整个帝国的利益。据此，很多英格兰市镇、整个爱尔兰，以及数千里以外的殖民地，尽管没有选举自己的代表，都应由伦敦的议会代权。这就是"实质性"代表制理论。但是美洲人根据他们在市镇会议（town meeting）和殖民议会（colonial assembly）中的经验，只相信"实际"代表制，即每个社区都有自己的代表，代表由该社区的人们选举产生并直接对他们负责。由于殖民者在英国议会中没有自己的代表，所以那里没有人代表他们的利益。美洲人相信殖民议会在殖民地所起的作用和英国议会在英国本土的作用相同。美洲人逐渐开始认为，帝国是一种联邦共同体，共同体各部分拥有独立的立法体系，并通过对国王共同的效忠而联系在一起。

这些观点说明了宗主国和美洲殖民地对于统治权的本质，即最终权力归于谁的问题持有根本不同的见解。殖民地主张英国议会有权对英格兰立法并有权对整个帝国立法，但是只有殖民地议会有权对各自的殖民地立法，实际上，殖民地以此要求的是分割主权。英国议会在某些事情上享有主权，而殖民地议会在其他方面享有主权。在英国人看来，这些观点是荒谬的，任何一个政府体系都必须只能有一个最高权威。英国人认为，帝国是一个单一的不可分割的整体，它只能有一个权威——英国国王和议会组成的政府。

茶叶骚乱 (the Tea Excitement)

1770年代初期，美洲表面上的平静粉饰了对不列颠日益加紧推行《航海法》的不满的日渐升温。尽管《汤森法税》被废除了，海关的官员仍然留在殖民地。

他们大多是笨拙、专横而且傲慢的官员,他们经常因为一些小规定去骚扰殖民地商人和海员,也通过贪污和非法敛财的手段充实自己的腰包。

革命话语 　殖民者通过发表文章和演说来维持革命精神的活力,表达不满政见的传单、小册子和书籍在殖民地广泛传播。在城市,人们聚集在教堂、学校、城镇广场,尤其是小酒馆中讨论政治,以表达他们对英国政策越发清醒的认识。革命意识的出现并不单纯依靠知识分子的思想,它也是普通百姓听取、讨论和吸收新思想的一种社会行为的产物。

　　平静表面掩盖之下的大众愤怒偶尔会在反叛行为中表现出来。有一次,殖民者在特拉华河下游扣留了一艘不列颠税收船。1772 年,愤怒的罗德岛居民登上不列颠帆船"葛斯比号"(Gaspée),将其付之一炬,沉于纳拉干西特湾(Narraganserr Bay)。英国没有把受指控的肇事者交予殖民法庭审理,而是派了一个特别委员会前往美洲,该委员会有权将被告送回英国受审。英国对"葛斯比号"事件的回应进一步激怒了美洲人。

　　然而,最终激发人们 1760 年代革命热情的是议会的一项新法案——一个英国政府认为不会引发争议的法案,它与茶叶销售有关。1773 年,英国东印度公司(该公司在远东贸易中处于垄断地位)濒临破产,它囤积了大量在英格兰无法销售的茶叶。为了拯救这个公司,政府通过了 1773 年《茶税法》,允许该公司直接将存货出口到殖民地而不必支付关税,而殖民地商人作为商品交易的中介必须缴纳税款。有了这一特权,东印度公司的商品价格就可以低于美洲商人,因此垄断了殖民地的茶叶贸易。

茶税法 　《茶税法》激怒了众多的殖民者,其原因很多。首先,它引起了殖民地势力强大的商人的不满,他们担心在强大的垄断之下自己会被取代而破产。东印度公司让某些美国商人代理销售茶叶,这一决定使其他商人无法从这一有利可图的生意中分得一杯羹,因而进一步引发了他们的不满。而且更为重要的是,《茶税法》重燃了美洲人对于"无代表不征税"问题的兴趣。法律虽然没有对茶叶增加新的税收,但是它免除了东印度公司应缴纳给海关的税务,从而使殖民地商人在竞争中处于严重的劣势。诺斯勋爵原以为这个新法案去除了中介,对于消费者而言,降低了茶叶的价格,大多数的殖民者会欢迎。但是美洲的反抗领袖坚持认为这项法案是非法税收的另一个阴险的例证,很多殖民者因此抵制购买茶叶。

　　抵制购买茶叶是殖民地反抗历史上一个重要的事件。早期的抗议活动参加人数相对很少,而这次抵制活动则不同,它发动了大批群众参与其中,同时使殖地以共同的民众抗议经历为基础而紧密地联系在一起。对这场运动尤其重要的是殖民地妇女的行动。她们是茶叶的主要消费者，现在则转变为抵制茶叶的领导者。

大众文化模式　马萨诸塞革命时期的酒馆

在殖民地时期的马萨诸塞，和18世纪六七十年代美洲其他殖民地的情况一样，小酒馆（或人们俗称的"酒吧"）在民众反抗英国统治的过程中起了至关重要的作用。新英格兰的清教文化对酒馆有一些排斥，改革派便不懈地试图去规范或关闭酒馆，以减少那些由"聚众酗酒""行为放荡"和秩序混乱引发的问题。但是，随着殖民地商业生活的扩大，越来越多的人居住在城镇，酒馆成了美国社会生活的中心，最终也变成了政治生活的中心。

在嗜酒如命并且醉酒率很高的文化中，酒馆由于能够提供酒精饮品，因此自然大受欢迎。但是，酒馆还有其他吸引人的地方。少有场所能像酒馆一样提供人们在公共场所见面、自由聊天的机会，对于很多殖民者而言，只有在酒馆的氛围中他们才可以感受到接近民主的体验。渐渐地，很多人把对酒馆的攻击视为增长富人权势、限制普通人自由的举动。酒馆主要是男人聚集的地方，正如政治被看作是男人所关心的事，因而男性之间的友谊和政治观点的交流自然地出现在酒馆文化中。

随着革命危机的加深，小酒馆和酒吧成为讨论和思想交流的中心，革命者在此制定抵抗英国政策的策略。受过教育和未受过教育的男性都加入了对时事的讨论。那些不识字的人（当时不识字的人很多）可以通过聆听酒馆的讨论来了解革命宣传小册子上的内容，他们可以通过参加酒馆的周年纪念活动（例如反抗《印花税法》周年纪念活动）参与新出现在美洲的共和思想的讨论。在整个殖民地，这些周年纪念活动激发了人们的灵感，

公正的天平　这一哈特福德酒馆的招牌承诺不仅为顾客提供食物和酒水，而且保证热情（来自"迷人的守护神"）招待。(*The Connecticut Historical Society, gift of Mrs. Morgan Brainard*)

酒馆台球赛 这幅画由本杰明·亨利·拉特罗布创作于1797年，画中弗吉尼亚诺威小镇的绅士们聚在当地的一家酒馆中进行台球比赛。(*Maryland Historical Society, Baltimore*)

创造出精美的祝酒词，这种祝酒等同于政治演说，不识字的人能够从中了解很多在殖民地广为传播的政治理念。

在报纸没有广泛发行的年代，酒馆是信息的重要集散地。酒馆老板往往是"自由之子"和其他活动家信赖的好友，为他们通风报信，同时也是传播关于政治和社会动乱消息的中介。酒馆还是政治事件发生的场所。1770年，一个消息在马萨诸塞的丹弗斯（Danvers）流传：一名当地人在殖民地抵制茶叶期间仍继续贩卖茶叶。"自由之子"把那个卖茶的人带到贝尔酒馆（Bell Tavern），在大厅里说服他当众签署悔过书并向人们道歉。

当时几乎所有的政治家都认识到，如果想真正地联系公众，就一定要光顾马萨诸塞殖民地的酒馆。塞缪尔·亚当斯经常去波士顿的酒馆，在那里他试图鼓励人们反抗英国统治，同时他也注意饮酒适度，以免破坏自身领袖的形象。他的堂弟约翰·亚当斯对酒馆则持怀疑态度，对酒馆的负面影响更为敏感，但是他也意识到了酒馆的政治价值，他曾说道，在酒馆"恶棍和立法委员经常会同时产生"。

妇女从一开始就在抵制活动中发挥了重要的作用。几位女性（最杰出的是默西·奥蒂斯·沃伦 [Mercy Otis Warren]）在反抗文学的创作中占有举足轻重的地位，这些文学作品，如沃伦的讽刺戏剧，在鼓励1760年代殖民反抗精神方面发挥了重大作用。妇女们在1760年代积极参与反英运动和群体集会，组成了非正式的组织"自由之女"，这个组织不时嘲笑"自由之子"斗争不够坚决。现在，随着抵制情绪的高涨，一些妇女受到前所未有的鼓动，决心（如"自由之女"曾写道）"宁愿放弃饮茶，而不愿放弃自由"。

1773年的最后几周里，在民众的大力支持下，各个殖民地的领袖制订计划，准备阻止东印度公司将货物运抵殖民地港口。在费城和纽约，殖民者态度坚决，使茶叶没能离开东印度公司的船只；在查尔斯顿，茶叶被存储在公共仓库中；在波士顿，殖民者试图将三艘船只驱赶回港湾而未获成功，之后上演了一幕惊人之举。1773年12月16日，三批示威者共50人化装成莫霍克印第安人，穿过一大群旁观者（后者是专门为了掩护他们不受官方干扰），登上三艘茶船，打开茶叶箱，将茶叶倒进了海里。随着波士顿"茶党"这一振奋人心的消息的传播，其他港口也纷纷效仿，以类似的方式进行抵抗。波士顿茶党

当波士顿人拒绝对他们所毁坏的财物进行赔偿时，乔治三世和诺斯勋爵决定采取恐吓政策，该政策只针对抗议的中心马萨诸塞。在1774年颁布的四项法令中，英国议会关闭了波士顿港口，极大削减了殖民政府的自治权，当皇家军官受犯罪指控时允许其在其他殖民地或英国受审，同时还将殖民地的仓库或空余房屋作为英军的兵营。

英国议会根据《强制法令》（Coercive Acts）（该法令在北美被称作"不可容忍法令"）和《魁北克法》照章行事。实际上，《魁北克法》在缘由和目的上与《强制法令》大相径庭，其目的是为加拿大和伊利诺伊地区讲法语的罗马天主教居民设立一个市政府。该法扩大了魁北克的边界，将俄亥俄与密西西比河之间的法国社区划入其范围之内，还授予罗马天主教徒政治权利，并承认罗马天主教会在教区扩大之后的合法地位。从很多方面来说，这是一项比较成熟的宽容性的立法，但在当时反抗怒火高涨的气氛之下，13个讲英语的殖民地的众多民众都将此法看作是一种威胁。他们之前曾听到传言说英国教会拟为美洲指派一名主教来管辖所有教派。由于英国教会与罗马教会之间的差异很小，很多美洲人认为这十分危险，所以他们认为《魁北克法》的通过一定是伦敦当局在酝酿一个阴谋，想把美洲人置于主教的专制统治之下。而且，那些对于西部土地感兴趣的人认为该法将阻碍他们向西部扩张。强制法令

《强制法令》不仅没有孤立马萨诸塞，反而使其成为其他殖民地居民心目中的英雄，进而在沿海殖民地掀起了新的抵抗浪潮。各殖民地立法机构通过了一系列决议以支持马萨诸塞。整个殖民地的妇女动员人们抵制所有英国货，并找到新的东西以替代她们所抵制的茶叶、纺织品和其他商品。后果

向收税官缴税 这幅由英国画家创作的 18 世纪的讽刺画描述的是一群波士顿人在税收官身上粘上沥青和羽毛，并强行将茶叶倒进他的喉咙。画面的背景中，殖民者正在将茶倒入海湾（可能是代表 1773 年"波士顿茶党"事件），右侧的树上是《印花税法》的图案，殖民者在 8 年前就已公开反对《印花税法》。(Art Resource, NY)

五、合作与战争

革命不会轻易发生，它需要组织者和领导者。从 1765 年开始，殖民地领袖们建立了各种各样的组织，旨在将民众普遍的不满情绪转化为直接的行动，这些组织构成了独立政府的基础。

权力的新来源

权力从皇家政府转移到殖民地首先发生在地方一级，那里自治的传统早已十分强大。各个殖民地对于抵制运动所做出的反应就是将权力顺势抓在自己手里。很多时候，超越法律权限的组织自然而然地形成，并开始行使政府的职能。比如 1768 年，在马萨诸塞，塞缪尔·亚当斯召集殖民地各城镇代表举行大会以取代被总督解散的大法庭的职能。"自由之子"组织在亚当斯的帮助下在马萨诸塞建立起来，之后在各处也发展起来，成为权力的另一来源。"自由之子"的成员有时组成纪律严谨的警戒队以保证所有殖民者都严格执行抵制英货和其他形式的群众抗议活动。在大多数殖民地，由地位显赫的市民所组成的委员会开始召开会议，行使更多的政治功能。

第一届大陆会议

这些团体之中最为行之有效的是通讯委员会,该组织是由亚当斯于1772年在马萨诸塞发起成立的。后来弗吉尼亚建立了第一个跨殖民地通讯委员会,这使得各殖民地之间可以不断合作。弗吉尼亚还在1774年在统一殖民地行动方面迈进了一大步。这一年,在皇家总督解散殖民地议会之后,一个委员会随即在威廉斯堡的罗利酒馆召开会议,宣布"不可容忍法令"威胁到了每个殖民地的自由,并呼吁召开一次"大陆会议"。1774年9月,第一届大陆会议在费城的木匠厅举行,由各殖民地议会和超越法律权限的会议以各种方式选出的13个殖民地的代表参加(只有佐治亚未派代表)。他们做出了五项重大决定:第一,以非常接近的票数否决了建立在英国当局领导下的联邦的计划(该计划由宾夕法尼亚代表约瑟夫·盖勒韦提议,与先前的奥尔巴尼计划十分相似)。第二,签署了一份抗议声明,其艰涩的语言反映出温和派和激进派之间的矛盾。该声明表面上好像把监管殖民地贸易的权力交给了英国议会,称国王为"至高无上的君主",它也包含一些比较激进的要求,如废止1763年以来通过的各项压制性法规。第三,会议通过了一系列决议,其中之一是提议殖民地人民做好军事准备,以防驻扎在波士顿的英国军队进犯。第四,同意以"不出口、不进口、不消费"作为停止与英国贸易的手段,并成立"大陆协会"来执行。第五,在休会前,代表们一致同意来年再次举行会议,由此可以看出他们将大陆会议视作为一个连续性的组织。

实际上,各殖民地通过它们在费城的代表重申了自治权,并且为了保持这种权利发表了近乎发动经济战争的声明。美洲人越是希望单凭一场经济战争就可以不流血而迅速赢得胜利,他们的疑惧也就越大。约翰·亚当斯在给帕特里克·亨利的信中写道:"我预感这于事无补,反而觉得不满和复仇的情绪日渐高涨,我们必

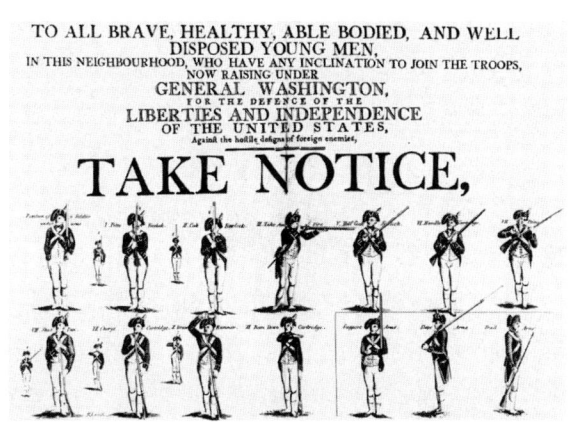

招募热爱家园者 这幅独立战争的征兵广告旨在通过唤起人们的爱国热情(号召他们保卫"美利坚合众国的自由和独立")、虚荣心(向他们展示"帅气的军装"和军人骄人的姿态)和贪念(允诺给他们发放"12美元奖金"和"60美元年薪")吸引应征者。(*Library of Congress*)

定要有一战。"亨利在回信中说:"向上帝发誓,我对此深有同感。"

当年的冬季,伦敦议会着手商讨如何安抚殖民者的议案。前首相查塔姆勋爵(威廉·皮特)敦促从美洲撤军,埃德蒙·柏克呼吁废止《强制法令》,但他们的努力都未获得成功。诺斯勋爵在1775年初提出了一系列措施,称为"安抚议案",最终获准,但这些议案远不如柏克和皮特的提议那么具有安抚性。英国议会建议不再由议会直接向殖民者征税,而是改由他们自己按议会的要求纳税。诺斯勋爵希望通过此项措施分化美洲的温和派(他认为温和派代表着大多数人的观点),使他们不与少数激进派为伍。但是他的提议作用太小,而且为时太晚,直到战争开始打响之后决议才送达美洲。

莱克星顿与康科德

数月以来,马萨诸塞的农民和城镇居民一直在收集武器弹药,并将自己训练成为"一分钟士兵",即随时准备在接到通知一分钟后投入战斗。大陆会议同意为防御战做准备,殖民地的战士们时刻准备迎接驻扎在波士顿的英国正规军的进犯。

在波士顿,统领英国驻军的是托马斯·盖奇(Thomas Gage)将军,虽然他知道在乡村地区殖民地人正在进行军事备战,但他认为自己的军队力量太小,在增援部队到达之前无力采取任何行动。有些军官没那么谨慎,他们认为美洲人绝不敢打仗,只要见到一点英军的势力,他们便会落荒而逃。比如约翰·皮特凯恩少校认为只要采取一个"小小的行动",比如烧几个小镇,就会"把一切摆平"。但盖奇将军对这种观点并不认可。

英国下令逮捕反叛领袖山姆·亚当斯和约翰·汉考克,他们就活动于莱克星顿一带,盖奇将军在接到命令之后仍犹豫不决,而当他听说殖民地民兵在康科德(距波士顿18英里)储藏了大批弹药时最终决定采取行动。1775年4月18日,盖奇派出一支1000人的先遣队从波士顿出发赶往莱克星顿和康科德。他想出其不意对殖民地发起攻击,不费一兵一卒缴获非法物资。

然而,波士顿"热爱家园者"们时刻在密切注视着英军的行动,夜间,威廉·道威斯和保罗·里维尔两名骑士连夜跨马给村庄和农场报信。当英军次日到达莱克星顿时,已有数十名民兵在市镇广场待命。英军开枪,殖民地民兵8死10伤。当英军继续前行到达康科德时,发现美洲人已经快速将大部分弹药转移了,英军便烧毁了余下的部分。在从康科德返回波士顿的路上,殖民地民兵隐蔽在树木、岩石和围墙后面,不断向英军开枪。当天英军死亡人数已接近殖民地的三倍。

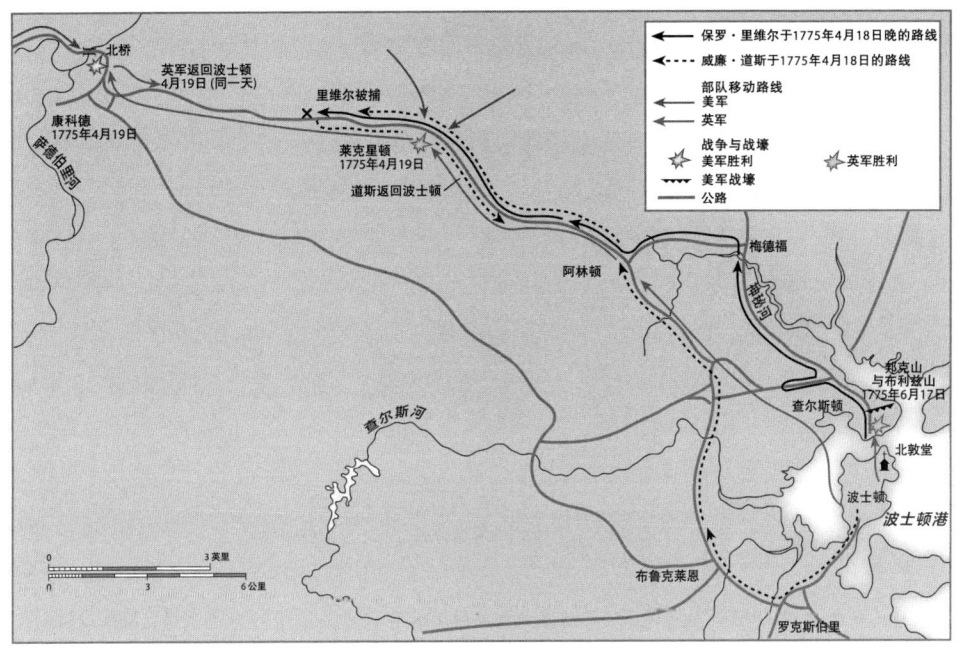

莱克星顿和康科德战役，1775 这幅地图标明了据说导致美国革命第一场战斗的一系列事件。1775 年 4 月 18 日夜，保罗·里维尔和威廉·道斯从波士顿骑马去提醒边远的城镇英军部队即将到来。里维尔在莱克星顿以西被捕，而道斯得以逃脱，赶回波士顿。次日清晨，英军从波士顿出发前往莱克星顿，在那里他们遭遇到莱克星顿广场全副武装的殖民地民兵，并与之交火。英军在莱克星顿驱散了殖民部队。但他们继续向康科德进发，又遭遇更多的民兵，再次发生冲突，被打回波士顿，返回途中还遭到步枪手的伏击。（彩图见第 523 页）

战争的第一枪——美国人后来称之为"响彻世界的枪声"——就这样打响了。但是，到底是谁开的枪？根据莱克星顿的一名民兵的回忆，皮特凯恩少校到达之后便向殖民者大喊："解散，叛贼！"当美洲人拒不执行时，他便下令开枪。而英国官兵所述则全然不同。他们称是殖民地民兵首先开火，英军看到殖民者开枪之后才开始射击。不论真相如何，反叛者们的版本自然流传得比英方的迅速许多，并且添枝加叶将英军的暴行演绎得令人发指，因而鼓动了成千上万的殖民者，既有来自北部的，也有来自南部的，他们原先对反叛行动毫无热情，现在也加入其中。

当时的英国人，甚至很多北美殖民者，都没有意识到莱克星顿和康科德的冲突已经成为一场战争的首役，很多人认为这不过是多年以来英美紧张关系中的又一次摩擦而已。但是，不论他们当时是否已经意识到，英美双方都已采取了决定性行动，独立战争开始了。

> 革命开始

英军撤出康科德,1775 这幅美国卡通画旨在讽刺英国军队于1775年4月19日在康科德战败后撤退时的惨状。美洲"热爱家园者"列队站在左边,右边是撤退的士兵(被画上了狗头,或许是因为很多英国士兵都是"野蛮"的爱尔兰人),溃不成军,有些落荒而逃,有些还贪婪地从被烧毁的房屋中抢夺赃物。这幅漫画用直接、夸张的方式描述了殖民地"热爱家园者"在康科德镇老北桥一战成功击退帕西勋爵率领的英军部队。英军撤到莱克星顿后,又逃至波士顿,连续受到殖民地军队的打击,伏击部队没有像图中描绘的那样列队阵前,而是埋伏在道路两边。一名英军士兵对这场噩梦一般的撤退做了如下描述:"子弹从房屋里、树后边向我们射来……这里到处是山丘、树林、石壁……叛军把这些地形优势统统利用上了。"(Anne S. K. Brown Military Collection, Brown University Library)

小 结

1763年法国与印第安人战争结束时,北美殖民地与英帝国之间的关系本应该比以往更为坚固,这好像是顺理成章的事情:英美双方在战争中并肩作战,共同打击法国人及其印第安同盟;他们曾取得重大的胜利;他们大大地扩展了帝国的疆域。

而实际上,法国与印第安人战争的结束永远地改变了母国与殖民地的关系,这种变化最终导致美洲人反叛英国的统治并爆发独立战争。对于英国人而言,他们从战争中得到的教训是,北美殖民地需要英国更为严格的控制,现在帝国领土扩张了许多,所以需要更好地加以管理。战争令英国债台高筑,美洲人作为战争的一个主要受益者应该帮助偿还债务。因此,在战争结束之后的十几年里,英国屡次尝试以各种策略加紧对殖民地的控制,并从中榨取资金,但所有策略均以失败告终。

　　对于殖民者而言，这种加紧帝国统治的企图既背叛了他们在战争中所做的牺牲，也对他们长期形成的自治观念提出了挑战。美洲白人逐渐意识到英国的政策显然预谋在新大陆建立暴君统治，所以从1760年代到1770年代，殖民者所采取的抵抗愈发公开而有力。不久之前，英美双方还曾经紧密团结，甚至多数美洲白人都把自己看作是英国人，与伦敦的居民别无二致，而到1775年美国独立战争开始时，双方已经将彼此看作是截然不同的社会。他们之间的差异逐渐变得不可调和，这种矛盾驱使他们走向一场将会改变历史的战争。

阅读参考

　　Fred Anderson, *The Crucible of War: The Seven Years' War and the Fate of Empire in British North America, 1754—1766* (2000) 对英帝国在北美殖民战争中的转型做出了生动的描述。

　　David Armitage, *The Ideological Origins of the British Empire* (2000) 探究那些提出并试图证明英帝国野心合理性的思想。

　　Francis Jennings, *The Ambiguous Iroquois Empire* (1984) 研究北美帝国冲突中易洛魁人的关键作用。

　　Richard Bushman, *King and People in Colonial Massachusetts* (1987) 探讨马萨诸塞殖民者与帝国政府关系破裂的原因。

　　Gary Nash, *The Urban Crucible: The Northern Seaports and the Origins of the American Revolution* (1979) 认为北美城市中愈加明显的阶级分层是导致美国革命的原因之一。

　　T. H. Breen, *The Marketplace of Revolution* (2004) 认为消费者政治在唤起革命方面发挥了主要作用。

　　Jon Butler, *Becoming America: The Revolution Before 1776* (2000) 认为18世纪已经出现了独具特色的美洲文化。

　　Robert R. Palmer, *The Age of Democratic Revolution: Vol. 1, The Challenge* (1959) 和 J. G. A. Pocock, *The Machiavellian Moment* (1975) 两部著作均将美国革命置于跨大西洋政治文化的背景之下进行研究。

　　Bernard Bailyn, *The Ideological Origins of the American Revolution* (1967) 是美国史学家研究独立战争最早的著作之一，它强调英国共和政治思想对北美殖民者革命意识的重要影响。

英军投降 这幅创作于当时的画作描述的是英军于1781年10月19日在约克镇正式投降的场面。投降仪式上,一列列美国军队和一支庞大的法国舰队整装排列(法国舰队的出现也暗示着英军被击败的部分原因)。康华里将军——弗吉尼亚英军指控官本人未出席投降仪式,而是派代表前来参加。

第 5 章
美国独立战争

在始于 1775 年 4 月的长达七年的战争期间，同时发生了两场斗争。一场是与英国的军事冲突，另一场是美洲殖民地内部的政治斗争。这两场斗争相互之间产生了深远的影响。

按后来的战争标准来衡量，军事冲突相对而言并不激烈。美方的战争死亡人数不足 5000 人。由于战争技术特别原始，大炮和步枪只有近距离作战时才有效，只要天气恶劣便没法开战。但如果按照当时的标准，这场在美洲爆发的战争是一场非常残酷的冲突，战斗不仅发生在军队与军队之间，而且很多民众也经常被迫奋起抵抗强大的外来势力。战争从传统、常规的斗争转变为一种新的冲突——革命战争，新组建的美国军队最终击败了比他强大很多的英军。

同时，美国人还需全力应对战争带来的重大政治问题：首

大事年表：

1774 年　肖尼族印第安人在邓莫尔勋爵战争中被弗吉尼亚民兵击败

1775 年　第二届大陆会议召开
乔治·华盛顿受命指挥美利坚军队
邦克尔山战役
蒙哥马利袭击魁北克失败

1776 年　托马斯·潘恩的《常识》出版
英军撤离波士顿
讨论并签署《独立宣言》(7月2—4日)
豪在长岛击败美军
特伦顿战役
制定第一部州宪法

1777 年　《邦联条例》被采纳
普林斯顿战役、布兰迪维因战役和日耳曼敦战役
豪占领费城
华盛顿在福吉谷扎营过冬
柏高英在萨拉托加向盖奇投降

1778 年　法美联盟建立
克林顿取代豪的职务
英军撤离费城
战争转到南部
英军攻占哈瓦纳

1780 年　英军占领查尔斯顿
康华里在南卡罗来纳坎姆登打败盖奇
热爱家园者在南卡罗来纳国王山击败托利党人
马萨诸塞州宪法获得批准
宾夕法尼亚废除奴隶制

1781 年　考彭斯战役和吉尔福德市政厅战役
康华里在约克郡投降
《邦联条例》通过

关键的政治问题

	大陆关税提案
1781—1784 年	各州将西部土地交给邦联
1782 年	美国民兵在俄亥俄屠杀特拉华印第安人
1783 年	与英国签订《巴黎和约》，承认美国独立
	马萨诸塞废除奴隶制
1784 年	战后萧条开始，货币问题恶化
1784—1785 年	确定西部土地解决程序的首批法令实行
1786 年	弗吉尼亚《宗教自由法令》通过
1786—1787 年	马萨诸塞发生谢斯起义
1787 年	《西北法令》实行
1789 年	约翰·卡罗尔被任命为美国首位天主教会主教
1792 年	玛丽·沃尔斯顿克拉芙特在美国出版《女权之辩》
1794 年	安东尼·韦恩在俄亥俄击败印第安人

先，是否要脱离英国而独立；其次，如何组建刚刚独立的新国家。1781 年英军在约克郡（Yorktown）投降只解决了第一个问题。而那个时候，美利坚在殖民者和世界其他地区人们的心目中早已成为一个新的民族，一个拥有特殊使命和专注于进步理想的新民族。塑造了这场革命的一位重要人物托马斯·潘恩的观点代表了很多人的想法，他认为美国独立战争"为促进世界文明的发展以及在人类社会传播自由平等的精神方面做出了前所未有的贡献。"

但实际上，不管在当时还是后来，美国人并没有一直遵从这些理想。那些革命分子一面在庆祝"普通人的权利"，一面在巩固对非洲裔美国人的奴役，剥夺效忠派（在革命期间支持英国的人）的权利和财产，阻止妇女参与公共事务，甚至剥夺了英国人曾给予印第安部落的有限权利。尽管有这些自相矛盾的表现，美利坚人仍然主张这个民族应该设法去实现在革命时期提倡的理想，这种信念对美国未来的历史产生了持续性的影响。

一、邦联建立

许多美洲殖民者预料到将与英国爆发一场长达几个月,甚至几年的军事冲突,而1775年当双方的敌对状态真正开始时,却发现对将要面临的巨大挑战,各殖民地普遍没有做好准备。处于襁褓中的美利坚是一个尚未成形的国家,人口不足英国900万人口的三分之一,而且经济资源和军事力量远不及英国。它所面临的艰巨任务是要动员民众去和世界上最强大的武装力量进行战争,而它自己内部对于战争的目的还存在着严重的分歧。

确定美国战争的目的

在莱克星顿和康科德战役结束三个星期之后,第二届大陆会议在费城议会大厦(State House)召开,除佐治亚以外,其他殖民地都有代表参加,而佐治亚于翌年秋天才选派代表参加。与会的所有代表都同意支持战争,但对于战争的目的各殖民地代表则各持己见,甚至相互间存在深刻的分歧。

一派以亚当斯兄弟(约翰和塞缪尔)和弗吉尼亚的理查德·亨利·李(Richard Henry Lee)等人为代表,赞成脱离英国完全独立。另一派则以宾夕法尼亚的约翰·迪金森(John Dickinson)等温和派为代表,希望适当改善和帝国的关系,从而尽早与英国实现和解。大多数代表设法在这两种立场之间寻找折中的办法。他们相继通过了两个宣言,而内容完全不同,这表明了他们的举棋不定。在通过了最后一个向英国国王寻求和解的《橄榄枝请愿书》("Olive Branch Petition")之后,他们又于1775年7月6日通过了对抗性较强的《关于拿起武器的原因和必要性的公告》("Declaration of the Causes and Necessity of Taking Up Arms"),该文件称英国政府给美国人留下了仅有的两个选择——"或无条件臣服于暴虐政府专制,或诉诸武力进行抵抗"。

橄榄枝请愿书

许多公众的态度反映了大陆会议的态度。起初,多数殖民者认为他们的战斗不是为了争取独立,而是为了消除大英帝国内部的不平等。然而,在第一年的战斗过程中许多人开始改变这种观点。原因如下:第一,战争的代价很高,如果在人力和财力上的巨大付出,仅仅为了最初的在帝国内获得平等根本不值得。第二,当英国开始设法雇佣印第安人、非洲奴隶和外国雇佣军(美洲人痛恨的"黑森人"[Hessians])对付他们的时候,美洲"热爱家园者"心中对英国的眷恋即刻锐减。第三,也是最重要的原因,英国政府不仅拒绝接受《橄榄枝请愿书》,而且制定了《禁止法》(Prohibitory Act)，该法案封锁了殖民地所有的海外贸易，对其提出的要求一概予以否决，只同意赦免悔改的反叛分子，这使殖民者逐渐意识到英国政府在迫使他们走向独立。英国海军还封锁殖民地港口，以强制执行《禁止法》。

但是支持独立的情绪日益强烈，直到1776年1月，当一本措辞激烈的小册子刺激许多美国人的时候，这种情绪才公开地表达出来。这本小册子叫作《常识》(Common Sense)，作者的名字没有印在封面上，他就是15个月前从英格兰移居到美洲的托马斯·潘恩(Thomas Paine)。在多年以来从事各种行业均告失败之后，潘恩成为一名成功的革命宣传家。他的小册子帮助美利坚人民改变了对战争的看法。潘恩将美利坚人对议会具体政策的怨恨和抵抗转移到英国宪法本身——他所认为的问题的根源所在。他认为，继续将美洲的问题归咎于某些大臣甚至整个议会是不够的，问题的根源在于国王和他赖以统治的政治体制。他认为，是政府造就了如此腐败的君主乔治三世，他对自己的百姓如此残暴，迫使美利坚人卷入他们自己根本没有兴趣的战争之中。因此，美利坚人应该和英国政府完全断绝关系，这已经成为一个简单的常识。他宣称，不列颠岛国不适合统治美洲大陆，就像卫星不适合主宰太阳一样。

《常识》 图中是托马斯·潘恩极具影响力的小册子第一版的标题页，这本小册子于1776年1月10日在费城匿名出版。潘恩在新泽西战役中曾在华盛顿军中服役，在服役的同时，他写了一系列的文章，旨在唤起人们对"爱国"者事业的支持。这些文章被整理收集为《危机》(其中第一篇中有那句名言："这是考验人们灵魂的时刻")。后来，潘恩积极参加法国大革命，由此出版了《人权》(1791-1792)。还写作了《理性的时代》(1794-1796)，攻击传统的基督教信条，提出"自然神论"的思想。他于1802年返回美国度过余生，1809年在贫困与默默无闻中去世。(Library of Congress)

决心独立

《常识》在出版后的最初几个月就销售了10万多册。对大多数读者而言，这是个心灵启示。虽然人们还远远没有形成一致的独立思想，但支持独立的想法在1776年初的几个月内迅速增强。

同时，大陆会议也在慢慢尝试朝着与英国最后决裂的方向发展。它宣布美洲港口向英国以外所有国家的商船开放；它开始与外国密切联系；它建议各殖民地从英帝国独立并建立新政府，实际上多数殖民地已经建立了新政府。大陆会议任命了一个委员会负责起草正式的独立宣言。1776年7月2日，议会通过了一个决议："这些联合的殖民地从此成为——而且按其权利必须成为——自由独立的国家，它们已经解除一切效忠于英王室的义务，从此完全断绝——并必须断绝——与大不列颠王国之间的一切政治关系。"两天后，在7月4日，议会通过了《独立宣言》，《独立宣言》正式确认了代表们两天前表明的独立立场。

33岁的弗吉尼亚代表托马斯·杰斐逊在本杰明·富兰克林和约翰·亚当斯（John Adams）的协助下起草了《独立宣言》的大部分文稿。正如亚当斯后来所言，杰斐逊在宣言中并没有表达新的思想。宣言的价值在于它以雄辩的文辞表达了美利坚普遍存在的信念，特别是，宣言代表了所有殖民地前几个月内涌现的90多种地方性的"独立宣言"思想——由贯穿南北海岸的居民大会、工匠和民兵组织、县政官员、大陪审团、"自由之子"和殖民地议会起草的独立宣言。杰斐逊不仅在思想内容上，而且一定程度在措辞上大量借用了这些地方宣言。

《独立宣言》分为两部分。第一部分，宣言重述了人们熟知的约翰·洛克的契约论——政府的存在是为了保护生存权、自由权和财产权。杰斐逊以"追求幸福的权利"替换了"财产权"，使这一理论更富理想化的色彩。第二部分，宣言列出了国王在议会支持下所犯的罪行，他违反了与殖民地的"契约"，因此丧失了殖民地对他的忠诚。

《独立宣言》中"人人生而平等"的响亮呼声——杰斐逊从其弗吉尼亚同乡乔治·梅森（George Mason）的早期文章中借用的一句话——后来推动了美国内外的各类解放运动和改革运动，其成果之一就是启发了法国大革命的《人权宣言》（Declaration of the Rights of Man）。更为立竿见影的是，它大胆声称美洲殖民地现在已经是一个主权国家——"美利坚合众国"（"The United States of America"）——使革命斗争得到了越来越多的外国援助，为法国的介入铺平了道路。《独立宣言》还鼓励美国"热爱家园者"（反对英国的人以此自称）继续战斗，并反对那些求和的想法，以免阻碍最终独立的获得。与此同时，《独立宣言》也使美利坚的社会内部产生了严重的分歧。

对独立的反响

听到《独立宣言》的消息后，群众在费城、波士顿和其他地方聚集欢呼，鸣枪开炮，敲钟庆贺。但是仍有许多人不以为然，他们之中有些人从一开始就不赞同这场战争，有些人只是在战争的目的与他们对国王的忠诚不相冲突的前提下才愿意支持这场战争。这些人的数量不多，但是很重要。他们自称是"效忠派"（Loyalists）；而支持独立的人称他们为"托利党人"（Tories）。

《独立宣言》之后，殖民地开始称自己为"州"（states，该词在英语中的另一释义为"国家"——译者注），这表明他们认为就某些方面而言，每个殖民地已经是独立的主权实体。甚至在发表宣言之前，各殖民地就已经开始脱离英国当局独立地行使主权，主要原因是伦敦的议会暂停了在美洲的代议政府。但暂停代议政府并没有如英国所愿结束殖民地自治，反而使各殖民地议会可以脱离帝国的法律继续行使权力，从而加强了自治权。这些议会成员中大多是以前得到伦敦方面认可的议员。1776年《独立宣言》发表之后，各个前英属殖民地纷纷制定了自己的正式宪法，以表明他们已经独立。到1781年，大多数州都已经完成了宪法的制定，并根据宪法建立了共和政府。其中一些宪法一直被沿用，数十年未作重大改动。

然而，从国家的层面上讲，建立政府的过程则缓慢得多，也没有那么成功。有一段时间，美国人甚至不知道自己是否需要一个真正的全国性政府；大陆会议一直只是一个协调的机制，大家都认为各个殖民地（现在称为"州"）才是真正的权力中心。但是，作战需要统一的中央指挥。美国人几乎在宣布独立的同时立即着手去做他们两个多世纪以来颇为擅长的事情：谋求中央集权与地方自治之间的平衡。

《邦联条例》

1777年11月，大陆会议通过了《邦联条例》（Articles of Confederation）（直到1781年才被签署）。实际上，他们所做的仅仅是对已经在运转的、软弱而分散的权力体制加以确认。大陆会议将作为战争的主要协调机构继续存在，它对各州的行政约束权力是非常有限的。实际上，条例并没有明确指出大陆会议将会成为真正的全国性政府。于是，一个新生国家只能在这样一个软弱无力、飘摇不定的政府的带领下为自己的生存而战，甚至这个政府本身的合法性还没有得到确认。

历史学家的分歧　　美国革命

关于美国革命的渊源，史学家一直进行着长期的辩论，其主要表现为两大流派的不同诠释。一派将革命主要看作一场政治和思想运动，认为这场反英革命是为了捍卫理想和原则。另一派把革命看作社会经济现象，认为追求物质利益是革命的核心目标。

革命时期那一代人将这场革命描述为一场为理想而战的斗争，在19世纪的大部分时间里，这种解释一直盛行。乔治·班克罗夫特（George Bancroft）1876年写道，革命"性质非常激进，但却以如此温和安静的方式取得了胜利，连保守主义也不能断加指责"。他认为，革命的目的是反对英国暴政，"捍卫自由"。

到了20世纪早期，历史学家受到进步时期改革思潮的影响，开始探究这场反抗运动的社会和经济因素，认为这些因素在革命中起了重要作用。在1909年对纽约的一项个案研究成果中，卡尔·贝克（Carl Becker）写道，革命是要解决两个问题："第一是内部自治问题，第二是内部由谁来治理的问题。"殖民者不仅仅是在和英国打仗，他们也在进行一场内战，一场激进派与保守派的权力之争，最终形成了"美国政治和社会的民主化"。

其他进步主义历史学家对贝克的观点进行了更为详细的阐述。J.富兰克林·詹姆森（J. Franklin Jameson）在1926年出版的著作《作为社会运动的美国革命》（*The American Revolution Considered as a Social Movement*）认为，"革命的溪流一旦开始流淌，就不会只局限在狭窄的河床之间，而必将冲出堤坝，蔓延至整个大地。政治斗争使很多经济愿望、社会理想得以生发，社会在许多方面深受这些力量的影响发生变革。"亚瑟·施莱辛格（Arthur M. Schlesinger）在1917年的一部著作中认为，殖民商人希望摆脱英国重商主义政策的限制，这种动力的驱使唤起了18世纪六七十年代美利坚人的反抗运动。

从20世纪50年代开始，新一代的学者开始重新强调意识形态的作用，把经济利益因素置于次要地位。罗伯特·布朗（Robert E. Brown）和埃德蒙·摩根分别在1955年和1956年提出，18世纪的多数美洲白人，不论其地位高低，秉持基本政治原则都是一致的，进步学派所强调的社会和经济矛盾并不严重。他们认为，革命的宣传不是政治炒作，而是殖民者思想理念的真实反映。伯纳德·贝林（Bernard Bailyn）在《美国革命的思想意识渊源》（1967年）一书中阐述了革命背后复杂的思想根源，认为这种精心构建的政治立场不是为了掩盖经济利益的目标，而确实是一种意识形态，正是这种意识形态激发了殖民者的行动。他明确指出，革命"首先是一场意识形态的宪政运动，而不是为了改变社会或经济结构的社会组织之间的矛盾纷争。"

然而，到 20 世纪 60 年代末，一些年轻的历史学家（其中多数受"新左派"的影响）对意识形态论观点又提出了质疑，他们阐明了殖民地内部的社会和经济矛盾，认为这些矛盾促成了革命斗争。耶西·雷米什（Jesse Lemisch）和德克·霍尔德（Dirk Hoerder）指出，殖民地城市中民众的行动表明他们对于美洲和英国精英阶层的不满。约瑟夫·恩斯特（Joseph Ernst）再次强调经济压力对商人的重要作用。格雷·纳什在其 1979 年出版的著作《城市的考验》（The Urban Crucible）中强调，在殖民地城市不断增长的经济压力之下形成了一种气候，在这种气候之下革命的思想得以蓬勃发展。爱德华·康特里曼（Edward Countryman）和瑞斯·以撒（Rhys Isaac）都指出，殖民地社会和文化性质的变化以及 18 世纪美洲各个阶层之间关系的改变是革命运动发展的先决条件。

一些对美国革命比较新的社会解释试图打破旧的非意识理念，即经济利益的辩论框架，认为二者并不是非此即彼，而是相辅相成的。格雷·纳什写道："每个人都有经济利益，每个人也都有思想意识。"历史学家只有通过探究二者之间的关系才能充分理解这两个因素。如琳达·克贝尔（Linda Kerber）所说，新的解释"重新唤起进步主义对各阶层之间的社会矛盾的关注，并将其范围扩大了，不仅仅包括富人和穷人，还包括各种利益集团、边缘群体和社会局外人"。这种将关注点扩大到鲜受关注群体的研究包括：玛丽·贝丝·诺顿关于妇女的论著，西尔维亚·弗雷对奴隶的研究，以及科林·卡洛威对土著美洲人的研究。

1992 年，戈登·伍德（Gordon Wood）在《美国革命的激进主义》一书中重新提出了近几十年历史学家很少同意的解释：这是一场真正的激进运动，它导致长期以来以顺从、父权制、传统性别关系为特征的社会模式的瓦解。或许革命不是由阶级矛盾和激进目标而引发的，但革命对于社会产生了深刻的甚至是激进的意识形态影响。

动员参战

各州以及邦联的新政府面临着一系列的巨大挑战：组织军队，给军队提供所需给养和设备，筹备战争资金。没有了殖民地赖以生存的英国市场，提供战争必需品变得非常困难,从战争开始到战争结束,军需品的短缺问题一直存在。

美国有很多的枪支制造商,但他们远远满足不了战争对枪支弹药的需求,更不用说满足独立战争对重型武器的需求。虽然大陆会议于1777年在马萨诸塞州的斯普林菲尔德(Springfield)建立了兵工厂,但美国人自己制造的武器只能满足军备需求的一小部分,他们主要依赖于从英国军队缴获的武器,而他们的战争补给大多来自欧洲国家,主要是法国的支持。

为战争提供经费的确是最棘手的问题。大陆会议没有权力直接向民众征税;它只能征用各州政府的资金。而美国金属货币紧缺,各州政府和大陆会议一样无能为力,每个州只能上缴一份很小的税额,再没有多余的财力。大陆会议试图通过出售长期债券筹集资金,但很少美国人能买得起,而那些能买得起的人更愿意投资如掳获商船之类的更有利可图的风险行业。最后,政府别无选择,只得发行纸

为独立投票 大陆会议实际上在1776年7月2日投票赞成殖民地脱离英国而独立,而现在美国人将7月4日作为独立日庆祝,这是大陆会议正式通过《独立宣言》的日期。这幅由埃德加·派恩-萨维奇创作的油画再现了费城当时的情景,画中来自各个殖民地的代表正在做出历史性的抉择。(*Courtesy of The Historical Society of Pennsylvania Collection, Atwater Kent Museum of Philadelphia*)

币。货币被大量印刷和重复地批量发行,各州也印刷了大量纸币。

资助战争

结果可想而知,当然是通货膨胀,物价飞涨,纸币的价值大跌。很多美国农民和商人开始愿意与英国人做生意,因为英国人可以支付金币和银币。1777年到1778年的冬天,乔治·华盛顿的军队之所以在福吉谷遭遇严峻的食品短缺,其主要原因之一是许多费城商人不把粮食卖给他们。大陆会议反复尝试阻止通货膨胀的蔓延,但屡次尝试均以失败告终。最后,新成立的美国政府只能通过从其他国家大笔借债来为战争提供资金。

1775年第一次爱国热潮平息后,没有几个殖民地人自愿服兵役。结果,各殖民地只好采取规劝和强制的手段:通过提供奖励吸引和招募新兵。但即使招募到数量巨大的民兵,也都归属各殖民地自己控制。大陆会议很快意识到这种分散式体制的弊端,于是着手加以纠正,结果初见成效。1775年春天,组建了只有一个总司令的大陆军。43岁的弗吉尼亚种植园主乔治·华盛顿,曾在法国与印第安人战争中统帅殖民地军队,比任何其他本土出生的军官都经验丰富,而且他很早就主

革命战士 法国军官让·巴蒂斯特·德维尔热在独立战争期间曾在美国服役,他在日记中记下了自己的经历,并配以水彩插图。这幅画描绘了持不同武器的四名美国士兵:一位是持轻步枪的黑人步兵,一位是持滑膛枪的枪手,还有一位步枪手和一名炮兵。(Anne S. K. Brown Military Collection, Brown University Library)

张独立,更为重要的是,他受到所有"热爱家园者"的崇拜、尊重和信任。所有代表一致同意选举乔治·华盛顿为大陆军总司令,后者于1775年6月开始走马上任。

  大陆会议的选择是正确的。整个战争期间,华盛顿忠于职责,尽管遇到常人难以克服的困难和挫折,也没有气馁。由于士兵的口粮一直很少,待遇很低,他必须处理好军队的士气问题;1781年,在宾夕法尼亚和新泽西的军队中就曾发生士兵的公开叛乱。而华盛顿的"雇主"大陆会议似乎对于给他补充人力和物力不感兴趣,反而对于干涉他的军事指挥行动很感兴趣。

乔治·华盛顿将军

  华盛顿作为一名军事指挥官有一些弱点。但最终他成为了一位伟大的战争领袖。在一些外国军事专家,如法国的拉法耶特(Lafayette)侯爵和普鲁士的施托伊本男爵(Baron von Steuben)的帮助下,华盛顿成功地组建了一支不到一万人的军队,这支部队与各州民兵并肩战斗,最终打败了当时世界上最强大的军事力量。或许更为重要的是,在国家的目的和结构尚不明确、政府脆弱而权力分散的情况下,华盛顿成为军队和人民心目中稳定的象征,成为团结的核心。他也许不是美国早期领导者中最优秀的一个,但至少在严酷的战争时期,他将一个新国家凝聚为一体,成为成功的典范。

外国援助

二、独立战争

  至少从表面上看,美英战争的优势在英国一边:他们拥有世界上最强大的海军和装备最好的陆军;他们拥有帝国的资源;他们有统一的组织结构。而相比之下,美国的劣势体现在要在作战的同时创建一支新的军队和一个新的政府。

  但是美国具有潜在的优势。美国人在本土作战,而英国人远离自己的国土(和资源);美国的"热爱家园者"总体上全心投入战争,而英国人对战争的支持三心二意。就像托马斯·潘恩所说:"英国无法以军队去战胜一种强大的信念。"而且自1777年起,美国在外援方面占有很大优势,独立战争成为规模更大的世界战争的一部分,在这场战争中,英国要面对欧洲强大的劲敌,尤其是法国。

美国的优势

  然而,美国的胜利不仅仅简单地基于上述优势,也不仅仅依靠伟大的精神和丰富的资源,还有一个原因,那就是英国人在战争初期的一系列重大失误,结果使英国本来能够(或许也本应该)取胜的战争以失败告终。最后一个原因是,这

日耳曼敦战役 1777 年 10 月 4 日，华盛顿进攻豪将军在费城附近日耳曼敦的营地。尽管"热爱家园者"在战斗开始的几个小时进攻顺利，但由于一场大雾，他们无法辨明目标，最终被英军逼退。这幅 1782 年的油画再现了战斗的一个部分：由"疯狂的安东尼"·韦恩率领的美国军队发起进攻。

场战争历经三个不同阶段转变成一种全新的斗争，在新的局势下，英国无论怎样强大也无法获胜。

第一阶段：新英格兰

在战争的第一年，英国一直不清楚自己是否在打仗。许多英国当权者仍然认为英国人不过是试图去镇压波士顿周围地区的一些叛乱。但是，随着殖民地军队逐渐转守为攻，几乎整个北美殖民地都变成了战场。

邦克尔山

自从英国人于 1775 年 4 月从康科德和莱克星顿撤退后，美军包围了托马斯·盖奇（Thomas Gage）在波士顿的军队。1775 年 6 月 17 日，美利坚"热爱家园者"在邦克尔山（Bunker Hill）战役（战斗实际发生在布里德山 [Breed's Hill]）中遭受了惨重的伤亡，最终失守阵地。但对方的损失更为严重。实际上，英国在邦克尔山一战中的伤亡是战争以来最严重的。这场战斗之后，"热爱家园者"继续加紧包围。

1776 年的前几个月，英军得出结论认为波士顿不是发动战争的最好地点，不仅因为那里是殖民地反英情绪最为强烈地区的中心,而且在战术上也难以御敌,它那狭长的地形很容易被孤立包围。到晚冬时候,事实上,"热爱家园者"已经包围了城市,并占据了战略位置的制高点。1776年3月17日(至今在波士顿这一天仍被作为英军撤退日来庆祝),英国人带着数百名亲英难民离开波士顿去往新斯科舍的哈利法克斯,战争打响第一枪后不到一年,马萨诸塞殖民者暂时将英国人赶出了美国领土。

在其他地方,战争断断续续,毫无结果。在南方,在北卡罗来纳的穆尔湾桥(Moore's Creek Bridge),一些"热爱家园者"于1776年2月27日打垮了亲英派暴动,也打乱了英国入侵南部各州的计划。英国起初希望在南方得到当地托利党人的帮助,但后来他们意识到这种帮助可能不像他们所希望的那样有效。在北方,美国攻入加拿大,希望消除英国的威胁,赢得加拿大。1775年末至1776年初,美军指挥官本尼迪克特·阿诺德(Benedict Arnold)率小股部队,经过异常艰苦的行军,对魁北克构成了威胁。理查德·蒙哥马利(Richard Montgomery)前来增援,将自己麾下的部队与阿诺德的兵力联合起来,并担任两支军队的指挥。蒙哥马利在攻城时

入侵加拿大

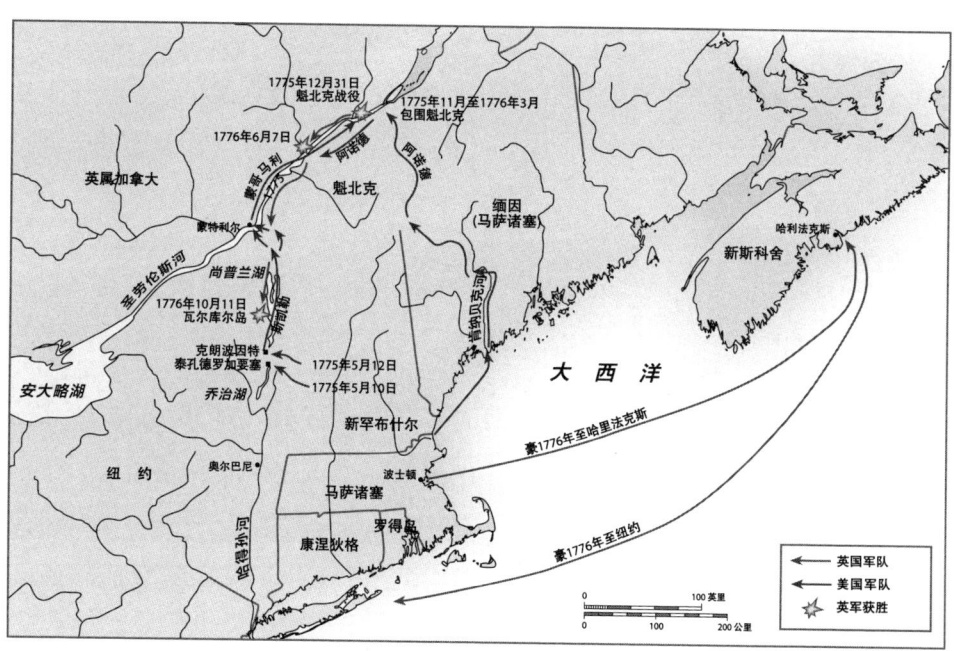

北部的革命,1775—1776 在波士顿及其周边最初的几场战斗结束之后,英军离开马萨诸塞,(在加拿大哈利法克斯短暂逗留之后)向南转移到纽约。◆ 为什么英军认为纽约与波士顿相比是个更好的基地?与此同时,美军向北推进,试图占领蒙特利尔和魁北克的英军据点,但并未得手。(彩图见第523页)

阵亡,尽管受伤的阿诺德继续坚持围城,魁北克战役仍以失败告终。随后大陆会议派一个民间代表团前往加拿大,为首的是年已七旬的本杰明·富兰克林。但是富兰克林没能说服北方殖民地加盟,加拿大没有成为这个新国家的一部分。

所以,1776年英国人从波士顿撤兵对美国来说不是个很大的胜利,而只是改变了英国人的战争观念。1776年春,英国人逐渐清楚地认识到:英国肯定要准备为一场大冲突而战。因此,英国人的暂时撤离标志着战争一个新阶段的开始。

第二阶段:大西洋沿岸中部地区

战争的第二阶段是从1776年到1778年初,这是英国胜算几率最大的一个阶段。的确,如果不是一连串的失误和运气不佳,他们可能已经平息了这场"叛乱"。在这个时期,战争大都转变为传统的常规战争。而此时美国人与敌人力量相

邦克尔山战役,1775 1775年6月17日,在独立战争的第一场大战中,英军与波士顿城外的"热爱家园者"军队交火。英军最终将美军从布里德山和邦克尔山击退,但付出了惨重的代价。英军司令盖奇将军在战后给伦敦上司的报告中写道:"这些人在与我们的对抗中所表现出的精神和行动是在他们与法国人的战斗中从未有过的。"这幅匿名的油画描绘了英国军队的阵营和海军的援军,同时也再现了在波士顿炮火的轰击下查尔斯顿一片硝烟的场景。(Gift of Edgar William and Bernice Chrysler Garbisch, © 1998 Board of Trustees, National Gallery of Art, Washington)

差悬殊。

英国人从波士顿撤退后快速重组。1776年夏,在《独立宣言》发表之后的几周之内,纽约周围的水域就排满了有史以来英国派出的规模最大的兵力。在和蔼的总司令威廉·豪(William Howe)的率领下,几百艘军舰和3.2万名训练有素的士兵到达海湾。豪对美国人没有什么特别的敌意。他希望不用打仗仅靠威慑就使他们屈服,他相信,只要给他们机会,大多数人都会向国王显示他们的忠诚。在与大陆会议高级代表的会谈中,他让后者在投降以获得王室赦免与在胜算极小的情况下开战二者之间做出选择。

为了对抗豪的强势部队,华盛顿在联合了大陆军和各州的民兵之后,才凑出了1.9万名装备很差、缺乏训练的士兵,而且根本没有海军。即使如此,美国人还是立刻拒绝了豪提出的条件,选择继续作战,这个决定不可避免地带来了一连串的失败。英军把抵抗者赶出长岛,美军被迫放弃曼哈顿,然后从新泽西平原一路撤兵,跨过特拉华河,最后进入宾夕法尼亚。

英军占领纽约

对于18世纪的欧洲人来说,作战是一种季节性行动,一般在寒冷的季节战斗就会停止。所以英军停下来准备在新泽西的各个据点过冬,只在特拉华河边的特伦顿(Trenton)留下一个据点由黑森人(德国雇佣兵)守卫。但华盛顿并没有休战。在1776年圣诞节晚上,他再次勇敢地越过冰河,以突袭战术打败了黑森人,并占领了城镇。然后他又在普林斯顿赶走了驻扎在校园里的英国军队。但华盛顿没有守住普林斯顿和特伦顿,最后他在新泽西的莫里斯顿(Morristown)附近的山区度过了冬天。

在1777年战役中,英军对美军采取分而治之的策略。豪将军从纽约沿哈得孙河向北包围奥尔巴尼,另一部分英国兵力则从加拿大南下与他会合。另一位年轻气盛的英国军官约翰·柏高英(John Burgoyne)任北方军司令,计划从莫霍克河和哈得孙河上游两路进攻奥尔巴尼。

英国的战略

但在计划开始实施时,豪突然改变了主意。他决定进攻反叛中心——费城,希望此举能挫败"热爱家园者"的士气,联合亲英派,迅速结束这场战争。他经由水路从纽约调走大量士兵,在切萨皮克湾滩头登陆,于9月11日在白兰地溪战役(Battle of Brandywine Creek)中击退华盛顿,然后继续北进费城,没有遭到抵抗便攻占了费城。与此同时,华盛顿在10月4日攻取日耳曼敦(就在费城外)失败之后,就前往福吉谷进行冬季休整。大陆会议被逐出首都,到宾夕法尼亚的约克镇进行重组。

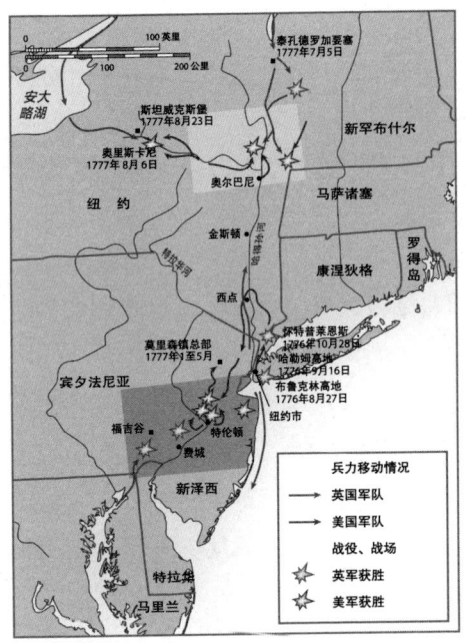
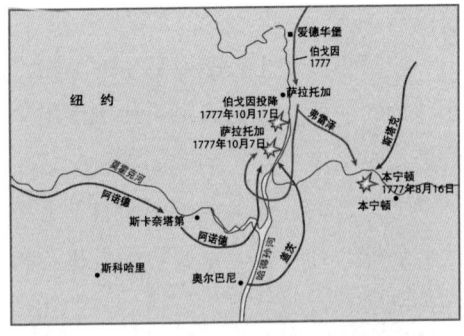
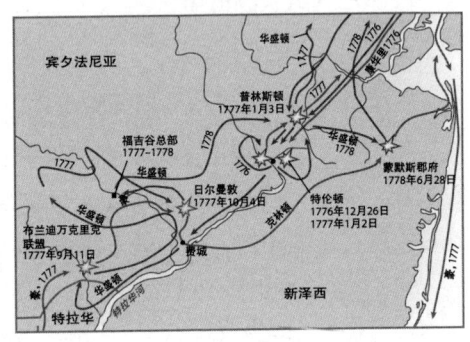

中部殖民地的革命，1776—1778 这些地图描述的是 1776—1778 年中部殖民地——纽约、新泽西和宾夕法尼亚——的主要战役。左侧的大图显示了英国战略的两个分支：一支是英军从加拿大向南进军哈德孙河谷，另一支在威廉·豪将军的率领下从纽约出击。这一战略的目的是将美军夹击在两个分支之间。◆ 豪的什么军事行动致使这项计划受挫？右侧的两幅小图描述了一些主要战斗的细节。右上方是美军的萨拉托加大捷，右下方是 1777 年至 1778 年间纽约和费城的一系列小战役。（彩图见第 524 页）

豪转战费城后，留下柏高英独自应付北方的战役。柏高英派巴里·圣莱杰（Barry St. Leger）上校沿圣劳伦斯河向安大略湖和莫霍克河上游进攻，自己则直接去了哈德孙。他行动极其迅速，轻而易举地夺取了泰孔德罗加要塞（Fort Ticonderoga），并缴获美军储存的许多弹药和武器，这使大陆会议十分沮丧，代表们撤销了北方军司令菲利普·斯凯勒（Philip Schuyler）的职务，由霍雷肖·盖茨（Horatio Gates）接任。

盖茨做司令时，柏高英已经打了两次败仗。其中一次是 8 月 6 日在纽约的奥里斯卡尼（Oriskany），在尼古拉斯·赫基默（Nicholas Herkimer）的带领下，一群德裔农民组成的热爱家园者打败了圣莱杰率领的印第安人和托利党人。这让本尼迪克特·阿诺德（Benedict Arnold）有时间去为斯坦维克斯堡（Fort Stanwix）解围，并在圣莱杰之前封锁了莫霍克谷。

另一场战役发生在 8 月 16 日，在佛蒙特州的本宁顿（Bennington），新英格兰民兵在邦克尔山战役老兵约翰·斯塔克（John Stark）的带领下，对一个英国分遣队进行了沉重的打击，这个分遣队是柏高英派出寻找粮草的。柏高英因后路被切断，军需紧张，几次战役都伤亡惨重，只能撤退到萨拉托加（Saratoga），结果被盖茨团团包围。1777 年 10 月 17 日，柏高英率领余部约 5000 人投降。

对"热爱家园者"和关注世界的人来说，纽约之战取得了重大的胜利，而英国在萨拉托加的投降成为战争的一个重要转折点，正是这一转折促成了美法的联合。

萨拉托加大捷

英国在这个占据绝对优势的时期内失败，主要还是因为他们自身的失误，其中威廉·豪的责任居多。他放弃了最重要的战役——北方战役，使柏高英孤军奋战。在宾夕法尼亚他虽然选择了对敌作战，也有很多机会，但没有对已经虚弱不堪的大陆军进行最后的打击，而是一再任由华盛顿撤退和重组，使美国军队得以在福吉谷休整一个冬天而没有受到任何干扰，实际上，当时美国军队缺衣少食，英军本可以轻而易举地将其歼灭。一些英国评论家认为豪不想在战争中取胜，他在暗中同情美国的独立事业；他的家庭与殖民地有着密切联系，他本人在政治上也与英国政府中的反战人物有联系。也有一些人指出他性格上的弱点，如：嗜酒成性，贪恋女色（他于 1777 年至 1778 年的那个冬天与他的情人在费城厮守，虽然他的很多顾问敦促他转移到别处，但他置若罔闻）。但最重要的问题显然是他不能理解战争的本质，甚至不能理解英军真的是在打仗。

英军的失策

易洛魁人和英国人

纽约北部的战役不仅仅意味着英国的失败，也挫败了很多雄心勃勃的易洛魁首领，他们希望以印第安士兵支援英军，相信英国胜利后可以帮助他们阻止白人进犯部落的领地。易洛魁联盟于 1776 年宣布在战争中保持中立，但不是所有成员都甘愿在北部战役中处于被动地位，一些人在战争中努力凸显土著人的作用，其中就有一对名叫约瑟夫·布兰特（Joseph Brant）和玛丽·布兰特的兄妹。二人都是莫霍克族的著名人物，约瑟夫是有名的武士，玛丽是一位很有魅力的女性，是威廉·约翰逊爵士的遗孀（约翰逊生前是英国印第安事务总监，在印第安部落中很有名气）。这对兄妹劝告自己部落的人支持英国，并让塞纳卡人和卡尤加人也一起加入。在柏高英战败的北方战役中他们起了很大的作用。

但是与英国结盟也使易洛魁联盟内部的分裂日益加深。六个同盟成员中只有

易洛魁联盟的分裂

三个支持英国；奥内达人和塔斯卡罗拉人（Tuscarora）支持美国；奥农达加人则分成了好几派。这个存在了三个世纪之久的联盟在法国和印第安人战争后势力已经有所减弱，如今更加分裂。

与英国结盟还给易洛魁人带来了其他一些不好的结果。奥里斯卡尼战役结束一年后，印第安人和英国军队一同在纽约北部发起了一系列驱逐白人移民的偷袭行动。几个月之后，热爱家园者部队在约翰·沙利文（John Sullivan）将军的带领下奋力反击，摧毁了很多易洛魁人的部落，他们大批北上逃亡到加拿大寻求庇护，许多人再也没有回来。

求得外援

英国没能打败大西洋沿岸中部各州联合组建的大陆军，加之美国在萨拉托加出人意料的获胜，战争出现了转折。这个转折改变了战争的过程，使其进入一个新的也是最后一个阶段。

战争变化的核心是美国成功获得了国外的援助，包括来自几个欧洲国家的间接援助，以及来自法国的直接援助。在《独立宣言》发表之前，大陆会议就派代表前往欧洲各国首都与各国政府洽谈商业协定。如果殖民地要脱离英帝国，就要寻找新的商业伙伴，而要签署这些协定必然需要欧洲政府承认美国是一个独立的国家。约翰·亚当斯把早期美国的驻外代表称为"民兵外交官"，他们和欧洲外交官不一样，对正式的艺术和外交礼节没有那么多经验。而且由于横跨大西洋两岸的信息交流速度很慢且没有保证（一条信息跨越大西洋传递到对岸需要一至三个月），他们经常不得不对大陆会议的指示做自行解释，甚至重要的事情也完全靠自己来做决定。

民兵外交官

最有可能成为美国同盟国的是法国。国王路易十六 1774 年登上王位，他精明的外交部长维尔让伯爵（Count de Vergennes）迫切希望英国失去其帝国领土极其重要的一部分：北美殖民地。通过一系列秘密的交易、一个虚构的贸易公司和双方秘密的代理商（其中之一便是著名的法国戏剧家博马舍 [Caron de Beaumarchais]），法国开始提供大批美国需要的物资，但是法国政府尚不情愿向美国提供他们最想得到的东西：外交认可。

关键的法国援助

最后，本杰明·富兰克林亲自代表美国到访法国，他是一个天生的外交家，在法国很快成为一个英雄，不论是贵族还是平民都欢迎他。他的受欢迎程度在很大程度上有助于美国独立事业的发展，对美国助益更大的是美国萨拉托加大捷的消息,这一消息于 1777 年 11 月 2 日传到伦敦,2 天后传到巴黎。1778 年 2 月 6 日,弗金斯担心美国因为英国求和而放弃战争,为了阻止这种结果,法国正式承认美国为一个独立自主的国家,并且扩大了对美国的军事援助。

法国的介入使这场战争变成了一场国际冲突。在接下来的两年内,法国、西班牙和荷兰全部卷入与英国在欧洲的战争之中,并且全部间接或直接地促进了美国独立战争的胜利,但法国确实是美国必不可少的同盟,它不仅为美国提供了大部分资金和军需品,还提供了海军和远征军,这在独立战争的决定性阶段起到了不可估量的作用。

最后阶段:南部战争

战争的最后阶段与前两个阶段大不相同。英国政府从来没有如此团结,一致对敌。在萨拉托加之战失败以及法国介入后,英国实施了许多硬性规定以确保其对战争的投入。因此,英国决定不再对美国进行全面的军事战争,而是改为借助美国人中的因素,他们仍然相信大多数美国人依然忠于英王,换句话说,他们要用内部瓦解的方法破坏美国革命战争。由于英国相信效忠派在南部殖民地最为强大(尽管他们之前曾试图争取北卡罗来纳效忠派的支持而未获成功),他们的主要努力方向就转向了这里,所以战争的最后阶段大部分战斗发生在南部。

英国的新战略付出了惨痛的代价。英国军队(从 1778 年到 1781 年)历经三年,征战整个南部,打过大大小小很多的战斗,试图将所到之处所有的领土变为中立地带,但所有努力均以失败告终。英国严重高估了效忠派的忠诚程度,在佐治亚和南、北卡罗来纳有很多托利党人,其中一些是自订约章者运动中怀不满情绪的人,但是南部仍有许多热爱家园者,比英国的估计多得多。在弗吉尼亚,对于独立的支持像在马萨诸塞一样热烈。即使在下南部,效忠派也常常拒绝援助英军,因为他们害怕周围的热爱家园者报复他们。英国还鼓励南方奴隶逃离他们的主人,承诺解放这些奴隶,此举也是造成其失败的原因之一。许多的奴隶(大约占总数的 5%)因此受益,尽管难度相当大。南方白人十分惊骇,甚至有许多原本倾向于支持英国的人最后也站到了热爱家园者一边——热爱家园者没有对奴隶制构成威胁。英国在南方还面临着许多后勤保障方面的问题。热爱家园者可以在当地随意转移,依靠乡村的资源供应给养,与平民融为一体,使英国无法分辨是敌是友。而相比之下,英军在异地作战,有诸多不利条件。

就是在这个阶段战争才真正成为"革命"战争,不仅是因为它采用了一种新的战争模式,而且因为它动员了民众,使大批原来远离战争的居民也积极投身战争。随着这场战争逐渐扩大到原先被孤立的群体,许多居民不管愿不愿意都被卷入了战争,美国的政治气候空前高涨,对独立战争的支持不仅没有如英国所希望的那样受到抑制,反而大大加强了。

战争最后几年的军事冲突就是发生在这样的背景之下:在北部,大批英军仍驻扎在那里,战争进入了相对平静的僵持状态。亨利·克林顿爵士(Sir Henry Clinton)在1778年取代了运气不佳的威廉·豪出任总司令,并且把豪原先的部队从费城转移到纽约,英军在纽约驻扎了一年多,处在华盛顿军队的监视之下。驻扎在纽约的美国军队在这段时间很少打仗,华盛顿把他的一部分军队派遣到西部去打击那些袭击白人居民的印第安人。当年冬天,乔治·罗杰斯·克拉克(George Rogers Clark)在弗吉尼亚州的指示下(既不是华盛顿也不是大陆会议的指示),在山里做了一个大胆的探险,并从英国人和他们的印第安同盟手中夺取了伊利诺伊乡村地区的一些定居点。

在这段相对平静的时期,本尼迪克特·阿诺德将军叛变,这令美国军方特别是华盛顿大为震惊。阿诺德曾经是战争中的英雄,但是现在他认为美国革命无望,于是和英国人密谋出卖了热爱家园者在哈德孙河西侧的据点,阴谋在阿诺德完成之前即被识破,他逃到英军队伍里,战争余下的时间一直待在那里。

与此同时,决定性的战斗正在南方进行,英军在此期间取得了一些重要的胜利,1778年12月29日,他们攻占了佐治亚沿岸的萨瓦纳(Savannah);1780年5月12日,他们又占领了南卡罗来纳的查尔斯顿港口,他们还鼓舞了一些效忠派拿起武器向内陆地区挺进。虽然英军可以在常规战争中获得胜利,但在向乡村进军的过程中却常常遭到由一些足智多谋而又勇猛善战的人物领导的热爱家园者游击队的伏击,这些领袖人物中有托马斯·萨姆特(Thomas Sumter)、安德鲁·皮肯斯(Andrew Pickens)和有"沼泽之狐"("Swamp Fox")之称的弗朗西斯·马里恩(Francis Marion)。

在向南卡罗来纳的坎姆登进军之前,(克林顿选定的英军在南部的指挥官)康华里勋爵(Lord Cornwallis)在1780年8月16日遇到赫拉肖·盖奇指挥的热爱家园者部队,美军被击败。大陆会议召回了盖奇,华盛顿将南部的指挥权交给了纳撒尼尔·格林(Nathanael Greene)。格林是教友会成员,曾在罗德岛做铁匠,在当时美国的将军中,他的军事才能仅次于华盛顿。

格林任南方军队指挥之前,战争的局势就已开始对康华里不利。1780年10月

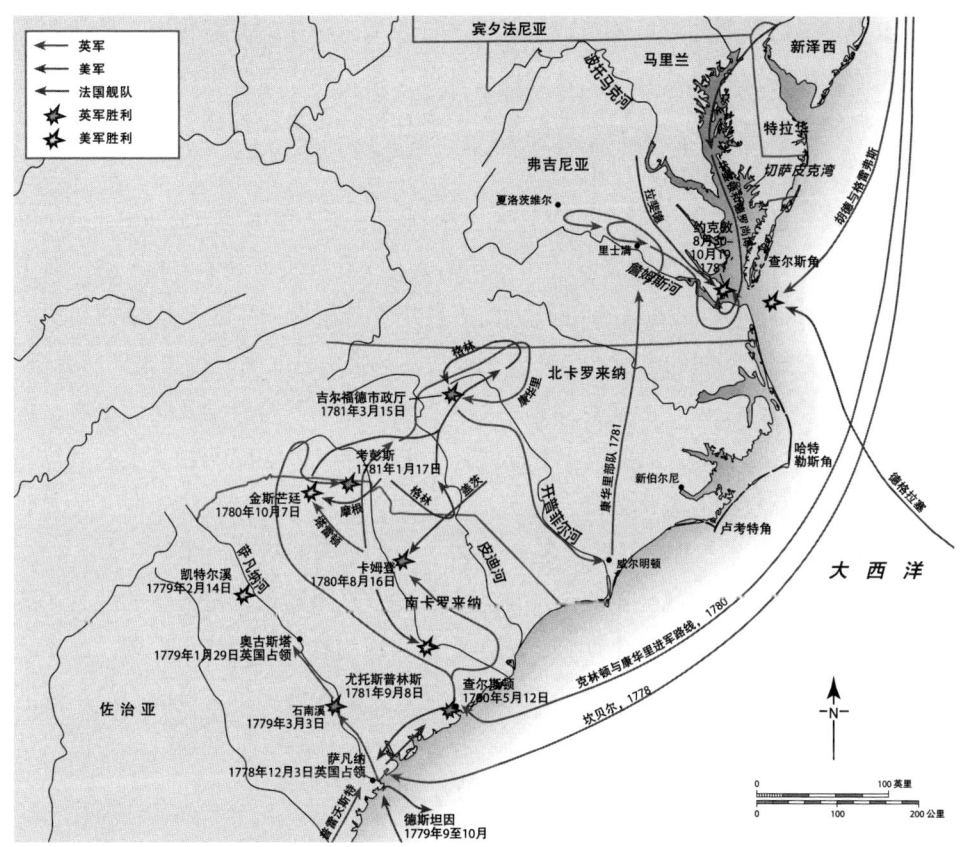

独立战争在南部，1778—1781 英国人认为英军对南部更为适应，也就是独立战争最后阶段主要集中的地区。◆ 他们为什么会这样认为？这幅地图所描述的是那些年间英军和美军众多但零散的军事行动，但没有一场是决定性的。图中还描述了切萨皮克湾和詹姆斯河周边独立战争的最后阶段。◆ 英军的什么战略失误导致他们在约克郡投降？（彩图见第525页）

7日，在国王山（位于南、北卡罗来纳交界处附近），一队来自边远地区的热爱家园者步枪手打死、打伤和俘虏了整整1100名康华里用作辅助部队的纽约和南卡罗来纳的托利党人军队。格林到任之后，将美国的兵力化整为零，机动灵活，避免公开对峙，使康华里更加不知所措，愈发恼火。格林的一小分队于1781年1月17日在考彭斯（Cowpens）使英军遭受了（如康华里所言）"非常意外的沉重打击"。最后，格林在获得增援后集结所有兵力，在自己选择的战场——北卡罗来纳的吉尔福德市政厅（Guildford Court House）与英军进行了正面作战。1781年3月15日，经过一场鏖战，格林率部撤退，而康华里的部队伤亡惨重，最后也被迫放弃卡罗来纳战役。

康华里率部撤退到港口城市威尔明顿去接收海上运来的军需物资，随后北上向弗吉尼亚腹地发起进攻，但克林顿担心部队安全，命令康华里在约克河与詹姆斯河之间的半岛上待命，然后率部队乘军舰驶往纽约或查尔斯顿，康华里因此撤退到约克敦，并在那里修筑工事。

约克镇　华盛顿在法国美洲远征军司令让·巴蒂斯特·德·罗尚博（Jean Baptiste de Rochambeau）和法国美洲水域舰队司令弗朗索瓦·约瑟夫·保罗·德·格拉斯上将（François Joseph Paul de Grasse）协助下在约克郡围剿康华里。华盛顿和罗尚博率法美联合部队从纽约出发，与弗吉尼亚拉法耶特率领的另一只法国部队会合，而格拉斯率兵从海上向切萨皮克湾和约克河行驶。这些联合行动及时而果断，将康华里围困在水陆之间。康华里小有抵抗，于1781年10月17日柏高英在萨拉托加投降的四年后宣布有条件投降。两天后，当军乐队奏响那首传统乐曲《世界底朝天》的时候，康华里称病，派代表率7000余人的英国部队正式投降。

除少数局部冲突，战斗至此全部结束，只是合众国尚未取得战争的胜利，英国兵力仍占据着萨瓦纳、查尔斯顿、威尔明顿和纽约这几个港口。不久，一支英国舰队在西印度洋群岛打败格拉斯上将的军队，华盛顿进一步取得法国海军援助的希望从此破灭。此后一年多的时间里，尽管英美之间没有大规模征战，但战争持续的可能性仍然存在，争取独立的战争仍可能以失败告终。

美国与世界　革命的时代

美国独立战争是大英帝国与其大西洋沿岸的北美殖民地之间矛盾与冲突的结果，但也是历史学家称之为"革命的时代"的一部分，也是造就这一时代的原因之一，这个时代囊括了18世纪后期和19世纪初期的大部分西方世界。

现代的革命概念——推翻旧的体制和政权而以新的取而代之——在很大程度上是启蒙运动思想的产物。其中之一就是英国哲学家约翰·洛克和其他一些思想家所倡导的人民主权论。这一思想认为政治权力并非来源于君权神授，也非贵族世袭，而是来源于被统治者的共同意志。与之相关的一个启蒙思想就是个体自由的概念，传统的观点认为政府有权规定人民的行为、说话甚至思维的方式，个体自由的概念对这一传统提出了挑战。18世纪倡导个体自由的思想家（其中之一是法国哲学家伏尔泰）提倡宗教宽容（结束对那些不遵从国家主流的或官方宗教的人们的歧视态度）和思想言论自由。瑞士籍法国启蒙运动理论家让·雅克·卢梭对于传播在政治和法律方面人人平等的思想起到了促进的作用，他认为应该结束贵族和精英的特权，所有的公民都有权参与政策和法律的制订。这些启蒙思想共同构成了挑战西方世界很多地方现存社会秩序的基础，其影响范围甚至超出西方世界之外。

美国独立战争是启蒙运动感召下的第一场反抗现存秩序的革命，从很多方面讲，也是最具影响力的一场革命，它为其他地区试图反对非人民主权政体的人们提供了启示。1789年，就在美国革命开始十几年之后，革命在法国爆发，这场革命起初通过国家立法机关反对国王，尔后通过一系列愈发激进的措施向现存政体提出挑战。君主制被废除（国王和王后在1793年被当众处死），天主教会的权威大大削弱，在雅各宾时期（1793—1794）革命的最高潮，4万多名被怀疑为反革命的人被处死，数千人被投入监狱。1799年，一位年轻的将军拿破仑·波拿巴夺取了政权，开始建立新的法兰西帝国，革命的激进时期到此结束，但法国古老的国王和贵族专政体制从此再没有真正复苏。

法国和美国的革命一同唤起了大西洋世界其他很多地方的革命。1791年，在海地爆发了一场重要的奴隶起义，不久便吸引了10万多人加入其中。奴隶军队打败了岛上的白人殖民者和被派来镇压叛乱的法国殖民军。在杜桑·卢维杜尔的领导下，他们开始煽动独立，1804年，杜桑去世几个月之后，海地独立，成为美洲第一个黑人共和国。

这些革命思想传到美洲的西班牙和葡萄牙殖民地，尤其是在克里奥尔人（出生在美洲的欧洲人后裔）中广为传播。18世纪末，他们开始反抗从西班牙和葡萄牙派来的殖民地官员的长期统治，要求在治理自己的国土方面提高自主权。拿破仑1807年入侵西班牙和葡萄牙，削弱了他们对美洲殖民地的控制权。之后，革命席卷拉丁美洲的大片地区，在新大陆建立起独立的国家。墨西哥1821年成为独立的国家，中美洲的一些原属墨西哥的行省（危地马拉、萨尔瓦多、洪都拉斯、尼加拉瓜和哥斯达黎加）三年之后各自独立。西蒙·玻利瓦尔效法乔治·华盛顿，领导了一场重大的革命运动，1822年为巴西赢得独立，还协助领导了委内瑞拉、厄瓜多尔和秘鲁的革命斗争，这三国都在19世纪20年代赢得独立。同一时期，希腊的热爱家园者吸取了其他革命国家的经验，展开争取独立的运动，最终于1830年从奥斯曼帝国赢得独立。

革命时代唤起了很多新的独立民族的意识，但人民主权、个体自由和政治平等这些理念却没有在这些国家深入人心。在美国和拉美的很多地区，奴隶制仍继续存在。贵族专制甚至是君主专制以新的形式出现在法国、墨西哥、巴西以及其他很多地方。很多妇女都曾希望革命时代能让她们获得新的权利，而在这一时期她们在法律和政治方面收获甚微。但是，革命时期传入西方世界的理想在19世纪及其后仍继续塑造着国家的历史。

赢得和平

康华里的失败触发了英格兰的停战呼吁，诺斯勋爵辞去了首相之职，谢尔本勋爵（Lord Shelburne）从政治纷乱中崛起，继任英国首相。英国特使出现在法国，同美国外交官正式谈判。美国的三位主要外交官是本杰明·富兰克林、约翰·亚当斯和约翰·杰伊。

美国人受命在和英格兰的谈判中与法国通力合作，但维尔让坚信法兰西不会和英格兰达成任何协议，除非他的西班牙同盟实现自己的战争目的：从英国人手中夺回直布罗陀海峡。当时没有任何迹象表明会取得这种预期的结局，美国人开始担心和法国人的联合会使自己在战争中被无限拖延下去。最后，富兰克林、杰伊和亚当斯开始独立行动，在没有通知维尔让的情况下于1782年11月30日与英国草签协议。同时，富兰克林又巧妙地安抚了维尔让，以避免直接给法美关系带来裂痕。

在西班牙和法国一致同意结束敌对状态时，英国和美国最后达成协议，于1783年9月3日签署了《巴黎和约》。和约从总体上讲对合众国十分有利，它明确承认美国独立，并慷慨规定美国拥有的国土：北起加拿大南部疆界，南至佛罗里达北部疆界，东起大西洋，西至密西西比河。1783年秋，最后一批英国占领军从纽约撤退，华盛顿将军率兵凯旋，美国人理所当然地欢庆胜利。

《巴黎和约》

三、战争与社会

在美国革命是否既是社会革命又是政治革命的问题上，历史学家长期存在着争论，有些人认为殖民者并非仅仅为地方自治而战，而是为地方由谁来治理而战；另一些人认为国内社会经济问题与战争无关。（参见"历史学家的分歧"，边码第

134—135页）然而，无论美国人动机如何，独立战争都对美国社会的性质产生了重要影响。

亲英派和少数群体

美国独立战争的失败者不仅包括英国人，而且还有美国亲英派，人们无法知道革命时期究竟有多少美国人效忠英格兰，但有一点很清楚：这批人数量很大，至少占白人总人口的五分之一（有些历史学家的估算高达三分之一）。亲英派的动机各不相同，有些是帝国政府的官员，革命会令他们丢了官职；有些是商人，他们与帝国体系有着密切的联系（但多数商人还是支持革命的）；也有生活得相对孤立的人，他们不了解令众多美国人反对英国的抗议浪潮，只是依照传统保持着对皇室的忠诚；有些文化和种族的少数群体，他们担心美国独立之后不能给他们以充分的保护；有些则是固执谨慎的人，他们害怕社会不稳；此外，还有期望英国在战争中获胜的人，他们只是想跟着未来的胜利者沾光。

战争中这些男男女女的经历是动荡的，有时候甚至是悲惨的。许多亲英派在社区中受到热爱家园者追踪，受到立法和执法部门的困扰，所处状况令人难以忍受，多达10万人逃离美国，有钱的人移居英格兰，但也有人，比如深遭痛恨的马萨诸塞托利党总督托马斯·哈钦森，过着艰苦孤独的流放生活。其他财力一般的人移居加拿大，在魁北克省建立了第一个讲英语的社区。有些人战后回到美国，随着先前热情与怨恨的逐渐淡化，又重新融入美国社会生活之中，有些人后半生一直身处海外。

亲英派的困境

大多亲英派是普通人，但也确有少数富人，这些富人丢掉了大片地产和重要的社会经济地位，即使是留在国内的人，也面临着财产和地位的重大损失，结果是，热爱家园者有机会轻易获得财产并迅速产生社会影响，这种局势给许多社会群体带来了深刻的变化。

但是，如果说亲英派的出走导致社会革命，或独立战争总体上打击了美国有钱有势的人，则有些言过其实。战争结束时，大多数原来富有的人仍然富有，原来具有影响力的人仍然具有影响力。实际上，战后财富和权力分配的变化速度比战争期间快得多。

战争也对其他少数群体产生了重要的影响，尤其是对一些宗教群体的影响尤为深刻，其中遭遇最为悲惨的是英国国教圣公会教徒。在弗吉尼亚和马里兰，殖民政府曾将圣公会立为官方宗教，并征税加以维护。而新的革命政权将教会与政

废除英国圣公会

府分离，撤销了政府的补贴。到战斗结束时，很多圣公会教区已经没有了牧师，因为没有人替代那些死了的或逃跑了的效忠派牧师。虽然圣公会教派在美国仍然存在，但其在独立战争中的损失使它受到永久性的削弱。独立战争也削弱了宾夕法尼亚和其他各处曾享有很高社会和政治声誉的贵格派，因为他们持反战观点而广泛不受欢迎。

战争削弱了圣公会和贵格派，同时提高了罗马天主教会的地位。根据马里兰政治家、天主教俗世领袖卡罗顿的查尔斯·卡罗尔（Charles Carroll of Carrollton）的建议，多数美国天主教徒在战争期间支持热爱家园者。与法国联盟使天主教军队和牧师来到美利坚，美国人满怀感激之情欢迎他们，这大大化解了长久以来对天主教的敌视情绪。天主教徒的数量并未因独立战争而增加，但作为一个宗教派系其力量得到大大加强。战争结束后不久，罗马教廷为美国提供了天主教教阶制度。（在此之前，欧洲的主教们控制着美洲的教会）（同样来自马里兰的）约翰·卡罗尔神父（Father John Carroll）在1784年被任命为美国天主教传教团的领袖，1789年又被任命为美国第一位主教，1808年他成为巴尔的摩大主教。

战争与奴隶制

对于美国人口最多的少数群体——非裔美国人来说，战争的影响虽然有限，但十分深刻。因为很多奴隶趁战争最后几年英军到达南部的机会逃跑了，对一些黑人来说，战争即意味着自由。英国人促使黑人奴隶离开美国，其原因并不是兑现解放他们的承诺，而是旨在瓦解美国对于独立战争的努力。例如在南卡罗来纳，占总数近三分之一的奴隶逃跑。1770年非洲黑人占总人口的60%；到1790年，这一数字下降到44%。

对于其他非裔美国人，革命使他们有更多的机会接触到"自由"的观念，尽管很少接触到自由的现实。多数美国黑人不能读书识字，但新的令人振奋的思想在城镇中甚至在种植园广为流传，他们几乎所有人都不可避免地听到过这些思想。其影响表现为，在很多社区非裔美国人公开反抗白人的控制。如在南卡罗来纳的查尔斯顿，一名自由黑人托马斯·耶利米（Thomas Jeremiah）被热爱家园者领袖们指控蓄谋私运枪支给南卡罗来纳的奴隶，1775年托马斯·耶利米被处决。革命也使一些黑人作家（多数在北部）创作出颇具说服力的作品，向人们表达得到的教训。新英格兰黑人勒缪尔·海斯（Lemuel Hayes）1776年写道："自由是从天堂传到人间的珍宝，即便是黑人也和英国人一样有同等的自由权利……难道一个人

非裔美国人渴望自由

的肤色应该成为判断其自然权利的决定性标准吗？"

因此，在奴隶占总人口半数以上的南卡罗来纳和佐治亚，人们对于革命持相互矛盾的态度。奴隶主反对英军解放奴隶的做法，但他们也害怕革命本身会煽动奴隶造反。正是出于这种担心，加勒比岛屿的英国殖民者（黑人奴隶的数量比北美高出许多）没有参加北美大陆的反英革命。在北方大部分地区，革命的情绪与基督教福音派热情结合在一起，使反奴隶制的思想在社会上流传甚广。而在南部，白人依然支持奴隶制。南部教会抵制北部反奴隶制的思想，他们一方面强调白人的种族优越性，另一方面号召奴隶主对奴隶仁慈一些，试图以此使奴隶制成为一个合理的制度。

如同美国历史上很多其他时期一样，革命暴露了这个国家在争取自由与维持奴隶制这两种思想之间的长期矛盾。对于我们这个时代的人，甚至对于美国革命时期的一些人而言，自由与奴隶制之间显然水火不容。但在18世纪的很多美国白人，尤其是南部白人看来，这种矛盾似乎并不明显。实际上，很多南部白人认为黑人低劣，不宜拥有公民权，奴役黑人是保障白人自由的最佳方式。他们也担心，一旦没有了奴隶就得雇用南部的白人劳力，由此导致的不平等将威胁到自由的存在。因此美国革命颇具讽刺意味的一个问题就是，白人一方面在捍卫自己的自由，同时在保持对他人的奴役。

自由与奴役的矛盾

印第安人与独立战争

大多数印第安人对独立战争的态度游移不定。美国爱国军将这场战争描述为与印第安部落无关的、殖民者与英国人间的"家庭争吵"，并试图说服印第安人在冲突中保持中立。同样，英军也希望印第安人保持中立，担心土著人联盟不可靠且难以控制。最终，大多数印第安部落选择不卷入这场纷争。

然而，对于一些印第安人而言，这场战争会对他们构成威胁，热爱家园者有可能取代英国人来统治他们，毕竟他们与英国人建立了些许信任关系，而他们普遍认为爱国军对他们抱有敌意。英军一贯主张限制白人居民向印第安领地扩张（尽管没有成功）；而美国人则总是侵犯印第安领地的先锋队。因此，一些印第安人，其中包括曾在纽约北部参加柏高英指挥的战役的易洛魁人，选择加入英国的阵营。其他印第安人则利用这场纷争来为自己谋求私利，向他人发动攻击。

在南北卡罗来纳及弗吉尼亚的西部，一群由一个叫作"拖独木舟"（Dragging Canoe）的首领带领的切诺基人，于1776年的夏天向边远的白人居住区发动攻击。

热爱家园者民兵大力反击，掠夺了切诺基人的领地，迫使"拖独木舟"及他的下属们西逃渡过田纳西河。留下的切诺基人则同意签署新条约，放弃更多的领土。然而并不是所有印第安人的军事努力都以失败告终。一些易洛魁人虽然在奥里斯坎尼（Oriskany）遭遇挫败，但继续在西部发动对美国白人的战争，导致纽约州和宾夕法尼亚州大范围农田遭到损坏，而这些农田正是向爱国军提供军粮的重要基地。尽管美军的报复使印第安人遭受了严重的损失，但这种袭击在整个战争时期一直持续不断。

不同的立场

但是，最后在很多方面，独立战争还是削弱了印第安人的地位。爱国军的胜利促进了白人对西部土地的需求；许多美国白人把向西部扩张的限制与英国的压迫联系起来，并期望新的国家能消除这些障碍。同时，白人对印第安人的态度原本就不怎么友好，现在变得更坏。许多白人深深憎恶莫霍克族及其他曾给予英国帮助的印第安人，并坚持把印第安人当作被征服的族裔来对待。另一些人则像家长一样看待这些部落，这种观点对印第安人的威胁稍小一些。比如，托马斯·杰斐逊把印第安人视为"高贵的野蛮人"（noble savages），认为他们目前尚未开化，只要他们愿意接受白人社会的规则，仍然是可以挽救的。

印第安人内部日益严重的分裂

独立战争揭示并深化了印第安部落内部的分歧，这些分歧使得部落之间难以再联合起来对抗日益强大的白人群体。譬如，肖尼族人（Shawnee）曾于1774年试图在弗吉尼亚西部发动起义，对抗想入驻后来被称为肯塔基的领地的白人。他们这场战斗几乎没有同盟者，最终（在一场叫作邓莫尔勋爵之战的战役中）被殖民军队打败，割让了更多土地给白人。易洛魁人的力量自从法国与印第安人战争后每况愈下，同样也没能在独立战争中团结起来采取一致行动。

独立战争的结束并不意味着印第安人和白人之间冲突的结束，一些印第安人还是会成群结伙地在边境对白人发动袭击。白人军队通常以这些侵犯为借口，继续攻打印第安部落，为领土扩张扫清障碍。最惨烈的一场大屠杀大概就发生在1782年，当时英国已经投降，白人美军在俄亥俄州的那登哈顿（Gnadenhutten）屠杀了一群和平的特拉华人（Delaware）。白人声称这是对此前印第安人杀害一个白人家庭的罪行的报复，但几乎没有人相信，这些特拉华印第安人（他们既是皈依基督教的信徒又是和平主义者）会参与那场对白人家庭的袭击。白人士兵杀害了96人，其中包括许多妇女和儿童。虽然这样的大屠杀在印白关系中并非常见，但从中也不难看出，独立战争丝毫没有改变这两个种族间的矛盾。

妇女的权利和地位

长期的战争几乎波及每个地区，自然对美国妇女产生了异乎寻常的影响。众多壮丁加入爱国军参与战斗，而他们的妻子、母亲、姐妹和女儿则留守家中务农经商。一些留守的妇女没有赖以生存的农场或商店。不少城镇出现大批这样的留守贫困妇女，偶尔她们会领导抗议物价上涨的运动；也有一些饥饿的妇女会发起街头暴动，抢掠食物。在其他地方（在新泽西和斯塔滕岛 [Staten Island]），妇女们因不堪为英军驻扎部队提供大量的食宿支出而奋起发动反击。

然而，并非所有妇女在男人奔赴战场时都留在后方。部分妇女涌入爱国军的军营，与她们的亲人并肩作战。这种情况有时出于自愿，但通常是因为经济条件困难或是敌人（及英国兵带来的天花和痢疾）的驱赶而被迫离开家园。乔治·华盛顿从未正眼看待这些女性"随营者"（camp followers），认为她们扰乱军纪、分散精力（尽管他的妻子玛莎曾于1778—1779年的冬天在福吉谷陪他度过寒冬）。其他军官对于营中妇女更为敌视，他们不停地抱怨，表现出对违反传统性别角色的担忧（也许还因为这些妇女普遍是下等出身）。曾有人以极度反感的口吻写道："她们披头散发，蓬头垢面，满头汗珠，背着行囊，所到之处叽叽喳喳聊个不停，时而放荡地尖叫。"但是，实际上这些妇女对于军队价值重大。那时，军队的补给系统与后勤服务尚未健全，妇女的参与对军队助益良多。她们鼓舞了军队的士气，并承担了做饭、洗衣及护理等重要职责。

军队中的妇女

妇女的活动并不只局限在传统的女性工作上。艰苦的军营生活使得传统的性别界限难以维持。相当多的妇女（至少是阶段性地）加入到战斗中，其中包括富有传奇色彩的"大水罐莫莉"（这么称呼她是因为她提着大水罐给前线战士送水）。莫莉亲眼看到丈夫在一次战斗中倒下，当即操纵野战炮替代了他的位置。一些妇女为了能上战场甚至女扮男装。

战争结束后，士兵及随营者自然都返乡了。在和平时期，战争的经历对于社会（或妇女们自己）如何确定女性地位没有产生明显的影响。然而，独立战争的确在某些方面唤起了当时人对妇女问题的重新思考。对自由与人权的重视也让妇女对自身的社会地位提出了质疑。阿比盖尔·亚当斯（Abigail Adams）在1776年给丈夫约翰·亚当斯的信中写道："顺便提一句，我想一些新法律的制定必然有你的参与，希望你多替女性想想，比我们的先人更慷慨地关爱女性。"

亚当斯夫人所呼吁的只是在小范围内扩大妇女权利，她希望妇女能受到新的保护，免遭男人的暴力和虐待。一些妇女则提出了更高的要求。朱迪思·萨金特·默里（Judith Sargent Murray），18 世纪后期著名的散文家，于 1776 年写道，女性的头脑并不比男性差，因此女孩应该和男孩一样拥有同等的受教育的权利。

呼吁女权　一些政治领袖（包括本杰明·富兰克林和本杰明·拉什［Benjamin Rush］）呼吁对于女性受教育权利及其他女性改革运动的支持。18 世纪 80 年代，耶鲁大学生就"妇女能否在地方、帝国和共和政府参政"的问题展开激烈的辩论。新的共和国已经打破了许多陈规旧俗，妇女地位问题在一段时间内又引发了广泛的探讨。即便如此，也少有具体的改革措施通过法律形式确定下来，在社会中也没有得到广泛的实践。

在英国民法治理下的殖民社会，未婚妇女有一定的法律权利（如可以拥有个人财产，可以签约等），但一个已婚妇女几乎没有任何权利。她不能拥有私人财产，也不能独立赚钱。她所拥有的和所赚取的一切都归于自己的丈夫。她对孩子没有法定权利，而孩子的父亲才是法律意义上的一家之主。由于已婚妇女没有私有财产所

英国步兵　世界上军事力量最强的国家招兵的方式近乎杂乱无章。对于有地位的绅士而言，招募一个英国新兵会给他们带来利益，每招募一名新兵就可以得到一份现金奖赏。因为有了这种动力，招兵几乎不加选择，通常是酒和钱并用把招募对象劝（或者说骗）来当兵的。即使如此，英国步兵总体来讲还算得上好士兵。这幅画描述的是美国独立战争期间英军的营地。英国军队和殖民地军队一样，也吸纳了一些妇女，如图中左方所示，她们有些充当"随营者"，帮助士兵做一些杂务。士兵们穿着极具装饰性的制服，从很多方面来说很不实用，为了着装整齐，他们每天要多花上 3 个小时。（Anne S. K. Brown Military Collection, Brown University Library）

锡匠协会的旗帜 美国锡匠协会的会员1788年奔赴纽约游行时举着这面爱国旗帜。旗帜上的题字庆祝新的联邦宪法的诞生,并预言"美洲大地"将会繁荣、自由。这面旗帜也表明美国制造业的重要性日益提高。革命期间,由于不能从英国进口工业品,美国自己的制造业得以长足发展。(Collection of the New-York Historical Society)

有权,她们不能参与任何法律活动(如买卖,上诉或被诉,书写遗嘱)。她们没有投票权,在多数州妇女也无权提出离婚——离婚几乎都是男人的权利,尽管在南部多数男人也没有这种权利。阿比盖尔·亚当斯(她的婚姻十分幸福)呼吁她的丈夫勿让"无限权力掌握在丈夫手中",其用意也正是由于妇女的此种地位。

独立战争几乎没有改变这些法律习俗。尽管在某些州,妇女离婚确比以往变得容易些了。在新泽西,妇女获得了投票权(尽管此项权利于1807年被废除了)。除此之外,很多方面的发展却是只退不进,例如妇女无权从前夫财产中讨回嫁妆。这一变化使得许多女性失去生活支柱,而这也是女性日益要求教育权的原因之一:必须寻求一种方法养活自己。

换句话说,独立战争远远没有改变美国社会的父系结构,反而强化了它。对于妇女和男人应该各司其职这种观念,很少有妇女提出质疑。多数人承认她们的价值限于家庭之中。阿比盖尔·亚当斯在请求丈夫"不要忘记女性"的信中还迫切要求他"把我们当成上帝所创造的人一样看待,在你们的保护下,像上帝一样利用万能的力量为我们带来幸福"。然而,战争确实给对女性在家庭中的地位带来了微妙而意义深远的影响。过去,妇女在家中的地位不比佣人高多少,男人和妇女都认为妻子处于明显的从属地位,在家中的作用远不及丈夫重要,而独立战争使男女双方重新考虑女性对家庭及社会的贡献。

这种现象的一个成因就是妇女参战的事实,还有部分原因是战争期间及战后人们对美国社会生活的重新审视。共和国在寻求自身文化认同的同时开始重视女性的母亲身份。正如许多美国人所坚信的那样,这个新的国家正在孕育崇尚自由

家长制结构得到加强

原则的新公民，所以母亲承担着将后代培养成具有优良品质的共和国公民的重大责任。妻子远没有取得婚姻中的平等地位，但她们的思想、利益和家庭地位日益受到尊重。

战时经济

独立战争不可避免地对美国的经济结构产生了重要的影响。一个多世纪以来，美国经济依赖英国，战后美国则突然成了孤家寡人。美国商船不能再享受英国海军护航，相反，英国军舰设法在海上驱赶美国的船只。美国商人不能再进入帝国市场，这些市场如今已成为敌对的港口，其中当然包括美国最重要的贸易来源——英格兰。

战争虽打破了美国传统的经济模式，但从长远看却促进了美国经济的发展。在战争远未结束之前，美国就学会了用轻便小巧的船只逃避英国海军。事实上，美国佬曾组织数百艘海盗船袭击英国商船。对很多船主来说，战争期间的海上劫掠比和平时期收益更多。更重要的是，从长远来看，摆脱帝国的海运限制为美国经济拓展了更多新的领域。虽然殖民地商人多年以来一直在违反英国的贸易规定，但这些法规毕竟束缚了美国开发更广阔的市场。如今，新英格兰和其他地区有魄力的商人开始开辟加勒比和南美市场。到18世纪80年代中期，美国商人在亚洲开拓了重要的新型经济模式，80年代末，美国商船时常从东海岸出发，经合恩角到达北美太平洋沿岸，在那里以手工制品换取动物毛皮，然后穿越太平洋到中国去交换商品。同一时期，美国各州之间的贸易活动也显著增加。

新的贸易模式

英国向美国的商品进口先是在战前遭到抵制，后因独立战争而中断，于是美国各州极力刺激国内必需品的生产，虽未扩大主要工业的生产规模，但已有多种迹象显示出下个世纪的发展势头。美国人开始生产自己的"家纺制品"（homespun）以代替无法进口的英国纺织品，既具爱国特色又很时尚。虽然大型国产纺织业的兴起需待时日，但全国的衣料再也不会单纯依赖国外的货源。当然，还须建立自己的军工厂以生产枪支弹药。人们逐渐认识到，美国不必永远依赖从外国进口工业品。

到战争结束时美国经济远未发生革命，实际上美国经济直到19世纪才初见起色，但战争激发了一系列企业精神，尽管出现过短暂的混乱时期，但这些企业精神促进了经济的发展和多样化的形成。

四、建立州政府

美国人在为独立而战的同时,也在为推翻英国体制、建立属于自己的新政府而努力。这样的努力持续了十五年之久,而最重要的努力发生在战争期间,且始于州的层级。

共和主义之设想

如果说美国人在建立新政府之初在其他方面都没有达成一致意见,而只在一个方面存在共识,那就是建立共和政府。对他们而言,在这种政治体制中,所有的权力都来自人民,而不是高高在上的权威(譬如国王)。这样的政府能否成功取决于其公民的性质。如果公民是健全独立的财产拥有者,并且具有强烈的公民道德感,那么共和政府就能生存;如果公民中只有少数贵族掌控权力,而大批民众仅为依附性的劳工,共和政府便会面临危机。因此,从一开始,小产权者(独立的自耕农)理想便成为美国政治理念的基础。

<small>公民道德的重要性</small>

这种理念的另一重要部分是平等的观念。《独立宣言》用非常响亮的词句表达了这一观念:"人人生而平等"。它是一种与欧洲世袭观念形成鲜明对比的信念。美国人坚信,人的社会地位是由他天赋的才干和精力决定的,而非取决于家庭出身。就是说,共和思想描绘的是没有社会等级的社会。部分人会不可避免地拥有较多权力或财力,但人人都要通过个人奋斗才能成功。世上没有完全平等的条件,但拥有完全平等的机会。

当然,事实上合众国不会成为一个人人都是自由财产拥有者的国家。依附性劳工从一开始就大量存在,他们之中的白人拥有许多公民特权,而黑人则几乎没有。美国女性在政治与经济上一直处于从属地位。同样,印第安人一步步地遭到掠夺和驱逐,也没有完全平等的机会。美国社会比多数欧洲国家开放,社会流动性强,但一个人的出身依然是决定日后成功与否的重要因素。

<small>持久的不平等</small>

尽管如此,美国人在信仰共和主义的同时也采纳了一种有力的,甚至是革命性的观念,这使他们能够建立世界上前所未有的新政府。他们的治国经验成为许多国家争相效仿的典范,并一度成为世界上最受崇敬和受研究最多的国家。

最早的各州宪法

甚至在独立战争之前,康涅狄格和罗得岛已有共和政府,只是未正式命名。

他们只是将英国宪法中的英格兰和国王等字句删去后便作为州宪法颁布了。而其他 11 个州决定拟订新的文件作为宪法。

成文宪法与强大的立法机构

最初且最基本的决策就是将宪法落实到字面上，美国人认为，英国宪法的模糊性导致了腐败现象的滋生。第二个决策是限制行政官员的权力。权力扩张的现象在英国甚为严重，美国人认为应该以之为鉴。宾夕法尼亚甚至完全取消了州长。其他大多数州则在宪法中增加条例，大量限制州长任命下属的权力，减少或取消州长的否决权，禁止州长解散立法机构。更重要的是，各州禁止州长及其他行政官员在立法机构任职（这不同于英国），以确保两个机构完全分立。

不过，新宪法并没有选择直接的民众政治。在佐治亚和宾夕法尼亚，立法机构均只有一个民选议院，而其他州都有上议院和下议院，通常上议院代表"上等阶层"。所有州都对投票人的资格附有财产要求，有些要求较低，有些则很高。

修订州宪法

到 18 世纪 70 年代末，新的州政府中明显的分歧及不稳定性，令美国人愈加担忧，担心这些现象将会使政府一事无成。许多人认为问题在于过于民主。于是，许多州开始通过修改宪法来限制民众的权力。直到 1780 年才签署自己州宪法的马萨诸塞成为这个修改宪法运动的先锋队。

两个变革使马萨诸塞州的宪法与其他州有所不同。第一是改变宪法起草的过程。通常宪法的初稿都是由州立法机构起草的，因此很容易被该机构修改或违背。马萨诸塞州及其他各州寻求一种方法能保护宪法免受普通政治的影响，于是创立了制宪会议——专门为起草宪法而召集的特殊会议，只召开一次，此后不再开会（特殊情况除外）。

行政机构权力的加强

第二个变革即是加强行政人员的权力，以避免公众权力过分增加。马萨诸塞州 1780 年宪法使该州州长成为美国权力最大的州长之一。他由公民直接选举产生；拥有固定工资（换句话而言，他不依靠立法机构每年凭好意发给他的薪水）；他有更大的任免权及一票否决权。马萨诸塞之后，其他各州也纷纷效仿。那些未设置上议院或上议院权力不强的立法机构也纷纷增设或加强上议院，多数州都扩大了州长的权力。宾夕法尼亚州最初没有行政机构，如今却诞生了强有力的行政机构。到 1780 年代末期，几乎所有的州都修改了州宪法，以确保政府运行的稳定性。

宗教自由和奴隶制

新建的各州积极采取措施以推进宗教自由的实现。大多数美国人仍然相信，宗教应该在政府工作中发挥一定的作用，但并不希望给予任何教派以特权。从前教会享有的特权已被大规模取消。1786年，弗吉尼亚州颁布了由托马斯·杰斐逊起草的《宗教自由法令》，要求政教完全分离。

更为棘手的问题是奴隶制问题。有些地区奴隶制较为薄弱，如新英格兰，那里从未有过太多奴隶；在宾夕法尼亚，贵格派强烈反对奴隶制。这些地区的奴隶制被州政府废除。即使在南方，奴隶制也受到压力，有人呼吁修正甚至根除这一制度。除了南卡罗来纳州和佐治亚州外，其他各州均禁止从外国进口奴隶；而在独立战争期间南卡罗来纳州也禁止奴隶贸易。弗吉尼亚州也通过一些法律以鼓励解放奴隶。

宗教自由法令

一名自由黑人 美国革命时期最伟大的肖像画家约翰·辛格顿·科普利在1777—1778年创作了这幅年轻的非洲裔美国人的画像。画中的男子可能是新英格兰渔船上的一名渔人，他还出现在科普利的另一幅画《沃森与鲨鱼》中。当时北部自由黑人的肖像画数量很少，而以写实的手法认真描述黑人的为数更少，这幅画是其中之一。(Head of a Negro, 1777–1778. By John Singleton Copley. Oil on canvas, 53.3 3 41.3 cm. Founders Society Purchase, Gibbs-Williams Fund. Photograph © 1986 The Detroit Institute of Arts)

但无论如何，奴隶制仍在所有南部和边境各州存在。其原因有很多：白人种族主义者认为黑人天生低劣；很多南部白人对于奴隶投入了巨额的资金；即使是华盛顿和杰斐逊这样对奴隶制抱有疑虑的人也无可奈何，想不出其他可以取而代之的制度。如果奴隶制被废除了，美国黑人的境况会怎样呢？白人认为黑人不可能以平等的身份融入美国社会。杰斐逊曾说过，美国人维持奴隶制就如同"抓着狼的耳朵"一样潜藏着危险。然而，尽管继续维持奴隶制有诸多不利，但要废除它情况可能会更糟。

五、探索建立全国性政府

美国人在州级机构的问题上很快达成一致，而对于全国性政府的结构问题则没有那么简单地加以解决。起初，多数人认为全国性政府的权力应该相对较弱，并处于相对次要的地位，每个州都应该成为一个主权国家。在这种理念下邦联条例应运而生。

邦 联

邦联政府的有限权力

1777 年大陆会议正式通过《邦联条例》，根据这一条例，成立了与当时已在运转中的机构十分相似的政府。大陆会议仍然是国家权力的中心（实际上是唯一的）机构，它的权力扩大到对外宣战、处理外交关系以及拨款、借款和发行货币，但无权调控贸易、招募军队和直接向人民征税。对于军队和税收问题，大陆会议需要向州立法机构提出正式请求，而州立法机构可以（而且经常）予以拒绝。没有独立的行政部门，"美国总统"不过是大陆会议开会时的主持人（英语中主持人和总统是同一词——译者注）。各州在大陆会议中都拥有一个重要的表决权，新的州加入邦联需经至少 9 个州的同意，条例的修正案需要所有 13 个州立法部门的批准。

在邦联条例的签署过程中（签署需要所有 13 个州一致通过），明显体现出各州之间广泛地存在意见分歧。小州坚持各州代表权平等的观点，而大州想根据人口的多少决定代表的名额。在这一问题上小州最终取得了胜利。更重要的是，占据了西部土地的州想要将新占土地据为己有，而其他州要求将这些土地交给全国性政府。纽约和弗吉尼亚必须在条例最后获得批准之前放弃西部新占领的土地。邦联条例最终于 1781 年生效。

邦联从 1781 年持续到 1789 年，它不是完全的失败，但也算不上成功。它没有足够的权力处理各州之间的问题，也无权使各州按其意愿行事，在世人的眼中它甚至无足轻重。

外交失败

与英国和西班牙的战后争端

邦联在国际上地位很低，其表现就是它很难说服英国（还有难度稍小的西班牙）遵守 1783 年签订的和约。

英国已经承诺退出美国领土，但实际上，它仍然占据着美国境内大湖区一些很重要的边疆哨所。英国人也没有按照协议把那些强征的奴隶归还给奴隶主。此外，英国在合约中将佛罗里达归还给了西班牙，因此还存在着关于新建国家东北边界以及邦联与佛罗里达之间分界线的纷争。大多数美国商贸活动仍在英帝国的范围内进行，美国人想完全进入英国市场，但是，英格兰却对其做出了严苛的限制。

1784年，国会任命约翰·亚当斯为大使，出使伦敦去解决这些纷争。但亚当斯在英国没有取得任何进展，因为英国方面一直不明白他是代表着整个国家还是十三个不同的州，整个1780年代，英国政府始终拒绝向美国首都派遣外交大使。

邦联外交官于1786年同西班牙签订了合约，西班牙接受了美国划下的关于佛罗里达的分界线，作为交换，美国政府承认西班牙在北美洲所占有的土地，并且同意美国船只在密西西比河的航行以20年为限。南方各州对于放弃密西西比河的使用权表示愤慨，拒绝该合约的通过，此举进一步削弱了美国政府在国际交往中的地位。

<small>外交政策方面的地区分歧</small>

邦联政府与西北边疆

邦联政府最重要的成就是解决了西部的一些领土纷争。独立战争开始时，只有几千名白人居住在阿巴拉契亚以西地区，而到了1790年，那里的人口增长到12万人，因此邦联政府必须找到一个方法使这些新移民融入新国家的体制当中。1781年，一些占有土地的州开始将土地所有权交给邦联政府，到了1784年，邦联政府已经取得了足够的土地，这使国会开始着手为国有土地制定政策。

以托马斯·杰斐逊的提案为基础的1784年条例，将西部领土分为10块自治区域。每个自治区，只要当地自由居民人口数量达到现有州中的最低限度，就可以向国会申请建州。这一规定使这些重组地区最终成为州，这反映出美国革命时期那一代人希望避免在附属地区内产生二等公民的愿望。由于他们自身曾是英国统治下的被殖民者，这种经历使他们可以想象二等公民的不幸境遇。此后的1785年法令中，国会建立了测量与出售西部土地的制度。俄亥俄河以北的地区被划分为整齐的矩形市镇，每个市镇分为36个区，其中四个区归属于合众国，其余32个区中一个区的收入要用来建立公立学校。各区以拍卖的形式出售，每英亩售价不低于一美元。

<small>1784年法令和1785年法令</small>

1785年法令的实行产生了很多重要的结果，其中最重要的就是确立了土地为人所用的长久模式。历史上曾出现过许多类似的制度，有些以自然的屏障（河流、山脉，或其他的地理特征）为界，一些面积广大但界限很含糊的区域，只是依靠地主

<small>网格状划地法</small>

关于西部土地的矛盾 美国在独立战争中的胜利将殖民地转变为"州",这些州在新的国家版图之内,全国性政府至少在有些方面对各州有一定的主权。国家权力和州权之间的一个早期矛盾是西部土地的所属权问题。这幅地图所标注的是最初 13 个殖民地曾占有的大片西部土地,该图也说明随着时间的变化所属权性质的转变:由殖民地所有权转为州所有权。新的全国性政府逐渐说服各州交出西部土地的所有权,并于 1784 年和 1785 年颁布法令规定处理这些土地的程序。◆ 为什么全国性政府认为要求各州放弃这些土地的所有权很重要?

非正式的所有权,还有一些土地拥有者只是随意划分土地的面积。但是 18 世纪的启蒙运动思想家更加注重精确,甚至运用数学方法来划分土地,这需要细心的测量和清晰的方法以划定界线。这种方法用在了 1785 年西北地区界限的划分上,也就是后人熟知的网格状划地法(grid):对土地进行精确的测量,并均匀地划分为正方形或矩形。这套划地的方法最终成为阿巴拉契亚山以西地区土地划分的规范。它也成为城市乡镇的结构模式,由街道组成的矩形网格将那些土地划分为几何图形。虽然老式的系统依然存在,但网状划分已成为美国最常见的划分和使用土地的方法。

《西北法令》 因为大多数人买不起那些土地,最初的土地条例对于土地投机者非常有利,但对于普通人来说并没有多少实惠。邦联国会在拍卖之前已经将很多好的土地卖给了俄亥俄赛欧托(Ohio and Scioto)公司,因而使这个问题变得更加复杂。由于对于这些政策的不满,国会通过了另一部法案以管理西部的土地,这便是《西北法令》。1787 年新的法令废止了 1784 年设立的十个地区,而将俄亥俄以北划分为独立的西北地区,该地区可以进一步划分为 3 至 5 个区域。该法令还规定人口达到 6 万人才能建州，并保证西北居民的宗教自由和陪审团审判权，整个地区禁止奴隶制。

国会起初对于俄亥俄以南的土地没有太多的关注，那里的土地开发比较混乱。后来肯塔基与田纳西在 1770 年代得到飞速发展。1780 年代，土地投机商和移居者开始建立政府，并且要求建州。但是，邦联政府从未成功解决那一地区土地所有权的纠纷。

印第安人与西部土地

至少在书面上，邦联政府制定了西部地区的土地政策并确立了一套体制，使白人进入该地区的过程变得有序而稳定。但事实上，由于邦联政府划分好并准备出售的土地中有些是印第安人拥有的土地，这种秩序与稳定来之不易，并且代价颇高。国会在 1784 年、1785 年和 1786 年曾试图解决这一问题，它与易洛魁、乔克托（Choctaw）、奇卡索（Chickasaw）和切罗基族的领袖签订了协议，迫使他们把南部和北部大片的土地割让给合众国。但那些协议实际上并没有起什么作用。1786 年，易洛魁联盟的领袖拒绝承认两年前签过的协议，并且扬言要攻击争议地区的白人居住区，而其他部落则从未真正接受过那些协议，继续抵抗白人迁入他们的土地。

白人与印第安人之间的暴力冲突在 1790 年代初达到高潮。1790 年和 1791 年，著名的迈阿密勇士"小乌龟"率部在邻近今俄亥俄西部边界区的两次主要战役中击败美军。在 1791 年 11 月 4 日的那次战役中，630 名白人士兵死于沃巴什河（Wabash River）河畔，这是印第安人与白人的战斗中空前绝后的一次重大胜利。迈阿密人认为，如果不能阻止美国白人进入俄亥俄以西，那么任何协议都是无效的，所以交涉没有取得成功。直到 1794 年，安东尼·韦恩将军带领 4000 名士兵进入俄亥俄河谷区，在落木之战（Battle of Fallen Timbers）击败了印第安人，双方的谈判才重新开始。

落木之战

一年以后，迈阿密人签署了《格林维尔协定》（Treaty of Greenville），同意将新的土地割让给合众国（当时根据 1789 年宪法联邦政府已在运转之中）；作为交换条件，印第安人也得到了对现有土地的正式认可。美国政府由此确立了只有印第安人自己才有权割让土地的原则。然而，在之后的一些年中，鉴于白人向西部扩张的压力，这项来之不易的许诺为印第安部落所提供的保障十分脆弱。

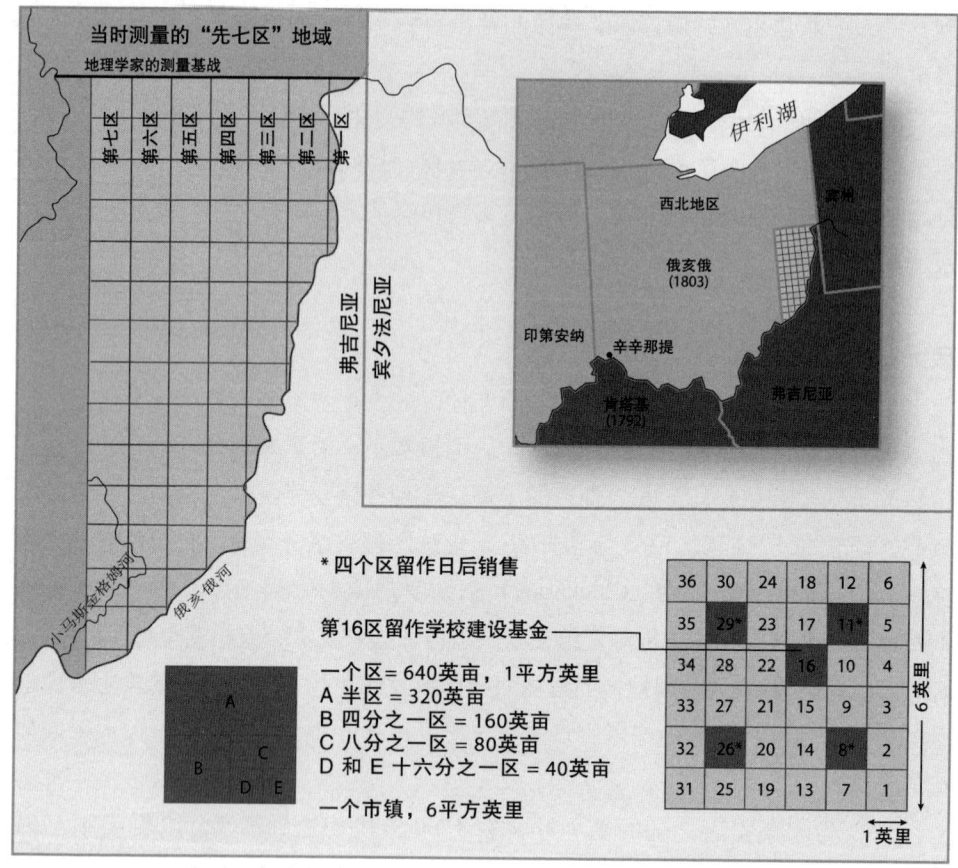

土地丈量：1785年法令 在1785年法令中，国会制定了一套新的丈量和出售西部土地的制度。这些地图所展示的是在俄亥俄一片区域划分土地的方法。注意该法令对这些土地实行的高度几何网状格划分法。图中左边的每个方格都分为36小块（如图右下方所示）。◆ 为什么西部土地的规划者对这种网格状划分法情有独钟？

债务、税收和丹尼尔·谢斯

战后的萧条

战后的萧条从1784年一直延续到1787年，这加剧了美国常年存在的资金短缺问题，这尤其使债权人感到极大的压力。在解决这个问题上，邦联政府的软弱性暴露无遗。

邦联政府自身欠了一大笔外债。独立战争期间邦联政府在国内外债台高筑，并且根本无力偿还，也无权征税。国会只能求助于各州政府，但只能得到要求数额的六分之一。这个脆弱的新国家面临着严重的债务危机。

危机的前景催生了一些领袖人物，这些人在合众国随后几十年的发展中都发

《格林维尔协定》 这份印第安人和白人签署的文件结束了印第安部落与新的美利坚合众国之间的长期斗争。1795 年土著部落在落木之战的失败致使他们不得不把今俄亥俄、密歇根和伊利诺伊州的大片土地割让给合众国。这一协定还规定了印第安人和白人土地的界线,但后来证明这个界线太不坚实,起不到长期的作用。(Library of Congress)

挥了重要的作用。这些坚定的国家主义者想尽办法加强邦联政府的权力,极力解决政府的财务危机。邦联政府财政部长罗伯特·莫里斯(Robert Morris),其年轻的下属亚历山大·汉密尔顿,以及弗吉尼亚的詹姆斯·麦迪逊等人都主张建立"大陆关税"——对进口商品征收 5% 的关税,用作债务基金。然而,许多美国人并不支持此做法,他们担心关税政策会使过多的权力集中在莫里斯及其费城党羽的手中。1781 年,国会首次拒绝通过此关税政策,1783 年,此政策再次没有通过。国家主义者感到很气愤,并且心灰意冷,从此很少关心邦联政府的事务。

对经济问题的不同政治观点

此外,各州也有战争债务,它们大多依靠增加税收的方法来偿还。但是,贫穷的农民们已经被债务压得喘不过气,如今,新增加的税收更使他们感到压力,觉得这种政策不公平,甚至是有些残酷,他们要求政府发行纸币来增加财源,使他们有钱用以还债。这种情绪在英格兰表现得尤其严重,贫穷的农民认为州政府对他们剥削压榨,最终却使得波士顿和其他城镇原本富有的债权人更加富裕。

整个 1780 年代末期,愤怒的农民不断在新英格兰各地区发起暴动。康涅狄格河谷和伯克希尔地区的起义者有不少是独立战争时期的老兵,他们在曾经的大陆军上尉丹尼尔·谢斯的领导下组织起来。谢斯拟定了一整套意向,其中包括发行纸币,减少税收,延长还债期限,并且要求州政府将首府由波士顿迁至内陆地区,废除因欠债而被判入狱人的刑责。1786 年夏季,谢斯及其追随者抵制讨债,无论公债还是私债,还以武力阻止法院开庭,阻止县治安官拍卖没收的财产。波士顿的立法委员,包括塞缪尔·亚当斯在内,都称谢斯及其追随者为暴动者和叛乱者。是年冬天,叛乱者闯进斯普林菲尔德,试图从那里的军火库中夺取武器。一支由

谢斯起义

当地富商提供贷款资助的民兵从波士顿出发前来抵抗。1787年1月，这支军队与谢斯一伙相遇，一举击溃了后者衣衫褴褛的军队。

谢斯的军队尽管使政府向一腔怨气的农民做出了一些让步，但作为一支起义军，它是失败的。谢斯及其将领，起初被判以死刑，但后来又得到赦免，马萨诸塞州给起义者减免了一些税收，并同意他们延期还债。叛乱对美国未来产生的影响更为重大，它使一场已经得到全国支持的运动更加紧锣密鼓地进行，这场运动便是制订全国统一的新宪法的运动。

小　结

从1775年新英格兰乡村绿地上一场无关紧要的战斗，到1781年英军在约克镇投降，美利坚人和当时世界上最强大的国家打了一场艰苦卓绝的大战。1775年，没有一个美洲土地之外的人，甚至也几乎没有几个美利坚人能预言，殖民地的乌合之众能够与大英帝国的陆海军队相抗衡。但是，凭借运气、才能、决心和及时的外援，那些自称为热爱家园者的人充分利用本土作战的优势，一次又一次地打乱了英军的作战计划。

这场战争不仅仅是历史性的军事事件，也是一场政治事件，因为它促使殖民地团结起来，并于1776年7月宣布独立。独立之后，他们不仅以更强大的决心捍卫着一整套政治原则，而且捍卫着一个实实在在的羽翼未丰的国家。到战争结束之时，他们创建了州级和国家的新政府，并开始试行新的政体形式，这种政体使得美利坚合众国有别于历史上任何一个国家。

战争对美国社会也产生了重要的影响，它动摇了（尽管没有推翻）当时的社会秩序，让妇女开始质疑（虽然很少公开挑战）她们在社会上的地位；它使自由的理念在等级森严、高度顺从的社会广为流传。甚至非洲裔黑人奴隶也接受了一些革命的思想，尽管多年之后他们才开始利用这些思想。

美国革命的胜利为新国家铲除了很多障碍，但同时也带来了新的问题。合众国应该如何处理与印第安人以及南北邻国的关系？西部土地如何分配？如何处理奴隶制问题？如何平衡自由与秩序的关系？这些问题在新政府成立之初成为非常棘手的问题，最终使得美国人创建了一种新的政治秩序。

阅读参考

Robert Middlekauf, *The Glorious Cause: The American Revolution, 1763–1789* (1985),为牛津美国史的其中一卷,该书是一部美国革命的完整通史。

Edward Countryman, *The American Revolution* (1985) 是一部更实用、更简洁的概述。

Gordon Wood, *The Radicalism of the American Revolution* (1992) 强调革命所带来的深刻政治变革。

Charles Royster, *A Revolutionary People at War: The Continental Army and American Character* (1979) 认为美国人服军役具有重要作用。

David Hackett Fisher, *Washington's Crossing* (2004) 用冬季战役这一著名事件来阐明革命的意义。

Robert Gross, *The Minutemen and Their World* (1976) 是关于具有革命性的康科德的一部出色的社会史著作。

Mary Beth Norton, *Liberty's Daughters: The Revolutionary Experience of American Women, 1750—1800* (1980) 证明革命同样对美国妇女的生活产生了重要的影响。

Eric Foner, *Tom Paine and Revolutionary America* (1976) 将宣传革命的带头人与费城的城市激进主义联系起来。

Pauline Maier, *American Scripture* (1997) 深入研究了《独立宣言》形成的过程及其对美国后代人的影响。

David McCullough, *1776* (2005) 对美国独立做了生动的描述。

Colin Calloway, *The American Revolution in Indian Country* (1995) 对这场战争中常常被忽略的一个侧面进行了研究,是一部重要的新作。

Sylvia R. Frey, *Water from the Rock: Black Resistance in a Revolutionary Age* (1991) 认为独立战争是美国南部奴隶制历史的一个重要转折点。

Gary B. Nash, *The Forgotten Fifth: African Americans in the Age of Revolution* (2006) 就革命对美国黑人的影响做了重要的论述。

Alan Taylor, *The Divided Ground: Indians, Settlers, and the Northern Borderlands of the American Revolution* (2006) 描述了易洛魁人如何设法使战争朝着有利于他们的方向发展。

Liberty (1997) 是美国公共广播电视公司出品的一部历史文献片,长达6个小时,该片从18世纪60年代革命的起源开始,对独立战争的历史进行了详细的描述,其真实性令人信服。

美国之星 弗雷德里克·克梅尔迈尔于1790年代绘制了这幅画作,以表达对华盛顿的敬意。当时很多艺术家都试图为新建立的共和国创建偶像,该幅作品为其中之一。(*The Metropolitan Museum of Art, Gift of Edgar William and Bernice Chrysler Garbisch, 1962 (62.256.7) Photograph@1981 The Metropolitan Museum of Art*)

第 6 章
宪法与新共和国

18 世纪 80 年代后期，多数美国人对邦联政府的无能表示极度不满：政府无力解决党派之间的斗争；无法维持政权的稳定；未能有效地处理经济问题；尤为令人不满的是在应对谢斯叛乱时表现出极度的懦弱。十年前，美国人刻意避免建立一个真正的全国性政府，唯恐其干涉各州主权。如今，他们对此重新考虑，依照美国宪法，于 1787 年建立了新政府。

美国宪法的多数法则源于之前各州的文件。但宪法本身也是一项非凡的成就。在人们对这个尚不稳固的新生国家的争议中，美国人塑造了一套已持续两个多世纪之久的政府体制，它是世界上最稳定、最成功的政府体制之一。威廉·格莱斯顿（William Gladstone）——19 世纪英国伟大的政治家，曾经称赞美国宪法为"在特定时期内，人类智慧与意志相结合的最伟大的作品"。后

大事年表

1783 年	联邦国会离开费城
1785 年	联邦国会迁至纽约
1786 年	安纳波利斯会议举行
1787 年	制宪会议在费城举行
	宪法通过（9 月 17 日）
1787—1788 年	各州批准宪法
1789 年	依照宪法的首次选举举行
	新政府在纽约建立
	华盛顿成为第一任总统
	国会通过《人权法案》
	1789 年《司法条例》通过
	法国大革命爆发
1791 年	汉密尔顿发表《制造业报告》
	美国第一家银行获批
	佛蒙特成为美国第 14 个州
1792 年	华盛顿顺利连任
	肯塔基成为美国第 15 个州
1793 年	"热内事件"挑战美国中立立场
1794 年	"威士忌叛乱"在宾夕法尼亚被平定
	《杰伊条约》签订
1795 年	《平克尼条约》签订
1796 年	约翰·亚当斯当选第三任总统
	田纳西成为美国第 16 个州
1798 年	"XYZ 事件"引发美法准战争
	《外侨与煽动叛乱法》通过
	《弗吉尼亚决议》和《肯塔基决议》通过
1800 年	杰斐逊和伯尔在选举团获同等数量选票
1801 年	杰斐逊在国会确认选举结果后成为总统
	1801 年《司法条例》通过

联邦政府的无能

世美国人普遍赞成这一观点。诚然，对美国人而言，宪法神圣不可侵犯。后世之人视制宪者为非凡的智者。虽然制宪者并非完人，但他们具有非凡的才华与智慧，其中包括本杰明·富兰克林——革命一代的元老；詹姆斯·麦迪逊——制宪者的知识领袖；乔治·华盛顿——凭借其声望和品质，使制宪的合法性得以令人信服。许多美国人把宪法条款看作无懈可击的"基本法规"，因为所有公共政策，所有政治法规，所有争论的解决方案均以此为依据，而制宪者当初却并没有把这些归功于宪法。

宪法的颁布并没有完成共和国的创建，它仅仅界定了一些条款，表明政府有发展的前途。美国人或许都认为宪法是一份近乎完美的文件，但从根本上讲，他们对该文件的真正意义持不同意见。如今亦然。这一纷争引发了该新生国家第一次重大的政治斗争。

一、建立新政府

18 世纪 80 年代中期,邦联国会已不得人心,毫无成效,形同虚设。1783 年,国会成员为逃避老兵征讨欠薪的要求而撤离费城。他们先在新泽西的普林斯顿短暂躲避,而后移至安纳波利斯(Annapolis),最终于 1785 年在纽约安顿下来。在此过程中,代表缺席的情况非常严重。议会克服了很大的困难才凑足法定人数,与大不列颠签订了停战条约。仅代表 8 个州的 18 名代表对邦联政府最重要的一部立法——《西北法令》(the Northwest Ordinance)进行投票。与此同时,有关邦联政府前途的公议激烈展开。

倡导中央集权

尽管邦联政府软弱无能、不得人心,但它一度满足了很多人,甚至大多数人的要求。当时人们认为远隔重洋的英国当局正在对殖民地实行专制,而革命战争的目的就是要结束这种专制的危险;如今,他们想把政权集中在各州,从而对权力进行精细密切的控制。

乔治·华盛顿于弗农山庄 1790 年正值华盛顿首届总统任期,当时一位民间艺术家绘制了其在弗吉尼亚弗农山的庄园图,但画家姓氏不详。图中,华盛顿身着制服与家人一同走在草坪上。1797 年,华盛顿卸任,欣然返回自己的种植园,"自娱在田园野趣之中",直至 1799 年辞世。这两年期间,他还接待了来自全国各地及欧洲各国的众多访客。(*Gift of Edgar William and Bernice Chrysler Garbisch*, © 1998 *Board of Trustees, National Gallery of Art, Washington*)

强大的全国政府的支持者

但在 18 世纪 80 年代，一些权贵阶层开始呼吁建立一个更为名副其实的全国性政府来解决问题，尤其是对他们有直接影响的经济问题。一些军人，大多是世袭的、不对外开放的"辛辛那提协会"（Society of Cincinnati，1783 年由革命军官创建）的成员，对国会拒绝给他们提供养老金十分不满。他们企图左右并鼓动邦联政府；有些人甚至预谋军事专政，不惜对国会进行直接挑衅（1783 年的纽堡阴谋 [Newburgh Conspiracy]），直到乔治·华盛顿介入才阻止了这场潜在的叛乱。

美国的制造商——城镇的工匠和技师，想以全国统一的高税收来取代各州形式不一的税收。商人和货主希望能以单一的国有商业政策代替 13 个州形式不同却同样无效的商业政策。土地投资者希望他们的西部土地最终能摆脱"印第安威胁"。贷款者希望国家停止发行纸币而不至使他们的报偿贬值。邦联证券的投资者则希望政府能为借贷提供资金以提高他们证券的价值。大资产者则寻求免受暴民胁迫的保护，这种胁迫受谢斯叛乱的影响不断恶化。人们对动乱和暴力的畏惧表现出捍卫个人权利（美国革命的核心原则且在《权利法案》中也有体现）的决心与公众对安全（邦联政府时期混乱不断加剧）忧患之间的紧张状态。自由与秩序间的频繁冲突，成为并一直是美国民主的主要特征。

到 1786 年，上述种种要求已经变得非常强烈，问题已经不再是邦联政府要不要变革的问题，而是进行多大变革的问题。即使现行制度的捍卫者也不得不承认政府需要强化其最薄弱的环节——征税权的欠缺。

改革者之中最为足智多谋的当属亚历山大·汉密尔顿。他是纽约律师，政治天才，曾任华盛顿将军的军事助理，是西印度群岛一位苏格兰商人的私生子。从一开始，汉密尔顿就对邦联条例以及由此产生的软弱无能的邦联政府感到不满。他呼吁召开全国性的会议来全面审查整个条例。他在弗吉尼亚

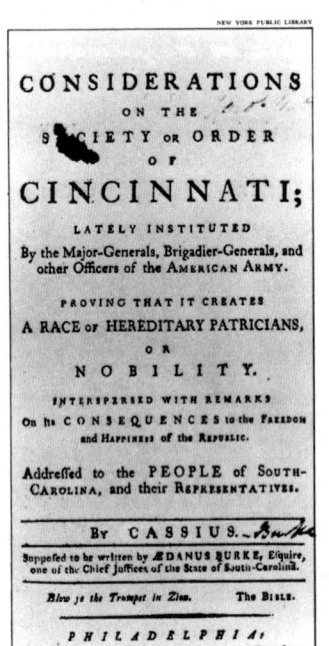

亚历山大·汉密尔顿

猛烈抨击"贵族阶级" 独立战争引发了美国社会民主情绪的广泛释放，此张 1783 年的传单便是体现之一。"辛辛那提协会"成立于独立战争之后不久，该组织由爱国者部队高级军官构成。但对许多美国人而言，该协会有因袭英格兰贵族世袭制之嫌，因为协会会员世代相传。这张传单虽出于费城，却针对南卡罗来纳人，以提醒他们该协会可能会破坏"共和国的自由快乐"。（New York Public Library）

州找到了一位重要伙伴——詹姆斯·麦迪逊。麦迪逊说服弗吉尼亚议会召开关于商业问题的州际会议。会议于1786年在马里兰的安纳波利斯举行，只有5个州派代表来参加；但是与会代表通过了汉密尔顿（纽约州的代表）起草的提案，该提案建议国会次年在费城召集各州特别代表召开大会，拟定他们认为"可使邦联政府的宪法足以应对国家急务所必需"的新条款。

1786年，费城会议几乎不可能比安纳波利斯会议唤起人们更大的兴趣。这些主张中央集权的人认为只有赢得乔治·华盛顿的支持，才有可能获胜。但华盛顿起初对此事并不在意。随后，1787年初，谢斯叛乱的消息传遍全国。当时美国驻巴黎公使托马斯·杰斐逊对此却并不担忧。他在给詹姆斯·麦迪逊的信中写道："时不时出现小叛乱是件好事。叛乱之于政界，就如同暴风雨之于自然界一样，是必要的。"但是华盛顿对此则没那么沉着。五月，他离开弗吉尼亚弗农山庄（Mount Vernon）的家前往费城参加制宪会议。他的出席即刻大大增加了会议的可信度。

有分歧的会议

1787年5月至9月期间，会议在费城议会大厅举行。除罗德岛外，其他12个州的55名代表都至少参加了一次会议。这些被后世尊称为"建国之父"（Founding Fathers）的人都相当年轻，平均年龄只有44岁，其中只有一名高龄代表（81岁的本杰明·富兰克林）。按当时的标准衡量，他们均受过良好的教育。其中大多数人都代表这个国家大资产阶级的利益，而且很多人对其中一位代表提出的民主的"动荡和愚昧"感到惶恐不安。毕竟他们都是美国革命的产物，都对中央集权保持着革命者的疑虑。

> 建国之父

会议一致通过选举华盛顿为会议主席，而后对公众和媒体予以回避。与会成员规定各州代表团有一票选举权。重大决定无须像大陆会议那样获得全体同意，只要简单多数同意即可。弗吉尼亚是人口最多的州，它派往费城的代表都做好了最充分的准备。詹姆斯·麦迪逊（36岁）是其精神领袖，他对建立一个新的"全国性"政府提出了详尽的计划，并且弗吉尼亚代表团从一开始就以这个方案控制着大会议程。

> 弗吉尼亚方案

大会一开始，弗吉尼亚的埃德蒙·伦道夫（Edmund Randolph）提出了议案——"全国性政府应根基稳固，应由最高立法机构、行政机构和司法机构组成"，由此展开了大会讨论。尽管这个提议比较粗略，但意义重大。它提出建立一个与现存的邦联完全不同的政府，当时邦联政府没有行政部门。与会代表想从根本上进行改革，因此这个提议经例行讨论后便通过了。之后伦道夫详细地介绍了麦迪逊的方案。弗吉尼亚方案（The Virginia Plan）（随后得此名）要求建立一个由两院组成的国家立法机构。众议院的议员人数根据各州人口比例确定，因此最大的州（弗吉尼亚州）议员人数大约是最小的州（特拉华州）议员人数的十倍。参议院的成员需由众议院选举产生，代议制度并不严格，所以有时较小的州在参议院中根本没有席位。

提议一经提出，就遭到特拉华州、新泽西州和其他一些小州代表的反对。有些代表回应道，国会召开会议"只是为了修订邦联条例这一单纯目的"，并无权讨论与此无关的问题。最终，新泽西州的威廉·帕特森（William Paterson）提出了一个比弗吉尼亚方案更具实质性的方案，他提议建立一个"联邦"政府而不是"全国性"政府。新泽西方案保留了现行的一院制立法机构，每州都享有同等的议员人数，但同时也赋予国会增加征税和监管贸易的权力。代表们投票决定先搁置帕特森的方案，但小州代表们对此方案的鼎力支持却不容小觑。

弗吉尼亚方案仍是会议讨论的基准。同时，方案的拥护者也意识到，如果会议想真正达成一致，就必须对小州做出让步。不久他们就在一个重要问题上做出让步：同意参议院议员由各州立法机构选举产生，而不再由国家立法机构的众议院选举产生。这样，每州可以确保至少有一位参议院议员。

小州与大州的对抗

尽管如此，仍有很多问题悬而未决。各州参议院的议员人数是应等同，还是大州议员人数要多于小州人数？决定各州在国会中的代表人数时，奴隶（无选举权）是算作人口总数的一部分还是仅仅作为一种财产？来自拥有大量永久性奴隶的州的代表，特别是南卡罗来纳的代表，想要将奴隶既算作人口又算作财产。即在决定国会的代表人数时把奴隶算作人口总数的一部分，而当新政府根据各州人数征税时就把奴隶视为财产。而来自已经废除或即将废除奴隶制的州的代表们则认为，在征税时应把奴隶算在人口内，而在计算代表人数时不该把奴隶算在内。无人论及赋予奴隶公民权或选举权的问题。

妥　协

代表们对此争论了数周。到6月底，天气燥热，代表们也都心烦意乱，会议似乎处在崩溃边缘。整个夏天，本杰明·富兰克林冷静沉着地对此进行了调解，他告诫其他代表，大会一旦失败，代表们会"成为耻辱，并遗臭万年。更糟糕的是，此次会议一旦失败，后人便不会再相信凭借人类智慧可以建立政府，而把希望寄托于冒险、战争和征服"。富兰克林的风范起了一定的安抚作用，使得代表们没有放弃。

7月2日，大会最终决定由各州派一名代表组成"最高委员会"（由富兰克林任主席）来解决分歧。这个委员会提出了一项方案，而后成为"大妥协"（Great Compromise）的缘由。该提议最突出的贡献在于解决了代表席位的难题。它提议建立一个立法机关，其众议院的代表人数由各州人口决定，在计算代表人数和直接税时，将每个奴隶算作五分之三个自由人。（五分之三准则是基于一个错误的假设，即一个奴隶的生产能力是一个自由工人的五分之三，因此只能贡献出自由人五分之三的财富。）委员会提议各州参议员均为两人。这个提议打破了僵局。1787年7月16日，大会投票表决接受此妥协方案。

在之后的几周，议员全体通过另一个引起激烈争论的有关奴隶制的妥协方案。来自南部各州的代表担心监管贸易的权力可能会干涉农业经济，因为其农业经济在很大程度上依赖国外销售及蓄奴政策。作为回应，大会同意新的立法不允许征收出口税，国会对奴隶进口的关税也不得超过每人十美元，且20年内无权停止奴隶贸易。对于那些视奴隶制的存续为新国家耻辱的代表来说，这绝对是一个巨大且艰难的妥协。他们之所以妥协是担心不让步会导致立宪失败。

大会对其他无法调解的分歧采取回避或忽略的方式，一些重大问题被搁置一旁，导致其几年后又再次浮现。宪法对公民权利没有做出任何解释。最重要的是他们没有明确个人权利，如同权利法案能限制各州政府一样，个人权利可以限制联邦政府的职权。麦迪逊对此表示反对，他指出，

"最高委员会" 雕刻师约翰·诺曼凭借想象为审时度势的《联邦年鉴》创作了1787年制宪会议的场景。其主题暗示了赞成宪法的政治倾向。诺曼对制宪之地——费城会厅的内部非常熟悉，虽然诺曼从未参加过大会的任何一次会议，但这幅雕刻极具真实生动的效果。

明确公民权利实际上也限制了公民的权利。然而，其他代表担心若没有这种保护措施，联邦政府可能会滥用职权。

1787年宪法

很多人对美国宪法的创立做出了贡献，但是其中最重要的非詹姆斯·麦迪逊莫属。他是那一时代最有创造力的政治思想家。也许麦迪逊最显著的成就在于他努力解决了两个至关重要的哲学问题。而这两个问题——主权问题和限制权力的问题，过去一直是建立一个行之有效的全国性政府的障碍。

主权问题一直是殖民地和大不列颠之间的主要矛盾之一，这一问题也一直困扰着试图建立自己的政府的美利坚合众国。如何使全国性政府和各州政府同时行使自主权？主权最终归谁所有？对此，麦迪逊和他的同事们做出了回答——各级政府的所有权力归根到底来自人民。因此，联邦政府和各州政府都不享有真正的主权。他们所有的权力都来源于民众。宪法（古维诺尔·莫里斯修订版）序言的第一句话就是"我们合众国人民"，这种措辞表明新政府的权力来源于民众而不是各州。

解决主权问题成为美国宪法最鲜明的特点之一，它是关于全国性政府和各州政府之间权力分配的问题。麦迪逊当时写道，"严格地说，美国宪法既不是国家宪法也不是联邦宪法，而是这两者的结合"。宪法和由此建立的政府是这块土地上的"最高法律"，各州都无权违抗。联邦政府拥有广泛的权力，包括征税权、贸易监管权、控制货币权，以及为了履行其他职责而颁布"适当和必要"法规的权力。《邦联条例》中"凡未经本条款明示授予合众国之各项权力，司法权及权利，均由各州保留"的条款不复存在。另一方面，宪法接受各州独立存在，并且交与其诸多重要的权力。

除了解决主权问题之外，宪法还解决了另外一个令美国人十分困扰的问题：中央集权问题。对新的国家领导人来说，没有什么比建立一个专制独裁的政府更令人恐惧了。这种恐惧确实一直是建立全国性政府过程中最主要的障碍。大多数美国人从法国哲学家孟德斯鸠那里获得启发，他们坚信，最佳的唯一的避免专制的办法就是让政府更加亲民。他们认为，一个共和国必须限制在一个相对较小的地区，大国之所以滋生腐败和专制，其原因是统治者离大部分民众很远而使人民无法控制他们。在这个新生的美利坚国家刚刚建立的几年中，这些思想使人民相信各州必须拥有独立的主权，而全国性政府如果太强大则会十分危险。

历史学家的分歧　宪法的背景

联邦宪法是美国国家主权最有力的象征和国家最重要的权力来源，从它起草的那一刻起就引发了各种争论。至今，同以往任何一个历史时期一样，人们对宪法的理解反映了那些试图对它进行解释的人的政治观点。一些人认为宪法是一个灵活的文件，旨在随着社会的发展而不断修正。另一些人则认为它有着固定的意义，它源于制宪者的"原意"，倘若超出这个固定的意义就是否定它的价值。

历史学家之间同样对宪法的目的及意义存在分歧，他们的争论反映了当时社会对宪法意义的认识。对一些学者而言，联邦体制的创立是为了消除对新国家造成威胁的混乱和争论，从而使独立战争时期的理想得以维护，同时也是为了建立一个强大的有实权的全国性政府。对另一些人而言，宪法是为了保护权贵阶级的经济利益，其甚不惜背叛美国革命的原则。还有一些人认为，宪法的目的是保护个人自由和限制联邦政府的权力。

第一个将宪法视为美国革命的巅峰，并对此做出重要阐释的人是约翰·斐斯克。他极具影响力，他的专著《美国历史的关键时期》(John Fiske, *The Critical Period of American History*, 1888) 描述了《邦联条例》下美国严峻的政治生活。斐斯克指出，受经济萧条的影响，整个国家举步维艰；政府软弱无能；大不列颠和西班牙对美国领土虎视眈眈；国会和各州政府无力偿还债务；州与州之间相互猜忌而产生贸易壁垒；纸币的广泛流通引发通货膨胀，还有由违法乱纪导致的谢斯叛乱。斐斯克认为，幸亏宪法及时通过才使这个年轻的共和国免于危难。

人们一直普遍认同斐斯克的观点，到 1913 年，查尔斯·A.比尔德出版了《合众国宪法的经济学阐释》(Charles A. Beard, *An Economic Interpretation of the Constitution of the United States*) 一书，对斐斯克的观点提出了强有力的质疑，该书成为 20 世纪美国历史上最具影响力的著作之一。比尔德认为，对于整个国家而言，18 世纪 80 年代不是一个"关键时期"，只是针对某些保守的经济团体而言算是生死攸关，因为他们担心共和国权力分散的政治格局会危及他们的经济地位。比尔德指出，他们希望政府能够促进工商业发展，保护私有财产，最重要的是，能够还清公债——大部分债务都是亏欠他们的。比尔德宣称，宪法是一份"由文笔卓绝而其自身财富利益危如累卵的人所起草的经济文件"，它在多数人的反对中得以通过。他在后来一本书（1927）中称，若不是人们缺乏耐心，意志不坚定，《邦联条例》也许会建立一个令人非常满意的永久的政府。

比尔德对宪法的认识影响了几代历史学家。比如，直到20世纪50年代，梅丽尔·杰森（Merrill Jensen）在《新国家》（*The New Nation*）中仍认为18世纪80年代并非混乱和绝望的时期，而是一个满怀希望、锐意进取的时代。他与比尔德所见略同，认为是一小部分富人的经济利益导致了宪法的产生。在他们看来，宪法最突出的地方就是它降低了这个新国家的民主程度。

但是，20世纪50年代，即在全球危机过后，很多学者认为对民众意愿自由放任的做法应受到质疑，一系列强烈挑战比尔德观点的言论开始出现。当时很多学者认为，宪法并非用于保护财产，而是用来确保国家的稳定和秩序。比如罗伯特·E.布朗在1956年指出，制宪代表的财富和他们对宪法的立场之间"绝无任何相关性"。弗里斯特·麦克唐纳（Forrest McDonald）在《我们合众国人民》（*We the People*，1958）一书中没有仅仅关注制宪会议，而是进一步对联邦主义者和反联邦主义者之间的辩论进行研究，从而得出了与布朗的观点近似的结论：个人财富和赞成宪法之间并没有太多联系。而人们对新体制的见解则反映了地方和地区的利益。社会经济不景气的州倾向于支持宪法，而发展稳定繁荣的州则倾向于反对宪法。并不存在跨殖民地经济利益阶层联合起来操纵制定宪法的事实。这些针对比尔德观点提出的反对意见使他的论断大大地削弱了，自此几乎不再有任何一位历史学家会毫无保留地接受比尔德的看法。

20世纪60年代，一批新学者开始重新从经济学角度阐释宪法，这个观点与比尔德的观点存有诸多差异，而它仍强调支持联邦体系的动机是社会和经济因素。杰克逊·特纳·曼（Jackson Turner Main）在《反联邦主义者》（1961）一书中写道，宪法的支持者也许不是比尔德所描述的联合债权阶层，但是他们在经济层面上与宪法的批评者有很多不同。他指出，联邦主义者是"都市重商主义者"，渴望加快国家的经济发展，而反联邦主义者则是"地方农耕主义者"，他们畏惧中央集权。戈登·伍德最重要的研究成果《美利坚共和国的缔造》不再强调对经济方面的不满，而是指出18世纪70—80年代有关宪法的争论反映了巨大的社会分化，而正是这种分化导致了对联邦宪法的争论。伍德认为，联邦主义者大多数是传统的贵族，他们对《邦联条例》引起的动荡生活，尤其是民众对权贵阶层的尊重意识的下降感到担忧。当时社会寻求在现存社会等级基础上建立一个合法的政治领导体系，宪法的创立只是其中的一项举措，它反映出权贵阶级在限制所谓的过度民主方面所做的努力。

近年来，对宪法的争论愈发激烈，历史学家继续审视宪法"初衷"的问题。立宪者究竟想建立一个强大的集权体制，还是试图建立一个强调个人权利的分权制度？杰克·拉克夫在《原意》（Jack Rakove，*Original Meanings*，1996）一书中表明，二者兼有，而且除此之外还有其他意图。他指出，宪法不是单一智慧的结晶，也不是广泛认同的结果。它是通过长期的激烈争论，融合了许多不同群体的见解而形成的文件。被称为"宪法之父"的詹姆斯·麦迪逊是一个坚定的国家主义者，他坚信只有强大的全国性政府才能给一个大国带来安定，防止狭隘的派别斗争。亚历山大·汉密尔顿是麦迪逊的作战同盟，他也认为宪法应该用来维护秩序，保护财产，使国家免受过度自由的威胁。然而，麦迪逊和汉密尔顿一方面担心过度自由，另一方面也担心自由太少，因而他们采纳了"反联邦主义者"对个人权利进行保护的强烈要求，由此才出现了《权利法案》。

制宪者对联邦政府和各州政府之间的关系也存在异议。麦迪逊支持联邦政府享有至高权力，他甚至试图在宪法中加入一项条款，规定国会有权废除各州立法。其他很多参与辩论的人则要保持各州的权力，并将联邦体制——及其对政府不同级别、不同部门的权力划分——看作防止国家过度集权的保证。拉克夫指出，宪法不能"无限伸缩"，宪法始终没有一个固定的含义来有效指导当今我们对它的解读。

然而，麦迪逊对此却持反对意见，他认为大的共和国反而不容易产生专制，因为其中存在各种不同的派别，所以没有任何单一群体可以统治它（他的这个观点来源于苏格兰哲学家大卫·休谟）。这个观点认为权力可以有多个中心，彼此"相互制约"，防止单一专制产生，这一思想不仅证明了建立一个大共和国的可能性，也促进了联邦政府内部结构的形成。联邦宪法最突出的特点就是在政府内部实行"三权分立"，使立法、行政、司法三个机构相互"制衡"。政府的多种势力时常相互竞争（甚至经常相互阻挠）。国会将分为两院——参议院与众议院。两院议员的选举方式不同，任期不同，互相制约，只有经由两院同意法律才能生效。总统有权否决国会议案。联邦法院不受行政机构和立法机构的控制，法官一经总统任命和参议院同意，便可终身任职。

> 三权分立

"联邦"结构将权力分配给各州政府和全国性政府，"制衡"体制在联邦政府内部进行权力分配，这种政体方案是为了防止美国陷入英格兰出现的那种专制，但也用来防止国家出现另一种同样危险的专制，即人民专制。对制宪者而言，由"过度民主"而引起"民众暴乱"，与独裁专制同等严重。他们相信，如果国家对民众意愿不加以限制，其后果将非常严重，谢斯叛乱仅仅是前车之鉴中的一例。因此在新政府中，只有众议院的成员是由民众直接选举产生，而参议员、总统和联邦法官在不同程度上将与公众保持一定的距离。

1787 年 9 月 17 日，39 位代表共同签署宪法，本杰明·富兰克林在大会闭幕时说道："主席先生，我同意这部宪法，因为我想目前没有比它更好的，也没有把握说它不是最好的。"

联邦主义者和反联邦主义者

代表们在费城的举措远远超出了国会和各州的期望。他们没有对《邦联条例》进行简单的修订，而是制订出一个完全不同的有关政府形式的方案。因此他们担心，如果依照《邦联条例》的规定，即必须经由各州议会的一致批准，那么宪法可能永远不得通过。所以，立宪大会改变了这些规则。宪法规定，在十三个州中，需要获得九个州的批准，新政府方可成立。各州代表向国会提议，宪法应提交各州特别制宪会议，而不是各州立法机构来进行讨论。他们需要对宪法投赞成票或反对票。在规定的州数批准宪法之前，即宪法修正案（同权利法案）程序采用之时，他们不得做出任何改变。

与费城的制宪会议相比，原邦联国会就相形见绌了，它不得不接受大会的讨论结果，并将其提交至各州以征求批准。除罗德岛外，各州立法机构都派代表去批准宪法，其中很多州早在 1788 年就开始选举代表了。然而，在批准会议召开之前，新的宪法已经引发了一场全国性的辩论，在各州立法机关、群众集会、报纸专栏，乃至日常会话中展开。个别情况下，敌对派别间甚至会大打出手。至少在一地——纽约州的奥尔巴尼发生过这种冲突，并造成了伤亡。

《联邦党主义者文集》

宪法的拥护者有诸多优势。与反对者相比，他们组织性更强，而且深得美国最杰出的两位领导人富兰克林和华盛顿的支持。并且他们为自己制定了一个富有吸引力的称号"联邦主义者"（这个词曾为集权的反对者所用），来证明他们不会致力于一个"中央集权"的政府，而事实上，他们正是在做这样的努力。此外，联邦主义者还获得了那个时代最具才华的政治哲学家——亚历山大·汉密尔顿、詹姆斯·麦迪逊和约翰·杰伊的支持。这三个人共用笔名"普布里乌斯"（Publius）

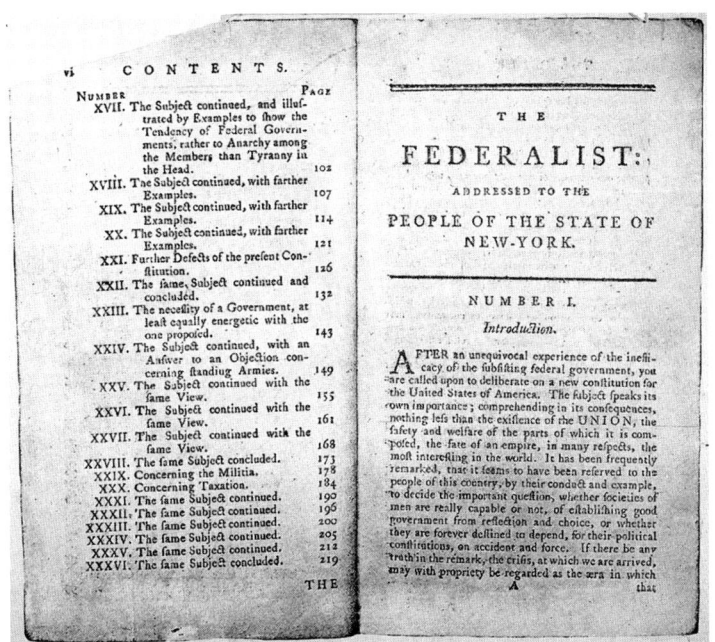

联邦主义者文集 这些联邦党人的文稿结集成册,分发到纽约人民手中。在对联邦宪法展开辩论期间,文稿初以短论、信件和报道等形式见报并散播至全国各处。其作者詹姆斯·麦迪逊、亚历山大·汉密尔顿和约翰·杰伊拥护新宪法,通过发表这些政论来阐明文集的价值和重要作用。人们至今认为他们对美国政治理论做出了重大贡献。(*The Granger Collection, New York*)

撰写了一系列阐释宪法意义和优点的文章,并在全国的报纸上广泛发表。以此来反驳宪法反对派——反联邦主义者制造的有力争论。他们担心,如果没有对宪法进行强有力的捍卫,反联邦主义者就可能在最重要的几个州,尤其是纽约,取得胜利。这些文章而后被整理成书,也就是如今广为人知的《联邦主义者文集》(*The Federalist Papers*)。这个文集为美国政治理论做出了极大的贡献。

联邦主义者称其批评者为"反联邦主义者",意指他们对手的举动无外乎是要表示反对态度和制造一些混乱罢了。但反联邦主义者却有自己理性而睿智的主张。他们把自己定位为革命真理的捍卫者。他们认为,宪法要在新的联邦政府中建立一个强大的集权中心,极具专制的隐患,因此将会违背那些革命的原则。他们声称,新政府将会增加税收,毁灭各州,实行独裁,偏袒权贵,轻视平民,终结个体自由。他们认为宪法最大的缺陷是缺少权利法案,这反映出他们反对宪法最重要的原因之一:对人性和人行使权力的能力的怀疑。反联邦主义者称任何一个集权的政府都会不可避免地导致专制。他们要求制订权利法案正是出于这种理念:任何

反联邦主义者

政府在保护公民自由上都不值得信任，只有一一列出人们与生俱来的具体权利才能真正确保这些权利。

辩论宪法　　联邦主义者和反联邦主义者之间的争论实质上是一场关于两种恐惧的争论。总的来说，联邦主义者担忧无序、动荡和混乱的状况出现，他们也害怕民众的力量不可控制，因此在宪法中寻求建立一个与民众热情保持一定距离的新政府。反联邦主义者并不是无政府主义者。他们也意识到建立一个行之有效的政府的必要性。较之群众意愿可能造成的危险，他们更担心集权所带来的危险。反联邦主义者反对宪法的原因同联邦主义者支持宪法的原因一样，即宪法在人民与权力的行使之间设置了障碍。

尽管反联邦主义者做出种种努力，在1787年与1788年间的冬季，宪法的批准进程十分迅速（尽管并非畅通无阻）。特拉华议会代表一致通过了宪法，它做出表率后，新泽西议会和佐治亚议会同样批准了宪法。在一些较大的州，如宾夕法尼亚和马萨诸塞，反联邦主义者做出了一番坚决的挣扎，但仍在最后的表决中失败。新罕布什尔州在1788年6月批准了宪法，成为美国第九个批准宪法的州。至此，宪法的生效已具备理论上的可能性。

然而，弗吉尼亚和纽约（美国最大的两个州）的议会却存在很大分歧，但倘若没有这两个州的支持，新政府就没有希望建立。6月底，弗吉尼亚和纽约两州先后以微弱的优势批准了宪法。纽约州议会的妥协实为一种权宜之计，因为即使那些最坚定的反联邦主义者代表也担心纽约州的商业利益会因此受损，一旦其他州在联邦的"新屋檐"下联合起来，纽约将会被孤立在外。马萨诸塞、弗吉尼亚和纽约都批准了宪法，但提出在宪法中附增权利法案的要求。北卡罗来纳议会进行休会，没有采取行动，观望修正案的发展态势。罗得岛的领袖们几乎从一开始就反对宪法，甚至根本没有召开会议考虑讨论批准宪法的问题。

结构的完善

1789年初，依照宪法规定举行了首次选举。几乎所有新选举出的国会议员和参议员都赞成批准宪法，其中许多人曾是费城议会的代表。而美国第一任总统的人选是毋庸置疑的。乔治·华盛顿主持制宪会议，许多代表之所以赞成批准宪法，是因为他们希望华盛顿能继续领导新政府。所有总统选举人一致推选华盛顿为总统，联邦党人领袖约翰·亚当斯出任副总统。华盛顿自蒙特维尔农出发前去赴任，一路上受到精心安排的热烈祝贺，于1789年4月30日在当时的首都——纽约宣誓就职。

　　第一届国会在很大程度上是制宪会议的延续，因为它的主要责任是填补宪法的各种漏洞。它当时最重要的任务是起草权利法案。1789年初，甚至连麦迪逊都认为，在反对者眼中，要使新政府具有合法性就必须制订权利法案。1789年9月25日，国会批准了第十二条修正案，1791年底，其中的10条获各州批准。我们所知的《权利法案》正是宪法修正案的前十条。其中9条对国会做出了限制，禁止其侵犯公民的基本权利，包括宗教自由、言论自由和出版自由；对任意拘捕的豁免权、陪审团审判权等。第十条修正案规定，宪法未专门提及或禁止的权利均保留给各州。

权利法案

　　关于联邦法院，宪法只规定"合众国的司法权属于最高法院以及由国会随时下令设立的下级法院"。最高法院的提名法官人数和下级法院的设立种类由国会决定。1789年的《司法条例》中，国会提议成立一个由1位首席法官和5位副法官6人组成的最高法院，13个均有1名法官的地方法院，3个由1名地方法官和2名最高法院法官组成的巡回法庭。《司法条例》还规定，国会赋予最高法院审查各州法律合宪性的最终决定权。

　　宪法虽然间接涉及行政部门，但对其性质和数目没有做出具体规定。第一届国会创立了三个这样的部门——国务院、财政部和陆军部，同时还一并设立了总检察长（office of the attorney general）和邮政部长（the postmaster general）之职。华盛顿任命纽约州的亚历山大·汉密尔顿为财政部长（他32岁时即已成为公认的公共金融专家）；任命马萨诸塞的联邦党人亨利·诺克斯将军（general Henry Knox）为陆军部部长；任命弗吉尼亚的埃德蒙·伦道夫（宪法草案的支持者）为司法部长；任命另一位弗吉尼亚人——托马斯·杰斐逊（曾出任驻法大臣）为国务卿。

内阁

联邦党人与共和党人

　　然而，这些方法都没能解决由新政府本质引起的深层分歧。相反，在宪法实施的最初12年中，美国的政治斗争异常激烈，空前绝后。宪法的制定者处理分歧的方法不是彻底解决问题，而是通过含混的妥协极力进行掩饰，引得冲突不断，使新政府深受困扰。

　　18世纪90年代争论的焦点仍是先前围绕宪法展开的哲学问题的意见分歧。争论的其中一方势力强大，他们相信美国需要一个强大的联邦政府：一个国家的使命就是成为一个真正的民族国家，它应该实行中央集权，有综合的商业经济，并在

冲突的观点

国际事务中享有声望。另一方虽然起初人数很少，但在十年中不断壮大，他们心目中所构想的联邦政府，其权力有限得多。他们认为，美国社会不应急切成为高度商业化或城市化的国家，而应继续保持以乡村和农业为主的特点，并且联邦政府的规模与权力应该适中，而将大部分权力留给各州及其人民。主张中央集权的一派后来被称为联邦党人，以亚历山大·汉密尔顿为领袖。他们的对手以共和党为名，由詹姆斯·麦迪逊和托马斯·杰斐逊所领导。

二、汉密尔顿与联邦党人

新政府成立 12 年来，政权一直牢牢地掌控在联邦党人手中，其中原因之一是乔治·华盛顿一直渴望建立一个强大的全国性政府，身为总统，他一直暗中支持那些志同道合的人。他的地位与威望在全国范围内举足轻重，是联邦党人最大的资产。但是华盛顿也相信总统的职位不应受政治争端的影响，应避免将个人利益牵扯至国会审议中。于是，政府的核心人物亚历山大·汉密尔顿成为财政部长，在华盛顿总统任职期间及 1794 年卸任之后，汉密尔顿对国内外政策的影响都无人能及。

承担债务

与这一时期所有的国家领袖相比，汉密尔顿在个人品位和政治哲学上最具贵族气质，但其原因或许恰恰是他出身卑微。汉密尔顿是生于加勒比海的一个私生子，他根本不相信共和党人民主的思想，而认为一个稳定有效的政府需要一个开明的统治阶层。因此政府需要权贵的支持，而赢得这种支持则须与上等阶层分享利益。汉密尔顿认为新政府应承担对现有国债（existing public debt）的责任。革命期间及之后，旧国会发行的混杂且贬值了的债券如今在富有的投机者手中，汉密尔顿认为政府应该号召他们将其兑换成统一的定期支付的有息债券（这一政策被称为债务"集资"）。他还提出联邦政府应该"接手"美国革命期间积压的债务，这条政策鼓励各州和联邦债券持有者对联邦政府有所期待，指望其最终偿还债务。换句话说，汉密尔顿并没有打算偿清并清除债务，而是打算创立一个庞大永久的国债，在旧债偿清之后发行新的债券。他相信这种政策的结果就是债权人，即贷款给政府的富有阶层与政府的兴衰存亡建立起永久的利益关系。

汉密尔顿还打算创立一个国家银行。那时，美国国内银行并不多，主要分布在波士顿、费城和纽约。建立一个新的国家银行将有助于填补由于没有完备的金

银行券 新兴的美国面临的巨大挑战之一是如何建立一种稳定的货币体系。这张 50 元的银行券便代表了共和国早期纸币的雏形。它由费城的一家银行于 1797 年发行,其价值与银行的稳定直接相关。许多年后,联邦政府才对纸币的印制和发行加以控制。(*Newman Money Museum, Mildred Lane Kemper Art Meseum*)

融体制而造成的空缺,它能为商业提供贷款和现金,是政府储存联邦资金的安稳之地。它还有助于征税并支付政府开销,通过审慎的债券购买提高政府债券的价格。国家银行由联邦政府控制,垄断政府的银行业务,由董事会(其五分之一的成员由政府任命)掌管。国家银行为国家弱小的银行系统提供了一个稳定的中心。

自从政府需要支付贷款利息后,债务的投资和承担需要新的资金来源。到当时为止,政府的大多数收入来自西部公共土地的销售。汉密尔顿出台了两项新税,一项是向酿酒厂征收消费税,尤其针对边远地区如宾夕法尼亚、弗吉尼亚和北卡罗来纳以玉米和黑麦作物为原料酿造威士忌的小农场主。另一项是进口关税,它不仅可以增加财政收入,还可以保护美国的制造业免遭国外竞争的干扰。1791 年汉密尔顿在著名的"关于制造业的报告"中拟定了一个刺激美国工业增长的宏伟规划,以热烈的笔调论证了蓬勃发展的制造业将给国家带来的利益。

汉密尔顿关于制造业的报告

总之,联邦党人不仅仅提出了如何稳定新政府的办法,对于美国发展的方向更具有远见卓识,在他们的头脑中,未来的国家应该由富有、开明的统治阶级掌管,拥有富有活力且独立的商业经济和蓬勃发展的工业部门,这个国家在国际经济事务中应该起主导作用。

实施联邦党人计划

关于汉密尔顿计划的争论

国会成员大都支持汉密尔顿为国债提供资金的计划,但许多人反对他接受"等值票面"(at par),也就是按债券的票面价值进行偿还的提议。在美国革命期间,旧债券一部分发放给商人和农民作为战争补给,一部分给军队的官兵作为服役的报酬。但在18世纪80年代的艰难岁月中,许多最初的债券持有人以债券面值几分之一的价钱出售给投机商。许多国会成员认为,如果联邦政府对债券负责,那么应该将一部分退还给原始的买方。弗吉尼亚州的代表詹姆斯·麦迪逊提出将政府投资的债券在原始购买者和投机商之间按比例分配。但汉密尔顿一派坚持认为这一方案不切实际,而且如果政府要保持信誉,就必须支付给债券持有者本身,而不是那些自愿出卖债券的原始债权人。国会最终通过了汉密尔顿提议的集资法案。

汉密尔顿关于联邦政府负责各州债务的提议遭遇了更大的困难。他的反对者称,如果联邦政府接管了各州债务,那些没有债务的州就要被迫为有大量债务的州纳税。例如,马萨诸塞州所欠债务远远超出弗吉尼亚州。汉密尔顿及其支持者与弗吉尼亚人进行协商,才使法案得以批准。

定都

这次协商涉及决定国家首都的位置。1790年,首都由纽约迁回费城。但弗吉尼亚民众希望新首都设在南部离他们较近的地方。汉密尔顿与托马斯·杰斐逊会面,他们在晚餐时达成共识,以北部人同意把首都迁到南部为条件,换取弗吉尼亚州对债务承担法案的赞成票。协商规定新首都建在弗吉尼亚和马里兰交界的波托马克河岸边,这个地点由华盛顿亲自选定。政府将在新世纪之初迁都新址。

美国银行

汉密尔顿的银行法案激起了激烈的争论,而这只是众多争论的开始。汉密尔顿称尽管宪法没有明确规定,但国家银行的建立符合宪法的宗旨。但是麦迪逊、杰斐逊和伦道夫等人则认为,国会无权行使宪法没有明确规定的条款。然而,最终参众两院都同意了汉密尔顿的提案。起初,华盛顿对其合法性表示怀疑,但最后还是签了字。美国银行于1791年开始营业,依照批准宪章的规定,它可以运行20年。

汉密尔顿还如愿实施了消费税政策,尽管后来农民提出抗议,这一政策被迫修订,减轻了小酒厂的负担。1792年,又成功通过了一项新关税,尽管税率没有汉密尔顿所预期的那么高。

汉密尔顿的方案一经实施,便达到了他预期的效果,并得到社会各界要人的支持。它很快就取信于众,美国债券不久便在国内外销售,价格甚至高于面值。

结果投机者（其中许多人是国会成员）获得了巨大的利润，制造商从关税中得到实惠，海港商人在新的银行体制中收益颇丰。

然而一些人对汉密尔顿的方案并不感兴趣。占全国人口大多数的小农场主抱怨道，他们不得不承受不合理的课税负担。他们不仅要向自己州的政府交纳财产税，还要承受酿酒消费税，并间接承担关税。越来越多的美国人开始感觉到联邦党人的计划并非服务于广大人民，而是为少数富有的上层人士谋取福利。出于这种情绪，一个有组织的政治反对势力开始出现。

共和党反对势力

宪法没有提到政党的问题，这并非单纯的疏忽。以乔治·华盛顿为代表的制宪者认为，有组织的党派十分危险，应尽量避免。但对某些问题的分歧是不可避免的，许多制宪者认为，不必要也不应该由于这种分歧而形成永久性的派系。麦迪逊在《联邦党人文集》（第 10 篇，全集中最具影响力的一篇）中写道："在与敌对党派发生冲突时，公众利益完全被忽视，并且……其决策方法不是本着公平的原则，为少数党派的权利而制定，而是掌控在利害相关的傲慢专横的多数党势力手中。"

然而，就在宪法出台后的几年内，麦迪逊等人开始确信汉密尔顿及其同党已经成为"受利益牵扯的，专横独断的多数派"。在他们看来，联邦党人不仅制订了遭许多领导人反对的计划，更严重的是，汉密尔顿建立了一个具有全国影响力的关系网，这一关系网使政党所有最糟糕恶劣的方面充分体现出来。联邦党人控制着官员任免权和政府奖赏权，他们利用这些特权来犒赏自己的支持者，以此获得更多同盟。他们鼓励建立地方联盟（大都为贵族性质），来巩固他们在地方的社会地位。其反对者认为，他们的所作所为与 18 世纪初腐败的大不列颠政府的行为别无二致。

联邦党的建立

反对派认为，由于联邦党人正在建立一种危险而独断的权力体制，他们除组织一个强大的反对势力外别无选择。于是，一个自称为共和党（这并不是 19 世纪 50 年代出现的现代共和党的原型）的政治组织形成了。到 18 世纪 90 年代后期，共和党在塑造党派影响方面比联邦党更加不遗余力。他们在每个州都成立了委员会、社团和地方小组。共和党各群体之间跨越州界相互联系，以达到影响各州和地方选举的目的。他们声称，他们并且只有他们才能代表国家的真正利益，他们正在为保护人民的利益而与腐败的联邦党人的阴谋做斗争，以此为自己的行为辩护。汉密尔顿认为他所建立的拥护者关系网代表国家唯一合法的利益集团，而共

共和党的形成

杰斐逊式的田园生活 美国19世纪早期的艺术家被恬静的乡村景象所吸引，这也是杰斐逊提出的小规模自耕国家远景的象征。1822年弗朗西斯·亚历山大画完这幅田园图时，他所描绘的单一农耕共和国经济正在快速增长，并处于转型之中。(*Gift of Edgar William and Bernice Cbrysler Garbisch*, © 1998 Board of Trustees, National Gallery of Art, Washington)

和党人也同样相信他们自己的政党组织代表着人民的最佳利益。他们双方都不愿承认自身是一个政党，双方都不对对方的要求做出让步。学者们将这种制度上的党派之争称为"最初党系"。

从一开始，托马斯·杰斐逊和詹姆斯·麦迪逊就是共和党最卓越的人物。他们是持有相似政治哲学观点的亲密合作者，所以有时很难将他们两人所做的贡献区分开来。但是杰斐逊更具人格魅力，逐渐成为共和党最卓越的发言人。杰斐逊视自己为一位农民。（事实上，他确是一个地地道道的农场主，但是那几年他几乎没有时间经营他在弗吉尼亚的种植园。）他推崇农业型的共和国，其国民都是强健独立的自耕自给的农民。

但杰斐逊并不轻视商业活动，他认为农民应在全国乃至国际市场出售他们的收成。他也不反对工业，认为美国应该发展制造业。但是他对大城市抱有戒心，认为城市暴民是"政体的病灶"。他还反对发展先进的产业经济，因为他担心这会造成大量无产阶级工人涌进城市。总之，杰斐逊提倡建立一个权力分散的社会，主要由从事农业活动的小产权者组成。

联邦党人和共和党人在社会哲学观方面的不同，还可以从他们对法国大革命的反应中体现出来。18世纪90年代，革命越发激进，它攻击有组织的宗教，推翻

关于法国大革命的不同意见

君主政体，甚至最终处决了国王和王后，联邦党人对此感到恐惧。而共和党人则称赞由法国大革命体现出的民主精神和反贵族统治精神。一些人甚至模仿法国激进派（雅各宾派），剪短发，穿马裤，还彼此互称"男性公民""女性公民"。

尽管两党在各地各阶层均有支持者，但仍存在地域和经济方面的差异。联邦党人主要分布在东北部的商业中心和南部诸如查尔斯顿的海港城市，而共和党人则大多分布在南部和西部的乡村地区。

随着1792年第二次全国总统选举的临近，杰斐逊和汉密尔顿都力劝华盛顿继续连任，总统只得勉为其难。尽管很多美国公民认为华盛顿不参与党派斗争，但实际上华盛顿更支持联邦党人，而且在其任职期间，汉密尔顿一直是政府中的主导人物。

三、国家主权的建立

联邦党人有效地解决了原邦联政府未能解决的两个问题，以此巩固了他们的地位，同时还赢得了公众对新政府的广泛支持。他们的功劳是巩固了国家西部的领土，加强了美国的国际地位。

稳定边疆

尽管颁布了《西北法令》，但邦联政府还是未能牢牢地将西部边远地区掌握在自己手中。马萨诸塞州西部的农民发动了暴乱，佛蒙特州、肯塔基州和田纳西州的居民还扬言要从邦联中分离出去。根据宪法建立的新政府起初也面临着相似的难题。

1794年，宾夕法尼亚西部的农民对联邦政府提出一个重大的挑战：拒交威士忌酒的消费税，并威胁收税官（类似反对"印花税法"时期殖民者之所为）。当年邦联议会把谢斯叛乱的问题留给了马萨诸塞州，但是联邦政府没有将所谓的威士忌叛乱留给宾夕法尼亚州。在汉密尔顿的敦促下，华盛顿召集了三个州的民兵，组成了1.5万人的军队（比他在革命中用于抵抗英军的力量还强大），并亲自率队到宾夕法尼亚。当军队逼近叛乱中心匹兹堡时，叛军很快就瓦解了。

联邦政府利用武力威慑平定了威士忌叛乱，还承认其他边疆地区为联邦的新州，以此赢得了边界人民的信任。在宪法增加了《权利法案》之后，最初13州的

对威士忌叛乱的评论 尽管托马斯·杰斐逊和其他共和党人宣称偶尔的民众起义是好事，但联邦党人对马萨诸塞州的谢斯起义和之后宾夕法尼亚州的威士忌叛乱等暴动深感恐惧。这幅联邦党的卡通画视反叛者为魔鬼，他们追踪并绞死了一名倒霉的"收税官员"（税吏），因其查收了两小桶朗姆酒。（Courtesy of The Atwater Kent Museum）

最后两个州——北卡罗来纳和罗德岛分别于 1789 年和 1790 年加入联邦。之后是佛蒙特，它自革命后就有了自己的州政府，1791 年，纽约州和新罕布什尔州最终放弃对其所有权后，佛蒙特成为联邦的第 14 个州。之后是肯塔基州，在 1792 年弗吉尼亚放弃了对其所有权后便加入了联邦。在北卡罗来纳州最终将其西部土地交与联邦后，田纳西先是成为美国的一片领地，后于 1796 年成为一个州。

土著居民和新国家

新政府还面临邦联议会遗留的另一个更大的挑战，在西北和西南边远地区，印第安人（有时与英国人和西班牙人结盟）仍然对其部落领土归国家所有而不满。1784—1787 年颁布的条例引起了印第安部落与白人在边疆地区的一系列冲突，他们对白人入侵其领土进行反抗。尽管美国最终一一击败了印第安人的挑战（通常代价都很高），但西部领土的所有权究竟归谁所有——是美国政府还是印第安部落——这一问题仍没有答案。

这些冲突还暴露了另一个宪法未能解决的问题，即印第安民族在新联邦体

印第安人与宪法

系中的地位问题。宪法几乎没有提及土著居民。宪法第一条规定未被征税的印第安人不计入人口总数，而各州人口总数将决定其在众议院的席位，宪法给予国会权力"管理合众国与外国的、各州之间的以及与印第安部落的贸易"。宪法第六条规定，新政府必须尊重邦联国会签订的条款，其中大多是与印第安部落签订的，但是这些条款中没有一条明确规定印第安人或印第安民族在美国的合法地位。

一方面，宪法似乎承认部落以合法实体的身份存在，而另一方面，宪法明确规定印第安部落不是"外国"，（在相同的意义上讲欧洲国家才是外国），但其部落成员也不是合众国公民。印第安部落在新政府中并没有直接代表席位。最重要的是，宪法没有明确白人和印第安人之间最重要的问题——土地问题。印第安民族居住在合众国的疆域内，但他们宣称（白人政府也曾同意）他们在自己的领土内有一定的主权。但不论是宪法还是民法都没有明确指出"国中之国"的权利，也没有对部落主权的性质（最终由对土地的控制权决定）做出明确规定。所以，印第安部落和合众国政府的关系还需要一系列条约、协议和司法判决来界定，而这一过程持续了200多年。

维持中立

直到1791年，也就是美国革命战争结束后的第8年，当麦迪逊和共和党人扬言要对英国船只进行特殊贸易的限制时，英国才向合众国派出外交使节，但这只是美国让英国承认其合法地位所遇到的困难之一。英美关系的另一次危机出现在1793年。当时，法国在1789年大革命中建立的新政府与英国及其联盟开战。美国总统和国会都设法对这场冲突保持中立，但中立的立场很快就遭受了严峻的考验。

美国中立立场的第一个挑战来自革命中的法国及其第一任驻美外交使节——年轻鲁莽的埃德蒙·热内。他没有在费城登陆并及时觐见总统，却在查尔斯顿上岸。在那里，他计划利用美国港口装备法国军舰，并鼓动美国船主充当法国私掠船船长，他还雇佣年长的乔治·罗杰斯·克拉克，让他领导军队南征西班牙的土地。（当时西班牙是英国的盟友，法国的敌人）热内的所作所为肆意藐视了华盛顿的政策，并悍然违犯了《中立法案》。他的行为激怒了华盛顿（他在费城接待"公民热内"时态度冷淡）和联邦党人，也使多数共和党人颇为难堪，只有崇拜法国大革命的人除外。华盛顿最终要求法国政府召回热内，但当时热内所属的政党在法国已经失势。（总统准予他在合众国政治避难，之后他和他的美国妻子定居在纽

公民热内

约长岛的一个农场上。)中立政策就这样通过了第一次严峻考验。

第二次更为严重的挑战来自英国。1794年初,皇家海军开始扣押在法属西印度群岛经商的美国船只,这激起了合众国的公愤。当人们听说加拿大总督向西北边境的印第安人发表战时演说后,反英情绪更是持续高涨。汉密尔顿对此十分担忧。开战就意味着无法再从英格兰进口商品,而美国赖以维持金融体系的财政收入大多来源于这些进口商品的关税。

杰伊条约与平克尼条约

汉密尔顿认为这一时期已经不能进行正常的外交。他不相信国务院能与英国达成一致。杰斐逊在1793年辞去了国务卿的职位,将更多的时间投入到自己的政治活动中。而他的继任者埃德蒙·伦道夫比杰斐逊更为亲法。于是汉密尔顿说服华盛顿指派一名驻英特使——约翰·杰伊(合众国最高法院的首席法官,忠实的纽约联邦党人分子)。杰伊奉命去领取英国袭击美国船只的赔偿金,要求英军从边境撤军,并进行新的贸易谈判。

杰伊条约　　杰伊在1794年商定的冗长且复杂的协定并没有达到预期目标,但它也并非一无是处。它平息了与英国的冲突,阻止了两国一触即发的战争。由此美国无可非议地掌握了整个西北地区的主权,并与英国(合众国最重要的贸易国)建立了差强人意的商贸关系。然而,当这些条款在美国公开时,却因为没有得到英方足够的承诺而受到公众的强烈谴责。杰伊的画像在全国各地被焚烧。协议的反对者,包括几乎所有的共和党人和一些被法国间谍蛊惑的联邦党人,在参议院会议上极力攻击该协定。驻法的美国公使詹姆斯·莫尔乃至国务卿埃德蒙·伦道夫也竭力阻止协定的通过,但最终参议院还是通过了当时被称作"杰伊条约"的议案。

平克尼条约　　与其他方法相比,该协议缓解了美国与西班牙间的冲突,因为西班牙惧怕英美两国联手,对西属北美领地构成威胁。当托马斯·平克尼以特别谈判官的身份到达西班牙时,他轻而易举地就得到了合众国十几年来一直在西班牙寻求的利益。根据《平克尼条约》(1795年签订),西班牙承认美国有权航行至密西西比河口,在奥尔良存放货物,再装载至远洋船;西班牙还同意按照美国多年以来的意愿,以北纬31度线来确定佛罗里达州的北部边界;要求西班牙政府阻止佛罗里达州的印第安人越过边界线袭击美国领土。

四、联邦党人的垮台

尽管联邦党人的成就令人瞩目，但这并未确保他们继续在国家政权中起主导作用。相反，正是这些成就引发了问题，而这些问题最终导致了他们的垮台。

18世纪90年代，几乎所有的美国人都认为，在一个稳定的共和国内部绝对不允许有组织的反对派存在，所以，对联邦党人而言，其强劲的对手共和党的出现无疑严重威胁了国家的安定。自18世纪90年代后期开始，美国政府也面临一些国际危机，联邦党人不得不对反对派采取强有力的措施。他们面临一个两难的抉择——是选择尊重个人自由还是选择保持国家安定。联邦党人选择了后者，但结果却引发了一场政治灾难。1796年后，联邦党人就再也没能在选举中获胜。他们曾为之努力奋斗的联邦政府，赢得了民心而得以继续存在，而联邦党人强大的政治力量自此就逐渐从历史舞台上消失了。

1796年选举

尽管华盛顿的支持者力劝他竞选连任第三届总统，但华盛顿仍坚持1797年卸任。在对美国人民的"告别演说"（实际上一封长信，部分由汉密尔顿撰写并在费城《每日新闻报》上发表）中，他对共和党言辞激烈。他提到的"外国势力的阴险诡计"并不仅仅是对国际干涉的泛泛警告，也是对那些与法国密谋来妨碍联邦党人外交计划的共和党人的公开斥责。

华盛顿的告别演说

随着华盛顿退出竞选，八年来的党派竞争也得以公开申明。1796年，杰斐逊毫无争议地成为共和党的候选人。而联邦党的候选人则很难确定。汉密尔顿，这个联邦党的代表性人物，因树敌太多而不能成为令人信赖的候选人。副总统约翰·亚当斯没有直接参与那些不得人心的联邦党人的政策，所以最终成为联邦党的总统候选人。

很显然，联邦党仍居主导地位，毋庸置疑，他们有能力赢得大多数总统选举人的选票。但是，由于华盛顿没有从中调和，他们沦落为党派激烈斗争的受害者，甚至险些功亏一篑。汉密尔顿和许多其他联邦党人（尤其是在南部）并不拥护亚当斯作为候选人，而是更支持他的竞选伙伴托马斯·平克尼。果不其然，当联邦党人推选出大多数总统选举人时，一些平克尼的拥护者拒绝给亚当斯投票；亚当斯最后仅以领先三票的微弱优势战胜了杰斐逊。因为亚当斯的大部分支持者也没有给平克尼投票，所以最后杰斐逊在票选中名列第二，担任副总统。（根据当时宪法

联邦党的分裂

弗农山 乔治·华盛顿和玛莎·华盛顿对他们在弗农山上的庄园倾入了极大的心血。他们从欧洲进口建材并引进工匠，希望庄园能与英格兰典雅的乡村豪宅相媲美。他们房屋装潢之精细从这一墙面装饰中可见一斑。他们与当时许多富裕的大农场主和商人一样，追求一种精致高雅的生活。(Paul Rocheleau/Rebus, Inc.)

规定，得票第二的候选人担任副总统一职，因此出现了两个来自对立党的候选人担任国家的两个最高职位的尴尬状况。直到1804年，宪法第十二条修正案对相关规定作出修改，才避免了这种局面的出现。)

亚当斯在内忧外患的局面下出任总统一职。他领导着一个分裂的政党，面对着势力强大、足智多谋、欲置联邦党人于死地的共和党对手。亚当斯在自己的政党中并非主导人物，汉密尔顿仍然是最有影响力的联邦党人，亚当斯一直无法撼动他的地位。新总统虽然是美国最具才智、最有成就的一位外交家，但其政治才能却令人不敢恭维。他严峻、刻板、性情孤僻，在调解纠纷、赢得拥护、激发热情方面毫无才能。他为人极端正直，认为单凭个人品质和判事准确就能维系自己的位置，但是这种想法常常令他误入歧途。

与法国的准战争

在《杰伊条约》和《平克尼条约》签订之后，美国与英国和西班牙的关系得到了改善，而与革命中法国的关系却迅速恶化。法国轮船在公海上拦截美国船只，并时常囚禁船员。托马斯·平克尼的弟弟——查尔斯·科茨沃思·平克尼（Charles Cotesworth Pinckney）是南卡罗来纳州的联邦党人，他抵达法国后，法国政府竟拒不接受他合众国官方代表的身份。

约翰·亚当斯 亚当斯的职业生涯卓著,他担任过独立革命领袖,外交家和第二任总统,标志着亚当斯家族四代声名显赫之始。他的儿子约翰·昆西·亚当斯曾任美国国务卿及总统,他的孙子查尔斯·弗朗西斯·亚当斯是美国内战时期出色的外交家,他的曾孙亨利·亚当斯是美国杰出的历史学家及作家。(Adams National Historic Site, Quincy, Massachusetts)

　　亚当斯总统的顾问团中有一些人主张宣战,尤其是国务卿蒂莫西·皮克林(Timothy Pickering),他是一个对法国深恶痛绝的新英格兰人。但是汉密尔顿主张和解,亚当斯也首肯。为了巩固两国关系,亚当斯建立了一个两党委员会与法国进行谈判,其成员有刚刚遭到冷遇的查尔斯·科茨沃思·平克尼,弗吉尼亚联邦党人、后来的最高法院首席法官约翰·马歇尔,以及总统私交、马萨诸塞州共和党人埃尔布里奇·格里(Elbridge Gerry)。1797年,美国代表团抵达巴黎时,法国外交部长特利昂王子的三名特派员提出先向法国提供贷款,并向法国官员行贿的要求,否则不能进行谈判。平克尼气愤不已,干脆地回绝道:"不行!没门儿!一分钱都不给!"

　　亚当斯听闻此事后及时向国会提出咨文,谴责法国这种侮辱行径,并强烈要求备战。随后,他把美国代表委员的报告提交给国会,他事先将报告中三个法国特派员的名字隐去,换成了"X、Y、Z先生"。报告发表后,法国的行径激起了美

XYZ事件

XYZ 事件 这幅美国政治卡通的主题是臭名昭著的"XYZ 事件"。图中五个人头的形象代表法国督政府,其左侧身处巴黎的三位特使代表美国,图为法国督政府向美国特使提出勒索:"给钱、给钱、给钱"。图中右上角的怪物正在断头台上掌刑,这代表了法国大革命后期的暴力和恐怖。(The Granger Collection, New York)

国人民的公愤,联邦政府的回应得到民众的全力支持。此次事件被称为"XYZ 事件",两年后,美法两国不宣而战。

准战争　　亚当斯劝说国会断绝与法国的所有贸易往来,并且授权美国舰队扣押公海上武装的法国船只。1789 年,国会组建海军部,并拨款制造新的军舰。很快,美国海军多次战胜法国舰队,缴获战船共 58 艘,其中也包括武装商船。此时的美国正与英国开展密切合作,并与英国结盟一致对抗法国。

最后,为避免矛盾再度升级,法国选择与美国和解。1800 年,亚当斯又派出一个代表团去往巴黎,新的法国政府(当时以"第一执政"拿破仑·波拿巴为首)同意与合众国签署协定,废除 1778 年的旧协议,建立新的商贸关系。最后,"准战争"以和平的方式落下帷幕。

镇压和反抗

1798 年,国会与法国的冲突壮大了联邦党人的队伍。重振实力之后,他们开始考虑如何削弱共和党反对派。于是,出台了美国历史上最有争议的立法——《外侨与煽动叛乱法》(the Alien and Sedition Acts)。

《外侨法》给有意愿成为美国公民的外国人设置了新的障碍,加强了总统处理外国人事务的权力。《煽动叛乱法》允许政府起诉那些参与"煽动"反抗政府的人。从理论上讲,只有恶意中伤或蓄意背叛的行为才属于被起诉范围,但由于对这种行为的定义过于宽泛,法律实际上给予政府权力去镇压任何形式的反抗活动。共和党将此新法看作联邦党人捣毁他们的手段之一,于是奋起反击。

亚当斯总统签署了新的法律,但实施时则比较谨慎。他没有遣送任何外国人,而且阻止政府发起大规模的反抗共和党的运动。但是,立法本身具有很大的制约作用。《外侨法》不仅阻碍了新移民移入,还促使国内的外国人离开美国。当局依据《煽动叛乱法》逮捕了十人,并宣布其有罪。这十人中大多数为共和党报纸的

《外侨与煽动叛乱法》

国会中的斗殴　这幅漫画讽刺了1798年发生在国会众议院的一场有名的斗殴事件,冲突双方为来自佛蒙特州的共和党人马修·莱昂与来自康涅狄格州的联邦党人罗杰·格里斯沃尔德。争斗始于格里斯沃尔德羞辱莱昂在独立战争军队中的表现,莱昂朝格里斯沃尔德的脸上啐了一口,作为回击。两周后,格里斯沃尔德用拐杖袭击莱昂,莱昂拿起火钳进行反击。其他议员在两旁看热闹。图中描绘的便是这一场景。墙上所挂图画名为"皇室运动",内容为动物的格斗。(*New York Public Library*)

弗吉尼亚决议和肯塔基决议

编辑人员,他们唯一的罪状是批判政府中的联邦党人。

共和党领袖寄希望于各州立法机构,希望他们能够推翻《外侨法》和《煽动叛乱法》。(当时最高法院尚未确立对国会立法的全权废止权,有很多共和党领袖认为各州也应该享有此项权力。)1798—1799 年间,共和党推出两项议案作为各州行使权力的理论基础。一项由杰斐逊匿名起草,经肯塔基立法机关通过,另一项由麦迪逊起草,经弗吉尼亚立法机关通过。后被称作《弗吉尼亚决议》和《肯塔基决议》的两项决议渗透着约翰·洛克的思想,指出联邦政府是基于各州的"契约"而建立起来的,只有一定程度的代理权。联邦政府一旦行使非代理权,其行为便"无权威、不生效、无约束力"。"肯塔基决议"宣称,如果合同的另一方——各州——认为联邦政府超出了以上权力,他们有权"废止"相关法律。(内战前几十年,此类观点在美国南部再次出现)

共和党并没有因主张废止议案而获得广泛支持,只有弗吉尼亚和肯塔基宣称国会法案无效。然而,共和党成功地将它与联邦党人的矛盾提升到了国家危机的层面。18 世纪 90 年代末,整个国家面临着空前严重的政治分裂。各州立法机关有时就像一个战场,甚至美国国会也为暴力冲突所感染。在国会众议院发生了一个广为人知的事件,罗杰·格里斯沃尔德(Roger Griswold)是康涅狄格州的一名联邦党人议员,在争论中侮辱了来自佛蒙特的共和党人马修·莱昂(Matthew Lyon),莱昂朝格里斯沃尔德的脸上啐了一口,而格里斯沃尔德用拐杖予以回击,莱昂接着拿起火钳进行反击,最后二人在地上撕扯滚打。

1800 年"革命"

1800 年大选

激烈的争议成为 1800 年总统大选的主旋律。总统候选人同四年前一样:联邦党人亚当斯与共和党人杰斐逊。但是这届大选却与上一届大相径庭。事实上,这是美国历史上最不光彩的一次总统大选。亚当斯和杰斐逊两人的表现还算体面,但是他们各自的支持者却没有控制好自己的言行。联邦党人指责杰斐逊是个危险的极端派,说他的支持者都是疯狂分子,如果他们掌权,就会出现堪比法国革命的恐怖局面。而共和党人声称亚当斯是个暴君,企图自立为王,还斥责联邦党人密谋颠覆人类的自由并将奴隶制强加给人民。双方的相互指责也不乏人身攻击,例如,就在这次大选期间,杰斐逊与他种植园里一位女奴隶的浪漫情事首次曝光。

大选势均力敌,关键的竞争在纽约。那里,艾伦·伯尔(Aaron Burr)成立了一个独立战争退伍军人组织，即"坦曼尼协会"（Tammany Society），充当共和党的政治机器。通过"坦曼尼协会"的大力宣传，共和党在纽约市、甚至纽约州获得大多数人的支持，杰斐逊当选已无悬念。

但意料之外的复杂情况危及了共和党刚刚取得的胜利。宪法要求每位选举人"投票选举两人"。正常情况下，每名选举人会为本党总统候选人投一票，为副总统候选人投一票。为避免杰斐逊和艾伦·伯尔（1800年共和党副总统候选人）得票相等，共和党试图阻拦一位选举人给伯尔投票。但结果却阴差阳错，当选票统计出来后，杰斐逊和伯尔各得73张选票，两位候选人都没有获得多数票。根据宪法规定，在没有候选人获得多数票的情况下，必须由众议院在得票最多的两位候选人中做出选择，对于这次选举而言，就意味着在杰斐逊和伯尔之间做出抉择。每位州代表只有一张选票。

1800年选出的新国会中，共和党占大多数，但要等到总统就职之后才能行使权力，所以仍由联邦党人占多数的现任国会对目前的状况作出决定。一些联邦党人希望利用这个机会来挽救本党选举，而另一些人则主张与伯尔达成协议使其当选。但经过长时间的僵持，数位联邦党人领袖，尤其是其中最出色的一位——亚历山大·汉密尔顿，笃定伯尔（很多人怀疑他是目前僵局的始作俑者）不可信任，不能将总统大权交付于他。第36张选票决定了杰斐逊最后当选总统。

1800年大选之后，政府机构中只有司法部门仍掌握在联邦党人手中。亚当斯政府利用任期的最后几个月时间，采取了一些措施，确保司法权牢牢掌握在本党手中。根据"跛鸭国会"1801年通过的《司法条例》，联邦党将最高法院的法官减少一名，却在整体上成倍增加了联邦法官人数。亚当斯很快任命联邦党人出任新设的职位。有人说他在任职的最后一天还一直忙到深夜，签署新法官委任状。这些被任命的法官被称为"午夜命官"。

1801年《司法条例》

即使这样，共和党仍误认为自己大获全胜。他们坚信自己将国家从暴政之中挽救了回来。一个崭新的时代即将来临，美利坚建国的正确原则将再次遍及这片土地。胜利者满怀信心地展望未来，他们认为击败联邦党意义非凡，这在后来杰斐逊描述自己当选的措辞中明确地体现出来，他称此为"1800年革命"。但此次大选的革命性程度究竟有多高还需日后检验。

小　结

　　1787年美国宪法的编撰是美国历史上最重大的政治事件，也是当代世界政治史上一件引人注目的事件。它创建了分权的"联邦"体制——分权给联邦政府和各州政府，分权给行政、立法、司法三个机构，这个年轻的国家通过这些决策在建立有效的全国性政府的需求和防止集权专制的恐惧之间寻求着平衡。制宪会议的代表们为政府最终结构的形成做出一次又一次的妥协，这表明他们对一个稳定的政治体系的渴望。同时，他们的妥协也使对这个新的民主国家的理想构成最大威胁的奴隶制得以原封不动地保留下来。

　　宪法的编撰和批准解决了新国家形态方面的诸多问题。在最初的12年间，政府在宪法的指导下解决了其他历史遗留问题。然而，直到1800年，关于国家未来的一个基本分歧——以忠诚的国家主义者亚历山大·汉密尔顿和自称民主主义拥护者的托马斯·杰斐逊之间的分歧为代表——仍待解决，并继续在政界引发激烈的分歧与冲突。当年，托马斯·杰斐逊当选总统为合众国历史掀开了新的篇章，并且至少使威胁国家前途的政治冲突暂时告一段落。

阅读参考

　　Charles Beard, *An Economic Interpretation of the Constitution of the United States* (1913) 是现代美国历史研究的一部重要作品，尽管其阐述的观点不再为人广泛接受。

　　Gordon Wood, *The Creation of the American Republic* (1969) 从理性的角度对《独立宣言》和《美国宪法》进行分析，观点占主导地位。伍德还是 *Revolutionary Characters* (2006) 一书的作者，该书描写开国元勋。

　　Jack Rakove, *Original Meanings: Politics and Ideas in the Making of the Constitution* (1996) 将18世纪80年代的政治与宪法所体现的政治理念结合起来。

　　Stanley Elkins and Eric McKitrick, *The Age of Federalism* (1993) 对18世纪90年代的政治经济发展做出了详细的综述。

　　Joyce Appleby, *Capitalism and a New Social Order: The Republican Vision of the 1790s* (1984) 重点阐述宪法获批后自由主义和资本主义的推动。

　　Drew McCoy, *The Elusive Republic: Political Economy in Jeffersonian America* (1980) 温和地描述了立宪时期的政治。

　　Joseph Ellis 描写建国元勋，他写的几本书都获得高度赞誉。*After the Revolution: Profiles of Early American Culture* (1979) 审视了新国家的一些制宪者；*American Sphinx: The Character of Thomas Jefferson* (1997); *Founding Brothers: The Revolutionary Generation* (2000)，*Passionate Sage: The Character and Legacy of John Adams* (1993), 和 *American Creation* (2007)，是对国家从独立革命到路易斯安那购买案强有力的描述；*John Adams* (2001) 是一部生动的传记，深受读者欢迎，而且脍炙人口。

Ron Chernow, *Alexander Hamilton* (2004) 是另一位重要元勋的绝好传记，同 Edmund Morgan 所著 *Benjamin Franklin* (2002) 一样精彩。

火烧华盛顿 这幅引人注目的雕刻在某种程度上夸张了英军1814年占领并火烧华盛顿的情景。但侵略者的确因美国火烧加拿大首府约克而火烧了美国国会大厦、白宫和其他政府大楼。(*The Granger Collection, New York*)

第 7 章

杰斐逊时期

1801 年，托马斯·杰斐逊及其追随者凭借对美国前景的远见卓识，执掌起国家政府大权。在他们构想的社会中，独立的自耕农是主体，这里没有工厂，没有工业重镇，更没有欧洲那样的城市暴民。他们推崇普及教育的制度，力图使所有美国人都了解启蒙运动的科学理性主义。他们提倡的文化观强调地方主义和共和式的简朴，主张建立一个权力受到严格限制的联邦政府，而将大部分职权保留给各州政府行使。

然而，他们的设想都没能得以实现，因为在其掌权期间，他们的观念大多已经过时，不再能顺应年轻的共和国的发展。在共和党统治时期，美国的经济已经稳定地向多元化、复杂化方向发展。城市的增加，商业的涌

大事年表	
1769 年	詹姆斯·瓦特获蒸汽机发明专利
1778 年	菲利普斯学院于马萨诸塞州安多弗镇成立
1779 年	"宇宙神教"建立
1781 年	菲利普斯·埃克塞特学院于新罕布什尔成立
1782 年	"唯一神教"于波士顿建立
1784 年	朱迪思·萨金特·默里发表女权论 卫理公会正式建立
1789 年	马萨诸塞州公立学校招收女生
1790 年	塞缪尔·斯莱特于罗德岛的波塔基特市建立纺织厂，该厂成为美国第一家现代工厂
1792 年	从费城至兰卡斯特的收费公路建成
1793 年	伊莱·惠特尼发明轧棉机
1794—1796 年	托马斯·潘恩的《理性时代》出版
1800 年	美国首都迁至华盛顿特区 加布里埃尔·普罗瑟的奴隶叛乱计划破产
1801 年	第二次大觉醒运动开始 约翰·马歇尔任首席大法官
1801—1805 年	的黎波里冲突
1802 年	杰斐逊废除所有联邦内部税收 美国陆军学院于西点建立
1803 年	拿破仑战争在欧洲升级 从法国购买路易斯安那领地 最高法院因马伯里诉麦迪逊案而获得司法审查权
1804 年	艾伦·伯尔在决斗中射杀亚历山大·汉密尔顿 托马斯·杰斐逊再次当选总统
1804—1806 年	刘易斯、克拉克和泽布伦·派克探索路易斯安那
1805 年	英军在特拉法尔加海战中击溃法军
1806 年	伯尔被指控密谋叛国
1806—1807 年	拿破仑颁布《柏林敕令》和《米兰敕令》
1807 年	富尔顿和利文斯顿发明的世界第一艘汽船下水 伯尔因密谋罪受审而后无罪释放 "切萨皮克号—花豹号"事件发生 禁运令开始实施
1808 年	经济陷入萧条状态

杰斐逊的设想

	麦迪逊当选总统
1809 年	《禁运法》废除
	《禁止贸易法》通过
	特库姆塞建立部落联盟
1810 年	《梅肯 2 号法案》再度开启英法贸易
	美国兼并西佛罗里达
1811 年	哈里森在蒂珀卡努河战役中获胜
1812 年	美国对英国宣战（6 月 18 日）
	麦迪逊再次当选总统
	路易斯安那州加入联邦
1813 年	英国实施海上封锁
	美国火烧加拿大首府约克（多伦多）
	佩里于伊利湖普因湾打败英国舰队
	哈里森击败英军和特库姆塞
1814 年	杰克逊在马蹄湾战役中屠杀克里克族印第安人
	英军占领并火烧华盛顿
	弗朗西斯·斯科特·基创作《星条旗之歌》
	美国在普莱茨堡战役获胜
	哈特福德会议召开
	《根特条约》签订
1815 年	杰克逊赢得新奥尔良战役
	阿尔及尔海战
1828 年	韦伯斯特《美国英语词典》出版

现和产业主义的扩张使得单一的农业社会理想难以维持。普及教育的探索举步维艰，享受国家教育在很大程度上仍是特权精英的专利，而美国的文化生活非但没有体现出地方特征和简朴风格，反而表现出朝气蓬勃、雄心满怀的国家主义特征，颇具联邦党人的遗风（联邦党人经常倡导国家主义）。不过如杰斐逊派所愿，美国宗教开始面对并适应启蒙理性主义的推广，但新的怀疑论仍颇受争议。世纪之初，一股强大的宗教复兴潮流汹涌而来，最终几乎湮没了新兴的理性哲学。

共和党人确实曾设法将其政治理想变成现实。杰斐逊废除了大部分由联邦党人在 18 世纪 90 年代建立的官僚机构，并确保联邦政府在诸多方面不干涉美国人民的生活。然而他也频繁面临需要强有力地行使国家权力的情况。甚至有时他在行使权力时比其联邦党前任还要强硬专断。

共和党并不很喜欢这种国家化和现代化的发展趋势，有时也对此进行抵制。然而，大多数情况下，他们意识到有些事情是无力改变的。在适应新的现实的过程中，他们开始推动美国生活的转型，尽管这种转型是他们曾经竭力抵制的。

一、文化民族主义的兴起

19 世纪初,美国的文化生活在诸多方面体现出共和党对国家未来的设想。公民受教育的机会增多,国家的文艺生活开始挣脱欧洲的影响,美国宗教开始面对并适应启蒙运动理性主义的传播。然而,在其他方面,新文化对共和党的理想提出了严峻的挑战。

教育模式

高尚开明的公民理念是共和党人对美利坚国家设想的核心。杰斐逊本人也在全国范围内强烈呼吁"讨伐无知"。共和党坚信,在全国范围内建立公立学校系统,可以培养出有教养的选民,并为共和党所用。他们认为,所有的男性公民(国家潜在的选民)都应接受免费教育。

共和国早期提出要对所有公民实行公共教育,一些州接受了该原则,但是没有一个州建立起切实可行的免费学校的体制。1789 年,马萨诸塞州的一条法律重申了殖民地法中关于每个镇都要建立学校的规定,但没有奏效。在弗吉尼亚州,杰斐逊曾提出实行普及基础教育和为天资聪颖者提供高等教育的号召,但州立法机关未予理睬。即使到 1815 年,也没有一个州形成一套综合的公共教育体制。

相反,私立学校承担了学校教育的主要责任,大多数学校只招收能支付得起学费的人。在南部和大西洋沿岸中部各州,宗教团体经营着大部分学校。在新英格兰和其他地方,私立学校通常不受教会管辖。1778 年,菲利普斯(Phillips)家族在马萨诸塞州安多弗镇(Andover)创立了学校,三年之后,又在新罕布什尔州埃克塞特镇(Exeter)开办了另一所,很多私立学校都以这两所学校为摹本。到 1815 年,马萨诸塞州有 30 所这种私立学校,纽约有 37 所,还有几十所分布于全国各地。很多学校具有明显的贵族特征,旨在把他们的学生培养成国家的精英。也有少数学校对穷人开放,但是教学质量远远不如私立学校。

像新英格兰的私立中学,乃至许多公立学校,都只招收男生。然而在 19 世纪早期,女性教育确实出现了一些重要改进。

在 18 世纪,女性几乎得不到任何形式的教育,美国革命时期,女性文盲率高达 50% 以上。然而此时,美国人开始重新审视"共和国的母亲们"对培养新一代所起的作用,并由此引发了一个重要的问题:倘若母亲们无知,她们怎样启蒙自己的孩子呢?这种担忧早在 18 世纪 70 年代即已开始,之后日益加深,这使得一系

1800年左右的摩拉维亚男子学校 这幅画描绘了北卡罗来纳一所男子学校的内部环境，这所学校由德裔摩拉维亚人开办。摩拉维亚人曾属德国新教教派，该教派的许多人在18世纪50年代移民到美国。其中数量较多的一群人在宾夕法尼亚州建立了伯利恒市（Bethlehem），另外一群人则移民到北卡罗来纳州的西部。他们所提倡的信念是社会进步，这促使他们关注教育并建立了几个昙花一现的乌托邦社区。(Courtesy of Moravian Archives, Winston-Salem, North Carolina)

列女子学校在全国得以建立（通常只招收富裕人家的女儿）。1789年，马萨诸塞州要求其公立学校向男女一并开放。不久其他各州（尽管不是所有州）也纷纷效仿。

大多数男性认为，女性教育旨在塑造贤妻良母，因此女性没有接受高等教育或专业培训的必要，大学和学院也没有理由招收女性学生。然而，有些女性渴望学习更多知识。1784年，朱迪思·萨金特·默里发表了一篇文章，捍卫女性接受教育的权利，其观点与当时大部分男性的观点大相径庭。默里认为，男性和女性在智力和潜能上是平等的，因而女性应当享有与男性同等的受教育机会。而且，女性应当有机会自食其力，在社会中扮演一个独立于丈夫和家庭之外的专属于自己的角色。默里的观点鼓舞了后人，但是在其有生之年（1751—1820），她的想法并没有得到多少支持。

对印第安人的教育

一些改革者相信教育有改造和挽救无知及"落后"国民的力量，他们激起了人们对印第安人教育问题的浓厚兴趣。因为杰斐逊及其追随者视印第安人为"高贵的野蛮人"（虽未开化，但与美国黑人不同，并非天生低劣），所以他们希望让印第安人接受白人文化教育，以驯服并"提升"其土著部落的文明。尽管白人政府对印第安教育所为甚少，但印第安部落中传教士和教会学校的数量却在激增。

在19世纪初期，美国白人几乎无一认为非裔美国人（当时他们还都是奴隶）有接受教育的必要。在北部的一些州，一些自由黑人的子女可以在种族隔离的学校上学。在南部，奴隶主通常试图阻止其黑人奴隶学习读书写字，他们担心知识会使奴隶对自身的现状不满。尽管阻碍重重，一些黑人仍通过自学或父母教育的途径学到了一些知识，但是识字的奴隶毕竟为数甚少。

尽管共和党人希望高等知识得以广泛传播，但是高等教育的普及远远低于初等教育（杰斐逊本人为实现这一理想创建了弗吉尼亚大学）。美国学院和大学的数量由革命之初的 9 所增加到 1800 年的 22 所，之后数量仍在继续增加。然而这些新院校中没有一所是真正的公立学校。即使是那些由州立法机构建立的大学（如在佐治亚、北卡罗来纳、佛蒙特、俄亥俄和南卡罗来纳），也是依赖私人捐赠和学生学费运行的。仅有千分之一的男性白人能够接受高等教育（根本没有女性、黑人和印第安人），而这些大学生无一例外都来自名门望族。

高等教育

此外，大学提供的教育非常有限——仅对古典文化及其他少数几个领域进行培训，知识面很窄，只对神学进行深入研究。实际上，神职人员是当时唯一要求具备高等学历的职业。也有一些学校试图给学生提供其他领域的高等教育。弗吉尼亚的威廉玛丽学院、宾夕法尼亚大学和纽约的哥伦比亚学院在 1800 年之前都创办了法学院，但是大多数律师仍像从前一样，通过给从业律师当学徒接受职业培训，获得入职资格。

医学和科学

宾夕法尼亚大学于 18 世纪创办了美国第一所医学院。然而在 19 世纪初，大多数医生需向有威望的从业医者学习医学。美国的一些内科医生在医药领域应用新的科学方法，并强烈反对古老的偏见和迷信。例如，在解剖学的传授过程中，因研究需要而对尸体进行解剖，这引起了公众强烈的反对。市政当局实际上对医药科学一无所知，对在人群中流行的严重传染病不知所措。本杰明·拉什（费城的一位具有先驱精神的内科医生）等人认为，疾病的罪魁祸首是缺乏完备的卫生措施，经过很长时间人们才接受了拉什等人的观点。

对病人而言，较之疾病本身，他们更惧怕医生，因为即使是医药科学的先进倡导者也常常采用一些无效且危险的疗法。如本杰明·拉什倡导一种新兴的科学方法——放血疗法，而他的很多病人死于该疗法。1799 年乔治·华盛顿之死很有可能就是由于其医生应用放血疗法无效所致，而并非轻度咽喉感染。

本杰明·拉什

医疗行业也致力于采用新发现的"科学"方法，以此来将医学扩展到传统上不属于其领域的范围。例如，从前分娩过程大多由产婆处理。19 世纪初期，内科医生开始亲自接生，并要求对接生婆进行制约。这一变化的结果之一是妇女就业机会减少（助产是女性一项重要的行当），再就是贫困产妇的分娩护理受到限制（她们支付得起接生婆的费用，但付不起医生的高昂诊费）。

助产术的衰落

共和国早期，医学和其他领域的教育及职业培训远没有达到杰斐逊的预期目标。努力推广教育和提高职业素养的努力实际上强化了现存的精英阶层，而并没有削弱他们。然而，享有同等教育机会的理想得以幸存，并在随后的几十年成为推动普及公共教育的重要力量。

新国家的文化诉求

在杰斐逊时期，很多美国人反对联邦派在政治和经济方面的集权思想，但是大部分人热情地接受了另一种形式的民族主义。在摆脱欧洲的统治，赢得政治独立后，他们渴望文化独立。在此过程中，他们梦想着一种美国式的文艺生活，它可以与欧洲的巨大成就相提并论。正如早在1772年流行的《美国辉煌崛起之歌》所言，美国人相信他们的"乐土"注定成为"帝王的宝座"和人类文明的"最终舞台"，在这片乐土上一定会诞生"有创意的奇妙的举世无双的艺术佳作"。18世纪的另一位作家说，美国将会是"人类进步的最终和最佳舞台"。

这种民族主义在美国早期的教科书中得到了充分的体现。马萨诸塞州地理学家、《轻松学地理》的作者杰地迪亚·莫尔斯（Jedidiah Morse）说，美国必须要有本国的教科书，以此来阻止英国贵族思想的侵蚀。康涅狄格州一位校长兼律师诺亚·韦伯斯特（Noah Webster）也认为美国学生应当接受爱国主义教育，应当向他们的头脑中灌输美国民族主义思想。

为了推动独具特色的美国文化的形成，促进新国家的人心统一，韦伯斯特坚持采用一套简明的美国化的拼写体系。例如，"荣誉"一词用"honor"代替"honour"。他于1783年首次出版的《美国拼字书》（*American Spelling Book*），即广为人知的《蓝皮拼字书》，最终售出一亿多册，成为美国出版史上除《圣经》外最畅销的书。此外，1806年出版的学生词典以多种版本再版，并最终于1828年扩充成为《美国英语词典》（*American Dictionary of the English Language*）。这本词典与拼字书一起确立了全国范围内词汇拼写及用法的标准。尽管韦伯斯特的联邦派政治观点在19世纪初失去众望，但他的文化民族主义主张深得民心，影响深远。

那些渴望创造更高层次民族文学的美国人却遭遇诸多障碍。按理说，民族文学读物应该存在大量的潜在读者——独立战争时期报纸和政治手册的广泛发行引发大量的公众阅读，但是对于美国准作家而言，其作品公布于众的机会少之又少。印刷商更喜欢出版英国作家的流行作品（因为他们不用支付版税）。杂志出版商发行的刊物大部分都是英国期刊的节选。只有那些甘愿自费出版并承担相应风险的美国作家才能赢得公众的瞩目。

即使这样，越来越多的美国作家竭力创作具有浓郁本土特色的文学，正如诗人乔·巴洛（Joel Barlow）所写，"要在这里的人们头脑中植入真正辉煌的思想，用以替代腐蚀他国人们的那些虚伪没落的思想"。巴洛是康涅狄格州一作家团体——"哈特福德才子"（Hartford Wits）的成员，他在1807年出版了史诗《哥伦比亚德》（*The Columbiad*），旨在突出美国文明的特性。它获得的好评鼓舞了其他本土作家。

在这些最具雄心壮志的作家之中，来自费城的查尔斯·布罗克登·布朗（Charles Brockden Brown）尤其引人瞩目。像其他美国人一样，他被小说这种新型文学形式深深吸引。小说于18世纪后期在英格兰深受欢迎，随后成功传到美国。但是，布朗力图有所创新，而并非简单地模仿英国的文学形式。他也试图用自己的小说表达独具美国特色的主题，表现新国家"激情的高涨和才智的活力"。他的原创精神使他创作了一系列作品，其特点是以恐怖和怪诞吸引读者。但是，他的小说并没有广泛流行。

更为成功的作家当属华盛顿·欧文（Washington Irving），他居住于纽约，对美国早期的历史进行讽刺性的描写，并以新大陆社会为素材创作具有深远影响的寓言故事，因而受到广泛好评。他描写的美国农夫伊卡博德·克兰（Ichabod Crane）和瑞普·凡·温克尔（Rip Van Winkle）的历险经历是脍炙人口的民间传说，这使他成为那个时代美国文学生活领域公认的领军人物，也是为数不多的作品能为后世所传诵的作家之一。

共和国早期，由美国作家创作的最具影响力的作品并不是诗歌、小说或者故事，而是赞颂国家过往的历史作品。剧作家和宣传鼓动家默西·奥蒂斯·沃伦在18世纪70年代深具影响力，她在1805年完成了三卷本巨著《美国革命史》（*History of the Revolution*），该书凸显出独立战争中的英雄主义。圣公会牧师梅森·威姆斯（Mason Weems）于1806年出版了《华盛顿生平》（*Life of Washington*），对其歌功颂德，该书成为那个时代的畅销书之一。但威姆斯并不注重历史的精确性。他把这位具有贵族气质的总统描写成淳朴且具有单纯共和国美德的公民（他还编造了华盛顿和樱桃树这一广为流传的故事）。历史作品同文学作品一样，成为向美国人民灌输民族主义的工具。

宗教怀疑论

美国独立战争把教会从政府中分离出来，宣扬个人自由与理性的观念，对很多教会传统提出挑战，从而削弱了传统形式的宗教活动。到 18 世纪 90 年代，只有少数美国白人（大概只有 10%）是原教会的成员，牧师经常抱怨这种"重要信仰的没落"。传统宗教人员对新"理性"神学的出现尤为警醒，因为它反映了现代的科学态度，淡化了上帝在世间的作用。

自然神论　　一些美国人（包括杰斐逊和富兰克林在内）拥护"自然神论"（deism）。该信仰起源于法国启蒙运动哲学家。自然神论者承认上帝的存在，但认为上帝遥不可及，自其创造宇宙之后就远离人类和其原罪。那些抨击宗教"迷信"的书籍和文章吸引了大批的读者，并引发了激烈的讨论。托马斯·潘恩的《理性时代》（*The Age of Reason*）就是其中之一，它于 1794—1796 年间分批出版。潘恩曾宣称基督教是"有史以来最奇怪的宗教"，因为"它为了救赎人类偷吃苹果的原罪而谋杀了耶稣"。

宗教怀疑主义也提出"宇宙神论"和"唯一神论"（反对"三位一体"之说——译者注）的哲学观，这两种哲学观的出现是源于新英格兰公理教会内部观点的分歧。这种新思想的信徒拒不相信加尔文主义的宿命论，他们认为所有人都可获得救赎。他们也反对三位一体的思想，声称耶稣只是宗教施教者，并非上帝之子。这些持异见者与公理会存有明显的分歧，并最终导致了永久的决裂。詹姆斯·默里（James Murray）（后来与朱迪思·萨金特·默里结婚），于 1779 年在马萨诸塞州的格洛斯特（Gloucester）创立了独立教派"宇宙神教"，三年后又在波士顿创立了"唯一神教"。

一些美国人认为理性主义的传播标志着传统的福音教派（evangelistic religion）在新国家的终结。但事实恰恰相反，实际上，大多数美国人仍持有强烈的宗教信仰，只不过他们对有组织的教会和教派活动的参与逐渐减少，他们很多人认为那些宗教仪式太过正式又太传统，无法表达他们强烈的宗教信仰。自然神教、宇宙神教、唯一神教及其他"理性"宗教，此时似乎更具影响力，因为传统的福音教派很长时间以来一直处于混乱无序的状态。但从 1801 年初开始，传统宗教在宗教复兴浪潮——"第二次大觉醒"中戏剧性地卷土重来。

第二次大觉醒

第二次大觉醒源于 18 世纪 90 年代保守神学派与宗教理性主义之争，他们为复兴各自的宗教团体建立了一系列教会。

为推动宗教复兴，几个不同教派的领袖参加了传播福音活动。长老会试图在西部边疆唤起白人的信仰，教会的保守派对"新光派"（New Light）反叛者（那些改变自己的宗教观念以适应科学理性主义的人）的回应愈发激进。18世纪70年代，由约翰·卫斯理（John Wesley）在英格兰创立的"卫理公会"传到美国，并于1784年在弗朗西斯·阿斯伯里（Francis Asbury）的领导下，成为一个正式的教派。卫理公会专制独裁，组织结构等级森严，四处派出传教士在全国招收信徒，不久便成为美国发展最快的教派。与卫理公会几乎同样成功的是浸礼教，它对美国人而言还相对陌生，主要在南部地区吸引了一些热情的信徒。

到1800年，所有教派的复兴热情汇集一处，一并掀起自六十年前第一次大觉醒运动以来最盛大的福音热潮。新的觉醒运动由东部几所大学的长老会开始，耶鲁大学尤甚，校长蒂莫西·德怀特（Timothy Dwight）亲自领导，迅速遍及全国，西部地区的热情空前高涨。仅仅几年的时间，美国大多数人都受到了这场运动的影响。这些拥护宗教复兴的教会——尤其是卫理公会、浸礼会和长老会——信徒数量一路飙升。1801年夏天，在肯塔基州的凯恩·里奇（Cane Ridge），一批福音派牧师主持了美国首次"野营布道会"（camp meeting）——一次规模非凡、持续数日的复兴大会，其规模之大（估计有2.5万人参加），众人热情之高，凡目睹之人无不惊叹。随着卫理公会以此种方式作为"收获"新成员的途径，这种活动在随后的几年中普遍展开。卫理公会的巡回布道牧师彼得·卡特赖特（Peter Cartwright）因在全国各地布道并劝说听众加入教会而闻名全国。然而，即使是卡特赖特也常常对自己传教激起强烈的宗教狂热始料不及，不时有人出现抽搐、痉挛、就地打滚和"圣肌"颤搐等异常状况。

尽管第二次大觉醒所要传达的思想并不完全统一，但其基本要点十分清晰明确，即个体在日常生活中必须重新皈依上帝和基督，必须表现出强烈积极的虔诚，必须抵制威胁传统信仰的理性主义宗教怀疑论。即便如此，复兴的热潮并没能恢复过去的宗教理念。复兴教派不再接受命运天定的说法，他们没有像人们担心的那样漠视宗教，而是相信人能通过改变自身命运进一步寻求救赎。简言之，大觉醒运动使人们敬拜上帝的虔诚更加热切积极，并且使人们相信上帝是世上一种积极的力量，人们能够通过信仰和善举获得上帝的恩泽。

第二次大觉醒还促进了不同教派的增长，并使大众广泛接受了这样一种观点：信徒可以各自属于不同的新教教派，但本质上都同样信仰基督。最终，新福音派通过向全国各地（包括没有正规教会的偏远地区）传播宗教热情，为那些尚未确定自身立场的社区提供了维护社会秩序和稳定感的途径。

凯恩·里奇

大觉醒的讯息

第二次大觉醒的突出特点之一是女性（尤其是年轻女性）参与者人数众多。在有些地方，教会成员绝大多数是女性，其原因之一是某些地区女性的人数多于男性。喜欢冒险的年轻男子通常独自外出闯荡，移居西部自己谋生；而大多数的女性都没有这样的机会。因而她们的婚嫁对象选择范围大大缩小，又因未来生活的前景飘忽不定而十分苦恼，于是一些女性把宗教信仰作为自己生活的基础。但是，即使是男性数量并不缺乏的地方，女性还是大量地冲到宗教复兴运动中去，这表明她们对自己经济角色的变化做出了积极回应。工业的发展使人们离开家庭（以前妇女只在家中纺纱织布贴补家用）而进入工厂（这一进程在19世纪初期进展迅速），剥夺了妇女（尤其是老年妇女）最重要的一项社会角色。宗教热情有助于弥补这些变故带来的损失和不适，同时也使她们有机会参与一系列与教会有关的社会活动，如慈善团体帮助孤儿和穷人、传教组织传经布道及其他一些机构的活动，在这些社会活动中妇女逐渐起到了重要作用。

美国黑人与复兴运动

复兴精神在白人社会中流传最广，同样也渗透到其他文化之中。在某些地区，

卫理公会露营大会，1837　早在1800年，露营（或复兴）会议在美国福音派基督教中非常盛行。到19世纪20年代，每年大约要举办1000场这种会议，其中大部分在南方和西部举行。一名与会人员在1806年的一次会议后写道："我以为只有到了俗世的末日——最后审判日，才能看到这样的场景——人们在奔跑着，是的，从四面八方奔向讲坛，有人哭泣着，有人喊叫着，有人欢呼着……啊！在这荣耀的一天，人们一路又唱又叫地回家去。"这幅标注着1837年的平版画描述了女性在许多复兴活动中人数占居多数的场面。（*The Granger Collection, New York*）

复兴运动向所有种族开放，黑人不仅积极参加各种宗教的集会活动，而且对新派宗教表现出极大的热情。实际上，在这些复兴活动中还涌现出一大批黑人传教士，他们成为奴隶社区中的重要人物。一些人将宣传平等的宗教思想（如人人都能得到拯救）解释成适合于当时黑人境况的平等理念。1800年，在弗吉尼亚复兴大会上曾诞生了一个周密而详细的计划（由黑人传教士的弟弟加布里埃尔·普罗塞策划），即发动奴隶起义并进攻里士满。后来，由于计划被白人发现，起义流产，但复兴运动一直使南方种族间纷争不断。

在那段时期，宗教复兴精神在土著美国人中也表现得非常强烈，尽管他们的复兴与白人、黑人的复兴有很大的不同。土著人的复兴很大一部分来自于早先部落的经历。18世纪60年代，特拉华的先知涅奥林（Neolin）在西北部掀起了一场广泛的复兴运动，将印第安的意象与基督教相结合，在美国土著宗教中创立了一个人性化的上帝，他密切关注人类的事务。涅奥林还号召印第安人组织起来保卫自己的土地，并且反对与白人发展贸易和其他关系。他激烈的言辞对于1763年及其之后印第安的军事活动起到了推波助澜的作用。

美国独立战争之后，印第安人的社会混乱和军事失败使很多东部部落产生了危机感；因此，从18世纪90年代到19世纪80年代早期，印第安人宗教热情高涨，宗教预言频繁出现，进入了一个新的时代。长老会和浸礼会的传教士在南方部落中积极活动，并激起了大规模的传教浪潮。但是最重要的宗教复兴活动由另一位伟大的先知发起，他名叫俊湖（Handsome Lake），是塞纳卡族人，多年酗酒后他奇迹般"再生"，这使他在部落中享有特殊的荣誉。他像涅奥林一样呼唤印第安传统的复兴。（他自称见过耶稣，耶稣指示他"告诉人们：如果他们追随白人，就会迷失方向"）莱科的信息传遍了分散的易洛魁部落，并且激励很多印第安人戒掉了威士忌、赌博及其他一些从白人身上学来的恶习。

事实上，复兴运动并未使传统的易洛魁文化得以真正复兴，反而使基督教传教士在部落中的传教活动更为活跃。他竭力主张易洛魁男人放弃打猎（主要是因为他们打猎的土地大部分被白人掠夺）而安心务农，过去一直做农活的女人们转而多做一些家务。当有妇女不愿接受这种变化时，莱科就斥她们为巫女。

第二次大觉醒对不信仰其宗旨的美国人也产生了很大的影响。那些持怀疑论的理性"自由思想者"在为复兴运动作出贡献的同时，也不同程度地成了宗教狂热的牺牲品。虽然1800年后他们并未消失，但他们的影响却衰落得很快，在以后很多年间，他们在基督教中都是影响很小、居于被动的派别。而与此相反的是，在新国家中占主导地位的宗教是热情的福音派，并一直延续到19世纪中期以后。

二、活跃的工业主义

尽管杰斐逊及其追随者希望美国保持单纯的农业共和国特色，但美国最终还是朝着工业化和都市化迈出了尝试性的第一步，而这样的社会正是早期共和党所极力避免的。

科技在美国

美国从英国引进了许多先进的机械。（参见"美国与世界"，边码第194—195页。）英国政府曾试图禁止本国纺织设备的出口和技术人员的外流，以此来保护本国制造业的突出地位。尽管如此，还是有很多人带着先进的技术移民到美国，十分迫切地要将新的机器引进美国。例如，塞缪尔·斯莱特（Samuel Slater）运用离开英国前学到的知识，1790年于罗德岛的波塔基特市为教友派商人摩西·布朗（Moses Brown）建立了一个纺纱厂。这是美国的第一家现代工厂。

在19世纪初期，美国本土也出现了很多重要的发明家。其中有特拉华的奥利弗·埃文斯（Oliver Evans），他设计出了很多精巧的机器，如自动磨面机、纸板制造机等。他还对蒸汽机做了很重要的改进，1795年，他出版了美国第一本机械工程教科书：《初级磨坊设计与磨坊经营指南》（*The Young Mill-Wright's and Miller's Guide*）。他自己的面粉厂于1787年开张，只需要两个人操作：一个人将小麦倒入机器，另一个人给面粉桶加盖并推走。

伊莱·惠特尼的轧棉机

对国家未来影响更大的是马萨诸塞人、耶鲁大学毕业生伊莱·惠特尼（Eli Whitney）的创造发明，他的发明给棉花加工和武器制造带来了革命。英国纺织业的发展导致对棉花的需求量增大，美国南方的种植园无法满足这一需求。他们面临的最大障碍是皮棉的加工，将棉籽和棉花纤维分离，这是棉花销售前一项必要的基本工序，难度大而且耗时长。长纤维棉，或称"海岛棉"，棉籽为黑色，十分光滑，纤维很长，比较容易处理，但是这种棉花只生长在大西洋沿海地区或佐治亚及南卡罗来纳沿海岛屿，所以满足不了需求。相比之下，短纤维棉可以在内地南方大面积种植，但是它的绿色棉壳很难去除。一个熟练工人靠手工一天只能清出几磅棉花。1793 年，惠特尼（他当时在纳撒尼尔·格林将军遗孀的种植园做家庭教师）发明了一台机器，能快速高效地完成这一艰难的工序。它被称作棉花擎（"擎"是"引擎"的缩写），这个机器的发明改变了南方的生活。

轧棉机的机械原理非常简单：一个带齿圆滚从丝网的一面勾住棉球的纤维，将它们拉在箅子板的丝网之间，转动的毛刷从滚齿上刷下棉花，同时箅子板夹住棉籽。有了这种机器，从前一群工人一整天才能加工的棉花，现在一个人几个小时就能完成。轧棉机的影响非常深远。棉花种植很快扩展到南方许多高原地区甚至更远的地方，十年间总产量增长了八倍。在烟草种植衰落之后，有人认为美国奴隶制已经日渐衰退，此时又重新获得了生机，而且范围进一步扩大，在南方更加根深蒂固。

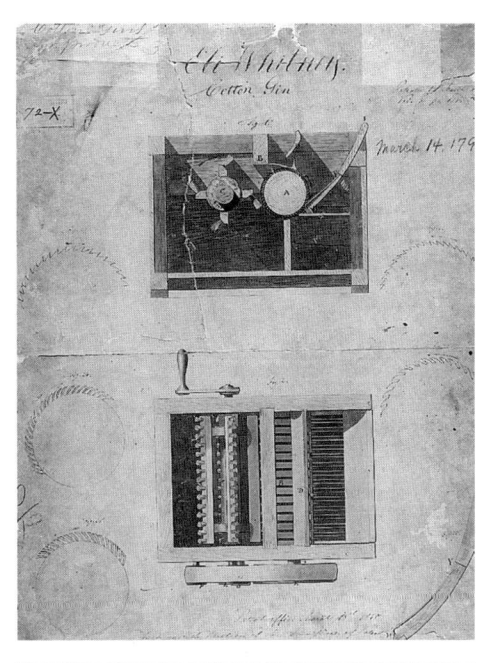

轧棉机 伊莱·惠特尼发明的轧棉机通过使短纤维棉的处理过程更为简单且经济实惠而发动了南方棉花经济的一场变革。这些画于 1794 年的图片是惠特尼为其设计申请联邦专利时所用的。（National Archives）

轧棉机不仅改变了南方的经济，也促进了北方社会的转型。国产棉花的大批供应，使新英格兰等地的企业家产生了强烈的动力，他们决定开创美国自己的纺织业。北方各州大多不希望单独靠农业生存发展，如果能把棉花变成纱线，他们的工业就会发展起来。随着 19 世纪 20 年代和 30 年代纺织业的发展，北方的制造业异军突起，造成了两个人口最多地区的分化——一个越来越趋于工业化，另一个则愈益固守农业之本。

惠特尼对现代战争机械的发展和其他工业技术也做出了很大的贡献。在长达两年（1798—1799）对法国不宣而战的战争中，美国人深感军备不足，无法抵御敌人的威胁。当时火枪的制造速度十分缓慢，每支枪都需要由熟练工匠手工精心制造。惠特尼设计出了一种机器，可以根据精确的模型制造枪支的每个部件。由此制作程序可由几个工人分工完成，一个人可以用其他人生产的零部件快速组装成枪。没过多久，缝纫机、钟表及其他复杂产品也都开始采用这种模式进行生产。

美国与世界　　全球工业革命

当美利坚人投身于争取独立的革命中时，他们同时也在进行着另一场同等重要的革命——这场革命已经在英国和整个欧洲进行，这就是现代工业主义的出现。对于工业革命何时开始这一问题，历史学家的观点不同，但毫无疑问的是，18世纪末，这场革命在世界上很多国家都已进行得热火朝天。到19世纪末，工业革命的全球化改变了英国、欧洲大部、日本和美国的社会。它对社会和经济的影响复杂而深远，直到今天仍在塑造着全球化社会的本质。

对美国人来说，工业革命在很大程度上是英国快速发展的产物，而英国与美国有着极为密切的关系。英国是第一个大力发展工业产力的国家。18世纪后期，工厂体系深深地植根于英国，在棉线和棉布的生产中取得了革命性进展。一个又一个的发明相继出现。织布技术的提高促进了纺纱技术的改进，这些变化又需要新的机器来梳棉（将棉花纤维梳理拉直用以纺纱）。水、电和牲畜在纺织工业中依然是十分重要的动力资源，但更为重要的是蒸汽动力的出现，詹姆斯·瓦特改进了蒸汽机之后（1769年取得专利），蒸汽动力迅速普及起来。虽然以现代的标准来看，瓦特的蒸汽机粗大笨重而且效率低下，但与之前托马斯·纽卡门（Thomas Newcomen）的气压机（"atmospheric" engine）相比却是一个重大的改进。很快，英国的纺织工业就成为当时世界上最挣钱的行业，并且它也带动了其他制造行业的飞速发展。尽管英国政府努力防止英国工业技术的外流，但新器械的知识还是快速地传到了其他国家，其途径通常是一些人在英国工厂中学到这些技术之后移民而将技术带走。

美国从英国的技术中获益最大，其原因是英国去往美国的移民最多。英国的科技也很快传到了欧洲大陆的其他国家。比利时是第一个受益者，在19世纪早期便开始发展煤炭、钢铁及武器制造业。近1.5万有着先进技术的工人移民法国，这使其大大获益，得以在19世纪20年代创建了强大的纺织与金属冶炼业，从而也为之后铁路建设的迅猛发展做出了很大的贡献。德国的工业化进程在1840年后发展迅速，首先在煤炭和钢铁生产方面取得长足进展，尔后在19世纪

50 年代又延伸到大规模铁路建设方面。到 19 世纪末期，德国已经建立了很多世界上最大的工厂。在日本，美国和欧洲商人的突然涌现引发了 19 世纪 80 年代、90 年代的明治维新运动，继而引发了工业革命。

工业化不仅改变了世界经济，也改变了社会结构。首先在英国，然后是在欧洲、美国和日本，社会体制发生了很大的变化。数十万人从乡村涌向城市到工厂中工作，他们在那里既享受到了工业化带来的益处，也承受了工业化的代价。以客观量化的标准来看，工人阶级的生活水平大大高于农村贫困人口。很多从乡村到城市工作的人的营养水平和物质生活条件都得到了很大的提高，甚至健康状况也有了很大的改善。但是，突然从一种生活方式中被连根拔起，然后投入另一种完全不同的生活方式，很多人在心理上很难接受。这些损害甚至超过了物质上的满足。大多数工人以前没有过相应的经历，因此很难适应工业化劳动的特点。工业化劳动纪律严格，时间安排固定死板，工作循规蹈矩，与自由闲适、四季分明的乡村经济生活形成了鲜明的对比。很多工厂的工人也没有准备好在新的工业化城镇和日益扩大的城市生活。与乡村地主和当地贵族不同，工厂主和经营者——新生的工业资产阶级，其中很多人积聚了大量的财富——通常与人疏远，难以接近。他们对待工人缺少人情味，因此导致了两个阶级的分裂，彼此之间又缺乏沟通和理解。全世界的工人们把他们自己看作一个有着共同目标和利益的独立阶级。同时，他们调整自己以适应新的生活，并且尽力抵制那些有害的方面，这些都导致社会动荡不安。工人和雇主之间的斗争成为全世界工业的一个特点。

工业化国家的生活每一方面都在改变。工业国家的人口增长很快，人们的寿命也开始延长。同时，工业城市的污染、犯罪和传染病也大量增加（直到现代卫生体系出现后才得到

英国的运河年代　工业化对英国的贡献如同对美国一样，体现在对新型交通设施的建设方面，以此服务于新经济下不断成长的商业市场。其中最受欢迎的设施是运河，伦敦的摄政运河（图中所示）便是其中之一，该运河建于 19 世纪 20 年代。(Guildhall Library, Corporation of London/The Bridgeman Art Library)

控制)。在工业世界中,中产阶级势力扩大,并逐渐在不同程度上主导着本国的经济(尽管不总是文化和政治方面)。

工业革命规模之大,自数千年前的农业革命(当时很多人为了生计由狩猎而转为农耕)以来,没有任何一次变革能与之相比。千百年的传统、社会结构、文化和宗教理念受到挑战,而且往往遭到破坏。因此,19世纪早期美国初见端倪的工业活动是大规模运动的一部分,这场大规模的运动将在之后的一个世纪使全球的大部分发生变化。

新技术进步在19世纪初期是相对孤立的现象,直到19世纪40年代以后,美国才真正开始发展制造业,但这一时期的创造发明对后来社会的转型起到了至关重要的作用。

交通的变革

工业化的前提之一是需要一套有效的交通体系,将原料有效地输送到工厂,将成品运送到市场。共和国初期的美国尚不具备这样的运输体系,但已经开始着手解决这一问题,最终扫除了交通障碍。

解决美国市场太小问题的办法有好几个,其中之一是在海外寻找客户,美国商人在这方面一直在努力。在1789年新成立的国会首次通过的法案中,有两项是关于海关的条例,对美国商船在美国港口给予优惠,以此来刺激国内货运行业的发展。更重要的原因——也是美国这一时期贸易发展的主要原因——是1790年代欧洲战争的爆发,为美国商船主宰欧洲和西半球之间的贸易创造了机会。早在1793年,这个年轻的共和国的商业舰队和对外贸易的规模已经高于任何国家,仅次于英国。按人口比例计算,美国的商船总数和国际商业规模已位居全球第一。1789—1810年间,美国商船海外贸易的吨位从不到12.5万吨增长到100万吨。1789年,美国船只运载了全国30%的出口货物,到1810增长到90%。同一时期,运输进口货物的数字增长更为迅速,从17.5%增加到90%。

解决市场太小这一问题的另一途径是通过促进各州之间的交通并向内陆延展来开发国内的新市场。在水上运输方面,汽船的发明开启了一个新的世纪。18世纪末,很多发明家开始实验新的蒸汽动力技术:1787年,约翰·菲奇(John Fitch)向制宪会议的代表展示了一只由蒸汽动力桨驱动的45英尺长的汽船。但真正突破性的成果是奥利弗·埃文斯（Oliver Evans）研制的高压引擎，它比瓦特的蒸汽机重量轻，性能好，从而使蒸汽不仅更适合磨坊机械，而且也更适合作为船只（以及后来火车机车）的动力。

将汽船加以完善并使之引起全国注意的两位主要人物是发明家罗伯特·富尔顿（Robert Fulton）和宣传家罗伯特·R.利文斯顿（Robert R Livingston）。他们试制的"克莱蒙特号"汽船装备有几个轮桨和一个英国制造的引擎，1807年夏，该船沿哈德孙河上行，向人们展示蒸汽机用于航行的可行性（尽管此船航行150英里足足用了30小时）。1811年，利文斯顿（Livingston）的合伙人尼古拉斯·罗斯福（Nicholas J. Roosevelt，西奥多·罗斯福的一位远亲长辈）指挥"新奥尔良号"从匹兹堡顺俄亥俄河和密西西比河直下，航行至美国西部。第二年，这艘船在新奥尔良和纳齐兹之间开始了营利性的商业运行。

罗伯特·富尔顿的蒸汽船

与此同时，著名的"收费公路时代"也开始了。1792年，一家公司建造了一条长60英里、从费城到兰开斯特市的收费公路，路面铺设的是压平的碎石子。这

收费公路时代

路途之景　水彩画家乔治·塔特萨尔绘制了这幅公共马车在崎岖的道路和粗陋的桥梁上行驶的画面，在19世纪早期，这些道路和桥梁开始将美国的不同区域连接起来。（Museum of Fine Arts, Boston, Gift of Maxim Karolik, 56.400.11. Photograph © 2007 Museum of Fine Arts, Boston）

一投资非常成功,其他好几家公司纷纷效仿,相继修建了许多类似的从其他城市开往邻城的收费公路(因当时经常在路上设置的收费站而得名)。因为收费公路要为修建公司带来利润,因而建设成本必须很低,交通量也必须很大,才能使投资者尽早得到丰厚的回报。因此,这些从东部城市延伸的公路都相对较短,并且穿过人口密集的地区。私人投资者都不愿意在山区及内陆人口稀少的地方建造公路,最终由州政府和联邦政府出资修建了这些铁路。

城市的兴起

尽管发生了上述很多变化,也取得了很多进步,19世纪初的美国仍然是以乡村生活和农业经济为基础的国家。1800年,8000多座城市中只有3%的非印第安人口居住,10%的人居住在阿巴拉契亚山脉以西,离都市很远。许多地方都很荒凉。即使是国内最大的城市,也无法在规模与文化方面与伦敦和巴黎这样的欧洲

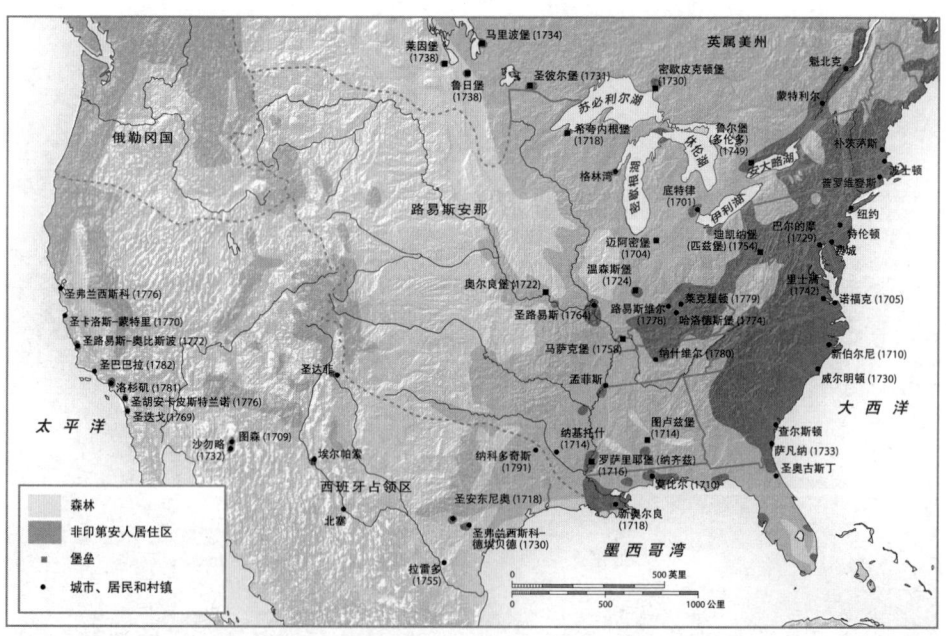

1800年的美国 这幅地图描绘了自1700年以来英属北美(至1800年大部分地区已为美国)对非印第安领地的大肆扩张。在边码第70页,与此相似的一张地图标明了大西洋沿岸为数不多的殖民区域。注意这张地图上的新殖民地区:包括肯塔基州在内的最初十三个殖民地的西侧,几乎延伸到密西西比河。在墨西哥湾海岸也有重要的殖民区,尤其是新奥尔良周围的那片区域。非印第安领地分散在西南部地区、加利福尼亚海岸和加拿大南部(大部分为堡垒)。◆ 这张地图如何表现了殖民地自匹兹堡以南至弗吉尼亚西部和肯塔基的扩张过程? (彩图见第526页)

197 　　但变化的迹象却仍然清晰可见。美国的很多大城市也许还没有成为世界性都市，但它的规模和综合性足以与欧洲二线城市相匹敌。有 7 万人口的费城和有 6 万人口的纽约逐步成为商业和教育中心，它们形成了自己独特的城市文化。这个新国家其他大城市的发展也与之类似：1800 年巴尔的摩人口达 2.6 万，波士顿 2.4 万，查尔斯顿 2 万。

　　住在城镇中的人与大多数仍在务农的人在生活方式上有很大的不同。例如，都市生活带来富足，而富足的人追求舒适和便利，这是除最富足的农民以外的其他人无法想象的。城镇居民追求居室、庭院和衣着的雅致与精美。他们同时追求多种娱乐，如音乐、戏剧、舞蹈，还有对许多人来讲最流行的娱乐方式——赛马。（参见"大众文化模式"，边码第 198—199 页）

城镇生活

　　这个规模尚小、尚未成型的国家要想成为综合性的社会，要做的事情还有很多。到 19 世纪初，人们仍认为这些变化不太可能发生。但这种变化已经开始发生，并会在日后持续地改变美国。一向坚持农业理想的托马斯·杰斐逊发现，作为总统，他必须面对这些变化并及时做出变通。

198 **大众文化模式**　　赛　马

　　欧洲在北美最开始的移民天天为了生计而奔波，很少有机会清闲。人们去教堂做礼拜，庆祝重要的宗教节日，但他们大多数人的生活中很少有 21 世纪美国人所谓的休闲或大众文化活动。然而，对那些相对比较富足的殖民者来说，很早就兴起了一种活动，继而成为长盛不衰的娱乐形式，那就是赛马。

　　在 17 世纪和 18 世纪，马是大多数人唯一的陆地交通工具，很自然的赛马就成了一种引人瞩目的娱乐方式。有钱买马的人将马视为生活的必需品，他们同时也对马产生了依恋，以马的骏美和神速而自豪。久而久之，对马所投入的情感导致了这种观赏型运动的出现，骏美和速度成了吸引人们眼球的看点。

　　早在欧洲人建立英属殖民地之初，非正规的赛马比赛就已开始。正规的赛马也很快随之出现。北美的第一个赛马场——新市（以英格兰著名赛马场命名）——建于 1665 年，位于今纽约州长岛花园城附近。它起初是展示如何养马的地方，1751 年，马场当局宣布进口马匹不能在这里参加比赛。曾经在新市和其他赛马场参加比赛的主要是驻守殖民地的英国军官,但之后这项运动迅速传播,很快风靡大西洋沿岸各地。到独立战争时期,赛马几乎在每个殖民地都很流行,尤其在马里兰、弗吉尼亚和南卡罗来纳,更是受到热捧,并且传到了西南部新建立的殖民地。19世纪初,安德鲁·杰克逊在田纳西的那什维尔市建立了该地第一个赛马场。肯塔基的牧草肥美,最适合养马,到1800年,该州已有8个赛马场。

与美国早期社会生活的其他方面一样,赛马也存在阶层和种族的界限。很多年来,赛马被认为只属于"绅士"阶层。1674年,弗吉尼亚一家法院处罚了詹姆斯·布洛克(James Bullocke),只是因为他是一个裁缝却组织赛马,"从事了仅属于绅士的运动而违反了法律"。然而,尽管白人贵族一直控制着赛马运动,但也有其他人的参与。北方的马主雇佣自由黑人做骑师,南方贵族也经常训练年轻的男性奴隶作为专业骑手。在南部和北部,一些非裔美国人涌现出来,成为拥有天分和经验的赛马驯养师。自由黑人和贫穷的白人经常不顾社会和法律压力,自行组织非正规的比赛,这在下层阶级中很受欢迎,而同时也令这项运动在那些保守的白人贵族眼中不再那么高雅。

奥克兰豪宅和赛马场 这幅画创作于1840年,作者为罗伯特·布拉姆尔和奥古斯特·A.凡·史密斯,该画描绘了肯塔基州路易斯维尔市早年供南方富贵白人娱乐的马场。(Oakland House and Race Course, Louisville, 1840. By Robert Brammer and August A. Von Smith. Collection of The Speed Art Museum, Louisville, Kentucky. Purchase, Museum Art Fund, 56.19)

"日食"与"亨利"的角逐 在19世纪早期的赛马活动中,一种流行的方式是让名马彼此进行"角逐"。1823年纽约长岛这场著名的比赛在北方和南方两匹获奖名马间展开,最终"美洲日食"夺得了胜利。(*Private collection*)

此时,赛马也开始反映出南北方之间不断增长的区域竞争。1824年,长岛联合赛马场举办了一场赛事,这次比赛在分别来自南北方的纯种马之间进行,奖金高达2.4万美元,来自北部的马名为"美洲日食",来自南部的叫"亨利爵士"。"美洲日食"夺得了三场预赛中的两场胜利,但南方的马在1836年的另一场重大角逐中取得了胜利。这种区域间的比赛吸引了大批观众,并产生了广泛的影响,一直持续到19世纪50年代,直到南北对峙发展为你死我活的状态才结束。

赛马在南北战争之后仍然盛行,但发生了两大变化。一是非裔美国人被驱逐出这种活动。此前,至少到19世纪90年代,黑人赛马骑师和驯马人在赛马中一直占据重要地位。在1875年首届肯塔基赛马会上,15匹赛马中有14匹由黑人驾驭。一名叫伊萨克·墨菲(Isaac Murphy)的黑人是有史以来最出色的骑手。他在三届肯塔基赛马会上赢得胜利,并保持着44%的战胜率,战绩斐然。然而,在当时美国社会生活中,很多领域都实行了种族隔离,这种社会动态也逐渐渗入了赛马领域。到20世纪初,白人骑手和有组织的骑手俱乐部通过骚扰、恐吓和歧视各种手段,将几乎所有的黑人骑师和众多驯养员逐出了这项运动。

另一变化是将正式的赌博引进赛马运动中。非正式的押赌几乎自赛马产生以来就已存在,但在19世纪末,赛事主办方开始建立赌博体系,以此来吸引观众。与此同时,驯养赛马开始进入那些巨富家庭(他们大多数是新工业的受益者),观看比赛的观众逐渐以工人阶级和中下层阶级为主。前来观看比赛的大多数是白人男子,还有一些白人妇女。他们来看比赛并非因为他们爱马——赛马已经不再像以前那样在他们的日常生活中占有重要地位,而是想通过赌博一夜暴富（虽然通常这种希望都会落空）。

三、杰斐逊总统

私下里，托马斯·杰斐逊可能认为，他 1800 年在总统选举中战胜约翰·亚当斯（就像他后来写的）"和 1776 年一样是一场真正的革命"。然而就任后，在公开的场合，他十分谨慎、力求和解，他极力缩小两党之间的差异，尽量调节竞选所造成的冲突。他在就职演讲中说道："我们都是共和党人，我们都是联邦党人。"在他执政的八年间，他一直努力证明这句话的正确性。其间没有对联邦党人的政策彻底的批判，没有真正的"革命"。事实上，杰斐逊的政策与联邦党人相比有时甚至有过之而无不及，其中最突出的例证就是实行领土扩张政策。

联邦城市与"人民的总统"

哥伦比亚特区

杰斐逊在任时期，联邦政府的作用相对不是很重要，其表现是首都华盛顿的建设。法国建筑师皮埃尔·朗方（Pierre L'Enfant）将这座首都设计得十分宏大，当时尚未竣工的国会大厦坐落在该区最高的山顶上，宽阔的大道由此向四周辐射，很多美国人以为华盛顿将成为美国的巴黎。

然而事实上，在杰斐逊任职期间，甚至整个 19 世纪，华盛顿一直只是一个落后的小乡村。1800 年人口普查时华盛顿人口仅为 3200 人，虽然在此之后稳步增长，但根本无法与纽约、费城或其他主要城市相匹敌。在那时，华盛顿被视为一个生活未开化、不适宜居住的地方，公共建筑物也很少。国会议员们根本不把华盛顿当作家来看待，他们觉得那只不过是一个国会开会时才短期造访的地方，会后便尽快离开。在议会开会期间，议员如果在自己所在的州立法机关有机会获得更有声望的席位，可能会辞职返乡，这种情况并不稀奇。

杰斐逊出任总统期间表现出的民主制的简朴精神，正与尚未建成的联邦首都的边疆式特征相符合。论家庭背景，杰斐逊是一个富有的贵族种植园主，拥有 100 多名奴隶，极富教养，处世练达，当时很少有人能与他相比。但他在众人面前却毫无矫饰和自傲，甚至对此表现出明显的不屑。宣誓就职时，他同普通人一样步行往返于国会大厦。在总统府邸（当时还没有得名"白宫"），他与前任总统不同，从不拘于宫廷式的礼节（毫无疑问，当时身为鳏夫的他，没有第一夫人来帮他打

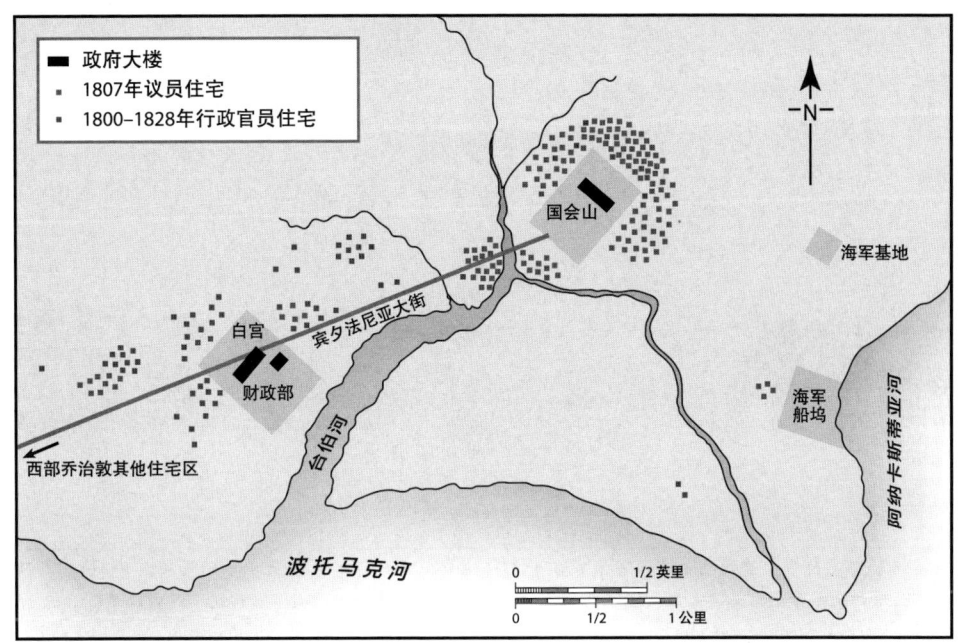

19世纪初期的华盛顿特区 1800年,国家的首都从纽约迁至华盛顿,一个由法国建筑师皮埃尔·朗方设计的规模宏大的新城市。但在19世纪早期,它仍旧是沼泽地上的一个村庄,夏季潮湿闷热。这幅地图表明了共和国早期主要政府大楼以及行政立法机构人员住所的位置。注意行政官员的住所聚集在白宫和财政部周围,而立法官员的住所则聚集在国会大厦周围。◆ 这个城市的地理在行政和立法机构的关系上起了怎样的作用?

理社交事务)。在国宴上,他让客人随意就座,也从不把心思放在衣着装饰上。有一次,一位比较挑剔的英国大使感到不满,认为总统身着外套和马裤接待来使"表明他懒散至极,丝毫不注意形象"。

然而,杰斐逊还是能给大多数了解他的人留下深刻印象。他十分健谈,文笔出色,其聪明睿智和创新精神在全国首屈一指。他兴趣广泛,成就卓著,在美国历史上,大概没有哪个公众人物能出其右。除了政治和外交外,他还是活跃的建筑师、教育家、发明家、农业科学家和哲学科学家。

当然,杰斐逊首先是一位精明而实际的政治家。一方面,他极力消除前任总统留下的笼罩在总统头上的神秘光环。另一方面,作为本党的领袖,他努力发挥自己的领导影响,通过暗示和迂回的方式左右国会中的共和党人。尽管共和党人竭力反对前任联邦党人总统利用任免权建立关系网的做法,杰斐逊也同样将人事任命权作为一种有效的政治武器。在他第一届任期结束时,政府部门中有一半的

政治家杰斐逊

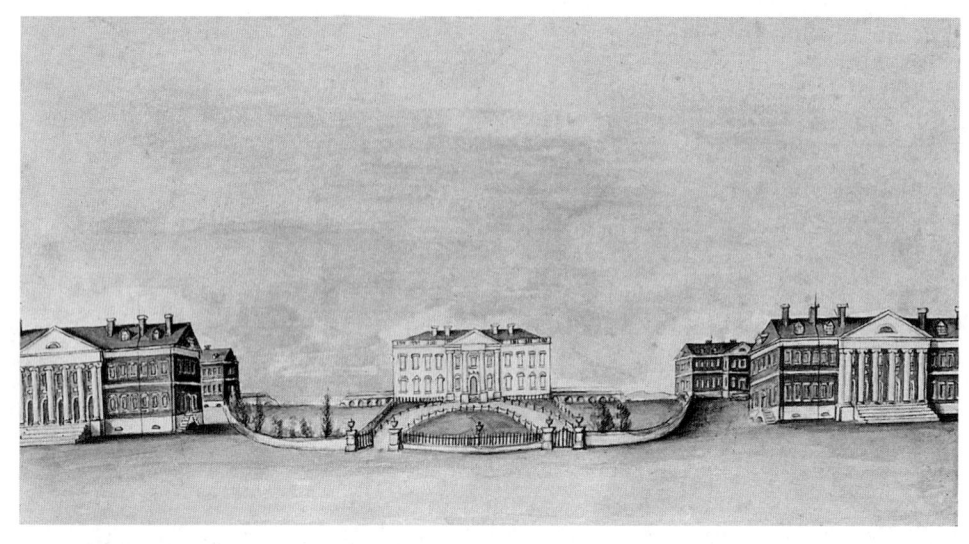

1821 年的华盛顿市　这幅画由法国艺术家在 1821 年绘制，展现了华盛顿最重要的景观之一：透过拉菲特公园看到的白宫北面。这幅画表现了新首都的壮观宏大，也反映出该城市当时还相对蒙昧单调。(*I. N. Phelps Stokes Collection, Miriam and Ira D. Wallach Division of Art, Prints and Photographs, New York Public Library, Astor, Lenox and Tilden Foundations*)

职位由共和党人占据；到第二届任期结束后，所有的政府职位都已掌握在忠诚的共和党人手中。

1804 年，杰斐逊竞选连任，大获全胜。联邦党候选人查尔斯·C. 平克尼甚至未能在本党的大本营新英格兰地区占据优势。杰斐逊以 162 票对平克尼的 14 票获胜，而且共和党在参众两院的席位都有增加。

美元和船货

共和党认为在华盛顿和亚当斯的领导下，联邦政府挥霍过度。1793 年至 1800 年间，联邦政府的花销翻了将近 3 倍，而且汉密尔顿还准备增加国债，建立庞大的税法体系，其中就包括不得人心的威士忌税法。

杰斐逊政府极力扭转这一趋势。1802 年，它说服国会废除了所有的国内税收，只留下关税和西部土地销售作为政府收入的来源。同时，财政部部长阿尔伯特·加勒廷（Albert Gallatin）大幅减少政府开支，将本来人数不多的执行部门再度削减到最低限度。尽管杰斐逊没有像他所希望的那样还清所有国债，但在其任期内，他的确将国债减少了将近一半（从 8300 万美元减少到 4500 万美元）。

杰斐逊还削减了军队开支。他将拥有 4000 名士兵的陆军部队裁减到 2500 名。

限制联邦政府的权力

托马斯·杰斐逊 这张肖像是由美国著名画家伦勃朗·皮尔在1805年为杰斐逊开始其第二届总统任期所画。这幅画（通过简单的着装和稍蓬乱的头发）体现了杰斐逊所提出的共和式的简朴。（*New-York Historical Society*）

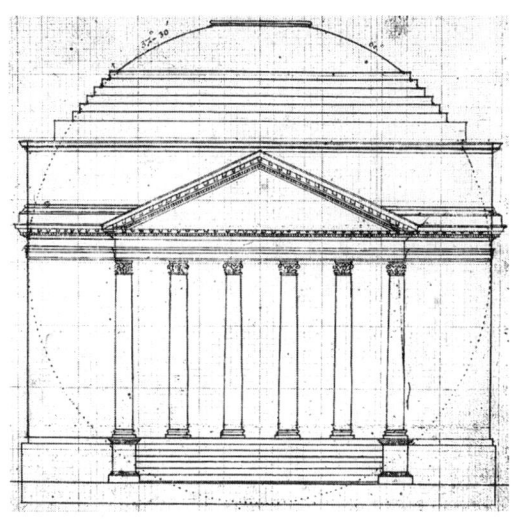

建筑师杰斐逊 托马斯·杰斐逊成就众多，他被称为美国早期最具天赋的建筑师之一。图中的圆顶建筑是弗吉尼亚大学中心校区的核心建筑，是杰斐逊在其晚年设计完成的。在此之前，他亲自设计了在夏洛茨维尔附近蒙蒂塞洛的家，而且他在设计华盛顿总统官邸的匿名竞赛中获得第二名。（*University of Virginia Library*）

海军舰艇从25艘减少到7艘，还相应减少了军官和水手的数量。他认为，只有将常备军减少到最小规模才不会对公民自由和人民当家做主构成威胁。他害怕海军部队强大会加强海外贸易，在杰斐逊看来，商业应该排在农业后面，居次要地位。但杰斐逊并非是一名和平主义者。在减小陆军和海军规模的同时，他帮助建立了西点军校（建于1802年）。随着海外冲突的不断升级，他开始重建海军舰队。

这样的海外冲突首先出现在北非沿岸的地中海地区。多年来，北非的伊斯兰地区——摩洛哥、阿尔及尔、突尼斯及的黎波里（现利比亚的一部分）——要求凡有商船经过地中海的国家都要缴纳保护费，即使是大英帝国都要按期给那里的海盗交钱。18世纪八九十年代，美国每年都依照条约给北非的伊斯兰地区纳贡，但杰斐逊不想再继续这种绥靖政策。"对这些海盗来说，要么选择进贡，要么选择战争。"他说，"为什么不建立海军然后选择以战争来解决呢？"

1801年，的黎波里地区的帕夏（高级官员）迫使杰斐逊采取行动。帕夏对美国进行高价勒索，由于美国做出的回应令其不满，于是下令砍掉美国领事馆门前的旗杆以示宣战。杰斐逊谨慎应对，在随后的几年里建立了舰队。最终，美国和帕夏于1805年达成协议，停止美国对的黎波里地区的进贡，但美国必须缴纳6万

西点军校 对共和国早期的领袖而言,建立专业的军队是一项重要的任务。他们意识到,要想在国际上得到尊重,就要建立军队。所以,西点"美国军事学院"(图中所示为阅兵场)的建立,是共和国早年历史上的一项重大事件。(*U.S. Military Academy, West Point*)

美元(也是屈辱性的)赎金换回被该地区海盗抓获的俘虏。

与执法部门的冲突

在赢得行政和立法部门的控制权之后,共和党人开始觊觎司法部门,该部门主要掌握在联邦党法官的手上。杰斐逊在第一次就职仪式之后不久,他在国会的追随者便开始向最后的敌方堡垒发起进攻。他们先是废除了 1801 年的《司法条例》,以此取消了亚当斯"午夜任命"的法官席位。

司法审议

有关执法问题的争议带来了美国史上最重要的一项司法决策。联邦派长期坚持最高法院有否决国会议案的权力(尽管宪法对此并无明确说明),而法院在 1796 年支持立法机关通过的一项法律的有效性的时候,也确实行使了司法审议权。但很显然,直到后来最高法院宣布一项国会议案违宪,它在这方面的权威才得以保证。

马伯里诉麦迪逊

1803 年,在马伯里诉麦迪逊一案中,最高法院将这一权力抓到手里。威廉·马伯里(William Marbury)是亚当斯"午夜任命"的法官之一,他被任命为哥伦比亚地区治安法官。但是，尽管经过总统的签字盖章，他的委任书却没有在亚当斯离职前送出。杰斐逊当选为总统后，本应由新任国务卿詹姆斯·麦迪逊负责转达总统所下达的委任，但他拒绝将委任书转交给马伯里。马伯里向最高法院提出申请，要求法院命令麦迪逊履行职责。在这次历史性的判决中，法院认为马伯里有权拥有委任书，但法院无权命令麦迪逊将委任书转交给他。表面上看，判决的结果是行政机构一方胜利，但马伯里委任书事件本身已经不太重要，更具有重要意义的是最高法院在决策中推理论证的过程。

1789年最初的《司法条例》规定，法院有权强迫行政官员履行转交委任书这一类职责，马伯里正是基于这一点提出公诉。但法院判定国会通过此项条例已超乎其职权范围：宪法已经规定了司法部门的权力，国会无权扩大这种权利，因此1789年条例中的相关条款应视为无效。表面上看，法院限制了自己的权力，而实际上却是大大地扩大了自己的权限，舍鱼（命令移交委任书）而取熊掌（否决国会议案）。

案件判决之时美国最高法院的主审法官是约翰·马歇尔（任职直至1835年），他是美国历史上最杰出的人物之一。马歇尔是一位联邦派领袖，弗吉尼亚的著名律师，亚当斯执政时期的国务卿（颇具讽刺意味的是，正是他忘记了在亚当斯离任前的最后几小时及时转交马伯里的委任书）。亚当斯1801年即将离职时任命他为首席法官，随后马歇尔立即成为最高法院的中心人物，几乎所有重要的案件都由他审理定夺，其中当然包括"马伯里诉麦迪逊"一案。在共和党政府连任期间，他使司法机构在政府中与行政、立法具有同样的平等地位——一个共和国的奠基者们从未明确规定的地位。

约翰·马歇尔

杰斐逊意识到了司法机构权力过大对其政策的威胁。甚至早在马伯里案悬而未决的时候，他就已准备向这个联邦派最后的堡垒再次发起进攻。他敦促国会弹劾那些阻碍其施政的法官，国会也试图助他一臂之力。国会在成功弹劾了新罕布什尔地区法官约翰·皮克林（John Plckering）之后（该指控比较可疑，说他患有精神病，因而不适合担任法官职务），便将矛头直指最高法院法官——塞缪尔·蔡斯。蔡斯是一位坚定的联邦党成员，他当然有行为欠妥的时候，比如说在法官席上发表极具党派色彩的演讲，但他并无任何犯罪行为。然而一些共和党人认为，弹劾的根据并不仅仅限于刑事犯罪，国会可以出于政治原因弹劾法官——指控其威胁政府其他部门职能并违反公民意愿。

弹劾塞缪尔·蔡斯

在杰斐逊的敦促下，国会众议院于1805年初弹劾蔡斯，并将他送参议院受审。但共和党领袖未能在参议院获得所必需的 2/3 多数票来给蔡斯定罪。蔡斯的无罪判决开创了一个重要先例,此后弹劾不再作为一种政治武器,弹劾也不能建立在党派纷争的基础之上。后来,国会只是偶尔违反这一先例。马歇尔仍稳稳地坐在首席法官的位置上,司法部门也作为政府强有力的分支继续存在,它常常与共和党一贯的意愿相反,支持中央集权和领土扩张的政策。

四、国土增加一倍

杰斐逊就任美国总统的同一年,拿破仑·波拿巴成为法兰西帝国的统治者,称为第一执政官。杰斐逊再度当选时,拿破仑自称皇帝。两人没有什么相似之处,但一段时间内二人在国际事务上彼此大力相助——直到拿破仑的野心从欧洲转向美洲,二人之间才出现矛盾,彼此疏远。

杰斐逊和拿破仑

从大不列颠帝国手中夺取印度的宏伟计划失败后,拿破仑的帝国野心开始变换新的方向——他开始梦想在新大陆重振法国往日的辉煌。密西西比以东地区是法国 1763 年割让给英国的,如今大部分已属于美国领土,法国无法再夺回。拿破仑想要重新夺回的密西西比以西的领土,现在归西班牙所有,拿破仑可以对西班牙施加重大压力。按照 1800 年法国和西班牙签订的《圣伊尔德丰索秘密条约》,法兰西重新获得了路易斯安那的所有权,领土包括密西西比河以西大河河谷的全部地区,外加河口附近的新奥尔良市。拿破仑希望路易斯安那领地成为法兰西帝国在美洲的心脏。

拿破仑帝国在新大陆的领土还包括仍属于法兰西所有的糖产丰富、战略意义重大的西印度群岛:瓜德罗普岛、马提尼克岛和最重要的圣多明各岛。但加勒比地区的奴隶暴乱给拿破仑梦想的群岛带来了威胁,圣多明各的黑人(受法国大革命影响,如同一些美洲的奴隶受到美国的独立战争影响一样)在著名黑人领袖杜桑·卢维杜尔(Toussaint L'Ouverture)的领导下举行暴动,建立自己的共和国。拿破仑利用与英格兰休战的机会,遣兵抵达西印度群岛,平息了暴乱,恢复了法国主权;但这次事件本身成为拿破仑实现其美洲野心的不祥征兆。

杰斐逊一开始并没有意识到拿破仑在美洲建立帝国的野心,而且一度在外交政策上表现出他对法兰西一贯的尊重。他任命热情亲法的罗伯特·利文斯顿为美国驻巴黎大使，极力促成 1800 年法美协议的签署，并在协议签署之前就开始履行有关条款。亚当斯政府曾经和不列颠一道承认并支持圣多明各的杜桑·卢维杜尔叛乱政府，但杰斐逊向驻华盛顿的法国大使明确表示，美国人，特别是蓄奴制尚存各州的美国人，不支持黑人反抗运动，因为这会给他们自己的奴隶树立不好的榜样。他甚至暗示美国有可能会同法国一起平息叛乱（尽管这种暗示没有任何结果）。在听到路易斯安那秘密易主的传闻后，杰斐逊才开始重新考虑对待法国的态度。

1802 年秋，杰斐逊听说新奥尔良的西班牙监督官（新奥尔良仍在他监管之下，法国尚未正式拥有该城市）宣布一项挑起争端的新法规，因而变得更加警惕。多少年来，沿密西西比河航行的美国商船一直在新奥尔良储存货物，然后装载海船。如今监督官禁止美国继续从事类似的商务活动（尽管 1795 年《平克尼条约》中西班牙曾同意确保美国的通行权），事实上等于关闭了美国商船在密西西比河下游的通道。

西部人要求联邦政府重新开放河道，这使得总统处于进退两难的境地。如果他顺从边疆地区的意愿强行改变政策，就面临和法兰西开战的危险；如果他对西部人的要求置之不理，则可能失去政治上的支持。最终杰斐逊想出了另一种解决方法。他命令美国驻巴黎大使罗伯特·利文斯顿同法国谈判，商讨购买新奥尔良的问题。利文斯顿则独自做主，提议法国将路易斯安那西部的大片疆土一起卖给美国。

与此同时，杰斐逊劝说国会筹备基金，用于扩充陆军和建立河上舰队。他有意给国会造成一种印象，那就是如果和法兰西的冲突无法解决，美国军队可以迅速开往新奥尔良，并可能与英国结盟。也许这就是拿破仑决定马上接受利文斯顿提议的原因，决定把整个路易斯安那领地卖给美国。

拿破仑的条件

拿破仑做这样的决定有充分的理由。他的美洲帝国计划已经出现了问题，一方面是因为黄热病在新大陆的法国驻军中流行；另一方面是拿破仑派出增援并占领路易斯安那的远征军于 1802—1803 年冬季被冻结在荷兰港口。到第二年春天港口解冻之时，拿破仑又要继续准备欧洲之战。他意识到资源的不足，已经无法实现在美洲建立帝国的梦想。

购买路易斯安那

面对拿破仑如此出奇的慷慨，利文斯顿和杰斐逊派往巴黎的协助谈判詹姆斯·门罗（James Monroe）首先必须决定是否有必要就整个购买路易斯安那领土地达成协议，因为政府并没有给予他们这么大的权限。但他们又担心拿破仑反悔，于是决定先斩后奏。经过一番讨价还价，利文斯顿和罗门于1803年4月30日与法国签订了协议。

根据协议，合众国要向法兰西政府支付8000万法郎（1500万美元），美国还应给予法国在新奥尔良港的某些独有的商业特权，并接纳路易斯安那居民加入联邦，使他们享有与其他美国公民同等的权利和特权。合同对所购买地区的疆界没有明确规定，只说路易斯安那应与法国和西班牙占领时"范围同样大"。

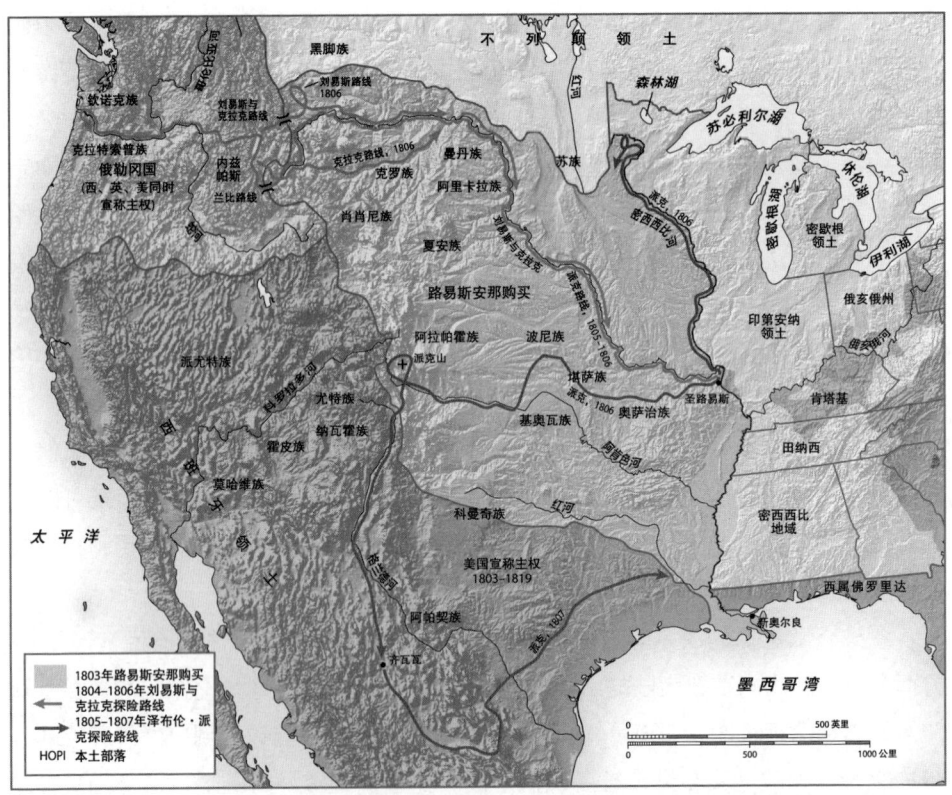

对购买的路易斯安那领地进行探索，1804—1807　自1803年杰斐逊从法国手中购买了路易斯安那领地后，美国的疆域扩大了一倍。但多数美国人对购买的领地并没有概念。1804年，刘易斯和克拉克探险队去考察新领地，这幅地图标明了他们的行程线路，一同前去的还有另一位资深探险家泽布伦·派克。此图也标明了他们此番大探索之外的广袤土地。◆ 美国大众对新领地的拓展作何反应？

总统在华盛顿收到协定时既高兴又为难。他为合同条款感到兴奋，但又不确定合众国是否有权接受这一协定，因为他一直坚持联邦政府只能行使宪法明确规定的权力。宪法中没有任何一条提及有关获取新领土的问题。但是杰斐逊的顾问们劝他说，宪法规定总统有签约权，这足以保证路易斯安那购买的合法性。总统最终同意了顾问们的建议，他相信（如他自己所说）"国家的良知会纠正宽泛解释带来的不良后果"。国会立即批准了协定，并且筹措资金保证实施。最终，1803年末，法国从西班牙手中获得了路易斯安那的所有权，不久便转交给合众国专员詹姆斯·威尔金森（James Wilkinson）将军。

杰斐逊的困境

考虑到路易斯安那的广阔领地今后将成为美国的州，政府采取了和管理西部地区同样的接管方式。1812年，路易斯安那成为第一个被接纳的州。

刘易斯和克拉克的西部探险

同时，一些大胆的探险者以自己的亲身经历向美国人揭示了新疆土的广阔地貌，当时还很少有人到密西西比河以西的地方探险。1803年，早在拿破仑提出愿意出售路易斯安那之前，杰斐逊就计划过一次探险。他准备跨大陆直抵太平洋岸，收集地理资料，调查与印第安人进行贸易往来的可能性。他任命梅里韦瑟·刘易斯（Meriwether Lewis）为探险队队长。刘易斯是杰斐逊的私人秘书，也是他在弗吉尼亚的邻居，参加过印第安战争，熟悉荒野作战。他当时32岁，选择了28岁的威廉·克拉克（William Clark）做队友。克拉克和他哥哥乔治·罗杰斯·克拉克（George Rogers Clark）一样，在边疆地区多年，富有经验，还曾与印第安人作战。1804年春天，两人带领四十多名男子从圣路易斯市出发沿密苏里河北上。肖尼族印第安妇女萨卡加伊（Sacajawea）为他们领路，最终跨过落基山脉，顺斯内克河和哥伦比亚河而下，于1805年秋末在太平洋海岸扎营。1806年9月，他们返回路易斯市，带回一路收集的关于西部地区地理和印第安文明的大量资料，以及记述亲身经历的长篇日志。

当刘易斯和克拉克还在探险途中时，杰斐逊又派出一批探险者探索路易斯安那的其他地区。1805年秋，26岁的泽布伦·蒙哥马利·派克（Zebulon Montgomery Pike）中尉带领一队人马自圣路易斯市出发，进入密西西比河谷北段。1806年夏，他又沿阿肯色河谷北侧进入科罗拉多。在那里他遇到了最高峰（他试图攀登，但是没能成功），如今这座山峰就以他的名字派克命名。他对西部探险的记述给美国东部的人们留下了深刻（但不准确）的印象，使人们认为密苏里河至

泽布伦·派克

落基山脉之间的土地是一片无法居住、无法开垦的荒漠。

伯尔阴谋

杰斐逊在 1804 年的再度成功当选表明了全国对于新增国土的赞同，但新英格兰的一些联邦党人却对此非常愤怒，他们意识到西部土地越是增加，加入联邦的州越多，联邦派和他们控制地区的权力就越小。马萨诸塞州的一批联邦派极端分子，即"埃塞克斯邦"（Essex Junto），得出结论，认为新英格兰的唯一出路就是脱离联邦，形成独立的"北方邦联"。联邦党人相信，如果这个邦联能够成功建立并持久存在，就必须把纽约和新泽西包括进去。但纽约的联邦党人领袖亚历山大·汉密尔顿拒绝支持这一分裂计划，他写道："肢解我们的帝国明显要牺牲巨大利益，得不偿失，对于我们真正的弊病——民主进程也于事无补。"

之后，纽约的联邦党人便求助于汉密尔顿的政治劲敌、副总统艾伦·伯尔。伯尔是一个在党内没有什么前途的政客，因为杰斐逊不会原谅他给 1800 年的大选带来的僵局。伯尔接受了纽约州让他作 1804 年州长候选人的提议，并且还有传闻（没有任何证据）说他同意支持联邦党人的分裂计划。汉密尔顿指控伯尔密谋叛变，对伯尔的"卑鄙"性格私下里多次发表评论，并在新闻界广为流传。伯尔纽约竞选失败后，将失败归咎于汉密尔顿的恶意攻击。他写道："这件事须有一个了结。"他向汉密尔顿提出了决斗。

决斗在当时的美国已经是为人所不齿的做法，但很多人仍将决斗作为解决"荣誉"矛盾的合法行为，汉密尔顿担心拒绝挑战会让他背上懦夫之名，于是在 1804 年 7 月的一个清晨，二人在新泽西的威霍肯城（Weehawken）举枪相对。汉密尔顿受了致命重伤，次日便去世了。

一向足智多谋、神通广大的伯尔，如今为了避免被指控谋杀不得不逃出纽约，成了政治逃犯。在西部，他找到了实现其政治野心的新途径。早在决斗之前，他就已经开始和西南地区显赫的白人殖民者建立密切联系，特别是詹姆斯·威尔金森将军，他如今已是路易斯安那的总督。伯尔和威尔金森明显想率领一支冒险团队，试图从西班牙手中夺取墨西哥。伯尔写道："墨西哥在我们眼中闪烁，我们等待的就是这个字眼。"但是也有传闻说他们想要把西南地区从合众国独立出去，建立一个西部帝国，由伯尔来统治。不过这些传言并没有什么根据。

不管是真是假，伯尔的对手们（包括杰斐逊本人）都相信了这些传言。当 1806 年伯尔率领部队乘船沿俄亥俄河而下时，令人不安的消息不断飞往华盛顿

1803年的新奥尔良市 由于邻近密西西比河河口,新奥尔良在19世纪早期成为北美西部的主要港口。从这里,西部农民通过水运将其货物运至东方和欧洲市场。这幅作于1803的画,是庆祝美国从法国手中夺得该城,作为购买路易斯安那的一部分。(Chicago Historical Society)

(最引起警觉的是来自威尔金森的报告,他忽然与伯尔反目,告知总统伯尔正在实施叛国行为),警告政府伯尔马上要对新奥尔良发起进攻。杰斐逊命令以反叛罪名逮捕伯尔及其随从。伯尔被送至里士满接受审判。杰斐逊坚信可以给伯尔定罪,精心安排,但是主法官是担任巡回审判官的马歇尔,他限制政府所能提出的证据,陪审团没有办法,只能判伯尔无罪。

伯尔"阴谋"既是其个人野心膨胀和个性浮夸的表现,也是新国家始终面临威胁的象征。联邦政府不够强大有力,大片的土地只能在名义上属于美国,野心勃勃的政治家可能会采取非常手段攫取权力。要确立联邦政府的合法性,将美利坚合众国建成一个稳定统一的国家,仍有待时日。

五、扩张与战争

在托马斯·杰斐逊总统在任的后期,出现了两种性质截然不同的冲突,这将

拿破仑战争

美国卷入了一场艰难且备受挫折的战争。一是欧洲持续的紧张局势在1803年再次升级，并发展为全面冲突（拿破仑战争）。随着战争的不断升级，英国和法国都采取措施，阻止美国和另一方进行贸易（从而提供协助）。

另一种冲突是北美自身的冲突。由于白人在西部的扩张已延伸到密西西比河甚至更远的地区，这再次导致了与印第安人的冲突。印第安人为捍卫自己的领土和贸易，对外来入侵予以坚决抵抗。南部和北部受到威胁的部落都积极行动，抵抗白人的蚕食政策。他们还开始与驻扎在加拿大的英国部队及佛罗里达的西班牙部队建立联系。于是，在陆地上与印第安人的冲突和在海上与欧洲的冲突交织在一起，最终导致了那场不得人心、没有明确结果的1812年战争。

海上冲突

19世纪初期，美国在大西洋的航运业得到戏剧性地扩张。虽然英国仍然保持着海上优势，但英国的商业舰队忙于与欧洲和亚洲进行贸易往来，无暇顾及美国，因此美国有效地利用了这一空缺，发展成世界上举足轻重的海上商队之一，并且迅速控制了欧洲与西印度群岛之间的大部分贸易。

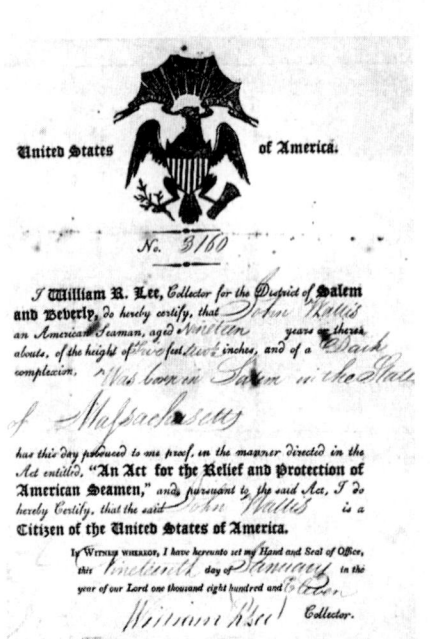

为应对"强征入伍"的保护措施 为保护美国船员免遭英军"强征入伍"，联邦政府为美国公民发放官方证书——称为"保护证书"。但英国海军官员知道该文件可以造假，便常认定证书无效。（Peabody Essex Museum, Salem, Massachusetts）

在1805年的特拉法尔加海战中，英国舰队几乎全歼了法国海军的残余部队，使得法国无力继续在海上与英国抗衡，拿破仑便放弃海军进攻，而通过经济手段向英国施压，这就是所谓的"大陆封锁体系"，试图以此来封锁欧洲大陆对英国的贸易。拿破仑发布了一系列指令，禁止英国商业舰队和停靠过英国港口的中立船只在法国及同盟国控制的欧洲港口装卸货物。对此，英国政府也制订了一系列"议会法令"宣布对欧洲海岸进行封锁。此对策要求任何运往拿破仑势力下欧洲地区的货物都必须用英国船只或在英国停泊的中立船只装载，而这些船只恰好就是拿破仑政策所禁止的船只。

美国商船在拿破仑的指令和英国的议会法令之间陷入两难。如果直接驶向欧洲，可能会被英国海军拦截，如果在英国港口停靠，则有可能被法国查封。交战两国的战策都侵犯了美国作为中立国的权益，但在二者之中，大多数美国人更厌恶拥有强大海上势力的英国，英国商船在海上肆意突袭美国商船，而法国对美国的袭击仅限于欧洲港口。尤其激怒美国人的一点是，英国商船在公海拦截美国商船，抓走船上的水手，将其"强征入伍"。

美国的困境

强征入伍

英国海军，因其酷刑（Floggings）、低薪和恶劣的船上生活条件，被水手们称为"漂浮地狱"，几乎无人自愿加入，大多数水手都是被"强征"入伍的，他们利用一切条件伺机出逃。到 1807 年，许多逃兵都加入了美国商业船队或投奔美国海军。为了阻止大量的人员流失，英国宣称有权拦截和搜查美国商船（尽管最初还不包括海军舰队），抓回逃兵，再次强征其入伍。他们没有宣称有权抓捕美国本土出生的美国人，但宣称有权抓捕出生在英国后入籍美国的美国人。事实上，英国海军在此过程中往往并不加以区分，不论是美国公民还是英国逃兵都一并强征入伍。

1807 年夏，一起涉及美国军舰的事件使英国大为恼怒。美国海军护卫舰"切萨皮克号"（Chesapeake）从诺福克（Norfolk）出发，船员中有若干名所谓英国海军逃兵，途中与英国"花豹号"（Leopard）相遇，英方称"切萨皮克号"窝藏英国海军逃兵而试图对其进行搜查，遭美军指挥官詹姆斯·巴伦（James Baron）断然拒绝，于是英国"花豹号"向美军开火。巴伦别无选择，只好投降，从"花豹号"上来的一群人将四名船员从美军舰船上抓走。

"切萨皮克号—花豹号"事件

"切萨皮克号—花豹号"事件的消息传到美国后，民众复仇的呼声强烈。如果国会正行例会，便很可能向英国宣战。但是杰斐逊和麦迪逊极力维持和平。杰斐逊下令驱逐美国海域内的所有英国舰船，以减小未来发生类似冲突的可能性。之后他向驻英国大使詹姆斯·门罗发出指令，要求英国政府停止"强征入伍"的做法。英国政府否认当事军官的行为与"切萨皮克号"与"花豹号"事件的爆发有直接关系，并将其召回。英国政府对事件中的死伤人员予以补偿，并承诺交还三名被俘获的船员（四名俘获人员中有一人已被绞死），但是英国拒绝放弃"强征入伍"的政策。

"和平高压政策"

禁运 　为了避免未来类似冲突再次将国家推到战争的边缘,杰斐逊提出一项极端的指令,并立即得到共和党立法者的认同,这一指令就是禁运,它成为当时最具争议的政治问题之一。禁运禁止美国船只驶出合众国去往世界其他任何外国港口(杰斐逊认为,如果法令中只规定英国和法国港口,那么船只有可能通过伪造的通关文件规避)。国会还通过一项强制法令,给予政府执行禁运的权力。

规避法律的现象仍然广泛存在,但该法足以使国家的大部分地区陷入严重萧条。遭受冲击最严重的要属东北地区的商人和船主,其中大多数是联邦主义者。他们一度兴旺的航运业务几近瘫痪,资金每天都在不断流失。他们确信杰斐逊的政策有违宪法。

1808年的总统大选在禁运萧条期间如期而至,杰斐逊的国务卿和政治盟友詹姆斯·麦迪逊获胜。但联邦派的竞选运动比1804年更加激烈。显然,禁运政策的实行导致了政治矛盾,杰斐逊于是决定放弃原来的主张。他在任期的最后几天批准了一项法案,结束了他所谓的"和平高压政策"的试验。

《禁止贸易法》 　在麦迪逊上任之前,国会通过了《禁止贸易法》(Non-Intercourse Act),用以取代禁运政策。新法律重新开启了与除英法两国外的其他所有国家的贸易。一年之后,也就是1810年,国会宣告《禁止贸易法》失效,取而代之的是《梅肯2号法案》(Macon's Bill No. 2),该法案规定重新开启与英法两国的自由贸易关系,但规定如果交战双方中一方停止违反中立海运协定,而另一方继续违反,总统有权禁止与战争发起国的贸易活动。拿破仑因此宣称法国将不再干涉美国的海上航运。麦迪逊也随即宣称对英国的禁运政策将在1811年初自动生效,除非英国宣布取消对美国航运的限制。

虽然新的有限禁运没有像以前那样有效执行,但足以危及英国经济,促使英国政府不得不废除对欧洲的封锁政策。可惜的是为时已晚,取消封锁并没能避免战争。但不管从何种意义上说,航海政策只是导致英美紧张局势的原因之一。

"印第安问题"和英国人

独立战争之后,印第安人一直向英国寻求保护——历史上英国曾试图限制西进运动。考虑到北美白人殖民者为扩展移民空间而无情地驱逐印第安部落,印第安人这一动机就不足为奇了。而加拿大的英国人也曾依靠过印第安部落,将他们作为利润丰厚的毛皮贸易伙伴及潜在的军事盟友。

继"切萨皮克号—花豹号"事件之后,发生了 1807 年战争危机,印第安人和美国白人之间的冲突再起。冲突双方涌现出两个重要(却截然不同)的领袖人物:威廉·亨利·哈里森(William Henry Harrison)和特库姆塞(Tecumseh)。

威廉·亨利·哈里森

哈里森出生于弗吉尼亚,26 岁就参加了反印第安人的战争,1799 年曾作为西北地区议会代表前往华盛顿。他提倡对西部地区进行开发,并极力促成了 1800 年《哈里森土地法》的通过。该法使得白人移民可以通过前所未有的简单手续购买公共区域的农场。

1801 年,杰斐逊任命哈里森为印第安纳州州长,以推行总统提出的关于解决"印第安问题"的方案。杰斐逊让美国土著人在如下二者之中做出一个选择:要么定居下来成为自耕农,同化为白人社会的一员,要么迁移到密西西比河以西的地区。无论做出哪种选择,他们都不得不放弃西北地区的部落属地。

杰斐逊的方案 210

杰斐逊认为,白人与印第安人之间旷日持久的冲突注定会以土著人的失败而告终,用同化政策解决这一冲突可谓仁至义尽。但是对于印第安人来说,新政策毫无仁义可言,尤其是哈里森在执行政策时使用的急功近利的粗暴手段。他挑拨离间部落间的关系,为了达到缔结协约的目的,用尽威胁、贿赂、欺骗等各种手

《格林维尔协定》 此图由安东尼·韦恩将军的部下所画,作者姓氏不详。画中描绘了 1795 年印第安人与美国军官在俄亥俄州的格林维尔签署协定的场景。据此协定,12 个部落同意将领地的南半部以每英亩 1/8 美分的价格割让给美国。(*Chicago Historical Society, P&S—1914.0001*)

段。到 1807 年，美国从部落首领手中以协约的方式夺取到密歇根东部、印第安纳南部和伊利诺伊大部分土地的所有权。与此同时，在西南地区，美国白人还从佐治亚、田纳西和密西西比各州其他部落手中攫取了数百万英亩的土地。印第安人试图拼命反抗，但无奈各自分散的部落相对于合众国的统一势力而言实在是势单力薄。如果不是出于以下两个因素的原因，他们就可能屈服认命了。

第一个因素是进驻加拿大的英方政策的改变。自"切萨皮克号"事件之后，全美反英情绪不断高涨，英国殖民政府唯恐美国会入侵加拿大，采取一切措施进行自我防卫，其中包括与印第安人重新恢复友好关系，并增加对他们的供给。

特库姆塞和先知

先知的信息

第二个，也是加剧边界冲突的更为重要的因素，是两位杰出的美国土著领袖的发迹。一位是坦斯克瓦塔瓦（Tenskwatawa）——被称作"先知"的极富魅力的宗教领袖和演说家。他曾经酗酒，在恢复过程中经历了一次神秘的觉醒。他摆脱了自己认为邪恶的白人文化，向民众宣扬印第安文明的优越特性以及白人世界的腐朽邪恶。在此过程中，他通过众多部落发起了宗教复兴运动，并促使这些部落联合起来。同其前辈涅奥林、同辈俊湖一样，坦斯克瓦塔瓦为了政治和军事的目的发动印第安人，表现出宗教领袖的力量。"先知"总部设在蒂珀卡努河与沃巴什河（"先知之城"）的交界处，成为人们向往的圣地，吸引了中西部地区成千上万的印第安人。出于共同的宗教经历，他们也开始考虑在政治军事方面联手。

特库姆塞的策略

先知的哥哥特库姆塞，人称"神射手"，是肖尼族族长，领导了印第安反抗运动。特库姆塞的想法与其他多数印第安领袖不同，他认为，部落间必须相互联合，才有望抵抗白人文明的入侵。印第安纳州的部落已经向美国割让了大部分领土，从 1809 年开始，特库姆塞联合密西西比河南北流域的所有印第安人。他承诺，只要并肩作战，就能阻止白人的扩张，收复西北，使俄亥俄河成为美国和印第安人的边界。他认为，哈里森等人通过和个别印第安部落谈判签约并不能获得领土的真正所有权，领土归各个部落共同所有，未经其他部落同意，任何部落都无权割让土地。

蒂珀卡努河战役

1811 年，特库姆塞离开了先知城，沿密西西比河走访南部部落并规劝他们加入自己的联盟。在其离开期间，州长哈里森想借机消除这两个印第安领袖的势力。他派一千名士兵驻扎在先知城附近，并于 1811 年 11 月 7 日发动进攻。尽管白人和

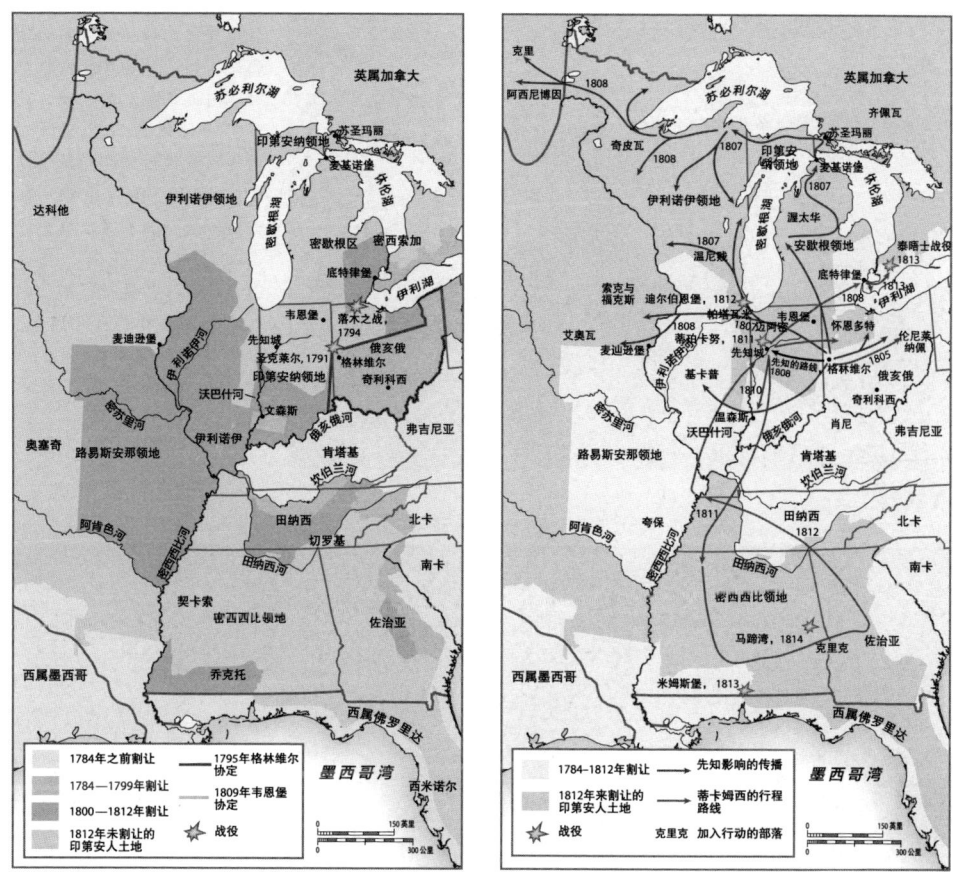

印第安人对白人入侵的回应　随着土地割让以及西部白人移民自1790年后对印第安文化频繁施加压力，先知复兴的信息传到热切关注此事的人们耳中。消息向北往密歇根湖沿岸、向西往苏必利尔湖沿岸和威斯康星州传得尤其迅速。自蒂珀卡努河战役后，特库姆塞的威望超过先知，成为印第安人反抗的主要领袖，但他向南对政治联盟的推进成效甚微。（彩图见第527页）

土著人伤亡相当，但哈里森还是赶跑了印第安人，并烧毁了城镇。蒂珀卡努河战役（The Battle of Tippecanoe）（以战役附近的一条河流命名）使先知追随者们的幻想破灭了，使许多人不再相信先知的魔力会保护他们。特库姆塞回来后，发现印第安联盟溃不成军，但仍有许多勇士渴望与白人决战。1812年春天，他们在边疆地区频繁出击，不断进攻由密歇根到密西西比的白人定居地，对白人移民造成很大威胁。

西部边境的流血事件由印第安人自身发起，但加拿大的英国人向印第安人提供援助，对印第安人的反抗起到了推波助澜的作用。哈里森和当地的大部分白人

特库姆塞 特库姆塞联合密西西比河流域各部落以抵抗白人对他们领土的入侵,此番努力使他自1811年蒂珀卡努河战役后最终与英国结盟。在1812年战争中,他被英军任命为准将,在泰晤士战役中抵抗美军。在此图(由驻扎在底特律附近的一名英国军官的女儿所作)中他身着英国军裤。(*Fort Malden National Historical Park*)

詹姆斯·麦迪逊与多莉·麦迪逊 詹姆斯·麦迪逊算得上共和国早期最具智慧的领袖之一,但如同这幅严肃的画像所表现的一样,他同样算得上是最严肃、最缺乏幽默感的人物之一。他的妻子(名叫多莉·佩恩[Dolley Payne],生于北卡罗来纳州,在弗吉尼亚贵格会家庭中长大)于1794年嫁给43岁的麦迪逊,当时她年仅26岁。她的迷人魅力和社交修养是她丈夫政治生涯的一大资产。在麦迪逊任国务卿期间,她为鳏夫总统托马斯·杰斐逊扮演了女主人的角色。在任白宫第一夫人的8年里,她积极地负责众多社会活动。(*New-York Historical Society*)

认为，只有一个办法能确保美国西部的安定——将英国人赶出加拿大，并将所属各省收归美国所有。其实这也是许多西部移民梦寐以求的心愿，只不过各自出于不同原因罢了。

佛罗里达和战争狂热

在北方白人"边疆居民"要求征服加拿大的同时，南方白人想要美国占领西班牙所属的佛罗里达。该地域除包括如今的佛罗里达州外，还包括如今成为阿拉巴马州、密西西比州和路易斯安那州的南部地区。这个地区一直以来对美国南部白人构成威胁，比如奴隶常常逃往佛罗里达境内，佛罗里达的印第安人不断向边界地区的白人发动突袭。但南方白人觊觎佛罗里达另有其因，那就是众多河流流经此处，可以使西南部居民直接抵达墨西哥湾的重要港口。

1810年，佛罗里达西部地区（现密西西比州和路易斯安那州的部分地区）的美国移民占领西班牙要地巴吞鲁日（Baton Rouge），并请求联邦政府将其划归美国。麦迪逊总统欣然同意，随即计划攻取佛罗里达的其他地区。对佛罗里达的渴望已经成为与英国宣战的另一动机。西班牙是英国的同盟国，与英国开战正好为美国占领西班牙领地找到借口。

1812年，美国南北边界战争情绪持续高涨。在1810年国会选举中，选民纷纷推选两党热衷于与英国开战的人做代表，他们被称为"好战分子"。这些人中，一些是激进的民族主义者，怀有扩张领土的热情，其中有两位将在未来的四十年里在国家政治中发挥十分重要的作用，他们就是来自肯塔基的亨利·克莱（Henry Clay）和南卡罗来纳的约翰·C.卡尔霍恩（John C. Calhoun）。另一些是热衷于维护共和制价值的人。这两类人共同构成了强有力的主战联盟。

1811年，克莱当选为众议院议长，他任命的委员会均为与他一样持主战思想的人。他将卡尔霍恩安排在至关重要的外事委员会，而后二人开始煽动征服加拿大的计划。麦迪逊仍然希望和平，但他和其他共和党人都表示对美国贸易担忧，并且逐渐失去了对国会的控制。1812年6月18日，在重压之下，麦迪逊被迫同意向英国宣战。

好战分子

六、1812 年战争

英国在欧洲已经卷入了同拿破仑的战争，并无意与美国公开发生冲突。即使在美国宣战以后，英国仍一度不予理睬。但 1812 年秋天，拿破仑向俄国发起了一场灾难性的战争，致使他的军队力量涣散，在欧洲的实力大减。1813 年末，法兰西帝国最后瓦解，英国于是集中全部军事力量对付美国。

与部落的战争

美国怀揣着极大的热情投入到 1812 年战争中，但战场的局势很快就给其热情泼了冷水。1812 年夏天，美国从底特律出兵入侵加拿大，但不久便被迫撤退，并于 8 月底彻底放弃其要地。其他的入侵计划也惨遭失败，与此同时，迪尔伯恩要塞（Fort Dearborn，位于芝加哥）在印第安人的进攻中失陷。

> 早期的失败

海上局势对美国来说稍微好些。起初，美国战舰几次辉煌地战胜英国舰队。美国私掠船摧毁和俘获了一些英国商船，偶尔还深入英国岛屿的沿海水域，烧毁海岸线内可见的英国船只。但是，到 1813 年，英国海军不再向先前那样受拿破仑的牵制，开始了有效的反击，使美国军舰疲于防守。英国海军还对美国实施了封锁政策。

> 普因湾

然而，战争初期，美国在五大湖地区取得了重大军事成就。首先，美国占领了安大略湖，这使他们得以进攻并火烧了加拿大首府约克（现称多伦多）。后来，美国又占领了伊利湖，这一切要归功于年轻有为的奥利弗·哈泽德·佩里（Oliver Hazard Perry）。1813 年 9 月 10 日，他在普因湾成功驱逐了一支英国舰队。这场胜利顺利打通了抵达底特律的水上通道，使美国得以再度经由底特律进入加拿大。西部的美军总指挥威廉·亨利·哈里森率军沿泰晤士河北上进入加拿大的北部，于 1813 年 10 月 5 日取得了战役的重大胜利，并因击毙英军陆军将领特库姆塞而闻名。泰晤士河战役削弱了西北地区美洲土著人的势力，打击了部落的士气，使其不再有能力捍卫其属地。

与此同时，另一个白人领袖对西南地区的印第安部落发起了更为猛烈的攻击。克里克是特库姆塞去南部地区走访时争取到的一个部落，由西班牙为其提供武器装备，他们一直在佛罗里达边境附近袭击白人殖民者。安德鲁·杰克逊是田纳西一个富有的种植园主，是该州民兵军队的总指挥。他暂时放弃了入侵佛罗里达的计划，转而追击克里克人。在 1814 年 3 月 27 日的马蹄湾战役（Battle of Horse Hoof

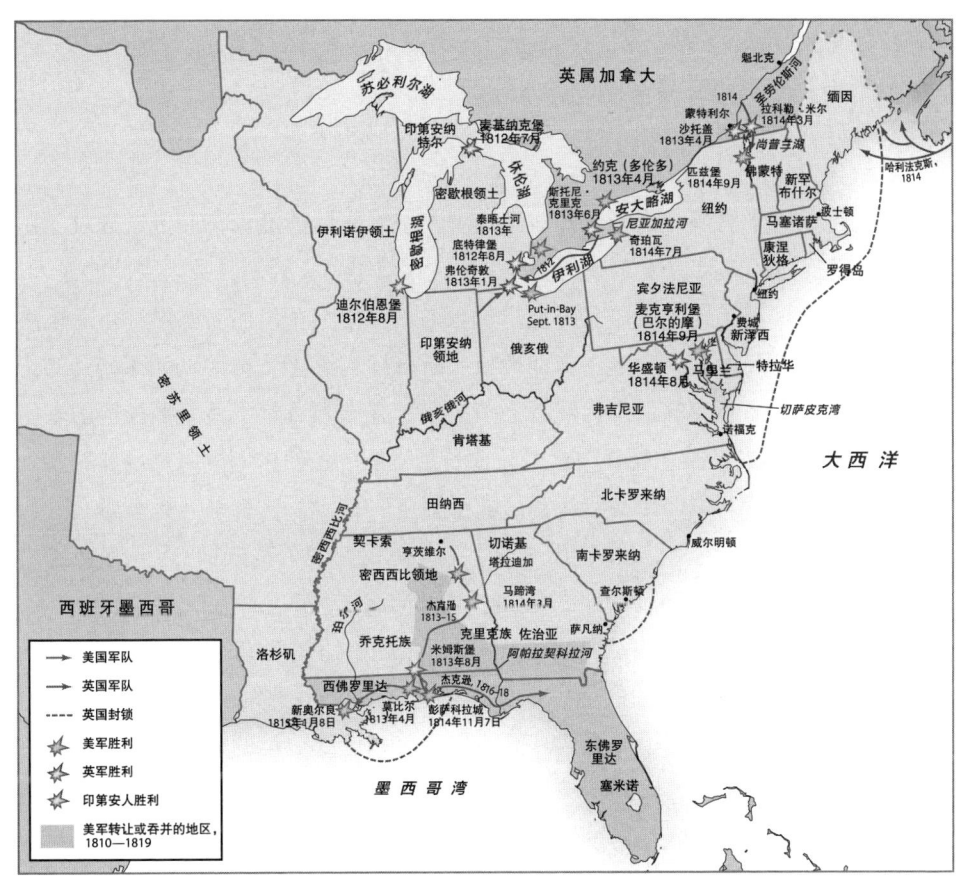

1812年战争 这幅地图展示了1812年战争中英军和美军的军事策略。包括战争的所有战场：自新奥尔良到加拿大南部，加拿大边界及五大湖地区的水陆之战，华盛顿及巴尔的摩周围的争战。注意英美两军如何在所有战场都保持势均力敌的。◆ 究竟是什么原因使这场未果的战争得以结束？（彩图见第528页）

Bend）中，杰克逊向印第安发起了残酷的复仇性反击——在大肆屠杀军中武士的同时也屠杀妇女和儿童——攻破了克里克的反抗势力。最终，这个部落同意将其大部分领土割让给美国，并撤回西部内陆地区。这次战役使杰克逊成为美国军队的一名主将，并率军直抵佛罗里达的南部地区。1814年11月7日，他又占领了西班牙的彭萨科拉。

与英国之战

战胜印第安人部落并不意味着整个战争的胜利。1814年拿破仑投降后，英国准备入侵美国。英国舰队从切萨皮克湾沿帕特克森河（Patuxent River）而上，一

英军入侵 支陆军在登陆后行军不远便到达华盛顿郊区的布莱登斯堡（Bladensburg），并在那里将训练欠佳的美国民兵打得落花流水。1814 年 8 月 24 日，英国军队入侵华盛顿，并且烧毁了包括白宫在内的一些公共建筑，以此作为对美军不久前火烧加拿大首府约克的报复。此时是美军在整个战争期间的低谷。

火烧之后的华盛顿一部分已然成为废墟，侵略军继续沿海湾而上，进攻巴尔的摩。但是巴尔的摩港有麦克亨利堡作护卫，早有准备。为阻止英国舰队的逼近，美国卫戍部队沉没了几艘大船来阻塞港口水道，迫使英军只能对城堡进行远距离的炮击。9 月 13 日晚，一位名为弗朗西斯·斯科特·基（Francis Scott Key）的华盛顿律师，在英国的战舰上奋力解救美国战俘，并亲眼目睹了英军彻夜炮击城堡的场面。翌日清晨，"黎明拂晓"之时，他看到美国的旗帜依旧高高飘扬在城堡上空，自豪之情油然而生，便在信封背面随手写下一首诗，这就是《星条旗之歌》。英国军队撤离了巴尔的摩，弗朗西斯·斯科特·基的诗不久也被配上了一首英国古老的祝酒曲。1931 年，《星条旗之歌》正式成为美国国歌。

新奥尔良战役 与此同时，1814 年 9 月 11 日，美国军队还在纽约北部的普莱茨堡战役（Battle of Plattsburgh）中击退了另一场英军的入侵。在这场战役中，他们击退了力量强大很多的英国海陆军事力量，从而确保了美国北部边境的安全。在南部，一支久经沙场的英国军队，刚刚从与法军对抗的西班牙战场撤退，登陆新奥尔良南部，准备沿密西西比河北上。与英军交战的是安德鲁·杰克逊，他率领着由田纳西人、肯塔基人、克里奥尔人、非裔美国人和海盗组成的杂牌军，同正规部队一起在土制军事要塞后方防守。1815 年 1 月 8 日，英军开始进攻，但他们的军力暴露在明处，无法与杰克逊在暗处受到掩护的守卫部队相匹敌。在美军击退了英军的几轮进攻之后，英军被迫撤退。此次战役中英军有 700 人战死（其中包括总指挥爱德华·帕克南爵士），1400 人受伤，500 人被俘。而杰克逊军队只有 8 人阵亡，13 人受伤。其实美国与英国早在新奥尔良战役的前几周就已签订了和平条约，只是这个消息后来才传到北美。

新英格兰反抗运动

除了普因湾和新奥尔良等少数战役获胜之外，美国于 1812—1815 年间的军事行动均以惨败而告终。因此，随着英美战争的持续，美国政府面临逐渐高涨的反对呼声。在新英格兰，反对战争和反对共和党政府的呼声异常强烈，致使一些联邦主义者甚至为英国获胜而欢呼雀跃。同时，共和党在国会也面临着联邦主者的反对，带头的是来自新罕布什尔的一名年轻议员丹尼尔·韦伯斯特（Daniel Webster），他不失一切时机令政府难堪。

当时，联邦主义者在全国只占少数，但在新英格兰却占多数。有些人又开始异想天开，梦想在新英格兰建立一个独立国家，自主自立，摆脱那些奴隶主和荒野村夫们的专制。有关分立的争论此伏彼起，并于1814年至1815年的冬天达到高潮。

1814年12月15日，来自新英格兰各州的代表在康涅狄格的哈特福德召开会议，讨论他们各自的不满。哈特福德会议上，支持独立的代表以微弱的劣势遭到否决。然而，会议的报告虽然只是暗示了独立的倾向，却重申了否决权，并提出七项宪法修正案（作为新英格兰不脱离联邦管辖的条件）。这些修正案用以保护新英格兰不受日益强大的南部和西部的影响。

由于战局不利，政府近乎崩溃，新英格兰人以为共和党会被迫同意他们的要求。然而会议休停不久，杰克逊在新奥尔良大胜的消息便传遍了整个东北地区的各个城镇。一两天后，战争讲和的消息又从国外传来。举国沉浸在庆祝胜利的喜悦气氛中，哈特福德大会和联邦党人的行为相形之下显得徒劳无益、不合时宜，甚至还有反叛的嫌疑。试图独立的梦想破灭了，这对联邦主义者来说是致命一击。

旁注：哈特福德会议

和平降临

在1812年战争爆发之前，美、英两国之间就展开了和平谈判，美国代表团的主要成员是约翰·昆西·亚当斯、亨利·克莱和艾伯特·加勒廷（Albert Gallatin）。

美国意识到随着拿破仑在欧洲的垮台，英国便没有兴趣干预美国商务，于是美国放弃了要求英国杜绝强征入伍和割让加拿大的要求。英国与拿破仑之间的战争旷日持久，使其精疲力竭、负债累累，迫切希望早日解决与北美的纠纷，也不再要求在西北地区建立印第安缓冲州，并在领土上做出些许让步。谈判双方也同意将其他有关争议交由仲裁机构处理。1814年圣诞平安夜，双方在匆匆起草的和平条约上签了字。

旁注：《根特条约》

其他殖民地区也遵守《根特条约》（Treaty of Ghent），这有助于日后英美关系的长期改善。1815年的一份商业协议使美国与英帝国的大部分地区得以进行自由贸易。1817年"拉什—巴戈特协议"规定英美两国在五大湖地区解除军备，后来（尽管直到1872年）加美边境成为世界上最长的"不设防"边界线。

旁注：拉什—巴戈特协议

对于1812年战争的其他各方，即密西西比以东的印第安各部落而言，《根特条约》并没有任何持久影响。条约要求美国归还白人在战争中缴获的部落领土，

攻击联邦党人 新英格兰的联邦党人在哈特福德会议上企图脱离联邦,一位共和党的漫画家在这幅漫画中嘲笑了他们的这种行为。图中所画的人代表马萨诸塞、康涅狄格和罗德岛,他们胆小怯懦,准备投奔乔治三世。(Library of Congress)

但这一规定从未真正实施。战争对印第安人是个致命的打击,使他们无力抵抗白人的扩张。部落最重要的首领特库姆塞已经战死,最重要的盟友英国已经从西北撤军,特库姆塞和先知所缔造的联盟已经分崩离析。战争的结束激发白人移民进一步向西深入,直抵印第安人无力再防守的西部内陆。

小 结

托马斯·杰斐逊将其胜利当选总统称为"1800年革命"。他的支持者相信他的任职会为国家的性质带来巨大的改变——扭转汉密尔顿创建一个不断发展的世界强国的梦想,而使美国回归到一个理想而单纯的农业共和国,摆脱欧洲的腐败和阴谋,使人民幸福安康。

然而,19世纪初美国社会发展突飞猛进,杰斐逊的梦想无法得以实现。美国的人口迅速增长,种族多种多样。城市不断发展,其商业生活日益重要。1803年,杰斐逊本人为美国的发展做出了最重要的贡献:购买路易斯安那,这一举措大大扩大了美国的疆域,使白人殖民地深入到西部内陆。这一过程使得欧洲白人与美洲土著部落之间战火频仍。

日益增长的民族自豪感和商业抱负逐步导致了美国与英国之间的另一个严重冲突:1812年战争。这场战争中,美国总体表现不佳,但至少在1814年协议停战时,协议条款对美国略微有利。至此,自共和国初年开始的党派之争在某种程度上有所缓解，而美国也准备进入所谓的"和睦时期"。然而，这一时期并未长久。

阅读参考

Joseph J. Ellis, *American Sphinx: The Character of Thomas Jefferson*(1997) 对杰斐逊进行了深入洞察的研究，而这本 *After the Revolution: Profiles of Early American Culture* (2002) 对他的一些盟友和对手进行了描述。

Henry Adams, *History of the United States During the Administration of Jefferson and Adams*, 9 vols. (1889–1891) 是美国早期史学上的一大成就。

Frank Bergon, ed., *The Journals of Lewis and Clark* (1989) 对路易斯和克拉克的探索进行了引人入胜的简明描述。

James Ronda, *Lewis and Clark Among the Indians* (1984) 以美国土著人的视角审视了他们的探索。

Thomas C. Cochran, *Frontiers of Change: Early Industrialization in America*(1981) 对共和国早期的经济发展进行总结。

Jeanne Boydston, *Home and Work: Housework, Wages, and the Ideology of Labor in the Early Republic*(1990) 论证了美国经济随市场改革转型后，女性文化地位的下降。

Drew McCoy, *The Elusive Republic: Political Economy in Jeffersonian America*(1980) 追溯了杰斐逊防止美国步欧洲腐化堕落的后尘而做出的努力。

Paul Finkleman, *Slavery and the Founders: Race and Liberty in the Age of Jefferson* (1996) 对共和国早期奴隶制问题进行了思考。

Gary Wills, *James Madison* (2002) 诠释了这位美国早期的重要总统；Donald Hickey, *The War of 1812: A Forgotten Conflict* (1989) 对 1812 年战争进行了描述。

J. C. A. Stagg, *Mr. Madison's War: Politics, Diplomacy, and Warfare in the Early American Republic, 1783–1830* (1983) 论证詹姆斯·麦迪逊引发美国对抗英国的战争来保护美国至关重要的商业利益，但他低估了新英格兰对战争的反抗。

《七月四日在韦茅斯码头的野餐》(c.1845),苏珊·梅里特作 这幅作品描绘了马萨诸塞州东部的独立日庆祝,到19世纪,它已经在全美成为主要的节日活动,表明了美国国家主义的崛起。

第 8 章
美国国家主义的多样性

正如托马斯·杰斐逊所说，在 1812 年战争后，奴隶制问题就像"夜间的火警"一样骤然出现，威胁着国家的统一。当密苏里领地要求加入联邦时，引发了关于它是以自由州还是蓄奴州加入的身份之争。但是一个更大的问题反复困扰着合众国，即西部地区最终应该纳入北方还是南方的轨道。

1820 年国会通过妥协方式解决了密苏里危机，这在当时意义非常重大，不仅是因为它标志着地区间矛盾的出现，而且因为这场危机与战后数年里正在兴起的美国国家主义形成了鲜明对比。在那时，不论有什么分裂国家的势力出现，都会有更强大的力量使国家统一在一起。美国经济正经历着前所未有的快速增长。联邦政府实行的一系列国内外政策都是为维护富有活力的国家主义。也许最重要的，是一系列人们普遍接受（尽管从未全部接

大事年表

1813 年	弗朗西斯·洛威尔在马萨诸塞的沃尔瑟姆建立纺织厂
1815 年	美国政府与印第安部落签署条约获得西部土地
1816 年	美国第二银行获得经营许可权 门罗当选总统 设立关税在国际竞争中保护纺织业 印第安纳州加入联邦
1817 年	麦迪逊否决国内改善法案 密西西比州加入联邦
1818 年	杰克逊率军入侵佛罗里达，结束第一次塞米诺尔战争 伊利诺伊州加入联邦
1819 年	商业恐慌造成经济动荡 根据《亚当斯—欧尼斯条约》，西班牙割让佛罗里达给美国 最高法院就达特茅斯学院诉伍德沃德案和麦卡洛克诉马里兰案进行听证 阿拉巴马州加入联邦
1819—1820 年	斯蒂芬·H. 朗在堪萨斯、内布拉斯加和科罗拉多探险
1820 年	"密苏里妥协"生效 门罗未遇到反对，再次当选总统
1821 年	墨西哥脱离西班牙统治，取得独立 威廉·贝克奈尔开启了美国领地和新墨西哥间的贸易
1822 年	落基山皮货公司成立
1823 年	《门罗宣言》发表
1824 年	约翰·昆西·亚当斯有争议地赢得总统选举 最高法院裁决吉本斯诉奥格登案
1826 年	托马斯·杰斐逊和约翰·亚当斯在 7 月 4 日逝世
1827 年	克里克印第安人向佐治亚州割让土地
1828 年	"可恶的关税"通过 安德鲁·杰克逊当选总统

奴隶制危机加深

受）的情感和理想巩固了国家的统一：如对独立战争的记忆、对宪法及其缔造者的崇敬，以及对美国在世界上有独特前途的信仰等。这些思想共同在很多美国人心中融汇成一种充满生机，甚至充满浪漫气息的爱国主义精神。

每年的 7 月 4 日独立日庆祝活动，都会唤起美国民众对争取独立的共同斗争的回忆，雄壮的军乐队表演和激情四射的演讲激发着人们的爱国主义和民族主义情绪。1824 年，当在独立战争中率军为美国助战的法国将军马奎斯·德·拉法耶特周游美国时，不同党派、不同地区的人们用盛大的庆祝仪式欢迎他的到来。

1826 年 7 月 4 日，即《独立宣言》颁布 50 周年纪念日发生的事件令很多人确信美国就是上帝所选之国。在那个令人难忘的日子里，两位最伟大的国家缔造者和前总统——《独立宣言》的作者托马斯·杰斐逊和被杰斐逊称为"美国最有能力的宣传者和保卫者"的约翰·亚当斯在几小时内相继去世。据杰斐逊身边的人描述，他临终前说的是"第四任总统还在么？"而亚当斯则在临终前安慰身边的人说："好在托马斯·杰斐逊还活着。"

美国人一时可能会忽略他们的国家主义呈现出的种种不同形式，而且也会忽略被他们的国家定义排除在外的大部分人群。但是蓬勃的国家主义推动的经济发展和领土扩张最终会把这些差别暴露在人们眼前。

一、快速增长的经济

1812 年战争结束，美国可以恢复经济发展和领土扩张，这两点恰恰是 19 世纪第一个 10 年中美国国家的基调。战后的强劲发展在 1819 年遇到了灾难性的经济萧条。尽管持续时间不长，但是萧条清晰地表明美国仍然缺乏那些能维持长期发展的基本制度。在随后的岁月里，美国人付出了巨大努力来维护经济发展的稳定性。

银行货币和保护政策

1812 年战争导致的进口中断刺激了工业生产的发展，但是也造成了航运和银行系统的混乱，明显地暴露了现有交通和金融体系的不足。因此，战后出现了一系列与国内经济发展有关的政治问题。

战时经验首先进一步凸显了再建一个国家银行的必要性。在美国第一银行的经营特许权于 1811 年到期后，大批州立银行开始营业。这些银行发行大量银行券，但是没有足够的金银储备在必要时满足兑换银行券的需求。这些银行券虽然作为现金流通，但是它的真正价值取决于发行银行的信用度。于是市面上同时流通着大量种类不同、币值不同的货币。其结果是一片混乱，以致诚实经营难，伪造货币易。

为应付货币问题，国会在 1816 年批准建立美国第二银行。除了比汉密尔顿在 1791 年建立的第一银行资本更多以外，其实第二银行与其前任在体制上如出一辙。国家

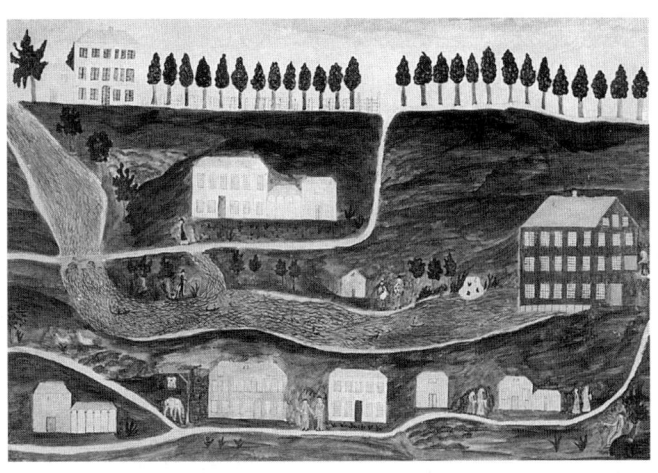

新英格兰地区的早期纺织厂 这幅创作于 1814 年左右的早期民俗画展现了马萨诸塞州东切姆斯福德小镇的景色——依然是一派农耕景观，农家房屋、开阔的田地、放牧的畜群，但是沿河右岸已经有一家小纺织厂在生产。十几年后，该镇成为了主要的制造业中心，并依据工厂主的家族重新被命名为：洛威尔。(*Part of the Town of Chelmsford. By Miss Warren. Abby Aldrich Rockefeller Folk Art Museum, Colonial Williamsburg Foundation, Williamsburg, VA*)

银行不得禁止州银行发行货币，但是它的规模和实力能够控制各州银行。它可以迫使各州银行只发行硬通货，否则它们就会面临破产。

国会还采取行动推动已经开始萌芽的制造业。由于在战争期间制造业产品极其短缺，即使是工人缺乏技术、管理缺乏经验，刚刚建成的工厂也能在确保迅速盈利的前提下开工生产。

纺织业的发展

美国的纺织业经历了非常迅猛的发展期。在1807年到1815年间，总纱锭数从8000锭增至13万锭，增长了15倍以上。到1814年，纺织厂（主要集中在新英格兰地区）只生产丝和线，实际织布的是由家庭经营的手工作坊的织机。后来，波士顿商人弗朗西斯·卡波特·洛威尔（Francis Cabot Lowell）在去英国考察过纺织机械后，研发了比英国织布机性能更优越的机动织机。1813年，洛威尔组建波士顿制造公司并且在马萨诸塞的沃尔瑟姆（Waltham）建立了全美第一家能在一个地点完成全部纺织流程的工厂。洛威尔公司的建立迈出了美国工业革命和塑造早期工业劳动力特点的重要一步（详见边码278—282页）。

但是战争的结束突然间给美国工业的前景蒙上了阴影。决心要夺回失去市场的英国船只蜂拥至美国港口，卸下大批制造业产品，很多货品的价格低于成本。正如一位英国领导人在议会所解释的：“第一批出口造成的亏损是完全值得的，目的在于利用产品过剩把美国新兴的制造业扼杀在摇篮里。”处于"婴儿期"的美国工业强烈呼吁政府针对英国这种策略采取保护措施，因为他们需要时间成长壮大才能抵御来自国外的竞争。

1816年，国会中的贸易保护主义派占据上风，《关税法》得以通过。该法有效

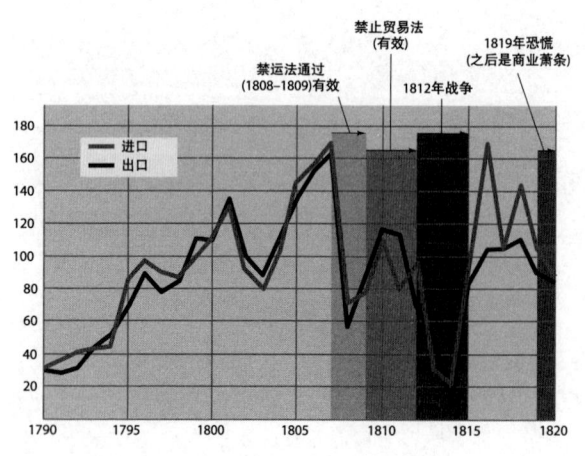

美国的进出口，1790—1820 本图表显示了美国进出口货物的模式，即外贸水平和货物买卖平衡情况。在这些年中，美国人在"最终产品"或者说"制造业产品"方面严重依赖英国和欧洲。从图中可以看出，出口和进口都有快速增长，而进口增速往往高于出口。注意在1808-1814年间美国与欧洲列强间的争端如何对进出口造成重挫。
◆ 该图表如何有助于解释国会在1816年通过《关税法》？

限制了很多种类产品受到的来自国外的竞争,其中最重要的产品是棉布。不过与农业利益有关的人士持反对意见,因为法案通过的结果是他们要花更高的价格来购买制造业产品。但是创建重要的美国工业经济的国家主义梦想获得了胜利。

保护性关税

交 通

战后美国经济最迫切需要的是更良好的交通体系。没有通畅的交通,制造商得不到原材料,也不能把产品运往市场。于是旧话重提:联邦政府是否应该资助修路以及进行其他"国内改善工作"?

利用政府资金修路的想法早已有之。早在1803年俄亥俄加入联邦时,联邦政府同意出售该州公共土地的部分政府收益应用于资助公路建设。1807年,杰斐逊的财政部长艾伯特·加勒廷提议出售俄亥俄土地的收入用于资助在波托马克河和俄亥俄河之间修建一条国家公路。国会和总统均表示赞成。经过多次推迟,1811年,国家公路终于在波托马克河上的马里兰州坎伯兰(Cumberland)破土动工;到1818年,这条路面铺着碎石,包含多座宏伟石桥的公路一直通到俄亥俄河上弗吉尼亚的惠灵(Wheeling)。同时,宾夕法尼亚州出资10万美元,让一家私人公司把兰开斯特收费公路向西延长到匹兹堡。很快,这些道路上交通繁忙,车水马龙;驿站马车、宽轮大篷车、私人马车和其他车辆甚至牛群川流不息。虽然这些公路收费不低,但比之过去穿越群山的运输费用已廉价很多。制造厂特别是纺织厂从亚特兰大沿海地区纷纷迁至俄亥俄河谷,数量之多前所未有。

政府资助公路

同时,在各大河流和五大湖上,蒸汽驱动的船只航运迅速发展。在1812年战争以前,由于罗伯特·富尔顿等人引进的先进技术,汽船航线的发展已经开始。战争迫使航运停滞了一段时间,但是从1816年开始,蒸汽船沿密西西比河上下航行,直达俄亥俄河,沿俄亥俄河能远达匹兹堡。几年之间,蒸汽船在密西西比河上运送的货物超过了原有各种河运方式——平底船、驳船和其他船只——所运货物的总量。汽船以低廉的价格把产品便捷地送往市场,这极大刺激了西部和南方的农业经济发展,也帮助东部的制造商把成品运往西部。

汽船

虽然蒸汽船只和收费公路发展迅速,正如1812年战争所揭示的,美国的国家交通网络依然存在缺陷。一旦英国的封锁切断了亚特兰大的水运交通,沿海道路就会被超乎寻常的南北交通所堵塞。马车排起长队等待乘坐渡船,而渡船是通过多数河流的唯一方式。由于紧急情况征用的牛车从费城到查尔斯顿要花6或7周。在一些地区,通常依靠海运的货物极为短缺,而且价格暴涨。在纽约,大米的价格是查尔斯顿的 3 倍，波士顿的面价是里士满的 3 倍，这都是交通不便造成的。交通问题也带来军事上的恶果，在北部和西部边疆地区，缺乏路况优良的道路令美军战事受挫。

1815 年，汲取了战争的经验，麦迪逊总统呼吁国会关注"在全国范围修建公路和运河，并由国家权威保证工程圆满实施的重要性"，并建议通过宪法修正案，解决关于国会是否有权给这些工程拨款的种种质疑。众议员约翰·C.卡尔霍恩立即递交法案，列举美国银行拖欠政府的应用于国内改善的款项。卡尔霍恩疾呼："让我们用完美的公路和运河网络把合众国连在一起。让我们征服空间。"

否决国内改善法案

国会通过了卡尔霍恩提交的国内改善法案，但是总统麦迪逊在他执政的最后一天（1817 年 3 月 3 日）否决了该法案。他为此解释说，他支持这个法案想要达到的目的，但是他依然认为如果不通过宪法修正案，国会无权为改善项目提供资

"模范号"上的生活，1811—1812 "北河汽船克莱门特号"由罗伯特·富尔顿改良的引擎驱动，并由其本人驾驶在 1806 年启航，在 32 个小时内从曼哈顿抵达奥尔巴尼（两地相距大约 150 英里）。在当时，这不是距离最长的，也不是速度最快的汽艇航行，但是"克莱门特号"却是第一艘被证明具有足够规模和可靠性因而具有商业价值的蒸汽动力船只。不到几年的时间，富尔顿和他的合伙人罗伯特·R.利文斯顿就拥有了几艘在纽约附近运营的商船，获利颇丰。这幅俄国外交官、画家帕维尔·佩得洛维奇·斯文因的绘画作品中描绘的是他们船队里的第三艘船"模范号"，该船可以运载 150 人，船上有装饰着青铜、桃木和镜子的豪华餐厅。斯文因称之为"一座完整的流动城市"。富尔顿对一位朋友说"模范"号"胜过地球上的一切东西，因为我们身在地球，不知道月球上是否有胜过它的东西"。(*Metropolitan Museum of Art*)

金。因而，在国内改善问题上，国家主义者未能实现目标。为发展中的美国提供经济建设所需的交通网络的巨大任务仍然要由各州政府和私人企业来承担。

二、西部扩张

对国内改善的兴趣陡增的原因之一是在 1812 年战争结束后向西部扩张的狂潮骤起。当时的一位英国观察家写道："传统的美国被打破，人们纷纷涌向西部。"在 1820 年人口普查前，白人定居者早就跨过了密西西比河，西部的人口增长速度远高于全国的平均速度。1820 年时，1/4 的美国白人居住在阿巴拉契亚山脉以西；而 10 年前只有 1/7。

大迁徙

美国白人的西进运动是 19 世纪最伟大的发展之一，它将广大的新开发地区引入了新兴的资本主义体系，对国家经济产生了深远影响。西进运动也同样具有深刻的政治影响，并最终成为导致即将到来的美国内战爆发的主要因素之一。和更早期的西部移民一样，西进运动促使来自不同文化背景和传统的民族紧密地（而且往往是灾难性地）联系在一起。

向西部扩张的原因

几个重要原因导致了西部扩张。迫使白人离开东部的部分压力来自自然增长和外来移民造成的全国人口的不断增加。在 1800 年到 1820 年间，美国人口从 530 万增至 960 万，几乎翻了一倍。逐渐扩大的城市吸纳了一部分新增人口，但是当时大多数美国人还是农民。到那一时期，东部的农业土地已经开发殆尽了，有些土地由于耕种过度已经贫瘠不堪。在南方，种植园制度和黑奴劳动力不断扩展，新定居者机会渺茫。

同时，西部对白人定居者的诱惑力越来越强。1812 年战争消除了（尽管没有完全铲除）向西部扩张的一个由来已久的障碍，即土著美洲人的抵抗。战争结束后，联邦政府继续推行原有政策，把剩余的各印第安部落向更靠西的地方驱赶。1815 年签署的一系列条约从印第安人手中攫取了大量土地。同时，政府在沿大湖区到密西西比河上游一线修筑了一串军事堡垒保卫边疆地区。政府还推出了"代理人"制度，即由政府的代理人（或者称为政府代表）按成本价向各部落提供商品，这不仅把加拿大商人排挤出这一地区，而且形成了土著美洲人依赖政府的更

代理人制度

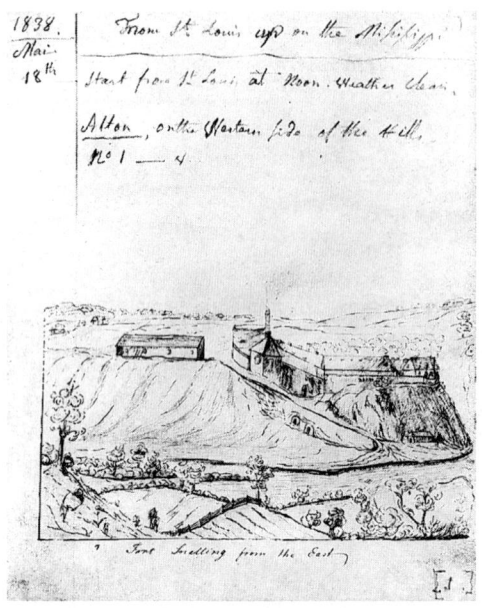

斯奈灵堡 这是绘于1838年的一张斯奈灵堡的素描草图（该堡位于明尼苏达河和密西西比河交界处），图中标注了从圣路易斯到达该处的方法。19世纪前30年间大湖区和密西西比上游地区沿欧洲殖民者领地的西部边界建立了一系列要塞，该堡是其中之一。这些城堡被用于保护白人殖民者领地不受印第安人的侵袭。斯奈灵现在是体现明尼苏达州"鲜活历史"的景点。(Minnesota Historical Society)

加容易控制的局面。

既然白人肯定能够得到良田，整个东部的移民蜂拥到当时称为旧西北部的地方（现在是中西部的一部分）。直到1825年伊利运河完工前，俄亥俄河和莫农加希拉河是通向西部的主要通道。移民们的平底船曾经载着他们的全部家当，沿俄亥俄河顺流而下，然后他们弃舟登陆（通常是在辛辛那提，这座城市正在发展为这一地区乃至是全国的主要城市之一），乘着马车、手推车，或是骑着马、牛和猪继续前行。

西南部的种植园制度

在西南部，新兴的农业经济走上了不同的发展道路。那里的主要产品是棉花。旧南方地区北部的棉田由于过度耕种和水土侵蚀，地力已经丧失殆尽，但是市场对棉花的需求仍然在增加，所以大批雄心勃勃的农夫在寻找适合棉花生长的新鲜土地。西南地区地处阿巴拉契亚山脉末端，有一片适于种植棉花的广阔地区，其中包括由石灰石风化而成的黑色富饶土壤构成的高原地区，后来这片高地被称为密西西比和中阿拉巴马黑色地带。

棉花和奴隶制的扩展

南方移民的扩张意味着棉花、种植园和奴隶制的扩展。第一批来到这片处女地的往往是普通人民，就像原来北方地区的居民一样，这些小自耕农艰辛地伐林造地。但是很快富裕的种植园主接踵而至。他们购买已经开垦和部分开垦的土地，原先的居民再一次向西迁移，一切重新开始。

大种植园主向西部迁移的方式和第一批拓荒者截然不同。大型有篷马车组成的车队在时而尘土飞扬时而泥泞不堪的道路上行进，车上拉着满满的日用品、成群的牲畜和一排排的奴隶，车队后方的马车上坐着种植园主的家人。即使对最富有的移民来说，也不能保证在荒野中创业一定成功。但是很多种植园主很快便把小块的刚刚开垦的土地扩展成大片的棉田。原先拓荒者居住的木屋被他们盖起的气派的大房子取代，后来又被象征新兴富人阶级出现的豪宅所取代。这些西部种植园主表现出一派由来已久的贵族神气，其实到内战前，没有几个种植园主家庭在西南部生活超过一代或两代人。

西北部和西南部的快速发展导致1812年战争结束不久，四个新州加入联邦：1816年，印第安纳州；1817年，密西西比州；1818年，伊利诺伊州；1819年，阿拉巴马州。

远西部地区的贸易活动和捕猎活动

仍有很多美国白人不甚了解所在大陆的更西部地区，也谈不到有兴趣。但是在19世纪初，这些西部地区和美国之间的重要贸易活动已经开始，而且在随后的几十年中稳步发展。

仍然控制着得克萨斯、加利福尼亚和东南部其余大部分地区的墨西哥1821年脱离西班牙，赢得独立。很快，墨西哥就敞开北方领土的大门和美国进行贸易，希望能使自己在与西班牙战争中陷于停滞的经济恢复活力。美国商人涌入这个地区，从陆路进入得克萨斯和新墨西哥，从海上到达加利福尼亚。美国商人很快挤垮了在东南部某些地区控制对墨贸易的印第安商人和想要通过新的对美贸易发财致富的墨西哥商人。例如，在新墨西哥，密苏里商人威廉·贝克奈尔（William Becknell）从1821年开始出售美国制造的商品，价格比过去统治市场的墨西哥劣质品低很多。墨西哥在自己的殖民地失去了市场，商业马车沿圣达菲通道在密苏里和新墨西哥之间不断来回往返。

贝克奈尔和他的追随者把已有贸易从墨西哥转回美国。皮货商人和西部建立了全新的商业关系。在1812年战争前，约翰·雅各布·阿斯特尔（John Jacob Astor）的美国皮货公司已经在俄勒冈的哥伦比亚河口的阿斯特里亚（Astoria）建立了贸易点。但是在战争到来时，阿斯特尔把突然受到威胁的产业卖给了英国人在加拿大以外经营的西北皮货公司。战争结束后，阿斯特尔的经营集中在大湖区，后来向西发展到了落基山脉。其他公司的生意也沿着密西西比河及其各支流发展，并且进入了落基山脉。

最初，皮货商人主要的生意是从印第安人手中收购兽皮。但是，越来越多的白人猎手进入该地区猎捕河狸。大量英国裔美国人和法国裔加拿大人深入大湖区

阿斯特尔的美国皮货公司

贸易集会 在那些以收集皮革为生的男性的孤独生活中，每年一度的捕猎者和皮货商集会是个重大事件，也是远西地区来自不同文化的人们的重要集会，这些人包括英裔美国人、法裔加拿大人、印第安人和西班牙裔人。（Denver Public Library）

腹地，并且越过大湖区和易洛魁人以及其他印第安人来往以获取皮货。

随着猎手们（也被称为"山里人"）向大湖区以西继续迁移，他们开始在今天的犹他州和新墨西哥州的部分地区安营扎寨。1822年，安德鲁.亨利（Andrew Henry）和威廉.阿什利（William Ashley）组建了落基山皮货公司，雇佣白人猎手深入落基山脉猎取在东部地区日益稀少的兽皮。亨利和阿什利按年度向雇佣的猎手提供给养以换取动物皮毛。运送给养的列车到来时，数十名"山里人"便聚会在一起，他们中有的人在极度孤独中度过了一年的大部分时光。

皮货贸易和市场经济

但是不论日常生活多么孤寂，这些"山里人"却和美国逐渐扩大的市场经济紧紧连在一起。他们中有的是落基山皮货公司（或是其他类似公司）的雇员，给公司提供定量的毛皮来换取工资。一些人名义上是独立的，但是靠向公司借贷过活；由于他们总是欠公司的债，所以经济上依附于公司。也有些人完全独立狩猎，只是出卖皮毛换取现金，但是他们也要靠来自东部的商人维持生活。皮货贸易产生的巨大利润都流入了那些商人的腰包。

很多猎手和"山里人"在同一片土地上，与土著人和墨西哥人和平幸福地生活在一起。在西部生活的白人猎手中，可能有三分之二娶了印第安妇女或者墨西哥裔妇女为妻。但是白人和印第安人之间并非总能保持友好或者和平的关系。一位名叫杰迪代亚·S. 史密斯（Jedediah S. Smith）的猎手是阿什利的合伙人，他发动了一系列深入墨西哥领地的突袭，引发了和莫哈维人（Mojaves）以及其他部落的战斗，以付出惨重代价而告终。在1827年一次进入俄勒冈地区的探险中，20名成员中的16人死于非命。四年以后，再次进入新墨西哥地区的杰迪代亚被科曼切人（Comanches）所杀，他们夺取了他携带的武器并将其卖给了墨西哥居民。

东部人心中的西部印象

猎手们涌入西部、不断改造着西部，而东部人对这片天地只有模糊的认识。杰迪代亚·S. 史密斯和其他猎手成为了引人入胜的（往往是夸大其词的）流行故事的主角。但是猎手们很少撰文描述自己的生活，或是为自己探索过的地区绘制地图。

探险家们在加深东部对西部的了解方面起到了更重要的作用，他们中的很多人是受美国政府的委派，给他们走访的地区绘制地图。1819年到1820年，斯蒂芬·H. 朗（Stephen H. Long）接受陆军部寻找雷德河源头的命令，带领19名士兵沿普拉特河和南普拉特河溯流而上，穿过今天的内布拉斯加和东科罗拉多地区（在那里朗发现了一座后来以他命名的山峰），然后向东沿阿肯色河穿过了现在的堪萨斯州。虽然没能找到雷德河的源头，但是他就此次旅行撰写了一篇极具影响力的报告，评估了这一地区未来定居和发展的潜力。他的观点应和了15年前泽布伦·派克探险后对该地区的轻蔑结论。在出版发行的探险地图上，朗把这片大平原标注为"美国大荒漠"。

斯蒂芬·朗的探险

跨越普拉特河　内战之前成千上万说英语的白人沿着通往西部的道路迁徙，一路充满艰辛。他们必须跨越陡峭的山峰，通过崎岖的山岭中狭窄的山路、广阔的沙漠，或宽阔或湍急的河流。没有桥梁，他们只能依靠临时制造的筏子和木船渡河。普拉特河从内布拉斯加州流入密西西比河。约瑟夫·戈尔德伯勒·布拉夫在沿着"陆上通道"抵达加利福尼亚后，画下了这幅跨越普拉特河的图画。(*Reproduced by permission of The Huntington Library, San Marino, California*)

三、"和睦时期"

经济壮大,西部白人定居地和贸易日益扩展,新成立诸州加入联邦,这一切都映射出1812年战争后弥漫全美的民族主义精神在不断高涨。在一段时期内,这种精神在国家政治方面有所体现。

第一党系的终结

弗吉尼亚王朝

从1800年起,总统宝座似乎专属于弗吉尼亚人。两任期满后,杰斐逊选择他的国务卿,来自弗吉尼亚的詹姆斯·麦迪逊作为继任者。在两任期满后,麦迪逊又确保他的国务卿,同样来自弗吉尼亚的詹姆斯·门罗获得总统提名。很多北方人对所谓的弗吉尼亚王朝很不耐烦,但是共和党人不费吹灰之力就使他们的候选人在波澜不惊的1816年大选中获胜。门罗共赢得183张选举人票。他的对手,来自纽约州的联邦党人鲁福斯·金(Rufus King),只赢得了来自马萨诸塞、康涅狄格和特拉华的34票。

当选总统的门罗是年61岁。在漫长的政治生涯中,他当过兵(独立战争期间),做过外交官、当选前刚刚做过内阁官员。他是在看起来极为有利的条件下就任总统的。由于联邦党人势力日衰,共和党没有遇到任何激烈的反抗。随着1812

詹姆斯·门罗的胜利之旅 1818年,在门罗的第一任任期内,他的美国北部和东部之行获得极大成功。此后,国家表面上的政治团结使全国弥漫着一种沾沾自喜的情绪。仅仅几年前,北部还是联邦党人反对19世纪初的共和党政府的桥头堡。一些联邦党领袖一度曾经建议脱离美国。但是现在,一位共和党总统却在先前的联邦党重镇受到了英雄般的欢迎。这部书出版于1820年(实际上当时门罗的连选几乎毫无对手),记录了总统的胜利之旅,也简要描述了他的生平。该书其实是现在大家非常熟悉的候选人竞选传记的早期版本。(Collection of David J. and Janice L. Frent)

年战争的结束，国家也没有遇到任何国际威胁。从合众国成立之初，美国政治家们就梦想有一天党派对立和派系纷争走向终结。在繁荣的战后年代，门罗尝试利用他的政府使之成为现实。

首先，在内阁人选方面门罗就表明了这一点。他选择来自新英格兰的前联邦党人约翰·昆西·亚当斯担任国务卿。杰斐逊、麦迪逊和门罗做总统前都当过国务卿，因此，很明显，亚当斯立即成为了继承人选，这表明"弗吉尼亚王朝"将很快终结。众议院议长亨利·克莱婉拒了陆军部长的任命，于是门罗代之以约翰C.卡尔霍恩。在其他的任命中，门罗也费尽心力，力图囊括来自南北东西各地区和联邦、共和两党的人选。

门罗就职之后不久，就做了一件自华盛顿以来任何一位总统都不曾完成的壮举：他进行了一次友好之旅，环游全国。不久前在新英格兰，门罗遭到联邦党人激烈地反对，而现在他所到之处人民皆热情相迎。波士顿一份由联邦党人开办的报纸《哥伦比亚哨兵报》就该市的"总统狂欢"发表评论说"和睦时期"已经到来。至少从表面上看来，门罗任总统的几年的确是一个"和睦时期"。1820年，门罗没有遇到任何反对，连选连任。实际上，联邦党在那时已经寿终正寝。

门罗的友好之旅

约翰·昆西·亚当斯与佛罗里达

和他的父亲、美国第二任总统一样，约翰·昆西·亚当斯的大半生都从事外交工作。在成为国务卿之前，他已经是美国历史上杰出的外交家之一。他还是一个坚定的民族主义者，在他眼中自己最重要的职责就是推进美国的扩张。

作为国务卿，亚当斯遇到的第一个挑战就是佛罗里达问题。美国已经宣布兼并了西佛罗里达，但是这引发了争议。大多数美国人认为，美国应该更进一步获得整个半岛的所有权。1817年，亚当斯开始与西班牙公使路易斯·德·奥尼斯（Luis de Onis）谈判，试图消除争议，使佛罗里达地区完全成为美国领土。

然而，在佛罗里达，局势却在遵循其自身的逻辑发展。当时掌握佛罗里达边境美国部队的安德鲁·杰克逊接到陆军部长卡尔霍恩的命令，要求"采取必要行动"阻止来自边界以南的塞米诺尔印第安人对美国边境的不断袭击。杰克逊以这些命令为借口，挥师占领圣马科思和潘萨克拉的西班牙要塞，并且下令绞死两名英国人，罪名是资助和煽动印第安人。该行动即所谓的塞米诺尔战争（Seminole War）。

塞米诺尔战争

亚当斯不但没有指责杰克逊的进攻，反而敦促政府要对战端负起责任。他告

塞米诺尔舞蹈 这幅画由一位美国军官画于 1838 年,描绘了居住在佛罗里达巴特勒堡附近的塞米诺尔印第安人的舞蹈场景。该画创作于漫长的第二次塞米诺尔战争期间,1842 年战争结束后大部分塞米诺尔人被迫从佛罗里达迁往密西西比州西部的保留地。(Reproduced by permission of The Huntington Library, San Marino, California)

诉西班牙人,根据国际法,美国有权维护自身安全、打击来自境外的威胁。由于西班牙不愿或不能扼制此类威胁,美国只是采取了必要行动。杰克逊的进攻向西班牙表明美国可以轻易采用武力占领佛罗里达。亚当斯暗示美国国会考虑这样做。

《亚当斯—欧尼斯条约》于是,奥尼斯意识到他别无选择,只得向美国人妥协。根据 1819 年签订的《亚当斯—欧尼斯条约》的条款,西班牙割让全部佛罗里达给美国,并且放弃对太平洋西北部北纬 42 度以北地区的所有领土要求。作为回报,美国政府放弃对得克萨斯的领土要求。

1819 年恐慌

繁荣与萧条但是门罗政府没来得及享受外交胜利的喜悦,国家正陷入一场严重的经济危机:1819 年恐慌。危机发生前的一段时间,对美国农产品的国际需求激增,导致美国农民生产成本的大幅提高(均为拿破仑战争破坏欧洲农业体系所致)。农产品价格的猛涨推动了美国西部的地产业繁荣。在投机资本的刺激下,地价一路飙升。

西部定居者和投机商能够通过政府(依照 1800 年和 1804 年的《土地法》)、州立银行和"野猫"银行,甚至有一段时期通过重获授权的美国第二银行,轻易获得贷款,这加速了土地交易的繁荣。但是,从 1819 年起,国家银行新任管理层开始执行紧缩信贷、收回贷款和取消抵押地契的政策，造成了一系列州银行的破产。很多美国人，特别是西部人都把由此引发的金融恐慌归咎于国家银行。接下来，美国经历了6年的经济萧条。于是，中央银行是否应该存在逐渐成为日后斗争最激烈的政治议题。

四、地方主义和国家主义

1819年至1820年，南北双方分歧加大，美国的统一受到威胁，这种状况虽然持续时间不长，但足以令人警醒，直到密苏里妥协案签订，地方危机才暂时告一段落。国家主义势力继续坚持其主张，联邦政府也开始扮演推动经济发展的角色。

密苏里妥协

1819年密苏里申请加入联邦时，奴隶制在该州早已确立。即便如此，纽约州

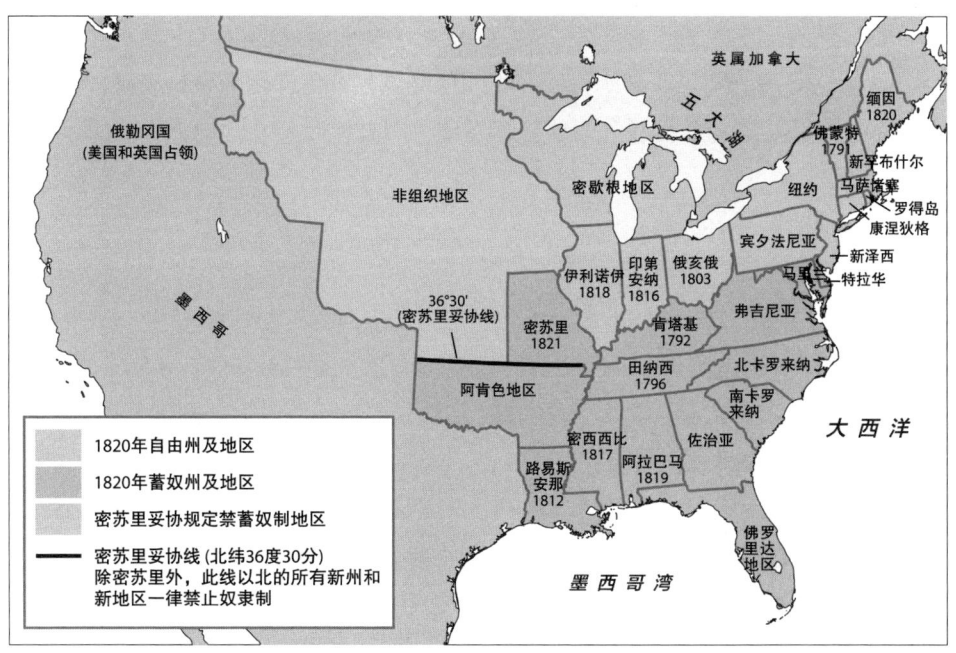

"**密苏里妥协**"，1820　这幅地图展示了"密苏里妥协"所提出的解决美国西部新领土上关于奴隶制争议的方式。"密苏里妥协"实际上允许蓄奴州密苏里和自由州缅因同时加入美国。注意沿密苏里南部边界的界线，该线从理论上是蓄奴州和自由州的分界线。◆"密苏里妥协"促成了什么结果？（彩图见第529页）

塔尔梅奇修正案 众议员小詹姆斯·塔尔梅奇（James Tallmadge Jr.）递交了关于密苏里建州提案的修正案，要求禁止再向密苏里输入奴隶，并且逐渐给予现有奴隶自由。塔尔梅奇修正案引发激烈的争论，历时两年之久。

从合众国成立之日起，半出于偶然半出于建国规划的初衷，新建各州往往是成双成对加入联邦，一个来自北方，另一个则位于南方。到1819年，美国有自由州和蓄奴州各11个；允许密苏里以自由州身份加入联邦将会打破平衡，北方的政治实力将加强而超过南方。密苏里自由还是蓄奴性质的争议由此而发。

密苏里妥协 缅因原为马萨诸塞州北方的一部分，它以新自由州身份加入联邦的申请使密苏里问题更加错综复杂。众议院议长亨利·克莱告知北方议员，如果反对密苏里成为蓄奴州，南方议员将阻挠缅因建州。当参议院同意把缅因和密苏里提案合二为一时，缅因提出了摆脱困境的方案。缅因作为自由州加入联邦，密苏里成为蓄奴州。接着，伊利诺伊州参议员杰西·B. 托马斯（Jesse B. Thomas）递交修正案，要求禁止在路易斯安那地区密苏里南部边界（北纬36°30'线）以北的区域实行蓄奴制。参议院批准了托马斯修正案，议长克莱的艰苦努力也使修订后的缅因—密苏里提案在众院得以通过。

这一解决方案史称"密苏里妥协"，获得了南北两地的国家主义者的热烈赞颂，认为它圆满解决了联邦统一所面临的危险。密苏里问题的争论表明，有一股汹涌的地方主义暗流，尽管当时没能颠覆统一，却无时不在地与澎湃的国家主义浪潮相抗衡。

马歇尔和最高法院

从1801年到1835年间，约翰·马歇尔担任美国首席法官约35年，他对最高法院的掌控可谓空前绝后。除了建国之父们，马歇尔是对宪法发展贡献最大的人：他削弱了行政和立法权，加强了司法权；加强联邦政府的权力，削弱了州的权力；增加了有产和商业阶层的利益。

马歇尔时代的最高法院致力于推动经济发展，坚定地维护契约的不可侵犯性。佐治亚州一系列臭名昭著的土地欺诈引发了弗莱彻诉佩克案（1810）。在此案中，最高法院必须裁决1796年的佐治亚州议会是否有权撤销前任议会在不当条件下对亚祖公司的土地特许。马歇尔指出，法庭一致决议土地特许系有效合同，即使存在腐败行为亦不应撤销。

达特茅斯学院诉伍德沃德案（1819）进一步扩大了宪法中契约条款的含义。

掌控了新罕布什尔州政府以后，共和党人试图修改1769年英王乔治三世授予达特茅斯学院的特许令，从而把这所私立学院转为州立大学。一位毕业于达特茅斯学院的杰出演说家丹尼尔·韦伯斯特为学院进行辩护。他强调，特许令作为契约应受到最高法院在弗莱彻诉佩克案中所循相同条款的保护。据传说他用一段与案件不相干的话来结束陈词，一些法官被感动得热泪盈眶。他动情地说："先生，这只是……一个小小的学院，然而有那么多人深爱着她。"最高法院裁定达特茅斯学院胜诉，宣布机构特许令（诸如殖民地时代立法机构颁发给学院的特许令）属于契约，因而不可侵犯。这一裁决有力地限制了州政府对私人机构的左右。

达特茅斯学院诉伍德沃德案

约翰·马歇尔 这张老照片中十分威严的人物是美国历史上最重要的最高法院首席大法官约翰·马歇尔。他担任过国务卿，于1801年就任主法官直到1835年以80岁高龄去世。尽管他手下的法官有党派和执法观念的不同，但在他任职期间，以高超的智慧和人格魅力出色地驾驭他们。马歇尔确立了法院的独立性，奠定了其非党派偏见而且廉洁的声誉，在宪法中只有模糊描述的法院权力在他手中得到了确立。（*National Archives*）

在推翻州议会立法和新罕布什尔州法院的判决的同时，最高法院也间接表明自己有权驳回州法院的裁定。但是州权支持者，特别是南方人，仍然不断质疑最高法院的这项权力。在科恩斯诉弗吉尼亚案（1812）中，马歇尔明确确定最高法院复核州法院判决符合宪法。他解释道，各州通过宪法时就放弃了部分主权，并且州法院必须服从联邦司法裁决；否则联邦政府将会屈服于"联邦各州脚下"。

同时，在麦卡洛克诉马里兰案中（1819），马歇尔支持美国第二银行的合法性，确立了国会的"隐含的权力"。第二银行在西部和南部非常不受欢迎，某些州甚至打算采用直接禁止经营或没收性征税的手段将其挤出市场。这个案件给最高法院提出了两个涉及宪法的问题：国会是否有权向中央银行颁发经营特许令？如果国会享有该项权力，各州能否禁止该行经营或对其征税？国家银行的辩护律师之一丹尼尔·韦伯斯特指出，建立中央银行这类机构符合宪法中"必须而且合理"的条款，对中央银行征税是"毁灭性的权力"。如果有权向国家银行征税，各州会课以重税致其灭亡。马歇尔采纳了韦伯斯特的意见，裁决央行方面胜诉。

确立"隐含的权力"

在吉本斯诉奥格登案（1824）中，最高法院强化了国会管理州际贸易的权力。纽约州已经授予罗伯特·富尔顿和罗伯特·利文斯顿的汽船公司沿哈德孙河至纽约市的客运航线的独家专营权。富尔顿和利文斯顿又把纽约和新泽西之间的跨河轮渡交由艾伦·奥格登经营。但是托马斯·吉本斯持有依据国会法令颁发的经营许可，开始与奥格登在摆渡交通中展开竞争。奥格登起诉吉本斯至纽约州法院并且胜诉。吉本斯向最高法院提起上诉。法官们面临的最重要问题是：国会授予吉本斯轮渡业务经营执照的权力是否能够废止纽约州允许奥格登独家经营的权力。马歇尔宣布国会管理各州之间贸易（他认为也包括水上航运）的权力是"独立完整的"，而且可以"尽一切手段加以执行"。于是，奥格登由州政府认可的垄断权无效。

确立联邦的首要地位

马歇尔时代最高法院的各项决策确立了在管理经济中联邦政府高于州政府的首要地位，为联邦在促进经济发展中起到更加重要的作用开辟了道路。这些举措保护私人组织和私有经济体免受地方政府的干涉。总之，这些旨在推动一个强大、统一、经济发达的美国的举措体现了高度的国家主义精神。

最高法院与印第安部落

在一系列关于美国境内印第安部落的合法地位问题的决策上，马歇尔执掌的最高法院的国家主义倾向同样十分明显。但是这些决策并非仅仅确立了美国的至上地位，同时也为土著美国人在宪法框架中标示出了明确的位置。

涉及印第安人的第一条重要决策出自约翰逊诉麦金托什案（1823）。伊利诺伊和皮纳克肖部落的首领把一部分土地卖给了白人移民（包括约翰逊），但是之前他们已经和联邦政府签订了土地割让协议，其中也包括这一部分土地。接着，政府把土地所有权给予新到那里的白人定居者（这其中包括麦金托什），但是约翰逊宣称土地归他所有。最高法院需要裁决这片土地的归属权。不出意料，马歇尔的裁决倾向于联邦政府。但是在就裁决进行解释时，马歇尔对印第安人在美国的地位做出了初步定义。他说，印第安部落对自己的土地拥有基本所有权，这种权利高于所有美国法律。美国公民个人无权购买或者获得部落的土地；该权利只属于最高权力机构——联邦政府。

沃塞斯特诉佐治亚

更为重要的是最高法院 1823 年就沃塞斯特诉佐治亚的裁决。佐治亚州法律试图禁止美国公民进入切诺基部落领地，最高法院判定这些法律无效。马歇尔宣称只有联邦政府拥有这种权力，这样进一步巩固了联邦权力高于各州（以及各印第安部落）的地位。马歇尔这样做也更加明确了印第安各部落的性质。他解释说，各部落和佐治亚州一样，都是主权实体，"具有明确的政治体系，在其领土范围内享有独立的权力"。在维护联邦政府权威的同时，马歇尔强调，实际上是扩大了各部落的权力，即各部落不受各州政府的管辖。

因此，马歇尔的裁定做到了宪法没有实现的事情——为印第安部落在美国政治体系中确立了一席之地。裁决确认各部落拥有基本的财产权；他们是不受州政府管辖的主权实体。但是就像"监护人"管理"被监护人"一样，联邦政府对部落事物享有最高权威——尽管最高法院规定这种权威要受联邦政府保护印第安权益的义务的限制。这些条款规定虽然不足以保护印第安人，阻止白人文明向西部步步进逼，但却为印第安人享有法律保护奠定了基础。

拉丁美洲革命与门罗主义

最高法院推行国家主义的做法影响着国家的经济生活，与此同时，门罗政府的外交政策也处处体现出国家主义。美国外交一如既往地以欧洲为主，但是在19世纪20年代，对欧关系迫使美国制定其拉美政策。

1812年战争后，美国人放眼南望，眼前呈现出一幅雄伟之景：西班牙帝国行将就木，整个拉美大陆一片动荡，新兴国家不断涌现。美国已经和拉美国家开展了利润丰厚的贸易，成为拉美国家主要的贸易伙伴，与英国分庭抗礼。很多美国人认为反抗西班牙革命的胜利将进一步巩固美国在该地区的地位。

_{拉丁美洲革命}

1815年，美国宣布在西班牙和与其发生革命的殖民地间保持中立，这暗示美国一定程度上承认革命地区的国家地位。另外，美国向革命者出售船只和给养，明确表明并非真正中立，而是力图帮助起义者。1822年，门罗总统和五个新独立的国家，即拉普拉塔（后来的阿根廷）、智利、秘鲁、哥伦比亚和墨西哥，缔结外交关系，美国成为第一个承认他们的国家。

1823年，门罗进而宣布了一项政策，虽然主要策划者是约翰·昆西·亚当斯，后人却（大约从30年后开始）称之为"门罗主义"。门罗宣布："美洲大陆……从今以后不应再被欧洲列强作为殖民的目标。"美国将视对美洲现有国家的任何威胁为不友好的行动。同时，他还宣布，"我们的对欧政策…是不干预任何欧洲国家的内部事务"。

_{门罗宣言}

门罗宣言直接脱胎于19世纪20年代的美国对欧关系。很多美国人担心西班牙的欧洲盟友（主要是法国）会助西班牙一臂之力，以恢复其帝国的荣光。更令亚当斯（和很多美国人）忧心忡忡的是英国已经有计划染指古巴。亚当斯希望在

_{美国的担心}

切诺基领袖 左图中人物为塞阔雅（也用过乔治·格斯这个名字），是一位混血切诺基人，他发明了一套精妙的字母系统把切诺基部落的语言记录下来。他反对印第安人融入白人社会，把保留切诺基语言视为保护自己部族文化的方式。1820年代，他迁往阿肯色并成为西部切诺基各部的首长。右图为乔治·洛厄里少校，他也是混血切诺基人，1828年至1838年间担任切诺基部落副总首长。他颈上佩戴着一枚美国总统勋章。(Left, National Portrait Gallery, Smithsonian Institute/Art Resource, NY; Right, From the collection of the Gilcrease Museum, Tulsa, Oklahoma)

古巴落入美国囊中之前（他相信这一天定会到来），古巴仍然掌握在西班牙手中。

门罗主义没有马上收到效果，但重要的是它表达了19世纪20年代美国不断高涨的国家主义精神，并且树立了一个观念：美国是西半球的决定性力量。

五、反对派的复兴

1816年后，联邦党就没有推举过总统候选人，它已不再具有全国性的政治实力，渐趋灭亡。共和党（虽然认为自己根本不是政党，而是一个代表全体人民的组织）成为唯一有组织的国家政治实体。

新政治分歧

到19世纪20年代末，党派对立再次出现。在某些方面，此时的派系纷争和1790年代导致第一党系产生时的情形极为相似。共和党人推进经济发展，强化中央集权,很多作法与联邦党当政初期十分相像。此时,反对派把矛头对准联邦政府,不满政府对经济领域干预日益加重,这和1790年代时的反对派一样。但是,两者也有一个重要的不同。在19世纪初,反对中央集权的人,同样也反对经济发展。而到了20年代,争议不再是国家是否要扩张,而是如何继续扩张。

"腐败的交易"

到了1820年,联邦党实际上已不再参与政治活动,门罗毫无争议地竞选连任,而此时总统候选人仍然由国会中两党的初选会议提名。但在1824年总统选举中,这种"至高无上的初选会议"体制被推翻。共和党的初选会议提名财政部长、党内极端州权派最青睐的人选,来自佐治亚州的威廉·H.克劳福德(William H. Crawford)。但是,其他几位候选人获得州议会提名,而且在全国各地举行的非正式民众集会上得到认可。

> 初选会议体制的终结

其中一位就是国务卿约翰·昆西·亚当斯,他所在的职位一直被认为是迈向总统宝座的晋级台阶。但是他自己也无奈地承认,他个人性情冷峻,不易接近,不受大众的欢迎。另一位竞争者是众议院议长亨利·克莱。他有一批忠实的追随者,而且有明确一致的施政计划:"美国体系",即建议通过提高保护性关税、强化中央银行、资助国内建设发展等手段为工业产品和农产品创造巨大的国内市场。第四位主要候选人是安德鲁·杰克逊,他当时刚刚进入参议院,之前虽然短期担任过众议员,却没有任何杰出政绩。可是,他是军界英雄,而且有来自家乡田纳西州精干的政治盟友的鼎力相助。

1824年选举中杰克逊得到的选民票和选举人票都超过其他候选人,但未过半数。他赢得99张选举人票,亚当斯是84票,克劳福德41票,克莱37票。宪法第十二条修正案(1800年竞争激烈的大选后得以通过)规定:总统由众议院在获得选举人票数最多的三位候选人中选出。当时,克劳福德身染重病,无法胜任。克莱无权参与竞争,但是对于影响结果举足轻重。由于杰克逊是克莱在西部最为强大的政治对手,于是克莱选择支持亚当斯,部分原因也是因为在候选人中,亚当斯是坚定的国家主义者,有可能支持他的美国体系。在克莱的支持下,众议院选择了亚当斯。

> 1824年大选

杰克逊的支持者认为,杰克逊获得的选民票和选举人票最多,理应当选总统,他们对失败极为愤怒。亚当斯任命克莱担任国务卿更令他们怒不可遏。国务院是通向总统宝座的既定道路,亚当斯似乎是在推举克莱做自己的继任者。杰克逊的支持者对他们所谓的"腐败的交易"极为愤慨,在整个任期内,亚当斯不堪其扰。

第二位亚当斯总统

在亚当斯的整个任期中,由"腐败交易"指控造成的政治困境彻底阻挠了他各项政策的实施。亚当斯倡导的雄心勃勃的国家主义计划很容易让人想起克莱的"美国体系"。国会中杰克逊的支持者对计划的大部分内容极力阻挠。

外交上,亚当斯也历尽挫折。1826年,委内瑞拉的解放者西蒙·玻利瓦尔在巴拿马召集国际会议,亚当斯任命代表参加会议。但海地是参会国之一,国会中的南方议员不同意美国白人和会议上的黑人代表混在一起。国会一再拖延批准参加巴拿马会议,直到会议结束美国代表团也没有到达。

在与佐治亚州的角力中,亚当斯同样败下阵来。佐治亚州希望把剩下的克里克族和切诺基族印第安人从该州赶走,以便使棉花种植园主获得更多的土地。在1791年的一项条约中,美国政府保证这片土地归克里克人所有;但是1825年,佐治亚白人和威廉·麦金托什(William McIntosh,克里克族一个派别的领袖,印第安人和美国政府合作的长期倡导者)缔结了新条约。亚当斯认为新条约不具备法律效力,因为麦金托什显然无法代表全族的意愿;于是他拒绝批准条约生效,导致总统和佐治亚州的直接对立。佐治亚州州长公然挑战总统权威,继续执行驱逐印第安人的计划。

<small>可恶的关税</small>

更有损于亚当斯政府声望的是支持1828年新制定的进口关税。这项举措源于马萨诸塞和罗得岛的纺织业制造商的要求,他们抱怨英国故意以非常低廉的价格在美国市场倾销商品。但是为了获得中部和西部诸州的支持,联邦政府必须对其他商品征税。这样又使当初支持关税法案的新英格兰人怨声载道;在和外国产品竞争时,他们的产品受保护所带来的利益被原材料涨价抵消。亚当斯签署了这项法令,开罪了南方人士,他们称其为"可恶的关税"。

杰克逊的胜利

1828年总统选举,共和党内渐趋分化,新的两党制初露端倪。一方是约翰·昆西·亚当斯的支持者,他们自称国家共和党人,支持几年以来实行的经济国家主义。反对的一方是安德鲁·杰克逊的追随者,称为民主共和党人,要求废除特权,提供更多机会。亚当斯赢得了几乎所有原联邦党人的支持,杰克逊则为反对"经济贵族"的更广泛联盟所推崇。

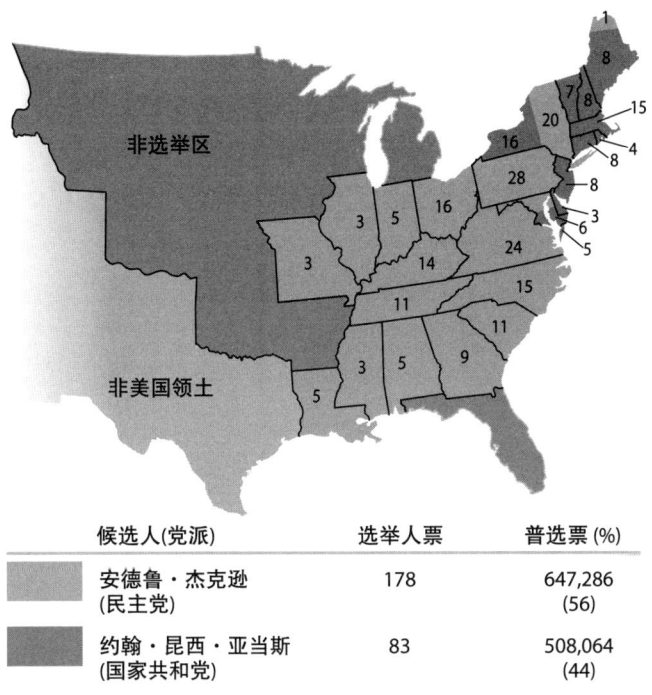

1828 年选举 如本地图所示,安德鲁·杰克逊战胜约翰·昆西·亚当斯,是美国历史上最具有决定性意义的挑战者击败现任总统的选举。(彩图见第 529 页)

但最终政见纷争似乎变得无关紧要,因为竞选沦为一场人身攻击大战。杰克逊的支持者谴责亚当斯作为总统奢侈浪费,动用公款为白宫购买赌具(一副国际象棋和一张台球桌)。亚当斯的支持者更加恶毒地指责杰克逊,他们称他为杀人犯,并散发了一份"棺材传单"。传单上棺材形的边框里罗列着据称在 1812 年战争中被杰克逊冷酷枪杀的民兵名单(这些人是经军事法庭正式审判,依法处决的逃兵)。他们还称杰克逊的妻子是重婚者,杰克逊迎娶他心爱的蕾切尔时,他们夫妇以为她前夫已经和她离婚(大选后不久,杰克逊的妻子在第一次读到这些指控时当场昏厥倒地,仅仅几周后便辞世了。杰克逊有充分的理由指责反对者害死他的妻子)。

杰克逊的胜利是决定性的,但也是地区性的。他赢得了 56% 的选民票,以 178 对 83 赢得了多数选举人票。亚当斯包揽了全部新英格兰地区的选票,在中大西洋地区优势明显。但是,杰克逊认为和 1800 年杰斐逊当选一样,他的竞选大获

杰克逊的胜利

全胜、意义非凡。特权势力再一次被逐出华盛顿，民主之冠再一次入主白宫，人民和经济重获自由。某些杰克逊支持者宣称，美国进入了一个全新的民主时代，一个"平民时代"。

小　结

1812 年战争结束后，充满活力的国家主义逐渐成为美国政治文化和大众文化的基本特色。全国各地的白人男女都在赞颂国家早期领袖的丰功伟绩，宪法的精妙绝伦、国家在抵御内外挑战中的辉煌胜利。1820 年，第五任总统詹姆斯·门罗几乎未遇任何反对赢得连任，至此党派对立几乎绝迹。

但是，在所谓的"和睦时期"，广泛国家主义掩盖了美国内部的深层矛盾。实际上，各个地区和各个群体间国家主义的特点迥然不同。有人支持建立致力于全国经济发展的强大的政府，有人希望权力分散，为更广大人民提供机遇，双方争斗不断。关于美国社会中奴隶制的地位的争斗也从未停止，特别是在人口不断增加（不断从印第安部落手中夺取）的西部新疆域，斗争更加激烈。1820 年的"密苏里妥协"搁置了蓄奴制问题的解决——但这只是暂时的推迟，1829 年就任总统的杰克逊很快就会明白这一点。

阅读参考

Daniel Walker Howe, *What Hath God Wrought: The Transformation of America, 1815—1848* (2007) 是一部研究 1812 年战争以后时期的重要综合性著作。

Sean Wilentz, *The Rise of American Democracy: Jefferson to Lincoln* (2005) 是关于早期美国"民主原则"兴起的历史。

Frederick Jackson Turner, *The Frontier in American History* (1920) 是研究美国例外论的经典作品，作者认为西部边疆使美国具有了与众不同的、个性化的民主的国家特征。

John Mack Faragher, *Women and Men on the Overland Trail* (1979) 是早期一部关于"新西部历史"的著作，影响巨大并对 Turner 的观点提出了挑战；他的另一部作品 *Sugar Creek* (1987) 描述了 19 世纪初老西北部的社会风貌。

Robert V. Remini, *Andrew Jackson and the Course of American Empire: 1767—1821* (1977) 强调了安德鲁·杰克逊在 1812 年以前在美国南部扩张领土的重要性，以及他在美国民族主义发展

中的重要性。

Morton J. Horwitz, *The Transformation of American Law, 1780—1865* (1977), 是关于美国法律史的一部重要著作，该书把美国法律的变化和经济变化联系在一起。

Ernest R. May, *The Making of the Monroe Doctrine* (1975) 阐述了美国对外政策主要原则的历史。

人民的裁决（1855），乔治·加勒伯·宾汉作　画中选举日到场的都是白人男子。妇女和黑人不允许参加投票。19世纪三四十年代，白人男子的政治权力得到极大的扩展。（Courtesy of the Saint Louis Art Museum, Gift of Bank of America）

第 9 章

杰克逊时代的美国

1831 年，法国贵族亚历西斯·德·托克维尔（Alex de Tocqueville）访问美国，他认为美国社会的"基本"特征就是："人民地位的普遍平等。"在旧的社会里，特权和财富在固有的上层阶级里代代相传，与之不同，美国没有固定的等级分别。在其经典之作《论美国的民主》（Democracy in America, 1835—1840）中，托克维尔写道："正如财富的分配使财产的观念普及到了社会中所有的成员一样，民主的政府使政治权利的观念普及了社会最底层的成员。"

然而，托克维尔也怀疑面对制造业的壮大和工厂体系的发展，美国社会的流动性能维持多久。他担心工业主义会催生大量依赖于他人的工人和一小群新贵族。他本人对此的解释是"制造科

大事年表

1820—1840 年	修订各州宪法
1823 年	尼古拉斯·比德尔成为美国第二银行总裁
1826 年	威廉·摩根的失踪激怒了反共济会人士
1828 年	卡尔霍恩的《南卡罗来纳的声明和抗议》概述州废止联邦立法原则
1829 年	安德鲁·杰克逊就任总统
1830 年	韦伯斯特与海恩辩论 杰克逊否决《梅斯维尔公路法案》 《印第安人迁移法》通过
1830—1838 年	印第安人被逐出美国东南部
1831 年	反共济会党成立 最高法院裁决切诺基诉佐治亚州案
1832 年	民主党召开第一次全国代表大会 杰克逊否决为美国第二银行经营权延期的法案 杰克逊再次当选美国总统
1832—1833 年	废止联邦法律危机爆发
1833 年	杰克逊和坦尼从美国第二银行移走联邦存款 商业恐慌影响经济
1834 年	《印第安贸易和交往法》延期
1835 年	罗杰·坦尼接替马歇尔成为最高法院首席法官 联邦去除债务
1835—1840 年	托克维尔出版《论美国的民主》
1835—1842 年	塞米诺尔战争
1836 年	杰克逊颁布"铸币流通令" 马丁·范布伦当选总统
1837 年	最高法院裁决查尔斯河桥案
1837—1842 年	商业恐慌和萧条
1838 年	在缅因州和加拿大之间爆发"阿鲁斯图克战争"
1839 年	辉格党召开第一次全国代表大会
1840 年	威廉·亨利·哈里森当选总统 《独立国库法》通过
1841 年	哈里森逝世 约翰·泰勒就任总统
1842 年	多尔叛乱加速了罗得岛的改革 签署《韦伯斯特—阿什伯顿条约》

托克维尔

技在降低了工人阶级地位的同时，抬升了雇主阶级的地位"。

在这段经济发展、领土扩大的岁月里，美国人也在思索他们的民主的未来。有些人担心国家的快速扩张会导致社会动荡，并且坚决主张国家的第一要务是确立秩序和建立明确的权力体系。有人认为国家面临的最大危险是特权，社会的任务应该是消除强大的精英阶层的特权地位，使更广泛的人群得到机会。安德鲁·杰克逊在 1829 年就任总统使得后一种观点的支持者掌握了联邦政府。

杰克逊和他的追随者们不是平等主义者，他们并不反对奴隶制的存在；他们领导了国家历史上对印第安人最凶残的进攻之一；他们认可经济不平等和社会等级分化的必要性。杰克逊本人是边疆贵族，大多数为他所用的人都财大誉高。然而他们往往不是出身名门望族，他们认为自己获得的名声和地位来源于自身的天赋和能力，而他们从政的目标是保证和他们一样的人有机会取得同样的成就。

机会平等　　杰克逊统治时期的政府"民主化"带有一种崇高的平等色彩，激发了劳动人民的极大热情。然而，对于推动民主化的国家领导人来说，其目的并非帮助农民和劳动者，更不是帮助那些事实上没有选举权的人——非洲裔美国人（不论是奴隶还是自由人）、妇女和土著美国人。民主化是为了南方和西部逐渐崛起的企业家的利益而向东部上层精英权力发起的挑战。

一、大众政治的崛起

1829年3月4日,前所未有的庞大人群——来自全国各地数以千计的美国人,其中包括农民、工人和其他社会中下层人士——聚集在华盛顿特区的国会大厦前参加杰克逊的就职典礼。仪式结束后,嘈杂的人群穿过宾夕法尼亚大道,跟随他们的英雄走向白宫。那里正在进行对全民开放的接待活动,客厅里挤满了人,房间里已经容纳不下,人们急切地要和新总统握手,结果相互踩踏,弄脏了地毯,搞坏了装饰高雅的沙发和椅子。杰克逊最亲密的政治盟友之一阿莫斯·肯德尔(Amos Kendall)写道:"那是人民引以为豪的一天。杰克逊将军是他们自己的总统。"然而,对于其他的观察家来说,这一幕并没有什么吸引力。约翰·马歇尔的朋友和同事,最高法院法官约瑟夫·斯道雷(Joseph Story)观看了所谓的就职招待会后,厌恶地说:"'暴徒'国王的统治看来获得了胜利。"

选举权的扩大

某些人所谓的"杰克逊时代"并没有推进经济平等的事业。美国财富和财产的分配在杰克逊任职初期与末期相比没有什么变化。但是这段时期的确标志着美国政治的转化,即选举权在新的群体中得到了极大的扩展。

直到19世纪20年代,只有相对少数的美国人有权参与投票选举。大多数州规定,只有身为财产所有者或者纳税人,或者既是财产所有者又是纳税人的白人男子拥有选举权,这实际上把很多不很富裕的人排除在了选民范围之外。但是在杰克逊当选之前,选举规则已经开始变化,选民的范围扩大了。首先改变的是俄亥俄州和西部新建各州,在加入联邦时,这些州的宪法就保证所有成年白人男性都有选举权,所有选民都有

安德鲁·杰克逊 这幅严肃的画像展现了安德鲁·杰克逊在军事和政治生涯中所特有的坚韧。杰克逊当选总统后的几周里,他的妻子离开了人世——他把妻子的死归咎于(并非没有理由)政治敌手针对她的攻击。带着失去妻子的痛苦和疲惫,杰克逊进入白宫,开始执政。他下定决心,一定要坚持自己的原则,对敌手绝不宽恕留情。(*New-York Historical Society*)

就任公职的权利。原有各州,因为担心人口流失到西部,考虑到扩大选举权能鼓励居民留下,于是开始给予公民相似的政治权力,取消或降低过去在财产所有权或纳税方面的要求。尽管有些州行动较晚,改革不够彻底,但最终,所有州在选举权方面都实现了一定程度的民主化。

改革引发了抵制,而且有时候民主趋势也无法满足某些激进改革者的要求,1820年马萨诸塞州召开修宪会议时的情况就是如此。改革派代表指责马萨诸塞州政府更多代表富人利益,而非穷人利益,一方面是因为对选举权和担任公职权利的限制,另一方面是因为在其特殊的体制中州议会议员代表的是财产而非人民。然而保守派代表之一丹尼尔·韦伯斯特反对民主改革,理由是"权力自然而且必然地来自财产",而且"财产本身在政治结构中应该有一定的分量和影响力"。韦伯斯特和其他保守派无法阻止州参议院代表制度的改革,也不能阻止取消对获得投票权的财产要求。而令激进派沮丧的是,新宪法要求每个选举人必须是纳税人,而且州长必须拥有大量的地产。

尽管如此,民主化力量在各州普遍占据上风。例如,1821年纽约州会议上,以詹姆斯·肯特(James Kent)为首的保守派坚持认为,仅凭纳税决定选举权还不够,至少在州参议员选举中应该保留由财产决定选举资格。但是改革派援引《独立宣言》,认为社会和政府主要关切的是生命权、自由权和追求幸福的权利,而非财产权。对财产权的要求最终被废止。

各州改革的浪潮基本上是以和平方式进行的,但是在罗得岛民主化改革造成了极大的动荡。罗得岛宪法(基本上沿袭了殖民地时期的宪章)使得一半以上的

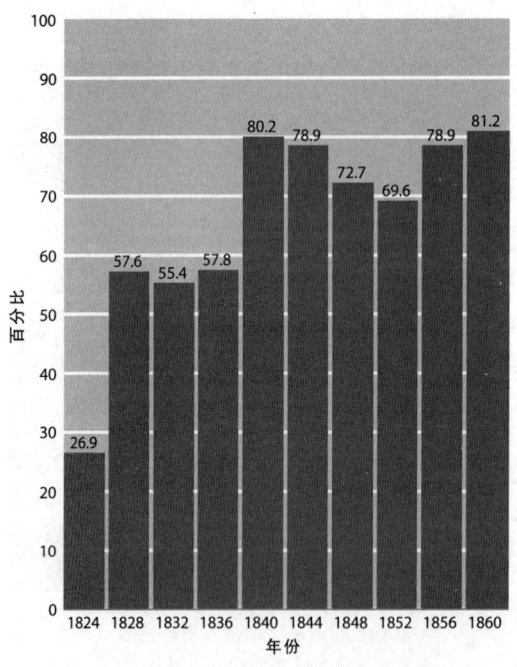

总统选举投票情况,1824—1860 如这张图表所示,1824年以后,参与总统选举投票的人数显著增加。1824年到1828年,人数几乎翻了一倍。1840年开始,人数又有大幅增长,这种增长一直持续到内战结束后。◆选民显著增加的原因是什么?这些年间,哪些人仍被排除在选民之外?

成年男子无权选举。如此有限的选民选出的保守的立法机构始终阻碍着各种改革的努力。1840 年，律师、社会活动家托马斯·多尔（Thomas W. Dorr）和他的追随者组建了一个"人民党"（People's party），召开了一次会议，草拟了新宪法，并将其提交进行全民公决。该宪法以压倒性优势获得通过。但是，该州当时的立法机构拒绝接受多尔起草的宪法并向选举人提交了他们自己的新宪法，该宪法以微弱劣势被否决。同时，多尔等人开始依照他们自己的宪法组建了以多尔为州长的新政府；于是 1842 年在罗得岛州出现了两个自称合法的政府。旧的州政府宣布多尔及其支持者为反叛者，并对他们实施抓捕。同时，多尔党人也试图夺取州武器库，但反抗为时很短。正如人们所知的，多尔叛乱很快就失败了。多尔本人投降并曾短暂入狱。但是，该事件迫使旧政府起草了新宪法，新法在很大程度上扩大了选举权。

多尔叛乱

民主化的进程远没有完成，在南方各州，选举法仍然有利于种植园主和来自以前建立的各具的政客，而且限制了新建州的西部地区的影响力。根据法律定义，奴隶自然没有选举权；他们不被看作公民，而且被认为没有合法权利或政治权利。自由黑人在南方各地都没有选举权，而且在北方也几乎没有。事实上，宾夕法尼亚州在 1838 年通过宪法修正案，剥夺了非洲裔美国人原有的选举权。所有的州都不允许妇女参加选举。全国各地都不采取无记名投票制，通常选民是口头投票而不是书面投票，这意味着那些政治大佬们可以进行贿赂和恐吓，而且他们经常这么做。

尽管种种限制仍然存在，选民人数增长的速度仍然远远高于全体人口增长的速度。实际上，19 世纪初最显著的政治趋势之一就是选择总统选举人的方法的变化以及人民参与该过程的热情的急剧升高。1800 年，立法机构只在 10 个州选择总统选举人，选民只在六个州中选择。到了 1828 年，总统选举人在除南卡罗来纳之外的各州通过普选产生。在 1824 年的总统选举中，不到 27% 的白人成年男子参加了投票，1828 年的选举中，这个数字升高到了 58%，1840 年则是 80%。

民主改革

政党合法化

选民积极参选不仅仅是选举权扩大的结果，同时也是人民对政治兴趣高涨、党派组织逐步强大，（同样重要的）还有对党派的忠诚度提高的结果。尽管从建国伊始政党竞争就是美国政治的一部分，但是政党的观念一开始并没有被接受。30 多年的时间里，多数了解政府本质的美国人把政党看作是应该避免的邪恶事物，而且认为国家需要达成更广泛的共识：党派分界线不应永久存在。但是在 19 世纪

20 年代至 30 年代之间，新想法代替了原有观点。人们认为长期制度化的党派是政治过程需要的一部分，对于民主制度的确非常重要。

对党派观念的重视首先出现在各州，特别是纽约州。在那里，马丁·范布伦（Martin Van Buren）领导着一个反对派团体（叫作"雄鹿尾党"或者"奥尔巴尼摄政党"）。1812 年战争之后，这个派别开始向控制该州多年由贵族德·维特·克林顿任州长的原有统治发起挑战。党派对立当然不是什么新鲜事，但范布伦发起了全新性质的挑战。他在指责传统的政党观念不民主的同时，认为只有建立在大众基础上的制度化的政党才能保证真正的民主，而另一种政党就是由克林顿创立的仅由社会上层精英组成的政党。在雄鹿尾党倡议的新政党中，对党派的忠诚比意识形态一致更重要。通过施以恩惠、给予回报等手段维护党派的组织健全是领导者的首要目标。而一个党派想要存在，首先必须有一个永久的对立党。党派的竞争可以使每个政治派别确立自己的奋斗目标；可以督促政治家不断关注民意；也可以像各政权相互制衡一样实现党派间的相互制衡。

第二政党制度
到 19 世纪 20 年代晚期，这种关于政党的新观念已经从纽约传遍各地。杰克逊 1828 年当选总统就似乎是与传统政治精英无关的群众运动的结果，这也进一步赋予了政党是大众民主机构这一观念以合法地位。纽约的一份报纸写道："某种形式的政党必须存在，这是我们政府的本质及其特征决定的。"最终在 19 世纪 30 年代，完善的两党制在全国范围内确立，每个党派都是作为一个组织而存在，并且认可对手的合法地位。反对杰克逊的一方自称"辉格党"，杰克逊的支持者自称民主党（不再是民主共和党），如今美国最古老的政党由此正式定名。

平民总统

与托马斯·杰斐逊不同的是，杰克逊不是具有民主思想的哲学家。民主党没有清晰统一的意识形态纲领，这一点远逊于杰斐逊的共和党。但是，尽管可能比较简单，杰克逊本人的确有自己明确的民主理论，即为所有白人男性公民提供"同样的保护和利益"，而不是偏袒任何地区和阶级。但实际上，这侵犯了被杰克逊和其同盟者视为大本营的东部贵族阶层的利益，而且为西部和南部正在崛起的新兴阶级提供了更多的机会。同时，这还意味着要继续对非洲裔美国人和印第安人进行坚决压制（虽然出于其他原因，也要继续对妇女的压制），因为杰克逊主义者相信只有把这些"危险"因素排除在政体之外，才能维护他们所珍视的以白人男性为主导的民主。

历史学家的分歧 "杰克逊时代"

对很多生活在 19 世纪 20 年代至 30 年代的美国人来说，杰克逊是美国民主的捍卫者，是席卷了美国社会的反权贵和平等主义精神的象征。然而在 20 世纪和 21 世纪，历史学家产生了严重的分歧，这种分歧不仅表现在对杰克逊本人的评价上，还存在于他们对杰克逊时代的美国社会的描述中。

20 世纪初的"进步学派"历史学家倾向于把杰克逊及其追随者的政治活动看作是那一代人反对经济特权和政治腐败的先驱。弗雷德里克·杰克逊·特纳鼓励学者们把杰克逊主义看作西部民主制度的产物：是边疆人民对东部保守的贵族阶层的反抗，因为他们认为贵族阶层限制了他们的自由和机会。杰克逊代表着希望政府服务于民而非特权集团的要求。1945 年，小阿瑟·M. 施莱辛格出版了《杰克逊时代》(*The Age of Jackson*) 一书，标志着这种对杰克逊主义的渐进性阐释达到了巅峰。和特纳的弟子们相比，施莱辛格不太注重杰克逊主义的地域性基础，他认为支持杰克逊的不仅有西部的农民，还有东部的城市劳工。他认为，杰克逊式的民主力求"控制资本集团主要是东部资本集团的实力，为西部、东部和南部的非资本集团、农民和工人谋求利益"。他把杰克逊主义描述为限制"商业界的实力"而进行的现代化改革（就像发生在渐进时代和罗斯福新政时代一样）的早期尝试。

然而，1948 年，理查德·霍夫施塔特在《美国的政治传统》(*The American Political Tradition*) 一书中发表了一篇影响巨大的文章，对上述观点提出了尖锐的反对意见。他认为杰克逊是正在崛起的企业家（那些雄心勃勃，看到通向机遇的道路被

(*Courtesy of The Rhode Island Historical Society, RHi X5 304*)

东部贵族的政治权力垄断所阻挡的商人）的代言人。杰克逊主义者只反对那些阻碍他们成功的特权，并不关心下层人士的愿望。同样，布里·哈蒙德在1957年撰文指出，杰克逊主义事业就是"企业家对抗资本家"的斗争，是新兴精英阶层对抗传统权贵的斗争。其他历史学家则探究了杰克逊运动的意识形态根源，认为杰克逊主义并不是民主改革运动，而只不过是一场怀旧运动，其目的是试图恢复失落的（其实主要是存在于想象中的）过去。马文·迈耶的《杰克逊式的政治信念》（The Jacksonian Persuasion, 1957）一书认为杰克逊和他的支持者对身边正在出现的新型工业社会满怀疑惑，反而渴望恢复早期以农业为本的共和社会。

20世纪60年代的历史学家开始用全新的方式分析杰克逊主义：既不注重分析杰克逊本人，也不注重分析他的支持者的言辞和思想，而是更关注19世纪早期美国社会的性质。李·本森的《杰克逊民主的概念》（The Concept of Jacksonian Democracy, 1961）是计量史学的开创性著作，强调了19世纪30年代宗教和民族观念在政党纷争中的作用，认为如果在当时的美国有平等精神存在的话，不仅是民主党和杰克逊的追随者们具有这种精神。爱德华·佩森的《杰克逊时期的美国》（Jacksonian America, 1969）一书揭示了那个时代民主党的花言巧语掩盖了日渐分化的社会现实，因为不平等现象日益严重而不是逐渐改善。理查德·麦考米克（1963）和格林顿·凡·杜森（1963）同样强调杰克逊和民主党的实用主义，而弱化其明确的意识形态和党派差别方面的特色。

近年来，学者们对杰克逊和民主党的关注较少，而是把注意力集中在发生于19世纪初期和中期的一系列被称之为"市场革命"的广泛社会变革上。这些变革对阶级关系产生了深远的影响，而当时的政治斗争只是部分地反映了这种影响。肖恩·威伦茨的《吟唱民主》（Chants Democratic, 1984）指出，在19世纪20年代，纽约工人产生了强烈的阶级身份意识，使他们感兴趣的不是杰克逊本人，而是广泛分散合众国特权的思想。威伦茨的《美国民主的崛起》（The Rise of American Democracy, 2005）一书也把杰克逊主义的政治活动描述为一种广泛的民主化力量。约翰·阿什沃斯的《"重农派"和"贵族派"》（"Agrarians" and "Aristoncrats", 1983）以及哈里·沃森的《自由与权力》（Liberty and Power, 1990）都认为党派政治反映了更大范围的社会变革。政党体系就是对两类人的斗争不完整的反映：一类人致力于为所有白人寻求不受任何限制的机遇，另一类则投身于（一定程度上通过政府行为）实现资本主义目标。

其他学者讨论的焦点不再是杰克逊和民主党,而是更广大的社会。但是,战前美国社会的不平等和压迫现象被成功揭露,继而引发了人们对杰克逊本人的负面评价。在《父亲们与孩子们:安德鲁·杰克逊和对美洲印第安人的征服》(*Fathers and Children: Andrew Jackson and the Subjugation of the American Indian*, 1975) 中,迈克尔·罗金笔下的杰克逊总想要摆脱革命先辈的巨大阴影,他要领导一场新的革命,不是为了反抗英国的专制,而是要对抗对白人能否控制北美大陆提出质疑的人们。罗金指出杰克逊极端野蛮地对待印第安人,他用近乎变态的残暴和强力来驱逐他们。同样,亚历山大·塞克斯顿在《白人共和国的兴衰》(*The Rise and Fall of the White Republic*, 1990) 一书中也指出杰克逊时代民主大发展的表象和限制妇女、黑人、印第安人权利的事实存在矛

选举场面　频繁而喧闹的竞选集会是19世纪40年代选举政治的典型特征,当时政党忠诚度很高,政治热情很浓——如同这幅阿尔弗雷德·雅各布·米勒1845年创作的、描绘马里兰的卡顿士维竞选集会的作品所展现的一样。(*Museum of Fine Arts, Boston, Gift of Maxim Karolik for the proposed M. and M. Karolik Collection of American Watercolors, Drawings, and Prints, 1800–1875, 51.2537. Photograph © 2007 Museum of Fine Arts, Boston.*)

盾。他指出民主党的首要任务是维护奴隶制和白人至上主义。在《上帝干了什么》(*What Hath God Wrought*, 2007) 中，丹尼尔·沃克尔·豪把民主党人刻画成白人男性至上主义的捍卫者，认为辉格党在很多方面其实更加民主。

但是认为杰克逊是平民领袖的观点并未从学术界消失。内战后，杰克逊传记的首要作家罗伯特·V. 勒米尼揭示了杰克逊民主思想的缺陷，但是他宣称在当时的历史背景下，杰克逊的确是"人民领袖"。

杰克逊的首要目标是清理联邦政府中那些地位根深蒂固的官员，他们中的很多人已经在政府中任职一代或者几代了。杰克逊认为，官员的职责应该非常简单明了，任何有头脑的人都可以胜任。他指出，政府属于人民，而不属于那些根基深厚的政府官员。或者就像他的追随者之一，来自纽约州的威廉·勒尼德·马西调侃的一样，"战利品应该属于胜利者"。

分赃制　最终，杰克逊在他的 8 年任期内替换了不超过总数 1/5 的联邦官员，多数不是因为党派不同而是因为他们滥用政府资金或卷入其他腐败事件。从比例上来看，杰克逊开除的公务人员并不比杰斐逊总统任期内多。由于接受了"分赃制"这一在很多州政府中早已根深蒂固的制度，杰克逊政府使当选官员有权委派追随者担任公职，这也成为了美国政治公认的特征之一。

杰克逊的支持者还改变了总统候选人赢得党内提名的过程。长期以来，他们很反感国会选举委员会，他们认为是这个步骤把担任公职的机会限制在固有精英阶层中意的人选范围，而杰克逊本人在 1828 年的竞选就没有经过这个过程。在 1832 年，总统的支持者召开民主党全国会议，再次提名他为总统候选人——一年以前反共济会党成为第一个召开这类会议的政党。在之后的年代里，有些美国人认为党派会议是腐败和政治排他性的源头。但是在 19 世纪 30 年代，开创这种制度的人却认为它是民主制度的巨大胜利。他们相信，通过此类会议，权力可以直接来自人民，而不是来自选举委员会这样的贵族政治体制。

民主改革的局限性　分赃制和政治会议的确限制了两大根深蒂固的势力集团——终身制官员和独享特权的选举委员会的权力。然而它们都没能真正把权力转交给人民。得到政府职位提名的都是总统主要的政治盟友和他的同僚。参加全国代表大会的代表往往不是普通百姓，而是地方党组织的成员。党内的参政机会大大增加了，但是远远没有达到杰克逊主义者的豪言壮语所描述的程度。

二、"我们的联邦"

杰克逊致力于让特权阶层之外的阶层获得权力,这使他想要削弱联邦政府的职能。他认为华盛顿的集权限制了与政治相关联的人的机会。但是,杰克逊也相信强有力的总统领导权,并且尽力地维护联邦统一。所以,在采用经济手段来削弱国家政府权力的同时,杰克逊也强调在面临重大挑战时联邦地位的至高无上。而在他刚刚就任总统不久,副总统约翰·卡德威尔·卡尔霍恩就提出一个颇具争议(在杰克逊看来非常危险)的宪法理论:州废止联邦立法原则。

卡尔霍恩和废止理论

1828 年,卡尔霍恩 46 岁,拥有显赫的履历和光明的未来。然而,逐渐严重的关税问题使他进退两难。他曾经公开直言拥护贸易保护主义,而且坚决支持 1816 年关税。但是到了 19 世纪 20 年代末,很多南卡罗来纳人开始相信"可恶的关税"应该为该州经济的停滞不前负责。尽管经济停滞主要是因为南卡罗来纳州耕地的地力枯竭,那里的耕地已经无法和西南部新开垦的肥沃耕地进行竞争。有些恼羞成怒的卡罗来纳人准备采取激烈的解决方式——脱离联邦。

卡尔霍恩未来的政治前途取决于他如何应对来自他家乡的这一挑战。他的做法是开创"废止理论",一个他认为能够提供比脱离联邦更温和的解决方式的理论。卡尔霍恩吸收了麦迪逊、杰斐逊以及他们在 1798—1799 年肯塔基和弗吉尼亚决议案中的观点,同时引用了宪法第十条修正案。他认为,由于联邦政府是由各州创立的,因此各州而非法院或者国会才有权裁定联邦法律是否符合宪法。如果某个州认为国会通过了违背宪法的法律,那么该州可以召开特别会议宣布该联邦法律在本州

卡尔霍恩的废止理论

约翰·C. 卡尔霍恩 马修·布莱迪拍摄的这张照片展现了走近人生终点的卡尔霍恩。他当时正在一心致力于联邦理想与坚定忠诚于南方利益之间左右为难。即将在 19 世纪 50 年代统治南方政治的年轻一代南方领导人在思想上并没有那么理想化,而是更加区域化、派别化。(*Library of Congress*)

无效。废止联邦法律的理论和利用这种理论废除 1828 年关税的想法在南卡罗来纳很快得到了广泛支持。但是这个理论并没能巩固卡尔霍恩在新一届政府中的地位，这在一定程度上是由于他有一个强大的对手马丁·范布伦。

范布伦的崛起

马丁·范布伦

范布伦和卡尔霍恩差不多同岁，而且一样雄心勃勃。他赢得 1828 年纽约州州长选举的胜利，1829 年被杰克逊任命为国务卿后辞去了州长职务。在杰克逊政府的官员中他与众不同，很快就成为了内阁的成员，也成为了总统身边的政治盟友组成的非官方圈子即所谓"厨房内阁"的一员（这些人中包括新罕布什尔州的艾萨克·希尔、肯塔基州的阿莫斯·肯德尔和弗朗西斯·P. 布莱尔等民主党报纸的编辑）。范布伦对总统的影响无与伦比，而且关于礼节的争吵使得总统和卡尔霍恩之间隔阂日深，于是范布伦的影响进一步增强了。

马丁·范布伦 19 世纪 20 年代，作为纽约所谓"奥尔巴尼摄政党"的领袖，范布伦帮助创建了美国历史上首批现代政党组织之一。后来，作为安德鲁·杰克逊的国务卿和副总统（1832 年后），他又协助将政党政治提升至国家层面。1840 年，当他参加竞选寻求总统连任时，他却输给了威廉·亨利·哈里森，而哈里森的辉格党正是充分利用了范布伦自己开创的大众政治的许多技巧。（Library of Congress）

佩琦·奥尼尔是华盛顿一位小饭店老板的女儿，相貌出众。安德鲁·杰克逊和他的朋友约翰·H. 伊顿在做田纳西州参议员时都曾住在她父亲的饭店里。奥尼尔已经结婚了，但是在 19 世纪 20 年代中期，关于她和未婚参议员伊顿之间风流韵事的传言在华盛顿广为流传。奥尼尔的丈夫 1828 年去世，很快她就和伊顿结婚了。几周之后，杰克逊任命伊顿为陆军部长，这样新伊顿夫人就成为了内阁成员的妻子。其他的内阁夫人们在卡尔霍恩太太的领导下，拒绝在社交场合接受她。想到已故妻子受到公众诋毁中伤的痛苦，杰克逊愤怒异常，命令内阁成员接受奥尼尔进入他们的社交圈。在妻子的压力之下，卡尔霍恩拒绝了总统的要求。而范布伦，作为一个鳏夫，和伊顿成为了朋友，并由此拉拢了杰克逊。到 1831 年，部分是因为佩琦·伊顿事件，杰克逊选择范布伦作为他的白宫继任者，显然卡尔霍恩的总统梦破碎了。

韦伯斯特与海恩辩论

1830 年 1 月,随着人们对废止理论的争论日益激烈,美国参议院爆发了另一场关于地方性争议问题的著名辩论。在一次讨论联邦关于西部土地问题政策的常规辩论中,一位来自康涅狄格的参议员建议暂时中止所有土地买卖和勘测。

一位来自南卡罗来纳州的年轻参议员罗伯特·Y. 海恩(Robert Y. Hayne)对此予以回应,他指责说,减缓西部发展的速度是东部为了维护政治和经济实力的手段。尽管他本人对西部的土地不感兴趣,但是他希望他的立场能赢得来自西部的国会议员对南卡罗来纳州争取降低关税行动的支持。他认为,南部和西部都是东北部独裁的受害者。他暗示南部和西部应该联合起来,保卫自己,反抗独裁。

马萨诸塞州参议员、国家主义者、辉格党人丹尼尔·韦伯斯特在第二天回应了海恩的发言。他攻击海恩,指责海恩的言论是在挑战联邦的统一,并借此抨击了卡尔霍恩。事实上,他要求海恩和他辩论的已经不是公共土地和关税的问题,而是州的权力和联邦权力对抗的问题。海恩在卡尔霍恩的授意下,为废止理论进行了辩护。随后韦伯斯特花了整整两个下午发表了著名的"对海恩的第二次回应",这篇演讲在以后的很多年里一直为北方人传颂和尊重。在演讲的结尾,他发出了掷地有声的呼吁:"自由和联邦,现在和将来,二者一体,不可分割。"

现在双方都在等待杰克逊总统对这场辩论的看法。在为纪念杰斐逊举行的民主党年度宴会上答案得到了揭晓。宴会结束后,客人们纷纷祝酒致意。总统宣读了一份文稿,文稿中这句话下面加了着重号:"我们的联邦——必须存在。"当他说这句话时,他直接盯着卡尔霍恩。此时,身材矮小的范布伦为了看得真切,站在自己的椅子上,他觉得卡尔霍恩在举杯回应总统敬酒时的手在颤抖,一滴酒沿着

丹尼尔·韦伯斯特 内战时期伟大的摄影师马修·布莱迪在 1852 年韦伯斯特去世前不久为他拍下了这张照片,展现了韦伯斯特强烈的使命感——这种强烈的使命感也许在他 1830 年与南卡罗来纳州参议员罗伯特·Y. 海恩最为著名的辩论中展现得更为清晰。他回应海恩的话语最后成为北方的战斗口号:"自由与联合,现在与未来,只能合一,不能分开。"韦伯斯特是美国政治巨人之一,是一个比同时代许多总统都更加伟大的人。(*Library of Congress*)

州权与联邦权的对抗

查尔斯顿，1831 这是鲜为人知的南卡罗来纳州画家 S. 伯纳德 1831 年描绘的查尔斯顿炮台东街的景色。和现在一样，那时的居民和游客喜欢沿着海堤漫步，观看城市海港的繁忙景象。但 19 世纪 30 年代的查尔斯顿再也不是几十年前的那个重要商业中心，海外商人越来越回避南方港口，转而将生意集中在纽约。(Mabel Brady Garvan Collection, Yale University Art Gallery)

杯缘滑落下来，他说："除了自由，我们最爱联邦。"政府中两位最重要的人物之间已经画出了一条清晰的界限。

废止联邦法律危机

终于，在 1832 年，关于废止联邦法律的争议引发了一场危机，当时南卡罗来纳州对国会的一份关税法案极为不满，认为该法案没有减轻 1828 年制定的"可恶的关税"。很快，州立法机构召开全州大会，投票通过决议废除 1828 年和 1832 年关税，而且禁止在该州内收税。同时，南卡罗来纳州选举海恩为州长，已经辞去副总统职务的卡尔霍恩被选为参议员接替海恩。

杰克逊坚持认为废止联邦法案是叛国行为，执行废止令的人是叛国者。他加强了在南卡罗来纳州的联邦要塞的防务，把一艘战舰和几艘小型海军舰派遣到查尔斯顿。1833 年初，国会召开会议，杰克逊提交了军力动员法令，要求授予总统动用武力保证国会立法得到遵守的权力。暴力解决似乎不可避免了。

妥协

然而从卡尔霍恩在参议院任职起他就面临困境。没有任何一个州支持南卡罗来纳。即便在南卡罗来纳州内部也意见不一，不指望能在与联邦政府的决战中获胜。但是，刚当选的参议员亨利·克莱的及时介入挽回了危机。克莱设计了一个妥协方案。根据这个方案，关税会逐年降低，到 1842 年会下降到大约与 1816 年持平的水平。妥协方案和军力动员法令在 1833 年 3 月 1 日同时通过。杰克逊签署了这两个法案。在南卡罗来纳，议会召开会议，撤销了对关税的废止令。但是因为不愿意让国会拥有最后的决定权，议会废止了军力动员法令，其实这部法令是纯粹的象征性法律，因为它所针对的关税其实已经被取消了。卡尔霍恩和他的支持者们声称这是废止理论的胜利，他们坚持认为是废止联邦法律迫使联邦修改了关税。但是这个事件告诉卡尔霍恩和他的盟友们一个道理，没有任何州可以单独对抗联邦政府。

三、驱逐印第安人

安德鲁·杰克逊对于仍然居住在美国东部各州和地区的印第安部落的态度是毫无疑问的。他想让他们迁移到密西西比河以西的地区，从而不妨碍白人领土的扩张。早年在东部边境带领部队镇压印第安人的经历使杰克逊对印第安人极度残忍无情。但是在很多方面，他的观点和大多数美国白人并没有太大差别。

白人对待部落居民的态度

在 18 世纪，很多美国白人认为印第安人是"高贵的野蛮人"，他们虽然没有文明，但是天生的尊严使得他们有可能拥有文明。在 19 世纪的前 10 年，这种含糊的家长似的态度（以托马斯·杰斐逊为代表）被一种敌对的态度所代替，特别是在杰克逊代表的西部各州和地区的白人中敌对态度特别盛行。这些白人把美洲土著印第安人看作是"野蛮人"，他们不但不开化而且不可能开化。杰克逊等人认为白人不应该住在部落居民的附近。

西部白人还希望迁走印第安人，因为他们担心不断扩张领地的白人和印第安人之间持续的接触会带来无尽的冲突和暴力，不过更主要的是因为他们对土地无法满足的贪欲。印第安部落占据着白人领土扩张的道路上最有价值的土地，白人想要得到这些土地。

从法律上讲，只有联邦政府有权和印第安人关于土地问题进行谈判，因为最高法院的裁定是给予各部落实质上"国中之国"的地位。但是，最高法院所认定

对印第安人态度的变化

的那些部落政权在美国土著的历史上并不稳固。和白人打交道的大部落联合体其实是一些较新的联盟。大多数印第安人习惯于用本部落的方式思考问题。意识到需要用集体的力量来对抗白人,他们才成立了这些大部落;但是作为全新的未经过考验的政治联盟,这些部落常常虚弱不堪,毫不团结。以马歇尔为首的最高法院似乎了解这一点,他们宣布部落不仅是主权国家,而且也是非独立国家,联邦政府必须为其承担大量的责任。在整个19世纪,政府对这种责任的解释就是要想尽各种办法驱逐印第安人为白人领土扩张让路。

黑鹰之战

在过去的西北部地区,驱逐林地印第安人经历了漫长的过程。1831—1832年,伊利诺伊的白人移民和索克族与福克斯族联盟之间爆发了最后一战,把冲突推向了高潮。战争中印第安人的统帅是年迈的传奇英雄"黑鹰"。此前的一个协议把伊利诺伊州的部落领地划归给了合众国;但是黑鹰和他的追随者们拒绝接受协议的合法性,因为与合众国签订协议的是部落的敌对派别。由于饥饿和不满,一千多名

黑鹰与旋雷 1832年在伊利诺伊州被白人定居者打败后,著名的索克族勇士黑鹰和他的儿子旋雷被俘。安德鲁·杰克逊命令将他们押往东部,作为战利品向公众展示。他们在痛苦煎熬中表现出非常的尊严以至于许多白人民众很快对他们产生同情。约翰·卫斯理·贾维斯的这幅作品描绘的是押解行程的最后一站,纽约市。黑鹰穿着欧式西服,而旋雷则穿着印第安服饰,以强调自己对部落祖籍的忠诚。此后不久,黑鹰回到自己的部落并撰写了著名的自传,1838年离开人世。(*Bettmann/Corbis*)

印第安人渡河重新占据了伊利诺伊州无人居住的土地。当地的白人移民担心印第安人的回归是大规模入侵的开始，于是他们召集了伊利诺伊州的民兵和联邦军队，以镇压"入侵者"。

这场被称为"黑鹰之战"的战争之所以著名，主要是因为白人的军事行动异常残暴。伊利诺伊州西部的领导人发誓要彻底消灭"印第安匪帮"，而且在黑鹰想要投降时仍然发动进攻。战败的索克族和福克斯族人饥饿难耐，他们渡过密西西比河退到艾奥瓦州。白人部队（和在白人部队怂恿下参加追击的苏族印第安人）在他们撤退时进行追击，并且杀戮了大多数苏族印第安人。合众国部队俘虏了黑鹰，并且把他送往东部，那里有很多好奇的白人想要见他，其中之一就是安德鲁·杰克逊（亚伯拉罕·林肯当时是民兵上尉，但是在黑鹰之战中他没有参战；杰斐逊·戴维斯当时是正规部队的中尉）。

索克族和福克斯族印第安人战败

"五大文明部落"

在19世纪30年代，让政府更加头疼的是仍然留在南部的部落。在西弗吉尼亚州、阿拉巴马州、密西西比州和佛罗里达州居住的切诺基、克里克、塞米诺尔、契卡索和乔克托被称为"五大文明部落"。他们中的大多数人已经建立了定居的农业社会，而且经济情况良好。佐治亚州的切诺基人已经形成了特别稳定和成熟的文化，有自己的书写文字和一部正式的宪法，这部宪法在1827年生效，从而建立了独立的切诺基国家。和北方的游牧部落相比，他们和自己土地的联系更加紧密。

南方的农耕部落

某些白人也认为，切诺基人不同于其他部落，应该被允许保留他们在东部的土地，因为他们有如此"文明"的社会，而且在传教士和政府官员的压力之下，他们已经放弃了很多传统的生活方式。切诺基族男人曾经一度以打猎为主，耕种主要由妇女完成。现在男人们多数已经不再打猎，而是和很多白人一样自己种地；切诺基妇女也和白人妇女一样主要从事家务劳动。

联邦政府一直不停地和南方的印第安人谈判，想要通过条约把他们迁移到西部，把他们的土地作为白人的定居地。但是谈判进展的速度常常无法让当地的白人满意。佐治亚州不顾亚当斯总统的反对，单独行动驱逐克里克人就是白人缺乏耐心的例证。在杰克逊执政初期，这种急不可耐愈发明显。佐治亚州、阿拉巴马州和密西西比州的立法机构纷纷通过法令限制仍然留在各州的印第安人。国会也给予各州帮助，于1830年通过了《迁移法》（杰克逊总统也给予批准）。法令的内容是拨款资助联邦和南方各部落谈判，目的是让印第安人同意迁移到西部去。总

《迁移法》

统立刻派遣联邦官员和仍未迁移的各部落就大约 100 多个新协议进行谈判。南方各部落面临着来自联邦政府和州政府的双重压力，大多数部落无力抵抗，他们割让出自己的土地，只换来了象征性的补偿。然而也有些部落犹豫不决。

在佐治亚州，切诺基人试图通过向最高法院起诉来阻止白人侵占他们的领土（杰克逊政府积极鼓励白人这么做）。最高法院在 1831 年和 1832 年就切诺基国诉佐治亚州案和沃塞斯特诉佐治亚州案的裁决至少在一定程度上为切诺基部进行了平反。但杰克逊对美国土著人的敌视由来已久，这使他对切诺基人毫不同情，对法庭的裁决极为不满。他的政府陷入日益尖锐的党派斗争，他本人急于得到南方和西部的支持。据说在大法官宣布沃塞斯特诉佐治亚州案的裁决结果时，杰克逊一脸不屑地说："约翰·马歇尔做出了他的判决，现在让他自己来执行吧。"判决确实没有得到执行。

切诺基人的抵抗

1835 年，政府强迫切诺基部落中的一个小派别签订了条约，这个派别中没有一个人是切诺基部落选出的谈判代表。条约规定把佐治亚州的部落土地割让给联邦政府以换取 500 万美元和密西西比西部的一块保留地。1.7 万名切诺基人中的大部分认为条约不合法，拒绝离开家园。但是杰克逊不会退让。他派遣温菲尔德·斯科特将军率领 7000 名士兵把切诺基人包围起来，在刺刀逼迫之下印第安人迁往西部。

眼泪之路

迁移切诺基人

大约有 1000 名切诺基人跨过州界逃入北卡罗来纳，最后联邦政府在烟雾山为他们提供了一块保留地，这块保留地现在仍然存在。但是从 1838 年冬天起，其他人被迫走上了通往"印第安领地"（后来成为俄克拉荷马州）的漫长而艰苦的旅程。一位肯塔基人这样描述旅途中的情景："即使是那些行将就木的老年妇女，也得背着沉重的包裹跋涉，她们光着脚，时而走在冰冻的路上，时而穿过泥泞的街道。"

迁移印第安人

数以千计的印第安人移民，也许有总人数的八分之一或更多，在到达他们本不想去的目的地之前，或者到达后不久就丧命了。被迫生活在条件艰苦的新保留地中，幸存者们永远不会忘记那段艰难的旅程。他们称之为"哭泣之路"，即眼泪之路。杰克逊宣称，现在"这些不幸种族的幸存者终于摆脱了伤害和压迫"，很明显这是为了让他自己和别人相信他支持迁移印第安人的目的是为了保护各部落。

不仅仅是切诺基人经历了眼泪之路的悲惨遭遇。实际上在 1830 年到 1838 年之间，"五大文明部落"全部被逐出了南方各州，被迫迁移到国会根据 1834 年的

《印第安贸易和交往法》建立的新"印第安领地"。1830年，密西西比州和阿拉巴马州西部的乔克托人最先开始了迁徙。1836年，军队把克里克人赶出了阿拉巴马州东部和佐治亚州西部。一年以后，密西西比州北部的契卡索人开始了西迁，又一年以后，终于轮到了切诺基人。政府认为，印第安领地远离现有的白人定居地，而且都是白人不想要的土地，因而非常安全。政府还相信，印第安领地位于被早期白人探险者称为"美洲大沙漠"的东部边缘，那是不适合人居住的地区。白人似乎不会寻求在印第安领地的西部边缘地带定居，因此白人住在保留地周围并且造成新的冲突的可能性看起来很小。

只有佛罗里达州的塞米诺尔人设法顶住压力，拒不迁移，然而他们的成功也很有限。和其他部落一样，塞米诺尔人在压力之下，签订了协议（1832—1833年的《佩恩地界法》）。协议规定，他们把土地割让给政府，并且同意三年内搬迁到

塞米诺尔战争

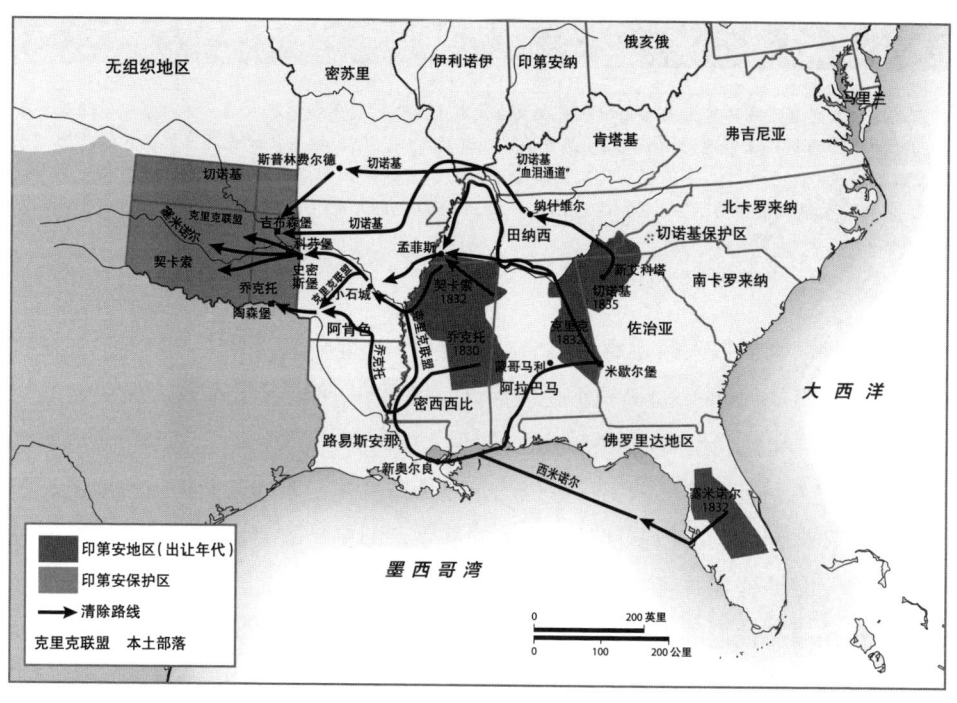

驱逐印第安部落，1830—1835 早在成为总统之前，安德鲁·杰克逊就以针对印第安部落的军事行动而远近闻名。如今入主白宫，他将保证印第安人不会留在南方各州，因为白人定居点在南方正日益增加。结果便是一系列的"武装清除"，印第安部落被赶出家园，迁到密西西比河以西地区——大部分在俄克拉荷马地区。请注意这些部落不得不经历漫长而遥远的旅行。◆ 如地图上方所示，切诺基人的迁徙路线为什么被称为"眼泪之路"？（彩图见第530页）

眼泪之路 杰克逊政府具有毁灭性的印第安政策迫使成千上万的美国印第安人从传统部落领地迁居到密西西比河以西的新"保留地"。切诺基族是首批强迁部落之一。他们把这次漫长而悲惨的跋涉称为"眼泪之路",一方面,他们失去了自己的家园,另一方面,旅途路上充满了千难万险(途中有上千人死去)。其他部落很快便步其后尘。(© Woolaroc Museum, Oklahoma, USA/Peter Newark Western Americana/The Bridgeman Art Library)

印第安领地。大多数人搬迁到了西部,但是有一小部分人(其实人数不少)在酋长欧塞奥拉(Osceola)的率领下拒绝离开,并且在1835年发动起义保卫自己的领土(有一群和他们生活在一起的逃亡的黑人奴隶参加了战斗)。塞米诺尔战争持续了数年,杰克逊派遣部队到佛罗里达,但是在丛林密布的艾菲格雷得地区,塞米诺尔人和他们的黑人盟友都是游击战的高手。即使是欧塞奥拉被政府军打着停战的旗号无耻地诱捕并死在狱中,即使是白人军队发动了有计划的战役试图消灭印第安抵抗者和他们的黑人盟友,即使是联邦政府付出了2000万美元和1500名白人士兵生命的代价,欧塞奥拉的追随者们仍然坚守在佛罗里达。最终,政府在1842年宣布停战。到那时为止,很多的塞米诺尔人或是被杀或是被赶往西部。但是,与驱逐其他部落不同,对塞米诺尔人的驱逐始终没有完全实现。

迁移的意义

到了19世纪30年代末，密西西比州以东几乎所有重要的印第安部落都已经被迫迁移到了西部。各部落把东部超过一亿英亩土地割让给了联邦政府，作为补偿，他们只得到了大约6800万美元和位于密西西比以西在密苏里和红河之间不到3200百万英亩的贫瘠土地。这块领地的周围分布着一连串的美国驻军堡垒，防止印第安人离开（同时防止多数白人进入）。在领地里，不同的部落住在经过细致划分的一系列保留地里，那里的气候和地形与他们原先生活的地区完全不同。到后来，即使是这块凄凉的飞地也面临着白人文明的进犯。

有没有什么方法可以替代迁走东部的印第安人？政府是无论如何也无法阻止白人向西部扩展的。白人向西部的扩张已经有200年了，而且这种渗透肯定还会继续下去。但问题是向西部扩张真的必须迁走印第安人么？

至少在理论上有几种方法可以用来替代残酷的迁移政策。在西部有很多例子能证明白人定居者和土著部落可以毗邻而居，并能创造一个双方共享（也许不一定平等）的世界。在新墨西哥州的印第安村庄，在西北太平洋地区的皮毛贸易点，在得克萨斯州和加利福尼亚州的某些地区，在来自墨西哥、加拿大和美国的定居者创建的社区里，白人和印第安人有密切的联系。甚至在著名的路易斯和克拉克探险中白人探险者和西部印第安人也亲密地生活在一起，以至于很多人从印第安性伙伴身上感染了性疾病。有时候，这种白人和印第安人之间的亲密关系对双方都有益，甚至相当平等，有时候却非常残酷和有掠夺性。但是早期的西部多民族社区没有把印第安人和白人区别开来，它们展示了两种文化能够相互作用和影响的方式。

迁移政策的替代方案

然而到了19世纪中期，白人开始用另外一种模式来思考向西扩张的问题。早期英国移民在大西洋沿岸建立"定居点"时，从理论上讲，土著人就被排除在外了。所以同样，后来向西扩张的白人想象他们进入的是一片处女地，之前没有任何文明存在。他们认为美洲土著人不是他们开创西部新社会的同伴，既不是平等的伙伴，也不是从属于他们的合作者。土著人是障碍，应该被消灭，而且应该尽可能地隔离他们。安德鲁·杰克逊曾经说过，印第安人"既没有智慧、工业，道德，也没有想要改进的愿望"，因此在把白人文明向西推进的事业中，他们不是合适的合作伙伴。由于如此轻视美洲土著文化，美国白人认为他们自己的种种残酷政策正确无误，他们认为（错误地认为）这些政策能使他们独占西部。

四、杰克逊与银行之战

杰克逊对权力集中的反对

杰克逊很愿意用联邦权力来镇压反叛的州和印第安部落。然而，在经济问题上，他一直反对权力集中在联邦政府手中，或是集中于在他看来与联邦政府有关的强大的贵族体系。杰克逊对联邦权力持怀疑态度，早期的例子就是1830年他否决了国会为拟建的肯塔基州梅斯维尔公路提供补贴的议案。杰克逊认为该法案违宪，因为所涉及的这条路完全在肯塔基州境内，因此并不是"州际贸易"的一部分。同时他也认为这个法案是不明智的，因为它使政府负担了杰克逊认为是奢侈的支出。

杰克逊对联邦政府和贵族特权的反对正是他任期内最著名的事件——反对美国第二银行之战——的背后原因。

比德尔的机构

尼古拉斯·比德尔

在19世纪30年代，美国第二银行的确是一个强大的机构，所以它成为杰克逊的眼中钉毫不奇怪。坐落在费城的全国总行能够体现该银行的高傲形象。总行及其设在29个城市的分行，使它成为了全美国最有实力和最具广泛影响力的金融机构。根据法律，第二银行是联邦政府存储资金的唯一场所，而政府拥有银行1/5的股份。该银行在普通银行业务方面有巨大的交易量，它为正在发展壮大的企业提供贷款，发行货币，而货币是在全国范围内流通所能依赖的媒介。同时，第二银行还可以制约管理不善的州立银行。尼古拉斯·比德尔（Nicholas Biddle）从1823年开始担任美国第二银行的总裁，他为该银行合理而繁荣的发展奠定了基础。然而，安德鲁·杰克逊打算除掉这个银行。

硬通货和软通货

反对美国第二银行的势力主要来自两个团体："软通货派"和"硬通货派"。软通货的支持者主要是各州银行的银行家和他们的盟友，他们希望在流通中有更多的货币，并且相信发行没有金银支持的货币是使更多货币进入流通的最好办法。他们反对美国第二银行是因为第二银行限制各州银行自由发行纸币。支持硬通货的人则认为金银是货币的唯一基础。他们谴责包括美国第二银行在内的所有发行纸币的银行。软通货的支持者相信经济的快速发展和投机；硬通货派赞同陈旧的"社会公德"的观点，对于扩张和投机持怀疑态度。

杰克逊本人支持硬通货派的立场。多年以前，他曾经参与基于票据信用的大宗土地和商业投机。在1797年的经济恐慌中，他的生意失败，欠下大笔债务。从

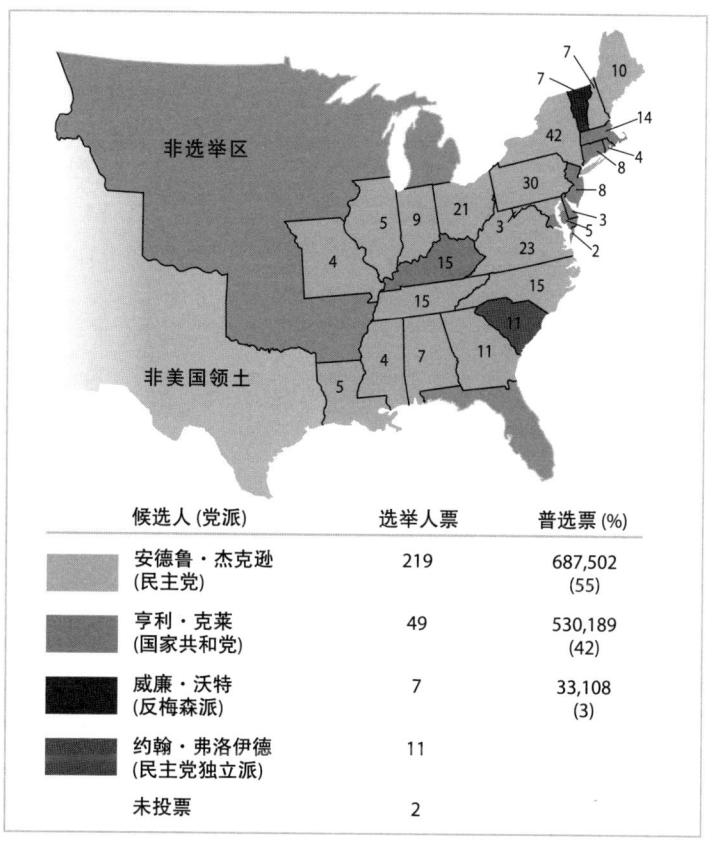

1832年大选 同1828年大选胜利一样，1832年杰克逊的成功再选几乎是准确无疑的。◆ 自上次选举以来，政党忠诚方面有何变化？（彩图见第530页）

此之后，他就怀疑所有银行和纸币。但是作为总统，他的很多来自西部和南方的支持者赞同软通货，他对他们的抱怨非常敏感。他明确表明不会延长美国第二银行将于1836年到期的经营权。

作为费城一位不熟悉政治的贵族，比德尔开始给予那些他认为能帮助他保住银行的有影响力的人物以金融优惠。特别是，他向丹尼尔·韦伯斯特求助并和他结下了个人友谊。他任命韦伯斯特为第二银行的法律顾问和波士顿支行的行长。韦伯斯特还经常向银行大笔借款。他帮助比德尔获得了很多重要人物的支持，其中就包括亨利·克莱，这也许不足为奇。

克莱、韦伯斯特和其他顾问说服比德尔在1832年申请国会通过法案，延长第二银行的经营权。这比原有经营权到期的时限早四年。但是迫使国会对延期提案投票表决成为了1832年全国选举的重要内容。国会通过了延期法案，不出所料，杰克逊否决了提案；国会中银行的支持者没能推翻杰克逊的否决。正如克莱所希望的，银行的未来成为了 1832 年竞选活动的中心。

克莱在那一年参加了总统竞选，1831 年国家共和党人在巴尔的摩召开推举候选人大会，一致推选克莱为候选人。但是银行之争并没有像他希望的那样成为赢得胜利的砝码。以范布伦作为竞选伙伴的杰克逊，以绝对优势击败了克莱（以及几个小党派的候选人）。前者获得了 55% 的选民票，和 219 张选举人票（比克莱得票数的 4 倍还多）。这个结果不仅是克莱的失败，也是比德尔的失败。

"怪物"被摧毁

此时杰克逊要尽快摧毁这个"怪物"银行的决心比以往任何时候都坚定。在经营权到期之前，他不能合法地取消这个机构，而只能设法削弱它。他决定把政府在第二银行的存款转移走。他的财政部长认为这样的行动会导致金融系统的动荡，拒绝下达命令。杰克逊于是解除了他的职务，任命了新的人选。当新部长同样拒绝执行命令，杰克逊同样解除了他的职务，然后任命了第三位，也是比较顺从他的财政部长：总检察长罗杰·B. 坦尼（Roger B. Taney），他是杰克逊亲密的朋友和忠诚的盟友。坦尼一反过去的常规，开始不把政府存款存入美国第二银行，而是存在很多的州立银行（杰克逊的敌人把它们叫作"宠儿银行"。）

被杰克逊党人嘲笑为"尼古拉斯沙皇"的尼古拉斯·比德尔并没有不战而降。他讽刺地写道："这位优秀的总统如果认为，因为他割下了印第安人的头皮，囚禁了法官，就可以对银行随心所欲，那他就错了。"当行政机构开始把资金直接从美国第二银行转到宠儿银行（不是像开始时只把新款项存入那些银行），比德尔开始收回贷款，提高利息，他的解释是由于没有政府存款，银行的收入来源变得过于紧张。他知道自己的行动可能导致金融衰退，但他希望短期的衰退会说服国会延长银行的经营权。他告诉一位同事，"除了经受痛苦之外，没有别的证据能够对国会产生任何效果"。现在斗争已经不仅是政策和原则之间的冲突，而是在两个骄傲的男人之间的一场激烈甚至是任性的个人战斗，两个人都不计后果地想要羞辱和击败对方。

金融形势在 1833 年冬天到 1834 年发生了恶化，银行的支持者谴责杰克逊的政策是经济衰退的罪魁祸首。他们在全国召集会议，向华盛顿递交请愿书，强烈要求延长第二银行的经营权。但是，杰克逊党人指责说比德尔和他的固执己见才是症结所在。沮丧的公民们向总统求助，他轻蔑地说："去找比德尔。"

最终，比德尔过分收缩信贷影响到了他在商界的盟友，他们开始担心比德尔挽救自己银行的努力会威胁到他们的利益。有些人的确"去找比德尔"了,来自纽约和波士顿的商人们进行了抗议。为了安抚商界,比德尔最终改变了做法,按照合理的条件大量发放贷款。优柔寡断、不受欢迎的策略使他彻底失去了为银行获得经营权的机会。

杰克逊获得了重大的政治胜利。但是,美国第二银行在1836年的消失却使国家失去了一个虽有瑕疵但价值巨大的金融机构,只剩下一个支离破碎、长期动荡的银行体系,折磨着国家经济长达百年之久。

坦尼执掌的最高法院

在银行之战后,杰克逊把矛头指向了代表经济国家主义的最强大的机构:最高法院。1835年,约翰·马歇尔逝世,总统任命他最信赖的盟友罗杰·B.坦尼为新一任大法官。坦尼没有对宪法解释进行重大调整,而是逐渐修正了马歇尔时代强烈的国家主义政策。

也许最能代表新的执法风格的案例就是著名的1837年查尔斯河桥诉沃伦桥

"母行的垮台" 这张1832年的民主党漫画是在庆祝安德鲁·杰克逊摧毁美国第二银行。图中,杰克逊总统命令从美国银行撤出政府存款以赶走银行腐败的支持者。(New-York Historical Society)

查尔斯河桥诉沃伦桥案

案。该案涉及马萨诸塞州的两家公司就在波士顿和剑桥之间的查尔斯河上修建桥梁的权力问题的争议。一家公司在很久以前就已经获得了州政府的授权，经营一座收费桥梁，而且宣称这份授权保证该公司拥有桥梁交通的独家经营权。另外一家公司向立法机构申请建设第二座桥梁，与第一座形成竞争，因为这座桥是免费的，所以将会大大削弱第一家公司所获授权的价值。

第一家公司认为立法机构给第二家公司授权就是违反合同，并且指出马歇尔时代的最高法院在达特茅斯学院案件和其他裁决中裁定各州无权撤销合同。但是坦尼代表了最高法院中占多数的民主党人，他支持马萨诸塞州有权给予第二家公司授权。坦尼认为政府的目标是保障提高大众的幸福指数，这比保障合同权和财产权更重要。因而，如果是为了提高社会福利而必须采取的措施，一个州有权修正或者撤销合同。坦尼认为，在查尔斯河桥案件中，显然必须撤销合同，因为原先那家桥梁公司使用独家经营权是通过不当特权获利（第一家公司的成员主要是自波士顿的贵族，和哈佛大学关系密切；而第二家公司主要是由新兴的企业家组成——他们和杰克逊与他的同盟有着先天的联系）。这个裁决体现了杰克逊理想的一个基本方面：民主的关键是经济机会的扩大，如果老的公司掌握着垄断权，扼制来自新兴公司的竞争，那么经济机会就不会扩大。

五、美国政治的改变

辉格党的诞生

杰克逊采用强硬策略——有人说是独裁型策略——首先粉碎了废止联邦法律的行动，然后摧毁了美国第二银行。这刺激了反对势力联盟的出现。到19世纪30年代中期，反对派已准备好登上国家政治的舞台。他们谴责总统是"国王安德鲁一世"，并且自称为辉格党人，这个名字源于在英国致力于限制国王权力的传统政党——辉格党。随着辉格党人的出现，美国再一次有了相互竞争的两大政党。学者们所说的"第二政党体制"开始了它相对短暂的生命。

民主党人和辉格党人

两个政党在政治哲学、组成成分和领袖性格方面大相径庭。但是他们在选举公职继任者方面的处理方式却日趋一致。

民主党人重视机会

19世纪30年代民主党人预见到未来白人男子将获得稳定增加的经济和政治机

会。他们相信政府的权力应该被加以限制，但是政府应该努力消除妨碍人们获得机会的各种障碍，而且避免制造新的障碍。这就意味着要保卫联邦。杰克逊党人认为这对于他们所欣赏的动态经济增长非常重要，这也意味着要打击腐败特权的中心。就像杰克逊本人在卸任演说中所说的，在美国社会里"种植园主、农场主、机械师和工人都知道他们的成功依赖于他们自己的工业和经济"，在这个体系中人为特权不能扼杀任何人的机会。民主党中最激进的成员是所谓的"纽约民主党激进派"（Locofocos），他们主要是劳动阶层、小商人和来自东北部的专业人才，他们强烈希望对于垄断和特权采取积极甚至是猛烈的打击，情绪之强烈远远超过杰克逊本人的预想。

而广为人知的辉格派政治哲学却与其截然不同。辉格派支持扩大联邦政府的权力，鼓励工商业发展，团结全国建立一个稳固的经济体系。辉格党人热烈追求物质方面的提高，但是和民主党人不同，他们对向西部扩张持谨慎态度，担心领土快速扩张会造成动荡。辉格党人认为美国应该发展成一个符合未来工业发展趋势，以其商业和制造业实力称雄世界的国家。于是，尽管民主党人倾向于反对通过立法建立银行、公司和其他现代化机构，辉格党人却拥护这些措施。

辉格党人要求经济统一

辉格党在东北部的大商人和制造商中的影响最大；南方富有的种植园主（他们希望经济发展，想加强和北方的联系）、雄心勃勃的农场主和西部日益壮大的商业阶层——基本上是来自东北部的移民——支持国内发展、扩大贸易和经济快速发展。民主党人获得了东北部小商人和工人阶级更多的支持；也得到了对工业发展持怀疑态度的南部种植园主的支持；还有来自西部人的支持，这些人都和南方有一定联系，他们支持农业经济，反对在他们居住的地区发展强大的经济机构。和民主党人相比，辉格党人一般比较富有，有更深的贵族背景，在经济方面更加雄心勃勃。

但是令辉格党和民主党政客都更感兴趣的是赢得选举，而非保持政治观念的纯洁性。为了赢得尽可能多的选民，两党不断调整他们对公共事务的立场。例如，在纽约辉格党人通过联络反共济会运动以获得广泛的选民支持。自由共济会社团是个神秘而排他的组织，因而被人们认为是反民主的。19世纪20年代，由于人们对该组织的广泛不满，出现了反共济会运动。1826年，一位前共济会成员，威廉·摩根在即将出版一本旨在揭露自由共济会秘密的书之前不久，神秘地从他位于纽约巴塔维亚的家中失踪了（人们认为他遭到了谋杀）。辉格党人利用反共济会运动的狂热对杰克逊和范布伦发起了猛烈攻击（他们两个都是自由共济会成员），暗

反共济会

示民主党人参与了反民主的阴谋。在这个过程中,辉格党人以反对贵族和排他性的形象出现。换句话说,他们用民主党的事件来攻击民主党。

文化问题

宗教和民族差别在决定两党的民众基础时发挥着重要作用。爱尔兰人和德国的天主教徒是新近涌入美国的移民中人数最多的群体,他们倾向于拥护民主党,因为民主党和他们一样对商业发展和创业进展怀有隐隐的敌意,而且民主党似乎也尊重以家庭和社区为核心的价值观和生活习惯。福音派教徒支持辉格党,因为他们把这个党派和不断进步、发展以及他们自己追求的目标联系在一起。在决定支持哪个党派方面,这些因素以及其他民族、宗教和文化方面的考虑,往往比实际的政治和经济主张更有影响力。

辉格党长于界定政治立场和吸引选民,而不善于使全党统一在一个领导之下。没有一个领导人能像安德鲁·杰克逊那样获得全体民主党人的拥戴。相反,辉格党人的忠诚分散在三位领袖身上。他们每一个都是那么杰出,于是三人被合称为"执政三巨头",他们是亨利·克莱、丹尼尔·韦伯斯特和约翰·卡尔霍恩。

克莱的美国体系

克莱因自己有关国内改革和经济发展的计划(他称之为"美国体系"),赢得了很多人的支持。但是他被认为是个狡猾的操作者,并且他对西部的态度也令他深受其累,三次竞选均以失败告终。而作为当时最伟大的演说家,丹尼尔·韦伯斯特通过其热情洋溢的旨在维护宪法和联邦统一的演说赢得广泛支持。但是他与第二银行的关系密切,对保护性关税的拥护、对富人经济援助的依赖,以及对白兰地过分的嗜好都妨碍他得到全国选民的支持,无法获得他渴望得到的位置。"三巨头"中的第三位约翰·C.卡尔霍恩从来就没把自己当作真正的辉格党人,而且实际上由于他认同废止联邦法律,他根本不可能成为国家领袖。但是他在南方支持率很高,支持建立国家银行,而且和克莱及韦伯斯特一样仇视安德鲁·杰克逊。

1836年大选

没有统一领导的问题在1836年选举中表现得极为明显。民主党人团结在安德鲁·杰克逊亲自选择的候选人马丁·范布伦身边。辉格党甚至不能选出一个唯一的总统候选人。他们同时有几个人选,希望能够从各候选人的地方实力中获益。韦伯斯特代表新英格兰地区,来自田纳西的休·劳森·怀特(Hugh Lawson White)代表南方参选,反印第安斗士、1812年战争英雄威廉·亨利·哈里森代表中部各州和西部的利益。党魁们希望三人一起从范布伦手中抢得足够多的选票,以阻止他获得多数票,从而能让众议院来裁决选举结果,这样辉格党就可以从中选出他们的一位候选人担任总统。可是最后范布伦以170张选举人票轻松获胜,其他对手总共才得到了124票。

范布伦和 1837 年经济危机

作为当时最受欢迎的政治人物，安德鲁·杰克逊从 1837 年淡出了公共生活。马丁·范布伦和他的前任很不一样，而且运气颇为不佳。他个人受欢迎的程度从来不能和杰克逊相提并论，他的政府遇到的经济困难给予民主党沉重的打击，却令辉格党受益良多。

范布伦 1836 年成功当选的部分原因是全国的经济繁荣在该年达到顶峰。修建运河和铁路的运动也正值高潮。物价普涨，货币充盈，各银行为增加贷款根本不考虑自己的现金储备，所以贷款容易，特别是土地贸易蓬勃发展。在 1835 年到 1837 年间，政府售出了大约 4000 万英亩公共土地，其中的四分之三卖给了投机商，他们大量购买土地希望转卖以牟利。这些交易加上政府 1833 年的关税收入使得联邦预算大量结余，国家债务稳步减少（这是杰克逊所一直倡导的）。从 1835 年到 1837 年，美国政府第一次，也是历史上第一次不负债，而且国库还有大量盈余。

国会和政府面临着如何处理国库结余的问题。降低关税不是恰当的选择，因为没有人想再触及这个棘手的问题，相反支持把联邦结余返还各州的呼声日益高涨。1836 年，国会通过了《分配法》，要求联邦政府每年按季度把结余资金作为无息、无担保贷款付给各州。当然，没人指望要偿还这些贷款。各州很快把这些钱派上了用场，主要用来资助修建公路、铁路和运河。于是分配结余进一步刺激了经济繁荣。但同时，从存储政府资金的各州银行（或称为"宠儿银行"）中支取联邦结余使银行压力陡增，他们不得不收回自己的贷款以保证资金流动。

《分配法》

"时代"，1837 这张深刻讽刺 1837 年美国经济困境的漫画至少表达了当时人们对"硬通货"正统理论的普遍憎恶。海关大楼的牌子上写着"所有债券必须用硬币支付"。而隔壁的银行却宣布"此处无硬币支付"。妇女和孩子在街上乞讨，失业工人赤脚站在贷款广告和"大酬宾"的牌子前。（New-York Historical Society）

国会对狂热的投机行为没有采取任何遏制手段，因为很多参议员也身陷其中。例如，韦伯斯特在西部购买了几千英亩土地。但是杰克逊一贯对纸币持怀疑态度，他对政府出售优质土地换来各州银行的纸币非常不满，因为这些钱的价值仅仅代表发行银行的信用度而已。

1837年经济危机

在1836年离任以前，安德鲁·杰克逊颁布总统令，即"铸币流通令"。命令规定，在出售公共土地时，政府只收取金银币或有金银等硬通货支持的纸币，在害怕投机土地过热这一点上，杰克逊是正确的。但是他错误地认为铸币流通法令可以解决这个问题。相反，这项规定在范布伦上任一个月之后就造成了金融恐慌。数以百计的银行和公司倒闭，失业人口激增。在一些较大的城市里爆发了抢夺面包的骚乱。物价特别是地价下跌，很多铁路和运河项目停工。有的州负债累累，不再支付债券的利息，有的州拒绝偿还（至少是暂时拒绝偿还）债务。这是美国有史以来最为严重的经济危机，其持续时间长达五年，对范布伦和民主党来说无疑是一场严重的政治灾难。

独立国库

对这场经济危机两党都负有一定责任。辉格党分配国库结余的措施削弱了各州银行，导致经济崩盘。杰克逊的铸币流通法令也难辞其咎。这个法令导致了挤兑风潮，因为购买土地的人急于用各种银行纸币换取铸币。不过联邦政策仅仅是经济危机的部分原因。英国和欧洲也面临着经济衰退，欧洲（特别是英国）投资者被迫从美国撤走资金，从而进一步加重了美国银行的负担。接连的农业歉收不仅降低了农场主的购买力，而且粮食进口导致了金钱流向国外。不管出于什么原因，1837年经济危机发生在民主党执政时期，民主党人为此付出了政治代价。范布伦的政府坚决反对政府干预经济，没有采取任何措施应对危机，甚至政府采取的某些措施，如借钱支付政府债务和强制使用铸币支付税款等，进一步恶化了事态。通过颁发总统令，范布伦成功地在联邦企业中确立了10小时工作日制度，但在立法方面他建树不多。

在立法上，范布伦政府最为重要也最有争议的措施是创立全新的金融体系以替代美国第二银行。范布伦的举措被称为"独立国库"体系或是"次级国库"体系，即政府将资金存入华盛顿的独立金融机构或是其他城市的次级金融机构，私人银行不得动用国家资金或以国家名义进行投机，就是说政府和银行要"离婚"。

1837年范布伦召开国会特别会议讨论在众议院未能通过的"独立财政"政策。在1840年，也就是范布伦执政的最后一年，政府终于在两院通过了这项举措。

木屋竞选运动

随着1840年选举的到来，辉格党人意识到这次必须确定一位总统候选人。于是，1839年12月，辉格党在宾夕法尼亚的哈里斯堡召开了第一次全国提名候选人的大会。虽然，争议人物亨利·克莱本人希望获得提名，但是会议代表没有选择他，而是提名威廉·亨利·哈里森为总统候选人，副总统候选人人选是来自弗吉尼亚的约翰·泰勒（John Taylor）。哈里森出身弗吉尼亚贵族家庭，成年后的生活几乎全部在西北部度过。他是受人尊重的战士，著名的反印第安斗士，全国瞩目的人物。民主党提名了范布伦，但是他们并不像辉格党那样团结，没有推选副总统候选人，而是把选择权交给了选举人。

1840年选举中，新兴的大众媒体"便士报"首次向工人、商人等广大民众传达了候选人的信息。这次竞选充分体现了党派竞争的观念——即意识形态让步于直接的政治需要——在美国政治中得到彻底确立。辉格党主要是为了反对安德鲁·杰克逊的平民民主而产生，在很多地区代表富人阶层的利益，拥护推动商业发展的国家政策，但是在1840年大选中它却以代表普通民众的政党的面目出现。当然，民主党更是以此自居。两党采取相同手段来吸引广大选民，同样标榜简单朴实的价值观。在选举中重要的不是党派思想的纯洁性，而是赢得选票的能力。威廉·亨利·哈里森是边疆精英中较为富有的一员，拥有大量地产。而辉格党成功地把他打造成了热爱木屋和苹果酒的普通人形象。

竞选新技巧

辉格党指责范布伦是高高在上的贵族，他喷香水，喝香槟，用金盘子吃饭。这些竞选技巧加上经济危机的影响令民主党人无力抵抗，哈里森以选举人票234票对60票、普选得票率53%的绝对优势战胜范布伦，赢得了大选胜利。

哈里森与改革 这幅手工上色的雕版画是为1840年总统竞选期间所使用的铜质胸针所作，其作用与现代竞选徽章相同。它描绘了哈里森住在小木屋里，出身卑微的形象。实际上，哈里森是一位富裕的贵族，但竞选对手，马丁·范布伦的贵族气势并不受人们欢迎，这令辉格党相信把哈里森描绘成出身卑微的"普通百姓"才是最好的政治策略。（Collection of David J. and Janice L. Frent）

抨击范布伦 1840年总统竞选——范布伦最后输给了威廉·亨利·哈里森——期间制作的这张"拉卡画片"讽刺范布伦总统是一个贵族纨绔子弟。卡片上最初显示范布伦在白宫喝着香槟,咧嘴大笑。当拉动卡片上的扣环时,他的那杯香槟变成了一杯烈性苹果酒(杯上有哈里森姓名的缩写),他的表情由喜悦变成了厌恶。(Division of Political History, American History Museum, Smithsonian Institution, Washington, D.C.)

辉格党的失意

虽然大选取得了决定性胜利,但是辉格党发现执政的四年是令人沮丧而且走向分裂的四年。很大程度上,这是因为他们受人爱戴的新总统,绰号"老蒂珀卡努"的威廉·亨利·哈里森在就职一个月后死于肺炎。副总统泰勒继任,对政府的控制于是落入与辉格党领导层关系相对疏远的人手中。哈里森基本听命于亨利·克莱和丹尼尔·韦伯斯特(哈里森任命的国务卿)。但是,在泰勒的统治下,情况很快发生了变化。

泰勒曾经是民主党人,他离开民主党是因为反对杰克逊的过度平均主义政策和种种专横行为。但在泰勒的公共政策中依然有种种迹象体现出他与民主党的渊源。泰勒总统的确同意有关废除范布伦独立财政体制和提高关税的议案,但是他拒绝支持克莱企图延长美国第二银行经营权的主张,也否决了由克莱和其他辉格党参议员提出的各项国内改进法案。最后,辉格党议员召开会议,将泰勒开除出党。除韦伯斯特之外的所有辉格党内阁成员全体辞职，五位前民主党人取代了他们的职位。后来韦伯斯特也离开了内阁，泰勒任命已经重归民主党的卡尔霍恩取而代之。

一个全新的政治同盟逐渐浮出水面。泰勒和一批保守的南方辉格党人准备重回民主党。想要加入杰克逊和范布伦的"平民政党"的这批人具有坚定的贵族政治思想，他们认为政府有责任保护甚至是进一步扩大奴隶制，而且这些人还是狂热的州权拥护者。

辉格党的外交

在内部争端不断的同时，19世纪30年代末的一系列事件再一次将英美两国推向战争边缘。1837年，加拿大东部各省居民发动起义反对英国的殖民统治，部分起义者租用了美国货船"卡洛琳号"，通过尼亚加拉河从纽约州运输补给。加拿大的英国当局截获并焚毁了"卡洛琳号"，在此过程中一个美国人被杀。英国政府既不否认袭击事件是自己所为，也拒绝赔偿。美国人对此十分愤怒。而英国也很快找到了发怒的理由。纽约州政府想利用"卡洛琳号"事件，于是逮捕了一个名叫亚历山大·麦克劳德的加拿大人，指控他谋杀了那个美国死者。英国政府对此表达了极大的愤慨，坚决认为麦克劳德不能被控谋杀，因为他是在执行公务。英国外交部长，好斗的帕默斯顿勋爵要求释放麦克劳德，并威胁如果处决他就会"即刻引发可怕的"战争。

"卡洛琳号"事件

尽管国务卿韦伯斯特认为，为区区一个麦克劳德而发动一场战争不值得，但却无力将他释放。罪犯在纽约州的司法部门管辖之下，必须在纽约州法院进行审判，英国人无从理解美国这种独特的法律规定。结果，纽约州的一个陪审团做了韦伯斯特做不到的事情，宣布麦克劳德无罪，一场危机得到化解。

与此同时，《1783年条约》签订以来，一直存在于加拿大和缅因州边境的争端再次蔓延开来。1838年，一些美国人和一些加拿大人（主要是伐木工人）移民开始向争议地区内的阿鲁斯图克河一带迁移，双方爆发了激烈的暴力冲突，史称"阿鲁斯图克战争"（Aroostook War）。

阿鲁斯图克战争

几年以后，英美两国之间的冲突更加频繁。1841年，一艘名为"克里奥尔号"的美国船只装载着100名奴隶从弗吉尼亚驶向新奥尔良。途中奴隶哗变，控制了船只，并将船驶向巴哈马群岛。巴哈马的英国官员宣布奴隶们获得了自由，英国政府并未表示反对，这令美国人特别是南方人勃然大怒。

《韦伯斯特—阿什伯顿条约》

在此紧要关头，急于缓和与美国紧张关系的新政府上台。1842年春天，英国政府派遣亲美的阿什伯顿勋爵（Lord Ashburton）去和美国就缅因州边界问题以及其他事宜进行谈判。他和国务卿韦伯斯特以及来自缅因和马萨诸塞的代表进行谈判，结果达成了1842年《韦伯斯特—阿什伯顿条约》。根据条约，美加之间沿缅因—新布伦斯维克一线划定北方边界，这一边界划分沿用至今。条约把争议地区一半以上的土地划归美国，而且其他条款也令缅因和马萨诸塞比较满意。同时条约还保护了美国北部和加拿大南部的重要贸易通道。在一次单独的互换照会中，阿什伯顿就"卡洛琳号"和"克里奥尔号"事件致歉，平复了美国人的情绪，而且承诺未来不再"无端干扰"美国船只。《韦伯斯特—阿什伯顿条约》深受美国欢迎，从而极大改善了英美两国的关系。

《望厦条约》

泰勒执政期间，美国第一次和中国确立了外交关系。1842年，英国迫使中国开放了几处外贸口岸。美国急于分享新的特权，商业利益集团说服泰勒和国会派遣凯莱布·顾盛（Caleb Cushing）出使中国，就中国给予美国一定贸易份额进行谈判。在1844年签订的《望厦条约》中，顾盛利用最惠国条款使美国得到了和英国同等的特权。同时，他还为美国赢得了"治外法权"——在中国被控有罪的美国人由美国而非中国方面审判。在接下来的10年里，美国的对华贸易稳步增长。

260

大众文化模式　便士报

258

1833年9月3日，一种小型报纸在纽约城首次出现：《纽约太阳报》（*New York Sun*），其创办人是来自马萨诸塞州、曾做过报社学徒的年轻人本杰明·戴（Benjamin Day）。该报共有四页，内容主要是当地琐碎新闻，着重报道性、犯罪和暴力事件，价钱只有一便士。《纽约太阳报》开启了美国报业历史的新时代——"便士报"时代。

在便士报出现之前，美国报纸几乎全部是由上层社会开办并为自身服务的。有些报纸主要报道商业新闻，其他报纸则全力宣传政党目标，但所有报纸的价格都过于昂贵，大部分普通市民无力购买。美国报业和社会性质的几次重要变革为本杰明·戴和其他人挑战固有报业铺平了道路。新技术——蒸汽转轮印刷机、新的造纸机器、向更大市场运送报纸的铁路和运河——使报纸的廉价、广泛发行成为可能。此外，公共教育的推广使大众文化水平日益提高，进而创造了更大的阅读群体。

便士报也是19世纪二三十年代文化变革的产物。城市市场经济的扩展吸引大批工人、工匠和职员——工业劳动阶级和现代中产阶级的起源——来到大城市，他们成为新兴报纸的重要市场，便士报的发展也正得益于此。民主精神——以安德鲁·杰克逊的名望和全国白人男性选民的日益增长为代表——催生了民众对面向和服务"人民"而非政党与上层社会的报业的渴望。因此，本杰明·戴为自己的新报纸定下了这样的口号："《纽约太阳报》照耀所有民众。"《太阳报》和其他类似报纸都自觉地倡导平等主义。他们（利用颇受欢迎的闲话专栏）极力烦扰富人和权贵阶层，使之尴尬难堪。此外，他们还致力于满足低收入群众——报纸的主要读者——的胃口，"百姓利益故事"巩固了其对工人大众的吸引力。他们降低身价讲述贫苦黑人的故事——嘲笑黑人缺乏教育以及他们说话的口音——在几乎全是白人的读者中间很受欢迎。

《纽约太阳报》 这是1834年《纽约太阳报》（创刊于1833年）的头版，内容包括广告、小故事、南卡罗来纳州查尔斯顿的奴隶拍卖以及朴素箴言："人生短暂。几载收入，可怜微薄，怎值得为害作恶？"(Collection of the New-York Historical Society)

首次发行的六个月内，《太阳报》的发行量在纽约独占鳌头——拥有8000位读者，这一数字是排名仅次于它的竞争者的二倍多。《太阳报》的成功鼓励了其他人开始出版自己的便士报。詹姆斯·戈登·贝内特创办的《纽约先驱报》(*New York Herald*) 于1835年开始发行，把耸人听闻的故事、当地的闲言碎语和国内国际新闻的跟踪报道生动地结合在一起，流行程度很快超越了《太阳报》。《先驱报》首创了"致编辑信"专栏，它也是拥有书籍和艺术品定期评论的第一份报纸。它甚至第一个开办了每日体育栏目。到1860年，《先驱报》成为世界上发行量最大的日报：7.7万多份。

并不是所有的新兴便士报都像《太阳报》和《先驱报》那样哗众取宠。《费城公众记事报》(*Philadelphia Public Ledger*) 和《巴尔的摩太阳报》(*Baltimore Sun*)，分别于1836年和1837年创刊，力求为公众提供更加严肃的新闻报道。

第一张"号外" 这张1840年《纽约太阳报》"特刊"在两个方面有所创新。首先,它可能是美国历史上所有日报的第一张"特刊";其次,它也是第一次在报纸上刊登大幅、醒目(至少这幅图是这样)照片的日报之一。这张引人注目的照片配有一则关于船只爆炸的新闻。(Print Collection Miriam and Ira D. Wallach Division, New York Public Library, Astor, Lenox and Tilden Foundations)

《巴尔的摩太阳报》甚至在华盛顿创立分社,成为第一个建立分社的便士报。贺瑞斯·格里利1841年创办的《纽约论坛报》(New York Tribune)雇用了当时最为重要的一些作家——其中包括查尔斯·A.达纳、玛格丽特·福勒、亨利·詹姆斯和威廉·迪恩·豪威尔斯——并且对自身严肃的报道和评论倍感自豪。整个报纸明显带有同情社会主义(格里利曾聘用卡尔·马克思为驻伦敦记者)和劳动人民诉求的色彩。与《论坛报》一样,亨利·雷蒙德1851年创办的《纽约时报》(New York Times)同样具有严肃风格,但新闻报道更加谨慎冷静和自觉"客观"。"我们无意头脑发热,激情写作——除非事情本身如此。"《时报》在首刊中这样气势汹汹地宣称,明显在影射格里利和他的激情报道,"我们决心尽量减少陷入激情"。

然而,《时报》的本分克制和自觉高尚在便士报中实属罕见。1836年6月4日,《先驱报》用整个头版来报道一名妓女被妓院常客谋杀的骇人新闻,这类报道在便士报中更为普遍和典型。"为什么没有叫民兵?"贝内特的《先驱报》在故事开头便急切发问;"我们将提供……事件的最新进展……血腥案件的谜团越越来越多——越来越多——越来越多。"

19世纪30年代，还没有哪份报纸开始采用现代小报的通栏大字标题。所有报纸都没有图片，只有少数报纸——其中最著名的是贝内特的《先驱报》——时常给故事报道配上图画。然而，如今我们所熟知的报业就起源于这些没有图片的新闻专栏。便士报是第一个付给记者薪酬的报纸，因而开启了新闻工作职业化的进程。便士报也是第一个大量依赖广告，常常用一半空间刊登收费广告的报纸。便士报覆盖广泛，不仅涉及商业领域和政治俱乐部，还触及真正的大众市场。报道内容常常哗众取宠、固执己见。不过，便士报还积极挖掘和报道严肃、重要新闻——发生在警察局、法庭、监狱、街头巷尾、私人家庭、市政厅、州首府、华盛顿以及全球各地的新闻。

辉格党的外交努力至少取得了一些重要成就。但在泰勒任期届满，辉格党回顾这一时期时，却发现其他方面乏善可陈。因而，在1844年大选中，辉格党一败涂地。在该党历史上仅仅还有一次赢得大选的记录。

小　结

1828年杰克逊当选总统不仅意味着一种特定的政府观念和民主观念的胜利，还体现了全新政治生活方式的出现。在整个美国，制约人们参与政治的法律逐渐宽松，越来越多的人拥有了选举权（到最后，包括了大部分白人男子，但再没有其他人）。随着选举权的扩大，出现了新的党派政治思想。美国领导人曾经指责政党导致了派系斗争。而此时出现了一套全新的理念，认为有组织的政党不会挑战民主，而是有益于民主。党派竞争可以包容和削减分歧，否则分歧将会失控。党派竞争将会成为另一种制约，成为制衡系统的一部分，有利于美国政府的正常运转。

杰克逊的遗产

安德鲁·杰克逊是一名政党成员，他做总统是为了保障他所在的民主党当权；他狂热地保卫西部，因为他出身于此；他还尖锐地批评东部贵族阶层，认为这些人扼制了国家经济生活的命脉。他力求限制联邦政府在经济活动中的作用，因为他担心联邦政府会强化当时的财富和权力格局。他全力摧毁了美国第二银行，觉得那是贵族们施加影响的腐败工具。最后,杰克逊还是个国家主义者。1832—1833年的废除联邦法律危机是对这个年轻的国度里刚刚形成的统一局面的最大挑战。面对挑战,杰克逊坚决维护联邦的权力和重要性。上述这些立场为他赢得了广泛爱戴,并确保了他 1832 年竞选连任的成功,以及确保他指定的继承人马克·范布伦在 1836 年当选总统。

但是,并非只有民主党从政党竞争的年代吸取了教训,自称为辉格党人的一批反对杰克逊的人士联合起来,建立了强大的新政党。他们也喊出了反对精英权贵的口号,采用了与民主党赢得民众对其国家主义计划支持时相同的方法。1840 年大选中第一位辉格党人当选总统标志着辉格党的力量达到了顶峰。

阅读参考

Daniel Walker Howe, *What Hath God Wrought: The Trans-formation of America, 1815—1848* (2007) 与 Sean Wilentz, *The Rise of American Democracy: From Jefferson toLincoln* (2005) 是两部广泛研究"杰克逊时代"的重要作品。

Arthur M. Schlesinger Jr., *The Age of Jackson* (1945), 是一部展现杰克逊式政治作为东部城市工人阶级和上流知识分子民主运动的经典著作。

Bray Hammond, *Banks and Politics in America from the Revolution to the Civil War* (1957) 对 Schlesinger 的观点提出挑战,认为银行之战从根本上说是不同的资本主义精英团体之间的战斗。

Harry L. Watson, *Liberty and Power: The Politics of Jacksonian America* (1990) 从更新的角度对杰克逊式民主进行了重要的综合论述。

Donald B. Cole, *Martin Van Buren and the American Political System* (1984) 通过对范布伦职业生涯的研究检验了现代党派观念是如何产生的。

Richard Hofstadter, *The Idea of a Party System: The Rise of Legitimate Opposition in the United States, 1740—1840* (1969) 追溯了党派竞争的观念是如何逐渐被接受的。

Daniel Walker Howe, *The Political Culture of the American Whigs* (1979) 分析了几位辉格党政治头目的职业生涯,包括辉格党三人领导小组:卡尔霍恩、克莱和韦伯斯特。

William V. Freehling, *Prelude to Civil War: The Nullification Controversy in South Carolina* (1966) 认为南卡罗来纳州种植园主对奴隶制命运的担忧是废止联邦法律危机的核心问题。

Francis P. Prucha, *American Indian Policy in the Formative Years* (1962) 是一部概述主要学者提出的早期印第安人政策的著作。

Michael Rogin, *Fathers and Children: Andrew Jackson and the Destruction of American Indians* (1975) 通过心理分析法,从更加激进和特殊的角度,把杰克逊看作印第安斗士,对其职业生涯

进行研究。

Sean Wilentz, *Chants Democratic: New York City and the Rise of the American Working Class, 1788—1850* (1984) 是一部研究杰克逊时代工人阶级思想意识的重要著作。

洛威尔工厂 15年前,马萨诸塞州的洛威尔只是个小村镇,当时叫作东切姆斯福德。到19世纪40年代,菲茨休·雷恩的名画《米德塞斯公司的纺织厂》问世时,这个小镇已经成为美国最为著名的制造业中心之一,它像一块磁石吸引着来自世界各地的参观者。雷恩在画作中展现了女工(她们已成为洛威尔的主要劳动力)进入工厂时的情景。(American Textile History Museum, Lowell, Massachusetts)

第 10 章
美国经济革命

1812 年战争爆发时，美国大体上仍然是农业国家。当然，美国也有城市，其中一些还颇具规模。在有些城市，以海外贸易为主要基础的商业经济日趋繁荣。规模不大但发展迅速的制造业活动主要集中在东北部地区。然而，绝大多数美国人仍然从事农业或者商业，经济活动主要局限于本地。

到 1861 年内战开始时，美国已经完成了经济转型。当然，大多数美国人还是乡下人（居住在乡村），但是更多的美国农民已成为全国化和越来越国际化的市场经济的一部分。总之，在制造业领域，美国已经取得了重要发展，并且开始挑战欧洲各工业强国的霸主地位。美国已经完成了工业革命的第一阶段，尽管工业革命带来的变革还远未结束，绝大多数的美国人知道他们的生活发生了不可逆转的变化。

这些巨变不仅影响了经济生

大事年表

1813 年	洛威尔在马萨诸塞州的沃特海姆开设纺织厂
1817—1825 年	修建伊利运河
1830 年	巴尔的摩和俄亥俄之间的美国第一条铁路开始运营
19 世纪 30 年代	来自爱尔兰南部（天主教区）的大移民开始
	工厂制度在纺织业和制鞋业中广泛普及
	第一批全国行业工会成立
1832 年	霍乱流行
1834 年	洛威尔工厂女工罢工
	塞勒斯·麦考密克发明的机械收割机获得专利
1837 年	"本土美国人协会"开始限制移民活动
	奥柏林成为美国第一所男女同校的大学
	曼荷莲学院对女生开放
1842 年	马萨诸塞州最高法院在联邦诉亨特案中裁决工会和罢工合法
	P. T. 巴纳姆在纽约开办"美国博物馆"
1844 年	塞缪尔·F. B. 摩斯拍发第一封电报
1845 年	爱尔兰马铃薯饥荒爆发，大规模移民涌向美国
	本土美国人党成立，反对移民
	"妇女劳工改革协会"在洛威尔成立
1846 年	发明转轮印刷机，快速印刷报纸成为可能
	联合通讯社成立
1847 年	约翰·迪尔开始大量生产钢犁
1848 年	德国革命失败促使移民前往美国
	威斯康星州加入联邦
1850 年	本土主义者联合成立"星条旗至上团"反对移民
1852 年	美利坚党（一无所知党）成立

活,还影响了社会、文化和政治等诸多方面。变化对各个地区造成的影响不尽相同。在东北部和它新的经济同盟西北部,一种复杂的现代化经济和社会体制迅速崛起,大城市、重要的制造业和利润丰厚的商业化农业逐渐居于主导地位。在很多方面,美国社会并不平等,但是它坚定地追求自由劳动的理想,社会流动性、灵活性很强。居住在密西西比河以西的白人较少,但部分西部土地也已成为大规模商业性农业和其他经营产业的一部分,继而成为连接东北部资本主义经济的纽带。

南方和西南部也发生了变化。由于新英格兰和其他地区纺织工厂的需要日益增加,南方农业特别是棉花种植业出现了前所未有的繁荣。尽管正在逐步成为国家和国际资本主义世界的一部分,南方各州的经济发展仍远远落后于北方。在北方致力于推进富于流动性和灵活性自由劳动力体系的同时,南方却越来越坚决地维护其奴隶制度。

工业革命对美国形成统一、完整的经济体系贡献巨大,但同时也在孤立某一地区的居民,使他们日渐恐慌。经济革命使国家实现了转型,也使国家走向分裂。

一、美国人口变化

美国工业革命是多方面因素共同作用的结果。在工业革命之前，美国需要足够多的人口来生产粮食，并且为工业经济提供劳动力；需要一套交通和通信系统以维持其巨大国土面积上的商业贸易；美国还需要能够进行大规模生产的技术、能够管理大型工业企业的商业组织系统。到1860年，北方至少初步具备了这些条件。

1820—1840年的美国人口

1820—1840年间美国人口状况以三大趋势为特征，共同推动了经济发展：首先，人口迅速增长；其次，大多数新增人口从乡村涌入东北部和西北部的工业城市；第三，新增人口不断向西迁移。

1790年美国人口仅为400万，到1820年，达到1000万；到1830年，接近1300万；而到1840年，人口增至1700万。美国的人口增长速度远远高于英国和

人口增长的原因

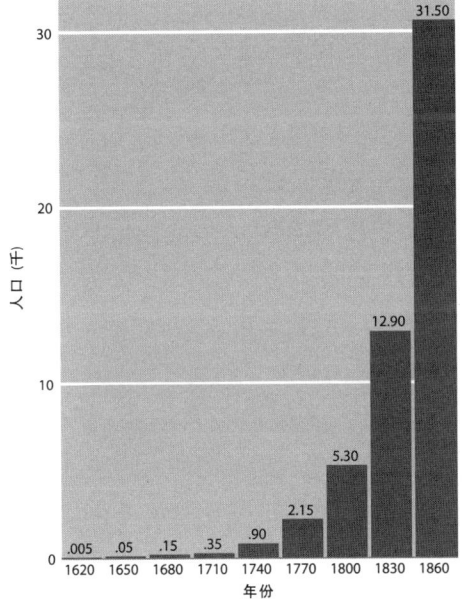

人口增长，1620—1860 17世纪，美国人口稀少，后来美国人口以惊人的速度不断增长，到1860年，美国拥有超过3100万人口，成为世界上人口最多的国家之一。◆ 美国人口增长对促进国家经济转型有何影响？

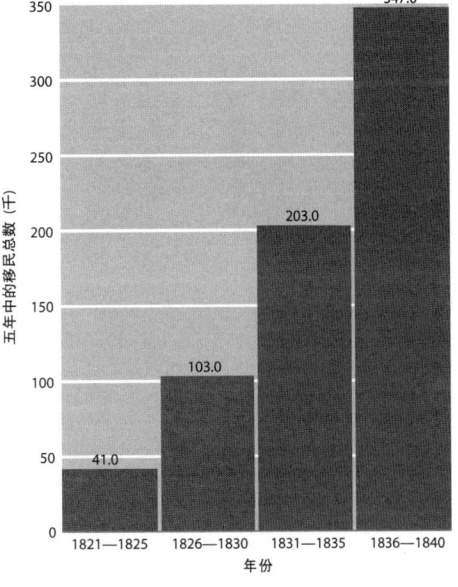

移民，1820—1840 19世纪美国人口增长的源泉之一就是迅速增加的移民。这张图表展示了19世纪二三十年代美国移民的快速增加。19世纪30年代后五年，34.7万的移民数量几乎是19世纪20年代前五年移民总数的9倍。◆ 这些新移民者大部分都定居何处？

欧洲大陆。公共卫生水平提高是人口激增的原因之一。传染病（如 1832 年的霍乱大爆发，曾经一度夺去了大批美国城市人口甚至是农村人口的生命）爆发的次数和严重程度在缓慢下降，全国人口的总死亡率也呈缓慢下降趋势。人口增长的另一个原因是高出生率。1840 年，每个白人妇女平均生育 6.14 个小孩，尽管和 18 世纪的高出生率相比有所下降，但仍然足以形成较快的人口增长，特别是和上一两代人相比，儿童的成人率大为提高。

由于受欧洲战争和美国国内经济危机的影响，移民在 19 世纪前 30 年美国人口增长中的作用不大。但是在 30 年代移民潮再次涌起。1830 年美国的近 1300 万人口中，出生在国外的人数不足 50 万，但是 1832 年，移民人数增加了 6 万，1837 年增加了近 8 万。交通费用下降、就业机会增加刺激了移民浪潮，欧洲部分地区经济的衰退也起到了同样的推动作用。移民丰富了美国人口构成，特别是来自爱尔兰南部各郡的移民数量增加，标志着爱尔兰天主教徒大规模移民美国的开始。这种情况一直持续到美国内战之前，历时 30 年。

大量来自欧洲的新移民涌入了东北部高速发展的城市，然而城市发展也是国内大规模人口迁移的结果之一。随着新英格兰和其他农业地区的收益日趋减少，越来越多的人打点行囊、举家迁徙，有的奔向前景更好的西部农业区，但更多的人则向东部城市进发。1790 年，每 30 个美国人中有 1 人生活在城市（人口规模在 8000 人或以上的被称为城市）；1820 年，美国城市人口比例是 1/20；1840 年是 1/12。

纽约市的发展异常迅速。到 1810 年，纽约已经成为美国最大的城市。论其原因，一方面，纽约有得天独厚的天然港口，1825 年伊利运河的完工又把纽约市和内陆地区紧密连接起来，交通优势无与伦比；另一方面，所在州自由宽松的法律也使这座城市对国内外商业贸易充满了吸引力。

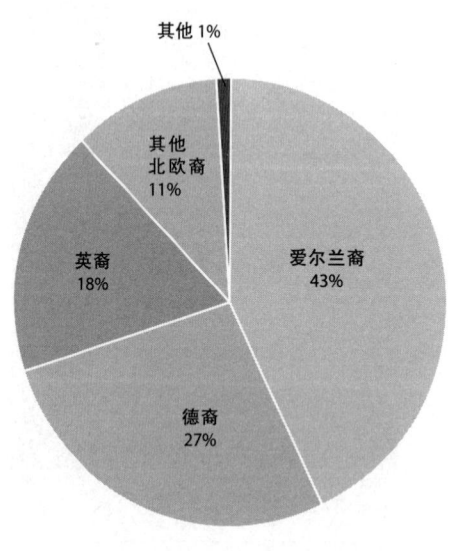

移民的来源，1820—1840 这张饼状图揭示了上一张图表中描绘的众多移民的来源。请注意数量众多的爱尔兰移民者。◆ 为什么爱尔兰人是最有可能成为工业劳动力的移民团体之一？

移民和城市发展，1840—1860

快速城市化

1840年至1860年，城市化建设不断加速。例如，纽约的人口从31.2万增加到80.5万（如果把布鲁克林也计算在内，1860年纽约人口应该是120万，而当时布鲁克林是一个独立的自治市）。费城的人口也在这20年间从22万增加到56.5万，波士顿从9.3万增加到17.7万。到了1860年，自由州26%的人口居住在城镇（人口在2500人或以上的称为镇）或城市里，而这个数字在1840年仅为14%。东北部各工业州的城镇人口比例还要更高（南方则截然相反，城镇人口仅由1840年的6%增加到1860年的10%）。

西部地区蓬勃发展的农业经济也推动了城市的巨大发展。1820年至1840年间，圣路易斯、匹兹堡、辛辛那提、路易斯维尔，这些西部曾经的小村子或贸易点都变成了大城市。所有这些城市都得益于它们身处密西西比河或其主要支流上的重要战略位置。这些城市逐渐成为不断发展的运输业中心，运输业又把中西部的农民和新奥尔良连在一起，进而通过新奥尔良把他们和东北部的城市连在一起。然而，1830年以后，在密西西比河和大湖区之间的大规模航运又催生出了新的城

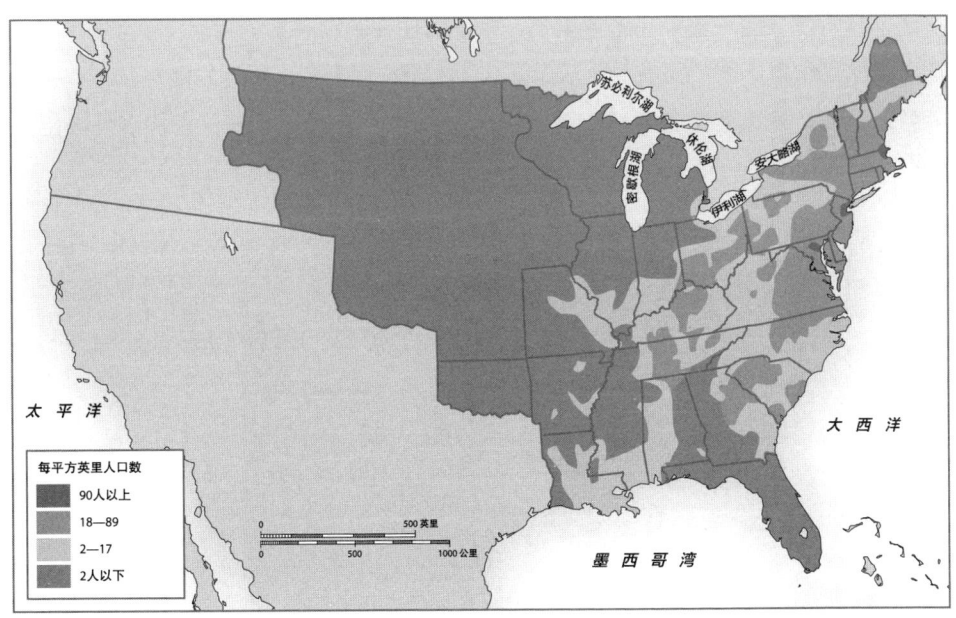

美国人口密度，1820 1820年，美国人口绝大多数是乡村和农业人口，主要集中在最初的十三州，尽管定居西部俄亥俄河谷的移民人数在不断增加。请注意，美国只有为数不多的几个地方人口真正稠密：马萨诸塞州东北部的一小块地域，纽约城附近以及马里兰州邻近巴尔的摩地区。◆ 这些地区人口稠密的原因是什么？（彩图见第531页）

市中心，逐渐取代了原来密西西比河沿岸的港口城市。这些新兴城市包括布法罗、底特律、密尔沃基、克利夫兰，还有最重要的芝加哥。

移民浪潮

城市人口数量的增加在一定程度上反映了全国人口的增长。仅在 19 世纪 50 年代这十年中，美国人口增长就超过三分之一，从 2300 万人增长到了 3100 万人。到 1860 年，美国人口已经超过英国，并且快速接近法国和德国。在美国东北部，面对来自欧洲和美国西部的竞争（以及自身土地的相对劣势），农业生产日渐衰退，因此不断有人，事实上是越来越多的人从农村涌入城市，成为城市发展的原因之一。同时，来自国外的移民也不断增加。1840 年，来到美国的外国人有 8.4 万人，截止到该年这个数字是 19 世纪里最高的。但后来，这个数字毫不稀奇。1840 年至 1850 年间，有 150 多万欧洲人来到美国，这是 19 世纪 30 年代移民数量的 3 倍。在这十年的后几年里，平均每年的移民数量约为 30 万人。1850 年，在美国 2300 万人口中，有 220 万（大约占 10%）出生在国外。而在 19 世纪 50 年代，有更多的外国移民到来，总数超过了 250 万。19 世纪 50 年代纽约的居民中几乎有一半是新移民。在圣路易斯、芝加哥和密尔沃基，外国移民的数量已经超过了在本土出生的人口数。很少有移民会去南方定居，1860 年蓄奴州只有 50 万移民，其中三分之一集中在密苏里州，大多数住在圣路易斯。

新移民来自不同的国家和地区：英国、法国、意大利、斯堪的纳维亚、波兰和荷兰。但是，绝大多数来自爱尔兰和德国。1850 年，爱尔兰移民大约占外国出生

1836 年的百老汇 这幅画面描绘了位于今天曼哈顿下城的纽约市百老汇地区，揭示了 19 世纪 30 年代纽约日益成为重要的商业和贸易中心的进程。(New York Public Library/Art Resource, NY)

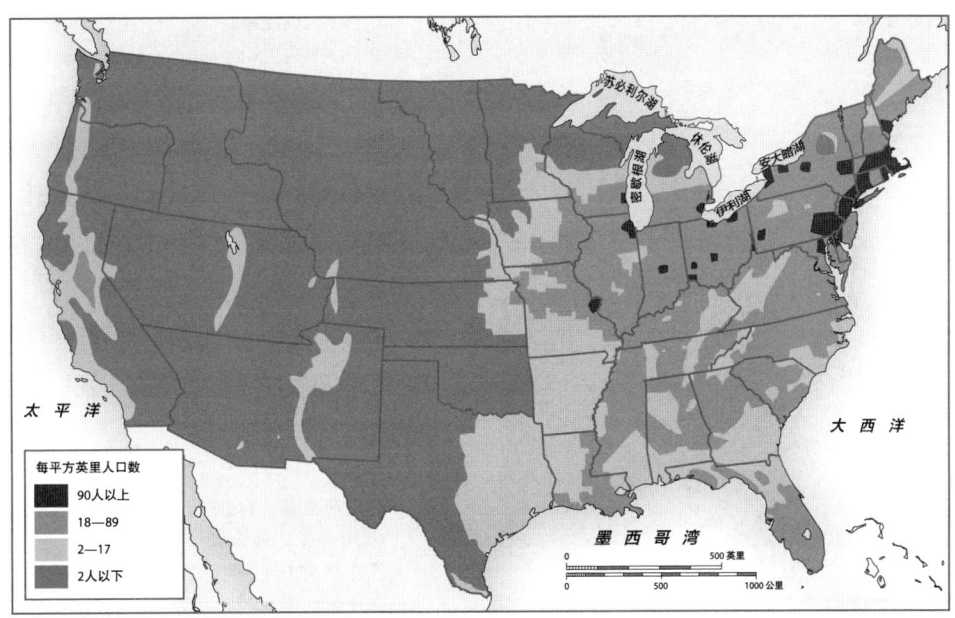

美国人口密度，1860 到1860年，美国人口遍布全国，分布更加均衡。曾经作为小贸易站的社区逐渐成为重要城市。其中包括圣路易斯、匹兹堡、辛辛那提和路易斯维尔。与此同时，伊利运河的开通又为纽约市打开了面积广阔、兴旺繁荣的市场。请注意那些规模更大、数量更多的人口稠密地区，其中许多都位于美国中西部。◆ 南方腹地部分地区人口密度不断增大的原因是什么？（彩图见第531页）

人口的45%，德国人占20%以上。到了1860年，在美国有超过150万人出生于爱尔兰，大约100万人出生于德国。多种原因促成了这次移民大潮。在德国，工业革命引发的经济动荡造成了广大人民的贫困，1848年自由主义革命的失败也驱使很多德国人移民海外。在爱尔兰，由于英国统治的压迫和人民对其统治的反感，很多人离开了故土。但是和19世纪中期爱尔兰历史上最大的灾难相比，这些政治因素却是相形见绌。马铃薯（以及其他粮食作物）灾难性歉收导致了1845—1849年间的"马铃薯饥荒"，在这场毁灭性的灾难中，大约有100万人死于饥饿和疾病，还有100多万人移民去了美国。

德国和爱尔兰移民

爱尔兰人和德国人在美国定居的方式极为不同。大多数爱尔兰人居住在东部的城市里，使那里的非熟练工人群体迅速膨胀。多数德国人则移民到西北部，成为农民或在西部的城镇中做生意。造成这种差异的原因之一是贫富差别，德国移民来到美国时大多随身带着一些钱，而爱尔兰移民则一无所有。多数德国移民要么互相是亲戚，要么就是单身汉，对他们来说，向适于农耕的边疆地区迁移既有可能性，又有吸引力。很多爱尔兰移民是单身的年轻女子，她们不大

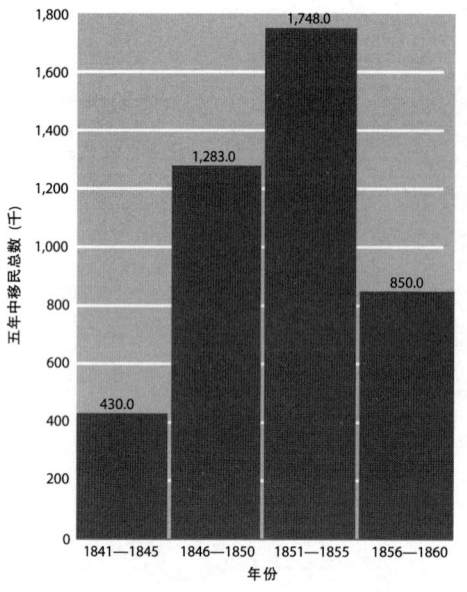

移民，1840—1860 内战前的40年里，美国移民继续增加。这张图表说明这期间移民数量的增速远超之前40年。这段时间，移民增长的最低点出现在19世纪40年代的前五年，有43万新移民进入美国。这个数字远远高于前20年的最大移民人数。19世纪50年代初，美国移民人数增加至近200万人。◆ 欧洲的什么事件促使移民人数增加？

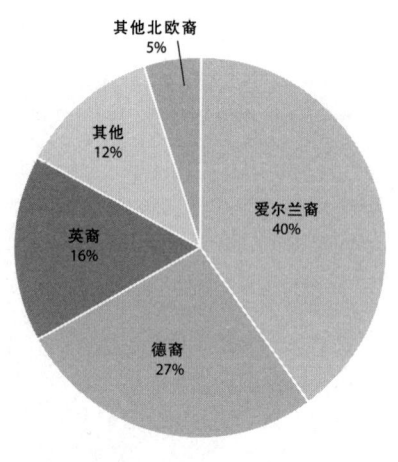

移民的来源，1840—1860 1840年后的20年里，移民规模增长显著，但移民来源却保持稳定。值得注意的是，这张饼状图中移民团体的分布情况与1820—1840年间的饼状图是多么相似。
◆ 德国移民与爱尔兰移民到达美国后所从事的工作有何不同？

可能向西部迁移，而是更有可能待在东部城市里，在那里她们能在工厂和家政服务业中找到工作。

本土主义的兴起

有些本土出生的美国人在移民浪潮中看到了巨大的机会。工厂主和其他雇主们欢迎大批廉价劳动力的到来，认为他们可以使工资保持在低水平。土地投机商和其他在人烟稀少的西部投资的人希望大量移民能迁居到西部，使人口增加，从而可以扩大土地和商品市场。西部各州和地区的政治领袖也希望通过移民的到来使人口增加，提高该地区的政治影响。例如，威斯康星州规定，在国外出生的人只要在该州居住满一年并且表达了希望获得公民身份的意愿，就能拥有投票权。西部其他各州纷纷效仿。在东部城市，政治团体也极力争取移民选民的好感，希望借此提高自己的政治实力。

然而,其他的美国人对越来越多的外国移民保持着警惕。他们的担心导致了"本土主义"的出现。本土主义是指保护本土出生的美国人,敌视外国移民的观点,通常伴有阻止或延缓移民的愿望。逐步显现的本土主义形式多样,有些就是源于单纯的种族主义(为了方便,他们干脆忽略了自己也是移民后裔的事实)。很多本土主义者认为老牌美国人在血统上优于新移民。有些人甚至像对待黑人和印第安人那样,蔑视新移民,对他们持有偏见,低估他们的能力。有些本土主义者刻意回避种族主义的论点,但是却认为在社会生活中新移民不适合与老牌美国人毗邻而居,因为前者的文明程度达不到要求。本土主义者宣称,新移民们所居住的条件恶劣的城市贫民窟(也有乡村贫民窟),就是这一观点的佐证(很多本土主义者似乎认为这种恶劣的生活条件是新移民自己有意的选择,而不是他们极端贫

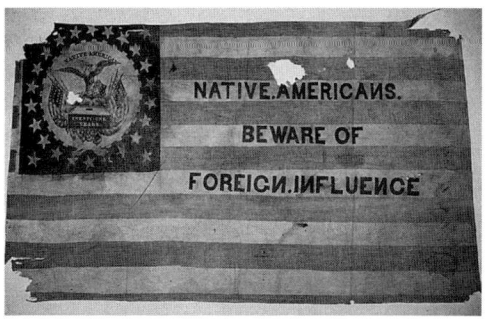

"一无所知党"旗帜 "美利坚党",最初源于一个秘密组织,该组织有一个流行的绰号"一无所知党"(因为他们拒绝透露关于活动的任何信息),一直活跃在战前反移民运动的前线——如这面旗帜所示(它把拥有传统血统的白人党员称为"本土美国人")。一无所知党人对美国日益增加的天主教移民感到十分忧虑。他们警告称这个"怪物(天主教)只在等待时机,把专制、残害和压迫的旗帜插在我们中间"。(*Photo courtesy of Milwaukee County Historical Society*)

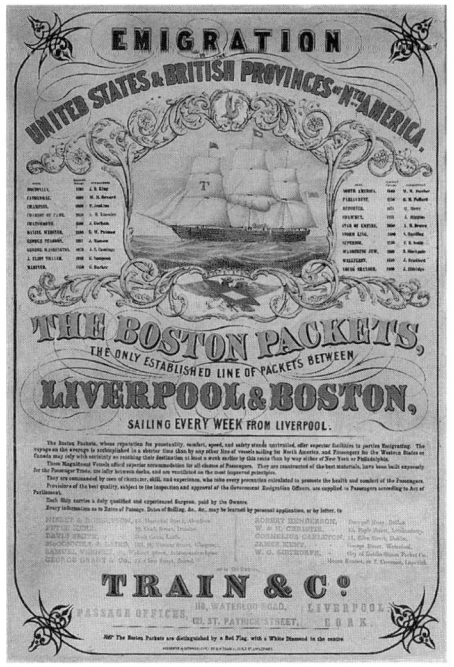

移民宣传广告 这张发行广泛的广告是19世纪三四十年代吸引英国和爱尔兰潜在旅行者前往美国的众多宣传之一。和许多同类公司一样,这家公司既想吸引生活富足的旅行者(夸耀将提供"高档食宿"),又想吸引收入不高的工人阶层。(*Courtesy of The Bostonian Society/Old State House*)

困的结果)。而其他的人,特别是工人,不断抱怨因为外国移民愿意接受很低的工资,他们正在偷走本土劳动力的工作机会。发现爱尔兰裔天主教徒在城市政治生活中确立了自己的地位,新教徒发出警告说,罗马教会已经逐渐在美国政府中站稳了脚跟。大量新移民投票支持民主党,令辉格党政客们暴跳如雷。还有人抱怨移民们出卖自己的选票,造成了政治腐败。在两大政党内,很多老牌美国人担心移民的到来会把新的、激进的思想带入美国生活。

<small>土著美国人党</small>

出于上述种种压力和偏见,美国社会出现了新兴的秘密社团,以对抗本土主义者所谓的"外来威胁"。很多此类组织来自东北部。后来,有些扩张到了西部,甚至是南部。第一家本土主义组织,本土美国人协会(Native American Association)在1837年开始煽动反对移民的活动。1845年,本土主义者在费城召开会议,成立了"土著美国人党"(Native American Party,他们并不知道,土著美国人这个他们用来称呼自己的术语后来被普遍用于指称美洲印第安人)。很多本土主义组织在1850年联合成立了"星条旗至上团"(Supreme Order of the Star-Spangled Banner),支持本土主义者的一系列要求,包括禁止天主教徒和外国出生的移民担任公职,更严格的入籍法规,以及测试投票人是否识字等。组织还规定采取严格的保密制度,其中包括在全国的留宿地统一使用密码口令"我一无所知"。最后,这项运动的成员都被称为"一无所知者"(Know-Nothings)。

<small>一无所知者</small>

渐渐地,"一无所知者"们把注意力转移到了党派政治上,1852年选举后,他们成立了新的政治党派,称为"美利坚党"(American Party)。在东部,这个新政党立刻在1854年的选举中取得了出人意料的成绩:一无所知党人在宾夕法尼亚州和纽约州获得了大量选票,并且掌握了马萨诸塞州政府的控制权。在其他地区,一无所知者的发展相对一般。由于西部有大量德国裔选民,该党在西部的成员认为应该采取权宜之计,不反对已入籍的新教徒。1854年以后,一无所知党人的势力日渐衰弱。一无所知党带来的最持久的影响是该党促进了原有(围绕着辉格党和民主党建立起来的)政党体系的瓦解,并且开创了新的国内政治格局。

二、运输、通信和科技

工业革命需要不断增加的人口,同样也需要高效的交通和通信系统。这样的系统对于建立地区市场、国内市场乃至国际市场至关重要。而运输和通信领域的

"美国人将要统治美国" 1856年，马里兰州铁路巨头托马斯·斯旺作为"美利坚党"（"一无所知党"）候选人当选巴尔的摩市长。竞选活动充满了暴力和骚乱，移民更是对竞选活动予以尖锐指责。这幅鞭笞"美国党"在巴尔的摩活动的漫画，展示了"一无所知党"在对手心中的形象：一群醉醺醺的流氓组成的政党。(*Maryland Historical Society*)

发展不仅要求有大量的投资，还需要科技知识的重要进步。

运河时代

从1790年到19世纪20年代，即所谓的公路时代，美国国内运输主要依靠公路。但随着国家领土逐步扩大，公路（大部分用于行驶马车）已经无法满足需求。于是，在19世纪20—30年代，美国人开始利用其他运输方式。

大型河流，特别是密西西比河和俄亥俄河，多年来一直是重要的运输航路。但是，河流航运的主力是比木筏稍大的驳船，因为无法再逆流北上驶回出发地，装满货物的驳船沿河南下，航程结束后便被拆散。要返回北方，必须使用陆路或是速度极慢的逆流船只，有时候要花四个月才能逆流驶完密西西比河全程。

随着汽船数量越来越多，设计也越来越先进，大型河流在19世纪20年代也日益重要。只需老式驳船用时的几分之一，新型船只就能把西北农场的玉米、小麦，和西南部种植园的棉花、烟草运到新奥尔良。在新奥尔良，货物被装上海船，驶向东部港口。与此同时，蒸汽船也促进了客运航业的发展，各公司竞相建造豪华客轮，在这个利润丰厚的行业里互相角逐（尽管多数乘客没钱享受客轮的豪华和舒适，只能睡在货仓里或者甲板上）。

然而，无论是西部的农民还是东部的商人都无法对这种贸易形式感到完全满意。如果能不经过从河流到海洋的迂回航线，直接把货物运到东部市场，农民就能节省运费（东部消费者购买商品的价格也更低廉）。如果能把产品更直接、更便宜地运到西部，东北部的商人就能售出更多的商品。跨越群山的新建公路解决了一部分问题，运费的确有所下降，但是除了体积小巧、价值高昂的货物，陆路运输的成本依然过高。于是，有些商人和企业家转而考虑另外一种运输方式：运河。

运河的经济优势 四匹马拉着一吨半货物沿公路每天可以行进18英里。但同样是四匹马，沿着运河边的"纤路"拉驳船，一天可以拉着一百吨的货物走24英里。到19世纪20年代，运河的经济优势激发了人们对加长通往西部水道的巨大热情。对于私人企业来说，运河建设过于昂贵，开掘工作于是主要落在各州政府的头上。东北各州政府雄心勃勃地要在运河建设中占得先机。纽约州最先采取行动。纽约州拥有天然的优势，穿过阿巴拉契亚山脉间唯一的真正缺口，有一条良好的陆路通道连接着哈得孙河和伊利湖。尽管如此，工程量依然惊人。运河长度达到350多英里，比当时已有的任何一条运河都长数倍。而且这条通道还被高山莽林层层阻隔。

兴建伊利运河 安东尼·尹伯特创作的这幅平版画展现了伊利运河建造者们所要面对的巨大工程挑战。这幅画描绘了纽约洛克波特河段的挖掘工作，马力起重机和大批爱尔兰移民劳工正在清理河道内的巨石。1825年，一部为庆祝运河竣工的书籍得以出版，尹伯特为其创作了大量插图，其中就包括这幅图画。(Building the Erie Canal. *Lithograph by Anthony Imbert. From Cadwallader Colden's* Memoir on the Celebration of the Completion of the New York Canals. *The Metropolitan Museum of Art, Harris Brisbane Dick Fund, 1941. [41.51])*

271 在对方案的可行性进行了长时间的公开讨论后，拥护修建运河的一方占得上风。1817年，德·维特·克林顿当选州长，他参与运河事业较晚但却极为狂热。1817年7月4日，运河开始挖掘。

伊利运河是当时美国进行过的最伟大的工程。运河本身相对简单，只是一条40英尺宽、4英尺深的深沟，沿岸有两条"纤路"。但是为了让运河穿过高山和峡谷，有数以百计的削峰填谷工程，有些工程极其浩大；运河穿越河流需要石筑高架水渠，为控制水流抬升或下降，需要建设88座由巨大石质构造和木门组成的水闸。伊利运河的修造不仅是工程的胜利，而且迅速获得了经济上的巨大成功。1825年10月，在盛大的仪式和庆祝活动后，伊利运河正式启用。河运交通很快变得异常繁忙。不到7年，运河的收益就偿还了全部建设成本。伊利运河为纽约提供了一条通向大湖地区的通道，使纽约能直接通往芝加哥和正在崛起的西部市场。作为西部农产品（特别是小麦）和其他产品的目的地以及销往西部的工业产品的源头，纽约已经可以和新奥尔良分庭抗礼（并且有取而代之之势）。

伊利运河

在伊利运河成功运营的刺激之下，俄亥俄州和印第安纳州打通了连接伊利湖和俄亥俄河之间的各条水道，水运体系——以及纽约的卓越地位——得到进一步扩展。尽管货物仍需在运河、湖泊和河流上几次换船转运，但这些运河、水道把伊利湖和俄亥俄河连接在一起，形成内陆水系直通纽约。新交通路线带来的直接结果之一，就是西北部白人定居点的增加，因为运河大大方便了移民向西迁移，以及西部移民的货物向东部市场输送。

作为竞争对手，大西洋沿岸城市对纽约获得了如此之大的内地贸易区深感担忧。但是，它们没能成功地赶超上来。由于通向哈得孙河的通道被波克夏山脉所阻，波士顿根本就没打算利用运河通向西部，所以，波士顿的内地贸易区仍然仅
272 限于新英格兰地区。费城和巴尔的摩面对的是更加难以逾越的阿利根尼山脉，尽管费城和巴尔的摩付出了巨大的努力修建运河，但是结果令人失望。而宾夕法尼亚花费巨大的运河修建工作也以失败告终。1828年，马里兰州开始修建切萨皮克和俄亥俄间运河的一部分，但是只完成了华盛顿和马里兰州坎伯兰之间的一段，而且从未跨越过山脉。在南方，里士满和查尔斯顿也打算修建通往俄亥俄河谷的水道，但始终未能完成。

最终，运河也没有为纽约的竞争对手提供令它们满意的通向西部的通道。但是有些城市却在一种与之不同，而且更加新颖的运输方式中觅得良机。在运河时代还没有达到巅峰之际，铁路时代已经开始。

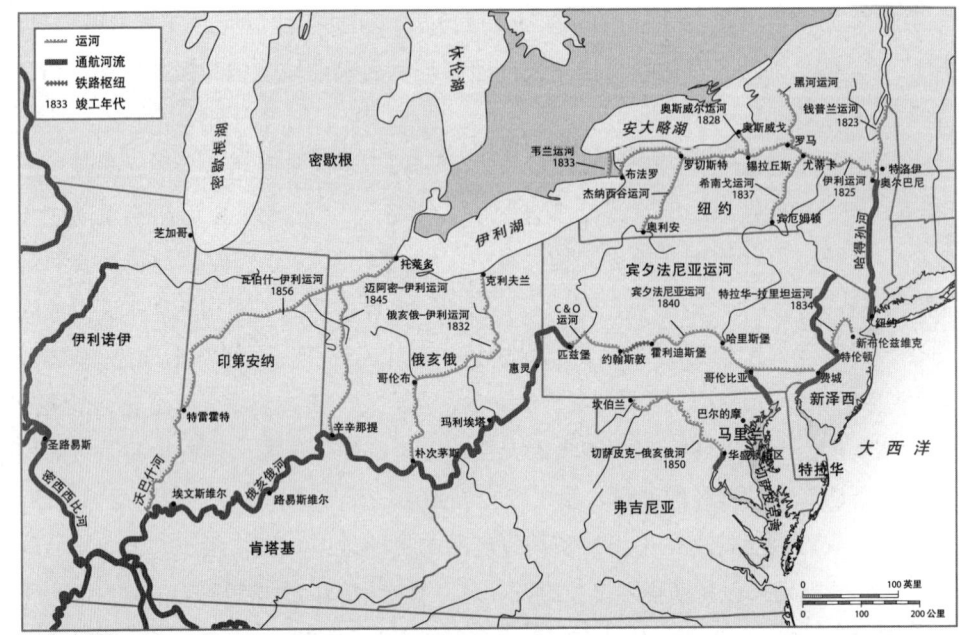

东北部的运河，1823—1860 如图所示，伊利运河（1825年竣工）的巨大成功鼓舞了美国各地在几十年间积极修建运河。然而任何新建运河都未能像伊利运河那样产生巨大影响。纽约的竞争者——巴尔的摩、费城和波士顿等——也未能取代纽约成为美国最重要的商业中心。◆ 哪种交通方式最终取代了运河？

早期的铁路

19世纪20年代和30年代，铁路在国家运输体系中只是扮演了次要角色，但是在那些年里，铁路先驱们为19世纪中期铁路建设大发展奠定了基础。后来，铁路成为美国最主要的运输手段，直到20世纪中期州际高速公路系统建设完成之前，一直如此。

铁路的技术基础 铁路的出现是科技革新和企业创新相结合的产物。当时，技术上实现了众多突破，包括发明了铁轨和蒸汽机车，开发了可以运载乘客和货物的火车车厢等。1804年以前，美国和英国的发明家都已经做过利用蒸汽机推动陆地车辆的实验。1820年，在位于新泽西的庄园里，约翰·史蒂文斯（John Stevens）的火车头拖着车厢在环形铁轨上运行。1825年，英格兰的斯托克顿—达灵顿铁路有很短的一段投入运行，成为承载普通交通运输的第一条线路。

美国的企业家，特别是那些寻求和西部有更多联系的东北部城市的企业家，立刻就对英国人在铁路方面的试验产生了兴趣。最早采取实际行动的是巴尔的摩和俄亥俄铁路公司，该公司在1830年开始运营一条13英里长的线路。1831年，

铁路赛车 彼得·库珀后来以慈善家和纽约市库伯联盟学院创始人而闻名于世,但他还是一位成功的钢铁制造商。1830 年,库珀为巴尔的摩 - 俄亥俄铁路公司设计并制造了美国历史上第一台蒸汽动力机车。同年 8 月 28 日,他驾驶自己的机车("大拇指汤姆号")与马拉铁路车厢进行比赛,这幅素描刻画了库珀机车超越马拉车厢的场景。(Museum of the City of New York)

纽约州的莫霍克和哈得孙铁路公司在斯克内克塔迪到奥尔巴尼之间 16 英里长的线路开始运营。到 1836 年,在 11 个州共铺设了 1000 多英里的铁轨。

但是,这些线路并没有形成一个真正的铁路系统。19 世纪 30 年代的铁路,即使是最长的线路也相对较短,而且多数铁路的用途是连接水道,而不是连接各条铁路线路。即便两条线路相连,但是轨距(铁轨宽度)往往不同,因而一条线路上的车厢不适用于另一条线路。列车时刻毫无规律,而且经常发生事故。不过,铁路在 19 世纪 30 年代和 40 年代取得了长足进步。采用更重的铁轨使路基情况得到了改进。蒸汽机车的适应性更强,马力更大。重新设计的乘客车厢更加稳定、舒适,而且载客量更多。

铁路和运河很快开始了激烈的竞争。有一段时间,由于切萨皮克和俄亥俄运河公司控制着波托马克河上游狭窄的峡谷,阻碍了巴尔的摩和俄亥俄铁路公司的发展。而且,纽约州禁止铁路货运,使其不能和伊利运河及其支流进行竞争。但是由于铁路的优势太过明显,如果能和其他运输方式自由竞争的话,铁路几乎战无不胜。

<small>铁路和运河之间的竞争</small>

铁路的胜利

1840 年后,铁路逐渐取代了运河和其他运输方式。1840 年,全美国的铁路里程是 2818 英里;到了 1850 年,达到了 9021 英里。19 世纪 50 年代见证了无与伦比的铁路建设浪潮,仅仅 10 年时间,美国的铁路里程增加了 2 倍。东北部建立起了最完备高效的铁路系统,平均每平方英里的铁路里程是西北部的 2 倍,是南方的 4 倍。铁轨伸展到了国家的每个地区。密西西比河上好几处架起了钢铁大桥,铁路线已经向西跨过了这条大河。有一条线路从汉尼拔出发,直通密苏里河上的圣约瑟夫,另一条在圣路易斯和堪萨斯城之间的线路也正在建设之中。

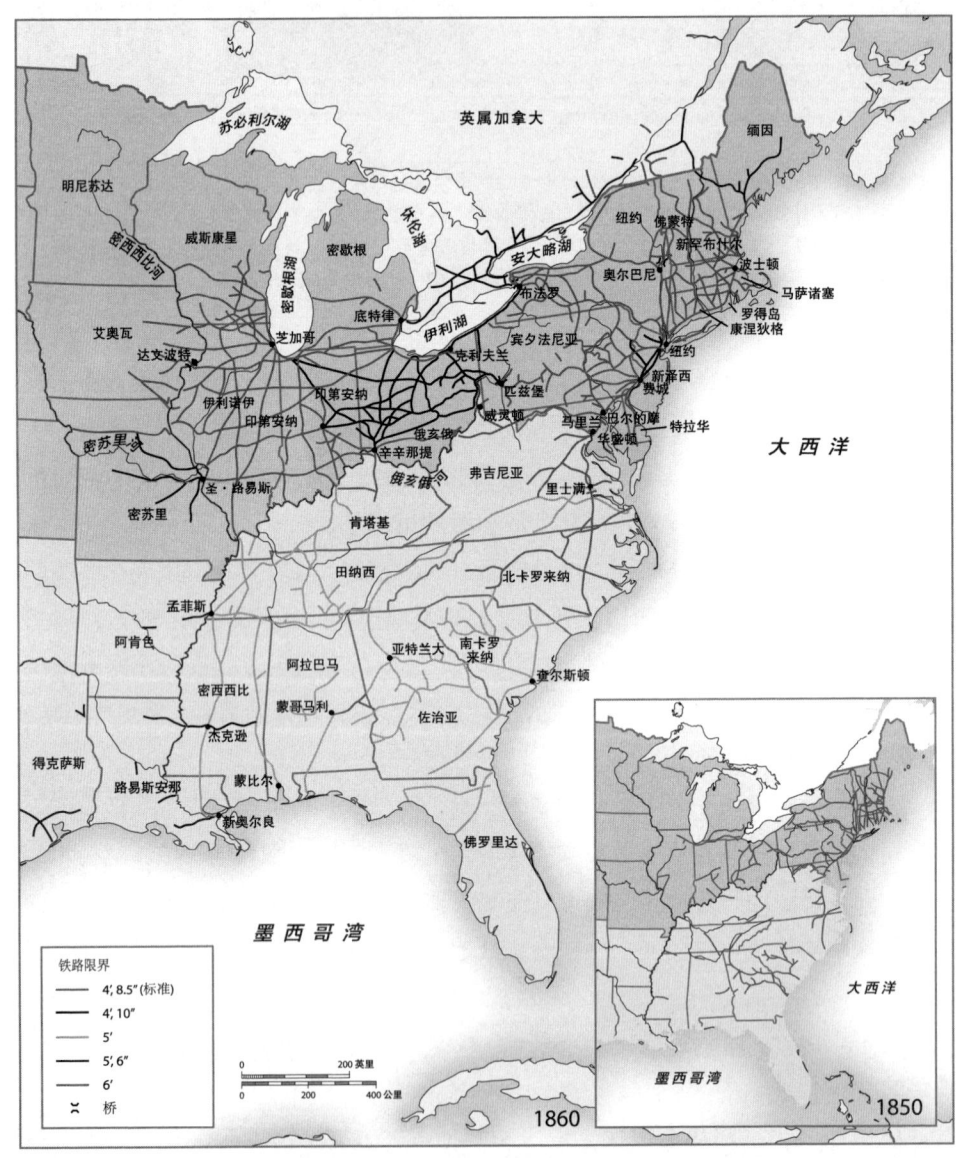

铁路的发展,1850—1860 这两张地图描绘了 19 世纪 50 年代美国铁路规模的显著扩大。值得注意的是,美国中西部偏北(即现在美国西北部)地区铁路总里程全面增加。还应注意的是,美国南方地区铁路总里程发展规模相对较小。铁路缔造了中西部偏北地区与东北部紧密的经济关系,同时削弱了中西部与南方的联系。◆ 这些变化对南方在联邦内日益增加的不安全感有何作用?(彩图见第 532 页)

铁路发展的一个重大变化是出现了把短途线路合并成为长途线路（称为"干线"）的趋势，这也是一个深刻影响了各地区间关系性质的变化。到 1853 年，跨越阿巴拉契亚山脉的四条主要铁路干线连接起了西北部和东北部。纽约中央线和纽约—伊利湖铁路这两条线路使纽约市得以连通伊利湖的各个港口。宾夕法尼亚铁路连接了费城和匹兹堡，巴尔的摩—俄亥俄铁路连接了巴尔的摩和俄亥俄河边的惠灵市。通过这些铁路的终端，其他深入美国内陆的铁路从四面八方与密西西比河连在了一起。芝加哥成为西部的铁路中心，共有 15 条铁路经过，每天通行 100 多个车次。铁路干线的出现使得主要水道——伊利运河和密西西比河上的交通运输逐渐分流。通过降低西部对密西西比河的依赖，铁路进一步削弱了西北部和南部间的联系。

线路合并

用于支撑铁路大发展的资金来自方方面面。美国的私人投资者提供了部分所需资金，铁路公司还大举向国外借贷。地方政府，包括州、县、市和镇政府，也提供了支持，因为他们渴望铁路能够为他们服务。这些支持包括借款、股份认购、补贴、土地路权捐赠。铁路系统从联邦政府那里，以公共土地授予的形式获得了可观的追加补助。1850 年，伊利诺伊州参议员斯蒂芬·A. 道格拉斯（Stephen A. Douglas）和其他对铁路有兴趣的政客说服国会授予联邦土地，支持伊利诺伊中央铁路建设。这条线路从芝加哥延伸到墨西哥湾。其他州的铁路建设推动者也要求同样的特权。到 1860 年，国会已给 11 个州分配了超过 3000 万英亩土地，促进铁路建设。

通信和新闻业的革新

通信方式的重要革新——电磁式电报——极大方便了铁路的运行。电报线可以沿着铁路线延伸，把各个车站串联起来，帮助安排行车时间和行车路线。然而电报对国家经济发展的重要性远远超过了其对铁路的贡献。一方面，距离遥远的城市之间可以即时联络，整个国家前所未有地紧密联系在一起。另一方面，电报进一步加剧了南方和北方的分裂。和铁路一样，北方的电报线要比南方长得多；在加强北方和西北部的联系（同时也促进了西北部和南方的分离）方面，它们起到了同样的作用。

电报在 1844 年进入了美国人的生活。那一年，塞缪尔·F. B. 摩斯（Samuel F. B. Morse）在经过几年试验后，成功地把詹姆斯 K. 波尔克获得总统候选提名的消息从巴尔的摩发到华盛顿。相对低廉的线路架设成本使摩斯电报系统成为解决长

电报

滚筒印刷机 内战前的几十年里，旋转滚筒印刷机使报纸大批量快速印刷成为可能，为报纸（以及其他）出版业带来了革命性的变化。这里展现的十缸滚筒印刷机大约诞生于 1850 年。（Bettmann/Corbis）

途通信问题的理想方案。到 1860 年，共架起了连接全国各地的电报线路 5 万余英里。一年以后，纽约和旧金山之间的太平洋电报线路开通，长度达 3595 英里。到那时为止，几乎所有的独立线路都加入了一个组织，西联电报公司。

联合通讯社

全新形式的新闻业也使不同社区融入了一个共同的通信系统。1846 年，理查德·霍（Richard Hoe）发明了蒸汽转轮印刷机，使廉价快速的报纸印刷成为可能。电报的发展和转轮印刷机的应用，使人们能够比以前更加高速地收集和传播新闻。1846 年，全国各地的报纸印刷商组成了联合通讯社（Associated Press），利用电报提高新闻收集的合作；这样，他们再也不必依赖麻烦的报纸交换来获得外埠新闻。

重要的都市报纸开始在东北部的大城市中出现。仅在纽约，就有贺勒斯·格里利的《论坛报》，詹姆斯·戈登·贝内特的《先驱报》，和亨利·J. 雷蒙德的《时报》。这些报纸都对国内、国际事件给予严肃关注，并在纽约市以外地区拥有相当大的发行量。

加剧地区分歧

从长远来看，新闻业将成为促进美国人生活一体化的重要因素。但是，在 19 世纪 40 年代和 50 年代，新兴新闻业的崛起却加剧了地区间的不和谐。大多数的重要报纸都集中在北方，这加强了南方的屈从感。南方的报纸倾向于小本经营，以报道本地新闻为主。没有几家南方报纸在本地社区以外有影响力。《论坛报》和《先驱报》的发行量加在一起就超过了南方出版的所有日报发行量的总和。最重要的是，新闻革命以及同时发生的运输和通信革命一起，使不同地区越来越了解其他地区的生活方式，越来越意识到南北之间愈演愈烈的内在分歧——这些分歧看上去似乎是不可弥合的。

三、商业和工业

19世纪中期，美国已经发展进入了现代资本主义经济的初始阶段，并且培育了先进的工业生产能力。这个逐步发展的经济体系创造了巨大的财富，改变了全美各个地区的面貌。当然，每个人所受到的影响并不相同。一些阶级和地区在经济发展中的受益要远远大于其他阶级和地区。

市场经济的影响

贸易大发展：1820—1840

19世纪20—30年代美国贸易快速增长，其部分原因是人口增长和运输革命，但同样也归功于新一代企业家的勇敢无畏、富于想象和冷酷无情。

商品零售流通愈发系统化和高效率，是这个领域的一个重大变化。在大城市里，出现了专门经营杂货、纺织品、五金或其他商品的商店，而小村镇的居民仍然依赖综合商店（不专门出售某类商品的商店）。在这些人口不够稠密的地方，很多人经常以货易货。

贸易的组织形式也在发生变化。多数贸易仍然由个人或数量有限的合伙人经营，处于统治地位的依然是大商业资本家，通常他们独自掌握自己企业的所有权。但是，在一些规模较大的贸易中，商业资本家个人经营正逐渐让位给公司制。19世纪30年代，一些影响公司成立的法律障碍被清除以后，公司发展极为迅速。以前，成立一家公司必须靠州立法机构通过专门法案才能获得特许证，这是一个极其烦琐的过程，严重阻碍了公司的发展壮大。可是，到了19世纪30年代，各州开始通过普通公司法，规定一个团体只需交纳一定费用便能获得特许证。

公司制的优势

新的法律允许实行有限债务责任制度，就是说如果公司破产，持有公司股票的个人只会损失他们自己投入的资金部分，而不是像过去那样还要为公司的更多亏损担负责任。这些新公司的出现使更大规模的资本集中成为可能，也使更大规模的产品生产和商业企业成为可能。

但是，仅靠投资远远不能满足雄心勃勃的企业的资本需求。这些企业过分依

1858 年的芝加哥 这张照片描绘了伊利诺伊中央铁路繁忙的货运站和谷物升降机，展现了 19 世纪 50 年代芝加哥作为美国中部重要贸易中心快速发展的情景。(Chicago Historical Society)

不完善的信贷

赖信贷，他们的借贷往往造成危险的动荡。19 世纪早期的信贷机制依然很落后。只有政府能够发行官方货币，而且官方货币只包括金和银（或者是实质上以金银为基础的纸质凭证），因而数量太少无法满足日益增加的信贷需求。迫于公司制支持者的压力，很多银行开始发行大量的银行钞票，就是和官方货币一样流通但是价值很不稳定的非官方货币。但是，银行只有维持公众对其发行钞票价值的信心，银行钞票才具有价值；有些银行发行的钞票太多，而自身的储备相对不足，结果，银行倒闭事件频发，在银行存款很不安全。因此，难以得到信贷用于企业投资依然是经济发展的一大障碍。

工厂的出现

19 世纪中期意义最深远的经济发展就是工厂的崛起。在 1812 年战争之前，大部分美国制造的产品都是在私人家里或是在由个人开办的小作坊里生产的。男人和妇女用手工或者诸如手动织布机一类的简单机械进行制造或生产。但是，渐渐地，由于技术的进步和需求的增加，（生产制造）发生了根本性的变化。最早发生变化的是新英格兰地区的纺织行业。在新英格兰，工厂主开始使用更新颖、更大型的机器，这些机器由水力推动，能使整个纺织过程的各工序在同一地点完成。正如人们所知，这种工厂生产方式在 19 世纪 20 年代迅速传播开来，开始对传统的以家庭为基础的纺线织布形式产生巨大的冲击。

工厂方式也渗透到了集中在马萨诸塞东部的制鞋业。制鞋业仍然以手工制作为主，但是制造商已经开始雇佣工人，他们精于整个生产过程中众多工序的某一个工序。某些工厂开始大量生产一模一样的、不分大小、不分左右的鞋子。到19世纪30年代，工厂生产已经从纺织业和制鞋业扩展到其他行业，从新英格兰扩展到了东北部的其他地区。

制鞋业的转型

1840年到1860年间，随着工业体制的快速扩张，美国工业也经历了更为迅猛的增长。1840年，美国的制造业产品总价值为4.83亿美元；10年后爬升到了10亿多美元；到1860年就接近了20亿美元。美国历史上第一次，工业产品的产值与农产品几近持平。

1860年，全国大约14万家制造业机构中，有7.4万家坐落在东北部，其中包括大多数规模较大的企业。东北部的工厂和制造厂的数量只占全美国总数的一半多一点，但是那里的工厂规模巨大，因而工业制品的产量超过了全国总量的2/3。在美国的131.1万名制造业工人中，约93.8万人受雇于新英格兰和大西洋中部各州的工厂和制造厂。

工业化的东北部

技术进步

即便是当时最先进的产业在今天看来也相当不成熟。比如，美国的棉花制造商生产的产品质量粗鄙；好的产品依旧来自英国。但是，在19世纪中期，美国机械技术的进步比世界上其他任何国家都要快很多，部分原因是美国仍然在追赶欧洲的先进技术，而且为了和欧洲竞争必须大踏步追赶；另一部分原因是美国经济发展非常迅速，因而技术革新的回报极为丰厚。事实上，变化实在太快了，以至于一些制造商用木头来制造机器；他们认为，在木头磨坏之前，新技术就会出现，旧机器就过时了。19世纪30年代初，美国的技术已经非常发达——特别是纺织业技术——以至于英国和欧洲大陆的工业家开始到美国来学习新技术，而不像过去那样是美国人到英国和欧洲大陆去学习。

技术革新最重要的领域之一是机床制造业，这些机床是用来制造机器零件的。政府大力支持机床的研发工作，因为它们往往与军事供应相关。比如，19世纪早期，马萨诸塞州斯普林菲尔德的一家政府兵工厂研制了两种重要机床，即用于切割螺丝和其他金属零件的六角车床，以及取代手工凿制复杂零件和模具的万能铣床。19世纪50年代，出现了精密磨床（在其众多功用中，最为重要的是制造缝纫机）用以帮助美国陆军生产标准化的步枪零件。诸如斯普林菲尔德和弗吉尼亚州的哈波斯费里等地的联邦兵工厂成为培育众多技术发现的温床,它们像一块磁石深深吸引着努力寻找实用创意的那些工匠和工厂主。到了19世纪40年代,东北部工厂里使用的机床已经比欧洲工厂里使用的先进多了。

先进机床的研发,其重要成果之一是通用零件的可替换性准则。伊莱·惠特尼和西梅昂·诺斯在几十年前设计他们的枪械工厂时打算引入的工作准则,现在已经被很多工厂所采用。最终,可替换性准则将会给手表和钟表制造、火车机车和蒸汽机生产以及很多农具的制造带来革命性变革。这项准则还使自行车、缝纫机、打字机、现金出纳机以及后来的汽车等新的机械、设备的出现成为可能。

工业化还得益于新能源的使用。在很多工厂,煤代替了木头和水能成为燃料。当时,美国煤炭采掘主要集中在宾夕法尼亚州西部的匹兹堡附近。1820年,煤产量是5万吨,到1860年一举跃至1400万吨。新能源使得人们可以在远离水流的地方兴建工厂,这样就推动了工业在更广阔的地域发展。

正如当时的专利记录所示,美国工业技术的伟大进步很大程度上得益于美国的发明家们。1830年,全美登记的专利数是544项,到1850年,这个数字上升到993项,1860年,达到4778项。有几家工厂提供了非常生动的例子,证明一项技术革新如何带来巨大的经济变化。1839年,新英格兰五金商人查尔斯·古德伊尔发现了一种硫化橡胶的方法(通过加工能使橡胶强度和弹性更高)。到1860年,这项工艺已经有500多种用途,而且帮助美国形成了大型的橡胶产业。1846年,马萨诸塞州的埃利亚斯·豪发明了一台缝纫机;艾萨克·辛格对其加以改进,豪-辛格缝纫机很快就被用于成衣的批量生产。

相对于所有体现早期工厂体系特点的技术革新而言,绝大部分美国工业仍然是和传统能源——水力紧密联系在一起。在19世纪20年代和30年代,水能依然是制造业最重要的能量来源。新英格兰地区第一批工业重镇——劳伦斯、洛威尔等——的涌现就是因为它们的所在地拥有天然瀑布,可以为沿河兴建的工厂提供能源。而冬天河水封冻时,工厂需要关闭一段时间。这也是许多工厂主开始寻找能够全年使用的替代能源的原因之一,这使得他们在19世纪30年代后期越来越依靠蒸汽以及其他由木材、煤或是(后来的)石油所提供的便携能源。

公司组织的革新

所谓商业资本家,是指主要从事国内外贸易的企业家,他们有时候会拿一部分利润投资小型制造企业。商业资本家在19世纪40年代仍然是重要人物。在纽约、费城和波士顿这些城市中，富有影响力的商业集团经营着通往南部港口的航线，运输棉花、大米和糖，他们还派遣贸易船队前往欧洲和亚洲的港口。船队中那些著名的快速帆船是当时海上航速最快（也是最漂亮）的帆船。19世纪40年代末和50年代初是快速帆船的鼎盛时期，它们每天能航行300英里，强于当时最好的汽船。

然而，19世纪中期商业资本主义开始衰落。这在一定程度上是因为来自英国的竞争对手抢走了很多美国的出口贸易，但是更重要的原因是商人们自己发现制造业比贸易获利的机会更大。这就是为什么工业首先在东北部得到发展的原因之一：那里已经有了一个富裕的商人阶层，他们有钱也有意愿投资工业。

<small>商业资本的衰落</small>

到了19世纪40年代，企业的公司制形式迅速发展蔓延，特别是在纺织业领域。美国企业从个人和家庭掌握所有权逐步转变为所有权高度分散的现代化形式：即有大量股东，每人只持有总体股份中相对很少的一部分。但是不管企业组织是什么形式（仍然有很多种不同的组织形式），工业资本家拥有强大的经济和政治影响力，开始成为新的统治阶层，成为东北部的贵族阶层。

四、男女同工

不管工业企业在技术上和管理上变得多么复杂，企业家最依赖的还是劳动力的供应。在19世纪20年代和30年代，工厂劳动力主要来自本土出生的美国人。1840年以后，日益增加的移民成为最重要的新劳动力来源。

招募本土劳动力

工业体系建立之初，招募劳动力绝非易事。19世纪20年代的美国，90%的人口仍然在农村生活和劳动，很多城市居民是技术娴熟的工匠，他们是自由的手工业工人，和小商人一样拥有并经营自己的店铺；他们不大可能涌向工厂去工作。已有的非熟练工人数量较少，不能给新的企业提供足够的劳动力储备。

工业劳动力供应的开端反而始于19世纪美国农业的转型。中西部新开垦的广大富饶的耕地、交通体系的改善、新型农业机械的发展，所有这些因素叠加在一起大幅提高了粮食产量。与传统方法相比，新型耕作方式更节省人力。在西部，生产大量粮食所需要的人数要少于东北部欠肥沃土地得到较低产量所需的人数。

<small>美国农业的转型</small>

工作中的妇女　在这张老照片中,工厂女工正站在机器前,展现出早期工厂的恶劣环境——昏暗的灯光,狭窄的空间,没有任何意外保护措施。照片中所有女工都把头发紧紧地扎在后面,为的是防止头发被绞进机器。(*Courtesy George Eastman House*)

各地区再也不必完全依靠本地的农场来供养本地居民,而是可以从其他地区输入粮食。结果,农民和他们的家庭开始放弃东部一些收入相对微薄的耕地。在东北部,特别是在新英格兰地区,贫瘠的土地极大地限制了农场的生产力水平,农村居民开始离开土地进入工厂工作。

通过两种雇佣体制,这些新劳动力进入逐渐扩张的纺织工厂。一种是整个家庭离开农场进入纺织厂,这在大西洋中部各州,特别是在纽约和费城这些主要制造业中心非常普遍。父母带着孩子在织布机旁工作,他们有些不过四五岁。第二种方式主要出现在马萨诸塞州,被雇佣的大多是年轻女子,年纪在20岁上下,多数是农夫的女儿。这就是所谓的洛威尔或沃尔瑟姆体制,名字来源于最早采用这种体制的工厂所在的城镇。很多女工在工厂工作几年,积攒下自己的工资,然后回家结婚生子。也有一些女工和在工厂或城镇里结识的男人结婚,留在那里成为工业世界的一部分,但是她们往往不再继续工作,而是在家操持家务。

工厂制度诞生初期的工作条件比英国工厂的条件要优越得多,也比后来美国很多工厂的条件要好。雇佣童工必然会使孩子们的生活异常艰苦,但童工的生活不像欧洲工厂里的孩子那么悲惨,因为美国的童工通常是在其家长的监护之下工作。相反,在英国,收容所经常把孤儿雇佣给工厂主,他们根本不关心孩子们的福利,常常让孩子们过着像奴隶一样的生活。

和欧洲的劳工模式更加不同的是"洛威尔体制",这种劳工模式严重依赖,实际上几乎是完全依赖未婚青年女子。在英国和欧洲其他工业化地区,女工的工作条件往往恶劣得惊人。例如,英国议会的一项调查揭露,在煤矿中工作的女工忍受着令人难以想象的恶劣条件。有些女工赤身露体、浑身污迹,在弯曲狭窄的坑道里趴着拖拽矿车。于是,到访美国的英国参观者无疑会认为,相比之下洛威尔的工厂就是女性的天堂。洛威尔的工人们住在由厂方提供的整洁的寄宿公寓和宿舍里。他们有良好的伙食并受到细心的监护。因为很多新英格兰人认为雇佣女工

洛威尔体制

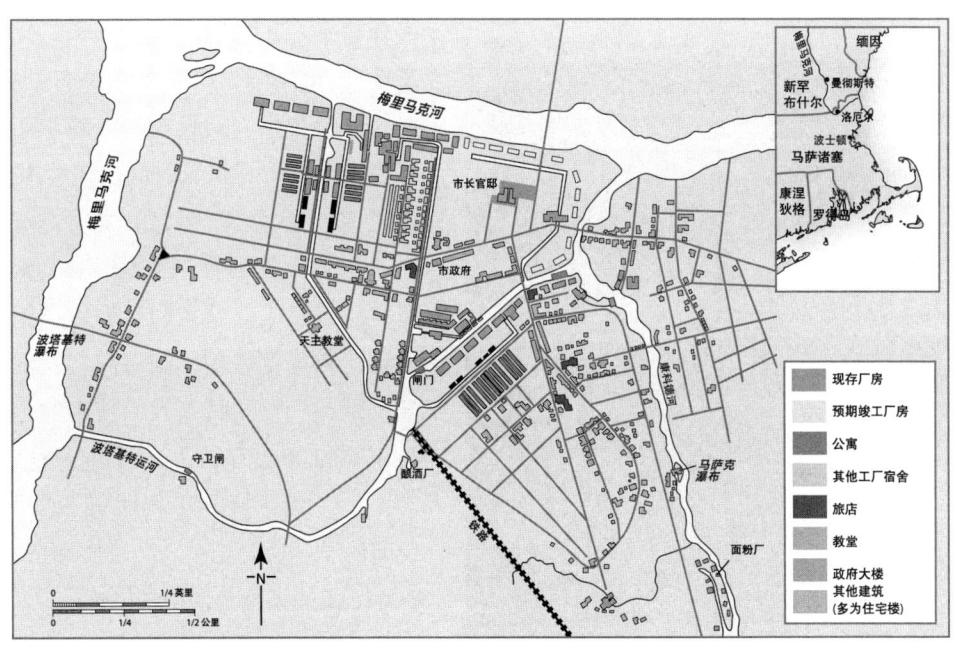

洛威尔,马萨诸塞州,1832 洛威尔是19世纪30年代新英格兰最重要的制造业中心之一,也是美国最大的纺织业中心之一。洛威尔非常依赖女性工人。公司所有者——考虑到人们对女性在外工作普遍感到担忧——为女工创造了家长式寄宿体系,在那里,女工们被仔细监管。这张地图描绘了靠近各个工厂的寄宿制公寓。值得注意的是,城镇里的制造业中心是如此集中,交通系统(铁路和水路)如此好地为工厂服务。图中还有许多教堂,女工们通常必须定期到教堂做礼拜。◆ 19世纪四五十年代,这种劳动体系有何变化?(彩图见第533页)

多多少少违背道德，所以工厂主特别注重为雇员提供良好的环境，严格执行宵禁制度，要求雇员定期去教堂参加礼拜。雇主们一旦怀疑女工有不道德行为，会立即将其开除。按照当时的标准，洛威尔的工人们工资丰厚。女工们甚至有时间进行写作，还出版了一份叫作《洛威尔刊物》（Lowell Offering）的月刊杂志。

女工 然而，尽管得到很好的待遇，工人们常常发现从农场生活向工厂工作的转变非常困难，甚至特别痛苦。远离熟悉的一切，被迫和陌生人一起在受管制的环境中生活，很多女子感到极其孤独和迷茫。更多的女工难以适应工厂工作的特点——时刻不停、日复一日地重复固定的工作。从日出到日落，工作本身对女工们来说并不新鲜，她们中有很多人在农村也劳作这么长的时间。但现在她们必须一天天重复那些单调乏味、毫无变化的工作，而且她们的工作日程也是周而复始、年复一年，没有任何变化，这使适应工厂工作变得异常痛苦。可是，无论女工们觉得工厂的工作多么不舒服，她们都没有其他的选择。她们无法从事建筑类的体力劳动或从事像水手、码头工人一类的工作。对很多人来说，除了回到已经不能再维持她们生活的农村，在工厂做工是唯一的选择。

洛威尔体制的衰落 不管怎样，家长式的洛威尔工厂制度没能维持很长时间。随着19世纪30年代到40年代的发展，纺织业竞争日益激烈，那些影响美国整体经济状况的繁荣和衰退使纺织业沦为市场牺牲品。制造商们发现难以维持一开始时工人们较高的生活水平以及还算诱人的工作条件。于是，工资下降，工作时间延长；随着房子不断老化和人员过度拥挤，寄宿公寓的条件也变得越来越差。

1834年，洛威尔的工厂工人们组建了工会——工厂女子协会，发动罢工以反对降薪25%。两年以后，这个组织再一次发动罢工，反对提高寄宿公寓租金。两次罢工均告

四位纺织女工 这张锡版照片描绘了马萨诸塞州洛威尔纺织工厂雇佣的四位年轻女工。她们穿着干净而得体的工作服，传递的信息正是工厂老板想要公众所接受的：女性可以在工厂工作，且可以受到保护，远离工业化世界的混乱与艰辛。（American Textile History Museum, Lowell, MA）

失败。1837年的经济萧条又基本摧毁了这个组织。8年以后，在好战的莎拉·拜格丽（Sarah Bagley）的领导下，洛威尔地区的女工创建了"妇女劳工改革协会"（Female labor Reform Association），开始为争取十小时工作日（有些女工十二小时一班）和改善工厂条件而斗争。新协会不仅要求参与工厂管理，还要求州政府就工厂的工作生活状况进行立法调查。但是，从那时开始，工厂劳动力的组成性质再一次发生了变化：工厂女工逐渐转入其他行业，如教师、家政服务，或者结婚嫁人。于是，纺织业制造商们开始把目光转向那些相比起来更加顺从的劳动力来源——移民。

移民劳工

1840年以后，移民劳工的人员供应快速增长，这对制造商和其他企业家来说非常有益。他们起码有了一个人数众多、成本低廉的劳动力来源。由于数量众多且不熟悉新的国家，这些新工人的力量有时比他们所取代的女性还弱。结果，他们往往遇到更加恶劣的劳动条件。建筑工人中爱尔兰移民越来越多，他们常常在令人无法忍受的条件下在公路、运河和铁路工地从事繁重的非技术性工作。绝大多数移民工人没有市场需要的技术，再加上本土美国人的歧视，他们的工资通常很低（而且由于他们主要从事季节性和不稳定的工作，工资常常时有时无），基本上无法给家庭提供最低的生活保障。很多移民工人住在简陋的窝棚里，恶劣的条件危害着家庭成员的健康（而且进一步加强了本土美国人对这些"贫苦爱尔兰人"的歧视）。

移民劳工的经济优势

同样在19世纪40年代，爱尔兰工人开始在新英格兰的纺织工厂中占据多数，他们的到来也加速了该地区工作条件的恶化。在为工人提供体面的工作生活环境方面，雇主所面临的来自爱尔兰工人的社会压力要比女工小很多。雇主不再按日开支而是开始采取计件工资（工资和工人的产量挂钩）的方法，他们还运用其他设备来加快生产速度，更加有效、利润更高地利用劳动力。到了19世纪40年代中期，在外国游客眼中一度是工业文明发展楷模的洛威尔已经沦落为破败不堪的贫民窟。在东北部其他城市中，环境同样恶劣、生活同样悲惨的工人阶层社区也开始出现。

尽管如此，美国工厂的劳动环境还没有糟糕到像英国和欧洲大陆工业城镇那样的地步。但是，在几乎所有的工业区，工厂变得愈发庞大、嘈杂、肮脏和危险。日均工作时间延长到了12个小时，还时常会达到14个小时。工资不断下降，男性

糟糕的工作条件

熟练工人每周只能挣到4—10美元，非熟练工人每周则可能只有1—6美元。女工和童工，不管有没有技术，都比多数男子挣得少。

工厂制度和工匠传统

经受向现代工厂制度转型的痛苦和折磨的并非只有纺织工人，还有技术娴熟的工匠，他们的生意也正在被工厂所取代。与坚韧、独立的自耕农一样，手工艺人的传统也是美国早期共和主义构想的重要组成部分。独立的工匠们认为自己是美国理想的具体体现；他们所追求的经济生活和新资产阶级所倡导的大相径庭。技术娴熟的工匠们非常重视自由，十分珍爱自己经济体系内的稳定和相对平等。

去技术化   工厂制使这种经济体系面临被淘汰的威胁。有些工匠成功转型，开办了小型工厂。其他工匠却发现自己的产品根本竞争不过售价仅是他们几分之一的工厂产品。面对来自工业资本家的挑战，工匠们早在19世纪初就建立了自己的组织——手工业者的政党和最早一批工会——来保卫他们岌岌可危的地位，抵制新兴经济秩序。早在18世纪90年代，印刷匠和制靴匠（高级靴子和鞋子的制作者）便带头建立组织。批量生产方式的发展威胁到了他们的生活，更威胁到了他们的自由和地位。其他行业的工匠——木匠、细木工、泥瓦匠、粉刷匠、制帽人和造船工人——也同样感到了自己的软弱无力。

全国性工会   在费城、巴尔的摩、波士顿和纽约等城市里，各行业的技术工匠组成互助协会。在19世纪20年代和30年代，各手工业协会在城市范围内实现联合，并成立了核心组织，称为行业工会。随着市场的扩大，各城市间的经济相互联系，工匠们也很快意识到团结协力、建立全国工会或地方工会联合会的好处。1834年，来自六个城市的代表成立了全国性工会；1836年，印刷匠和制靴匠成立了自己的全国行业工会。

早期的行业工会运动步履维艰。劳工领袖们与敌视他们的法律和法庭所带来的种种障碍艰苦抗争。按各工业州的司法解释，普通法认为工人之间的联合本身就是违法的阴谋活动。而1837年由金融崩溃引发的严重经济萧条进一步削弱了工会运动的力量。尽管如此，早期工会组织的失败并没有结束工人们（包括工匠和工厂技工）为赢取自己生产生活的控制权而进行的努力。

争夺控制权

在新兴的工业经济中，各个层次的工人坚持不懈，为改善自身的命运而努力。

尽管收效甚微，他们还是尝试说服州立法机构通过法律给每天的工作时间设定上限。新罕布什尔州和宾夕法尼亚州分别于1847年和1848年通过法律，规定10小时工作日，除非工人同意签署增加工作时间的"明示合同"，否则法律将限制工作日时长。然而，这些措施事实上没有任何作用，因为雇主可以把签署"明示合同"作为雇佣条件之一，轻易迫使未来的雇员就范。马萨诸塞、新罕布什尔和宾夕法尼亚这三个州还通过法律，约束童工的使用。但是，效果依然是微乎其微。法律仅仅规定，除非家长同意，童工每天工作不能超过10个小时；但是，雇主可以毫不费力地说服家长同意延长工作时间。

也许，产业工人们最重要的司法胜利发生在1842年的马萨诸塞州。当时，州最高法院在联邦诉亨特案中裁定工会是合法组织，罢工是合法的斗争手段。其他各州法院也逐渐接受了马萨诸塞州裁定的原则。但是，从整体来说，19世纪40年代和50年代的工会运动效果甚微。有些工人不愿认为自己是劳动力大军的固定成员，拒绝加入工会。即使有些工会能够成功招募大批产业工人，依然没有足够的规模和力量举行罢工，更别提赢得胜利。

联邦诉亨特案

尽管在19世纪30年代饱受挫折，但工匠和熟练工人的斗争比工厂工人成功很多。相比于现代劳工组织，他们的工会更类似于工业化前的行会。在多数情况下，工会的首要目的是通过对进入技术行业加以限制，保护其成员在劳工中的优势地位。19世纪30年代受挫的工会活动在50年代恢复生机。熟练工人建立了新的组织，例如1852年成立的全国印刷业工会、1853年的石匠工会，1854年的制帽工人工会以及1859年成立的铸工工会和机械工工会。

在几乎所有制造业和手工业中，女工人数众多，但几乎所有早期行业工会都不接纳女性成员。于是，在19世纪50年代，女工开始成立自己的保护性工会，工会的建立往往得到中产阶级女性改革家的支持。和男性行业工会一样，女性工会也无力和雇主抗争。但是，它们却起到了类似女工互助会的重要作用。

妇女保护性工会

虽经不懈努力建立组织、进行抗议，但实力相对羸弱仍是19世纪40年代到50年代美国工人阶级的显著特点。在英国，工人已经成为一支实力强大、团结一致又常常充满暴力的政治经济力量。他们造成了广泛的社会动荡，改变了英国的政治格局。而在美国，此类现象从未发生。很多因素共同抑制了劳工有效抗争的发展。其中最重要的因素就是移民劳工大潮涌入美国。和本土工人相比，新来的劳工愿意接受更低的工资。因为移民人数众多，工厂主可以毫不费力地用迫切想要就业的移民代替满腔怨气或发动罢工的工人。在本地人和移民之间以及不同的移民群体之间，

美国分裂的工人阶级

存在着民族差异和矛盾，常常导致工人们把不满情绪发泄在工人之间的相互争吵上，而不是对雇主的共同怨恨上。同时，工业资本家拥有绝对优势，他们不仅有经济实力，还有政治和社会实力，即使面对最为激进的挑战也总能够稳操胜券。

五、工业社会模式

工业革命推动美国，特别是美国经济发展更好的地区，一年年愈发富庶，同时也使得美国社会愈加不平等，改变了社会关系和从工厂到家庭各个层面的日常生活。

富人和穷人

<small>日益扩大的贫富不均</small>

美国商业和工业的发展极大提高了美国人的平均收入。仅存的些许证据表明，增加的财富分配极不平均。奴隶、印第安人、无地农民，以及处于制造业边缘的大量非熟练工人等很多群体实际上根本没有分享到经济增长的果实。即使在其他群体里，收入差异也极为显著。可以肯定的是，美国的财富分配向来不均。据估计，即使在工业革命时期，45%的财富集中在大约10%的富人手中。例如，1845年的波士顿，大约4%的公民掌握了65%的财富；1860年的费城，1%的人口拥有一半以上的财富。据学者们估算，1860年的全体美国人中，5%的家庭拥有超过50%的财富。

从欧洲人定居开始，在美国就存在着富人阶层。但是财富的外延和特点随着19世纪中期的商业革命发生了变化。商人和工业家聚敛了大量财富；由于大批富人居住在城市里，独特的富人文化开始产生。在大城市，富人们在奢华的富人社区聚居。他们成立俱乐部，制定复杂精致的社交礼仪。他们不断寻找各种方式展示财富——修建豪华宅第、驾驭豪华马车、收集奢侈日用品、穿着华贵服饰、赞助高品位社会机构等等。在纽约，富人家庭远多于其他地方，逐渐形成了一个非常高雅的上流社会圈子。19世纪50年代开始修建的中央公园，部分原因就是来自上流社会成员的压力，他们要求享有优雅的环境以供每日乘坐马车兜风。

<small>城市中的贫困</small>

在不断扩大的城市中心，还有数量巨大的贫困人口。从努力挣扎养活自己的角度来看，大多数美国人都很贫穷，但是那些真正的穷人不仅仅如此，他们几乎

邓肯·法伊夫的工厂和仓库 几十年来，邓肯·法伊夫一直是纽约成功（正如约翰·鲁宾斯·史密斯这幅水彩画所展现的）而著名的家具制造商，为日益增多的、寻求高雅和排场的富裕家庭提供服务。法伊夫的工厂坐落在富尔顿大街上，其具有乔治王朝风格、格调高雅的装饰向人们证明，即使是生意场所也可以与富裕奢华的新理念相得益彰。(The Metropolitan Museum of Art, Rogers Fund, 1922, 22.28.1, Photograph © 1982 The Metropolitan Museum of Art)

中央公园 对富足的纽约人来说，修建城市中央公园十分重要，因为它可以为富人每天驾驶马车兜风提供优雅的环境。这种活动表面看来是想让驾驶者呼吸新鲜空气，实际上却成为他们向四邻炫耀自己优雅华贵的机会。(Museum of the City of New York)

没有任何生活来源，经常无家可归，只能依靠获取救济或犯罪来维持生存。

部分"贫民"（当时人们如此称呼他们）是新近到达美国的移民，他们无法找到工作或适应新世界的生活。一些是寡妇和孤儿，他们失去了多数美国工人阶级赖以生存的家庭依靠；一些是饱受酗酒和精神疾病折磨的人，他们没有任何工作能力；其他一些则是本土主义歧视的受害者，他们因种族或民族问题广受排斥，只能做一些低贱卑下的工作。爱尔兰移民是这种歧视的最大受害者。

非裔美国人的贫困

最穷的当属自由黑人。按照后来的标准，战前北方城市中的非裔美国人社区规模较小，但是在大多数主要城市，黑人人口众多。有些黑人家族已经在北方生活了好几代，其他黑人从前是奴隶，他们或是逃离了南方，或是被主人释放，再或者是为自己赎了身；有些奴隶，一旦获得自由，就打工挣钱为自己的亲戚赎得自由。对他们来说，至少在物质方面，北方的生活并不总是比奴隶制下好很多。多数人只能从事一些低下琐碎的工作，报酬极低，根本无法养家和供子女上学；困难时期，很多人根本没有工作。在北方的大部分地区，黑人没有选举权，不能到公立学校上学，甚至不能享受白人居民可以享受的任何公共服务。可是和南方相比，不管日子多么艰难，多数黑人还是愿意生活在北方，因为在这里他们至少还能得到一定程度的自由。

社会流动性

人们可能会认为，战前美国明显的贫富差距导致的阶级冲突应该比实际发生的更多。但是一系列因素减少了人们的不满情绪。首先，不管美国工人的相对经济地位下降了多少，多数劳动者的绝对生活水平在提高。至少在物质上，工厂工人的生活比他们在农村或是原来在欧洲大陆时要好得多。他们吃得更好、穿得更好、住得更好，而且能享受更多的消费品。

社会流动性

劳动阶级内部有很强的流动性，这也有助于减少人们的不满。但对于工人阶层来说，社会流动的机会，尤其是向上攀升的机会相对较少。少数工人依靠努力、才智和运气成功地脱贫致富——虽然人数很少，但足以鼓励目睹他们成功的那些人继续追求梦想。更多的工人至少成功爬上了工人阶梯的更高一级，实现了从非熟练工人向熟练工人的转变。这些人还会梦想他们的子孙将来能爬得更高，走得更远。

与社会流动相比，地理流动更为普遍，欧洲社会的地理流动性很强，而美国社会的地理流动性又远胜欧洲。美国西部有大片未开发土地，其中有很多在19世纪 40 年代和 50 年代首次向定居者开放。有些工人存钱买地，然后搬到西部去耕种。历史学家弗雷德里克·杰克逊·特纳后来把西部土地的可供性看作是可以释放不满的"安全阀"，这从根本上解释了战前美国社会冲突较少的原因。但是，很少有城市工人——穷苦工人就更少——能有足够的钱搬到西部去开荒，即便有足够的钱，他们也不懂得如何耕作。更为常见的是工人从一个工业城镇转移到另一个工业城镇。这些不断迁移的人们饱受解雇之苦，他们焦躁不安，苦苦求索，时而满怀希望，时而满心绝望，总想在别处找到更好的机会。他们的寻找和追求很少能给他们的境遇带来明显改善，这一部分劳动力（也是处境最为悲惨的一部分），由于漂泊不定，很难进行有效的组织和抗争。

最后，还有一个可以释放工人阶层不满情绪的"安全阀"：政治。在 19 世纪，经济机会也许没有广泛扩大，但参政机会却得到了极大扩展。对很多男性白人劳动者来说，参与投票似乎为他们提供了一种可以指引社会和感受自我社会价值的方式。

中产阶级生活

相对于战前美国社会的贫富分明，中产阶级群体的发展更为显著和迅速。中产阶级的扩大一定程度上得益于工业经济的发展和随之而来的商业生活的扩大。经济发展为人们提供了更多从事商业、开办店铺、经营生意，或从事职业工作以及组织管理的机会。以前，拥有土地是获得财富唯一的、真正的基础，那时社会被分成两个阶层：有少量土地或无地者（在欧洲通常被称为雇农或小农）和有地贵族（在欧洲通常指世袭贵族）。一旦商业和工业成为财富的来源，这些严格的区分便被打破。很多人虽然没有土地，但是通过为新兴经济提供有价值的服务或者获取非土地资本也能致富。

迅速扩大的中产阶级

内战以前，中产阶级的生活方式迅速成为美国城市中最具影响力的文化形式。中产阶级家庭往往居住在坚固豪华的房子里，和富人阶层一样，他们喜欢拥有这样的房子。越来越多的工人和工匠租房居住——这一现象在美国城市中相对新鲜，19 世纪初变得广为流行。

尽管越来越多的家庭有能力雇用仆人——通常是那些年轻未婚的移民女子，她们干活卖力，工作时间长，报酬却很低，中产阶级妇女更愿意待在家里照顾孩子、料理家务。在那个浆洗衣物就需花费一整天的年代，逃离繁重的家务自然成为中产阶级妇女的一种渴望。

家用产品的新发明

新发明的家用产品改变并且大大改善了中产阶级的家庭生活。其中最重要的也许是生铁炉的发明，它开始取代壁炉成为主要的烹调设备和采暖工具。用 21 世纪的标准来衡量，这些燃烧木材和煤炭的炉子温度高、体型笨重，很不清洁；但是与使用开放式炉灶做饭的麻烦和危险相比，使用生铁炉似乎是一种极大的奢侈。使用炉灶，厨师能更好地准备食物，还能同时烹调多种食物。

在战前年月里，中产阶级家庭的饮食也在发生急剧变化，这种变化不仅仅是因为生铁炉的使用使烹调更多种类的食物成为可能。美国农业大发展、农产品多样化、农民能够通过铁路把产品从偏远地区运送到城市市场，这些因素都大大丰富了城市地区的食物种类。在那个缺乏冷冻设备的时代，水果和蔬菜很难长距离运输，但是和过去相比，人们能够买到种类更多的肉类、谷物以及奶制品。内战以前，少数家庭拥有（用冰块冷藏食物的）冰柜，马车给富人和中产阶级家庭运送大冰块逐渐成为城市生活中人们熟悉的场景。冰柜能使肉类和奶制品保存数日而不会变质。尽管如此，大多数家庭还是没有任何冷藏设备。对他们来说，食物保存就是用盐腌制肉类，用糖腌渍水果。当时人们的饮食普遍比现在更油腻、淀粉含量更高。与 21 世纪的时尚相比，中产阶级的身材要粗壮得多。

日益增大的阶级差异

在其他方面，中产阶级家庭与工人或工匠家庭的差异日益显现。家庭用品的工业化生产将产品首次推向市场，中产阶级的房子装饰更加精致，家具更加华美。曾经空空荡荡的墙壁和地面，如今贴上了壁纸、铺上了地毯、挂上了窗帘。18 世纪朴素简单的家居风格逐渐被维多利亚时代早期更加精美，甚至带有巴洛克特点的家居风格所取代，这种风格常以拥挤甚至零乱的房间、暗沉的颜色、奢华的布饰、沉重的家具和厚厚的帐幔为特点。此外，中产阶级家庭的房子也变得更加宽敞。孩子们同睡一床，一家人同居一室的情况已不多见。起居室与餐厅和厨房分离开来，这种过去只有富人才能享有的奢侈已在中产阶级家庭变得普及。到了 19 世纪 50 年代，有些城市中产阶级家庭开始拥有室内水管和室内卫生间——与室外水井和几年前刚刚普及（仍然为广大工人阶级普遍使用）的室外旱厕相比，这可是巨大的进步。

家庭的变化

美国北方地区全新的工业化社会使家庭的性质和功能发生了深刻的变化。变化的核心体现在家庭从农村迁移到城市，在城市里，工作成为最有价值的商品，而并非土地。农村家庭的父系家长制，即父亲通过掌握给子女分配土地的权力控制其未来的做法，随着迁入城市而瓦解。子女比生活在农村时更有可能离开家庭去寻找工作。

另一个重要变化是工作赚钱的地点从家庭转移到商店、车间或工厂。在19世纪初的几十年（以及此前的很多年）里，家庭本身是经济活动的主要单位。家庭农场、家庭商店、家庭企业在美国各地十分普遍。男人、女人和孩子一起工作，共同挣钱维持家庭生活。但是随着对西北部肥沃土地的开垦，农场规模的扩大和盈利能力的提高，农业生产越来越商业化。需要劳动力的农场主不再依靠家庭（自家人口往往无法满足需求）而是更多依靠雇佣男工。农场工人从事的很多劳动过去在小农场里曾是农场主妻子和孩子的工作。结果，农场妇女越来越有时间留在家中，料理家务——如挤奶做饭、缝缝补补、整理花园等，这一发展使她们摆脱了一些沉重的劳动，但同时也使她们远离了产生收益的主要农业活动（见第11章关于南方农业家庭内部关系的讨论）。

同样，在高速发展的城市工业经济体系中，家庭传统经济地位的衰落更加明

美国的田园生活，1848　美国画家爱德华·希克斯的这幅油画展现了美国人长期以来对农耕社会"和平王国"（希克斯另外一幅更为著名的作品以此命名）的喜爱。希克斯给这幅作品起名为"宾夕法尼亚州北安普敦巴克斯县詹姆斯·C.康奈尔家农场与牲畜的印第安夏日景色，农业社会的高级典范，1848年10月12日"。这幅画描绘了宾夕法尼亚州一个富裕家庭多样化经营的农场，画面前景有牛、羊和耕马，背景有一片待耕的土地和一片待收的田地。

显。城市家庭本身已经不再是生产的核心。相反，大多数家庭的主要劳力每天离开家到别处去工作。工作生产的公共世界（商业和工业世界）与家庭生活的私人世界之间区分日渐明显。生产不再占据家庭世界的主导地位，取而代之的是料理家务、抚养孩子和其他基本家庭事务。妇女成为了家庭世界的主宰。

出生率下降　　随着家庭经济功能的变化（也许在一定程度上是这种变化造成的），出生率开始下降。1800年，每位美国妇女在育龄期平均要生育7个孩子。到了1860年，每位妇女平均只生育5个孩子。在城市地区以及中产阶级妇女当中出生率下降最为明显。19世纪中期的美国人能够得到一些避孕用品，这无疑在一定程度上造成了出生率的下降。同时，人工流产的数量也明显增加。直到内战以后人工流产在某些州仍然合法。据估计，在19世纪50年代，人工流产终止了多达20%的妇女妊娠。但是造成出生率下降的最主要原因莫过于性行为的变化——包括越来越多的人节制性欲。

　　中产阶级男女有意控制家庭规模的行为是19世纪中期北方社会性质另一更重大变化的体现。生产活动正远离家庭，个人期待更多外界回报，人们越发重视为将来打算，在这样一个世界里，慎重决定生育子女似乎非常重要。这也体现了迅速发展的美国北方日益世俗、理性和进步的价值取向。

女性和"家庭生活崇拜"

　　公共世界和私人世界之间、工作场所和家庭生活之间出现的差别，伴随着（并导致了）男女之间社会角色的差别日益明显。这些差别不仅影响了工厂工人和农民，还影响着人数越来越多的中产阶级。美国社会生活中男女之间本来就存在重要差异，女性从未获得男性享有的许多法律和政治权利；在家庭生活中，丈夫（父亲）历来是一家之长，妻子（母亲）通常会顺从他的要求和愿望。长期以来，大部分女性事实上无法被获准离婚，而男性提出的离婚通常更容易实现（在离婚案中，男性获得子女监护权的可能性比女性大得多），在大多数州，丈夫对于财产和妻子具有绝对的控制权。殴打妻子只在少数几个地区是违法行为，法律不承认发生婚内强奸的可能。长久以来，女性不能进入商界和政界。实际上，在很多社区女性不允许在男女混杂的公共场合开口讲话。

女性教育　　与男性相比，绝大多数女性接受教育的机会较少，这种状况一直持续到19世纪中期。尽管鼓励女性接受初等教育，但是社会强烈反对——在很多情况下有效阻止了——女性继续深造，接受高等教育。俄亥俄州的奥柏林学院是全美第一个

《内森·霍利一家》 在这幅1801年作品中，坐在中间的内森·霍利是19世纪初众多拥有大家庭的父亲的典型代表。另外九名家庭成员也清晰可见。霍利当时是纽约奥尔巴尼县监狱的典狱长。这幅画是一个名叫威廉·威尔基的囚犯所作。画面显示霍利收入适中，但并非丰厚，家人穿着时尚，墙上挂有画框——这是时尚和富足的象征。但屋内陈设简单，窗子没有垂帘，前屋铺着花色简朴的地毯，后屋没有地毯，只有光秃秃的地板。(Nathan Hawley and Family; William Wilkie ca.1801. Albany, New York. Watercolor on Paper; 15 3/4" 3 20" Signed lower right: William Wilkie fecit; inscribed in lower margin: NATHAN HAWLEY and FAMILY, Novr. 3d. 1801. Albany Institute of History and Art Purchase 1951.58)

接收女学生的大学。人们批评男女同校乃鲁莽之举，不亚于鼓励自由性爱，但该校不顾指责，在1837年录取了4名女生。奥柏林校方相信，"在思想和品行的培养中，两性的相互影响无疑是令人愉快的"。但是，其他教育机构并不认同这个观点。男女同校在内战结束后很长时间都非常罕见，仅仅出现了几家女子学院，如1837年玛丽·莱昂在马萨诸塞州创办的曼荷莲（Mount Holyoke）女子学院。

中产阶级妇女不再是家庭收入的提供者，而成为"家庭美德"的守护者。作为母亲，她们承担着照顾子女的责任，母亲角色在家庭的核心地位比过去更加突出。作为妻子，她们是丈夫的伴侣和助手，妻子角色也变得愈发重要。中产阶级妇女还成为重要的消费者。她们逐渐学会重视家居生活，保持家中环境整洁舒适、配置完善，重视休闲娱乐和着装的高雅时尚。

女性的新角色

女性的独立领域

拥有"独立生活领域"后，一些妇女开始发展和形成独特的女性文化。妇女间的友谊逐渐加深；女性开始构建自己的社交网络（最后，形成了对推进各种改革起到重要作用的女子俱乐部和社团组织）。为满足中产阶级妇女的需求，风格独特的女性文学开始出现。有以女性生活领域为焦点的浪漫主义小说（很多作者是女性），还有女性杂志，其中最著名的要属1837年后莎拉·黑尔编辑的《戈迪妇女丛刊》（Godey's Lady's Book），她本人曾经自己创建和出版过一份女性杂志。《戈迪妇女丛刊》小心翼翼地回避了公众争议或政治话题，把焦点集中在时尚、购物、居家指南以及其他纯粹的家庭事务上。黑尔曾在1841年解释道，该杂志不适于探讨政治和宗教问题，因为"其他话题对于我们女性来说更加重要，更适合我们"。

利益与代价

用后来的标准来衡量，妇女逐渐脱离公共世界似乎是一种压迫和歧视。的确，很少有男性认为女性适合经商、从政或从事其他职业。另一方面，大多数中产阶级男性——以及很多中产阶级女性——认为新兴的女性领域是表现女性特质、彰显女性优势的载体。正如家庭在女性的影响和塑造下成为躲避商业世界残酷竞争的避风港一样，女性也成为道德和善良的捍卫者。女性有责任给孩子提供宗教和道德引导，平衡他们从父亲那里习得的世俗欲望。因此，一些学者所谓的"家庭生活崇拜"既给中产阶级妇女带来益处，又让她们付出了代价。"家庭生活崇拜"使妇女享受到比以前更加舒适、丰富的物质生活，强调了"女性美德"和她们作为妻子、母亲的重要作用。同时，它也使女性越来越远离公共世界，没有途径发挥自己的兴趣和才能。

这种脱离公共世界的代价突出表现在中产阶级未婚女性身上。到19世纪40年代，崇尚家庭生活的观念已经变得非常强大，有教养的女性不再考虑（和过去的很多女性一样）到商店或者工厂工作，也没有雇主会考虑雇佣女性。尽管如此，未婚女性还是需要干些工作，赚取收入。她们能够选择的工作寥寥无几。有些可以成为教师或者护士，这些职业似乎同样需要女性重于持家的品德。19世纪四五十年代，教师和护士职业吸引了大量女性，尽管直到内战以后它们才真正被女性所主宰。除此之外，未婚女性大多要依靠亲戚的慷慨资助。

工人阶级女性

中产阶级逐渐开始认为，女性外出工作极不得体，离家上班是下层妇女的标志，而事实也的确如此。劳动阶层的妇女没有条件待在家里，培养"家庭美德"。她们必须挣钱养家，继续在工厂上班，但是和过去更"体面的"女工相比，工作条件却更加恶劣。她们还经常在中产阶级家庭中找工作，家政服务是女性最常干的工作之一。换句话说,生产加工如今已在家庭以外进行,女性若想挣钱就必须离开自己的家到外面工作。

休闲活动

19世纪中期,只有最富裕的美国人才有机会享受休闲时光。大多数人工作时间很长,周六是正常工作日,不论是带薪还是无薪假期都非常少。对大多数人来说,周日是唯一的喘息机会,还要用来做礼拜和休息。周日几乎没有商店开门营业;在家里,大多数家庭也不会在安息日(周日)开展娱乐活动。因此,对许多劳动阶层和中产阶级人士来说,节假日就显得尤为重要。这也是为什么人们精心设计、举国欢庆7月4日独立日的原因之一。欢度独立日不仅仅是爱国热情的抒发和表达,更是大多数美国人享受为数不多的假期的一种方式。

在美国,大多数人依然生活在农村,灵活多变的农耕劳作给很多人带来轻松和宽慰,不必像城市居民那样,忍受紧张残酷的工作安排。对城市人来说,休闲时光极为有限,必须牢牢把握。男人聚在酒馆里喝酒、聊天、玩游戏,女人则到彼此家中聊天、打牌、一起做些缝缝补补的家务活。对越来越多受过教育的人来说,阅读成为他们最主要的休闲活动之一。报纸、杂志迅速增加,各类图书——小说、史籍、自传、传记、游记和其他书籍——成为富有家庭的常备品。妇女成为狂热的读者,女性作家也开创了针对女性读者的新型小说——"情感小说",小说描绘的多是女性生活和爱情的理想化情景。(见边码第338—339页)

公共娱乐文化蓬勃发展,但要参与其中,很多家庭不得不想方设法挤出时间和金钱。在大城市,剧院越来越受人们欢迎,虽然有些剧院专门迎合特定社会群体,但多数剧院吸引的观众却超越了阶级界限。富人、中产阶级和工人时常带着家人观看莎士比亚戏剧或根据流行小说、美国神话改编的情节剧。滑稽说唱表演——由白人演员模仿(而且戏谑)非裔美国人文化的表演——日益流行(见198—199页)。拳击、赛马、斗鸡(已经饱受争议)等公共体育活动经常能吸引大批观众。棒球运动——那时还未形成职业联赛——在城市公园或城郊田野举行时(见边码第388—389页),也开始吸引大批群众前来观看。在很多社区,马戏团的到来是一件特别令人兴奋的事情,这种发源于中世纪的巡回娱乐表演依然能给孩子和大人带来欢乐、欣喜和惊奇。

人们更加喜欢离奇、怪诞的表演。大多数人都生活在自己熟悉而狭窄的世界中。在那个出门旅行较少,没有电影、收音机、电视机,甚至照片都很少的时代,

滑稽说唱表演

公园剧院 约翰·瑟尔热 1821 年创作的这幅水彩画展现了纽约公园剧院（大火后重建不久）的内部场景。剧院上演的是英国剧作家威廉·T.孟克里夫的滑稽剧。画中观众面孔均是当时纽约人的真实写照。(© Collection of the New-York Historical Society)

P.T.巴纳姆

人们渴望看到与自己日常生活截然不同的事物。人们去剧院、马戏团或博物馆就是为了观看那些惊人甚至是吓人的东西。马戏团老板 P. T. 巴纳姆（P. T. Barnum）也许是提供这种娱乐最著名的、也是最不择手段的人。1842 年，他在纽约开办了"美国博物馆"，这个博物馆并不是用来展示艺术品和自然展品的，而是用来提供包括侏儒（最著名的一个叫作大拇指汤姆）、暹罗双胞胎、魔术师和口技艺人等种种怪异表演的地方。在用花花绿绿的海报和精心设计的报纸公告为生意做宣传方面，巴纳姆可是个天才。随后，在 19 世纪 70 年代，巴纳姆创办了最著名的马戏团，他的名字也因此被人们所熟记。无论如何，他都是利用公众离奇怪诞趣味的先驱者。

大众文化模式　莎士比亚戏剧在美国

在马克·吐温著名的小说中，哈克贝里·芬沿密西西比河顺流而下，途中遇到一位自称"布里奇沃特公爵"的骗子流浪艺人。无论在哪，只要有人愿意付钱，这位公爵就会即兴演出。他声称，自己最喜欢的、曾多次演出的是"哈姆雷特的独白……莎士比亚戏剧中最精彩的部分"。他煞有介事地朗诵这段与原文相去甚远的独白：

生存还是毁灭，这是把出鞘的短剑
令漫漫人生灾难重重

小说情节以美国内战前的岁月为背景，那时不同年龄、阶层和地区的美国人都对莎士比亚的作品非常熟悉。从东部大城市的豪华剧院到西部农村及矿业城镇中摇摇欲坠的"歌剧院"或临时舞台，美国人都聚集在一起，观看莎士比亚戏剧的演出，就像观看自己时代的（如今已被遗忘）喜剧和情节剧一样。无论是名家演出还是只为糊口的骗子（像马克·吐温小说中的"公爵"）的表演，莎士比亚戏剧都成为人民大众的娱乐盛会。

早在1750年，美国就开始了莎士比亚戏剧的演出。19世纪30—50年代，舞台戏剧成为美国各地最流行的表演艺术形式，莎士比亚成为最受人们欢迎的剧作家，公众对莎士比亚戏剧的兴趣达到了顶峰。不过许多（也许是大部分）莎士比亚戏剧表演都被浪漫化，未能尊重和忠实于原著。悲剧被重新改写，有了圆满快乐的结局；喜剧中也时常点缀着时代和地方幽默。戏剧语言换成了美国方言，剧本情节被不断简化并穿插到当时其他流行作品之中。观众对莎士比亚戏剧中的故事情节早已耳熟能详，因此乐于观看《尤利西斯·斯尼撒》《哈姆雷特与艾格雷特》《威尼斯商人有事生非》等作品中对这些情节夸张滑稽的模仿。

各个阶层的观众经常走进剧院，彼此融合，而这种社交方式在以后的时代变得很不多见。座位通常按阶层划分：一层包厢是为最富有的赞助人准备的，正厅前座是为中产阶级准备的，楼厅是为那些没钱买其他座位的穷人（实际上是所有非白人观众）准备的。尽管有座位的划分，在剧场观看戏剧仍然是一种生动的民主体验。在21世纪的美国，除了偶尔观看体育比赛时，这种体验已经很少见了。

阿斯特歌剧院暴乱 这幅后来创作的反映1849年阿斯特歌剧院暴乱的水彩画描绘了埃德温·弗里斯特与威廉·麦克雷迪激烈竞争所导致的暴力和混乱。画面中,反英暴徒在英国演员麦克雷迪演出的剧院外示威游行。在暴乱中,他们纵火焚烧剧院。混乱局面直到第七军团卫兵抵达现场才平息下来。(The Great Riot at the Astor Place Opera House, New York, Thursday Evening, May 10, 1849. Published by N. Currier, 1849. Museum of the City of New York, The Harry T. Peters Collection)

美国观众往往非常喧闹、暴躁,甚至(至少在很多演员眼里)令人憎恶。他们并不像今天的观众这样在剧院里安静地坐着,而是大声喊叫,应和剧情,嘲弄演员,甚至有时爬上舞台,就像1832年《理查德三世》在纽约上演时那样加入演出,在一段战争场景中和演员们混在一起,冲锋陷阵,好像他们就是战场上的士兵。

内战以前,莎士比亚戏剧的主要演员成为备受瞩目的公众人物,时常可以点燃公众激情。1849年,纽约市发生的流血事件就是最好的佐证。美国著名演员埃德温·弗里斯特——作为杰出的爱国人士和奋发成才的普通人,深受劳动阶层观众的喜爱——在纽约演出《麦克白》的那天晚上,英国知名演员威廉·麦克雷迪也在纽约同时上演相同剧目。许多纽约人认为,性格孤傲、出身贵族的麦克雷迪以及城市里的富裕精英想让弗里斯特感到难堪。弗里斯特的支持者们涌进麦克雷迪的演出现场并把他轰下舞台。三天后,麦克雷迪试图在"阿斯特歌剧院"重新演出,有一万纽约人(其中大部分是弗里斯特的狂热拥护者)聚集在剧院门口，试图强行冲进剧场。民兵武装被调来处置现场，他们向人群开火，造成22人死亡，150多人受伤。这次事件成为美国19世纪上半叶最为血腥的平民冲突。

内战期间，莎士比亚戏剧在美国依然流行。1864年，《尤利西斯·恺撒》在纽约上演，受到观众的热烈欢迎。三位主演均来自美国最著名的戏剧表演家庭：曾经最杰出的悲剧演员，当时已步入老年的演出巨匠朱尼厄斯·布鲁图·布斯（Junius Brutus Booth）以及他的两个儿子埃德温（Edwin）和约翰·威尔克斯（John Wilkes）。"从莎士比亚亲自在自己的戏剧中演出至今，没有观众欣赏过比这更具魅力、更能吸引和陶醉真正戏剧爱好者的莎士比亚戏剧演出，"《纽约先驱论坛报》发表社论时用满怀自豪地语言写到，"在这一点上，只有英国的城市有望与我们媲美。"

埃德温·布斯后来成为19世纪下半叶美国最受尊崇的演员，他在纽约创立"布斯剧院"并表演戏剧，尤以饰演哈姆雷特等著名莎剧角色而闻名。他的弟弟约翰·威尔克斯在1865年4月14日开枪杀死亚伯拉罕·林肯后，跳上福特剧院的舞台，高喊"暴君就该如此下场"。约翰·威尔克斯高喊的这句话曾是弗吉尼亚州的座右铭，它本是莎士比亚戏剧中布鲁图杀死尤利西斯·恺撒后说的一句话，这段场景对19世纪的美国观众——以及布斯本人——来说甚为熟悉。

1884年，《哈克贝里·费恩》出版时，马克·吐温所描绘的莎士比亚戏剧热已经开始衰退。到19世纪末，莎士比亚的作品受到更加严肃的对待，并与受过教育的上层社会紧密相连。在工人和平民中间，即使著名的莎剧演员也很难有大量追随者。他们逐渐成为贵族社会的宠儿。上层贵族认为，普通观众根本不懂戏剧，只会令其贬值，因此他们想尽办法，试图保护这些演员和作品。"高雅文化"（包括莎士比亚戏剧）与"通俗文化"（莎士比亚戏剧逐渐被排除在外）的区别日渐清晰。这种区别一直流传至今。

巴纳姆吸引游客参观博物馆的方法之一就是聘请演说家做讲座。之所以如此，是因为他深知讲座在19世纪的美国是最受欢迎的娱乐方式之一。不计其数的男男女女涌入演讲厅（见边码第364—365页）、教堂、学校和礼堂，听演讲者讲解最新的科技进步，描述他们的异域之旅，生动形象地讲述历史，痛斥酒精或奴隶制的邪恶。有关社会进步和改革的信息吸引了大批听众，尤其是女性听众，她们急于寻求指导以适应不断工业化的世界给家庭生活带来的急剧变化。

六、北方农业

即使在快速城市化和工业化的东北部，大多数人仍然和农业社会保持着密切联系，而且在19世纪美国人所说的西北部（现在的中西部）更是如此。像工业和商业一样，农业逐渐成为新兴资本主义经济的一部分，与国内和国际市场紧密相连。在这个新兴的商业世界里，农业在哪里失去竞争力——如东北部——就会在哪里走向衰落，在哪里保持竞争力——如西北部——就会在哪里兴旺繁荣并发展变化。

商业农业的兴起

东北部农业

东北部的农业发展在1840年以后走向衰落和转型。衰落的原因非常简单：此地的农民无力与西北部刚刚开发的肥沃土地抗衡。过去东北部农业最重要的产品是小麦、玉米、葡萄、牛、羊、猪等等，而这些农产品的生产中心正在逐渐西迁。

为应对这种变化，一些东部农民自己迁往西部，建立新的农场。有些人进入工业城镇成为工人。还有人继续留在自己的土地上，设法维持自己的产业。随着东部中心城市人口的增长，他们转而为邻近的城市提供食品；他们种植蔬菜（商品蔬菜栽培）或水果，并且在本地销售。例如，纽约州的苹果生产位列各州之首。

东北部的商品蔬菜栽培

城市的兴起也刺激了利润丰厚的乳牛养殖业的发展。东部生产的乳制品大约占全国的一半；其余大部分来自以俄亥俄州为首的西部；东北部的干草产量在全国领先，一定程度上是因为乳品加工业的不断发展扩大。纽约州成为全国干草产量最大的州；宾夕法尼亚和新英格兰地区的粮食产量也很巨大。东北部的马铃薯产量也超过了其他地区。

尽管农业还是东北部经济的重要组成部分，但是和西北部的农业以及东北部本身的工业发展相比，它的重要性在持续下降。因此，东北部很多地方的农业人口也在持续减少。

旧西北地区

旧西北地区的工业化

西北部各州有一些工业和制造业，情况要好于南方；在内战前的20年里，这一地区的工业得到持续发展。到 1860 年，共有 36785 家工厂，雇佣了 209909 名工人。以克利夫兰为中心的伊利湖沿岸是繁荣的工商业地区。另一个工业区位于俄亥俄河谷，中心是以肉类加工业为主的辛辛那提市。再往西，正在崛起的芝加哥注定成为该地区的大都会，它正逐步发展成为全国农机工业和肉类加工业的中心。

西部地区大多数重要工业活动或是为农业服务（例如农机制造），或是依靠农产品（如面粉加工、肉类加工、威士忌酿造、皮具生产等）。这表明，在西北地区，工业从整体来讲远不如农业重要。

西北部分地区还不在白人的控制之下。直到内战结束后，印第安人在大湖区北部各州三分之一的地区仍然是人数最多的居民。在那些地区，捕鱼、打猎以及一些定居农耕仍然是白人和印第安人的主要经济活动。但是，印第安部落并未融入西北部其他地区新兴的商业化经济体系。

对于聚居在偏南部地区的白人（偶尔也有黑人）定居者来说，西北部基本上是农业区。和东部农业不断衰退相比，西北部土地广袤肥沃，农业生产收入丰厚，规模不断壮大。因此，西北部最具代表性的居民不是工厂工人或者贫穷的边郊农民，而是比较富裕的家庭农场主。西部农场的平均面积为 200 英亩，大多数农场的所有者就是在农场里耕种的农夫。

全球农产品价格的上涨强烈刺激了西部农民从事商业化农业：针对市场集中生产单一品种的农牧产品（玉米、小麦、牛、羊、猪等等）。白人移居西北部的初期，农产品价格不断上涨，原因在于欧洲农业在拿破仑战争后严重衰落，欧洲工业化地区的人口不断增加（于是食物需求也不断增加）。西北部坐拥密西西比河众多优良航道，粮食作物可轻松运抵远洋船只，在国际贸易中盈利颇丰。

但是，为农业发展提供最强劲动力的当属美国和欧洲的工业化潮流。随着东北部城市和工厂的发展，国内农产品市场急剧扩大。不断扩大的国内和国际需求导致农产品的价格稳步上升。19 世纪 40 年代和 50 年代初是大多数农场主蓬勃发展、财源广进的时代。

农业市场的扩大对美国区域结构及关系产生了深刻影响。西北部把大部分产品卖给东北部居民，因此，西北部需要依靠东部地区的购买能力。反过来，东部工业也在日趋繁荣的西部为自己的产品找到了重要市场。两个地区之间形成了紧密的、互利互惠的经济关系——这进一步加剧了南方在美国联邦中的孤立。

为满足日益增长的农产品需求，西北部居民拼命劳作，往往近乎疯狂地提高

农业专业化

东北部和西北部日益紧密的联系

自己的生产能力。19 世纪 40 年代，很多人尝试开发、利用大量未开垦的土地和扩大白人定居点的规模。到 1850 年，人口日益增加的西部民众开始向密西西比河东西两侧的大草原地区进军，到达印第安纳、密歇根、伊利诺伊、密苏里、艾奥瓦和明尼苏达等地区。他们伐木造田，或者利用印第安人多年前已经开垦的土地。他们着手发展木材工业，利用剩余的森林资源。小麦是这个地区主要的粮食作物，但是玉米、马铃薯、燕麦等其他作物和畜牧业同样非常重要。

新农业技术　　为了增加产量，西北部不仅依靠扩大土地面积，还采用了新型的农业技术，这些技术极大节省了种植作物所需的人力，而且减缓了本地良田的地力耗减。农民开始种植新品种作物，尤其是比本地品种更加耐寒的地中海小麦。他们还引进了更为优良的牲畜品种，如来自英格兰和西班牙的猪和羊，以取代本地品种。最重要的是农业工具和农业机械的改进，美国发明家和制造商研制和生产了大量农机用具。19 世纪 40 年代，效率更高的谷物条播机、耙地机、割草机、搂草机逐渐被广泛应用。先前革新的铸铁犁仍然十分流行，原因在于铁犁部件破损后容易更换。1847 年出现了一种更好的工具，约翰·迪尔在伊利诺伊州的莫林建厂，生产钢犁，其使用寿命远远超过铸铁犁。

麦考密克收割机　　两种新型机械预示着即将到来的粮食生产革命。其中最重要的是弗吉尼亚州塞勒斯·H. 麦考密克（Cyrus H. McCormick）发明的自动收割机。使用这种收割机，6 到 7 名操作者一天中收割的小麦（或其他任何低株谷物）数量相当于 15 个人使用老式方法的收割量。麦考密克在 1834 年为他的发明申请了专利，并于 1847 年在位于谷物主产带核心地区的芝加哥开办工厂。到 1860 年，西部农场中共有超过 10 万台自动收割机隆隆运转。对于粮农来说同样重要的是打谷机，这是一种使谷粒脱离秸秆的机器。1840 年后，打谷机大量投入使用。在此之前，农民普遍使用手工连枷打谷（一个农场平均每天打谷 7 蒲式耳就算很好）或使用家畜踩踏打谷（平均每天打谷 20 蒲式耳）。但使用一台像威斯康星州拉辛市"哲罗姆·I. 凯斯"工厂生产的打谷机每小时可以打谷 25 蒲式耳甚至更多。

西北部认为自己是全国最民主的地区。但是这种民主是建立在保障经济自由和财产所有权的基础之上的——白人中产阶级的这种民主观在全国很多地区越来越普遍。伊利诺伊州辉格党人亚伯拉罕·林肯曾表达了所在地区众多民众的经济观点。他说："我坚信，让每个人都自由地、尽快地获得财富有利于全体人民。有些人会很快富裕起来。我认为任何法律都无权阻止人们致富；那样做有害无益……和大多数人生旅途一样，一个人最初很穷，如果在自由社会，他会知道，他可以改善自己的生活条件；他会知道，自己的工作状况不会一生不变。"

农村生活

农民的生活与城镇生活大相径庭，不同农业区之间，人们的生活也彼此各异。在阿巴拉契亚山脉以东人口稠密的农业区和西北地区的最东部，农民的社区生活相对活跃，他们充分利用社区中的教堂、学校、商店、酒馆等公共机构。随着白人定居点进一步西移，农民更加与世隔绝，人们不得不想尽办法，寻找一切机会接触家庭成员以外的人。

社交范围因地而异，但交际方式（至少除南方以外）基本一致。宗教成为凝聚整个农业社区最重要的力量，特别是当如此之多的农业地区聚居着具有相同民族背景（因此也具有相同宗教背景）的居民。城镇和乡村教堂是人们喜欢的聚会场所，宗教活动和社会活动都在这里进行，妇女在多数活动中占主导地位。即使在没有正规教堂的地区，农村家庭——尤其是妇女——也会在彼此家中聚集，进行祈祷、诵读《圣经》和其他宗教活动。在婚礼、洗礼和葬礼上，社区居民也会聚在一起，共同庆祝或者哀悼。

宗教在乡村社区的重要性

然而，宗教并不是人们交往的唯一原因。农民还经常一起分担单个家庭难以独立完成的劳动，最常见的就是邻舍为帮建粮仓而举行的聚会，那气氛就像节日一样热闹。女人们准备丰盛的晚餐，男人搭建粮仓，而孩子们在一旁玩耍。收割时节很多农户也会聚在一起，互相帮助，共同收割作物、剥玉米或者打谷粒。妇女们也常围在一起，分担家务劳动，组成"互助会"，一起缝被子、烘焙面食、腌制蜜饯等。

尽管农村家庭创造出很多社交聚会的机会，但与城镇居民相比，农民的生活依然与流行文化和公共社会生活接触甚少。农村人比城市人更加珍惜与外面世界的联系——远方亲友的来信、陌生城市的报纸和杂志、未在本地商店销售的产品广告目录。尽管如此，很多人还是比较喜欢远离城市的生活，珍惜农场生活赋予他们的相对自主权。很多美国乡下人搬进城市后，满怀留恋地回顾农村生活，原因就在于，他们觉得在城市里不能像过去那样掌控自己的日常生活。

小　结

19 世纪 20 年代到 50 年代之间,美国经济开始接受工业革命的洗礼。就像在欧洲一样,这种深刻变化从根本上改变了人们生活的方方面面。

美国工业革命是众多因素共同作用的结果:人口增长(包括自然增长和外来移民)、交通和通信技术的进步、使具有规模化生产能力的工厂得以发展的新科技、大批工业劳动力的招募,以及能够管理大型企业的公司实体的创立。新型经济创造了大量财富,扩大了富裕阶层的规模,也催生了巨大的新兴中产阶级,但同时也导致了严重的不平等现象,这种不平等在众多工业劳动阶层的发展中甚为明显。

北方工业地区的文化也发生了改变,随之而来的还有家庭结构和行为、妇女的社会地位以及人们如何利用休闲时间、如何对待流行文化等方面的重要变化。这些变化有时充满诱惑,有时令人迷茫,有时又兼而有之。变化拉大了革命时期和 19 世纪中期两代人在经历和观念上的差距,同时也拉大了南北双方的差距。

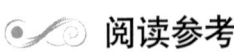 阅读参考

Charles G. Sellers, *The Market Revolution: Jacksonian America, 1815–1846* (1991) 展现了市场变革对美国社会和政治发展产生的巨大影响。

George R. Taylor, *The Transportation Revolution* (1951) 是讲述战前经济发展的经典著作。

Peter Bernstein, *The Wedding of the Waters* (2005) 讲述了伊利运河的修建。

Christopher Clark, *The Roots of Rural Capitalism: Western Massachusetts, 1780–1860* (1990) 研究了新兴资本主义对乡村地区的影响。

Paul Johnson, *A Shopkeeper's Millennium: Society and Revivals in Rochester, New York, 1815–1837* (1978) 探索了经济快速发展时期纽约州北部社会阶级关系性质的变化。

Alice Kessler-Harris, *Out to Work: A History of Wage-Earning Women in the United States* (1982) 是一部广泛记录雇佣劳动力中女性历史的作品。

Thomas Dublin, *Transforming Women's Work: New England Lives in the Industrial Revolution* (1994) 重点关注了美国东北部的作坊城镇。

Mary Ryan, *Cradle of the Middle Class: The Family in Oneida County, New York, 1790–1865* (1981) 展现了市场变革与中产阶级家庭结构变化的关系。

Christine Stansell, *City of Women: Sex and Class in New York, 1789–1860* (1983) 探索了内战前

纽约城女性生活的世界。

John Bodnar, *The Transplanted: A History of Immigrants in America* (1985) 是一次有意义的调查和研究。

Paul W. Gates, *The Farmer's Age: Agriculture, 1815–1860* (1966) 是重要的综览和概述。

Alan Taylor, *William Cooper's Town: Power and Persuasion on the Frontier in the Early American Republic* (1995) 研究了纽约州古柏镇的早期历史，以及市场和民主政治扩大对古柏镇的影响。

《古老的种植园》 这幅画由19世纪初一位民间艺术家所作,揭示了音乐在美国种植园奴隶生活中的重要作用。画面右侧的黑人乐手正在演奏的班卓琴原是非洲的一种乐器。(*Abby Aldrich Rockefeller Folk Art Museum, Colonial Williamsburg Foundation, Williamsburg, VA*)

第 11 章

棉花、奴隶制和旧南方

19世纪中期,南方像北方一样发生了翻天覆地的变化。南方人四散到西南各地建立了新社区、新州县和新市场。南方的农业经济越来越繁荣,生产力不断提高。蔗糖、大米、烟草尤其是棉花等主要作物的贸易,使南方成为国际商业的主要力量,为当地创造了可观的财富。此外,这也使南方与美国新兴资本主义世界和欧洲的贸易伙伴紧密地联系在一起。

随着南方人口和经济的变化,南方社会、南方文化以及南方政治也都相应发生了改变。19世纪50年代的南方与世纪初期已截然不同。

尽管如此,在许多根本性变革上南部还远不及北方。在19世纪初期,南方主要是一个农业地区,到60年代仍然以农业为主。世纪初,南方基本没有重要城市,没有工业发展,六十年后仍然如此。1800年,依靠奴隶劳

大事年表:

1800年	加布里埃尔·普罗瑟在弗吉尼亚组织奴隶起义,但未获成功
1808年	美国禁止奴隶进口
19世纪20年代	烟草价格开始持续低迷
	英国棉纺市场推升棉花价格,导致美国西南部棉花产量激增
1822年	登马克·维西在查尔斯顿举行奴隶暴动的计划受挫
1831年	纳特·特纳奴隶暴动在弗吉尼亚州爆发
1833年	罗阿诺克市约翰·伦道夫释放400名奴隶
1837年	棉花价格骤跌
1846年	《德鲍评论》在新奥尔良创刊
1849年	棉花价格上涨刺激棉花生产激增

动力的种植园体制统治着南方经济；到 1860 年，这种体制对该地区的经济控制有增无减。一位历史学家曾经这样写道："南方虽然在成长，却并没有发展。"最终，南方和北方的差距逐渐显著，南方甚至越来越敏感地感到，北方是对他们独特生活方式的一种威胁。

一、棉花经济

19世纪中期,南方最重要的经济发展体现在经济力量由"上南部"(大西洋沿岸最早的南方各州)向"下南部"(西南新建各州不断扩张的农业地带)的转移。这种经济力量的转移体现了棉花在南方经济中逐渐占据主导地位。

棉花王国的崛起

19世纪,上南部大部分地区仍像过去一样继续依赖于烟草种植,但众所周知,当时市场对烟草的需求很不稳定。频繁的经济萧条(包括19世纪20—50年代漫长的经济萧条期)更是使得烟草价格上下波动。此外,种植烟草会很快使土壤变得贫瘠,这样一来,大多数烟农很难在同一个地方经营太长时间。因此到19世纪30年代,弗吉尼亚、马里兰和北卡罗来纳州烟草种植区的许多烟农都转向其他作物,特别是小麦,而烟草的种植中心也逐渐西移到皮德蒙特山麓。

<small>烟草经济的衰落</small>

南部沿海地区——南卡罗来纳、佐治亚和佛罗里达的部分地区——仍旧依赖于价格更稳定、获利更多的水稻种植。然而,水稻需要大量灌溉,生长期又长(九个月),所以水稻种植仅限于相对较小的区域内。海湾沿线的甘蔗种植者虽也拥有利润丰厚的甘蔗市场,但甘蔗种植需要大量的劳力,甘蔗生长期也很长,只有那些比较富裕的种植园主才能参与这一领域,并且还得与加勒比地区主要的甘蔗种植园主竞争。因此,甘蔗种植仅限于路易斯安那南部和得克萨斯东部的较小地区。长绒棉("海岛棉")是另一种经济效益较高的作物,但和水稻、甘蔗一样,它仅在特定区域(东南沿海地区)生长。

19世纪,上南部烟草经济衰退,下南部甘蔗、水稻以及长绒棉种植受地域所限,如果不是一种新型作物(日后其种植重要性超过任何作物)——短绒棉的出现,人们的注意力将被迫转向其他非农业领域。短绒棉是一种更加耐寒、纤维更粗的棉花品种,可以在各种气候和土壤下生长。唯一的缺点就是它比长绒棉更难加工,棉籽更难去除,但一种轧棉机(参见边码第192—193页)的发明基本解决了这个问题。

<small>短绒棉</small>

棉花需求迅速增长。19世纪二三十年代的英国和四五十年代的新英格兰地区纺织业的发展为棉花市场带来了巨大的新需求。有限的棉田使得棉花供不应求,因此雄心勃勃的男男女女陆续迁往未被开垦的土地(许多人在19世纪20—30年代印第安人部落搬离后新开了种植园),开垦新的棉花种植区。

新奥尔良棉花贸易 埃德加·德加，法国伟大的印象派画家，刻画了1873年新奥尔良棉花贸易中棉花商人仔细检查棉花样品的场景。那时，棉花贸易的利润已经在减少，与19世纪50年代棉花贸易作为南方经济繁荣的驱动力时已不可同日而语。德加的母亲来自新奥尔良棉花代理商一个克里奥尔族家庭。他的两个兄弟（画面中正在读报的和倚靠在窗边的人）也在美国从事棉花贸易。(Giraudon/Art Resource)

棉花生产的推广

从19世纪20年代初开始，棉花生产迅速推广。从南卡罗来纳和佐治亚西部地区起，棉花种植逐渐西移，首先扩展到阿拉巴马和密西西比，之后进入了路易斯安那、得克萨斯和阿肯色北部。到19世纪50年代，棉花生产已经成为南方经济的重要支柱。在19世纪20年代，南方一年能生产50万包棉花，到50年代，年产量近300万包，而到19世纪60年代将近有500万包。棉花价格有周期性波动，一般由于生产过剩，一段时间的繁盛之后，经常会跟着突然的下跌。尽管时好时坏，但无论如何，棉花经济持续增长。在内战爆发之际，棉花出口几乎占美国出口贸易总量的三分之二，每年带来近2亿美元的收入。与之相比，每年水稻的产值却只有200万美元。因此，当时南方政治家高呼"棉花就是国王"也不足为奇了。

棉花生产主导着新建地区的经济，这些地区后来被人们称为"下南部"（或在之后时期所谓的"南方腹地"）。逐渐有人开始称这个地区为"棉花王国"。向这个地区移民在某种程度上如同新一轮的淘金热。成千上万的白人为了棉花带来的诱人利润涌向下南部。其中有些是富有的种植园主，他们把原来所在州的资产和奴隶都搬到了新的种植园，而大多数都是小奴隶主或没有奴隶的自耕农，他们想要借此机会上升到种植园主阶层。

蓄奴制的扩张

奴隶人口迁移也出现了类似的动向（也许是不情愿的）。19世纪20年代到60年代间，阿拉巴马州的奴隶人口从4.1万剧增至43.5万，密西西比州从3.2万增至43.6万,而在此期间弗吉尼亚州仅从42.5万增加到49万。19世纪40年代到60年代间,据估计41万奴隶从上南部迁移到棉花生产州,要么是跟随主人迁往西南,要么(更多)是被卖给已在西南定居的种植园主。实际上,向西南地区出售奴隶已成为上南部的重要经济活动之一,对西南地区深受产品跌价影响的种植园主来说,也是一种补偿。

南方的贸易和工业

农业发展繁荣之时,南方其他形式的经济活动也在慢慢进行。这个地区的商人阶层:包括生产商和贸易商,有着不容轻视的地位。尤其在上南部,面粉加工、纺织业以及钢铁制造业都逐渐发展起来。例如,里士满的特里迪格钢铁厂,甚至可以和东北地区最好的钢铁厂相抗衡。但是与农业经济的发展相比,工业发展的力度仍然无足轻重,1860年南方的纺织制造业年总产值为450万美元,足足比二十年前的总产值增加了三倍,但是这仅仅占当年原棉出口总产值的2%。

<small>孱弱的制造业</small>

在某种程度上,南方也有非农产业的发展,主要是为了满足种植园经济发展的需要。其中尤为重要的是那些帮种植园主推销作物的经纪人(或代理人)。这些商人一般居住在新奥尔良、查尔斯顿、莫比尔和萨凡纳等城市,他们在这些地方寻找棉花或其他作物的买家并为种植园主购买货物。南方的金融体系并不发达,这些代理人也兼做银行家,为种植园主提供信贷服务。种植园主通常债台高筑,当棉花价格下降时情况就更为严重;因此这些身兼商人和银行家的人就成为当地非常重要和极具影响力的人。当然南方也有一批专业人士,包括律师、编辑、医生等等,但在南方大部分地区,他们也严重依赖于种植园经济。制造商、贸易商和专业人员对南方社会的影响无论有多大,与北方同行相比,他们都显得逊色很多,南方人也越来越(尽管越来越不情愿)依赖于北方的制造商、贸易商和专业人员。

南方银行系统的原始落后与南方工业发展所必需的其他基础设施和服务的贫乏、停滞遥相呼应,其中最为明显的就是南方交通系统的欠缺。在战前的北方,大量资金投入到修建公路、运河,特别是铁路上,把整个地区连接成了一个综合的市场。但在南方却没有这样的投资:运河几乎没有,大多数公路坑坑洼洼,根本无法承受重载运输,铁路虽然在19世纪四五十年代得到很大发展,也未能有效地将整个南方连接起来。查尔斯顿、亚特兰大、萨凡纳、诺福克等城镇可以直接与孟菲斯联通,进而与西北连接;里士满可以通过弗吉尼亚中央铁路与孟菲斯以及查尔斯顿铁路相连。此外,其他的一些独立线路将俄亥俄河和新奥尔良相连。然而南

<small>不完善的地区运输系统</small>

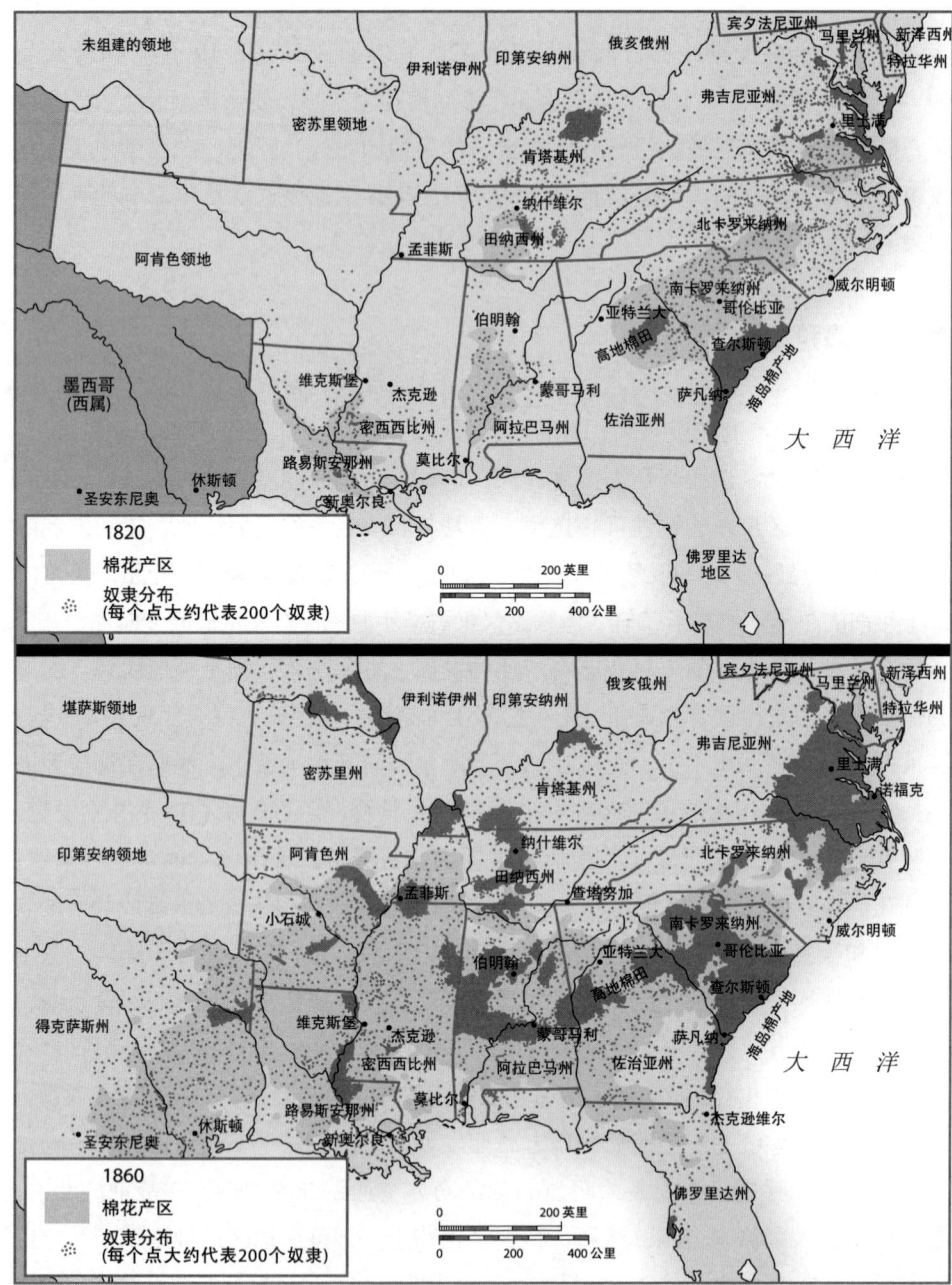

南方的奴隶制与棉花，1820和1860 这两幅地图展现了内战爆发前的几十年里棉花种植业在南方的迅速蔓延。两幅地图同时展示了棉花种植地区（灰色部分）和奴隶人口稠密地区（灰色圆点部分）。值得注意的是，在上面的地图（1820年）中，棉花生产主要集中在美国东部，还有一些分散在阿拉巴马州、密西西比州、路易斯安那州和田纳西州。奴隶制主要集中在种植长绒棉的佐治亚州和南卡罗来纳州海岸沿岸，还有其他一些奴隶人口十分稠密的地区。到1860年，变化显著。棉花生产已经遍布南方偏南地区，从得克萨斯州到佛罗里达州北部地区，奴隶制也随之蔓延。此外，奴隶人口在种植烟叶的弗吉尼亚州和北卡罗来纳州更加稠密，这些地区同时还种植棉花。◆ 经济转变是如何影响南方白人对奴隶制的热衷的？

方大部分地区仍没有和国家铁路系统相连接,多数铁路线仍是地区性的,线路较短,主要的运输渠道还是水路。种植园主一般通过河运或海运运送货物,而大多生产制造业也都位于或邻近港口城市。

敏锐的南方人意识到南方经济相对于北方经济处于从属地位。阿肯色记者阿尔伯特·派克这样哀叹道:"从保姆在南方婴儿耳边摇动的拨浪鼓,到盖住死人的裹尸布,没有哪一样不是产自北方。"最为积极地支持南方经济独立的人莫过于新奥尔良人詹姆斯·德鲍(James D. De Bow)。他出版了一本倡导南方商业和农业扩张的杂志,名为《德鲍评论》(*De Bow's Review*),从1846年创刊一直发行到1880年。德鲍在杂志中坚持不懈地主张南方从北方经济中独立,并不断警告南北之间存在"殖民"关系危机。一位作家曾在这本杂志中写道:"可以毫不夸张地说,如果我们向北方俯首称臣的话,每年得付出大约一亿美元的代价。我的天哪!"其实,《德鲍评论》本身就是南方依赖于北方的证据。由于新奥尔良没有一家印刷厂

《德鲍评论》

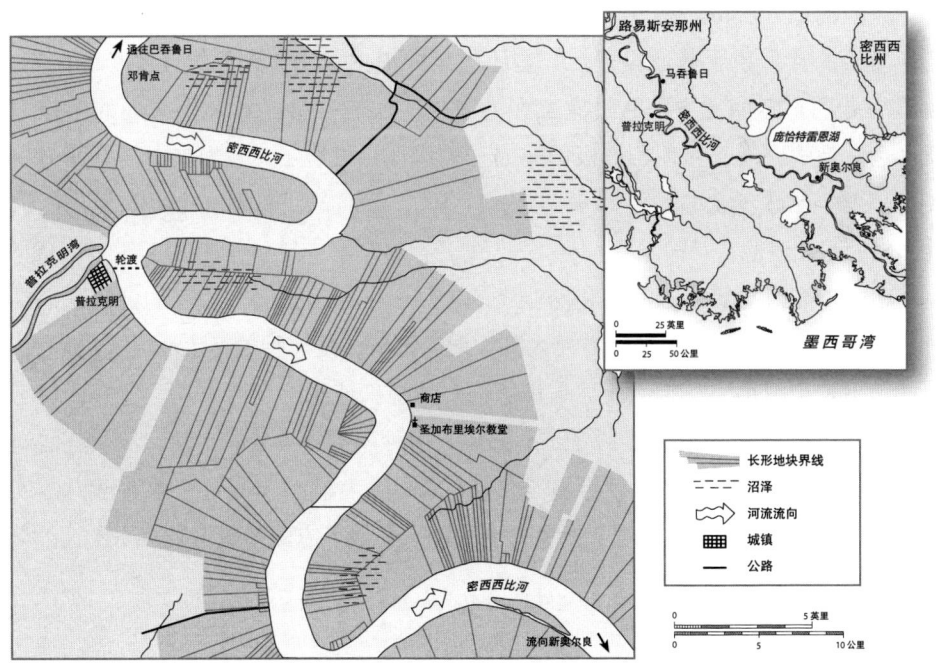

路易斯安那州的种植园,1858 这幅地图详细描绘了新奥尔良和路易斯安那州巴吞鲁日之间密西西比河沿岸的种植园。请注意这片狭窄悠长的地块被称为"长形地块"。这样规划的目的是为了让尽可能多的种植园主获得临河土地,他们需要利用这条河运输粮食作物到市场并换取商品。河水还把肥沃的土壤沉积在岸边,使作物种植更加容易。值得注意的是,所有城镇、商店和教堂都靠近河岸,这样,种植园主和其他生活在种植园上的人坐船就可以轻易到达这些地方。◆ 这片土地与美国西部新开放的联邦土地有何不同之处?

有足够的设备可以完成印刷,所以杂志不得不到纽约印刷;杂志中登满了北方制造商的广告,而发行量与北方的一些出版物相比总是逊色很多。在查尔斯顿,《德鲍评论》每期只能卖出 175 册,而纽约的《哈珀杂志》却能保持向南卡罗来纳的读者销售 1500 册。

南北差距的根源

尽管南方人对"殖民依赖"的担忧有所增加,但是他们却没有真正努力加强经济建设以改变对北方的依赖。因此,战前南方历史上存在的一个重要问题就是,为什么该地区没有努力去发展自己的大规模工商业经济?为什么南方一直无法与北方相比?

殖民依赖的原因

当地农业体制,特别是高利润的棉花生产是原因之一。在东北地区,当农业经济衰退时,许多人就转向了生产制造业。而在南方,农业经济正在繁荣发展,雄心壮志的人们一心企盼通过新兴的资本主义经济获利,而无心顾及其他。还有一个原因就是,富裕的南方人把资金几乎全部用于购置土地尤其是奴隶上,因此已无多余的财力用于其他投资。一些历史学家提出,南方的气候(漫长、炎热、潮湿的夏季)不如北方那么适宜工业的发展。还有人甚至认为南方人的劳作习惯(也许是南方天气对他们消极影响的一种体现)阻碍了工业发展。一些南方白人——至少在许多北方人眼里——工作不努力,而且缺乏推动北方经济发展的那种强烈的职业道德。

骑士形象

南方未能建立繁荣的工业和商业经济,另一个原因是南方独有的价值观抑制了城市和工业的发展。很多南方白人喜欢把自己看作是一种独特生活方式的代表:一种基于骑士精神、悠闲洒脱、高贵优雅等传统价值观的生活方式。他们认为南方白人是"骑士",愉快地摆脱了"北方佬"那种卑劣、贪婪的本性。他们坚信南方白人更关心优雅舒适的生活而不是快速的发展。尽管"骑士"形象对南方白人很有诱惑力,但就南方社会现实而言,这种形象在很多方面都显得格格不入。

二、南方白人社会

仅仅只有一小部分南方白人拥有奴隶。1850 年,南方白人的总人口超过了 600 万,而奴隶主却只有 347525 人。1860 年,虽然白人人口超过了 800 万,奴隶主也只有 383637 人。然而这些数据也不是那么准确，因为每个奴隶主通常都是平均有五个家庭成员家庭的户主。但即使将奴隶主家庭的每个人都包括在内，拥有奴隶的人口也不到白人总数的四分之一。在少数白人奴隶主中，拥有大批奴隶的人更是少得可怜。

种植园主阶级

那么，为何南方被外界甚至很多南方人自己看作是一个由大种植园和富裕的种植园主为主体的社会呢？主要是因为种植园贵族——棉花产业巨头，甘蔗、水稻、烟草富商，以及至少拥有四五十个奴隶外加 800 多英亩土地的白人——拥有远远超出其数量的权力和影响力。他们处于社会上层，对当地的政治、经济、以及社会生活都具有决定性的作用；每年有不菲的收入，住在宫殿般的房子里，身边有大片的土地和成群的黑奴，他们成为可以随意发号施令的阶层。他们之中最富有的人在城镇中也有房子，每年在那里住几个月，享受光鲜体面的社会生活。另一些人到各地旅游，尤其到欧洲，以排解种植园生活的孤独。还有许多人喜欢在自己的种植园举行隆重的社交活动。_{种植园贵族}

南方白人喜欢把自己的种植园主地位与原来英格兰和欧洲的上流社会（长久以来根基深厚的真正的贵族）相比。但实际上，南方贵族在大多数情况下根本比不上原来的土地贵族。虽然在上南部的一些地区，例如在弗吉尼亚的沿海低洼地区，一些贵族家庭确实几代人都享有显赫的财富和权势，但是，在南方大部分地区，古老的土地贵族（尽管是"骑士"形象的核心）只是一个神话。即使是南方棉花种植地区最重要的种植园主通常也是刚刚发家致富。直到 19 世纪 50 年代，许多下南部的大地主还只是第一代移民。他们到达那里时物资不多，经过多年的奋斗才把土地开垦出来，并在原来的荒地上建起了种植园，过上舒适奢华的生活，在社会上享有一些名气。到南北战争开始时，"旧南方"（后来美国人称之为内战前的南方）的大部分地区被定居和开发还不足二十年。

种植园主的世界其实也不像"骑士"神话中描述的那样自在优雅。主要农作物种植也像北方的工业企业那样具有竞争性和风险性。为了获利，种植园主就得亲自监督每一项运作。他们，在很多方面，与生活方式为他们所鄙视的北方资本家和工业家没有什么差别。还有许多富有的种植园主过着简朴的生活，他们把钱几乎全都用于投资土地和奴隶，很少用于个人享受。一些白人种植园主，甚至一些非常富裕的人，仍会为了开垦新的预期效益更好的土地而频繁迁移。_{种植园管理}

实际上，可能正是种植园生活方式的新奇性和不确定性，以及现实与理想生活之间的差异使得许多南方种植园主坚决把自己看作高贵的贵族。他们会不惜一切地去捍卫经过很多艰难困苦才获得的地位。或许那就是为什么在新兴的、繁荣发展的下南部维护奴隶制和南方"权利"的呼声很高涨，而在古老的、发展较为落后的沿海低洼地区呼声却较弱。

贵族价值观

富裕的南方白人用很多方式维持自己的贵族形象。他们避免贸易、经商等"粗俗"的职业，那些没有成为种植园主的人通常会从军——一种在骑士文化（就像沃尔特·司各特在小说中描绘的那样，中世纪骑士英勇强悍、受人喜爱）中成长起来的人"适合"的职业。贵族理想还体现在对白人妇女特殊角色的定义上。

"荣誉"

也许最重要的是，白人男性都继承了骑士精神的行为规范，认为自己负有捍卫"荣誉"的使命，通常是通过决斗——这一在北方早已绝迹但在南方却得以保

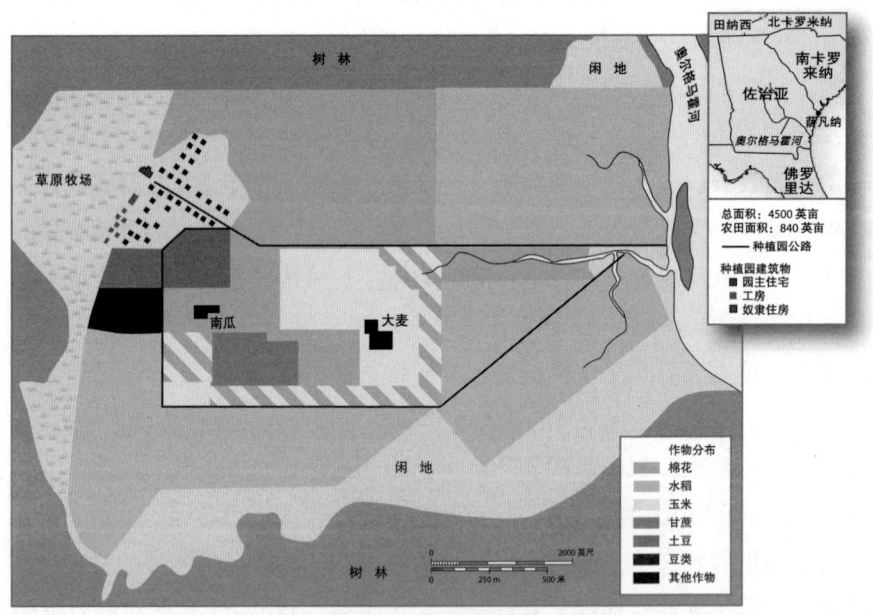

佐治亚州的一个种植园 这幅南卡罗来纳州霍普顿种植园的地图展现了种植园与国内国际市场有着多么紧密的联系，种植园又是多么努力地实现自给自足。请注意，大片土地被用来种植棉花、稻米和甘蔗，而这些都是经济作物。◆ 南方此处的种植园为什么比密西西比河三角洲地区的棉花种植园种植更加丰富多样的经济作物？还请注意，种植园为当地市场或国内居民所种植的多种作物——土豆、蔬菜、玉米等。地图左上角展现了生活区的分布情况，奴隶住处都聚集在主人住宅附近。◆ 为什么种植园主希望他们的奴隶住在附近？奴隶为什么可能对离主人如此之近感到不悦？（彩图见第534页）

存下来的习俗——来实现。南方的白人男性在与他人交往时恪守惯有的谦恭与尊重,以脱离他们所操控的奴隶制的最根本特征——残酷与无礼。违背这些传统通常会引起在外人看来超乎寻常激烈的,甚至暴力的反应。

在南方,荣誉观念只在一定程度上与伦理道德和英勇行为有联系。另外,它还与白人男性在公众面前的尊严与权威——即在他人面前保持体面——相联系。任何挑衅南方白人男性个人尊严、社会地位和"男子气概"的行为都会引起一场决斗,或者至少是严厉的公众责难。当南方卡罗来纳州的国会议员普雷斯顿·布鲁克斯(Preston Brooks)冲进美国参议院会议厅,用棍子野蛮地打了他认为侮辱了他亲戚的马萨诸塞州议员查尔斯·萨姆纳时,他的行为完全符合南方的荣誉观念。在北方,布鲁克斯被痛斥为野蛮人,而在南方,他却成为受人爱戴的英雄。布鲁克斯是许多南方白人男性所奉行的行为规范的典型代表。在南方社会大部分地区,报复侮辱行为成为一种社会必须,而对侮辱南方白人女性的行为进行报复则可能是南方白人"绅士"所承担的最重要的义务。

对荣誉的狂热崇拜

路易斯安那州的圣约翰种植园　路易斯安那州圣马丁堂区圣约翰种植园的希腊复兴式"豪宅"如今仍毅然矗立。1861年,当画家阿德里安·佩尔萨克描绘此景时,"豪宅"正位于5000英亩甘蔗种植园的中心,体现了种植园主及其家人自视高雅的生活。"豪宅"右侧是用砖砌成的蔗糖工厂和供奴隶居住的小木屋。这些奴隶肩负着甘蔗收获和蔗糖生产等艰苦的工作。(*Louisiana State University Museum of Art*)

南方淑女

在一些方面，有钱人家的南方白人女性与北方中产阶级白人女性扮演着相同的角色。她们的生活一般以家庭为中心，陪伴服侍丈夫，养育照顾孩子。与北方女人相比，"高贵的"南方白人女性很少出门参加社会活动或者寻找赚钱的工作。

但是，"南方淑女"的生活在许多方面又与北方女人不同。其中一点，南方对于荣誉的崇拜意味着理论上南部白人特别重视对女性的保护。实际上，这就意味着，与北方相比，在南方文化中，男性更加占有主导地位，而女性更处于从属地位。一位南方著名的社会理论家乔治·菲茨休（George Fitzhugh）在1850年写道："女人，同孩子一样，只享有一种权利，就是得到保护。享受保护权利的前提是履行顺从的义务。"

女性的从属地位

决定南方白人女性角色的更重要因素是她们所处的社会和经济现实。当地大多数女性生活在农场，相对与外界隔绝，无法接触"公众世界"，所以没有机会看到妇女除妻子和母亲之外的其他角色。因为在农场上，家庭是主要的经济单位，所以南方男人作为丈夫和父亲的统治地位要比北方地区更高（北方经济活动已经走出家庭进入到工厂和办公室了）。对于许多白人女性来说，生活在规模不大的农场意味着要比典型的北方中产阶级妇女更加彻底地投入到家庭经济生活中去。这些女人从事纺纱织布和其他生产活动，参与农事，帮助监督奴隶工作。在一些较大的种植园，即使是这样有限的职责有时也会被视为不适宜白人女性，而"庄园女主人"这一称呼，在一些情况下，与其说是经济和社会中一个活跃的组成部分，倒不如说是丈夫的装饰。

同时，与北方女性相比，南方白人女性很少有机会接受教育。将近四分之一的20岁以上女性是文盲。很少有女性接受过初级以上教育，即使是有钱的种植园

路易斯安那州的衣物浆洗　奥古斯特·赫尔维尤1837年创作的这幅蚀刻版画展现了南方种植园妇女并不浪漫的生活。这位穿着朴素的种植园女主人正在严厉地训斥两个黑人家奴，可能是在批评他们浆洗衣服的方式。奴隶则做出畏缩、顺从的样子，小心掩饰他们内心可能充满的怨恨。画面中丝毫也找不到当时以及后来大众所传说的、常与种植园生活紧密相连的那种安逸与奢华。(General Research Division, New York Public Library, Astor, Lenox and Tilden Foundations)

主也不太愿意让他们的女儿接受过多教育。南方为数极少的几所女子"学校"都是训练女性如何成为更称职的妻子。

南方的白人女性还有其他特殊的负担。南方白人的出生率比全国高出将近20%。婴儿的死亡率也高于其他地区，1860年出生的南方孩子将近一半活不到5岁。奴隶制对白人女性造成了复杂的影响。一方面，它使白人妇女摆脱了一些繁重的体力劳动，但另一方面，她们同自己丈夫的关系也受到威胁。男性奴隶主经常与种植园中的女奴发生性关系，他们结合后生下的孩子会成为种植园中的劳动力，同时不断提醒着白人女性她们丈夫的不忠。黑人女性（和男性）显然是最大的受害者，但是白人女性同样遭受痛苦。

其他负担

少数南方白人女性对自身角色和当地传统观念进行反抗。有的成了彻底的废奴主义者，加入北方的废奴改革运动中，有的鼓动在南方范围内的一些其他改革。然而，大多数白人女性很难找到发泄对生活不满的机会。相反，她们会用现在所拥有的地位来说服自己——并且常常比南方白人男性更热衷于——捍卫南方生活方式中的特殊美德。南方上层社会的白人女性相当注重捍卫自己与穷苦白人之间的阶级界限。

普通农民

典型的南方白人不是大庄园主也不是大奴隶主，而是小农场的自耕农。众所周知，这些"普通农民"拥有很少的奴隶，他们同工同住，与那些大庄园主相比，他们与奴隶的关系更亲近些。大多数家庭（事实上，四分之三的白人家庭）没有奴隶。一些自己拥有土地的农民靠耕作过活；其他一些人种植棉花或其他作物拿到市场上去卖，但这些通常不足以扩大生产，甚至连还债都不够。19世纪50年代，无奴隶的农户数量比有奴隶的庄园主的数量增长得快。虽然偶尔也有穷农户跻身于庄园主阶层的例子，但这毕竟是少数。大多数自耕农都明白从根本上改变命运的希望是渺茫的。

原因之一就是教育体制。贫苦白人得到的学习机会很少，因此限制了他们进步的机会。对于庄园主的儿子来说，南方给他们提供了充分的机会接受教育。1860年，南方共有260所公立、私立学院和大学，25000学生注册学习，人数超过美国学生总数的一半。但是大学仅限于上层社会。南方的小学和中学不仅数量少而且比东北部地区差（虽然不比西北部简陋的学校差多少）。这里的白人文盲率高于全国其他地区。

有限的教育机会

南方白人人口的重要组成部分——普通农民，被排斥在庄园主统治的社会体系之外，这给我们提出了另一个关于战前南方的重要问题，即为什么这些普通农民会在旧南方公共生活中拥有如此少的权利？为什么他们不反对这个无法共享的贵族社会体系？为什么他们不憎恶对他们毫无益处的奴隶制？

"山民"　　一些没有奴隶的白人确实曾反抗过庄园贵族，但是大部分情况下，反抗活动都规模有限且局限在少数偏远地区。反抗的农民是南部高地的"山民"，分布在密西西比河东部的阿巴拉契亚山脉、密西西比河西部的欧扎克地区，或者其他一些被种植园体系隔绝于商业世界之外的"丘陵地区"或"偏远地区"。在所有南方白人中，他们成为主流社会生活最孤立的群体。他们经营着简单的温饱型农业，没有奴隶，对自己的隐居式生活有种自豪感。在大多数方面，他们与南方棉花种植区域的新商品经济没有任何关联。他们没有剩余产品拿到市场上去卖，也没有其他赚钱的出路，通常以物换物获得他们不能种植的产品。

对这些人来说，奴隶制不受欢迎的原因同北方工人和小农场主对奴隶制不感兴趣的原因一样：因为奴隶制威胁到了他们的独立感。内地农民生活的社会，有着非同寻常的个体自由，脱离现代社会的物质观念。他们怀有旧日的政治理想，其中包括对整个国家的高度忠诚。

这些白人经常表达对南部其他地区种植园贵族的敌视。山区是南方唯一反对局部整合统一的地区，（当最终发展到脱离联邦时）是唯一抵抗脱离联邦运动的地区。即使在内战期间，他们中许多人也拒绝支持南部邦联，有的甚至为北部联邦作战。

与种植园贵族的紧密关系　　然而，人数更多的是身处种植园体系中没有奴隶的白人。他们中很多人，也许大多数人接受这一体系，是因为他们在许多重要方面都与之息息相关。小农户们依赖于当地种植园贵族的原因很多：为了有轧棉机可用，为了给有限的农作物和牲畜寻找市场，为了必要时找种植园贵族贷款或寻求其他金融资助。在许多地区，广泛的亲属关系网联系着下层白人和上层白人。最贫穷的乡民很可能是最富有的贵族的表亲。总而言之，这些关联使得本应很明显的阶级矛盾得以缓和。

一些小农户感到与种植园群体在其他一些方面也有联系。对白人来说，南方至少是极其民主的社会。南方在参政方面（不论是选举投票还是竞选活动和野餐会）比参政率已经很高的北方更为开放。参政让北方工人感到自己与社会秩序的联系，南方农民同样有此感受——尽管南方的官员（比起北方来）几乎都是贵族。此外，在19世纪50年代，棉花经济的繁荣使很多小农户的财富增长了。有的人购买了更多土地成为了奴隶主,从而挤进种植园群体的边缘。还有的人觉得作为自耕农比以前更有安全感,因此他们更有可能对南方极度效忠,这种观念在南方白人中广为流传。

一些小农户比大庄园主还要注重传统的男权家庭结构。以家庭为中心的经济体系要求全体家庭成员的参与,而且,他们认为一个稳定的性别关系可以保证经济秩序的稳定。男人无疑是家庭的主人,而女人和孩子既是家人又是劳力,必须听从男主人的吩咐。19世纪四五十年代北方对奴隶制的攻击加剧,这些农户很容易相信——牧师、政治家和其他奴隶制宣传者的宣扬也更容易使他们相信——攻击一种等级制度(奴隶制)将会殃及另一种类似的制度(家长制)。

_{忠于家长制}

还有一些南方白人虽然在任何方面都没有享受过种植园经济带来的好处,但依然坚持这一传统。这些人都来自于极其没落的阶层——1850年时人数大概有50万,他们的称呼各种各样,多为贬称,如"疯子""沙冈人"和"穷白废料"(哈里特·比彻·斯托 [Harriet Beecher Stone] 曾在《汤姆叔叔的小屋》一书中用这一词作为章节标题)。他们所在的地方是贫瘠的松林荒地、红土山丘和沼泽地,居住的小屋十分简陋,生活极度贫困。他们没有土地(或拥有根本不长作物的土地),通过拾粮草和打猎过活。虽然奴隶制限制了他们的工作机会,但是他们有时也给邻居做零工。他们的悲惨处境部分归因于食品缺乏和疾病。有些人甚至吃土充饥(因此有钱的白人习惯叫他们"食土人"),他们饱受糙皮病、十二指肠虫病和疟疾的折磨。种植园主和小农户都瞧不起他们。他们是真正的下层人。从物质方面看,他们的处境比美国黑人还要糟(黑人也常蔑视穷苦白人)。

即使是这些被当地白人社会遗弃的南方人,都没有真正地反对过种植园制度或奴隶制。在一定程度上,无疑是因为这些人被贫穷所麻痹,无力抵抗。但是他们的相对被动也可能源自南方白人群体中一种强大而统一的力量,一种足以缓和各种阶级矛盾的力量——种族观念。无论这些南方白人多么贫穷,多么悲惨,他们始终认为自己是居于统治地位的民族中的一员,他们仍然可以看不起该地区的黑人,并感到自己与那些天生就决心捍卫种族至上论的白人同胞紧密相连。正如弗雷德里克·劳·奥姆斯特德,一位在19世纪50年代走访并记录南方社会的北方人所写的:"从童年时代起,赋予白人生活意义的一种认知就是黑人始终比他们低劣。"

_{有限的阶级矛盾}

三、奴隶制："特殊的制度"

南方白人通常把奴隶制称为"特殊的制度"，但是他们不是指这一制度很奇怪，而是指它是有特色的、特别的。这一描述是恰当的，因为美国奴隶制确实很有特色。在19世纪中期，美国南部是西方世界里除了巴西，古巴和波多黎各外唯一保留奴隶制的国家。与其他因素相比，奴隶制更能使南方与美国社会隔离开来。随着隔离的日渐深入，南方人觉得更有义务去捍卫这一制度。

在南方，奴隶制的发展带来了自相矛盾的后果。一方面，奴隶制将黑人与白人隔离开来，在一群南方人与另一群南方人之间画出了不可逾越的种族分界线。因此，奴隶制下的美国黑人开始发展属于他们自己的、与白人毫无关系的社会与文化。另一方面，奴隶制在南方建立起了白人与黑人、主人与奴隶之间的独特联系。这两个群体保持着各自的圈子，但是两个圈子又互相影响、互相依赖。

各种奴隶制

奴隶制是依据详尽的法律建立和管理的。南方奴隶条例禁止奴隶拥有财产，未经允许禁止离开主人地界，禁止夜晚外出，禁止除教堂活动外的其他聚会，禁止携带武器，即使是自卫也不得攻击白人。这些条例还禁止白人教奴隶读书写字，并且不承认黑人在法庭作证指证白人的权利。法律上没有关于奴隶结婚与离婚的相关条款。如果奴隶主在惩罚奴隶时杀死奴隶，法律并不将此认定为犯罪。但是，如果奴隶杀死甚至只是抵抗白人，煽动暴乱，那他就面临死刑。条款中对种族划分有极其严格的规定。任何非洲后裔，哪怕只有一点非洲血统也会被当作黑人，即使只是谣传某人有非洲血统，那人都会被当作黑人，除非他能证明自己不是——当然，这几乎是不可能的。

奴隶制的法律基础

这些许许多多的条款似乎都在表明奴隶们生活在一个统一的残酷黑暗的政权下。如果法律被严格执行，那情况应该如此。但事实上，实施情况不规范也不平衡。尽管法律不允许，一些奴隶还是拥有财产，学习了读书写字，与其他奴隶集会。虽然大多数奴隶的犯罪案一般都在法院的司法权限之内（因此也在奴隶条例的权限内），但是白人奴隶主一般都自行解决，并对奴隶施以各种惩罚。换句话说，尽管有严格的法律条文，奴隶制中还是有许多变通。一些黑人生活在犹如监狱的地方，被他们的主人用严苛残酷的手段控制着。而其他许多奴隶（应该是大多数）享有一些灵活性和（至少相比法律规定的制度来说）一定程度的自主权。

奴隶制的现实情况

《拖运一周的收成》 威廉·亨利·布朗在 1842 年左右创作的这幅水彩画描绘了一个奴隶家庭在一整天辛苦采摘之后将棉花装上马车。年轻的孩子们甚至也参加了劳动。布朗是一位著名的剪影——19 世纪流行的一种艺术形式——艺术家（他后来的绘画主题还包括亚伯拉罕·林肯）。布朗在拜访一个家庭时曾送给他们一幅五英尺的剪贴画作礼物，而这幅画是其中的一部分。(Historic New Orleans Collection)

    主人与奴隶之间关系的性质在一定程度上取决于种植园的规模。典型的奴隶主与奴隶对奴隶制的印象是不同的。多数奴隶主拥有很少的奴隶，他们对奴隶制的体验（和印象）反映了小农场上奴隶制的特殊性质。有少数奴隶的农场主通常直接管理奴隶，并且和他们一起干活。在这样的农场上，黑人与白人之间产生了大型种植园中罕有的亲近感。主人与奴隶的关系可以犹如父子，温暖慈爱。当然也可以是暴虐残酷的。当然无论哪种情况，都是建立在奴隶毫无权利和主人的绝对权威基础之上的一种关系。一般来说，美国黑人更愿意生活在大型种植园，因为在那里他们能有更多隐私，并有机会建立属于他们自己的文化与社会圈子。

    尽管大多数奴隶主是小农户，但是大多数奴隶都集中在劳动力密集的大中型种植园。因此主人与奴隶之间的关系对典型奴隶来说远不如典型奴隶主感觉那么亲密。许多种植园主雇佣监工甚至副监工来代他们管理奴隶，受信任、负责任的奴隶可以当"工长"，通常在几个副工长的协助下，听从监工领导。

    给奴隶分工时，大种植园主通常在两种方法中选择一种。其一是任务制（在水稻种植园中比较普遍），奴隶们会在早上得到某项任务，例如，锄一英亩地，在完成工作后，当天剩下的时间他们就自由支配了。第二种方法更加普遍，即帮组制（出现在棉花、甘蔗和烟草种植园），奴隶被分成小组，每组有一个工长带领，必须按监工决定的工作时间干活。

任务制和群工制

奴隶制下的生活

奴隶的所得至少可以够他们生存和劳作。奴隶主通常提供给他们足够的食物，主要包括玉米面、咸肉、糖浆以及偶尔的鲜肉和家禽。许多奴隶在菜园里自己种菜，会收到主人给的廉价衣服和鞋。他们住在简陋的小木屋中，称为"奴隶营"，一般聚集在主人住处附近。种植园女主人或是主人的雇用医生会为他们提供一些医疗照顾，但女奴隶本身——作为"医务员"和接生婆或者仅仅就是母亲——在医疗方面起着更为重要的作用。

奴隶的工作十分辛苦，从小开始干些轻活；农忙时节他们的工作时间最长。女奴隶的工作尤其辛苦，她们一般都在地里跟男人们一起干活，同时还要承担通常都是女人完成的繁重家务——做饭、打扫、抚育孩子。奴隶家庭一般是被分开的，丈夫和父亲通常住在附近的种植园里（或者有时被卖给远方的种植园主），黑人妇女一般来说都成了单身母亲。因此在一个奴隶家庭里面，女人要承担特殊的重负，同时也有特殊的权威。

<small>女性的特殊地位</small>

奴隶，作为一个群体，身体状况远不如南方白人。1808 年后，奴隶进口非法化，黑人在全国人口中的比例持续下降。1820 年，黑人和白人的比例是 1：4；1840 年变成 1：5。黑人死亡率高也成为其人口增长变慢的原因。奴隶母亲一般有很多孩子，但事实上日益严重的贫困使得越来越多的黑人孩子夭折，概率远高于白人孩子。就算那些能活到成年的也比一般白人死得早。

<small>奴隶的高死亡率</small>

即使如此，一些学者认为，奴隶的物质生活水平事实上要高于北方工厂的工人，也高于 19 世纪欧洲的许多工人和农民。美国奴隶的生活状况肯定不像加勒比海地区和南美地区的奴隶那么艰苦。一定程度上是因为美洲其他地区种植园种植作物需要更多的劳力，尤其是加勒比群岛的甘蔗种植，奴隶要承受超负荷的工作强度和患上致命热带疾病的高风险。另外，加勒比和南美洲地区的种植园主直到 19 世纪仍继续用奴隶交易来补充劳动力，所以他们不像美国种植园主（几乎不介入奴隶交易）那样有积极性保护他们现有的劳工。这些地区奴隶的工作生活状况更为艰难，有时奴隶主真的会把奴隶累死。美国大部分奴隶的任务是种棉花，这比种甘蔗轻松许多；而且种植园主有强烈的经济动力去维持奴隶人口的健康。结果，美国成为唯一一个在自然条件下奴隶人口增长的国家（尽管仍比白人人口增长慢许多）。

很多主人确实在维持奴隶健康以及其有用性方面做了很多努力。一个例子就是奴隶主保护未成年奴隶，不让他们从事繁重的工作。因为主人坚信这样可以让那些年轻奴隶对自己更忠诚，而且能确保他们长大后更加健康。另一个例子是奴隶主会雇人（如果能雇到的话）去做最有害、最危险的工作。比如路易斯安那的一位旅行者记述了爱尔兰人被雇去清理瘴气沼泽、在从河边陡岸到登船码头之间的斜坡底部处理棉包。假如一个爱尔兰人死于疾病或是事故，奴隶主可以花一天一美元或更少的钱再雇一个；但如果是一个干农活的主要奴隶死了，奴隶主可能损失一千多美元的投资。不过，残忍的奴隶主愤怒时会忘记自己的钱袋。他们任由和奴隶没有太多经济利益关系的监工处罚奴隶。监工的收入与监管奴隶所完成的工作成比例。

家庭佣人的生活比田间奴隶略显轻松——至少是从身体上。在小种植园奴隶可能既要干农活又要干家务。但是在大庄园，家务劳动通常由奴隶分工负责：育婴女佣、打扫女佣、厨师、男管家和马车夫。这些奴隶住在离主人家

照看主人的孩子　这张照片中，路易莎，19世纪50年代密苏里州海沃德家庭种植园上的奴隶，正抱着主人幼小的儿子。黑人妇女通常需要照看种植园上白人的孩子，有时充满关爱，而有时，正如这张照片所表现的，只是奉命行事，并无热情。（Missouri Historical Society）

很近的地方，吃的是主人餐桌上的剩饭，有些时候还可以在庄园留宿。这种家庭的黑人和白人可能产生很亲近、甚至是家人般的关系。然而更多时候家庭佣人不喜欢与他们的奴隶同伴隔绝，不喜欢因为和主人住得很近而没有任何隐私。其中最重要的原因是，与主人关系亲近就意味着他们犯错时比田间奴隶更容易被发现，所受的惩罚比其他奴隶要多。内战后奴隶解放时，最先一批离开先前主人大庄园的就是家庭佣人。 　家佣奴隶

家庭女奴很容易受到主人和白人监工的性侵犯，他们强迫女奴和他们私通或是强奸女奴。除了被迫接受和白人的性关系之外，女奴还经常受到白人妇女的报复。种植园女主人自然怨恨丈夫和女奴之间的性关系，但惩罚丈夫通常是不可能的，所以便惩罚女奴，方式很多，包括随意鞭打、增加工作量以及各种形式的心理折磨。 　性侵犯

城市中的奴隶制

城市奴隶制的状况与乡村奴隶制差别很大。在相对与外界隔绝的种植园，奴

隶同自由黑人和下层白人基本没有什么接触，并且奴隶主拥有直接、有效的控制权，一条深深的、看似无法逾越的鸿沟将奴隶制和自由隔开。但是在城市，奴隶主通常无法既密切监管奴隶又同时有效利用奴隶。即使奴隶晚上睡在被严密监视的后院木板房，白天还是跑东跑西，为主人办各种差事，有很多机会和自由黑人以及白人交往。在城市中，奴隶制和自由的界线变得越来越模糊。

城市奴隶的自主权

南方普通劳力市场有很好的前景，尤其与北方不同，没有多少欧洲移民愿意从事家仆工作。即使是最穷的白人也更喜欢在农场干普通的农活，因此奴隶主经常雇佣外面的奴隶完成这类活计。签合同的奴隶从事采矿、伐木等（通常远离城市的）工作，其他奴隶要么在城镇的码头、建筑工地干活，要么从事赶车以及其他非技术性工作。妇女和儿童在当地很少的几个纺织工厂工作。技艺高超的手艺人，如木匠、铁匠同样也是外雇。

事实上南部白人普遍认为奴隶制不适用于城市生活。随着南方城市的发展，相对而言，城镇奴隶的数量逐渐降低。很大程度上是出于社会原因而非经济原因。由于担心奴隶密谋造反，都市奴隶主把多数男奴隶卖到农村，因此留在城市的奴隶人口中，黑人妇女的数量超过了黑人男性。而在这些城市中白人男性又多于白人女性，这就能够解释为什么有很多黑白混血儿出生。然而当城市奴隶人口在下降时，城市黑人，不管是自由人还是奴隶，与白人社会的强制种族隔离却在加强。种族隔离是旨在弥补城市地区松散的奴隶制度的一种社会控制手段。

自由黑人

美国内战开始时，蓄奴制州的自由黑人总数达25万，其中一半以上分布在弗吉尼亚和马里兰。在很多情况下，他们凭借掌握的一技之长，可以不受奴隶主限制，靠手艺赚钱买回自己和家人的自由。通常那些有较多活动自由的城市黑人才有这样的出路。例如，一位叫伊丽莎白·凯克莉（Elizabeth Keckley）的女奴就是通过做缝纫所得的收入，买回了自己和儿子的自由。她后来在白宫成为玛丽·托德·林肯（Mary Todd Lincoln）身边的一名女缝纫师、私人女仆兼贴身女伴。但是极少有奴隶主有积极性或意愿放弃自己的奴隶，所以这条出路只向相对少数人敞开。

对自由奴隶的严格限制

有些奴隶获得自由要么是因为奴隶主在道德上对奴隶制深感不安，要么是奴隶主留下遗嘱释放黑奴——例如罗阿诺克市的约翰·伦道夫（John Randolph）的400多名奴隶就是这样在1833年全部获得自由的。然而，从19世纪30年代开始，关于奴隶制的州法律变得更加严格。一部分原因是为回应纳特·特纳暴乱事件（见下节）在南方白人中引起的担忧：脱离了白人密切监管的自由黑人，可能比奴隶引起更多的暴动和反抗。还有一部分原因是自由黑人在南方城市的社区越来越大，对白人来说越来越具有威胁性，这给仍处在奴隶制中的黑人树立了一个危险的榜样。北方废奴主义者的煽动，加之对其可能引发黑奴造反的担忧，也迫使南方白人加强其法律体系。新的法律条文使奴隶主更难，有些情况下甚至不可能释放（或者"解放"）奴隶；所有南方各州都禁止自由黑人进入，阿肯色州甚至强迫住在该州的自由黑奴离开本州。

少数自由黑人（一般是那些蓄奴地区北部边缘的黑人）获得了财富和声望。一些人自己还拥有奴隶，一般是将亲戚买下来从而确保他们最终能够被解放。在新奥尔良、纳奇兹和查尔斯顿为数不多的几个城市，自由黑人社区能够繁荣发展，相对而言不受白人干扰，并且保持着经济的稳定。然而，大多数自由黑人生活在赤贫中，生活状况比北方黑人糟糕。法律条文或社会习俗使很多就业机会向自由黑人关闭，禁止他们在没有白人监督的情况下进行集会，并施以各种各样的法律限制。黑人获得的只是表面的自由，而他们却承受了自由所带来的所有负担：自食其力、自觅住所、自己交税。尽管自由之路充满艰辛，黑人通常宁愿承受自由的辛苦也不愿再做奴隶。

历史学家的分歧　奴隶制的特点

在美国历史上没有哪个问题比美国奴隶制的本质更能引发丰富的文学创作，引起激烈的社会辩论。甚至在内战之前辩论就已经开始，废奴主义者努力向世界揭示奴隶制的残酷无情、灭绝人性，而南方奴隶制捍卫者试图把奴隶制描绘成善良仁慈的家长式体制。这种辩论直到内战后一段时间仍在继续，但是正如历史学家戴维·卜拉埃特在其2002年的重要著作《种族和重聚》（David Blight, *Race and Reunion*）一书中指出的那样，到19世纪末，随着美国白人对南北调和的渴望与日俱增，南北方奴隶制史学家都开始接受对"旧南方"及其"特殊制度"的一种浪漫化的、非威胁性的描述。

对奴隶制的首次重要学术性探究完全符合这种浪漫传统。乌尔里希·B. 菲利普斯的《美国黑人奴隶制》（Ulrich B. Phillips, *American Negro Slavery*,

1918)将奴隶制描绘为本质上仁慈的体制,在这种体制下,和善的奴隶主对待唯命是从、心满意足的美国黑人像照顾孩子一样。菲利普斯对奴隶制的论述成为这一领域的权威著作,近三十多年经久不衰。

20世纪40年代,随着美国白人对种族歧视问题越来越关注,挑战菲利普斯观点的声音开始出现。在1941年,梅尔维尔·J.赫斯科维茨(Melville J. Herskovits)就菲利普斯认为美国黑人基本没有保留任何非洲文化遗产的主张提出质疑。在1943年,赫伯特·阿普特克(Herbert Aptheker)出版了关于奴隶暴动的编年史书,旨在反对菲利普斯声称黑人唯命是从、心满意足的断言。

20世纪50年代,一群历史学家着重强调奴隶制的残忍粗暴,以另一种不同的视角挑战菲利普斯。肯尼斯·斯坦普的《特殊的制度》(Kenneth Stampp, *The Peculiar Institution*,1956)和斯坦利·埃尔金斯更加尖锐的《奴隶制》(Stanley Elkins, *Slavery*,1959)描述了一种对受害者肉体和心理造成巨大伤害的劳工体制。斯坦普和埃尔金斯把奴隶制描绘成监狱,其中的男男女女根本没有任何空间发展自己的社会和文化生活。埃尔金斯把这种体制喻为二战时期的纳粹集中营,并且把奴隶制下天真的"混血儿"性格比作许多学者认为是纳粹大屠杀所造成的性格扭曲。

20世纪70年代早期,关于奴隶制的新观点大量涌现,关注重点不再是奴隶制给黑人带来的伤害,而是转移到黑人在奴役生活中建立自己文化方面取得的卓越成就。1973年,约翰·布拉欣格木(John Blassingame)附和30年前赫斯科维茨的主张,认为"整个奴隶制进程中最引人注目的特点就是这些美国出生的奴隶在多大程度上能够继承他们祖先的文化传统"。赫伯特·伽特曼在《奴隶制和自由制度之下的黑人家庭》(Herbert Gutman, *The Black Family in Slavery and Freedom*,1976)中对奴隶制削弱,甚至破坏了非裔家庭的普遍观点提出质疑。他认为,恰恰相反,黑人家庭尽管与占主导地位的白人家庭存在很大的差别,却以惊人的力量在奴隶制中保存下来。尤金·吉诺维斯所著的《奔腾吧,约旦河》(Eugene Genovese, *Roll, Jordan, Roll*,1974)以及其他作家的作品揭示了美国黑人如何利用在奴隶制中处于核心地位的家长制观念,在奴隶制中建立一个发展自己文化传统的巨大空间,形成自己的家庭生活、社会传统和宗教形式。同一年,罗伯特·福格尔和斯坦利·英格尔曼共同发表了他们颇富争议的作品——《背负十字架的年代》(Robert Fogel, Stanley Engerman, *Time on the Cross*),这部作品运用大量定量研究,支持伽特曼和吉诺维斯关于黑人成就说的某些观点，但它更进一步将奴隶制描绘成一个既成功又相当人性化（尽管最终违反道德）的制度。福格尔和英格尔曼认为，奴隶们受到的待遇和居住环境比同时代大多数北方工业工人要舒服得多。他们的论断招来了狂风骤雨般的批评。

其他关于奴隶制的学术观点将研究重点集中在奴隶制中女性的角色作用上。伊丽莎白·弗克思-吉诺维斯所著的《种植园大家庭之内》(Elizabeth Fox-Genovese, *Within the Plantation Household*, 1988) 对种植园中白人女性和黑人女性的生活都进行了深入研究。一些女性主义历史学家认为黑人女性和白人女性享有同样的、生来附属于男性的女性身份，伊丽莎白反对这种主张，她认为女奴们的身份是由她们作为种植园劳动力成员和黑人家庭支柱的双重角色所决定的。

近年来，历史学家对奴隶制随时间而不断变化的特点给予特别关注。其中最著名的学者就是艾拉·伯林 (Ira Berlin)，他的两部著作——《太多了》(*Many Thousands Gone*, 2000) 和《失去自由的人们》(*Generations of Captivity*, 2004) ——追溯了奴隶制在不同的历史时期呈现出的一系列截然不同的形式，其根源就在于南方特性的不断变化以及奴隶自身经历和期望的不断改变。

奴隶交易

西南地区发展的重要结果之一就是奴隶在南方各地迁移。有时奴隶跟要移居的奴隶主一起迁往新的棉花种植园。然而，更多时候，这种迁移是通过职业奴隶贩子等中间人完成的。奴隶贩子通过火车、河船或海船长途运输奴隶。路途较短的话，几百个奴隶被锁在一起，徒步在尘土漫天的公路上跋涉——就像当年他们的祖先向即将把他们运往美国的非洲码头行进。最终他们抵达纳奇兹、新奥尔良、莫比尔和加尔维斯顿的中心市场，那里买主云集。拍卖会上，出价人像检查牲畜一样检查奴隶，让奴隶走或跑，仔细查看奴隶的牙齿，检查他们的四肢是否健壮，寻找一切虚弱或年老的迹象。一些奴隶贩子试图欺骗买主，把奴隶花白的头发染黑，往奴隶长满皱纹的肌肤上涂油，并用其他的方法掩盖奴隶身体上的缺陷。一位年轻健康的田间奴隶在19世纪40年代到50年代间可以卖到500美元到1700美元不等，其价钱主要随棉花价格的波动而变化。貌美、性感的女奴可能卖的价钱更高。

奴隶市场

国内的奴隶交易是整个奴隶制繁荣发展必不可少的一部分，但同时也是奴

贩奴生意 内战爆发前,南方城市和乡镇的街道上,奴隶贩子的办公室随处可见。它们证明了奴隶制不仅仅是社会体制,更是深入南方经济生活结构中的生意和买卖。(Library of Congress)

国外奴隶贸易

制最可怕的一个侧面。奴隶交易使所有牵涉其中的人都失去了人性,造成骨肉分离,夫妻离散。即使有道义的奴隶主没有将奴隶家庭分开,奴隶主死后,由于财产分割,他们也会被拆散。种植园主可能会强烈反对奴隶贸易,但他们只是通过蔑视奴隶贩子,降低他们的社会地位来寻找良心上的安慰。

国外的奴隶贸易同样糟糕,甚至更糟。尽管联邦法律从1808年就禁止进口奴隶,但直到19世纪50年代仍有奴隶被偷运到美国。走私奴隶的数量只能是个估算。进口奴隶数量无法满足所有种植园主的需求,南方商业协会每年召开会议考虑南方经济独立的各种途径,却也开始讨论重新使奴隶贸易合法化。"如果在弗吉尼亚购买奴隶并运到新奥尔良是合法的,"在1858年的会议上,阿拉巴马州的代表威廉·L. 燕西(William L. Yancey)向代表团成员提问道,"那么为什么不能在古巴、巴西或非洲购买奴隶然后运到美国呢?"在那一年的会议上,代表们投票支持废除禁止奴隶进口的所有法律,但是,相关法律一直没有被废除。在南方,只有来自上南部的各州代表反对外来竞争,因为他们所在的州可以从国内奴隶贸易中获利。

奴隶反抗

没有哪个问题能像奴隶制对黑人的影响那样在史学界引起如此之多的争论(参见"历史学家的分歧",边码第310—311页)。奴隶主和很多美国白人在黑奴解放之后,仍乐于认为奴隶们大体上是自我满足的,即"满足于自己的命运"。在某些个例中,情况可能确实如此。但是,很明显,大部分南方黑人并不满足于做奴隶,他们渴望自由,尽管大多数人意识到他们对此无能为力。若无其他更多证据,这个结论可以从奴隶最终被解放时的反应中得到证实。实际上,所有奴隶对获得自由的反应都是欢欣鼓舞、热烈庆祝,很少有奴隶选择留下来继续服侍内战前的白人主人(尽管大部分黑人之后多年在某种意义上仍屈从于白人)。

黑人对奴隶制的主要反应并非欣然接受,而是一种复杂的情感:既适应又抵抗。在极端的情况下,奴隶制可以造成两种截然不同的反应,二者都是白人社会固有观念的基础。一个极端就是所谓的"傻宝"(Sambo)——拖着脚走路、咧着嘴笑、不停搔头、毕恭毕敬的奴隶,扮演着他们以为白人世界期待他们扮演的角

普罗瑟和特纳暴动

哈里特·塔布曼与逃亡的奴隶们 哈里特·塔布曼(1820—1913)出生在马里兰州的奴隶家庭。1849年,当主人去世后,她为了不被卖到别州而逃往费城。随后的十年里,她先后帮助自己的家人和近300名奴隶逃离马里兰州,获得自由。内战期间,她又作为护士和间谍在南卡罗来纳州为联邦军队服务。这里看到的就是塔布曼(左),以及在她帮助下获得自由的一些奴隶。(*Smith College Museum of Art*)

色。多数情况下，"傻宝"的行为方式都是一种表演给白人看的伪装和假象。另一个极端就是反叛的奴隶反叛者——那些既不能接受也不能和奴隶制融合，只能起义造反的黑人。真正的奴隶暴动数量极少，但是南方白人深知暴动可能性的存在，每个人心里都埋下了深深的恐惧。1800年，加布里埃尔·普罗瑟（Gabriel Prosser）在里士满城外聚集了1000名反叛的奴隶；但是两名黑人将这一计划泄漏，弗吉尼亚军队在暴动开始前制止了他们。普罗瑟连同其他35名奴隶被处死。1822年，查尔斯顿的自由黑人登马克·维西（Denmark Vesey）和他的支持者（据谣传有9000人）准备发起暴动；但同样被泄密，镇压和惩戒接踵而至。1831年一个夏夜，纳特·特纳——一位黑人传道士——带领一群黑人携带枪支和斧头，在弗吉尼亚安普敦县挨家挨户进行突袭。在被联邦及州军队镇压之前，他们杀死了60名白人男子、妇女和儿童。事后，100多名黑人被处决。纳特·特纳暴乱事件是19世纪美国南方唯一一次真正意义上的大规模奴隶暴动，但直至奴隶制被废除，担心奴隶密谋造反和再次发起暴动的恐惧持续笼罩着南方。

大多数情况下，奴隶反抗采取其他不那么极端的方式，比如逃跑。少数奴隶确实得以逃往北方或加拿大，特别是在富有同情心的白人开始组织所谓的"地下铁路"帮助他们逃跑之后。但是成功逃跑——尤其是从南方腹地逃跑——的概率相当低。长途跋涉的危险以及奴隶对地理知识的无知成为严重的障碍。白人"奴隶巡逻队"是另一个障碍，在整个南方，他们只要看到闲逛的黑人就要求其出示出行许可证。没有这样的许可证，奴隶就要被当作出逃者被抓起来。奴隶巡逻队经常利用猎犬追踪试图通过树林逃跑的奴隶。尽管成功逃跑有这样或那样的障碍，但仍有大批奴隶继续逃亡。有些奴隶不畏被捕时的鞭刑和其他惩罚，一次次出逃。

然而，奴隶反抗最重要的方法也许只是通过日常行为挑衅奴隶主。白人经常认为黑人懒惰、无能，这正暗示了奴隶反抗的一种办法：不努力干活。

一些奴隶偷窃奴隶主或白人邻居的东西。一些采取私自破坏行为：丢失或损坏工具（南方种植园主逐渐开始购买特别重的锄头，因为很多较轻的锄头被损坏）或者不好好完成任务。很多黑人将微妙的抵抗方法融入日常行为方式中，以反抗奴隶主。

四、奴隶文化

反抗只是奴隶对奴隶制的一种反应，另一种反应是复杂的适应过程——这一过程并不意味着奴隶对奴役生活的满足，而是意识到没有其他现实的选择。奴隶适应的一种方法就是发展自己独立的文化，以使他们能够保持一种种族荣誉感和团结感。

语言和音乐

在很多地方，奴隶保持着自己的语言，有时则将非洲语言模式融入英语之中。第一代奴隶到达美国时，说着不同的非洲语言，无法和白人交流，他们彼此交流也同样存在诸多困难。为了克服这些障碍，他们学会了一种简单的共同语（被语言学家称为"皮钦语"）。这种共同语保留了一些非洲单词，但主要还是从英文中（有选择地）汲取元素。随着黑人在美国居住的时间越来越长，奴隶语言变得更加复杂，加上新一代黑人在没有非洲语言的环境下长大，早期皮钦语的一些特征在黑人语言中得以保留，流传了很多代。

皮钦语

音乐在奴隶社会中特别重要。在某种程度上，对非裔美国人来说，音乐就如同语言一样重要。同样，非洲传统也对音乐产生了重要影响。非洲音乐节奏性很强，通常用来给舞蹈伴奏。起源于非洲的乐器班卓琴对奴隶音乐而言非常重要。但最重要的是嗓音和歌声。在田间干活的奴隶经常通过唱歌打发劳作的时间；由于唱歌时有白人在场，所以选用的歌词通常没有恶意。但是在相对独立的宗教活动中，非裔美国人也创作出了一些情感更为丰富、更具政治挑衅性的音乐。黑人灵歌传统正是在19世纪初源自于此。通过圣歌，黑人不仅表达了他们的宗教信仰，同时也表达了对奴役生活的无尽感伤和对自由生活的无限向往。

奴隶灵歌的重要性

黑人宗教

独立的奴隶宗教本来不应该存在。到19世纪初，几乎所有的黑人都成为了基督教徒。一些黑人自愿皈依，一些在奴隶主的强迫下或在奴隶中传福音的新教传教士的诱惑下开始信奉基督教。奴隶主希望奴隶在白人牧师的监督下做礼拜。事实上，法律禁止黑人建立自己独立的教堂，很多奴隶成为和主人相同教派的成员——通常是浸信会教友或卫理公会教徒。在19世纪40年代和50年代，随着奴隶制在南方的扩大发展，传教活动也越来越多。那些年里，大批黑人成为新教成员。

奴隶宗教

尽管如此，南方黑人还是发展了他们自己的基督教，有时候将伏都教和其他非洲多神宗教传统融入其中。或者他们只是将宗教纳入奴役生活的特殊现状。从黑人群体中自然产生的领袖，成为传教士。

非裔美国人宗教通常比白人宗教更富感情色彩，并且反映了非洲习俗和传统的影响。奴隶的祈祷集会通常包括热诚的吟唱、会众自发的高呼和令人狂喜的皈依体验。黑人宗教也比许多白人教派更令人愉悦和安心。最重要的是，非裔美国人宗教强调自由解放的梦想。黑人基督教徒在祷词、歌曲和布道文中谈论和吟唱上帝总有一天会"召唤我们回家"，"给我们自由"，"带我们到乐土"。尽管白人奴隶主通常愿意把这类话语解释为对死后生活的希冀，但许多黑人却用基督救世的意象表达他们对现世自由的渴望。基督教形象和《圣经》上的训诫对加布里埃尔·普罗瑟、登马克·维西、纳特·特纳以及其他筹划投身于公开反抗奴隶制的人来说，至关重要。

大众文化模式　奴隶音乐

对生活在南方种植园里、身为奴隶的非裔美国人来说，几乎没有空闲的时间，也没有机会参与逐渐吸引其他美国人的各种文化活动。然而，奴隶们却成功创造出了属于自己的文化，其中最有特色和最为普及的就是音乐。

的确，至少对白人观察者来说，奴隶生活中没有什么比音乐更能引人注目。非裔美国人经常歌唱，有时独自一人，更多则是大家一起。在田间共同劳作时，剥玉米时，杀猪时，修篱笆时，他们都放声歌唱。只要有社交集会——周日或少有的节假日，他们都会歌唱。傍晚聚在一起，一边忙碌家务，一边歌唱。参加宗教仪式时，他们也会歌唱。他们的歌声充满激情，有时甚至兴奋至极，而这一切对白人来说完全陌生——有时令他们感到烦乱不安。

他们的歌曲很少写下来，似乎常常是即兴而作。然而，许多奴隶音乐确是来自非洲和加勒比地区的传统艺术，这些传统一代代流传下来；有的则来自演唱者先前听过的歌曲片段以及在此基础上的即兴改编。奴隶音乐情感浓烈、节奏强劲，没有常规固定的形式结构，白人听众从来没有听过这样的音乐。

不管有没有乐器伴奏，奴隶们都会歌唱，但他们常常用手边的各种材料为自己制造乐器。"我们拿块羊肋骨或牛腭骨或一块铁，加上一个旧铁壶或空葫芦，还有一些马鬃，就能做成鼓。"一个奴隶多年后回忆道，"他们拿个水牛角，削刻一番就成了笛子。"有可能的话，他们还会制作班卓琴，一种源于非洲的乐器。主人有时也会给他们小提琴和吉他。环境允许时，非裔美国人会随着音乐跳起舞来，舞蹈形式和19世纪白人普遍学习的正规舞步非常不同，且更加即兴。他们还用音乐为自己另一个重要的文化传统伴奏：讲故事。种植园中的黑人音乐形式多种多样，其中最为常见的是宗教歌曲，即现代福音音乐的前身。它表达了——用主人（他们往往不会仔细听这些歌词）通常觉得可以接受的措辞——黑人最终获得自由和拯救的信念，它还经常把非洲人称为正在等待救赎的选民。有时，歌曲也会表达对奴隶主的憎恶和怨恨。伟大的黑人废奴主义者弗雷德里克·道格拉斯就记得这样一首歌：

我们种麦子，
他们给我们吃玉米；
我们烤面包，
他们给我们面包皮；
我们筛面粉，
他们给我们吃谷糠；
我们削出精肉，
他们给我们肉皮；
这般相待，
世间哪有如此道理；
我们滤出琼浆，
他们给我们劣酒，
还说这对黑鬼足矣。
至于黄油和肥肉，
可怜的黑鬼呀，永远无法企及。

换句话说，对非裔美国人来说，音乐是从奴隶制的艰辛中获得解脱的珍贵途径，也是表达愤怒、怨恨和希望的工具。他们的主人通常能够忍受他们的音乐，有的甚至予以重视。一方面，奴隶主们往往喜欢听这种音乐，另一方面，聪明人更清楚，如果没有这种情感和精神的释放，针对奴隶制的激烈抵抗可能

种植园宗教活动 一位黑人牧师带领着奴隶和主人一家在种植园简朴的小教堂中做主日礼拜。没有白人出席时，黑人的宗教活动要自由得多，这就是为什么黑人在内战结束后迅速退出白人教会，建立自己教会的原因之一。（Bettmann/Corbis）

会更加频繁。

这种在奴隶制下产生的、强有力的音乐形式帮助塑造了非裔美国人在种植园里的生活，也为后来几乎所有美国人都喜爱的音乐形式——福音音乐、蓝调音乐、爵士乐、R&B、摇滚乐和说唱乐——奠定了基础。

在南部城镇，一些非裔美国人建立了自己的教堂，自由黑人偶尔可以和奴隶们一起在那里祈祷。然而，在乡村，奴隶通常只能和他们的主人去同一所教堂——有时是建在庄园上的小教堂，有时是负责一个大庄园群的大教堂。在这样的教堂里，黑人和白人的座位通常要分开，奴隶坐在后部或楼厅。奴隶们还有自己的宗教仪式，通常在夜里秘密进行。

奴隶家庭

奴隶家庭是南方黑人文化的另一个重要机制。和宗教一样，奴隶家庭存在某种法律限制——最明显的是缺乏合法婚姻。尽管如此，我们现在所称的"核心家庭"不断出现，成为非裔美国人主要的亲属关系模式。

奴隶婚姻

这种黑人家庭并不总是按照白人习俗行事。黑人女性总体上比大多数白人女性更早生育，通常在十四五岁。黑人群体也不会像白人社会那样谴责婚前怀孕，黑人夫妻经常在结婚之前就住在一起。他们的习俗是一旦发现怀孕便立即结婚——通常举行有正式宣誓仪式的婚礼。结婚双方通常是相邻种植园中的奴隶。夫妻有时在奴隶主的允许下互相看望，但这种会面通常是在晚上秘密地进行。黑人的家庭关系并不比白人弱，许多奴隶的婚姻可以维持一生。

如果婚姻不能维持，通常是由于出现黑人无法控制的状况：三分之一的黑人家庭被奴隶贸易拆散；一个普通奴隶一生中可能目睹十个甚至更多亲属被卖掉。这让黑人家庭在适应前途未卜的残酷现实之余，又形成了某些独有的特征。扩展型家庭——不仅包括配偶、子女，还包括叔伯姨婶、祖父母甚至远房表亲——关系密切且至关重要，往往有助于弥补核心家庭破裂所带来的伤害。此外，奴隶突然被迫搬到远离家人的另一个地方，他可能在新的群体中被一个家庭"收养"，建立虚构的亲属关系。即便如此，家庭破裂以后很长一段时间奴隶都想和配偶、子女保持联系，这种愿望极其强烈。奴隶从种植园逃跑最常见的原因之一就是他们想要寻找已经被送往别处的妻子、丈夫或者孩子。

亲属关系的重要性

白人对黑人家庭生活的侵犯不仅仅是通过奴隶贸易拆散他们的家庭。黑人妇女通常无力反抗奴隶主的性侵犯，经常生育白人的孩子。这些孩子几乎从来得不到白人的认可，从出生就成为奴隶制的牺牲品。

除了建立自己的社会和文化机制以外，奴隶还通过和奴隶主之间形成复杂的关系适应奴隶制。尽管多数黑人对没有自由的生活感到不满，但他们往往觉得很难对奴隶主保持完全敌对的态度。他们不仅需要依靠白人获得维持生活的物资——食物、衣服和住所；他们还经常从主人身上获得安全感和庇护感。总之，奴隶主和奴隶之间存在一种父子般的关系——有时很严厉，有时很仁慈，但总是至关重要。事实上，这种家长制成为白人统治（尽管并不总是有意识地）的重要手段。通过建立一种相互依赖感，白人有效减少了奴隶对奴隶制的反抗，从根本上说，这种机制只为占统治地位的种族的利益服务。

奴隶制的家长制特性

小　结

当北方正在建立迅速发展的复合型工商业经济时，南方却仍在扩展农业经济，并且没有改变其根本特点。大迁徙使很多南方白人甚至更多黑人奴隶来到南方腹地的新农业区，在那里，他们建立了蓬勃发展的"棉花王国"，种植出口全球的作物。棉花经济使很多人腰缠万贯，也使不少人发了小财，同时也确立了种植园主阶级在南方社会的统治地位。他们既是大批奴隶的主人，又是处于种植园社会边缘的大批贫苦白人的赞助人、债权人、大地主和市场商人。

南北方的差异源自自然资源、社会结构、气候和文化上的差别，尤其是南方不自由劳动体制的存在。正是这种体制阻碍了工业社会所需的社会流动，使大量南方人口处于艰苦的奴役生活中。

阅读参考

Peter Kolchin, *American Slavery, 1619–1877* (1993) 是一部综合记述自弗吉尼亚殖民地建立至战后重建时期美国奴隶制历史的优秀著作。

Ira Berlin, *Many Thousands Gone* (2000) 和 *Generations of Captivity* (2003) 是其他记述奴隶制历史的优秀著作。

Walter Johnson, *Soul by Soul: Life Inside the Antebellum Slave Market* (2001) 研究了奴隶贸易。

James Oakes, *Slavery and Freedom*(1990) 综览了战前时期的南方政治和社会。

Eugene Genovese 的经典研究 *Roll, Jordan, Roll: The World the Slaves Made* (1974) 认为奴隶主和奴隶在根本性压迫的社会体制下形成了相互义务的关系。

Genovese, *The Political Economy of Slavery* (1965) 认为奴隶制阻碍了南方经济的发展。

Melvin Patrick Ely, *Israel on the Appomattox* (2004) 翔实记述了内战爆发前弗吉尼亚州一个自由黑人社区的历史。

James Oakes, *The Ruling Race: A History of American Slaveholders*(1982) 认为奴隶主是精明顽固的商人和资本家。

Frederick Douglass 于 1845 年首次出版的 *Narrative of the Life of Frederick Douglass* 是一部经典的个人自传。

Elizabeth Fox-Genovese, *Within the Plantation Household* (1988) 反对黑人和白人妇女在南方种植园共享一致利益的说法。

Charles Joyner, *Down by the Riverside: A South Carolina Slave Community* (1984) 是一部研究单个社区奴隶制的优秀作品。

Adam Rothman,*Slave Country* (2007) 研究了南方的扩张以及奴隶制在南方的扩张。

Charles C. Bolton, *Poor Whites of the Antebellum South: Tenants and Laborers in Central North and Northeast Mississippi* (1994) 和 Stephanie McCurry, *Masters of Small Worlds: Yeoman Households, Gender Relations, and the Political Culture of the Antebellum South Carolina Low*

Country (1997) 是研究南方民众内被忽视群体的优秀作品。

Bertram Wyatt-Brown, *Southern Honor: Ethics and Behavior in the Old South* (1982) 认为战前时期荣誉理念的核心在于南方白人的身份观念。

Steven Hahn, *The Roots of Southern Populism: Yeoman Farmers and the Transformation of the Georgia Upcountry, 1850–1890* (1983) 认为战前南方内陆地区的白人农场主在市场边缘一直保持着自给自足的社区生活。

《女子夜校》(1840),佚名 19世纪中期,女子教育发展迅速,学习内容包括家务技艺(如画面右侧的缝纫台板所展示的)、读书、写字和其他基本技能。(Museum of Fine Arts, Boston, Gift of Maxim Karolik, 53.2431. Photograph © 2007 Museum of Fine Arts, Boston)

第 12 章
战前美国文化与改革

19 世纪中期的美国是一个风云变幻的社会。国土日益辽阔，人口规模和多样性不断增加，经济活动的范畴和复杂程度也在扩大。和其他民族一样，面对发生如此快速和根本性改变的生活环境，大多数美国人的反应都是迷茫的。一方面，许多人为经济发展所提供的新机遇而感到兴奋；另一方面，又有许多人为经济发展带来的混乱感到痛苦：传统价值观和体制受到挑战，社会不稳定，贫富差异加剧，未来扑朔迷离。

这些矛盾观点引发了一系列旨在调整社会、适应新局势、"改革"国家现状的运动。改革形式多种多样，但大体上反映了两种基本动因，有时二者相互交织。第一种，也是许多运动依赖的动因是民众对人性的乐观信念，即人性本善、以善为本，社会

大事年表

1817 年	"美国殖民协会"成立
1821 年	纽约建立第一所监狱
1823 年	凯瑟琳·比彻建立哈特福德女子学院
1825 年	罗伯特·欧文在印第安纳州创建"新和谐"社区
1826 年	詹姆斯·费尼莫尔·库珀出版了《最后的莫希干人》
	"美国禁酒协会"成立
1829 年	大卫·沃克出版《沃克的呼吁……向有色公民》
1830 年	约瑟夫·史密斯出版《摩门经》
	美国殖民协会帮助移民奴隶建立利比里亚
1831 年	威廉·劳埃德·加里森开始出版《解放者》
1833 年	"美国反奴隶制协会"建立
1834 年	反废奴主义暴徒烧毁废奴主义者在费城的总部
1837 年	霍瑞斯·曼成为马萨诸塞州教育委员会首任主任
	伊利亚·洛夫乔伊在伊利诺伊州被反废奴主义暴徒杀害
1840 年	加里森要求准许女性加入美国反奴隶制协会，导致协会内部分裂
	自由党成立
1841 年	布鲁克农场在马萨诸塞州的罗克斯伯里建立
1842 年	最高法院在普利格诉宾夕法尼亚州案中裁定，各州不必强迫遣返逃亡奴隶
1843 年	阿玛纳社区建立
1844 年	摩门教领袖约瑟夫·史密斯被杀
1845 年	弗雷德里克·道格拉斯出版自传
	埃德加·爱伦·坡出版诗歌《乌鸦》
	第一个专业教师协会在马萨诸塞州成立
1847 年	布鲁克农场解体
	摩门教徒发现盐湖城
1848 年	妇女权利大会在纽约塞内卡瀑布城召开
	奥奈达社区在纽约建立
	关于女权的争论导致公谊会（即贵格会）出现分立
1850 年	纳撒尼尔·霍桑出版《红字》
1851 年	赫尔曼·麦尔维尔出版《白鲸》
1852 年	哈里特·比彻·斯托出版《汤姆叔叔的小屋》
1854 年	亨利·大卫·梭罗出版《瓦尔登湖》
1855 年	沃尔特·惠特曼出版《草叶集》

应鼓励人性向善。

浪漫主义　在欧洲以及美国，人性本善论掀起了一场运动，至少在艺术领域中被称为浪漫主义。与人性本善论截然相反，传统清教的原罪说认为人必须通过有节制、有道德的生活才能克服内心的罪恶。如今，社会改革者主张，个体应努力而充分地表达内心世界，发挥天赋才能，体验快乐，实施善行。

秩序与管理　第二种动因（看似与第一种直接冲突，但在现实中，两者往往平行共存）是人们对秩序和管理的渴望。随着社会的快速发展，传统价值观和体制受到攻击和破坏，许多美国人迫切希望国家能恢复安稳秩序。这种动因往往体现了人们对美好、朴素时代的怀念，但也激励着人们面向未来，建立新的社会管理体系，适应新时代的现实生活。

在两种动因的驱使下，改革形式多种多样，鼓舞着不同的社会团体。虽然北部和西北部的改革者在数量和影响上远大于南方，但改革运动遍布全国各地。不过，在整个19世纪40年代，奴隶制问题逐渐成为焦点。一部分改革者，即废奴主义者，在所有改革运动中表现最为突出。起初旨在化解地区矛盾的改革动因却成为南北之间的另一道鸿沟。

一、浪漫主义改革动力

1820年,英国才子西德尼·史密斯写道:"在全世界,有谁会阅读美国书籍?观看美国戏剧?或欣赏美国绘画和雕塑?"他觉得答案非常明显:根本没有人。美国知识分子痛苦地意识到欧洲人是何等轻视美国的艺术和知识生活。19世纪中期,他们继续为国家文化的提高和解放而努力奋斗——致力于创造一个独立于欧洲并能表现国家特殊美德的艺术世界。

国家文化的渴望

与此同时,美国一些文化领袖正开始为另一种解放而努力——这种解放逐渐使自我意识的国家主义相形见绌。解放运动的契机——具有讽刺意味的是,契机本身主要来自欧洲——是浪漫主义精神。在文学、哲学、艺术,甚至政治和经济领域,美国知识分子正致力于人类精神的解放。

美国绘画中的国家主义与浪漫主义

1820年西德尼·史密斯质问有谁欣赏美国绘画时,他表达的是欧洲艺术家们普遍的观点:他们,而且只有他们,傲立于世界艺术的中心舞台。事实上,在美国内战以前,有许多人在欣赏美国绘画——他们这样做并不是因为绘画介绍了欧洲的伟大传统,而是因为他们相信,美国人正在创造属于自己的、重要而崭新的艺术传统。

19世纪上半叶,美国最重要、最受欢迎的绘画作品大都激发了人们对国家自然风光的惊奇和赞叹。与欧洲画家不同,美国画家并不喜欢精心雕琢的乡村美景,而是想通过描绘美国最天然、最壮丽的地区景观来展现真实、纯粹的自然力量,从而唤起人们对雄伟自然的敬畏、惊奇,甚至恐惧,即19世纪许多人所谓的"宏伟"之感。美国第一个著名画派诞生于纽约,即"哈得孙河画派"(Hudson River School),由弗雷德里克·丘奇、托马斯·科尔、托马斯·道蒂和阿舍·杜兰德等人组成。他们描绘的是哈得孙河谷荒芜崎岖的壮观景象。和许多画家欣赏和敬仰的作家爱默生、梭罗一样,他们将自然——而非文明——看作智慧和精神满足的最佳源泉。在描绘哈得孙河谷时,他们似乎在向人们宣告,美国不同于欧洲,"原始自然"依然存在,因而美国是一个更具前途的国家,与土地开发殆尽的旧世界完全不同。哈得孙河画派的许多绘画作品还流露出一种怀旧之情,一种保护和珍惜自然之意,而许多美国人担心这种自然将迅速消失。

哈得孙河画派

以后几年,"哈得孙河画派"的一些画家继续向西游历,在更加崎岖荒芜、雄伟壮丽的自然世界寻找更加深刻的精神体验。他们描绘自然奇观——约塞米蒂山谷、黄石山区、落基山脉——的众多油画激发了广大民众的热情。一些著名作品，特别是艾伯特·比兹塔特（Albert Bierstadt）和托马斯·莫兰（Thomas Moran）的作品，流传到全国各地，吸引无数民众。

文学作品与寻求解放

19世纪前几十年，美国读者对国内作品兴趣不大。当时美国最流行的小说家是英国作家沃尔特·司各特（Walter Scott）爵士，他全力渲染的以18世纪英格兰和苏格兰为背景的历史小说为他在英国和美国赢得了许多热情读者。当美国人读国内作品时，许多读者更倾向于众多"情感小说"（作者和读者往往都是女性），而不是平常所谓的严肃文学。

然而，即使在司各特最受欢迎的19世纪20年代，随着美国第一位小说巨匠詹姆斯·费尼莫尔·库珀（James Fenimore Cooper）的诞生，开创独特美国文学的努力——由华盛顿·欧文等人在世纪初发起——也取得了重大进展。库珀在三十年中创作了三十多部小说，被同代人誉为悬疑和历险小说大师。其作品最大的特色是对美国荒野的呼唤。库珀成长于纽约中部，距离白人定居点并不是很远。他一生迷恋人类与自然的关系，迷恋西部扩张的挑战和危险。库珀最著名的小说作品被称为"皮袜子故事集"，其中包括《最后的莫希干人》（1826）和《猎鹿人》（1841）。这些作品探索了美国边疆居民在印第安人、拓荒者、暴力、法律之间的经历和体验。

库珀与美国荒野

库珀的小说是19世纪初期创造真正美国文学运动的继续，甚至高潮，但同时也是连接以后知识分子社会关切的纽带。例如，在"皮袜子故事集"中，人们不仅能够看到他对美国精神和自然风光的赞美，而且通过主人公纳蒂·班波的形象，更能看到他对独立自主、内心善良的个性理想的呼唤。作品同样反映出推动美国改革的另一种动力，即人们对混乱的恐惧。库珀笔下许多反面人物印证了某些西部移民恶毒、贪婪的本性，暗示出即使在荒野地区人们同样需要社会秩序。

继库珀之后，美国又出现了一批重要作家，他们更清楚地体现了浪漫主义对美国个人生活的巨大影响。自称美国民主诗人的沃尔特·惠特曼（Walt Whitman）是长岛一个木匠的儿子，多年四处闯荡，靠打零工为生。最后在1855年，他雇佣印刷商，自费出版了第一部诗作：《草叶集》。他的诗歌纵情歌颂民主精神和个性解放，赞美人类肉体和精神上的快乐。诗歌还表达了惠特曼本人对解放精神和肉体、实现自我的渴望。这种渴望可能植根于他的亲身经历——一个同性恋者生活在绝不容忍非传统性行为的社会。在众多诗歌中，惠特曼不仅解放了深受传统束缚、墨守成规的诗歌形式，还表达了体现时代特征、不断高涨的个人主义精神。

正如赫尔曼·麦尔维尔（Herman Melville）的作品所示，文学领域对人类情感释放的关注并非总能催生乐观主义作品。麦尔维尔于1819年生于纽约，年轻时离开家到了海上，多年环游世界，后来回到家乡，成为当时美国最伟大的小说家。他最著名的小说是1851年出版的《白鲸》。小说中，作者对力量强大、满腹仇恨的捕鲸船船长埃哈伯的描述既是一个彰显个性力量与勇气的故事，又是一个充满骄傲与复仇的悲剧。埃哈伯疯狂寻找那条令其致残的巨大白鲸莫比·迪克，暗示着追求自我实现与胜利不仅能获得解放，也会导致毁灭：埃哈伯的伟大追求最终导致了自我毁灭，这说明，麦尔维尔坚信人类精神是一种混乱不安、并常导致自我毁灭的力量。

埃德加·爱伦·坡是当时南方少数几位探索人类精神本质的作家之一，他的作品更具悲观色彩。在其短暂而不幸的一生中，坡所创作的故事和诗歌常常充满悲伤和恐怖。他的第一本书《帖木儿诗及其他》（1827），很少被人认可。但是后来的作品，包括最著名的诗歌《乌鸦》（1845）使他成为文学领域颇具影响力（虽有争议）的人物。坡唤起了超越思维禁锢，探索精神、情感深层世界的个人形象。然而，他似乎在告诉人们，这个深层世界包含太多痛苦与恐怖。其他美国作家对坡的作品和思想不屑一顾，但他最终对波德莱尔等欧洲诗人产生了深刻影响。

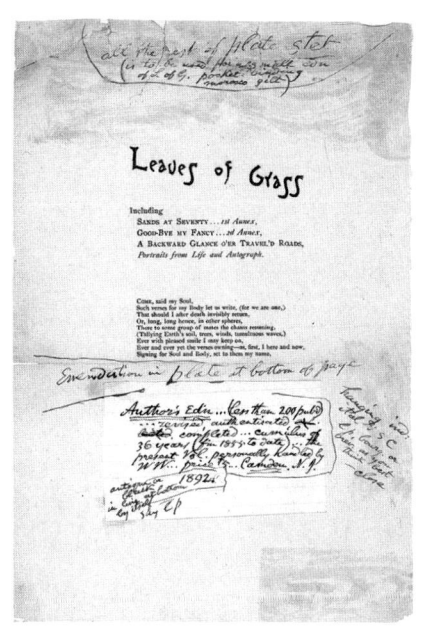

赫尔曼·麦尔维尔

惠特曼《草叶集》扉页　最初版《草叶集》1855年发表后的三十多年时间里，沃尔特·惠特曼一直在不断修改和增加新的诗歌，随后又有许多新版面世。这张扉页上有惠特曼所写的注释，指出他在最终版所要完成的修改和增添。最终版《草叶集》于1892年——惠特曼去世当年得以出版。在宣布出版的公开声明中，他曾这样写道，"在过去的三十五年或四十年里，作者一直努力创作的——尽管时隔较长，涵括也不全面——这本《草叶集》如今终于完成了……诗集虽有遗憾，但作者认为这是他迄今以来最特别、最完整的自选诗集"。（*Rare Book and Special Collections Division, Library of Congress*）

战前南方的美国文学

然而,坡似乎是南方文学中的一个例外。像北方一样,南方在 19 世纪中期经历了文学繁荣,涌现出许多关注如何定义美国国家和社会性质的作家和艺术家。然而与北方不同的是,南方白人心目中的美国社会却往往是另外一副模样。

19 世纪 30 年代的南方小说家(包括贝弗利·塔克、威廉·亚历山大·卡拉瑟斯和约翰·彭德尔顿·肯尼迪。有些作家才华横溢,多数居住在里士满)创作出许多有关南方北部种植园的历史传奇和浪漫赞歌。19 世纪 40 年代,南方文学之都转移到当地最杰出作家威廉·吉尔摩·西姆斯(William Gilmore Simms)的家乡查尔斯顿。他的作品曾一度表达超越地区背景的广泛国家主义,但到了 19 世纪 40 年代,他也成为南方体制——特别是奴隶制——的坚定保卫者,反对北方文化的侵蚀。他认为文人们有责任捍卫南方生活的独特品质。

然而,有一批南方作家创作了更具广泛美国特点的作品,而不是一味赞颂南方生活的独特之处。这些作家来自种植园社会的边缘,描写偏远地区的乡村生活。奥古斯塔·B. 朗斯特里特、约瑟夫·G. 鲍德温、约翰逊·J. 胡珀等人关注的不是贵族"骑士"而是普通百姓和贫苦白人。他们对作品中的人物没有进行浪漫主义修饰,而是有意——有时甚至残酷地——揭露现实。他们还在作品中加入浓郁的世俗幽默,为美国文学添加新的元素。这些南方现实主义者开创的美国地方幽默传统,最终在马克·吐温的作品中得到充分体现。

超验主义者

美国浪漫主义思潮的重要动因还来源于一批新英格兰作家和哲学家,他们被称为"超验主义者"。他们深受德国哲学家康德、黑格尔、谢林和英国作家柯勒律治与卡莱尔的影响,信奉个性取决于所谓"理性"和"知性"差异的理论。他们对这些词的使用在现代人看来似乎十分陌生,甚至有些奇怪。他们定义的"理性"(reason)与一般的理性(rationality)没有什么关系。他们所说的"理性"是个体通过充分表达天性和情感以领悟美和真的先天能力,因此也是人类的最高天赋。超验主义者认为,"知性"就是用社会强加于人的狭隘、虚伪的方式运用智力,包括天性的压抑和外界强制学习的胜利。因此,每个人的目标都应该是从"知性"的禁锢中解放出来,并培养"理性"。每个个体都应努力"超越"智力的界限,允许情感,即"灵魂",与宇宙建立"原始的联系"。

超验主义哲学首先出现在马萨诸塞州康科德城一小部分知识分子中间,他们中的领袖人物和最善雄辩的人是拉尔夫·沃尔多·爱默生（Ralph Waldo Emerson）。他年轻时是基督教唯一神教派牧师，1832年离开教会，全心投入写作和传播超验主义。在同代人眼中，爱默生是个光彩夺目的人物——他是一位演讲家，每次公开露面都能吸引大批热情听众；他十分健谈，每天家中前来拜访的人络绎不绝。他是那个时代最重要的知识分子。

拉尔夫·沃尔多·爱默生

爱默生曾创作大量诗歌，但却以散文和演讲最为著名。在其著名散文《论自然》（Nature，1836）中，爱默生写道，个体在追求自我实现的过程中应该寻求与自然的交流与融合："在森林中，我们回归理性和虔诚……站在平坦的大地上——头上沐浴着新鲜的空气，精神徜徉在无限空间里——所有粗俗的自我都消失了……我只是上帝的一部分。"在其他散文中，他更加明确地倡导个体投身于天赋才能的全面探索。"一切归根结底都不是神圣的，"他在（也许是他最著名的散文）《论自助》（"Self-Reliance"，1841）中写道，"除了我们心灵的真诚之外。"他解释道，追求自助实际上是寻求与宇宙的统一、上帝的完美，伟大的精神力量——他所谓的"超灵"的交流与融合。每个人通过自身努力可以使天赋才能成为这种本质的一部分，这也许是浪漫主义对个体"神性"信念最经典的表述。

爱默生还是一位坚定的国家主义者，一位美国独立文化的狂热支持者。在1837年的著名演讲《美国学者》中，爱默生曾自豪地宣称，"我们依赖别人的日子，做他国学徒的漫长时代即将走到尽头"。他坚信，真与美不仅可以从学习中得到，同样可以从天性中获取。这表明，美国人虽然缺少欧洲国家丰富的文化遗产，但同样有望铸就艺术和文学的辉煌。艺术和知识成就的取得无须依赖传统和历史，只需发挥个体的本能和创造天赋。"让每个人都立足于本能，不屈不挠，坚持不懈，"他说道，"那整个世界都会向他走来。"

康科德城另一位重要的超验主义者，亨利·大卫·梭罗（Henry David Thoreau）几乎与爱默生齐名。梭罗比自己的朋友爱默生更加反对社会的压迫力量。他表示，这种力量制造了"无声而绝望的生活"。个人应抵制遵从社会期待的压力，响应自己内心本能的呼唤，为追求自我实现而努力。为解放自我，梭罗本人亲自尝试——此举被永远记录在他最著名的作品《瓦尔登湖》（Walden，1854）中——在瓦尔登湖畔、康科德树林中搭建一间小木屋，以最简朴的方式独自生活两年。"我来到这片树林，"他解释道，"因为我希望从容地生活，希望面对生活的本质，看看自己能否学会生活所授，以免当我将死之时，竟发现自己从未活过。"他认为，与身边迅速现代化的世界相比——不幸以具有破坏性和侵略性的铁路为标志的世界，简朴生活将是更理想的选择。

梭罗和"公民不服从"

梭罗对社会中人为制约的憎恶与抵制也影响到他与政府的关系。1846 年，他宁愿去（暂时）坐牢也不同意缴纳人头税。他坚决表示，绝不会给一个允许奴隶制存在的政府提供任何资金支持。在 1849 年发表的散文《对公民政府的抵抗》(Resistance to Civil Government) 中，梭罗解释，自己拒绝缴纳人头税是因为个人道德有权决定个人行为，要求违背个人道德的政府没有合法权力。"公民不服从"或"消极抵抗"，即公众拒绝遵守不公正法律，属于正当回应。

保卫自然

爱默生和梭罗对自然力量的赞颂也表明，19 世纪中晚期一小部分颇具影响力的美国人对当时经济的飞速发展深感不安。他们担心新兴资本主义狂热会冲击和破坏自然世界的完整。"高山和瀑布，原本可以造就诗人和画家，"随笔作家奥利弗·温德尔·霍姆斯曾这样写道，"如今却因寻找煤炭而被肆意开采，因获得水力而被拦腰阻隔。"

对超验主义者及其他人来说，自然不仅仅是农民、矿工等人眼中经济活动的场所，也不仅仅是许多科学家头脑中用来分析和研究的一组数据；它是每个人深层的灵感源泉，也是每个人在灵魂深处实现真理的手段。他们认为，真正的灵性并非来自正规宗教，而是来自与自然世界的交流与融合。目睹工业化的快速发展以及人们为获取经济利益而争相掠夺自然资源，他们表达了对破坏荒野的恐惧，并开始发起自然保护运动。梭罗曾这样写道，"世界存乎荒野"。他坚信，人类如果与自然分离必将丧失大部分人性。

能够表达如此观点，超验主义者可谓是最先预见 20 世纪环保运动的美国人。他们没有任何保护荒野的科学依据，没有任何现代生态学知识，更不懂物种关联这一 20 世纪的概念。但他们相信并清晰地表述了人性与自然的本质统一——即精神统一，没有它，人类文明将会枯竭。他们说，他们在用"新的目光"看待自然，透过这种目光，他们看到"精神存在于自然背后，贯穿于自然之中"。

乌托邦理想

布鲁克农场

尽管超验主义更多是个人主义哲学，但它却催生了 20 世纪最著名的集体生活试验：1841 年，波士顿超验主义者乔治·里普利 (George Ripley) 在西罗克斯伯里建立了试验社区，布鲁克农场。按里普利的设想，个人将聚居在一起，共同创立一个能为每个社区成员提供自我实现机会的新型社会组织。所有居民平等分担社区劳动，共同分享社区休闲，因为休闲是陶冶自我的必要基础（里普利是主张休闲具有积极意义的首批美国人之一，当时大部分人把休闲视为懒惰和散漫）。参加体力劳动还有另外的目的：它有助于个人弥补智力、学习领域与本能、自然领域的差距。个人自由理想与集体社区要求之间显而易见的矛盾使布鲁克农场遭受重创。个人主义逐渐让位于某种形式的社会主义。许多居民变得失望并选择离开。1847年，一场大火烧毁了社区的中心建筑，社区试验宣告终结。

布鲁克农场原有居民中有一位名叫纳撒尼尔·霍桑（Nathaniel Hawthorne）的作家，他在一系列著名小说中表达了对该试验以及在某种程度上对超验主义的失望。在《福谷传奇》（*Blitbedale Romance*，1852年）中，他尖锐地批判了布鲁克农场，刻画了社区试验给个人带来的灾难性后果，把烧毁社区的那场大火描绘成一种摆脱压迫的自由解放。在其他小说中——尤其是《红字》（*The Scarlet Letter*，1850）和《带有七个尖角阁的房子》（*The House of Seven Gables*，1851）——他同样感情强烈地记述了个人为脱离社会而付出的沉重代价。他坚信唯我主义间接挑战了超验主义自我信念，它就是盘附在人类苦难内心的那条"毒蛇"。

然而，布鲁克农场的失败未能阻止其他试验社区的出现。有些人（如里普利）借鉴法国哲学家查尔斯·傅立叶（Charles Fourier）的思想（建立以合作性"法郎吉"[Phalanxes]为组织模式的社会主义社区），其他人则借鉴苏格兰工业家和哲学家罗伯特·欧文（Robert Owen）的思想。1825年，欧文亲自在印第安纳州建立试验社区，并命名为"新和谐"。它将成为一个"合作村"，每个居民将完全平等

"新和谐"社区

"新和谐"社区 印第安纳州的"新和谐"社区是19世纪初和19世纪中期数个乌托邦运动的发源地。其中最有名的是英国改革家罗伯特·欧文开展的，时间短暂的社区试验。他在"新和谐"社区创建了安居点，力图营造一个"互助合作"的社会。此处展示的就是他对安居点的设计图。（*Library of Congress*）

地工作和生活。"新和谐"社区在经济上以失败告终，但其创建背后的理想继续吸引着美国人。随后几年，许多"欧文式"的社区试验开始在其他地区出现。

性别角色的重新定义

许多新兴乌托邦社区（以及作为基础的新兴社会哲学）的重要议题之一是男性与女性的关系。这一时期的超验主义以及其他运动促进了某种女权主义思想的表达，但女权主义直到20世纪末才在美国社会站稳脚跟。

玛格丽特·福勒（Margaret Fuller）是那些将性别问题引入个性解放大讨论的重要人物之一。作为爱默生的亲密伙伴和重要的超验主义者，福勒提出了作为战前改革核心的"自我"发现与性别角色质询的重要关系。"许多女性正在思考自己内心需要什么和缺少什么，"她在著名的女权主义作品《19世纪女性》(*Woman in the Nineteenth Century*, 1844) 中写道，"我希望女性放弃自己一贯珍视的听从男性教诲、服从男性领导的所有想法。"福勒自己，在1850年因沉船事故而早逝以前，也过着与那个时代的家庭理想完全不同的生活。她与许多男士保持亲密友谊，甚是崇拜欧洲社会主义者，坚定拥护1848年意大利革命（她在旅意期间曾亲眼目睹这场革命），被公认为知识分子的领袖，其影响力一部分就来自她独特的女性视角。

性别角色的重新定义对19世纪最持久的乌托邦圣地之一"奥奈达社区"（1848年由约翰·汉弗莱·诺伊斯在纽约州北部建立）来说至关重要。自称奥奈达"完美主义者"的社区居民拒绝接受传统的家庭和婚姻观念。诺伊斯宣称，所有居民与其他居民"共婚"，没有永恒不变的婚姻关系。然而，奥奈达社区并不像深感恐惧的批评者所说的那样是一个不受约束、"自由性爱"的试验。相反，在那里，性行为被社区严密监控，妇女受到保护，不用再承受意外生育的痛苦，孩子交由社区抚养，很少能见到自己的父母。奥奈达居民对（他们所认为的）妇女能从男人"性欲"索取和传统家庭禁锢中解放出来感到尤其自豪。

在重新定义传统性行为和性别角色这一社会核心问题时，震颤教派信徒比奥奈达居民走得更远。"教母"安·李（Ann Lee）于18世纪70年代创建的震颤教派历经19世纪并延续到20世纪（少数残余延续至今）。内战以前，震颤教派吸引了众多追随者，19世纪40年代在美国东北和西北地区建立了20多个社区。教派名称来源于一种独特的宗教仪式，一种欣喜若狂的舞蹈，会众们一边高声颂唱一边"震颤"身体，以摆脱原罪。

震颤教派最突出的特点是信奉彻底独身——当然，这也就意味着没有人天生就是震颤派教徒；所有震颤派教徒必须自愿选择这种信仰。19 世纪 40 年代，震颤派社区吸引了大约 6000 名社员，其中女性人数居多，社员生活在男女接触十分有限的环境中。震颤教派公开支持性别平等观念，他们甚至认为上帝的性别并不明确。事实上，在整个震颤派教会，女性行使着最大的权力。继安·李之后，"教母"露西·赖特（Lucy Wright）成为这项运动的领袖。一位观察家在 19 世纪 40 年代曾这样写道，震颤教派是一个摆脱"扭曲婚姻"和"粗野家庭暴力"（常导致婚姻解体）的避难所。

震颤教派

然而，渴望逃脱传统性别角色的重负并非是震颤教派唯一的动力。他们还试图建立一个远离混乱和无序、独立安全的社会，他们认为这种混乱和无序正逐渐成为整个美国生活的特点。与个人自由相比，他们更关注社会秩序。在这一点上，他们与当时其他异端教派和乌托邦社区十分相似。1843 年由德国移民建立的"阿玛纳社区"便是一例，其成员 1855 年定居艾奥瓦州。阿玛纳成员试图通过建立规范有序的社会主义社会来实现基督教理想。

摩门教

耶稣基督末世圣徒教会，即摩门教，也曾付出重要努力，试图在旧的社会体制下建立一个更加规范有序的新社会。摩门教起源于纽约州北部，由约瑟夫·史密斯（Joseph Smith）创立。他是一个精力充沛但经济窘迫的年轻人，24 年里，他花费大部分时间忙碌穿梭于新英格兰和东北部地区。1830 年，他出版了著名的经书——《摩门经》，以远古先知摩门命名，史密斯声称《摩门经》最初由其所作。他说，经天使显现，他在纽约的山中发现一副金版，《摩门经》便是金版所刻文字的译文。根据《摩门经》讲述的故事，在美洲曾经存在古老而辉煌的文明，居住着一支从以色列失踪的部落，他们早在哥伦布之前的几个世纪就来到了新大陆。部落民众耐心等待弥赛亚的出现，最后终于如愿以偿，耶稣复活后真的来到了美洲。然而，部落后人却偏离了耶稣为他们指出的正途，结果，文明没落，上帝惩罚这些罪恶之人，把他们的皮肤变成深色。史密斯认为，这些深色皮肤的人正是美国印第安人的后裔，尽管现代印第安部落早已遗忘了自己的出身。史密斯相信，尽管古老的美洲希伯来王国最终消失了，但它作为文明社会的这段历史可以成为美国新兴神圣社区的榜样。

约瑟夫·史密斯

1831 年，史密斯集合了一小部分信徒，开始为自己新的"圣徒"社区寻找圣地。这种努力持续了 20 多年,但一直充满艰辛。一次又一次,摩门教徒尝试建立自己的"新耶路撒冷";一次又一次,他们要面对周边社区的迫害。他们激进的宗教信条——包括一夫多妻制(男子有权利娶多个妻子)、严格的社会组织形式、高度的机密性(尤其损害他们的形象,使得批评者中谣言四起,说他们密谋、堕落)——常常引起周边社区的怀疑,

摩门教徒最初定居在密苏里州的独立城和俄亥俄州的科特兰城,遭驱逐后迁至伊利诺伊州新兴城镇纳府(Nauvoo)。19 世纪 40 年代初,纳府已成为经济发达、雄伟壮丽的居民区。然而,1844 年,约瑟夫·史密斯因叛国罪(被控密谋反抗政府,赢取国外支持,企图在西南地区建立新的摩门教基地)被逮捕并关押在伊利诺伊州迦太基监狱。

一群愤怒的暴徒于是袭击了监狱,把史密斯强行带出牢房并开枪打死。摩门

约瑟夫·史密斯检阅军队 被逐出密苏里州后,摩门教徒在宗教创始人约瑟夫·史密斯的带领下在伊利诺伊州纳府建立了样板城市——他们还在那里组织了一支超过 4000 人的军队。摩门画家卡尔·克里斯坦森的这幅画描绘了史密斯骑着白马走在前面,检阅庞大的军队——背景是纳府颇具田园风光、富饶多产的土地。这支庞大的私人军队引起周边非摩门教社区的极大警觉,双方冲突不断,最终导致史密斯被杀,摩门教徒被驱逐出伊利诺伊州。(*Joseph Mustering the Nauvoo Legion* by C. C. A. Christensen. Courtesy Brigham Young University Museum of Art. All rights reserved.)

教徒只好放弃纳府,在史密斯继任者杨百翰(Brigham Young)的带领下,穿越沙漠——教众共 1.2 万人,是美国历史上规模最大的单个移民群体之一——在犹他州建立新的社区,即现在的盐湖城。在那里,摩门教徒终于可以建立一个永久的定居点。

与同时代其他社会组织试验相似,摩门教也反映出人性完美的信念。教会宣扬,上帝曾经是人,因此每个男人和女人都可以——像约瑟夫·史密斯一样——成为像上帝一样的人。但与其他新兴社区不同,摩门教徒并不接受个性自由的信条。相反,他们却建立了一个高度组织化、中央集权化和近乎军事化的社会结构,一个可以抵御世俗世界混乱无序和变化无常的避难所。他们尤其重视家庭结构。摩门教的宗教仪式甚至包括男人和女人以去世祖先的名义参加洗礼仪式,他们相信,自己这样做将来就可以与祖先在天堂团聚。摩门教对家系宗谱的浓厚兴趣(至今仍在延续)也反映了这种当代人与祖辈人可能来世团聚的信仰。

盐湖城的建立

最初的摩门教徒大部分是在飞速变化的社会中感觉失落无助的人——被所处时代的物质增长和社会进步所遗弃或困扰的人。他们在新宗教(摩门教)中找到了真正的信仰,在摩门教所建立的社会中找到了安全和秩序。

二、社会改造

人们为解放个性和重新恢复(日益变化的)社会秩序所做的共同努力也有助于一系列新的社会改造运动的出现。在这些运动中,女性在很大程度上成为真正的基层力量,并时常发挥领导作用。到 19 世纪 30 年代,运动形式多表现为有组织的改革社团,托克维尔曾评论道,"在这个世界上,没有哪个国家比美国更成功地运用结社原则,或将其更广泛地应用于众多目的"。

新的社会组织的确在为众多问题而努力:戒酒,教育,和平,照顾穷人、残疾人和精神病患者,对待罪犯,妇女权益等等。美国历史上很少有哪个时代能够见证如此广泛的社会改革,能够如此清晰地展现美国民众对个性自由和社会秩序的双重关注。

新改革运动

宗教复兴、道德准则和社会秩序

改革背后的哲学体系有着不同的思想来源。其中之一是乐观主义理想。像超验主义者一样，他们反对加尔文主义信条，宣扬个性神圣。这些人不仅包括爱默生、梭罗和他们的追随者，还包括更多拥护唯一神论、普救论和接受欧洲浪漫主义思想的美国人。

第二种思想，在许多方面显得更为重要，来自新教复兴运动——开始于19世纪初的"第二次大觉醒"，到19世纪20年代逐渐发展成为促进社会改革的强大力量。尽管"新光派"宗教复兴运动者在神学观点上与超验主义者和唯一神论者大相径庭，但他们同样抱有乐观信念，相信每个人都有自我救赎的能力。根据查尔斯·格兰迪森·芬尼（Charles Grandison Finney，一位福音长老会牧师，19世纪20年代和30年代最具影响力的宗教复兴领袖）的观点，传统加尔文教义关于命运注定、个人无奈的说法都是过时的和具有破坏性的。他宣扬，每一个人内心都有能力获得精神重生和灵魂救赎，信仰的复苏不是上帝赐予的奇迹，而是个人努力的结果。

芬尼在纽约北部获得了巨大成功。他在伊利运河沿岸城镇——一个易于宗教觉醒的地区，曾被称为"滚烫的地区"——掀起了一系列轰轰烈烈的复兴运动。新的复兴运动在那里蓬勃发展并非偶然，因为纽约这一地区正在经历一场重要的经济转型——主要原因是修建运河。转型给社会结构带来深刻变化，许多人也因此感到茫然和困惑（正是在大致相同地区，约瑟夫·史密斯最先建立了摩门教会）。

在纽约的罗切斯特（芬尼取得巨大成功的地方），芬尼发动了一系列宗教集会，社区大部分民众深受触动，情绪激昂。他在动员女性支持者方面尤为成功，女性也越来越成为他工作的重心，因为宗教复兴所传达的自由思想对女性来说更具吸引力，同时，芬尼发现，女性也为他提供了接近和动员其男性亲属的途径。他逐渐在当地比较富裕的居民中拥有大批追随者，他们既享受新兴商业发展所带来的经济利益，又对随之而来的社会变迁（其中就包括社区新到来一批散漫难驯的临时劳工）倍感忧虑。对他们来说，宗教复兴不仅仅是个人救赎的方法，更是社会改革的必然选择。芬尼倡导的宗教复兴成为讨伐个人罪恶行为的号角。他坚定认为，"教会，必须在戒酒、道德改革以及所有常需判断的道德实践问题上坚持正确立场"。

戒酒运动

福音新教会极大地推动了当时最具影响力的改革运动之一：反对酗酒。一些改革者（包括像罗切斯特等城市中芬尼的皈依者）认为，没有哪种社会罪行会比酗酒更容易导致犯罪、动乱和贫穷。女人们在戒酒运动中表现尤为积极,她们认为酗酒给妻子带来巨大负担:男人们把家里本应购买生活必需品的钱拿去喝酒,醉酒后还常常虐待妻子和孩子。

实际上,内战以前美国的酗酒问题远比20世纪和21世纪更为严重。酒的供应量迅速增长,尤其在西部;铁路时代到来以前,市场相对有限,农民的粮食产量大于销售量,因此他们把剩余大部分粮食酿成威士忌。同样,在东部,商业酿酒和私人酿酒也很普遍。人们对酒的需求随着供应的增加而增长:在偏远的西部,饮酒为小城镇居民提供了社交娱乐,也缓解了农场农民的孤独和寂寞;在东部城市的酒馆和酒吧,饮酒是许多工人最主要的休闲活动。在19世纪30年代,普通男性的饮酒量几乎是今天的三倍。如数据所示,那时候许多人嗜酒成性,毫无节制,给自己和他人带来苦果。戒酒运动的许多支持者将其看作克服自身酗酒问题的一个途径。

尽管戒酒运动的倡导者从18世纪末期以来就很活跃,但新的改革者却给运动带来了前所未有的动力和影响力。1826年,"美国戒酒协会"作为众多社团的协调机构开始出现;它试图运用宗教复兴的许多方法来宣传戒酒。后来在1840年,6

美国社会推动戒酒运动

醉汉的堕落 纳撒尼尔·柯里尔1846年创作的这幅版画描绘了戒酒倡导者所指出的喝酒的必然后果。一位年轻人,刚开始只是简单的"和朋友喝上一杯",后来步步升级,达到纵酒狂欢的顶峰,然后慢慢堕落,直到绝望和自杀。被他抛弃的妻子和孩子则悲痛万分。(*Library of Congress*)

个成功戒酒的人在巴尔的摩建立了"华盛顿戒酒协会",开始吸引大批民众——许多是工人(其中有很多人想要克服酗酒问题)——前来倾听他们对昔日罪过的深刻忏悔,忏悔充满激情,引人入胜。此时,戒酒运动的支持者开始迅速增加,有超过一百万人签署了戒除烈酒的正式宣言。

随着戒酒运动的强度逐渐加大,目标也日益分化。一些倡导者强烈要求戒酒不仅包括烈酒,还包括啤酒和红酒;但这个提议并非所有人都赞同。一些人开始要求州立法机构限制酒类销售和饮用(缅因州1845年通过了类似的法律);其他人则坚持认为,戒酒必须依靠个人的道德良知。尽管双方各执己见,但改革者们都试图通过推行戒酒来促进个人道德的自我完善。与此同时,他们还努力强化社会纪律和秩序。

后一个目标在有关禁酒法的较量和斗争中体现尤为明显:原有新教徒和天主教移民之间因禁酒法而彼此对立、相互争斗。对许多天主教移民来说,饮酒是一项重要的社会习俗,也是社区生活的必要组成部分。然而,天主教移民的到来令许多社区原有居民甚是烦恼,对他们来说,禁酒似乎是一种阻止新移民制造社会动乱的手段。

关于饮酒的文化分歧

温泉浴 19世纪三四十年代开始广泛传播的、有关人身体健康的时尚和理论中,最为流行的一种观念就是认为在温暖的、富含硫磺的水中沐浴可以使人恢复身体健康。游客到美国和欧洲各地的"温泉""洗浴",喝这种闻起来发臭的水,有时待上数周,既是度假也是"疗养"。这幅画(作于1837年)的作者索菲·杜邦就是一位体验过这种流行的温泉熏蒸浴的游客。她在给朋友的信中写道,水尽管温暖,气味却像刚变质的鸡蛋,不过尝起来并不是特别恶心。(Courtesy of Hagley Museum and Library)

健康热潮和颅相学

对一些美国人来说,追求个人与社会完美使他们对新的健康知识理论产生了浓厚兴趣。公共健康受到威胁,不安情绪油然而生,为众多改革运动做好了铺垫,特别是18世纪三四十年代霍乱爆发之后。霍乱是一种严重的肠道细菌感染病,通常是因食用受污染的食物和水引起。在19世纪,抗生素还没有被人类发现,霍乱患者的幸存率低于50%。在霍乱爆发期间,成千上万的人因病致死。在某些城市,如1833年的新奥尔良和1849年的圣路易斯,霍乱的影响可以说是灾难性的。1833年,新奥尔良几乎有四分之一的人口死于霍乱。在改革者的压力下，许多市政当局成立了城市健康委员会，尝试寻找传染疾病的解决办法。但那时的医学还并不清楚细菌感染的原理和性质，无法提供解决方案，健康委员会因此也无所适从。

相反，为了改善健康，许多美国人转而相信一些并无科学依据的理论。有钱人，特别是有钱的妇女纷纷涌向矿泉疗养地，尝试著名的"水疗法"：将人体浸入热水或冷水中，或用湿床单包裹身体，据说这样做可以改善体质。尽管水疗法实际上并没有像倡导者所承诺的那样产生多少疗效，但它的确有几分价值；部分水疗方法至今仍被沿用。其他人则开始接受新的饮食理论。出生于康涅狄格的长老会牧师、坚定的改革者西尔斯维特·格兰姆（Sylvester Graham），以其（独特的）膳食配方赢得了众多拥护者。他提倡多吃水果、蔬菜和用粗磨粉制作的面包——与今天的饮食理论并无两样（格兰姆饼干就是用一种以他名字命名的面粉做成的）。格兰姆在提出膳食配方的同时还提出了道德警示，告诫人们远离奢侈与无度的罪恶。

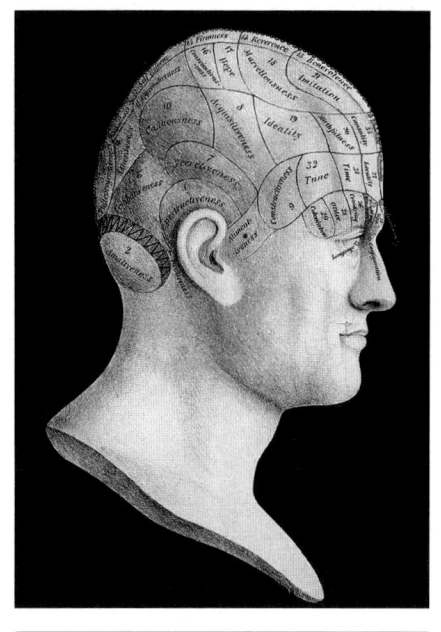

颅相学 这幅版画描绘了19世纪30年代甚为流行的"科学"颅相学的某些思想。借鉴德国作家约翰·卡斯帕·斯普尔茨海姆的概念，美国颅相学家们更加相信：人们可以通过一个人的颅骨构造了解他的性格和才智。人脑实际上是许多自主器官的集合体，每个器官控制人思想或行为的某些方面。在这张示意图中，人脑里据称控制"身份""贪婪""隐蔽""惊奇"和"希望"的不同区域可以被清晰地识别。事实上这套理论毫无科学基础。（Library of Congress）

也许，在现代人看来，最奇怪的是当时人们广泛相信新兴"科学"颅相学。颅相学首先出现在德国，在奥森·福勒与洛伦佐·福勒（《颅相学历书》的出版者）的努力下，19世纪30年代开始在美国流行。颅相学家们认为，一个人的颅骨形状是性格和智力的重要指标。他们精细测量颅骨的隆起和凹陷，计算大脑不同部分的尺寸（和所谓的"强度"），声称大脑每个部分都控制着某种特定的智力或行为。对许多美国人来说，颅相学似乎一度成为促进社会进步的重要载体。它提供了一种测试个人适宜何种职业的方法，似乎宣告人们盲目匹配个人才能和岗位职责的日子即将结束。但如今人们广泛认为，这个理论毫无科学价值可言。

医 学

在科学技术迅速进步的时代，医学发展有时显得相对滞后。部分原因在于，和其他科技领域依靠非生命体进行实验相比，医学需要进行人体试验，试验困难更大。另一部分原因在于医学行业的自身性质：由于缺少管理规范，医学行业吸引了许多教育程度不高的人和江湖庸医，他们混迹于专业医生之中。19 世纪 30 年代和 40 年代，人们为规范医药行业所做的努力被反对者击败，他们认为颁发行医执照是不民主的垄断行为。结果，医学行业的名声一直不好，许多人也不愿意从事这个行业。

然而，美国医学面临的最大问题是疾病基础知识的匮乏。18 世纪最大的医学成就——爱德华·詹纳（Edward Jenner）发明的天花疫苗——并非来自空泛的感染学理论，而是来自乡村百姓民间实践的杰出改良。麻醉剂的发明最初也并非来自（专业）医师，而是来自一个新英格兰牙医——威廉·莫顿，他当时正寻找各种办法帮助病人忍受拔牙之痛。1844 年初，莫顿开始用硫醚进行试验。波士顿的外科医生约翰·沃伦也很快使用乙醚为手术病人镇静和麻醉。然而，这些进步却遭到了传统医生的强烈抵制，他们有些人依旧相信所有的医学知识都源自永恒的真理和古老的学者，并不相信创新和试验；其他人则对企业家（其中很多人都是庸医）所推广的新型、非传统、未经试验的"医学"技术的效力深信不疑，因此拒绝和排斥科学进步。

<small>传染病的发现</small>

在医学领域，科学方法和试验未被广泛接受，即使最有才能的医生也很难在疾病治疗方面取得进步。尽管如此，细菌理论的发现在战前美国还是取得了艰难的进步。1843 年，波士顿的散文家、诗人和医生，奥利弗·温德尔·霍姆斯（Oliver Wendell Holmes）发表了自己研究大量"产褥热"（导致儿童败血症）病例获得的发现，并得出结论，这种疾病能够在人与人之间进行传播。传染病的发现遭到了强烈批评，但后来却在西班牙医生伊格莱兹·塞米尔维斯（Ignaz Semmelweis）的临床成功中得以证明。他注意到这种疾病似乎是由接触过尸体的医学院学生传播的。在他要求学生洗手并对器械进行消毒后，疾病传染就消失了。

教育改革

19 世纪中期，杰出的改革运动之一是努力建立一个广泛的公共教育体系。到 1830 年为止，没有任何州拥有这样的教育体系，尽管有些州——如马萨诸塞州——曾多年维持有限的公共教育。然而在 19 世纪 30 年代，对公共教育的关注度被迅速提升，这反映了人们对个人天赋才能和开发利用这种才能的社会责任抱有新的信念，同时也反映了人们力求通过向学生灌输稳定的社会价值观来抵御社会动荡的渴望。

霍瑞斯·曼（Horace Mann）是当时最伟大的教育改革家，也是马萨诸塞州教育委员会（成立于1837年）第一任干事。对曼及其支持者来说，教育是抵御"资本垄断和劳工奴役趋势"的唯一手段，也是保护民主的唯一办法，因为一个受过教育的选民对自由政治体系的运转至关重要。霍瑞斯·曼重新改组了马萨诸塞州的学校体系，延长了学年时间（至6个月），加倍提高了教师工资（尽管他没有消除男女教师在工资上的巨大差距），丰富了课程设置，引进了新的教师职业培训方法。

<small>霍瑞斯·曼的改革</small>

其他州也在经历相同的扩大和发展。他们建立新学校，创建师范学院，为更多的孩子提供教育机会。亨利·巴纳德（Henry Barnard）帮助康涅狄格和罗德岛建立了新的教育体系；1835年，宾夕法尼亚州通过法律，划拨政府资金支持普及教育；19世纪40年代初，纽约州州长威廉·西沃德（Willian Seward）将学校公共资助扩展到全州。到19世纪50年代，税收支持基础教育的原则被所有州接受；尽管某些团体依然反对，但各州在原则实践方面至少迈出了第一步。

<small>公共教育的快速发展</small>

然而，新兴教育的质量依旧良莠不齐。在某些地方——比如在马萨诸塞州（1839年曼在此建立了美国第一个州立师范学院，1845年第一个专业教师协会也在此创立）——教育者通常都很有能力，受过良好训练，开始把自己看作专业人士。但在别的地方，教师通常文化水平不高，有限的教育资金也严重制约了教育机会；在西部新移民区，白人分布非常零散，许多孩子根本没办法上学；在南方，所有黑人不能接受正规教育（尽管大约10%的奴隶还是学会了识字）；事实上，在1860年，南方只有三分之一左右的白人适龄儿童报名上学。在北方，这个数字是72%，然而即使在那里，许多学生也是时学时停。

内战以前，在推动美国印第安人教育的蓬勃运动中，教育热情清晰可见。尽管有些改革者抱有种族偏见，认为有色人种不可救赎，但许多对黑人抱有成见的人还是相信印第安人是可以被"教化"的，只要教会他们白人世界运转的方式。传教士和其他一些人努力对本土印第安人进行教育，鼓励他们接受同化，这些努力在俄勒冈等远西地区甚为突出。19世纪40年代，大批白人开始定居远西地区，那里白人与土著印第安人之间的矛盾尚不严重。尽管如此，绝大多数美国印第安人还是停留在教育改革之外，或是自我选择，或是环境所致，或是兼而有之。

教育改革的成果

教育改革者所取得的成就虽然有限，也不均衡，但按任何标准来说都令人敬佩。截至内战初期，美国已成为世界上民众识字率最高的国家之一：北方达94%，南方白人达83%（南方整体达58%）。

支撑教育改革运动的因素众多，彼此矛盾，在一些新兴教育机构中体现明显。例如，在新英格兰，超验主义者布朗森·爱尔考特（Bronson Alcott）在康科德建立了一所备受争议的试验学校，反映了他对自我彻底实现重要性的坚定信念。他鼓励孩子从自己的内心智慧中获取知识，不要学习社会强加于人的价值观。孩子应自我教育，不必依赖教师。

"慈善帝国"

对个人潜能的重视也促使一批新的、旨在帮助残疾人的机构先后出现，它们也成为重要的慈善活动网络即"慈善帝国"的一部分。其中就包括波士顿的伯金斯盲人学校，这也是美国第一所盲人学校。伯金斯盲人学校的创立者坚信，即使最不受关注的社会成员——盲人和其他残疾人——也能在别人的帮助下发现自己内心的力量和智慧。

然而，更具代表性的教育改革是努力通过学校向孩子灌输一套社会价值观，一套改革者认为更加适合新兴工业化社会的价值观，包括节俭、秩序、纪律、守时和尊重权威。例如，霍瑞斯·曼就经常谈及公立学校在扩大民主和发展个人机遇中的作用，也曾谈及公立学校在建立社会秩序中的职责。他曾这样说道："没有节制的热情不仅害人，更加害己。"爱尔考特和其他超验主义者强调本能和情感的重要性，而霍瑞斯·曼所提倡的思想与他们大相径庭，他主张"按应有的方式培养孩子，即使孩子长大，也不会偏离这种方式"。

康复教育

收容所运动

诸多相似因素催生了另一个强有力的改革运动：为罪犯和精神病人建立（现在所谓的）"收容所"。美国人倡导监狱和医院改革，一方面意在解决最突出的社会问题。各类罪犯、无力偿还欠款的借债人、精神病人，甚至年老乞丐都被不加区分地塞进监狱，而这些监狱有时就是一个洞穴，康涅狄格州的一所监狱竟是一个废弃的矿井。19世纪20年代初，许多州开始用新的"教养所"和精神病院取代这些废旧设施，旨在为囚犯和病人提供适合的环境。1821年，纽约州在奥本建立了第一家教养所。在马萨诸塞州，改革者多萝西娅·迪克斯（Dorothea Dix）开展全国运动，倡导精神病治疗的新方法。对借债人和乞丐的监禁逐渐消失，合法公开执行绞刑等传统做法也逐渐取缔。

然而，为社会行为偏离者建立"收容所"不仅是努力摒除陈旧体制的弊病，还是尝试改造和感化罪犯及精神病人。人们制定新的、严格的监狱纪律，帮助罪犯摆脱"懒散和放纵"，正是这种"懒散和放纵"常常使他们误入歧途。囚犯单独监禁和劳动时严禁交谈，目的是给他们反省自身罪行的机会（"教养所"一词便来源于此：一个供个人悔过自新的地方）。一些改革者认为，收容所的纪律可以为其他潜在混乱环境，如工厂和学校，提供学习榜样。然而，教养所和许多精神病院很快人满为患，最初的改革理想逐渐消失。许多监狱最终沦落为安置罪犯的仓库，很少重视罪犯的改造和感化。相比之下，这种理想在一开始出现时更为乐观。

监狱改革

然而，"收容所"运动并非只局限于罪犯和其他被认为"不适应（社会）的"人。结构合理的社会机构能够阻止道德滑坡或从失败和绝望中拯救个人，这种思想使作为教育机构的新兴孤儿院大量出现。改革者认为，这些机构将为孩子提供好的环境，原本可能误入歧途的孩子可以得到培养，成为对社会有用的公民。类似机构相继出现，为"无依无靠"的妇女（没有亲人和家庭，但生活正派的妇女）

伯金斯盲人学校 波士顿的伯金斯学校是美国第一所盲人学校，它的办学理念是盲人通过学习新技能——如利用布莱叶点字法这项较新的技术来读书——可以有效地融入世界。这幅木刻画展现了19世纪50年代中期伯金斯学校的主要建筑。当时，伯金斯学校已经开办了二十多年。如今，伯金斯学校仍在继续其盲人教育事业。(*Perkins School for the Blind History Museum*)

提供住所和重建生活的机会（一方面也是为防止这些妇女变成妓女）。此外，还有针对穷人的新兴社会机构：济贫院和贫民习艺所，这些机构为那些在社会中无法依靠个人努力获得提升的失败者提供严密监管的环境。改革者坚信，这种环境将培养他们过上更有意义的生活。

印第安保留地

在这些信念的推动下，19世纪40年代和50年代，一种解决土著美国人问题的新式"改革"方法应运而生：保留地计划。几十年来，美国对白人定居区内印第安人采取的政策核心是搬迁和重新安置。在搬迁和重新安置背后，最主要的动机向来十分简单，即印第安部落为白人文明让路。然而，部分白人却有另外一种（如果是次要的）打算：把印第安人迁移到特定地区，在那里他们会远离白人，受到保护，还可以继续发展，直到民族同化成为可能。就连安德鲁·杰克逊（他对印第安人的仇恨众所周知）也曾把迁移印第安人描绘成国家"保护、（如果可能的话）维持和延续稀疏残留的印第安种族……的道德义务"的一部分。

从搬迁和重新安置到建立保留地仅有一步之遥：建立封闭区域，远离白人社会，让印第安人独自生活。同样，保留地首先是为白人经济目的服务的——把土著美国人迁离白人定居者垂涎的肥沃土地。然而，保留地也被赋予一定的改革目的。正如监狱、收容所和孤儿院能为白人社会不适应环境和遭遇不幸的人提供锻炼和提升机会一样，保留地或许能为某官员所标榜的"印第安种族复兴这项伟大工作"的开展提供一种途径。改革者认为，土著美国人将在被保护的环境下学习文明的方式。

女权主义的兴起

战前时期的改革狂热对美国妇女来说具有特殊意义。妇女在一系列改革运动中发挥了关键作用，在戒酒和废奴运动中尤为重要。她们在改革过程中也表达了对男权社会中的女性所面临问题的关注。其结果便是美国首次重要女权运动的兴起，为后来长达一个多世纪的妇女权力斗争奠定了基础。

19世纪30年代和40年代，妇女不仅要面对社会强加给女性的种种传统限制，更要面对家庭转型和"独立领域"信条（提倡妇女脱离生产，专注家庭）所带来的一系列新障碍。许多19世纪二三十年代开始参与改革运动的妇女愈发对这些限制感到不满。有些妇女开始公开抵抗。

南卡罗来纳州的哈拉和安吉丽娜·格里姆克（Sarah and Angelina Grimké）姐妹不顾男性提出她们行动不合性别的指责，成为积极呐喊的废奴主义者。她们宣称，"男女生而平等"，"男女同样是负有道德和责任的个体，男人可以做的事情女人同样可以做。"凯瑟琳·比彻（Catherine Beecher）、哈里特·比彻·斯托（凯瑟琳的妹妹）、卢克利希亚·莫特（Lucretia Mott）、伊丽莎白·卡迪·斯坦顿（Elizabeth Cady Stanton）和多萝西娅·迪克斯等改革者同样对男性加在他们身上的限制备感愤怒，同样对"可接受"女性行为的界限发起挑战。

《感性宣言》 弗雷德里克·道格拉斯与女性废奴主义者共同签署了1848年纽约塞内卡瀑布城"妇女权利大会"上制定的、著名的《感性宣言》——美国女权主义的创立文件之一。此处介绍清晰地展现了《感性宣言》是严格按照1776年《美国独立宣言》的模式仿写的。（National Park Service, U.S. Department of the Interior）

最终，在1840年，几位女性的忍耐突然被打破。一批美国妇女代表抵达伦敦，出席世界废奴大会，但却遭到掌管会议进程的男性阻拦。妇女代表对此无比愤慨，有些（尤其是卢克利希亚·莫特和伊丽莎白·卡迪·斯坦顿）更是坚信，作为改革者，她们如今的首要任务是提高妇女的社会地位。在随后几年里，莫特、斯坦顿、苏珊·B.安东尼（Susan B. Anthony）等人开始尖锐指出，妇女困境和奴隶困境彼此相当。1848年，她们在纽约塞内卡瀑布城召开大会，探讨妇女权力问题。会议发表了一份《感性和决议宣言》（仿照《独立宣言》的模式），宣称"男女生而平等"，女性，与男性一样，享有若干不可剥夺的权利。她们最突出的要求就是享有选举权，从此拉开了女性选举权运动的序幕，运动一直持续到1920年。然而，从许多方面来讲，宣言的重要性更体现在它对男女归属不同社会"领域"的观点持完全否定的态度。

也许并不奇怪，参加女权运动的许多妇女都是贵格会教徒。贵格会很早就接受男女平等的观念，容忍甚至鼓励妇女成为牧师和社区领袖。妇女在本社区接受男女平等的教育，走出社区之后遇到性别方面的种种限制，自然会产生强烈的反感。贵格会还是废奴运动的领袖之一，贵格会妇女在这些运动中发挥了主导作用。

并非所有贵格会教徒都主张在美国社会实行男女完全平等，但拥护这种主张的贵格会妇女人数众多，足以导致1848年公谊会（贵格会别名）在纽约真尼西召开的年会上出现派系分裂。那些拥护男女平等的贵格会派系成为塞内卡瀑布城大会的组织核心。参与起草《感性宣言》的所有妇女中，只有伊丽莎白·卡迪·斯坦顿一人不是贵格会教徒。

女性地位有限提高

内战之前，人们在实现女权主义目标上取得的进步十分有限，但个别妇女却成功跨越社会障碍取得一定进步。英格兰出生的伊丽莎白·布莱克威尔作为医生赢得广泛认可和赞扬。她的弟媳安托万内特·布朗·布莱克威尔成为美国第一位被授以神职的女牧师，另一位弟媳露西·斯通更是迈出了革命性的一步，在结婚后依旧保留自己婚前的姓氏（安吉丽娜·格里姆克也是如此）。斯通也成为妇女权力方面成功的、颇具影响力的演说家。特洛伊女子学院的创始人艾玛·威拉德与哈特福德女子学院的创始人凯瑟琳·比彻积极投身妇女教育事业。有些妇女甚至通过服饰选择来表达自己的女权主义情感——身着风格独特的套装，集短裙和长裤于一体，既活动自如，又不失端庄。著名女演员范尼·肯布尔曾最先穿着这种服装，后来逐渐被称为"布卢默"装，因其倡导者阿米莉亚·布卢默而得名（该服装引发众多争议，女权主义者最终选择放弃，她们深信这种狂热分散了人们对女性更重要需求的注意力）。

然而，人们对妇女权利的日益关注却具有一种讽刺意味。女权主义者在与其他改革运动，尤其是废奴主义运动的联系中受益匪浅，但同时也深受其害。在许多人看来，奴隶权利问题更为重要，妇女需求通常应放在次要地位，甚至有些女性也这样认为。

三、反奴隶制运动

334

19世纪中期的反奴隶制运动并非新鲜事物。早在美国独立战争以前，有些人就开始为限制甚至消除奴隶制而努力。这些努力促使北方绝大多数州在18世纪末废除奴隶制，也使国际奴隶贸易在1808年得到法律禁止。在欧洲，反奴隶制运动风起云涌，势头强劲，反对人身束缚的呐喊声不绝于耳，尤其在英国，伟大的反奴隶制领袖威廉·威尔伯福斯（William Wilberforce）带领人们为消除不列颠帝国的奴隶贸易和（后来的）奴隶制而不断努力。然而，美国在独立后的前几十年里，反奴隶制情绪相对比较缓和。直到1830年，反奴隶制运动才开始积聚力量并最终超越其他所有社会改革运动。

早期反奴隶制运动

19世纪初，反奴隶制人士绝大多数是温和、冷静派，他们在道义上表示谴责，在公开行动上却少有建树。就有组织的反奴隶制运动而言，其运动核心是殖民理念，即鼓励美国黑人在非洲或加勒比地区重新定居。1817年，弗吉尼亚州一批地位显赫的白人组织成立了"美国殖民协会"（简称ACS），该协会谨慎工作，既攻击奴隶制又不挑战财产权利或触及南方敏感神经。美国殖民协会提出一项奴隶逐步解放计划，奴隶主可以通过私人慈善机构募集或州立法机构划拨的基金获得补偿。然后，该协会将获得自由的奴隶运到国外并帮助他们在该地建立自己新的社会。

美国殖民协会

美国殖民协会并非毫无作用。它从私人捐赠者、美国国会以及弗吉尼亚州和马里兰州立法机构分别获得部分资金。它还安排船只，将几批美国黑人运到国外。其中部分黑人被运到非洲西海岸并于1830年建立了利比里亚，1846年宣告独立，成立共和国——其首都蒙罗维亚，以当时主持最初定居事宜的美国总统（詹姆斯·门罗）的名字命名。

然而，美国殖民协会最终还是沦为无足轻重的力量。无论是私人基金还是政府资助都不足以实施其设计者所预想的如此庞大的工程。十年里，他们成功"殖民"的奴隶数量远不如美国一个月出生的奴隶人数。实际上，无论资金多少都远远不够；19世纪，美国黑人人口众多，任何可想象的计划都无法把他们全部运往非洲。此外，美国殖民协会还遇到来自美国黑人自身的抵制，他们中有许多人已经离开非洲三代之久，根本不想回到那个他们几乎一无所知的土地（19世纪初，马萨诸塞州自由黑人保罗·卡夫在提出自己的殖民计划时同样遭到本族同胞的抵制）。

"殖民"的失败

换句话说，到1830年，早期反奴隶制运动迅速失去活力。事实证明，殖民海外并不是解决奴隶制问题切实可行的办法。尤其在南方腹地出现种棉热潮后，种植园主对自己"特有的"劳动体系更加执着。那些反对奴隶制的人似乎走进了死胡同。

加里森与废奴主义

就在反奴隶制运动似乎濒临瓦解的关键时刻，一位新人物出现并戏剧性地扭

加里森和《解放者》

转了整个局面。这个人便是威廉·劳埃德·加里森（William Lloyd Garrison）。他于 1805 年出生于马萨诸塞州，19 世纪 20 年代曾为新泽西贵格会教徒本杰明·伦迪（Benjamin Lundy，他创办了巴尔的摩当时最重要的反奴隶制报纸《全面解放的守护神》）担任助手。和伦迪一样，加里森痛恨奴隶制，但他很快对老板温和的论调和改革意见感到不满。1831 年，他回到波士顿并创办了自己的周刊《解放者》(Liberator)。

加里森的思想虽然简朴但却真正具有革命意义。他说，奴隶制反对者应该从黑人的角度，而不是白人奴隶主的角度考虑奴隶制问题；他们不应该像以前的改革者那样讨论奴隶制对白人社会的罪恶影响，而应该讨论其给黑人带来的伤害；因此，他们应该摒弃"渐进主义思想"并要求立即、无条件地、全面地废除奴隶制。在谈及殖民计划的倡导者时，加里森的言语中更是充满了鄙视和轻蔑。他认为，这些人根本不是解放主义者，相反，他们真正的目的是通过清除国内已经获得自由的黑人来巩固奴隶制。他坚定地认为，奴隶制痛恨者的真正目的必须是赋予美国黑人所有公民权利。令人震惊的不仅是加里森建议的激进本质，更是他提出建议时那种绝不留情、绝不妥协的坚定论调。他曾在《解放者》首刊中这样写道："我知道……许多人反对我语言的尖刻。但是，难道有不尖刻的理由吗？我会像真理一样残酷，像正义一样坚定……我是认真的——我不会含糊其词，我不会寻找借口，我不会后退半步——我会让全世界都知道。"

美国反奴隶制协会

加里森很快在北方各地吸引众多追随者，足以使他在 1832 年创立"新英格兰反奴隶制协会"，并在第二年费城大会后改名"美国反奴隶制协会"。新组织的会员数量迅速增加。1835 年，协会拥有 400 多个分会；1838 年，分会数量增加到 1350 个，共有会员 25 万多人。反奴隶制情绪日益高涨，其坚定、自信和力量在美国史无前例。

这种成功在某种程度上源于废奴主义和同时代其他改革运动的相似之处。与致力于其他事业的改革者一样，废奴主义者呼唤个体人性的释放，要求清除社会人为障碍，实现个人完美。毕竟，有谁比身为奴隶的男男女女更需要帮助以实现个人潜能呢？

黑人废奴主义者

废奴主义对北方的自由黑人来说具有特别的吸引力，他们的总数在 1850 年达到 25 万左右，大部分人集中在城市。他们生活在贫穷和压迫之中，条件比南方的奴隶更为恶劣。一位到过美国南方和北方的英国旅行家曾在1854年这样写道,他"完全想象不出北方州(美国黑人)长期承受的社会歧视究竟来源于何处,而这种歧视在南方却不为人知,在那里非洲人和欧洲人(美国白人)的关系要亲密许多"。这恰恰证实了法国观察家亚历克西斯·德·托克维尔的评论:"黑人在获得解放后所遭受的排斥与歧视似乎更加严重。"北方黑人经常成为暴民暴力的牺牲品,他们几乎没有机会接受教育,只能在少数几个州参与投票,只能做最卑贱的工作。大部分黑人或者做家庭佣人,或者在美国商业船队做水手。他们的工资很低,大多生活在肮脏的环境中。有些人还被白人绑架,被迫重新成为奴隶。

　　然而,尽管问题重重,北方黑人还是对自己自由身份拥有清晰的意识和强烈的自豪感。他们对种族同胞身受束缚、生活苦难一直深感同情,意识到只要奴隶制存在,他们自己在社会中的地位就依然危险。19世纪30年代,许多黑人开始支持加里森,订阅他的报纸,并在自己的社区为他征集订户。实际上,《解放者》报绝大多数早期订阅者都是美国自由黑人。

自由黑人投身废奴运动

　　此外,还有重要的黑人领袖出面表达自己种族的强烈愿望。其中最激进的人物之一——大卫·沃克(David Walker)是来自波士顿的自由黑人,1829年他曾出版言辞激烈的小册子:《沃克的呼吁……向有色公民》(*Walker's Appeal…to the Colored Citizens*)。他在小册子中宣称:"美国与其说是白人的国家还不如说是我们

《逃奴法》大会　1850年8月,废奴主义者在纽约卡舍诺维亚集会,商讨如何应对国会最近通过的法律,法律要求北方州必须将逃跑的奴隶返还给他们的主人。在这张与会者的照片中,弗雷德里克·道格拉斯坐在桌子的左侧。在许多废奴主义者集会中,这次会议显得与众不同,因为与会者包括许多非裔美国人。(*Madison County Historical Society, Oneida, NY*)

弗雷德里克·道格拉斯

的——我们用鲜血和泪水使它富有。"他发出警告:"白人需要奴隶,需要我们为他们当奴隶,但他们有些人早晚会为见到我们的那天而后悔。"他还声称,奴隶应割破主人的喉咙,应该"去杀人,要么就会被杀"。

然而,大部分黑人奴隶制批评家言辞并非如此激烈。一位获得自由的黑人妇女索杰纳·特鲁斯(Sojourner Truth)在纽约州北部参与了几年奇怪的宗教派别后,逐渐成为废奴运动中实力强大、能言善辩的女代言人。最伟大的废奴主义者,当时最具感染力的演说家(无论是在白人还是黑人演说家中)之——弗雷德里克·道格拉斯,原本是出生于马里兰州的奴隶,1838年逃到马萨诸塞州,成为敢于大胆直言的反奴隶制运动领袖。道格拉斯在英国度过了两年演讲生涯,当地激情四射的反奴隶制运动成员把他奉为名人。1847年回到美国后,道格拉斯从马里兰州奴隶主那里赎回了自由,并在纽约罗切斯特创立了反奴隶制报纸《北极星》(North Star)。此外,他还因出版自传《弗雷德里克·道格拉斯的生活》(Narrative of the Life of Frederick Douglass,1845)一书而声名远扬,在自传中他展现了奴隶制残酷狰狞的面目。道格拉斯主张,黑人不但要拥有自由,更要享受完全的社会和经济平等。在道格拉斯成为反奴隶制运动领袖之前,黑人废奴主义者早已活跃和奋斗多年,并于1830年召开了首次全国大会。有了道格拉斯的领导,他们很快成为更具影响力的队伍,并开始与加里森等白人反奴隶制领袖结成联盟。

弗雷德里克·道格拉斯 弗雷德里克·道格拉斯,一个逃亡奴隶和积极的废奴主义者,是当时最伟大的演说家之一,受到美国和英国反奴隶制团体的普遍尊敬。他在反奴隶制人士的心目中占有非常核心的位置,以至于产生了许多颂扬之作,如1854年在波士顿发行的歌曲《逃亡者之歌》。(Bettmann/Corbis)

反废奴主义

废奴主义势头强劲,但同时也招来强烈反对。当然,几乎所有南部白人都对废奴主义运动充满恐惧和蔑视。许多北方白人也同样如此。实际上,即使在北方,废奴主义者也从来只是规模较小、持有异见的少数派。

对批评者来说,废奴主义运动是对现存社会体系的威胁。一些白人(包括许多富有商人)警告到,运动将引发地区之间毁灭性的战争。其他人则担心,运动可能导致大量自由黑人涌入北方。对许多北方白人来说,这场声势浩大的运动似乎是社会正在经历的混乱变化的标志,也是又一威胁社会安定和秩序的因素。

结果,19世纪30年代,针对废奴主义者的暴力浪潮不断高涨。当普鲁登斯·克兰多尔(Prudence Crandall)准备接收几名黑人女孩到他在康涅狄格州的私立学校时,当地居民将她抓捕,还往她的水井里扔垃圾,逼迫她关闭学校。

1834年,费城的一伙暴徒袭击了废奴主义者的总部——"自由神殿",他们用一把大火将其烧成灰烬,并发动了血腥的种族暴乱。1835年,另一伙暴徒在波士顿的大街上挟持了加里森,并威胁要将其处以绞刑。当局只好把他关进监狱,使他逃过一死。伊利亚·洛夫乔伊(Elijah Lovejoy),伊利诺伊州奥尔顿一家废奴主义报纸的主编,多次成为暴徒暴力的受害者。愤怒的白人曾三次闯入其办公室并砸毁印刷机。洛夫乔伊也三次安装新的机器,并重新出版印刷。1837年底,一伙暴徒第四次闯入他的办公室,洛夫乔伊奋力保护印刷设备,暴徒放火烧毁了印刷厂,并在洛夫乔伊逃跑时开枪打死了他。

武力报复

许多废奴主义者在面对自己社区的强烈反对时仍然坚持废奴主义,这充分说明了运动的本质。废奴主义者不是轻松随意地做出政治承诺,他们是意志坚强、充满激情的改革者,展现出巨大勇气和道德力量,有时甚至是一种狂热(这种狂热令同代人以及后来的史学家深感不安)。这使他们受到普遍谴责,其中不乏一些同样厌恶奴隶制的人,后者认为他们是热衷社会革命、眼中充满怒火的狂热分子。换句话说,反废奴主义暴徒只是许多美国白人(对废奴运动)不满情绪的最激烈表达。

美国与世界　奴隶制的废除

1865年,内战结束后,美利坚合众国通过《宪法》第十三条修正案废除了奴隶制。然而,废除奴隶制的努力并非开始于,亦非结束于北美洲。美国奴隶的解放是18世纪末开始并持续到19世纪结束的全球反奴隶制运动的一部分。

奴隶制的结束,与君主制和贵族统治的结束一样,反映了启蒙运动的理想。这些理想催生了个人自由和政治平等的全新理念。18世纪和19世纪,随着启蒙思想在西方世界的传播和蔓延,人权和个人自由被引入文明概念的范畴,大西洋两岸的民众开始重新审视奴隶制并对其是否符合新理念提出质疑。一些启蒙思想家,包括美国共和政体的部分缔造者,相信自由适用于白人而非有色民众。

但其他人却逐渐认为所有人类对自由都拥有平等的权利,他们的观点也成为不断升级的反奴隶制运动的基础。

奴隶制反对者首先把矛头指向奴隶贸易——17世纪、18世纪发展起来的、贩卖人口的巨额贸易,涉及欧洲、非洲、加勒比海地区以及南北美洲的大片区域。18世纪末和19世纪初,美国、法国和海地革命爆发后,对奴隶贸易的抨击迅速积聚动力,其核心人物,英国改革者威廉·威尔伯福斯,多年来猛烈抨击英国与奴隶贸易的关联。他从道义和宗教上抨击奴隶贸易。在海地革命后,他还提出奴隶制的延续将引发更多奴隶起义。1807年,他劝说议会通过法律,结束整个大英帝国境内的奴隶贸易。英国的范例——加之来自伦敦强大的政治、经济,甚至是军事压力——促使其他许多国家宣布国际贩奴贸易不合法:美国,1808年;法国,1814年;荷兰,1817年;西班牙,1845年。然而,奴隶贸易依然在奴隶制合法的国家(包括美国)和殖民地继续存在,一些非法贩奴贸易依旧在环大西洋地区继续进行。尽管如此,奴隶买卖数量在1807年以后持续下降。已知的最后一次跨大西洋奴隶贩运——从非洲运往古巴——出现在1867年。

结束奴隶贸易要比结束奴隶制本身容易得多。许多人对奴隶制投以重资,许多农业、商业和工业也要依赖奴隶制。然而,威尔伯福斯又一次引领国际,强烈反对奴隶制度。19世纪,要求废除奴隶制的呼声持续高涨。

在海地,1791年爆发的奴隶起义不仅废除了奴隶制,还结束了法国的统治。

"难道我不是一个男人和兄弟吗?" 这枚铜质奖章纪念1834年英国反奴隶制积极分子在大英帝国全面废除了奴隶制。它同时记录了英国废奴主义运动与威廉·劳埃德·加里森领导的美国废奴主义运动之间的紧密联系。奖章上的图像,一个被枷锁禁锢的人,随后几年成为美国反奴隶制领域家喻户晓的形象。(The Art Archive)

19世纪20年代，在南美洲部分地区，随着西班牙统治的倾覆，奴隶制终于寿终正寝。西蒙·玻利瓦尔，拉丁美洲独立运动的杰出领袖，把废除奴隶制看成自己使命的重要组成部分。他曾释放自己军中的奴隶士兵，还坚决主张在自己帮助制定的几部宪法中禁止奴隶制。1833年，英国议会通过法律，全面废除大英帝国境内的奴隶制并对释放奴隶的奴隶主予以补偿。1848年，法国在国内废奴主义者多年抗议和骚动之后宣布废除帝国内的奴隶制。在加勒比地区，西班牙仿效英国，缓慢去除所属殖民地的奴隶制。波多黎各1873年废除奴隶制。面对日益强烈的奴隶抵抗和不断下滑的奴隶种植园收益，古巴于1886年宣布废除奴隶制，成为加勒比地区最后一个结束奴隶制的殖民地。1888年，巴西废除奴隶制，成为美洲最后结束奴隶制的国家。19世纪60年代末，奴隶们在巴西与乌拉圭的战争中英勇作战。此后，巴西军方转变态度，开始反对奴隶制。最后，受过教育的巴西百姓也开始反对奴隶制，认为它阻碍了经济发展和社会进步。

19世纪二三十年代，美国废奴主义运动不断获得支持，国际舆论的力量——以及英国威尔伯福斯的运动范例——成为刺激该运动的重要因素。反过来，美国废奴主义也有利于其他国家和地区废奴运动的巩固和加强。弗雷德里克·道格拉斯，出身奴隶的废奴主义者，成为国际反奴隶制运动的重要人物，也是19世纪四五十年代在英国和欧洲广受赞赏和追捧的演讲家。没有哪个国家像美国一样，为废除奴隶制在内战中付出那么惨重的代价，但美国奴隶的解放依然是结束人类合法奴役的全球运动的一部分。

分裂的废奴主义

到19世纪中期，废奴主义运动已变得不容忽视，但同时也开始承受严重的内部压力和分歧。原因之一是反废奴主义者的暴力活动使部分运动成员相信有必要采取更加温和的方式。另一个原因是威廉·劳埃德·加里森日渐增长的激进主义思想，他不仅攻击奴隶制还攻击政府本身，这使他的许多盟友（包括弗雷德里克·道格拉斯）都大为惊愕。他说，《宪法》是"一份死亡契约，一纸地狱合同"。他声称，美国的教会是奴隶制的防御堡垒。1840年，加里森坚持认为妇女——她们一直在协会工作中扮演着关键角色——应该被允许以完全平等的身份参加废奴主义运动，最终导致"美国反奴隶制协会"的正式分裂。1840年之后，他以更加激进和革新的立场继续引起争议，如：极端的和平主义立场，甚至反对自卫战争；反对

温和派和极端派

任何形式的强迫行为——不仅是奴隶制,还有监狱和收容所;最后,1843年,呼吁北方与南方分离。他表示,美国应把蓄奴州驱逐于联邦之外,从而涤除自身奴隶制的罪恶。

因此,从1840年开始,废奴主义运动的发展,路线众多,呼声各异。加里森派以绝不妥协的道德立场依旧保持着影响力。其他派别相对比较温和,他们认为只有在经历漫长、耐心与和平的斗争之后,奴隶制才能被废除——即他们所谓的"迅速废除奴隶制需逐渐完成"。起初,这些温和派依靠"道义劝说",试图唤醒奴隶主的良知,并说服他们相信奴隶制是罪恶的。当努力无果后,他们转而采取政治行动,尝试劝导北方州和联邦政府尽可能地帮助这项事业。他们与加里森派联手,通过所谓的"地下铁路"(尽管他们的工作并不像这个词语所暗示的那样组织有序)帮助逃亡奴隶在北方或加拿大寻找庇护。他们为针对西班牙运奴船"阿米斯塔德号"所进行的法律斗争提供资金支持。1839年,原本被运往古巴做奴隶的非洲人从船员手中夺取并控制了运奴船,试图返回非洲。美国海军扣留了这艘船并把这些非洲人当成海盗。在废奴主义者的支持下,为这些非洲人争取自由(因为自1808年开始,国际贩奴贸易在美国已经是违法行为)而进行的法律诉讼最终递交到美国最高法院,前总统约翰·昆西·亚当斯在法庭上为反奴立场做辩护。1841年,法院宣布,这些非洲人无罪释放。同时,反对奴隶制的团体资助他们返回非洲。后来,最高法院(普利格诉宾夕法尼亚州案,1842)裁定各州无须协助实施要求遣返逃亡奴隶的1793年法律。此后,废奴主义者又使《人身自由法》在部分北方州获得通过。这些法律禁止州政府官员协助抓捕或遣返逃亡奴隶。最重要的是,这些反奴隶制社团还向国会请愿,要求禁止州际奴隶贸易以及在联邦政府拥有管辖权的地区——准州地区和哥伦比亚地区——废除奴隶制。然而,政治废奴主义所受限制十分严重,废奴主义运动成员很少相信国会能对奴隶制这种州"内部"制度予以宪法干预。

大众文化模式　　情感小说

"美国现在已完全沉迷于一群可恶的、粗制滥造的女性作家的作品,"纳撒尼尔·霍桑在1855年曾抱怨道,"我应该没有成功的机会,因为公众的兴趣已经被她们的垃圾作品所占据。"霍桑是那个时代重要的小说家之一,他所抱怨的是美国 19 世纪中期最为流行的小说形式——不是他自己那些阴暗而严肃的作品，而是"情感小说"，一种主要由中产阶级女性撰写和阅读的文学形式。

在那个富裕女性主要担任家庭角色以及美满婚姻成为众多女性把握或改善命运的最重要途径的年代，情感小说道出了当时女性的渴望和忧虑。小说中的女主角几乎总是天生丽质又有些无助——需要男士特别关注和保护，依靠的便是自己的美貌与妩媚。情感小说的故事情节往往充满性格问题和家庭考验，但大多以女主角安心快乐的婚姻作为结局。这些作品显然是成功的，正如霍桑所抱怨的那样。许多情感小说的销售量达 10 万余册——远高于同时代其他文学作品——其中比较著名的小说往往是中产阶级女性参加社交集会时热衷讨论的话题。

情感小说中的女主角不仅仅貌美如花，同时还具有独特的女性品质——"在内心情感中能够发现的所有美德"。一位小说家曾写道："怜悯（天使的特性）和友谊（人生的慰藉），都乐于驻足于女性的胸怀。"情感小说作家认为，女性是极其敏感的动物，不会掩饰自己的感情，易于诉诸晕厥、怪病、恍惚，当然还有泪水等情感表达——而这些很少在男人身上看到。但女性也具有某种养育之爱和天性之真，这在男性占主导的公共生活中很难被发现。例如，在苏珊·沃纳的小说《广阔世界》（*The Wide, Wide World*, 1850）中，女主角，一位名叫埃伦·蒙哥马利的年轻女孩，在父亲破产之后，突然发现自己被推入一个充满男性竞争的"广阔的世界"。她无法适应这个世界，但最后她获救了：富裕的亲戚收留了她，而这些亲戚无疑会帮助她安排成功的婚姻。亲戚们为她恢复了从小就享受的安全和舒适，没有这种安全和舒适，她似乎无法茁壮成长。

情感小说塑造了传统成功女性的理想化形象。因此，它们发挥着与 20 世纪浪漫小说几近相同的作用（尽管没有现代浪漫小说那样露骨的对性的表现）。它们不加批判地接受关于女性特别需求和渴望的普遍假设，并奉上女性如何满足这些需求和渴望的动人故事。然而，情感小说并没有止步于女性通过保护和婚姻获取幸福的浪漫化形象，它们还暗示女性在社会和道德改革运动中发挥着越来越多的作用。许多情感小说描绘了女性酗酒、贫穷、漠视宗教和卖淫等问题的情节——她们还利用自己高度发达的女性情感帮助其他女性逃脱困境。情感小说作家曾暗示，女性尤其适合做这些改革工作，因为她们在帮助和培养他人方面特别具有天赋。

当时最有名的情感小说家是哈里特·比彻·斯托。她的大多数作品——《牧师的求婚》（*The Minister's Wooing*）、《我妻子和我》（*My Wife and I*）、《我

《汤姆叔叔的小屋》 内战爆发前夕最后几年，《汤姆叔叔的小屋》很大程度上激化了南方和北方的公众情绪。据报道，当亚伯拉罕·林肯在白宫会见斯托时，曾对她这样讲道："原来你就是那位引发这场大战的小妇人。"然而那时，斯托作为美国最成功的情感小说作家，已闻名遐迩。（Bettmann/Corbis）

们和邻居》（We and Our Neighbors）等——都描绘了女性在成为妻子、母亲和女主人的过程中所经历的千辛万苦和取得的最终胜利。然而，斯托最著名的作品要属她1852年发表的反奴隶制小说《汤姆叔叔的小屋》。这部小说是美国出版史上最具影响力的作品之一。小说讲述了一个有关奴隶制和对白人主人永远顺从的老黑奴——汤姆叔叔——的故事。

《汤姆叔叔的小屋》虽然在许多方面都不同于斯托的其他作品，但它仍然是一部情感小说。斯托对奴隶制的批判是建立在她对家庭价值观和家庭安全重要性的信念之上。奴隶制对家庭价值观的违背和对家庭安全的否定使她对奴隶制非常厌恶。纯朴善良的汤姆叔叔面临许多困境，这与其他情感小说里纯朴善良的女主角在自己人生中努力寻找安全和宁静时所遭遇的种种困境并无不同。

19世纪中期，女性至少以另外一种重要方式从家庭生活中脱颖而出。她们日益成为美国工业化经济不断增加的产品的消费者。因此，情感小说中的女性角色不仅在寻找爱情、安全和社会正义，还在追逐奢华和购买喜爱产品时的快乐。苏珊·沃纳在《广阔的世界》中描写年轻的埃伦·蒙哥马利在一个雅致的书店里购买《圣经》时的场景充分证明了情感小说中的这种文化——以及小说读者的这些欲望："她从未见过这么精美的《圣经》。她欣喜若狂，仔细研究《圣经》的样式和装帧。很明显，这些《圣经》她全都喜欢。"

尽管废奴主义者积极参与压力政治，但他们从未真正形成一个政党。反奴隶制情绪为1840年自由党的成立奠定了基础，反奴隶制领袖詹姆斯·G.伯尼

(James G. Birney)成为该党的总统候选人。然而,自由党及其继任者从来没有为彻底废除奴隶制(充分说明一个重要事实:"反对奴隶制"与"废奴主义"并非总是一回事)而努力和斗争。相反,他们主张"自由土地",提倡准州地区远离奴隶制。部分"自由土地"者关心非裔美国人的健康;其他人则只想把西部变成白人地区,对奴隶毫不关心。加里森曾斥责"自由土地主义"就是"白人主义"。然而,"自由土地"立场最终将取得废奴主义始终无法取得的成就:赢得大批甚至是大多数北方白人民众的支持。

政治废奴主义的挫败迫使一些奴隶制批评者采取更加极端的措施。一些人开始提倡使用暴力。例如,在新英格兰,一批杰出的废奴主义者把金钱和武器源源不断输送给约翰·布朗(John Blown),用于堪萨斯州和弗吉尼亚州的血腥暴动(见"大众文化模式",边码第361—367页)。其他人则试图通过舆论宣传激起广大民众的愤怒。废奴主义作者笔下的奴隶制——如西奥多·德怀特·韦尔德与安吉丽娜·格里姆克合著的《美国的奴隶制:千人目击证词》(American Slavery as It Is:Testimony of a Thousand Witnesses,1839)——展现了他们所谓细致、真实的奴隶制画面。然而,他们描绘的实际上是极其具有争议并常常被胡乱歪曲的形象。

然而,废奴主义宣传中具有影响力的文献要数哈里特·比彻·斯托的小说《汤姆叔叔的小屋》(Uncle Tom's Cabin)。这本小说最初(1851—1852)在一份反奴隶制周刊上连载,后于1852年成书出版。小说震惊全国,仅出版第一年就销售三十余万册,后来不断再版,成为美国历史上最著名的畅销书之一。

斯托的小说不仅来源于废奴主义政治,更来源于女性作者主要为女性读者所写的情感小说的流行传统(见"大众文化模式",边码第338—339页)。她把情感小说的煽情套路与废奴运动的政治思想结合在一起并达到轰动效果。她的小说把反奴隶制信息植入人们熟悉和喜爱的文学形式中,成功地将废奴主义思想带给无数新的读者和观众——不仅是小说读者,还有全国上下无数剧团根据该故事改编的话剧观众。小说对残酷制度欺凌下仁慈善良的奴隶,对笃信忠诚的汤姆叔叔,对阴险毒辣的奴隶主赛门·勒格里(为避免小说有看似攻击南方白人之嫌,赛门·勒格里被描绘成新英格兰人),对善良美丽的伊丽莎的逃亡,以及对小伊娃悲惨之死的深情刻画都成为美国大众流行传奇的一部分。在南方广受辱骂的斯托却成为许多北方人心目中的英雄。无论在南方还是在北方,她的小说都使地区矛盾如烈火般愈烧愈旺。在美国历史上,没有哪本书对公众事件的发展进程有如此大的影响。

哈里特·比彻·斯托

废奴主义的持续影响

因此,废奴主义尽管出现分裂,但对国家生活始终发挥着巨大影响力。内战以前,只有相对少数民众接受奴隶制应被彻底废除的废奴主义立场,但由加里森所发起的、由千万志士延续三十载的废奴主义运动始终清晰地提醒人们奴隶制曾如何使美国分崩离析。

小 结

风云变幻的战前美国社会孕育了高涨的文化国家主义和文化改革。作家、艺术家、知识分子等纷纷从欧洲"个性自由"的新鲜理念——被称为浪漫主义的一系列思想——中汲取丰厚营养,但他们也在努力创造一种不同于欧洲模式的真正的美国文化。美国的文学和艺术生活表达了人们对个性自由——给予个人探索内心灵魂和寻找本性中神性表达的自由——日益浓厚的兴趣,还呼吁人们关注美国一部分突出的社会问题。

改革者还利用人们对个体神性的浪漫主义信念,蜂拥倡导宗教复兴,倡导禁酒等"道德"改革,支持教育,推动女权主义运动的兴起。尤其在北方,改革者们集结在一起,共同反对奴隶制。在日益高涨的反奴隶制运动中,一种全新的、实力强劲的废奴主义思潮应运而生,它拒绝温和改革,坚持立即解放奴隶并毫不妥协。废奴主义运动刺激和鼓舞了北方许多民众,同时也导致南北分裂日趋严重。

阅读参考

Steven Mintz, *Moralists and Moralizers: America's Pre-Civil War Reformers* (1995) 和 Ronald G. Walters, *American Reformers*, 1815–1860 (1978) 是两部不错的综述性著作。

David Reynolds, *Walt Whitman's America* (1995) 既是一部惠特曼的文化传记,又是一部呼唤惠特曼所颂扬社会的作品。

Leo Marx, *The Machine in the Garden* (1964) 是一部研究工业化早期技术进步与自然崇拜之间矛盾的、颇具影响力的著作。

Nancy F. Cott, *The Bonds of Womanhood: "Woman's Sphere" in New England, 1780–1835* (1977) 认为 19 世纪女权主义的兴起是源于 19 世纪初家庭与工作的分离。

Klaus J. Hansen, *Mormonism and the American Experience* (1981) 研究了 19 世纪美国最重要

的新宗教的出现。

Ellen C. Dubois, *Feminism and Suffrage: The Emergence of an Independent Women's Movement in America, 1848–1869* (1978) 探讨了选举权运动的起源。

David Brion Davis, *The Problem of Slavery in the Age of Revolution, 1770–1823* (1975) 是研究西方世界高涨的反奴隶制情绪的一部力作。

James Brewer Stewart, *Holy Warriors* (1976) 很好地概括了废奴主义从美国革命到奴隶解放期间的发展轨迹。

Ronald G. Walters, *The Antislavery Appeal: American Abolitionists After 1830* (1976) 重点强调了战前废奴主义的宗教诱因。

本册地图彩色版

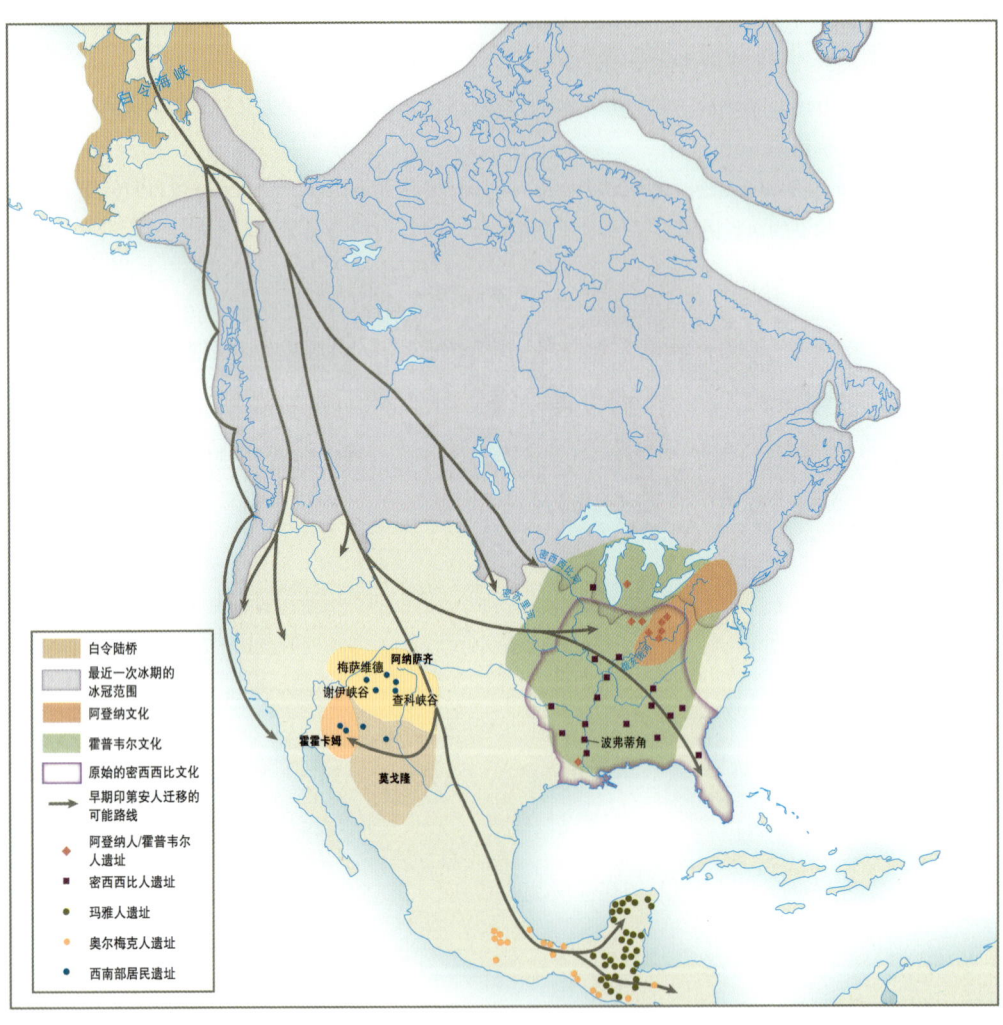

北美大陆上的迁移

| 附录 | 511

早期北美土著人的生活方式

欧洲人的探险与征服，1492—1583

附录 | 513

西属美洲

15世纪的欧洲和西非

切萨皮克的发展，1607—1750

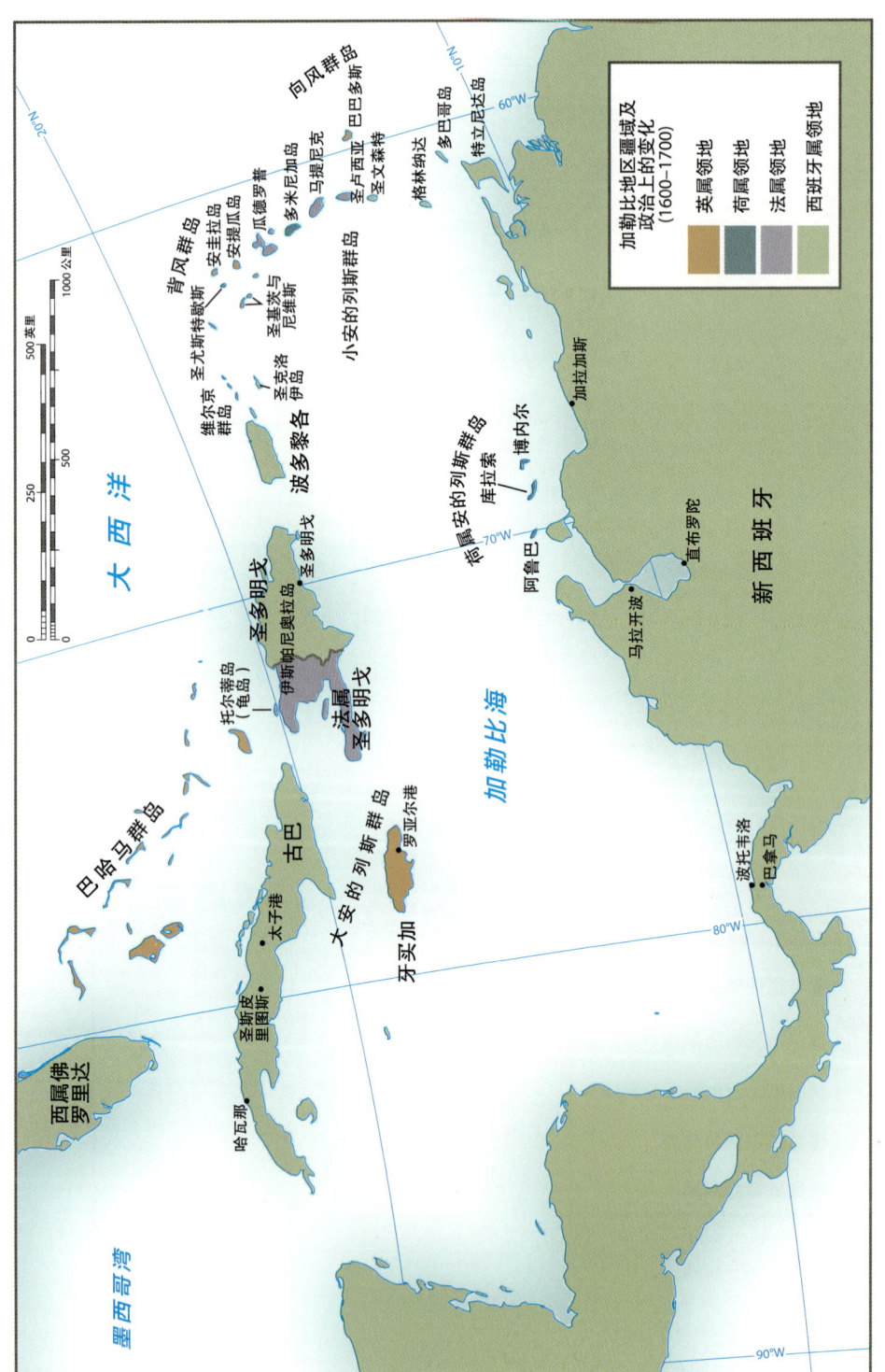

17 世纪的加勒比

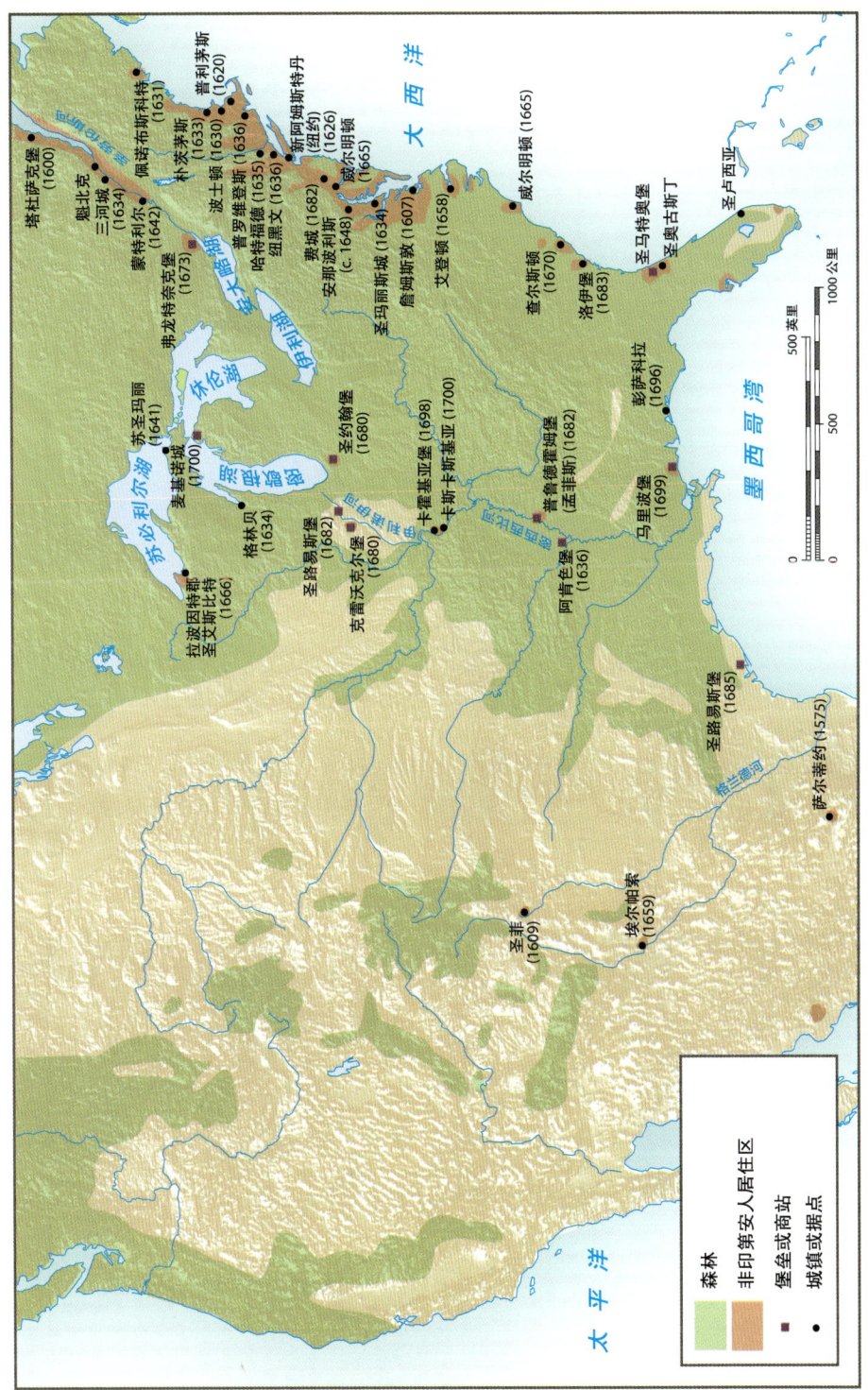

1700年的北美

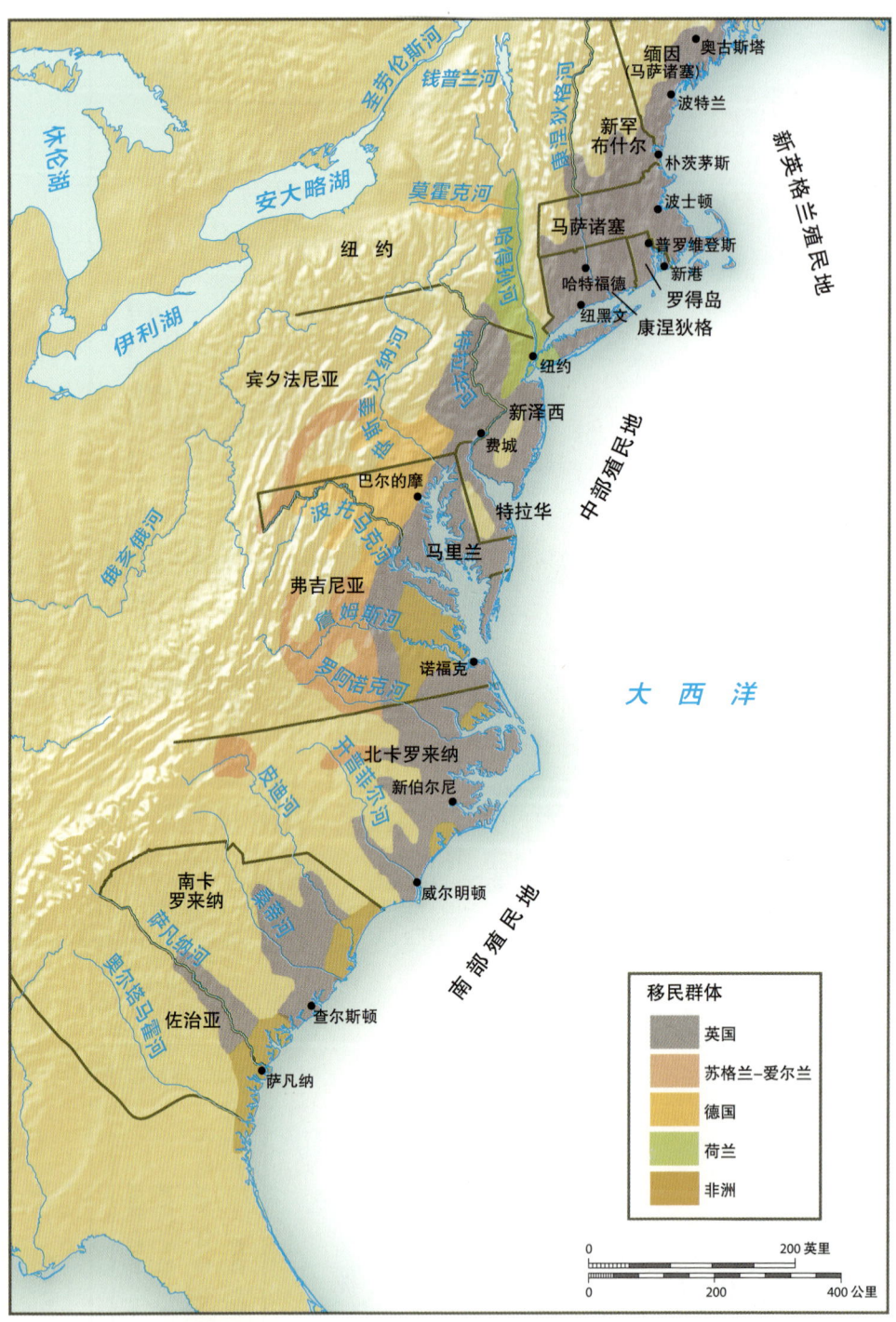

美洲殖民地时期的移民群体

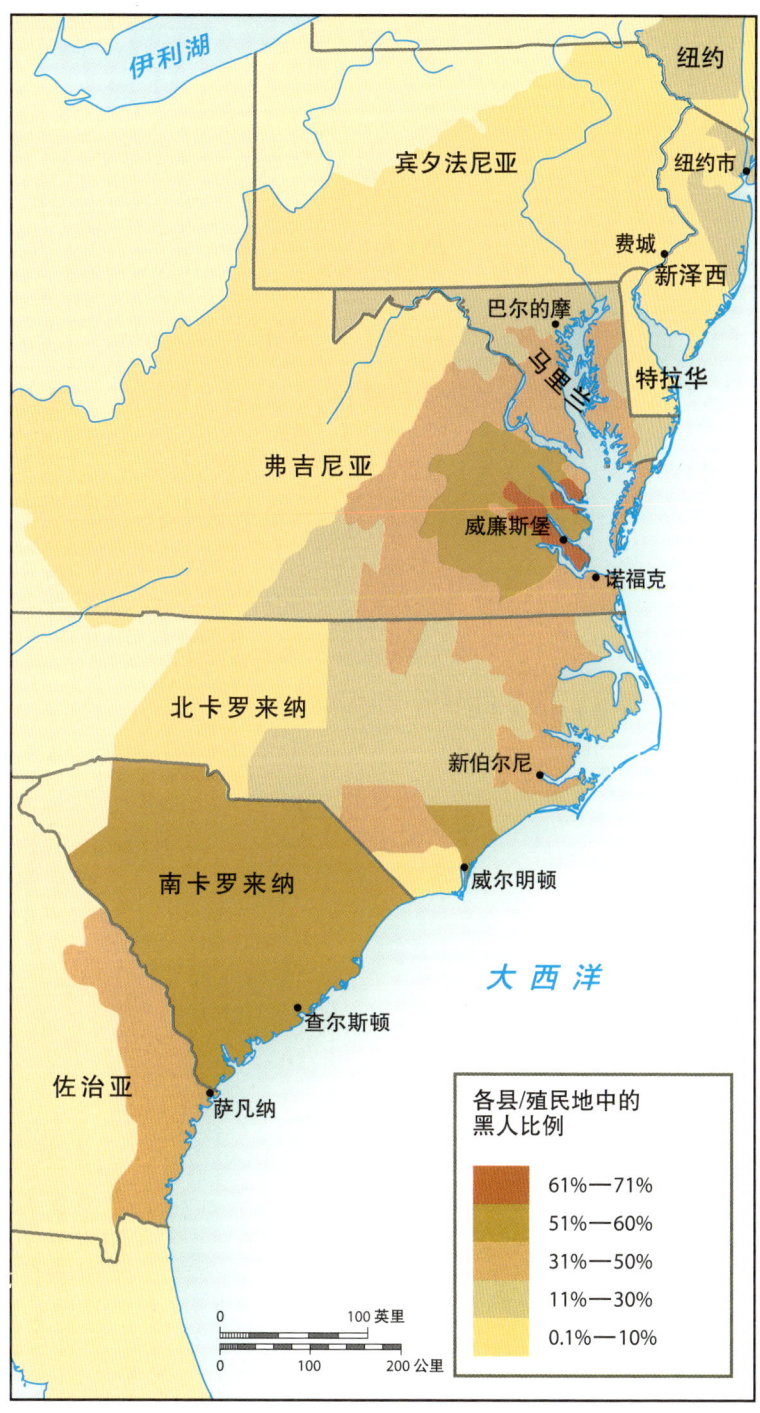

非洲黑人在总人口中的比例，约1775

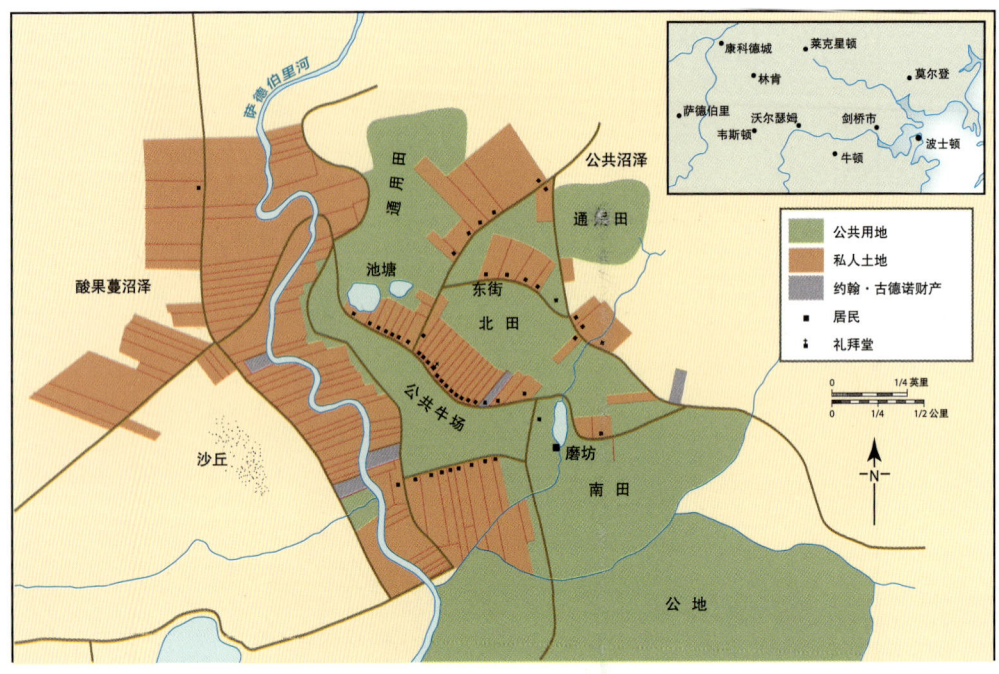

17世纪的新英格兰城镇：马萨诸塞的萨德伯里

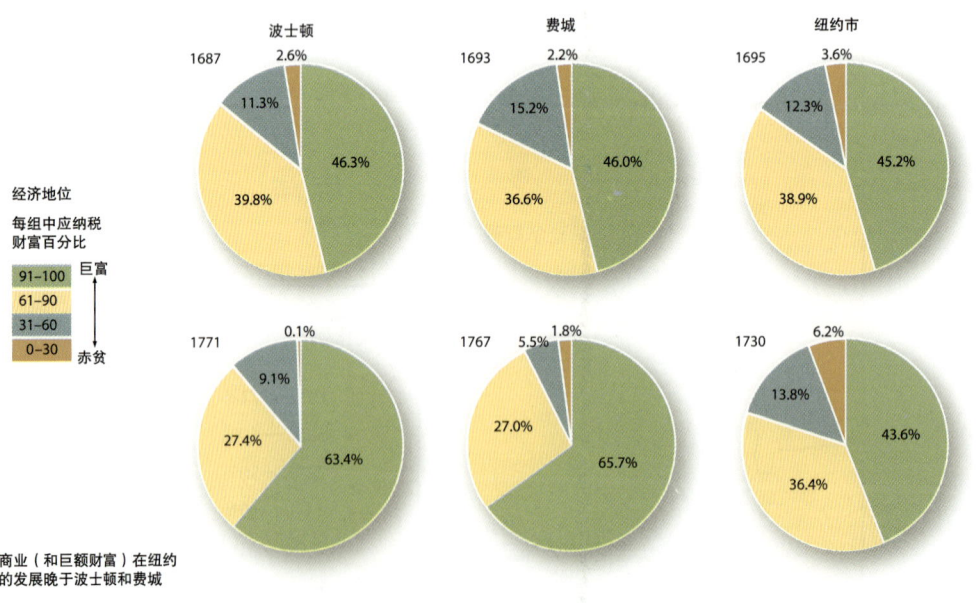

商业（和巨额财富）在纽约的发展晚于波士顿和费城

殖民地城市中的财富分布，1687—1771

13个殖民地，1763

1763 年的北美

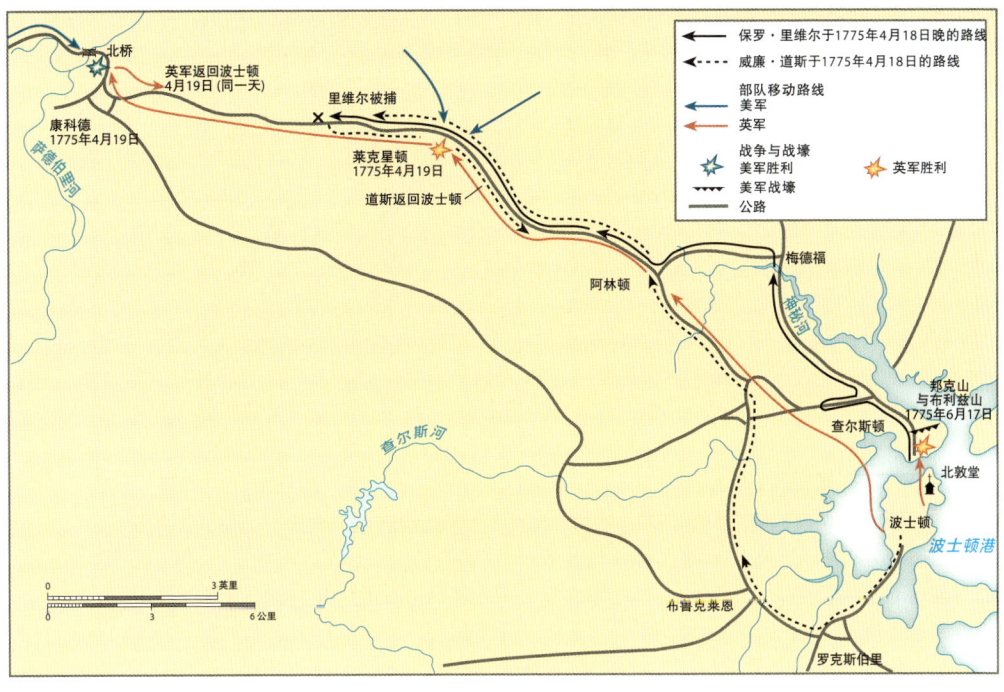

莱克星顿和康科德战役，1775

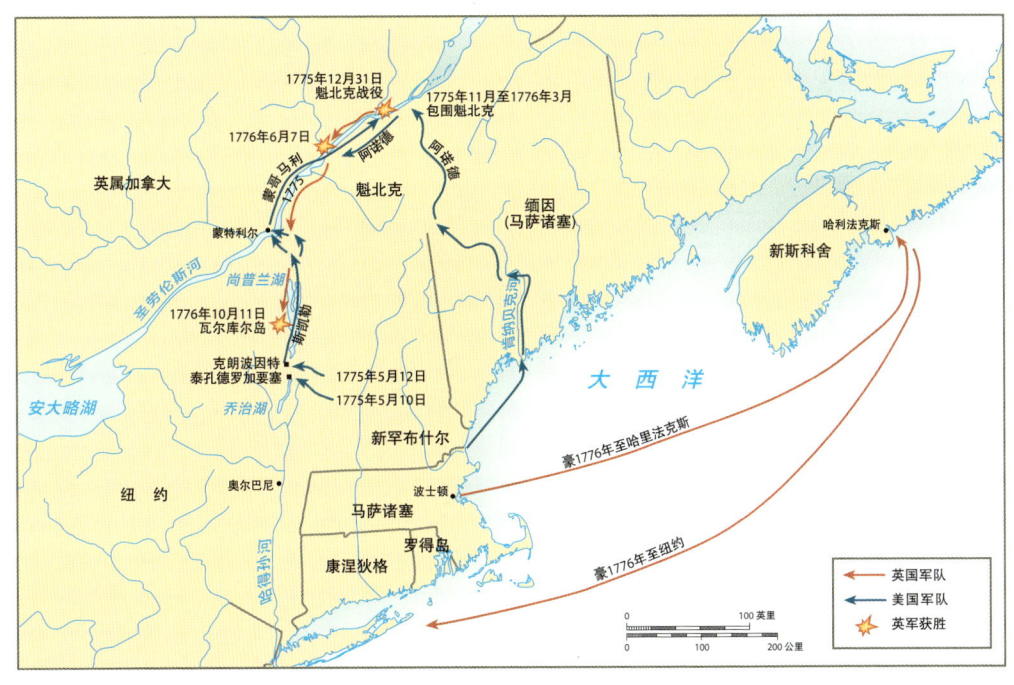

北部的革命，1775—1776

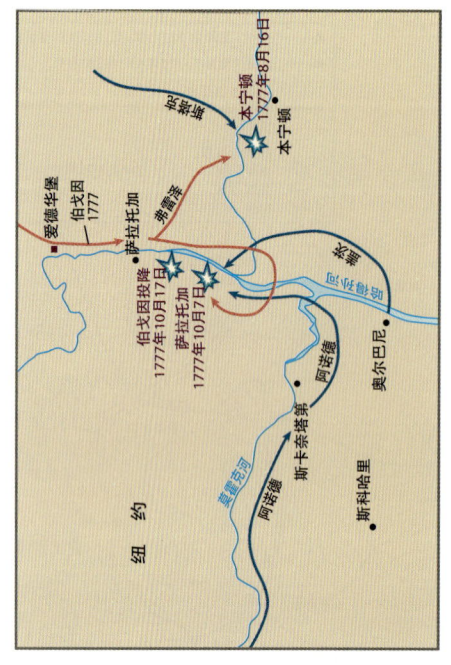
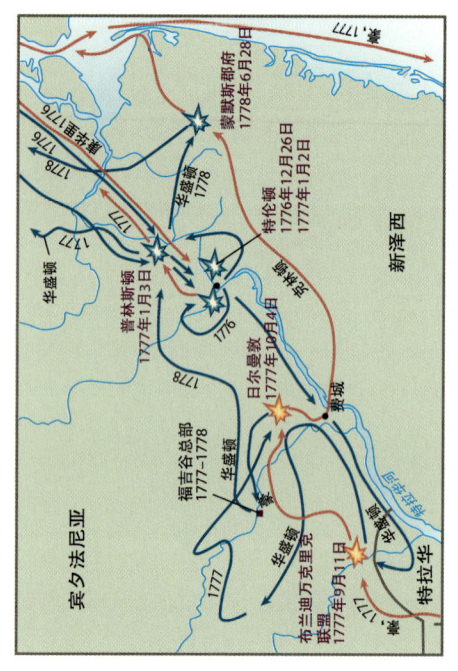
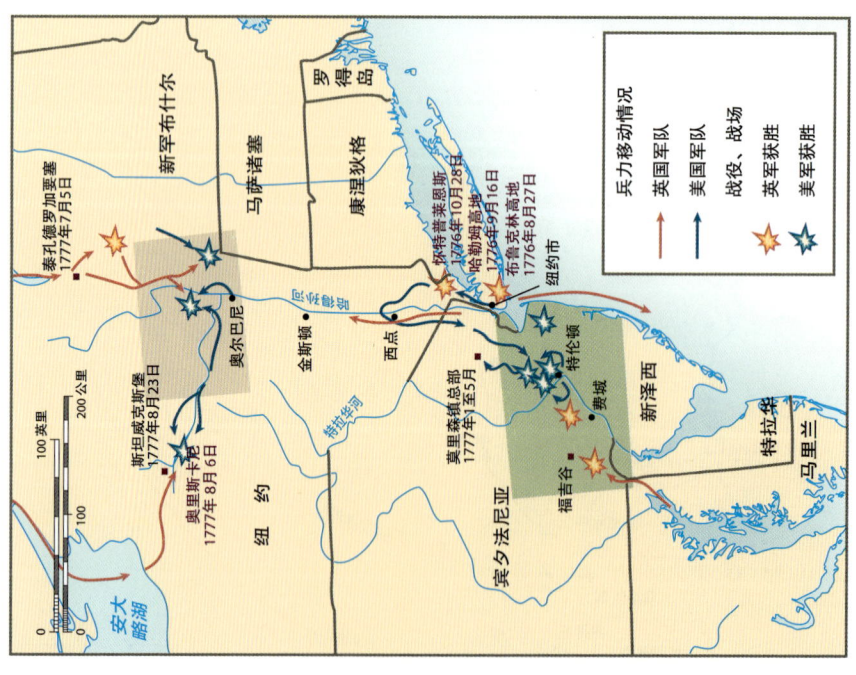

中部殖民地的革命，1776—1778

独立战争在南部，1778—1781

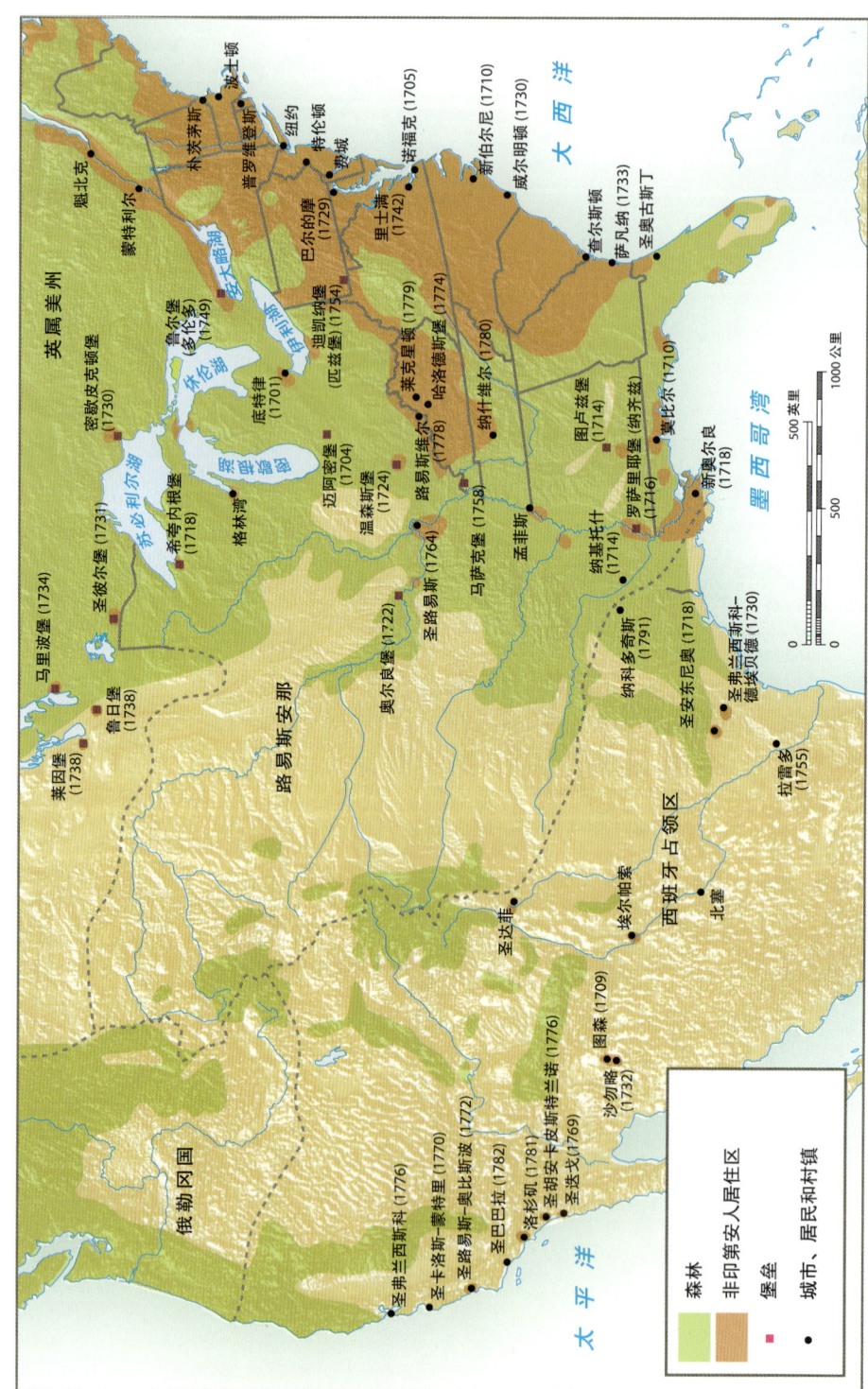

1800 年的美国

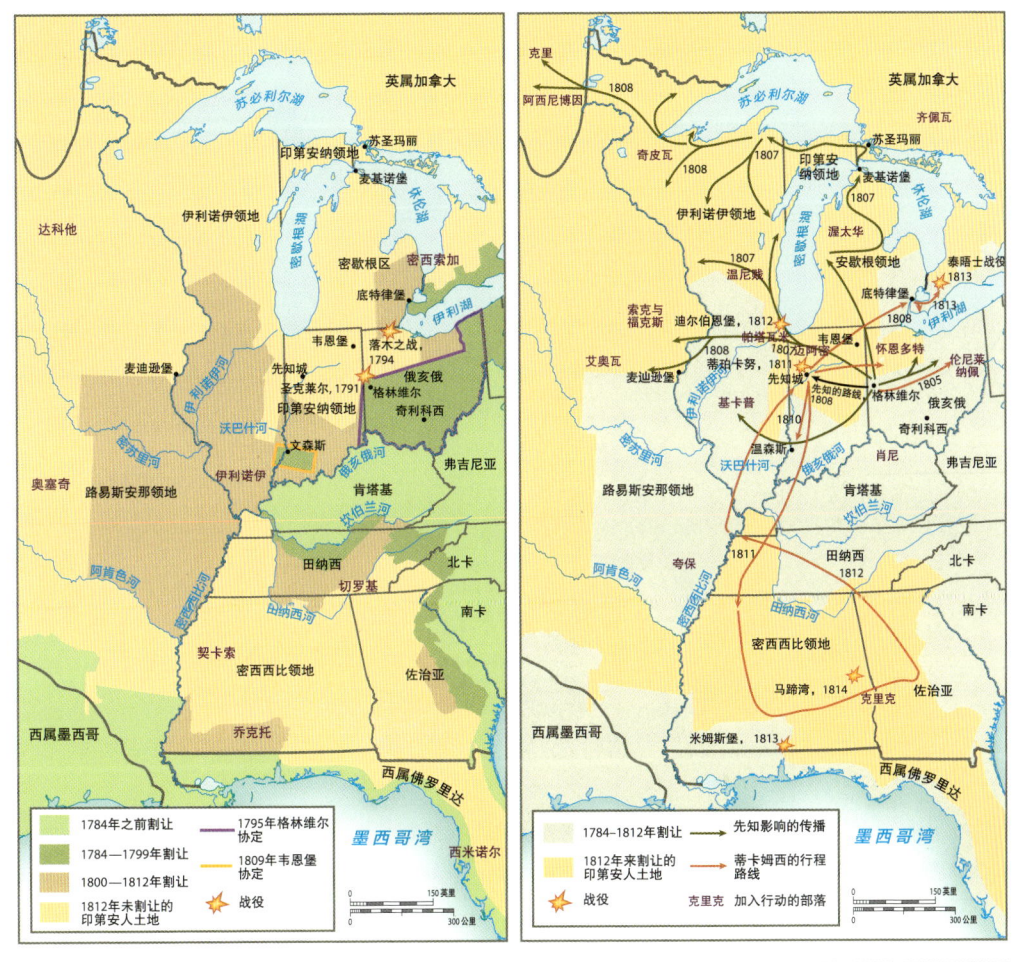

印第安人对白人入侵的回应

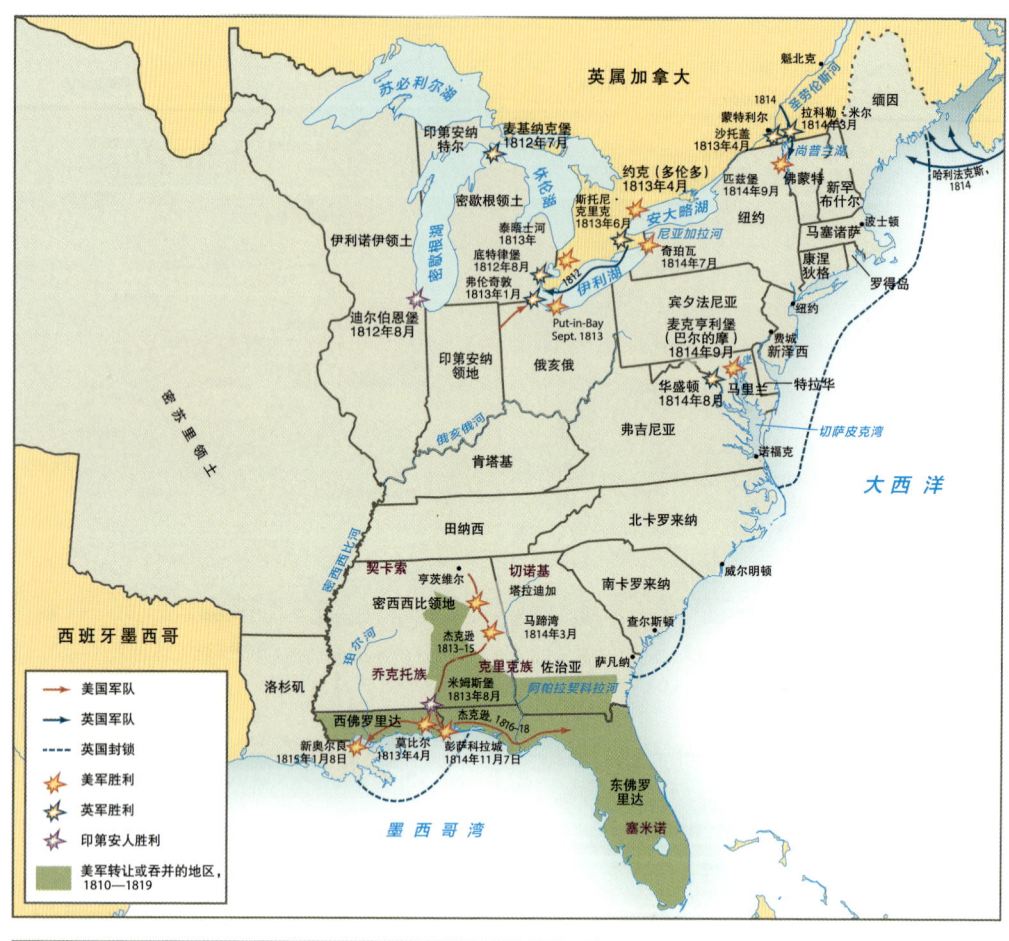

1812 年战争

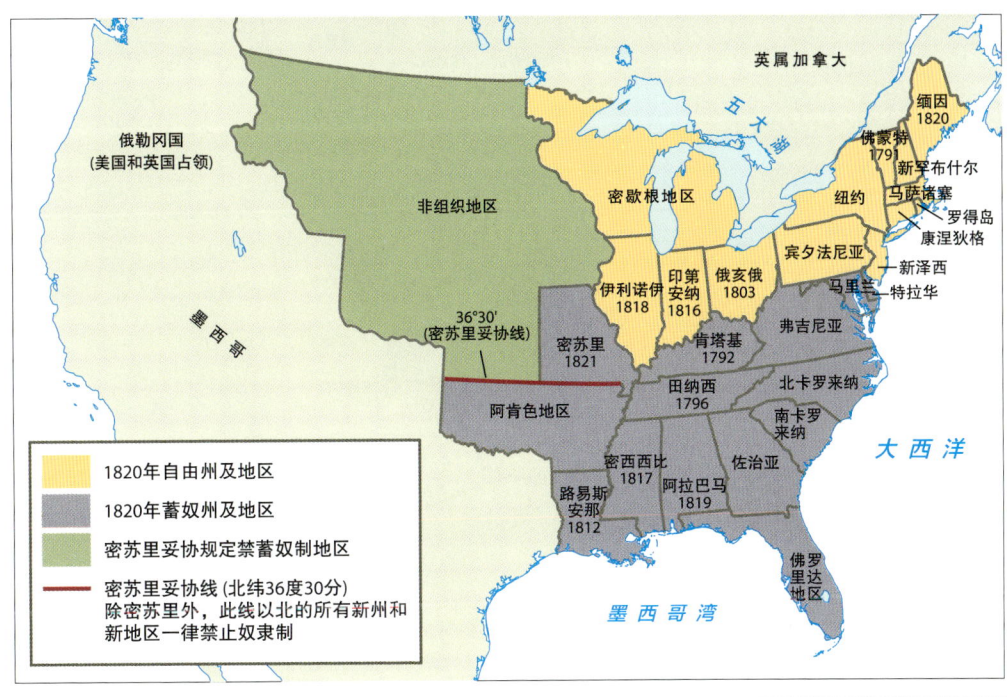

"密苏里妥协"，1820

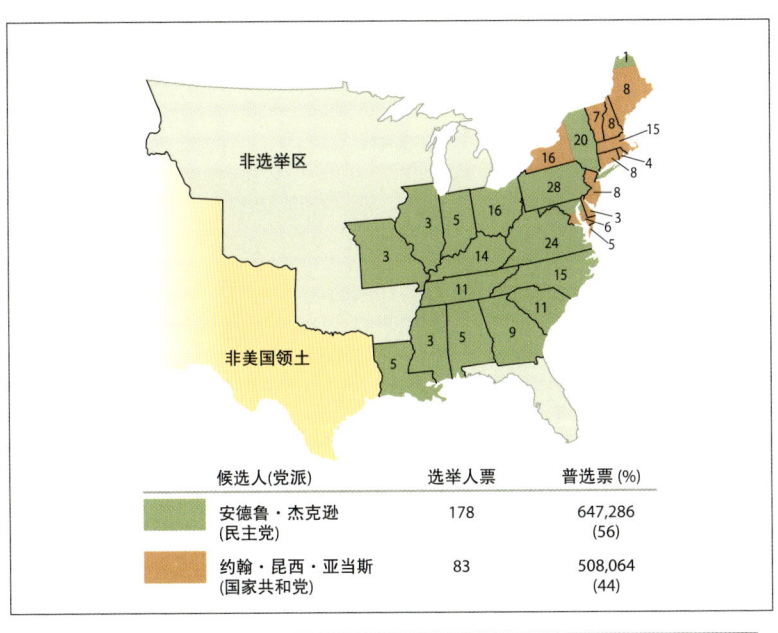

1828 年选举

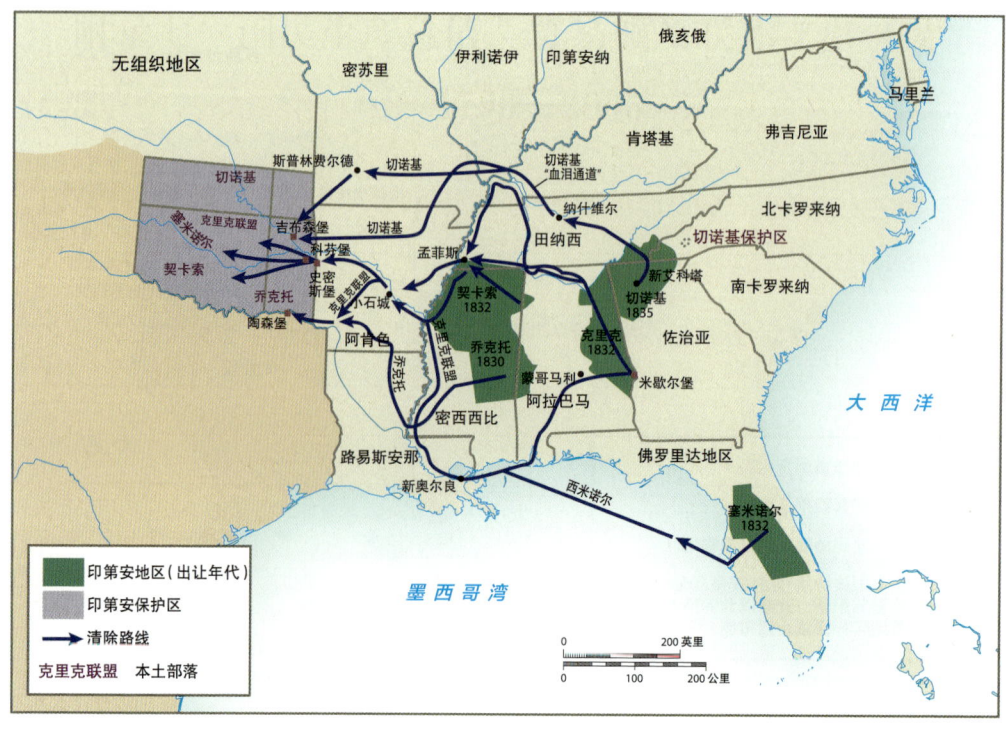

驱逐印第安部落，1830—1835

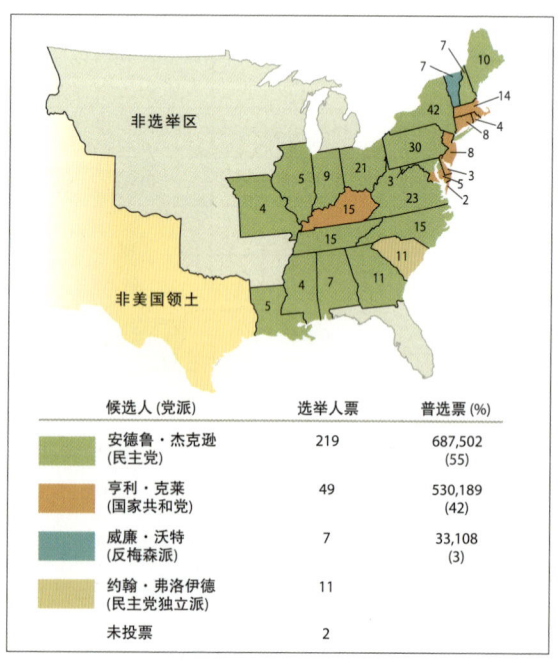

1832 年大选

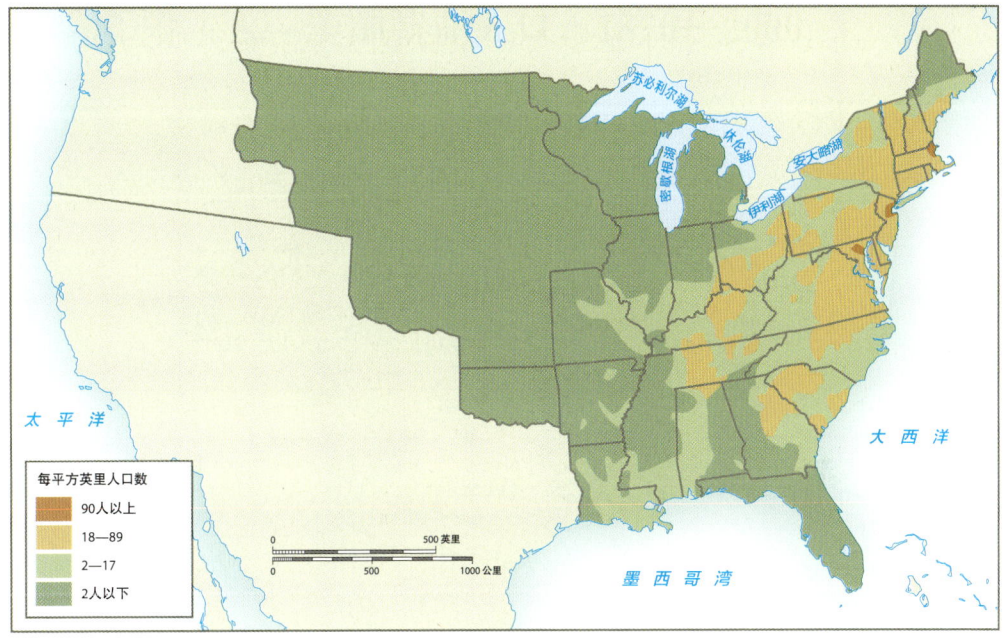

美国人口密度，1820

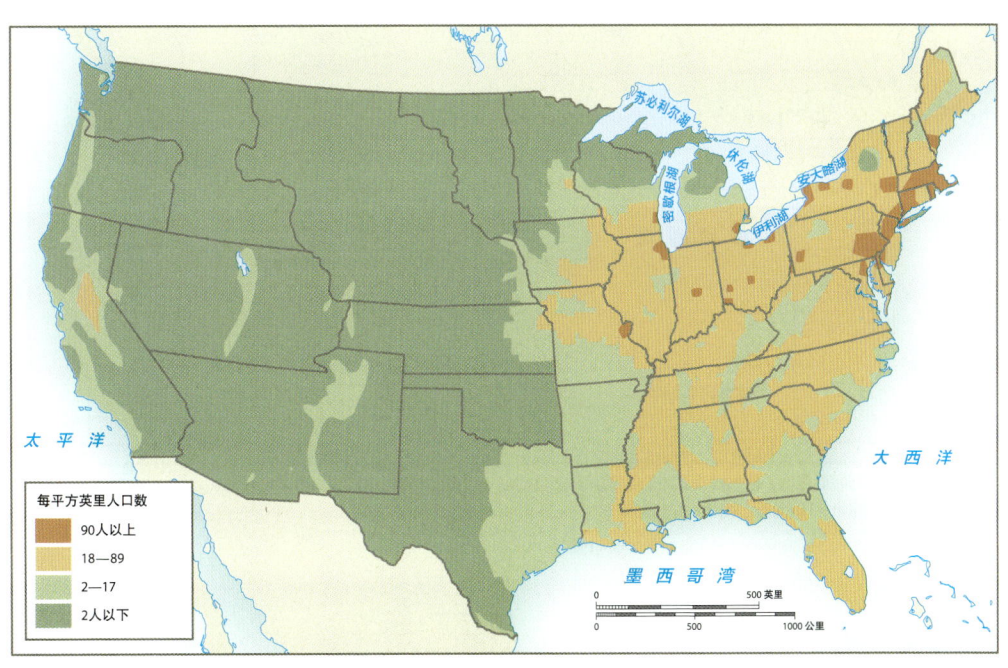

美国人口密度，1860

铁路的发展，1850—1860

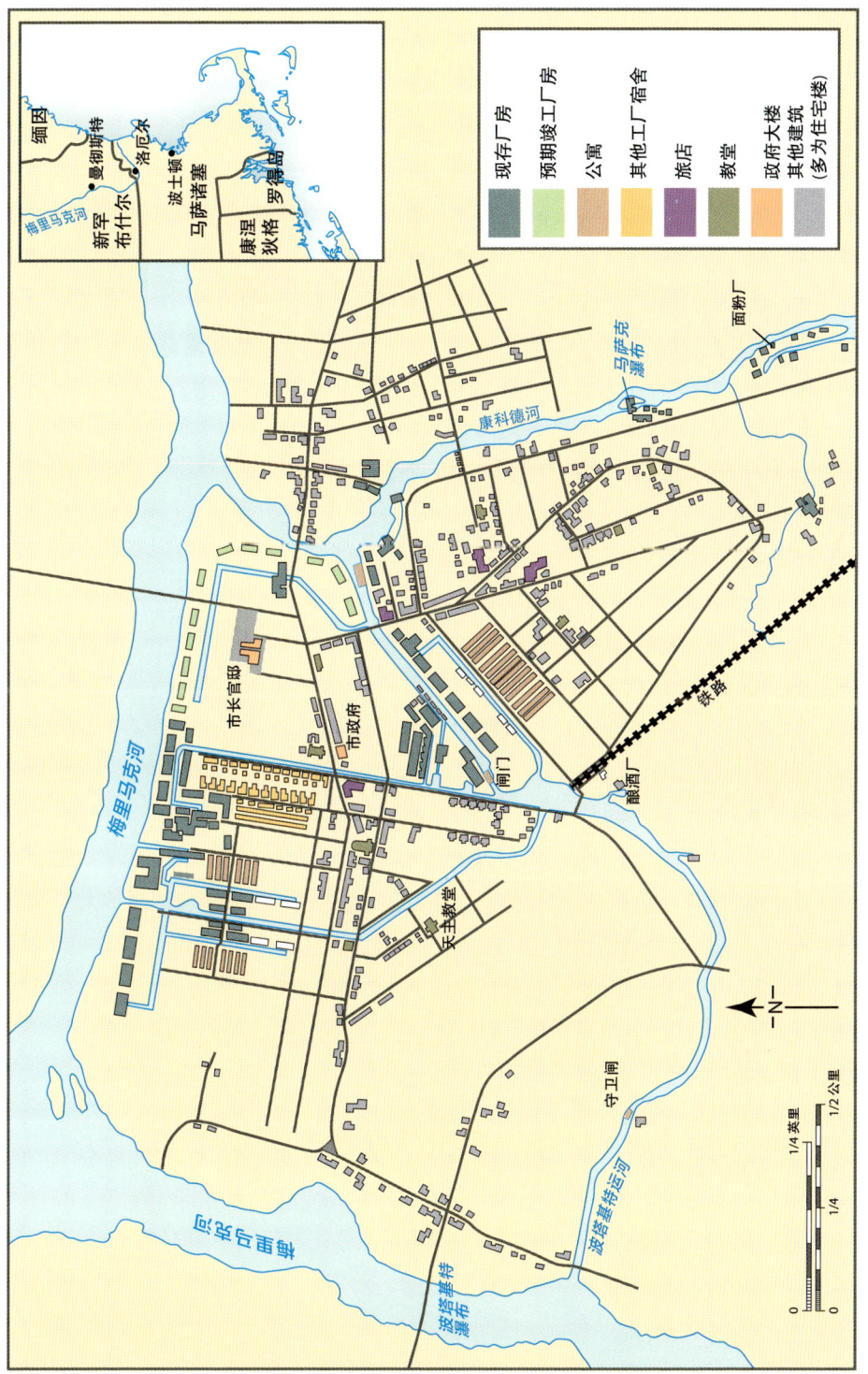

洛威尔，马萨诸塞州，1832

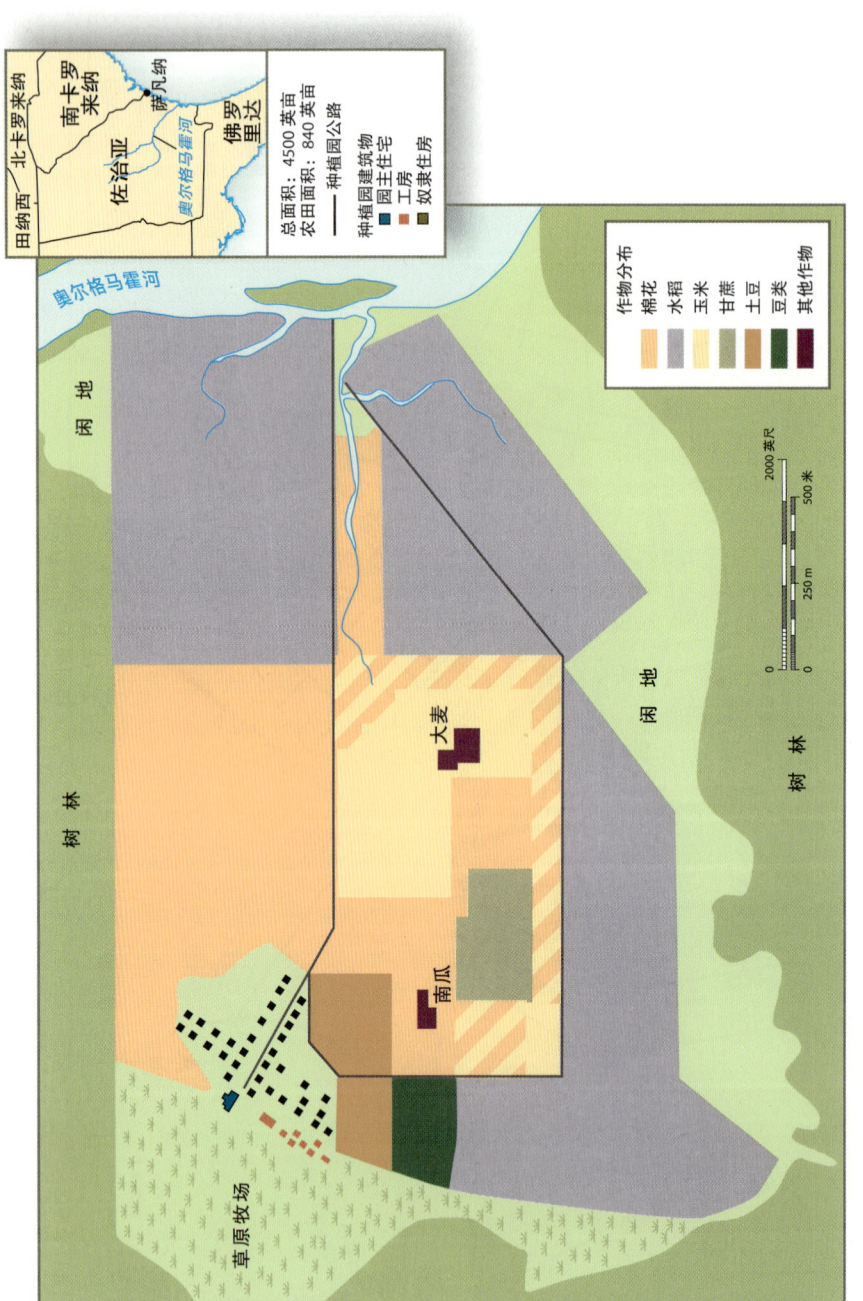

佐治亚州的一个种植园

美国史

*American History
A Survey*

（第13版）

【美】艾伦·布林克利 著

Alan Brinkley

陈志杰 杨天旻 王辉 等 译

北京大学出版社
PEKING UNIVERSITY PRESS

目 录
CONTENTS

■ 第二册

第 13 章　迫在眉睫的危机 · 537
　　一、放眼西部 · 539
　　二、土地扩张与战争 · 549
　　三、地区纷争 · 555
　　四、19 世纪 50 年代的危机 · 561
　　小　结 · 576

第 14 章　内　战 · 579
　　一、分裂危机 · 581
　　二、北方的战争动员 · 586
　　三、南方的战争动员 · 599
　　四、战略与外交 · 606
　　五、战争的进程 · 614
　　小　结 · 629

第 15 章　战后重建与新南方 · 633
　　一、和平面临的主要问题 · 635
　　二、激进重建 · 641
　　三、重建中的南方 · 646
　　四、格兰特政府 · 653

五、重建中止 ··· 656
　　六、新南方 ··· 664
　　小　结 ··· 680

第 16 章　征服西部边疆 ··· 683
　　一、西部边疆的社会与文明 ··· 685
　　二、西部经济的变化 ··· 697
　　三、西部浪漫史 ··· 704
　　四、印第安部落的解体 ··· 713
　　五、西部农业的兴衰 ··· 723
　　小　结 ··· 727

第 17 章　工业强国 ··· 731
　　一、工业增长的源泉 ··· 733
　　二、资本主义及其评论家 ··· 744
　　三、新经济下的产业工人 ··· 754
　　小　结 ··· 766

第 18 章　城市的时代 ··· 769
　　一、美国的都市化 ··· 771
　　二、城市景观 ··· 780
　　三、城市生活的弊病 ··· 785
　　四、大众消费的崛起 ··· 790
　　五、消费社会的休闲娱乐 ··· 793
　　六、城市时代的高端文化 ··· 804
　　小　结 ··· 810

第 19 章　从危机到帝国 ································· 813
　一、均势政治 ······································· 815
　二、农人反抗 ······································· 822
　三、1890 年代的各种危机 ··························· 830
　四、黄金十字架 ····································· 837
　五、帝国主义引发的动荡 ····························· 843
　六、美西战争 ······································· 850
　七、帝国式的共和国 ································· 858
　小　结 ··· 863

第 20 章　进步主义 ····································· 867
　一、进步主义的推动力 ······························· 869
　二、女性与改革 ····································· 877
　三、对党派的攻击 ··································· 881
　四、进步主义改革的源泉 ····························· 887
　五、为社会制度和改革而奋斗 ························· 891
　六、反对资本主义秩序 ······························· 893
　七、西奥多·罗斯福和现代化的总统职权 ··············· 896
　八、困难重重的连任 ································· 903
　九、伍德罗·威尔逊与新自由主义 ····················· 906
　小　结 ··· 910

第 21 章　美国和世界大战 ······························· 913
　一、"大棒政策"：1901—1917 年的美国与世界 ········· 915
　二、战争之路 ······································· 921
　三、战争没有结束 ··································· 926

四、战争与美国社会 ………………………………… 931
五、追寻社会统一 …………………………………… 935
六、世界新秩序的探索 ……………………………… 941
七、动荡的社会 ……………………………………… 946
小　结 ………………………………………………… 954

第 22 章　新时期 …………………………………… 957
一、新经济 …………………………………………… 959
二、新文化 …………………………………………… 966
三、文化冲突 ………………………………………… 980
四、共和党当政 ……………………………………… 987
小　结 ………………………………………………… 990

第 23 章　大萧条 …………………………………… 993
一、"大萧条"的到来 ……………………………… 995
二、艰苦时期的美国人 ……………………………… 1000
三、大萧条时期和美国文化 ………………………… 1009
四、赫伯特·胡佛郁闷的总统生涯 ………………… 1019
小　结 ………………………………………………… 1024

第 24 章　新　政 …………………………………… 1027
一、启动新政 ………………………………………… 1029
二、转型中的新政计划 ……………………………… 1036
三、"新政"面临危机 ……………………………… 1048
四、新政的局限和成就 ……………………………… 1051
小　结 ………………………………………………… 1059

附录　本册地图彩色版 ……………………………… 1062

插图目录

"流血的堪萨斯"	536
孤星旗	540
奥斯汀,得克萨斯,1840	543
宣传西部	545
穿越大平原	548
19世纪50年代的萨克拉门托	552
寻找黄金	554
"身穿蓝衬衣,手拿淘金摇动槽的矿工们"	557
"流血的堪萨斯"	565
堪萨斯之战	566
反废奴主义暴乱	567
莱森学园演讲,1841	571
哈伯斯渡口的军械库	573
躲避杰克逊军队	578
早期邦联旗帜	582
炮火轰炸中的萨姆特要塞	583
铁路之战	585
送子出征	590
纽约市征兵暴乱,1863	593
黑人部队	595
美国卫生委员会	598
意大利的统一	601
邦联志愿兵	603
大火后的亚特兰大	605
来复枪和棒球棒	609
尤利西斯·S.格兰特	610
罗伯特·E.李	610

纽约第一炮兵部队	622
莫比尔湾，1864	626
一封来自前线的家书	628
自由的守护神	632
里士满，1865	635
"错失的伟业"纪念碑	636
"自由民局"学校	637
亚伯拉罕·林肯	640
孟菲斯种族暴乱，1866	642
（参加投票的）美国公民	643
负担沉重的南方	646
路易斯安那州制宪大会，1868	647
《前女主人的造访》	652
种植园上的洗衣日	653
格兰特—秋千表演家	654
"这就是共和党式的政府吗？"	664
滑稽说唱高潮迭起	667
Electric 3 滑稽说唱乐队	668
家庭照	670
塔斯基吉学院，1881	673
实施私刑的暴徒，1893	679
约塞米蒂之旅	682
猎捕野牛	687
加利福尼亚富豪在家中	689
跨大陆铁路线	692
旧金山的华裔家庭	693
反华暴乱	694
农夫	696
科罗拉多州新兴都市	699
牛仔们"长途赶牛"	703
宣传西部	706

安妮·奥克莉	707
读战争快报，旧金山	709
暮光下的营地	713
部落首领加菲尔德	714
野牛拦住去路	716
小比格霍恩河之战：印第安人的视角	720
翁迪德尼	721
军刀印第安学校，蒙大拿州	722
庆祝隧道竣工	730
开发石油的先驱，1865	734
莱特兄弟	736
爱迪生的笔记本	737
汽车装配线	739
安德鲁·卡内基	741
约翰·D. 洛克菲勒	741
J.P. 摩根	743
"现代铁路巨人"	744
《报童的故事》	748
富家子弟	753
登岸	754
装锭子的男孩	757
莫利·马圭尔社的警告	758
劳工骑士团代表，1886	760
普尔曼罢工	764
20世纪初的西雅图	768
手推车商贩	778
移民受到攻击	780
出租房里的洗衣房	783
"擦亮坦曼尼的靴子"（1887年前后）	789
蒙哥马利·沃德百货商场	792
大象酒店	796

月神公园明信片 796
越野障碍公园 797
全国性体育运动 798
弗洛拉多拉六人组 799
1905年的廉价电影厅 802
《理发师的橱窗》 806
《邓普希和菲尔波》 806
查尔斯·达尔文 808
背负黄金十字架 812
拉瑟福德·海斯总统和夫人 817
劳工和垄断 818
被关税所束缚 820
国务院、陆军部和海军部大楼 821
《协进会唤醒沉睡者》 822
平民党集会 824
玛丽·E. 利斯 825
改良政党（1891年6月6日《法官》杂志） 825
布赖恩在肖托夸 827
布赖恩狂热 829
拿起武器反对平民党人 831
考克西请愿军 835
布赖恩的巡回竞选演说 837
印度的英国"政府" 842
夏威夷甘蔗种植园 846
黄色新闻和"缅因号"沉没 847
"黄孩子杜根" 848
时代的责任 850
非裔美国人骑兵 853
勇猛骑士团 855
"给山姆大叔量制新衣"（J.S. 皮尤作，选自《精灵》杂志，1900） 857
菲律宾战俘 859

义和团运动，1900	861
女性选举权庆典，1913	866
"参议院老板"（约瑟夫·开普勒作品，1898）	871
公寓家庭，1899	875
"雪茄房客"	876
华盛顿有色人种妇女联盟	879
男装厂女工罢工	880
《选举女性》，B.M. 博伊作品	881
汤姆·约翰逊	885
罗伯特·拉福莱特在威斯康星竞选	886
三角女装公司火灾的遇难者	888
青年时代的 W.E.B. 杜波依斯	890
戒酒运动	891
1900 年劳动节	894
路易斯·布兰代斯	896
西奥多·罗斯福	897
矿山童工	898
罗斯福和缪尔在约塞米蒂	901
威廉·霍华德·塔夫脱	903
罗斯福在奥萨沃托米	905
竞选中的伍德罗·威尔逊	907
呼唤责任	912
"新外交"	915
巴拿马运河开通	919
潘乔·维拉和他的部队	920
澳大利亚战时宣传	922
战时征兵	925
女性汽车兵	927
堑壕里的生活	928
哈勒姆街区集会，1915	932
女性工人	934

战时宣传	936
比利·桑戴在伊利诺伊，1908	938
讲台上的比利·桑戴	938
持《圣经》拍照	939
"四巨头"在巴黎	943
波士顿警察罢工	947
第五大道上的第15团	948
1919年红色恐慌	951
萨柯和万泽蒂	952
时尚女郎，1927	956
锅炉装配工	959
培训妇女工作	963
非裔美国工人	963
瓦伦迪诺	970
"无线电游戏"	971
时尚女郎	973
跳吉特巴舞的舞者	974
在萨沃伊舞厅跳舞	976
瓦瑟大学学生，1920	977
哈勒姆文艺复兴时期的艺术	979
1925年的哈勒姆	980
禁酒，1921	981
三K党入会仪式	983
布赖恩和达罗在代顿	984
哈定和朋友们	988
休闲中的卡尔文·柯立芝	988
《非法车厢》局部，勒孔特·斯图尔特作品	992
崩盘的后果	996
1930年的失业大军	997
移民家庭	1001
在伦敦找工作，1935	1003

插图	页码
西南部平原的沙尘暴，1937	1004
黑人移民	1005
纽约唐人街	1007
广播剧	1011
歌剧院之夜	1012
《迪兹先生进城》	1016
宣传卡普拉	1017
卡普拉在拍摄现场	1017
《愤怒的葡萄》	1018
贵族胡佛	1020
内华达州胡佛村，1937	1021
清理"补偿金远征军"	1022
更换封面	1023
抵达民间资源保护队营地	1026
热衷于广播讲话的总统	1029
向蓝鹰致敬	1031
公共设施建设	1034
"抨击新政"	1037
休伊·朗	1038
"纪念日大屠杀"	1040
1935年的社会保障海报	1041
公共事业振兴署工人在工作	1044
公共事业振兴署壁画艺术	1044
超人	1046
美国队长	1047
行业标准	1047
埃莉诺·罗斯福和玛丽·麦克劳德·贝休恩	1052

地图目录

定居点的扩张,1810—1850	539
1860 年的西部小路	547
俄勒冈边界,1846	550
美墨战争,1846—1848	553
向西南扩张,1845—1853	555
1850 年妥协下的奴隶制和自由领土	560
1860 年大选	575
分裂的进程	583
西部战事,1861—1863	619
弗吉尼亚战区,1861—1863	620
维克斯堡之围,1863 年 5—7 月	622
葛底斯堡战役,1863 年 7 月 1—3 日	624
弗吉尼亚战役,1864—1865	625
谢尔曼的"向海洋大进军",1864—1865	627
战后重建,1866—1877	644
奴隶解放前后的南方种植园	650
1876 年大选	663
作物留置权制度,1880	671
采矿城镇,1848—1883	700
畜牧王国,约 1866—1887	701
印第安边疆	719
1870—1890 年的铁路	740
1900 年的美国	771
1850—1890 年间的民族聚居模式	777
19 世纪新奥尔良郊区的有轨电车	784
1896 年大选	838
帝国主义高潮,1900	839

1898年美西战争	852
1900年的美利坚南太平洋帝国	860
国家公园和国家森林建设	901
1912年大选	908
1895—1941年的美国和拉丁美洲	916
1916年选举	924
一战中的美国：1918年的西线	929
非裔美国移民，1910—1950	949
农场佃户，1910—1930	965
打破乡村的与世隔绝：伊利诺伊州俄勒冈镇人们出行范围的扩大	967
1928年大选	986
1932年大选	1023
田纳西河流域管理局	1032

图表目录

联邦和邦联的资源 · 584

1860—1900年间的人口增长 · 772

移民促进人口增长，1860—1920 · 772

1860—1900年美国移民总数 · 774

欧洲移民的来源，1860—1900 · 774

总统大选参选情况，1876—1920 · 886

1900—1920年间移民的来源 · 893

1900—1920年的总体移民趋势 · 893

工会成员，1900—1920 · 946

1920—1960年间的总体移民形势 · 982

1920—1960年的移民来源 · 982

参加取酬工作的女性，1900—1940 · 1008

1920—1945年的失业情况 · 1043

联邦预算节余、赤字和国民生产总值，1920—1940 · 1049

"**流血的堪萨斯**" 在堪萨斯州，关于奴隶制命运的争斗成为19世纪50年代最大的冲突事件之一。这张1855年的海报意在邀请废奴运动力量进行集会，抗议支持奴隶制的"伪"地区立法会的种种行为，其中包括通过立法使反对奴隶制的任何口头或书面言论非法化。"人民主权论"（又称为"蓄奴自决权"）主张给予新增州居民权力来决定当地奴隶制的合法性。(Bettmann/Corbis)

第 13 章
迫在眉睫的危机

直至 19 世纪 40 年代，美国南北间的紧张局势仍然保持着相对稳定。如果当时没有出现新的地区性争议，美国也许会避免后来的内战，南北间的分歧也许会随着时间的流逝而和平解决。然而，新的分歧却接踵而至，而所有这些分歧的焦点恰恰集中在奴隶制这一问题上。

在北方，废奴运动的势头愈发强劲。他们强烈拒绝妥协和调停，并成功地把废除奴隶制上升为道德问题，而道德问题是不能用妥协来解决的。废奴情绪在北方的不断蔓延和深入，加剧了人们对那些批判奴隶制的温和派的反对。

在南方，针对北方坚决的废奴立场，武力保卫奴隶制的态度也愈发强硬。许多南方人认为，奴隶制度，并不像北方反对者所说的是一种"无可避免的罪恶"，而是一种"积极的善"——奴隶

大事年表

1818 年	美国和英国签署协约——共同分享对俄勒冈地区的权力
1822 年	墨西哥脱离西班牙赢得独立 史蒂芬·F. 奥斯汀在得克萨斯建立首个合法的美国人定居地
1824 年	墨西哥通过殖民法吸引美国人到得克萨斯定居
1826 年	得克萨斯的美国人定居者反抗墨西哥统治，但未取得成功
1830 年	墨西哥政府禁止美国人继续移民得克萨斯
1833 年	墨西哥撤销得克萨斯移民限制
1836 年	得克萨斯脱离墨西哥，宣布独立 得克萨斯革命中的圣吉辛托古战役
1844 年	詹姆斯·K. 波尔克当选总统
1845 年	得克萨斯加入联邦
1846 年	俄勒冈边界纠纷解决 美国宣布对墨西哥开战 "威尔莫特附文"提交国会
1848 年	《瓜达卢佩—伊达尔戈和约》平息美墨战争 反奴隶制的自由土地党成立 扎卡里·泰勒当选总统 加利福尼亚萨克拉门托山谷发现黄金，淘金热开始
1850 年	1850 年妥协获得批准 泰勒去世 米勒德·菲尔莫接任泰勒的总统职位 加利福尼亚加入联邦
1852 年	富兰克林·皮尔斯当选总统 "亲奴隶制理论"发表 哈里特·比彻·斯托出版《汤姆叔叔的小屋》
1853 年	加兹登购地
1854 年	《堪萨斯—内布拉斯加法案》通过 共和党成立

1855—1856年	暴力在"流血的堪萨斯"上演
1856年	普雷斯顿·布鲁克斯鞭打查尔斯·萨姆纳
	詹姆斯·布坎南当选总统
1857年	乔治·菲茨休出版《都是食人者》
	最高法院就德雷德·斯科特案做出判决
1858年	堪萨斯全民公投否决亲奴隶制的《莱康普顿宪法》
	林肯—道格拉斯辩论
1859年	约翰·布朗袭击哈伯斯渡口
1860年	民主党内部分裂
	林肯当选总统
	南北分裂进程开始

领土的扩展

制度的保卫者坚信，无论是对于需要劳动力的南方种植园主，还是对于需要白人主人家长式管理的南方黑人奴隶来说，奴隶制度都是现存最好的制度。

然而，正是在西部，这种分歧和矛盾不断激化，迅速把美国推向了风口浪尖。具有讽刺意味的是，一方面，强烈的爱国主义在某种意义上使国家保持统一；另一方面，这种爱国主义助长了人们对领土扩张的强烈愿望，而正是这种扩张即将把美国分裂开来。随着美国不断地向西扩展领土——得克萨斯、西南地区、加利福尼亚、俄勒冈等——同一个问题一次又一次摆在美国人民面前：在这些新增地区，该如何对待和处理奴隶制度？密苏里妥协在路易斯安那划出了区分自由州和蓄奴州的分界线（北纬36°30'线），规定此线以南地区允许保留奴隶制度，以北地区废除奴隶制度。然而，随着南北双方矛盾的不断加剧，情绪的不断激化，以及美国白人定居范围的不断扩大，所涉及的土地已经超越了路易斯安那的界限，此时密苏里妥协已无法继续为双方提供均可接受的妥协基础。随后的两个妥协案——一个在1850年，一个在1854年——也无法阻止南北双方矛盾冲突的发生。结果是危险而旷日持久的危机，导致南北双方对彼此充满怨恨、愤怒和绝望。到1860年亚伯拉罕·林肯当选美国总统时，整个国家已经开始走向分裂，驶向内战的车轮已经无法逆转。

一、放眼西部

在 19 世纪 40 年代,美国增加了一百多万平方英里的土地,这是自 40 年前的路易斯安那购地案后掀起的最大规模的一次土地扩张浪潮。40 年代末,仅阿拉斯加、夏威夷和其他一些后来通过边境调整得到的小块领土除外,美国版图已经与现在相差无几。这次土地扩张浪潮背后有诸多因素,但最为重要的是千百万美国民众拓展疆土的希望和雄心。拥护者用一系列"天定命运论"(Manifest Destiny)来宣扬西进运动的正确,"天定命运论"也成为促使美国人望眼西部的重要思想动力。

"天定命运论"

"天定命运论"体现了 19 世纪中期美国迅速发展的爱国主义自豪感和推动当时改革的社会完美主义理想。"天定命运论"认为,美国在包括但不限于北美大陆的广袤土地上拓展自己的疆土是上帝和历史赋予美国人民的神圣使命。其宣扬者

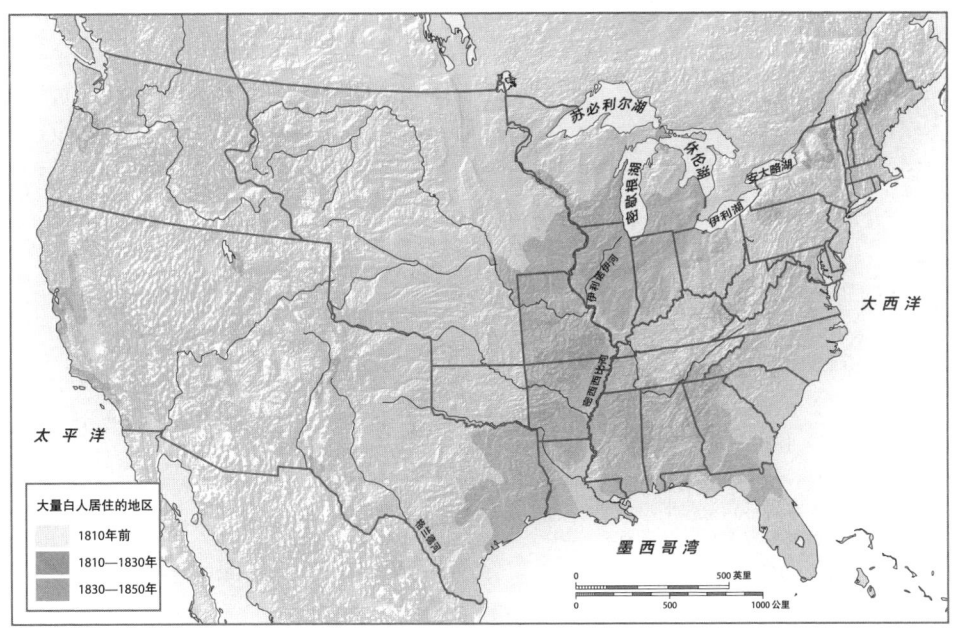

定居点的扩张,1810—1850 这幅地图展现了路易斯安那购地后的几十年里美国领土边界的急剧扩张。到 1850 年,美国已达到现在的边界(除后来获得的阿拉斯加州和夏威夷州)。美国大部分土地扩张发生在 19 世纪 40 年代。这幅地图还展现了白人定居点在这些州和领地上的蔓延。◆ 在那些年里,什么事件促使美国吞并新的土地?(彩图见第 1062 页)

坚持认为美国领土的扩张不是自私自利的行为，而是试图把美国的自由信仰传递到新疆域的利他举动。率先提出这种说法的约翰·欧苏利文（John L. O'Sullivan）是一位颇有影响的民主党编辑，他曾在 1845 年写道，美国兼并新的疆土"是上帝赋予美国将自由和联邦自治的伟大试验遍及北美洲之使命"。

种族理由　"天定命运论"体现的不仅仅是美国人对本国政治体系的自豪和骄傲。在其为领土扩张的辩护中，字里行间都清晰地流露出一种"种族理由"。19 世纪 40 年代，许多美国人用"美利坚民族"——祖先源于北部欧洲的白人——的优越性为其西进扩张的思想进行辩护。这些"天定命运论"的宣扬者认为，那些生活在美国文明传播所及之地的原住民将无法融入美国的共和体系。从种族上来讲，印第安人、墨西哥人和西部地区的一些民族不适合成为"美利坚民族"的一员。因此，西进运动既是政治体制的扩张，也是一个种族团体的扩张。

截至 19 世纪 40 年代，由于一批新问世"便士报"（面向广大民众的，价格相对低廉的报纸）的宣传和一些民族主义政治家的鼓吹，"天定命运论"思想已经传遍了整个美国。然而，"天定命运论"的拥护者在国家应如何扩展疆域，扩展到哪里等问题上也存在着诸多分歧。有些人认为，领土扩张的目标应相对保守；而有些人则憧憬着包括加拿大、墨西哥、加勒比海和太平洋附近岛屿在内的一个广阔的"自由帝国"；更有甚者梦想着把整个世界都划入囊中。

有些人坚信美国应使用武力实现其领土扩张的目的；而有些人则认为美国应采用和平扩张的方式；有些人则干脆反对美国扩张领土的行为。

当然，并不是所有美国人都接受和拥护"天定命运论"。亨利·克莱和其他一些知名的政治家担心，领土的不断扩张会再次挑起国内关于奴隶制度的争端并威胁美国国家联邦体制的安定。后来，他们的这种担心果然成为了事

孤星旗　几乎从 1836 年脱离墨西哥赢得独立那一刻起，得克萨斯就在寻求加入（美利坚）合众国以成为其中的一个州。但人们在该地区奴隶制地位问题上的争议阻碍了这一进程，得克萨斯直到 1845 年才获准加入合众国。因此，9 年来，得克萨斯一直是一个独立的共和国。图中这面破旧的旗帜便是得克萨斯共和国原有旗帜之一。(Frank Lerner, from Showers-Brown Collection, Star of the Republic Museum)

实。然而，在 19 世纪 40 年代，以兼并得克萨斯和俄勒冈为开端的土地扩张浪潮汹涌而至。亨利·克莱等人的担心和呼吁早已被淹没在人们为土地扩张的高呼呐喊之中。

<small>反对进一步扩张</small>

美国人在得克萨斯

美国曾宣称对得克萨斯（19 世纪 30 年代以前一直是墨西哥共和国的一部分）拥有所有权，认为得克萨斯是路易斯安那购地的一部分，但在 1819 年又宣布放弃对该地的所有权。此后，美国曾两次提出要购买得克萨斯，但都被墨西哥愤怒地拒绝了。

然而，19 世纪 20 年代初，墨西哥政府试行了一项不甚明智的政策，导致最终失去了北部的大片土地：墨西哥政府大力鼓励美国人向得克萨斯移民。一方面，他们希望这样可以振兴该地区的经济并增加政府税收；另一方面，他们认为，让美国人充当挡箭牌把北部一些好战的印第安部落和墨西哥人定居地隔开，是个不错的主意。此外，他们心中盘算，来得克萨斯的定居者能够对美国向该地区的扩张起到有效的缓冲作用。他们认为，这些美国定居者很快就会效忠于墨西哥政府。为吸引更多的美国人来定居，墨西哥 1824 年颁布了殖民法，许诺新的定居者不仅可以获得价格便宜的土地，还可以享受四年免税的待遇。

有肥沃土地的吸引，又有墨西哥政府的欢迎，成千上万的美国人接踵而来。得克萨斯的土地非常适合种植棉花，所以大部分移民都是来自美国南部的种植园主。其中许多还带来了奴隶。截至 19 世纪 30 年代，在得克萨斯定居的美国人大约有 7000 人，是当地墨西哥人总数的两倍多。

墨西哥政府直接向移民提供土地，但大多来得克萨斯定居的美国人是通过中间人的介绍。这些中间人向墨西哥政府承诺介绍更多的移民来得克萨斯，作为回报，政府会赠予他们大量土地。其中，最成功的一位中间人要数来自密苏里州，年轻的史蒂芬·F. 奥斯汀（Stephen F. Austin）。1822 年，他在得克萨斯建立了第一个合法的定居地。奥斯汀和其他中间人不仅成功吸引了众多美国移民，而且还建立了可与墨西哥政府抗衡的势力中心。1826 年，一位美国中间人领导起义，宣布得克萨斯成为一个独立的国家（他建议把得克萨斯更名为弗雷德尼亚）。墨西哥政府很快就镇压了起义，并在四年后通过了新的法律，禁止美国移民进入得克萨斯。然而，一切都太迟了。此时美国移民已源源不断地涌入得克萨斯地区。1833 年，墨西哥无奈中废除了这项毫无意义和效果的移民禁令。到 1835 年，已经有超过 3

<small>克蒂芬·奥斯汀</small>

万名美国白人和黑人定居在得克萨斯。

美国与墨西哥关系紧张

一方面，得克萨斯的美国移民在文化和经济上与美国息息相关，他们期望与先前家园的联系更加紧密；另一方面，美国移民希望奴隶制度在得克萨斯能够拥有合法地位，然而早在1830年，墨西哥政府就规定，和其他地区一样，奴隶制度在得克萨斯是非法的。因此，得克萨斯的美国移民和墨西哥政府间的矛盾和摩擦不断升级。然而，在如何表达对墨西哥统治的不满上，美国移民意见不一。奥斯汀和他的支持者们主张采用和平方式解决，使得克萨斯在墨西哥共和国内获得更多的自治权。其他人则主张用武力实现独立。

19世纪30年代中期，墨西哥国内局势不稳，独裁者安东尼奥·洛佩斯·德·圣安纳（Antonio Lopez de Santa Anna）将军执掌政权，在全国实行更为强硬、保守和专制的新政。他通过新的法律，削减地方政府的权力，增加中央政府的权力。在从美国移民到得克萨斯的人看来，这一措施是圣安纳将军有意针对他们的举动。墨西哥人甚至把史蒂芬·奥斯汀关进监狱，声称他煽动得克萨斯地区的美国移民起义。1835年，得克萨斯地区的美国人和墨西哥人之间的矛盾和冲突时有发生，随着墨西哥政府派遣更多的军队进驻该地区，冲突不断升级和恶化。1836年，美国定居者公开宣布，脱离墨西哥政府，正式独立。

圣安纳将军率领大批军队进入得克萨斯，美国定居者奋力反抗，但很难组织起有效的力量保卫他们的新"国家"。加之一些不同派别都声称是得克萨斯的合法政府，士兵们在指挥官人选的问题上意见也多有分歧。结果，在圣安东尼奥的阿拉莫要塞，由前田纳西州议会议员，著名的拓荒者戴维·克里克特（Davy Crockett）等人领导的得克萨斯"爱国者"奋勇抵抗，但终因寡不敌众而失败。在这场著名的保卫战中，墨西哥军队彻底摧毁了当地美国移民的守备部队。另一支驻扎在戈利亚德要塞的守备部队也遭受了同样的命运。投降后，守备部队大部分士兵被墨西哥军队处死。截至1836年底，这场武装反抗政府的独立运动似乎已经全面瓦解。许多美国移民向东逃向路易斯安那地区以躲避圣安纳军队的追杀。

然而，前田纳西州州长山姆·休斯顿（Sam Houston）将军却保留下来了一小股武装力量。1836年4月23日，在圣吉辛托古战役（圣吉辛托古位于今天的休斯敦市附近）中，休斯顿将军击败了墨西哥军队，还俘虏了圣安纳将军。为给在戈利亚德被处死的美国同胞报仇，美国军队也处死了许多墨西哥士兵。被俘的圣安

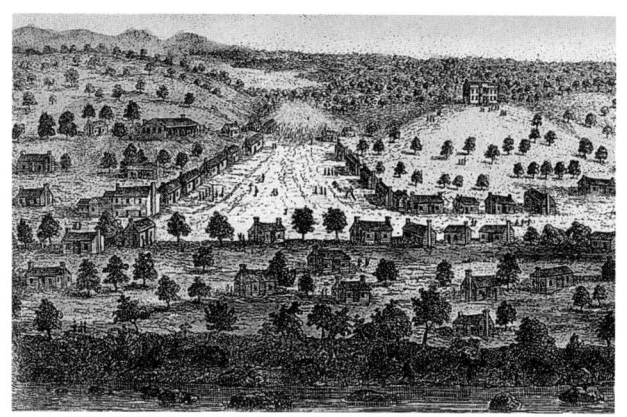

奥斯汀，得克萨斯，1840 得克萨斯脱离墨西哥宣布独立后的四年里，新共和国的首都奥斯汀依然是一个小村庄，那里大部分建筑是简单的乡村木屋，正如这幅当时手工上色的版画所呈现的那样。画面右侧小山顶上雄伟的房屋显得十分特别，这所房屋是得克萨斯共和国总统米哈博·拉马尔的住所。(*The Center for American History, The University of Texas at Austin*)

纳迫于压力，签署了同意得克萨斯独立的协议。尽管墨西哥政府拒绝承认该协议，但他们再也没有军事力量夺回得克萨斯。

在这场政治和军事变革中，一些生活在得克萨斯的墨西哥居民与美国定居者并肩作战。但当得克萨斯获得独立后，他们的位置变得更加尴尬和困难。美国人不相信他们，害怕他们是墨西哥政府的奸细；事实上，他们中有很多人被驱逐出了这个新建立的共和国。那些留下来的墨西哥人也不得不接受成为政治和经济上的二等公民的现实。

总体来看，得克萨斯人希望加入美国联邦。得克萨斯的新总统，山姆·休斯顿上任的第一件事就是派代表团远赴华盛顿，提出加入美国联邦的想法。在美国，土地扩张的支持者对此表示十分欢迎。事实上，这些扩张主义者几年来一直在鼓励和支持武装反抗墨西哥政府的独立运动。然而，反对的声音也此起彼伏。许多北方人反对接纳如此大的蓄奴地区，其他人则因为这样会增加南方在国会和选举团中的席位而表示反对。杰克逊总统便是其中一位，他担心兼并得克萨斯可能会与墨西哥产生摩擦，引发危险的地区性争议甚至是战争。因此，他拒绝支持兼并，而且直到1837年才承认得克萨斯共和国的地位。后来的马丁·范布伦总统和威廉·亨利·哈里森总统在任期内也不敢贸然推进这项议题。

> 反对兼并

遭到美国的拒绝后，得克萨斯只好自力更生。领导者们开始从欧洲寻求资金和帮助。其中，有些人梦想把得克萨斯建设成为一个西至太平洋，幅员广阔，并且可与美国相抗衡的西南大国。这种梦想正好引起了一些欧洲国家的兴趣，他们想以此来遏制实力日益增强的美国。英国和法国很快便承认了得克萨斯共和国的政治地位，并与其签署贸易协议。作为回应，1844年，美国总统泰勒劝说得克萨斯再次申请加入美国联邦。但当国务卿卡尔霍恩向国会提交归并协议时，其唯一目的仿佛是为了扩展奴隶制的范围，北方议员坚决反对并最终阻止了该协议的通过。归并协议的驳回更加刺激了"天定命运论"的拥护者，促使他们更加努力地实现自己的目标。得克萨斯问题很快成为1844年总统选举的焦点问题。

俄勒冈地区

土地所有权纷争

19世纪40年代，对位于美国西北部太平洋沿岸的俄勒冈地区（当时被称为"俄勒冈国"）的统治问题成为美国另一个重要的政治难题。当时的俄勒冈地区面积约有50万平方英里，包括现在的俄勒冈州、华盛顿州、爱达荷州、蒙大拿州与怀俄明州的部分地区，以及加拿大不列颠哥伦比亚省的一半。英国和美国当时都宣称对该地区拥有主权。英国认为，18世纪90年代英国的航海家、海军上校乔治·温哥华（George Vancouver）称探险到达了该地区；美国则坚持美国探险家、皮毛商人罗伯特·盖瑞（Robert Gary）同时发现和到达了该地区。因无法通过外交手段解决该地区的所有权问题，1818年，英美双方签订协议同意双方公民在该地区拥有相同的权利。这个被称为"联合占领"的协议在俄勒冈地区持续了20年。

实际上，到协议签署之时，英国和美国在俄勒冈地区都没有什么势力。到该地区定居的白人主要是英国和加拿大的皮毛商人；美国商人约翰·杰各布·阿斯特（John Jacob Astor）的公司在阿斯特雷堡建立的皮毛贸易站、英国哈得孙湾公司在哥伦比亚河北岸建立的商栈成为当时最大的白人定居地。在这里，定居者既做皮毛生意又开垦种田，人手少时还要雇佣当地的印第安人。

19世纪二三十年代，美国人对俄勒冈地区的兴趣日益浓厚。尤其当1831年四名内兹佩尔塞族（Nez Percé）和平头印第安人（Flathead Indians）神奇地出现在圣路易斯后，传教士把俄勒冈地区看作是其福音传道的理想目标。四位印第安人相继死去，美国白人最终也没能弄清楚这些不会说英语的印第安人是如何从俄勒冈地区到达了密苏里州。但一些传教士认为，印第安人的到来是上天的旨意，邀请他们向西部传播自己的宗教。他们也想以此来抵制那些来自加拿大的天主教传教士。许多人认为，天主教传教士在俄勒冈的出现是对美国向该地区扩张希望的威胁。传教士试图说服一些印第安部落改信基督教，但很少取得成功。一些传教士对印第安人的固执充满怨怒，并开始支持白人向该地区移民。他们宣称，如果印第安人拒绝接受基督教，那就等于他们自己放弃了对这片土地的所有权。传教士马卡斯·惠特曼（Mekas Whitman）就曾说道，"如果一个民族拒绝或忽视上帝的旨意，那他们就不应该抱怨会得到恶果。"马卡斯·惠特曼和他的妻子纳斯莎在卡斯喀山脉东面的卡尤塞印第安部落建立起了一个重要的（如果说不上成功的话）基督教传教所。

到19世纪40年代初，大批美国白人移民到俄勒冈地区，人数很快超过了当地的英国人。他们也给当地的印第安人带来了极大的灾难。麻疹病在卡尤塞部落中迅速蔓延。卡尤塞部落认为这是惠特曼传教所带来的瘟疫，于是1847年，他们袭击了传教所并杀死了包括马卡斯和纳斯莎在内的13名美国白人。但是，这种抵抗丝毫没能阻挡白人移民的脚步。到19世纪40年代，美国人的定居点已经遍布太平洋沿岸地区。西部越来越多的白人定居者和东部"天定命运论"的忠实拥护者极力主张美国政府占领俄勒冈地区。

定居者和印第安人之间的冲突

宣传西部　塞勒斯·麦考密克是众多对美国西部感兴趣的美国商人之一。他发明的收割机对这些新农业地区的耕作至关重要；反过来，这些地区的快速开发又对他公司的兴旺繁荣必不可少。在这幅海报中，麦考密克收割机公司向人们展现了土地宽广肥沃、待人开垦的浪漫理想的景象。这番景象吸引众多定居者向西进发。(*Chicago Historical Society*)

西进运动

美国人向得克萨斯和俄勒冈的迁移只是大规模西进运动的一部分。1840年至1860年间，几十万美国白人和黑人向大陆的远西地区移民。美国南方内陆的移民主要选择得克萨斯作为目的地。西进中最大规模的移民队伍来自旧西北地区：大批美国白人，还有一些非裔美国人，为了寻找新的机会踏上了艰辛的迁移之路。许多移民都是与家人同行。直到19世纪50年代初，加利福尼亚的淘金热才吸引了许多单身男士独自上路，他们中大多数都是年轻人（见边码第356—357页）。大部分移民以前都有过类似短途的移民经历。许多人虽不算富有，但也相对宽裕。旅途昂贵的费用和开垦新土地较高的成本是穷人负担不起的。那些没有钱但仍盼望移民的人通常只能靠加入那些更有实力的家族和团队才能实现移民梦想：男性可以做农场或牧场的帮手，女性则做仆人、教师，甚至是妓女。移民的目的地不同，队伍的构成也不尽相同。向以采矿和木材业为主要经济支柱的地区移民的队伍主要由男士构成；向农耕地区移民的则主要以家庭为主。

所有移民的共同梦想就是寻找新的生活，但他们对新生活的期待却各有不同。有的希望能够通过移民快速拥有财富（尤其是1848年在加利福尼亚发现黄金以后）；有的打算抓住机会，购买联邦政府低价出售的大片公共土地，发展农业或用于投机；有的希望成为商人，在西部日益扩大的白人定居地做生意。还有人（其中包括摩门教徒）是为了传播宗教，或逃避在东部许多城市肆虐的传染病（疟疾）。但是，大多数移民者都是为了寻找新的经济机会。他们成为了美国日益扩大的资本主义经济的先锋力量。很自然地，民众迁移的规模随着经济的繁荣而达到鼎盛又随着经济的衰退而萎缩。

西迁路上的生活

大部分移民（在1840年到1860年间大约有3万人）都是沿着陆上小路向西行进的。他们在艾奥瓦州和密苏里州的一些补给站（如独立城、圣约瑟夫、康瑟尔布拉夫斯）聚集，把财物装在带篷的马车里，带着他们的羊群牛群，跟随有雇佣向导指引的移民车队蜿蜒前行。西进最主要的路线就是绵延两千英里的俄勒冈小路。它东起独立城，横跨中北部平原，穿越落基山脉的南部山口。从南部山口出发，迁徙队伍向北可以进入俄勒冈地区，向南沿加利福尼亚小路可以到达加利福尼亚北部的太平洋沿岸。其他迁徙队伍也可以从独立城出发，沿圣达菲通道向西南进入新墨西哥。

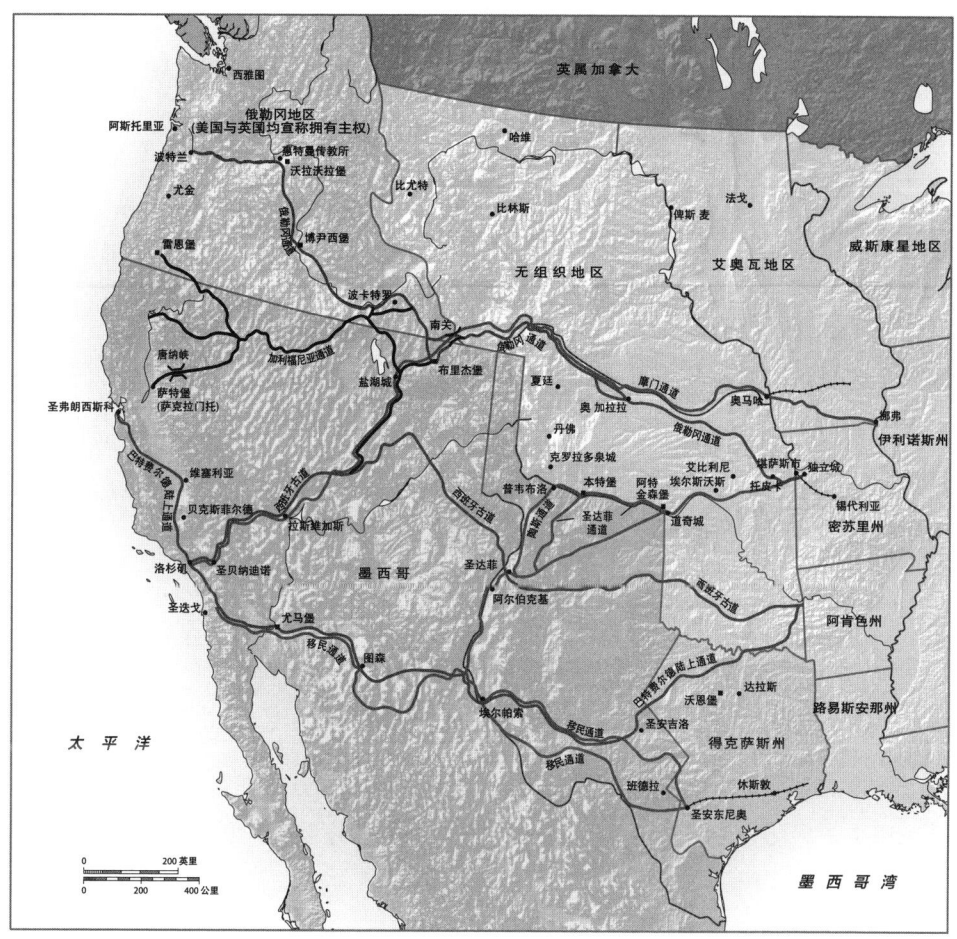

1860年的西部小路 当移民开始在西部漫长的探索进程，开农场，做生意，一些重要的小路开始形成，方便了西部地区和东部人口更加稠密地区之间的交通和贸易。注意有多条小路通往加利福尼亚，其中仅有几条通向美国领土更北端的地区。还应注意的是沿这些小路成长起来的重要乡镇和城市。◆ 内战前这些小路所发挥的作用后来被什么交通方式所替代？

不管怎样，横跨大陆的移民都要面对极大的困难和挑战（尽管他们的死亡率仅比美国全国人口的死亡率略高一些）。尤其是路途的后半程，既有高山险阻，又有荒芜沙漠，危机四伏，困难重重。大部分路途遥远而漫长，通常需要五六个月（从五月到十一月）才能走完。此外，移民们必须赶在第一场雪降下之前穿越落基山脉，加之车队行进速度缓慢（大约每天15英里），要想成功抵达绝非易事。尽管有些移民是为了逃避东部城市中蔓延的传染病而向西迁徙，但他们也并没能逃脱瘟疫的侵袭。19世纪50年代初，美国暴发霍乱，成千上万的人病死在西进的路上。

穿越大平原 1866年，长长的马车车队载着移民者穿越大平原朝蒙大拿州进发。这幅照片向人们展示，即使那些最好走的小路也崎岖不平，坎坷不断。(New York Historical Society)

美国内战前，死于与印第安部落冲突的移民不到400人，只占移民者总数的千分之一。实际上，对于移民者来讲，印第安人带来的不是危险而是帮助。他们经常充当向导，带领移民穿越危险地带与河流，帮助移民照看牲畜。他们经常与移民交易马匹、衣服和新鲜的食物。但是，人们对移民路上与印第安人偶尔发生冲突的描述和传说给迁徙队伍带来了普遍的恐惧。实际上，在这些冲突中被杀死的印第安人比白人还多（尽管双方死伤人数相对都不大）。

西迁路上的生活与农场和城镇上的生活截然不同。但是，移民队伍在行进中仍然延续了许多传统的生活方式。在家庭中，男女分工明确：男人们负责赶车，必要时还要修车和打猎；女人们则负责洗衣，做饭和照顾孩子。为了减轻拉车马匹的负荷，每个人，不论男女，绝大多数时间都是步行。实际上，女人比男人更加辛苦，因为在车队停下驻扎后，男人通常就可以休息了，而女人还要继续忙碌家务杂事。

尽管移民的传统形象是粗犷朴实的个人主义者，但他们发现这趟旅行更像是一次集体行动。一方面，大多数移民队伍都是由朋友、邻居和亲戚组成，他们举家搬迁，共同向西进发。另一方面，集体生活占据了大部分时间，一连几周的艰苦行程，除了偶尔遇到一些印第安人，他们几乎接触不到其他人。实际上，给移民队伍带来威胁的往往是集体的不团结和团队精神的涣散。话虽如此，在这么长时间艰辛枯燥的旅行中，集体内部有些矛盾也并不奇怪。

二、土地扩张与战争

在密西西比河北部地区，美国白人移民人数越来越多，他们向华盛顿政府施压，要求政府吞并得克萨斯、俄勒冈等地。19世纪40年代，来自扩张主义者的压力把美国推入了战争（战争的起因尚不确定），而这也是"天定命运论"宣扬者的一次胜利。

民主党与土地扩张

在1844年总统大选中，两位重要的总统候选人亨利·克莱和前总统马丁·范布伦都试图避免在吞并得克萨斯这一争议问题上明确表态。在辉格党内部，支持扩张的情绪相对温和，尽管克莱立场不甚明朗，但他还是轻松得到了本党提名。而在民主党内部，许多南方代表支持吞并得克萨斯。结果民主党放弃了范布伦，转而推出一匹"黑马"——坚定支持吞并得克萨斯的詹姆斯·K.波尔克（James K. Polk）——为总统候选人。

虽被称为"黑马"，但波尔克也并非辉格党批评者所宣扬的那样毫无名气。他曾连续十四年在众议院担任田纳西州的代表，其中四次担任众议院议长职务。后来他又担任田纳西州州长一职。然而，在1844年之前的三年里，他却未在政府部门任职，大部分时间更是从人们的视野中消失。真正使他成功的是他支持吞并得克萨斯的坚定立场，正如民主党的政纲中所表达的，"在最早最可行的时间重新占领俄勒冈地区和重新兼并得克萨斯是美国最伟大的措施"。民主党希望依靠其在俄勒冈和得克萨斯两个问题上的鲜明立场同时获得北方和南方扩张主义者的青睐。结果，在大选中，波尔克以选举团票170∶105和大约4万张普选票获得胜利。

詹姆斯·K.波尔克

波尔克带着明确的目标和计划正式上任。在波尔克就职前，约翰·泰勒总统为他完成了第一个目标。即将离任的泰勒总统把波尔克在大选中的胜利看作是选民对兼并得克萨斯的授权，他即刻呼吁国会两院通过兼并得克萨斯的决议。1845年2月，决议获得通过，同年12月，得克萨斯正式成为联邦的一个州。

波尔克则自己解决了俄勒冈地区的归属问题。波尔克提出妥协方案，表示美国愿意接受把北纬49度线作为美国和加拿大的边界线，但这个方案遭到了英国驻华盛顿大使的无礼拒绝。他甚至没有把这个方案向伦敦汇报。气愤之下，波尔克再次声称美国对整个俄勒冈地区都拥有主权。大西洋两岸都放出狂言，威胁要发动战争。在美国，人们大喊好战口号"不达54—40就打仗"（美国人希望把北纬

俄勒冈问题上的妥协

54°40′线作为俄勒冈地区的北部边界)。实际上,无论是美国还是英国都不想两国之间真的爆发战争。最终,英国政府接受了波尔克总统最初的方案。1846 年 6 月 15 日,美国参议院通过了两国协议,把边界线定在北纬 49 度线。这一边界线一直延续至今。

西南地区和加利福尼亚

得克萨斯边界争端

美国总统和参议院如此欣然和迅速地与英国签署协议解决俄勒冈地区的争端,其中一个原因就是美国和墨西哥在西南地区的关系日趋紧张(这种紧张局势最终引发了美国和墨西哥的战争)。1845 年,当得知美国政府正式接纳得克萨斯州,墨西哥政府当即与美国断绝了外交关系。有关得克萨斯和墨西哥边界的争议使美墨关系更加恶化。得克萨斯声称里奥格兰德河(Rio Grande)是其西部和南部的边界线,这样一来,现在的新墨西哥州大部分地区就成了得克萨斯领土。墨西哥尽管当时还未承认得克萨斯的独立,但坚持认为边界应划在里奥格兰德河以北的努埃

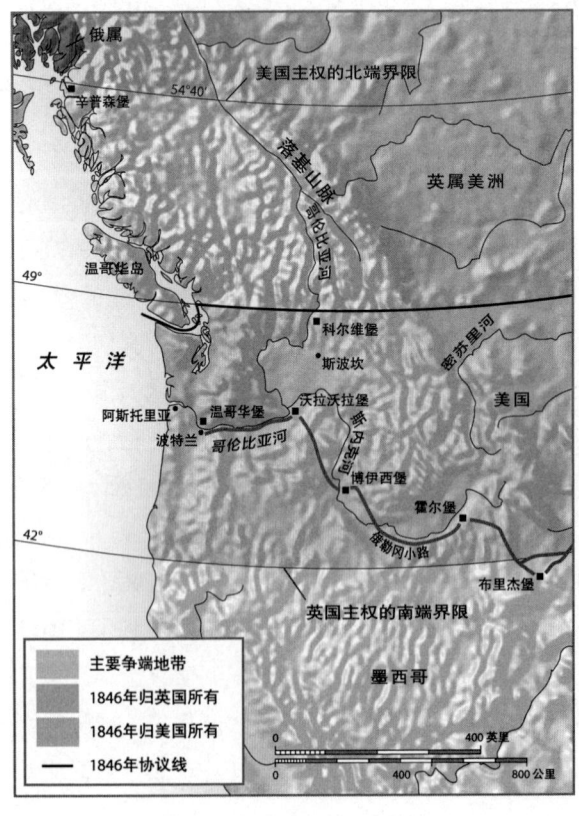

俄勒冈边界,1846 合众国与英国之间最后一些重要的边界争端之一,便是一片被称为俄勒冈的地区——加利福尼亚(1846 年还是墨西哥的一部分)北部、太平洋沿岸的大片区域。多年来,美英都声称拥有这片土地。英国索要的土地向南可达现在的俄勒冈州,美国索要的土地可延伸到现在的加拿大。两国关于俄勒冈边界的争议有时紧张到许多美国民众要求采取战争手段,有些人还喊出这样的口号"不达 54—40 就打仗"。54—40 指的是美国索要土地最北端的纬度线——北纬 54°40′。◆美国总统詹姆斯·K.波尔克是如何化解这场危机的?(彩图见第 1063 页)

西斯河。波尔克支持得克萨斯的主张，并于 1845 年夏命令扎卡里·泰勒（Zachary Taylor）将军率领一部分军队进入得克萨斯，以防墨西哥的入侵。

存在争议的地区之一就是现在的新墨西哥州地区。在那里，西班牙人和印第安人共同生活劳作，形成了一个多种族的社会。到 19 世纪 40 年代，已经有 150 年的历史。19 世纪 20 年代，墨西哥政府鼓励美国商人进入该地区以加快当地经济发展（这与当时墨西哥政府欢迎美国人移民得克萨斯的政策如出一辙）。像得克萨斯一样，新墨西哥的美国人很快成为了社会的主体。贸易迅速在圣塔菲和密苏里州的独立城之间繁荣起来。

同时，美国人对更遥远的加利福尼亚（当时是墨西哥的一个省）产生了愈发浓厚的兴趣。在这片广阔的土地上生活着一些来自西部的印第安部落和大约 7000 名墨西哥人（他们大多是西班牙殖民者的后裔）。渐渐地，美国人开始来到这片土地。最初是一些海运商人和太平洋捕鲸船的船长，他们在此停留，交换货物或购买补给，接下来是一些生意人，他们在这里开设店铺，进口货物，与当地的墨西哥人和印第安人做生意；最后是来拓荒的农民，他们通过陆路从美国东部进入加利福尼亚并定居在萨克拉门托山谷地区。一些新的定居者开始梦想把加利福尼亚划入美国的版图。

美国对加利福尼亚的兴趣

波尔克总统同样梦想着有一天能吞并新墨西哥和加利福尼亚，为此他费尽心机。在派泰勒将军率军队进驻得克萨斯的同时，波尔克向太平洋海军舰队的指挥员下达秘密指令：如果墨西哥宣布开战，必须快速夺取和占领加利福尼亚的港口。总统的代表还悄悄告诉定居在加利福尼亚的美国人，如果他们武装反抗当地的墨西哥政权，美国会予以理解和支持。

美墨战争

波尔克一面表现出在为战争做准备，一面又试图采取外交手段解决争议。他派特别使节约翰·斯莱德尔（John Slidell）前往墨西哥，试图收买墨西哥。但是墨西哥领导人强硬拒绝了斯莱德尔购买争议地区的提议。1846 年 1 月 13 日，当得知这一消息后，波尔克命令驻扎在得克萨斯州的泰勒军队渡过努埃西斯河，进入里奥格兰德河地区。在开始的几个月中，墨西哥拒绝与美国开战。后来，一部分墨西哥军队越过里奥格兰德河并袭击美国士兵（对美国的这一记述现在仍存在争议）。随即，波尔克告诉国会，"墨西哥这一举动证明战争已经开始"。1846 年 3 月 13 日，国会参议院以 40 票赞成 2 票反对，国会众议院以 174 票赞成 14 票反对通

斯莱德尔任务失败

19世纪50年代的萨克拉门托 19世纪50年代，繁忙的河港城市萨克拉门托为加利福尼亚中北部日益繁荣的农业和采矿业提供服务。那些年里，这个新加入的州（加利福尼亚州）人口急剧增长，一个世纪以后，成为美国人口最多的州。(California State Library, Sacramento)

过并宣布与墨西哥开战。

反对战争　在美国国内，有许多人反对这场战争。从一开始，辉格党就批评波尔克是故意把国家卷入这场冲突，并自导自演了边境军队冲突事件以促使国会宣战（这种批评并不是毫无道理）。其他人则认为，与墨西哥的敌对和战争会转移人们的注意力和消耗国家资源，从而使美国无暇顾及更为重要的俄勒冈问题。当美国最终与英国签订协议后，反对者声称波尔克在俄勒冈问题上没尽全力，是因为他全部的心思都放在了与墨西哥的矛盾上。随着战争的继续，士兵伤亡和军事费用不断增加，公众反对的声音更加响亮。

在对墨西哥军队的战斗中，美国军队表现不凡。但是，胜利也远没有像波尔克所希望的那样迅速到来。波尔克命令泰勒的军队渡过里奥格兰德河，夺取墨西哥东北部地区：先攻占蒙特雷再进军墨西哥城。1846 年 12 月，泰勒占领蒙特雷，但他并没有继续追击撤退的墨西哥守军。此时，波尔克开始担心泰勒缺少按计划进军墨西哥城的战术能力。他还担心，如果胜利，泰勒可能会成为他日后强大的政治对手（事实正如其所料）。

大熊旗革命　与此同时，波尔克又命令对新墨西哥和加利福尼亚展开攻势。1846 年夏，史蒂芬·W. 卡尼（Stephen W. Kearny）上校带领一支部队，在未遇任何抵抗的情况下，轻松占领了圣塔菲。之后，卡尼率领部队进军加利福尼亚，并与反抗墨西哥当局的美国定居者约翰·C. 弗里蒙特（John C. Fremont）领导的武装探险队和美国海军会合，共同发起了所谓的"大熊旗革命"（Bear Flag Revolution）。卡尼统领各方力量，于 1846 年秋彻底占领了加利福尼亚。

至此，美国已经实际控制了所要夺取的新墨西哥和加利福尼亚两个地区。但是，墨西哥仍然拒绝承认战败。于是，波尔克总统和军队总司令温菲尔德·斯科特将军又向墨西哥发起了新的更大胆的战役。斯科特在墨西哥港口城市坦皮科集结军队，用海军军舰沿墨西哥湾把军队运送到韦拉克鲁斯。斯科特率领这支不足1.4万人的军队沿墨西哥国家公路行进了260英里，直逼墨西哥城。军队一路凯歌，一举占领了墨西哥首都。墨西哥新政府开始掌权并宣称愿意与美国就和平条约进行谈判。

此时，波尔克总统自己的目标并不明确。一方面，他继续支持那些要求美国兼并墨西哥大部分领土的人；另一方面，由于担心即将临近的总统大选，波尔克变得更加急切地想尽快结束战争。于是，他派尼古拉斯·特里斯特（Nicholas Trist）

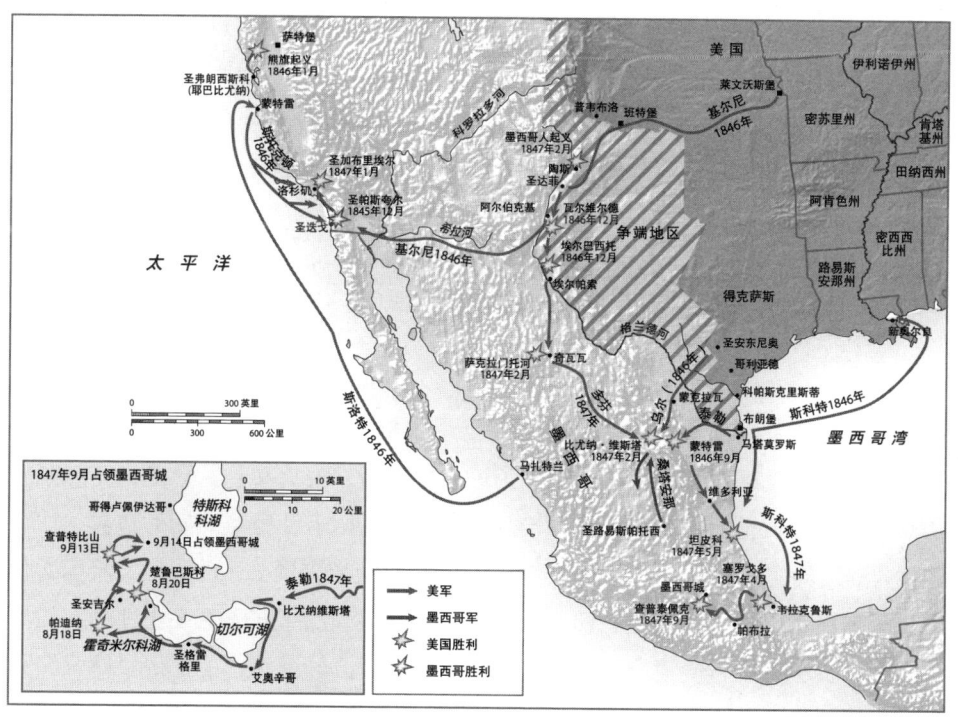

美墨战争，1846—1848 美英就俄勒冈边界争端达成协议后不久，美国便因另一争议边界与墨西哥开战。这幅地图展现了墨西哥军队和美国军队在战斗中的调动情况：从圣塔菲附近地区向南至墨西哥城，向西至加利福尼亚海岸。值得注意的是，美国利用海军力量助其成功攻打墨西哥城和加利福尼亚海岸地区。还应注意的是，墨西哥军队在与美军的交战中是多么的失败。墨西哥在战争中只赢得了一场战斗的胜利——在圣地亚哥附近圣帕斯科的一场规模较小的战斗。◆ 波尔克总统是如何处理民众要求美国吞并现如今的墨西哥大部分地区的？（彩图见第1064页）

寻找黄金 在加利福尼亚寻找黄金,就绝大多数情况而言,并非只是孤独探矿者的工作。更普遍的是一队队普通百姓,他们一起开发和利用精巧的采矿技术。正如这幅1852年的照片所展现的那样,采矿队中经常人种混杂。左侧白人矿工所站的位置明显远离右侧的中国工人,但他们都是金矿开采工作不可或缺的组成部分。(Art Resource, NY)

《瓜达卢佩—伊达尔戈和约》

担当总统特使,负责与墨西哥商谈和平条约。1848年2月2日,特里斯特与墨西哥新政府就《瓜达卢佩—伊达尔戈和约》达成一致。根据和约,墨西哥同意割让加利福尼亚和新墨西哥给美国,并接受以里奥格兰德河为得克萨斯的边界。作为回报,美国同意支付墨西哥1500万美元,同时承担给美国公民的赔偿。特里斯特实现了波尔克总统的大部分意图,但却没能满足从墨西哥获得更多土地的新的扩张愿望。波尔克倍感气愤,怒斥特里斯特违反了自己的旨意,但他很快便意识到自己已毫无选择,只能接受这份和约,进而平息国内愈演愈烈的派系矛盾:狂热的扩张主义者要求吞并"整个墨西哥";而废奴派则指责这是扩张主义者的阴谋,他们想把罪恶的奴隶制扩展到新的地域。无奈之下,波尔克总统只能将和约提交到参议院。经表决,参议院以38票对14票通过了该条约。战争结束了,美国获得了大片新的土地,同时也种下了更多分歧和动乱的种子。

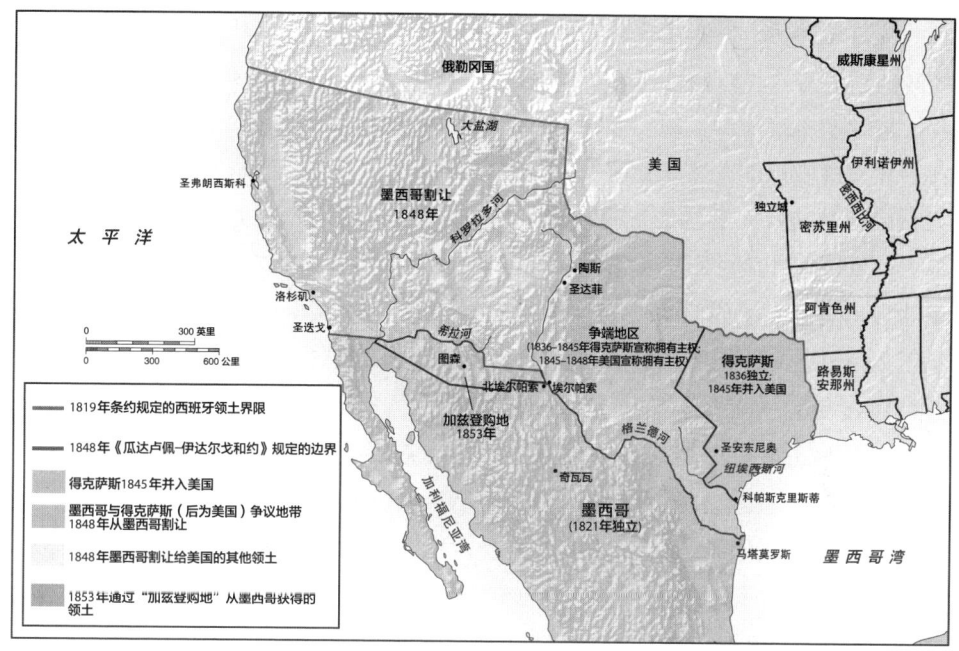

向西南扩张,1845—1853 1845年吞并现在得克萨斯州的大部分地区,1848年美墨战争中赢得更多领土,1853年从墨西哥购买额外土地,至此,现今美国大陆的边界基本确定。(彩图见第1064页)

三、地区纷争

詹姆斯·波尔克总统力求实行超越地区分歧的政策。然而,对不同地区的协调安抚变得愈发困难,波尔克也逐渐成为北方和西部民众的敌人。他们认为他的政策,尤其是他对西南地区土地扩张的过分热情实际上维护了南方的利益而损害了他们的利益。

奴隶制和准州地区

1846年8月,当美墨战争还在继续的时候,波尔克要求国会拨款200万美元,用于从墨西哥购买土地与和平。宾夕法尼亚州代表、支持废奴的民主党人戴维·威尔莫特(David Wilmot),提出对政府预算进行修改,禁止在从墨西哥兼并的土地上实行奴隶制(这一附加议案也被称为"威尔莫特附文"[Wilmot Proviso])。"威尔莫特附文"在众议院获得了通过,但在参议院中未获通过。之后几年里,"威尔莫特附文"曾多次被提及、讨论和表决。与此同时,南方的一些激进分子坚决反

"威尔莫特附文"

对，声称在新兼并的土地上所有美国人都拥有平等的权利，其中就包括向该地区转移自己"财产"（奴隶）的权利。

不同的计划

地区派系的纷争愈演愈烈。有人提出将密苏里妥协划定的分界线延伸到太平洋沿岸，界限以北地区禁止实行奴隶制，以南地区则允许奴隶制的存在，这一方案最终得到波尔克总统的支持。有人则赞同后来被称为"人民主权论"（Popular Sovereignty，起初反对者称其为"Squatter Sovereignty"）的方案，即把奴隶制问题留给当地居民，让他们通过地方立法来决定自己的制度。关于这些方案的争论持续了几个月之久，直到1849年波尔克卸任总统时，问题仍未得到解决。

1848年的总统大选使这种纷争在一段时间内有所缓解，因为民主党和辉格党都对奴隶制问题采取了避而不谈的策略。波尔克因为身体欠佳决定不再参加总统竞选，民主党便提名密歇根州的路易斯·卡斯（Lewis Cass）作为总统候选人。卡斯是一位年龄偏大、平庸乏味的社交老手。辉格党提名路易斯安州的扎卡里·泰勒将军为候选人。泰勒是美墨战争中的英雄，但在政治上不够老练。出于对候选人的反对，辉格党和民主党的废奴派人士与自由党合并组成了"自由土地党"（Free-Soil Party），明确支持"威尔莫特附文"。他们提名前总统马丁·范布伦为候选人。

自由土地党

泰勒以微小的优势赢得了大选的胜利。虽然范布伦没能在任何一个州胜出，但他却获得了29.1万张选票（大约是总数的十分之一）。自由土地党也在国会中赢得了十个席位。与之前成立的一无所知党和自由党一样，作为一支重要的政治力量，自由土地党的出现标志着辉格党和民主党内部已不再稳定，他们已无法抑制党内因奴隶制问题而产生的争议与分裂。

加利福尼亚淘金热

到泰勒总统上任时，加利福尼亚淘金热的出现使远西地区要求解决奴隶制问题的呼声不断高涨。1848年1月，在大农场主约翰·萨特（John Sutter）的锯木厂工作的一位木工詹姆斯·马歇尔（James Marshall）在内华达山脉发现了黄金。萨特最初担心淘金热潮会破坏他在该地区的巨大产业，于是试图封锁消息。然而，到了五月份，发现黄金的消息已经传到了旧金山；到了夏天，消息更是传遍了美国东海岸乃至全世界。很快，来自世界各地的几十万淘金队伍蜂拥至加利福尼亚地区。四年间，加利福尼亚地区的非印第安人口增长了近20倍，由1848年的1.4万人骤增到1852年的22万人。

在淘金热的高峰时期，加利福尼亚到处都弥漫着贪婪和近乎疯狂的气氛。

"身穿蓝衬衣，手拿淘金摇动槽的矿工们" 在加利福尼亚淘金热期间，采矿工作虽然给人留下浪漫传奇的印象，但对大多数人来说却是艰辛、沮丧、完全无利可图的。正如这幅照片所表现的，一群矿工拿着设备，表情沉闷。大多数来加利福尼亚淘金的人要么一无所获地返回家中，要么留在加利福尼亚，找份别的工作继续生活。(Collection of W. Bruce Lundberg. Photograph courtesy of Oakland Museum of California)

所有居民都冲上山寻找黄金，一时间，旧金山几乎成了一座空城。城市的主要报纸（一直在批评淘金活动的癫狂）也因为找不到员工和读者而不得不停止发行。一位路过旧金山的人曾如此评论，"除了疯人院再没有其他地方能够治愈这种疯狂"。

以前向远西地区移民的人通常都会在旅行前做好充分的准备，但这些淘金者（也被称为"四九年淘金移民"）却不顾一切。他们抛弃农场、工作、家庭和亲人，背上简单的行囊，挤上开往加利福尼亚的船只或者沿着陆上小路像潮水一般涌向加利福尼亚地区。绝大多数淘金移民（大约是95%）都是男性。他们离开女人、孩子和家庭来到加利福尼亚。可想而知，这样形成的社会必定是麻烦不断，动乱不安。

四九年淘金移民

淘金热同样也吸引了许多来自中国的第一批移民。加利福尼亚地区的华人和在中国访问的美国人把发现黄金的消息传到了中国，引起了许多中国人，尤其是贫穷地区中国人的极大兴趣。当然，对于一位贫苦的中国农民来说，要想漂洋过海来到美国是十分困难的。但是，仍然有许多年轻人（大多是男性）怀揣发财致富、荣归故里的梦想，决定冒险一试。有许多中国移民通过向移民经纪人借贷来到加利福尼亚，然后再赚钱偿还。与当时被绑架卖到秘鲁和古巴等地的"苦力"不同，这些移民大多都是自愿的。因此，来到加利福尼亚的中国人大多是自由劳动者或商人，他们有的寻找黄金，有的则希望从淘金热所带来的商机中赚取财富。

在加利福尼亚，许多男工人都辞去了工作，蜂拥到金矿去淘金，导致当地劳

奴役印第安人

动力出现了严重短缺。这为其他需要工作的人（如中国移民）提供了更多的就业机会，同时也导致了对印第安人更加公开和残酷的奴役和剥削。这种奴役和剥削与黑人奴隶制相比，恐怕也只是名字不同罢了。在淘金热到来之前，一些自称为"印第安人猎杀者"的白人武装已经杀害了成千上万的印第安人（从19世纪50年代到1870年，加利福尼亚地区的土著印第安人人口由15万减少到3万）。新的地区法律也允许抓捕"游荡的"或成为孤儿的印第安人并强迫他们成为"契约"劳工。

淘金热对加利福尼亚的发展起到了至关重要的作用（只是实现的方式与大多数移民所想象的不太一样）。内华达山脉埋藏着丰富的黄金，许多人也因此一夜暴富。但是，四九年淘金移民中只有一小部分人真正找到了黄金或拥有了土地。有些移民则是兴奋而至，失望而归。然而，大部分淘金移民选择留在加利福尼亚。当地农业和城市人口迅速膨胀。在淘金热之前，旧金山的人口只有1000人（当人们离开旧金山去采矿时，人口一度下降到100人左右），而到1856年则增加到5万人之多。19世纪50年代初，加利福尼亚的人口构成比以前更加多元化。淘金热吸引的不仅有美国白人，还有欧洲人、中国人、南美洲人、墨西哥人、自由黑人和跟随美国南方奴隶主而来的奴隶。种族矛盾、民族歧视和为争夺黄金而引发的冲突相互交织，使加利福尼亚地区局势紧张，动荡不安。因此，建立一个更加稳定有效的地方政府成为人们共同的呼声。淘金热的出现也使美国政府面临更多的压力去解决加利福尼亚和其他准州地区的政治地位和奴隶制问题。

不断升级的地区紧张局势

扎卡里·泰勒认为建立独立的州可能是解决这些地区奴隶制问题的好办法。如果不建立独立的州，美国联邦政府就得负责决定这些地区是否实行奴隶制。他认为，一旦这些地区成为美国独立的州，州政府就能够自己解决有关奴隶制的问题。在泰勒的敦促下，加利福尼亚很快通过了自己的宪法（宪法规定奴隶制违法）。1849年12月，泰勒总统提请国会，要求接纳加利福尼亚为美国联邦的一个州。他还表示，一旦时机成熟，新墨西哥也可以像加利福尼亚一样建立州并加入联邦，由州政府自己解决奴隶制的问题。

然而，美国国会此时却停下了脚步，因为其他一些有关奴隶制的矛盾不断出现，使已经很激烈的争论变得更加复杂。其间，废奴派试图废除哥伦比亚地区的奴隶制度，但遭到南方种植园主的强烈反对。此外，美国北方一些州通过了人身自由法，禁止法院和警察追缉逃亡奴隶。作为回应，南方蓄奴派要求（美国联邦政府）通过更加严厉的法律，迫使北方州把逃亡的奴隶归还给奴隶主。然而，阻碍泰勒总统计划的最大障碍是南方白人担心这两个自由州的加入会扩大北方阵营的实力。1849 年，美国自由州和蓄奴州的数量相同——均为 15 个州。但是，如果加利福尼亚加入美国联邦成为一个自由州，这种平衡就会被打破；新墨西哥、俄勒冈和犹他的加入将会彻底破坏这种平衡，使已经在众议院占据次席的南方阵营在参议院也成为少数派。

准州地区关于蓄奴制问题的派系矛盾

敌对情绪已经上升到了危险的地步。南方许多以往态度比较温和的领导人也开始讨论脱离联邦的事情。在北方，除一个州外，其他州的立法机关都通过了决议，要求准州地区禁止实行奴隶制。

358

1850 年妥协

1849 年至 1850 年冬，面对日益严峻的分裂危机，温和派和联邦主义者们试图通过努力制订一个新的妥协方案。此时，年事已高的亨利·克莱带头承担起了重任。他认为，妥协方案必须能够解决各地区间所有的争议问题，否则都将无法实行。于是，他综合了以前提出的多项议案，于 1850 年 1 月 29 日向国会参议院提交了一份新的法律提案。提案中指出，加利福尼亚作为自由州加入美国联邦；从墨西哥兼并的其他地域另组成一个准州地区，但对奴隶制问题不做限制；哥伦比亚地区取缔奴隶买卖但不废除奴隶制本身；制定并实行更为有效的逃亡奴隶法律。克莱的提议在美国国会和全国引起了长达七个月的激烈辩论。此次辩论经历了两个不同的阶段，而其中的差异很大程度上反映出美国政治在 19 世纪 50 年代的变化。

克莱的解决方案

在辩论的第一个阶段，主要的声音来自国会中那些年长议员（他们大多是对杰斐逊、亚当斯等建国领袖仍然满怀记忆的政治领袖），他们从各自宏大的理想出发支持或反对克莱的提案。1850 年，已经 73 岁高龄的克莱仍然希望能够唤醒大家共同的爱国主义热情。3 月初，另一位年长议员，已经 68 岁高龄的约翰·C. 卡尔霍恩也参加了辩论。他身患重病，无法自己发表演说。当他的同僚代表他宣读讲稿时，他只能冷冷地坐在自己的椅子上。他坚持北方应在准州地区给予南方同等的权利；北方应遵守有关逃亡奴隶的法律；停止攻击奴隶制度。他建议修改宪法，建立双总统制：一位来自北方，一位来自南方，二人将享有相同的否决权。卡尔霍恩的主张过于激进，根本没有可能获得通过。但是，像克莱一样，他也在竭尽

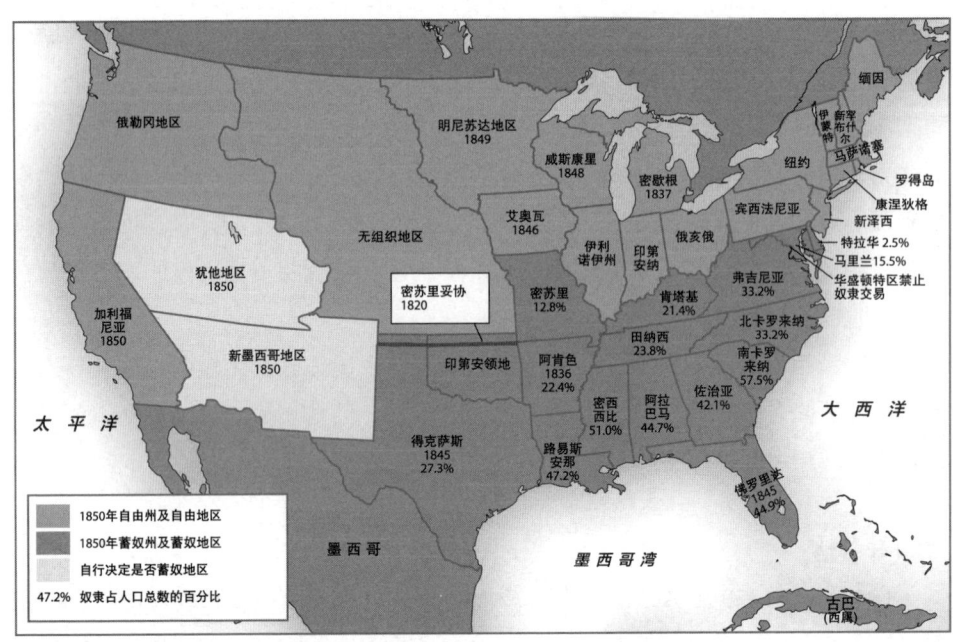

1850年妥协下的奴隶制和自由领土 美国吞并西部大片土地,在组织新增领土成立州政府的过程中,奴隶制在新增领土上的地位问题也随之而来。南方和北方在这个问题上的紧张关系促使双方1850年在国会达成重要妥协以解决争端。该妥协方案允许加利福尼亚以自由州的身份加入联邦,同时也为其他新增领土引入了"人民主权论"的概念。◆ 1850年妥协效果如何? (彩图见第1065页)

全力,寻找和提出他认为能够全面、永久地解决地区争议,挽救美国联邦的方案。继卡尔霍恩之后,又一位年长议员,已经68岁的丹尼尔·韦伯斯特(他曾是美国最伟大的演说家之一)参加了辩论。仍然抱有总统梦想的韦伯斯特在参议院发表了主题鲜明的演说,试图联合北方温和派共同支持克莱提出的妥协方案。

当年七月,在经历长达六个月的激烈争论后,国会最终否决了克莱的提案。辩论随之进入了第二个阶段,一批新生力量占据了主导地位。疾病缠身而又疲惫不堪的克莱离开了华盛顿到山区消夏和休养;卡尔霍恩在七月国会投票之前就已病故;韦伯斯特接受了新的任命,退出了参议院和这场激烈的争论,成为新一任美国国务卿。

新的领导

取代他们的是一批新的、年轻的政治家。其中一位是来自纽约的威廉·亨利·西沃德(William Henry Seward),49岁,一位坚决反对克莱提案的狡猾政客。对他来说,废除奴隶制比联邦的存亡更为重要。另一位是来自密西西比州的杰斐逊·戴维斯(Jefferson Davis),42岁,一位南方新兴棉农代表,对他来说，奴隶制与其说是原则和理想问题，还不如说是经济利益问题。其中最有影响力的是来自伊利诺伊州的37岁民主党参议员史蒂芬·A.道格拉斯（Stephen A. Douglas）。作为迅速崛起的西部州的代表，思维开阔的他成为西部地区经济发展，尤其是铁路建设的代言人。他的政治理想不是宏伟的国家目标而是地区利益和自身的政治前途。

参议院新的政治家们实现了老一辈人未能达成的妥协方案。尤其是总统泰勒的突然离世（1850年7月9日，泰勒因严重的胃病暴亡）清除了妥协路上的最大障碍：泰勒曾坚持主张只有先把加利福尼亚和新墨西哥纳入联邦才可以讨论其他问题和方案。泰勒去世后，来自纽约的副总统米勒德·菲尔莫（Millard Filmore）接替了泰勒的总统职位。朴素、英俊而严肃的菲尔莫深知政治灵活的重要性。他支持妥协提案，并用自己非凡的游说本领赢得了北方辉格党党员的支持。

临时的妥协

参议院新领导人的成功得益于他们采取的实用主义策略。在克莱离开国会之后，道格拉斯的第一步就是化整为零，把克莱的"综合议案"（克莱曾把它看作是解决地区危机最伟大、最综合的方案）分解开来，提出一系列单独的议案并逐一进行投票表决。这样一来，不同地区就有很大的空间去选择支持或反对妥协方案中的部分内容。此外，道格拉斯还通过一系列幕后交易（把妥协方案与一些非意识形态事物如政府债券的销售和铁路建设联系起来）获得了更多的支持。最终，在他的不懈努力下，国会与总统于九月中旬通过并签署了妥协方案中的所有内容。

与密苏里妥协不同，1850年妥协并不是人们对共同国家理想广泛认同的产物。它更像是各地区为自身利益讨价还价的胜利。尽管如此，国会议员们还是欢呼雀跃，赞扬这是一场伟大的政治胜利。总统米勒德·菲尔莫在签署该法案时把它称为是对地区问题公正的，"最终的"解决。

四、19世纪50年代的危机

1850年妥协后的几年里，美国经济飞速发展，日新月异。美国人民也似乎暂时把地区派系冲突抛在了脑后。然而，北方与南方的矛盾并没有消失，一场更大的危机正在酝酿。1854年，南北冲突再次爆发。

不稳定的妥协

1852 年，美国两大政党（民主党和辉格党）都公开表示支持 1850 年妥协，并提名没有地区偏向的人作为总统候选人。民主党选择了新罕布什尔州一位名声不大的政治家富兰克林·皮尔斯（Franklin Pierce）作为候选人；辉格党则选择了美墨战争英雄温菲尔德·斯科特，他一向很少表明自己的政治观点。尽管如此，地区矛盾又一次在大选中成为分裂力量。其中，辉格党成了最大的受害者：许多废奴派党员不满本党在奴隶制问题上的含糊其词愤然离去，加入“自由土地党”的阵营。“自由土地党”的总统候选人是约翰·P. 赫尔（John P. Hull），他坚决反对奴隶制并拒绝接受 1850 年妥协。辉格党内部的分裂为民主党赢取 1852 年总统大选创造了有利条件。

为人和蔼友善的富兰克林·皮尔斯试图靠回避容易引发分歧的问题（尤其是奴隶制问题）来维持自己政党乃至全国的和谐稳定。但是，他的理想是根本无法实现的。1850 年后，北方反对《逃奴法》的情绪愈发高涨。当南方奴隶主来到北方州追捕逃亡奴隶时，许多北方人都聚众予以阻止。此外，一些北方州还通过了禁止移送逃亡奴隶的地方法律。看到这些，南方白人变得更加愤怒和警觉。他们发现，由于北方的蔑视与违抗，原本是 1850 年妥协（他们原以为该法案是一次伟大的胜利）中重要内容的禁止奴隶逃跑的法律现在却变得毫无意义。

反对《逃奴法》

“青年美国”

富兰克林·皮尔斯希望通过支持和推动民主党党内的“青年美国”运动来缓解地区争议。在其拥护者看来，向全世界推行美国民主可以转移民众对奴隶制争议的关注。1848 年，欧洲爆发自由民主革命，这使美国人欢欣鼓舞。他们希望欧洲能够以美国为典范，建立更多的共和政府。他们甚至梦想把商业扩展到太平洋地区并在西半球攫取更多的土地。

然而，国家疆域的扩展自然就会涉及地区争议问题。皮尔斯试图通过外交努力从西班牙手中购买古巴地区（实际上，1848 年波尔克任总统时便已经开始了这种努力）。1854 年总统特使从比利时的奥斯坦德发来密件（后来被称为《奥斯坦德宣言》），提议武装占领古巴。该宣言被公众得知后，北方废奴派异常愤怒，他们指责政府密谋接纳新的蓄奴州。

《奥斯坦德宣言》

南方也坚决反对兼并任何对奴隶制可能持反对态度的地区。1854 年，夏威夷同意加入美国联邦，但兼并协议因包含禁止奴隶制的条款而未能在参议院获得通过。兼并加拿大的计划（该计划得到了许多渴望进入美国市场的加拿大人的支持）同样也因为奴隶制问题而宣告失败。

奴隶制度、铁路建设和美国西部

然而，真正使地区危机死灰复燃的还是准州地区的奴隶制问题（这也是导致危机的最初原因）。到19世纪50年代中期，美国西部白人定居地已经越过密苏里州、艾奥瓦州和现在明尼苏达州的边界，到达之外的大片平原地区。以前，许多美国人认为这片地区并不适合耕种。如今，人们越来越认识到该地区大部分土地实际上比较适合农业耕作和牧场养殖。于是，老西北地区许多希望移民的人都向政府施压，要求政府向他们开放这片土地，允许建立地方政府并驱赶当地的印第安部落，为移民提供土地和空间——尽管美国曾向当地印第安人郑重承诺绝不侵占他们的居留地，但美国白人社会中几乎没有人站出来对践踏印第人权利的行为予以反对。人们向该地区移民的兴趣引发了两个不可避免的争议——奴隶制度和铁路建设，二者相互交织，形成一股巨大的分裂力量。

随着国家继续向西扩张，原有州和密西西比河以西地区的交通问题变得越来越关键。修建横跨美国大陆的铁路得到民众的广泛支持。然而具体在哪里修建（尤其是东部终点设在哪里才能连接密西西比以东地区现有的铁路系统）成了问题的焦点。北方人建议把东部终点设在西北自由州日益发展的大都市芝加哥；而南方人则建议设在蓄奴州的圣路易斯、孟菲斯或新奥尔良。换句话讲，修建跨大陆铁路实际上成了美国南北较量的一部分。

跨大陆铁路与奴隶制

皮尔斯的陆军部长、来自密西西比州的杰斐逊·戴维斯（Jefferson Davis）为跨大陆铁路的南方段扫清了障碍。铁路勘测显示连接南方终点的铁路需穿越墨西哥的部分领土。1853年，戴维斯派南方铁路的修建者詹姆斯·加兹登（James Gadsden）出使墨西哥，以一千万美金成功从墨西哥手中购买到了那一长条土地（现在亚利桑那州和新墨西哥州的一部分），为跨大陆铁路南方段的建设提供了便利。然而，"加兹登购地"又一次加剧了地区间的矛盾和对抗。

加兹登购地

堪萨斯—内布拉斯加危机

作为来自芝加哥、伊利诺伊州参议院的代表以及西北地区民主党党员公认的领袖，史蒂芬·A.道格拉斯自然希望把跨大陆铁路修到自己的家乡。但同时他也清楚，一些人反对在密西西比河西北地区修建铁路的主要原因是该线路需穿越有大量印第安人口的区域。于是，1854年1月，道格拉斯提出议案，建议在艾奥瓦州和密苏里州西部（也就是现在的内布拉斯加）建立新的、面积广阔的准州地区。

道格拉斯深知，南方会因为担心该地区将来成为新的自由州而反对他的议案：该地区恰好位于密苏里妥协中规定的北纬36°30′线（路易斯安那购地自由州和蓄奴州的分界线）以北，根据妥协案该地区将禁止实行奴隶制。为了让南方人更容易接受他的议案，道格拉斯在议案中增加了条款，即：该地区是否实行奴隶制交由当地立法机关按照"人民主权"的方式决定。理论上讲，该地区可以选择实行奴隶制（尽管没有人认为他们会这样选择）。当南方民主党党员要求更多条件时，道格拉斯同意附加条款，明确废止《密苏里妥协案》。他还同意把该地区一分为二，建立两个准州地区，即堪萨斯和内布拉斯加。内布拉斯加有望成为自由州，而堪萨斯则可能成为蓄奴州。经过修改，最终形成了《堪萨斯—内布拉斯加法案》。在皮尔斯总统的推动下，国会经过激烈辩论（南方一致同意，部分北方民主党人表示支持），最终于1854年5月通过了该法案。

在美国历史上，也许没有哪部法律像《堪萨斯—内布拉斯加法案》那样产生了如此直接、彻底和破坏性的后果。法案分裂和摧毁了辉格党。到1856年，辉格党几乎从人们的视线中彻底消失。同时，该法案也离间了北方的民主党党员（许多党员认为《密苏里妥协案》是美国联邦体制中神圣不可分割的一部分，《密苏里妥协案》的废止令他们恐惧万分），其中许多人都因此退出了民主党。更为重要的是，《堪萨斯—内布拉斯加法案》催生了一个新的政党——共和党（该政党在人员构成和政治信条上都明显体现了地区特征）。在原来的两个政党中，那些反对道格拉斯提案的人称自己为"反内布拉斯加民主党人"和"反内布拉斯加辉格党人"。1854年，这些人联合起来组成了新的政党，即共和党。共和党诞生不久就成为美国政治中的重要力量。在同年的选举中，共和党在国会中赢得了足够席位，获准与"一无所知党"中的同盟者共同负责组织成立众议院。

"流血的堪萨斯"

堪萨斯地区一系列冲突事件使北方的政治局势更加动荡不安。在《堪萨斯—内布拉斯加法案》通过后，来自北方和南方的大批白人定居者涌入该地区。1855年春，堪萨斯地区举行地方立法会选举。成千上万的密苏里州居民全副武装，成群结队来到堪萨斯，选民人数一下子从1500名骤增到6000名。结果，亲奴隶制力量在立法会中占了上风。随即，立法会通过了法律，允许在堪萨斯地区实行奴隶制。此时，主张建立自由州的废奴主义人士感到义愤填膺。作为反抗，他们选举出自己的代表，在托皮卡召开立宪会议。会议通过了废除奴隶制的宪法。他们还选举出自己的州长和立法会，并恳请国会予以批准。然而，皮尔斯总统却指责他们是国家的叛徒，并表示联邦政府会全力支持亲奴隶制的地方立法会。几个月后，一位支持奴隶制的联邦警官纠集一大批临时执法队员（他们中大部分是密苏里州居民）逮捕了总部设在劳伦斯镇的废奴主义力量的首领。临时执法队洗劫了整个乡镇，烧毁了"州长"的房屋，并破坏了当地几家报社。然而，等待他们的报复行动马上就要到来。

在堪萨斯，一位废奴主义狂热分子（残酷而忠诚的废奴主义者）——约翰·布朗坚信自己是上帝的使者，自己的使命就是彻底消灭奴隶制。他和儿子一起来到堪萨斯，为使其成为自由州而战斗。当劳伦斯镇事件发生后，他带领六个追随者（其中四个是他的儿子）在一天夜晚杀死了五个亲奴隶制定居者并将他们暴尸街头，以阻止奴隶制支持者进入堪萨斯。这次暴力事件——后来被称为"波塔瓦托米大屠杀"——导致堪萨斯地区的民间冲突进一步升级：游击战等非正规战斗在各武装团伙间时有发生。然而，令一些武装力量感兴趣的并不是人们关于奴隶制的态度和意识形态，而是土地和金钱。北方和南方都认为发生在堪萨斯的流血事件是对方挑衅的体现和结果。"流血的堪萨斯"成为了美国地区冲突的代名词。

波塔瓦托米大屠杀

地区冲突很快便蔓延到美国国会参议院。1856年5月，马萨诸塞州参议员查尔斯·萨姆纳（Charles Sumner）是一位狂热、好斗、教条的废奴主义者，他发表了题为"针对堪萨斯的罪行"的演说。在演说中，他针对南卡罗来纳州参议员安德鲁·P.巴特勒（Andrew P. Butler）这位直言不讳的奴隶制保卫者进行激烈的攻

"流血的堪萨斯" 1856年，关于奴隶制的争斗激烈进行，在此期间，蓄奴州密苏里州试图阻止反奴隶制移民者穿越本州领土抵达堪萨斯。自由州支持者则加以回应，组织大批移民绕过密苏里州，改道艾奥瓦州。这些进入堪萨斯的移民往往携带武器，有些甚至带着大炮——图中便是一例，自由州支持者携带大炮于1856年抵达（堪萨斯州首府）托皮卡。(Kansas State Historical Society)

击。萨姆纳把巴特勒说成是将"奴隶制作为情人"的"堂吉诃德","这个放荡的情妇,尽管在别人看来是奇丑无比、污秽不堪,但在他心中却是美丽动人、纯洁无瑕"。

萨姆纳以"性"明指暗讽以及他言语恶毒的演说激怒了巴特勒的外甥普雷斯顿·布鲁克斯(Preston Brooks,来自南卡罗来纳州的众议员)。在萨姆纳演讲几天后,布鲁克斯在参议院会议中间休息时走进会议厅,举起一支粗大的手杖,猛击萨姆纳的头部和肩部。困在座位上的萨姆纳疼痛难忍,猛地从座位上站了起来,力道之大把连接桌子与地面的螺栓都拽了下来。萨姆纳浑身是血,扑通一声栽倒在地,不省人事。由于伤势严重,萨姆纳直到四年后才返回国会。在北方,萨姆纳成了人们心目中反抗南方蛮夷的英雄。而在南方,布鲁克斯也成为人们心目中敢于捍卫尊严的勇士。当众议院调查布鲁克斯时,他辞职并返回南卡罗来纳州,再次成功当选议员。

"自由土地"理想

是什么使南北双方如此敌对?双方紧张的关系一方面反映出南北不同的经济

堪萨斯之战 如图所示,自由土地者和亲奴隶制力量在堪萨斯州的山核桃点(Hickory Point)地区展开激战,堪萨斯的冲突实际上颇具内战的意味。(*Anne S. K. Brown Military Collection, Brown University Library*)

和地区利益，另一方面也反映出他们巨大的意识形态差异。随着国家的扩张和政治力量的多元化，他们都更加希望自己的国家理想能成为美国社会的主流。

北方认为，合理的社会结构应该建立在"自由土地"和"自由劳动"的理念之上。尽管一些废奴主义者提出奴隶制

反废奴主义暴乱 这幅1838年的木刻画描绘了伊利诺伊州奥尔顿市发生的反废奴主义暴乱，1837年11月7日，伊利亚·P.洛夫乔伊，一家废奴主义报纸的主编，在暴乱中惨遭杀害。洛夫乔伊的死在美国各地掀起了废奴主义运动。(Library of Congress)

是一种道德罪恶，必须予以清除（他们也因此得到了一部分人的支持），但是对大多数北方白人来说，奴隶制存在的危害并不在于它给黑人造成的伤害，而在于它给白人带来的潜在威胁。他们认为，美国民主的核心是每位公民都享有拥有财产、进行劳动和追求进步的机会和权利。

"自由土地"理想

在北方人看来，南方与民主理想相反，是一个封闭、呆滞的社会。在这个社会中，奴隶制的存在使根深蒂固的贵族统治得以延续，而普通白人则没有机会改善自己的生活；在他们眼中，北方生机盎然，蓬勃发展，而南方蔑视个人价值，停滞不前。北方拥护自由劳动的人认为，南方在策划阴谋，妄想把奴隶制扩展到全国，破坏北方新兴资本主义的开放和民主，并用南方封闭的贵族统治取而代之。他们提出，对付南方"奴隶制阴谋"的唯一办法就是坚决与奴隶制扩张做斗争并把民主理想（比如自由劳动理念）扩展到国家的每一个角落。

"奴隶制阴谋"

民主理想，作为新生共和党的思想核心，加深了其党员对联邦制度和国家统一的忠诚信念。对他们来说，持续发展和进步是自由劳动理想的根基，国家的分裂势必导致国家领土的缩小和经济力量的衰退，后果将是无法想象的。

亲奴隶制理论

在南方，人们在奴隶制上的态度愈发坚定，一种与自由劳动理想完全相反的思想随之产生。其产生有多种原因：1831年爆发的由纳特·特纳领导的反奴隶制起义使南方奴隶主惊恐万分，决心一定要保卫奴隶制度；棉花种植经济向美国南方

腹地的扩展使奴隶买卖利润更加丰厚；加里森废奴运动的蔓延及其对南方社会的猛烈抨击；多年来，废奴题材著作引起了南方奴隶主的极大不满，其中最为突出的是哈里特·比彻·斯托的小说《汤姆叔叔的小屋》，这部小说的广泛流行也成为抨击南方奴隶制的成功典范。

为了应对这些攻击，一些南方人推出新的思想理论来为奴隶制作辩护。威廉玛丽学院教授托马斯·R. 杜（Thomas R. Dew）1832 年就开始了这方面的努力。20 年后，亲奴隶制辩士们在一本文集中总结了这些观点，并将其称为"亲奴隶制理论"。1837 年，约翰·C. 卡尔霍恩曾对其实质做如下论述：南方人应该停止为奴隶制是一种"无法避免的恶"而道歉，相反应该把它看作是一种"积极的善"并予以维护。辩士们指出南方的奴隶比北方的工人享受着更好的生活。他们认为，奴隶制对整个南方社会是有益的，因为只有在这种制度下白人和黑人才能和平共处，幸福生活。此外，奴隶制对整个国家也是有益的，因为以奴隶制为基础的南方经济对国家的繁荣发展起着至关重要的作用。

<small>亲奴隶制理论</small>

总之，南方辩士们坚信奴隶制度是"良善的"，因为它是南方社会生活方式（他们认为这种生活方式是美国甚至整个世界中最美好的）的基础和保障。在南方人眼中，北方社会到处都充满了贪婪、放荡和躁动。一位南方人写道，"北方佬是如此的腐败、贪婪、下贱和自私"。在另一些人笔下，北方城市更是恐怖不堪：工厂零乱、人群拥挤、鱼龙混杂、瘟疫横行。相反，南方则是社会稳定、秩序井然，人们的生活怡然自得。与北方不同，南方社会中没有资本家和劳工的争斗，奴隶的生活有所保证，贵族阶级则过着高尚优雅、有文化品位的生活。简而言之，他们认为在南方社会每个人都能过上安全、幸福的理想生活。

此外，许多南方人还煞费苦心，编造谬论为奴隶制辩护。他们称黑人从生理上就劣于白人：黑人天生不适合照顾和管理自己，更谈不上行使公民权利了。在北方，废奴主义从清教神学中汲取力量；在南方，蓄奴主义则动员清教牧师在宗教和《圣经》中为奴隶制寻找理由。

布坎南和经济萧条

<small>1856 年大选</small>

1856 年的总统选举就在这种不安的气氛中开始了。民主党的领导者们抛弃了前总统皮尔斯，希望选一位与容易引起争端的堪萨斯问题没有任何瓜葛的候选人。于是，他们决定提名宾夕法尼亚州的詹姆斯·布坎南（James Buchanan，一位忠诚可靠的民主党人），因为他在最近的地方争斗期间恰好作为大使派驻英国，因而没

有参与其中。第一次参加总统大选的共和党虽然公开批评《堪萨斯—内布拉斯加法案》和奴隶制扩张，但是却采取了一个辉格党式的竞选纲要：把北方废奴主义理想与经济愿望相结合，推动国内改革与进步。像民主党一样，共和党也非常谨慎，希望选择一位稳妥的候选人。于是，他们选择了没有政治背景但作为远西开拓者而享誉全国的约翰·C. 弗里蒙特作为总统候选人。"本土美国人党"（即"一无所知党"）开始走向分裂，但它还是提名前总统米勒德·菲尔莫作为本党候选人，菲尔莫同时也得到了辉格党剩余力量的认可。

在激烈狂乱的竞选活动后，布坎南以微弱优势战胜弗里蒙特和菲尔莫当选美国总统。如果宾夕法尼亚州和伊利诺伊州的选票稍有变化，那当选的很可能就是共和党候选人弗里蒙特。意味深长的是，在南方，弗里蒙特几乎没有获得一张选票，而在北方，他的得票数却超过了其他任何一位候选人。布坎南就职总统时已经65岁，是除威廉·亨利·哈里森之外年龄最高的美国总统。不知是因为年老多病，还是性格软弱，布坎南总是在关键时刻显得谨小慎微和犹豫不决。

布坎南就职总统的当年，一场金融恐慌席卷全国，随后就是持续几年的经济萧条。在北方，经济衰退反而使共和党更加壮大，因为内心焦虑和失望的制造商、工人和农民渐渐认为国家的困难完全是南方控制的民主党政府决策不力所造成的。因为失望和愤怒，他们开始与废奴派结盟，加入共和党阵营。

德雷德·斯科特判决

1857年3月6日，就在布坎南宣誓就职2天后，美国最高法院因其在德雷德·斯科特诉桑福德案中的判决——被认为是美国历史上最具争议和最臭名昭著的判决——卷入地区冲突之中。德雷德·斯科特原是密苏里州的奴隶，他的主人是一名军医。斯科特随主人四处辗转并在禁止奴隶制的伊利诺伊州和威斯康星州定居过。1846年，主人死后，斯科特对主人的妻子提起诉讼要求获得自由，理由是他在自由州定居过，理应脱离奴隶制并获得自由。按照密苏里州地方法律，他的诉讼理由充分，1850年，斯科特上诉的巡回法庭宣布他获得自由。然而，作为医生妻子的兄弟，约翰·桑福德一直声称对斯科特拥有所有权。于是，桑福德不服巡回法庭的判决并向州最高法院提起上诉。州最高法院撤销了之前的判决。当斯科特向联邦法院提出上诉时，桑福德的律师声称斯科特是私人财产而非公民，所以没有资格上诉。

在德雷德·斯科特诉桑福德案中，美国最高法院9位大法官意见分歧很大（在

坦尼影响深远的意见

裁定中桑福德的名字也被拼错了），以至于最终未能形成一致的裁定。其中，不利于斯科特的判决意见勉强获得通过，废奴运动者们感到十分震惊和失望。首席大法官罗杰·坦尼（Roger Taney）在记录9位大法官中占多数的判决意见时表明：斯科特不能向联邦法院提起诉讼，因为他不是公民。坦尼提出，根据美国宪法，黑人没有资格成为公民，更无法享受公民权利。黑人奴隶是私人财产，而根据第五条宪法修正案，没有正当的法律程序，国会不能剥夺任何人的财产。最后，坦尼总结到，国会没有任何权力通过允许剥夺他人财产（包括奴隶）的法律。按照他的推理，《密苏里妥协案》从一开始便是不符合美国宪法的。

最高法院的判决并没有对个别州禁止实行奴隶制的权利产生什么影响，但它关于联邦政府无权处理此类问题的主张引起了轩然大波。美国历史上，没有哪个司法判决能像斯科特诉桑福德案的判决一样引起如此广泛的争议。南方白人很高兴，因为从某种意义上讲，最高法院认可了南方亲奴隶制理论中的重要观点。而在北方，这个判决引起了广泛的不满和失望。共和党人就曾威胁，如果将来他们赢得选举并组建政府，他们会对最高法院的法官们"重新洗牌"并撤销这个判决。

大众文化模式　莱森学园运动

19世纪中期的两种热情——教育和演讲——在19世纪30年代融合在一起，形成了（运动发起者坚信的）既受大众欢迎又有教育意义的运动：莱森学园（Lyceum）运动。

"莱森学园"并不是一个地方，尽管有些地方以此命名（名字来源于古希腊亚里士多德讲学的一所建筑）。它是一种思想，一个耶鲁大学毕业生和学校教师乔赛亚·霍尔布鲁克（Josiah Holbrook）向成年人传播知识的设想，1826年，霍尔布鲁克亲自在马萨诸塞州米尔伯里市举办一系列讲座，向"农民和技工"讲授"自然科学和其他实用知识"。从这次小规模试验开始，莱森学园运动迅速扩展到整个马萨诸塞、新英格兰、美国北部和西北部其他地区（莱森学园运动对南方影响甚小）。

莱森学园运动组织者充分利用公共图书馆、学校空闲教室和其他现有空间，聘请当时的知名学者、政客和演说家为成年听众提供文娱活动和知识教学。演讲者各式各样，演讲主题涉及方方面面。例如，马萨诸塞州塞勒姆市的莱森学园曾在1838年主办各种讲座,题目涉及"美国独立战争的起因""太阳""妇女的合法权利"以及"文学与改革的撒旦学派"。1830年波士顿的洛厄尔学院,作为"公益的永久源泉——传播真正科学、实用知识和真理"。地理学家本杰明·希尔曼(演讲96次)、博物学家路易斯·阿加西、俄罗斯旅行家乔治·柯南和医生作家奥利弗·温德尔·霍姆斯(多次做关于"普通法"的讲座,很受欢迎)都曾在那里举办讲座。组织者估计,仅1837年至1838年就有1.3万人参加了洛厄尔讲座。讲座面向所有人开放(只收取很低的入场费),但参加者必须"穿戴整洁、举止文明",且不得在讲座进行中离开会场。莱森学园也许有娱乐作用,但主要目的是进行教育。学园创办者认为这项事业严肃庄重,也希望听众们抱有同感。

随着全国越来越关注奴隶制问题引发的地区矛盾和冲突,莱森学园逐渐成为探讨公众争议的重要平台。1838年,亚伯拉罕·林肯在斯普林菲尔德的青年学园中发表演说,谴责密西西比州私刑处决黑奴和圣路易斯市袭击自由黑人事件,称这些事件是典型的"暴民政治",是对"尊重法律"这一"国家政治信仰"的挑战。随后几年里,威廉·劳埃德·加里森、温德尔·菲利普斯和弗雷德里克·道格拉斯等著名废奴主义者成为北方最受欢迎的莱森学园演讲家。作为奴隶出身的反奴隶制演说家,道格拉斯四处奔走,发表学园演讲,足迹远至俄亥俄州中部、楠塔基特岛、马萨诸塞州和英格兰(并在英国的莱森学园运动中引起轰动)。道格拉斯对奴隶制生活的尖锐刻画深深打动了听众,学园演讲也使他成为最有名

莱森学园演讲,1841 这幅素描刻画了气象学家詹姆斯·波拉德·埃斯皮1841年在纽约市克林顿大厅进行莱森学园演讲的场景。"一大批天才",《纽约镜报》在观察到莱森学园系列讲座广为流行时曾如此评论,"已经征服了整个城镇。"(*Museum of the City of New York*)

的、北方当时最受敬仰的公众人物。

在人们心中，莱森学园的宗旨从未改变：学园一直是众多民众聆听博学演说家讲授知识、接受教育并提高自我的地方。莱森学园的建立反映和强化了19世纪中期美国日益高涨的教育热情，推动了许多地区公立学校体系的发展和提高，标志着教育惠民时代的开始。莱森学园运动促进了讲座制教学的普及，直到现在仍是大学教育的主要模式。在内战前夕的疯狂年代，莱森学园也帮助传播了许多有关奴隶制、自由和联邦的争议思想，煽动了当时的民众情绪。

堪萨斯僵局

总统布坎南提心吊胆地支持了德雷德·斯科特判决。同时，他又试图通过支持堪萨斯作为蓄奴州加入联邦来解决堪萨斯地区争议。很快，亲奴隶制的地区立法会就着手组织立宪会议的代表选举。支持建立自由州的居民拒绝参加选举，因为立法会在选举时划定地区界限的做法是对他们的歧视。结果，亲奴隶制力量控制了1857年在莱康普顿召开的立宪会议。会议草拟了一份支持奴隶制的宪法并拒绝将这一宪法交由所有定居者投票表决。当新地区立法会选举召开时，大批废奴派团体参加了投票并赢得了多数席位。新的立法会立即把《莱康普顿宪法》交由民众表决，结果《莱康普顿宪法》以一万多票反对被否决。

拒绝接受《莱康普顿宪法》

在选举中，蓄奴派和废奴派双方都曾采用欺骗和暴力手段，但毋庸置疑，大多数堪萨斯民众对奴隶制还是持反对意见的。然而，布坎南却向国会施压，要求国会以《莱康普顿宪法》作为州政府的组织基础，并将堪萨斯纳入联邦之中。史蒂芬·A.道格拉斯和其他西部民主党人拒绝支持总统的这一做法。布坎南的建议也在众议院被否决。最后，1858年4月，国会采取了一个折中的办法：把《莱康普顿宪法》退回堪萨斯民众再次付诸表决。如果通过，堪萨斯可以被纳入联邦；如果未通过，堪萨斯成为正式州的事就要被延期。结果，堪萨斯选民又一次坚定地否决了《莱康普顿宪法》。直到1861年初布坎南任期的最后几个月（那时南方一些州已经宣布脱离联邦），堪萨斯才作为自由州加入联邦。

林肯的崛起

鉴于地区危机的严重性，1858年美国国会选举变得尤其重要。特别引人关注的是伊利诺伊州国会参议员的选举。参加竞选的有在全国声望颇高的北方民主党

哈伯斯渡口的军械库　1859年，约翰·布朗对哈伯斯渡口的著名突袭主要针对这个军械库。布朗和他的追随者试图以此在南方各地燃起奴隶反抗的焰火，但最终仍是徒劳。(*National Park Service, Harpers Ferry, U.S. Department of the Interior*)

人史蒂芬·道格拉斯和共和党人亚伯拉罕·林肯。林肯在伊利诺伊州外的其他地方名不见经传，但很快却成为共和党最优秀的政治家之一。

林肯是一名成功的律师，并且长期参与伊利诺伊州的政治活动。他多次在州立法会中任职，也曾担任过一届国会议员（在任期内表现并不出众）。与道格拉斯不同，林肯并不是全国知名的政治人物，因此他试图通过与道格拉斯的一系列辩论来提高自己的声望。林肯与道格拉斯的竞选辩论吸引了大批民众，引起了广泛关注。到辩论结束时，林肯凭借自己犀利的口才和对奴隶制强烈的批判在全国名声大震。

两个人辩论的焦点是他们在奴隶制问题上的本质分歧。道格拉斯显然在奴隶制问题上没有道德立场，就像林肯所说的，道格拉斯根本不关心人们"是通过还是废除"奴隶制。相反，林肯对奴隶制的反对显得更具原则性和根本性。林肯主张，如果美国容忍不赋予黑人最基本的人权，那自然就可以剥夺其他团体如移民劳工的各种权利；如果奴隶制向西部地区扩展，那贫穷的白人劳工就将没有机会在那些地区改善自己的生活和命运。他坚信，美国的未来建立在"自由劳动"的基础上（这正反映了共和党的核心理想）。

尽管林肯并不是一位废奴主义者，但他对奴隶制深感厌恶，认为奴隶制是人类道德上的罪恶。林肯持有这样的观点，一方面因为他暂时还想不出更好的办法

林肯－道格拉斯辩论

林肯的立场

来替代蓄奴地区由来已久的奴隶制度；另一方面，他认同北方白人的普遍观点，认为黑人还不太适合（也许永远不适合）与白人平等的生活。对他和共和党而言，要做的不是废除奴隶制，而是"阻止奴隶制的进一步蔓延"——阻止它向新的地区扩展。他们不必向奴隶制发起直接挑战，因为他们坚信奴隶制自己会慢慢消亡。

道格拉斯的立场迎合了其追随者，也帮助他赢得选举再次成为参议员。但是这样的立场再也无法唤起人们对他的热情，更无法支撑他在全国的政治梦想。相反，林肯虽然输掉了参议员选举，但他在伊利诺伊州和全国赢得了越来越多的支持者。在其他州的选举中，民主党更是接连失利，几乎失去了所有北方州的支持。结果，民主党只保住了对参议院的控制，但失去了众议院的多数席位，成为少数派。这也是导致 1858 年和 1859 年国会陷入僵局的直接原因。

约翰·布朗袭击

国会中的争斗仍在继续，一个袭击事件又接踵而至，震惊了全国。整个南方都被笼罩在愤怒与恐惧的气氛之中，同时也加快了南方退出联邦的步伐。1859 年秋，约翰·布朗，这个曾在堪萨斯制造流血事件，点燃地区冲突的废奴主义极端分子，又上演了一出震撼人心的"大戏"，而这次"演出"的地点正是奴隶制的大本营——南方。背后有东部废奴主义者的鼓励和经济支持，约翰·布朗精心策划对弗吉尼亚州的一个山区军事要塞发动袭击，并希望从那里点燃南方奴隶起义的圣火。10 月 6 日，他带领 18 名追随者袭击并控制了位于弗吉尼亚哈伯斯渡口的联邦军械库。但是，他所期待的奴隶起义并没有出现，相反却很快发现自己已经处于南方民众、地方武装和罗伯特·李将军率领的联邦军队的重重包围之中。在围困中 10 名追随者被打死，布朗也被迫投降。很快，弗吉尼亚的一个法院以叛国罪判处布朗死刑。布朗和 6 名追随者被施以绞刑。

> 约翰·布朗的袭击

没有别的事情比哈伯斯渡口袭击事件更使南方人相信：他们再也无法在联邦中安全地生活。许多南方人（错误地）认为，约翰·布朗袭击得到了共和党的支持，而且北方正在不遗余力地煽动奴隶起义。

林肯当选总统

在美国历史上，1860 年总统大选产生了最为严重的后果。这次大选也是美国历史上形势最为复杂的一次总统选举。

民主党因为内部纷争而开始分裂：南方民主党人坚决支持奴隶制，而西部民主

内部分裂的民主党

党人则支持"人民主权论"。4月,民主党在南卡罗来纳州的查尔斯顿召开代表大会,当会议决议支持"人民主权论"时,来自南方8个州的代表退出大会,表示抗议。剩下的代表在总统候选人的问题上也意见不一,无奈,大会被迫休会并决定6月在巴尔的摩重新召开。分裂后的民主党部分代表在巴尔的摩召开会议并提名史蒂芬·道格拉斯为总统候选人;同时,心灰意冷的南方民主党代表则在里士满召集会议,并提名肯塔基州的约翰·C.布雷肯里奇(John C. Breckenridge)为总统候选人;之后,一批保守的前辉格党成员也在巴尔的摩召开会议并组建"立宪联邦党"(Constitutional Union Party)。他们宣布支持联邦制,在奴隶制问题上选择中立和沉默,并选举田纳西州的约翰·贝尔(John Bell)为总统候选人。

与此同时,共和党的领导者们正努力扩大本党的吸引力以赢得北方主要利益团体(他们担心南方会阻碍自己的经济梦想)的支持。共和党通过了一份传统辉格党式的政治纲领,主要包括提高关税、内部改革、宅地法提案和利用联邦资金补贴修建太平洋铁路等。他们主张每个州都有权决定本州内是否实行奴隶制,但同时他们也坚持,无论国会还是地区立法会都不能在准州地区把奴隶制合法化。共和党提名亚伯拉罕·林肯作为总统候选人。林肯口才出众,名声远扬;对待奴隶制问题立场坚定但态度温和;与其他更为有名的(因此也更具争议的)民主党人相

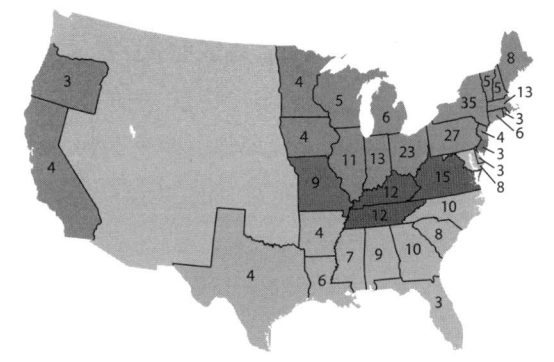

1860年大选 助推内战爆发的巨大地区分歧在1860年的总统大选中清晰可见。亚伯拉罕·林肯,反对奴隶制的共和党候选人,几乎赢得了所有自由州的支持。史蒂芬·道格拉斯,北方民主党人,在奴隶制问题上没有坚定立场,赢得了几个边界州。约翰·贝尔,奴隶制和联邦的双重拥护者,赢得了其他几个边界州和自由州。约翰·布雷肯里奇,坚定的亲奴隶制南方民主党人,赢得了整个下南部地区。林肯获得近40%的普选票,但这场竞选中票数分散,林肯努力获得了明显多数的选举人票。◆林肯当选总统对地区危机有何影响?(彩图见第1065页)

候选人(党派)	选举人票	普选票(%)
亚伯拉罕·林肯(共和党)	180	1,865,593 (39.9)
J.C.布雷肯里奇(南方民主党)	72	848,356 (18.1)
约翰·贝尔(立宪联邦党)	39	592,906 (12.6)
史蒂芬·道格拉斯(北方民主党)	12	1,382,713 (29.4)
未投票区域		

投票率 81.2%

比，他的相对默默无闻使人们很难在他身上找到什么明显的缺点。此外，作为西部地区的代表，林肯是道格拉斯最有力的竞争对手。所有这些都表明，作为总统候选人，林肯更具实力，也更具魅力。

分裂　　在 11 月的总统大选中，林肯获得了多数选举人票，当选美国总统，但是选民票比较分散，他只获得其中约五分之二的选票。此外，共和党在国会议员的选举中未能赢得多数席位。尽管如此，林肯的当选还是给南方白人敲响了最后的警钟：他们在联邦的地位将岌岌可危。就在林肯当选总统的几周内，联邦的分裂也开始了——这次分裂直接导致了美国南北间持久而残酷的战争。回首过去，先辈们为了国家的独立奋斗了一个多世纪，但如今他们的子孙却针锋相对，丝毫没有回旋的余地。

小　结

1812 年美英战争（又称"第二次独立战争"）后几十年里，美国民众心中充满了强烈的爱国主义热情，这在一定程度上淡化了美国不同地区社会间日益明显的差异和分歧。然而，到 19 世纪 50 年代，这些曾经维系国家统一的力量被新的、更强大的分裂势力所替代，国家也被一步步推向分裂的边缘。

19 世纪 50 年代，美国南北方之间在关于如何对待西部准州地区及其奴隶制地位等国家政策问题上争论不休，冲突不断，紧张局势进一步恶化。在新加入的州应不应该允许实行奴隶制？应该由谁来决定允许或不允许？面对这个两难的问题，美国人民付出了艰辛的努力，一直在思考和寻找问题的解决办法和妥协方案，如《1850 年妥协案》和 1854 年《堪萨斯—内布拉斯加法案》等。尽管如此，美国南北双方在奴隶制问题上的立场愈发顽固，敌对和仇视愈发强烈。堪萨斯地区关于奴隶制问题的矛盾和冲突，北方废奴派和南方蓄奴派间愈演愈烈的骚动，1857 年最高法院极富争议的德雷德·斯科特判决，《汤姆叔叔小屋》的广泛流传，公开反对奴隶制的共和党的成立，所有这一切都使妥协的愿望成为泡影，使南方彻底走上了脱离联邦的不归路。

1860 年，没有哪个政党能够提出令全国民众满意和支持的总统候选人，爱国主义的共同情感——这层最后的遮羞布被彻底撕毁。共和党提名的候选人是伊利诺伊州名声不大但在两年前参议员竞选中以雄辩批判奴隶制的亚伯拉罕·林肯。民主党开始分裂，北方派和南方派各提出了自己的候选人。另一个致力拥护宪法和联邦的政党（"立宪联邦党"）无奈地选择了一位几乎没有固定选区和选民支持的候选人。林肯轻松赢得了大选的胜利，但他获得的选民票还不足总票数的 40%。林肯刚刚当选总统，南方各州便开始酝酿脱离美国联邦。

阅读参考

Richard White, *It's Your Misfortune and None of My Own: A History of the American West* (1991) 精彩展现了美国西部地区的社会与经济历史。

Anders Stephanson, *Manifest Destiny* (1995) 简洁探讨了美国扩张思想的根源。

Robert M. Johannsen, *To the Halls of Montezuma: The Mexican War in the American Imagination* (1985) 研究了公众对这场战争的观点。

Paul D. Lack, *The Texas Revolutionary Experience: A Political and Social History, 1835—1836* (1992) 记述了得克萨斯脱离墨西哥实现独立的过程。

Malcolm Rorabaugh, *Days of Gold: The California Gold Rush and the American Nation* (1997) 讲述了美国西部历史上具有重大影响的事件。

Susan Lee Johnson, *Roaring Camp: The Social World of the Gold Rush* (2000) 研究了淘金热中人们的经历。

David M. Pletcher, *The Diplomacy of Annexation: Texas, Oregon, and the Mexican War* (1973) 是有关 19 世纪 40 年代战争和外交的标准著作。

Reginald Horsman, *Race and Manifest Destiny* (1981) 是关于战前美国种族观点的重要研究。

William W. Freehling, *The Road to Disunion, Vol. 1: Secessionists at Bay, 1776—1854* (1990)；*Vol. 2: Secessionists Triumphant, 1854—1861* (2007) 探索了 19 世纪 50 年代以前美国对地区主义的成功抑制。

David Potter, *The Impending Crisis, 1848—1861* (1976) 对具有决定性的十年进行了全面总结。

Eric Foner, *Free Soil, Free Labor, Free Men* (1970) 追溯了共和党的形成过程。

Michael Holt, *The Political Crisis of the 1850s* (1978) 对方纳的观点提出挑战，强调北方政治中种族与宗教的结合。在 *The Fate of Their Country* (2004) 中，他还强调了党派政治作用是这场战争爆发的关键。

Don E. Fehrenbacher, *The Dred Scott Case* (1978) 解释了最高法院在斯科特诉桑福德案中声名狼藉的判决。

Manisha Sinha, *The Counterrevolution of Slavery* (2000) 认为南卡罗来纳州表面上激进地要求分裂，实际上是保卫奴隶制的极端保守行动。

躲避杰克逊军队 这幅照片展现的是1862年12月弗雷德里克斯堡战役期间,绝望的美国黑人带着财物试图穿过拉帕汉诺克河以躲避"石墙"杰克逊率领的南部联盟军队。拉帕汉诺克河流经弗吉尼亚州北部,南部联盟很早便失去了该河以北地区的控制权。因此,穿过拉帕汉诺克河就意味着逃脱了南部联盟的统治。(*New York Public Library Picture Collection*)

第 14 章
内 战

到1860年底，曾经维系联邦统一的纽带似乎已经断裂。人们对于宪法及其缔造者近乎神秘的崇拜再也无法保持国家的团结和统一，美国南北双方大多数民众——尤其是在饱受争议的德雷德·斯科特判决之后——在对宪法和宪法缔造者意图的理解上产生了根本的分歧和矛盾。美国人民对国家伟大使命的浪漫主义梦想在维护国家统一上也失去了原有的力量；如今，美国南北双方对国家使命的理解和定义有着明显而不可调和的矛盾。曾经稳定的两党制终究无法抑制地区矛盾和冲突。19世纪50年代，两党制的政治体系走向瓦解，取而代之的新的政治体制不但没能缓和地区争议，反而使其更加严重和突出。总之，联邦政府不再像以往那样远在天边和毫无威胁，准州地区的地位问题迫使华盛顿政府采取更加直接和强硬的方式来解决地区和派系矛

大事年表

1860年	南卡罗来纳州退出联邦
1861年	另有十个南方州退出联邦
	美利坚邦联国成立
	杰斐逊·戴维斯被任命为邦联总统
	南卡罗来纳州萨姆特要塞冲突宣布内战开始（4月12—14日）
	乔治·B.麦克莱伦被任命为波多马克军团司令和陆军总参谋长
	联邦封锁邦联海岸
	"特伦特号"事件使美英关系陷入危机
	第一次布尔朗战役
1862年	夏伊洛战役（4月6—7日）
	联邦军队夺取新奥尔良（4月25日）
	第二次布尔朗战役（8月29—30日）
	安蒂特姆河战役（9月17日）
	弗雷德里克斯堡战役（12月13日）
	先后免除麦克莱伦陆军总参谋长和波多马克军团司令之职
	罗伯特·E.李被任命为邦联军队司令
	《宅地法》和《莫里尔土地赠与法》通过
	联合太平洋铁路公司获得特许证
	邦联实行军事征兵
	共和党人在国会选举中经历惨败
1863年	林肯发表《解放奴隶宣言》（1月1日）
	钱瑟洛斯维尔战役（5月1—5日）
	葛底斯堡战役（7月1—3日）
	维克斯堡宣布投降（7月4日）
	查塔努加战役（11月23—25日）
	邦联军事征兵
	反征兵暴乱在纽约城爆发
	南方经历食物暴乱
	西弗吉尼亚州加入联邦

| 1864年 | 格兰特被任命为联邦军队总司令
荒野战役（5月5—7日）
弗吉尼亚州彼得斯堡被围
谢尔曼占领亚特兰大（9月2日）
谢尔曼"向海洋大进军"开始
林肯再次当选总统
中央太平洋铁路公司获得特许证 |
| --- | --- |
| 1865年 | 李将军在县政府所在的阿波马托克斯小镇向格兰特投降（4月9日）
废除奴隶制的宪法第十三条修正案通过 |

盾。因此，团结和统一的力量再也无法平衡和缓和美国内部日益强大的分裂势力。

1860年，亚伯拉罕·林肯总统的当选（在这次有四位候选人参加的总统大选中，没有一位候选人能够赢得或接近选民票的大多数）本身就是国家内部日益分裂的最好证明。毋庸置疑，获胜者林肯来自于反奴隶制阵营（尽管他是反奴隶制阵营中的温和派），这使他的当选成为美国走向内战的重要因素。林肯获得总统选举胜利后，南方诸州便相继宣布脱离联邦，新的联邦政府不得不面对允许联邦解体或开始内战的生死抉择。面对抉择，林肯与其政党（共和党）毫不犹豫地选择了保卫联邦和面对这场无法避免的战争。

此场内战是美国历史上最为惨烈的战争之一。60多万美国人在内战中牺牲，这相当于美国在其他所有战争中死亡人数的总和。此外，内战对美国社会性质也产生了深远的影响：它巩固和加强了联邦政府的作用，推动和加快了北方经济发展的步伐，确立和巩固了共和党作为强大而持久的政治力量在美国政治体系中的地位；它彻底摧毁了南方经济，对其农业体系和政治体制有着深远的影响；最为重要的是，它结束了奴隶制在美国的历史——美国于1863年通过了《解放奴隶宣言》，1865年通过了宪法第十三条修正案。奴隶制的废除虽然没能给美国黑人带来彻底的平等和公正，但它确实是美国黑人历史和美国史上一个重要的转折点。

一、分裂危机

亚伯拉罕·林肯当选总统的消息刚刚传到南方,那些激进的领导人("南方民族主义"这一新概念的拥护者,在当时和历史上也被称为"吞火者"[fire-eaters])便开始要求结束联邦制,脱离联邦。

"南方民族主义"

南方诸州退出联邦

长久以来,作为南方分离主义的温床,南卡罗来纳州第一个退出联邦。1860年12月20日,南卡罗来纳州召开特别会议并一致投票脱离联邦。到林肯宣誓就职时,又有六个州——密西西比州(1861年1月9日),佛罗里达州(1月10日),阿拉巴马州(1月11日),佐治亚州(1月19日),路易斯安那州(1月26日)和得克萨斯州(2月1日)——宣布退出联邦。1861年2月,退出联邦的南部七州的代表在阿拉巴马州的蒙哥马利召开会议并成立新的国家:美利坚邦联国(又称美国南部邦联或南部联盟)。对此,北方的反应却显得含糊和犹豫。1860年12月,詹姆斯·布坎南总统曾向国会表明任何州都无权退出联邦,但他同时示意如果哪个州退出,联邦政府亦无权阻止。

南部邦联成立

退出联邦的南部州迅速夺取和控制领地内的军事要塞、军火库和政府办公室等联邦财产。然而,他们刚开始并没有足够的军事力量占领近海的两个军事要塞:位于查尔斯港一个小岛上的萨姆特要塞(当时由罗伯特·安德森少校带领的小股部队驻守)和佛罗里达州彭沙科拉港口的皮肯斯堡。南卡罗来纳州派特使到华盛顿要求联邦政府让出萨姆特要塞。总统布坎南虽然胆小,但还是拒绝放弃萨姆特要塞这一军事要塞。实际上,1861年1月,布坎南还下令派一艘非武装商船载着额外的补给和军队靠近萨姆特要塞,但是遭到岸边邦联炮火的袭击被迫返航(这是南北间的第一次交火)。然而,南北双方都不愿承认战争已经开始;在华盛顿,寻求妥协的努力仍在继续。

妥协努力失败

渐渐地,主张妥协的力量集中起来,支持由肯塔基州参议员约翰·J. 克里坦登(John J. Crittenden)提出的议案(又称《克里坦登协议案》)。该议案主张通过一系列宪法修正案,保证蓄奴州奴隶制度的永久存在,满足南方在逃亡奴隶和哥伦比亚地区奴隶制等问题上的要求。然而,克里坦登计划的核心是在美国现有土地

《克里坦登协议案》

和未来疆土上再次确定和发展《密苏里妥协案》中提出的区分自由州和蓄奴州的分界线（北纬36°30′）：此线以南地区允许保留奴隶制度，以北地区则禁止奴隶制度。留在参议院中的南方议员似乎愿意接受这份议案，但共和党议员却表示坚决反对。因为接受这份妥协议案就意味着共和党议员必须放弃他们最根本的政治立场：禁止奴隶制度的扩张。

当亚伯拉罕·林肯抵达华盛顿准备就职之际，任何问题都还没有得到解决——为了躲避暗杀，林肯乔装打扮并乘坐夜晚的火车秘密通过马里兰州（蓄奴州）进入华盛顿。在就职演说中，林肯针对分裂危机提出了几项基本原则：联邦制先于宪法，因此任何州都无权退出联邦；任何武力或暴力支持分裂的行为都将被视为叛国行为；联邦政府将"持有、占有和拥有"邦联州上的任何联邦财产（这里尤指萨姆特要塞）。

萨姆特要塞

萨姆特要塞的形势急剧恶化，驻守的联邦军队供给严重不足，如果得不到及时的补给，军队将被迫撤离。林肯深知，如果放弃萨姆特要塞，他维护联邦统一的承诺就将受到质疑。因此，他一面派船向被围的萨姆特要塞供应食物，一面谨慎通知南卡罗来纳州当局，除非补给船只遭遇抵抗，否则联邦政府不会向该要塞派遣部队和运送军火。

这使新的邦联政府面对两难的选择。允许补给船只登陆萨姆特要塞就似乎意味着向联邦政府俯首称臣；向补给船只或萨姆特要塞开火（至少对北方而言）就意味着攻击和挑衅。邦联领导者们最终决定，表现得懦弱还不如表现得好战一些。于是，他们命令南卡罗来纳州查尔斯顿地区的邦联军队指挥官博雷加德（P. G. T. Beauregard）将军率军占领萨姆特要塞，必要时可以使用武力。当得知安德森拒绝投降和让予萨姆特要塞时，邦联军队于1861年4月12日至13日对萨姆特要塞进

早期邦联旗帜 这面早期邦联海军旗帜是联邦军队在1862年4月占领新奥尔良时缴获的。(*The Museum of the Confederacy, Richmond, Virginia. Photography by Katherine Wetzel*)

炮火轰炸中的萨姆特要塞 这幅生动的画作展现了 1861 年 4 月邦联军队炮火轰炸中萨姆特要塞的情况。联邦军队面临双重难题:重炮和火炮轮番轰炸,军队补给日渐不足——因为邦联军队已经封锁了查尔斯顿港口,防止北方重新补给萨姆特要塞。(National Geographic Society)

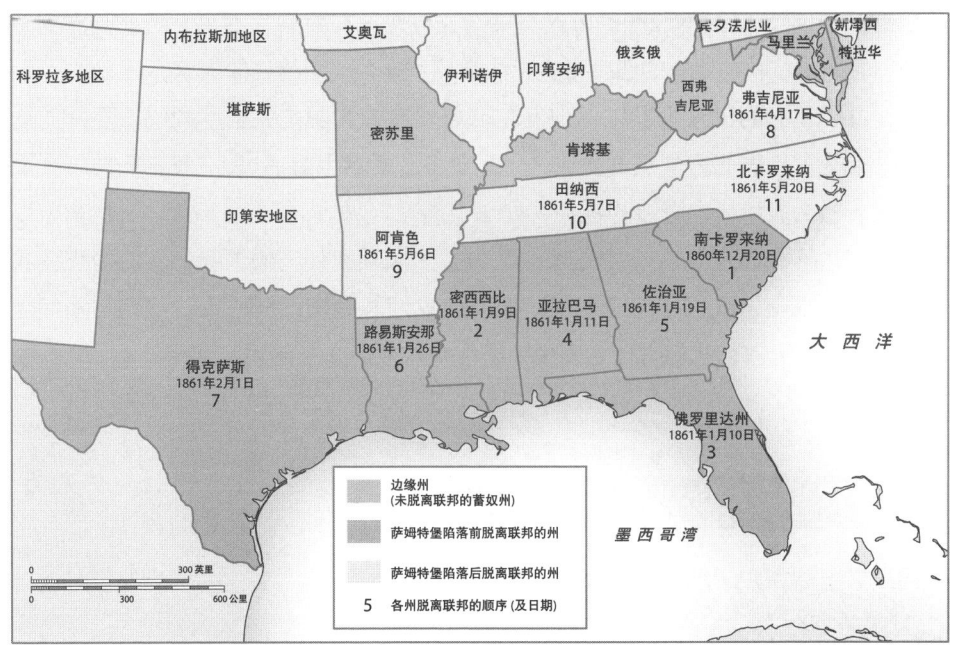

分裂的进程 林肯(反奴隶制的共和党候选人)当选总统立刻导致南方腹地的许多州脱离联邦,开始是南卡罗来纳州,于十一月大选后一个多月便宣布退出联邦。更靠近蓄奴地区北部边界的其他州暂时留在联邦,但美国重新补给萨姆特要塞的企图(以及邦联军队对萨姆特要塞的轰炸)刺激了南方北部地区退出联邦。只有联邦政府的巨大施压才使马里兰州、特拉华州、肯塔基州和密苏里州这些蓄奴州继续留在联邦。◆ 究竟是什么导致 1861 年西弗吉尼亚州的建立?(彩图见第 1066 页)

行了疯狂轰炸。4月14日，少校安德森与他的部队投降。美国内战正式打响。

随即，林肯总统开始动员北方各州参战；几乎在同时，又有四个蓄奴州宣布退出联邦，加入邦联，它们是：弗吉尼亚州（1861年4月17日），阿肯色州（5月6日），北卡罗来纳州（5月20日）和田纳西州（6月8日）。剩下的四个蓄奴州——马里兰州、特拉华州、肯塔基州和密苏里州——（在华盛顿强大的政治和军事压力下）选择了与联邦共命运。

然而，对于林肯或前任总统们而言，究竟有没有和平解决地区矛盾的可能和机会呢？一个多世纪来，这个问题一直困扰着史学家们，至今仍无定论（参见"历史学家的分歧"，边码第376—377页）。当然，有些行动是可以避免这场战争的。比如，如果当时北方领导者们同意南方诸州和平退出联邦，内战也许就不会发生。然而，真正的问题并不在于假设什么样的情形能够改变美国内战爆发的历史，而在于当时美国大多数政治力量究竟是把美国引上团结之路还是推下分裂的深渊。实际上，到1861年，美国南北间的敌对情绪（究竟合理与否暂且不论）已经高涨到无法调和的地步，联邦原有的纽带再也无法支撑和维系一个统一的国家。

南方和北方的民众愈发坚信他们各自所发展的文明是完全不同的，更是无法和平共存的。代表北方观点的拉尔夫·瓦尔多·爱默生曾说过，"我不明白一个文明的社会怎么能和一个野蛮的社会共处一个国家"。林肯当选后不久，一位南方奴隶主在表达不满情绪时说道："这些（北方）人厌烦我们、憎恨我们，甚至想让我们自己的奴隶暗杀我们。无论如何，他们与我们是完全不同的人，我们与他们之间更毫无关爱可言。我们有什么理由还要继续和他们在一起呢？"

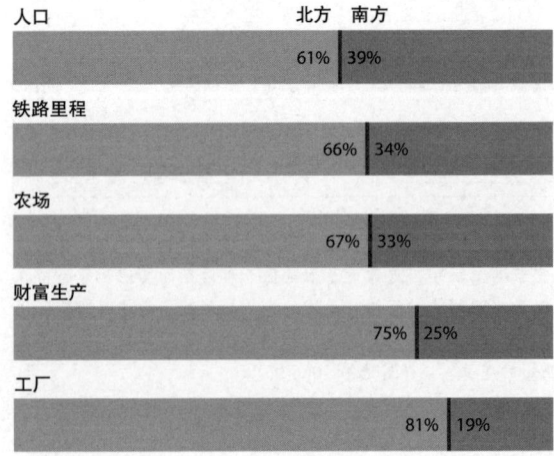

联邦和邦联的资源 如图表所示，在内战期间，几乎所有物质优势——人口数量、制造业、铁路、财富，甚至农业——都在北方一边。◆ 在这场冲突中，南方拥有哪些优势呢？

南方和北方愈发坚信他们之间存在本质不同的想法促使他们进一步走向分裂和战争。实际上，这些不同是否真的存在——南方和北方是否像他们所想的那样真正存在根本的差异和矛盾——是另一个只有靠备战和战争本身才能解答的问题。

内战双方

内战伊始，只有一件事情比较明朗，那就是，北方占据了所有的物质优势：北方人口是南方人口总数的两倍多（几乎是南方非奴隶人口总数的四倍），因此在军队和劳动力方面，北方联邦比南方拥有更大的人力资源储备；到 1862 年，北方已拥有先进的工业体系，能够自行制造几乎所有战略物资，而南方几乎没有什么像样的工业（尽管南方曾为提高自身的工业制造能力而付出巨大努力），战争所需也只能靠从欧洲进口。

联邦的优势

此外，与南方相比，北方拥有更好的交通运输体系。尤其在铁路方面，北方拥有更多、更好的铁路线：北方联邦的铁路总里程数是南方邦联的两倍，线路系统也更加完整；在内战期间，条件相对较差的南方铁路系统更是不断恶化，到 1864 年初，南方的铁路运输几乎全面瘫痪。

然而，在战争之初，北方的物质优势并没有像人们后来所想的那样起到了决定作用。南方大多是在本土防御作战，占据地利与人和；而北方军队则要长途

铁路之战 1864 年 7 月，在弗吉尼亚州彼得斯堡围攻期间，联邦士兵摆好姿势，站在由火车车厢架装的迫击炮后面。铁路在内战中发挥了关键性作用，北方在铁路系统上的优势是其取得胜利的重要因素。内战最后的重要战斗——彼得斯堡之战，准确来讲，也许是争夺关键铁路线控制权的战斗。(*National Archives and Records Administration*)

奔袭，疲惫之余还要面对南方敌对民众和破落的交通状况。对于内战，南方白人（除个别人外）态度明确统一，立场坚定。而在北方，直到战争接近尾声，人们的态度仍存在分歧，支持的立场也不甚稳定。在战争的几次关键时刻，如果南方能够取得一次较大胜利，北方继续作战的意志就会彻底瓦解。此外，许多南方人还认为英国和法国纺织业对美国南部棉花的依赖会促使他们在内战中出手相助，支持南方邦联。

二、北方的战争动员

战争给北方带来了巨大的痛苦、失落和不满，但同时它也极大地刺激了北方的工业和农业，推动了经济的繁荣和发展。

经济措施

实际上，随着南方力量从国会中退出，共和党行使权力更加畅快无阻。在内战期间，为推动经济发展，尤其是西部地区的经济发展，共和党通过并实施了更加大胆的国家政策和计划。1862年通过的《宅地法》给予每个定居者160英亩土地，条件是必须耕种5年和缴纳少量费用；同年颁布的《莫里尔土地赠与法》把大量公共土地转交给州政府进行出售，并用出售土地的收益资助和支持当地公共教育。在该法案的影响下，许多州立大学和学院（也被称为"政府赠地学院"）应运而生；国会还通过了一系列关税法案。到内战结束时，美国关税已被提高到历史最高水平——极大地保护了国内工业不受外国竞争的影响。

历史学家的分歧　内战的起因

1864年3月，亚伯拉罕·林肯在第二次就职演说中回顾了四年前内战的爆发。"所有人都知道，"他说，奴隶制"在某种程度上是这场战争的根源。"林肯演说后的几十年里，很少有历史学家对林肯陈述的真实性提出质疑；任何对内战起因可信的解释都不能忽视奴隶制问题。然而，历史学家们在许多方面都存在明显的分歧。内战究竟是必然的，还是可以避免的？奴隶制是内战唯一的或主要的起因吗？与奴隶制相比，其他因素的作用是同等重要，还是更为重要？

这些争论早在内战前就已经开始。1858年，纽约州参议员威廉·H.西沃德就曾注意到，人们对当时导致全国局势日趋紧张的地区矛盾存在两种截然相反的理解。他指出，有些人认为，地区敌意是"偶然的、不必要的，是心存私念或极端狂热的煽动者的杰作"。相反，其他人（如西沃德自己）则坚信，敌意的背后有两股持久的对抗力量，它们的矛盾已无法调和。一个世纪以来，西沃德所描述的见解分歧一直处于学术争论的焦点。

"矛盾无法调和"的观点最先在讨论中占据主导。战争结束后的前几十年里，有关内战的历史著作通常反映的是北方参战者的观点。在他们看来，内战似乎完全是一场道德冲突，一场因奴隶社会道德沦丧和武力好战所引发的冲突，南方显然应该受到指责。亨利·威尔森的《奴隶主势力兴衰史》(Henry Wilson, *History of the Rise and Fall of the Slave Power*, 1872—1877) 从道德角度对内战进行了极其生动的解读，该书指出，北方人参加战斗是为了破坏南方的好战阴谋，维护联邦和自由劳动制度。

19世纪90年代，有关内战的严肃历史著作开始出现，一种比较温和的观点也随之产生，但基本上都得出了相同的结论。其中最著名的是詹姆斯·福特·罗兹撰写的七卷本历史著作《合众国历史：从1850年妥协开始……》(James Ford Rhodes, *History of the United States from the Compromise of 1850*, 1893—1900)。像威尔森等人一样，罗兹也认为奴隶制是引发内战的首要原因，甚至是唯一的原因。"如果黑人没有被带到美国，"他写道，"就不会有什么内战。"此外，在奴隶制问题上，南北双方的立场已经到了无法调和、无法改变的地步，战争冲突因此也变得"无法避免"。

尽管罗兹着重强调南北双方在奴隶制问题上的道德冲突，但他也暗示，这场斗争同样反映了南北经济体制的根本差异。19世纪20年代，把内战看作是经济冲突而非道德冲突的观点在查尔斯·比尔德和玛丽·比尔德的《美国文明的兴起》(Charles and Mary Beards, *The Rise of American Civilization*, 2卷本, 1927) 一书中得到更全面的阐述。比尔德夫妇认为，与其说奴隶制是一种社会或文化体制，还不如说它是一种经济或劳动体制。他们坚信，北方工业家和南方种植园主之间存在"由来已久的敌对情绪"。双方都力求控制联邦政府以保护自身经济利益，都利用奴隶制问题和各州权利问题作为掩护。

比尔德夫妇的经济决定论对一代历史学家产生了重要影响，但到最后，大部分曾坚信内战"无法抑制"的人又回到了对社会和文化因素的强调上来。阿兰·内文斯就曾在他的巨著《联盟的考验》(Allan Nevins, *The Ordeal of the Union*, 8卷本, 1947—1971)中作详尽阐述。他写到,北方和南方"正迅速走向民族分裂"。南北文化差异的根源是"奴隶制问题",但两个地区在"基本观念、生活趣味和文化目标"上也同样渐行渐远。

最近,更多支持"矛盾无法调和"观点的人开始从其他角度考虑和审视冲突中南北双方各自的立场,但同样强调文化和意识形态在双方立场形成中发挥的重要作用。埃里克·方纳在《自由土地、自由劳动、自由人》(Eric Foner, *Free Soil, Free Labor, Free Men*, 1970)等作品中强调了"自由劳动意识"在北方反奴隶制人士心中的重要地位。他认为,废奴主义者的道德忧虑并未成为北方的主导情绪。相反,大部分北方人(包括亚伯拉罕·林肯)反对奴隶制,主要是因为担心奴隶制会向北方蔓延,威胁白人自由劳动者的地位。他们确信北方社会比南方社会更加优越,愈发相信南方向外扩张"奴隶主势力"的企图,因此接受了冲突不可避免的观点。尤金·吉诺维斯在《奴隶制政治经济学》(Ewgene Genovese, *The Political Economy of Slarery*, 1965)中描写南方奴隶主时强调,南方人坚信提供了比工业劳动更为人性的社会环境,南方"在奴隶主与奴隶关系的基础上建立了一种特殊文明"。在北方人日益相信南方对北方经济体制构成威胁的同时,南方的人也认为北方对南方的生活方式充满敌意且图谋不轨。和方纳一样,吉诺维斯也把地区文化差异看作所有不可避免的矛盾的根源。

那些主张地区冲突是南北双方根本差异的自然结果甚至是必然结果的历史学家,在道德、文化、社会、意识形态或经济因素是不是内战主要起因的问题上分歧明显。但他们都一致认为,南北冲突的根源在于两种社会的性质差异,奴隶制是众多差异的核心,危机最终爆发是不可避免的。其他历史学家则对这种观点提出质疑。他们认为内战本可以避免,南北分歧也没有根深蒂固到必须靠战争来解决的地步。与"矛盾无法调和"学派一样,持"矛盾可以调和"观点的人也在19世纪开始出现。例如,总统詹姆斯·布坎南就认为,极端主义煽动分子是这场冲突的罪魁祸首;19世纪末,许多南方学者在评述内战时也表示,共和党的狂热主义应为这场冲突负全部责任。

20世纪二三十年代,战争可以避免的观点在史学界得到广泛认可,一些所谓"修正派"史学家开始对战争起因提出新的解释。"修正派"重要代表人物,詹姆斯·G.兰德尔(James G. Randall)曾提出,南方和北方的经济体制并不存在足以引发战争的根本性差异，奴隶制本质相对温和，且在"19世纪发展潮流面前逐渐瓦解"。他认为，"笨拙一代"领导人的政治无能才是内战的原因。另一位重要的"修正派"史学家，艾弗里·克雷文虽然比兰德尔更注重奴隶制问题，但他在《内战的来临》（Avery Cravon, *The Coming of the Civil War*, 1942）中也承认，奴隶的生活并不比北方工业工人糟糕多少，奴隶制也已经走向"最后的瓦解"，如果有聪明能干、认真负责的领导者努力促成妥协，内战本是可以避免的。

最近，研究内战史的年轻学者依然强调政治煽动和种族文化冲突在内战中的作用，把修正派的基本观点延续至今。例如，1960年，大卫·赫伯特·唐纳德（David Herbert Donald）指出，19世纪50年代的政客们并非极其无能，但在他们执政的社会和时代，民主范围迅速扩张，传统制约逐渐销蚀，想要冷静地、以政治家的方式解决分歧就显得尤为困难。在《19世纪50年代的政治危机》（Michael Holt, *The Political Crisis of the 1850s*, 1978）中，迈克尔·霍尔特强调了政治党派，尤其是第二政党体系的瓦解，而不是无法调和的地区差异对冲突爆发的重要影响，尽管他没有具体指责某一党派。

然而，霍尔特又把另一问题引入这场争论。他与保罗·克莱普纳、乔尔·西尔贝和威廉·简奈普共同缔造了内战研究领域的"种族文化"论。种族文化论者认为，内战爆发，主要原因在于19世纪50年代政党体系瓦解，新建立的共和党不但没有平息反而加剧了国家分裂。其他学者认为奴隶制纷争是导致政党体系瓦解的主要因素，但种族文化论者更加强调奴隶制以外的一些因素。例如，威廉·简奈普在《共和党起源，1852—1856年》（William Gienapp, *The Origins of the Republican Party, 1852—1856*, 1987）中提出，19世纪50年代政党体系的解体，与其说是地区奴隶制纷争的结果，还不如说是自我节制、本土主义等种族文化问题的结果；共和党自身的建立，与其说是反奴隶制狂热的产物，还不如说是在种族和文化问题上与"一无所知党"持久竞争的产物。简奈普和其他种族文化论者并没有完全反对林肯提出的奴隶制"在某种程度上是内战根源"的说法，但他们的确反对埃里克·方纳等人提出的北方"自由劳动理想"——与奴隶制及其向北扩张给这种理想带来的威胁——是内战冲突主要原因的观点。奴隶制问题变得重要，与其说是因为不可调和的态度差异，还不如说是因为原本可以抑制内战冲突的政党体系不幸瓦解。

与此同时，国会还推动实现跨大陆铁路建设的梦想。联邦政府特许成立两大铁路建设公司：联合太平洋铁路公司（负责从奥马哈向西修建铁路）和中央太平洋铁路公司（负责从加利福尼亚向东修建铁路），解决了内战前关于跨大陆铁路线建设选址的争议。两段铁路最后在中部完成连接。为支持跨大陆铁路建设，联邦政府为两大公司提供免费土地和巨额贷款。

《国家银行法》 1863年至1864年的《国家银行法》帮助美国建立了新的银行体系。原有银行或新建银行只要有足够资金，并愿意投资其中三分之一购买政府有价证券便可加入该银行体系。作为回报，这些银行可以发行美国财政部统一的银行券作为货币。新的银行体系大大解决了国家货币混乱和不稳定的问题，建立了统一的国家货币体系。

与推动经济发展相比，为战争提供资金任务更加艰巨。政府试图通过征税、发行纸币和借款三种途径解决战争资金问题。国会通过了新的税收方案，所有商

送子出征　在托马斯·纳斯特的这幅绘画作品中，1861年4月，在启程参战（大多数人认为他们参加的只是一场短暂的战争）之前，纽约第七军团在众多兴高采烈、爱国热情高涨的民众欢呼和簇拥下，沿百老汇大街列队前行。托马斯·纳斯特因其著名的19世纪70年代政治漫画作品而广为人知。(Seventh Regiment Armory, New York City)

品和服务几乎都要纳税。1861 年，政府开始征收个人所得税，收入 5000 美元以上的个人所得税比例高达 10%。然而，政府税收只能为战争提供一小部分资金，民众的强烈反对和坚决抵制使政府无法再进一步提高税率。同样饱受争议的还有发行纸币（又称"绿币"）。新的货币不是靠金和银作保证，而是靠政府的良好信用（这一点很像今天的货币）。"绿币"的币值随着战场上北方军队的命运变化而上下波动。1864 年初，当北方军队在战场上陷入困境，"绿币"的币值仅相当于金元的 39%。即使在战争结束之际，"绿币"的币值也只能达到金元的 67%。因为很难用如此不稳定的货币进行交易，联邦政府在使用"绿币"时也是谨慎小心。美国财政部总共只发行了价值 4.5 亿美元的纸币——这只够支付一小部分战争成本，却足够引发大规模的通货膨胀。

<small>为战争提供资金</small>

实际上，在内战中，政府战争资金的最大来源是美国民众。在以前的战争中，美国政府主要靠向银行和一些富有的投资者发放债券来募集资金。而如今，政府要劝说所有普通民众来购买价值超过 4 亿美元的债券，这也是美国历史上第一次全民资助战争。尽管如此，个人购买债券也只是美国政府 26 亿美元战争借款的一小部分，大部分借款仍来自银行和大的金融利益集团。

扩充联邦军队

在内战期间，有超过二百万士兵在联邦军队服役。1861 年初，美国的正规军只有 1.6 万人，其中大部分驻扎在美国西部，以保护定居者不受印第安人攻击。因此，和南部邦联一样，联邦政府的征兵工作也几乎要从零开始。林肯号召增加正规军 2.3 万人，但他清楚大部分战斗还要靠各州民兵组织中的志愿者。1861 年 7 月，国会召开大会，授权征募 50 万志愿兵，服役期为 3 年（以往服役期通常为 3 个月）。志愿兵的征募只是暂时解决了军队士兵不足的问题。当最初的参战热情逐渐退却，应征入伍的志愿兵人数也大大减少。迫于征兵压力，1863 年 3 月，国会投票通过了《征兵法》。按照该法律，几乎所有年轻的成年男子都符合应征入伍的条件。然而，只要能雇佣别人代服兵役或向政府交纳 300 美元免役费，则可以逃避服役。实际上，最终只征募到了约 4.6 万名士兵，但《征兵法》的实施极大地提高了自愿入伍的比例。

然而，对美国人来说，他们早已习惯了遥远而非强硬形象的联邦政府，这次强制征兵显得非常奇怪和危险。反对《征兵法》的呼声此起彼伏，来自普通劳工、移民和反战民主党人士（通常被反对者称为"和平民主党人"和"铜头"）的抗议

<small>征兵暴乱</small>

声尤为强烈。对强制征兵的反对时而引发暴力冲突。1863 年 7 月，当纽约城第一次确定征兵名单后，反对征兵的示威者们引发骚乱。骚乱整整持续了四天，100 多人丧生，这也成为美国历史上最为惨烈的城市暴动之一。这次暴动的主体是爱尔兰劳工。在最近的一次码头劳工罢工中，一些黑人被用来对付他们并破坏罢工，因此他们感到十分愤怒。此外，他们还指责黑人是内战的罪魁祸首，认为这场内战完全是为了黑人奴隶的利益，而这些黑人奴隶反过来却很快会与白人劳工争夺工作机会。在骚乱中，一些黑人被暴动者处以私刑，房屋和商铺（多数属于自由黑人）被烧毁，一家黑人孤儿院也遭到了破坏。直到联邦军队介入才结束了这场骚乱。

战时政治

　　1861 年初，当亚伯拉罕·林肯刚刚抵达华盛顿时，许多政治家认为，他只不过是来自西部大草原的二流政客，一个很容易被共和党真正领导者控制的人：他在国家政治和管理上缺乏经验，在个人行为举止上略显平民化。然而，出乎大家意料的是，这位新总统很快便树立了自己的威信。他组建的内阁代表了共和党内部和北方阵营各方面的声音，内阁成员既有声名显赫、颇具影响力的人氏，也有傲慢之士，有的甚至认为当总统的不应该是林肯而应该是他们自己。此外，林肯还大胆使用总统的战时权力，对宪法中那些他认为不方便的规定不予理睬。正如他自己所说，只拘泥于细节而失去整体的做法是十分愚蠢的。林肯没有提请国会宣布开战，便下令派军队投入战斗（林肯坚持认为，这场冲突属于国内叛乱，是不需要国会正式宣战的。他认为，如果提请国会宣战将会传递一种承认南部邦联为独立国家的错误信号）。在没有得到法律授权的情况下，他扩大了正规军的规模。此外，他还独自下令，宣布对南方实行海上封锁。

　　林肯面临的最大政治难题是在民主党主和派鼓动下的日益蔓延的反战情绪。和平民主党人担心农业化的西北部会在影响力上逐渐输给工业化的东部，共和党的国家主义会慢慢侵蚀各州的权利。为了压制反战情绪，林肯采取了非常规的手段：他下令逮捕反战市民，暂时取消人身保护令（要求把拘留或监禁的人及时送交法院处理的法令）。最初，林肯只是在一些敏感地区（如边境州）采取这些手段。但 1862 年，林肯宣布所有阻碍征兵或对国家有不忠行为的人都将受到军事管制。在内战的不同阶段，总共有超过 1.3 万人被逮捕和囚禁。美国历史上最有名的反战民主党人，俄亥俄州国会议员克莱门特·L. 瓦兰迪加姆（Clement L.

战时镇压

纽约市征兵暴乱，1863 人们对内战征兵的反对在北方广泛蔓延，1863 年 7 月，一场持续四天的血腥暴乱在纽约市爆发，导致 100 人死亡。暴乱开始于 7 月 13 日一场 4000 人大游行，其中大部分是贫穷的爱尔兰劳工，他们抗议征兵条款：按照条款，一些富人可以免服兵役。"富人的战争，穷人的战斗"，游行者如此疾呼（就像南方的战争批评者有时反复高喊的一样）。许多纽约人还担心，战争会使黑人劳工涌入北方，与他们争夺工作。当官员开始圈定征兵名单时，游行变得激烈和暴力。示威民众烧毁征兵大楼，而后分散成小团队。有些暴动分子攻击高级商店和豪华公馆等象征财富的地方。其他人则在临近的黑人社区制造恐慌并对一些居民施加私刑。这幅当时的雕版画描绘的就是这样的一种私刑。政府只能从葛底斯堡调集五个军团到纽约市才使当地恢复秩序。(*The Granger Collection*)

Vallandigham）在发表完批判内战的目的是解放奴隶，奴役白人的演说后，随即遭到军事当局的逮捕并驱逐到南部邦联。林肯无视所有试图阻碍他压制反战情绪的行为，其中甚至包括最高法院的判决。当最高法院首席大法官坦尼下达令状（"梅里曼诉讼案"）要求林肯释放被军方关押的一名马里兰州分裂主义领导者时，林肯的反应是无动于衷，对法院的命令更是置之不理（在战后的 1866 年"米利根诉讼案"中，最高法院判决，在一般法院正常运转的地区，军队对公民的审判是违反宪法的）。

在严重的政治分歧中，1864 年总统大选拉开帷幕。1862 年的国会选举中，共和党遭受了沉重的打击，因此这次大选，共和党领导层试图与所有支持战争的团体结成最广泛的联盟。他们把新的联盟称为"国家统一党"（The Union Party），实际上，"国家统一党"只不过是共和党和一小部分主战民主党人的结合。"国家统一党"提名林肯为总统候选人，安德鲁·约翰逊（Andrew Johnson，来自田纳西州的主战民主党人，他曾反对田纳西州退出联邦）为副总统候选人。

民主党提名乔治·B. 麦克莱伦（George B. Mcclellan，被林肯解职的前联邦知名将领）为总统候选人并以谴责内战和要求休战作为本党的政治立场。虽然麦克莱伦否认这种说法，但在竞选中，他所代表的民主党的确是一个主张和平的政党。

共和党试图从人们日益增长的厌战情绪和 1864 年夏天联邦军队的不利战况中获得政治利益。

然而，在竞选的关键时刻，北方军队的几次胜利——尤其是 9 月初联邦军队夺取佐治亚州首府亚特兰大——重新振奋了北方的士气，大大改善了共和党的竞选前景。结果，林肯以选举人票 212 票对 21 票战胜麦克莱伦，再一次轻松赢得大选。除肯塔基州、新泽西州和特拉华州外，林肯赢得了其他所有的州。尽管如此，林肯获得的选民票也仅有微弱的 10%。如果联邦军队没有取得胜利，林肯也没有采取特殊安排允许联邦军队参与投票，民主党很有可能会取得这次总统选举的胜利。

1864 年大选

解放奴隶的政治背景

1864 年，共和党尽管在多数经济议题上达成了共识，表面上看起来也比较团结，但在奴隶制问题上仍然意见不一，针锋相对。国会中，以宾夕法尼亚州众议员萨迪厄斯·史蒂文斯（Thaddeus Stevens），马萨诸塞州参议员查尔斯·萨姆纳和俄亥俄州参议员本杰明·韦德（Benjamin Wade）为首的激进派想利用内战迅速而彻底地废除奴隶制。相反，保守派则更倾向于通过缓慢、渐进、破坏性较小的进程结束奴隶制。在开始阶段，保守派得到了林肯总统的支持。

尽管林肯对解放奴隶的态度比较谨慎，但从战争伊始，主张解放奴隶的力量便开始聚集。1861 年，国会通过了《充公法》，宣布所有被用于"反叛"目的（也就是说被用来支持邦联军队）的奴隶都将予以解放。随后，1862 年春通过的一些法律宣布在哥伦比亚地区和西部地区废除奴隶制，并对奴隶主予以补偿。1862 年 7 月，在激进派的推动下，第二个《充公法》在国会获得通过，宣布将所有支持或帮助反叛合众国的人的奴隶予以解放（无论奴隶本身是否参与）；此外，法案还授权总统征募黑人士兵，其中就包括获得自由的黑人奴隶。随着战争的推进，北方大部人似乎慢慢接受把解放奴隶作为战争的核心目标，许多人认为，没有什么比奴隶的解放更能证明这场战争和这种巨大牺牲的意义。结果，激进派在共和党内的影响力进一步加强；林肯总统也注意到了这些变化和发展，决定要亲自担起领导不断高涨的反奴隶制力量的重任。

《充公法》

1862 年 9 月 22 日，联邦军队在安提塔姆战役中取得胜利后，总统公开表示，要利用其战争权颁布行政命令，解放邦联土地上的所有奴隶。1863 年 1 月 1 日，林肯正式签署了《解放奴隶宣言》，宣布解放除已经被联邦军队控制的田纳西州、弗吉尼亚州西部、路易斯安那州南部外的所有邦联土地上的奴隶。该宣言并不适

《解放奴隶宣言》

黑人部队 内战期间，参加联邦军队的大部分黑人士兵在战线后方执行非战斗任务，但也有一些黑人战斗军团——此幅照片展现的就是其中一个黑人战斗军团的士兵——在关键战役中表现英勇，战绩卓著。
(*Library of Congress*)

用于边境蓄奴州，因为这些州从未宣布脱离联邦，所以不受总统战争权影响。

《解放奴隶宣言》产生的效果十分有限，因为它只适用于邦联控制区的奴隶。然而，这份宣言却有着至关重要的意义，因为它清晰而坚定地表明美国南北战争不仅仅是为了捍卫美国联邦的统一，更是为了取缔奴隶制度。实际上，随着联邦军队占领越来越多的南方地区，《解放奴隶宣言》也逐渐变成了现实，成千上万的奴隶因此得到解放。甚至在一些不受宣言直接影响的地区，反对奴隶制的情绪也愈发高涨。内战结束时，已有两个联邦蓄奴州（马里兰州和密苏里州）和三个被联邦军队占领的邦联州（田纳西州、阿肯色州和路易斯安那州）废除了奴隶制。最后，1865 年，由国会批准，足够多数州（3/4）通过了宪法第十三修正案，奴隶制作为一种社会制度在美国各地被彻底取缔。经历两个多世纪的漫长历程，曾经合法化的奴隶制度在美国寿终正寝。

美国黑人与联邦事业

与大批北方自由黑人一道，约 18.6 万名被解放的美国黑人作为士兵、海员或劳工为联邦军队服役、效力。美国黑人在诸多方面为联邦军队做出了卓越贡献，这不仅仅包括他们要跨越众多障碍才能参军入伍。

在战争开始的几个月里，美国黑人大多被排斥在军队之外。后来，在一些联邦军队占领的邦联地区，出现了黑人军队，这主要因为他们是这些战败地区相对便捷的兵力来源。但自从林肯总统签署并颁布了《解放奴隶宣言》之后，黑人入伍人数大幅增加，联邦军队也开始在北方和南方（只要有可能）积极招募黑人士兵和海员。

黑人士兵中的一些人被组织成战斗小组，其中最为著名的要数马萨诸塞州第54步兵团，（和多数黑人军队一样）其统帅是白人：罗伯特·古尔德·肖（Robert Gould Shaw），一位波士顿贵族家庭的成员。1863年夏，肖和他兵团一半以上的士兵在南卡罗来纳州查尔斯顿城附近的一次战役中牺牲。

然而，大多数黑人士兵被安排做挖战壕、送水等后勤粗活。尽管战斗中黑人士兵的死亡人数低于白人，但实际上，他们总体的死亡率要高于白人士兵，因为有许多黑人士兵在恶劣环境中长期劳累，患病而死。在其他方面，黑人士兵和白人士兵得到的待遇也并不平等：（直到1864年国会修改法律为止）黑人士兵拿到的军饷比白人少三分之一。与白人战俘不同，被邦联军队俘虏的黑人士兵不会用来与北方交换战俘，而会被送还给原来的主人（如果这些黑人战俘是在逃的奴隶）或被处决。1864年，邦联军队就杀死了在田纳西州俘虏的260多名黑人。

战争与经济发展

与一些历史学家曾经的观点相反，并非是内战实现了美国北方从农业化社会到工业化社会的转变。当内战爆发时，北方工业化程度已经很高。在某些地区，工业和经济的发展实际上因战争而延缓——战争切断了制造商与南方市场和原材料来源的联系，劳动力和生产资源也被转移用于军事目的。

然而，总体来看，内战还是促进了北方经济的发展。一方面，共和党在政治上占据主导地位，大力推动国家主义经济立法；另一方面，战争本身也要求某些经济领域快速发展和扩大：内战期间，煤炭产量增加了约20%；铁路设施得到迅速提高和改善（主要因为在新建铁路线上采用了标准轨距）；由于征兵，农场劳动力流失迫使许多农场主加快了农业机械化的步伐。

对许多美国工人来说，这场战争无疑是一场痛苦的经历。战时北方的物价上涨了70%还多，而工资只上涨了40%左右，工人的购买力大幅下降。一方面，宽松的移民法律允许大批新劳工涌入劳动力市场，使工人工资保持了较低的水平；另一方面，工业生产的机械化程度不断提高，许多技术工人的工作岗位逐渐被机器所取代。这些变化导致许多产业的工会组织成员数量猛增，更催生了一批全国性工会组织，如矿工工会、铁路工程师工会等，这些工会组织受到了资本家的敌视和严酷压迫。

女性、伤员护理和战争

在战争期间，妇女们发现自己或出于自愿，或出于生活所需而承担起新的陌生的社会角色，其原因一方面是雇佣者需要更多的劳动力，另一方面他们自身也迫切需要赚钱养家。妇女们填补了男子留下的工作空缺，担任起教师、零售员、办公室文员、磨坊和工厂工人等工作。

更引人关注的是，妇女们进入了原先以男子为主的护士行业。美国卫生委员会，一个由多萝西娅·迪克斯（Dorothea Dix）领导的民间志愿者组织，曾动员和组织大批女护士到战地医院工作。战争结束时，妇女已成为护士行业的中坚力量。到 1900 年，护士工作几乎成了女性的专有行业。女护士不仅照顾病人，而且还从事其他一些适合女性的工作：洗衣做饭和打扫卫生。

美国卫生委员会

女护士最初遇到男医生们的极力反对和排斥，许多医生认为女性身体柔弱，无法胜任（艰苦的）医护工作，此外在他们眼中，女士照顾陌生男性的情形看起来不合体统。卫生委员会极力反对这种观点，他们认为护士身上同样具有美国社会赋予女性的理想家庭职责。就像妻子和母亲一样，女护士同样可以发挥母性的培养和教育职责。一位卫生委员会官员曾说到，"女性坚持自己打理家务、洗衣做饭、照顾他人的生活职责和权力是毋庸置疑的"。实际上，在委员会工作的女性中，并非所有人都满足这种纯母性的女性形象；一些女性对该组织中的男性权威提出挑战，有的甚至站出来公开反对那些她们认为不称职的医生。这无疑使许多男性对她们产生了更多的反感。但最终，女护士的工作为军队做出了不可或缺的贡献，男性医生的抱怨也就变得无关紧要了。

传统性别角色加强

护士以及其他妇女都觉得，这场战争（对她们来说）同样是一次女性解放的经历。（正像卫生委员会的一位护士后来所写的那样，）在战争中，美国女性"发展了她们以前从未意识到的潜在能力，这种能力不仅使那些见证了她们辉煌成就的人感到震惊，也使她们自己感到惊讶"。许多女性，尤其是那些曾致力于女权主义事业的人，逐渐认识到这场战争是她们赢得更多支持、实现自身理想的绝好机会。1863 年共同创建"全国妇女忠诚联盟"的伊丽莎白·卡迪·斯坦顿（Elizabeth Cady Stanton）和苏珊·B. 安东尼（Susan B. Anthony）曾为废除奴隶制和女性选

美国卫生委员会 马修·布拉德利1864年在彼得斯堡附近拍摄的这张照片中,女护士和联邦士兵站在弗吉尼亚州白兰地站的医院前。这所医院由美国卫生委员会经营。该委员会是政府资助的特殊护理部队,在内战期间成为负伤士兵医疗护理不可或缺的组成部分。(*National Archives and Records Administration*)

举权的双重目标而艰苦奋斗。克拉拉·巴顿(Clara Barton),战争期间曾积极参与医疗物资的募集和分发工作,后来成为护士行业的重要人物(也是美国红十字会的创始人之一),她于1888年谈道:"战争结束时,妇女的社会位置比和平时期前进了至少五十年。"这种说法也许有些夸张,但它却真实地体现了许多女性在回顾战争时,如何把这场战争看作是重新定义女性角色以及独立、发展意识觉醒的关键时期。

无论护士工作为女性社会地位的改变起了何种作用,它对战时医疗工作和伤员救助工作的影响无疑是巨大的。美国卫生委员会不仅组织妇女支援前线,更把急需的药品和补给输送到已经任务繁重的战地医院。卫生委员会(正如其名称所示)还把重视医院和诊所卫生条件的观念传播开来,这一做法可能对内战期间因疾病死亡人数相对减少起到了一定作用。尽管如此,内战中因病(如疟疾、痢疾、伤寒、坏疽等疾病)死亡的士兵人数仍是战斗死亡人数的两倍。有时,一点轻伤就可能导致致命的感染。

三、南方的战争动员

许多南方人大力宣扬他们新的国家（邦联）和所脱离的国家（联邦）的差别。这些差别的确存在，但邦联和联邦也存在着相似之处。尤其在双方为战争动员方面，这种相似点变得更加明显：如政治体制、战争集资、征兵的方法和战斗方式。

南方邦联政府

邦联宪法和美国宪法几乎完全相同，只是在几个关键问题上存在差异：邦联宪法明确强调各州的自主权（尽管不包括分裂、独立的权力），特别批准奴隶制存在，并实际上粉碎了奴隶制被（甚至哪怕一个州）废除的任何可能。

邦联在蒙哥马利召开的制宪会议任命了临时总统和副总统：密西西比州的杰斐逊·戴维斯和佐治亚州的亚历山大·H.斯蒂芬斯（Alexander H. Stephens），他们后来在普选中未遇任何阻碍，顺利当选，任期六年。内战爆发前，戴维斯是一位温和的分离主义者，斯蒂芬斯也曾反对脱离联邦。与联邦政府相似，战时邦联政府中的势力领导人以温和派为主。此外，与联邦政府情况相似，邦联政府中西部新贵族远胜于东部传统贵族，在政府中占据了主导地位，其中最为杰出的代表人物便是戴维斯。

然而，戴维斯最终未能成为一位成功的总统。按道理，他算得上是一位称职的执政长官，在政府中也是一位颇具影响力的人物；他的内阁虽不算稳定，但其成员大多比较温顺，对他的执政没有任何干扰，况且他还亲自担任陆军部长一职。然而，他却未能真正发挥国家领袖的作用。一位精明的邦联官员曾写到，"所有的革命斗志都在敌人一方……而我方却谨小慎微，胆小如鼠"。

<small>戴维斯的领导</small>

邦联内没有正式的党派之分，但在国会和大众政治中却充满了分歧。一些南方白人（当然还有大部分了解时事的南方黑人）对脱离联邦和内战持反对意见。在相对比较贫穷和奴隶制影响相对有限的"边远"和"内陆"地区，大部分白人拒绝承认新的邦联政府，拒绝为南方军队服役和战斗，有些人甚至为联邦工作和战斗。和北方一样，南方大部分白人（刚开始）支持内战，但当战事对南方不利以及邦联经济衰退时，他们便公开批评政府和军队。

<small>南方的分歧</small>

金钱和人力

资助邦联战争是一件史无前例且最终无法完成的使命。它涉及在一个不适于承担重税的社会建立全国的税收体系。它所需要依靠的银行系统规模小、不稳定，且无资金可借贷。由于南方大部分财富都投入到购买奴隶和土地上了，所以流动资产短缺，联邦仅有的硬币（从南方铸币厂缴获的）其价值只有一百万美元。

资金问题

起先邦联议会试图不直接向百姓征税而是向各州筹集资金，然而，大部分州也不愿意向他们的公民征税来缴纳他们的份额，他们只交一些不可靠的债券或纸币应付了事。1863年，议会开始征收个人所得税，规定种植园主可以"以货代款"（按其生产收入的一定百分比征税）。但是，税收并没有给邦联带来多少收入，税收所得只占政府总收入的百分之一，借贷也并不成功，邦联政府发行的债券数量之大，以至于老百姓对此失去了信心而不再购买，以棉花为抵押品向欧洲借钱的努力也收效甚微。

结果，邦联政府不得不用最不稳定、极具破坏性的集资方式，从1861年开始发行纸币来为内战提供资金。到了1864年，邦联令人难以置信地发行了15亿纸币，相当于北方生产总量的两倍。与北方不同，邦联没有建立统一的货币体系，邦联政府、各个州、各个城市以及私人银行都可以发行自己的纸币，造成了普遍的混乱局面。结果发生了灾难性的通货膨胀，这比北方经历的任何一次通货膨胀都要糟糕。战争期间，北方的物价增长了80%，而南方却增长到9000%，这给南方的士气带来了灾难性的影响。

招募邦联军队

与合众国相似，南方邦联最初靠招募志愿者来组建军队。和北方一样，到1861年底，（南方邦联的）自愿参军人数持续下降。因此，1862年4月，南方国会通过并实行了《征兵法》，规定所有年龄在18岁至35岁之间的白人男子均有在军队服役三年的义务。与北方相似，南方的应征者也可以找人代替，避免服役。然而，找他人代服兵役费用较高，这无疑激起了那些贫穷白人的愤怒和反对，1863年这条规定被迫取消。此外，更具争议的是，按规定，奴隶总数达到或超过20人的种植园，可以免除一个白人的兵役，这使规模较小的农场主充满了抱怨："这是富人的战争，却是穷人在战斗。"结果，南方免服兵役的白人远远多于北方。

尽管如此，《征兵法》还是在一段时期内发挥了作用。1862年底，在邦联军队服役的士兵大约有50万人（在整个战争中，总共有大约90万人在邦联军队服役），这个数字还不包括邦联军队为腾出更多的白人士兵参与战斗而招募的负责洗衣做饭和体力工作的奴隶。然而，1862年后，北方联邦军队逐渐占领了南方大部分地区，切断了大批兵源，征兵人数不断减少。

1864年伊始，邦联政府面临更为严峻的兵力短缺。绝望中，邦联国会开始尝试把征兵年龄扩大到17岁至50岁。然而,在这样一个饱受战乱之苦,战争胜利无望,人民倍感厌倦的国家,再也没有什么能够吸引士兵和维持一支像样的军队。1864年至1865年间,逃跑士兵人数就有10万人。在征兵的最后绝望和疯狂中,邦联国会决定授权招募30万奴隶。然而,政府的这项"非常"试验还没有付诸实践,内战便结束了。

兵力短缺

美国与世界　国家统一运动

美国内战主要源于合众国特殊的社会历史环境,但它同样是19世纪席卷全球的国家扩张和统一运动的一部分。美国向大陆西部扩张并努力把这些地区纳入版图是导致奴隶制争议的主要原因之一,而奴隶制争议又进一步引发了内战。北方参加战斗,抵制南方州分裂,主要动机是为了维护联邦统一,即捍卫国家统一,反对国家分裂。与此同时,世界许多国家也在为地区扩张、民族团结和国家统一而奋斗。

当然,国家统一运动也并不是19世纪的创举。在15世纪、16世纪和17世纪,西班牙、英国、俄罗斯和其他国家就曾联合各州和地区建立统一大国。但在19世纪,国家主义又被注入了新的活力。一方面,在拥有相同语言、文化、民族属性和历史传统的人民内部,国家主义情绪日益高涨,他们逐渐认为国家统一是深化情感纽带、巩固民族团结的最好方式;另一方面,全球许多政权实现

意大利的统一　这幅画展现了意大利统一历史进程中的高潮时刻。意大利南部独立力量伟大领袖加里波第迎接意大利北部独立力量领袖——皮埃蒙特国王维克托·伊曼纽尔。加里波第欢迎道,"我向意大利第一位国王欢呼致敬"。这一时刻同时具有重要的现实和象征意义——它表明了加里波第愿意接受维克托·伊曼纽尔的权威,并象征着国家主义情绪在这个曾四分五裂的国度取得了胜利。(*Museo del Risorgimento, Milan/Index S.A.S.*)

政府中央集权，执政能力不断提高，能够管理大片辖区。18世纪末的美国独立战争和法国大革命——以及19世纪初拿破仑统治下法国国家概念的加强——更激发了欧洲其他地区新的国家主义热情。

1848年，国家主义革命浪潮在意大利、法国和奥地利爆发，抵抗许多欧洲人看来正在征服他们国家文化的帝国主义势力。虽然这些革命最后未能成功，但他们为19世纪欧洲两大国家的统一奠定了基础。

其中，首次国家统一运动出现在德意志。19世纪初期，德意志还处于小国林立，各自为政的分裂状态，但几十年来民众要求国家统一的呼声日益强烈。有关德意志民族的全新历史记述和德意志传统的崭新刻画在格林童话——旨在记录和普及德意志民间传统，培养历史认同感——等文学作品中清晰可见，一定程度上鼓舞了德意志民众对国家统一的期盼。1862年，普鲁士——德意志昔日众多小国中势力最强的一个——国王威廉一世任命贵族地主奥托·冯·俾斯麦（Otto von Bismarck）担任首相。俾斯麦充分利用德意志各地日益高涨的国家主义情绪，为日后国家统一奠定了牢固的群众基础。他一方面向丹麦、奥地利和法国发动战争。在这些战争中，普鲁士轻松取胜，进一步激发了本国民众甚至其他小国民众对德意志民族力量的自豪感。1870年爆发的普法战争意义尤为重要，普鲁士意图在战争中夺取法国的阿尔萨斯和洛林——普鲁士人声称，这两个地区是德意志"民族大家庭"的组成部分，因为生活在这两个地区的民众尽管在法律上是法国公民，但在种族和语言上是德意志人。1871年，俾斯麦充分利用德语国家中被战争普遍煽动起来的国家主义情绪，劝说国王统领各地德裔民众（除奥地利和瑞士以外），建立统一帝国并宣布成为帝国皇帝（或"德国皇帝"）。

欧洲第二次重要的国家统一运动出现在意大利。长期以来，意大利被分割成许多小国、城邦和罗马教廷统治区。有些地方还一度被法国、西班牙和奥匈帝国占领。

19世纪初期，在朱塞佩·马志尼（Giuseppe Mazzini）的领导下，意大利国家主义者掀起了所谓的"青年意大利运动"，要求结束外国势力在意大利的控制，团结所有意大利民众，建立统一国家。"青年意大利运动"提倡一种思想：国家就像一个家庭，领土就像一个家园。马志尼认为，拥有相同语言、文化和传统的人应该自由团结，独立自治。意大利的统一既要感谢这种日益流行的国家主义思潮，也要感谢那些权力巨大、雄心勃勃的国家领袖的努力。19世纪中期，位于意大利半岛西北部的皮埃蒙特—撒丁尼亚是意大利势力最强的王国。1852年，撒丁国王维克托·伊曼纽尔二世（Victor Emmanuel Ⅱ）任命卡米洛·迪·加富尔（Camillo Di Gavour，意大利的"俾斯麦"）担任首相。加富尔联合其他地区的国家主义者，把西班牙和奥地利等外国势力赶出了意大利。在北意大利实现独立后，加富尔又与南部国家主义领袖朱塞佩·加里波第（Giuseppe Garibaldi）联手，实现南意大利独立，并于1860年建立了维克托·伊曼纽尔统治下的完整统一的意大利王国。

与此同时，许多国家也在试图建立、维护和加强国家统一。有些以失败告终：在俄罗斯，几位沙皇努力推行改革，但始终未能在多民族中建立一个统一稳定的单民族国家；在奥地利，帝国统治也从未真正实现对众多民族的联合与统一；在土耳其，尽管统治者努力维护，但奥斯曼帝国（被称为"欧洲病夫"）仍显软弱无力；在中国，改革尝试未能实施，无法实现对广袤土地的有效统治。然而，有些国家却取得了成功。例如，19世纪八九十年代，日本在明治天皇统治下推行了一系列改革措施，建立了实力强大的新日本帝国。

美国北方的国家主义者投身内战并取得胜利，不仅维护了自己国家的统一和完整，更成为席卷全球的国家文化和领土统一运动的重要组成部分。

各州权力与中央集权

南方内部分裂的最大根源与其说是战争还不如说是各州自主权力的界定。在许多南方白人心中，州自主权的位置至高无上，他们抵制任何形式的中央集权，甚至包括（中央）为赢取战争而采取的任何必要举措。他们限制了戴维斯总统实施战时法律和废除人权保护的权力，阻碍了征兵

邦联志愿兵 1861年，第一次布尔朗战役前夕，年轻的南方士兵摆好姿势，准备照相。进入摄影时代以来，内战是第一次重要的军事斗争，美国许多早期摄影师也由此开始了自己的摄影生涯。(Cook Collection, Valentine Richmond History Center)

工作。反对派州长，如佐治亚州州长约瑟夫·布朗（Joseph Brown）和北卡罗来纳州州长泽布伦·M. 万斯（Zebulon M. Vance），曾试图保持自己军队的独立性，远离邦联军，此外他们还坚持囤积多余物资以供本州武装所用。

尽管如此，在中央集权方面南方邦联政府还是取得了长足的进步。到战争结束时，南方邦联政府的规模比位于华盛顿的北方联邦政府还要大。邦联中央政府尝试实施"食物征集"计划（即允许士兵从沿途的农场征集粮食以作补给）并一度取得成功。政府不顾奴隶主反对强硬要求他们的奴隶参加军务劳动。邦联政府控制了铁路和海运，对工业实行强制管理，限制企业利润。尽管有州自主权保护情绪的阻碍，南方政府还是在中央集权的道路上取得了重要发展——同时，南方也越来越接近于它所奋力脱离地区（北方联邦）的政治体制。

中央集权

战争对经济和社会的影响

战争给南方经济带来了毁灭性的打击。它切断了南方种植园主、生产商与其赖以生存的北方市场之间的联系；它使棉花海外销售变得更加困难；它从蓄奴人数不多的农场和工厂夺走主要男性劳动力，致使部分农场和工厂无法正常运转。在战争期间，北方农业和工业生产都略有提高，而南方却下降了三分之一还多。

总之，战争本身给南方经济带来了巨大的破坏。在内战中，几乎所有大型战役都发生在邦联境内；双方军队大多数时间都是在南方土地上作战。残酷的激战过后，南方本不发达的铁路系统几乎破坏殆尽，大部分珍贵农田和许多成功的种植园被联邦军队彻底破坏（尤其是在内战的最后两年）。

当北方军队的海上封锁发挥作用，南方所有物资几乎都面临严重短缺。南方主要是农业产区，加之片面强调棉花等出口作物的生产，粮食种植根本无法满足自身的需求。尽管妇女和奴隶尽力维持农场正常运转，但白人男性劳动力的离开还是严重削弱了该地区粮食生产的能力。大批医生被招入伍，支援前线，许多社区缺少医疗保障。此外，铁匠、木匠和许多手艺工人也严重短缺。

经济困难

随着战争的深入，人员、物资短缺，通货膨胀和生活艰辛导致南方社会动荡不断，愈演愈烈。1863年，在佐治亚州、北卡罗来纳州和阿拉巴马州先后因粮食危机引发暴乱（其中一些甚至由妇女带头发动）。里士满的大规模游行示威也迅速演变为暴力事件。在邦联各地，人们对征兵、食物限制和税收的抵制和不满情绪与日俱增，物资囤积和黑市交易也变得愈发猖狂。

尽管战争给南方经济带来诸多困难，但同时也给南方社会带来了深刻变化

大火后的亚特兰大 1864年9月2日，谢尔曼将军占领亚特兰大后，驱散大部分民众，一把火烧毁了整座城市。这幅照片展现了城市的毁坏程度。亚特兰大的毁灭成为谢尔曼"向海洋大进军"的开始。它同时预示着一种新型战争的开始，这种战争不仅针对敌人的军队，更针对敌人的经济甚至人民。（Corbis）

（就像它改变北方社会一样）。这些变化对生活在南方的女性来说意义尤为重要。许多男人离开农场和种植园，奔赴前线参加战斗，维持家庭和保证农业生产的重任便越来越多地落在妇女肩上。通常，奴隶主的妻子要担负起管理大批黑奴的重任，普通农户的妻子也得学会亲自耕种和收割粮食。在里士满，相对多的女性成为学校教师或在政府机构任职。更多的女性则成为护士，在医院或临时搭建的诊所里照顾伤员。

女性的新角色

战争给南方女性带来的长远影响更加难以估量，但却同样意义深远。19世纪60年代的战争经历使许多妇女对以前南方盛行的"女性不适合特定活动，女性不应参与公众事务"的观点提出质疑。更为具体的结果是南方男性人口数量锐减，性别比例严重失衡。战争结束后，南方女性人口比男性多出数万。例如，1870年，在佐治亚州，女性比男性多出3.6万人；在北卡罗来纳州，女性比男性多出2.5万人。战争导致南方未婚或丧偶女性（无论是战时还是战后）人数大增。她们别无选择，只能外出自己寻找就业机会（她们往往是出于生活所迫，而非自愿选择）。女性在南方的社会角色也有所增加和丰富。

战争对奴隶们的生活产生了深远的影响，这种影响远在奴隶获得解放前就已经开始。在战争期间，邦联领导者们比和平时期更加恐惧奴隶暴动，他们实施更加严格的奴隶规范和条例。即使如此,还是有许多奴隶,尤其是靠近前线地区的奴隶,想尽各种办法逃脱奴隶主的控制,穿越联邦交界线寻找自由。即使那些无法逃脱的奴隶,在战争期间(至少对奴隶主来讲)也变得更加抵制主人的权威。主要原因是,在许多大的种植园,平时熟悉的奴隶主和监工都当兵打仗去了,只留下妇女和孩子来管理农场,奴隶们觉得更容易进行抵制和反抗。

四、战略与外交

从军事上讲,内战的主动权在北方,因为它需要打败和瓦解南方邦联,而南方只需要避免战败即可。从外交上讲,主动权则在南方,因为它需要赢得外国政府的承认和支持,而北方联邦只需要保持现状即可。

战争指挥官

联邦军队最高指挥官亚伯拉罕·林肯先前只在"黑鹰战争"中有过短暂的战争经历,而且当时他服役的只是州武装部队。如今林肯已是一位成功的军队总指挥,他知道军队规模和战争资源都对联邦有利,并且充分利用了北方的物质优势。他深知联邦军队作战的真正目的是摧毁邦联军队而不是占领南方土地。更为重要的是,林肯深谙战争策略,而他手下的将军们大都自愧不如。战争前三年,为前线部队寻找合适的指挥官成为困扰林肯总统的一个难题。

1861年至1864年,林肯总统曾多次尝试寻找一位能够运筹帷幄,指挥整个联邦军队作战的总参谋长。林肯最初选择的是已经上了年纪的墨西哥战争英雄,温菲尔德·斯科特将军。但是,斯科特对这场新的、规模如此巨大的战争毫无准备,并于1861年11月1日选择退役。于是,林肯起用年轻的乔治·B. 麦克莱伦(时任联邦东部战区波多马克军团司令官)代替斯科特出任联邦军队总参谋长一职。然而,骄傲自负的麦克莱伦毫无战略素养,于1862年3月抛开一切返回了战地。从麦克莱伦离开到1862年底,实际上,林肯总统身边根本就没有总参谋长。最后,当林肯任命亨利·W. 哈勒克(Henry W. Halleck)为总参谋长时,又发现这个人虽懂战略却不够果敢,所有重要抉择都要留给总统定夺。直到1864年3月,林肯终于找到一位可以委以战争重任的人——尤利西斯·S. 格兰特(Ulysses S. Grant)将军。在军事战略上,格兰特与林肯不谋而合,将敌军军队和资源而不是敌军领地，作为军事行动的中心目标。林肯给予格兰特充分的决策自由，但格兰特至少在大的战略方针上总是事先向总统汇报并征得总统认可。

林肯的（后来是格兰特的）战争策略常常要接受"作战委员会"（国会两院联合建立的调查委员会，这也是立法部门在战争政策制定过程中最强有力的声音）的详细审查。该委员会成立于1861年12月，由俄亥俄州参议员本杰明·F.韦德任主席。作战委员会常常指责北方将领在战争中不够严厉残酷，一些激进派委员认为其原因是有些军官对奴隶制仍暗藏怜悯（这种指责往往不够准确）。委员会的调查经常会严重干扰战争指挥。

南方军队的指挥权全部集中在戴维斯总统手中。与林肯不同，他是一位训练有素的职业军人，但他却始终未能像林肯一样组建起一套有效的军事指挥体系。1862年初，戴维斯任命罗伯特·E.李将军为他的首席军事顾问。但实际上，他却从未想过与任何人分享军事战略的控制权。几个月后，李将军离开里士满到前线指挥军队作战，在此后的两年里，戴维斯更是独自制定战争策略。1864年2月，他又任命布莱克斯顿·布拉格（Blackston Bragg）将军为军事顾问，但布拉格除了提供战术意见外没有太大作用。直到1865年2月，邦联国会才批准确立军队总司令一职。随后，戴维斯任命李将军担任此职，但同时表明一切根本决策仍将由他本人定夺。实际上，这个指挥机构还没来得及成形，战争就结束了。

罗伯特·E.李

在基层作战指挥上，南方和北方的军官竟然有着极其相似的背景：双方许多职业军官都毕业于美国西点军校或安纳波利斯海军学院，接受的教育和训练非常相似。许多军官虽各为其主，但却彼此熟知，甚至互为朋友。在军事专业学院的教育中，他们深受18世纪传统战争模式的影响。然而，只有那些能够超越传统军校教育，洞察新的战争特点（在新的战争中，摧毁敌方资源与战场战术的运用同样重要）的人才能成为最出色的军队指挥官，如格兰特和威廉·特库姆塞·谢尔曼。

大众文化模式 棒球运动与美国内战

在没有恢宏的城市体育场，没有灯光、摄像和百万薪酬，更没有少年棒球联赛和高中、大学棒球队的时代，棒球就已成为美国最受欢迎的体育运动。内战时期，无论在北方还是南方，棒球都是前线战士和后方千万男性（以及某些女性）最为珍爱的娱乐活动。

棒球并非是由阿伯纳·道布尔戴（Abner Doubleelay）发明的，他甚至从来没有看过棒球比赛。关于道布尔戴发明棒球的传说是艾伯特·G.斯波尔丁（Albert G. Spalding）多年后杜撰出来的。斯波尔丁是一位体育用品制造商，更是一位爱国人士，他渴望证明这项运动完全起源于美国，极力否定棒球来源于英国的说法。实际上，棒球是由多种早期运动——尤其是英国的板球和圆场棒球——逐渐演变而来的。19世纪40年代开始，美国棒球逐渐成形。当时，一位名叫亚历山大·卡特赖特（Alexander Cartwright）的运务员组建了纽约"尼克巴克"棒球队，设计了布置有四个垒包的菱形球场，并规定击球手三次好球未中便算出局，进攻球队三人出局，双方需交换进攻和防守。

1849年，卡特怀特前往西部淘金，最后发财致富，定居夏威夷，并把棒球运动带到生活在太平洋地区的美国人中间。然而棒球运动在本土并没有因卡特怀特的离开而停滞衰退。英国出生的新闻记者亨利·查德威克（Henry Chadwick）在19世纪40年代末逐渐对棒球产生兴趣，并在接下来的十年里致力于棒球运动的推广和普及（以及棒球规则的系统化和规范化）。他提出，"我们的目标是努力打造一个全国性的赛事"。同时也希望棒球成为"上层社会"即绅士们的运动——这个目标尚未提出，便已宣告失败。到1860年，无论是大学学生还是爱尔兰工人，无论是城市精英还是乡村农民，从新英格兰到路易斯安那，全国各地、各阶层、各种族的民众都在打棒球。此外，棒球还吸引了许多女性的注意。19世纪60年代，瓦萨学院的学生甚至组建了女子棒球队。在费城，自由黑人建立了后来成为美国黑人棒球队体系的第一支球队"预言女神队"。从一开始，他们便被禁止与大部分白人球队交手。

1861年，当年轻人穿上蓝色或灰色军装奔赴战场，一些人也带上了自己的球板和棒球。几乎从战争伊始，南方和北方的士兵就利用战斗间歇临时摆出球场，组织棒球比赛。在战俘集中营、在白宫草坪（联邦军队时常驻扎），甚至在时有枪炮袭扰的战场，棒球比赛无处不在。"令人惊讶的是，一个人面对危险竟能变得如此漠然，"1862年，一名士兵在给俄亥俄州家人的信件中写道，"枪声在不远处响起……而道路另一侧就是我连士兵，他们正在打棒球"。在得克萨斯州经历了一场小规模战斗后，另一名联邦士兵抱怨道，除人员伤亡之外，他所在的连还输掉了"在得克萨斯州亚历山德里亚进行的唯一一场棒球比赛"。

据传说，在南卡罗来纳州的希尔顿海德——内战初期被联邦军队占领——两支由纽约志愿者组成的球队曾在4万多名观众面前上演一场棒球比赛。内战

来复枪和棒球棒 联邦士兵们身着军装,手拿来福枪,在战场上摆好姿势,前面草地上还摆着一堆棒球棒。棒球运动对内战双方军队来说都是备受欢迎的娱乐活动。(Dennis Goldstein, Atlanta)

期间,军队指挥官——以及联邦军队医疗部"美国卫生委员会"——不但没有禁止棒球比赛,反而积极鼓励这项运动。他们认为,棒球比赛可以鼓舞士气。

战场之外,棒球运动继续蓬勃发展(尽管许多年轻人远离家园,奔赴战场)。在全国棒球圣地纽约市,地方球队之间的比赛仍然可以吸引一两万观众。到1865年,"国家棒球协会"(成立于1859年)已经在10个北方州拥有91个棒球俱乐部;1865年,"西北棒球协会"在芝加哥成立,标志着棒球运动在美国西部地区广为普及。内战期间,布鲁克林的威廉·坎米耶(William Cammeyer)把自己的溜冰池抽干,四周加上围栏,建成了美国历史上第一个封闭式棒球场——联邦球场。凡入场者,需向他缴纳10美分入场费。棒球运动的职业化从此开始。

内战以后,棒球运动场面壮观,商业色彩浓厚,对众多美国人来说,就像对残酷内战中的千百万年轻人一样,棒球始终是他们的挚爱,而这种挚爱时常(即使是短暂地)可以消除人们内心的分歧与隔阂。"长官和士兵一度忘记了军衔差异,"1863年,一个来自马萨诸塞州的士兵写道,"兴奋得像学生一样,尽情享受这鼓舞人心的比赛。"

作为志愿军团的指挥官,非职业军官在双方军队中同样发挥了重要的作用。无论是在南方还是在北方,这些人往往是所在地区经济或社会工作的领导者,他们自己组织武装力量,自己担任指挥官。这种体系有利于双方军队招募更多士兵,但却很少能培养出真正有能力的指挥官。

海军的作用

联邦封锁 　北方联邦在海上拥有巨大的优势。在战争中，联邦海军担负着两个重要使命：一是按照1861年4月19日总统命令，加强对南方沿海的海上封锁；二是协助联邦军队陆地作战。

虽然联邦海军对南方沿海的封锁没能完全奏效，但它对南方邦联还是产生了重要的影响。一般来说，美国海军能够阻止过往船只停靠邦联港口，但有时，一些小的船只也能偷偷溜过封锁线。后来，联邦军队通过占领港口渐渐收紧了对南方的海上封锁。南方邦联最后一个重要港口——北卡罗来纳州的威尔明顿——也

尤利西斯·S.格兰特　一位观察家曾这样评价格兰特（如图所示，1864年荒野战役期间，格兰特正摆好姿势，准备照相）："他习惯脸上带着这种表情，仿佛他已下定决心，用头穿过一堵砖墙，而且他正要这样去做。"对格兰特的军事哲学来说，这是一种恰当的比喻。他坚信要持续不断地、冷酷无情地发起进攻。所以，当其他北方将领犹豫退守时，格兰特却情愿去战斗。此外，格兰特还亲手导演了内战中几次最残酷的大屠杀。

罗伯特·E.李　19世纪50年代，按照南方的政治标准，李是一位温和的人物。他反对脱离联邦，对奴隶制态度矛盾。但他却无法割舍自己的家乡，1861年初，他离开美国军队开始领导邦联部队。内战所有南方白人将领中，他曾是（现在仍然是）最受尊敬的一位。在阿波马托克斯宣布投降后的几十年里，他一直是南方白人心中"错失的伟业"的象征。(Bettmann/Corbis)

于 1865 年初落入联邦手中。

为了打破联邦的海上封锁，南方邦联大胆尝试，不惜动用许多新式武器。其中最有名的是一艘装甲舰：当弗吉尼亚州宣布脱离联邦时，北方人在诺福克港故意弄沉了一艘护卫舰——"梅里麦克号"。南方人在该舰上覆满铁甲，建成了这艘装甲舰。1862 年 3 月 8 日，改装后的"梅里麦克"号（重新命名为"弗吉尼亚号"）从诺福克港出发，攻击正在汉普顿锚地附近执行封锁任务的北方木制舰船中队。"弗吉尼亚号"摧毁了两艘战舰，驱散了其他战船。其实，当时北方联邦也已经打造好了自己的装甲舰。其中一艘——"莫尼特号"装甲舰在"弗吉尼亚号"发动突然袭击后的几个小时便到达了弗吉尼亚海域。第二天，"莫尼特号"与"弗吉尼亚号"相遇并交火，这也是历史上第一次装甲舰之间的作战。在交战中，两艘战舰都未能击沉对方，但"莫尼特号"最终还是结束了"弗吉尼亚号"的袭击，保证了联邦海军实施的海上封锁。南方邦联还曾试验其他新的海上武器，如小型鱼雷船和手动潜艇。依靠这些新式武器，南方除了偶尔取得小胜外从来未曾超越北方海军，取得海上优势。

装甲舰

作为陆地战争的支援，联邦海军在西部战场发挥了非常重要的作用——在阿巴拉契亚山脉与密西西比河间的广袤地域，大型舰船可以在主要河流上顺利航行。联邦海军可以运送补给和军队，参与攻打邦联重要据点。相反，南方自己没有像样的海军，只能靠固定的陆地要塞进行防御，这与机动灵活、水陆结合的北方军队真是不可相提并论。

欧洲与分裂的合众国

朱达·P. 本杰明（Judah P. Benjamin），内战期间大部分时间任邦联政府国务卿，虽然聪明但却缺乏坚定信念，并把主要精力都花费在日常行政事务上。与其相比，北方联邦政府国务卿威廉·西沃德却逐渐成为美国历史上最杰出的国务卿之一。在工作上西沃德得到了美国驻英国伦敦大使查尔斯·弗朗西斯·亚当斯（Charles Francis Adams，他继承了祖父约翰·亚当斯和父亲约翰·昆西·亚当斯的外交才华）的鼎力支持。

在战争初期，出于各种原因，英国和法国的统治阶层（无论是对北方还是南方，赢得这两个国家的支持都将是至关重要的）都倾向于同情南方邦联：英国和法国需从美国南方进口棉花用于本国的纺织工业；他们都渴望削弱美国这个日益强大的商业竞争对手的实力；这两个国家中的一些人很是欣赏美国南方所谓的贵族社会体制，他们认为这种体制与本国社会的等级结构颇为相似。然而，法国并不想明确站在哪一方，除非英国率先表态。同样，英国政府也不愿意轻易采取行动，因为许多英国民众都是强烈支持美国联邦的。在英国，一些重要的自由民主人士（像约翰·布莱特［John Bright］和理查德·科布登［Richard Cobden］）都认为美国这场战争是自由劳动制度和奴隶制之间的较量，他们鼓励民众支持北方联邦的事业。英国许多政治敏感但无参政权的工人经常通过公众集会、组织决议或政府议会中的拥护者明确表达对北方联邦的情感支持。在林肯发表《解放奴隶宣言》后，英国这些团体更加热心地投入北方联邦事业之中。

"棉花外交"

南方邦联领导人希望通过强调南方棉花对英国和法国纺织工业的重要性来抵制英国的反奴隶制力量。他们把太多的希望寄托于"棉花外交"，而等到的却是彻底的失败。1861年，英国制造商在原棉和制成品方面都略有盈余，能够承受短期无法从美国进口棉花的压力。后来，随着美国棉花供应开始减少，英国和法国转而从埃及、印度和其他原棉产地进口棉花以保证部分工厂正常运转。同样值得注意的是，受棉花短缺威胁和影响最大的英国工人并没有强烈要求政府打破美国联邦对南方的海上封锁。相反，因工厂关闭而下岗的50万英国纺织工人仍然继续支持北方联邦。结果，在欧洲，没有一个国家主动承认南方邦联的外交地位或干预这场内战；除非南方胜券在握，否则没有国家会愿意与合众国为敌。再说，南方在战事上从来没有充分把握获胜，因此很难赢得潜在同盟国的支持。

尽管如此，内战一开始，美英关系就变得紧张起来，有时甚至接近敌对状态。战争刚刚打响，英国便宣布保持中立，随后法国和其他国家也纷纷表示中立。联邦政府对此极为不满，因为中立就意味着战争双方（北方联邦和南方邦联）有同等的政治地位，而华盛顿一直坚持这场战争只是平息国内叛乱，而非两个合法政府间的战争。

"特伦特号"事件

1861年末，一场更为严重的危机，即所谓的"特伦特号"事件，在英美之间爆发：两位南方邦联外交官，詹姆斯·M.梅森（James M. Mason）和约翰·斯莱德尔，偷偷穿过联邦当时尚不严密的海上封锁到达古巴的哈瓦那，并在那里登上了开往英格兰的英国轮船"特伦特号"。美国护卫舰"圣亚辛托号"当时正好停泊在古巴海域。护卫舰指挥官查尔斯·威尔金斯（Charles Wilkes）生性鲁莽，在未经授权的情况下，威尔金斯对英国"特伦特号"进行了拦截，逮捕了邦联外交官，并耀武扬威地把他们押解到波士顿。英国政府提出交涉，要求联邦释放被捕人员，赔偿损失和公开道歉。林肯和西沃德清楚威尔金斯的确违反了海商法，而且也不愿意为此冒险与英国开战，于是他们拖延谈判时间，待国内民众情绪缓和后释放了被捕的外交官，并间接做出了道歉。而美英之间另外一场外交危机引发的问题则持续了数年之久。南方邦联自己无法生产大型船只，于是从英国造船厂购买了六艘大型商务驱逐舰，其中最有名的是"阿拉巴马号"，"佛罗里达号"和"希那多号"。美国联邦立即提出抗议，认为英国向交战方出售军事武器违反了中立法，这些抗议也成为战后美国向英国索赔的根本依据。

美国西部与内战

美国西部大多数州和地区——那些内战前曾经争议最多的地区——基本上远离了战斗，但他们在战时政治、外交和军事上继续扮演着重要角色。

除了加入邦联的得克萨斯州，其他所有西部州和地区都在政治形式上忠实于联邦，但这并不意味着没有争议和冲突。在整个西部，南方人和南方支持者一直十分活跃。在有些地区，联邦主义者和分裂主义者甚至发生了正面冲突。

在战前就已积怨颇深的堪萨斯州和密苏里州爆发了更为残酷的战斗。1850年以来，蓄奴派力量和自由州势力一直互相争斗，内战爆发之后更是愈演愈烈，死伤不断。在西部长大的俄亥俄州人威廉·C. 匡特里尔（William C. Quantrill）自己组织了一支游击队（成员大多是青少年男子），以威胁堪萨斯州和密苏里州的交界地区，后来他在邦联军队中任上尉。匡特里尔和他的游击队嗜杀成性，极其凶残（他们见人就杀，很少有人能生还）。最臭名昭著的是，在包围袭击堪萨斯州劳伦斯镇的过程中，他们疯狂屠杀平民150人，其中既有成人，也有小孩。战争结束不久，匡特里尔便死于联邦军队手中。在堪萨斯州，联邦支持者也组成"废奴游击队"，在穿越密苏里州西部地区时对匡特里尔和其他邦联游击队的暴行实施疯狂报复，其残忍程度也并不逊色。其中一个废奴小分队由约翰·布朗的儿子和苏珊·B. 安东尼的弟弟领导，他们在战斗中充满了废奴主义者的狂热。堪萨斯州和密苏里州的边界地区虽然没有大的战斗，但仍是内战期间美国最为血腥和恐怖的地区之一。

战争开始不久，南方邦联便派代表与生活在印第安领地（后来的俄克拉荷马州）的"五大文明部落"协商，希望赢得他们的支持，在西部地区共同抵抗联邦军队。然而，印第安人内部也存在分裂。有的人愿意支持南方，因为一方面，他们憎恨美国政府对待印第安人的态度和行为；另一方面，一些部落首领本身就是奴隶所有者。但其他一些人则出于对（无论是南方还是印第安领地内）奴隶制的反

西部游击战

对而支持北方。

印第安人内部的意见分歧有时也会在自己的领地上引发某种形式的内战。此外，在战争中，既有为北方联邦战斗的印第安军团，也有为南方邦联作战的印第安部队。但是，印第安部落本身却从未正式与任何一方结成同盟。

五、战争的进程

伤亡惨重　没有欧洲强国的直接干预，美国内战双方只好自己解决这场战争。南北双方经历了长达4年的血腥厮杀，死亡人数创历史之最，惨烈程度空前绝后。在内战中，有61.8万多人丧生，远远超过了美国在第一次世界大战中的死亡人数11.5万人和在第二次世界大战中的死亡人数31.8万人。实际上，这个数字比美国越南战争前其他所有战争死亡人数之和还要多。内战中，平均每10万人中就有2000人丧生。而在第一次世界大战和第二次世界大战中，每10万人的死亡人数分别是109人和241人。

尽管战争损失惨重，内战仍成为美国历史上最富传奇色彩、研究得最为深入的战争。部分原因在于，内战中上演了一系列具有经典战略意义的战役，涌现出了一大批英勇杰出的军事奇才。

战争中的技术革新

在内战中，新的技术改变了作战方式，很大程度上影响了战场形势。因此，美国内战常常被称为第一次"现代"战和"总体"战。尽管这种称呼不甚准确，有待商榷，但却真实反映出南北双方这场战争与美国以前所参与的战争的区别。内战也清晰地勾勒出了未来战争的模样。

连发武器　19世纪60年代，战争形式最显著的变化体现在双方的作战装备上，其中最重要的是连发武器的使用。1835年，塞缪尔·科尔特（Samuel Colt）发明了连发手枪（左轮手枪）并取得了专利。就军事目的和用途来讲，1860年奥利弗·温切斯特（Oliver Winchester）引进的连发步枪显得更为重要。同样，钢铁技术的进步也大大提高了重型火炮的质量和性能。

技术进步大大提高了武器装备的作战性能和杀伤力，彻底改变了战士的作战方式。几个世纪以来，步兵战士都是笔直地在战场上站成几排，向敌人齐射，直到一方撤退。如今，这种方式的战斗对双方来说都将是毁灭性的，死伤也更加无法想象。战士们很快发现，作战最适合的姿势是匍匐在地面或躲在掩体后面。结果，在历史上，自从有组织化战争出现以来，步兵第一次不再列队战斗，战场也第一次变得混乱无序。逐渐地，新式武器的巨大杀伤力促使双方军队花费大量时间精心设计和修筑堡垒、战壕等防御工事，保护自己免受敌方战火的威胁。在维克斯堡和彼得斯堡包围战、里士满保卫战和其他许多战役中，城市周边和进攻军队周围都修筑了巨大的防御工事（他们成为第一次世界大战中发挥核心作用的巨大堑壕网络的鼻祖）。

其他武器技术对战争来说虽算不上关键，但也十分重要。比如，一项比较新的技术——热气球——时常被用来观察敌人在战场上的布局。（在一次战斗中，联邦军队中一位热气球驾驶员把电报线路带到空中，随时向地面指挥员报告敌军动向。）装甲舰，像"梅里麦克号"（又称"弗吉尼亚号"）和"莫尼特号"，鱼雷和潜水艇等新技术虽然没有在内战中发挥绝对作用，但却预示着即将颠覆传统海军作战的巨大变革。

对战争来讲，另外两项相对较新的技术显得至关重要：铁路和电报。内战中，数百万士兵需要被调集并运往前线，有时，一个野战军的士兵人数就多达 25 万。在这样的战争中，铁路显得尤为重要。运送规模如此庞大的军队和必要的物资补给，仅靠陆路、马匹和马车是完全不行的。而铁路却使大部队的集结和转移成为了可能。尽管如此，铁路同时也限制了大部队的机动性和灵活性。众所周知，铁路线路和车站都建在固定的区域。因此，军队指挥官常常被迫选择在铁路周边地区组织战役，而无法根据最佳地形和最近路线选择战场。军队对铁路运输的依赖（这导致大批军队要集中驻扎在有限的几个地方）使指挥官们更喜欢跟大部队交战，打大战役，而不愿与小部队纠缠。

<small>铁路的重要性</small>

电报对战争的影响相对局限：一是因为缺少合格的电报员，二是由于把电报线路拉到作战现场存在困难。后来，新组建的美国军事电报公司（由托马斯·斯科特 [Thomas Scott] 和安德鲁·卡内基 [Andrew Carnegie] 领导）训练和雇佣了 1200 多名电报员，情况才有所改善。渐渐地，北方联邦和南方邦联的军队都学会了沿部队行进路线架设电报线缆（部队一旦下了火车，开始步行或骑马，行进速度就会变得较慢），军队指挥官也能够在战场上彼此保持联络。南北双方都曾派间谍深入对方战区，窃取对方电报和反馈对方军队部署及动向。

<small>电报</small>

1861 年首场战役

联邦和邦联的首次重要战役发生在弗吉尼亚州的北部地区。一支由欧文·麦克道尔（Irvin McDowell）将军指挥的 3 万多人的联邦军队驻扎在华盛顿城外。约 30 英里以外的马纳萨斯镇则驻守着 P. G. T. 博雷加德将军指挥的人数略少的邦联军队。联邦将领认为，如果联邦军能够消灭驻守在马纳萨斯镇的邦联军，战争也许会立即结束。七月中旬，麦克道尔率领这支经验不足的联邦军队向马纳萨斯镇进发。博雷加德则率军转移到布尔朗河（马纳萨斯镇北部的一条小河，也译作"牛奔河"）南岸并请求增援。开战前一天，南方增援部队抵达，至此，双方军队人数相当，实力相近。

<u>第一次布尔朗战役</u>

7 月 21 日，在第一次布尔朗战役（或称第一次马纳萨斯战役）中，麦克道尔几乎打散了邦联军队，距离胜利只有一步之遥。但是，南方人顶住了联邦军队的最后一次强攻，并开始疯狂反扑。在经历数小时艰苦和激烈的战斗后，联邦军队疲惫不堪，突然间阵脚大乱，惊慌撤退。麦克道尔无法重新组织战斗，只好下令撤回华盛顿——在撤退途中，士兵平民混杂其中（许多平民手持野餐篮，从首都赶来准备到附近的小山上观战），场面更加混乱。邦联军队虽然取胜，但和联邦败军一样混乱不堪，加上后勤补给和交通工具不足，未能乘胜追击。这次战役严重打击了联邦军队的士气和总统对手下将领的信任，也彻底打碎了战争可以速战速决的幻想。

<u>威尔逊的克里克</u>

1861 年，联邦军队在其他地区取得了一些规模较小但有重要意义的胜利。在密苏里州，大批反叛势力聚集在克莱本·杰克逊（Claiborne Jackson）州长和其他一些意图脱离联邦的政府官员手下。驻扎在圣路易斯的纳撒尼尔·里昂（Nathaniel Lyon）率领一小股正规部队向密苏里州南部进军，迎战分裂分子。8 月 10 日，在威尔逊的克里克战役中，里昂战败，不幸牺牲，但他却极大地削弱了邦联军队的战斗力。随后，联邦军队轻松占领了密苏里州大部分地区。

同时，在乔治·B. 麦克莱伦的指挥下，联邦军队从俄亥俄州出发，向东进军弗吉尼亚州西部地区。1861 年底，联邦军队"解放了"该地区反对分裂的山区民众。他们建立了自己的政府，宣布效忠联邦，并于 1863 年以西弗吉尼亚州的名义加入联邦。占领弗吉尼亚州西部地区的军事意义并不大，因为该地区与弗吉尼亚州其他地区有高山阻隔。但是，它却是北方军队取得胜利的重要象征。

西部战场

在第一次布尔朗战役后,双方在东部地区的军事行动长期陷入僵局。1862年,第一次具有决定性的战役在西部战场拉开帷幕。联邦军队试图夺取密西西比河下游的控制权,这样既可以把南方邦联一分为二,又可以为北方军队进入南方腹地提供交通便利。北方士兵沿密西西比河从南北两个方向进行夹击:北部兵力从肯塔基州顺流而下,向南推进;南部兵力从墨西哥湾逆流北上,直指新奥尔良。

4月,一支由装甲舰和木制舰船组成的联邦海军中队在大卫·G.法拉格特(David G. Farragut)的指挥下集结在墨西哥湾,彻底粉碎密西西比河口的邦联要塞,并逆流而上,进军毫无防备的新奥尔良(当时,邦联高层指挥判断,联邦军队会从北部发起进攻)。结果,4月25日,新奥尔良宣布投降——这是联邦军队首次重大胜利,也是战争的一个重要转折点。从此,密西西比河口对邦联贸易彻底关闭,南方最大城市和最重要金融中心也完全落入联邦政府手中。

夺取奥尔良

西部战场更北端,邦联军队在艾伯特·西德尼·约翰斯顿(Albert Sidney Johnston)的指挥下,以田纳西州的亨利要塞(位于田纳西河上)和唐奈尔森要塞(位于坎伯兰河上)为中心展开长线防御。然而,这两个要塞正好位于南方主力侧翼的后方,联邦指挥官发现并利用了邦联的这个致命弱点。1862年初,尤利西斯·S.格兰特率军攻打亨利要塞。2月6日,在联邦军队装甲舰船的威慑下,要塞守军几乎未做任何抵抗便宣布投降。格兰特随即指挥海军和地面部队进攻唐奈尔森要塞,邦联守军虽奋起抵抗,但终究无力回天,于2月16日被迫投降。在攻克邦联要塞后,格兰特控制了水上交通,迫使邦联军队放弃整个肯塔基州和半个田纳西州。

格兰特率领联邦军队约4万人继续向南行进,沿田纳西河控制了作为南方邦联命脉的铁路线路。从匹兹堡兰丁出发,他继续指挥部队进军附近的夏伊洛(位于田纳西州),与一支人数相当的邦联军队(由艾伯特·西德尼·约翰斯顿和P. G. T.博雷加德指挥)遭遇,格兰特大为吃惊。随即,夏伊洛战役(4月6—7日)全面打响。战斗第一天,约翰斯顿阵亡,南方邦联军队迫使格兰特退到河边。但第二天,格兰特得到2.5万名援兵,一举夺回阵地,博雷加德被迫撤退。在夏伊洛取得险胜后,北方军队控制了密西西比重要的铁路枢纽——科林斯,并确立了对密西西比河(南至孟菲斯港)的全面控制。

夏伊洛

布莱克斯顿·布拉格,时任邦联军队西部战场指挥官,在田纳西州东部地区(仍处在邦联控制之下)集结军队,希望夺回田纳西州剩余地区,然后挥师北上,进军肯塔基州。然而，他必须首先对付一支联邦军队（先后由唐·卡洛斯·布埃尔 [Don Carlos Buell] 和威廉·S. 罗斯克兰 [William S. Rosecrans] 指挥），而这支联邦军队的主要任务是夺取查塔努加。几个月来，双方军队在田纳西州北部和肯塔基州南部左右周旋，寻找作战优势，最终于 12 月 31 日—1 月 2 日相遇开战，即默夫里斯伯勒战役（又称石河战役）。最后，布拉格战败，被迫向南撤退。到 1862 年底，联邦军队在西部战场进展迅速，而在东部主要战区却进展缓慢。

弗吉尼亚前线，1862 年

乔治·麦克莱伦

1862 年，联邦军队的军事行动均由乔治·B. 麦克莱伦（波多马克军团司令官，也是最富争议的内战将军）指挥。麦克莱伦在军队训练上堪称一流，但他似乎总是不愿让部队参战。重要战机曾几度出现，但麦克莱伦不愿利用——他反复说准备工作还不充足或时机还不成熟。1861 年至 1862 年的冬天，麦克莱伦在华盛顿附近专心训练他的 15 万士兵。最后，他终于设计出一个春季进攻方案，其战略目标就是夺取邦联首都——里士满。然而，麦克莱伦并不想经陆路直捣里士满，而是选择更为复杂的迂回路线。他认为这样可以绕过邦联军队的防御。海军将沿着波多马克河把他的部队运到里士满东部、约克河与詹姆斯河之间的半岛。然后，部队从半岛出发，进军里士满。这就是美国历史上的"半岛战役"。

战役开始，麦克莱伦只调用了部分军队。他率领约 10 万士兵沿波多马克河南下，另外 3 万由欧文·麦克道尔指挥，驻守原地，保护华盛顿。麦克莱伦坚决认为，只要他不断威胁里士满，华盛顿就会平安无事。最后，他成功说服林肯同意给他增兵。然而，增兵还未开始，一支由托马斯·J. 杰克逊（Thomas J. Jackson，"石墙"将军）指挥的邦联军队便迫使总统改变了计划。杰克逊率军迅速北上，穿越谢南多厄山谷，似乎要渡过波多马克河攻打华盛顿。情急之下，林肯派麦克道尔率军阻截。在这场惊心动魄的山谷战役中（1862 年 5 月 4 日至 6 月 9 日），杰克逊分别击败了两支联邦军队，并在麦克道尔手中轻松逃脱。

"七棵松"

同时，约瑟夫·E. 约翰斯顿（Joseph E. Johnston）指挥下的邦联军队正在向里士满城外的麦克莱伦军队发动进攻。在持续两天（5 月 31 日至 6 月 1 日）的费尔奥克斯战役（又称"七棵松战役"）中，邦联军队未能击退联邦军队，约翰斯顿在战斗中也身负重伤，罗伯特·E. 李接替他指挥作战。李将军随即召回了谢南多厄山谷的"石墙"杰克逊，综合兵力 8.5 万人用以抵抗麦克莱伦 10 万大军。李将军发起了新一轮攻势——"七天战役"（6 月 25 日至 7 月 1 日），意图先切断麦克莱

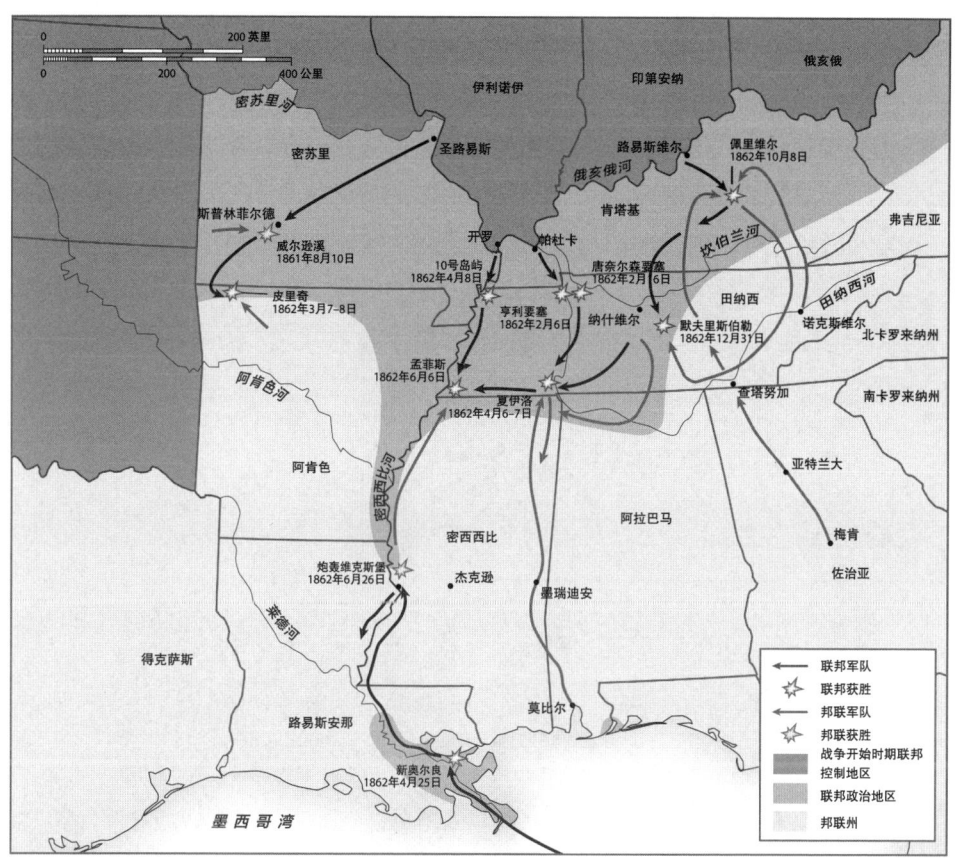

西部战事，1861—1863 当弗吉尼亚的联邦军队接连受挫时，西部的联邦军队却在战争前两年捷报频传。这幅地图展示了联邦军队在邦联西部地区的一系列推进。1862年4月，大卫·法拉格特将军的装甲舰一举占领了新奥尔良——邦联重要的港口；在尤利西斯·S.格兰特的指挥下，更北端的联邦军队把邦联部队赶出了肯塔基州和田纳西州西部。这些战斗以联邦军队在夏伊洛的胜利而达到顶峰，联邦军队从而控制了密西西比河上游地区。◆ 为什么对双方来讲控制密西西比河如此重要？（彩图见第1067页）

伦与约克河基地的联系，再彻底摧毁这支孤立无援的联邦军。然而，麦克莱伦一路厮杀，穿越半岛，并在詹姆斯河建立起新的基地。在那里有海军支援，波多马克军团重获安全保障。

此时，麦克莱伦距离里士满只有25英里，又有安全的水路交通保障，正好可以发动新的攻势。然而，他又一次借故拖延，贻误了战机。林肯并没有用进攻欲强的将领代替麦克莱伦，而是命令军队向弗吉尼亚州北部转移，与约翰·波普（John Pope）指挥的一支规模较小的军队会合。总统希望从陆路向里士满发起新的攻势，这是他一直以来的愿望。

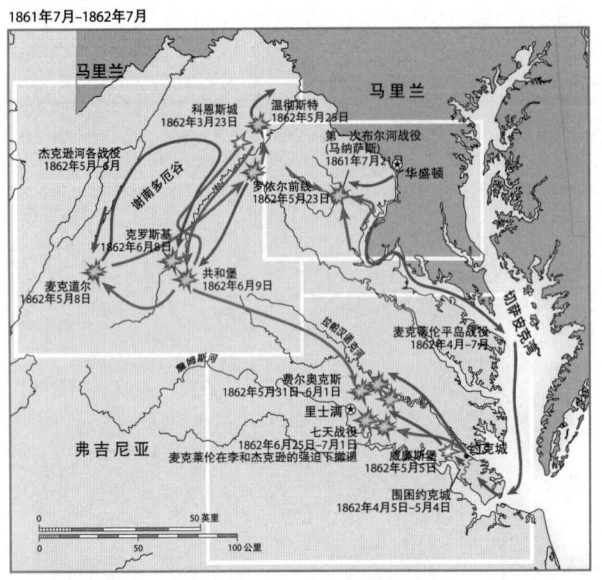
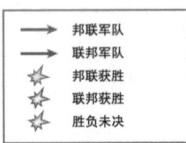
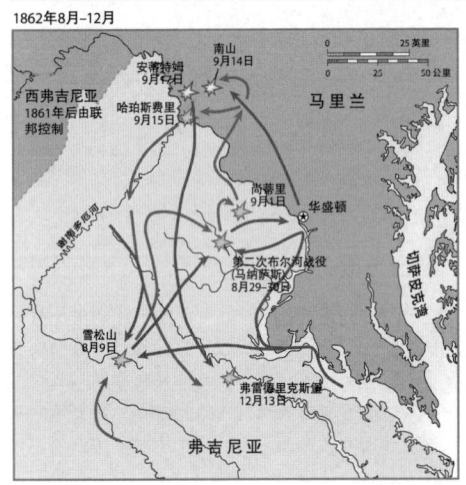

弗吉尼亚战区，1861—1863 内战前两年，大部分战斗都发生在所谓的弗吉尼亚战区，尽管这个地区的战役向北延伸到马里兰州和宾夕法尼亚州。联邦希望速战速决，战胜新组建的邦联军队。但这些地图显示，南方军队总能使北方的希望落空。左上角的地图展现了1861年至1862年上半年的战斗，几乎全部是邦联军队获胜。左下角的地图展现了1862年下半年的情况，南方人又是在大多数交战中击败了联邦军队——尽管联邦军队在九月份曾把邦联军队赶出马里兰州。右侧地图展现了导致1863年葛底斯堡大战的军队调动情况。◆ 在内战开始几年，联邦军队为什么无法从物质优势中获得更多战果？（彩图见第1068页）

当波多马克军团从水路离开半岛，李将军立即率领北弗吉尼亚兵团北上，抢在麦克莱伦到达前攻打波普所率部队。麦克莱伦过于谨慎，而波普又过于鲁莽。他没有等麦克莱伦的军队全部抵达便向接近的邦联军队发起进攻，这就是"第二次布尔朗战役"，或"第二次马纳萨斯战役"（8月29日至30日）。李将军抵住进攻并全面反击，彻底击溃了波普军队，所剩残部仓皇逃回华盛顿。林肯陆路进攻里士满的计划被打乱，他撤销了波普的指挥职务，命令麦克莱伦统帅该地区的所有联邦军队。

很快，李将军继续发动进攻，向北穿越马里兰州西部地区，麦克莱伦率军迎战。幸运的是，麦克莱伦得到一份李将军军事命令的副本，得知一部分邦联军队在"石墙"杰克逊的率领下离开大部队去攻打哈普斯渡口。然而，麦克莱伦没有在邦联军队兵力分散之时迅速展开进攻，而是再次拖延，使李将军有时间集结大部分部队，驻扎在夏普斯堡附近的安蒂特姆河边。9月17日，内战中最残酷、最血腥的一天，麦克莱伦率领8.7万大军反复进攻李将军的5万邦联军，双方损失惨重。战斗中共有6千名士兵阵亡，1.7万名士兵受伤。当天傍晚，正当邦联阵线快要崩溃之时，杰克逊的剩余部队从哈普斯渡口赶回增援。麦克莱伦只要再多进攻一次，邦联阵线就有可能被攻破。然而，他并没有继续进攻，李将军也得以把军队撤回弗吉尼亚州。表面上看，联邦军队在安蒂特姆河战役中取得了胜利，实际上，他们却是浪费了宝贵战机。11月，林肯总统彻底免除了麦克莱伦的指挥职务。

<small>安蒂特姆</small>

麦克莱伦的继任者，安布罗斯·E. 伯恩赛德（Ambrose E. Burnside），才华平庸，任期不长。他试图从邦联防御最强的弗雷德里克斯堡穿越拉帕汉诺克河进军里士满。12月13日，他指挥军队向李将军发动一系列进攻，所有进攻都十分惨烈，却毫无结果。伯恩赛德的军队损失过半，只好撤回到拉帕汉诺克河北岸。伯恩赛德也引咎辞职。

1863年，决战之年

1863年初，约瑟夫·胡克（Joseph Hooker）将军负责指挥强大的波多马克军团，统领12万士兵驻扎在拉帕汉诺克河北岸，与弗雷德里克斯堡隔河相望。虽然胡克以斗士著称（他的绰号"善战乔"广为流传），但他在春季发动战役时却显得决心不足。胡克率领部分军队，从弗雷德里克斯堡上游渡河后向该城和李军逼近。然而，在最后时刻，他却显得不知所措，把军队撤回到一片长满灌木矮树的荒凉地带（所谓"荒原"）进行防御。李将军所率部队人数只有胡克军队的一半，但他仍大胆指挥，兵分两路，对联邦军队进行夹击。在5月1日至5日的"钱瑟洛斯维尔战役"中，"石墙"杰克逊从联邦军右翼进攻，李将军则率军从正面出击。胡克勉强带军逃脱。李将军破坏了联邦军队的战斗计划，但未能歼灭和摧毁整支军

<small>钱瑟洛斯维尔战役</small>

纽约第一炮兵部队 这张照片摄于一个无法识别的战场,纽约第一炮兵部队官兵摆好姿势,站在一列大炮前。为了不妨碍向敌人射击,树木被砍倒,只剩下一些树桩。(US Army Military History Institute, Carlisle, PA)

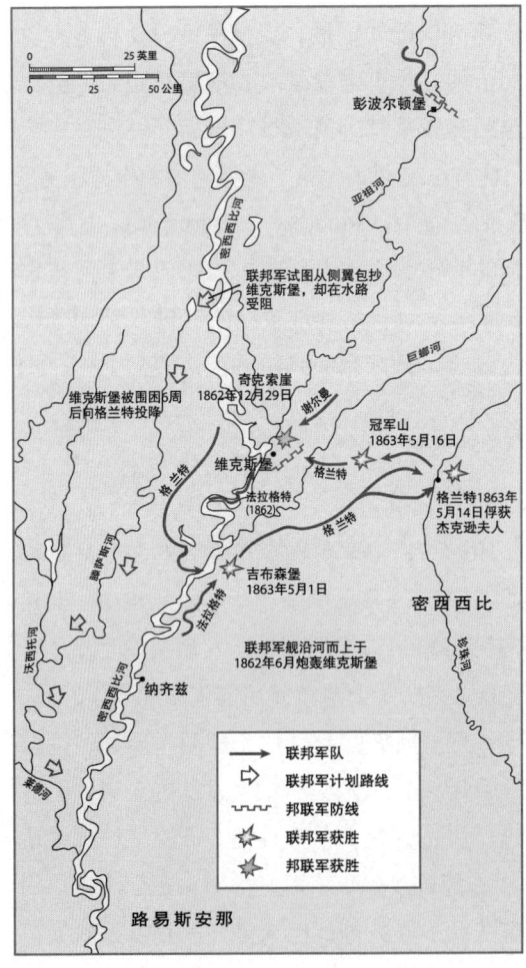

维克斯堡之围,1863年5—7月 1863年春季,格兰特展开攻势,意图夺取邦联手中密西西比河最后一部分的控制权。要实现这个目标,就必须占领维克斯堡——一座建于密西西比河上、防御牢固的城市——的南部要塞。维克斯堡的主要防御在北面,因此格兰特大胆调度人员和补给绕过城市,从南面发起进攻。结果,他切断了城市与外界的联系。围困六周后,维克斯堡居民宣布投降。
◆ 联邦军队在维克斯堡战役和葛底斯堡战役中的胜利对北方战争信心有何影响?

队。他最得力的战将杰克逊在战斗中身负重伤,后来死于肺炎。

尽管联邦军队在东部屡遭重挫,在西部他们却继续高歌猛进,取得多场重要胜利。1863年春,尤利西斯·S. 格兰特率军进攻弗吉尼亚州的维克斯堡,它是邦联军队在密西西比河南部流域最后两个军事据点之一,防守严密,北部有丘陵环绕,西部是低地沼泽,大炮射程亦可覆盖整个河面。然而,5月份,格兰特大胆地把士兵和补给(通过陆路和水路)运送到维克斯堡南部地势稍好的区域,从背后发起进攻。六个星期后的7月4日,维克斯堡宣布投降——实际上,由于联邦军队的长期围困,城内居民早已饥饿难耐。几乎就在同时,密西西比河上另一个邦联据点,路易斯安那州的哈得孙港,也宣布向从新奥尔良北上的联邦军队投降。至此,联邦军队实现了一个基本军事目标:全面控制密西西比河。南方邦联被一分为二,路易斯安那州、阿肯色州、得克萨斯州与其他各分裂州的联系被切断。联邦军队在密西西比河上的胜利也成为战争中重要的转折点。

在维克斯堡被围之际,李将军提议进攻宾夕法尼亚。他认为,这样可以转移北方联邦军队的注意力,缓解密西西比河下游的压力。他还认为,如果他能在北方领土上取得重要胜利,英国和法国就有可能出手帮助南方邦联,战事疲惫的北方甚至有可能在维克斯堡失守前退出战争。

1863年6月,李将军率军穿越谢南多厄山谷到达马里兰州,然后继续行军进入宾夕法尼亚州。联邦的波多马克军团先后在胡克和乔治·C. 米德(George C. Meade)指挥下,在李军和华盛顿之间,与邦联军行进路线相平行,同时北上。两支军队最终在宾夕法尼亚州的葛底斯堡小镇相遇,一场最为著名的战役(1863年7月1日至3日)就此展开。

米德军队在小镇南部山地建立了强大而严密的防御工事。自信而好战的李将军在人数不占优势的情况下(邦联军7.5万人,联邦军9万人)仍大举进攻。他对联邦墓园岭的首次进攻失败。一天后,他又下令发动第二次更大规模的进攻。在这次进攻(后人称之为"皮克特大冲锋")中,1.5万邦联士兵面临联邦火力扫射,在空旷的山地中推进了约一英里。最终只有约5千人冲到了山岭,而这5千人也不得不投降或撤退。至此,李将军已经损失了三分之一的部队。7月4日,也就是维克斯堡投降当天,李将军下令从葛底斯堡撤军——这是战争中又一次重大转折。实力大减的邦联军队再也没有能力严重威胁北方领土。

年底,在田纳西州发生了战争的第三次重要转折。9月9日占领查塔努加后,联邦军队在威廉·罗斯克兰的指挥下,草率决定、追击布拉格的撤退部队。殊不

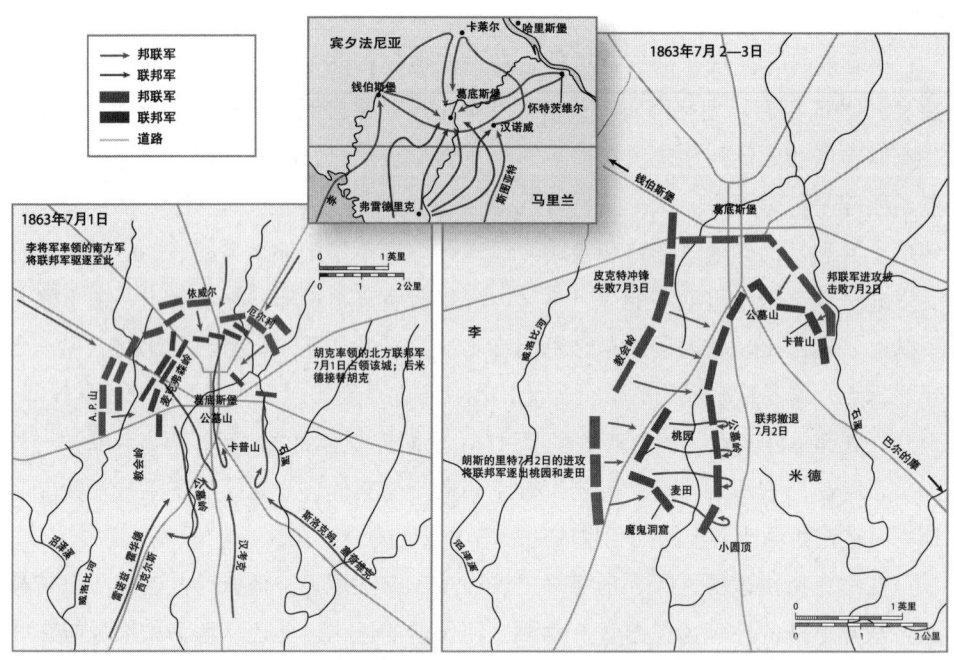

葛底斯堡战役，1863年7月1—3日 葛底斯堡战役是内战中最为重要的单场战斗。如果邦联军队在葛底斯堡战役中获得优势，那战争的未来走向也许会大不一样。左侧地图展示了李率军将北方军队逼至城南后，7月1日战斗开始时联邦和邦联军队的兵力部署。右侧地图则揭示了7月2日和3日（邦联军队）的进攻方式。尤其要注意的是皮克特英勇而惨烈的大冲锋，7月3日大冲锋的失败成为这场战斗的转折点，有些年代记编者认为，这次失败更是整个战争的转折点。◆ 为什么罗伯特·李认为入侵宾夕法尼亚可以推进邦联事业？（彩图见第1069页）

知，布拉格得到李将军的增援，正在佐治亚州边境等待他们的到来。

双方军队遭遇并开战，打响了"奇克莫加战役"（9月19—20日），这也是为数不多的一次邦联军队人数占优的战役（邦联军7万人，联邦军5.6万人）。联邦军队无法突破邦联战线，只好撤回到查塔努加。

布拉格随即开始包围查塔努加，占领了附近的高地，切断了联邦军队的补给。格兰特赶来营救。在"查塔努加战役"（11月23—25日）中，得到增援的联邦军队把邦联军赶回了佐治亚州。北方军队实际占领了田纳西州东部大部分地区。联邦军队实现了第二个重要战略目标：控制田纳西河。至此，邦联11个州中已经有4个州被切断了与南方政府的联系。邦联意图通过重要军事胜利取得独立的梦想随之破灭。他们只能寄希望于坚守和消磨北方的战斗意志。

查塔努加战役

1864—1865 年,最后的战斗

1864 年初,尤利西斯·S.格兰特成为联邦军队总司令,总统终于找到了一位值得信赖并执着于战争的军事指挥官。格兰特并不是一位精于战略战术的将军,但他坚信利用北方军队和物资资源的巨大优势可以打败南方邦联。他并不惧怕军队承受巨大伤亡,只要同样也能给敌人造成严重的伤亡。

格兰特计划在 1864 年发动两大攻势。在弗吉尼亚州,波多马克军团(表面上归米德指挥,实际上是格兰特亲自统帅)将向里士满进军,迫使李将军参加决战。在佐治亚州,联邦西部军团将由威廉·T.谢尔曼指挥,向东边的亚特兰大进军,消灭南部腹地约瑟夫·E.约翰斯顿率领的邦联军余部。

格兰特的战略

波多马克军团的 11.5 万大军深入弗吉尼亚州西北部地势崎岖、丛林密布的荒原地带,追击李将军的 7.5 万邦联军。几个星期来,李将军一直避免迎战,后来掉转方向,与格兰特在"莽原之战"(5 月 5—7 日)中交火。然而,格兰特并不畏

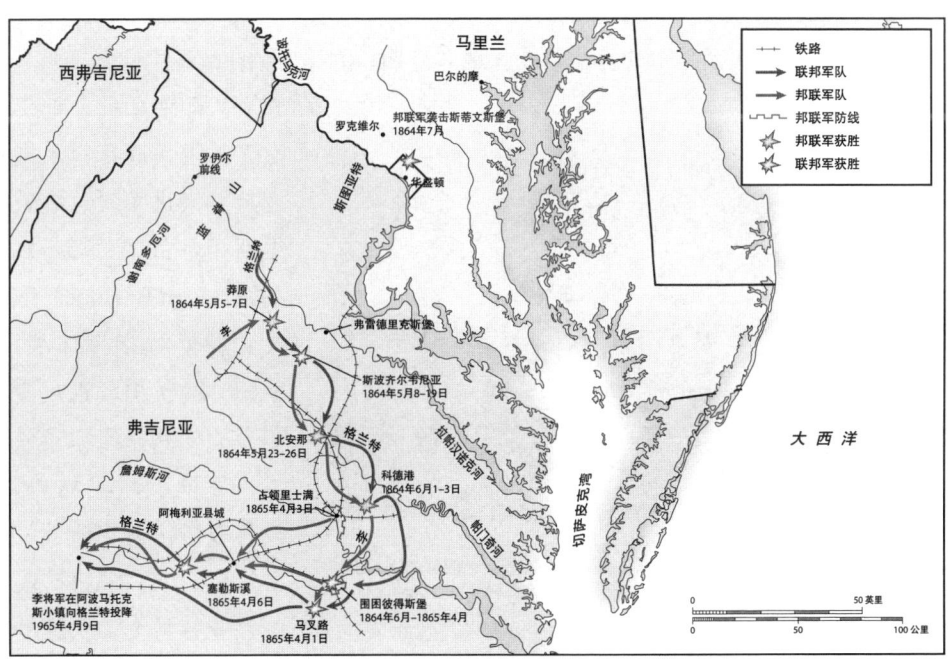

弗吉尼亚战役,1864—1865 从邦联军队在葛底斯堡战败到战争结束,东部大部分战斗都发生在弗吉尼亚州。此时,尤利西斯·S.格兰特已成为所有联邦军队的指挥官并接管了波多马克军团。尽管邦联军队在弗吉尼亚战役中取得了一些重要胜利,但联邦军队却日益壮大,南方军队日益衰弱。格兰特认为,联邦军队的战略应该体现北方的最大优势:人员和设备的优势。◆ 格兰特的这一决定对人员伤亡规模有何影响?

惧，战后未做停留和休整便继续向里士满进军。途中联邦军再次与李军遭遇，随即"史波特斯凡尼亚法院战役"打响。在这场持续5天的残酷战斗中，有1.2万联邦士兵阵亡或身负重伤，邦联军队同样损失惨重，但具体数字不详。尽管伤亡巨大，但格兰特仍命令军队继续前进，不过，胜利好像总是在和他玩捉迷藏。

李将军把部队驻扎在格兰特和邦联首都之间。6月1—3日，他又一次在里士满东北部的冷港击退联邦军队。在长达一个月的荒野行动中，格兰特损失了5.5万士兵（阵亡、负伤或被俘），李将军损失3.1万。里士满仍未沦陷。

就在此时，格兰特改变了战略。他将部队转移到里士满东部，完全绕开邦联首都，向南直指铁路枢纽彼得斯堡。如果格兰特能够夺取彼得斯堡，他就可以切断邦联首都与其他地区的联系。然而，彼得斯堡有重兵把守，李将军再赶来援助，进攻战就变成了持久的包围战。结果，这场包围战一连持续了九个月。

与此同时，在佐治亚州，谢尔曼遇到的邦联抵抗并不十分猛烈。他率领9万大军对阵约翰斯顿的6万邦联军。约翰斯顿并不愿意冒险与他直接交战，只是试图通过部队迂回延缓谢尔曼的前进速度。双方军队之间只有一次真正的战役，于6月27日在亚特兰大西北部的肯纳索山脉地区打响。约翰斯顿在战役中取得了重大

占领亚特兰大

胜利。即使如此，他仍然无法阻止联邦军队向亚特兰大进军。总统戴维斯用好战的约翰·B.胡德（John B. Hood）取代约翰斯顿指挥作战。胡德曾两次勇敢进攻谢尔曼的部队，但除了使本方军队严重受挫外，没有取得任何实质性战果。9月2日，谢尔曼占领亚特兰大。获胜的消息传到北方，人们兴奋不已，一度分裂的共和党又重新团结在林肯总统的周围。

莫比尔湾，1864 罗伯特·韦尔在这幅画中描绘了一艘联邦小型战舰"里士满号"（隶属于大卫·法拉格特指挥的舰队）和一艘邦联装甲舰"田纳西号"在莫比尔湾入口处进行的著名海战。尽管邦联的水雷散布于海港入口，但法拉格特却用令人难忘的命令指挥他的舰船参加战斗："去他娘的水雷，全速前进。"联邦军队打败了邦联的小型舰队，三个星期后占领了防卫海港的堡垒，进而结束了邦联在墨西哥湾沿岸最后一个港口的控制权。该港口被偷渡封锁线的船只利用，企图补给南方战争所需。(Mariners' Museum, Newport News, Virginia)

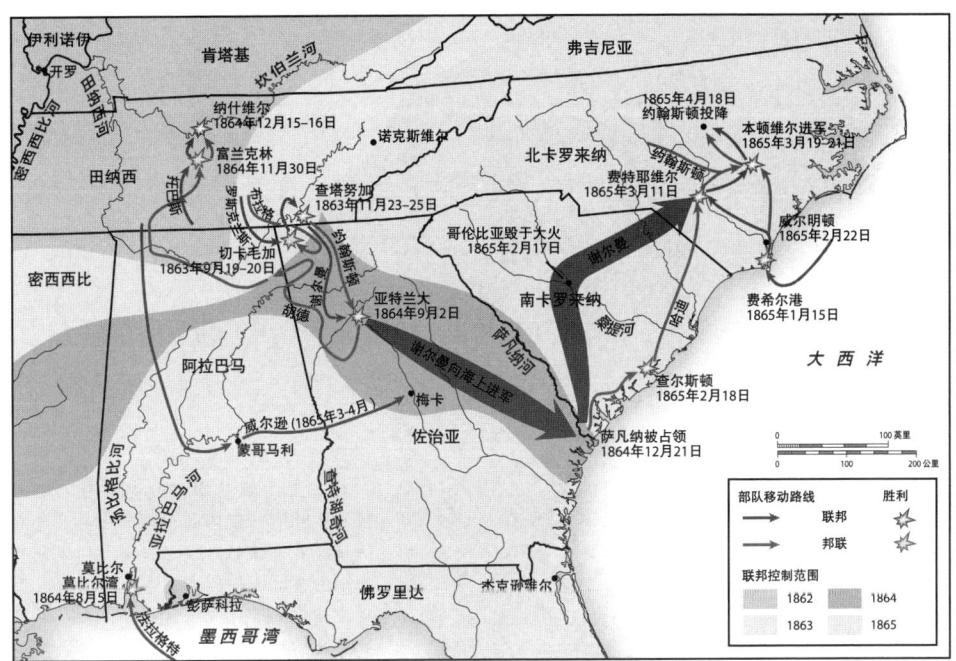

谢尔曼的"向海洋大进军",1864—1865 格兰特正在弗吉尼亚州消耗李将军的实力,威廉·特库姆塞·谢尔曼将军开始向东进军穿越佐治亚州。在田纳西州和佐治亚州西北部经历一系列的战斗后,谢尔曼夺取了亚特兰大;随后毫无阻碍地向佐治亚州海岸城市萨凡纳前进——故意摧毁军队所经城镇和种植园。请注意,1864年圣诞节前占领萨凡纳以后,谢尔曼开始向北进军,穿越南北卡罗来纳。李将军在阿波马托克斯向格兰特投降,几天后,更北端的邦联军队也向谢尔曼投降。◆ 谢尔曼认为自己毁灭式的"向海洋大进军"会取得什么效果? (彩图见第1070页)

402　　胡德试图通过掉转部队,北上穿越田纳西州,威胁进军北方以吸引谢尔曼,诱使他撤出亚特兰大。谢尔曼并未上当,但他的确派兵增援了纳什维尔。在"纳什维尔战役"中(1864年12月15—16日),北方军队实际上彻底歼灭了胡德所剩部队。

　　与此同时,谢尔曼离开了亚特兰大,开始了他著名的"向海洋大进军"。军队实行就地补给,无法利用的材料全部销毁,在佐治亚州留下一条60英里宽的荒凉刘痕。谢尔曼曾说,"战争就是地狱"。他的意思并不是说战争十分残酷,应该避免,而是说战争理应让敌人感到万分恐惧并付出高昂代价。他所追求的不仅是剥夺邦联军队所有战争物资和铁路交通,更是通过一路烧毁村镇和种植园来击垮南方人的战斗意志。12月20日,谢尔曼抵达萨凡纳。两天后,萨瓦纳宣布投降。这也是谢尔曼给林肯总统送上的圣诞礼物。1865年初,谢尔曼离开萨瓦纳(在此未

向海洋大进军

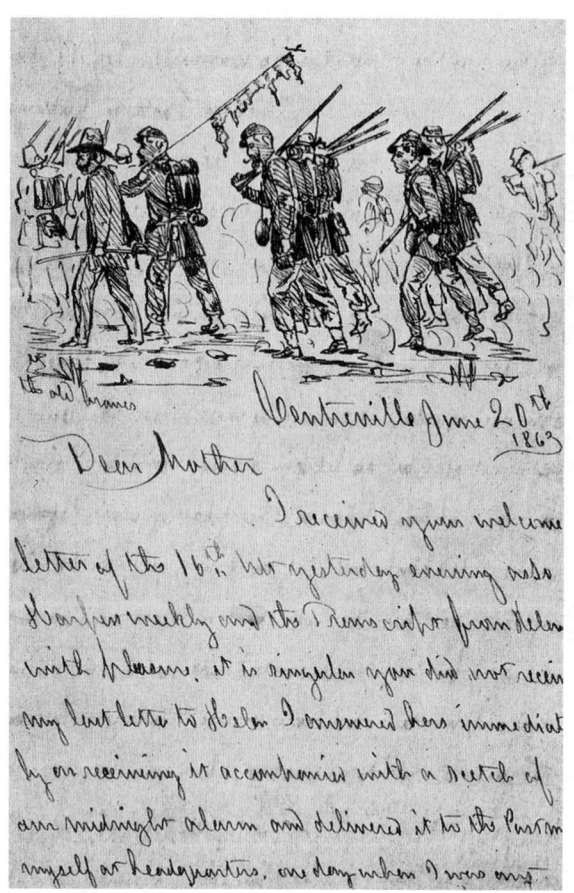

一封来自前线的家书 查尔斯·威灵顿·里德,一名19岁的联邦士兵,也是一位颇有天赋的绘画爱好者。从战争开始到结束。他始终不忘给自己的家人寄送配有插图的信件。在这封1863年寄给母亲的信中,他描绘了马萨诸塞第九炮兵连离开弗吉尼亚州森特维尔,启程葛底斯堡的场景。两周后,里德参加了那场著名的战役,最后还因表现英勇获得国会荣誉勋章。他在描绘那场战斗时这样写道,"我做梦都无法想象这种尖叫声,嘶嘶声和隆隆声"。(Manuscript Division, Library of Congress)

进行大规模破坏),向北穿越北卡罗来纳州,继续进行他的破坏性大行军。一路上,军队未遇任何抵抗,谢尔曼顺利进入北卡罗来纳州。在这里,约翰斯顿率领的一小股军队向他们发动了袭击,而这些袭击除了给行军造成短暂耽搁外没有任何作用。

阿波马托克斯小镇

1865年4月,格兰特的波多马克军团——当时仍在对彼得斯堡进行持久的包围战——最终占领了彼得斯堡西南部的一个重要铁路枢纽。由于没有通往南方的铁路,军队与其他邦联军的联系被切断,李将军保卫里士满彻底无望。于是,他率领2.5万残军向西移动,希望绕开联邦军队与在南北卡罗来纳州的约翰斯顿会合。联邦军队乘胜追击并切断了他的逃跑路线。李将军终于意识到,再多的流血也是徒劳,于是安排与格兰特将军在弗吉尼亚州县政府所在地阿波马托克斯小镇的一所民房中会面。4月9日,李将军带领所剩军队宣布投降。9天后,约翰斯顿在北卡罗来纳州达勒姆附近向谢尔曼投降。

尽管杰斐逊·戴维斯拒绝承认战败，但实际上，漫长的内战已经结束，至少从军事角度看是这样。戴维斯离开里士满向南逃亡，但最后在佐治亚被捕。一些南方顽固分子仍继续战斗，但他们这点抵抗也很快瓦解了。战争最后的枪声还没有结束，重建分裂国家的艰难历程已经开始。

小　结

美国内战开始时，南北双方都抱有很高的期望和理想。无论是在北方还是在南方，成千上万的人满怀激情，报名参军，他身着蓝色或灰色军装，在家人、朋友和邻居的欢呼声中，走过家乡的街道，奔赴战场。四年后，他们中有60多万人战死沙场，更多的人身负重伤，终身残疾。一场为"原则"和"理想"而战的斗争——没有人认为这场斗争会超过数月——最终成为美国历史上最为漫长、最为血腥的战争，真可谓前无古人，也许后无来者。

在战争的前两年，邦联军队似乎占尽优势。他们是在本土作战，士兵也比北方更为投入；他们的指挥官才华横溢，而联邦军队的指挥在相当一段时间内让人捉摸不透，反复无常。然而，随着时间的推移，北方联邦的优势逐渐显现，并发挥作用。北方拥有更为稳定的政治体系和美国历史上最伟大的国家领袖（相比而言，邦联政府未经考验，总统领导也比较软弱）。北方人口众多，工业经济更为先进，金融机构更加完善，铁路系统更为发达。1863年中，战争趋势发生改变；在接下来的两年里，联邦军队逐渐消耗邦联军队，最终于1865年取得全面胜利。

北方的胜利不仅仅是军事上的。战争加强了北方经济，刺激了工业生产和铁路建设。在战争中，南方千百万资产被毁，壮年男性人口锐减，社会经济严重削弱。南方人参加战争，部分原因是害怕北方日益提升的主导地位。然而，颇具讽刺意味的是，战争更加确定和巩固了北方的主导优势。毋庸置疑，到1865年，美国真正的未来在于工商业的发展，而这种发展在战后多年都主要发生在南方以外的地方。

最重要的是，对千百万黑人奴隶来讲，内战是一次伟大的胜利。他们的艰难困境也是冲突爆发的首要原因。战争催生了亚伯拉罕·林肯划时代的《奴隶解放宣言》。随后，宪法第十三条修正案通过，奴隶制被彻底废除。战争鼓励千百万黑人奴隶解放自己，逃离奴隶主，穿越联邦边界寻求庇护——有时甚至投身联邦军队，参与战斗。虽然获得自由的奴隶在未来并不会一帆风顺，但毕竟有 350 万曾经为奴的男女在战争过后获得了自由。

阅读参考

James McPherson, *Battle Cry of Freedom* (1988) 是一部综合讲述美国内战历史的优秀作品。

Shelby Foote, *The Civil War: A Narrative, 3 vols.* (1958—1974) 记录了美国内战的军事历史，并带有强烈的文学色彩。

David Donald, *Lincoln* (1995) 是有关美国第十六任总统最好的一部现代传记。

James M. McPherson, *Abraham Lincoln and the Second American Revolution* (1990) 深入探讨了林肯的生活和重要地位，发人深思。

Doris Kearns Goodwin, *Team of Rivals* (2005) 描绘了林肯总统成员各异、难以驾驭的内阁。

Douglas Southall Freeman, *Robert E. Lee*, 4 vols. (1934—1935) 和 William McFeely, *Grant* (1981) 是记述内战期间两位最著名将军的重要传记。

Philip Shaw Paludan, *"A People's Contest": The Union at War, 1861—1865* (1988) 很好地展现了内战对北方社会的影响。

Iver Bernstein, *The New York City Draft Riots* (1990) 记录了战场之外一个重要事件。

Jennifer L. Weber, *Copperheads* (2006) 描绘了反对内战的北方人。

Alvin Josephy, *The Civil War in the West* (1992) 对内战中那些长期被忽略的方面作了有益补充。

Emory Thomas, *The Confederate Nation* (1979) 是一部不错的单卷本邦联历史著作。

Drew Gilpin Faust, *Mothers of Invention* (1996) 描绘了内战期间南方杰出女性的生活。

Ira Berlin et al., eds., *Free at last: A Documentary History of Slavery, Freedom and the Civil War* (1992) 是根据内战时期与奴隶制紧密相关的奴隶和奴隶主的原始资料编写的杰出作品。

Ira Berlin et al., *Slaves No More: Three Essays on Emancipation and the Civil War* (1992) 是 *Free at Last* 相关文献的姊妹篇，提出奴隶和自由民在摧毁奴隶制和重新定义自由的过程中发挥了积极作用。

Catherine Clinton Nina Silber, *Divided Houses* (1992) 是"新社会史"中多位历史学家发表论文的合集，他们展现了性别对于内战历史的重要意义。

Edward L. Ayres, *In the Presence of Mine Enemies: War in the Heart of America* (2003) 是一部社会史著作，描绘了战争双方、比邻而居的两个社会团体——一个属于联邦，一个属于邦联。

William Freehling, *The South vs. the South* (2001) 研究了亲联邦的南方人在决定战争结果方面发挥的重要作用。

Stephen Sears, *Gettysburg* (2003) 是一部关于葛底斯堡的决定性战役的颇为流行的历史著作。

Drew Gilpin Faust, *This Republic of Suffering* (2008) 研究了大规模人员伤亡对内战期间和战后美国的影响。

Ken Burns 制作的 The Civil War (1989) 是一部非常受欢迎且荣获嘉奖的、长达 9 个小时的史诗式纪录片，塑造了这场战争近来在许多美国人心中十分流行的形象。

自由的守护神 这张1874年的平板画描绘了黑人在南方重建时期经历的一系列重要历史时刻,其中有黑人士兵参加内战、黑人代表在南卡罗来纳州立法会发表演讲、黑人劳工脱离奴隶制迎来自由劳动制度。平板画还刻画了一些曾推动自由民事业的白人领袖,其中有林肯和查尔斯·萨姆纳。(Chicago Historical Society)

第 15 章
战后重建与新南方

在美国历史上，几乎没有哪个阶段像战后重建时期——即内战之后美国人试图重新统一他们分裂的国家的年代——产生了如此多的痛苦和引发如此旷日持久的争议。那些经历战后重建的美国人对这一时期的看法截然不同。在许多南方白人眼中，战后重建是残酷的、充满破坏性的——是心怀报复的北方人对战败投降的南方趁机羞辱报复、拖延国家真正统一的过程。相反，支持重建的北方人则认为他们采取的政策是阻止邦联顽固分子复辟南方战前社会的唯一途径。联邦政府如果不采取强硬措施，就无法阻止落后贵族势力的复辟和对以前奴隶的继续奴役；换句话说，也就无法避免当初导致这场内战的地区矛盾。

对当时的非裔美国人和

大事年表

1863 年	林肯宣布初步重建方案
1864 年	按照林肯方案，路易斯安那州、阿肯色州和田纳西州重返联邦
	《韦德—戴维斯法案》通过
1865 年	林肯遇刺身亡（4 月 14 日）；安德鲁·约翰逊继任总统
	约翰逊试图接纳剩余邦联州重返联邦
	南方通过"黑人法典"
	自由民局成立
	国会再次开会（12 月），拒绝接受南方代表，决定成立重建工作联合委员会
1866 年	《自由民局法》延长
	国会批准宪法第十四条修正案，大多数南方州表示反对
	共和党在国会选举中获胜
	米利根案对激进派重建计划提出挑战
	南方"三K党"成立
1867 年	《军事重建法》（以及两个补充法）勾勒出国会重建方案
	《官员任期法》和《军队指挥法》限制了总统权力
	国会方案下，南方州成立重建政府
	美国购买阿拉斯加
1868 年	国会方案下，大部分南方州重返联邦
	安德鲁·约翰逊被弹劾但宣判无罪
	宪法第十四条修正案获得批准
	尤利西斯·S.格兰特当选总统
1869 年	国会通过宪法第十五条修正案
	经选举，第一批"赎回派"政府在南方成立
1870 年	最后几个南方州重返联邦
	实施法通过
1871 年	阿拉巴马索赔案终获解决
1872 年	自由共和党人变节

	格兰特再次当选总统
1873 年	商业和金融恐慌扰乱经济
1875 年	《恢复硬币支付法》通过
	"威士忌同盟圈"丑闻令格兰特政府丧失信誉
1877 年	争议大选之后,拉瑟福德·B. 海斯当选总统
	"1877 年妥协"后,最后几支联邦军队撤出南方
	最后几个南方州被"赎回"
1879 年	"重新调整"派赢得弗吉尼亚州立法会控制权
1880 年	乔尔·钱德勒·哈里斯出版《雷默斯大叔》
1883 年	最高法院支持私立机构实行种族隔离
1890 年代	吉姆·克劳法在南方普遍通过
	南方私刑增加
1895 年	布克·T. 华盛顿概述"亚特兰大和解声明"
1896 年	普莱西诉弗格森案支持"隔离但平等"的种族公共设施
1898 年	威廉斯诉密西西比州案判决为投票进行文化测试合理有效

后来各种族的许多人来说,战后重建的重要意义却不在于此。既不像南方白人所指责的,重建是邪恶专制;也不像许多北方人所标榜的,重建是彻底改革。相反,它更多的是奴隶们为获得公民权利和经济实力而努力奋斗过程中非常小但却非常重要的第一步。重建没有给非裔美国人提供任何法律保护和物质资源以确保他们获得真正的平等。19世纪 70 年代末,重建时期即将结束——由于经济危机、北方政治意志匮乏和南方白人有组织(有时甚至是充满暴力)的抵制——获得自由的奴隶们却发现自己已经被联邦政府遗弃,只能独自面对经济上"劳役偿债"、法律上低下从属的社会地位。在 19 世纪剩余的年代里,那些继续生活在所谓"新南方"的非裔美国人根本无力反抗压迫和剥削。尽管如此,战后重建仍帮助非裔美国人建立了可以伴随他们步入 20 世纪的政治制度和法律判例,为日后努力赢取真正的自由和平等奠定了基础。

一、和平面临的主要问题

1865年，结束战争的局势日渐明朗，但在华盛顿，人们却不知所措。亚伯拉罕·林肯无法与战败的南方政府达成和约，他坚持认为邦联政府没有存在的合法理由。然而，他又不能简单地把南方各州重新纳入联邦，假装什么事情都没有发生。

战争与黑人解放之后

内战中，南方所经历的毁灭和灾难是美国历史上前所未有的。城镇被摧毁，种植园被焚烧，土地被搁置，铁路和桥梁被破坏。许多南方白人在《解放奴隶宣言》后失去了奴隶，投资到邦联债券和货币的钱如今也变得一文不值，几乎谈不上任何个人财产。许多家庭不得不在缺少成年男性劳动力的情况下重建家业。一些南方白人更是食不果腹，无家可归。

战争中，25.8万多名邦联士兵阵亡——占南方白人成年男性人口总数的20%

战争破坏后的南方

里士满，1865 联邦军队1865年初攻占里士满时，这座邦联首都已经被围困数月，如图中所示，城市大部分地区化为废墟。4月4日，林肯总统在儿子塔德的陪同下亲自视察里士满。当他从满目疮痍的城市街道上走过，成百上千的翻身奴隶在残垣断壁间注目欢迎。"没有哪个征服者的凯旋进军能够与他走进里士满时所展现的崇高道德和谦逊姿态相媲美，"一位在联邦军队服役的黑人士兵写道，"在被拯救的黑人眼中，他是最伟大的救世主。难怪他的眼中充盈着泪水。"(*Library of Congress*)

"失败的伟业"的传说

还多;更多的士兵带着伤残或疾病返回家中。几乎所有幸存的南方白人都有亲人牺牲在战场。19 世纪 60 年代末,在南方各地,尤其是在白人女性中间,一种仪式化悼念祭礼悄然兴起——许多白人女性身着丧服(或佩戴丧礼首饰)长达两年或更久。与此同时,南方白人开始把"失败的伟业"和南方领袖们传奇化、浪漫化,深情怀念那个被战火破坏前的家园。在南方,一些邦联英雄,如罗伯特·E.李、"石墙"杰克逊和后来的杰斐逊·戴维斯,几乎像宗教人物一样受到人们的无限敬仰。南方各地民众纷纷在城镇广场,为烈士们修建精致的纪念碑。弥漫在南方白人心中巨大的失落感使他们更加坚定,誓死保卫逝去家园的任何遗迹。

如果说许多南方白人处境恶劣,那对于大多数南方黑人(脱离束缚的 400 万黑人男女)来讲,境况则更加糟糕。有些黑人曾在战争中服役——或为邦联军官仆人,或为南方军队运输工或劳工。将近 20 万黑人曾为联邦军战斗,3.8 万人战死沙场。有些黑人曾在南方为联邦军充当间谍或侦查员。更多的黑人则为了逃脱奴隶制而涌入联邦边界。早在《解放奴隶宣言》颁布前,南方许多地区成千上万的奴隶就利用战时混乱逃离主人,寻找自由。战争一结束,又有上百万奴隶(无论年龄与健康状况)离开了种植园,但大部分人却无处可去。他们或艰辛跋涉,到达附近城镇,或流浪村野,露宿田地,或聚集于联邦占领军周围,以求救助。一些人则花费数月,甚至数年时间,四处寻找失散的亲人。当然,他们中几乎没有人拥有土地和财产。事实上,大多数人除了身上穿的衣服外一无所有。

总而言之,1865 年,南方社会一片混乱。无论是白人还是黑人,无论男女他们的未来都显得扑朔迷离。然而,所有南方人对于未来似乎都有着非常清

"错失的伟业"纪念碑 这座纪念碑矗立在佐治亚州门罗市广场,是内战以后南方各地所立众多纪念碑的典型代表。纪念碑旨在纪念邦联烈士,提醒南方白人时刻怀念在 19 世纪 70 年代已广为人知的、被浪漫化的"错失的伟业"(©Lee Snider/Corbis)

晰的渴望。对于黑人和白人来说，重建成了确定自由真正含义的较量。而解放的奴隶和战败的白人对自由的理解却截然不同。

自由的不同理解

对非裔美国人来讲，自由首先意味着结束奴隶制和所有与之相关的不公和屈辱，其次意味着被赋予权利和保护，使他们能像白人一样作为自由人而生活。"如果我不能像白人一样，"一位美国黑人告诉他以前的主人，"那我就没有自由。"

非裔美国人在如何获得这种自由的问题上，意见不尽相同。有的人主张重新分配经济资源，尤其是土地，因为，正如阿拉巴马自由民大会在一份正式决议中所说，"他们（白人）所拥有的财产几乎全部是靠我们额头的汗水换来的"。也有人只是要求法律平等，因为他们坚信，只要拥有和白人公民相同的机会，他们就能在美国社会中取得进步和成功。尽管他们的具体要求各不相同，但几乎所有翻身奴隶都有一个共同的愿望，那就是脱离白人的控制，实现自我独立。摆脱奴隶制后，南方黑人迅速开始建立自治的黑人社区。他们退出白人统治的教会，兴建自己的教堂。他们建立共济会、慈善会和互助社团。在能力允许时，他们还开办自己的学校。

翻身奴隶的自由

对大多数南方白人来说，自由有着完全不同的含义。在他们看来，自由意味着能够摆脱北方或联邦政府的干涉，自己掌握自己的命运。内战刚刚结束，他们便试图利用这种自由恢复战前的社会形式。《解放奴隶宣言》废除了原邦联地区的奴隶制，宪法第十三条修正案又取消了（到 1865 年 12 月）其他所有地区的奴隶制。然而，许多白人种植园主试图在法律上把黑人劳工束缚在种植园中，变相继续奴隶制度。这些南方白人为其所谓的自由而斗争，实际上主要是为保护地区自治和维护白人至上而斗争。

"自由民局"学校　黑人学生和老师正站在一所"自由民局"开办的黑人学校外面，像这样的黑人学校在内战结束初年有许多，遍布战败的邦联地区。(*U.S. Army Military History Institute, Carlisle, Pennsylvania. Photo by Jim Enos*)

自由民局

战争结束后,联邦政府在南方仍保留驻军,以维持秩序和保护自由民。1865年3月,国会设立军事代办处"自由民局",由奥利弗·O.霍华德(Oliver O. Howard)将军任局长。"自由民局"给上百万自由奴隶分发食物,为他们兴建学校,由"自由民扶助会"成员和其他北方私人及教会团体派往南方的教师和传教士担任教员。"自由民局"还尽其微薄之力,帮助黑人在自己的土地上安家定居(也向那些战后同样贫困潦倒、无家可归的白人提供了大量援助)。然而,"自由民局"毕竟不是解决问题的长远之计。它仅有权运作一年;无论怎样,想要有效解决南方社会面临的诸多难题,这一机构的确显得过于微弱了。到战争结束时,关于南方战后重建的其他方案陆续出现。

重建问题

南方各州重新加入联邦的条款对两大政党都意义重大。共和党1860年和1864年取得胜利主要原因在于民主党内部的分裂和之后南方选民的退出。两党领袖深知,南方的重新加入势必会使民主党团结起来并削弱共和党。此外,共和党利用南方脱离国会的时机通过了一系列国家主义经济法案——包括铁路建设补贴、保护性关税、银行货币改革和其他一些有利于北方商业精英和工业家的政策。如果民主党在南方大力支持下重新掌权,这些经济措施必将陷入危机。此外,感情上的纠葛使这些实际问题变得更加复杂。许多北方人认为,南方应该受到惩罚,为其反叛所导致的苦难和牺牲付出代价。他们还认为,南方应该按北方城市化模式进行改造,使其落后的、封建的、不民主的社会更加文明化和现代化。

保守派和激进派共和党人

即使在共和党国会内部,关于处理重建问题的适当方法也存在着很大分歧——反映了与内战中对于奴隶解放问题争端同样的派系纷争。保守派要求南方必须同意废除奴隶制,但几乎不对分裂州重回联邦提出任何其他条件。而由宾夕法尼亚州众议员萨迪厄斯·史蒂文斯和马萨诸塞州参议员查尔斯·萨姆纳领导的激进派则坚决主张:严惩邦联军政领导人,剥夺南方大批白人的政治权利,保护翻身奴隶的合法权利,没收曾为邦联政府提供帮助的富有白人的财产并将其分发给自由民。一些激进分子甚至赞成赋予翻身奴隶投票权,但其他人对此表示犹豫,因为即使在北方也没有哪个州允许黑人投票。在激进派和保守派之间,还有一些立场中立的共和党人,即温和派,他们既排斥激进派的惩罚措施,又赞成在非裔美国人权利问题上设法让南方做出让步。

重建计划

林肯总统与共和党的温和派和保守派站在一起。他坚信宽宏仁慈的重建政策将鼓励南方联邦主义者和前辉格党成员加入共和党，从而避免联邦重新接纳南方时壮大民主党的力量。不用多久，这些联邦主义者便能成为南方新建立的忠诚的州政府的核心。林肯并非不关心自由民的命运，但为了国家尽快统一，他宁愿把这些问题暂时搁置。

林肯1863年12月宣布的重建方案提出，赦免那些宣誓效忠政府和接受废奴决议的南方白人（邦联高官除外）。任何州在任何时间，只要选民总数（以1860年为准）中有10%宣誓效忠联邦，这些忠实选民便可组建州政府。林肯也曾希望把选举权给予那些受过教育、拥有财产和为联邦军服过役的黑人。按照林肯提出的方案，三个南方州——路易斯安那州、阿肯色州和田纳西州——重新组建了效忠联邦的州政府。

> 林肯的10%计划

共和党激进派对林肯的温和方案倍感惊讶。他们劝说国会不承认三个"重建"州的代表席位，拒绝把这些州的选票计入1864年大选。但在当时，激进派自己也无法确定应该采取什么样的重建方案。他们提出的第一个解决方案是《韦德—戴维斯法案》，该提案于1864年7月在国会获得通过。法案授权总统为每一个战败州任命一名临时州长。当州内多数白人（而不是林肯提出的10%）宣誓忠于联邦时，临时州长便可以召集州制宪大会，大会代表将由那些宣誓（即所谓的"绝对忠诚誓词"）从未武力对抗合众国的民众推选（这一点又背离了林肯的方案）。新州宪法将必须规定废除奴隶制、剥夺邦联军政领导的政治权利，免除州政府战争时所欠债务。任何州满足了这些条件，国会便可以将其重新纳入联邦。与总统方案相类似的是，《韦德—戴维斯法案》同样把黑人政治权利问题留给了各州。国会在1864年休会前通过了该法案。林肯则利用搁置否决权予以处置。他的举动激怒了激进派领袖。务实的林肯逐渐认识到，他将不得不接受激进派的部分要求。于是他开始思索解决重建问题的新途径。

> 《韦德—戴维斯法案》

林肯之死

林肯究竟能拿出什么样的方案将永远无人知晓。1865年4月14日晚，林肯和妻子在华盛顿福特剧院观看戏剧演出。正当他们坐在总统包厢中时，约翰·威尔克斯·布斯（John Wilkes Booth，出生于著名的演员世家，也是南方事业的狂热拥护者）从后门进入包厢，对准林肯的头部开枪。受伤昏迷的总统被抬到街对面的

亚伯拉罕·林肯 这张熟悉的照片拍于1865年华盛顿,距离刺杀仅有四天。照片清晰地展现了担任战时总统的四年时光给林肯带来的疲惫和苍老。(*Library of Congress*)

一所房子中。第二天清晨,总统在家人、朋友和同僚(其中包括泪水涟涟的查尔斯·萨姆纳)的陪伴下不幸辞世。

林肯的死立即为他赢得了烈士的称号。同时也使北方各地出现了近乎歇斯底里的情绪。有人控诉,布斯的行为只是更大阴谋的冰山一角(这种说法也确实含有几分道理)。布斯的确有同党,其中一位就曾在总统被暗杀的当夜枪击国务卿西沃德并致其受伤,另一位则意图谋杀副总统约翰逊,但在最后一刻放弃了计划。布斯本人骑马逃到了弗吉尼亚乡村地带。4月26日,联邦军队将其围困并击毙在一个着火的谷仓中。军事法庭判处另外八人(其中至少两人证据不足)参与暗杀阴谋有罪,其中四人被判处绞刑。

然而,在许多北方人看来,谋杀总统似乎昭示了一个更大的阴谋——一个由战败南方顽固首领所策划和实施的巨大阴谋。连续几个月,共和党好战派充分利用人们的这些怀疑制造声势,确保林肯之死能一并结束他所提出的相对温和的和平重建计划。

约翰逊与"恢复"计划

共和党温和派和保守派的领导权落在了林肯的继任者安德鲁·约翰逊手中,无论从当时形势还是个人性格来讲,他都不太适合这项工作。1864年加入林肯选举阵营前,约翰逊一直是位民主党人,如今他却在党派情绪高涨的时刻成为了共和党总统。约翰逊本人是一个行为放纵、处事呆板的人,内心充满怨愤和不安。他甚至公开敌视获得自由的奴隶,不愿支持任何给予解放奴隶人权平等和选举权的计划。他曾宣称,"南方必须由白人自己来管理"。

约翰逊就任总统不久便揭晓了自己的重建计划——他自己更愿意将其称作"恢复"计划——并于1865年夏国会休会期间着手实施。和林肯一样,他提出赦免那些自愿宣誓效忠联邦的南方人(邦联高级官员和任何拥有价值达到或超过2

万美元土地的南方白人须向总统申请单独豁免权。很明显,白手起家的约翰逊很喜欢看到作为种植园主的达官贵族们在他面前卑躬屈膝的样子)。然而,在其他很多方面,他的计划与《韦德—戴维斯法案》颇为相似。总统为每个州任命临时州长,负责召集合格选民推选代表参加州立宪大会。约翰逊没有明确指出合格选民的必要人数,但他暗示最好是大多数(和《韦德—戴维斯法案》要求相同)。要想赢得重回国会的机会,每个州必须撤销分裂条例,废除奴隶制,接受宪法第十三条修正案和取消邦联及诸州战争债务。"恢复"计划的最后步骤是各州推选州政府并派议员参加国会。

1865年底,所有脱离联邦的州都组建了新的州政府——有的按林肯计划,有的按约翰逊计划——并做好准备,一旦国会承认,便可重新加入联邦。然而,共和党激进派扬言绝不承认约翰逊计划下的州政府,就像先前他们拒绝承认林肯计划下的州政府一样。与一年前国会通过《韦德—戴维斯法案》时相比,现在,北方对南方更加敌视。南方一些参加州制宪大会的代表明显不愿意废除奴隶制,所有的州制宪大会均拒绝赋予黑人选举权,许多北方人对此极为不安。当看到那些声称"效忠"联邦的州居然选举前邦联杰出领袖为州政府官员和国会议员时,他们更是倍感震惊。尤其无法接受的是,佐治亚州竟然推选前邦联副总统亚历山大·H.斯蒂芬斯为合众国参议员。

北方态度更加强硬

二、激进重建

约翰逊计划下的重建政策——通常被称为"总统重建"——只持续到1865年12月国会再次开会。在会上,国会拒绝承认"恢复"州的议员席位,并成立新的重建工作联合委员会,负责制定国会自己的重建政策。"国会"或"激进"重建阶段随之展开。

黑人法典

与此同时,南方发生的事件促使北方的态度向更加激进的方向发展。1865年到1866年初,南方各州立法机关陆续制定和通过了一系列法律(统称"黑人法典"),意在赋予白人更多的权力,实际控制解放的奴隶。法律授权当地官员逮捕无业黑人,对其流浪处以罚金,并把他们租给私人雇主以交纳罚金。有些法律禁止黑人拥有或租借农场，禁止他们从事种植园劳工或家仆以外的任何工作。

约翰逊的否决

针对"黑人法典"，国会做出的第一反应便是通过法案，延长"自由民局"的工作期限，扩大其工作授权，使其有权废除"黑人法典"强加给自由民的任何劳动协议。随后，1866年4月，国会通过了第一个《民权法案》，宣布黑人为合众国公民，联邦政府为保护公民权利有权干预各州事务。两个法案均被约翰逊否决，但国会又两次推翻了总统的否决。

宪法第十四条修正案

1866年4月，重建工作联合委员会提出新的宪法修正案，国会于夏初予以通过并交由各州批准。结果，该修正案成为美国宪法所有条款中最重要的条款之一。

黑人的公民权

此修正案是宪法中第一次对"美国公民"做出定义。凡在合众国出生和归化合众国的人都将自动成为合众国公民，并有权享有宪法所规定的所有"特权和豁免权"，包括受到州和国家政府所有法律的平等保护。公民的资格不得有其他任何限制要求。该修正案还对任何拒绝批准成年男性居民选举权的州进行强制处罚——削减其在国会和选举团中的代表名额（措辞中反映出无论是在国会还是在其他机构中，人们普遍认为选举权仅限于男性公民）。修正案最后规定，禁止任何曾帮助过邦联的前国会议员或其他前联邦官员担任州或联邦职务，除非国会以2/3票数通过对其赦免。

国会激进派同意，任何州，只要其立法会批准宪法第十四条修正案，便可以重新加入联邦。但当时，只有田纳

孟菲斯种族暴乱，1866 1866年5月的前三天，愤怒的白人（如图所示，白人正在射杀黑人）在田纳西州孟菲斯市的黑人街区横冲直撞，烧毁房屋、学校和教堂，导致46人死亡。当时有些人认为，这次暴乱是对乔治·斯通曼将军（该地区的军事指挥官）在田纳西州强制实施严格的保护黑人的新规定的一种回应；其他人则认为，此次暴乱是白人企图威胁和控制那些尝试行使自己新自由权的黑人民众。许多事件，包括这些暴乱，促使国会中的激进共和党人迫切要求实行更加严厉的战后重建政策。(*The Granger Collection*)

西州批准了该修正案。其他所有前邦联州，外加特拉华州和肯塔基州，均表示拒绝。批准修正案的州数未达到规定的全国州数的 3/4，修正案只能暂时搁置。

但如今，激进派的态度变得更加自信和坚决。在新奥尔良和其他南方城市，相继爆发了血腥的种族骚乱——黑人往往是骚乱中最主要的受害者；众多事件进一步增强了激进派的实力。在 1866 年的国会选举中，约翰逊积极为保守派候选人拉票助阵，但他不当的演说实际上对自己的事业有害无益。结果，众多共和党人当选进入国会（他们中大部分是激进派）并占据了绝大多数席位。参议院中，共和党议员 42 名，民主党议员 11 名；众议院中，共和党议员 143 名，民主党议员 49 名（南方在参众两院几乎没有代表）。如今，国会中共和党的势力已足够强大，完全可以实施自己的计划，甚至可以不顾总统的反对。

国会重建计划

1867 年初，激进派通过了三份重建议案，约翰逊总统均予以否决，但国会又推翻了总统的否决。这些议案，在内战结束将近两年之际，最终形成了一个统一的重建计划。

三份重建议案

按照国会的重建计划，已经批准宪法第十四条修正案的田纳西州很快被联邦重新接纳。但国会拒绝了其他十个按林肯—约翰逊方案组建州政府的邦联州。同

（参加投票的）美国公民 这幅水彩画出自画家 T. W. 伍德之手，描绘的是 1866 年选举期间选民排队参加投票的场景。一名富足的北方佬，一名爱尔兰工人和一名荷兰裔马车车夫，站在一旁的是美国选民的最新成员：一名非裔美国人，他的表情透露出他为能够加入选民团体而感到兴奋与激动。伍德旨在以此画颂扬内战结束后美国生活的民主特性。(*T. W. Wood Art Gallery, Vermont College, Montpelier*)

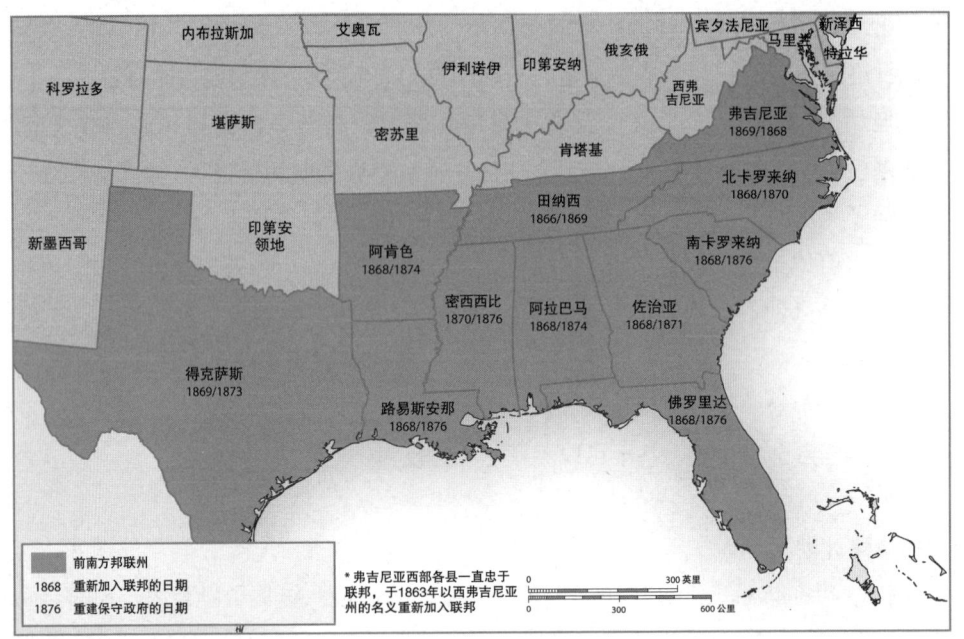

战后重建，1866—1877 这幅地图展示了先前邦联各州重新被联邦接纳的时间，以及后来各州成功将政治权力交还给传统的保守白人精英——南方白人喜欢把这个过程称为"赎回"——的年份。◆ 在什么情况下一个州可以被重新接纳，加入联邦？又在什么前提下一个州可以经历"赎回"？

时，国会把这些州划分为五个军事管辖区。每个区都由一位军事将领负责管理。他们同时奉命对辖区内符合条件的选民（即所有成年男性黑人和未曾参与反叛的男性白人）进行登记注册。

注册完毕，选民将推选代表召开制宪会议，重新起草州宪法，新州宪法必须包含赋予黑人选举权的条款。新州宪法一旦通过，选民们便可以推选组建州政府。国会须批准各州所拟州宪法，各州立法会也须批准宪法第十四条修正案。如此一来，当有足够多的州批准该修正案并使其成为宪法的一部分，先前邦联各州便可重新回到联邦。

到1868年，十个前邦联州中又有七个（阿肯色州、北卡罗来纳州、南卡罗来纳州、路易斯安那州、阿拉巴马州、佐治亚州和佛罗里达州）满足了这些条件（包括批准宪法第十四条修正案，那时该修正案已成为宪法的一部分）并重新加入联邦。在保守派的阻拦下，弗吉尼亚州和得克萨斯州直到1869年才重回联邦，密西西比州则被拖延到1870年。那时，国会在加入联邦的条件上又增加了一项要

宪法第十五条修正案

求：必须批准一条新的宪法修正案，即宪法第十五条修正案。该修正案规定，所有州和联邦政府不得以"种族、肤色或曾为奴隶身份"为由剥夺或限制任何公民的选举权。

为了阻止总统干涉他们的计划，国会激进派于 1867 年通过了两项重要的法律（尽管其合宪性存在争议）。其中一项是《官员任期法》，该法禁止总统在未经参议院同意的情况下解职政府官员，包括其内阁成员。该法制定的主要目的是保护与激进派合作密切的战争部长埃德温·M. 斯坦顿（Edwin M. Stanton）。另外一项是《军队指挥法》，该法禁止总统擅自发布军事调令，所有军令必须经由军队总参谋部将领（格兰特将军）发出，未经参议院同意，总统无权将其解职或调离他处。

国会激进派还采取行动，阻止最高法院干涉他们的计划。1866 年，最高法院在米利根案中宣布，在民事法庭正常运转的地区，军事法庭（参与平民审判）将被认定不符合宪法。这一裁定似乎威胁到激进派欲在南方建立的军事政府系统。国会中的激进派立即提出数个议案，要求最高法院必须有 2/3 的法官同意才能推翻国会通过的法律，并主张取消最高法院在重建案中的判决权限，将法院代表名额减至 3 名或完全废止。大法官们明显有所领悟。在接下来的两年里，最高法院拒绝插手涉及重建的任何案件（国会上提出的涉及最高法院的议案也从未获得通过）。

弹劾总统

约翰逊总统早已不是激进派立法的主要障碍，但他仍然是负责执行重建计划的（最高）政府官员。因此，激进派认为，总统依然是重建计划实施的巨大阻碍。1867 年初，他们开始寻找途径弹劾和罢免总统。当约翰逊不顾国会反对毅然罢免战争部长斯坦顿，故意违反《官员任期法》以求考验其在法庭面前的效力时，激进派相信共和党已经找到了弹劾总统的理由。在参议院，欢欣鼓舞的激进派很快便提出总统弹劾案并交由参议院审理。

参议院的审理从 1868 年 4 月一直持续到 5 月。激进派向共和党参议员施加了强大的压力，但温和派（他们对激进派的计划正慢慢失去信心）却一直犹豫不决。在对前三项指控进行投票时，有七位共和党议员与民主党和无党派议员站在一起，投票支持无罪判决。结果是 35 票对 19 票，距宪法 2/3 多数票的规定仅差 1 票。从那以后，激进派便放弃了弹劾总统的努力。

《官员任期法》

约翰逊被判无罪

三、重建中的南方

南方白人日后谈起重建的影响时，内心仍充满怨愤，而批评的矛头主要指向国会强加给他们的州政府——他们声称，这些政府既无能又腐败，只会增加巨额债务，践踏公民权利。相反，南方黑人与其拥护者对重建的指责，更多是针对联邦政府和州政府未能尽其全责保护自由民最基本的公民权利——而这导致了新的、残酷的经济附属体制的出现（参见"历史学家的分歧"，边码第422—423页）。

各州重建的政府

在国会方案下重新组建的十个南方州，最初有大约四分之一的白人男性被取消选举权和担任政府职务的权利。结果，在南卡罗来纳州、密西西比州、路易斯安那州（在这些州，黑人人口占多数）和阿拉巴马州、佛罗里达州（黑人人口并不占多数），黑人选民占了大多数。然而，政府很快便解除了选举权限制。这样一来，几乎所有白人男性都能够参加投票。自那以后，共和党只能依靠许多南方白人的支持才能继续其管理和控制。

批评者把南方这些白人共和党人称为"南方佬"（或"南赖子"）。他们许多人曾是辉格党成员，在民主党内总是心存不安——其中一些是富有的（或曾经富有的）种植园主或商人，热衷于当地的经济发展；另一些是生活在偏远地区（那里很少或根本没有奴隶）的农民，希望共和党的国内发展政策能够帮助他们摆脱经济孤立。尽管社会地位不同，"南方佬"却都相信，共和党比民主党更加符合他们的经济利益。

一些北方白人在南方担任共和党领袖。重建批评者把他们蔑称为"毛毡提包客"，他们的形象被描绘成身无分文、带

"南方佬"

"毛毡提包客"

负担沉重的南方 这幅重建时期的漫画表达了南方在北方共和党人的统治下感到无比压抑和苦闷。在手持刺刀的士兵的保卫下，格兰特总统（他的帽子上写着亚伯拉罕·林肯名字的首字母）舒舒服服地骑在一个巨大的毛毡提包上，而南方则在提包重负之下，戴着镣铐蹒跚前行。背景中，战争破坏和军事占领的痕迹清晰可见。(Culver Pictures, Inc.)

着装满所有家当的毛毡提包（一种用毛毡材料制成的廉价提包）来到南方的投机者。实际上，大部分所谓的"毛毡提包客"是来自中产阶级且受过良好教育的人，他们中有许多人是医生、律师和教师。还有很多人是联邦军队的退伍军人，在他们眼中，南方是比西部更有发展前景的新疆域。战后，他们在南方定居下来，成为满怀希望的种植园主、商人或专业人员。

但南方共和党中，人数最多的还是黑人自由民。他们中大部分人没有任何从政经历。因此，他们试图建立自己的组织和机构，学习如何行使自己的权力。在南方一些州，黑人选民召开自己的代表大会，制定自己的未来发展路线。1867 年，这样一个"有色人种代表大会"（南方白人对黑人代表大会的称呼）在阿拉巴马州召开，大会郑重宣布："我们要求享有和白人一样的权利、特权和豁免权——这个要求一点也不算多，一点也不能少。"自由民在解放后所建立的黑人教会为翻身奴隶加强团结和提高政治自信提供了帮助。黑人在重建时期的南方政治中发挥了重要作用。他们作为代表参加州立宪大会；还在政府中担任各种公职。1869 年至 1901 年间，共有 20 位黑人在联邦众议院担任议员，2 位在参议院担任议员（密西西比州的海勒姆·里维尔斯 [Hiram Revels] 和布兰奇·K. 布鲁斯 [Blanche K. Bruce]）。此外，黑人在州立法会和其他政府部门还担任各种职务。南方白人（不仅在当时而且在后来几代人中）大肆渲染和抱怨重建时期的"黑人统治"，而实际上，他们所谓的"黑人统治"从

自由民

路易斯安那州制宪大会，1868 这幅平板画纪念了黑人选民真正统治路易斯安那州政治的短暂时刻。1868 年，路易斯安那州召开制宪大会，大多数代表是非裔美国人（其中，许多人是由北方迁往路易斯安那州，出身自由的黑人）。他们通过的宪法保障了黑人公民的政治和公民权利。几年后，当白人保守派重新掌控该州时，又通过了他们自己的新宪法，废除了大部分保障黑人权利的条款。(*Library of Congress*)

未在任何州真正存在过。在南方州,没有黑人当选过州长(尽管副州长 P. B. S. 平奇巴克 [P. B. S. Pinchback] 曾在路易斯安那州短暂行使过州长职权);黑人也从未控制过任何州立法机构,尽管他们在南卡罗来纳州众议院曾暂时占据过多数席位。在整个南方,黑人政府官员的比例一直远远低于其人口比例。

各州重建政府的政绩更是毁誉参半。当时和后来的批评者强烈谴责政府的腐败和财政铺张,这些指责也确有一定道理。许多州的政府官员贪赃枉法,假公济私。州财政预算不断扩大,总体数字至今无人知晓。州负债节节攀升,早已到了前人无法想象的程度。例如,在南卡罗来纳州,政府公共债务在 8 年间从 700 万美元一路飙升到 2900 万美元。

腐败在南方确实存在,但也绝不是只有南方重建政府才有腐败。北方各州的腐败现象也同样猖獗。无论在南方,还是在北方,导致腐败的原因都只有一个:政府经济活动(和税收)的急速扩张,给各地官员提出了新的挑战(同时也带来了新的诱惑)。重建的结束也未能终止南方州政府的腐败。实际上,腐败现象在许多州反而增加了。

重建时期南方州政府的开支巨大,但这些也只是与战前微薄的政府预算相比。巨大的开支说明政府确实在努力为南方提供急需的、战前政府从未提供的公共服务设施:公共教育、公共设施、扶贫救济和其他一些费用高昂的社会投入。毫无疑问,各州重建政府确实存在贪污和浪费;但他们也同样取得了积极而深远的成果。

公共教育

也许,最重要的成果就是南方公共教育的显著提高。重建开始的几年里,南方教育改革的主要动力来源于外部团体——自由民局、北方民间慈善组织和许多到自由民学校任教的北方黑人和白人妇女——和南方黑人。这些改革者不顾南方白人的反对(他们担心教育会向黑人传达"错误的平等观念"),建立了以自由民为对象的庞大教育网——到 1870 年,共有学校 4000 所,教师 9000 人(其中一半是黑人),在校学生 20 万名(大约占自由民学龄儿童总数的 12%)。19 世纪 70 年代,各州重建政府也开始在南方创建综合性的公立学校体系。到 1876 年,南方有一半以上的白人儿童和约 40% 左右的黑人儿童在校读书。一些提供高等教育的黑人"学院"也开始运转。后来,这些"学院"逐渐发展成为黑人高等教育的重要体系,其中就包括菲斯克大学、亚特兰大大学和莫尔豪斯学院等知名黑人学府。

然而,南方的教育已经分裂成两个不同的体系:白人体系和黑人体系。最初试图进行学校合并的努力无奈以失败告终。例如，自由民局所属学校对所有种族学生开放，但几乎没有白人学生报名；新奥尔良重建政府建立了种族融合的学校体制，但同样，白人学生几乎全部置身其外。联邦政府试图通过立法——1875年《民权法案》——强制学校合并，但在该法案获得通过前又去掉了禁止学校种族隔离的相关条款。重建时期的共和党政府一下台，新的南方民主党政权便立即终止了所有推动学校种族融合的努力。

种族隔离学校

土地所有权和佃农制

自由民局（以及国会中一些共和党激进派）最远大的目标，是想借战后重建实现南方土地所有权的根本改革，但这种努力没有成功。在战争末期和重建开始的几年里，自由民局的确监督一些地区（主要是南卡罗来纳州与佐治亚州的海岛地带和密西西比州曾属于杰斐逊·戴维斯家族的地区）把大量土地重新分配给自由民。到1865年6月，自由民局已安置约1万户黑人家庭定居在自己的土地上（其中大部分土地来自于废弃的种植园），唤起了南方各地翻身奴隶的梦想——"四十亩地，一头骡子"。然而，1865年底，这种尝试迅速走向失败。南方种植园主纷纷返乡，要求归还其财产。约翰逊总统也支持他们的要求。尽管自由民局极力反对，政府最后还是把大部分没收土地归还给了白人园主。此外，国会对土地重新分配从来不感兴趣。

土地重新分配的失败

北方共和党人也并不认为联邦政府有权没收财产。尽管如此，南方土地所有权的分配在战后几年还是发生了相当大的变化。白人土地所有权比例明显下降，从战前的80%降低到重建结束时的67%。有些白人因偿还债务或税收增加失去了土地；有些则离开其边缘地区的土地迁居到更肥沃的地区，租地耕种。

同一时期，黑人土地拥有比例从几乎为零上升到20%。许多黑人靠辛苦劳作或时来运转，抑或是二者皆而有之，获得了土地。但有些黑人依靠白人控制的金融机构或慈善机构提供的帮助获取了土地。"自由民银行"（1865年由反对奴隶制的白人创立，旨在提高黑人土地所有权）便是此类机构之一。他们说服成千上万的自由民把自己微薄的积蓄存入银行。但后来，银行却把大量资金投在了经济不景气的企业上。谁料19世纪70年代全国经济萧条，银行准备不足，最终于1874年破产。

重建时期，仍有大部分黑人和一小部分白人（人数越来越多）无法拥有自己的土地；有的在19世纪60年代拥有过土地，但90年代又失去了。这些人通过各

佃农制

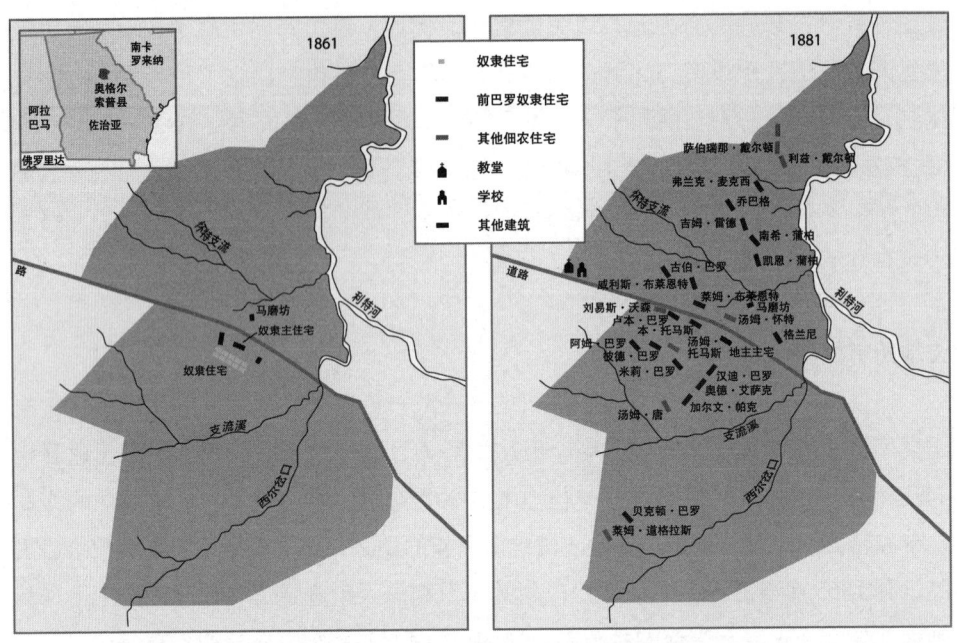

奴隶解放前后的南方种植园 这幅地图展现了内战即将结束之际，奴隶解放前和解放后，佐治亚州奥格尔索普县巴罗种植园的土地和住所分布。左侧地图展示的是1861年战争开始时的巴罗种植园。与霍普顿种植园（见边码第303页）相似，巴罗种植园在战争爆发前分布高度集中，奴隶们全都居住在离主人住所不远的聚集区。二十年后，如右侧地图所示，同一地区的布局大相径庭。房屋散布广泛，原来的奴隶如今成了租户或佃农，开始耕种自己的小片土地，生活更加独立。教堂也在远离土地所有者房屋的地方迅速涌现。◆ 原来的奴隶们为什么如此快速地在远离先前主人的地方重新安置家庭，修建教堂呢？（彩图见第1071页）

种形式为别人打工。许多黑人农工——约占黑人总数的25%——纯靠工资生活。然而，大部分黑人则成为白人地主的佃农。他们租种一片土地，向地主交纳固定租金或部分收成（见边码第428—430页）。

新兴佃农制度是翻身奴隶对战前种植园群体劳作制度（奴隶们在主人的控制下一起生活和工作）的摒弃。如今，作为租户和佃农，黑人至少能够享受人身自由。即使他们没有希望买下土地，但至少还有一种自耕其田的感觉。佃农制同样对地主有利，他们不用再为工人的生活和健康负责。

作物留置权制度

从某些方面来讲，战后几年是黑人在经济上取得显著进步的时期。如果把他们在奴隶制下得到的物质利益算作收入，那战前黑人所得约占种植园总体利润的22%。而到重建时期结束时，他们的收入则占到了56%。按另一种方式计算，1857

年至 1879 年间，南方黑人的人均收入上升了 46%，而南方白人的收入则下降了 35%。这成为美国历史上最重要的收入再分配之一。

然而，这些数字却容易让人产生一些误解。一方面，黑人所占利润比例有所增加，但南方农业的利润总量却在下降——由于战争造成的混乱和国际棉花市场的萎缩。此外，黑人每小时的劳动收入比奴隶制时有所增加，但他们工作的时间却在减少。和过去不同，黑人妇女和儿童如今很少到田间劳作，成年男性每天工作时间也在缩短。总体来看，黑人劳动力在重建时期的劳动时间比奴隶制下被迫劳动的时间减少了三分之一，黑人的工作作息与农场白人劳工大体相同。战后的收入再分配也并未使众多黑人摆脱贫困。战后的前几年，黑人的人均收入从占白人人均收入的约 1/4 上升到近一半。在经历战后初期增长后，黑人的人均收入便一直徘徊不前。

对于黑人和贫穷白人而言，作物留置权制度所造成的破坏使任何土地和收入再分配所带来的收益都显得黯然失色。战后，南方传统的信贷机构，如代理商和银行，几乎不复存在。取而代之的是新的信贷体系，其中心大多是当地的乡村杂货店。杂货店老板往往是种植园主或独立商人。黑人、白人、地主、佃农都得依赖这些商店，购买食品、衣物、种子、农具等必需品。农民不像其他工人，没有稳定的现金流，因此他们只能依靠向这些商人赊账来购买生产生活所需品。当地大部分商店没有竞争对手（他们也极力维护这种局面），因此，他们可以把赊欠利率提高到 50% 或 60%。农民不得不给这些商人作物留置权（或债务索赔权）以作为借贷抵押（"作物留置权制度"一词由此产生）。农民如果连续几年收成不佳（那时经常发生），就很有可能陷入永远无法逃脱的循环债务中。

新的借贷体制

这种负担繁重的借贷体制对南方地区产生了诸多不利影响。首先，一些在重建初期获得土地的黑人因身陷债务而逐渐失去土地。少数白人小土地所有者也难逃厄运。其次，南方农民几乎完全依赖"经济作物"——主要是棉花——因为只有这种适合销售的农产品才有可能帮助他们摆脱债务。南方农业（即使在发展最好的时期也不够多样化）变得比以前更加单一化。长年累月种植棉花使土地更加枯竭。换句话说，作物留置权制度不仅使小农户更加贫困，还使南方农业经济整体下滑。

自由的非裔美国人家庭

黑人对重建最明显的反应便是组建或重建家庭，并保护自己的家庭不再像奴

《前女主人的造访》 这是温斯洛·霍默1876年的画作，作品假想一位南方白人妇女拜访她以前的一群奴隶，意在传达战后重建时期南方种族关系中的紧张。这些妇女，曾经在生活上关系密切，如今谨慎相视，小心保持彼此距离。南方白人攻击这幅画平等刻画白人和黑人妇女。有些南方黑人则批评这幅画只是刻画贫穷的乡村黑人而不去描绘南方城市中日益出现的更为富足的黑人从业者。有人曾写道，"如果他愿意寻找的话，他能找到很多衣着考究的黑人"。(National Museum of American Art, Smithsonian Institution. Gift of William T. Evans/Art Resource, NY)

隶制时期那样受到他人干预。很多重获自由的奴隶迅速离开种植园，主要是渴望找到失散的亲人，和家人团聚。成千上万的黑人走遍南方各地（经常要远距离跋涉）寻找他们被拆散的丈夫、妻子、孩子和亲属。在南方发行的为数不多的黑人报纸上，刊登了许多寻找亲人的广告。以前奴隶婚姻没有任何法律地位，如今在教堂和法律的批准下，许多翻身奴隶急忙成婚。黑人家庭不愿在以前的奴隶聚居区生活，于是分散到乡村地区的小木屋定居。在那里，他们至少可以享受无人打扰的清净生活。在黑人家庭内部，男性和女性的角色也愈发变得与白人家庭相似。

许多黑人妇女和儿童不再下地干活。他们认为，这种田间劳作是奴隶制的象征。许多黑人妇女把劳动限定为操持家务：做饭、扫地、种菜、照顾孩子、伺候丈夫。有些黑人丈夫不允许妻子到白人家庭做佣人。"我娶老婆是为了让她伺候我，"当以前的主人提出想雇自由民的妻子做佣人时，他这样回答道，"她要照顾我和孩子，家里的活多得是。"

性别角色的转变

尽管如此，中产阶级的家庭理念通常很难在众多翻身奴隶穷困潦倒的生活中得以维持。为经济所迫，许多黑人妇女不得不为赚钱开始工作，甚至从事那些能勾起奴隶制时伤心回忆的、他们自己和丈夫都很抵触的工作，如为白人家庭做佣人、洗衣服、到田间做农活。重建结束时，年满16岁的黑人妇女中，有一半靠打工赚取工资。和白人女工不同，大多数黑人女工都已结婚。

种植园上的洗衣日 对于新近从奴隶制中解放出来的妇女来说,最为普通的一项工作就是从不再拥有奴隶做家仆的白人家庭那里获得洗衣的活计。这幅非裔美国妇女的照片证实了洗衣差事有多么辛苦。
(Library of Congress)

四、格兰特政府

约翰逊政府政治混乱,美国选民疲惫不堪。1868年总统大选中,美国选民渴望选出一位能力超群、性格沉稳的总统,带领他们走出战后重建的困苦岁月。最后,他们把信任的目光投向了内战英雄,广受尊敬和爱戴的国家偶像,尤利西斯·S.格兰特将军。

士兵总统

1868年,格兰特有机会成为任何一党的总统候选人。但考虑到共和党的重建政策在北方更受欢迎,他最终接受了共和党的提名。民主党则推举纽约州前州长霍雷肖·西摩(Horatio Seymour)作候选人。总统选举异常激烈,格兰特以极其微小的优势取得最后胜利。如果没有南方新增的50万黑人选票,格兰特的普选票数只能占少数。

格兰特入主白宫时没有任何从政经验,他的执政表现从一开始就显得笨拙无力。除了汉米尔顿·菲什(Hamilton Fish,被格兰特任命为国务卿,在任八年,成绩斐然),格兰特的大部分内阁成员都能力不足,无法胜任。格兰特主要而且愈发依靠自己政党的核心领袖(一群热衷于"政治分赃"的人)。格兰特政府比多数前任政府更加露骨地使用"政治分赃制",这激怒了那些具有改革头脑的共和党成员。

美国的格兰特

自由共和党人

格兰特还疏远了许多对激进重建政策（他自己一直支持这些政策）大失所望的北方民众。有些共和党人怀疑（这种怀疑是正确的）格兰特政府本身就存在腐败。

格兰特第一届任期结束时，共和党内部许多成员——他们自称"自由共和党人"——开始反对所谓的"格兰特主义"。1872年，为了阻止格兰特再次当选，他们拒绝支持所属共和党的候选人并提名了他们自己的总统候选人：霍勒斯·格里利，《纽约论坛报》的资深编辑和出版商。尽管有些不情愿，民主党还是提名格里利为他们的总统候选人，希望与自由党人的联盟能帮助他们打败格兰特。然而，这些努力都未能成功。格兰特轻松取胜，获得了286张选举人票（格里利只得到66张选举人票）和约56%的普选票。

莫比尔信贷公司

格兰特——秋千表演家 著名漫画家约瑟夫·开普勒的这幅漫画中，尤利西斯·S. 格兰特总统在高空中荡着秋千，双手紧握"威士忌同盟圈"和"海军同盟圈"（暗指纠缠烦扰其总统任期的众多丑闻中的两件）。利用一根皮带（上面还写着"腐败"），格兰特总统把丑闻中一些最为臭名昭著的人物高悬于空中。这幅漫画发表于1880年，那时格兰特正试图赢取共和党总统提名以谋求连任。(Library of Congress)

格兰特丑闻

1872年大选期间，一系列政治丑闻被曝光，困扰格兰特及共和党人长达多年。第一件丑闻牵涉到莫比尔信贷公司旗下的建筑公司，该公司参与了"联合太平洋铁路"的修建。莫比尔信贷公司高层利用其联合太平洋公司股东的身份为旗下的建筑公司拿到许多数额巨大的欺诈性合同，从联合太平洋公司（和对铁路建设给予高额补贴的联邦政府）身上骗取了上千万资金。为了防止调查，公司主管用莫比尔信贷公司的股票贿赂国会主要议员。然而，1872年，国会还是展开了调查。调查发现，一些共和党高官——如时任格兰特政府副总统的斯凯勒·科尔法克斯（Schuyler Colfax）——的确接受了莫比尔信贷公司的股票。

格兰特第二届总统任期仍是麻烦不断。本杰明·H. 布里斯托（Benjamin H. Bristow，格兰特的第三任财政部长）发现手下某些官员和一群酿酒商相互勾结，组成"威士忌同盟圈",虚假报税,逃避政府税收。此后,众议院的一次调查又揭露了陆军部长威廉·W. 贝克纳(William W. Belknap)收受贿赂,帮助某商人再次获取印第安保留地的政府职务(所谓的"印第安同盟圈")。政府丑闻接连不断,人们愈发觉得,"格兰特主义"使政府腐败更加猖獗。

绿背纸币问题

一场金融危机——1873 年大恐慌——使格兰特和整个国家面临的问题更加复杂和严重。这场恐慌开始于杰伊·库克公司(一个重要的投资银行公司,该公司在战后铁路建设中投资过大)的破产。虽然美国在以前,如 1819 年、1837 年和 1857 年也出现过金融恐慌,但这一次是最为严重的。由此引发的经济萧条持续达四年之久。

1837 年大恐慌

债务人向政府施压,要求政府用"绿背纸币"——内战时印发的纸币——兑换联邦战争债券,这无疑会增加流通领域的货币总量。然而,格兰特和大部分共和党人主张"坚挺"货币——严格基于黄金储备,这种货币更符合银行和其他债权人的利益。内战期间发行的纸币大约有 3.56 亿美元,而且这些纸币仍在流通。1873 年,为应对经济恐慌,财政部增发了货币。然而,1875 年,为彻底摧毁绿背纸币运动,国会的共和党领袖们通过了《恢复硬币支付法》。该法规定,从 1879 年 1 月 1 日起,绿背纸币(其价值时常波动)将由政府用新的、与黄金价格密切挂钩的货币凭证予以兑换。该法律使那些担心别人用价值不稳的纸币来偿还欠款的债权人感到放心和满意。但是,对于债务人来说,"恢复法"无疑使事情变得更糟,因为金本位货币的供应量不会轻易扩大。

1875 年,"绿背纸币主义者"(人们对"通货膨胀论者"的称呼)成立了自己的政治组织:国家绿背纸币党(National Greenback Party)。该党虽然在此后三届总统选举中表现活跃,但却未能赢得广泛支持。尽管如此,绿背纸币党的存在的确使货币问题一直受到人们的关注。恰当的货币构成问题也成为 19 世纪后期美国政治中持续时间最长、争议最多的问题之一。

国家绿背纸币党

共和党外交

约翰逊政府和格兰特政府在外交事务上取得了巨大成就,但这些成就并非是两位总统的功劳(他们在外交上没有展现多少才能),而是有赖于两位杰出的国务卿:威廉·H. 西沃德(始任于林肯政府,1869 年卸任)和汉米尔顿·菲什(随格兰特政府任职两届）。

"西沃德的愚蠢之举"

西沃德是一个狂热的扩张主义者，他行动大胆，足可以适应重建时期政治的需要，也敢于触及共和党对约翰逊总统的仇视所能允许的底线。当俄罗斯提出以720万美元的价格把阿拉斯加卖给美国时，西沃德不顾众人批评毅然接受。许多批评者认为，阿拉斯加不过是一片冰冻的荒原，毫无价值。一些人还嘲笑购买阿拉斯加是"西沃德的愚蠢之举"。1867年，西沃德又精心策划，吞并了夏威夷西部的中途岛。

阿拉巴马索赔案

汉米尔顿·菲什面临的第一个艰巨任务是解决内战以来英美两国存在的重要分歧：美国认为，英国政府在内战期间允许英国船厂为邦联修造舰船（其中就包括"阿拉巴马号"），违反了中立法。美国要求英国对这些舰船造成的破坏予以赔偿，史称"阿拉巴马索赔案"。1871年，在数次努力失败后，菲什终于与英国达成了协议，即"华盛顿协议"。按照协议，两国争端交由国际仲裁；英国也就"阿拉巴马号"舰船"逃离"英国表示歉意。

五、重建中止

随着北方对自身政治和经济问题的关注，他们对重建的兴趣开始逐渐减弱。格兰特政府继续对南方的共和党州政府提供保护，但这样做更多的是为了防止南方地区再次出现实力强大的民主党，而不是有意保护自由民的地位。而联邦军队驻守南方也未能阻止南方白人颠覆重建政权。到格兰特卸任时，民主党已经在11个前邦联州中夺回（或者按南方白人的说法，"赎回"）了7个州的政府控制权。在另外3个州——南卡罗来纳、路易斯安那和佛罗里达——要等到1876年最后一批联邦军队撤离，重建才宣告结束。这次撤离是国家高层漫长政治谈判和妥协的结果（另一个前邦联州，田纳西州，早在1866年便批准了宪法第十四条修正案并重新加入联邦，因此并未列入重建计划）。

"赎回"的南方州

在白人人口占大多数的州——南方北部的一些州——推翻共和党的统治相对比较容易。到1872年，除了少数白人外几乎所有南方白人都重新获得了选举权。明显成为多数派选民的他们，需要做的只是组织起来，为自己的候选人投票。

在其他黑人人口占大多数或黑人与白人人口相当的州，白人则利用恐吓和暴力逐渐瓦解重建政权。一些秘密团体——如"三K党""白山茶花骑士团"等——利用恐怖主义来恐吓或武力阻止黑人参加投票或行使公民权利。一些准军事化组织——如"红衫军"和"白人联盟"——全副武装，"维护"选举治安，强迫所有白人男性加入民主党，阻止所有黑人参加重要政治活动。在这些组织中，"三K党"实力最强，影响最大。三K党成立于1866年，由前邦联将领内森·贝德福德·福莱斯特（Nathan Bedford Forrest）将军领导，并逐渐吸收了许多规模较小的恐怖组织。党首们设计出自己的活动仪式、特殊服装、交流密语和其他神秘组织形式，一方面可加强内部联系和团结，另一方面可使三K党在恐吓对象面前显得更加恐怖。三K党的"午夜骑士"——一群身穿白披风，头戴白面具，马覆白长袍，马蹄包裹起来的人在南方黑人社区中制造出极大恐慌。

三K党

南方许多白人把三K党、其他秘密团体和准军事化组织看作是光荣的爱国团体。实际上，这些团体就像一股军事力量（尽管组织松散、凌乱），共同继续着反对北方统治的斗争。他们特别为那些能从恢复白人特权中获取最大利益的人（尤其是种植园主阶层和南方民主党）服务。然而，比三K党更能重挫黑人政治力量的却是经济压制这个简单武器。一些种植园主拒绝向共和党黑人出租土地；商店老板拒绝给他们放贷；其他雇主也拒绝给他们提供就业。

三K党法案

共和党国会试图扭转这次白人镇压黑人的新浪潮。1870年和1871年，国会通过了两个执行法案，统称为"三K党法案"，这也是当时最为激进的处置措施。执行法案禁止各州实行种族歧视和区别对待选民，授权联邦政府可取代地方州法院直接起诉违法行为。这也是联邦政府第一次提出，有权对违反联邦法律的犯罪个人直接进行诉讼。联邦地方检察官有权对剥夺黑人权利（如参加选举、供职和担任陪审团成员等权利）的阴谋采取措施和行动。此外，新法案还授权总统可以动用军队来保护公民权利；当侵犯公民权利的行为极端恶劣时，可暂时取消（犯罪分子的）人身保护权。1871年10月，格兰特总统运用该规定宣布南卡罗来纳州九个县处于"非法状态"，并派联邦军队占领该地区。几百名三K党可疑成员被抓。一些人被长时间拘禁而不进行审判；一些最终被判有罪，关进了监狱。

执行法案

除了在南卡罗来纳州，执行法案很少被严格地实施。但是，它还是帮助黑人和北方白人削弱了三K党的力量。到1872年，针对黑人的三K党暴力事件在南

三K党的衰落

方各地明显减少。

北方支持逐渐减少

"三K党法案"是共和党致力于保护重建时期黑人公民所获权利的巅峰。然而，这种努力并未持续很长时间。南方黑人逐渐失去了许多北方后盾的支持。1870年初，在宪法第十五条修正案获得通过后，一些改革者确信他们为黑人争取权益而进行的长久斗争如今可以宣告结束——拥有选举权后，黑人应该能够处理好自己的事务。在接下来的几年里，前激进派领袖（如查尔斯·萨姆纳和霍勒斯·格里利）改称自己是"自由党人"，并开始与民主党合作；在批评黑人和"北方投机者"政治腐败方面，他们甚至比民主党走得更远。在南方，许多白人共和党人加入自由党，并最终成为民主党成员。

社会达尔文主义的影响

"1873年大恐慌"进一步削弱了人们对重建的支持。在此次经济危机的刺激下，北方工业家及其同盟者开始寻找贫穷和动荡的原因。结果，他们在一个被称为"社会达尔文主义"（见边码第451—452页）的新思想中找到了答案。这是一个残酷的理论，它提出个人的失败完全是因为自身的薄弱和无能。那些受社会达尔文主义思想影响的人逐渐把北方众多无业游民——以及南方贫穷黑人——看作是无法救赎的、不适应社会和时代的人。社会达尔文主义还鼓励人们普遍反对政府干预社会和经济生活，进一步削弱了人们对重建计划的支持和热情。人们对重新分配土地的支持度和从几近枯竭的国库中拨款援助自由民的意愿都在1873年以后迅速下降。各州政府和地区政府也感到资金短缺，纷纷减少社会公共服务的开支——在南方，这意味着黑人所享受的社会福利几乎全部终结。

1874年国会选举，民主党取得胜利，自1861年以来第一次获得众议院的控制权。格兰特注意到了北方的情绪变化，于是动用军事力量继续维持南方尚存的共和党政权。到1876年底，仅有三个南方州——南卡罗来纳、路易斯安那和佛罗里达——还留在共和党手中。在同年的州政府选举中，民主党（借助恐怖手段）宣布在三个州均取得胜利。但共和党对选举结果提出异议，并宣布自己在选举中获胜。因为有联邦军队的支持，共和党才得以继续执政。不然的话，很明显，最后的共和党政权很快便会垮台。

1877年妥协

格兰特本想再次参加1876年的总统竞选，但大部分共和党领袖表示反对。他们对近期民主党的节节胜利感到震惊，对格兰特纠缠不清的政治丑闻感到恐惧，对总统每况愈下的健康状况感到担忧。相反，他们力求寻找一位与格兰特时期众多问题没有关联，有可能挽回自由党人的支持和重新团结共和党的候选人。他们最后选定俄亥俄州的拉瑟福德·B. 海斯（Rutherford B. Hayes）——前联邦部队军官、州长、国会议员和行政事务改革倡导者——作为候选人。民主党则一致推选塞缪尔·J. 蒂尔登（Samuel J. Tilden）——纽约州改革派州长，曾在推翻纽约市"塔慕尼协会""特威德腐败团伙"的过程中发挥重要作用——为总统候选人。

海斯对阵蒂尔登

尽管总统大选竞争激烈，但两位候选人似乎没有根本差异。他们都属于保守派，都致力于温和改革。11月的大选中，民主党明显获胜。蒂尔登赢得了所有南方州和几个北方大州的选民，普选票比海斯多出近30万张。然而，来自路易斯安那州、南卡罗来纳州、佛罗里达州和俄勒冈州（这四个州的选举人票总数为20）的争议选票使选举陷入迷茫。蒂尔登获得了184张无争议选举人票，距离"多数"要求只差1票。但如果海斯获得这全部20张存在争议的选举人票，他便能（反败为胜）当选总统。

宪法中没有提供确定争议选票合法性的办法。很显然，最后决定权应交予国会，但问题是应交予国会众议院还是参议院，应采取何种表决方式（参议院被共和党控制，众议院则被民主党控制）。两党议员自然都会支持能使本党获胜的解决方案。

最后，1877年1月末，国会试图通过建立选举特别委员会来裁定这些争议选票，打破僵局。特别委员会将由五位参议员、五位众议员和五位最高法院大法官组成。其中，国会代表包括五位共和党议员和五位民主党议员。法院代表包括两位共和党法官、两位民主党法官和一位无党派法官。然而，这个无党派席位最后还是落到一位感情上支持共和党的法官手中。特别委员会投票结果与党派比例相同：8：7。海斯获得全部争议选票。国会接受了特别委员会于3月2日做出的裁定。两天后，海斯宣誓就职美国总统。

选举特别委员会

历史学家的分歧　战后重建

几十年来，人们关于战后重建的性质展开了激烈辩论（不仅在历史学家之间，而且在众多百姓中间），引发了众多争议。一位学者曾在1959年把战后重建描绘成一个"黑暗而血腥的战场"。自那以后,历史学家的论战激情有所减退,但在百姓心中,重建总能让人想起一幅幅"黑暗而血腥的"画面。

许多年里,大部分历史学家对战后重建持高度批判的态度,这也反映了民众的普遍心理。到19世纪末,大多数美国白人(无论是北方人还是南方人)逐渐认为,分隔南北的真正分歧已不复存在,国家应为真正的和解而努力。此外,大部分美国白人都坚信自己种族的优越性,同时认为黑人天生不适合政治和社会平等。正是出于这种思想,威廉·A.邓宁在自己的著作中首次提出了战后重建的重要历史解读。在《重建时的政治和经济》(William A. Dunning, *Reconstruction, Political and Economic*,1907)一书中,邓宁把战后重建描绘成心存报复、阴险恶毒的北方共和党激进派对战败南方犯下的可耻暴行。重建政府依靠的是"刺刀统治"。厚颜无耻、自我扩张的"毛毡提包客"蜂拥至南方,从战败南方的痛苦中谋求利益。愚昧无知、目不识丁的黑人被推上他们根本无法胜任的权力岗位。重建的实施从一开始就是令人生厌的道德败坏,能够继续下去完全是因为共和党一心想继续掌权(后来一些作者,如霍华德·K.比尔,又补充了经济原因,即共和党是为了保护北方的商业利益)。邓宁和他的许多学生(他们共同组成了"邓宁学派")收集、汇总各州证据,证明重建给人们留下的只有腐败、灾难性税收和公共债务的巨大增长。

邓宁学派不仅左右了几代历史学家的观点,还反映和塑造了众多民众的看法。之后几年,重建被广泛刻画为北方趁机剥削南方的悲惨时代(如1915年的电影《一个国家的诞生》[*The Birth of a Nation*],1936年的小说和1939年的电影《乱世佳人》[*Gone with the Wind*] 中所描绘的)。即使今天,许多南方白人和其他人还仍然接受邓宁的基本观点。但在历史学界,这种观点早已过时并渐渐失去了支持者。

一位杰出的黑人学者,W. E. B. 杜博伊斯曾在1910年发表的文章和1935年出版的专著《黑人重建》(W. E. B. Du Bois, *Black Reconstruction*)中对邓宁的观点首先提出挑战。在他看来,南方各州的重建政治是人民大众(无论是黑人还是白人)为建立一个更加民主的社会而共同做出的努力。他认为,重建政府的错误被过分夸大,而成就却被忽视。

他坚持认为,重建政府开支巨大,原因在于政府想为南方提供更大规模的公共教育和其他公共服务,而这种规模是前所未有的。然而,杜博伊斯在著作中对马克思主义理论的运用使许多历史学家对其观点予以排斥。邓宁笔下的重建形象只能留给那些思想不是十分激进的白人历史学家去推翻。

20世纪40年代，C.范恩·伍德沃德（C. Vann Woodward）、大卫·赫伯特·唐纳德和托马斯·B.亚历山大（Thomas B. Alexander）等历史学家开始重新审视南方重建政府，并提出他们的执政记录并非像先前众多历史学家所想象的那样糟糕。他们还研究了国会共和党激进派，并指出他们的所作所为并非只是出于报复心理和党派偏见。

20世纪60年代初，一种新的重建观点逐渐形成。随着"第二次重建"（民权运动）的开始，这种观点越来越吸引历史学家的注意。约翰·霍普·富兰克林的《战后重建》（John Hope Franklin, *Reconstruction After the Civil War*, 1961）和肯尼斯·斯坦普的《重建年代》（Kenneth Stampp, *The Era of Reconstrurtion*, 1965）对这种修正派研究方法进行了总结和概括。他们认为，战后共和党为自由民提供了急需的保护，为解决南方种族问题做出了真正的（尽管存在不足）努力。重建政府尽管有种种过失，但仍然是种族关系政治上的勇敢尝试。国会激进派也并非圣贤，但他们却表达了对黑人权利的真切关注。安德鲁·约翰逊也算不上是保卫宪法的勇士，相反却是一位拒绝接受任何合理妥协，使政府陷入危机的、不称职的种族主义政客。南方也从未出现所谓的"刺刀统治"或"黑人统治"。在重建政府中，黑人的作用和影响微乎其微，但他们却都尽职尽责。实际上，重建政权使南方取得了重要进步：创建了公共教育体系，推动了重要社会变革。南方的政治腐败也并不比同时期的北方糟糕多少。修正派观点认为，重建的悲哀并不在于对南方白人做了什么，更在于为南方黑人少做了什么。由于停止了保证黑人真正平等的必要改革，重建使黑人继续承受了一个多世纪的不公待遇和种族歧视。

后来，学者们开始对修正派观点提出质疑，他们并不是想恢复邓宁的观点，而是想把人们的注意力吸引到重建所取得的成果上来。埃里克·方纳在《唯有自由》（*Nothing but Freedom*, 1983）和《重建：美国未完成的革命》（*Reconstruction: America's Unfinished Reconstruction*, 1988）中总结指出，美国在重建时期的经历最引人瞩目的不是取得的成就有多少，而是翻身奴隶在如此短的时间内向自由和独立迈进得有多快，黑人自身在重建过程中发挥的作用有多大。重建中，黑人在南方赢得了一定的法律和政治权利。尽管他们只是暂时拥有这些权利，但他们却通过这些权利一度巩固了自己的政治和社会地位，也获得了有限但却真正的独立。他们在重建中虽然没能获得真正平等，但却赢得了一定程度的个人和社区自治，开启了通往自由（《解放宣言》本身未予保证）的大门。

以美国黑人和妇女历史为视角的历史学家也提出了相关见解。利昂·利特瓦克的《久经风雨》（Leon Litwack, *Been in the Storm So Long*, 1979）指出，翻身奴隶利用重建时期的相对自由为自己在南方社会取得了部分独立。他们巩固黑人教会，重新找回家人，拒绝接受种植园群体劳作制度，催生新的劳动体制，更多地掌控自己的生活。艾米·德鲁·斯坦利（Amy Dru Stanley）和杰奎琳·琼斯（Jacqueline Jones）都认为，翻身奴隶在自行组建家庭，独自管理家庭生活、生育子女和劳动工作等方面表现出了相当大的独立性。按杰奎琳·琼斯在《热情的劳作，悲伤的劳作》（*Labor of Love, Labor of Sorrow*, 1985）中所说，妇女尤其渴望"在家庭和社区的安全环境中为自己的家人和亲属辛勤劳作"。

此外，有些历史学家开始认为，重建不仅仅局限于南方。希瑟·理查德森（Heather Richardson）在《阿波马托克斯以西》（*West from Appomattox*, 2007）和《重建的死亡》（*The Death of Reconstruction*, 2001）中描绘了整个美国在内战期间和内战之后发生的巨大变化——而南方也许是变化最小的地区。重建年代同样是西部扩张和工业化的年代。

然而，在僵局解决背后是两党领袖间一系列精心设计的妥协。当民主党威胁要用长篇大论的演讲拖延时间，阻碍特别委员会的判决报告时，共和党参议员领袖秘密会见南方民主党领导人，商定民主党同意海斯当选的条件。按传统解释，共和党与南方民主党曾在华盛顿沃姆利酒店会面。共和党承诺，海斯将撤回驻扎在南方的最后一批联邦军队（因此，也就允许民主党推翻南方最后三个共和党州政府），作为回报，南方民主党同意放弃国会阻挠行动。

1877年妥协

实际上，"1877年妥协"背后的事情比上述情况更为复杂。海斯赞成撤军的态度早已是公开的事实，所以想要得到民主党的支持，共和党需要提供更多的条件。

真正赢得南方民主党支持的协议早在沃姆利酒店会面前便已达成。作为合作的条件，南方民主党除了要求撤军外，还向共和党索要了其他承诺：至少任命一位南方人加入海斯内阁，控制联邦在南方地区的特权保护和政治任命，放宽内部改革，联邦资助得克萨斯州和太平洋铁路建设。许多有势力的南方民主党人支持地区工业化建设。他们认为，共和党推行的联邦资助商业发展计划比民主党提出的各州权利政策更能帮助南方发展。

在就职演说中，海斯宣布南方最迫切的需求是恢复"明智、诚实和爱好和平的地方政府"。——这是他计划撤回联邦军队和允许民主党白人接管地方州政府的信号。这段陈述以及海斯随后的行动，证实了人们对他的普遍指责（海斯这样做是对南方默许其当选总统的回报），加深了那些把他称为"骗子阁下"的人的怀疑。海斯试图通过树立品行端正的公众形象（和个人形象）来反驳人们的指责。但总统大选制造的怨愤已成事实，无法挽回。尽管海斯承诺只担任一届总统，但还是无法平息人们对他的批评指责。

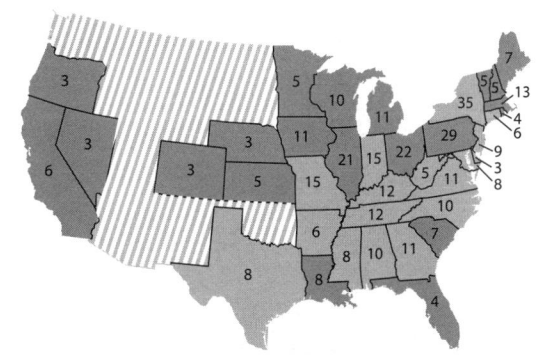

1876 年大选 1876 大选是美国历史上最富争议的总统选举之一。同 1824 年、1888 年和 2000 年总统选举类似，普选票的获胜者——塞缪尔·J. 蒂尔登——并非选举人票的获胜者，且相差只有一票。关于谁将当选总统的最终决定直到三月总统正式就职前一天才得以揭晓。◆ 共和党人究竟是如何将这次明显的失败转变成一场胜利的？

总统及其政党原本希望，在南方建立一个由辉格党主义保守派白人团体组成、适度认可黑人权利的"新共和党"组织。但所有这些努力都付诸东流。尽管南方许多白人领袖支持共和党的经济政策，但人们对战后重建的怨恨太深，不可能在政治上支持共和党。与此同时，联邦军队的撤离表明联邦政府在逐步放弃控制南方政治和改善南方社会中黑人命运的努力。

共和党在南方的失败

重建的遗产

战后重建为翻身奴隶在美国生活中努力获得尊严和平等做出了重要贡献。重建也不像当时多数人认为的那样，是南方白人的灾难性经历。但是，重建在很大程度上还是以失败告终。在那几年，合众国逐渐放弃了解决本国最古老和最深刻社会问题（种族问题）的首次正式努力。此外，这段经历使美国白人如此失落、绝望和痛苦，以至于将近一个世纪以后，他们才再次真正尝试解决这个问题。

思想局限

"这就是共和党式的政府吗?" 纽约艺术家兼漫画家托马斯·纳斯特用这幅在《哈珀周刊》上发表的辛辣漫画来标记1876年战后重建的结果,表达了他内心的惊愕与沮丧,他认为国家背叛了以前的奴隶,这些奴隶仍未获得足够的权利保障。漫画标题继续写道:"这就是保护生命、自由和财产吗? 这就是法律的平等保护吗?"(Courtesy of The Newberry Library, Chicago)

这次对种族歧视的大讨伐为什么没能取得更多成果? 部分原因在于讨伐运动领导者自身的软弱和失误。但更大程度上,是因为寻求解决方案的努力受阻于国家生活中根深蒂固、难以消除的保守势力。尊崇宪法的思想极大地限制了国家领导人侵犯各州权力和个人权利的意愿。人们对私有财产和自由企业的无限尊重使南方经济特权未受到真正破坏。最重要的是,黑人天生低下的观念在许多白人,甚至是最开明的白人中间普遍流传,成为通往种族平等道路上的巨大阻碍。考虑到19世纪60年代至70年代美国人工作生活的历史背景,令我们倍感惊讶的也许不是重建成果太少,而是它居然取得了成果。

鉴于黑人面对的重重阻碍,他们完全有理由为重建时期取得的成就感到骄傲。未来子孙也有理由为宪法第十四、第十五条修正案这两大自由宪章的通过心存感激。虽然宪法修正案在当时多被忽视,但在未来的某一天,它必将成为"二次重建"的基石,为所有美国人争取自由和平等注入新的活力。

六、新南方

南方民主党和北方共和党达成的协议,帮助解决了1876年选举争议,按理应成为在南方地区建立和发展稳定持久的共和党的第一步。但是,至少在这一点上,协议未能如愿。重建结束后的几年里,南方白人已经把民主党发展成为该地区白人唯一的、切实可行的政治组织。尽管如此,在重建结束后的几年,南方在某些方面却如"1877年妥协"缔造者所希望的那样,发生了重大变化。

"赎回派"

1877年底——当最后一批联邦军队撤离后——民主党"赎回"了所有南方州政府。许多南方白人为恢复他们所谓的"地方自治"而欢喜鼓舞。但实际上,南方地区的政治统治很快比内战以来任何时期都更受限制。南方又一次陷入保守的、势力强大的寡头统治之下。寡头政府成员通常被称为"赎回派"(他们对自己,以及支持者对他们的称呼)或"波旁派"(一些批评者用这个表示贵族的词称呼他们)。

波旁派统治

在某些方面,后重建时期统治阶级与战前统治阶级几乎相同。例如,在阿拉巴马州,传统种植园精英集团——尽管有来自新商人和工业力量的挑战——保存了大部分实力,几十年来继续在本州统治中占据主导地位。然而,在大部分地区,"赎回派"组成了一个全新的统治阶级。他们之中有商人、工业家、铁路建筑商和金融家。其中,有些是以前的种植园主,有些是融入当地生活的北方移民,有些是从当地社会底层提升上来的、雄心勃勃的南方白人。他们既坚持"地方自治"和社会保守主义,又支持经济建设和发展。

南方许多"波旁"政府表现颇为相似。保守主义者曾抱怨重建政府助长了腐败的滋生和蔓延。但"赎回派"政权中充斥的浪费和欺诈更有过之而无不及(在这一点上,他们与全国其他地区政府毫无异处)。与此同时,几乎所有新民主党政权都降低税额、缩减开支,并大规模削减政府公共服务——其中许多是重建时期取得的重要成果。例如,一个又一个州接连降低或取消对公立学校体系的政府投入。"学校不是必不可少的",弗吉尼亚州一位具有节约意识的州长曾这样说道。

19世纪70年代末,有影响力的反对派团体对"波旁"政府提出了质疑和挑战:他们抗议削减公共服务,谴责"赎回派"政府按原始利率(通常较高)全额偿还战前债务和重建时期债务。例如,在弗吉尼亚州,人们掀起了一场激烈的"重新调整"运动,要求政府修改债务偿还程序,以划拨更多的钱用于政府公共服务。1879年,"重新调整"派赢得了州立法会控制权。在接下来的几年里,他们又先后夺取州长职位与合众国参议院席位。其他州也出现了类似的运动,所提要求也有所增加,如要求增投货币、免除债务和进行经济改革(有些州吸纳了大量黑人,但所有运动的主体都是低收入的白人)。然而,到19世纪80年代中期,南方保守

重新调整派的挑战

主义者——主要通过利用种族歧视——已经极大破坏了多数反抗运动。

工业化与"新南方"

后重建时期,一些南方白人领袖希望南方地区成为工业经济蓬勃发展的家园。他们认为,南方战败,主要是因为当地经济无法与北方现代化的工业生产力相抗衡。如今,南方必须做得"比北方佬更北方佬",着力建设一个"新南方"。《亚特兰大宪章报》(*Atlanta Constitution*)主编亨利·格雷迪(Henry Grady)和其他杰出的"新南方"代言人很少反对白人优势论,但他们确实提倡南方价值观其他方面的重要改变。他们首先倡导节俭、勤劳、进步等美德——北方社会的这些品质经常受到战前南方人的批评和指责。"我们不再空谈理论,而是开始建设城镇,"19世纪80年代,格雷迪曾这样向新英格兰读者夸耀,"实业大于政治……我们热爱工作。"然而,即使最狂热的"新南方"信条倡导者也不愿与南方的过去彻底决裂。这一点在南方大众文学中尤其得到了印证。在南方白人作家在报纸社论和演讲中无限赞美工业化优势的同时,他们还在文学作品中用怀念的笔触描绘一幅幅"旧南方"的美好画卷。没有哪个南方人真正主张回到过去,但大多数白人还是喜欢深情而浪漫地谈论那"错失的伟业"。他们对乔尔·钱德勒·哈里斯(Joel Chandler Harris)等作家充满地方特色的小说甚是钟爱。哈里斯的民间故事——其中最有名的是《雷默斯大叔》(*Uncle Remus*)——把战前奴隶社会描绘成方言特色浓郁、种族情感亲密的和谐世界。作家托马斯·尼尔森·佩奇(Thomas Nelson Paige)同样热情洋溢地赞美旧时的弗吉尼亚贵族。由白人扮演的化装黑人乐队的日益流行也反映出人们对"旧南方"的浪漫化倾向(参见本章"大众文化模式")。总之,"新南方"的白人领袖在面向未来的同时,一只脚还留在过去。

大众文化模式 滑稽说唱表演

滑稽说唱表演(白人假扮黑人,表演黑人歌曲和舞蹈的滑稽演出)是19世纪下半叶美国最为流行的娱乐形式之一,也是内战前后美国社会种族意识(高度种族主义)的切实证明。同时,美国黑人也开始了自己的滑稽说唱表演,并(至少在一定程度上)对其进行改造,使其成为培养黑人表演者和发展重要音乐、舞蹈新形式的载体。

在内战开始前和内战过程中，滑稽说唱演员几乎全部是白人，他们用木炭把脸涂黑，扮演美国南方黑奴文化中各种荒诞的形象。这些演出编造了许多手脚笨拙、荒诞可笑的人物形象，其中最流行的便是兹普·库恩（Zip Coon）和吉姆·克劳（Jim Crow，这个名字后来再次出现，成为19世纪末种族隔离法律的代名词）。在典型的滑稽说唱

滑稽说唱高潮迭起 普瑞姆罗丝&韦斯特滑稽说唱剧团——19世纪一种奢侈昂贵的、吸引大批民众的娱乐表演——是众多为全国各地热情观众提供这种娱乐形式的剧团之一。尽管滑稽说唱表演开始是由白人乐师扮作黑人进行演出，但真正黑人滑稽说唱表演的流行鼓励剧团经理同时聘用白人和黑人演员。(©Collection of the New-York Historical Society)

演出中，十七位或更多的男演员面向观众，坐成半圆形。中间的男演员主持整个演出，扮演供他人戏弄的滑稽角色，指挥音乐表演——轻快的舞蹈和伤感的民谣（由班卓琴、响板和其他乐器演奏，并由独唱演员或所有演员演唱）。

这些演出在南方颇为流行，但在北方却更受欢迎。对北方人来说，黑人生活更为陌生，更有异乡情调。北方白人观众（不管对奴隶制的态度如何，他们通常都看不起黑人）对嘲笑贬低黑奴的表演十分钟爱。白人演员尽情刻画黑人的愚蠢和低劣，疯狂斥责废奴派和反蓄奴主义者。在内战期间，他们还把黑人士兵刻画成废物和懦夫——他们对黑人士兵形象的刻画，和以前表演黑奴时一样，既是歪曲事实又是恶意侮辱。

内战以后，滑稽说唱表演开始增加演出剧目。有些剧团借鉴P.T.巴纳姆和其他娱乐商人著名、成功的荒诞剧目，开始在自己的演出中加入连体双胞胎、蓄须女士和据称有8英尺2英寸高的"中国巨人"。他们还通过吸收女演员和更受欢迎的男扮女装演员，在演出中融合男女成分。弗朗西斯·利昂（Francis Leon）饰演的"歌剧女皇"，服饰艳丽，引人注目，观众们甚为喜欢。利昂也成为19世纪70年代最成功的滑稽说唱演员之一。

白人演员对滑稽说唱表演进行新的尝试，原因之一是他们现在要面对黑人

Electric 3 滑稽说唱乐队 对每一个大剧团来说，如普瑞姆罗丝 & 韦斯特滑稽说唱剧团，都有许多规模较小、边走边演的滑稽说唱乐队，如图中所示：19世纪80年代巡演路上的卡兰—海利—卡兰的 Electric 3 滑稽说唱乐队。在音乐演出中，这些人夸张地扮演黑人进行表演。他们为照相摆好姿势，努力展示出自己严肃持重的中产阶级身份和地位。(Brown Brothers)

演员的竞争，而黑人演员往往更能地道地表现黑人音乐、舞蹈和幽默，且更具表演天赋。"佐治亚表演团"（组建于1865年）是第一批全部由黑人演员组成的剧团之一，几年来在美国东北部地区吸引了众多白人观众。到19世纪70年代，黑人巡回剧团已数不胜数。他们沿用了白人滑稽说唱团的许多传统表演形式，如舞蹈、音乐、滑稽串场和抒情朗诵等。有些黑人演员甚至用木炭在脸上涂抹，使自己看起来与（竞争对手）白人演员扮演的黑人一样黑。他们有时谴责奴隶制（至少是间接谴责），一般不会贬低自己种族的能力。但为了迎合白人观众，他们的表演也无法彻底摆脱对黑人生活的讽刺与嘲弄。

黑人的滑稽说唱表演没有明确的政治目的，但确实有助于改革和发展黑人重要的娱乐形式，使其成为国家文化的一部分。黑人演员在滑稽说唱表演中引入新的舞蹈形式（源自奴隶生活和黑人群体生活的日常传统），如"蹦蹦飞""定招"和"踮换步"，为19世纪初的踢踏舞和爵士舞奠定了基础。他们还即兴创作音乐，尝试其他音乐形式，为日后散拍乐、爵士乐、节奏乐和蓝调音乐的兴起做出了贡献。

最后，黑人的滑稽说唱表演——与白人的滑稽说唱表演一样——逐渐演变成其他形式的舞台戏剧，其中包括严肃的黑人戏剧。例如，20世纪90年代，著名的黑人喜剧演员山姆·卢卡斯（Sam Lucas，滑稽说唱表演巡回剧团的资深演员）在布鲁克林的安布罗斯公园剧场主演了话剧《深黑美国》（*Darkest America*）。后来，一家黑人报纸把这部话剧形容为"黑人生活的真实写照，记录了黑人种族从种植园到战后重建的历史经历，描绘了当代黑人有文化、有教养、有风度的社会生活，忠实反映了历史本质"。

人们对滑稽说唱表演并没有完全失去兴趣。1927 年，好莱坞推出的第一部长片有声电影《爵士歌王》（*Jazz Singer*），讲述了一位白人滑稽说唱演员的坎坷事业。影片主演艾尔·乔尔森（Al Jolson）是 20 世纪最受欢迎的歌手之一，他自己的演艺事业也开始于几年前的滑稽说唱巡回演出。

尽管如此，在重建结束后的几年里，"新南方"的热衷者还是使南方工业得到了迅速发展，成为当地经济中更加重要的组成部分。其中，最为显著的是纺织制造业的增长。在过去的 20 年里，纺织工业增长了九倍。在过去，南方种植园主通常要把当地的棉花运到北方或欧洲的加工厂。如今，纺织工厂在南方纷纷出现——其中许多工厂来自新英格兰。他们受南方丰富的水力资源、充足低廉的劳动力供应、低税收和友好亲善的保守政府等条件吸引来到南方。此外，在南卡罗来纳州詹姆斯·B.杜克（他的"美国烟草公司"曾一度垄断烟草加工到制成品的整个环节）的推动下，烟草加工工业在南方也站稳了脚跟。同时，在深南地区，尤其是阿拉巴马州的伯明翰地区，炼铁（后来是炼钢）工业发展迅猛。到 1890 年，南方地区的钢铁工业几乎占到全国钢铁总产量的五分之一。

在后重建时期，南方铁路建设迅速发展，远远超过全国平均水平。1880 年至 1890 年间，南方铁路总里程翻了一番。1886 年，南方按照北方标准更改了铁轨宽度，在与全国其他地区铁路运输系统接轨方面迈出了重要一步。尽管如此，南方的工业发展还十分有限，工业化对南方的影响也远远无法与北方相提并论。在过去的二十年里，南方在全国制造业中所占比例翻了一倍，达到全国总量的 10%。但早在 1860 年，南方就曾宣布已达到这个比例。换句话说，南方地区只不过是恢复了战争期间及以后所失去的制造能力。同一时期，南方的人均收入增加了 21%。然而，在 19 世纪末，南方地区的平均收入只是北方的 40%，1860 年时却是 60%以上。即使在纺织、炼铁、铁路等发展最快的地区，主要资金仍来自北方。实际上，南方正在发展的是殖民地式经济。

铁路发展

南方工业的发展第一次要求雇佣大量产业工人。从一开始，妇女便在工厂工人（尤其是纺织工人）中占据很高比例。内战中男性伤亡惨重，致使南方地区单身女性人口众多，她们急切希望就业。工厂还雇佣整个家庭，其中有许多是从不

家庭照 19世纪80年代，南卡罗来纳州的一个非裔美国人家庭为了在棉花地里拍摄家庭照摆好姿势。此处展示的图像只是立体照片的一部分。立体照是一种比较新鲜且非常流行的摄影技巧，通过特殊设备观看，照片可以呈现出三维立体的图像。(Robert N. Dennis Collection of Stereoscopic Views, New York Public Library Picture Collection)

景气的农场搬到城镇来的。他们工作时间长（通常每天要工作12个小时），但工资却远远低于北方同类工人。其实，南方对工业家最大的吸引力就是在这里雇主只需付给工人微薄的工资，仅相当于北方工人的一半。

在大多数工业城镇，工人们的生活被雇主和工厂老板严格控制，任何进行抗议或组建工会的想法都被严令禁止。企业商店以昂贵的物价向工人出售货物，以高昂的利息向他们发放贷款（与农业地区乡村商店的做法非常相似）。工厂老板想方设法，确保竞争者无法在自己的社区立足。与此同时，工业城镇的生活状况使工人之间产生了强烈的集体认同感和团结意识（尽管他们很少把这种情感转化成武力）。

有些工业，如纺织业，实际上没有为黑人劳工提供任何就业机会。其他工业，尤其是烟草、炼铁和伐木业，虽然给黑人提供了部分就业，但通常都是最卑贱、收入最低的工作。因此，一些工业城镇成为黑人文化与白人文化接触最近的地方。这种接近与其说促进了种族和谐，还不如说坚定了白人采取更多措施保护自身霸权的决心。

"罪犯租借"制度 有时候，这种工业化完全是在免费雇佣的基础上进行的。南方各州，通过"罪犯租借"制度，把犯人当作廉价劳动力租给私人业主。"租借"制度常常使罪犯遭受残忍的，有时甚至是致命的虐待。他们得不到任何报酬（租借费要交给政府，而不是工人）。在铁路建设和其他工程项目中，租借制度几乎包揽了所有工作，自由劳动力根本得不到机会。

租户和佃农

尽管南方工业取得显著发展，但当地经济仍旧以农业为主。因此，贫穷落后的农业成为重建结束后南方最重要的经济现状。农业贫穷化趋势开始于战后初期，19世纪七八十年代急剧恶化。佃农制度和劳役偿债制度使当地负担沉重；农业体系单一，过度依赖少数经济作物；宝贵耕地的无效占有不断增加（许多耕地被商人和工业家购得，他们很少注意土地是否被合理使用）。重建期间，大约有三分之一或以上的农民是佃农；到1900年，这个数字已增加到70%。其罪魁祸首是作物留置权制度，农民以未来收成做抵押进行贷款，结果常常是越陷越深。

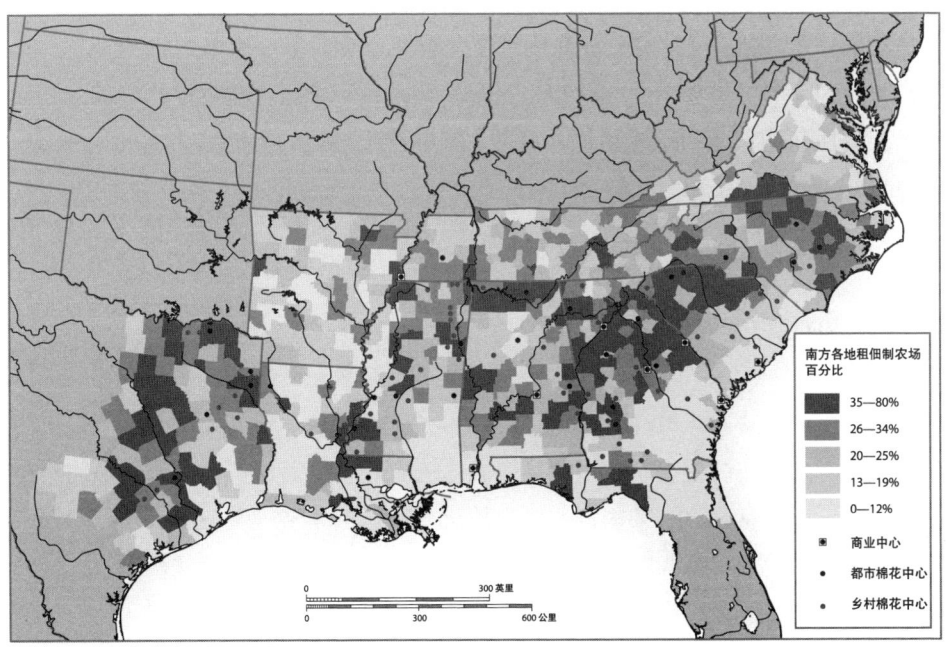

作物留置权制度，1880 内战结束后的几年里，南方越来越多的农民——有白人也有黑人——成为租户或佃农，耕种着别人的土地。这幅地图展现的就是所谓作物留置权制度中农场的比例。农民为别人耕种土地，别人对其部分农作物拥有索取权（或留置权）。请注意，租户和佃农农业在南部腹地最肥沃的土地上拥有极高的密度。在内战前，这些地区也是奴隶制最为突出的地方。◆ 作物留置权制度是如何促使南方农业向单一作物农业转变的？（彩图见第1071页）

佃农制有几种不同形式。拥有（或者有钱购买）劳动工具、设备和家畜的农民通常只需每年支付土地租金。但许多农民（包括大部分黑人农民）既没有钱又没有设备。这种情况下，地主会给他们提供土地、简陋住房、部分劳动工具、种子，有时甚至还有一头骡子。反过来，农民要保证从每年的作物收成中分一大部分给地主——因此被称为"收成分享"。付完地主和供应商（他们常常是一回事）的债务，"收成分享者"（佃农）很少能剩下什么可以自己出售。

偏远地区的转变

作物留置权制度是促使南方偏远地区（松林茂密、高山纵横的地区，那里几乎没有棉花和奴隶，农民过着艰辛而独立的生活）社会和经济残酷转变的主要因素之一。很长时间以来，自给农业经营是这些地区标准的生活模式。然而，随着借贷经营的不断发展，如今许多农民为了赚钱偿还贷款，不得不放弃传统粮食作物，改种棉花等经济作物。

然而，南方偏远地区的转变还有其他因素。传统上，许多偏远地区居民经常在田野之间散养家畜维持生活。19世纪70年代，随着商品农业开始侵入这些地区，许多社区纷纷通过"围栏法"，要求农民把牲畜圈养起来（相反，传统做法则是把农作物围起来）。人们普遍反对这些新法，有时甚至用暴力进行抵抗。然而，曾经的旷野（与美国西部一样，它曾是南方偏远地区人们生活的一部分）再也抵挡不住商品农业的迅速蔓延。结果，家庭自给自足的生活机会越来越少。与此同时，在市场中获利的机遇也十分渺茫。生活在偏远地区的人们将成为19世纪八九十年代平民反抗力量的重要组成部分。

美国黑人和新南方

"新南方信条"并非白人独有。许多美国黑人同样被未来进步和自我提高的梦想深深吸引。有些黑人成功上升为独特的中产阶级——尽管在经济上低于白人中产阶级，但同样成绩显著。这些翻身奴隶（还有几十年后他们的后代）最终获得财产，做起小生意或进入某些行业。少数黑人通过创办专门服务黑人群体的银行和保险公司积累了可观的财富。玛吉·莉娜（Maggie Lena）便是其中一位。1903年，她在里士满创立了"圣卢克小额储蓄银行"，成为合众国历史上第一位女银行家。大部分中产阶级黑人通过担任医生、律师、护士或教师，感受到了经济收入的适度改善。

黑人中产阶级

这些地位上升的黑人群体拥有一个最重要的信念，就是相信教育对黑人种族的未来至关重要。在北方传教会和（极小程度上）少数南方州政府的帮助下，他

塔斯基吉学院，1881 从这些普通的建筑开始，布克·T. 华盛顿创建的塔斯基吉学院逐渐成为向黑人提供技术和工业培训的杰出院校。塔斯基吉学院有意降低大部分学院传统文科课程的重要性。华盛顿认为文科训练完全是没有必要的装饰，并鼓励自己的学生努力学习实用技能。（Bettmann/Corbis）

们把重建时期建立的黑人学院发展扩大成为重要的教育体系。

阿拉巴马州塔斯基吉学院创始人和校长，布克·T. 华盛顿（Booker T. Washington）是当时提倡发展黑人教育的主要代言人，他还一度成为南方（及其他地区）非裔种族的重要代言人。华盛顿出身奴隶，（在弗吉尼亚州著名的汉普顿学院）接受教育后，奋发图强，逐渐摆脱贫困。他敦促其他黑人沿着同样的道路实现自我提高。

布克·T. 华盛顿

华盛顿的号召既谨慎又乐观。黑人应接受教育，学习技能，在农业和商业中站稳脚跟。他们的目标是接受工业技能教育而不是古典文学教育。此外，他们应该不断改进，使自己谈吐文雅、着装得体，养成卫生和节俭的生活习惯。总之，他们应该以白人中产阶级为标准。华盛顿认为，只有这样，黑人才能赢得白人群体的尊重，为取得更大的社会进步奠定基础。他提出，黑人应放弃争取政治权力的焦躁情绪，一心专注于自身的提高，为实现平等做好准备。1895年，在佐治亚州一次著名的演说中，华盛顿概括论述了这一种族关系理论，后被广泛称为"亚特兰大和解"。"我们种族中最明智的人深知，"他说，"为社会平等问题而躁动不安是最愚蠢的行为。"相反，黑人应投身于争取经济进步的"艰苦而持久的奋斗"中，因为（正像他解释的）"没有哪个为世界经济做出贡献的种族会被长期排斥在外"。如果黑人想要获得公民权利和特权，就必须首先证明他们已经"为行使这些特权做好了准备"。华盛顿对那些企图阻止黑人接受教育或争取经济进步的白人提出了强有力的挑战。他唤醒了新一代黑人对通过自我提高来改变自身地位的兴趣。

亚特兰大和解

然而，他的号召也暗含承诺，黑人不会挑战白人当时正在建立的种族隔离制度。

"吉姆·克劳法"的产生

南方白人从来没有真正接受过种族平等的观念。解放后的奴隶获得法律和政治权利主要是因为联邦政府的支持。然而，这些支持在1877年后几乎全部消失殆尽。联邦军队撤离，国会失去兴趣，最高法院也实际剥夺了宪法第十四、第十五条修正案的真正意义。在1883年所谓的民权案件中，最高法院裁定，宪法第十四条修正案虽然禁止州政府以种族为理由歧视公民，但并未限制私人团体或个人的歧视行为。因此，铁路、宾馆、剧场和工作场所可以实行种族隔离，其做法符合法律。

普莱西诉弗格森案

后来，最高法院还对地方州有关种族隔离制度化的法规表示认可。在普莱西诉弗格森一案（此案涉及路易斯安那州要求铁路运输中按种族划分座位的法律）中，最高法院裁定，如果座位划分均等，分离座席并未剥夺黑人的平等权利。这一判决保留多年，成为种族隔离学校存在的部分法律基础。在1899年"卡明诉县教育委员会"一案中，最高法院裁定，即使没有同等的黑人学校，单独建立白人学校的法律也是合理有效的。

远在这些判决之前，南方白人就想方设法巩固白人优势，最大程度地进行种族隔离。黑人从附属到被隔离，选举权问题是这一变化的最好例证。重建刚刚结束，有些州便开始剥夺黑人的选举权。在其他地区，黑人选举权又持续了一段时间，主要原因是白人保守派自信能够控制黑人选民，并利用他们打败贫穷白人控制民主党的企图。然而，19世纪90年代，选举权限制变得更加严格。一些白人小农场主开始要求彻底剥夺黑人选举权，一方面是出于种族歧视，另一方面是因为反对"波旁派"利用黑人投票来对付他们。与此同时，保守派精英集团的许多成员开始担心，贫穷白人会与贫穷黑人实现政治联盟，共同挑战他们。于是，他们也开始赞成实行更加严格的选举权限制。

历史学家的分歧 种族隔离的根源

直到第二次世界大战以后，民权运动的出现迫使美国白人再次面对种族隔离问题，历史学家们才开始关注种族隔离制度的根源。他们大多认为，种族隔离的产生是废除奴隶制后自然的，甚至是必然的结果，是对重建失败、黑人群体软弱贫穷、白人种族主义泛滥的反应。正如W. J. 卡什（W. J. Cash）在自己1941年经典的、但颇受争议的研究论著《南方的心态》(The Mind of the South)中所说，"世间事物，总是如此"。

C. 范恩·伍德沃德1956年出版的《吉姆·克劳的奇特生涯》(*The Strange Career of Jim Crow*)中第一次对这些观点提出了挑战，实际上，这也是第一次对种族隔离根源问题进行深入的学术探索和解释。它的重要性不仅体现在对学术思想的重新塑造，更体现在对政治领域的巨大影响。作为南方自由主义者，伍德沃德渴望推翻"种族隔离是南方不曾改变的、也是不可改变的历史传统的一部分"的假设。他希望向学者证明，南方历史具有明显的不连贯性。他希望向更多的民众证明，种族隔离制度，虽然被他们认为是完整、悠久的历史传统的一部分，但实际上是特定历史环境的产物。

伍德沃德认为，在解放宣言之后，尤其是在重建结束后的20年间，南方的种族关系一直处于相对宽松的状态。当然，黑人和白人通常无法平等相处，但南方黑人在社会和政治事务上曾享有一定程度的自由（他们后来又失去了这种自由）。黑人和白人经常乘坐同一车厢，在同一餐馆就餐，使用相同的公共设施。黑人参与投票者也人数众多。黑人和白人对种族如何共处有许多不同设想。1890以前，究竟哪种设想会占据上风一直不明朗。

但到19世纪末，种族主义立法——即成为种族隔离基础的"吉姆·克劳法"——的巨大浪潮僵化了种族关系，破坏了许多白人和黑人几年前还觉得切实可行的温和设想。伍德沃德认为，这主要是因为19世纪80年代的民粹主义政治反抗，它鼓动黑人和白人，也吓唬许多南方白人，相信黑人可能迅速成为南方地区主要的政治力量。南方保守派更是利用白人优势论攻击民粹党，阻止黑人与他们结成联盟。种族隔离因此产生，黑人（还有许多贫穷白人）的选举权也被剥夺。

伍德沃德的观点表明，法律在塑造社会行为中发挥了重要作用——即法律制造了种族隔离；同样，（这暗示着）其他法律也可以将其废除。然而，并非所有史学家都同意伍德沃德的观点。1965年，乔尔·威廉森发表了对南卡罗来纳州的研究专著《奴隶制之后》(Joel Williamson, *After Slavery*)，提出了一种更为悲观的种族隔离观点。威廉森认为，19世纪90年代的法律只是批准了重建之后已经牢固确立的一系列种族隔离现状，并无重大意义。威廉森指出，早在

THE NEGRO GALLERY.

(Collection of the Louisiana Museum)

19世纪70年代中期,黑人和白人便开始生活在两个彼此隔离的社会。黑人建立了自己的教会、学校、商业和社区;白人机构开始排斥黑人。种族隔离的出现一方面源于白人的恐吓和压迫,另一方面源于黑人发展自己独立文化的渴望。不管原因如何,19世纪70年代末,种族隔离的事实已经普遍存在,以不同模式延续着奴隶制下形成的种族分裂。19世纪90年代的法律只不过是把这些业已存在的制度体系编入法典罢了。

威廉森发表论著的同一年,利昂·利特瓦克也出版了《奴隶制以北》(*North of Slavery*)一书,从某种程度来讲间接加入了这场讨论。利特瓦克揭露,在早期"吉姆·克劳法"的支持下,种族隔离已经在战前北方普遍存在。他指出,在所有北方州,自由黑人所经历的种族隔离与战后南方自由民所经历的种族隔离没有太多差别。几年后,艾拉·伯林在《没有主人的奴隶》(*Slaves Without Masters*, 1974)中提出,在战前南方,白人也已经制定了各种各样针对自由黑人和维护种族隔离的法律。这些论著表明,战后的"吉姆·克劳法"是内战以前固有体制的自然结果,无论是在北方还是南方,都是如此。

相反,其他学者则把种族隔离法律与南方变化的社会和经济环境联系起来,对这些观点提出了质疑。霍华德·拉比诺维兹的《南方城市的种族关系》(Howard Rabinowitz, *Race Relations in the Urban South*, 1978)把种族隔离的兴起与南方当时面临的新形势和新挑战——大量农村黑人涌入南方新兴城市,迫切需要建立适合这种生活的种族关系——联系起来。建立单独的公共设施,如学校、公园和候车室等,很大程度上不是为了把黑人从白人的公共设施中驱赶出来(黑人从来就没有使用这些公共设施的权利;白人也从来没想过要让他们使用这些公共设施),而是为了给黑人群体(几乎所有白人都同意黑人群体应该与白人保持必要的距离)建设一套先前并不存在的公共设施。换句话说,没有种族隔离，城市黑人就根本没有学校和公园。拉比诺维兹认为，抛开种族隔离，剩下的选择将不是种族融合而是种族驱逐。

20世纪80年代初，随着美国对南非（在学者们看来，南非的种族隔离制度在很多方面与当时美国南方已经基本废除的"吉姆·克劳法"非常相似）兴趣的增加，许多学者获得启发，开始重新审视种族隔离制度。

约翰·塞尔的《白人优势论的最高层次》（John Cell, the Highest Stage of White Supremacy, 1982）运用对比重新解释了美国南方种族隔离制度的根源。和拉比诺维兹一样，他也认为南方迅速发展的城市化进程是种族隔离的主要原因。但与之不同的是，塞尔认为那些推动"吉姆·克劳法"的白人有着完全不同的动机。塞尔提出，维持对黑人群体的控制权始终是南方白人不变的决心，种族隔离法律只不过是这种决心的延续。他们对白人优势论的信念从未改变，改变的只是用以捍卫白人优势论的必要措施。

城市出现大量黑人社区，工厂雇佣大批黑人劳工，都对南方白人构成了新的威胁。城市中，黑人与白人的竞争比农村更加直接。社会混居的危险更加凸显。因此，城市需要一种全新的、更加严格、更加制度化的控制体系。"吉姆·克劳法"不仅是白人优势论持久信念的产物，更是人们对全新社会现实（白人优势论必须发展到"最高层次"，并拥有严格的法律和制度基础）的反应。

在剥夺黑人男性选举权的法律设计中，南方州不得不设法绕开宪法第十五条修正案（该修正案禁止任何州以种族为由剥夺或限制任何人的选举权）。1900年以前出现了两种策略，实现了他们的目标。一是实行人头税或某种形式的财产限制，很少有黑人能富裕到符合这些条件。二是进行"文化"或"理解能力"测试，要求选民证明有能力阅读和理解宪法。即使那些能够阅读的黑人也很难通过白人考官苛刻的测试题目。此外，这些限制在实行过程中经常存在不公。例如，白人的文化测试有时要比黑人的测试容易得多。即使如此，这些法律在影响黑人的同时也影响了那些贫穷的白人选民。到19世纪90年代末，黑人投票率下降了62%，白人投票率也降低了26%。结果，有些州又通过了所谓的祖父条款，允许那些未达到文化和财产条件但祖先在重建前已获得投票权的人继续拥有投票权。实际上，法律既阻止了奴隶后代参加投票，又允许了贫穷白人获得投票权。不过，许多地区的统治精英们还是很乐意看到贫穷白人（被看作是他们权力统治的潜在威胁）

限制选举权

被排除在选举人群之外。

最高法院在剥夺黑人选举权法律的裁定上与处理民权案件相同,仍然表示应允。虽然最高法院最终宣布祖父条款无效,但它却(在 1898 年威廉斯诉密西西比州一案中)批准了文化测试并表示基本同意南方州设立自己的选举权标准,只要该标准不是过于明显地逃避宪法第十五条修正案。

> 白人统治永久持续

限制选举权和分离学校的法律只是全部南方州歧视黑人法规(总称为"吉姆·克劳法")的一部分。到 20 世纪初期,南方依靠这些法规普遍建立了复杂而完整的种族隔离制度,深入南方生活的各个角落。黑人不能与白人在同一车厢乘坐、同一候车室等车,不能共用洗手间,不能在同一餐馆就餐、同一剧院观看演出。许多公园、海滩、郊游场所禁止黑人进入;许多医院拒绝收治黑人患者。许多新法规只不过是肯定了南方早在重建结束前便已十分普遍的社会实践。"吉姆·克劳法"还剥夺了黑人在 19 世纪末相对宽松环境中所获得的十分有限的社会、经济和政治权利。这些法规也是白人在南方新兴城镇中(与农村相比,城镇中维持传统模式的顺从和压制会更加困难)继续控制社会种族关系的手段。乡村化南方依靠习俗维持种族关系,而城市化南方依靠的则是法律。

> 私刑

整个过程中所涉及的远不止这些法规。19 世纪 80 年代,针对黑人的白人暴力事件急剧增加,它们与"吉姆·克劳法"一起,共同遏制黑人争取自由权利的活动。其中,最残酷的暴力形式是白人暴徒对黑人施以私刑——有些是因为黑人被控有罪,有些则是因为黑人的行为似乎违反了自己的身份地位——其残忍程度骇人听闻。19 世纪 90 年代,全国平均每年发生 187 起私刑事件,其中有 80% 发生在南方,且绝大多数受害者是黑人。

最广为人知的私刑事件常发生在南方城镇,在那里,规模庞大、组织严密的白人暴徒——有时能得到当局的默许合作——从监狱掳走黑人囚犯并在大型公众仪式上将他们绞死。这种公开私刑常常是事先安排,精心组织的,能吸引周边大量群众前来观看。全家人一起,行程数英里,赶来目睹私刑盛况。但这种大规模的公开私刑毕竟相当较少。对黑人来说,更危险、更频繁的还是由犯罪受害者(或所谓的受害者)亲属和朋友组成的暴徒团伙实施的私刑。那些私刑参与者把自己的行为看作是正当的执法行为。实际上,有些私刑对象确实是犯了罪。但私刑同样是白人利用恐怖和威胁来控制黑人群体的手段。因此,有些暴徒处死黑人,所依"罪名"仅仅是行为傲慢。其他暴徒则把社区外来黑人作为私刑目标,理由是他们的出现威胁、扰乱了正常的种族关系。对白人妇女有亲近举动(或白人男

实施私刑的暴徒，1893 大批几乎带有欢庆情绪的民众聚集在一起，观看人们对一个被控谋杀三岁白人女孩的黑人男子实施私刑。直到20世纪30年代，私刑常有发生。19世纪90年代和20世纪初，私刑达到顶峰。像这样的私刑事件——提前布告民众并吸引所有家庭不远万里前来观看——比较罕见。大部分私刑往往是一些小团体秘密所为。(Library of Congress)

性认为如此）的黑人特别容易遭受私刑。人们对黑人性能力的恐惧，对白人妇女可能被这种性能力所吸引的内心忧虑，一直是种族隔离观念的重要组成部分。尤论原因如何，无论情况怎样，私刑受害者都得不到任何法律保护，也没有任何机会证明自己的无辜。

私刑的兴起震撼了许多美国白人的良知，尽管他们对其他形式的种族歧视无动于衷。几乎从一开始，便出现了反对私刑的运动。1892年，艾达·B.威尔斯（Jda B. Wells，一位坚决反对私刑的黑人记者）在家乡（田纳西州的孟菲斯）的三位朋友遭受私刑后用一系列激情文章掀起了后来席卷全球的反私刑运动。20世纪初，反私刑运动不断扩大，获得北方和南方众多白人（尤其是白人女性）的大力支持。运动的目标是尽快制定联邦反私刑法，允许国家政府惩罚私刑实施者，完成州政府和地方政府通常不愿完成的工作。

然而，白人还是普遍赞成对黑人的压制，他们反对私刑只是一个例外。实际上，与战前社会相同，人们对白人优势论的共同拥护帮助冲淡了贫穷白人与"波旁"寡头统治者的阶级矛盾。经济问题在南方政治中发挥的作用仅次于种族问题，它把人们的视线从明显的、困扰贫穷白人和黑人的社会不平等现象中转移出来。总之，坚持白人优势论对贫穷白人和黑人都是一个负担。

白人团结统一

小　结

战后重建（在许多美国白人的记忆中也许是充满复仇的暴行、也许是令人悲痛的失败）实际上是美国历史中非常重要的阶段。尽管华盛顿和南方各地政治斗争激烈，顶峰时甚至对总统安德鲁·约翰逊提出弹劾（最后没能成功），但美国在经历漫长而血腥的战争之后，努力使国家重新团结，而战后重建最重要的结果是全国各地普通百姓的生活发生了深刻变革。

在北方，战后重建巩固了共和党的统治，保证了国家政策继续支持先进工业经济的发展。北方经济继续快速发展，其势头更加强劲，越来越多的居民被吸引到日益膨胀的商业世界之中。

在南方，战后重建不仅仅结束了奴隶制，还从根本上改变了该地区白人和黑人公民的关系。重建中曾允许黑人积极有效地参与南方政治，黑人也曾广泛参加投票和多次担任公职，但时间都非常短暂。几年后，白人至上主义势力把大部分黑人都逼到了南方政治的边缘，直到20世纪60年代才有所改观。

然而，在其他方面，南方黑人的生活发生了巨大变化。他们几乎全部离开了种植园。有些黑人来到城镇寻找工作。有些则彻底离开南方。大部分黑人开始在自己的小农场耕作——他们不是土地的所有者（除极少例外），而是租种白人土地的佃农和佃户。结果，他们被债务纠缠，陷入某种形式的经济束缚，而这种经济束缚并不比奴隶制时的法律束缚轻松多少。在这种体制下，黑人为自己开辟出比奴隶制时期更多的社会和文化天地。在南方，众多黑人教会成立，部分社区出现黑人学校，黑人大学也开始兴起。有些翻身奴隶开始经营生意并逐渐富裕起来。新兴黑人中产阶级开始在南方城镇出现。

重建进程中出现的佃农制在重建结束后继续存在并占据南方经济的主导地位。"新南方"倡导者主张发展南方工业和商业，他们的积极努力在南方部分地区取得了显著成果。但就整体而言，南方与过去并无太大变化，依旧是一个阶级层次鲜明的农业社会。白人公民依然坚持黑人应处于从属地位，并在19世纪90年代和20世纪初通过建立完整的种族隔离制度（"吉姆·克劳法"）加以巩固。世纪之交，重建时期宪法修正案（宪法第十四、第十五条修正案）所作的伟大承诺在南方基本无法实现。

阅读参考

Eric Foner, Reconstruction: *America's Unfinished Revolution, 1863—1877* (1988) 是现代最重要的战后重建研究的综合作品，强调了战后重建的激进性以及翻身奴隶在政治经济修复过程中的作用。

Thomas Holt, *Black over White: Negro Political Leadership in South Carolina During Reconstruction* (1977) 研究了黑人政治权力达到最高点的美国州重建情况。

C. Vann Woodward, *Origins of the New South* (1951) 是研究重建以后南方历史的经典著作，提出了日益扩大的中产阶级是新南方政治经济变革的决定因素。

Nicholas Lemann, *Redemption: The Last Battle of the Civil War* (2006) 揭示了南方白人重新夺取社会控制权的决心。

Edward Ayers, *The Promise of the New South* (1992) 详细描绘了新南方社会和文化生活。

Jacqueline Jones, *Labor of Love, Labor of Sorrow* (1985) 调查了奴隶解放之后非裔美国人妇女的生活状况。

Leon Litwack, *Been in the Storm So Long: The Aftermath of Slavery* (1979) 是一部研究翻身奴隶生活经历的重要作品。

Steven Hahn, *A Nation Under Our Feet: Black Political Struggles in the Rural South from Slavery to the Great Migration* (2003) 是一部优秀的、涉猎广泛的历史著作。

C. Vann Woodward, *The Strange Career of Jim Crow* (rev. 1974) 主张，重建以后种族隔离逐步出现并遍布于南方。

"伍德沃德命题"受到许多人的挑战，其中包括 Joel Williamson, *After Slavery: The Negro in South Carolina During Reconstruction* (1965); John W. Cell, *The Highest Stage of White Supremacy: The Origins of Segregation in South Africa and the American South* (1982); Howard N. Rabinowitz, *Race Relations in the Urban South, 1865—1890* (1978)。

约塞米蒂之旅 19世纪末,"荒蛮的西部"成为吸引美国内外男女老少的游览圣地。图片中为约塞米蒂瀑布,它是1900年建立的约塞米蒂国家公园最富盛誉的景区。(*Library of Congress*)

第 16 章
征服西部边疆

19世纪上半叶的大部分时间,很少有英裔美国人考虑过迁徙到密西西比河以西的广袤土地上。对于有些人来说,距离是阻碍;对于其他人来说,是因为资金匮乏;而对于更多的人来说,"西部地区"给人的印象是"美国大沙漠",不适合文明存在,而这一印象是早期旅行者推广开来的。

然而,19世纪40年代中叶,美国已有足够多的东部移民定居西部,对西部的印象有所改观。他们中有些是农民,在这里贫瘠的土地上找到了肥沃的土壤。有些是牧民,他们找到了开阔的草场,可以蓄养大群的牛羊以送往市场。还有很多是矿工,其中有成百上千人是在1848—1849年的淘金热时大批迁到加利福尼亚的。到内战快要结束时,西部在东部各州已经具有了传奇的色彩。西部已不再是大荒漠,而是"西部边疆":等待着人们去定

大事年表

1847年	新墨西哥州的陶斯印第安人叛乱,杀死州长,导致军管
1848—1849年	加利福尼亚淘金热开始
1851年	为西部印第安部落制定"集中"政策
1852年	加利福尼亚立法通过"外国采矿人"税法,禁止中国人采挖金矿
1858年	内华达州发现卡姆斯托克银矿
1859年	科罗拉多州淘金热掀起了西部采矿热潮 得克萨斯州的墨西哥人突袭了布朗斯维尔监狱
1861年	堪萨斯州加入联邦
1862年	《宅地法》通过
1864年	内华达州加入联邦 美国军队在沙溪屠杀阿拉帕霍人和夏安人
1865—1867年	苏族之战
1866年	"长途驱赶"掀起了西部养牛热潮 华裔工人罢工,反对联合太平洋铁路公司
1867年	内布拉斯加州加入联邦 印第安和平委员会建立"印第安保留地"(后来的俄克拉荷马州)
1868年	"黑壶"和他的夏安族勇士被美国军队俘获并杀害
1869年	联合太平洋铁路,第一条跨大陆铁路线竣工
1872年	奇里卡瓦的阿帕切族部落首领克奇思同意与美国签订条约
1873年	发明带刺铁丝网 《植树法》通过
1874年	达科他州布莱克丘陵开始了淘金热
1875年	苏族起义开始 南部野牛几近灭绝
1876年	小比格霍恩河之战 科罗拉多州加入联邦

1877 年	《荒漠土地法》通过
	内兹佩尔塞印第安人抵制移民
1878 年	加州劳工党成立并攻击中国移民
	《植树及石头法》通过
1881 年	蒙大拿州阿纳康达铜矿开始运营
1882 年	国会通过《排华法案》
1884 年	海伦·亨特·杰克逊出版《蕾蒙娜》
1885 年	马克·吐温出版《哈克贝里·费恩历险记》
1885—1887 年	严冬破坏了开放式畜牛业
1886 年	杰罗尼莫投降,阿帕切族抵抗结束
1887 年	《道威斯法案》通过
	大平原地区开始了漫长的干旱
1889 年	北达科他州、南达科他州、蒙大拿州和华盛顿州加入联邦
	俄克拉荷马(以前为印第安领地)向白人定居者开放
1890 年	印第安"鬼魂舞"复兴
	翁迪德尼之战
	怀俄明州和爱达荷州加入联邦
1891 年	海姆林·加兰出版《贾森·爱德华兹》
1892 年	国会延长《排华法案》
1893 年	弗雷德里克·杰克逊·特纳提出"边疆命题"
1896 年	犹他州加入联邦
1902 年	国会将《排华法案》确定为永久法案
	欧文·威斯特出版《弗吉尼亚人》
1906 年	国会通过《伯克法案》以加速印第安部落的同化

居,等待着文明的发展;一个聚集了财富、冒险、机遇和无拘无束发展自我的地方;一个可以重新开始,大胆拼搏的地方。

事实上,19 世纪中叶西部的真实面目和这两种印象都不尽相同。它千姿百态,分为不同区域,气候迥然不同,自然资源储备丰富。这里人口广泛分布,形成了许多完善的社会组织和文化。19 世纪末英裔美国移民看到的并不只是空旷荒凉的土地。这里有印第安人、墨西哥人、法国人及英裔加拿大人、亚洲人和其他来自不同国家的人,有些家族已经在西部定居了几代人的时间。英裔美国人在这片广阔而复杂的土地上建立了新的文明,但这一切并非一族之功。尽管他们也尝试,很多次也成功地征服并驱赶了这里的原住居民,但他们永远也无法独自占有西部。他们与原住居民以各种各样的方式进行交流。英裔美国人所做的一切,所取得的每一项成就几乎都受到了其他文化的影响。

然而,最重要的是,英裔美国人使西部与日益发展壮大的东部资本主义经济相联系并成为其中的一部分,从而彻底转变了西部。尽管他们以硬汉形象自居,但在建设西部地区的过程中,很大程度上,他们都依赖政府援助,如土地补助、政府补贴和军事保护。

一、西部边疆的社会与文明

远西（或者许多19世纪美国人所谓的"大西部"）地区，位于密西西比河以西，由不同地区组成的，内战后的几年间有数百万盎格鲁美国人移居于此。这里有美国最干旱贫瘠的土地，也有最湿润繁茂的田原，有最低坦的平原，也有最高耸的山峦，有开阔的大草原和沙漠，也有广袤的大森林，这里聚居着很多部落和民族。

西部部落

在大批盎格鲁美国人移居至此之前，西部人数最多、最重要的居民是生活在那里的印第安部落。他们中大部分人是本来就居住在西部边疆的部落成员，但也有内战前被迫迁到密西西比河以西"印第安人保留地"（后来的俄克拉荷马州）和其他地区的东部部落成员，如切诺基人、克里克人等。

西部印第安部落已经形成了各式各样的文明。在西班牙移民到来之前，有30多万印第安人（包括塞拉诺人[Serrano]、丘马什人[Chamash]、波莫人[Pomo]、迈杜人[Maidu]、尤罗克人[Yurok]，以及切努克人[Chinook]）生活在太平洋海岸。疾病的传播和时局的动荡使各部落居民大批死亡，但是到19世纪中叶，仍然有15万人得以幸存，他们有些生活在西班牙和墨西哥殖民者建立的区域中，有些仍留在自己的部落里。西南地区的普韦布洛人长期以来主要依靠农业生产，在17世纪西班牙人到来之前就建立了永久聚居区。他们种植玉米，搭盖土坯房，建设城镇，发展先进的灌溉体系，并参与商业和贸易活动。在18—19世纪，他们和西班牙人（后来是墨西哥人）建立了亲密的关系，并结成联盟，共同抵抗这一地区的阿帕切人（Apaches）、纳瓦霍人以及科曼切人。

普韦布洛人与西班牙人之间、他们自己之间以及和其他部落之间复杂的交往，形成了西南地区较为严密的等级制度。等级制度的顶层是西班牙人或墨西哥人，他们拥有最大的庄园和对圣菲地区及其他地区贸易中心的控制权。其次是普韦布洛人，他们虽处于从属地位却在很大程度上享有人身自由。处在最底层的是阿帕切人、纳瓦霍人以及那些在战争中被俘虏成为奴隶或自愿离开自己部落的男男女女。他们被称作"泽尼扎罗"（genizaros），意思是没有部落的印第安人。从很多方面来说，他们已经融入了西班牙社会。这种等级制度反映了美洲西班牙帝国对种族世系的专注；西南地区几乎所有群体——无论是西班牙人、印第安人，还是各种

等级制度

黑白混血人、印西混血人——都在精巧复杂的社会等级中拥有自己清晰的位置。

平原印第安人　在西部分布最广的印第安人是平原印第安人，他们由不同的部落组成，说着不同的语言。有些部落彼此形成联盟，有些则冲突不断。有些部落更像是农民，过着定居生活；而另一些则是游牧部落，以打猎为生。尽管有这样或那样的不同，部落之间仍存在一些共同点：他们的文化以大家庭密切的关系网以及和大自然之间密切的联系为基础。部落（有时人数多达数千人）通常可进一步划分为"族群"，每个"族群"有近500人。虽然每个族群都有自己的理事会，但作决议的时候大部分普通成员也都会参与。族群内部，工作按性别分工。女人的职责主要是家务和艺术类工作：哺育子女、烹饪食物、采集草果、修缮居所以及创作出独具部落文化特点的精美工艺品。在族群长久定居和种庄稼的地方，她们还要侍奉田地，管理菜园。男人的职责是打猎、经商以及为团队祭祀祈福，戍边立防。大部分平原印第安人信奉自然界的精神力量：植物、动物、日夜交替和四季变更。

很多平原部落——包括苏族人最有势力的部落——都主要以猎杀野牛为生。他们骑着形体娇小但体格健壮的西班牙马匹，穿过草原去追逐牛群。他们很少长期定居，族群在哪里歇脚就在哪里搭起圆锥帐篷，作为临时住所。离开的时候，不会留下任何破坏痕迹，一切恢复如初。这反映了印第安人宗教和文化的宗旨——对自然的崇拜。

野牛的经济重要性　牛或野牛为平原印第安人的生活提供了经济基础。牛肉为印第安人提供了主要的食物来源，牛皮为制作衣服、鞋子、帐篷、毯子、长袍和器具提供了材料。"干牛粪"可作燃料，牛骨可以制成刀子和箭头，牛腱则可以制成弓弦。

平原印第安人是骄傲而好斗的武士，他们在与敌对部落频繁（通常是短暂的）交锋中得以磨炼。事实上，部落的男性成员组成了一个武士阶层。他们互相角逐，以赢得作为猎手和战士应有的美名：凶悍无比，英勇善战。到19世纪早期，苏族人已经成为密苏里河谷地区最强大的部落，他们向西部和南部扩张，最后几乎统治了整个平原。

平原武士是白人移民遇到的最难对付的敌人。然而，他们也有最致命的弱点，因此最终无法获胜。其中一个弱点就是各部落（甚至是部落里的族群）之间无法联合起来，共同抵抗白人的入侵。他们不仅无法结成足够大的同盟来对付白人势力，而且彼此之间战火不断，更不能集中精力与白人作战。有时，与部落勇士作战的白人军队会得到敌对部落的向导甚至战士的协助。

尽管如此，一些部落还是能够摒弃分歧，暂时有效联合。例如，19世纪中期，

猎捕野牛 画家乔治·卡特琳记录了19世纪30年代，平原印第安人在野牛群中追捕猎杀的场景。猎杀野牛为许多部落提供了赖以生存的食物和材料。(Smithsonian American Art Museum, Washington, DC/Art Resource, NY)

苏族人、阿拉帕霍人[Arapaho]、夏安人就形成了强大的联盟，统治了北部平原。然而，在与白人社会抗衡的过程中，西部印第安人仍存在生态和经济方面的重要不足。可悲的是，印第安人对于来自东部的传染疾病不堪一击。例如，天花就在19世纪40年代造成内布拉斯加的波尼人[Pawnees]彻底灭亡，以及在19世纪50年代初，加利福尼亚州一些部落人口大量死亡。在与经济和工业都很发达的白人的长期斗争中，印第安部落显然处于劣势。最终，在人数和枪支数量上都输给了对方。

印第安人的弱点

新墨西哥的西班牙人

几个世纪以来，西部边疆的大部分地区先是隶属于西班牙帝国，后又归属于墨西哥共和国。尽管美国在19世纪40年代获取的土地并不属于墨西哥人口最密集的地区，但相当数量的墨西哥人生活在那里，并突然成为美国领土上的居民，大部分人还是留了下来。

西班牙社区遍布西南地区，从得克萨斯直到加利福尼亚。这些社区在不同程度上发生了转变，一方面是由于英裔美国移民的到来，另一方面由于美国资本主义经济的扩张。对于一些人来说，这些转变带来了获取更大财富的机遇，但是对于大多数人来说，则意味着历经几代建立起来的公共社会体制和经济体制的解体。

在新墨西哥，西班牙社会的中心是17世纪（见第1章）建立起来的农业贸易区。第一代西班牙殖民者的后裔（加上最近来自墨西哥的移民）和普韦布洛印第安人，以及一些美国商人毗邻而居，主要从事畜牧业，饲养牛羊。其中，有一小部分是大地主贵族，他们的庄园从圣达菲市的贸易中心向四周扩展。而其余大部分是西班牙（后来的墨西哥）农民，他们在大地主的庄园里干活，或耕种自己的一小块土地，或靠其他方法勉强维持生计。还有大批的印第安劳动力，有些给人做奴隶，有些做契约劳工。

陶斯印第安人暴乱

墨西哥战争后，美国获得了新墨西哥的所有权，曾经在战争中率领美国军队在此作战的史蒂芬·卡尼将军，试图建立一个不包括原墨西哥统治阶级（圣达菲附近的大地主贵族和大部分有影响的牧师）的地方政府。他无视5万多名西班牙人的存在，从这一地区大约1000名英裔美国人中选拔出大部分官员。这使西班牙人和印第安人人心惶惶，他们担心这些新的美国统治者会没收他们的田地，进而威胁到他们的社会体制。1847年，陶斯印第安人（Taos Indians）发动暴乱，杀死了新州长和其他英裔美国官员，最终被美国军队击败。之后三年，新墨西哥都处于军事管制之中，直到1850年美国政府在这里建立新的地方政府。

到19世纪70年代，新墨西哥政府主要由臭名昭著的"地方势力"统治，在没有成立州政府之前他们就在西部存在。这些地方势力主要由当地的商人和掌握联邦政府下发资金的野心勃勃的政客组成，他们狼狈为奸，共谋私利。在圣达菲市，这伙势力利用他们的影响掌握了二百多万英亩土地的所有权，其中很多土地原为该地区早期墨西哥居民拥有。在新墨西哥，原西班牙贵族精英也失去了他们原有的政治和经济权势。

英裔美国移民不断扩张，新墨西哥的西班牙社会实力再不如从前，但它还是幸存下来，并不断发展。美国军队最终完成了西班牙居民200多年都无法完成的事业：他们成功瓦解了纳瓦霍人、阿帕切人以及其他印第安部落的势力，这些印第安部落曾经不断骚扰新墨西哥的西班牙居民并阻碍他们扩大社会和贸易的规模。印第安部落战败后，西班牙人得以向西南其他地区大批迁移，向北直至科罗拉多。迁徙大军的主要成员是农民和小商贩，他们想寻找新的土地和商机。

西班牙人的抵抗

西班牙社会在西南地区幸存下来，一部分原因是他们离英裔社会的中心较远，英裔美国移民（以及运载他们的铁路）到达那里的速度较慢。而这一地区的墨西哥人也时常投入战斗，努力维护社会自治。例如，19世纪80年代末，墨西哥农民在今天的内华达州成功击退了英裔美国牧场主的进犯。

然而到那时为止，这些成功已经成为特例。19世纪80年代和90年代初，通往西南地区的铁路线路铺设完毕，英裔美国人在当地的势力迅速膨胀。随着铁路的铺设，又出现了新的牧场、农场和矿区。西南地区经济活动的发展与扩大吸引了新一批墨西哥移民——到 20 世纪人数多达十万人——他们越过边界（直到第一次世界大战后边境才有所限制）到达美国寻找工作。与西南地区的早期西班牙居民不同，新的移民一开始就在英裔美国人主导的社会中处于从属地位。新兴企业的英裔业主把大部分墨西哥移民限制在待遇最低、最不稳定的岗位上。

加利福尼亚和得克萨斯的西班牙人

随着基督教传教团纷纷抵达太平洋沿岸，加利福尼亚地区的西班牙殖民活动也于 18 世纪拉开序幕。西班牙传教士和随行士兵要么通过武力，要么通过劝导，把太平洋沿岸的大部分印第安人都集中到西班牙社区。印第安人是传教士努力教化的对象，他们给 5 万多名印第安人进行了洗礼。同时，印第安人还是传教士们创建自给自足和蓬勃发展经济的主要劳动力。西班牙人迫使这些劳动力为他们所奴役，待遇和奴隶相差无几。传教团拥有大量牛群、马群和羊群，大部分都由印第安工人蓄养；烧砖、打铁、编织和农活大部分也都是印第安人承担。但传教区经济的收益却很少流入印第安工人的腰包。

19 世纪 30 年代，新的墨西哥政府开始削弱教会的力量，尽管传教士们努力抵抗，教会体系还是基本瓦解。取而代之的是墨西哥世俗贵族的崛起，他们控制了内华达山脉以西地区肥沃土地上的大片庄园（有些属于先前的传教团）。对于他们来说，内战前后英裔美国移民的到来是灾难性的。他们人数众多，以至于加利福尼亚人（人们这样称呼西班牙移民）毫无还击之力。在加州的中部和北部，英裔美国移民势力增长最为显著，加州人连连溃败。英裔探矿者在淘金热时组织起来，

教会体系的衰落

加利福尼亚富豪在家中 这里描绘了唐·安德瑞斯·皮克将军，墨西哥属加利福尼亚的富有大农场主，在位于加利福尼亚南部圣费尔南多山谷的家中——以前的基督教传教所。画面展现了加利福尼亚典型的墨西哥式生活特色——繁忙拥挤的一家人，有亲戚，有仆人；远处有果园；背景中放牛人在用套索套牛。(*Courtesy of the Bancroft Library, University of California, Berkeley, 19xx.039:33—ALB*)

有时通过武力，把加州人驱赶出矿区。很多加州人还失去了土地——要么由于黑暗的交易，要么是被横行霸占（有时通过法庭的帮助，更多是直接抢占别人的土地）。被抢走土地的西班牙人进行了多年的诉讼，但这对于改变土地所有权分配毫无意义。

在加州南部地区，起初移民数量比其他地方少得多，一些墨西哥庄园主还能够坚持一段时间。并且加州北部急速发展的英裔社区为南部农场主蓄养的牛群提供了巨大的市场。但是肆无忌惮的扩张加之累累负债，再加上19世纪60年代的干旱给墨西哥的畜牧业带来了毁灭性的后果。到19世纪80年代，加州西班牙贵族已基本不复存在。越来越多的墨西哥人及墨西哥裔美国人沦为劳动阶级的底层，聚居在洛杉矶或其他地方的西班牙贫民区，有些成为往返两地的季节农工。由于西班牙社区的草场落入了势力强大的英裔牧场主的手中，即使那些能够保留住农场的小农场主也无法蓄养牲畜。没有了畜牧业，许多家庭经济濒于破产，另外由于被迫从事流动性季节劳作，许多农民不得不背井离乡。

西班牙人社会地位下降

类似的掠夺事件也出现在得克萨斯州，那里许多墨西哥农场主在田地被划入美利坚合众国以后（参见第13章）失去了土地。这一方面是由于美国移民采用欺骗、胁迫的方式强占土地，另一方面是由于墨西哥农场主，即使是最大的农场主，也无法和迅猛发展的美国畜牧业王国相抗衡。1859年，墨西哥人的不满情绪终于爆发，他们发起武装暴动反对美国政权：在一个名为胡安·科尔蒂纳（Juan Cortina）的牧场主的带领下，他们突袭了布朗斯维尔的一座监狱，放跑了里面所有的墨西哥犯人。但是这样的反抗没有起到长期的效力。科尔蒂纳一直在不断骚扰得克萨斯州的英裔社区，直到1875年最终被墨西哥政府逮捕，投入监狱。和加州一样，得克萨斯州南部的墨西哥人（大约占那里人口的四分之三）越来越贫困，主要从事无须技术、出卖苦力的农业和工业生产，成为地位卑微的劳动阶级。

总体来说，盎格鲁美国人的大迁移给西部西班牙人带来的打击没有给印第安部落的打击沉重。实际上，对于一些西班牙人来说，大迁移给他们创造了发财致富，安身立命的机会。然而，就绝大部分情况而言，19世纪末见证了墨西哥裔美国人在自己家园（长期以来他们一直这样认为）的政权的解体，见证了大批西班牙人——不管是西部常住居民还是刚移民过来的居民——成为日渐贫困的劳动阶层，为美国不断扩张的资本主义经济服务。

中国移民

在雄心勃勃、日渐贫困的欧洲人横穿大西洋试图在新世界寻找机遇的同时，许多中国人穿越太平洋，希冀过上比在自己贫穷故土更好的生活。不是所有人都到了美国，很多人去了夏威夷、澳大利亚、南美洲和美洲中部、南非甚至加勒比海——有些人做了"苦力"（契约劳力，处境和奴隶差不多）。

小部分中国人甚至在淘金热（参见第13章）之前就来到加州，但是在1848年之后，中国移民人数激增。到19世纪80年代，有20多万中国人移民美国，主要定居在加利福尼亚州，占加州总人口的十分之一。几乎所有的中国移民都是自由劳动者，一开始，美国白人欢迎中国人的到来，认为他们勤奋认真，任劳任怨。在1852年，加州州长称他们为"最新吸收的公民中最有价值的阶层之一"，并呼吁更多的中国移民来扩充紧缺的劳动力。然而，很快白人开始对中国移民有了敌意——一方面是因为中国人太勤奋，太成功，以至于美国白人把他们看成竞争对手，甚至看成对美国人的威胁。因此，西部的中国移民在种族主义和种族歧视的挑战下，艰难地争取更好的经济地位。

种族主义

19世纪50年代早期，大量的中国移民在金矿干活，起初也有一些人取得了相当的成功。但是，中国人从事采矿业发家的机会稍纵即逝。1852年，加州立法部门通过了"外国采矿人"税法，不允许中国人采掘金矿（同时也有助于将墨西哥人排斥在外）。

19世纪50年代又颁布了一系列其他法案，打消中国移民进入采矿业的积极性。逐渐地，不公正法令的实施、白人采矿者的敌意和浅层采矿业利润的逐渐降低使中国移民离开金矿勘探。留下来的人主要在东部由财政资助的大公司开采的矿山中做雇工。这些新开采的矿场——延伸到大山深处，是任何个体探矿者或小型、自筹资金的团体无法做到的——代替了早期小规模经营的矿场。

由于采矿业不能再为中国人提供发财和就业的机会，越来越多的人投身铁路建设。从1865年起，1.2万多名中国人找到了建设跨全美铁路线的工作。事实上，中国工人占中太平洋铁路公司劳动力总数的90%，主要负责西部铁路的建设。与白人相比，铁路公司更愿意雇用中国人，因为他们没有劳工组织的保护，而且工作卖力，不提要求，工资较低。许多中国工人是由中太平洋铁路公司的代理到中国招募来的。一旦被雇佣，他们就被编入工作分队，在中国监工的监管下干活。

修建跨大陆铁路

中太平洋铁路公司的工作既艰苦又危险。修建铁路需要钻山越岭，对于艰苦的条件公司没有做任何让步或提高待遇水平，也没有为工人提供任何保护措施。

即使是三九严寒仍要坚持干活，晚上许多中国工人不得不钻进堆满积雪的隧道里睡觉，以避风寒。隧道经常坍塌，睡在里面的工人窒息而死，但是在这种情况下，公司也不允许任何事情阻碍铁路的修建。

然而，中国工人也并不总是像他们的雇主们想象的那样顺从。1866年春天，5000多名铁路工人进行了罢工，要求提高工资待遇，缩短工作时间。公司把他们孤立起来，还派破坏罢工的人把他们围起来，让中国工人饿肚子。最后罢工以失败告终，大部分工人又回到工作岗位上。

1869年，跨美铁路竣工。成千上万的中国人随之失去了工作。他们中有些人在加州中部农业区找到了工作，投身到排水灌溉这一新的巨大工程建设中。有些成为普通的农业工人，负责采摘水果，工资很低。有些成了佃农，租种着那些白人认为自己耕作无利可图的土地。还有一些人则设法购得自己的地产，成了小有成就的商品蔬菜农场主。

唐人街的建立

然而，越来越多的中国移民开始涌向城市。到1900年，加州一半的中国人口聚居在城市。到目前为止，最大的华人社区就在旧金山。在旧金山的社区以及西部其他地区的"唐人街"，人们的生活以强大的组织为中心，这些组织通常由来自同一家族或同一地方的人组成，其功能就像是慈善团体，同时又起到了类似东部城市移民社区行政机构的作用。他们由杰出的商人领导（在旧金山，有影响力的商人——所谓"六大公司"——常常通力协作促进本州或本城华人利益的增长）。实际上，这些组织成为了华人的职业介绍所、工会团体、仲裁机构、社区卫士以及社会福利发放处。作为"唐人街"生活的一个重要组成部分，他们还精心组织热闹的节日庆祝活动。

其他的华人组织是秘密团体，被称作"堂会"。有些"堂会"是暴力犯罪团

跨大陆铁路线 美国联合太平洋铁路公司在建的复杂栈桥是完成跨大陆铁路线建设所必需的众多跨越之一。如图所示，铁路建设者们不得不克服许多巨大的工程挑战。(*Union Pacific Railroad Museum Collection*)

伙，从事倒卖鸦片和妇女卖淫活动。除了敌对"堂会"发生武力冲突或"堂会战"时，华人社区之外的人很少知道他们的存在。这种争斗在19世纪80年代非常常见。

不管是在旧金山还是在其他地方，城市华人的生活都是艰辛的。华人通常处在就业阶梯的底层，做普通劳力、佣人、无技术的工厂工人。有些华人自己做起了小生意，尤其以开洗衣店的最多。他们进入这一领域并不是因为经验丰富——中国当时几乎没有洗衣店买卖——而是由于他们被排斥在其他领域之外。开洗衣店所需启动资金不多，对英语水平的要求也不高。到19世纪90年代，加州洗衣工人的三分之二都是华人，很多店铺还是华人自己经营的。

人数相对较少的中国妇女境遇更加悲惨。在华人移民加州早期，几乎所有远渡重洋的妇女都被卖做妓女。到19世纪80年代，加州将近一半的中国妇女都是妓女。19世纪90年代，英裔美国人和华裔改革者都试图清除"唐人街"的妓院，但是他们努力的成效赶不上赴美中国妇女数量的增加速度。一旦男女比例更加平衡，中国男人更愿意寻觅伴侣，组建家庭。

旧金山的华裔家庭 与许多美国人一样，19世纪末的华裔家庭也喜欢拍照。与其他移民一样，他们常常把照片寄给远在中国的亲戚。秦达前（Chun Duck Chin）和他七岁的儿子秦建睿（Chun Jan Yut）的这张照片是19世纪70年代在旧金山的一个照相馆拍摄的。父子二人身穿传统中国服饰，看起来为照相打扮了一番。照相馆——可能为华裔家庭拍过许多这样的照片——还提供了典型的中国式背景。儿子怀里貌似抱着一只小鸡，很可能是为了给中国的亲戚留下一种家境殷实的印象。(National Archives and Records Administration)

反华情绪

随着中国社区在西部城市日渐壮大，令人瞩目，白人居民的反华情绪也日渐高涨。在19世纪60年代和70年代，"反苦力"社团出现。他们试图颁布禁令，禁止雇佣中国人，还组织起来抵制中国劳工制造的产品。有些社团在街道上袭击中国工人，有些还涉嫌放火烧毁中国工人工作的工厂。这些活动都反映出由于中国劳工接受低工资而使工会成员利益受损，白种工人对此愤恨不满。

随着加州袭击中国人行为的政治价值提高，民主党也加入了反华的行列。同时加盟的还有加州劳工党——1878年由爱尔兰移民丹尼斯·卡尼（Dennis

反苦力社团

反华暴乱 1880年，丹佛的白人市民袭击了该市华人社区，他们殴打社区居民，肆意破坏房屋和商店。这是西部城市许多反华暴乱之一。暴乱源于白人劳工的种族主义思想和仇恨情绪，他们认为华裔劳工愿意接受低薪工作，与白人进行不公平的竞争。(Bettmann/Corbis)

Kearney）创建——此党由于对中国人的敌视在加州具有很强的政治势力。到19世纪80年代，反华情绪和暴力事件开始向太平洋沿岸和西部其他地方蔓延。

但是反华情绪不仅仅出于经济原因，同时也源自文化和种族分歧。例如，改革家亨利·乔治（Henry George），这位资本主义的批判者和劳动者权益倡导者（参见第17章）就把中国人描述为停滞的文明的产物，仍然身陷野蛮和愚昧之中。因此，中国人"不可同化"，应该被驱逐出去。

排华法案 1882年，国会迫于政治压力和不断增加的暴力事件做出回应，通过了《排华法案》，十年内禁止中国人移民美国，另外，已经移民的中国人不准加入美国国籍。此法案得到了美国各个地区代表的支持。这反映了人们对于失业现象和劳工动荡局势越来越担心，同时也反映了人们坚信排除"亚洲工业劳动大军"可以保护"美国"工人，减少阶级冲突。1892年，国会将法案延长十年并在1902年将其确立为永久法案。这对中国移民数量产生了巨大的影响，在法案通过后的四十年里，中国移民人数下降幅度超过40%。

华人抵制 美国华人并非甘愿接受新法案，他们惊讶于美国人反华的虚夸辞藻，竟把华人和非裔美国人及印第安人等同起来。华人坚信自己是伟大开明的文明的后裔，怎么能把自己和那些"不知道什么是社会关系"的人相提并论呢？"白人为什么不反对意大利人（一位华裔称其为'世界上最危险的人种'）、爱尔兰人或犹太人大批移民呢？"他们反问道，"这些人都允许移民，而中国人如此头脑冷静、遵纪守法、干净利落、有文化知识又吃苦耐劳，却被拒之门外"。

旧金山的"六大公司"组织了声势浩大的上书运动，向总统递交请愿书，甚至还向联邦法院提出诉讼。然而，这些努力都收效甚微。

来自东部的移民

内战后,紧跟早期移民的脚步,一股新的移民浪潮涌向西部。加州和俄勒冈州早在 1860 年就已加入联邦。在得克萨斯州(在内战中属于南部邦联的一员,但已在 1845 年加入联邦)有较大而且人数不断增长的英裔和非裔美国人社区。来自得克萨斯州和其他地区的农民、商人和牧场主在新墨西哥州、亚利桑那州和西南其他地区开始建立英裔美国人定居点。

与战后的移民规模相比,之前的移民可谓相形见绌。前几十年中,移民数量是数以千计,现在则是数以百万的移民遍及西部辽阔的土地——有的进入荒蛮之地,有的定居在人口密集之所。大部分新移民来自美国东部已经公认的英裔美国人社区,但也有很多人(从 1870 年至 1900 年间共计 200 多万)是欧洲出生的外国移民:斯堪的纳维亚人、德国人、爱尔兰人、俄罗斯人、捷克人及其他人种。吸引移民的是美国西部的金银贮藏量,可以畜养牛羊的草场,最重要的是平原上的土壤和大山里的牧场,它们最适合农业生产和放牧。1869 年跨全美大铁路线的竣工,以及由此延伸出的其他铁路支线的建设,都鼓励了更多移民的到来。

联邦政府的土地政策对移民也起到促进作用。1862 年颁布的《宅地法》就规定,如果移民购置土地达 5 年并对其进行改善的话,就允许他们以低廉的费用购买 160 英亩土地。施行《宅地法》是一项进步的举措。首先,任何需要农场的美国人都可以获得免费赠与,这是政府的一种救济形式,给人们以生活的希望。另外,此举有助于开发新的商品农业市场,建立新的商品农业定居点,从而促进美国经济的发展。

但是《宅地法》存在着几个误区。法律制定者设想只要农民拥有了土地就足以维持一个家庭。他们没有意识到农业机械化越来越普遍,经营农场的费用也日渐提高。另外他们的计算都以东部农业生产的经验为基础,并不适用于密西西比河以西地区。在"大平原"上发展畜牧和种植作物,以 160 英亩土地作为一个单位太微不足道了。虽然有 40 万农民最后坚持到《宅地法》规定的年限获得了土地权,但是更多的人没到 5 年就半途而废了,他们无法应付常年刮风的平原上艰苦的生活条件,无法面对残酷的经济现实——没有足够的资金以维持生活。

处于困境的西部人,再一次求助于联邦政府来解决他们的问题。作为回应,国会增加了土地分配份额。1873 年出台的《植树法》规定,只要农民种植 40 英亩的树,就允许他们再额外拥有 160 英亩土地。1877 年的《荒漠土地法》规定,只要他们对购置的部分土地灌溉 3 年,就可以申请以每英亩 1.25 美元的价格购买

640英亩土地。1878年的《植树及石头法》（主要适用于不毛之地）则允许农民以每英亩2.5美元的价格购买土地。这些法案使农民能够以低廉的价格获得1280英亩土地。一些有胆量的移民得到的土地更多。然而在法案的执行过程中欺诈行为比比皆是。木材厂、矿场和畜牧场通过假名登记和其他不法手段，获取了上百万英亩的公众土地。

随着移民社区的建立，政治机构也开始形成。在1861年堪萨斯成为美国的一个州之后，剩下的华盛顿、新墨西哥、犹他和内布拉斯加被划分成小区，以便管理。19世纪60年代末，地区政府在所有新建立的州（内华达州、科罗拉多州、达科他州、亚利桑那州、爱达荷州、蒙大拿州和怀俄明州）开始运作。新的州府纷纷成立：1864年内华达建州，1867年内布拉斯加建州，1876年科罗拉多建州；1889年南北达科他，蒙大拿和华盛顿都获准建州，怀俄明和爱达荷在第二年也完成建州。国会一开始拒绝批准犹他建州，直到1896年摩门教领袖劝说联邦政府相信犹他已经废除了一夫多妻制（一个男人有几个妻子），才使之成为州。到世纪之交，只有3个地区没有加入联邦：亚利桑那和新墨西哥没有被纳入联邦，是因为在这两个地区白人人口仍属少数，而且，在共和党执政时代，他们的执政党仍主要是民主党，另外，他们不愿以单一州的身份加入联邦。俄克拉荷马（原先印第安人保留地）在1889—1890年期间向白人开放，并得到联邦政府的承认。

农夫 当农民们向内布拉斯加州的大平原和农业边疆的其他州移民时，面对的第一项工作就是穿透地面草皮以获得可供耕种的土壤。草皮本身太过厚实和坚硬，于是，有些移民（如内布拉斯加州西卡斯特县的萨默斯家庭，摄于1888年）用草皮来修筑房屋。清除草皮使平原耕种成为可能，但同时也清除了土壤的保护层，导致干旱时节沙尘暴肆虐，危害当地生态环境。(*Nebraska State Historical Society*)

二、西部经济的变化

西部经济的变化是英裔美国移民向西部迁徙浪潮的众多影响之一。美国新移民把西部与东部（同时与世界的其他地方）日益发展的工业经济紧紧联系在一起。采矿业、木材加工业、畜牧业、商品农业以及很多其他经济活动，都依靠东部作为市场和资金来源。西部的一些最有实力的经济实体都是来自东部的控制着采矿、畜牧和农业的大公司。

西部劳力

随着经济活动的增加，很多农场主、牧场主和矿主都觉得有必要招募一批领工资的劳动力——这对于业主来说并非易事，因为他们远离主要人口聚集中心，又不能或者不愿意雇佣印第安工人。劳动力短缺造成西部工人工资普遍高出东部工人，但工作条件通常都很艰苦，工作稳定性根本没有保障。一旦铁路建成，庄稼收割完，牲畜被赶往市场，矿山被挖掘一空，成百上千甚至成千上万的工人顷刻间便丢掉工作。中国移民可以以低于白人的工资为雇主工作，来自他们的竞争也迫使很多英裔美国人失业。失业的人们聚集在城里、矿山上或其他地方，有的四处游荡，寻找工作。

没有土地的人流动性很强，他们大多为男性，结婚的很少。实际上，西部单身比例（约占 10%）比全国其他地区都要高——这就是为什么单身女性最好找的工作就是在歌舞厅的工作或做妓女。

尽管在地理上西部社区人口的流动性很大，但从改变社会格局的角度看，这种机遇却十分有限。许多美国人认为西部是充满无限机遇的地方，但和全国的其他地方一样，那些一开始在经济上就处于优势的人社会地位提高得更容易、更快。关于西部社区的研究表明，西部社会的阶层浮动并不比东部存在优势。同时西部财富分配格局也和东部早已成立的各州没有什么区别。

有限的社会流动性

与东部的很多地区相比，西部的劳动阶级由形形色色的种族构成。像东部一样，英裔白人同非裔美国人以及南欧或东欧的移民在一起干活。他们甚至和中国人、菲律宾人、墨西哥人以及印第安人一同工作。但是劳动力按种族分成了不同阶层。几乎在西部经济的各个领域，白人（不管是来自哪个国家）都处在雇工的上层，从事管理或技术性工作。下层——主要是那些在矿山、铁路及农业中从事无技术含量、艰苦工作的人——绝大部分都不是白人。

劳动阶级的种族分层

劳动力体系的两极分化主要是白人雇主的种族偏见造成的。他们认为，中国人、墨西哥人以及菲律宾人在基因上和文化上就适合干体力活。那些极力宣传种族主义陈词滥调的人认为，这是因为中国人、墨西哥人以及菲律宾人体格矮小，比白人更适合下深井采矿。并且由于他们适应了炎热的天气，所以比白人更能忍受农田里艰苦的工作。此外，因为他们胸无大志，并不在乎物质生活的舒适，所以比白人更能接受低工资，接受白人无法忍受的生活条件。这些种族主义的神话是为雇主的利益服务的，但是白种工人们也同样赞同。一部分原因是因为，这样一来，只要有任何提高社会地位的机会，就是留给白人的。一位爱尔兰普通劳工有希望在一生中通过事业阶梯上升好几层，而做同样工作的中国或墨西哥工人却不可能实现这样的梦想。

采矿人的到来

西部经济的第一次繁荣始于采矿业，而且移民大量定居的第一个地区就是矿藏丰富的山区和高原，人们希望在那里找到值钱的金属从而迅速致富。然而，采矿业的繁荣相对时间较短。最早始于19世纪60年代左右（当然有一些比这更早的繁荣，主要分布在加州），到90年代繁盛起来，然后突然就衰落了。

在西部突然发现金银矿的消息使大批采矿人蜂拥而至，就像1849年加州的淘金热一样。随后又引来了一批又一批的移民。个体探矿者主要通过手工挖掘表层矿石，用的是淘洗盘筛洗和积矿床冲洗等办法。当表层矿藏逐渐减少，大公司开始介入，向表层深处挖掘，集中探测矿脉或石英矿。后来，深层矿藏被挖掘一空，商业化采矿要么停产，要么在有限的范围内进行。这时，牧场主和农场主迁徙过来，建立了更为永久的经济形式。

第一批大矿山的发现（加州的淘金热除外）是在内战之前。1858年，在派克斯峰地区——不久成为科罗拉多州的一部分——发现了金矿。次年，5万名探矿者从加州、密西西比河谷以及东部地区蜂拥而至，使丹佛等地的采矿人营地一夜之间变为"城市"。正如兴起时那样突如其来，它的衰退也非常突然。当采矿的狂热逐渐消退后，大型采矿企业，尤其是古根海姆利益集团以金矿中收获了部分利润，而在莱德维尔附近发现的银矿也为人们提供了矿业财富的新资源。

当1859年科罗拉多州淘金热还在进行时，发现新矿山的消息使采矿者涌向内华达州。在沃肖地区发现了金矿，而在卡姆斯托克矿脉（1858年由亨利·卡姆斯托克首次发现）和其他矿脉最值钱的是银矿。抵达沃肖矿区的第一批探矿者来自加州，从一开始，加州人就占据了移民的大多数，并且控制着内华达州的发展。在这没有铁路运输的偏远荒漠，没有供给，任何东西——从食品、机械到威士忌、妓女——都要从加州运到弗吉尼亚城、卡尔森城以及其他喧闹的小镇。当第一层砂矿（表层矿）被挖光后，加州和东部的资本家购买了先期探矿者的采矿地，采用更为复杂的石英石矿脉勘探技术，从深层的矿脉发掘银矿。没过几年，外来的矿主就获取了大量的利润，19世纪60年代到80年代，内华达州矿山出产了价值3.06亿的金银。之后，采矿业迅速谢幕。

采矿业的又一次重要发现，是1874年人们在达科他州西南的布莱克丘陵发现了金矿。探矿者大批涌入，尽管当时那里（以及今后的几年）只通驿车。像其他的金矿一样，布莱克只兴旺了一段时间，后来表层矿藏挖没了，大型公司接手取代了小矿主，其中一家叫霍姆斯特克的大公司占据了统治地位。之后人口开始减少，像其他一度繁荣的矿藏帝国一样，达科他最终发展为主要依靠农业经济的州。

尽管金矿银矿的发现令大多数人兴奋不已，然而从长远来看，最终证明对西部发展更为重要的却是并不怎么耀眼的其他自然资源。1881年，威廉·克拉克开创的大阿纳康达铜矿标志着蒙大拿地区工业（几十年来这一地区重要的产业）的开端。在其他地区，采矿业在铅、锡、石英以及铝矿的发掘上都取得了非凡的成就。从长远的角度来看，这比通常兴盛一时的金银开采给人们带来了更大的利益。

在金银开采兴盛的小镇，生活节奏忙乱，人们品味俗丽，这是西部其他地区所不常见的。人们满脑子都是投机的想法，充满了令人眩晕的乐观情绪，这一切主宰着社区活动的方方面面。尽管相对而言涌向富矿脉的探矿者和矿主没有几个

新兴小镇的生活

科罗拉多州新兴都市 1890年，当勘探者在科罗拉多州克里德附近发现银矿时，矿工们蜂拥而至。19世纪90年代初的一段时间里，每天都有150人至300人到达克里德。尽管克里德镇坐落在一个仅能容纳一条街道的狭窄山谷中，但随着社区日益扩大，为社区提供服务的各式建筑宛如雨后春笋，迅速出现。然而，与其他此类新兴都市一样，克里德的兴盛与繁华都是暂时的。1893年，银价大跌，到19世纪末，克里德几乎成了空城。(*From the Collections of The Henry Ford*)

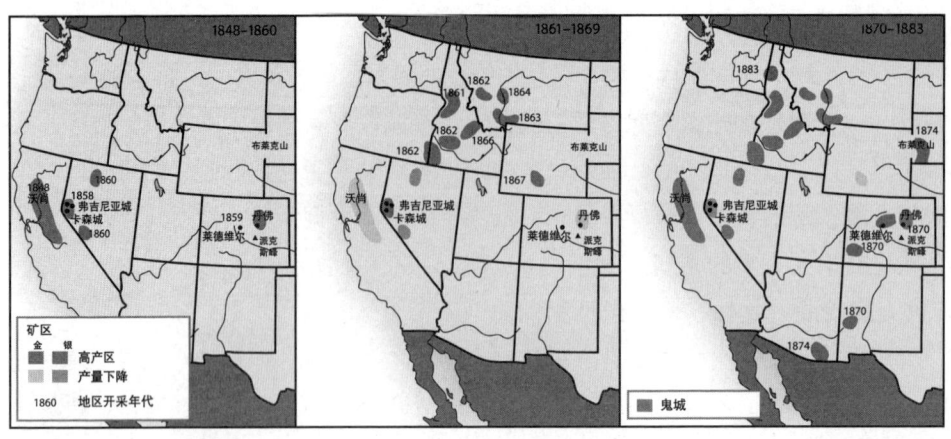

采矿城镇，1848—1883 这三幅地图展现了19世纪中期西部采矿工业从繁荣到衰落的快速变化。值得注意的是，金银开采的"繁荣"地区常常在不到十年的时间里迅速变成"产量锐减"的地区。还应注意的是，金银开采业是如何从19世纪60年代的加利福尼亚州和内华达州向70年代之后的远东和北部地区转移的。地图还展现了"鬼城"——生产停止后被居民遗弃的采矿社区——的扩大和蔓延。◆ 采矿业对西部人口有何影响？（彩图见第1072页）

能"突然暴富"，但那种普遍认为采矿业可以为人们提供突然发财的机会的认识至少有一定道理。"富矿脉大王"——即那些突然走运发了大财的矿主们——相比较东部的工业巨子们，更有可能出身寒微。

矿藏开采繁盛时期的生活状况——珍贵矿石的存在，地界划分模糊以及黄金货物外运——吸引着一些不法分子和"坏家伙"单个或团伙作案。当这种情况在社区中到了无法忍受的地步时，那些对维持秩序感兴趣的人们通过治安维持会——早期加州采用的一种非官方的社会秩序维持体系——解决问题。治安维持会不受法律体系的约束，经常没有经过任何法定诉讼程序就将他们的公正观念任意强加于人。有的甚至出现治安维持会的控制权掌握在匪徒手中的现象。有些治安维持会甚至在正规政府成立以后仍然以民间"法律"施行者的身份继续存在。

在采矿城镇男人的数量远远超过妇女，特别是年轻男子很难找到和自己年龄相当的女性伴侣。那些确实被吸引到西部新社区的妇女都和丈夫一起来，一般（尽管不总是）只局限于从事和东部妇女一样的家务劳动。单身女性或者那些丈夫没有收入的妇女，只好选择（或者认为有必要）干活挣钱，比如做厨娘、洗衣女工或经营旅馆。因此在男女比例失衡的矿区社区，卖淫业总是有较大的市场。

在淘金繁盛期过后，数以千计涌向采矿城镇想迅速暴富却没有发财的人就留下来在大公司的矿上做劳力挣钱。那里的工作条件都异常艰苦。大公司的矿井挖得很深，里面非常炎热，温度经常超过100华氏度。一些工人死于中暑或肺炎（从矿井出来时温度突然变化所致）。空气流通较差意味着大量二氧化碳的聚集，从而引起头晕、恶心以及头疼。留在不流通的空气中的致命灰尘被矿工反复吸入，结果很多矿工得了硅肺病（一种肺部失去功能的疾病）。爆炸、塌方、火灾时常发生，工人挖矿井用的重型机械也造成很多事故。在19世纪70年代，技术进步还不能消除这些危险，采矿业中每30名工人就有一名致残，每80名工人中就有一名丧生。19世纪末这一比率有所下降，但采矿业仍然是美国工作环境最危险、最艰苦的行业之一。

畜牧王国

西部不断变化的经济的第二个重要产业是畜牧业。开放的牧场（广阔的公共草原）为畜牧主在大平原上放牧提供了广大的空间，畜牧主无须花一分钱，也不受私人农场边界的限制。铁路的修建为牧场畜牧业打开了市场，使之方兴未艾。最终，同样也是铁路把农民带到了大平原上，因此破坏了开放牧场，结束了一切。

追溯起来，西部畜牧业是从墨西哥人和得克萨斯人开始的。早在美国居民向西南部扩张之前，墨西哥放牧人发明了大平原上的牧人和牛仔应用的技术和工具：铁烙（一种拓荒地区家喻户晓的蓄养牲畜的工具）、围捕、套捕以及牧人的全套设备：套索、马鞍、皮套裤和马刺。得克萨斯州的美国人采用了这些方法并把它们带到最北端的畜牧王国。得克萨斯还拥有全美最大的牧牛群，它们是进口西班

墨西哥起源

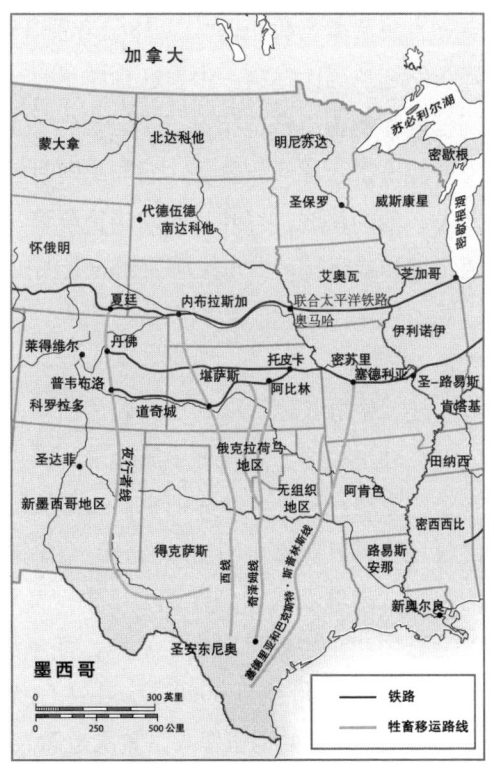

畜牧王国，约1866—1887　牧牛与赶牛是19世纪西部最具浪漫色彩的特征。但这些也是最为艰辛的行业。东部日益扩大的牛肉市场以及将牛送到城市市场相对合理、廉价的运输使这些贸易成为可能。此外，密集的小路和铁路网络共同使贩牛贸易成为可能。◆ 为什么这对赶牛来说必不可少，又是什么结束了赶牛这个行当？（彩图见第1072页）

牙牛的后代——体型瘦长结实，犄角长而硬——可以在野外或半野外环境下蓄养。得克萨斯州还出产一种牛仔们可以骑着看管牛群的野马——它们体型娇小，体格强壮，非常适合放牧需求。

内战结束时，大约有500万头牛遍布在得克萨斯州的牧场上。东部市场无论何时都以高价购买西部的阉牛，但畜牧业面临的挑战是如何将牲畜从牧场运到铁路枢纽中心。早在1866年，一些得克萨斯的牧场主就将牛群混在一起（至少有26万头），沿密苏里太平洋铁路向北赶往密苏里州的锡代利亚城。他们跋山涉水，加之匪徒、印第安人以及护田农户的不断围攻，旅队遭受了严重的损失，最后只有一部分牲畜被赶到锡代利亚城。但这次行程是一次重要的尝试，它证明了可以把牲畜驱赶到遥远的市场，沿途还可以放牧，途中牲畜还有可能长膘。换句话说，这次"长途赶牛"的首次尝试使西部得克萨斯州偏远地区的牧牛人和东部兴盛发达的城区市场联系起来。此次征程为畜牧业的繁荣发展——"畜牧王国"的产生——奠定了基础。

有了长途驱赶的先例，下一步就是找到通往目的地的更容易走的路线。沿堪萨斯太平洋铁路线的阿比林镇市场设施逐渐发展起来，多年来此镇作为铁路终结点一直统治着畜牧王国。从1867年到1871年，牧牛人将大约150万头牛沿齐泽姆小路赶往阿比林镇。牛被赶到城里时，镇子里到处都是横冲直撞的牛仔，其喧闹程度和淘金小镇不相上下。但是到了19世纪70年代中期，堪萨斯西部农业的发展侵占了大片开放牧场，而与此同时牲畜的数量却在增加。因此牧牛人不得不开发其他的路线，打开其他的销售渠道。当铁路往西进一步延伸时，堪萨斯州的道奇城和威奇托，内布拉斯加州的奥加拉拉和悉尼，怀俄明州的沙伊安和拉勒米，以及蒙大拿州的米尔斯城和格伦代夫，都开始成为可以和阿比林镇相抗衡的主要牲畜中转站。

赶着牛群长途跋涉的场面蔚为壮观，难怪它成为西部生活最浪漫和最传奇的方面。赶牛的第一步是把牛圈起来。各地区的牧牛人带着牛仔，从不同方向朝同一个约定地点赶牛，然后把它们在开放的牧场上圈起来，牛群里的牲畜属于不同的牧场主，只有靠烙印加以区分。当牛群被圈起来以后，小牛被烙上和母牛一样的烙印。离群没有身份标记的小牛，又称"未烙印的牲畜"则按比例进行分配。然后母牛和小牛就可以自由吃草，而年满一岁的公牛就准备北上。混合的牛群，通常数量在2000头到5000头，由牛仔代表大牧场主赶着出发了。早期大部分牛仔都是邦联军队的退伍军人，其次是黑人（500万多人），数量远远超过北方白人、墨西哥人以及其他外国人，通常从事看管牛群或生火做饭的工作。

每个牧牛人都得有经营的永久根据地，因此就产生了牧场。牧场一般包括牧场主的居所、雇工的住处以及大片的草场。在畜牧王国的早期，大多数牧场相对规模较小，因为放牧主要是在公共的广阔开放的草原上进行。但是由于农民和牧羊人开始竞争开放的草地，

牛仔们"长途赶牛" "长途赶牛"不仅为东部市场提供肉牛，还创造出一批特殊的男性群体，他们把大部分时间都花在路上，为农场主工作，照看牛群。这些牛仔大多是年轻未婚的男士，多数是白人，也有许多非裔美国人。他们中大多数后来定居下来，过上了安定的生活，但许多人却与牛仔查尔斯·古德奈特感同身受，古德奈特曾这样写道，"总的来说，我在（赶牛）路上度过的那几年是我人生中最快乐的时光。路上有许多困难和危险……但当一切顺利时，没有别的生活比这更快乐。大部分时间里，我们是广袤土地上孤独的冒险家，……我们拥有自由和勇敢者的激情。"这幅照片摄于19世纪80年代，展现了牛仔们骑马赶牛的场景。(*Library of Congress*)

牧场规模逐渐扩大而且有明确的界线划分，后来牧牛人渐渐学会了在自家圈起来的土地上蓄养牲畜。

开放蓄养的牧牛业一直存在风险和投机。无论何时，"得克萨斯热"——一种通过带有寄生虫的壁虱在牛之间传染的疾病——都可能使牛群全部毁灭。另外，偷牛贼和印第安人经常掠走大批牲畜。此外，随着草原上移民越来越多，传统的危机又加入了新的竞争形式，使蓄牛业雪上加霜：来自加州和俄勒冈州的牧羊人赶着羊群到牧场上争夺草地。东部来的农民在土地上筑起篱笆，宣示所有权，这样就阻断了小路，分割了开放牧场。一系列的"草原大战"——牧羊人和牧牛人之间，畜牧主和农场主之间的冲突——激烈地爆发，结果造成严重的伤亡和大量的财产损失。

与农场主的竞争

养牛业丰厚的利润——据说投资5000美元，四年内就能赚得4.5万美元——吸引着东部美国人、英格兰人以及苏格兰人到草原投资。这样就使养牛业的结构越来越趋于企业化。在一年之内，怀俄明州就批准了20家企业，总投资额达200

万美元。这种狂热的、投机性的扩张带来了不可避免的后果：由丁铁路的修建和农民的侵占，逐年缩小的草原上的牲畜数量已经远远超出饱和，没有足够的水草喂养过多的牛群，更不要说将牛群赶往市场了。最终大自然给了畜牧业致命的一击：在 1885 年到 1886 年、1886 年到 1887 年的两个严冬，以及中间炎热的夏季，草原遭到了毁灭。成千上万的牲畜死去，小河干涸了，牧草烧焦了，巨大的牧场、大笔的投资一季之间就化为乌有。

开放型畜牧业再也没能恢复过来，将牛群赶往市场的一幕也不复存在。牛群不再通过小路而是通过铁路运往市场。然而，业已建立的养牛场——栅栏围起的牧场，为冬天储备干草饲料——却得以幸存、发展和兴盛，牛肉产量更是远超从前。

尽管早期从事畜牧业的人以男性为主，但一直以来也有少数妇女参与放牧及牛群运送。随着畜牧业游牧的减少，妇女的身影越来越多。到 19 世纪 90 年代，在西部各州超过 25 万妇女拥有牧场或农场（她们中很多是丈夫或父亲的代表，而有些则是自己享有产权）。实际上，西部为妇女提供了很多东部不能提供的机会——包括参政的机会。怀俄明州是联邦第一个给予妇女选举权的州，并且在整个西部，妇女使自己成为重要的政治角色（有时还担任要职）。

妇女之所以在西部比全美其他地区更早获得投票权，不同地区有其不同的原因。在犹他州，摩门教力图避免人们对一夫多妻制的批评，给予妇女选举权。在有些地区，地方政府授予妇女选举权是为了增加全体选民的数量，以达到国会的要求，从而建立州政府。在其他地方，妇女获得选举权是通过说服男人她们会给地方政治带来"道德"的声音，从而增强西部社区凝聚力。因为大部分男人（甚至很多妇女）认为，妇女比男人更加"慷慨而贤淑"，她们会将这些品质注入西部愚昧落后的社会生活中（同样的论述也最终成为妇女在东部为获得选举权辩护的理由）。

三、西部浪漫史

从 17 世纪开始，当第一批大西洋沿岸的白人殖民者开始到内地寻找新机遇，以躲避文明世界时，荒无人烟的西部就在英裔美国人的想象中占据了特殊的位置。"最后的边疆"广阔无垠，对许多白人来说，它充满浪漫，散发着强烈的吸引力。

西部自然风光

西部的魅力显而易见。大平原、落基山脉以外的盆地和高原、内华达山脉以及喀斯喀特山脉——所有的一切构成了多姿多彩、壮观富丽的景象,这是白种美国人前所未见的。难怪新移民都带着崇敬惊叹的眼光看待西部。"落基山学派"的画家——其中最出名的是艾伯特·比兹塔特和托马斯·摩兰——用壮丽的油画赞美新西部,有些油画被拿到东部和中西部各州巡回展出,吸引了大批渴望一睹大西北风光的参观者。这些油画突出展现西部地势的险峻和多样,反映了画家对这片土地的无限崇敬(和早期本地画家对哈得孙河谷及其他地方所表现出的情感一样)。

"落基山学派"

人们对西部画作的兴趣推动了逐年增长的旅游浪潮。尤其在 19 世纪 80 年代和 90 年代,随着铁路向西部进一步延伸以及和印第安人之间战争的减少,在西部风景最优美的地区,度假宾馆如雨后春笋般涌现。东部人来西部观光,一玩就是几个星期或者更久,他们住在舒适的宾馆里,时常到"荒野"远足或短途旅行。

牛仔文化

比自然风光更具吸引力的是自由粗犷的生活方式,许多美国人都将其与西部相联系。人们普遍认为这种生活方式和越来越稳定、越来越有序的东部世界形成了鲜明的对比。许多 19 世纪的美国人开始对西部特别是牛仔的形象赋予浪漫色彩,将实际上工资低廉的雇工描述为强大而不朽的传奇人物。

牛仔的传奇

充满崇敬的美国人很少会考虑牛仔生活无奈的一面:乏味、孤独、身体不适、收入低廉以及相对极少的晋升机会。相反,在西部流行小说,如欧文·威斯特的《弗吉尼亚人》(Owen Wister, *The Virginian*, 1902)中,人们给牛仔披上了传奇的外衣,大肆渲染牛仔不受传统社会束缚的自由世界,描写牛仔如何喜爱大自然,甚至如何使用暴力的场面。威斯特小说中的人物是个半文盲,天生的优雅、勇气和同情心使他成为边疆崇高品德的有力象征。《弗吉尼亚人》是迅速席卷整个美国的文学形式中最著名的一个例子。还有许多其他描述西部,特别是牛仔生活的小说或故事被刊登在男孩杂志上、通俗小说集里,或搬上戏剧舞台,甚至成为严肃文学。蛮荒西部巡回演出大受欢迎,将人们对牛仔生活的狂热传播到了更多地方(见本章"大众文化模式")。

牛仔成为美国也许是最受人普遍崇拜的英雄,成为美国人理想中自然人的最有力、最永久的化身(正是这一理想塑造了早期詹姆斯·库珀的《最后的莫西干人》中的奈蒂·邦普形象）。这一化身仍然存在于 21 世纪的大众文学、歌曲、电影以及电视节目中。

大众文化模式　蛮荒西部演出

对许多美国人来说，"旧西部"始终是一个神秘的地方，是美国文化中最浪漫、最迷人的故事源泉。人们心目中的西部形象与历史学家笔下的西部完全不同。尽管如此，西部浪漫的形象仍然被流传下来，原因之一，是 19 世纪末和 20 世纪初"蛮荒西部演出"的疯狂流行。这种丰富多彩的娱乐演出尽管与西部现实生活相去甚远，但它却使西部冒险和浪漫的形象深入人心，在几代人心中不断延续和流传。蛮荒西部演出来源于早期的娱乐传统。早在 19 世纪 40 年代初，著名马戏团经理 P. T. 巴纳姆为纽约观众上演"野牛大狩猎"，有关"蛮荒西部"的表演从此开始并流行。这些表演一直持续到 19 世纪 70 年代，其中就包括著名的"狂人比尔"希科克的剧目。与此同时，西部牛仔驱赶牛群途经附近重要城镇时也会奉上类似现代牛仔竞技会的精彩表演。然而，真正的蛮荒西部演出却始见于 1883 年内布拉斯加州的奥马哈市，其组织者是人称"野牛比尔"的威廉·F. 科迪（William F. Cody）。

科迪曾为快马速递公司当过邮差，参加过内战，做过跨大陆铁路线工人的牛肉供应商（"野牛比尔"这个家喻户晓的绰号由此而来）。但使他真正出名的是 19 世纪 70 年代他在印第安战争中为美国骑兵充当侦查员和后来为东部名人

宣传西部　野牛比尔的蛮荒西部演出在美国各地，甚至世界各地都非常流行。他的形象如此深入人心以至于许多演出海报只有他的照片和一组文字"他来了"。这张更为传统的海报向人们宣告，野牛比尔的演出将莅临布鲁克林。(Culver Pictures, Inc.)

狩猎团充当向导。狩猎团中，一位笔名内德·邦特兰（Ned Buntline）的廉价"一毛钱小说"作家撰写并出版了一系列刻画（和极度夸大）"野牛比尔"英勇事迹的小说，很快使科迪成为享誉全国的知名人物。

科迪于1883年推出的蛮荒西部演出激励了许多效仿者，他们几乎都沿用了科迪的演出模式。在科迪的演出中，既有印第安人（由真正的印第安人扮演）袭击驿车和马车车队的模拟表演，又有对快马速递公司的描绘，还有射击、马术和套索表演，演出结尾（"平原大围猎"）场面恢宏：野牛、麋、鹿、山地野绵羊、长角牛、野马悉数登场。后来，科迪又增加了演出剧目，再现了卡斯特的最后一战。再后来，他又把美西战争中西奥多·罗斯福攻占凯特尔山等非西部英雄的事迹搬上了舞台。不管怎样，努力激发人们对旧西部的浪漫情感始终是演出的中心主题。

安妮·奥克莉 在1885年加入野牛比尔的蛮荒西部演出之前，安妮·奥克莉曾是多年的杂技和马戏演员。她身高不足五英尺，体重不足一百磅，但她在手枪、步枪和马术上的大胆表演为她赢得了"实力和技巧非凡的女士"的声誉。(Bettmann/Corbis)

"野牛比尔"始终是自创剧目的明星主演，但他同样会邀请其他演艺名人。有位艺名叫作安妮·奥克莉（Annie Oakley）的女演员凭借射击表演迅速走红，每次演出，她都会把印有自己照片的小卡片扔向空中，然后用枪在卡片中间打出一个洞，最后把这些卡片抛给观众作纪念品。

美国印第安人是蛮荒西部演出的重要组成部分，数百名印第安人参与到表演当中，展现他们的战斗技能、异域服饰和民俗传统。1885年，著名苏族首领西丁·布尔（Sitting Bull）随剧团巡演长达四个月，并有幸与观看其演出的克利夫兰总统探讨印第安问题。著名的奇里卡瓦阿帕切族勇士杰罗尼莫（Geronimo，1866年以前一直与美军作战，曾被当作美军战俘在全国游行示众）曾跟随"野牛比尔"的竞争对手巡演各地，时间长达一个季度。1904年，他又在圣路易斯世界博览会的阿帕切村庄展示中出现。

"野牛比尔"的演出大获成功，很快在全国各地及欧洲开始巡演。1884年，在芝加哥,仅一天的观众就超过了 4.1 万人。1886 年,在纽约斯坦藤岛,演出持续长达六个月,威廉·T.谢尔曼将军、马克·吐温、P. T.巴纳姆、托马斯·A.爱迪生和卡斯特将军遗孀都曾观看演出并给予高度评价。英国王室成员也曾在英格兰观看演出,法国、德国、意大利的大批观众被深深吸引。

第一次世界大战后不久,蛮荒西部演出逐渐退出历史舞台,但它的许多特点在马戏杂耍、牛仔竞技以及后来的电影、广播、电视演出和主题公园中得以保留。蛮荒西部演出的广泛流行,充分证明了 19 世纪末美国人对想象中昔日生活的深深眷恋和铭记心中"蛮荒西部"的无限渴望。"野牛比尔"及其效仿者更加深化了民众心中对于浪漫西部、魅力西部的想象,并使这一形象世代流传。

历史学家的分歧 "边疆"和西部

美国西部以及欧洲移民后裔定居西部的过程,至少在两个世纪中主导了美国人的国家想象。有时,它也成为历史学界讨论的中心话题。

整个 19 世纪的大部分时间,美国西部历史反映了人们对西部浪漫、积极的观点,这种观点为许多美国人所喜爱。密西西比河西岸的土地意味着冒险和机遇。西部地区是人们可以重新开始生活,勇敢者和上进者经历艰难险阻可以建设新文明的地方。弗朗西斯·帕克曼的《俄勒冈小道》(Francis Parkman, *The Oregon Trail*, 1849)——美国文学的经典之作——中就提出了许多类似的假设,影响并塑造了几代美国人看待西部和西部历史的方式。但是西部历史成为重要的学术领域应该追溯到 1893 年美国历史协会召开的一次会议,在会上弗雷德里克·杰克逊·特纳宣读了一篇著名论文。论文的题目是《边疆在美国历史上的重要意义》。很快以"特纳命题"或者"边疆命题"命名的特纳的论述,影响了两代民众和学者对西部的观点。

特纳命题的阐述简单明了。白人向西部移居——最初拥有大片自由土地,后来自由土地不断缩减,美国移民持续向西推进——是美国历史的基本主题。西部扩张的过程是改造蛮荒土地、打造现代文明的过程,也是美国民主、自由主义思想不断更新发展的过程,整个过程不仅影响了西部,更影响了全国。"对于希腊人来说,地中海打破了传统束缚,提供了崭新生活,催生了新的社会机构和制度;对于合众国来说,日益缩小的边疆同样甚至更是如此。"特纳命题对新一代美国历史研究产生了重要影响，对美国西部历史研究影响更久。20世纪上半叶，史学领域几乎所有重要学者都在重复和阐述特纳的（至少是部分）观点。几十年以来，雷·艾伦·比林顿的《西部扩张》(Ray Allen Billington, *Westward Expansion*, 1949) 一直是史学领域的标准教科书；比林顿对特纳命题的精巧修改使他所谓的"帝国西进路线"（欧洲人向无人定居土地推进）始终成为史学研究的核心议题。在《大平原》(*The Great Plains*, 1931) 和《伟大的边疆》(*The Great Frontier*, 1952) 中，沃尔特·普雷斯科特·韦布（Walter Prescott Webb）同样强调了得克萨斯州和美国西南部的白人在克服众多阻碍（在西部描写中，韦布尤其提到了土地干旱贫瘠），创建伟大文明过程中所表现出来的勇敢和机智。

特纳命题从来都不缺少批评者。然而，直到第二次世界大战后，试图动摇其解释美国西部历史的努力才真正开始。在《处女地》(*Vingin Land*, 1950) 中，亨利·纳什·史密斯（Henry Nash Smith）仔细研究了特纳及其弟子呈献的许多英雄形象。在他看来，这些形象与其说是对现实的刻画，还不如说是对神话的描绘，许多美国人利用这些神话去塑造和支撑一个与现代社会相悖的自我形象。厄尔·波莫罗伊（Earl Pomeroy）在1995年一篇颇具影响力的论文及其他许多作品中向特纳提出挑战，反对他提出的西部是个人主义、改革创新和民主复兴的沃土。他认为，"保守主义、传统继承与历史延续显然十分重要"。"西部人从根本上讲是效仿者而不是革新者……他们往往是最热衷于墨守成规的人"。霍华德·拉马尔在《达科他领地，1861—1889年》(Howard Lamar, *Dakota Territory*, 1861—1889, 1956) 和《西南边远地区》(*The Far Southwest*, 1966) 中强

读战争快报，旧金山 旧金山唐人街的居民们聚集在人行道上，等待一家华语报纸发布来自亚洲的中日甲午战争进展的报道。1894年至1895年的甲午战争使中国非常脆弱，再也无法有效抵挡西方国家的入侵。(*Library of Congress*)

调了西部各地丰富多样的生活体验，反对特纳派强调西部独特环境决定西部生活的观点。

20世纪70年代末涌现的新一代西部历史学家更是重点攻击特纳命题和"边疆"思想。其他领域的历史学家则对种族、性别、民族、文化等议题饶有兴趣，理查德·怀特、帕特里夏·尼尔森·利默里克、威廉·克罗农、唐纳德·沃斯特、佩奇·帕斯科等"新生代"西部历史学家也产生共鸣，从诸多方面对特纳派提出挑战。

在特纳眼中，19世纪的西部是一片"自由的土地"，等待着英裔美国人定居和美国民主的扩张。拓荒者在通往文明的道路上排除万难——面对"广袤的森林""高山的屏障""荒无人烟的大草原、绵延似海的贫瘠平原、干旱无雨的荒漠、原始凶残的野蛮部落"。与之相反，"新生代西部历史学家"摒弃了"边疆"的概念，更加强调西部地区业已存在的，由印第安人、西班牙人、混血人等共同组成的复杂精巧、高度发达的社会文明。他们认为，英裔美国白人与其说是定居于西部，还不如说是征服西部，而且这种征服远未结束。西部的英裔美国人不仅要与先前的印第安人和西班牙人，而且要与同时涌入西部的非裔美国人、亚洲人、拉丁美洲人以及其他一些人共同分享这片土地。这些学者宣称，美国西部历史是一个文化"融合"的过程，是多元民族之间经济、政治、文化、语言长期竞争和相互作用的过程。

特纳笔下的西部是英勇、胜利之地，更是进步之所，写满了勇敢白人创造的丰功伟绩。而新一代历史学家描述的西部却并非那么辉煌（也并非那么充满阳刚），而是勇敢、成功、对抗、贪婪以及失败并存的地方；破败废弃的小镇，荒凉阴郁的印第安保留地，穷困潦倒的贫民区，生态遭受严重破坏的自然景观与辽阔的牧场、肥沃的农田和繁华的城市共同构成西部发展的特点；在塑造西部社会的过程中，妇女和男人发挥了同等重要的作用。"新西部历史"学派的这些观点引来了众多批评，特别是那些对西部传统描述充满依恋的人。例如，小说家拉里·麦克默特里就曾把新学派理论称为"失败的研究"。他坚持认为，修正派在反对西部人浪漫形象的同时，也忽略了西部生活最为重要的方面。

对特纳及其弟子来说，19世纪的西部是粗犷朴实的个人主义振兴美国民主，使其重获生机的地方。而对于新学派历史学者来说，西部的个人主义只不过是自圆其说的神话。西部与国内、国际资本主义经济紧密联系、不可分割。实际上，英裔美国人持续移民西部的唯一因素就是外界对西部自然资源的需求。西部"拓荒者"从来都不是自给自足。他们要依靠政府出资修建铁路才能进入市场，依靠联邦军队保护才能免受印第安人侵扰，以后还要依靠政府出资修建堤坝、运河才能灌溉农田，维持城镇生活。

特纳把西部定义为一个过程，一个到19世纪末随着"边疆谢幕"一起结束的移民过程；而新历史学家却把西部看成一个区域，它的历史没有在1890年结束，而是延续至今。

边疆的观念

然而，西部在全美人民心中占有重要地位，不仅仅依靠某个特殊的人物形象，还因为很多美国人把西部看成是最后的边疆。从早期欧洲殖民者来到美国起，西部还未绘制成图的疆土一直以来都在慰藉和启迪着那些梦想重新开始生活的人。现在，随着最后的荒蛮之地慢慢融入文明社会，西部荒蛮的形象更加散发出前所未有的魅力。

<small>西部的浪漫形象</small>

马克·吐温，19世纪美国最伟大的作家之一，在一系列精彩绝伦的小说和回忆录中，表现了边疆生活浪漫的一面。他在一些作品里——如《艰苦岁月》（Ronghing It，1872）——写到西部，写到他在淘金热时期在内华达州做报纸记者的亲身经历。然而，他最伟大的作品却是关于早期边疆生活的：他童年生活过的密西西比河谷。在《汤姆·索亚历险记》（The Adrentures of Tom Sawyer，1876）和《哈克贝里·费恩历险记》（The Adventure of Huckleberry Finn，1885）中，他创作的人物拒绝接受礼法社会的束缚，试图逃到贴近自然的自由世界中。对于哈克·费恩来说，逃跑的工具可能只是在密西西比河上漂流的一只木筏，但是他对自由的渴望却从宏观意义上反映了西部这个逃离文明社会束缚的最后的避难所。

画家兼雕塑家弗雷德里克·雷明顿（Frederick Remington）也准确地捕捉到西部的浪漫气息，把西部描绘成远离东部文明的另一片天地。他把牛仔描绘成天生的贵族，就像威斯特笔下的弗吉尼亚人一样，生活在自然的世界中，摆脱了社会文明的所有常规束缚。雷明顿作品的浪漫气质使他成为19世纪最倍受钟爱的最成功的艺术家。

<small>弗雷德里克·雷明顿</small>

像威斯特和雷明顿一样，生长在东部的西奥多·罗斯福（Theodore Roosevelt），在19世纪80年代中叶到达科他州的巴德兰兹国家公园旅行，使自己从突然失去年轻妻子的悲痛中振作起来。长期以来他一直认为西部是一个充满传

奇，可以使人的肉体得到重生的地方——一个通过艰苦的锻炼使人获得体力的地方（就像罗斯福自己，一个曾经羸弱多病、患哮喘的男孩，就是通过坚持艰苦生活而强壮起来的）。19世纪80年代，罗斯福长期旅居巴德兰兹国家公园，加深了他对西部的热爱，直到他生命的最后一刻。就像威斯特和雷明顿一样，罗斯福把自己对西部的迷恋融入了美国通俗文化。19世纪90年代，他出版了长达四卷的历史著作，题为《西部的赢得》（*The Winning of The West*），以浪漫的笔触讲述了白人文明向边疆地区蔓延的历史。这部著作以及其他关于西部的作品使罗斯福声名大振，同时也推动了大众对"西部边疆"的迷恋。

弗雷德里克·杰克逊·特纳

也许关于西部边疆浪漫情怀最清晰、最具影响力的论述要归功于威斯康星大学的历史学家弗雷德里克·杰克逊·特纳。1893年，33岁的特纳在芝加哥举办的美国历史学会会议上宣读了一篇题为《边疆在美国历史上的重要意义》的论文。文中特纳论述到"边疆"的消失也就意味着美国生活中最重要的一支民主化力量的解体（参见"历史学家的分歧"，边码第456—457页）。

事实上，特纳的评价既不准确也不成熟。西部从来都不是语义上所谓的"边疆"：荒凉、未开化、杳无人烟。来到西部的白人早已融入（或者替代）了西部已经存在的社会和文化。同时，西部仍有大片荒芜的土地供后人开发。但特纳在下面一点上总体上说确实是正确的，即西部可用于耕种和放牧最好的土地已经被占领，将来个人想要低价或免费获得有价值的土地更加困难。

消逝的乌托邦

许多美国人在接受"边疆消逝"这一观点时，也意识到他们最宝贵的神话消失了。过去，只要人们有可能把西部看成空旷、开放的土地，就有可能相信美国生活中有无限新生的机会。现在，人们有一种模糊、不祥的感觉：机遇被阻断，个体失去了把握自己命运的能力。心理上的失落是非常巨大的，历史学家亨利·纳什·史密斯后来在《处女地》（1950）中称其为"伊甸园神话"设想：人们曾经普遍认为西部有可能成为虚拟的伊甸园，在那里人们可以重新开始生活，民主的理想可以重新恢复（而这一梦想如今已烟消云散）。

在19世纪末的小说中，如海伦·亨特·杰克逊的《蕾蒙娜》（Helen Hunt Jackson, *Ramona*），就把乌托邦的背景由原来的整个新大陆缩小到美国西部，而现在连西部似乎也即将消逝。

四、印第安部落的解体

许多美国人把西部幻想为等待白人文明开发的"处女地",同时他们也力图迫使西部与这一形象相一致。这就意味着他们首先要确保印第安部落不会阻碍白人社会的扩张。

白人对印第安部落的政策

联邦政府的传统政策是既把印第安部落看成独立的民族,又将其看成总统管辖下的行政区,并且通过谈判与其签署由参议院正式批准的条约。印第安主权的这一有限性,导致政府在1860年前试图在白人和印第安人之间建立永久的界限,把密苏里河弯道以西作为印第安部落的永久保留地。然而,迫于垂涎印第安土地的白人殖民者的压力,和印第安人签署的条约或协议虽林林总总,却很难维持。因此,合众国和印第安土著人的关系史就是一段无数次违约毁约的历史。

到19世纪50年代早期,迫于白人要求侵占印第安领土的压力,政府打消了为印第安部落建立大片属地的想法,出台了一项新的保留地政策,称为"集中"政策。1851年,各个印第安部落通过签署不同的协约分得了限定的保留地,这些协约是和白人选出来的非官方代表——人们讽刺地称他们为"协约长官"——

"集中"政策

暮光下的营地 西方摄影师沃尔特·麦克林托克在1890年代拍下了这张充满戏剧性的黑脚印第安部落营地的照片。这张照片拍摄时,印第安部落的数量已经在减少,由于担心印第安文明很快将会消失,许多艺术家、摄影师和民族志学者蜂拥至西部对其进行记录。(*Beinecke Rare Book and Manuscript Library, Yale University*)

通过不合法的谈判签订的。这项新政策对白人极其有利，而对印第安人没有什么好处。此政策将印第安部落彼此分开，使之易于掌控。这样一来，政府可以把印第安部落赶到零散的角落，以便白人占据最合意的土地。但这一政策并没有维持多久。

1867年，在一系列血腥的冲突之后，国会成立了印第安和平委员会——由士兵和平民组成，以商议一项新的永久性的印第安政策。委员会提议取消"集中"政策，将大平原的所有印第安部落集中到两大保留地，一个是俄克拉荷马州的印第安人保留地，另一个在达科他州。在和印第安部落的一系列会谈中，政府代表劝诱、贿赂和欺骗来自阿拉帕霍、夏安、苏族及其他部落的代表，使之同意建立新的印第安保留地。

管理糟糕的保留地

但是这一政策并不比先前的政策效果好。问题的根源之一就是政府对建立起来的保留地的管理方式。白人对印第安事务的管理委托给印第安事务管理局，即内政部的一个分支，负责分配土地、支付地款和监督物资运输。而印第安事务管理局声名狼藉。在西部，管理局的代表都是通过政治赞助上台的，他们极其无能和狡猾。但是即使最诚实、最勤奋的代表也通常不能胜任工作，因为他们对印第安文化并不了解，工作取得成效的希望十分渺茫。

使这一问题更加严重的实际上是印第安人与白人之间经济上的战争：白人残酷地大批捕杀印第安人赖以生存的水牛。甚至早在19世纪50年代，白人就以惊人的速度捕杀水牛，为到加利福尼亚州淘金的大批移民提供食物和物资。内战后，白人对水牛皮的需求扩展到全国——一方面出于经济原因，一方面是为了追求风尚（在密苏里东部人人似乎都想从浪漫的西部弄到一件水牛皮大衣，而且，东部工厂需要大量水牛皮做机器传送带）。一批批职业猎手蜂拥而至，到平原猎杀这种庞然大物。铁路公司雇佣了枪手（比如"水牛"比尔·科迪），组织长途射杀活动，大批屠杀

部落首领加菲尔德 20世纪初最著名的部落生活摄影师爱德华·柯蒂斯拍下了这张阿帕切族吉卡里拉人首领的肖像照片。那时，吉卡里拉人生活在新墨西哥北部的保留地上，白人官员给所有部落成员分配了西班牙语或英语姓名。照片中的男士，吉卡里拉部落首领，自己选择了加菲尔德这个名字。(Chief Garfield-Jicarilla, 1904. Edward Curtis. Reproduced by permission of Christopher Cardozo, Inc.)

水牛，以减少水牛群这一阻碍铁路交通的障碍物。一些印第安部落（特别是黑脚部落）也开始大量捕杀野牛，到新兴的市场上出售。

不光是捕猎威胁到水牛的生存，移民所带来的生态变化——平原的减少，甚至在某些地区的消失——也使水牛数量大幅减少。实际上，南部的牛群到1875年已经灭绝，没过几年，北部小群水牛也遭受了同样的命运。在1865年，至少还有1500万头水牛，十年以后，只剩下不到1000头。政府军队和印第安事务管理局的官员默许甚至鼓励屠杀水牛。在毁坏水牛群的同时，白人也毁坏了印第安人赖以生存的衣食来源，毁坏了印第安人抵御白人进犯的能力。这也使印第安勇士意识到要奋起反抗，捍卫自己的生活方式。

野牛的灭顶之灾

印第安战争

从19世纪50年代到80年代，白人对印第安文明的威胁越来越严重，印第安人奋力反抗，因此双方之间战事不断。印第安勇士通常以三四十人一伙组成突袭小分队，袭击马车队、驿车和孤立的牧场，以报复白人先前对他们发起的攻击。随着联邦军队越来越多地卷入战争，印第安部落把攻击的目标主要集中到白人士兵身上。

印第安人的抵抗

有时这种小规模的对抗会升级为近乎战争。内战期间，明尼苏达州的东苏族人，由于不满被限制在保留地上以及受到腐败的白人官员的剥削，突然起义反抗政府对他们施加的束缚。在其首领"小乌鸦"的领导下，他们杀死了700多名白人，后来遭到一股白人正规军和民兵的镇压。38名印第安人被处以绞刑，整个部落被放逐到达科他州。

与此同时，战火在东科罗拉多州燃起，阿拉帕霍人和夏安人与进驻当地的白人采矿者发生了冲突。印第安人结伙袭击了驿车线路和白人的驻地，试图重获失地。作为回应，白人集结了大批当地军队，并对印第安部落发出了复仇的恐吓。州长敦促所有求和派印第安人在军队发起进攻之前集合到军队哨所寻求庇护。在"黑壶"带领下的一伙阿拉帕霍人和夏安人显然响应了号召，1864年11月，他们驻扎在沙溪上的莱昂要塞。他们中有一些是印第安勇士，但"黑壶"认为自己是在政府的保护下，因此对白人没有表现出敌意。然而，J. M. 奇文顿（J. M. Chivington）上校显然是在当地部队司令的鼓动下，率领一支志愿民兵队伍——主要成员为失业的采矿者，很多显然是喝醉了——在对方毫不戒备的情况下袭击了驻地，屠杀了133名印第安人，其中105人为妇女和儿童。"黑壶"自己逃过

沙溪大屠杀

野牛拦住去路 野牛曾经是北美地区数量最多的动物之一,但在白人定居者和旅行者的肆意屠杀下几乎彻底灭绝。这些人常常从运行的车厢里向牛群射击,目的仅仅是为了娱乐。这幅画作是 N. H. 特罗特于 1880 年左右绘制的。(*Smithsonian Institution*)

一劫,没有在沙溪大屠杀中丧命。四年之后,在 1868 年,"黑壶"和他带领的与白人交战的夏安人,在得克萨斯州边界的沃希托河被乔治·卡斯特(George A. Custer)上校抓住。白人部队屠杀了这位印第安首领及其手下的人。

内战结束时,白人部队在很多战线上加快了对西部印第安人的打击。其中最严重、最持久的一次交战发生在蒙大拿州。白人军队想要在那里修建一条叫博兹曼的道路,把怀俄明州的拉勒米堡和新的采矿中心连接起来。西部苏族人对此很愤怒,因为白人侵犯了水牛生活范围的中心。在大首领"红云"的率领下,苏族人不断侵扰白人士兵和建筑队——除此之外,还烧毁了用于把守道路的堡垒——使道路无法通行。

实际上不仅仅是美国联邦军队对印第安部落造成威胁,还有一些非官方白人治安团成员也参与了所谓的"猎杀印第安人"行动,对印第安人发动武力攻击。尤其是在加利福尼亚州,追捕和猎杀印第安人成了一些白人的体育运动。那些没有参与的人要为参与者提供奖赏(或赏金),那些为了得赏金而追杀印第安人的白

"猎杀印第安人"

人拿回他们杀死的印第安人的头皮或头颅作为领赏证明。有时捕杀印第安人是因为他们袭击了白人社区。但更多情况是为了一个更根本、更可怕的目的。相当数量的白人是为了"清除"印第安部落，这一目的是建立在这样一个信念之上：印第安人毫无基本人性，印第安部落和白人社会无法共存。例如，在1853年的俄勒冈州，白人绞死了一个七岁的印第安男孩，却只给出一句"跳蚤会养出虱子"作为解释。在加利福尼亚州，从19世纪50年代到80年代白人平民杀死了将近5000名印第安人——这是众多造成印第安人口从战前的15万人锐减到1870年的3万人的原因之一（疾病和贫困是两个更重要的原因）。

1867年签署的协定使很多冲突暂时平息了下来。但是，新的力量不久又打破了平静。19世纪70年代早期，更多白人移民——大部分是采矿者——涌入达科他州印第安人保护区。在1867年的协议中，这片土地本应是划给印第安人的。

印第安人的不满情绪再一次被燃起，这一次怒火更加强烈。1875年，北部平原的苏族人揭竿而起，离开了保留地。当白人军官命令他们返回时，印第安勇士们在蒙大拿集合起来并组成联盟，一致听从"疯马"和"卧牛"两个人的领导。

三支部队同时出发包围印第安人，强迫他们回到保留地。随军远征的还有第七骑兵团的上校乔治·卡斯特——一个充满传奇色彩，备受争议的人物。他有一头金色的头发，是一位充满浪漫情怀的荣誉追逐者。在1876年南蒙大拿的小比格霍恩战役中——白人和印第安人所有冲突中最著名的一次——部落勇士出其不意，把卡斯特和军团264名士兵统统包围，将他们杀得片甲不留。战后人们指责卡斯特太过轻率，但是他所遇到的敌人是任何白人都无法预料的。印第安首领纠集了2500名印第安勇士，这是美国历史上所组建的最大的一支印第安队伍。

小比格霍恩

但是印第安人缺乏组织纪律性，也没有供给能使队伍永远联合在一起。不久，印第安勇士就分散成小团伙，躲避追兵或去寻觅食物，白人部队便逐一将其截获并遣送回达科他州。苏族武装力量很快就解体了。一度骄傲自负的部落首领"疯马"和"卧牛"接受了失败的命运，在保留地上单调地生活。后来他们两个由于无法忍受白人的愚弄和嘲讽，发起了最后的可悲的反抗，被保留地上的警察杀死。

在印第安历史上最具戏剧性的一幕发生在1877年的爱达荷州。内兹佩尔塞是一个相对安宁的小部落，部落成员直到19世纪70年代一直在俄勒冈州过着无忧无虑的生活，没有和美国政府签署过任何协约。但是迫于白人移民的压力，政府强迫内兹佩尔塞人迁到属于其他部落的保留地上（在19世纪50年代签订的协约中规定的)。由于对反抗不报有现实的希望,这支印第安人只好开始了迁往保留地的旅程,但是在途中,几个年轻的印第安人由于气愤和饮酒,杀死了四名白人移民。

部落首领约瑟夫说服自己的手下逃走,以免遭到白人的报复。美国部队一路追击,最后在白鸟峡战役中被击退。自此内兹佩尔塞人向不同的方向分散,开始了蔚为壮观的大逃亡。约瑟夫带领着 200 名男人,350 名妇女、儿童和老人向加拿大方向迁移,想到那里找苏族人避难。白人军队对白鸟峡失利一直耿耿于怀,派四支纵队追击。印第安人在 75 天之内走了 1321 英里,无数次击退或避开敌人的追兵,但最终在快到边界的地方被抓住。一些印第安人得以逃脱越过了边界。然而,约瑟夫和他大部分手下疲惫不堪,心灰意冷,最终投降。约瑟夫在会见美军将军纳尔逊·迈尔斯(Nelson Miles)时说:"首领们,听我说,我浑身疲惫,满心苦恼与悲伤。从现在太阳所在的位置开始,我永远不再战斗了。"他向迈尔斯将军投降的条件是迈尔斯承诺让这支印第安部落回到爱达荷州的内兹佩尔塞人保留地。但是美国政府拒绝履行迈尔斯的承诺,几年里,内兹佩尔塞人被遣送到这里,又遣送到那里,许多人在遣送过程中由于疾病和营养不良而死亡(而约瑟夫本人却活到 1908 年)。

最后一支对白人进行有组织的反抗的印第安人是奇里卡瓦的阿帕切人,他们从 19 世纪 60 年代到 80 年代一直断断续续与白人战斗。这支勇猛的部落最能干的两个首领就是曼加斯·科罗拉多斯和克奇思。内战期间,白人士兵诱骗曼加斯投降,后将其杀害;1872 年克奇思同意休战,条件是政府允许他们在包括世代一直居住的区域在内的地方建立保留地。但 1874 年克奇思去世,他的继任者杰罗尼不愿向白人屈膝,受到白人同化,与白人继续交战十年之久,在亚利桑那和墨西哥的山区建立基地,率领部落勇士不断袭击白人的前哨。然而,每次袭击白人之后,能够战斗的阿帕切人的数量就会减少,因为一些勇士战死了,一些则渐渐离去回到了保留地。到 1886 年杰罗尼陷入了无望的境地。他的部落只剩下 30 个人,还包括妇女和儿童,而白人追兵则数以万计。杰罗尼自知寡不敌众,只好投降。这一事件标志着印第安人和白人正式交战的结束。阿帕切人与白人的战争是所有印第安人和白人战争中最惨烈的,大约也是因为这一部落感到了最痛彻的绝望。然而,犯下罪恶滔天恶行的却是白人。例如,在 1871 年,一伙白人采矿者侵袭了一个阿帕切人的驻地,屠杀了 100 多名印第安人,并抓走印第安儿童卖给阿帕切人敌对部落做奴隶。还有几次,白人部队杀死了应邀参加和平会议的印第安人。有

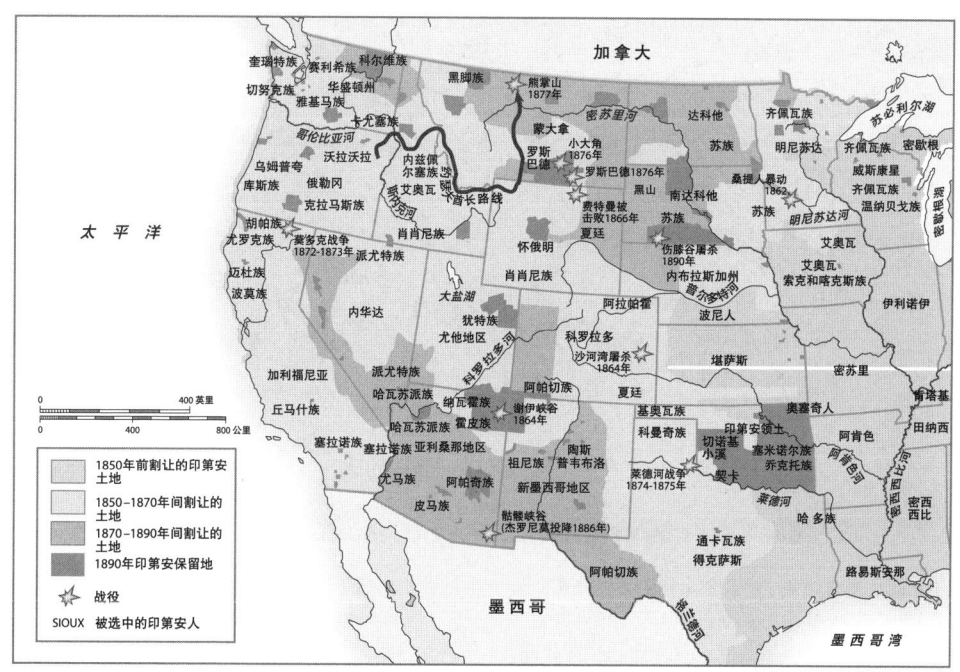

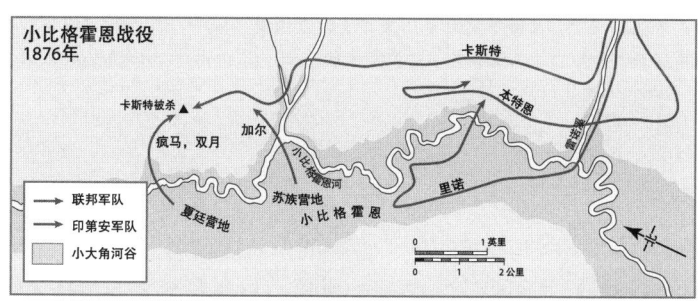

印第安边疆 随着西部印第安文化与白人文化冲突的爆发，政府越来越希望把印第安部落集中在保留地上。19世纪70年代，对保留地计划的抵制促使达科他地区原为宿敌的苏族人和夏安人联合在一起。沿着小比格霍恩河，鲁莽的卡斯特低估了印第安对手的实力，在里诺和本特恩率领的增援部队还未到达支援地点时就向印第安人发起了进攻。（彩图见第1433页）

一次还在食物里下毒，毒死印第安人。

但白人的恶行并没有随着与阿帕切人战争的结束而结束。1890年悲剧的一幕重新上演，原因是苏族人的宗教复兴运动——宗教复兴本身象征着白人对印第安文明侵犯所带来的灾难性后果。如今苏族人意识到他们的文化和辉煌已渐渐衰退，不可逆转，而且由于腐败政府官员减少了食物配给量，一些苏族人连肚子都填不饱。像过去其他部落在困苦时期一样，很多苏族人求助于先知，带领他们进行宗

小比格霍恩河之战：印第安人的视角　这是一位印第安参战者1898年所画的水彩画，描绘了1876年6月25日至26日所发生的小比格霍恩河之战的结果，在这场战斗中，乔治·阿姆斯特朗·卡斯特将军指挥的陆军分队被苏族和夏安族勇士所包围和歼灭。这幅令人恐怖的画卷描绘了骑在马背上的印第安人踏过卡斯特及其士兵的尸体。如图所示，画面左侧的卡斯特躺在地上，身上穿着黄色的鹿皮服，旁边放着他的帽子。画面中央站着四名男士，分别是"卧牛""雨面""疯马"和"踢熊"。画面右下方，印第安妇女开始为仪式做准备，欢迎归来的勇士。(*Southwest Museum of the American Indian, Autry National Center; 1026.G.1*)

教复兴。

这一次的先知是一位名叫沃伏卡（Worokcn）的派尤特族人（Paiute），他在内华达州唤起了印第安人的精神觉悟，后在整个平原传播。新的复兴运动强调弥赛亚（救世主）的到来，但其最明显的特征是众人参加的、充满情感的"鬼魂舞"，此舞令舞者心醉神迷，看到他们认为真正神秘的影像。这些幻觉影像中包括白人从大平原撤退的场景，以及漫山遍野的水牛群的景象。白人官员看着苏族人的舞蹈，既迷惑又害怕，一些官员认为这是苏族人敌对行为的序曲。

1890年12月29日，第七骑兵团（过去曾是卡斯特率领的团）试图在南达科他的翁迪德尼将350名又冷又饿的苏族人包围。一场拼杀就此爆发。约40名白人士兵和包括妇女和儿童在内的300名印第安人被杀。这场冲突的起因至今仍有争议。一名印第安人很可能先开了枪，但很快战斗就变成了单方的屠杀。白人士兵将新式机枪对准印第安人扫射，印第安人大批地倒在雪地中。

翁迪德尼 这幅残酷的照片反映的是拉科塔苏族部落首领"大脚"惨死在南达科他州翁迪德尼附近的雪中。他是众多1890年部落大屠杀的遇害者之一——在印第安人投降并上缴武器之后，美国陆军士兵杀死了300多名该部落成员。这次大屠杀究竟是本有预谋还是出于混乱和恐惧，至今仍难有定论。(Private Collection, Peter Newark American Pictures/The Bridgeman Art Library International)

《道威斯法案》

甚至在"鬼魂舞"和翁迪德尼悲剧发生之前，联邦政府就已经采取行动要使部落结构——印第安文化的基石——永远瓦解。50年以来对印第安人的政策是建立保留地，使印第安人和白人社会隔离开，而国会要改变这一政策，废除印第安部落共同享有保留地的政策。一些新政策的支持者认为，这样做是为印第安人着想，他们把印第安人看成需要白人社会挽救的"即将消失的种族"。但这一举措很显然是为了迫使印第安人成为私营土地主和农场主，放弃自己的集体社会和文化，最终被白人文明同化。

1887年的《道威斯土地占有法》（通常简称《道威斯法案》）规定逐渐废除印第安部落土地拥有权，将大片土地分配给个人：户主可分得160英亩，单身成年人或孤儿分得80英亩，每个有依靠的子女分得40英亩。成年土地拥有者享有美国公民身份，但与其他美国公民不同，印第安人25年后才可以享受土地所

同化

有权（据说是为了防止他们把土地卖给投机者）。这一法案在大部分西部印第安部落实行，只有普韦布洛人不包括在内，他们可以继续享有多年以前分给他们的土地。印第安事务管理局不断推行法案背后的真正目的是同化印第安人。他们不但试图让印第安家庭搬到属于自己的地块上，还带走印第安儿童，送到白人开办的寄宿学校，他们认为在那里年轻人通过教育会放弃部落文化。他们还采取措施阻止印第安人举行部落宗教仪式，倡导基督教的传播，在保留地上兴建基督教教堂。

没有几个印第安人准备好了接受从传统的集体社会向资本主义个人主义的急速变化。而白人管理人员既腐败又无能，最终政府放弃了这一计划。因此，保留地上的大片土地根本没有分给印第安个体所有者。国会还试图通过1906年实行的《伯克法案》加速这一转变的进程，而印第安人仍旧拒绝被白人强制性同化。

军刀印第安学校，蒙大拿州 19世纪末印第安战争结束后，政府当局和私人慈善家通过多方尝试，鼓励印第安人同化，加入美国白人主流社会。其中最富雄心同时也是最具争议的就是为印第安儿童兴建一系列寄宿制学校。在学校里，白人教师教孩子们英语世界的行为方式。大多数这种学校是为男孩建立的，但也有一些——正如蒙大拿州这所天主教修女经营的学校——是为女孩建立的。(Montana Historical Society)

不管是当时还是后来，立法机构都没给出一个解决印第安问题的令人满意的方案，很大一部分原因是这一问题本身就没有什么两全其美的解决办法。印第安人的利益和白人文明的扩张根本上存在矛盾。白人成功定居西部是建立在牺牲本土印第安人的利益的基础之上。

五、西部农业的兴衰

采矿者的到来，畜牧帝国的建立以及印第安部落的解体——这一切都是白人定居西部这一决定性历史进程的序曲。甚至在内战之前，农民就搬入平原地区，向这一地区的牧场主和印第安人的主导地位提出了挑战，有时甚至与两者发生争端。到19世纪70年代，小溪变成了洪灾，大批农民涌入平原及以外地区，圈起了过去属于印第安人的狩猎区以及放牧牛羊的草场，建立新的农业区域。

在19世纪70年代末和80年代初，新的西部农业兴盛起来，农民们享受着农业经济繁荣的硕果——与东部工业曾经的繁华不相上下。然而，从19世纪80年代中期开始，农业开始从繁荣转向萧条。美国农业（不光在新西部，而且在中西部老农业区以及南部）的产量达到历史最高峰，远远超出市场的吸收程度。以上以及其他一些原因导致农产品的价格大幅度下滑。不管是从经济的角度还是从人们心理的角度，农业经济都走向长期而持续的衰落。

大平原上的农业

有很多因素造成西部移民浪潮，而其中最重要的就是铁路的兴建。内战之前，人们去西部大平原只能乘坐马车，一路跋涉才能到达。但从19世纪60年代开始，以1862年国会批准并赞助兴建的跨美铁路线路的建成为开端，一条新的铁路网络逐渐形成，使大片新的区域向移民敞开怀抱。

跨美铁路线路的修建是具有里程碑意义的非凡成就。1869年春天，跨美铁路东西两条线路终于在北犹他州的普罗蒙特里角会合。

然而，尽管第一条跨美铁路主干线的建设举世瞩目，但后来修建的铁路支线证明对西部发展更为重要。州政府效仿华盛顿特区，通过各种方式鼓励铁路的建设：提供直接的经济援助、优惠的贷款政策以及额外提供5000多万英亩土地（联邦政府已经提供了1.3亿英亩土地）。尽管铁路修建由私人公司承担，但从根本上来说铁路仍属于国家公共建设项目。

铁路的关键作用

铁路的修建促进西部农业发展不仅因为铁路使西部大平原交通便利，铁路公司本身也在积极推动西部移民：一方面是为了给自己提供顾客，另一方面是为了提高沿途土地的价值。另外，铁路公司定的票价很低，每个人都支付得起西部之旅。铁路公司还以很低的价位卖掉所属土地，以宽松的条件贷款给希望留在西部的移民。

进一步导致大批白人移民涌向西部发展农业的一个因素就是大平原气候的短暂变化。从19世纪70年代开始，连续几年西部各州的降雨量都超过平均水平。美国白人不再认同过去人们认为西部是美国大荒漠的看法。有些人甚至宣称实际上是农业耕种增加了降水量。

带刺铁丝网

即使条件再有利，在平原发展农业还是会遇到特殊的问题。首先是把农田圈起来的问题。农民们必须把地圈起来，以阻挡开放牧场的牛群。但是传统的木栅和石栅太昂贵，而且起不到很好的抵挡牲畜的作用。1873年两位来自伊利诺伊州的农民——约瑟夫·H. 格里登和I. L. 埃尔伍德——解决了这一问题。他们研制了一种带刺的铁丝网并将其推向市场。铁丝网成为平原上标准的防护设施，给全美的栅栏修筑带来了革命性变革。

第二个问题是水源。密西西比河西岸的大部分土地都比东岸干旱，有些可以称得上是沙漠。所以，西部农业种植主要依靠水利灌溉——依靠水源而不是降水，也就是从河里或溪流里引出水源灌溉西部——特别是加州西南部——的农田。在其他地区，农民们通过打井以及其他引水灌溉的方法解决问题。寻找水源引起的纷争，特别是因为水源控制权的问题引起的纷争（不同的土地拥有者之间，甚至各州之间），成为西部生活中一个主要的、永久的特征。

在西部各州，水源问题带来了极大的灾难。1887年以后，干燥的气候开始持续，过去肥沃的土地又恢复到半沙漠状态。一些农民想尽各种办法解决问题：挖掘用钢风车驱动汲水的深井；开始所谓的旱地耕作（通过覆盖遮尘毯保持土壤水分的耕作方法）；或者种植抗旱作物。但是，在平原很多地区只有通过大范围的水利灌溉才能挽救濒临毁灭的农田。然而，要达到足够大的灌溉规模需要政府援助，不管是州政府还是联邦政府都没有做好为这一项目提供资金的准备。

大部分移居西部的人以前都是美国中西部、东部或欧洲的农民。在19世纪80年代早期农业繁荣的年头里，随着地价的上涨，新来的农民很容易就能借到大笔贷款，并且完全有理由相信他们不久就能还清债务。但到了 19 世纪 80 年代末，干燥的气候改变了人们的美好前景：在此期间，农作物价格下跌而生产成本却不断提高。成千上万的农民无法偿还债务，最后不得不放弃自己的农田。实际上，移民趋势也向相反方向发展：白人移民返回了东部，有些过去兴盛的社区变成了渺无人烟的孤镇。那些留下来的人继续承受价格下跌（比如小麦，内战末期每蒲式耳卖 1.6 美元，到 19 世纪 90 年代跌到 49 美分）和债台高筑的折磨。

_{农民的困难时期}

商业化农业生产

到 19 世纪末，美国农业与很多美国人仍然珍视的舒适印象已经没有太多联系。人们普遍认为的强壮、独立的农民形象被商业化的农民形象所替代，他们尝试在农业经济中去做制造业中工业家们所做的一切。

商业化农民并非自给自足，也不想自给自足。他们专门种植商品作物，销往本国或世界市场。他们不生产生活用品或自己种粮食，而是在村镇的商店里购买。这种耕作方式，一旦成功，可以提高农民的生活水平。这也使他们过度依赖银行和利率、铁路和运费、国内和欧洲市场，以及全球供需状况。和工业资本家不同，他们无法控制生产以及影响农业产品的价格。

在 1865 年至 1900 年之间，农业成为国际性产业。不仅在美国而且在巴西、阿根廷、加拿大、澳大利亚、新西兰和俄罗斯等国，农产品产量都显著增加。与此同时，现代通信和交通方式——电话、电报、轮船和铁路——也为农产品在全球打开了新的市场。美国商业化农民不断开发新的土地，产品超出国内市场的消化量，需要依靠国际市场吸收多余的产品。但在国际市场他们又面临着严峻的竞争。棉农 70% 的年收入靠出口销售，麦农为 30% 到 40%，但是国际市场的变化无常使他们面临巨大的风险。

从 19 世纪 80 年代开始，全球性的生产过剩导致大部分农产品价格下跌，因此给 600 多万农民家庭带来巨大的经济困境。到 19 世纪 90 年代，美国 27% 的农田抵押给银行，到 1910 年，这个比例上升到 33%。在 1880 年，25% 的农田由佃户租种，到 1910 年，这一数字增长到 37%。商业化农业使一些人腰缠万贯。但农业经济相对于美国其他经济，整体上呈显著下降趋势。

生产过剩的后果

农民的不满

美国农民痛苦地意识到什么地方出现了严重的问题。但没人能够懂得全国性和国际性生产过剩的隐含含义。相反，他们把注意力和愤怒指向更为直接、更现实和更容易理解的问题上：不公平的运费、高昂的贷款利息和货币短缺。

燃起农民们熊熊怒火的首先是铁路。在很多情况下，铁路部门所收农产品的运费比其他产品的运费要高，并且南部和西部的运费比东北部的费用要高。铁路还控制着农产品收购中心的升降机和仓库设备，随意向农民收取存储费。

第二个让农民感到不满的是控制贷款的机构：银行、信贷公司和保险公司。由于西部和南部没有多少贷款资源，为了贷款，农民不得不接受苛刻的条件：通常利率在10%到25%之间。在农产品价格下跌、货币匮乏的年头里，农民们要花好几年才能还清贷款。增加货币发行量最终成为农业发展最迫切的需求。

第三个让农民不满的是农产品价格——不管是产品出售的价格还是产品购买的价格。农民在竞争激烈的国际市场中出售产品，而他们对国际市场毫无掌控能力，也没有先进的资讯。农民可能在农产品价位高时种植大量农作物，结果在收获的季节才发现产品价格下跌了。农民的命运随着不可预测的因素起起落落。但是许多农民渐渐相信（通常根据充分的理由）"中间人"——投机商、银行家、地区和当地官员——以种植者的利益为代价，为了自己牟利，串通起来控制产品价格。许多农民还渐渐认识到（同样也不是完全没有根据的）东部制造商合谋降低农产品价格，抬高工业产品价格。农民在国际市场出售产品，竞争激烈，而购买制造业产品却在国内市场受到关税的保护，并由信托和金融公司机构主导。

农民的失意

经济上的困境导致了一系列社会的、文化上的怨恨情绪。一些地区的农民家庭——特别是在大草原和大平原地区，大型农场分散在广阔的土地上——实际上与外部世界隔绝，不与外界联系。在严冬时节和恶劣天气袭来之时，寂寞和乏味令人无法忍受。许多农民无法让子女受到良好的教育，无法享受较好的医疗设施，无法参加文化娱乐以及任何可让他们感到是社区成员的活动。老一辈农民看着子女离开农场奔向城市，内心感到阵阵刺痛。当新城市文化逐渐主导美国生活，农民被讥讽为"乡巴佬"的时候，他们倍感羞辱。

这种孤独感和落伍感使很多农民感到越来越抑郁,正是这种不满情绪激发了19世纪90年代的一场全国政治运动。这种抑郁情绪也反映在美国农村题材的文学作品中。19世纪末的作家经常用浪漫的笔触描述牛仔和西部采矿人的艰难生活。然而,对农民的描述却是另一种形象。例如,海姆林·加兰在一系列长篇小说和短篇故事中就反映了农民日益增长的失落感。过去加兰在小说《贾森·爱德华兹》(Hamlin Garland,*Jason Edwards*,1891)的引言中把农业边疆描述成"金色的西部,财富、自由、幸福的乐土。西部,这个词所能使人想起的一切,都如此美妙,如此神秘,充满希望"。而如今,美好的希望已经消逝。农村生活的烦恼困苦正在摧毁人们的精神。"因此这就是梦想的真实面目,"一位《贾森·爱德华兹》中的人物感叹道:"贫瘠平原上简陋的小屋,像沙漠一样炎热又孤独。我的上帝!"过去,身强体壮的自耕农民把自己视为美国生活的脊梁。现在,他们逐渐痛苦地意识到,相对于东部日渐崛起的城市工业社会,自己的地位正在逐渐消退。

小 结

对许多19世纪末的美国人来说,西部似乎与美国其他地方都完全不同。它是荒蛮的"边疆",坚强的拓荒者在那里创建新的社会,体格强健者仍有机会在那里成为英雄。西部荒蛮的形象正好与东部日益城市化、工业化的现实形成鲜明的对比。在东部,由于工业生活和相关机制的崛起,个体的角色正在发生转变。

然而,这些年来,西部的现实生活和以上形象截然不同。那时,白人以惊人的速度移民到密西西比河西岸的广阔土地上,而且,确实有很多人定居在远离任何社会文明的地方。而如今西部并非荒无人烟。大批的印第安人口居住在这片土地上,他们并非与白人融洽地混居,时常发生争端,但最终总是(在联邦政府的帮助下)被驱赶到白人不想要的土地上重新定居。西部某些地区还有相当数量的墨西哥人、少数的亚洲人以及为了追求土地和自由从美国南部而来的黑人。西部并不是荒芜的边疆,而是各种文化交织在一起的地方。

西部也越来越多地和东部日益崛起的资本主义工业经济紧密地联系在一起。采矿者涌入加利福尼亚、科罗拉多、内华达、达科他以及其他地区,以满足东部对黄金、白银的需求，更是为满足对工业实用矿物（如铁、铜、铅、锌和石英）的需求。西部牛羊畜牧业主为东部顾客和制造商提供肉类、羊毛和皮革。西部农民种植的农作物销往国内、国际商品市场。当然，西部看上去和东部完全不同，西部人的生活环境和东部城市也有很大差距。但西部的发展是整个国家发展的一部分。尽管东西部人都普遍接受西部拓荒者这一浪漫化的形象，但西部文化和美国其他文化一样，其核心是促进经济增长和实现资本主义雄心。

阅读参考

Frederick Jackson Turner, *The Frontier in American History* (1920) 是有关边疆体验对美国民主具有核心意义的经典论述，为日后研究西部的历史著作提供了基本框架，但大多数研究都摒弃了"特纳命题"。

Patricia Nelson Limerick, *The Legacy of Conquest: The Unbroken Past of the American West* (1987) 认为西部并非是边疆地区，而是被英裔美国人征服的有人居住的地区。

Richard White, *"It's Your Misfortune and None of My Own": A History of the American West* (1991) 突出讲述了西部地区的综合性历史，解开了有关西部的许多谜团。

Ronald Takaki, *Strangers from a Different Shore: A History of Asian Americans* (1989) 回顾了移民美国西海岸的亚裔美国人的生活经历。

Jean Pfaelzer, *Driven Out: The Forgotten War Against Chinese Americans* (2007) 描绘了反华情绪。

John Mack Faragher, *Women and Men on the Overland Trail* (1979) 调查了西部移民的社会经历。

Peggy Pascoe, *Relations of Rescue: The Search for Female Authority in the American West, 1874—1939* (1990) 描绘了美国西部的女性团体。

William Cronon, *Nature's Metropolis and the Great West* (1991) 描绘了西部经济与环境的关系。

Jon Gjerde, *The Minds of the West: Ethnocultural Evolution in the Rural Middle West, 1830—1914* (1997) 研究了种族划分对农业西部形成的作用。

Robert Wooster, *The Military and United States Indian Policy, 1865—1902* (1988) 和 Sally Denton, *American Massacre: The Tragedy at Mountain Meadows, September 1857* (2003) 调查了19世纪针对印第安人开展的军事战役。

Frederick E. Hoxie, *A Final Promise: The Campaign to Assimilate the Indians, 1880—1920* (1984) 研究了印第安战争后美国对待印第安人的政策。

John Mack Faragher, *Daniel Boone* (1992) 对美国西部最著名的人物丹尼尔·布恩进行了研究。

Richard Slotkin, *The Fatal Environment: The Myth of the Frontier in the Age of Industrialization* (1985) 与 *Gunfighter Nation* (1992) 是对美国西部思想颇具争议的文化研究。

Henry Nash Smith, *Virgin Land* (1950) 是美国文化中西部研究的经典之作。

Rebecca Solnit, *River of Shadows: Edward Muybridge and the Technological Wild West* (2003) 探讨了摄影对西部形象的影响。

Stephen Ives 和 Ken Burns 合拍的纪录片 *The West* (1996)，展现了西部地区的广泛历史，Geoffrey C. Ward 的同名著作同时出版。

庆祝隧道竣工 新工业经济中取得的许多伟大成就在几十年前是人们所不敢设想的。从这张照片中我们可以清楚地看到,一群人正在庆祝连通曼哈顿岛与新泽西州的水下隧道于1907年顺利竣工。出席宴会的有设计制造这个水下隧道的工程师和为该建筑工程提供经济资助的金融家。(*Culver Pictures*)

第 17 章
工业强国

20 世纪末 20 世纪初,在美国工业经济快速发展几十年之后,历史学家查尔斯·比尔德和玛丽·比尔德这样写道:"有雄心远见的企业家们的企业横扫整个美洲大陆,其速度让统计学家也目瞪口呆。林肯总统去世 25 年后,美国不论在其商品数量上还是价值上,都已经成为世界头号工业制造国。美国只用了一半的时间就取得了英国用 100 年才取得的成就。"在那个年代,看着自己身边的变化,很多美国人都与这两位历史学家感受到了相同的惊喜。

事实上,美国并不像评论家描述的那样转瞬之间就成为工业强国。美国早在 19 世纪初期就开始发展制造业经济,因此在内战之前工业基础就已经比较完善了。但是,美国人认为 19 世纪后 30 年的国家经济发展远超过了之前的所有发展成果,这一点无疑是正确的;正是这 30 年见证

国家经济转型

大事年表

1851 年	最早的现代企业集团公司 I. M. 辛格公司成立
1859 年	美国首座油田在宾夕法尼亚开工
1866 年	威廉·H. 西尔维斯创办第一个全国工会
	第一条跨大西洋电缆铺设完成
1868 年	美国开始使用平炉炼钢工艺
1869 年	"劳工骑士团"成立
1870 年	约翰·洛克菲勒成立标准石油公司
1873 年	卡内基钢厂建成
	商业和金融恐慌影响经济发展
1876 年	亚历山大·G. 贝尔发明电话
1877 年	全国铁路工人大罢工
1879 年	托马斯·A. 爱迪生发明电灯泡
	亨利·乔治出版《进步与贫困》
1881 年	美国劳工联合会成立
1882 年	洛克菲勒创办第一家托拉斯
1886 年	秣市暴乱归罪于无政府主义
1888 年	爱德华·贝拉米出版《回顾》
1892 年	霍姆斯特德厂工人罢工
1893 年	经济萧条开始
1894 年	普尔曼公司工人罢工
1901 年	J. P. 摩根创建美国钢铁集团公司
	美国社会党成立
	得克萨斯发现斯平德托普油田
1903 年	妇女工会联盟成立
	莱特兄弟在北卡罗来纳基蒂霍克驾驶第一架飞机飞行成功
1906 年	亨利·福特出产自己的首批机动车
	威廉·格雷厄姆·萨姆纳出版《社会传统》

了美国经济所发生的巨大转折。

导致美国经济转变的因素有很多。首先，美洲、欧洲在那些年大力发展新型科技使得美国经济（以及其他工业国家的经济）得益颇丰；其次，工业的增长也得益于新型的企业组织形式，与过去的企业相比，这些新企业能积聚数额巨大的资金，管理者能够管理过去的企业家所没有管理过的规模巨大的企业；最后，移民大浪潮为美国规模空前的工厂流水线提供了大量的廉价劳动力，来自美洲农村地区、欧洲和亚洲的移民源源不断涌入美国各大工业中心。

工业化进程改变了美国的地貌环境，推动了城市的迅速发展，刺激了贯通全国的铁路体系的建设，也促使资本家和工人到偏远地带去寻找和开采自然资源，用于工业生产。工业化进程改变了美国与世界各国的关系，使其日益融入全球贸易与金融活动，同时，也使其开始寻找能提供生产原材料的海外市场和海外供应商。

工业化进程也改变了美国的社会环境。经济的快速增长对国家财富的增长和国民生活水平的提高起了很大的作用。但是，经济迅速增长没有给所有人带来普遍的利益。工业巨头和崛起中的中产阶级能享受这史无前例的繁荣，而工人、农民以及民众却经历着茫然痛苦的过渡期。正是这一过渡期，把美国推向经济和政治大危机的边缘。

一、工业增长的源泉

促使美国工业增长的因素有很多：充足的原材料；巨大且不断增长的劳动力资源；科技革新突飞猛进；才智出众、雄心勃勃且不择手段的企业家；联邦政府对经济发展的积极鼓励以及国内产品制造市场的不断扩张。

工业技术

或许，对于一个经济上极其依赖铁路和城市建设的国家而言，最重要的科技发展应该是 19 世纪末的钢铁生产改革。19 世纪大部分时间，美国钢铁产业发展缓慢；内战结束前，钢的生产几乎毫无进步。然而，19 世纪七八十年代，要修建长达 4 万英里的铁路，铁产量急速上升，同时促使钢的生产突飞猛进并奠定了其在金属产业中的核心地位。

同其他经济发展过程一样，炼钢业的发展也是源于新技术的发明。英国人亨利·贝西莫（Henry Bessemer）和美国人威廉·凯利（William Kelly）几乎同时研发出了可以把铁转化成更持久耐用、用途更广泛的钢的加工方法（这个方法是以贝西莫的名字命名的，是指把空气吹进熔铁，使充足的氧气耗掉铁里的杂质）。这个加工方法的实施也离不开英国冶金家罗伯特·墨希特（Robert Mushet）的发现：在炼铁过程中可以加入一些材料以达到把铁转换成钢的目的。1868 年，新泽西的炼铁师艾布拉姆·S. 休伊特（Abram S. Hewett）从欧洲引进了另一种炼钢的方法——平炉炼钢法。这一方法几乎完全取代了贝西莫工艺。以上这些技术使钢能够成批量、大规模地生产，从而满足了制造火车头、钢轨，建造高楼栋梁的需求。

<small>新炼钢技术</small>

炼钢业最先在宾夕法尼亚州西部和俄亥俄州东部兴起。这主要是因为这两个州都能开采到丰富的铁矿；同时，这两个州的炼铁业十分繁荣；此外，新型钢生产要求燃烧新型燃料，而宾夕法尼亚州无烟煤（或硬煤）的矿藏又十分丰富，正好满足需求；后来，新科技研究发现，在宾夕法尼亚州西部非常容易开采到的软沥青煤燃烧后可转化为炼钢炉可用的燃料——焦炭。于是，宾夕法尼亚州的匹兹堡市很快就成了炼钢业的中心。炼钢工业的迅猛发展使得对铁矿石资源的需求越来越大。19 世纪末，密歇根半岛北部、明尼苏达州的梅萨比岭地区以及阿拉巴马州伯明翰的周边地区都成了重要的矿产中心；一些新兴的炼钢中心也围绕着它们发展起来，包括克利夫兰、底特律、芝加哥和伯明翰等。

<small>匹兹堡</small>

内战前，炼钢炉大都为石质，为了减少建材，通常都是依山而建，以山体作

为炼炉的一面。然而，在19世纪70年代以后，炼炉被设计成以砖为外壳、铁为内圈的圆柱体形式。这些巨大的新炼炉高达75英尺甚至更高，周产量可达500吨以上。

为适应炼钢业的发展，新的运输形式应运而生。运用蒸汽货船运输矿石，恰好使钢产业在五大湖区能够得以发展。进而，随着对蒸汽船原油运载量和蒸汽引擎马力的要求逐渐加大，人们设计出更大、更重的货船，如1869年下水的R.J.哈克特号。该船能一次运载1200吨矿石。过去，卸载矿石是一件依靠人力与马力来完成的费时费力的工作，但现在，船运商使用新的蒸汽机械，大大加快了卸载矿石的速度。

炼钢企业的兴起和铁路有着密不可分的关系。钢铁制造商为铁路提供钢轨材料和火车车厢零件；而铁路为钢铁制造商提供了市场并为其运输钢材。例如，宾夕法尼亚州铁路公司创建了宾夕法尼亚州钢材公司，并为其提供大量的创办资金，还与该钢材公司签订合同购买钢轨，为其提供了稳定的市场。这仅仅是铁路公司与钢材公司之间相互融合、互相依存的例子之一。

19世纪后期，炼钢工业润滑机械的需求推动了另一个重要的新兴工业——石

开发石油的先驱，1865 美国的石油工业最早出现于宾夕法尼亚州西部，那里的投机者可以在一夜之间架起采油设备。图中山峰另一侧的油田曾日产原油600桶，油井迅速越过山峰遍及了图中的山坡上下。(*Library of Congress*)

油产业的诞生（随后不久，石油就因其巨大的潜力而成为重要的燃料资源）。宾夕法尼亚州西部石油资源丰富人所共知，然而，直到19世纪50年代，宾夕法尼亚商人乔治·比瑟尔（George Bissell）才向世人展示石油不仅可用作照明燃料，还可用来生产许多产品，如石蜡、挥发油、润滑油等。此后，人们注意到了石油的商业价值。比瑟尔筹集资金，开始钻井采油。1859年，比瑟尔的员工爱德温·L.德雷克（Edwin L. Drake）在宾夕法尼亚州的泰特斯威尔附近建造了第一口油井。这个油井建成之后不久便可以月产石油500桶。由于石油的需求量快速增长，开采者在宾夕法尼亚州、俄亥俄州和西弗吉尼亚州等地都开发了油田。到19世纪70年代，石油的出口额已经跃居美国出口产品的第四位。

石油工业崛起

飞机与汽车

在所有的科技革新中，汽车的发明对美国的影响最为深远。两项技术对汽车的发展起着至关重要的作用。一项是汽油的发现。19世纪晚期，美国掌握了从原油中分别提炼出润滑油和燃油的技术，汽油是这个提炼过程的产物。早在19世纪70年代，法国、德国以及奥地利的设计师们在铁路机车的启发下，开始开发"内燃机"。"内燃机"的工作原理是以燃气产生的能量驱动活塞。19世纪60年代中期，德国人尼古拉斯·奥古斯特·奥拓（Nicholas August Otto）制造出一种以油为燃料的"四冲程"引擎。这便是汽车引擎的前身。但是，奥拓没有设计出不用和输油管道连接、适用于机械中的便携引擎。而随后不久，奥拓的一名前雇员——戈特弗里德·戴姆勒（Gottfried Daimler）经过改良制造出一种可以用于汽车上的引擎（以戴姆勒的名字命名的著名早期汽车也采用这款引擎）。

有了这些突破性进展，美国汽车工业发展十分迅速。1893年，查尔斯·杜里埃（Charles Duryes）和弗兰克·杜里埃（Frank Duryea）在美国制造出了第一辆汽油驱动的汽车。三年后，亨利·福特（Henry Ford）生产出了第一批以他的名字命名的汽车。到1910年，汽车工业已经成为美国经济的主力军，不知不觉中也重塑了美国人的社会生活、文化生活以及美国的地貌环境。1895年，美国的公路上仅有四辆汽车，而到了1917年，有近500万辆汽车在公路上奔驰。

亨利·福特

从人类文明一出现，人们就希望找到一种方式飞向天空，但一直也没有成功。直到19世纪末期，美国和欧洲的工程师、科学家和那些爱搞小发明的人开始试验各种飞行器。热气球飞行家思考着如何制造出易于驾驶的实用飞行交通工具。另一些人也在用风筝和滑翔机做实验，试图证明风筝与滑翔机的某些特征可以被用

莱特兄弟 1903 年，在北卡罗来纳的基蒂霍克完成了那次著名的飞行后，奥维尔·莱特和威尔伯·莱特成为备受关注的名人。尽管他们对航空技术的发展没做出更多的贡献，但人们非常欢迎莱特兄弟展示他们的"飞行机器"。图中为两人在一次展示飞行前拍照，威尔伯在检查飞机的情况，奥维尔在一边观看，背景中可以看到飞机的机头。(*Library of Congress*)

来帮助人类在空中飞翔。

俄亥俄州的威尔伯·莱特和奥维尔·莱特（Wilbur and Orville Wright）两兄弟经营着一家自行车商店。他们和别人一样，也用滑翔机做实验。兄弟两个设计制造出一种以内燃机（和用于驱动汽车的引擎相同）为驱动，可以在空中飞翔的滑翔机。四年的实验后，奥维尔在北卡罗来纳州的基蒂霍克村附近进行了一次著名的试飞。试飞中飞机自行起飞，着陆前在自身动力的驱动下共航行了 12 秒，航程达 120 英尺。到 1904 年秋天，莱特两兄弟已经改良了飞机，航行距离可超过 23 英里。第二年，他们就开始用飞机搭载乘客了。

虽然第一架可操作的飞机是在美国制造的，但是，航空飞行技术在美国站稳脚跟的过程却十分缓慢。在飞机设计方面的初步探索都是在法国进行的，因为法国政府为飞机的研究和发展提供了充足的经费。莱特兄弟试飞 12 年之后的 1915 年，美国政府建立了国家航空咨询委员会。美国战机在第一次世界大战中是欧洲战场上的一支重要力量。20 世纪 20 年代，查尔斯·林德伯格（Charles Lindbergh）从纽约飞到巴黎的著名单人飞行震惊了全美乃至全世界。航空飞行让美国人民痴迷，但真正商业化飞行的前途似乎依然非常渺茫。

研究和发展

新工业技术的快速发展，以及利用这些新技术而不断涌现的大型综合公司，说服了有投资需要的企业领导根据自身需求赞助一些研究项目，以求赶上工业高速发展的步伐。1900 年，美国通用电气公司由于担心技术竞争，建立了第一个企业实验室。到 1913 年，贝尔电话公司、美国杜邦公司、美国通用电气、伊士曼·柯达公司以及其他 50 所公司每年拨出成千上万美元的预算用于本公司的工程师和科学家进行研究。企业研究与开发实验室大量出现的同时，政府却在缩减研究经费。这一现象帮助企业吸引了曾经为政府工作但现在需要寻找新工作的优秀研究者。由于研究经费来源分散，各个领域都有研究项目，也并非只按政府意愿决定研究内容。

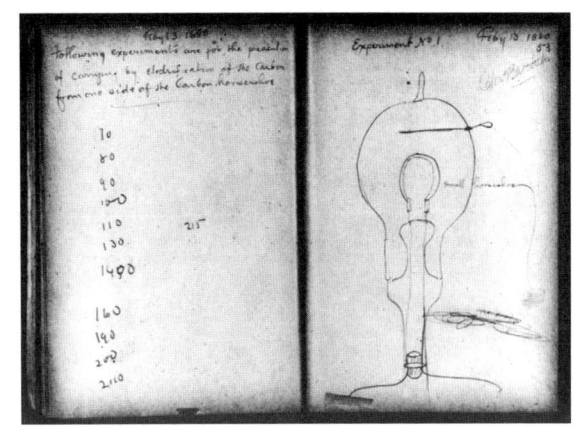

爱迪生的笔记本 托马斯·爱迪生的笔记本的这一页展示了他早期对白炽灯（即人们说的电灯泡）进行研究的草图和笔记。爱迪生不仅是那个时代最著名的发明家，而且是 20 世纪初美国人生活中最伟大的英雄之一，因为科技发展被认为是那个时代最显著的特征。(U.S. Department of the Interior, National Park Service, Edison National Historic Site)

企业研究和发展

科学家与工程师之间开始出现分歧。不管是在读的工程师还是已毕业的工程师，都越来越多地与公司的研究和发展议程密切地联系在一起，他们辛勤工作，希望能在新经济下做出实际成绩；然而，许多科学家却鄙视这种知识"商业化"的做法，他们更倾向于没有实际应用的基础研究。虽然如此，美国科学家比欧洲的科学家更注重实用研究。而有些企业内部的研究发展实验室的工程师不仅重视实用性，也重视基础研究。

高等教育的转型

19 世纪末 20 世纪初，越来越多的美国大学实现了转型。这种改变由很多原因造成，也取得不少成果。转型产生的一大成效是：以大学为基地的研究所与工业经济需要的联系日益密切。大学学院及实验室开始从企业那里获得研究经费，开展企业感兴趣的研究项目，学术界与商界的伙伴关系也由此建立，并持续到 21 世纪。在这段时间里，欧洲大学没有出现这种合作关系。一些学者称，美国在 20 世纪更为快速的发展一定程度上得益于市场对于知识的成功运用，无论是从学术界汲取营养还是兼取众长，美国人比国外的竞争者更有效率。

生产的科学

生产技术的革新是汽车和其他工业发展的关键。到 20 世纪初，许多美国工业家开始奉行"科学管理"的新理念。得名于最杰出的理论家弗雷德里克·温斯洛·泰勒（Frederick Winslow Taylor），这些理念通常被称为"泰勒主义"。然而在泰勒生前，他的观点就颇受争议，死后依旧争议不断。

泰勒主义　　泰勒鼓励雇主细分任务以重组生产流程。这样可以提高生产效率，同时也可使工人相互替换，从而使管理者不再依靠某特定雇员，并减少对于训练有素的技工的依赖。泰勒称，在训练有素专家的有效管理下，使用现代机器的工人能够更为快速地执行简单的任务，因此能够大大提高生产效率。泰勒本人及其许多崇拜者认为，科学管理能使人力符合机器时代的需要，但是，它也使雇主对于工厂的控制力加强，降低了工人的独立性。

流动装配线　　工业时代生产科技最重要的革新当属大规模生产的出现，尤其是亨利·福特于 1914 年引进汽车车间的流动装配线。这项革命性的技术使得汽车底盘的组装时间从 12.5 小时缩短到 1.5 小时，也使福特能够在提高工人工资并减少他们工作时间的同时，还能将福特 T 型车的基价由 1914 年的 950 美元降低至 1929 年的 290 美元。福特汽车公司的装配线成为许多其他工业效仿的标准。

铁路的扩建

19 世纪末期，尽管各种形式的科技及通信技术取得了重要进展，铁路仍然是推动工业进步最重要的原动力。通过铁路这一美国最主要的交通运输方式，工业家能把产品销往远方市场，并且获取丰富的原材料。铁路决定了农业经济和工业经济的发展方向。当一条铁路线穿过人口稀少的地区，新农场和其他经济活动就会如雨后春笋般在铁路沿线涌现。当铁路线抵达林区，伐木工人随即而至，他们开始砍伐树木，然后将之运到城镇和城市销售。当铁路延伸至西部大平原，火车运来了水牛猎手，他们几乎杀光了北美野牛，而后，火车把牛群运到该地区饲养，并把牛肉运回城市。芝加哥是美国中部最重要的铁路中心，火车运输的牲畜在这里集散，这座城市由此成为美国的屠宰场。铁路所通之地，国家的经济、社会及地表景观都因此发生了改变。

铁路甚至改变了时间观念。直到 19 世纪 80 年代，各地之间没有统一的标准计时。大部分地区的时间由太阳位置决定，这就意味着即使是相邻的小镇，时钟的设置也各不相同，这就给设定全国铁路时刻表带来了难题。1883 年 11 月 18 日，各铁路公司同心协力，同意在整个北美大陆设立四个时区，相邻时区的时差为一小时。虽然，直到 1918 年联邦政府才批准各种活动都要遵守时区标准，但是，铁

汽车装配线 1918年一战结束后不久，工人们在费舍尔博迪工厂组装汽车并为其喷漆。那时，通用汽车公司已经成为工业巨人，为加强对整个汽车生产过程的控制，通用公式收购了很多公司，费舍尔博迪工厂就是其中之一。(*2002 General Motors Corporation. Used with permission of GM Media Archives.*)

路行业的各种行动迅速在美国大部分地区巩固了"标准时间"的观念。

19世纪末的每个十年中，铁路铺设总里程数都急剧增长：从1860年的3万英里到1870年的5.2万英里，到1880年的9.2万英里，1890年的16.3万英里，以及1900年的19.3万英里。来自联邦政府、州政府、地方政府的津贴资助以及国外的投资至关重要，因为这样巨大的工程仅靠美国私人企业家的投资是远远不够的。同样重要的是铁路业出现的大整合，它使极少数人获得全国大部分铁路的控制权。许多铁路联合体仍然由某些个人支配，这些企业大亨（科尼利厄斯·范德比尔特、詹姆斯·J. 希尔、科利斯·亨廷顿）的联合成果（过度膨胀），成为国家经济实权集中于个人之手的标志。相比于新型机构即现代企业的发展所带来的利益，铁路发展带给个人工业巨头的实利微不足道。

铁路的快速发展

公司企业

自殖民时代起，美国就有各种不同形态的公司形式，但现代公司企业作为重要力量出现是在美国内战之后，那时铁路行业巨头和其他实业家已经意识到，无论个人或是少数的合伙人多么富有，都不足以承担巨大的投资。

19世纪三四十年代，当公司法在许多州获得通过后，商业组织得以通过销售股票向社会集资；美国内战后，各大行业开始纷纷采用这种集资办法。与此同时，

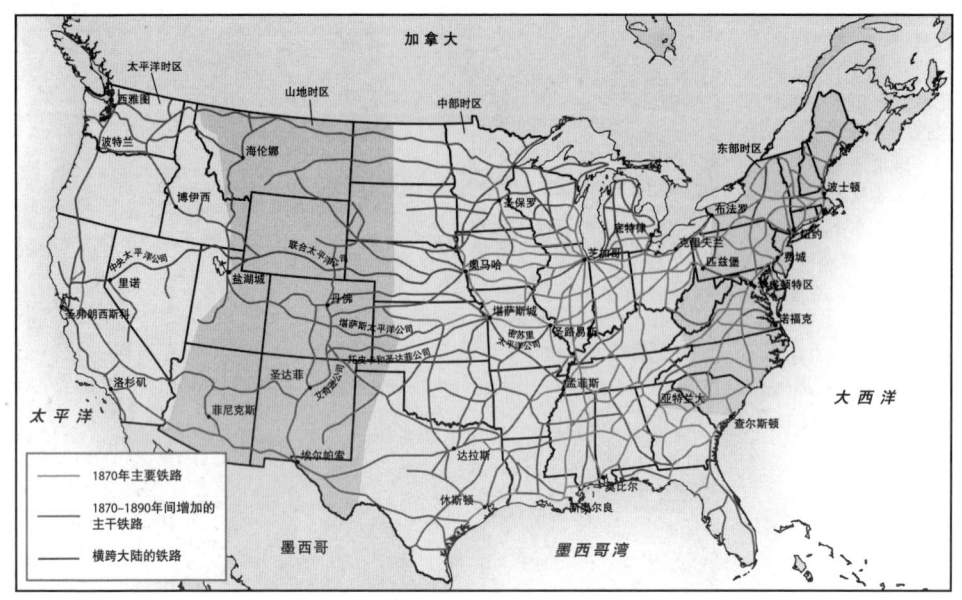

1870—1890 年的铁路 这张地图显示了 19 世纪末期铁路的快速扩张。如图中绿线所示，1870 年在东北部和中西部已经有了密集的铁路网络。红线表示了 1870 年至 1890 年间铁路里程的进一步扩展，新铺设的铁路多数位于南方和密西西比河以西地区。◆ 为什么铁路对美国那些年的经济发展如此重要？（彩图见第 1074 页）

有限责任

美国富人开始考虑将购买股票作为一项有效投资，尽管他们并不参与所购股票公司的商业活动。这一投资方式的诱人之处在于投资者只承担"有限责任"，即他的风险只限于损失自身投资，无须负责企业可能积累的其他债务。向社会公开发行股票这一做法使企业家筹措到大量资金，开发大型投资项目。

安德鲁·卡内基

宾夕法尼亚铁路公司和其他铁路公司率先采用这一新的公司组织形式，但这种形式迅速超出了铁路行业。钢铁行业的核心人物苏格兰移民安德鲁·卡内基（Andrew Carnegie），白手起家，从小买卖做起，1873 年在匹茨堡创建了自己的钢铁厂，不久便在钢铁行业占据主导地位。他的经营之道与其他工业巨头颇为相似：通过与铁路公司签约降低成本，削减价格，然后兼并不能与之抗衡的竞争对手。在助手亨利·克莱·弗里克（Henry Clay Frick）的协助下，卡内基还开采了很多煤矿，将明尼苏达州的梅萨比铁矿部分出租，在大湖区经营船队运输矿石，并收购若干铁路。最终，卡内基控制了钢铁制造业从矿山到市场的全部过程。他的企业运转不仅依靠个人赢利还依靠出售股票。1901 年，他将自己的企业以 4.5 亿美元的价格卖给了银行家 J. 皮尔庞特·摩根（J. Pierpont Morgan），摩根又通过合并其他企业，创建了规模巨大的"美国钢铁公司"——一家价值 14 亿美元、掌控全

安德鲁·卡内基 卡内基是19世纪末少数几个真正从"平民到富豪"的大工业家之一。他生于苏格兰,1848年也就是他13岁时来到美国,并很快在匹兹堡一家邮电局找到了工作。他学习抄录电报信息的技艺(他是美国最早的一批能通过声音记录电报信息的报务员)吸引了一位宾夕法尼亚铁路官员的注意。不到20岁时,他就已经开始爬向工业领域的最高地位。内战后,他把注意力投向正在发展壮大的钢铁业。1873年,他把所有资产投入美国第一批钢铁厂的建设。20年后,他成为世界上最富有的人之一。1901年,他突然放弃自己的经营,把余生都投入到慈善事业中。到1919年去世时,他一共捐出3.5亿多美元。(*Culver Pictures, Inc.*)

约翰·D. 洛克菲勒 洛克菲勒的标准石油公司可能是19世纪末美国规模最大、实力最强的垄断企业,洛克菲勒本人也成为全国最富有也最有争议的人物之一。(*Culver Pictures, Inc*)

国2/3钢铁生产的大型企业。

其他工业领域也同样得到了发展。古斯塔夫·斯威夫特(Gustavus Swift)依靠在内战期间向军队销售产品,将芝加哥一家小型肉类加工厂发展成大型的全国企业。1851年,艾萨克·辛格(Isaac Singer)申请缝纫机专利,创建了最早的现代制造业公司之一——I. M. 辛格公司。

许多企业组织采用了新的管理方法。与过去规模有限的地方性企业不同，全国性大型企业要求更为系统完善的管理结构。于是，企业领导引进了一套管理技巧。作为现代工商管理的起源，这套管理技巧主要依靠责任分工、精心设计的分级控制、现代成本会计程序，尤其是新兴商业管理层"中层经理"（构成工人与老板之间的指挥层）来实现管理。从铁路公司企业起步，这套新的管理技巧迅速传播到几乎所有的大型企业。高效的管理技巧还促成现代企业的另一个主要特色：企业联合。

美国企业联合

商人一般通过两种方式来创建大型整合企业：一种是"横向整合"——将若干同一经营类型的公司合并为单一企业，例如，许多不同的铁路线合并，统归一家铁路公司管辖；另一种方式是"纵向整合"，这在19世纪80年代也十分流行，它以公司的主要功能为主，整合所有不同类型的公司，如卡内基钢铁公司就是典型的"纵向整合"。

19世纪末，最著名的企业帝国当属约翰·D.洛克菲勒的标准石油公司：一家由横向整合和纵向整合组成的大型企业。内战结束不久，洛克菲勒在克里夫兰开办了一家炼油厂，并立即开始清除所有竞争对手。他联合其他资本富商，有条不紊地收购竞争油厂。1870年，他组建了俄亥俄标准石油公司；不到几年，便兼并了克利夫兰25家炼油厂中的20家，并在匹兹堡、费城、纽约和巴尔的摩兼并了其他厂商。至此，洛克菲勒还只是横向扩展，不久他便开始纵向整合。他开设了自己的油桶厂、终端石油仓库，铺设自己的输油管道。标准石油公司拥有自己的货运车厢，并发展了公司的市场推广组织。到19世纪80年代，洛克菲勒在石油工业中已占绝对主导地位，他掌控着整个美国90%的精炼油，成为全国范围内工业垄断的重要象征。

洛克菲勒和其他工业家都认为现代经济面临的最大祸根是"你死我活的竞争"，而企业整合就是解除这一祸根的良方。大多数商人都宣称信仰自由企业和市场竞争，但事实上他们又畏惧过多的具有竞争力的公司存在，认为过多的竞争会导致动荡、造成整体破坏。许多工业家相信（但未公开宣称），一个成功企业的标志就是它能够消灭或兼并竞争者。

随着整合运动进程的加速，新的整合方式应运而生。铁路行业开始达成所谓的联营协议——即各公司为稳定发展和瓜分市场而达成的非正式协议（日后成为所谓的"卡特尔")。但是这一联营的效果不甚理想,只要某一工业领域有几个公司不愿联营(事实几乎毫无例外),整个联营协议就只是一纸空文。

托拉斯及控股公司

随着合伙联营的失败,新的整合手段出现,即不注重企业协作而更看重集权控制。起初,最成功的手段之一是创建"托拉斯"(trust)——19世纪80年代早期由标准石油公司首创,由 J. P. 摩根最终完善。随着时间的推移,"托拉斯"这个词成为大型经济联合体的代名词。而事实上,它是一种特殊的企业组织形式。根据信托协定,许多个体企业的股东将他们的股票转让给少数人组成的"托管人",以此换取托拉斯本身的股份。托拉斯的证券持有人对托管人的决策通常没有控制权,只能从联合企业的利润中分成。另一方面,对托管人来说,他们可能只拥有联合体的几个公司,但实际上却有效掌控着整个联合体。

J. P. 摩根 这幅大摄影家阿尔弗雷德·斯特因拍摄于1903年的肖像令人印象深刻,体现了美国最有权势的金融家 J. 皮尔庞特·摩根的逼人气势。有时候这张照片被称为"匕首肖像",因为摩根的左手似乎握着一把匕首。其实那个闪光物体是椅子的扶手。(*The Museum of Modern Art/Licensed by SCALA/Art Resource, NY*)

信托协定

1889年,新泽西州修改了公司法,允许公司买断其他的公司,于是出现了第三种企业整合手段。其他州迅速效仿这一做法。这样,建立托拉斯不再必要,而该法律事实上业已允许公司合并。例如,洛克菲勒迅速将标准石油公司迁往新泽西州,并在那里成立了"控股公司"——一个可以买断所有标准石油托拉斯公司股份的中央企业团体,它可以直接拥有对托拉斯内部公司的正式所有权。

19世纪末期,企业整合的一大结果是:美国1%的企业可以掌控33%的产品生产。工业组织体系初具雏形,它使大规模的经济实权集中于少数几个人手中:如纽约大银行家 J. P. 摩根、工业大亨洛克菲勒(他也控制着主要的银行)等人。

快速企业整合

经济权力不断集中是否是推动工业发展的唯一途径或最佳途径?这成为美国人长时间讨论的话题。但显而易见的是,无论这个时代的工业巨头其他行为如何,他们的确有效推动了经济的大规模发展。他们统一操作,削减成本,建设良好的工业基础设施，刺激新的市场、为大批非技术工人创造就业机会，为大规模生产奠定了基础。同时，他们也引发了当时某些舆论的巨大争议。

二、资本主义及其评论家

伴随着大型企业的出现，社会上涌现出许多评论家。工人农民视新兴公司势力的出现为一种威胁，动摇着财富和权力普遍分配的共和观念。中产阶级评论家们将矛头直指工业巨头们在企业、地方，乃至中央政府中的腐败。

日益增加的指责迫使工业领袖们开始捍卫他们的新型企业经济，说服公众（包括他们自己）这种新型经济符合美国历来的个人主义意识形态，而且与一直在自我形象中占中心地位的机会均等观念是一致的。

"现代铁路巨人" 1860年代，绰号"船长"的科尼利厄斯·范德比尔特通过将几大铁路公司兼并为己有，成为了美国财富最多的资本家之一。他的名字不仅成为了巨大财富的同义词，而且（在很多美国人看来）也代表了巨大的企业财富——正如这幅漫画所示，他双腿跨立在自己的帝国之上，手中掌控着帝国的方方面面。(*Culver Pictures, Inc.*)

"个人奋斗的英雄"

现代资本主义最普遍的基本原理完全依附于旧的个人主义观念。新兴工业经济的捍卫者认为，新型经济非但没减少个人进步的机会，反而大大增加了这种机会，并且给每个人都提供了成功和致富的机会。

个人奋斗的英雄的神话

这一论断中包含着部分真理，但只是很小一部分。内战之前美国基本没有百万富翁；而到1892年时，百万富翁的数目已超过4000人。有些人确实是所有百万富翁都声称的"个人奋斗的英雄"。安德鲁·卡内基曾经在匹兹堡的一家纺织厂做圈纱工；约翰·D.洛克菲勒曾经是克利夫兰证券经纪公司的一名普通职员；铁路巨头E. H.哈里曼，从一个经纪人办公室的打杂工作做起。但是大多数新兴工业巨头们在刚开始创业时已经跻身富裕的特权阶级了。

他们的成功和出类拔萃并不都像他们所宣称的是辛勤汗水和聪明才智的结果。

他们的成功同样是冷酷、自大，有时甚至是猖狂腐败的结果。铁路大亨科尼利厄斯·范德比尔特（Cornelius Vanderbilt）用他那极具挑战性的问题表明了许多商业巨头的态度："我管那些法律干什么？我没有权利吗？"他的儿子也是这样，他经常挂在嘴边的一句话就是："我不管别人怎么想！"工业资本家们为政客、政党和政府官员提供大量财政捐款，从而换取政治上的保护和支持。而通常情况下，政客们不会让他们失望。有愤世嫉俗者说道，标准石油公司对俄亥俄议会采取了一切手段，就差没把它精炼了。曾经有报道，一位宾夕法尼亚议会的官员说："主席先生，我提议现在休会，除非宾夕法尼亚铁路公司给我们更多的生意来谈判。"在臭名昭著的1868年"伊利争端"中，柯尼利厄斯·范德比尔特与杰伊·古尔德、吉姆·菲斯克为争夺伊利铁路控制权各不相让，而且双方都花大手笔贿赂纽约州议员。争端期间，每个议员的市场价高达1.5万美元。一个大胆的议员从范德比尔特那里拿了7.5万美元，从古尔德手里收取了10万美元。政治家们并不是腐败的无辜受害者，有的政客甚至公开索贿，更有其者会直接敲诈商家。

但19世纪末期的一般实业家并不都是洛克菲勒或范德比尔特。每个成功的百万富翁身后，都有许多竞争失败者。一些企业处于某一公司或少数联合大公司的联合控制下。但绝大多数企业还处于一种分裂状态，小公司们都在动荡、竞争激烈的环境中苦苦挣扎，以求得生存。商业年鉴中的确有从平民布衣变身富翁的真实故事，但也有从富翁重返贫民的故事。

适者生存

绝大多数企业巨头都宣称他们是靠艰苦奋斗、日积月累、勤俭节约才获得财富与权力的（这正是美国新教徒的传统美德）。他们持这样一种观点：成功的人是"功有应得"。"上帝给了我财富。"约翰·D.洛克菲勒说道，这表明了他的观点：富有是对应得者的奖赏；失败者是罪有应得，是他们自己懒惰、愚蠢和粗心大意的恶果。一位优秀的美国新教牧师说："让我们记住，在美国没有哪一个穷人不是因为自己的弱点而穷困的。"

这种观点更是巩固了19世纪末流行的社会理论——社会达尔文主义，即将查尔斯·达尔文的进化论和物种的自然选择理论应用于人类社会。就像在进化过程中适者生存的道理一样，人类社会也是如此，只有最强大的个体才能在市场中立于不败之地。

英国哲学家赫伯特·斯宾塞（Herbert Spencer）是这一理论的最初和最重要的

支持者。他认为,适者生存和弱者淘汰于社会是有益的。19世纪70和80年代,斯宾塞的书在美国大受欢迎,而且在美国精英界有很多重量级的崇拜者,最有名的就是耶鲁大学的威廉·格雷厄姆·萨姆纳(William Graham Sumner)。他在他的演讲、文章及1906年写的《社会传统》(*Folkways*)一书中都大力鼓吹类似的思想。萨姆纳并不赞同斯宾塞的所有观点,但他和斯宾赛有共同的信念:每个人都有绝对的自由去奋斗、去竞争、去失败,或是去成功。许多实业家都用斯宾塞和萨姆纳的理论来论证他们个人势力的合理性。洛克菲勒曾经宣称:"大企业的发展只不过是适者生存罢了。这并不是商业领域中的不良趋势,而是自然法则和上帝法则使然。"

> 证明现状
> 的合法性

社会达尔文主义之所以为商人们所热衷,是因为它将他们的成功合法化而且还肯定了他们的美德。也因为它将商人们的行为纳入自由主义和个人主义的美国传统理念范畴中。最重要的是,它将他们的一切手段合法化。社会达尔文主义者坚信,工人们通过成立工会要求涨工资的企图和政府为规范商业活动所做的一切努力都会失败,因为经济生活是受自然法则控制的,即竞争法则。而且社会达尔文主义还符合另一条法则,这条法则似乎使一切商业活动和商业统治合法化。这便是亚当·斯密等古典经济学家所发现的供求关系理论。他们论证说,经济体系就像一台构造精密的大型机器,靠自然规律和市场动力(无形的手)推动运转。其中最重要的就是供需法则,它决定了一切与之相关的经济价值——价格、工资、租金、利润、利率。供求法则之所以有效,是因为人类从本质上说是经济动物,懂得去追求自己的利益,而且他们身处一个靠竞争推动的市场之中。

但是社会达尔文主义和古典经济学家的理论与企业经济的现实状况关系并不大。商人们一边宣扬竞争与自由市场的好处,一边处处保护自己远离竞争,用大规模兼并的手段来替代市场运作的自然规则。洛克菲勒的标准石油公司就是费尽千辛万苦逃脱竞争的最鲜明的例子。其他为数不少的商人也在做着相似的努力,不过规模要小一点。罪恶的竞争之战是斯宾塞和萨姆纳推崇并称之为健康发展之源泉的东西,实际上正是美国商人最忌惮和最想去除的。

财富福音

一些商人也试图缓和社会达尔文主义的强硬哲学,提出一个相对温和但也能同样捍卫自己观念的说法"财富福音"。这种思想的支持者认为:富人们不光只是有权势,同时也肩负着责任。他们有义务用自己的财富推动社会进步。安德鲁·卡内基在他 1901 年的《财富福音》(*The Gospel of Wealth*) 一书中详细阐述了这一信条，他写道：富人应该把自己需求以外的东西视为"信托基金"，致力于社会福利事业。他认为富人只不过是其贫穷同胞的委托代理人。卡内基只是众多把大部分财富捐献给社会慈善事业的大实业家中的一位，他们主要修建图书馆、学校和一些他认为能帮助穷人自救的机构。

大众文化模式　　霍雷肖·阿尔杰的小说

一个小男孩——也许是名孤儿——靠在城市坑坑洼洼的街道上卖报纸或卖火柴为生。一天，他的活力与坚强引起了一位富人的注意，这位富人便给了他一个证明自己的机会。通过自己的正直、独特的魅力，艰苦奋斗和开拓进取，小男孩摆脱了贫困，成为一个事业有成的男人。

简单说来，这便是霍雷肖·阿尔杰 (Horatio Alger) 四十年来用一本本小说（共一百多本）向他的广大读者所讲述的故事。在他的有生之年，他的小说就卖出了上亿本。在他 1899 年去世之后，他的小说（和其他以他的名义出版的小说）还是一如既往畅销。即使在今天，他的小说本身也许大都已经被人淡忘，但霍雷肖·阿尔杰这个名字仍代表着靠（用阿尔杰自己的话说）勇气和运气来实现个人进步的理想。

阿尔杰 1832 年出生在新英格兰的一个中产家庭，就读于哈佛大学，并做过短期的一神教牧师。他自己并没有经历过他小说里所描写的那些痛苦生活。19 世纪 50 年代中期，他开始写小说，写书，一直到他离世。他最著名的小说《衣衫褴褛的迪克》(*Ragged Dick*) 出版于 1868 年；但还有许多作品也同样重要。比如《鞋童汤姆》《孤注一掷》《救济院的杰德》《小提琴手菲尔》《安迪·格兰特的勇气》。他的大部分作品都是为年轻人写的，而且几乎都是青少年从"布衣"奋斗成为"富翁"的寓言故事。他曾说他的创作目的是双重的。他希望发挥他的写作影响力，通过一些振奋人心的事例，来说明努力、抱负和诚实可以换来成功。同时他也想向他的那些中产阶级读者展示"城市中孤苦无助的流浪儿的生活"。

但是阿尔杰的写作意图和他作品的成功可能毫无关系。19 世纪末 20 世纪初的大多美国人之所以喜欢阿尔杰，是因为他的作品让他们坚信一个最弥足珍贵的国

《报童的故事》 阿尔杰在1899年去世,他的小说在他死后比生前更受欢迎。作为他的若干"从贫到富"故事之一,这部重印小说讲述了一位纽约报童获得成功的发迹史,封面背景上的建筑是一座早期的摩天大楼——建于1909年的大都会人寿保险公司大厦。

家神话,即只要有毅力,付出艰苦的劳动,人人都可以成功,成为"个人奋斗的英雄"。这个信念在19世纪末期,那个大规模的工业化兴起使人们越来越难以控制自己的命运的年代里,显得更为重要。

阿尔杰特别强调他笔下的主人公身上的道德品质;他们的成功是对这些美德的一种回报。但是他的许多读者忽视了小说所传达的道德信息,只把注意力集中在小说主人公的一夜成名上。在阿尔杰死后,应广大读者的要求,出版商删除了描写主人公做善事的篇幅,只保留主人公们出人头地的环节。

阿尔杰本人对他所描写的新工业秩序有很复杂的情感。他的作品不只是表现新时代为人们创造的进取机遇,而且意在揭露现实的残酷。这也是为什么几乎在他所有的作品中,主人公除了靠自己的美德或努力成功外,还需要一些偶然的运气。对阿尔杰来说,至少可以说现代社会并不能保证付出就有回报;要想成功,也需要有幸运之神相助。然而,随着时间的推移,阿尔杰的崇拜者逐渐忽视阿尔杰对工业化的担忧,而把他的作品单纯地描绘成对自由资本主义的赞扬和对财富积累的肯定。

有一件事可以证明阿尔杰这个名字已变为个人奋斗主义的象征,那就是1947年美国教育协会设立的霍雷肖·阿尔杰奖,以表彰"美国传统文化中靠个人努力取得成功并仍然在世的人物"。获奖者当中有德怀特·D.艾森豪威尔总统、罗纳德·里根总统、福音传教士比利·格雷厄姆和最高法院大法官克拉伦斯·托马斯。

路易莎·梅·奥尔科特的小说

如果说霍雷肖·阿尔杰的那些讲述白手起家、由贫到富的故事表现了19世纪末期许多年轻男子的雄心壮志,那么路易莎·梅·奥尔科特极度畅销的小说作品则表达了当时许许多多年轻女子极少言表的理想抱负。

奥尔科特出生于1832年，是改革家和教育家布朗森·奥尔科特（Bronson Alcott）的女儿。布朗森·奥尔科特是新英格兰人，一生贫困却颇有作为，他是一位先验论者，一心希望废除奴隶制和扩大妇女的权利。路易莎·梅·奥尔科特（Louisa May Alcott）从小就想要当作家，这在当时对于妇女来说是少有的几个正经职业之一。年轻时，她写了一系列在当时很受欢迎的冒险小说，并用 A. M. 巴纳德这个通常很多男性英雄使用的名字作为自己的笔名。但是在内战期间（在这段时期她患了伤寒，康复后不幸又在治疗中发生水银中毒，病毒一直折磨着她直到1888年病逝）做护士之后，她选择了一条截然不同的写作路线——基于当时女性的生活和经历的写实小说路线。《小妇人》（Little Women，1868，1869）的出版使奥尔科特跻身于主流文学人物的行列之中，同时她也成为从少女到妇人各个年龄层的女性心中的一种持久的鼓舞和动力。

霍雷肖·阿尔杰的小说总是描写年轻男子从潦倒窘迫的处境必然性地走向巨大成功的故事，《小妇人》及其后续作品《小绅士》（1871）、《乔的男孩们》（1886）和阿尔杰公式化的小说在许多方面全然不同。但它们回应和改变了那些书中所传达的信息。小说中虚构的马奇一家的生活实际上就是以奥尔科特自己充满知识与思想却贫寒的童年为原型的，而《小妇人》中的大部分故事就是对于贫困、痛苦与死亡的记录。但它同样也是一个在某些程度上以奥尔科特为原型的年轻女孩儿——乔·马奇——为自己建立一种不限于传统女性角色与理想的生活而努力的故事。乔·马奇和路易莎·梅·奥尔科特一样，成为了一名作家。她放弃了一段传统的婚姻（她本可以和她迷人而富有的邻居劳里结婚）。和单身未婚的奥尔科特不同的是，乔最终嫁为人妇，选择了一位年长的德国教授作为自己的丈夫，但他并不支持乔在文学上的追求。

许多读者发现乔的婚姻是个错误，也与小说接下来传达的意义不符。这场婚姻似乎与奥尔科特所坚持的女性能够拥有知识上的独立和成就的信条相矛盾。但对奥尔科特来说，这场不遵循传统的婚姻是她自己拒绝普通的家庭生活的象征。"女孩儿

(Bettmann/Corbis)

们写信来问我小妇人们要和谁结婚,好像结婚才是一个女人生命的终点和目标似的,"奥尔科特在第一卷小说出版后给一位朋友写信说道,"我不会为了讨好读者而让乔嫁给劳里。"乔与拜尔教授的婚姻可以说是一种让步。"乔本来应该坚持当一位单身女作家的(正如奥尔科特自己一样),"她曾写道,"但是有太多热情狂热的女读者写信吵着闹着要求乔嫁给劳里,或者是嫁给其他人,以至于我不敢拒绝,最后出人意料地给她找了一个有趣的伴侣。"

作为一名独立的女性、作家以及一位活跃的妇女参政权论者,与其说路易莎·梅·奥尔科特的人生是她小说中人物的原型,不如说是她广大读者的模范。奥尔科特确实是因为《小妇人》和她的其他著作很大程度地影响了她所处的那个时代;这些小说尽管有些局限,但它们展现了一批年轻女性至少间接地挑战着那个时代对女性的期许。乔·马奇任性、叛逆、固执、有抱负,并且经常很自私,不同于那个时代大多数情感小说里文静、浪漫、顺从的女子形象。她讨厌做家务和单调沉闷的工作,时而渴望做一个男孩。她通过自己文学上的追求、暴躁的脾气和最终没有遵循传统的婚姻与社会的期许做抗争。因为这些特质,小说捕捉到了19世纪末期女性读者的想象,同时也继续刻画着当今读者的想象。《小妇人》相比较于霍雷肖·阿尔杰的小说传世更久,因为它不像阿尔杰的小说那样能简单地预知结局,而是表现人们成长中的故事,矛盾迭起,难以预知,出乎意料。

拉塞尔·康威尔

个人私有财富是社会赐福的观点与另一个流行的理念相吻合,即巨额财富应该大家共享。拉塞尔·H. 康威尔(Russell H. Cowell),一名浸礼派牧师,通过1880年至1900年间的6000多次《钻石之地》的演讲成了这一理念的著名代言人。他讲了一系列他所说的真实的故事,如一些人在自己家的后院发现了致富的机遇,其中一个故事讲的是一名普通农民在自家田地里耕作时发现了一块巨大的钻石。"告诉你们,"他对痴迷的听众们说,"钻石就在你家后院……坐在这里的每一个人都有机会发财致富……我要说,你们应该变得富有,而且你们有责任变得富有。"康威尔宣称(不完全准确),这个国家的大多数百万富翁都是从经济阶梯的最底层起步,一步步走向了成功。每一个勤奋的人都有机会取得同样的成功。

霍雷肖·阿尔杰

霍雷肖·阿尔杰是一位在宣讲成功励志故事方面最成功的小说家(参见"大众文化模式",边码等482页)。他原本是马萨诸塞州一个小镇上的牧师,但后来因为性丑闻被迫放弃了牧师职业。他搬到纽约后创作了许多描述贫穷男孩儿由穷变富的著名小说，这些小说大约有一百多种，总销售量超过两亿册。在当时和往后几年里，阿尔杰的名字成为了一种代名词，代表着一种只要勤奋努力任何人都能成功的神话。由于作品在当时很畅销，阿尔杰依靠写作变得十分富有，并且成为了美国文化中的一位草根英雄。他的读者当中很少有人知道他是名同性恋。和当时的很多同性恋者一样，他将自己的个人生活小心翼翼地隐藏起来，生怕传出去会影响自己的声誉和事业。

其他社会理想

除了崇尚竞争、认可富裕和承认现存秩序之外，还有一些其他思想挑战着企业精神，有时甚至直接对资本主义制度进行攻击。

社会学家莱斯特·弗兰克·沃德（Lester Frank Ward）在其著作中就提出了一种思想。沃德是一位达尔文主义者，但是他反对将达尔文的理论运用于人类社会。在《动态社会学》(*Dynamic Sociology*, 1883)和其他几本书中，他提出人类文明不是受自然选择左右的，而是依靠人类的智力，人类的智力能够按照人类所愿来改变社会。和萨姆纳的观点不同，沃德认为在社会环境的形成中国家的干预并不是无济于事的，相反，他认为对于社会来说，国家的积极参与和规划是最好的选择。人民可以通过政府参与到经济发展的规划当中，使之满足人民的利益和需求。

莱斯特·弗兰克·沃德

其他对于社会达尔文主义的自由观念表示怀疑的美国人选择了更为激进的方式去进行社会改革。一些反对者在社会劳工党（Socialist Labor Party）找到了归宿。该党成立于19世纪70年代，长期由来自西印度群岛的移民丹尼尔·德·里昂（Daniel de Leon）领导。德·里昂在工业城市里吸引了不少支持者，但最终该党未能成为主要的政治力量，争取到的选票也从未超过8.2万张。德·里昂理论化、信条化的指导方式深得知识分子的欢心，却无法吸引广大的工人阶层。党内一派分裂势力极力拉拢组织劳工，最终脱离该党，在1901年成立了存在时间更久的美国社会党（American Socialist Party）。

其他的激进主义者得到了更为广泛的支持，其中影响最大的是加利福尼亚的亨利·乔治（Henry George）。他出版于1879年的激愤雄辩的著作《进步与贫困》(*Progress and Poverty*)，成为了美国出版史上最畅销的非小说作品之一。乔治曾试着解释为什么在现代工业社会中仍有贫富差异。"伴随着贫困的进步是我们这个时代最令人费解的现实，"他写道，"如果现代发展所产生的财富只被用于创造更大的财富积累，只被用于使富有变为奢侈，只被用于增大贫富间的鲜明差距，那么

亨利·乔治

这种发展就不是真实的，更不可能是长久的。"

乔治将社会问题的根源归咎于一部分垄断主义者，这些人通过抬高地价来发家致富。他指出，地价的上涨不是土地所有者的功劳，而是土地周围社会的发展所致。这是一种"不劳而获的增长"，理当属于社会共有的财产。因此乔治提出了一种"单一税收"，以代替其他所有的税收，从而将这种财富增长返还给人民。他声称这种单一税收能够打破垄断，促进财富的平等分配，最终消除贫困。在他的倡导下，单一税收开始在许多城市施行。后来乔治搬到了纽约，1886 年时，由于劳工团体和社会主义者的支持和拥戴，他差一点就当选为纽约市市长。

在当时和乔治同样知名的一位人物叫爱德华·贝拉米（Edward Bellamy）。他出版于 1888 年的乌托邦式小说《回顾》（*Looking Backward*）在当时销售了 100 多万册。这本小说讲述的是波士顿的一位年轻人在 1887 年沉睡，到 2000 年醒来时发现了一个没有欲望、政治和邪恶的社会，而这个全新的社会是通过和平演变发展而来的。19 世纪末的大托拉斯持续增长、相互兼并，最终形成了一个单一的更为庞大的托拉斯。在政府的掌控下，它承担了所有公民的商业活动，并将工业经济里的无穷财产平均分配给所有人。社会成为了一个巨大的机器，"工作原则逻辑合理，工作方式简易直接"，这台机器几乎可以自行运转。"兄弟企业集团"取缔了竞争，社会阶级划分不复存在。贝拉米将他的这种想法贴上了"国家主义"的标签，在他的作品影响下，160 多个国家主义者俱乐部相继成立，传播普及他的这种社会理想。

《回顾》

垄断的弊端

在当时，相比较而言，很少有人赞同那些对资本主义制度表示质疑的人的观点。但是到 19 世纪末期，越来越多的人开始对资本主义制度的一个突出特征表示出深切的担忧，即垄断（大企业合并并控制市场）的增长。工人、农民、消费者、小生产商、保守派银行家、金融家以及激进改革派都纷纷加入了反对垄断主义和经济集中化的队伍当中。

他们谴责垄断人为抬高物价，导致经济发展极度动荡。他们认为，由于没有了竞争，垄断产业可以随心所欲地要价，特别是在铁路上，某些路段的票价被肆意抬高，因为他们知道没有竞争，旅客们除了乖乖掏钱别无选择。更严重的是，人为抬高价格会造成经济动荡，因为产品的供应将持续大于需求。从 1873 年开始，经济波动反复无常，并且每隔五六年就会出现一次经济大萧条，造成极度混

富家子弟 铁路大亨乔治·杰·古尔德的孩子们在巴黎的公园里驾驶法国生产的迷你汽车。(*Culver Pictures, Inc.*)

乱。大萧条的程度一次比一次严重，直到1893年，整个经济体系似乎到了崩溃的边缘。

对垄断的敌意除了源于对物价的担忧，还有其他的原因。很多人认为垄断很危险，因为他们意识到大合并企业的崛起似乎威胁到了个体的发展能力。如果一个产业中所有的经济活动仅仅由一个人或者一个小群体所控制，其他人还有什么机会可言呢？尤其是对于男性来说，垄断还威胁着男人挣钱养家、发家致富的理想，因为企业的合并意味着减少了成功的机会——使得霍雷肖·阿尔杰小说中"自力更生"的男子形象更加难以实现。由此说来，垄断威胁的不仅仅是竞争，还有关于男子形象的概念。

此外，一批新生的巨富阶层的出现加深了人们对于垄断的不满，他们的生活方式对于挣扎在动荡的经济中的人们来说是一种冒犯。根据一项19世纪初的统计，在当时，1%的家庭控制着全国将近88%的财产。有一些富豪，例如卡内基，生活得相对简朴，并将大笔的资金捐赠给了慈善机构。然而其他一些富豪几乎生活在扭曲的奢侈当中。和其他封建贵族家庭一样，范德比尔特家族除了拥有许许多多的乡村地产以外，在纽约第五大道的七个街区拥有七座豪宅。还有一些纽约富豪将大量的钱财挥霍在了社交聚会上。最臭名昭著的例子就是布拉德利·马丁夫人为一次舞会花费了36.8万美元，引起了公愤，最终她和丈夫不得不逃到英国去躲避公众的指责和谩骂。

眼睁睁看着他们公然炫耀着自己财富的是人口占4/5的过着一般生活的美国人，以及至少1000万生活在贫困线以下的人们。虽然每个人的生活水平都提高了，但是贫富间的差距也在不断拉大。对于那些处于经济困难中的人们来说，相

贫富差距加大

对的匮乏感可能和贫困本身一样令人痛苦和沮丧。

三、新经济下的产业工人

美国工人阶级既是工业资本主义的受益者,又是其受害者。19世纪末,很多工人的生活水平都有了真正的提高,但提高的背后是惨痛的代价,如艰苦危险的工作环境、难以掌控的工作内容以及被剥削的人身权利。

移民劳工

19世纪末,工厂劳动力需求量迅猛增长,而其来源是涌入工业城市的大量移民。移民分为两种,一种是美国乡村居民,他们不断地涌入工业城镇。这些人或破产,或对田园生活失去希望,他们急于寻求新的致富之路和社会保障。

另一种是在内战后几十年间从墨西哥、亚洲、加拿大,尤其是欧洲到达美国的大批移民。这次移民潮的规模比以往任何一个时期都大。1865年至1915年间,有2500万人移民到美国,其人数是此前50年间移民总数的四倍。

19世纪70年代到80年代,东部工业城市的大多数移民都来自英国、爱尔兰以及北欧一些国家,这些国家到美国的移民史由来已久。然而到19世纪末,移民成分发生了变化,大量南欧和东欧国家移民(包括意大利人、波兰人、俄国人、希腊人、斯拉夫人等)来到美国,成为其工业劳动力。在西部,主要来自墨西哥和亚洲(亚洲的大量移民止于1882年颁布《排华法案》)。

移民新来源

登岸 照片中载着欧洲移民的船只靠近美国海岸,新到移民的兴奋和紧张表露无遗。(*Library of Congress*)

当时的具体移民人数并不确定，但据估计，有 100 万墨西哥人于 20 世纪前 30 年移民到美国，他们壮大了西部城市的劳工队伍。

新到美国的移民不光想逃避家乡的贫困和压迫，也受到机遇的诱惑。他们心怀的企盼有时很现实，但大多数情况下是雇主许给他们的空头支票。铁路公司试图通过向海外散布误导性广告来吸引移民到西部做工。工业雇主按《劳动合同法》（1885 年废止）积极招收移民工人，按照规定，雇主可以先支付工人的旅费，之后再从工资中扣除。该法废止后，雇主仍然鼓励非技术工人移民美国。他们通过外籍劳工代理在国外招收劳工，这些代理包括希腊蛇头、意大利蛇头，它们负责招募来自本国的工作队。

新劳工的出现使工人阶级中的种族关系越来越紧张。在新英格兰的纺织工厂中，低薪的波兰人、希腊人以及法籍加拿大人逐渐代替了高薪的英国及爱尔兰工人；在东部的采矿场上，原来一直是以当地工人和北欧移民为主的劳工，变成了意大利人、斯拉夫人和波兰人；在加利福尼亚、科罗拉多和得克萨斯这三州的采矿业、农业和工厂中，一直有中国人和墨西哥人与英裔美国人和非裔美国人相竞争；在产业内部，同族裔工人的工作往往有其种族特点，因此其收入水平也差不多。

紧张的民族关系

工资及工作环境

内战之后，工人平均生活水平有所提高，但仍有很多工人收入微薄。进入 20 世纪，美国工人的平均年收入是 400—500 美元，低于最低生活标准的 600 美元，工人无劳动保障。在工业经济盛衰循环这一无奈的规律面前，所有工人都手足无措。由于科学技术的发展、工业运行的盛衰循环和工作内容的节令性，很多工人失去了工作，即使得以保全工作，在经济衰退期间也难逃工资骤减的命运，换句话说，很少有人能脱贫。

美国劳工还面临其他一些困难。对于第一代工人来说，他们适应的是耕作的生活方式，要他们转换成适应现代工业的劳工十分有难度，因为现代工业是程序性的操作、重复性的作业，其技术含量低，还要严格按进度运行。工匠的手艺活也已经被机器生产代替了，但这样的生产方式总让人觉得缺少人情，还不免有贬低工匠的意味。工厂工人每周工作 6 天，每天工作 10—12 个小时；钢厂工人每天要工作 12 个小时。还有很多工厂，其工作环境恶劣，不安全也不卫生，常有严重的事故发生。然而，事故发生后，其受害者不论是从雇主那里还是从政府那里得到的赔偿总是很有限。这些现象直到 20 世纪初各州通过了工人赔偿法才有所改善。

新工业体制随之应运而生，在此体制下，很多劳工苦恼于再也掌控不了自己的工作环境。19世纪初期到中期，工作环境相对宽松，即使是半熟练工或是普通工人也能对工作环境有所掌握。但由于企业发展迅速，雇主会运用科学的管理手段来管理工厂，进而实现生产效率的提高。换句话说，他们相信这样做能够将工厂的控制权置于自己手中，工人也就无法妨碍工厂的生产运行了。失去掌控权，低工资，长工时，这些为19世纪后期的工人阶级暴动埋下了伏笔。

失控

女工和童工

工厂生产对技术的需求逐渐降低，很多雇主开始雇佣没有技术的女工和童工，因为这要比雇佣男工少付很多工资。到1900年，女工人数已占总工业劳动力的17%，比1870年增长了四倍，妇女中有20%（多于500万人）都上班挣钱。有些妇女是单身，她们上班挣钱是为了养活自己，养活父母或是兄弟姐妹；而大多数妇女已经结婚了，她们工作是为了弥补丈夫工资的短缺，对于很多工人阶级家庭来说，两份收入也只能够维持最低标准的生活。在美国早期历史中，大多数美国家庭都经营家庭性产业，妇女一般在家庭内部工作，但到19世纪中期，妇女开始离开家庭到工厂做工，不依靠丈夫或父亲。有些人认为妇女挣钱是社会问题，因为很多改革家包括很多女性都觉得，在工厂的艰苦环境中女性特别容易受到剥削和伤害，同时妇女独立外出工作也是不合适的。因此，妇女工作这一"问题"成了被广泛关注的事情。然而，在某些社区中，无论男女都对妇女外出工作感到反感，一些家庭宁可靠微薄的收入勉强生活也不愿让已婚女子工作。

工资低的女性

绝大多数女工都是白人而且很年轻，有75%的人年龄在25岁以下，大多是移民或移民之女。每个产业领域都有女工，甚至一些重体力工作也有女工在做。但是，大多数妇女还是在没有技术要求或技术要求不高的靠机器生产的工厂（非重体力手工劳动工厂）做工。纺织业一直是只雇佣女工的大型产业（家政一直是妇女所操行业中最普遍的）。她们每周工资6—8美元，远低于生存最低需求（也远低于同行业中男性所得工资）。跨入新世纪之时，男工的平均年收入为597美元，而女工只有314美元。即使是高技术女工，其工资也只是同行男工的一半。有些人提议实行妇女最低工资法，提议者把和几位女工带到芝加哥参加听证会，听证会提到工资过低和极度贫困会导致妇女沦落风尘。这一提案在当时引起了不小的轰动（然而，这个提案没能在伊利诺伊州的立法机构引起多大的影响，他们立即

装锭子的男孩 佐治亚州的一家棉纺厂，小男孩们（有些光着脚）在巨大的纺织机上爬上爬下调整锭子。他们很多是工厂女工的孩子。照片的拍摄者是路易斯·海恩。(Bettmann/Corbis)

否决了这一提案）。

1900年，至少有170万童工（不到16岁）被招雇到工厂或矿场做工，其人数是30年前的2倍。全国年龄在10—15岁之间的女孩有10%在做工，男孩则为20%。很多家庭急切需要收入以维持生计，这迫使家长、孩子都去工作，同时又因为有些家庭不想让妻室去工作，而为了缓解贫困，父母只得让孩子去工作。但是，改革家认为，童工现象是一种比较严重的社会问题。19世纪末，迫于公众的强烈异议，38个州的司法部通过了童工法。但是，这些法律的影响很有限。比如，有60%的童工从事农业劳动，他们就没有受到法律保护。这些孩子在田里摘棉花或锄地，经常每天工作12个小时；在工厂工作的童工所受到的法律保护也有限。法律规定工人最小年龄为12岁，每个工作日最多工作10小时，不过，这些规定常常被雇主忽略。在南方的纺织厂中，孩子们整夜在织机前工作，为了不瞌睡，他们要不断往脸上泼冷水；在罐头厂，小女孩每天要工作16个小时来切水果和蔬菜。筋疲力尽的孩子们操作危险机器时特别容易出事故，工厂致残致死事故发生率非常高。

不起作用的童工法

妇女儿童的工作环境引起了全国人民的注意，但很多男工危险的工作环境也骇人听闻。美国的工厂、矿场和铁路上发生的事故远多于世界其他地方。一直到1907年，美国平均每周死于工作岗位的人数仍有12人之多。工厂中成千上万的岗位有类似铅中毒或磷中毒这样的危险，而几乎没有哪个雇主会采取防范措施。

积极组织联盟

工人试图采取其雇主曾经用过的有效策略——组成联众体或者联盟，来抗议其糟糕的工作环境，但直到19世纪末他们也没有取得任何成绩。

全国劳工联盟

事实上，美国自内战以来一直有手工业联盟，它们代表的是一些手工艺者组成的小团体。但是，它们各自独立，在新企业经济中产生不了太多影响。1860年，一些工头开始寻求联合各个劳工组织力量的办法。1866年，威廉·H. 西尔维斯（William H. Sylvis）首次尝试将独立工会联合成统一的全国组织——全国劳工联盟（National Labour Union），该联盟包括很多与劳工无直接关系的改革小组，其会员有64万，说多种语言。然而在1873年经济恐慌后，全国劳工联盟便解体了。

全国工会联盟也像其下属的大多数工会联盟那样排斥女工。男工（并非完全不正确地）认为是女工拖累了他们的收入，理想的家庭生活应该是女人留在家里。某位全国工会联盟的领导说："女人天生只是男人的伴侣，是家庭生活的主宰。"很多女工也认为："应该是男人来养家糊口。"就连工会联盟的女领导人也这么说。但还有很多人认为如果男人无法养家，女人在工作上还是有完全平等的机会的。

联盟在19世纪70年代的经济萧条期间遇到了特殊困难。经济萧条不仅导致工人大量失业，而且也使中产阶级普遍敌视工会联盟。劳资双方不仅发生冲突，而且有愈演愈烈之势。民众仅凭感觉就来责备"劳"方（或责备影响劳方的"极端派"和"无政府主义"），而非"资"方。真正让美国中产阶级十分恐慌的是"莫利·马圭尔社"，它是宾夕法尼亚无烟煤矿区的一个激进组织，奉行的是古代爱尔兰兄弟会的"古训"。有时，该组织也采取恐怖行动，他们以暴力甚至谋杀来威吓矿主。这些行为强化了人们对工会活动就是恐怖极端分子所鼓动的观念。然而，莫利组织的很多暴力行为都是由矿主雇人来捣乱，然后再

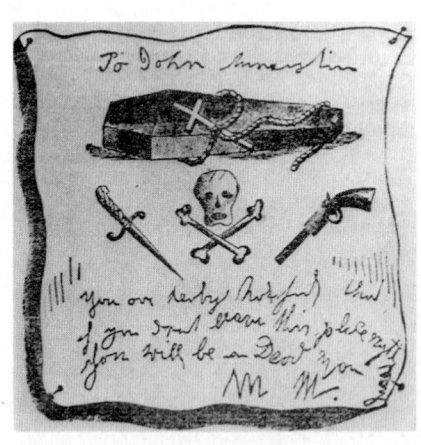

莫利·马圭尔社

莫利·马圭尔社的警告 莫利·马圭尔社以严厉、恐吓性的，时而带有暴力色彩的手段反抗矿主和经理而著称。这张在1870年代初送给一位煤矿工头的"棺材通告"说："兹通告你若不立即离开此地，则必死无疑。"(The Historical Society of Schuylkill County)

去告发的，他们这么做就是想制造事端、影响舆论，以期镇压工会联盟。

铁路大罢工

莫利·马圭尔社引起的骚动逐渐淡去，因为新一轮狂潮席卷了全国——1877年的铁路大罢工。罢工的起因是东部铁路公司要削减工人10%的工资，很快该事件就发展成了阶级斗争。罢工者中断了巴尔的摩到圣路易斯间的铁路运输；捣毁了很多设施；还在匹兹堡等其他城市的街道上发动了暴乱，各州派出民众组织来维护治安。7月，海斯总统派遣联邦部队去镇压西弗吉尼亚的动乱。在巴尔的摩，工人和民兵组织发生了冲突，11名游行示威者被打死，40人受伤；在费城，政府军向上千名试图封锁铁路通道的工人及其家属开火，20人死亡。此次罢工运动只进行了几个星期，至其完全平息，共有100多人丧命。

_{全国罢工}

这次铁路大罢工是美国历史上第一次大规模的全国性劳资冲突，这次罢工足以证明：劳资双方的冲突随着全国经济的快速增长已经不再是区域问题了；美国劳工对其雇主（及其政府同盟）积怨已深；美国劳工要宣泄自身不满的冲动由来已久；同时也暴露出工人运动力量的薄弱。罢工运动的失败削弱了铁路工会的影响力，同时也损害了其他产业工人组织的声誉。

"劳工骑士团"

1869年，乌利亚·S. 斯蒂芬斯（Uriah S. Stephens）首次在城市中创建了一个真正的全国工会，在他的领导下，"神圣劳动骑士团"成立了。任何"受苦之人"都可以成为其成员。所谓的"受苦之人"是指所有工人、大部分商人和一些自由职业者。被排斥在外的是律师、银行家、酒贩子和赌徒。与当时大多数工会不同的是，骑士团也欢迎女成员，不仅包括女工，还包括女仆和家庭妇女，骑士团妇女部的领导是一名在纽约针织厂工作的爱尔兰移民——利奥诺拉·巴里（Leonora Barry）。在她的领导下，骑士团收纳了5万名妇女（黑人白人均有），发展了一百多个妇女地方分会。

骑士团组织松散，缺乏中央统一管理；地方组织形式多样，与全国大会联系不紧密，且纲要不明确。尽管该团也支持八小时工作制，要求停止招雇童工，但骑士团的领导对经济长远改革更有兴趣。他们希望取消"工资制"，实行"企业制"，如此工人才能拥有大部分的经济份额。

有几年时间，骑士团就像个神秘的兄弟会组织，直到70年代末期，特伦

劳工骑士团的解体

劳工骑士团代表，1886 劳工骑士团希望代表被认为是生产者的每一个人，它是第一个、也是在多年间唯一一个毫无保留地对女性开放的劳工组织，图中所示为1886年劳工骑士团大会代表合影。(*Brown Brothers*)

斯·V.鲍德利（Terence V. Powderly）做了领导，骑士团才对外公开，并逐步走向扩展壮大的巅峰时期。1886年，骑士团共有成员70多万人，其中还有一些激进的武装分子，一向温和的领导层常常无法控制他们。80年代，与骑士团联合的地方联盟违背鲍德利的意愿发动了一系列的罢工运动。1885年，罢工示威的铁路工人威胁古尔德集团分公司——密苏里太平洋铁路公司，要求其恢复削减的工资并承认工会联盟。虽然工人胜利了，但却是短暂的。第二年，他们在古德尔集团分公司——得克萨斯太平洋铁路公司又发动了另一起罢工运动，不过很快就被镇压了。随即，古德尔集团中的工会力量被瓦解，工会也名誉扫地。1890年，骑士团人数缩减到10万人。几年后，该团便不复存在了。

美国劳工联合会

骑士团尚未走向衰落之时，一个与之相对立的组织就赫然出现，并且秉承了截然不同的组织观念。1881年，若干现行同业公会会员携手构建了"美国加拿大贸易与工会联盟"。5年后，联盟更名为"美国劳工联合会"（美国劳工联合会），而后不久就成为美国最重要也最持久的工会组织。与骑士团截然相反的是，美国劳工联合会不赞成将所有人统统聚拢在联盟的大框架内。联合会是由各个相对独立的同业工会组建而成的，并且主要代表技术工人的利益，对非技术工人持不友好态度，认为非技工不能很好地适应以工艺为基础的现行组织结构。

显而易见，美国劳工联合会对于妇女的政策自相矛盾。一方面，男性领导对于雇佣女性十分反感。原因在于，他们觉得女人软弱，雇主可以易如反掌地占她们便宜，支付给其低于男工的薪水。这么一来，所有人的薪水都会因此而下降。

美国劳工联合会的权威领导塞缪尔·龚帕斯（Samuel Gompers）曾经说道："这就是所谓的'女人威胁'，她们无组织无纪律又手无寸铁，而这些身为女儿抑或是妻子的人又常常会把她们父亲抑或是丈夫的薪水拉低。"龚帕斯常常谈到女性居家的重要性，并且荒谬地主张"妻子不必出去工作以补贴家用"。更有甚者，美国劳工联合会的报纸上竟然出现了如此话语："女工就像是刺客手中的刀，刀锋刺向家庭。"龚帕斯本人坚信，判定一个男人是否活得有价值，就要看他是否能供养自己的家人，而由于女人出去工作，男人作为一家之主的地位将受到危害。

反对女性就业

尽管美国劳工联合会对妇女出来工作十分反感，但这也不妨碍它为已经参加工作的女性争取同工同酬待遇，联合会自己甚至也聘用了女性工会组织人员，负责在妇女占主导地位的工业领域兴建工会组织。实际上，其所作所为也没有看上去那么自相矛盾。一旦提高了女工的薪水，雇主就不会再对女工有什么兴趣了，反而上还会将她们一脚踢开，而这正是美国劳工联合会期望看到的。

美国劳工联合会的议程

冈珀斯能够接受资本主义的基本原则，他的目标很简单，就是能够为他所代表的工人谋得更多的资本主义物质回报。龚珀斯反对基本经济改革，他反对成立工人党，也强烈抵触政府出面保护劳工，抑或是改善劳工的工作环境，因为他坚信，政府给的东西随时都可以再拿走。美国劳工联合会的重心放在了改善劳资双方的关系上。美国劳工联合会支持大多数工人的短期目标，那就是希望能够多挣点钱，有更好的工作环境。为了达到自己的夙愿，美国劳工联合会在诉诸展开劳工双方代表谈判的同时，也随时准备在必要时刻推进罢工。

美国劳工联合会的第一个目标就是要在全国范围内推行八小时工作制，如果工人们在1886年5月1号之前没有实现八小时工作制的话，那么美国劳工联合会就将呼吁展开全国总罢工。结果那一天果真到来了，全国上下爆发罢工示威活动，呼吁缩短工作时长，大多数活动由美国劳工联合会运筹，而剩下的一小部分则由更为激进的组织一手策划。

芝加哥的劳工十分密集，它同时也是激进主义力量的据点。早在全国大罢工之始，麦考密克收割机公司的工人罢工就已经开始了。芝加哥警察不断地骚扰罢工人士，劳工以及激进势力领导人在秣市广场召开抗议集会。当警察疏散人群之时，有人扔了一枚炸弹，炸死了7名警察，炸伤67人。前一天就杀了4名工人的警察这时又向人群扫射，又杀死4人。这一事件使保守爱财的美国人惊恐万分，愤怒异常，虽然无从得知到底是谁扔出了那枚炸弹，还是要求惩治罪魁祸首。最终，芝加哥官方逮捕了8名无政府主义人士，他们被控谋杀，理由是：无论凶手是

秣市广场

谁，这8人的言论都产生了煽动的效果。经过审判，这8名替罪羊都被判定有罪，很明显那次审判极不公正。他们其中有7人被判处死刑，这7人中又有一人自尽身亡，4人被执行死刑，另外2人获得减刑，在牢狱中度过余生。

在大多数美国中产阶级人士心目中，秣市广场的那枚炸弹是社会混乱以及激进主义的骇人标志。尽管，大多数无政府主义人士都相对平和地追求空想主义，并期望能够构建新的社会秩序，但如今"无政府"主义在人们心中俨然成为了恐怖行动和暴力的代名词。秣市广场事件过后的三十年内，对于美国中产阶级人士来说，无政府主义的幽灵始终萦绕在他们心中，是他们想象中最可惧的噩梦。无政府主义也同样成为了横在美国劳工联合会以及其他工会组织面前的永久障碍，阻碍他们实现自己的目标。而对于劳工骑士团这个最激进的核心劳工组织来说，这一影响就更具灾难意义了，它从未逃出"后秣市时代"的梦魇东山再起。无论他们怎么努力，如何力求与激进派划清界限，面对"无政府主义"的指控，劳动骑士团都显得力不从心，19世纪90年代的暴力罢工恰恰印证了这一点。

霍姆斯特德罢工

与美国劳工联合会关系密切的钢铁工人联合协会（Association of Iron and Steel Workers），是美国最有权威的工会组织。该协会的成员皆为资方四处笼络的技术工人，因此，他们能在企业内部行使重大权力。雇主们有时会称他们为"车间小霸主"，技工们经常能够对工作环境进行实质控制，对此，雇主们也是愤恨有加。钢铁工人联合协会出台了一本56页的规则手册，用来限制雇主的权利，工人们将之奉为"法典"。19世纪晚期是企业大发展的时期，很多雇主都觉得这种挑战"管理控制"的举动让人无法接受。

19世纪80年代中期，钢铁产业采用了新生产技术，推行了新的管理运营模式，使钢材生产过程得以实现流水化，同时也降低了对于技工的依赖。卡内基钢铁集团不久后就垄断了整个钢铁业，而卡内基集团的三大核心工厂中，只有一家有工会据点，即位于匹兹堡附近的霍姆斯特德工厂。1890年，卡内基同其首席副官亨利·克莱·弗里克商议决定解散钢铁工人工会，即使是在霍姆斯特德也不例外。接下来的两年中，他们不断削减霍姆斯特德工人的薪水。一开始，由于联合会知晓推行罢工的时机尚未成熟，因此对卡内基的举动默不作声。

1892年，卡内基公司甚至不再跟钢铁工人联合会商讨公司决策了，这实际上就等同于完全剥夺了联合会的谈判权。最后，弗里克宣布了又一轮的薪水削减计划，并且只给霍姆斯特德工厂两天时间来消化这一决定，联合会由此发动了罢工抗议。作为回应，弗里克突然关闭工厂，并且召集了平克顿侦探社的300名警卫，为工厂雇佣非联盟工人提供治安保障。讨厌的平克顿侦探社以镇压罢工而闻名，他们的出现就足以激起工人们的暴动情绪。

1892年7月6日，平克顿侦探社通过水路靠近霍姆斯特德工厂。工人们早有准备，他们向河里倒油，将水面点着。然后在码头用枪支和炸药与警卫们交火。经过数小时的激战之后，平克顿侦探社举手投降，被工人们一路赶出城。而这场鏖战中3名警卫及10名罢工工人丧命，受伤者也不在少数。

然而，工人们的胜利也只是昙花一现。在卡内基集团的要求下，宾夕法尼亚州州长派遣宾州国民警卫队全体人员约8000名官兵开进霍姆斯特德。国民警卫队为罢工镇压者提供保护，工厂的生产工作得以恢复。由于一极端人士企图暗杀弗里克，公众舆论就此转向攻击罢工。慢慢地，工人们回到了自己的工作岗位，而罢工之后的第四个月，钢铁工人联合会终于投降。到了1900年，东北地区的主要钢铁厂全部与钢铁工人联合会断绝了关系，而那时的联合会对此也无能为力。联合会的成员数量锐减，从1891年高峰时的2.4万人（这占到了所有合格钢铁工人总数的2/3）降到了1901年的7000人。这一下降是19世纪晚期工会力量普遍受挫的标志，而那个时候，工厂工作日趋非技术化，因此工人们很容易被炒鱿鱼。面对如此巨变，美国劳工联合会大多时候也爱莫能助。

普尔曼罢工

1894年爆发的普尔曼罢工虽不及霍姆斯特德罢工那般暴力，但是其规模要远甚于后者，所带来的伤痛也丝毫不亚于后者。普尔曼豪华卧车公司为铁路公司生产卧铺以及豪华车厢，并在芝加哥附近设有一家修理厂，公司在那里兴建了占地600英亩的普尔曼城，并修建整齐有序的房屋租赁给员工居住。公司老板乔治·M. 普尔曼（George M. Pullman）自认为普尔曼城就是解决当时工业问题的样板；他称自己将员工视作是自己的"孩子"。但是由于乔治·M. 普尔曼的严格控制以及高昂的房屋租金，很多居民还是相当愤慨的。

1893年到1894年的冬天，普尔曼公司削减了雇员25%的薪水，而给出的理由是，经济危机导致的收益下滑。而与此同时，普尔曼拒绝降低其房屋租赁费，他们给出的价钱比附近地区同等房屋的租金高出了20%—25%。工人们继续罢工，并且说服以尤金·V. 德布兹（Eugene V. Debs）为首的颇为勇敢的美国铁路工

尤金·德布兹

普尔曼罢工 这两幅图片展示了1894年普尔曼罢工的两个侧面。上图为奉命前往芝加哥镇压罢工的美国陆军在湖畔宿营。下图为罢工工人捣毁的货车车厢和一辆火车头。这些图片一起发表在《哈珀周刊》以显示普尔曼战斗的残酷。(Library of Congress)

会,以拒绝开动普尔曼火车及其设备的形式,支持罢工行动。与罢工势不两立的是"总经理协会",这一协会是一个由4家芝加哥铁路公司组建的财团。"总经理协会"说服其成员公司,解雇那些拒绝操作普尔曼卧车的扳道工。每当冲突爆发之时,德布兹的联盟就指示那些为"普尔曼们"卖力的会员们举行罢工。仅仅几天之内,全国27个州与地区内的无数铁道工人投入罢工,从芝加哥到太平洋海岸的交通瘫痪了。

大多数州长都站在受到罢工威胁的雇主一边,而伊利诺伊州州长约翰·彼得·奥尔特盖尔特(John Peter Altgeld)却是个例外,他一直很怜悯工人的疾苦。奥尔特盖尔特批评对秣市广场无政府人士的审判,并且在任期间赦免了此案的在羁人员。而这一回,他拒绝派遣民兵维护雇主。铁路运营商们因此绕过奥尔特盖尔特,直接向联邦政府申诉,以罢工阻断了信件传送工作为由,要求联邦政府向伊利诺伊派遣常规部队。格罗弗·克里夫兰(Grover Cleveland)总统同司法部长理查德·奥尔尼(Richard Olney)一道同意了这一请求(理查德原是铁路律师,对于工会更是深恶痛绝)。1894年7月,总统不顾奥尔特盖尔特的反对,向芝加哥地区派遣2000名军人。联邦法院发出了强制令,禁止工会继续罢工。德布兹及其同事在违抗这一禁令之后遭遇了牢狱之灾。一方面,联邦军队力保工厂雇佣新员工,另一方面,工会领导被囚禁在联邦监狱,罢工行动也就很快土崩瓦解了。

工会力量薄弱的根源

19世纪最后十年里,尽管工会做出了努力,但是工人收获甚少且却损失惨重。

工业经济迅速发展，工人们的工资却几乎毫无增长，物价却不断攀升，工人们几近无法维持生计。然而工会领袖取得了一些立法上的胜利：一，国会于1885年废止了《合同劳动法》；二，1868年，国会通过法令，推行了针对公共建设工程工人的八小时工作制，1892年又颁布了政府公职人员的八小时工作制；三，各州法律陆续出台，确保工人的工作时间和工作安全；四，逐渐出台了因公受伤工人的赔偿制度。但是这些法律很多都没有施行，罢工抗议似乎也没有多大作用。19世纪晚期，工人的政治权利以及工作自主权都大大不如40年前。

工人收益甚少是有原因的。主要工会只代表一小部分工业劳动力。1900年，只有4%的工人加入工会，还不到一百万人。美国劳工联合会将无技术的工人拒之门外，而这些没有一技之长的工人同大多数妇女、黑人以及新近的移民一道逐渐成为工厂的核心雇员。1903年，面对拒人千里之外的美国劳工联合会，女工们决定组建自己的工会，即"妇女工会联盟"（WTUL）。然而，之后的几年里，妇女工会联盟也没能吸引多少女工加入，于是，该组织将自己的重心转投向为女工寻求立法保障，而非与普通工会组织那样动员工人开展行动。工人中的其他内讧加剧了工会力量的下滑。不同民族、种族组织之间的紧张关系也拉大了工人之间的距离。

劳动力与生俱来的流动性，也是导致工人力量薄弱的一个原因。很多来美的移民原打算短暂的停留，挣些钱就回家。他们通常错误地认为自己不打算在美国常住，所以也就没有加入工会的意愿。另一些工人不停地在不同的工作之间穿梭，在不同的城市之间迁移，不管本国工人还是移民都是这样，还没等他们加入什么组织或者行使什么权利，就又搬走了。一份针对马萨诸塞州波特市的长达30多年的跟踪调查显示，在那些年里，90%的工人销声匿迹了，他们中的大部分迁到了别地居住。即使是那些留下来的工人，也从未在一份工作上做很长时间。

劳动力性质的改变

真正的社会流动性趋势的确存在。工人一开始们可能干着非技术性的工作，可是后来慢慢升级到了半技术性抑或是技术性工作；而工人们的孩子日后可能会成为陪审团主席抑或是经理。虽然进取的空间不大，但是已足够为他们打造一个梦想，同时也让他们相信，自己不会在如今的社会阶层中待一辈子。

企业力量

19世纪末期，工人们收获甚少的最主要原因在于压制他们的势力十分强大。工人们面对的是拥有大量资本及权力的法人集团，而后者不会放过工人每一个挑战其权威的举动。法人集团的手段不仅仅局限于强力打击，还包括"和平演变"，他们安插间谍并暗中破坏工会的各种努力。霍姆斯特德和普尔曼罢工也说明，雇主有地方州政府的支持，联邦政府也是随叫随到，愿意派遣军队镇压劳工叛乱，维持秩序。

尽管新工会组织腾空问世，尽管19世纪80年代到90年代间兴起的罢工热潮如火如荼，抗议广度令人"叹为观止"，但19世纪末期的工人们还是没能创建成功的工会，也没能像大企业那样成功地捍卫自己的权利。在新兴工业经济社会的权利角逐战中，似乎所有的好处都被资方占尽。

小　结

南北战争过后的四十年里，美国迅速跃为世界工业强国之首。但实际上美国很多地区还是以农业为主，大多数人还是从事与农业相关的工作。即使这样，美国的经济，以及相关的社会和文化都发生了翻天覆地的变化。

新技术、新管理制度以及新劳动力都推动了美国工业的发展，促进了铁路的建设。工厂制度在城市建设以及新城市的孕育上功不可没。美国的移民也为工业经济的发展提供了稳定的新劳动力。这样一来，美国的财力大幅稳步上升，很多人的生活水平也处于平稳攀升阶段，同时国家也创造出了巨大的社会财富。

但是，工业化并没有惠及每一个人。美国境内还有很多地区，尤其是南部地区相对还颇为落后；还有很多人，尤其是少数族裔、女性以及新近移民在经济发展中相对所获甚微。工厂工人们的工作环境仍然很恶劣，和自己所效力的公司的利润增长速度相比较，工人们的工资增长速度要逊色得多。小商人及小制造商在兼并组合强势面前败下阵来。

工业家努力为自己的权力创立理论依据，并且说服民众，所有人都是工业化发展的受益者。但是，很多美国人对于近代资本主义持怀疑态度，一部分改革人士公开抨击信托业，工人们拼力组建工会，妇女们奋力为女工争取保护，社会主义者想象着新世界的情景，更多的人则期望建立一个新的经济秩序（他们已经广泛而强烈地批判了当时的秩序）。工业化的发展对19世纪晚期的美国来说，喜忧参半，既带来了社会进步，也带来了不少痛苦。整个19世纪，美国上下都在"争论"工业化的是非功过。20世纪的头几十年，这场大"争论"仍将在这个国家上演。

阅读参考

Robert Wiebe, *The Search for Order, 1877—1920* (1968) 是分析美国如何从作者所说的一个岛屿社区的社会进化到全国性城市社会的经典之作。

David Nasaw, *Andrew Carnegie* (2006) 是关于这位最早一批的最著名的工业大亨，后来的著名慈善家安德鲁·卡内基的传记。

Alfred D. Chandler Jr. 在 *The Visible Hand: The Managerial Revolution in American Business* (1977) 和 *Scale and Scope: The Dynamics of Industrial Capitalism* (1990) 中描述了使工业化成为可能的新型商业活动。

在 *Making America Corporate, 1870—1920* (1990) 和 *Why the American Century?* (1998) 中，Olivier Zunz 对新企业秩序的社会基础做了引起争议的分析。

David F. Noble, *America by Design: Science, Technology, and the Rise of Corporate Capitalism* (1977) 和 David Hounshell, *From the American System to Mass Production, 1800—1932* (1984) 讲述了在快速工业化的时代里科学和技术的大爆炸。

Douglas Brinkley, *Wheels for the World* (2003) 讲述了一部福特汽车公司的生动历史。

Daniel Rodgers, *The Work Ethic in Industrial America, 1850—1920* (1978) 是一部关于美国人如何看待工业工人的重要思想史。

David Montgomery, *The Fall of the House of Labor: The Workplace, the State, and American Labor Activism, 1865—1925* (1987) 分析了工业化塑造工人、工人的专业技能和车间文化传统的方式（以及工业化被这些因素影响的方式）。

Alice Kessler-Harris, *Out to Work: A History of Wage-Earning Women in the United States* (1982) 记录了当时女性为参加工作所发动的巨大行动。

John L. Thomas, *Alternative America: Henry George, Edward Bellamy, Henry Demarest Lloyd, and the Adversary Tradition* (1983) 一书考察了对企业资本主义的一些主要的批评。

20世纪初的西雅图 19世纪末和20世纪初是美国很多地区城市大发展的时代。这张以西雅图市中心为内容的明信片展示了一座拥挤繁忙、满是新建筑的城市。(© PoodlesRock/Corbis)

第18章
城市的时代

工业化和商业化在很多方面改变了美国的社会面貌。没有什么可与城市的发展和都市社会与文化的形成对美国产生的深刻影响相提并论。作为一个建国之初以农业为主的共和国，19世纪后期的美国逐渐成为一个都市化的国家。

变化不是轻而易举就能发生的。城市发展速度过快，基础设施和基本机构的发展严重滞后。住房、交通、排水系统、社会服务、政府管理都远远不能满足新增城市人口的极大需求。美国人的认同感也滞后了。很多人开始抵制这种既崭新又令人害怕的都市生活步伐和令人眼花缭乱的不舒服的城市人口多样化。社会学家查尔斯·霍顿·库利写道："我们的城市充满了被瓦解的旧秩序的成分，他们试图在新秩序中找到自己的一席之地。"

尽管存在很多问题，城市的发展和影响仍持续增长。人

大事年表

1836年	霍利奥克山女子神学院成立
1840年代	现代棒球出现
1850年	首座城市出租楼在纽约市建成
1859年	纽约中央公园开放
1865年	瓦萨学院成立
1869年	普林斯顿大学和拉特格斯大学进行首次校际橄榄球比赛
1870年	纽约市高架铁路开通
	威尔斯利学院成立
1871年	大火摧毁芝加哥和波士顿大部分地区
	史密斯学院成立
1872年	坦曼尼老板特维德被判腐败罪
	蒙哥马利·沃德发布首个商品目录
1876年	国家棒球协会成立
	约翰·霍普金斯大学创立首个现代研究生院
1879年	宾夕法尼亚州卡莱尔印第安工业学校成立
	救世军开始在美国活动
	第一家F. W. 沃尔沃斯商店在纽约尤蒂卡开业
1882年	国会限制中国移民
1883年	布鲁克林大桥通车
1884年	首座钢结构摩天大楼在芝加哥建成
	威廉·迪恩·豪威尔斯出版《塞拉斯·拉帕姆的发迹》
1887年	"美国保护协会"成立
	希尔斯·罗巴克公司在芝加哥开业
1890年	雅各布·里斯出版《另一半人如何生活》
1891年	詹姆斯·奈史密斯发明篮球运动
1893年	哥伦比亚博览会在芝加哥开幕
1894年	"限制移民协会"成立
1895年	斯蒂芬·克莱恩出版《红色英勇勋章》
	美国第一条地铁在波士顿开通
	科尼岛娱乐公园首次开放

1899年	凯特·肖邦出版《觉醒》
1900年	西奥多·德莱塞出版《嘉莉妹妹》
1901年	美国棒球协会成立
1903年	波士顿红袜队赢得首次世界联赛冠军 亨利·詹姆斯出版《大使》
1906年	地震和大火摧毁旧金山市大部分地区 厄普顿·辛克莱出版《屠场》
1910年	国家高校运动协会成立，以规范高校橄榄球规则
1913年	"垃圾箱派"艺术家在纽约市举行"军械库展览"
1915年	D. W. 格里菲斯的《一个国家的诞生》首映

们聚集到此，因为在城市的工厂、企业办公室、商店，和不计其数的其他经济活动中有大量的工作机会。许多人从农村涌向城市、是为了摆脱无聊的乡村生活和体验都市所推动的新型娱乐方式。城市还是教育和文化生活的中心，吸引着作家和艺术家，并成为重要的学院和大学的所在地。

许多城市巨大的人口多样性要求城市吸纳不同的，有时甚至是敌对的群体。这是美国到现在一直面临的挑战。有一段时间，都市通过隔离手段来解决人口多样性问题。各种族群和团体形成自己的社区，人们很少离开自己的社区。然而，这种种族区分渐渐地开始分解，导致种族关系紧张，但也催生了不同族群间新型的相互融合。

作为财富中心，城市也成为了公共活动的主要场所。美国各地的城市，以及全世界的许多城市，在那些年开始建设公园、博物馆、剧院、歌剧院、宏伟的火车站、壮观的图书馆以及宽阔的林荫大道。这些巨大的城市建设工程主要为那些富裕的公民服务，但是社会各阶层都可以感受到他们带来的影响。

一个世纪前的城市和今天的城市一样，标志着现代社会许多最伟大的成就和愿望，也标志着其最大的担忧。

一、美国的都市化

从农村到城市的大规模移民并不是美国所独有。由于工业化和工厂制度的出现,这种移民发生在整个西方世界。缺乏大城市生活经验的美国社会发现,城市化虽不那么和谐,但很诱人。

城市的诱惑

内战结束后不久,记者贺瑞斯·格里利写道"我们不可能都居住在城市,但几乎所有人都决心这样做。"南北战争结束后的半个世纪,美国的城市人口增加了七倍。而1920年的人口普查表明,建国后第一次大多数美国人生活在"城市"——即人口超过2500人的社区中。纽约市及其周围地区的人口从1860年的100万增长到1900年的300多万。芝加哥在1860年只有10万居民,在1900年已超过了100万。全国所有地区的城市都经历了类似的增长。

城市快速发展

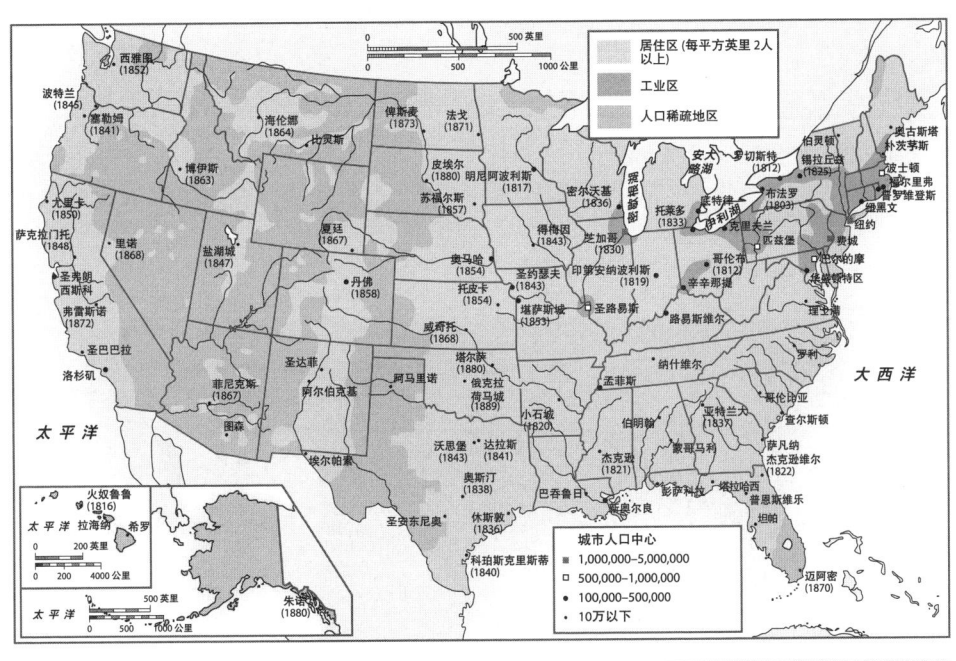

1900年的美国 这张地图展示了19世纪美国城市人口的急剧增加。本书第七章1800年的美国地图显示,美国当时是一个只有几座大城市,人口集中在东部沿海的国家。到1900年,美国有更广大的区域有人长期定居,这些区域里多数有城镇和城市——包括3个人口超过100万的城市(芝加哥、纽约和费城)以及总人口在10万或以上的城市。然而,同样惊人的是在西部有大量少有人居住或根本无人定居的土地。◆ 天气和地理条件是否有助于解释定居形式的多样性?

自然增长只占城市人口增长的一小部分。事实上,城市家庭婴儿死亡率很高,生育率下降,疾病死亡率也很高。如果没有移民,城市人口即便增长也很缓慢。

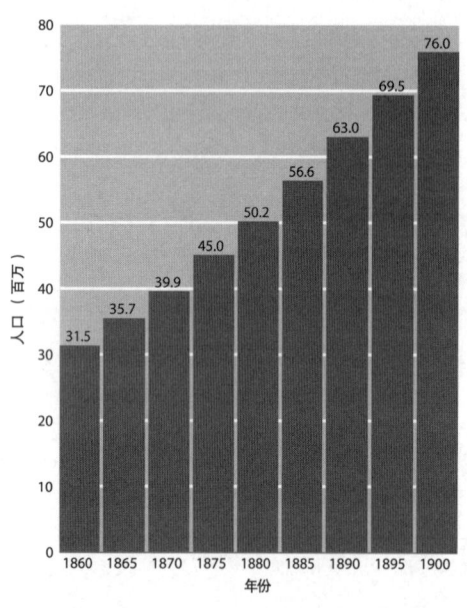

1860—1900年间的人口增长　这张图表显示了19世纪后40年美国人口的快速增长。如图,在那些年中美国人口增加了一倍多。◆人口大量增长背后的主要因素是什么?

城市吸引了农村人口,因为它提供了在农村社区无法享受到的便利、娱乐方式和文化体验。城市也为人们提供了私人社会空间来享受他们自己想要的生活方式,这在个人没有任何隐私可言的小城镇很难实现。城市为妇女提供机会来过在较小社区中被认为有伤"风化"的生活方式。城市也给男女同性恋者提供空间来建立自己的文化(尽管仍然是一种非常隐秘的文化),而且在不遭受敌视目光的情况下进行性试验。但城市最吸引人之处还在于为来自美国农村和外国的移民提供他们家乡所没有的更多而且报酬更好的工作岗位。

人们涌向城市,也因为新的运输

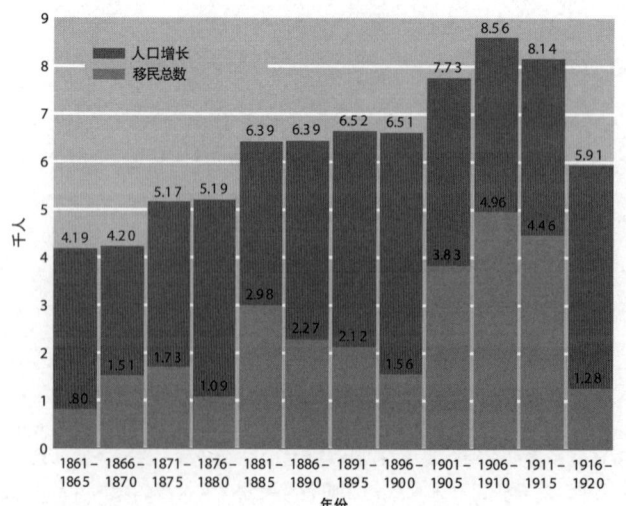

移民促进人口增长,1860—1920　如图所示,移民(主要来自欧洲)占19世纪末和20世纪初人口增长的一大部分,在某些阶段甚至是绝大部分。◆在那些年中,是哪些因素吸引如此多的移民来到美国?

形式使他们更容易到达那里。铁路使原先从农村到附近城市的艰难旅程变得简单、快捷、廉价。大型蒸汽远洋客轮造就了竞争激烈的航运业，使欧洲人和亚洲人能够比过去更便宜、更快捷地越过大洋到达美国。

移　民

由于城市化的发展，19世纪后期成为前所未有的地域流动的时代，人口从日渐衰落的东部农业区急速流失。有些人迁移到了西部新开发的农田，另一半迁移到东部和中西部的城市。

地域流动性

19世纪后期，离开乡村来到工业化城市的人中也包括青年女性，在农村她们的机遇很少。规模扩大、商业化和机械化程度提高使得农场愈发成为男性的天下，而且由于在农场劳力大多是不熟练工和短工，以家庭为单位的农场数量也在下降。农家妇女曾经非常重要，她们要制作衣服和其他家用产品，但是这些产品现在可以在商店或者商品目录上找到。于是成千上万的女性来到城市寻找工作，谋求立足。

南方黑人也开始了长达一个世纪的从乡村到城市的征途。他们逃离乡下证明了在19世纪晚期他们在南方农村遭受的贫穷、债务、暴力和压迫，然而他们在城市能得到的机会实在有限。黑人很少能在工厂找到工作，黑人能从事的工作几乎不存在。城市里的黑人大多是从事厨师、门卫、家仆和其他收入低下的服务型行业。由于这类工作更适合女性，因此城市里的黑人女性数量多于黑人男性。

到19世纪末，美国30多个城市中有很多人口达到1万以上的黑人社区，多数分布在南方，一部分在北方（如纽约市、芝加哥、华盛顿特区和巴尔的摩）或是边境各州。更多的大型非裔美国人社区是在一战期间及战后出现的，但是19世纪晚期黑人社区的成立为后来大规模的人口迁移打下了基础。

非裔美国人社区

然而，19世纪末城市人口增长的最主要来源是大批外国移民的到来：1860年到1890年间有1000万，30年后达到了1800多万。有些移民来自加拿大、墨西哥、拉美、中国与日本（特别是在西海岸地区）。但是，最主要的移民还是来自欧洲。1880年后，汹涌的移民潮中第一次出现了来自南欧和东欧的移民：意大利人、希腊人、斯拉夫人、斯洛伐克人、俄裔犹太人、亚美尼亚人等等。到19世纪80年代，移民中的大半来自这些新地区，而19世纪60年代时的比例仅为不到2%。

在移民的早期阶段，大多数来自欧洲的新移民（爱尔兰人除外）至少经济殷实，受过基本教育，特别是德国人和斯堪的纳维亚人，他们刚到美国就向西进发，

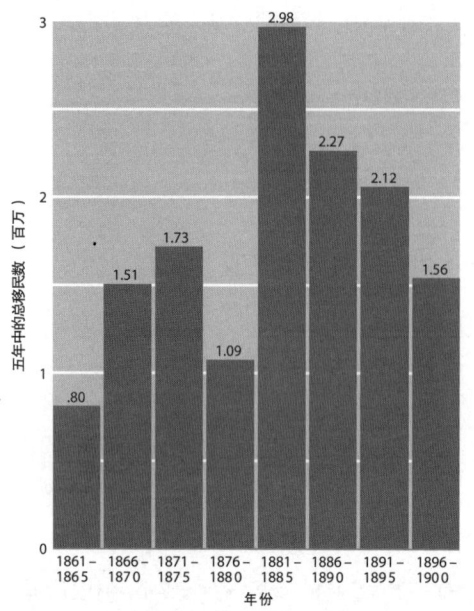

1860—1900年美国移民总数 19世纪后40年，超过1000万海外移民进入美国，特别是1880年代至1890年代人数最多。这张图表显示了每间隔5年的移民模式。◆ 哪些外部事件能够解释那个时代移民速率的升降？

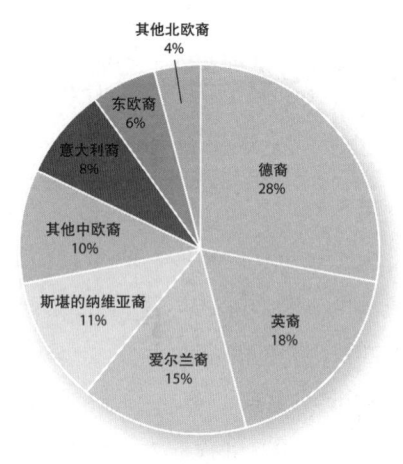

欧洲移民的来源，1860—1900 这张饼状图显示了19世纪末欧洲移民的来源。人数最多的移民还是来自传统地区（英国、爱尔兰、德国和斯堪的纳维亚），但是20世纪初来自新地区的移民开始大量涌入（特别是南欧和东欧），已经可以在图中看到。来自其他地区——墨西哥、南美和中美洲，以及亚洲——的移民在那一时期也很多。◆ 为什么这些来自欧洲新地区的移民和来自其他地区的移民在原有美国人中引起争议？

在中西部城市如圣路易斯、西西那提和密尔沃基等地，或耕田，或经商、贸易，充当专业人士或熟练工人。但是，19世纪末的多数新移民没钱购买耕地，没有受过教育，无法从事专业工作。所以，和内战前贫穷的爱尔兰移民一样，他们定居在工业城市，多数人成为非熟练工人。

美国与世界　全球移民

19世纪和20世纪初的美国大型移民潮不是美国历史上唯一的一次。这是世界移民潮的一部分——历史上是空前的，影响到全世界每一个大陆。这次壮观的移民潮是人口增长和工业化两大因素的产物。

19世纪后半叶，欧洲人口迅速增长，从1850年到一战爆发，人口几乎翻了一番。人口迅速增长是因为经济发展可以养活更多的人而且使农业更加有效率，这也帮助了贫穷的家庭。但是这样的增长耗费了过多的资源,尤其是农村的家庭,大多数人生活在土地紧缺的地方,他们决定去世界其他地方寻找更多的土地或可供选择的工作。

与此同时,工业化迫使越来越多的人从农村走到城市。有时候是在本国内选择离开农村进入城市,但经常也迁移到其他经济水平较高的工业化国家。历史上有很多因素迫使移民离开他们的家园去寻找新的土地,这就是所谓的人口迁移。19世纪移民潮的推动因素是贫穷和缺乏土地,也有诸如政治和宗教等因素。能够引来移民的因素则是可供开垦的土地和工作岗位,以及更多的人生自由和快捷、经济、方便的铁路和大轮船交通。

从1800年到一战开始,1.5亿欧洲人移民到海外,几乎欧洲每个地方的人都有。到19世纪后几年,大部分移民是从南部和东部欧洲的贫穷农村地区来的。该世纪最后几年的主要移民则来自意大利、俄罗斯和波兰。几乎三分之二的人都来到美国,但是近2000万欧洲人移民到了其他国家,包括英格兰和爱尔兰人大量移民到加拿大、澳大利亚、新西兰和南非这些辽阔和开放的土地上。很大一部分意大利人移居到阿根廷或南美洲其他地区,他们都转移到了这些国家的辽阔地区开始从事农业。工业化使采用新的机械种植设备成为可能。移民们到达澳大利亚、新西兰、阿根廷、南美和美国,驱逐当地的原始居民建立自己的家园。

但不仅仅是欧洲人迁移到这里,很大一部分移民来自贫穷、绝望、萧条的亚洲、非洲和太平洋岛屿,他们移民到此来寻求更好的生活。他们中的大部分人不是来旅游或者享受生活,而是充当契约工人(同样的,17世纪有很多英国人签约,到美国当契约工),愿意做苦役来换取食物、庇护和交通。新招收的契约工们来自中国、日本、非洲地区和太平洋沿岸地区的国家,以及印度。法国和英国招收数十万印度移民在他们的殖民地做工。中国劳工在古巴和夏威夷做工;在马来亚、秘鲁、南非和澳大利亚做矿工;在加拿大、秘鲁和美国修筑铁路。非洲的契约工来

(Bodleian Library, University of Oxford)

到加勒比海地区，太平洋岛屿地区的移民则迁移到其他岛屿地区或者澳大利亚。

欧洲国家的移民们大多数是自愿的，而且基本上去美国，在这里契约工是违法的，但是很多非欧洲国家移民被强制来这里做契约工，这导致他们的部分亲属也来到这里生活。这些非欧洲裔移民是欧洲帝国主义成长的推动因素，因为招收工人、海军，以及立法和经济的需要使欧洲帝国主义制度成为可能。总之，这些形态各异的移民在世界历史上造成了大幅度的人口迁移，不仅辐射美国而且覆盖了全球。

多民族城市

到1890年，大多数主要城市中都有外国移民人口：移民占芝加哥人口的87%，纽约市的80%，底特律的84%（与之相比，欧洲最大的工业城市伦敦本地人占总人口的94%）。纽约的爱尔兰人比都柏林的爱尔兰人还多，纽约的德国人甚至比汉堡的德国人还多，芝加哥的波兰人比华沙的波兰人还多。

人口多样化的美国城市

同样惊人的是新移民人口的多样性，在同一时期其他移民数量众多的国家里，大多数移民主要来自一两个国家，例如当时大量人口移居阿根廷，但主要是来自意大利和西班牙的人口。然而在美国，没有一个单一族群能独占主导地位。19世纪最后40年，大量移民分别来自于意大利、德国、斯堪的那维亚、奥地利、匈牙利、俄罗斯、英国、爱尔兰、波兰、希腊、加拿大、日本、中国、荷兰、墨西哥等地。在一些城镇，来自十几个不同民族的移民紧密地生活在一起。

大多数移民来自于农村，很难适应城市生活。为了适应这些转变，很多族群如意大利人、波兰人、犹太人、斯拉夫人、中国人、法裔加拿大人、墨西哥人等，都在城市以及住地附近建立了组织严密的民族社区（常被称为"移民社区"），试图以此在新世界重建旧世界的诸多风貌。

民族聚居区的优点

有些民族聚居区是由从同一个省、镇或是村子来到美国的移民组成的。即使人口构成更多样，社区依然能为新来者提供他们所熟悉的环境。他们可以找到母语报纸和母语戏院，商店里销售家乡的食物，拥有教堂或礼拜堂以及能把他们和过去的民族生活联系起来的兄弟会组织。很多移民仍然和祖国保持紧密关系。他们和留在祖国的亲友保持密切联系。有些人（早期可能占1/3）不久就回到了欧洲、亚洲或墨西哥；而其他人则把家人也带到了美国。

民族聚居区的文化凝聚力显然减轻了移民们的背井离乡之痛。在帮助移民

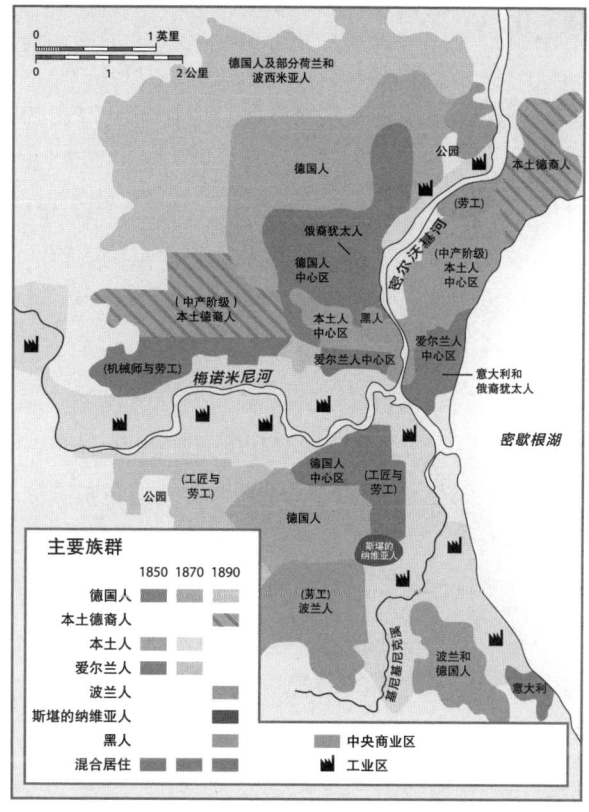

1850—1890年间的民族聚居模式 这张地图显示了密尔沃基复杂而具有阶级分界的民族聚居模式,这是19世纪后期很多工业城市里的典型模式。在那个时代影响城市景观的是两大相关现象——工业化和大量外国移民。到1890年,第一代和第二代移民占该市人口总数的84%。注意在全城不同的居民区中不同族裔群体复杂的分布情况,而且要注意中产阶级(特别是"在美国出生"的中产阶级,其中包括很多在美国已经生活若干代的德国后裔)的居住地刻意远离劳动阶级的聚居地。◆ 在这些社区中相同族裔移民聚居在一起有哪些优缺点?(彩图见第1075页)

融入美国经济生活方面,民族聚居区起到了什么作用这一问题更难回答。显然,有些族群(特别是犹太人和德国人)较其他民族(例如爱尔兰人)更快地改善了自己的经济状况。解释之一就是,凝聚在移民社区周围能使移民团体强化本民族从前的文化价值观。当这些价值观很好地适应了工业社会的经济发展——如犹太人重视教育——种族认同感有助于成员改善族群的整体状况。当其他价值观(如维护社区团结、维系家族联系、稳定秩序)处于主体地位,进步的速度可能会慢一些。

但是其他因素在决定移民在新世界的发展方面也同样重要。引起本土白人强烈种族歧视的移民,主要是黑人、亚洲人和墨西哥人,他们不论有多少才能天赋都很难进取。然而,拥有一技之长的移民比没有技能的移民能生活得更好;带有一定资金的移民和身无分文者相比优势巨大。随着时间的推移,当住在本民族人居于主导地位的城市的移民——例如纽约和波士顿的爱尔兰人,或者密尔沃基的德国人——学会运用自己的政治影响力时,便拥有了巨大的优势。

同 化

尽管这些移民社区差异巨大,实际上所有外国移民依然有很多共同点,大多数移民都在城市里生活(而且经历了从过去的农村生活向现在的城市生活的转变),他们很年轻,大多数新移民在15岁至45岁之间。而且,在所有的外国移民社区,民族凝聚力量必须和另外一种强大的力量抗衡,那就是渴望同化。

美国化

很多人怀着对新世界浪漫的想象来到美国。不管和合众国的第一次接触多么令人心灰意冷,他们依然梦想成为真正的"美国人"。甚至某些第一代移民也努力要除去身上外国文化的痕迹,彻底地"美国化"。第二代移民更有可能尝试切断与过去生活的联系,从而完全融入他们所认为的真正的美国文化,有些人甚至蔑视依然保留原有传统民族习惯和价值观念的父母和祖父母。

变化的性别角色

急于同化也令移民社区的男女关系更加紧张。很多外国移民的原有文化中倡导男尊女卑,而且女性相比美国妇女更多地待在家中。在某些移民的文化中,父母包办子女婚姻,而且在婚前完全掌控着女儿的生活。然而出于个人选择或是经济需要,很多女性移民(更多的是在美国出生的移民家庭的女儿)开始离家工作,并且有了家庭之外的朋友、兴趣和社会关系。其结果当然并非是以家庭文化为核心的移民社区的崩溃,这些文化的生命力极其旺盛。但是他们做出了重要的调整去适应全新的流动性更强的美国生活,在适应过程中也经历了极大的困难。

同化并不是完全出于个人的选择,本土出生的美国人以各种方式有意无意地鼓励同化。比如在公立学校教师用英语授课,雇主通常要求员工工作时说英语。尽管移民社区的商人销售民族特色食品和衣物,大多数商店还是销售美国商品,

手推车商贩 很多进入美国城市的移民渴望经商,但是很多怀抱这种愿望的人无力租赁或者购买店面。于是他们利用手推车经营,他们的手推车停在路边销售各种商品。这张手推车及其车主的照片大约拍摄于19世纪末的曼哈顿下东区。

迫使移民接受美国食品、衣着、生活方式和社会准则。教会领袖通常是本土美国人或同化了的移民，他们鼓励教民接受美国生活方式。有些人甚至对教义和仪式进行改革以适应美国标准。19世纪末由德国引入美国的"改革犹太教"就是美国犹太教领袖们（和德国的领袖一样）的一种努力，试图让自己的信仰在一个以基督教为主的国家里显得不过分"外国化"。

排 外

大批移民到来，而且很多移民固守原有生活方式，建立各色独特文化社区，这激起了某些本土美国人的恐惧和憎恨，正如早期移民到来时引发的情绪一样。有些人排斥移民是出于普遍的恐惧和偏见，把移民的"外国特性"当作城市生活紊乱和腐败的根源。一家芝加哥报纸在"秣市爆炸案"后不久，针对罢工的移民工人写道，"这些人不是美国人，而是欧洲的残渣……欧洲人类和非人类的垃圾"。西海岸的本土美国人在文化上对墨西哥、中国和日本移民也有相似的反感。其他本土劳工也对移民愿意接受低工资、愿意取代罢工工人的岗位非常反感。

<small>本土主义</small>

日益增加的本土主义引起了政治反应。自学成才的律师亨利·鲍尔斯（Henry Bowers）对天主教徒和外国人怀有深深的仇恨。1887年，他发起成立了致力于阻止移民潮的组织"美国保护协会"。到1894年，该组织的成员据报道已达到50万人，分会遍布东北部和中西部地区。同年，5位哈佛大学校友在波士顿成立了一个更高层次的组织"移民限制联盟"。这个组织的宗旨是主张对移民应该有选择地接收，要通过识字考试和其他标准来区分哪些人值得接收，哪些人不值得接收。"移民限制联盟"避免了像"美国保护协会"那样采取简单的阴谋方式和偏激的仇外情绪。其复杂精巧的本土主义理论使许多受过教育的中产阶级支持其限制移民的事业。

<small>移民限制联盟</small>

在这些组织出现之前，政客们也在努力寻求"移民问题"的解决方案。1882年国会针对加利福尼亚州等地强烈反亚裔情绪做出反应，限制中国移民，尽管中国移民只占西海岸人口的1.2%（见边码第445—446页）。同年，国会禁止"不受欢迎"的人，包括罪犯、乞丐和智力不健全者"进入"美国，并对每位入境者征税50美分。后来，19世纪90年代的法律扩大了禁止入境者的范围并提高了税额。

但是这些法律只挡住了少数外来人口，其他更严格的限制移民提案也收效不大。1897年国会通过一项提案，要求移民必须达到一定文化水平。但是格罗弗·克利夫兰（Grover Cleveland）总统否决了该提案。限制移民的成效有限，因

<small>廉价劳工的优势</small>

移民受到攻击 20世纪初最著名的正式漫画家之一路易斯·达尔林普尔在1903年发表这张漫画,猛烈抨击他所谓的"移民高潮"。他公开地表达了自己的观点,认为危险不仅来自移民的人数,而且来自移民的来源和他们来自社会底层的特性。(Special Collections, New York Public Library, Astor, Lenox and Tilden Foundations)

为很多本土美国人并不害怕移民,反而欢迎移民并对限制移民者施加了强大的政治压力。移民为迅猛发展的经济提供了充足的廉价劳动力;很多雇主指出美国工业(事实上也包括农业)的发展离不开移民。

二、城市景观

城市是一个充满强烈反差的地方。这里有几乎无法想象的深院豪宅,也有难以形容的贫屋陋舍。这里有前辈们闻所未闻的便利条件,也有令社会无力解决的问题。无穷魅力和问题丛生都是城市迅速发展的结果。市区人口膨胀刺激了重要的新技术和工业发展。但是,快速增长也带来弊政、贫穷、拥挤、污秽、流行病和大火灾。城市规划和建设无法跟上发展的速度。

开发利用公共空间

在18世纪和19世纪初,多数美国城市都是随意发展,很少有统一规划。土地拥有者自行决定建筑需求。官方基本上完全接受私人的决定,在城市的面貌方面没有起到多大作用。然而到了19世纪中叶,改革者、规划师、建筑师等开始呼吁更加有序的城市景观。其结果是对公共场所和公共设施的自觉开发利用。

弗雷德里克·劳·奥姆斯特德和卡尔弗特·沃克斯

在19世纪中期最重要的创新是庞大的城市公园,它反映了城市领导人强烈希望缓解城市过于拥挤的问题。公园成为人们逃离拥挤的城市生活的避难所,这方面，最成功的当属美国景观设计师弗雷德里克·劳·奥姆斯特德（Frederick Law Olmsted）和卡尔弗特·沃克斯（Calvert Vaux），他们联手在19世纪50年代末设计了纽约的中央公园。他们刻意创造了一个看上去尽可能不像城市的公共空间。他们没有因循欧洲城市里常见的公共场所井井有条的设计，而是创造了一个看上去完全天然的景观，尽管中央公园几乎每平方英寸都是经由他们精心设计和建造的。中央公园从建成之日起就成为世界上最著名也最受人欢迎的公共设施。由于中央公园的成功，奥姆斯特德和沃克斯还被聘请在布鲁克林、波士顿、费城、芝加哥和华盛顿特区等地设计公园和其他公共空间。

在创造宏伟的城市公园的同时，各城市也建成了其他宏大的公共建筑：如图书馆、美术馆、自然历史博物馆、剧院、音乐厅和歌剧院等等。纽约大都会艺术博物馆就是在19世纪末建成的规模最庞大，最负盛名的博物馆之一。在波士顿、芝加哥、费城和华盛顿特区等城市也出现了类似的博物馆，崭新奢华的图书馆相继出现在一个个城市，好像在肯定城市作为教育和知识中心的重要角色。

城市的富裕居民是推动规模宏大的公共建筑及公园建设的主要力量。由于他们自己物质和社会需求的增长，他们希望所在的城市公共设施能提供符合他们期望的舒适环境。赞助重要的文化设施建设是他们得到社会认可的一个有效途径。这种慈善行为，无论其背后的动机如何，都为整个城市创造了宝贵的资产。

由于城市的规模扩大和人们的愿望增长，城市领导人发起了许多里程碑式的建设项目改造城市形象。在巴黎、伦敦、柏林等城市的大规模重建项目的启发下，一些美国城市开始清除旧居民区和街道，代之以两侧林立着宏伟建筑物的气势恢宏的新街道。在推动城市改造的因素中，特别重要的事件是1893年的芝加哥哥伦比亚博览会，这是纪念哥伦布首航美洲400周年的世界博览会。广受欢迎的博览中心是一组新古典主义建筑群"白色巨城"。以当时时尚的"美术"风格设计建造，对称环绕在潟湖周围。它推动了后来的"城市美化"运动，该运动由"白色巨城"建筑师丹尼尔·伯纳姆（Daniel Burnham）发起，目的是在全国各地推行类似的秩序和对称，改变城市生活中的混乱无序。"不要做无关痛痒的小规划"，伯纳姆喜欢这样告诫城市规划者。他的追随者们决心重建所有城市——从华盛顿到芝加哥和旧金山。但是城市规划者很难解决土地私有制和繁杂的城市政策问题，因此仅仅实现了他们梦想的一小部分。美国城市的重建也无法与19世纪巴黎和伦敦的重建相媲美。

"城市美化"运动

努力改造城市，不只是专注于重新设计现有的景观，偶尔还会完全建设新城市。在19世纪50年代中后期的波士顿，人们填平大面积的沼泽滩涂建造了"贝克湾"。填土造地工程持续了四十多年的时间才完成，是当时美国最大的公共建设工程。开发此类工程的不只是波士顿一处，芝加哥也在密歇根湖填湖造地，为了解决泥地积水的问题还一度抬升了全城的路面高度。在华盛顿特区的另一个沼泽地，人们填平了大面积的泥水地，平整后以供建筑开发。在纽约和其他城市，解决空间有限问题的出路不是填土造地，而是兼并周围的土地。19世纪90年代起一股巨大的土地兼并浪潮使许多美国城市的市区面积极大扩张。

（旁注：贝克湾）

有钱人的住房

城市急剧扩张的最大问题之一是为每天涌入城市的成千上万的居民提供住房。有钱人不用担心住房，19世纪晚期的廉价劳动力供应以及建筑工具和材料的丰富大大减少了建筑成本，一般的中等收入者也买得起住房。

最富有的城市人群居住在城市中心富丽堂皇的豪宅里，他们居住的地方逐渐形成了豪华的"富人区"——纽约的第五大道、波士顿的贝克湾和比肯山、费城的社会山、芝加哥的湖滨大道、旧金山的诺布山等等。

一般的小康人士（后来也有越来越多的富人）趁着城市边缘地价低廉，在那里建造新居，并乘坐火车、有轨电车或者利用日益改善的道路进城工作。例如在19世纪70年代的芝加哥，据说有100个郊区住宅区与市中心有铁路相连，在这些居民区里可以享受"纯净的空气、安全的条件、宁静的生活和自然的风光"。波士顿也见证了最早的"电车郊区"（多切斯特、布鲁克林等）的发展，不仅照顾富有阶层，也满足了中产阶层的要求。中等收入的纽约人在曼哈顿岛北部的新郊区定居，乘坐有轨电车和汽船出入市中心。房地产开发商努力开发和推销郊区住宅，以满足许多都市人对农村景色的怀念之情。富裕的郊区，特别以草坪、树木和具有庄园特色的房屋而受人青睐。即使是一般的社区也竭力强调郊区为居民提供置地的机会。

（旁注：郊区的发展）

工人和穷人的住房

但是，大多数城镇居民既买不起城里的房子也没钱搬到新郊区，他们只能在城市里租房居住。因为需求大，空间有限，他们在租房时很少有讨价还价的机会，业主试图尽可能以最小的空间收取最高的租金。例如在曼哈顿，1894年的平均人口密度为每平方英亩143人，高于欧洲最拥挤的城市（巴黎每平方英亩127人，柏林101人），也远远超过那时及以后的美国其他城市。在一些居民区，例如纽约市东部贫民区，人口密度超过每平方英亩700人，为全世界最高水平。

房产主不愿意多投资于移民住房，他们相信不管住房状况如何出租房子都可以挣钱。在查尔斯顿、新奥良、里士满等南部城市，贫穷的非裔美国人住在摇摇欲坠的以前的奴隶小屋里。在波士顿，他们居住在廉价的三层木结构房屋（"三层甲板"）中，许多房子非常容易着火。在巴尔的摩和费城，他们挤在一排排狭窄的砖屋里。而在纽约，像在许多其他城市一样，超过100万人住在出租房中。

出租房里的洗衣房 在纽约和其他很多城市，居住在出租房里的家庭都得竭尽全力地谋生。照片中的这位妇女是许多工人阶级母亲的代表，她带着几个孩子在家中从事能够赚钱的活计（这里是洗衣服）。这间屋子里摆满了大桶和成堆要洗的衣服，但是婴儿床和宗教图画表明这也是她平时生活的房间。(Bettmann/Corbis)

"出租房"这个词原本是指向众多家庭出租的大楼，但在19世纪末，它只被用来代表贫民窟里的住房。纽约市建于1850年的第一批出租房曾被视为给穷人的居住条件提供了很大的改善。当地一家报纸评论说，"出租房是为劳动人民提供的便宜住房，比他们被迫委身的地下室和别的肮脏住处要好得多"。但出租房很快也成了"肮脏住处"——许多房间没有窗户，几乎没有下水管或中央暖气，而且厕所往往是在地下室里的成排旱厕。1870年纽约州的法律规定今后建成的出租房必须有窗户，建筑开发商的应对办法则是在楼房中加入小的不见太阳的通风竖井。最糟糕的是，出租房难以置信地拥挤，每个小房间要塞进三四个甚至是更多人。

出租房

丹麦移民、一家纽约报纸的记者兼摄影师雅各布·里斯（Jacob Riis），在他1890年的著作《另一半人如何生活》（*How the Other Half Lives*）中，用感人的照片和描写记录了租房人的生活，使美国中产阶级许多人感到震惊。他说，贫民窟的住房普遍昏暗无光，密不透风，充满"令人作呕"的"汗臭味"。"在黑暗的楼道里，你可能会被投掷硬币的孩子绊倒"。但许多改革者（包括里斯）所提倡

雅各布·里斯

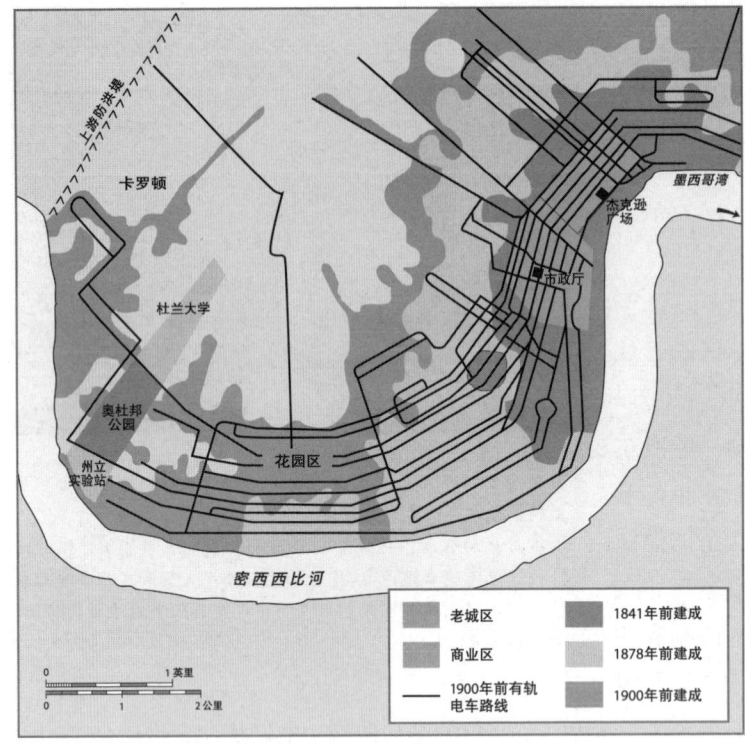

19世纪新奥尔良郊区的有轨电车 这张新奥尔良的有轨电车线路图说明了一个在很多城市不断重复过的模式：人们的居住方式随着新型交通工具的出现而变化。这张线路图说明有轨电车线路的出现使到达市中心变得更便捷。注意特别是在19世纪后40年城郊居住区的迅猛增长。
◆ 那个时代美国城市出现的其他公共交通形式还有哪些？
（彩图见第1076页）

的，也是政府有时采用的解决方案，即夷平贫民窟，却不提建设替代贫民窟的新住房。

城市交通

  城市发展给城市交通运输带来巨大的挑战。老城区的街道往往过于狭窄，难以应付巨大的交通流量。大多数街道没有铺上坚硬路面，雨天遍地泥水，晴天尘土满地。在19世纪后几十年，越来越多的街道用木块、砖头或沥青铺设了路面，但是铺路速度跟不上城市不断新建的宽敞大道。到1890年，芝加哥2000多英里的街道中只有约600英里铺设了路面。

  但路况不佳并非阻碍交通的唯一因素。原因还在于每天在城市穿梭的人群数量过大，以及公共交通建设的数量不足。一些城市在南北战争前就引进了马拉的有轨街车。但因为马车速度不够快，许多社区开发了新兴的公交运输方式。

  1870年，纽约开设了第一条高架铁路，噪音很大、污染严重的蒸汽机车在城市街道上方的铁轨上迅速穿行。纽约、芝加哥、旧金山等城市还尝试了靠在地下移动的电缆拖拽的电缆车。1888年，弗吉尼亚州里士满建成了第一条电车线，到1895年已经有850个乡镇和城市有电车系统运行。1897年，波士顿把一部分电车线路移到地下，开通了美国第一条地铁。与此同时，各城市也在发展道路和桥梁建设新技术。19世纪80年代，约翰·A.罗布林（John A. Roebling）设计的巨型钢缆吊桥——纽约布鲁克林大桥建成，堪称最伟大的工程技术奇迹之一。

"摩天大楼"

城市在向外扩张的同时也在向高处发展。直到19世纪中叶，美国几乎没有超过四或五层高的楼宇。就施工工艺来说，建造能支持高层大厦的支撑结构还很困难，造价太高；建筑使用者愿意攀登的楼层数也是有限的。但是到了19世纪50年代，机动载人升降机实验成功。19世纪70年代，使用铸铁和钢横梁施工的新方法也使建造高楼更加容易。

因此在南北战争之后没多久，高层建筑开始在各大城市出现。1870年，纽约"平衡大厦"建成，从街面到楼顶共有七层半高，是美国利用升降机建成的第一批高楼之一。几年后，在纽约、芝加哥以及全美各地出现了高达十至十二层的楼房。每过十年，美国高楼的规模和数量便成倍增长，到19世纪90年代中，"摩天楼"这个词开始成为描述这些高层建筑的流行用语。

现代的摩天大楼主要采用钢梁结构。第一幢使用这种技术的高层建筑出现于1884年的芝加哥。数年后纽约开始有类似高楼建成，并很快成为了世界上高楼最多的城市。位于曼哈顿岛上的纽约中心商业区向外扩张非常困难，于是选择了向高处发展，这是纽约高楼林立的基本原因之一。

摩天大楼发展初期最伟大的人物当属芝加哥建筑师路易斯·沙利文（Louis Sullivan），他将许多现代因素引进了建筑领域——超大窗户，垂直线条，有限装饰和强调建筑物高度的特点等等。沙利文的学生弗兰克·劳埃德·莱特，进一步扩大了这些创新的影响，他主持建设的无论高楼还是矮楼都体现了类似的特点。

钢梁结构建筑

三、城市生活的弊病

城市日益拥挤、缺乏足够的公共服务产生了严重的危害。犯罪、火灾、疾病、贫困和污染都给城市体系带来巨大的压力，政府和私人机构一度对此束手无策。

专业消防机构的发展

火灾和疾病

严重的问题之一是火灾。在一个又一个大城市里,火灾摧毁了市中心的广大地区,因为那里多数仍然是木质建筑。1871年,芝加哥和波士顿都遭遇了"大火"。其他城市(包括巴尔的摩和旧金山,后者1906年的大地震引发了灾难性火灾)也遭受了同样的灾难。大型火灾是可怕而且致命的经历,但火灾同时也推动了防火建筑的建设和专业消防机构的发展。在科技和建筑革新不断涌现的时代,火灾也促进了城市的重建。美国城市里一些现代化的、高楼林立的市中心在大火过后的废墟上拔地而起。

环境恶化

19世纪末20世纪初,多数美国人对现代环保主义理念一无所知。但在那个时代,很多美国城市环境恶化是显而易见且令人不安的事实。频繁的火灾、疾病与瘟疫的威胁、工人阶级极度拥挤的生活环境都是为工业化和快速城市化付出的环境代价。

在那个时代,生活垃圾和工业垃圾处理不当是几乎所有大城市的通病。这导致了河流湖泊的污染,而且常常累及城市饮用水。贫民区的情况更严重,这类社区排水管道简陋(有的社区甚至没有室内排水管道),户外旱厕污水直接渗入地下水,人们居住在过度拥挤的公寓房内。家畜的出现(直到19世纪末,马匹依然是主要的交通工具,但在贫民区还有牛、猪和其他动物)导致很多城市的空气质量非常恶劣。由于燃烧软煤释放出大量尘埃颗粒,伦敦饱受由此造成的"浓雾"困扰。美国人没有遇到过如此严重的问题,但是源自工厂、办公室、家庭及其他建筑物里的煤炉的空气污染不断,有时也非常严重。城市里呼吸系统感染和相关疾病的发生率远高于乡村地区,而且在19世纪后期迅速增加。

空气污染

到20世纪初,改革者们努力改进城市的环境状况,并开始取得显著成效。铺设了新的下水道和排水系统使饮用水不受污水处理的污染。到1910年,多数美国城市已经建成了造价高昂的污水处理系统,以保护居民的饮用水,并防止像过去那样由于水质不洁而引起流行疾病大爆发——如1837年孟菲斯造成5000多人死亡的黄热病。

公共卫生服务

美国劳工部观察员、医生爱丽丝·汉密尔顿(Alice Hamilton)是揭露工作场所污染的先驱。她记录下了诸如铅(她是最早一批发现铅中毒的医生之一)、化学废物和陶瓷粉末等潜在危险物质造成疾病传播的种种方式。尽管受到很多工厂主的极力阻挠，她仍致力于使公众注意到这些问题，至少在某些州唤起立法机构要求工厂主解决这些问题。1912年，联邦政府建立了公共卫生服务体系，以防治在服装业和其他行业中很普遍的职业病，如肺结核、贫血症和二氧化碳中毒等。该机构尝试为所有工厂设立普遍健康标准，但由于执法权力有限，其影响力并不大。然而，这一机构的产生明确了公共健康是联邦政府的责任，并使公众注意到环境因素会威胁健康。1970年，职业健康与安全局成立，赋予政府权力要求雇主提供安全和卫生的劳动场所，这也是公共卫生服务体系早期工作的宝贵遗产。

城市贫困

也许，城市扩张的首要后果是引起了广泛而且严重的贫困。虽然城市经济快速发展，但是新居民的绝对数量如此之大，决定了很多人无法满足基本生活需求。

公共机构和私人慈善组织能提供的救济非常有限。这些组织基本由中产阶级人士控制，他们相信过多救济会滋生惰性，而且贫穷是穷人自己的错误——源于他们的懒惰、酗酒或是其他不负责任的行为。很多人试图只把援助留给"值得援助的穷人"，即那些真正无法自立的人（至少符合这些组织自己的标准，他们做过细致的"调查"来区分"值得援助的人"和"不值得援助的人"）。

其他慈善社团，如救世军（1878年成立于伦敦；一年后开始在美国活动）更注重宗教复兴而非救济无家可归、饥不果腹的穷人。在本土新教慈善家和天主教移民之间，常常由于教义和道德标准的不同造成关系紧张。

> 救世军

城市里越来越多的穷孩子令中产阶级格外警觉。这些孩子有的是孤儿，有的离家出走，他们或独居或三五成群地到处寻觅食物。改革者对这些经常被称为"野孩子"的流浪儿给予了最多的关注，然而他们的关注没能带来解决问题的长期方案。

犯罪和暴力

贫穷和拥挤自然会引发犯罪与暴力。其中多数罪行较轻，例如扒窃、诈骗等，但也有些非常危险。19世纪末美国的谋杀案发案率快速升高（在欧洲该比率甚至正在下降），从1800年每百万人有25人被谋杀升高到19世纪末的超过100人——这一比例甚至比1980年代和1990年代最高的时候还要高一些。这在一定程度上反映出在一些非城市地区暴力现象严重：南方的私刑比例和杀人比例尤其高。西部新兴社区（贩牛城、采矿营地等）的流动性和不稳定性也导致了诸多暴

> 高犯罪率

力行为。但城市同样也是犯罪率提高的重要因素。本土美国人认为犯罪是移民团体暴力倾向的结果，并以众多移民聚居社区帮派和犯罪组织不断出现作为例证。但是在城市里，本土美国人和移民一样参与犯罪。

攀升的犯罪率促使很多城市建立规模更大、更加专业化的警察力量。在19世纪初期，警察机构往往是私人的非正式组织。然而，到19世纪末，专业化的公共警察局已经成为每一座城镇生活的一部分。他们和联邦地方检察官以及其他检察官员紧密合作，检察官的数量也在不断增加，而且他们在城市生活中愈发重要。但是警方本身也会催生腐败和残暴行为，特别是警察机构职务的任用通常具有一定的政治背景。近年来为人们熟知的关于警方区别对待白人和黑人嫌疑人或者区别对待富有和贫穷社区的投诉，在19世纪末也相当普遍。

有些中产阶级人士担心城市暴乱，觉得有必要采取更多形式的保护措施。很多由中产阶级精英人士建立并组成的城市国民警卫队团体，在富人居住区周围修建了极大的兵工厂，存储了大量武器弹药，以应付暴乱，但事实上这类暴乱从未发生过。

政治机器和老板

新到美国的移民，很多不会说英语，需要他人帮助以适应美国都市生活：美国法律、美国风俗、特别是美国语言。有些民族社区建立了自己的自助组织。但对于很多城内居民来说，主要的援助来源于政治机器。

老板统治　城市政治机器是美国最独特的政治体制之一。政治机器的存在源于城市无序发展而城市政府发展有限所造成的权力真空。它也是大型移民社区潜在选举力量的产物。任何能够动员这股力量的政客即使不能获得公职，也会获得巨大的影响力。于是出现了一批城市"老板"，他们本人或者父辈往往生于外国。其中很多是爱尔兰人，因为他们会说英语，而且在祖国时通过爱尔兰与英国的长期斗争积累了最初的政治经验。"老板"几乎都是男性（这并不奇怪，因为当时在很多州女性还没有选举权）。政治老板的职能很简单：为其所在组织赢得选票。这意味着赢得其选民的忠诚。为做到这一点，老板要为选民提供偶尔的恩惠———篮子蔬菜杂货、一袋子煤等等。他还可能出面营救由于轻罪而被捕的人免于牢狱之苦。如果可能，他还会为失业者找到工作。总之，他用恩惠来回报众多追随者：为他们在政府或者城市机关诸如警察机构（其在职官员往往受到控制）谋到职位；为他们在建设或运营新公交系统中安排工作；或者在政治团体内部提供出头的机会。

512　　政治机器还是敛财的工具。政客们通过各种形式的贪污和腐败为自己和盟友聚敛财富。有些可能采取公开形式，如纽约坦曼尼协会的乔治·华盛顿·普伦基特（George Washington Plunkitt）所说的"诚实贪污"。例如，某位政客预先发现有新的道路或者电车线路铺设工程，他就在附近买一块地，当市政府必须从他手里买走该地或是由于建设使土地升值，他就可以获取利润。但是也有隐蔽的贪污方式：帮助承包商获得修建道路、下水道、公共建筑或其他项目的合同以换取回扣；出卖公共设施和服务如有轨电车、供水系统、照明和供电系统的经营权。最著名的腐败城市"老板"是威廉·M.特维德（William M. Tweed），他是1860年代至1870年代纽约市坦曼尼协会的老板，他的贪婪最终使他在1872年锒铛入狱。

贪污腐败

　　来自中产阶级的批评人士视腐败政治机器为城市的瘟疫和进步的阻碍。实际上，政治组织虽然导致腐败，但也在城市基础设施现代化、扩大政府部门职能，以及为可能缺乏凝聚核心的政治和社会气候保持稳定等方面有所贡献。政治老板可能大多是出于贪腐的动机，但他们的成就往往超过小心谨慎的改革者所说的样子。

　　几个因素使老板的统治成为可能。一是移民选票的力量。和中产阶级的政治道德思想相比，移民们更关心的是得到政治机器可以提供但改革者不能提供的服务。另一原因是政治组织和富有的公民之间的关系，富人在和城市老板们的接触中获得利益因此反对推翻老板。还有一个原因是城市政府在结构上的缺陷。政府内部没有任何一位官员拥有决定权或全权负责。相反，权力分散在很多官员手中，并受州立法的制约。城市老板，由于掌握着政治机器，形成了"隐形政府"，一定程度上弥补了官方政府的不足。通过他的组织，即使他自己并没有

老板统治的原因

"擦亮坦曼尼的靴子"（1887年前后）　在漫画家约瑟夫·开普勒的这幅版画里，象征纽约市坦曼尼协会的一只脚重重踩在市政大楼顶上。坦曼尼协会的治安官（后来当选市长）休·格兰特正在用被该组织作为生命源泉的赞助擦靴子。从皮靴上垂下来的靴带上写着理查德·克罗克的名字，在老板特维德倒台后，克罗克是坦曼尼的主要领导人之一，从1886年到1901年他一直是该组织无可争议的头号人物。(Bettmann/Corbis)

公职，老板可以控制大多数官员。

城市机器并非没有竞争对手。改革团体常常利用民众对腐败老板的不满，成功把政治机器的政客赶下台。例如，在19世纪后几十年里，坦曼尼候选人在竞选市长和其他城市高官时输赢参半。但是，改革组织通常缺乏政治机器的韧性，他们的影响力通常只能维持几年，之后便逐渐消失。于是，很多批评政治机器的人开始探讨更基础性的改革：针对市政府的本质进行结构改革。

四、大众消费的崛起

中产阶级文化

对美国城市中产阶级而言，19世纪最后十年是巨大飞跃的时代。其实，就在那些年，独特的中产阶级文化开始极大影响美国人生活的方方面面。美国社会的其他部分——占人口大多数的既非城市人，又非中产阶级的人——则发展缓慢得多，或者根本没有发展。但那时几乎所有人都受到崛起的新兴城市消费文化的影响。

收入模式和消费模式

如果没有商品市场的扩张，美国工业发展也许不会如此迅速。社会各阶层的消费需求都有增长，不仅是因为新型生产技术和批量销售降低了消费品价格，而且也因为消费者的收入增加了。

收入提高

工业时代每个人的收入都在增加，尽管增加的幅度差距很大。虽然新型经济最显著的成果是创造了大量财富，但对于整个社会来说，更重要的是中产阶级的发展和繁荣。秘书、会计、中层经理等"白领"工人的工资在1890—1910年间平均增长三分之一，而且在某些领域中产阶级工资增长的幅度还要高得多。例如，医生、律师等专业人士的职业地位和收入都有大幅提高。

那些年中，工人阶级的收入也有所增加，尽管基数较低而且速度很慢。虽然工会运动受挫，钢铁工人在1890—1910年间的小时工资仍然增长了三分之一；但是在有大量女工、非裔工人或墨西哥工人的行业，如制鞋业、纺织业、造纸业、洗衣业以及商业性农业，工资增幅很小，南方几乎所有的工业也是如此。可是，这些行业的某些工人的家庭收入有所提高，因为女性和儿童外出工作以弥补丈夫和父亲收入的不足，或者是因为家庭从事租房、洗衣等服务以增加收入。

对于新兴大众市场同样重要的还有消费产品的开发和新型商业技术的出现，

这使得很多消费品首次进入大众市场。例证之一就是成衣的出现。在19世纪早期，多数美国人自己做衣服。他们从商人手里买布，有时自己织布，有钱人找私人裁缝定做衣服。但是缝纫机的发明和内战（及其对军服的需求）带给服装业的刺激，推动了成衣产业的巨大发展。到19世纪末，几乎所有美国人都从商店买衣服。

新型商业技术

一部分人开始关注个人风格。例如很多人对女性时尚感兴趣，这曾经是有钱人做的事情。现在中产阶级甚至工人阶级的妇女都力求发展独特的穿衣风格。以前只有富人拥有的衣柜，如今对其他社会阶层来说也很普通。一些新建房屋或高级住所都会有衣橱。甚至遥远山村的人们也可以从邮购商号订购更时尚的衣柜。

大众市场兴起的另一例证是美国人购买和准备食物方式的改变。19世纪80年代，盒装罐头的发展和生产造就了一个新的大型工业，专门从事罐装食品和（19世纪50年代由盖尔·伯顿发明的技术制造的）浓缩牛奶的生产与销售。有冷冻设备的列车使易变质食品（肉类、蔬菜、奶制品等）能够在经历长途运输后依然保持新鲜。人造冰的出现使很多家庭能够买个冰盒放在家中。这些变化的重要性在于，人们的饮食和健康水平提高了。20世纪前20年，美国人的平均寿命延长了6年。

连锁店和邮购商号

市场的变化也改变着美国人的购物方式。本地的小商场面临着与连锁店的竞争。早在19世纪50年代初，大西洋和太平洋茶叶公司（the A&P）就开始建立全国零售店网络，在内战后更是迅速扩展。1879年，F. W. 沃尔沃斯（Woolworth）在纽约尤蒂卡开办了他的第一家"五分十分店"，继而发展成为全国性的纺织品连锁店。连锁店卖的商品比那些当地与之竞争的零售商店要便宜。从一开始，已经开设了店铺的商人就反对连锁店的建立，他们害怕自己会被淘汰。其他担心连锁店会破坏本社区特色的人也表示反对（这种争论一直持续到21世纪沃尔玛、巴恩斯、诺布尔等连锁店的普及）。大多数顾客，不管他们多么忠于本地店铺，却始终抵挡不住连锁店提供的种类繁多的廉价商品。

连锁店

连锁店要发展到偏远的乡村还需要时间，那里的人们还是依靠库存不多且非常昂贵的商店。但是农村人逐渐通过大的邮购商号接触到新的消费领域。在1872年，芝加哥旅行商人蒙哥马利·沃德（Montgomery Ward）与农业协会格兰奇(Grange，见边码第535页)合作发布了一份商品邮购目录。到了19世纪80年代，他以低价格向西部的农民提供了数千种商品。不久他就与1887年西尔斯·罗巴克

邮购商品目录的社会影响

(Seats Roebuck)建立的公司展开了激烈竞争。同时,沃德和西尔斯的商品目录改变了偏远地区人们的生活,把新的时尚、家庭装饰介绍给他们,还为他们带去了新的工具、机器、以及科学技术。

百货公司

在大城市里,百货公司的出现(在欧洲出现更早)改变了人们的购物习惯并且使购物变成了一种诱人的活动。马歇尔·菲尔德(Marshall Field)在芝加哥创建了美国最早的百货大楼之一,其他城市也纷纷效仿,如纽约的梅西百货大楼,布鲁克林的亚伯拉罕与施特劳斯商场,波士顿的约旦·马什与法林百货大楼,费城的沃纳梅克百货大楼。

百货大楼从几个方面改变了购物观念。首先,他们将之前分散销售的各类商品集中到一处。第二,百货公司努力营造一种令人好奇和兴奋的环境,使购物成为一种有意思的活动。新的商场装修精致,处处体现出豪华和高雅。这里有餐厅、茶馆和舒适的休息室,表明购物既是实际需要也是一种社交活动。百货公司是重要的公共场所,在那里妇女们能够和其他顾客以及服务员体面地来往交流。百货公司雇佣穿着得体大方的女职员,为顾客提供令人满意的服务。第三,百货大楼像邮购商号一样利用其规模优势以低廉的价格销售商品,以此与那些个体商店竞争。

女性消费者

大众消费的提升尤其对作为家庭消费主体的美国妇女有较为显著的影响。由于女性服饰风格比男士时尚的变化更快更明显,因而刺激了更频繁的消费。女性通常为她们的家庭准备和购买食物,新食品的出现不仅改变了人们的饮食习惯,也改变了妇女购

蒙哥马利·沃德百货商场 这是一张1880年芝加哥市中心的蒙哥马利·沃德百货商场的广告海报。海报设计者除去了商场的外墙以展示商场内琳琅满目的商品,海报的标题是"大商场"。(Chicago Historical Society)

物和烹饪的方式。

消费经济为女性提供了上岗的机会,她们不仅可以在百货公司当职员,还可以到发展迅速的餐馆当服务员。消费经济还引起了一次保护消费者的运动,女性在其中起到了重要的作用。19世纪90年代弗洛伦斯·凯利(Florence Kelley)倡导全国消费者协会(the National Consumers League),旨在尽力动员女性消费者的力量,迫使零售商和制造商提高女性的工资,改善工作环境。通过把自己定位为消费者,许多中产阶级的妇女能够确定立场积极参与公共活动。实际上,出于消费原因和其他很多原因,发动女性成为19世纪末一项重要的政治运动。

五、消费社会的休闲娱乐

与消费增长息息相关的是人们对娱乐兴趣的增长,在一定程度上是因为人们的业余时间不断增加。都市中产阶级和职业阶层有了大量的业余时间——晚上、周末,甚至假期(以前这些是工薪阶层从未听说过的)。许多工厂工作时间变短,从1860年每个星期平均大约70个小时减少到1900年的每个星期不足60个小时。工人们仍然每周工作六天,但是他们在晚上的工余时间增加了。甚至农民们也发现农业机械化给他们带来了更多的闲余时间。很多美国人的生活日趋细分,工作时间和闲暇时间区别分明,这种情况前所未有。这种变化为人们寻求新型的娱乐和健身方式创造了条件。

重新定义休闲娱乐

变化使人们赋予休闲新的定义。在过去,很少有美国人觉得休闲是一件有价值的事情。相反,很多人把休闲娱乐等同于懒惰和懈怠。很多美国人认为类似于"安息日"静养的"休息"是有价值的,它为精神反省提供了时间,为工作储存了精力。但是消遣(花时间娱乐而没有什么收获),不仅仅是大多数人享受不到的,而且被认为是懒惰的表现。

休闲的新概念

但是随着经济的快速发展和工余时间的增多,许多人认为休闲时间是正常生活的一部分。产业工人追求减少工时,呐喊出"八小时工作,八小时休息,八小时随意"的口号。其他一些人坚持主张休息时间不仅是权利,更重要的在于有助于抒发情感和保证精神健康。

> 西蒙·帕滕

经济学家西蒙·帕滕（Simon Patten）是那些最早主张将休闲与兴趣消费紧密联系在一起的学者之一。他在《繁荣理论》（The Theory of Prosperity，1990）、《文明的新基础》（The New Basis of Civilization，1910）和其他著作中，对几个世纪以来认为供应紧缺是文明发展正常状态的传统观念提出了质疑。帕滕认为，在过去，由于害怕供应短缺，人们推崇节俭、自我否定和自我节制。但是在现代工业社会，供应短缺的问题已经解决。新经济不但能创造足够的财富来满足需要，还可以满足欲望。"我们现在处于过渡的阶段，"他写道，"从痛苦经济（紧缺经济）转向娱乐经济。"他声称这种经济的主要目的"应该是商品过剩和追求享乐"。

> 大众休闲

美国人开始习惯把休闲娱乐作为生活的组成部分，不仅进一步利用传统的健身和娱乐形式，而且还开始寻找新的娱乐方式。尤其在某些大城市里，大众娱乐的需要创造出了许多集观赏性、娱乐性及其他性质于一身的活动。19世纪末到20世纪初，城市娱乐的特点之一就是其高度公开性。娱乐意味着"走出家门"，到公共场所打发时间以便找到乐趣，同时结交朋友。成千上万的纽约劳动人民聚集到科尼岛的游乐园，不仅仅是去骑马，看表演，而且是去体味人头攒动的乐趣，目的和成千上万的人选择在舞厅、轻歌舞剧厅、音乐厅度过他们的夜晚一样。富裕一点的纽约人喜欢到中心公园消遣，在那里观赏形形色色的游人（同时自己也被人观赏）。20世纪初期，电影迷不仅被电影本身所吸引，还沉醉于那些出现在奢华电影院的人们的激情。就像是体育爱好者既喜欢运动又喜欢人群一样。

大众娱乐并没能缩短阶级、种族、性别之间的距离。大的集会和体育活动一般只限于男人参加。去购物（其本身正成为一种有价值的娱乐活动）、去茶馆或者去小餐馆符合女性的娱乐特点。电影院、酒吧和俱乐部往往是为特定的种族群体和工人阶层开设的。事实上，很少有地方能看到不同背景的人聚集在一起。

当不同阶级的人真正有机会相处的时候，例如，在城市公园里，人们会就什么是适当的公共行为问题发生很大分歧。例如，纽约市的一些精英人士要求在中央公园只允许进行宁静"高雅"的活动，工人阶级则希望在公共场所举行体育和娱乐活动。但尽管存在着阶级、种族和性别差异，娱乐活动仍有助于维护充满活力的大众文化。

观赏性体育运动

对公共娱乐形式的追求促进了有组织的观赏性运动的发展，尤其是棒球在19世纪末已经成为一项全国性的娱乐活动。一种与棒球很相似、来源于板球，被叫作"圆场棒球"的运动在19世纪初的英国一度流行。该运动1830年代在阿布那·道布尔戴（Abner Doubleday）发明棒球之前传入美国，当时有各种玩法（事实上，道布尔戴和发明棒球没有多大的关系，他本人对体育不感兴趣。1840年代纽约市棒球俱乐部成员亚历山大·卡特赖特［Alexander Cartwright］才是棒球规则的制定者，我们今天的许多规则和特色都源自于他）。

到了内战结束时，人们对棒球的兴趣大大增长。有200多个业余或半职业棒球队和俱乐部存在，很多队伍参加国家联盟并同意采用标准规则。第一个有固定工资收入的球队是"辛辛那提红袜队"（Cincinnati red stockings），成立于1869年。其他的城市也开始成立职业球队，在1876年，这些队伍在艾伯特·斯波尔丁（Albert Spalding）的倡导下成立了国家联盟。很快又出现了与之竞争的美国协会，该组织后来瓦解，但在1901年美国联盟出现取而代之。1903年，首次世界现代棒球赛开赛，国家联盟的波士顿红袜队打败了美国联盟的匹茨堡海盗队。那时，棒球已经成为一项重要的商业活动和全国性事件（至少对男性如此），吸引了人批付费看比赛的观众。

职业棒球大联盟

第二大流行运动是橄榄球。该运动首先吸引的是男士精英阶层，一定程度上是因为其起源于大学校园。美国的首次大学校际橄榄球比赛于1869年在普林斯顿大学和拉特格斯大学之间进行，随后成为校园生活的一部分。最初的高校橄榄球赛和现在差别很大，更像今天的"英式橄榄球"；但是到了1870年代，这项运动的标准固定下来，具备了现代美式橄榄球的基本特征。

大众文化模式 科尼岛

20世纪初居住在拥挤城市里的美国人渴望能逃离城市生活的喧嚣、恶臭、闷热和压力。富裕家庭可以旅行到度假地或乡间别墅。但是多数城市居民支付不起远途旅行，于是富有雄心的企业家们试图为他们提供家门口的游乐场所。此类消遣去处中最著名的当数纽约布鲁克林的科尼岛（Coney Island），那里一度是美国最著名、最流行的城市度假地。

从19世纪初期，科尼岛就是著名的旅游目的地，因为那里离纽约很近，而且有宽阔的沙滩。第一家度假旅馆建于1824年。在1870年和1880年代，为吸引纽约游客，投资商兴建了从纽约直通海滩的铁路线，并创建了引人入胜的游

大象酒店 建在一只巨大的木质大象里,这家酒店是科尼岛成为游览胜地后,吸引游客的早期景观之一。这张照片摄于1890年,当时科尼岛的开发还处于初级阶段。(Photo Collection Alexander Alland, Sr./Corbis)

艺设施,诸如大型舞厅和饭店、一座300英尺高的铁塔、一座巨型大象形状的酒店,在大象头顶还有一座观礼台。但科尼岛真正的成功始于1890年代,此时这里的游艺设施和种种景观达到了新的水平。1895年开放的海狮公园展出受过训练的海狮,并提供各种独特的水上航行活动。两年后,开业的竞技公园以机械跨越障碍游戏吸引游客,游客可以体验作为赛马骑师的感受,还可以感受有活动地板的房屋、听到由压缩空气引起的巨大爆炸声。

当时,科尼岛也常常举行真正的赛马、拳击和其他体育活动,还是赌场、酒吧和妓院的聚集地。从一开始,富有的中产阶级就给科尼岛冠以粗鄙下流之名。一位游客在1915年写道:"如果所有这些聚集在一起充作旅店的简陋棚屋、粗鄙的度假地和住房以及其他东西被从地球上抹掉,社区的感恩节活动也能更有秩序。"但是对于构成绝大多数游客的工人阶级移民和中产阶级下层人士来说,这里是神奇刺激、远离都市的胜地。

科尼岛最吸引人的场所——月神公园于1903年开放。那里不仅有各种骑行

月神公园明信片 科尼岛的游客给亲朋好友邮寄了数以百万计的明信片,这些明信片成为了游乐公园最有效的宣传手段之一。这张明信片上的图案是科尼岛多年长盛不衰的景点月神公园灯火辉煌的入口。(Bettmann/Corbis)

和特技表演，还有各种迷人的异国景色和探险经历的复原场景：日本花园、有游船的越南运河、中国剧院、模拟登月旅行，以及模拟的种种灾难，如大火、地震，甚至有摧毁庞贝城的火山爆发。一年后，一家竞争对手的公司兴建了"梦幻乐园"，园内建有一座高达375英尺的高塔（仿照西班牙塞维利亚一座著名的建筑兴建）、三环马戏厅、马车赛道以及《格列佛游记》里的"小人国"等，以期超越月神公园。梦幻乐园还试图营造一种令人舒畅的环境和附近拥挤的城市形成对照，这里有新古典主义建筑、正式的花园以及鼓吹者宣称的"绝不拥挤的宽阔宏伟的大道"（梦幻乐园毁于1911年的一场大火）。

越野障碍公园 越野障碍公园1897年开园，很快就吸引了热衷于机械爬坡比赛的人们。(*Brown Brothers*)

在那些年，科尼岛的流行成为一种现象。数以千计的人们涌入沿海滩修建的大型度假酒店。更多的人从城里乘火车或地铁（1920年后）到此一日游。在1904年，月神公园平均每天接待游客9万人。周末，科尼岛邮局要投递25万封明信片，这些明信片在本地和全国使旅游地更加名声大振。

科尼岛的成功反映了世纪之交都市美国人的种种强烈冲动。从最简单的层次来看，它可以帮助游客逃离周围大型都市的燥热和拥挤。但它还为人们提供很多别的东西。它让那些没有机会旅行的人们观赏到了现实生活中永远没有机会经历的异国风景和奇特事件。对于移民来说，他们很多人居住在只有本民族聚居的社区，科尼岛为他们提供了和来自不同背景的人群平等体验美国大众文化的方式。几乎所有喜爱科尼岛的游客都有这种感受，部分原因是这里可以让人们摆脱控制美国生活的上流社会的行为标准。在科尼岛的游乐园里，人们抛弃了繁文缛节，在那些平时会觉得尴尬或者不当的场合中寻找快乐：女性的短裙被热空气吹过头顶，小丑用橡皮船桨和河水逗弄游人；在乘坐游车和其他游艺设施时与陌生人的身体接触，在沙滩上只着泳装的男女，到处充满了性自由的种种暗示。

科尼岛在20世纪前半段仍然非常受人欢迎，今天依然吸引游客到来（尽管人数已大为减少）。但是其全盛时期在一战之前，因为这里的奇幻景色和刺激冒险在当时的美国文化中独树一帜。到1920年代，广播和电影开始为人们提供独特的大众消遣，并融入了美国主流文化，为移民所青睐，科尼岛便不再是前人眼中那种绚烂夺目、无可匹敌的奇幻之地了。

大学橄榄球运动兴起

随着在大学中的流行，橄榄球开始传播到全国各地，特别是中西部地区的大学，它们注定要取代东部学校成为橄榄球运动的主力军。但是从那时开始，也出现了一直伴随该运动的带有职业体育特点的弊端，一些学校使用"替补队员"，即没有高校学籍的冒牌选手。为了尽量革除这一弊端，1896年芝加哥大学的体育主任兼校队教练阿莫斯·阿隆佐·斯塔格（Amos Alonzo Stagg）召集成立了"西部协会"，或者称"十大高校"，制定了关于选手参赛资格的规则。

全国性体育运动　在现代棒球联盟成立之前很久，美国绝大多数地区的地方棒球俱乐部已经非常活跃，把棒球运动推广为"全民运动"。这幅名为"冠军争夺赛"的作品描述了1886年在坐落于与纽约市隔河相望的新泽西州霍博肯的著名公园伊力森球场举行的一场比赛。(*National Baseball Hall of Fame and Museum, Inc.*)

弗洛拉多拉六人组 弗洛拉多拉六人组是19世纪末20世纪初广受欢迎的歌唱组合,他们的表演成为当时很多城市和度假区的轻歌舞剧和滑稽表演舞台上的固定节目。照片中展示的是他们在1896年开张的纽约市著名的"韦伯与菲尔茨"音乐厅的一次盛装演出。(Bettmann/Corbis)

橄榄球也因比赛的暴力性而逐渐闻名;1905年18个大学生因球赛受伤致死,超过一百人严重受伤。伤亡事件最终引发了由西奥多·罗斯福(Theodore Roosevelt)总统发起的白宫体育规划会议,结果一个新的高校运动协会诞生(1990年以后以"国家高校体育协会"著称,简称NCAA,旨在修订竞赛规则,提高比赛安全、提倡诚实参赛)。

同一时期,其他可观赏的运动也相继出现。1891年马萨诸塞大学体育部主任兼教练、加拿大人詹姆斯·A.奈史密斯(James A. Naismith)博士在马萨诸塞州斯普林菲尔德发明了篮球;饱受争议的拳击运动则主要在都市工人阶级中流行,到1880年代,特别是在"昆斯伯里侯爵规则"实施之后(要求拳击手戴手套,每局打三分钟),它变得更受欢迎而且在某些地区成为了受人尊重的运动。第一位现代拳击英雄是1882年夺得重量级冠军的约翰·L.沙利文(John L. Sullivan)。即便如此,直到一战后,在一些州拳击还是违法运动;此外,从殖民时期开始流行的赛马运动在大型跑道建设和大型比赛(例如"肯塔基大赛")的带动下,迅速商业化。

从萌芽时代起,观赏运动就和赌博关系密切。从一开始就有人在篮球和橄榄球上下注,有些甚至被地下赌博团操纵。棒球史上最有名的一次赌博是1919年世界棒球联赛上芝加哥白袜队(White Sox)的一"掷"(后称"黑袜丑闻")。结果,球赛中一些著名球员被终生禁赛,并成立棒球委员会彻底"清理"比赛队伍。此

赌博与体育

外，赌博困扰着拳击运动的整个历史，出于下注者的利益，主办方频繁对比赛进行"调整"。而不断商业化的赛马运动的组织过程都公开围绕赌博进行，就连跑道本身的胜率几何都可以让人下注。

不断发展的观赏运动和赌博主要面向男士，以满足那些在城市里失去经济独立而且不再参与剧烈身体活动的男性创建独特男性文化的愿望。不过并不是所有体育运动都属于男性，大量以女士为重要参与者的运动不断涌现。19世纪末高尔夫和网球很难吸引大批观众，但却在较富裕阶层的男女中快速发展。在1890年代男性和女性都喜欢自行车和槌球运动。女子大学也开始向学生介绍各种剧烈运动项目——田径、划船、游泳和篮球（从1890年代末开始），对一度占统治地位的关于从事剧烈运动对女性有危险的传统观点发起了挑战。

音乐和戏剧

民族剧院　　很多少数族裔社区保留了自己的剧院，移民可以在那里听到祖国的音乐，看到喜剧演员拿他们在新世界的经历开玩笑。意大利剧院继承了意大利歌剧的传统，创作了很多抒情歌剧。意第绪（Yiddish）剧院建立在美国犹太人生活经历的基础上，并成为了一大批杰出的音乐家和剧作家的培养基地，后来他们在主流的英语剧院中发挥了巨大的作用。

城市剧院也催生了最独特的美国娱乐形式之一：音乐喜剧，它从欧洲剧院的滑稽短剧演化而来。爱尔兰歌舞杂耍演员乔治·M.科汉（George M. Cohan）成为20世纪初期第一位伟大的音乐喜剧开创者。在创编诸多演出的过程中，他谱写了一系列爱国歌曲，如《胜利歌》《在那里》《你是一面古老的旗帜》等，这些歌曲在以后的几十年中依然流行。意第绪剧院的元老欧文·伯林（Irving Berlin）在他漫长的职业生涯中为音乐剧谱写了1000多首歌，包括《亚历山大的滑稽乐队》和《上帝保佑美国》等流行金曲。

滑稽短剧　　从法国戏剧演变而来的滑稽短剧是20世纪前10年最受欢迎的城市娱乐方式。甚至沙龙酒吧和小社区剧院也能雇佣滑稽剧团为顾客演出，滑稽剧中包含各色人物（音乐家、喜剧演员、魔术师、杂耍演员等等），而且（至少在一开始）制作费用不高。随着滑稽短剧的经济效益逐渐提高，一些推广者——主要是纽约的弗洛伦茨·齐格菲尔德（FLorenz Ziegfeld）——排演了更加精致的演出。滑稽短剧还是仅有的集中允许黑人演员参加的娱乐形式。他们为滑稽短剧引入了19世纪末专为黑人演出的说唱表演成分。

电影

直到收音机和电视机发明前,电影是最重要的大众娱乐方式。托马斯·爱迪生和其他科学家在1880年代发明了电影技术。不久以后,观众就可以在商场大厅、美分游乐场和游乐园通过单人镜头观看电影短片了。不久,大型放映机可以把影像投射到大银幕上,更多的人可以在剧院观看电影。

到1900年,大量美国观众沉迷于早期电影——这类影片通常没有情节,只有火车、瀑布或者其他景观,主要是为了展示电影技术。D. W. 格里菲斯的无声大片——《一个国家的诞生》(1915)、《宽容》(1916)等——把电影带入了全新时代,这些影片情节严肃,拍摄精致。其中一些影片——特别是《一个国家的诞生》,颂扬三K党并贬低黑人形象——含有臭名昭著的种族主义言论。这从一个角度说明,早期电影的观众主要是白人。无论如何,电影作为第一种真正的大众娱乐媒体,普及到了全国各地和各种人群。

《一个国家的诞生》

工人阶级的休闲方式

休闲对工人阶级来说特别重要,一方面因为它在工人生活中还是新生事物,另一方面它和许多产业工人的艰苦生活环境形成了鲜明对比。与其他社会群体相比,工人的休闲大多在街上——独自或成群结队地散步,看街头表演,交朋友,说说笑笑。对于那些有时间但没钱的人来说,街头生活是友情和活力的主要来源。

男性工人休闲的另一个主要去处是酒吧。时间长了,去酒吧的总是同一批人,在这里可以碰到老朋友。酒吧往往带有种族特色,因为他们服务的对象是特定民族的群体。酒吧还是政治中心,酒吧老板因与社区中众多男性频繁接触而成为城市政治联盟的重要人物。当"反酒吧联盟"(Anti-Saloon League)和其他禁酒组织攻击酒吧时,他们提出的一个理由就是取消酒吧才能真正削弱政治集团的势力。反酒吧者也提出,酒吧有时是犯罪、暴力和色情活动的场所——一个通往城市阴暗地下生活的入口。

酒吧的重要性

拳击在男性工人中很流行。尽管许多工人没钱去观看著名英雄约翰·L. 沙利文和"绅士吉姆"·科比特("Gentleman Jim" Gorbett)的比赛,但在社区甚至酒吧有较小的拳击场所,由民族团体和其他组织举办的不戴手套的比赛,给男性提供了一个展示力量和勇气的机会,一种在工作环境中所不具备的东西。

1905年的廉价电影厅 在大型电影院兴起之前,城市家庭涌入廉价电影厅(Nickelodeons)看电影。这些影厅门票为5美分,每天上演多部不同影片,包括连续剧(每天都有一集新内容以吸引观众观看)。(*Brown Brothers*)

独立日

7月4日在美国工人阶级生活中扮演着重要角色。一方面,在一周工作六天、没有固定假日的年代里,除了行为受法律限制的安息日,独立日是几十年来工人阶级享受的少有的几个全休日之一。7月4日对许多民族和工人阶级来说是最快乐的一天。例如,在马萨诸塞州伍斯特市(Worcester),"爱尔兰古老传统"(一个爱尔兰组织)会为城市工人阶层举办野餐活动。还有一些爱尔兰戒酒组织和他们竞争,为那些不想喝醉的少数工人提供清醒、"高雅"的娱乐活动。其他民族团体也组织自己的庆祝活动——野餐、比赛、游行——不仅庆祝国家的独立,更是传播移民社区文化。此时,城市中的富裕中产阶级会远离这些活动,他们待在家里,或到城外休闲胜地举办家庭野餐。

在查尔斯顿这样的南部城市,国庆活动更为复杂,且深受内战和南方社会种族分离的影响。战后重建期间,查尔斯顿的非裔美国工人欢欣鼓舞地庆祝国庆,将这个节日视为将他们从奴隶制下解放出来的联邦的标志。在整个南方,7月4日是共和党和工人阶级或农业黑人主体选民的欢庆日。但南方白人渐渐控制这一节

独立日的重要性

日，特别是当地区和解消除了他们在改变地区种族文化上的压力。白人对黑人如何庆祝节日提出了更加严格的限制。同时，他们自己开始再一次认同爱国主义的种种象征。

个人追求

然而并不是所有的大众娱乐都是公共活动。许多美国人通过阅读小说和诗歌进行自我娱乐。所谓的"一毛钱小说"，装帧简单而且发行量大，于内战后开始流行，内容包括西部荒野故事、侦探故事、科学冒险故事（如汤姆·斯威夫特的故事），和"道德训诫"故事（其中有霍雷肖·阿尔杰的小说）。出版商也继续发行浪漫情感小说，如同关于饲养动物和小孩成长的书一样，赢得了大批女性读者。路易莎·梅·奥尔科特的《小妇人》(1869)成为不朽之作；它的读者大多数是女性，销量达到200多万册。

一毛钱小说

音乐也是个人消遣的一种流行形式。公众音乐演出自然吸引了许多听众。但是同样流行，而且更加便捷的形式是在家里演奏音乐。中产阶级家庭尤其重视学习一种乐器。中产阶级女孩子经常花费数年学习钢琴、竖琴或其他"宫廷乐器"，也会在家为朋友和家人表演。这些家庭音乐会使单曲乐谱的销量上升。

家庭中流行许多种音乐。富裕一些的家庭喜爱古典音乐，许多中产阶级家庭喜欢传统的抒情乐曲。非常流行的拉格泰姆旋律（一种起源于南方黑人音乐厅，后来蔓延到国家其他地方夜总会的音乐形式），在斯科特·乔普林（Scott Joplin）和其他拉格泰姆旋律作曲家第一次出版作品的时候，也就是19世纪90年代进入了家庭之中。

大众传播

城市工业社会为新闻和信息传播的新方法开创了一个广阔的市场。在1870年至1910年间，日报的发行量是原来的将近8倍（从不足300万份增加到2400多万份），比人口增长的速度高出3倍。而且由于各报的标准大不相同，美国新闻开始发展职业新闻。记者的工资得到提高；许多报纸开始区分新闻报道和专题评论；而且报纸本身成为一种重要的生意。

一个显而易见的变化是全国新闻服务中心的出现，它以电报形式向全国报刊提供新闻和特写，促进了其标准化进程。在世纪之交，主要报刊连锁企业也出现了。最具实力的是威廉·伦道夫·赫斯特（William Randolph Hearst）的报业集

报刊连锁企业出现

团,到 1914 年控制了九家报纸两家杂志。赫斯特和竞争出版商约瑟夫·普利策(Joseph Pulitzer)发展了后来所谓的"黄色新闻"——在报纸中用耸人听闻的消息和超大版面的插图来吸引更多的读者。另一个主要变化是美国杂志的性质。从 19 世纪 80 年代开始,出现了吸引大批读者的新杂志。先驱者之一是爱德华·W. 博克(Edward W. Bok),他在 1899 年接手了《妇女家庭杂志》,以广大女性读者为对象,发行量突破 70 多万册。

六、城市时代的高端文化

除了城市和工业的兴起所带来的大众文化的重要变化,在高端文化领域(知识分子和精英阶层的思想活动)也发生了深刻变革。在工业时代,即便"高端"和"低端"文化的区别也是相对新鲜的。在 19 世纪初,大多数文化活动吸引了各种背景的人,而面向所有阶层的群众。然而到 19 世纪末,社会精英阶层发展了自己的精神文化生活,和城市通俗文化形成了明显区别。

美国城市文学

一些作家和艺术家(例如具有本地特点的南方作家马克·吐温,在诸如《哈克贝里·费恩历险记》和《汤姆·索亚历险记》中)以唤起旧的、更自然的世界的方式对新工业文化作出反应,但其他作家则直接面对新秩序的挑战。

社会现实主义

19 世纪末 20 世纪初美国文学最强劲的动力之一是努力重现城市社会现实。这种现实主义倾向最早出现于斯蒂芬·克莱恩(Stephen Crane)的作品中。虽然他以其内战小说《红色英勇勋章》(*The Red Badge of Courage*,1895)而闻名,早期作品还有力揭露了工人阶级的悲惨处境。克莱恩在 1893 年出版的《街头女郎麦琪》(*Maggie: A Girl of the Streets*)中暴露了城市贫困和贫民窟生活的悲惨情景,引起了社会轰动。在鼓励作家摒弃早期优雅传统,转而关注当时社会混乱和不公平方面,西奥多·德莱塞(Theodore Dreiser)的影响更为重要。他在《嘉莉妹妹》(*Sister Carrie*)和其他后期作品(包括《美国悲剧》[*An American Tragedy*],1925 年出版)中体现了这些观点。

许多德莱塞的追随者描写美国穷人遭受的压迫。1901 年弗兰克·诺里斯(Frank Norris)出版《章鱼》(*The Octopus*),表现了加利福尼亚麦田农场主和铁路垄断资本家的争斗。社会主义小说家厄普顿·辛克莱（Upton Sinclair）在 1906 年出版的《屠场》（The Jungle）中暴露了资本主义制度的没落。他揭露了美国肉类加工厂中的虐待现象，虽然没能激起辛克莱所期待的社会主义性质的反响，但他帮助催生了解决此类问题的立法。凯特·肖邦（Kate Chopin）是一位南方作家，她的小说《觉醒》（The Awakening，1899）探索了传统婚姻的种种弊端，出版后遭到社会普遍攻击。小说描写了一位少妇母亲抛弃家庭，寻求个人自由的故事，在一些地方列为官方禁书。威廉·迪恩·豪威尔斯（William Dean Howells）在《塞拉斯·拉帕姆的发迹》（The Rise of Silas Lapham，1884）和其他作品中，描写了他关心的美国日常生活的空虚和腐败。

其他美国社会批评家并不以攻击的方式对待新社会文明，而是加以回避。历史学家亨利·亚当斯在 1906 年出版的经典自传《亨利·亚当斯的教育生涯》（The Education of Henry Adams）中把自己描述成一个在社会中苟且的幻灭、失意之人。小说家亨利·詹姆斯（Henry James）的成年生活主要在英国和欧洲度过，他创作了一系列冷酷的现实主义小说，如《美国人》（1877）、《贵妇人画像》（1881）、《大使》（1903）等，表达了他对现代工业文明，尤其是美国文明的矛盾心态。

逐渐普及的文化推动了读书俱乐部体系的广泛发展，其成员大多为女士，聚在一起讨论书籍。读书俱乐部在城市甚至小城镇快速激增，成员中有美国黑人，也有白人妇女。他们把文学变成了大量女性参与的社会活动，这一传统一直持续到 21 世纪。

城市时代的艺术

几乎整个 19 世纪的美国艺术都处于欧洲艺术的阴影之下。许多美国艺术家在欧洲进行研究甚至生活。但是也有人打破旧时代的传统尝试新的形式。精力旺盛的美国画家温斯洛·霍默（Winslow Homer）擅长描绘新英格兰海上生活和其他本土生活题材。詹姆斯·麦克尼尔·惠斯勒（James McNeil Whistler）是热衷日本水彩画的西方艺术家之一，他将东方技法引入了美国和欧洲艺术作品。

到新世纪的头几年，一些美国艺术家完全脱离了传统学院风格（在美国以杰出肖像画家约翰·辛格为典型代表）。而且许多年轻画家开始探索已成为美国文学主题的现代生活的严酷现实。所谓的"垃圾箱派"（Ashcan School）成员以惊人的自然主义的真实手法描绘当时的社会现实。约翰·斯隆（John Sloan）描绘了美国城市贫民窟的悲惨生活；乔治·贝洛斯（George Bellows）在拳击绘画中捕捉暴力

垃圾箱派

《理发师的橱窗》 这是美国所谓"垃圾箱派"艺术家约翰·斯隆1907年的一幅作品。斯隆和其他艺术家强烈反对他们认为死板形式主义的学院派绘画,而是选择表现日常生活的真实情景。1913年,他们在纽约举办的名为"军械库展览"的惊人画展震惊了艺术界。他们不仅展出了自己的作品(尽管有时选材比较大胆,这些作品在技巧方面较为传统),而且展出了已经开始探索全新艺术形式的欧洲改革派艺术家的作品。(Wadsworth Atheneum Museum of Art, Hartford, CT. The)

《邓普希和菲尔波》 20世纪初,拳击在城市工人阶级社区广受欢迎,当时艺术家乔治·贝洛斯开始描绘拳击场景。到1924年贝洛斯画下邓普希对菲尔波的比赛场面时,职业拳击已成为美国最受欢迎的体育运动。(Whitney Museum of American Art, New York; Purchase, with funds from Gertrude Vanderbilt Whitney, 31.95)

和冲动；爱德华·霍珀（Edward Hopper）探索现代城市的沉闷和寂寞。"垃圾箱派"艺术家也是美国最先欣赏印象派和抽象派的。1913年在纽约市，他们筹划的著名的富有争议的"军械库展览会"（Armory Show）表现出他们对新兴艺术形式的兴趣，展出了法国印象派画家和一些美国现代派画家的作品。

这些艺术家的作品标志着美国现代主义艺术运动的兴起，它和许多其他精神文化生活领域的运动遥相呼应，抵制对于19世纪艺术世界以"优雅传统"为特征的固有形式的严重依赖。现代主义者拒绝紧握过去，强调接受新主题和新形式。高雅传统强调文明的"尊严"和"高尚"（歌颂权贵阶层的成就），现代派歌颂普通人，甚至混乱无序。高雅传统把尊重过去和维持"标准"放在很重要的位置，而现代派展望未来、歌颂新生。最终，现代派成为正统。但在早期阶段，它主张摆脱死板的正规传统，争取个性解放。

达尔文主义的影响

19世纪末美国知识领域最重要的发展是广泛接受英国博物学家查尔斯·达尔文的卓越成果——进化论。达尔文认为人类通过"自然选择"的过程由早期的生命形式进化而来（而且最接近的物种是类人猿）。它挑战了"创世纪"的《圣经》故事以及几乎所有的美国传统宗教信仰。达尔文主义称，历史不是大多数美国人一直所信仰的那样由上天安排，它是一个由最凶狠、最幸运的竞争者所控制的无序的进程。

"自然选择"

进化论最初受到来自教育学家、神学家，甚至许多科学家的普遍抵制。然而到世纪末，进化论者说服了城市职业阶层和文化阶层的大多数人。甚至许多中产阶级新教领袖都接受了达尔文主义教义，在神学理论上做出重大调整以迎合进化论学说。进化论神圣庄严地进入中学和大学，严谨的科学家不再质疑它的真实性。

但当时大多数美国城市人未曾预见的是，达尔文主义的兴起导致了城市新兴都会文化（善于接受新观点，例如进化论）和主要出现在乡村的传统的地方文化（保持更多的正统宗教信仰和旧价值观）之间深深的裂痕。因此在19世纪末，人们不仅看到了与新的科学发现并行的自由新教的兴起，也看到了有组织的新教原教旨主义的发端，后者在20世纪20年代和80年代都展现了政治影响。

达尔文主义还引发了其他新思想运动。工业资本家狂热地用威廉·格雷厄姆·萨姆纳等社会达尔文主义者的学说为他们在美国社会的优越地位做辩护。但是也有更多的深奥哲学，如所谓的"实用主义"，似乎是美国物质文明发展的特殊

"实用主义"

产物。哈佛心理学家威廉·詹姆斯（William James），小说家亨利·詹姆斯之兄，是这一新理论最积极的倡导者，尽管早期学者例如查尔斯·S. 皮尔斯（Charles S. Pearce）和后来的约翰·杜威（John Dewey）也对其发展和传播起到了重要作用。在实用主义者看来，现代社会应该依靠科学实验作指导而不是传统观念和道德准则。他们宣称，任何观点或制度除非通过实验的检测，否则都是无效的。詹姆斯写道："对我们来说，真理的最终检验来自检验本身的启示或灵感。"

查尔斯·达尔文 达尔文的自然选择理论，也叫进化论，引发了生物学革命，同时也对宗教甚至社会思想产生了重大影响。达尔文主义理论挑战多数传统宗教，认为物种可以变化，这引起了长达数十年的神学争论，也被很多人滥用于当代社会问题。(Bettmann/Corbis)

科学探索的一个相似的观点正被引入社会科学，并且挑战了传统的正统学说。理查德·T. 伊利（Richard T. Ely）和西蒙·帕滕等经济学家主张更有效且科学地运用科学原则。爱德华·A. 罗斯和莱斯特·弗兰克·沃德等社会学家提出用科学方法解决社会和政治问题。弗雷德里克·杰克逊·特纳和查尔斯·比尔德等历史学家认为历史发展证明经济因素比精神理念更具决定作用。约翰·杜威提出一个新教育思想，即少强调传统知识的死板学习，而侧重于一种灵活民主的教学方法，这样可以使学生掌握能够帮助他们处理社会中现实问题的知识。

人类学的发展

达尔文主义同样间接地促进了人类学的发展，鼓励学者们从新的角度考察其他文化——特别是印第安文化。少数美国白人开始认为，印第安人有其自成一体的文化，尽管与白人文化截然不同，但其规范和价值观值得保护。不过这种观点在学术圈之外很少有人赞同，这种情况一直到20世纪更晚一些时候才有所改观。

普及教育

一个越来越趋向专门技术和科学的社会，自然是一个对知识有着高需求的社会。因此在19世纪末，美国开始进入一个院校迅速发展和不断改革的重要时期。

公共教育的发展

免费中小学教育的发展就是一个很好的例子。在1860年，全国仅有100所公立学校。到1900年，这一数字上升到6000所。1914年超过1.2万所。1900年，共有31个州和领地通过了义务教育法，但普及教育仍然遥不可及。另外，在筹建公立学校方面，农村地区远远落后于工业化城市。在南方，许多黑人根本没机会上学。

教育改革家（基本不相信人类学家的相对观念）寻求为印第安部落提供教育的机会并"教化"和帮助他们去适应白人社会。1870年代，改革者招募了一部分印第安人到汉普顿学校（一所黑人学校）就读。1879年，前军官理查德·亨利·普拉特（Richard Henry Pratt）在宾夕法尼亚组建卡莱尔印第安工业学校。像许多黑人学校一样，卡莱尔学校强调布克·T.华盛顿倡导的实用"工业"教育，同时强调印第安人脱离部落并接受白人的标准。其目的，用普拉特的话说，叫"杀死印第安人而拯救人性本身"。卡莱尔还推动了西部其他学校的建立。最后，由于印第安人的抵抗以及资金不足，管理不善，教学质量差，改革者的努力以失败告终。

在19世纪末，高等院校迅速扩大。这种现象的出现主要得益于内战时期的《莫里尔土地赠与法》——联邦政府为鼓励学院建设向各州特许土地。1865年后，南方和西部各州积极运用法律上的优势，在19世纪末的几十年间建成69所"政府赠地学院"，其中包括加利福尼亚、伊利诺伊、明尼苏达和威斯康星等州立高校体系。

"政府赠地学院"

其他大学主要获益于商业大亨和金融财团的捐款。洛克菲勒、卡内基等人均为哥伦比亚大学、芝加哥大学、哈佛大学、西北大学、普林斯顿大学、雪城大学和耶鲁大学慷慨捐助。其他的慈善家也创建一些新大学和组织，并以家族的名称命名，如范德比尔特大学、约翰·霍普金斯大学、康奈尔大学、杜克大学、杜兰大学和斯坦福大学。

妇女教育

内战之后的年代同样出现了妇女教育的机会。尽管妇女教育的机会仍然落后于男性，黑人妇女仍没有机会入学。

美国大多数公立学校都接受女性，但女性几乎没有机会接触到高等教育。内战结束时，美国只有三所学校同时招收男女学生。在战争过后的几年中，中西部许多土地授权院校以及康奈尔、卫斯理等私立大学开始接纳女生，但是男女同校制起到的作用不如创建一个女子学院重要。1836年就已存在的曼荷莲学院原是一所女子"神学院"，到1880年代成为一所成熟的女子学院。与此同时，其他全新的女子大学也开始出现：瓦莎学院、韦尔斯利学院、史密斯学院、布莱恩·莫尔

女子学院

学院、威尔斯学院和古社学院。一些大型公立大学在原校的基础上分建女子学院（如哥伦比亚大学的伯纳德学院和哈佛大学的拉德克里夫学院等）。女子学院的倡导者称在这里女性不会被男性在身体和能力方面视为"二等公民"。

女子学院是现代美国妇女历史的重要组成部分：标志着独特妇女社群的诞生。大多数教员和许多管理人员是女性（通常未婚）。而且还有妇女联合会，并在后来女性成为改革运动领袖的年代发挥了重要作用。大多数毕业女学生最后都结婚成家，但与没上大学的女性相比一般都成家较晚，而且因为一些原因在婚后或成为母亲后继续追求事业。大约超过25%的女性是不容忽视的少数派，她们没有结婚，全身心投入到工作中。布莱恩·莫尔学院的一位妇女声称："婚姻是事业的坟墓。"虽然这纯属夸张，但女性接受高等教育的增长明显使女性们获得了解放，使她们明白自己除了扮演妻子和母亲的角色外，还能在社会实践中发挥其他方面的重要作用。

小　结

19世纪最后几十年美国城市的迅速发展带来了伟大的成就，也导致了棘手的难题。城市成为教育、艺术和商业中心，极大促进了技术、交通、建筑和通信的发展。城市发展也为居民——以及大量游客——提供了各种各样的奇妙经历，于是很多农村人离开乡村搬到城市生活，而更多的人梦想得到这样的机会。

但是城市里也充斥着拥堵、垃圾、疾病和腐败。社会服务无法跟上城市人口的过快增长，大多数美国城市在这一时期忙于求助临时政府和临时技术来解决基础问题，诸如供水、排水、筑路、公共交通、消防、治安和防治传染病等。许多城市政府由政治集团和党派"老板"控制，是腐败无能的典型——尽管他们以非正式的方式为最需要他们的工人阶级和移民阶层选民提供了大量服务。虽然多数大城市政府的行政能力有限，他们还是尽力监督大型公共项目的实施，例如与私人开发商合作，修建公园、博物馆、歌剧院以及剧院等。

城市把不同种族、不同民族和不同阶层的人们从新兴工业时代创造的富有家庭到以移民为主的工人阶级——聚集到一起（移民们涌入城市，聚居在严格按照民族区分的拥挤的地区）。城市还孕育了新型的通俗文化，为女性提供了新的机遇（和风险），还造就了消费殿堂：商店、专卖店和当然最主要的大型百货商场。同时城市创造了公共消遣和娱乐场所：公园、剧院、运动场、游乐园以及后来的电影院。

城市生活给城市人以及在远处观望的人们带来了巨大压力，以至于在一些城市，中产阶级自发武装起来防备他们认为的穷人将要发动的暴乱。但事实上，美国城市明智而成功地适应了自身发展的需求，而且逐渐掌握了自我管理的方法，尽管不是完全公正和有效，但至少足以支持城市自身的生存和发展。

阅读参考

Lewis Mumford, *The City in History* (1961) 的作者是 20 世纪中期美国城市化的最重要的批评者和编年史作者。

John Bodnar, *The Transplanted: A History of Immigrants in America* (1985) 是关于移民的一部综合性历史著作，书中对 Oscar Handlin 的早期经典著作 *The Uprooted: The Epic Story of the Great Migrations That Made the American People* (1973, 2nd ed.) 发起了挑战。

William Leach, *Land of Desire: Merchants, Power, and the Rise of a New American Culture* (1993), 和 Kathy Peiss, *Cheap Amusements: Working Women and Leisure in Turn-of-the-Century New York* (1986) 的主题是以美国城市新兴城市大众文化。

Stuart Blumin, *The Emergence of the Middle Class: Social Experience in the American City, 1760–1900* (1989) 探讨了城市社会和文化。

T. J. Jackson Lears, *No Place of Grace: Antimodernism and the Transformation of American Culture, 1880–1920* (1981) 以编年方式记录了抵制新文化的种种模式。

Debby Applegate, *The Most Famous Man in America: The Biography of Henry Ward Beecher* (2006) 探讨了一位著名牧师兼现代事务代言人。

Roy Rosenzweig 和 Elizabeth Blackmar 合著的 *The Park and the People: A History of Central Park* (1992) 研究了美国最著名的公共公园的建设。

Edwin G. Burrows 和 Mike Wallace 的作品 *Gotham: A History of New York City to 1898* (1998) 详细记载了纽约非凡发展的历史。

John F. Kasson, *Amusing the Millions: Coney Island at the Turn of the Century* (1978) 记载并揭示了游乐园的历史，及其在美国文化中的地位。

Ric Burns 的电影作品 *Coney Island* (1991) 展示了美国最受欢迎海滨胜地的多彩历史。

Ken Burns 的纪录片 *Baseball* (1994)，以及 Geoffrey C. Ward 的同名书籍全面描述了棒球这项全国性的娱乐活动及其城市时代的根源，与种族关系、移民和通俗文化相关的广泛社会背景。

Ric Burns 的电影 *New York* (1999–2001)，及由 Ric Burns 等人创作的配套书籍 *New York: An Illustrated History* (1999) 全面记录了纽约的历史。

背负黄金十字架 威廉·詹宁斯·布赖恩在民主党全国大会上发表著名的《黄金十字架》演说,使他成为了民主党总统候选人。此后不久,漫画家格兰特·汉密尔顿创作了这幅作品。画作强调了布赖恩演讲中两个强大意象,即"荆棘冠"和"黄金十字架",两者都来自《圣经》,用于体现黄金标准对劳动人民的压迫。(*The Granger Collection, NY*)

第 19 章
从危机到帝国

19世纪晚期的美国与内战初期的美国已经截然不同。随着社会的迅速变革，种种社会和政治问题层出不穷，羸弱保守的政府不打算也没有能力解决这些问题。所以，美国在 1890 年代进入全国性危机的阶段丝毫不令人奇怪。

1890 年代的经济危机成为到那时为止美国有史以来最严重的一次危机。灾难性的萧条于 1893 年爆发，并很快加剧，给数以百万的美国人带来毁灭性的苦难。在这次大萧条中，农民是受到最严重打击的一个阶层，他们发动了一次被称为"平民主义"的农业政治运动，这次运动在短期内似乎使农民获得了真正的政治权利。面临严峻失业问题的美国工人阶级发动了大规模的罢工运动，在罢工中偶尔也使用暴力。内战以来，美国政治从未出现过如此分化严重和情绪狂热的局面。在农业英雄威廉·詹宁斯·布赖

大事年表

1867 年	全国赞助管理农场主协进会成立
1868—1878 年	古巴反对西班牙统治的十年斗争开始
1873 年	国会中止银币制造
1875 年	第一个"农民联盟"在得克萨斯成立
1880 年	詹姆斯·A.加菲尔德当选总统
1881 年	加菲尔德遇刺，切斯特·A.阿瑟继任
1884 年	格罗弗·克利夫兰当选总统
1886 年	最高法院在沃巴什案判决中限制各州干预商务
1887 年	《州际贸易法》通过
1888 年	本杰明·哈里森当选总统
1890 年	弗雷德·赛耶·马汉出版《海权对历史的影响》
	《谢尔曼反垄断法》通过
	《谢尔曼白银购买法》通过
	《麦金利关税法》生效
	南方和西北农联在佛罗里达州奥卡拉市召开全国代表大会
1892 年	克利夫兰再度当选总统
	平民党在奥马哈成立
1893 年	夏威夷美国种植园主策划革命
	商业和金融恐慌导致持续性经济危机
	国会废除《谢尔曼白银购买法》
1894 年	《威尔逊—戈尔曼关税法》对蔗糖的征税严重影响古巴经济
	《威尔逊—戈尔曼关税法》生效
	古巴爆发反西班牙起义
	考克西请愿军进军华盛顿
1895 年	合众国诉 E.C.耐特公司案削弱《谢尔曼反垄断法》
1896 年	威廉·詹宁斯·布赖恩在《黄金十字架》演讲后赢得民主党总统候选人提名

	平民党认可布赖恩总统资格
	威廉·麦金利当选总统
1898年	美国战舰"缅因号"在哈瓦那港爆炸
	国会向西班牙宣战（4月25日）
	杜威占领菲律宾
	美国和西班牙签署停战协议（8月12日）
	《巴黎协议》把波多黎各、菲律宾及其他西班牙领地割让给美国，并承认古巴独立
	美国正式兼并夏威夷
	"反帝同盟"成立
	美国经济开始复苏
1898—1902年	菲律宾反抗美国统治
1899年	海约翰提出"门户开放政策"
1900年	《弗勒克法案》允许波多黎各建立政府
	夏威夷获得国家领土资格
	中国爆发义和团运动
	麦金利再次当选总统
	《黄金标准法》通过
1901年	国会通过普拉特修正案
1912年	阿拉斯加获得国家领土资格
1917年	波多黎各人获得美国公民权

恩（William Jennings Bryan）和顽固保守的威廉·麦金利（William Mckinley）之间展开的1896年大选充满戏剧性却渐趋平淡。布赖恩是一位伟大的演讲者和竞选家，但最终麦金利轻松取胜，因为他得到了共和党的有力支持以及许多对西部的农业需求感到怀疑和不安的东部团体的支持。

麦金利在第一任期内没有解决任何社会问题和民众不满，但是无论如何经济得以复苏。虽然对经济萧条漠视不理，麦金利却对另一国家事务兴趣浓厚：古巴因与西班牙开战而陷入困境。1898年春天，美国对西班牙宣战，参与了古巴的冲突，四个月后这场短暂却血腥的战争以美国获胜告终。这场冲突一开始只是为了支持古巴脱离西班牙获得独立。但是一群狂热的、影响力巨大的帝国主义者将这场战争变成了一个机会，使美国能够进军海外领地，即波多黎各和菲律宾。虽然面临强大的反帝国主义运动，对前西班牙殖民地的占领依然在进行，其结果是把美国拖入了另一场帝国主义战争，这一次战争发生在菲律宾，而成为当地人民仇恨目标的不再是西班牙人，而是美国人。

一、均势政治

19世纪晚期美国政治最大的特点就是政党制度显著的稳定性。从战后重建直到1890年代后期，选民有明确的划分，或是支持共和党或是支持民主党，构成非常稳定。有16个州坚定而且始终如一地支持共和党，14个州（大多数在南方）坚定而且始终如一地支持民主党。只有5个州（最重要的是纽约州和俄亥俄州）摇摆不定，那里的选民通常最终左右全国选举的结果。在那个时代，除了两次失利之外，共和党赢得了几乎所有总统选举，但是在1876年后的5次总统选举中，民主党和共和党候选人的平均普选票得票率差距仅有1.5%。国会也处于同样稳定的状态，共和党基本控制了参议院，众议院则在民主党的掌控之中。

_{选举的稳定性}

大众对政党的忠诚度和政党之间的平衡一样惊人。在大部分地区，美国人积极追随他们支持的政党，其热情令后人很难理解。1860年到1900年间参与总统选举的人数通常超过合法选民总数的78%（而近年来各次选举该比例只有50%）。甚至在非总统大选年，也有60%到80%选民投票参与国会选举和地方选举。那时，大批本应有权选举的人们，如多数州的妇女、南方几乎所有的黑人和许多贫困的白人，没有获得选举权。但是其他成年白人男性则不受任何选举权的限制。

_{高投票率}

这种对党派无比忠诚的原因何在？当然不是因为政党在重要问题上的鲜明立场，政党很少这样做。对政党的忠诚源于其他种种因素，最重要的也许是地区问题。对于南方的白人来说，对民主党的忠诚是不容置疑的，这是他们战胜重建主义势力和维护白人至上地位的基本途径。很多北方人，不论是白人还是黑人，对共和党的忠诚同样强烈。对他们来说，林肯的政党仍然是反对奴隶制、反对叛国的强大堡垒。

宗教和种族的差异也对政党忠诚具有影响。民主党吸引多数天主教选民、新移民和穷苦的工人，这些身份往往会叠加在同一人群身上。共和党则深受北方新教徒、旧居民和中产阶层的欢迎——这些人群之间的身份叠加情况也很显著。在有关移民的问题上两党采取了差异鲜明的立场。共和党致力于支持一些限制移民的措施并且支持戒酒的法律，很多人认为这会对规范移民的团体产生作用。天主教徒和移民认为这种立场是对他们的人身和文化的攻击，所以坚决反对，民主党则和他们的观点一致。

党派认同更多地反映了文化倾向而不是经济利益的考量。人们倾向于某一党派，可能因为他们的父母支持该党，或者是因为他们所在的地区、他们的宗教，

_{党派认同的文化基础}

或者是他们的种族都支持该党。

国家政府

两党都设法避免在重大问题上发生分歧的一个原因是联邦政府（某些州政府和地方政府在一定程度上也是如此）几乎毫无作为。华盛顿的政府只负责投递邮件，维持军队、外交和税收。即使愿意承担其他一些责任，政府也没有相应的执行机构。

但是有一些很重要的例外，联邦政府几十年来一直支持国家的经济发展。19世纪晚期，政府主要通过联邦土地补贴的形式对铁路进行高额补助，鼓励铁路公司把线路进一步延展到全国各地，以此推动经济发展。而且正如克利夫兰总统干涉普尔曼罢工那样，政府也并不反对运用军队和警力来保护资本家，助其战胜工人阶级的挑战。

另外，联邦政府执行了向曾参加内战的北方退伍老兵及老兵遗孀发放养老年金的制度。在最高峰时期，这一年金制度曾向大多数北方男性公民（无论他们是白人还是黑人）以及很多北方女性支付年金。一些改革者希望该制度能长久持续下去并且得到普及。然而他们的努力遭遇了失败，某种程度上是由于内战养老金体系中充斥着政党福利和腐败。其他相信所谓"廉洁政府"的改革者目睹了养老金体系作为一种对抗贪污、腐败和党派统治的方式正在被淘汰。当经历过内战的一代渐渐逝去，养老金体系也随之而去了。

内战养老金体系

然而，从其他大多数方面看，19世纪晚期的美国社会缺乏一个现代化的国家政府。最强有力的国家机构是两大政党（以及掌握党派实权的大亨和政党权力机器）和联邦法院。

总统和官员任命

政党领导集团的权力对总统的权力有很重要的影响。总统的职位有巨大的象征意义，但是总统本人除了分配政府职权外几乎毫无可为。每一位新任总统和他身边人数很少的工作人员能做的，只是对大约10万个政府职位进行分配（大多数集中在唯一的大型政府机构，即邮政局）。即使在行使这项职能时，总统的权力也是有限的，因为他必须避免开罪本党内部的各个派系。

坚定派和混血派

有时这几乎是不可能的，拉瑟福德·B.海斯担任总统时就是这般情景。在他执政后期，两大集团——分别是由纽约的罗斯科·康克林（Roscoe Conkling）领导的坚定派和由来自缅因州的詹姆斯·G. 布赖恩（James G. Blaine）领导的混血派——争夺共和党的控制权。表面上，坚定派支持传统的、职业化的集团政治，而混血派则倾向于改革。实际上，双方真正感兴趣的是如何在职务任命方面获得更大的利益。海斯试图让双方满意，结果却令双方都不满意。

海斯不愉快的任期一直笼罩在权力分配斗争的阴影下。他的一项重要举措即建立内政服务体系没有获得任何党派的支持。他过早声明不会谋求连任进一步削弱了他的影响力（海斯的妻子支持禁酒政策，在白宫拒绝提供酒精饮品，因而得到"柠檬汁露西"的绰号，但这也没能提升他的受欢迎程度）。海斯在总统任期内始终忙于应对各种挫折。

1880 年，共和党设法保住了总统席位，在一定程度上是因为他们达成一致，在候选人提名中既包括坚定派又包括了混血派。他们提名来自俄亥俄州的混血派成员、资深国会议员詹姆斯·加菲尔德（James Garfield）去竞争总统职位，副总统候选人则是来自纽约的坚定派成员切斯特·A. 阿瑟（Chester A. Arthur）。民主党则提名温菲尔德·斯科特·汉考克（Winfield Scott Hancock）将军，他是一位内战时期的普通指挥官，缺乏全国影响力。得益于1879年经济萧条的结束，尽管普选票优势微弱，加菲尔德还是赢得了决定性的选举人票的胜利。国会两院仍然掌握在共和党手中。

加菲尔德上任后在职务任命方面公然反抗坚定派，并且支持行政改革。不久他就卷入了康克林和坚定派之间的公开纠纷之中。然而纠纷尚未结束，1881年7月2日，宣誓就职仅4个月的加菲尔德在华盛顿火车站被一个精神错乱的枪手

拉瑟福德·海斯总统和夫人 19世纪末有一系列总统受制于激烈的党派竞争，独立发挥自身领导能力的空间极小，因而政绩平平，海斯就是其中一位。这张照片表现了海斯和夫人想向民众展现的尊严和理智。总统夫人是禁酒令的倡导者，拒绝在白宫提供酒精饮品，因而赢得了"柠檬汁露西"的绰号。海斯本人的名声也不甚佳，由于在1876年有争议的大选中登上总统宝座，批评家在他的任期内一直称他为"欺诈阁下"。(Library of Congress)

加菲尔德被刺杀

（此人没能成功获得官职）连射两枪。枪手高喊："我是坚定派，阿瑟现在是总统了。"加菲尔德在病床上忍受了三个月的折磨后，终因枪伤和治疗不当而离世。

切斯特·A.阿瑟在加菲尔德之后继任总统。他始终忠诚、老练、公开支持政党分肥制度，是罗斯科·康克林的亲密盟友，但是在新任总统之后，由于意识到加菲尔德的遇刺事件令传统的政党分肥制声名扫地，他开始试图像前任海斯和加菲尔德那样极力采取独立的态度，甚至主张政治改革，令坚定派大失所望。阿瑟留用了加菲尔德时期的大部分官员，并支持行政改革。最后，1883年国会通过了第一个行政改革提案，被称为《彭德尔顿法》，规定某些联邦职位需要经过笔试进行筛选，而非由官方任命。初期，没有多少职位属于公务员范畴，而后来，这一范围不断扩大。

《彭德尔顿法》

克利夫兰、哈里森和关税

1884年的大选中，共和党的候选人是颇负盛名但饱受争议的缅因州参议员，詹姆斯·G.布赖恩。他被推崇者称为"高贵骑士"，但是对于很多人来说，他却是丑恶的政党政治的象征。一群心怀不满、被批评者称为"两边倒"的"自由共和党人"宣称，他们会脱离该党并支持一位诚实的民主党人。受其鼓舞，民主党推选来自纽约的"改革派"州长格罗弗·克利夫兰作为候选人。克利夫兰与布赖恩没有本质区别，不过他却享有反腐战士的美名。

在充满人身攻击的竞选中，决定选举结果的是最后阶段所提出的宗教问题。

劳工和垄断 这幅漫画出自1883年的《精灵》杂志，该杂志因对美国政治的讽刺而广受欢迎。漫画展现了平民党人和其他很多人士的共同情绪：即普通百姓（画中可怜的"劳工"形象和表情严肃的观众）毫无能力与企业垄断势力抗争。骑士的盾牌上写着"腐败的立法"，长矛上写着"受资助的媒体"，这些都表明（至少在漫画家看来）在压迫工人方面企业有很多的同盟。 (Culver Pictures, Inc.)

在选举前不久，一个新教牧师团到纽约拜访布赖恩，随后，其发言人塞缪尔·伯查德博士称民主党是"古怪的天主教反叛党"。布赖恩没有立即批驳伯查德的轻率言论，民主党则迅速散播消息，指责布赖恩竟然能容忍亵渎天主教。克利夫兰最终的险胜很可能是由于那些纽约天主教的信徒罕见地将大量选票投给了民主党。克利夫兰以219票对182票的选举人票数战胜了布赖恩，但是其普选票数仅比后者多2.3万张。

> 1884年大选

格罗弗·克利夫兰也许不受人们喜欢，但是因为他坚决正直地反对政客、贪污腐化、压力集团和坦曼尼协会，美国人对他颇为尊重。之前他就是人们熟知的"否决州长"，一个敢于说"不"的官员。有一段时期几乎没有美国人认为联邦政府能够或者应该做很多事情，而克利夫兰就是这个时期的形象代表。克利夫兰过去曾质疑保护性关税是否明智。他认为高额关税是联邦税收年度盈余的来源之一，而盈余会促使国会通过"随意"而"过分"的法案，他经常否决这类法案。于是，1887年12月，总统要求国会削减关税。民主党控制的众议院同意减税，但是共和党控制的参议院却通过了一个他们自己制定的、实际上提高关税的法案。这一僵局使得关税问题成为了1888年大选的焦点。

民主党再一次推举克利夫兰为候选人，并且支持减税政策。共和党选择了本杰明·哈里森（Benjamin Harrison），他虽然默默无闻，却颇受尊重（他是威廉·亨利·哈里森总统的孙子），而且支持关税保护。这是内战之后的大选中，两党第一次在经济制度上存在明显分歧，也是美国大选历史上最腐败、最不透明的一次竞选。哈里森以233∶168的选举人票打败了克利夫兰，但是克利夫兰的普选票数要比哈里森多10万张。

新公共问题

本杰明·哈里森作为总统的业绩也并没有比他仅就职一个月便去世的祖父多多少。哈里森没有明确的见解，也不愿干预国会事务。在哈里森消极执政时期，民众开始迫使政府去面对当时紧迫的社会和经济问题。其中最为突出的是，民众主张通过立法来抑制托拉斯的势力。

到19世纪80年代中期，美国西部和南部的15个州均已正式立法，明确规定禁止成立有碍竞争的企业联合组织。但是有些公司发现只要各州（譬如新泽西和特拉华）赋予它们特权，就可以轻易规避法律限制实现合并。支持者认为，若想真正让反托拉斯法有效，必须由中央政府立法。为响应民众呼声，参众两院于

> 《谢尔曼反垄断法》

1890年7月毫无异议地通过了《谢尔曼反垄断法》。大多数议员将该法案视为应对民众批评的象征性措施,其对于限制托拉斯组织并没有起到真正的作用。在随后的十多年中,法院对于执行《谢尔曼法》毫无热情,并逐步削弱该法的效力,因此《谢尔曼法》在这一时期并没有真正发生效力。1901年,司法部受理了许多针对工会的反托拉斯诉讼,但是针对企业联盟的诉讼只有14项,而最终没有几个公司被判处有罪。

麦金利关税法

共和党对关税问题更感兴趣。他们坚信关税问题使得他们在1888年的大选中获胜。俄亥俄州的众议员威廉·麦金利以及罗得岛的参议员纳尔逊·W. 奥尔德里奇(Nelson W. Aldrich)起草了历史上利率最高的关税保护草案,并递交国会。该法案,即《麦金利关税法》于1890年10月通过。但是,共和党领袖显然误解了民众情感。在1890年的国会选举中,共和党惊人惨败,其在参议院的巨大优势也削减到仅有8席;在众议院的323个席位中仅占88席。麦金利本人便是失去席位的议员之一。共和党在此后的两年内都没能恢复实力。在1892年的总统大选中,本杰明·哈里森再度倡导关税保护主义,而民主党总统候选人格罗弗·克利夫兰再度坚决反对,一个新的第三党派——提倡新的经济改革措施的平民党(People's Party),推荐詹姆斯·B. 韦弗(James B.Weaver)作为候选人。克利夫兰以选举人票277票对145票击败哈里森,并且在普选票上领先38万票,而韦弗远远落后。从1878年以来,民主党终于第一次赢得国会两院中的大多数席位。

克利夫兰第二任期施行的政策与其第一任期基本相同,他致力于维持小型政府,反对政府积极干预社会或经济问题。克利夫兰依然支持下调关税,众议院通过了他的提议,但参议院削弱了法案效力。尽管克利夫兰对结果加以谴责,但仍批准其成

被关税所束缚 这幅由漫画家路易斯·达尔林普尔创作于1894年的漫画中,忧郁的山姆大叔被麦金利关税和关税反对者认为的、与关税紧密相连的另一恶魔——垄断绑住了手脚。参议员们被描绘为被各种工业和受关税保护的特殊利益所利用的工具。漫画标题是"只要收入的参议院",是对反关税集会上的口号"只要收入的关税"的模仿,意思是制定关税应该只是为了政府收入,而不是限制特定产品进口以保护国内工业。(The Granger Collection)

国务院、陆军部和海军部大楼 这座修建于内战后不久的宏伟的维多利亚式办公楼是华盛顿最大的建筑之一。直到二战前不久,这里一直是国务院、陆军部和海军部的所在地。它既体现了19世纪后期联邦政府的发展规模,也体现了和后来相比美国政府在当时的渺小。这座建筑就矗立在白宫旁边,现在是总统府职员办公地的一部分(仅仅是一部分)。(Library of Congress)

为《威尔逊—戈尔曼税法》,该法案规定的减税额度非常微小。

1880年代,民众要求在其他方面进行改革的压力日盛,例如铁路管理。早在1870年代初期,中西部的农业组织(主要是"农场主协进会")便说服若干州通过了各项管理立法。但是在1886年,最高法院在沃巴什、圣路易斯和太平洋铁路公司诉伊利诺伊案(史称沃巴什案)的判决中,裁定伊利诺伊州通过的一项农场主协进会法律违宪。最高法院认为该法律试图控制州际贸易因而侵犯了国会的唯一立法权。此后,最高法院开始限制各州的商务立法权,即使在各州领土范围内的立法也遭到限制。

很明显,铁路管理立法权只能归于联邦政府。国会迫于民众压力,于1887年通过了《州际贸易法》,废除了长途和短途运输之间的价格差异,并要求铁路公司公布票价标准,报予政府备案,同时宣布所有州际铁路票价必须"合理公正"——但是,该法并没有说明此条款的明确含义。负责监督该法实施的是一个由五人组成的"州际贸易委员会",但是需要通过法院来执行委员会的裁决。和《谢尔曼法》一样,《州际贸易法》在通过后大约20年的时间里,很少被法院采用,权限也遭到削减,因此并没有发挥实际效力。

《州际贸易法》

二、农人反抗

19世纪80年代，美国农场主是对联邦政府行为最失望的群体。他们饱受长期经济衰退带来的苦难，倍感日益落伍的沉痛，并且深刻地意识到了现代经济存在的种种问题，迫切地希望政府援助来解决这些问题。他们经受的一次次挫折和打击终于导致了美国历史上规模最大的政治抵抗运动——平民党运动。

"农场主协进会"

就一般的观点而言，美国农场主是最具个人主义的公民群体。但事实上，几十年来农民一直试图发展自己的组织。第一个重要的农民组织是出现在19世纪60年代的"农场主协进会"。

起源　　"农场主协进会"的创始人是一位在内战后不久到南方巡视的农业官员——奥利佛·H.凯利（Oliver H. Kelley），他为目睹的农村生活的封闭和乏味而感到震惊，于是在1867年辞去了农业部的官职，同其他政府官员一起成立了"全国赞助管理农场主协进会"。他致力于协进会事务多年，并担任秘书长，同时也建立了地方组织联盟。起初，"农场主协进会"的目的极为单纯，就是将农民组织起来学习农业新技术，使农耕"与时代步伐一致"。不仅如此，他们想要建立一种集体感，用集体的氛围来淡化农村生活的孤独感。

"农场主协进会"的发展一度迟缓不前。但是1873年的经济大萧条导致农田价格骤跌，从而使协进会成员激增。到1875年，"农场主协进会"宣称其已有会员80余万人，地方分会2万个，几乎所有州都有分会，其中中西部和南方农业产区的实力最为突出。

随着其会员数目不断增多，中西部的地方分会将注意力更多集中到了

《协进会唤醒沉睡者》　这幅1873年的漫画体现了协进会关注的、与后来"农民联盟"和平民所关注一致的问题。一位农民正试图唤醒消极的公民（躺在"沉睡"位置上或是绑在铁轨下的人们），他们即将被火车碾压。火车车厢上标注着铁路控制农业经济过程中的牺牲者的名字。（Culver Pictures, Inc.）

经济利益上，而不是组织的社会公益性上。他们试图成立市场联合体，鼓励农民　经济诉求
摆脱中间商。同时，他们大力主张通过政治行动手段来遏制铁路和货仓工业的垄
断行为。

"农场主协进会"建立了联合销售店、炼油厂、电梯厂、货仓厂、保险公司，
以及生产机械、炉具产品的各类工厂。在农场主协进会运动的高峰期，共建立了
400多家企业，其中有些还与现存商家建立了经济互利的合作伙伴关系。另外还有
一家专门为协进会提供服务的企业——成立于1872年的蒙哥马利商品邮购公司，
即美国第一家邮购公司。最终，大多数"农场主协进会"企业都不幸倒闭，其原
因有两方面，第一是他们在从商方面经验不足；第二是他们无法应对竞争对手中间
商的挑战。

"农场主协进会"极力推荐它的支持者成为州立法部门的代表。通常情况下，他
们通过现存政党推荐候选人，有时也以"反垄断党"或者"改革党"等独立党派为　政治行动
名日推荐他们想要支持的候选人。他们在势力巅峰时期曾控制了中西部大部分州的
立法机关。他们的目的就是希望将铁路收归国有。19世纪70年代初期，"农场主协
进会"的一些立法就对铁路税和其他一些与铁路相关的事宜做出了严格规定。

但是这些法案很快就被法院彻底驳回。立法失败，领导者经验不足，以及最
重要的原因——1870年代末期农业经济的短暂复苏，共同致使协进会影响力急剧
下降。仅有少量协进会企业作为有效经济实体存活了下来，而农场主协进会运动
本身也逐渐走向失败的边缘。到1880年，协进会成员数目锐减到仅10万人。

农民联盟

作为农民抵抗运动的领导力量，农场主协进会的后继者在协进会开始衰退之
前已经出现了。早在1875年，南部的一些地区——特别是得克萨斯州——就出现
了名为"农民联盟"(Farmers' Alliance)的农民组织团体。到1880年，"南部农民
联盟"已经有超过400万会员。西北部的农民联盟在平原地区以及中西部站稳脚
跟，并且与南部联盟建立了联系。

与"农场主协进会"相似，"农民联盟"关注的也是社会问题。他们成立公
司以及其他的市场机制，开设了商店、银行、加工厂和其他服务于会员的基本设
施——并使这些机构独立于那些遭人憎恨的使农民负债累累的"供货商"。一些农
民联盟的领导者认为，这项农民运动有助于建立以共同合作取代经济竞争的社会
机制。他们认为睦邻互惠的责任感能够使农民集体抵御外来势力的压迫。联盟演

平民党集会 平民主义产生于真实的经济和政治困境中。但是和那个时代多数的政治运动一样,它也成为了一种重要的文化体验。特别是对于居住在地广人稀地区的农民来说,集会可以缓解孤独和寂寞。这次在堪萨斯的迪金森县举行的平民党集会表明了该运动的各项政治目的是与社会目的紧密相连的。(Kansas State Historical Society)

讲家巡回农村各地,极力谴责大型企业和金融系统的垄断势力,宣传互利合作是另一可供选择的经济体制。

从农民运动起始阶段,女性就在联盟中享有完全的选举权。许多女性在联盟中任职,担当联盟演讲家,一些人进而成为了激情似火的民粹主义演说家,其中以玛丽·E. 利斯(Mary E. Lease)最引人注目(她最著名的言论是鼓励农民"少种玉米,多建地狱")。其他大多数女性着眼于她们关注的社会问题,比如禁酒。与城市女性相同,农村妇女强调戒酒对于维护农村社会生活稳定性的重要作用。联盟主张应该在美国更多地区给予妇女投票权。

玛丽·利斯

尽管"农民联盟"比"农场主协进会"传播的速度更快,范围更广,但也终于没有避免与协进会相似的问题。他们的企业运转不力,互利合作无法进行,这一方面因为他们对手的市场操纵力太过强大,他们无法克服;另一方面因为合作机制本身也存在管理不善的问题。到19世纪80年代末期,经济上的挫败使得农民运动进入了一个新的阶段——建立一个全国性的政治组织。

1889年,南部和西北部联盟决定忽略他们之间的分歧,建立松散联合。第二年,联盟在佛罗里达州奥卡拉市召开了全国代表大会,并发表了所谓"奥卡拉请愿书"(Ocala Demands),其实质为建党宣言。在1890年举行的非大选年选举中,

玛丽·E.利斯 1890年代的联盟巡回演讲中，激情洋溢的玛丽·E.利斯是必不可少的人物。仅1890年一年，她就演讲了大约160次。批评她的人称她为"堪萨斯女巫"，但是，她对银行、铁路和"中间人"的抨击以及她著名的言论"少种玉米，多建地狱"，使她深受平民党农民的欢迎。(Brown Brothers)

改良政党（1891年6月6日《法官》杂志） 这幅政治漫画表明，很多东部人尤其对1891年平民党的出现所持的轻蔑和恐惧态度。(Kansas State Historical Society)

"农民联盟"支持的竞选者获得了12个州立法机构的部分或全部选票。他们还获得了6个州长席位、3个国会参议院席位和50个众议院席位。许多成功的候选人都是民主党人，或是被联盟支持的人。持不同政见的农民从这样的结果中得到了足够的鼓励，考虑进一步的政治行动——包括组织自己的党派。

西北的农民联盟对第三政党的出现极为担忧，但是几位南方领袖却表示支持，其中包括佐治亚州的汤姆·沃森（Tom Watson）和北卡罗来纳的利奥尼达斯·L.波尔克（Leonidas L. Polk），前者是在1890年当选的唯一公开支持联盟的南方国会议员，后者被认为是农民运动中最杰出的才俊。联盟领袖在1891年5月的辛辛那提会议和1892年2月圣路易斯会议上仔细谈论了成立第三党的问题。1892年7月，1300名精神焕发的各方代表云集内布拉斯加州奥马哈市正式宣布新党成立，并通过了宪章，选举了总统、副总统候选人。新党名为"平民党"(the People's Party)，但其成员大多被称为平民党人（Populists）。

平民党的诞生

1892年总统大选展示了新党的潜力，俄亥俄州的詹姆斯·韦弗在利奥尼达斯·波尔克去世后成为平民党候选人。韦弗赢得了100多万张选票，占总数的8.5%，并得到了山地地区和平原地区6个州的22张选举人票。近1500名平民党候选人赢得了州议会的席位。这个党还推出了3位州长，5位参议员和10位众议员。平民党宣称，他们得到了国会众多共和党和民主党议员的支持，而这些人的当选主要是因为他们站在了人民的一边。

平民党选民

平民党人希望能建立一个广泛的政治团体。但平民主义往往对农民有吸引力，特别对那些没有长期经济保障的小农户——他们很少采用机械化耕作，基本依赖单一作物，得到的贷款极其有限。在中西部，平民党人通常是希望守住家庭农场（或是重新夺回失去出农场）的农民。在南方，有许多人是家境一般的有地农户，但是也有很多佃农和租地耕种的农民。无论有多大区别，他们仍有一个共同点：和机械化、多样化、整合化的新型商业农业比起来，他们从事的农业变得越来越没有竞争力。

大众文化模式　肖托夸讲习所

19世纪80年代到90年代的平民党运动不仅表现出了美国农民对经济、政治和社会现状的不满，而且还表现出了对文化知识的强烈渴求。成千上万的群众聚集到一起聆听联名运动演讲者的演说和讨论。对于许多农民来说，这个演讲让他们有途径接触外界，获取外界信息和新鲜的思想。

但19世纪末20世纪初渴求知识的人不只是平民党农民，全国人民都很想了解新知，就像前代人喜爱学园运动一样。在这种动力的作用之下，美国出现了到边远地区巡回演讲的体系，其中最著名的是文化讲习所。

文化讲习所起源于1874年夏天。纽约州肖托夸市的两名企业家举办了一系列的集会。主要是为了培养周日学校的老师。一年后，组织者说服尤利西斯·格兰特总统也来参加集会，总统的出席给这个集会带来了巨大影响，同时也奠定了集会成功的基础。几年内，肖托夸的集会演讲主题扩大到了大学、科技、神学和实用学科，吸引了越来越多的听众。一年中他们会参加一或两周的学习。在1883年，纽约州政府为集会颁发了特许证，并且将其命名为"肖托夸大学"。

肖托夸讲习所获得的巨大的成功，促使中西部的各乡镇开始兴办自己的讲习所，称"小肖托夸"。最后在 1904 年，一位芝加哥宣传者开始组织在帐篷下进行的巡回演讲，他的足迹遍布全美各个乡村地区，全盛时期甚至一年就能覆盖 8000 多个社区。

从 1904 年到 20 世纪 20 年代中期，巡回演讲所所到之处均吸引了成千上万的听众，掀起了巨大的学习热情。特别对乡村男男女女来说，肖托夸不仅是知识的源泉，而且是一种超级娱乐。肖托夸的出现通常成为一个社区一年中唯一盛大的娱乐活动。在肖托夸演讲的当天，街道上都挤满了人，方圆几英里的大街上挤满了马车。农户们都穿上最好的衣服，拎上野餐用的篮子，热切地期盼着远处的帐篷、张贴广告和拥挤的人群。

布赖恩在肖托夸 20 世纪初最著名的演说家威廉·詹宁斯·布赖恩是肖托夸集会不可或缺的人物。不仅在肖托夸所在的纽约讲习所，而且在全国巡回演讲和大篷演讲中也是如此。(*Brown Brothers*)

肖托夸的演讲者来自社会的各个领域，包括当时一些著名的人物：威廉·詹宁斯·布赖恩，威廉·麦金利，西奥多·罗斯福，布克·华盛顿，尤金·德布兹，等等。肖托夸本身也帮助很多人名利双收。例如费城的牧师拉塞尔·康威尔在几十年间做了上千次题为《钻石之地》的演讲，传达的就是一个简单的道理：尽快致富，因为金钱就是权力，权力应该掌握在善良的人手中。他的演讲使他成名，也为他争取了大量财富。

康威尔的演讲体现了当时肖托夸演讲的一个普遍特点，即强调个人进取。但是有关宗教、健康、时事和政治的探讨同样很受欢迎。巡回演讲是改革者向广大人民传播重要信息的最佳途径，这也是众多改革领袖和女权主义改革家热情参与的重要原因。文化演讲一度根植于集会当中渴望教育与娱乐的根本需求，而不是单纯的娱乐活动，代表了美国历史中持续不衰的对文化的渴望。西奥多·罗斯福把这个演讲称为"最具美国特色的一种事物"。

肖托夸的巡回演讲到 20 世纪 20 年代中期衰落，1930 年完全消失，成为收音机、电影院和汽车时代的牺牲品；成为普及到乡村的公共教育的牺牲品；以及野心勃勃的组织者带来的企业过度扩张的牺牲品。但是纽约北部的肖托夸集会留存了下来，如今作为一项旅游项目存在着，仍然有少数忠实的客户到那里举办各种演讲和文化活动。

　　平民党在经济和文化上都做出了很多努力，使运动普及到了由于地区封闭而感到游离于主流国家生活之外、并且不满足于这种状况的所有农民。平民主义使他们得以发泄愤懑，也为这些人提供了从未有过的社会交流机会和集体归属感。

　　然而平民党还是未能深入某些劳动群体。他们曾经努力争取劳工参与政党。"劳工骑士团"代表曾参加这个党的聚会，平民党还在新的章程中加入了如下条款——号召缩短工时，限制移民，谴责劳资冲突中破坏罢工的私人侦探机构。然而总体上说，平民主义没有获得足够的工人力量的支持，主要原因在于工人的经济利益无法和农民的经济利益相统一。

　　但是落基山脉各州却是例外，在那里平民党确实吸引了为数不少的矿业工人参与他们的事业，这在一定程度上是因为当地平民党领袖奉行的政策比其他政党更加开放。特别是他们支持的"自由白银"政策，即允许白银和黄金一同作为储备货币，以扩大货币的基础。在科罗拉多、爱达荷、内华达和盛产白银的其他边远西部地区，开采银矿是一项重要活动，平民党在这些地区也取得了（比较短暂）辉煌的胜利。

　　在南方，白人平民党人挣扎于是否接受黑人的加入。黑人农民的数量和贫困程度使其成为潜在的同盟。在这个政治运动中出现过重要的黑人组织，被称为"有色人种联盟"，这个组织在1890年已有25万成员。1890年，大多数白人同意在白人处于无可争议的领导地位的前提下接受黑人力量的支持。但当南方保守派开始攻击平民党破坏了白人至上的地位，平民运动的种族兼容性就迅速消失了。

　　大多数平民党领袖出身于乡村中产阶级：职业人士、编辑、律师或者资深政治家和宣传家。很多平民党积极分子是女性。有些平民党领袖是清醒严肃的理论家，有些是神志不清、蛊惑人心的政客。尤其在南方，平民党中出现了一个与众不同的经久不衰的群体——"南方鼓动派"。阿肯色的杰弗·戴维斯因鼓动那些心怀不满的贫穷南方人反对种植园主贵族得到了人们的支持。

平民党的理念

平民党的改革计划最早体现在 1890 年的"奥卡拉请愿书"中,然后在 1892 年的奥马哈章程中进一步明确。它提出了"国库分库"体系,以代替和强化"农场主协进会"和"农场主联盟"之间多年来希望建立的合作。农民可以将作物储存在政府建立的全国储蓄网里。农民用储存的作物作为抵押,从政府获得低息贷款,等作物价格上升以后再出售。此外,平民党呼吁废除国家银行,废除土地缺席所有制度,直接选举国会参议员(这将削弱各保守州的立法机构),制定提高人民政治影响力的其他各种措施,还要求在 1892 年之后将铁路、电话和电报公司收归国有,要求建立国有邮政储蓄银行,逐渐实行个人所得税以及现存货币增值。后来,平民党整体上接受了西部成员有关将白银重新变为硬通货的要求。

某些平民党成员公开反对犹太人,指责犹太人掌握阴险的金融实力并企图

平民党纲领

布赖恩狂热 1896 年在民主党大会上发表了著名的《黄金十字架》演说后,布赖恩对于他的支持者来说几乎具有了宗教性的重要意义。这张竞选海报中有布赖恩迅速成名的各种标志:他的演讲文本、他的家庭和子女的照片,以及他领导的自由白银运动的标语"16∶1"。这个标语代表了布赖恩与平民党人对以白银作为货币基准的要求,并且黄金与白银之间的比价为 16∶1。

奴役他们。还有一些人反对知识分子、东部人，反对都市化。少数平民党领袖表现出性格缺陷、智力不足或沉溺于信奉某些神秘力量。例如伊格内修斯·唐纳利（Ignatius Donnelly）就写了一本书指出传说中的亚特兰蒂斯岛的位置，在另一部书中他指出培根是莎士比亚戏剧的真正作者。他的另一部作品《恺撒的纵队》（Caesar's Column，1891）则展现了近乎狂乱的血腥革命和平民党乌托邦的建立。汤姆·沃森过去一贯提倡种族和谐，在他事业的晚期却极力侮辱黑人和犹太人。

平民党对正统观念的挑战

但是个别平民党人偶尔的偏执不会破坏平民主义的整体形象，这是一场严肃而且负责地寻求解决实际问题的社会运动。平民党对当时自由放任的正统观念，包括绝对所有权的观点持反对的态度，对美国工业资本主义的走向提出了最公开，最强烈的挑战。

三、1890年代的各种危机

农人运动只是1890年代国家政治危机出现的信号之一。此外还有严重的经济萧条、广泛的劳工动荡和暴乱，以及两大政党在这些危难中表现出的无能。格罗弗·克里夫兰的第二任期恰逢经济衰退，此时他所表现出的保守主义表明政府在应对危机方面毫无作为。在紧迫感逐步加深的过程中爆发了美国历史上最为激烈的政治运动，在1896年富有戏剧性大选时动荡达到了顶峰，导致很多美国人认为国家前途渺茫。

1893年经济恐慌

1893年的经济恐慌是美国有史以来最为严重的一次。1893年3月，费城与雷丁铁路公司因无法偿还英国银行的贷款而宣告破产，标志着危机的开始。两个月以后，全国绳索公司遭受了同样的命运。两个企业的破产一同触发了股票市场的崩溃，而因为纽约各大银行都将巨大的投资放入股票市场，银行倒闭的浪潮袭来。银行倒闭又导致贷款的紧缩，刚刚运行起来的商人因为拿不到贷款而迅速破产。

过度扩张和需求疲软

经济的崩溃也有其他长期的原因。从1887年起农产品价格下跌削弱了人口中最大群体——农民的购买力，在此之前在欧洲出现的经济萧条使美国失去了国外市场，因而外国的投资商都撤出了在美国的黄金投资。铁路和其他主要工业发展

拿起武器反对平民党人 在1890年代，堪萨斯是平民党的重镇，但是这个新党派面临巨大挑战。1893年，平民党人认定在选举中掌握了立法机构的控制权，但该州共和党人拒绝承认。平民党人占据州政府大楼后，共和党人武装起来赶走了平民党人，控制了州政府。议会中的共和党人拿着武器拍摄这张照片也许是为了警告任何企图发起挑战的平民党人。(Kansas State Historical Society)

过快，远远超出了市场的需求。危机的出现反映了美国经济相互关联的局面，一个领域的失败往往会导致其他领域受到影响。危机的出现还表明国家经济严重依赖铁路工业的健康发展，铁路依旧是全国最有影响力的企业实体和金融实体。从1893年铁路陷入危机起，所有领域都遭遇了危机。

恐慌一旦开始便很快波及全国，两个月内，美国有超过8000家企业、156家铁路公司和400家银行倒闭。农产品价格变得更低。100万工人、20%的劳动力群体失去工作——达到美国失业率的历史最高点。史无前例的经济大萧条不仅表现在其严重性，还表现在其持续性上。尽管从1895年开始有了些许复苏，但直到1901年才完全恢复经济繁荣。

大萧条的侵袭自然导致社会动荡，特别是造成大量工人失业。1894年，俄亥俄州平民党商人雅各布·S.考克西（Jacob S. Coxey）开始倡导一项庞大的公共项目，旨在为失业者创造就业机会，并提倡货币升值。当他的提案显然在国会毫无进展时，考克西声明他将"穿着靴子把请愿书送到华盛顿"——组织一场失业者去华盛顿的游行，以向政府表明要求。所谓的"考克西请愿军"徒步从俄亥俄州的马斯龙出发，抵达华盛顿时只剩下500人。武装警察把他们围困在国会山外，

"考克西请愿军"

并逮捕了考克西。他和他的支持者被关进军营，因为他们的存在被认为不利于公众健康。国会并没有回应他们的要求。

对许多美国中产阶级来说，当时的劳工动荡，例如霍姆斯特德和普尔曼罢工，是危险的不稳定的标志，甚至可能导致革命。劳动激进主义——有些是事实，更多的是恐慌的中产阶级的想象——加重了民众的危机感。

白银问题

金融恐慌削弱了政府的货币系统。克利夫兰总统相信货币的不稳定性是造成大萧条的原因。"金钱问题"因此成为了这一时期一些重大政治冲突的基础。

有关货币问题的争论极其复杂，但核心就是美元机制的基础何在。今天，美元的价值主要依赖人们对政府的信心。但在19世纪，很多人相信没有贵重金属（贵重金属硬币）储备作为有力的支撑，货币将一文不值，因为纸币持有者必须能在银行或财政部用纸币兑换金属。

建国以来的大多数时间里，美国认定了两种金属——金和银——作为美元的基础，即"双金制"。然而在19世纪70年代，情况发生了变化。黄金和白银的官方比价是 16∶1，即 16 盎司的银相当于 1 盎司的黄金。但银的实际商业价值（市场比价）要高于此。白银持有者把白银出售给制造商打成珠宝和器皿会比将其打成货币收入更多。因此，人们不再将白银送往造币厂，造币厂也停止铸造银币。

历史学家的分歧　平民主义

美国历史上鲜有成功的运作于两主要政党之外的民众运动。可能这就是为什么平民主义的短暂存在成为这些少有的现象之一的原因。它获得了真正的国家影响力，尤其吸引了历史学家的目光。它也在他们之中造成了深刻的争议。学者们在对平民主义的理解上出现分化，但在大多数的分歧中最核心的还是对流行的反叛政治的价值判断。一些历史学家不信任大规模的群众运动的兴起，因此，用怀疑和敌视的态度看待平民党人。其他人则能正视反叛行为，把它视为反抗的正常行为。对他们来说，平民党人是值得敬佩的民主的积极分子。

最早的而且是多年来唯一大体描述平民党历史的著作是约翰·D. 希克斯的

《平民党反叛》（John D. Hicks，*The Populist Revolt*，1931），该书恰好持后一种观点。在反驳后来盛行的将平民党视为迷途的激进派的观点的同时，希克斯把他们描述为理智积极地应对经济萧条的人。希克斯写作的时代是弗雷德里克·杰克逊·特纳主导历史研究的时代，他将浓重的地区主义引进了对平民主义的分析。他认为，平民主义是西部民主的一部分，对抗来自倾向于贵族的东部的压力（他通过把南部描述成为"经济边疆"地区——不仅和西部地区一样刚获得稳定，还同样遭受压力和不幸，以解释南部平民主义）。希克斯指出，平民主义者意识到东部工业增长为农村地区带来痛苦的，甚至是残酷的后果。而平民主义者主张的改革将会限制新的金融巨头、恢复农户做主的权利。他写道，平民主义"是经历了漫长挣扎后的最后阶段——为从弱肉强食的工业美国中解救农业美国的垂死挣扎"。也许是垂死，但并非徒劳，因为很多平民主义者所倡导的改革成为了之后进步立法的基础。

对平民主义的这种看法在历史学界流行长达20多年，其间还特别得到了一些学者的强化和支持。C.凡·伍德沃德在《新南方的起源》（C. Van Woodward，*Origins of the New South*，1951）和《吉姆·克劳的奇特生涯》（*The Strange Career of Jim Crow*，1955）中将南方平民主义描述为挑战旧贵族腐朽权威，甚至是反抗白人至上观念的重要力量。但是伍德沃德的观点并不代表20世纪50年代早期的大多数学者的观点。对其他人来说，欧洲法西斯的记忆和对当代共产主义的恐惧使学者通常对群众运动怀有敌意；一种激烈抨击平党主义的新观点在一位美国历史学家的著作中出现。理查德·霍夫施塔特在《改革的时代》（*The Age of Reform*）一书中承认，平民党主义迎合了一些进步思想，提倡了社会变革。但它的大量努力也暴露了此次运动的"软弱"和"无知"。

霍夫施塔特指出，平民党的"软弱"是因为它建立在怀旧的、非现实的基础上，因为它将国家过去的农业阶段浪漫化，而且拒绝面对当代生活的现实。他认为，农民自己完全接受了他们声称厌恶的资本主义价值观。平民党的"无知"在于其过于天真和固执。他指出，平民党人暴露出反犹太人的倾向，而且厌恶知识分子、东部人和城市人。

倾向于赞同群众运动的历史学家们，尤其是平民党人，几乎马上站出来挑战"霍夫施塔特理论"。在1962年的一项研究"平民党对工业美国的回应"以及一系列论文中，诺曼·波拉克（Norman Pollack）指出农民运动并非基于怀旧情绪和浪漫理念，而是一种更复杂，更有远见甚至更激进的改革方式——它要通过一种承认甚至欢迎工业经济的现实，但挑战资本主义理论前提的方式来使经济更公平和民主。沃尔特·T. K. 纽金特在《宽容的平民党》（Walter T. K. Nugent, *Tolerant Populists*, 1963）中提出，堪萨斯的平民党根本不算固执，他们不仅宽容，而且欢迎犹太人和其他少数民族融入他们的政党，他们提出了一个现实的、有见解的计划。

劳伦斯·古德温在《民主的承诺》（Lawrence Goodwyn, *Democratic Promise*, 1976）中描述平民党是"集团远征军"的成员，与"即将出现的企业国家"对抗。平民党不像霍夫施塔特描述的那样怀旧固执，更不是希克斯眼中的进步改革者。他们提出了一种真正激进的改革方式，在被古德温称作的"运动文化"的领域广泛传播。他们倡导一种充满智慧、高度民主、能够改善现代资本主义缺陷的方式。

同时，史学家在争论平民主义的含义的同时，也在争论平民党人的成分。希克斯、霍夫施塔特和古德温在很多问题上存在分歧，但他们都认为平民党人是经济压迫的受害者——通常是处于经济发展边缘农区的经营单一作物的农民，饱受干旱和负债之苦。然而，其他学者认为确定平民党人身份的问题很复杂。谢尔登·哈克尼在《阿拉巴马：从平民主义到进步主义》（Sheldon Hackney, *Populism to Progressivism in Alabama*, 1969）中指出平民党人不仅经济窘迫，而且没有社会根基，"仅通过经济关系、个人联系、社会成员，政治参与，或是南方独特的神话的心理认同，与社会维持微弱的关联"。

皮特·阿杰辛格、斯坦利·柏森、詹姆斯·特纳等人认为，平民党在社会关系和地理位置上都处于孤立状态。在1983年的研究课题《南部平民主义的根源》中，史蒂文·哈恩指出贫穷的白人农民是平民党在佐治亚活动的核心，他们不仅反抗"被遗忘"造成的心理压抑，而且反抗他们的生活方式所面临的真正威胁——反抗他们从未参与而且永远不可能参与的新的商业秩序的困扰。

最后，对于平民党的影响也存在长期的争论。在《改革的根源》（*Roots of Reform*, 1999）中，伊丽莎白·桑德（Elizabeth Sanders）反驳了认为平民党作为一种运动在1896年大选之后没落的观念。她认为，恰恰相反，平民党在之后的几十年中成功主导了民主党，并将民主党作为提高农民利益，进一步扩宽所追求的改革事业的载体。

作为持相同观点的诸多学者之一，《平民党的理念》（*The Populist Persuasion*, 1994）的作者迈克尔·卡津（Michael Kazin）认为平民党传统在美国历史上一直存在并未消亡，而且在现代，仍影响着各种倾向的运动，如20世纪30年代休·伊朗运动，20世纪60年代新左派运动和乔治·华莱士运动，以及20世纪90年代罗斯·佩罗特运动。其他人坚持认为"平民党"一词使用太过于广泛从而不具有意义，其真正的意义是19世纪90年代的农民反抗运动，在美国，正是这些人赋予这个词以最初的意义。

1873年，国会通过了一项法律，直接承认了官方白银铸币的停止。当时有少数人反对。但到19世纪70年代，白银的市场价远远低于官方铸币比价16∶1（换句话说，当时16盎司白银的价值不是高于而是低于1盎司黄金的价值）。白银又一次被用于铸币。国会提前排除了扩大货币的可能性，也剥夺了白银矿主的潜在

考克西请愿军 1894年，雅各布·S.考克西率领他的"请愿军"途经宾夕法尼亚州阿莱格尼奔赴华盛顿。他希望在华盛顿能施加压力，迫使国会批准他的大型工厂计划，使失业者重新回到工作岗位。
(*Culver Pictures, Inc.*)

市场。没过多久，很多美国人得出结论，是人银行家们的阴谋导致了白银贬值，并将国会立法称为"1873 年犯罪法"。

"1873 年犯罪法"

美国的两个群体尤其坚决要推翻"1873 年犯罪法"。其一是银矿拥有者，他们理所应当地急切要求政府以高于市场价的价格收购他们的剩余白银。其二是不满的农民，他们希望把增加货币数量（即通货膨胀）作为提高农产品价格和减轻农民负债的一种方式。膨胀支持者要求立即归还"自由白银"——就是以原有比价 16：1 来进行"自由无限制的白银铸造"。但到 1893 年大萧条开始之际，国会未对他们的要求作出回应。

同时，国家的黄金储备急剧下降。克利夫兰总统相信黄金储备急剧下降的主要原因是 1890 年的《谢尔曼白银购买法》，该法要求政府用黄金购买白银（但不用于铸币）。因此从第二任期伊始，他要求召开专门会议，力图推翻《谢尔曼法》——尽管经过艰苦的斗争，但结果却造成了民主党永远的分裂。总统的黄金政策使南部和西部的民主党人结成坚固的联盟来抵制他和他的东部支持者。

货币问题的象征性意义

与此同时，双方都觉得货币问题具有重要的象征性意义和情感意义。确实，这个问题在美国政治中引发了罕见的热情，这种情绪在动荡的 1896 年大选中达到了顶点。黄金标准的支持者认为黄金标准的存在对国家的荣誉和稳定至关重要。但自由白银的支持者认为黄金标准是专制政权的工具。"自由白银"成为了他们解放自由的标志。白银成为对抗黄金的"人民货币"，是受压迫者和被剥削者的货币，可以使农民和国家的所有地区消除负债。威廉·H. 哈维出版于 1894 年、并成为当年最畅销书的《硬币教授的金融学校》（William H. Harvey, *Coin's Financial School*）收获巨大成功，对人们普遍关心的问题做出了形象的描绘。小说中的硬币教授开办了一所金融专科学校，故事主要由他的演讲和他与学生的对话构成，教授的精彩演讲说服了他的听众，使激烈的反对者也为之钦佩。他的演讲内容逻辑简单，主要是说白银援助性的功能："它意味着关闭的工厂重新开张，漆黑的熔炉重燃火焰；它意味着希望代替绝望，安逸代替痛苦，生存代替毁灭。"

四、黄金十字架

大多数平民党起初并没有过分关注白银问题。但当政党日渐壮大，货币问题对领导人来说变得重要起来。平民党人急切需要资金来开展竞选活动。白银矿主愿意提供帮助，但坚持提高货币条款。平民党人也需要和其他政治群体形成同盟。"金钱问题"看起来是赢得许多不从事农业却急需货币的选民的途径之一。

布赖恩的出现

1896年大选临近，共和党人眼看着民主党人不能有效地处理大萧条，因而对大选获胜抱有信心。以俄亥俄实业家马库斯·A.汉纳为首的共和党领袖最后决定推选曾任国会议员并参与起草1890年关税法的威廉·麦金利州长做总统候选人。共和党的竞选立场是反对自由白银制度，除非得到其他主要工业国的一致同意（人人知道这可能性不大）。来自山区和平原州的34位代表强烈抗议，并中途退场加入民主党一方。

1896年的民主党全国代表大会成为了一道不同寻常的风景。南部和西部代表急切在平民党的挑战中持中立态度，决意要从保守的东部人手里夺回政党的控制权，并满足平民党的部分意愿——包括自由白银，以此作为竞选优势。他们还想推荐一位倾向于白银政策的总统候选人。

黄金标准的捍卫者们看起来在争辩中占据了上风，然而到了最后的发言时，情况发生了逆转。威廉·詹宁斯·布赖恩，这位来自内布拉斯加州的英俊潇洒、年仅36岁却早已因动人演说而闻名的议员走上讲台发表讲话。他以回荡在整个会厅的洪亮嗓音发表了美国有史以来最著名的支持自由白银政

威廉·麦金利

布赖恩的巡回竞选演说 长期以来的传统是，候选人在获得党派提名后就不再积极参加竞选活动。19世纪的美国人认为，一位未来的总统站在公众面前是不体面而且失当的。威廉·詹宁斯·布赖恩是一位除了本地区之外几乎不为人知的年轻候选人，他没有得到广泛支持，甚至在本党领袖中支持率也不高，所以在1896年，他认为自己只能直接走到公众中去寻求支持。在选举前的几个月，他马不停蹄地四处奔走，出现在成百上千的观众面前。(Library of Congress)

"黄金十字架"演说

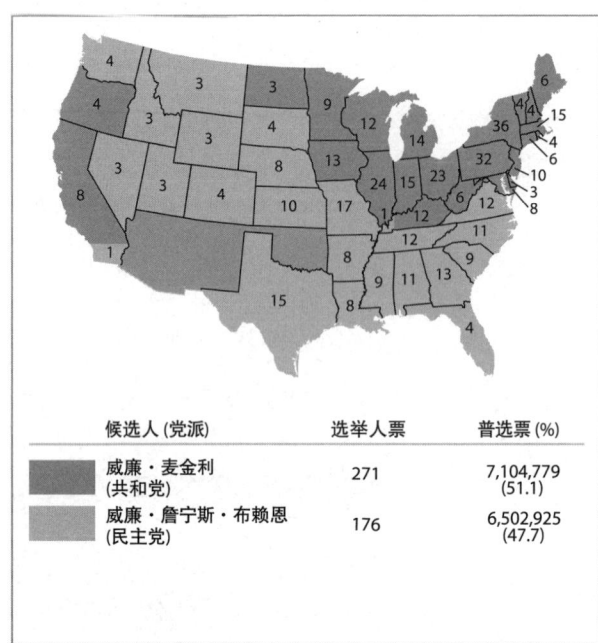

1896 年大选 如本地图所示，1896 年总统大选的结果因其所体现的地区分化而为人所瞩目。威廉·麦金利以不大但足以获胜的优势赢得选举，但是他的胜利缺乏广泛的基础。他赢得了西南部和工业化的中西部各州，以及加利福尼亚州和俄勒冈，此外别无其他。布赖恩赢得了整个南部和西部几乎所有的农业州。
◆ 哪些竞选活动有助于说明 1896 年大选结果的地域性特点？

策的演说。演讲的结束部分令听众们几近疯狂，他说："在我们背后是全国以及全世界的劳工，我们有各地商人、劳工和劳动者的支持。我们这样回答要求黄金标准的人：'你们不能把皇冠压在劳动者的头上；你们不能把人类钉死在黄金十字架上。'"这就是后人所熟知的"黄金十字架"演说。

  大会表决采用亲白银态度作为纲领。第二天，布赖恩被提名（如他本人热切希望的一样，他本人对此也并未完全隐讳）为第 5 顺位的总统候选人。他当时是，现在依然是被某一大党推选出的最年轻的总统候选人。共和党人和保守的民主党人攻击布赖恩是危险的煽动家。但他的支持者则称颂他为"伟大的平民"。他是来自农村、信仰新教的中产阶级美国人的典型象征。

"合并" 推选布赖恩以及民主党的纲领使平民党进退两难。他们曾希望两大政党都采取保守政策并推举保守的候选人，这样平民党才能以代表新生反对力量的面貌出现。但现在民主党人抢先一步。平民党必须选择，是提名自己的候选人使选票分散，还是支持布赖恩而丧失自己作为政党的地位。当时，平民党人拥护自由白银政策，但是多数平民党人认为还有更为重要的问题。很多人认为与支持自由白银但对平民党的多数其他要求置之不理的民主党"合并"会毁掉平民党。但是多数人觉得没有其他的选择。非常讽刺的是，大会最终表决支持布赖恩。

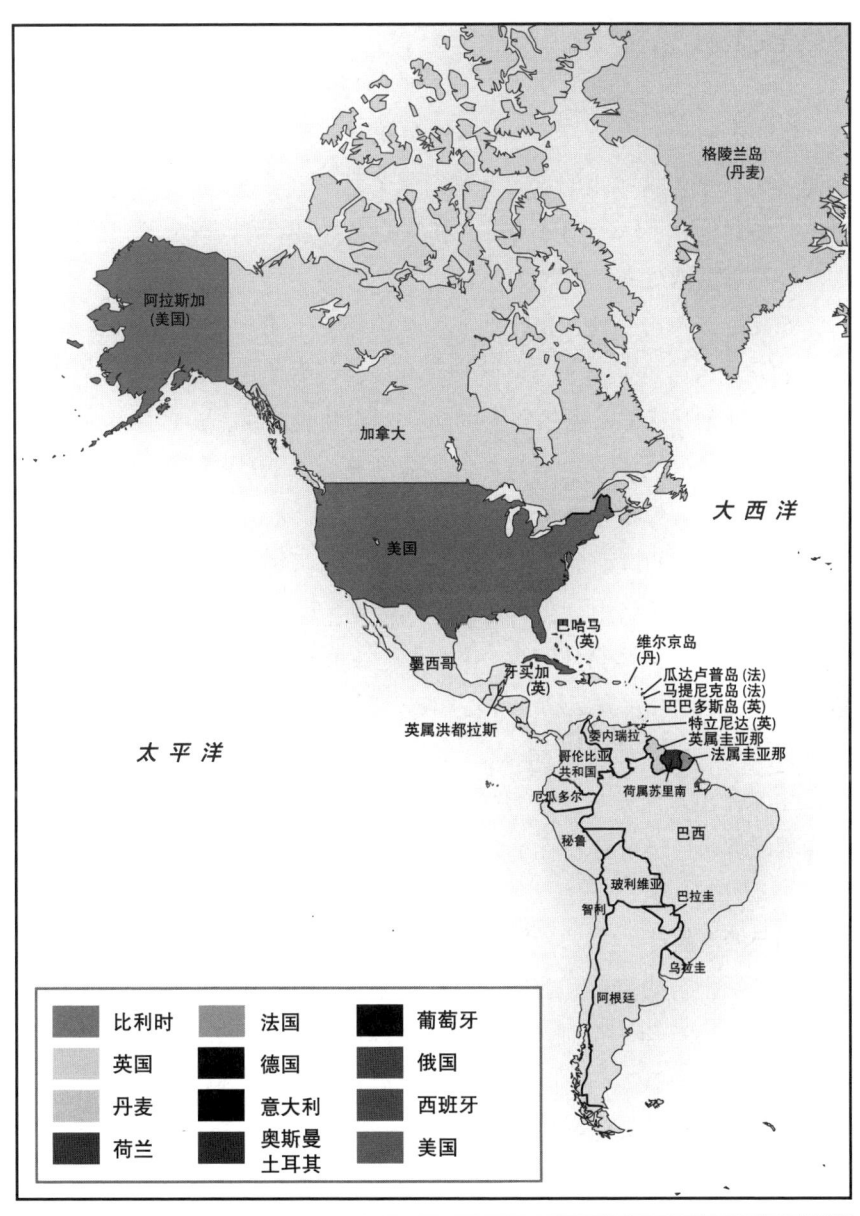

帝国主义高潮，1900 美西战争获得殖民地后，美国在1898年正式成为帝国主义国家。但美国注定是帝国主义世界的后来者。在19世纪，欧洲国家极大地扩张了各自帝国的疆域，特别是在欧洲和亚洲。尽管英国仍然以较大优势保持着世界最大帝国主义国家的地位，如图所示，全球广大的区域落入了欧洲列强之手。◆ 美国和欧洲帝国主义列强如何证明其帝国的合理性？（彩图见第1437页）

保守党的胜利

1896年的竞选使保守派几乎绝望。商业和金融界过分担心布赖恩获胜后的前景,大肆资助共和党竞选,投入高达700万美元,而民主党人仅花费30万美元。从家乡俄亥俄州坎顿市的竞选开始,麦金利恪守总统候选人不能积极参与竞选事务的传统。他在自家的门廊接见共和党的忠实追随者,掀起了"门廊"竞选运动,这一切均由汉纳组织和赞助。

现代竞选活动出现

布赖恩却没有受此拘束。他成为美国历史上第一个走遍全国各地,拜访村镇农舍的候选人,也是第一个坦诚告诉选民自己希望成为国家总统的候选人。他的行程长达1.8万英里,先后向大约500万人发表演讲。布赖恩的做法可能弊大于利。他违背了长久以来总统候选人不应参与竞选活动的传统(认为总统候选人应该"站在一边"代表总统,而不是"到处跑"竞选总统),却开创了现代的总统政治模式。同时他的举动也引起很多选民的不满,认为他的活动有失尊严。

在选举日,麦金利以选举人票271票对176票战胜布赖恩,赢得51.1%的普选票,而布赖恩只赢得47.7%,仅在以矿工和贫苦农民为主的南部和西部拥有优势,而民主运动和平民运动一样,影响范围太窄无法获得全国选举的胜利。

平民党的终结

对于平民党及其同盟者来说,选举结果简直是一场灾难。他们把赌注全都压在民主党身上,损失惨重。选举后的几个月,平民党开始解体,美国的农民再也不会强硬地联合起来要求经济改革了。

麦金利与经济复苏

动荡后上台的麦金利政府,恢复了相对平静的局势。原因之一是反对派已经筋疲力尽。1897年麦金利就职时,曾令中产阶级人心惶惶、劳动阶级兴奋不已的劳工运动已经平息。同时随着农民抗议运动的逐渐减弱,国家政治中最不稳定的力量已经(至少是暂时)偃旗息鼓。另一个原因是麦金利政权本身的特点,精明强干,致力于稳定发展。然而最重要的是经济危机在逐渐减轻,经济发展打击了那些鼓动变革的人。麦金利和他的同盟们致力于所有共和党都赞成的一个问题:提高关税。在他就职后的几周内,政府就成功通过了《麦金利关税法》,把关税提到了美国历史上的最高点。相比以前,麦金利政府在处理白银问题上更加谨慎(麦金利本人从来没有认为这是个重要问题)。麦金利派一个代表团去欧洲探究能否与英国和法国签订一份白银协议。正如他和其他人预期的一样,其努力没有任何成效。于是,共和党通过了1900年《货币/黄金标准法》,确定了国家对黄金标准的承认

货币法

态度,确定美元所代表的黄金价值,而且要求美国发行的所有货币必须遵循同一价值标准。

这场"标准"之战以保守党的胜利而告终。此时经济的发展似乎已经使共和党的优势得以展现。1898 年经济逐渐恢复繁荣。国外作物歉收使得农产品价格飞涨、美国经济进入了另一个扩张时期。繁荣和黄金标准好像有着密切的联系。

虽然自由白银运动以失败告终,但它给美国经济提出了一个重要的问题。在 1900 年前的 25 年,西方国家人口增长和生产设施方面的发展令人惊叹。然而货币供应却没有跟上经济的进步,因为货币供应受制于黄金,而黄金储量几乎保持不变。要不是在 19 世纪 90 年代末黄金供应显著增加 (由于用新技术提取金矿石及在阿拉斯加、南非和澳大利亚发现了巨大的新金矿),平民主义所预言的金融灾难可能已经发生了。1898 年的黄金产量是 1890 年的两倍半,很快货币供应量就远远超过了布赖恩和任何自由白银派组织的预想。

然而那时,布赖恩和很多美国人一样,正致力于另一个重要的问题:美国要参与越来越多的世界事务,使美国成为一个帝国主义国家。

美国与世界　帝国主义

19 世纪美国得到第一块海外殖民地时,帝国当然不是什么新鲜事物。从人类有历史记载的时刻起,帝国在希腊、罗马、中国和世界各地就已经存在了,而且一直持续到 16 世纪至 17 世纪,当时西班牙、葡萄牙、法国、荷兰和英国在美洲实施了大量帝国主义行为。

但是在 19 世纪中后期,帝国的建设呈现出一种与早期不同的新形式,"帝国主义"一词首次出现被用来对其加以描述。在世界各地,欧洲列强不是通过大量移民到新土地上定居和繁衍的方式开辟殖民地,而是建立军事、政治和经济机构来统治已有人口并从他们身上获利。这种新型殖民主义改变了帝国主义国家本身的特点,使他们获利巨大而且产生了新的阶级,他们的生活是由帝国主义贸易和统治的要求决定的。而新殖民主义对被殖民社会的改变更多,通过把它们扯入工业资本主义的巨大体系,使当地人接触到了欧洲的风俗、体制和技术。

随着 19 世纪后期帝国在西方愈加流行,人们试图证明其合理性的努力也在

印度的英国"政府" 驻印度皇家燧发枪兵鼓乐队正式合影,摄于1877年。虽然鼓手都是英国人,但是照片左上角有一位印度助手。英国人居于统治地位,印度人处于从属地位,这种组合是大英帝国在印度统治的特点,这种政府叫作"Raj"源于印度语中"统治"一词。(Time life pictures/Getty Images)

不断增加。帝国主义强国的论点是,取得殖民地对于其自身工业化的健康发展甚至是生死存亡至关重要。殖民地是对工业生产至关重要的原料产地,是工业产品的市场,同时还提供廉价劳动力。但是帝国观念的维护者也认为帝国主义有益于殖民地人民。很多人把殖民看成向"异教"地区传播基督教的一个机会,于是在欧洲和美洲出现了大规模的新传教运动。持世俗观点的人认为帝国主义可以使殖民地人民进入现代世界。英国诗人鲁德亚德·吉卜林当属帝国最著名的代言人。在其名作《白人的负担》(Rudyard kipling, *The White Man's Burden*)中,他指出殖民者的责任是教化原始民族,"填饱饥饿的嘴巴并且赶走疾病"。

帝国思想的发展不仅是需求和欲望的结果,还是帝国主义势力新实力发展的结果。汽船、铁路、电报和其他现代交通和通信工具的发明、运河的建设(特别是1869年竣工的苏伊士运河和1914年竣工的巴拿马运河)、新型军事科技的出现(连发步枪、机关枪和现代化大炮)都使西方国家获得了到达、征服和控制遥远土地的能力。

英国是19世纪最强大的帝国主义国家,也是人类历史中最强大的帝国主义国家之一。截至1800年,尽管刚刚失去独立为美国的殖民地,英国已经在北美、加勒比和太平洋地区(主要是加拿大和澳大利亚)拥有了广大领土。19世纪后半段,英帝国的版图极大扩张,最重要的就是获得了对世界上地域最广、人口最多的国家之一——印度的统治权。之前英国已经和印度进行了多年广泛的贸易活动,并且逐渐加强了在当地的经济和军事实力。1857年,印度人起义反抗英国统治,英国军队野蛮镇压了起义,正式建立殖民统治。在强大的军事力量的支持下,英国官员通过庞大的行政体系统治印度,公务员中绝大多数来自英格兰和苏格兰,一些印度人只担任低级或者象征性职位。英国人在铁路、电报、运河、港口和改进农业方面投入巨资以获得更大的经济机会。他们还为印度儿童建立学校,旨在使他们接受英国文化,并成为帝国体制的支持者。

也是在那些年,英帝国扩张到了非洲和亚洲的其他地区。帝国主义大亨塞西尔·罗德斯(Cecil Rhodes)把开普敦的一块已有的英国小殖民地扩展为一个包含当今南非全境的巨大殖民地。1895年,他在北方又得到了新的领土,将其命名为罗德西亚(涵盖今天的津巴布韦和赞比亚)。其他帝国主义者把英国的统治拓展到肯尼亚、乌干达、尼日利亚和埃及的大部分地区。英帝国主义者还把帝国扩展到东亚地区,获取了新加坡、中国香港、缅甸和马来亚;尽管不是正式的殖民统治,他们在中国也建立了广泛的势力范围。

其他欧洲国家看到大英帝国的扩张,迅速投入殖民竞赛。法国在印度支那(越南和老挝)、阿尔及利亚、西非和马达加斯加建立了殖民地。比利时进入了西非的刚果。德国在喀麦隆、坦噶尼喀和非洲的其他地区以及澳大利亚以北的太平洋岛屿建立了殖民地。荷兰、意大利、葡萄牙、西班牙、俄国和日本帝国主义者也在非洲、亚洲和太平洋殖民,这都是受到了对本国商业利益的计算和与敌对的帝国主义势力激烈竞争的双重驱动。在1898年,美国也被拖入了殖民竞赛。美国的加入在一定程度上并非有意,而是美西战争带来的意想不到的后果。但是美国也寻求殖民地,这是由于国内帝国支持者(包括西奥多·罗斯福)的刻意努力,他们中的很多人深受英国朋友和同事的影响,他们认为在现代工业化帝国世界里,没有殖民地的国家很难维持或成为真正的大国。

五、帝国主义引发的动荡

内战后的二十多年间,美国领土几乎没有任何扩张。然而到19世纪90年代,一些美国人准备并渴望重新开始"天定命运"的事业,即在19世纪40年代的扩张运动中曾激发他们祖辈从墨西哥手中夺取一个帝国的事业。

新天定命运

许多方面的发展促使美国将注意力从海上转移到陆地。征服印第安部落开创了人们对非独立民族进行殖民控制的先例。弗雷德里克·杰克逊·特纳等人在19

世纪 90 年代极力宣扬"边疆的终结"这一理念，使人们开始担心自然资源将会很快耗尽，所以必须到海外寻找替代资源。19 世纪发生的经济萧条促使商人们去海外寻求新的市场。严酷的社会抗议（平民党运动，自由白银运动和血腥的劳资冲突）使一些政治家极力主张激进的外交政策缓解挫折情绪，以免造成国内混乱。

_{日益重要的贸易}

19 世纪末，对外经贸对美国经济越来越重要。1870 年美国出口总额达 3.92 亿美元，1890 年达到 8.57 亿美元，而 1900 年更是多达 14 亿美元。许多美国人开始考虑获得更多的殖民地，以获得更大的市场。

对于帝国热风行欧洲，驱使欧洲主要列强瓜分非洲大陆，并将渴望的目光投向远东和虚弱的中华帝国，美国人非常了解。一些美国人担心自己的国家不久将会落后，没有领土可以征服。主要的帝国主义者，马萨诸塞州参议员亨利·卡伯特·洛奇（Henry Cabot Lodge）警告说："美国一定不能在竞争中落后。"很久以来工业主义者等把歪曲了的达尔文理论，即社会达尔文主义一直运用于国内经济，此时他们又把该理论运用于国际事务之中。许多作家和社会人士主张，国家和种族与生物物种一样不断地为了生存而竞争，最终适者生存。因此强国统治弱国符合自然法则。

著名作家约翰·斐斯克（John Fiske）在 1885 年出版的一期《哈珀杂志》中撰文预测，英语国家将最终统治不在"现存文明"之列的每一寸土地。费斯克认为：美国白人征服本大陆的土著人口这一经历必将在全世界其他地区"继续下去"。

知识分子为帝国主义辩护

哥伦比亚大学政治学院的创始人约翰·W. 伯吉斯（John W. Burgess）从学术上支持帝国主义。他在 1890 年出版的《政治学及其相关法则》中坦率地宣称盎格鲁-撒克逊族和条顿民族代表着最高的政治才能，因此他们的职责就是振兴落后贫困民族，甚至在必要时可以采取强迫手段。他写道："野蛮状态下没有人权可谈。"

阿尔弗雷德·赛耶·马汉

在宣传帝国思想方面最得力最有实效的当属后来的美国海军上将阿尔弗雷德·赛耶·马汉。马汉的理论主要体现在《海权对历史的影响》（Alfred Thayer Mahan, *The Influence of Sea Power upon History*, 1890）等作品上。其思想非常简单：历史上拥有海上领权的国家都是强国；美国与两大洋相连，其权威必系于海上实力。海上实力强大的前提是国内经济富强，对外贸易增长，海上贸易发达，拥有强大海军捍卫海上贸易航线，并且有海外殖民地作为原料基地、海外市场以及海军基地。马汉还提倡美国应该在中美洲地峡建设运河以连接两大洋，并在太平洋和加勒比海两侧修建防护基地保卫运河，占领夏威夷和其他太平洋岛屿。

马汉担心美国海军力量不足，不能实现他设想的重要使命，但是在 1870 到 1880 年代，政府发起了一个造船计划，到 1898 年美国已成为世界上第五大海上强国，1900 年跃居世界第三。

半球霸权

1880 年代，詹姆斯·G. 布赖恩两度在共和党政府担任国务卿，他开始扩大美国在拉丁美洲的势力，他坚信在那里能为过剩的产品找到市场。1889 年 10 月，布赖恩第一次组织了"泛美会议"，来自 19 个国家的代表参会。这些代表们同意创建一个总部设于华盛顿的松散国际组织"泛美联盟"，作为信息交换向所有会员国发布信息。但是代表们拒绝了布赖恩其他更实质性的提议：成立美洲国家海关联盟并建立半球争端仲裁机构。

克利夫兰政府同样对拉丁美洲很感兴趣。1895 年美国在英国与委内瑞拉有关委内瑞拉与英属圭亚那的边界争端中支持委内瑞拉。英国无视美国关于争端送交仲裁机构的要求，国务卿理查德·奥尔尼便指责英国违反了《门罗宣言》。克利夫兰总统任命了一个特别委员会来解决这个争议，他强调说，如果英国抵制该委员会的决定，美国将动用武力强制执行。战争的威胁使英国民怨沸腾，英国政府因安全起见同意进行仲裁。

委内瑞拉争端

夏威夷群岛与萨摩亚群岛

从 19 世纪初期开始，中太平洋的夏威夷岛屿便是美国商船从事与中国贸易的重要中转站。直到 1880 年代，执行美国扩张政策的海军将领对瓦胡岛上的珍珠港虎视眈眈，试图将其作为美军商船的永久基地。迫使美国占领夏威夷也有另一种因素：越来越多的美国人在这些岛屿上定居，他们已经逐渐主宰了当地的政治经济生活。

美国这么做是在挑战一个古老文明的领袖们的权威。早在公元前 1500 年波利尼西亚人就在夏威夷居住，他们在岛上（每个岛都有多个部落）建立了渔业和农业社会。各个不同的岛屿都有各自的酋长，过着自给自足的生活。自 1790 年代第一批美国人从新英格兰乘商船到来开始，这里大约已经有 50 万居民。雄心勃勃的酋长企图统治临近的部落，因此敌对部落间的战争不断。在一系列此类战斗之后，卡米哈米哈一世（Kamehameha Ⅰ）国王在 1810 年建立了自己的政权。他欢迎美国商人的到来，并帮助他们发展夏威夷与中国之间的贸易往来，因为当地人同样

自给自足社会

夏威夷甘蔗种植园 和17及18世纪巴巴多斯的甘蔗种植园一样,19世纪夏威夷的甘蔗种植园也需要大量劳力,当地的人口根本无法满足。掌握多数种植园的美国人在1850—1920年间从亚洲的中国、日本和朝鲜引进了30万劳工。那里的工作极端辛苦,正如日本甘蔗工人在一首歌中唱到的:"夏威夷,夏威夷,我来了却看到了地狱,老板是恶魔,鲁纳斯(监工)是帮凶。"(Hawaii State Archives)

从中获利。但美国人很快不满足于仅仅发展贸易。19世纪初传教士开始在当地定居,1830年代波士顿商人威廉·胡珀(William Hooper)成为了最早在夏威夷购置土地的美国人之一,并且在岛上建立了自己的甘蔗种植园。

商人、传教士和种植园主的到来逐步摧毁了夏威夷社会。初来者无意中带来了传染性疾病,夏威夷人(像从前的印第安人一样)对其没有免疫力。到19世纪中期,有一半以上当地人因病死亡。到1900年,疾病再次夺走一半以上人口的生命。美国人还对当地进行了其他方面的破坏。传教士活动破坏了地方宗教,白人移民带来了烈酒、火器和商业经济,所有这些都侵蚀了夏威夷社会的传统。直到1840年代,美国种植园已经遍及整个岛屿,美国移民G. P. 加德(G. P. Judd)成为了夏威夷卡米哈米哈三世国王的总理,国王同意建立君主立宪政体。加德统治夏威夷超过十年。

1887年,美国和夏威夷签订条约,同意开放珍珠港作为美军海军基地。那时向美国出口蔗糖已经成为夏威夷的经济基础(根据1875年协定夏威夷蔗糖可以免税出口美国)。美国人控制的种植园体制不仅把夏威夷人从自己的土地上赶走,而且开始雇佣亚洲移民作为劳力,美国人认为他们比当地人更为老实可靠。确实,种植园主最关心的还是找到足够劳工并且让他们服从管理。有的种植园主特意雇用来自不同民族的劳力(有中国人、日本人、夏威夷人、菲律宾人、葡萄牙人等等），便于分而治之避免反抗。

大众文化模式　　黄色新闻

约瑟夫·普利策是一名匈牙利移民，内战老兵，当他 1883 年到纽约收购处于破产边缘的《世界报》（*World*）时，已经是密苏里州圣路易斯市一名成功的报纸出版商。"在这座伟大城市有发展空间，"他在他最初的社论文章中写道，"报刊不仅要价格便宜，还要内容积极；不仅内容积极，还要发行量巨大，不仅发行量巨大，还要民主。它将忠诚地服务于人民，并为人民而斗争。"一年内，《世界报》的日发行量从 1 万份猛增到 6 万多份。到 1886 年，发行量已高达 25 万份，为报社创造了巨大的利润。

普利策创办《世界报》的成功标志着所谓的"黄色新闻"的诞生，据报道这一词语来源于《世界报》连环画中的一个人物"黄孩子"。彩色报纸在当时相对来说很新鲜，并且黄色是最难印刷的颜色；所以一开始，"黄色新闻"这一词汇很可能是对普利策热衷于新技术的一种评价。然而最终，这个词有了其他意味。它采用一种煽动性的风格去报道和写作，为的是努力唤起大众的自觉意识，从而扩大市场，

黄色新闻和"缅因号"沉没　1898 年 2 月美国战舰"缅因号"在哈瓦那港爆炸沉没，没有任何证据表明西班牙与此有关。实际上，多数证据表明爆炸发生在军舰内部，表明这是事故而非破坏。然而，约瑟夫·普利策和威廉·兰道夫·赫斯特的报纸登载了有关该事件的耸人听闻的报道，旨在激起民众支持对西班牙开战。普利策的《世界报》的头版是媒体对此事件大肆渲染的一个例证。版面顶端的发行量数字也表明此类报道是多么成功地提高了报纸的销量。（*The Granger Collection*）

使此报刊迅速遍及美国各个城市并且改变新闻报刊的特点。

当然在19世纪末,追求轰动效应的做法在新闻界已经并不新鲜。揭发政界丑闻的小报在美国独立战争之前就开始发表骇人听闻的消息,1820到1830年代兴起的便士报结合了丑闻、犯罪和谋杀等消息,进入了新闻界主流。但是1880到1890年代的黄色新闻为了寻求大批读者而提高到一个新的水平。《世界报》第一次推出"周日版",它内容色彩丰富,布局独特,并配以图示。周日版涉及体育、时尚、文学和戏剧。它首创了运用醒目耀眼的大字标题吸引路过报刊亭的行人的方法。它敢于揭发政界腐败,在报道犯罪事件时下大力度使其具有戏剧性并且充满活力。它尝试让读者直接参与到新闻故事当中(如《世界报》举办募捐活动,筹集到30万美元用于修建自由女神像的底座,其中大部分都是靠工人阶级读者5美分、10美分的捐赠而来)。它还创造了一种强调自我意识、平民主义的写作风格吸引工人阶级读者。"美国读者喜欢简洁、说服力强、图文并茂、引人注目的内容",普利策说。记者也惯用简短、说服力强的句子。他们不避讳展现同情心和愤怒,也并不局限于事实真相。

普利策的做法很快引来了模仿者,其中一位最重要的人物是加利福尼亚的出版商威廉·劳伦斯·赫斯特。他在1895年收购了《纽约日报》,并把其价格降低至1美分(普利策很快模仿)。效仿了许多《世界报》的做法,一年的时间其发行量提高至4万份。赫斯特在报刊中使用了比普利策还要夸张的色彩,吸引了众多著名的写手,如斯蒂芬·克莱恩,并且很快使这份报纸活跃于平民之中。"新新闻主义",赫斯特在1897年说,不是单纯的报道犯罪情况,而是"努力逮捕罪犯,让其得到法律制裁"。他很快就将这份报纸变成了国内发行量最好的报纸,一天可以卖

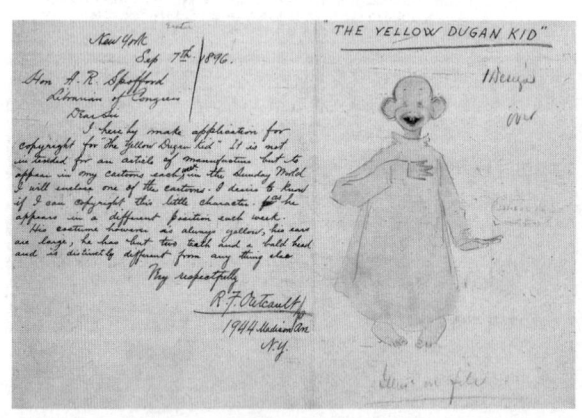

"黄孩子杜根"《霍根的伙伴》是19世纪末20世纪初最流行的漫画之一,最早发于1895年的《纽约世界报》。其中最著名的人物或许该数米奇·杜根,这个由漫画家理查德·奥特考特创造的外表傻气的人物被人们叫作"黄孩子",这个绰号很可能来自"黄色新闻"一词。《霍根的伙伴》是现代连环漫画的先驱,相当重要的原因是它是最早巧妙使用色彩增加报纸特色的漫画之一(漫画上方附有奥特考特的信要求为被他叫作"黄孩子杜根"的人物进行版权登记)。(Library of Congress)

出一百多万份。紧随其后的普利策指责赫斯特的报纸"迎合低俗、荒淫、恐怖的口味",并且"报道假新闻"。但是《世界报》很快便模仿《纽约日报》。在这两大"黄色"报刊之间展开的竞争很快便发展到哗众取宠的新阶段,他们的成功招致了全国其他许多城市的效仿。

1890 年代,古巴反叛者与西班牙殖民政府之间的内战给两大报刊创造了最佳时机,使其将一贯的夸张报道与爱国主义及愤世嫉俗的诉求结合在一起。他们热心发表西班牙残酷镇压起义的夸张报道,煽动民众对西班牙的愤怒情绪。1898 年美国"缅因号"军舰在哈瓦那港离奇爆炸时,两报在没有任何证据的情况下立即对西班牙政权进行谴责。《纽约日报》拿出 5 万美元奖赏指控事件责任者的人,并把头版留给很多叫嚣性文章,如《全国在战争狂热中颤抖》《哈瓦那人侮辱了我们对"缅因"遇难者的怀念》(赫斯特告诉编辑:"不发其他任何消息。")。"缅因号"爆炸三天后,纽约时报销售量超过 300 万份,创造了报业发行量最新的世界纪录。《世界报》在报道"缅因号"事件上不够成功(尽管竭尽全力),但却在随后爆发的美西战争报道中迎头赶上。

"缅因号"事件之后,保守新闻派向黄色新闻发起猛烈攻击。一是因为赫斯特夸口说古巴冲突就是"日报的战争",二是因为赫斯特在发给驻古巴记者的一份电报中称"你负责提供照片,我负责提供战争"。保守派同样想阻碍"体面的"编辑所厌恶和担心的新闻主义蔓延。某些学校、图书馆和俱乐部开始禁止黄色报纸销售。但"黄色"报纸在 1890 年代开创的办报方式为后来丰富多彩的、通俗的新闻传统奠定了基础,后来这些方式也体现在街头小报当中,有些也逐渐融入电视新闻中,一直延续到今天。

夏威夷人不愿毫不抵抗就被人统治,1891 年,他们选择了一位有影响力的人继承王位:利留卡拉尼(Liliuokalani)女王。她致力于挑战美国对夏威夷的强力统治,但是她仅仅在位 2 年。1890 年,美国取消了夏威夷蔗糖在国际贸易中的特殊优势。这对夏威夷经济无疑是场灾难,种植园主认为恢复经济的唯一方法就是加入美国(因此免除关税)。1893 年美国种植园主举行起义,请求祖国的保护。部长派海军从停泊在火奴鲁鲁港的军舰登陆帮助起义者,女王于是宣布退位。

由美国控制的临时政府(美国人口只占该岛人口的 5%)立即派代表团到华盛顿商讨兼并协约。但是直到 1898 年共和党重新执政,条约才被同意。

利留卡拉尼女王

夏威夷以南三千英里的萨摩亚岛一直是美国船只在太平洋进行贸易的中转站，随着美国与亚洲商业交流的增加，美国商业团体开始对萨摩亚产生兴趣，美国海军也开始垂涎萨摩亚的帕果帕果（Pago Pago）。1878年海斯政府与萨摩亚领导人签订协议，允许美国在帕果帕果建立海军基地。

吞并萨摩亚

但是英国和德国同样对萨摩亚感兴趣，要求当地各土著首领遵守协议。此后十年里，三大列强费尽心机力图控制萨摩亚岛，有几次几乎导致战争。最后，三国同意在萨摩亚岛平分权力。但三方协议未能阻止彼此间的争斗。1899年，美国和德国瓜分了岛屿，补偿给英国太平洋其他地区。美国保住了帕果帕果港。

六、美西战争

美国的帝国野心早在1890年代末期之前就开始萌发，1898年美西战争更将这种野心转化为公开的扩张主义。这场战争改变了美国和世界各国的关系，使美国变成了一个势力范围巨大的海上帝国。

古巴争端

美国与西班牙之间的战争源于和古巴有关的一系列事件，而古巴和波多黎各曾经是西班牙在美洲强盛帝国的最后领土。古巴人至少从1868年就开始反抗西班牙统治。在十年的斗争中，许多美国人对古巴表示同情。但美国一直没有出面干预。

1895年古巴人再度起义。冲突中双方的手段都很凶残，美国方面惊恐异常。

时代的责任　这幅1892年的版画无疑受到一句俗语的启发："刚出油锅，又入火海。"一名绝望的古巴人奋力挣扎要跳出西班牙暴政的油锅，却面临着更危险的境地"政治混乱"（或称国内暴政）。漫画家路易斯·达尔林普尔用此图暗示解决古巴问题的唯一真正方法掌握在美国人手中，美国对古巴负有的责任"不仅是使其脱离西班牙的控制，而且要使其避免更糟糕的命运"。(*The Granger Collection*)

古巴人故意破坏岛屿强迫西班牙人撤离，在韦勒将军统帅下，西班牙人将平民关入集中营，营内大量人员因疾病和营养不良死亡。美国媒体将韦勒将军称作"屠夫韦勒"。西班牙在与古巴的早期冲突中就已经使用过类似的残暴手段，但并未让美国人感到震惊。然而，1895 年美国媒体对古巴起义大肆全面宣传，造成了西班牙单方面暴虐残忍的形象，而事实上双方都有非常残暴的行为。

古巴人起义

古巴冲突为某些美国报纸的发展提供了好时机，如约瑟夫·普利策的《世界报》和威廉·伦道夫·赫斯特的《纽约日报》。1890 年代，赫斯特和普利策展开了激烈的发行竞争，双方都派大量记者和插图画家奔赴古巴，并要求他们带回关于西班牙暴行的详细报道。

古巴在美国的移民越来越多，他们主要聚集在佛罗里达、纽约、费城和新泽西的特伦顿，并全力支持总部设在纽约的古巴革命党，拥护该党领袖何塞·马蒂（1895 年在古巴遇害）。随后，古巴裔美国人又成立了各种组织支持"自由古巴"事业。在某些地区，其影响不亚于黄色新闻。

对西班牙的愤怒浪潮不断增长，但这并没有使克利夫兰总统支持美国对古巴事务进行干预。他宣布美国将采取中立态度，并强烈要求纽约市当局尽力阻止古巴难民在那里的煽动行为。但 1897 年麦金利担任总统后，坚决反对西班牙的"野蛮无人性"行为，使西班牙政府召回韦勒将军，改变集中营政策，允许该岛自治。

但 1898 年 2 月发生的两大事件致使和平解决问题的可能性不复存在。其一是驻哈瓦那的古巴特工窃取了一封由杜普·德洛梅（Dupuy Delôme，西班牙驻华盛顿大使）书写的私人信件，并将信转交给了美国媒体。这封信把麦金利总统描述成软弱的人，"致力于寻求公众敬仰"。这和许多美国人，包括某些共和党人，对总统的描述其实大同小异（西奥多·罗斯福曾说麦金利"和巧克力甜饼一样软弱"）。但来自外国人的批判立即引起公众的不满。杜普·德洛梅立即辞职。

德洛梅书信事件未平，美国战舰"缅因号"在哈瓦那港爆炸，造成 260 多人死亡。战舰自 1 月起受命前往古巴保护当地美国人的生命财产安全。许多美国人认为是西班牙炸沉了军舰，特别是海军调查法庭迅速草率地宣布外部水雷的袭击导致了这起灾难（后有证据显示，这场灾难其实是战舰内部一个机房偶然爆炸所致）。战争热潮席卷了全国，国会一致通过批准了 5000 万美元的军备款。"牢记缅因事件"成为全国的复仇口号。

缅因号

麦金利一直希望避免冲突，但政府中其他人（包括海军部副部长西奥多·罗斯福）都要求战争。1898 年 3 月，总统要求西班牙同意休战并签署永久和平协议，立即结束集中营政策。西班牙同意休战并取消集中营,但拒绝与起义者谈判,并保留发起斗争的自主权。这一做法既不能平息舆论,也不能让国会满意。几天后,即 4 月 25 日,麦金利总统请求并接受国会宣战。

精彩的小战争

国务卿海约翰称美西战争为"精彩的小战争",这同时也是大多数美国人(不包括前线打仗的士兵)的普遍看法。4 月宣战,8 月战争结束。部分原因是古巴起义已经极大地削弱了西班牙的反抗力,多方面来看美国的干预不过是"扫尾"工作而已。虽然有 5200 人死于疟疾、痢疾、伤寒等疾病,但只有 460 名美国人死于战场或因伤势过重而死。古巴起义军则伤亡惨重,所受影响远远大于美国。

但这并不意味着美国在战争中没有遇到任何困难。美国军队面临着严重的补给问题:缺乏现代步枪和弹药,军装过厚无法适应加勒比炎热的气

补给和动员问题

1898 年美西战争 美国和西班牙在古巴的军事冲突持续时间很短。古巴人的起义和美国海军的封锁已经使西班牙处于战败的边缘。美国陆军的到来只是施以了最后一击。不到一周的时间,美国军队在古巴东南部圣地亚哥附近地区取得了四次决定性战斗的胜利——其中一次(卡特尔岭战斗)见证了西奥多·罗斯福率部进行的抢占邻近的圣胡安岭的著名冲锋。地图中标示了美国海军封锁的范围,以及美国陆军从佛罗里达到战斗实际发生地古巴的行军路线。◆ 古巴的战争对波多黎各有什么意义?(彩图见第 1078 页)

候、医疗服务不足、食物缺乏且营养不足。美国正规军出兵 2.8 万人，多数人有镇压印第安暴动的经验，但从未经历过大规模的战争。这就意味着，和内战时期一样，美国必须依赖地区组织的，受当地缺乏军事经验的领导统帅的国民警卫队。

同时还有种族冲突。美国入侵军大部分是黑人，有些是非裔美国人社团组织的志愿军（尽管一些州长禁止此类组织），其他人则属于正规部队的四个黑人兵团（曾驻扎在边疆地区保护白人免受印第安人攻击），如今转移到东部在古巴作战。黑人士兵南行到训练营的过程中，对严格的种族分离很是愤怒，有时甚至公开反对这一制度。在佐治亚，黑人士兵故意闯入"只允许白人进入"的公园；在佛罗里达，他们殴打拒绝提供服务的汽水销售员；在坦帕市，白人挑衅和黑人报复导致了整夜的暴乱，三十多人受伤。

种族压力在古巴一直存在。美国黑人在某些战役中发挥了重要的作用（包括著名的圣胡安岭战役），赢得了许多勋章。和美国人一同作战的古巴起义军有近一半是黑人，和非裔美国人不同，这些黑人已与整个起义部队融为一体（事实上，起义军安东奥·马赛奥将军就是黑人）。目睹古巴黑人士兵与白人士兵一道作战，非裔美国人深感自己地位的不平等。

夺取菲律宾

海军部副部长西奥多·罗斯福是一名狂热的帝国主义者，积极主张战争，尽

非裔美国人骑兵 美西战争中大量非裔美国人参加美军作战。尽管只能在全黑人部队服役，他们和白人部队并肩战斗，并且英勇善战。照片中是一支非裔美国部队在古巴列队。(*Corbis*)

管深知自己在军事领域只是个小人物,但他并不在意。他加强了太平洋海军部队,并指示其司令员乔治·杜威(George Dewey),一旦战争爆发,便立即攻击西班牙殖民地菲律宾的海军。

杜威的胜利

宣战后,杜威立即前往马尼拉。1898年5月1日,他乘船进入马尼拉湾,彻底打败了靠港的西班牙舰队。只有一位美国水手在战斗中死亡(死于中暑)。乔治·杜威立即名噪一时,成为这场战争中的第一个英雄。几个月后,美国远征军到达,西班牙让出马尼拉。因沉浸在杜威领导的胜利喜悦中,几乎没有一位美国人意识到战争的性质已经改变了。早先为古巴自由而战,如今已发展成为从西班牙掠夺殖民地的战争,而此时美国尚未决定如何处理从西班牙得到的殖民地。

为古巴而战

古巴仍然是美国军事努力的焦点。起初,美国指挥官在派兵作战前计划让部队接受长期训练,但当西班牙海军上将帕斯夸尔·塞韦拉(Pascual Cevera)带领的舰队越过美国海军进入古巴南岸的圣地亚哥港,计划很快改变了。美国大西洋舰队很快将塞韦拉控制在港口内,美国军队总指挥官纳尔逊·A. 迈尔斯迅速改变策略,于6月率领1.7万人离开坦帕进攻圣地亚哥。从离开圣地亚哥到在古巴登陆都显现出军队的无能。这支很小的部队在敌军没有任何反击的情况下花了五天时间才完成登陆。

勇猛骑士团

美国指挥官威廉·R. 沙夫特(William R. Shafter)向圣地亚哥进军,他计划包围并俘虏这里的敌人。在途中他遭遇并打败了在拉斯瓜莫斯的西班牙军队,一周后,在两次同时进行的战役中又分别占领了艾尔坎尼和圣胡安岭。在战争中一个被称为"勇猛骑士"的骑兵团备受关注(一直居于报纸头条)。名义上它由伦纳德·伍德指挥,而实际上是西奥多·罗斯福指挥。他从海军部队辞职参加了战争,并极力想要确保自己的兵团在战斗结束前抵达前线。他很快成为这场战争中的英雄人物。其声望大部分来源于他领导了一支无畏(如果不是不经意的)的部队攻克了卡特尔岭(与圣胡安岭战役相关的一个小战役),正面与西班牙军队作战。罗斯福本人虽毫发无伤,但近百名士兵伤亡。他回忆说:这场战役是"我生命中最重要的时刻"。

虽然沙夫特仍需要进攻圣地亚哥,但他的部队由于疾病已被削弱,尤其是当坚守圣地亚哥的美国海军将领因害怕水雷而不愿进入港口时。沙夫特担心自己会丢了这个职位,美军不知道西班牙政府已经决定放弃圣地亚哥并命令塞韦拉撤退。7月

3日，塞韦拉尝试逃离港口，结果等待在那里的美军舰队摧毁了他的整个舰队。7月16日，圣地亚哥西班牙陆军部队司令投降。同时，一支美国军队在波多黎各登陆，在没有任何反抗的情况下占领了那里。8月12日，停战协议签署，战争结束了。

波多黎各与美国

兼并波多黎各在美国并未引起轩然大波。自1508年庞塞·德莱昂（Ponce de León）抵达波多黎各岛屿时，这里便成为了西班牙帝国的一部分，从1521年圣胡安建城时就有西班牙移民。该岛的土著人阿拉瓦克人因为传染病、西班牙暴行和贫困已经几乎消失了。因此，波多黎各社会基本是在西班牙统治阶层和大批非洲劳工的带领下得以发展，咖啡种植园和甘蔗种植园成为其经济的主导。

兼并波多黎各

如同古巴一样，波多黎各社会逐渐趋于独特，抵抗西班牙统治的行动也开始出现。19世纪20年代起，动乱间歇性出现，其中最著名的是所谓的"拉雷斯叛乱"。和其他的叛乱一样，该叛乱在1868年被西班牙人镇压。但是持续的反抗促使了改革发生，如：1873年奴隶制废除，本地人出席西班牙议会等。然而独立的要求持续膨胀。1898年，为应对路易斯·穆尼奥斯·里韦拉为首的政治压力，西班牙同意给予该岛一定程度的独立。但在这一变化生效前，波多黎各的控制权就转移到美国人手中。战争中美军占领该岛，一直控制到1900年《弗勒克法案》通过，建立正式的殖民政府：一名美国统治者和两个法定议院（上议院由美国政府任命，下议院由波多黎各人民选举产生），美国可以修改和否决波多黎各通过的法案。人们因渴望独立

勇猛骑士团 美西战争中，西奥多·罗斯福辞去海军部副部长职务率领志愿团参战。他们被称为勇猛骑士团。在圣胡安岭战斗中该团士兵勇猛冲锋使罗斯福成为了国家英雄。照片为罗斯福（中间戴眼镜者）和骑士团士兵合影。(Bettmann/Corbis)

而不安。1917 年，迫于阐明美国与波多黎各关系的压力，美国国会通过《琼斯法案》，宣布波多黎各为美国领土，所有波多黎各居民都是美国公民。

蔗糖经济　利用了无须关税便可进入美国市场这一便利条件，波多黎各制糖工业繁荣发展。就像在夏威夷一样，美国在岛上建立了大型甘蔗种植园，雇佣当地人劳作，许多种植园主甚至不住在该岛。甘蔗这一经济作物的重要性的凸显以及许多波多黎各农民转化为雇佣劳动力，导致该岛粮食生产减少。波多黎各越来越多地依赖于食品进口，因此成为了国际商贸经济的重要组成部分。国际蔗糖价格高涨时，该岛经济富裕；价格下降时，该岛的经济也受到冲击。许多贫困的波多黎各种植园工人更加贫困。因对不稳定、贫穷和美国不断威胁西班牙文化而感到不满，许多波多黎各人开始积极渴望独立。而其他人则憧憬与美国建立更紧密的关系，甚至是国家层面的关系。

菲律宾问题的争论

尽管兼并波多黎各未出现什么争议，但是兼并菲律宾却导致了长期的激烈争论。控制一个加勒比海的岛屿很符合美国自认为是西半球主导力量的想法，而控制万里以外的一个地域辽阔、人口密集的地区，则完全不同，很多美国人认为很不吉利。

菲律宾问题　麦金利不大同意兼并，但是，据他所说，他认为除此之外没有更能被接受的选择了。经历了他所称的"痛苦的祈祷之夜"后，他宣称上帝指引他决定兼并这个岛屿。他说，将这些岛屿交给西班牙会显得"胆小和不光彩"，将其让给其他帝国（法国、德国或英国）也显得"失职和不可信"。允许这些岛屿独立显得不负责任，因为菲律宾人"不适合自治"。唯一的办法就是："兼并所有岛屿，教育菲律宾人，提高他们的教养，让他们信奉基督教，在上帝的带领下尽我们所能。"

1898 年 12 月签署的《巴黎协议》标志着战争的正式结束。协议确定了有关古巴、波多黎各和关岛的停战条款，但是美国谈判者希望西班牙割让菲律宾岛的要求令西班牙人大吃一惊，这是最初停战协议条款中不包括的内容。西班牙提出反对，但美国出价 2000 万美元收买该岛，西班牙不再反对并接受了美国的全部条款。

反帝同盟　在美国参议院，反对兼并的呼声很强烈。在批准该项协议的过程中，一场反帝国主义运动在全国开展起来，反对兼并菲律宾。反帝国主义运动中有许多最富裕、最有影响的人：安德鲁·卡内基、马克·吐温、塞缪尔·龚帕斯、参议员约翰·谢尔曼等等。他们的反帝动机各不相同。有些人只是认为帝国主义不符合道德，否定了美国献身人类自由的决心；有的人担心引入"低级"亚洲人将"污染"美国人口；工人担心新殖民地的大量廉价劳动力将影响他们的饭碗；保守派担心帝国所需的大规模军队和复杂国际联盟将威胁美国的自由；甘蔗种植园主等担心新地区会有不受欢迎的竞争。1898年底，波士顿和纽约等城市的上层阶级成立了"反帝同盟"，反对兼并，在东北吸引了大量追随者，发起了一场热情高涨的反《巴黎协议》运动。

"给山姆大叔量制新衣"（J. S. 皮尤作，选自《精灵》杂志，1900） 这幅漫画中总统威廉·麦金利被善意地描画为裁缝，在为他的顾客（美国）量体裁衣，以适应其经过美西战争领土扩大后的身材。作为一幅大型漫画的一部分，这张漫画试图把这次扩张和以前争议较小的扩张（如购买路易斯安那）联系起来。（Culver Pictures, Inc.）

主张批准《巴黎协议》的团体也各有不同。其中有西奥多·罗斯福这样积极的帝国主义人士，将帝国扩张看作是复兴国家、保持战争的健康影响的方法。还有商人看到了主导亚洲贸易的商机。很多共和党看到通过这场由共和党打响并赢得的战争获取新领地的党派优势。然而赞成兼并的最有力原因是，美国已经占领了这些岛屿。

反帝国主义人士警告人们，兼并这些领地将使大量人口成为美国公民，这本身存在着危险。然而，帝国主义者对此已有答案。美国对待印第安人的长期政策（将他们看作是附庸而非公民）已经开了兼并领土但不吸收公民的先例。支持兼并的人主张，"未开化的"菲律宾人"可能会和我们的印第安人拥有同等的地位……事实上他们就是'印第安人'，宪法第十四条修正案没有使他们成为公民"。

《巴黎协议》的命运在几周内都是疑问，直到积极的反帝派——威廉·詹宁斯·布赖恩出人意料地表示支持。他主张批准协议，不是因为他支持兼并，而是因为他想把问题移出国会，使其成为1900年全民表决的话题，他希望自己再次成为民主党总统候选人。布赖恩说服很多反帝民主党人支持协议，从而确立1900年选举的主要议题。1899 年 2 月 6 日，参议院批准了《巴黎协议》。

1900 年大选

但布赖恩做出了错误的估计。如果 1900 年的选举如他所望的确是关于菲律宾的全民公决，那么毫无疑问全国选民赞成帝国主义。这又是一次布赖恩与麦金利的对决，还是麦金利胜利，甚至是比 1896 年更有优势。然而不仅仅是殖民地问题确保了麦金利的胜利。共和党还受益于国家的繁荣及其副总统候选人——个性丰富的圣胡安岭英雄西奥多·罗斯福上校。

七、帝国式的共和国

按照欧洲超级帝国的标准，新美利坚帝国还很小。但它使美国卷入了过去一直想避免的欧洲和远东的政治冲突，同时也把美国带进了一场在菲律宾的残酷战争。

殖民地的管理

美国的三大附属地——夏威夷、阿拉斯加（1867 年从俄罗斯获取）和波多黎各，相对来说没出现什么问题。他们较快地获得了领土地位（居民也成为美国公民）：夏威夷于 1900 年，阿拉斯加于 1912 年，波多黎各于 1917 年。海军控制了太平洋上的关岛和图伊拉岛，但把其他受美国控制的人口少、面积小的太平洋岛屿放在一边。古巴是一个比较棘手的问题。由伦纳德·伍德将军统率的美国军队在那里待到 1902 年，准备让该岛独立。他们修建公路、学校、医院，重建法律、金融和行政系统，引进医疗卫生改革。但与此同时，美国也为多年后从经济上控制该岛奠定了基础。

普拉特修正案

古巴起草的宪法根本没有提及美国，作为回应，美国国会在 1901 年通过"普拉特修正案"，使古巴将其条款加入古巴宪法。"普拉特修正案"禁止古巴与其他国家签订协议（实际上使美国得以控制古巴的外交政策），允许美国干预古巴的独立、生活和财产，并要求古巴允许美国在其领土上建立海军驻地。修正案使古巴只拥有名义上的政治独立。

美国的经济控制

美国政府迅速接管了岛上的经济，使这个新国家成为了美国经济的附属。美国投资商涌入古巴买下种植园、工厂、铁路、炼油厂。住在岛外的美国人控制该岛最重要的资源是几十年来怨恨和动乱的根源。反对"美帝国主义"偶尔会引起反对古巴政府的反叛运动，有时也会促使美军干预。在一次叛乱后，自 1906 年至 1909 年美国就一直占领该岛；1912 年，美军再次回到这里镇压由种植园的黑人工人发起的造反。就像在波多黎各和夏威夷，受美国市场影响而发展的制糖业逐渐成为了岛上经济的主导产业，并经历着和美国经济下其他的制糖附属国一样的繁荣和衰落周期。

菲律宾战争

美国并不喜欢把自己看作欧洲式的帝国主义统治者。但是，就像其他帝国主义强国一样，美国很快发现（就像他们与国内的印第安人的关系一样），征服一个民族所需的不仅是思想，还需要力量与暴力。这至少是美国从与菲律宾的关系中吸取的教训，美国军队很快要和为独立而战的反叛军队进行长期和血腥的战争。

所有美国经历的战争中菲律宾战争是最容易被忘记的，同时也是历时最长（1898 年至 1902 年）、最残忍的战争之一。20 万名美国军人参战，4300 人战死，死亡人数几乎是美西战争中死亡人数的 4 倍。而在冲突中死亡的菲律宾人人数尚不确定，但似乎至少有 5 万本地人丧生。美国占领军面对菲律宾游击队的残忍战

菲律宾战俘　美国士兵在马尼拉看守被俘的菲律宾游击队员。通过美西战争美国夺取了菲律宾群岛，但是镇压菲律宾人起义付出的时间和代价超过了美西战争。到 1900 年上半年，驻菲美军达 7 万人，由亚瑟·麦克阿瑟将军任司令官（其子道格拉斯在二战中赢得盛名）。(*Library of Congress*)

术，其情形与1898年西班牙占领者们在古巴遇到的十分类似。同引起许多美国人愤怒的韦勒在加勒比地区所用的手段一样，美国人很快发现自己也陷入了同样残忍的状态。

埃米利奥·阿吉纳尔多

早在1898年之前，菲律宾人就曾反抗西班牙人的统治。而当他们意识到美国人要长期占领时，他们也立刻开始反抗。由埃米利奥·阿吉纳尔多（Emilo Aguinalde，他声称自己是国家合法领导人）率领，菲律宾人在各岛之间同美国军队反复作战超过三年。起初，美军指挥官认为反叛者只有一小部分跟随者，但到20世纪初，岛上的一名指挥官亚瑟·麦克阿瑟将军（道格拉斯·麦克阿瑟的父亲）曾写道："我很不情愿但被迫相信一个事实，菲律宾大众对阿吉纳尔多本人及他所领导的政府十分忠诚。"

对麦克阿瑟等人来说，这个认识不是缓和进攻或是安抚反叛者的理由，反而成为他们采取更为强硬残酷手段的借口。慢慢地，美国军队的行动变得更加有组

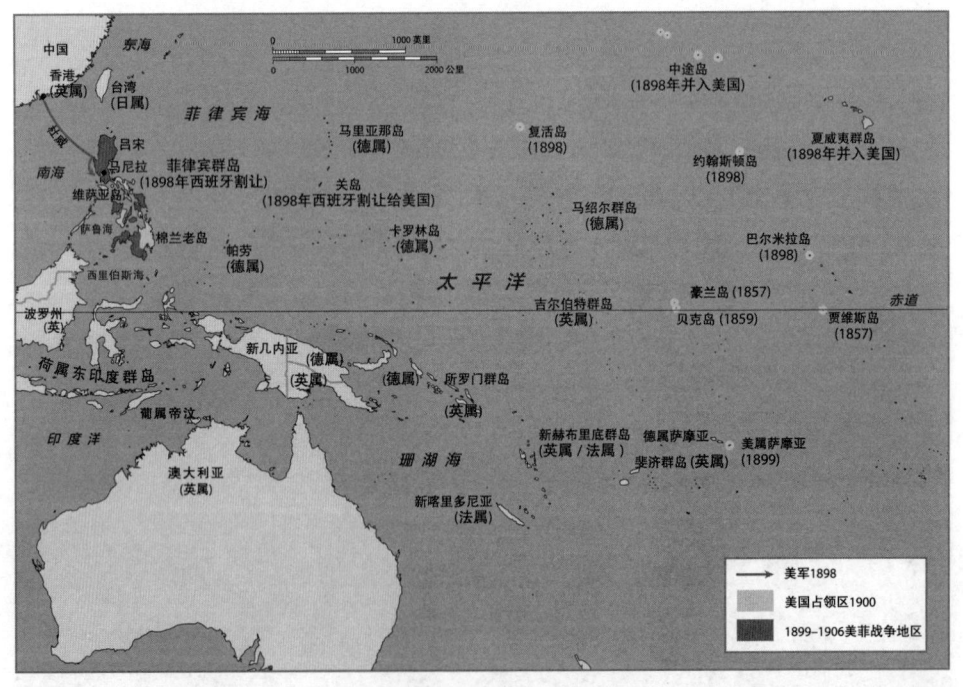

1900年的美利坚南太平洋帝国　除波多黎各外，美西战争后美国获得的殖民地全都分布在太平洋地区。帝国主义的诱惑使美国在1898年兼并了夏威夷。通过美西战争，美国获得了对菲律宾、关岛以及其他原属西班牙的太平洋小型岛屿的控制权。战争前，美国在19世纪已获得散布在太平洋的很多小岛作为海军基地。新获得的领地加上那些小岛使美国拥有了广大的太平洋帝国，尽管按照当时其他大型帝国的标准其人口和领土规模依然很小。◆ 美国国内对建立新帝国的反应如何？

织地残忍和冷酷。被捕的菲律宾游击队员不被当作战俘而是杀人者,许多人被草率处死。在一些岛上,整个居住地被清除,居民被关进集中营,他们的村庄、农场、庄稼和牲畜都被美军破坏了。同时一种残暴的精神状态开始在一些美国士兵中滋生,他们并不把菲律宾人当人看,并似乎能从随意杀戮中获得快乐。一名美国指挥官要求他的士兵:"去杀人放火,你们杀的人越多,烧的东西越多,我越高兴……射杀所有 10 岁以下的人。"每有一个美国人受伤,就有 15 个以上菲律宾人丧生。而在美国史上被认为最血腥的冲突——美国内战时,伤亡比例也只是 5∶1。

义和团运动,1900 照片中是被囚禁的北京义和团成员。数天前,他们参与了围困西方外交人员驻地。多个欧洲国家以及美国驻中国的远征军打破围困,俘获了他们。(Bettmann/Corbis)

　　到 1902 年,有关战争残暴行径和美军的死伤人数的报道引起了美国民众对战争的关注。但在那时,反叛力量已疲惫至极,而占领军也已建立起对大部分岛屿的控制权。1901 年 3 月阿吉纳尔多被捕,这是美军取得最终胜利的关键。阿吉纳尔多随即签署了一份要求他的追随者停战并宣布他对美国忠诚的文件(他从此退出政治舞台,平静地生活至 1964 年)。一些地区的战争持续到第二年,战斗时不时爆发,一直持续到 1906 年。但是美国对菲律宾的统治已经稳定了。1901 年夏天,军队把统治权移交至威廉·霍华德·塔夫脱(William Howard Taft)手中,他成为了菲律宾第一位平民总督。塔夫脱宣布美国在菲律宾的任务是使菲律宾岛独立,他还给了菲律宾人极大的自治权。美国人还修建公路、学校、桥梁和下水道;也实行了主要的行政管理和经济改革,并建立了公共医疗系统。菲律宾的经济主体——渔业、农业、木材业和矿业,变得越来越依赖美国经济。美国人没有在菲

经济依赖加深

律宾过多投资，也很少有美国人搬到菲律宾，但是与美国之间的贸易使得菲律宾几乎完全依赖美国市场。

同时，历届继任的美国总督逐渐使菲律宾实现了政治自治。1946年7月4日，菲律宾最终获得了完全独立。

门户开放

兼并菲律宾使美国原本对亚洲极大的兴趣更加强烈。中国曾经是美国重要的贸易伙伴，如今中国已经开始衰落，对列强来说是个可以剥削的好对象，而美国尤为关注中国的未来。1900年，英国、法国、德国、俄罗斯和日本开始瓜分中国。他们逼迫中国政府"允许"他们控制中国不同的地区。有时他们就占领中国的某个地区，然后宣布该地区为其所有。许多美国人害怕瓜分进程太快，他们与中国的贸易会被排除在外。

海约翰的门户开放政策

为了保证美国在中国的利益而又不引起战争，麦金利于1898年9月发表了声明表示美国想进入中国，但不要求任何特权。"我们不仅要求别的国家向我们开放门户，我们也准备向别的国家开放门户。"转年，国务卿海约翰将这些话制成政策——"门户开放政策"——同时向英国、德国、俄罗斯、法国、日本和意大利表达同样的意愿。他要求那些国家准许三项条款：每个在中国有势力范围的国家要尊重拥有同样势力范围的其他国家在其范围内的权力与特权；中国官员要继续收取关税；在征收港口税和铁路税上各国家之间不得相互干涉与歧视。总而言之，美国希望与中国自由地进行贸易而不受到干预，也不卷入军事矛盾。他们还使中国保有着自己拥有独立主权的幻想，同时避免在中国正式建立殖民地而引起贸易障碍的可能。

但是欧洲与日本对于门户开放建议冷眼视之。俄罗斯公开反对；其他国家表示原则上同意，但除非所有国家都同意才会实施。而海约翰拒绝承认各国的回绝，他大胆宣布所有国家都已接受"门户开放"的"最终决议"，美国希望他们可以遵守其条款。

义和团运动

"门户开放"的外交手段刚结束，义和团（一个拥有坚定爱国信念的秘密武术团体）便发起了一次反抗外国侵略者的血腥叛乱。义和团运动的高潮是包围外国领事馆，领事们都躲在北平的英国领事馆。帝国主义者（包括美国）派了一队国际远征军去营救领事们。1900年8月，军队攻入北京，冲破了包围。

麦金利和海约翰一致同意美国加入到镇压义和团的运动中，以使自己能在事件的解决上有发言权，同时也避免欧洲列强瓜分中国。最终海约翰赢得了英格兰和德国对其门户开放政策的支持，也促使其他列强接受清政府对义和团运动做出的赔偿。中国至少在名义上保持了领土完整，而美国也继续进行着有利可图的对华贸易。

现代军事系统

美国同西班牙之间的战争暴露出美国军事系统中的明显不足。不仅军队表现出极大的弱点，而且整个军队的组织也暴露出供应、训练和合作上的问题。如果美国与一个更为强大的敌人战斗，那就惨败无疑。战后，麦金利任命伊莱休·鲁特（Elihu Root，纽约一家公司的杰出律师）指导军队的全面改革（鲁特是最早几代律师兼政治家的先驱之一，他在公众和私人角色转换中游刃有余，并为日后所谓的美国外交政策奠定了重要基础）。

1900 年至 1903 年间，鲁特的改革将军队由原来的 2.5 万人扩充到最多时的 10 万人。他们制定了国家保卫的联合军事标准，确保了国家在战争中不会起用训练和武器配备完全不同于正规军的志愿兵。他们首创了教官训练系统，包括位于堪萨斯莱文沃斯堡的"军官培训学院"（后来的指挥与参谋学院）和华盛顿的"战争军事学院"。1903 年，建立了参谋团（名为参谋长联席会议）以作为陆军部军事顾问。最后这项改革被鲁特认为是最重要的：中央参谋部门是以欧洲的参谋部为模型的产物。参谋长联席会议有很多作用。他们要"监督"和"协调"整个军队，并且还要建立一个办公处来为未来的战争做准备。陆军与海军委员会则要负责联合军事行动。新改革之后，美国以拥有类似现代军事系统的形象进入 20 世纪。

鲁特的军事改革

小　结

在重建后的三十年，美国政体依旧僵化保守。选票几乎对半平分，两个主要政党只在少数一些事上有分歧。在几届德高望重的总统的领导下，这种政治系统已经不知不觉成为稳定与顺从的标志。

然而在国家政治的平稳表面下，重大的社会事件加深了分化，如雇主与工人间的斗争，美国农场主对日益减少的财富的不满，对贪污腐败的愤怒以及对商业巨头手中极大权力的愤慨。1893 年，当时美国历史上最为严重的大萧条开始时，这些社会矛盾爆发了。

挑战政治稳定的运动中最突出的是平民主义运动——美国农场主发动起义，要求政治与经济的长远改变。1892年，他们创造了自己的党派——平民党。在接下来的几年中它展现了令人吃惊的力量。但是在1896年选举高潮时，当时的平民主义英雄威廉·詹宁斯·布赖恩成为了民主党和平民党的共同总统候选人，最终共和党获得了巨大胜利——该选举过程促进了一次重要的选举改革，从而使共和党在接下来的三十年中占据明显优势。

19世纪90年代的危机使得美国在世界的地位越来越稳固。1898年，美国干预了西班牙和古巴之间的战争，获得了一次迅速而简单的胜利，并且与西班牙签订了一纸协议，将其大部分殖民地割让给美国，包括波多黎各和菲律宾。一场激烈的反帝国主义斗争未能阻止住帝国的侵略。但是守住殖民地比获得殖民地要难得多。在菲律宾，美国军队与菲律宾反叛力量陷入了长达四年的血腥斗争。争端引起了许多美国民众的不满。1898年殖民地的兼并不仅是美国帝国主义扩张的开端，也是帝国主义的结束。

阅读参考

Morton Keller, *Affairs of State: Public Life in Late Nineteenth-Century America* (1977) 是研究重建后的政治和政府的重要著作。

Nell Irvin Painter, *Standing at Armageddon: The United States, 1877—1919* (1987) 探索了工业化的多文化维度，特别强调了工业化对少数族裔人群和种族关系的催化作用。

Martin J. Sklar, *The Corporate Reconstruction of American Capitalism, 1890—1916* (1988) 为美国商业活动的演化以及美国政治和社会的演化做出了阐释。

两本记录这个时期美国各州实力逐渐增长的重要著作是 Theda Skocpol, *Protecting Soldiers and Mothers: The Political Origins of Social Policy in the United States* (1992); 和 Stephen Skowronek, *Building a New American State: The Expansion of National Administrative Capacities, 1877—1920* (1982)。

Richard Hofstadter, *The Age of Reform: From Bryan to FDR* (1955) 和 Lawrence Goodwyn, *The Populist Moment* (1978) 就当时平民主义和进步主义改革运动的特征提出了两种截然不同的解释。

其他关于平民主义的重要著作包括一部经典的著述 John D. Hicks, *The Populist Revolt* (1931), 和 Steven Hahn, *The Roots of Southern Populism: Yeoman Farmers and the Transformation of the Georgia Upcountry* (1983)。

Michael Kazin, *The Populist Persuasion: An American History* (1995) 将平民主义观点置于更广泛的历史背景中加以分析。

Walter LaFeber, *The New Empire: An Interpretation of American Expansion, 1860—1898* (1963) 和 Ernest May, *Imperial Democracy* (1961) 对帝国的扩张做了重要介绍。而 David F. Healy, *U.S. Expansionism: Imperialist Urge in the 1890s* (1970) 则给出了相反的观点。

Walter LaFeber, *The Cambridge History of American Foreign Policy*, Vol. 2: *The Search for Opportunity, 1865—1913* (1993) 是一部重要的综述作品。

William Appleman Williams, *The Tragedy of American Diplomacy* (1972), 是关于美国帝国主义的根源和悲剧性结果的修正派经典著作, 同作者的 *Empire as a Way of Life: An Essay on the Causes and Character of America's Present Predicament* (1982) 则是对上一部作品的补充。

Anders Stephanson, *Manifest Destiny: American Expansionism and the Empire of Right* (1995) 是一部关于美国扩张主义的意识形态的简明但颇有争议的历史。

Warren Zimmermann, *First Great Triumph: How Five Americans Made Their Country a Great Power* (2002) 描述了一批在 20 世纪初共同缔造了美国的帝国主义意识形态的强力人物。

Robert L. Beisner, *Twelve Against Empire* (1968) 记录了反对帝国主义扩张的主要人物历年的行动。

Emily S. Rosenberg, *Spreading the American Dream: American Economic and Cultural Expansion, 1890—1945* (1982) 是一部引起争议的文化解读。

Gerald F. Linderman, *The Mirror of War: American Society and the Spanish-American War* (1974) 探讨了战争在美国的社会意义。

Stuart Creighton Miller, *"Benevolent Assimilation": The American Conquest of the Philippines, 1899—1903* (1982) 描述了美国人在菲律宾的战争。

Michael Hunt, *The Making of a Special Relationship: The United States and China to 1914* (1983) 是对到 1914 年以前中美关系的很好的介绍。

女性选举权庆典，1913 1919年3月3日，伍德罗·威尔逊就职典礼的前一天，超过5000名女性选举权的支持者在华盛顿举行游行，这完全盖过了威尔逊抵达华盛顿的风头。据统计有50多万人观看了游行，并非所有观众都支持女性获得选举权，有些观众还攻击了游行者。警察并没有出面阻止。照片中，作为和游行同时举行的庆典的一部分，妇女选举权支持者福罗伦斯·诺耶斯穿着自由女神的服饰，在美国财政部大楼前拍照。争取选举权是进步主义时代最重要、最有激情的改革运动之一。(*Library of Congress*)

第 20 章
进步主义

19 世纪末以前，很多美国人已经相信迅猛的社会变革——工业化、城市化、移民和其他不和谐的转变——已经造成了不可忍受的问题。出于这种考虑，美国人做出广泛努力，以求为看起来正走向动荡的社会带来秩序和正义。到 20 世纪初，这种观点被冠名为：进步主义。

进步主义的冲动呈现出多种形式。事实上由于形式过多，以至于今天的学者无法就进步主义的意义达成共识。但是尽管（或者正是因为）如此，进步主义开创了一个非凡的政治和社会创新的时代。从 19 世纪末至少到一次世界大战结束，改革者在美国政治和文化中最有活力和影响力。他们促使公众开始讨论诸如女性的社会地位、对待种族差异的方式、如何管理城市、最公平地组织经济发展、政党和政治机器的作用、移民和文化多样性的

大事年表

1873 年	"基督教妇女解救联盟"成立
1889 年	简·亚当斯在芝加哥成立"赫尔居住中心"
1892 年	女性俱乐部总联合会成立
1893 年	约翰·霍普金斯大学医学院成立 "反沙龙同盟"成立
1895 年	全国制造商协会成立
1898 年	西奥多·罗斯福当选纽约州州长
1900 年	得克萨斯州的加尔维斯顿成立市政委员会 罗伯特·拉福莱特当选威斯康星州州长 罗斯福当选副总统
1901 年	美国医学会重组 麦金利遇刺，罗斯福继任总统 《海伊—庞瑟福特条约》通过
1902 年	俄勒冈通过立法提案法和公民投票法 密西西比州颁布直接选举法 北方证券公司提起反托拉斯诉讼 罗斯福干预无烟煤工人罢工
1903 年	妇女贸易工会联盟成立 商务与劳工部成立
1905 年	西奥多·罗斯福当选总统
1906 年	《赫伯恩铁路管理法》通过 《肉类检查法》通过
1907 年	金融恐慌和经济萧条
1908 年	威廉·霍华德·塔夫脱当选总统
1909 年	全国有色人种协进会成立 《佩恩—阿尔德里奇关税法》通过 平肖—巴林杰争端开始
1910 年	罗斯福的奥萨沃托米演说概括了"新国家主义"
1911 年	纽约市三角女装公司大火导致 146 名工人丧生 塔夫脱政府对美国钢铁公司提起反垄断诉讼
1912 年	美国商务部成立

	塔夫脱获得共和党提名，罗斯福及其追随者脱离共和党
	罗斯福成立进步党
	伍德罗·威尔逊当选总统
1913年	通过宪法第十七条修正案，确立了美国参议院直接普选制度
	《联邦储备法》通过
1914年	《联邦贸易委员会法》通过
	《克莱顿反垄断法》通过
1916年	威尔逊任命路易斯·布兰代斯为最高法院法官
1919年	宪法第十八条修正案（禁酒令）通过
1920年	宪法第十九条修正案（妇女选举法）通过

影响，以及国家为社区和个人规定道德准则的程度等问题。

进步主义最初是在社区、城市和各州内部开展的一种运动，即各种为提高社会功能的地方性活动。这些活动缓慢但稳定地发展为一种全国性运动。针对热点问题出现了各种各样的运动：如女性选举权、种族平等和劳工权利等。而且从20世纪初开始，联邦政府自身成为了进步主义改革的大熔炉。改革者们致力于使华盛顿能够积极回应他们的要求。其中一些成功地促成了美国参议员的直接普选，以取代他们认为的由州立法机构选择参议员的腐败过程。但归根结底是总统而非议会成为国家改革的最重要载体——先是活力四射的西奥多·罗斯福的领导，后是崇德自律的伍德罗·威尔逊的领导。到1917年美国加入第一次世界大战时，在20世纪以前只能行使有限权力的联邦政府已经极大扩大了自身在美国社会生活中的作用。

一、进步主义的推动力

首先来说,进步主义对未来态度乐观。进步派认为进步主义旨在于进步,当然,这从对其称谓中就能看出来。他们也认为社会还有改进的空间,而且不断的发展和进步才是国家大计。 ——进步信仰

然而进步派也认为发展和进步不能像19世纪末期那样草草进行。若使社会发展,有市场上的"自然法则"以及顺应这些法则的自由放任政策和社会达尔文主义远远不够,还需对社会和经济做出直接的有目的的干预,这才是建立有秩序、更美好社会的根本推动力。

进步主义的不同形态

进步派对干预形式总不能达成一致,很多改革推动力也似乎没有共同点。其中有一种推动力量很足,即"反垄断"。这种推动力唯恐权力集中,强烈要求限制并分散权力和财富。这体现了平民意愿,吸引了众多工人和农民参与,一些中产阶级人士也参与其中。在"反垄断"的推动下,政府有权力去规范和瓦解国家或州际的托拉斯集团。 ——"反垄断"

另一种进步主义的推动力来自对社会凝聚力重要性的信念:相信个人是巨大的社会关系网的一部分,且个人福利与社会整体福利挂钩。这种想法引发了人们对工业化进程"受害者"的担心。还有一种推动力,它执着于科学知识的力量,即把自然科学和社会科学运用到社会的可能性。很多改革家认为,知识作为一种使社会更加公平和人道的工具尤为重要。很多进步主义者还认为,一个现代化的政府应该也必须在改善和稳定社会上扮演重要角色。现代生活太过复杂,我们不能让它落在党派首领、外行或旧体制的手中。 ——相信知识

黑幕揭发者

首批拥有改革新思想的人中有从事改革运动的记者。起初,他们引导公众去关注社会,经济和政治上的不公。在西奥多·罗斯福指责某位记者扒粪后,这些记者就被称为"扒粪者"(黑幕揭发者),他们坚决要把社会上的丑闻、腐败和不公正公之于众。

起初记者的攻击目标是托拉斯,尤其是铁路行业托拉斯。因为黑幕揭发者认为铁路部门权力过大,过于腐败。揭露大型企业的文章早在19世纪60年代就开

艾达·塔贝尔和林肯·斯蒂芬斯

始了，当时小查尔斯·弗朗西斯·亚当斯（Charles Francis Adams Jr.）和另外一些记者披露了一些铁路大亨的腐败事实，其中一篇最引人注目，是记者艾达·塔贝尔（Ida Tarbell）对标准石油公司托拉斯的全面调查研究（该文章首先刊登在杂志上，并在1904年编为一套两卷本的书）。世纪之交，黑幕揭发者开始把目光转向政府，尤其是大城市的政治集团。这期间，也许最有影响力的人物要数《麦克卢尔杂志》的记者林肯·斯蒂芬斯（Lincoln Steffens）了，他还出了一本书——《城市的耻辱》(*The Shame of the Cities*)，内容主要是自己的文章。书中有他对"集团政府"和"老板当政"的描写；有他对像圣路易斯、明尼阿波利斯、克利夫兰、辛辛那提、费城和纽约这样的大城市中受贿者的揭露；还有他作为学者对道德缺失的愤怒。这本书引起了城市政治改革的浪潮。黑幕揭发者提出让群众自己参与到公共生活当中去，这是防止腐败的政党首领占据政府的措施。

黑幕揭发者的影响力在20世纪初的十年里达到了顶峰。黑幕揭发者怀着道德心和满腔的愤懑把社会问题展现在公众面前，激励国民去采取行动。

社会福音

人们对社会和经济不公正的愤恨日积月累，很多人开始寻求改革和社会正义。这使得"社会福音"浮出水面。20世纪初期，"社会福音"在美国新教中掀起狂潮（也在天主教和犹太教中有很大影响，但相对较小）。这可以被看作是对城市的救赎。

起源于英国并很快传入美国的救世军就是政教联合的结果。这是一个模糊的军事结构的基督教社会福利组织，到1900年，它招募了3000名所谓"军官"和2万名"士兵"，并为对城市中的穷人提供物质帮助和精神上的服务。此外，很多主教、牧师和法师放弃了传统的牧师职务，转而在问题百出的城市中提供服务。查尔斯·谢尔登的小说《踏着他的脚步》（Charles Sheldon, *In His Steps*, 1898）就讲述了这样一个故事：一位年轻的主教放弃了轻松的职位转而去帮助贫困的人。这本小说销量超过了1500万册，成为那个时代最畅销的小说。

来自纽约州罗切斯特的沃尔特·劳申布施（Walter Rauschenbusch）是位新教神学家，他发表过一系列有影响力的演说，内容主要是讨论通过基督教改革拯救人类的可能性有多大。对他来说，达尔文主义的教义不是适者生存，而是通过个人努力以实现社会结构朝人文主义的方向发展。有些天主教徒以利奥八世教皇的通喻《新生事物》(*Rerum Novarum*, 1893) 作为自己为社会公正而发起运动的原

"参议院老板"（约瑟夫·开普勒作品，1898） 19世纪末优秀的政治漫画家开普勒对托拉斯势力的担心日益增加，画中描绘了体形肥胖，卑鄙的，气势汹汹地凌驾于参议院之上的托拉斯，而参议院大厅的"人民入口"挂着"关闭"的牌子。(The Granger Collection)

因。像约翰·A. 莱恩（John A. Ryan）神父这样的天主教自由派人士都对教皇的警示铭记于心，即"少数富人已能凌驾于大多数穷人之上，农民比奴隶好不到哪去"。几十年来，莱恩神父一直在努力使天主教的社会福利组织覆盖面更广。

约翰·莱恩神父

虽然"社会福音"一直也没能成为城市改革的主导部分。但是宗教与改革的结合使得进步主义成为了一种有力的、能拯救公民的道德义务，哪怕拯救的公民处于社会最底层。

定居救助之家运动

进步主义认为环境对个人发展有影响。社会达尔文主义学家，如威廉·格雷厄姆·萨姆纳，认为个人命运能反映出个人所具备的生存条件。而进步主义理论家则有不同意见。他们认为，人类的愚昧贫穷，甚至犯罪都不是内在基因的问题，也不是命该如此，而是不良的外在环境所造成的。因此，要改变这些问题就需要改善人类生存环境。

众多城市改革家认为，过多的移民带来的压力最大，对此有宣传人员，如雅各布·里斯都拍到过生动的照片，也做过耸人听闻的描述。对移民问题有一种从英国借鉴来的解决方案——定居救助之家。第一批建立的定居救助之家中有一所最为著名，那就是"赫尔之家"。它是在社工简·亚当斯（Jane Addams）的努力下，于1889年在芝加哥落成的，在当时是国内400多家福利机构的榜样。在定居救助之家运动中，有很多受过教育的中产阶级，他们帮助移民家庭适应新国家的语言和风俗。救助之家不像早期慈善机构那样难以高攀、缺少道德。他们一致持有这

简·亚当斯和"赫尔之家"

样一个信仰，那就是中产阶级国民有责任告诉移民当地的价值信仰，告诉他们如何拥有中产阶级的生活。

历史学家的分歧　进步改革

20世纪美国历史上没有什么比进步主义的实质引起的分歧甚至是混乱更多。直到1950年，多数美国历史学家才就进步"运动"的实质问题基本达成一致。人们普遍认为，与其声称的一样，进步主义是"人民"限制"特殊利益团体"权力的运动。

然而，在20世纪50年代初期，出现了一种挑战传统观点的新见解，对进步主义者的身份和他们的目的做出了新的阐释。乔治·莫里在《加利福尼亚进步派》（George Mowry, *The California Progressives*, 1951）一书中描述说，该州的改革运动并非是广大人民的抗议活动，而是一小批拥有特权的商人和职业人士限制大型新兴企业和工会权力泛滥的行动。理查德·霍夫施塔特在《改革的时代》一书中对这一观点加以解释，他把全国的进步派描述为受到"地位焦虑"折磨的人——这些老牌的、从前影响力很大的上层中产阶级家庭试图恢复他们逐渐消失的尊贵地位，于是挑战已经开始取而代之的强大新兴体制。霍夫施塔特指出，和平民党一样，进步派不满的根源在于心理而非经济原因。

对莫里—霍夫施塔特理论的攻击从未中断。此后，又出现了一系列令人困惑的新阐释。对早期理论最尖锐的攻击来自加布里埃尔·科尔科（Gabriel Kolko），他在1963年出版的极具影响力的《保守派的胜利》（*The Triumph of Conservatism*）中否定了进步主义所谓的"民主"特征，认为那只是毫无意义的说辞。但是他也不同意莫里和霍夫施塔特认为改革行动代表没落精英的观点。他认为，进步主义是试图控制商业的活动。但试图实现控制的不是"人民"或"没落精英"，而是企业老板自己，他们把政府监管视为保护自身避免竞争的手段。科尔科宣称，管理大权"一定会落入被管制工业的老板之手，而且管理一定会走向老板们可以接受或希望的方向"。马丁·斯克拉尔的《美国资本主义的企业化重组》（Martin Sklar, *The Corporate Restructuring of American Capitalism*）一书阐述了相似观点，但比科尔科的观点更加复杂。

持有新的"组织"历史观的史学家们对关于进步主义的"心理"阐释提出了

较为温和的挑战。其中罗伯特·韦比1967年的专著《寻求秩序，1877—1920》(Robert Wiebe, *The Search for Order*, 1877—1920) 影响巨大。韦伯指出进步主义是针对美国生活混乱错位的一种反应。经济的性质变化迅速，但是社会和政治体制没有作出相应变化。经济权利已经转移到大型全国性组织手中，而社会和政治生活的中心仍然是地方性社区。其结果是广泛的紊乱和动荡，混乱形势在1890年代达到高点。韦伯认为，进步主义的实质是"新中产阶级"——一个与逐步发展的国家经济相联系的阶级——通过建立适应新国家经济的国家体制来稳定和提高自己的社会地位。

虽然这些阐释颇有影响，部分历史学家依然认为改革现象的确是人民反对特殊利益集团的运动，尽管其中一些对"人民"的定义和更早的此类阐释有所不同。J. 约瑟夫·胡特马赫尔（J. Joseph Huthmacher）在1962年指出进步主义背后的动力主要来自工人阶级，特别是移民，他们强烈要求通过诸如关于劳动补偿、工资和工时等法律的改革。约翰·宾克在《城市自由主义和进步改革》(John Buenker, *Urban Liberalism and Progressive Reform*, 1973) 中加强了这一观点，指出政治机器和城市"老板"是改革动力的主要来源，并且推动了20世纪自由主义的兴起。戴维·P. 西伦在1972年研究威斯康星的进步主义的专著《新公民》(David P. Thelen, *The New Citizenship*) 中，指出在威斯康星真正的冲突存在于"公共利益"和"企业特权"之间。19世纪90年代的萧条使背景各不相同的公民团结起来，共同努力促使企业和政府考虑民众利益，这标志着超越了阶级、社区、宗教和民族界限的全新"消费者"意识的出现。

政治变革导致了改革时代的社会冲突，20世纪七八十年代的其他历史学家试图把改革和这些变革的广泛进程联系起来。例如，理查德·L. 麦考米克的《从调整到改革》(Richard L. McCormick, *From Realignment to Reform*, 1981) 研究了纽约州的政治变化，并指出该时代最重要的变化是政党作为社会生活主要参与者的地位下降，利益团体在实现特殊社会和经济目标中的作用崛起。

同时，很多历史学家关注女性（以及她们建立的巨大志愿协会网络）在促成和推动进步改革方面的作用，并指出了她们在有关性别的问题上做出的努力。凯瑟琳·斯科拉、琳达·戈登、露丝·罗森、伊莲·泰勒·梅等历史学家认为有些进步斗争是面对来自新工业世界的尖锐挑战，女性为保护自身在家庭内部的利益而进行的努力的一部分。这种自我保护的迫切要求使女性改革者关注诸如戒酒、离婚和卖淫等问题。很多女性团结起来推动通过保护妇女和童工的法律。

其他女性积极拓展她们在公共世界里的作用。女历史学家争论说，不理解改革中女性的作用、不理解与家庭和私人生活相关的问题，就无法理解进步主义。

近来，很多历史学家力图重新从更广的视角来看待进步主义，而不是将其分解为各个部分。丹尼尔·罗杰斯在他研究欧洲改革如何影响美国进步派的杰出著作《大西洋十字路口》（Daniel Rodgers, *Atlantic Crossings*, 1998）中指出，改革运动不只是美国现象，而是植根于全球变化的进程之中。艾伦·道雷的《为正义而战》（Alan Dawley, *Struggle for Justice*, 1993）指出进步主义的特征是自由精英阶层通过实现国家现代化和减轻来自社会主义者的压力等方式，努力应对工业时代的新压力，特别是资本主义遇到的问题。迈克尔·麦克格尔的《强烈不满》（Michael McGerr, *A Fierce Discontent*, 2003）把进步主义描述为一种事实上的道德行动。通过它，改革者希望不仅能改造政府和政治，而且能改造美国人的生活方式、思想和交流方式。

由于对进步主义运动本质的理解有如此之广的分歧，因此毫不奇怪，史学家们放弃了为这一运动寻找一个统一的定义。例如，皮特·法林（Peter Filene）在1970年建议把进步主义作为"运动"这个概念已经失去了实际意义。但是在其1982年的重要论文《追寻进步主义》中，丹尼尔·罗杰斯提出了异议。他认为，进步主义的多样性既表明了其对时代的巨大影响，也有助于向今天的我们揭示一个社会快速变革时代的"喧嚣与躁动"。

定居救助之家救助的主要是一些女大学生。这里为这些未婚女性提供了"合适的"环境和定位，即提供了在城市里的"家"，在这里，社工帮助移民成为更合格的市民。定居救助之家还衍生出另一个重要的改革机构，在此机构中，女性也能扮演重要的角色：社工。例如"赫尔之家"与芝加哥大学在社会学领域的前沿研究就有联系。而且有越来越多培训社工的项目开始在国内的著名大学里出现，这也许与定居救助之家运动有关。

专业知识的诱惑力

社工这一职业的兴起表明进步派走的人文路线十分重视知识和专业的才能。他们甚至认为一些非科学问题都能用科学的方法分析和解决。很多改革家认为，只有有才能的专家和结构体系良好的政府才能创造出人们所需要的社会稳定和秩序。

一些人甚至提出要创造一个新文明，一个靠科学家和工程师就能解决经济和社会所有问题的新文明。例如社会科学家索尔斯坦·凡勃伦（Thorstein Veblen）就提出过一种新的经济体系，在这种体系中，权力掌握在受过严格训练的工程师手中，而且只有他们能完全明白管理现代社会所需的"机械运行方式"。

职业

19 世纪末期，行政和专职人员人数膨胀。工厂需要经理、技师、会计和工人；城市需要商业、医务、法律和教育服务人员。新兴科技需要科学家和工程师，反过来，科学家和工程师又需要有机构和导师来培训自己。跨入新世纪，那些从事这些服务的人组成了一个特殊的社会群体，也就是历史学家所说的新兴中产阶级。

新兴中产阶级重视教育和个人成就。20 世纪初，有上百万个中产阶级建立组织并设立制度以保障其社会地位。职业主义思想一直到 1880 年末期都还是萌芽状态。若每位药品专销商都能成为医生，每位受挫的政治家都能开事务所当律师，每位能读会写的人都能成为老师，那职业人员的标签也就没什么分量了。当然的确也有有能力、负责任的医生、律师、老师或其他的职业人员，但要把老手和新手、江湖骗子和无能的经商者区别开来并不简单。由于对职业服务的需求在加大，改革的压力也随之增加。

第一个做出回应的是医药领域。1901 年，自认受过专业培训的医生整顿了

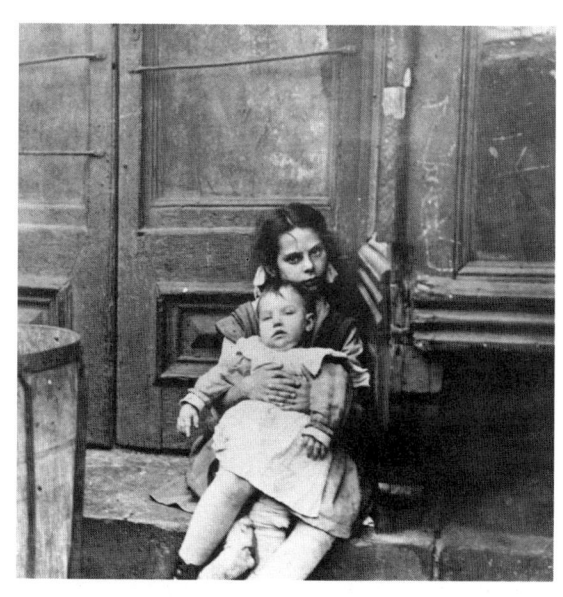

公寓家庭，1899 雅各布·里斯不知疲倦地记录了居住在公寓里的移民的生活，他成为那个时代最有影响力的摄影家和改革家。他的著作《另一半人如何生活》成为他所处时代的经典。在这张照片中，一个女孩在昏暗的门廊里看护一个婴儿，这类情景是他的作品的典型内容。(Bettmann/Corbis)

美国医疗协会

"雪茄房客" 这是《另一半人如何生活》中的一张照片，在拥挤的家中，一个雪茄工人在孩子们身边工作。这种在家工作的工人——很多，也许大多数是妇女——通常拿"计件"工资，即根据工作量而非劳动时间计算报酬。结果往往是漫长的工作（通常有家里岁数小的孩子帮忙）和极低的报酬。(Museum of the City of New York)

全国制造商协会

美国医疗协会，使其成为全国的职业协会。1920年，全美近三分之二的医生都成为其会员。美国医疗协会不久后便制定了严格科学的行医许可标准，医生也努力达到这些标准。州政府也通过了新的法律要求从业医生要有执照。1900年，美国一些医学院校的教育能和欧洲最著名的机构相媲美，其中最著名的要数巴尔的摩的约翰·霍普金斯大学（建于1893年）。霍普金斯大学里的很多博士，比如威廉·H. 威尔士博士，让学生走出课堂，走进实验室和诊所，在医学教育里掀起了一场革命。

其他领域也有相应的运动。1916年，48个州的律师成立了专业的律师协会。国内的法律学校数量也随之快速增长。商人支持建立企业管理学校和自主的全国性组织，如1895年建立的全国制造商协会和1912年的美国商会。就连渴望自主的农民也组建了国家农场局联合会，利用这个农业网络传播科学的农业方法。

申请许可的方法排除了一些没有经过培训、没有能力的人；使已涉入此领域的人免于不必要的竞争；还使得专业水准的名声得以保留。某些专业人士利用入行许可这一规定排斥了黑人、妇女、移民和其他与自己阶层"格格不入"的人。还有些人只是为了让此行业人数不至过高，以免需求降低。

妇女和职业

由于风俗惯例、法律和偏见等人为障碍，美国妇女觉得自己被大多数新兴行业排挤。但还是有很多的中产阶级妇女进入职场，尤其是那些从新建的女子大学或者男女同校的州立大学走出来的女性。

这些女性成为了医生、律师、工程师、科学家和公司经理。还有几所顶尖的医学院也招收女性，1900 年，已经有大约 5% 的美国医生是女性（这一数字直到 1960 年才有所改变）。然而，大多数女性最终还是进了"服务"行业，所谓的"服务"业，就是社会上常被认为的家政，而且这适合女性，比如娱教中心，社会福利工作，还有最重要的——教育。的确，19 世纪末期，有超过三分之二的中学教师都是女老师，有近 90% 的职业女性都是教师。尤其对于受过教育的黑人女性来说，南方种族隔离学校的存在为非裔妇女成为老师提供了市场。

> 女性主宰的行业

妇女还进入了其他行业。内战时及战后主要去做护士。20 世纪早期，护士行业也有了专业标准。还有很多女性进入了学术界，在男性主导的大学如芝加哥大学、麻省理工学院，或是哥伦比亚大学都拿到了高学位，并在新兴的日益发展的女子学院从事学术职业。

二、女性与改革

女性在改革中的突出表现是进步主义的一大亮点。很多州的女性在 20 世纪早期是没有选举权的，也从没有担任过任何政府职务，她们只在几个领域中立足（这些领域都是女性占大多数）。大多数人，也包括女性在内，都认为女性不适合公共政务。若真如此，那又如何解释女性在改革运动期间的突出表现呢？

> 女性在改革事业中的关键作用

"新女性"

"新女性"现象是社会和经济变革影响个体和社会的产物，在当时，这一现象被广泛评论。19 世纪末，人们走出家门，到工厂或办公室工作赚钱。同时，孩子们也能更早地被送进学校学习，有更多的时间待在学校。对于那些不是为了钱而工作的妇女，家庭不用再占用所有的精力。科技的创新带来了自来水、电，之后又有了家用电器，这些使家务不再繁重（尽管卫生标准不断提高使这些科技产品的优势显现不出来）。

> "新女性"的社会经济根源

家庭人口的减少也改变了很多女性的生活。19 世纪末，中产阶级白人女性的子女要比其母亲和祖母这两辈人的子女少，寿命长。很多女性在家陪孩子的年头少了，而在孩子长大成人后独立生活的年头却多了。

有些接受过教育的女性彻底摆脱了婚姻，认为只有保持单身才能在公共政界博得一筹。单身女性是当时表现较突出的改革者，如定居救助之家运动中的简·亚当斯和莉莲·沃尔德（Lillian Ward），禁酒运动中的弗朗西斯·威拉德（Francis Willard），普选运动中的安娜·霍华德（Anna Howard）等。她们有的独居，有的与女伴住在一起，时间一长，甚至不乏出现秘密的浪漫关系，这在当时被称为"波士顿婚姻"。19世纪末，离婚率也快速上升。1880年，每21段婚姻中有1段会离异，而到了1916年，每9段婚姻就会有1段离异，而大多数离婚都是由女方提出来的。

波士顿婚姻（左侧批注）

俱乐部女性

19世纪末20世纪初最能体现女性在公共政界地位提高的标志要数女性俱乐部了。俱乐部在1880—1890年间快速发展壮大，并成为很多重要改革的前沿阵地。

女性俱乐部开始时主要是个文化组织，为中产阶级和上层社会女性提供一个展现知识能力的地方。1892年，在成立女性俱乐部总联合会协调当地组织行为时，国内有近500家俱乐部，10万多名会员。8年后，就有16万名会员了。而1917时就超过了100万。

女性俱乐部总联合会（左侧批注）

20世纪初，俱乐部已不再那么关心文化活动了，而更多地关心对社会改善能做出的贡献。因为很多俱乐部会员家庭富足，很多组织资金充足，因而影响也不小。但可笑的是，妇女没有选举权，她们无党无派，政治家要忽视她们也不容易。

黑人女性有时也参加白人女性主导的俱乐部。但大多数俱乐部还是排斥黑人女性的，因此非裔女性组成了自己的俱乐部。有些人加入了总联合会，但多数人加入了全国有色妇女协会。一些黑人俱乐部还在针对美国黑人的问题上摆明立场，如处死刑问题和种族隔离问题。

女性俱乐部运动很少对女性在社会上的角色这一普遍问题摆出鲜明的立场。俱乐部女性很少有人会同意女权主义者夏洛蒂·伯金斯·吉尔曼在自己的书《女性与经济》（*Charlotte Porkins Gilman*, 1898）中所提出的观点，即对性别角色的传统意义上的定义是糜烂而过时的。俱乐部运动允许女性在公共场合有自己的空间，不公开对男权挑衅。

女性的公共空间（左侧批注）

这些俱乐部所做的无可指摘：种树；支持学校、图书馆和救助之家的建设；建设医院和公园。她们还在通过保障女工和童工的州法律（和最终的联邦法律）、监督工作场所、在规范食品和药品工业、改革印第安部落政策、对城市住所实施新标准，尤其是揭发酒业生产和销售中的违法行为方面发挥了重要作用。她们催促各州立法使遗孀或者带着孩子的单身母亲享受到"母亲保障金制度"，这个制度最

华盛顿有色人种妇女联盟 女性俱乐部活动在美国社会生活中广泛开展,成立了一系列组织把非裔女性团结起来以争取更好的社会和政治地位。华盛顿特区有色人种妇女联盟成立于1892年,该组织的很多成员出现在这张1894年拍摄的照片中。该组织的发起者是注册护士萨拉·艾尔德尔·弗里特伍德,她的丈夫克里斯坦·艾尔德尔是最早一批在内战中因作战英勇而获得国会荣誉勋章的黑人士兵之一。她发起的组织致力于"种族素质提高",主要由为有工作的妇女照顾孩子的托儿所教师和为成人开办的夜校的教师组成。他们拍照的地方是弗雷德里克·道格拉斯在国会山的房子的门前台阶。倒数第二排右起第二人为萨拉·弗里特伍德。(*Manuscript Division, Library of Congress*)

终演变成了社会保障制度。1912年,她们又向国会施压,要求在劳工部建立"儿童局"以此来直接保障儿童权益。

通过各种类似的努力,女性俱乐部成员与其他女性组织形成了联盟,如1903年成立的、由妇女联盟成员和上层社会改革者发起的鼓励女性参与的妇女工会联盟(WTUL)。除了为女性保障权益立法,妇女工会联盟成员代表女工举行公众会议,筹集资金支持罢工,沿着警戒线游行,还要求把游行女性保释出狱。

妇女工会联盟

女性选举权

可以说女性选举权运动是进步主义时代最重大的改革运动,也是美国历史上最重大的改革运动之一。

有时美国人很难理解为什么选举问题会带来如此大的争论。但此时,拥有选举权对很多批评家来说似乎是最基本的要求,部分原因是早期有支持者指出该权利有其理论根据。

整个 19 世纪末期,很多选举权提倡者都认为选举权是"与生俱来的权利",女性应该享有和男性同样的权利,首要的就是选举权。伊丽莎白·卡迪·斯坦顿就是一位女权倡导者,她在 1892 年时写道,女性是"自己命运的主宰……如果我们视女性为普通市民,国家的公民,那她必须有和其他人同等的权利。"这一观点是对另一种观点的大胆挑战,另一种观点认为:女性在社会上需另辟一片"个人空间",且首要先做好妻子和母亲。因此,一场男性主导并有很多女性强烈支持的反选举权运动随即开始。反对派抱怨选举权对人类文明的"自然秩序"构成威胁,而且包括很多女性在内的反对派把选举权和离婚联系在一起(这不是没有原因的,很多倡导选举权的人也提倡让女性能更容易离婚)。他们还把选举权与乱性、放纵和忽视子女联系在一起。

对女性选举权的激进挑战

20 世纪初,选举权运动在战胜敌对力量方面取得了一些重大的胜利,部分原因是妇女政权论者比敌对力量更有组织性、政治组织更严密。在社工安娜·霍华德·肖和艾奥瓦州记者卡丽·查普曼·卡特(Carrie Chapman Carter)的领导下,全美妇女选举权协会(NAWSA)会员人数已从 1893 年的 1.3 万增长到 1917 年的 200 万。此运动得以发展壮大的原因是大多数杰出的领导以"可靠"、威胁性小为标语推崇选举权。有些推崇选举权的人提议此运动对女性的"个人空间"不构成威胁,因为在女性的"个人空间"下,妇女选举权可以保证她们对政治做出重要贡献,毕竟作为母亲、妻子或者家庭主妇,她们有特殊的经历,对社会有特殊的敏感性。

全美妇女选举权协会

推崇妇女选举权的人还特别强调:赋予妇女选举权有助于戒酒运动的开展,因为其最大的支持团体拥有了政治权利。有些选举权支持者声称一旦妇女有了选举权,战争便不会发生,因为女性平和的天性可以平衡男性的好战情绪。这也是一战对选

男装厂女工罢工 妇女工会联盟以把中产阶级知识女性和工人联合在一起争取工厂和劳动条件改善著称。这些维持罢工秩序的妇女是纽约"女裁缝"制衣厂的工人。(Library of Congress)

举权运动起决定性推动作用的原因之一。

支持选举权运动还有其他不那么乐观的原因。很多中产阶级认为如果黑人、移民和其他"底层"团体能得到选举权,那这就不只是公正问题了,而是所有受教育、"有修养"的女性都能参与选举的常识性问题。

对于选举权的保守

选举权运动取得的主要胜利是在 1910 年。那一年,华盛顿成为在禁止妇女选举 14 年来第一个批准女性选举权的州。一年后,加利福尼亚州也批准了女性选举权,1912 年,又有 4 个州如此。1913 年,伊利诺伊州成为了密西西比河东部第一个批准妇女选举权的州。1917 年至 1918 年,国内人口最多的两个州纽约和密歇根也允许了女性参与投票选举。到 1919 年,有 39 个州赋予女性在某些选举中参与选举的权利;有 15 个州的女性能全面参与选举。到 1920 年,宪法第十九条修正案通过,确立了妇女选举权,保障了全国女性的政治权利。

宪法第十九条修正案

《选举女性》,B. M. 博伊作品 这幅引人注目的海报是 1911 年由"北加州大学平等选举权联盟"赞助的比赛的获奖作品。(*Schlesinger Library, Radcliffe Institute, Harvard University*)(*Archives Charmet/Bridgeman Art Library*)

然而对于某些女权主义者来说,胜利还来得不够彻底。激进的全国妇女党(建于 1916 年)领袖艾丽斯·保尔(Alice Paul)就从未承认选举权中保守的"个人空间"说法的合法性。她说光凭宪法第十九条修正案还不能保障妇女的权益。女性还需要更多的保障:宪法修正案只能给女性提供明确的合法的保护和禁止性别歧视。但艾丽斯·保尔的观点即使在近期领导选举权运动取得胜利的领袖中也很少找到共鸣。

平等权利条修正案

三、对党派的攻击

进步主义迟早都会以政府为目标。因为改革者认为,只有政府才能有效遏制住众多威胁国家的强大私人利益体。但进步主义者认为美国政府在新世纪初期很难实现其宏伟事业。各级政府都很落后,效率低,而且腐败。在进步主义者能有

改革政府

效地进行社会主义改革之前，他们必须先对政府进行改革。很多改革家认为，首先应对州内占统治地位的政党进行攻击。

最初的攻击

19世纪末对政党统治地位的攻击十分频繁。例如，绿背纸币主义和平民主义就是要打破共和党和民主党控制的政治。独立的共和党人（或称超然派[*mugwumps*]）也试图挑战党派统治。

早期的攻击行为取得了一些成功。例如，1880—1890年很多州采取了不记名投票。在此之前，政党自行印制只印有自己党派候选人的选票。他们把选票分发给自己的支持者，然后，这些支持者再把选票投到选票箱里。在旧体制下，政党领袖很容易监视选民的动态；选民也很难"分散"自己的投票，即对不同政党和不同职位的候选人的投票。但在新的不记名投票制度下，政府印制选票，大选时分发给选民填写并不记名投票，这就阻止了政党对选民施压。

市政改革

很多像林肯·斯蒂芬斯这样的进步派认为政党专制对城市的冲击很大，因此市政府成为了政治改革的首要目标。

中产阶级进步派

黑幕揭发者在强大的城市中产阶级进步派中引起了反响。内战后几十年内，大城市内"受尊敬的"市民不参与市政事务。他们视参与政治为降低身份的不体面的行为，对政治统治的"粗俗"原理避而远之。然而在世纪末时，出现了新一代对政府产生兴趣的活动家，他们中有旧贵族，也有新兴中产阶级。

他们的对手很强大。除了要挑战强大的城市领导集团和稳固的政治组织之外，还要面对巨大的特殊利益集团，如沙龙老板、妓院老板，也许还有那些与市政集团和视改革为利益来源的人有利害关系的商人。最后，还有一大票城市工人阶级选民，他们很多都是近期的移民。对他们来说，市政体制就意味着就业和社区服务。但是，改革派最后还是逐渐获得了政治力量。

政府统治的新形式

委员会方案

得克萨斯州加尔维斯顿的旧市政府没能抵御住1900年的毁灭性浪潮，这里是改革派首次取得胜利的地方。改革派中很多人是当地的商人，他们借助公众的不满情绪，通过了新的城市宪章。市长和政府委员由被选举出来的无党派团体人员担任。1907 年，艾奥瓦州的得梅因按其特色通过了委员会制，其他城市迅速效仿。

美国与世界　社会民主

推动 19 世纪末 20 世纪初美国改革的是巨大的能量、充沛的热情和严密的组织，这些大多源于美国的社会危机和政治运动。但是某些学者所谓的"改革时代"并不只是一种美国现象，而是发生在几乎整个工业社会的社会实验浪潮的一部分。其他国家的"进步主义"影响了美国的社会运动，接下来，美国的社会改革也将对其他国家产生巨大影响。

几个工业化国家把他们的社会改革尝试称为"进步主义"，不仅是美国，还有英格兰、德国和法国。但是对新的改革能量定义最宽泛的一个词是"社会民主"。很多国家的社会民主主义者都相信通过积累知识改进社会，而不是依靠承袭的意识形态或信仰。他们青睐通过改革经济和政府的社会保障措施来提高所有人的社会境遇。而且他们认为这样的变化应该通过和平的政治变革而非激进主义或者革命实现。在几个国家出现的政党致力于实现这些目标，如英国的工党、数个欧洲国家的社会民主党以及在美国曾短期存在的进步党。全世界的知识分子、学者和政府官员分享积累起来的知识，并互相观察彼此的社会项目。

在世纪之交，美国改革者频繁访问德国、法国、英国、比利时和荷兰，考察当地的进步改革，欧洲人也访问美国。欧洲和美国的改革者都对澳大利亚、特别是新西兰先进的社会实验着迷，美国改革者亨利·德马雷斯特·劳埃德（Henry Demarest Lloyd）曾经把新西兰称作"现代世界的政治大脑"。但是新西兰在工厂管理、妇女选举权、养老金、进步税收和劳动仲裁等方面的大胆试验在很多其他国家也逐渐开展起来。堪萨斯的进步主义记者威廉·艾伦·怀特（William Allen White）谈到这个时代时说："在欧洲和美国，我们是彼此的一部分。有什么东西正把我们

(Archives Charmet/Bridgeman Art Library)

凝结成一个社会和政治整体,各地带有不同的地方政治特色……在为一个共同的事业而奋斗。"

社会民主——在美国和其他地方有时也被称为社会正义或社会福音——是很多公共项目的起因。在19世纪80年代德国进行了大规模的社会调查,完成了超过140多卷涵盖国家生活各个层面的"社会调查报告",并启动了覆盖每个公民的社会保障体系。19世纪90年代,法国的改革者呼吁改进工厂管理、援助老年人以及进行进步税收。英国在伦敦工人阶级居住区首创了安置住房——这一运动很快也在美国发展开来——而且和美国一样,英国在地方和国家层面对垄断势力的挑战也在不断增加。

在很多国家,社会民主主义者感到了来自全世界不断高涨的劳工运动的压力,也感到了很多工业化国家社会党崛起的压力。19世纪末,在法国、德国、英国以及美国,罢工(有时候是暴力斗争)非常普遍。工人越好斗,工会就越强大。社会民主主义者并不总是欢迎激进的劳工运动的不断高涨,但是他们会认真对待劳工运动,并利用其为自己的改革尝试服务。

社会民主政治代表着整个工业世界公共生活特点的巨大变化。改革者们不再和贵族的特权或者帝王的权力进行斗争,而是把焦点集中在普通人的社会问题和尝试改变他们的命运上。谈到关于解决普通公民问题的努力时,英国改革者约瑟夫·张伯伦在1880年代说:"未来的政治是社会政治。"这种观念在被美国人称为"进步时代"的那些年里推动了全世界的进步事业。

城市管家方案

市政改革的另一方式是城市管家方案,此方案中选举出来的官员雇佣外来专家掌管政府,这些专家常是受过专业训练的商务经理或者工程师。进步主义时代末期,近400座城市在市政委员会的掌管下运行,还有45座城市雇佣城市管家。

在大多数城市中,反对党只好承认没有绝对的胜利。有些城市在无党派人士中进行市长选举(如此一来党派人士就不能挑选候选人了),或将党派选举延长到总统大选或国会大选的日子(以此来降低党派组织对投票人数的影响)。改革派试图让地方议会议员自由选举,降低地方领导的影响。即使会丢掉市政议员的席位,他们也试图加强市长权力。他们认为改革派选出大家都信任的市长比掌控整个议会要容易得多。

最成功的那些改革家是从传统的进步主义者主导的政治体系中走出来的。克利夫兰市著名的改革派市长汤姆·约翰逊（Tom Johnson）为反抗市内强大的有轨电车利益集团进行了一场斗争，要求将电车费降低到3分钱，并占有一些基础设施。约翰逊失败了，他去世后，他的得力助手牛顿·D.贝克（Newton D. Baker）在选举中胜出当上市长，并帮助克利夫兰市维持了全国政府执政最优的声誉。底特律的黑曾·平格里（Hazen Pingree），托莱多市的萨缪尔·"金科玉律"·琼斯（Samuel "Golden Rule" Jones）和其他城市的市长对当地的政党领导进行了有力的反抗，并将改革精神贯穿到市政管理中去。

汤姆·约翰逊

汤姆·约翰逊　随着19世纪末城市改革热情的不断高涨，进步派的市长们终结了"老板统治"，并使在美国的各大城市选举中战胜政治机器的候选人成为可能。著名人物之一是克利夫兰改革派市长汤姆·约翰逊。约翰逊以钢铁和有轨电车业致富，而后进入政界，这在一定程度上是由于他读到了亨利·乔治的作品《贫穷与进步》。1901年他成为市长，在4年任期内对党派老板和企业利益集团发动了不懈攻击。他赢得了很多胜利，但在他认为最重要的一场战斗中失败，即关于市政府拥有公共设施的斗争。(Western Reserve Historical Society)

州议会中的进步主义

对城市中老板政权的进攻并不总有满意的结果。最后，很多进步主义者求助于州政府来进行改革。他们鄙视州立法机关，认为其薪金不高、面目模糊的州议员大多都没能力、腐败，还完全受党派首领的控制。改革派为此开始提高全体选民的权力，以找到避免党派首领掌控立法机关的现象。

最重要的两个变革是1890年首先由平民党提出的，它们分别是创制权和复决权。创制权允许改革家直接给大选中的选民呈递新的法律以规避州立法机构。复决权规定立法机构的决定可以通过选民批准。1918年，有20多个州制定了某个或两个这样的改革政策。

创制权和复决权

同样地，直接预选和投票罢免制度可限制政党权力和提高选举官员的品质。直接预选制度摆脱了党派推举候选人的权力并将此权力交接给人民。在南方，此制度还意味着限制黑人投票，因为很多南方白人认为此制度比大选更容易操纵。投票罢免制度使选民有权在有相当人数的公民联名提交请愿书时，举行特殊选举，让在职官员下台。到1915年为止，每个州都至少为一些职位设置了直接预选。投

直接预选和投票罢免制度

票罢免制度遇到了较为顽固的抵抗，但有些州（如加州）也已经采用。

其他改革措施旨在使立法机关更廉洁。1903年至1908年间，12个州通过了规范州立法机关以经济利益来游说的法律。同期，22个州通过了禁止企业为竞选捐款的法律，还有24个州通过了禁止公务员免费乘火车的法律。很多州还成功地建立了工伤补偿制度体系。1911年开始，改革家成功建立了有子女的遗孀抚恤金制度。

凡将富有活力并尽职尽责的政治家推上领导位置的州，改革进行得往往更有效率。在纽约市，市长查尔斯·埃文斯·休斯（Charles Evans Hughes）借用进步主义思想创立委员会以管理公共设施。在加利福尼亚州，州长海勒姆·约翰逊（Hiram Johnson）限制了南太平洋铁路公司的政治权力。在新泽西州，普林斯顿大学原校长、1910年被选为州长的伍德罗·威尔逊凭借行政领导的身份进行了改革，使该地区摆脱了"托拉斯孕育地"的称谓。

但最著名的国家级改革家是威斯康星州的罗伯特·M.拉福莱特（Robert M. La Follette）。他于1900年被选为州长。经过他的努力，该州成了改革家所说的全国"进步主义实验室"。在他的领导下，威斯康星州的进步派通过了直接预选、立法

罗伯特·拉福莱特

罗伯特·拉福莱特在威斯康星竞选 拉福莱特在威斯康星任三届州长后，于1906年开始了他漫长的参议员生涯，其间他坚定不移地为先进的进步主义改革而奋斗——事实上，由于过于坚定，他几乎完全被孤立。他自传中的一章的题目就是"在参议院孤身一人"。拉福莱特对自己所在的州影响巨大，他和他儿子掌控该州政治长达40年，成功地通过了很多联邦政府抵制的改革措施。(Library of Congress)

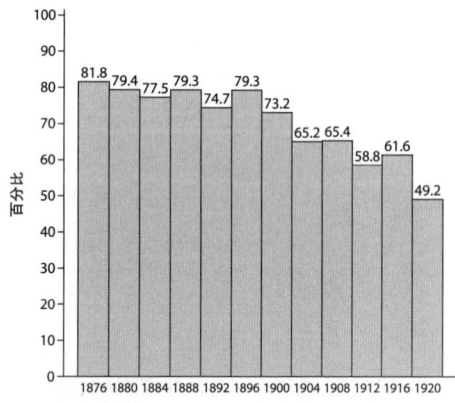

总统大选参选情况，1876—1920 20世纪初，美国政治的显著发展之一是选民参与普选的比例大幅下降。这张图表显示了1876—1920年间总统大选参选比例的持续下降。按照现代标准，当时的参选比例依然很高（除了在1920年异常的大选中，因为女性刚获得选举权但仍然没有大量女性参加选举，所以参选比例极度下降之外）。但是和19世纪后25年平均79%的参选比例相比，1900—1916年间平均比例已经下降到65%。◆导致下降的原因有哪些？

提案权和公民投票三项制度；规范铁路部门和公共设施；通过了规范劳动环境的法律；对工伤员工进行补偿。他们对遗产实行分级纳税，对铁路部门和其他企业盈利的征税增加了一倍。拉福莱特靠自身魅力吸引公众关注进步主义的目标。他认为，改革不单是政治家的责任，也是报刊业、公民团体、教育机构和商业职业组织的责任。

政党和利益集团

改革家当然不会把政党从美国的政治舞台上推下去。但他们却削弱了政党的影响力。这从政党的选票结果中就看得出来。19世纪末，多达81%的合法选民出于对党派的忠诚，不出意外地出现在全国大选中。20世纪早期，即使按如今的标准来看，参与投票人数比例也很高，但数量却随着政党的削弱而有所下降。1900年的总统选举中，全体选民的73%参与了投票，到了1912年，这一数字已降低到了59%。此后，再也没有选民人数比例超过70%的时候了。

政党影响下降

政党力量下滑的同时，其他一些被称为"利益集团"的权力中心取代了它们的位置。一批新兴组织出现于党派体系外，他们兴起于19世纪末并于20世纪快速发展。这些新兴组织包括职业联盟组织、代表工商领域的贸易联盟、劳工组织、农业游说组织等。社工、定居救助之家、妇女俱乐部等也仿照利益集团的形式提出了自己的要求。

四、进步主义改革的源泉

中产阶级改革家大多来自东部，19世纪末20世纪初，他们是主要的公众形象，也是进步主义的主体。但他们并不是改善社会状况的唯一力量。美国工人阶级、非裔美国人、西部人，甚至政党领袖也在推动时代的重要改革中起了关键作用。

劳工、机器和改革

尽管美国劳工联盟及其领导塞缪尔·龚帕斯在当时的改革运动中大体上保持冷眼旁观（这也体现了龚帕斯坚定的信念，即工人不应该依靠政府来改善命运），但有些工会在改革运动中还是扮演了重要角色。1911年至1913年，由于有像新形成的联合工党这样的工会施加政治压力,加利福尼亚州通过了童工法、劳工补偿法、女工劳动时间法。工会的施压还推动其他州通过了相似法律。

对政党的攻击使政党组织本身有了变革,他们试图适应新的现实情况,保持自身影响力。他们有时允许自身成为社会改革的工具。其中一个实例是纽约的坦曼尼协会,它是国内历史最长最有名气的党派集团。其精明的领袖查尔斯·弗朗西斯·墨菲(Charles Francis Murphy)在世纪初就将领导能力与社会改革问题相结合。坦曼尼开始运用它立法的政治权力来改善工作环境,保护童工,并根除工业经济弊端。

三角女装公司大火

1911 年,一场大火将纽约市的三角女装公司付之一炬;146 名工人丧生,其中大多数是女工。很多人丧生是因为被困在大楼内,管理人员为防止工人开小差而将紧急出口封锁了。此后三年内,州政府不但调查了火灾背景,还调查了工人工作环境的大体情况。这是在妇女团体和纽约市劳工部的强力公开施压下和坦曼尼协会的半公开施压下做出的回应。1914 年,州政府发表了一系列报告,要求对现代劳工的工作环境进行全面改革。这些报告本身也是经典的进步主义文件,有专家的佐证,科技统计数字充实。

但将这份文件送往纽约立法机构时,最大支持者并不是中产阶级的进步主义者,而是坦曼尼协会中两位工人阶级出身的民主党人:罗伯特·F. 瓦格纳(Robert F. Wagner)和阿萨布里曼·艾尔弗雷德·E. 史密斯(Assemblyman Alfred E.

三角女装公司火灾的遇难者 在这张凄惨的照片里,三角女装公司大火遇难者的遗体摆放在厂房旁边的人行道上,警察和路人在观看火灾现场。三角女装公司大火这场悲剧促使纽约立法机构通过法律保护女工。(*Brown Brothers*)

Smith)。在墨菲和其他坦曼尼协会立法委员会的支持下，通过了一系列具有开创性的劳工法，严格规范工厂主的行为，建立有效的执行机制。

西部的进步主义

美国西部有很多杰出的进步主义者，如加利福尼亚州的海勒姆·约翰逊，内布拉斯加州的乔治·诺里斯（George Norris），爱达荷州的威廉·博拉（William Borah）等，他们几乎都在联邦参议院任职过。西部各州最重要的改革目标不是权力相对来讲较小的州或地方政府，而是在西部拥有很大（在东部没有这么大）权威的联邦政府。这部分是因为在涉及西部未来的一些重大问题上需要有州级以上的权力机关做出回应。例如，水问题纷争涉及的河流差不多都是跨州的，谁有权使用科罗拉多河的问题就成了州政府解决不了的政治纷争，只好由联邦政府来裁决。

也许更重要的原因是联邦政府在西部各州的土地和资源上行使了过多的权力，并以授予土地、支持铁路和水利设施方式给当地大量的补贴。西部大片土地过去是（现在还是）由华盛顿掌控的公共土地，其面积比密西西比河以东任何州都大。西部的发展曾是（并且还会是）联邦政府资助的大坝和水利设施建设的结果。

非裔美国人与改革运动

白人进步主义者很少关注的一个社会问题是种族问题。但在非裔美国人看来，进步主义运动也对存在的种族准则问题带来了一些重要的挑战。

非裔美国人在反抗社会地位被压迫和寻求改革时比其他社会群体面临更大的障碍。也许正是因为如此，19世纪末，很多人拥护布克·T. 华盛顿的主张："立刻放下水桶"，立刻为自我提升而奋斗，而不是为了长期的社会改革而努力。然而并不是所有的非裔美国人都赞同这一主张。世纪之交时，有人对华盛顿的思想提出了挑战，而且还对整个种族关系提出了挑战。这一挑战势力的主要发言人就是 W. E. B. 杜波依斯（W. E. B. Du Bois）。

杜波依斯不像华盛顿，他对奴隶制度毫无概念。出生在马萨诸塞州的他，受教于亚特兰大的菲斯克大学和哈佛大学，在他的成熟过程中，对于自身种族的发展目标和白人社会对消除偏见和不公正的责任方面，他有比华盛顿更多的见解。在《黑人的灵魂》（*The Souls of Black Folk*，1903）中，他对华盛顿的思想发起了公开攻击，指责他鼓动白人实行种族隔离制度、阻碍黑人的理想。他说："如果

全国有色人种协进会成立

青年时代的 W. E. B. 杜波依斯 这张正式照片拍摄于 1899 年，W. E. B. 杜波依斯时年 31 岁，在亚特兰大大学担任教授。当时他已经出版了《费城黑人》一书，这部经典的城市社区社会学研究著作因其对城市非裔美国人的复杂阶级系统的描述震惊了很多读者。(Hulton Archive/Getty Images)

900 万人被剥夺了政治权利，被贬为奴隶，不给他们发展的机会，还要他们在经济领域做出长效进步，这可能吗？如果历史和理性能对此做出明确答复，那答案将是否定的。"

杜波依斯主张有才华的黑人所受到的教育不应局限于贸易和农业方面，他们应当接受完整的大学教育；在专业领域内实现自己的理想；尤其他们应该捍卫自己的权利，而不是坐等。1905 年，杜波依斯和他的支持者在尼亚加拉瀑布会面——会面地点是位于加拿大的瀑布的另一边，因为在美国没有旅馆愿意接纳他们——在此地他们发起了"尼亚加拉运动"。四年后，伊利诺伊州的斯普林菲尔德发生了一次种族动乱，此后，他们和白人进步主义的支持者共同创立了全国有色人种协进会。起初，白人掌控其大部分权力，作为宣传部和研究部主任的杜波依斯是其精神领袖。随后的几年里，这个新兴组织发动了人权平等运动，并以此为主要武器在联邦法庭上争取权利。

十年里，全国有色人种协进会赢得了几次重要的胜利。在吉恩诉合众国案（1915）中，最高法院认定俄克拉荷马州法律中有一条款不符合宪法（1860 年的这条法律认定任何祖辈没有选举权的人自身也没有选举权）。在布坎南诉沃利案（1917）中，最高法院推翻了肯塔基州路易斯维尔市的一项关于种族隔离的法律。全国有色人种协进会在 1915 年布克·T. 华盛顿去世后成为了全国黑人组织的领导力量，这一地位持续多年。

全国有色人种协进会和其他的非裔美国人组织还为南方的私刑现象而烦恼。杜波依斯直言对这种刑法的不满，要求联邦法律将其定为违法（因为南方的州法庭一向不起诉私刑）。但最反对私刑的还是像白人杰西·丹尼尔·艾慕斯（Jessie Daniel Ames）这样的南方女性。最激进的要数黑人女性艾达·威尔斯·巴涅特（Ida Wells Barnett），她不仅自己行动（这往往风险很大），还参加了像全国有色妇女协会和国家浸信会妇女公约这样的组织，支持私刑不合法并反抗种族隔离制度。

五、为社会制度和改革而奋斗

改革家把大部分精力都用在了政治上。但他们还为道德而奋斗。他们发动了国民戒酒运动、扫黄运动、限制离婚运动和限制移民运动。每项运动的拥护者都认为这些改革运动的成功会让整个社会重生。

节制饮酒运动

很多进步主义者认为国民禁酒运动是重塑社会秩序的重要一步。工人在酒吧待上几个小时,那可怜的工资也就荡然无存了。在城市家庭中,醉酒往往导致暴力,甚至谋杀。工人阶级的妻子和母亲希望通过节制运动改善男性行为,进而改善自己的生活。雇主也认为酗酒使工厂效率降低,工人常因酗酒而上班迟到,或醉酒上班。经济特权的批评家认为酒厂是国内最邪恶的托拉斯。而且,视酒吧为城市集团核心机构的政治改革家把对酗酒的进攻看作是对政治领导集团的进攻。节制运动应运而生。

节制运动是内战前的一次重要改革运动,很多人都参加了这次有强烈福音特

戒酒运动 本·沙恩这张不受欢迎的画作描绘了19世纪末妇女在酒馆门前抗议的情景。显示出1930年代,沙恩创作这幅作品时戒酒和禁酒令已经不受自由派和进步派的欢迎。然而,在早些年,戒酒运动得到了某些最先进的美国改革者的支持。(©Estate of Ben Shahn/Licensed by VAGA, New York, NY/Museum of the City of New York)

基督教妇女戒酒联盟

色的运动。1873 年，此运动有了新进展。节制运动的倡导者于 1879 年在弗朗西斯·威拉德的领导下组成了基督教妇女戒酒联盟（WCTU）。到 1911 年，该联盟有 24.5 万名成员，是美国历史上最大的妇女组织。1893 年，反酒吧联盟加入了节制运动，和基督教妇女戒酒联盟一起寻求废除酒吧的合法解决方法。他们还逐渐要求禁止酒精饮品的生产和制作。

宪法第十八条修正案

尽管移民和工人阶级选民强烈反对这些做法，但新世纪前几十年里禁酒运动的压力也在不断增大。1916 年，19 个州通过了禁酒法，自从酒的销量在很多不受管制的地区上升后，有些节制运动的倡导者开始提倡出台国家禁酒法。随着美国参加一战，掀起了一阵道德风潮，对禁酒运动起了推动作用。1917 年，乡村原教旨主义者从道德和宗教角度出发支持应禁酒。在他们的支持下，进步主义者中倡导禁酒的人直面国会，把体现自身意志的要求写进了宪法修正案。两年后，除康涅狄格州和罗得岛（天主教移民集中地），全国各州都通过了这条宪法修正案，于是宪法第十八条修正案成为了法律，并于 1920 年生效。

移民限制

几乎所有革新者都认为越来越多的移民会导致社会问题，但关于如何应对这个问题却大有分歧。有些进步主义者认为较妥善的办法是帮助移民适应美国生活。还有些人觉得同化这一招不管用，唯一的办法是限制移民。

优生学和本土主义

20 世纪初的几十年里，要求关闭国门的呼声越来越高。尊重专家意见的新学派理论认为引进移民打破了社会原有的种族结构，其中一条支持论点是优生论，即改变动植物的生殖而生产出新的杂交体或物种的科学。20 世纪早期，在卡内基基金会的协助下，有人试图把优生论用在改变人类物种上。但是优生论运动不是要"培育"新人种，因为也没有科学的方法，它只是根据基因优良来区分种族和民族。优生学学家主张弱智者和罪犯等不应生育后代，还宣扬人类的不平等由来已久；移民刺激了低等人群的繁衍。老练的政治家麦迪逊·格兰特因《伟大民族的消失》(Madison Grant, *The Passing of The Great Race*, 1916) 这本书而成为国内最著名的本土论者，他强调"种族混杂"有危险性，强调保护盎格鲁-撒克逊和其他的日耳曼民族不受东欧人、拉丁美洲人和亚洲人的侵扰有重要意义。

由佛蒙特州参议员威廉·P. 迪林厄姆（William P. Dillingham）领导组成的联邦特殊"专家"委员会发表了一份数据详尽的学术性研究报告。此份报告提出近期移民（主要来自东欧和南欧）要比早期移民更难与当地文化同化，而且还暗示移民应

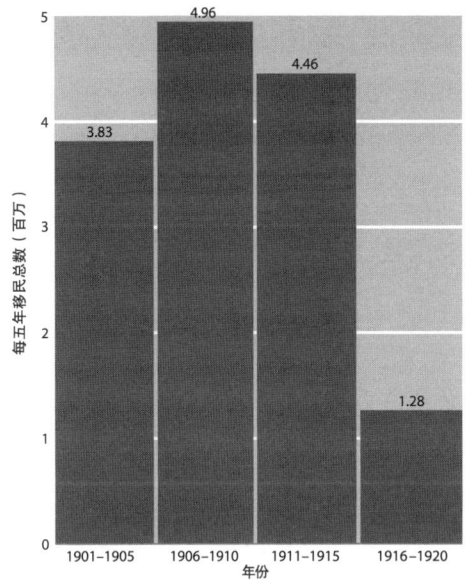
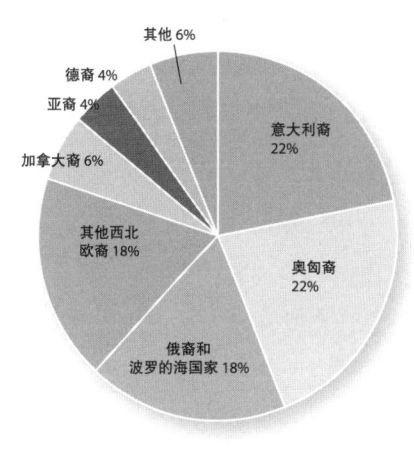

1900—1920年间移民的来源　和20世纪初移民数量猛增一样惊人的是移民来源的变化。在19世纪，到达美国的移民主要来自北欧和西欧（特别是英国、爱尔兰、德国和斯堪的纳维亚）。如图表所示，如今移民主要来自南欧和东欧，60%以上来自意大利、俄国和奥匈帝国在东欧的各个地区。◆ 移民来源的变化对美国人对待移民的态度有什么影响？

1900—1920年的总体移民趋势　20世纪前15年进入美国的移民达到了当时的历史最高水平。在19世纪，没有任何一个五年有高达300万的移民到来。20世纪前15年中，每个5年都有超过300万新移民，如图表所示，其中一个5年的人数达到了将近500万。◆ 为什么1916—1920年间移民人数猛降？

按国籍加以限制。很多人反对这些种族化的观点，但他们却支持限制移民，认为这可以解决像人口过多，失业率高，紧张的社会服务和社会动荡这样的城市问题。

　　对这些问题的焦虑逐渐使保护本土文化的人赢得了一些激进进步主义者的支持，其中一位是前总统西奥多·罗斯福。而强大的反对力量——视移民为廉价劳动力的雇主，移民和他们的政治代表——一度阻止了限制运动。但一战开始时（一战也阻碍了移民），保护本土文化分子势头日渐增强。

六、反对资本主义秩序

　　如果真有某件事塑造了改革家的思想，那就是现代工业经济的惊人发展。很多关于进步主义的问题都可以直接或间接地追溯到国家企业权力和影响力的增长，以及改革者认为的腐败问题。因此,进步主义者将资本社会行为的重塑和改革视为主要问题也不足为奇了。

社会主义梦想

尤金·德布兹

美国历史上对资本主义的尖锐批评在1900年至1914年期间达到顶峰。尽管没有哪股力量能对两大政党造成威胁,但美国社会党在这些年里还是逐渐发展为一支有相当影响力的力量。1900年的选举中,该党获得了近10万张选票;1912年,作为长期领导该党和长期的总统候选人,尤金·V. 德布兹得到了近100万张选票。社会党在城市移民中尤其在德国人和犹太人中力量是最强大的,它还吸引了南方和中西部地区众多的新教家庭。社会党人在州政府和地区政府中有1000多个职位。该党有时还会得到像反抗都市腐败的林肯·斯蒂芬斯及杰出的年轻记者和社会批评家沃尔特·李普曼这样的文人的支持。还有些妇女改革者,像弗洛伦斯·凯利和弗朗西斯·威拉德,也受到社会主义的吸引,部分原因是社会主义支持和平和劳工组织。

几乎所有的社会党人都认为改革经济基本结构很有必要,但他们在改革力度和实现改革的策略上有很大分歧。有些社会党人赞同欧洲马克思主义者的激进思想;还有些人采取温和的改良方式,允许小规模私人企业存在而将主要的产业国有化。有些人相信通过政治选举可进行改革,其他人更希望进行直接的军事行动。在这些激进分子中,组成了一支激进的劳工组织——世界产业工人协会(IWW),

1900年劳动节 美国社会党在纽约市的联合广场召开集会庆祝1900年五一劳动节。1899年,"第二社会国际"将五月一日定为进步劳工的正式假日。(*Brown Brothers*)

又被反对者称为"骑墙派"。在威廉（"大比尔"）·海伍德（William ["Big Bill"] Haywood）的领导下，世界产业工人协会宣称要建立一个对所有工人开放的统一组织；废除"工资奴隶"制度；反对政治性罢工运动，尤其是总罢工。人们普遍认为"骑墙派"要为20世纪初的铁路线和发电站被炸毁事件以及其他恐怖行为负责。

"骑墙派"

世界产业工人协会这个劳工组织在当时保护了非技术工人，在流动工人（包括矿工、采伐工等）难以组织或难以维持普通组织形式的西部也拥有特别强大的势力。1917年，来自华盛顿和爱达荷州世界产业工人协会的采伐工人举行了一次罢工，木材产业停产。联邦政府对劳工组织大为愤怒，因为政府正筹备战争所需的木材。联邦当局逮捕了组织领袖，各州政府也在1917年至1919年间通过了一系列认定世界产业工人协会不合法的法律。该组织维持了一段时间，但没有完全恢复。

主张通过政治斗争实现和平变革的社会党温和派在社会党中占主导地位。他们强调改革需要对群众一点一点地施教，不急不躁，按制度办事，最终实现目标。一战末期由于社会党不支持战争，反激进主义的浪潮此起彼伏，对社会党人不断进行镇压和迫害，社会主义这一股重要政治力量逐渐衰落。

社会主义的消亡

权力分散与立法规范

很多进步主义者认为资本主义制度下还是有可能进行改革的。与其进行基础产业国有化，改革者更希望经济能向更人性化的方向发展。这并不是说他们希望社会转向小型地方性生产的社会，他们只是意识到企业合并在所难免。他们也认为联邦政府应该阻止大型企业合并，在规模与竞争间保持好平衡。

这一观点与路易斯·D. 布兰代斯（Louis D. Brandeis）不谋而合，他是位杰出的律师，后任最高法院法官。他曾深入地论述过"规模的祸害"这一观点（见其1913年著作《别人的钱》[*Other People's Money*]）。

布兰代斯和他的拥护者反对大企业，其部分原因是他们认为大企业效率不高。但也有人基于道德原则提出反对意见。规模大不仅使效率低下，还会使企业自由能力受到威胁。这样个人控制自身命运的能力也就降低，还会导致权力的滥用。布兰代斯坚持认为政府一定要规范竞争行为，同时保证大规模的企业合并不会出现。

企业集中化问题

其他进步主义者对竞争中的道德并不关心，他们只看重效率，并认为企业合并有助于效率提高。他们认为政府应该做的不是防止"大规模企业合并"，而是要

"良性托拉斯"和"恶性托拉斯"

确保大型机构不滥用权力，要区分开"良性托拉斯"和"恶性托拉斯"，鼓励良性发展，规范恶性行为。由于企业合并是美国社会长期以来的一大特色，一个强有力的现代化的政府对其进行持续监控便很有必要了。持有这种新兴的"国家主义"观点的一大重要发言人就是赫伯特·克罗利，他的《美国生活前景》（Herbert Croly, *The Promise of American Life*, 1909）一书成为了进步派颇具影响力的文献。

像克罗利这样的民族主义者把关注的焦点越来越多地转移到工业经济的协调形式上。沃尔特·李普曼曾在《趋势与主宰》（*Drift and Mastery*, 1914）这本书中写道：社会必须采取行动"对混乱的地方做规划，为无序的发展理出目标"。在有些人看来，这意味着企业正在学习合并和自我规范的新方式。在另外一些人看来，解决方法就是政府在规范和规划经济生活时要发挥更为积极的作用。赞同这一主张（直到1910年该主张才完全成熟）的是西奥多·罗斯福，他曾写道："面对大规模企业，我们应该进入一个监督、控制和规范的时期。"罗斯福曾一度成为全国改革运动的先锋人物。

路易斯·布兰代斯 布兰代斯1877年以哈佛大学法学院历史上空前绝后的最优秀成绩毕业。他在波士顿的法律事业如此成功，因而20世纪初他就可以把大量时间用于免费的公共法律事务。布兰代斯对垄断势力的调查使他很快成为逐渐兴起的进步运动的重要人物。1916年1月，伍德罗·威尔逊提名他为美国最高法院法官，他是美国历史上少数几位进入最高法院前，从未担任过低级公职的被提名者之一，他还是第一位被提名为最高法院法官的犹太人。在得到正式批准前，这一提名在美国引起了长达5个月的激烈争论。在以后的20年里，他是最高法院中最有权力的成员之一，一直在幕后为他所致力的政治事业（最主要的是犹太复国主义，即建立一个犹太大国家）而进行游说。(Bettmann/Corbis)

七、西奥多·罗斯福和现代化的总统职权

沃尔特·李普曼认识很多位总统，他在晚年时写道："总统一般都不惹人喜爱，因为他们走到这一步往往付出很多，但有一位总统却惹人喜爱，那就是泰迪·罗斯福。我个人就很喜爱他。"

李普曼的看法代表了很多人。西奥多·罗斯福不仅是这一代进步主义改革派赞赏的公众人物，他还是位偶像。在他之前没有哪位总统赢得了如此多的关注和

忠诚,此后也少有。不过,尽管他在改革派中很受欢迎,但他总体上说无疑是个保守派。他之所以大受好评不光在于他推行各种改革,更在于他扩大了政府权力,并赋予了总统这一职位现代化的气息,使其处于国家政治的中心。

临危受命的总统

1901年9月,威廉·麦金利总统遇刺身亡,罗斯福(被选为副总统不到一年)当时只有42岁,是受命成为总统的最年轻的一位。政党领袖马克·汉纳(Mark Hanna)声言:"我告诉威廉·麦金利在费城任命那位狂人是个错误。看吧,那个可恶的牛仔现在是美国总统了!"

罗斯福"狂人"的名声不是因为他早期的政治生涯,而是他的风格。年轻的罗斯福在纽约立法委员会任职时展现出一种迟缓的立法委员会少有的活力。在达科他州巴德兰兹(在他第一任妻子去世后,他曾在此短暂休养)做牧场主时,他曾协助捉拿犯罪分子。在纽约市做警长时,他与违法犯罪行为勇敢斗争。在担任海军部副部长时,他是美国扩张运动的坚定支持者。任勇敢骑士团将领时,他在美西战争中指挥一支英勇的(虽然在军事上少有作为)军队在古巴的胡安岭英勇作战。

罗斯福的背景

西奥多·罗斯福 罗斯福这张英武的肖像画出自著名美国肖像画家约翰·辛格·萨金特之手。该画现悬挂于白宫。(*White House Historical Association*)

但作为总统的罗斯福变得小心谨慎,从没有公开反对过本党的领袖。他认为改革不光能改造美国社会,更重要的是能使美国社会避免激进的动乱。

矿山童工 这些不到12岁浑身煤灰的男孩站在宾夕法尼亚的煤矿外,让著名摄影师路易斯·海恩为他们拍摄合影。作为"挖煤工",他们也要爬进刚刚爆破过的区域,打碎松动的煤块。煤矿恶劣的条件是引发1902年大罢工的一个原因,罗斯福对此次罢工进行了直接干预。(Library of Congress)

政府,资本和劳工

罗斯福的联邦权力观

  罗斯福和主张规范(而不是摧毁)托拉斯的进步主义者结盟。罗斯福政策的中心内容是政府调查企业活动并公开调查结果。建立于1903年的商业与劳工部(后被分成两个部门)通过其调查机构——企业局协助进行这一任务。

北方证券公司

  尽管罗斯福从内心来讲不是个反垄断者,但他还是在反企业合并中做出了不少知名举动。1902年,他命令司法部对西北部一家价值4亿美元的新成立的大型铁路垄断公司——北方证券公司实施《谢尔曼反垄断法》。该公司由 J. P. 摩根和其他一些人组建,对于和共和党有亲密友善关系的摩根来说,总统的举动令人困惑。摩根跟总统说道:"如果我们做错了什么事,派你的人来调查我的人,他们能解决好问题。"不过罗斯福依然按计划行事。1904年时,最高法院判定北方证券公司一定要解散。虽然罗斯福在任期内提出了40多起反垄断案件,他对经济整合这一主流趋势并不是很热衷。

  罗斯福还承诺建立一个公正执法的政府,这也影响了他的劳工政策。在过去,政府干预企业矛盾一直是以雇主利益为主。但罗斯福还愿意考虑劳工的利益。1902年,由矿工联合会掀起的一场大罢工使过冬的煤供应受到影响,罗斯福希望煤矿经营商和矿工都接受公平的联邦调解。如果矿场主不愿意,罗斯福会以派遣联邦军队占领矿场相要挟,最终矿场主会同意。调解结果是罢工工人每人工资增加10%,每天工作9小时。尽管工人团体没有获得想要得到的认可,但如果没有罗斯福的干预，他们连这样的成绩都不能取得。但罗斯福并不认为自己是劳工利益的捍卫者。有时候他会代表雇主利益，派联邦军队去镇压罢工。

"公平对待"

罗斯福任总统的第一年最担心是否能在下届选举中连任，若想连任，他就不能和共和党保守派相对峙。他巧妙地顾及了保守派和进步派两方面；在应对改革派的同时还能赢得北方企业家的支持，因此他在1904年初就与党内反对派和平相处，而且轻松赢得总统候选人提名。在大选中，他的对手是位保守的民主党人士——奥尔顿·B. 帕克（Alton B. Parke），但罗斯福还是赢得了57%的普选票，并且在南方未失一州。

在1904年的竞选活动中，罗斯福自夸他曾在煤矿工人罢工中让每个人都获得"公平对待"。选举过后他的第一个整顿目标就是强大的铁路工业。在1887年《州际商务法》的推动下，州际商务委员会（ICC）成立了，这是规范工业的第一步。但在随后几年内，它受到法庭的严格限制。罗斯福要求国会立法提高政府权力以监督铁路运营。1906年的《赫伯恩铁路管理法》试图恢复政府某些监管权力，但该法制定得过于谨慎，满足不了大多数进步主义者的要求。

《赫伯恩法》

罗斯福还迫使国会制定《纯净食物和药品法》以限制危险或伪劣药品的销售。1906年，厄普顿·辛克莱的鸿篇小说《屠场》就是以对肉类加工业现状的骇人描述为主要特色的。罗斯福又敦促《肉类检查法》出台，该法阻止了很多疾病的传播。从1907年开始，他又提出了很多严格的改革法，如八小时工作制、工伤事故受害者赔偿、遗产税和个人收入所得税、股票市场规则等。他还开始公开批评国会和司法部门中阻碍这些改革法进程的保守派。这导致总统和党内保守派的分歧越来越大。

《纯净食物和药品法》

罗斯福与资源保护

罗斯福激进的资源保护政策也加深了这一分歧。他运用行政权力禁止私自开发几百万英亩的国家未开垦土地——大部分在西部，他将这片土地划归到之前的国家森林资源体系中。当1907年，国会中的保守派阻碍其在公共土地上的支配权时，罗斯福和森林管理局局长吉福德·平肖（Gifford Pinchot）抓住时机，在该法案确立为法律前，保证所有的森林资源和大多水利设施公有。

罗斯福是第一位对新兴的美国保守派斗争运动做出积极回应的总统。在

20世纪早期，保护生态系统和自然资源的想法并没有深入人心。那些认为自己是"自然资源保护者"的人提出要制定政策来保护土地并对其合理开发利用，如平肖就是这样一位人物，他是国家森林管理局（他曾协助建立该局）的首任领导。

守旧派对罗斯福自然资源政策的另一重要方面却很支持：即共同开垦和灌溉计划。1902年，总统支持《拓殖法案》，俗称《纽兰兹案》（以提案人内华达州的参议员弗朗西斯·纽兰兹 [Francis Newlands] 而命名）。该提案提供联邦基金以供西部的水坝、水库和运河建设，如此一来便能开荒造田，几年后还能用上便宜的电。

罗斯福与自然保护

尽管罗斯福支持平肖对资源保护的观点，但他也同意那些参与资源保护运动、保护土地自然风貌和野生动物免遭人类迫害的自然主义者的一些见解。在任总统初期时，他甚至和国家自然保护先驱、峰峦俱乐部的创始人约翰·缪尔（John Muir）在山里野营了四天。

罗斯福对刚成立不久的为保护公共土地免于开发利用的国家公园系统做了重要补充。国会于1872年在怀俄明州建立了第一个国家公园——黄石公园，并于90年代又陆续建立一些，如加利福尼亚州的约塞米蒂国家公园和红杉国家公园以及华盛顿州的雷尼尔山国家公园。罗斯福给现有的公园扩大了面积并建造了一些新公园，如俄勒冈州的火山湖，犹他州的梅萨维德国家公园，俄克拉荷马州的普拉特公园和南达科他的风穴国家公园。

就赫奇赫奇山谷的争论

1906年，资源保护运动的早期争议便开始了，争议对象是约塞米蒂国家公园的赫奇赫奇山谷。赫奇赫奇山谷（此名字来源于当地的印第安语，意思是"草甸"）是一座奇特的、四周被高峰围绕的山谷，深受自然主义者喜爱。旧金山的居民人口日益增长，他们担心找不到足够的饮用水源，又觉得赫奇赫奇山谷适合建立一座大坝，如此便能建一个大水库，为城市提供用水。不过，在赫奇赫奇山谷建大坝这一方案遭到缪尔等人强烈反对。

1906年，旧金山遭受了重大地震和火灾，大家为这座城市的遭遇感到惋惜，这也推进了建造大坝的计划，而早先就表示出支持缪尔观点的罗斯福把这件事的决定权给了他的森林管理局局长吉福德·平肖。平肖对缪尔主张的自然之美和自由

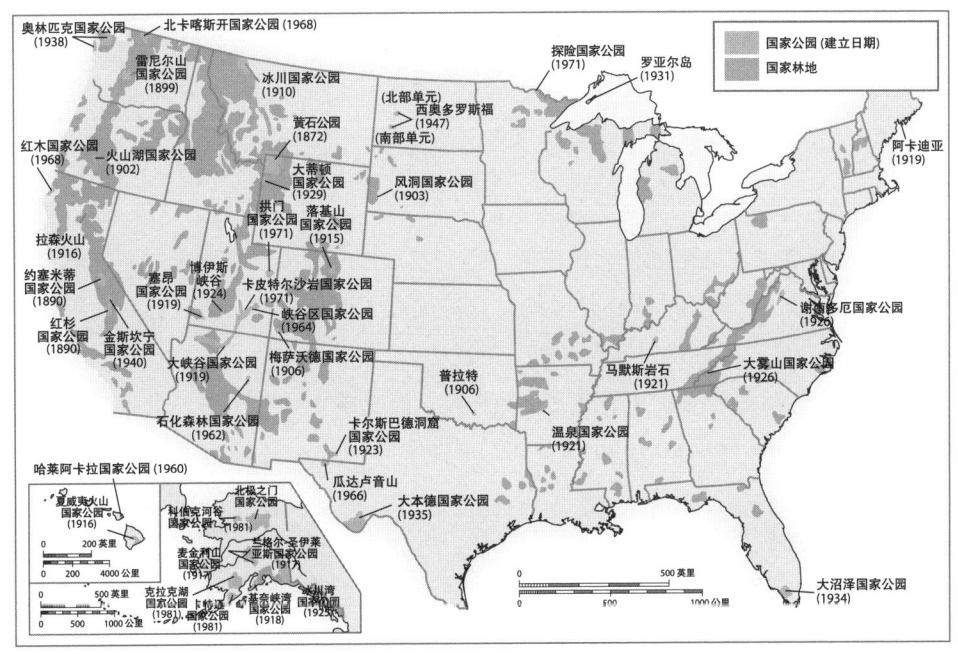

国家公园和国家森林建设 这张地图展示了贯穿 19 世纪后期和 20 世纪美国国家公园和国家森林体系的稳步发展。西奥多·罗斯福在国家公园和国家森林体系建设中的成就首屈一指,这种观点是正确的,但是这些体系的发展主要集中在他的任期之后。例如,请注意 1920 年代的新增面积。◆ 国家公园和国家森林有什么区别?(彩图见第 1079 页)

罗斯福和缪尔在约塞米蒂 "山峦俱乐部"的创始人和主持人约翰·缪尔把西奥多·罗斯福视为朋友兼盟友,他们的关系始于 1903 年两人共同在约塞米蒂国家公园的一次长达 4 天的野营之旅。罗斯福的确是国家公园和国家森林体系的益友,他使二者的面积都增加很多,其中就包括(应缪尔的要求)扩大约塞米蒂国家公园。但是和缪尔不同,罗斯福同样也注重经济发展,因而对最坚定的资源保护主义者来说,他不总是可靠的盟友。(Bettmann/Corbis)

精神的论点毫无兴趣。他赞成建大坝。

对资源保护主义者观点的挑战

十多年来，这场争论在自然主义者和主张建造大坝的人之间掀起狂潮，这场争论耗尽了缪尔的余生，而且很多人还认为就是这场争论葬送了他。缪尔曾说："赫奇赫奇大坝！它还是供给教堂水箱的大坝，因为没有更神圣的庙宇是用人民的真心来祭祀的。"对于平肖来说，城市供给所需比环境保护更重要，这无可厚非。缪尔在1908年要求对此事进行公民投票，他确信居民"只要明白利害关系"就会反对建坝。不过，旧金山居民还是以绝对优势通过了这一提案。虽然此后几年里修建大坝的事一直有所拖延，但在一战后还是动工了。

592

不过自然主义者的挫败并不是完全的失败。这场争论动员了新一批人加入环境保护的事业，而不仅仅是对野生资源的"理性使用"。

1907年经济恐慌

虽然罗斯福能制定一系列的改革方案，但政府对工业经济的控制权相对来说仍然很小。这一点在1907年的经济衰退和恐慌中得以印证。

田纳西矿业和制铁公司

保守派指责罗斯福，说正是他那"疯狂的"经济政策导致了灾难。总统自然是不赞同这种说法（此说法当然是错误的），他迅速做出回应，向企业家们表示不会干预他们的复苏计划。J. P. 摩根此时展现了他的经济实力，将纽约几家大银行的资产聚在一起，以此来支撑起不稳定的金融体系。摩根跟总统说道，解决的关键是美国钢铁公司购买田纳西矿业和制铁公司的股份，该公司目前由一家受到金融衰退波及的纽约银行控制。而且他还一再告诫罗斯福应确保购买股份不会导致反托拉斯行为。罗斯福默然许可，摩根计划推行。不论是否应归功于这一计划，此后恐慌很快就平息了。

罗斯福喜欢当总统，执政的这几年里，他不断取得政治业绩，公众形象也不断提升。虽然传统意义上总统任期不超过两届，但越来越多的人觉得他会参加1908年的选举，然而，1907年的经济恐慌，加之他在第二任期中推行的"根本性改革主义"和他在1904年做出的四年后退任的承诺，使得党内的保守派被隔离，他也在共和党总统候选人提名中处于不利地位。1909年，50岁的罗斯福短暂退出了政治舞台。

八、困难重重的连任

威廉·霍华德·塔夫脱（William Howard Taft）在1909年继任总统，他是西奥多·罗斯福最信任的助手，也是后者一手提携的接班人。进步派改革者认为塔夫脱是自己人，并希望他不像罗斯福那样大胆动用总统权力，但塔夫脱也是个克己温和的法理学家，在法律程序上一丝不苟。塔夫脱似乎迎合了所有人，并在1908年决鹿白宫的选举中轻松获胜。在本党推举总统候选人中他毫无争议地占得该席，在11月的普选中，他力压三次代表民主党参选的威廉·詹宁斯·布赖恩，毫无悬念地赢得胜利。

然而四年后，塔夫脱卸任。作为20世纪最失败的总统，他代表的政党严重分裂，政府权力在20年里首次落入民主党手中。

塔夫脱与进步派

塔夫脱在上任后的头几个月中碰到了第一个问题，他要求国会召开特别会议，按照进步派的要求，降低保护性关税税率。但克服国会中保守派的反对意见方面他却毫无作为，声称那种做法将违反宪法中的分权原则。最后国会通过了软弱无力的《佩恩—阿尔德里奇关税法》，关税税率几乎没有降低，有些领域反而提高了。进步派对总统的被动很不满。

塔夫脱也许不拥护改革，但他向来也不反对变革。1912年，他支持并签署了一项法律：创建联邦儿童局，调查"所有有关儿童福利和生活的情况"。儿童局第一位署长是茱莉娅·莱思罗普（Julia Lathrop），她是赫尔之家的老员工，还是简·亚当斯的亲密伙伴。塔夫脱协助儿童局成为联邦政府、州政府和地区政府中进步派改革的重要力量。

《佩恩—阿尔德里奇关税法》

威廉·霍华德·塔夫脱 在小范围内，塔夫脱是个性格活泼的人物，但不幸的是，在公众面前他枯燥冷漠的形象和活力四射的西奥多·罗斯福形成了鲜明对比。塔夫脱还因为他臃肿的体型饱受奚落。他有时体重能达到350磅，他在白宫安装超大号浴缸的消息也被广为报道。（Bettmann/Corbis）

1909 年，一场轰动的争论展开了，这使得塔夫脱在改革派中不再受欢迎。塔夫脱更换了罗斯福的内政部长——激进的自然资源保护者詹姆斯·R. 加菲尔德（James R. Garfield），让保守派企业律师理查德·A. 巴林杰（Richard A. Ballinger）接任，这引起了很多进步主义者的不满。当巴林杰试图废止罗斯福当年制定的将 100 万英亩的森林和矿藏保护起来免于私人开发的政策时，人们对他更加怀疑。

巴林杰-平肖争端

麻烦不断增加，就在这时，内政部调查员路易斯·格拉维斯（Louis Glavis）指控巴林杰为了一己私利谋划将阿拉斯加州的国有煤矿移交给一个私营财团。格拉维斯将证据交给吉福德·平肖，当时平肖仍是森林局局长，并且对巴林杰政策不满。平肖将指控转交给总统。塔夫脱对其做了调查并认定指控的证据不足。可平肖并不满意这个结果，尤其在塔夫脱发现格拉维斯也参与其中并将其解职后。平肖将此消息透露给媒体并要求国会调查这一丑闻。总统塔夫脱以违抗命令为由解除了平肖的职务。共和党保守派主导的国会调查委员会受命调查这一争议，并认定巴林杰无罪，但国内的进步派支持平肖。这一争论引起了当时的普遍关注，争论结束时，塔夫脱已完全与罗斯福的支持者相背离，并且似乎不可逆转了。

罗斯福的回归

这些争端发生时，罗斯福远在他乡：他在非洲长途狩猎之后到欧洲观光旅行。但对于美国人来说，罗斯福仍然是位了不起的公众人物。他在 1910 年春回到纽约，这在当时是件大事。罗斯福虽然坚持说自己没有重返政界的打算，但不到一个月他就声明自己将在夏末之前进行全国巡讲。他对塔夫脱并不满意，并且大家都认为他有能力重组共和党。

"新国家主义"

罗斯福真正决定担任共和党改革派领袖的标志是其 1910 年 9 月 1 日在堪萨斯州的奥萨沃托米的演讲，在这次演讲中，他提出了一系列被称为"新国家主义"的原则，并明确指出他不会再实行他第一个总统任期中实行的谨慎保守主义。他认为只有当一个强大的联邦政府作为"公众福利服务者"而积极努力时，社会公平才能实现。那些只想着财产权和个人利益的人"现在必须给人民福利让步"。他支持分等级地缴纳个人所得税和遗产税、工人工伤事故赔偿、女工法和童工法，以及关税修订案和更严格的企业管理制度。

动乱蔓延

1910 年的国会选举进一步证明了进步主义的反抗运动传播范围之广。初选中，

罗斯福在奥萨沃托米 1910年，罗斯福在堪萨斯州奥萨沃托米发表著名演说是他政治生涯中最激进的行为，也标志了他和塔夫脱政权以及共和党领导的决裂。他对以保守派为主的听众说："为自由而战的本质一直是，而且应该永远是从某个人或某个阶级的人手中夺取并非因为他或他们为人民的贡献而享有的权利、财富、地位或者豁免权。"（*Brown Brothers*）

保守的共和党人一再受挫，然而几乎所有在任的进步派都当选了。在普选中，推举进步派候选人的民主党16年来第一次赢得了众议院的控制权并在参议院中有了一定的席位。但罗斯福否认他有什么政治抱负，并声称他真正的目的是要给塔夫脱压力，希望他回到进步主义上来。然而有两件事改变了他的想法。第一件事是1911年10月27日，当局发表声明起诉美国钢铁公司，其中一项指控是该公司1907年合并田纳西矿业和制铁公司违法。罗斯福在1907年经济恐慌时批准了这个合并项目，所以这一指控令罗斯福很愤怒。

罗斯福仍然对成为总统候选人有所迟疑，因为威斯康星州的进步主义者、参议员罗伯特·拉福莱特自1911年开始一直在为自己能得到总统提名而努力。但拉福莱特的选举在1912年2月遇到了障碍，女儿的病让他精疲力竭，心烦意乱，在费城演讲时他显得神经紧张。罗斯福在2月22日宣布他将参加总统竞选。

罗斯福对阵塔夫脱

拉福莱特有几位忠实的支持者。但实际上，这场共和党候选人争夺战就是罗斯福和塔夫脱之间的竞争。罗斯福在 13 个主要选举州中大获全胜。而塔夫脱却只有掌控选举程序的党派领导的支持。

芝加哥党代会上为提名候选人而起了争执，这使得参选的代表异常多：共有 254 人。罗斯福需要少于半数的争议席位就能赢得选举。但由保守派掌控的共和党全国委员会除 19 票以外全都投给了塔夫脱。在大会举行的前一天晚上有个集会，罗斯福向 5000 名支持者发表演讲。他向群情激奋的人群说道："我们面临的是绝世天劫，我们为上帝而战。"第二天，他及其支持者退出党代会，退出了共和党。党代会便立即推举塔夫脱为总统候选人。

8 月，罗斯福召集其同盟回到芝加哥为另一场党代会做准备，他建立了新的进步党并推选自己为总统候选人。罗斯福在这场争夺战中感到自己就像"雄麋一样健壮"（该党便以此作为其绰号）。

"雄麋党"成立的前 20 年里，它因致力于广泛的越来越普及的进步主义事业而闻名。该党提倡对工业和托拉斯进行整顿；对政府多个部门进行全方位的改革；由政府对工伤患者提供补偿；为老年人和带孩子的遗孀提供抚恤金并（和几大党派一起）给予妇女投票权。会议结束时，代表们满怀希望和激动。

然而罗斯福在开始选举活动时就意识到自己几乎无望，部分原因是很多在早期还支持他的人没有跟他一起退出共和党，同时也因为民主党推举出来的那名总统候选人。

九、伍德罗·威尔逊与新自由主义

1912 年的总统竞选不是简单的保守派和改革派之间的竞争，也是进步主义两个分支间的竞争。这也分别对应了 20 世纪初这场胜负悬殊的总统大选中两位重要国家领导人。

伍德罗·威尔逊

世纪之初，民主党和共和党的改革热情不断升温。1912 年 6 月在巴尔的摩举行的民主党党代会上，众议院中保守派的发言人钱普·克拉克遭到进步派的反对，没能在选举中获得三分之二的多数票，最后，新泽西州州长、此次竞选中唯一一位真正的进步派候选人——伍德罗·威尔逊以 46 票胜出获得该党提名。

威尔逊能有今天如此显赫的政治地位得益于其非同寻常的经历。1902年他被任命为普林斯顿大学校长，在此之前他一直是政治学教授。他于1910年被选为新泽西州州长，上任后，他致力于改革。在州政府执政的两年里，他通过了进步派立法议案，在国内名声大振。作为1912年总统的候选人，威尔逊提交了一个革新计划，即被称为"新自由主义"的计划。罗斯福的新国家主义宣称接受经济集权并通过政府对其

威尔逊的"新自由主义"

竞选中的伍德罗·威尔逊 1912年在总统竞选活动初期，普林斯顿大学前校长、现任新泽西州州长伍德罗·威尔逊在弗吉尼亚州（他的家乡）发表政治演说。(Getty Images)

进行规范和控制，但威尔逊似乎认同那些认为大规模经济既不公平也没效率的人（如路易斯·布兰代斯），并且认为对待垄断适当的方法不是规范它而是消灭它。

1912年总统选举的局势急转直下。威廉·霍华德·塔夫脱还没有参加竞选就承认失败了。罗斯福则精力十足地参加竞选（不过在选举前几周发生的近乎刺杀的枪击后偃旗息鼓），但他没能从威尔逊那里赢得民主党进步派的支持。11月，罗斯福和塔夫脱在共和党内的选票一样多，而威尔逊赢得了大多数民主党的选票最终获胜。威尔逊的得票率为42%，罗斯福为27%，塔夫脱为23%，社会党人尤金·德布兹则是6%。但在选举人团中，威尔逊赢得了全部531张选票中的435票。罗斯福只赢得了六个州，塔夫脱赢得两个州而德布兹一州未赢。

学者总统

威尔逊是位勇敢而强有力的总统。他严格控制内阁，并只对绝对忠诚于他的人授予权力。威尔逊最权威的顾问爱德华·M.豪斯（Edward M. House）上校，是一位有才智有抱负的得克萨斯州人。这位上校没有行政职位，只凭与总统的私交就享有权威。

在立法方面，威尔逊巧妙地将支持他计划的人联合在一起。两院中大多数民主党人士也在帮他。威尔逊在成为总统后的第一个胜利就是实现了民主党（也是共和党）一直以来的一个目标：大幅降低保护性关税。《安德伍德—西蒙斯关税法》

降低关税

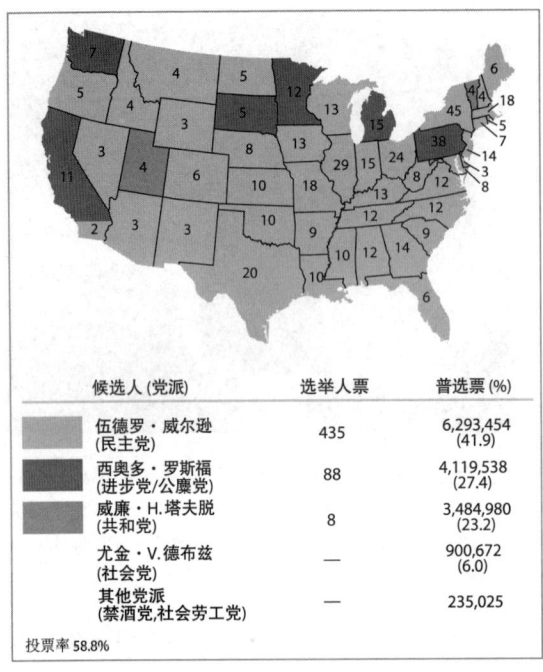

1912年大选 由于共和党内部巨大的分歧，1912年大选成为美国历史上最不同寻常的选举之一。两位共和党总统——现任总统威廉·霍华德·塔夫脱和他的前任西奥多·罗斯福在1912年反目，为共和党候选人伍德罗·威尔逊铺平了胜利之路，威尔逊只赢得了约42%的普选票。第四位候选人、社会党人尤金·V.德布兹也得到了高达6%的选票。◆那些事件导致了塔夫脱和罗斯福的分歧？（彩图见第1080页）

大幅降低了关税，进步主义者认为，美国市场上要有真正的竞争，才能打破托拉斯的束缚。为了弥补新的关税法带来的税收减少，国会通过了宪法第十六条修正案规定分级缴纳个人所得税的议案。这项议案对年收入超过4000美元的个人或企业征收1%的所得税，对年收入超过50万美元的个人或企业征税率最高达6%。

《联邦储备法》

威尔逊使得国会整个夏天都在不断地工作，讨论美国银行体系的一项重大改革，即1913年12月23日由国会批准、总统签署的《联邦储备法》。该法规定创立12家地区银行，分别由各地区个体银行掌控。地区联邦储备银行须占有该地区各银行资产的一定份额；能用这些资产向私人银行提供贷款，并且利息（或"折扣"）由联邦储蓄系统确定；能发行新型纸币——联邦储备券，这将成为国内贸易的根本媒介，也会得到政府的支持。最重要的是，该银行能迅速向有麻烦的地区拨款，以满足不断增长的信贷需求或保护处于危机中的银行。监管规范整个银行体系的是国家联邦储备委员会，其成员都是由总统任命的。一年的时间里，几乎一半的国家银行资源都被纳入联邦体系中，到1920年，已有80%的银行被纳入。

1914年，威尔逊又提出了他1912年竞选时的核心问题，他提出两种措施来解决垄断问题。这一过程体现了他对这一问题的做法是如何发生改变的。有人提出建立联邦机构，通过这个机构政府能协助企业进行自我管理，就像罗斯福1912

年倡导的自我监管委员会那样。还有人提出要加强政府阻断托拉斯的能力，即威尔逊 1912 年竞选中提出的权力分散法。这两种措施就是《联邦贸易委员会法》和《克莱顿反垄断法》的主要思想。《联邦贸易委员会法》推动了管理机构的建立，通过这个机构企业就能提前判断他们的行为能不能被政府所接受。该机构还有权对企业行为进行调查，对"不公正的贸易行为"做出预防，威尔逊很高兴地签署了《联邦贸易委员会法》。但他似乎对《克莱顿反垄断法》没了兴趣，就连保守派反对此法案时，他也未给予任何保护，该法案因而大大削弱。他显然已经决定，未来将由政府监管。

政治上的进退

1914 年秋，威尔逊认为"新自由主义"计划已基本完成，改革的焦虑现在也平息下来了。他拒不支持全国妇女选举权运动；推诿南方的民主党派，摆出自己是南方人的立场，对联邦政府部门中重掀种族隔离之风置若罔闻（这与罗斯福形成对比，罗斯福曾下令消除种族壁垒）。当国会中的进步派试图让威尔逊支持改革立法时，他却认为这些提案违反宪法、没有必要，不予批准。

然而 1914 年的国会选举粉碎了总统的自满之心。民主党在国会中受挫，1912 年曾支持进步党的选民转向了共和党。威尔逊想要参加 1916 年的连选，他就不能依靠一个分裂的政党。1915 年底，威尔逊开始支持第二轮改革浪潮。1916 年 1 月，他任命路易斯·布兰代斯为最高法院法官，布兰代斯成为在最高法院任职的第一位犹太人和最前卫的进步主义者。随后，威尔逊支持使农民轻松贷款的一项措施和联邦范围内雇主补贴工人的体系。

威尔逊支持扩大国家政府在重大事务上的权力。例如 1916 年，威尔逊支持第一部保护童工的联邦法律——《基廷—欧文法》。该法禁止跨州运输未成年人制造的产品，因此强化了宪法规定的国会有权监管州际贸易的条款。总统同样支持用联邦征税权推动社会变革的举措。在最高法院推翻了《基廷—欧文法》后，一个欲通过对童工生产的产品强加税收以达到同样目的的新法律又出台了（法院后来也推翻了这项法律）。1914 年的《史密斯—利弗法》称有另一种方法可以使联邦政府影响当地的社会行为，该法需要联邦拨款以支持农业教育发展。近年来，政府的这些改革措施打破了很多传统观念，成为持续发展的联邦经济权力的基础。

童工法

小　结

19世纪末和20世纪最初几年剧烈的改革浪潮席卷了美国。改革的目的在于帮助美国应对现代工业时代的巨大变革和恼人问题。改革大潮使很多美国人自认为是"进步派"。这个标签对于不同的人来说含义完全不同，但其核心思想都是认为通过努力和政府的行动可以促进社会发展。在不论男女、不分种族的人们的推动下，改革的力量不断加强。到20世纪初，进步主义已经成为改变美国人生活的强大力量。

当进步派开始意识到各州和各地方改革的局限性时，改革大潮终于到达了联邦政府和国家政治高度。进步派认为成功需要联邦政府的参与。两位国家领导人，西奥多·罗斯福和伍德罗·威尔逊为这个国家改革的时代做出了自己的贡献，国家改革使华盛顿的联邦政府自内战以来第一次成为权力中心（那是政府始终追求的位置）。进步主义没能解决国家的问题，但是为各种运动、组织和政府提供了应对问题的新手段。

阅读参考

Richard Hofstadter, *The Age of Reform: From Bryan to FDR* (1955) 是一部经典的但现在很受争议的作品，分析了平民党和进步主义运动的部分心理根源。

Robert Wiebe, *The Search for Order, 1877—1920* (1967) 是对那个时代的重要的组织结构分析。

Gabriel Kolko 在 *The Triumph of Conservatism* (1963) 中提出了鲜明的修正主义观点，认为商业保守主义是进步运动的核心。

Alan Dawley, *Struggles for Justice: Social Responsibility and the Liberal State* (1991) 和 Michael McGess, *A Fierce Discontent: The Rise and Fall of the Progressive Movement in America, 1870—1920* (2003) 是关于进步主义运动和思想的复杂全面的但观点截然不同的论述。

John Milton Cooper, *The Pivotal Decades: The United States, 1900—1920* (1990) 是一部关于该时期很好的叙事史。为深入理解诸多改革的重要哲学基础——实用主义，参阅 Robert Westbrook, *John Dewey and American Democracy* (1991) 和 Louis Menand, *The Metaphysical Club: A Story of Ideas* (2001)。

Thomas L. Haskell, *The Emergence of Professional Social Science* (1977) 是一部有关社会科学和专业主义的重要专著。

Paul Starr, *The Social Transformation of American Medicine* (1982) 是就现代医疗保障体制的

出现的开创性研究。

Richard Greenwald, *The Triangle Fire, the Protocols of Peace, and Industrial Democracy in Progressive Era New York* (2006) 详细研究了刺激改革的一次重要事件。

Nancy Cott, *The Grounding of American Feminism* (1987) 研究了女性角色和观念的变化。

Kathryn Kish Sklar, *Florence Kelley and the Nation's Work: The Rise of Wom-en's Political Culture, 1830—1900* (1995) 研究了女性改革者对进步主义运动和整体国家政治文化的影响。

Glenda Gilmore, *Gender and Jim Crow: Women and the Politics of White Supremacy in North Carolina, 1896—1920* (1996) 探索了种族隔离结构中的性别角色。

Louis Harlan, *Booker T. Washington: The Making of a Black Leader* (1956) 和 *Booker T. Washington: The Wizard of Tuskegee* (1983) 都是出色的多卷本传记的一部分，此类作品还有 David Levering Lewis, *W. E. B. Du Bois: Biography of a Race* (1993) 以及 *W. E. B. Du Bois: The Fight for Equality and the American Century* (2000)。

John Milton Cooper Jr. *The Warrior and the Priest: Woodrow Wilson and The-odore Roosevelt* (1983) 比较了进步运动中主要的全国性政客们的生活和观点。

John Morton Blum, *The Republican Roosevelt* (1954) 是简短但长期受欢迎的专著。

Donald E. Anderson, *William Howard Taft* (1973) 记录了塔夫脱郁闷的总统任期。

Arthur S. Link 是最重要的威尔逊传记作家，也是 *Woodrow Wilson, 5 vols.* (1947—1965) 的作者。

Thomas K. McCraw, *Prophets of Regu-lation* (1984) 是研究现代国家职能形成过程中的重要人物的杰出著作。

Michael McGerr, *The Decline of Popular Politics* (1986) 是关于 19 世纪末和 20 世纪初人们对北方政党的热情消减的研究，富有洞察力。

Samuel P. Hays, *The Gospel of Efficiency: The Progressive Conservation Movement, 1890—1920* (1962) 是研究保守运动背后的结构必要性的先驱，Stephen R. Fox, *The American Conservation Movement: John Muir and His Legacy* (1981) 是另一部有价值的作品。

John Opie, Nature's Nation: An Environmental History of the United States (1998) 是一部雄心勃勃的全面环境历史。

David Grubin, *Theodore Roosevelt* (1997), 是一部很好的传记电影。

The Battle for the Wilderness (1990) 是一部关于保守运动和该运动中互相敌对的两位领导人 Gifford Pinchot 和 John Muir 的纪录片。

呼唤责任 这幅由艺术家詹姆斯·蒙哥马利·弗莱格创作的最著名的美国战争宣传海报中，表情严峻的山姆大叔请求，甚至可以说要求美国人参军加入一战。由于国人对是否参战分歧巨大，威尔逊政府认为有必要说服美国人民不仅要支持战争，而且（对于美国人来说有些非同寻常）要对政府和政府的海外事务富有责任感。(*National Archives and Records Administration*)

第 21 章
美国和世界大战

对于当时那一代人来说,当前的战争就是一场"大战",他们无法预知不久还将有另一场更大规模的世界大战爆发。这场大战的起因不是什么大事:1914 年 8 月,奥匈帝国入侵巴尔干半岛小国塞尔维亚。然而几个星期之内,这一事件竟然演变为轩然大波,牵动了欧洲几乎所有大国的军队,彻底打破了 19 世纪初以来维持欧洲大陆基本和平的微妙的权力平衡。

这场战争逐渐成为历史上最为残酷的血腥之战,可大多数美国人仍然带着恐惧的心理持观望态度,而且都坚信这场战争和他们没有太大关系。在这一点上他们大错特错。至少从美西战争开始,1914 年的美国已经深深卷入了世界事务。20 世纪初,在 3 位积极参与国际事务的总统的领导下,美国承担了更多的国际责任和义务。因此,1917 年美国参战并不令人吃惊。

大事年表:

1903 年	美国协助巴拿马获得独立,并与新政府签约修建巴拿马运河
1904 年	"罗斯福推论"出台
1905 年	罗斯福调停日俄战争
1906 年	美国军队干涉古巴
1909 年	美国军队干涉尼加拉瓜
1910 年	墨西哥弗朗西斯科·马德罗推翻迪亚斯政权
1913 年	墨西哥维克托里亚诺·韦尔塔推翻马德罗政权
1914 年	第一次世界大战爆发 科罗拉多州拉德罗煤矿工人罢工,以 39 人被杀害告终 巴拿马运河开通 墨西哥贝努斯蒂亚诺·卡兰萨推翻韦尔塔政权
1915 年	黑人向北方的"大移民"开始 "卢西塔尼亚号"被击沉 威尔逊开始备战活动 美国军队干涉海地
1916 年	"萨塞克斯号"遇袭 威尔逊再次当选总统 美国军队进入墨西哥追捕潘乔·维拉
1917 年	德国宣布无限制潜艇战 齐默尔曼电报曝光 俄国沙皇政权倒台 美国向同盟国宣战 《义务兵役法》通过 战争工业委员会成立 《反间谍法》通过 伊利诺伊州东路易斯市和休斯敦爆发种族冲突 俄国爆发布尔什维克革命 美国承认墨西哥卡兰萨政府
1918 年	威尔逊宣布"十四点"

	俄国布尔什维克新政府与同盟国单独签订和平条约
	《反煽动法》通过
	美军在帝耶里堡和兰斯击败德军
	美军在阿尔贡森林发动进攻
	11月签署停战协定，战争结束
	美军登陆苏维埃俄国
	共和党控制国会
	巴黎和会召开
1919年	《凡尔赛和约》签订
	参议院提议修改和约
	威尔逊中风发作
	参议院拒绝批准和约
	美国经济出现战后通胀
	芝加哥和其他城市爆发种族骚乱
	工人参加钢铁业罢工和其他反抗活动
	苏联创建共产国际
	西奥多·罗斯福去世
1920年	宪法第十九条修正案通过，授予女性选举权
	衰退开始影响经济发展
	联邦政府以"帕尔默搜缴"和"红色恐慌"的方式镇压"激进运动"
	萨柯和万泽蒂被控谋杀
	沃伦·G.哈定当选总统
1924年	伍德罗·威尔逊去世
1927年	萨柯和万泽蒂被处死

美国加入了这场人类历史上最野蛮的冲突。大战已经持续了两年半，前景不明，而且血腥程度超人想象。到1917年，欧洲已经精疲力尽，到了崩溃的边缘。1918年末大战结束时，德国损失了200万士兵，俄国170万，法国140万，英国90万。欧洲几乎一代青年人死于大战，几个世纪以来的政治、社会、经济传统千疮百孔，毁坏殆尽。

> 总体战

然而对于美国来说这场战争是完全不同的经历。作为一场军事冲突，这场战争迅速坚决，并且损失相对不大。美国只损失了11.2万士兵，其中一半人死于流感和其他疾病而非战死。从经济上讲，大战是工业大发展的源泉，刺激了随后若干年的经济繁荣。而且，战争使美国跻身于具有国际社会领导地位的强国之列。

从其他方面来讲，第一次世界大战也是令美国人倍感痛苦、深受重创的一段经历。在国内，美国面临的首要问题不是渴望胜利，而是渴望团结，而这种渴望在大战后的艰苦时期一直持续，甚至不断加强，粉碎了世纪初的很多进步主义理想。在国外，战争结束后，美国面临着理想破灭的尴尬困境，以"用战争结束战争"和"使世界和平接受民主"的目标都没有实现。与美国的预期相反，战争结束直接导致了随后20年的国际动荡，并最终演化为另一场国际冲突。

一、"大棒政策":1901—1917 年的美国与世界

对普通大众来说,外交事务仍然与自己无关。沃尔特·李普曼曾写道:"在第一次世界大战爆发前,我不记得我对外交事务产生过任何兴趣。"但是对于西奥多·罗斯福和之后的总统们来说,战争使外交事务更具吸引力。在外交领域,总统可以不太在意国会和法院,可以不必考虑舆情民意。在美国之外,总统可以放开手脚独揽大权。

罗斯福和"文明政策"

西奥多·罗斯福深知在世界范围内行使美国权力的价值和重要性(他曾引用一句谚语来描述这一信念:"话语柔和,但手持大棒"),但是对于行使权力,他却有两种不同的标准。

罗斯福相信世界各国之间仍然存在"文明"国度和"非文明"国度的重要差别。按他的定义,文明国度主要由白人和盎格鲁—撒克逊及日耳曼民族组成;非文明国度一般是非白人、拉丁人及斯拉夫人的国家。但是种族主义并不是这种差别的全部原因,经济发展水平也同样重要。因此他坚信,迅速进入工业化社会的日本也已经有资格迈入文明国度的行列。他说一个文明社会有权力和义务干预落后国家的事务从而维护其秩序和稳定。这一观点是罗斯福早期支持美国发展海上力量的一个重要原因。1906 年美国的海军规模和实力仅次于英国(尽管德国在大步追赶)。

罗斯福外交的种族和经济基础

"新外交"《精灵》杂志著名漫画家路易斯·达尔林普尔1904年创作的这幅作品体现了西奥多·罗斯福想要向世界传达的美国作为超级大国的新形象。图中世界警察罗斯福挥舞大棒有力对付了"非文明"民族(亚洲人和拉美人,画面左侧的叫嚣者),同时通过仲裁有效地对付了"文明"国家(图中右侧)。
(*Culver Pictures, Inc.*)

保护在亚洲的门户开放政策

1904年，日本和俄国争相控制的中国东北，日本向南满旅顺口的俄国军舰发起突然进攻。罗斯福不想让任何一国在东北占据优势，于是应日本请求试图居中调停解决争端。俄国在战争中损失惨重，在别无选择的情况下被迫同意和谈，1905年，在新罕布什尔州朴次茅斯市召开的和平会议上，在罗斯福的调解下，俄国承认日本在战争中夺取的领土，日本同意停战并停止继续扩张。与此同时，罗斯福还与日本秘密达成协议，确保美国在这一地区继续进行自由贸易。

罗斯福于1906年因调停日俄战争而获得诺贝尔和平奖，但在后来的若干年里，美日关系持续恶化。日本成为太平洋地区首屈一指的海上强国，并立即开始在其控制的诸多地区排斥美国贸易。为确保日本政府认识到美国的实力，总统派美国新海军16艘战舰（被称为"白色舰队"，因为参加这次航行的军舰全部临时漆成白色）史无前例地进行了一次世界环游，并造访日本。

白色舰队

1895—1941年的美国和拉丁美洲　在19世纪后期和20世纪前半期，除波多黎各、维尔京群岛和运河区，美国在拉丁美洲和加勒比地区没有任何正式占领区。但正如本地图所示，在这段时间美国对这些地区施加了巨大的影响既有政治的也有经济的，有时还会升级为军事干预。注意美国在古巴、海地和多米尼加共和国事务中非常具有侵略性的介入，以及美国在哥伦比亚和巴拿马就运河相关事务的干预。◆美国干涉拉丁美洲的常见原因是什么？

铁拳邻邦

西奥多·罗斯福对与他（以及大多数美国人）眼中重要的半球——拉丁美洲——利益相关的事情怀有特别的兴趣。他确立了美国干涉拉美地区的模式，其影响之深远超出罗斯福的任期。

1902 年初，委内瑞拉政府财政情况不佳，企图不承认所欠欧洲各国银行的债务，于是英国、意大利和德国海军封锁了委内瑞拉海岸，随后德国军舰开始轰炸一委内瑞拉港口，并有传言德国要在该地区建立永久军事基地。罗斯福动用美国海军进行威胁，最终迫使德国海军撤兵。

这一事件使罗斯福相信，欧洲可能直接入侵占领拉丁美洲，也可能借口拉丁美洲本身的动荡和不负责任（比如拖欠债务）发动侵略。于是他于 1904 年发表讲话，对门罗主义进行补充，被后世称为"罗斯福推论"。他宣称，美国不仅有权反对欧洲干预西半球事务，而且有权在其邻国无法维持秩序和保护主权的情况下干预邻国内政。

罗斯福推论的直接诱因（也是首次应用的机会）是多米尼加共和国的危机。1903 年，一场革命推翻了腐败且已经破产的多米尼加政府，但是新建政府同样无法解决拖欠欧洲诸国高达 2200 万美元的债务。罗斯福就以罗斯福推论为理论依据，建立了一个美国掌管的破产管理机构，接管多米尼加海关，并以 45% 的收入分配给多米尼加人和其他各国债权人。这种制度以不同形式延续了 30 多年。

1902 年，美国允许古巴政治独立，但条件是新政府必须同意所谓"普拉特修正案"，即允许美国阻止其他外国势力介入新国家内部事务。1906 年古巴内部暴动开始危及该岛稳定，美国军队登陆古巴，镇压了暴乱，并在古巴驻军三年之久。

巴拿马运河

罗斯福任总统期间最大的成就是建成了连接太平洋和大西洋的巴拿马运河。起初罗斯福和不少人都赞成运河横跨尼加拉瓜，这样只用修建与海平面高度一致的运河而无须诸多水闸。但他们不久又看中了位于哥伦比亚的巴拿马地峡，当初法国一家公司试图在此修建运河但未能成功。尽管巴拿马线路低于海平面（因而需要水闸），但它比通过尼加拉瓜距离要短，而且建筑工程已经完成了近 40%。当法国公司决定降价出售时，美国决定选择巴拿马。

罗斯福派国务卿海约翰与哥伦比亚驻华盛顿外交官谈判，希望达成协议即刻动工。在美方的重压下，哥伦比亚临时代办托马斯·埃兰愚蠢地签署了协议，授予美国在哥伦比亚开发 6 英里宽运河区的永久权利。哥伦比亚议会非常愤慨，拒绝承认这份协定。哥伦比亚政府重新派代表赴华盛顿，对此要求美国提高价格，同时还要得到美国支付法方费用的一部分。

罗斯福气愤异常，同时也开始寻找方法制服哥伦比亚政府。对此法国运河工程的首席工程师菲利浦·比诺-瓦里亚（Philippe Bunau-Varilla）非常愿意帮忙，并于 1903 年 11 月在巴拿马组织并资助了一场革命。从前这里曾发生过多次叛乱，最终都失败了，但这次革命得到了美国的支持。罗斯福命令美国海军纳什维尔号在巴拿马登陆以"维持秩序"。美国出兵使哥伦比亚政府军队无力镇压暴乱，三天后罗斯福就宣布承认巴拿马为独立国家。新组建的巴拿马政府马上接受了哥伦比亚政府曾经拒绝的条件。工程进展迅速，运河于 1914 年开通。

巴拿马暴动

塔夫脱与"美元外交"

和他的前任一样，威廉·霍华德·塔夫脱总统一直致力于扩展美国的海外经济利益，但他对罗斯福维护世界稳定的宏大理想并未表现出过多兴趣。塔夫脱的国务卿费兰德·C.诺克斯原先是一名企业律师，曾极力鼓动美国加大在欠发达地区的海外投资。批评者称他的政策为美元外交。

这一点在加勒比海地区尤为明显。1909 年，尼加拉瓜爆发革命，塔夫脱政府立即表示支持起义者（美国矿产公司鼓动他们发动起义），并派兵进入该国，占领海关机构。动乱平息后，诺克斯马上鼓动美国银行为新政权提供大笔贷款，以加强华盛顿对该国的金融控制。不到两年，尼加拉瓜亲美政权再次面临暴乱，塔夫脱再次派军进驻尼加拉瓜，但此次出兵是为了保护现有政权。美军在该国驻军长达十年之久。

干涉尼加拉瓜

外交与道德

伍德罗·威尔逊成为总统时，相对来说对国际事务缺乏兴趣和经验。然而，他面临的国际性挑战的规模和严重性是之前任何一位总统未曾遇到的。因此在许多方面，威尔逊不但延续而且强化了罗斯福和塔夫脱的外交政策。

早在 1915 年，美国就已经攫取了多米尼加政府的财政控制权。1916 年美国又在多米尼加扶植建立了军政府。这种军事占领持续了八年。1915 年邻国海地爆发革命，其间一个暴徒谋杀了不受人民爱戴的总统，威尔逊派美国舰队登陆并且镇压了革命。美国的军事力量在海地一直保留到 1934 年，美国官员起草了新的海地宪法并在 1918 年通过实施。那时威尔逊开始担心丹麦殖民地西印度群岛可能即将落入德国人手中，于是买下丹麦的殖民地，并更名为维尔京群岛。同时考虑到欧洲有可能在尼加拉瓜扩大影响，威尔逊又同该国政府签订条约，不允许其他国家在该国修建运河且规定美国有权干涉尼加拉瓜事务，保护美国的利益。

但是，在美国的国际角色方面，威尔逊的观点和他的前任们不尽相同，这在他处理墨西哥问题上尤为明显。多年来，在腐败的独裁者波费里奥·迪亚斯（Porfirio Diaz）的友好支持下，美国商人已在墨西哥建立了一个庞大的经济实体。但在 1910 年，迪亚斯政府被深受爱戴的弗朗西斯科·马德罗（Francisco Madero）推翻，他似乎对在墨西哥的美国公司怀有敌意。1913 年初，美国暗中鼓动反动将军维克托里亚诺·韦尔塔推翻了马德罗政权。塔夫脱在其任期的最后几周准备承认新的韦尔塔政权，并且赢回美国在墨西哥投资的良好环境。然而，塔夫脱还没来得及这么做，墨西哥新政府就杀害了马德罗，伍德罗·威尔逊也在华盛顿就职。新总统立即宣布，他将永远不会承认韦尔塔的"屠夫政府"。

起初，威尔逊希望，只要拒绝承认韦尔塔就能够推翻其政府，并帮助由贝努斯蒂亚诺·卡兰萨（Venustiano Carranza）领导的反对立宪派夺取政权。但是，当

威尔逊的道德外交

巴拿马运河开通 1914 年 10 月，巴拿马运河的米拉夫瑞斯大闸开放，第一艘船从中通过。巴拿马运河的建设是 20 世纪初工程学的伟大成就之一。但是西奥多·罗斯福粗暴的政治活动所产生的影响至少和运河完工一样重要。(*Bettmann/Corbis*)

韦尔塔在美国商业利益的支持下,于1913年12月份进入全面军事独裁,威尔逊总统变得更加专断。1914年4月,韦尔塔军队的一名军官逮捕了几名在坦皮科登岸的美国海豚号军舰的士兵。这些人很快被释放,但美国上将却对收到的道歉极为不满,并要求韦尔塔的部队向美国国旗鸣礼炮二十一响作为公开道歉。墨西哥人表示拒绝,威尔逊就以这件小事为由占领了墨西哥的韦拉克鲁斯港。

韦拉克鲁斯　威尔逊曾设想采取一场不流血的行动,但在韦拉克鲁斯与墨西哥军队的冲突中,美军杀害了126名守军,美方自己也有19人伤亡。双方处于战争的边缘,威尔逊开始寻找出路。然而威尔逊动用武力却帮助已经在8月占领墨西哥城并迫使总统韦尔塔逃离祖国的卡兰萨派巩固了地位。看起来这场危机似乎告一段落了。

但是,威尔逊并未对此感到满意。令他感到更加愤怒的是,卡兰萨拒绝接受美国提出的建立新政府的准则,威尔逊很快抛弃卡兰萨转而支持卡兰萨昔日的中尉潘乔·维拉(Pancho Villa),维拉如今正执掌一支属于自己的反政府军队。然而维拉的军事地位日益恶化,威尔逊也放弃了他。最终在1915年10月,初步承认卡兰萨政府。然而,在那时,威尔逊已经制造了另一场危机。维拉对美国的背叛感到怒不可遏,作为报复,1916年1月,他在墨西哥北部枪杀了十六名美国采矿工程师。两个月后,他带领他的士兵(美国人称他们为"土匪")越过边界进入新墨西哥州哥伦布,又杀害了十七名美国人。

干涉墨西哥　得到卡兰萨政府的批准,威尔逊下令约翰·J.潘兴(John J. Pershing)将军领导一支美国远征军穿越墨西哥边界抓捕维拉。美国军队一直没有找到维拉,但他们与卡兰萨军队发生了两次冲突,导致四十名墨西哥人和十二名美国人死亡。美

潘乔·维拉和他的部队　潘乔·维拉(前排左四)和部分军官合影,他的部队越过美国边境发动袭击后,被美国人视为土匪。而他在墨西哥被视为民族英雄。(*Brown Brothers*)

墨两国再一次走到了战争边缘。但在最后一刻,威尔逊悄悄地从墨西哥撤军,而且在1917年3月最终正式承认了卡兰萨政权。然而此时,威尔逊把目光转向了其他地方——一场即将席卷欧洲大陆进而波及世界大部分地区的国际危机。

二、战争之路

关于欧洲战争的起因已经持续争论了九十多年,即是否存在某些重大因素导致了战争,还是一系列的悲剧性错误造成了最后的冲突。显而易见的是,欧洲国家在1914年建立了一个非常不稳定的国际体系,许多历史学家认为即使是一些无关紧要的挑衅事件也能引发战争。

欧洲和平的崩溃

1914年,欧洲列强建立了两大相互竞争的联盟。"协约国"包括英国、法国和俄国。"同盟国"由德意志、奥匈帝国和意大利组成。然而,对抗并非在两个联盟之间展开,而是在各自的主导力量英国和德国之间展开。前者长期仰仗自己是世界上最强大的殖民和商业国家,后者则雄心勃勃希望扩大帝国,与英国分庭抗礼。英德竞争带来的紧张关系,是导致第一次世界大战发生的最重要根源,但它不是大战爆发的直接原因。引发大战的直接因素源于奥匈帝国内部的民族主义冲突。1914年6月28日,弗朗茨·斐迪南(Franz Ferdiand)大公作为摇摇欲坠的奥匈帝国宝座的继承人,在访问萨拉热窝时遇刺身亡。萨拉热窝是奥匈帝国波斯尼亚省的首府,斯拉夫民族主义者希望该省能并入邻国塞尔维亚。刺杀斐迪南大公的刺客就是一名塞尔维亚民族主义者。

这个地区性冲突很快在大国联盟的操纵下升级。在德国的支持下,奥匈帝国对塞尔维亚发动了惩戒性攻击。塞尔维亚奋起抵抗,并向俄国求援。7月30日,俄国开始调集军队。事态很快变得一发不可收拾。等到8月3日,德国已经对法俄宣战,而且已经做好准备越过法国边界入侵比利时。8月4日,英国对德宣战,表面上是为了履行与法国的同盟,但更重要的是向对手表达强硬的态度。8月6日,俄国和奥匈帝国已经反目成仇。意大利虽然在1914年与德国结盟,最初依旧保持着中立,但后来也卷进了对英法方面的战争。奥斯曼土耳其帝国(以土耳其为中心)和其他较小的国家在1914年或1915年纷纷参战。在不到一年的时间里,

两大竞争联盟

几乎整个欧洲和部分亚洲地区都卷进了一场大战之中。

威尔逊的中立

1914 年，威尔逊呼吁他的同胞们继续"在思想和行为上保持公正"。由于出于一些原因，这根本不可能做到。有些美国人同情德国（因为德裔美国人热爱德国，爱尔兰裔美国人仇恨英国）。更多的人（包括威尔逊本人）同情英国，威尔逊只是很多狂热推崇英国（包括其传统、文化、政治制度等）的美国人之一；本能上说，这些美国认为协约国（英国、法国、意大利、俄罗斯）是正义的一方，而同盟国（德意志、奥匈帝国和奥斯曼帝国）是非

澳大利亚战时宣传 澳大利亚政府在说服男子应征参加一战方面经常遇到困难。有些澳大利亚人认为参加一战是为英国政府提供帮助，与他们无关。这张海报是 1915 年鼓动志愿者应征行动的一部分。(*Private Collection*)

正义一方。英国大肆渲染德国在比利时和法国的暴行，加深了许多美国人对德国的敌意。

经济的现实状况也不允许美国公平对待交战双方。英国人对德国人实行海上封锁，以阻止德国获得弹药和物资补给。从理论上来讲，作为中立国，美国有权与德意志进行贸易。或者作为对英国海上封锁的真正中立的回应，与英德双方均停止贸易。但是美国与同盟国之间贸易量相对较小，可以承受一时的贸易中断；却无法轻松对贸易量巨大的协约国实施禁运，特别是 1914 年以后来自英法的订单激增，形成了美国历史上最大的经济繁荣之一。因此，美国策略性地忽略了德国的封锁，与英国继续交易。1915 年，美国已逐渐由一个中立国变成了协约国的兵工厂。

与此同时，德国开始采用被美国人认为极其野蛮的新策略：潜艇战。由于无法对抗英国在海面上的霸主地位，1915 年初期德国开始使用新改进的潜艇，试图阻止英国的海上物资运输。德国宣布，将击沉看到的所有敌方船只。几个月后，1915 年 5 月 7 日，一艘德国潜艇在没有任何警告的情况下击沉了英国"卢西塔尼亚号"客轮，造成 1198 人死亡，其中有 128 名美国人。后来证明，该船同时搭载

着乘客和弹药，但是大多数美国人认为这次袭击正是西奥多·罗斯福所谓的"海盗行为"。

威尔逊愤怒地要求德国保证这种暴行不再发生，要求同盟国保证中立国的权利。德国人最终同意了威尔逊的要求，但两国之间的紧张局势仍在继续。1916年初，协约国宣称要武装商船击沉潜艇，作为回应，德国宣布将毫无警告地攻击这类船只。几个星期后，德军袭击了没有武装的法国轮船"萨塞克斯号"，致使多名美国乘客受伤。威尔逊要求德国放弃其"非法"战术；德国政府再次让步，希望美国继续保持其中立地位。

备战与和平主义

尽管总统在1916年参战情绪增长，但他认为美国依然没有做好准备。障碍之一是美国的国内政治。面对艰苦的竞选连任征程，威尔逊不敢忽视强大的反战派的力量。

问题是，美国是否应该准备经济和军事实力以便参战。这是和平主义者与干涉主义者公开争论的焦点。一开始，威尔逊反对备战，指责积聚军事力量毫无必要，具有挑衅性质。但由于美德之间紧张局势的加剧，威尔逊改变了观点。1915年秋天，他批准了一项迅速建立大规模武装部队的提案。在国会内外和平主义者愤怒的声讨中，威尔逊努力争取该提案在国会通过。为此他在1916年进行全国巡回演讲以博得支持。

尽管如此，和平主义者仍然拥有强大的政治实力，这在1916年夏的民主党代表大会上表现得尤为明显。会议气氛非常热烈，主发言人列举威尔逊的外交成就，大声疾呼"我们做了什么？我们做了什么？……我们没有卷入战争！我们没有卷入战争！"那场演讲中诞生了威尔逊连任选举中最著名的口号"他使我们免于战争。"在竞选过程中，有人认为共和党候选人、保守的纽约州州长查尔斯·埃文斯·休斯（受主战的西奥多·罗斯福支持）有可能把国家引入战争，威尔逊对此也未加否认。当主战情绪高涨时，威尔逊高傲地宣称美国"不屑于参战"。最终，他以微弱优势成功连任——普选票仅多不到60万张，选举人票只多23张，民主党也以微小优势控制了国会。

1916年大选

为民主而战

大选已经过去，美德双方依旧关系紧张。但是威尔逊仍然需要为美国介入战争找到适当的理由，既能统一公众观点还能满足他的道德良知。最后，他自己创造了一个理由。他坚称美国不是为了物质利益而参战，而是将战争作为创建世界新秩序的手段，而新秩序建立在推动美国改革的进步主义理想之上。在1917年1月的国会演讲中，他提出一个关于战后新秩序的计划，其中美国将通过建立一个永久性的国际联盟组织维护和平。"无须战争胜利就能实现和平。"威尔逊相信，只要挑衅足够多，一定会有为之参战的理由。很快挑衅就出现了。

齐默尔曼电报

1月，与法国经历了数月毫无进展的堑壕战后，德军决定发动最后一轮大规模袭击以取得胜利。他们向法国阵线发动一系列猛烈攻击。同时，发动无限制潜艇战（打击来自美国和协约国的船只）以便切断英国的重要战争补给。他们希望协约国防线在美国出兵之前就崩溃。德国的新政策使美国参战不可避免。而另外的两件事使这一局势更加明朗。2月25日，英国送给威尔逊一封被截获的德国外交部长阿瑟·齐默尔曼（Arthur Zimmermann）发给墨西哥政府的电报。电报称一旦美国和德国开战，墨西哥应当加入德国阵营与美国对抗，德国将在战后归还墨西

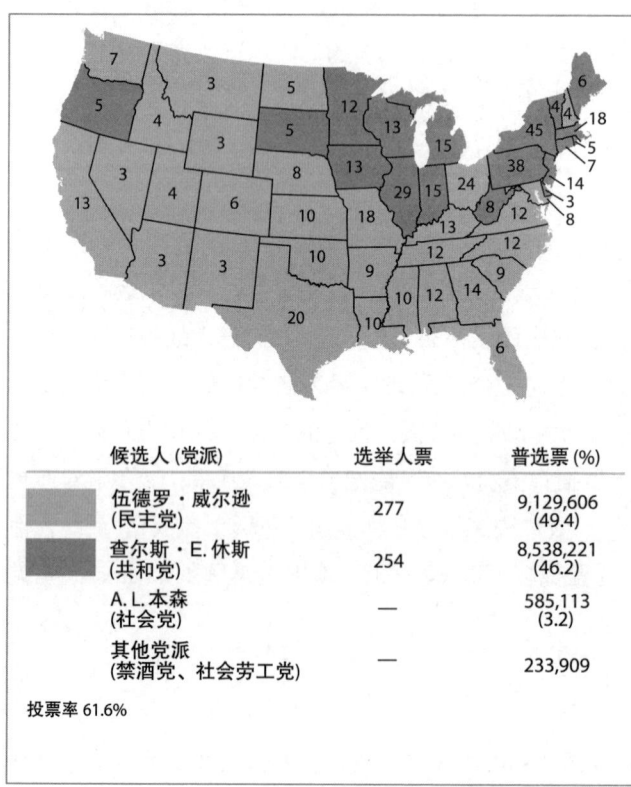

1916年选举 伍德罗·威尔逊有足够的理由为自己在1916年连任的前景担忧。1912年选举中他仅赢得了约42%的普选票，而且4年前四分五裂的共和党现在统一在了深受欢迎的查尔斯·埃文斯·休斯周围。最后，威尔逊仅以微弱优势战胜休斯，得票率不足50%，选举人票的差距更小。注意威尔逊获胜中强烈的地方特点。
◆ 威尔逊如何利用欧洲的战争来支援自己的连任？

哥失去的（在得克萨斯和美国西南部的）大片土地作为回报。这封电报被媒体广为宣传后，有效地激发了普通民众的反德主战情绪。几星期后，1917年3月，俄国爆发了推翻反动沙皇制度的革命运动，建立了新的共和政府。美国于是排除了与独裁帝制联盟的尴尬。

在4月2日那个阴雨绵绵的晚上，德国潜艇用鱼雷击沉三艘美国海船两周之后，威尔逊出现在国会参众两院的联席会议上，请求国会批准美国参战：

> 带领这个伟大的爱好和平的民族进入战争——卷入历史上最残忍、最具灾难的战争——本身是一件非常可怕的事情。文明的历史自然会有公断。但权利比和平更加珍贵，我们应该为永恒的理想而战——为民主，为那些为了在自己的政府中发声而屈从于强权的人们，为那些小国的独立和自由，为自由民族的普遍权利而战。自由民族将把和平和安全带给整个人类，将使世界最终获得自由。

即使在当时，依然有反对的声音。四天里，国会的和平主义者反复陈述反战的理由。当4月6日国会最终通过决议时，仍然有50名众议员和6名参议员投了反对票。

战时征兵 纽约这间办公室每天接待几百位前来应征入伍的男子。内战期间，北方联邦和南方邦联都试图大量征兵，但往往以失败告终。第一次世界大战时的征兵是联邦政府第一次集中开展行动，要求公民服役。1917—1918年，尽管有些人逃避征兵，（被人们指责为"逃兵"），但多数被征召的美国人都依法服役。(*Brown Brothers*)

三、战争没有结束

僵局

当伍德罗·威尔逊宣战时，欧洲大陆的交战双方都已经伤亡惨重，疲惫不堪。德国在 1917 年初发动的进攻没有结束战争，法国和英国的反抗取得的成效也不大，反而增加了死亡人数。协约国绝望地向美国寻求援助，而向国内呼吁"战争没有结束"的威尔逊在此时也迫不及待地渴望履行职责。

参 战

1917 年春天，英国遭遇了德国的潜艇战，损失惨重，从英国港口出发的船只有四分之一被击沉——这使得有效接受跨大西洋援助的能力成为真正的问题。美国参战几个星期后，派出一支驱逐舰队协助英国海军对付德国的潜水艇，其他美国军舰则为大西洋上的商船护航，并帮助在北海地带安放反潜水雷。美国的行动取得了令人振奋的成果：1917 年 4 月，协约国被击沉船只总吨位在 90 万吨；12 月这一数字下降到 35 万吨；到 1918 年 10 月，则下降到 11.2 万吨。护航行动同样保护了通过大西洋运往欧洲的美国士兵。一战中美国没有任何一艘军舰被击沉。

俄国革命

曾经许多美国人认为仅提供海上援助便足以扭转战争局面，可是后来的事实清楚证明，美国还必须出动地面部队增援岌岌可危的协约国部队。英法两国的后备部队已所剩无几，1918 年初俄国全面退出战争：1917 年 11 月布尔什维克革命之后，由列宁（V. I. Lenin）领导的俄国新政府与同盟国匆忙达成代价很高的停战协定，从而使德国可以把剩余部队转到西线作战。

美国远征军

1917 年，美国只有 12 万正规军和 8 万多国民警卫队。两种兵力均缺乏实战经验，除少数军官曾在 20 年前参加过美西战争以及 1916 年干涉墨西哥的战斗之外，指挥员几乎没有实战经验。

《义务兵役法》

包括西奥多·罗斯福在内的政客主张采取招募志愿兵的形式扩充兵力。罗斯福不顾年老多病，放下与威尔逊的积怨，和威尔逊在白宫见面，提出自己建立一支部队赴欧作战。但是总统和陆军部长牛顿·D. 贝克尔（Newton. D. Becker）觉得只有全国征兵才能满足兵力的需求；尽管有人支持国会众议院议长钱普·克拉克所谓的征兵和犯罪毫无区别的说法，总统仍然在 5 月中旬促成了《义务兵役法》的通过，并征得新兵近 300 万，另有 200 万志愿者加入其他各种军事机构。这些兵力一起构成了美国远征军（AEF）。

美国历史上从未出现过这种大批陆军和海军在海外长期作战的情况。美国军方也采用多种办法鼓励在战壕里日夜作战的士兵。战壕不断遭到轰炸，即使在战斗停歇时战壕里也遍地泥泞，通风恶劣，鼠疫成灾，士兵就在这样的环境里战斗。一旦下了前线，士兵对红十字会提供的设施毫无兴趣，他们更喜欢酒吧和妓院。一战期间，在欧洲约十分之一的美国士兵染上了性病，因此军方采取就地治疗以防止蔓延。

女性汽车兵 尽管一战期间女性最重要的新任务是到工厂做工，填补男性参战留下的空缺，但也有很多女性应征入伍，在辅助性军事部门服役，例如这些身穿军装的女性司机。(Culver Pictures, Inc.)

从一定程度上讲，美国远征军（AEF）是美国组建的最为多样化的远征军。一战中美国首次允许女性参军——海军里有一万多名女兵，海军陆战队里也有几百名。政府不允许她们到前线作战，她们可以在医院和军营里参与辅助性工作。

此外，还有40万黑人或自愿或被征召加入陆军和海军（但是海军陆战队拒绝接受黑人）。黑人中的大多数在国内基地从事后勤工作，其中5万多人去了法国。非裔美国人士兵一般在白人军官率领的部队中组成独立的黑人兵团，即使在欧洲，他们中的大多数也从事着非作战任务。其实一些黑人兵团在1918年的反攻中作战勇猛异常，大多数非裔美国人士兵学会了面对他们受到的种族歧视，一定程度上是因为他们希望能用战场表现赢得自己的地位。但是一小部分人对种族挑衅进行了暴力回应。1917年8月，休斯敦的一群黑人士兵由于不断受到军中歧视和虐待，用军队的武器杀死了17名白人。13名黑人因此而受了绞刑，另外40名黑人士兵被判处终身监禁。

非裔美国人士兵

战争中组建的这支真正的国家军队，曾允许美国心理学会对其进行跟踪研究。心理学家们对上千名士兵进行新设计的心理测试，目的在于测试他们的智力水平，即"智商"（IQ）。测试的结果与其说是反映智商，不如说反映的是文化教育水平，它反映出设计这些测试的中产阶级白人所期待看到的教育成果。参加测试的一半白人和大多数黑人的得分都在低能的层次上。而事实上，绝大多数的人得分很低只是因为没有机会接受正规的教育。

军事斗争

远征军参加的战斗短暂而激烈。直到1918年春季，美军才大规模参战。8个月后，一战宣布结束。美国远征军由约翰·潘兴将军率领，他刚刚在率部追踪潘乔·维拉的行动中失利。尽管美军保持了独立于其他协约国之外的指挥体系，但远征军已经加入了协约国部队。

约翰·潘兴将军

一战中美国部队的经历和其他国家的军队非常不同，当美国大军源源开到时，其他国家的部队已经作战将近4年。那时，英国、法国、德国和其他国家的军队已经在一直挖到法国乡村的纵横的堑壕网中生活了数年。现代武器使传统的面对面战斗成为了大规模自杀的一种方式。双方都依仗坚固的堑壕作战，并偶尔跨过隔开双方的"无人地带"发动毫无效果且极端危险的进攻。堑壕里生活之糟糕难以形容。堑壕是让人极端疲惫和难受的地方，还是极度寂寞、充满危险之地。当美军到达前线时，双方的士气都很低落，很多士兵开始认为战争将永无尽头。

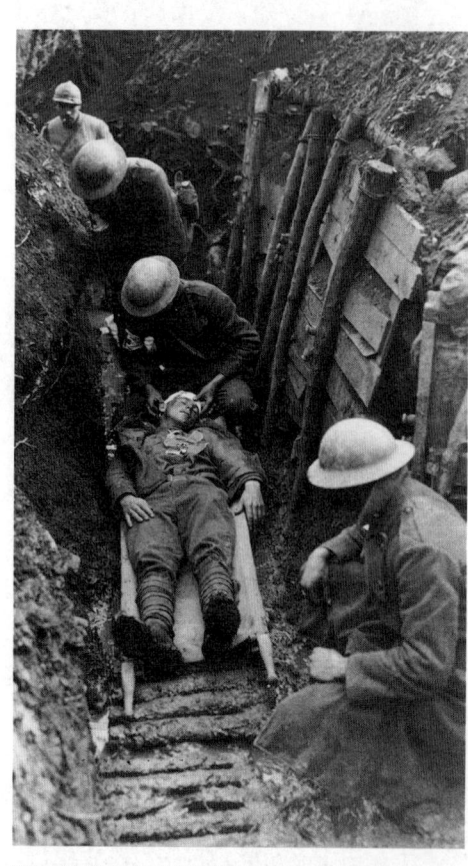

堑壕里的生活　对于驻扎在法国的多数英军、法军、德军以及后来的美军来说，一战最煎熬的部分就是仿佛永远没有尽头的堑壕生活。很多青年在寒冷、潮湿、泥泞的壕沟里生活数月甚至数年之久，他们身边堆满污物，每天和害虫为伍，吃的是腐败的食物。偶尔发动进攻试图将敌人赶出堑壕却往往以失败告终，同时留下一片可怖的屠杀景象。(*National Archives and Records Administration*)

帝耶里堡

尽管美军有自己的堑壕战经历，但是和欧洲各国军队相比过于短暂。然而，美国改变了战斗的力量平衡，使得协约国部队终于可以冲破堑壕阵地，向德国进逼。6月初，美军协助法国击退德国在巴黎附近帝耶里堡发

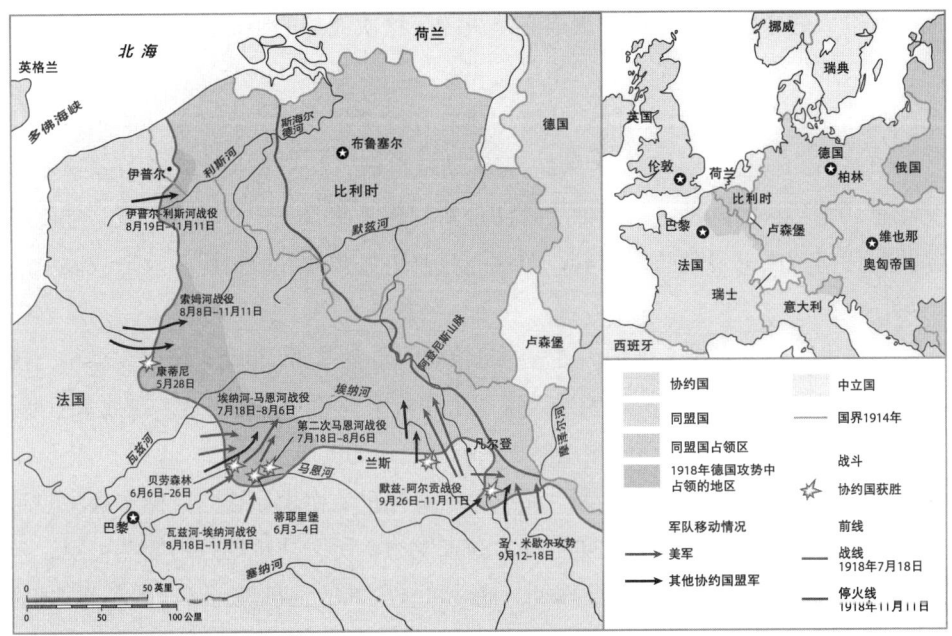

一战中的美国：1918年的西线 这些地图显示了在一战的最后一年里美国参加的主要战斗。右上方的小图显示了在欧洲大背景下各方的敌对态势。左边大图中漫长蜿蜒的红线就是法国的西线战场——从法国和德国西南部的交界处一直延伸到比利时和法国的东北边境。沿着这条漫长的战线，在美国参战前，双方经历了三年多血腥而毫无结果的战斗。从1918年春夏之际开始，在美国援军的支持下，协约国开始赢得一系列重要战斗的胜利，最终使德国开始撤退。如图所示，美国军队在西线战场的南部起到了决定性作用。◆ 德国从什么时候开始考虑停战？（彩图见第1080页）

动的猛烈进攻。6个星期后，美国又协助法国在兰斯战役中反败为胜。7月18日，协约国的军队阻止了德国的进攻并成功开始反击。

9月26日，美国部队在阿尔贡森林向德国发起反击，攻势一直持续了7周。10月底，虽然天气恶劣，美国军队将德军逼到了德国边境线上，并切断了其军队补给。

墨兹-阿尔贡攻势

德国面临着本国领土不保的危险境地，所以不得不寻求停战的可能——希望立刻停战开始与交战国和平谈判。约翰·潘兴希望打到德国的领土上，而其他协约国的首脑们认为德国的这种停战请求和投降没有什么区别，坚持接受。因此，1918年11月11日，第一次世界大战结束了。

战争中的新技术

第一次世界大战为一系列军事技术的发展铺平了道路，因为新改进的武器和大炮有很大的杀伤性，所以堑壕战必然成为了这次大战的特征。把部队送到开阔地或容许他们在开阔地带设置营地已无可能，因为新型武器会立即把他们全部杀死。战壕能够保护部队，然而在战壕中只能进行小规模的、通常是非决定性的战斗。但是新的科技已经超越了战壕，可移动性武器，如坦克和火焰喷射器等能够突破有战壕防护的阵地。最可怕的或许是新的化学武器——有毒芥子气，它使得部队在任何时候都要戴防毒面具，而且能在避免直接战斗的情况下攻击战壕里的士兵。

新技术装备需要精心维护。更快的机枪需要更多弹药；机动车辆需要燃料、备件及机械技术。后勤供应的困难成为了战术和战略规划的主要因素。在战争后期，协约国军对德国的进攻时常要被迫停止以等待设备的供应。

第一次世界大战中，飞机首次在战争中发挥重要作用。这些飞机本身比较简单，机动性能较差。但是当时防空技术尚未发达，所以飞机的效用依然可观。人们开始制造各种用途的飞机：轰炸机，战斗机（与其他飞机进行"空战"的飞机）和侦察机。

在第一次世界大战期间最"现代化"的是海军。新型战舰出现，其中以英国的"无畏号"为最典型代表，它应用了涡轮推进器、水下火炮控制、电力、无线电报，以及先进的导航设备等新技术。在美国南北战争中短暂登场的潜艇，现在成了重要的武器（如德国 U 型潜艇在 1915 年和 1916 年证明了这一点）。新潜艇由柴油发动机驱动，比蒸汽机体积更小，不像汽油机那样易爆，而且柴油发动机比其他燃料推动的发动机续航能力更强。

高伤亡率

第一次世界大战令人感到恐怖的特征——骇人的伤亡人数——在很大程度上是由新技术造成的。100 万为英方而战的士兵（包括英国人、加拿大人、澳大利亚人、印度人和其他国家的人）死亡。法国、德国、前奥匈帝国、意大利、俄罗斯分别有 170 万、200 万、150 万、46 万、170 万人丧生。土耳其的死亡人数肯定也很多，但具体数字不得而知。在英国，三分之一在 1892 年和 1895 年之间出生的人死于这场战争，其他参战国家的比例大致相同。很多人负伤回国，其中有些终身残疾。美国在战争接近尾声时才加入战争，而且只参与了最后几次获得胜利的进攻，但是伤亡却很大——有 11.2 万人阵亡，其中一半死于流感而非战争。可是，在以美军为主的战斗中，美军的伤亡的确很多。

四、战争与美国社会

美国参加一战时间比较短,但战争对政府、经济、社会都有深远的影响。动员工业经济参与全面战争需要政府在工业、农业等领域进行前所未有的投入。许多美国人相信,战争要求政府进行巨大努力确保人民忠诚爱国、同心协力。

协调战时经济

到战争结束时,美国政府直接用于战争的开支约320亿美元。按当时的标准,这是个十分惊人的数目。1915年以前,整个联邦预算很少超过10亿美元,1910年美国的国民生产总值只有35亿美元。政府依靠两种手段筹措战争经费。首先,政府出售"自由债券"向美国民众征集贷款。到1920年,在爱国热情的驱动下,债券的销售额达230亿美元。同时新设税种征集了近100亿美元,其中一些是来自对企业征收的"过高利润税",更多的来自高比例的收入税和继承税(有些档次的税收比例最终高达70%)。

为战争筹款

而更大的挑战是如何协调经济以满足战争的需要。1916年,威尔逊设立了国防委员会,由他的内阁成员和民间顾问委员会组成,在全国各州和各地区建立地方分支机构。经济动员的第一个计划,是把战争期间的经济问题下放到地方解决。

但是,初期这种行政架构很快被证明是行不通的,一些国防委员会的成员(其中很多是索尔斯坦·凡勃伦的社会工程学和弗雷德里克·温斯洛·泰勒的"科学管理"原则的追随者)极力要求中央统一管理经济。他们反对按地理位置划分管理经济,而是根据具体经济职能,建立一系列规划机构,各自监督管理一个个具体的经济领域。在这些建议下出现的行政机构由一系列的"战争委员"领导,一些监管铁路,一些监管燃料供应(主要是煤炭),另一些负责食品(在该机构培养下,聪明年轻的工程师、企业主管赫伯特·胡佛崭露头角)。这些委员会在不破坏国家经济的前提下成功满足了战争的主要需求。

处在经济合理化行动中心地位的是战时工业委员会(WIB),该机构成立于1917年7月,旨在协调政府军事物资采购。但是,在初建时期,该机构组织松散,工作效果不佳,直到1918年3月,威尔逊对其进行重组,并指定其由华尔街金融家伯纳德·巴鲁克(Bernard Baruch)领导。从那时起,该委员会权力不断扩大(至少在理论上),超过了其他任何政府机构。巴鲁克决定哪些工厂将转而生产哪种战争物资,并为其产品定价。当材料不足时,巴鲁克决定他们应该向谁去索要。

战时工业委员会

哈勒姆街区集会，1915 哈勒姆曾经是曼哈顿郊区中产阶级上班族的居住区，在20世纪初它成为了纽约非裔美国人生活的中心。到1915年这次生动的街区聚会举行时，一种生机勃勃的文化已经开始在哈勒姆的成人和儿童中发展起来。(*Brown Brothers*)

当不同公司为政府招标竞争时，他有权做出选择。看起来，巴鲁克实现了一些进步人士早就呼吁的经济管理集中化的目标。

在现实中，战争工业委员会令人称道的效率其实是一个神话。事实上，该机构饱受管理不善，效率低下的困扰。其表面的成功在很大程度上依赖于美国的资源和生产能力。从真正意义上讲，战争工业委员会并不是国家控制经济的很好例证。巴鲁克把自己看作商业的伙伴；在战争工业委员会内部，商人自己（所谓的一美元年薪者，即带薪离开企业职位到政府供职、只领取象征性工资的人）监管私营经济事务。巴鲁克许诺凡是按他的计划经营的企业将不受反垄断法的制约。如此，很多企业通过努力获取了巨额利润。

调整经济的收获　调整战时经济的计划也取得了引人注目的成就：胡佛有效地组织国内食品供应，威廉·麦卡杜（William McAdoo）成功理顺了铁路运营等等。然而在某些领域，支援战争的行动进展缓慢，战争结束时，战时需用物资才刚刚筹备齐全。虽然如此，在经济调整行动中，政府和企业的许多领导都相信公共和私营经济间封闭的、合作的关系有很多优点。有些人希望在战后的和平时期能继续采用这些战时政策。

劳工和战争

公共和私营部门的联系日益扩大，对劳工来说，有很多不同的表现形式。国家战争劳动局于1918年8月成立，目的在于解决劳资纠纷，迫使资方让步于工人：每日工作八小时，保证最低生活标准，男女同工同酬，承认工会的集体组织权和集体谈判权。作为回报，劳工要放弃所有罢工活动，雇主在罢工的情况下也不准停工。1917年至1919年，工会会员增加了150多万。

战争给工人带来了短暂而重要的收益，但这并没有停止劳工抗议，这在西部尤为显著。西部矿工联盟组织了一系列罢工，以改善井下恶劣的工作条件，其中最严重的罢工发生于战前。1914年，在科罗拉多州，受雇于约翰·洛克菲勒所有的煤矿的工人（主要是意大利人、希腊人、斯拉夫人）进行罢工。在妻女的陪伴下，他们在一家人被赶出工厂宿舍、住进临时搭建的帐篷的情况下，仍然坚持罢工。该州民兵前往保护矿井，但实际上（正如经常发生的情况一样）他们是来帮助雇主镇压罢工的。

在罢工破坏分子等人的支持下，民兵袭击了工人的帐篷，在随后的战斗中，39人死亡，其中11人为儿童。这一事件就是著名的"勒德罗大屠杀"，它拉开了矿工斗争的序幕，而一战并未对此起到缓和作用。

勒德罗大屠杀

战后的经济和社会

不论战争对其他领域有怎样的影响，它给美国带来了经济繁荣期。从1914年开始，经济增长显著（当时欧洲对美国产品的需求开始增加），1917年后则迅猛增长（为了满足美国战时需求）。工业生产激增，制造业活动范围扩大，覆盖了原先没有的地区。例如造船行业在西海岸快速发展。因为很多男人离家参战，就业率大幅增加，并且为女性、黑人、墨西哥人、亚洲人提供了更多的就业机会。一些工人收入显著增加，但通货膨胀影响了收入的增加并降低了购买力。同时，农业经济也因战争受益。农产品价格达到了几十年来的最高点，农业生产力因此得到巨大发展。

在战争年代最重要的社会变化之一是成千上万的黑人从南方的农村移民到北方的工业城市，这后来被称为"大迁徙"。像大多数移民潮一样，这次移民也是"赶出"和"拉入"双重作用的结果。"赶出"是因为南方大部分黑人遭受着贫困、债务、种族主义和暴力的折磨。"拉入"是因为北方城市工厂就业前景以及在社会中能享有更多的自由和自主权的机会。在劳动力匮乏的战争年代，北方厂家派出

"大迁徙"

人员到南方招收黑人劳工。黑人报纸上刊登广告，宣传北方的就业前景。最重要的是，那些移民到北方的黑人会向家人和朋友讲述自己的经历，这也就是为什么北方的一些城市会聚集着来自南方同一地区的移民。例如，在芝加哥，7万多名新黑人居民差不多都来自阿拉巴马州和密西西比州的几个地区。

种族骚乱　　其结果是，在纽约、芝加哥、克利夫兰和底特律等北部工业城市黑人人口急剧增长。而新黑人移民的乡村生活方式和宗教复兴倾向使这些地区较早的黑人移民感到不安，原先的黑人团体认为新来的移民行为粗鲁，担心他们的到来会使黑人更容易遭到白人的种族歧视。但是黑人移民运动并没有停止。黑人社区建起了许多新的教堂（有的只是店面大小，自称传道士的人到处召集教徒）。低收入的黑人劳工挤在狭小的房间里。黑人社区不断扩大，难免与白人社区发生冲突，时常会发生暴力事件。1917年7月2日，在伊利诺伊州东圣路易斯，一伙白人暴徒袭击了黑人住所，烧毁他们的房屋，枪击躲避的黑人居民。大概有40名黑人丧生。

对美国妇女来说，无论黑人还是白人，战争意味着新的就业机会。和平时期被认为属于男性的工作岗位，战时由100多万妇女顶替：包括钢铁业、军火业、运输业、公共交通业。这些妇女早先从事其他低收入的工作。但是，战争带来的变化只是暂时的。一旦战争结束，那些顶替属于男性工作岗位的妇女就会辞职或者被解雇，事实上，1910—1920年，参加取酬工作的妇女比例在下降。政府建立了妇女工业委员会，监督妇女顶替男人留下的工作岗位。战争结束后，委员会改为妇女事务局，成为致力于保护妇女劳动权益的常设机构。

女性工人　二战期间，这类女性往往被称为"铆工露西"。在一战中，她们出现在以前全是男性的工作环境中引起了震动。图中这些女性正在用焊枪切割坦克装甲。(*Margaret Bourke-White/Time Life Pictures/Getty Images*)

五、追寻社会统一

统一的观念不仅出于经济的目的,也为了解决社会问题,这个观念是几十年来进步人士的梦想。对他们来说,战争似乎为美国提供了一个接近伟大事业的机会。他们希望在这个过程中,社会能够实现持久的集体目标感。但事实证明追寻社会统一是不可能实现的任务。

和平运动

政府领导人认识到美国公众在参战问题上存在着严重分歧,这种分歧在 1917 年 4 月就存在,在美国宣战后也依然存在。

1917 年以前美国的和平运动有许多拥护者:德裔美国人、爱尔兰裔美国人、宗教和平主义者(贵格会、门诺教派等)、知识分子和社会党及世界工人会等左派团体。他们认为战争是对资本主义国家获取商业优越地位毫无意义的战争,后来欧美很多人也都同意这一观点。但是,最活跃、最普遍的和平运动是从妇女运动开始的。1915 年,领导争取妇女权利斗争的卡丽·查普曼·卡特协助建立了妇女和平党,成员不多却非常活跃。随着欧洲战争加剧,该党致力于阻止美国参战。

<small>妇女和平党</small>

美国 1917 年参战后,妇女和平组织出现了严重分歧。作为最大的妇女组织,全美妇女选举权协会不但支持战争,而且还以一个爱国组织的身份致力于战争活动。结果该组织成员大幅增长。卡特和很多人一样放弃了和平事业,转而开始呼吁以"战争的方式"解决妇女选举权问题,确保妇女(她们为战争做出了巨大努力)真正成为国家的一分子。但是,还有很多妇女到 1917 年 4 月仍反对参战。其中有因此受辱骂的简·亚当斯,以及女权主义活动领袖吉尔曼。

妇女和平活动主义者(他们很多人就属于社会党)在战争的经济政治目的上与社会党是相同的。但是,也有一些人从其他方面批评战争,声称作为"人类的母亲",女性在生理和思想上都有反战的基础。

<small>女性对战争的反对</small>

兜售战争,消除异端

第一次世界大战并不像第二次世界大战那样被人们所熟知,但是美国即将参战的时候大部分人都表示赞同。这个国家的所有团体都爆发出了强烈的爱国主义热情,许多人自愿参军。女人们加入当地红十字会,尽自己最大的努力投入战争之中。孩子们在学校为战争捐款。教堂开始为总统和军队祈祷。事实上,这场战争促进了在1917前开始的长达十年的宗教复兴；这反过来也成为了支持战争的源泉。复兴领导者比利·桑戴（Billy Sunday）在1917年放弃了反战主张，成为战争中一位杰出的战士。

尽管如此，即使是美国已经加入了战争，政府领导人仍然担忧少数一直反对美国参战的人们。许多人相信战争胜利的先决条件用积极的，甚至是强制性的统一舆论的行动来支持军事行动。

公共信息委员会　政府最引人注意的争取大众支持的方法是公共信息委员会（CPI）精心安排的宣传运动，该组织由来自丹佛的记者乔治·克里尔（George Crieel）领导，他强调创造社会联合的重要性。公共信息委员会负责分发成吨重的支持战争的文学作品（7500万份印刷材料）。关于战争的海报张贴在各个办公楼、商店、戏院、学校、教堂和家庭中。报纸刊登政府决定参战的理由和胜利的前景。克里尔提倡记者报道战争新闻时进行自我审查。

随着战争的进行，公共信息委员会的策略变得越发残酷。政府发行关于德国暴行的海报和电影，宣传德国的暴行，并标以"普鲁士禽兽""独裁者""柏林怪兽"等标题，使美国人认为德国人是近乎怪兽的东西。

政府不久就开始强制行动镇压异议。公共信息委员会在《星期六晚邮报》等流行杂志上刊登整版广告，呼吁公民一旦发现"对战争持有悲观看法……渴望和平，或者轻视为赢得战争所做努力的人"，要立即告知司法部门。1917年的《反间谍法》给予政府新的方法来镇压导议。法律规定严厉惩罚从事间谍活动、破坏活动及反战活动的人（这些属于广义上的犯罪）；并授权邮政部门禁止邮寄"煽动性"材料。邮政局长艾伯特·西德尼·伯利森（Albert Sidney Burleson）声称煽动行为包括可能"抨击政府意图从而助长反抗情绪"的言论，任何表明"政府受华尔街或军需品制造商以及其他利益团体控制"的言行。社会党的所有出版

《反间谍法》

战时宣传　美国政府利用很多耸人听闻的可怕形象来描绘帝国主义德国以激起美国人参加一战的热情，这张海报就是其中之一。血迹斑斑的德国皮靴上德国鹰的标志清晰可见。妖魔化德国是美国政府向人民宣传战争的核心。（Library of Congress）

物也在他规定的范围内。

更令人压抑的是 1918 年的两项措施：4 月 20 号的《反破坏法》和 5 月 16 号的《反煽动法》。这些法案扩大了《反间谍法》的含义，规定公众任何反战行为都是违法的，在实施中，它允许政府起诉任何批评政府或者总统的人。

《反煽动法》

大众文化模式　比利·桑戴和现代宗教复兴

比利·桑戴是一名在艾奥瓦州的农场长大的男孩，只上过八年学，青年时就成为了职业棒球手。1886 年，24 岁时他转信基督教新教。接下来的十年里，当宗教复兴遍及城市和乡村时，比利·桑戴成为了美国最成功的宗教复兴主义者。

20 世纪发展起来的宗教复兴在美国的历史上并不是第一次也不是最后一次。但是在一战动荡时期达到顶峰的这次复兴运动却影响了许多美国人，促进了有长远意义的基督教分立教会的建立。

新的宗教复兴是保守的基督教徒为了压制达尔文及其进化论影响的结果。保守派谴责达尔文对宗教的影响。19 世纪末许多美国清教徒（也被称为现代主义者）将他们的思想与达尔文的教义相融合，摒弃了许多保守基督教徒认为非常重要的信仰：《圣经》中的真理（包括《创世记》），个人信仰的转变，奇迹的实在性，对天堂和地狱的信奉等。对于保守派（开始被称为"原教旨主义者"）来说，对宗教的"根本性"原则的信仰是非常重要的，因为他们认为如果没有这些，宗教就会在他们的生命中失去活力及中心地位。并且在这个瞬息万变、充满迷惘的社会中，美国人相信传统的宗教信仰是社会稳定的重要保证。

比利·桑戴将他对基本信仰的感觉和对现代市场营销热切熟练的了解及使宗教娱乐化的天赋相结合。在这个过程中，他为 20 世纪的宗教复兴主义者——艾美·森普洱·麦克弗森，贝利·格雷厄姆，奥利尔·罗伯茨——树立了榜样，在他的那个年代，桑戴像后来者一样声名显赫。

桑戴得到广告商和公关专家的支持，以共同宣传他的改革运动，他还研发出复杂的方法衡量其事业的成功度。桑戴从支持者（不乏有钱的赞助人）那里筹到了一大笔钱。除了用一部分钱过舒适的生活，到各地旅游，其余的大部分钱都被用于宣传宗教复兴会议和建设气派的（临时的）教堂，在这些教堂里他

比利·桑戴在伊利诺伊，1908 这幅照片中显示的是一间为桑戴搭建的临时性礼拜堂，其中容纳了 5000 名听众，他通常能在这种场合吸引大量听众。这次布道 1908 年 1 月在伊利诺伊州布鲁明顿举行，但是 20 世纪前十年里这样的场景在很多地方不断重复出现。(C. U. Williams, Bloomington, Illinois/Archives of the Billy Graham Center, Wheaton, Illinois)

曾经一次给 2 万人演讲。当听说他要来城镇演讲时，教堂就会取消礼拜，让所有的教徒来听他演讲。报纸也特别关注他的布道演讲及其对公众的影响力。桑戴走在路上或乘车经过时，人们常在路边排起长队，只为看他一眼。

桑戴的成功部分归功于他早期的棒球生涯。那时候他和男性观众建立起了良好的关系。同时他的成功也源于他独特的演讲风格。他在讲台上像运动员一样跳跃，讲着笑话，挥舞着美国国旗，一会降低声音亲近观众，一会又激情澎湃。他表演得很自然，从不吝惜用各种表演技巧吸引观众。但他成功更重要的原因在于他能把宗教的基本要义与对社会问题直率的见解相联系。

他在宣传禁酒方面富有成效，有时几句话就能使整个社区戒酒。"伯灵顿成为无酒之地"，艾奥瓦的报纸头条在桑戴访问后这样写道：比利·桑戴使原来的墓地变为了充满活力之地。桑戴富有热情的演讲也会涉及其他方面的改革：清除腐败的市政府，攻击大型托拉斯，战胜贫困。他曾经说过："我相信，如果社会允许大部分人们生活在破旧、灯光昏暗的房子中……如果社会允许工人拿着不能维持生计的工资勉强度日……如果社会……将孩子送入企业贪婪的料斗中，任其微弱的力量被碾成分红，那么，如果这些人犯罪，变成小偷、杀手、酒鬼和妓女，政府是要承担责任的。"

讲台上的比利·桑戴 艺术家乔治·贝洛斯这幅 1925 年的版画是以以前的画作为基础重新创作的，描绘了比利·桑戴演讲的情景，体现了桑戴在布道时的无限激情。(Bettmann/Corbis)

他也认为个人并不只是社会的受害者。他说，"一个人不可能会成为环境的受害者"。社会不能解释一个有"腐烂的心"的人为什么会失败。最重要的是，他认为最堕落的人也可以通过基督得到救赎。积极的信仰不仅能给他们带来精神的安宁，也可以提升他们的社会地位。如桑戴所讲，当美国人极度渴望主宰生活和命运时，宗教是一种自救方法。

持《圣经》拍照 桑戴拍照时从不以传统方式出现。即使是摆拍的照片通常也会是非常生动的形象——打手势、向前冲或（像这张）手持《圣经》。(Culver Pictures, Inc.)

欧洲开战的前几年，桑戴反对美国参战。"许多傻瓜相互残杀为了满足那些坐在王位上的笨蛋的野心"，他曾说。但是当美国参战时，他比任何人都支持，并显示出了强烈的爱国热情。那时，他所带来的宗教复兴浪潮席卷了整个美国，一方面是他的模仿者（据估计有几千人）的雄心壮志，他们希望能像桑戴一样名利双收；另一方面是当时的教徒渴望把宗教复兴带进社区，引导人们回到教堂。战争激发了很多社区对复兴的渴望，也给桑戴等人带来了最后的成功。

那些年美国人对德国的仇恨使战争对复兴者及其反对者变得非常重要。仇恨的表现形式多种多样。对像桑戴一样的原教旨主义者来说，德国就是邪恶的源头。因为德国抛弃了宗教信仰，接纳了现代世界异类的科学价值观。而对于原教旨主义的批评者来说，德国的问题就在于它还不够现代化，它陷入了一个古老的、野蛮的世界。战时，这种分歧成为了原教旨主义者和现代主义者间相互指责的源头，并使他们长期水火不相容。但也提升了原教旨主义者追随像桑戴一样的领袖人物的热情。

1920年起桑戴成为了冷酷的"激进主义"和"外来主义"批判者，宗教复兴也在新消费文化的压力下逐渐衰退，桑戴热潮也随之减退。1935年桑戴去世时，只有少数极端的乡村保守团体前来。但是在他的全盛时期，桑戴帮助成千上万的美国人把娱乐和对宗教信仰的重新审视结合在一起。即使是在工业社会快速发展，"自我实现"已不可能的情况下，他仍然使人们相信有了信仰和努力，个人成功是可能实现的。

新的立法最常针对的目标（也是其最初实施的目的之一）就是这些反资本主

义团体和反战团体,如社会党和世界产业工人协会。即使在战前,很多美国人也支持压制社会主义者和激进主义者。战时政策使对这些人的镇压合法化了。1918年,社会党领袖、人道主义者、反战人士尤金·V.德布兹被判入狱十年。最终在1921年靠总统沃伦·G.哈定的特赦才得以出狱。大比尔·海伍德和世界产业工人协会的成员不断被起诉,他不得不逃至苏俄以躲避长期的牢狱之灾。1918年有1500多人因批评政府的罪名被捕。

各州和地方政府、公司、大学以及普通公民也对压抑气氛负有责任。治安维持会员也跳出来"惩戒"反战者。在辛辛那提一位持不同政见的新教牧师晚上被从家中拖到邻近的山上,遭到"以比利时妇女和儿童的名义"的鞭打。蒙大拿州一位世界产业工人协会的组织者被一伙暴徒抓住吊死在铁路桥上。

"惩戒"反战者

还涌现出一批民间组织,动员社区"有威望"的人士来铲除异己。这类组织中最大的一个——美国保护联盟召集了2.5万人,作为"特务"以窥探邻居的行动和思想、偷拆他人信件、窃听电话等等,总之试图把统一思想强加给整个社区。该组织的活动得到了政府资助。司法部长托马斯·W.格里高利(Thomas W. Gregory)是一位狂热的镇压异见分子的支持者,他赞许地称美国保护联盟和此类组织为"爱国组织"。其他治安维持组织,如国家安全团、美国男性特工、美国国防协会等都具有基本相同的功能。

此类活动的受害者众多:社会主义者、劳工活动家、女性和平主义者等。但受压迫的主要是移民:爱尔兰裔美国人由于历史上对英国的敌视、犹太人因为他们中很多人表达过对俄国政府反犹太政策的不满等等。"忠诚"的民间团体管控着移民社区。他们监视集会甚至个人谈话以防出现不忠迹象。甚至一些原来负责调解民族纠纷的居住中心的工作人员,现在也加入了监督工作。反移民情绪正在使越来越多的人支持人们所说的"百分之百的美国主义",国家安全联盟的领导这样描述反移民期许的根源:

"百分之百的美国主义"

> 大熔炉没有融化一切……全国无数社区的人们用的不是美国的观点看问题,而用的是旧世界的偏见、理论和积怨。

受害最深的是德裔美国社区。多数德裔美国人从一开始就支持美国参战。然而,公众对他们的态度变得极为敌视。一场摧毁与德国有关的一切的行动迅速升级,有时达到了极为荒唐的程度。德国泡菜被重新命名为"自由白菜",法兰克福香肠变成了"自由香肠"。禁止演奏德国音乐。图书馆里的德国书籍被移走。学校不再教授德语课程，加州教育局说德语"是一种传播独裁、残暴和仇恨思想的语言"。德裔美国人常常被战争工业的工厂开除，以免他们"破坏"重要项目。有些职位和战争毫无关系，也被开除，例如波士顿交响乐团出生于德国的指挥卡尔·马克。地方治安维持组织常常骚扰和殴打德裔居民，1918年在伊利诺伊州南部一名德裔美国人被私刑处死。美国很少有人赞成这种极端方式，但是很多人同意著名心理学家G.斯坦利·霍尔的观点，"条顿人的灵魂在根本上有错误"。

六、世界新秩序的探索

伍德罗·威尔逊带领美国参战时承诺，战争结束时美国会迎来公正、稳定及和平。休战前，他就做好了为战后民主而战的准备。

十四点原则

1918年1月8日，威尔逊在国会陈述了美国参战的原则。这场战争的目标有14条，称为"十四点原则"，它大体分为三类。首先，威尔逊的提议包括八项战后边界调整，建立新国家取代奥匈帝国和奥斯曼帝国。这些建议表明了所有民族拥有自主权的信念。其次，确定了管理未来国际行为的五条总原则：航海自由，公开签约而不是私下协定，减少武器，自由贸易及殖民所有权的公正调解。最后，建议建立国际联盟帮助实施新的原则和完善地区调整，并解决未来的争议。 威尔逊的理想主义模式

威尔逊的建议有很严重的缺陷。对于他承诺的"国家自主权"，他并没有为被奴役民族提出明确实施计划。他几乎没有提到经济对立对国际关系的影响，虽然紧张的经济形势导致了战争。然而，威尔逊对国际形势的洞察力令同代人（美国和欧洲）和后代人都为之崇拜。这反映了他的信仰，扎根于进步主义的理想，即整个世界能像每个国家一样有正义高效的一个政府。一旦某些行为原则被国际社会所接受，一旦它们能在现代体制中实施，人类将生活在和平当中。

十四点原则也回答了俄国新布尔什维克政府的问题。1917年12月列宁关于战争目的的声明与威尔逊的宣言惊人地相似。在三周后发表的宣言中，威尔逊在最后一刻仍然试图劝说布尔什维克政权不要退出战争，但是并未成功。而威尔逊也意识到列宁已经成为他主导战后秩序的竞争对手之一。他宣布十四点原则的部分 来自列宁的挑战

目的是确保世界唯美国马首是瞻，而非俄国。

早期的障碍

随着战争接近尾声，威尔逊相信，大众的支持将使他的和平计划赢得盟军批准。但国内和国外不祥的迹象表明，他的路线可能会面临预想不到的困难。在欧洲，协约国领袖对威尔逊自我优越感的说话语气表示不满，早在停战协定签订前就准备抵抗他的建议。他们因威尔逊拒绝使美国成为"协约国"，而是与欧洲保持"伙伴"关系大为不悦，也不满其坚持美军独立于盟军的做法。

协约国的不妥协

然而，更重要的是，英国和法国在多年作战中损失惨重，对德国的积怨已久，不可能寻求宽恕与和平。英国首相大卫·劳合·乔治（David Lloyd George），一直坚持抓捕德国威廉皇帝并将其判刑。他和法国总理乔治·克里孟梭（Georges Clemenceau），一直坚持要从战争中获利，以此弥补他们所遭受的损失。

与此同时，威尔逊在国内也遇到了困难。1918年，随着战争接近尾声，威尔逊在11月选举中不明智地呼吁美国选民支持民主党进入国会，使选民支持他的和平计划。他宣布，共和党的胜利"会被大洋对岸的人理解为我领导无能"。几天后，共和党赢得了参众两院的多数席位。选举中，国内经济问题比国际问题更重要。但总统不合时宜的呼吁，严重影响了民众对他和平计划的支持。

在此期间，共和党领导人也在找理由反对威尔逊。一些人对他曾试图将1918年选举变成一场对其战争目的的全民公决的做法非常不满，特别是许多共和党人一直支持十四点原则。威尔逊拒绝委任任何重要共和党人为参加巴黎和会的美国谈判团成员，进一步惹恼了他们。但是总统认为这些事情不重要。美国的谈判团只有一人有权力：即威尔逊自己。他认为一旦他提出了公平、正义的条约，世界和美国的舆论将迫使他的敌人支持他。

巴黎和会

威尔逊抵达欧洲时，受到前所未有的欢迎。对于对战争感到厌倦的欧洲人来说，他无疑是救世主，他将创造一个全新的更美好的世界。威尔逊于1918年12月13日到达巴黎，观察家称，他受到了法国历史上前所未有的盛大欢迎。但谈判本身并不太令人满意。

四巨头

谈判中的主要人物都是协约国的领导人：代表英国的大卫·劳合·乔治，代表法国的克里孟梭，意大利首相维托里奥·奥兰多（Vittorio Orlando）和希望主宰一切的威尔逊。一开始,威尔逊力求创造的理想主义氛围就同国家扩张风气相悖。而且,东欧局势动乱和共产主义的威胁也使人感到不安。布尔什维克新政府仍然在反抗"白色"反革命分子,没有派代表前往巴黎,但西方政府从未忘记革命运动的威胁,至少威尔逊自己没有忘。

事实上,他在去巴黎之前,已令美国军队登陆苏联。他声称,他们去那里是为了帮助被困在俄罗斯的6万名捷克士兵逃离。但美国人很快就开始参与,至少间接地,协助白俄(反布尔什维克者)对抗新政权。一些美国军队直到1920年4月才撤退。列宁的政权战胜了这些挑战,但威尔逊拒绝承认新政府。美国和苏联的外交关系直到1933年才恢复。

在巴黎紧张甚至时常充满恶意的谈判气氛中,威尔逊提出的许多广泛的原则并没有得到认同:英国甚至拒绝讨论航海自由问题;自由贸易问题也未达成协议;"公开缔约"也无从谈起(巴黎会谈本身就一直在秘密进行)。尽管他支持殖民国家要求的"公正调停",还是被迫接受把德国在太平洋的殖民地移交给日本,英国曾答应以此换得日本在战争中的援助。威尔逊的"民族自主"承诺遭受了无数攻击。经济和战略需求也不断与文化民族主义的原则发生冲突。

威尔逊的退让

条约中明显违背威尔逊理想的是关于赔偿的问题。会议开始时,总统反对向战败的"同盟国"索要赔偿。但其他盟军领导人坚持索要赔偿,慢慢地威尔逊做出让步并接受了赔偿原则,具体金额随后由委员会确定。1921年确定的赔偿金额是560亿美元,以支付平民伤亡赔偿和军人养老金。持续十年的谈判使赔偿金额大大缩水。最后,德国只赔偿了90亿美元,但仍超过其瘫痪的经济所能承受的范围。赔偿与领土和经济

赔款

"四巨头"在巴黎　巴黎和会期间,表面的真诚掩盖了一战战胜国——所谓"四巨头"——之间的严重矛盾。随着会议进行,欧洲各国领导愈发厌恶谈判中伍德罗·威尔逊的高傲举止(有人称其为道貌岸然)。图中为四国领导者在科瑞隆酒店图书馆的合影:从左到右依次为:意大利总理维托里奥·奥兰多、英国首相大卫·劳合·乔治、法国总理乔治·克里孟梭和美国总统威尔逊。(Bettmann/Corbis)

国际联盟

制裁相结合是为了削弱德国的实力。盟军领导人认为，再也不能让德国变得强大，不能让它威胁到欧洲的和平。

威尔逊在处理边界问题和前殖民地问题上还是赢得了一些重要的胜利。他保证通过了一项计划，把许多前殖民地和帝国属地放在国际联盟"托管"之下，即托管体制（其中包括巴勒斯坦）。他阻止了法国将德国西部分解成一些更小的州的建议。他帮助建立了两个新的国家：南斯拉夫和捷克斯洛伐克，由前奥匈帝国的领土组成。两国有大量的少数民族，过去战争连连。但威尔逊最显著的胜利，对他来说也是最重要的，是建立了一个常设国际组织，以监督世界事务，防止未来战争的发生。1919年1月25日，协约国投票通过国际联盟"公约"。威尔逊认为，和平条约因此从失败转向成功。他确信，和平会议出现的错误和不公日后都可以由国际联盟纠正。

联盟将定期召开国际会议，讨论解决争端、维护和平的方法。由九个国家组成的执行委员会执行联盟决议；美国是安全理事会五个常任理事国之一，其他四个是英国、法国、意大利和日本。该联盟还有许多尚未解决的问题，最主要的是如何执行其决定。不过威尔逊相信新组织一旦建立，就会找到合适的答案。

认同之战

威尔逊清楚地意识到国内的政治障碍。许多美国人习惯美国孤立于欧洲，质疑这个新的国际主义承诺。有些人对条约和联盟持严肃保留态度。1919年2月，威尔逊在短暂返回华盛顿期间听到了参议院对条约的严厉指责，回到欧洲后坚持修改条约若干条款，以应对批评的声音。修改保证了美国可以不执行联盟的委任托管某一地区，联盟也不能反对门罗主义。但这些修改还不足以平息反对者的指责，威尔逊拒绝进一步退让。

1919年7月10日，威尔逊向参议院提交了《凡尔赛和约》（得名于进行最后一次谈判的巴黎宫殿），并说："我们敢反对这项条约使世界陷入悲痛吗？"在接下来的几周内，他拒绝考虑任何妥协。他患有血管硬化并显然在巴黎有过轻度中风，他的身体状况不断恶化可能导致了他顽固的态度。

威尔逊不妥协

在此期间，参议院提出许多反对意见。一些参议员（十四名来自所谓的不妥协派，其中许多是西部孤立主义者）在原则上反对达成协议。但其他反对者主要是为了1920年共和党的取胜和削弱他们厌恶的威尔逊的势力。其中最引人注目的是外交关系委员会主席、来自马萨诸塞州的亨利·卡伯特·洛奇参议员。他极端傲

亨利·卡伯特·洛奇

慢，又是西奥多·罗斯福（1919年初怀着对威尔逊的仇恨死去）的密友，洛奇发自内心地厌恶威尔逊。他曾经承认，"我从来没有想过我能如此恨威尔逊"。他利用一切手段阻挠、拖延、修改条约。其实，威尔逊也像洛奇鄙视他一样仇恨洛奇。

民众显然支持通过和约，所以洛奇只能拖延时间。当和约传到委员会，他花了两个星期慢慢地朗读300多页和约中的每一个字，然后，他举行了公开听证会，公布每个少数族群的不满（例如爱尔兰裔美国人因和约没有爱尔兰独立的条款而气愤）。渐渐地，洛奇对该和约的反对形成了一系列"保留意见"：修改国联条款，限制美国对该组织的义务。

威尔逊若能同意对和约做语言上微不足道的改动，和约仍可能获得批准。但他拒绝让步。当他意识到参议院不可能让步时，他决定诉诸公众。

威尔逊经历的磨砺

随之而来的是政治灾难和个人的悲剧。威尔逊开始了大规模的全国巡回演讲以唤起公众对和约的支持。三周里，他乘火车走了8000英里，每天进行4次演讲，几乎没有休息过。最后，他精殚力竭。9月25日在科罗拉多州普韦布洛演讲后，他因剧烈头痛倒下，于是取消了所有行程，匆匆赶回华盛顿。几天后，他患上严重的中风。那两周，他一度濒临死亡；六周后，他病情加重，几乎不能进行任何公事。他的妻子和医生在他周围建立了难以逾越的保护伞，杜绝任何可能妨碍他康复的官方压力，并防止公众得到任何有关他病情加重的准确消息。

威尔逊最终恢复到可以从事适量公事的程度，但基本上无法完成剩下的十八个月总统任期。他左侧身体部分瘫痪，更重要的是，像许多中风病人一样，他只能控制自己的部分思维和情感。他强烈坚持从道德的角度看待政治问题，抵制任何妥协，他的病情加剧了他的这种倾向。当美国参议院外交关系委员会将有50项修改和保留意见的和约递交参议院批准时，威尔逊拒绝考虑任何一项。11月参议院投票决定接受十四项保留意见，威尔逊却严肃指示民主党：他们只能投票支持没有任何改变的和约，任何其他版本都不能批准。1919年11月19日，42名民主党议员按照总统的指示，和13名"不妥协派"的共和党一起拒绝了修正和约。参议院对没有任何修改的原版和约进行投票，38名议员，除1名以外皆为民主党议员，表示赞成，55名议员（其中包括一些民主党人）表示反对。

反对加入国联

接下来的几个月也出现了一些使和约起死回生的努力，但威尔逊对他在巴黎达成的原封不动的协议的坚持形成了巨大障碍。此外，他越来越相信，1920年全国大选将成为一次"庄严的公众表决"。但是这时，公众对和约进程的兴趣已开始减退，一方面原因是对和约长期得不到批准的不满,更多的是由于其他一系列危机。

七、动荡的社会

新社会环境

即使在巴黎和会期间,许多美国人也更关心国内动荡事件,而不是国际问题。美国经济经历了战后严重的衰退,许多中产阶级对改革充满恐惧和敌意,并持保守观点。战争的结束不但没带来进步主义者一直期望的自由改革,反而带来了一段时间的压抑和反抗。

工厂和工人

停战后的第一天,华盛顿居民发现不能打长途电话:线路均被与政府取消合同的战争机构所用。战争比预期结束的要早,没有任何提醒,没有任何计划,整个国家展开了使经济回转的艰巨任务。

起初,战时繁荣仍在继续。但是,战后的繁荣在很大程度上依赖于战争(停战后政府赤字开支仍继续了数月)的持续影响和突然增加的临时需求(国内稀缺商品市场的繁荣和欧洲受战争强烈影响的国家对美国产品的需要)。短暂的战后繁荣伴随着严重的通货膨胀,这是战时放弃了价格控制的结果。1919年和1920年,物价平均每年上涨15%。

最后,1920年底,随着短暂支撑力量的消失,通货膨胀开始影响消费品市场,经济泡沫破

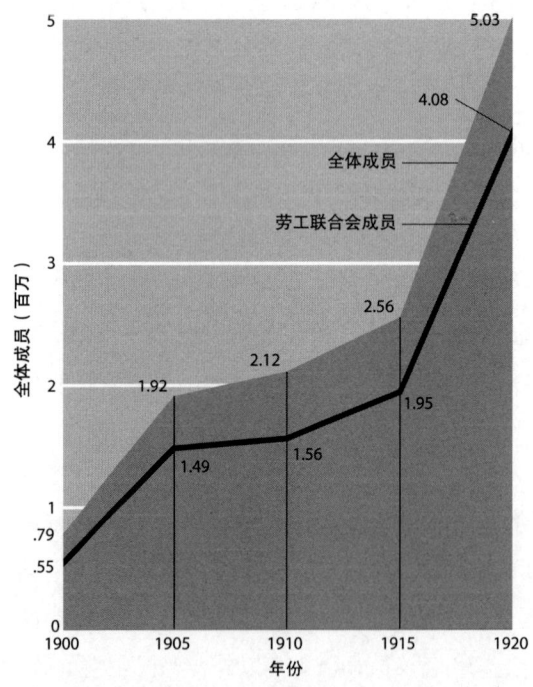

工会成员,1900—1920 这幅图表表明20世纪初工会会员数量的稳定增长,成员多数加入的是美国劳工联合会的相关组织。注意1915—1920年,即一战期间的迅速增长。
◆ 为什么战争期间工会劳工迅速增长?

战后衰退

灭。1920年至1921年，国民生产总值（GNP）下跌近10%;10万家企业破产;45.3万农民失去土地，近500万美国人失业。在这无望的经济环境下，工会领导人开始巩固他们在战时取得的成果。1919年严重的通货膨胀已经严重超过了战时获得微薄收入的工人的承受能力，随着数千万的退伍军人回国就业，许多工人担心饭碗不保；恶劣的工作条件，如在钢铁厂每日要工作12个小时，引起工人的不满。1917年至1918年，雇主被迫给工人额外好处，战争结束后，雇主取消了这些福利，加重了工人的不满。

因此，1919年这一年，出现了前所未有的罢工浪潮，共计3600多起，涉及400多万工人。1月，在华盛顿西雅图，船厂工人进行了罢工，整个城市陷入瘫痪。市长要求并得到了美国海军的帮助以保障城市的正常运转，这次罢工以失败告终。但是，美国人常把大罢工的短暂胜利与欧洲激进派联系起来，使西雅图事件在全国引起很大反响。

波士顿警察罢工

9月，波士顿警察开始罢工，警察工会要求得到认可，导致了裁员和减薪。在这场罢工期间，西雅图那边比较平静，但警察罢工导致了波士顿暴力和抢劫事件的突发。当地商人、退伍军人和大学生上街巡逻，但没有任何作用。最后州长卡尔文·柯立芝（Calvin Coolidge）调遣国家警卫队以恢复秩序（他的公开声明，"任何人，在任何地点、任何时间，都无权在公共安全领域进行罢工"。得到了全国的赞扬）。最终，波士顿政府开除了所有警察，并雇佣了新的警员。

1919年9月，美国历史上规模最大的罢工开始，东部和中西部城市的35万多名钢铁工人集体罢工，要求每日工作八小时，并要求承认他们的工会。此次钢铁

钢铁工人罢工失败

波士顿警察罢工 1919年波士顿警察罢工期间，国民警卫队队员在商店门前站岗，破碎的玻璃表明抢劫已经发生。(Bettmann/Corbis)

工人罢工时间长，过程艰辛，充斥着暴力。大多数暴力来自雇主，他们雇佣武装警卫，驱散罢工人群，护卫不参加罢工的工人进入工厂工作。罢工高潮发生在印第安纳州加里，18 名罢工者死亡。钢铁厂的领导试图靠非工会的工人维持工厂的运转，社会舆论对罢工充满敌意。美国劳工联合会起初支持罢工，不久也胆怯地反对罢工。到 1 月份，罢工活动失败，工会因此受挫，十多年未能恢复。

非裔美国人的要求

1919 年，40 万在战时武装军队服役的黑人回国后和其他返回的部队一样在工业城市的主要街道上游行。后来，他们又在（纽约和其他城市）诸如哈勒姆的黑人社区的街道上游行，爵士乐队带队，成千上万的非裔美国人在周围欢呼，把他们当成英雄。城市中成千上万的非裔美国人将黑人士兵视为一种启示，标志着新

第五大道上的第 15 团 1917 年，美国参加一战后不久，全部由黑人组成的第 15 步兵团行进在纽约的第五大道上。在赶赴欧洲前线前，他们曾从这里前往位于纽约州的训练营。不到两年后，他们中的很多人从战场返回，行进在哈勒姆地区。再一次走在第五大道上，两旁是欢呼的民众，他们错误地认为为国服役能在祖国给他们带来重要的全新自由。(Bettmann/Corbis)

的时代即将到来,战争中黑人的英雄主义让白人不能把非裔美国人当作次等公民来对待。

事实上,黑人士兵参战并没有改变白人对他们的态度,但却对黑人自己的态度产生了深远的影响:他们所受的苦难加强了他们为自身权益而战的决心。参战的士兵希望他们服兵役能换来社会的奖赏。对其他黑人来说,战争加快了经济发展,他们可以顶替白人空缺下来的工厂中的职位,这在以前是根本不可能的。就像黑人士兵希望通过服兵役提升自己的社会地位一样,黑人工人也把北移当作逃离种族歧视的方法以及获得经济收益的机会。

黑人的新态度

然而到1919年,种族问题已变得十分残酷。在南方,私刑数量突然增加:仅1919年一年,就有70多名黑人,其中包括一些战争中的退伍军人丧命于白人暴徒手中。在北方,白人退伍士兵渐渐回国,取代了黑人的工作岗位,黑人工人面临着大批被解雇的困境。黑人退伍士兵没有找到任何发展的机会。乡下的黑人移居到北部城市,迎接他们的是陌生的、充满敌意的白人社会。白人认为低工资的黑人工人危害了他们的经济利益,仇恨不断增加。

战时在东圣路易斯等地发生的暴乱只是1919年夏天严重的种族暴力的前奏。炎热七月的一天,在芝加哥,一名黑人少年在密歇根湖游泳时不慎漂到了白人的沙滩。据称,岸上的白人用石头把他打昏,最终他被淹死了。愤怒的黑人聚集在一起,闯入白人社区进行报复,而白人聚集了更多的人,进到黑人社区,射击、

芝加哥种族骚乱

非裔美国移民,1910—1950 两次主要移民潮使20世纪前半段非裔人口的分布发生了巨大变化,一次大约在一战期间,另一次在二战以及二战以后。左边的地图显示了最晚至1910年非裔美国人几乎完全集中在南方。右边的地图显示,到1950年北方黑人人口的大幅增长和南方部分地区黑人人口的相对下降。请特别注意密西西比州和南卡罗来纳州的变化。◆ 为什么两次战争造成了南方人口的大量外迁?(彩图见第1081页)

刺杀、殴打路人，破坏了许多黑人的房屋和财产。一个多星期以来，芝加哥都处于斗争状态。最终，38名死者中有15名白人和23名黑人，537人受伤，超过1000人无家可归。在所谓的1919年"红色之夏"中，芝加哥暴乱是最严重的，但绝不是唯一的；三个多月的时间里，共有120人死于种族暴乱。

种族暴力，甚至由种族问题引起的城市暴动，都不是什么新鲜事。美国历史上最严重的种族动乱发生在内战时期的纽约。但1919年的动乱有一点不同：暴乱不只是白人攻击黑人，黑人也会反抗。全国有色人种协进会察觉到这点不同，呼吁黑人不仅要寻求政府保护，而且要反抗，保护自己。诗人克劳德·麦凯（Claude McKay），哈勒姆文艺复兴的重要人物之一，在芝加哥动乱后写了一篇题为"如果我们必须去死"的诗：

> 我们要勇敢面对残忍的人们，被逼到绝路，仍至死抵抗。

马库斯·加维的黑人民族主义

与此同时，牙买加人马库斯·加维（Marcus Garvey）吸引了大量美国人的支持，其中大多数是贫穷的城市黑人。加维具有黑人民族主义的思想。他鼓励黑人要对取得的成就感到自豪，关注自身传统，拒绝被白人社会同化，发展比白人优越的文化。他的黑人发展协会（UNIA）建立了黑人连锁食品店，也鼓励其他黑人创业。最后，加维开始鼓励他的支持者离开美国"返回"非洲，在那里他们可以创造一个属于黑人自己的新社会。20世纪20年代，加维运动快速发展，黑人发展协会以大规模的集会游行，参与者独特的服装以及黑人事业的繁荣而著名。1923年，加维因商业欺诈被起诉，黑人运动也开始衰落。两年后，他被遣回牙买加。在他去世之后，曾唤醒上百万非裔美国人的黑人民族主义长存于黑人文化中。

红色恐慌

对当时多数白人中产阶级来说，工业战争、种族暴力和其他形式的争端是社会动荡和极端主义运动的可怕征兆。这部分是因为1917年11月俄国革命明确表明，共产主义不再只是理论，而成为一种重要的政权形式。

1919年，苏联政府宣布共产国际成立，其目的是把战争扩展到世界各地，这时，人们更加担心共产主义的威胁。而在美国，除了一些虚幻的革命者，也有真正的革命者。美国共产党成立于1919年，还有其他革命团体成立（其中许多由欧洲移民领导，他们移民美国前就参加过政治革命）。1919年春天，这些革命者制

1919年红色恐慌 波士顿警察对该市激进组织的办公室进行突击检查，收缴了大量被认为与共产主义有关的文献，他们正手持这些书籍拍照。1920年1月，司法部长A. 米切尔·帕尔默命令在全美各城市开展所谓的"帕尔默搜缴"，此类突袭活动在此之前已经非常普遍了。(Hulton-Deutsch Collection/Corbis)

造了引起全国恐慌的爆炸事件。同年4月，邮局截获了数十件寄给知名商人和政客的包裹，它们打开时即发生爆炸。很多包裹已经寄到收信人手中，其中有一件突然爆炸，致使一名格鲁吉亚政府官员的家佣严重受伤。两个月后，在几分钟内，八个城市的八枚炸弹先后爆炸，这是一场全国性的阴谋。其中一枚炸弹炸毁了司法部长米切尔·帕尔默在华盛顿住宅门前的建筑。1920年，华尔街摩根银行前又发生了一起严重爆炸事件，造成30人死亡（只有一名是银行职员）。

爆炸事件表明了美国中产阶级（许多是政府官员）打击激进主义者的决心，这是从战时的镇压气氛中磨炼出来的决心。反革命势力强化了新教徒坚信的"百分之百的美国主义"，并导致了"红色恐慌"。

普遍反激进主义

反革命报纸和政客现在开始把各种动乱都和革命威胁联系在一起。一家报纸称，种族骚乱是"武装革命在我们的城市猖獗的结果"。《费城问询报》(Philadelphia Inquirer) 声称，钢铁工人罢工，"渗透着布尔什维克的思想……充斥着阶级斗争和社会改革的学说"。美国近30个州颁布了和平时期的煽动法，严惩革命者。结果，有300人进了监狱，其中许多人的"罪行"仅仅是反对战争。一些社区也发生了自发的反对革命者的暴力行动。在纽约市，一伙失业的士兵洗劫

萨柯和万泽蒂 艺术家本·沙恩描绘了1927年无政府主义者尼古拉·萨科和巴尔托洛梅奥·万泽蒂在法庭上被铐在一起等待上诉结果的情景。1921年两人被控杀害一位波士顿出纳员。上诉没有成功，两人于当年晚些时候被处决。临刑前，万泽蒂说："我俩一生中从未希望能如此宽容，一个男人理解另一个男人，现在我们因为一个意外做到了。我们的话，我们的生命、我们的痛苦，都一文不值。对于我们的生命的讨论——一名优秀的鞋匠和一名穷苦的鱼贩的生命——却价值千金。这最后的时刻属于我们——痛苦就是我们的胜利。"（©Estate of Ben Shahn/Licensed by VAGA, New York, NY. The Museum of Modern Art/Licensed by SCALA/Art Resource, NY/Vaga）

了社会主义报纸的办事处并殴打工作人员。另一伙暴徒，在华盛顿将世界产业工人协会的一位煽动者从监狱拖出，先阉割，后悬挂在桥上。许多社区居民将图书馆中的"颠覆性"书籍搬除，一些高校领导开除了"革命分子"。妇女团体，如全国消费者协会，也受到反革命分子的攻击，因为有很多女权主义者反对美国参加欧洲的战争。

联邦政府造成了红色恐慌。1920年元旦，司法部长米切尔·帕尔默和其有野心的助手 J. 埃德加·胡佛（J. Edgar Hoover），在全国各地策划了一系列突击搜查革命根据地的活动，共拘捕6000多人。

"帕尔默搜缴"原本是为了缴获大量枪支弹药，而最终只发现三支手枪，没有任何弹药。最终被捕者大多获释，但约500名非美国公民被匆匆驱逐出境。

红色恐慌的势头很快减弱，但却影响着整个20世纪20年代，最显著的是众所周知的萨科和万泽蒂事件。1920年5月，两名意大利移民，尼古拉·萨科（Nicola Sacco）和巴尔托洛梅奥·万泽蒂（Bartolomeo Vanzetti）被指控在马萨诸塞州的布伦特里谋杀了一名出纳员。虽然证据不足，但因为两人承认是无政府主义者，人们认为他们是有罪的。他们受到了偏执的法官韦伯斯特·塞耶（Webster Thayer）不公正的审讯，最终两人被判处死刑。在随后几年，不断有公众为萨科和万泽蒂打抱不平。但是，所有重审和赦免的请求都被驳回。1927 年 8 月 23 日，在来自世界各地的广泛抗议中，仍宣称自己无罪的萨科和万泽蒂，还是死在了电椅上。他们的牺牲使那一代的美国人难以忘怀。

630 远离理想主义

1920 年 8 月 26 日，宪法第十九条修正案授予了妇女选举权。对妇女选举权运动来说，这是近一个世纪斗争的高潮。对许多将妇女选举权作为增强政治力量的进步主义者来说，妇女选举权似乎为社会改革提供了支持力量。在某些方面，修正案的通过也起到了推动作用。由于女性具有了选举权，国会议员们认为女性会以妇女问题为基础，作为一个整体进行投票选举，于是在 1921 年通过了《谢泼德—唐纳母婴法》，该法是最早为保障妇女和婴儿健康提供资助的联邦福利法律之一。对女性投票的关注还表现在对 1922 年《凯布尔法》（该法规定女性的公民权益和其配偶的地位无关）的支持，以及对 1924 年禁止使用童工的宪法修正案的提议（但从未被批准）。

然而，在其他方面，第十九条宪法修正案不是标志着新时代的到来，而是标志着一个改革时代的终结。经济问题、女权主义者的要求、工人动乱、种族冲突、反革命者的压迫，所有问题加在一起使人在战后几年产生了幻想破灭感。

这在 1920 年大选中尤为明显。伍德罗·威尔逊希望大选成为一次对国际联盟的全民公决，民主党候选人、俄亥俄州州长詹姆斯·M. 考克斯（James M. Cox）和助理海军部长富兰克林·D. 罗斯福（Franklin D. Roosevelt）也想帮忙实现威尔逊的理想。但共和党的总统候选人却有不同的观点。他就是沃伦·加梅利尔·哈定（Warren Gamaliel Harding），一名不起眼的俄亥俄州参议员。共和党的领导人相信，作为共和党的代表，他一旦当选，会竭尽全力为他们办事。哈定没有提出什么理想，只是含糊的承诺，正如他后来常说的，恢复"常态"。最终他取得了压倒性的胜利。共和党获得了 61% 的普选票，并获得了南方之外所有州的支持。共和党在国会也收获颇多。伍德罗·威尔逊战后未能实现建立民主社会的理想，只能受人指责排斥。他在 1921 年初退休，默默地生活在华盛顿 S 街的住所，直到 1924 年去世。在此期间，对于大多数美国人来说，一个新时代已经开始。

恢复"常态"

小 结

人类历史上规模最大、最可怕的战争发生之时，也是美国跃升为世界领先地位的重要时刻。欧洲大国经历了四年多的大屠杀，社会和经济处于混乱之中。美国则凭借短暂的参战，成为世界最重要的政治和经济力量。

1914年欧洲战争爆发不久，大多数美国人，包括总统威尔逊，想摆脱冲突。然而，战争不断持续，德英两国开始干涉美国的贸易和航海自由，美国才发现自己已陷入冲突之中。最终，1917年4月，国会同意（虽然有很大的异议）总统的要求，即美国作为英国盟友参战。

美国军队迅速打破了欧洲陷入堑壕战的僵局。大批美国军队到达欧洲的几个月里，德国同意停战，战争结束。美军的伤亡人数虽然不少，但无法与欧洲数以百万计的伤亡人数相比。在此期间，美国工业经济却因战争而实现了巨大的繁荣。

就整体而言，美国社会的战争经历令改革者感到沮丧。虽然战争推动了改革，特别是禁酒运动和妇女选举权运动，但同时也把偏执和压抑气氛带到了美国生活中，联邦政府镇压持不同政见者的政策助长了这种气氛。战争的后果更是令进步主义者沮丧，这既是因为短暂又不稳定的经济衰退，又因为1919—1920年对劳工、革命分子、黑人和移民的镇压。

与此同时，伍德罗·威尔逊以民主和公正为原则的理想主义破灭。他帮助起草的《凡尔赛和约》虽然与他所希望的相差甚远，但是它包含了国际联盟的条约，威尔逊认为这能建立国际新秩序。但成立国际联盟的建议在美国备受争议，尽管总统努力争取，甚至不惜累垮了自己的身体，参议院仍否决了和约。在那场伤害巨大的战争之后，美国人民似乎放弃了威尔逊的理想，进入了一个不同的时代。

阅读参考

Ernest R. May, *The World War and American Isolation* (1959) 是关于美国缓慢而富有争议地加入大战的权威记述。

Frank Freidel 在 *Over There: The Story of America's First Great Overseas Crusade* (1964) 中全面记述了美国士兵在一战中的战地经验。

David Kennedy, *Over Here: The First World War and American Society* (1980) 是研究战争的国内影响的重要专著。

Robert D. Cuff, *The War Industries Board: Business-Government Relations During World War II*

(1973) 详尽记录了美国的战争动员。

　　Ronald Schaffer, *America in the Great War: The Rise of the War Welfare State* (1991) 探讨了战争动员为不同群体，包括劳工，带来新的公共利益的各种方式。

　　Maureen Greenwald, *Women, War, and Work* (1980) 描述了一战对女性工人的影响。

　　John Keegan, *The First World War* (1998) 是一部杰出的军事史。

　　Thomas Knock, *To End All Wars: Woodrow Wilson and the Quest for a New World Order* (1992) 是一部很有价值的研究为和平而战的著作。

　　Arno Mayer, *Wilson vs. Lenin* (1959) 和 *Politics and Diplomacy of Peacemaking: Containment and Counterrevolution* (1965) 是有关和平进程的重要修正派记述。

　　Margaret MacMillan, *Paris 1919: Six Months That Changed the World* (2002) 是有关巴黎和会的重要记述。

　　John Higham, *Strangers in the Land: Patterns of American Nativism* (1955) 是美国在战前、战争当中和战后关于移民与民族身份的激烈辩论的最佳记录。

　　William M. Tuttle Jr., 在其著作 *Race Riot: Chicago in the Red Summer of 1919* (1970) 中描述了 1919 年恐怖的骚乱，体现了美国人在种族和意识形态方面的巨大分歧。

　　Paul L. Murphy, *World War I and the Origins of Civil Liberties* (1979) 体现了战时对反战者的镇压如何为民权自由提供了新的支持。

　　Beverly Gage, *The Day Wall Street Exploded* (2009) 讲述了战后恐怖主义和应对措施的故事。

　　The Great War—1918 (1997) 是编年体纪录片，通过美国士兵的书信记录了他们在一战中的参战经历。

时尚女郎,1927 康泰纳仕出版公司的时装杂志《时尚》(*Vogue*)在1927年的封面上描绘了一位打扮时髦的"时尚女郎"。短发和拉低至额头的帽子都是时尚女郎风格的一部分。根源于工人阶级女性的这种时尚逐渐进入了时髦的上流社会。(Georges Lepape/©*Vogue*, The Condé Nast Publications Inc.)

第22章

新时期

在许多人的眼中，美国的20年代就是一个富足、中庸、文化自由的年代：一个"兴旺的年代"，沃伦·G.哈定把这一年代称之为"正常"的年代。事实上，这十年是美国社会、经济和政治发生重大变革的十年。它是一个美国经济有着很大的发展并且很多新经济形势形成的时期。它是一个美国大众文化受到城市化、工业发展、商品社会的影响而发生变化的时期。这也是一个美国政府推出其保守政策以为新时期改革做好铺垫的时期。当时的美国人喜欢称这一时期为新时期——美国正在变为一个现代化国家的新时期。

在很大程度上，这些变化是工业化，快速发展的城市化和中产阶级发展壮大的结果。"新时期"这个定义最

大事年表：

1914—1920年	美国黑人向北方城市大移民
1920年	第一家商业电台KDKA在匹兹堡开播 禁酒运动开始 沃伦·G.哈定当选总统
1921年	《谢波德—唐纳法》规定政府出资建立孕期妇女保障计划 全国进入经济萧条期 《读者文摘》创刊
1922年	辛克莱·刘易斯出版《巴比特》 由威尔·海斯领导的电影协会成立，以规范电影行业
1923年	国家经济缓慢衰退 哈定去世，柯立芝继任总统 茶壶丘等丑闻曝光 《时代》杂志创刊
1924年	《国籍法》通过 "三K党"人数达到最高峰 柯立芝当选总统
1925年	F.斯科特·菲茨杰拉德出版《了不起的盖茨比》 田纳西州代顿发生"斯科普斯案" A.菲利普·伦道夫创立"卧铺车服务员兄弟会"
1926年	国会通过《麦克纳利—豪根法案》；柯立芝否决该法
1927年	第一部有声电影《爵士歌手》发行 查尔斯·林白完成单人横跨大西洋的飞行
1928年	国会再次通过《麦克纳利—豪根法案》，柯立芝再次否决 赫伯特·胡佛当选总统
1929年	废止《谢波德—唐纳法》 欧内斯特·海明威出版《永别了，武器》

先来自城市中产阶级。这个定义根植于经济发展给大批富足的美国人带来新的激动人心的工作、文化、消费机会。这个定义使人们相信新时期是一个自由的时代。在这个时期人们可以摒弃传统社会的约束,过上更加自由的生活。

但这些对传统价值和生活方式的挑战让20年代成为一个动荡的年代。在这个年代,人们经历了大量的文化冲突。很多美国人抵制新的文化和城市中产阶级而保护旧的文化。有些人还展开了保护传统宗教和清教的运动。一些人排斥移民和少数民族并要求一个"更加纯洁"的美国,让原来本土美国人的安全得到保障。对于这些人来说,三K党是一个途径。其他人则再次开始与金融和工业相结合的庞大力量相对抗,要求回到一个更加分散的小型社会。20年代这种紧张的文化冲突证明有很多美国人还未受到新的富强和消费文化的影响。一些人没受到新文化的影响是因为经济和社会环境的阻碍,而另一些人认为新文化奇异和不实际。总之,新时期生机勃勃的现代化为政治和文化的深度分化做出了贡献。

一、新经济

在 1921 年至 1922 年的经济萎缩之后，美国经历了一段几乎没有任何间断的繁荣和经济发展时期。尽管当时还不明显，但值得重视的是，不平等和不平衡的现象重新出现（甚至有所发展）。

科技和经济的发展

没有人能否认 20 世纪 20 年代令人瞩目的、奇迹般的经济发展成果。在这十年里，国家制造业产出增长了 60%。人均收入增长了三分之一。通货膨胀却被忽视了。1923 年中期的经济低谷曾影响发展势态，但国家经济于 1924 年初从低谷走出，以前所未有的强劲势头不断扩展。

经济繁荣的原因有很多。一个直接的原因是欧洲工业在一战后的衰退让美国在短时间内成为了唯一一个真正健康的工业国家。从长远来看，更重要的原因是科技使工业的发展变得可能。由于生产线的发明和其他技术的改进，汽车工业成为了全国最重要的基础工业之一。它也带动了钢铁、橡胶、玻璃和工具产业的发展。汽车制造商从石油公司那里买石油。汽车的发展带动了公路建设的发展，修路成了一个很重要的行业。汽车的便利移动也带来了郊区住房需求，这又给建筑业注入了新的活力。

其他得益于科技进步的新产业也促进了经济的发展。1920 年，收音机先于商业广播产生并深受大众喜爱。早期的收音机除脉冲之外几

锅炉装配工 路易斯·海恩是美国最早一批将摄影视为艺术的摄影师之一。在这张摄于 1920 年代中期的照片中，海恩展示了其他艺术家用其他形式所展现的内容：机器的兴起可以服务人类，但也可以驱使人类以满足它的需要。为了完成工作，锅炉装配工（姿势是由摄影师精心安排的）必须扭曲身体以适应机器的形状。(*International Museum of Photography at George Eastman House*)

乎什么也播放不了，这意味着无线电通信只能通过摩斯密码来进行。但由于调制理论的发现，加拿大科学家雷吉纳尔多·范森登（Reginaldo Fessenden）让传播语音和音乐成为可能（调制理论最终也让视频信号的传播成为可能，它也帮助了后来雷达和电视的发明）。一旦开始放送商业广播，人们就会蜂拥去买那些方便使用的收音机，不同于那些更便宜的"短波"或"无线"收音机，这种收音机可以在短或中距离内接收到高质量的信号。它们通过真空管获得能量，相对于早期的装置来说更加可靠。到1925年的时候，有200万台收音机走进了美国家庭，而到了20世纪20年代末的时候，几乎每个美国家庭都有了收音机。

商业航空开始用于传递邮件，它们在20世纪20年代发展得很缓慢。总的来说，飞机保持着神秘感和娱乐性。但星形引擎和压力舱技术的发展为20世纪30年代及其后商业旅行的发展奠定了基础。火车也随着柴油电力发动机的发展，变得更快、更高效了。电子产品、家用电器、塑料和合成纤维（如尼龙）、铝、镁、石油、电力，还有其他得益于科技发展的工业都得到了很大的发展，同时也促进了经济繁荣。电话的数量还在增长。到20世纪30年代末为止，美国将近有2500万部电话，几乎六分之一的美国人都有了电话。

未来普及技术的种子在20世纪二三十年代已经生根发芽。英美两国的科学家和工程师都在试图将原始的计算机器变成能完成更加复杂工作的机器。到20世纪30年代早期，万尼瓦尔·布什（Vannevar Bush）领导下的研究人员在麻省理工学院发明了一部能完成多种复杂任务的机器——第一台模拟电脑。这一事件成为后来几十年戏剧性发展的一个起点。在很多年后，霍华德·艾肯（Howard Aiken）在哈佛和麻省理工学院提供的资金支持下建造了一台有记忆力并且能在三秒钟内完成11位数字乘法运算的更复杂的电脑。

早期计算机

基因研究开始于19世纪中期奥地利一位叫格雷戈尔·孟德尔（Gregor Mendel）的天主教徒的实验。他在自己的修道院里进行了蔬菜的杂交。在他的一生中，这些实验很少被关注。但是到了20世纪早期，这些实验被一些研究人员发现，它们为现代基因研究做出了贡献。这些美国先驱中的一位是来自哥伦比亚大学、后来又前往加州理工学院的托马斯·亨特·摩根（Thomas Hunt Morgan），他的果蝇实验揭示了一些基因是怎样一起传播的（这和孟德尔的基因只能单独传播的思想相反）。摩根也揭示了基因怎样被编排在染色体当中。他的工作打开了一个认识基因如何重组的渠道——这个关键发现加快了杂交和基因实验的进程。

经济组织

美国的大部分经济部门加快了向国家组织和整合的转化。某些工业——如钢铁业，它依赖于大批量生产——更倾向将生产集中于一些大型的公司。美国最大的公司"美国钢铁"实力雄厚，地位稳固，以至于人们把其他与之相竞争的企业都叫作"小钢"。尽管很多商人尽了很大的力，但是其他一些工业，如纺织业，很少依赖于科技和规模经济，所以抵制整合。

在那些已经整合了的工业领域，新的合作形式引领了潮流。美国最大的汽车公司同时也是美国第五大企业通用公司，就是一个典型。通用公司的创立者威廉·杜兰特（William Durant）在很大程度上扩大了公司，但是一直没有改变其原有的管理风格。在1920年的萧条时期，福特的经营权落到了阿尔弗雷德·P. 斯洛恩（Alfred P. Sloen）手中。他建立了一个效率更高的事业部制的现代行政管理体系。这个新体系不仅让通用公司管理自己的附属公司变得更加容易更加便捷，而且这个新体系可以使通用公司和许多采用类似管理体系的公司得到进一步扩大。

_{现代管理体系}

一些行业很少被那些试图不通过整合而是通过合作来稳定自己的大型企业所影响。其中一个重要的途径就是贸易协会。这是一个由各种各样的行业成员为了鼓励生产与市场营销合作而建立的协会。贸易协会在大批量生产的行业中发挥了很好的作用，它成功地减少了整合过程中出现的竞争。但是在一些轻工业，如毛纺织业中，它起到的作用就很有限了。

_{贸易协会}

很多企业家努力寻求减少整合与合作中出现的竞争反映出他们对生产过剩的强烈恐惧。即使是在1920年代经济繁荣时期，这些企业家仍不忘记过快发展导致的1893年、1907年和1920年的萧条。新时期伟大的未实现的梦想仍是寻找能稳定经济的途径，这样一来，类似的萧条才会被永远避免。

新时期的劳工

经济的显著增长也伴随着贫富不均的现象。这个现象出现了持续的，甚至在某些地方增长的态势。1929年，多于三分之一的美国人生活在一份报告所描述的"最低舒适度"的水平，一半人徘徊在或低于"苟活或贫困"的水平。

美国的工人和其他团体一样经历着成功与失败并存的20年代。一方面，大部分工人看到了他们的生活水平在这十年里的提高；很多人享受到了工作条件和待遇的提高。20世纪20年代，一些雇主极力避免工人动乱带来的破坏以及独立工会组织的发展，采取了所谓"福利资本主义"的家庭式组织方式。例如亨利·福特，

福利资本主义

他开始缩短工作时间，提高工资，还创建了带薪休假制度。美国钢铁公司则尽最大努力提高安全和卫生条件。一些工人还第一次享受到了退休的待遇。享受到这些待遇的人数到 1926 年时达到了 300 万（这些企业的女工人享受了其他的福利，如较少的养老金但更长的休息时间和假期）。即便如此，当劳工有所抱怨时，仍可以向很多行业中出现的所谓的企业工会表达他们的不满。这些工会都是企业自身组织的工委会和车间委员会，因而没有多数工会要求的独立性。

福利资本主义给工人们带来了很重要的经济福利，但是这并没有帮助他们获得对自己命运的掌控权。公司工会力量微弱，无法帮助工人解决最需要解决的问题。而且福利资本主义只在工业繁荣时存在。在 1929 年的经济危机中，这种体系随之瓦解。

福利资本主义只惠及极少部分的工人。很多工人为那些主要关心减少劳工成本的资本家工作。所以，总的来说，工人工资增长的幅度要远低于产品和利润增长的幅度。特别是那些非技术工人，他们工资增长的幅度微乎其微，在 1920 年到 1926 年间其增长幅度略高于 2%。最后，美国工人在 1920 年代成为了一个相对贫困和没有力量的团体。他们的工资有所提高，但是平均年收入还低于 1500 美元，而当时 1800 美元被认为是刚好能维持生活的最低收入。许多家庭必须依赖家里几个人的共同收入才能勉强过日子。而且这样的家庭还面临着家里一个或多个成员丢掉工作的可能。20 世纪 20 年代的失业率相对前二十年来说是低的，而且较 30 年代来说还会更低。但至少在这十年间的一些时候还是有大批过剩劳动力（大约 5%—7%）。这部分是因为工业科技的快速发展使得一些工作被淘汰。

工会组织的艰难时期

很多工人坚持认为有效独立的工会运动依然是他们最大的希望。但是新时期是工会组织发展的艰难时期，主要是因为这一时期的工人组织都很保守而且不能适应新的经济现象。美国劳工联合会一直拘泥于手工业协会的形式，在这里工人被按照不同技能组织起来。它始终没有对快速增长的劳动力做好准备：没有技术的工业工人很少有他们自己的组织。威廉·格林在 1924 年成为美国劳工联合会的主席，他承诺和雇主进行和平合作，坚决反对共产主义和社会主义。他不赞成进行罢工运动。

劳动人口中的妇女和少数民族

"粉领"职业

妇女在劳动力中的比例越来越大。她们大多数集中在当时被称为"粉领"的行业。这是与制造业一样存在着许多问题的低工资的服务性行业。很多妇女从事秘书、售货员、话务员等低薪工作。因为这些不是工业工种，所以美国劳工联合会和其他劳工组织都对于把这些工人组织起来不感兴趣。

同样的，在大移民期间和1914年从南部农村移民到城市的50万黑人也几乎没有机会参加工会。加入工会的技术工人经常将黑人排除于组织和贸易活动之外。很多黑人从事工会不感兴趣的工作，如清洁工、洗碗工、垃圾工、商业洗涤勤杂工、家务钟点工等。美国劳工联合会不愿意组织服务行业工人主要是因为其领导人员不愿意将妇女和少数族裔发展为工会会员。1925年建立的、由A.菲利普·伦道夫领导的"卧铺车服务员兄弟会"是一个很明显的例外。这个组织很活跃，由一位黑人领导，代表所有的黑人工人。在工会存在的几年中，伦道夫为他的成员们争取到了诸如增加工资、更短的工作时间等福利。他还率领成员们展开了争取黑人权利的斗争。

在西部和西南部非技术工人还包括亚洲和西班牙裔工人。他们很少有自己的组织，同时也被白人的工会排除在外。在19世纪末《排华法案》颁布后，日本人越来越多地取代了华人，在仍很严重的白人的敌视下从事仆役性的工作。他们在铁路、建筑工地、农场等许多低工资的行业工作。一些日本人通过建立自己的小事业或建立自己的农场（种植少量当地销售的粮食作物）来脱离非技术

培训妇女工作 这是一所由北太平洋电报公司在一战期间建立的培训女服务员的学校。战争中和战后，各大电报公司雇佣了数量最多的女性职员。(Bettmann/Corbis)

A.菲利普·伦道夫

非裔美国工人 1920年代由A.菲利普·伦道夫和其他反对增加限制的领袖领导的非裔美国人工会运动势力赢弱，但慢慢在黑人工人阶级中凝聚了支持者。图中，一位有追求的黑人牧场工人注意到战争中黑人的爱国热情和他们在国内受到的歧视对待之间的巨大反差。(John Vachon/Getty Images)

工人的行列。许多第一代日本移民和第二代移民获得了成功,以至于加利福尼亚通过了限制日本人购买土地的法律。其他亚洲人,特别是菲律宾人,在非技术工人中占很大的比重,也受到了敌视。1929 年在加利福尼亚爆发的反菲律宾人动乱使得一部基本上取消了菲律宾人移民的法律在 1934 年通过。

墨西哥移民在西南部和加利福尼亚的非技术工人中占很大比重。近 50 万墨西哥人在 20 世纪 20 年代进入美国,这个数量多于其他任何国家,而且在后来增长到了过百万。他们当中很多人定居在加州、得克萨斯、亚利桑那和新墨西哥。到 1930 年为止,大部分人都移民到了城市。大量墨西哥人居住区开始出现在洛杉矶、埃尔帕索、圣安东尼奥、丹佛和其他城镇,它们通常是最原始的都市社区,缺少上水和下水系统等基本设施。有些居民在当地的工厂和商店里找到了工作;一些人到煤矿区挖矿或到农场从事季节性工作,工歇的时候返回城市。墨西哥人一样遭到了白人的敌视和歧视。但是很少人会排挤他们。雇主们需要这批低工资、低技能、无工会的现成工人。

"美国计划"

保护"开放车间"

无论工会或非公会组织有多少弱点,低技能工人的存在和企业优势的强大才是缺少有效劳工组织的主要原因。1919 年动荡之后,企业领袖们一直致力于传播一种教条的思想,这种思想传达了工会主义具有颠覆性质、民主资本主义的关键是保护"开放车间"(不能要求车间工人必须加入工会)的信息。开放车间运动,婉转地被冠以"美国计划"之名于 1920 年得到了全国制造商协会的认可,随后成为在全国范围内无情摧毁工会组织的堂皇借口。当事实证明这种策略不能抵抗工会运动时,政府发挥了很大的作用。1921 年,最高法院维持一项地方法院判决,宣布武装示威非法,并支持法庭禁止罢工的命令。1922 年,司法部直接参与镇压 40 名铁路工人罢工事件;1924 年,宾夕法尼亚州西部的煤矿主掀起了武力驱逐煤矿工人工会的运动,而法院拒绝保护工会工人。这些事件使得工会成员从 1920 年的超过 500 万人下降到 1929 年的不足 300 万人。

农业技术和农场困境

机械化耕作

和工业一样,美国农业为了实现增产而出现了新的科技。例如,美国农场中的拖拉机数量在 20 年代增加了 3 倍,特别是在内燃机取代了过去笨重的蒸汽机后。它们帮助开垦了 3500 万英亩新土地。日益复杂的联合收割机不断增加使得用

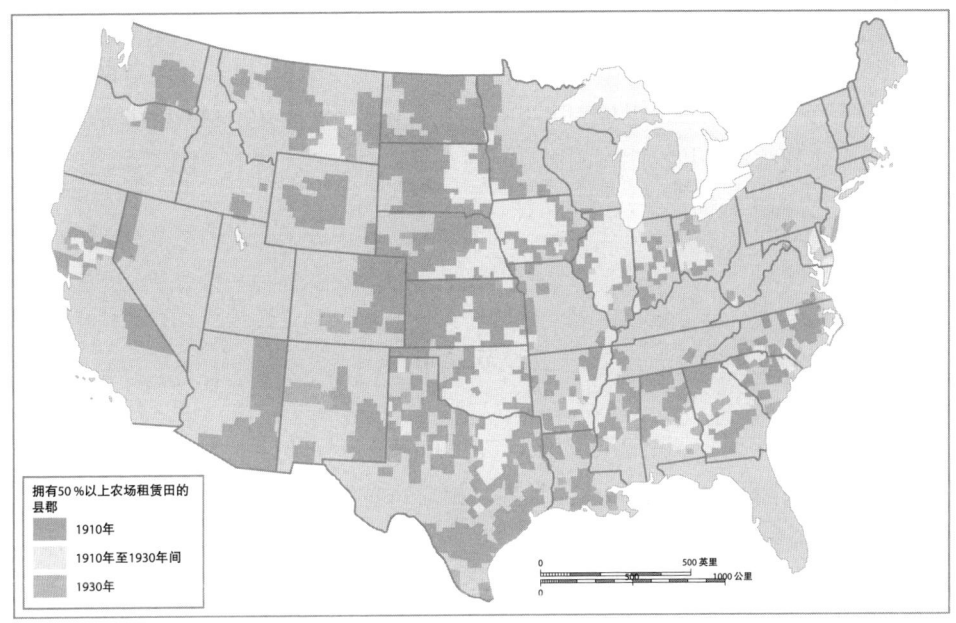

农场佃户，1910—1930 这张地图显示了 1910—1930 年间农场佃户（即自己没有土地，为他人做佃户的农民）的显著增加。图中深绿色区域表明了即使在 1910 年农场佃户已经十分广泛，当时该区域中 50% 以上的土地由佃户耕种。图中金色和紫色部分表明了 1910—1930 年间佃农数量的显著增加，这期间产生了很多农民中有一半以上是佃农的区域。◆ 那些年中工作效率提高和农业科技进步对佃农数量的增加起到了什么作用？（彩图见第 1081 页）

更少的工人生产更多的粮食成为可能。

农业研究人员已经着手于其他日后能改变美国乃至世界食品生产的新的科技研究：发明杂交玉米（得益于基因研究的进展）。1921 年时农民们已经可以接触得到杂交玉米，但是大规模种植要到 20 世纪 30 年代；化学肥料和农药出现在 20 年代，开始时使用有限，但在三四十年代得到了迅速推广。新技术的应用促进了美国以及世界各地农业产量的提高。但是农产品需求量的增长远不及农产品的增长。结果过剩的农产品导致了食品价格严重下跌，农民的收入也开始在 20 年代初大幅减少。超过 300 万人在这十年间离开了农业。那些留下来的农民大部分都失去了自己的土地，不得不向银行和其他地主租赁土地。

对此，一些农民开始要求政府提供价格支持作为救助。特别是一项提价计划主宰了此时的农业要求："平价"理念。平价是一个复杂的公式，它为农产品设立合理的价格，确保无论国内和国际农产品市场如何波动，农民都能至少赚回其生产成本。平价运动鼓励以高关税对抗外国农产品，且政府以平价的价格购买盈余

"平价"理念

的国内农产品到国外销售而不考虑市场的波动。

<u>《麦克纳利－豪根法案》</u>

该愿望诉诸法律的形式便是《麦克纳利—豪根法案》，以其在国会的两位提案人的名字全名，并且在1924—1928年间反复被提出。1926年和1928年，国会（在那里农业利益具有超出比例的影响）通过了针对谷物、棉花、烟草和稻米的平价法，但两次都遭到柯立芝总统的否决。

二、新文化

20世纪20年代，不断膨胀的城市文化和消费者导向型文化使不同地区的许多美国人用同样的方式生活和感知世界。相同的文化使他们形成了一系列新的价值观。这些观念反映出现代经济的繁荣及复杂。在美国，这些新文化必然不能消除正在继续的实质上不断增长的种族多样性。相对统一的文化传到美国的不同地区种族、宗教、性别和阶层中，这些不同因素塑造了个人对国家文化信息回应的方式。

消费主义

<u>大众消费的发展</u>

在美国工业化产生的各种变化中，大众消费文化的出现就是其中之一。到20世纪20年代，美国男女不仅能支付起生存基本消费，而且还有相当大程度上额外的自由支配的物品和服务；人们不只为需求，而且为了享受而消费。中产阶级购置新电器，如冰箱、洗衣机、电熨斗、吸尘器，引发了家务劳动的革命，尤其对妇女的生活产生了巨大的影响。男人和女人们同样带腕表、吸烟。女人们购买化妆品和大批量生产的时装。最重要的是，到20世纪20年代末，美国已有3000万辆汽车奔驰在公路上。

<u>汽车对社会的影响</u>

汽车通过数不尽的方式影响着美国人的生活。它极大地拓宽了成千上万人的活动地域。以前，人们几乎不会到离家很远的地方冒险。尤其是乡村男女，发现汽车可以带他们摆脱孤独的农场生活；现在他们可以随心所欲地看望朋友或开车去城市，不再花很久的时间骑马或步行去了。城市居民开车摆脱拥挤的城市生活。周末开车去乡村变成城市人主要的休闲方式。很多家庭想永久地逃离城市，他们便搬家到郊区。汽车带来的交通便利使美国城市郊区迅速发展。

汽车改变了休假观念。过去，旅行只是富人的奢侈享受，现如今许多中产阶级,甚至工人阶级都可以在假期进行远途旅行。这也是这个时代大多数人的新概念。许多企业和工厂开始把带薪休假作为雇员福利之一,很多雇主鼓励工人去旅行,并认为他们换个地方休假,回来后会更加精力旺盛地工作。

对于那些家庭足够富裕,负担得起私家车的年轻人来说,汽车是另一种逃离方式。让他们可以很容易地离开父母和家,去发展他们自己的社会生活。这推动了20世纪初一种独特的文化现象:在许多地区出现了成熟发展并相对独立的青年文化。

广告

没有一个产业能像广告业那样明确意识到(或更多推动了)消费文化的出现。第一批广告和公关公司(N. W. 艾尔和 J. 沃尔特·汤普森)在一次世界大战前就已出现;但在20世纪20年代,部分因为战时宣传所发展的技术,广告时代才到来。广告不再只简单地传播信息,而且尝试将产品与特定生活方式相结合,用魅力和声誉包装产品,说服潜

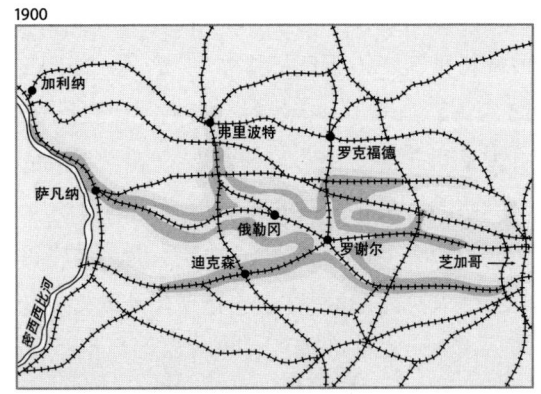

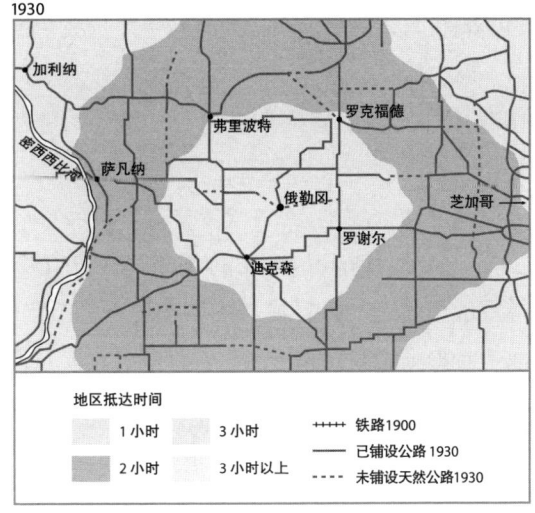

打破乡村的与世隔绝:伊利诺伊州俄勒冈镇人们出行范围的扩大 这张地图用芝加哥以西,伊利诺伊州小镇俄勒冈来表明在20世纪前10年,先是火车然后是汽车如何减少了乡村地区与外界的隔绝。两幅图中金色和紫色的区域标示出俄勒冈镇的居民在两个小时内能到达的区域。注意在1900年该范围如此之小,而到1930年就扩大了很多,当时镇上人们的生活范围很容易达到100平方英里以上。还要注意1930年时该地区复杂的公路网络,而在1900年时这些路绝大多数并不存在。◆ 为什么汽车运输比铁路运输更能扩大小镇人们的出行范围?(彩图见第1082页)

在的消费者购买商品将是一次个人满足与充实的体验。

广告同样也鼓励公众接受促销和销售的价值观,并崇拜那些效率高的广告商和宣传人员。20世纪20年代最成功的一本书是广告公司主管布鲁斯·巴顿所写的

《不为人知的人》

《不为人知的人》(Brace Barton, *The Man Nobody Knows*)。这本书不仅将耶稣描写成宗教预言家,而且将其描写为一名"超级销售员"。他从商业社会最底层挑选了12个人,组成了一个组织,最后"征服世界"。巴顿称,这个寓言是"所有时代最有力量的广告"。巴顿的想法完全符合新兴的消费文化。耶稣在世界人们心中是一个完整的、最有价值的人,20世纪的人们应该像他一样。巴顿曾写道:"生活就是边活着边享受。"耶稣的成功就是因为他懂得如何交朋友,如何变得受欢迎,如何带给他人快乐;这种才智也是现代人取得成功的良方。

如果没有新的通信技术的出现,广告也不会有如此大的影响,通信使广告能更快速更容易地接触到听众和观众。报刊进入了全国各流通网络。通讯社使独立的报刊在全国范围内联合登载连锁广告成为可能。

发行量巨大的杂志

新出版的或扩大发行的杂志同样也吸引了国内外读者。《星期六晚邮报》在1871年开始以杂志的形式出版,因为家庭故事和特别的传统主义倾向吸引了乡村和小镇的读者。它的流行在一些方面反映了人们的怀旧情怀,但其他杂志则直接反映现代都市生活。《读者文摘》(*The Reader's Digest*) 由德维特·华莱士和里拉·华莱士 (Devitt and Lila Wallace) 于1921年创立,刊登在其他地方发表过的缩写故事甚至书籍,使那些原本没有机会接触到这些的读者以简洁有效的方式获取不断膨胀的知识和信息。《时代》(*Time*) 杂志由亨利·卢斯 (Henry Luce) 和里顿·哈登 (Lydon Harden) 于1923年创立,将一周新闻压缩成短小精悍、生动活泼的短文,面向忙得没有时间看报和不喜看报的人。

电影和广播

好莱坞

与此同时,电影逐渐变为最流行最有力量的大众传媒形式。1922年,看电影的人超过4000万,到1930年已超过1亿。有声电影的出现(1927年第一部有声故事片为艾尔·乔尔森主演的《爵士歌手》)在全国掀起了热潮。1921年,喜剧演员法蒂·阿巴克尔陷入尴尬的丑闻中,激怒了观众并引出政治压力去清理"好莱坞"。作为回应,电影工业制订出生产电影的"标准",摄影商成立了"电影协会"(新的商业组织),聘请了前邮政部长威尔·海斯 (Will Hays) 任主席。更重要的是,他们赋予海斯很大权力,可以审查并禁止电影中冒犯观众(或政府)的行为。海斯有效地行使了权力,使电影业在很多年里界处在安全、正派的状态。

20世纪20年代,最重要的传媒工具,也是唯一真正新颖的传媒工具是无线电收音机。1920年,美国第一个商业广播电台(匹兹堡的KDKA)首次播音。首个全国电台网络——全国广播公司，于 1927 年成立。到 1923 年，美国已有超过 500 个广播电台，覆盖了全国各个地区。由于害怕政府的管制和控制，广播业也严密控制广播内容，避免播放有争议的或刺激听众的材料。但电台广播不如制作电影那样集中化。个别电台有相当的自主权，即便受到严格监管的电台和广播网络也不能像海斯有效管理电影一样，时刻监控每天数小时播放的电台节目。因此，广播比电影更具多样性，也更具争议性甚至是破坏性。

现代主义宗教

消费文化的影响，和它不断对现世个人满足的重视，甚至表现在宗教中。现代神学家教导信徒抛弃福音主义的一些信条（机械地解释《圣经》，信奉三位一体，将人的人性归为神性），并接受有助于每个人在现世生活中完善个性的信仰。

美国与世界　电　影

可能没有哪种文化或者商业产品比电影更被认为是美国的产物，——抑或，如同世界各地人们所说的那样，电影院是美国的产物。尽管电影技术来源于英格兰、法国以及美国发明家的成果，但是制作和发行影片几乎从一开始就被美国人所控制。美国是第一个建立电影"产业"的国家，而且其产业规模远大于其他国家。1920 年代 700 部影片的年产量是其他任何国家的 10 倍多。美国影片不仅控制着巨大的美国市场，也支配着绝大部分的世界市场。1920 年代，法国人观看的 70% 的影片，拉美人观看的 80% 的影片，加拿大人和英国人观看的 95% 的影片是美国制作的。

早在 1930 年代，美国电影的进入就令其他各国政府大为头疼。为应对华特·迪士尼的米老鼠等卡通形象的流行，苏联政府创造了自己的卡通英雄——一只豪猪，用于提供与社会主义价值观一致的，而非他们认为的好莱坞的与资本主义价值一致的娱乐。二战期间，法国的德占区也禁止播放美国电影（导致一些反法西斯抵抗者播放例如弗兰克·卡普拉的《史密斯先生到华盛顿》这样的美国电影以示抗议）。

美国电影的统治地位部分是由于一战造成的，电影业在欧洲遭受重创而在美国却蒸蒸日上。到 1915 年，美国电影已经完全占领了国内巨大的市场，而且到一战结束时,电影院遍布各地,世界上有一半的电影院在美国。过了20年,电影院数量在世界各地迅速增加后,美国的影院数量仍占到40%以上。而且,尽管影院数量的增加推动了其他很多国家电影业的发展,但也扩大了美国电影的市场(和人们对其的兴趣),同时加强了美国电影制作的统治地位。1920年代中期的《星期六晚邮报》评论道:"看上去,大英帝国的太阳永不落山,美国电影也是如此。"电影在那时是,可能现在依然是,美国最具影响力的文化出口产品。即使是在全球流行极广的美国通俗音乐,在世界很多地方面临的本土竞争也远大于美国电影。

瓦伦迪诺 美国女性对影星鲁道夫·瓦伦迪诺的喜爱成为了20世纪20年代最重要的文化现象。瓦伦迪诺体型瘦长、五官精致,根本不符合传统的"硬汉"形象。但是在女性中他有大量的拥趸,一定程度上是由于他在银幕上裸露身体(正如这张海报所示)。瓦伦迪诺是意大利人,对不少传统美国人来说,他有些新奇陌生,而且他总是扮演外国人,从未演过美国人。1926年他的突然去世(年仅31岁)令很多美国女性悲痛欲绝。(George Kleiman/Bettmann/Corbis)

然而,尽管美国处于统治地位,在世界很多国家,电影业正在而且将继续蓬勃发展下去。例如,神奇的印度"宝莱坞"就为国内市场制作了大量影片,产量几乎和美国电影业相当,尽管很少有作品出口。正如美国电影曾经影响过外国的电影人,全球化的影院也对美国电影产生了巨大影响。英国的电影产业规模不大,但对早期美国电影具有极大影响,部分原因在于英国电影的高质量和原创性,部分原因在于大批英国天才导演、演员和编剧来到美国。例如,伟大的阿尔弗雷德·希区柯克(Alfred Hitchcock)的早期电影拍摄于伦敦,后来他来到好莱坞,并在这里度过了他漫长职业生涯的绝大部分时间。二战后,法国的"新浪潮"电影在美国催生了新一代具有高度个人风格的导演。亚洲电影,特别是繁荣的香港电影,以其逼真的现实主义风格激发了20世纪80年代及以后的美国暴力电影,同时也使武打片风靡全世界。德国、意大利、瑞典、荷兰、日本、澳大利亚和印度电影制作者对好莱坞也产生了影响——而且随着时间的流逝,对在美国逐渐发展壮大的"独立电影"运动有着更大

"无线电游戏" 1920 年代初，无线电还是新鲜事物，但是很多人将其视为一种"嗜好"，适合对技术感兴趣的人参与。到 20 年代末，无线电已经成为几乎所有人日常生活的一部分。但是这种盒装的"无线电游戏"机（这里展示的是包装外壳）到 1930 年代依然非常流行，因为它使公众回想起了无线电刚刚出现的时代。(From the Collections of Henry Ford)

的影响。

近几十年，尽管新科技和新风格已经极大改变了全球的电影，美国电影业依旧主宰着全球的影院。但是在 21 世纪，国别界限已不足以描述电影制作。和其他商业活动国际化一样，电影正在变成真正的全球化产业。现在，"美国"电影常常在国外制作，导演和演员也常常不是美国人，而且常常有国际投资。好莱坞仍然统治着世界电影制作，但好莱坞本身正日益成为全球社区。

20 世纪 20 年代，自由新教最有影响力的代表人物是纽约里弗赛德教堂的牧师哈里·埃莫森·福斯迪克（Harry Emerson Fosdick）。他称，基督教根本不是未检验的信仰，而是一种完全发展了的人性。在 1926 年出版的《丰富多彩的宗教》(Abundant Religion) 一书中，他争论道，基督教应为光芒四射的成功人生提供内在的精神动力。

哈里·埃莫森·福斯迪克

大多数美国人，甚至大多数中产阶级，并不把这种宗教观作为实现高等的"丰富的人类生活"的途径，不过仍保持对传统宗教的忠诚。但很多中产阶级的美国人正逐渐远离宗教，视其为生活中的次要角色（甚至无关紧要）。当社会学家罗伯特·林德和海伦·梅丽尔·林德（Helen Merrell Lynd）在 20 世纪 20 年代中期对印第安纳州的曼西镇进行社会研究时，对许多后辈不像父辈那样信仰宗教而感到惊讶。他们不再用大量的时间教导孩子他们信仰的信条。他们很少在家祈祷，只有在周日才会去教堂。甚至安息日也不再用来休息和反省，而成为充满娱乐活动的假期。

职业女性

20世纪20年代，受高等教育的女性已不再是妇女先驱，已有两至三代女性在专为女性开办的或男女同校的高等学校和大学中受过教育；女性已出现在以前她们很少涉足的专业领域。

_{女性的有限机会}

然而，盛行的观念（不仅在男性中，在女性中也很流行）依然是，专业机会对女性来说有所限制，适合女性的工作不多。尽管有很多女性成为商业主管、新闻记者、医生、律师的成功例子，但很多职业女性仍工作在所谓的传统女性领域，例如时尚界、教育界、社会工作、护士、低层企业主管。一些中产阶级女性兼顾婚姻与事业，但大多数仍需在工作与家庭之间做出选择。20世纪20年代，在外工作的已婚妇女中，25%是工人阶级，这种"新兴职业女性"形象在20年代被广为宣传。可在现实生活中，大多数中产阶级的已婚妇女还是留在家中。

母亲身份的转变

20世纪20年代毕竟是中产阶级妇女的新时代，尤其是这段时间里母亲的形象被重新定义。一战后，一批有影响力的心理学家——由约翰·B.沃森（John B. Watson）为代表的"行为主义者"们，开始挑战女性生养本能这种长时间控制人们思想的观念。他们指出，母性本能并不足以养育儿女，相反的，母亲应该依靠专家例如医生、护士、托儿所和幼儿园教师提供的建议和帮助来养育后代。

_{"伙伴婚姻"}

对于许多中产阶级妇女来说，这些变化有助于重定义一个过去需要全身心投入的活动。在行为主义理论中，母亲身份并没有失去从前的重要性，甚至变得更重要。但是对于许多妇女来说，它不再是一种情感满足，也不再与生命本能相关联。有些妇女试图重新审视自己作为妻子和伴侣的角色，培养所谓的"伙伴婚姻"。中产阶级的妻子越来越多地参加丈夫的社会活动，更加注意服饰和化妆，不让孩子影响夫妻生活。更重要的是，许多妇女如今找到了依据，不再像前辈人被教导的那样认为自己与丈夫的性关系仅仅是一种繁衍后代的途径，而是一段重要和令人愉悦的经历，是浪漫爱情的高潮。

_{避孕}

避孕技术的发展既是这种变化的原因，也是它的结果。美国避孕运动的先驱是玛格丽特·桑格（Margaret Sanger），她投身此事业主要是深受俄国移

民、政治激进分子艾玛·戈德曼（Emma Goldman）的影响，后者在第一次世界大战前就提倡避孕。桑格起初出于对工人阶级妇女的考虑，提倡使用子宫帽等避孕工具，认为多子女的大家庭是导致贫困社区的贫穷与苦难的主要原因。1920年，她的宣传工作在部分工人阶级中取得成效，于是她将注意力转向中产阶级妇女，极力宣传避孕的好处。她指出，女性应该自由地享受性生活的快乐，不必担心怀孕。避孕用品在中产阶级妇女中很有市场，尽管一些避孕方法在许多州仍属违法（当时堕胎几乎在任何地方都是违法的）。

"时尚女郎"：形象与现实

新的更加世俗的女性观念也影响到了中产阶级以外的女性。有些妇女认为在"新时期"无须

时尚女郎 到1920年代中期，敢于挑战传统的所谓时尚女郎已不仅是一种社会现象，而且成为了一场时尚运动。这幅画是时装设计师绘制的众多作品之一，反映出时尚女郎带给大众文化的自由精神。(Culver Pictures, Inc.)

继续保持刻板的维多利亚时代的女性"尊严"。女性可以抽烟、喝酒、跳舞、穿性感衣服，化妆并且参加各种热闹的舞会。他们可以追求身体和情感的自我完善，从压抑和禁欲中解脱出来(1920年代弗洛伊德观念的广泛传播——该理论通常被简单曲解为过度享乐——是这种思潮的主要动力之一）。

这种思想成为"时尚女郎"的基础，这些现代女性自由的生活方式在穿着、发饰、语言、行为上找到了表达的途径。"时尚女郎"的生活方式对中下层妇女和工人阶级单身女性有格外重要的影响，她们蜂拥进入工业领域和服务行业寻找新的工作（与"时尚女郎"并称的，年轻、富足的上层"波西米亚"女性事实上是模仿最早出现于工人阶层女性中的风格）。晚上，这些女性大多独自出没于舞厅和

酒吧寻求刺激和陪伴。

尽管"时尚女郎"这种自由解放形象在大众文化中有一定影响，但是大多数女性还是非常依赖男性，无论是在工作中（通常工资很低）还是在家里。男性如果想利用这种依赖性，女性还是无计可施。

大众文化模式　舞　厅

在繁华喧嚣、消费主义盛行的19世纪20年代，许多人尤其是美国城市中的人，开始对传统大众文化和禁令提出挑战。他们寻求自由、刺激和解脱。没有什么比穿梭在遍布全国的舞厅更能生动表达这种新追求。

19世纪二三十年代的跳舞浪潮是多种作用的结果。在一战期间，黑人大移民将爵士乐带入北方城市，而照片和广播使它变得更加流行。独特的青年文化的发展，以及男性和女性越来越倾向于在公开场合一同参与社交活动，为放荡不羁的性挑逗的娱乐提供了观众。19世纪20年代，经济相对繁荣，使得工薪阶

跳吉特巴舞的舞者　随着舞厅的流行，舞蹈的形式也愈加丰富，吉特巴舞大约在1930年代最为盛行。照片中这对技艺高超的舞者正在洛杉矶为救世军筹款的大型舞会上起舞。超过1万人参加了这次舞会，由于人们的情绪越来越激动，现场维持秩序的警察只得请求增援。(Bettmann/Corbis)

层的青年能在夜间外出娱乐。另外，禁酒运动关闭了许多酒吧、酒馆，限制了年轻人的去处。

所以一夜又一夜，大小城市的年轻人涌入舞厅，听震撼的音乐，欣赏耀眼的灯光，炫耀新的衣服和发型，当然，最重要的还是跳舞。大城市一些较大的舞厅，如纽约的罗斯兰和萨沃伊，芝加哥的特利亚诺和阿拉贡，波士顿的雷默尔，底特律的格里斯通，好莱坞的帕拉迪姆（这些确实都是巨型的舞厅），能同时容纳上千对舞者。一些户外的舞厅在暖和的天气能吸引更多的人。很多舞厅营造的氛围和当时新建的电影院一样好，事实上，情侣们看完电影再去舞厅也很平常。

很多大舞厅成为电台节目的固定播音现场，甚至能将舞厅的夜间活动传播给广大偏远的农村听众。1924年，仅纽约就有600万人到舞厅跳舞，在17至40岁之间的人中有超过10%的人每周至少去舞厅一次，在其他大城市也与这个数字相当。

是什么将这么多人吸引到舞厅呢？很大一部分是音乐。无论是崇拜者还是批评者都认为这些音乐是美国主流文化中的新鲜成分。跳舞是"道德堕落"，《妇女家庭杂志》在1921年警告说，它将导致"行为轻率，粗心和无视道德尊严"，并且"直接作用于身体的感官中心"。很多年轻舞者大概也同意这一说法，即便没有道德评判。爵士乐鼓励一种无限制的甚至疯狂的舞蹈，它表现力强，充满力度，而且性感，特别受到年轻夫妇的欢迎，认为它是从沉闷的家庭、学校和工作环境中解脱出来的好方法。大型舞厅通过邀请有名的乐队吸引顾客。保罗·怀特曼、本·波拉特、弗莱彻·亨德森、比克斯·拜德贝克、路易斯·阿姆斯特朗、杜克·艾琳顿等人的演出吸引了大批舞者，他们在此之前已经通过广播演出和录音被人们所熟悉。

一些不太体面的舞厅也为了不正当的原因吸引舞者，如非法销售烈酒或者贩卖毒品。著名的"舞女"舞厅允许男性不带女伴入场，与"女招待"或者"女舞蹈老师"跳舞，它们有时会因卖淫和"色情"舞蹈而被市政当局关闭。19世纪20年代至少有60多个城市颁布了公共舞厅的法规，大型舞厅尽量使自己远离不体面的陪舞舞厅的形象，要求入舞场者尽量注意装束，尽量保持一定的"礼节"，尽管这些要求往往是徒劳的。

舞厅在年轻的来自工人阶级移民社区的男女中很受欢迎。对于他们来说，去舞厅是成为美国人的条件之一，是暂时逃避移民孤立世界的一种途径（他们

在萨沃伊舞厅跳舞 这是著名的萨沃伊舞厅的一张内景照片。成百上千的舞客蜂拥至此,在20世纪20—30年代杰出的黑人爵士乐队的伴奏下起舞。(*Getty Images*)

的父母也同意这个观点,所以经常阻止他们,因为担心舞厅会将他们的孩子从家庭和社区中拉走)。跳舞是一个可以与成百上千背景不同的陌生人接触的机会,是参与一种本族文化所没有的文化活动的机会。

舞厅不是文化熔炉。黑人和白人一样愿意光顾舞厅,但他们通常聚集在白人顾客很少的黑人社区的俱乐部。白人工薪阶层也会在舞厅遇到其他族群的舞者,但是他们之间很少有交往。比如在芝加哥梦幻舞厅,意大利人通常出现在门口,波兰人靠近乐队,犹太人在舞池中央。即便如此,舞厅和影院与主题公园一样,将不同族群的人们吸引到不断发展的大众文化中。大众文化与相对封闭的民族文化相竞争并逐渐占据优势,而许多美国年轻人诞生于这种新文化之中。

提倡女权

意识到所谓的"新女性"更多属于神话而非现实,一些女权主义者继续为改革事业而奔走。全国妇女党在艾丽斯·保尔(Alice Paul)的领导下发起了支持平等权利修正案的运动,该修正案于1923年首次提出,尽管在国会几年没有得到任何支持(其他女权组织也继续抵制这项提案)。无论如何,女性组织和女权政治活动在20年代风起云涌。女性选举权取得胜利以后,妇女们成立了"女选民联盟",在民主党和共和党内部都设立了妇女辅助人员。以妇女为主体的消费者组织也在全国迅速发展,不断增加实力和影响。

女选民联盟

瓦瑟大学学生，1920 19世纪后期以来，美国出现了几所优秀的女子大学，瓦瑟是其中之一。1920年代，愿意接收女生的学院和大学的数量大幅增加，因而接受高等教育的女性人数也大大提高。(*Bettmann/Corbis*)

1921年，妇女运动取得了一项重大胜利，在众多妇女努力下国会通过了实现"保护"女性合法权益传统目标的一项立法：《谢泼德—唐纳法》。立法规定政府向各州提供资金，建立孕妇和新生儿童保健计划。从一开始，这个法案就引发了争议。艾丽斯·保尔和她的支持者反对该法案，因为它将所有女性都当作母亲对待。玛格丽特·桑格认为这一新计划不利于避孕。更重要的是，美国医学协会反对《谢泼德—唐纳法》，警告这样做将使许多无照人员进入健康保障领域。1929年，国会废止了该法。

教育和青年

美国文化的世俗化趋势和对专业培训与技能的注重，反映在人们对青年教育的日益关注上。首先，19世纪20年代入学的人数比以往任何时候都多。在十年之间，高中入学率翻了一倍，从220万人增加到550万人。1900—1930年间，大专院校入学率翻了三番，且增长主要集中在第一次世界大战之后。1918年，有60万大学生，1930年，有120万大学生，是大学适龄人口的20%。参加贸易和职业学校，以及其他提供现代经济所需的专业培训的机构的人数也在增加。学校不仅传授传统学科还增加了现代技术培训，如：工程学、管理学、经济学等。

对教育的重视有助于另一种青年文化的出现。将青春期视为一个个体成长的

青年文化 特殊阶段这一观念在20世纪大体上还是一种新观念。它受到弗洛伊德心理学的影响，同时也是社会发展的结果，人们逐渐认识到年轻人在参加工作前进行长时间培训和准备至关重要。大专学校为年轻人提供了一个可以培养自己社交能力、个人爱好兴趣和行为方式的场所。越来越多的学生不仅把学校看成是获取专业知识的课堂，还看作是参与体育竞技、课外活动、学生俱乐部、宗教团体和各种协会的场所。也就是说，学校是一个让他们脱离家庭束缚而更多以同龄人标准确定自身价值的专门机构。

"靠个人奋斗取得成功"的结束

失控感，越来越依赖庞大冰冷的官僚体制建立的定义规则和规范，在许多美国男性中引发了一场自我认同危机。失去了独立和自控这些曾经专属"男性"的品质，很多人寻找其他方式以实现自我认同。例如，西奥多·罗斯福曾经赞美战争和"奋发的生命"是男子汉的成长之路。其他人参与各种兄弟会和体育会，以及其他他们认为体现男性价值的组织。正如《世纪》杂志所描述的那样，"靠个人奋斗取得成功的结束"带来了明显的矛盾心理。这种矛盾集中体现在三位时代英雄人物身上：白炽灯及其他多项科技成果的发明人托马斯·爱迪生；流水线发明者及汽车制造业奠基者之一亨利·福特；第一位驾驶单引擎飞机跨越大西洋的飞行员查**查尔斯·林白** 尔斯·林德伯格（林白）。三个人都广受美国公众的崇拜，特别是林白，被当作美国前所未有的国家英雄。

一方面，三个人代表着当代工业科技发展的最高成就。另一方面，三个人的成功与正规教育无关，在某种程度上都是靠个人奋斗获得的。他们的崇拜者都坚信他们是真正的自我实现者。

幻灭的一代

19世纪20年代的艺术家和知识分子认为，他们所处的新社会非常令人担忧。许多人经历了觉醒，然而他们只能用轻蔑的眼光看待现代美国。最终，他们扮演了一种与先前的知识分子全然不同的角色。他们不再试图影响社会，而是将自己孤立在社会之外，极力追求个人精神的完善。格特鲁德·斯塔因（Gertrude Stein）曾将这些一战后崛起的年轻人称作"迷惘的一代"，至少对某些艺术家和知识分子来说，这一称呼恰如其分。

"迷惘的一代"对当代社会的批评 "迷惘的一代"对当代社会的批评以个性的异化为中心。这种思潮产生的根源在于一战的经历。威尔逊理想主义的被抛弃、"正常状态"的重建、日渐膨胀的物质主义和消费主义等都说明战争是一场骗局，那么多痛苦和死亡都是白白付出。欧内斯特·海明威（Ernest Hemingway）是最著名的、经济上最成功的新生代作家，他在小说《永别了，武器》（*A Farewell to Arms*, 1929）中表达了一代人对战争的极端蔑视。小说主人公、在欧洲参战的美国军官觉得自己参战毫无正当性，所以决定与自己深爱的护士弃军出逃。海明威认为这位军官的做法非常值得尊敬。

这一异化感的一个结果是许多作家对现代社会的严厉谴责，他们中的一些人以"揭发者"著称。这些作家中有巴尔的摩记者 H. L. 门肯（H. L. Moncken）。他创办的杂志《时髦人物》《美国信使》对美国中产阶级崇尚的所有东西——宗教、政治、艺术，甚至包括民主——都极尽嘲讽。如门肯所说，他无法相信"民主之下还有文明生活"，因为民主是政府形式，政府将权利交到人民手中，而人民无非是"愚民大众"。与门肯持相同观点的作家还有美国第一位诺贝尔文学奖获得者辛克莱·刘易斯（Sinclair Lewis）。在一系列批评作品——《大街》（*Main Street*, 1920）、《巴比特》（*Babbitt*, 1922）、《阿罗史密斯》（*Arrow Smith*, 1925）中，他对社会的各个方面进行抨击：从乡村到小镇，到现代都市，到医疗行业，到流行宗教。小说家 F. 斯科特·菲茨杰拉德在《了不起的盖茨比》（F. Scott Fitzgerald, *The Great Gatsby*, 1925）中，对美国人追求物质利益进行了无情的嘲笑。小说主人公杰伊·盖茨比为了得到他所钟爱的人一生追求荣华富贵和社会地位。然而他所崇尚的世界却充满虚荣、狡诈和残忍，并最终导致他自身的彻底毁灭。

> H.L. 门肯
>
> 拒绝成功

哈勒姆文艺复兴

在战后的纽约哈勒姆，新一代黑人艺术家和知识分子开创了蓬勃发展的非裔美国人文化，被称为"哈勒姆文艺复兴"。这里有许多夜总会（包括著名的"棉花俱乐部"），以众多的爵士音乐家而闻名，他们是杜克·埃林顿、杰利·罗

哈勒姆文艺复兴时期的艺术 1920年代最杰出的非裔美国艺术家阿伦·道格拉斯于1926年为《机会》杂志创作了这幅封面画。道格拉斯的作品既体现了人们对非洲和美国黑人主题的兴趣，又迎合了当时美国艺术界普遍的现代主义潮流。(*Schomburg Center, The New York Public Library/Art Resource, NY. Permission courtesy of the Aaron & Alta Sawyer Douglas Foundation*)

1925 年的哈勒姆 穿着整齐的学生聚集在哈勒姆的一条街上,表明纽约的非裔美国人精英的生活日渐富足。(Bettmann/Corbis)

尔·莫顿、弗莱彻·亨德森等人——后来都成为了全国大众文化的中坚力量。这里还有上演粗俗音乐剧和歌舞杂耍的剧院。许多纽约白人也会来哈勒姆区欣赏音乐和戏剧,但是大多数观众是黑人。

非裔美国人的骄傲

1920 年代的哈勒姆主要是文学、诗歌和艺术的中心,它的义化艺术在很大程度上继承了非洲文化。黑人艺术家尝试着去展现他们丰富的民族文化,并有意向白人证明非洲文化是值得尊敬的。诗人兰斯顿·休斯用一句话概括了这场运动的主要精神:"我是黑鬼——但我很美丽。"阿兰·洛克(Alain Locke)是哈勒姆文艺复兴的领导者之一,他收集黑人发表的作品以《新黑人》(*The New Negro*)为名在 1925 年结集出版,产生了广泛影响。白人出版商逐渐注意并对洛克收选的作家产生了兴趣。于是休斯、佐拉·尼尔·赫斯顿、康提·卡伦、克劳德·麦凯、詹姆斯·威尔顿·约翰逊等作家在黑人社区之外找到了更多读者。非洲裔画家、天才编年作家阿伦·道格拉斯(Aaron Douglas)甚至被委任创作大学和公共建筑中的重要壁画。

三、文化冲突

1920 年代的现代世俗文化并非没有遇到挑战,它与更古老、更传统的文化并存,并且一直处于与后者的激烈竞争中。

禁酒时期

1920 年 1 月，禁止生产和销售酒制品的法规开始实施，这项法令得到了大多数中产阶级和自称进步青年的拥护。但是在不到一年的时间内，人们意识到禁酒提倡者们所谓的"高尚实验"事实上收效甚微。实际上，禁酒运动在国内一些地区减少了酒品消耗。但是随着禁酒运动产生的越来越多的犯罪现象立即引起了许多争议。联邦政府只雇佣 1500

禁酒运动失败

禁酒，1921　纽约市一名警官在监督警员将私酒倒到大街上。这次突击检查发生在禁酒令颁布的最初几个月，当时禁酒战役正在流行——因此警官急切地要出现在照片中。(Library of Congress)

人执行禁酒法，而且在许多地方无法得到警察的支持。没过多久，在全国大部分地区购买非法烈酒几乎和购买合法烈酒一样容易。由于合法商人无法经营利润如此丰厚的产业，这就导致了有组织犯罪集团的产生。在芝加哥，艾尔·卡彭（Al Capone）以非法经营烈酒为基础建立了一个犯罪帝国。他有 1000 名武装人员严防外来干涉。该集团的狂热行为在 1920 年到 1927 年间导致 250 名平民死于暴力事件。其他地区也出现了歹徒和黑帮暴力事件。

酒精和有组织犯罪

　　许多当时支持禁酒运动的进步派中产阶级很快失去了信心。但是，许多地方（尤其是乡间）的新教徒极力捍卫禁酒运动。对这些人来说，禁酒运动的意义远大于限制喝酒，它代表了老派美国人为挽回自己对社会的控制所作出的努力。他们把酒和现代社会及天主教移民联系在一起，并将其视为新文化取代旧文化的标志。

　　抵制禁酒运动的人（后来的"湿派"[wets]）影响逐渐扩大。但是直到 1933 年，在经济大萧条的影响下他们的势力才真正强大，并能有效地抵制"干派"（drys），最终废除了宪法第十八条修正案。

本土主义和三 K 党

　　禁酒运动的产生是本土美国人试图限制新移民的结果。同禁酒运动一样，煽动禁止外国移民来到美国的运动自 19 世纪开始；同样这项运动也得到进步派中产阶级的支持，因此反移民运动的影响在战前开始扩大。反移民情绪在 20 世纪初并

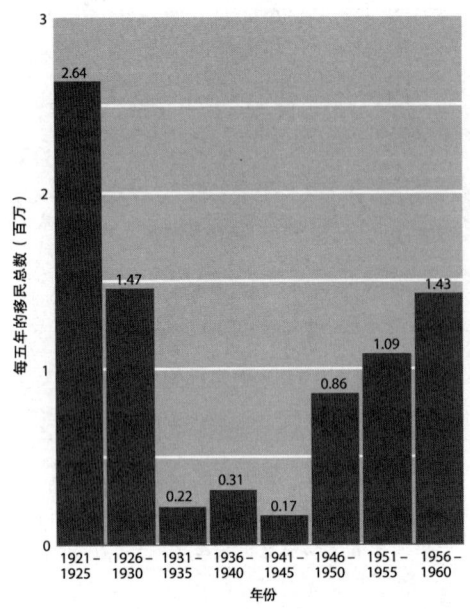

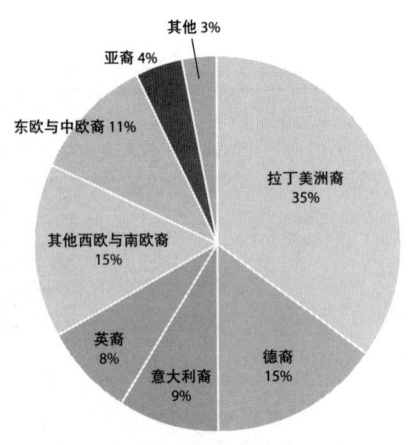

1920—1960 年间的总体移民形势 经历了多年从欧洲和其他地区接受大量移民之后，从 1920 年代开始的几十年，美国的移民人数大为下降。1921 年和 1924 年通过的移民限制法案是其主要原因。◆ 有哪些其他原因导致了 1930 和 1940 年代移民人数的下降？

1920—1960 年的移民来源 这张图表显示了 1920—1960 年间移民来源地的巨大变化，其直接原因就是 1924 年的《国籍法》。该法规定根据 1890 年美国已有的来自各国移民的人数确定接纳各国移民的配额。注意北欧和西欧移民人数的回升以及意大利、南欧和东欧移民的下降（在 1890 年代来自这些地区的移民数量较少）。但是最明显的变化还是拉美移民比例的大幅上升，1924 年确立配额制度时拉美地区并未被包括在内。◆ 在那个时期为什么移民法对待拉美人的态度和对待欧洲人的态度不同？

不强烈，还不足以促使通过任何移民法案；而在战后压抑的年代许多本土美国人将移民和激进者联系在一起。因此对移民的抵触情绪迅速增长。

  1921 年，国会通过紧急移民法，建立了限额制，要求每年任何国家的移民人数不得超过该国 1910 年在美移民的 3%。新法案将每年的移民人数从 80 万减到了 30 万，但是本土美国人依旧不满意，要求推出更严格的法律。1924 年的《国籍法》强调了 1921 年法案中的排外主义条款，完全禁止东亚移民来到美国。日本人意识到这项条款是针对他们的，因此非常气愤，而中国移民自 1882 年就属非法移民。该法律也把欧洲移民的比例从 3% 降到了 2%。而且这一限额并非以 1910 年的人口普查为基础，而是以南欧及东欧移民较少的 1890 年人口普查为基础。换句话说，新法将有利于西北部欧洲人——"北欧人"和"条顿人"。五年后，移民名额进一步缩减，严格规定每年的移民不得超过 15 万人。在随后的几年内，移民局允许的移民人数甚至连限额的一半都不到。

1920 年代本土主义的主张远不止限制移民。它的其他主张促使三 K 党重新成为美国社会中的重要力量。

在战后重建时期诞生的早期三 K 党在 19 世纪 70 年代灭亡。1915 年，另一群南方白人在亚特兰大附近的石头山集会并建立新一代三 K 党。利奥·弗兰克（Leo Frank）是亚特兰大一家犹太工厂的老板，1924 年他（在证据不明的情况下）被指控谋杀一名女员工，此事使得各地本土主义情绪高涨，引起一场轩然大波。一群暴徒袭击了关押弗兰克的监狱并对他实施了私刑。D. W. 格里菲斯的电影《一个国家的诞生》的首映（也在亚特兰大）对早期三 K 党大加颂扬，此举激发了大量南方白人加入新党。三 K 党的领导人威廉·J. 西蒙斯认为黑人越来越不顺从，所以起初新三 K 党和老党一样主要恐吓黑人。起初的恐吓是小规模的、隐蔽的，并且只限于南部。但在一战后，攻击目标由黑人转向天主教徒、犹太人和外国人。此后，三 K 党组织迅速壮大，不仅遍布南方乡村，还出现在北方和西北部的工业城市。印第安纳是美国三 K 党成员最多的一个州；芝加哥、底特律和其他北方工业重镇也有许多三 K 党人。三 K 党在西部同样强大，在俄勒冈和科罗拉多的三 K 党分子特别活跃。1924 年三 K 党成员据说已达到 400 万。

在某些社区，三 K 党领袖出身于最被"尊敬"的阶层，组织活动类似于兄弟会，除了偶尔会有些政治宣传外并没有其他危险活动。许多三 K 党地方支部极力以爱国者和社区领导者的形象出现。许多支部建立了妇女及儿童辅助会，以表明他们对家庭的重视。但三 K 党同样经常以野蛮暴力地抵抗"外国人"和正统派道德卫士的形象出现。一些三 K 党成员习惯性地袭击黑人、犹太人、天主教徒和外国人；抵制其商业经营、威胁其家庭成员、企图将他们赶出自己的社区。有时，他们会采取暴力手段；当众鞭笞、涂柏油、粘羽毛、火烧和私刑。

三 K 党入会仪式 1923 年 8 月，密西西比州杰克逊的三 K 党分会为新成员举行入会仪式。(*Library of Congress*)

保卫"传统道德"

很快事实证明,三K党担心的不仅仅是"外国"或"混杂种族"的团体,而是可能挑战三K党所谓"传统道德"的任何人。三K党迫害的不仅仅是移民和黑人,还有他们认为叛教有罪的白人新教徒、性生活泛滥的男女,或肆意酗酒之徒。三K党帮助推行禁酒,试图强制学校阅读《圣经》,严厉惩罚离婚者。三K党的行为不仅是在捍卫种族纯洁,而且是在现代道德观、价值观的冲击下极力维护自己定义的所谓传统文化。

戴维·斯蒂芬森

三K党作为一个组织在1925年之后开始衰落,主要是因为内部权力之争和一系列有损某些领袖人物名声的肮脏丑闻所致。最具伤害性的事件来自印第安纳州三K党首领戴维·斯蒂芬森。他强奸了一名年轻秘书,并将她绑架,眼看她服毒自杀而没有通知医生抢救。其他一些地区的三K党挣扎到20世纪30年代,但到二战之后已完全解体(二战后仍然得以幸存的三K党虽以其前身为榜样,但他们与二三十年代的三K党没有直接关系)。

宗教正统派

1920年代另一种文化冲突起源于有关宗教在现代社会中地位的争论。到1921年,美国新教已划分为两个独立的阵营。一边是温和派:主要由都市中产阶级组成,试图将宗教和现代科学发展结合起来,尽力使宗教适应现代世俗社会。另一边是传统信念的捍卫者:主要由地方阶层,大部分是乡间的男男女女组成,极力捍卫宗教在美国生活的中心地位。她们逐渐被称为"正统派"——这个词来自于一战前出版的一系列手册《正统派》(*The Fundamentalists*)。正统派对人们放弃传统信仰、相

布赖恩和达罗在代顿 克拉伦斯·达罗(左)和威廉·詹宁斯·布赖恩在1925年斯科普斯审判时的合影。天气炎热,两人都脱去了外套,令很多崇拜者震惊的是布赖恩只系了腰带而没有向多数乡下人那样系吊裤带。在田纳西乡间,吊裤带是乡村文化的象征之一。(*Brown Brothers*)

信科学发现感到非常气愤，坚持必须逐字逐句地理解《圣经》。更重要的是，他们反对查尔斯·达尔文的理论，因为他公开挑战《圣经》的创世传说。正统派强调，人类并非从低级动物进化而来，而是如《创世记》所说的那样由上帝创造。

正统派是一个极力提倡福音运动的组织，热衷于向其他新团体传播福音。福音传道者，其中著名的如比利·桑戴，到各州（特别是南方和部分西部地区）进行巡回演讲，他们的布道会吸引了大批听众。现代新教派对这类活动一般持谦恭赞赏的态度，但到20年代中期，福音正统派开始出人意料地在某些州产生政治影响，要求立法机构取消公立学校的进化论课程。1925年3月，田纳西议会真的通过立法，禁止公立学校教师"讲授与《圣经》的上帝造人故事不同的任何其他理论"。

田纳西的此项立法引起了美国公民自由协会的高度重视。这是一个新生组织，于1920年创建。他们为战时和战后压抑的法律和社会环境而担忧。公民自由协会为田纳西抵抗立法的教师提供免费咨询，并为后来的一起法律案件积极辩护。代顿镇24岁的生物教师约翰·T. 斯科普斯（John T. Scopes）自愿接受逮捕。公民自由协会准备派著名律师克拉伦斯·达罗（Clarence Darrow）为斯科普斯辩护，已经年迈的威廉·詹宁斯·布赖恩（如今是正统派主要发言人）同时宣布自己要到代顿帮助起诉。全国各地的记者纷纷涌向田纳西报道审判过程，这就是著名的"猴子审判"。审判在颇具滑稽意味的氛围中进行。斯科普斯的行为明显违法，最后判决肯定会是有罪，特别是法官拒绝允许进化论"专家"出庭作证。斯科普斯被判罚金100美元，案件在高级法院最终以涉及技术问题而得到平反。然而，达罗在法庭辩论中将布赖恩本人推向证人席，要求他以"《圣经》专家"的身份作证，以此为现代新教赢得了一场重大胜利。法庭上的交互辩论向全国大部分地区现场转播。在达罗的质问下，布赖恩有关《圣经》真理的顽固立场显得荒唐可笑，最后钻进了达罗设计的圈套，被迫承认并非所有的宗教都只能允许一种解释。

斯科普斯案给许多正统派带来了严重的打击。此后许多主流新教组织开始孤立，甚至排斥正统新教。案件基本结束了正统派的政治影响，但并未改变他们的宗教信仰。即使与传统教派没有太多联系的正统派仍然聚集在独立教会或他们自己的新宗派中。

民主党人的磨难

本土美国人试图维护自身生活方式的苦恼尤其困扰着民主党。20世纪20年代民主党正处于困境之中，都市派和乡村派之间的斗争大大削弱了该党实力。民主党比共和党的构成更为复杂，包含众多团体，党内团结主要靠地方传统而非共同利益。在民主党各利益集团中，一边是禁酒派、三K党和正统派，另一边是天主教徒、都市工人和外国移民。

1924年，两派势力的冲突更加激烈。当年夏天在纽约举行的民主党全国代表大会上，冲突终于爆发，起因是党内都市派试图通过废除禁酒法和谴责三K党的有关条例。两项条例最后均以微弱少数未获通过。对全党利益伤害更大的是在总统候选人问题上形成的僵局。都市民主党支持艾尔弗雷德·E.史密斯，一名爱尔兰天主教徒，是纽约州的进步派州长。乡村民主党人则支持威廉·麦卡杜，伍德罗·威尔逊的财政部长（及女婿）、后来成为代表加利福尼亚的参议员，深受南方和西部反对坦曼尼协会和现代都市生活的代表拥护。大会因103张选票未定而持续拖延，直到最后史密斯和麦卡杜都退出竞选。两派达成妥协：推举温和派企业律师、威尔逊时期的司法副部长和美国驻英国大使约翰·W.戴维斯（John W. Davies）为总统候选人。他被卡尔文·柯立芝总统轻而易举地击败了。

艾尔·史密斯

1928年，当艾尔·史密斯在相对小型的争斗中成为民主党总统候选人之后，类似的分裂给民主党造成了进一步的伤害。史密斯没有能力团结已分裂的民主

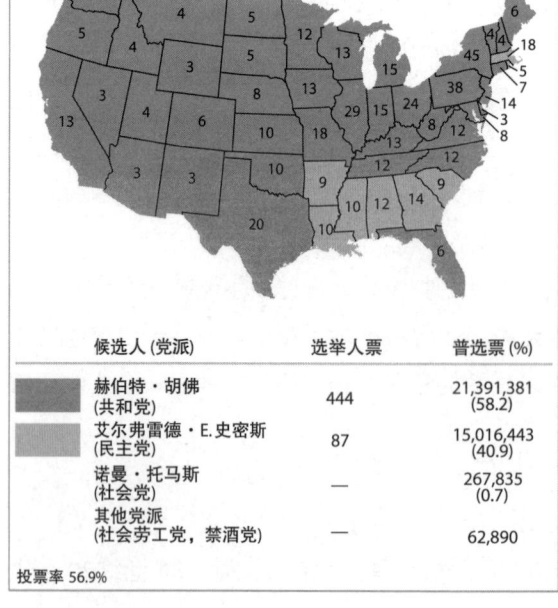

1928年大选 不论从哪个角度衡量，1928年的选举都是一边倒的。赫伯特·胡佛以58%对41%的普选票战胜了艾尔弗雷德·史密斯。史密斯仅仅赢得了马萨诸塞、罗德岛和南方几个民主党的传统州。◆ 为什么史密斯即便在南方的一些州也表现不佳？

党——主要是由于党内存在着强烈的反天主教情绪，特别是在南方。在其他地区，尽管他赢得了许多大城市，但除了马萨诸塞和罗得岛两州之外一无所获。史密斯的对手、大选胜利者是一个比当时任何政治家都更适应新时代中场阶级社会繁荣发展的人：赫伯特·胡佛。

四、共和党当政

从 1921 年起的 12 年间，总统和国会一直都牢牢掌握在共和党手中——自战前进步主义时代起它的改革派势力逐渐削弱。在大多数时间里，联邦政府对美国经济组织保持着良好的鼓励的态度。然而新时期的政府并不是批评家们所说的那样被动和顺从，它极力在经济变革中扮演活性剂的角色。

哈定与柯立芝

似乎没有其他什么能比两位总统的特点更能说明 20 年代保守政治的特点了。这两位总统的任期涵盖了 10 年间的大部分时间：一位是沃伦·G. 哈定，一位是卡尔文·柯立芝。

哈定于 1920 年当选总统。此前他从政多年，但政绩一般。作为一名平凡的来自俄亥俄州的参议员，他之所以成为共和党总统候选人，是由于党内领袖一致认为他是"一个出色的替补队员"。哈定任命最有能力的人组成内阁，尽力稳定处在困境中的外交政策。尽管他努力使自己更加称职，但正如他自己所承认的那样，他似乎总是不胜其职。"我是个出身于小镇的小人物，"据说有一次他对朋友这样说，"我很难感受到自己就是总统。"他知识上的局限主要是由于他的个人弱点：喜欢赌博、非法酗酒和女人。

哈定无法摆脱那些曾使他一举成名的党内庸才。其中一位是哈里·多尔蒂——一名只顾个人政治升迁的俄亥俄党派老板，另一位是新墨西哥参议员阿尔伯特·B. 福尔——被任命为内政部长。所谓的"俄亥俄帮"成员也都担任了政府要职。人所不知的是（也许哈定本人也不知情），多尔蒂、福尔等人均涉嫌欺诈和腐败，最终被公之于众。最著名的丑闻涉及美国海军石油储备基地，分别坐落于怀俄明州的茶壶丘和加利福尼亚州的麋鹿山。在福尔的请求下，哈定将这些储备基地由海军部转交给内政部，于是福尔私下将基地租给两位富商，并以"贷款"形式收取

茶壶丘

哈定和朋友们 1921年,总统沃伦·G. 哈定(中间靠左,持手杖者)在一次迈阿密的钓鱼旅行中和友人合影。他喜欢和富人朋友以及政治伙伴一起参加此类社会和体育活动。照片上他的同伴中有两位分别是司法部长哈里·多尔蒂(在哈定左边)和内政部长阿尔伯特·福尔(在最右边)。他们是严重影响哈定政府的丑闻的主角,不论在哈定生前还是死后。(Bettmann/Corbis)

了近50万美元的回报,以缓解个人的财务紧张。福尔最终因受贿罪被判处有期徒刑一年。哈里·多尔蒂涉及另一桩类似丑闻,几乎是同样的下场。

1923年夏,即国会调查组和新闻媒体将丑闻曝光前仅仅几个月,疲惫压抑的哈定离开华盛顿到西部巡回演讲。7月底在西雅图,哈定感觉到剧烈疼痛,但他的医生将其误诊为食物中毒。几天后,哈定在旧金山逝世,死因是两次严重的心脏病发作。

接替哈定成为总统的卡尔文·柯立芝在许多方面与哈定截然不同。哈定为人亲切、喜欢饶舌、放荡不羁,柯立芝则态度冷漠、沉默不语、作风严谨。哈定自己虽然不腐败,却能容忍他人堕落,而柯立芝似乎非常诚实,无可指责。不过在其他方面,哈定和柯立芝比较相似。二人基本上都是被动地对待总统职位。

柯立芝同哈定一样在没有太多政绩的情况下出任总统。柯立芝1919年当选马萨诸塞州州长,因平息当年波士顿警察罢工事件引起全国注意,足以使他在1920年成为共和党的副总统候选人。三年后哈定总统去世时,他

卡尔文·柯立芝

休闲中的卡尔文·柯立芝 柯立芝为人兴趣简单,少言寡语。尽管他极力想表现得喜爱户外运动,但事实上他的性格并非如此。照片摄于康涅狄格州西姆斯伯里,柯立芝精心打扮,身着套服、打着领带、戴着帽子、脚蹬胶靴,在河边钓鱼。(Bettmann/Corbis)

在身为治安法官的父亲的监督下、在一盏煤油灯前宣誓继任总统。

从任何方面讲，柯立芝都是一个比哈定更为被动的总统，这与他的基本信念有关，他认为政府应尽量不干涉国家生活。1924年他在几乎无人反对的情况下成为共和党总统候选人。在和民主党候选人约翰·W. 戴维斯的竞争中，柯立芝轻松当选：赢得了54%的普选票和531张选举人票中的382张。代表重组的进步党的候选人罗伯特·拉福莱特赢得了16.8%的普选票，但只在家乡威斯康星一州获胜。柯立芝或许能在1928年再度获得提名并继续当选。然而，有一天他以其独特的简洁风格走进新闻发布室给其中的每位记者发了一张纸条，上面写着："我不参加1928年总统大选。"

政府与企业

然而，有关哈定和柯立芝本人的故事只是二人执政期间所有故事的一部分，而且绝不是最重要的部分。无论新时期的总统是否称职，20年代联邦政府的大多数部门均能有效运作，使公共政策顺应时代需要：帮助企业和工厂最大幅度地提高效率和增加产值。一战期间形成的私营经济与联邦政府的关系在形式上有所变化，但亲密程度依然如旧。财政部长安德鲁·梅隆（Andrew Mellon）是富裕的钢铁和铝金业大亨，他全力争取缩减企业所得税、个人所得税和继承税。在他的努力下，国会将所有这些税收削减了一半以上。梅隆在1924年以后还和柯立芝总统一道致力于削减已经压缩的政府开支。政府甚至设法将一战时的国债偿还了一半。

内阁中最出色的成员是商务部长赫伯特·胡佛，别人将他看成是进步派，他自己也这么认为。他在商业部任职的八年时间里积极鼓励私营领域的自愿合作，将其作为稳定发展的最佳途径。但企业自愿并不意味着政府的被动旁观，相反地，胡佛认为，政府有责任在营造新的合作企业秩序中发挥积极作用。总之，胡佛提倡企业互助观念，提倡在特定工业领域建立国家性贸易机构。通过这些贸易机构，胡佛相信，私营企业家才能获得稳步发展，才能提高生产效率和销售效率。

1928年赫伯特·胡佛成为总统，使一些改革派看到了希望。胡佛轻松击败了民主党候选人艾尔弗雷德·史密斯。他在上任时保证将采取新的大胆措施解决国内遗留的经济问题，但他几乎没有机会兑现自己的诺言。在他宣誓就职后不到一年，美国陷入了历史上最严重、最持久的经济危机，危机打破了新时期许多乐观主义设想，将美国带入了一个前所未有的社会创新和改革时期。

> 安德鲁·梅隆

> 胡佛的企业互助理念

小 结

20世纪20年代令人瞩目、史无前例的经济繁荣是当时人津津乐道的所谓"新时期"的主要内容。在第一次世界大战之后的年代里，美国文化得到了多元化大规模的发展。中产阶级越来越崇尚消费主义；政治家在蓬勃发展、相互依存的工业经济中找到了自身的位置；他们摒弃了前代人改革运动的诸多主张，但也建立了新的机制以促进国家的经济发展和稳定。

然而在"新时期"繁荣的背后也存在着激烈的争端和无尽的抱怨，所有不平等问题都亟待解决。在国家工业发展史上，尽管20年代的经济繁荣给更多百姓带来了前所未有的经济利益，但仍有一半以上的美国人没有从经济增长中得到任何真正的好处。新的、乐观主义的世俗文化吸引了上百万都市中产阶级，但仍有很多人对此忧心忡忡，坚决抵制。事实上当时的政治文化冲突超过了美国当代历史上任何其他时期。

20年代最终以灾难性的经济危机而告终，从此为这些年打上了无法磨灭的印记。20年代的经济危机不能否定"新时期"经济的真正成果，而20年代的繁荣也无法掩盖社会不平等和动荡不安，它为即将到来的岁月埋下了痛苦的隐患。

阅读参考

Frederick Lewis Allen, *Only Yesterday* (1931) 是关于1920年代的一部经典通俗史。

Michael Parrish, *Anxious Decades: America in Prosperity and Depression, 1920—1941* (1992) 是一部很好的调查研究。

Ellis Hawley, *The Great War and the Search for a Modern Order* (1979) 描述了第一次世界大战对美国思想、文化和社会的影响。

William E. Leuchtenburg, *The Perils of Prosperity* (rev. ed. 1994) 揭示了伴随1920年代经济繁荣的阶级区分和文化错位。

David Brody, *Workers in Industrial America* (1980) 包含了有关1920年代福利资本主义和其他劳工体系的重要文章。

T. J. Jackson Lears, *Fables of Abundance: A Cultural History of Advertising in America* (1994) 和 Roland Marchand, *Advertising the American Dream* (1985) 对广告在新消费文化中的作用做了有价值的探究。

James J. Flink, *The Car Culture* (1975) 研究了汽车改变美国人生活的方式。

David Farber, *Sloan Rules: Alfred P. Sloan and the Triumph of General Motors* (2002) 描述了大型汽车企业的合并。

Susan Smulyan, *Selling Radio: The Commercialization of American Broadcasting, 1920—1934* (1994) 按时间顺序记录了商业电台的出现。

Robert Lynd and Helen Merrell Lynd, *Middletown* (1929) 是关于美国城市如何面对 1920 年代的消费文化和经济的经典社会学研究。

Ann Douglas's *Terrible Honesty: Mongrel Manhattan in the 1920s* (1995) 研究了纽约市在"新时期"的文化和政治历史。

Lynn Dumenil, *The Modern Temper: America in the 1920s* (1995) 研究了美国人对现代文化的反应。

George Chauncey, *Gay New York: Gender, Urban Culture, and the Making of the Gay Male World, 1890—1940* (1994) 是历史学较新领域的一部杰出作品。

Nancy Cott, *The Grounding of American Feminism* (1987) 探索了 1920 年代美国女性主义运动的衰落。

Gary Gerstle, *American Crucible* (2000) 研究了种族和民族在 20 世纪界定美国国民身份时作用的变化。

Nathan I. Huggins 在 *Harlem Renaissance* (1971) 中按年代记录在那些年中哈勒姆黑人区的文化和政治活动的高潮。

George Marsden, *Fundamentalism and American Culture* (1980) 是关于 1920 年代达到高潮的宗教斗争的很好的专著。

Edward J. Larson, *Summer for the Gods: The Scopes Trial and America's Continuing Debate over Science and Religion* (1997) 是关于斯科普斯案的非常有价值的分析。

Leonard Moore, *Citizen Klansmen: The Ku Klux Klan in Indiana, 1921—1928* (1991) 提出了关于"三 K 党"的很有挑战性的观点。

Kathleen M. Blee, *Women and the Klan: Racism and Gender in the 1920s* (1991) 重现了三 K 党的女性世界。

Michael Lerner, *Dry Manhattan: Prohibition in New York City* (2007) 描述了第十八条宪法修正案的影响。

Kevin Boyle, *Arc of Justice: A Saga of Race, Civil Rights, and Murder in the Jazz Age* (2004) 揭示了"新时期"的种族规范。

David Burner, *The Politics of Provincialism* (1967) 是关于 1920 年代民主党所受磨难的很好的专著。

Morton Keller, *Regulating a New Economy: Public Policy and Economic Change in America, 1900—1933* (1990) 和 *Regulating a New Society: Public Policy and Social Change in America, 1900—1933* (1994) 都是研究"新时期"公共政策的重要著作。

Coney Island (1990) 这部纪录影片重现了科尼岛的戏剧性和吸引力。

That Rhythm, Those Blues (1997) 这部电影记录了一夜性演出、临时简易住房和糟糕的交通,这些都是哈勒姆区 125 街著名的阿波罗剧院走向辉煌前的情况。

Mr. Sears' Catalogue (1997) 是一部探索希尔斯邮购商品目录如何成为肆意快速发展的美国的雄心和梦想的标志的影片。

《非法车厢》局部,勒孔特·斯图尔特作品 数以千计的男人(和一些女性)在大萧条期间离开家乡,在各城市间流浪寻找工作,他们经常跳上货运列车免费(但违法)搭车。(*Museum of Church History & Art, Salt Lake City, Utah*)

第 23 章
大萧条

1928年8月,美国总统大选在即,赫伯特·胡佛发表讲话宣称:"我们今日的美国,比历史上任何时期,世界上任何国家,都更加接近摆脱贫困的目标。贫民救济院正在从我们眼前消失。"但是,仅仅五个月之后,他的宣言便站不住脚了。整个国家陷入有史以来最为严重、最为持久的经济危机。这场经济危机以不同的形式持续了十年之久。不光美国深受其害,其他地区也都难逃劫难。"大萧条"对所有美国人来说都是一次惨痛的经历:失业,土地等财产尽失,有时甚至无家可归,饱受饥饿之苦;对整个国家来讲也是一场灾难,整个社会政治体制因此受到空前重创。

"大萧条"影响到经济生活的各个方面,因此也同时影响到了社会生活。它摧毁了20世纪20年代风头正劲的"牛市",使股票一跌再跌,很多年都不能恢

大事年表

1929 年	股市崩盘标志大萧条开始
	《农产品购销法》通过
1930 年	《霍利—斯姆特关税法》实施
	南方及中西部(干旱尘暴区)十年干旱开始
	亚特兰大白人工人建立"黑衬衫"组织抵制黑人争夺工作机会
	日裔美国人建立"日裔美国公民联盟"
	约翰·多斯·帕索斯出版《美国》三部曲
1931 年	美联储提高利率
	大萧条波及欧洲,美国危机加重
	斯科茨伯勒案被告被捕
	共产党在华盛顿发起绝食游行
1932 年	厄斯金·考德威尔出版《烟草之路》
	复兴金融公司成立
	"农民假日协会"在艾奥瓦州成立
	"补偿金远征军"进抵华盛顿特区
	银行危机开始
	富兰克林·D.罗斯福当选总统
1933 年	富兰克林·罗斯福就任总统;新政开始(见24章)
1934 年	"南方佃农协会"成立
1935 年	美国共产党宣布成立"人民阵线"
1936 年	戴尔·卡耐基出版《如何交友及影响他人》
	玛格丽特·米歇尔出版《飘》
	《生活》杂志创刊
1939 年	约翰·斯坦贝克出版《愤怒的葡萄》
	《苏德互不侵犯条约》签订削弱了美国共产党的力量
1940 年	理查德·怀特出版《本地人》
	欧内斯特·海明威出版《丧钟为谁而鸣》
1941 年	詹姆斯·艾吉与沃克·埃文斯出版《让我们赞美名人》

复。它中止了工业厂房和基础设施的投资，在经济危机来临之前，这些投资曾为拉动经济增长做出了很大的贡献。经济危机使得整个国家银行系统陷入困境之中。但最大的危害在于，它造成了大规模失业：在1930年至1941年间，失业率有时会升至25%并且从来未低于15%。对于大多数人来说，这次"大萧条"中最显而易见和最令人恐惧的就是这场规模浩大且持续时间长的失业。它不仅仅影响到了那些没有工作的人，有工作的人们也深受其害，工资越来越低。导致几乎所有的美国人都很担心自己的经济安全。

在这场经济危机中，赫伯特·胡佛采用了联邦政府的调节手段来处理经济问题，这比往届任何一位总统都更有魄力，更有创造力。但无论他做了多少努力，都已无法击退这场"经济危机"的浪潮了。胡佛之所以否决了许多方案是因为他坚信那会挑战美式生活的最基本原则：主要是个人的权利和义务。纵观美国的历史，这些价值观一直为人们所推崇，但是这次经济危机使它们备受质疑，不仅毁掉了胡佛的名望，并最终改变了美国政治的特点。

一、"大萧条"的到来

这场始于1929年的经济衰退之所以让人们格外震惊，是因为它紧随"新时期而来"，而人们认为这将是另一个不断创造经济奇迹的时代。

"大崩溃"

1928年2月，股票价格开始持续上涨，在一年半的时间里，仅出现了几次回落。自1928年5月到1929年9月，股票平均价格上涨了40%。与此同时，主要工业股票（决定道琼斯平均指数的股票）的价格翻了一番。日交易额由每日200万至300万股急剧增长到每日500万股，甚至有些时候能够达到每日1000万股至1200万股。简而言之，股票狂热不断升温，特别是在一些券商不顾后果，大胆为购入方提供信贷的情况下，这种狂热愈演愈烈。

1929年秋，"牛市"开始崩溃。10月21日和10月23日，股票出现两次大跌。但是在这两次大跌之后，都出现了短暂的回升（第二次回升是由 J. P. 摩根公司和其他几家大规模的银行操纵的，显而易见是为了提升股票价格来恢复公众的信心）。但是在10月29日，即所谓的"黑色星期二"，所有用来挽救市场的努力全部落空了。1600万的股票交易中，工业股票的指数下跌了43%。很多公司的股票变得一文不值。这种萧条状况长达四年之久，并且在十年的时间内都没有恢复元气。

很多人认为股票市场出现的大崩溃是"大萧条"的开端，甚至是起因。但是虽然1929年10月的股票崩盘似乎是经济危机最早的可见迹象，"大萧条"的爆发有更早的前兆以及更加重要的原因。

"大萧条"的原因

在长达数十年的时间里，经济学家、历史学家和其他业内人士对于"大萧条"的原因争论不休，一直没有达成一致意见。但对其中的一些方面，还是达成了许多共识。他们一致认为最值得注意的问题不是经济危机的出现，因为周期性的经济危机是资本主义经济的普遍特征。最值得注意的是这场经济危机的延续时间如此之长。因此重要的问题不在于为什么会有"大萧条"，而是为什么这次危机会这么严重。大多数研究人员认为，各种因素造成了"大萧条"的严重性，尽管他们对于哪一个因素是最重要的因素仍然有相当大的分歧。

缺乏多样性

原因之一是 20 世纪 20 年代美国经济缺乏多样性。经济繁荣过度依靠少数基础工业,以建筑业和汽车业为主。20 世纪 20 年代末,这些工业开始走下坡路。1926 年至 1929 年之间,建筑业的支出从 110 亿美元减少到低于 90 亿美元。1929 年前 9 个月,汽车的销售额下降了 1/3 以上。新兴工业兴起,可以填补空缺(例如旨在扩大消费品市场的石油、化工、塑料业等),但是仍然不足以抵消其他部门下滑的损失。

崩盘的后果 1929 年 10 月,照片中的男子沃尔特·桑顿站在他刚买不久的昂贵汽车前,他是 1929 年秋股市崩溃后遭受巨大损失的美国人之一。大众传说当时有很多这样的人在绝望中自杀,而事实上少有人那样做。更普遍的是人们像照片中这样,努力卖出财产来弥补损失。桑顿比大萧条的很多受害者幸运,因为绝大多数人没有可以出售的财物。(Bettmann/Corbis)

财富分配不均

第二个因素是购买力分配不均,导致了消费需求的减弱。工农业生产的发展将一部分利润分配给了农民、工人和其他潜在消费者,但是这些消费者远不能形成一个容纳大量商品的消费市场。需求远远赶不上供应。甚至在 1929 年,在近 10 年经济增长后,多于一半的美国家庭生活在最低生活水平的边缘或以下,没钱购买工业经济所生产的商品。

由于很多公司继续扩大它们的资产设备(工厂、库房、重机械和其他的投资),经济繁荣发展。然而,到了 1929 年,资本投资制造了太多不能够被有效利用的厂房,工厂制造出了太多消费者不能购买的商品。正在遭受商品需求量下降的工业(建筑、汽车、煤炭业等)开始裁员,这一举动使得消费者的购买能力进一步被削弱。甚至正在扩张的工业也因为新的替代密集劳动力的技术的应用经常裁员。在 1929 年后经济缓慢增长的环境下,这些下岗工人难以在其他地方谋到职业。

第三个主要的原因在于经济的信贷结构。农民都深深卷入债务之中,他们要支付土地的抵押金,可是他们农作物的价格过低,支付不起贷款。20 世纪 20 年代,小银行(特别是和农业经济相挂钩的银行)处于长期的困境中,由于客户拖

1930年的失业大军 纽约市政府出租屋前数以千计的失业者等待领取免费食物。(Library of Congress)

欠债务,许多这样的银行破产了。大银行的处境也不乐观。尽管大多数美国银行家都非常保守,仍有一些大银行不计后果地大规模投资股票市场或者提供不良贷款。所以当股票市场崩溃的时候,许多这样的银行无法承受面临的损失。

第四个导致美国"大萧条"的因素是美国在国际中的贸易地位问题。20世纪20年代后期,欧洲市场对于美国商品的需求开始下降。原因一方面在于欧洲工农业生产能力的提高,一方面在于欧洲一些国家(特别是魏玛共和国时期的德国)正在经受财政困难,没有能力从海外购买产品。一战后出现的国际债务结构造成欧洲经济不稳定,这是第五个因素,导致了需求下降。

出口减少

1918年战争即将结束之时,所有和美国联盟的欧洲国家都亏欠美国巨额债务。债务数额远非欧洲破败经济所能承受。这也是为什么众多协约国(在伍德罗·威尔逊反对下)坚持要求德国和奥地利支付赔款的原因。他们希望赔款可以给他们提供偿还自身债务的途径。但是德国和奥地利自身在战后经济已经很困难,与协约国无力还账一样,支付不起战后赔款。

不稳定的国际债务结构

美国政府拒绝免除或减轻债务。相反,美国的银行开始向欧洲政府提供大笔贷款,让他们以此还清先前的债务。因此欧洲只能高筑新债台才能偿还先前的债务,在20世纪20年代末,特别是1929年美国经济开始衰退时,欧洲国家发现很难从美国争取到贷款。同时,美国高额的关税保护使得欧洲国家很难在美国市场销售它们的商品。没有任何外汇资源来帮助它们支付贷款,欧洲国家开始违约。国际信贷结构崩溃成为1931年后"大萧条"扩展到欧洲的原因之一(欧洲的情况比美国更糟,参见"美国与世界",边码第 665 页)。

历史学家的分歧 "大萧条"的原因

"大萧条"的原因是什么?经济学家和历史学家自经济危机开始就在争论,并且仍然没有达成任何一致的结论。然而,在争论的过程中,他们形成了一些关于现代经济如何运行的不同理论。

在"大萧条"的过程中,不同的团体根据自身的利益和意识形态对经济危机做出了诠释。一些公司领导宣称"大萧条"是"商业信心"匮乏的结果。商人拒绝投资是因为对政府政策的限制和高税收的恐惧。胡佛政府没有能力运用可行的方法解决这场危机,就谴责国际经济环境的压力,要求稳定世界货币和债务结构。"新政"的拥护者则决定去寻找一种解决经济危机的方法,并且同时在思想上倾向于对企业的权利进行限制。他们认为"大萧条"是"消费不足"导致的危机。工资低而产品价格高使人们没有能力购买工业经济生产出的产品。需求匮乏导致了经济崩溃。同样,其他的团体也做出了为自我服务的诠释。

"大萧条"时代的学者同样也根据其自身对于经济危机的观点提出了对于经济该如何运行以及怎样的公共政策更正确的解释。其中一个很重要的诠释来自于经济学家米尔顿·弗里德曼和安娜·施瓦茨的著作《美国货币史》(Milton Friedman and Anna Schwartz, *Monetary History of The United States*, 1963),在"大衰退"一章中,他们提出了后来为人们所知的"货币"解释。他们宣称,大萧条是货币猛烈紧缩的结果(联邦储备局的错误决定使得利率在本应该降低的时候增长了),通货紧缩措施把平常的不景气变成了大萧条。这种看法正好迎合了米尔顿·弗里德曼提倡多年的观点:与征税和扩大消费等财政政策不同,货币政策是解

(*Library of Congress*)

决经济问题的最好办法。

另一种非常不同的观点被称为"消费"解释，以经济学家彼得·特敏（Peter Temin）及其1976年的著作《货币因素是否导致了大萧条？》（*Did Monetary Forces Cause the Great Depression?*）为标志。特敏对于他自己提出的问题的回答是否定的。导致危机的原因并不是货币紧缩（虽然紧缩加重了大萧条），而是投资和消费的降低，它们先于货币供应的减少，并且导致了这种状况。而且这里存在明显的政治暗示。如果消费的减少是大萧条的成因，那么正确的做法是努力刺激需求——增加政府消费，增加购买力，重新分配财富。根据这个理论，新政并未结束大萧条，因为它并没有花费足够多。实际上是第二次世界大战结束了大萧条因为它将大量的公共资金注入了经济。这是一种自由的、凯恩斯理论的解释，就像"货币假设"是一种保守的解释。

另一种重要解释来自于历史学家迈克·伯恩斯坦。他在《经济大萧条》（Mike Bernstein, *The Great Depression*, 1987）中尽量避免解释为什么会出现经济低迷，而是问为什么它持续了这么长的时间。他认为，1929年的经济衰退之所以转变成20世纪30年代的大萧条，是由于其崩溃的时间，经济衰退开始只是平常的周期性低迷。如果它早几年发生，20年代汽车业与建筑业的实力将令经济以相当快的速度恢复。如果它晚几年发生，一些新出现的工业也将使经济在相当短时间内得到恢复。但是经济衰退始于1929年，汽车和建筑业在经历了一个严重的、长时间的衰落后已经帮不上什么忙了，而对于新型工业来说又太早了——航空业、石化产业、塑料业、铝、电器和电子产品、加工食品等产业仍处于幼年时期。

这种观点的政治性暗示不如其他解释明显。但是一个可能的结论就是如果经济的增长依赖于新兴工业取代衰退工业的成功发展，那么政府最明智的经济方针就是把投资和新经济的部分增长作为目标。伯恩斯坦认为第二次世界大战之所以对美国经济的长期复苏如此重要，不仅在于它把资金投入经济，而且在于这些钱大部分用于可以维持战后繁荣的新产业。换句话说，这种大萧条的解释似乎支持了在20世纪70年代和80年代变得流行的观点，即在激励新工业的发展方面需要一个更直接的政府角色。

然而，最后没有任何一个关于大萧条的解释对大多数学者来说是充分的。经济学家罗伯特·卢卡斯（Robert Lucas）认为这个事件是任何理性计算无法说明的。

"大萧条"的进程

1929年股票市场的崩溃对"大萧条"并没有太多的直接影响,但却导致了一系列连锁反应,暴露了美国经济长期存在的弱点。在接下来的三年里,经济危机进一步恶化。

股票市场的崩溃之后紧接着是金融体系的危机,1930到1933年间,多达9000多家美国银行不是破产就是关门停业以逃避破产,存款额损失超过250亿美元。由于这些银行倒闭,国内货币供应总数在1930—1933年间减少了三分之一以上。货币供应的下降意味着货币购买力的下降,因而导致了通货紧缩。厂家和商家开始降低价格、减少生产、解雇工人。一些经济学家认为如果美联储能更积极地做出反应,可能会避免这场严重的经济萧条。但是美联储的委员们过多担心自身的危险经济处境,于1931年提高利率,进一步使货币供应紧缩。

美国的国民生产总值从1929年的1040亿美元降低到1932年的764亿美元——三年内降低了25%。1929年,美国人投入162亿美元用于基本建设投资,1933年他们只投资了3亿美元。1929至1933年间,消费价格指数下降了25%,批发价格指数下降了32%。四年内的总农业收入从120亿美元下降到50亿美元。

二、艰苦时期的美国人

20世纪30年代,有人问英国经济学家约翰·梅纳德·凯恩斯,是否有别的历史时期可以和"大萧条"时期相比。凯恩斯答道:"有,那就是中世纪的是黑暗时代,而且持续了四百年。"大萧条并没有持续四百年,但是它的确给美国和西方世界的主要经济带来了空前的绝望,并对美国社会和文化产生了深远的影响。

失业与救济

在工业化的东北部和中西部地区,一些城市由于失业率太高而基本陷入瘫痪。1932年,俄亥俄州的克利夫兰市失业率达到50%,阿克伦市达到60%,托莱多市达到80%。许多从事工业劳动的工人习惯了阶段性失业,但没有人可以预测20世纪30年代的失业规模和持久性。

大多数美国人一直相信命运掌握在自己手中,失业和贫穷是个人失败的标志。尤其许多成年人为他们的失业感到深深的羞耻,失业的无助对传统的男性观念是一种挑战。失业的工人一天一天穿梭在街道上寻找着根本不存在的工作。

越来越多的家庭求助于州政府和当地公共救济系统，只求不被饿死。但是这些在20世纪20年代只为少数贫困家庭提供服务的系统，完全没有准备好满足这么多的需求。在许多地方，救济系统直接破产倒闭。私人的慈善机构试图补充公共救济系统，但是问题之多也远远超过他们的能力范围。州政府在对失业人员的帮助上感到了压力，但是税收和其他收入一样在下降，州政府官员们不想再增加已经很吃紧的财政预算压力。此外，许多政府官员认为扩大的福利系统不利于受助人道德修养的维护。

移民家庭 20世纪伟大的摄影家之一多罗西亚·兰格在1930年代为农业安全局的摄影部工作。农业安全局的摄影师们力图记录下大萧条时期美国农业的艰难境遇，以期促进改革。兰格这张照片中的一家人和成千上万的人家一样，走在从大平原迁往加利福尼亚的路上。(Dorothea Lange/Time Life Pictures/Getty Images)

因此城市出现了这样的惨状：在红十字会和救世军门前，人们排起了长队等待救济。成千上万的人在垃圾桶里翻找，或是等在饭店厨房的外面希望得到一些剩饭残羹。将近200万人，大多数为年轻人（少数是女人）来到马路上，乘着货车往返于一个又一个城市之间，过着像流浪汉一样的生活。

美国与世界　全球大萧条

大萧条始于美国，但并不是在那里结束。美国是世界上规模最大的经济体，它的崩溃给全球带来了冲击。到1931年，美国大萧条导致了世界大萧条，对全球历史进程带来了重要的影响。

世界范围的大萧条植根于第一次世界大战期间及之后的债务模式中，当时美国借给欧洲国家上亿美元的贷款。1931年，随着美国银行的动荡和崩溃，纽约的大银行开始拼命索偿他们借给德国和澳大利亚的贷款。澳大利亚最大的银行之一因此破产，依次给中欧许多地区带来了恐慌。德国和奥地利经济的崩溃意味着它们不能继续付给英国和法国赔偿金，也就意味着英国和法国不能继续偿还美国的贷款。

金融危机的扩张伴随着戏剧化的国际贸易紧缩，部分由于美国通过了《斯姆特—霍利关税法》，建立了历史上最高的进口关税，抑制了许多全球商业的发展。低迷的农产品价格——世界范围内生产过剩的结果——也是造成衰退的重要原因。到1932年，世界范围内的工业生产下降了超过三分之一，世界贸易下降了接近三分之二。到1933年，工业化国家有3000万人失业，数量是四年前的5倍。

但是大萧条并没有局限于工业化国家。帝国主义和工业化生产把世界几乎所有地区都拉进了国际工业经济。殖民地和非洲、亚洲、南美洲的一些国家——主要依靠向工业化国家出口原材料和农产品——的产品需求减少，导致了贫穷和失业率的上升。一些国家，例如苏联与中国，它们和全球的经济联系紧密程度较小，受到大萧条的影响相对较少。但是对于世界上的大部分地区，大萧条带来了巨大的社会和经济困难。

大萧条也带来了政治动荡，在这些国家中受大萧条影响最大的是德国，20世纪30年代，它的工业生产下降了50%，失业率达到35%。衰退的经济条件极大促成了纳粹党和他的领导人希特勒的上台，希特勒于1932年成为总理。日本由于依赖世界贸易以支撑它日益增长的工业化经济，并且为了满足国内需要购买日用品，也受到了极大的冲击。另外，像德国一样，经济问题带来了政治动荡，促使了新的军国主义政权的产生。在意大利，贝尼托·墨索里尼的法西斯政府在20世纪20年代第一次掌权，把军事和领土扩张作为摆脱经济困难的方法。

在其他国家，政府通过对国内经济的改革来寻找克服大萧条的办法。最突出的例子就是美国的新政，但是在其他国家也有重要的尝试。世界上对经济萧条最普遍的反应就是在公共事业上的大量投入。美国、英国、法国、德国、意大利、苏联以及其他国家，在公路、桥梁、大坝、公共建筑和其他大型工程上都做了更大的投入。另一个应对大萧条的做法是加大对失业者的政府资金救济。世界上所有工业化国家都在尝试不同形式的救济，在这个过程中，经常会借鉴其他国家的做法，另外，面对传统经济行为模型在解释和为经济危机提供解决方案方面的明显失败，大萧条帮助创造了经济学研究的新方法。伟大的英国经济学家约翰·梅纳德·凯恩斯革新了世界上大部分地区的经济思想。他在 1936 年出版的著作《就业、利息和货币通论》(The General Theory of Employment, Interest, and Money) 尽管书名乏味，却引发了轰动。书中提出大萧条并不是生产下降的结果，而是消费需求不足的结果。他说，政府可以通过增加货币供应和扩大投资来刺激经济——通过低利率和公共消费的结合。凯恩斯主义从 1938 年起在美国产生了一定的影响，后来的几年，又对世界其他许多地方产生了影响。

在伦敦找工作，1935 一位失业的伦敦男子身上挂着一张告示，内容是打算让路人相信尽管他目前失业，但他是受过良好教育、值得尊重的人。(Getty Images)

大萧条不仅在美国历史上是一个重要的转折点，在 20 世纪的世界历史上也是一个转折点，它影响了许多国家的政治方针和经济政策。它颠覆了旧政体，创建了新政体。而可能最重要的，它是导致第二次世界大战爆发主要的、或许也是最重要的因素。

1929 年到 1932 年间，农业收入降低了 60%，三分之一的美国农民失去了土地。另外，南部和西部的大平原农业区遭受了严重的自然灾害——美国历史上最严重的旱灾之一。从 1930 年开始，从得克萨斯向北到南、北达科他的大片地区成为了"干旱尘暴区"，降雨量持续下降，伴随气温上升。旱灾持续了十年，把原本富饶的农场变成了沙漠。在堪萨斯，一些地方地表下三英尺内的土壤中没有水分。在内布拉斯加、艾奥瓦和其他一些州，夏天平均温度超过 100 华氏度。蚂蚱、蝗虫飞来飞去，吞噬着农民种植的本来就不多的庄稼，它们经常甚至咬坏围栏以及晾晒的衣服。沙尘暴（也称"黑暴"）、正如其名字一样席卷了平原，遮住了太阳，使许多牲畜和不幸待在户外的人们窒息。

虽然面临着这些灾难，20 世纪 30 年代美国农业经济仍然供过于求，农产品价格过低导致种植者们得不到一点利益。结果,许多农民像许多城市失业者一样离开了家园,去寻找工作。尤其在南方,许多失去土地的农民——不管是白人还是黑人游荡于各个城市之间,希望找到工作或是得到施舍。干旱尘暴区的成百上千的家庭(由于大多数来自俄克拉荷马州所以被称作"俄基人")来到加利福尼亚等地,他们发现这些州的生活状况比他们离开的地方要好一些。这些人作为农业移民,以微薄的工资从事采摘和收割工作。

全国上下,营养不良和无家可归现象以惊人的速度增长。医院里因为饥饿而死的人更是不断增加。许多人在城市边缘用锡铁罐、废木片、破木箱和残砖破瓦搭成窝棚,以此为家。许多无家可归的美国人到处流浪,睡在铁路货车、城市公园、地铁车站和新建的下水道里。

非裔美国人和大萧条

大萧条初期,一半以上的黑人仍住在南部,他们大多数是农民。棉花和其他主要作物价格的暴跌使农民没有任何收入。许多地主觉得分成制已无利可图,或自愿或被迫地放弃了土地,一些人移居到南部城市。但是南方的失业白人认为他们有优先就业权,并且开始从事看门人、清洁工、家务佣人的工作,取代了那些之前做这些工作的非裔美国人。

随着大萧条的加深,许多南部城市的白人开始要求解雇所有的黑人。1930年在亚特兰大,一个自称为"黑衬衫"的组织发起了一项运动,口号为"除非每一个白人都有工作,否则不给黑鬼工作!"在其他地区白人用恐吓和暴力驱赶黑人放弃他们的工作。到1932年,南方一大半黑人失业,但当地有限的救济几乎无一例外地以白人优先。

西南部平原的沙尘暴,1937 1930年代的沙尘暴对所有亲历者都是可怕的经历。从西方地平线吹来的沙尘像一堵黑墙横扫了农场和城镇,遮蔽了天日,把一切都盖上一层尘沙。(Bettmann/Corbis)

因此，毫不奇怪，20世纪30年代大约40万南方黑人流入北方。北方种族歧视没那么严重，但很多方面的条件并没有比南方优越。纽约黑人的失业率高达50%，其他城市比例更高。截至1932年，有200万美国黑人接受了某些形式的救济。

在经济大萧条时期，南方传统的种族隔离和种族歧视并没有多大改变。而几宗臭名昭著的种族暴力事件却引起了全国的关注，其中最著名的当数斯科茨伯勒案了。1931年3月，9名黑人少年在阿拉巴马州（一个靠近斯科茨伯勒的小城）的一辆货车上被捕，理由是流浪闹事。稍后，同一辆货车上的两名白人妇女控告他们强奸。实际上，无论是医学检查还是其他大量证据均证实了这两位妇女未被强奸，她们对9名少年的指控或许是出于害怕自己也会被逮捕。虽然如此，阿拉巴马州的白人陪审团还是很快认定这9名"斯科茨伯勒男孩"有罪，并且其中8名被判了死刑。

斯科茨伯勒案

1932年，最高法院推翻了这一判决，一系列重新审判引起了全国关注。一个与共产党有关的组织"国际劳工保护组织"出面为这几名少年辩护，还大力宣传这件案子。随后，全国有色人种协进会也出面支持。这次审判一直持续到1930年代末

黑人移民 黑人从南部乡村进入城市的大移民在一战前已经开始。但是在20世纪30年代和40年代，速度进一步加快。杰出的非裔美国艺术家雅各布·劳伦斯创作了一系列画作，统称为《黑人的迁徙》，来揭示非裔美国人历史上这一重要事件。(© *The Jacob and Gwendolyn Lawrence Foundation, Seattle/Artists Rights Society, New York*)

期。尽管参加审判的南方白人陪审团一直未宣布这几名黑人少年无罪，但所有被指控的黑人最后都获得了自由——4人由于原告撤诉而获释，4人被提前假释，还有1人逃跑。但斯科茨伯勒案的最后一名黑人被告直到1950年才被释放出狱。

<small>全国有色人种协进会的角色转变</small>

大萧条时期是黑人组织在角色和行为上大变化的重要时期。例如，全国有色人种协进会开始为黑人奋力争取在劳工运动中的合法地位，并支持建立产业工会联合会以消除工会间的种族障碍。全国有色人种协进会的书记沃尔特·怀特曾经亲自到一家汽车工厂，号召黑人不要参与破坏罢工的活动。这些努力使将近50万黑人有资格参加到劳工运动中。如在钢铁工人工会中，黑人会员就占到近20%。

大萧条时期的墨西哥裔美国人

类似的种族歧视同样影响着数量日渐增多的墨西哥人和墨西哥裔美国人。20世纪30年代，美国的墨西哥人口数量接近200万。

在西部等地，像其他地区的黑人一样，墨西哥裔美国人也主要从事采矿工作，但也有人自己开小农场，还有些人到各个农场帮忙干农活，比如采摘水果、收生菜等作物，成为农业移民。但大多数人还是住在加利福尼亚、新墨西哥、亚利桑那等城市地区，也有人住在底特律、芝加哥、纽约等东部工业城市，这些人构成了钢铁、汽车和食品加工业等行业中的非技术及低级劳动力。

<small>歧视墨西哥裔人</small>

就像南方一样，西南部地区失业的白人要求得到墨西哥人手中的工作。因此墨西哥人的失业率迅速上升，远远超过了白人的失业率。有些墨西哥人甚至因为某些官员随意取消对这些人的失业救济而被迫离开，还有些干脆被直接遣送回国。大概有50万墨西哥人在大萧条初期离开美国回国了。大多数救济计划都不向墨西哥人提供，有些为墨西哥人提供的救济也远远比不上向白人提供的救济。渐渐地，墨西哥人没有了进入美国学校的权利，许多医院也不接受墨西哥病人。

偶尔，也有墨西哥人组织反抗歧视的活动，最值得注意的是加利福尼亚，有人在这里建立了农民工迁徙工会。然而在当地农民和政府的联合严厉镇压下，这些组织举步维艰。就像美国黑人农民一样，许多墨西哥人开始迁徙到像洛杉矶这样的大城市，和南方以及西北地区的黑人一样生活在贫穷中。

艰难时期的亚裔美国人

对于亚裔美国人来说，经济大萧条同样加剧了种族歧视和经济边缘化的处境。

在日裔美国人和华裔美国人最多的加利福尼亚，即使是受过良好教育的亚裔美国人也很难甚至不可能进入主流社会。日裔美国大学毕业生通常也只能在家庭水果摊工作；直到20世纪30年代，洛杉矶20%的第二代日裔美国人都还在水果摊工作。对那些在工业领域或服务行业找到工作的人（通常都是低工资）来说，工作状态也相当不稳定；像黑人和西班牙人一样，他们的工作还经常被（原来蔑视此类工作的）白人抢走。日裔农民像墨西哥裔美国农民一样，常常在与大平原的白人移民竞争低收入工作的竞争中落败。

纽约唐人街 1938年，一名中国男子身上扛着广告牌子穿过纽约唐人街的街道。华裔美国人在1930年代必须应对双重挑战，一方面是大范围失业，另一方面是从中国不断传来的灾难性的战争消息，而他们的很多家人仍然在中国。(Getty Images)

在加利福尼亚，年轻的第二代日本移民在一些城市组织了"日裔民主俱乐部"，企图用法律保护少数族裔并减少种族歧视。同时，有些日裔商人和职业人士还试图从自身出发克服社会障碍，鼓励二代日本移民融入美国，实现"美国化"。他们在1930年成立了日裔美国公民联合会宣传此类思想，到1940年，这个组织已有将近6000名会员了。

华裔美国人的处境也差不多。绝大多数华人继续在华人开设的洗衣店和餐馆工作。那些到亚裔社区之外去寻找工作的人很少能找到高层次的工作。

_{日裔美国公民联合会}

大萧条时期的妇女及其工作场所

经济危机在许多方面都强化了妇女应该待在家里的普遍观念。多数男人和许多女人都认为工作是男人的事。更有人坚持只要丈夫有工作，女人就不应出去找工作。

_{反对女性就业的普遍观念}

但是，这种已婚女性不能在外工作的传统观念并没有将女人们束缚住。尽管受到公开指责，20世纪30年代，无论是单身还是已婚妇女都出来工作了，因为她们以及她们的家庭都需要钱。事实上，最大的女工团体是由妻子和母亲组成的。

_{职业女性增加}

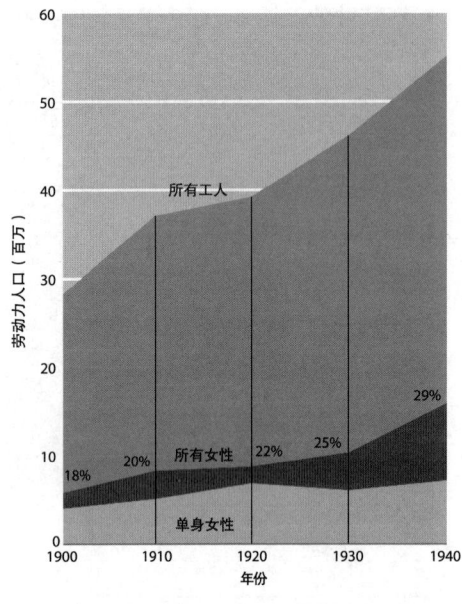

有偿劳动中的女性，1900—1940 20 世纪前 40 年，女性加入有偿劳动力大军的比例缓慢但持续地增长。请注意 1920 年以后，单身女性的参与率大体平稳——她们传统上占据了女工的绝大部分。而与此同时，参与有偿工作的女性的整体人数在增加。这些年里，特别是在 30 年代，越来越多已婚妇女参加了工作。

在大萧条末期，参加工作的妇女比大萧条开始时的数量增加了 20%。

这一增加是克服了很多障碍的结果。适合女性的机会越来越少，因为原本失业的男性开始向某些工作进军，例如从事教书和社会工作，这些原本都是女性专有的领域。工厂里的女性职工不是被迫下岗就是工资越来越少，她们的工资远比男工的少。但在有些非专业的工种，例如，售货员和速记员，女性还是有一定优势的。这些工作不会像适合男性的重工业工作那样容易消失，因为即使是处在失业状态，男人们也不会去应聘这类工作。

但黑人妇女却因为家佣女工需求量大幅减少而大批失业。20 世纪 30 年代，有将近一半的黑人妇女处于失业状态。尽管如此，20 世纪 30 年代末，黑人妇女的就业率达到了 38%，而白人妇女只有 24%。这是因为黑人妇女不管是已婚还是未婚就业率本就比白人妇女高，但这并不是自愿的，而是出于经济的需要。

对于美国的女性主义者来说，整体上大萧条时期是一个挫折的时期。尽管经济压力使很多妇女都加入到工作领域中来，但这种压力同样使 20 世纪 20 年代女权主义者倡导妇女经济独立及职业独立的理想遭到了破坏。在艰难的 20 世纪 30 年代，对女性来说，度过经济危机似乎远比实现理想更重要。

大萧条时期的家庭

大萧条时期的艰难岁月同样给美国家庭带来了很大的困扰，那些习惯于 20 世纪 20 年代生活水平稳步增长的家庭现在突然发觉自己陷入了未知的世界中。

放弃消费主义

这样的情况使很多家庭不得不放弃在 20 世纪 20 年代所发展的消费形式。妇女通常重新开始给家人缝制衣服，开始在家里做饭而不是出去买食物。其他的妇女还开办了家庭生意,她们帮别人洗衣服,出售烤食,出租房子等。许多家庭还容纳了远方的亲人,父母和孩子住在一起或祖父母和孙子住在一起。

但是大萧条也影响了家庭的凝聚力。虽然离婚率下降了,但主要是因为对某些家庭来说离婚的费用太高了。更常见的是非正式的家庭分裂,特别是失业的男性因自尊心或无法养家的压力而抛弃家庭出走。同时,结婚率和出生率也降到了19世纪初的水平。

三、大萧条时期和美国文化

对于数以百万的美国人来说,大萧条是一段痛苦难忘的经历,它动摇了很多人对自身和国家的信心。这次经济危机引发了人们对美国工业时代社会经济体系的批评。同时,也强化了某些传统价值观念,坚定了对传统目标的追求。大萧条酝酿的不仅仅是一种危机文化,也是多种文化的并存。

大萧条时期的价值观

在大萧条时期,美国社会的价值观似乎没有发生什么变化。但是在艰难时期,人们反而更加关注他们所熟悉的传统观念和目标。1929 年,社会科学家罗伯特·林德和海伦·梅丽尔·林德就出版了著名的研究印第安纳州曼西市的报告《米德尔镇》(*Middletown*),20 世纪 30 年代中期,他们又回到这里了解这座城市的变化。他们把所观察到的结果写在了 1937 年出版的《米德尔镇的变迁》(*Middletown in Transition*)。书中写道,在大多数方面"米德尔镇的文化神韵并没有发生变化,米德尔镇的生活价值观大体上与 1925 年是一样的"。最重要的是,米德尔镇的男男女女——与其他美国人一样——仍然奉行强调个性的美国传统观念。

在某些方面经济危机逐渐削弱了美国传统的"成功伦理"。许多人开始向政府寻求帮助,许多人指责贫困是公司企业、国际银行家和"经济保皇主义者"等的过错。但是,经济大萧条最终没有太大地破坏人们的成功伦理。

坚持"成功伦理"

经济大萧条时期的受害者表现出了对经济体制的愤怒及排斥。然而,大多数人还是怪罪自己。20 世纪 30 年代,对于其他人来说,没有什么比美国人对失业的消极反应还令人惊讶的。许多人对失业感到颜面无存,因此闭门不出。

自责

同时,数以百万的人们仍热衷于自我安慰,他们相信只要自己努力,就一定会重新获得发达和成功。戴尔·卡耐基（Dale Carnegie）在 1936 年出版的自我辅助手册《如何交友及影响他人》（*How to Win Friends and Influence People*）是近十年销量最好的书籍。全书的指导思想是个人进取不仅是通往成功之路，同时也是改善自我、适应环境的最佳途径，也是按他人的观念和理想调整自己的最好途径。

大萧条时期的作家和艺术家

"发现"乡村贫困

就像 20 世纪初许多进步人士对城市中普遍存在贫困现象倍感担忧一样，许多美国人在 20 世纪 30 年代发现农村贫困时也同样感到担忧。最有效地揭示了这种贫困的人是一帮纪实摄影师（大多数人都隶属于 20 世纪 30 年代的农业保障局），这些人到南方去记录农业生活的真实情况。罗伊·斯特莱克、沃克·埃文斯、阿瑟·罗斯坦、本·沙恩、玛格丽特·伯克-怀特、多罗西亚·兰格等，都对农村家庭及周围环境进行了令人印象深刻的研究，这些研究结果都揭示了经济环境给人们所带来的巨大影响。

萧条文学

许多作家同样把自己从 20 世纪 20 年代的个人问题中抽出，转向揭露社会不公。厄斯金·考德威尔在 1932 年出版的《烟草之路》（Erskine Caldwell, *Tobacco Road*）中深刻地揭露了南方农村的贫困状况，后来根据这本书改编的话剧也经久不衰。理查德·赖特，美国著名的黑人小说家，在 1940 年的小说《土生子》（Richard Wright, *Native Son*）中揭露了都市人的贫苦生活。约翰·斯坦贝克（John Stainback）的小说也描述了加利福尼亚的工人及移民的艰苦状态。约翰·多斯·帕索斯 1930 年的三部曲《美国》（John Dos Passos, *U.S.A*）狠狠地抨击了资本主义。剧作家克里夫特·奥德兹在自己 1935 年的《等待老左》（Clifford Odets, *Waiting for Lefty*）中很详尽地表述了激进分子的改进意愿。

然而，20 世纪 30 年代的文化成果却将大众的注意力转移到了经济大萧条之外。这些成果在美国的传播，主要借助 20 世纪 30 年代最有力的大众传播工具——广播和电影。

广 播

20 世纪 30 年代，几乎每个美国家庭都有一台收音机。不管是在城市还是在小镇，收音机就像是桌椅一样取代了落地柜成为家里的常见家具。甚至在未通电的偏远乡村，许多家庭也要购买收音机，想听的时候，就借用汽车的电池。

但与后来不同的是，收听收音机在 20 世纪 30 年代是社区集体活动。年轻人会在自家前廊打开收音机，然后邀请朋友们一起入座，闲谈或是跳舞。在都市贫苦地区，那些没有钱参加社会活动的人都会聚集在街上或后院中，一起收听体育赛事或音乐会。对家庭而言，收音机经常使家长和孩子在晚间坐在一起，共同收听喜爱的节目。

美国人用收音机听什么？尽管收音机有时播放社会和政治宣传节目，但主要内容都有逃避时事的色彩：如《阿莫斯与安迪》等喜剧（描绘嘲讽的、滑稽的都市黑人形象），《超人》《神探迪克·特雷西》等探险故事，《独行骑警》等娱乐性节目。广播带给广大观众一种新型喜剧，而不再是局限于杂耍和民族戏剧。杰克·本尼、乔治·伯恩斯、格拉希·艾伦等大师的戏剧表演和对白开始有大批的追随者（一直到成为忠实的电视观众）。

肥皂剧成为电视节目的主要内容，在20世纪30年代非常流行，尤其受白天独自在家的女士喜欢（也是这些剧被称为肥皂剧的原因之一；肥皂厂家是节目赞助商，他们向女士们做肥皂广告）。

电台广播几乎无一例外都是实况播音；结果，产生了大量的现场演出。电台喜剧和戏剧在剧院或演播厅面向观众上演。乐队音乐会通过电台实况转播，爵士乐和摇摆乐队变得流行。古典音乐也从演播厅通过电台进行直播。

电台广播使美国人得以第一时间知道重要时事，新闻广播和体育广播也迅速发展以满足人们的需求。20世纪30年代最激动人心的时刻都归功于广播电台的实况转播：世界职业棒球赛、大学生橄榄球赛、奥斯卡颁奖仪式、政党全国代表大

广播剧 1930年代最流行的娱乐方式之一就是收听现场直播的广播剧，内容很多是为这种新兴媒体专门创作的神秘故事和爱情故事。这张照片中，一群演员1930年初在纽约通过WNBC播出广播剧。演员分别是（从左到右）杰克·本尼、乔治·墨菲、简·克劳福德和雷纳德·加德纳。(Hulton Archive/Getty Images)

歌剧院之夜 马克斯兄弟的滑稽动作戏剧使人们从严酷的大萧条中得到解脱。这是一张他们最著名的电影海报，马克斯兄弟生动地嘲弄了很多美国人面临的困境，他们无休无止地努力寻找一条通往财富和享受的便捷之路，但总是无法成功。(Everett Collection)

会、总统就职典礼。1937年，德国飞艇"兴登堡号"在跨大西洋飞行后于新泽西州莱科赫斯特坠落起火时引起巨大反响，主要是因为目睹飞艇坠毁的播音员激动地高喊："哦我的天啊，哦我的天啊！"1938年，演员兼导演奥森·威尔斯创造了又一个令人难忘的时刻。他播送的《世界大战》使数百万人信以为真并恐慌不已（参见"大众文化模式"，边码第718—719页）。

电台广播使人们有机会分享各自的经历，有机会接触共同的社会文化和信息。在增强国家凝聚力方面作用巨大。广播改变了人们的社会生活，使许多家庭和个人比以前更注重家庭，影响同样不可低估。

新时代的电影

电影的持续流行　在困难时期，人们忙着为房租和食物奋斗，看电影似乎已不大可能。在大萧条的前几年，去看电影的人非常少，但20世纪30年代中期，大多数美国人恢复了去看电影的习惯，一是因为电影是一种比较便宜的娱乐方式；二是因为电影自身（在听觉效果上）变得更加吸引人。

华特·迪士尼　20世纪30年代的电影在许多方面和20年代一样传统，好莱坞继续用严格的态度制作影片，威尔·海斯确保绝大多数电影不涉及敏感或有争议的内容。大制片厂制度通过少数大型电影公司对演员、作家、导演实行严格控制，有助于好莱坞电影免遭非议，譬如路易斯·B.迈耶、杰克·华纳等电影大亨可以独自决定大多数电影的命运。

但是无论是审查制度，还是制片机制都无法阻止电影探索社会问题。一些电影如金·维多的《我们每天的面包》（1932）、约翰·福特改编的《愤怒的葡萄》（1940），确实探讨了政治问题；导演弗兰克·卡普拉拍摄的系列喜剧《迪兹先生进城》（1936）、《史密斯先生到华盛顿》（1939）、《约翰·多伊》（1941），都传播着无言的社会信息，歌颂小镇生活和普通人民的美好品质，讽刺城市生活和都市富人的自私腐败；美国黑帮电影如《小恺撒》（1930）、《人民公敌》（1931），描绘了不为人知的黑暗、污浊、暴力的世界，但是这些绝望的故事对于那些在苦难中挣扎的人来说并不陌生。

但是 20 世纪 30 年代大多数商业电影仍然刻意逃避现实，如《1933 年的淘金者》（主题歌《我们在赚钱》）等音乐剧，卡普拉的《一夜风流》等神经喜剧，马克斯兄弟的许多电影故意让观众从现实烦恼中逃离出来，并沉溺于快速轻松致富的幻想之中。

20 世纪 30 年代，华特·迪士尼开始长期统治动画制作和儿童娱乐领域。20 年代末，迪士尼为剧院制作动画短片，许多以新创作的米老鼠形象为主角，后者于 1928 年的卡通片《汽船威利》中首次亮相。从 1937 年《白雪公主》起，迪士尼开始出品长动画电影。其他在 20 世纪 30 年代产生巨大影响的电影根据畅销小说改编：如 1939 年上映的《绿野仙踪》和《飘》。

通俗文学和新闻出版

相比广播和电影，印刷文字更能成功表达大萧条时代的社会政治思想。20 世纪 30 年代，大多数新闻出版物，都直接或间接表达了巨大的理想幻灭感和逐渐加深的激进思想。

当然并不是所有的出版物都具有挑战性或争议性。当时最受欢迎的书籍、杂志与受欢迎的广播节目和电影一样，都具有逃避现实和浪漫奇想的性质。20 世纪 30 年代，两部最畅销的小说是以早期生活为背景的浪漫史诗：玛格丽特·米歇尔的《飘》（Gone With The Wind，1936）和赫维·艾伦的《风流世家》（Anthony Adverse，1933）。主要的杂志把焦点集中在时尚、绝技、风景和艺术上，而不是国家大事。1936 年最受欢迎的摄影刊物《生活》（Life）是美国历史上最受欢迎的杂志，阅读量超过其他任何刊物。它的一些文章探讨了政治问题和大萧条时期的经济环境问题，而且比与其竞争的杂志篇幅都多。同时它的精彩摄影也非常受欢迎，生动地展现了体育比赛、剧院表演、自然风景和重大公共设施建设的景象。它的创刊号封面是一幅震撼人心的新政水电工程的摄影作品,由玛格丽特·伯克-怀特拍摄。最受欢迎的一期是"《生活》参加舞会",它将报纸上的花边新闻栏目变成了记录富人与名人生活的精彩图片。

其他大萧条时期的作品则坦诚公开地挑战美国大众文化的主流观念。在大萧条的前几年,一些最重要的文学作品揭露了美国人艰难空虚的生活状态:纳撒尼尔·韦斯特的《寂寞芳心小姐》(1933)描写了一名专栏作家被向他求助的人们的悲伤所淹没的故事;杰克·康罗伊的《被剥夺继承权的人》是对煤矿工人艰苦生活的严酷描述;詹姆斯·T.法雷尔的《斯塔兹·朗尼根》(1932)刻画了一名迷茫而坚毅的工人阶级年轻人。

人民阵线和左派政党

20 世纪 30 年代后期,大多数政治文学都采取乐观的态度,尽管有些激进。这与人民阵线的兴起有很大关系。人民阵线是一个广泛的反法西斯左派组织,美国共产党是其中的重要组成部分。该党长期以来一直猛烈攻击资本主义制度和受控于这一制度的政府。但是在 1935 年,该党在苏联指导下对富兰克林·罗斯福政权的态度有所缓和,并与其他进步派组织建立"松散"的联盟。共产党开始赞扬新政和反共产劳工领袖约翰·L. 刘易斯(John L. Lewis),并接受"共产主义即 20 世纪美国主义"的口号。人民阵线在巅峰时期极力扩大共产党的威信和影响,使该党正式成员在 20 世纪中期达到前所未有的 10 万人之多。它还帮助作家、艺术家、知识分子形成了一个社会批评团体。

西班牙内战

对一些知识分子而言,人民阵线使他们得以摆脱在 20 世纪 20 年代的剥离与异化所带来的孤独和困苦。20 世纪 30 年代中期"西班牙内战"对于许多美国知识分子的重要意义,是一极好例子,说明左派如何帮助个体生命找到人生的意义。西班牙内战是(受希特勒和墨索里尼支持的)法西斯分子弗朗西斯科·弗朗哥与年轻的共和政府之间的战争。战争吸引了 3000 多名美国青年组成"亚伯拉罕·林肯纵队",前往西班牙参加反法西斯战争,三分之一的年轻人死于战争。欧内斯特·海明威当时在西班牙做战地记者,他写的小说《丧钟为谁而鸣》(*For Whom the Bell Tolls*, 1940)描写了战争对参战青年的意义所在。战争为人们提供了一种可以全心全意相信、可以在其中感受到真正的兄弟情谊的事业。

20 世纪 30 年代初,共产党在组织失业工人方面也很积极,并在 1931 年发起了一次华盛顿特区的绝食游行。在某些工业领域,最积极的工会组织都有共产党员的参与。在所有政治团体中，共产党是唯一坚持民主平等的政党，其在斯科茨伯勒案中为被告人的积极辩护只是它努力代表非裔美国人意愿的诸多事例之一。

但是美国共产党并非像它努力展现的那样是一个公开的爱国组织，其活动一直被苏联政府严密监视和控制。共产党领袖一直接受莫斯科共产国际的命令，大多数党员都严格遵守党的路线（虽然共产党人积极参与的很多领域和党的路线无关，在这些领域里党员是独立活动的）。该党领袖对苏联的服从，于1939年斯大林与纳粹德国签署互不侵犯条约时表现得格外明显。莫斯科命令美国共产党放弃人民阵线回到以前激烈批判美国自由派的立场；美国共产党领袖立刻服从，导致数千名党员因理想幻灭而脱党。

大众文化模式　弗兰克·卡普拉的电影

今天人们对弗兰克·卡普拉记忆最深刻的一部电影是每年的圣诞节都会重播的《美好生活》（*Wonderful Life*，1946），有时是新出的彩色版，但是更多是原始的黑白版。这部影片讲述乔治·贝利，一位善良热情的小镇信贷员，几乎被富裕的、贪婪的、恶毒的银行家毁灭的故事。当贝利在绝望中准备自杀时，一位天使拜访了他，并且向他展示了假如他没有出生，他生活的贝德福德·福尔斯社区会是什么样子。在几个小时的闲逛中，贝利看见自己生活的小镇变得粗俗、腐败和堕落，他明白了自身生命的真正意义。贝利回到了现实中的小镇，发现他的家人朋友和邻居聚在一起，准备帮助他从经济危机的困境中解脱出来，并且表达了他们对彼此的价值。

在《美好生活》上映前，弗兰克·卡普拉已经被认为是好莱坞最著名和最成功的导演十年有余。这些年他的电影几乎都获得了巨大的经济效益和成功，曾两次获得"奥斯卡"最佳影片（卡普拉自己则获得最佳导演奖），他的成功来源于他非凡的导演天赋和远大的见识。他的大部分电影都表达了对社会和政治的观点，表达了千百万挣扎在大萧条中的美国人的心声。

卡普拉1897年出生在西西里的小村子里，六岁时和家人移居到美国，通过勤工俭学从大学毕业后他在加利福尼亚的电影业中找到了一份工作，后来成为了故事片导演。1934年他的《一夜风流》（*It Happened One Night*）取得了巨大成功，这部经典喜剧赢得了五项奥斯卡大奖，包括最佳电影奖和最佳导演奖。

《迪兹先生进城》 由盖瑞·库珀扮演的新富朗费罗·迪兹离开民风友善淳朴的曼德雷克·福尔斯小镇，去纽约接受他所继承的遗产。卡普拉大力宣扬曼德雷克·福尔斯人的热情慷慨，来突出普通美国人的纯洁和富有的城市人的贪婪腐败之间的对照。(*Photofest*)

在随后的七年里，卡普拉在成功的基础上继续创造更多的优秀影片，导演了一系列观点更为鲜明的作品，成了传统民主理想与美国生活的有力代言人。

卡普拉从不隐瞒自己对小镇和普通人的浪漫情怀，他对城市生活十分厌恶，对投机取巧的政客十分反感，对不道德的资本主义市场总是谴责。在《迪兹先生进城》(*Mr. Deeds Goes to Tour*, 1936) 中，一个来自小镇的普通人继承大笔遗产搬进了城里，他对城里的贪婪狡诈感到厌恶，最后把钱还了回去并回到家乡。在《史密斯先生去往华盛顿》(*Mr. Smith Goes to Washington*, 1939) 中，一名来自西部的优秀男士被选为美国参议员，但却拒绝加入华盛顿利己主义的政治中，并且戏剧性地揭露了同事的贪污与自私（粗犷的西部演员盖瑞·库珀描绘了迪特先生，吉米斯·太沃特扮演史密斯先生）。《约翰·多伊》(*John Doe*, 1941) 在美国即将步入二战时上映，影片中一名普通男人——再次由盖瑞·库珀扮演——被法西斯组织操控，为他们去欺骗大众。他及时醒悟过来，以威胁自杀的方式，集结群众反对法西斯的恶毒计划，之后便消失在黑夜之中。

卡普拉完全意识到了他带给电影的浪漫平民主义，他曾这样写道（明显借用沃尔特·惠特曼的诗句），"我要唱工人的歌，唱那些受不公平待遇的人的歌，唱那些生来穷困和痛苦的人们的歌"。他具有强烈的爱国之心，这是许多成功移民的特点，同时他坚信美国代表着个人机遇和普通人的尊严。但他说，他并不是"以一颗流血的心强烈呼唤'解放群众'"（努力与共产党员保持距离），他不喜欢"群众"(masses) 这个词，并认为那是一种"贬低和羞辱"。他更愿意将人们看成是"自由个体的集合……每个人都是一座人性尊严的小岛"。

美国加入二战时，卡普拉与政府合作（和华特·迪士尼工作室一起）制作了一系列影片向新兵介绍参战的原因，这是一个叫作《我们为什么而战》的系列片。他们对比了美国小镇上个人主义民主和纳粹与法西斯主义黑暗的集体主义。卡普拉倾入了作为一个电影制作者的所有技巧，并运用了所有浪漫和爱国主义的影像。战争结束后一年上映的《美好生活》则继续其对普通人尊严的召唤。

在接下来的十几年中，卡普拉——尽管还相对年轻并继续工作——不再是美国电影业的重要力量。感情泛滥的平民主义和滑稽的积极主义在大萧条时期和战争中是如此地吸引观众，但在50年代和60年代更受欢迎的是更有力和现实主义的电影风格；卡普拉身为一名自始至终的浪漫主义者，从没有完全适应这种趋势。但在危机时期，卡普拉帮助他的观众在美国过去的浪漫图景中，在小城镇的温暖与美德中，在普通人的尊严中找到了慰藉。

宣传卡普拉　在1930年代的导演中，卡普拉与众不同，他有一批与众不同的追随者。多数电影试图通过突出明星来吸引观众，而卡普拉的电影突出的是他本人。(*Photofest*)

美国社会党在诺曼·托马斯（Norman Thomas）的领导下将经济危机怪罪于资本主义制度，同时极力争取公众对其政治纲领的支持，尤其注重争取农村穷人的支持。由该党赞助青年社会主义者H. L. 米歇尔（H. L Mitchell）领导的南方佃农协会（STFU）尝试建立由白人和黑人佃农及其他要求经济改革的人组成的联合阵线。南方佃农协会和社会党都无法使社会主义成为美国政

南方佃农协会

卡普拉在拍摄现场　弗兰克·卡普拉坐在椅子上与他的摄制组合影，照片中1930年代用于拍摄电影的摄影机相对简陋。(*Culver Pictures, Inc.*)

治社会的主导力量。到 1936 年社会党的总人数下降到 2 万人以下。

与一战期间、战后,以及后来的四五十年代一样,反激进主义在 20 世纪 30 年代是一股重要的力量。特别是对共产主义的仇视在各级政府都表现得极为明显。以纽约州的汉米尔顿·菲什和得克萨斯州的马丁·戴斯为首的国会委员会对所发现(或想象)的共产党影响极尽调查。州政府和地方政府感到非常头疼,有时会关押一些共产党组织者。南方的白人尽力将共产党组织者驱逐出他们的村庄,正如加利福尼亚等地的农民极力阻止(尽管未能成功)共产党员组织墨西哥裔美国人和其他工人。

左派的新责任

虽然如此,在美国历史上很少有(之后也很少有)像当时那样,作为左派的一员如此受到尊敬,甚至在工人、学者等群体中左派非常常见的一个时期。因此,20 世纪 30 年代才出现了虽然短暂但令人印象深刻的主流艺术与政治意识形态得到拓宽的时光。新政通过工程项目管理局支持艺术工作,直接挑战了 20 年代的资本主义原则。电影制片人帕尔·罗伦兹在新政机构的资助下,制作了一系列颇有影响的纪录片——《开垦平原的犁》(1936)、《大河》(1937)。影片既颂扬了新政计划,也对工业资本主义对人和环境的剥削进行了激烈的抨击。

《愤怒的葡萄》

也许,20 世纪 30 年代对社会生活最重要编年史作者要属小说家约翰·斯坦贝克,特别是他著名的出版于 1939 年的小说《愤怒的葡萄》(The Grapes of Wrath)。乔德一家是从干旱尘暴区来到加利福尼亚的移民,他们遭遇了一系列灾难与失败。通过讲述乔德一家的故事,斯坦贝克不仅刻画了西部农业生活的剥削特点,也对主人公及其所代表的群体展现出的坚韧精神表示了敬意。

《愤怒的葡萄》 这幅剧照选自约翰·福德 1940 年根据约翰·斯坦贝克的同名小说改编的电影《愤怒的葡萄》。乔德一家坐上卡车,开始了他们从俄克拉荷马到加利福尼亚的艰苦旅程。对于很多美国人来说,乔德一家象征着 1930 年代成千上万住在干旱尘暴地区的农民家庭,他们离开自己的土地到加州寻找更好的机会。(20th Century Fox/The Kobal Collection)

四、赫伯特·胡佛郁闷的总统生涯

赫伯特·胡佛于1929年3月开始他的总统生涯。他像许多的美国人一样,坚信国家会有一个光明繁荣的未来。任期前六个月,他极力推行过去八年任商务部长时曾推行的政策,坚信他的政策可以建立一个稳定的合作主义体系并维持经济成功。但经济危机在他任期未满一年时开始出现,总统面临的是一系列新的问题。但在任期的最后岁月里,他仍坚持自己政治生涯的一贯立场。

胡佛计划

胡佛对"大萧条"的第一个回应就是试图重新找回大众对于经济的信心。他于1930年说:"国家经济的根本在于生产和销售商品,这是繁荣的基础。"他把商业、工人和农业领袖召集到白宫,敦促他们接受一个帮助经济复苏的自愿合作计划。他恳求商人不要减产或裁减员工;他和工人领导谈论放弃对于高工资和最佳工时的要求。但是,到了1931年,经济状况恶化非常严重,总统建立的适中的自愿合作结构崩塌了。

_{自愿合作计划失败}

胡佛也试图通过政府开支的办法来应对大萧条。总统建议国会将政府开支增加到4.23亿美元——一个在当时不小的数目——作为公共设施建设投资。并且告诫州和地方政府要谨慎而积极地投资公共设施建设。但是这部分资金不足以解决如此巨大的问题。当经济情况更为恶劣时,他反而不愿意拿出更多的资金,转而关注政府收支平衡。1932年,在大萧条严重时期,他提出提高税收来避免政府财政赤字。

在股票市场衰落前,胡佛已经开始筹建一个新的计划来支持陷入困境的农业经济。1929年4月,他提出了《农产品购销法》,建立了第一个政府帮助农民保持农产品价格的计划。由联邦政府资助的农业委员会贷款给全国供销合作社或建立公司来购买剩余产品,从而提高农产品价格。同时,胡佛试图提高关税来保护美国农民免受国际竞争。1930年通过《霍利—斯姆特关税法》,提高了75种农产品的关税。但无论是《农产品购销法》还是《霍利—斯姆特关税法》最终都没能有效地帮助美国农民。

《农产品购销法》

到1931年春天,赫伯特·胡佛的政治地位严重下降。1930年国会选举时,民

胡佛的支持率下降

贵族胡佛 尽管赫伯特·胡佛成长于艾奥瓦州一个小镇上的普通人家，1930年代批评他的人总是乐于把他描绘成一位高傲的贵族，热衷于奢华的宴会和雪茄。正如这张拍摄于一次正式宴会的照片所示，胡佛给了批评者太多机会来强化这一形象。(Herbert Hoover Presidential Library)

主党赢得了众议院的控制权并且通过承诺政府加大对经济的协助实质上逐渐进入了参议院。许多美国民众把经济危机的责任归咎到胡佛身上，把失业的人们在城市边缘建立的棚户区叫作"胡佛村"。民主党敦促胡佛支持更积极的援助计划和公共支出计划。而胡佛在1931年抓住一些微弱的经济状况的好转作为证据，证明自己的政策起了作用。

1931年春天出现的国际金融恐慌打破了人们认为经济危机会将要结束的幻想。整个20世纪20年代，欧洲国家依赖从美国银行的贷款偿还欠债。1929年之后，当他们再也不能得到这么多的贷款时，若干欧洲国家的金融体系开始解体。1931年5月，奥地利最大的银行破产。随后的几个月里，恐慌波及邻近几个国家的金融机构。美国经济迅速下滑的金融机构，再创新低。

1931年12月国会召开会议时，情况已经发展到令人绝望的地步，胡佛决定支持一系列措施保护濒临破产的银行，保证房主不会失去他们抵押贷款的赎回权。更重要的是，1932年1月通过的议案成立了**复兴金融公司**（RFC），为有困扰的银行、铁路和其他商业团体提供贷款。它甚至使地方政府能够获得资金以支持公共设施建设并坚持救济计划。与胡佛早期的计划不同，这次的计划是大规模的。1932年，复兴金融公司仅公共工程的预算就有15亿美元。

然而，新机构还是不能直接有力地解决问题以带来复苏。复兴金融公司只向有足够担保的金融机构借款；这些钱大部分流入了大银行和大型公司。在胡佛的坚持下，复兴金融公司只资助那些最终能保本盈利的公共工程项目（收费大桥和公共住房等）。总之，复兴金融公司没有足够的资金对大萧条造成真正的影响，它甚至连手中握有的资金都没用完。1932年，可用于支持地方救济计划的

内华达州胡佛村，1937 1937 年，即使是在离任四年多后，赫伯特·胡佛对于很多美国人而言仍然代表着大萧条带来的绝望。内华达州这些无家可归者的棚户区依然被居民和邻居称为"胡佛村"。(Bettmann/Corbis)

3 亿美元中，只借出了 3000 万。其用于工共工程建设的 15 亿美元预算也只投放了 20%。

民众抗议活动

大萧条的前几年，大多数美国人不是震惊就是深感迷惑，以至于无法做出任何有效的反抗。然而，到了 1932 年中，反抗的声音开始出现。

1932 年夏天，一群不幸的农场主在艾奥瓦州得梅因市集会，组建了一个新组织：农民假日协会，支持将农产品撤出市场，事实上就是一场农民罢工。罢工于 8 月从艾奥瓦西部开始，迅速扩展到邻近的几个地区，成功阻碍了一些市场的运行，但最后该组织以解散告终。

农民假日协会

一场更著名的罢工运动出现在美国老兵之中。1924 年，国会批准为每一位一战老兵提供 1000 美元的补偿金，于 1945 年开始支付。然而，到 1932 年，许多老兵要求立即支付补偿金。胡佛由于考虑预算平衡拒绝了这个提议。6 月，自称"补偿金远征军"的 2 万多名退伍老兵进军华盛顿，在城市周围建起了简陋的营地，声称要一直待到国会通过法令给他们发放补偿金。7 月，国会否决了他们的提议后，一些老兵离开了，但很多人还留在那里。

他们在华盛顿的滞留使胡佛总统十分尴尬。最终在 7 月中旬，他派警察清除留在废弃建筑里的远征军成员，一些老兵朝警察扔石头，有人开火，两名老兵死亡。胡佛声称这次事件是不受控制的暴力和极端主义的后果。于是他命令军队协助警察清理那些废弃建筑物。

补偿金远征军的失败

清理"补偿金远征军" 1932年7月，胡佛总统命令华盛顿特区警察把"补偿金远征军"成员从他们占据的一些公共建筑和地区中驱逐出去，结果引发一系列冲突（图中即为其一），退伍兵和警察均有人员受伤。冲突致使胡佛调用军队来完成清理任务。(Bettmann/Corbis)

陆军参谋长道格拉斯·麦克阿瑟（Douglas MacArthur）将军亲自执行命令（由他的副官德怀特·D.艾森豪威尔的协助），但是行动内容大大超过了总统的命令。他率领"第三集团军"（由乔治·S.巴顿统率）两个步兵团、一个机关枪特遣队和六辆坦克，沿宾夕法尼亚大道进攻"补偿金远征军"，老兵在慌忙中逃窜。麦克阿瑟一直追着他们渡过了阿纳卡斯蒂亚河，并命令士兵们将他们的帐篷烧毁。100余名远征军成员受伤。

此次事件对于本就不很稳定的胡佛政治生涯来说，无疑是致命的一击。胡佛自己冷酷阴沉的个性更使民众认为他冷漠而且没有同情心。伟大的工程师，20世纪20年代积极乐观个性的象征，已经变成了国家在处理突发厄运方面失败的象征。

1932年大选

富兰克林·D.罗斯福被提名

随着1932年总统大选的临近，几乎没有人怀疑结果。共和党坚持再次提名赫伯特·胡佛来连任，但是大会上阴沉的气氛足以清晰表明，没有多少代表相信赫伯特·胡佛会连任。与此同时，民主党人在芝加哥开心地聚集到一起，庆祝纽约州长富兰克林·D.罗斯福被提名。

罗斯福在这些年中已经是党内很著名的人物。他是哈德逊河谷的贵族，西奥多·罗斯福总统的远房亲戚（1904年与总统的侄女埃莉诺结婚，加强了与总统的关系）。这名英俊、潇洒的年轻人进步很快：从纽约州议会议员到一战期间的助理海军部长，再到1920年与詹姆斯·M.考克斯竞争党内副总统提名失利。不到一年之后，他患上了脊髓灰质炎。尽管他的腿从未恢复（并且只能用拐杖走路），但在1928年，他还是积蓄了足够的体力重返政坛。同年，当艾尔弗雷德·史密斯接到民主党的总统提名时，罗斯福成功竞选为州长。1930年，他轻而易举地赢得了大选。

罗斯福在纽约并没有很惊人的政绩,但他确实在政府援助方面提供了很多积极的方案,由此也证明他比胡佛更适合做一名有活力的具有想象力的领导人。在国内政治上,他避开宗教和禁忌等分裂的文化问题,并强调了大多数民主党人关心的关于经济愤懑的问题。于是他得以在党内组织一个广泛的联盟并成功赢得所在党的提名。他戏剧性地打破传统,飞往芝加哥进行大会演说,并接受了提名。在提名演讲中,罗斯福用响亮的承诺唤起了会议代表的激情,"我向你们保证,我向我自己保证,会为美国人民带来新政",由此为他未来的方案冠以了一个持久的

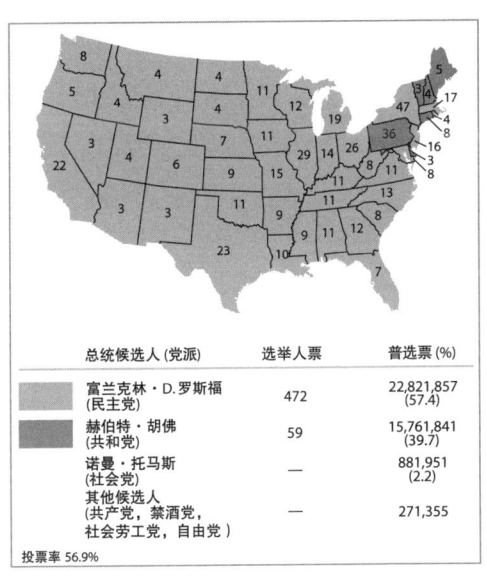

更换封面 在就职典礼前很久,《纽约客》杂志的彼得·阿尔诺就画好了这幅富兰克林·罗斯福和赫伯特·胡佛一同乘车前往首都参加典礼的画作。画中准确地描绘了尴尬的乘车气氛——胡佛一脸忧郁,一言不发,而罗斯福兴高采烈,笑容洋溢。这幅画本来要作为就职典礼当周的杂志封面,但由于典礼前几周发生在佛罗里达的一起刺杀当选总统未遂案(芝加哥市长在事件中丧生),编辑决定把封面换成一张气氛更为和谐的画作。(*Franklin Delano Roosevelt Library*)

1932年大选 和1928年一样,1932年大选的"一边倒"在意料之中。但是这次,民主党候选人富兰克林·罗斯福以压倒性优势,在除新英格兰以外的所有地区,击败了赫伯特·胡佛。人们期待胡佛能应对大萧条的希望幻灭,显然使罗斯福受益良多。
◆ 罗斯福的哪些特点帮助他获得了胜利?

名称。不管在当时还是在后来的竞选中,罗斯福都没有说明这个计划将要如何施行。但是赫伯特·胡佛的不受欢迎直接确保了罗斯福的竞选胜利。

1932年大选

11月,在所有人的预料之中,罗斯福取得了压倒性的胜利。他赢得了57.4%的民选票,胡佛为39.7%。在选举人票上,结果甚至更具压倒性。胡佛获得了特拉华州、宾夕法尼亚州、康涅狄格州、佛蒙特州、新罕布什尔州和缅因州的选票。罗斯福获得了其他所有州的选票。民主党赢得了国会参众两党中的多数席位。这是一次充分而令人信服的委任。

"空歇期"

从大选到就职这段时间(30年代早期,持续了超过四个月)是经济危机加重的时间。候任总统的惯例是不直接参与政府工作。但大选后几个月胡佛在与罗斯福的一系列艰难的交流中,试图要求总统承诺维持现有的正统经济政策。罗斯福委婉地拒绝了。

银行业危机

2月,新总统就职前一个月,新的危机爆发了,同时美国银行系统迅速崩溃。民众对银行的信心没有了;存款人惊慌失措地从银行取钱;银行一家接着一家关门,并宣告破产。胡佛再一次要求罗斯福给民众及时的保证:不会调整货币,不会有大额借贷,不会预算失衡。罗斯福再一次拒绝了。

因此,1933年3月4日是一个经济危机和多数人的苦难日。那天早上,坚信美国会走向灾难的赫伯特·胡佛闷闷不乐地与心情愉快的富兰克林·罗斯福乘车行驶在宾夕法尼亚的街道上,而罗斯福即将宣誓成为美国第32任总统。

小 结

突如其来的、传播速度极快的经济大萧条改变了美国生活的很多方面。它制造了之前国家历史中从未出现过的大规模失业。这给很多的家庭、团体,各个州、地方政府还有华盛顿带来了巨大的压力。赫伯特·胡佛任职总统期间推行了革新政策,但最终失败,无法有效应对危机。大萧条激发了强烈的激进主义和反抗运动;许多美国中产阶级开始担心(许多不太富裕的人在期盼)一场革命即将到来。

事实上,尽管经济大萧条冲击了美国社会和文化,但并没有彻底颠覆它们。资本主义制度幸存了下来,一度受损却从未受到真正的威胁。受到广泛认同的物质主义和个性发展的价值观受到了冲击，但从未瓦解。30 年代的美国人比 20 年代的美国人更注重唤起社群感、慷慨和普通人的尊严。他们比以前更能接受政府、商业甚至个人领域的改革实验。但对大多数美国人来说，"美国生活方式"（30 年代第一次引起广泛共鸣的短语）一直是经济绝望的漫长岁月中坚定的信念。

阅读参考

Donald Worster 在 *Dust Bowl: The Southern Plains in the 1930s* (1979) 中尖锐地控诉农业资本主义摧毁了大平原地区的环境。

Timothy Egan, *The Worst Hard Time* (2006) 是对干旱尘暴区的影响的生动写照。

在 *The Great Depression: Delayed Recovery and Economic Change in America, 1929—1939* (1987) 中，Michael Bernstein 指出我们不应该问为什么经济在 1929 年崩溃，而是要问人们期待的复苏为何来得如此之慢？

Richard Pells, *Radical Visions and American Dreams: Culture and Social Thought in the Depression Years* (1973) 是研究 1930 年代的文化史和思想史的重要著作。

Studs Terkel, *Hard Times* (1970) 是一部关于大萧条的精彩的口述史。

Susan Ware 在 *Holding Their Own: American Women in the 1930s* (1982) 中分析了大萧条对女性的影响。

共产党在美国最流行的时期是 Harvey Klehr 的 *The Heyday of American Communism: The Depression Decade* (1984) 一书的主题，而 Robin D. G. Kelley, *Hammer and Hoe: Alabama Communists During the Great Depression* (1990) 和 Michael Denning, *The Cultural Front: The Laboring of American Culture in the Twentieth Century* (1997) 的观点与之截然相反。

Joan Hoff Wilson, *Herbert Hoover: Forgotten Progressive* (1975) 认为胡佛总统从很多方面来说是一位进步主义思想家，他关于美国社会秩序的思想令人惊讶。

The Great Depression (1993) 是由 Blackside Productions 拍摄的一部多集纪录片，充分展现了大萧条时代社会的方方面面。

Union Maids (1997) 是一部关于 1930 年代女性组织历史的生动电影。

The Lemon Grove Incident (1985) 揭示了很少人提及的 1930 年代初墨西哥裔美国人民权运动中争取取消学校种族隔离的情况。

抵达民间资源保护队营地 1933年10月,一群小伙到达田纳西州安德森威尔,几个月之前民间资源保护队刚刚成立。他们的工作是在新成立的新政机构田纳西河流域管理局所辖的科林奇河上的分水岭地区植树。(*Tennessee National Archives*)

第 24 章
新 政

富兰克林·罗斯福的总统任期之长不仅前无古人,也许后无来者。在其任职的 12 年间,罗斯福比以往任何一位总统都更加关注国民生活。最重要的是,他制定了一系列政策方针,它们彻底改变了联邦政府和普通民众的关系。

到 1930 年代末,罗斯福的新政已经创制了许多我们至今仍在执行的政策。新政奠定了联邦福利系统的基础,拓展了新型经济领域中的国家规则,孕育了现代劳工运动,并使政府成为农业经济中的主力军。新政还大大拓展了首都华盛顿的职权,使其在监督全国公共事业工程和提供资金方面发挥作用。其中,一些规模巨大的工程对之前国家新经济框架外的区域经济增长做出了巨大贡献。此外,新政在民主党党内组成强有力的联合,使该党成为随后 30 年控制美国政坛的主导力量。它还开创了一种新型的

大事年表

1933 年	富兰克林·罗斯福就任总统
	"第一新政"立法通过
	美国正式放弃黄金本位标准
	宪法第二十一条修正案推翻第十八条修正案,终止戒酒令
	弗朗西斯·汤森医生发起呼吁养老金运动
1934 年	保守派成立"美国自由联盟"
	休伊·朗建立"均分财富协会"
	劳工暴力活动增加
	通过《印第安人重组法》
1935 年	最高法院否决自然资源管理局
	"第二新政"立法通过
	查尔斯·库格林神父建立"全国社会正义联盟"
	约翰·L.刘易斯及其盟友与美国劳工联合会决裂
	休伊·朗遇刺
1936 年	最高法院推翻《农业调整法》
	"产业工会联合会"成立
	静坐示威开始
	罗斯福竞选大胜,赢得连任
1937 年	美国钢铁公司承认"钢铁工人组织委员会"
	罗斯福提出"法庭修补计划"
	最高法院通过《瓦格纳法》
	芝加哥发生"纪念日大屠杀"
	提出行政机构重组计划
	新政开支缩减
	经济严重衰退开始
1938 年	罗斯福提出全新开支计划
	"临时国家经济委员"会成立
1939 年	玛丽安·安德森在林肯纪念堂演唱

自由意识形态，指导着战后几十年间美国的改革运动。

然而，新政未能终结大萧条。虽然它有效阻止了 1933 年灾难性的经济滑坡，并使有些地区出现了有限的甚至是奇迹般的经济复苏，但是截至 1939 年底，大萧条时期的许多根本问题仍未得到解决，国内仍有约 15% 的劳动力处于失业状态，国民生产总值仍比不上十年前。

在很多方面，罗斯福政府是美国历史上最为成功的政府。不同于一般总统的两届任期，富兰克林·罗斯福连任四届，并且每次都以巨大优势获胜，更有两次获得了压倒性胜利。在任期间，他的政党控制了整个国会。然而在获得巨大支持的同时，他的新政也面临持续大萧条带来的诸多挑战。各方反对势力（其中不乏实力雄厚者）在传统的政党体系外组织集合，另谋推动经济复苏之路。此时，美国共产党吸引了比以往任何时候都多的成员入党，并对美国人生活的许多领域产生了重大影响。民主党中的重要派别（尤其是大多数南部保守派）转而反对罗斯福的政策，他们与共和党人联合，并协助国会内部建立了保守派同盟，以挫败罗斯福新政的计划。

1940 年至 1941 年，随着第二次世界大战爆发，大萧条才得以结束，大规模的失业状态才得以消除。二战的爆发也为新政中的大多数国内行动计划画上了句号。

一、启动新政

罗斯福就职面临的首要任务就是减轻正威胁财政系统的恐慌情绪。为完成任务，他一方面依靠个人魅力，另一方面依靠迅速出台的一系列雄心勃勃的国家立法。

恢复信心

罗斯福的成功大都应归功于他洋溢奔放的个性。从就职演说开始，他让美国人相信"我们唯一应该畏惧的就是'畏惧'本身"，并承诺将采取积极的甚至是激进的行动来对抗突发事件，他富有感染力的乐观情绪帮助人们减轻了不断增长的绝望情绪。他是美国第一个充分利用广播、采用友好的"炉边谈话"方式向人们阐述政策方针，并赢得民众广泛信任的总统。罗斯福总统经常举行非正式的记者招待会，赢得了大多数记者的尊重和友谊。记者们与总统心照不宣，他们从不在总统上下汽车或坐在轮椅上时拍照。在罗斯福执政期间，美国大多数公众甚至不知道总统下肢完全瘫痪。

> 罗斯福的性格

但是，罗斯福不能只依靠形象。在上任两天后，即1933年3月6日，他下令所有美国银行关门四天等待国会特别会议讨论银行改革立法。总统委婉称作"银行休假"的办法大大缓解了民众对银行倒闭的担忧。三天后，罗斯福向国会提交了《紧急银行法》，这是一项总体倾向保守的法案（大部分由胡佛政府的留任者起草）。法案的设计旨在保护大银行不被势单力薄的小银行拖垮。提案授权财政部审查所有即将重新开张的银行，为某些困难银行提供联邦援助，并彻底重新改组现存特困机构。惊恐困惑的国会在提案宣读后四个小时内便表决通过。3月12日，罗斯福

> 银行休假

热衷于广播讲话的总统 富兰克林·D.罗斯福是首位成功运用广播的美国总统。从就职第一天开始，他定期避开报纸（很多报纸对他持敌对态度），通过著名的"炉边谈话"和民众直接交流。这是一张1938年他进行广播讲话的照片，讲话中他号召各社区继续为失业者提供就业援助。(*Franklin D. Roosevelt Library*)

在他的第一次"炉边谈话"中告诉民众:"请你们相信,把钱存入重新开张的银行比压在床垫底下安全得多。"先不提这项新法案的其他成就,它首先确实有效缓解了民众的恐慌情绪。随后的三天内,联邦储备系统四分之三的银行重新开业,一个月内,价值 10 亿美元的现金和黄金储备重新流入银行,迫在眉睫的银行危机就此宣告结束。

在《紧急银行法》通过的当天早晨,罗斯福又向国会提交了另一项提案——《经济法》,旨在使金融界保守派,特别是商业团体相信:联邦政府安全可靠,掌控着一切。提案要求将政府职员工资及退伍军人养老金削减 15%,以此来平衡财政预算。总统警告说,如无法实现这一目标,国家将面临 10 亿美元的财政赤字。同《紧急银行法》一样,《经济法案》在国会几乎是立即通过,尽管遭到了某些保守派的强烈反对。

<small>废除禁酒令</small>

罗斯福在上任第一天就平息了 1920 年代持续争论的问题。他赞成生产销售酒精含量低于 3.2% 的饮品,并在国会立法上签字。这是一个过渡方案,因为相关宪法修正(宪法第二十一条修正案)的工作正在进行。1933 年底,这条修正案正式获得批准。

农业调整

这些最初的行动大部分只是权宜之计,它们为随后的重大改革赢得了时间。最先推出的重大改革方案是国会于 1933 年 5 月通过的《农业调整法》。该法案最重要的特点就是减少农业生产,从而结束农产品过剩的局面,以遏制农产品价格的不断下滑。

<small>农业调整署</small>

法案规定,七种基本商品(小麦、棉花、玉米、猪肉、稻米、烟草、奶制品)的生产者要对产量加以限制。政府通过农业调整署(AAA)来分配个体农民的种植面积,并对闲置农田给予补贴。食品加工税(如小麦磨粉)将用于补贴新的支出。农产品价格补助用来保证平价基准。

农业调整署有效地带动了 1933 年后农产品价格的上涨。"新政"实施后的三年内农场的总收入增长了一半。总的来说,从 1930 年代开始,农业经济比之前许多年更加繁荣稳定。然而,农业调整署更照顾大农场而忽视小农场,这主要是因为这些计划的管理权通常掌握在社区内最有权势的生产者手中。通过给地主分发赔偿,而不是付款给耕作者,政府未能有效阻止种植者减少土地面积,而这些种植者却驱逐了佃户和农场工人。

1936年1月,最高法院废除了《农业调整法》中的重要条款,认为按照宪法规定,政府无权限制农民生产。但在几个星期之内,政府又确保了一项新立法的通过(《土壤保护和国内分配法》),法案允许政府为"保护耕地",防止土壤侵蚀以及其他考虑而赔偿农民休耕的损失。法院没有干涉这一新法律。

政府还推出了一些保护贫农的措施。1935年建立的"迁居管理局"及后来的"农场安全管理局"(1937)为农民提供贷款,帮助他们开辟新地,移居边区。但是这些措施下搬迁的农户不过几千人。比较行之有效的机构是1935年建立的"农村电气化管理局",在它和相关协作单位的努力下,成千上万的农民第一次用上了电。

"农村电气化"

工业复兴

自从1931年起,美国商会及其他机构的领导就敦促政府实施反通货紧缩计划,允许商业团体在本系统内为稳定商品价格通力合作。现有的反垄断法明令禁止这种做法。赫伯特·胡佛曾拒绝同意暂停反垄断法,而罗斯福政府则更易于接受。不过在放松反垄断法条款的同时,新政还坚持了其他规定。商业雇主应该向员工让步——承认工人以工会形式与资本家谈判的权利——确保工人工资随物价增长而增长。为创造就业机会,提升消费者购买力,政府增加了公共工程支出。在此类措施的推动下,国会在1933年6月通过了《国家工业复兴法》。

起初,新计划似乎效果很好。计划的核心是联邦机构"全国复兴署"(NRA),署长是政绩卓越且精力充沛的休·S.约翰逊(Hugh S. Johnson)。他呼吁全国各个

全国复兴署

向蓝鹰致敬 1933年,几千名旧金山的学生聚集在棒球场,组成全国复兴署的标志图案:一只抓着齿轮(代表工业)和闪电(代表能量)的老鹰。这个活动表明全国复兴署唤起了民众广泛(尽管短暂)的热情。全国复兴署的管理者从一战时的"自由贷款计划"中吸取经验,力图把蓝鹰塑造成爱国复兴运动的象征。(Bettmann/Corbis)

企业接受一项暂时的"总规则":最低工资为每小时 30—40 美分,最长工作时间为每周 30—40 小时,废除童工。他宣称,坚持这项法规能够提升消费者购买力,增加就业。与此同时,约翰逊还与国家主要工业的领导者洽谈另一套更为具体的措施。措施规定商品和工资的底价,任何企业不能以低于底价的价格谋求竞争优势。他的计划迅速得到几乎所有重点工业领域的支持。

然而从一开始,全国复兴署就遇到了严峻的困难。由于全国复兴署规则本身制定得很仓促,行文草率。面临如此庞大的计划,毫无经验的政府根本无所适从。大型企业生产者持续掌控着规则的起草过程,确保所有条款有利于自身利益而非小型企业。此外,条款有时不只是单纯地设定商品底线,而是主动地、人为地抬高价格——有时远远高出市场所能承受的价格。

全国复兴署的其他目标远不如提高价格的做法来得迅速。《国家工业复兴法》7(a)条款规定:工人有权组成工会与雇主进行劳资谈判,鼓励新人加入工会。但

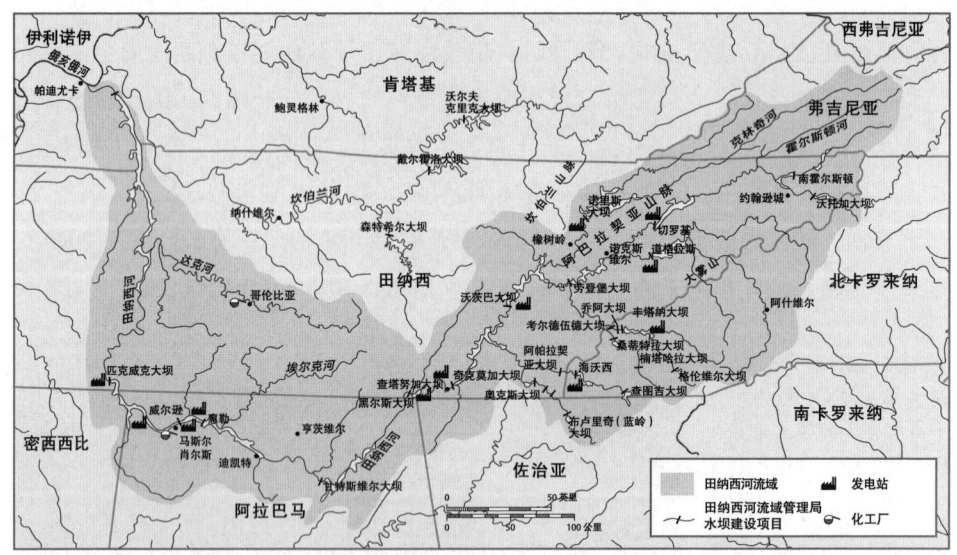

田纳西河流域管理局　田纳西河流域管理局是当时美国历史上最大的政府资助的公共设施建设实验之一,也是最大的地区规划实践。历史上,联邦政府资助了很多项目,诸如运河、收费高速公路、铁路、桥梁、堤坝等等。但是从未有项目的规模如此之大,政府也从未如此严格监控和掌握其资助兴建的公共设施项目。这张地图中表明了田纳西河流域管理局在田纳西谷地区的势力范围之广,共涵盖 7 个州。田纳西河流域管理局兴建的多座大坝控制了洪水,而且提供了水力发电,政府把电力卖给消费者。注意地图下部临近阿拉巴马州马斯尔肖尔斯的大坝。这座大坝从一战时开始兴建,1920 年代恢复修建该大坝的努力激发了创建田纳西河流域管理局的愿望。◆ 为什么在 1920 年代进步主义者如此急于看到政府参与水电事业?

7（a）条款并不包括强制执行机制。所以雇主在承认工会及工会提出的较大幅度增加工资的诉求方面毫无进展。成立于 1933 年的"公共工程署"（PWA）负责管理《全国产业复兴法》的支出项目，而公共工程署只是一点一点地支出了 33 亿美元公共工程基金。直到 1938 年，公共工程署才得以将数目可观的预算资金注入国家经济。

也许，全国复兴署失败最明显的例证就是该署成立后工业实际产值的下降——工业增长指数从 1933 年 7 月的 101 下降到 11 月的 71——尽管其中还包括该署有关规定导致的价格上涨。到 1934 年春天，全国复兴署开始遭到各方指责，企业开始藐视其条款。同年秋天，罗斯福总统迫使约翰逊辞职，并成立了新的全国复兴署董事会。1935 年，最高法院开始对全国复兴署进行直接干预。

1935 年，最高法院面临的一件案子涉及谢克特兄弟公司（一家只限于在纽约布鲁克林区经营的家禽批发企业）违反全国复兴署规定的诉讼。法院一致认为谢克特兄弟公司没有进行州际交易（因此不受制于联邦法规），并认为国会授予总统立法权以起草全国复兴署条款是违反宪法的，于是裁定国会有关成立该政府机构的立法无效。

罗斯福指责最高法院法官对宪法的州际商务条款进行"过时"阐释。他有他的理由，因为谢克特事件的判决同样威胁着其他新政计划。然而法院解散全国复兴署对新政来说是一件好事，政府可以在不失脸面的情况下顺便放弃一项失败的试验。

区域规划

农业调整署和全国复兴署的成立主要反映了新政赞成经济规划，但希望私有利益者（农场主或商界领袖）主导经济规划进程的主张。其他改革派坚信政府本身应该是经济规划的首席代理人。改革派最令人瞩目的成就和新政最有名的成就之一，就是他们在地区规划领域进行的空前实践：田纳西河流域管理局（TVA）。

田纳西河流域管理局

田纳西河流域管理局起源于 20 世纪 20 年代的一场政治争论。进步主义改革者多年来一直呼吁公共水力资源建设，以此为社会提供低价电力，尤其是督促完成在田纳西河马斯尔肖尔斯开始建造的大坝工程。大坝始建于一战期间，但到战争结束仍未完成。反对派代表是公共事业公司，他们的势力过大，难以克服。

但到 1932 年，其中一家公共事业帝国——电力巨头塞缪尔·英萨尔（Samuel Insull）惊人地倒台了，其腐败丑闻广泛曝光。民众对电力公司的反抗呼声迅速变得十分强烈,电力公司再也无法阻挡公共电力设施建设。结果是 1933 年 5 月,田纳西河流域管理局成立了。经授权,田纳西河流域管理局不仅负责完成马斯尔肖尔斯大坝和在该地区兴建的其他工程,而且负责大坝发电,并以合理的价格为公众供电。同时,它也将成为整个地区综合重建项目的代理人:根治危害田纳西河河谷几个世纪的洪涝灾害,鼓励发展地方工业,监督庞大的退耕还林项目,并且帮助农民提高农业产量。

田纳西河流域管理局从多方面为这一地区重新注入了生机活力。它改善了水路运输,基本排除了洪涝灾害,让成千上万的人从此第一次用上了电,由于田纳西河流域管理局设定低成本发电标准,全国私人电厂的电费下降。但是,尽管田纳西河流域管理局付出了努力,田纳西河流域总体来说仍是一个贫困地区。像其他新政一样,田纳西河流域管理局并未挑战地方习俗,在消除种族偏见方面贡献甚微。

货币、银行和股票市场

罗斯福很快考虑到黄金本位是恢复正常价格的主要障碍。1933 年 4 月 18 日,总统用行政命令决定脱离黄金本位。从放弃黄金本位本身来讲,这一决策的意义并不大。但在 4 月决策之前和之后,政府曾采取各种手段操纵美元的价值——先是大量购买黄金和白银,之后又建立固定的美元标准(降低 1932 年时的美元黄金成分)。政府管理货币(政府可以根据经济局势提升或降低美元价值)的做法为未来的联邦政府创造了一个重要先例,并且永久改变了公共和私营机构的关系。然而,这种做法并没有对萧条的美国经济起到任何立竿见影的作用。

此外,通过其他立法,早期新政增

公共设施建设 罗斯福新政最显而易见的产物就是几乎遍布全国各地的公共设施网络,但主要还是集中于南方和西部。政府在田纳西河谷和其他地区修建的大坝非常有效地激发了人们的想象力。这张由著名摄影家玛格丽特·布尔科·怀特拍摄的生动照片出现在 1936 年《生活》杂志的第一期上,《生活》很快成为美国最流行、最成功的杂志。照片展现了密苏里河上的佩克堡大坝。(Time Life Pictures/Getty Images)

加了联邦在缺少规范和规范不严的经济领域的权限。1933年6月颁布的《格拉斯—斯蒂高尔法》授权政府控制银行不负责的投机行为。更重要的是，该法成立了联邦存款保险公司，充分保证2500美元以下的所有存款。最后，在1935年国会通过一项重要的银行立法，将原来地方联邦储备银行拥有的许多权力一同转让给华盛顿联邦储备委员会所有。

《格拉斯－斯蒂高尔法》

为了保护股票投资者的权益，国会在1933年通过了所谓的《有价证券真值法》，要求发行新股票的公司必须向公众提供完整准确的股票信息。1934年6月的另一法案批准成立"证券交易委员会"（SEC）监督股票市场。其中证券交易委员会的成立表明在一定程度上金融机构已经纳入公众的监督。若干名华尔街的尊贵人物因重窃罪（grand larceny）和诈骗罪接受刑事审判（包括曾任纽约股票交易所总裁的摩根的亲密伙伴之一理查德·怀特尼入狱），更使金融组织的信誉在公众心中进一步降低。

证券交易委员会

联邦救济计划发展

罗斯福上任后首先采取的措施就是建立"联邦紧急救济署"（FERA），为各州提供资金，以扶持濒临破产的金融机构。为确保计划的实施，他选择纽约州救济机构主任哈里·霍普金斯（Harry Hopkins）担任署长。霍普金斯在发放联邦紧急救济署基金上行动迅速，但无论他本人还是罗斯福都对政府发放救济品表示怀疑。

他们对另一种政府援助形式感觉更放心：工作救济。因此，当事实证明仅凭联邦紧急救济署是不够的，政府又推出了第二项计划：土木工程署（CWA）。从1933年11月到1934年4月，该计划使400多万人都能参加临时项目的某些工作。其中一些项目有持久效益，如修建道路、学校和公园。其他项目仅仅是为提供就业机会而安排的工作。对于霍普金斯来说，最重要的是向迫切需要投资的国民经济注入资金，向孤独无助的人提供援助。

土木工程署

罗斯福最为满意的救济项目是"民间资源保护队"（CCC）。该机构于新政的最初几周成立，旨在为城市中几百万失业的年轻人提供就业岗位。公共资源保护队在国家公园、森林和乡村旷野中建立了营地。年轻男子（妇女被排除在项目外）在半军事化环境中参与植树、水库建设、开发公园、改善农业灌溉等工程项目。公共资源保护队营地有严格的种族界限，其中大部分职位只面向白人，只有少数适合非裔美国人、墨西哥和印度人。

民间资源保护队

几百万农场主和房产主迫切需要贷款救济。在此情况下，"农业信贷署"应运而生。新政实施两年内,农业信贷署帮助全美五分之一的农户实现抵押再筹款。1933 年颁布的《费雷泽—莱姆基农场破产法》属于另一项措施,该法使某些农户在丧失抵押赎回权的情况下仍可重新收回自己的土地。然而尽管有这些措施,到 1934 年,仍有 25% 的美国农场主失去了他们的土地。房产主也有相似的经历。1933 年 6 月,政府成立了房产主贷款公司,到 1936 年,它已帮助 100 多万个家庭重新贷款。一年后,国会成立"联邦住房署",确保为新建房屋和旧房屋修缮提供贷款。

二、转型中的新政计划

很少有美国总统在上任刚两年便赢得富兰克林·罗斯福这样的声望。但到 1935 年初,大萧条终结的希望仍然渺茫,新政也开始成为公众激烈抨击的对象。1935 年春,基本上是为了应对愈演愈烈的民众谴责,罗斯福启动了一项雄心勃勃的新立法计划——通常被称作"第二新政"。

新政的批评者

美国自由联盟

对新政最刺耳的攻击来自右翼。罗斯福曾一度试图缓和与保守派和商业领导者的关系。然而到 1934 年底,美国右翼明显整体上敌视新政,特别是大多数企业表现强烈。1934 年 8 月,由杜邦家族率领的一批最激烈(也是最富有)的罗斯福反对者组成了"美国自由联盟",目的是激起民众反对新政的"教条"政策及所谓的限制自由贸易。但是新组织的支持者从未超出建立它的北方工业家的范围。

罗斯福对左派的批评同样使政权支持者感到震惊。但左派同保守派一样,最终只形成有限的势力。共产党、社会党及其他激进、半激进组织不时抨击新政,但他们同样未能真正赢得大批的支持者。

汤森的计划

其实新政的威胁既非极左派也非极右派,而是一批在意识形态上很难归类的政治异见者。有些团体只在某些州或某些地区赢得了一定数量的民众支持。只有以下三人确实在全国范围内具有真正的号召力。弗朗西斯·E. 汤森(Francis E. Thomson)——加利福尼亚的一名老医生,从社会底层领导了一场有 500 万人参与、为老年人争取联邦养老金的运动。按照汤森的计划,所有 60 岁以上的美国人都应该收到政府发放的每月 200 美元的养老金,只要他们愿意退休(为年轻的、失业的美国人留出职位空缺），并愿意消费每月的养老金（向美国经济注入资金）。到1935年，汤森计划已赢得了多数老年人和妇女的支持。虽然该计划未能列入国会的议事日程，但是它推动了人们对于建立社会保障体系的支持，而国会也确实于1935年通过了一项社会保障计划。

查尔斯·E.库格林（Charles E. Coughlin）神父，是来自密歇根州底特律市郊罗亚尔欧克镇的一位天主教牧师，他通过每周全国广播布道获得了更大的声名。晚年他因同情法西斯主

"抨击新政" 威廉·格罗珀发表在1935年《名利场》上的这幅漫画描述了几星期前发表在共和党报纸《纽约先驱论坛报》上的一篇反对新政社论的主要内容。漫画应和了报纸，也借用乔纳森·斯威夫特在《格列佛游记》里的著名讽刺手法。画中，格列佛成为了山姆大叔，手拿绳索将其捆绑在地的小人国居民则是新政的种种机构和法律。《先驱论坛报》写道："如果曾经有过巨人，他就在这里——世界上最强大的国家，拥有创造美好生活的一切条件，却一事无成。为什么？应为新政的小人国居民不允许他这样做。这些忙碌的小人国居民不会让强大的巨人——美国——逃脱。"(Courtesy of Vanity Fair © 1935 (renewed 1963, 1991) by The Condé Nast Publications, Inc.)

义和直言不讳反犹太主义，变得臭名昭著。但在1937年前他主要因为要求倡导改变银行和货币系统而闻名。他提出了一系列货币改革计划——白银重新估价、发行绿背纸币、银行系统国有化——确信这些措施能够重振经济并维持社会经济公平。他曾是富兰克林·罗斯福的热情支持者，但到1934年，他宣称总统未能严厉处置"金钱势力"，这令他感到沮丧。1935年春，他组建自己的政治团体"全国社会正义联盟"。人们普遍相信，库格林神父是当时拥有全国最多固定听众的人物之一。

最引起当局注意的是在全国越来越受欢迎的路易斯安那州参议员休依·朗（Huey P. Long）。朗因尖锐抨击银行、石油公司、电力公司及保守派巨头而名声大噪。他于1928年当选州长，随后便向反对派发起全面彻底的进攻，致使反对派完全丧失政治影响。许多人觉得他已成为事实上的独裁者，但他仍拥有路易斯安那

休伊·朗 没有几个演说家能像路易斯安那州休伊·朗那样鼓动民众，朗人称"鱼王"（这个绰号来自流行的广播节目《阿莫斯和安迪》）。恰恰由于朗充分利用广播使得他成为了1930年代初在全国广受欢迎的人物。(Culver Pictures, Inc.)

选举团压倒性的支持率，一是因为他颇具魅力的个性，再就是他作为传统进步派的辉煌政绩：修建道路、学校、医院，修改税法，发放免费教科书，以及降低公共事业费率。法律规定他无法连任州长，于是他在1930年竞选国会参议院席位并轻松当选。

像库格林一样，朗在1932年积极支持富兰克林·罗斯福，但在罗斯福就职6个月后他便与总统分道扬镳。与新政的主张不同，朗提出了一项大胆的重分财富计划，后称"均分财富计划"。他声称，政府本可通过税收制度结束国家的萧条状态。由于美国少数巨富的财产过多，社会上再无任何资金以满足普通公民的要求。而政府可通过税收政策没收这些人的剩余财产，所得的收入足以使政府向每个家庭提供至少5000美元的"家产"和2500美元的年度收入。1934年，朗建立自己的全国性组织"均

均分财富协会 分财富协会"，并迅速吸引了大批追随者。民主党1935年春所做的一项民意调查表明，如果休伊·朗代表第三党竞选总统，大约能吸引10%以上的选民，这个比例足以和共和党候选人打个平手。

"第二新政"

1935年春，罗斯福推出了一系列重要措施，通常被称为"第二新政"，既针对日益增长的反对势力，也针对连绵不断的经济危机。这些措施未必标志着政策方向的改变，但至少标志着新政施政重点的转移。最重要的变化也许是当局对大型企业的态度。至少从表面上看，总统现在敢于公开对抗企业利益。比如，1935年3月，总统请求国会立法分割大型公共事业控股公司，他在演讲中激烈抨击大企业历来所处的垄断地位。国会在1935年通过了《公共事业控股公司法》，但公共事

业公司的愤怒游说最终导致该法多处被修改，严重削减了立法的效力。

同样使美国富人担忧的是总统于1935年进行的一系列税务改革，保守派立即将其命名为"敲诈富人"计划。很显然，罗斯福旨在削弱休伊·朗"均分财富"计划的吸引力，从而号召人们建立历史上和平年代税率最高、最具累进特点的税收制度，尽管其真正的影响非常有限。

1935年，最高法院否决了《国家工业复兴法》，该法7（a）条款中关于工人有权组成工会，有权集体与雇主谈判的规定如今已经无效。于是国会中由参议员罗伯特·E. 瓦格纳（Robert E. Wagner）领导的一批进步主义者于1935年提出了一项《全国劳工关系法》。新法（更多被称作《瓦格纳法》）比1933年的法律条款为工人提供了更多关键的执行机制，并建立了"国家劳资关系委员会"（NLRB），规定委员会有权迫使资方承认合法工会并与之谈判。虽然总统对该法案的通过并不满意，但还是在上面签了字。这主要是因为，1935年的美国工人已成为一股强大的有生力量，罗斯福意识到自己的政治前途在某种程度上依赖于如何满足工人们的要求。

国家劳资关系委员会

劳资冲突

20世纪30年代出现的大规模的美国工会运动是这十年间最重要的社会政治运动。它的出现是由于政府加强工会权利的各种措施，但同样也是劳资之间矛盾不断激化的结果。

劳资冲突激化现象从1934年开始变得明显，新工会组织的工人（许多受《国家工业复兴法》集体交涉条款鼓舞）展示了他们新的魄力。然而，事实很明显，没有更强有力的法律保护，大多数组织会陷入困境。《瓦格纳法》一旦成为法律，工会建立行之有效的劳工团体会很快获得实力。

美国劳工联合会仍坚持手工业行会思想：以技能为基础组织工人。但是这个标准使工业劳动力中的大多数非技术工人几乎没有机会加入组织。因此，在1930年代，一个新的劳工组织概念开始挑战手工业行会组织的理念：产业工会。这种概念的提出者指出，某一行业的所有工人无论工种如何，都应该组成一个统一工会。所有汽车制造工人都应该属于汽车工人工会，所有钢铁工人都应该属于钢铁工人工会。通过这种方式联合，工人们才能增强他们的力量。

美国劳工联合会的多数领导者们都反对这一新概念，但是产业工会找到了一大批重要的支持者，其中最杰出的就是聪明能干、精力充沛、能言善辩的约翰·L.

产业工会

刘易斯。他是全国矿工联合会的领导者。最初，刘易斯等人尝试从美国劳工联合会内部开展工作，但他所提倡的产业工会组织与旧的行业工会组织之间的分歧迅速扩大。在1935年美国劳工联合会全国代表大会上，在撤离会场之前，刘易斯与行业工会领导者之间出现了一系列愤怒对抗（其中一次因互殴闻名）。几星期后，他创建了产业工会委员会。当美国劳工联合会将所有的新委员会和其所代表的产业工会赶出了自己的机构，刘易斯于1936年将委员会重新命名为产业工会联合会（CIO），自己担任主席，直接与美国劳工联合会对峙。

<small>产业工会联合会</small>

产业工会联合会扩大了劳工运动的影响。它比美国劳工联合会更愿意接受妇女和黑人，一方面是因为妇女和黑人多数从事非技术工作，另一方面是因为产业工会联合会创建的初衷是针对工会组织不完善的产业（纺织、洗涤、烟草等），而这些行业的劳动大军大多为妇女与少数族裔。产业工会联合会比美国劳工联合会更具有反抗实力。到1936年工会分裂之时，产业工会联合会已经在汽车制造业与钢铁生产业内组织大规模的斗争。

组织斗争

在若干汽车工会中，汽车工人联合会（UAW）在20世纪30年代逐渐占据突出地位。但是即使它的规模在不断扩大，它在各大企业中并没有取得合法地位。然而，在1936年12月，为挑战公司的反对，汽车工人们开始了一种虽有争议但却十分有效的办法：静坐罢工。底特律通用汽车公司的雇员们只是坐在厂里，既不

<small>静坐罢工</small>

"纪念日大屠杀" 1930年代劳工斗争的残酷在1937年的芝加哥最为明显，那年罢工工人试图在一家共和钢铁分厂游行，却遭到了芝加哥警察的野蛮袭击，警察动用警棍、催泪瓦斯，并开枪以驱散游行队伍。10名罢工人被杀，很多人受伤。(AP/Wide World Photos)

工作，也不回家，避免厂商玩弄破坏罢工的伎俩。这种方式迅速蔓延到其他地区，截止到 1937 年 2 月，罢工工人们已经占据了通用汽车公司的 17 座工厂。男员工仍待在工厂中，女性支持者（罢工者的亲人、朋友和同事们）代表罢工者们对警察进行游说，同时也为在工厂里的男人们提供食品、衣物等其他生活必需品。对于法庭的警告和地方警察驱逐他们出厂的命令，罢工者全然不理会。当密歇根州长、自由民主党人弗兰克·墨菲拒绝调遣国民警卫队镇压罢工者，联邦政府同样拒绝以资方立场出面干涉，通用汽车公司只好妥协。1937 年 2 月，通用汽车公司成为第一个承认美国汽车联合会的主要企业，其他公司也紧随其后。静坐示威在橡胶业等制造业中也同样奏效，但作为一种工运技巧，该方法存在时间不长。民众普遍认为该方法缺少法律依据，工会领导者不久也放弃了这种斗争方式。

1935 年的社会保障海报 1935 年《社会保障法》通过后的几个月内，新建的社会保障委员会就开始宣传全新的社会保障体系给工作的美国人带来的巨大好处——最显著的益处是缴纳过社会保险的美国人退休后可以按月获得养老金。(Library of Congress)

在钢铁制造业中，争取工会合法地位的斗争更为艰苦。1936 年，"钢铁工人组织委员会"（SWOC，后来的"美国钢铁工人联合委员会"）发起了一场大规模的工人运动。运动涉及成千上万的工人，斗争同样十分艰苦。1937 年，钢铁业巨人"美国钢铁"意识到自己处于从大萧条中恢复元气的关键时刻，不敢冒险，故而认可了该组织。但规模略小的一些钢铁公司（被冠名为"小钢厂"）却不肯妥协。1937 年美国"阵亡将士纪念日"这天，"共和钢铁"的一批罢工工人和他们的家属在南芝加哥野餐并举行示威。当他们尝试和平（合法）游行进入钢厂时，警察却开始向他们开枪。10 名示威者被打死，另有 90 人受伤。尽管民众对"纪念日大屠杀"愤怒不已，小钢厂的残酷伎俩仍占据上风。1937 年，罢工以失败告终。

但是，小钢厂的胜利也只是过去残酷破坏罢工手段的最后疯狂。仅 1937 年一年，美国就发生了 4720 起罢工事件，其中 80% 以工会组织胜利而告终。当年年末，美国有超过 800 万名工人参加资方公开认可的工会谈判组织（1932 年只有

有组织劳工的快速增加

300万）。1941年，这个数字增长到了1000万，其中包括最后承认"钢铁工人联合委员会"的小钢厂工人。

社会保障

1935年，罗斯福公开支持《社会保障法》，国会于同年通过该法。《社会保障法》建立了一些非同寻常的保障项目。法律规定了两种资助方式。从法律生效日起仍处于贫困状态的老人每月可得到政府发放的15美金资助。更重要的是，如今仍在工作的美国人将来可以加入养老金系统，由员工和雇主共同缴纳工资税，以此提供员工退休后的收入。养老金偿付到1942年才开始，并且每月的支付额只有10美元到85美元。广义的工人（包括黑人和妇女为主的家庭劳动力和农场劳动力）都不在计划范围内。但是，《社会保障法》在老年社会福利领域迈出了关键的第一步。

失业保险 此外，《社会保障法》还创立了失业保障制度，即雇主单方面向政府缴纳一定资金，工人如若下岗也能在一段时间内享受政府救济。该法还为残疾人建立了规模有限的（后扩大）联邦保障系统，为儿童建立了一套援助计划。

《社会保障法》的创建者试图建立一个"保障"系统，而非"福利"系统。而政府最大的项目（养老金和失业保证金）在许多方面都与私人保险项目类似，都是由计划参与者缴纳保险金。最终所有人获利。但该法还规定需按实际需求对贫困老人、残疾人、儿童和其生母提供相当数量的直接援助。人们普遍认为这些人人数较少且无法真正自力更生。但是该计划在随后几年的发展程度和覆盖范围远远超过了该项目创建者的预见和希望。

社会救济新渠道

公共事业振兴署 社会救济体系主要面向长远目标，而上百万的美国失业人员面临着现实的需求。为了帮助他们，罗斯福政府于1935年成立了"公共事业振兴署"（WPA）。像土木工程署和之前做出的努力一样，公共事业振兴署建立了一套失业救济系统。无论在资金数目上（最初投资50亿美元）还是在能量及范围上，它比之前的规格都要庞大。

在哈里·霍普金斯的领导下，公共事业振兴署负责建造或翻新了11万座公共建筑（学校、邮局、图书馆、政府办公大楼等），兴建了600个机场，还修建了50多万英里的公路和超过10万座桥梁。在此过程中，它为210万名工人提供了就业

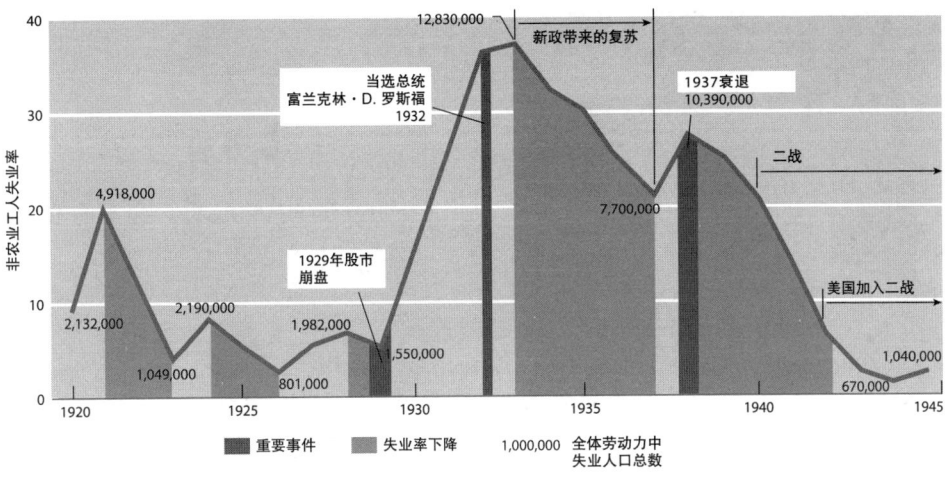

1920—1945年的失业情况 该表格显示出从1920年到二战结束时失业率变化的模式。如其所示，1920年代初在战后衰退的最后一年，失业率极高，但是在1923—1929年失业率相对较低。大萧条的开始令失业率迅猛攀升，1933年初达到了顶峰，约有1300万人失业。在其后的4年里，新政使美国从萧条中部分恢复，但整个1930年代失业率仍然居高不下。在1937—1938年的经济衰退时期，失业率再一次达到高点。之后，欧洲战事爆发，美国失业率急速下降。◆ 为什么战争比新政更成功地终止了失业率升高？

机会，并且以增加资金注入的方式促进了经济增长。

在救济过程中，公共事业振兴署还表现出了非凡的灵活性和想象力，对较难得到救济的工种尽可能提供援助。例如，公共事业振兴署的"联邦作家计划"就为失业的作家们提供政府工资，让他们专心从事创作。同样，"联邦艺术家计划"也使画家和雕塑家们潜心从事艺术事业。"联邦音乐计划"和"联邦剧院计划"负责音乐会和舞台剧演出，为音乐家、演员和导演们创造就业机会。"国家青年署"（NYA）为高中和大学中的青年男女提供奖学金。公共工程署下的"紧急住房部"开始实施由联邦赞助的公共住房计划。

尽管男性和女性在20世纪30年代经历着同样的痛苦（就像其他任何艰难时期一样），但是新的福利系统对待男女的方式不同。对于男性，政府主要通过地方工程署、土木工程署和公共事业振兴署等机构提供就业援助。政府对女性的救济不是就业救济而是现金资助——主要是通过社会保障部的"未成年人资助计划"（成立初衷为帮助单身母亲）直接提供资金。政府对于男女两性的不同政策反映了人们的一种普遍观点：男性是家庭的主要劳动力，女性应被看作家庭成员。而实际上，20世纪30年代已有数百万妇女独立就业。

公共事业振兴署工人在工作 公共事业振兴署投资建设多种项目为失业者提供工作。但是多数就业机会都在建筑工地。照片显示的是纽约市布朗克斯区一座桥梁建筑工地的工人。(Bettmann/Corbis)

公共事业振兴署壁画艺术 公共事业振兴署的联邦艺术家计划雇佣的艺术家创作了一系列令人印象深刻的公共壁画。许多作品都放置在由公共事业振兴署兴建的邮局、图书馆和其他公共建筑中。威廉·格罗珀的《修建大坝》(本图所示为局部)是典型的1930年代赞颂工人的作品。作品中的工人充满英雄气概,齐心协力投入公共设施建设。但大多数公共事业振兴署的肖像画只描绘白人工人。(Library of Congress)

1936 年"全民公决"

1935 年，人们曾一度有理由对总统改选的前景提出质疑，但是到 1936 年中期——随着经济明显复苏——罗斯福毫无疑问可以重新当选。共和党提名堪萨斯温和派州长艾尔弗雷德·M. 兰登（Alf M. Landon）为总统候选人。罗斯福异见分子的挑战现在显得势单力薄。原因之一是其最具实力的领袖休伊·朗于 1935 年 9 月在路易斯安那遇刺。另一个原因是库格林神父、汤森医生和杰拉尔德·K. 史密斯（休伊·朗的追随者）在同年夏天联合建立了倒霉的同盟、一个新的政治团体——联盟党。该党提名不见经传的北达科他众议员威廉·莱姆基（William Lamke）作为总统候选人。

艾尔弗·兰登

其选举结果是美国历史上前所未有的一边倒趋势。罗斯福的得票率接近 61%，而兰登只得到 36%，共和党候选人只赢得了缅因和佛蒙特两州；民主党在参众两院都增加了优势；联盟党只得到不足 90 万张选票。

大选结果表现出新政所导致的党派重组。现在，民主党赢得了西部和南部的多数农民、城市工人阶级、穷人和失业者、北方城市的黑人，以及传统进步派和坚定的自由派——他们形成了占全体选民大多数的联盟。共和党人仍需要几十年时间来重新赢得优势。

选举改组

大众文化模式 漫画书的黄金时代

在大萧条和二战困难时期，许多美国人试图在幻想中解除心中的焦虑。创造美国流行文化的人急切地想让人们在电影、话剧、书籍、广播剧等娱乐活动中寻找一个比现实生活更安全、更繁荣、更刺激的世界。从 1938 年开始，漫画书成了美国青年逃避现实的最流行的方式。随后的几十年，漫画书一直在美国文化中保持着强大的影响力。

现代漫画始于 19 世纪 80 年代美国报纸上出现的连环画。20 世纪初期，出版商们收集了先前出版的连环画并开始以书的形式出售它们。虽然最受欢迎的至尊神探（Dick Tracy）在一些连环侦探故事中担当主角，早期的漫画很少努力发展连续的情节和复杂的角色。但是到了 20 世纪 30 年代，一些画家和商人开始注意到漫画界新的更大的可能。

1935 年 2 月，马尔科姆·维勒-尼克尔森（Malcolm Wheeler-Nicholson）

超人 超人是有史以来最成功的漫画人物，对于饱受大萧条和之后的二战痛苦折磨的美国人来说，他的超能力具有无与伦比的吸引力。(Superman No. 1 © 1939 DC Comics. All rights reserved. Used with permission.)

创建了第一本漫画杂志，也就是我们现在所熟知的"漫画书"《新乐趣》(New Fun)，这本杂志出版的完全是原创作品。维勒在《新乐趣》杂志中收获不多，但他一直相信原创漫画书的潜力。而后，他成立了一家名为侦探漫画（Detective Comics）的新公司，并在1937年开始创办杂志《动作漫画》(Action Comics)。当时维勒已没有钱出版任何杂志，但公司仍能在没有他的情况下运转。1938年，第一本《动作漫画》杂志出版发行，封面引起了人们的惊叹和争议。封面上画着一个身穿紧身衣的强壮男人把一辆汽车举过头顶。他的名字叫超人，后来他成为了最受欢迎的经典卡通人物。一年之内，一本以"超人"命名的漫画书出版了，并创下了每期120万册的销量。到1940年，出现了一档有名的超人广播节目，电台播音员用气喘吁吁的声音说道："这是一只鸟！是一架飞机！这是……超人！"很快，其他出版商乃至侦探漫画自己开始创作新超人系列（以超人为主体的期刊），从人们日益增长的流行兴趣中获利。1939年，第二大漫画书出版商漫威漫画（Marvel Comics）出现了。20世纪40年代早期，其他超自然的英雄：霹雳火、海王子、蝙蝠侠、闪电侠和神奇女侠也加入到超人的队伍中，神奇女侠在某种程度上显示了女性对战争的重要性。最受欢迎的莫过于超人，但是其他漫画也在商业上取得了成功。

不难想象为什么超级英雄在三四十年代会如此吸引美国人（特别是十几岁的男孩，他们是当时漫画最大的购买群体）。超人和其他英雄都是理想化的男孩，他们聪明、优秀，就像一个粉丝所描述的那样，他们是"完美的童子军"。同时他们也是全能的，可以纠正错误，预防灾难。在这个灾难始终可能发生的世界，对生活在20世纪三四十年代的许多家庭来说，超级英雄可以慰藉他们，帮助他们逃离恐惧。30年代后期，超人漫画的作者杰里·西格尔和乔·舒斯特仍都十分年轻，他们还未从年轻时的幻想中逃离出来。事实上，许多早期的漫画作者

美国队长 美国队长1941年首次在漫画中亮相，很快便确立了自己超级英雄和超级爱国者的形象。甚至在珍珠港事件前，美国队长就被表现为纳粹和日本的强大对手、渗透进美国的间谍和破坏者致命的敌人。这幅漫画中，他扼杀了一名"敌方特务"。(CAPTAIN AMERICA: TM © 2002 Marvel Characters, Inc. Used with permission.)

均为十八九岁或者二十岁出头的男性。

很多漫画的创作者是犹太人，他们清醒地认识到自己是美国文化的局外人，美国文化并没有对他们完全开放。他们创造的人物都拥有平凡世界中的另一种身份。超人是克拉克·肯特，一名"温和的守规矩的记者"。蝙蝠侠是布鲁斯·韦恩，一位富有的继承人。所有人都完全是美国主流社会的一部分，这也在一定程度上表达了局外人被同化的梦想。而超级英雄形象本身也是局外人，他们被赋予了普通人没有的特殊权力和能力。

在美国被卷入第二次世界大战之前，这些漫画人物甚至在故事里同轴心国作战。漫威的霹雳火和海王子加入了反对德国的海军力量，超人则在本土同间谍以及破坏分子战斗。1941年3月，新角色——美国队长诞生了。作为一个被拒绝入伍的纤弱男子，在服用了军医给他的秘密血清后，他变得无比强大。最后，他以普通二等兵的身份入伍，并成就了一番非凡伟业。《美国队长》的第一期封面是美国队长在德国司令部猛击希特勒。二战同时扩大了漫画的读者群。漫画在军人和水手间变得越来越流行，许多青年人在入伍之前都会读这些漫画。

战争的结束也意味着美国漫画的第一个黄金时代的终结。许多英雄系列杂志（包括《美国队长》）在和平时期都停止了出版，因为此时人们对幻想的需求减少了。而一种新漫画的出现取代了它们，这些新漫画强调传奇甚至轻微的

行业标准 在政府官员和其他指责漫画庸俗危险的人士的压力之下，从1955年开始，漫画产业建立了自己的标准审议机构，和1920年代创立的监督电影的机构非常相似。这个图章是标准审议局的许可章，旨在向读者（和他们的家长）确保漫画内容健康。

性暗示。一个名叫娱乐漫画（Entertainment Comics）的新公司开始出版骇人的恐怖漫画和科幻漫画，这些漫画的暴力和残忍程度远远高于早期的英雄系列漫画，而所有这些新漫画的普及程度都远不及在大萧条和二战时期流行的英雄系列漫画。

在20世纪40年代末和50年代初，漫画开始受到来自教育工作者、精神科医生、新闻记者，甚至是联邦政府的攻击。1954年，美国参议院成员在纽约举行了听证会，听取漫画书作家和出版商的证词。参议员们似乎并未被他们所听到的"漫画其实是健康而体面的"辩解说服。国会最终没有采取任何反对漫画的法律行动，但漫画业自身创立了一个行业协会，制定了"漫画守则"来阻止不良信息在漫画界的传播。

20世纪50年代末60年代初，漫画经历了一次意想不到的复苏。老超级英雄们（美国队长、火炬人和其他的一些角色）再次出现。同时，新的角色——蜘蛛人、钢铁侠和银影侠也加入其中。而从未消失的超人又有了新的声誉，他成了一段时期内最受欢迎的电视节目的英雄。这些新的或者修订过的角色和20世纪三四十年代的角色不完全一样，不再是对对和错十分确定的坚如磐石的童子军。这些角色更复杂，有时会被质疑、弱点和挫折所困扰。他们折射出一个日益复杂的世界，而这些角色正如他们的年轻读者一样，在挣扎着了解这个世界。

三、"新政"面临危机

罗斯福1936年竞选获胜，标志着他登上了政治生涯的顶峰。然而就在数月之内，新政陷入新的危机——反对势力不断增长，总统个人的政治失误以及国家经济面对重大挫折。

法庭斗争

1936年再度当选后，富兰克林·罗斯福认为自己有条件采取行动来解决最高法院的问题。他确信新政的任何计划都阻挡不了某些法官的破坏性判决。他们已经接连否决了"全国复兴署"和"农业调整署"计划，还威胁要否定其他立法。

1937年2月，罗斯福向国会山提交了一个惊人的议案，要求全面检修联邦法院系统，其中，数项条款中包括给最高法院增加6名新法官。他声称"法院工作过重",需要增加人力和新鲜血液来分担他们日益繁重的负担。但实际上,罗斯福的真正目的是让他自己有机会任命新的自由派法官,借此改变最高法院决策意识的平衡。

保守派对"法庭修补计划"甚为不满,就连罗斯福的很多支持者都担心他是在极力包揽大权。但如果没有最高法院出面干涉,罗斯福也许会劝说国会至少通过某种妥协方案。在9名法官中,3位法官支持新政,4位法官反对新政。剩下的2位法官,首席法官查尔斯·埃文斯·休斯经常站在进步派一边,陪审法官欧文·J.罗伯茨经常会投保守派一票。1937年3月29日,罗伯茨、休斯和其他三位进步派法官投票赞成某州的一项最低工资法(西海岸饭店诉帕里什案),以五票对四票的表决推

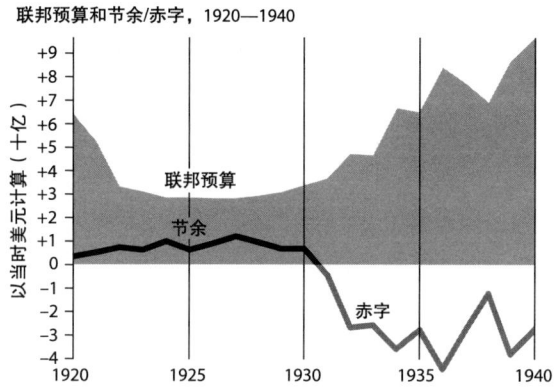

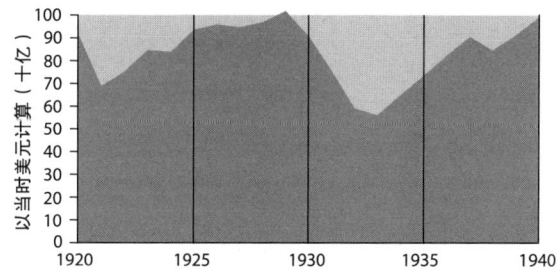

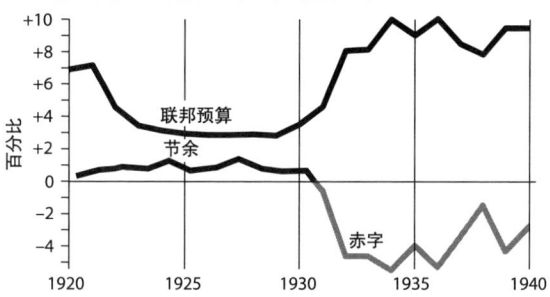

联邦预算节余、赤字和国民生产总值,1920—1940 大萧条的影响之一就是联邦政府的财政情况发生了巨大变化。注意第一张表格里,随着第一次世界大战的结束,1920年代联邦支出大幅下降,出现大量预算节余。还要注意从大萧条伊始,特别是罗斯福就任总统后,政府开支的迅速增长和巨额赤字的出现。第二张图表通过国民生产总值(即国家经济创造的全部产品和服务)表明了国家经济的起伏。大萧条初期的几年,国民生产总值大幅下降,但是到1930年代末又恢复到1929年的水平。最后一张图表明联邦支出(以及联邦节余和赤字)与经济总量之间的关系,对这些数字进行分析。那些年里,联邦支出的最高峰从未超过国民生产总值的9%,赤字也从未超过5%。在近几十年,联邦预算经常超出国民生产总值的20%,而赤字(从绝对数字来看,比1930年代要高得多)占国民生产总值的百分比很少像1930年代那么高。◆ 为什么大萧条期间政府赤字增长如此之多?

翻了一年前对一项类似案件的否决。两星期后，法院又以五票对四票通过了《瓦格纳法》；5月又通过了《社会保障法》。无论是出于何种原因，法院新的温和立场使"法庭修补计划"显得可有可无。最终国会否定了总统的计划。

在某种程度上，富兰克林·罗斯福在这次事件中取得了一定的胜利。特别是随着几位年迈的老法官退休，罗斯福任命了新法官，最高法院不再是新政计划的绊脚石。但是"法庭修补计划"的确为当局带来了长期损害。从1937年开始，南部民主党和其他保守派开始比以往更多地反对罗斯福的提案。

紧缩开支和经济危机

国民生产总值曾经从1929年的820亿美元跌至1932年的400亿美元，1937年夏，这个数字又回升到接近720亿美元。其他经济指数也出现了类似的好转。罗斯福将这些好转的迹象当作平衡联邦预算的一个借口和机会。财政部长亨利·摩根索和其他许多经济学家都同意罗斯福的观点，认为当前最大的威胁不是经济萧条而是通货膨胀。从1937年1月到8月，罗斯福将公共事业振兴署的规模减半，150万受救济工人因此下岗。几星期后，脆弱的繁荣景象彻底崩溃。工业生产指数从1937年8月的117下降到1938年5月的76，另有400多万人失业。很快，经济状况变得和1932—1933年大萧条时期一样凄凉。

罗斯福危机

1937年的经济危机，被评论家们戏称为"罗斯福危机"。它是由几个方面的原因造成的。对当时的很多观察家（包括罗斯福本人）来说，危机似乎是政府错误决定削减开支的直接结果。1938年8月，总统请求国会紧急调拨50亿美元用于公共事业和救济工程，政府资金很快又重新注入国家经济。几个月内，又一次初步复兴似乎开始出现。主张财政支出的人也开始借此现象来证明他们观点的正确性。

与此同时，在政府中一批较为年轻的自由派的鼓动下，罗斯福向国会发出了言辞激烈的信息，严厉攻击他所指的"非正义经济集权"，请求创建政府机构审查这一问题，并着眼于反垄断法的重大改革。作为回应，国家建立了"临时国家经济委员会"（TNEC），由参众两院和政府机构的代表组成，专门调查垄断势力对国家经济的影响。几乎就在同年春天，罗斯福任命耶鲁大学法学院教授瑟曼·阿诺德（Thurman Arnold）为司法部"反垄断局"的新任长官。阿诺德很快就证明他是该机构设立以来的最有活力的一位局长。

1938年末，政府成功通过了最具雄心的一项劳动立法——《公共劳动标准法》，这项法案建立了全国最低工资制度和40小时工作制，同时也建立了严格的童工限制制度。像社会保障一样，法案最开始拒绝接纳大部分妇女和少数族裔工人。

尽管取得了这么多成就，但1938年新政已接近尾声，国会的反对派使得总统制定任何新计划都变得十分困难。更为重要的是，世界危机威胁着政治气候，罗斯福逐渐更加关心如何使全国积极备战，而非追求新的改革途径。

新政结束

四、新政的局限和成就

20世纪30年代，罗斯福的主要批评者是保守党人，他们指控罗斯福背离宪法，企图建立一个危险的甚至专制的国家。近年来，新政最显而易见的批评家主要从左翼发起攻击，矛头指向新政中遗留的问题及遭到忽视的重要群体。若想全面理解新政，必须考虑两方面的批评意见，必须审视新政的成就和局限性。

"经济人国家"的观点

1933年，许多新政家们都梦想着如何利用他们新的权威和影响力，在不同程度上改造美国的资本主义社会。他们希望通过创建新的协作及控制形式，创造一个真正和谐有序的经济世界。1939年的事实清楚表明，他们创造的是一个截然不同的社会。1939年及之后，新政自由者们并没有抱怨当初设想与最终成果的差距，相反，他们决定接受自己的成果，庆祝自己的成功，并以此作为未来新政改革的典范。

他们建造的其实就是后来所谓的"经济人国家"。不同于之前改革者希望的将所有的社会元素熔铸成单一和谐的整体，新政鼓励和强化新的利益集团，允许他们在国内市场更加高效地竞争。新政使联邦政府成为这种持续竞争的调停者，成为一种若有必要便出面干预的力量，它协助某些团体的发展并限制其他团体的权力。1933年，美国只有一个巨大的利益集团（尽管种类各异、内部分裂）主宰着国家经济：企业集团。20世纪30年代末，美国企业发现自己要和其他利益集团竞争：日益强大的工人运动、组织有序的农业经济和逐渐觉醒的消费者阶层。在后来一些年里，"经济人国家"的观念也扩展到其他团体中：种族团体、民族团体、少数宗教团体、妇女团体等。因此，新政流传后世的遗产之一就是使得联邦政府成为了各利益集团的保护者和各种竞争的监督者，而不是一个企图创造和谐大同利益的工具。

经济人国
家的建立

在"经济人国家"中，什么因素决定哪些利益集团接受政府援助？新政的实践表明，政府的帮助主要青睐那些有足够政治和经济实力的利益集团。因此，在

20世纪30年代，经过几十年组织和煽动的农民、经历过武装运动和大规模全民动员的工人，赢得了政府新的有价值的保护。其他集团也许缺少严密组织，但是数量巨大且在政治上颇具影响，也得到了政府的有限帮助，如濒临危机的宅地拥有者、失业者和老年人。

按照同样的标准，新政代表某些利益集团的民主，却对某些集团不屑一顾，后者要么太弱小没有接受帮助的实力，或者不能引起广泛的公共支持，而这些集团通常又是最需要政府帮助的群体。新政的最大局限性之一就是不能充分代表一些重要集团的利益。

非裔美国人和新政

新政很少顾及的一个团体就是非裔美国人。当局对黑人的要求并不怀有敌意，相反，新政也许是20世纪所有各届政府中最能同情黑人的政府。埃莉诺·罗斯福（Eleanor Roosevelt）在30年代一直宣传种族平等，对丈夫和联邦政府持续施压，以求消除对黑人的歧视。至少从象征意义上看，她还是30年代非裔美国人事件最重要的参与者。1939年春，当黑人歌手玛丽安·安德森被拒绝在美国革命女儿音乐厅（华盛顿唯一的音乐厅）开演唱会时，埃莉诺·罗斯福辞去了在该组织的职务，随后与内政部长哈罗德·伊克斯（Harold Ickes，同样是种族斗争领袖），共同争取得到政府的批准，使安德森能够在林肯纪念堂台阶上唱歌。安德森在复活节当天的演唱会吸引了7.5万人，实际上，它成为现代最早的一次民权示威运动。

罗斯福本人也任命了若干黑人担任政府二级要职。罗伯特·韦弗、威廉·哈斯蒂、玛丽·麦克劳德·贝休恩等人组成非正式政府官员联络网，彼此之间经常进行磋商，后以"黑人内

埃莉诺·罗斯福和玛丽·麦克劳德·贝休恩 玛丽·麦克劳德·贝休恩是罗斯福政府中为数不多但是非常活跃的黑人官员之一。这些黑人官员形成了一个被称为"黑人内阁"的非正式网络。他们最重要的盟友就是埃莉诺·罗斯福。照片中她和贝休恩一起参加国家青年署召开的"黑人和黑人青年问题全国代表大会"。贝休恩是国家青年署黑人活动主管。(Bettmann/Corbis)

阁"而著称。埃莉诺·罗斯福、哈罗德·伊克斯和哈里·霍普金斯都在尽力确保新政政策不会排斥黑人，到了 1935 年，大概有四分之一的非裔美国人都在接受政府某种程度的帮助。这样的结果之一就是黑人选举的历史性转变。直到 1932 年，绝大多数的非裔美国人都投共和党的票，内战以来一直如此。但到 1936 年，超过 90% 的人投民主党的票——这标志着随后几十年民主政治联盟的顺利开端。

非裔美国人支持富兰克林·罗斯福，因为他们知道他不是敌人，但是他们很少对新政能够开创种族关系新纪元抱有任何幻想。例如，总统从未支持过将私刑视为一种犯罪的立法，不愿冒险得罪南方民主党人。总统也没有支持国会禁收人头税的法律，而人头税是南方白人禁止黑人投票的最有力的措施之一。

新政的救济机构没有挑战（事实上强化了）现有的种族歧视。民间资源保护队建立的是独立的黑人营区，全国复兴署允许相同工种的白人比黑人挣取更多的工资，非裔美国人在田纳西河流域管理局中几乎没有工作的机会，联邦住房署拒绝为搬进白人居住区的黑人提供购房贷款，而联邦政府资助的第一个公共房屋工程也有种族界限。公共事业振兴署习惯性地把低技能、低工资的工作留给黑人、西班牙人、亚洲人，或者直接拒绝他们。一旦政府资金紧缺，非白人和妇女一样首先会被列入解雇之列。

歧视被强化

新政对非裔美国人并无敌意，也尽力帮助他们进取。但是它拒绝把种族问题提上政府的重要议事日程。

新政与"印第安问题"

从很多方面讲，20 世纪 30 年代，政府对于印第安部落的政策仍然是一贯的鼓励同化。

但是新政期间的主要联邦政策却向着截然不同的方向发展，这主要是由于当时一位专心研究印第安事务的传教士的作用，这个人就是约翰·科里尔（John Collier），他从前是一位社会工作者，自从 20 世纪 20 年代在新墨西哥接触部落文化后，便致力于印第安人事务。更重要的是，他深受 20 世纪极力鼓吹文化相对论的人类学家的影响。三个世纪以来，白人一直认为印第安人是"野蛮人"，白人社会天生比印第安社会更加高尚，更加"文明"，但是文化相对论对这一传统观念提出了严峻的挑战。

约翰·科里尔

科里尔提出一项立法，希望借此改变美洲土著人面临的同化压力，给予他们保护自己传统的印第安习俗的权利。但并非所有的部落首领都同意科里尔的观点，

《印第安人重组法》　实际上，直到20世纪60年代，他保护印第安文化的主张才得到广泛支持。不过，科里尔在立法上取得了成功，他的提案最终成为1934年《印第安人重组法》，这进一步更激励他追求自己的目标。该法中最重要的一条是恢复全部印第安人拥有自己土地的权利。（1887年的法律取消了土地分配法，主张将印第安部人的土地分割成块，最终导致9000多万亩土地落入白人和投机商人手中。新法推翻了早期分割印第安土地的立法。）1934年立法通过后的13年间，部落土地几乎增长了400万英亩，印第安农业产值由1934年的200万美元增长到1947年的4900万美元。

然而，即便是根据1934年的立法重新进行了土地分配，印第安人也一直在开发白人没有兴趣的土地——大多数为贫瘠土地，还有很多是沙漠等不毛之地。作为少数民族群体，印第安人仍是最贫穷的人口。20世纪30年代的政策并没有解决印第安问题，但是确实为他们重建部落生机提供了一些手段。

妇女与新政

同对非裔美国人的态度一样，新政对于美国女权主义并不反对，但是也没有大加鼓励。女权精神从未产生广泛的影响（即使在妇女中也如此），政府看不到支持妇女运动能为自己带来什么政治利益。

女性象征性的收获　的确，新政过程中曾有许多代表妇女的重要的象征姿态。在美国历史上，罗斯福第一次任命了女性内阁成员，即劳工部长弗朗西斯·帕金斯（Frances Perkins）。他还在联邦政府下层机构中任命了100多位女性政府官员。女性政府官员在政府内部建立了活跃的女性网络，积极活动，共同推动符合女性利益的事业。罗斯福任命女性官员，一方面是夫人埃莉诺·罗斯福的作用，她是一名女权主义者和人道主义者。另一个影响女性在联邦政府和民主党内政治地位的人是莫莉·杜森（Molly Dewson）——全国民主党妇女部主任。一些妇女在联邦司法机构担任职务，阿肯色州的海蒂·卡拉维（Hattie Caraway）还于1934年当选为美国国会第一位女性终身议员（在议员丈夫去世后的继任竞选中获胜）。

历史学家的分歧　　新　政

很多年间，历史学家有关新政性质的讨论折射了美国人在20世纪30年代对于罗斯福政府政绩的探讨。与同辈人的做法一样，历史学家努力对新政是好是坏做出裁断。

新政的保守批评相对较少。埃德加·罗宾逊在《罗斯福领导》(*The Roosevelt Leadership*，1955) 和约翰·T. 弗林在《罗斯福的神话》中(*The Roosevelt Myth*，1956) 都对罗斯福进行抨击，称他是一位激进的暴君，但很少有其他历史学家认真对待此类指控。到目前为止，学者中有关新政的主导观点是赞许的、自由主义的解释。

自由主义解读的第一个重要声音来自小阿瑟·M. 施莱辛格，他在三卷本《罗斯福时代》(*The Age of Roosevelt*，1957—1960) 中评论说，新政标志着公共权力和私有利益的长期斗争继续进行，但是罗斯福把这场斗争推向了一个新的水平。企业不受控制的权力最终面临有力的挑战，一个经过改革的资本主义体系诞生了，在这个新体系中，工人、农民、消费者和其他人都比以前得到了更多的保护。

第一个对于新政的"修正派"解释出现在1963年威廉·洛伊希滕堡所写的《富兰克林·D. 罗斯福和新政》(*Franklin D. Rooserelt and the New Deal*) 一书中。洛伊希滕堡是一个富有同情心的评论者，他称新政的大部分局限性源自同时代的政治家和意识形态现实对于罗斯福的限制，新政也许不能比它现有达到的目标走得更远。

不过，洛伊希滕堡对关于新政的一个早期观点——新政是社会政策的革命——提出异议，并将其称为"半途革命"，它提高了一些原本是弱势群体(特别是农民和工厂工人)的地位，但对其他许多人(包括黑人、佃农与城市穷人)帮助甚微。埃利斯·霍利在《新政和垄断问题》(*The New Deal and the Problem of Monopoly*，1966) 中强化了这种批评。

在调查1930年代的经济政策时，霍利对于自由派所谓"新政是私人企业利益的敌人"这一假设提出质疑。他认为，与假设相反，在很多情况下，新政的努力都旨在增强私人企业的地位，有时甚至不惜牺牲一些政府官员支持的自由派改革目标。

20世纪60年代之后，其他历史学家从左翼角度出发撰写文章，表示对新政更加严厉的批判。巴顿·伯恩斯坦在1968年的一部著作中列出了错失良机的编年记录，对问题不恰当的回应，这些都损害了新政措施的效果。他指责罗斯福政府可能拯救了资本主义，但未能帮助那些最需要援助的群体，事实上在很多方面还对他们造成了伤害。罗纳德·拉多什也在1968年阐述了新政有效地巩固了现代公司制资本主义。托马斯·弗格森在20世纪80年代的一些文章以及科林·戈登1994年关于新政的书中进一步提出了这样的论据。他们引证了新政同国际主义金融家、实业家之间的紧密联系。20世纪30年代的自由主义便是共同保护资本家和巩固资本主义的产物。

除了弗格森和戈登的作品，其他来自左翼的对于新政攻击再没有超越60年代最初的评论。相反，到了70年代和80年代，大部分学者似乎对新政究竟是保守的还是革命的关注甚少，而更关心新政受到了哪些限制。社会学家西达·斯考切波（Theda Skocpol）在一系列重要的文章中和其他社会学家一同强调国家实力是新政的一个重要约束条件。她指出，雄心勃勃的改革构想总是失败的原因在于：政府官僚机构缺乏足够的实力和技能来决定和执行这些构想。詹姆斯·帕特森、查尔斯·巴里、马克·列夫和其他人强调了新政遇到的政治限制。在国会和民众中，保守派对于新政的抑制仍很强烈。新政成了保守党反对者和自由党支持者施加压力的产物。

弗兰克·弗雷德尔、埃利斯·霍利、赫伯特·斯坦和其他很多人也指出了影响罗斯福政府和其支持者的思想限制。艾伦·布林克利在《改革的结束》（*The End of Reform*，1995）中描述了新政见解的过渡：从政府管理的观点到政府相对较少地对企业进行直接干涉。它还描述了一项运动，这项运动部分是为适应保守政治气候的需要而产生，旨在建立一个以凯恩斯主义福利国家为核心的"补偿性"国家。戴维·肯尼迪在《免于恐惧的自由》（*Freedom from Fear*，1999）中通过对比指出，早期新政自由主义咄咄逼人的发展线索事实上阻碍了为复苏做出的探索，而罗斯福拥护的那些发挥市场效力的措施才是走向繁荣最有效的途径。

战后的"新政自由主义"这一固定词组似乎等同于进取的联邦政府管理经济、完善的福利体系、强大的官僚统治和大规模的政府花销这一现代观点。80年代的"里根革命"通常被描述为是对"新政遗产"的回应。然而，许多新政历史学家辩解说，"新政自由主义"的现代观点仅仅承载了与新政支持者们所拥护思想的有限联系。20世纪30年代自由主义者的成就只能在他们自身的时代背景下得到理解，后来的自由主义者借鉴了过去的经验，同时也做了适当的改变以适应不同时期的需要和设想。

702   但是新政对于妇女的支持是有限的，部分原因是新政时期妇女自身对前景的展望也存在局限性。弗朗西斯·帕金斯和政府其他女性官员均出身于女权主义传统的进步时代，这种传统并不强调性别平等是保护女权的特殊因素。帕金斯和其他女性革命者在支持并影响1935年的《社会保障法》内容方面作用重大。但只是将男权经济中有关妇女特定地位的条款写入其中。法案中专门为妇女设计的条款——未成年人资助计划——建立在几代进步派妇女为之奋斗而于世纪初通过的法案模板之上。

新政整体上赞成一种普遍信念，即在艰难时代，妇女应该退出劳工群而将工作机会留给男性。新政救济机构相对只给妇女提供很少的就业机会，全国复兴署奉行的就是以性别为基准的就业工资制度。社会保障计划最初并不包括家政服务、餐馆服务员和其他以妇女为主的行业。

<small>普遍性别标准的加强</small>

南方和西部地区的新政

新政时期确实受到特殊关注的两个地区就是南方和西部，两个地区都从新政救济和公共工程项目中不同程度获益。通过新政的救济项目，西部每个人平均得到的联邦资金高于全国任何其他地区，南方某些地区的收益也并不逊色。

703   大多数西部人渴望得到新政救济，但是他们的政治领袖却不支持。比如在科罗拉多，州立法机关拒绝根据1933年联邦紧急救济署的要求提供必需的对等资金。同时，作为回应，哈里·霍普金斯把科罗拉多州排除在计划以外，导致丹佛工人暴乱，抢劫城内的食品商店。直到这时，立法机关才改变路线，同意提供资金。

在南部，新政救济工程地方执行机构保持流行的种族规范不变。同样，在西部，新政工程接受现有的种族和人种歧视。若干州的救济署按不同种群提供不同数量的救济：白人得到最慷慨的援助，黑人、印第安人和墨西哥裔美国人只得到较低水平的扶持。在新墨西哥州的民间资源保护队营地，西班牙裔和白人有时在同一个营地中工作，但是他们之间会频繁出现紧张关系，偶尔还爆发冲突。新政特别关注西部的主要原因是这一地区的发展对于政府的计划实施尤其重要。联邦农业工程对西部有重大的影响，因为比起大部分东部地区，农业仍然是此地经济发展的中心。新政最大的公共工程项目——大坝和发电站，主要集中在西部，因为西部有最佳的地理优势，而且西部最需要新型的水电资源。哥伦比亚河上的大古力水坝是美国历史上迄今为止规模最大的公共建设项目。连同当地小型大坝的建设和附近的水利工程，它们共同为西北部大部分地区提供廉价的电力资源，并为

<small>挑战吉姆·克罗失败</small>

区域的经济发展奠定基础。

新政在西部的遗产　如果没有联邦政府巨大的公共投资，二战后改变西部的经济发展会变得不可能或者很难实现。但是西部在享受政府实惠的同时，也为此付出了代价：大萧条后几十年中，联邦政府在西部保留了官僚统治，其程度和可见性均超过全国其他任何地区。

与西部相比，新政在南方修建的大型基础设施工程要少得多——尽管最大的工程田纳西河流域管理局完全属于南方投资。由于20世纪30年代的南部仍属全国经济发展最缓慢地区，罗斯福政府在经济发展上所做的大部分努力给予南方不成比例的好处。比如农村电气化，这一问题影响全国许多地区，但是更对南部有特殊的影响。直到农村电气化管理局提供电力线之前，南方许多农村仍不通电。

新政也在某种程度上把国家注意力转向南部的经济状况，这是以前的政府从未做到过的。许多身居南部以外的美国人都觉得南部较"落伍"，但他们试图把这种落后的原因归结为种族主义、种族隔离和种族偏见。在1938年联邦政府赞助的一份经济报告中，一批社会学家等把南部称为"美国头号经济问题"。尽管报告提及了南部种族的一些习俗，但更多还是探讨南方如何缺乏经济发展机制和基本设施。

新政与国家经济

复兴经济失败　对于新政最多的批判是指责它未能有效复兴和发展美国经济。新政从未充分意识到政府开支是经济复苏的主要工具，其他方面的努力也并未成功终结大萧条状态。实际上二战带来的经济腾飞才最终使危机结束。新政没有从实质上改变美国资本主义的权力分配，只是对美国人民的财富分配起到了微弱影响。

然而，新政确实对美国的经济行为和结构产生了重大持久的影响。它提高了工人、农民和其他新群体的地位，使其可以时而有效地挑战企业权威。它在不同程度上推动了西部和南部的经济发展。它增强了联邦政府的管理功能，以协助巩固股票市场、银行系统和其他原来动荡不安的经济领域。政府还建立了联邦财政政策的新基础，使政府在战后能加速和规范经济增长。

建立联邦福利国家　通过若干救助工程尤其是社会保障制度，新政为联邦福利国家奠定了基础。新政的保守注定使最终诞生的福利制度只能发挥有限的作用（至少与其他工业国家相比），而且还加强了性别歧视和种族歧视的某些传统格局，管理上也花费更大、难度更高。但如果抛开这些限制不谈，新制度标志着一种历史性转折，彻底改变了联邦政府不愿给最需要援助的人提供帮助的历史传统。

新政和美国政治

也许，新政最引人注目的成果是影响了美国政府自身的结构、行为以及美国政治的特点。总的来说，富兰克林·罗斯福巩固了联邦政府的统治。到20世纪30年代末，州政府和地方政府明显必须服从华盛顿政府。罗斯福还使总统职位成为联邦政府权威的中心。

新政主要立法：

1933 年	紧急银行非常法	1936 年	土壤保护分配法
	经济法		土木工程署
	民间资源保护队		联邦安全法
	农业调整法	1934 年	全国住宅法
	田纳西河流域管理局		证券交易法
	国家工业复兴法		家宅贷款法
	银行法	1937 年	农场安全管理局
	联邦紧急救济法		全国住房法
	住宅再筹款法	1938 年	第二农业调整法
1935 年	公共事业振兴署		公平劳动标准法
	国家青年署	1939 年	行政改组法
	社会保障法		
	全国劳工关系法		
	公共电力控股公司		
	迁居管理局		
	农村电气化管理局		
	税收法（财富法）		

最后，新政对国民的政治态度产生了深远的影响。它改变了处于弱势和分裂状态的、几十年来只是美国政治次等势力的民主党，使之成为一个主导政党竞争四十多年的强大政党联盟。它使很多选民的注意力从20世纪20年代的文化话题中解脱出来，唤醒了人们对决定其生活命运的经济事务的兴趣。它使美国人民日益期待政府的行动——虽然新政本身没有成功满足人们的期待，但是它为战后的自由运动奠定了基础。

政府的新期待

小　结

新政是当代美国政府历史上最引人注目、最重要的时刻。从1933年富兰克林·罗斯福就职演说到 8 年后二战的爆发，联邦政府致力于一系列广泛多元的实验，旨在缓解失业和贫困带来的压力，改革经济以避免未来的经济危机，并最终结束大萧条状态。这些努力只有一部分取得了成功。

尽管许多联邦工程向原本一无所有的上百万人提供了援助，整个新政期间失业率和贫困率依然很高。尽管新政结束时华盛顿出现了一些新的重要管理机构，另外在新的联邦法影响下，有组织的工人的作用得到加强，美国的经济结构实质上仍和早年的状况一样。新政的所有措施都未能结束大萧条状态，但一些政策使经济状况不至于变得更糟，有些为未来制定更加有效的经济政策指明了方向。

也许，新政留下的最重要的遗产是为美国人提供了各种可能，使他们相信个人命运不必完全依赖于机遇或市场运作。许多在 20 世纪 30 年代脱颖而出的美国人相信，针对现代经济的不可预测性和不稳定性，个人需要采取保护措施防患于未然。新政尽管有局限性，但同时也诠释了政府在支持提供保护措施方面的价值。

阅读参考

William E. Leuchtenburg, *Franklin D. Roosevelt and the New Deal* (1963) 是一部关于新政的经典历史。

Anthony Badger, *The New Deal: The Depression Years* (1989) 是另一部出色的历史回顾。

David Kennedy, *Freedom from Fear: The American People in Depression and War, 1929—1945* (1999) 是一部重要的叙事史，是 *The Oxford History of the United States* 的一卷。

Geoffrey Ward, *Before the Trumpet: Young Franklin Roosevelt, 1882—1905* (1985) 和 *A First-Class Temperament: The Emergence of Franklin Roosevelt* (1989) 是关于就任总统前的富兰克林·罗斯福的优秀的传记体记述。

Frank Freidel, *Franklin D. Roosevelt: A Rendezvous with Destiny* (1990) 是由罗斯福最重要的传记作家之一创作的单卷本传记。

Jonathan Alter, *The Defining Moment* (2006) 和 *Anthony Badger FDR: The First Hundred Days* (2008) 描绘了新政的最初数月。

Ellis Hawley, *The New Deal and the Problem of Monopoly* (1967) 是对罗斯福政府前 5 年的经济政策的经典研究。

Colin Gordon, *New Deals: Business, Labor, and Politics in America, 1920—1935* (1994) 对新政最初的几年做出了挑战性的重新阐释。

Michael Janeway, *The Fall of the House of Roosevelt* (2004) 是关于复杂的新政团体的有趣叙述，这些人士不仅是罗斯福政府的成员，也影响了新政以外的政策和政治。

1937 年以后自由主义的转变是 Alan Brinkley, *The End of Reform: New Deal Liberalism in Recession and War* (1995) 的主题。

Jennifer Klein, *For All These Rights: Business, Labor, and the Shaping of America's Public-Private Welfare State* (2003) 在一定程度上把现代福利国家视为劳资斗争的产物。

Linda Gordon, *Pitied but Not Entitled: Single Mothers and the History of Welfare* (1994) 是关于女性作为政府福利政策的接受者同时也是制定者的先驱之作。

Alice Kessler-Harris, *In Pursuit of Equity: Women, Men, and the Quest for Economic Citizenship in Twentieth-Century America* (2001) 是有关性别与经济权力的交集的重要研究。

Lizabeth Cohen, *Making a New Deal: Industrial Workers in Chicago, 1919—1939* (1990) 的主题是芝加哥工人抗议和工人组织的努力。

Nelson Lichtenstein, *The Most Dangerous Man in Detroit: Walter Reuther and the Fate of American Labor* (1995) 是有关产业工会联合会早期的一位领导人的有价值的研究。

Richard Lowitt, *The New Deal and the West* (1984) 特别关注新政时期的水利政策和农业。

Jordan Schwarz, *The New Dealers: Power Politics in the Age of Roosevelt* (1993) 研究了南方和西部对国家资助经济发展的支持者。

Alan Brinkley, *Voices of Protest: Huey Long, Father Coughlin, and the Great Depression* (1982) 研究了新政面临的一些最强大的挑战。

Bruce Shulman, From Cotton Belt to Sunbelt (1991) 探索了新政时期改变被罗斯福等人视为国家头号经济问题的美国南方的努力。

Harvard Sitkoff, *A New Deal for Blacks* (1978) 和 Nancy J. Weiss, *Farewell to the Party of Lincoln: Black Politics in the Age of FDR* (1983) 就新政对非裔美国人的影响持相反立场。

David Grubin 的纪录片 *FDR* (1994) 给观众提供了良好视角来了解富兰克林·罗斯福的个人和公共生活。

罗斯福总统最直言不讳而且有影响力的批评者之一是 Ken Burns 的电影 *Huey Long* (1986) 的主角。

The World of Tomorrow (1984) 是关于 1939 年世博会的一部引人争议的纪录片。

本册地图彩色版

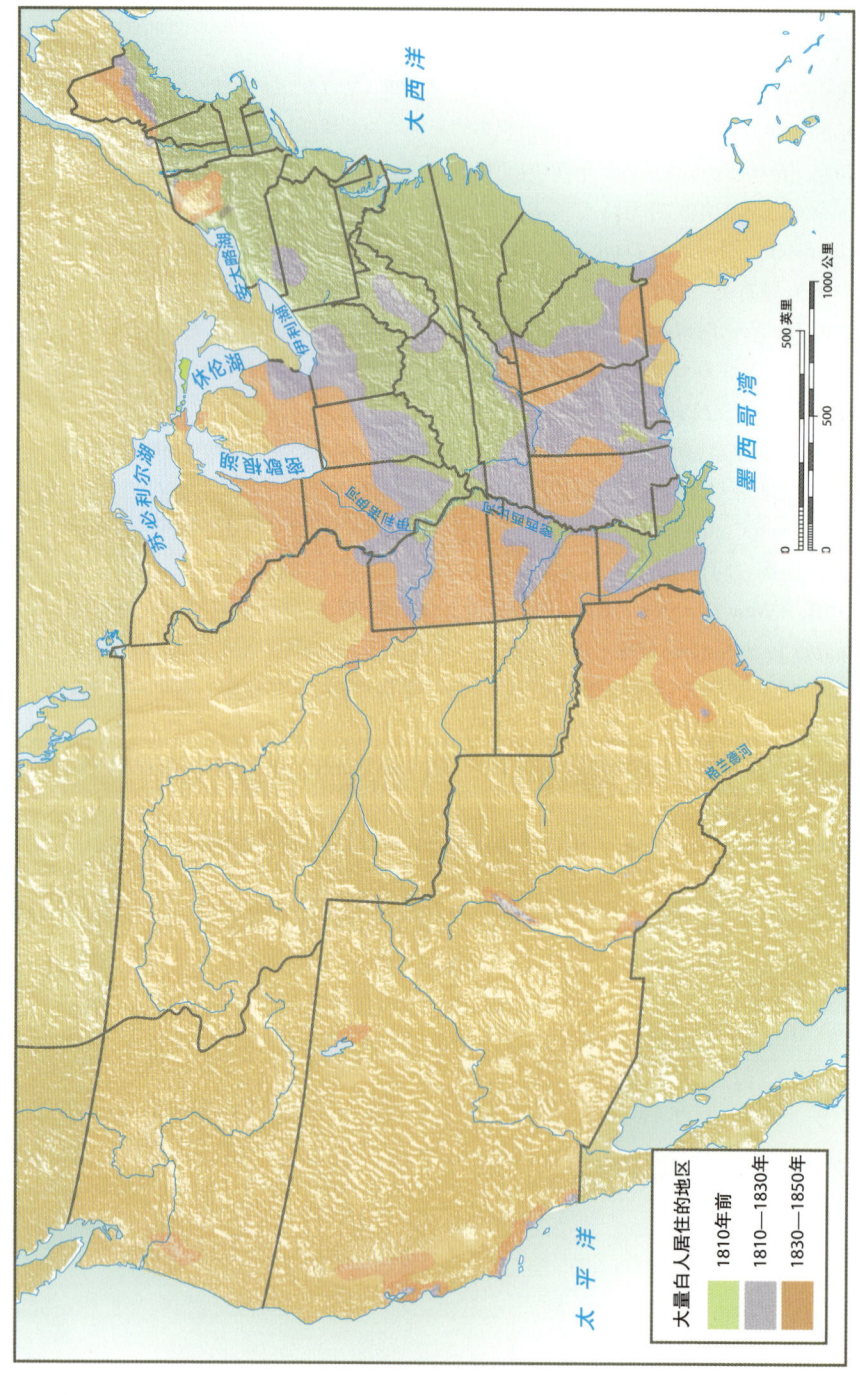

定居点的扩张，1810—1850

俄勒冈边界，1846

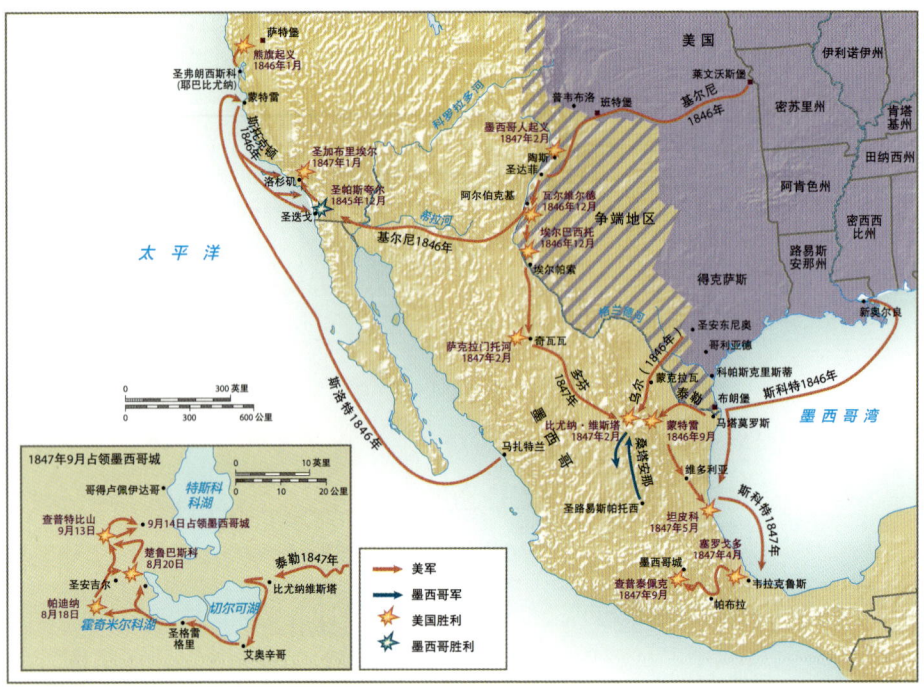

美墨战争，1846—1848

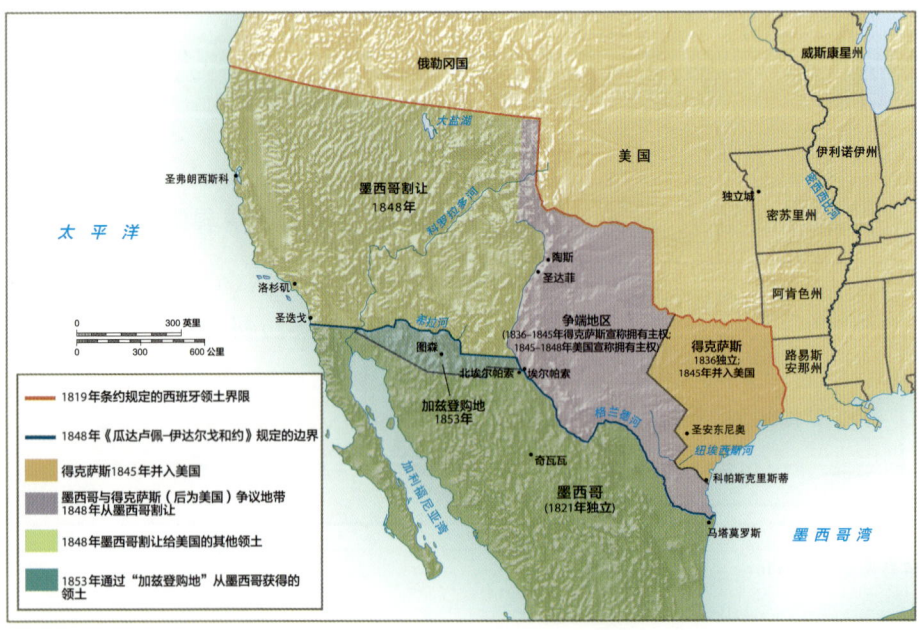

向西南扩张，1845—1853

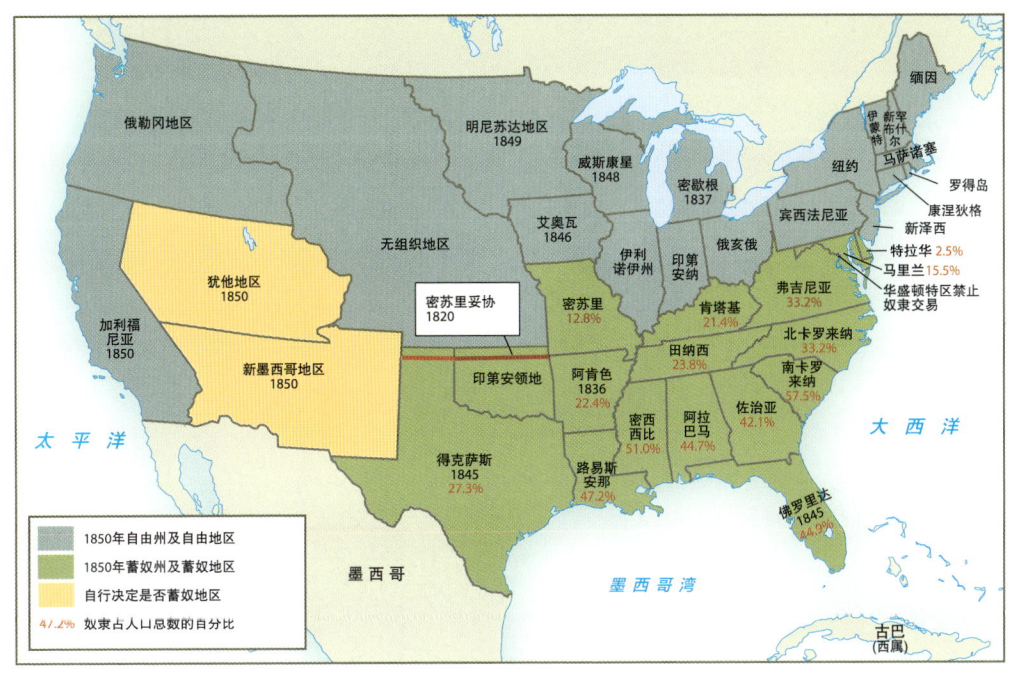

1850年妥协下的奴隶制和自由领土

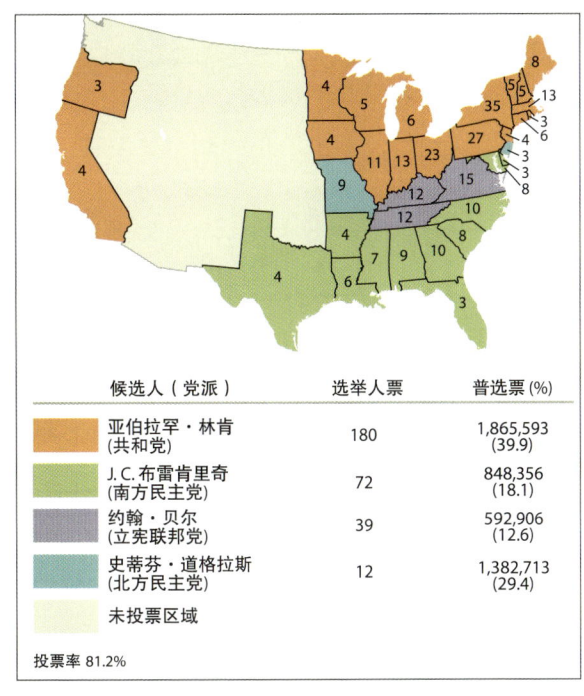

1860年大选

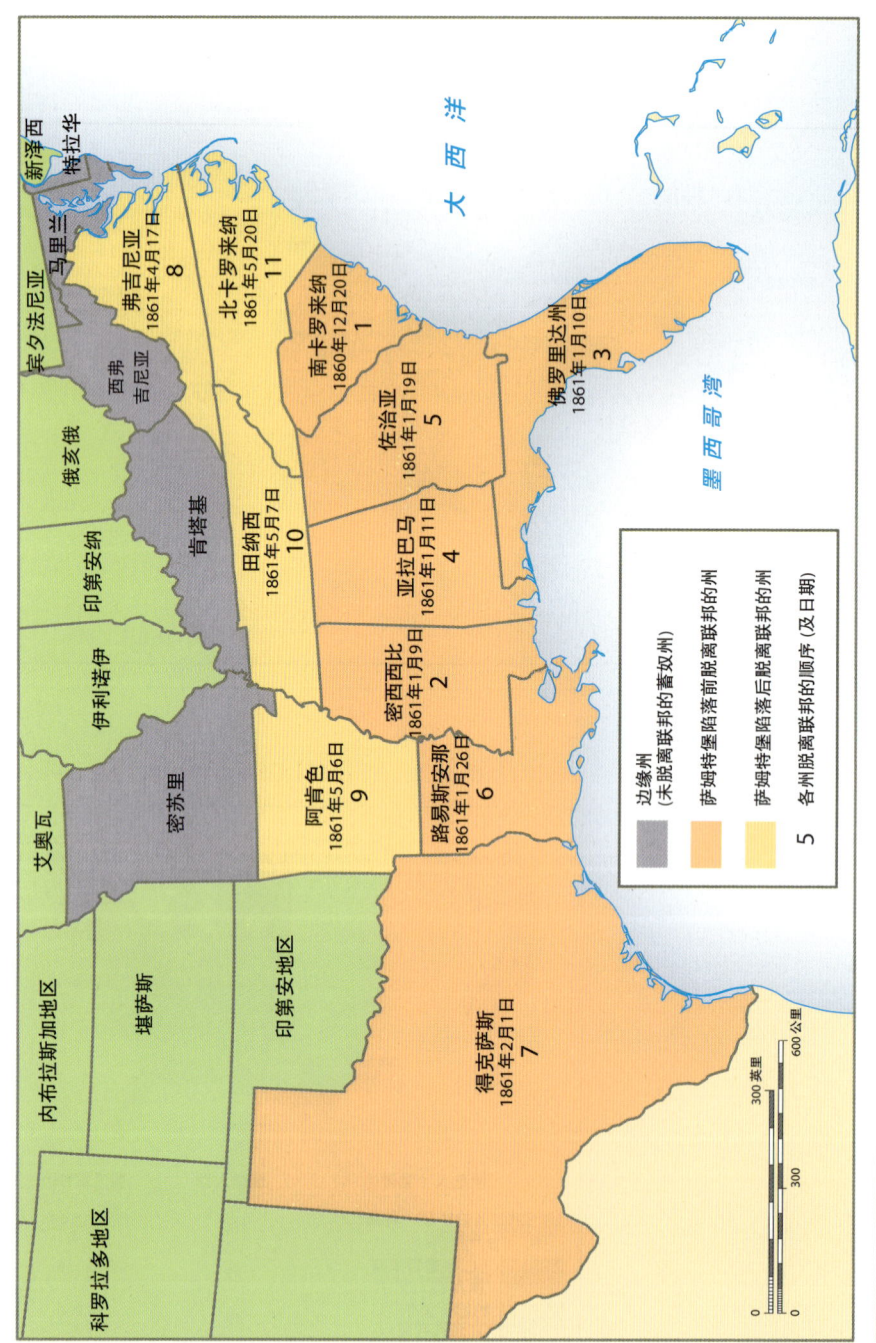

分裂的进程

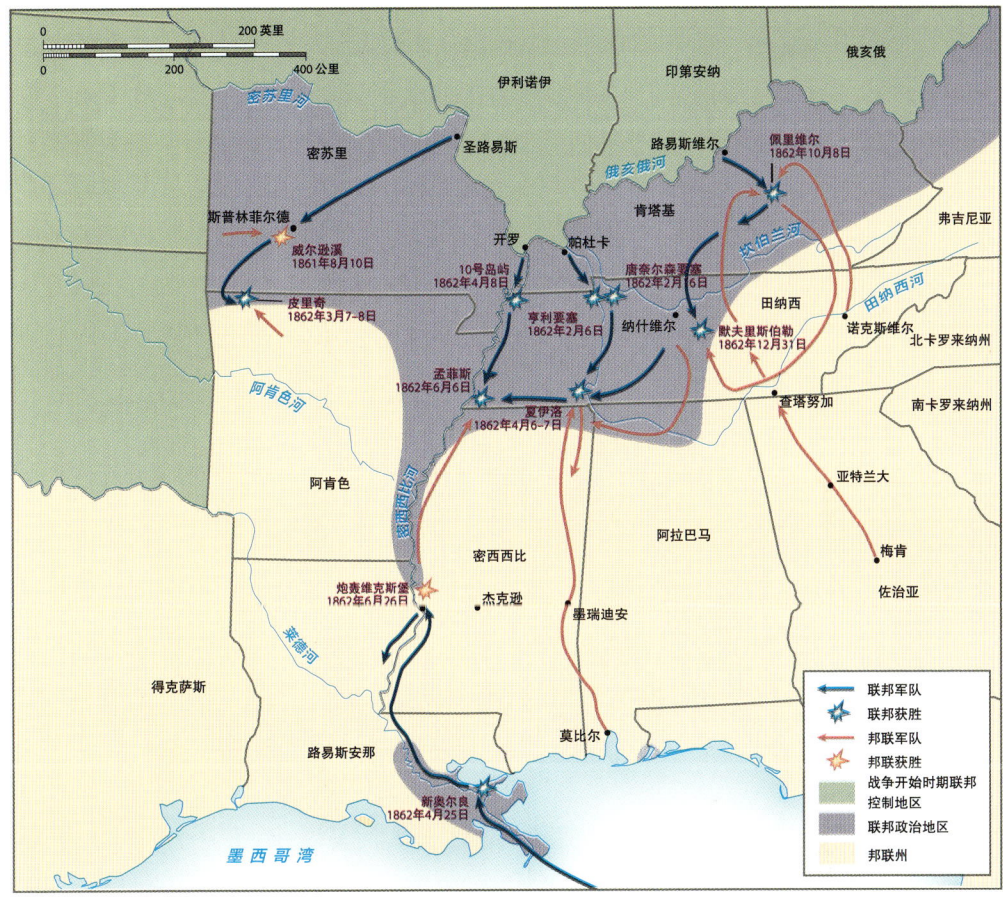

西部战事，1861—1863

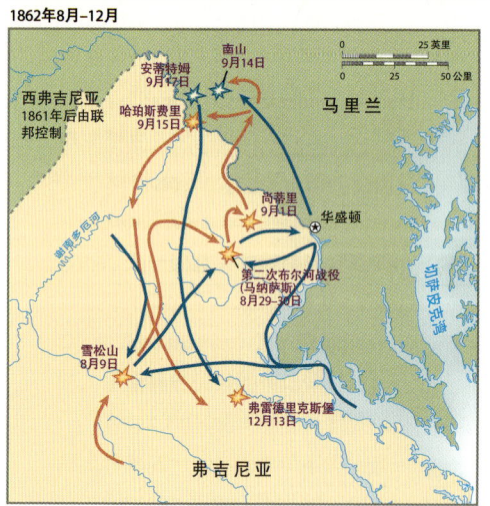
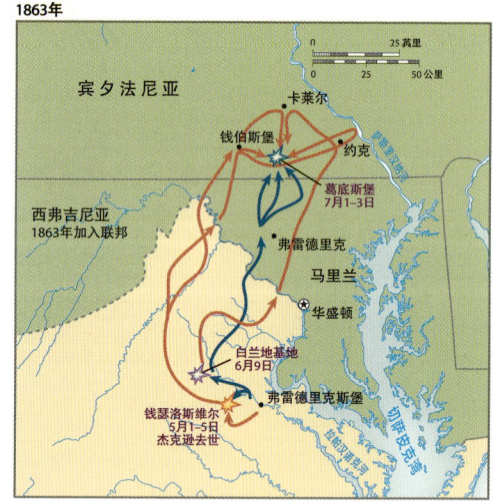

弗吉尼亚战区，1861—1863

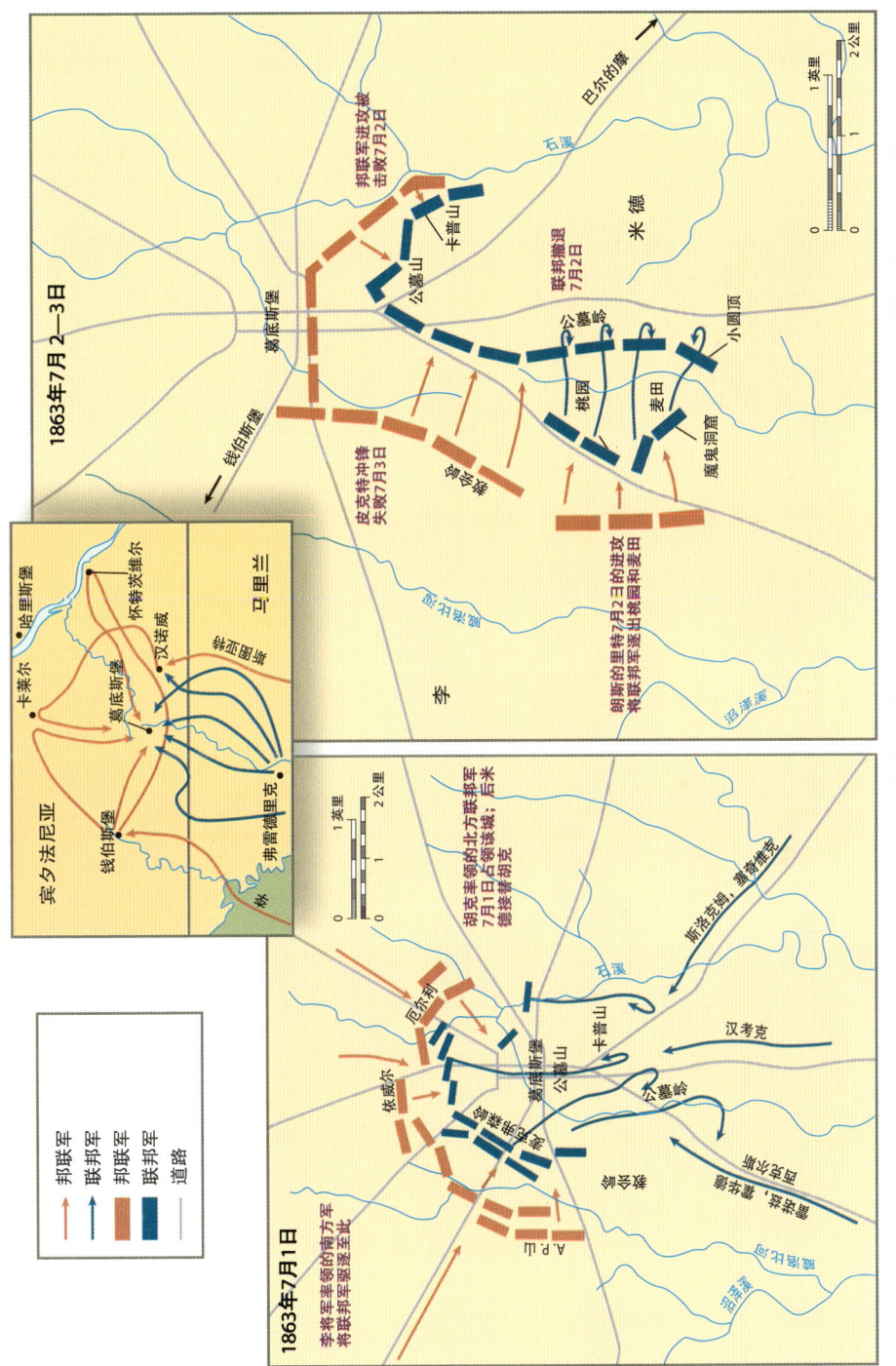

葛底斯堡战役，1863年7月1—3日

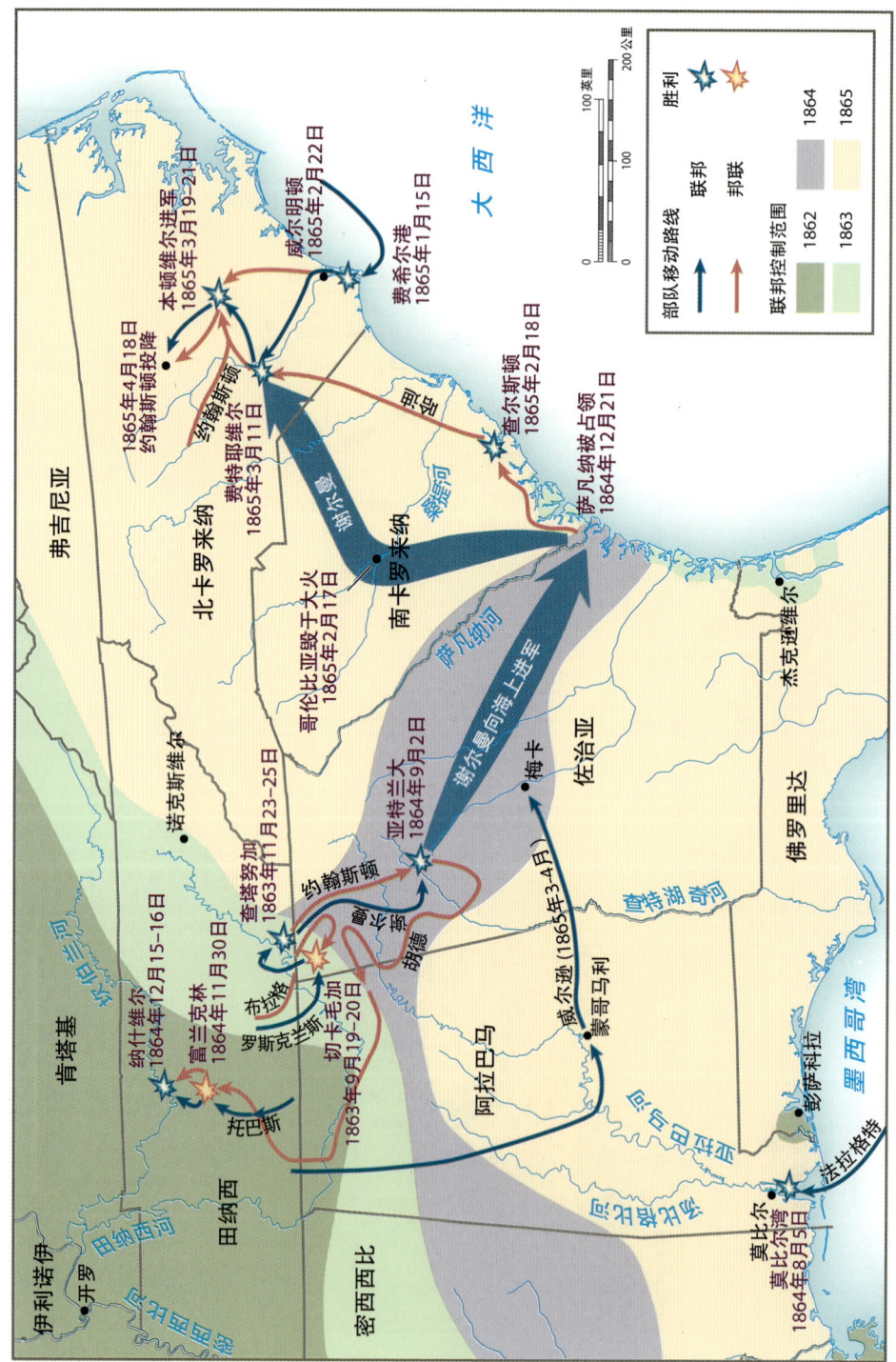

谢尔曼的"向海洋大进军",1864—1865

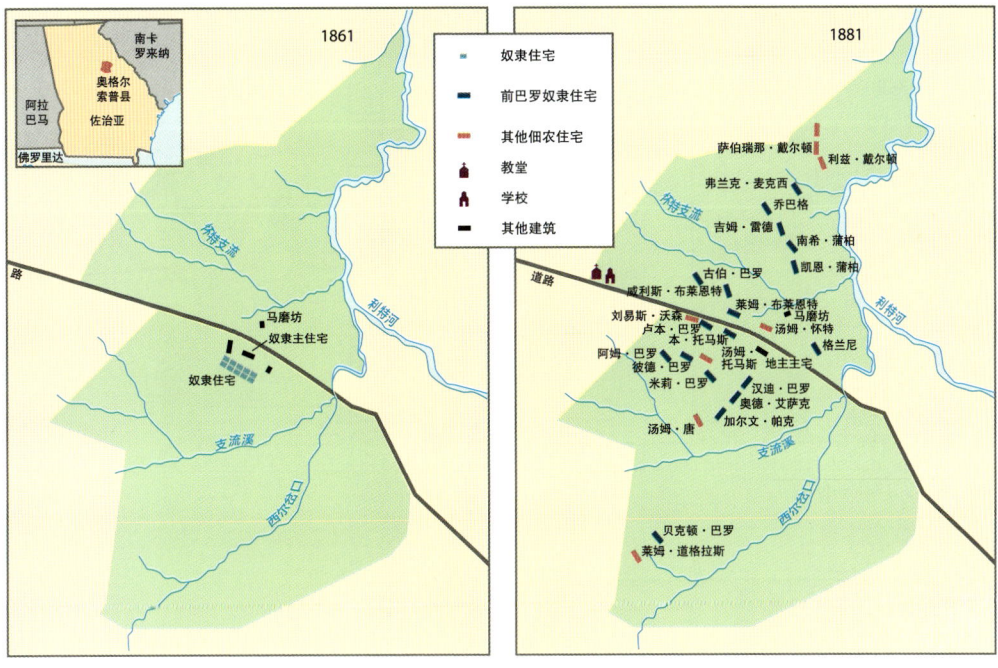

奴隶解放前后的南方种植园

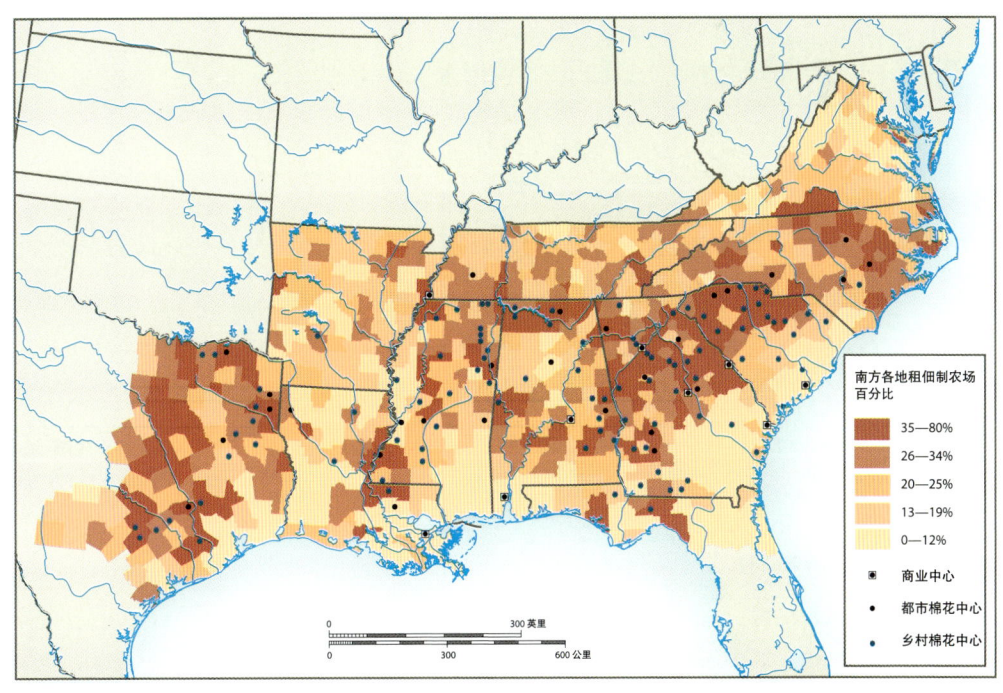

作物留置权制度，1880

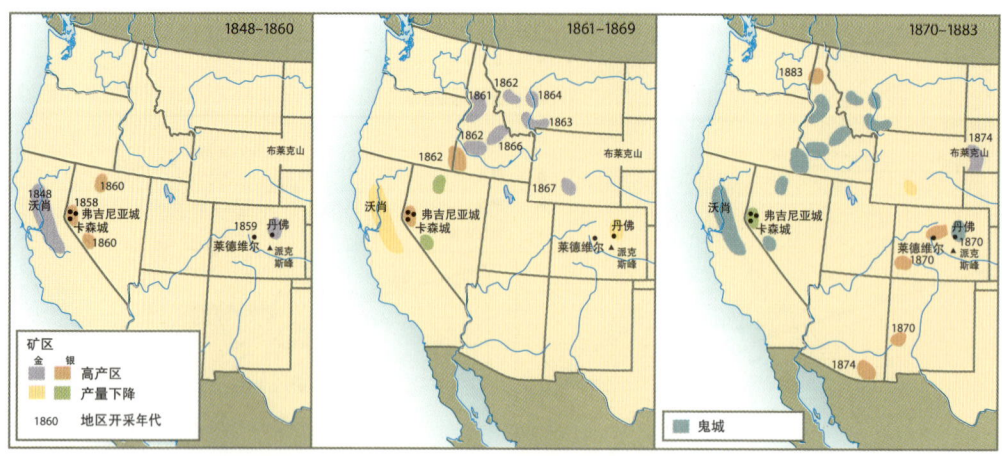

采矿城镇，1848—1883

畜牧王国，约 1866—1887

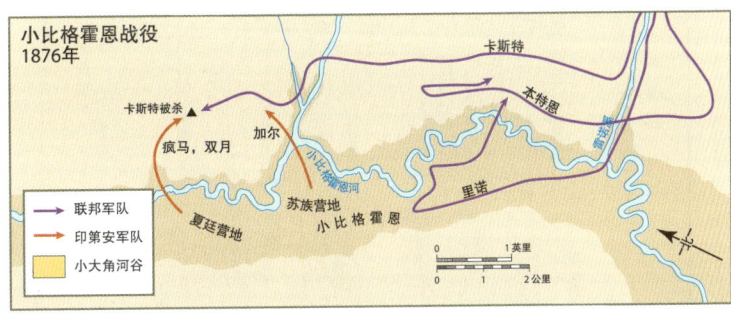

印第安边疆

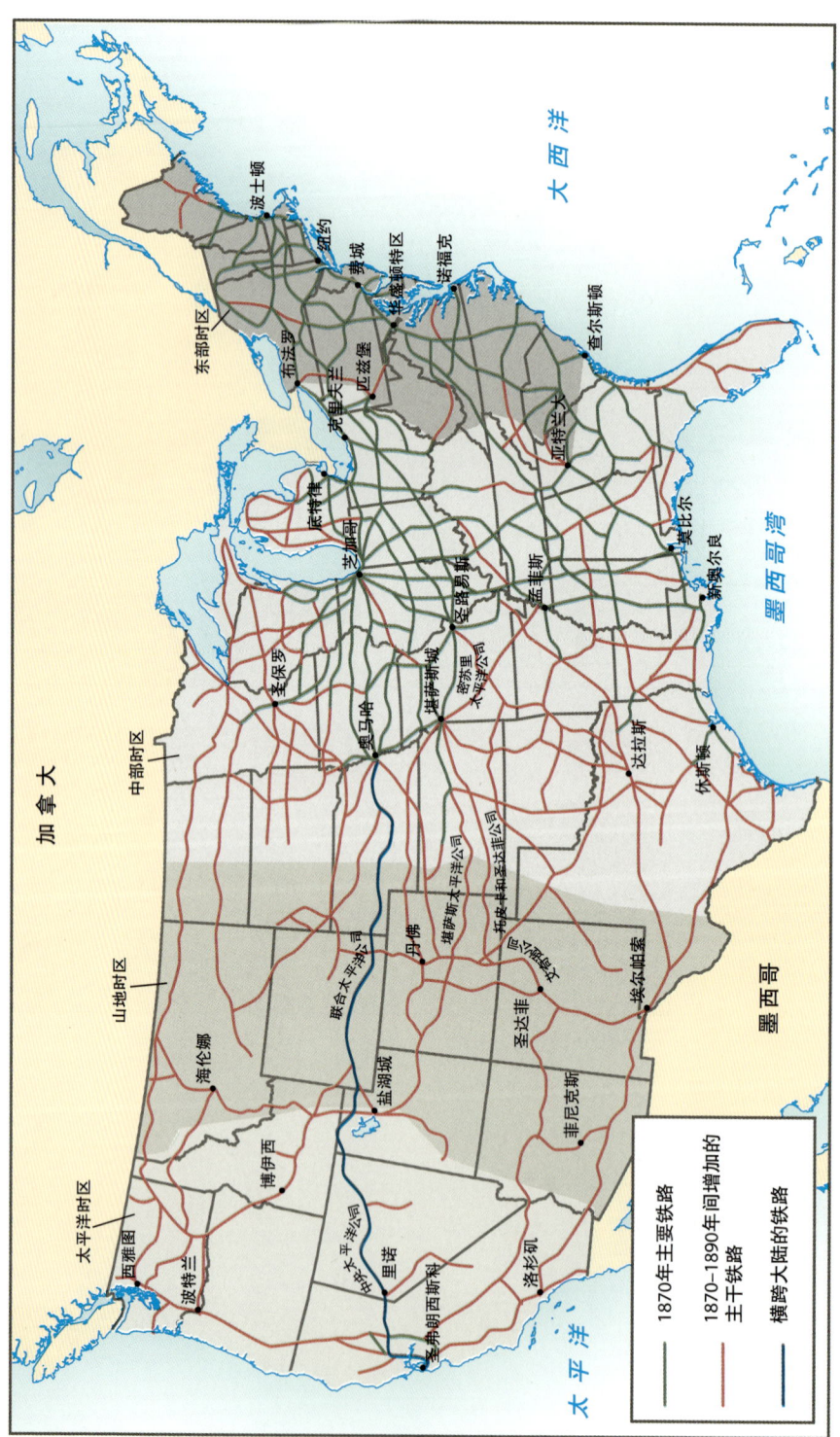

1870—1890年的铁路

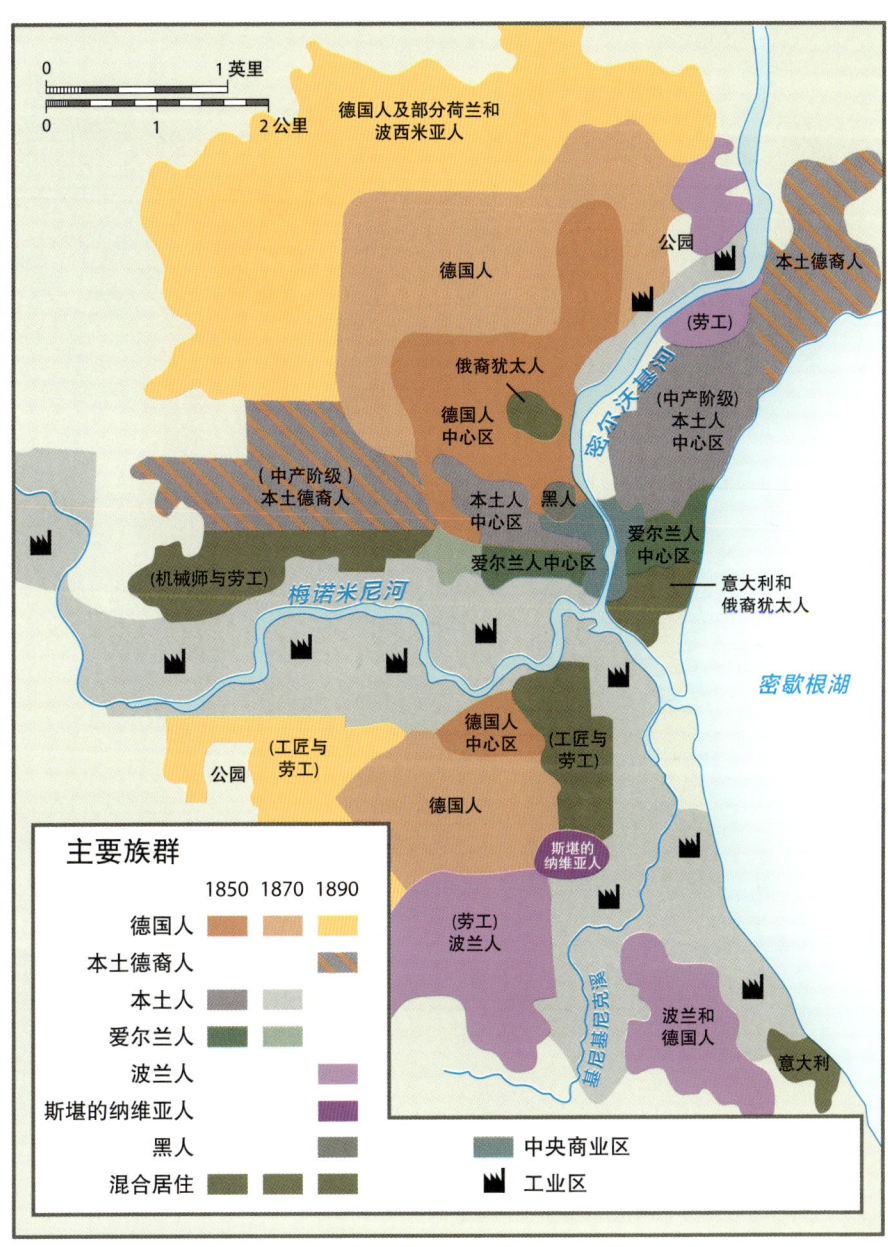

1850—1890年间的民族聚居模式

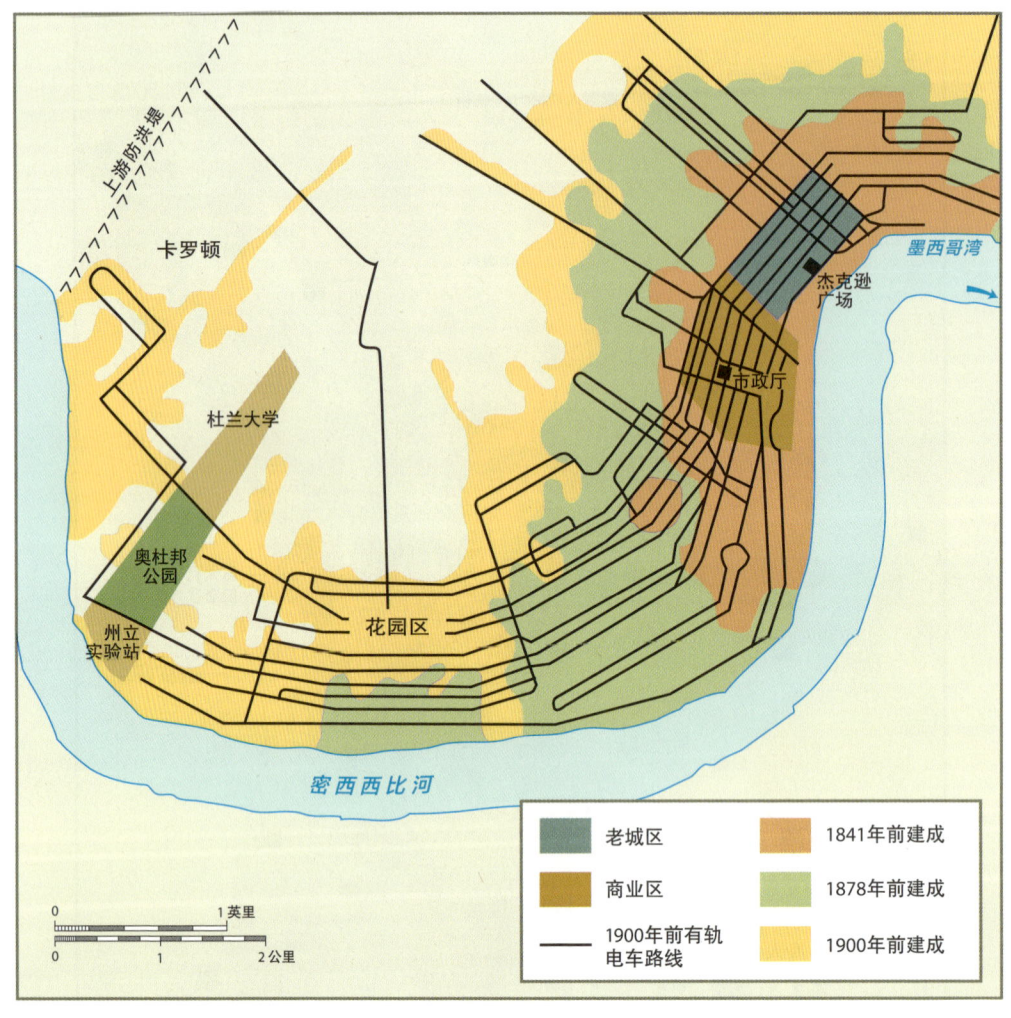

19 世纪新奥尔良郊区的有轨电车

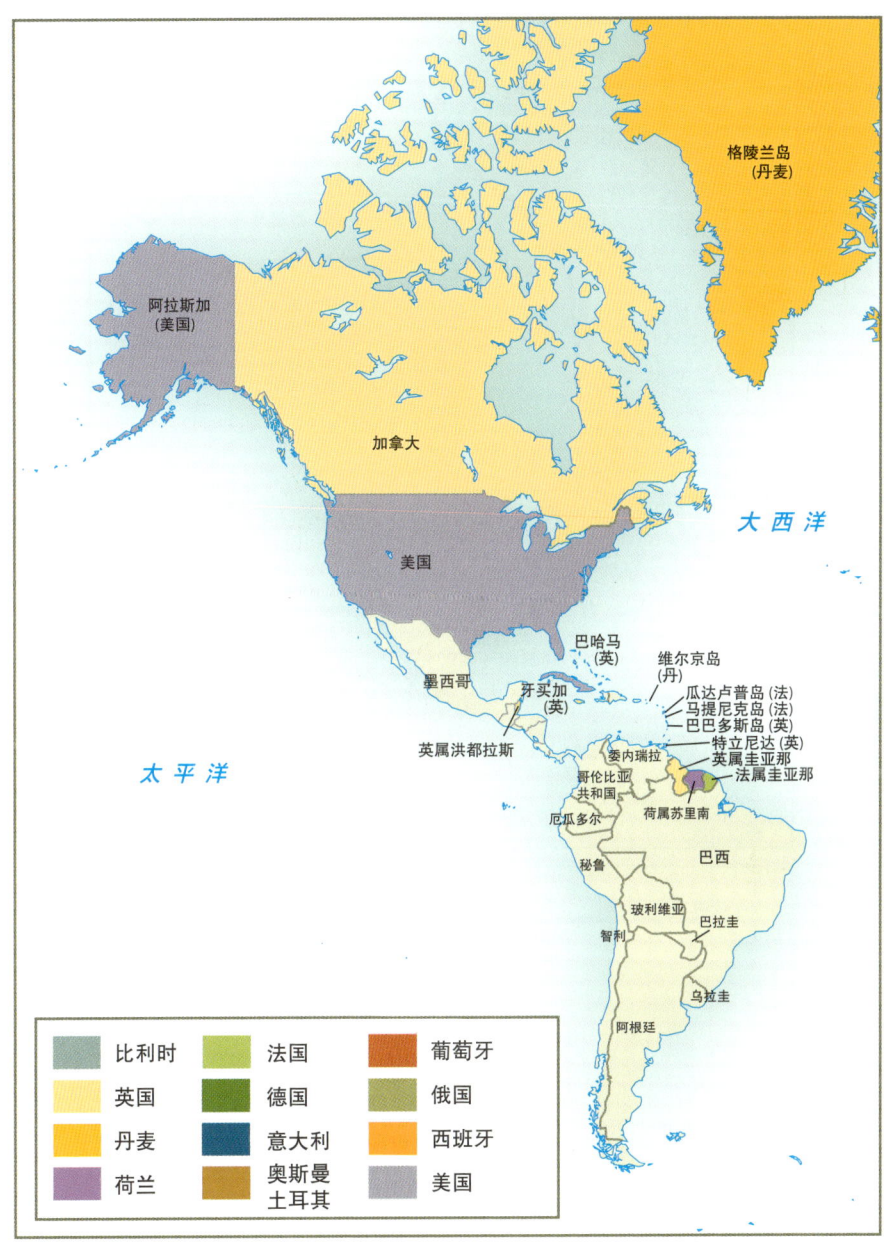

帝国主义高潮，1900

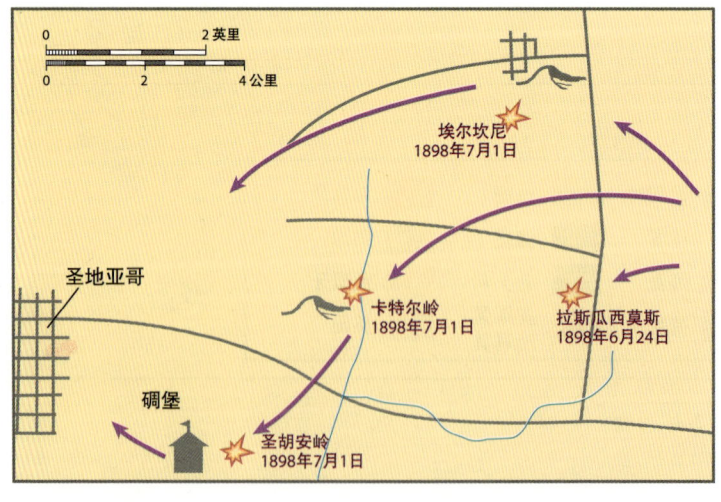

1898年美西战争

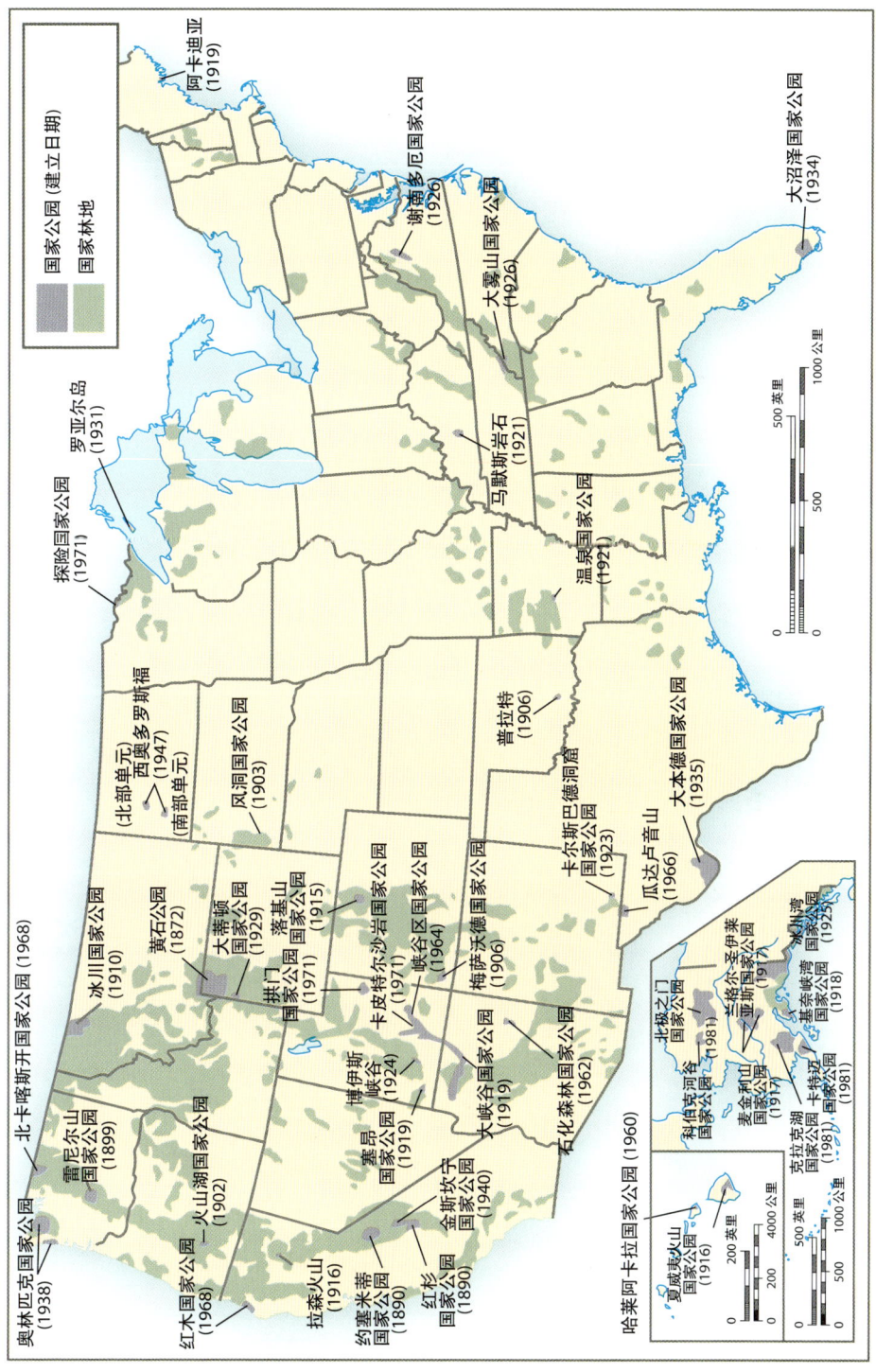

国家公园和国家森林建设

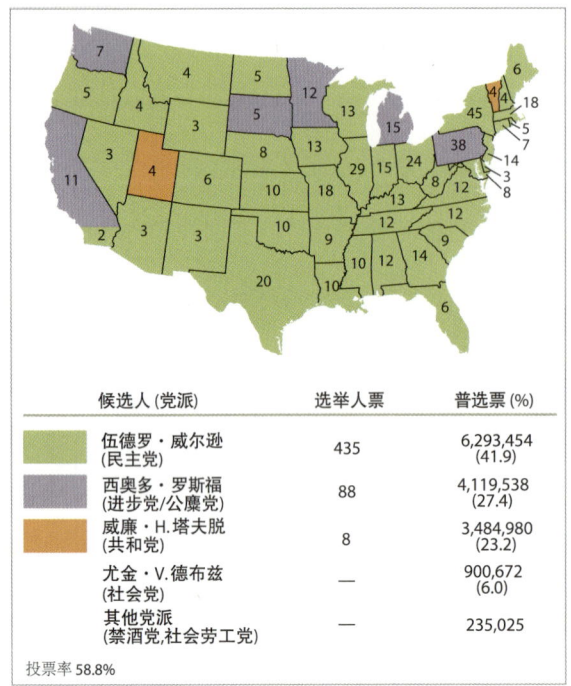

1912年大选

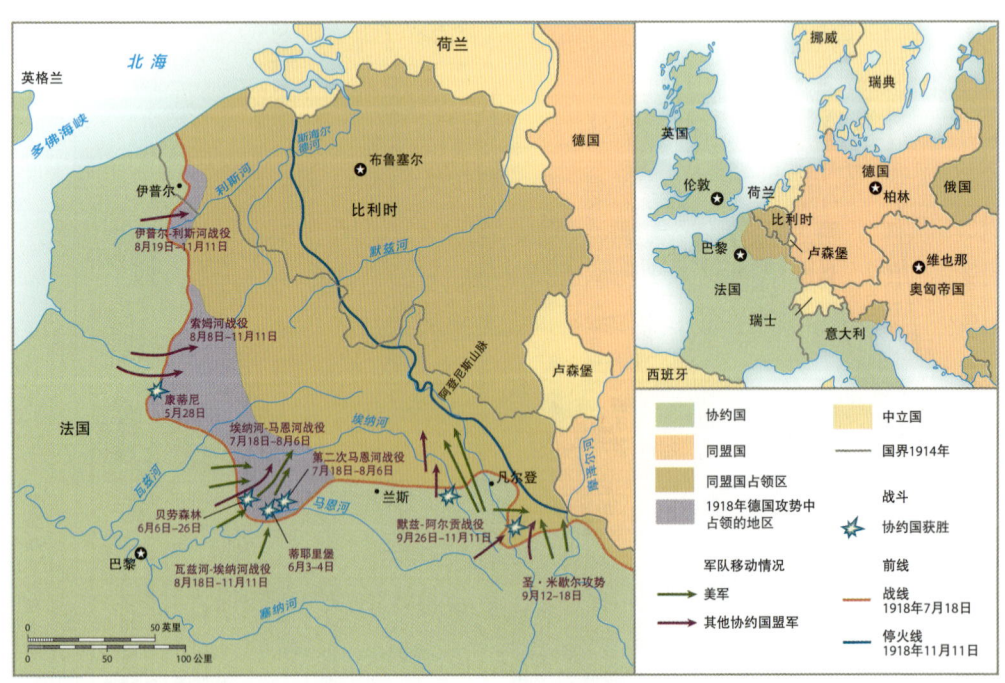

一战中的美国：1918年的西线

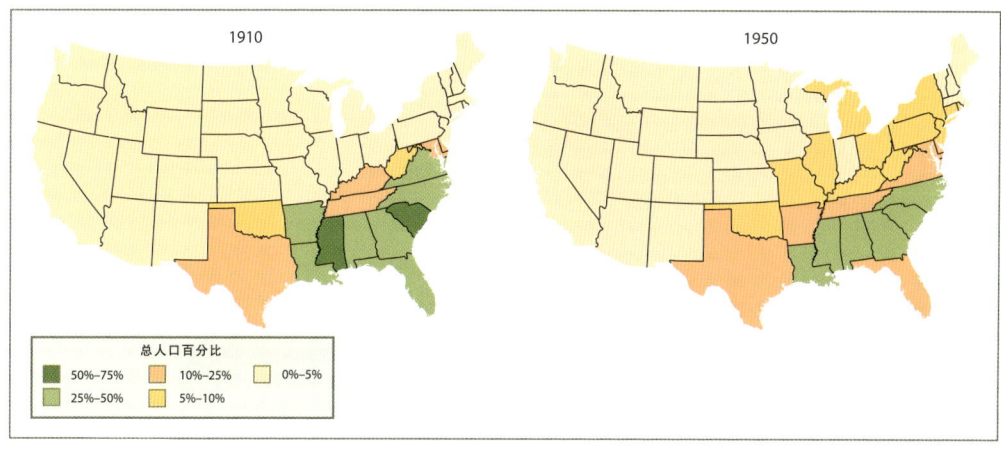

非裔美国移民,1910—1950

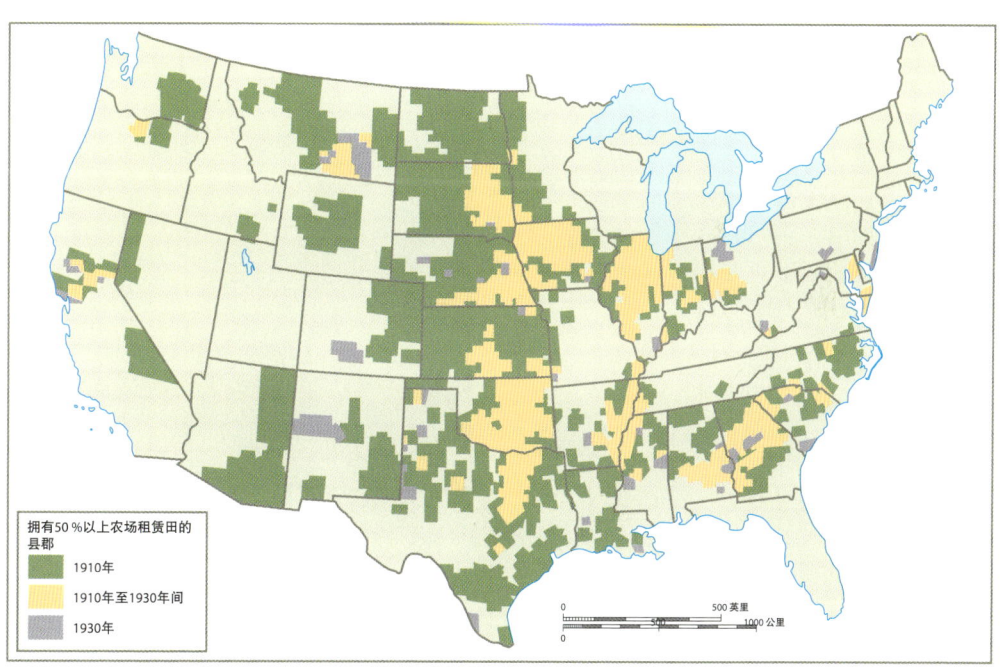

农场佃户,1910—1930

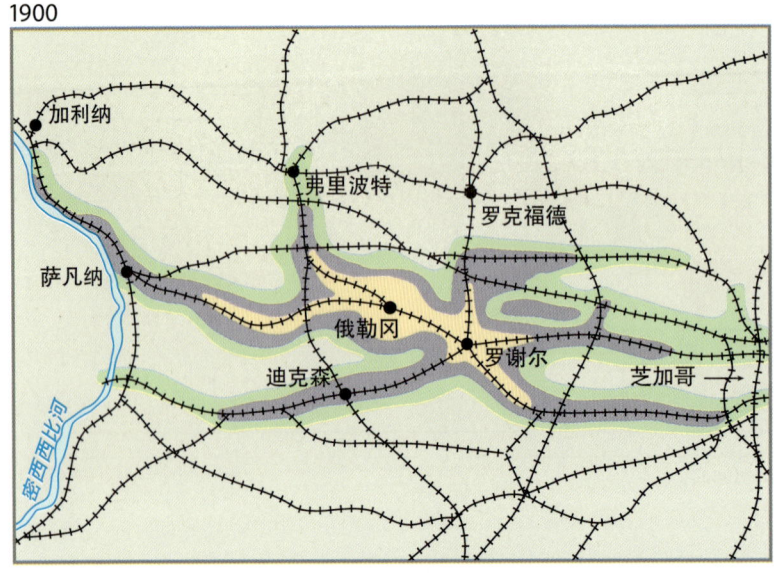

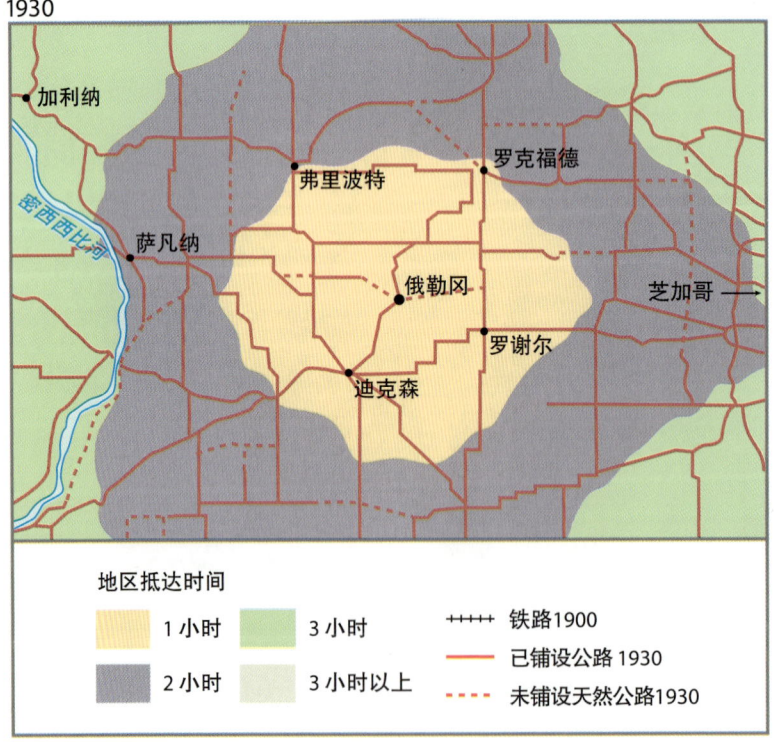

地区抵达时间		
1 小时	3 小时	┼┼┼┼ 铁路1900
2 小时	3 小时以上	── 已铺设公路 1930
		---- 未铺设天然公路1930

打破乡村的与世隔绝：伊利诺伊州俄勒冈镇人们出行范围的扩大

美国史

（第13版）

American History: A Survey

【美】艾伦·布林克利 著

Alan Brinkley

陈志杰 杨天旻 王辉 等 译

北京大学出版社
PEKING UNIVERSITY PRESS

目 录
CONTENTS

■ 第三册

第 25 章　全球危机，1921—1941 ·········· 1085
　　一、新时代的外交 ·········· 1087
　　二、孤立主义和国际主义 ·········· 1092
　　三、从中立到干预 ·········· 1102
　　小　结 ·········· 1111

第 26 章　世界大战中的美国 ·········· 1115
　　一、两线作战 ·········· 1117
　　二、战时美国人 ·········· 1122
　　三、轴心国落败 ·········· 1140
　　小　结 ·········· 1151

第 27 章　冷　战 ·········· 1155
　　一、冷战的起源 ·········· 1157
　　二、和平的终结 ·········· 1162
　　三、战后的美国社会与政治 ·········· 1167
　　四、朝鲜战争 ·········· 1174
　　五、反颠覆运动 ·········· 1177
　　小　结 ·········· 1183

第 28 章　富裕社会 …………………………………………………………… 1187
　　一、"经济奇迹" ………………………………………………………… 1189
　　二、科技爆炸 …………………………………………………………… 1193
　　三、富裕的人们 ………………………………………………………… 1199
　　四、"另一个美国" ……………………………………………………… 1212
　　五、民权运动的兴起 …………………………………………………… 1215
　　六、艾森豪威尔的共和主义 …………………………………………… 1219
　　七、艾森豪威尔、杜勒斯和冷战 ……………………………………… 1221
　　小　结 …………………………………………………………………… 1225

第 29 章　民权、越南和自由主义的考验 …………………………………… 1229
　　一、扩大自由国家 ……………………………………………………… 1231
　　二、为种族平等而战 …………………………………………………… 1236
　　三、"灵活反应"战略和冷战 …………………………………………… 1246
　　四、越南之痛 …………………………………………………………… 1249
　　五、1968 年创伤 ………………………………………………………… 1264
　　小　结 …………………………………………………………………… 1269

第 30 章　权威的危机 ………………………………………………………… 1273
　　一、青年文化 …………………………………………………………… 1275
　　二、动员少数族群 ……………………………………………………… 1282
　　三、新女性主义 ………………………………………………………… 1290
　　四、动乱社会里的环境保护主义 ……………………………………… 1294
　　五、尼克松、基辛格和战争 …………………………………………… 1299
　　六、尼克松、基辛格和世界 …………………………………………… 1303
　　七、尼克松政府的政治和经济 ………………………………………… 1305

八、水门危机 ……………………………………………… 1311
　　小　结 …………………………………………………… 1315

第 31 章　从"有限时代"到里根时代 ……………………… 1319
　　一、水门事件后的政治和外交 …………………………… 1321
　　二、美国"新右派"的崛起 ……………………………… 1326
　　三、"里根革命" ………………………………………… 1334
　　四、美国和冷战的衰落 …………………………………… 1341
　　小　结 …………………………………………………… 1347

第 32 章　全球化时代 ………………………………………… 1351
　　一、党派政治再现 ………………………………………… 1353
　　二、经济繁荣 ……………………………………………… 1361
　　三、新经济时代的科学与技术 …………………………… 1364
　　四、变化的社会 …………………………………………… 1368
　　五、竞争的文化 …………………………………………… 1373
　　六、全球化的危险 ………………………………………… 1381
　　小　结 …………………………………………………… 1392

附　录 ………………………………………………………… 1395
　　附录一　《独立宣言》 …………………………………… 1396
　　附录二　《美利坚合众国宪法》 ………………………… 1400
　　附录三　美国历届总统大选 ……………………………… 1418
　　附录四　美国历届副总统及政府内阁成员 ……………… 1423
　　附录五　美国人口总数，1790—2006 …………………… 1434
　　附录六　美国就业人口，1870—2006 …………………… 1435

附录七　国民生产总值、贸易额及联邦支出／赤字，1790—2006 ……… 1436
附录八　美国地图 …………………………………………………… 1438
附录九　美国地形图 ………………………………………………… 1440
附录十　美国的领土扩张，1783—1898 …………………………… 1442
本册地图彩色版 ……………………………………………………… 1443

翻译后记 …………………………………………………………… 1455

插图目录

"保卫马德里" …………………………………………………… 1084
苏联的福特汽车厂 ……………………………………………… 1088
希特勒与墨索里尼在柏林 ……………………………………… 1091
轰炸重庆，1940 ………………………………………………… 1092
进犯中国东北，1931 …………………………………………… 1096
西班牙内战 ……………………………………………………… 1097
水星广播剧院 …………………………………………………… 1100
广播中的威尔斯 ………………………………………………… 1101
歇斯底里的民众 ………………………………………………… 1102
占领波兰，1939 ………………………………………………… 1103
空袭伦敦 ………………………………………………………… 1104
珍珠港，1941 年 12 月 7 日 …………………………………… 1110
"有人说" ………………………………………………………… 1114
奥斯维辛集中营，1944 年 12 月 ……………………………… 1120
"圣路易斯号" …………………………………………………… 1122
雷达望远镜，1944 ……………………………………………… 1127
洛杉矶青年街 …………………………………………………… 1130
战争中的妇女 …………………………………………………… 1132
摇摆时代的明星们 ……………………………………………… 1133
摇摆之王 ………………………………………………………… 1134
贝西伯爵乐队 …………………………………………………… 1135
曼扎纳再安置中心 ……………………………………………… 1138
诺曼底登陆 ……………………………………………………… 1143
回家 ……………………………………………………………… 1144
冲绳登陆 ………………………………………………………… 1145
曼哈顿计划 ……………………………………………………… 1146
长崎的幸存者 …………………………………………………… 1148

天皇视察损毁情况……1149
共产主义威胁……1154
雅尔塔……1158
马歇尔计划的受益者……1164
从核战争中逃生……1165
根据《退伍军人权利法》入学的学生……1168
哈里·杜鲁门和贝斯·杜鲁门在家中……1170
朝鲜战场的混乱……1175
罗森伯格夫妇……1179
郊区生活……1186
计算机时代的开端……1196
第一颗人造卫星发射，1961……1197
阿波罗11号……1198
1950年代的美国家庭……1199
州际公路……1200
早期的麦当劳……1201
露西在家……1208
维他肉蔬……1209
"美国音乐舞台"……1211
小石城……1217
陆军—麦卡锡听证会……1220
艾森豪威尔和杜勒斯……1222
以色列国……1223
古巴革命……1224
越南溪山，1968……1228
约翰·肯尼迪……1232
《追溯I》，1964……1234
约翰逊的解决之道……1235
伯明翰，1963……1238
布朗诉托皮卡教育委员会案……1240
马丁·路德·金在华盛顿……1243

"左转，否则挨枪子"···1244

马尔柯姆·X···1246

修补柏林墙···1248

哈佛大学罢课，1969···1250

搜寻和毁坏···1258

迪伦和贝兹···1260

咖啡店音乐···1261

皮特·西格···1261

布拉格之春···1263

芝加哥，1968···1266

"这一代青少年"···1272

伯克利，1969···1277

伍德斯托克广告画···1278

伍德斯托克音乐节的报道··1279

阿尔塔蒙特···1280

伍德斯托克···1281

占领阿尔卡特兹岛···1283

肯尼迪和查韦斯··1286

被子···1289

为妇女权利而游行···1293

蕾切尔·卡逊··1295

1970年"地球日"··1298

撤离西贡··1302

美苏关系缓和的高潮··1304

尼克松告别···1315

"美国的清晨，1984年"··1318

卡特在白宫···1323

签署戴维营协议··1324

等待霍梅尼···1325

主要街道··1327

北弗吉尼亚的购物中心···1327

诺斯兰购物中心 …………………………………………………………… 1328
罗纳德·里根和夫人南茜·里根 ………………………………………… 1335
美国的贫困 ………………………………………………………………… 1339
1988年的布什竞选活动 …………………………………………………… 1344
第一次海湾战争 …………………………………………………………… 1346
巴格达，2003年3月21日 ………………………………………………… 1350
打破先例 …………………………………………………………………… 1354
2000年大选之夜 …………………………………………………………… 1358
宗教和政治，2004 ………………………………………………………… 1360
安然棒球场 ………………………………………………………………… 1363
全球经济 …………………………………………………………………… 1363
《连线》6.01 ……………………………………………………………… 1366
"无知＝恐惧" ……………………………………………………………… 1371
Run DMC …………………………………………………………………… 1374
为妇女堕胎权游行 ………………………………………………………… 1377
得克萨斯州绿色和平运动 ………………………………………………… 1379
西雅图抗议，1999 ………………………………………………………… 1382
9·11事件，2001 …………………………………………………………… 1384
战斗和记忆 ………………………………………………………………… 1386
"使命完成"，2003 ………………………………………………………… 1387
奥巴马热 …………………………………………………………………… 1389
第44届总统 ………………………………………………………………… 1390

地图目录

二战中的太平洋战场 ··· 1118
二战中的北非和意大利战场，1942—1943 ······················ 1121
二战时期的欧洲战场：1943—1945 年盟军的反击 ············ 1142
二战之后分裂的欧洲 ··· 1166
1948 年大选 ·· 1172
芝加哥附属区及其周边郊区 ··· 1202
1950—1980 年间非裔美国人的迁移 ······························ 1214
1960 年大选 ·· 1231
美国在拉丁美洲的活动，1954—1996 ···························· 1247
越南和印度支那的战争，1964—1975 ···························· 1257
1968 年大选 ·· 1267
西部印第安部落的原始领地和现代保留地 ······················· 1282
1976 年大选 ·· 1322
阳光地带的发展，1970—1990 ···································· 1330
1980 年大选 ·· 1333
1984 年大选 ·· 1340
1988 年大选 ·· 1343
1992 年大选 ·· 1347
1996 年大选 ·· 1356
2000 年大选 ·· 1359
2004 年大选 ·· 1360
中东地区危机 ·· 1385

图表目录

1940—1960 年的美国生育率 ·· 1189

1920—2001 年间加入工会的工人数量 ································ 1192

参加取酬工作的女性，1940—2000 ···································· 1291

通货膨胀，1960—2000 ·· 1309

联邦预算盈余／赤字，1940—2004 ···································· 1337

美国生育率，1960—2000 ·· 1369

移民总数，1960—2000 ·· 1369

移民来源，1995—2003 ·· 1369

黑人和白人职业分布，2005 ··· 1370

"**保卫马德里**" 对很多美国人来说，西班牙内战是一个信号，预示着法西斯主义的危险日益逼近，威胁民主社会。在这次战争中，弗兰西斯科·佛朗哥（Francisco Franco）领导的法西斯军队推翻了当时的共和政府。虽然美国政府对这一冲突置身事外，仍有数千美国人志愿为共和军作战。这张1938年西班牙内战时期的海报上写着"保卫马德里就是保卫加泰罗尼亚"。马德里政府希望通过这些宣传争取周边地区的支持，共同反抗法西斯分子，保卫首都。(*Getty Images*)

第25章

全球危机，1921—1941

马萨诸塞州参议员亨利·卡伯特·洛奇，参议院外交关系委员会主席，是共和党中最有势力的人之一。1918—1919年，他领导反对批准《凡尔赛和约》的运动。在他的努力下，参议院未批准这一合约；美国没能加入国际联盟。此后二十年间，美国外交政策逐渐走向独立，扩大国际影响，维持国际稳定，同时避免和其他国家建立任何长期联盟。但是，这一努力最后以失败告终。

洛奇并非孤立主义者。他认为，一战后，美国已经成为世界上最强大的国家，美国应该发挥这一优势，对国际事务施加影响。但同时他也主张，美国在国际上的角色应该反映本国利益和其特殊价值观，同时避免对他国承担义务而受到束缚。他在1919年说道：

我们是基督教文明

大事年表

1921年	"华盛顿会议"就裁减海军军备达成协议
1922年	《福德尼—麦坎伯关税法》通过
1924年	"道威斯计划"就欧洲债务和赔款问题重新谈判
1928年	《凯洛格—白里安公约》签署
1931年	经济危机遍及全球
	日本入侵中国东北
1932年	国际裁军会议在日内瓦召开
1933年	阿道夫·希特勒任德国总理
	美国退出世界经济会议
	美国和苏联建立外交关系
	罗斯福宣布"睦邻政策"
1935年	参议院否决了"国际法庭"条约
	《中立法案》通过
	意大利入侵埃塞俄比亚
1936年	西班牙内战爆发
	德国再次占领莱茵兰地区
	第二个《中立法案》通过
1937年	日本对中国发起新一轮入侵
	罗斯福发表"隔离"演说
	日本攻击美国炮舰"帕奈号"
	第三个《中立法案》通过
1938年	德国吞并奥地利
	慕尼黑会议
1939年	《苏德互不侵犯条约》签署
	德国入侵捷克斯洛伐克
	德国入侵波兰
	第二次世界大战爆发
1939—1940年	苏联入侵波罗的海诸国和芬兰
1940年	德国以"闪电战"攻占了西欧大部分地区
	德国、意大利和日本签署《三国协约》
	"为自由而战委员会"成立

1941年	"美国第一委员会"成立 罗斯福再次连任总统 美英达成"驱逐舰换基地"协议 "租借计划"为英国提供援助 美国军舰与德国潜艇在北大西洋对峙 德国入侵苏联 《大西洋宪章》签署 日本偷袭珍珠港 美国对日本宣战 德国对美国宣战 美国对德国宣战

伟大的道德财富……我们是如何做到的？没有人领导，没有人指引，也没人控制我们……我会努力保持她以往的样子——不谋求孤立；也不阻止她为了崇高的目的而与其他国家结盟——我希望她主宰自己的命运。

持这种观点的并非洛奇一人。整个20年代，那些掌控美国外交政策的人都试图提高美国在世界事务中的影响力，同时避免因做出重大承诺而使自身的行动自由受到限制。1933年，富兰克林·罗斯福就任总统。他是一名威尔逊式国际主义者，一贯支持"国际联盟"。但是六年多来，罗斯福也试图让美国做"自己命运的主人"，不在重大国际事务中做出承诺，以免在追求自身利益时受到限制。

两次世界大战之间的这种谨慎、有限的国际主义没能有效地维护美国利益，控制国际局势稳定，也未能阻止美国卷入人类历史上最大规模战争的命运。

一、新时代的外交

谈到 20 年代的美国外交，批评家们常提到一个词：孤立主义。美国拒绝了威尔逊对新世界秩序的构想，全然不理会其他国家，拒绝履行国际责任。这让批评家们感到失望。尽管不是以威尔逊先前构想的方式，但实际上美国在 20 年代的国际事务中发挥了比以往任何时期都更加积极的作用。

孤立主义神话

取代国际联盟

1921 年哈定就任总统时，美国加入国际联盟一事已不具备任何现实可能性。作为此事的了结，1921 年，国务卿查尔斯·埃文斯·休斯得到国会批准，宣布对德战争结束，进而分别与前"同盟国"谈判并签署了和约。决策者们相信，美国可以从《凡尔赛和约》得到所有好处，而不必承担过多责任。与此同时，休斯也致力于寻求用其他机构替代国际联盟，以保证国际和平与稳定。于是他做出一系列努力，着手建立保障机制以避免未来发生战争，同时又不妨碍美国在世界范围的自由行动。

其中最重要的一项努力就是 1921 年的"华盛顿会议"，旨在防止美国、英国和日本三国陷入耗资巨大又不利于世界稳定的海军军备竞赛。休斯在开幕词中提议三国大规模削减海军，将建造大规模战舰的计划暂缓十年，并呼吁在现有舰队中削减 200 万吨总排水量的舰船。提议一出，四座皆惊。然而更令人吃惊的是，大会各方最终就休斯的多数提案达成一致，显然休斯本人也没料到这个结果。1922 年 2 月的《五国公约》对签署国海军舰船总吨位和武装力量比例都做出了规定。美、英、日、法、意的吨位比例为 5∶5∶3∶1.75∶1.75（虽然这一条约看似使日本处于军事弱势地位，事实上却是对日本在东亚的主导地位的承认。因为美、英海军力量必须遍及全球，日本则只需关注太平洋地区）。"华盛顿会议"也达成了另外两项相关条约：《九国公约》和《四国公约》。其中，《九国公约》确认了在中国继续实行"门户开放"政策；《四国公约》由美、英、法、日签署，各国承诺尊重彼此在太平洋地区的势力范围，相互协作，共同防范外敌入侵。

1921 年"华盛顿会议"

可以说，"华盛顿会议"开启了一个新的时代。美国可以在无须积极承担国际责任的前提下保卫和平（以及美国的国际经济利益）。然而，这一时代却随着 1928 年《凯洛格—白里安公约》的签署宣告终结。1927 年，法国外交部长阿里斯蒂德·白里安（Aristide Briand）邀请美国加入反德同盟时，美国国务卿弗兰克·凯

《凯洛格—白里安公约》

洛格（Frank Kellogg，1925年接替休斯担任国务卿）提出了一项多边和约，规定把战争作为一国的政策工具是不合法的。1928年8月27日，在庄重的气氛中，14个国家在巴黎共同签署了这项和约，受到了国际社会的广泛赞誉。此后，又有48个国家加入进来。用凯洛格的话说，这一和约不含任何强制措施，而是依赖于国际舆论的"道德力量"。

债务和外交

休斯、凯洛格等人都认为，美国外交政策的首要责任就是确保海外贸易扩张不受任何阻碍和干扰。避免危险的军备竞赛，降低战争的可能性以及同时出台的新金融政策都服务于这一目标。

美国的繁荣很大程度上有赖于欧洲经济的健康发展，因此美国对欧洲最为关注。欧洲主要工业国都在一战中遭到重创，负债累累。协约国成员难以偿还战时及战后不久从美国借贷的110亿美元欠款，但共和党政府并不愿减免。当被问及是否愿意减轻欧洲债务时，卡尔文·柯立芝曾回答："他们欠了钱，对吧？"与此同时，经济凋敝的德国情况更糟，还需努力偿付协约国要求的战争赔款。眼看欧洲的金融体系已处于崩溃边缘，美国提出了一个解决方案。

1924年，美国银行家、外交官查尔斯·G.道威斯（Charles G. Dawes）通过谈判与各国达成协议：美国银行向德国提供大笔贷款以供其偿付协约国的战争赔款，英国和法国也同意减少赔款数额。此举为道威斯赢得了诺贝尔和平奖，但实际上"道威斯计划"不仅没能像预期的那样解决实际问题，还给国际金融领域带来了麻

苏联的福特汽车厂 亨利·福特成功创造出的价格低廉、产量巨大的汽车生产系统使他享誉全球。20世纪20年代和30年代早期，适逢共产主义苏联推进工业化之际，这种生产系统在苏联尤其受欢迎。苏联人把大规模生产系统称为"福特制"，欢迎福特汽车公司提供指导和援助。福特公司向苏联派出了工程师和工作人员协助其建设这样的大型汽车制造厂。(Bettmann/Corbis)

711 烦，导致金融市场的恶性循环。美国借款给德国，德国用这些钱支付法国和英国的战争赔款，法国和英国则使用收回的战争赔款（连同它们自己从美国银行借来的大笔贷款）向美国偿还战争贷款。只要德国和英、法两国在美国银行和金融机构的贷款不断积累，这一循环就会持续下去。

循环贷款

美国银行和企业并不仅仅提供贷款，它们越来越多地出现在欧洲经济生活中。美国汽车制造商纷纷在欧洲开办工厂，大规模占领海外市场。20世纪20年代，欧洲工业凋敝，各国企业一时难以恢复元气，美国工业企业抓住时机，在欧洲大陆建立了总值达100多亿美元的分公司。美国政府内的一些人警告说，这样冲动地向海外贷款和投资使很多资金流向了不可靠的企业，将会面临灾难性的风险；美国正变得过于依赖尚不稳定的欧洲经济。

持怀疑态度者也提出警告，认为共和党领导下的国会设置的高关税壁垒（1922年《福德尼—麦坎伯关税法》）将导致更多问题出现。欧洲国家由于高关税压力，难以向美国出口货物，从而无法赚取收入以偿还美国债务。然而多数人对这些警告置若罔闻，美国向欧洲的经济扩张一直持续到1931年灾难降临。

向拉丁美洲的经济扩张

与在欧洲的经济扩张相比，美国政府对在拉丁美洲的经济扩张给予了更加积极的支持。20世纪20年代，该地区的很多国家都有美国驻军。1924—1929年间美国在拉丁美洲的投资翻了一番还多；美国企业在许多地区修建道路和其他设施——它们认为，这样做可以在一定程度上削弱该地区的革命力量，并能使美国更加便捷地获取拉丁美洲丰富的自然资源。像对欧洲国家一样，美国银行也向拉丁美洲政府提供大笔贷款；而拉美国家也和欧洲各国一样，对美国的高关税壁垒无计可施，难以赚得足够资金偿还贷款。到20世纪20年代末，对"扬基佬帝国主义"（Yankee imperialis，即美利坚帝国主义）的怨恨在拉丁美洲迅速滋长。1929年以后的经济危机使这些问题更加突出。

在拉丁美洲的经济扩张

胡佛和世界经济危机

20世纪20年代国际形势较为平稳，但此后的外交形势对于胡佛政府来说，如同大难临头，令其手足无措。世界经济危机1929年爆发，到1931年后严重恶化。它不仅导致全球经济低迷，还导致危险的民族主义思潮逐渐滋长，20年代建立起来的脆弱的国际秩序面临严重威胁。大萧条导致部分国家的领导人下台，取而代之的是好战的威权主义政府，它们试图通过对外扩张来解决本国的经济问题。胡佛面对的仅仅是危机的开始，其结果必然是战争；而他没有足够的手段应付这一切。

胡佛不辞劳苦，尽力修复早期的美国政策给拉丁美洲带来的创伤。就任前，他对拉丁美洲进行了为期10周的友好访问。一上任，他就努力避免干涉邻国内政，并从海地撤军。由于经济萧条，拉丁美洲政权相继垮台，于是胡佛宣布了一项新政策：在外交方面，美国承认拉美所有现任政府，不论其采用何种手段上台。1931年10月，几个拉丁美洲国家拖欠美国贷款无法偿还，胡佛甚至不允许美国进行干涉，从而否定了"门罗主义"的"罗斯福推论"。

政府竭力维持欧洲经济稳定，但收效甚微。1931年，胡佛提出延长贷款偿付期限。但这一主张既没有得到广泛支持，也没能稳定欧洲经济形势（详见边码第661—662页）。许多经济学家和政治领袖建议总统取消所有国家对美国的战争债务。像其前任一样，胡佛拒绝了这一提议，随即就有几个欧洲国家拒不还债，导致国际局势更加紧张。

鉴于欧洲大陆部分国家发生政权更迭，美国在欧洲外交的失利蕴藏着严重危机。早在20世纪20年代初，贝尼托·墨索里尼的法西斯党就已经控制了意大利；到30年代，法西斯政权日益朝着民族主义和军国主义的方向发展，法西斯党首脑公开筹划帝国主义扩张。更加不妙的是，德国国家社会主义党（纳粹党）日益强大。一战后，"魏玛共和国"成为名义上的德国政府。但是到20世纪20年代末，单是无法应对破坏性通货膨胀就已经使魏玛政府丧失了民众信任。呼声甚高的民族主义领袖阿道夫·希特勒迅速赢得了广泛支持。尽管希特勒在1932年选举中失利，但在此后不到一年的时间里，他就攫取了政权。他坚信雅利安（德意志）种族的优越性，宣称将致力于为所谓的"高级种族"提供生存空间（Lebensraum），近乎病态的反犹主义，狂热的军国主义，无不威胁着欧洲和平。

更加紧迫的是正在亚洲酝酿的大危机，也是第二次世界大战的早期诱因之一。当时，日本备受国内经济危机困扰，苏联和蒋介石领导的中华民国实力日益增强，也引发了日本的担忧；此外，蒋介石坚持在中国东北扩大国民政府影响力，尤其令日本警惕。名义上，东北仍是中华民国领土，但自1905年，日本就控制了该地区的经济。由于日本温和派政府未能采取有力措施应对蒋介石的政策，1931年秋，日本军方发动政变，从温和派手中夺得外交政策控制权。几周之后，他们向东北北部发动了大举进攻（"世界中的美国"，参见边码第716页）。这种情况下，

中国东北

美国政府几乎别无选择。塔夫脱时期曾担任陆军部长的亨利·史汀生（Henry Stimson）就任国务卿。他曾希望日本温和派能够重掌政权并停止侵略。但是政权一直掌握在日本军国主义者手中。到1932年初，日本已完全占领东北。史汀生对日本提出了严正（但毫无实质约束力的）警告，并试图通过道德劝阻来解决危机。和"国际联盟"联合对日本实施经济制裁的方案也遭到胡佛禁止。因此，在这一问题上，史汀生唯一的选择就是拒不承认日本新占领的领土。日本对此不以为意，1932年初进一步大举入侵中国。他们进攻上海，上千平民惨遭杀害。

20年代初，美国着力创建的国际体系是建立在国家间自愿合作，且美国不必为他国利益负责的基础上。然而，到1933年胡佛卸任时，这一体系显然已经崩溃。美国必须做出选择：或接受充满活力的国际主义原则，与其他国家建立更加稳定有效的协作关系；或固守民族主义原则，仅依赖自身，应对国际和国内的各种问题。在随后的六年中，美国在两种选择间进行了多次尝试。

两次世界大战期间美国外交的失败

希特勒与墨索里尼在柏林　德国与意大利独裁者在公开场合表现得相互尊重，地位平等，此图显示的是20世纪30年代中期二人在柏林检阅纳粹军队。但实际上私下里希特勒十分轻视墨索里尼，后者经常抱怨自己像是希特勒的下属。

轰炸重庆，1940 蒋介石领导的国民政府把重庆作为战时陪都。中日战争期间，这里也发生了一系列最为惨烈的战斗。这张照片是1940年日军轰炸后，重庆市一座燃烧的建筑物。(Getty Images)

二、孤立主义和国际主义

1933年富兰克林·罗斯福就任总统。上任伊始，罗斯福政府就面临着双重挑战：美国历史上最严重的经济危机和日益崩溃的国际体系带来的种种后果。这两个问题是有联系的，正是世界范围内的经济大萧条造成了国际政治局势的混乱。

20世纪30年代的大部分时间里，美国并不情愿主动采取行动恢复国际局势的稳定。和许多遭受经济危机冲击的民众一样，多数美国人都采取保守立场。但现实却不允许美国长期孤立——富兰克林·罗斯福比其他人更早地认识到了这一点。

大萧条时期的外交

罗斯福与前任总统背道而驰，其中最突出的表现就是他在美国与欧洲经济关系问题上的政策。胡佛认为，只有解决战争债务问题，加强金本位制，美国经济才有望复苏，因此他同意参加拟于1933年6月在伦敦举行的"世界经济会议"，以期商讨和解决这些问题。然而，到会议召开时，罗斯福已经决定允许美元贬值，使美国产品在世界市场中更具竞争力。大会召开不久，罗斯福抛出了著名的"重磅炸弹"，驳斥多数与会代表的陈腐观念，拒绝签署任何有关稳定货币的协议。大会在未能达成协议的情况下匆匆闭会，直到1936年，美国政府才最终同意就稳定西方货币进行新一轮谈判。

同时，罗斯福也放弃了胡佛政府以国际协议解决战争债务问题的承诺。实际

罗斯福的"重磅炸弹"

上，他只想让这一方案彻底终结。1934 年 4 月，他签署了一项法案，禁止美国银行向任何拖欠债务的国家借贷。循环债务因此终止；不出几个月，除芬兰外，美国银行彻底叫停了所有对欧洲国家战争债务的放贷。

新政府尽管无意稳定国际货币或解决战争债务问题，但却积极采取措施，改善和提高美国在国际贸易中的地位。罗斯福批准了 1934 年《互惠贸易协定法》，授权政府与协定国谈判，相互降低关税 50%。到 1939 年，自由贸易倡导者、国务卿科德尔·赫尔（Cordell Hull）已与 21 个国家签署了新的贸易协定，使美国向这些国家的出口增加了近 40%。然而，这些协议多数都只针对那些无法与美国工农业产品竞争的商品，因此美国商业进口仍然滞后。其他国家还是赚不到足够的美元以购买美国商品或偿付美国银行的债务。

<small>互惠贸易协定法</small>

美国和苏联

扩大美国对外贸易的愿望促使罗斯福政府尽力与苏联改善关系。自 1917 年布尔什维克革命以来，美苏彼此互不信任且饱含敌意，直到 1933 年，美国政府仍未正式承认苏维埃政权。但是美国国内敦促政府改变对苏政策的呼声甚高。这倒不是因为多数美国人对共产主义的厌恶消失了，而是因为苏联有可能成为美国的贸易伙伴。苏联领导人担心日本成为苏联在东南部的威胁，因此期盼着与美国建立新的关系，尤其希望在遏制日本方面与美国合作。1933 年 11 月，苏联外交部长马克西姆·李维诺夫（Maxim Litvinov）与罗斯福总统在华盛顿达成协议：苏联停止在美国的政治宣传活动，并为在苏联的美国人提供保护；而美国则要正式承认苏联共产主义政权。

尽管这一起点看上去前途光明，但美苏关系很快再次跌入低谷。美国商贸业没能在苏联找到足够的立足之地，苏联也无法得到美国的担保以遏制日本在亚洲的扩张。到 1934 年底，由于双方愿望落空，美苏关系再度陷入互不信任的局面。

睦邻政策

在改善美苏关系的同时，美国也努力加强与拉丁美洲各国之间的外交和经济联系，即"睦邻政策"，这一政策在某种程度上来说更加成功。拉丁美洲是新的互惠贸易政策最重要的目标之一。20 世纪 30 年代，美国与西半球国家的进出口贸易额翻了一番还要多。与这种全新经济关系紧密相关的是美国对拉丁美洲采取了一种全新的态度。胡佛政府已经逐渐放弃前期以武力迫使拉美各国政府偿还债务的

泛美会议 做法，转而尊重外国投资，或是表现得"更加负责任"。罗斯福政府则更进一步。1933年12月在蒙得维的亚召开的"泛美会议"上，国务卿赫尔签署了正式文件，宣称"任何国家都无权干涉他国的内政外交事务"。罗斯福在任期间一直遵循这一原则。但是，"睦邻政策"并不意味着美国放弃了对拉丁美洲的影响力，而是试图以经济手段取代军事力量。依靠经济手段施加影响大大缓和了美国与邻国的关系，同时丝毫没有阻碍美国主导拉丁美洲经济的步伐。

孤立主义的兴起

胡佛曾希望达成国际经济条约，也有人希望通过和平条约或裁军维护世界和平，然而罗斯福在任的头几年就宣告了这些希望的彻底破灭。

自1932年起就在日内瓦召开的限制军备会议一直没有结果；1933年5月，罗斯福提交了一份新的美国裁军计划，希望以此推进会议进程。然而谈判僵持日久，最终破裂；短短几个月后，希特勒和墨索里尼先后退出会谈。两年后，日本退出了"伦敦海军会议"——这一会议旨在在1921年"华盛顿会议"的基础上就限制海军军备达成新的协议。在这种情况下，美国人有两种选择，要么更加积极努力地稳定国际秩序，要么更加坚定地保持孤立。多数美国人毫不犹豫地选择了后者。**孤立主义的来源** 对孤立主义的支持来自于方方面面。早期威尔逊式的国际主义者，对于国联及其在遏制日本在亚洲侵略行为上的无能日感失望。其他美国人则相信这样一种说法：美国之所以陷入第一次世界大战的泥潭，原因就在于受到那些势力强大的经济利益集团的蛊惑，如华尔街的经济集团、军火商等等。这种说法在中西部和西部的民粹主义政治家中间流传甚广。联邦参议院一个委员会在北达科他州参议员杰拉尔德·奈的领导下开展了一项调查。调查发现，一战期间很多公司有谋取暴利和逃税的行为。此外，调查结论认为银行家们曾迫使威尔逊参战，以便保护他们在国外的贷款，不过这一点并没有什么证据。虽然罗斯福本人也认同孤立主义者的质疑，声称对调查结果十分关注，然而他仍希望美国在维护世界和平的事业中能够适当地发挥作用。1935年，他要求参议院批准一项协议，使美国加入"国际法庭"。这一协议将会在不增加实质义务的前提下扩展美国对国际主义的象征性承诺。然而，赫斯特报业的新闻报道充斥着浓浓的敌意；参议院投票前夜，查尔斯·柯林神父发表了激情洋溢的广播讲话。孤立主义者强烈的反对最终致使该协议未能通过。对总统而言，这是一个巨大的政治打击。面对孤立主义浪潮，总统只好暂且作罢。

在之后的数月中，孤立主义风潮似乎更加强劲了。1935年夏天过后，局势明朗起来。在墨索里尼领导下，意大利一直在备战，准备入侵埃塞俄比亚，扩大其在非洲的殖民地。美国的立法者们担心此举可能引发全面的欧洲战争，于是从法律层面设置安全屏障，确保美国不致卷入冲突。由此就有了1935年《中立法案》。

中立法案

1935年法案，以及此后的1936年和1937年《中立法案》都是为了避免美国人所认为的被迫卷入一战的历史再度上演，1935年法案规定了强制武器禁运条款，并对任何军事冲突中的侵略者和受害者一视同仁，还授权总统可以警告美国公民，乘坐交战国船只旅行风险自负。孤立主义者们相信，这样一来，"保护中立权"就不会再次成为美国介入战争的借口。1936年法案则延长了这些条款的期限。1937年，世界局势更加动荡不安，国会通过了新的《中立法案》，确立了所谓的"现款自运"原则，使交战国只能从美国购买非军需品，需要支付现金，并使用它们自己的船只把货物运走。

美国与世界　中日战争，1931—1941

早在"珍珠港事件"和1939年欧洲战争爆发之前，第二次世界大战的第一枪就在太平洋地区的中日战争中打响了。

19世纪之前，日本一直是一个几乎完全孤立的国家，在第一次世界大战中，它崛起为世界强国，拥有骄人的强大军力，全球贸易份额也日益增长。不过大萧条也为日本带来了严重的经济问题（部分原因在于美国人对丝绸进口施加了严苛的关税）；和世界其他地区一样，极端民族主义和军国主义领袖们借机扩大了政治影响力。日本军方梦想在太平洋地区建立一个新的帝国。这一计划的推崇者相信，该帝国将为日本工业提供燃料、原材料以及市场，同时也能提供足够的土地，满足农业需求，容纳迅速增长的人口。他们主张这一帝国将使亚洲摆脱欧美的剥削，建立"基于道德原则的世界新秩序"。

一战中，日本从中国获取了领土和经济赔偿，在中国东北地区拥有强大的势力。1931年9月，一队日本青年军官炸毁铁路，为他们占领东北的军事行动制造理由。美国政府和国际联盟都要求日军撤出东北。日本毫不理会，在此后的六年中巩固了它对这一区域的控制。

1937年7月7日，日军袭击驻扎在北京城外卢沟桥的中国守军，接下来的

进犯中国东北，1931 1931年，日本蓄意制造事端，宣称他们的军队遇袭，随即涌入沈阳——当时中国东北的首府。这一事件标志着中日战争的开始。(Getty Images)

几周中，侵占了中国南部的大片领土，其中包括大部分港口城市，并杀害了大量中国士兵和平民，尤其臭名昭著的是，日军在南京惨无人道地屠杀了几十万平民（死亡数字长期以来都有争议，不过估计人数在8万到30多万之间），中国和西方称这一事件为"南京大屠杀"。中国政府逃亡到了山区。和1931年一样，美国政府和国际联盟对此只是发出了徒劳的抗议。

日军入侵时，中国自身也动荡不安。蒋介石领导的国民党和毛泽东领导的共产党之间正在内战，削弱了中国抗击侵略的力量。1937年开始，国共两党终于暂时放下内斗，共同抗击日军，也取得了一些胜利。日军陷入了一个看似难以自拔的战争泥潭，日本国内民众生活艰难，但是日本政府和军方仍然决定不惜一切代价继续对华战争。

战争的后果之一就是日本越来越依赖美国的钢铁和石油来满足民用和军事需求。为了向日本施压使其停止扩张，1941年7月，罗斯福政府采取措施，使日本无法再买到美国石油。日本必须做出选择，要么停止在中国的战争，要么从其他地方另寻资源支撑其战争（以及民用经济）需要。最终，他们选择将战争扩展至中国之外以寻找石油。最能满足日本需求的地方是荷属东印度群岛；但是日本人认为美国人的态度越来越趋于敌对,要占领这些欧洲殖民地,必须使美国在亚洲保持中立。日本国内一些野心勃勃的军事策划者建议铤而走险,在战事扩大之前摧毁美国在太平洋的力量——袭击珍珠港的美国海军基地。二战中对美国的第一击标志着日本十年多来征服中国的努力达到了巅峰。

1935年10月,墨索里尼终于对埃塞俄比亚发动了蓄谋已久的进攻,这时美国的中立立场得到了广泛的支持。当国际联盟对意大利提出抗议时,意大利轻描淡写地退出了"国联",占领了埃塞俄比亚,并与纳粹德国组成"轴心国"联盟。听闻这一消息,多数美国人更加坚定了远离欧洲动荡局势的决心。民意调查显示,当时三分之二的受访者反对美国采取任何行动制止侵略。1936—1937年西班牙爆发了内战,在这一事件上,美国再次采取了坚定的孤立主义立场。1936年7月,

埃塞俄比亚

西班牙内战 二战爆发前不到一年,美国志愿者在西班牙内战的共和军中服役。多数美国志愿兵都是亚伯拉罕·林肯旅的成员,照片显示的是1938年10月该旅在巴塞罗那附近的情形。该旅很多成员都是共产党。随着1939年《苏德互不侵犯条约》签署,斯大林终止了对西班牙共和军的援助,此后他们被政府遣散。(*Magnum Photos*)

西班牙"长枪党"（类似意大利的法西斯组织）发动叛乱，反抗当时的共和政府。1937年弗朗西斯科·佛朗哥（Francisco Franco）成为"长枪党"领袖。希特勒和墨索里尼公开声援佛朗哥将军，并为他提供武器装备等物资供给。一些美国人以个人名义奔赴西班牙协助西班牙共和事业；然而，尽管美国政府和英法两国政府都对西班牙共和政府持同情态度，但三国一致同意，不向冲突双方提供任何援助。

尤为令人担忧的是亚洲局势日益恶化。1931年入侵东北之后，日本进攻中国的意图昭然若揭。1937年夏天，东京方面下令发起了更大规模的进攻，袭击了中国北方五省（参见"美国与世界"，边码第716页）。日本的侵略行径越来越肆无忌惮，罗斯福坚信，美国不能允许日本继续胡作非为而不受惩罚。1937年10月，在芝加哥的一次演说中，总统发出强烈警告，指出日本侵略给世界和平带来了巨大威胁。他声称，侵略者应该被国际社会"隔离"以阻止战争蔓延。总统有意措辞含糊，没有说明"隔离"的真正含义。然而公众并不买账，对这一演说相当不满，罗斯福只得作罢。

"隔离"演说

短短几个月之后，另一事件的发生再次表明罗斯福的主张仍面临着巨大障碍。1937年12月12日，日本轰炸机击沉了当时在中国长江上航行的"帕奈号"美国炮艇。青天白日，能见度非常好，而且"帕奈号"甲板上还刻意绘制了鲜艳的美国国旗图案。几乎可以确信，这是一次蓄意袭击。然而，日本政府声称此次轰炸纯属意外。孤立主义者立即接受了日本政府的说法，并迫使政府接受日本道歉。

慕尼黑计划破产

第一次世界大战之后，法国实际上控制了莱茵兰地区。1936年希特勒公然违反《凡尔赛和约》，令已恢复元气的德国军队进驻莱茵兰地区，并在此重新部署兵力。至此，他扩张德国势力的企图已经十分明显。1938年3月，德国军队开进奥地利，希特勒宣布奥地利和德国结成联盟。希特勒出生于奥地利，在德国长大，因此这一联盟也完成了他将讲德语的民族联合成一个统一大国的夙愿。美国和欧洲多数国家对此也不过发发牢骚了事。但是对奥地利的入侵很快就制造了另一场危机。希特勒已经占领了大片领土，对捷克斯洛伐克西部领土形成三面包围之势。而捷克斯洛伐克西部正是希特勒梦寐以求的土地。他认为要建立德国的"生存空间"，就必须占有这一区域。1938年9月，他要求捷克斯洛伐克割让苏台德，即德国和奥地利边境上的一个德意志人居住区。但捷克斯洛伐克也拥有相当强的军事实力，他们决心迎战，坚决不投降。尽管如此，他们也知道，若无欧洲其他国家的支援，他们就没有获胜的希望。果不其然，没有一个国家支援他们。多数西欧国家都不愿再爆发战争，只要能和平解决危机，它们几乎愿意付出任何代价。实际上，这次危机前后，美国的焦虑程度并不亚于欧洲国家，以至于当年10月著名的广播剧《星际战争》一经播出，就造成一种歇斯底里的恐惧。（参见"大众文化模式"，边码第718—719页）。

9月29日，希特勒和英法两国首脑在慕尼黑会晤，商讨如何应对当前局面。英法两国提出，只要希特勒保证不再继续扩张，那么德国对捷克斯洛伐克的领土要求可以得到满足。这位德国元首郑重承诺，"这是我在欧洲最后一次提出领土要求"。就这样，英国首相内维尔·张伯伦（Neville Chamberlain）载誉而归，向英国国民通告这一协议将保证"我们时代的和平"。张伯伦身处慕尼黑时收到多封支持和谈的电报，其中还有罗斯福的来电。

<small>慕尼黑会议</small>

慕尼黑协议成为后来所谓"绥靖政策"的最重要内容。虽然有失公允，但日后只要一提到绥靖政策，几乎都要提到张伯伦。无论责任在谁，事实很快就证明了这一政策的失败。1939年3月，希特勒占领了捷克斯洛伐克全境，毫无顾忌地公然背叛《慕尼黑协议》。4月，他开始表现出对波兰的野心。此时，英法向波兰政府承诺，一旦波兰遭受侵略，英法必定挺身相助；它们还刻意讨好苏联的斯大林政府，想让苏联参与共同防御协定，但为时已晚。斯大林早已决意不依赖西方保护；毕竟，"慕尼黑会议"召开时斯大林甚至连邀请都没收到。1939年8月，斯大林和希特勒签署了互不侵犯条约，德国暂时不至于陷入腹背受敌的境地。几个月来，希特勒一直试图威胁波兰政府就范。威胁不成，他就在波兰边境制造事端，宣称德国遭受了袭击；1939年9月1日，德国对波兰发动全面进攻。英法信守承诺，两天后对德宣战。第二次世界大战开始了。

<small>"绥靖政策"的失败</small>

大众文化模式 奥森·威尔斯和"星际战争"

1938年10月30日晚上，大约600万美国人正在收听每周一次的广播节目——《水星广播剧院》。这个节目由演员、电影制作人奥森·威尔斯（Orson Welles）制作，通过哥伦比亚广播公司播出。节目开始几分钟后，一名播音员带来了一段可怕的新闻，打断了正在播放的舞曲：

至少四十人,包括六名州政府兵,死在了格罗佛制造厂东边的空地上,尸体燃烧变形,难以辨认……天哪,阴影处有什么东西爬出来了,像是一条灰色的蛇!又出来一条,又一条……有熊那么大,像黑皮革一样,闪着寒光。但那张脸……难以形容!我不敢再看了。

惊恐的播音员描述着外星人入侵地球的情形,火星人带着"死亡激光",要毁灭地球。过了一会儿,一名播音员声称他在时代广场直播,报道了纽约市的损毁情况,最后在麦克风前丧生。其他新闻则建议事发地附近的市民逃离。

这些生动的"新闻公告"是广播剧的一部分,由霍华德·科克创作,大致根据 H. G. 韦尔斯 1898 年的小说《星际战争》(*The War of the Worlds*)改编而成。播音员反复提醒听众,他们听到的只是一出广播剧,并非事实。但是许多人不是没听到,就是没注意这些免责声明。一个小时之后,据估计,多达一百万美国人陷入了恐慌,相信世界末日即将来临。

纽约和新泽西数以千计的听众逃出了家门,打算沿公路驾车去山区或乡下躲避,造成公路堵塞。一些人冲上街,有的聚在公园,有的藏身桥下。纽瓦克市的人们把湿毛巾裹在脸上或者戴着防毒面罩——让人想起一战时期士兵们在战壕里防御化学武器攻击的情景。各个城市的人们涌进教堂祈祷;恳求警察和医院提供保护;纷纷打电话到报社、杂志社和广播机构询问消息。在其后的采访中,一名妇女说:"昨天晚上我紧抱着收音机,以前从来没这样过","我手握十字架望着窗外,祈祷着,寻找着天空划过的流星。《纽约时报》第二天的报道称之为"公众歇斯底里的浪潮"。其他报纸也报道了这一"席卷全国的恐慌"。此后的几周,奥森·威尔斯和其他节目制作人成为批评的焦点,许多人认为他们是有意制造社会恐慌。多年来,社会学家和其他学者一直在研究这一现象,试图找到影响大众行为的线索。

水星广播剧院 此图为广播节目《水星广播剧院》的创始人兼导演奥森·威尔斯在一次广播剧排练中指导演员。
(*Culver Pictures, Inc.*)

威尔斯和他的同事们声称,节目带来的效果出乎意料。他们从未想过会有人把节目当作真实事件。之所以产生这样的效果,原因也在

广播中的威尔斯 照片所示是1938年威尔斯在《星际战争》广播现场。虽然他谨慎地提醒听众这个节目纯属虚构，但仍造成许多民众恐慌，他也在随后的几天中因此而饱受批评。(*Bettmann/Corbis*)

于节目触及了当时美国社会焦虑多疑的敏感神经。当时的情况和2001年9月纽约和华盛顿遭受恐怖袭击后的那种恐慌和焦虑非常相似。节目播出恰值战争气氛浓郁之时，德、法、英三国最终达成《慕尼黑协议》之前，美国人对战争的担忧很容易转化成对另一种袭击的恐惧。受30年代大萧条的影响，民众的生活长期陷于脆弱的状态。因此这个节目很容易就触动了大众。面对这样的刺激，那些难以承受任何意外灾难的工人阶层更加惊慌失措。

最主要的是，《星际战争》的播出不经意间显示出电台广播在美国人生活中的强大威力，很多人已经对广播信息深信不疑。1938年，85%以上的美国家庭拥有收音机。对许多人而言，广播是他们接收外界信息的主要渠道，甚至是唯一渠道。听到水星剧院的播音员熟悉的声音和新闻广播特有的抑扬顿挫的声调，听众们很难怀疑他们听到的不是事实。

节目结束时，威尔斯说："这是水星剧院的万圣节特别节目，就像披着床单，从树丛里跳出来，大叫一声'嘿！'……听众朋友，再见，在今后一两天，请您记住今晚这个糟糕的教训。闯入您家客厅里那些圆头圆脑、咧着嘴、笑眯眯的，

歇斯底里的民众 这是《纽约时报》在《星际战争》广播剧播出第二天的头条新闻，报道了由《水星广播剧院》引起的恐慌。报道称：昨晚8点15分至9点30分，全国各地数以千计的听众一度陷入歇斯底里的恐慌，《星际战争》广播剧使人们相信星球大战已经开始，入侵地球的火星人已造成纽约与新泽西大量民众伤亡。

还闪着亮光的东西，只是南瓜园的居民而已。要是门铃响了，却没看到人，那也不是火星人……是万圣节到了。"然而威尔斯诙谐的描述并不能准确地反映《星际战争》的教训。真正的教训是广播媒体已经具有巨大的威力，有时甚至到了骇人的地步。

三、从中立到干预

欧洲各国陷入敌对状态不久，总统就宣布："美国仍将保持中立立场，但我不能要求所有美国人在思想上也保持中立。"1914年第一次世界大战时，伍德罗·威尔逊总统要求全民无论在思想上还是行为上都要保持中立。二者的不同似乎是刻意为之。很显然，1939年战争初期，总统本人也是中立立场的反对者之一。

对中立态度的考验

毫无疑问，在这场冲突中，无论是总统还是多数美国民众都偏向英、法等同盟国，但问题在于美国愿意如何援助他们。罗斯福认为，美国至少应该对盟军实施军备支援，使它们能够对抗生产效率非常高的德国军工产业。1939年9月，他请求国会修改《中立法案》。他希望修改原法案中禁止美国向任何交战国销售武器的条款，放弃武器禁运。由于孤立主义者的强烈反对，总统只得接受了一个修订幅度较小的中立法；虽然国会批准的新中立法仍然禁止美国船只驶入交战区域，但允许交战国以现款自运的方式购买武器（旧中立法规定，购买物资须现款自运，且仅限非军需物资）。

现款自运

德国军队迅速占领波兰后，欧洲战争进入一个很长的平静期，从1939年冬季延续到第二年春天，很多人称之为"静坐战"阶段。这期间，同盟国和轴心国之间并未发生真正的战事，反倒是苏联与其邻邦们打得不可开交。西方混乱之

占领波兰，1939 一支德国摩托特遣队进入德国空军轰炸后的波兰小镇。1939 年 9 月 1 日，德国入侵波兰，标志着第二次世界大战正式开始。(*Bettmann/Corbis*)

际，苏联趁机入侵、兼并了拉脱维亚、爱沙尼亚、立陶宛三个波罗的海小共和国，并于 11 月底入侵芬兰。多数美国人对此感到愤怒，但国会和总统除了对苏联采取象征性的武器"道义禁运"之外，并不愿过多干预。1940 年 3 月，苏联攻势结束。

无论之前人们对西欧战事抱有何种幻想，到 1940 年这些幻想完全破灭了。德国向西进攻，横扫丹麦和挪威之后，转向了荷兰和比利时，最后直插法国心脏。同盟国军队对纳粹"闪电战"应接不暇，西欧的堡垒接二连三落入德军之手。6 月 10 日，墨索里尼率领意大利参战，从南部入侵法国，而同时希特勒从北部进攻。面对德军的猛烈攻势，6 月 22 日，法国沦陷。纳粹军队开进巴黎；并在维希建立了一个傀儡政权；整个欧洲只剩下七零八落的英国军队与轴心国兵力对抗。在飞速组织的军舰和民用船只掩护下，他们从敦刻尔克海滩出逃，得以幸存。

法国沦陷

罗斯福早已开始对盟军增加援助。与此同时,他也积极备战。万一纳粹军进攻美国,他也不至于措手不及。5月16日,他请求国会追加10亿美金用于国防支出(大部分用于建造一支庞大的战斗机群)。这一请求很快被批准。眼看法国就要沦陷,几周后,总统宣布美国"将向反抗武力压迫的国家提供物质资源"。5月15日,英国新任首相温斯顿·丘吉尔(Winston Churchill)向罗斯福提交了一份物资需求清单,请求美国支援军舰、武器装备和其他物资。他说,没有这些物资,英国恐怕难以支撑。许多美国人(包括美国驻伦敦大使约瑟夫·P. 肯尼迪)认为英国的处境已经无望,任何援助都将是浪费。但是总统却甘冒政治风险,为丘吉尔提供战争物资。他甚至绕开中立法规定的"现款自运"条款,以在西半球的英国

空袭伦敦 1940—1941年间,纳粹德国空军多次袭击伦敦和其他英国城市,使之成为恐怖之城。战争后期,又对居民区肆意轰炸,试图以此摧毁英国人民的意志。德国的企图未能得逞,英国人面对袭击的坚忍不拔反而赢得了美国人对其救国大业的支持。多数遭受轰炸的建筑损毁严重,而照片背景中的圣保罗大教堂却幸存下来,没受什么损伤。(*Brown Brothers*)

领土上建立美军基地为条件，换给英军 50 艘美军驱逐舰（多数是一战时使用过遗留下来的）；还把美国政府购买的新战机退还给军工厂，将购买权让给了英国。

罗斯福之所以能采取以上行动，部分原因在于美国民意的转变。法国遭到侵略前，多数美国人相信即使德军胜利也不会危及美国安全。7 月，法国战败，英国受到威胁，（民意调查结果显示）66% 以上的美国民众坚信，德国将对美国构成直接威胁。国会意识到了这一点，允许政府扩大对同盟国的援助。国内也意识到美国必须积极备战，并于 9 月批准了《伯克-沃兹沃斯法》，该法案成为美国历史上首个和平时期的军事草案。

民意转变

这种情况下，孤立主义势力减弱了，但并未销声匿迹。而被称为"干预主义者"的一派（这一称谓通常不太准确）主张美国更多地介入战争。1940 年春，两派之间爆发了论战，而且一度十分激烈。由著名记者威廉·艾伦·怀特（William Allen White）任主席的新成立的"保卫美国委员会"积极游说，希望增加对同盟军的援助，但反对直接干预。更加激进的人则敦促立即宣战（当时几乎没有人赞成这一立场）。1941 年 4 月，这些人建立了"为自由而战委员会"。

与干预主义立场相对立的是新成立的说客团体"美国第一委员会"，颇受国内重要领袖的青睐。罗伯特·E. 伍德（Robert E. Wood）将军担任委员会主席（他直到近期还担任西尔斯·罗巴克百货公司总裁）；委员包括查尔斯·林德伯格、休·约翰逊将军、参议员杰拉尔德·奈，以及参议员伯顿·惠勒。委员会赢得了赫斯特连锁报业和其他有影响力的报社支持。共和党内大部分成员也至少间接地支持他们（委员会也不可避免地吸引了一些同情纳粹的人和反犹主义者）。双方都理直气壮、言辞激烈、互不相让。1940 年夏秋之际，总统大选使双方论战变得更加复杂。

美国第一委员会

竞选第三届总统任期

1940 年有好几个月，美国政治都在围绕富兰克林·罗斯福的真实意图展开。他会打破传统，连任两届后再度竞选争取第三届总统任期吗？总统从未公开透露自己的意愿，不过他拒绝退出竞选。民主党内其他对手已经不可能在党内占领一席之地。7 月，民主党全国代表大会前夕，他表示自己愿意接受本党"征选"。于是民主党很快提名他为总统候选人，甚至勉强接受了他提出的副总统人选——农业部长亨利·A. 华莱士（Henry A. Wallace，许多党内领袖认为华莱士自由倾向太过严重）。

在两派关于国家防卫问题的争论中，罗斯福巧妙地采取了中间立场，既不赞成极端孤立派，也不支持极端干预派。这种情况下，共和党内几乎没有可以与之抗衡的人选。他们还精心通过《时代》和《生活》杂志发起群众运动以支持共和党候选人。面对巨大的群众压力，共和党顺应民意，提名商人温德尔·威尔基（Wendell Willkie）为总统候选人。威尔基充满活力、魅力四射，但相对缺乏政治经验。

温德尔·威尔基

威尔基的立场与罗斯福没什么差别：避免美国参战，同时慷慨援助同盟国。威尔基很有魅力，精力充沛，成功地激起了民众的政治热情，其民众支持率超过了近几十年来的所有共和党候选人。但最后他还是不敌富兰克林·罗斯福。大选结果比1932年和1936年的结果更加接近，但罗斯福仍取得了决定性的胜利，他得到了55%的选民票，449张选举人票。威尔基则得到45%的选民票和82张选举人票。

放弃中立

1940年的最后几周，罗斯福已将大选置于身后，开始对美国在战争中的角色做出微妙但却十分重要的改变。除了增加对英援助，他开始把美国向直接参战推进。

租借法案

1940年12月，英国实质上已经破产。他们已经无法遵守中立法规定的"现款自运"条款；然而丘吉尔仍坚持认为，英国比以往更加迫切地需要援助。因此，总统提出了一种方案，消除所有武器交易中的"美元符号"，实行"租借"法。它允许政府向任何"对美国防卫至关重要"的国家销售或租借武器。换句话说，只要英国承诺战后如数归还或偿还，美国即可把武器运往英国。孤立主义者对此提出强烈谴责，声称（也的确如此）这只是拉近同盟国和美国之间关系的手段；然而国会表决时，这一法案终以多数票获得批准。

租借法确立后，罗斯福马上又面临另一个严重问题：确保美国物资供给到达英国。大西洋的运输线已经相当危险：德军潜艇每月摧毁多达50万吨海上运输物资。损失惨重的英国海军没有足够船只，从美国跨大西洋运送物资异常艰难。陆军部长亨利·史汀生（曾任胡佛政府国务卿，1940年应罗斯福请求重返内阁）认为美国应护送物资到英国；但罗斯福决定依靠"半球防卫"，即美国海军只负责防卫西大西洋上的海上运输。他认为这一地带属于中立区，美洲国家有责任防卫。到1941年7月，美国船只一直在大西洋巡逻，巡逻区域最东端延至冰岛，同时护送商船的海上运输，并通过无线电向英国船只发送纳粹潜艇的方位。

最初德国对美国这些明显的敌对行为不屑一顾。但到 1941 年秋，欧洲局势的变化改变了德国的立场。德军违反 1939 年《苏德互不侵犯条约》，于当年 6 月入侵苏联，派重兵长驱直入，迅速开进苏联腹地。苏联并未像很多军事观察家预测的那样立即投降。于是罗斯福说服国会对苏联实施"租借"法案——这是旨在和斯大林建立新关系的第一步，最终是为了建立正式的美苏同盟。如今美国工业正从两条战线向希特勒的对手提供至关重要的援助，美国海军也在物资运往欧洲的过程中发挥着前所未有的重要作用。

德国入侵苏联

9 月，纳粹潜艇一致对美国船只展开作战行动。9 月初，一艘德国 U 型潜艇向美国驱逐舰"格里尔号"（当时它正向英方报告 U 型潜艇的位置）开火。作为还击，罗斯福下令所有美国舰船一旦侦测到德国潜艇，就"立即"开火。10 月，纳粹潜艇袭击了两艘美国驱逐舰，其中"鲁本·詹姆斯号"被击沉，许多美国海员丧生。国会议员十分愤怒，纷纷投票批准美国商船装备武器，并可以驶向交战国港口。这样，美国发动了抗击德国的海战。

同时，秘密进行或公开举行的一系列会议把美国和英国联系得日益紧密。1941 年 4 月，两军高级将领秘密会晤，商讨美国参战后双方将要采取的联合战略，并达成协议。8 月，罗斯福和丘吉尔在纽芬兰沿海的一艘英国舰艇上会面。总统并未做出任何军事承诺，但是他和丘吉尔首相共同发表了《大西洋宪章》。这份文件中，两国确立了"某些共同遵循的原则"，并提出将在此基础上"为世界创造更加美好的未来"。这其实是用另一种形式提出的战争目标宣言，其中更是几乎不加掩饰地公开宣布"最终要推翻纳粹暴政"。

大西洋宪章

到 1941 年秋天，美国的参战似乎只是个时间问题。罗斯福仍然相信只有美国遭受真实的袭击，民众才会支持参战。不过看情形，袭击一定会到来，不在大西洋，就在太平洋。

珍珠港事件

苏联和英法都被欧洲战争牵制，无暇顾及各自的亚洲殖民地。日本遂趁机在太平洋地区进行帝国主义扩张。1940 年 9 月，日本签署了《三国协约》，与德、意结成松散的防卫联盟，轴心国势力延伸到了亚洲（实际上，欧洲轴心国从未和日本有紧密的联系，而且欧洲战争和太平洋战争很大程度上并不相关）。

三国协约

罗斯福十分不满日本的扩张政策，强烈谴责日本长期以来的侵华行动，并终止了美国和东京政府之间的长期经济协议。但日本仍旧自行其是。1941 年 7 月，日本帝国军队开进印度支那并占领了越南首府（也是法国殖民地）。美国破译了日本电报密码，获悉日本的下一个目标是荷属东印度群岛。面对罗斯福的严正警告，日本没做任何回应。总统于是冻结了日本在美国的所有资产，并对日本实施全面贸易禁运，结果导致日本的必需品（包括石油）进口受到严重影响。几十年来，美国民众一直有反日情绪，因此公众舆论对政府行动普遍表示支持。

日本现在面临抉择。要么修复日美关系，以恢复物资供给；要么着眼他处，特别是占领英国和荷兰在太平洋的殖民地以解决当前的困境。最初，日本首相近卫文麿似乎愿意和解。10 月，东京军方迫使近卫内阁下台，战争党领袖东条英机将军接任。日本对新的燃料来源的需求日益迫切，在他们看来，除了战争之外，似乎已经别无选择。

几周以来，东条政府一直谎称希望继续谈判。1941 年 11 月 20 日，东京方面提出一项对本国非常有利的暂时妥协方案，并派遣驻华盛顿的外交官呈交美国国务院讨论。然而他们其实早已决定在中国问题上不会做出任何让步。华盛顿明确表示，除非日本改变在该问题上的立场，否则无法接受。国务卿科德尔·赫尔随即拒绝了日方提案。11 月 27 日，他告知陆军部长亨利·史汀生，"在日本问题上我已无能为力，现在就靠你和诺克斯（时任海军部长）了，靠我们的陆军和海军"。他的话并非臆测。美国情报机构破译的日本密电显示，战争已不可避免，过了 11 月 29 日，日本迟早会发动攻击。

但华盛顿并不知道日本会在哪里发动攻击。许多官员认为日本不会先进攻美国本土，而是针对太平洋南部英国或荷兰的殖民地。美国情报机构注意到，11 月 25 日，一支日本海军特遣部队从千岛群岛启程，大致沿夏威夷方向向东行驶，于是通过无线电向驻扎在火奴鲁鲁附近珍珠港的美国海军基地发出了例行警告。但是军官们更加关注沿中国海向南行进的一个日本护卫舰群。日军制造的假象和美军的误判使当局忽视了日本直接攻击美国军队的意图——夏威夷与日本距离遥远，几乎没人相信日本会发动这样的袭击。

1941 年 12 月 7 日，星期日，清晨 7 点 55 分，日本轰炸机从数百里外的航母上起飞，向珍珠港的美国海军基地发起了第一轮轰炸。一小时后第二轮轰炸来临。夏威夷的军事将领对此袭击毫无准备，军舰都停泊在军港里，飞机还排列在机场跑道上。这次突袭对美国而言是灾难性的。短短 2 小时内，美国损失了 8 艘战列舰、3 艘巡洋舰、4 艘其他舰船、188 架飞机，以及若干重要的海岸设施。2000 多名士兵和水手丧生，1000 多人受伤。而日军伤亡则微乎其微。

美军在太平洋的军力遭受重创（不过幸运的是，12月7日太平洋舰队的核心力量——美国航空母舰——都不在珍珠港）。然而突袭珍珠港使罗斯福等人两年多的努力一夜之间出现了转机：全国民众同仇敌忾，一致同意参战。12月8日，总统前往国会山，在参众两院联席会议上发表了严肃的讲话："昨天，1941年12月7日——一个耻辱的日子——美利坚合众国遭到日本帝国海空军蓄谋已久的突袭。" 4 小时内，参议院全票通过，众议院以388:1（唯一一位反对者是蒙大拿州的珍妮特·兰金，1917年投票时她也曾反对参战）表决通过，批准对日宣战。三天后，日本的欧洲盟友——德国和意大利对美国宣战；当天，即12月11日，国会全票通过，批准应战。一战后不到25年的时间里，美国再次卷入了世界大战。

历史学家的分歧　珍珠港问题

二战时期，"牢记珍珠港！"成为美国全体人民的口号——提醒人们牢记日军如何突袭了夏威夷的美国海军基地，鼓舞全国起来报仇雪恨。但是在战争结束后的几年里，一些美国人却以不同的方式纪念珍珠港事件。他们开始质疑1941年12月7日偷袭事件的官方报告。这些质疑引发的争议从未完全平息。日军突袭珍珠港是不是无端挑衅，是不是像罗斯福政府当时声称的那样没有任何预警？或者在某种程度上是不是可以说，这是总统有意利用日军袭击迫使厌战情绪高涨的美国卷入战争？最具争议的是，政府是否预先知道这次袭击？罗斯福当时是否刻意不提醒夏威夷的指挥官，以便深刻地触动美国民众？

最先对珍珠港事件的官方说法提出质疑的是历史学家查尔斯·A.比尔德，他在《罗斯福总统与二战爆发》(Charles A. Beard, *President and the Coming of the War*, 1948) 中坚称是美国有意把日本逼到了非战不可的境地。美国坚决不肯让步，切断了日本武装侵华急需的原材料供应，在此情况下，美国确信日本必将使用武力侵入西南太平洋以获取所需物资——即使和美国开战也在所不惜。比尔德认为，美国的政策不仅是在挑衅日本，而且是精心策划的挑衅。不仅如此，政府此前曾破译过日本密码，他们一定在数周前就知道了日本的偷袭计划——但比尔德也没说官员们早就知道袭击目标是珍珠港。比尔德引用了当时的陆军部长亨利·史汀生的日记："问题在于我们如何能使他们打出第一枪。"近期出版的托马斯·弗莱明的作品《新政推行者之战》(Thomas Fleming, *The*

珍珠港，1941年12月7日 1941年12月，美国"肖号"驱逐舰被停泊在珍珠港的浮动船坞内，成功躲过了日军第一轮轰炸。第二轮轰炸则正中该舰舰首，但其他部位损伤并不严重。几个月后"肖号"驱逐舰修复了船头，重新加入舰队服役。(U.S. Navy Photo)

New Dealer's War，2001）中又一次提到了这种观点，认为罗斯福有意（而且阳奉阴违地）把美国推向了与日本的战争。

1950年，巴兹尔·劳奇在《罗斯福：从慕尼黑到珍珠港》（Basil Rauch, Roosevelt from Munich to Pearl Harbor）一书中对上述部分观点进行了反驳。他认为，政府事先并不知道日本对进攻珍珠港蓄谋已久，但是政府预料到日本要在某个地方发动攻击；并且精心"诱使"日本打出第一枪。不过理查德·N. 柯伦特，在《国务卿史汀生：治国之术研究》（Richard N. Current, Secretary Stimson: A Study in Statecraft, 1954）中，对比尔德的观点提出了更多的质疑。他认为，史汀生的确期盼着日本进攻，但不希望是对美国本土的攻击，而是对太平洋地区的英国或荷兰殖民地的攻击。摆在政府面前的问题不是如何让日本袭击美国，而是找一种方法让日本袭击英国或荷兰领土，并令其看起来像是针对美国的袭击。史汀生认为，只有如此，政府才有可能说服国会批准宣战。

罗伯塔·沃尔斯泰特在《珍珠港：警告与决定》（Roberta Wohlstetter, Pearl Harbor: Warning and Decision, 1962）中采用了新的研究方法，成为迄今为止对这一问题最全面的研究。她弱化了美国政府是否希望日军袭击的问题，致力于回答政府是否预先知道这次袭击。沃尔斯泰特总结说美国收到了大量关于日本意图的警告，本该认识到珍珠港袭击即将发生。但是政府官员未能正确对待他们掌握的证据，这主要因为他们对日本意图的分析与他们收集到的证据相去甚远。海军上将埃德温·T. 莱顿（Edwin T. Layton）1941 年曾在珍珠港任参谋。他也抱怨了官方的政治和官僚主义错误，致使他们没能提前警告袭击事件。在 1985 年出版的回忆录《我在现场》（And I Was There）中，莱顿指出突袭不只是一次日军"大胆谋划并老练执行"的行动，也是"我们情报机构的失败，这与当时华盛顿海军高官们的斗争直接相关"。

迄今为止对珍珠港事件研究最深入的作品当属戈登·W. 普兰格 1981 年出版的《我们沉睡在黎明时分》（Gordon W. Prange, At Down We Slept）。普兰格与沃尔斯泰特的结论类似，他认为罗斯福政府未能察觉日本的战略，对此后的一系列灾难性打击负有不可推卸的责任；因为美国政府掌握的信息足以预测到这场袭击。但是普兰格也反驳了"修正派"（即比尔德及其追随者）认为总统有意让日军袭击从而把美国推入战场的观点。相反，他强调的是，日军这次袭击所反映出的胆量之大、战术之巧妙、规模之惊人，当时几乎没有美国人相信它真的会发生。

但是"修正派"的观点并未就此销声匿迹。约翰·托兰德 1982 年出版的《丑行：珍珠港及其后果》（John Toland, Infamy: Pearl Harbor and its Aftermath）再次发起了对罗斯福的控诉。他声称发现了新的证据（经一位不愿透露姓名的海员作证），证明早在日军航母开往夏威夷前五天，甚至更早的时间，美国海军就预知了这一计划。托兰德据此得出结论，罗斯福一定事先得到了消息，知道日本即将发动袭击，但他仍然听任其发生，因为他希望这次突袭能够警醒国民。但是托兰德和其他许多持相同观点的史学家一样，也无法提供直接证据以证明罗斯福预先得知了这次有预谋的突袭行动。

小　结

历史表明，一战后的几年，美国所做的外交尝试并不现实。美国决心成为世界强国，扩大全球贸易，以自认为有利于本国和世界利益的方式影响其他国家。同时美国也决心不承担任何国际责任，以免行动自由受到限制。它不加入国际联盟，不加入国际法庭，也不和其他国家联盟，坚持独自行动，维持强国形象。

但是国际邪恶势力的行动迫使美国逐渐增加和其他国家的联系。大萧条带来的全球经济危机；欧洲和亚洲崛起的极权政体；新强权领袖的扩张野心——都将摧毁一战后并不稳定的国际格局。美国自身的经济和其他方面的利益都深受其害。美国的孤立外交政策似乎无力扭转时局。

20世纪30年代后期，富兰克林·罗斯福试图促使美国更多地参与国际事务，尤其是对极权主义和侵略行径采取更强硬的立场。国内强大的孤立主义势力一度对其造成巨大障碍，甚至欧战爆发后的一段时间内也是如此。但是，民意逐渐转变为支持同盟国（英国、法国以及后来的苏联）对抗轴心国（德国、意大利和日本）的立场。美国开始战争动员，为英国提供战舰和军需品，甚至在大西洋上与德军对抗。最终，1941年12月7日，日本对夏威夷珍珠港美国海军基地的突袭打消了民众最后的犹豫不决，全国上下终于团结抗战，美国最终卷入了人类历史上最大的一场战争。

阅读参考

Robert Dallek, *Franklin D. Roosevelt and American Foreign Policy, 1932—1945* (1979) 是对罗斯福外交政策的综合性研究著作。

Akira Iriye, *The Cambridge History of American Foreign Relations, vol. 3: The Globalizing of America, 1913—1945* (1993) 也是一部重要的研究成果。

Walter LaFeber, *Inevitable Revolutions* (1983) 详述了美国如何试图阻止全世界的革命运动。

James MacGregor Burns, *Roosevelt: the Soldier of Freedom* (1970) 和 Warren F. Kimball, *The Juggler: Franklin Roosevelt as Wartime Statesman* (1991) 是研究罗斯福总统的两部重要成果。

Wayne S. Cole, *Charles A. Lind-bergh and the Battle Against American Intervention in World War II* (1974) 和 *Roosevelt and the Isolationists, 1932—1945* (1983) 研究了战前的孤立主义。A. Scott Berg, *Lindbergh* (1998) 是一部出色的传记，记述了一位空军英雄如何在20世纪30年代成为有争议的人物。

Charles DeBenedetti, *Origins of the Modern American Peace Movement, 1915—1929* (1978) 和 *The Peace Reform in American History* (1980) 研究美国历史上的反战运动，包括二战之前的反战运动。

Joseph Lash, *Roosevelt and Churchill* (1976) 研究了美英首脑之间的动态关系。

Akira Iriye, *The Origins of the Second World War in Asia and the Pacific* (1988) 探究了中日两

国的矛盾冲突以及美国是否就此介入太平洋战争。

Gordon Prange, *At Dawn We Slept* (1981) 从美日双方的视角研究偷袭珍珠港这一具有争议性的问题。

"有人说" 这张二战主题海报,由亨利·凯尔纳创作,旨在警告美国政府工作者不要泄漏军事机密。战争时期,领袖们非常担心士兵及其家属在不经意的谈话中泄漏军队和军舰的位置(另有一张海报,标题为"口风不紧舰船沉")。(K. J. Historical/Corbis)

第 26 章
世界大战中的美国

珍珠港事件使美国卷入了人类历史上规模最大也最惨烈的世界大战。第一次世界大战夺走了众多生命，摧毁了欧洲存在几个世纪的社会政治体制。然而，第二次世界大战更加惨烈，欧洲乃至全球各地战火纷飞，尸横遍野，恐怖气氛比第一次世界大战时有过之而无不及。整个世界发生了翻天覆地的变化。和 20 世纪或者人类历史上的其他重大事件一样，这次大战也彻底改变了全世界。

与其他主要参战国不同，第二次世界大战对美国而言，耗时更短，代价更小。美国参战时，亚洲战场至少已打了七年，欧洲也已打了两年。除 1941 年珍珠港遭日军突袭外，美国本土没有发生任何战斗。有 30 多万美国人在二战中丧生，虽然这一数字远多于一战，但和其他主要参战国（苏联、德国、意大利、英国和日本）相比，美国的死亡人数

大事年表

1941 年	A. 菲利普·伦道夫策划华盛顿游行
	罗斯福建立"公平就业实施委员会"
	"曼哈顿计划"开始实施
1942 年	日军占领菲律宾
	中途岛海战
	北非战役打响
	纳粹进行种族大屠杀的消息传到美国
	"军工生产委员会"成立
	日裔美国人遭拘禁
	墨西哥劳工获准暂时进入美国
	"种族平等大会"建立
1943 年	美军占领瓜达尔卡纳尔岛
	苏联在斯大林格勒打败德军
	盟军进攻意大利
	《史密斯—康纳利法》通过
	底特律爆发种族暴乱
	洛杉矶"阻特服"暴乱，美国水手和墨西哥裔美国人发生冲突
	《排华法案》废除
1944 年	盟军进攻诺曼底
	罗斯福连任总统
	美军重新占领菲律宾
	示威者迫使华盛顿哥伦比亚特区餐饮业废除种族隔离
1945 年	罗斯福逝世，杜鲁门继任总统
	希特勒自杀
	盟军占领柏林
	德国投降
	美军占领冲绳
	原子弹在新墨西哥试验成功
	美国在广岛和长崎投掷原子弹
	日本投降

要少得多。

尽管如此，美国参战规模却比其他任何国家都大。美国与英国、苏联和其他盟国一同加入了在欧洲和北非抗击纳粹德国与法西斯意大利的伟大斗争，并在夺取战争胜利的过程中起了决定性作用。同时，在其他国家援助有限的情况下，美国还针对日本发动了海战和一系列地面作战，规模之大，堪称历史之最。几年之前，美国还是世界上军队规模最小的国家之一。第二次世界大战中，美国成长为历史上最强大的军事强国——此后，美国的这一地位一直持续至今。简而言之，这次战争深刻地改变了美国同世界的关系。

战争也改变了美国自身——美国社会、美国政治及美国人对自身的认知。除了直接参战的人员，多数美国人都只在战场几千英里外的地方经历了这场战争。没有轰炸，没有入侵，也没有大规模战争难民流离失所，更没有严重的物资紧缺。1945年和1946年，老兵们回国后，发现国内的情形与当初他们离开时没多大差别，而英国、法国、苏联或日本的老兵感受则完全不同。

虽然表面看来二战后的美国几乎没有变化，但实际上第二次世界大战却彻底地改变了美国。正如诗人阿奇博尔德·麦克利什（Archibald MacLeish）在1943年所说："大多数美国人都很清楚，这场战争并不仅仅是一场战争，它既是结束也是开始——已知时代的结束，未知时代的开始。就像走在街上嗅到风的气息就能预知天气变化一样，无论战争结束时世界是什么样子，我们都会很清楚，它必定和以往全然不同。"美国参战不仅仅意味着美国凭借军事和工业力量帮助盟军打败了德国、意大利和日本，更意味着一个新世界的开始，不论是对于美国还是整个世界都是如此。

一、两线作战

二战时期，无论美国民众中存在多少政治分歧或者社会矛盾，他们对战争本身的意见都惊人地一致——正如一位国会议员在珍珠港遭袭后不久所说，"国内空前团结"。1942 年初，美国民众的团结和信念经历了严峻的考验。尽管爱国热情高涨，行动迅速，战争形势却并不乐观。英国濒临崩溃，苏联风雨飘摇。太平洋地区的同盟国堡垒相继陷入日军之手。因而，美国首先要解决的问题并非如何赢得胜利，而是如何避免失败。

团结一致的美国

遏制日本

突袭珍珠港十小时之后，日军飞机袭击了菲律宾马尼拉的美国空军基地，太平洋地区残留的美国空军力量尽数被毁。三天后，美国的关岛被日军占领；紧接着是威克岛和英国殖民地香港沦陷。英国重要据点新加坡于 1942 年 2 月向日军投降，3 月荷属东印度群岛投降，4 月缅甸投降。在菲律宾，筋疲力尽的菲律宾军队和美国驻军 5 月 6 日放弃了抵抗。

美国的战略家们计划兵分两路向日本发起反攻。一路由道格拉斯·麦克阿瑟将军指挥，从澳大利亚向北，经新几内亚，最终迂回作战回到菲律宾。另一路由海军上将切斯特·尼米兹（Admiral Chester Nimitz）率领，从夏威夷向西开进，进攻太平洋中部的日本海岛基地。最终两路汇合，进攻日本本土。

1942 年 5 月 7—8 日，盟军在澳大利亚东北部的珊瑚海战役中成功拦截了无往不胜的日本舰队，扭转了战局，取得了开战以来的首次重大胜利。一个月后，夏威夷西北部的战役成为一个更加重要的转折点。1942 年 6 月 3—6 日，在美国小型海军基地中途岛附近，美日海军激战了四天，双方都损失惨重，日军损失了四艘航母，美军损失一艘，美军最终赢得了胜利，夺回了太平洋中部的控制权。

中途岛

几个月后，在所罗门群岛南部、新几内亚东部地区，美军第一次向日军发起攻击。1942 年 8 月，美军分别袭击了加乌图岛、图拉吉岛和瓜达尔卡纳尔岛。其中瓜达尔卡纳尔岛战役异常惨烈，持续六个月之久，交战双方都遭受重创，最后日军被迫放弃该岛——也失去了向南发起有效进攻的最后机会。

瓜达尔卡纳尔岛

1943 年中，太平洋南部和中部战场的主动权转移到美国手中，日军的攻势终于受到了遏制。在澳大利亚和新西兰的军事配合下，美军已开始向菲律宾和日本本土移动，尽管节奏缓慢，步履维艰。

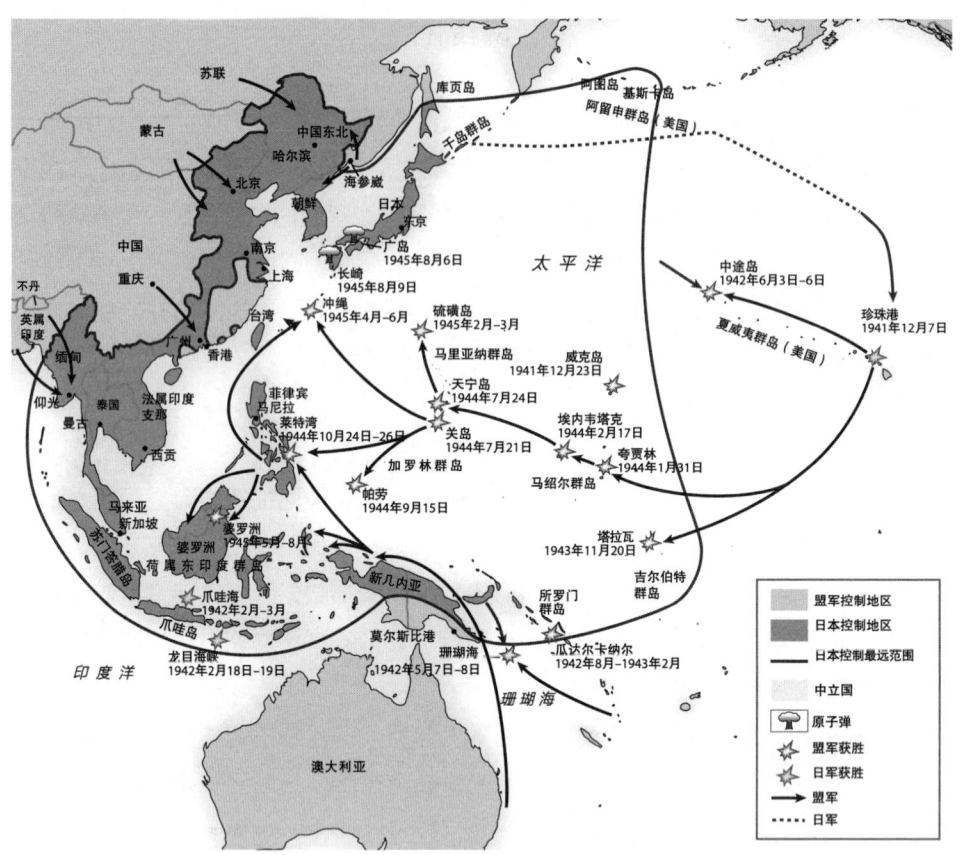

二战中的太平洋战场 这幅图展示了太平洋战场两个交战国命运的转变。图中，从缅甸一直延伸到中国东北的红色长线以东是 1942 年夏天太平洋沿岸陷入日军控制的大片区域。蓝线所示意的是美军 1942 年 5 月开始返回太平洋，1943 年开始加速进攻并逐渐打退日军。美军分两路进攻，一路在中太平洋，由切斯特·尼米兹指挥，由夏威夷向西；另一路，由道格拉斯·麦克阿瑟指挥，由澳大利亚向北。1945 年夏天，美国军队已经靠近日本本土并轰炸了东京。在广岛和长崎投下的两枚原子弹最终结束了战争。◆ 如图左上角所示，1945 年 8 月苏联为什么参加太平洋战争？（彩图见第 1442 页）

阻击德军

在欧洲战场，美国对军事行动的控制权相对较小，只在西线与英军以及"自由法国"流亡军队协同作战；苏联此时正在东欧抗击希特勒，美国也一直尽力配合这一新盟国。陆军参谋长乔治·C. 马歇尔（George C. Marshall）将军提出了一项作战计划，即 1943 年春，盟军横渡英吉利海峡进攻法国。但是这一计划却遭到其他盟国的质疑。苏联一直牵制着德军主力（整个战争中都是如此），希望盟军尽早发动反攻；而英国却希望先在纳粹帝国外围（北非和南欧）展开一系列攻势，然后再向法国发动总攻。

　　罗斯福清楚地认识到，支持英军的计划势必开罪苏联，而且可能延误跨海总攻。但他知道，进攻欧洲需要长时间准备，而且他也不愿让美军长期处于备战和观望状态。因此，他不顾几位重要顾问的反对，决定支持英军的计划。1942年10月底，埃尔温·隆美尔（Ernin Rommel）将军统领的纳粹军队正驻守在阿拉曼地区，威胁着苏伊士运河。英军在此发动了反攻，迫使德军撤出埃及。11月8日，英美联军在阿尔及利亚的奥兰和阿尔及尔，以及摩洛哥的卡萨布兰卡（纳粹控制下的维希法国傀儡政府控制区）登陆，然后向东往隆美尔方向推进。

　　德国向非洲调集重兵抵抗缺乏战争经验的美军，在突尼斯的凯塞林山口重创了美国军队。乔治·S.巴顿（George S. Patton）将军重新集结军队，展开了有效的反攻。在盟军海空军力量的配合下，又有伯纳德·蒙哥马利将军（Bernard Montgomery，阿拉曼战役英雄）率英军从东面进攻，1943年5月，美军终于将最后一支德军部队赶出了非洲。北非的军事行动牵制了盟军大部分兵力，原定1943年5月横渡英吉利海峡进攻法国的计划也因此推迟，苏联对此大为不满。不过，由于1942年冬至1943年，苏联红军在苏联南部的斯大林格勒成功遏止了德军进攻，苏联全面崩溃的威胁基本消失。希特勒在此战中投入了大量军队，损失惨重，已无力继续东进。

　　苏军的胜利是以沉重的代价换来的。德军占领斯大林格勒之后大肆屠杀城市平民，周边的乡村也受到践踏。事实上，第二次世界大战中苏联的损失远超其他参战国（伤亡人数高达2000万）——这一事实在俄罗斯人的记忆中挥之不去，战后仍然影响着苏联的政策。但是考虑到苏联击退了德军进攻，1943年1月，罗斯福与丘吉尔在卡萨布兰卡会见时，终于同意了盟军进攻西西里的计划。马歇尔将军反对这一计划，认为这将进一步推迟对法国的总攻。但是丘吉尔认为西西里的军事行动有可能彻底打败意大利，使其退出战争并牵制多股德军兵力，使其无法在法国布防。1943年7月9日夜里，英美军队在西西里东南部登陆；38天后拿下西西里岛，并向意大利本土推进。败局面前，墨索里尼政府迅速倒台，墨索里尼本人也逃到了德国北部。虽然墨索里尼的继任者彼得罗·巴多利奥（Pietro Badoglio）很快就向盟军投降，德国仍向意大利调集了八个师，在罗马南部形成坚固防线。1943年9月3日，盟军向亚平宁半岛发起进攻，结果出师不利，很快就陷入困境，1943年冬更遭遇了卡西诺山惨败。直到1944年5月，盟军才得以继续向北推进。1944年6月4日，盟军占领罗马。

关于第二战场的争议

进攻意大利对盟军取得战争最终胜利起了重要作用，但也使进攻法国的计划延迟了一年之久，使苏军陷入苦战。许多苏联领袖坚信，美英是有意拖延横渡英吉利海峡的反攻计划，其目的是使苏联遭受更多的战争损失。不过，计划推迟也为苏联向东欧推进赢得了准备时间。

美国与纳粹大屠杀

在应对全球危机的同时，美国政治领袖们还面临着人类历史上极端残酷的恐怖事件：纳粹灭绝欧洲犹太人的行动——纳粹大屠杀。早在1942年，华盛顿的高官就已经掌握了无可辩驳的证据，证明纳粹军队在全

奥斯维辛集中营，1944年12月　这张照片拍摄于二战结束前夕，画面上是在奥斯维辛集中营（最臭名昭著的纳粹集中营之一）囚禁的一群儿童。照片拍摄时，纳粹分子已经被赶出奥斯维辛，盟军控制了这里。(Keystone/Getty Images)

欧洲围剿屠杀犹太人和其他种族群体（包括非犹太族波兰人、吉普赛人、同性恋者和共产主义分子），将被俘者运往德国东部和波兰的集中营，有组织地进行屠杀（二战中在集中营死亡的有600万犹太人和约400万其他族人）。暴行被公开后，各国人民纷纷要求盟军制止杀戮或者至少营救一些幸存的犹太人。

几乎所有此类恳求都被美国政府拒绝。虽然盟军轰炸机在臭名昭著的波兰奥斯维辛集中营几英里范围内频繁执行飞行任务，但炸毁集中营的请求往往以军事上不具备可行性为由遭到拒绝。破坏通往集中营道路的类似要求也因同样的理由遭到拒绝。

无论犹太难民如何乞求，美国也不为所动，仍旧拒绝接收大量逃离欧洲的犹太难民——这也是珍珠港事件之前早已形成的惯例。1939年一艘德国游轮"圣路

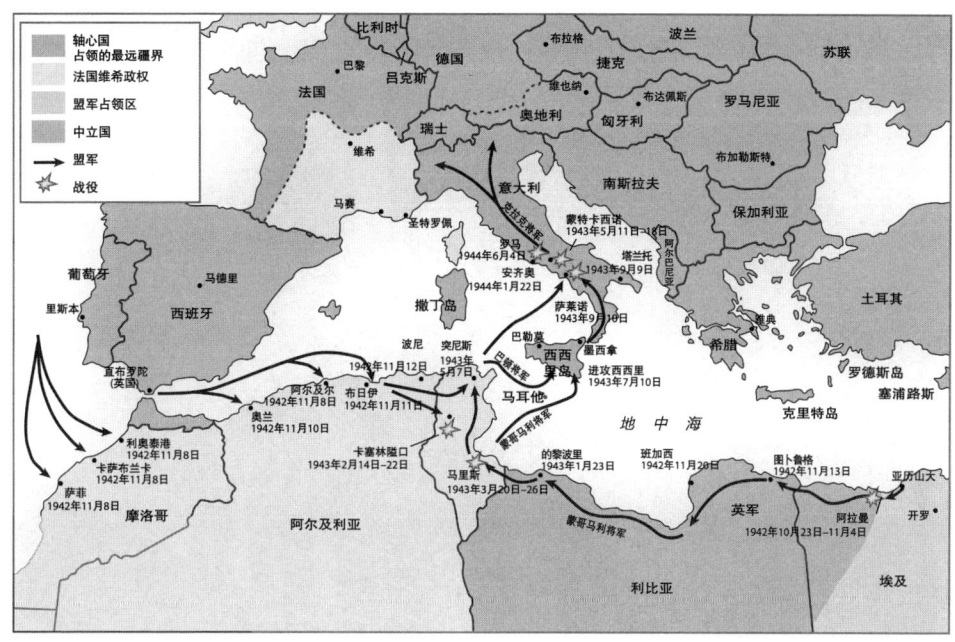

二战中的北非和意大利战场，1942—1943 英美领导人从一开始就很清楚，跨过英吉利海峡进攻法国是打赢欧战的必要行动。但同时，他们也开始在北非对抗轴心国军队，并于1943年跨过地中海进攻意大利。这张地图显示的是1942年盟军在北非沿岸的登陆点。美军由摩洛哥和阿尔及利亚向东，英军由埃及向西，两军在突尼斯会师后进入意大利。◆ 为什么美英不愿意在1942年或1943年跨越英吉利海峡作战呢？（彩图见第1444页）

易斯号"抵达迈阿密（在古巴哈瓦那遭拒后），船上载有大约1000名逃亡的德国犹太人，但这艘船最终被拒绝入境而被迫返回欧洲。从二战前直到二战结束，国务院甚至没有用完法律允许的签证配额，90%的配额一直空缺。而这一不良记录并非工作疏忽的结果，而是国务院官员故意为之——助理国务卿布雷肯里奇·朗（Breckinridge Long）是一位反犹太的上流人士——以阻止大量犹太人进入美国。于是，一个又一个救助犹太难民的机会被忽视，被拒绝。

1941年之后，除了专注于打败德国之外，美国政治领袖在援救希特勒政权受害者方面几乎毫无作为。美国（和对犹太人求援表现得更加冷漠的英国）如果在战前以及战争期间采取更激烈的行动，本可以挽救一些生命。当时的执政者对自己的无所作为多有辩解，认为那时提出的多数建议——比如轰炸铁路和集中营——起不到什么作用。他们坚称能够解救大屠杀受害者的最有效途径就是集中精力打赢这场战争。

官方反犹主义

"圣路易斯号" 德国客轮"圣路易斯号"的命运显示了美国和其他国家在犹太种族大屠杀期间对欧洲犹太人的冷漠态度。犹太人漫长而悲惨的迁徙之路早在二战之前和纳粹政权开始实施种族灭绝行动之前已经开始。1939年,搭乘"圣路易斯号"的900多名逃出德国的犹太人都怀揣着希特勒的盖世太保(国家秘密警察)卖给他们的(不知是否合法的)出境许可证。出港之后"圣路易斯号"先后到了墨西哥、巴拉圭、阿根廷、哥斯达黎加和古巴,但是没有一个国家允许他们入境。很多乘客希望美国能给他们提供避难所,但是当他们抵达美国东海岸时,国务院拒绝他们靠岸。最后"圣路易斯号"只得返回欧洲,乘客们分散到了英国、法国、荷兰和比利时。这张照片显示的是1939年6月很多难民准备在安特卫普上岸时向岸上的人微笑招手。在随后不到一年的时间里,这些难民所到之处(除英国外)全部被纳粹政权控制。(Bettmann/Corbis)

二、战时美国人

1939年一份美国政府报告总结说:"战争不再是战场上敌对双方的战斗那么简单,而是一场双方都将自己能够支配的人力、物力投入战斗以对抗敌方的斗争。战争已经从前线的士兵延伸到后方最偏远地区的乡村。"美国曾经历过许多战争。但自内战以来,还从未有哪场战争像第二次世界大战这样耗资巨大。美国军队转战全球各个地区,时间长达近四年之久。战争期间,整个美国社会经历了翻天覆地的变化。

繁荣景象

第二次世界大战对美国国内生活最深刻的影响就是结束了经济大萧条。到 1941 年中，在战时工业扩张浪潮推动下，美国 30 年代的失业、通货紧缩、工业停滞等经济问题实际上已经消失了。

> 战争促进经济复苏

政府消费是经济复兴的最重要动力。1939 年起，联邦政府每年向经济领域投入大量资金，总数比"新政"时期政府投入资金的总和还要多。1939 年，联邦预算为 90 亿美元，达到和平时期有史以来的最高点；到 1945 年，攀升至 1000 亿美元。国民生产总值飞速增长：由 1939 年的 910 亿美元直线上升到 1945 年的 1660 亿美元。部分地区的个人收入翻了一番还多。战时军工生产需求导致大众消费品紧缺，工薪阶层纷纷将多余的财富存入银行，对保持战后经济繁荣起到了重要的推动作用。

战争和美国西部

政府消费可能对美国西部影响最大，这些地区比其他地区更加依赖政府支援。西海岸自然成为海军抗击日本的始发点；政府为满足军需，在加利福尼亚等地建立了许多大型军工设施。战争期间，政府向西部投入的资本总值达 400 亿美元，用于工厂、军事和交通设施、公路、发电厂等，远超过全国其他地区。1940—1945 年间联邦政府所有支出的十分之一流向了加利福尼亚，西部其他各州也受益于份额不等的战争合同和政府投资。

战争结束时，太平洋沿岸经济已有明显改善，西部其他地区也有所改观。太平洋沿岸已经成为美国迅速崛起的飞机制造中心。加利福尼亚南部，华盛顿等地的新船厂又使西部成为了美国船舶制造业中心。洛杉矶原本只是一个以电影业闻名的中型城市，如今也成了一个主要的工业中心。

美国西部曾是工业欠发达地区，但现在西部一些地区已经成为全国最重要的制造业基地，西部已经由一个缺乏经济发展所需基础设施的地区成长为战后发展最快的地区。

工人和战争

与大萧条年代最令人头痛的长期低就业情况不同，战争导致了严重的劳动力紧缺。在劳动力需求上升的同时，军队还从劳动人口中抽调了 1500 万平民参加战争。战时平民就业人数有近 20% 的增长。其中包括 700 多万曾经失业的人，还包括以前被认为不适于就业的少年、老年人，特别是几百万名妇女也进入了就业市场。

工会的发展

战争还推动了工会组织的蓬勃发展，1941—1945年，工会会员由1050万增加到1300万。伴随着工会的发展，工会组织为会员争取权利的斗争也受到重重限制。政府的主要目的就是在避免通货膨胀的同时，确保工业生产正常进行。工会领袖还在两个方面做出了重要让步。一是所谓的"小钢厂规则"，规定战时工人工资增加不得超过15%。另一个是"无罢工"承诺，即工会保证不中断战时生产。作为回报，政府也为劳动者提供"保留工会会员资格"协议，使那些涌入军工企业的新工人自动注册为工会会员。这一协议保证了工会组织的持续健康发展，但战争期间工人不能提出有关经济利益的过多诉求。

许多普通工会会员及一些地方工会领袖不满政府和工会运动等级制给他们带来的重重束缚。尽管有"无罢工"承诺，战时仍有近1.5万起停工事件，大多是未经工会领袖授权的非法罢工。1943年5月，矿工联合会违反政府规定举行罢工，国会便推翻罗斯福的否决，通过了《史密斯—康纳利法》，或称《战时劳资纠纷法》，该法案要求工会提出罢工后必须等待三十天，并授权总统可以直接控制受罢工影响的军工厂。与此同时，公众对劳工的敌意迅速滋长，许多州通过了限制工会权力的法案。

稳定繁荣局面

物价管理局

通货紧缩曾一度是1930年代的主要问题，而战时这种担忧已让位于对通胀的恐惧。尤其在珍珠港事件发生前两年，物价飙升了25%。1942年10月，国会勉强回应了总统的请求，通过了《反通货膨胀法案》，授权政府可以在全国范围内冻结农产品价格、工资和租金价格。法案执行由物价管理局（OPA）负责，该部门先后由里昂·亨德森和切斯特·鲍尔斯任局长。在某种程度上由于这一方案的顺利实施，二战期间美国通货膨胀远不像一战时那样严重。

尽管如此，由于民众普遍反对政府部门控制物价和工资，物价管理局自诞生以来就不受欢迎。在复杂的物价管理系统中，管理局只对紧缺的配额商品（如咖啡、糖、肉类、黄油、罐装食品、鞋、轮胎、汽油和燃油）进行管制。黑市高价交易猖獗，远远超出了物价管理局的政策调控能力范围。

1941—1945年，联邦政府开支总额达3210亿美元——是建国150年来政府消费总额的两倍，一战时政府开支的十倍。美国国债从1941年的490亿美元增加到1945年的2590亿美元。政府售出了价值1000亿美元的债券，筹集到所需资金总额的一半。另一半则主要通过 1942 年《税收法》大幅提升收入所得税获得。该法确定对高收入群体征收 94% 的收入所得税并且第一次向最低收入家庭征税。为简化征税手续，国会于 1943 年建立了工资单扣税系统。

动员战时生产

1939 年之后的四年，政府一直在寻求动员战时经济的有效机制，建立了一个又一个机构，试图使动员工作井然有序，但都以失败告终。1942 年 1 月，在广泛的批评声中，总统终于创建了军工生产委员会，由西尔斯·罗巴克百货公司前执行官唐纳德·内尔森（Donald Nelson）领导。从理论上讲，军工生产委员会是一个"超级机构"，在经济方面拥有广泛权力，但实际上，它的权威还不如一战时的战时工业委员会。和蔼可亲的唐纳德·内尔森也从未像 1918 年战时工业委员会的领导人伯纳德·巴鲁克那样，展现出杰出的管理或政治能力。

军工生产委员会

"军工生产委员会"没能赢得对军备采购权的控制，陆海两军常常绕过它，直接和生产商谈判。小型企业抱怨多数军购合同都被大公司包揽。对此，委员会从来没有给出满意的答复。后来，总统逐渐把"军工生产委员会"的权力转移到一个白宫新设的下属机构："战时动员局"，该局由前最高法院法官、南卡罗来纳州参议员詹姆斯·F. 伯恩斯（James F. Byrnes）领导。但是，与"军工生产委员会"相比，"战时动员局"的表现仅仅是略有进步。

虽然行政管理上存在问题，但战时经济基本上满足了全国的重要战争物资需求。12 个月内，一批大型新兴工业复合体涌现出来，其中不少由联邦政府的国防企业出资兴建。当时还出现了新型的人工合成橡胶产业，弥补了太平洋地区天然橡胶供应不足的问题。到 1944 年初，美国工厂生产的产品实际上已远远超过政府需求，产量达到了轴心国产量总和的两倍。战争期间，甚至有一些官员抱怨军工生产过剩，认为在战争结束前就该让部分企业恢复民用品生产。但此类要求都遭到军方的坚定否决。

战时科技

不同于美国以往参加过的战争，第二次世界大战是技术革新和科技进步的一个分水岭。其中一个原因是 1940 年开始，美国政府投入了大量资金用于技术研究和开发。同年，政府设立了国防研究委员会，由麻省理工学院科学家万尼瓦尔·布什负责，他曾是计算机产业早期发展阶段的领头人。到战争结束时，这一新机构

国防研究委员会

已经花费了超过1亿美元用于研究，比此前四十年内政府用于军事研发的费用总额的四倍还要多。

战争开始后的最初几年，所有的技术优势似乎都被德国和日本掌握。30年代，尤其在西班牙内战期间，德国为佛朗哥的法西斯军队提供武器时，德制坦克和其他机械武器已取得了巨大的进步。1940年在欧洲战场和1942年在北非战场，德军在"闪电战"中有效地发挥了这些武器装备的作用。1940年，与英美相比，德军拥有更先进的潜艇技术，其U型潜艇曾一度给盟军舰船带来毁灭性的打击。日本则在海军航空技术上具有特殊的优势。1941年12月，那些设计精巧的日式战斗机从航母上起飞，成功地对珍珠港实施了远距离偷袭。

不过英美也各有其优势，能够很快弥补敌我双方的力量失衡。1941—1942年间，美国的大规模生产技术——尤其是大规模汽车装配生产线——提高了军需生产的效率，不久就生产出比德国和日本多得多的飞机、军舰、坦克和其他武器装备。此外，同盟国的科学家和工程师很快改进了英美的航空和飞行技术，尤其是提高了潜艇和坦克的性能。到1942年末，盟军武器装备的先进程度至少堪与敌方媲美，而且数量更充足。

雷达和声纳　此外，敌对双方所进行的每一次技术革新都引发对方为削弱敌人新技术的破坏力而进行相应的创新。借助20年代以来的无线电技术优势，美国和英国的物理学家在发展雷达和声纳技术方面进展迅速，1943年，他们成功地帮助盟国海军摧毁了大批德国U型潜艇，结束了U型潜艇在海战中所向披靡的时代。尤其值得一提的是1940年研制的"厘米波雷达"（centimetric radar），它使用窄束短波提高了雷达的效率和准确性——1941年4月英国海军一艘军舰上装载的雷达在夜间侦测到一艘在10英里外浮出水面的潜艇，还有一次侦测到大约0.75英里外的一个潜望镜。如果使用以前的技术将无法侦测到这两个目标。这一新雷达的体积还可以缩小，仅需要一个很小的旋转空间，它使用先进的大功率空腔磁控管阀，尤其适用于飞机和潜艇。盟军因此在雷达技术方面遥遥领先于德国和日本。同盟国也早就掌握了侦测和对抗德军水雷的技术；德军开发了新型"声学水雷"（只要有船只靠近，无须接触，"声学水雷"就会爆炸）以对抗新型雷达，同盟国就研制出了反声学装置，可在船只靠近前将水雷引爆。

尽管无法阻止空袭，英美的海上和陆地防空技术也有所改进。战争最初几年内，德国在火箭技术上占据了很多优势，成功向伦敦发射了穿越英吉利海峡的火箭助推炸弹（V1和V2）。虽然火箭对英国人的心理震慑极其明显，但德国却没

雷达望远镜，1944 海军技术人员正在操作新型雷达望远镜。它使二战期间侦测军舰和飞机的技术有了革命性的进步。(*National Archives and Records Administration*)

有先进的生产技术，无法生产出足量的火箭，难以真正改变军力的平衡。

从1942年开始，英美已经生产出大量威力巨大的四引擎新型轰炸机，其中英军的兰开斯特B1和美军的波音B17F可以装载6000磅重的炸弹飞行1300英里，最高可飞行至37500英尺的高空，在空战中具有极大优势。盟军轰炸机比德军飞机飞得更高更远，可以在德国（后来也在日本）上空执行大规模轰炸任务而不至于被击落。不过这类轰炸机成功实施轰炸极大依赖于新型电子装置，它们可引导炸弹到达预定目标。"吉氏导航系统"（The Gee navigation system）可以发射电子脉冲帮助飞行员准确定位，对于海军也同样有价值。过去这种工作只有经验丰富的导航员在天气状况良好的情况下才能完成。1942年3月，80架装配"吉氏导航系统"的盟军轰炸机对位于德国鲁尔谷的工业和军事设施实施了毁灭性的轰炸行动。研究显示"吉氏导航系统"使夜间轰炸的准确度翻了一倍。1942年12月研发成功的"欧波导航系统"（Oboe System）是一种无线电装置，也非常有效。当飞机距离目标20码时，它会发射声波信息告知飞行员。

盟军在技术领域的最大优势也许在于他们收集情报的能力。多数情报都是通过英国绝密的奥特兰（Ultra）计划获得。部分优势得益于盟军成功截获或窃取了德军和日军的情报策略。不过更重要的原因是密码专家对破译敌军密码系统的研究，以及计算机技术的运用，这些优势帮助盟军破译了大量日军和德军信息。德军多数情况下使用恩尼格玛（Enigma）密码机，并在使用中不断更改密码系统以

奥特兰计划

确保安全。

战争开始后几个月内,波兰情报部门研制出了"鲍比"(Bombe)电动计算机。这一装置可以破解部分恩尼格玛信息,但运算太慢,难以跟上德军密码系统的变换频率。波兰陷落之后,杰出的计算机专家艾伦·图灵(Alan Turing)领导了对"鲍比"计算机的改进。1940年4月15日,改进后的新型高速计算机"鲍比"在几小时内(改进前,同样的工作要花费几天时间)破译了一系列德军情报。几周后,它每天可以破译1000条德军情报,为英军(后来也为美军)源源不断地提供敌军的军事行动信息,直至战争结束。而德军对这一切始终不知情。

后来,负责情报工作的英国科学家制造出了第一台真正的可编程数码计算机——"巨人二号"(Colossus II)。诺曼底登陆前几天,它开始投入使用,"巨人二号"计算机几乎可以瞬间破译拦截到的大量德军情报。

美国情报技术也取得了一些重要的突破。1941年,美国"魔术行动"(类似英国的奥特兰计划)成功破译了一个与德军恩尼格玛系统类似的日军密码系统,盟军称之为"紫色密码"。美军由此截获到的信息,如果能够正确解读,就可以对1941年12月的珍珠港事件有所警惕。但是许多美国官员都认为这样的袭击难以想象,不大可能发生,致使很多人虽然收到了消息,但却未能理解其重要性,也没能及时传递此消息。

魔术行动

非裔美国人和战争

第一次世界大战时,很多非裔美国人热切地希望能在军中服役,并期待他们的爱国行为将会为他们在战后社会中赢得更高的地位。但战后的残酷现实带给他们的却是失望。第二次世界大战到来时,黑人再次决定通过战斗改变他们的社会地位——但是这次他们不仅仅是为了引人注意,而且还提出了要求。1941年夏,重要黑人组织"卧铺车服务员兄弟会"主席A.菲利普·伦道夫(A. Philip Randolph)坚持认为,政府应要求获得军购合同的公司取消种族隔离。为了争取支持,伦道夫计划在华盛顿发动大规模游行,声称要组织10万名示威者。罗斯福认为此举可能造成暴力冲突,且势必影响当局的政治形象。于是他说服伦道夫放弃游行,并向他保证设立公平就业实施委员会(FEPC)调查军工企业中的种族歧视情况。公平就业实施委员会的权力和成效有限,但是它的建立标志着非裔美国人向政府请愿取得了罕见的具有象征意义的胜利。

公平就业实施委员会

军工厂对劳动力的大量需求促使南方农业区的黑人纷纷涌入工业城市——这

次移民潮一直持续到战后十多年，涌向北方的非裔美国人比 1914—1919 年"大迁徙"时还要多。很多非裔美国人的经济状况得到改善，但是也带来了严重的都市问题。1943 年 6 月，一个炎热的夏日，在底特律的一座城市公园中，黑人和白人的口角引发了持续两天的种族冲突，最终造成 34 人死亡，其中 25 人为非裔美国人。

虽然存在冲突，战时主要的黑人组织仍不遗余力地向种族隔离制度发起挑战。成立于 1942 年的"种族平等大会"（CORE）采用以往保守的黑人组织从未使用过的方式发动群众反抗种族歧视。伦道夫、贝亚德·拉斯廷（Bayard Rustin）、詹姆斯·法默（James Farmer）以及其他的青年黑人领袖在实施种族隔离的剧院和饭店举行了一系列静坐示威活动。1944 年"种族平等大会"成功迫使华盛顿哥伦比亚特区的一家饭店同意招待非裔美国人，这一事件被媒体广泛报道，"种族平等大会"赢得了一场颇具影响的胜利。这种昂扬的斗志一直延续到 50 年代，并推动了后来民权运动的发展。

种族平等大会

军队内部也面临日益高涨的改革压力。起初，军队一直奉行传统政策，仅允许黑人从事仆役性工作，将他们隔离训练，分配到单独的作战单位，海军陆战队和陆军航空兵则完全排斥黑人。但后来，在公众舆论及政治压力下，加之逐渐认识到这种形式的隔离实际上造成了人力浪费，军界领袖们于是被迫进行政策调整。战争结束前，黑人士兵的数量增加了 7 倍，达到 70 万人；一些训练营甚至在一定程度上实现了黑人与白人的混编；非裔美国人开始和白人水手一起上舰服役；更多的黑人士兵被派上战场。但种族矛盾仍然存在。在一些允许混编的军事基地（如新泽西的迪克斯堡），非裔美国人抗议被编入隔离军团，暴力事件时有发生。即使在战争结束后相当长的时期内，军队中仍存在严重的种族歧视现象。不过和整个社会的情况一样，传统的种族关系模式在慢慢发生改变。

美洲印第安人和战争

二战时期大约有 25000 名美洲印第安人在军中服役。许多人都上了战场（艾拉·海耶斯 [Ira Hayes] 就是其中之一，他因在硫磺岛上升起美国国旗而为世人铭记）。其他人则作为"密语者"在军事通信中心工作，他们使用印第安土语（敌军不大可能听懂的语言）通过电台和电话沟通传递信息。

密语者

战争也对那些留守的印第安人产生了重大影响。印第安部落很难得到和战争相关的工作，政府补助也减少了。很多有能力的年轻人离开了部落，有的去参军，其他的（超过7万人）则去了军工厂工作。这使很多印第安人第一次和白人社会有了密切的接触，也唤起了他们对资本主义物质文明的兴趣，即使战后这种兴趣也依然存在。有些人再没回到部落，而是选择留在非印第安社会，并逐渐适应了新的生活方式。战争结束后，有些印第安人在战时的就业机会又消失了，因此只得回到保留地。

1934年国会通过了《印第安人重组法案》，倡导恢复部落自治。但战时对国家团结的强调影响了人们对这一法案的支持。有人提出废除保留地制度，迫使印第安部落融入白人社会。重压之下，曾经为振兴保留地而不懈努力的印第安事务管理局主席约翰·科利尔（John Collier）于1945年辞职。

战时的墨西哥裔工人

战争期间，由于太平洋沿岸、西南地区以及最终全国范围的劳动力短缺，大量的墨西哥工人进入美国。1942年美国和墨西哥政府达成一项协议，规定进入美国的短期合同工可以在一定时期内从事特定行业，于是美国西南一些地区的公司开始积极招募西班牙裔工人。

大萧条时，许多墨西哥农业工人被遣返以便为失业的美国白人腾出就业岗位，而战时的劳动力短缺使农场主们开始再次雇用他们。更加重要的是，这时的墨西哥人第一次能够在美国找到大量的工厂工作。他们成为40年代美国城市中仅次于黑人的第二大移民群体，其中还有30多万墨西哥裔在美国军队服役。

墨西哥裔社区的突然扩张造成了一些城市的紧张气氛，冲突事件时有发生。洛杉矶的一些白人居民对于墨西哥裔青少年的行为深感不安，许多少年加入了街头帮派。这些帮派与常人不同，

墨西哥裔美国人就业机会的增加

洛杉矶青年街 战争期间，加利福尼亚南部的墨西哥裔的盎格鲁形象被"阻特服"文化所主导，不过那里也居住了一批历史悠久、蓬勃发展的墨西哥裔中产阶级。照片拍摄于20世纪40年代初。照片上的两个人理查德·加西亚和约翰·乌雷阿是朋友。这是他们在乌雷阿家门前合影。(Shades of L.A. Archives/Los Angeles Public Library)

其成员着装风格尤其引起白人反感。他们身着"阻特服"（zoot-suits，宽大的外套，带有垫肩，肥大的裤腿在脚踝处束紧），戴着长表链、大号宽檐帽，梳着油亮的鸭尾式长发（这一风格部分借鉴了哈莱姆黑人区的时尚造型）。对一些这样打扮的人而言，这种服装本身就是反叛和蔑视传统白人中产阶级社会的表现。

1943年6月，对阻特服穿着者的敌视在洛杉矶导致了一场为期四天的暴乱。驻扎在长滩基地的白人水手因阻特服穿着者宣称要袭击他们，于是冲进墨西哥社区，袭击了穿阻特服的人。水手们抓住那些少年，扒掉他们的衣服进行焚烧，剪掉他们的鸭尾长发，殴打他们，对此洛杉矶警方并没有出面阻止。但当墨西哥人试图反抗时，警方介入并逮捕了他们。"阻特服暴乱"之后，洛杉矶出台了一项法律，禁止人们穿阻特服。

_{阻特服暴乱}

战时的妇女和儿童

战争使越来越多的妇女得以从事她们从前（受法律或习俗限制）基本无法涉足的职业。劳动力群体中的女性增加了近60%，1945年三分之一的工薪工人是女性（1940年时仅四分之一）。这些女性多数已婚，而且比先前的从业女性年龄大。

_{女性就业的剧增}

很多妇女进入工业劳动力市场，顶替参军男性留下的空缺。尽管经济需求和军队需求逐渐减少了人们对职业女性的成见，但她们面临的障碍仍然很多。许多工厂负责人仍然根据性别分配工种（和男性工种一样，女性工种也会根据种族分类：黑人妇女通常从事更多的仆役性劳动，工资更低）。雇主还大量投资兴建自动化生产线，以减少对重体力劳动的需求。

很多雇主对军工厂女工既担忧又袒护，这也使女性难以在工厂赢得真正的平等地位。男性雇主招工时将工厂工作类比成家务活，认为这样更容易让女性理解：切割飞机机翼如同在家裁衣，搅拌化学品如同在家做蛋糕。不过女性在战时工业中的确发挥了重要作用。女性参与制造业已达一个多世纪，但直到现在才有一些妇女开始从事那些历来属于"男性工种"的重体力劳动。战争时期著名的"铆工罗茜"的形象标志着女性工人在工业生产中扮演着新的重要角色。很多女性工人加入了工会，这在一定程度上有助于消除歧视，包括对以前无法进入工薪行业的家庭妇女的歧视。

_{"铆工罗茜"}

战争期间，多数女工并不在工厂工作，而是在服务行业就职。由于战时对政府行政人员的需求和军事与工业对劳动力的需求一样在扩张，一些女性进入政府部门工作。尤其是在华盛顿哥伦比亚特区担任文职、秘书和打字员的年轻女性人

对儿童照顾不足

战争中的妇女 二战中很多美国妇女都报名加入了陆军和海军的妇女兵团,那些在工厂和办公室工作的女性也同样做出了重要贡献。由于很多男人不在国内,政府鼓励女性从事那些在和平时期被认为不适合她们的工作。(Library of Congress)

数众多,被称为"政府女孩"。她们大多居住在狭窄的寄宿公寓、私人住宅或政府宿舍,每天在军事机构工作很长时间。其他城市的政府和私人机构也需要大批女性职员,原来由青年男子从事的工作如今都由年轻女子代替。于是独特的女性阶层发展起来,她们大多是第一次离开家,在和其他女性同事的相处中适应新的生活、工作环境。即使在拥有大量女性的陆军妇女军团和海军妇女军团,多数女性工种也都是文职。

新机遇带来了新问题。对于很多丈夫在前线作战的女性而言,她们必须兼顾工作和照顾孩子。儿童护理机构或其他社区服务尚不完善,有些妇女出去工作时只能把年幼的孩子单独留在家里(有时把孩子锁在工厂停车场的车里)。这些孩子被称为"挂钥匙的孩子"或"八小时孤儿"。

也许是因为战争造成的家庭错位,战争期间少年犯罪事件显著增多。因偷车、入室盗窃、破坏公物和流浪而被捕的年轻男孩数量大幅增加;因卖淫被捕的少女比例也提高了,性传染病发生率增加了,被捕的妓女很多都是十几岁的孩子。然而对很多儿童来说,战争年代最特别的经历并不是犯罪而是参加工作。战争后期,14—18岁的青少年中有1/3以上都参加了工作,导致初高中入学率下降。

"婴儿潮"开始

战争期间经济繁荣促使结婚率提高,结婚年龄降低,但是很多年轻夫妻无法忍受战争年代分隔两地的压力,离婚率迅速升高。伴随结婚率上升而出现的生育率增长是战后"婴儿潮"的第一个信号。

战时的文化和生活

战争给美国人的生活带来了严重的焦虑感。家人们时刻担心前线的亲人，艰难地适应着丈夫、父亲、兄弟和儿子不在身边的生活。众多女性走出家门，家庭成员进一步减少。企业和社区都努力应对物资短缺与家庭成员缺席所带来的困境。

战时的富足也带来了生活品质的提高，战争本身只是在一定程度上抑制了生活品质。忽然之间，人们又有钱花了，尽管很多消费品紧缺，但还是有花钱的地方。全国人口中大约有一半每周都去电影院，他们通常观看战争英雄片。另外杂志期刊，尤其是像《生活》那样的画报，满足了读者对于战争影像和故事的阅读需求，极其受欢迎，发行量达到了新的高峰。因为同样的原因，收音机拥有量和收听率也提高了。

经济好转期

大众文化模式　摇摆时代

二战时期的年轻人，无论是身在前线还是留守国内，能激起他们对生活强烈的记忆和憧憬的莫过于当时最流行的音乐团体——大型爵士乐队。铜管和木管奏出舒缓浪漫的旋律，女歌手的歌声性感迷人，成百上千的舞者随着音乐摇摆身体，翩翩起舞：这就是战争时期很多人憧憬的美好生活。

大型爵士乐队通常演奏几种不同类型的爵士乐，从20世纪30年代中期到40年代中期，他们演奏最多的是"摇摆乐"。顾名思义，这种新型爵士乐通常用于伴舞。它和其他爵士乐以及后来取而代之的摇滚乐一样，都发源于非裔美国人的音乐，很快在白人中产阶层中大受欢迎。20世纪20年代黑人音乐家弗雷彻·亨德森（Fletcher Henderson）开始在哈莱姆地区演奏"摇摆乐"；并称之为"热爵士"。1934年，他和

摇摆时代的明星们　这张拍摄于1939年的照片展示了一群不同寻常的音乐家，他们为摇摆乐在美国流行做出了巨大贡献。在一位政治漫画家为赫斯特报社举办的派对上，艾灵顿公爵弹钢琴，卡伯·卡罗维弹吉他，其他嘉宾则聚在一起聆听。(Charles Peterson/Hulton Archive/Getty Images)

摇摆之王 这张海报宣传的是 1944 年的一部演绎爵士乐音乐家本尼·古德曼生平的电影。(© 20th Century Fox Film Corp. All Rights Reserved. Courtesy Everett Collection)

白人爵士乐音乐家本尼·古德曼（Benny Goodman）合作，为古德曼的乐队编曲。1935 年古德曼在洛杉矶的帕洛马舞厅为一群热情的舞者演奏了几首亨德森编曲的音乐，从此，"摇摆时代"开始了。在帕洛马成功之后，古德曼被誉为"摇摆之王"，此后他开始经常通过无线电广播演奏，大大推广了这种音乐。

新的大型爵士乐队很快就如雨后春笋般涌现，无论是白人乐队，还是黑人乐队，都采用了爵士风格，偶尔对其加以修改，爵士乐得到更广泛的传播。贝西伯爵（Count Basie，代表作《一点钟起跳》）1936 年在堪萨斯城的爵士乐舞台上还默默无闻，后来却成为现代爵士乐中的伟大创新者之一；此外还有汤米·多西（Tommy Dorsey，代表作《玛丽》）、亚提·萧（Artie Shaw，代表作《爱的开始》），无与伦比的艾灵顿公爵（Duke Ellington，代表作《闲适的乐章》）可能是当时最有天赋又善于创新的爵士乐音乐家；格伦·米勒（Glenn Miller）也许是二战军人们印象中最生动的表演者，他的《一片深情》是 20 世纪 40 年代最流行的歌曲之一。他英年早逝，死在了劳军途中，也算得上国家英雄。

摇摆乐全盛时期，乐队领袖是美国大众流行文化中最受认可和欢迎的人之一，堪与电影明星相媲美。摇摆乐在广播节目中一统天下，把观众吸引到各地的舞厅，唱片销售量超过了其他任何一种音乐，成为第一批挑战种族禁忌的流行音乐形式之一。1935 年，本尼·古德曼雇用黑人钢琴家泰迪·威尔逊（Teddy Wilson）加入他的乐队；其他白人乐队也争相效仿。

摇摆乐也面临批评的声音。一些人厌恶它的黑人音乐起源和跨种族文化色彩，也有人痛恨它开放的感性风格以及时而浪漫时而性感的舞蹈。1938 年《纽约时报》报道说摇摆乐"容易把人催眠，非常危险，使舞者道德堕落，不循常规"。这种批评与 20 年代对爵士乐的攻击以及战后对摇滚乐和说唱乐的批评类似。但是身处

贝西伯爵乐队 贝西伯爵是众多新生代摇摆音乐家之一,他弹钢琴,莱斯特·扬吹奏萨克斯。他们周围是其他音乐家、乐迷和学生。(*Photo by Gjon Mili/Time Life Pictures/Getty Images*)

充满焦虑的大萧条和战争年代,青年男女们在摇摆乐中找到了解脱、浪漫和激情。"没有摇摆,就没有意义",艾灵顿公爵 1932 年的一首歌中这样唱道。数百万美国人对此表示赞同,直到 1945 年,摇摆乐开始让位给其他形式的爵士乐时,情况才有所改变。

度假旅馆、赌场和赛马场都挤满了顾客。摇摆乐队在舞厅里奏出极具诱惑力的音乐,吸引了大批年轻人。休假在家或即将出海的士兵、水手尤其喜欢到舞厅跳舞,聆听大型乐队的演奏。对他们中的很多人来说,舞蹈和乐队象征着他们即将远离的生活,他们认为作战也是为了保卫这种生活(参见"大众文化模式",边码第 742—743 页)。

广告商(有时甚至是政府)都在鼓励人们支持战争,以确保自己和后代在未来能有丰富的物质生活和消费选择。《星期六晚邮报》曾以嘲讽口吻致信日本战争首领,信中写道:"你们的人民在做无谓的牺牲,我们的军队是为光明的未来而战斗,为未来的充分就业、大规模生产、充足的财富分配和所有权而战斗。"前线的军队有时似乎也觉得他们作战就是为了家乡的舒适生活,而不是为了捍卫美国的理想或是对抗敌人的残酷本性。作家约翰·赫西(John Hersey)曾在瓜达尔卡纳尔岛(不乏忧伤地)写道,"他们为家乡而战",因为"家乡有各种各样美好的事物,有慷慨和宽容,有丰厚的报酬,有舒适的生活、民主和馅饼"。

为将来的繁荣而战

对前线的男人们来说,对家乡的记忆是战地艰苦生活的解毒良药。他们梦想着音乐、食物、电影和物质享受。很多军人也想念女人，比如妻子或女朋友，也有人想念电影明星或是其他前线的流行偶像——那些钉在墙头的美女照片。

军方认为，在战争时期，对那些在美国本土服役，以及在离家很远的地方服役的陆军士兵和海军士兵来说，如果有友好、"健康"的女性相伴，将大大有助于保持士气。美国"劳军联合组织"（USO）招募了几千名年轻女性在俱乐部做服务员，要求这些女性着装整洁，舞姿优美，并能和孤独的男人愉快地聊天。有些女性加入了"舞蹈队"，乘坐大巴往来于各个军事基地，和军人们共度社交派对。这些女性同样也被要求相貌俊美，着装迷人（也要保守），并且能和她们从未谋面而且可能也再不会见面的男性愉快交谈。"劳军联合组织"禁止这些女孩在俱乐部派对结束之后和士兵约会，"舞蹈队"成员除跳舞外也不能和军人有接触。很显然，人们时常违反这些规定。但是当军方费尽心机根除军队中的同性恋时（毫不客气地将许多人开除军职），"劳军联合组织"就容忍了这些"健康的异性恋情"。

劳军联合组织

743

拘禁日裔美国人

第一次世界大战给美国国内带来了广泛的憎恶、仇恨和敌意，社会上出现了许多公然践踏公民权利的行为。第二次世界大战没有导致类似的结果。政府曾禁止投递某些煽动性的报纸，其中包括库格林神父（Father Coughlin）的反犹太、亲法西斯的《社会正义》（*Social Justice*），但对异见出版物一般不采取审查政策。国内惩罚法西斯分子的最大规模审判牵涉28个人，后因审判无效，被告全部无罪获释。与一战时期的政策不同，政府对社会主义者和共产主义者（大多支持战争）一概听之任之。

社会上也没有像一战时期那样充满种族或文化仇恨。不过洛杉矶的"阻特服暴乱"，美国其他城市和军事基地偶尔发生的种族冲突表明传统的种族敌对现象并未消失。因此战争时期也存在对一些意大利裔美国人的限制，禁止许多人旅行，并以"外敌罪"关押了数百人，其中包括著名歌剧表演家爱齐奥·平扎（Ezio Pinza）。但总体来说，战争更多地模糊而不是加剧了种族差异。美国人依旧吃腌菜，并未将其改称为"自由白菜"之类。他们对德裔或意大利裔美国人几乎没有敌意，民众的态度似乎和政府宣传一致：我们的敌人并不是德国和意大利人民，而是他们所屈从的邪恶制度。在大众文化和日常交往中，种族差异并不是危险的分歧来源，而是健康的种族多样性的标志。不同种族背景的人加入美国军队，而且时常表现出英雄主义，促使人们转变了对种族差异的态度。

种族界限淡化

744

然而在整体容忍原则下却有一个明显的例外：对待人数不多、政治影响力较小的日本裔群体并不宽容。从一开始，美国人就对他们的亚洲敌人和欧洲敌人采取了不同态度。政府宣传和非官方宣传都使人们相信日本人是一个狡猾、邪恶、残忍的民族。偷袭珍珠港的无耻行为更坚定了人们对日本人的普遍看法。

这种种族仇恨很快殃及日裔美国人。美国本土的日裔美国人人数不多，大约只有 12.7 万，其中多数聚居在加利福尼亚的一些地区。他们中三分之一属非归化的第一代公民；三分之二是归化公民或在美国出生的公民。在美国的日本人和华人一样，历来都是种族仇视的对象；欧洲少数族裔美国人也曾遭受类似歧视，但亚洲人无论被同化到什么程度，都无法避免歧视性待遇。许多美国白人一直将亚洲人（即使是美国出生的公民）看作"外国人"，以至于后者永远无法成为"真正的"美国人。也许正因如此，很多在西部的日裔美国人集中居住，甚至生活在相对孤立封闭的社区里，但这样更让人觉得他们是异类，而且具有潜在的威胁性。

反日歧视

珍珠港事件强化了人们长期以来的猜疑，并将其转化为主动的敌视。关于夏威夷的日本人如何帮助日军偷袭珍珠港，以及加利福尼亚的日裔美国人如何密谋帮助敌人在太平洋海岸登陆的疯狂故事迅速流传开来。这些指控并无依据；但是根据加州大法官厄尔·沃伦（Earl Warren）的判断，日裔美国人明显的消极态度本身就是他们具有危险性的证据，因为他们不想让官方看破他们的意图。沃伦说，防范阴谋活动是最重要的事情。

虽然有公众向加州政府施压，要求消除日本"威胁"，但总体上大众比政府更能容忍第一和第二代日裔美国人（认为他们和日本本土的人不同）。真正准备采取行动的想法来自政府。例如，海军部长弗兰克·诺克斯（Frank Knox）在珍珠港遭袭后不久就说："整个战争中最有效的第五纵队（即内部破坏）活动发生在夏威夷。"这很明显是在影射夏威夷的大批日本人——后来调查显示这一表述是完全错误的。西海岸高级指挥官约翰·L. 德威特（John L. DeWitt）将军也说："无论如何也无法相信日裔美国人的忠诚。"当被问及日本移民和美国出生的日本裔公民的区别时，他说："日本人就是日本人。拥有美国国籍也不能改变日本人的本性。"

1942 年 2 月，罗斯福总统迫于压力，不顾大法官和联邦调查局局长 J. 埃德加·胡佛（J. Edgar Hoover）反对，授权军方"拘禁"日裔美国人，并设立"战时再安置署"（WRA）监督这项行动。10 万多名日本裔美国人（多数是第一代和第二代移民）被召集起来，并被要求处理家产（通常这意味着放弃家产），然后被带到政府称为"再安置中心"的"内陆"地区。实际上，那里和监狱差不多，大多

"再安置中心"

位于西部的山区和沙漠中。拘留营条件简陋，生活艰苦。政府官员认为日本人在这里可以增进社交并尽快"美国化"，这与很多官员认为印第安保留地有助于同化印第安人的想法十分相似。

另一个与印第安保留地的相似之处是，这些地方更像是白人满足经济需要而非进行传教活动的目标。许多拘留营坐落在犹他州，该州州长希望联邦政府让这些被拘禁的日裔美国人从事强制劳动。华盛顿政府并没有听取这一意见，倒是"战时再安置署"将许多日裔美国人作为农业劳工出租并投入劳动力市场。

拘禁从未遭到民众的普遍反对。日本人住进拘留营后，其他美国人（包括他们在西海岸的邻居们）大多都忘记了他们，只有在费尽心机获得他们放弃的财产时除外。即便如此，1943年初以后情况慢慢改善了。一些年轻的日裔美国人离开拘留营进入了大中专院校（多数是位于东部的学院和大学，因为"战时再安置署"一直担心日本人回到西海岸）。有些人也获准搬到城市（虽然不是在西海岸），进入工厂工作或从事服务性工作。还有些年轻人自愿加入或被征召加入了美国军队，一支由第二代日裔美国人组成的军团还在欧洲取得了突出的战绩。

是松丰三郎诉美国政府案 最高法院在是松丰三郎诉美国政府案中裁定再安置行为并不违反美国宪法。同年的另一案件中，最高法院做出了禁止拘禁"忠诚"公民的裁定，但是政府有

曼扎纳再安置中心 伟大的纪实摄影师多萝西·朗格拍摄的一辑照片记录了日裔美国人从加利福尼亚沿岸的家中被驱逐出来的经历。她捕捉到在加利福尼亚东部曼扎纳再安置中心工作的一位日裔美国妇女的影像。此时她正在中心的菜园工作。这个菜园种植的食物供他们自己食用。(*Courtesy of the Bancroft Library, University of California, Berkeley, WRA no. C-685*)

权对"忠诚"做出解释。到 1944 年底，多数被拘人员获释。1945 年初，他们终于能回到西海岸，然而他们仍面临着侵扰和迫害，财产、事业均已无法挽回。从拘留营生还的人和他们的后代多年来一直多方奔走，终于在 1988 年，国会投票同意对他们给予赔偿，使之挽回了一些损失。但那时，很多被拘人员已经离世。

华裔美国人和战争

二战期间，美日冲突影响了日裔美国人的地位，但华裔美国人的法律地位和社会地位却由于中美结盟而大幅提高。1943 年，为了改善与中国政府的关系，国会终于废除了《排华法案》。自 1892 年以来，几乎所有华人移民美国的计划都被这一法案禁止。虽然新规定分配给中国的移民配额数量很少（每年 105 个），但仍有许多中国妇女通过其他渠道（如以战时新娘和战时未婚妻的身份）进入美国。战后短短三年内，就有 4000 多名中国妇女移民美国。在美国永久居住的华裔后代终于可以加入美国国籍了。

<small>《排华法案》的废除</small>

虽然针对华裔的种族歧视没有消失，但的确有所缓解。部分原因是政府宣传和大众文化开始展现中国的正面形象（常常将其和日本人对比）；另一部原因在于华裔美国人（像非裔美国人和从前的其他边缘群体一样）走出了唐人街的封闭世界，开始在军工厂和其他劳动力紧缺的经济繁荣区工作。华裔美国人参军入伍人数占成年男性总数的比例达 22%，比其他族群高得多；多数城市里的华人群体全体出动，努力工作，最大限度地支援战争。

停止改革

1943 年后期，富兰克林·罗斯福公开表示"新政医生"的使命已经完成，现在该让位给"打赢战争医生"了。这一说法反映了总统关注点的变化：夺取战争胜利比改革更加重要，同时这也反映了美国参战两年以来的政治现实。政府中的自由主义者发现他们的新计划无法实施下去，甚至维持现行改革措施也因保守派的攻击变得困难重重。

在政府内部，不少自由派发现他们被很多新设立的战时机构的管理者所取代，这些人要么来自大企业集团，要么是华尔街律师事务所的保守分子。不过对新政攻击最厉害的是国会中的保守分子，他们乘战争之机实现和平时期的政策目标，废除了许多新政措施。随着大规模失业现象消失，民间资源保护队和公共事业振兴署之类的救济机构变得不再重要（国会相继解散了这两个机构）。国会中保守派

<small>取消新政</small>

人数增加也增强了保守派力量。在 1942 年的国会选举中，共和党增加了 47 个众议院席位，10 个参议院席位。罗斯福的支持者士气低落，为了鼓舞他们，罗斯福常常提出要继续推进社会进步和自由改革。但是新政政策遭遇了越来越多的失败，总统只得不动声色地接受了这些现实，以便为他的战争政策与和平计划争取支持。同时他也认识到赢得 1944 年大选的关键，在于维护世界和平而不是处理国内事务的能力。

参加 1944 年大选的共和党人决定以民众对战时管制、贫困状态以及对民主党改革的不满为突破口进行竞选活动。他们提名年轻有为的纽约州州长托马斯·E.杜威（Thomas E. Dewey）作为总统候选人。民主党方面，罗斯福在党内的地位毫无争议，但是民主党领袖们的压力使他不得不放弃存在争议的副总统人选亨利·华莱士。亨利是个坚定的自由派，美国产业工会联合会领袖。罗斯福此时身心疲惫，疾病缠身，无心处理此事，被动默认密苏里州参议员哈里·S.杜鲁门（Harry S. Truman）为副总统人选。而他几乎不认识杜鲁门。杜鲁门在党内不是什么重要人物，但他担任参议院战争调查委员会（即杜鲁门委员会）主席时，因揭露了许多战时生产中的浪费和腐败现象而受到称赞。

1944 年大选总统大选并未围绕战争行动展开。相反，大选主要议题是国内的经济问题，并间接提到总统的身体状况。实际上总统重病缠身，患有包括动脉硬化在内的多种疾病。但是竞选活动似乎让他重新振作了起来。10 月下旬，他几次精神矍铄地出现在公开场合，打消了公众对他健康状况的怀疑，也确保他再次赢得了大选。他获得了 53.5% 的普选票，432 张选举人票；杜威获得 46% 的普选票，99 张选举人票。民主党在参议院失去了 1 个席位，在众议院增加了 20 个席位，仍然控制着参众两院。

三、轴心国落败

1943 年中，美国及其盟友们成功阻止了轴心国在欧洲和太平洋的攻势。之后的两年中，盟军占据主动，发起了一系列猛烈攻势，很快夺取了胜利。

法国解放

1944 年初，英美轰炸机日夜不停地对德国的工业设施及其他目标实施轰炸，大幅削弱其生产能力，并阻断了交通。其中最为激烈的是对莱比锡、德累斯顿和柏林等城市的大规模轰炸。1945年2月，燃烧弹在德累斯顿引发了大火灾，城市被烧毁了四分之三，13.5万人丧生，其中多数是平民。

战略轰炸

军事领袖们声称这次轰炸摧毁了德国工业设施，击溃了敌人的士气，为盟军在晚春时节进攻法国的计划清除了障碍。实际上，从军事角度来说，这次轰炸的最大贡献是迫使德国空军主力返回德国本土，并与盟军展开空战。这场空战大大削弱了德国空军的力量，使他们很难再像以前那样成为盟军进攻难以逾越的障碍。恩尼格玛密码的破译无形中也有助于盟军为进攻做准备。

约300万人的庞大军队集结在英国准备进攻已两年之久，这大约是海军舰队和武装力量的一次最大规模的集结。1944年6月6日清晨，"D日"（登陆日），盟军最高指挥官德怀特·D.艾森豪威尔将军命令这支庞大的军队开始行动。德军预计盟军登陆地点在英吉利海峡的最窄处，并再次作了严密防范。而盟军却是在科唐坦半岛沿岸绵延60英里的诺曼底海岸登陆。在飞机和军舰对纳粹军队猛烈轰炸的火力掩护下，4000艘舰船把军队和补给运上了岸（前一天夜里已有三个空降师降落在德军防线后方，趁乱占领了通往内陆的主要道路和桥梁）。海滩上的战斗非常激烈，盟军的强大战斗力和先进装备逐渐占据了优势。一周之内，德军已经被逐出整个诺曼底地区。

"D日"

接下来的一个月，推进的速度仍然很缓慢。但到7月底，在圣洛战役中，奥马尔·布莱德利（Omar Bradley）将军的第一集团军突破了德军封锁线。乔治·S.巴顿的第三集团军以坦克部队开道展开攻击，穿过布莱德利撕开的口子向法国心脏地带挺进。8月25日，"自由法国"军抵达巴黎，解放了这座被德军占领四年的城市。到9月中旬，盟军几乎将德军全部赶出了法国和比利时。

但是德军在德国境内部署了防守严密的战线，由于当时正值天寒多雨、洪灾频发时节，盟军的大规模攻势被迫暂停。到12月中旬，德军在阿登森林前方50英里处展开了疯狂反击。在突出部战役（该战役因德军向前推进致使美军战线出现了一个巨大突起而得名）中，德军朝安特卫普方向推进了50英里，最后终于在巴斯托涅被盟军扼制住。德军在西线的顽强抵抗就此终结。

突出部战役

当盟军穿越法国作战时，苏军也扫清了向西的道路，抵达了中欧和巴尔干地区。1945年1月下旬，苏联军队向德国境内的奥得河发起猛烈进攻，早春时节，他们已经准备向柏林发起最后的进攻。那时奥马尔·布莱德利的第一集团军正从西线进入德国。3月初，布莱德利的军队占领了莱茵河西岸城市科隆。第二

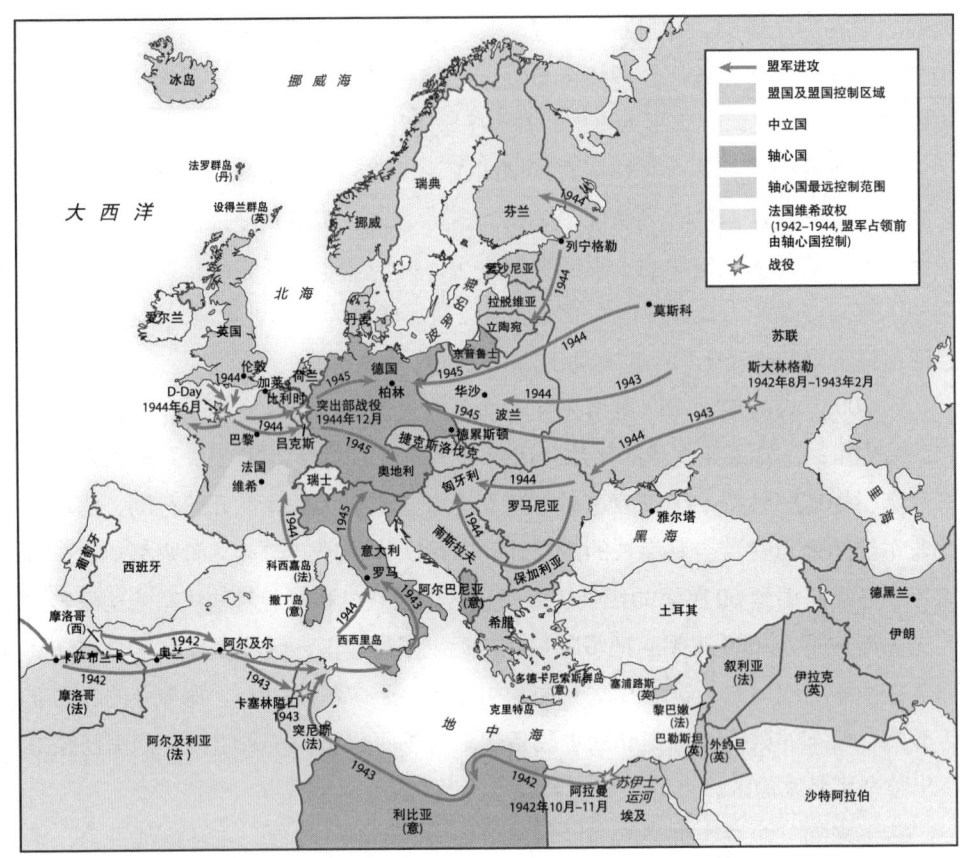

二战时期的欧洲战场：1943—1945 年盟军的反击　这张图显示的是欧洲战场最后阶段也是最激烈的作战行动。针对德军的两次大反攻开始于 1943 年，在 1945 年达到高潮。东面，苏联军队在斯大林格勒和莫斯科打败了德军，穿越东欧朝德国行进。西面和南面，美军、英军和其他盟国军队穿过意大利，从诺曼底登陆后穿过法国向德国进军。两股进攻力量于 1945 年 5 月在柏林会师。请注意北部这些路线是战争期间英美为苏军提供补给时的路线。◆ 战争结束时各路盟军所处位置造成了什么问题？（彩图见第 1445 页）

天，布莱德利就交了好运，盟军发现雷马根河段上有一座桥几乎完好无损；盟军很快越过了莱茵河。接下来的几周里，布莱德利率部扫清德国中部残敌，而诺曼底登陆日起担任盟军地面行动总指挥的英国陆军元帅伯纳德·蒙哥马利（Bernard Montgomery）则率领百万大军进入德国中部，包围了位于鲁尔区的 30 万德军。

德军在东西两条战线的抵抗全部被瓦解。美军迅速向东推进，其行进速度比预计快得多，本可以抢在苏军之前进入柏林和布拉格。但是英美高层指挥官决定停止前进，在德国中部的易北河沿岸等待苏军，使苏联占领了德国东部和捷克斯

诺曼底登陆 这张照片是在一艘靠岸的船上拍摄的，展示的是美军自海上抵达诺曼底海滩，这里是二战中一场决定性战役的发生地。在恶劣的天气和海面状况下，盟军完成了登陆。(Popperfoto/Getty Images)

洛伐克。

4月30日晚上，苏联大军抵达柏林郊区，在位于首都的碉堡里，阿道夫·希特勒自杀身亡。1945年5月8日，剩余的德军无条件投降。这一天被称为"欧战胜利日"（V-E Day）。当日，在西欧和美国掀起了盛大的庆祝活动，人们暂时得以将对日战争还在继续的残酷现实抛诸脑后。

德军战败

进攻太平洋

1944年2月，在切斯特·尼米兹上将领导下，美国海军在马绍尔群岛赢得了多场胜利，突破了日本帝国外围防线。一个月之内，海军摧毁了日本的其他重要堡垒。同时美军潜艇重创了日本海运船只，日本国民经济陷入瘫痪。日本民众的配给口粮本来就少，到1944年夏，又削减了近四分之一；汽油供给也严重不足。

然而，亚洲大陆的战争形势令人沮丧。1942年日军迫使美国的约瑟夫·W. 史迪威（Joseph W. Stilwell）将军撤出缅甸，向西移动至与印度接壤的西部山区。史迪威一度借助空运，飞越喜马拉雅山借由空运为孤军抗击日本的中国军队提供物

回家 1945年欧战结束后，心情愉悦的美军士兵乘坐"伊丽莎白女王号"到达纽约港。(*AP Images*)

资。1943年，史迪威终于率中国、印度和部分美国军队回到缅甸北部，修建了一条穿越山脉进入中国的通道（即滇缅公路，又称利多公路或史迪威公路）。1944年秋，公路开通。这时，日军已经发起大规模反击，并深入中国内陆，威胁着滇缅公路和重庆的中国政府。日军的攻势使史迪威将军和中国领导人蒋介石陷入长期的不和状态。史迪威恼恨蒋介石（史迪威轻蔑地称其"花生"，即小人）把大量军队用于对抗中国共产党，却不去抗击日军。

太平洋战场的决定性战役发生在海上。1944年6月中旬，一支庞大的美军舰队袭击了日军防守牢固的马里亚纳群岛。经历了二战之中最残酷的几次血战之后，美军占领了距离东京1350英里的天宁岛、关岛和塞班岛，9月，美军登陆加罗林群岛西部岛屿。10月20日，麦克阿瑟将军的军队在菲律宾的莱特岛登陆。美军向日本本土推进时，日本海军舰队倾巢而出，与盟军打了三次大规模遭遇战，这三次战役合称**莱特湾海战**，是历史上最大规模的海战。美军打退了日军的进攻，日军的四艘航母全部被击沉，其海军战斗力几乎损失殆尽。

不过，日本帝国军队的抵抗却有增无减。1945年2月，美国海军陆战队经历了代价最为惨重的一次战役之后，占领了距东京750海里的小火山岛硫磺岛。这场战役中美军伤亡超过2万人，日军损失更为惨重。

在距东京370英里的冲绳岛发生的战役进一步展现了日军在最后的绝望中做出的疯狂抵抗。几周以来，日军连续派出"**神风队**"执行自杀性飞行任务，攻击英美舰队，以损失3500人的代价给盟军造成了巨大损失。在海滩驻扎的日军铤而走险，对美军战线进行了夜袭。1945年6月，美军及其盟国军队终于占领了冲绳岛，伤亡将近5万人。围歼战中死亡的日军人数则超过10万。

冲绳登陆 占领冲绳是二战后期的重要战役之一。冲绳岛是一座距日本本土很近的海岛。这张拍摄于 1945 年 6 月 18 日的照片上，美国陆军第十集团军第七步兵团的士兵们以一座布满弹痕的石雕做掩体观察日军行动。在这场耗时三个月的残酷战斗中，1.1 万多名美军牺牲，日军死亡 8 万。这张照片拍摄三天之后，战斗结束了。两个月后，原子弹在广岛和长崎爆炸，日本投降。(Bettmann/Corbis)

同样艰苦的战斗似乎还在日本本土等待着美军。但是 1945 年初有迹象显示，攻入日本本土也许已无必要。日军几乎没有可以作战的飞机或军舰了。举例来说，1945 年 7 月，停留在日本沿海的美国军舰对日本工业目标（多数已经在空袭中严重受损）进行了炮击，但却没有遇到抵抗。在 3 月份对东京的一次轰炸中，美军轰炸机向城市投掷了凝固汽油弹，引发了全城火灾，造成 8 万多人死亡，进一步削弱了日军的抵抗意志。早已认定战败的日本温和派领袖，正在政府内争取权力，并寻求结束战争的办法。冲绳岛之战后，日本裕仁天皇任命了新首相，命令他求和；但是新首相无法说服军队领袖放弃抵抗。于是他和天皇试图通过苏联从中斡旋。但是苏联人对于仲裁调解没什么兴趣。

关于温和派最终是否主导了事态发展，历史学家们一直没有达成一致意见。无论如何，这一问题逐渐变得不再重要。7 月中旬，美国科学家们成功试验了新型武器原子弹，成为世界历史上的重大事件，也在一定程度上导致了二战结束。

曼哈顿计划

1939 年美国政府收到报告，得知纳粹科学家们已经开始着手制造核弹。美国和英国立即开始研制这种武器，期望赶在德国人之前研发成功。

对新武器的寻求源于 20 世纪初的原子物理理论，尤其是阿尔伯特·爱因斯坦现代科学思想的一些理论。著名的爱因斯坦相对论揭开了质量和能量之间的关系。爱因斯坦声称，准确说来，至少在理论上，物质可以转化为巨大的能量。向富兰克林·罗斯福发出警告，指出德国人正在研发原子武器，美国也必须这样做的人，正是当时居住在美国的爱因斯坦。制造原子武器的主要问题集中在铀的使用上。铀的原子结构可以产生链式反应。当放射性物质中的原子核被中子分裂（即核裂变）时，就会发生链式反应。每一次裂变都会产生新的中子，而这些中子会以更快的速度引起其他原子核裂变。

30年代铀的放射性被意大利的恩里科·费米（Enrico Fermi）发现，所以到40年代，制造原子武器才具备可行性。1939年，伟大的丹麦物理学家尼尔斯·玻尔（Niels Bohr）把德国进行放射性试验的消息送到了美国。1940年哥伦比亚大学的科学家们开始使用铀做链式反应实验，发现了铀可以用作武器燃料的有力证据。1941年哥伦比亚大学的实验停止，工作转移到加州大学伯克利分校和芝加哥大学。1942年12月，恩里科·费米（1938年移民美国）在这里第一次实现了人为控制下的链式反应。

那时，军方已经控制了这项研究并指派雷斯利·格罗夫斯（Leslie Groves）将军重新组织这项计划。不久这一计划得名"曼哈顿计划"（因在陆军工程兵团曼哈顿工程区办公室提出而得名）。接下来的三年中，美国政府向曼哈顿计划秘密投入了近20亿美元。大规模的科研技术工作在很多秘密实验室同时进行，它们分别位于田纳西州的橡树岭、新墨西哥的洛斯阿拉莫斯、华盛顿州的汉福德等地。橡树岭的科学家们负责找出能够在一颗炸弹的有限空间内实现可复制的链式反应的方法。他们用钚（加州大学伯克利分校的科学家首先发现的铀派生物）进行试验，证明钚可以作为武器燃料投入使用。洛斯阿拉莫斯的科学家们

恩里科·费米

曼哈顿计划 头戴宽檐帽的是J.罗伯特·奥本海默，他是"曼哈顿计划"的科学领袖之一。"曼哈顿计划"系二战时研制原子弹的计划，雷斯利·格罗夫斯将军是该计划的军方指挥官。图中是战后两人检查"三位一体"核试现场周边被烧焦的环境。1945年7月新型武器原子弹就在这里第一次成功爆炸。（Bettmann/Corbis）

在 J. 罗伯特·奥本海默 (J. Robert Oppenheimer) 的领导下负责制造原子炸弹。

虽然遇到了很多未曾预见的问题，科学家们的进展速度超出了任何人的预料。然而，他们还没来得及试验第一颗原子弹，欧洲战争就结束了。1945 年 7 月 16 日黎明前，科学家们聚在一起，共同见证了在新墨西哥州阿拉莫戈多附近的沙漠中进行的人类历史上第一颗原子弹试爆：一颗以钚为燃料的炸弹——制造者们给它命名为"三位一体"(Trinity)。爆炸发出刺眼的光，比世界上任何光都要明亮，接着巨大的蘑菇云腾空而起，沙漠里留下了一个巨大的弹坑。

"三位一体"

原子战争

原子弹试验成功的消息传来时，杜鲁门（4 月罗斯福逝世，杜鲁门接任总统）正在德国的波茨坦参加盟军首脑会议。于是，英美首脑联名签署了最后通牒，要求日本在 8 月 3 日之前投降，否则将面临彻底的毁灭。日本首相想要接受盟军要求，但无法说服军方领袖。东京方面曾暗示，只要盟军同意保留日本天皇，日本政府愿意投降。但是美国政府断然拒绝了这些提议，（正确地）认为日本政府温和派无法将他们拟订的这些提议付诸实施，坚持要求日本"无条件投降"。最后期限已达，日本仍未投降，于是杜鲁门命令空军对日本实施原子武器打击。

几十年来，人们对杜鲁门使用原子武器的决定是否正当及他做出这一决定的动机一直存有争议（参见"历史学家的分歧"，边码第 752—753 页）。有人认为原子弹袭击没有必要，只要美国同意保留天皇（而且最后美国也同意保留天皇了），或者再多等几个星期，日本人自己就会投降。其他人认为，只有使用原子武器才能在美国不付出更大代价的情况下使日本军方的强硬派投降。一些批评家，包括参与"曼哈顿计划"的几位科学家认为，无论日本的意图是什么，从道德角度来说，美国不应该使用这种可怕的新式武器。袭击之前，一位物理学家在震惊之余曾写信给总统："绝对不能允许这种东西存在。我们万不能成为世界上最令人生厌、最令人恐惧的人。"

原子弹用途之争

历史学家的分歧　投掷原子弹的决定

1994 年秋，华盛顿哥伦比亚特区的史密森学会航空航天博物馆在主展厅里展出了"艾诺拉·盖号"机身。1945 年，这架飞机向广岛投掷了人类历史上第一枚

长崎的幸存者 美国在长崎投掷了第二枚原子弹后,一名日本妇女和一个孩子手里拿着面包片冷漠地看着摄影师。(Bettmann/Corbis)

原子弹。原本伴随这架飞机展出的还有民众和学术界关于联邦政府是否应该使用原子弹的各种争议的资料。但是一个由老兵团体牵头、得到国会议员支持且颇具影响的批评团体要求展览内容只能反映这一决定的"官方"解释。最后,博物馆决定不陈列其他资料。现在"艾诺拉·盖号"就悬挂在史密森学会,每年接待数百万游客参观,但是没有任何解说内容。

围绕航空航天博物馆陈列方式的激烈争论反映出当初对广岛和长崎的轰炸在战后仍然引起全世界,尤其是美国人和日本人的关注。它也反映出历史学家们对于如何解释和评价杜鲁门总统用原子弹对付日本这一问题一直存在争议。

杜鲁门当时以及在他 1955 年的回忆录中都坚称这是一个简单而直接的决定。他认为,不使用原子弹,就要派兵进攻日本本土,这样又会夺去数百万人的生命。他说,这种情况下,做出决定很容易。"这种炸弹是军事武器,应该使用它。我对此从未怀疑。"同时代的人都赞同他对这一决定的解释,陆军部长亨利·史汀生在 1950 年的回忆录《和平与战争中的现役军人》(*On Active Service in Peace and War*) 中如是说道;温斯顿·丘吉尔以及杜鲁门的首席军事顾问也都支持他。同时这个解释也得到了很多历史学家的支持。赫伯特·菲斯在《原子弹和二战结束》(Herbert Feis, *The Atomic Bomb and the End of World War II*, 1966) 中指出,杜鲁门的决定完全是基于军事目的,是为了确保美军尽快取胜。戴维·麦卡洛(David McCullough) 在 1992 年出版的广受欢迎的杜鲁门传记中基本上毫无保留地接受了杜鲁门的解释。他的观点与著名的杜鲁门研究专家阿伦左·L.汉比相同。汉比在《人民的总统》(Alonzo L. Hamby, *Man of the People*) 中总结说:"杜鲁门最先考虑的是,战争拖得越久,美国伤亡就越大。"罗伯特·J.多诺万的《冲突与危机》(Rovert J. Donoran, *Conflict and Crisis*, 1977) 全面地记述了杜鲁门总统任内的国内外事件,结论与汉比一致:"杜鲁门决定投掷原子弹仅仅是为了迅速结束战争,拯救生命。"

另一些学者则表示强烈反对。早在1948年,英国物理学家P. M. S. 布莱克特就在《恐惧,战争和原子弹》(P. M. S Blackett, *Fear, War, and the Bomb*) 中写道:"对广岛和长崎的破坏与其说是二战的结束,不如说是与苏联冷战的开始。"对杜鲁门投掷原子弹的决定批评最尖锐的是历史学家加尔·亚伯罗威兹 (Gar Alperovitz)。他就这一主题出版了两部颇具影响的书籍:《原子外交:广岛和波茨

天皇视察损毁情况　在与投掷在广岛和长崎的原子弹造成的伤亡几乎差不多的东京轰炸之后,1945年9月日本正式宣布投降之前,裕仁天皇——大多数日本人只在正式肖像中见过他的容貌——从城市的废墟中走过,并允许人们拍照。这张照片被广泛认为是天皇第一张脸上有表情的照片。拍摄者是《生活》杂志的摄影师卡尔·迈登斯。(*Time Life Pictures/Getty Images*)

坦》(*Atomic Diplomacy: Hiroshima and Potsdam*, 1965)、《使用原子弹的决策和美国神话的结构体系》(*The Decision to Use the Atomic Bomb and the Architecture of an American Myth*, 1995)。亚伯罗威兹反驳了使用原子弹缩短战争和拯救生命的说法。他说，即使当初不使用原子弹，日本也可能很快就会投降；做出这一决策时，并没有大批美军生命受到威胁。他认为，使用原子弹是为了威吓苏联而非震慑日本。和斯大林在波茨坦举行了不愉快的会谈之后，杜鲁门立即就决定在广岛投掷原子弹。因此，亚伯罗威兹认为，杜鲁门十分确信美国需要用新的方式迫使斯大林改变行为方式，受这一观念影响，他认为"原子弹会使苏联在欧洲表现得更加顺从"。

相比之下，马丁·J.谢尔文在《毁掉的世界》(Martin J. Sherwin, *A World Destroyed*, 1975)中对美国政策制定者们的批评多了些克制。但他也认为美国人越来越认为斯大林对世界和平具有威胁，同时领袖人物也逐渐相信原子武器及其杀伤力能够使美国在处理危险的美苏关系时处于更具优势的地位。谢尔文说，杜鲁门"越来越确信，美国拥有原子武器这一事实本身就会使斯大林变得更容易合作"。

约翰·W.道尔的《无情的战争》(John W. Dower, *War Without Mercy*, 1986)暗示了一种存有争议的解释：种族主义。整个二战中，多数美国人都把德国人和意大利人当作军事和政治上的对手，而看待日本人的态度则不同，视之为一个与众不同的卑劣民族。很多美国人认为日本人是次等人种。虽然道尔并未直说，但其他历史学家却认为日本的种族形象使得美国人可以毫无顾忌地向日本城市投掷原子弹。然而，正如亚伯罗威兹所写的那样，很多对杜鲁门批评最为尖锐的批评家也发现，"几乎不可能找到具体证据可以证明种族主义是决定向广岛和长崎投掷原子弹的重要因素"。

对投掷原子弹的争论是极具感情色彩的问题。原子弹爆炸夺去了那么多人的生命，随之也带来了棘手的道德问题，促使人们不断争论。无论采取哪种立场，都会引发或专业或业余人士的攻击。这清楚地表明，历史作为一支重要力量，是如何影响人类社会定义其政治、价值和特点的。

但是国家的政治和军事领袖们并未关注这些事。杜鲁门接任总统之前甚至不知道"曼哈顿计划"的存在。他显然认为这只是一个简单的军事决定。既然有一种武器可以迅速结束战争,他觉得没理由不用。

对于杜鲁门如此决定是否有其他动机也存在争议。苏联已准备进入太平洋战场,美国是否想尽快结束战争以阻止共产主义在亚洲的扩张?杜鲁门是否用原子弹威胁斯大林,以迫使苏联领导人最终在艰难的谈判中接受美国的条件?不过几乎没有直接证据可以支持(或彻底推翻)这些指控。

1945年8月6日,美军一架"艾诺拉·盖号"B—29轰炸机在位于广岛的日本工业中心投下一枚原子弹,方圆4平方英里的市中心化为灰烬,后来据美国估计,有超过8万平民在这次灾难中死亡。也有许多幸存下来的人由于放射性物质沉降落下残疾,有的还把辐射遗传给后代,造成先天性残疾。

震惊之余,日本政府一时竟不知如何回应。两天后的8月8日,苏联对日本宣战。8月9日美国又派出另一架飞机在长崎投下一枚原子弹,给另一个不幸的地方带来了恐怖的破坏和10万多人的死亡。最终天皇出面打破了内阁的僵局,8月14日,日本政府宣布投降。1945年9月2日,在位于日本海湾的美国军舰密苏里号上,日本官员签署了投降书。

长崎

人类历史上最大的一场灾难性战争终于结束了,美国不仅成为战胜国,而且国力空前强盛,颇具国际影响力,在全世界享有威望。这确实是一次胜利,但是几乎没有人可以恣意享受胜利的喜悦。1400万参战人员在战斗中牺牲,更多的平民或死于轰炸,或死于疾病和饥饿,或死于种族灭绝行动。尽管与其他国家相比,美国伤亡最少,但是付出的代价也相当高:32.2万人死亡,另有80万人受伤。即使做出这样的牺牲,世界仍然前途未卜,原子战争以及美国和苏联这两个世界最强国之间的对立仍然威胁着世界和平,并为随后几十年的世界和平蒙上了阴影。

小　结

美国人在抗击德国和意大利的战争中发挥了关键甚至是决定性的作用,在太平洋则击败了日本帝国。美国的战争损失小于其他重要盟国。英国、法国,尤其是苏联都在人员、基础设施和社会统一(美国未受影响)方面损失惨重。美国参战的四年中,国内居民经历了高度社会繁荣和轻度物资匮乏。当然,也有一些繁荣难以完全弥补的不和谐现象:物资短缺、管制、战时规定、家庭再安置。其中最重要的也许要算数百万男性和大量女性奔赴海外工作和战斗。

参战的男女军人与留守的美国人有着截然不同的经历。前者经历了巨大的痛苦、无数的伤亡和孤独感，却依然勇敢作战，战绩显著，帮助解放了德国占领下的北非和意大利。1944年6月，他们最终同英军、法军和其他国家军队一起成功进入法国。随后不到一年的时间里，纳粹政府覆灭，欧洲战争结束。在太平洋战场上，他们经过了一系列艰苦的陆战和海战，打退了日军的进攻。最后，当人类历史上最具破坏性的武器（原子弹）投向日本人民，才终于迫使日本领导人投降。

阅读参考

John Morton Blum, *V Was for Victory: Politics and American Culture During World War II* (1976) 和 Richard Polenberg, *War and Society* (1972) 是对二战时美国后方研究的重要著作。

David Kennedy, *Freedom from Fear: The American People in Depression and War, 1929–1945* (1999) 既描述了美国在战争中的经历，也记录了战争对美国政治和社会的影响，是一部重要著述。

Alan Brinkley, *The End of Reform: New Deal Liberalism in Recession and War* (1995) 研究战争对自由思想和政治经济的影响。

Doris Kearns Goodwin, *No Ordinary Time: Franklin and Eleanor Roosevelt: The Home Front in World War II* (1994) 是对战争期间罗斯福夫妇的生动写照。

在 *The Homefront and Beyond: American Women in the 1940s* (1982) 一书中，Susan Hartmann 研究了战争期间及之后妇女工作及其在家庭中的角色转变。

Richard M. Dalfiume, *Desegregation of the U.S. Armed Forces: Fighting on Two Fronts, 1939–1953* (1969) 探讨了二战期间及战后的种族关系问题。

Maurice Isserman, *Which Side Were You On? The American Communist Party During World War II* (1982) 描述了战争期间共产党战略和地位的巨大转变。

John W. Dower, *War Without Mercy: Race and Power in the Pacific War* (1986) 对极端种族主义进行了研究，论述了其在战争中对美、日双方的影响。

Peter Irons, *Justice at War* (1983) 和 Roger Daniels, *Concentration Camps USA: Japanese-Americans and World War II* (1981) 研究了对日裔美国人的拘禁问题。

Paul Fussell, *The Boys' Crusade: The American Infantry in Northwestern Europe, 1944–1945* (2003) 和 John Keegan, *Six Armies in Normandy: From D-Day to the Liberation of Paris, June 6–August 25, 1944* (1982) 都是对诺曼底登陆的精彩记述。

David S. Wyman, *The Abandonment of the Jews: America and the Holocaust, 1941–1945* (1984) 尖锐地抨击了美国对大屠杀中受害者的政策。

Richard Rhodes, *The Making of the Atomic Bomb* (1987) 是对 20 世纪一项重大科学项目的生动记录。

Gar Alperovitz, *The Decision to Use the Atomic Bomb and the Architecture of an American Myth* (1995) 是对美国在 1945 年决定使用原子弹的详尽研究和严肃批评。

Herbert Feis, *The Atomic Bomb and the End of World War II* (1966) 和 Robert Maddox, *Hiroshima in History* (2007) 两部著作的观点截然不同。

John Hersey, *Hiroshima* (1946) 详述了美国以原子弹攻击这座日本城市的恐怖经历。

共产主义威胁 凡尔纳·P.考布是一名退休记者,也是基督教普通信徒理事会的主席。同许多美国人一样,二战结束后的几年里,他开始考虑共产主义渗入美国的危险。图中的这本书出版于1953年,批评全国教育协会和那些"自诩进步主义的教育者"为共产主义铺路。"在种种宣传共产主义—社会主义的手段中,没有什么能比'揭露'美国历史的'真相'更能让成年人和年轻人接受马克思主义了。"(*Michael Barson Collection*)

第 27 章

冷　战

战中美国和苏联曾作为盟友并肩作战，但是早在二战结束前，两国关系就开始出现紧张迹象。战争一结束，紧张关系很快发展为后来的"冷战"（即紧张而危险的两国敌对状态），给之后几十年的国际关系投下了阴影。

冷战是20世纪历史上的重大事件，它像第二次世界大战一样，在很多重要方面重塑了世界格局。美苏之间的紧张敌对关系以及在民主资本主义和共产主义之间的对立几乎把世界分成了两个阵营，双方各自联合了一些新的军事盟友，同时美苏都把新研制的原子弹作为重要军事武器，致使两国紧张关系的危险程度陡然升级。美国提出了新的外交政策，称为遏制政策。决策者们相信，美国主要的国际目标应该是

大事年表

1941年	罗斯福和丘吉尔起草《大西洋宪章》
1943年	温德尔·威尔基出版《天下一家》
	罗斯福、丘吉尔和斯大林在德黑兰举行会议
1944年	《退伍军人权利法》颁布
1945年	雅尔塔会议
	罗斯福逝世，杜鲁门接任总统
	波茨坦会议
	联合国成立
1946年	原子能委员会成立
	战后通货膨胀
	煤矿和铁路工人罢工
	共和党控制了国会两院
1947年	杜鲁门主义出台
	马歇尔计划提出
	《国家安全法》通过
	《塔夫脱—哈特利法》通过
	众议院非美活动调查委员会开始调查好莱坞
	联邦忠诚计划启动
1948年	捷克斯洛伐克共产党发动政变
	经济合作署建立
	选征兵役制恢复
	柏林封锁，美国空投物资
	杜鲁门当选总统
	阿尔杰·希斯案
1949年	北大西洋公约组织建立
	苏联爆炸原子弹
	共产党取得中国政权
1950年	国家安全委员会报告NSC-68提出了针对共产主义的新政策
	朝鲜战争爆发
	美军进入北朝鲜
	中国军队参加朝鲜战争

《麦卡伦国内安全法》通过
福克斯—罗森伯格案
约瑟夫·麦卡锡掀起了在政府内部打击共产主义者的运动
1951年 杜鲁门解除了麦克阿瑟在朝鲜的指挥权
铁路工人罢工
谈判在朝鲜半岛进行
1952年 美国结束对日本的占领
钢铁工人罢工
德怀特·D.艾森豪威尔当选总统

在当前势力范围（当前边界范围）内遏制共产主义。遏制政策将两个阵营的紧张关系保持在相对较低的程度，避免了毁灭性的核战争。但是冷战也并未带来世界稳定，这一点很明显。冷战期间发生了两次大战（朝鲜战争和越南战争），世界各地也经历了无数的小规模冲突。

冷战也是美国国内历史上的重大事件。它改变了美国政治格局，削弱了民主党在选民中的影响，使共产主义成为战后政治生活的中心议题。20世纪40年代末50年代初，民主党和共和党争相表明自己是最可靠的反共产主义者，由此引发了大规模的反共狂潮，给美国人民的生活带来了严重破坏。一时之间，威斯康星州参议员麦卡锡成为人尽皆知、声名狼藉的反共者，战后的"红色恐慌"（许多人称之为"麦卡锡主义"）成为美国社会的普遍现象，影响了美国社会生活的方方面面。

冷战初期的几年中，国家经历了一个由战争向和平转换的适应期，形成了一个经济焦虑期；但到20世纪50年代初，美国经济就进入了稳定增长阶段。20世纪50年代不仅是一个国际局势剑拔弩张的时代，也是物质丰富的新消费主义时代。

一、冷战的起源

纵观20世纪的美国历史，还没有什么事件比冷战起源的问题更能引起广泛的争论。有些历史学家称苏联的狡诈和扩张野心造成了国际局势的紧张，还有一些人认为美国的挑衅和帝国野心至少也应受到责备。但是，很多史学家都同意，无论哪一方应受谴责，美国和苏联共同造成的敌对和猜疑的国际氛围很快给和平蒙上了阴影（见"历史学家的分歧"，边码第760—761页）。

苏美关系紧张的源头

20世纪40年代美苏对立的核心问题在于两大强国对战后世界的设想产生了根本差异。美国的设想是像1941年《大西洋宪章》中公开说明的那样，战后世界各国应该放弃它们传统的军事结盟和划分势力范围的观念，转而通过民主协商来处理国家间的关系，同时设立一个国际性组织作为争议的仲裁者和各国自决权的捍卫者。这一愿景对包括富兰克林·罗斯福在内的很多美国人非常有吸引力。

美国的战后设想

另一设想由苏联提出，后来也在一定程度上反映了英国的观点。斯大林和丘吉尔都签署了《大西洋宪章》，但英国一直担忧其中对自决权的规定会影响到庞大的大英帝国的稳定。苏联决定在中欧和东欧建立保护范围以防备西方国家入侵。这样，丘吉尔和斯大林转向了另一种战后格局，即大国各自控制影响本国战略利益的地区，这一格局类似于传统的欧洲均势格局。由于两种观念的差异，和平进程也将逐渐演变为冲突的状态。

势力范围

战时外交

1943年1月，美国和苏联的严重紧张关系已经开始发展到反法西斯联盟内部，当时罗斯福和丘吉尔在摩洛哥的卡萨布兰卡讨论盟军的战略安排。斯大林拒绝了罗斯福的邀请，没有出席这次会议。英美两位领袖无法接受斯大林提出的要求——立即在西欧开辟第二战场；但是他们再三向斯大林保证，只接受轴心国无条件投降，即他们不会单独和希特勒签订和约，而让苏联孤军作战。

1943年11月，罗斯福和丘吉尔前往伊朗的德黑兰与斯大林举行首次会晤。此时，罗斯福很大程度上已经失去了最有效的谈判筹码（援助斯大林对抗德国）。德军对苏联的进攻已经停止，苏军已向西发起反击。然而从许多方面来看，德黑兰会议还是取得了成功。罗斯福和斯大林建立了友好诚恳的私人关系。斯大林同意了美国的请求,欧战结束后,苏联将很快加入太平洋战争。罗斯福也同意英美军队将在 6 个月内开辟第二战场。

但是,在其他问题上,美苏未来分歧的苗头已经显现。其中最主要的是波兰的前途问题。罗斯福和丘吉尔同意苏联边境西移,允许斯大林兼并一些历史上隶属于波兰的领土。但是在战后波兰政府的性质问题上,英美和苏联之间存在着尖锐的分歧。罗斯福和丘吉尔支持自 1940 年以来活跃在伦敦的波兰流亡政府;斯大林则希望扶持另一个亲共产主义的流亡政府,该政府在战争期间一直在苏联的卢布林地区活动。为了避免德黑兰会议无果而终,三位领袖只好将这一问题搁置下来。

关于波兰之争

雅尔塔

一年多以后的 1945 年 2 月,罗斯福会同丘吉尔和斯大林在苏联城市雅尔塔举行会谈。"三巨头"在很多问题上达成了共识。斯大林再次保证将进入太平洋战场,罗斯福则同意苏联收回在 1904 年日俄战争中失去的一些太平洋地区领土。

三国领导人也同意建立新的国际组织。1944 年夏天,在华盛顿哥伦比亚特区的敦巴顿橡树园会议上,各国商定了一个计划。新成立的联合国将设立一个大会,

雅尔塔 丘吉尔、罗斯福和斯大林被称为战时"三巨头"。1945 年 2 月,他们在克里米亚地区的雅尔塔举行会议,试图就尽快实现和平达成协议。但是他们却签订了一系列含糊其词的妥协性文件,最终三方都觉得自己被出卖了。(*Bettmann/Corbis*)

其中每个成员国都拥有代表席位；另外设立一个安全理事会，为英国、美国、法国、苏联和中国五大国设立常任代表席位，它们拥有一票否决权，为其他国家在安理会设立临时代表席位。这些协议成为《联合国宪章》的基础。1945年4月25日，50个国家出席了旧金山会议，共同起草了《联合国宪章》。7月，联邦参议院以80∶2的票数投票通过了《联合国宪章》，这与25年前《国际联盟宪章》经历了漫长的讨论最后却遭到否决形成了鲜明对比。

_{联合国}

但是雅尔塔会议没有就其他问题达成实质性的协议。关于战后波兰政府问题的基本分歧仍然存在。当时斯大林的军队占领波兰，扶持了一个由亲共产党的"卢布林"波兰人组成的政府。罗斯福和丘吉尔则坚持亲西方的"伦敦"波兰人应该在华沙政权中占有一席之地。罗斯福提出举行一次自由民主的政府选举，他和斯大林都认为亲西方的势力会赢得选举。于是斯大林含糊地答应为亲西方的波兰人在政府中留出一定席位，勉强同意波兰在未来某个不确定的日期举行"自由无限制的大选"。但是四十多年来，自由选举从未举行。

在对德国的未来安排问题上也没有达成共识。罗斯福似乎想建立一个崭新的统一的德国。斯大林则希望德国作出巨额赔偿，并将其永久分割。和有关波兰的协议一样，最终的协议既模糊又不牢靠。关于赔偿的决定将涉及以后的托管问题，美国、英国、法国和苏联各自在德国控制一部分"占领区"，由战争结束时各国军队所在的位置决定。德国首都柏林完全处在苏联区域内，但是由于它的象征性意义，柏林将被分割成四部分，四国各占其一。在未来某个不确定的日期，德国将重新统一；但是关于如何重新统一并没有达成有效方案。会议就欧洲其他地区问题也达成了模糊的协议，即建立"能广泛代表所有民主成分"以及"代表人民意志"的政府。

_{对于德国问题的分歧}

换句话说，《雅尔塔协定》与其说是对于战后问题的解决，不如说是一整套解决战后主要问题的大致原则。回国时，罗斯福、丘吉尔和斯大林都确信他们签署了一份相当重要的协议。但是苏联对协议的解读与英国人和美国人的解读却有着很大的差异，所以这种协同一致的幻象持续的时间很短暂。雅尔塔会议之后的几周里，罗斯福警惕地注视着苏联在一个又一个中欧和东欧国家建立亲共产主义的政府，而同时斯大林拒绝履行改革波兰的承诺。

但是罗斯福没有放弃希望。早春时节，他离开华盛顿到佐治亚州的温泉度假时，还相信分歧终会解决。1945年4月12日，就在他的度假地，罗斯福突然中风逝世。

历史学家的分歧　冷战的起源

近代美国历史上引起最多争议的话题莫过于美苏冷战的起源问题了。关于谁应该为美苏关系破裂负责,两个超级大国之间的冲突是否不可避免,史学家们众说纷纭。冷战已经过去了,但是关于冷战起源的争论却从未停止。

二战结束后的十多年里,美国几乎没有史学家质疑冷战起源的官方解释。托马斯·A.贝利在《美国苏联面对面》(Thomas A. Bailey, *America Faces Russia*, 1950)中的观点代表了多数学者的看法,他认为美苏关系破裂是二战后苏联实行扩张性政策的直接结果。斯大林政府违背了在《雅尔塔协定》中做出的庄严承诺,强行在东欧国家扶持亲苏政府,企图把共产主义传遍全世界。美国政策只是对苏联行动做出的合理而必要的回应。

美国卷入越南战争使很多历史学家开始质疑遏制政策的前提以及冷战起源的传统观点。但在亚洲冲突成为主要问题之前,"修正主义"史学对冷战起源的解读已经出现了。威廉·艾伯曼·威廉姆斯在1959年的《美国外交的悲剧》(William Aberman Williams, *The Tragedy of American Diplomacy*)中对早已被普遍接受的观点提出了挑战。威廉姆斯指出,美国在世界事务中的行为主要是基于一种考虑,即致力于维持世界市场对美国的"门户开放"。与其说美苏冲突是对苏联扩张做出的反应,不如说是美国借此表达资本主义必须扩张的信念。

(*National Archives and Records Admini-stration*)

后来修正主义史学对威廉姆斯的很多观点做了修正,但是大部分接受了他的基本理论:冷战的主要责任在美国;苏联并没有表现出挑衅西方的迹象(二战结束后苏联实力耗尽,国力虚弱,难以对美国造成严重威胁);美国曾利用核垄断试图威胁和震慑斯大林;哈里·杜鲁门鲁莽地放弃了罗斯福的调和安抚政策,对苏联采取了咄咄逼人的强硬政策;苏联的反应是出于担心被资本主义包围而做出的合理行为。沃尔特·拉夫伯在《美国、苏联和冷战,1945—1967》(Walter LaFeber, *America, Russia, and the Cold War, 1945-1967*,1967年出版,之后又多次再版)中坚持认为,战争结束时美国提出的理想化的国际主义(即在"同一个世界"

中各国都掌握自己的命运的设想）实际上是努力确保世界按美国描画的那样发展，使各国都对美国的影响（和贸易）开放大门。

最终，修正主义史学内部又出现了一种分流，即冷战的"后修正主义"观点，这种观点的一些表述不过是再次确认了关于冷战的传统观点。例如，小亚瑟·M.施莱辛格（Arthur M. Schlesinger Jr.）在1967年的一篇文章中承认，苏联也许并不像先前的解释描述的那样致力于征服世界。然而，苏联人（尤其是斯大林）受一种根深蒂固的针对西方的偏执想法驱使，坚持要主导东欧，致使苏美两国之间难以维持友好关系。

后修正主义的主要学术著作都试图在两大阵营中寻求平衡，并试图解释双方的责任和对彼此的误解。托马斯·G.帕特森在《苏美对抗》（Thomas G. Paterson, *Soviet-American Confrontation*, 1973）一书中指出，苏联的敌意以及美国主导战后世界的行为都对冷战负有责任。约翰·刘易斯·加迪斯在《美国和冷战起源，1941—1947》（John Lewis Gaddis, *The United States and the Origins of the Cold War, 1941-1947*）和其他作品中也表达了相似的观点，认为"任何一方都无法单独承担冷战的责任"。他认为，美国的决策者们迫于国内的政治压力，也没有太多选择。斯大林过多地考虑如何维持他的权力并保证苏联的绝对安全，也变得固执起来。加迪斯总结说，不能只责怪一方，但苏联的责任略多一些，因为斯大林在政府内拥有广泛权力，他的地位使他有更多机会妥协，而杜鲁门则在政治上受到多种限制。梅尔文·莱夫勒的《权力的优势》（Melvyn Leppler, *Preponderance of Power*, 1991）中提出了相似的观点，美国的决策者们发自内心地相信苏联威胁的存在，而且坚定不移地要让美国比苏联更加强大。

后修正主义著作中还涌现出更加复杂的关于冷战的观点，弱化了哪一方应为冷战负责的问题，采纳了一种更加公正的视角。现在，史学家们认为，美苏长期互相猜疑、敌对，持续了将近一个世纪，与其说冷战是某一方的错误，不如说是两个世界上实力最强的大国之间紧张关系的必然结果。厄内斯特·梅（Ernest May）在1984年的一篇文章中写道：

> 第二次世界大战之后，美国和苏联注定要成为对手……1945年之后的两国关系除了敌对之外几乎不可能出现其他情形……传统、信仰体系、地利和天时……所有这一切引发了美苏对抗，两国都没有任何力量能阻止这一状况。

二、和平的终结

罗斯福逝世后,哈里·S.杜鲁门接任总统。他不熟悉国际事务,在苏联问题上也欠缺罗斯福的那种灵活性。罗斯福显然相信斯大林是个理智的人,最终能与他达成协议。杜鲁门则刚好相反。与政府中很多人看法一致,杜鲁门认为苏联根本不可信,他本人对斯大林也是既怀疑又厌恶。

波茨坦会议失败

杜鲁门的"强硬"政策

杜鲁门上任不久就决定要对苏联采取"强硬"政策。4月23日杜鲁门会见了苏联外交部长莫洛托夫,尖锐地指责他们违背了《雅尔塔协定》。实际上,杜鲁门迫使苏联履行协议的筹码相当有限。他坚持美国应该得到所要求的"85%"以上,但最终他被迫做出了巨大让步。

杜鲁门首先在波兰问题上退让。斯大林对亲西方的波兰流亡人员做出些许让步后,杜鲁门承认了华沙政府,但同时也希望非共产主义势力能够逐渐扩大影响。但是直到80年代这一愿望都没能实现。其他问题仍然搁置,包括德国问题。7月,杜鲁门前往苏联占领下的德国波茨坦,与丘吉尔和斯大林会面商讨德国问题(会谈进行时,英国举行大选,克莱门特·艾德礼[Clement Attlee]获胜,取代丘吉尔出任首相)。杜鲁门勉强接受了斯大林长期以来关于调整波兰—德国边界线的要求,但拒绝了苏联向美、法、英三国的德国占领区域提出的赔偿要求。这一立场实质上确认了德国的分裂状态,其西部地区合并为一个亲美的国家,苏联占领区成为另一个国家,建立了亲苏联的共产党政府。

中国问题

蒋介石

美国希望建立一个由大国治理的开放和平的世界,而其中心问题在于一个强大而独立的中国。但是战争结束前,美国政府就意识到这一希望面临着一个重大的,甚至是难以逾越的障碍:蒋介石领导的中国政府。蒋介石对美国大体是友好的,但是他的政府腐败无能,缺乏民众支持。而且蒋介石无力解决也不愿面对那些将他卷入深渊的棘手问题。自1927年起,他领导的国民党政府就与毛泽东领导的共产党军队长期激烈对抗。共产党的斗争很成功,到1945年,毛泽东已经控制了总人口的四分之一。

有些美国人敦促政府寻找并支持"第三股力量"取代蒋介石或毛泽东。也有人认为美国政府应该与毛泽东达成一定程度的和解。虽然很不情愿，但在别无选择的情况下，杜鲁门还是决定继续支持蒋介石。接下来的几年中，国共之间的长期斗争演化为全面内战。美国继续为蒋介石提供资金和武器，甚至在蒋介石越来越明显地走向失败之时也一如既往。但是杜鲁门并不准备以军事干预挽救国民党政权。

相反，美国政府开始考虑放弃中国，在亚洲扶持另一个亲西方势力：战后复苏的日本。战后的最初几年，道格拉斯·麦克阿瑟将军负责治理，对日本采取严格的统辖政策。如今他们放弃了统辖政策，取消了所有限制，鼓励日本发展工业，刺激日本经济快速增长。与欧洲情况类似，在亚洲，建立开放团结世界的设想逐渐让位于建立强大的亲美势力范围以及一个分化的世界。

扶植日本

遏制理论

到 1945 年底，罗斯福等领导人根据《大西洋宪章》建立战后世界的愿望已经破灭。一项新的政策逐渐成形，这就是遏制政策。美国和盟友不再试图建立一个统一的"开放"世界，而是协力遏制苏联进一步扩张所带来的威胁。

在一定程度上，1946 年的欧洲事件导致了遏制政策的出台。斯大林试图控制土耳其通往地中海的重要海上通道。希腊的共产党势力威胁亲西方政府的统治；对此，英国已宣布不再提供援助。面对这些挑战，杜鲁门接受了美国著名外交家乔治·F. 凯南（George F. Kennan）的观点，决定采取一项新政策。战后不久凯南便警告，唯一适合处理对苏关系的外交手段就是"对苏联的扩张主义倾向给予长期、耐心、坚决、谨慎的遏制"。1947 年 3 月 12 日，杜鲁门在国会发表了以凯南"长电报"为基础的演说（后被称为"杜鲁门主义"），他说："我坚信，美国政策必定支持自由人民抵制武装少数派或是外来势力的压迫。"同时他还申请了 4 亿美元，部分用于援助土耳其和希腊的武装力量，另一部分则用于为希腊提供经济援助。国会很快予以批准。

杜鲁门主义

美国的支持最终缓解了苏联对土耳其的压力，并帮助希腊政府打败了共产党反对势力。更重要的是，它为此后持续四十多年的美国外交政策奠定了基础。

马歇尔计划

遏制政策的一个重要组成部分是西欧经济重建援助计划。这一计划有多个目的：对欧洲人民的人道主义关怀；担心如果欧洲未能尽快重建、实现自给自足，那

重建欧洲

马歇尔计划的受益者 照片中一名男孩开心地抱着一双新鞋,这是经由马歇尔计划间接提供给他的。战后马歇尔计划向西欧国家提供了130亿美元的援助,一方面是为了帮助西欧国家从战争中恢复,另一个同样重要的方面是,使它们抵制共产主义的诱惑。(Red Cross Museum)

么很可能会过度消耗美国的财力物力;渴望美国产品拥有强大的欧洲市场。最重要的是,美国的决策者们相信,若不尽快巩固西欧那些力量薄弱的亲美政府,它们就会被国内迅速发展壮大的共产党所控制。

因此,1947年6月,国务卿乔治·C.马歇尔公布了一项为欧洲各国(包括苏联)提供经济援助的计划,所有国家均可参与拟定这一复兴计划的具体内容。不出所料,苏联和东欧各国很快拒绝了这个计划,但是有16个西欧国家踊跃参加。1948年2月捷克斯洛伐克突然发生政变,建立了一个由苏联控制的共产党政府。此后,美国国内对西欧援助计划的反对声音基本消失了。4月,国会批准设立"经济合作署",以具体负责计划的实施。这个计划后来被称为"马歇尔计划"。接下来的三年中,美国通过马歇尔计划向欧洲提供了超过120亿美元的援助资金,极大地刺激了西欧经济复苏。到1950年底,欧洲的工业生产总值增长了64%,各受援国的共产党势力减弱了,美国的对欧贸易机会再次出现。

国内动员

1947年和1948年政府策划了一系列措施,把美国军队维持在接近战时的水平,很明显,美国已经决定长期奉行遏制政策。1948年,国会批准了杜鲁门总统的征兵请求,恢复了选征兵役制。同时,美国未能就国际控制核武问题与苏联达成一致意见,于是投入双倍的精力用于原子研究,并把核武器提到军火库的中心地位。创建于1946年的原子能委员会成为负责监督民间和军方所有核研究的监管机构。1950年,杜鲁门政府批准开发新型氢弹。这种核武器比1945年美国使用的原子弹威力大得多。

1947 年颁布的《国家安全法》重新安排了国家的主要军事和外交机构。根据这一法案,把原来的陆军部和海军部独立行使的职能合并,创立了国防部,以监管所有武装部队及其下属机构;国家安全委员会负责监管外交和军事政策,独立于白宫行使职权;中央情报局将取代战时的战略情报局,负责以公开或秘密方式收集情报;随着冷战的持续,中情局也将秘密参与那些代表美国国家目标的政治和军事行动。换句话说,《国家安全法》授予了总统更大的权力,以便实现美国的全球目标。

1947 年《国家安全法》

通向北约之路

在进行国内动员的同时,美国也开始加强西欧的军事力量。杜鲁门相信重建后的德国对于西欧的复兴至关重要。于是他和英国、法国达成协议,将三个国家的占领区合并,组成一个新的西德共和国(虽然柏林完全处于苏联占领区内,西德共和国仍将美国、英国和法国在柏林的占领区包括在内)。斯大林迅速做出了回应,1948 年 6 月 24 日,苏联对西柏林实施了严密封锁。他暗示,如果德国正式分裂,那么西德政府就必须放弃苏联控制下的东德核心区域。杜鲁门并未放弃西柏林,但也不愿意因为柏林封锁挑起战事,于是下令对被封锁区实施大规模空投,为其提供食物、燃料和其他必需品。空投持续了 10 个多月,运输了将近 250 万吨物资,维持了城中 200 万人的生活,并使西柏林成为西方抵抗共产主义扩张决心的象征。1949 年春,斯大林解除了已经毫无意义的封锁。10 月,德国正式分裂为

从核战争中逃生 可能爆发核战争的成见于原子时代的头几年达到了顶峰。很多机构都努力使美国民众相信人们可以在核战中逃生,联邦民防局就是其中之一。1950 年它制订了这些简单的逃生法则以便市民在遭到核袭击时参考。(*Federal Civil Defense Agency*)

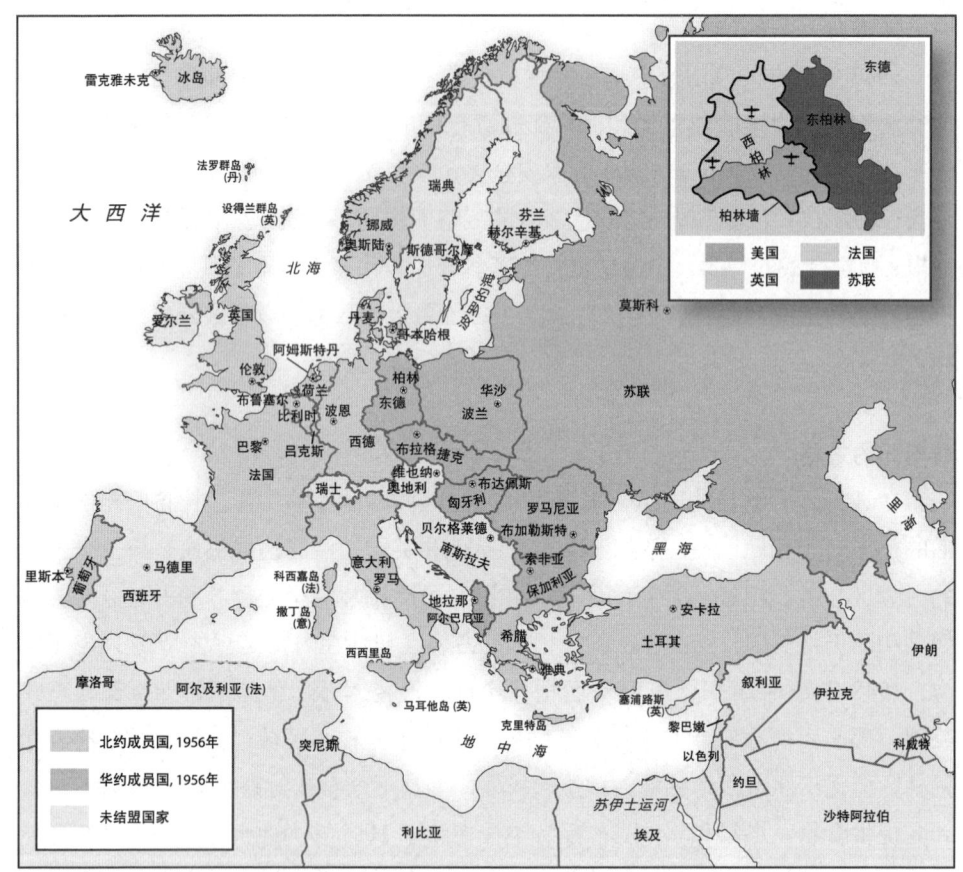

二战之后分裂的欧洲 这张地图显示的是二战之后欧洲的分裂情况。其中一部分在苏联控制下,另一部分则成为美国的盟国。在东部,苏联的控制或影响力延伸到褐色覆盖的所有国家。在西部和南部,绿色覆盖的国家都与美国结盟,并加入了北大西洋公约组织。金色覆盖的国家没有与美苏的任何一方结盟。右上方的小地图显示的是战争结束时不同国家对柏林的占领情况。最后,美国、英国和法国占领区合并组成西柏林,由西德政府统治。西柏林被共产主义的东德完全包围。◆ 西德是如何阻止东德占领西柏林的?(彩图见第 1446 页)

两个国家:西部的联邦德国和东部的民主德国。

柏林危机巩固了美国与西欧国家的联盟关系。1949 年 4 月 4 日,12 个国家签订协议,建立了"北大西洋公约组织",简称"北约";并宣布,对任何一个成员国的武装袭击将被认为是对全体成员国的袭击。而且,"北约"将在欧洲设置常备军,以抵御苏联入侵。"北约"的形成最终促使苏联在东欧与各共产党政府建立联盟,即 1955 年正式成立的"华沙条约组织"。

对冷战政策的重新评价

1949年发生的一系列事件把冷战推向了新的方向。9月，苏联宣称成功爆炸了第一颗原子弹，比预计时间早了几年，这令美国人既震惊又害怕。另一个消息也产生了类似的效果，即蒋介石领导的中国国民党政府迅速倒台。1949年的最后几个月，蒋介石政府以惊人的速度迅速垮台；蒋介石带着他的政治伙伴和军队残部逃到了台湾。共产党政府控制了整个中国大陆。很多美国人认为，中共是苏联政权的延伸。美国拒绝承认新生的共产党政权，并为日本复兴投入更多的精力。1952年美军结束了在日本的占领政策，转而把日本当作对抗亚洲共产主义的缓冲区。

随着危机逐渐升级，杜鲁门呼吁全面审视美国的外交政策。于是，1950年国家安全委员会发布了一份报告，被称为NSC-68号文件，它概括了美国立场的转变。遏制政策最初由乔治·凯南"长电报"和杜鲁门演讲而来，至少根据利益攸关程度把与美国外交政策相关的不同地区作了区分，呼吁美国与其盟国共同承担遏制政策的实施。但是1950年4月的报告认为，美国不能再依靠其他国家抵抗共产主义，而必须在非共产主义世界确立坚实而积极的领导地位。只要出现共产主义扩张，无论在哪里，无论该地方的内部策略或经济价值怎样，美国都必须采取行动加以制止。报告还呼吁美国扩充军力，此后的国防预算开支几乎达到之前估算的四倍。

NSC-68

三、战后的美国社会与政治

战后美国人民遭遇了诸多困难，海外危机只是其中之一。美国重返和平的过程中还面临着严重的经济困难。这种情况带来的不稳定使得政治局势日益升温。

战后恢复问题

在广岛和长崎投掷的原子弹出人意料地使战争提前几个月结束了，也把美国推进了战后恢复时期。

战争结束后，战时物资生产需求消失了，军人从战场返回劳动力市场。很多人预测和平将会造成大萧条时期的失业再次出现。然而，1946年并没有出现大规模经济崩溃。尽管政府采购大幅度减少，350亿战争合同在日本投降后的几周内也

根据《退伍军人权利法》入学的学生 乔·海因里希是一名富有激情的艺术家，刚刚从二战中退役。根据《退伍军人权利法》相关规定，1946年他在旧金山注册进入艺术班学习。此时海因里希还没享受到《退伍军人权利法》对退伍军人的其他优待，如住房援助。他在旧金山找不到房子，每天都要从萨克拉门托搭便车行驶100英里去学校。(Bettmann/Corbis)

退伍军人权利法

取消了，但是消费品需求大幅增加，很快弥补了市场缺口。由于战争时期消费品缺乏，很多工人积攒了数目可观的工资，现在正准备出手。60亿美元的减税额度将更多资金投入流通领域。规定为老兵提供经济和教育援助的1944年《军人安置法》，即通称的《退伍军人权利法》，进一步刺激了消费。

消费需求的增加避免了经济衰退的出现，但造成了持续两年多的严重通货膨胀，物价每年都上涨14%到15%。1946年夏天，杜鲁门总统拒绝延长战时物价管理局的权力，消除了价格管制（他并不是反对控制物价，而是反对国会削弱战时物价管理局的修正案）。一个月之后，通货膨胀率飙升了25%，他只得让步，签署了一份与之前被他否决的提案相差无几的新提案。

战后劳动力市场的动荡不安

通货膨胀进一步加剧了经济困境，在一定程度上导致劳动力市场动荡不安。到1945年底，汽车业、电气业和钢铁业已经爆发过几次大规模的罢工。1946年4月，约翰·L. 刘易斯（John L. Lewis）领导了"矿工联合会"罢工，导致煤矿停产40天。人们担心，失去重要的煤炭供给可能导致全国经济瘫痪。最后杜鲁门命令政府军占领煤矿，迫使工人们回到工作岗位。但是在此期间，他要求矿主满足工会的大部分要求，这些要求曾被他指责为企图加剧通货膨胀。几乎与此同时，由于两大铁路工会罢工，美国铁路遭遇了有史以来首次完全停运。杜鲁门威胁将调用军队来运营铁路，迫使工人们几天后恢复了工作。

战争时期数百万妇女和少数族裔进入劳动力市场，战后恢复时期，他们的日子尤其困难。老兵们回国以后涌向工业经济，雇主们就解雇了妇女、黑人、西班牙裔、华裔等工人，把工作机会留给白人。有些战时工人——主要是妇女——主动辞职了，希望能够回到他们以前的生活状态。但是多达80%的女工，以及几乎全部黑人男工、西班牙裔男工和亚裔男工都希望继续工作。战后的通货膨胀形成了高消费社会，人们的消费期望越来越高，生活压力越来越大，离婚率上升了，很多妇女要独自承担经济压力，所有这些因素造成女性对取酬工作的高需求。他们发现自己不能继续从事工业领域的工作，于是纷纷进入其他经济领域（最主要的是服务业）。

"公平施政"被否决

日本投降几天后，杜鲁门向国会提交了一份"二十一点"国情咨文，概括了（后来他称之为）"公平施政"的纲领，即扩大社会保障，将法定最低工资由每小时40美分提高到65美分，扩大政府购买和投资保证充分就业，通过长期有效的《公平就业实施法案》保障公众住房，清除贫民窟，确立长远的环境和公共工程建设规划，加大政府对科研的支持。几周以后，他又补充了几点：为圣劳伦斯航道建设提供联邦援助资金，将原子能开发国有化，以及（最重要的一点）建立国家医疗保险制度。其中国家医疗保险是追求福利国家梦想的自由主义者几十年来的吁求，但因1935年出台的《社会保障法案》受到阻滞。"公平施政"的提出意味着总统宣告自由改革由于战争原因被推迟的时代结束了。正如后来总统所写的，这也象征着他"担负起了总统的职责"。

然而由于公众和国会内部保守主义的攻击，"公平施政"终究没逃过和新政最后几年一样的命运。1946年的国会选举显示，保守主义力量似乎更加强大了。共和党凭借一句简单而极具震撼力的口号"受够了吗？"一举控制了国会两院。

新一届共和党国会很快采取行动削减了政府开支，逐渐放弃了新政改革。总统宣称放弃工资和价格管制是顺应民意，国会进一步解除了对经济的管制，通货膨胀迅速加剧。由于肉价飞涨，公众发出了强烈抗议。这时参议员罗伯特·塔夫脱（Robert Taft）建议消费者"少吃肉"，并补充说，"通过立法实现繁荣、平等和机遇是个馊主意，我们必须断绝这个念头"。正如塔夫脱所说，共和党国会拒绝拨款资助教育、增加社会保障或支持西部开垦和供电工程，也否决了提高最低工资的提案。但国会通过了新的税收政策，对高收入家庭大幅减税，低收入家庭也有较小幅度的减税。只是由于总统一再否决，最终批准的法案才不至过于保守。

新国会最引人注目的举动是对1935年《瓦格纳法》的攻击。保守主义者一直痛恨法律赋予工会的新权利；面对战时和战后的劳工问题，这种憎恨情绪愈演愈

哈里·杜鲁门和贝斯·杜鲁门在家中 参议员哈里·杜鲁门和他的妻子贝斯在他们位于华盛顿的公寓厨房里让摄影师拍照,展现了杜鲁门公众生活中一贯保持的"平民"形象。这张照片拍摄于1944年民主党全国大会召开前不久。这次大会上杜鲁门被提名为副总统候选人。之后不到一年,杜鲁门一家就将住进白宫。(Bettmann/Corbis)

《塔夫脱—哈特利法》

烈。国会于是批准了1947年《劳资关系法》,即《塔夫脱—哈特利法》。这一法案规定所谓的"封闭式工厂"(不雇用非工会成员)不合法。虽然这一法案仍允许建立所谓的"工会化企业",但也允许各州以"工作权利"立法杜绝"工会化企业"(工人被雇用后必须加入工会)。推翻这一条款(颇具争议的14b条款)将会是今后几十年中劳工运动的目标。愤怒的工人和工会领袖谴责这个规定是"奴役劳工法案"。杜鲁门否决了这一法案,但当天国会两院就轻松地推翻了总统否决。

《塔夫脱—哈特利法》并没像很多工会领袖预测的那样破坏劳工运动,但是它的确对那些组织相对薄弱的工会,如化工和纺织业工会造成了损害。以后想组织从未有过工会经历的人(如妇女、少数族裔、南方的大部分工人)加入工会将更加困难。

1948年大选

尽管1946年的国会选举结果不如人意,但是杜鲁门和他的顾问都相信,美国民众并不准备放弃"新政"的成果。因此,在制定1948年竞选策略时,他们把希望寄托于民众长期以来对民主党的忠诚上。1948年,杜鲁门提出了一个又一个改革计划。虽然这些计划都被国会忽视或者否决,但总统其实在为秋季大选奠定基础。

但是似乎仍存在一些问题。杜鲁门个人声誉不佳,很多选民认为杜鲁门和他的政府软弱无能,加之民主党内部也存在严重分歧。1948年夏天的民主党全国代表大会上，有两派人脱离了民主党。南方保守派再三对杜鲁门提出的《民权法案》（20 世纪第一个《民权法案》）以及把民权问题作为政纲条款（由明尼阿波利斯市市长休伯特·汉弗莱［Hubert Humphrey］设计）表示不满。他们成立了州权党（States' Rights Party，或称"南方民主党"［Dixiecrat］），提名南卡罗来纳州州长斯特罗姆·瑟蒙德（Strom Thurmond）为总统候选人。同时，民主党左派成立了一个新的进步党，提名亨利·A. 华莱士为候选人。亨利·A. 华莱士的支持者指责杜鲁门政府的国内政策缓慢、无效，对总统与苏联对抗的立场更是不满。

民主党的掣肘

1948 年，很多不愿意脱党的民主党自由派试图放弃杜鲁门。自由派联盟"美国人争取民主行动"希望鼓动颇受欢迎的战争英雄德怀特·D. 艾森豪威尔竞争总统候选人。艾森豪威尔拒绝后，自由派别无选择，只得提名杜鲁门。与此同时，共和党再次提名纽约州州长托马斯·E. 杜威担任候选人。1946 年成功连任之后，他已经成为全国最重要的政治人物之一。杜威朴素严谨、高尚尊贵、精明能干，似乎是一个不可战胜的总统人选。民意调查显示，9 月杜威的支持率遥遥领先，很多民意分析家因此停止了调查。杜威展开了一场温和的、颇具政治家风范的竞选，尽量不开罪任何人。如今似乎只有杜鲁门自己相信他一定会赢。竞选势头日益激烈，杜鲁门越发卖力，他将焦点转移到了杜威身上，指责共和党国会"无所事事，无所作为"。他告诉选民，共和党国会要为严重的通胀以及工人和民众的疾苦负责。为了印证他的说法，他呼吁国会 7 月举行特别会议，让他们有机会制定近期列入议事日程的自由主义条款。不出所料，国会开了两个星期的会，最后无果而终。

竞选期间，总统行程近 3.2 万英里，做了 356 场即席演说，对共和党进行了猛烈抨击。他告诉他的竞选搭档肯塔基州参议员埃尔本·巴克利（Alben Barkley），"我将战斗到底，让他们一败涂地"。他呼吁废除《塔夫脱—哈特利法》，提高农民价格补贴，保护黑人权利（他是第一位到哈莱姆进行竞选宣传的总统）。简言之，他寻求重建富兰克林·罗斯福的"新政"联盟。出乎所有人意料的是，杜鲁门最终成功了。大选之夜，他以极微弱但具有决定性的优势赢得了大选胜利：他获得了 49.5% 的普选票，303 张选举人票，杜威获得 45.1% 的普选票，189 张选举人票。两个分离出来的新党平分了剩余普选票。民主党再次以巨大优势控制了国会两院。

杜鲁门出奇制胜

"公平施政"重获新生

虽然民主党获胜，但第 81 届国会对杜鲁门"公平施政"改革的态度并不比上一届共和党国会好多少。但是杜鲁门还是赢得了一些重大胜利。国会将法定最低

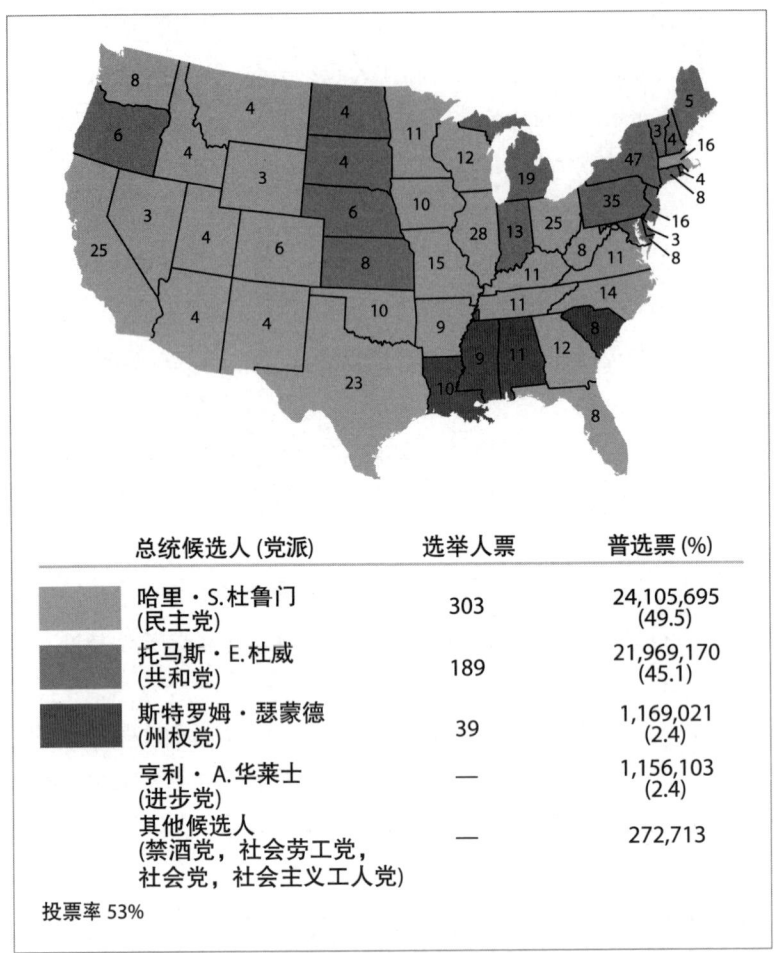

1948年大选 虽然人们普遍认为共和党候选人托马斯·杜威会在1948年大选中轻松击败杜鲁门，但事实上，总统这一年赢得了可喜的胜利，再次当选。这张图显示的是杜鲁门获胜的选区。杜威包揽了东北部的大部分选区，但是杜鲁门几乎获得了剩下所有选区的支持。州权党候选人斯特罗姆·瑟蒙德赢得了南部四州。◆ 是什么促使瑟蒙德背弃了民主党而自己竞选总统？（彩图见第1447页）

工资由每小时40美分提高到75美分；扩大了社会保障的覆盖范围，救济金额增加了75%，受益人数增加到1000万。国会还批准了1949年《国家住房法》，决定建造81万套低收入住房，并提供长期的租金补贴。但由于资金不足，这一计划被耽搁多年，直到1972年才实现了最初目标。

但是诸如国家医疗保险和教育资助之类的问题却没有进展，杜鲁门未能说服国会接受他1949年提出的民权立法草案。该草案将私刑列为联邦犯罪行为，保护

杜鲁门的困境

黑人选举权，取消人头税，并建立"公平就业实施委员会"（取代罗斯福1941年建立的"战时委员会"），打击就业歧视现象。由于南方民主党人的反对，该提案最终流产。

杜鲁门自己曾进行过反种族歧视的斗争，他下令雇用政府职员时不得实行种族歧视，并且消除了军队内部的种族隔离，允许司法部积极参与反对歧视性法规的司法斗争。最高法院在1948年谢利诉克雷默案中作出裁决，法院不应用来执行旨在把黑人排除出居住区的私人"契约"。这表明最高法院已经意识到种族歧视问题了。

核时代

战后的政治、经济、外交斗争无不被阿拉莫戈多、广岛和长崎上空升起的巨大而可怕的蘑菇云笼罩着。美国人对这些恐怖的新型杀伤性武器既害怕又敬畏，同时还怀有期待。因此战后文化在许多方面被撕裂为黑白两面：黑暗的一面是美国人担心与苏联的对抗最终会导致核战争；光明的一面则是原子能将会带动令人眼花缭乱的技术进步，创造光明的未来。

关于核力量的对立观点

无论如何伪装，人们对核武器的恐惧在大众文化中并不难发现。40年代末50年代初，黑色电影达到全盛期。黑色电影起源于法国，是一种题材多为黑暗面的电影，因其特点而被称为黑暗之光。美国黑色电影描绘的是没有人情味的世界中个体的孤独，同时也指出了这个时代的危险和造成巨大破坏的可能性。这种风格在美国文化中盛行多年。有时候，电影和电视节目也明确地表达出对核武器的恐惧。50年代和60年代早期著名的电视节目《暮光之城》，曾频繁而生动地展现核战争之后的景象；战后的漫画书中，也常常刻画一些拯救世界的超级英雄。

超级英雄形象能在公众中引起共鸣也源于人们越来越多地意识到核武器的存在。学校和办公楼定期进行空袭演练，让人们为可能到来的核攻击做好准备；广播台定期测试备用广播系统；公共大楼和私人住宅中出现了储存有水和罐装食物的核辐射掩体。整个美国都处于焦虑状态。

但同时，美国也是一个生气勃勃的国家，为自身的繁荣而深感自豪，为改变世界的技术革新欢欣鼓舞。核力量就是这些先进技术之一。核力量的存在使人认识到，同一种科学技术，既有可能毁灭世界，也有可能为世界创造光明的未来。1948年下半年的盖洛普民意调查显示，参加调查的人有三分之二认为"长期来看，原子能将带来更多好处而非危害"。许多地方出现了核电站，核电成本低廉，产能

廉价核能的希望

不受限制,因而受到广泛欢迎。然而人们在欢庆核电产生的同时,却很少讨论它的潜在危险性。

四、朝鲜战争

1950年6月24日,北朝鲜共产党的军队越过其南部边界向亲西方的南朝鲜宣战。几天之内,他们就占领了南朝鲜的大片土地,包括首都汉城。美国几乎立刻就投身到这场冲突中,实施了冷战中第一次军事行动。

分裂的朝鲜半岛

1945年底,美国和苏联都派兵进入朝鲜半岛,并且都不打算撤离。他们以北纬38度线为界暂时将朝鲜半岛分隔开来。1949年苏联最终撤离,在北方留下了一个拥有强大军队的共产党政府,其军队配备有来自苏联的武器装备。几个月后,美军撤离,把权力移交给李承晚的亲西方政府。李承晚名义上是民主主义者,实质上是反共主义者。他的军队规模较小,主要用于镇压国内的反对势力。

南方的相对弱势激发了北朝鲜政府中的民族主义者重新统一全国的愿望。当美国政府暗示南朝鲜并不在它的"防卫区域"内时,北方的统一愿望更加强烈了。苏联在北朝鲜策划1950年开战的过程中发挥了什么作用仍不清楚,但有理由相信北朝鲜出兵并未得到斯大林的事先允准。然而进攻一开始,苏联就表示支持。

杜鲁门政府很快作出回应。1950年6月27日,总统提请联合国进行干预,当时苏联正在抗议安全理事会拒绝承认中国共产党的新政府,因而无法行使否决权。这样,美国代表呼吁国际社会援助李承晚政府的提案在联合国顺利通过。6月30日,美国命令地面部队进入朝鲜半岛,杜鲁门任命道格拉斯·麦克阿瑟将军指挥联合国军(主要是美军)在朝鲜的军事行动。

国家安全委员会NSC-68报告中概述的新扩张主义外交政策首次在朝鲜战争中得以体现。但是政府很快超越了NSC-68,决定这场战争的目的不仅要遏制,更要"解放"。9月,美军奇袭仁川,将北朝鲜军队打回了北纬38度线以北。杜鲁门允许麦克阿瑟乘胜追击,正如10月份的联合国决议所宣称的,美国的目标是建立一个"统一、独立、民主的朝鲜"。

朝鲜战场的混乱　这张令人不安的照片由《生活》杂志著名摄影师拍摄，表现的是1951年美军被中国军队打败之后从北朝鲜撤退的景象。美军就要到达中国边境时，与进入朝鲜的中国军队进行了大规模作战。美军很快被打回"三八线"以南，后来中国军队又向前推进了很多。照片上显示的是美军与中国和北朝鲜军队的一场激战之后，一些海军陆战队员跟着一辆运尸车。他们在北朝鲜被包围，向南突击了40英里之后才被解救。(Carl Mydans/Time Life Pictures/Getty Images)

从进攻到相持

几周以来，麦克阿瑟对北朝鲜的进攻十分顺利。10月19日，联军占领了首都平壤，胜利在望。这时，中国新成立的共产党政府因为美军对中国边境造成威胁，开始出兵干预。到11月4日为止，中国军队8个师参加了朝鲜战争。联军进攻陷入困境，随后全面崩溃。1950年12月，美军和中国军队进行了艰苦的战斗，终因寡不敌众而失利，节节败退。几周之内，共产党军队又将美军逼回北纬38度线以南，并再次占领南朝鲜首都汉城。到1951年1月中旬，联军停止撤退；3月，联军又夺回了失去的领土，重新占领汉城，再次把共产党军队推到"三八线"以北。战争进入了相持阶段。

战争开始时，杜鲁门就决心避免和中国发生直接冲突，担心由此引发新的世界大战。中国参战以后，他就开始寻求谈判解决朝鲜问题，接下来的两年中，他坚持不扩大战争规模。但是麦克阿瑟将军坚决反对政府对他的军事行动加以限制。他认为美国在和中国人作战，因此应该进攻中国，即使不直接进攻，至少也应该轰炸驻扎在中国边境的军队。1951年3月，麦克阿瑟给众议院共和党领袖约瑟夫·W.马丁写了一封公开信表达他的不满。他在信中总结说："除了胜利，别无选择。"这一立场得到了广泛的支持。

<small>杜鲁门和麦克阿瑟的争议</small>

　　致马丁的公开信在九个月之后到达，在这期间麦克阿瑟一直抵制杜鲁门的决定——总统曾不止一次提醒将军保留反对意见。马丁公开信令总统再难容忍麦克阿瑟不服从命令的行为。1951年4月11日，他解除了麦克阿瑟的指挥权。

　　民众的愤怒如风暴般降临了。一份盖洛普民意调查报告显示，69%的美国人支持麦克阿瑟。他在1951年晚些时候回到美国时受到了热烈欢迎，并在一次电视转播的国会联席会议上做了告别演说，他总结道："老兵永远不死，他们只会慢慢凋零。"这次告别演说吸引了数百万观众观看。直到很多军界政要包括奥马尔·布莱德利将军公开支持总统的决定，公众对杜鲁门的批评才渐渐消退，但对杜鲁门的敌意仍然存在。同时朝鲜战场的僵局也在继续，1951年敌对双方在板门店展开谈判，谈判和战争一直持续到1953年。

有限的动员

　　朝鲜战争只是有限的对外军事行动，因此国内的经济动员也很有限。但是政府仍努力在几个重要方面对战时经济进行控制。

<small>战时经济管控</small>

　　杜鲁门首先设立了"国防动员办公室"，通过控制物价上涨，限制工会的高工资要求，以抵制通货膨胀。温和的调控措施失败后，总统展开了更激烈的行动。1951年铁路工人罢工，杜鲁门命令政府控制铁路，这一举措使铁路得以正常运行，但是对工会几乎毫无影响。工人们最终还是实现了大部分既定目标。1952年，在一次全国性的钢铁工人罢工中，杜鲁门行使他的总统权力，控制了钢铁厂。最高法院以6:3裁定总统越权，杜鲁门被迫让步。

　　朝鲜战争的爆发刺激了经济增长。在很多人认为经济要陷入衰退时，政府向经济领域注入了新的资金。但是随着僵持状态的持续，对于14万美国人在战争中受伤或死亡的失望情绪转变成怒火。很多人开始认为一定是什么地方出错了，不只是关于朝鲜的军事行动，在美国内部也是如此。这种恐惧引发了20世纪第二次大规模打击国内共产主义的狂潮。

五、反颠覆运动

美国人民对共产党从内部颠覆的担心与日俱增,到 50 年代初甚至到了近乎疯狂的地步,原因何在?答案有很多种,但没有一个是绝对准确的。

有一点很明显,50 年代的共产主义并不是存在于想象中的敌人。共产主义是实际存在的,约瑟夫·斯大林和苏联就是例证。而且,美国在反共斗争中也遭遇了挫折——朝鲜战场的僵局,"失去"中国,苏联成功研制原子弹。很多人把这些挫折归咎于美国国内的共产党阴谋。但仍旧存在其他因素,这些因素根植于美国国内政治中。

<blockquote>红色恐慌的根源</blockquote>

众议院非美活动调查委员会和阿尔杰·希斯

反共狂潮主要来源于共和党和民主党的斗争。共和党寻找机会攻击民主党,同时民主党也在伺机阻止共和党的攻击。1947 年,国会暂时还在共和党控制之下,此时众议院非美活动调查委员会 进行了大范围的公开调查,意图证明在民主党统治下,政府虽然没有直接鼓励,但却纵容了共产党的颠覆破坏活动。委员会首先把矛头指向电影业,声称共产党已经渗透到好莱坞。编剧和制片都被要求前来作证,其中有些还曾经是共产党;当被问及个人和同事的政治信仰时,有些人("好莱坞十君子")拒绝回答,于是被以蔑视罪投进了监狱。为了保护好莱坞的公众形象,好莱坞按照"被怀疑不忠人员"黑名单将一部分人逐出电影界。

更令人吃惊的是前国务院高官阿尔杰·希斯(Alger Hiss)因遭人指控不忠,成为众议院非美活动调查委员会的调查对象。1948 年,惠特克·钱伯斯(Whittaker Chambers,自称曾是共产党间谍,后转为激烈的反共分子,并当上了《时代》杂志的编辑)告诉委员会,希斯曾于 1937 年和 1938 年将国务院机密文件传递给苏联。希斯起诉他诽谤,钱伯斯拿出了那些文件的缩微胶片(因钱伯斯把它们保存在自家花园里的一个南瓜中,遂得名"南瓜文件")。然而,根据法律对上诉时效的规定,多数犯罪在超过七年之后将受到免于起诉的保护。因此,希斯不能被判间谍罪。而在加利福尼亚州新任共和党国会众议员、众议院非美活动调查委员会成员理查德·M. 尼克松(Richard M. Nixon)的不懈努力下,希斯仍被判伪证罪,入狱服刑数年。希斯案不止使一位杰出的青年外交家名誉扫地,也引起了人们对这一代自由派民主党人的怀疑,致使很多美国人相信共产党可能确已渗透到政府内部。

<blockquote>阿尔杰·希斯</blockquote>

联邦忠诚计划和罗森伯格案

1947年杜鲁门政府发起了一个高度公开的联邦雇员忠诚度调查计划,一方面借此对抗共和党的攻击,一方面也为总统的外交政策争取支持。1950年8月,总统授权那些政治敏感机构解雇"具有安全风险"的人。到1951年,2000多名政府职员迫于压力辞职,212人被解雇。

> 麦卡伦国内安全法

联邦忠诚计划向颠覆活动发起了大规模攻击。司法部长出具了一份长长的名单,列出了所有可能从事颠覆活动的组织机构名单。联邦调查局局长 J. 埃德加·胡佛调查了大批所谓的极端分子。1950年,国会批准了《麦卡伦国内安全法》,要求所有共产党组织在政府登记。杜鲁门对该法案行使了否决权,但国会轻而易举地推翻了他的否决。

1949年苏联成功研制出核武器,这比很多人预期的要早,不少人认为有人将美国的原子机密泄露给了苏联人。1950年英国青年科学家克莱斯·福克斯(Klaus Fuchs)证实他曾把制造炸弹的细节透露给苏联人,更印证了美国人的担忧。最后案件锁定在纽约一对名不见经传的共产党夫妇身上——朱利叶斯和埃塞尔·罗森伯格(Julius and Ethel Rosenberg),联邦政府指控他们为阴谋活动的策划者。本案得以定案很大程度上源于埃塞尔的兄弟大卫·格林格拉斯(David Greengrass)的证词。格林格拉斯曾在"曼哈顿计划"中担任机械师,他承认曾通过其他间谍(包括福克斯)将机密信息泄露给苏联,并指认姐姐和姐夫策划并安排了这场阴谋。1951年4月5日,罗森伯格夫妇被判有罪,处以死刑。他们的同情者花了整整两年时间上诉和抗议。1953年6月19日,他们被执行了电椅死刑。

> 反共狂热

所有这些因素——众议院非美活动调查委员会的调查、希斯案、联邦忠诚计划、《麦卡伦国内安全法》、罗森伯格案——加之对国际事件的担忧,致使人们极度恐惧共产党颠覆。20世纪50年代初,这种恐惧心理笼罩了全国。联邦和地方政府、司法机构、学院与大学、工会组织都费尽心机撇清自己,避免卷入任何真实或幻想出来的颠覆活动。人们不单是担心共产党渗透,同时也担心被怀疑是共产党。正是这种特殊的政治气候为一个特别的公众人物创造了崛起的机会。换作其他任何时候,他可能都会因行为荒谬遭人唾弃。

麦卡锡主义

威斯康星州共和党参议员约瑟夫·麦卡锡(Joseph McCarthy)初次担任议员时并不出众。1950年2月,他摇身一变,突然成为国家知名的重要人物。他在西

罗森伯格夫妇 朱利叶斯和埃塞尔·罗森伯格1951年3月因向苏联泄漏核机密被判有罪后,乘坐警车离开联邦法庭。一周后,法官欧文·考夫曼判处他们死刑。(Bettmann/Corbis)

弗吉尼亚威灵市的一次演说中,拿出一张名单,说有205名共产党潜伏在美国国务院。还从未有任何人对联邦政府做出这样大胆的指控;随后的几周里,麦卡锡不断重申并扩大指控范围,俨然成为国内打击颠覆活动的领袖人物。

指控了国务院之后,几周内,麦卡锡又接连控诉了其他几个机构。1952年开始,共和党控制了参议院,麦卡锡在一个特别委员会中担任主席,以调查颠覆活动为由对许多政府部门展开了广泛调查。他的助手罗伊·科恩(Roy Cohn)和大卫·沙因(David Schine)毫无原则,傲慢地穿行在联邦政府各个办公室以及美国的海外大使馆中,搜寻共产党活动的证据。倒霉的政府官员接连被带到麦卡锡小组委员会,在那里咄咄逼人的麦卡锡有时甚至对证人胡搅蛮缠,导致许多人前途尽毁。麦卡锡从未找到任何有力证据证明政府职员和共产党有联系。他对政府部门无耻、"无畏"的攻击吸引了越来越多选民的赞赏——这些政府部门在很多人看来既傲慢又无能,甚至毫无诚信。共和党尤其支持麦卡锡的调查,宣称民主党应当为"二十年来的通敌叛国"行为负责,只有政党更迭才能拯救国家于危难,保证政权不致被颠覆。总而言之,麦卡锡和他的追随者们提供了差事,他们可以借此发泄内心的愤怒:对共产主义的恐惧,对国家"东部精英权势集团"的敌意,以及党派野心遭遇的挫败。

一时之间,麦卡锡权倾朝野,几乎无人敢反对他,甚至包括当时正在竞选

麦卡锡主义的控诉

1952年总统且颇受欢迎的德怀特·D.艾森豪威尔。尽管艾森豪威尔不喜欢麦卡锡的做法,而且对麦卡锡攻击乔治·马歇尔将军感到十分愤慨,但是他也没有公开与之对抗。

共和党重掌政权

民众对朝鲜战场僵局的失望以及对国内被颠覆的担心交织在一起,使1952年的局势对民主党来说十分不利。杜鲁门的支持率已经大幅降低,于是他明智地退出了总统竞选。民主党团结在伊利诺伊州州长阿德莱·E.史蒂文森（Adlai E. Stevenson）周围。史蒂文森品格高尚、睿智、善辩,受到很多自由派和知识分子的青睐。但是共和党人却指责史蒂文森缺乏对抗共产主义的足够力量和意志。麦卡锡说他"软弱",并将他与阿尔杰·希斯混为一谈。

然而史蒂文森最大的障碍在于共和党的总统候选人。共和党拒绝了保守派提名的罗伯特·塔夫脱和道格拉斯·麦克阿瑟,选择了一个从无党派倾向的人——德怀特·D.艾森豪威尔。艾森豪威尔是战争英雄、北约总司令、纽约哥伦比亚大学校长。第一轮投票他就获得党内总统候选人提名。他选择了在阿尔杰·希斯案中成名的年轻的弗吉尼亚州参议员理查德·M.尼克松做他的竞选搭档。艾森豪威尔和尼克松在秋季的竞选活动中配合默契,是一个实力强大的组合。艾森豪威尔凭借自己亲切和蔼的人格魅力和颇具政治家风范的态度保证一定解决朝鲜问题,甚至一度承诺将"亲自去朝鲜"解决问题,赢得了大量支持。尼克松则有效地利用国内的颠覆问题。逃过了金融指控之后（尼克松发表了著名电视演说"棋盘讲话",有效地澄清了事实）,尼克松对民主党发起了猛烈攻击,说他们"懦弱""绥靖（姑息共产党）"和"通敌叛国"。

德怀特·艾森豪威尔

历史学家的分歧 麦卡锡主义

50年代早期,美国公民自由协会在反共浪潮(即麦卡锡主义)的鼎盛时期警告说,"公民自由面临着有史以来最严峻的威胁"。很多美国人发自内心地赞同这个观点。虽然几乎所有人都同意,40年代末50年代初言论和结社自由遭受了异乎寻常的巨大挑战,但是对这些挑战产生的原因和意义却众说纷纭。

最简单的一种观点,也是学术界一贯支持的观点是,战后的"红色恐慌"反映了美国国内对共产党颠覆活动的真实且合理的担忧。威廉·奥尼尔的《更美好的世界》(William O'nell, *A Better World*, 1982) 和理查德·基德·鲍尔斯的《并非没有荣誉》(Richard Gid Powers, *Not Without Honor*, 1995) 都指出,虽然反共行动有些过激,但总体来说是一次严肃、理智的爱国运动。根据这一观点,美国共产党被当作斯大林和苏联在美国的代理人,他们积极地从事间谍和颠覆活动;因此从公共生活中铲除共产党势力的努力不仅可以理解,也很正当。反共运动带来的狂暴是理智和正当行为的副产品,虽然令人不快,但却并不意外。"反共运动表达了美国与践踏人类自由的行为做斗争并把民主观念传播到全世界的决心……将麦卡锡的卡通形象印在这段丰富的历史之上就是要拒绝那种满足于道德主义安慰的历史。"

但是多数解释并不宽容。50年代"红色恐慌"期间,一批很有影响力的历史学家和社会学家开始将反共狂热描述为深度的社会失调。这一观点也许与理查

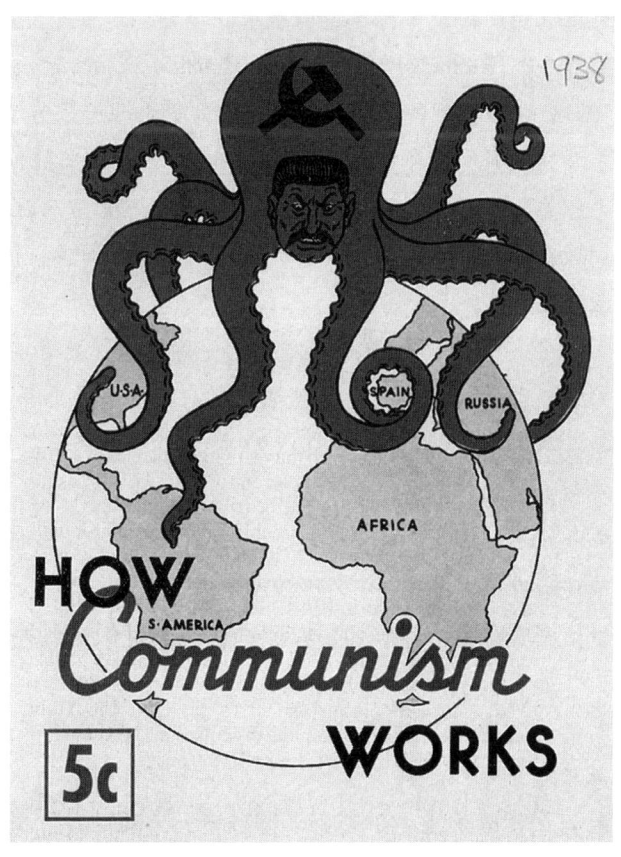

(*Rare Book and Special Collections Divi-sion, Library of Congress*)

德·霍夫施塔特的著名文章《美国政治的偏执狂风格》（Richard Hofstadter, "The Paranoid Style of American Politics"）密切相关。学者们认为，美国国内实际十分微弱的共产党力量与人们歇斯底里的反共主义臆想之间并没有逻辑联系。因此问题的解释并不在于现实，而在于社会和文化的深层焦虑——这种焦虑与政治世界仅仅有间接的联系。他们认为极端的反共运动接近于病态，反映出对现代世界的恐惧和异化。霍夫施塔特写道：

> 一个人如果具有"偏执狂风格"，就会认为他处在一个被监视、被算计、被背叛，而且可能走向彻底毁灭的世界。他感到自己的自由被肆意践踏，对过去二十年中美国政治中发生的一切都持敌视态度。

麦卡锡主义消退后不久，其他学者反驳了霍夫施塔特等人的社会文化学观点，但同意反颠覆运动是对正常公众生活的扭曲。他们认为反共运动是党派政治发展到难以控制的地步时出现的结果。理查德·弗里兰在《杜鲁门主义及麦卡锡主义的源头》（Richard Freeland, *The Truman Doctrine and the Origins of McCarthyism*, 1971）中提出，民主党清除政府中的极端分子是为了避免被共和党攻击。40年代末共和党抓住政府内的共产主义问题不放，以求扭转他们将近20年被排除在权力之外的局面。内尔森·波尔斯比、罗伯特·格里菲斯等人都注意到了这一问题，各党派都努力展示自己的反共手段，试图胜过对方，因此反共运动达到不同寻常的激烈程度也并不奇怪。

另有些史学家强调了政府官员和机构（最著名的当数J.埃德加·胡佛和联邦调查局）对反共运动的强烈支持。亚森·梭哈里斯（Athan Theoharis）和肯尼斯·奥赖利（Kenneth O'Riley）在七八十年代出版的著作中引入了反共主义者的官僚政治的概念。艾伦·施雷克的《如此之多的犯罪》（Elle Schrecker, *Many are the Crimes*, 1998）对"红色恐慌"做了最全面的概括。"红色恐慌"的核心是最大限度地对付共产党（一般不涉及与共产党完全无关的人），运动的操纵者则是很多密切关联且致力于反共或与反共密切相关的政府机构。

最后一些学者提出了另外一种观点，这种观点并不挑战其他解释，而是对其进行补充。他们认为反共运动的积极分子并不应单独为麦卡锡主义的过激行为负责。政治界、学术界，甚至也许媒体的自由派也应承担责任。他们被政治气候驱使，或受职业习惯所困，无法发现过激或扭曲的行为并对其做出有效的回应。

艾森豪威尔在普选票和选举人票上都获得了压倒性的胜利：普选票55%，选举人票442张；史蒂文森获44%普选票，89张选举人票。20年来，共和党第二次控制了国会两院。1952年大选结束了持续20年的民主党政府。虽然当时还不清楚，但这次大选实际标志着战后最严重的动荡时期结束了。

小 结

二战期间，美国和苏联还是盟友时，两国领袖就已经认识到他们对战后世界有着截然不同的设想。战争结束后，这些差异很快就展现在世人眼前，世界上两个超级大国之间一度极富成效的关系迅速恶化。美国人认为苏联是扩张主义者，与希特勒德国没什么区别；苏联领导人约瑟夫·斯大林一心想要征服全世界。苏联则认为，美国试图通过包围苏联、限制苏联发挥大国影响力的方式确保自身在世界的主导地位。这种紧张关系发展的结果就是40年代众所周知的"冷战"。

冷战初期很少发生实际的冲突。美国实施了一系列政策阻止战争爆发和苏联扩张。马歇尔计划为西欧那些百废待兴的国家提供了大量经济援助，稳定了这些国家的政治局势，防止它们发展为共产主义国家。美国宣布了一项新的外交政策，即所谓的"遏制政策"，致力于阻挠苏联在世界各地扩大影响力。美国和西欧结成了强大而持久的"北约"联盟，保护欧洲不受苏联侵犯。

然而，1950年北朝鲜的共产党军队向非共产主义的南朝鲜开战；对多数美国人，包括杜鲁门总统来说，这次战争被视为对冷战中美国决心的一次考验。朝鲜战争耗时久，代价大，且不得民心，遭遇了很多军事挫折。但最后，美国（以联合国的名义）成功地结束了朝鲜战争。

朝鲜战争对美国的国内生活还有其他方面的影响。它强化了强硬的美国外交政策，使其采取了更加严厉的反共形式；它推翻了杜鲁门政府和民主党，加强了保守派和共和党的力量；同时它极大地推动了国内本已十分激烈的反共和反共产党嫌疑人的运动——俗称"麦卡锡主义"，这一运动因其臭名昭著的领导者威斯康星州参议员约瑟夫·麦卡锡而得名。

二战后，美国无疑是世界上最繁荣、最强大的国家；但是在严峻的冷战环境下，财富与权力也无法掩盖深刻的焦虑和尖锐的分歧。

阅读参考

John Lewis Gaddis 的数部著作，包括 *Strategies of Containment* (1982), *The United States and the Origins of the Cold War, 1941–1947* (1972), *The Cold War: A New History* (2005)，对冷战的历史做了概述。

Walter LaFeber, *America, Russia, and the Cold War, 1945–1967* (7th ed. 1993) 是有关美苏关系的经典之作。

Melvyn P. Leffler, *A Preponderance of Power: National Security, the Truman Administration, and the Cold War* (1992) 是深入研究 20 世纪 40 年代美国国内外政策史的上乘之作，他的 *For the Soul of Mankind: The United States, the Soviet Union, and the Cold War* (2008) 对冷战的结束进行了重新审视。

Warren I. Cohen, *The Cambridge History of American Foreign Relations, Vol. 4: America in the Age of Soviet Power, 1945–1991* (1991) 是一部很好的通史。

Michael Hogan, *The Marshall Plan* (1987) 对早期遏制政策的重要支持者进行了解读，发人深省。

Philip Taubman, *Secret Empire: Eisenhower, the CIA, and the Hidden Story of America's Space Espionage* (2002) 开启了一扇独特的窗户，使读者得以了解冷战对美国情报工作的影响。

David McCullough, *Truman* (1992) 是一部通俗而典雅的传记，而 Alonzo Hamby 的 *Man of the People: A Life of Harry S. Truman* (1995) 是一部学术佳作。

Bruce Cumings, *The Origins of the Korean War* (1980) 是对美国在冷战时期首次武装冲突的背景进行研究的重要著作。

Ellen Schrecker, *Many Are the Crimes: McCarthyism in America* (1998) 是对麦卡锡主义的最新阐释。

David Oshinsky, *A Conspiracy So Immense: The World of Joe McCarthy* (1983) 是一部很好的传记。

Richard Fried, *Nightmare in Red* (1990) 是一部概述"红色恐慌"的佳作。

Michael Ybarra, *Washington Gone Crazy: Senator Pat McCarran and the Great American Communist Hunt* (2004) 是研究"红色恐慌"中另一重要人物的著作。

Richard Pells, *The Liberal Mind in a Conservative Age: American Intellectuals in the 1940s and 1950s* (1985) 是概述战后知识分子生活的很有价值的成果。

The Spy in the Sky (1996) 是一部文献纪录片，它讲述了 20 世纪 50 年代一个由工程师和飞行员组成的团队，设计、完善并部署能在高空飞行的 U2 侦察机的故事。

Truman (1997) 是关于第 33 任总统杜鲁门的一部优秀的纪录片。

郊区生活 由于战时没有进行住房建设，加之战后人口剧增，二战结束后，郊区经历了爆炸式的发展。这张照片于1952年由《生活》杂志委托拍摄。照片显示的是许多居民搬家到加利福尼亚莱克伍德一个新居民区的情景，众多行李车造成了交通拥堵。(J.R. Eyerman/Time Life Pictures/Getty Images)

第 28 章

富裕社会

很多美国人（直到现在）认为，美国五六十年代处于黄金时期。这在很大程度上得益于两方面的发展：一是国家经济蓬勃发展，深刻地改变了美国的社会、经济甚至自然景观，同时也改变了很多美国人对生活和世界的看法。另一方面是反共运动的持续斗争，使人产生巨大的焦虑感，同时也鼓励美国人以赞许的态度看待自己所处的社会。

50 年代的政治生活在很多方面反映了繁荣和冷战导致的自我满足和内心焦虑的融合。两大主要政党的分歧弱化了，50 年代选民们对国家领导人的感情跨越了党派界限。德怀特·D. 艾森豪威尔是战争英雄；作为总统，他只想避免战争，创造稳定局面。这些年里当然也有许多人批评美国生活方式，但他们的影响主要局限在文化边缘地带，并不能扰乱中心地带的平静。

大事年表

1946 年	本杰明·斯伯克博士出版《婴幼儿护理》
1947 年	杰克·罗宾逊成为第一个打入棒球联赛的非裔美国人 开始建设纽约莱维特城
1948 年	美国联合汽车工会和通用汽车公司达成协议，汽车工人工资随生活成本提高自动增加 联合国投票通过划分巴勒斯坦并建立以色列国
1950 年	大卫·里斯曼出版《孤独的人群》
1951 年	J. D. 塞林格出版《麦田里的守望者》
1952 年	艾森豪威尔当选总统
1953 年	经济开始衰退 索尔·贝洛出版《奥吉·马奇历险记》 厄尔·沃伦成为最高法院首席大法官 朝鲜战争停火 中情局帮助伊朗政变 奥本海默拒绝接受忠诚调查 斯大林逝世
1954 年	最高法院对布朗诉托皮卡教育委员会案做出判决 民主党重新控制国会多数席位 陆军—麦卡锡听证会；参议院谴责麦卡锡 法军在奠边府投降，日内瓦协议划分越南 美国协助当地武装力量推翻危地马拉的阿本斯政权
1955 年	劳工组织达成和解并成立劳联—产联 最高法院宣布"第二个布朗裁决" 蒙哥马利开始抵制巴士运动 艾森豪威尔和苏联领导人布尔加宁在日内瓦会面
1956 年	《联邦公路法》通过 艾森豪威尔再次当选总统 苏伊士运河危机

1957年	苏联镇压匈牙利革命
	战后婴儿潮达到高峰
	经济开始衰退
	劳动诈骗行为调查集中针对卡车驾驶员
	苏联发射人造卫星
	杰克·凯鲁亚克出版《在路上》
	小石城学校爆发取消种族隔离危机
	《民权法案》获批
1958年	美国制定载人航天计划
	《国防教育法案》获批
	美国海军登陆黎巴嫩
1959年	卡斯特罗夺取古巴政权
	尼基塔·赫鲁晓夫访美
1960年	U-2事件致使巴黎首脑会议未能举行
1961年	尤里·加加林成为苏联进入太空第一人
	艾伦·谢泼德成为美国进入太空第一人
	美国与古巴断绝外交关系
	艾森豪威尔发表告别演说
1962年	迈克尔·哈灵顿出版《另一个美国》
1969年	美国人登上月球
	美国矿工联合会主席"乔克"·亚布隆斯基遇害

回望过去,似乎是许多边缘化批评家比那些只顾赞颂国家成就的人更了解美国人生活的状态,因为很多人都看不到当时存在的许多严重的社会问题。据统计,50年代美国仍有3000万人(20%的人口)生活贫困。少数群体,如占人口10%的黑人,以及拉美裔、亚裔、印第安人、同性恋者等,仍然遭受着社会、政治和经济方面的歧视;许多美国女性对个人成长和事业发展中遭遇的障碍十分不满。正是那些让50年代美国看似如此成功的因素最终使美国日益严峻的社会问题愈发凸显。曾花费数年时间研究美国社会生活的瑞士社会学家贡纳尔·米达尔(Gunnar Myrdal)在1944年的作品中写道:"美国的富裕高度依赖按揭抵押贷款,导致贫困人口要承担巨额债务负担。"清偿这些债务的努力终将把美国推向更为动荡的60年代。

然而早在50年代,社会变化的迹象就依稀可见了。越来越多的美国青年开始醒悟,认为他们的文化浅薄而压抑。越来越多妇女走上了工作岗位。最高法院审理了美国历史上一些最为严重的社会不公案件。同时非裔美国人更加积极地谴责种族不公正和不平等。美国公众生活表面的平静已经无法掩盖其日益严重的动荡因素。

富裕与不均

一、"经济奇迹"

美国社会五六十年代最显著的特征之一就是经济蓬勃发展，20年代的迅猛发展与之相比都黯然失色。与三十年前的经济繁荣相比，这一次的经济发展更均衡，范围更广泛，尽管其覆盖范围仍旧没能达到一些人的期望。

经济增长的根源

1945—1960年间，美国国民生产总值增长了250%，从2000亿美元增加到5000亿美元。大萧条期间平均15%—25%的失业率到五六十年代有所下降，一直维持在5%或更低水平。同时通货膨胀率也徘徊在每年3%左右。

经济稳定增长的原因多种多样。政府消费终结了40年代的大萧条，现在仍通过提供教育资金、住房补贴、退伍军人津贴、社会福利，以及1956年开始的1000亿州际公路项目和军事开支刺激经济增长。50年代前五年，因朝鲜战争爆发，军备开支达到历史最高水平，经济增速也位于高峰期，平均每年增长4.7%。50年代后五年，随着军备开支减少，年经济增长率降低了一大半，降到2.25%。

生育率一改长期下降的情况，出现了所谓的"婴儿潮"。战争期间生育率开始增加，到1957年达到最高点。十年内国家人口增加了20%，从1950年的1.5亿增加到1960年的1.79亿。"婴儿潮"的出现致使消费品需求增加，提高了经济增长速度。

50年代郊区人口增加了47%，比全国人口平均增长率的两倍还多。郊区的迅速扩大刺激了几个重要经济领域的发展。由于居住在郊区，私家车成为必备品，十年内私家车拥有量翻了一番，刺激了汽车业

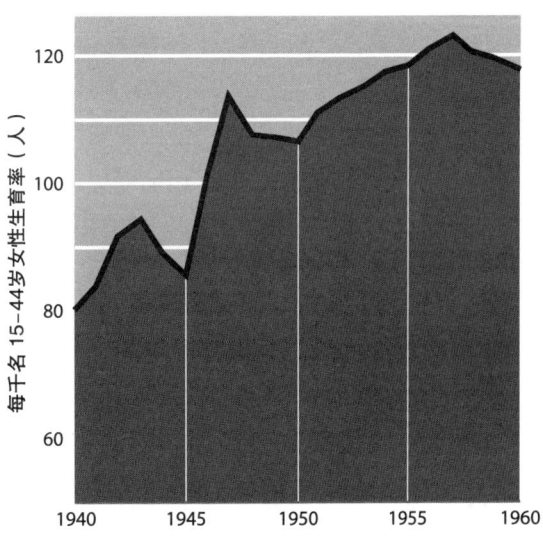

1940—1960年的美国生育率 这个曲线图表示的是经历了30年代的生育率下降的漫长时期后，二战期间及战后生育率迅速提高，被称为"婴儿潮"。在"婴儿潮"处于巅峰时期的50年代，美国人口增加了20%。◆"婴儿潮"对国家经济有什么影响？

的蓬勃发展。新住房的需求也使房地产业维持了稳定发展势头。道路和公路建设同样也刺激了经济发展。

由于多方面的发展，战后三十年来经济增长速度达到了人口增长速度的十倍。虽然经济增长并不均衡，但也惠及社会大多数人口。1960年美国人的平均购买力比1945年时增加了超过20%，大约是20年代的两倍。到1960年，美国人年人均收入1800美元，比1945年增加了500美元。美国人的生活水平达到了世界各国有史以来的最高水平。

现代化西部的崛起

新经济增长给美国西部带来了其他地区难以匹敌的巨大变化。西部人口大幅增加；城市繁荣；工业经济迅速发展。二战之前，西部基本上是东部大工业经济的附庸，负责为东部工业提供原材料和农产品。到60年代，西部的一些地区已经成为国家最重要、人口最多的工业和文化中心。和二战时期一样，西部经济增长主要得益于政府消费和投资。政府在西部投资建设了水坝、发电站、高速公路和其他满足经济发展需要的基础设施。战时，政府出资在加利福尼亚和得克萨斯兴建了很多工厂，战后大量的军购合同继续流向这些工厂。其他因素也起到了一些作用：由于郊区的发展和高速公路系统的改善，二战后汽车使用量大幅增加，刺激了石油工业的发展，进而带动了得克萨斯和科罗拉多的油田迅速增加；同时汽车服务业带动了大都会中心的发展，如休斯敦、达拉斯和丹佛。西部各州政府在大学建设上投资巨大。得克萨斯大学和加利福尼亚大学跻身于全国最大、最好的大学之列；作为科研中心，这些大学将很多技术密集型工业吸引到西部。

<small>有利的气候条件</small>

气候条件也使西部受益。加利福尼亚、内华达、亚利桑那等州温暖干燥的气候吸引了很多人从东部移民而来。二战后，洛杉矶的发展尤其令人瞩目。1945—1950年之间，美国有超过10%的新企业在洛杉矶兴办。1940—1960年间洛杉矶人口增长超过50%。

新经济学

人们惊喜地发现美国经济制度拥有巨大的力量，为50年代的政治生活奠定了自信的基调。大萧条期间，政治家、知识分子等都曾质疑资本主义的生存能力，到50年代，这种质疑已烟消云散。战后经济呈现的两大特质也增强了国民对资本主义的信心。

首先是凯恩斯主义经济学——政府可以在不直接干扰私营企业的情况下调控和稳定经济。早在20年代，英国经济学家约翰·梅纳德·凯恩斯就指出，政府可以通过改变政府开支和税收（即财政政策）、控制货币供应量（货币政策）刺激经济走出衰退期，或抑制增长以阻止通胀。大萧条末期和二战初期的经历似乎印证了这一理论。到50年代中期，凯恩斯理论很快成为经济学家和普通民众的基本信仰。

> 凯恩斯经济学

凯恩斯理论的支持者们将其称为"新经济学"。1963年，肯尼迪提出通过减税刺激经济增长，标志着"新经济学"最终被官方接受。虽然肯尼迪之死和林登·约翰逊政治技巧的共同作用才使肯尼迪提案得以批准，但其结果似乎也确认了凯恩斯主义者的预测：减税使个人需求增加，刺激了经济增长，降低了失业率。

经济增长一直持续，远远超出了观察家们几年前的预测，这时越来越多的美国人开始设想经济增长可以不受约束地持续下去。到50年代中期，关注贫困问题的改革家们认为关键也许不在于再分配，而在于经济增长：富裕阶层不必为了消除贫困做出牺牲；只要国家越来越富足，即使最贫困阶层的生活也可以过得舒适而体面。

> 以经济增长结束贫困

资本和劳动力

50年代企业兼并超过4000起；极少数的超大型公司控制了全国经济活动的巨大份额，尤其是在那些得益于政府国防开支的行业。二战期间，联邦政府倾向于把军购合同交给大公司。1959年，一半国防合同流向了20家公司。到50年代末，全国公司净收入的一半属于500多家公司，占全美公司总数的千分之一。

> 公司合并

农业经济中也发生了类似的兼并。机械化程度的提高降低了农业工人需求量，战后二十多年里，农业劳动力减少了一半以上。机械化也威胁到了美国最为珍视的制度之一——家庭农场。60年代，个人很少有能力购买和装备现代化农场，国内最肥沃的土地都被金融机构和大公司所收购。

蓬勃发展的企业非常不愿让罢工事件影响正常运作，因此，企业领导人不得不对工会做出重要让步。早在1948年，汽车工人联合会主席沃尔特·鲁瑟（Walter Reuther）就和通用汽车公司签订了一个含有"弹性条款"的合约，即汽车行业的工资自动随消费价格指数增长而增加。1955年，鲁瑟获得了福特汽车公司担保，保证停工期间也向汽车工人支付工资。到50年代中期，所有行业的工厂工资大幅提高，平均周工资达80美元。

50年代初期，大工会和雇主发展了新型关系，人们有时称之为"战后契约"。钢铁、汽车等大工会行业的工人工资和福利大幅增加；作为回报，工会也默认不提其他更多要求，包括改善工作场所和参与制订生产计划等。

50年代的经济成功为劳工运动的重新联合铺平了道路。1955年12月，美国劳工联合会和美国产业工会联合会结束了长达20年的对立，合并为劳联—产联，乔治·米尼（George Meany）任主席。前劳联领袖和前产联领袖一直关系不融洽。产联领袖（正确地）认为劳联的等级制度主导了二者间的关系；劳联领袖则对过去产联领导层的激进做法持怀疑态度。即便如此，30年代形成的两个劳工运动组织得以保留，矛盾也逐渐缓和。

面对成功，一些工会机构开始滋生腐败。1957年，势力强大的卡车司机工会成为国会调查对象，工会主席大卫·贝克（David Beck）被控挪用工会资金。吉米·霍发（Jimmy Hoffa）继任后，政府调查员追查他近十年，最终于1967年以逃税漏税将其定罪。曾为30年代工人运动先锋的矿工联合会，也被怀疑存在腐败和从事暴力活动。约翰·L.刘易斯担任工会主席的最后几年丑闻缠身，且受工会内部异见所困扰。他的继任者托尼·博伊尔（Tony Boyle）最终也因为参与1969年谋杀工会内部异见领导人的行动而被判共谋罪。

虽然劳工运动在为工会工人争取高工资和高福利方面取得了巨大成功，但大部分没有加入工会的劳工却受益不多。50年代工会人数相对稳定，维持在1600万人左右；部分原因是一些蓝领工人转向白领工作，同时工会面临着新的阻碍。《塔夫脱—哈特利法》以及随之而来的各州有关工作权利的法律使组建新的工会越来

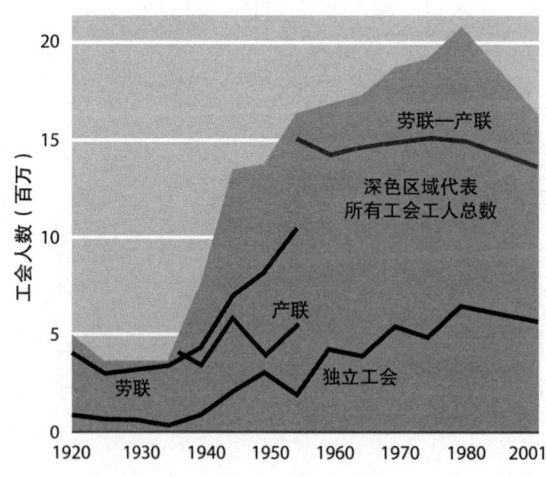

1920—2001年间加入工会的工人数量　这一图表展示的是八十年间加入工会的工人数量的变化。请注意其中的几个折点：30年代到40年代的工会工人数量激增，60年代到70年代增速虽然缓慢但人数不少，80年代工会工人数量下降。这张图展示的是工会工人的绝对数字而非他们在迅速增加的工人大军中所占的比例，因此，实际上这张图含蓄地表现了战后工会工人数量减少的情况。◆ 70年代工会为什么能够成功招募新成员？为什么80年代工会成员实际上在减少？

越难。二战结束不久，产业工会联合会在南部发起了大规模工会组织运动，主要针对低收入的纺织工人。二战后三十年间大多数的工人运动都失败了，这次"南方行动"最后也以失败告终。

二、科技爆炸

1961年《时代》杂志选取的"年度人物"并不是某个特殊人物，而是"美国科学家群体"，表明在核武器时代，人们普遍对科技怀有深深的迷恋，也标志着战后美国科学家已经在多个领域取得了迅速而引人瞩目的科技进步。

医学的突破

医学界的一项重大进步是一种抗感染的新型抗菌药研制成功，这种病菌过去一旦感染就几乎无法治愈。

路易斯·巴斯德（Louis Pasteur）和朱·弗朗索瓦·朱伯特（Jules-Francois Joubert）的发现引发了对抗生素的研究。19世纪70年代在法国工作时，他们发现了第一个确凿的证据，证明恶性细菌感染可以被其他普通细菌打败。在此基础上，英国物理学家约瑟夫·李斯特（Joseph Lister）揭示了使用抗生素对预防手术感染的重要性。抗生素

几十年后，抗菌药剂才开始在临床使用。30年代，德国、法国和英国的科学家们阐述了所谓的磺胺类药剂的作用。这种药剂由被称作磺胺的抗菌类药物衍生而来，可用于治疗链球菌引发的血液感染。新的磺胺类药物很快发展起来，而且一再得到改进，并且在治疗过去足以致命的疾病方面效果显著。

1928年，英国医学研究人员亚历山大·弗莱明（Alexander Fleming）偶然发现了一种有机体具有抗菌特性，他称之为青霉素（盘尼西林）。然而青霉素在用于人类疾病的治疗上却几乎没有进展。直到牛津大学的霍华德·弗洛里（Howard Florey）和欧内斯特·钱恩（Ernest Chain）领导一组研究人员发现了将性能稳定、药效明显的青霉素规模化生产的方法后，它才有可能用于临床治疗细菌性疾病。1941年，新药进行了第一次人体试验，并取得成功。但英国对青霉素的大量生产因二战而搁置。美国的实验室进行了关键的下一步，研究青霉素大规模生产及商业销售问题。到1948年，几乎全世界的医生和医院都能够使用青霉素了，从那时青霉素

起，一系列具有特效的新抗生素被开发出来，现在细菌感染疾病已经成为人类治疗最成功的疾病之一。

免疫接种也取得了巨大进展。第一个重大成功是 18 世纪晚期英国研究人员爱德华·詹纳（Edward Jenner）研究出的天花疫苗。1897 年，英国细菌学家阿尔摩斯·莱特（Almroth Wright）发现了有效抵抗伤寒的疫苗，一战时，这种疫苗曾被大规模使用。二战前和二战时，破伤风疫苗也被广泛使用。20 年代，医学家们开发出了针对肺结核的疫苗，即卡介苗；由于其安全性存在争议，很多国家，尤其是美国，在研制成功后很多年都禁止使用卡介苗。直到二战之后，卡介苗才在美国大范围使用，此后肺结核在很大程度上得以消除。

病毒比细菌感染更难以预防和治疗。除天花外，预防病毒感染的疫苗开发进展相对缓慢。30 年代，科学家们发现可以通过实验室组织培养病毒，进而有效地对其进行研究。渐渐地，他们发现了生产特殊病毒的方法。这种病毒并不会引起疾病，但是接种它的人体内能产生抗体，从而保护他们免于感染疾病。30 年代晚期，有效抵抗黄热病的疫苗被开发出来，抗流感疫苗则出现于 1945 年（流感曾是 20 世纪前半叶的主要杀手之一）。

战后另一个重大成功是研发出预防脊髓灰质炎（小儿麻痹症）的疫苗。1954 年美国科学家乔纳斯·索尔克（Jonas Salk）开发了一种有效的疫苗来对抗这种曾令成千上万的儿童和成人死亡或残疾的病毒。富兰克林·罗斯福就是其受害者。1955 年起，联邦政府无偿向公众提供这种疫苗。1960 年以后，阿尔伯特·萨宾（Albert Sabin）研制出了口服疫苗（通常用糖衣包裹），使大面积接种工作更加方便。到 60 年代初，这些疫苗实际上已经消除了美国和世界许多地区的脊髓灰质炎。

医学领域的进步使战后 25 年间美国的新生儿死亡率和儿童死亡率大幅降低（虽然不及西欧），同期平均寿命增加了 5 年，达到 71 岁。

杀虫剂

当医学研究人员忙于寻找治疗和预防感染性疾病的疫苗时，其他科学家正在研发新型化学杀虫剂，以防止作物受虫害或人类感染经昆虫传染的疾病，如斑疹伤寒症和疟疾。最著名的新型杀虫剂是二氯二苯基三氯乙烷，俗称 DDT，由瑞士化学家保罗·穆勒（Paul Mueller）于 1939 年发现。他同时发现，DDT 对人体和其他哺乳动物似乎无害，但是对昆虫来说却属于剧毒物质。1942 年，美国科学家获悉穆勒的发现,此时由昆虫传播的热带疾病(尤以疟疾和斑疹伤寒症居多)正在军队肆虐,威胁着美军士兵的生命安全。

这种情况下,DDT 似乎是一份来自上帝的礼物。DDT 的初次使用就使 1943—1944 年间意大利爆发的大面积斑疹伤寒症迅速终结。不久,它又被喷洒在那些蚊虫肆虐的太平洋海岛上,美军正在那里和日军作战。因为 DDT 的作用,士兵们没有遭受疾病的困扰,疟疾的发病率也急速下降。人们很快就把 DDT 当作控制昆虫的神奇工具,毫无疑问,它挽救了成千上万条生命。但后来科学家们发现,DDT 对任何动物都有长期的毒副作用。

DDT

战后电子研究

四五十年代,电子技术有了新的进步。40 年代,研究人员制造出第一批可供商业使用的电视机,而且开发出可在大范围内播放电视节目的技术。50 年代晚期,科学家们在位于新泽西州的美国无线电公司的大卫·萨尔诺夫实验室开发出彩色电视技术。60 年代初,彩色电视已经得到普遍使用。

电视的发明

1948 年,贝尔实验室(美国电话电报公司的研究部门)研制出第一个晶体管。这种固态装置可以增强电子信号,比多数电子设备以前用以供电的真空管体积小、效率高。晶体管的诞生使许多设备体积缩小,如收音机、电视机、音频设备和助听器;而且在航空、军事和卫星领域有重要用途。晶体管还推动了电子科技的另一个突破:50 年代晚期集成电路的发展。

集成电路把以前单独的电子器件,如晶体管、电阻器、二极管等都集中到一起,并把它们嵌入一个精密的微型装置。过去的各种手段都无法创造出使用复杂电路的电子装置,而集成电路的出现使电子装置日益复杂化成为可能。最重要的是,集成电路推动了计算机的发展。

战后的计算机技术

50 年代之前,计算机主要用于复杂的计算工作,如破译军事密码。50 年代,计算机第一次用于商业功能是在商业机构和其他组织中作为数据处理设备使用。

50 年代的第一台计算机是雷明顿·兰德公司为美国人口普查局生产的通用自动计算机(UNIVAC)。它可以轻松处理字母和数字信息,使用磁带存储,执行计算和其他功能的速度都比电子数字积分计算机(ENIAC,由同一组研究人员于 1946 年在宾夕法尼亚大学开发)快得多。为了给这个昂贵的装置寻找更大的市场,

通用自动计算机

计算机时代的开端 这台由真空管供电的巨型计算机是二战后研制的第一代计算机主机的一部分。这类机器主要服务于政府机构和大公司。到20世纪90年代,小型台式机已经能够以更快的速度执行这台巨型计算机的所有功能。(*Hagley Museum and Library*)

雷明顿·兰德安排使用UNIVAC为哥伦比亚广播公司的电视新闻节目预测1952年的大选结果。他们认为这次活动将为UNIVAC带来宝贵的宣传效果。分析了早期的投票结果后,UNIVAC准确地预测出艾森豪威尔将会以压倒性优势战胜史蒂文森。那一夜之前,很少有美国人听说过计算机。UNIVAC首次在电视上亮相吸引了公众对计算机技术的关注,实现了将计算机技术推向公众的一次关键突破。

雷明顿·兰德在UNIVAC的市场营销方面斩获有限。50年代中期,国际商业机器公司(IBM)推出了第一台主要用于数据处理的计算机,并着手推向美国和海外的广阔市场。IBM公司投入大量资金用于研发,加之早期取得的成功,终于跃居为计算机行业的世界领袖。

炸弹、火箭和导弹

1952年,美国成功爆炸了第一枚氢弹(一年之后,苏联也进行了第一次氢弹试验)。氢弹不同于二战中的钚炸弹和铀炸弹,其能量并不是裂变(原子的分裂)产生的,而是由聚变(轻原子核和重原子核合并)产生,它爆炸时释放的能量比之前的裂变炸弹大得多。

氢弹的发展推动了美苏本已陷入停顿的科学项目——因新式武器不适于飞机搭载,美苏都竭力开发无人火箭和搭载新式武器直达目标的导弹。两国开始投入

氢弹

大量资源用于该项目研发。二战期间,一些曾帮助德军开发火箭技术的德国科学家移民美国,美国的火箭研发因此受益。

在美国,早期的导弹研究几乎都是由空军进行的。他们已经取得了重大成果,开发出能飞行数百英里的火箭。但是美苏两国首脑都希望建造出可跨越海洋和大洲的远程导弹——能穿行到达远距离目标的洲际弹道导弹。50年代,美国科学家先后试验了"阿特拉斯号"和"泰坦号"洲际弹道导弹。初期取得了一些成功,但也面临着许多困难,尤其是难以找到充足而稳定的

第一颗人造卫星发射,1961 1957年苏联成功发射人造卫星后,美国人几乎陷入了恐慌。四年后,"雷神—艾布尔星号"火箭带着一颗美国人造卫星从佛罗里达州的卡纳维拉尔角升空。这颗卫星有一个核动力发电器,可以源源不断地为发射无线电信号提供能量。(National Archives and Records Administration)

燃料来提供足够的能量,把导弹发射到大气层之外。1958年,科学家们制造出一种固体燃料取代早期具有挥发性的液体燃料;还制造出小型制导系统,保证导弹可以打击较为精确的目标。几天内,可以飞行数千英里的新一代导弹"民兵"成为美军原子武器库的基本配备。美国科学家还开发了一种可装备于潜艇的核导弹——即可利用压缩空气从水下发射的"北极星号"。1960年"北极星号"首次从水下成功发射。

太空计划

1957年,苏联宣布他们向外太空发射了一颗绕地卫星,即人造地球卫星"史普尼克号"。美国太空计划的最直接起因就是这一事件。当时美国还没有类似的能力,这一消息令美国政府和社会各界陷入忧虑,仿佛苏联的成功就是美国的惨败。

"史普尼克号"的刺激

阿波罗 11 号 1969 年 8 月，尼尔·阿姆斯特朗给他的同伴埃德温（"巴兹"）·奥尔德林拍照。他们是第一批踏足月球表面的人类。他们乘坐阿波罗 11 号太空飞船绕月球轨道飞行，然后乘坐他们携带的登月舱到达月球，之后又随登月舱回到太空飞船并返回地球。（NASA）

此后联邦政策开始鼓励（包括提供资金）改善学校的科技教育、建设更多的研究实验室，最重要的是推动美国自身外太空探索事业的发展。1958 年 1 月，美国发射了第一颗人造卫星——"探索者 1 号"。

但是，不久探索外太空计划的核心内容就演变成载人航天计划。1958 年，载人航天计划确立，国家航空航天局（NASA）成立，并挑选出了第一批美国宇航员。他们很快就成为最受人尊敬的国家英雄。国家航空航天局成立后的第一项举措就是实施"水星计划"，把载人飞船发射到绕地轨道。1961 年 5 月 5 日，艾伦·谢泼德（Alan Shepard）成为第一个进入太空的美国人，他绕地球进行了短暂的亚轨道飞行。然而，几个月前苏联宇航员尤里·加加林（Yuri Gagarin）已经进行了绕地球轨道飞行。1962 年 2 月 2 日，约翰·格伦（John Glenn，后成为参议员）成为第一个绕地球轨道飞行的美国人。后来，国家航空航天局又推出了"双子星座计划"，其航天器一次可同时搭载两名宇航员。

阿波罗计划　继水星计划和双子星座计划之后，是以载人登月为目标的"阿波罗计划"。这个计划遭受了一些灾难性的挫折，其中最主要的是 1967 年 1 月的大火造成三名宇航员死亡。1969 年 7 月 20 日，尼尔·阿姆斯特朗（Neil Armstrong）、埃德温·奥尔德林（Edwin Aldrin）和迈克尔·柯林斯（Michael Collins）乘宇宙飞船成功进入月球轨道。阿姆斯特朗和阿尔德林之后从宇宙飞船中分离出一个小的登月舱，降落在月球表面，进行了人类第一次太空行走。之后美国又进行了 6 次登月任务，最后一次是 1972 年。不久之后，政府就开始削减登月计划的资金，民众对该项目的热情也开始减退。

载人航天计划的前景并不像最初设想的那样致力于到达遥远的星球。相反，它通过发展航天飞机（外观像飞机，由火箭发射器发射，既可以在太空飞行，也可以像普通飞机一样在地面降落）使近太空的航行变得更加方便实用。1982年航天飞机第一次发射成功。1986年1月，"挑战者号"航天飞机起飞后不久发生爆炸，七名宇航员全部丧生，导致该计划推迟两年之久。80年代晚期，航天飞机项目得以恢复，在一定程度上可以说是出于商业目的。1990年，航天飞机成功发射后，修复了一些通信卫星，并把哈勃太空望远镜送入轨道；后来还对哈勃望远镜的镜头进行了修复。但诸多问题一直困扰着航天计划，到21世纪初仍然如此。

太空计划和军方开发导弹一样，不仅促进了美国航天工业的蓬勃发展，由此产生的许多技术进步也在其他领域具有重要价值。

三、富裕的人们

美国战后社会发展最显著的特点之一就是中产阶级生活方式和观念迅速扩展，影响到此前完全与中产阶级隔绝的大部分群体。以前的边缘群体日益富裕；消费品供应增加，加之价格实惠，消费对民众的吸引力大大增加；大批人口从城市迁往郊区，这一切使美国中产阶级群体比以往人数更多、实力更强、更加趋同、更具主导性。

消费文化

50年代中产阶级文化的核心与几十年前没什么不同，仍然是日益钟情于消费品。财富增加，产品种类更加丰富，广告商们熟练地引发人们对产品的需求，以及消费者信贷的增加等因素共同造就了这一局面。1945—

50年代的美国家庭 这是一份电视录放机广告，画面上是50年代中产家庭中常见的情景，一位从事专业性工作的父亲和两个穿着整洁的孩子在看电视放松，他美丽的妻子在一旁端着饮料，愉快地忙碌着，气氛温馨和谐。电视机的销售强化了新媒体促进一家人共叙天伦的作用。(Gaslight Archives)

州际公路 州际高速公路系统改变了美国的自然景观。巨型蜿蜒的水泥带穿越城市、市镇和乡村。照片展示的是长岛的公路情况。高速公路最大的影响是为城市人口向郊区迁移提供了便利。(*Ewing Galloway*)

　　1957年，信用卡支付、循环赊账账户和简易付款计划的发展使消费信贷增加了800%。经济繁荣刺激了汽车工业发展，底特律则以更加华丽的车型和车用配件迎接这次发展的浪潮。消费者对洗碗机、垃圾处理机、电视机、高保真音响和立体声音响等新产品反响热烈。五六十年代的繁荣很大程度上是由消费（而非投资）驱动的。

消费狂热　　由于消费品通常是在全国范围内营销和推广，所以全国性消费狂潮的迅速蔓延也是50年代的一个显著特征。50年代末呼啦圈（在腰间不停旋转的大塑料圈）曾在儿童、青少年甚至一些成人中风靡一时。沃尔特·迪士尼公司制作的电视节目《米奇俱乐部》大受欢迎，其周边产品如米奇手表和米奇帽子也形成了巨大的国内市场需求。洛杉矶附近的迪士尼乐园（再现了迪士尼节目中的许多人物和场景）也因此取得了空前的成功。

国家景观和汽车

　　迪士尼的成功很大程度上依赖于通往周边人口密集城市的公路网和乐园周围的大型停车场。简而言之，迪士尼的成功标志着汽车已经惊人地影响了战后的美国生活和国家景观。1950—1980年间，全国人口增加了50%，汽车拥有量增加了400%。

1956年《联邦公路法案》拨款250亿美元进行公路建设，促成了现代历史上对国家景观最重大的改变之一。4万英里的混凝土带蜿蜒伸展，跨越河流和山谷，横穿各州，遍布全国，通往各大城市（又从城市通往郊区），大大减少了旅行所需的时间，使卡车货运比铁路运输更加经济，使乘坐小汽车或巴士旅行与搭乘旅客列车的速度一样快或者更快，导致铁路陷入长期衰落状态。 州际公路

公路也刺激经济活动（尤其是制造业）从城市转移到地价更为便宜的郊区或农村。传统的城市商业区随之衰落。后来所谓的"边缘城市"和其他新兴的工业商贸中心在传统城市中心以外发展起来。

汽车增加和公路延伸使人们可以更容易地搬到离工作地点较远的地方居住。于是很多人得以住在以前负担不起的大宅院中，享受更大的空间。二战以后的很多房子都建了车库，后院成为标准设置，使很多设施诸如秋千架、烧烤架、私人游泳池等更为普遍。火车旅行向汽车旅行的转变催生了大量汽车旅馆（1948年2.6万家，1960年6万家，1970年超过10万家）。1952年，美国第一个假日旅馆（不久发展为美国最大的连锁汽车旅馆）在位于孟菲斯通往田纳西州纳什维尔市之间的公路旁开业。战后，汽车剧院（最早出现于30年代，是美国特有的现象）迅速普及。1958年，全国已有4000家汽车剧院。 快餐

零售业也因此而发生改变，快餐连锁店发展起来。很多提供免下车服务的汽车餐厅（顾客可以在车上订饭就餐）逐渐发展成快餐连锁店。1921年，第一家汽车餐厅（罗伊斯·海利猪肉亭）在达拉斯开业。十年后白塔快餐公司成立，这是首家实行特许经营的快餐公司。1955年，雷·克拉克的麦当劳餐厅在伊利诺伊州德斯普兰斯和加利福尼亚南部建立了第一批分店；五年后，麦当劳已拥有228家分

早期的麦当劳　战后汽车主导的新型人文景观在许多方面改变了人们的生活方式，包括就餐方式——伊利诺伊州德斯普兰斯城早期的麦当劳反映了新的就餐模式。1955年，雷·克拉克从几年前创建公司的麦当劳兄弟手中买下了这家公司，并把它发展为服务汽车旅行者的快餐便利店（初期的主要竞争者是老式免下车餐厅）。如今，麦当劳在世界多数国家开设了分店，许多设在城市，但它仍是美国汽车文化的一部分。(Hulton Archive/Getty Images)

店；到1970年，麦当劳专营餐厅已经遍布国内外，"金色双拱门"成为全世界最著名的食品标志。大型连锁超市取代了市镇中心的小型家庭商铺，满足了有车族的需求。大型购物中心和商城的发展使零售业远离了城市，转移到空间广阔、分散，且有大型停车场环绕的综合建筑群中。

郊区的国度

1960年，全国已有三分之一的人口在郊区居住。住房建筑的重大革新使数以百万计的人们都能够负担起独栋家庭住房，从而在一定程度上促进了郊区化。战后最著名的郊区开发商威廉·莱维特（William Levitt）把规模生产技术运用到在

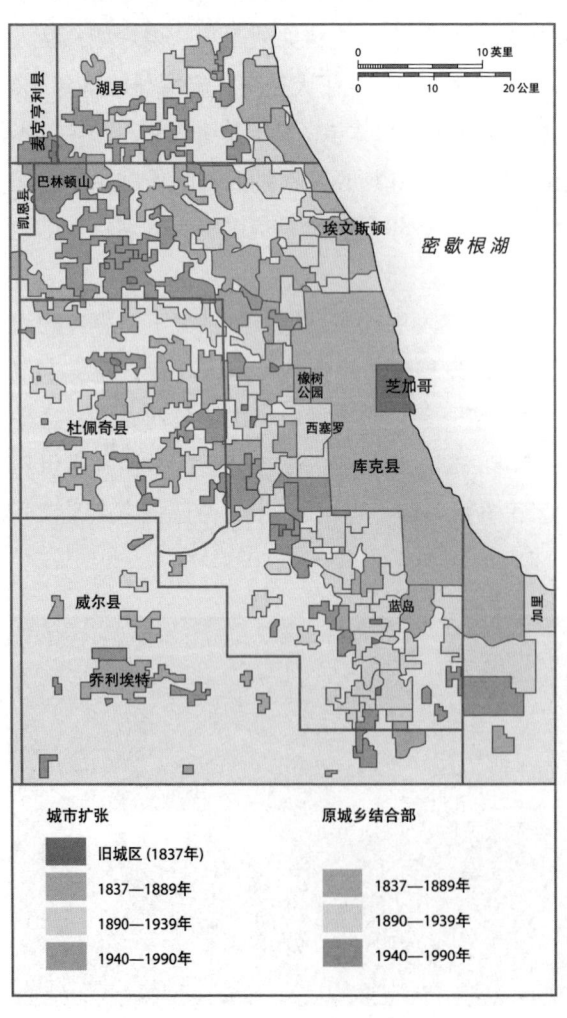

芝加哥附属区及其周边郊区 这张图以芝加哥为例展示了美国城市发展的两个重要进程：城市化巩固和郊区化。1837年，芝加哥仅仅包含密歇根湖畔的一个小区域，即图上右侧中间位置的阴影区。此后的五十年中，芝加哥兼并了周边的大片土地，进入20世纪后，又有一些小规模的兼并。同时，也有一些芝加哥城兼并的周边区域脱离城市成为独立社区，即郊区。这种合并风潮始于20世纪最初几十年，一直持续到90年代。纽约等许多城市的地图也呈现类似的发展模式。◆ 城市和郊区在法律和财政上都处于分隔状态会带来什么后果？（彩图见第1448页）

"莱维特城" 长岛（靠近纽约市）开发的一个大型房地产项目上。第一个"莱维特城"（后来新泽西和宾夕法尼亚也相继出现）包括几千个科德角式的两居室住宅，其内部结构完全相同，外观略有差异，每个房子有独立的水泥混凝土地基（减少了挖掘的成本），面朝蜿蜒且没有树木的街道。莱维特城的房屋售价不到1万美元，满足了日益增长的房屋需求。年轻夫妇（通常是新婚的退伍军人，既渴望成家又能享受《退伍军人权利法》提供的政府低息房屋贷款）争相购买这类廉价住房。他们不仅在莱维特城，也在遍布全国的其他类似的住宅开发区购置房产。

为什么这么多美国人想搬到郊区？一个原因是经过五年艰苦的战争之后，美国人十分重视家庭生活。在郊区，人们可以居住在城市里找不到（或者负担不起）的大房子。很多人赞同生活在一个人口年龄和背景都接近的社区，并认为在这种社区中生活比在城市中更容易建立友谊和社交圈子。妇女们尤其珍视邻居中有与自己情况相似的全职母亲，这样她们就可以互相帮助照看孩子。另一个促使白人搬到郊区的因素是种族。虽然存在一些非裔美国人社区，但是多数郊区是白人社区。一方面很少有黑人能够负担郊区房屋的价格；另一方面，即使是富裕的非裔美国人也面临着正式或非正式的阻碍。当多数城市的黑人迅速增加时，很多白人家庭迁往郊区，逃避城市里社区和学校的种族融合趋势。

郊区居民有很多共性，但是也并非完全一样。对某莱维特城的一项著名研究显示，那里的人职业不同、民族背景不同、收入各异。但是莱维特城和其他类似的廉价社区最终成为很多中低收入家庭在近郊的家园。其他更繁荣的郊区成为富人的领地。事实上，几乎每个城市郊区都出现了清晰的等级结构，分为上层社区和一般阶层社区，与早些年都市居民区形成等级结构的情况如出一辙。

郊区家庭

对职场人士（多数在城市工作，离家较远）而言，郊区生活意味着工作和个人世界的严格区分。对中产阶层已婚妇女而言，它意味着与工作场所的进一步隔离。50年代重视家庭生活的文化观念强化了人们对妇女从事专业工作甚至是取酬工作的偏见。很多中产阶级的男性认为妻子参加工作有损身价。只要家庭生活能够维持，很多妇女也不愿工作。这也是由于母亲观念（认为母亲应该待在家中陪着孩子）日益深入人心。

性别角色得以强化

本杰明·斯伯克博士的《婴幼儿护理》（Benjamin Spak, *Baby and Child Care*）是战后美国生活中最有影响的书籍之一，为养育儿童提供了指南。该书1946年第

本杰明·斯伯克博士

一次出版，之后几十年中多次修订再版。斯伯克式婴儿抚养法以孩子为中心，而非以父母为中心。他认为，母爱的目的是帮助孩子学习、成长并发挥其潜力。其他方面，包括妈妈的身心要求等都应从属于孩子的需要。起初，斯伯克博士并不重视父亲在抚养孩子过程中的作用，不过随着时间的推移，他对这一问题（以及其他一些问题）的观点逐渐发生了变化。

全职母亲也面临着沉重压力，要留在家一心照顾孩子。但随着对物质享受的期待不断增加，很多中产阶级家庭需要第二份收入来达到他们理想的生活水准。结果，尽管迫使妇女远离工作岗位的社会压力增大了，但战后已婚妇女在家庭之外参加工作的人数仍旧有所增加。到 1960 年，将近三分之一的已婚妇女已成为工薪阶层。

电视的诞生

电视也许是有史以来最强大的大众传播媒介，在战后的文化生活中处于中心地位。早在 20 世纪 20 年代，就已经出现了播放有声图像的尝试。但直到二战结束后不久，电视才开始受到商业化推广，普及速度非常之快。1946 年，国内仅有 1.7 万台电视机，到 1957 年，电视拥有量达 4000 万台，几乎和全国的家庭数量一样多。有报告显示，拥有电视的人数比拥有冰箱的人数更多。

电视行业由无线电广播行业发展而来，三大广播公司（国家广播公司 [NBC]、哥伦比亚广播公司 [CBS] 和美国广播公司 [ABC]）都是以无线电广播起家。和无线电广播一样，电视业也是由广告驱动的，吸引广告商是设计规划多数节目的优先考虑因素；电视产业发展初期，赞助商通常对他们所赞助节目的内容具有直接、有力的影响。很多早期的电视节目都冠以赞助商的名字，如：通用电视剧场、克莱斯勒剧场、骆驼新闻大篷车等。一些日间电视连续剧实际上由宝洁公司等公司创作出品。

电视迅速、广泛而深刻地影响了美国人的生活。到 50 年代末，电视新闻已经取代报纸、杂志和广播成为国内最重要的信息传播媒介。电视广告为新的时尚潮流和商业产品创造了巨大的市场。体育赛事电视转播逐渐使职业体育运动和大学体育运动成为美国最重要的娱乐方式之一（也是最具经济效益的商业活动之一）。电视娱乐节目（几乎完全由三大广播公司及其赞助商控制）取代电影和广播节目成为美国家庭娱乐消遣的主要来源。

五六十年代的多数电视节目描绘了美国生活的常见景象——居住在郊区的白

人中产阶级的生活。大众情景喜剧《奥兹和哈莱特》(*Ozzie and Harriet*) 和《反斗小宝贝》(*Leave It to Beaver*) 都是这种题材。当时的节目编排也强化了多数男性与部分女性都赞同的性别角色概念，正如一个最受欢迎的节目《老爸最聪明》(*Father Knows Best*) 的名字那样。多数情景喜剧里的女人是家庭主妇，整日为照顾孩子、取悦丈夫而努力。电视节目也表现了其他类型的形象，比如杰克·格里森(Jackie Gleason) 的《蜜月中人》(*The Honeymooners*) 表现的就是勇敢的城市工人阶级的家庭生活；《我爱露西》(*I Love Lucy*) 展现的则是没有小孩的商业家庭生活；《我们的布鲁克斯小姐》(*Our Miss Brooks*) 和《我的小玛吉》(*My Little Margie*) 表现了未婚职业女性的生活；《阿摩司和安迪》(*Amos'n Andy*) 表现的是非裔美国人的不幸生活。很多节目不仅试图创建一种美国郊区同质化生活的理想形象，还同时尝试描绘一些与之不同的生活，尽管只是用一种温和的不具威胁性的形式进行表达。

然而电视节目本身也无意中加剧了社会矛盾，因为有些不能共享社会富裕的人可以通过电视看到其他人生活的生动画面。这样，电视一方面促进了白人中产阶级的趋同，另一方面造成了中产阶级之外那些群体的疏离感和无奈感。

旅行、户外休闲和环境保护论

20 年代起，给工人提供带薪休假以及利用假期去旅行的观念进入了美国文化。战后，中等收入的美国人普遍享受到了带薪休假旅行。州际公路系统的建设带动了旅游业发展。工人们日渐富裕，买得起汽车，同样也促进了旅游业的发展。

各处的国家公园尤其见证了旅行和休闲浪潮的出现。这一热潮开始后，整个 50 年代，国家公园成为旅行休闲活动的胜地。有些人去国家公园是为了远足和露营；也有人是为了钓鱼和狩猎，从 50 年代起，这类活动很受欢迎，出现了很多俱乐部；还有的人就是为了看风景。无论目的是什么，多数来国家公园的游客并非为了传统的休闲，而是出于对野外风景的追求。50 年代初，开发荒野地带引发了多次斗争，在第一次斗争（关于保留回声公园的斗争）中，寻找荒野风景的重要性一目了然。

回声公园是国家恐龙纪念公园内的一个风景壮丽的大峡谷，位于犹他州和科罗拉多州交界处，靠近怀俄明州的南部边界。50 年代初，联邦政府垦务局（20 世纪初成立，主要负责水利灌溉和开发电力资源，增加水供给）建议在流经回声谷的格林河上修建大坝，建造一个人工湖用于休闲，并作为水力发电的水源。自 20

回声公园

世纪初试图阻止在约塞米蒂国家公园的赫奇赫奇峡谷修建大坝（参见边码第590页）遭遇惨败之后，美国的环境保护运动处于相对寂静的状态。而回声公园项目又唤醒了沉睡中的环境保护运动。

1950年，著名作家、美国西部的伟大守护者伯纳德·德沃托（Bernard DeVoto）在《星期六晚邮报》上发表了一篇题为《我们能坐视他们毁掉我们的国家公园吗？》的文章，引起了巨大的反响，引发了各地对回声谷大坝的反对。几十年来相对低调的塞拉俱乐部，现在也行动起来了。一位很有魄力的新领袖大卫·布劳尔（David Brauer）在这次争论中脱颖而出，最终把塞拉俱乐部改造成全国最主要的环保组织。到50年代中期，环保主义者、自然主义者和野外休闲度假的人们被动员起来结成联盟，共同反对大坝计划。1956年，国会迫于民意停止了这一计划，使回声公园维持原状。这次争论是那些希望保持国家公园原始自然状态的人们的一次重大胜利，为新兴环保意识（十几年后，环境保护意识将极其重要）的发展提供了重要的推动力。

组织型社会及其批评者

50年代，白领从业者人数第一次超过了蓝领工人，在等级制度严格的公司工作的白领比例也逐渐增加。工业工人也面临着官僚主义作风，不仅在工作场所，在工会也是如此。消费者发现在大型国有公司购物、享受服务时，也面临令人失望的官僚作风。越来越多的美国人开始相信，未来获得成功的关键在于接受专业培训，掌握在大公司工作的技能。

为适应组织型社会的要求，美国教育体系进行了课程设置和教育理念的实验性改革。尤其是在苏联人造卫星发射之后，中小学更加注重科学、数学和外语教学。教育工作者们认为这些科目对于培养技术娴熟的专业人才十分重要。同时，大学也增加了课程，为学生提供更多机会发展他们的专业才能。加州大学伯克利分校校长第一次提出了"综合性大学"的概念，这一概念表示大学要使高等教育成为培养各领域专家的基地。

官僚作风对个人的消极影响慢慢成为公众和专家讨论的中心议题。小威廉·H.怀特的《有组织的人》(William H. Whyte Jr., *The Organization Man*, 1956) 成为50年代引发讨论最多的书籍。书中试图描述庞大的官僚机构中职员的特殊心理状态。怀特指出，"和睦相处"和"团队工作"已经取代了独立工作，成为现代人最看重的品质。社会学家大卫·里斯曼也在《孤独的人群》(David Riesman, *The Lonely*

Crowd，1950）一书中做了类似的描述，指出传统的"内在导向"者（根据自己的价值观和家人的评价判断自己）已经让位给新的"外部导向"者（更在意赢得家庭之外的组织或集体的认可）。

小说家们也在作品中表达了对现代社会的罪恶和冷漠的忧虑。索尔·贝洛（Saul Bellow）的一系列小说——《奥吉·马奇历险记》(*The Adventures of Augie Maron*, 1953)、《只争朝夕》(*Seize the Day*, 1956)、《赫尔佐格》(*Herzog*, 1964) 等描写了犹太裔美国人在现代城市中追求自我价值时遭遇的种种困难。J. D. 塞林格在《麦田里的守望者》(J. D. Salinger, *The Catcher in the Rye*, 1951) 中刻画的大学预科学生霍顿·考菲尔德觉得社会的任何角落（学校、家人、朋友、城市）都无法给他安全感和信任感。

垮掉的一代和躁动的青年文化

对官僚主义和中产阶级社会批判最强烈的是青年诗人、作家和艺术家群体，通常被称为"披头族"（或"垮掉的一代"）。他们认为美国社会平淡乏味、政治无意义、大众文化陈腐平庸，艾伦·金斯伯格的诗《嚎叫》(Allen Ginsberg, "Howl", 1955) 基调灰暗、讽刺辛辣，喊出了"机器人公寓！不可征服的郊区！空虚的国库！盲目的资本！恶魔般的工业！"对现代生活进行控诉。杰克·克鲁亚克的小说《在路上》(Jack Kerouac, *On the Road*, 1957) 也许是"垮掉的一代"的"圣经"。书中对跨国自驾旅行的生动描写反映了克鲁亚克和他的朋友们流浪的、反抗传统的生活方式。

> 对垮掉的一代的批评

"披头族"是 50 年代美国青年普遍躁动不安的最明显证据，这种烦躁某种程度上也是繁荣的结果——青年们越来越觉得存在无限可能，而且诸如节俭、自律、自制等传统价值观念日渐衰落。年轻的中产阶级在一种鼓励实现个人抱负的氛围中长大；但是他们生活的现实世界又让他们在实现抱负的过程中经历了无数挫折。然而，50 年代的青年并未像 60 年代那样掀起大规模的激烈暴乱。

公众注意力投向了"青少年犯罪"现象。政治文化和大众文化中都充斥着警告社会青少年犯罪增加的信息。1955 年的影片《黑板丛林》(*Blackboard Jungle*) 对城市校园犯罪和校园暴力做了骇人的描绘。学术研究、总统委员会和新闻媒体共同造就了一种青少年的犯罪似乎四处蔓延的紧张气氛，但事实上 50 年代的青少年犯罪并没有大幅增加。

很多青年开始模仿少年犯罪团伙中流行的着装和发型。"披头族"生动展现的异化文化其实在普通中产阶级中也存在:青少年反抗父母、痴迷跑车和摩托车,(随着控制生育用品的普及)少年性行为日趋增多。詹姆斯·迪恩(James Dean)在《无因的叛逆》(Rebel Without a Cause,1955)、《东方伊甸园》(East of Eden,1955)和《巨人》(Giant,1956)中的角色流行起来,反映了50年代青年文化的强大影响力。迪恩饰演的角色(多愁善感、孤独的青少年,带有自我毁灭的暴力倾向)和他个人的生活方式(1955年在车祸中丧生,时年24岁)使他成为当时盲目反叛的美国青年的偶像。

大众文化模式　　露西和迪希

美国电视史上最著名的电视剧始于一个年轻的喜剧演员艰难地维持婚姻的故事。1950年,38岁的露西尔·鲍尔(从影25年却并不出名)在哥伦比亚广播公司每周播放的广播喜剧《最佳丈夫》中出演了一个滑稽的主妇,剧中露西尔饰演的主妇总是和理查德·邓宁饰演的银行家丈夫吵架。广播公司想把这部剧改编成电视剧。露西尔提出,必须由她结婚十年的丈夫,著名乐队指挥,来自古巴的迪希·阿纳兹(经常出差在外,给他们的婚姻造成了压力)扮演邓宁的角色,她才肯出演。广播公司官员认为阿纳兹没有表演经验,试图说服她改变主意,但无济于事。露西尔认为他们之所以不同意是因为在电视剧中播出跨种族婚姻过于激进。后来她说,广播秀"已经树立起她丈夫的形象……来自明尼阿波利斯的好人……典型的中西部美国人……而不是——感谢上帝——来自古巴的迪希·阿纳兹"。她还是坚持了自己的主张。

露西在家　露西和迪希最初演绎的是一对住在曼哈顿公寓的没有孩子的、跨种族结合的夫妇。这个电视节目早期的很多喜剧场景都是纯家庭式的。在照片中,露西穿着围裙,正在处理家务(这种特别的形体喜剧风格是露西尔成功的要素之一)。她的丈夫迪希是一个有才华的直性子,在一边怀疑地看着她滑稽的样子。(*Photofest*)

1951年10月15日，星期一晚上九点（以后的几年中都是由露西尔·鲍尔主宰的黄金时段），哥伦比亚广播公司播出了《我爱露西》(*I Love Lucy*) 的第一集。迪希·阿纳兹饰演里奇·里卡多，一个说话时而带着夸张的拉美口音的古巴乐队指挥和歌手。露西尔·鲍尔饰演露西·里卡多，里奇的妻子，她一心想当演员，有点迷糊。和他们配戏的有威廉·弗劳利和薇薇安·万斯，饰演他们的邻居和好朋友弗雷德和伊赛尔·默茨夫妇。在首演的《女孩子们想去夜总会》一集中，弗雷德和伊赛尔结婚纪念

维他肉蔬　《我爱露西》中最流行的一集。露西在一个贸易展上推销一种叫作"维他肉蔬"的保健品，展示过程中，她喝了不少这种高酒精含量的调和品，醉得一塌糊涂。(*Photofest*)

日的晚上，弗雷德和里奇想去看拳击比赛，而妻子们却计划去夜总会。两个男人和两个女人进行斗争，但是谁都没能赢得真正的胜利。

第一集包含的许多元素在后来的剧情发展中贯穿始终，保证了电视剧的巨大成功：四个主演之间的默契配合、迪希·阿纳兹出人意料的喜剧天分，最重要的是露西尔的才能——她因此被称为当时最伟大的喜剧演员之一。她精通形体喜剧，滑稽的表演包含了很多身体不协调的场景（如在组装生产线上工作，在意大利采葡萄）。她有着宽广的音域，露西绝望时的呼喊成为当时美国文化中最耳熟能详的声音。她是一个漂亮女人，但总是毫不犹豫地让自己看起来很滑稽。剧作家杰斯·奥本海姆曾写道："每个女人都能在她身上看到自己的影子，她的表情和音调在很多观众中引起共鸣。"

但《我爱露西》的成功并不能仅仅归功于演员。更值得夸赞的是编剧巧妙地呼应了50年代电视观众们最普遍的经历和愿望。妻子们希望得到丈夫更多的关注，希望生活更丰富多彩。特别是露西，一直想尽办法应付家庭生活的种种无奈，滑稽而又快乐地梦想着开创她的演艺事业以及拓展她的生活世界。而头脑冷静的丈夫向往平静传统的家庭生活，希望有时间参加男性活动，如拳击、钓鱼和打棒球等等。第一季中，故事中的两对夫妇生活在曼哈顿的一座公寓里，彼此是邻居，

没有孩子。后来，像许多电视观众一样，露西生了孩子，搬到了郊区（电视剧使用了露西尔真实的怀孕场景；1953年1月19日，露西尔生下她的第二个孩子[男孩]之后，哥伦比亚广播公司播放了事先录制的露西生产的画面，"小里奇"·里卡多出现在电视史上最大的观众群面前。后来"小里奇"成为剧中的固定角色）。

《我爱露西》（及其续集《露西尔·鲍尔—迪希·阿纳兹喜剧时间》）自1951年开播一直到1960年最后一集结束，一直都是收视最好的节目之一。公司更改了会议时间，政治家推迟了演讲，出租车司机和其他工人换班换点，免得错过露西的节目。芝加哥的马歇尔·菲尔德商场曾在橱窗里贴出海报："我们也爱露西，所以星期一晚上不营业。"在电视剧播出时间，美国高达三分之二的电视都锁定在露西的频道。

《我爱露西》剧终后的20年里，露西尔·鲍尔仍是重要的电视明星。她逝世于1989年。迪希路制片公司的老板迪希·阿纳兹（1960年和露西尔离婚）一度成为好莱坞影响最大、最成功的制片人之一。虽然《我爱露西》第一集播出将近六十年了，但是这一连续剧仍然在世界各地广受欢迎。播出十分频繁，一些城市有时一个晚上就播六集。露西尔·鲍尔曾说："人们认同里卡多一家，是因为他们和里卡多面临同样的问题。我们只是将普通的生活场景夸张化了。"《我爱露西》反映了50年代家庭生活的很多困境，并形成了电视情景喜剧得以长期盛行的风格。

摇滚乐

埃尔维斯·普雷斯利

美国青年躁动最明显的标志之一就是摇滚乐及早期摇滚巨星"猫王"埃尔维斯·普雷斯利（Elvis Presley）的极度流行。普雷斯利象征着青少年突破传统可接受极限的决心。他英俊迷人的外表、有意模仿城市少年帮的叛逆风格（虽然普雷斯利来自南方乡村，但是他总是以摩托夹克和背头示人），最主要的是他开放性感的音乐和表演，使他成为50年代美国青年疯狂追捧的对象。首支畅销曲目《伤心旅店》使他成为1956年举国关注的公众人物，此后直到1977年去世，他一直是美国流行文化界的重要人物。

R&B的黑人音乐传统

普雷斯利的音乐同多数早期白人摇滚音乐家一样，都深受黑人R&B音乐传统的影响。因为这种音乐风格节奏感强，韵律性感，歌词尖锐露骨，在50年代吸引了很多白人青年。山姆·菲利普斯（Sam Phillips）是一名地方上的唱片发行人，曾为当时最重要的黑人音乐家和蓝调音乐家（包括B. B. 金[B. B. King]）录制唱

片。50 年代初他曾说:"要是能找到一个有一副黑人好嗓子的白人,那我就能赚十亿美金。"不久,他就发现了普雷斯利。当时其他的流行音乐也与非裔美国人的音乐传统紧密相关,如巴迪·霍利和比尔·海利(比尔·海利 1955 年的作品《昼夜摇滚》向数百万年轻人宣告了摇滚乐的到来,这首歌曾用于电影《黑板丛林》)的音乐。摇滚也受到其他音乐的影响,如美国西部乡村音乐(对普雷斯利影响很大)、福音音乐和爵士乐。不过对摇滚乐影响最深的还是黑人 R&B 音乐。

普雷斯利等白人摇滚歌手的出现一定程度上是由于白人观众对于黑人歌手的接受度有限,但是 50 年代非裔美国人的乐队和歌手在黑人和白人听众中日益受欢迎。50 年代的摇滚音乐家还有查克·贝利、小理查德、B. B. 金,查比·切克、诱惑乐队等等(其中很多人都请黑人音乐制作人、底特律莫顿唱片公司的创始人兼总裁贝里·戈迪录制唱片),他们在白人青年中的声望始终无法与普雷斯利相匹敌,不过他们的确培养了聆听自己音乐的多种族听众群。

摇滚乐的迅速兴起和极度流行很大程度上归功于广播和电视节目的革新。到 50 年代,电台不再以直播节目为主,很多电台几乎全部播放音乐唱片。50 年代初期出现了一批全新风格的播音员(现在叫作 DJ),他们开始制作面向青年摇滚乐迷的节目;新节目取得了空前的成功,于是其他电台纷纷效仿。1957 年开播的摇滚乐节目《美国音乐舞台》(*American Bandstand*)实况播出观众随唱片音乐起舞的情景,这个节目对摇滚乐的普及产生了重要作用,使节目主持人迪克·克拉克

"美国音乐舞台" "美国音乐舞台"是五六十年代青年人最喜爱的一个电视节目。它把电视和摇滚乐两种流行娱乐方式结合起来。该节目主持人迪克·克拉克(手持麦克风坐在观众群中)是美国最有名的摇滚乐宣传者之一。(*Hulton/Archive/Getty Images*)

(Dick Clark)成为美国青年中知名度最高的人物之一。

广播电台和电视对唱片业的重要性当然源自它们对唱片销售的刺激作用。50年代中后期,唱片销量迅速增加,尤其是每分钟45转的小唱片,每面有一首歌,价格不贵,很受欢迎。自动唱片点唱机同样发挥了重要作用,它可以播放45转单曲,遍布冷饮柜台、餐厅、酒吧等青年人可能聚集的地方。1954—1960年,唱片销量几乎增加了三倍,从1.82亿美元增加到5.21亿美元。摇滚乐的流行是唱片销量增加的驱动力。唱片销售商急切地想播出他们的歌曲,不惜暗地里付钱给电台老板和DJ,让他们播放自己选定的唱片。50年代末60年代初,这种行为(后被称为"买榜")被曝光时引发了一系列轰动性的丑闻。

四、"另一个美国"

50年代的白人中产阶级很容易认为他们所知的世界就是所有美国人所知的世界(经济发展,个人富裕,文化同质化),认为他们和其他多数美国人的价值观以及对美国的设想完全相同。事实上这只是一种假象。即使在中产阶级内部也存在很多差异。女性、知识分子、年轻人等认为,中产阶级的消费文化令人不满,甚至是失望。更重要的是,大批美国人仍然处在富裕阶层之外,没有分享中产阶级的财富,也不认同其价值观。

富裕社会的边缘

> 另一个美国

1962年,社会主义作家迈克尔·哈灵顿出版了著作《另一个美国》(Michael Harrington, *The Other America*),引发了轰动。该书以时间为序,记录了在美国持续存在的贫困现象。他所描述的情况并不新奇,新奇的是人们开始关注这些现象。

战后经济扩张大幅度削减了贫困,但并未彻底消除贫困。1960年全年,每天都有超过五分之一的美国家庭(约3000万人)生活在政府设定的贫困线以下(比15年前的三分之一有所下降)。更多的人刚刚越过政府贫困线,但微薄的收入难以让他们生活舒适、安全无忧。

> 持久的贫困

多数穷人只是间歇性陷入贫困或是暂时贫困,大约占贫困人口的80%,他们一旦找到工作,就能脱离贫困——说明低层次劳动力市场极不稳定。大约有20%的穷人处于持续贫困且不断恶化的状态,难以从中解脱,其中包括约一半老年人口、大部分非裔美国人和西班牙裔美国人。美国的印第安人是国内最贫困的群体，由于政府政策破坏了保留地经济，迫使很多印第安人流入城市，他们只能在城市中过着比在保留地更加贫困的生活。哈灵顿在《另一个美国》中写道，这些人遭受着"与希望绝缘的社会制度"带来的苦难。

很多人相信"水涨船高"，认为经济增长最终会让每个人都富裕起来；但"顽固的"贫困却打破了这一设想。战后的不断繁荣几乎对贫困问题毫无改善。

农村的贫困

很多农村人口生活在富裕社会的边缘地带。1948年，农民收入占国民收入的8.9%，1956年降至4.1%。农民收入减少一方面说明农业人口不断减少——仅1956年一年，10%的农村人口主动或被动地迁往城市；另一方面表明农产品价格有所下降。由于基本农业产品大量剩余，这些年农产品价格下降了33%，但同期国民收入提高了50%。另外由于很多消费品价格上涨，多数农民即使挺过了这一艰难时期，收入也大幅减少。

>   农产品价格下降

但并非所有农民都贫困。一些家底殷实的土地所有者经受住了美国农业变革的考验，甚至还从中得利；还有些土地所有者则从很富裕降为一般富裕。但农业经济的确使相当数量的人一贫如洗。1944年，棉花种植园开始实行机械化采摘，人造纤维的出现使市场对棉花的需求降低（1930—1960年之间，南方的棉花种植面积减少了三分之二）。南方农村有收益分成的黑人佃农和普通佃户只能勉强维持生活甚至是难以为继。主要集中在西部和西南部地区的移民农业工人（有很多墨西哥裔和亚裔）的生活状况也很凄惨。在农业经济不发达的地区（如东部的阿巴拉契亚山区，随着煤炭经济的衰退，这里逐渐失去了赖以生存的主要经济来源），整个农民群体都生活在极度贫困中，日益与市场经济失去联系。这些地区的人们面临着营养不良，甚至饥饿而死的危险。

中心城区

随着白人家庭不断迁往郊区，中心城区的社区一个接一个成为贫困人口的容身之所，成为他们无法轻易逃离的"贫民窟"。由于棉花产业衰退，很多非裔美国人迁往工业城市，造成城市贫民区不断增加。1940—1960年间，300多万黑人从南方迁往北部城市。芝加哥、底特律、克利夫兰、纽约和其他东部或中西部工业城市都经历了黑人人口激增的过程——不仅实际人数增加，由于很多白人迁出，

>   黑人迁往城市

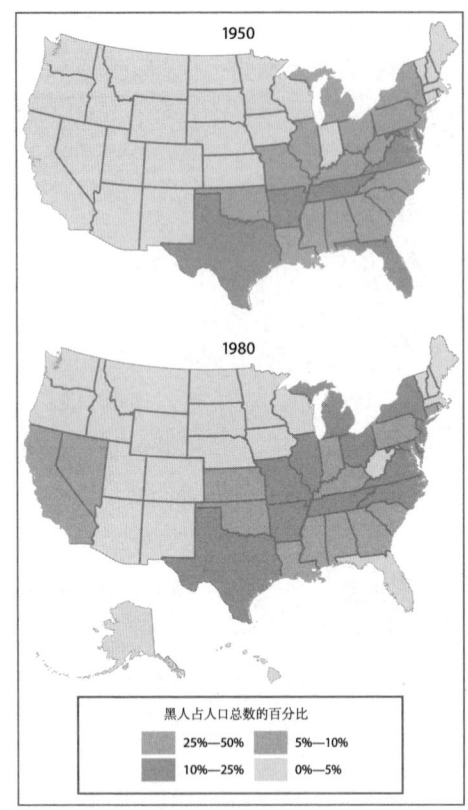

1950—1980 年间非裔美国人的迁移 虽然一战和二战期间已有大量非裔美国人离开南方迁入北方工业城市,但 1950 年后的 30 年间迁移速度加快了。到 1980 年,黑人人口达到人口总数 25% 以上的南方州数量比 1950 年减少了,而黑人数量超过 5% 或 10% 的州却增加了不少。图上那些橘色和紫色的州都在其中。◆ 哪些因素导致了这一时期非裔美国人的迁移?(彩图见第 1449 页)

黑人人口比例也大幅增加。

同时,来自墨西哥和波多黎各的移民也造成西班牙裔贫民区的扩张。1940—1960 年间,将近一百万波多黎各人移民到美国城市(其中人数最多的群体到了纽约)。很多墨西哥工人跨越得克萨斯州和加利福尼亚州边境来到美国,使圣安东尼奥、休斯敦、圣地亚哥和洛杉矶原本已经具有相当规模的拉美社区进一步扩大。到 1960 年,洛杉矶成为墨西哥裔最多的城市,约有 50 万人。

经济繁荣发展,但为什么少数族裔聚集的中心城区仍然贫困?这一问题引发了激烈的争论。有些批评家认为移民贫困是其自身的原因:他们从乡下带来的工作习惯、价值观念和家庭结构很难适应现代化工业城市的需要。还有人认为,中心城区本身的贫困、犯罪、暴力以及让人看不到希望的现状在城区形成了一种"贫困文化",使个人很难进步。

很多人认为中心城区贫困的原因并不是贫困人口本身的文化和价值观,而在于蓝领工作减少、少数族裔的公立学校得不到足够的支持,以及种族主义造成的多重障碍。无可争议的是,城区少数族裔居民一直在增加,他们所寻找的非技术性工作却一直在减少。雇主们把工厂挪到了劳动力成本更低的地方,如郊区、小城市甚至是国外。在留下来的工厂中,生产自动化也使非技术性工作岗位不断减少。对于二战后的移民来说,早期曾帮助他们脱贫的经济机会已经不复存在。毫无疑问,根深蒂固的种族歧视也使贫困人口在求职、教育、住房方面遭遇挫折,很多人长期生活贫困,生活状况每况愈下。

多年来，国家对付中心城区贫困的主要政策是"城市更新"，即拆除最贫困、最破败地区的建筑。二战结束后二十年里，城市更新工程推倒了超过40万栋建筑，其中包括150万人的家庭住房。一些城市更新工程为贫困居民提供了新的公共住房，有的比他们原来的住房好得多，有的则是粗制滥造的工程，很快又沦为凄凉而危险的贫民窟。总体来说，城市更新工程在消除"破败景象"方面比帮助贫困居民方面做得更好。很多情况是，城市更新工程在"贫民窟"旧址上建立了新的中等收入或高收入居住区（以挽留中产阶级，但常常收效甚微）、写字楼和商厦；如洛杉矶道奇队的棒球场从布鲁克林迁离后，新球馆就矗立在一个墨西哥裔居民区的旧址上。

"城市更新"

五、民权运动的兴起

经过几十年的摩擦冲突之后，在50年代，一场公开反对种族隔离和种族歧视的斗争开始了。虽然白人在民权运动中发挥了重要作用，但来自非裔美国人的压力却是将种族问题推向突出地位的关键因素。

布朗裁决和"公众抵抗"

1954年5月17日，最高法院就布朗诉托皮卡教育委员会案宣判。在考虑堪萨斯公立学校种族隔离制的合法性问题时，法院推翻了其1896年对普莱西诉弗格森案的最终裁定，即社区可以为黑人提供单独设施，只要与白人设施相当即可。

布朗诉托皮卡教育委员会案

众多反种族隔离的黑人，尤其是有色人种协进会的一批精明能干的律师（他们当中不少曾在华盛顿的霍华德大学受训，师从著名法学教育家查尔斯·休斯敦[Charles Houston]）几十年来的不懈努力终于迎来了布朗裁决。瑟古德·马歇尔、威廉·黑斯提、詹姆斯·纳布利特等人多年来在一个又一个州通过合法途径反抗种族隔离制度，不断对这一制度提出挑战，收集了很多可用于攻击"隔离但平等"的判例。正是这些律师指控堪萨斯城的托皮卡教育委员会，也正是他们对其他城市教育委员会的指控为布朗裁决奠定了基础。

托皮卡案中的非裔美国女孩住在一所白人小学旁边，但每天要穿行数英里，到公立的种族隔离学校上学。这一案件送到最高法院时，法官们并没有单从法律先例的角度审查，而是从历史学、社会学和心理学几个角度进行综合审查。他们总结说，不管隔离学校的相对质量如何，学校隔离已经给受种族隔离影响的学生带来了无法承受的伤害。首席法官厄尔·沃伦解释了法官们的一致意见："我们的结论是，公立教育领域内'隔离但平等'的原则毫无道理。隔离的教育设施本质上就不平等。"第二年，法院又发布了另一项决定（俗称"第二个布朗裁决"），提出了执行 1954 年裁决的措施，要求各社区以"审慎的速度"取消学校种族隔离，但没有设立时间表，而把具体时间问题留给下级法院自行决定。

"隔离但平等"原则被推翻

有些地区（如华盛顿哥伦比亚特区）迅速而平静地执行了这一决定。但是更多情况是，强大的地方反对力量（南方称之为"公众抵抗"）长期拖延并造成了激烈冲突。一些学区干脆无视这一规定，有的学区则表面做出合并的样子试图蒙混过关。1956 年，100 多名南方国会议员联名签署《南方宣言》谴责布朗裁决，并鼓励他们的选民公开进行反抗。南方各州州长、市长、地方教育委员会和非政府组织（包括数百个"白人公民"委员会）一起行动，阻止废除种族隔离。很多学区颁布了学生安置法，允许学校教员根据学生的学习能力和社会表现对学生进行安置。这种规定显然是为了维护种族隔离，但是 1958 年最高法院（在沙特·斯沃斯诉伯明翰教育委员会案的判决中）拒绝宣布这些规定违宪。

"公众抵抗"

到 1957 年秋天，涉及的 3000 个南方学区中，仅有 684 个学区开始取消隔离。在那些取消隔离的学区，白人抵抗分子常常聚众滋事或采取其他暴力活动。很多白人家长让孩子从公立学校退学，到全白人的"隔离教育机构"读书；一些州政府和地方政府抽走新近取消隔离的综合性公立学校的资金，用以建立全白人的新教育机构。布朗裁决并没有结束种族隔离，却在联邦政府和州政府及地方政府之间、支持种族平等和反对种族平等的人之间掀起了一场旷日持久的斗争。

艾森豪威尔政府不想把精力放在这场斗争中。总统自己对布朗裁决持怀疑态度（他曾说布朗裁决将种族关系发展进程拖后了"至少十五年"）。但是 1957 年 9 月，面对州政府直接违抗联邦政府权威的局面，他被迫采取行动。联邦法庭下令阿肯色州的小石城中心高级中学取消种族隔离。一伙愤怒的白人封锁了校门，试图阻止命令的执行，而州长奥瓦尔·福伯斯（Orval Faubus）拒绝就制止这一行为采取行动。最终，艾森豪威尔总统召集了国民警卫队，并派兵到小石城维持秩序，确保法令的执行。此时，中心高级中学才接受了第一批黑人学生。

小石城

运动扩大

伴随布朗裁决，南方民众反抗种族隔离的挑战接踵而至。1955 年 12 月 1 日，黑人妇女罗莎·帕克斯（Rosa Parks）在阿拉巴马州的蒙哥马利市因乘坐巴士时拒绝把座位让给白人乘客而遭到逮捕。帕克斯在当地社区是一位积极的民权运动领导人，拒绝让座显然是下意识的决定——后来她解释说她当时很累。但当时蒙哥马利城的黑人领袖们正在等待这样的事件，以便借机挑战巴士上的隔离制度。这位令人尊敬的女性被逮捕激起了城中非裔美国人群体的愤怒，地方领袖成功地组织了一场抵制公交系统的运动，要求在巴士上取消隔离制度。

抵制巴士行动之所以成功，主要是由于组织完善的黑人公民团体已经存在。实际上，一个黑人妇女政治小组一直在策划抵制巴士隔离制度的行动。他们以罗莎·帕克斯被逮捕为契机，掀起了抵制运动。一开始，抵制几乎完全奏效。需要乘车上班的黑人（其中人数最多的是黑人女佣）组成了汽车共用小组，乘汽车上下班，或者干脆步行，即使有时路途遥远。抵制行动不止给私营巴士公司带来了经济压力，也影响了蒙哥马利城的很多商人：拒绝乘坐巴士的人因为不方便去市区的商店，就转而在社区内消费。

尽管如此，如果不是最高法院作出裁定，抵制行动也可能以失败告终。1956年，面对抵制行动的压力，最高法院终于宣布公共交通中的种族隔离违法。蒙哥马利城的巴士取消了歧视性的座位规定，抵制行动结束。

与蒙哥马利城抵制行动的成功同样重要的是，这次行动中涌现出一位新的民权运动领袖。抵制行动开始后，人们选择了当地的浸礼会牧师小马丁·路德·金（Martin Luther King Jr.）作为行动领袖。他的父亲是亚特兰大一位令人尊敬的牧师，也是一位能言善辩的演说家和天生的领袖。最初，金不愿领导这次行动，但当他接受了这一职责后，很快就投入其中了。

金的黑人民权运动策略基于非暴力原则，即使面对直接的攻击，也只采取消极抵抗。他吸取了前人的经验，如印度民族

小石城 一位非裔美国学生从一群嘲笑她的白人面前经过。联邦法庭新发布的法令要求阿肯色州的小石城中心高级中学取消种族隔离。黑人学生后来承认取消隔离的最初几周内，他们受到了恐吓；但是，在公共场合他们大多数都表现得镇定和不卑不亢。(Bettmann/Corbis)

马丁·路德·金的策略

主义领袖"圣雄"甘地的教义、亨利·大卫·梭罗及其文明不服从原则,以及基督教教义。这样他创立了一套种族斗争的方法,为其支持者占据了道德制高点。他主张非裔美国人参加和平示威;如有必要,甚至要接受逮捕、忍受殴打;以德报怨。抵制巴士运动后,小马丁·路德·金成立了一个多种族团体——南方基督教领袖会议,并担任领袖。13年来,他成为国内最有影响、最受人敬仰的黑人领袖。这场以他为代表人物的运动很快传遍南方,蔓延到全国。

来自法院、北方自由主义者和非裔美国人斗争的压力也促进了其他地区的种族变革步伐。早在1947年布鲁克林"道奇队"签下第一位非裔美国球员杰克·罗宾逊参加职业棒球大联盟比赛时,曾经至关重要的肤色界限已经打破。到50年代中期,黑人几乎在所有职业体育运动中成为一支重要力量。艾森豪威尔总统在完成了军队的整顿后,就开始尝试取消联邦职员的种族隔离,并于1957年签署了一项民权法案(在缺乏白宫积极支持的情况下经由民主党控制的国会批准),保护非裔美国人的投票权。这一法案效力微弱,几乎没有得到有效的执行机制,但作为自重建时期以来第一项民权法案,它标志着行政、立法和司法机构开始联合行动,致力于联邦的"第二次重建"。

民权运动的起因

为什么民权运动在这个特定时期兴起?它所挑战的不公正现象和倡导的目标并不是近期才出现的;理论上说,非裔美国人本可以在五十甚至一百年前,或者延后几十年发起这样的运动。那么为什么他们选择了五六十年代呢?

二战的遗产

这些年民权运动的兴起有几个原因,其中最重要的因素就是二战。战争期间,数百万黑人曾在军中服役或在军工厂工作,对世界及自身在世界中的位置有了更深刻的认识。

另一个原因是城市黑人中产阶级的成长。他们已经发展了几十年,直到战后才壮大起来。民权运动的主要推动力源于城市的黑人社区领袖(牧师、教育工作者、专业人员),其中大部分来自过去几十年中不断壮大的黑人高校学生群体。穷

城市黑人中产阶级

人和受压迫的人很少意识到他们追求进步的障碍,对他们而言这似乎太遥远了;而受过教育并在社会上有一定地位的人更能意识到他们追求进步所面临的障碍。城市中的黑人更能自由地和他人联合,并发展成独立的组织。而农村的黑人,通常直接受制于白人土地所有者的监督和管理。

电视等大众文化是激发黑人种族意识的另一个因素。大众文化不断以生动鲜

明的方式刺激非裔美国人，让他们了解白人主体的生活状态（也正是将他们完全排除在外的世界）。示威活动也通过电视播放给全国观众，一个社区的积极行动会在其他社区引发类似的反抗行动。除了这些鼓舞黑人奋起抗争的因素之外，还有其他因素促使很多白种美国人在民权运动后开始支持黑人。冷战是影响因素之一。冷战时期美国人希望成为世界的榜样，但是种族不平等现象的存在却使他们十分尴尬。另一个因素则是北方黑人的政治动员需要。当时北方黑人已经成为民主党内的重要选民集体，北方工业州的政治家们不能忽视黑人的意见。另外拥有大批黑人成员的工会也在支持（和资助）民权运动方面发挥了重要作用。

六、艾森豪威尔的共和主义

20 世纪入主白宫的政治家中，德怀特·D. 艾森豪威尔的经验最少，但他也是战后最受欢迎、政治上最成功的总统之一。在国内，他基本上追求温和的政策，接受了以前改革家的工作成果，避免推行过多新改革。对外，他继续奉行并强化反共政策，但对部分举措又有所节制，这一点他的继任者们往往没有做到。

"什么对通用汽车公司有利"

二十年来又一次执政的共和党政府像 20 年代的共和党政府一样，其行政人员都来自商界。但 50 年代很多商业领袖的社会和政治观点与他们的前辈不同。最重要的是，他们中有很多人开始接受新政时期提出的凯恩斯主义福利国家的观点，事实上一些人已经认识到福利国家有助于维持社会秩序，增加大众购买力，稳定劳资关系，使他们从中受益。

艾森豪威尔任命的内阁成员都是富裕的企业律师或企业管理人员，他们毫不忌讳自己的商业背景。通用汽车公司总裁查尔斯·威尔逊劝说参议院考虑提名他担任国防部长时向参议院保证不会产生利益冲突，因为他确信"对国家有利的事一定有利于通用汽车公司，反之亦然"。

艾森豪威尔的一贯思路是限制联邦政府的活动，鼓励私营企业。他支持私营企业对自然资源的开发。令农民们苦恼的是，艾森豪威尔降低了联邦对农产品的价格补贴。他还废除了杜鲁门政府的工资限制和价格管制，反对建立新的社会福利项目，比如国家医疗保险。他致力于大幅削减联邦开支（即使在 1958 年的经济

商业领袖的新观念

衰退中也是如此）和平衡预算。1960年他第一届任期结束时留下了10亿美元的预算盈余。

福利国家政策得以幸存

总统的国内政策中几乎没有新的改革措施，但他顶住了来自党内右翼的压力，没有废除新政时期开始推行、在战争期间和战后遭受保守派攻击的福利国家政策。实际上，在艾森豪威尔任内，他同意将社会保障体系进一步扩大，再接纳1000万人，并将失业补贴人数增加400万，最低工资从每小时75美分提高到1美元。1956年《联邦公路法》也许是艾森豪威尔政府最重要的立法成绩，拨款250亿美元，历经10年，建造了4万多英里州际高速公路。这是美国历史上最大的公共工程，由高速公路"信托基金"出资，该基金的收入来自于对燃料、汽车、卡车和轮胎的征税所得。

> 1956年《联邦公路法》

虽然在前一年曾患严重的心脏病，但是1956年艾森豪威尔还是第二次参加了总统竞选。他的对手仍然是阿德莱·史蒂文森。最终艾森豪威尔获胜，获得了57%的普选票和457张选举人票。史蒂文森仅获73张选举人票。民主党保持了他们在1954年赢得的国会两院的控制权。1958年经济严重衰退期间，民主党的国会席位进一步增加。

麦卡锡主义的衰落

艾森豪威尔政府执政初期对席卷全国的反共狂潮几乎未加控制。到1954年，对颠覆行为的讨伐开始激起公众的不满与反对——标志着几年前的反共热情已经

陆军—麦卡锡听证会 1954年参议院举行电视听证会以解决麦卡锡和美国陆军之间的争端。在电视转播的听证会上，参议员约瑟夫·麦卡锡用地图展示美国境内共产党活动的可疑据点。军方首席代表约瑟夫·韦尔奇很明显无动于衷。(Bettmann/Corbis)

开始消退。这一变化最明显的标志就是参议员约瑟夫·麦卡锡政治生命的终结。

艾森豪威尔政府上任后第一年，麦卡锡照旧自行其是。1954 年 1 月，他不自量力地指控陆军部长罗伯特·史蒂文斯（Robert Stevens）及整个美国陆军。政府和国会要员针对这起指控展开特别调查，召开了"陆军—麦卡锡听证会"，这也是首批进行全国电视转播的国会听证会之一。结果对麦卡锡十分不利。电视画面上，麦卡锡恐吓证人，激愤地说着毫无根据而且无情的控诉，并且逃避问题——很多民众开始认为他是恶棍、小丑。1954 年 12 月，参议院以 67∶22 票谴责他"作为参议员行为不端"。三年后，麦卡锡在几乎失去了所有公众支持的情况下去世，显然是死于酗酒引起的综合征。

陆军–麦卡锡听证会

七、艾森豪威尔、杜勒斯和冷战

美苏间可能爆发核战的威胁导致 50 年代国际关系高度紧张。不过核威胁还产生了另一个影响：由于核战争的潜在破坏性过于严重，两个超级大国都开始避免发生直接对抗，同时美国和苏联开始把目光转向时局动荡的第三世界国家。

杜勒斯和"大规模报复"战略

艾森豪威尔政府的国务卿约翰·福斯特·杜勒斯（John Foster Dulles），是除总统之外另一位主导 50 年代美国外交政策的政治人物。他是一位有贵族气息的企业律师，对共产主义怀有强烈的厌恶。就任国务卿时，他批评杜鲁门时期的遏制政策太过消极，认为美国应该追求积极的"解放"，以"击退"共产主义扩张。但就任之后，他还是不得不服从总统的温和立场。

1954 年初，杜勒斯最重要的一项革新举措是他提出的"大规模报复政策"。他解释说，面对共产主义对盟国的威胁，美国不应在地方冲突中使用常规武器（以致造成朝鲜战场的困境），而应该使用"大规模报复性武器进行威慑"（他指的是核武器）。这一新原则反映了杜勒斯更倾向于紧张的对抗，他称之为"边缘政策"——把苏联推到战争边缘，迫使其妥协退让。但"大规模报复政策"背后真正的推动力是经济。面对来自政府内外对于削减军事开支的压力，只有依赖核武器，才能像某些人所说的那样"用有限的资金产生更大的影响"。

"大规模报复政策"的经济收益

法国、美国和越南

朝鲜战争曾是杜鲁门时期最棘手的外交问题,但到艾森豪威尔时期,其对政府的影响有所减少。1953 年 7 月 27 日,谈判各方最终在板门店达成停火协议。各方部队都从当前战线(大致是北纬 38 度线的位置,战前南北朝鲜的分界线)后撤 1.5 英里,并在日内瓦举行会议商讨如何实现朝鲜半岛的和平统一;但实际上,1954 年秋的日内瓦会议未能达成任何协议,这使得当初的停火线成为南北朝鲜的永久分界线。

几乎与此同时,美国又在东南亚卷入了一场漫长而艰苦的战争。二战时期,法国的越南殖民地落入日本手中。自 1945 年起,法国就试图恢复对越南殖民地的主导权,但胡志明(一个致力于谋求国家独立的共产党员)领导的民族主义力量却极力反抗。

1954 年初,1.2 万名法军在奠边府的谷地中被包围。显然,这时只有美国出面干涉才能够避免法军全面溃败。虽然国务卿杜勒斯、副总统尼克松等人极力敦促尽快出兵帮助法国,但艾森豪威尔还是拒绝直接派美军干涉越南事务,声称国会和美国的其他盟国都不会支持这样的行动。

奠边府

1954 年 5 月 7 日,在没有美军支援的情况下,法军的奠边府防卫战最终失败。在 1954 年夏天讨论朝鲜问题的日内瓦会议上,法国很快同意签署停战协议,自此标志着法国对越南统治的结束,也标志着美国开始在越南扩大影响力。

冷战危机

50 年代的美国外交政策基本建立在其一贯的遏制政策(经艾森豪威尔政府修订)基础上,但国家首脑们却花费大量时间用于应对远方或真实或想象的危机。

艾森豪威尔和杜勒斯 虽然艾森豪威尔总统不太善于通过电视展示自己的风采,但他的政府在美国历史上首次大规模使用电视新媒体宣传政府政策、强化政府行动。总统的很多新闻发布会频频在电视台播出,有时国务卿约翰·福斯特·杜勒斯也在镜头前向总统做报告。图中是 1955 年 5 月 17 日杜勒斯在欧洲签署恢复奥地利主权的条约之后,返回白宫向总统汇报工作。(*AP/Wide World Photos*)

805 艾森豪威尔政府面临的冷战挑战之一就是中东地区（直到二战后，美国才开始介入这一地区事务）的一系列危机。

在犹太复国主义者和联合国多年的努力下，1948年5月14日以色列国宣布独立。第二天，杜鲁门总统承认了这一新的犹太国家。以色列的建立解决了一些冲突，但也制造了新的冲突。巴勒斯坦的阿拉伯人不愿搬离他们的国土，于是联合以色列的其他阿拉伯邻国，于1948年和新建的以色列国进行了坚决的斗争——这是阿拉伯—以色列诸多战争中的首次交锋。

美国政府支持以色列，但同时也考虑到中东地区石油丰富，有很多美国石油公司在这里投资，因此也非常在意阿拉伯政权的稳定和友好。故而50年代初，当伊朗总理穆罕默德·摩萨德（Mohammed Mossadegh）开始抵制伊朗境内的西方公司时，美国十分恐慌。1953年，美国中情局联合伊朗保守派军事领袖策划了一场政变，将摩萨德赶下台。中情局帮助年轻的伊朗国王穆罕默德·雷萨·巴列维（Mohamed Reza Pahlavi）接任总理，使他从名义上的立宪君主变为实质上的伊朗统治者。此后25年中，这位伊朗国王始终同美国保持密切联系。

承认以色列国

以色列国 1948年联合国批准在以色列地区建立新的犹太国（美国予以承认）之后，以色列总理大卫·本古里安（左）目睹最后一批英军撤出巴勒斯坦。(Bettmann/Corbis)

虽然美国在中东的政策卓有成效，但是在对付埃及民族政府方面则收效甚微。50年代初，在贾麦勒·阿卜杜勒·纳赛尔（Gamal Abdel Nasser）将军领导下，埃及开始和苏联发展贸易关系。为了惩罚埃及与共产党交好，1956年，杜勒斯撤销了援助埃及在尼罗河上建造阿斯旺大坝的计划。一周后，纳赛尔从英国人手里夺取了苏伊士运河的控制权，声称将使用苏伊士运河的收益建造大坝。

苏伊士危机

1956年10月29日,以色列军队进攻埃及。第二天英法联军在苏伊士地区登陆,把埃及军队赶出了运河区。杜勒斯和艾森豪威尔担心苏伊士运河危机会使阿拉伯国家转投苏联,从而导致新的世界大战,于是向英法施压,拒绝支持其入侵行为,而且会同联合国一道对其表示谴责,迫使他们撤军,并说服以色列同埃及休战。

对冷战的担忧也影响了美国与拉丁美洲的关系。杜勒斯声称危地马拉的雅各布·阿本斯·古斯曼(Jacob Arbenz Guzman)政权具有潜在的共产主义倾向(危地马拉的主要投资商——联合水果公司惧怕当地政权,曾就此事向杜勒斯求助)。1954年,艾森豪威尔政府命令中情局帮助推翻这一新兴的左派政权。

古巴是与美国联系最紧密的拉美国家。1952年,富尔亨西奥·巴蒂斯塔(Fulgencio Batista)在美国的帮助下推翻了前任温和派政府,成为军事独裁者,开始统治古巴。古巴相对繁荣的经济成为美国公司的乐土,它们几乎控制了岛上所有的自然资源,垄断了一半以上的糖类作物。美国的犯罪组织控制了哈瓦那的大部分豪华旅馆和夜场生意。在菲德尔·卡斯特罗(Fidel Castro)领导下,到1957年,反巴蒂斯塔政府的势力逐渐强大。1959年1月1日,巴蒂斯塔逃亡到西班牙,卡斯特罗进入哈瓦那并建立了新政府。

卡斯特罗上台后实行了大刀阔斧的土地改革,没收了外商资产和资源。古美关系迅速恶化。1960年古巴开始接受苏联援助,美国立即削减了古巴以优惠价格向美国出口糖的经济"配额"。1961年初,艾森豪威尔政府与卡斯特罗断绝了外交关系。被美国孤立后,卡斯特罗迅速与苏联结盟。

古巴革命 图中显示的是1957年菲德尔·卡斯特罗和他的部下及革命军在古巴的丛林中。单膝跪地的是卡斯特罗的兄弟劳尔。两年后,卡斯特罗的军队推翻了现政府,推举他为国家领导人。此后将近五十年时间里,他一直担任这一领导职务。(Bettmann/Corbis)

欧洲和苏联

虽然第三世界问题逐渐成为美国外交政策的核心内容,但是与苏联的关系以及在欧洲抵制共产主义扩张仍然是艾森豪威尔政府的重要议题。1955年,在一次热情诚恳的日内瓦首脑峰会上,艾森豪威尔和其他北约首脑会见了苏联总理尼古拉·布尔加宁(Nikolai Bulganin)。但当各国外交部长试图探讨具体问题时,却找不到达成协议的基础。匈牙利革命使苏联和西欧的关系在1956年进一步恶化。11月,匈牙利异见分子曾要求进行民主改革;月底未至,苏联的坦克和军队就开进布达佩斯镇压抗议,维护正统的亲苏联政权。对此,艾森豪威尔政府拒绝干涉。

> 1956年匈牙利革命

U-2 危机

1958年,尼基塔·赫鲁晓夫(Nikita Khrushchev)接替布尔加宁成为苏联总理和共产党总书记。1958年11月,赫鲁晓夫奉行其前任的政策,要求北约国家放弃西柏林。不出所料,美国及其盟国拒绝了这一要求。赫鲁晓夫建议他和艾森豪威尔通过互访并在1960年的巴黎首脑会议亲自商谈这一问题,美国表示同意。1959年赫鲁晓夫访问了美国,受到了冷淡但合乎政治礼节的接待。此后,双方也为首脑会议和艾森豪威尔稍后访问莫斯科做了准备。但就在巴黎首脑会议前几天,苏联宣布在苏联领空击落了一架美军的U-2型高空侦察机,并俘获飞行员弗兰西斯·加利·鲍尔斯。赫鲁晓夫愤怒地谴责美军侵入苏联领空,取消了参加巴黎首脑会议的计划,并撤销了对艾森豪威尔访问苏联的邀请。

执政八年,艾森豪威尔没能消除,甚至在某种程度上加剧了美苏的紧张关系。但艾森豪威尔认识到美国力量的局限性,并把这一思想带入了冷战。他拒绝派兵干涉越南事务,制定计划限制美国的军事设施建设。在1961年1月的告别演说中,艾森豪威尔警告说要警惕"军事—工业联合体"造成"非正当的影响"。他在内政外交事务上的谨慎态度与他的后任形成了鲜明的对比——继任者们认为,无论对内还是对外,为实现国内外的理想目标,美国都应该采取更大胆和富有进取精神的行动。

> 艾森豪威尔的克制

小 结

50年代经济的蓬勃发展——以及冷战造成的恐慌——造就了这十年的政治和

文化。对多数美国人而言，50年代是个人财富增加的十年。私人住宅销量大幅增加；郊区迅速扩展；年轻家庭生育速度惊人——导致了所谓的战后"婴儿潮"。朝鲜战争结束后，以态度友善的艾森豪威尔入主白宫为标志，美国政治进入了相对平静期。艾森豪威尔温和平易的领导风格主导了50年代的大部分时间。

美国文化对广泛意义上的稳定和平静起到了积极作用。50年代，电视成为最强大的大众文化媒体，主要播出那些得到普遍认可的、展现中产阶级形象和传统价值观念的电视节目。电影、戏剧、流行杂志和报纸都对人们形成幸福生活的理念做出了积极的贡献。

然而，50年代也并不完全像当时的政治和流行文化所展示的那样平静和乐观。这些年出现了势头强劲的青年文化，在很大程度上表现出这个年代的动荡不安和幻灭感。非裔美国人反抗种族隔离和不平等的运动日益加强。随着时间的推移，人们越来越关注大批美国人持续贫困的问题。到1950年底，动荡不安的焦虑感、冷战的紧张局势造成的失望情绪，致使人们越来越对平淡、沉稳的大众文化感到不耐烦。这成为60年代初行动和改革愿望日益增强的原因之一。

阅读参考

James T. Patterson, *Grand Expectations: Postwar America, 1945–1974* (1996) 是"牛津美国史"丛书中的一卷，是关于战后美国的一部重要通史类著作。

John P. Diggins, *The Proud Decades: America in War and Peace, 1941–1960* (1989) 和 Godfrey Hodgson, *America in Our Time* (1976) 也是重要的通史类著作。

Kenneth T. Jackson, *The Crabgrass Frontier: The Suburbanization of the United States* (1985) 是关于一场重要社会运动的经典之作。

Karal Ann Marling, *As Seen on TV: The Visual Culture of Everyday Life in the 1950s* (1995) 是对电视这一新媒体的研究成果。

Lizabeth Cohen, *A Consumer's Republic: The Politics of Mass Consumption in Postwar America* (2003) 探讨战后美国消费主义的影响。

Elaine Tyler May, *Homeward Bound: American Families in the Cold War* (1988) 是一部具有挑战性的文化史著作。

Paul Boyer, *By the Bomb's Early Light: American Thought and Culture at the Dawn of the Atomic Age* (1985) 研究原子弹对美国社会思想的影响。

Stephen Ambrose, *Eisenhower the President* (1984) 是一部很好的传记。

Fred Greenstein, *The Hidden-Hand Presidency* (1982) 对早期轻视艾森豪威尔领导风格的观点

提出挑战。

Richard Kluger, *Simple Justice* (1975) 是研究布朗案判决的经典历史著作。

John Egerton, *Speak Now Against the Day: The Generation Before the Civil Rights Movement in the South* (1994) 是研究二战结束后不久反抗白人优越论的历史著作。

越南溪山，1968 美军在溪山海军基地被围困76天，照片上这位士兵神情疲惫。不久越南军队开始了春节攻势。溪山战役中美军伤亡之惨重创历史纪录；同时越南的共产党军队伤亡更甚。(*Robert Ellison/Black Star*)

第29章
民权、越南和自由主义的考验

到50年代后期，美国社会平静表面下的躁动不安日益明显。人们担忧美国的国际地位，来自国内非裔美国人和其他少数族裔的压力也与日俱增，贫困现象日渐明显，妇女们越来越失望，长期压抑的不满情绪开始流露，这一切开始动摇美国平静的公共生活。这种躁动不安最终使60年代成为美国20世纪最动荡的时期。然而，最初这些迹象也促使政治领袖和公民运动自信而大胆地行动，从传统的自由政治框架内寻求社会问题和国际问题的解决之道。

60年代伊始，约翰·F.肯尼迪（John F. Kennedy）当选总统。尽管他在许多方面谨慎而讲求实际，但在很多美国人眼里，这位年轻而富有魅力的新总统就是活力和理想主义的象征。1963年肯尼迪遇刺标志着一个时代的终结。但是在当时，肯尼迪之死——虽然给全国人民内心造成

大事年表

1959年	苏联共产国际支持第三世界国家开展民族解放运动
	"民族解放阵线"（越共）在越南成立
1960年	约翰·F.肯尼迪当选总统
	格林斯伯勒静坐
1961年	"自由乘车"运动
	美国未能支持对猪湾的进攻
	肯尼迪在维也纳会见赫鲁晓夫
	柏林墙建成
	和平队建立
	争取进步联盟建立
1962年	钢铁涨价引发争议
	肯尼迪提议减税以刺激经济增长
	密西西比大学废除种族隔离危机
	古巴导弹危机
1963年	小马丁·路德·金发动伯明翰运动
	阿拉巴马大学废除种族隔离危机
	肯尼迪提出《民权法案》
	华盛顿游行，金发表《我有一个梦想》的演讲
	禁止核试验条约签署
	越南佛教徒危机，吴庭艳政权被军方发动的政变推翻
	肯尼迪遇刺，林登·B.约翰逊就任总统
1964年	约翰逊"向贫困开战"
	密西西比州的"自由之夏"运动
	国会批准《民权法案》
	《东京湾决议案》获批
	美国第一次轰炸北越
	约翰逊以压倒性优势当选总统
1965年	医疗保险制度施行
	塞尔玛争取选举权运动
	洛杉矶瓦茨区爆发种族冲突

	马尔柯姆·X遇刺
	《马尔柯姆·X自传》出版
	国会批准《选举权法》
	美国干涉多米尼加共和国
	美国作战部队进入越南
	大学校园里开始兴起反战活动
	《移民改革法》通过
1966年	医疗补助制度施行
	金领导芝加哥民权运动
	参议院外交关系委员会就越南问题举行听证会
1967年	底特律爆发种族冲突
	反战运动加剧
1968年	越共发动春节攻势
	约翰逊退出总统竞选
	小马丁·路德·金遇刺
	美国城市中频繁出现种族暴力冲突
	罗伯特·肯尼迪遇刺
	示威者在民主党全国代表大会与警察发生冲突
	乔治·华莱士以第三党候选人身份竞选总统
	理查德·M.尼克松当选总统

重创——表明他所传达的自信而温和的理想主义拥有强大的力量。肯尼迪的继任者林登·约翰逊继承了他的遗志，并将其进一步扩展，也建立了丰功伟绩，取得的立法成就之多令富兰克林·罗斯福以来的其他总统难以望其项背。

然而，在自由主义者的成功达到巅峰之际，左翼和右翼人士对自由主义者提出了一系列挑战。50年代开始的民权运动在60年代初期迅速发展，但由于不时遭遇南方白人保守势力的暴力反击，很快演变成形式多样的运动，其中有些运动的斗争目标激进而富有革命性。50年代偶尔出现的学生觉醒现象到60年代迅速发展，在校园内外形成一股势力强大的破坏性力量。

最重要的是60年代的美国卷入了建国以来最具灾难性的战争之一。美国在越南战争中投入超过50万兵力，5.5万名士兵阵亡（越南方面伤亡不计其数），导致国内掀起了规模空前的反战运动。

60年代末，美国进入了一个崭新的历史时期。20世纪60年代对美国生活的尖锐批评深刻改变了国内的政治和文化；同时保守主义的强烈抵制成功地在社会生活中留下了印记。60年代前的几十年，美国社会生活由温和派主导；60年代后，美国社会日趋分裂，有时甚至到了两极分化的程度。

一、扩大自由国家

那些在 50 年代末向往政府积极行动的人,那些批评艾森豪威尔政府任国家毫无目的地"随波逐流"的人,归根结底是希望总统承担世界领袖的职责。60 年代在白宫就职的两位总统——约翰·肯尼迪和林登·约翰逊一时间成为自由理想的化身。

约翰·肯尼迪

1960 年的总统竞选出现了两位年轻候选人,他们都声称将积极地担负起世界领袖的职责。共和党几乎一致同意提名承诺温和式改革的副总统理查德·尼克松为候选人。同时,民主党在一次竞争激烈的初选之后终于达成一致意见,决定推举约翰·菲茨杰拉德·肯尼迪为候选人。肯尼迪是马萨诸塞州参议员,口才好、颇具魅力,1956 年曾因微弱的劣势没能成为副总统候选人。

肯尼迪的父亲是有钱有势、颇具争议的前美国驻英大使约瑟夫·P. 肯尼迪。尽管在安逸优越的环境中长大,但肯尼迪却成为活力和奉献精神的代言人。在赢得选民支持方面,他良好的公众形象至少和他的政治立场一样重要。最终他成功

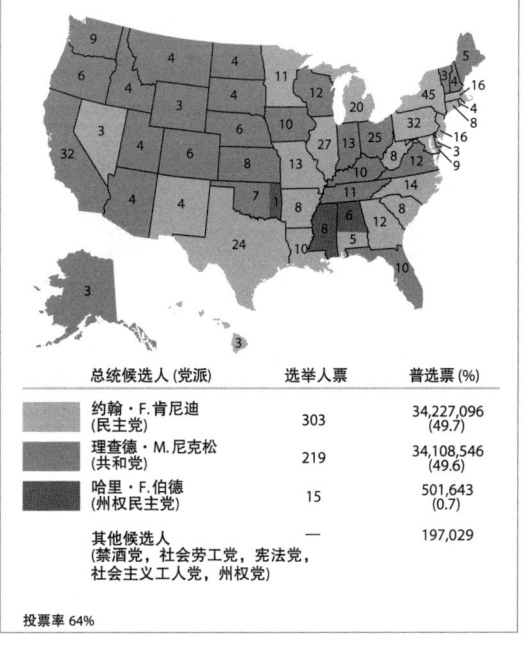

1960 年大选 1960 年大选创造了美国历史上票数最接近的记录,至少在普选票上是这样。约翰·肯尼迪的得票率仅比尼克松高 0.1% 左右,但他的选举人票更多。请注意两位候选人的选区支持率分布。肯尼迪在工业发达的东北部及中西部的大工业州力量强大,而且在民主党传统势力聚集的南部和西南部也保留了一定的支持率。不过尼克松却深入上南部地区,占据了佛罗里达州,并横扫大部分平原地区和山区。◆ 这种力量分布对两党的未来有什么影响?(彩图见第 1450 页)

消除了人们对他的年龄（1960年刚满43岁）和宗教信仰（他是天主教徒）的疑虑，赢得了略多于尼克松的普选票（49.7%对尼克松的49.6%）和稍具优势的选举人票（303张对219张）。

肯尼迪竞选时提出了新政以来最具雄心的一套改革方案，他称之为"新边疆"政策。但是他的大众支持率不高，国会又被共和党和民主党保守派控制，令他的很多期望难以实现。行政部门曾就降低关税率进行协商，在肯尼迪的努力下这一计划得以批准。同时，他开始拟定宏大的立法议程，希望自己最终能看到这些计划（其中包括通过减税促进经济增长）成为现实。

与20世纪的其他总统（也许两位罗斯福和后来的罗纳德·里根除外）相比，肯尼迪更多地把个人魅力融入他的总统工作中，并成为举国关注的焦点。这一点可以从1963年11月22日悲剧发生之后公众的反应中看出来。总统携夫人与副总统林登·约翰逊在得克萨斯州出席了一系列政治活动。当总统的车队缓缓行驶在达拉斯的街上时，枪声响了。两颗子弹击中了总统，一颗在喉咙，一颗在头部。他被迅速送往附近医院，几分钟后，医院宣布总统死亡。李·哈维·奥斯瓦尔德（Lee Harvey Oswald），一名迷茫而愤懑的马克思主义者，当天被逮捕。两天后他被达拉斯的一个夜总会老板杰克·卢比（Jack Ruby）离奇杀害。由总统约翰逊委派、首席法官厄尔·沃伦领导的联邦调查委员会得出结论，奥斯瓦尔德和卢比都是单独行动，没有其他更大的阴谋。当时多数美国人接受了这一结论。但是后来，很多美国人开始认为沃伦委员会的报告忽视了本可以揭示凶手背后更大阴谋的证据，此后人们对于总统遇刺事件的真相争议不断。

约翰·肯尼迪 1961年，新任总统肯尼迪和夫人杰奎琳出席在华盛顿举行的五场就职典礼舞会，这是其中一场。(*Time Life Pictures/Getty Images*)

林登·约翰逊

肯尼迪被刺给全国人民造成了巨大的心灵创伤，几乎令所有足够年长、能意识到这种伤痛的人记忆深刻。幸好，当时国人在肯尼迪的接任者林登·贝恩斯·约翰逊的个性和表现中得到了一些安慰。约翰逊出生在得克萨斯西部贫穷的"丘陵地带"，凭借自己超凡的努力和雄心壮志成为美国参议院的多数党领袖。1960年争取民主党总统提名失败后，他出人意料地同意担任肯尼迪的竞选伙伴。而达拉斯发生的刺杀事件将他送进了白宫。

约翰逊性格棱角分明，甚至有些粗鲁，与肯尼迪没什么区别。但他和肯尼迪一样，也认为应该让权力更积极地发挥作用。1963—1966年，他成为富兰克林·罗斯福以来立法提案最多的总统。伴随肯尼迪总统之死而来的公众情绪狂潮帮助他为许多"新边疆"政策提案赢得了支持。约翰逊自己也制定了一个著名的改革计划，后来他称之为"伟大社会"计划。随后他再次发挥了多数党领袖的游说本领，使该计划的许多条款得以通过。

"伟大社会"

约翰逊把自己想象成一名伟大的"联盟建设者"。他希望得到所有人的支持，而且他几乎一度实现了这一目标。上任第一年，他主要（也必须）考虑竞选连任。获胜几乎毫无疑问——特别是当共和党被党内右翼势力控制，提名保守派的亚利桑那州参议员巴瑞·戈德华特（Barry Goldwater）为候选人之后。1964年11月的大选中，总统赢得了历史上最多的普选票，达到61%以上。戈德华特仅获得了亚利桑那和南方腹地其他五个州的支持。民主党在国会两院的席位创历史纪录，很多人因为约翰逊以巨大优势胜选的缘故而成为国会议员，为总统实现很多目标提供了保障。

向贫困开战

自30年代以来，联邦政府首次采取措施建立了重要的新型社会福利计划。其中最重要的当属医疗保险制度：联邦向老年人提供医疗费用的援助。1965年医疗保险制度的实施，结束了坚信国家医疗援助理念的人和谴责医疗保险是"公费医疗"的人之间持续二十年的激烈论战。这一政策一经实施，就让很多批评家缄口不言。一方面，它为"福利"正名，不论需求状况如何，向所有老年人提供医疗保险（如同社会保障制度中的养老金一样）。此举赢得了大批中产阶级的支持。该计划允许医生为医保患者提供服务，并收取正常费用，从而解决了医学界的反对；此举将病人的付费责任转移给政府。1966年，约翰逊继续推进医疗补助项目，将

医疗保险和医疗补助

《追溯Ⅰ》，1964 约翰·肯尼迪死后几个月内，他在人们心目中成为超越现实生命的人物，成为美国顽强精神的象征。画家罗伯特·劳森伯格在这幅召唤当代美国社会回归的作品中将肯尼迪置于中心位置，表现了肯尼迪新的神话般的重要性。(© Robert Rauschenberg/Licensed by VAGA, New York, NY. Wadsworth Atheneum Museum of Art, Hartford, CT. Gift of Susan Morse Hilles)

联邦医疗补助范围扩大到所有年龄的福利救济对象和其他穷人。

医疗保险制度和医疗补助制度都是大规模"向贫困开战"（肯尼迪生前的最后几个月不断筹划，而约翰逊就职几周后就付诸实施）的初步行动。"向贫困开战"的中心领导部门，是约翰逊所称的经济机会局 (OEO)。经济机会局在教育、就业、住房、医疗保险领域提出了一系列新计划。但是自诞生之日起经济机会局就颇受争议，部分原因就在于它推行的"社区行动"理念。

社区行动计划

社区行动要求贫困社区成员参与到制定和实施那些帮扶计划的行动中来。它为很多穷人提供工作岗位，使他们在管理工作和政治工作中积累宝贵经验。很多走上政治或社区组织工作的人们，包括黑人和西班牙裔政治家、印第安人，都是从参与社区行动计划开始的。虽然取得不少成绩，但社区行动计划最后却没能继续下去。一方面因为行政管理上的问题，另一方面因为一些机构的过激行为损害了这一计划的公众形象，从而不利于"向贫困开战"整个项目的开展。

经济机会局投入工作的头两年花费了30亿美元，帮助一些地区减少了贫困，但远未消灭贫困。一方面由于计划本身的缺陷，另一方面也因为资金问题。随着时间推移，东南亚耗资巨大的战争成为国家首要关注的对象，导致最开始就存在的资金不足问题日趋严重。

城市、学校和迁移

与反贫困计划紧密相连的是联邦促进衰败城市复兴和学校改善的工作。1961年《住房法》提供了49亿美元，帮助城市保留公共空间、发展公共交通系统、为中等收入家庭提供住房补贴。1966年，约翰逊组建了住房及城市发展部（首任部长罗伯特·韦弗［Robert Weaver］是第一位在内阁供职的非裔美国人）。约翰逊还启动了一个"模范城市"计划，为城市重建试点项目提供联邦补贴。

<small>住房与城市发展</small>

肯尼迪在任期内努力为公共教育争取联邦援助，经过长期努力之后，仍然有两个重要障碍未能消除：一是很多美国人担心联邦援助教育之后，政府紧接着就会控制学校；二是天主教人士坚持要求联邦援助扩大到教区学校。约翰逊通过1965年《中小学教育法》及一系列相关措施克服了这两大困难。法案将联邦援助范围扩大到私立学校和教区学校，并规定根据学生的经济条件而非学校本身的需要提供援助。1964—1967年三年间，联邦用于教育和技术培训的费用由50亿美元增加到120亿美元。

约翰逊政府也支持1965年《移民法》，这一法案是60年代最重要的立法之一。法案保持了每年接受的移民数量（17万人）的绝对上限，但废除了20年代规

<small>1965年《移民法》</small>

约翰逊的解决之道 林登·约翰逊的游说能力简直是一个神话。他有魅力，又善于亲近人，即使是经验最老道的政治家也买他的账。照片上显示的是他在椭圆形办公室和老朋友理查德·拉塞尔会面，理查德是佐治亚州参议员。约翰逊展现出那种强势且让人不安的游说技巧：靠近对方，几乎要贴到对方的脸上。
(*Photo by Yoichi Okamoto. Lyndon Baines Johnson Library & Museum*)

定的"国籍"限制,即北欧移民享有优先权。虽然该法对拉丁美洲一些国家的移民仍然有严格的限制,但欧洲、亚洲和非洲所有地区的移民都可以在平等基础上进入美国。到 70 年代初,移民构成发生了改变,随着新移民尤其是大批亚洲移民进入美国,美国人口构成也相应改变。

"伟大社会"的成果

总而言之,"伟大社会"改革意味着联邦支出的大幅增加。有段时间,经济增长带来的联邦税收增加基本可以弥补政府的新项目开支。1962 年肯尼迪曾经提议减税 115 亿美元,当时未获批准。1964 年,约翰逊终于使这项提案获准通过。减税增加了联邦政府赤字,但是随后几年的大幅经济增长则基本上弥补了这些损失。随着"伟大社会"计划开始扩大,联邦政府支出的增长很快超过了收入的增加。1961 年,联邦政府支出 944 亿美元,到 1970 年,政府支出飙升至 1966 亿美元。

"伟大社会"计划的巨大支出,很多项目失利或失败,政府的入不敷出、难以为继等因素,导致后来几年里国人日益觉醒,开始质疑由政府解决社会问题的做法。到 80 年代,很多美国人开始认为,"伟大社会"的实验并未成功,实际上,由政府解决社会问题是行不通的。然而,虽然这一计划有诸多失败,它也取得了一些重要成就。其中,它在很大程度上减少了美国的饥饿现象,为无数无法承担医疗费用的贫困人士和老年人提供了医疗保险,创造了美国建国以来最大限度消灭贫困的纪录。根据一项普遍认可的估计,1959 年,21% 的美国人生活在官方规定的贫困线下;到 1969 年,这一数字下降到了 12%。白人和黑人情况改善程度大致相同:1959 年,贫困线下的黑人占黑人总人口的 56%;十年后,这一数字降至 32%,降低了 24%。1959 年,生活在贫困线下的白人占 18%,十年后降至 10%,降低了 44%。虽然这些成就主要是经济增长的结果,但是也有部分得益于"伟大社会"计划。

二、为种族平等而战

60 年代美国国内最重要的行动就是为非裔美国人争取公正和平等。这项工作极其困难,使美国社会出现了严重的紧张气氛。但这也是无法避免的问题。非裔美国人已经行动起来，迫使国家必须开始处理种族问题。

抗议活动扩大

约翰·肯尼迪长期坚持种族平等，但他算不上一名坚定的斗士。1960年竞选时他曾帮助马丁·路德·金从佐治亚州的一所监狱里重获自由，因而赢得了大量的黑人选票。但是，和他的许多前任一样，他也害怕失去南方的民主党选民和国会议员的支持。他的政府主要通过推动现有法律的实施和支持推翻种族隔离的诉讼来应对种族问题，力图在不造成政治分裂的基础上采取渐进方式解决种族问题。

不过要求做进一步改革的压力却是无法抑制的。1960年2月，北卡罗来纳州格林斯伯勒的黑人大学生在伍尔沃思的餐馆发起了静坐活动；接下来的几周，南部不少地方都出现了类似的示威活动，由此导致很多商人取消经营场所和设施中的种族隔离。1960年秋，一些参与静坐的学生成立了"学生非暴力协调委员会"(SNCC)，通过这一组织继续进行抗议活动。

学生非暴力协调委员会

1961年，一个跨种族的学生团体与"争取种族平等大会"合作，发起了他们所谓的"自由乘车"运动（重拾"争取种族平等大会"在40年代提出但当时收效不佳的策略）。"自由乘车"的参与者们乘坐巴士在南部地区穿行，试图迫使巴士车站放弃隔离政策。在一些地方他们和愤怒的白人发生了暴力冲突，最后，总统不得不派遣联邦警察帮助维持秩序。肯尼迪也命令所有的巴士车站和火车站取消种族隔离。同时，"学生非暴力协调委员会"的成员开始分散到黑人社区甚至偏远的乡村，鼓动黑人反抗那些阻挠他们行使选举权的障碍（由《吉姆·克劳法》规定，有巨大影响力的社会习俗使之得以延续）。"南方基督教领袖会议"也开始了"公民教育"等计划（其中许多项目由伟大的草根领袖之一——埃拉·贝克 [Ella Baker] 组织)，发动黑人工人、农民、主妇等反抗种族隔离、争取选举权和反对种族歧视。

"自由乘车"运动

在公共教育中取消种族隔离的司法努力一直在持续，迫使国家领导人不得不对民权运动做出回应。1962年10月，联邦法院命令密西西比大学招收首位黑人学生詹姆斯·梅雷迪斯（James Meredith）。校长罗斯·巴内特是一个极端的种族隔离主义者，拒绝执行命令；密西西比州牛津市的白人也开始暴力反抗法庭裁决，肯尼迪总统派出联邦军队到牛津市维持秩序，捍卫梅雷迪斯入学的权利。

1963年阿拉巴马州发生的事件将不断高涨的民权运动推向了新的高潮。4月，马丁·路德·金在阿拉巴马州的伯明翰市发起了一系列非暴力示威行动。伯明翰

伯明翰

伯明翰,1963 这张照片是当初很多美国人从电视上看到的惊人一幕。阿拉巴马州伯明翰市的警察将消防水枪开到最大,向民权运动示威者喷射,多人被击倒在地。(AP/Wide World Photos)

市一直以来都坚定不移地推行种族隔离政策。绰号"公牛"的警察局长尤金·康纳(Eugene Connor)亲自率队暴力驱散和平示威的游行队伍,逮捕了数百名示威者,还动用警犬、催泪瓦斯、电警棍甚至消防水枪向人群(甚至是儿童)发起攻击。与此同时,全国多数观众都通过电视报道看到了这些恐怖的场面。两个月后,乔治·华莱士州长(1962 年当选时承诺坚定反对取消种族隔离)承诺将站在阿拉巴马大学一栋建筑的入口以阻止法庭支持的几位黑人学生入学。直到联邦警察到场,司法部长罗伯特·肯尼迪亲自造访,华莱士才作出让步。他的行为在对取消种族隔离的行动感到不满的白人中赢得了广泛支持。当晚,全国有色人种协进会领导人梅德加·埃弗斯(Medega Evers)在密西西比州遇害。

国家承诺

阿拉巴马和密西西比州发生的事件令总统意识到,再也不能对种族问题采取包容或回避态度了。阿拉巴马大学事件当晚,肯尼迪在电视演讲中痛陈国家面临的"道德问题"。他问道:"如果一个美国人,因为皮肤是黑色的而不能享受我们人人追求的充实自由的生活,我们当中有谁愿意改变他的肤色,自己设身处地体验一下他的感受?谁愿意接受诸如耐心等待这样的劝告?"几天后,他提出了一系列新的立法提案,禁止在"公共场所"包括商店、饭店、剧院和旅馆实行种族隔离,严禁就业中的种族歧视,扩大了政府代表取消种族隔离学校提起诉讼的权力。

为了支持肯尼迪的立法案，壮大民权运动的力量，1963 年 8 月，二十多万人沿华盛顿哥伦比亚特区的购物中心游行，并聚集在林肯纪念堂前举行了美国有史以来规模最大的民权示威活动。肯尼迪总统最初反对这次游行，但是组织者们向他保证集会发言人不会批评政府，于是总统终于公开支持了这次行动。小马丁·路德·金发表了他的演说生涯中最精彩的演讲，他以"我有一个梦想"开头的排比段落描绘了一幅又一幅画面，唤起听众的强烈认同。这次游行标志着和平的、跨种族的民权运动达到了高潮。

华盛顿游行

三个月后，肯尼迪总统遇刺为民权立法斗争注入了新的动力。肯尼迪 1963 年 6 月提出的宏伟计划虽然在众议院相对容易地通过了，但是卡在了参议院。1964 年初，约翰逊动用公众舆论和私人力量，终于争取到三分之二多数的支持者，结束了争论，冲破了南方参议员的阻碍。参议院批准了美国历史上最完整全面的民权法案。

历史学家的分歧　民权运动

民权运动是美国现代史上最重要的事件之一。它推动美国废除了种族隔离制度，结束了非裔美国人无公民权的历史，为其他族群追求尊严和权利的斗争树立了榜样。正如其他重大历史事件一样，学者们从许多不同角度探究民权运动的方方面面。

早期历史上确立的民权运动观点现在仍被广泛接受，即认为民权运动是一场壮丽的事业，在这场运动中，伟大民权领袖凭借道德目的和个人勇气鼓舞普通人站出来为争取个人权利而斗争。这一伟业从 1954 年布朗裁决和 1955 年的蒙哥马利城抵制巴士运动开始，贯穿整个 60 年代初期，并在 1964 年和 1965 年的《民权法案》颁布时达到了顶峰。其中最重要的事件是 1963 年小马丁·路德·金在华盛顿游行时发表著名的《我有一个梦想》演讲，以及他 1968 年遇刺（标志着民权运动的结束和黑人为自由而奋斗的另一个更复杂阶段的开始）。这些学术著作主要关注伟大领袖，尤其是金在运动中所起的作用。这一类的优秀作品有泰勒·布兰奇（Taylor Blanch）对马丁·路德·金的生活和斗争情况的研究《将水分开》(*Parting the Waters*, 1988)、《火柱》(*Pillar of Fire*, 1998)、《在迦南的边缘》(*At Canaan's Edge*, 2006)，以及大卫·加罗的重要研究成果《背负十字架》(David Garrow,

布朗诉托皮卡教育委员会案 这张照片由亚特兰大的一家报社拍摄。照片显示，本案原告之一琳达·布朗每天往返堪萨斯州托皮卡城的隔离学校需要走一段漫长而危险的路。本案最终由最高法院审判。琳达家附近就有一所全白人的学校，但是她却只能每天步行很远的距离，再乘巴士才能到达黑人学校。这张照片展示的不仅是种族隔离给琳达·布朗带来的困难，也展示了本案支持者们发起的宣传活动的一部分。(Carl Iwasaki/Time Life Pictures/Getty Images)

Bearing the Cross，1986)。

没有哪个历史学家会否认金等民权领袖对民权运动的成功起到了重要作用。但很多学者认为，以领袖为中心的叙述方式很容易抹杀南部乃至全国各地普通民众的努力。约翰·迪特默的《当地人：密西西比州的民权斗争》(John Dittmer, Local People: The Struggle for Civil-Rights in Mississippi, 1994) 和查尔斯·佩恩的《我有自由之光》(Charles Payne, I've Got the Light of Freedom, 1995) 两部作品都探究了60年代初民权运动中普通成员的日常工作，认为这些人和金等领袖一样重要。全国性领袖使人们了解了这些斗争，但金及其同僚常常只是短暂出现在挑战种族隔离的具体工作中。这些学者认为，只有理解各地区民权运动的具体原因才能真正了解其实质。

学者们在民权运动的时间问题上也存在分歧。很多学者认为民权运动开始于1954年或1955年（如罗伯特·维斯布劳特1991年的作品《自由的束缚》、威廉·查菲1981年的著名地方研究《礼貌与民权》，考察了1961年发生在格林斯伯勒的静坐事件）。但也有很多学者试图将民权运动的时间线进行延伸。罗宾·凯利的《种族反叛者》(Robin Kelley, Race Rebels, 1994) 强调了非裔美国工人的贡献，有些工人为了推翻种族主义观念，曾一度与共产党结盟。凯利指出，在民权运动正式开始之前，这些人组织了早期的民权示威运动（静坐、游行和其他挑战隔离制度的行动）。盖尔·欧布赖恩的作品《法律的色彩》(Gail O'Brien, The Color of the Law, 1999) 探究了1946年发生在田纳西州哥伦比亚市的一次"种族暴动"。他认为这次暴动标志着非裔美国人的战斗精神开始成长，民权运动从街头运动发展到法律制度层面。

其他学者把目光投向60年代之外，他们将常规"运动"之外的事件也纳入研究范围，并借助这些事件解释民权运动的斗争史。随着对北方城市中那些相对激进的民权运动家们的研究逐渐增多，人们发现，过分专注于研究主要领袖及60年代南方的民权运动，会使我们忽视北方非裔美国人面临的挑战以及他们在实现目标过程中采取的与南方截然不同的斗争策略。历史学家对马尔柯姆·X（Malcolm X）的人生和成就（其中包括亚历克斯·哈里的《马尔柯姆·X》[1965] 和迈克尔·埃里克·戴森的《成为马尔柯姆》[1996]）的广泛关注就是一例。同时学者们也越来越多地关注60年代晚期以来的黑人激进主义，以及黑豹党这样的激进组织。其他学术成果则将民权运动研究的范围扩展到80年代甚至更晚的时候，使人们注意到刑事司法系统中非裔美国人被判死刑比例过高的现象。兰德尔·肯尼迪的《种族、犯罪和法律》(Randall Kennedy, *Race, Crime and the Law*，1997) 是关于这一问题的重要研究。

布朗诉托皮卡教育委员会案 (1954) 作为合法挑战种族隔离制度的里程碑事件，竟然也遭到重新审视。理查德·克鲁格关于布朗判决的《简单的正义》(Richard Kluger, *Simple Justice*，1975) 是传统意义上将"布朗判决"看作战胜不公正制度的经典作品。然而其他学者并不确信这一裁决是否成功。詹姆斯·T. 帕特森的作品《布朗诉教育委员会案：民权运动的里程碑及其麻烦后果》(James T. Paterson, *Brown v. Board of Education: A Civil Rights Millestone and Its Troubled Legacy*，2001) 表述了这样的观点：虽然"布朗判决"将全国废除种族隔离制度的日期大大提前了，但它远没有早前的学者们所认为的那样影响深远。迈克尔·克拉曼的作品《从吉姆·克劳制到民权》(Michael Klarman, *from Jim Crow to Civil Rights*，2004) 探究了最高法院在推进民权运动中的作用，并表示布朗判决实际上在南方造成了短期内的民权倒退，因此它甚至阻碍了民权运动的进程。查尔斯·奥格莱特瑞的《适当的速度》(Charles Ogletree, *All Deliberate Speed*，2004) 和德里克·贝尔的《沉默的圣约》(Derrick Bell, *Silent Covenant*，2004) 都认为"布朗判决"并没有为取消种族隔离制定有效的实施机制，而且在很多方面也没有有助于学校取消隔离的具体措施。他们认为美国公立学校的隔离现象比"布朗判决"之前更严重了。

随着反映20世纪非裔美国人为自由而斗争的著作逐渐增多，历史学家们也开始讨论民权运动的具体情形，而不是单一的整体运动。学者们认识到，与传统的解读相比，民权斗争实际采取了更多形式，历时更长。

争取选举权的斗争

赢得了反种族隔离的胜利之后，民权运动的斗争目标转向了选举权。1964年夏天，成千上万的民权运动人士，包括黑人、白人、南方人、北方人，深入到南方的大部分地区（主要是密西西比州）为黑人选民注册和投票而奔走。这次被称为"自由之夏"的运动，引起南方一些白人的暴力反抗。在地方警察等势力的支持下，第一批到达南部的三名自由战士——白人安德鲁·古德曼（Andrew Goodman）、迈克尔·施韦纳（Michael Schwena）以及黑人詹姆斯·切尼（James Cheney）——被三K党残忍地杀害了。

"自由之夏"运动促成了密西西比自由民主党的诞生。这是常规的各州党组织之外的一个跨种族的新党派。同年夏天，在法尼·罗·哈默（Fannie Lou Hamer）等人的领导下，密西西比自由民主党开始挑战原常规党派在民主党全国代表大会的席位。约翰逊总统希望避免与任何人敌对（即使是可能支持其对手共和党的南方民主党白人），通过金的协调，双方达成妥协。最后，双方同意密西西比自由民主党列席民主党全国代表大会，并承诺晚些时候进行党内改革，但常规党保留现行合法地位。尽管非常不情愿，双方还是勉强接受了这一协议。

1965年3月，金在阿拉巴马州塞尔玛市组织发起了一次大型示威活动，帮助黑人争取选举权。塞尔玛市警长吉姆·克拉克（Jim Clark）带领地方警察猛烈攻击示威人群。像伯明翰市一样，这一情景也通过电视报道震惊了全国观众。两名参加这次塞尔玛示威的北方白人被杀，其中一名牧师在街上被毒打致死；另一名白人来自底特律，是一位家庭主妇，在深夜开车载一名黑人行驶在公路上时遭枪击。阿拉巴马州事件导致全国群情激愤，林登·约翰逊借势提出1965年《民权法案》（即《选举权法》，规定国家保护黑人行使选举权），并使之得以通过。虽然这次胜利具有重大意义，但随着黑人民权运动的斗争目标由政治地位转向经济诉求，他们的愿望仍然没有得到充分满足。

变革中的民权运动

几十年来，非裔美国人经历了巨大的转变；到60年代，种族不平等现象已经不像20世纪早期那样主要集中在南部和农村地区。到1966年，69%的美国黑人居住在城市，45%不在南部生活。虽然美国多数地区的社会经济条件已经改善了不少，但在黑人聚集的城市贫困区，生活条件持续恶化。60年代初，一半以上的非白人人口生活贫困；黑人失业率高达白人失业率的两倍。

因此，到60年代中期，种族问题已经不再局限于美国南部而是遍布全国各地。反对学校种族隔离的斗争已经由最初的反对制度性隔离（法律规定的隔离）发展到反对事实性隔离（种族隔离的具体行为，如居住格局），种族斗争由此发展到北方城市。很多非裔美国人领袖（及支持他们的白人）要求把反对就业歧视的斗争提升到一个新高度。雇主不止应该放弃对黑人就业不利的消极做法；而且应该采取积极措施招募少数族裔人口以弥补过去的不公正。1965年，林登·约翰逊对"平权行动"表示支持。后来十年中，"平权行动"的实施范围逐渐扩大到与联邦政府有业务联系或接受联邦政府资金的所有机构（包括大专院校和中小学），以及其他许多机构。

制度性隔离与事实性隔离

马丁·路德·金在华盛顿 1963年8月，马丁·路德·金发表完他最著名的演讲后，向人群挥手致意。人们聚集在林肯纪念堂前表达"平等和工作"的诉求。(AP/Wide World Photos)

金在1966年夏天芝加哥开展的一次重大运动中发挥了重要作用。这次运动代表了民权运动发展的新方向和新问题。芝加哥运动的组织者希望采取类似于在南方揭露法律上的种族主义的方式，将国人的注意力吸引到北方工业城市中的住房和就业歧视问题上。然而芝加哥运动不仅仅遭到白人居民强烈甚至暴力的抵抗；而且也没能够像南方那些运动一样唤起国民的道德良知。

城市暴力

早在芝加哥运动之前，各大城市黑人社区的暴力事件已经引起全国对城市贫困问题的关注。1964年夏天出现了一些零星骚乱，大多数发生在哈莱姆区。第二年夏天，洛杉矶市的瓦茨区爆发了二战后规模最大的一次种族冲突。在一起看似

瓦茨区暴乱

"左转，否则挨枪子" 1965年瓦茨暴乱期间，这个令人心惊胆战的标牌树立在洛杉矶沃兹居民区的一个十字路口。显然在60年代中期的美国城市中种族关系已经紧张到一触即发的地步。(Bett-mann/Corbis)

普通的交通事件追捕中，一名白人警官用警棍殴打了一名表示抗议的黑人围观者。这一事件激起了愤怒的狂潮，引发了持续一周的暴力事件（也反映了洛杉矶等地的非裔美国人对于遭受地方警察不公正对待的愤恨）。据估计，多达一万人参与了此次暴力事件，他们攻击乘汽车的白人、烧毁建筑、抢劫商店、向警察打冷枪。沃兹暴乱中有34人死亡，其中包括28名黑人，最后国民警卫队出面平息了暴乱。1966年夏天，又发生了43起暴乱，其中最严重的几起发生在芝加哥和克利夫兰。1967年夏天发生了8次大规模的暴乱，最严重的是底特律的种族冲突，造成43人死亡（其中有33名黑人）。

暴力事件经电视报道后使数百万美国人感到震惊，也引起那些多年来投身种族平等事业的白人们的紧张与疑惑。为解决暴乱问题，总统特别设立了"国内动乱问题委员会"进行调查。1968年，该委员会作出报告，建议政府着力改善贫民区的恶劣条件，从而受到人们称赞。委员会总结说，"只有采取规模空前的全国性行动，才能够创建一个与美国社会历史使命相协调的未来"。但是对很多白人而言，暴力事件的教训说明需要制定严厉措施制止暴力和违法行为。

黑人权力

与白人合作实现和平改革的理想破灭之后，越来越多的非裔美国人转向解决种族问题的新方法："黑人权力"的哲学。"黑人权力"可以有多种含义，但其所有实现形式都要求抛开跨种族合作，转向提高对黑人种族独特之处的认识。"黑人权力"是黑人民族主义传统的一部分，可以追溯到奴隶制时期，在20世纪20年代的加维运动中也得到了清晰的体现。

也许"黑人权力"观念对黑人的社会和心理层面影响最为深远持久，向生活在"非裔美国人比白人劣等"的主流社会文化中的非裔美国人灌输了种族自豪感。它鼓励大专院校进行黑人研究，刺激了黑人文学和艺术的发展，使很多非裔美国人对他们的非洲文化之根产生了新的兴趣。有些黑人开始拒绝一些源自白人社会的文化形式。"非洲式"发型开始取代人工拉直的发型；有些黑人开始穿着非洲风格的衣服，甚至开始改换名字。

"黑人权力"观念也有政治方面的表现，最值得注意的是黑人民权运动中出现了分裂。强调与富有同情心的白人合作的传统黑人组织（如全国有色人种协进会、城市联盟[Urban League]、金创建的南方基督教领袖会议）都面临着激进派的挑战。学生非暴力协调委员会（SNCC，实际上最初是南方基督教领袖会议的学生分支机构）和种族平等大会起初都是温和的跨种族组织。但到60年代中期，这些（及其他一些）组织都在呼吁采取激进甚至有时是暴力行动反抗白人社会的种族主义，公开拒绝老一辈著名黑人领袖的做法。

令许多白人（及一些非裔美国人）尤其担忧的是那些完全独立于主流民权运动之外的组织。加利福尼亚奥克兰的黑豹党（Panther Black Party，由休伊·牛顿[Huey Newton]和鲍比·希尔[Bobby Seale]创建）承诺不惜使用暴力来捍卫黑人的权利。黑豹党采取半军事化组织形式，公开而自豪地持有武器。尽管他们更多情况下实际上是警察暴力行动的受害者，而非施暴者；但是他们有意塑造了一种甘愿"用枪杆子"（用牛顿的话说）为正义而奋斗的武装极端分子形象。

马尔柯姆·X

曾经名不见经传的黑人团体"伊斯兰民族"在底特律赢得了新的关注。这一组织由伊利亚·普（EIijah Poole，信奉伊斯兰教，后改名伊利亚·穆罕默德）创建，教导黑人为自己的生活负责，严格遵守行为规范，拒绝依赖白人。其中最著名的黑人穆斯林（白人给他们的称谓）马尔柯姆·利特尔曾是个瘾君子和皮条客，

马尔柯姆·X 1963年5月,"伊斯兰民族"领袖马尔柯姆·X来到华盛顿哥伦比亚特区,打算在这里建立组织总部。马尔柯姆一生都遭到白人的厌恶和惧怕。1965年他遇刺之后,很多非裔美国人将他奉为英雄。(Bettmann/Corbis)

进过监狱,参加了"伊斯兰民族"运动后重获新生,并改名马尔柯姆·X (Malcolm X,其中X指的是他丢失的非洲姓氏)。

马尔柯姆的天赋、口才,以及他对各种形式的种族主义和种族压迫的坚决反抗和毫不妥协的态度使他成为民权运动中最有影响力的代言人之一,也使他在黑人青年中深受欢迎。与批评家们所说的不同,他从不提倡暴力;但是他坚持认为,遭受攻击时,黑人有权自卫,若有必要,可以使用暴力。1965年,马尔科姆在纽约被持枪黑人暗杀身亡。据推测,这些黑人是受"伊斯兰民族"反对派的命令行事。

但是马尔柯姆的影响并没有因此消失。他生前与作家亚历克斯·哈利合作完成的《马尔柯姆·X自传》于1965年出版之后受到广泛关注,马尔柯姆的事迹也在全国广泛传播。在他死后的几年里,很多非裔美国人认为他和小马丁·路德·金处于同等重要的地位,都是受人尊敬的标志性人物。

三、"灵活反应"战略和冷战

在内政和外交方面,肯尼迪和约翰逊政府中乐观的自由派采取了比以往更积极、更主动的方式处理国家面临的问题。然而远超自由派的预料,这种新行动主义不仅在国内改革中困难重重,致使国家四分五裂;而且在对外政策上也遭遇了挫折和失败。

对外政策"多样化"

肯尼迪上任时就坚信美国需要采取比艾森豪威尔政府时期以核武器主导的防

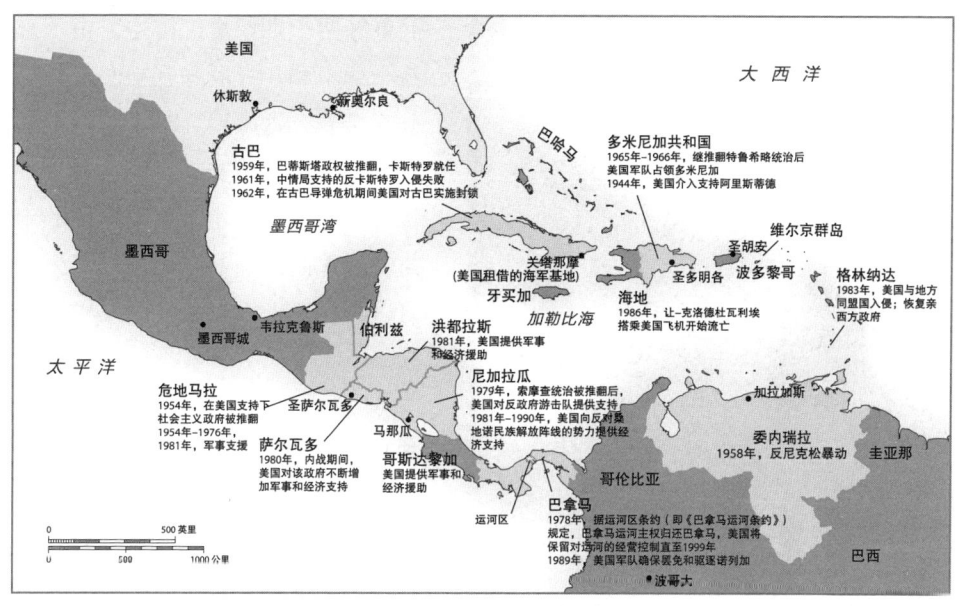

美国在拉丁美洲的活动，1954—1996 冷战期间，美国随时准备干预拉丁美洲事务。这张地图呈现出华盛顿多次下令对中美洲、加勒比海地区以及南美洲北部国家进行干涉的情况。这期间的干涉行动多数受冷战思维（担心共产党会像60年代初控制古巴那样控制美国邻近的国家）主导。◆ 冷战期间及冷战后，哪些利益驱使美国对拉丁美洲施加影响？

御策略更为灵活的方式来应付共产主义扩张。肯尼迪认为美国未能有效应对"崛起的"第三世界（他认为这些区域将成为未来打击共产主义的战场）的共产主义威胁，并对此深感不满。于是肯尼迪积极支持对特种部队（后来的"绿色贝雷帽"，士兵经专门训练，专攻游击战等特殊战斗）进行扩编。

"灵活反应"

肯尼迪也乐于通过和平方式扩大美国的影响。为修复与拉丁美洲之间严重恶化的外交关系，肯尼迪提议建立"争取进步联盟"（Alliance for Progress），并提出一系列计划帮助拉美地区国家实现和平稳定与发展。肯尼迪建立了"国际开发署"（AID）处理对外援助事宜。他最受欢迎的改革之一是"和平队计划"：选取美国青年志愿者，派往发展中地区工作。

肯尼迪政府的第一批试探性外交政策就包括对古巴的卡斯特罗政府进行一次具有灾难性的打击。这项计划自艾森豪威尔政府时期开始，到肯尼迪执政时，中情局已经在中美洲花费数月训练了一支反卡斯特罗的古巴流亡军队。1961年4月17日，经肯尼迪总统许可，2000名全副武装的流亡军在古巴猪湾登陆，他们本来期望先由美国进行空中支援，然后古巴人民迅速发动起义，配合他们的行动。然

猪湾

而最终两个期望全部落空。由于形势十分不利,肯尼迪也担心美国过分直接卷入这次事件,于是在最后一刻撤销了空军支援。流亡分子期待的起义没有发生。装备精良的卡斯特罗军队轻而易举地击溃了入侵者,并在两天内彻底摧毁了整个行动。

与苏联的对峙

为应对猪湾事件的严峻后果,1961年6月,肯尼迪到维也纳与苏联总理尼基塔·赫鲁晓夫进行了首次会面。他们态度冷淡地交换了意见,赫鲁晓夫毫不掩饰地威胁肯尼迪,若继续支持位于东德心脏地带非共产主义的西德政权,就不惜开

修补柏林墙 柏林墙最早于1961年建成。随后的几年中东德又对它进行加高和加固。(*AP/Wide World Photos*)

战,但这基本无益于缓和两国间的紧张关系。

大批东德居民轻而易举地跨过柏林市中心的边界逃往西柏林尤其令赫鲁晓夫不满。最后他找到了一种不需要开战就能解决问题的方式。1961年8月3日,天不亮,东德政府就根据莫斯科的直接指示开工修建了一堵墙,用来隔离东柏林和西柏林。试图逃离东德的人都被卫兵射杀。此后将近三十年间,柏林墙成为见证共产主义和非共产主义之间冲突的最有力的象征。

10月,不断升级的紧张关系在冷战期间最危险、最惊心动魄的一次危机中达到了顶点。10月14日,航空侦察照片清晰地显示,苏联正在古巴部署进攻性核武器。在苏联看来,在古巴部署导弹是针对美军在土耳其部署导弹的合理行动,且成本相对低廉(也可防范美国将来入侵古巴)。但是在肯尼迪和多数美国人看来,导弹基地意味着苏联对美国的进犯。总统立刻决定不能容许这些核武器留在古巴。10月22日,他命令海、空军封锁古巴,"隔离"所有攻击性武器。当美国正准备空袭古巴导弹基地时,10月26日晚,肯尼迪收到了赫鲁晓夫传信,暗示只要美国保证不入侵古巴,苏联愿意取消导弹基地。总统忽略了苏联方面的其他激烈言辞,

同意了赫鲁晓夫的要求。这次危机终告结束。

约翰逊与世界

肯尼迪入主白宫前只有有限的外交事务经验，而林登·约翰逊上任时，他的外交经验甚至还不及肯尼迪。因此，他不仅希望延续前任的政策，而且想要尽快证明他是一位强硬有力的领袖。

很快，多米尼加共和国内乱就给了他一个实现目标的机会。拉斐尔·特鲁希略的独裁政权在1961年的暗杀事件后被推翻。此后四年中，多米尼加国内的各种势力一直争夺统治权。1965年春，面对以胡安·博什为首的左翼民族主义者暴乱，保守的军事政权倒台。约翰逊声称（虽然毫无证据）博什要建立亲卡斯特罗的共产主义政权，于是派遣3万美军平定暴乱。直到一个保守派候选人在1966年大选中击败博什，美军才撤出多米尼加。

干预多米尼加共和国

然而自就任时起，约翰逊的外交政策就几乎完全被越南内战和美国干预的持续升级所主导。

四、越南之痛

遏制政策导致美国介入越南战争，但遏制政策制定者之一乔治·凯南曾说这场冲突是"美国二百年以来参加过的最具灾难性的战争"。然而，越南战争最初仅是冷战边缘地带爆发的一次第三世界战争，是一场美国不必深入甚至无须直接参与就可以"抑制共产主义发展"的冲突。实际上，没有哪位总统真正"决心"参与越南战争。美国深陷越战泥潭是由于多年来缓慢而轻率地增加了对越战的投入。

第一次印度支那战争

无论是作为独立国家、东南亚大国，还是作为服从于中国管辖的地区，越南都有着悠久的历史；越南人民不仅为他们的光辉历史感到自豪，也对他们多年来的从属地位感到痛苦。19世纪中期，越南成为法国殖民地。和其他欧洲国家的亚洲殖民地一样，二战时期的越南被日本控制。日本战败后，越南何去何从的问题摆在了世人面前。当时有两股敌对势力不约而同地向美国求助。法国希望重新对越南实行殖民统治，而越南国内的民族主义运动则致力于建立一个独立的国家。

哈佛大学罢课，1969 1969年春天，哈佛大学学生罢课，学校陷入混乱。罢课期间，建筑系学生设计了这幅海报，这是其中的一个版本。和其他大学情况类似，学生们占据了行政楼，警察被召来驱逐他们；1968年发生在哥伦比亚大学的危机则导致校长被更换。这一海报的另一版本中印了字："因为厌恶警察而罢课 / 因为你的室友被打而罢课 / 为掌控你自己的生活而罢课 / 为更有人性而罢课 / 因为课堂没有诗歌而罢课 / 因为课堂很无聊而罢课 / 为权力而罢课 / 为摧毁市政府而罢课 / 为解放自己而罢课 / 为生命受到威胁而罢课"。(*Courtesy of the Harvard University Archives, HUA 969.100.2 pf*)

越南独立同盟

1941年，民族主义者组建了政党"越南独立同盟"，由胡志明领导。胡志明是共产党员，也是一个坚定的越南民族主义者。他曾先后在巴黎和莫斯科接受教育。二战期间，越南独立同盟与日军进行了艰苦的斗争。1945年秋，在日本投降后，西方国家回到越南之前，越南独立同盟宣布越南独立，并在河内建立了由胡志明领导的国民政府。

战争期间，胡志明与驻印度支那的美军情报部队密切协作，共同抗日；很显然此时他把美国看成同盟者。1945年战争结束时，他给杜鲁门总统写信请求美国支援抗法斗争，但没有收到回信，可能美国国务院压根没收到他的信。与此同时，英国和法国都向杜鲁门施压，要求他支持法国重新占领越南殖民地。法国称，失去越南，国内经济就会崩溃。由于西欧经济复兴迅速成为杜鲁门政府优先考虑的首要事务，所以美国没有阻止（但最初也没鼓励）法国1946年重回越南，并与越南独立同盟争夺统治权。

最初，法国几乎没有遇到什么困难就控制了越南，并把胡志明政府从河内赶到了乡下。1949年，法国在越南建立了以末代皇帝保大为首的名义上的独立政府。保大事实上只是一个无所作为的西化的花花公子，根本无法独立行使领导权；实权掌握在法国人手里。越南独立同盟不断反抗由法国人控制的越南政权，并逐渐控制了大片农村地区。于是法国向美国求援，1950年2月，杜鲁门政府正式承认保大政权，并同意提供直接的军事和经济援助。

随后四年里，即所谓的第一次印度支那战争期间，杜鲁门和艾森豪威尔继续支持法军针对越南独立同盟军的军事行动；到1954年，根据计算，美国已支付了法国战争费用的80%。尽管有美国支持，法军战况仍日益恶化。1953年底，越南独立同盟与法军在越南西北边陲的奠边府（孤立无援，难以防守）发生激战。战斗转入了无止境的围攻阶段，法军被围，形势不断恶化。这时，艾森豪威尔政府决定不再干涉也不再援助法军（参见边码第804页）。最终奠边府防守失败，法国决定撤出越南。第一次印度支那战争结束。

日内瓦会议和两个越南

几个月前已开始筹备的日内瓦国际会议旨在解决朝鲜问题等争议，现在又要同时决定越南的命运。美国只是间接地参与了日内瓦会议关于越南问题的讨论。国务卿杜勒斯不愿和共产党谈判，虽然来参加会议，但是提早退场；因此美国最后并未签署协议。但日内瓦会议还是就结束越南冲突达成了协议，规定交战双方立即停火；越南沿北纬17度线暂时分割，由越南独立同盟控制越南北部，而在南部建立亲西方政权。1956年举行大选后，国家将统一由一个政府领导。

越南的分裂实际上是人为造成的，但北越和南越之间也确实存在实质性的差异。越南独立同盟控制的北越是越南传统社会的核心地带，也是法国影响最薄弱的地区，仍然保留着稳定且同质的文化，多数人生活在密集分布的传统村庄中。这里也是全国最贫穷的地方，人口过多，本就稀缺的土地分配不均，战争结束后又经历了严重的饥荒。越南独立同盟想尽办法有效地减轻饥荒，因此赢得了群众的忠心支持（50年代初期，北越曾推行灾难性的土地改革，不久失败）。1954年越南分裂时，很多天主教徒离开了北越，河内政府更加巩固（如果这些人留下来，就会反对河内政府）。北越人积极投身于国家统一事业，统一的愿望深深植根于越南历史中。

与北越相比，南越的历史短暂得多。19世纪初，实际上南越几乎没有越南人居住；这里稀疏的人口主要是高棉人（柬埔寨人）。到20世纪50年代，很多南越居民定居还不超过三代。多年来，南越地区与19世纪的美国西部情形类似：那些敢于冒险、善于取巧，又对贫穷而拥挤的北越生活不再抱有希望的人来到南越寻找土地（北越土地缺乏，但是南越的可耕地很多），寻求新的开始。因此南越社会更加宽松，更加多样，更具个性化色彩。南越社会高度分化（宗教、政治、民族都分为很多派别），宗派林立，彼此间（甚至包括黑社会）争权夺利。南越比北越生活富裕、土地肥沃，不存在人口过剩，也没有经历过饥荒，是越南国内唯一存在生产剩余、可供出口的地区。

南越并不热衷于越南独立同盟的事业，也不像北越那么渴望国家统一。这一地区（在语言、文化、价值观上）受法国影响最大，而且存在人数相当多且已经西方化的中产阶级。换句话说，南越社会比北越更难团结、更难治理。

美国和吴庭艳

吴庭艳　　日内瓦协议确定越南分治之后，法国终于撤出了越南。美国随后立即进入这一权力真空地带，成为吴庭艳领导的南越新政府的主要资助方。吴庭艳是越南中部地区一名信仰天主教的贵族，在南越属于外来人，不过他是一个民族主义者，从未与法国同流合污。他的治理一度非常成功。在美国中情局的帮助下，吴庭艳对那些威胁到中央政府权威的强大宗教团体和南越黑社会进行了有效打击。因此，美国人将吴庭艳视为取代胡志明的强势人选，林登·约翰逊曾称他为"东南亚的丘吉尔"。

很显然，胡志明能够轻易赢得1956年日内瓦协议所规定的大选（参见边码第826页），因为北越人口更多，而胡志明几乎能够得到那里的全部选票，南越也会有部分人支持他。于是在美国支持下，吴庭艳拒绝举行大选。同时，美国政府还为南越提供了军事和经济援助。到1956年，南越接受美国军事援助的数量仅次于南朝鲜。

吴庭艳在镇压南越各宗派势力方面取得了初步成功，1959年他开始采取类似的行动清除那些越南分治之后仍留在南越且支持越南独立同盟的人。他一度获得成功，以致北越认为有必要采取行动加以回应。1959年莫斯科的新政策强调共产主义民族解放斗争（而非苏联与美国及北约直接对抗），鼓舞了胡志明实现国家统一的武装斗争。1959年，南越的越盟骨干创建了"民族解放阵线"，美国人称之为**民族解放阵线**　"越共"。这一组织和北越政府有紧密的联系，致力于推翻吴庭艳的"傀儡政权"，统一全国。1960年，"民族解放阵线"接受了河内的命令，在北越的人力和物资支持下，开始在南越进行武装斗争。

到1961年，"民族解放阵线"的军队已经成功动摇了吴庭艳的政权。他们在一年之内杀死了4000多名政府官员（多数是村干部），有效控制了大量南越农村地区。此时，吴庭艳正逐渐失去南越很多派系的支持，甚至他手下的军队也不再**吴庭艳政**　支持他。1963年，吴庭艳政权试图压制南越佛教徒的发展，把天主教定为南越国**权被颠覆**　教，从而引发了一场大危机。佛教徒们开始大规模的反政府示威活动；吴庭艳采取了一系列强硬措施，派军队和警察进行镇压，造成几起屠杀示威者和暴力袭击佛塔的事件，结果示威声势更加浩大。在摄影师和电视摄像机面前，几个和尚全身浇了汽油，盘腿坐在西贡的闹市区大街上引火自焚。

佛教徒危机令肯尼迪政府既震惊又尴尬。虽然美国政府仍支持南越政权，但是他们开始重新考虑是否要继续支持吴庭艳。美国官方开始向吴庭艳施压，要求其进行政府改革，但吴庭艳基本没有让步。1963年秋天，在肯尼迪政府默许下，一伙南越军官密谋推翻吴庭艳政权。11月初，军官们发动军事行动，刺杀了吴庭艳和他的兄弟（也是他的主要顾问）吴庭儒（美国并不希望也未预料到这次刺杀行动），建立了新政府。随后的三年中政变频发，那些新建立的政府还不及他们推翻的旧政府稳定。刺杀吴庭艳的政变几周之后，肯尼迪自己也遇刺身亡。

从援助到干涉

肯尼迪逝世后，林登·约翰逊继续遵守肯尼迪政府的承诺，支持反共的南越政权。他上任的前两年，把对南越政权的支持扩大成一场全面的美国战争。他这样做的原因成为一个长期有争议的话题（参见"历史学家的分歧"，边码第828—829页）。

约翰逊的决定受到多种因素影响。最明显的一种解释是，当时新任总统面临着要求美国扩大而非限制越南战争的多种压力。约翰逊没有外交经验，而殉职的前任总统又备受崇敬，他觉得有义务把前任的政策推行下去以证明自己的价值。而支持南越政权是这些政策中最重要的一部分。约翰逊觉得有必要在政府中保留肯尼迪时期的重要人物，而约翰逊周围的顾问，包括国务卿迪安·腊斯克（Dean Rusk），国防部长罗伯特·麦克纳马拉（Robert McNamara），国家安全顾问麦克乔治·邦迪（McGeorge Bundy）等人都坚定地相信美国有义务抵制越南的共产主义。国会也支持总统的决定，几乎很少反对总统使用行政权力把美国带向战场，甚至一度公开赞赏约翰逊的政策。至少几年之内，民意一直坚定地支持约翰逊——其部分原因还在于巴瑞·戈德华特在1964年竞选中的好战言论使约翰逊显得更加温和。

美国干涉的压力

最重要的是，对南越的干涉与美国二十年来的外交政策几乎保持一致。根据60年代遏制政策的规定，当一个反共同盟向美国求援时，美国的责任就是要义不容辞地答应其请求。约翰逊相信，越南战争是对美国反共决心的一场考验，一场只能成功不能失败的考验。

约翰逊上任的头几个月稍微扩大了美国在越南的干涉规模，增派了5000名军事顾问,并准备后续再派 5000 名。1964 年 8 月初,总统宣布,在东京湾公海巡逻的美军军舰遭到北越军队鱼雷艇的攻击。后来的消息使人们对政府消息的准确性提出质疑,但在当时,总统将这一事件描述为严重的侵略行为,并坚持美国必须做出回应,没有任何人对总统提出质疑。很快,国会众议院以 416 票全票,参议院以 88:2 的票数通过了《东京湾决议案》,授权总统"采取一切必要措施"保护美国军队并阻止对东南亚的"进一步侵略"。至少在约翰逊看来,这一决议案实际上是一项授权总统可以不受限制地将冲突升级的法律许可。

历史学家的分歧　越南战争

1965 年国防部为将要去越南作战的美军播放了一部影片,解释了为何美国有必要耗费大量的人力和物资去保卫一个遥远小国的土地。片名为《为什么去越南?》,这也是此后几十年里许多美国人仍在思考和争论的问题。争论在两个层面进行:一是试图评估美国在越南追求的广泛目标,二是解释政策制定者们如何做出和为什么做出参加越南战争的决定。

国防部的影片为美国在越南所追求的目标提供了一个答案,一个多数美国人都接受的答案:美国在越南作战是为了保卫自由,阻止侵略,防止共产主义蔓延到世界其他地区;这不只是保卫越南,同时也是保卫太平洋地区其他国家,因为一旦越南沦陷,势必会影响周边地区。这种解释(即美国在越南作战是为了保卫其理想和正当利益)在战争结束后仍然为人所接受。政治学家君特·莱维在《越战中的美国》(Guenter Levy, *America in Vietnam*, 1978) 中指出,美国参与越战是

(*National Archives/AFP/Getty Images*)

为了帮助盟国打击"外国入侵"。

R. B. 史密斯（R. B. Smith）认为越南是美国至关重要的利益点，从全球战略考虑，美国需要参与越战。而历史学厄内斯特·R.梅写道："关于越南战争的观点是矛盾的。反对者们常常谴责它恐怖而不道德，不过也许越南战争是美国历史上最道德至少是最无私的一场战争。因为美国参战的原因并不是为了打败敌人或者谋求国家利益，仅仅是为了不抛弃朋友。"

其他学者则持截然不同的观点：美国在越南的广泛目标并非大公无私，干预越南战争本身就是帝国主义的行径。越南战争是二战后美国在全世界建立政治和经济秩序的全盘计划的一部分。历史学家加布里埃尔·科尔科在其著作《对一次战争的解剖》(Anatomy of a War, 1985) 中写道："美国不遗余力地综合使用政治与军事手段，来遏制那些妨碍其建立国际秩序的国家和社会制度的出现。越南战争意味着这一努力达到了顶点。"经济学家罗伯特·海尔布隆纳（Robert Heilbroner）在1967年的文章中指出，美国的本意一定程度上更倾向于防御；对越南的干涉是因为"担心失去美国的立足之地"，也是因为担心共产主义的胜利将"结束资本主义对世界的统治，使美国不再成为未来全球文明效仿的榜样"。玛丽莲·扬在《越南战争，1945—1990》(Marilyn Young, The Vietnam Wars, 1991) 中指出，美国对越南进行干涉是为了使二战后的世界格局与美国的利益和理想相协调。

有些学者则更加注重美国国内的政策制定过程，但他们的观点也不尽相同。新闻工作者大卫·哈尔伯斯坦在《出类拔萃之辈》一书 (David Halberstam, The Best and Brightest, 1972) 中指出，政策制定者们忽视、压制或者不考虑那些让他们做出相反决定的信息，从而被迷惑了，误认为他们能够在越南实现目标。肯尼迪和约翰逊政府的外交决策者们过分执着于美国的能动性与必然成功的观点，以至于不考虑失败的可能性；越南的灾难至少有部分原因在于国家领导人的傲慢。

政治学家拉利·伯曼在作品《策划灾难》(Larry Berman, Planning a Tragedy, 1982) 和《林登·约翰逊的战争》(Lyndon Johnson's War, 1989) 中提出了不同的观点。伯曼认为林登·约翰逊从来都不认为美国在越南会有光明的前景或实现一场真正的胜利。他也没有被顾问们误导。1965年约翰逊派兵进入越南参战并不是因为他想打胜仗，而是担心越南陷落会损害他的政治生命。约翰逊认为，如果不参战，那么他在国内实行的"伟大社会"计划就没有获得通过的希望。

莱斯利·H.盖尔伯（Leslie H. Gelber）和理查德·K.贝茨（Richard K. Betts）提出了另一种解释。他们认为美国干预越南的原因在于美国外交决策体制本身。

(Leif Skoogfors/Corbis) 829

在他们合著的作品《越南的讽刺：该体系居然奏效》(The Irony of Vietnam: The System Worked, 1979) 中，盖尔伯指出遏制政策缔造的政治官僚体制不可避免地导致了对越南的干涉。美国外交政策只为了一个压倒一切的目的：必须防止共产主义扩张。决策者们相信，无论干预代价多大，若不加干涉，任南越政权被推翻，那么必将付出更大的代价。只有当国内和国际的政治环境转变（直到20世纪70年代初，这个转变才开始出现），美国的决策者们才能够重新权衡参战的代价，美国才会退出这场战争。

近期的研究对美国干涉越南失误的必然性及别无其他可行措施的论断提出了质疑。大卫·凯泽在《美国的悲剧》(David Kaiser, American Tragedy, 2000) 中指出，其实约翰·肯尼迪并不像通常描述的那样是个强硬派，实际上他对军事顾问的判断持怀疑态度，认为美国应该通过谈判解决战争问题。他的继任者林登·约翰逊没有这种怀疑精神，而是和主战派观念一致。因此，约翰·肯尼迪遇刺就成为越战期间美国历史上的一个重大事件。弗雷德里克·洛戈瓦在作品《选择战争：错失和平时机与越南战争的升级》(Fredrik Logovall, Choosing War: The Lost Chance for Peace and the Escalation of the War in Vietnam, 1999) 中指出，60年代早期有很多次机会通过谈判解决越南问题，但是美国首脑（包括肯尼迪和约翰逊）选择了军事行动。做出这种选择的部分原因是为了避免受到政治上软弱无能的指责。

20世纪最后25年中，对越南战争的争论一直在继续，这一现象本身反映了越南战争的失败对美国人思考政治和政策的方式产生了影响。因为"越南的教训"仍然是大众广泛关注的话题，关于越南战争历史的争论很可能继续下去。

南越领导层依旧十分混乱，越来越多的反共压力落到了美国身上。1965年2月，共产党军队袭击了波莱古的美军军事基地，造成七名海军陆战队队员死亡。对此，约翰逊展开报复行动，发布了1964年东京湾事件后的首次轰炸命令，试图摧毁北越的仓库和交通线,阻止北越运送士兵和军事补给到南越。轰炸断断续续,直到1972年才结束。1965年3月,美国海军的两个营在南越的岘港登陆。至此,越南的美军部队已超过10万人。

四个月后,总统终于承认战争性质改变了。他宣布,现在美军在越战中要发挥积极作用。到1965年底,越南的美军作战部队已经超过18万人;1966年,达到36万人;到1967年底,有超过50万名美军士兵在越南作战。此外还有相当数量的文职人员在各种机构工作,很多美国妇女来到越南(有些是应征入伍,有些则不是),在军方医院做护士。同时,空战愈演愈烈;美军在北越投下的炸弹数量很可能比二战时期所有战区投掷的炸弹总量还要多。1961年,有14名美国人在越南丧生。然而,到1966年春天,已有4000多名美国人阵亡。

伤亡增加

巨大的牺牲换来的回报却微不足道。1965年,美国最终在南越建立了一个由

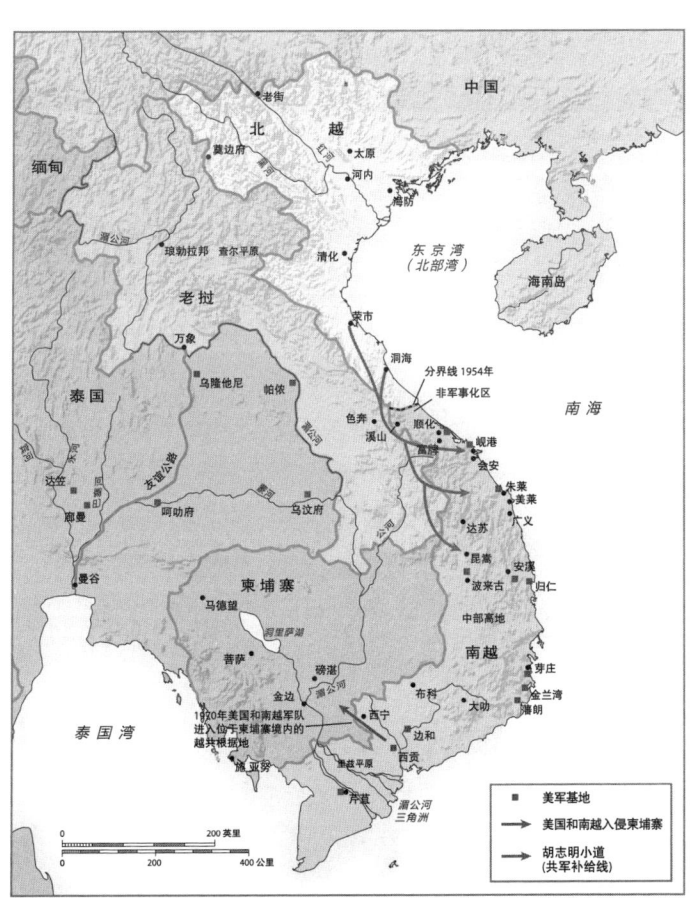

越南和印度支那的战争,1964—1975 越南战争的多数战斗发生在分散的大片区域,不同于传统意义上的战役。不过如图所示,越战中也发生过一些传统战役,也有进攻和物资补给路线。地图中央的红色箭头表示的是"胡志明小道",即北越向南越运送军队和物资的主要通道。南越南部的蓝色箭头表示1970年美军进攻柬埔寨的地点。◆ 如图所示,印度支那的地理环境中有哪些因素可以解释美军在越南对抗共产党时所面临的巨大困难?(彩图见第1451页)

搜寻和毁坏 美军在越南通常无法分辨敌军和当地居民，常常袭击那些怀疑是敌军据点的可疑目标。这张照片显示的是一位美军士兵注视着一个燃烧的村庄（美军毁坏的众多村庄之一）。(Topham/The Image Works)

阮文绍领导的相对稳定的政府。但阮文绍政府的腐败和残忍程度毫不亚于以前那些政府，在农村建立权威的能力也并不强于此前的历届政府。越共，而非阮氏政权控制了南越多数乡村地区。

越战的泥潭

美国在越战中的核心策略是军方所谓的"消耗战"，这一策略成功的前提是美国可以重创敌军，最终使对方无还手之力而自动放弃抵抗。然而消耗战略最终失败了，北越军队愿意投入的兵力远超美国的预期（甚至超过美国愿意派遣的兵力总数）。

失败的原因还在于美国过分依赖轰炸手段消除共产党的作战能力。美军轰炸机不仅对北越的战略目标（如工厂、桥梁、铁路、码头、油库等）进行了轰炸，以削弱共产党的作战能力；还轰炸了越南、老挝、柬埔寨的丛林地带，意图切断"胡志明小道"（即河内向南越输送军队和物资的通道）。此外，美军还希望轰炸能

"消耗战"，策略

削弱北越的战斗意志。

1967年底，所有可识别的北越战略目标都已被摧毁。美军的轰炸严重破坏了北越经济，许多军人和居民丧生，幸存下来的人们生活艰难。但美国的预期目标无一实现。因为北越并不是现代化的工业社会，几乎没有有效的轰炸目标。无论如何，北越人巧妙地应对了美军轰炸：他们建设了庞大的地道网、地下商店和地下工厂；还从苏联和中国那里得到了更多的支援。北越共产主义向南越渗透的行动没有受到影响；北越人仍然穿行在"胡志明小道"上。轰炸也没有削弱北越的战斗意志，反倒更坚定了他们的决心，增强了他们对美国的痛恨。

美国战略中另一个关键部分是"绥靖"计划，即首先将越共赶出特定区域，然后通过采取措施赢得民心"安抚"这些地区。赶走越共是可行的，但是之后的"安抚"却很难做到。美军并不像越共那样善于与越南乡下人建立友好关系；而且美军也从未优先考虑此事。

"民心"策略

绥靖计划逐渐让位给强硬的再安置策略。美军将村民赶出，任其流落于难民营或进入城市（1967年难民人数超过300万），然后毁掉空无一人的村庄及周边乡村。饱和轰炸（使用常规武器和凝固汽油弹类的引火装置），用推土机铲平建筑物，用化学制剂清除田野和丛林，这些都是为了清除所有越共可能的避难所。而越共的对策是转移到其他地方。一位美军军官在夷平一个小村落后说道："为了保护这个村庄，有必要摧毁它"，这种说法显示出美国这些行动毫无价值。

大众文化模式　民俗音乐复兴

60年代有两种动力，一是青年重新对左翼政治产生了兴趣，二是寻求一种"真正的"文化，以替代现代美国社会中的虚假消费文化。这两种动力共同促成民俗音乐在这个躁动不安的年代重新流行。虽然60年代的摇滚乐更加冷酷、粗犷，更能刺激感官，更加普遍和流行，但民俗音乐却更能清晰地表达充斥在青年文化中的政治思想和诉求。

民俗音乐和多数美国音乐传统一样，有多种来源。它既有南部黑人音乐传统，融合了阿巴拉契亚山区的白人乡村音乐的元素，30年代共产党的"人民阵线"音乐家们发展起来的音乐风格也很快被民俗音乐接受。伍迪·加斯里（Woody Guthrie）、皮特·西格（Pete Seeger）、织工乐队（Weavers）和其他在60年代再度

迪伦和贝兹 这张海报是1961年艺术家埃瑞克·凡·施密特为琼·贝兹和鲍勃·迪伦的一场音乐会制作的，它表达了民俗音乐舒缓、含蓄的特点。民俗乐与摇滚乐不同，为60年代初美国青年表达其理想化的政治冲动提供了合适的载体。(Getty Images)

流行的音乐家们，都是从大萧条期间为"人民阵线"和社团集会表演起家的。他们的音乐和"人民阵线"一样，似乎完全是美国风格，植根于美国的民俗传统。

40年代和50年代民俗音乐还有一席之地，但追随者不多。皮特·西格和织工乐队仍然在大学校园表演，吸引学生的注意。哈里·贝拉方特和"金士顿三重唱组合"录制了民俗乐的流行版本，希望能推广给更多听众。1952年，"民歌之路"唱片公司发行了《美国民俗音乐精选》，收录了20年代和30年代的84首表演录音，成为青年民俗音乐家们灵感和素材的重要来源。1959年，民俗音乐节在伯克利、纽波特和芝加哥等地逐步增多。50年代和60年代初民俗音乐家们居住在纽约的格林威治村，并在那里一起表演。

60年代政治话题变得更加热门，青年尤其关注政治，民俗音乐最直接地反映出他们的新价值观和担忧。虽然彼得、保罗和玛丽（Peter，Paul & Mary）只是偶尔参与政治，但1962年他们翻唱并录制了《如果我有一把锤子》（最初由皮特·西格和织工乐队在一次40年代的共产党集会上演唱）之后就成为新左派的象征。鲍勃·迪伦（Bob Dylon）自己的政治观点不为人知，但他在60年代的左翼政党中却有很大影响，不经意间甚至为"学生争取民主社会"组织中一个最激进的分支机构提供了名字——该分支机构从他的一句歌词中选取了名字"气象员"："你不需要气象员告诉你风往哪里吹"。琼·贝兹（Joan Baez）的政治观点人所共知，她积极地参与反战运动，并数次因为参与武装暴乱被捕入狱。

民俗音乐家之所以受到60年代的青年看重，并不仅仅因为他们公开传达了政治信息，也因为民俗音乐反映了青年文化寻求的"真实感"。实际上，民俗音乐家及其歌迷都与他们试图复苏的传统没有实际的联系。民俗音乐是乡村和工人阶

咖啡店音乐 50年代末,曼哈顿的飞洪咖啡店深受青年作家、诗人的欢迎,部分原因在于许多民俗音乐家也在此聚集。照片右侧,两位民俗音乐家正在表演。

皮特·西格 皮特·西格是将30年代"人民阵线"劳工运动民俗音乐和60年代民俗音乐复兴相联系的众多音乐家之一。这是他在1966年的一次音乐会上的表演。(Getty Images).

级传统的产物,但它的听众却是城市中的中产阶级。民俗音乐所传达的信息(即"真实的"美国,植根于分享与共同体价值观,潜藏于现代文化粗糙的商业主义表面之下)与60年代(及以后)很多人改变混乱的现实世界的渴望形成共鸣。当青年听众回应伍迪·加斯里的著名民谣《这是你们的土地》时,他们在表达对另一个不同的美国的希望——一个更民主、更诚实、更自然的美国。

战争不断拖延,胜利遥不可及,一些美军军官和官员开始敦促总统扩大战争投入。但是约翰逊拒绝了。约翰逊政府担心破坏美国在世界的"信誉",不愿意放弃对南越的承诺,同时又担心中国或苏联,或两国同时进行直接干涉,也不情愿很快将战争扩大。同时,总统在国内还面临着其他的障碍和挫折。

国内的斗争

1965年底时,几乎没有美国人反对美国参加越南战争,更不用提那些有影响力的人物了。但是随着战事的拖延,美军行动收效甚微,对越战的政治支持开始减少。1965年,在密歇根大学开始的一系列大学校园的"宣讲会",激起了全

反战呼声高涨

国对越战的争论。到 1967 年底，美国反战的学生成为一支重要的政治力量。纽约、华盛顿的哥伦比亚特区和其他城市都爆发了和平游行，引发民众对反战运动的普遍关注。反对越战不仅已经成为左翼政党及高校文化的中心议题，还渗入流行文化——最明显的是民俗音乐家日益受欢迎，很多人用歌声来传递反战思想。同时，越来越多的记者，尤其是曾在越南待过的记者也通过他们对战争之残酷和无意义的揭露支持反战行动。民间反战呼声高涨，很快就促使政府内部产生了反战情绪。

参议院外交关系委员会主席、阿肯色州参议员小威廉·福布赖特（J. William Fulbright）转向反战立场。1966 年 1 月他开始在公开场合，有时甚至在电视转播的国会听证会上批评越战。杰出人物如乔治·F. 凯南和退休将军詹姆斯·加文也作证反对越战，使那些普遍不愿质询政府或军方的反战人士的意见受到更多关注。其他国会议员（已故总统约翰·F. 肯尼迪的弟弟、纽约州参议员罗伯特·F. 肯尼迪于 1967 年）也开始赞同福布赖特。即使在总统的行政部门内部，对越战的共识也开始瓦解。罗伯特·麦克纳马拉曾促成美国扩大在越南的参战规模，但他在醒悟之后，于 1968 年迅即离职。接替他担任国防部长的克拉克·克利福德（Clark Clifford）沉稳有力地表达了意见，主张谨慎地逐步缩小参战规模。

战争引起的通胀

同时，美国经济开始陷入困境。约翰逊边打仗边推行"伟大社会"计划（"要枪炮也要黄油"）的承诺显然行不通。60 年代初期通货膨胀率基本维持在 2%，到 1967 年升至 3%，1968 年为 4%，到 1969 年为 6%。1967 年 8 月，约翰逊请求国会增加税收（增幅高达 10%，被称为"战争税"），他深知，若要避免更严重的破坏性通胀，增税是必要措施。国会批准了这一请求，但同时国会保守派也要求将用于"伟大社会"项目的资金缩减 60 亿美元。

美国与世界　1968 年

1968 年是二战后美国历史上最动荡的一年。引发动乱的多数事件都是美国国内的具体事件——对越南战争的争论越来越激烈，小马丁·路德·金遇刺，罗伯特·肯尼迪遇刺，各城市的种族暴乱，全国校园内的学生抗议活动。但 1968 年的动荡却并不局限在美国。那一年全世界很多地区都动荡不安。

1968 年暴乱最常见的形式是学生运动。1968 年 5 月，法国爆发学生运动，

第29章 民权、越南和自由主义的考验 | 1263

布拉格之春 1968年总统亚历山大·杜布切克发起了改革,此时,捷克示威者跟随杜布切克的广播演讲,穿过布拉格的瓦茨拉夫广场。数月之前杜布切克发动的改革("布拉格之春")唤醒了捷克人民的希望,不过到照片拍摄时,这一希望已经因苏联施压而破灭。苏联的坦克开进了布拉格的街头。这些示威者们要求领导人说出维持杜布切克领导权所需要付出的代价。这显然是一个"残酷的事实"。(Bettmann/Corbis)

无论在规模还是形式上都远超美国。法国工人也加入到学生运动中,造成巴黎等城市瘫痪,一年后查尔斯·戴高乐政府因此倒台。此外,英国、爱尔兰共和国、德国、意大利、荷兰、墨西哥、加拿大、日本、韩国都发生了多次针对政府、大学和其他政府权力机构的大规模示威运动,暴力事件时有发生。1968年其他地方出现了更广泛的抗议示威活动。成千上万的市民聚集在捷克斯洛伐克的街头,支持"布拉格之春"改革,要求扩大民主,废除苏联控制下的当局的很多强制性规定和机构,直到苏联坦克开进捷克斯洛伐克城中予以镇压,暴动才停止。三十多年来,很多人都试图解释为什么在同一时间内有如此多国家出现动荡不安的局面。

1968年世界性动荡的原因之一是人口绝对数量增加。战后很多国家出现婴儿潮,导致60年代末成年人口数量激增,尤其在西方工业国家,新近崛起的这一代人成为强大的新生社会力量。这一代人的数量之大使高等院校的入学率在不到二十年的时间内翻了三倍,人们对青年力量的认识得以增强。战后的长期繁荣和相对和平使这一代人对世界抱有更多的期望,当期望遭遇挫折时他们又缺乏前辈们的耐心。这种新式青年文化与前辈们的主流文化在很多方面都不同。他们更崇尚个性、个人自由甚至是反叛。

另一个引起动荡的原因是全球媒体力量的发展。60年代初发展起来的卫星技术使实况资讯能够瞬间传遍全球。录像技术及轻型便携式电视摄像机的发明使媒体机构对新闻事件的反应更快、更灵活。电视观众遍布全球,数量庞大,尤其是在工业国家,但世界最贫困地区的电视观众也很多。一国的抗议活动会影响到其他国家的抗议示威活动。例如,1968年巴黎的示威活动就是受美国校园抗议活动(例如纽约哥伦比亚大学的学生运动)的鼓舞而兴起的。美国学生抗议大学里过时的家长作风,而法国学生则要求学术界结束僵化专制的模式。

在世界多数地方,1968年的暴动并没有实现参与者们期望的组织机构和制度改革。但这些抗议也带来了很多改变:全世界的大学都进行了重大改革。1968年以后西方基督教会和犹太教会的宗教仪式大为减少。个人自由的新观念获得认可,鼓舞了后来的社会运动,包括全世界很多地方女性主义运动的蓬勃发展。虽然1968年的运动并没有在美国或其他国家发展成革命,但它的确在一定时期内带来了社会、文化和政治的巨大改变,并影响了许多国家的人民。

五、1968年创伤

1967年底,越南危机和国内日益恶化的种族问题相互影响,致使美国国内社会和政治矛盾不断加剧。1968年,这些深层问题一下子浮出水面,使国内社会面临一场真正的骚乱。二战以来,美国还从未经历过如此深切的危机。

春节攻势

1968年1月31日是越南新年的第一天,共产党军队对南越的所有美军军事基地发起了大规模全面进攻。一些城市落入共产党之手。占领顺化城时,共产党逮捕并处决了西贡政权的支持者。其他城市也遭到严重破坏。

美国人几乎不了解顺化发生的事，但他们却通过电视画面看到共产党在西贡市中心的所作所为——他们引爆炸弹，枪杀南越官员和军队，占领军防要塞（包括美国大使馆）。这样的画面震惊了许多美国人，令支持战争的人深受打击。

春节攻势也让美国公众看到了越南战事的残酷。战斗中，一台摄影机记录下这样的情景：在西贡市街头，一名被俘的越共士兵被带到一名南越军官面前。这名军官一言不发，掏出手枪朝俘虏头部开枪。越共士兵横尸街头，鲜血流到了路上。也许没有什么比这样的画面更能刺激那些支持战争的人了。

美国军队迅速将越共赶出了新占领地区。春节攻势给共产党军队造成巨大伤亡，后来几个月里其力量明显削弱。它的失败事实上耗尽了民族解放阵线的力量，北越军队在后来的战事中伤亡比例更大。虽然美军在春节攻势中取胜，但这未能影响美国民意。对美国而言，这也许是一场军事胜利，但对政府而言，这是一次政治失败，一场永远难以完全恢复的败局。

<small>政治与心理上的失败</small>

接下来的几周中，反战运动迅速升级。各大报纸、杂志、电视评论人和主流政治家开始公开地要求将冲突降级。春节攻势的几周之内，民众的反战情绪几乎翻了一番。约翰逊个人的支持率下滑至35%，达到哈里·杜鲁门以来总统支持率的最低点。

政治挑战

1967年夏天起，持不同政见的民主党（在天才活动家阿拉德·洛温斯坦 [Allard Lowenstein] 领导下）开始进行动员，为一位反战候选人争取支持，在1968年的初选中挑战林登·约翰逊。当罗伯特·肯尼迪拒绝这一邀请后，他们选中了明尼苏达州参议员尤金·麦卡锡（Eugene McCarthy）。洛温斯坦和数千名青年志愿者精心安排的竞选活动使麦卡锡在三月份的新罕布什尔州初选中表现出色，几乎打败了总统。

几天后，罗伯特·肯尼迪最终参加了竞选，这让很多麦卡锡的支持者左右为难，但他凭借个人能力从黑人、贫困人群和工人中争取到不少反战力量。民意显示，约翰逊总统在下一个初选地威斯康星州的支持率不甚乐观。实际上，民众对总统的反感致使约翰逊甚至不敢离开白宫进行竞选活动。3月31日，约翰逊在电视演说中宣布，暂停轰炸北越（系首次对反战势力做出重大妥协），更令人吃惊的是，他同时宣布退出总统竞选。

<small>罗伯特·肯尼迪</small>

一时之间，反战势力似乎获胜了。罗伯特很快成为民主党初选的优胜者，在一系列选举中接连获胜。同时，副总统休伯特·汉弗莱（Hubert Humphrey）在总统约翰逊的支持下加入竞选，并开始赢得党内政要和众多州级党组织（而非民选）代表的支持，并很快在竞选中居于领先地位。

马丁·路德·金和罗伯特·肯尼迪遇刺

在这场一直以越战为主要议题的政治战中，民众注意力突然又转回到国内严峻的种族冲突问题上。4月4日，小马丁·路德·金到田纳西州孟菲斯支持黑人环卫工人罢工时，在下榻的汽车旅馆阳台上遇刺身亡。几天后，嫌疑犯詹姆斯·厄尔·雷（James Earl Ray）在伦敦被捕并认罪，但

芝加哥，1968　1968年民主党全国代表大会期间，示威者们爬上芝加哥公园的一座雕像，抗议越南战争和芝加哥市长理查德·达利下属的芝加哥警方对他们的残酷攻击。(Dennis Brack/Black Star)

他并没有明显动机。后来有证据表明有人雇他刺杀金，但他从未透露雇主身份。人们对他在这次刺杀行动中的角色一直存疑，直至1998年他死在狱中。

暴乱　　金的悲剧性死亡给美国带来的悲痛堪与约翰·肯尼迪遇刺相比。很多非裔美国人愤怒了。金被暗杀后的几天内，60多个美国城市发生了大暴乱，造成43人死亡，3000多人受伤，2.7万人被逮捕。

金死后的两个月里，罗伯特·肯尼迪继续竞选总统提名候选人。6月6日晚，他出现在洛杉矶一家宾馆的舞厅，庆祝当天在加利福尼亚初选获胜。当他发表完获胜演讲离开舞厅时，一位巴勒斯坦青年冲出人群，向肯尼迪头部射击。第二天

清晨,肯尼迪死亡。这位名叫瑟罕·瑟罕的巴勒斯坦青年显然是对肯尼迪最近在演说中的亲以色列言论感到愤怒。

罗伯特·肯尼迪早年,人们普遍认为他哥哥更有魅力,而他只是他哥哥的冷酷无情的代理人。但到他遇刺时,他已深受民众喜爱。与约翰·肯尼迪不同,罗伯特给美国的"底层社会"(如黑人、西班牙裔、印第安人和穷人)带去了更多希望。罗伯特·肯尼迪留下了一系列思想,被后人称为"肯尼迪遗产"。他的思想曾有一段时期成为美国自由主义的核心:依靠政府力量帮助弱势群体。除此之外,罗伯特还有一大批追随者,很多人在罗伯特·肯尼迪和他的家族身上看到了光明和希望,罗伯特和之前殉职的约翰·肯尼迪至少在这些人的回忆中融为一体。他的竞选活动在公众中激发了罕见的政治热情,而他的遇刺身亡对很多美国人而言是一个令人心碎的回忆。

"肯尼迪遗产"

党代会前的最后几周里,总统竞选在阴郁的气氛中进行。休伯特·汉弗莱早在罗伯特·肯尼迪遇刺前就非常有望赢得提名,而现在他的阻力微乎其微(尽管很多民主党人声称汉弗莱肯定会继续实行约翰逊政府已破产的政策)。日益临近的民主党全国代表大会显得多此一举;反战活动家们觉得胜选无望,开始策划在大会之外举行大规模示威。

1968 年大选 尼克松赢得了 1968 年大选,不过他的优势并不明显,几乎和他 1960 年落败时的情形类似。若非独立候选人乔治·C. 华莱士州长争取到尼克松的很多保守派选举人的选票,尼克松本可以赢得更大的胜利。◆ 与 1960 年大选相对比,这次竞选中民主党和共和党的力量是如何分布的?(彩图见第 1452 页)

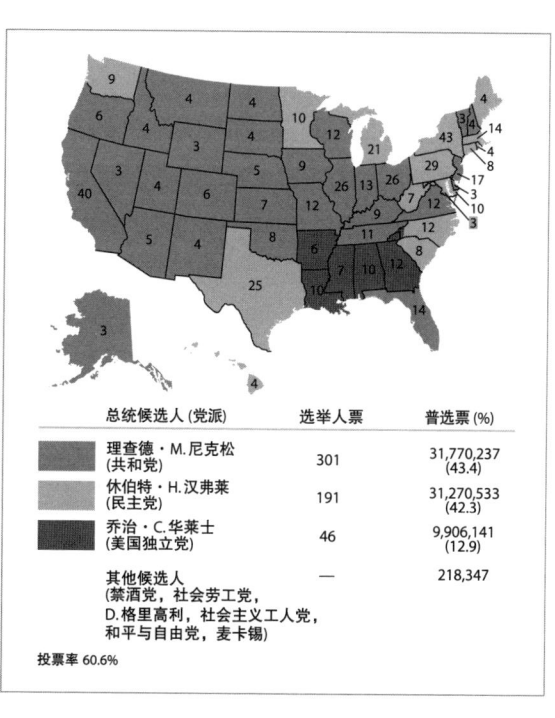

> **民主党全国大会**

8月份，民主党终于汇聚在芝加哥，即使是最乐观的观察家都预测这将是一场不太平的大会。会议大厅里，代表们在民主党政纲框架内就肯尼迪和麦卡锡支持者都支持的反战政策进行辩论。在数英里外的市区公园里，成千上万的反战示威者正在游行示威。大会第三天夜里，正当代表们开始投票给休伯特·汉弗莱（如今他成为总统候选人的形势已不可避免）时，示威人群和警察在芝加哥街头发生了流血冲突。警察使用催泪瓦斯和警棍驱散示威人群，成百上千的反战者受伤。示威者们知道暴力行为正直播给全国观众，于是齐声高喊"全世界都看着呢！"以嘲弄当局。几年来梦想着成为总统候选人的休伯特·汉弗莱获得了当时已显得毫无意义的党内提名。

保守派的反应

1968年的动乱事件使很多观察家相信，美国社会正处于革命性变革的阵痛中。然而实际上多数美国人对动荡局势的反应却很保守。

> **乔治·华莱士**

保守主义回归的一个明显信号就是种族隔离主义者、阿拉巴马州州长乔治·华莱士出人意料地成为了总统候选人。1964年，华莱士参加了几场民主党内的总统初选，甚至在几个非南方州也出人意料地表现良好。1968年他成为第三党总统候选人，将竞选策略建立在为保守派的不满（并非全部涉及种族问题）进行代言的基础上。他谴责强制用校车接送学生，谴责政府条例和社会计划增加，谴责政府纵容种族暴乱和反战示威。虽然华莱士赢得大选的机会微乎其微，但他的支持率曾一度超过20%。

同时，动员"沉默的多数"以维持秩序与稳定的一场更加有效的运动正在共和党内进行。理查德·尼克松在1960年的总统大选中失利，两年后又在加利福尼亚的州长竞选中失利，似乎政治生涯即将结束。但现在他又站出来，成为他所谓的"美国中层人民"的杰出代言人。尼克松认识到，很多美国人已经厌烦谈论对穷人的义务，厌烦为了实现种族平等必须做出牺牲的说法，厌烦（似乎用于帮助罪犯的）司法改革。尼克松承诺稳定、法治、政府紧缩以及在越南实现"光荣的和平"，由此轻松获得了共和党的总统候选人提名。在民主党全国代表大会之后，随着11月大选日期的临近，尼克松在民意调查中一路领先。

> **尼克松获胜**

最后几周，尼克松的支持率大幅下降。之前人们对尼克松性格的怀疑再度影响了他的支持率。汉弗莱在一定程度上恢复了民主党的团结，发起了巧妙的最后冲刺，进一步缩小了差距。不过华莱士的竞选似乎对共和党（而非民主党）造成了更大伤害。最后，尼克松以微弱优势赢得胜利（正如他 1960 年以微弱劣势失败一样）。尼克松获得 43.4% 的普选票，301 张选举人票；汉弗莱获得 42.3% 的普选票，191 张选举人票。和多数第三党总统候选人一样，乔治·华莱士在竞选的最后几周黯然失色，但他仍得到 13.5% 的普选票和五个南方州的 46 张选举人票——这是 20 年代以来第三党候选人取得的最好成绩。尼克松个人并没有赢得决定性胜利。但大选结果显示，多数美国选民对恢复稳定而非推进社会改革更感兴趣。

小　结

在整个 20 世纪，60 年代在人们心中留下的印象最为深刻持久。60 年代自迷人而富有活力的青年总统约翰·肯尼迪（随后就是他惨遭刺杀）赢得大选开始，他反映了数百万美国人的理想，俨然成为当时理想主义崛起的标志。他开创了政治改革的新阶段。林登·约翰逊总统发起了"伟大社会"计划，扩大了联邦政府的规模和职能，以及联邦政府对公民福利承担的责任。他见证了历时持久、势头强劲的大规模民权运动的兴起，并赢得一系列重要的立法成果，其中包括两个民权法案，瓦解了 19 世纪末 20 世纪初形成的吉姆·克劳制。

60 年代初形成的活力和乐观精神把那些不易解决的问题和诉求推到了表面。民权运动从法律上结束了隔离制度和公民权被剥夺的情况，唤醒了人们对社会平等和经济平等（由于在很多方面法律还不完善，单纯依靠法律很难实现）的期望。60 年代初的跨种族和平事业到 60 年代末逐渐变得更加暴力、更具对抗性，也更易分裂。60 年代开始时，白人青年的理想主义曾在约翰·肯尼迪的政治生涯中发挥过重要作用，到 60 年代末却逐渐演变成对美国文化和政治等多方面的愤怒反叛，造成了大规模学生运动，严重威胁国家的稳定。也许最值得一提的是，一项微不足道的、帮助南越防止北越"共产主义入侵"的冷战承诺居然导致美国开展了一系列大规模、灾难性的军事行动，断送了林登·约翰逊的总统生涯，动摇了数百万美国人对领袖和国家制度的信心，牺牲了成千上万的美国青年，但结果却是没有获胜的可能。这个十年以美好的希望和崇高的理想开端，却以丑陋、暴力、分裂和深刻的幻灭收场。

阅读参考

Allen J. Matusow, *The Unraveling of America: A History of Liberalism in the 1960s* (1984) 是对 60 年代十年动荡历史的研究，具有启发意义。

David Farber, *The Age of Great Dreams: America in the 1960s* (1994) 是一部精辟而生动的通史著作。

Robert Dallek, *Lone Star Rising: Lyndon Johnson and His Times, 1908–1960* (1991); *Flawed Giant: Lyndon B. Johnson, 1960–1973* (1998) 和 *An Unfinished Life: John F. Kennedy, 1917–1963* (2003) 都是重要的传记。

Raymond Arsenault, *Freedom Riders: 1961 and the Struggle for Justice* (2006) 是一部重要的研究成果。

John Dittmer, *Local People: The Struggle for Civil Rights in Mississippi* (1994) 研究民权运动的民间基础。

William Chafe, *Civilities and Civil Rights: Greensboro, North Carolina, and the Black Struggle for Freedom* (1980) 探究南部民权运动和白人对运动的反应。

Taylor Branch, *Parting the Waters: America in the King Years, 1959–1963* (1988), *Pillar of Fire: America in the King Years, 1963–1965*, 和 *At Canaan's Edge: America in the King Years, 1965–68* (2006) 是对民权运动的生动记述。

Nicholas Lemann, *The Promised Land: The Great Black Migration and How It Changed America* (1991) 研究战后美国黑人向北部城市迁移的情况以及"伟大社会"计划对迁移的影响，是一部颇具开创性的作品。

Graham T. Allison, *The Essence of Decision: Explaining the Cuban Missile Crisis* (1971) 是对冷战中最严重危机的重要解读。

Ernest R. May 与 Philip D. Zelikow 合著的 *The Kennedy Tapes: Inside the White House During the Cuban Missile Crisis* (1997) 对危机期间肯尼迪政府内部会议录音的文字稿做了注解。

Robert D. Schulzinger, *A Time for War: The United States and Vietnam, 1945–1975* (1997) 是关于越战的一部很好的通史。

Neil Sheehan, *A Bright Shining Lie: John Paul Vann and America in Vietnam* (1988) 是基于 20 世纪 60 年代一位重要军事人物的经历对战争进行的生动描述。

Christian J. Appy, *Working-Class War: American Combat Soldiers and Vietnam* (1993) 研究在越战中战斗的军队的阶级基础。

Larry Berman, *Planning a Tragedy* (1982), *Lyndon Johnson's War* (1989); Leslie Gelb 与 Richard Betts 所著 *The Irony of Vietnam: The System Worked* (1979) 和 David Halberstam, *The Best and the Brightest* (1972) 是对美国决定介入并驻军越南的重要解读。

Dan T. Carter, *The Politics of Rage: George Wallace, The Origins of the New Conservatism, and the Transformation of American Politics* (1995) 是研究乔治·华莱士政治生涯的一部佳作。

David Farber, *Chicago '68* (1988) 研究民主党全国代表大会的混乱状况，并据此探究造成美国历史上沉重创伤的一年的狂热因素。

Mark Kurlansky, *1968: The Year That Rocked the World* (2003) 对 1968 年的历史进行了更为广泛的研究。

"这一代青少年" 随着"婴儿潮"一代的成年和青年行动主义的出现,1965年的一期《时代周刊》将封面故事标题设为"这一代青少年"。和封面主角选择同样引人注意的是封面插画艺术家的选择——安迪·沃霍尔,伟大的波普艺术家,他以名人和普通人为主题的系列肖像画定义了一个时代。他的作品在主题选择(既有社会名流,也有商业产品)和技巧运用(大量吸取了商业艺术的特点)上都打破了高雅艺术和流行文化之间的壁垒。这一丝网照片系列正是他惯用的创作媒介。(《时代周刊》编辑友情提供 © 2008 Time Inc.)

第 30 章
权威的危机

理查德·尼克松赢得 1968 年大选是民众对林登·约翰逊和越南战争深感不满的结果，更是很多美国人面对美国文化基本原则受到正面冲击做出的强烈回应。

60 年代末 70 年代初，新运动和利益集团兴起，要求获得保护和福利。新观念不断涌现，对传统的思维方式和行为模式提出了挑战。有时看起来，当时美国似乎正处在文化变革的阵痛中。

虽然有些美国人欢迎这些改变，但 1968 年的大选结果表明更多的美国人害怕改变。人们越来越不满于政府对少数族裔和穷人的关注，不满联邦社会改革计划将数十亿美元投入中心城市帮助穷人和失业人员，不满政府强加给中产阶级越来越重的税负，不满"嬉皮士"和激进派对中产阶级价值观的尖锐批评主导了公众言论。批评家们认为，是时候恢复稳定，重新确立传统的正统

大事年表

1961 年	67 名印第安部落代表签署《印第安人目标宣言》
1962 年	"学生争取民主社会"组织在密歇根州休伦港成立 最高法院就贝克诉卡尔案宣判
1963 年	贝蒂·弗里丹出版《女性的秘密》
1964 年	"言论自由运动"在加州大学伯克利分校开始 甲壳虫乐队访问美国
1965 年	农业工人联合会举行罢工
1966 年	美国全国妇女组织成立 米兰达诉亚利桑那州案的裁决扩大了犯罪嫌疑人的权利
1967 年	五角大楼前发生反战示威游行 以色列和阿拉伯国家爆发六日战争
1968 年	哥伦比亚大学等地爆发校园暴动 印第安人发起美国印第安人运动
1969 年	反战运动暂停，越南战事延长 西奥多·罗斯扎克出版《反主流文化的形成》 伯克利爆发人民公园运动 尼克松命令美军对柬埔寨进行秘密轰炸 尼克松开始从越南撤军 纽约市"石墙旅馆暴乱"掀起同性恋解放运动 40 万人参加纽约伍德斯托克摇滚音乐会
1970 年	美军侵入柬埔寨 反战抗议活动加剧 肯特州立大学和杰克逊州立大学学生被杀 查尔斯·雷奇出版《绿化美国》
1971 年	五角大楼文件曝光 最高法院就斯旺诉夏洛特—梅克伦堡教育委员会案宣判 尼克松强制推行工资和物价冻结及管制政策
1972 年	国会批准了平等权利宪法修正案 尼克松访华

	《第一阶段限制战略武器条约》签署
	美军轰炸北越海防港
	尼克松下令对北越发动圣诞节轰炸
	最高法院就弗曼诉佐治亚州案宣判
	水门大厦遭窃
	尼克松连任总统
1973 年	印第安人在翁迪德尼进行示威活动
	最高法院就罗伊诉韦德案宣判
	巴黎协议做出停战决定，美军撤出越南
	以色列和阿拉伯国家爆发赎罪日战争
	阿拉伯石油禁运导致美国第一次能源危机
	水门丑闻扩大
1974 年	针对尼克松的弹劾程序启动
	副总统斯皮罗·阿格纽辞职；杰拉尔德·福特被任命为副总统
	尼克松辞职，福特就任总统
1975 年	南越政府垮台
	红色高棉控制了柬埔寨
1977 年	卡特总统赦免逃避越南征兵者
1978 年	最高法院做出巴克案裁决
1980 年	大批古巴移民来到佛罗里达州
1982 年	平等权利宪法修正案未能通过

权威了。

人们认为理查德·尼克松正合他们心意。尼克松出身于一个勤劳的中产阶级家庭，凭借自己的不懈努力，才获得了今天的地位。他塑造了一个极其忠诚于传统价值观的形象。然而尼克松任总统期间，美国政坛并未回归平静和稳定，而是多年与危机相伴。

有些危机并不完全是尼克松造成的。他从上一任总统手中接手了一场不受欢迎的越南战争。为了减少人们对战争的反对与不满，尼克松撤回部分美军，由越南士兵接替；然而他通过其他方式升级了战争，如提高轰炸强度，并于 1970 年春天进攻柬埔寨。尼克松就职时经济已经开始衰退，他的第二届任期开始时，能源价格飞涨，通货膨胀率上升。

尼克松及其政府决策人员至少引发了一次危机。1972 年 6 月，位于华盛顿哥伦比亚特区的民主党全国委员会办公室失窃。当时这件事也许并不值得注意，但后来事态逐渐扩大为美国总统史上最严重的危机之一，严重到足以使总统辞职。当初，政府权威深陷危机，尼克松因批判其威胁社会稳定而当选总统，现在尼克松离职本身也给政府权威造成了重大危机。

一、青年文化

对六七十年代观念保守的美国人而言,最令人担忧的也许要数青年当中出现了对社会和文化的反叛。这种反叛以两种形式发泄出来。一种由新左派发起,谋求建立新的"人民"社会,打破精英文化,并迫使国家结束战争,追求种族平等和经济平等,改变政治生活面貌。另一种也具有相当大的影响力,即"解放",其表现形式大致是特定团体(诸如非裔美国人、印第安裔美国人、西班牙裔美国人、妇女、同性恋者等)努力追求自我认同并向社会提出诉求;也有些人开始谋求创立一种新文化,一种足以使他们逃离现代"技术专家治国"所带来的去人性化压力的文化。

新左派

回顾过去,60年代美国青年在政治和文化上的自信和强势并不令人惊讶。战后"婴儿潮"(即二战后几年里的新生人口,人数之多前所未有)的一代已经长大。到1970年,三十岁以下人口占了美国总人口的一半以上;大学生超过800万人,达到1950年的八倍。这一代青年在美国历史上人数最多,他们在空前的繁荣、机遇和(对很多人来说)挫折中走向成熟。

60年代学生运动日益强劲,最明显的结果之一就是导致越来越多的大学生变得激进,一些青年在60年代发展为"新左派"(在当时两极分化趋势的影响下形成的一个庞大而多样化的青年团体)。新左派支持非裔美国人和其他少数族群的事业,但其领袖多为白人。黑人和少数族裔群体各自开展本族群的政治运动。一些新左派成员的父母也是激进派(即三四十年代所谓的"旧左派"成员)。

新左派思想来源于50年代一些著名批评家(包括哥伦比亚大学的社会学家C. 莱特·米尔斯 [C. Wright Mills],他写了一系列文章尖锐而精辟地抨击了现代官僚政治)的作品。虽然新左派中的共产党员人数相对较少,但其中很多人被卡尔·马克思和当代马克思主义者的作品所吸引。一些人开始崇拜第三世界国家的马克思主义者,如南美革命游击队领袖切·格瓦拉、毛泽东和胡志明。但新左派最主要的思想来源是60年代初众多满怀理想的白人青年参与其中的民权运动。

1962年,一批学生(多数来自名牌大学)聚集在密歇根,成立了一个用以传达其主张的组织——"学生争取民主社会"(SDS)。他们在《休伦港宣言》(Port Huron Statement)中表达了对社会现状的失望和建设新政治社会的决心。

"学生争取民主社会"的一些成员深入到城市贫民区,希望动员穷人和工人阶级关注政治；但尝试了一段时间后，没有取得重大成果。新左派的成员多为大学生，他们的激进思想集中体现在与现代大学相关的问题上。1964年加州大学伯克利分校就学生是否有权参与校园政治活动展开了激烈争论，引发了全国关注。在所谓的"言论自由运动"中，学生攻击校园警察，占领了行政办公室，将近四分之三的学生要求罢课，致使伯克利分校陷入混乱。"言论自由运动"的直接原因是学生要求在校园散发政治读物和招募政治活动志愿者的权利。但学生抗议活动很快演变成对大学及其代表的整个社会的批判。

<small>言论自由运动</small>

伯克利的学生暴乱仅是此后持续近十年的校园动乱的开端。伯克利等地的学生反对现代大学的去人性化特质，谴责教育机构维护（学生认为的）腐败而不道德的公共政策。反战示威运动使抗议活动加剧并扩大到校园；1968年起，校园示威、暴乱、占领校内大楼的活动比比皆是。在纽约哥伦比亚大学，学生们控制了包括校长办公楼在内的一些建筑长达数天，直到地方警察武力驱散他们，危机才解除。一年后，哈佛大学也发生了类似的但更加严重的暴力事件。

1969年，伯克利上演了全美60年代历时最久、破坏最大的校园冲突事件：冲突因一块空地的使用权而起，学生打算建"人民公园"，校方则打算建停车场。这场冲突看似不大，但是却引发了校方行政部门和学生之间长达数周的激烈暴力冲突。学校行政部门想方设法驱逐闯入空地的人员，学生们则支持建造公园的倡议者，认为反抗校方关闭公园的行为标志着解放和镇压之间的斗争。

持续一周多的人民公园事件接近尾声时，伯克利校园内的民意完全分化成两个极端；起初并不支持或者压根没关注人民公园的（大多数）学生最后也加入到保护人民公园的行列之中；1.5万名学生参加的全校公投中，85%的人投票支持保留人民公园。学生激进分子认为大学行政部门、警察和政治经济体制的大环境是压迫民众势力的一部分，这种夸张的言论第一次赢得了广泛的支持。

<small>人民公园</small>

843

多数校园激进派极少或不使用暴力（偶尔也有口头暴力表达）。但由于个别小团体的暴力行为，如"学生争取民主社会"分支机构"气象员派"的行为，却使主流文化将学生激进分子看作杂乱无序的乌合之众。"气象员派"曾制造了几起纵火焚烧和引爆校园大楼的事件，并造成数人死亡。实际上能够接受新左派激进政治观点的人并不多，不过很多人支持"学生争取民主社会"等组织在诸如越南战争等问题上的立场。学生活动者们试图废除预备役军官培训项目(ROTC)，阻止军方从大学征召士兵。他们袭击了制造战争武器的实验室和公司。1967—1969年间，学生们组织了美国历史上规模最大的几次政治示威活动。1967年10月示威者们在

伯克利，1969 因为人民公园事件，加州大学伯克利分校和周边的市镇几乎成为交战区。图片显示1969年5月30日国民警卫队手持刺刀拦在抗议示威游行的途中。到图片拍摄时，国民警卫队到达伯克利维持秩序已经两周多。(*AP/Wide World Photos*)

五角大楼前游行时，遭遇了全副武装的军队；1968年4月的"春季动员"运动吸引了来自全国各地城市数十万示威者加入其中；1969年秋天的越南"终结"示威期间，数百万反战人士在全国各地举行盛大集会；这一时期还有其他大大小小难以计数的示威活动。这一切将越南战争问题推到了美国政治生活的中心。

与反战紧密相关的是反征兵活动。很多过去的缓征对象，如研究生、教师、丈夫、父亲等都被纳入征召（也可能反抗征召）行列。一些适龄青年拒绝应召入伍，有的人甚至因此长期坐牢，有的逃到加拿大、瑞士等地（逃兵也逃到这些地方）躲避征兵。1977年，吉米·卡特（Jimmy Carter）总统大赦逃避兵役者，并承诺有限度地特赦逃兵。这时，越战时期远走他乡逃避兵役的人们才大批回国。

反主流文化

与新左派紧密相关的是公然蔑视中产阶级价值观和传统的新青年文化。仿佛为了显示对传统的蔑视，年轻人留长发、穿着有破洞的衣服或奇装异服，标榜对传统语言和礼仪的反叛。反主流文化的另一个核心表现是毒品泛滥：包括大麻和其他不太普及但也很常见的迷幻药，如LSD。1966年之后对青年人而言，

"嬉皮士"

吸食大麻和喝啤酒一样普遍。

大众文化模式 60年代的摇滚乐

民俗音乐（乡村音乐）表达60年代年轻人的理想，而摇滚乐则表达年轻人的欲望。60年代末70年代初的摇滚乐，比五六十年代的摇滚乐更加强调释放天性。六七十年代的摇滚乐以生理和情感（不同于知识）的方式宣泄冲动和本能。这也正是在文化和性革命时代，摇滚乐在青年中大受欢迎的一个原因。正因如此，在那些维护传统价值观和行为的美国保守派眼中，摇滚乐显得如此危险，如此具有威胁性。

60年代末的摇滚乐兼具颠覆性和解放性，这一点在摇滚音乐家们的行为和生活方式上得以体现。50年代的摇滚表演者衣着整齐，身着红色的发光运动衣。而今的摇滚音乐家们，无论男女，着装和行为都刻意表现出一种离经叛道。他们时常与毒品文化有关（甚至有一些所谓的迷幻剂摇滚团体以吸食迷幻剂获取灵感）。他们和神秘的东方宗教也有联系。其中最引人注意的是甲壳虫乐队，他们曾特意到印度学习静坐冥想；自1967年开始，他们甚至开始在专辑《佩珀中士的孤独之心俱乐部乐队》中融入这些主题。他们对社会传统尽情嘲笑，自滚石乐队开始，到后来沉迷于极端自虐行为的吉米·亨德里克斯、吉姆·莫里森和詹尼斯·乔普林（都因涉毒而英年早逝）时达到巅峰。

60年代末，摇滚乐是反主流文化的众多表现形式之一；和其他反主流文化形式类似，摇

伍德斯托克广告画 早在1969年数以万计的观众赶来参加伍德斯托克摇滚音乐节之前，组织者们已经把这次音乐节设想为一次超越表演的聚会。正如这张海报所传达的思想，音乐节除了追求音乐外，还追求和平。(Getty Images)

滚乐引起了各种不同的反应。对摇滚乐的捍卫者而言,摇滚乐强调情绪的释放,是对主流文化压抑性的一种健康的宣泄方式。摇滚乐的价值在1969年8月纽约的伍德斯托克音乐节上得以充分展现。几天之中,40多万青年聚集在一块偏远的农田中,聆听诸如谁人乐队、吉米·亨德里克斯、感恩而死乐队、詹尼斯·乔普林、乔·库克、杰弗逊飞机乐队等音乐家和乐队的演奏。然而,连日暴雨让演出场所变成了泥淖;由于观众人数远超预期,组织者准备的物资和设备都出现短缺。十年前大多数美国人对毒品和开放的性自由观念都感到不可思议,然而现在它们已经充斥于社会的各个角落。虽然伍德斯托克音乐节遭遇了恶劣天气,但那次音乐节的气氛是和平、友好、和谐的。当时很多人狂热地推崇伍德斯托克音乐节,认为它代表了一种新青年文化的诞生,即"伍德斯托克的国度"。

伍德斯托克音乐节的报道 伍德斯托克音乐节上,因为暴雨,演唱场地变成了一片泥潭。《纽约每日新闻报》的读者群主要是工人,因此并没对这些年轻人表示同情,而是在头版小小地嘲讽了一下,标题是"他们没被溶解"。(© *New York Daily News, L.P. Reprinted with Permission*)

新摇滚和反主流文化的批评者们不认同"伍德斯托克的国度"。他们认为,反主流文化的本质是建立在威胁的暴力之上的麻木和绝望。他们认为摇滚乐更合适的代表并非伍德斯托克音乐节,而是四个月之后在旧金山东面的阿尔塔蒙特高速公路举办的音乐节。很多在伍德斯托克音乐节上表演过的摇滚音乐家们也出现在这次音乐节中,但最吸引人的还是组织者滚石乐队。和伍德斯托克音乐节一样,吸食毒品现象和开放性行为也频繁出现。不同的是,阿尔塔蒙特音乐节并不和谐,而是充满丑恶、残忍、暴力,其间有四人死亡。有的人死于意外,比如其中一位在吸食大量毒品后跌入小溪溺亡。滚石乐队聘请了"地狱天使摩托帮"负责本次音乐节的安保工作,然而不少人却遭到地狱天使摩托帮成员的毒打。滚石乐队表演《同情魔鬼》时,有一名观众被毒打并刺死在舞台前。

伍德斯托克和阿尔塔蒙特音乐节代表了60年代末70年代初美国反主流文

阿尔塔蒙特 阿尔塔蒙特摇滚音乐节期间，保安地狱天使摩托帮成员在众目睽睽之下用棍棒击打一名观众。看客们有的好奇，有的吓呆了。最终一名观众被打死。(*Photofest*)

化的两个方面，并成为摇滚乐颂歌的标志。"垮掉的一代"代表人物诗人艾伦·金斯伯格在诗中将伍德斯托克音乐节描述为"人蒙天恩／结束冷战／与自己为难"。很多人认为，这两次音乐节以及音乐节上的音乐为爱、和平和公正时代的到来铺平了道路。但阿尔塔蒙特音乐节实际上展示了摇滚文化的黑暗面，展现了它的破坏性和暴力倾向。一位参与者说："在我看来，阿尔塔蒙特音乐节为那些我们曾以为会永恒存在的东西敲响了丧钟。我个人感觉60年代就像一场豪华的舞台秀，我是一名观众。阿尔塔蒙特音乐节为这幕没有掌声的演出落下了帷幕。"

此外，一种全新的更加开放的性观念成为性革命的开端。对性行为的开放态度与其说是反主流文化的结果，不如说是新的有效避孕法（尤其是避孕药）的出现和1973年后人工流产的合法化。但新的性观念也体现了反主流文化的思想，即人应该从禁忌中解脱，释放天性。

反主流文化挑战现代美国社会结构，批判美国社会的陈腐、空洞虚伪、物质至上以及对自然的疏离。最忠实的反主流文化支持者们（聚集在旧金山的海特—阿什伯里社区等地的"嬉皮士"们和迁到乡村的社会退隐人士）拒绝现代社会，试图在更简单、更"自然"的状态中寻求庇护所。那些不太坚定的反主流文化人士也认同冲破中产阶级文化禁忌和传统以实现自我价值的思想。在这个腐朽异化的社会里，这种新观念似乎意味着，培养自我修养、释放自己追求快乐和充实的全部潜能成为个体的首要责任。

反主流文化影响了整个社会并形成了一套新的社会规范，很多年轻人（和一些成年人）开始效仿。长发、奇装异服不再只是"嬉皮士"和极端派的标志了，整整一代人都热衷这种风格。吸食大麻、更自由的性观念、叛逆的（也有下流的）语言扩散到忠实的反主流文化追随者的圈子之外。

也许摇滚乐是这一代新青年中影响最广泛的因素，即使是这一代人里最不激进的成员也对其颇为推崇。50年代，在早期摇滚乐表演者巴蒂·霍利，当然还有埃尔维斯·普雷斯利等人的努力下，摇滚乐首次得以普及。60年代初，摇滚乐的影响开始扩大，很大程度上得益于英国团体甲壳虫乐队（The Beatles）的流行。1964年甲壳虫乐队第一次访问美国，形成了一场"甲壳虫热"。摇滚音乐家一度和此前大多数流行音乐家们一样，主要创作一些无争议的爱情歌曲。而到60年代末，当时新兴的反主流价值观开始在摇滚乐中有所表现。以甲壳虫乐队为例，他们舍弃了曾经简单而天真的风格，逐渐转向一种崭新的、实验性的神秘风格，逐渐反映出沉迷于毒品和东方宗教的流行趋势。其他乐团，如滚石乐队（Rolling Stones）则更多表现愤怒、挫折和反叛主题。摇滚乐节奏强劲，直接对感官形成刺激，曲调粗俗而充满愤怒，非常适合表达60年代末的社会和政治动荡。1969年夏天在纽约伍德斯托克举行的盛大音乐节成为摇滚乐和反主流文化结合的标志性事

R&B影响扩大

伍德斯托克 1969年，超过40万人聚集到纽约附近伍德斯托克的一个农场参加摇滚音乐节。虽然音乐节期间天气恶劣，但这次聚会非常平静，一些热衷这种新青年文化的人兴奋地称之为"伍德斯托克的国度"。(*Shelly Rustin/Black Star/Stock Photo*)

件(参见"大众文化模式",边码第844—845页)。

二、动员少数族群

在非裔美国人反抗运动的鼓舞下,其他少数族群也开始谋求自身权利,要求改变不公平的现状。60年代末期和70年代是印第安裔美国人、西班牙裔美国人、同性恋者等群体表达自身诉求,并积极参加政治活动的时代。

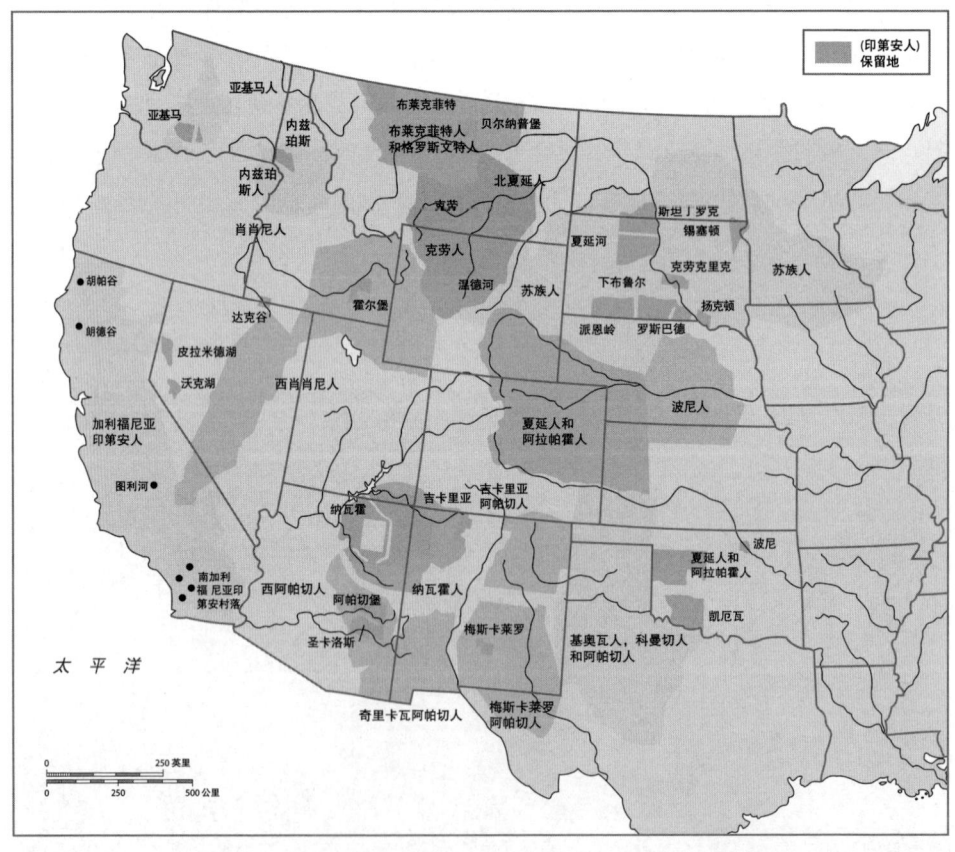

西部印第安部落的原始领地和现代保留地 这张地图显示了19世纪联邦政府建立保留地之前,印第安人口在美国西部的大致分布。图上浅绿色覆盖区域之外的大片土地是一个多世纪以前各个印第安部落控制的区域。紫色覆盖的小片区域是19世纪末印第安战争之后政府为他们留出的保留地。◆保留地生活对20世纪六七十年代印第安行动主义的兴起有什么影响?(彩图见第1452页)

印第安斗争精神的种子

在社会主流文化中，几乎没有任何其他少数族裔比美国印第安人（60年代印第安人开始自称土著美国人）遭受过更多的苦难和不公。印第安人是美国最贫困、健康状况最差、最不稳定的族群，也是人数最少的少数族群之一。他们的人口数量不足全国人口的1%。印第安人家庭平均年收入比黑人家庭低1000美元。印第安人失业率是全国失业率的十倍之多。半数以上的印第安人在保留地生活，那里的失业率尤其高。即使是住在城市里的印第安人，多数也因为所受教育和培训有限，只能从事仆役性工作。印第安人的寿命比全国平均寿命短二十多年。印第安青年的自杀率比白人青年高出一倍。在非裔美国人以种种方式吸引了众多白人注意力的时期，印第安人仍然被忽视。

美国印第安人的悲惨境况

战后的多数时间，尤其在1946年约翰·科利尔卸任印第安事务局局长职务之后，联邦对印第安部落的政策开始转向将印第安人同化并纳入美国主流社会，而不考虑印第安人自己的意愿。1953年通过的两项法律，为新的"终结政策"

占领阿尔卡特兹岛 阿尔卡特兹岛是位于旧金山湾的一个岛，那里曾经有一个很大的联邦监狱，但到60年代末就废弃了。1969年，一群印第安行动主义者占领了阿尔卡特兹岛，声称这个岛是印第安人领地，在该地与官方僵持多时。（*AP/Wide World Photos*） (termination)奠定了基础。联邦政府通过终结政策废除了部落作为合法实体的资格,将其在行政上与州政府分离,并像白人居民一样,将其划分到当地行政部门管辖的范围内。与此同时,政府鼓励印第安人融入社会,想方设法让他们进入城市,希望他们在城市中适应白人世界,放弃他们的独特文化。

终结和同化政策在一定程度上达到了目的,作为法律和政治实体的印第安部落日渐衰落,很多印第安人至少在一定程度上适应了城市生活。但从整体来看,对于部落而言,新政策是一场灾难,对提倡新政策的改革者而言,它也是一次失败。终结政策导致广泛的腐败和滥用职权,印第安人对此奋起反抗。1958年艾森豪威尔政府下令,禁止在未经部落允许的情况下实施终结政策。反抗终结政策的斗争鼓舞了新一代有战斗精神的印第安人,为主要的印第安人组织、1944年成立的"美国印第安人全国代表大会"注入了活力。新生力量的形成得益于印第安人口的增加。1950—1970年间,印第安人口增长了一倍,达到80万人,这比全国其他族裔人口增长速度快得多。

印第安人民权运动

1961年,来自67个部落的400多名印第安人聚集在芝加哥,讨论如何将印第安人的力量团结起来,共同努力,对他们遭受的不公加以反抗。他们签署了《印第安人目标宣言》,《宣言》强调印第安人"有权选择自己的生活方式"。这次大会的结果之一就是导致大众文化中的印第安人形象逐渐发生改变。到70年代,几乎没有西部影片与电视剧再将印第安人描绘成攻击爱好和平的白人的野蛮人。印第安社会活动家们甚至说服一些白人机构放弃印第安人认为不雅的称谓;例如,达特茅斯学院不再将其体育队称为"印第安人"。1968年,一群激进的印第安青年组织了"美国印第安人运动"(AIM)。他们最主要的支持来自于在城市居住且很快对保留地产生重大影响的印第安人。

新的行动主义迅即带来了一些政治上的改变。1968年国会批准了《印第安人民权法案》,承认部落法规在保留地的合法性。但"美国印第安人运动"和其他反叛组织的领袖们并不满足,日益趋向采取直接行动。1968年印第安渔民与华盛顿州官员在哥伦比亚河和普吉特湾地区发生冲突,印第安人声称法律准允他们在这里享有排他性的捕鱼权。1969年,部分部落成员举行了一次象征性的抗议,占领了位于旧金山湾阿尔卡特兹岛的联邦监狱,声称他们对该地拥有占有权。

面对不断加剧的压力,1969年,新当选的尼克松总统任命一名莫霍克—苏族人担任印第安事务局局长；1970年总统承诺扩大部落自治权，并增加联邦援助。但抗议活动仍在持续。1972年11月，近1000名示威者（其中多数是苏族印第安人）强行占领华盛顿哥伦比亚特区的印第安事务局办公楼长达六天。

1973年2月，南达科他州的翁迪德尼爆发了更大规模的抗议。1890年此地曾发生联邦军队屠杀苏族印第安人的事件。"美国印第安人运动"成员占领翁迪德尼达两个月，要求彻底改革保留地管理模式，要求政府履行早已被遗忘的条约义务。占领者和联邦军队发生轻度冲突，造成印第安人一死一伤。

> 占领翁迪德尼

各部落在联邦法庭上取得的胜利比武装抗议更为直接有效。合众国诉惠勒(1978)案中，最高法院确认印第安部落有独立的法律地位，国会无权"终结"部落的存在。其他裁决则批准部落向保留地的商业征税及行使其他治理权。1985年，在奥奈达县诉奥奈达印第安人案中，奥奈达族凭借早已被白人遗忘的条约要求收回纽约州北部10万公顷的土地，最高法院的判决支持了印第安人的诉求。

印第安人民权运动和当时其他民权运动一样，并没有赢得彻底的公正和平等。对一些印第安人来说，这些民权运动的主要目的是保卫部落自治，捍卫印第安人（尤其是印第安部落）保持独立和本民族特色的权利。另外一些人的目的则是争取平等，谋求印第安人与其他美国族群平等的社会地位。由于美国印第安人并没有统一的文化或传统，所以印第安人民权运动从未将所有印第安人团结起来。

虽然印第安人民权运动存在这些局限性，但印第安部落还是赢得了一系列合法权利和保护措施，其社会地位提高到他们在20世纪前所未有的水平。

拉美裔行动主义

人数比印第安人多得多且增速最快的少数族群是拉美裔美国人（西班牙裔美国人）。他们不是像印第安人那样单一、联合的群体。有些（包括早期在新墨西哥定居的西班牙后裔）和其他民族一样，有悠久的美国历史根源，其余则是二战以来的移民。

> 法律上的重要胜利

大批波多黎各移民进入美国东部城市，尤以纽约为主。佛罗里达州南部的古巴移民是分两批来到美国的：第一批在60年代初期，一些中产阶级为逃避卡斯特罗政权到美国避难。第二批在1980年，比较贫困的古巴移民从古巴的马列尔港偷渡而来，称为"马列尔偷渡者"。80年代后期，中南美洲很多国家的动荡导致大批（来自危地马拉、尼加拉瓜、萨尔瓦多、秘鲁等国）移民（合法或非法）涌入美国。但在美国人数最多、影响最大的拉美裔族群是墨西哥裔美国人。

肯尼迪和查韦斯 塞萨尔·查韦斯是农业工人联合会深受欢迎的领袖。这个组织成员多为墨西哥裔移民工人。1968年农业工人联合会发动了绝食罢工，要求种植园主改善农业工人待遇。罗伯特·肯尼迪开始竞选时，到加州的德拉诺看望绝食中的塞萨尔·查韦斯，对他表示支持。因为已经禁食长达数周，照片上的查韦斯看起来很虚弱。肯尼迪的到来终于使他放弃了绝食。(*Time Life Pictures/Getty Images*)

二战期间，因美国劳动力短缺，大量墨西哥人来到美国，之后很多人留在了西南部和太平洋沿岸城市。战后，允许墨西哥合同工进入美国的和约到期后，仍有很多人偷渡到美国成为非法移民。1953年，政府发起了一场"湿背人行动"(Operation Wetback)，将非法移民驱逐出境，但仍难阻止新移民偷渡进入美国。到1960年，从埃尔帕索到底特律，美国城市里到处都有墨西哥裔美国人群体。而最大的墨西哥裔群体在洛杉矶，人口调查显示，那里的墨西哥裔美国人超过50万，是世界上除墨西哥城外墨西哥人口最多的城市。

不过这还算不上墨西哥裔美国人增长最快的时期。1960年人口调查显示，美国境内的拉美裔美国人仅有300万左右，其中大部分是墨西哥裔。到1970年，拉美裔美国人增加到900万，到2006年增加到4400万。但由于当时有大量非法移民的数字无法统计，因此美国境内拉美裔人口的实际数字很可能更大。

到60年代末，墨西哥裔已经超过了非裔美国人，成为西部人数最多的族群之一，而且在全国多数地方都形成了聚居区。墨西哥裔美国人是城市化程度最高的族群之一，大约有90%的人在城市生活和工作。很多人都是富有的成功人士，尤其是那些老一辈同化程度较高的墨西哥后裔。迈阿密各领域的专业人士和地方政府职员很多都是古巴裔美国人；西南部的墨西哥裔美国人还把自己的领袖选进了国会，进入国家统治阶层。

但无论是与盎格鲁美国人还是非裔美国人相比，多数新移民的墨西哥裔和西班牙裔美国人受教育较少，所以很难胜任高薪酬的工作。一些人进入了有工会的行业，在工厂找到了很好的工作，一些墨西哥裔美国人还在劳联—产联成为重要的工会组织者。但更多的人（包括大量的非法移民）则从事报酬很低的服务型工作，没有就业保障，即使有津贴也相当少。

由于存在语言障碍，加上拉美裔群体以家庭为中心的文化阻碍了有效的组织活动发展，以及种族歧视等原因，很多墨西哥裔及其他拉美裔族群在政治影响力方面的发展比其他少数族群更为缓慢。尽管如此，在60年代民权运动高涨的时期，墨西哥裔也增强了对自身民族身份的认同感，并开始组织起来争取政治和经济权利。年轻的墨西哥裔行动主义者们开始自称"奇卡诺人"（Chicanos，曾经是白人对他们表示蔑视的称谓），以强化西班牙裔美国人共享的文化。有些奇卡诺人提倡的民族主义与黑人权利倡导者的思想并无差异。统一族群党（La Raza Unida,西南地区的一个奇卡诺政党）在得克萨斯州的领袖们呼吁，要建立州内的墨西哥裔美国人自治州；这一提议在70年代的民意调查中得到了广泛的支持。

"奇卡诺人"行动主义

最引人注目的有组织的墨西哥裔美国人的活动发生在加利福尼亚州，出生在亚利桑那州的拉美裔农场工人塞萨尔·查韦斯（Cesar Chavez）在这里组建了一个流动农业工人组织——农业工人联合会（UFW），其主要成员都是墨西哥裔。1965年，农业工人联合会举行了针对种植园主的长期罢工，争取他们对工会的认可，要求提高工资和福利。雇主们拒绝这一要求后，查韦斯就与其他大学生、教会和民权运动组织（包括争取种族平等会议和学生非暴力协调委员会）联合起来，组织了全国范围内抵制鲜食葡萄和生菜的行动。1968年，查韦斯公开支持罗伯特·肯尼迪竞选总统。两年后，查韦斯赢得了重大胜利，加利福尼亚的鲜食葡萄种植园主有一半与农业工人联合会签订了合约。

塞萨尔·查韦斯

拉美裔美国人在70年代及其后再一次卷入争议事件的中心：双语制问题。这一问题不仅引起了很多白人的反对，一些西班牙裔美国人也对此表示反对。双语教育的支持者们认为，非英语语言的美国人有权选择在使用其母语教学的学校中接受教育，否则他们在和英语母语者的竞争中会处于十分不利的地位。1974年，美国最高法院批准非英语语言的学生在以其母语教学的学校接受教育。反对者们则指出双语制在成本和实施方面存在困难，并认为长此以往学生融入美国主流文化的能力可能会受到影响。

挑战"大熔炉"观念

非裔美国人、拉美裔美国人、印第安人、亚裔和其他少数族群为塑造更清晰种族认同的行动对美国长期以来的"大熔炉"观念提出了挑战。老一辈的欧洲移民群体认为，他们遵循美洲的价值观并接受了这个国家的规章制度，因此在社会上处于优势地位。60年代及以后的这些坚定而自信的族群则不愿接受社会价值标准，而更希望要求社会认同他们的民族身份。虽不是全部，但还是有一些非裔美国人、印第安人、拉美裔和亚裔美国人对同化思想提出质疑。他们提倡社会文化多元化，提倡各个种族和民族保留他们自己的传统观念、社会和文化规范。

提倡文化多元化的人们在很大程度上取得了成功。联邦法律中加入了一系列条款，认可特定族群的特色，印第安人、非裔、拉美裔、亚裔美国人及其他族群都被纳入其中。中小学和大学的民族研究项目增加了。80年代初，这种趋势引发了一场更为积极（且颇具争议）的文化运动，史称"多元文化主义"，该运动对美国教育和文化中"欧洲中心论"的基础提出了挑战，要求给予非欧洲文明同等的关注。

<small>文化多元主义</small>

同性恋解放运动

60年代最令美国人震惊、影响最大、时间最近的解放运动是由同性恋人士开展的，争取政治、经济权利和社会认可的运动。以前，男女同性恋在美国从未被公开承认过；令人尊敬的文化名人沃尔特·惠特曼和霍雷肖·阿尔杰是同性恋者的事实也是在其去世多年之后才被多数美国人所知。到60年代末，在影响其他群体的解放运动浪潮中，同性恋者也决心要为争取他们自己的权利而斗争。

1969年6月27日，警察突然搜查了位于纽约市格林威治村的一家同性恋夜总会——石墙旅馆（Stonewall Inn），有些人仅仅因为频繁出入这里而被捕。这次突然搜捕并无特别之处；几年来警察常常给同性恋酒吧（和男女同性恋者）制造麻烦。然而正是同性恋者多年来遭受的攻击和羞辱使他们在那个夏夜做出了非同寻常的回应。围观的同性恋者辱骂并袭击警察，有人在石墙旅馆内纵火，差点将警察们困在里面。这天晚上格林威治村（纽约的一个同性恋社区中心）的动乱持续了大半夜。

<small>"石墙旅馆暴乱"</small>

"石墙旅馆暴乱"标志着同性恋解放运动——当时挑战传统价值观念的最具争议的活动——的开始。此后，国内涌现出很多新组织。长期以来作为不成文的禁忌被拒绝讨论的同性恋话题也在舆论和媒体报道中频繁出现。同性恋运动者们对将同性恋看作"异常"行为的观念提出了挑战，并取得了一些成果。他们认为所有性取向都是"正常"的。

然而，最重要的是同性恋解放运动改变了男女同性恋者的观念，帮助他们

同性恋解放运动的影响

"出柜"。他们不再羞于公开表达自己的性取向，反而积极要求社会接受同性恋关系，宣传同性恋和异性恋一样重要而且值得尊重。即使是在同性恋群体内更易传染、更能造成灾难性破坏的艾滋病的肆虐也没能阻止同性恋解放运动的发展，反而助长了这一运动。

到 90 年代初，同性恋者也像其他遭受压迫的少数群体之前那样取得了一些里程碑式的成就。一些公开了性取向的同性恋政治家赢得竞选，进入公共部门工作；大学设置了同性恋研究项目；禁止歧视性取向行为的法律建设也在地方层面陆续取得了缓慢的进展。

然而同性恋解放运动也引起了激烈的反击与抵制。1993 年，当克林顿总统试图废除军队不能招收同性恋者入伍的禁令时，这种抵制更加明显。国会成员和军队都对此提出了尖锐的批评。在强烈的抵制声中，政府退而求其次，决定采取折中之策（采取"不问，不说"政策），规定军队招募士兵时不得询问其性取向，而加入军队的士兵也不能透露自己的性取向。

被子　同性恋解放运动最初几年的目标主要是谋求结束歧视和骚扰。到 90 年代，大量同性恋者感染了艾滋病，运动者们将注意力转向艾滋病的治疗和纪念因艾滋病而死的人们。"艾滋被子"是其中最引人注目的一次纪念活动。艾滋病患者的亲戚朋友在被子上缝了补丁纪念他们逝去的亲人。之后，各个城市共数千人加入了这场艾滋被子纪念活动。1996 年 10 月，成千上万条被子被铺在华盛顿的林荫路上，一直从华盛顿纪念碑延伸到了国会山。(Ron Edmunds /AP/ Wide World Photos)

十年后，2004 年大选前夕，一些城市和州试图将同性婚姻合法化，受其影响同性恋问题再次成为热点。总统乔治·W. 布什（George W. Bush）提出了一项禁止同性婚姻的宪法修正案，这也成为共和党竞选的主要内容。很多州在 2004 年开展了关于禁止同性婚姻的全民公决，几乎所有此类公投都得到了公民的坚决认可。

三、新女性主义

美国女性在全国人口中比男性稍多，然而在 20 世纪六七十年代，很多妇女将自己归入少数群体，并谋求自身的解放。最终，女性在美国生活中的角色发生了比其他少数群体更显著的变化。

重　生

1920 年妇女获得投票权之后的四十多年来，女权运动在美国生活中一直都是一股弱小且被围困的力量。六七十年代，女权运动从一支不为人知的边缘力量迅速发展成美国历史上最强大的社会运动之一。

1963 年贝蒂·弗里丹出版《女性的奥秘》（Betty Friedan, *The Feminine Mystique*）一书，通常被视为当代女权运动早期的重要事件。弗里丹是一名杂志记者，曾周游全国采访和她一起于 1947 年毕业的史密斯学院的女性。这些女性大多活在战后美国社会为她们编织的梦里：她们居住在舒适的郊区，家庭富有，相夫教子。但是很多人都不快乐，身处失意和痛苦中。弗里丹声称，郊区成了"舒适的集中营"，住在那里的女人的智慧、才能和所接受的教育毫无用武之地。这个"女性的秘密"把"数百万女性活埋了"。与其说弗里丹通过记录这些女性的不快乐和失意促使女权运动复兴，不如说她为已经暗流涌动的女权运动做了宣传。

《女性的奥秘》问世时，约翰·肯尼迪总统已经成立了妇女地位总统委员会；在该委员的努力下，性别歧视受到全国关注，从而帮助那些为女性谋求法律补偿而奔走的女权运动者建立了重要的关系网。1963 年，在肯尼迪政府努力下，《同酬法》得以施行，禁止男女从事同等工作而女性工资低于男性工资的普遍现象。一年后，国会又将第七条修正案加入 1964 年《民权法案》，将保护非裔美国人免受歧视的法律保护推广至女性。

60 年代早期发生的事件揭露了在美国国内长期存在的矛盾。一面是国内繁荣

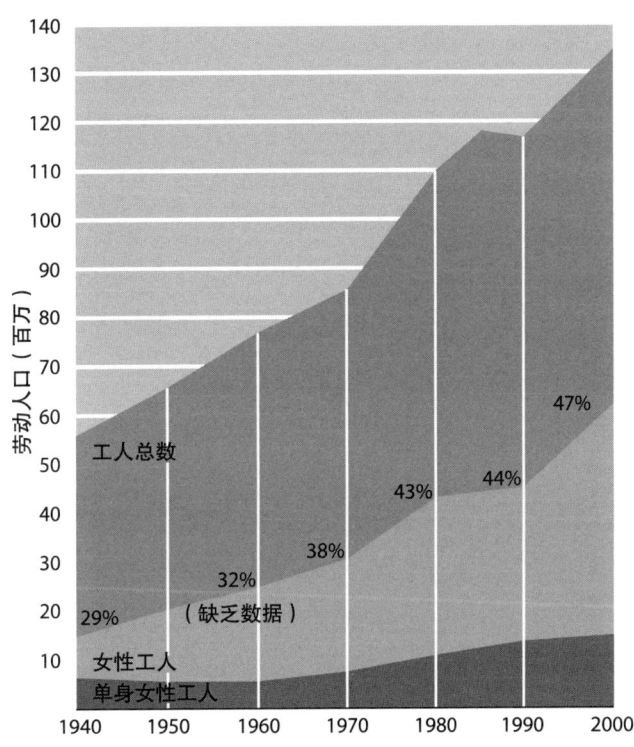

参加取酬工作的女性，1940—2000 自1940年起，参加取酬工作的女性数量大大增加，到2000年，女性工作者已经在劳动者中占了将近一半。◆ 参加取酬工作的女性数量增加对于60年代及以后的女性主义兴起有什么影响？

而幸福的表象，即弗里丹所谓的"女性的奥秘"；另一面则是女性在生活中所扮演角色的真实情况。事实上越来越多的妇女走上了工作岗位，到1963年，已经有三分之一以上的已婚妇女参加工作并在工作中普遍遭到歧视；而那些没有工作的女性则发现她们的家庭生活压抑而令人沮丧。

1966年，弗里丹和其他女权运动者创建了全国妇女组织(NOW)，该组织很快发展成美国最大、最具影响力的女权组织。和其他追求解放的运动一样，女性主义也从黑人争取自由的过程中受到了鼓舞。

全国妇女组织成立

新组织对弗里丹书中提到的那些女性的抱怨（生活在郊区的富人抱怨兴趣得不到发展）做出了回应，要求社会为女性提供更好的教育机会，并谴责家庭生活理念和传统婚姻观。不过至少在运动初期，其核心目标还是为满足那些有工作的妇女的要求。全国妇女组织谴责专业领域、政治领域等美国生活中的无数职业把妇女排除在外。她们谴责妇女遭受法律和经济歧视，包括在同等工作中女性收入低于男性（1963年《同酬法》并没有有效地消除同工不同酬的现象）。她们呼吁"把追求两性平等作为世界范围内人权革命的一部分"。

妇女解放

妇女解放运动的新方向

到 60 年代末，新的更激进的女性主义诉求也吸引了众多追随者。新的女权运动者们多为年轻的"婴儿潮"一代的先锋人物，她们从新左派和反主流文化中汲取了力量。一些人曾经参加民权运动，还有些人参加了反战活动。很多人发现，即使是在这类活动中，她们也受到歧视或遭受男性领袖的排挤和支配。

70 年代初，女权运动的基调和方向发生了重大转变。与贝蒂·弗里丹的作品相比，年轻女性主义者的新作品以更加尖刻的态度批判美国社会。凯特·米利特 1969 年出版的《性政治》（Kate Millett, *Sexual Politics*）一书中指出，"社会中通往权力的所有道路都被男性掌控"，由此标示了女权运动的新方向。换言之，她认为女权问题的答案并不像弗里丹认为的那样在于女性寻求更大的个人成就；而在于女性要团结起来向男权体制发起冲击。而舒拉米斯·费尔斯通的《性辩证法》（Shulamith Firestone, *The Dialectic of Sex*, 1970）的副标题则是"女性主义革命案例"。

在最激进的形式中，这种新兴女性主义甚至拒绝婚姻的全部内容，包括家庭甚至异性性交。70 年代初，很多妇女开始将自己视为被剥削的群体，于是团结起来对抗压迫并建立自己的文化和社区。

扩大战果

到 70 年代初，女权运动在公众和私人方面都取得了显著成果。1971 年，政府的平权行动计划将妇女纳入其中——性别歧视和种族主义都被列为政府关注的社会问题。同时，女性在进入经济和政治主流方面进展迅速。美国主要的男性教育机构开始向女性敞开大门。1969 年普林斯顿大学和耶鲁大学开始接收女性入学，其他的学院和大学紧随其后。而一些全女性的学院也开始接受男性学生。

政治和经济成功

同时女性也开始成为商界和职场的重要力量。到 70 年代中期，近一半已婚女性有工作，而持有大学学位的女性约有 90% 参加工作。夫妇两人都积极从事专业工作的双职工家庭成为普遍接受的规范；很多女性为了事业推迟结婚或生育。也有一些象征性的变化，如很多女性结婚时不再像以前那样使用丈夫的姓氏，在公开场合的称呼以"女士"代替"夫人"或"小姐"，表示其社会地位与婚姻状况无关。在政治上，妇女们也开始参与竞选和提名，与男性竞争。20 世纪末，国会两院、联邦顾问、州长等许多职位都有大量的女性。罗纳德·里根 1981 年任命了第一位女性最高法官桑德拉·黛·奥康纳（Sandra Day O'Connor）；1993 年，比尔·克

为妇女权利而游行 60年代末，非裔美国人的民权运动将美国人对个人权利的追求推到了国民意识的中心位置，鼓舞了许多领域内的民权运动。其中最重要的一项就是女权运动。1970年夏天，女权运动已经势不可挡，数千名女性参加了这次在纽约市的游行。(Werner Wolff/Black Star/Stock Photo)

林顿提名了第二位女性最高法官茹斯·贝德·金斯伯格（Ruth Bader Ginsburg）；1984年，民主党提名纽约州代表杰拉尔丁·费拉罗（Geraldine Ferraro）担任副总统候选人；2008年，希拉里·克林顿（Hilllary Clinton）是民主党总统提名的一位强大的候选人。在学术界，女性正逐渐扩展其在传统学术领域的存在；同时还创造了女性专有的研究领域——女性研究。80年代和90年代初，女性研究是美国学术研究中发展最快的领域之一。

同时，在职业体育运动中，为了赢得关注以及平等地分享奖金，女性开始与男性竞争。到70年代末，联邦政府敦促各学院和大学为女性提供与男性同等的运动项目。

1972年，国会终于批准了20年代起由一些女性主义者推动的平等权利宪法修正案，并将其下发至各州。人们一度认为这个法案肯定能获准生效，然而到70年代末，修正案背后的推动力不复存在。平等权利修正案陷入僵局并非因为人们的冷漠，而是由于很多人（包括很多反女性主义的女性）担心这个法案将会改变传

平等权利宪法修正案的失败

统的社会模式，于是群起反对，阻止各州批准该法案。1982 年，批准时间到期，修正案最终不了了之。

关于堕胎的争议

20 世纪 20 年代开始的女权运动的一项重要内容就是争取对女性自身性生活和生育的更大控制权。在未引发太多争议的情况下，这项运动促使六七十年代的人们越来越意识到女性面临的强奸、性虐待和家庭暴力等问题。此时，20 年代曾引发争议的避孕措施和生育控制方法的宣传面临的抵制已经不再那么激烈。但与之相关的人工流产问题却像其他时代一样引发了人们的热切关注。

<small>罗伊诉韦德案</small>

人工流产在美国大部分地区一度属于合法行为，但到 20 世纪初，全国多数地区颁布法令禁止人工流产，直到 60 年代依旧如此（然而在法律视野之外，不断有人悄悄地、在不顾危险的情况下进行人工流产手术）。女权运动要求人工流产合法化的诉求带来了新的压力。60 年代末，一些州放弃了对人工流产的限制。1973 年，在罗伊诉韦德案中，最高法院基于 1965 年在格里斯沃尔德诉康涅狄格州案中首次认定的宪法赋予的"隐私权"，裁定所有禁止人工流产的法律不适用于"怀孕后的前三个月"。这一判决后来成为 20 世纪最受争议的判决。

四、动乱社会里的环境保护主义

和女权运动的情况类似，到 20 世纪 60 年代，环境保护运动已经经历了长期斗争，但公众支持不多。同样，环境保护主义也借了 60 年代动乱的东风，到 70 年代已成为美国和全球生活中一支强大而持久的力量。

20 世纪末，社会高度工业化，环境恶化已成事实，这在一定程度上促成了环保主义运动的兴起。同时，生态科学的发展也给了环保主义者新的有力论据。另外，环保主义也是当时反主流文化运动的产物。反主流文化拒绝现代的工业化消费社会，呼吁向更自然的社会回归。

新生态科学

直到 20 世纪中期，很多自称环保主义者的人士（更传统的说法是自然资源保护论者）把他们的观点建立在美学或者道德基础上。这些人想要保护自然环境是因为自然太美，或者认为自然是世界神性的标志，因此不应该遭受破坏。然而，在20世纪，美国和其他国家的科学家们在早期相对隐晦的科学著作的基础上，开始创造出一套环境保护主义的新理论，称之为生态学。

生态学是关于自然世界内在联系的科学。美国动物学家史蒂芬·A.福布斯（Stephen A. Forbes）早在1880年的著作中就指出，生态学假定"原始时代的自然处在一种各有机物种间的和谐互动关系中"，而且，这种和谐关系"与人类生活地区的动植物失调现象形成了鲜明对比"。生态学告诉人们，空气污染、水污染、森林破坏、物种灭绝和有毒废弃物都不是孤立存在的问题。地球环境中的所有因素之间存在着紧密而微妙的联系。因此，对其中任何一个因素的破坏都会危及其他所有环境因素。

"相互关联的世界"理念

虽然20世纪初一些美国科学家的理论建立在福布斯理论的基础上，但最早向大众普及生态学并做出巨大贡献的却不是科学家，而是作家、自然主义者奥尔多·利奥波德（Aldo Leopold）。利奥波德从事过森林管理工作，在这期间他曾试图将新的生态学发现用于他与自然世界的互动之中。1949年，他出版了环境保护主义作品《沙乡年鉴》（*The Sand County Almanac*）。他在这部作品中指出，人类有责任理解并维持自然的平衡，人类在自然界中的行为方式应该遵循所谓的"土地伦理"。当时，生态学已经在科学界广泛传播。生态学家的发现中包括现在人们耳熟能详的"食物链""生态系统""生物多样性""濒危物种"等概念。

1962年蕾切尔·卡逊出版了《寂静的春天》（Rachel Carson, *Silent Spring*）一书，在这部作品中，生态学思想的影响已经清晰可见。卡逊是一位海洋生物学家，也是一位成功的科学作家。1957年，她收到一位朋友的信，信中说，当地洒过DDT——一种杀虫剂，开发于20世纪30年代，

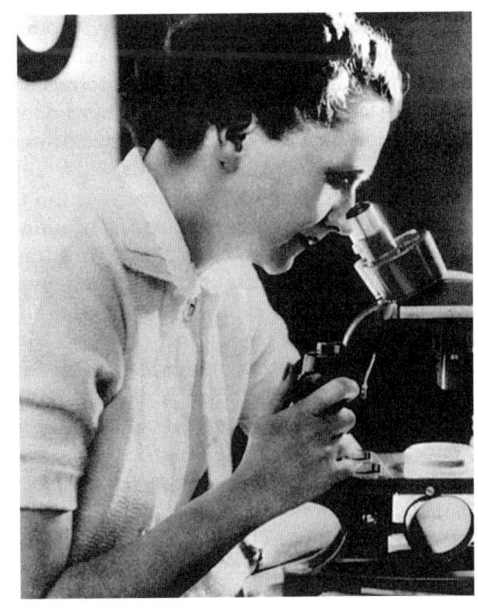

蕾切尔·卡逊 蕾切尔·卡逊最初是一位海洋生物学家，她写出了60年代世界上最畅销的书。卡逊对海洋生物的热爱促使她开始关心有害杀虫剂可能对它们造成的危害。(*Bettmann/Corbis*)

用来杀灭蚊虫——之后，她在自家院中发现了死去的鸣禽。之后，卡逊开始调查DDT对环境的影响，并发现很多危险的迹象。DDT可以通过水、植物和动物进入食物链，不仅会杀死一些动物，如鸟类和鱼类，还会使一些物种丧失繁殖能力。于是卡逊开始动笔描写"寂静的春天"存在的危险性：鸟儿将不再歌唱，疾病和死亡将会威胁到大量动物，甚至还会威胁到人类。

《寂静的春天》出版之后，影响了很多人。它直接促成了1972年DDT禁令的颁布。这一事件也表明环境保护主义和生态科学在公共政策和民族文化中的影响力逐渐增加。然而，由于激怒了化工业者，《寂静的春天》备受争议。卡逊的批评者曾试图阻止该书的出版，努力失败后，便开始质疑它的调查结果。该书的历史既展现了环保主义未来的力量，同时也展现了其未来将遭遇的挑战。

战后生态学的发展

1945—1960年间，美国的生态学家数量迅速增加，1960—1970年数量又翻了一倍。在政府部门、各大学、基金会，甚至一些公司的支持下，生态科学逐渐成为一个重要的研究领域。到了21世纪初，美国和其他许多国家的大学中都有生态科学研究项目和生态学课程。

与其他科学家不同的是，生态学家将研究和出版著作相结合，敦促人们采取负责任的公共行为，共同处理环境危机。

环保提倡者

20世纪末、21世纪初最有影响力的环境保护组织有维护自然环境协会、塞拉俱乐部、国家奥杜邦协会、大自然保护协会、全国野生动物协会、国家公园与维护协会。所有这些组织早在现代生态科学出现之前就已经存在，进入21世纪后，又重新焕发活力，奉行环境保护主义的新理念。它们还和其他非营利性组织组成联盟，比如美国公民自由联盟、妇女选民联盟、全国基督教协进会，甚至劳联—产联。这些非营利性组织此前没有参与环保主义运动的经验，但是它们已经决定要为环境保护而战了。

新一代专业环保运动人士

这些组织中涌现出能够从法律和政治方面为环保运动做出贡献的新一代专业人士。科学家们提供必要的数据，律师和政府部门从中周旋，在法庭上为环保运动辩护，游说人员则发挥他们常用的政治技巧说服立法委员和其他官员——很多反环保主义的公司和其他反对者为了达到目的也会采取同样的方法。然而最重要的是，这些环保组织已经学会如何动员群众，以使公众舆论站在它们一边。

环境恶化

环保主义背后最大的支持力量是环境状况本身。到 60 年代，战后经济的蓬勃发展对环境造成的破坏已经不容忽视。几十年间，美国部分地区持续多年的严重水污染问题已经蔓延至全国，几乎在所有主要城市都能看到河流、湖泊污染的景象，闻到其散发出来的异味，由此导致的健康风险也真实地存在于每个人身边。50 年代初，俄亥俄州克利夫兰市的凯霍加河就因汽油废物排入河中，引起河面大火。

水和空气的污染

也许更值得关注的是空气变得有害健康，工厂、发电厂和（最主要的）汽车排放的有毒废气进入空气中。天气预报和官方公布的大气信息将"烟雾"列入了播报范围——这是一个由"烟"和"雾"组成的新词汇。在洛杉矶和丹佛这样的大城市中，烟雾已经永远地成为了生活的一部分，整天弥漫在空中，遮天蔽日，使很多市民呼吸困难。

工业发展带来的一些长期危害虽然未经证实，但是环保主义者们也把这些问题摆到了公众面前：石油和其他不可再生的化石燃料迅速枯竭；"酸雨"（化学污染了的雨水）破坏湖泊和森林；巴西等地的雨林也很快遭到破坏，从而限制了地球补充氧气的力量；因为氟氯烃化合物的排放，臭氧层遭到破坏，地球保护生物免遭太阳紫外线伤害的能力受到威胁；最使人震惊的是全球变暖，虽然未经证实，但是全球变暖可能带来地球气候的剧变，并导致海平面上升，危及全世界的沿海城市和滨海聚居地。这些观点很多都存在争议，怀疑者们认为环保主义者们并没有证实这些情况。然而，多数环保主义者（和很多科学家）相信这些问题真实存在，并需要人们立刻给予关注。

地球日及其他

1970 年 4 月 22 日，全国民众聚集在中小学和大学校园、教堂、俱乐部、公园、礼堂，共同度过了第一个"地球日"。最初，威斯康星州参议员盖洛德·尼尔森（Gaylord Nelson）在校园里发起了一系列宣讲会，后来"地球日"的影响力和规模逐渐扩大。地球日活动由那些想要尽可能避免与激进左派产生联系的人士管理，具有无威胁性的特点，吸引了很多认为反战示威和民权集会太具威胁性的民众。据估计，第一个"地球日"当天，大约有超过 2000 万美国人参加了仪式，这也许称得上美国历史上规模最大的一次示威活动。

首个"地球日"

因为"地球日"具有谨慎而温和的特点，同时还宣传了环保主义理念，因此

1970年"地球日" 1970年4月22日是第一个世界"地球日",这是环保主义运动发展过程中的重大事件。"地球日"由威斯康星州参议员盖洛德·尼尔森首倡,很快在全国许多地方争取到众多支持。于是众多大型示威活动相继出现了。图中展示的是1970年4月22日纽约市的环保主义示威活动,拥挤的人群围着一个大型条幅,条幅表现的是地球正在呼救。*(Getty Images)*

它并不像其他那些饱受争议的示威活动那样造成了分裂性的后果。渐渐地,环保主义运动发展成一系列简单的示威游行和抗议活动。环保主义成为绝大多数美国人思维中的一部分——被大众文化吸收,成为中小学教育的内容,几乎所有政治家都对环保主义表示赞赏,尽管也有很多人反对部分环保目标。

环保也成为公共政策的一部分。1970年,在国会批准《国家环境保护法》后,尼克松总统签署了该法案,并成立了环境保护署,负责推行针对商业和消费者的防污标准。为了防治环境恶化,1970年通过的《清洁空气法》和1972年通过的《清洁水资源法》为政府的环境保护武器库增加了新的利器。

《国家环境保护法》签署

五、尼克松、基辛格和战争

1969 年尼克松上任后,致力于恢复国内稳定和创建更加稳定的世界新秩序。他尤其关注寻求解决越南僵局的方法。然而,新总统在放弃美国对越南的承诺上并不比前任更自由。他认识到,战争不止威胁国内的稳定,也威胁到美国在世界的地位;担心美国急于撤军会损害美国的声望和"信誉"。于是,美国在印度支那的战争又打了四年,其间不仅牵涉地域进一步扩大,伤亡也更加惨重。

越南化

虽然尼克松自己热衷国际事务,但他将一个终将在外交方面超越他的人物带入了政府,这个人就是亨利·基辛格(Henry Kissinger),尼克松任命的国家安全顾问,原为哈佛大学教授。尽管国务卿威廉·罗杰斯(William Rodgers)和国防部长梅尔文·莱尔德(Melvin Laird)在公共事务方面的经验都比基辛格丰富得多,但基辛格仍很快确立了自己的主导地位。这也许得益于尼克松对于主导白宫决策的热情;然而,基辛格敏捷的智慧、熟练的政治技巧和妥善处理媒体事件的能力也同样重要。尼克松和基辛格合作,共同找出了一个可接受的解决越南僵局的办法。

亨利·基辛格

新的越南政策开始在几个层面实施,限制国内的反战活动是其中一项举措。征兵是造成不满的最重要原因之一,因此政府设计了新的"抽签"征兵制度,这样只有特定的群体进入军队服役,其中 19 岁的人抽中的概率很低。后来,总统又敦促相关部门建立全部由志愿兵组成的军队。到 1973 年,选征兵役制度几乎彻底废除,或至少暂时废除了。

更为重要的措施是将战争"越南化",即美国训练和装备南越军队,由他们接替美军作战。1969 年秋天,尼克松宣布从越南撤出 6 万名美军,这是美军参加越南战争以来的第一次撤军。三年多来,撤军稳步进行。1969 年美军在越南人数最多时超过 54 万,而到 1972 年时减少为约 6 万。

"越南化"的后果

越南化政策帮助平息了国内的反战行动。然而,这一政策并没有改变美国与北越巴黎谈判的僵局。新政府很快决定有必要施加新的军事压力来解决问题。

战争升级

尼克松和基辛格上任满一年时,他们得出结论,扭转越南不利局势的最有效方法是破坏北越在柬埔寨的军事基地——美军认为,北越军队多次进攻都是从这里发起的。尼克松上任不久，就命令空军轰炸柬埔寨以摧毁敌方的避难场所。然而，这些袭击是在国会和公众不知情的情况下进行的。1970年春，可能是在美军的支持和鼓励下，保守的军方领导人推翻了当时柬埔寨的中立政府，在朗诺（Lon Nol）将军的领导下建立了新的亲美政权。朗诺很快允许美军进入柬埔寨领土。4月30日，尼克松发表电视讲话，命令美军越过边界进入柬埔寨境内"肃清"敌人设立在那里的基地，并声称敌人就是利用那些基地"不断发动军事攻击"。

<small>肯特州立大学</small>

一夜之间，入侵柬埔寨的行动给本已偃旗息鼓的反战运动注入了新动力。5月初美国国内爆发了参战以来规模最大、范围最广的反战示威活动。几百万抗议者聚集在华盛顿哥伦比亚特区，公开抨击总统的政策。数百万人参加了全国校园内的示威活动。5月4日，在俄亥俄州的肯特州立大学示威活动中，国民警卫队向示威者开枪，造成4名学生死亡，另有9名学生受伤，危机形势异常严峻。十天后，在密西西比州的杰克逊州立大学示威活动中，警察枪杀了2名黑人学生。

反战呼声很快影响到政府和媒体。盛怒之下，国会于12月废除了《东京湾决议案》，剥夺了总统长期以来发动战争的法律基础。但尼克松直接无视这一举动。1971年6月，最先是由《纽约时报》，而后其他几家报纸相继报道了约翰逊政府时期国防部准备的一份秘密战争文件的节选。这份"五角大楼文件"由前国防部官员丹尼尔·埃斯伯格（Daniel Ellsberg）透露给媒体，其内容证实了很多人长期以来的猜测：政府在向公众报道战争进程以及解释美国参战动机的问题上隐瞒了事实。政府将媒体告上法庭，要求将这些文件压下来，不予报道。然而最高法院最终裁定媒体有权刊登这些文件。

<small>美莱大屠杀</small>

美军在越南进行野蛮而无意义的战争已经五年多了，士气和军纪都十分涣散。1971年威廉·卡利（William Calley）中尉因指使士兵屠杀三百多名手无寸铁的南越平民而遭受指控，法庭审判后对他判了刑，引起了全国的广泛关注。很多美国人认为美莱大屠杀的悲剧并不是个例，它展示了战争给那些战斗者们带来的使其丧失人性的影响以及越南人民遭受的非人待遇。此外越南的美军当中还普遍存在着更多问题，如逃兵、吸毒、种族歧视、不守军纪等，一些士兵甚至杀害那些不受欢迎的军官。而这些当时媒体并未报道。

到1971年，民意调查显示，近三分之二受访者要求美军撤出越南。然而总统理查德·尼克松并没有表露这方面的意思。经白宫批准，联邦调查局和中央情报局加强了对反战组织和激进组织的监视与渗透。政府官员们通过披露重要反战人士的私隐信息来败坏他们的名声。有一次，白宫密探闯入一名精神病医师的办公室，试图偷盗丹尼尔·埃斯伯格的病历档案。1970年的国会选举中，副总统斯皮罗·阿格纽（Spiro Agnew）凭借早已使他在保守派中广为人知的尖刻讽刺对那些"穷途末路""厚颜无耻"的政府批评者们展开了进一步攻击。总统也一度爬上汽车车顶嘲笑一群愤怒的示威者。

1972年3月，北越军队发起了自1968年以来最大的一次攻势，即所谓的复活节攻势（也叫东部攻势或顺化战役）。美军和南越军队设法抵挡住了进攻，但显而易见，如果美军不继续支持南越的话，这次战役共产党肯定会取胜。与此同时，尼克松命令美军飞机轰炸北越首府河内附近的目标，以及北越的主要港口海防港，并要求炸毁包括海防港在内的7个北越海港，以阻止中国和苏联为北越提供物资。

复活节攻势

"体面的和平"

随着1972年大选的临近，尼克松政府加紧努力，希望在与北越的谈判中能够取得突破性进展。1972年4月，总统不再坚持北越军队撤出南越之后美军才会撤退的主张。同时，亨利·基辛格也与北越外交部长黎德寿（Le Duc Tho）在巴黎秘密会面，商讨停火事宜。10月26日，大选前几天，基辛格宣布"和平指日可待"。

大选结束几周之后，谈判再次破裂。虽然美国和北越都同意基辛格—黎德寿停火计划，但是南越的阮文绍政权却拒绝这一协议，坚持北越军队必须全部撤出南越。基辛格则试图使北越共产党政权做进一步妥协来满足阮文绍政府的要求。12月16日，谈判最终破裂。

12月17日，美军的B-52轰炸机对包括河内、海防港等在内的北越重要目标进行了开战以来最大规模、最具破坏性的空袭，造成大量平民伤亡，15架美军B-52轰炸机被北越军队击落；而此前的战斗中，美军仅损失过1架B-52大型轰炸机。12月30日，尼克松结束了"圣诞节轰炸"。美国和北越回到了谈判桌前。1973年1月27日，他们签署了"关于在越南结束战争、恢复和平的协议"。尼克松声明，这个协议是北越在圣诞节轰炸的压力下做出的退让。但同样重要的是，美国为达成这一协议对南越阮文绍政府也施加了巨大压力。

"圣诞节轰炸"

这次在巴黎签订的停火协议的内容与几个月前基辛格和黎德寿商定的协议没有什么区别。协议规定双方即刻停火，北越释放几百名美国战俘，阮文绍政权继续保留（这是北越对美国做出的主要让步），但已经进驻南越的北越军队可以原地待命。各方将会组成一个委员会制定出永久性的解决方案。

在印度支那的失败

巴黎和平协定崩溃之前,美军几乎还没有撤离印度支那。停火后的一年中,越南军队遭受了更大的伤亡,伤亡数字比十年来美军的伤亡总数还要大。1975年3月,北越向实力大幅削弱的南越发起了全面进攻。阮文绍向华盛顿求援;于是福特总统(尼克松总统于1974年辞职)希望向国会申请更多资金,但遭到国会拒绝。1975年4月下旬,阮文绍政府官员和美国大使馆工作人员屈辱地逃离西贡后不久,北越共产党军队开进了西贡。他们迅速占领首都,并将其重新命名为胡志明市,开始了在河内政府领导下的统一越南的进程。与此同时,在波尔布特和红色高棉的领导下,凶狠的柬埔寨"左派"也推翻了朗诺政权。其中红色高棉的集体屠杀政策致使之后数年中柬埔寨人口减少了至少三分之一。这也是美国十多年来参与越战带来的残酷后果。超过120万名越南官兵在战斗中死亡,无数百姓被夺去了生命。这片美丽的土地惨遭蹂躏,农业经济凋敝,多年之后,越南仍然是世界上最贫穷、遭受政治压迫最多的国家。美国也付出了相当惨重的代价。美国在这场战争中的直接投入高达1500亿美元,间接投入不计其数。超过5.5万名美国青年在战争中死亡,超过30万人在战争中受伤。美国的民族自尊和自信心也遭受了沉重打击。

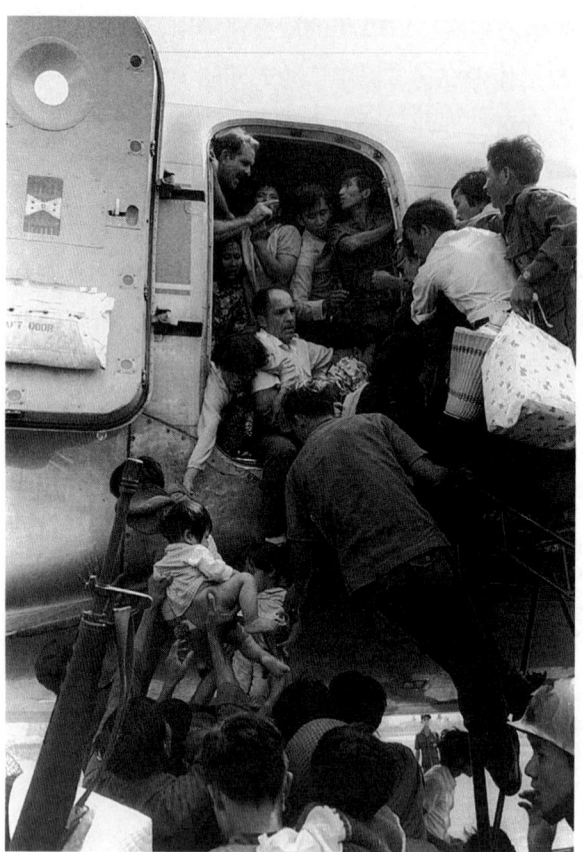

西贡陷落

撤离西贡 图片显示的是位于西贡的美国大使馆楼顶。直升机已经严重超载,但是越南人还是想要爬上这架飞机,一位美军军官正在努力喝退越南人,阻止他们上飞机。美军匆忙撤离后几个小时,北越军队就到达了这里,标志着南越最终失败的结局。(AP/Wide World Photos)

六、尼克松、基辛格和世界

持续多年的越南战争给尼克松建设国际新秩序的宏伟目标蒙上了一层令人沮丧的阴影。总统深信,"两极世界"的设想(美苏两国占据世界上仅有的两个超级强国地位)已经过时,美国必须适应新的"多极化"国际结构,其中中国、日本、西欧将成为主要的独立力量。1971年,尼克松曾说:"如果美国、欧洲、苏联、中国和日本都强大起来,发展顺利,互相制衡,而非互相对抗,那么世界将会变得更加美好、更加安全。"

向"多极化"世界发展

中国和苏联

自1949年蒋介石政权倒台后二十多年来,美国长期无视世界第二大国中国的存在,而只承认台湾的国民政府。此时为了通过中国制衡苏联,尼克松和基辛格希望与中国共产党政权建立新的外交关系。中国政府也期望先发制人,以免美苏联手打击中国,同时结束中国在国际社会上被孤立的状态。

1971年7月,尼克松总统派遣基辛格秘密访问北京。基辛格回国之后,尼克松宣布将在几个月内亲自访问中国。这个消息震惊了世界。1971年秋,经美国同意,联合国承认了中国共产党政府的合法席位,并驱逐了台湾在联合国的代表。1972年2月,尼克松正式访问中国。这次访问消除了中美彼此间大部分深藏的敌意。尼克松当时并没有正式承认共产党政权,但是此后美国和中国开始建立低层次的外交关系。

尼克松访华

中美建交与尼克松政府改善美苏关系的进程几乎同时进行,事实上,中美关系缓和也促进了美苏关系的改善。1969年,美国和苏联外交官在芬兰的赫尔辛基会面,就限制核武器事宜进行会谈。1972年,他们起草了《第一阶段限制战略武器条约》(SALT I),规定双方冻结现有的核导弹(洲际弹道导弹)。

第一阶段限制战略武器条约

多极化问题

尼克松和基辛格都认为,仅仅依靠大国关系正常化并不能保证国际和平,因为第三世界国家依然是国际关系中最不稳定以及最危险的根源。

尼克松—基辛格的第三世界政策核心是在确保美国不过分陷入地区争端的前提下维持稳定的现状。尼克松分别在1969年和1970年阐述了美国的第三世界政策,史称"尼克松主义",即"美国将会参与美国盟友的防务和发展",但这些

尼克松主义

美苏关系缓和的高潮 1973年苏联最高领导人列昂尼德·勃列日涅夫访问华盛顿，成为美苏两国寻求关系缓和的一个标志性的重要事件。早在1962年初，双方已经开始为此而努力；在美国五届总统任期内，双方一直保持稳定关系，到70年代末美苏关系再次破裂。图中是勃列日涅夫和尼克松站在白宫的阳台上友好地交谈。(*J. P. Laffont/Corbis Sygma*)

"盟友"未来发展的"基本责任"则属于这些国家本身。在实践中，尼克松主义意味着美国插手第三世界发展的兴趣减弱了，且日益轻视联合国——欠发达国家凭借绝对数量优势已经逐渐在联合国获得了越来越大的影响力，美国还逐步增加了对独裁政府的支持以抵抗内部出现的激进挑战。

以1970年中央情报局对智利的支持为例，中情局向智利投入大量资金以支持现有政府对抗共产党的行动。马克思主义总统候选人萨尔瓦多·阿连德（Salvador Allende）通过大选赢得政权之后，美国就向智利的反对派力量投入大量资金以"颠覆"新政府。1973年，智利的一个军事集团从阿连德手中成功夺权，之后阿连德遭暗杀。奥古斯托·皮诺切特（Augusto Pinochet）将军新建立的政权暴虐且具有军国主义倾向，但美国与之发展了友好关系。

"六日战争" 1967年中东地区爆发了"六日战争"（即第三次中东战争），以色列军队打败了埃及、叙利亚和约旦军队，控制了长期分裂的耶路撒冷城，并抢占了大片地域，包括约旦河西岸、加沙地带、戈兰高地等，此后中东局势更加动荡。战争造成巴勒斯坦难民数量大增。这些阿拉伯人宣称现在被以色列控制的土地是他们的，他们被迫背井离乡，逃亡到约旦、黎巴嫩及周边国家，成为这些地区不稳定因素的根源。大量巴勒斯坦人涌入约旦，巴勒斯坦解放组织(PLO)和其他激进组织的行动让约旦统治者侯赛因国王感到震惊，他担心这将威胁到约旦和美国之间的关系。1970年发生了一系列暴动，侯赛因命令约旦军队驱逐巴勒斯坦人，于是很多人去了黎巴嫩，在那里他们成为黎巴嫩多年不稳定和内战的原因之一。

1973年10月，在犹太赎罪日当天，埃及和叙利亚军队对以色列发动进攻。在之后的十天里，以色列都在尽力从突袭中恢复过来；最终，以色列军队在西奈半岛对埃及军队发起了一次有效反攻。此时，美国介入并给以色列施压，迫使他们接受停火协议而不是进一步推进战争。

赎罪日战争的最后结果显示出美国及其盟友越来越依赖阿拉伯的石油。美国认为，如果他们允许以色列开进埃及，美国就再也不能从阿拉伯国家买到所需的石油了。1973年，阿拉伯各国政府联合起来对支持以色列的国家（包括美国）实行石油禁运。这次石油禁运可以说是对以色列的支持国提出的警告，使它们意识到如果继续支持以色列，就要付出失去阿拉伯石油供应的代价。赎罪日战争使美国人意识到，他们不能在维护以色列的同时忽视阿拉伯国家的利益。

1973年中东事件的更大教训则是，再也不能把第三世界国家看成是被动合作的"附庸国"了。美国再也不能像过去那样轻易地获取阿拉伯地区的廉价原材料。

阿拉伯石油禁运

七、尼克松政府的政治和经济

对很多美国人而言，60年代末期的美国社会似乎已经被动乱力量和激进分子主宰。所以尼克松政府的国内政策就是恢复国内的平衡：平衡穷人和中产阶级的需求，平衡联邦政府权力和地方政府利益。但是，由于严重的经济和政治危机，尼克松实现国内政策目标的努力受到了极大限制。虽然有些危机并不是政府能够控制的，但有些危机则是政府直接造成的。

国内的行动

尼克松认为那些保守的中产阶级群体（他称为"沉默的多数"）和希望联邦减少对"地方事务"干涉的人是他的重要选民，因此他的很多内政政策都是回应了这些人的需求。他试图说服国会通过法案，禁止以强制使用校车的方式来消除学校种族隔离，但国会拒绝了他的要求。同时他也禁止卫生、教育和福利部门切断对那些不遵守合校令的学区的资金支持。与此同时，他还废除了很多"伟大社会"和"新边疆"计划中的社会项目。1973年，他撤销了约翰逊时期消除贫困计划的核心部门——经济机会局。

取消"伟大社会"

不过尼克松的国内政策并非全都是保守的。尼克松政府最有魄力的一项政策是对全国福利制度的彻底改革。尼克松认为现行福利制度实施起来既麻烦，成本又高，而且效率低下，因此他提出以家庭援助计划(FAP)取代现行福利制度，为所有美国人提供收入保障,其中每年联邦提供1600美元,以及可能高达4000美元的额外收入。这一计划受到了广泛的欢迎,甚至很多自由主义者都称赞这是联邦在履行对穷人的责任方面迈出的重要一步。但是,尼克松却用保守的语言描述了这个计划,指出它将会减少政府在福利方面的责任,让接受援助者为自己的生活负责。虽然1970年家庭援助计划在众议院获准通过,但在受助者(抱怨这一计划规定的保障收入远远不够)、福利机构工作人员(认为他们的权威已经因这个法案而消失殆尽)和保守派(反对为穷人提供保障收入)的反对声中,家庭援助计划在参议院投票中被否决。

从沃伦法院到尼克松法院

在五六十年代使"沉默的多数"产生敌意和憎恨的自由主义机构中,没有哪个机构能像最高法院那样激起如此多的愤怒和痛苦。最高法院在种族问题上的裁决摧毁了传统的社会模式,在很多美国人看来,最高法院坚定地维护公民自由的行为助长了犯罪、社会混乱和道德败坏现象的出现。在1962年的恩格尔诉瓦伊塔尔案中,最高法院裁定公立学校的祈祷者违反了宪法规定的政教分离原则,因此在正统基督教徒和其他宗教人士中激起了民怨。在1957年的罗斯诉美利坚合众国案中,最高法院严格限制地方政府在打击色情工作中的权力。很多人认为,最高法院的一系列裁定,加强了被告的民权,却大大削弱了执法者在工作中的权力。在1963年的吉迪恩诉温莱特案中,最高法院裁定,无论犯有重罪的被告能否支付律师费,他们都有权得到一名律师为其辩护。在1964年的埃斯科韦多诉伊利诺伊州案中,最高法院裁定,允许被告在被警方问话之前联系律师。1966年的米兰达诉亚利桑那州案中,法院确认当局有义务告知被告被怀疑犯有何罪。到1968年,沃伦法庭已经成为众矢之的。很多人认为美国的权力已经过多地转移到穷人手里,而中产阶级的权力所剩无几;过多地倾向于罪犯,而守法公民的权力却丧失了。

沃伦领导的最高法院在60年代做出的最重要的判决之一就是1962年对贝克诉卡尔一案的裁定。本案中,最高法院裁定立法机关要按比例分配选区,这样才能保证所有公民的投票有同等效力。以前,有十几个州的立法选区将大量的代表权分配给了人烟稀少的乡村地区,因此城市居民的选民力量被削弱。这一裁定要求,重新分配选区,大大增强了城市中的非裔美国人、西班牙裔美国人和其他族群的选民力量。

尼克松决心通过司法任命使最高法院更趋保守。他一上任就遇到了这样的机会。1969年首席法官厄尔·沃伦辞职,于是尼克松任命了一位有保守倾向的联邦上诉法院法官——沃伦·伯格（Warren Burger）担任最高法院首席法官。几个月后，陪审法官安贝·弗尔塔斯被指控有财务违规行为而辞职。于是，尼克松提名克莱门特·F. 海恩斯沃斯（Clement F. Haynsworth）接替弗尔塔斯。海恩斯沃斯来自南卡罗来纳州，是一位备受尊敬的联邦巡回法庭法官。然而，他却遭到了参议院的自由主义者、黑人组织和工会的强烈反对，因为他在民权问题上的表现相当保守，而且有人指控他所负责的几起案件存在利益冲突。参议院拒绝由海恩斯沃斯接替弗尔塔斯。尼克松提名的第二个人选是 G. 哈罗德·卡斯维尔（G. Harrold Carswell），他是佛罗里达州联邦巡回法庭的一名法官。参议院认为他和海恩斯沃斯没什么区别，同样不适合在最高法院工作，于是拒绝了尼克松对他的提名。

尼克松愤怒地谴责投票结果，认为这是参议院对南方人的歧视。但此后填补最高法院空缺时他慎重地选择了法律界人士：来自明尼苏达州的温和派法律专家哈里·布莱克曼（Harry Blackman）、来自弗吉尼亚州的令人尊敬的法官小刘易斯·F. 鲍威尔（Lewis F. Powell Jr.）和尼克松政府司法部的威廉·伦奎斯特（William Rehnquist）。

不过新的最高法院却令很多保守派大失所望，他们不仅没有减少对社会改革的支持，反而在很多领域加大了推进社会改革的力度。在1971年的斯旺诉夏洛特—梅克伦堡教育委员会案中，最高法院裁定允许通过使用强制校车来实现中小学的种族平衡。1972年的弗曼诉佐治亚州案中，最高法院推翻了现行的死刑规定，为今后实施这类法律制定了新的原则。在1973年的罗伊诉韦德案中，最高法院取消了对人工流产的禁令。不过在很多裁决中，伯格领导的最高法院也确实表现得更加温和。虽然最高法院同意可以使用强制校车来消除种族隔离，但是在1974年的米利肯诉布莱德利案中，他们反对让学生乘坐校车跨区（比如在底特律市区和底特律郊区之间）上学以实现种族平衡。虽然最高法院在1978年巴克诉加州校董会案中的裁决遵循了平权行动的原则，但他们也为今后应对此类案件制订了严格的新规则。

> 巴克诉加州校董会案

1972 年大选

尽管尼克松政府有部分具体目标没有实现，但他仍不费吹灰之力就赢得了1972年的总统大选。他的竞选连任委员会积极活动，为他筹集了巨额资金。总统自己也有效地利用了职权，不再忙于过多的竞选活动，而是专注于新闻高度宣传的国际事务决策和国事访问。联邦政府各部门也投入资金和潜力，竭力增强尼克松在关键领域的政治地位。

在 1972 年的总统大选中，尼克松很幸运。虽然乔治·华莱士再次竞选总统让尼克松在开始有些担心，但他还是很高兴看到华莱士出现在民主党的初选中，甚至还悄悄地鼓励他这么做。华莱士向那些焦虑的中产阶级宣讲他的政见，而尼克松竞选连任时也把希望寄托在这个群体身上。他所担心的是华莱士再次发起第三党派竞选。不过这个担心很快就消失了。在 5 月马里兰州的一次购物中心集会上，一名刺客开枪击中阿拉巴马州州长乔治·华莱士，他腰部以下完全瘫痪，不能继续参加竞选。

另一方面，民主党提名党内的自由派代表南达科他州参议员乔治·S. 麦戈文（George S. McGovern）为总统候选人。麦戈文直言不讳地批评战争，在多数社会和经济问题中提倡自由主义观点，那些中产阶级强烈反对的 60 年代动荡因素似乎都在麦戈文身上体现出来。麦戈文促成了民主党内部的改革。改革后，党内领袖的权力削弱，妇女、黑人和年轻人在民主党选举中的影响力增强了，麦戈文也因此获益。但也正因为这些改革，1972 年民主党全国代表大会对大多数公众来说毫无吸引力。

大选当天，尼克松获胜，这次竞选成为有史以来获胜优势最明显的竞选之一：普选票 60.7% 对 37.5%，选举人票 520 张对 17 张。

麻烦重重的经济

三十年来，美国经济取得了骄人的成绩。它生产了全世界三分之一的工业产品，并主宰着国际贸易。美元成为世界上最强劲的硬通货，美国人的生活水平一直稳步提升。很多美国人一度认为美国的繁荣是常态。但实际上，美国的繁荣建立在几个条件之上，首先是国际上没有举足轻重的竞争对手，其次是它能轻易地获取第三世界的原材料。到 60 年代末，这些美国独有的优势在迅速消失。

理查德·尼克松开始第一个任期时，通货膨胀率已经持续几年缓慢攀升，尼克松当选后不久，通货膨胀率就飞速飙升，并成为 70 年代最令人头疼的经济问题。导致通货膨胀率提升的最明显原因是 60 年代约翰逊政府制造的巨额联邦财政赤字，当时他们要为越南战争提供资金，同时还要在不提高税率的情况下进行社会改革。但还有其他重要原因，诸如美国不能再独享全球的廉价原材料。世界上其他工业国开始与美国竞争日益稀缺的原材料，而且提供原材料的第三世界国家也开始认识到原材料的价值，并提高了价格。

能源成本提高立即给美国经济带来了直接的重大打击。美国经济比其他任何国家的经济都更加依赖于充足的、易得的廉价化石燃料。美国社会比其他国家更依赖汽车；美国家庭、学校和工厂对石油和天然气的耗费也比其他国家更多。国内的石油储备已经无法满足需求，严重依赖于从中东和非洲进口。

多年以来，石油输出国组织（欧佩克，OPEC）一直

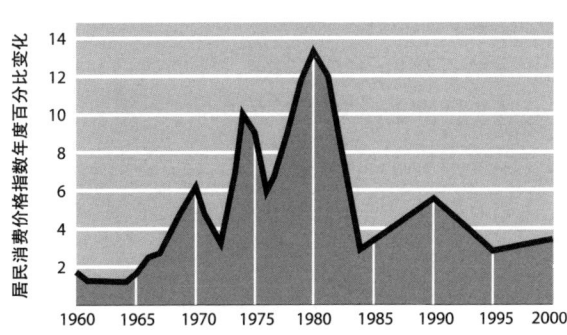

通货膨胀，1960—2000 70年代末80年代初，通货膨胀是多数美国人最担忧的经济问题。这张图表展示了人们担心的原因。60年代初，通货膨胀率一直很低，60年代后五年，通货膨胀率缓慢提高，到70年代中后期，通胀率飙升。80年代初又开始稳步下降。◆ 70年代通胀率出现高峰有哪些原因？(Bettmann/Corbis)

作为第三世界国家的非正式谈判机构运作，但是该组织很少发挥真正的作用。70年代初，欧佩克开始把石油当作经济工具和政治武器来使用。1973年的赎罪日战争期间，欧佩克的阿拉伯成员国宣告它们不再向支持以色列的国家（即美国及其西欧盟国）出售石油；同时，各成员国也同意把油价提高400%。双重打击瞬间使西方国家陷入了经济混乱。美国也遭受了二战以来的第一次油荒。虽然欧佩克的抵制行动几个月后就结束了，但是由于其后欧佩克采取了新的激进政策，加之美元在世界市场的竞争力下降，能源价格仍然不断飙升。

然而，通货膨胀仅仅是美国经济所面临的诸多问题之一。另一个问题是美国制造业的衰落。二战结束后美国工业迅速发展，一方面是因为战争促进了新工厂生产能力的提高，另一方面也是因为当时几乎没有其他工业国家与其竞争。战后工会企业的成功为工人们赢得了当时世界上最优厚的工资和福利待遇。

然而，到70年代，美国制造业的气候发生了重大改变。很多运行了几十年的大工厂生产效率远远低于日本和欧洲工业国家的新工厂。某些行业（尤其是钢铁和汽车工业）管理层骄傲自满，官僚作风严重。最重要的是美国制造业此时面临着国外的激烈竞争。虽然国际贸易在美国经济中仅占一小部分，但国外竞争同样存在于国内市场中。日本和欧洲的汽车、钢铁等制造业产品很快就在美国市场占据了一席之地。这些新竞争者的成功得益于低廉的劳动力成本，但这仅是它们走向成功的众多原因之一。

去工业化　　在这种情况下，70年代漫长而痛苦的去工业化进程开始了，全国各地数千家工厂倒闭，数百万工人失业。新的就业机会逐渐出现在其他成长中的经济领域，如技术、信息系统及其他更倾向于"知识导向"的行业，这些行业最终造就了非凡（即使不均衡）的八九十年代的经济复苏。但是很多工业工人难以胜任这些工作，失业和半失业工人持续增加；在很多少数族群居住的中心城区，工业性工作消失了，而依赖于特定工业的群体陷入贫困。某些制造业部门最终实现了复兴，但其规模和地位几乎都没有恢复到五六十年代的水平；它们也没能再拥有曾经的工人数量，也无法为工人提供和原来同等水平的报酬。

尼克松的对策

为了应对这些日益严峻的经济问题，尼克松政府将主要精力放在他们认为可控的事情上，即通货膨胀。尼克松开始专注于控制货币，他任命保守派经济学家担任联邦储备委员会负责人，确保利率大幅提高和货币发行量收缩。然而，紧缩性货币政策未能抑制通胀：尼克松担任总统最初的两年半时间内，生活成本飙升了15%，经济增长速度下降了。美国面临着一个新的令人费解的困境："滞胀"，即物价上涨和经济停滞并存。

"滞胀"

1971年夏天，尼克松冻结工资和物价九十天。11月，他宣布启动所谓的经济计划的第二阶段：联邦政府施行控制工资和物价增长的强制性指导方针，通货膨胀暂时抑制住了，但是经济衰退还在持续。政府担心大选年的经济衰退会比通货膨胀带来更大的危害，于是1971年底，尼克松政府改变了政策：允许利率大幅下降，增加政府支出，从而创造了二战以来数额最大的预算赤字。新策略在短期内使经济复苏，但是又导致了通胀率大幅飞涨，尤其是在政府放弃了第二阶段的严格控制政策后，通胀激增。

1973年，物价上涨了9%；1974年，阿拉伯石油禁运和欧佩克提价后，物价上涨了12%（二战以来，价格放开管制后物价上涨最剧烈的一次）。美元继续贬值，国际贸易持续减少。

尼克松政府出人意料的经济政策反映出国内对经济繁荣前景的预期极其混乱。尼克松模式（一时使用紧缩的货币政策抑制通胀，一时又通过增加支出挽救衰退）在他之后的两届政府中也曾重复出现。

八、水门危机

虽然经济问题是 70 年代美国人考虑的主要问题，然而 1973 年初的另一件事却几乎震惊全国：理查德·尼克松下台。

丑　闻

尼克松面对的危机反映了长期以来美国总统更迭中的问题达到了顶峰。二战以来，公众对总统的期望大幅提高，对总统权威的限制也相应增加。面对这些改变，总统们相继寻求新的方式来实施权力，通常是通过扩展法律适用范围和偶尔违反法律来达到目的。尼克松就任后，这种趋势加速发展。尼克松任职期间，面对充满敌意的民主党控制下的国会，他尽可能绕过立法机关，寻求其他方法解决问题。在联邦机构的重压之下，尼克松的政见得不到回应，于是他在白宫建立了一个层次分明的统治集团，实际上将所有行政权力集中到了白宫。由于在一个严格甚至是专制的圈子中工作，总统成为一个孤僻而沉默的人。他逐渐陷入了非法活动和滥用职权的困境，虽然仅有少数亲信知情，但是 1972 年底，他的这些动作开始浮出水面。

历史学家的分歧　**水门事件**

水门事件是美国历史上最著名的政治丑闻之一。三十多年后，历史学家们还在争论水门事件的原因和意义。他们的解释分为以下几种。

一种观点强调总统制度的演变，认为至少几十年前总统权力已经逐渐扩大。小阿瑟·施莱辛格 1973 年出版的《帝王般的总统职位》（Arthur Schlesinger Jr., *The Imperial Presidecy*）帮助扩展了这一观点。在这部作品中，小阿瑟·施莱辛格指出，二战以来，美国人认为国家处于一种永久的危机中，外部共产主义的威胁和内部无休止的欲望都让美国处于危险之中。由于感受到危机迫近，总统们认为他们必须采取一切措施与之斗争，于是他们逐渐从国会、法院和公众手中争夺越来越多的权力。最初总统的权力扩张主要体现在参与国际事务方面：在海外做些隐蔽的甚至是非法的勾当。

然而二战结束后，国内政治与国际政治似乎越来越密不可分。总统们逐渐开

(Bettmann/Corbis)

始在国内事务上也绕过各种限制。换句话说，尼克松在水门危机中的所作所为意味着长期以来总统权力的扩张已经到了顶峰。乔纳森·谢尔在1975年的作品《幻想时代》(Jonathan Schell, *The Time of Illusion*) 中提出了这一观点的另一种解释。他把水门危机归结于总统迫于保护自己和国家"信誉"的压力，是不得已而为之。还有些不专门从事严肃历史研究的评论家认为，水门丑闻中尼克松的行为和正常的总统行为没什么差别，只是尼克松被发现了，而其他总统碰巧没有被发现而已。此外由于尼克松长期以来遭到自由派的怨恨，以至于他要为自己的行为付出比其他总统更高的代价。

867

对水门事件的另一种解读强调60年代末70年代初艰难的社会和政治环境。根据这种观点，尼克松就职时面对着前所未有的极端反战声音，以及不惜一切代价抹黑战争和破坏总统权威的环境。因此总统发现他不得不采取类似措施保护自己，以面对这些非同寻常的挑战。尼克松在1975年的回忆录中写道：

> 国内流行起了前所未有的恐怖主义风潮，他们要用暴力破坏我们的民主制度，我们只好寻求最好的办法应对这种高度组织化和技术化的革命行为。

历史学家赫伯特·帕尔梅在1990年的作品《理查德·尼克松和他的美国》(Herbert Parmet, *Richard Nixon and His America*) 中也附和了这种观点。斯蒂芬·安布罗斯则在1989年的作品《理查德·尼克松》(Stephen Ambrose, *Richard Nixon*) 中更加温和地表达了相同的观点。

但多数研究水门事件的人并不是从体制或社会力量方面寻求解释，而是从参与水门事件的人，尤其是从尼克松本人身上寻找原因。甚至那些已经得出了结构性解释的人们（如施莱辛格、谢尔、安布罗斯等人）最后又回到原点，认为尼克松是水门事件发生的最关键原因。很多人对此进行研究，最值得注意的是斯坦利·I.库特勒（Stanley I. Kuttler）。他于1990年和1997年写了《水门战争》（*The Wars of Watergate*）和《滥用权力》（*Abuse of power*），其中展现了大量尼克松在白宫办公室的谈话录音节选内容。库特勒强调尼克松一生都离不开政治策略，而且一直认为狂妄无知的敌人们总是把他当作一个特别的攻击对象，因此他必须先发制人。库特勒认为，水门事件的原因就"在于尼克松本人的性格和经历"。他指出："仇恨已经腐蚀了尼克松的本性，决定了尼克松的行为、视野以及他最终的历史地位。"

866　　1972年6月17日清晨，警方逮捕了五名闯入位于华盛顿哥伦比亚特区水门大厦民主党全国委员会办公室的人。不久，警方又逮捕了另外两名指挥这次入室行窃事件的嫌疑人。《华盛顿邮报》的记者开始重新调查这些罪犯的背景，发现涉案人员都曾在总统竞选连任委员会工作，其中一名曾在白宫工作，而且有人动用由白宫工作人员控制的总统竞选连任委员会专款秘密雇用他们实施了这次盗窃行为。 水门盗窃事件

　　1972年最后几个月里，公众对揭秘水门事件的兴趣渐渐浓厚起来。1973年初，水门事件嫌犯受审；面对联邦法官约翰·J.西里卡（John J. Sirica）铁面无私的讯问，被告詹姆斯·W.麦科德（James W. McCord）同意和大陪审团及参议院的特别调查委员会合作。麦科德的证词打开了突破口。几个月里，白宫和竞选连任委员会的官员们像泄洪一样，抖出了一件又一件违法勾当。其中最重要的是白宫的核心成员、总统顾问约翰·迪恩（John Dean），他将指控对准了尼克松。

　　调查结果显示两类丑闻。其一是包括水门行窃等在内的白宫和尼克松竞选连任委员会滥用职权。其二是水门事件发生后，政府行政部门企图"掩盖事实真相"，干扰对水门事件和其他滥用职权问题的调查。后一丑闻长期停留在公众关注焦点之中达两年之久。调查并不能确认总统曾授意或者批准相关人员进入水门办公室行窃，但是有重要证据表明他曾妨碍调查而且有隐瞒真相的非法行为。参议院收集到的证词显示，迪恩、总检察长约翰·米切尔（John Mitchell）、白宫高级助理H. R.霍尔德曼（H. R. Holderman）和约翰·埃里希曼（John Erlichman）等人也有阻挠调查和隐瞒真相的行为。随着调查的推进，调查重点逐渐集中在欧文委员会（即特别调查委员会）田纳西州参议员霍华德·贝克（Howard Baker）提出的问题上："总统对水门事件知道多少？何时知道的？" "掩盖事实真相"

867　　尼克松接受了让在丑闻中涉案的行政部门人员离开白宫的处罚，但是他坚称

自己是无辜的。如果不是后来在一次参议院听证会上白宫窃听系统被揭发出来，事情也许就到此结束了。白宫的窃听系统记录了案件发生前后发生在总统办公室的每一次对话。丑闻调查人员想方设法获取那些录音带，但尼克松以"行政特权"为由拒绝交出。开始调查水门事件时，尼克松任命哈佛大学法学教授阿奇博尔德·考克斯（Archibald Cox）任特别检察官，负责此事。1973年10月，阿奇博尔德·考克斯把尼克松告上法庭，迫使他交出录音带。尼克松罢免了考克斯，之后总检察长埃里奥特·理查森（Elliot Richardson）和副总检察长辞职以示抗议，再次让尼克松蒙羞。这次"星期六夜晚大屠杀"事件加剧了总统的困境。公众压力迫使尼克松重新任命了一位特别检察官。新任检察官是得克萨斯州的律师利昂·贾沃斯基（Leon Jaworski），他像考克斯一样坚定地要求尼克松提交录音带。这段插曲使众议院开始考虑是否有可能弹劾尼克松。

"星期六夜晚大屠杀"

理查德·尼克松下台

接下来的几个月里，尼克松的处境更加艰难。1973年末，副总统斯皮罗·阿格纽也卷入了一场丑闻：有证据显示，他在担任马里兰州州长和副总统期间都曾收受贿赂和回扣。司法部同意不追究这一案件，作为回应，阿格纽不再对所得税逃税一事进行抗辩，并辞去了副总统之职。阿格纽是一个有争议的人，他已不再是继任总统人选，反对派们也不再那么担心把尼克松请出白宫后的前景。根据1967年批准的第二十五条宪法修正案规定，众议院少数派领袖杰拉尔德·福特（Gerald Ford）成为接任副总统的第一人选。福特来自密歇根州，是一位和蔼可亲、颇受欢迎的国会议员。

1974年4月，尼克松为了阻止法院进一步要求当庭出示录音带，就提交了大量相关谈话录音的笔录，声称这些笔录将会证明他的清白。虽然这些记录已被剪辑过，但仍显示出尼克松在掩盖事实问题上是共谋。7月，水门危机达到高潮。首先，在联邦诉理查德·M.尼克松一案中，最高法院一致裁定尼克松必须将所有录音带交给特别检察官贾沃斯基。几天后，众议院司法委员会投票通过三项弹劾条款，首先，指控尼克松在水门事件中试图掩盖事实真相，妨碍司法公正；其次，指控其滥用联邦机构职权侵犯公民权利；最后，指控其藐视国会权威，拒不提交调查委员会要求的录音带和其他资料。

联邦诉理查德·M.尼克松案

即使没有其他证据，尼克松也会遭到国会两院弹劾并被参议院宣告有罪。然而，8月初，他提交了被国会里犹豫不决的议员们称为"冒烟的枪"（指确凿证据）

尼克松告别 刚刚还含着眼泪向白宫东厅的工作人员告别，但一登上直升机，他就向白宫南草坪上送别的人群做出了自己的标志性"V字"手势。就这样，作为一名辞职的总统，他就要返回位于加利福尼亚的家了。(Bettmann/Corbis)

的资料。在最高法院迫使尼克松提交的录音带中，有几盒确凿无疑地证明了他参与掩盖水门事件真相的行为。录音内容显示，水门事件后，总统曾下令联邦调查局停止调查水门行窃一事。至此，尼克松遭弹劾和被判有罪似乎已经不可避免。

在白宫沉思了几天后，1974年8月8日，尼克松宣告辞职，成为美国历史上第一位中途辞职的总统。第二天，尼克松携全家飞回位于加州的家中。中午，杰拉尔德·福特宣誓继任总统。

很多美国人表达了欣慰和喜悦之情，正如新总统所说，"我们漫长的噩梦终于结束了"。然而这种良好的感觉并不能抹去水门危机带来的深重而持久的伤害。美国公众对领袖和权威机构的不信任本已十分普遍，尼克松的下台似乎再一次证实了对美国公众生活最悲观的假设。

尼克松辞职

小 结

1968年尼克松在大选中获胜表明公众拒绝动乱和激进主义，也表明美国社会呼唤恢复秩序和稳定。但尼克松担任总统期间，秩序和稳定都不是主要特征。尼克松开始执政时，左派和反主流文化力量的影响力正接近巅峰。60年代末70年代初，美国文化和社会在青年挑战多数传统规范的过程中演变和分化。这些年里，追求种族平等的新解放运动盛行，妇女们被有效地动员起来，开始强烈要求社会改变对待性别差异的方式。

竞选总统时，尼克松曾指责前任总统在结束越南战争一事上表现不力；然而，在他任职的前四年中，战争和国内的反战抗议一直在持续，甚至在某些方面有所升级。民众对越南战争看法的分歧，与美国其他许多领域的分歧一样严重。民意的分裂持续危害着美国政治和社会结构，直到1973年美国最终狼狈地退出冲突。

然而，70年代的争议和分裂大体是尼克松执政的结果。在很多方面尼克松都是一个活跃而有远见的领袖，他提出了一些重要的国内改革计划（不过几乎都没能成功实施）；他还对美国外交政策做出了重大改变，最值得注意的是，他主动向共产党中国示好，并与苏联缓和了关系。但是，尼克松不那么坦率，甚至有点鬼鬼祟祟。他的白宫工作人员多数都参与了一系列秘密行动，其中大多与1972年总统连任有关，这些秘密行动最后导致了美国历史上最大的政治丑闻。被称为水门事件的丑闻自1972年起吸引公众的注意力长达两年之久——就在两年之前，尼克松获得了美国现代历史上人数最多的支持，实现了连任。1974年夏天，理查德·尼克松被迫下台，成为美国历史上第一位辞职的总统。美国社会所处的时代、越南战争（尼克松未能很快结束前任总统遗留下来的战争）的影响，以及尼克松自身的不安和怨恨情绪导致了这一结果。然而，无论导致尼克松下台的原因是什么，水门事件最大的代价并不是尼克松自己的遭遇，而是损害了美国民众对领袖和政府的信任。甚至到20世纪以后，美国民众的信任都持续低迷。

阅读参考

John Morton Blum, *Years of Discord: American Politics and Society, 1961–1974* (1991) 是对这一时期历史的一个很好的概述。

James Miller, *"Democracy in the Streets": From Port Huron to the Siege of Chicago* (1987) 是一部观察新左派组织"学生争取民主社会"核心的历史。

Kristin Luker, *Abortion and the Politics of Motherhood* (1984) 是对关于女性主义本质的主要争论的杰出叙述。

Margaret Cruikshank, *The Rise of a Gay and Lesbian Liberation Movement* (1992) 和 David Eisenbach, *Gay Power: An American Revolution* (2006) 叙述了20世纪60年代及之后的一场重要斗争。

Ronald Takaki, *Strangers from a Distant Shore: A History of Asian Americans* (1989) 探讨战后美国社会发展起来的亚裔群体。

Stephen Ambrose, *Nixon: The Triumph of a Politician, 1962–1972* (1989) 和 *Nixon, Ruin and*

Recovery, 1973–1990 (1992) 提供了尼克松执政时期全面的编年纪事。

Joan Hoff, *Nixon Reconsidered* (1994) 对水门事件前尼克松政府进行了善意的阐述。

Margaret MacMillan, *Nixon and Mao: The Week That Changed the World* (2007) 探讨了尼克松最著名的外交实践。

Stanley J. Kutler, *The Wars of Watergate* (1990) 是研究水门丑闻的学术著作,而 Jonathan Schell, *The Time of Illusion* (1975) 是一部有洞见的当代作品。

David Greenberg, *Nixon's Shadow* (2003) 审视了尼克松在美国文化中的地位。

Marilyn Young, *The Vietnam Wars, 1945–1990* (1991) 全面解读了美国在越南参战最后几年以及撤出后越南地区冲突的历史。

"美国的清晨，1984年" 1984年罗纳德·里根成功连任后在宾夕法尼亚州的一处荷兰裔美国人聚居的村庄向支持者们发表演说。在演说中他再次展现了超凡的魅力。里根并未抨击他的对手——民主党的沃特尔·蒙代尔，而是以阐述他所谓的"美国的清晨"为主，指出他的政策将推动"美国清晨"的到来。(*Time Life Pictures/Getty Images*)

第 31 章

从"有限时代"到里根时代

美国 70 年代初遭受了诸多挫折,如在越南的惨败、水门危机、经济问题,战后形成的强大的民族主义和自由主义因此遭受了沉重打击。很多美国人开始担忧,未来是否会比过去更加令人失望,经济增长、欲望增加的时代是否即将结束。有些批评家开始宣称"有限时代"即将到来,认为美国人必须学会在一切(金钱、能源、机遇、国际地位)都减少的情况下生存下去,人们不得不克制自己的期望。卡特总统执政时期正逢美国经济最困难的时期,他有时表现得同这些批评家们所描述的一样,这些形势最终导致卡特政治生涯的终结。

然而,到 70 年代末,"有限时代"的说法遭遇了有力且具有决定意义的挑战。保守派开始反对 60 年代的急于求成,与此同时,经济增长、国际影响力和美国精神日益受到重视。70 年代,

大事年表	
1965 年	理查德·维格里发起了保守派的直接联络行动
1966 年	罗纳德·里根当选加利福尼亚州州长
1974 年	欧佩克石油提价
	"滞胀"(经济衰退和通货膨胀并存)开始
	福特赦免尼克松
	福特与勃列日涅夫在符拉迪沃斯托克举行首脑峰会
1976 年	里根在共和党总统初选中与福特竞争
	吉米·卡特当选总统
	毛泽东逝世
1977 年	巴拿马运河条约签署
1978 年	巴拿马运河条约获批准
	加利福尼亚州选民批准第 13 号提案,发起抗税活动
	美中恢复外交关系
	戴维营协议签署
1979 年	能源危机困扰美国
	伊朗革命推翻沙阿政府
	美国外交官在伊朗被当作人质扣押
	苏联入侵阿富汗
	桑地诺民族解放阵线在尼加拉瓜革命成功
	《第二阶段限制战略武器条约》签署
1980 年	美国抵制莫斯科奥运会
	在民主党初选中爱德华·肯尼迪与卡特竞争
	罗纳德·里根当选总统
1981 年	伊朗释放美国人质
	里根大规模削减税收和财政预算
	美国开始增强军备
	苏联军队在波兰实行戒严
	美国开始支持尼加拉瓜反抗军叛乱
	里根在暗杀中幸免于难

1982 年	经济开始严重衰退
	美国入侵格林纳达
	美国海军陆战队在贝鲁特遭到恐怖袭击
	"核冻结"运动在美国扩大
	通货膨胀率和利率下降
	经济开始复苏
1984 年	杰西·杰克逊竞选民主党总统提名
	民主党提名杰拉尔丁·费拉罗为副总统候选人
	里根在大选中击败沃特尔·蒙代尔
1985 年	米哈伊尔·戈尔巴乔夫成为苏联领导人
1986 年	"伊朗门丑闻"曝光
	民主党重新控制联邦参议院
1988 年	美苏签订《中程导弹条约》
	乔治·H.布什在总统大选中战胜迈克尔·杜卡基斯
1989 年	拆除柏林墙,德国统一
	东欧国家推翻共产党政权
	美国军队推翻了巴拿马的诺列加政府
1990 年	南非开始废除种族隔离
	布什同意增税
	伊拉克入侵科威特
1991 年	政变失败后苏联解体
	经济进入衰退期
	海湾战争中美国率多国部队进攻伊拉克
1992 年	克林顿在总统大选中击败布什

人们克服"失败主义"消极影响的努力呈现出多种形式,广泛见于知识界、大众文化和政治生活。整个70年代,全国很多地方兴起了力量强大的"草根"保守主义运动。这类运动将希望国家政策更趋保守的人与更多考虑宗教和性这类文化问题的人联合起来。他们拉拢了很多机构参与其中,具有为政治运动募款的卓越能力。

这场运动最鲜明的象征就是1980年当选总统的罗纳德·里根。其后八年中,他成为新自信保守主义的象征。新保守主义很快影响了美国和全世界。在里根的努力下,人们逐渐认为,相信政府的经济政策远不如相信"自由市场"来得可靠。里根也为美国在冷战和世界事务中扮演更加积极主动的角色争取了更多的支持。里根执政期间的立法成绩远不如他所传达的思想引人注目,其个人魅力是他取得成功的重要因素,此外,美国快速的经济复苏也为他的主张赢得了支持。

一、水门事件后的政治和外交

尼克松不光彩地离开了白宫之后，很多美国人都在怀疑，对总统和政府的信任能否轻易恢复。然而，尼克松之后的两位总统及其政府都没能给出答案。

福特执政

杰拉德·福特在相当不利的情况下继任总统。他既要在水门丑闻刚刚落幕的情况下重建人们对政府的信心，又要在内外交困之中恢复国内经济繁荣。在重建信心这方面，他取得了一些成功，但是在恢复经济繁荣方面却收效甚微。

新总统努力将自己树立为政治公正的象征，但上任一个月他就因"无条件完全赦免"尼克松总统任期内的所有罪行而遭遇挫折。福特解释说他是为了避免国家深陷于连年政治诉讼的痛苦之中，也想使尼克松免受更多煎熬。但多数民众怀疑这是他和前总统的秘密协议。这件事使他的公众支持率下降，且一直没能完全恢复。不过多数美国人还是认为他是一个正派人；在水门事件后的岁月里，他的坦诚友善缓解了水门事件以来民众的不满与愤怒。

<small>赦免尼克松</small>

福特政权解决美国经济问题的努力收效甚微。为抑制通货膨胀问题，总统并没有强行控制工资和物价，而是（几乎是徒劳地）呼吁人们自愿为抑制通胀努力。他支持高利率，（通过自由行使总统否决权）反对增加政府支出，顶住了各方要求减税的压力，到1974—1975年，福特不得不应付严重的经济衰退。持续的能源危机使他的任务更为艰巨。1973年阿拉伯石油禁运后，仅1974年一年，欧佩克就将油价提高了400%。石油大幅提价成为1976年通胀率高达11%的主要原因之一。

就任总统后，福特继续邀请亨利·基辛格担任国务卿，并继续实施尼克松时代的基本政策。1974年末，福特与苏联总理列昂尼德·勃列日涅夫在西伯利亚的符拉迪沃斯托克会面，签署了战略武器控制条约，这一条约成为《第二阶段限制战略武器条约》（SALT II）的基础，实现了尼克松政府长期追求的目标。同时，亨利·基辛格促成了中东事务上的新协议，以色列同意将西奈半岛的大部分归还埃及，两国承诺不再以武力解决争端。

<small>福特外交政策的成功</small>

随着1976年总统大选的临近，左右两派都开始攻击福特的政策。在共和党初选中，福特遭到加利福尼亚州州长罗纳德·里根的强劲挑战。里根是共和党保守派领袖，代表党内不愿与共产党妥协的右派的利益。在里根的猛烈攻势之下，福特艰难地保住了党内提名。而民主党则逐渐团结在一位1976年前几乎名不见经传的

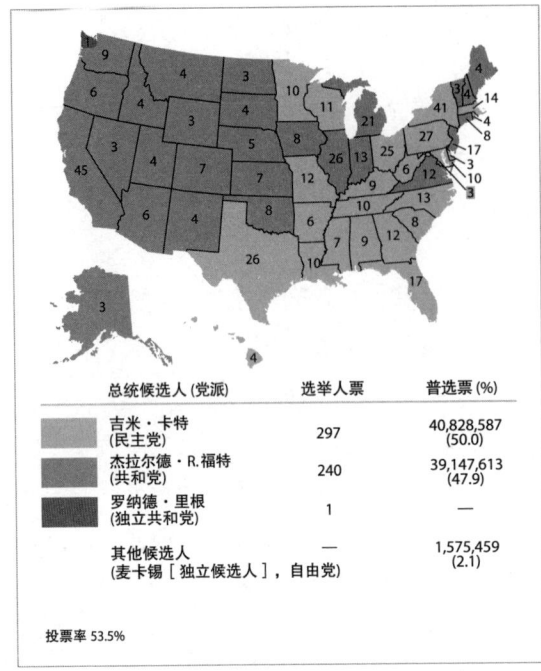

1976 年大选 前佐治亚州州长吉米·卡特在南部选区大获全胜,并在东北部和中西部地区的工业城市中赢得了足够多的选票,以微弱优势击败了总统杰拉尔德·R.福特。对民主党而言,卡特获胜表明,拥有一位能够在南方得到支持的候选人非常重要,到 70 年代,南方已经渐趋成为共和党的地盘了。◆ 是什么原因促使南方人倒向共和党呢?(彩图见第 1453 页)

候选人——吉米·卡特身边。前佐治亚州州长吉米·卡特将竞选活动组织得相当出色,他坦诚、谦恭地以局外人的立场质疑联邦政府,正巧迎合了大众对政府的不满。虽然卡特的民意支持率到大选日已经逐渐下滑,但是对经济的不满和对福特的失望最终使民主党以微弱优势获胜。卡特赢得了 50% 的普选票和 297 张选举人票,而福特则赢得 47.9% 的普选票和 240 张选举人票。

吉米·卡特面临的考验

像福特一样,吉米·卡特就任总统时美国国内面临着诸多问题,情况复杂,困难重重。也许任何领袖都无法在这种不利形势下大有作为,而卡特的领导风格有时使他的处境更为糟糕,很多人认为他自以为是且政策缺乏弹性。1981 年卸任总统时,他成为 20 世纪最不受欢迎的总统之一。

卡特缺乏领导能力

卡特以"局外人"的立场竞选总统,代表着美国民众对根深蒂固的官僚作风和骄傲自大的公职人员的怀疑。胜选后,他将怀疑带到了华盛顿。就任总统后,卡特身边是一批来自佐治亚州的亲信;上任初期他还有意拒绝那些经验丰富的政治人物为他提供帮助。卡特智慧超群,但批评家们认为他缺乏全局眼光,或缺乏对政府的领导力。他雄心勃勃的施政计划包括对税收和福利制度的重大改革,但这些提案都没能得到国会批准。

卡特在能源和经济问题上投入了大量精力。由于上任时正值经济衰退，他首先增加了公共支出并削减联邦税收以减少失业。失业率降低了，通胀率却一路飙升——这与其说是由于卡特的财政政策不如说是由于欧佩克对西方各国持续提高能源价格的结果。卡特总统任期的最后两年中，物价水平年均增长超过10%。卡特采取了和尼克松、福特一样的经济政策，即紧缩货币和呼吁自觉限制物价飞涨相结合。他先后任命保守派经济学家G.威廉·米勒（G. William Miller）和保罗·沃克尔（Paul Volcker）领导联邦储备委员会，从而保证高利率和紧缩货币政策的持续实施。到1980年，美国利率已达到历史最高水平；高峰值曾超过20%。

卡特在白宫 吉米·卡特努力营造一种轻松不拘束的总统执政模式，与尼克松时期的"帝王"风格形成了对比。就职当天，卡特和家人没有乘坐传统的豪华轿车，而是从国会山出发沿着宾夕法尼亚大街步行到白宫。图中显示的是卡特坐在白宫某个房间为一次电视讲话做准备。他穿着一件开襟羊毛衫坐在火炉前，膝头放着文件。
(Bettmann/Corbis)

高利率

卡特执政时期，能源问题更加棘手。1979年夏，中东地区的动荡使美国遭遇了第二次燃油短缺。其间，欧佩克再度宣布石油大幅提价，使本已持续衰退的经济形势更加困难。面对重重压力，卡特暂避到马里兰山区的总统休养所戴维营休养。10天后，卡特发表了重要电视讲话，提出了一系列解决能源危机的计划。其中最重要的一点是，卡特对当时的国情做了悲观的估计。卡特激动地抱怨美国处于"信心危机"，这种信心缺失从心灵到精神"沉重地打击了美国人的意志"。这次讲话被称为"萎靡"演说，虽然卡特自己从未提到过这个词，但是人们开始指责卡特试图将责任推给美国民众。几天后，卡特突然解雇了若干名内阁成员，使他面临的政治问题更加严重。

人权和国家利益

卡特竞选总统时承诺最多的就是重建美国外交政策的新基础，其中包括以捍卫"人权"取代对"私利"的追逐。卡特多次尖锐地指出许多国家存在侵犯人权的问题，其中最主要的就是苏联。除此之外，卡特政府将工作重心集中在几个传统的问题上。他促成了几年前开始的将巴拿马运河主权归还巴拿马政府的谈判，并签署了两个条约。国内强烈反对这两个条约。经过激烈的辩论，参议院以 68 票赞成，32 票反对批准了这两个条约，仅比规定的三分之二多数多出 1 票。

戴维营协议

卡特的最大成就是成功促使埃及和以色列签署了和平协议。早在 1977 年，埃及总统安瓦尔·萨达特和以色列总理梅纳赫姆·贝京已开始就中东问题谈判。1978 年 9 月，当谈判陷入僵局时，卡特邀请萨达特和贝京到戴维营参加首脑峰会，说服他们在此停留两周，在这期间卡特等人从中斡旋，设法解决争端。9 月 17 日，卡特宣布双方已经就埃及—以色列和平条约的"框架"达成协议。1979 年 3 月 26 日，贝京和萨达特一起回到白宫，正式签署两国和平协议，史称"戴维营协议"。

此外，卡特还努力改善与中国和苏联的关系，并签署了一项新的军备协定。中国的新任领导人邓小平希望向世界敞开国门，对此卡特给予了热情回应。1978 年 12 月 15 日，华盛顿和北京宣布两国正式恢复外交关系。几个月后，卡特在维也纳会见了年事已高、疾病缠身的勃列日涅夫，完成了《第二阶段限制战略武器条约》的起草工作。这个条约就美苏两国的远程导弹、轰炸机和核弹头数量都做出了限制。然而，几乎在《第二阶段限制战略武器条约》出台的同时，美国国内保守派就对其表示强烈反对。

1979 年人质事件

自 50 年代初开始，美国就为伊朗巴列维政府提供政治支持，后来还提供了

签署戴维营协议　卡特执政期间经历了很多挫折，而 1978 年促成以色列和埃及之间的和平协议无疑是他取得的最大的成果。1979 年 3 月，埃及总统安瓦尔·萨达特和以色列总理梅纳赫姆·贝京在白宫东厅和卡特一起签署了几个月前他们在总统休养地戴维营商订的和平协议。(D. B. Owen/Black Star)

大规模的军事支持,希望将伊朗作为抵御苏联在中东地区扩张的堡垒。但到 1979 年,伊朗陷入严重的国内危机,很多伊朗人痛恨巴列维以高压专制手段维持独裁统治;同时,伊斯兰教神职人员和很多狂热的信徒反对巴列维在国内的原教旨主义社会中搞现代化和西方化。两种势力引发了轰轰烈烈的革命运动。1979 年 1 月,巴列维逃离了伊朗。

伊朗革命

沙阿退位后的头几个月里,美国试图谨慎地与更崇尚武力的新政权建立友好关系。然而,1979 年末,伊朗国内一片混乱,不可能再与之建立任何正常关系。当时伊朗权力掌握在一个狂热的宗教领袖阿亚图拉·鲁霍拉·霍梅尼手中,他痛恨西方(尤其是美国)。1979 年 10 月底,被罢黜的巴列维来到纽约治疗癌症。几天后的 11 月 4 日,一群武装暴徒闯入德黑兰的美国大使馆,劫持了当时馆内的外交官和其他军事人员,要求将巴列维交给伊朗以换取这些人的自由。53 名美国人质被困大使馆长达一年多。

人质事件发生数周之后,1979 年 12 月 27 日,苏联军队入侵苏联和伊朗之间的山地伊斯兰国家阿富汗。实际上苏联在阿富汗的势力已经发展了数年,在 1978

等待霍梅尼 身着伊斯兰传统服装的伊朗妇女涌上德黑兰街头,等待一睹阿亚图拉·霍梅尼的风采。霍梅尼是他们的精神领袖,后来也成为伊朗革命的政治领袖,他曾为美国制造了很多困难。(David Burnett/Contact Press Images)

年 4 月阿富汗政变、建立了与克里姆林宫联系密切的马克思主义政权之后，苏联更是成为阿富汗境内的主导力量。一些美国外交官认为，苏联入侵阿富汗是企图维持现状，但卡特称这次入侵是"二战以来对世界和平的最大威胁"，不仅对苏联实施了一系列经济制裁，还取消了美国参加 1980 年莫斯科夏季奥运会的计划，宣布参议院考虑停止讨论《第二阶段限制战略武器条约》。

国内经济困难和国际危机交织在一起，使美国国内弥漫着焦虑、挫败和愤怒的情绪，严重影响了卡特总统已然低落的民众支持率，从而为已经取得很大进步、并准备取代卡特的政治势力增加了筹码。

二、美国"新右派"的崛起

70 年代的政治事件让全国人民为之震动，导致民众逐渐产生对领袖和政府的不信任，由此也带来了弥漫全国的焦虑情绪。但同时，美国经济、社会和文化的巨大变化也是焦虑感产生的原因。这些变化为右派们占据主导地位提供了几十年来的最佳时机。

"阳光地带"及其政治

20 世纪 70 年代引起最多讨论的人口统计学现象就是"阳光地带"（这一说法由政治分析家凯文·菲利普斯［Kevin Phillips］提出）的崛起。"阳光地带"包括美国东南部（尤其是佛罗里达）和西南部（尤其是得克萨斯），以及最重要的加利福尼亚。1964 年，加利福尼亚超过纽约，成为人口最多的州，其人口数量在以后的年份中还在持续增加。到 1980 年，"阳光地带"的人口已经超过了东部和北部老工业区的人口总数。

"阳光地带"的崛起不止标志着美国经济中心的转移，国家的政治气候也因此而改变。西部和南部盛行的民粹主义传统足以创造出激进甚至极端激进的政治环境，但在 20 世纪末，更常见的情况却是西部和南部反对政府发展，痛恨自由国家不断增加的规章制度和限制——各种规章制度和限制（环境保护法、土地使用限制，以及能源危机时期为促使驾驶员节约燃料而限速 55 英里/小时）对西部的影响远大于其他地区。更有甚者，西部与南部对其自身的历史加以神化，更加剧其对联邦政府的敌意。

大众文化模式　大型购物中心

19世纪末，百货公司努力创造了一个神奇的世界，通过唤起消费者欲望吸引了大批顾客。20世纪末，郊区大型购物中心将消费、娱乐和欲望融合在了一起。在美国的各个城镇，大型购物中心已经不仅仅是购物场所，也成为社区生活的中心要素。

现代的大型购物中心是早期零售业革命的直接产物，它由汽车主导，形形色色的店铺汇集在一个大型建筑里，并设有顾客停车场。美国第一家现代购物中心——乡村俱乐部广场（Country Club Plaza）于1924年在堪萨斯城开业。到50年代中期，购物中心（既有小型"商业街"也有大型综合购物中心）数量激增，遍布全国各地。传统老商业区的购物区由于缺乏停车场，加上中产居民迁到郊区，越来越受到来自郊区购物中心的挑战。

1956年，第一家封闭式温控购物中心——南谷购物中心在明尼阿波利斯开业，很快纽约、新泽西、伊利诺伊、北卡罗来纳和田纳西州都出现了类似的企业。随着购物中心的普及，其规模越来越大，功能日益齐全。新型购物中心有意效仿一些旧时商业区的购物中心，同时又使消费者摆脱了传统城镇购物中心的危险和麻烦。

主要街道　这张肯塔基州亨德森县的主要街道照片是常被40年代的广告商用作描绘小城市城区购物特征的流行影像。然而这种城区购物很快就被市镇外的购物中心和大卖场所取代。(*Ewing Galloway, N.Y.*)

北弗吉尼亚的购物中心　这个小型购物中心邻近华盛顿哥伦比亚特区，带有50年代新型"商业街"的特点，主要为郊区那些以车代步的消费者提供服务。(*Charles Fenno Jacobs/Time Life Pictures/Getty Images*)

到70年代,大型的"区域购物中心"开始出现,如弗吉尼亚州费尔法克斯的泰森斯角、长岛的罗斯福商场、休斯敦的加勒里亚购物中心,等等。大型购物中心将顾客们从很远的地方吸引过来。这里不仅有各式各样的零售区域,而且配备了饭店、影院、溜冰场、保龄球馆、旅店、电玩,还有喷泉、长椅、树木、花园和音乐厅等公共场所。一位开发人员注意到,"你提供的服务越丰富,人们待在这里的时间就越长"。

郊区大型购物中心像城市一样,设备齐全,自给自足,同时还剔除了那些给商业区带来麻烦和危险的因素。它们安排了私人安保力量,虽然这些保安并不是真正的警察,但是他们通常能够把那些"不受欢迎"的顾客带离购物中心。购物中心不设立酒吧、色情商店和各种声誉不好的商店,限制乞丐、流浪汉、无家可归者以及经理认为不受顾客欢迎的人员进入。设立购物中心的目的是使城市"变得完美",使城市成为受保护的、可控的、同质化的地区,成为主要吸引中产阶级白人并由其主导的地区。

也有一些购物中心,试图在无序的、没有真正社区空间的郊区发展出社区中心。一些购物中心设立了市民区,有议事厅和会议中心,供社区市民聚会;一些购物中心出版了报纸;很多购物中心还有音乐会、戏剧和舞蹈表演。尽管如此,购物中心吸引顾客的最主要目的是消费,公共活动仍旧无法与之相提并论。

诺斯兰购物中心　诺斯兰购物中心位于底特律附近的诺斯兰,由市内购物中心的先锋派设计师维克多·格鲁恩设计,建于1960年。开业后很快吸引了大批顾客。(*Courtesy of Victor Gruen Collection, American Heritage Center, University of Wyoming*)

购物中心的设计大多迎合女性的喜好。因为在多数家庭中,女性是主要的消费者。一位建筑师谈到他设计的购物中心时说:"我不知道如何为男人设计一个购物中心。"他们考虑母亲对自己及其子女的安全关切,并为女性提供她们感兴趣的产品。在多数购物中心里,男性用品店,如男装店、体育用品店、硬件商店的数量明显比妇女儿童用品商店少得多。女装店、童装店、珠宝店、睡衣和内衣店、居家用品店等等,在大部分购物中心都数量繁多。

　　购物中心对青少年也同样重要。他们对购物中心的热情就像前几代人一窝蜂涌向传统商业区的街角和广场一样。青少年在购物中心会友、看电影、避开家长闲逛;他们可以在这里购买唱片、衣服或个人用品;他们还可以在购物中心工作。很多青年的第一份工作经历都是在购物中心从事低收入的零售工作。

　　购物中心发展迅速,使很多人开始惊慌,他们认为购物中心威胁到了美国的社区生活方式。批评家们认为,购物中心使人们远离城市生活的多样性和各种冲突,把不同的群体分割开来,破坏了他们之间的沟通和相互理解。不过购物中心与它们通常所服务的郊区类似,同样形成了一种社区。虽然购物中心都是同质的,与外界相隔绝,但它们本身也是社交活动场所。在很多并没有丰富多彩的商业区的地方,除了去购物中心,人们只能孤立地在更加闭塞的商业街,或通过商品目录、电话和网络购物。

876　　南部白人将联邦政府改变该地区种族规范的政策与重建时期的暴政等同起来。西部人则视西部为"坚固的个人主义"的避难所,拒绝政府将新的行为规范强加给他们。之前民粹主义者用于谴责银行和公司的言论如今被战后出现的新民粹主义保守派用来攻击政府,以及那些他们认为推动政府发展的自由主义者、激进分子与少数族群。

　　70年代末,西部一些地区爆发了所谓的"山艾树反抗运动",动员保守派反对环境保护法规和土地开发限制。这次暴乱试图将西部描绘成政府控制下的受害者,而实际上,西部比其他任何地区都从联邦投资中获益更多。暴乱分子抱怨联邦政府在西部各州占有大量土地,要求开放这些土地的开发权。

山艾反抗运动

　　郊区化也推动了右派的发展。当然,并非所有郊区都会产生保守的政治主张;
877 但是美国最保守的居住区,其中包括南加利福尼亚的奥兰治县,多数都在郊区。郊区通常会吸引那些希望逃离城市的喧嚣和多样化,追求稳定且具有同质性环境的人。郊区人口层次相对单一,零售业和工作场所也位于写字楼和商场,因此,很多郊区居民与其他各种群体隔绝开来。

郊区保守主义

宗教政治

　　20世纪60年代,很多社会批评家预测宗教在美国生活中的影响力会消失。1966年《时代周刊》就这一预测进行了报道,该期封面上赫然写着"上帝已死?"

然而美国的宗教远未死亡。事实上，70年代的美国正在经历一次重要的宗教复兴，也许称得上是19世纪第二次大觉醒以来规模最大的一次宗教复兴，各种形式的运动一直延续到21世纪初。

基督教福音派

新的宗教热情在各种各样的异教和伪信仰中表达出来，如科学教派、文鲜明牧师的统一教会，以及悲剧色彩鲜明的人民圣殿教（1978年该教信徒聚集在圭亚那的丛林集体自杀）等等。不过宗教复兴最重要的推动力是基督新教的发展。

福音派教义是众多基督教信仰形式的基础，福音派教徒都相信通过与上帝直接交流能够实现转生（即"再生"）。福音派在美国多数历史时期是主要的基督教教派，19世纪末以来也成为一种重要的亚文化现象。20世纪50年代初，随着新教信徒如比利·格雷厄姆（Billy Granham），以及五旬节派的奥拉尔·罗伯茨（Oral Roberts）开始为教派的蓬勃复兴招揽大批国内和国际追随者，现代化的新教日益引人注目。

20世纪初，很多福音派教徒都是贫困的乡下人，远离美国主流文化。二战后

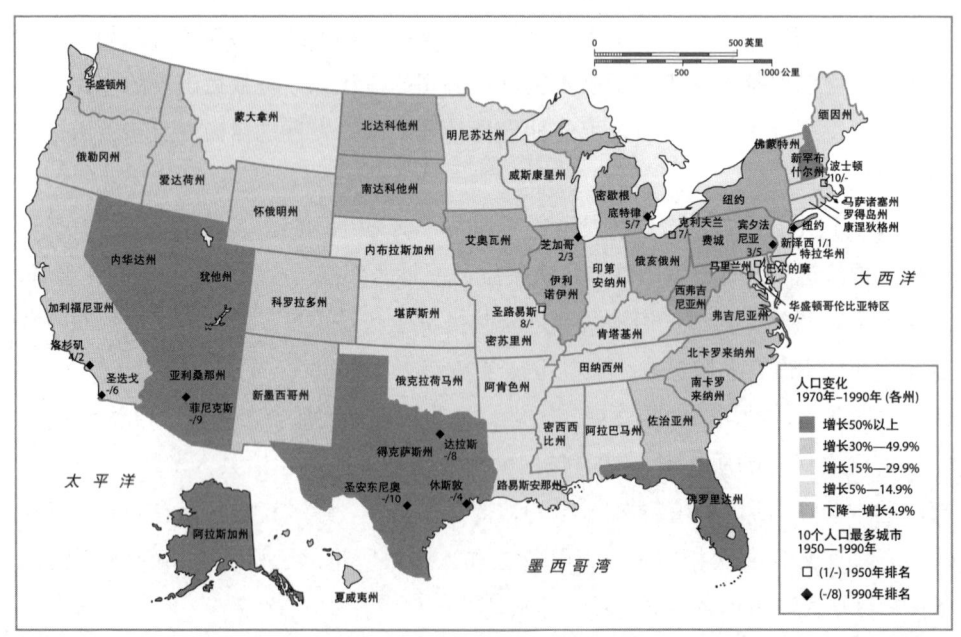

阳光地带的发展，1970—1990 20世纪末的最后几十年，传统意义上的人口聚集地从东北部和中西部转移到了所谓的"阳光地带"，这是人口统计学方面的一个重要变化。"阳光地带"主要是指西南部和太平洋沿岸地区。这张地图生动地展示了1970—1990年间人口中心的转移情况。橙色/棕色区域是人口减少的区域，紫色和蓝色是人口大幅增长的区域（增长了大约30%，甚至更多）。◆人口转移对20世纪80年代的政治有什么影响？（彩图见第1453页）

的资本主义扩张帮助这些人脱离了贫困，成为中产阶级，他们扩大了影响力，也更加自信。如今有超过 7000 万美国人自认是"再生"的基督徒，即"和耶稣建立了直接个人接触"的人。福音派拥有自己的报纸、杂志、广播台和电视网络，也经营中小学和大学。

很多福音派教徒认为，基督教已经为种族和经济平等乃至世界和平奠定了基础。然而，另外一些福音派教徒则认为新教传达的信息并非如此，但同样与政治密切相关。70 年代，一些基督教新教徒开始积极参与政治和文化右派运动。他们对美国社会的道德败坏和秩序混乱备感震惊。很多福音派教徒担心女性主义的发展会威胁到传统家庭。他们痛恨政府支持女权运动的政策，尤其使他们感到惊讶的是，最高法院居然裁决中小学取消宗教仪式，之后又批准妇女享有堕胎权。

70 年代末，"基督教右派"已成为一支难以忽视的势力强大的政治力量。杰瑞·福尔维尔（Jerry Falwell）是弗吉尼亚州的一名原教旨主义牧师，拥有大量的电视观众。他发起了一场"道德多数"（Moral majority）运动，向"世俗人道主义"发起了进攻。"世俗人道主义"是很多保守的福音派新教徒用于描述美国文化中存在的反宗教现象的词汇。五旬节教派牧师帕特·罗伯森（Pat Robertson）也发起了一场政治运动，并于 90 年代建立了"基督教联盟"。

"道德多数"与"基督教联盟"

福音派新教和天主教历来彼此对立；然而，20 世纪 70 年代及以后的宗教政治化使原先的对手走到了一起。最高法院在罗伊诉韦德一案中裁定堕胎合法后，天主教教徒率先起来反对，而后福音派新教徒很快加入其中。发展迅速的摩门教长期独立于天主教和传统新教之外，现在也逐步加入为信仰而进行的政治斗争中。摩门教在阻止 1982 年批准平等权利宪法修正案（保证男女平权）的运动中发挥了重要作用。他们也支持新教反对堕胎和同性恋的计划。

新右派

20 世纪 70 年代和 80 年代初，多样化但势头强劲的新右派（保守的基督徒是其中非常重要的一部分）运动发展迅速。新右派的产生可以追溯到 1964 年的总统大选。民主党参议员巴瑞·戈德华特惨败后，保守派理查德·维格里列了一张支持戈德华特竞选的 12000 人的名单，组成了一个以备保守派联络和筹款的强大组织。70 年代以后，由于这类组织的快速发展，保守派发现他们远比对手资金充足，组织也更加完善。渐渐地，这种直接联络行动帮助保守派创建了一个更为庞大的保守派团体。70 年代末，美国社会已经出现了右派智囊团、咨询公司、游说团、基金会和研究中心等机构。

右派复兴的另一个原因是一些可靠的右派领袖出现，取代了落败的巴瑞·戈德华特。罗纳德·里根是新一代保守派领袖中的主要人物，他曾是著名电影演员，改行做了政治活动家。青年时期，他崇尚自由，虔诚地崇拜富兰克林·罗斯福。但二婚时他娶了一位坚定的保守派夫人南茜·戴维斯（Nancy Davis）；担任美国演员工会的主席后，他卷入了与工会中的共产党的斗争，并迅速而坚定地转向了右派。50年代初，里根成为通用电器的代言人，他为捍卫个人自由和私有企业发表的演说雄辩有力，为右派赢得了一大批追随者。

1964年，里根代表戈德华特发表了一次令人难忘的电视演说。戈德华特失败后，他很快就掌握了共和党保守派的领导权。在一批富有的保守派支持下，1966年，里根当选加利福尼亚州州长，后来获得连任。这为他展示才华、推行理想提供了一个更具影响力的平台。

杰拉尔德·福特总统也在右派崛起中发挥了重要作用。他的政策打破了保守派和温和派并存的脆弱平衡。也许并非有意为之，但是福特的确触到了共和党的痛处。福特任命自由派共和党、纽约州州长、巨额财产继承人尼尔森·洛克菲勒（Nelsen Rockefeller）为副总统；而二十多年来很多保守派一直妖魔化洛克菲勒及其家族。福特还提议大赦抵制服兵役者，继承并扩展了尼克松—基辛格的缓和政策，操纵了南越垮台，同意将巴拿马运河主权归还巴拿马。1976年共和党初选中，里根向福特提出了挑战，总统只得放弃任命尼尔森·洛克菲勒并同意里根支持者提出的政纲，才得以获胜。

抗　税

对新右派崛起同样重要的另一个新保守倾向的运动是抗税。1978年，加利福尼亚州保守派活动家霍华德·扎维斯（Howard Jarvis）针对州选公民投票中的第13号提案——关于下调财产税税率的问题——在加州成功发起了第一次大规模公民抗税运动。很快，类似的抗税运动开始在其他州出现，最后发展为全国性的政治运动。

抗税帮助右派解决了一个最棘手的问题。新政后三十多年来，共和党保守派试图阻止甚至逆转联邦政府的发展。然而从右翼政治家罗伯特·塔夫脱和巴瑞·戈德华特的实践经验可以看出，直接反对政府计划并不能获得多数人的支持，因为每一项联邦政策都有其政治支持者，而那些最庞大也最昂贵的计划，如社会保障、医疗保险、医疗补助等拥有最广泛的支持者。

右派成员在第 13 号提案和其他类似问题上将征税和税收问题相分离,这样他们就不必与支持具体计划的数百万选民公开对立,还可以实现保守派议程中一些最具争议性的目标(使政府无法继续扩大或发起新的计划)。没有人喜欢交税,而且随着经济的衰落,税负压力相对加重,民众的怨言日益增多。右派充分利用了这种不满情绪,赢得了大量选民。

攻击税制

1980 年竞选

伊朗和阿富汗发生危机时,吉米·卡特自己也陷入了政治危机。他的民意支持率低于美国历史上任何一位总统。约翰·肯尼迪和罗伯特·肯尼迪的弟弟爱德华·肯尼迪(Edward Kennedy)在党内初选中和他竞争。虽然卡特战胜了爱德华·肯尼迪,获得了党内提名,但秋季大选开始时他的力量已经受到了严重削弱。

共和党则积极团结在罗纳德·里根周围。里根将竞选活动与抗税(此前他几乎没有注意过抗税问题)联系起来,保证一旦当选将大幅减税。不仅如此,他还提出恢复美国的国际"力量"和"荣誉"。由于卡特没能解决伊朗人质危机,导致

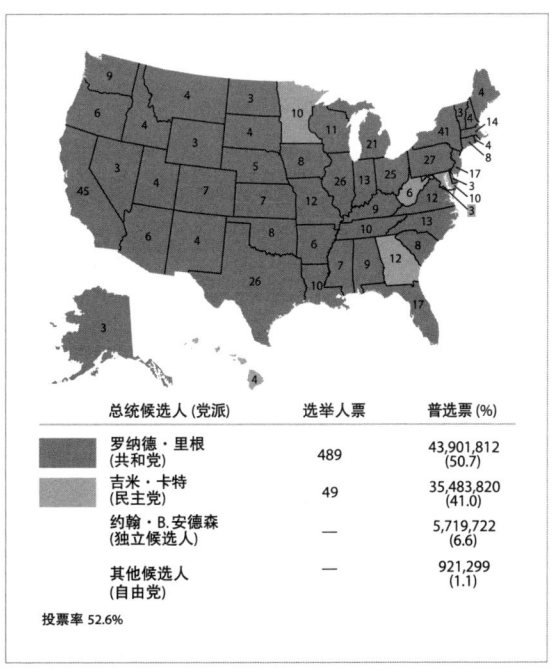

1980 年大选 1980 年总统大选中,罗纳德·里根普选票得票率刚刚过半,但他的选举人票获得了压倒性的胜利,反映出 1980 吉米·卡特总统非常不受欢迎。
◆ 是什么原因导致卡特如此不受欢迎?

总统候选人(党派)	选举人票	普选票(%)
罗纳德·里根(共和党)	489	43,901,812 (50.7)
吉米·卡特(民主党)	49	35,483,820 (41.0)
约翰·B.安德森(独立候选人)	—	5,719,722 (6.6)
其他候选人(自由党)	—	921,299 (1.1)

投票率 52.6%

其民意支持率继续下滑,里根明显从中获益。从更广泛的意义上说,十多年来的国际和国内局势使人们备感挫折,也使里根在竞选中受益。

<small>1980年大选</small>

1980年大选日也是伊朗人质被囚满一年的日子,里根大获全胜,获普选票51%,卡特为41%,独立候选人、温和的共和党伊利诺伊州议员约翰·安德森(John Anderson)获得7%。卡特仅获得5个州和哥伦比亚特区的总共49张选举人票,里根获得489张。共和党自1952年以来第一次控制了参议院多数席位。尽管民主党在众议院中仍占多数席位,但是它似乎已牢牢掌握在保守派手中。

里根就职当天,伊朗的美国人质终于结束了444天的痛苦折磨,重获自由。当时伊朗和邻国伊拉克激战正酣,伊朗政府急需资金支撑战局,于是释放了人质,以换取卡特政府解冻其在美国银行里的几十亿资产。

三、"里根革命"

罗纳德·里根1981年1月就任总统,他承诺美国政府将迎来自五十年前新政以来最重大的改革。事实上里根在制定新的公共政策方面成绩并不卓著,但是他成功地将自己的个人魅力带入了80年代的美国政坛。

里根联盟

里根竞选的成功某种程度上可以归功于人们对卡特的失望以及很多选民(也许不太公正地)将各种危机和不利局势与卡特总统联系在一起。同时,里根的成功也有赖于保守派强大联盟的出现。这个联盟并非来自于某场统一的运动,而是几个不同的运动之间暂时结成的不稳定联盟。

<small>企业精英</small>

里根联盟中包括一个人数不多但影响力巨大的富人集团,他们与公司企业和金融界联系紧密。这样一个团体之所以凝聚在一起,是由于他们对资本主义和不受约束的经济增长的不懈追求,也由于他们认为市场经济可以为多数问题提供最佳解决方案,更是由于他们对多数(若非全部)政府干预的深刻反对。80年代这个群体的中心事务就是反对联邦政府的"再分配"政策(尤其是激进的税收结构)和日益增加的"反商业"规定。里根谨慎地迎合这些拥护自由市场主义的保守派。归根结底,里根政府正是服务于这些人的利益。

里根联盟的另一股力量人数更少,但影响力相当大,即那些所谓的"新保守派"知识分子。他们为右派带来了过去从未有过的东西,在"民意领袖"中打下了坚实的基础。这些知识分子中许多人曾是自由派,而在成为自由派前他们是社会主义者。60年代国内动乱时期,他们发现危险而极具破坏性的激进主义正威胁着美国社会生活的稳定,削弱了反共产主义战斗中的自由主义激情,这使他们感到忧虑。新保守主义者同情资本家的遭遇和需求,但他们考虑的主要问题是重新确立西方民主反共的价值观和信念。一些新保守主义知识分子在学术界内反多元文化和"政治正确性"的斗争中逐渐成为重要人物。

"新保守派"

1980年,以上两股力量和发展中的新右派阵营一起组成了不稳

罗纳德·里根和夫人南茜·里根 总统和第一夫人在一次白宫社交活动中向来宾致意。看得出来,南茜·里根努力使白宫和她丈夫的政府比前几届政府更加光辉耀眼,而她也在政府政策中默默地扮演了重要角色。(Dirck Halstead/Time Life Pictures/Getty images)

定的联盟。若干差异将新右派与企业保守派和新保守派区别开来,其中最主要的差异在于新右派对于"东部权势集团"非常不信任:怀疑他们的动机和目的;认为他们暗地里对美国社会秘密施加危险的影响;担心这些组织及其成员(如外交关系委员会、三边委员会、亨利·基辛格和洛克菲勒家族等)拥有不为人知的影响力。

平民主义保守派

这些民粹主义保守派表达了外围人士以及非精英人士对美国社会的担忧:反对权力和影响力集中,担心生活在一个由冷漠的敌对势力控制、个人自由和社区自治受到威胁的社会。罗纳德·里根既能得到民粹主义保守派的支持,又能吸引在一定程度上与新右派对立的保守精英派的注意,充分证明了他的政治技巧和个人魅力。

里根在白宫

里根迷人的个人魅力加上精心打造的公众形象,令许多并不喜欢他的政策的

人也对他着迷。里根是电视的主宰和与生俱来的公众发言人，他坚强（至少在公众场合）、无畏、面对危险或不幸也从不退缩。就任总统数周后，里根已满70岁，是美国历史上年龄最大的总统。但在任的大多数时间里，他看起来身强力壮、精力旺盛、颇具青春活力。他多数假期在加利福尼亚的牧场度过，在那里伐木和骑马。1981年，他遇刺受伤。在送往手术室的途中他还和医生开玩笑，而且以惊人的速度恢复了健康。

里根平时并不怎么处理政府日常事务；他身边有很多能吃苦耐劳且精力充沛的工作人员，使他免于公务缠身。有时总统甚至对自己政策的实施情况或下属的行动一无所知。不过他常常在提案里加入大量的爱国主义词汇，并积极行动为政府计划争取支持。

供给经济学

"里根经济学"

1980年里根竞选总统时曾承诺要通过大胆实验来恢复美国经济，这就是所谓的"供给"经济学或"里根经济学"。供给经济学建立在这样一种假设上：美国经济的困难很大程度上是过度征税的结果，税收过高造成以投资刺激经济增长的资本极度匮乏。因此，要解决这个问题，只能减税，而且尤其要照顾到大企业和富人，因为只有这样，才能鼓励新投资。由于减税会减少政府收入（至少初期是这样），那么减少政府支出也是必要的。因此里根经济计划的基础就是大幅削减联邦预算。

新政府在执政的头几个月里将联邦预算削减了400亿美元，而且大部分减少预算的提案都获得了国会批准。此外，总统还大胆提出三年内将个人和企业税率降低30%的计划。到1981年夏季，国会将减税幅度调到了25%。里根之所以能取得成功，主要归功于参议院的共和党多数步调一致，而且众议院的民主党多数力量微弱，党内不少人还有异心。

解除管控

里根任命的官员散布在政府的各执行部门，致力于减少政府对美国经济生活的影响。内政部长詹姆斯·瓦特（James Watt）曾是"山艾树反抗运动"的主要人物，他现在开始致力于开发公共土地和水资源。环境保护署（在主管领导被控贪污之前）放宽或彻底废除了很多环境保护的法律和法规。司法部公民权利司放缓推行保障公民权利的法律。交通部将执行汽车排放限制新规定及汽车和卡车新安全标准的进度放缓。里根政府官员保证，只要政府"靠边站"，经济一定会复苏。

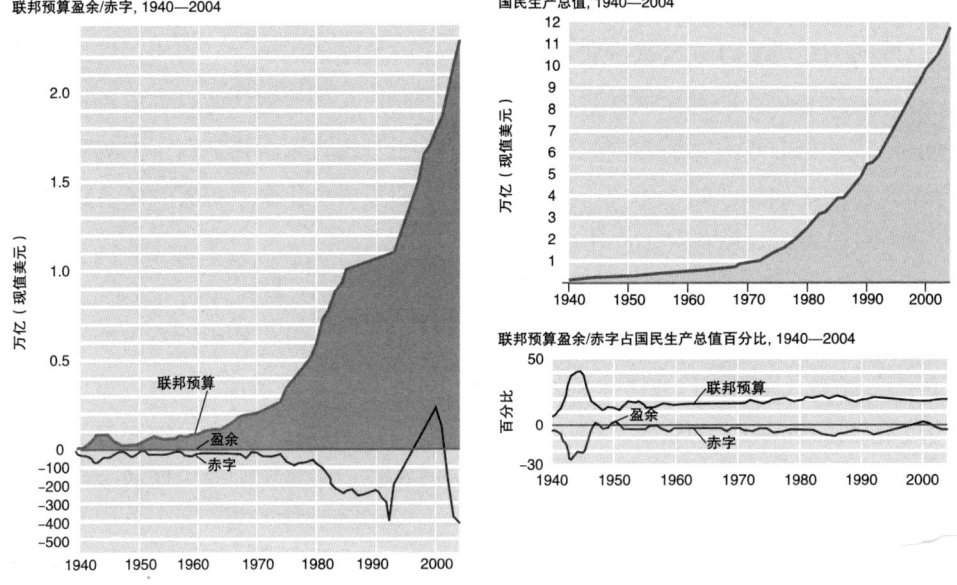

联邦预算盈余／赤字，1940—2004 这些图表展示的情况解释了为何80年代的联邦赤字对美国人而言如此惊人，同时也揭示了为什么这么严重的赤字对经济的伤害比很多经济学家预测的要小得多。左侧的图表显示自60年代中期开始联邦预算大幅增加；同时，联邦赤字规模也相应大幅增加。右上方的图表显示，美国国民生产总值也大幅度增加了，80年代和90年代尤其明显。若我们不计算这些年来联邦预算和赤字的绝对数字，而是计算它占国民生产总值的比率，赤字规模就显得稳定多了，也不那么惊人。
◆ 哪些因素造成80年代赤字持续增加？90年代这些赤字又是如何消除的？

1982年初，美国陷入了严重的经济衰退。1982年失业率高达11%，是四十多年来的最高点。但经济复苏也相对较快。到1983年底，失业率降至8.3%，此后几年间一直稳步下降。国民生产总值一年内增长了3.6%，是70年代中期以来增长最多的一年。通货膨胀率降至5%。经济保持持续增长，80年代的多数年份里通胀率和失业率都维持在较低水平。

这次经济复苏有诸多原因。联邦储备委员会连年实行紧缩性货币政策，虽然多方因此受害，但也降低了通胀率；同样重要的是，1983年初联邦储备委员会调低了利率，以应对衰退。世界范围内的"能源过剩"以及欧佩克垮台至少暂时抑制了燃油成本螺旋上升造成的通胀压力。大额联邦预算赤字为衰退中的经济注入了几十亿美元的资金，消费和投资都因此增加；70年代一直不景气的股市开始活跃，并持续繁荣。1982年8月，道琼斯工业平均指数为777，五年后，已经超过了2000。虽然1987年秋季，股市经历了一次恐怖的崩盘，但市场仍在发展。

经济复苏的源泉

财政危机

国债剧增 最初的经济复苏并未减少联邦预算赤字或减缓国债的增加（国债是指每年的赤字积累起来形成的国家债务）。到80年代中期，人们普遍认为财政危机日益严重，已成为美国政治生活的中心问题。里根就任总统时曾承诺在四年内实现预算平衡，然而在他执政的八年中，美国预算赤字创了历史纪录，积累的债务超过了美国有史以来所有政府积累的债务总额。

削减福利 巨额财政赤字的出现也有许多原因，部分赤字可以追溯到几十年前美国的公共政策。尤为值得一提的是，随着人口老龄化发展，医疗费用大幅增加，用于"福利"计划（尤其是社会保障和医疗保险）的支出也不断增加。不过，里根政府的政策也是造成赤字的原因。1981年减税（有史以来规模最大的一次）就是原因之一。而军费增加使联邦预算赤字增加的幅度远超过削减国内支出所减少的赤字额度。

政府面对财政危机的办法是进一步减少"随意"的国内支出，其中包括一些援助最贫困（最弱势）人口的计划。用于发放食品券的资金减少了；为低收入家庭提供的住房补贴大幅缩减；新规定严格限制医疗保险和医疗补助的支出；也相应减

美国的贫困 20世纪50年代开始，美国贫困人口比例大幅减少，70年代末达到了最低点。然而70年代中期开始，居民收入和财富分配不均逐渐又将贫困人口比例推高。到80年代中期，贫困人口比例已经达到15%，升至二十年来的最高点。上图是1987年纽约市的一群孩子缩在一处应急中心的栅栏后面，这种应急中心专供没有住房的家庭住宿。(Richard Falco/Black Star/Stock Photo)

少学生贷款、学校午餐等教育项目支出；联邦政府同时停止向各州和城市提供多种形式的联邦援助，造成长达数年的地方财政危机。

到1980年底，很多财政保守人士呼吁修改宪法，实现预算平衡。总统自己也声称支持这一提案。1994年和1996年，国会两次就该修正案投票，都以几票之差而未能批准，但此时，赤字已经开始减少，这一修正案背后的支持者也逐渐消失。

里根和世界

里根在国际事务上同样面临着成功和挫折并存的局面。他决心恢复美国在世界上的声望和荣誉，为此他认为美国应该积极反共，支持与美国交好的政府，不论其内政政策如何。

卡特执政的最后几年中，美苏关系持续恶化，到里根当政时期，美苏关系遭遇了更加寒冷的严冬。里根严厉谴责苏联政府（曾称之为"邪恶帝国"），指责苏联为全世界范围内的恐怖主义提供赞助，声称任何军事谈判都必须与关于苏联在其他地区行动的谈判相联系。1981年冬，波兰政府为了镇压一个逐渐壮大的独立工会组织——团结工会，（在莫斯科的巨大压力下）颁布了戒严令，造成美苏关系进一步恶化。

尽管里根一直遵守《第二阶段限制战略武器条约》，但他声称这一条约对美国不利。他一直对控制军备持怀疑态度。实际上，总统提出了多年来最具雄心（也最昂贵）的军事计划——战略防御计划（SDI），俗称"星球大战"计划。里根声称，战略防御计划使用激光和卫星有效防御外来导弹的攻击，从而使核战争成为明日黄花。苏联则称这一新防御计划将使两国间军备竞赛提升到更加危险的水平（美国国内很多反对这一计划的批评家们也持相同观点），所以坚持要求任何武器限制协议都必须将放弃战略防御计划置于首位。

战略防御计划

冷战危机的升级和限制军备谈判的拖延在欧洲和美国引发了大规模群众运动，人们纷纷呼吁停止制造核武器。在美国，运动的主要目标是"核冻结"，即美苏两个超级大国签署不再扩大核武器库规模的协议。

里根政府在全世界范围内支持反共分子（至少在舆论上支持），无论他们与苏联是否有直接联系。这一新政策被称为"里根主义"，是美国在第三世界问题上的新行动主义。1982年10月，美国政府派陆军和海军陆战队进入加勒比地区的格林纳达，推翻了那里的马克思主义反美政权（该政权与莫斯科建立联系的迹象已初露端倪）。1979年，尼加拉瓜的亲美独裁政权被革命的"桑地诺民族解放阵线"推

"里根主义"

翻；80年代初，新政府很快发展成反美政府（日趋倾向马克思主义）。里根政府支持所谓的"尼加拉瓜反抗军"（Contras），它由一些反政府组织构成，开展游击队运动，以试图推翻"桑地诺民族解放阵线"的统治。

在世界其他地区，政府的强硬言辞掩盖了其有意的克制态度。1982年6月，以色列军队进攻黎巴嫩，试图将巴勒斯坦解放组织游击队赶出该国。一支美军维和部队进入贝鲁特监督巴解组织成员撤离，美国海军陆战队则留在城中保护脆弱的黎巴嫩政府。美国人在1983年一起针对贝鲁特美军军营的恐怖袭击中成为被攻击目标，爆炸事件造成241名海军陆战队员丧生。之后里根并未进一步介入黎巴嫩问题，而是撤出了美国部队。

恐怖主义

黎巴嫩的悲剧事件是第三世界斗争性质发生变化的范例之一。弱势团体越来越多地依靠恐怖主义来实现其政治目的。80年代发生了一系列的恐怖事件：袭击飞机、游轮、商业和外交场所；挟持美国等西方国家的人质。这些事件使整个西方世界感到震惊。

1984年大选

1984年，里根在紧密团结的共和党的支持下作为候选人开始了总统竞选。而民主党的竞选之路则尤为艰难。竞选初期，前副总统沃特尔·蒙代尔（Walter Mondale）击退科罗拉多州参议员加里·哈特（Gary Hart）和颇具影响的杰西·杰

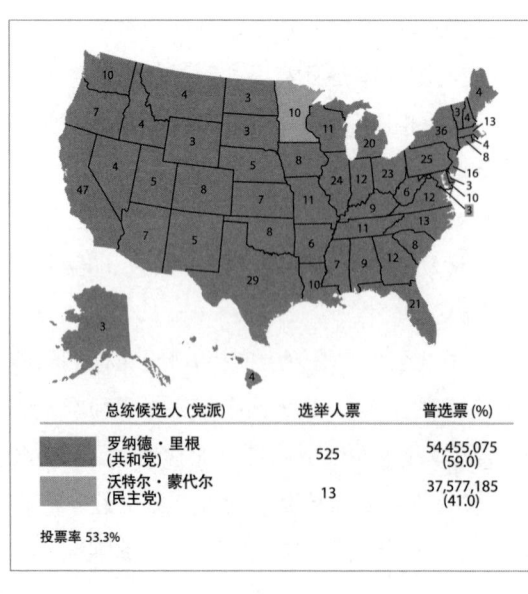

1984年大选 1984年罗纳德·里根像1980年时一样再次获得压倒性多数（票数更多）的选举人票和（与四年前一样令人难以置信的）普选票，成功当选总统。如右图所示，蒙代尔仅赢得了他所在的明尼苏达州和忠诚于民主党的哥伦比亚特区的支持。◆哪些因素使里根在1984年大选中如此受欢迎？

克逊（Jesse Jackson，为少数族群和穷人发声的最重要的人物），居于领先地位。蒙代尔选取了一位女士、纽约州代表杰拉尔丁·费拉罗做竞选搭档，一时间引起轰动，也使她成为第一位出现在全国选举中的女性候选人。

秋季竞选中，里根很少留意对手的行动，而是更多地宣扬在他领导下将实现美国财富和美国精神复苏的目标。他在竞选中总是强调诸如"现在是美国的清晨"和"美国东山再起"等说法。里根在1984年大选中赢得了决定性的胜利，获得了大约59%的普选票，并赢得了除蒙代尔所在的明尼苏达州和哥伦比亚特区之外所有州的支持。里根的胜利远远超过了共和党的胜利：民主党在参议院增加了一个席位，众议院席位略减但仍占多数。

四、美国和冷战的衰落

多种因素导致了苏联帝国的瓦解。对苏联而言，长期僵持的阿富汗战争的破坏性堪比越南战争给美国带来的灾难。苏维埃社会主义共和国联盟和东欧集团国家长期的经济衰退使莫斯科政府疲于应付。苏联帝国大部分地区对其高压统治的强硬政策产生了普遍的反抗心理。当时看来，苏联解体最明显的原因在于米哈伊尔·戈尔巴乔夫的出现。1985年他成功继任为苏联领导人。出人意料的是，上台后，他很快成为几十年来世界政坛中一位最具革命性的人物。

苏联垮台

戈尔巴乔夫很快在苏联实施了两项引人注目的新举措。一是开放：他废除了代表半个多世纪以来苏联社会最显著特征的压抑性机制。另一个政策被戈尔巴乔夫称为改革：通过引进资本主义因素，诸如私有制和利润机制等，对刻板僵化且生产效率低下的苏联经济进行重组改革。

国内严峻的经济问题使戈尔巴乔夫确信苏联无法继续在世界各地投入精力。早在1987年，戈尔巴乔夫就开始减少对东欧的影响。1989年短短几个月内，欧洲几乎所有的共产主义国家——波兰、匈牙利、捷克斯洛伐克、保加利亚、罗马尼亚、东德、南斯拉夫和阿尔巴尼亚要么推翻了本国政府，要么就通过改革转变成本质上是非共产主义的政权，有的地方甚至建立了反共政权。东欧的共产党很快瓦解或改革成更加保守的左倾社会民主党。

米哈伊尔·戈尔巴乔夫

世界民主化进程不断推进。长期以来，南非政府强制实行"种族隔离政策"（保护白人至上），国际地位低下，1990年初，它开始谨慎地改变其传统政策。几十年来被视为非法的国内主要黑人党派非洲国民大会党实现了合法化；1990年2月11日，在监狱里关押27年之久的非洲国民大会党领袖、在南非黑人中享有盛誉的英雄纳尔逊·曼德拉（Nelson Mandela）从监狱获释。接下来的几年中，南非废除了种族隔离政策。1994年，在全民参与的全国大选中，曼德拉成为南非第一位黑人总统。

苏联的解体

1991年，共产主义开始在其诞生地苏联崩溃。8月19日，苏联强硬派领导人突然发动推翻共产党政权的政变。几天之内，由于公众和军队内部各种关键势力的反对，政变失败。米哈伊尔·戈尔巴乔夫重夺领导权，但当时共产党和苏维埃中央政府的合法地位已经受到重创。8月底，苏联的很多共和国宣布独立；而苏维埃政府显然无力挽回这一局势。共产党和苏维埃政府权力尽失，领导人戈尔巴乔夫最终辞职，苏联不复存在。

里根和戈尔巴乔夫

储贷危机

最初里根对戈尔巴乔夫持怀疑态度，但他后来逐渐相信这位苏联领导人的确真心希望对苏联进行改革。1986年在冰岛雷克雅未克首脑会议上，戈尔巴乔夫曾向里根提出双方核武器库各削减50%的建议，但由于里根坚持要发展战略防御计划，因此削减核武器的协议未能达成。1988年，里根和戈尔巴乔夫进行了诚恳的互访，并签署协议，撤销双方在欧洲的中程核武器。该协议是核时代双方签署的最重要的军备控制条约。几乎与此同时，戈尔巴乔夫结束了苏联在阿富汗漫长而坎坷的军事行动。

里根革命热情消退

世界范围内的剧变和里根的个人魅力一度将群众注意力从一系列政治丑闻上转移开来。当时环境保护署、中央情报局、国防部、劳工部、司法部、住房和城市发展部都曝出各种违法、贪污腐败、道德败坏的丑闻。更为严重的丑闻来自储蓄信贷业：80年代初里根政府解除了对储蓄和信贷业的管制，到80年代末，储蓄与信贷业一片混乱，政府不得不加以干预，防止该行业全盘崩溃。

然而，里根当政时期最严重的丑闻于1986年11月被曝光：白宫承认，为解救被中东伊斯兰极端组织扣押的数名美国人质，美国曾向伊朗革命政府出售武器，但最终却未能解救人质。更为严重的是与伊朗武器交易的部分货款被秘密非法转移，用于支持尼加拉瓜的反抗军。

接下来的几个月里，相关后续报道和一系列国会听证会披露，白宫一贯通过秘密的非法活动来实现政府的外交目标。虽然调查从未将总统和这一严重违法的"伊朗门丑闻"相联系，但是该事件已经严重危及里根的总统地位。

伊朗门丑闻

1988年大选

里根政府受挫正好给民主党1986年重新控制参议院帮了大忙，也燃起了民主党在1988年总统大选中获胜的希望。尽管如此，民主党内几个最受欢迎的人物却拒绝参加竞选，因此提名最终落到了名不见经传的迈克尔·杜卡基斯（Michael Dukakis）头上。杜卡基斯曾三次出任马萨诸塞州州长，是一个索然无味又沉闷的竞选者。但由于副总统乔治·布什（George Bush）无法激起公众的热情，民主党对大选结果持乐观态度。一直到竞选的最后几个月，布什仍落后于杜卡基斯。

然而，从共和党全国代表大会开始，布什发起了反击，对杜卡基斯展开了迅猛而持久的攻势，他将杜卡基斯与美国人反感的"自由派"社会和文化现象联系起来。实际上，布什的竞选活动也许是20世纪最消极的总统竞选，与里根的竞选相比，他更多地展示了共和党右派的政治野心。但布什的竞选活动收到了很好的效果，在11月的大选中获得了决定性的胜利：54%的普选票和426张选举人票。

布什的消极竞选

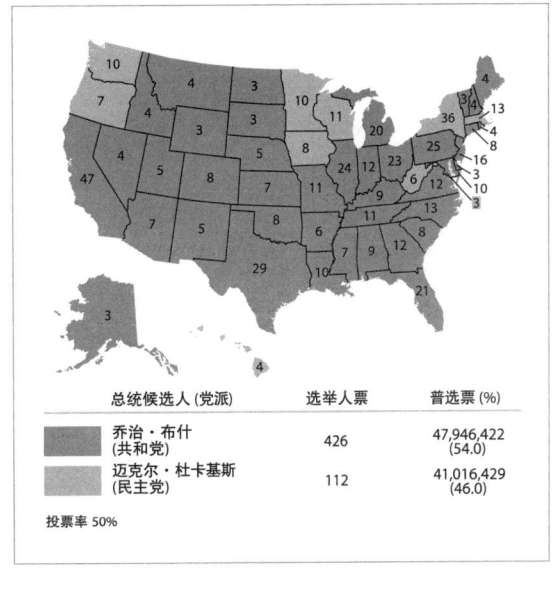

1988年大选 民主党怀着巨大希望参加了1988年大选，然而最后副总统乔治·布什赢得了决定性的胜利。迈克尔·杜卡基斯的得票情况仅仅比四年前的沃特尔·蒙代尔稍好一点。◆ 在共和党政府执政八年之后，为什么1988年民主党挑战共和党仍然这样困难？

杜卡基斯获得46%的普选票和112张选举人票。但民主党还是牢牢地控制着国会两院。

布什政府

布什政府恰逢甚至是促成了国际局势的一系列重大变化，但他在国内事务中缺少重要的开创性计划。

布什在任期的前三年里受到广泛欢迎，部分原因在于他塑造的温和而无威胁性的公众形象，但主要原因还是美国人对世界其他地区的风云变幻感到惊奇和兴奋。起初，布什在苏联问题上非常谨慎；但最终他还是像里根一样与戈尔巴乔夫合作，并在苏联衰落的几年中与之达成了一系列重要协议。1988年《中程导弹条约》签署以来的三年中，美国和苏联迅速开始商谈范围更广的武器限制条约。

内政方面，布什政府稍显逊色。布什就任时，接手了繁重的债务和十年来持续增加的联邦财政赤字。总统关于减少赤字的承诺与他在1988年竞选时对"不征新税"的承诺相矛盾。由于国会由民主党控制，其规划与总统的设想截然不同。

尽管面临这样的政治僵局，国会和白宫偶尔也能就重大问题达成一致。它们共同制定了拯救濒临崩溃的储蓄信贷业的计划。1990年，总统迫于国会压力同意增税，并将其作为长期"预算方案"的一部分，以用于减少赤字，因而违背了1988年的竞选承诺。

然而在最棘手的内政问题上，布什政府和国会都束手无策：1990年底经济开始衰退，1991—1992年逐步蔓延至全国。由于80年代公司和个人积聚了大量的债务，经济衰退引发了不计其数的

1988年的布什竞选活动 副总统乔治·布什的竞选活动一直效果不佳，然而1988年他作为总统候选人对其对手的价值观和爱国精神展开了凌厉的攻势。而布什自己则从不放过任何使用道具彰显自己的爱国情操的机会，包括他在肯塔基州演讲时这个红白蓝色调的热气球。(Time Life Pictures/Getty Images)

公司破产。中产阶级和工人阶层都越发担忧和沮丧，政府应对诸如医疗保障费用激增等问题的压力日益增长。

第一次海湾战争

1989—1991 年的事件使美国出人意料地成为了世界唯一的超级大国。由于苏联的威胁不复存在，布什政府必须考虑如何处理原来用以对付苏联的强大的政治和军事力量。

1989—1991 年的事件给出了两种可能的答案，两者都对政策产生了一定影响。其一是美国削减军事力量，集中精力和资源解决棘手的国内问题。国会和行政部门都在朝这个方向而努力。其二是美国仍积极运用其力量保卫地区稳定和经济利益，而不用以打击共产主义。1989 年，政府命令入侵巴拿马，推翻了当时在巴拿马并不受欢迎的领导人曼努埃尔·诺列加（Manuel Noriega，美国指控他贩毒），并选举产生了新的亲美政权。

1990 年 8 月 2 日，伊拉克武装部队入侵邻国科威特，迅速占领了这个地域狭小但蕴藏丰富石油的酋长国。伊拉克的军国主义领袖萨达姆·侯赛因（Saddam Hussein）很快宣布吞并科威特，并将派兵进驻。犹豫了一段时间后，布什政府同意和其他国家一起将伊拉克军队赶出科威特——采用经济制裁施压；若有必要，就采取军事行动。几周之内，布什说服了世界上所有的重要国家，包括苏联以及几乎所有的阿拉伯和伊斯兰国家加入到联合国对伊拉克的贸易禁运中。

入侵科威特

同时，美国和其盟国（英国、法国、埃及和沙特）开始在科威特和沙特阿拉伯边境集结大量兵力，部队人数达 69 万人（其中 42.5 万为美军）。11 月 29 日，应美国要求，经联合国投票决定，如果到 1991 年 1 月 15 日伊拉克仍不撤出科威特，联合国就采取军事行动将伊拉克军队赶出。1 月 12 日，美国国会两院投票批准对伊拉克使用武力。1 月 16 日，美国和盟国空军对驻扎在科威特的伊拉克军队及伊拉克境内的军事工业设施进行了大规模轰炸。

盟军轰炸持续了 6 周。2 月 23 日，盟军（主要是美军）在诺曼·施瓦茨科普夫（Norman Schwarzkopf）将军的率领下，对科威特北部的伊拉克军队发动了大规模地面进攻。进攻过程中几乎没有遇到什么抵抗，伤亡也不大（141 人死亡）。这次战争中伊拉克死亡人数大约超过 10 万。2 月 28 日，伊拉克宣布接受盟军制定的停火协议，海湾战争结束。

这次伊拉克战争进展迅速，代价相对较小，在美国国内受到热烈欢迎。然而

第一次海湾战争 这张照片拍摄于沙特的沙漠中。1991年，海军陆战队队员驾驶"悍马"进入科威特，赶走了伊拉克军队。与海湾战争中相对短暂的战斗相比，沙漠地区的风沙和炎热对美国士兵们来说更加难以应付。(Peter Turnley/Corbis)

萨达姆·侯赛因的政权虽被削弱，却仍然存在，其暴戾程度依然如故。

1992年大选

海湾战争刚刚结束时，布什总统的支持率达到新高。然而，到1991年底，面对经济衰退加剧的局面，政府却拿不出任何有效的应对政策，胜利的喜悦很快就消退了。

1992年总统竞选初期，布什总统的支持率仍然很高，民主党内的很多重要人物因此拒绝参与竞选，这给年轻的比尔·克林顿（Bill Clinton，曾五次担任阿肯色州州长）创造了机会。他的竞选活动安排得相当有政治技巧，在强调广泛的经济问题的同时，避开了过去造成民主党分裂的种族和文化问题，因此在民主党竞选中一路领先。

然而，一位来自得克萨斯州的富翁、生性直率的罗斯·佩罗特（Ross Perot）作为独立候选人的加入使总统大选变得复杂起来。他利用民众对联邦官僚作风的怨言，承诺将毫不妥协地采取坚决措施解决财政危机。在春季的几次民意调查中，佩罗特一度领先于布什和克林顿。但7月，当他开始置身于媒体不怀好意的审查之下时，突然退出了竞选。10月初，他再次回到竞选中，并很快重新赢得他此前的多数支持（但不是全部）。

在一次以经济问题和总统不受欢迎问题为主要议题的竞选活动中，克林顿获得了明显但并非压倒性的胜利。在三方竞选中，克林顿获得43%的普选票，布什获38%，佩罗特获19%（自西奥多·罗斯福1912年独立竞选以来，第三党派或独

1992年大选 1992年的大选中,民主党再次入主白宫,这是自1976年以来的第一次获胜。虽然因为第三党派候选人罗斯·佩罗特的出现使克林顿未能获取绝对多数,但是在与布什的竞争中,他在普选票和选举人投票中都赢得了决定性胜利。
◆ 到1992年,什么原因致使布什一度拥有的支持率下滑?罗斯·佩罗特的强势表现又有什么原因?

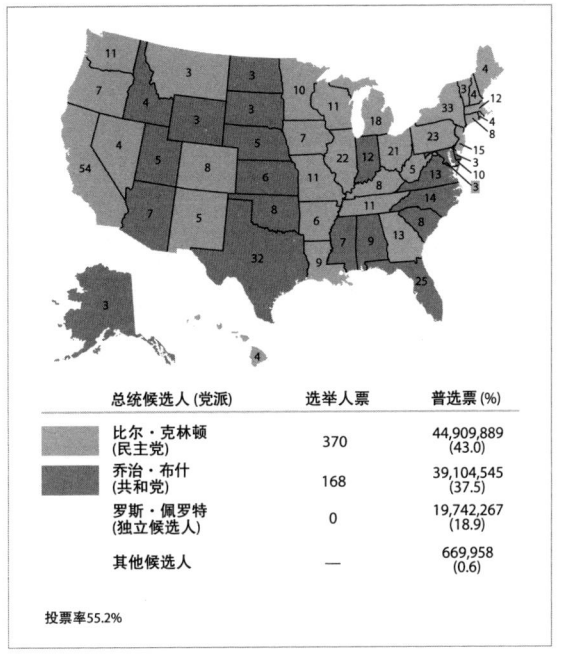

立候选人获得的最好成绩)。选举人票方面,克林顿370票,布什168票,佩罗特0票。同时民主党继续控制着国会两院。

小 结

与其相近的历史时期相比,20世纪70年代末的美国可谓麻烦缠身:水门丑闻、兵败越南,最大的麻烦也许要算日益严峻的国内经济困境。杰拉尔德·福特和吉米·卡特总统几乎没能帮助缓解日积月累形成的各种问题和焦虑情绪。实际上,卡特任期的最后一年,国家前景尤为黯淡——美国面临严重的经济问题,人质被囚伊朗,苏联入侵阿富汗。

面对众多问题,美国保守派缓慢而稳健地为实现复兴做着准备。许多慷慨激昂而分散的右派团体(其中包括一个隐约带有模糊的民粹主义色彩的大型运动组织"新右派")结成了联盟。国家面临着棘手的问题,而这一联盟又在大规模抗税运动中赢得了支持,因此右派力量显著增强。1980年,当罗纳德·里根作为六十年来最保守的一位候选人当选总统时,右派力量达到了鼎盛。

里根的第一届总统任期与此前麻烦缠身的历届政府形成了鲜明的对比。他在国会赢得了重大胜利（实现了减税、减少国内项目支出、扩充军队）。也许同样值得一提的是，他的个人魅力也成为国家政治生活的中心政治力量之一。1984年，里根轻松连任，看起来保守派已巩固了对国家政治生活的统治。第二届任期中，一系列丑闻和不幸事件以及总统自身精力不济限制了里根政府政策的有效实施。然而，总统的个人支持率仍然很高，经济也持续繁荣。副总统乔治·H.布什从中受益，1989年接替里根就任总统。

布什政府并未像里根政府那样在内政问题上有所建树。由于在处理日益严峻的经济问题时表现不力，布什在1992年的总统大选中落败。然而在布什任期的大部分时间里，一项重大历史事件掩盖了人们对内政问题的关注：苏联解体、欧洲等地共产主义政权纷纷垮台。在一定程度上，美国就像一个茫然无措的旁观者，目睹了整个过程。但冷战的终结也将美国推上了无法撼动的超级大国地位，使之逐渐承担起国际仲裁人、和平缔造者的角色。现在美国将在全球越来越多地承担起这一角色，而1991年的海湾战争则是对这一角色最为生动的一次展示。

阅读参考

Bruce J. Schulman, *The Seventies: The Great Shift in American Culture, Society, and Politics* (2001) 是关于该时期的一部很好的通史著作。

James M. Cannon, *Time and Chance: Gerald Ford's Appointment with History* (1994) 是一位记者对福特总统任期的记述。

Yanek Mieczkowski, *Gerald Ford and the Challenges of the 1970s* (2005) 是一部优秀的学术研究著作。

Gaddis Smith, *Morality, Reason, and Power* (1986) 研究卡特的外交政策。

Steven Gillon, *The Democrats' Dilemma: Walter Mondale and the Liberal Legacy* (1992) 对20世纪70年代民主党所做的努力进行了深入探讨。

Jerome L. Himmelstein, *To the Right: The Transformation of American Conservatism* (1990) 和 Godfrey Hodgson, *The World Turned Upside Down: A History of the Conservative Ascendancy in America* (1996) 对这一问题做了介绍。

Kevin Kruse, *White Flight: Atlanta and the Making of Modern Conservatism* (2005) 是一部有价值的研究成果。

Lou Cannon, *President Reagan: The Role of a Lifetime* (1990) 和 Haynes Johnson, *Sleepwalking*

Through History (1991) 是曾赴白宫采访过里根的记者的记述。

Gil Troy, *Morning in America: How Ronald Reagan Invented the 1980s* (2005) 是一部优秀的学术专著。

John Lewis Gaddis, *The United States and the End of the Cold War* (1992) 和 *We Now Know: Rethinking Cold War History* (1997) 研究 1989 年之后世界秩序的转变。

Richard Rhodes, *Arsenals of Folly* (2007) 对核武器竞赛进行了深入研究。

Herbert Parmet, *George Bush: The Life of a Lone Star Yankee* (1997) 是研究第 41 任总统的首部学术著作。

巴格达，2003年3月21日 2003年春季进攻伊拉克初期，美军使用了第一次海湾战争中在科威特使用过的战略：在地面部队部署到位之前，先对伊拉克的重要目标进行轰炸。这张照片显示的是战争初期，美军轰炸机试图炸毁巴格达的战略目标时城中商业区的爆炸场面。(*Getty Images*)

第 32 章
全球化时代

2001 年 9 月 11 日是一个晴朗的日子。在这个阳光明媚的早晨，8 点 45 分，下曼哈顿区成千上万的工作人员——公司经理、金融家、秘书、书记员、保安、维修工人、厨师和服务员——开始了一天的工作。正在此时，一架民航客机撞上了纽约市的最高建筑——世界贸易中心双子大楼的一侧。撞击造成大爆炸，大火随即蔓延开来。不到半小时，当工作人员撤离起火的大楼时，另一架民航客机撞上了双塔的另一栋，随即又燃起一个大火球。之后不到一小时的时间里，世贸中心双塔坍塌，纽约市（也是全美国）最著名的标志之一不复存在。与此同时，在华盛顿哥伦比亚特区，另一架民航客机撞向五角大楼（美国军方总部）一侧，损坏了楼体外观。几百英里之外，还有一架民航客机在匹兹堡附近坠毁。

大事年表

1977 年	苹果公司推出了第一台个人电脑
1979 年	三里岛核泄漏事故
1981 年	美国报道了第一例艾滋病病例
1985 年	霹雳可卡因出现在美国城市
1989 年	人类基因组计划启动
1991 年	卡拉伦斯·托马斯在争议声中进入最高法院
1992 年	洛杉矶发生了大规模种族暴乱
	比尔·克林顿当选总统
1993 年	国会批准增税以减少赤字
	国会批准《北美自由贸易协定》
	克林顿提出国家医疗保险制度
1994 年	国会驳回了医疗保险改革
	共和党控制了国会两院
1995 年	新一届共和国会颁布《美利坚契约》
	总统和国会的对决导致联邦政府暂时关门
	全国犯罪率大幅下降
	O. J. 辛普森案
1996 年	国会批准了总统签署的重要福利改革法案，提高最低工资标准，进行医疗保险改革
	克林顿连任总统，共和党继续控制国会
1997 年	总统和国会一致同意平衡预算
	司法部对微软提起反垄断诉讼
1998 年	莱温斯基丑闻动摇了克林顿政府
	民主党在国会选举中有所斩获
	克林顿遭众议院弹劾
1999 年	参议院在弹劾案中宣判克林顿无罪
2000 年	乔治·W. 布什在争议声中赢得总统大选
2001 年	恐怖分子撞毁世界贸易中心大厦，并损伤了五角大楼
	美国对阿富汗展开军事行动
2002 年	公司丑闻引起了商界动荡

9.11

2003年	美国入侵伊拉克
2004年	伊拉克监狱虐囚丑闻
	布什在总统大选中击败克里
2005年	卡特里娜飓风在新奥尔良和墨西哥湾沿岸造成巨大损害
2006年	民主党控制了国会两院
2007年	向伊拉克"增兵"
	次贷危机削弱了经济
2008年	民主党提名巴拉克·奥巴马为总统候选人
	约翰·麦凯恩成为共和党总统候选人

四桩几乎同时发生的惨案造成近3000人死亡，它们全部由此前名不见经传的中东恐怖组织基地组织成员策划。这次袭击深刻地影响了美国和世界，使"反恐战争"成为美国人生活的核心议题，使乔治·W.布什（在大选中备受争议）一举成为拥有广泛民意支持的战争领袖，并导致美国入侵阿富汗，以及两年后入侵伊拉克的军事行动，为美国外交政策基础的重大转变提供了法律依据。然而布什政府新的重大举措也面临着各种批评。2001年以后的美国外交政策遭到国际社会多数国家的强烈反对，也引发了美国国内的尖锐批评。然而，尽管布什政府的举措不受欢迎，但他却仍旧在2004年大选中以微弱优势成功连任。

对当时很多美国人来说，2001年的恐怖袭击意味着一切都改变了——人们对世界的看法和生活方式彻底改变。实际上，美国人生活的主要方面很快都回归正常。而且，9·11事件在很多方面并非是美国生活的失常，而是这个时代重要的现实事例。美国比历史上任何一个时期都更深刻地进入了全球主义的新时代，进入了一个美好希望和巨大危险相互交织的时代。

一、党派政治再现

1993年1月,克林顿带着三十年来最为宏伟的国内工作计划宣誓就任总统。在整整一代人的时间里遭到排挤的自由主义者们对克林顿寄予厚望,但他也有重大的政治弱点。大选中,他获得的选票不到一半,缺乏有力的支持。国会中的民主党多数力量微弱,而且已经不习惯听从总统的领导。国会中的共和党领导层对克林顿高度敌视,在反对总统提出的多项议题时态度出奇一致。克林顿执政前及就任总统后鲁莽的个人行为也带来了不少问题,给众多敌人留下了质疑他的机会。

威廉·杰斐逊·克林顿

克林顿执政

新政府执政的最初几个月里出现了一系列政策失误,遭到军方和两党保守派的强烈反对。总统未能顺利取消对同性恋者参军的限制。他早期任命的几名官员因受到较多争议而不得不被撤换。此外,总统的老朋友温斯·福斯特自杀事件引出了对总统和第一夫人在80年代初牵涉其中的一桩人称"白水事件"的银行和房地产企业的调查。1993年一个独立委员会开始调查此事,2000年,克林顿夫妇终于被证实在这件事上没有违法行为。

尽管存在诸多问题,克林顿政府执政第一年也取得了一些重大成绩。总统的预算提案以微弱多数被批准,标志着政策脱离了里根—布什时期的方向。该预算案包括对最富裕的美国人大幅增税,在很多领域减少政府开支,扩大低收入工薪阶层的税收减免。

克林顿是自由贸易的忠诚拥护者,也是全球化的倡导者,这从他对一系列颇具争议的自由贸易新协定提供有力支持可以看出来。在长期艰难的努力后,克林顿终于促使《北美自由贸易协定》(NAFTA)获得批准,消除了美国、加拿大和墨西哥之间的大部分贸易壁垒。后来他又努力促成批准《关税及贸易总协定》(GATT)谈判中达成的其他一些影响深远的贸易协议。

《北美自由贸易协定》

克林顿最重要、最宏大的举措是对美国医疗保险制度的重大改革。1993年初,他任命第一夫人希拉里·罗德姆·克林顿领导一支工作队负责此事。这是一次彻底的改革,改革后医疗保险将会覆盖所有美国人,医疗保险的成本也会降低。该计划遭到了右派、保险公司、国会共和党领袖的一致反对,前途黯淡。1994年9月,国会放弃了医疗改革。

医疗保险制度改革的失败

克林顿政府执政初期采取了谨慎小心的外交政策,也取得了一些成功。巴尔干小国波黑卷入了两大民族群体间的内战：一边是穆斯林，另一边则是塞尔维亚人和基督教徒。1995 年美国谈判人员理查德·霍尔布鲁克终于把交战双方聚集到一起并达成一项划分波黑的协议。美国和其他国家派遣维和部队进入波黑地区，维持那里脆弱的治安状况，虽然很多人对维和部队不甚乐观，但是十多年以后，多数维和部队仍然在那里。

共和党再度崛起

克林顿政府的政策，尤其是医疗保险改革的失败使民主党在 1994 年的国会选举中失利。四十年来，共和党第一次控制了国会两院。

整个 1995 年，共和党控制的国会忙着制定现代历史上最宏大也最激进的立法议案，甚至一度达到狂热的地步。议员们提出了一系列把联邦权力移交州政府的措施。他们提议大幅削减联邦支出，包括对曾被视为神圣不可侵犯的医疗保险计划进

克林顿对阵多尔

打破先例 1993 年比尔·克林顿打破先例，任命第一夫人希拉里·罗德姆·克林顿负责医疗保险改革。第一夫人在克林顿政府中举足轻重的地位一下子震惊了很多美国人，有人拥护，有人不满。1993 年，第一夫人在约翰·霍普金斯大学为她的计划做宣传。2000 年，希拉里·克林顿再次打破先例当选纽约州参议员，2008 年又在党内竞选总统候选人。(*AP Images/Joe Mar—quette*)

行重大调整，以降低成本。他们还尝试大幅削减联邦职权。在所有这些行动中，共和党都可以依赖组织有序的众议院多数和稍显松散的参议院多数。

为回应 1994 年国会选举结果，克林顿总统宣称"大政府的时代结束了"，并堂而皇之地将自己的工作议程摆上了中心位置。他宣布了减税和平衡预算的计划。实际上，民主党控制的白宫与共和党控制的国会之间在很多重大问题上的分歧相对较小；然而总统与国会的共和党之间想要达成妥协却非常困难。1995 年 11 月和 1996 年 1 月，联邦政府两度因为总统与国会无法就一项预算案达成一致而关门达数天之久。共和党领袖怀着向总统施压，使之接受共和党预算提案的意图拒绝批准"持续决议案"（规定在协商期间，允许政府继续运作）。

很快事实证明共和党在这件事上犯了大错。舆论迅速转向，强烈反对共和党的领导及其多数议程。众议院发言人纽特·金里奇（Newt Gingrich）成为全国最不受欢迎的政治领袖之一，而在民意调查中克林顿总统的排名慢慢地上升了。

1996 年大选

到 1996 年总统竞选的关键时期，克林顿总统连任已成定局。民主党内没有提名其他候选人，所以他只需面对共和党对手堪萨斯州参议员罗伯特·多尔（Robert Dole）——一个在共和党内都几乎没能激发多少热情的人。克林顿再次胜选的部分原因在于他机智地采取了温和立场削弱共和党的影响，并表示支持受人欢迎的民主党传统议题，如提高最低工资等。然而，克林顿竞选实力的最主要来源是美国经济令人瞩目的成功以及他执政期间联邦赤字的大幅减少。像 1984 年的里根一样，他作为和平、繁荣和国家福祉的捍卫者角逐竞选。

随着大选日期临近，国会通过了几项重要的法案。十几年来第一次提高了最低工资标准。其中最引人注意的是，国会批准了一项福利改革法案，而总统克林顿非常不情愿地签署了这项法案，标志着 1935 年《社会保障法》以来对穷人的援助发生了重要改变。这一法案终止了过去五十年里对有子女需要抚养的家庭提供联邦援助的政策，将发放联邦福利资金的大部分责任转移到各州。最重要的是，没有工作的人不再享受福利待遇，而这些资金将用于支持那些低收入工作者。

克林顿的竞选一直很顺利，只是在最后几周有点小波动，不过总统仍然得到了超过 49% 的普选票，多尔获得了 41%，罗斯·佩罗特以改革党候选人参选，赢得了略多于 8% 的普选票。克林顿赢得了 379 张选举人票，多尔 159 张。但是其他民主党人斩获不多，没能重新控制两院中的任何一个。

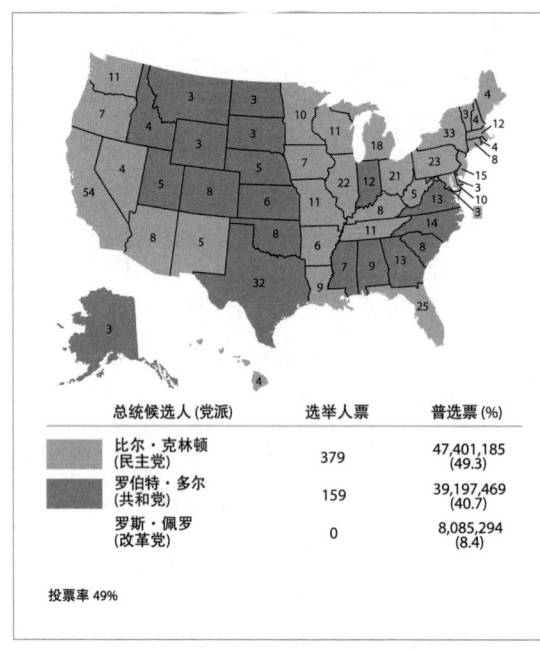

1996 年大选 1996 年大选中，罗斯·佩罗特的支持情况甚至不如 1992 年，克林顿总统则赢得了更多的普选票。克林顿再次击败了他的共和党对手罗伯特·多尔。这次克林顿在普选票和选举人投票中都赢得了决定性胜利。然而 1994 年共和党在国会选举中赢得了压倒性的多数之后，克林顿总统的执政力量似乎永久地削弱了。
◆ 如何解释克林顿的再次成功？

克林顿的成功与坚守

预算盈余

克林顿是自富兰克林·罗斯福以来第一位连任成功的民主党总统。面对在一定程度上收敛了锋芒但仍然存在敌意的共和党国会，克林顿提出了温和的国内政策，主要包括减税和对中产阶级实行税收抵免，以支持他们的子女教育。他还和共和党领袖协商制定了平衡预算的计划，1997 年底，这个计划受到广泛支持而被批准。到 1998 年底，联邦预算已经出现了三十年以来的第一次盈余。

接下来动荡不安的一年里，克林顿不得不面对他执政期间最严重的一次危机，他的个人声望在那些动荡的日子里发挥了重要作用。克林顿连任初期就被丑闻缠身，其中包括前阿肯色州雇员保拉·琼斯（Paula Jones）指控总统曾对她进行性骚扰。

莫妮卡·莱温斯基

1998 年初，对保拉·琼斯案件的调查引出了总统曾与年轻的白宫实习生莫妮卡·莱温斯基（Monica Lewinsky）发生性关系的事件，而且总统曾在琼斯的律师面前作伪证。这些发现使曾负责调查白水事件的独立委员会展开调查，具体由里根时期的司法部官员和法官肯尼斯·斯塔尔（Kenneth Starr）负责。克林顿否认这些指控，公众也积极地支持他。他的支持率飙升到创纪录的水平，一年后仍居高不下。

1998年8月，莱温斯基丑闻再次掀起波澜。莱温斯基与独立委员会达成协议，证明她曾和克林顿发生关系。于是斯塔尔传唤克林顿本人进行调查，克林顿最终承认了这桩他所谓的"不正当关系"。几周后，斯塔尔建议国会弹劾总统。

共和党保守派决心追究此事。众议院司法委员会与众议院全体人员严格按照党派划分进行了投票。1998年12月19日众议院全体批准了两项弹劾条款：欺骗大陪审团和破坏司法公正。弹劾案紧接着移送到参议院，参议院1月初开始对总统进行审判，这是自安德鲁·约翰逊总统1868年审判后第一次出现同样的局面。然而总统最终被宣告无罪。这两项指控都没有得到多数票，更不用说宣判有罪所需的三分之二票数了。

弹劾总统

科索沃

1999年，总统遭遇了他执政期间最严重的外交政策危机，这次问题又是出在巴尔干地区。冲突发生在塞尔维亚族控制的南斯拉夫的一个省——科索沃，那里的居民主要是阿尔巴尼亚族的穆斯林。塞尔维亚人控制的南斯拉夫政府和科索沃的分裂主义者之间长期的冲突最终导致在1998年爆发了一场惨烈的内战。大量有关塞尔维亚人对科索沃人施暴的报道慢慢引起了世界的关注。1999年5月，美国主导的北约军队在其率领下开始对塞尔维亚人进行轰炸，一周多以后，南斯拉夫领袖斯洛博丹·米洛舍维奇（Slobodan Milosevic）同意停火。塞尔维亚军队全部撤出科索沃，北约维和部队则留在科索沃地区维持治安。这一地区恢复了和平，但是危险因素并没有消失。

克林顿八年总统任期届满时，支持率比他刚担任总统时还要高。虽然执政期间爆出了很多丑闻，也遭遇了很多挫折，但是公众对克林顿的认可度在战后的总统当中一直排在最高的位置，因为他带来了令人震惊的经济繁荣，并基本维护了世界的稳定。然而他个人的鲁莽性格始终困扰着选民们，当然也给民主党带来了负担。

2000年大选

2000年的总统大选是美国历史上最不平常的一次大选。这并非是因为竞选活动有什么特别，而是因为大选结果惹来了极大的争议。

大选前一年，两位总统候选人没费什么力气就顺利得到了各自政党的提名。一位是前总统的儿子乔治·W.布什，另一位是得克萨斯州第二任州长、副总统阿

乔治·W.布什对阵阿尔伯特·戈尔

尔伯特·戈尔（Al Gore）。

两位候选人的竞选活动谨慎而温和，仅在如何使用未来的巨额预算盈余上存在微小分歧。民意调查显示二者的支持率在竞选期间始终是平分秋色，并且出奇地接近。国会选举中，共和党以5个席位的优势控制了众议院，而参议院则被两党平分（第一夫人希拉里·罗德姆·克林顿在纽约州的公开竞选中获胜，进入参议院）。总统竞选中，戈尔以54万张（0.05%）普选票的微弱优势胜出（投票总数约为1亿张）。然而大选之夜，由于无法确定谁在佛罗里达州获胜，两位候选人都没有拿到胜选所需的270张选举人票。接下来的两天中，在对佛罗里达州选票再次进行统计之后，布什仅以不到300张选票的优势领先戈尔。

在佛罗里达州的多个县，包括一些民主党控制的县里，选票计票

佛罗里达州

2000年大选之夜 深夜，纽约时代广场的公告牌上播出了美国总统大选的报道，显示乔治·布什获胜。几小时之后，由于佛罗里达州的选举结果不确定，广播网撤销了这一新闻。五周之后，在最高法院的介入下，布什最终赢得胜利。（Chris Hondros/Getty Images）

采用非常不准确的打卡方式（即机器点票）进行。很多选民没能对准正确的孔，导致机器无法读取。为解决这一问题，依据佛罗里达州法律规定，戈尔很快要求在三个关键县对打卡投票结果重新进行人工计票。

法院给定的期限结束时，重新计票仍未全部完成。这时，佛罗里达的一位共和党州务卿证明布什比戈尔多500票，在佛罗里达州选举中获胜。戈尔随即向佛罗里达州最高法院提出质疑，法院下令重新对佛罗里达州所有未统计的选票进行人工计票。

最高法院的决定

同时，布什向美国最高法院提出申诉。12月12日晚间，法院签署了历史上最特别、最具争议性的裁决。最高法院的投票结果是5:4，党派及其思想路线泾渭

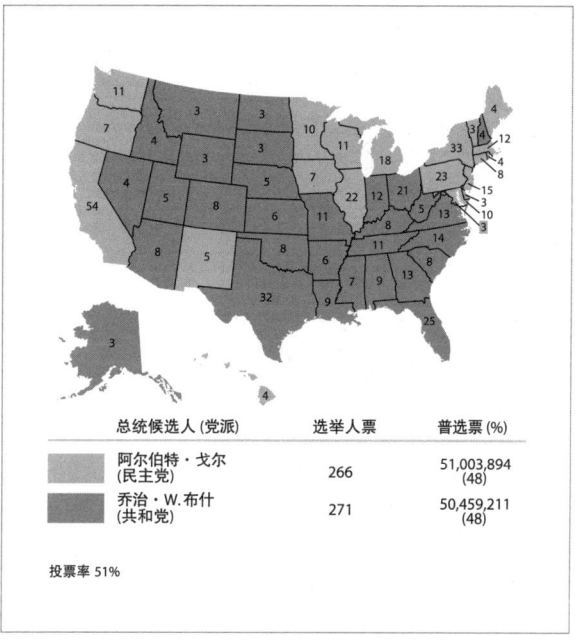

2000 年大选　2000 年的总统大选是美国历史上票数最接近、最具争议的一次总统竞选，它突出显示了过去十年发展起来的新型党派力量。民主党横扫东北部和中西部的多数工业区及太平洋沿岸各州。共和党则包揽了南方各州、平原地区各州及除新墨西哥之外的山区州，并守住了中西部几个传统的共和党州。可将此地图与以前历届（尤其是 1896 年）大选分布图相比较，并考虑 20 世纪各党派支持力量发生了什么变化。

分明，保守派大多驳回了佛罗里达州最高法院的判决，坚称所有重新计票结果到 12 月 12 日必须完成。但这显然不可能实现，因为法院发布这一判决时已是 12 月 12 日深夜。最高法院对大选结果做出了裁定，在没有重新计票结果的情况下维持布什获胜。

布什的第二届总统任期

　　布什的获胜存在诸多争议，民众（甚至包括他的部分支持者）又普遍认为布什并未做好就职准备。就是在这种双重压力下，2001 年 1 月，乔治·W.布什宣誓就职。

　　布什竞选时曾许诺将使用预算盈余为大规模的减税提供资金保障。在共和党控制国会两院的情况下，美国历史上规模最大的一次减税计划获准通过，该计划预计在几年之内减税 13500 亿美元。

布什的减税计划

　　布什在竞选中以一个善于跨党结盟的温和派的形象出现，然而执政后他却成为一名坚定的保守派，而且主要依靠党内最正统的成员提供支持。准备 2004 年大选时，总统政治顾问卡尔·罗夫（Karl Rove）鼓励政府在很多存在分歧的社会问题上采取更保守的立场。为讨好枪支游说团体，总统拒绝支持恢复克林顿时期颁

宗教和政治，2004 2004年大选中很多议题都至关重要，但这一年的大选之所以特别，还在于宗教成为主要议题。由于布什在诸如堕胎、同性恋权利、干细胞研究和"基于信仰"的组织在公众生活中的作用等宗教相关的问题上采取的立场，对很多福音派基督徒而言，乔治·W. 布什总统的连任不仅仅是一个政治事件，也是一个宗教事件。照片中是布什竞选团队成员高举着由布什竞选海报做成的十字架。(Bill O'Leary/The Washington Post)

布的攻击性武器禁令。他提议修改宪法，禁止同性婚姻，从而使同性恋权利成为竞选的重要议题。布什政府提议将"基于信仰"的组织纳入联邦政府援助计划，从而广泛而成功地动员福音派基督徒加入共和党联盟。然而，几乎从布什就职起，9·11恐怖袭击事件就主导了其整个总统任期及美国政治。

2004年大选

共和党内没有提名其他候选人参加2004年总统大选，于是布什总统直接对阵民主党提名的候选人，来自马萨诸塞州的参议员约翰·克里（John Kerry）。大选前，布什和克里的支持率几乎持平。

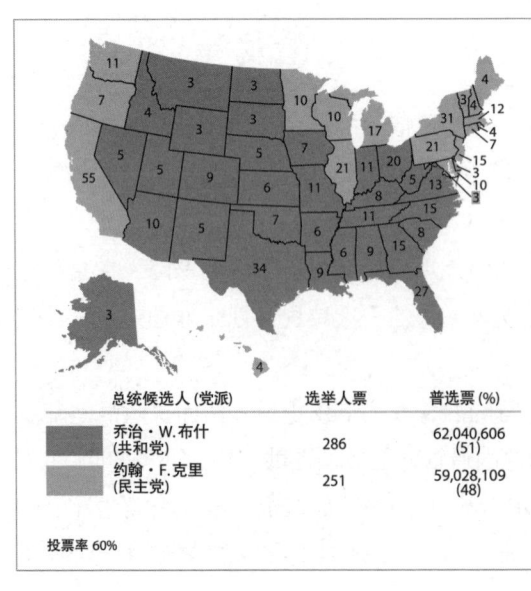

2004年大选 2004年大选重演了2000年大选的情况。民主党由马萨诸塞州参议员约翰·F. 克里参选，仍然得到东北地区、中西部大部分以及太平洋沿岸各州支持。共和党由现任总统布什参选，几乎赢得了民主党支持地区外的所有支持。虽然在普选票和选举人票中，布什都获得了比2000年大选时更大的优势，但大选结果仍然十分接近。如果俄亥俄州的10万张选票投给克里而不是布什，那民主党就会获胜。

虽然两人得票率非常接近，但比起 2000 年大选结果，此次竞选更具决定性。布什获得了 51% 的普选票，克里是 48%。选举人票更为接近，布什 268 张，克里 252 张。如果克里能够赢得竞争激烈的俄亥俄州（最终布什在此以非常微小的优势获胜），他就能当选总统。

二、经济繁荣

20 世纪的最后二十年和 21 世纪的头十年，美国社会生活发生了巨大变化。究其原因，一方面是冷战的终结，另一方面是美国人口的基本特点发生了变化，这同时也是文化迅速演变的产物，但多数变化至少在一定程度上是美国经济急速转型所带来的必然结果。

从"滞胀"到增长

20 世纪八九十年代的经济增长一定程度上植根于 70 年代的困难时期，当时美国似乎在一段时期内失去了实现长期繁荣的能力。那些年，经济止步不前，通货膨胀居高不下，然而，在这种情况下，很多公司开始对经营方式做出重大改革，这种改革为 20 世纪最后几十年的繁荣奠定了基础，但随之也产生了不均衡。很多企业大举投资新技术以提高效率和生产力。公司开始考虑兼并，以谋求更为多样化的发展基础。面对 70 年代的能源危机，很多企业创造了可以有效利用能源的节能工厂和办公场所。最重要的是，美国企业开始寻求降低劳动力成本（美国劳动力成本全球最高）。很多经济学家和企业领袖认为，劳动力成本过高使美国在与其他依靠廉价劳动力的新经济体的竞争中失去了优势。

_{新的商业实践}

企业采用了多种方式降低劳动力成本。它们采取更强硬的政策对待工会。未设立工会的公司更为成功地规避了工会力量；设立工会的公司则以保留工作岗位为条件换取工会在工资和福利方面的妥协。一些公司迁到了工会力量薄弱、工资水平较低的乡村地区，尤其是美国南部和西部。很多公司则干脆将生产部门全部迁到拥有大量廉价劳动力的国家，如墨西哥和中国。

驱动新经济发展的另一个动力是技术产业的成长。数字技术使大量新产品（计算机、互联网、手机、数字音乐、视频、相机、个人数码辅助器材等等）成为可能。技术行业创造了很多新的行当，也刺激了新的消费需求和消费欲望。

_{技术产业}

由于这一系列原因，20世纪最后几十年美国经济飞速增长。国民生产总值（美国生产的产品和提供的服务总量）二十年来增长至原来的四倍，从1980年的27000亿美元到2000年的98000亿美元。这几十年中，通货膨胀率从未超过3%。从80年代中期到20世纪末，股价出现了前所未有的持续飙涨，且几乎从未出现震荡。1980年底，道琼斯工业平均指数多为1000点，到1999年底，已经超过了11000点。90年代的最后几年，经济增长十分强劲。1997—1998年间，美国经济年增长率自60年代以来第一次达到了5%。此次经济增长最引人注目的特征是繁荣持续的时间很长。1994—2000年间，每年甚至每个季度的经济增长率都创了历史纪录，这在和平时期从未出现过。除去1992—1993年间的短暂衰退之外，从1983年底一直到2000年春经济开始下行以前，经济一直蓬勃发展。

经济下行

1999年，联邦储备委员会主席艾伦·格林斯潘（Alan Greenspan）曾发出警告，称美国人正带着"非理性的狂热"在股市谋利。几个月后，市场证实了他的担忧。2001年4月，创业时间短、利用互联网运营、利润丰厚的新兴经济部门"互联网公司"一改蓬勃发展势头，突然遭遇灾难性崩溃。

"技术泡沫"的破灭最初似乎没有对整体经济产生影响。然而2001年起，在过去十年中推动经济增长的主要动力——股市开始大幅下跌，并持续了几乎整整一年。到2002年初股市开始恢复时，已经再难与90年代的蓬勃发展相提并论。2001年秋，经济整体陷入衰退。直到2002年经济恢复后，股市增长仍相对缓慢。2008年初，住房抵押贷款市场发生灾难性崩溃，导致股市和国家经济都进入衰退期。

双重经济

<small>收入不均加剧</small>

虽然美国经济已经摆脱了20世纪70年代和80年代初的低迷状态，但新经济带来的益处却没有像以往的繁荣时期那样被广泛地分享。20世纪末、21世纪初，物质财富日益增加，很多人凭借智慧或运气从蓬勃发展的经济中获利。教育回报，尤其在科学和工程领域的回报大幅增加了。1980—2000年间，最富裕的20%人口中，家庭平均收入增长了将近20%，达到了每年10万美元；中等收入的20%人口中，家庭平均收入增长高于8%。而剩余的60%人口，家庭平均收入没有改善，实际上最底层的20%人口平均收入还下降了许多。

安然棒球场 安然公司运转良好时,是一个渴望扩大公司知名度的知名公司。他们在休斯敦商业区修建了一栋熠熠生辉的曲线形摩天大楼。2001 年 12 月,当这个建筑群的第二座大厦即将完工时,安然公司破产,工程被迫停工。安然公司还将休斯敦棒球馆冠名为安然棒球场。2002 年春,安然公司及其负责人丑闻缠身,休斯敦太空人棒球队付出了数百万美元才脱离了此时已经臭名昭著的安然公司。(David J. Phillip/AP/Wide World Photos)

20 世纪 70 年代起美国与世界经济体间的关系发生变化,美国失去了轻松获取廉价原材料的渠道,外国竞争者进入美国市场,美国重工业结构重组,并导致工作岗位减少,工资水平降低。这些变化贯穿了此后的几十年,在某些领域甚至变化速度更快。新技术的发展使受教育群体从中获益,而经济收缩的结果对这个圈子之外的个人和家庭而言却

全球经济 这张照片拍摄于 2001 年 2 月,画面上数百个来自中国的集装箱在洛杉矶的阳明集装箱码头等候运输,由此可见越来越多的海外制造商正在进入美国市场,美国经济与世界其他地区的联系也越来越紧密。(Reed Saxon/AP/Wide World Photos)

常常是破坏性的。

贫困率上升

二战后，美国贫困现象稳步减少，有时甚至出现锐减。到70年代末，贫困人口已由此前的20%降至12%。不过贫困减少的趋势未能持续。80年代，贫困率再次上升，竟数次高达15%。到2005年，贫困率降至13.3%，与二十年前大体持平。

全球化

也许这一时期最重要的经济变化是通常所说的经济"全球化"。五六十年代的经济之所以繁荣，其重要原因之一是美国经济与外界相对隔离，不受国际竞争压力的影响。到1970年底，国际贸易在整个美国经济中仍然只发挥了较小的作用，而经济繁荣的基础是北美地区内部的巨大市场。

到70年代末，世界经济已经在很多方面对美国经济产生了深刻的影响，进入21世纪后，这种影响更为显著。1970年美国出口不足430亿美元，到2006年增加到超过1万亿美元。而进口增加的幅度更为引人注目：1970年，进口额仅略多于400亿美元，到2006年增加到超过1.8万亿美元。换句话说，多数美国产品在国内市场上面临着外国产品的竞争。战后美国的第一次贸易失衡出现在1971年；此后，贸易顺差仅在1973年和1975年出现过两次。

全球化的代价

全球化为美国消费者带来了很多实惠：很多新产品便宜且种类多样。多数经济学家和国家领导人都欢迎全球化进程，并努力通过减少贸易壁垒促进全球化发展。《北美自由贸易协定》和《关税及贸易总协定》是20世纪60年代以来减少贸易壁垒的一系列协议中最为大胆的两个。然而全球化也要付出多种代价。产业工人所受的影响尤为严重，随着美国公司被外部竞争者挤出市场或者将生产部门转移到低工资国家，他们的就业岗位消失了，因而处境极为艰难。

三、新经济时代的科学与技术

20世纪末、21世纪初出现了大批对美国乃至全世界影响深远的科学技术新发现。这些新发现推动了新经济的出现，新经济又反过来促进了科学技术的进一步发展，从而对美国乃至全世界人们的生活方式产生了深刻的影响。

数字革命

对多数美国人而言，新技术革命最重要的内容是电脑和其他数码电子装置在方方面面的生活中使用频率大幅增加。

1971年英特尔公司推出新研发的微处理器，标志着集成电路技术的重大进步。微处理器成为引发数字革命最重要的创新之一。它的出现使计算机的中央处理器缩小，从而使小体积的机器也能够实现以往只有大型机才能做的计算。微处理器要真正成为最初的"微机"及之后的个人电脑的基础核心还需要大量技术革新。1977年，苹果公司推出了能广泛应用的个人电脑"苹果二代"。几年后，国际商业机器公司（IBM）推出第一台个人电脑，正式进入个人电脑市场。IBM 公司请一家名叫"微软"（Microsoft）的小型软件开发公司为这种个人电脑设计操作系统。微软于是设计了 MS-DOS 程序（DOS 指"磁盘操作系统"），所有电脑必须安装这个程序才能正常运行。1981年8月，这种个人电脑和软件系统一推出市场，马上就取得了巨大成功。三年后，苹果公司推出了麦金托什计算机，标志着计算机技术的又一项重大革新，它的软件系统与 DOS 系统不同，操作比个人计算机（PC）简单得多。但苹果公司的营销能力不如 IBM 公司，到80年代中期，PC 机已经在蓬勃发展的个人计算机市场中占据了主导地位。1985年推出的替代 DOS 系统的新软件包——视窗（Windows），进一步巩固了 PC 机的主导地位。微软公司开发的 Windows 系统借鉴了苹果操作系统的很多概念（尤以对图形用户界面 [GUI] 的借鉴最为明显）。

计算机革命创造了数以千计的新兴行业：计算机制造商、微型硅芯片（使计算机得以运行并保证其在体积不断缩小的同时功能越来越强大）制造商（其中英特尔最为成功），以及硬件制造商。

互联网

计算机革命催生了另一个崭新的信息通信源：互联网。互联网实质上就是一个覆盖范围广阔的巨型计算机网络，人们接入网络就可以与全世界网络中的人通信。互联网源于1963年的美国国防部高级研究计划署（ARPA），它为很多与国防有关的科学研究项目提供联邦资助。60年代初，国防部高级研究计划署信息处理技术办公室主任 J. C. R. 利克莱德（J. C. R. Licklider）研究所谓的"未来图书馆"项目，希望使分散在广阔区域中的人们实现大量的电子信息共享。1963年，他启动了一项计划，把相距甚远的计算机连接起来，即所谓的阿帕网（Arpanet，国防部高级研究计划署网络）。由于计算机设备相对稀缺，阿帕网启动前几年的主要作用就是使那些想要使用某计算机设备的人不必到这台计算机所在地。渐渐地，网络的规模和用途都扩大了。

两项重大新技术在一定程度上促进了网络的发展。一是60年代初美国兰德公司和英国国家物理实验室合作开发的一个系统，称为"存储转发分组交换"系统。它可以在不直接连接的计算机之间实现大量数据信息的传输。另一技术突破是计算机软件的发展，即接口信息处理器，它使个人电脑具备处理网络传输的能力。

到1971年，已有23台计算机接入阿帕网，主要为研究实验室和大学服务。渐渐地，人们对这个网络系统的兴趣扩散开来，接入网络的计算机数量越来越多。80年代初，阿帕网的主要开发者之一国防部由于安全因素退出该项目。不久网络改名为互联网，开始独立自由

《连线》6.01 《连线》是一本科技杂志，面向年轻、时尚、精通计算机操作的读者。1998年1月，《连线》针对20世纪90年代很多计算机和互联网爱好者的特点，对电子技术表达了一种乐观甚至是有远见的观点。1992年《连线》杂志出版时，他们小心翼翼地将自己与那些以介绍和推广新产品的商业计算机杂志区别开来。《连线》杂志抓住了那些既富有怀疑态度又有开创精神的一代读者，对他们而言，技术将定义未来。(Designer, John Plunkett; Writer, Louis Rossetto. Copyright © 2002 by the Condé Nast Publications, Inc. All rights reserved.)

地发展。互联网发展非常迅速，在数字邮件（电子邮件）和个人计算机出现之后，其发展速度更快，同时互联网的潜在用户大大增加。1984年时，互联网接入的主机数量还不到1000台，十年后，接入数量超过了600万台。2007年，全世界有超过10亿台计算机接入互联网，其中美国就有2.5亿台。

随着互联网信息量的不断增加，在没有中心方向的情况下，出现了多种新型软件帮助个人用户自由浏览大量网站。1989年，在日内瓦工作的英国科学家蒂姆·伯纳斯·李（Tim Berners-Lee）开发了万维网，个人用户可以通过万维网在互联网发布信息。万维网为电子信息的分发和检索建立了一个有序的系统。

虽然互联网的使用十分普遍，但仍然具有分布不均的特点。现在，计算机在

美国家庭中非常常见。但是收入水平越低，拥有计算机和接入互联网的可能性就越小。同样，与富裕的中小学相比，资金匮乏的中小学在计算机和互联网设备上都受到更多限制。这些缺口被称为"数字鸿沟"，意味着有本领在新的电子世界自由航行（除去那些最不赚钱的工作，这种本领已成为就业的必需条件）的人和不具备这些本领的人之间的鸿沟在不断扩大。

遗传学的突破

计算机技术带动许多科学研究领域（尤其是遗传学）的爆炸式发展。格雷戈尔·孟德尔、托马斯·亨特·摩根等科学家在遗传学方面的早期发现为后来的技术突破奠定了基础。1944年，英国科学家奥斯瓦尔德·埃弗里、科林·麦克劳德、迈克林·麦卡蒂共同发现了脱氧核糖核酸（DNA）；1953年，美国生物化学家詹姆·华生和英国生物物理学家弗兰西斯·克里克发现了脱氧核糖核酸的双螺旋结构，因此找到了确定遗传密码的关键。这些新发现催生了基因工程这一新科学领域，并最终形成了一个新行业，使新医疗技术和动植物杂交技术成为可能。

渐渐地，科学家们开始确定哪些基因决定人类及其他生物的特定性质，并研究如何改变和复制基因。不过确定基因的工作非常缓慢；1989年，联邦政府批准了30亿美元支持国家人类基因组中心，推进人类基因图谱的绘制工作。人类基因组计划预计到2005年之前确定10万多个人类基因。由于研究技术的发展及其他私人资助的研究计划的竞争，这项工程比预期的进展要快得多，到2003年4月已经完成。

同时，脱氧核糖核酸研究已经吸引了公众的广泛关注。科学家们发现，个体的脱氧核糖核酸结构都是独一无二的，可以像指纹那样用于识别。因此，DNA测试可以通过血液、精液、皮肤甚至头发识别个体。1995年，DNA测试在O. J. 辛普森案中发挥了重要作用。1998年DNA测试又被用于调查克林顿总统与莫妮卡·莱温斯基的关系。同样在1998年，DNA测试结果确认托马斯·杰斐逊曾和他的奴隶萨利·海明斯生了一个孩子，因为两人后代经DNA测试发现了遗传相似性。这个测试结果结束了延续近200年的政治和学术争议。

不过遗传研究也引起了重大争议。科学家们预测新科学可以改变以前人力控制范围之外的生命特征，这让很多人感到不安。一些批评家们基于宗教立场担心这是对上帝计划的干扰。其他人则从道德的层面提出质疑，担心这将会使父母能够选择生什么样的孩子。另一个争议热点是科学家们如何获取遗传物质。

**道德伦理
上的困境**

医疗研究最有前景的领域之一是干细胞——从未发育的胎儿（多数是由体外授精的夫妇制造的胎儿，体外受精是指不孕的夫妇使用各自的卵细胞和精子在子宫外受精，然后植入母亲体内）身上获取的遗传物质——的使用。反堕胎倡议者们谴责干细胞研究，认为它对未出生的婴儿造成伤害。研究显示，干细胞研究有可能为帕金森症、阿兹海默症、肌萎缩侧索硬化症以及其他之前无法治愈的疾病提供治疗的希望，因此干细胞研究的支持者们认为他们使用的干细胞来源于被丢弃的胎儿。因为体外受精通常会产生比所需胚胎多很多的胚胎数量，多余的胚胎即使不用于干细胞研究，也会被丢弃。

对干细胞研究的争议成为 2000 年竞选的议题。小布什就任总统后，马上向反堕胎倡议者们兑现承诺，并在 2001 年夏天签署禁令，禁止使用联邦资金支持科学家们进行干细胞研究。虽然干细胞研究规模大幅缩减，但它在一些私人赞助的机构里仍在继续。几个州政府，包括加利福尼亚州和纽约州也开始支持干细胞研究。

四、变化的社会

20 世纪末 21 世纪初，美国人口发生了巨大变化，人口增加，老龄化加剧，种族和民族更加多样。

人口转移

生育率降低和寿命延长共同导致了 21 世纪初美国人口最主要的特点之一：老龄化加剧。二战后头十年内出生的大批"婴儿潮"人口把中间年龄推高了。1996 年中间年龄为 34 岁，到 2006 年为 36 岁，预计到 2035 年，中间年龄将达到 39 岁。老龄美国人口增加，给社会保障和医疗保险制度带来了压力，对劳动力市场产生了重要影响。20 世纪八九十年代，25—54 岁之间的人口（统计学中这个年龄段的人为主要劳动力人口）增加了 2600 万。21 世纪头十年中，这个年龄群的工人数量完全没有增加。

美国本土出生的人口增长缓慢，导致劳动力短缺，因而移民数量增速加快。2006 年，非本土出生的美国居民达 3500 万人，超过全部人口的 11%，创历史最高纪录。1965 年《移民改革法》废除了对移民国籍的限制之后，移民背景比过去更加多样化。非本土出生居民的增加使美国白人人口占比大幅下降，1965 年白人占

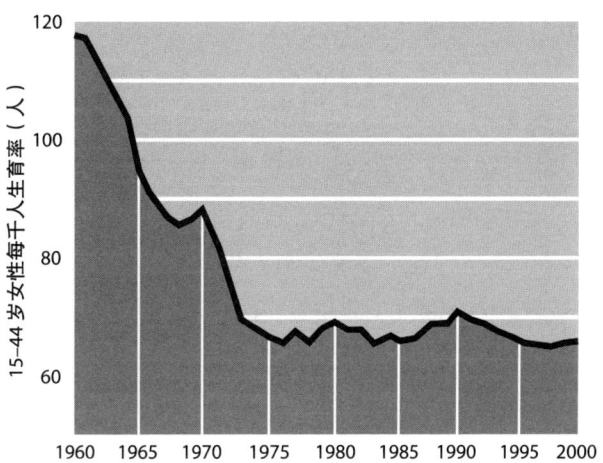

美国生育率，1960—2000 如图所示，1940年以后的二十年里诞生了"婴儿潮"一代，美国人口生育模式发生了重大变化。20世纪六七十年代，美国生育率稳步大幅下降。
◆ 生育率降低对人口年龄结构有什么影响？

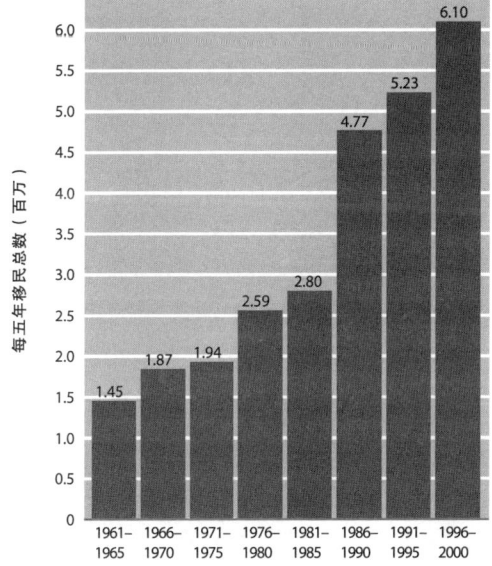

移民总数，1960—2000 如图所示，1965年《移民改革法》颁布以来，美国移民数量大幅增加。20世纪八九十年代移民数量达到19世纪末以来的最高值。
◆ 1965年的移民法对移民大量增加起了什么作用？

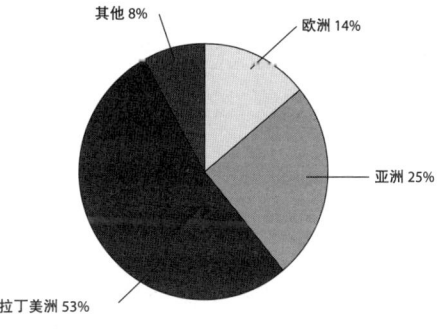

移民来源，1995—2003 1965年《移民改革法》放宽1924年的配额移民政策，对以前受限地区的大批移民敞开了大门。1965年，美国90%的移民来自欧洲。如上图所示，到2003年，情况刚好相反，超过80%的移民来自欧洲以外的地区。这一时期最重要的移民来源地依次为墨西哥、中国、菲律宾、印度、越南和古巴。◆ 新移民对美国政治产生了怎样的影响？

全部人口的90%，到2006年，白人人口占比为78%。这些年中，拉丁裔和亚裔人口是最大的移民群体。其他地区如非洲、中东、俄罗斯和东欧国家的移民也大量涌入美国。

后民权运动时期的非裔美国人

20 世纪 60 年代的民权运动和其他自由运动对所有非裔美国人产生了两种截然不同的影响。一方面，能够把握机会的非裔美国人有了更多提升自己的机会。另一方面，随着工业经济和政府服务的减少，大量非白人群体日益感到无助和失望，他们仍面临阻碍，难以向上发展。

到 21 世纪初，非裔美国人中有一半以上是中产阶级。在民权运动高潮后的几十年里，他们取得了非常显著的进步。黑人和白人专业工作者间的差距仍然存在，但正在快速消失。很多非裔家庭迁到富裕的城市社区，多数搬到了郊区。有的进入白人社区，但多数则迁到以黑人为主的社区。21 世纪初，黑人和白人高中毕业生进入大学的比例相同，尽管能够完成高中学业的黑人比例低于白人。2005 年，24 岁以上的非裔美国人有 17% 获得了学士及以上学位，而白人则有 29%。这个数字相比二十年前已经取得巨大进步——二十年前，白人在这方面已经遥遥领先于黑人。非裔美国人已经在许多他们曾被禁止进入或被隔离的领域进步迅速。2005 年，美国一半以上的黑人雇员从事技术型的白领工作。美国社会生活中已经几乎没有再将黑人完全排除在外的情况了。

然而黑人中产阶级的崛起，使其他非裔美国人日益悲惨的处境显得更加突出。20 世纪 60 年代以来的经济增长和自由主义项目都未曾惠及这些黑人。这些穷人有时被称为"底层人口"。他们一穷二白、贫困潦倒，在黑人人口中占三分之一的比

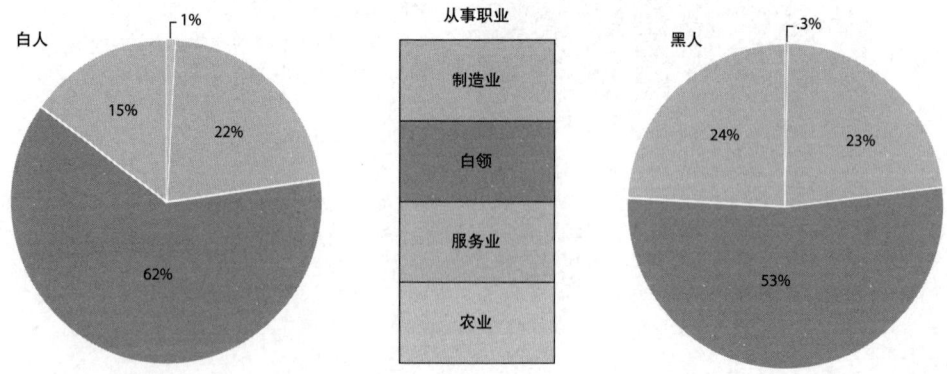

黑人和白人职业分布，2005 如图所示，21 世纪初，非裔中产阶级美国人数量大幅度增长。美国一半以上的黑人雇员都从事白领工作。与五十年前相比最引人注目的是，21 世纪初，几乎已经没有黑人继续从事农业工作了。然而黑人和白人雇员在很多领域，尤其是在低收入服务性工作中所占的比例，仍有较大差距。◆ 1960 年以后哪些因素促成了黑人中产阶级的增加？

"无知=恐惧" 1989年，艺术家凯斯·哈林（其作品的灵感很大程度上源于城市涂鸦）创作了这幅海报，为抵抗艾滋病争取支持。第二年，他死于艾滋病。传播这幅海报的组织——"行动起来"是致力于寻求更快治疗艾滋病的最激进的组织之一。（© The Estate of Keith Haring）

例，大多居住在城市一些孤立、破败、凄凉的贫民区。越来越多成功的黑人迁出了中心城区，只剩下穷人留在破败的贫民区。2006年，中心城区仅有不到一半黑人青年从高中毕业；其中超过60%的人失业。黑人家庭结构也因城市贫困被破坏，以单身母亲为户主的黑人家庭数量急剧增加。1970年，18岁以下的黑人儿童仅有59%与双亲生活在一起，十年前这个比例为69%。到2006年，黑人儿童与父母共同生活的比例降到35%，而白人儿童与父母共同生活的比例则为74%。

20世纪末、21世纪初，随着社会和经济状况的变化，非白人人口由于诸多因素而陷入不利地位：人们对扶持穷人的平权行动和福利计划日益不满；非技术性的工作岗位大幅减少；企业迁出了社区；通往工作机会丰富地区的交通不发达；大量辍学使他们难以为工作做好充分准备。

这些情况使中心城区的居民感到愤怒和绝望，这种情绪在很多方面得以体现。有时它以艺术的形式表现出来，如20世纪末最流行的黑人音乐形式——说唱音乐（参见"大众文化模式"，边码第908—909页）。1992年夏天，这种愤怒和挫败感在洛杉矶被更加直观地表达出来。1991年，一位路人拍下了几位洛杉矶警官驱车追捕并殴打无还手之力的黑人罗德尼·金的视频；但在审判这些袭击他人的警官时，洛杉矶郊外一个社区的全白人陪审团判决他们无罪。洛杉矶中南部的黑人居民（洛杉矶市内最贫困的群体）愤怒了，由此爆发了20世纪最严重的一次种族冲突。洛杉矶到处是抢劫和纵火案，50多人在这次事件中死亡。

罗德尼·金

在那几年里，美国人长期头疼的"种族关系"情况日益恶化。种族间互相怀疑，这在1994年著名的O. J.辛普森杀妻案审判中表现得最为明显。辛普森曾是美式橄榄球明星，因涉嫌谋杀他的前妻和一位年轻男子被起诉。媒体关注这个案件

O. J.辛普森案审判

一年多。案件诉讼过程中，关于辛普森是否有罪的看法以种族为界限划分得泾渭分明。1995年秋，辩方将辛普森描述为警方种族歧视行为的受害者，辛普森得以无罪释放，很多黑人社区欢欣鼓舞，而白人却隐隐感到厌恶。

现代瘟疫：毒品和艾滋病

80年代以来两种新的致命"瘟疫"席卷了美国很多社区。其中之一是吸毒率显著上升，毒品几乎深入到全国所有社区。80年代末90年代初，对毒品尤其是"霹雳"可卡因的巨大需求实际上滋生了一个利润达几十亿美元的产业。80年代末起，中产阶级吸毒现象大幅减少，但在毒品危害最严重的城市贫民区，吸毒现象的减少则缓慢很多。

与吸毒相关的是20世纪末的另一种致命疾病。1981年，一种新型致命疾病蔓延开来，并很快被命名为艾滋病（获得性免疫缺陷综合征）。艾滋病由通过体液（血液或精液）传播的HIV病毒引起。感染HIV病毒之后，病毒会逐渐破坏人体免疫系统，使之对多种疾病（尤其是各种癌症和肺病）丧失抵抗力。感染了HIV病毒（或HIV阳性）的人可以存活很长时间不发展成艾滋病，但是一旦发病就必死无疑。美国第一批艾滋病患者（也是多年来受害人数最多的一个群体）是同性恋男性。到20世纪80年代末，同性恋者开始采取防护措施后，异性恋人群中艾滋病的传播迅速增加，他们中很多人都是在静脉注射毒品时因为共用污染了的皮下注射器而感染病毒。

2005年，美国约有43.4万人携带艾滋病毒；不过，这仅是世界上感染HIV病毒人群的一小部分。2006年，世界上感染HIV病毒的总人数约为3950万，其中超过三分之二的病例（大约2500万）集中在非洲。同时，政府和私人机构开始通过各种明显而直观的方式宣传提高艾滋病防护意识，如敦促青年禁欲或使用乳胶避孕套以避免"不安全性关系"。从新增病例的减少可以看出这些措施取得了成功。1995年美国艾滋病新增病例为7万人，到2005年，新病例约为4.4万人。

20世纪90年代中期，在经历了数年的挫败后，艾滋病研究专家们开始发现治疗这种疾病的有效方法。通过密集使用几种强效药物，包括蛋白酶抑制剂，那些艾滋病晚期患者的病情也能明显改善，很多病例经过这样的治疗后，血液中几乎检测不到病毒残留。这种新药第一次明显延长了艾滋病患者的寿命，甚至有可能恢复其正常的寿命。但这种药物并不能治愈艾滋病；一旦停止用药，症状会再次出现，药效也因人而异。而且，这种药物非常昂贵，也很难服用；贫困的艾滋病病人通常连得到它的机会都没有，在非洲等艾滋病猖獗的欠发达地区，这种药物仍然十分稀缺。21世纪头十年，联合国、很多慈善组织及政府，包括美国，都投入了大量资金解决非洲的艾滋病危机，但进展仍然十分缓慢。

五、竞争的文化

20世纪八九十年代美国文化特点之争引发了最广泛的争议和焦虑情绪。二战以来，美国文化在很多方面发生了巨大变化。女性的角色被重新赋予深刻的含义。少数族群被动员起来，至少部分融入了主流文化。美国文化经历了一场性革命，对性、暴力和异见等问题有了更加明确的描述。与过去相比，美国文化更加多样和开放，拘束和限制减少，争论增多了。但同时新的争议和议题出现了。

围绕女性主义和堕胎的斗争

20世纪末，新右派力量增强并重点关注那些他们反对的文化变革，最主要的目标之一是挑战女性主义及其成果。新右派的领袖们成功地抵制了平等权利宪法修正案。20世纪八九十年代新右派在对堕胎权的争议问题上又一次发挥了重要作用。

对那些支持妇女终止意外怀孕的人而言，1973年最高法院关于罗伊诉韦德一案的裁定似乎已对堕胎问题下了定论。到20世纪80年代，人工堕胎已成为美国最常见的手术。但同时，抗议堕胎也促成了一场宏大的民间运动。自称"维护生命权运动"的人们在天主教徒中找到了狂热的支持者；实际上天主教会动用了教会的权威对抗人工堕胎合法化。宗教教义也导致摩门教、原教旨主义基督教等宗教团体的反堕胎立场。其他反堕胎运动者则与宗教关系不大，他们的态度源于对家庭和性别关系的传统观念。他们认为，人工流产是女性主义者作为妻子和母亲发起的大规模抗争的一部分。很多反对者主张，人工流产是一种谋杀的形式。他们认为，自怀孕起，胎儿就成为享有"生命权"的人。

维护生命权运动

大众文化模式　说唱音乐

几代人以来,美国流行音乐大多是由非裔美国人创造的音乐形式,如福音音乐、拉格泰姆音乐、爵士乐、R&B、摇滚乐、灵歌、迪斯科、放克以及20世纪八九十年代的说唱音乐。尽管保守的美国文化卫道士们一再谴责这些新的音乐形式具有颠覆性、过度渲染性、充满暴力和危险,但这些音乐总是能经受住考验流传下来。

说唱音乐历史悠久,来源复杂。70年代的迪斯科和街头放克音乐、50年代黑人电台主持人的快速播音、20世纪上半叶的舞台表演者卡勃·卡洛威等黑人明星的顺口溜都是说唱乐的构成元素。因此,说唱乐也让人想起打击乐和霹雳舞,甚至拳王穆罕默德·阿里拳击的韵律。

歌词是说唱乐最重要的元素。它们不仅是语言形式,也是音乐形式,有些类似于黑人教堂演讲的某些传统,这其中包括说唱的几种形式。说唱音乐吸收了城市黑人街头文化的语言传统,包括"对骂游戏"(黑人男青年中很受欢迎的互相辱骂对方的一种游戏)。

不过说唱音乐是特定时期和地域的产物,即20世纪七八十年代的南布朗克斯区。嘻哈文化在那里诞生后迅速主导了众多黑人男青年的衣着打扮和行为方式。布朗克斯的一位嘻哈人士描述说:"嘻哈代表了一种走路、谈话、生活、看待问题、行为和感觉的方式。"嘻哈文化创造的众多着装和行为方式,在城市青年中广受欢迎:运动款的衣服鞋帽流行起来;很多年轻人甚至给自己取了"街头名称";80年代街头涂鸦和霹雳舞也逐渐流行。90年代,霹雳舞不再流行,服装变得更宽松,帽子变得更大,发展了将近二十年的说唱已经成为嘻哈文化中

Run DMC　Run DMC乐队是最早的一支说唱乐超级明星组合。1983年他们发行了第一张唱片,十五年之后这张唱片依然流行。因为多数说唱组合的寿命都很短,十五年后他们已经是说唱圈的老人了。1997年在纽约的演唱会上,他们邀请观众时说:"如果你爱老歌,请举手。"一位《滚石》杂志的评论家写道,"从观众热情的回应来看",很显然他们的回答是肯定的。(© Lisa Leone)

最流行的元素。

70年代初，布朗克斯区的电台主持人们将设备转移到居民区的街道和社区聚会上。他们不仅播放唱片，也自己表演。他们的表演中有押韵的说唱、颇具爵士风格的乐曲，还有对观众、社区和自己的尖锐评论。渐渐地，主持人们开始将说唱音乐风格融入表演中（年轻人将这种风格发展成一种设计更为精致且有伴舞的表演形式）。随着说唱乐在中心城区的流行，唱片公司开始签下了一些说唱乐明星。1979年，第一支说唱单曲、"糖山帮"的《说唱者的喜悦》（"Rapper's Delight"）首次在主流商业广播媒体播放，一炮而红。80年代初，Run DMC成为首支全国知名的说唱乐超级明星乐队。从此，说唱乐迅速成为最受欢迎也最成功的流行音乐形式之一。20世纪90年代和21世纪初，说唱乐唱片常规销量达数百万张。

说唱音乐有多种形式，包括白人说唱歌手（艾米纳姆、"痛苦之屋"），女说唱歌手（米西·艾略特和奎恩·拉蒂法），以及宗教说唱歌手和儿童说唱歌手。不过说唱乐主要是中心城区的男性青年文化的产物。最成功的一些说唱乐传达了这些青年对生活的挫败感和愤怒。一位说唱艺术家说："说唱乐为受压迫的人民发声，他们的痛苦没有其他的表达方式。"1982年，说唱音乐团体Grandmaster Flash及Furious Five发布了一首说唱歌曲《信息》（"The Message"），深刻演绎了贫民窟文化：

> 教育不合理，通胀两位数
> 车站在罢工，不能搭车去工作
> 别推我，我已在悬崖
> 我试着不惊慌失措
> 生活就像丛林
> 一度让我幻想
> 我如何才能不破产

其他艺术家创作的类似歌曲后来被称为"信息说唱"。20世纪80年代末，洛杉矶最贫困的两个社区康普顿和沃兹形成了独特的风格，被称为西海岸说唱乐，并涌现出诸如艾斯·库伯、Ice-T、Tupac、史努比·狗狗等说唱艺人。西海岸说唱乐比纽约说唱更具有尖刻与愤怒的特点。其最极端的形式是所谓的匪帮说唱，通常充满暴力和刺激性语言。西海岸说唱乐因为歌词备受争议，以致丑闻频出。例如 Ice-T 的《杀警察的人》（"Cop Killer"），就被很多批评家认为是提倡谋杀警察的作品；2 Live Crew 等说唱组合则因歌词太色情，被批评家认为是提倡对女性施暴。

引起愤怒的不仅仅是歌词。说唱艺术家们通常来自生活艰难的中心城区，他们的粗犷风格使很多人感觉不悦。一些说唱歌手经常摊上官司，并被高度曝光。有几个说唱歌手，包括两个最著名的说唱明星 Tupac 和"臭名昭著的 B.I.G."甚至惨遭谋杀。一些说唱组合，尤其是死囚唱片公司（由德瑞博士创立，他是西海岸第一个大型说唱组合 N. W. A 的老成员）与主流文化格格不入的经营方式，也是造成公众争议的原因之一。

这些争议偶尔颇为不公正地影响了说唱音乐在国民文化中的形象。一些说唱乐表达愤怒和残暴，正如他们所取材的现实世界一样。但大部分说唱乐都是积极向上的，有一些甚至十分柔和。查克·D 等成功的说唱歌手用音乐规劝黑人青少年远离毒品和犯罪，为他们的孩子负责，并接受教育。说唱乐的基本元素已经渗透到美国文化中。说唱乐主导了美国的音乐界，也进入《芝麻街》等儿童节目、电视广告和好莱坞的电影之中，甚至成为成千上万人，无论年老年幼、黑人还是白人的日常用语。一个多世纪以来，说唱音乐已经成为又一个塑造美国文化的充满魅力和创新性的黑人音乐传统。

尽管维护生命权运动坚持要求为罗伊诉韦德案翻案，或修改宪法禁止人工流产，但他们也采用了更多有节制的方式在最薄弱环节攻击人工流产。20 世纪 70 年代起，国会和许多州立法机关开始禁止使用公共资金支付人工流产费用，这样很多贫困妇女就得不到流产所需费用。里根和两届布什政府也都采取措施更为严格地控制联邦资金的使用，甚至强制在联邦资助诊所就职的医生不得向病人提供任何有关人工流产的信息。维护生命权运动的激进分子们开始在人工流产诊所周围巡查、占领，有时甚至炸毁这些诊所。一些实施人工流产手术的医生被反堕胎运动的激进分子谋杀了；有些医生在这些恐怖和骚扰下屈服了。1981—2008 年间（新保守派法官到最高法院任职），最高法院成员的更换给了维护生命权运动者们为罗伊诉韦德案翻案的希望。

20 世纪末、21 世纪初，司法气候的变化激起了人工流产支持者们的斗争热情。他们自称"自由选择"运动,因为他们并不仅仅维护人工流产权,更是捍卫女性选择是否生育及何时生育的权利。很快,自由选择运动在全国各地发展起来,其声势堪比此前的维护生命权运动,甚至在某些地区比其声势更为浩大。1992年,自由选择运动支持者克林顿当选总统,罗伊诉韦德案翻案的可能性迅速消失了。1996年,克林顿成功连任,自由选择运动仍然保持着可观的政治力量,然而堕胎权仍然岌岌可危。克林顿的继任者乔治·W. 布什总统就公开反对人工流产。

"自由选择"运动

环境保护主义的发展

20世纪60年代末70年代初,环境保护运动蓬勃发展。到八九十年代以及21世纪初,环境保护主义运动继续扩展。第一个"地球日"后的几十年中,环境问题受到越来越多的关注和支持。虽然联邦政府并未对此议题保持持续的兴趣,但环境论者们仍赢得了一系列的重大胜利,其中在地方层面上战果最为丰富。他们阻止建设那些可能损害生态安全的道路、机场等工程,利用新的法律法规保护濒危物种和环境脆弱的地区。

环境保护行动主义

20世纪80年代末,环境保护运动面临一个全新的具有危险性的挑战,即"全球变暖"——石化燃料(主要是煤和石油)燃烧产生的有害气体的排放致使地球气温持续上升。虽然多年来对全球变暖的速度,甚至对全球变暖是否属实一直存在争议,但到21世纪初,由于一些重要的公众人物(如前副总统阿尔·戈尔就曾因为在关注全球变暖问题上的努力获得诺贝尔和平奖)的影响,人们在全球变暖问题上逐渐取得了共识。1997年,主要工业国家代表在日本的京都集会,各方代表同意签署公约减少碳排放量,进而减缓或者扭转全球变暖的趋势。但是,由

为妇女堕胎权游行 2004年4月,就在总统大选前几个月,数千名妇女(也有一些男人)为争取堕胎权在华盛顿的宾夕法尼亚大街举行示威游行。在这个政治机构都被反对堕胎的领袖控制的城市里,这次游行旨在为堕胎权争取支持。自由选择运动倡议者们担心,一旦布什获胜,他就可能任命新的最高法院法官,而这很可能对1973年罗伊诉韦德案中堕胎合法化的裁决造成威胁。(Ron Sachs/Cordis)

于国会中共和党的反对，克林顿总统未能使这一公约获得批准。2001年3月，乔治·W. 布什总统谴责这一公约给美国带来了过于沉重的负担，因此对其不予考虑。

历史学家的分歧　妇女史

近几十年来妇女史的兴起在历史学家中引起了诸多争论，不过其最重要的影响是它促使学者们用新的视角思考过去。长期以来，历史学家们已经习惯于考察思想文化、经济利益，以及种族和民族对历史发展的影响。妇女史使他们也开始考虑性别的作用。现在很多学者认为，社会为男人和女人创造了不同的角色。这些角色如何定义，又如何影响人和文化的行为方式，应该成为我们思考过去和现在的中心问题。

妇女史并不是20世纪60年代的新鲜事物。早在这之前，女性就已经开始挑战传统的性别角色了，而且也有一些女性（及一些男性）多年来一直在撰写女性的历史。19世纪，学者们普遍强调女性对历史所作的贡献，比如1853年萨拉·海勒出版的《"有史以来"到公元1850年间的杰出女性全记录》(Sarah Hale, *Record of All Distinguished Women from "the Beginning" till A.D.1850*)。自此之后到20世纪，甚至直到现在，这类作品仍层出不穷。

1900年以后，致力于激进改革运动的人们开始创造出一种不同的女性研究课题，在很多方面更偏向社会学而不是历史学。首先，它揭示出女性被一种严酷的工业主义新制度所压迫。这种思潮试图增强大众对改革的支持。女性主义学者，诸如艾迪斯·艾伯特、玛格丽特·拜因顿和凯瑟琳·安东尼，以女性为着眼点，研究了经济变化对工人阶级家庭的影响；他们也研究了女性的工作场所，诸如工厂、作坊和别人家中。这些作者的目的并不是为了颂扬女性的贡献，而是直接关注女性在残酷的资本主义制度下所受的压迫，以唤起改革的热情。

1920年妇女赢得选举权之后，女性主义在社会上的地位不再像先前那样显著，妇女史也进入了半个世纪的相对平静期。女性继续在很多领域书写着重要历史。其中艾莱诺·弗莱克斯诺的作品《斗争的世纪》(Eleanor Flexner, *Century of Struggle*, 1959)成为研究女性争取选举权的经典历史著作。玛丽·比尔德与她的丈夫查尔斯·比尔德合著的影响广泛的历史叙事作品《历史上的女性力量》(Mary Beard Charles Baird, *Women as Force in History*)出版于1964年，书中指出，普通妇女也在塑造社会中发挥了重要的历史作用。但这类作品最初对于历史撰写的整体情况几乎没有什么影响。

20世纪六七十年代现代女性主义运动席卷全社会时，人们对妇女史的兴趣也复苏了。妇女史的先锋人物格尔达·勒纳（Gerda Lerner）曾这样描写女性主义对历史研究的影响："我们曾经否认自身的历史，这一认识对多数女性而言都令人震惊，也彻底改变了我们的意识。"新的妇女史研究曾一度重复早期的研究。很多早期作品注重研究"贡献"，强调女性在重大历史事件中所起的作用比男性通常认可的要大。其他作品则强调女性因为从属于男性且在工业经济中无能为力而成为受害者。

但是，妇女史研究逐渐开始质疑性别的本质。学者们开始关注人为的性别区分。他们认为，男女之间的区别是社会造成的，这种区分十分肤浅而且无足轻重（至少在公共世界中如此）。于是妇女史就成为男性（以及很多女人愚蠢的帮助之下）创造并维持的一套关于女性角色的虚构历史，而这些角色正是现代女性试图粉碎的东西。

20世纪80年代初，一些女性主义者开始提出一种不同的观点：男性和女性之间存在着基本的差异，不仅有生理差异，而且在价值观、感情、文化方面都存在差异。早在女性革命前的几十年（实际上是几个世纪），多数男性和很多女性都这样认为。但是七八十年代的女性主义者没有将这些差异作为女性弱势的理由，而是将之作为女性文化足以挑战并改善男性主导的世界的证据。因此一些研究女性历史的史学家们开始探索那些能够揭示女性文化和价值特性的女性生活领域：家庭、家务、母性、女性俱乐部和女性组织、女性文学、工人

得克萨斯州绿色和平运动 绿色和平运动的环保主义者爬上布什总统位于得克萨斯州克劳福德农场里的水塔，挂上这条标语，攻击布什政府2001年4月的环境政策。当时，布什政府正在倡议开放阿拉斯加的北极圈国家野生动物保护区，进行石油开采，而且拒绝了2001年大选前谈判商定的《京都议定书》。《京都议定书》是要求各国合作对抗全球变暖的协议。(Getty Images)

阶级女性的社会生活、女人的性，以及其他许多显示性别"差异"，而非女性"贡献"或"受害"的主题。与此相对应，一些历史学家开始研究男性话题，认为"男性"及男性角色对于男性生活的作用与"女性主义"对于解释女性历史的作用同样重要。

妇女史研究对学者们看待过去的方式提出了挑战。把性别作为社会和文化差异源泉的观念正是妇女史研究质疑过去研究方式的原因。琼·斯科特（Joan Scott）是当代最有影响的性别研究理论家，她写道，简单地把女性加入到历史中去并不能解决问题；女性理论是要通过把性别概念作为社会生活的中心力量来重新定义过去的历史。

很多历史学家仍然相信其他分类——诸如民族、阶级，而不是性别——才是影响男性和女性生活的更重要因素，不过持这类观点的学者们也愿意接受妇女史学家的观点：理解性别概念是理解女性（和男性）生活的关键一环。

关注点从阶层政治转移

环境保护议题越来越受欢迎反映了美国左派观念和公众生活已发生了重大改变。20世纪前五十年，美国政坛被经济力量和财富分配的争论所主导。20世纪末、21世纪初，虽然财富和权力不均衡的程度已经到了史无前例的水平，但是关于这些话题的争论却大大减少了。当然经济因素也对环境论和其他非增长努力产生了影响，但是推动这些运动发展的主要原因与其说是对阶层的关注，不如说是对个人及社区生活质量的关注。

大众文化的分化

大众文化影响力的增强和日益标准化成为贯穿20世纪的最主要的文化趋势之一。新闻、娱乐、广告等媒体力量稳步增加，它们几乎无一例外都在努力以最大限度吸引观众和市场。同时，它们通过将产品标准化使每一个人熟悉和购买它们的产品。标准化首先出现在19世纪末的大众商品中；20世纪初，伴随好莱坞电影、国家广播网及各种批量发行的报纸杂志的崛起，标准化速度加快；随着20世纪50年代电视机网络的兴起，标准化变得更为重要。

20世纪70年代起，大众文化的特征开始转变，八九十年代到21世纪初，大众文化发生了更多的变化。当然，标准化仍然在很多领域继续。麦当劳、汉堡王等快餐连锁店成为美国甚至全世界家喻户晓的餐馆。凯马特、沃尔玛、巴恩斯&

诺布、布洛克巴斯特、盖璞公司等大型零售连锁店主导了很多社区的零售业市场。好莱坞电影吸引了更多的观众；最具影响力的传媒公司大肆推销，使影视演员在全世界家喻户晓。但当时也存在着另外一种趋势：零售业和娱乐业逐步减少对大众市场的追求，更多地关注于特定的细分市场。

细分概念最初出现于 70 年代盛行的广告概念中，被称为"目标市场选择"。广告商不再通过寻找促销技巧来吸引所有人的注意，而是为产品定位到特定的"细分市场"（男人、女人、青年、老年、保健人群、富人、中等收入人群、儿童），并设计广告吸引目标人群。电视网络也同样针对特定群体的观众制作不同类型的节目。有些节目的目标观众是女性，有些则定位为非裔美国人，有些定位为富有的城市中产阶级，有的定位为乡下人。

<small>目标市场营销</small>

更为重要的是媒体的迅速普及。20 世纪 70 年代，美国电视观众仅可以收看三个主要电视网的节目：国家广播公司、哥伦比亚广播公司和美国广播公司。到 80 年代，情况开始改变。原因之一是录像机及后来的影碟机的发展，观众可以选择自己喜欢的节目。另一个原因是有线电视和卫星电视增加，很多家庭可以接收到比以前多得多的电视频道。很多人开始摆脱电视，在互联网上搜索节目。作为新兴媒体，互联网拥有无数网站，几乎可以迎合所有人的兴趣和口味。

六、全球化的危险

2000 年 1 月 1 日庆祝新千年的庆典之所以引人注目并不只是由于日期的改变，而是因为它是一个全球事件，它将全世界联结在一起，共度一段欢乐而丰富的时光。但是如果说新千年庆典标志着全球化的光明前途，那么 21 世纪初发生的其他事件则昭示了它的黑暗与危险。

反对"世界新秩序"

对全球化或乔治·H. W. 布什总统所谓的"世界新秩序"的反对在美国等工业国家出现了多种表现形式。国内的左派和右派对美国不断实行干涉主义外交政策深感不安。左派批评家们指控美国在 1991 年的海湾战争和 2003 年的伊拉克战争中采取军事行动以谋求经济利益。而右派批评家们则指控美国正在被其他国家的利益所影响——1993 年对索马里的人道主义干预，20 世纪 90 年代末在巴尔干地

<small>对外干涉政策的批判者</small>

西雅图抗议，1999 1999年底，世界贸易组织在华盛顿州的西雅图召开年度会议时，数千名示威者涌进城中，抗议世贸组织在经济全球化中的作用，他们认为世界贸易组织剥削着美国和全世界的工作人员。示威者们行为粗暴，甚至使用暴力，使世贸会议不得不延期开幕。这张照片中，一名抗议者在催泪气体的浓雾中面对警察，等着被逮捕。后来的几年中，类似的示威，包括华盛顿和意大利热那亚的示威抗议活动，也扰乱了其他几个全球性经济组织的会议。(Reuters NewMedia Inc./Corbis)

区的人道主义干预——而且，美国正将主导权让渡给国际组织。

一些组织对"世界新秩序"有益于美国经济利益的观点提出质疑，他们成为西方社会中反对全球化最狂热的力量。工会坚持自由贸易协议的迅速扩张已经导致工作机会由发达国家转移到了欠发达国家。其他团体则从人道主义角度攻击新兴制造业国家的工作条件，认为全球化经济制造了新的"奴隶劳工"阶层，他们在西方国家无法容忍的条件下工作。环境保护论者认为，全球化在将工业转移到低工资国家的同时，也将工业污染和有毒废弃物转移到那些没有有效法律以控制污染的国家，因而最终导致全球变暖。还有人认为全球化使大型跨国公司受益，使之实力增强，而个人和社区的自由和自治则受到了威胁，因而主张反对全球化经济。

反对全球化

尽管全球化的反对者出于不同考虑，但他们的目标却是一致的：不单是自由贸易协定，还有那些管理和促进全球经济的跨国组织。如管理20世纪90年代《关税及贸易总协定》各项协议实施的世界贸易组织、控制国际信用和汇率的国际货币基金组织，以及为许多国家开发计划提供资金的世界银行。1999年11月，七个主要工业国首脑以及俄罗斯总统在华盛顿州西雅图市召开年度会议时，成千上万的反对者（多数保持和平示威，有些人采取了暴力行动）与警察发生了冲突，砸碎商店的玻璃，几乎导致全城瘫痪。几个月后，在华盛顿召开的国际货币基金组织会议和世界银行会议也都遭遇了规模稍小但颇有影响的示威抗议。2001年7月，七国首脑在意大利的热那亚举行峰会时，大约5万人的示威人群与警方爆发冲突，并发生混战，造成一人死亡，数百人受伤。面对这些示威，与会者承诺将投入12亿美元用于在发展中国家对抗艾滋病疫情，并决定以后的峰会将远离大城市，到偏远地区举行。

维护正统

在西方工业国之外,全球化的影响造成了其他的担忧。很多非工业国居民憎恨世界经济,认为世界经济使他们陷入贫困,遭受压榨和剥削。在有些非工业国,尤其是在中东地区的一些伊斯兰国家,全球化的发展引发的抱怨并非仅仅由于经济原因,也涉及宗教和文化因素。

1979年的伊朗革命中,由推崇现代西方文化的领导人主导的专制政府被正统穆斯林教徒推翻。这次革命是一系列大规模政治示威行动的第一场,其影响还超越伊斯兰世界并威胁全球稳定。原教旨主义者维护传统文化,对抗西方文化的入侵,之后这种革命浪潮在伊斯兰国家接连出现。

伊斯兰原教旨主义的兴起

这些憎恨情绪的结果之一就是人们日益诉诸暴力来对抗西方的影响。武装分子开始通过在各处制造暴力伤害事件扰乱社会和政府,在民众中制造恐慌。这些策略被称为恐怖主义。

恐怖主义兴起

"恐怖主义"这个词最初出现在18世纪90年代法国大革命期间,用于描述激进的雅各宾派对抗法国政府的行为。整个19世纪到20世纪初,恐怖主义仍然不时被提及,用于指代那些使用暴力恐吓人民或政府的行为。然而直到20世纪末21世纪初,人们才普遍将恐怖主义理解为现代社会生活的重要现实。

恐怖主义的起源

我们所称的恐怖主义在世界许多地区都曾出现。20世纪的大部分时间里,爱尔兰革命者频繁地对英国人发动恐怖主义行动。以色列建国之前,巴勒斯坦的犹太人也曾对英国人实施恐怖主义行动;而且在过去的几十年中,巴勒斯坦人也对以色列犹太人频繁实施恐怖主义行动。过去几十年中,意大利、德国、日本和法国的革命团体也时常从事恐怖活动。

美国多年来也频遭恐怖主义袭击,但多数都是针对本土之外的目标。1983年贝鲁特的海军陆战队军营被炸;1988年美国一架班机在苏格兰的洛克比上空爆炸后坠毁;1998年美国大使馆遭爆炸袭击;2000年美国海军导弹驱逐舰科尔号遇袭;凡此种种。但2001年9·11事件之前,美国本土发生的恐怖事件数量很少,尽管人们也有所耳闻。20世纪60年代和70年代初,美国左派好战分子曾实施形式多样的恐怖活动。1993年2月,一枚炸弹在纽约世界贸易中心的车库里爆炸,造成6人死亡,建筑物损毁严重,但并未给世贸双塔造成难以修复的结构性损伤。几名与激进的伊斯兰组织有关的人被定罪。1995年4月,一部满载炸药的货车在俄

9·11事件，2001 几个小时前恐怖分子控制的两架飞机撞上了纽约市的世界贸易中心大楼，浓烟四起。美国的象征——自由女神像屹立在浓烟中。世贸中心大楼和自由女神像都是美国的标志性建筑。(Daniel Hulshizer/AP/Wide World Photos)

克拉荷马城的联邦大楼前爆炸，造成168人死亡。曾在海军服役、后成为美国右翼反政府行动成员的蒂莫西·麦克维（Timothy McVeigh）因这次恐怖行动获罪，并于2001年被执行死刑。

虽然如此，多数美国人仍将恐怖主义视为主要在其他国家存在的问题。2001年9·11恐怖事件的结果之一，是将美国人从高枕无忧的美梦中惊醒，使人们意识到危险持续存在。9·11事件之后，美国人的危机意识大大提高。美国人出行的方式也因为新的安全措施而改变。新的政府规章改变了移民政策，并影响了国际银行业务。对于可能再次发生恐怖袭击的警告给美国社会带来了普遍的紧张和不安。

反恐战争

2001年9月后,美国政府发动了布什总统提出的"反恐战争"。政府情报显示,袭击世界贸易中心和五角大楼的行动是由中东地区一个名为基地组织的恐怖分子组织策划实施的。基地组织领导人奥萨马·本·拉登(Ma Ben Laden)在阿拉伯世界之外本不为人知,2001年后迅速成为全世界最臭名昭著的人物之一。美国

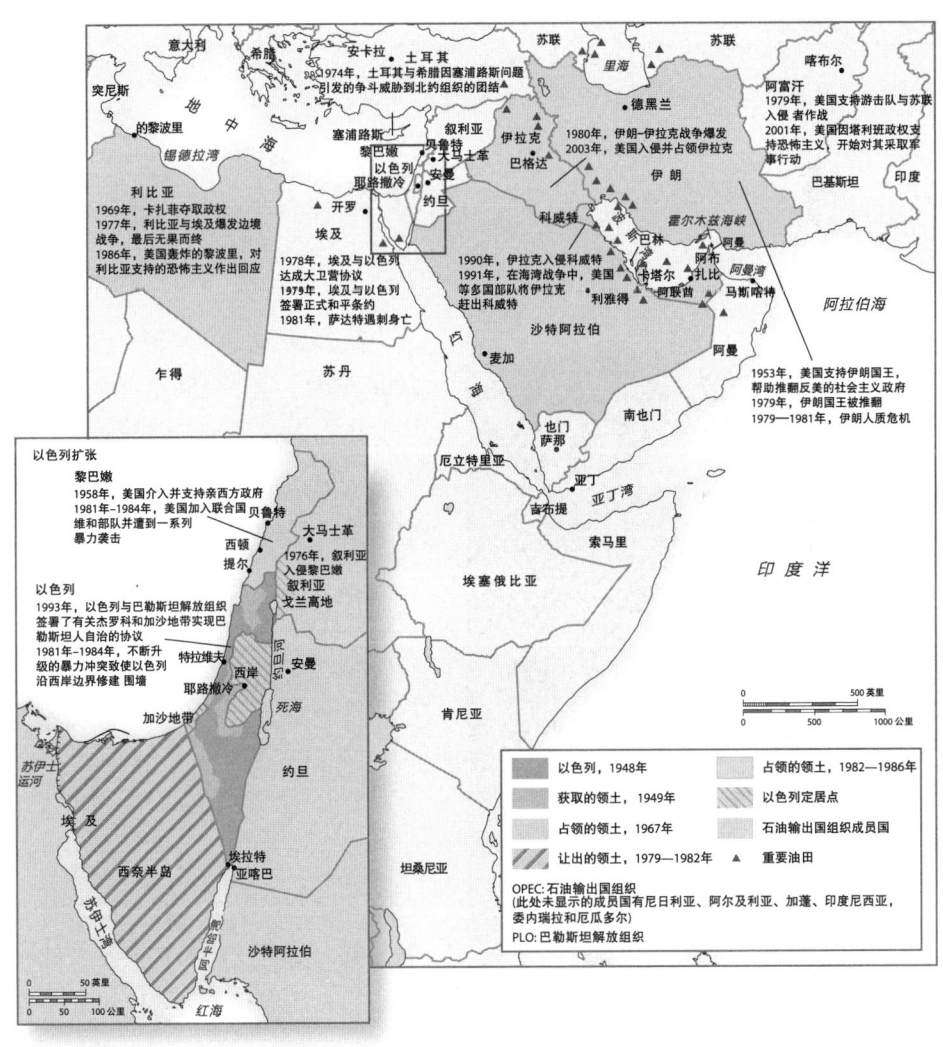

中东地区危机 20世纪70年代开始,中东地区成为世界最动乱的地区之一,这里既是对美国至关重要的地区,同时也是美国的大难题。如图所示,冷战时期美国开始使用各种方式频繁干预中东地区事务。2001年9·11事件后,美国干涉更加频繁。◆ 为什么中东对美国如此重要?(彩图见第1454页)

基地组织 确信阿富汗的塔利班政府曾支持并包庇本·拉登和基地组织，于是对阿富汗发动了持续轰炸，并派地面部队援助当地一个反政府组织推翻阿富汗政府。塔利班政权迅速垮台，政府首脑与基地组织成员一起逃离了首都喀布尔。美军和阿富汗的反塔利班军队将他们赶到了山区，但并没有抓住本·拉登和其他基地组织领导人。

美军在阿富汗围捕了数百名怀疑与塔利班和基地组织有联系的人，并将他们送到了古巴的关塔那摩美军基地。2001年9·11事件后，联邦政府重新制定了更为严厉的应对恐怖主义的新措施，这些人成为新措施的第一批试用者。他们被关押了几个月，很多人被关押长达几年，接触不到律师，没有被正式起诉，但是却遭受了密集的审讯和酷刑。很多批评家将其视为反恐战争损害公民基本自由的范例。同样的批评也指向美国司法部和联邦调查局在美国境内的行动，他们抓捕了数百名怀疑从事恐怖活动的人士，其中多数是中东国家后裔。这些嫌疑人也被关押长达几周甚至几个月，期间接触不到律师，也不能与家人联系。最终仅有一名嫌疑人被起诉。

战斗和记忆 2001年11月，一名美军B-52轰炸机飞行员在一次在阿富汗的夜间轰炸任务做准备。他的飞机上写明了冲突的原因。(*Department of Defense Visual Information Center/US Air Force Photo by SSgt Larry A. Simmons*)

最高法院的几项裁定，包括2008年的一项，驳回了布什政府称在关塔那摩关押的人不受美国法律保护的说法。但是政府在执行最高法院裁决时缓慢而拖延。

伊拉克战争

2002年1月，布什总统在提交国会的国情咨文中提到"邪恶轴心"，称伊拉克、伊朗和朝鲜——拥有反美政权、拥有或被美国认为试图获取核武器的国家——是邪恶轴心国。虽然当时布什并未提到进攻伊拉克，但是全世界有很多人都将布什的表述理解为美国很快就要推翻伊拉克的萨达姆·侯赛因政府。

一年多以后，布什政府慢慢建立了进攻伊拉克的公开提案。这个提案主要基于两项指控。一是伊拉克支持与美国为敌的恐怖组织。第二，也是更重要的一点，伊拉克拥有或正在开发"大规模杀伤性武器"，包括核武器和生化武器的药剂。还有一个不太重要的指控——至少对美国来说不那么重要——称侯赛因政府严重侵犯人权。实际上，这些指控除最后一条外都不准确。

2003年3月，在缺少其他国家充分支持及联合国全部授权的情况下，美军和英军攻入伊拉克，迅速推翻了侯赛因政权。侯赛因隐藏起来，最终于2003年12月被抓获。2003年5月，美军占领巴格达不久，布什总统在加利福尼亚海岸边的一艘航母上亮相。他站在一个写有"使命完成"字样的标语前，宣布伊拉克战争胜利。

之后的几个月里，伊拉克的局势让很多人相信总统宣告胜利为时过早。到2008年中，已有4000多名士兵在伊拉克阵亡，其中3600名是在"使命完成"的演说之后阵亡的。尽管美国和其盟国为将伊拉克政权移交伊拉克政府和恢复伊拉克秩序做出了不懈努力，但暴乱分子们却不停滋事，接连在全国各地发动袭击和恐怖行动，令已然摇摇欲坠的国家雪上加霜。

总统宣布战争胜利之后，美国国内对战争的支持稳步减退。进攻者们未能找到总统曾积极宣称的伊拉克拥有"大规模杀伤性武器"的证据，这对证明伊拉克战争的正当性是一个沉重打击。另一个打击则是关于美军士兵在巴格达的阿布格莱布监狱等地虐待伊拉克囚犯的报道。

进攻伊拉克反映了美国外交政策结构在乔治·W. 布什总统领导下发生了根本转变。从20世纪40年代末起，遏制政策成为美国在世界发挥作用的基本手段，美国主要通过遏制对手，而不是对其进行直接

"**使命完成**"，2003　2003年5月1日，乔治W. 布什总统登上了停泊在圣迭戈海岸的美国林肯号航空母舰，发表了伊拉克战争正式对抗结束后的第一次重要演讲。为了加强军队对他个人的支持与认同，他驾驶一架"北欧海盗"S-3反潜巡逻机降落在甲板上，身穿飞行服、手持钢盔出现在镜头前。之后，总统换上传统西装，对甲板上的现役军人发表演说，他后方悬挂着"使命完成"的大条幅。后来，随着伊拉克战争结束日期遥不可及，国内反战呼声越来越高，很多美国人认为这次庆祝为时过早，布什也因此受到了很多批评和嘲讽。(Reuters/Corbis)

威胁或打击，以维护世界稳定。冷战结束后，美国军事力量已经世界无敌，但是仍然表现出合理的克制。以乔治·H. W. 布什和比尔·克林顿执政时期为例，美国元首与联合国和北约密切合作以实现美国的国际目标，并拒绝单方面采取军事行动。

一直有人批评美国的克制行为。他们认为美国除了维持稳定之外，还应积极推翻那些非民主政权，摧毁美国的潜在敌人。乔治·W. 布什执政期间，这些批评家主导并开始重塑美国外交政策。遏制政策几乎被全盘推翻。美国政府的公开立场是美国有权利也有责任在全世界传播自由——不只通过告诫和示范，若有必要也可采取军事行动。2005 年 5 月，布什总统在拉脱维亚的一次演说中提到，二战结束时决定不挑战苏联对东欧的主导，是因为美国相信挑战苏联会将美国拖入另一场战争。1945 年，罗斯福、丘吉尔和斯大林在雅尔塔签署的协议颇受争议，因为它未能结束苏联对波兰及其他东欧国家的占领。总统说，雅尔塔协议是"不公平的传统"，为了强大的政府而牺牲了小国利益，"为了稳定而牺牲自由导致了欧洲大陆日后的分裂和不稳定"。布什认为，这个教训说明美国和其他强国应该更多强调自由，而非稳定，而且应该乐于为在全世界消灭暴政和压迫承担更多的风险。

布什政府的衰落期

乔治·W. 布什执政前三年的多数时间里，他享有很好的声誉。虽然布什的内政政策长期缺乏广泛的公众支持，但很多美国人对他打击恐怖主义的决心感到敬佩。颇具争议的伊拉克战争甚至一度维持了布什的声望，在危机关头，战争几乎总是能为总统赢得支持。

布什的内政政策未能在政治上为他加分。2001 年大幅减税不成比例地造福了非常富裕的美国人，这反映了白宫经济学家的观点，他们认为保证增长的最好办法就是把钱放在最可能投资的人手中。除了减税之外，布什的主要成果是提出了一项教育改革法案，称为"不让一个孩子掉队"法案；这个法案将联邦资金与中小学学生在标准化测试中的成绩挂钩。这项法案实施的七年里，并没有重要证据显示学生的表现因为这个法案的实行而有显著进步。其他诸如把社会保障制度部分私有化的提案在国会也没有得到重要支持。甚至在 2006 年民主党重新控制国会之前，布什总统无法推进任何重要的立法进程。结果，布什政府开始更多地使用行政命令（即根据那些不需要经过国会批准的法律和政策）达到其目的，这点在"反恐战争"中表现得尤其明显。

到 2004 年竞选连任时,总统的支持率已经下降,看起来未必能够成功连任。民主党团结在马萨诸塞州参议员约翰·克里周围,大力支持他。约翰·克里是一位越战老兵,有多年的政府工作经验。他强烈反对伊拉克战争,并将批评布什总统的政策作为竞选活动的基础。然而布什也对克里发起了猛烈攻击,加上保守派的努力,最终布什在这次选民投票率相当高的大选中以微弱优势获胜。

2004 年大选是布什执政期间最后的成功之一。伊拉克战争形势继续恶化,不得民心,也造成总统本人的支持率迅速下降。到 2008 年中,总统的民意调查支持率跌到历史最低点。进一步导致布什支持率严重下滑的还有政府对卡特里娜飓风的应对不力。2005 年 8 月,卡特里娜飓风横扫墨西哥湾沿岸,给新奥尔良市造成了巨大破坏,联邦政府却未能做出令人满意的应对,其无能激起了全国人民的愤怒,严重损害了总统和政府的声誉。司法部丑闻,非法侵害公民自由行为的曝光,对恐怖分子嫌疑人的恶劣行径,经济前景低迷(在 2008 年初灾难性金融危机期间,经济预期到了最低迷状态),这些因素叠加在 起使人们对总统的不满日益加深。

2008 年大选

2008 年总统大选时,现任总统或副总统自 1952 年以来第一次没有继续参选。竞选开始时,两党都有许多候选人,但到 2008 年春,竞选人数大幅减少。在 2000 年大选中,亚利桑那州参议员约翰·麦凯恩在党内总统提名竞选中输给了乔治·W.布什,而如今早在大选的初选中,他就已确定成为共和党内的总统候选人

奥巴马热 2008 年总统竞选期间,奥巴马的海报随处可见。这张照片上,一位纽约市民走过一幅奥巴马的街头画像。美国甚至全世界的很多城市都有这种作品。竞选期间,主要的艺术家把奥巴马看作具有重要历史意义的人物,并为他创作了很多作品。(*Photo by Chris McGrath/ Getty Images*)

第 44 届总统　2008 年 11 月 4 日，巴拉克·奥巴马确认当选总统后，来到芝加哥的格兰特公园，他面前站着超过 7 万名观众，和他一起庆祝。(*AP Photos/Pablo Martinez Monsivais*)

了。民主党的初选很快就将众多候选人排除，只剩下两位：前第一夫人、纽约州参议员希拉里·克林顿和伊利诺伊州参议员巴拉克·奥巴马（Barack Obama）。奥巴马年富力强，是一位颇具领袖魅力的政治家。他的父亲是一位非裔美国人，而母亲是来自堪萨斯的白人。由于二人都有现实的机会成为美国第一位女总统或第一位非裔总统，选民们对他们寄予厚望和高度热情，这些热情使民主党初选比往常持续了更长时间。直到 6 月份的最后初选，奥巴马才确定被提名为总统候选人。

到秋季时，麦凯恩和奥巴马制订了截然不同的竞选方案。麦凯恩支持伊拉克战争，并保证将继续支持它。奥巴马则提议在一定时期内逐步减少驻伊拉克的美军数量。麦凯恩反对国家医疗保险，奥巴马则支持这项政策。麦凯恩支持继续减税以刺激投资，而奥巴马则敦促对最富裕的美国人增税。竞选过程中，两位候选人对布什政府的政策和持续疲软的经济一直有分歧，并不断升级。

到 8 月底两党大会召开时，巴拉克·奥巴马在民意调查中已经领先于麦凯恩。民主党在丹佛召开大会前夕，奥巴马宣布他选择特拉华州参议员约瑟夫·拜登

(Joseph Biden)做他的竞选搭档。民主党大会闭会一天后，麦凯恩宣布他选择名不见经传的阿拉斯加州州长萨拉·佩琳（Sarah Palin）做竞选搭档。佩琳的演说鼓舞了许多共和党人，尤其是那些和她持有同样保守观点的共和党人。一时间，在她的帮助下，麦凯恩的民调支持率大大提升。但佩琳明显的经验不足不仅遭到喜剧演员嘲笑，也令很多选民失望，渐渐地，她的行为对共和党竞选造成了严重损害。

对大选结果影响更大的是一系列的金融问题，这些问题于2007年开始产生，2008年初逐渐恶化，到2008年夏季发展到危机的程度。造成金融危机的一个重要因素是房地产市场大幅收缩，引发次贷危机。几年来，金融机构一直开发新的信用工具，以使贷款简便而便宜，从而吸引了数百万人向金融机构大举借贷。贷款额度之大，远超过传统观念上安全借贷的数额。这些贷款短期利率很低，但是几年后利息就会激增。很多人的借贷数额比他们房子的市值还要多，于是当他们无法偿还贷款时只好放弃了房子。最初，拖欠贷款主要影响到那些专门从事房屋抵押贷款的金融公司，但是由于多数抵押贷款的房屋很快就被卖掉，并被多次转卖，于是坏账在金融界迅速蔓延。整个夏季，美国最重要的一些经济机构纷纷倒闭。联邦政府有效地挽救并接管了一些机构；其他机构则被大公司以非常低的价格收购，还有一些，包括美国最古老、最著名的投资银行之一雷曼兄弟破产。到9月中旬，金融危机显示出失控的迹象。财政部长亨利·保尔森（Henry Paulson）在一些经济领袖的支持下，提出投入大批联邦资金来帮助银行摆脱困境。虽然这个计划遭到了强烈反对，但是政府还是从国会获得了7500亿美元，用于支撑濒临破产的金融机构。这次政府救助减缓了金融机构恶化的趋势，但信贷市场仍萎靡不振，生产者和消费者的经济活动都开始减少。

在这次不同寻常的金融危机背景之下，两位总统候选人完成了最后两个月的竞选。尽管他们都没能对危机提出令人信服的解决方法，但多数选民相信奥巴马管理经济会比麦凯恩做得好。小布什不得民心，而奥巴马又通过演说成功地使选民相信麦凯恩会继续推行布什的政策，这两个因素都使奥巴马从中受益。虽然奥巴马也遭到共和党的猛烈攻击，但9月底和整个10月，资金充足和纪律严明的竞选活动为奥巴马争得了越来越多的支持，使他在民调支持率上一直领先。

2008年11月4日，奥巴马赢得了决定性的胜利，获得了53%的普选票（麦凯恩46%），选举人票优势更大。奥巴马成为自林登·约翰逊以来赢得最大胜利的民主党候选人。他赢回了2000年和2004年被共和党夺去的那些州（包括俄亥俄州、佛罗里达州、弗吉尼亚州、北卡罗来纳州和印第安纳州）的选票。民主党在国会参众两院也收获颇丰。

到当选时，奥巴马已经成为全球瞩目的人物了。无论到哪里，他都是一位非凡的演讲者，吸引了大批听众。他年富力强，家庭美满，让一些选民想起了约翰·F.肯尼迪。他也是第一位登上总统宝座的非裔美国人，这一成就鼓舞了美国乃至全世界。大选之夜，美国和世界各地的人们涌上街头、公园，走到村庄的广场等公共场所庆祝奥巴马当选。迎接奥巴马的是有史以来总统所面临的最严峻的挑战。但在这一刻，世界为之震惊，停下来见证这一非凡的历史时刻。

小 结

21世纪的头几年，美国被诸多问题缠身，并充满了焦虑。2001年9·11事件之后，美国外交政策不只造成了美国人的分裂，而且也深刻地疏远了世界其他国家，加重了这些国家几十年来已经慢慢滋生的敌视美国的情绪。面对美元疲软，公共和私人债务迅速增加，财富和收入不平等加剧，美国经济艰难地维持增长。严重的分裂和不满威胁着美国的团结，很多人因而相信美国正在分裂成两种根本不同的文化。

不过，这些严重的问题并不能展现21世纪初美国的全貌。美国仍然是全球最富有、最强大的国家。美国仍然是最理想化的国家之一，美国民众愿意为解决国内和世界的严重社会问题贡献时间、金钱和精力；美国仍然乐于坚持自由和公正的原则；虽然存在竞争，美国仍然努力维持国家身份认同的核心内容。虽然未来并不确定，美国也面临着艰难的挑战，但同时它也拥有超凡的力量和韧性，可以支持它走过那些漫长而动荡的岁月，使之繁荣昌盛，并继续期望与争取更加美好的未来。

阅读参考

John Lewis Gaddis, *The United States and the End of the Cold War* (1992), *We Now Know: Rethinking Cold War History* (1997), 和 *Surprise, Security, and the American Experience* (2004) 是较早研究冷战后世界秩序变迁的作品。

克林顿自己的回忆录，*My Life* (2004) 是一部讲述其总统任期内事件的、颇具价值的著作。

Theda Skocpol, *Boomerang: Clinton's Health Security Effort and the Turn Against Government in U.S. Politics* (1996) 讲述了克林顿总统在第一任期所经历的重要挫折之一。

Jeffrey Toobin, *A Vast Conspiracy* (1999) 记述了动摇克林顿总统执政地位的众多丑闻。

Toobin, *Too Close to Call* (2001) 是讲述饱受争议的 2000 年总统选举的重要著作。

Haynes Johnson, *The Best of Times: America in the Clinton Years* (2001) 记述了 20 世纪 90 年代的政治和文化。

John F. Harris, *The Survivor: President Clinton and His Times* (2005) 是对克林顿总统任期的重要综述。

David Halberstam, *War in a Time of Peace: Bush, Clinton, and the Generals* (2001) 研究了布什总统和克林顿总统各自任期内所采取的外交政策和军事行动。

Samantha Power, *"A Problem from Hell": America and the Age of Genocide* (2003) 是一部研究美国重要问题的力作。

George Packer, *The Assassin's Gate: America in Iraq* (2006) ；Jane Mayer, *The Dark Side* (2007) ；Lawrence Wright, *The Looming Tower: Al-Qaeda and the Road to 9/11* (2006) 是研究后 9·11 时期和伊拉克战争的重要作品。

Martin Campbell-Kelly and William Aspray, *Computer: A History of the Information Machine* (1996)，介绍了 20 世纪末一大重要技术（计算机）的发展过程。

William Julius Wilson, *The Truly Disadvantaged* (1987) 和 *When Work Disappears* (1996) 是美国顶级社会学家对城市内贫困人口进行研究的重要作品。

David A. Hollinger, *Postethnic America: Beyond Multiculturalism* (1995) 是对人们在多元文化论问题上所持争辩的充满睿智和激情的评论。

附 录

附录一 《独立宣言》*

一七七六年七月四日,在大陆会议上美利坚合众国十三州一致通过的宣言

有关人类事务的发展过程中,当一个民族必须解除其和另一个民族之间的政治联系,并在世界各国之间依照自然法则和自然神明,取得独立和平等的地位时,出于对人类公意的尊重,必须宣布他们不得不独立的原因。

我们认为下面这些真理是不言而喻的:造物者创造了平等的个人,并赋予他们若干不可剥夺的权利,其中包括生命权、自由权和追求幸福的权利。为了保障这些权利,人们才在他们之间建立政府,而政府之正当权力,则来自被统治者的同意。任何形式的政府,只要破坏上述目的,人民就有权利改变或废除它,并建立新政府;新政府赖以奠基的原则,得以组织权力的方式,都要最大可能地增进民众的安全和幸福。的确,从慎重考虑,不应当由于轻微和短暂的原因而改变成立多年的政府。过去的一切经验也都说明,任何苦难,只要尚能忍受,人类都宁愿容忍,而无意废除他们久已习惯了的政府来恢复自身的权益。但是,当政府一贯滥用职权、强取豪夺,一成不变地追逐这一目标,足以证明它旨在把人民置于绝对专制统治之下时,那么,人民就有权利,也有义务推翻这个政府,并为他们未来的安全建立新的保障——这就是这些殖民地过去逆来顺受的情况,也是它们现在不得不改变以前政府制度的原因。当今大不列颠国王的历史,是一再损人利己和强取豪夺的历史,所有这些暴行的直接目的,就是想在这些邦建立一种绝对的暴政。为了证明所言属实,现把下列事实向公正的世界宣布。

他拒绝批准对公众利益最有益、最必要的法律。

他禁止他的总督们批准急需和至关重要的法律,要不就把这些法律搁置起来暂等待他的同意;一旦这些法律被搁置起来,他就完全置之不理。

他拒绝批准允许将广大地区供民众垦殖的其他法律,除非那些人民情愿放弃

---

* 此译文参考任东来、陈伟、白雪峰等著:《美国宪政历程:影响美国的 25 个司法大案》,中国法制出版社,2005 年,附录一,第 507—510 页。

自己在立法机关中的代表权；但这种权利对他们有无法估量的价值，只有暴君才畏惧这种权利。

他把各地立法机构召集到既不方便、也不舒适且远离公文档案保存地的地方去开会，其唯一的目的是使他们疲于奔命，顺从他的意旨。

他一再解散各殖民地的议会，因为它们坚定果敢地反对他侵犯人民的各项权利。

在解散各殖民地议会后，他又长时间拒绝另选新议会。但立法权是无法被取消的，因此这项权力已经回到广大人民手中并由他们来行使；其时各邦仍然险象环生，外有侵略之患，内有动乱之忧。

他竭力抑制各殖民地增加人口，为此，他阻挠《外国人归化法律》的通过，拒绝批准其他鼓励外国人移居各邦的法律，并提高分配新土地的条件。

他拒绝批准建立司法权力的法律，藉以阻挠司法公正。

他控制了法官的任期、薪金数额和支付，从而让法官完全从属于他个人的意志。

他建立多种新的衙门，派遣蝗虫般多的官员，骚扰我们人民，并蚕食民脂民膏。

在和平时期，未经我们立法机关的同意，他就在我们中间驻扎常备军。

他使军队独立于民政权力之外，并凌驾于民政权力之上。

他同一些人勾结，把我们置于一种与我们的体制格格不入，且不为我们的法律认可的管辖之下；他还批准这些人炮制的假冒法案，来到达下述目的：

在我们这里驻扎大批武装部队；

用假审讯来包庇他们，使那些杀害我们各邦居民的谋杀者逍遥法外；

切断我们同世界各地的贸易；

未经我们同意便向我们强行征税；

在许多案件中剥夺我们享有陪审团的权益；

编造罪名把我们递解到海外去受审；

在一个邻近地区 废除英国法律的自由制度，在那里建立专横政府，并扩大它的疆界，企图使之迅即成为一个样板和得心应手的工具，以便向这里的各殖民地推行同样的专制统治；取消我们的特许状，废除我们最宝贵的法律，并且从根本上改变了我们的政府形式；中止我们自己的立法机构，宣称他们自己在任何情况下都有权为我们立法。

他宣布我们已不在他的保护之下，并向我们开战，从而放弃了这里的政权。

他在我们的海域大肆掠夺，蹂躏我们的海岸，焚烧我们的市镇，残害我们人民的生命。

此时他正在运送大批外国佣兵来完成屠杀、破坏和肆虐的勾当，这种勾当早就开始，其残酷卑劣甚至在最野蛮的时代也难出其右。他完全不配做一个文明国家的元首。

他强迫在公海被他俘虏的我们公民同胞充军，反对自己的国家，成为残杀自己朋友和亲人的刽子手，或是死于自己朋友和亲人的手下。

他在我们中间煽动内乱，并且竭力挑唆那些残酷无情的印第安人来杀掠我们边疆的居民。众所周知，印第安人的作战方式是不分男女老幼，一律格杀勿论。

在这些压迫的每一阶段中，我们都曾用最谦卑的言辞请求救济，但我们一再的请愿所得到的答复却是一再的伤害。这样，一个君主，在其品行格已打上了可以看作是暴君行为的烙印时，便不配做自由人民的统治者。

我们不是没有顾念我们英国的弟兄。我们一再警告过他们，他们的立法机关企图把无理的管辖权横加到我们的头上。我们也提醒过他们，我们移民并定居来这里的状况。我们曾经呼唤他们天生的正义感和侠肝义胆，我们恳切陈词，请他们念在同文同种的份上，弃绝这些必然会破坏我们彼此关系和往来的无理掠夺。对于这种来自正义和基于血缘的呼声，他们却也同样置若罔闻。迫不得已，我们不得不宣布和他们分离。我们会以对待其他民族一样的态度对待他们：战时是仇敌，平时是朋友。

因此，我们，集合在大陆会议下的美利坚联合邦的代表，为我们各项正当意图，吁请全世界最崇高的正义：以各殖民地善良人民的名义并经他们授权，我们极为庄严地宣布，这些联合一致的殖民地从此成为、而且是名正言顺地成为自由和独立的国家；它们解除效忠英国王室的一切义务，它们和大不列颠国家之间的一切政治关系从此全部断绝，而且必须断绝；作为自由独立的国家，它们完全有权宣战、媾和、结盟、通商和采取独立国家理应采取和处理的一切行动和事宜。为了强化这篇宣言，我们怀着深信神明保佑的信念，谨以我们的生命、财富和神圣的荣誉，相互保证，共同宣誓。

此宣言受命于大陆会议，由下列成员签署：

约翰·汉考克

新罕布什尔州
乔赛亚·巴特利特
威廉·惠普尔
马修·桑顿

马萨诸塞州
塞缪尔·亚当斯
约翰·亚当斯
罗伯特·特里特·潘恩
埃尔布里奇·格里

罗德岛
斯蒂芬·霍普金斯
威廉·埃勒里

康涅狄格州
罗杰·谢尔曼
塞缪尔·亨廷顿
威廉·威廉斯
奥利弗·沃尔科特

纽约州
威廉·弗洛伊德
菲利普·利文斯顿
弗朗西斯·刘易斯
刘易斯·莫里斯

新泽西州
理查德·斯托克顿
约翰·威瑟斯彭
弗朗西斯·霍普金斯
约翰·哈特
亚伯拉罕·克拉克

宾夕法尼亚州
罗伯特·莫里斯
本杰明·拉什
本杰明·富兰克林
约翰·莫顿
乔治·克莱默
詹姆斯·史密斯
乔治·泰勒
詹姆斯·威尔逊
乔治·罗斯

特拉华州
凯撒·罗德尼
乔治·里德
托马斯·麦基恩

马里兰州
塞缪尔·蔡斯
威廉·帕卡
托马斯·斯通
查尔斯·卡罗尔
（卡罗尔顿）

弗吉尼亚州
乔治·威思
理查德·亨利·李
托马斯·杰斐逊
本杰明·哈里森
小托马斯·纳尔逊
弗朗西斯·莱特富特·李
卡特·布拉克斯顿

北卡罗来纳州
威廉·胡珀
约瑟夫·休斯
约翰·佩恩

南卡罗来纳州
爱德华·拉特利奇
小托马斯·海沃德
小托马斯·林奇
阿瑟·米德尔顿

佐治亚州
巴顿·格威内特
莱曼·霍尔
乔治·沃尔顿

决议：本宣言的副本送交各州议会及安全委员会和大陆军的各位指挥官，并由军队指挥官在美利坚各州宣布。

附录二 《美利坚合众国宪法》*

我们合众国人民,为建立一个更为完善的联邦,树立正义,保障国内安宁,规划共同防务,促进公共福利,并使吾辈及后代得享自由之福祉,特为美利坚合众国制定和确立本宪法。

第一条

第一款 本宪法所授予之全部立法权,均属于由参议院和众议院组成的合众国国会。

第二款 众议院由各州人民每两年选举产生的众议员组成。各州选举人须具备该州立法机构人数最多一院选举人所必需的资格。

凡年龄不满二十五岁,成为合众国公民不满七年,在一州当选时不是该州居民者,不得担任众议员。

〔众议员名额和直接税税额,[1] 应按本联邦内各州的人口比例进行分配。各州人口数,按自由人总数加所有其他人口的五分之三予以确定。自由人总数包括按契约服一定年限劳役的人,但不包括未被征税的印第安人。〕[2] 人口的实际统计在合众国国会第一次会议后三年内和此后每十年,依法律规定的方式进行。每三万人选出的众议员人数不得超过一名,但每州至少须有一名众议员;在进行上述人口统计以前,新罕布什尔州有权选出三名,马萨诸塞州八名,罗得岛州和普罗维登斯种植园一名,康涅狄格州五名,纽约州六名,新泽西州四名,宾夕法尼亚州八名,特拉华州一名,马里兰州六名,弗吉尼亚州十名,北卡罗来纳州五名,南卡罗来纳州五名,佐治亚州三名。

任何一州代表出现缺额时,该州行政当局应发布选举令,以填补此项缺额。

---

* 此版本遵循原初宪法文件的文字和拼写,1935 年由美国内政部教育办公室发布。中译本参照李道揆:《美国政府和美国政治》,北京:商务印书馆,1999 年,下册,第 775—799 页。个别词句略有修订。

[1] 已由第十六条修正案修正。
[2] 已由第十四条修正案废除。

众议院选举本院议长和其他官员，并独自拥有弹劾权。

第三款 合众国参议院由每州州立法机构选出的两名参议员组成，任期六年；每名参议员有一票表决权。

参议员在第一次选举后集会时，应即分为人数尽可能相等的三个组。第一组参议员席位在第二年年终空出，第二组参议员席位在第四年年终空出，第三组参议员席位在第六年年终空出，以便三分之一的参议员得以每二年改选一次。在任何一州州立法机构休会期间，如因辞职或其他原因而出现缺额时，该州行政长官在州立法机构下次集会填补此项缺额前，得任命临时参议员。

凡年龄不满三十岁，成为合众国公民不满九年，在一州当选时不是该州居民者，不得担任参议员。

合众国副总统任参议院议长，但除非参议员投票时赞成票和反对票相等，无表决权。

参议院选举本院其他官员，并在副总统缺席或行使合众国总统职权时，选举一名临时议长。

参议院独自拥有审判一切弹劾案之权。为此目的而开庭时，全体参议员应宣誓或作代誓宣言。合众国总统受审时，最高法院首席大法官主持审判。无论何人，非经出席参议员三分之二人数的同意，不得被定罪。弹劾案的判决，以免职和剥夺担任及享有合众国属下有荣誉、有责任或有报酬的职务之资格为限。但被定有罪者，仍得依法受起诉、审理、判决和惩罚。

第四款 举行参议员和众议员选举的时间、地点与方式，在每州由该州立法机构规定。但除选举参议员的地点外，国会得随时以法律制定或改变这类规定。

国会每年应至少开会一次，除非国会以法律另行规定日期，此会议在十二月第一个星期一举行。

第五款 参众两院应自行审查本院议员的选举、选举结果报告和资格。每院议员出席人数过半数，即构成议事的法定人数，但不足法定人数时，得逐日延期开会，并有权按本院规定的方式和罚则，强迫缺席议员出席会议。

参众两院得规定本院议事规则，惩罚本院扰乱秩序的议员并经三分之二议员的同意开除议员。

参众两院都应保存本院议事录，并随时公布，但它认为需要保密的部分除外。每院议员对于任何问题的赞成和反对，如出席议员中有五分之一的人提出要求，亦应载入本院议事录中。

在国会开会期间，任何一院，未经另一院同意，不得休会三日以上，也不得迁移到两院开会以外的其他任何地点。

第六款 参议员和众议员应得到服务的报酬，这种报酬由法律确定，从合众国国库支付。两院议员，除犯叛国罪、重罪和妨害治安罪外，在一切情况下都享有在出席各自议院会议期间和往返于各自议院途中不受逮捕的特权。他们不得因在各自议院发表的演说或进行的辩论而在任何其他地方受到质问。

参议员或众议员在当选任期内，不得被任命担任在此期间设置或增薪的合众国管辖下的任何文官职务。凡在合众国下供职者，在继续任职期间不得担任任何一院议员。

第七款 一切征税议案应首先在众议院提出，但参议院得以处理其他议案的方式，提出修正案或表示赞同。

众议院和参议院通过的每一议案，在成为法律前须送交合众国总统。总统如批准该议案，即应签署；如不批准，则应将该议案连同其反对意见退回最初提出该议案的议院。该院应将此项反对意见详细载入本院议事录并进行复议。如经复议后，该院三分之二议员同意通过该议案，则将该议案连同反对意见一起送交另一议院，并同样由该院进行复议，如经该院三分之二议员赞同，该议案即成为法律。但在所有这类情况下，两院表决都由赞成票和反对票决定；对该议案投赞成票和反对票的议员姓名应分别载入每一议院议事录。如任何议案在送交总统后十日内（星期日除外）未经总统退回，该议案视同总统已签署，即成为法律，除非因国会休会而使该议案不能退回，在此种情况下，该议案不能成为法律。

凡须由参议院和众议院两院同意的每项命令、决议或表决（关于休会问题除外），均须送交合众国总统。该项命令、决议或表决必须由总统批准后方可生效；如总统不批准，则必须按照关于议案所规定的规则和限制，由参议院和众议院议员各以三分之二多数重新通过后生效。

第八款 国会有权：

赋课并征收直接税、间接税、关税与国产税，以偿付国债和规划合众国共同防务与公共福利，但所征各种税收、关税与国产税应全国统一；

以合众国之信用借款；

管理同外国的、各州之间的和同各印第安部落的贸易；

制定合众国全国统一的归化条例和破产法；

铸造货币，厘定本国货币和外国货币的价值，并确定度量衡的标准；

规定有关伪造合众国证券和通行货币的惩罚条例；

设立邮政局和修建邮政道路；

保障著作家和发明家对各自著作和发明在一定期限内的专有权利，以促进科学和实用艺术之进步；

设立最高法院之下的各级法院；

界定和惩罚海盗罪和在公海上所犯的重罪以及违反国际法的犯罪行为；

宣战，颁发捕获敌船许可状，制定关于陆上和水上俘获物的条例；

招募陆军并供给军需，但此项用途的拨款期限不得超过两年；

建立和维持一支海军；

制定统辖和管理陆海军的条例；

规定征召民兵，以执行联邦法律、镇压叛乱和击退入侵；

规定民兵的组织、装备和纪律，规定用来为合众国服役的那些民兵的统辖事宜，但民兵军官的任命和按国会规定纪律训练民兵的权力，由各州保留；

对于由某些州让与合众国、经国会接受而成为合众国政府所在地的地区（不得超过十平方英里），在任何情况下都行使独有的立法权；对于经州立法机构同意，由合众国在该州购买的用于建造要塞、弹药库、兵工厂、船场和其他必要建筑物的一切地方，亦行使同样的权力；

制定为执行上述各项权力和由本宪法授予合众国政府或其任何部门或官员的一切其他权力所必要而适当的各项法律。

第九款 现有任何一州认为得准予入境之人的迁移或入境，在一八零八年以前，国会不得加以禁止，但对此种人的入境，得课以每人不超过十元的税金。

不得中止人身保护状之特权，除非发生内乱或外患时公共安全要求中止这项特权。

不得通过剥夺公民权利的法案或追溯既往的法律。

〔除依本宪法上文规定的人口普查或统计的比例，不得征收人头税或其他直接税〕。

对于从任何一州输出的货物，均不得征收税金或关税。

任何商业或税收条例，都不得给予一州港口以优惠于他州港口的待遇；开往某州或从某州开出的船舶，不得被强令在他州报关、结关或交纳关税。

除根据法律规定的拨款外，不得从国库提取款项。一切公款收支的定期报告和账目，应经常公布。

合众国不得授予任何贵族爵位。凡在合众国下担任任何有报酬或有责任之职务者，未经国会同意，不得从任何国王、君主或外国接受任何礼物、报酬、官职或任何一种爵位。

第十款 任何一州都不得：缔结任何条约，参加任何同盟或邦联；颁发捕获敌船许可状；铸造货币；发行信用券；使用金银币以外的任何物品作为偿还债务的法定货币；通过任何公民权利剥夺法案、追溯既往的法律或损害契约义务的法律；或授予任何贵族爵位。

任何一州，未经国会同意，不得对进出口货物征收任何进口税或关税，但为执行本州检查法所绝对必要者，不在此限。任何一州对进出口货物所征全部关税和进口税的纯收益均应充作合众国国库之用；所有这类法律得由国会加以修正和监督。

任何一州，未经国会同意，不得征收任何船舶吨位税，不得在和平时期保持军队或战舰，不得与他州或外国缔结协定或盟约，除非实际遭到入侵或遇刻不容缓的紧迫危险时，亦不得交战。

第二条

第一款 行政权属于美利坚合众国总统。总统之任期为四年，副总统的任期与总统的任期相同。总统和副总统按以下程序选举：

每个州依照该州立法机构所定方式选派若干选举人，其数目同该州在国会应有的参议员和众议员总人数相等。但参议员和众议员，以及在合众国属下担任有责任或有报酬职务的人，不得被选派为选举人。

〔选举人在各自州内集会，投票选举两人，其中必须至少有一人不是选举人本州的居民。选举人须造具名单，写明所有被选人和每人所得票数，并在该名单上签名作证，然后将封印后的名单送合众国政府所在地，交参议院议长收。参议院议长在参议院和众议院全体议员面前开拆所有证明书，然后计算票数。得票最多的人，如所得票数超过所选派选举人总数的半数，即为总统。如获得此种过半数票的人不止一人，且得票相等，众议院应立即投票选举其中一人为总统。如无人获得过半数票，该院应以同样方式从名单上得票最多的五人中选举一人为总统。但选举总统时，以州为单位计票，每州全体代表有一票表决权；三分之二的州各有一名或多名众议员出席，即构成选举总统的法定人数。当选总统需要所有州都计算在内的过半数票。在每种情况下，总统选出后，得选举人票最多者，即为副总统。但如果有两人或两人以上得票相等，由参议院投票选举其中一人为副总统。][3]

国会得确定选出选举人的时间和选举人投票日期，该日期须全国一致。

无论何人，凡属非本土出生的公民或在本宪法采用时非为合众国公民者，概不得当选为总统；凡年龄不满三十五岁、在合众国境内居住不满十四年者，也不得当选为总统。

如遇总统被免职、死亡、辞职或丧失履行总统职务之权力和责任的能力时，应由副总统承接总统职务。对于总统和副总统两人均被免职、死亡、辞职或丧失履行职务之能力的情况，国会得作出法律规定，宣布应代理总统的官员。该官员应代理总统直到总统恢复任职能力或新总统选出为止。

总统在规定的时间内，应得到服务报酬，此项报酬在其当选担任总统任期内不得增加或减少。总统在任期内不得接受合众国或任何一州的任何其他报酬。

总统在开始执行职务前，须作如下宣誓或代誓宣言："我谨严宣誓（或郑重声明），我一定忠实执行合众国总统职务，竭尽全力贯彻、保护和捍卫合众国宪法。"

第二款 总统为合众国陆海军和奉调为合众国服现役的各州民兵的总司令。总统得令各行政部门长官就他们各自职责有关的任何事项提出书面意见。他有权对危害合众国的犯罪行为颁赐缓刑和赦免，但弹劾案除外。

总统经咨询参议院并取得其同意，有权缔结条约，但须有出席参议员总数的三分之二表示赞成。总统提出人选，经咨询参议院和取得其同意后任命大使、公使和领事、最高法院法官以及任命手续未由本宪法另行规定而应由法律规定的合众国所有其他官员。但国会认为适当时，得以法律将这类较低级官员的任命权授予总统一人、法院或各部部长。

总统有权委任人员填补在参议院休会期间可能出现的官员缺额，但这些委任需于参议院下期会议结束时期满。

第三款 总统应经常向国会报告联邦情况，并向国会提出他认为必要而妥善的措施供国会审议。在非常情况下，总统得召集两院或任何一院开会。如遇两院对休会时间有意见分歧时，他可令两院休会到他认为适当的时间。总统接见大使和其他使节；负责使法律切实执行，并委任合众国的所有官员。

第四款 总统、副总统和合众国的所有文职官员，因叛国、贿赂或其他重罪

---

[3] 已由第十二条修正案修正。

与轻罪而受弹劾并被定罪时，应予免职。

第三条

第一款 合众国的司法权，属于最高法院和国会不时规定和设立的下级法院。最高法院和下级法院的法官如行为端正，得继续任职，并应在规定的时间得到服务报酬，此项报酬在他们继续任职期间不得减少。

第二款 司法权的适用范围包括：由于本宪法、合众国法律和根据合众国权力已缔结或将缔结的条约而产生的有关普通法和衡平法的一切案件；涉及大使、公使和领事的一切案件；关于海事法和海事管辖权的一切案件；合众国为一方当事人的诉讼；两个或两个以上州之间的诉讼；一州和他州公民之间的诉讼；[4]不同州公民之间的诉讼；同州公民之间对不同州转让与土地的所有权的诉讼；一州或其公民同外国或外国公民或国民之间的诉讼。

涉及大使、公使和领事以及一州为一方当事人的一切案件，最高法院有一审管辖权。对上述所有其他案件，不论法律方面还是事实方面，最高法院有上诉管辖权，但须依照国会所规定的例外和规章。

除弹劾案外，一切犯罪皆由陪审团审判；此种审判应在犯罪发生的州内举行；但如犯罪不发生在任何一州之内，审判应在国会以法律规定的一个或几个地点举行。

第三款 对合众国的叛国罪只限于同合众国作战，或依附其敌人，给予其敌人以帮助和支援。无论何人，除根据两个证人对同一明显行为的作证或本人在公开法庭上的供认，不得被定为叛国罪。

国会有权宣告对叛国罪的惩罚，但对因叛国罪而被剥夺公民权的人，除非其仍在世，不得造成血统玷污，亦不得没收其财产。

第四条

第一款 每个州对于其他各州的公共法令、案卷和司法程序，应给予充分信任和尊重。国会得以一般法律规定证明这类法令、案卷和司法程序的方式和规定

---

[4] 由第十一条修正案限定。

它们所具有的效力。

第二款 每个州的公民享有各州公民的一切特权和豁免权。

在任何一州被控告犯有叛国罪、重罪或其他罪行的人，如逃脱该州法网而在他州被寻获时，应根据他所逃出之州行政当局的要求将他交出，以便解送到对犯罪行为有管辖权的州。

〔根据一州法律须在该州服劳役或劳动的人，如逃往他州，不得因他州的法律或规章而免除此种劳役或劳动，而应根据有权得到此劳役或劳动之当事人的要求将该人交出〕。

第三款 新州得由国会接纳加入本联邦；但不得在任何其他州的管辖范围内组成或建立新州；未经有关州立法机构和国会的同意，也不得将两个或两个以上的州合并或将几个州的一部分合并组成新州。

对于属于合众国的领土或其他财产，国会有权处置和制定一切必要的条例和规章。对本宪法条文不得作有损于合众国或任何一州的任何权利的解释。

第四款 合众国保证本联邦各州实行共和政体，保护各州免遭入侵；并应州立法机构或州行政长官（在州议会不能召集时）之请求平定内乱。

第五条

国会在两院各有三分之二议员认为必要时，应提出本宪法的修正案；又如有各州三分之二州议会提出请求，亦应召开制宪会议提出修正案。不论哪种方式提出的修正案，经各州四分之三州立法机构或四分之三州制宪会议的批准，即实际成为本宪法之一部分而发生效力；具体采用这两种批准方式中的哪一种，得由国会提出建议。但在一八零八年以前制定的修正案，不得以任何形式影响本宪法第一条第九款第一项和第四项；任何一州，未经其同意，它在参议院的平等投票权不得被剥夺。

第六条

本宪法正式通过前订立的一切债务和承担的一切义务，对于实行本宪法的合众国仍然有效，一如邦联时期。

本宪法和依本宪法所制定的合众国法律，以及根据合众国的权力已缔结或将缔结的一切条约，都是全国的最高法律；每个州的法官都应受其约束，即使州的宪法和法律中有与之相抵触的内容。

前面提到的参议员和众议员，各州州立法机构成员，以及合众国和各州所有行政和司法官员，应宣誓和作代誓宣言拥护本宪法；但绝不得以宗教信仰作为担任合众国属下任何官职或公职之条件。

第七条

经九个州制宪会议的批准，即足以使本宪法在各批准州成立。

本宪法于耶稣纪元一七八七年，即美利坚合众国独立后第十二年的九月十七日，经出席各州在制宪会议上一致同意后制定。我们谨在此签名作证。[5]

主席、弗吉尼亚州代表，乔治·华盛顿

新罕布什尔州： 约翰·兰登，尼古拉斯·吉尔曼

马萨诸塞州： 纳撒尼尔·戈勒姆，鲁弗斯·金

康涅狄格州： 威廉·塞缪尔·约翰逊，罗杰·谢尔曼

纽约州： 亚历山大·汉密尔顿

特拉华州： 乔治·里德，小冈宁·贝德福德，约翰·迪金森，理查德·巴西特，雅各布·布鲁姆

新泽西州： 威廉·利文斯顿，大卫·布里尔利，威廉·帕特森，乔纳森·戴顿

宾夕法尼亚州： 本杰明·富兰克林，托马斯·米夫林，罗伯特·莫里斯，乔治·克莱默，托马斯·菲茨西蒙斯，贾雷德·英格索尔，詹姆斯·威尔逊，古维诺尔·莫里斯

北卡罗来纳州： 威廉·布朗特，理查德·多布斯·斯佩特，休·威廉森

马里兰州： 詹姆斯·麦克亨利，圣托马斯的丹尼尔·詹尼弗，丹尼尔·卡罗尔

弗吉尼亚州： 约翰·布莱尔，小詹姆斯·麦迪逊

---

[5] 此处为签字者的全名，在某些情况下并非文件上的签名。

南卡罗来纳州： 约翰·拉特利奇，查尔斯·科茨沃思·平克尼，查尔斯·平克尼，皮尔斯·巴特勒

佐治亚州： 威廉·费尤亚，伯拉罕·鲍德温

按照宪法第五条，由国会提出并经各州批准的增添和修改美利坚合众国宪法的条款。[6]

第一条修正案

国会不得制定关于下列事项的法律：确立国教或禁止宗教活动自由；剥夺言论自由或出版自由；或剥夺人民和平集会和向政府请愿申冤的权利。

第二条修正案

纪律严明的民兵是保障自由州的安全所必需的，因此人民持有和携带武器的权利不得侵犯。

第三条修正案

在和平时期，未经房主同意，士兵不得在民房驻扎；除依法律规定的方式，战时也不得驻扎。

第四条修正案

人民的人身、住宅、文件和财产不受无理搜查和扣押的权利，不得侵犯。除依照合理根据，以宣誓或代誓宣言保证，并具体说明搜查地点和扣押的人或物，不得发出搜查和扣押状。

---

[6] 这段文字只出现在前十条宪法修正案的共同决议案中。

第五条修正案

无论何人,除非根据大陪审团的报告或起诉,不得受判处死罪或其他重罪之审判,但发生在陆、海军中或发生在战时或出现公共危险时服现役的民兵中的案件,不在此限。任何人不得因同一犯罪行为而两次遭受生命或身体的危害;不得在任何刑事案件中被迫自证其罪;不经正当法律程序,不得被剥夺生命、自由或财产。不给予公平赔偿,私有财产不得充作公用。

第六条修正案

在一切刑事诉讼中,被告享有下列权利:由犯罪行为发生地的州和地区的公正陪审团予以迅速而公开的审判,该地区应事先已由法律确定;得知被控告的性质和理由;同原告证人对质;以强制程序取得对其有利的证人;取得律师帮助为其辩护。

第七条修正案

在普通法的诉讼中,其争执价值超过二十元,由陪审团审判的权利应受到保护。由陪审团裁决的事实,合众国的任何法院除非按照普通法规则,不得重新审查。

第八条修正案

不得要求过多的保释金,不得处以过重的罚金,不得施加残酷和非常的惩罚。

第九条修正案

本宪法对某些权利的列举,不得被解释为否定或轻视由人民保留的其他权利。

第十条修正案

本宪法未授予合众国、也未禁止各州行使的权力,保留给各州行使,或保留给人民行使之。

第十一条修正案 [7]

合众国的司法权,不得被解释为适用于由他州公民或任何外国公民或国民对合众国一州提出的或起诉的任何普通法或衡平法的诉讼。

第十二条修正案 [8]

选举人在各自州内集会,投票选举总统和副总统,其中必须至少有一人不是选举人所属州的居民。选举人须在选票上写明被选为总统之人的姓名,并在另一选票上写明被选为副总统之人的姓名。选举人须将所有被选为总统之人和所有被选为副总统之人分别开列名单,写明每人所得票数,并在该名单上签名作证,然后封印送合众国政府所在地,呈参议院议长。参议院议长在参议院和众议院全体议员面前开拆所有证明书,然后计算票数。获得总统选票最多的人,如所得票数超过所选派选举人总数的半数,即为总统。如无人获得这种过半数票,众议院应立即从被选为总统之人名单中得票最多的但不超过三人中间,投票选举总统。但选举总统时,以州为单位计票,每州全体代表有一票表决权。三分之二的州各有一名或多名众议员出席,即构成选举总统的法定人数,决选总统需要所有州的过半数票。〔当选举总统的权力转移到众议院时,如该院在次年三月四日前尚未选出总统,则由副总统代理总统,如同总统死亡或宪法规定的其他丧失任职能力的情况一样。〕得副总统选票最多者,如所得票数超过所选派选举人总数的半数,即为副总统,如无人得票超过半数,参议院应从名单上得票最多的两人中选举副总统。选举副总统的法定人数由参议员总数的三分之二构成,选出副总统需要参议员总数的过半数票。但依宪法无资格担任总统的人,也无资格担任合众国副总统。

[7] 1978 年批准。
[8] 1804 年批准。

第十三条修正案 [9]

第一款 在合众国境内或受合众国管辖的任何地方，奴隶制和强制劳役都不得存在，但作为对依法判罪者犯罪之惩罚，不在此限。

第二款 国会有权以适当立法实施本条。

第十四条修正案 [10]

第一款 凡在合众国出生或归化合众国并受其管辖的人，均为合众国的和他们居住州的公民。任何一州，都不得制定或实施限制合众国公民的特权或豁免权的任何法律；不经正当法律程序，不得剥夺任何人的生命、自由或财产；对于在其管辖下的任何人，亦不得拒绝给予平等法律保护。

第二款 众议员的名额应按各州人口比例进行分配，每州人口统计包括该州除未纳税的印第安人之外的全部人口。但在选举合众国总统和副总统选举人、国会议员、州行政和司法官员或州立法机构成员的任何选举中，一州的〔年满二十一岁〕并且是合众国公民的任何男性居民，如其上述选举权被剥夺或受到任何方式的限制（因参加叛乱或其他犯罪而被剥夺者除外），则该州代表权的基础，应按以上男性公民的人数占该州年满二十一岁男性公民总人数的比例核减。

第三款 无论何人，凡先前曾以国会议员，或合众国官员，或任何州立法机构成员，或任何州行政或司法官员的身份宣誓维护合众国宪法，以后又对合众国作乱或反叛，或给予合众国敌人帮助或鼓励，概不得担任国会参议员或众议员或总统和副总统选举人，或担任合众国或任何州属下的任何文职或军职官员。但国会得以两院各三分之二的票数取消此种限制。

第四款 对于法律批准的合众国公共债务，包括因支付平定作乱或反叛有功人员的年金和奖金而产生的债务，其效力不得有所怀疑。但无论合众国或任何一州，都不得承担或偿付因援助对合众国的作乱或反叛而产生的任何债务或义务，亦不得承担或偿付因丧失或解放任何奴隶而提出的任何赔偿要求；所有这类债务、义务和要求，都应被认为是非法和无效的。

第五款 国会有权以适当立法实施本条规定。

---

[9] 1865年批准。
[10] 1868年批准。

第十五条修正案[11]

第一款 合众国公民的选举权,不得因种族、肤色或以前是奴隶而被合众国或任何一州加以剥夺或限制。

第二款 国会有权以适当立法实施本条。

第十六条修正案[12]

国会有权对任何来源的收入规定和征收所得税,无须在各州按比例分配,也无须考虑任何人口普查或人口统计。

第十七条修正案[13]

合众国参议院由每州两名参议员组成,参议员由本州人民选举,任期六年;每名参议员各有一票表决权。每个州的选举人应具备该州州立法机构人数最多一院选举人所需具备之资格。

任何一州在参议院的代表出现缺额时,该州行政当局应发布选举令,以填补此项缺额,但任何一州的议会得授权该州行政长官,在人民依该议会指示举行选举填补缺额以前,任命临时参议员。

对本条修正案的解释不得影响在本条修正案作为宪法的一部分生效以前当选的任何参议员的选举或任期。

第十八条修正案[14]

第一款 本条批准一年后,禁止在合众国及其管辖下的一切领土内酿造、出售或运送作为饮料的致醉酒类;禁止此类酒类输入或输出合众国及其管辖下的一切领土。

---

[11] 1870 年批准。
[12] 1913 年批准。
[13] 1913 年批准。
[14] 1918 年批准。

第二款 国会和各州都有权以适当立法实施本条。

第三款 本条除非在国会将其提交各州之日起七年以内，由各州立法机构按本宪法规定批准为宪法修正案，不得发生效力。

第十九条修正案[15]

合众国公民的选举权，不得因性别而被合众国或任何一州加以剥夺或限制。国会有权以适当立法实施本条。

第二十条修正案[16]

第一款 本条未获批准前，总统和副总统的任期在原定任期届满之年的一月二十日正午结束，参议员和众议员的任期在本条未获批准前原定任期届满之年的一月三日正午结束，他们继任人的任期在同时开始。

第二款 国会应每年至少开会一次，除国会以法律另订日期外，此会议在一月三日正午开始。

第三款 如当选总统在规定总统任期开始的时间之前亡故，当选副总统应成为总统。如在规定总统任期开始的时间以前，总统尚未选出，或当选总统不合乎资格，则当选副总统应代理总统直到产生一名合乎资格的总统时为止。在当选总统和当选副总统都不合乎资格时，国会得以法律规定代理总统之人，或宣布选出代理总统的办法。此人应代理总统直到产生一名合乎资格的总统或副总统时为止。

第四款 国会得以法律对以下情况作出规定：在选举总统的权利转移到众议院时，可被该院选为总统的人中有人死亡；在选举副总统的权利转移到参议院时，可被该院选为副总统的人中有人死亡。

第五款 第一款和第二款应在本条批准以后的十月十五日生效。

第六款 本条除非在其提交各州之日起七年以内，由四分之三州立法机构批准为宪法修正案，不得发生效力。

---

[15] 1920 年批准。
[16] 1933 年批准。

第二十一条修正案[17]

第一款 美利坚合众国宪法第十八条修正案现予废除。

第二款 在合众国任何州、准州或属地内，凡违反当地法律为在当地发货或使用而运送或输入致醉酒类，均予以禁止。

第三款 本条除非在国会将其提交各州之日起七年以内，由各州制宪会议依本宪法规定批准为宪法修正案，不得发生效力。

第二十二条修正案[18]

第一款 无论何人，当选担任总统职务不得超过两次；无论何人，在他人当选总统任期内担任总统职务或代理总统两年以上，不得当选担任总统职务一次以上。但本条不适用于在国会提出本条时正在担任总统职务的任何人；也不妨碍在本条生效时正在担任总统职务或代理总统的任何人在一届任期结束前继续担任总统职务或代理总统。

第二款 本条除非在国会将其提交各州之日起七年以内，由四分之三州立法机构批准为宪法修正案，不得发生效力。

第二十三条修正案[19]

第一款 合众国政府所在地的特区，应依国会规定方式选派：一定数目的总统和副总统选举人，其数目如同特区是一个州一样，等于它在国会中有权拥有的参议员和众议员人数的总和，但绝不得超过人口最少之州的选举人人数。他们是在各州所选派的选举人以外增添的人，但为了选举总统和副总统的目的，应被视为一个州选派的选举人；他们在特区集会，履行第十二条修正案所规定的职责。

第二款 国会有权以适当立法实施本条。

---

[17] 1933 年批准。
[18] 1961 年批准。
[19] 1961 年批准。

第二十四条修正案[20]

第一款 在总统或副总统、总统或副总统选举人、国会参议员或众议员的任何预选或其他选举中,合众国公民的选举权不得因未交纳人头税或其他税而被合众国或任何一州加以剥夺或限制。

第二款 国会有权以适当立法实施本条。

第二十五条修正案[21]

第一款 如遇总统被免职、亡故或辞职,副总统应成为总统。

第二款 凡当副总统职位出缺时,总统应提名一名副总统,经国会两院都以过半数票批准后就职。

第三款 凡当总统向参议院临时议长和众议院议长提交书面声明,称他不能够履行其职务的权力和责任,直至他向他们提交一份内容与此相反的声明为止,其权力和责任应由副总统作为代理总统履行。

第四款 凡当副总统和行政各部主官的多数或国会通过法律设立的其他机构成员的多数,向参议院临时议长和众议院议长提交书面声明,称总统不能够履行总统职务的权力和责任时,副总统应立即作为代理总统承担总统职务的权力和责任。

此后,当总统向参议院临时议长和众议院议长提交书面声明,称丧失能力的情况不存在时,他应恢复总统职务的权力和责任,除非副总统和行政各部长官的多数或国会通过法律设立的其他机构成员的多数在四天之内向参议院临时议长和众议院议长提交书面声明,称总统不能够履行总统职务的权力和责任。在这种情况下,国会应对此问题作出裁决,如在休会期间,应为此目的在四十八小时以内集会。如果国会在收到后一书面声明后的二十一天之内,或者如果国会因适逢休会而按照要求专门为此目的集会以后的二十一天之内,以两院三分之二的票数决定总统不能够履行总统职务的权力和责任,则副总统应继续作为代理总统履行总统职务的权力和责任;否则总统应恢复总统职务的权力和责任。

---

[20] 1964 年批准。
[21] 1967 年批准。

第二十六条修正案 [22]

第一款 年满十八岁或十八岁以上的合众国公民的选举权,不得因为年龄而被合众国或任何一州加以剥夺或限制。

第二款 国会有权以适当立法实施本条。

第二十七条修正案 [23]

任何改变参议员和众议员薪酬的法律须在众议员选举举行之后方可生效。

---

[22] 1971 年批准。
[23] 1992 年批准。

附录三　美国历届总统大选

年份	候选人	党派	普选票	普选票百分比	选举人票	投票率
1789	**乔治·华盛顿（弗吉尼亚）***				69	
	约翰·亚当斯				34	
	其他				35	
1792	**乔治·华盛顿（弗吉尼亚）**				132	
	约翰·亚当斯				77	
	乔治·克林顿				50	
	其他				5	
1796	**约翰·亚当斯（马萨诸塞）**	联邦党			71	
	托马斯·杰斐逊	民主共和党			68	
	托马斯·平克尼	联邦党			59	
	艾伦·伯尔	民主共和党			30	
	其他				48	
1800	**托马斯·杰斐逊（弗吉尼亚）**	民主共和党			73	
	艾伦·伯尔	民主共和党			73	
	约翰·亚当斯	联邦党			65	
	C.C.平克尼	联邦党			64	
	约翰·杰伊	联邦党			1	
1804	**托马斯·杰斐逊（弗吉尼亚）**	民主共和党			162	
	C.C.平克尼	联邦党			14	
1808	**詹姆斯·麦迪逊（弗吉尼亚）**	民主共和党			122	
	C.C.平克尼	联邦党			47	
	乔治·克林顿	民主共和党			6	
1812	**詹姆斯·麦迪逊（弗吉尼亚）**	民主共和党			128	
	德　特·克林顿	联邦党			89	
1816	**詹姆斯·门罗（弗吉尼亚）**	民主共和党			183	
	鲁弗斯·金	联邦党			34	

* 竞选时居住州——原注

(续表)

年份	候选人	政党	普选票	%	选举人票	%
1820	詹姆斯·门罗（弗吉尼亚）	民主共和党			231	
	约翰·昆西·亚当斯	民主共和党			1	
1824	约翰·昆西·亚当斯（马萨诸塞）	民主共和党	108740	30.5	84	26.9
	安德鲁·杰克逊	民主共和党	153544	43.1	99	
	威廉·H.克劳福德	民主共和党	46618	13.1	41	
	亨利·克莱	民主共和党	47136.	13.2	37	
1828	安德鲁·杰克逊（田纳西）	民主党	647286	56.0	178	57.6
	约翰·昆西·亚当斯	国家共和党	508064	44.0	83	
1832	安德鲁·杰克逊（田纳西）	民主党	687502	55.0	219	55.4
	亨利·克莱	国家共和党	530189	42.4	49	
	约翰·弗洛伊德	民主党独立派			11	
	威廉·沃特	反梅森派	33108	2.6	7	
1836	马丁·范布伦（纽约）	民主党	765483	50.9	170	57.8
	W.H.哈里森	辉格党			73	
	休·L.怀特	辉格党	739795	49.1	26	
	丹尼尔·韦伯斯特	辉格党			14	
	W.P.马格纳姆	独立党			11	
1840	威廉·H.哈里森（俄亥俄）	辉格党	1274624	53.1	234	80.2
	马丁·范布伦	民主党	1127781	46.9	60	
	J.G.伯尼	自由党	7069		—	
1844	詹姆斯·K.波尔克（田纳西）	民主党	1338464	49.6	170	78.9
	亨利·克莱	辉格党	1300097	48.1	105	
	J.G.伯尼	自由党	62300	2.3	—	
1848	扎卡里·泰勒（路易斯安那）	辉格党	1360967	47.4	163	72.7
	路易斯·卡斯	民主党	1222342	42.5	127	
	约翰·黑尔	自由土地党	291263	10.1	—	
1852	富兰克林·皮尔斯（新罕布什尔）	民主党	1601117	50.9	254	69.6
	温菲尔德·司科特	辉格党	1385453	44.1	42	
	约翰·赫尔	自由土地党	155825	5.0	—	
1856	詹姆斯·布坎南（宾夕法尼亚）	民主党	1832955	45.3	741	78.9
	约翰·C.弗里蒙特	共和党	1339932	33.1	114	
	米勒德·菲尔莫尔	美利坚党	871731	21.6	8	
1860	亚伯拉罕·林肯（伊利诺伊）	共和党	1865593	39.8	180	81.2
	史蒂芬·A.道格拉斯	民主党	1382713	29.5	12	
	约翰·布雷肯里奇	民主党	848356	18.1	72	
	约翰·贝尔	联盟党	592906	12.6	39	

(续表)

1864	亚伯拉罕·林肯（伊利诺伊）	共和党	2213655	55.0	212	73.8
	乔治·麦克莱伦	民主党	1805237	45.0	21	
1868	尤利西斯·格兰特（伊利诺伊）	共和党	3012833	52.7	214	78.1
	霍拉肖·西摩	民主党	2703249	47.3	80	
1872	尤利西斯·S.格兰特（伊利诺伊）	共和党	3597132	55.6	286	71.3
	霍勒斯·格里利	民主党；自由共和党	2834125	43.9	66	
1876	拉瑟福德·海斯（俄亥俄）	共和党	4036298	48.0	185	81.1
	塞缪尔·V.蒂尔登	民主党	4300590	51.0	184	
1880	詹姆斯·加菲尔德（俄亥俄）	共和党	4454416	48.5	214	79.4
	温菲尔德·汉考克	民主党	4444952	48.1	155	
1884	格罗弗·克利夫兰（纽约）	民主党	4874986	48.5	219	77.5
	詹姆斯·布莱恩	共和党	4851981	48.2	182	
1888	本杰明·哈里森（印第安纳）	共和党	5439853	47.9	233	79.3
	格罗弗·克利夫兰	民主党	5540309	48.6	168	
1892	格罗弗·克利夫兰（纽约）	民主党	5556918	46.1	277	74.7
	本杰明·哈里森	共和党	5176108	43.0	145	
	詹姆斯·韦弗	平民党	1041028	8.5	22	
1896	威廉·麦金利（俄亥俄）	共和党	7104779	51.1	271	79.3
	威廉·布赖恩	民主-平民党	6502925	47.7	176	
1900	威廉·麦金利（俄亥俄）	共和党	7207923	51.7	292	73.2
	威廉·布赖恩	民主-平民党	6358133	45.5	155	
1904	西奥多·罗斯福（纽约）	共和党	7623486	57.9	336	65.2
	奥尔顿·帕克	共和党保守派	5077911	37.6	140	
	尤金·德布兹	社会党	402283	3.0	—	
1908	威廉·H.塔夫脱（俄亥俄）	共和党	7678098	51.6	321	65.4
	威廉·V.布莱恩	民主党	6409104	43.1	162	
	尤金·V.德布兹	社会党	420793	2.8	—	
1912	伍德罗·威尔逊（新泽西）	民主党	6293454	41.9	435	58.8
	西奥多·罗斯福	进步党	4119538	27.4	88	
	威廉·H.塔夫脱	共和党	3484980	23.2	8	
	尤金·V.德布兹	社会党	900672	6.0	—	
1916	伍德罗·威尔逊（新泽西）	民主党	9129606	49.4	277	61.6
	查尔斯·E.休斯	共和党	8538221	46.2	254	
	A.L.本森	社会党	585113	3.2	—	
1920	沃伦·G.哈定（俄亥俄）	共和党	16152200	60.4	404	49.2
	詹姆斯·考克斯	民主党	9147353	34.2	127	
	尤金·V.德布兹	社会党	919799	3.4	—	

(续表)

1924	**卡尔文·柯立芝（马萨诸塞）**	共和党	15725016	54.0	382	48.9
	约翰·W. 戴维斯	民主党	8386503	28.8	136	
	罗伯特·M. 拉福莱特	进步党	4822856	16.6	13	
1928	**赫伯特·胡佛（加利福尼亚）**	共和党	21391381	58.2	444	56.9
	艾尔弗雷德·E. 史密斯	民主党	15016443	40.9	87	
	诺曼·托马斯	社会党	267835	0.7	—	
1932	**富兰克林·D. 罗斯福（纽约）**	民主党	22821857	57.4	472	56.9
	赫伯特·胡佛	共和党	15761841	39.7	59	
	诺曼·托马斯	社会党	881951	2.2	—	
1936	**富兰克林·D. 罗斯福（纽约）**	民主党	27751597	60.8	523	61.0
	艾尔弗雷德·兰登	共和党	16679583	36.5	8	
	威廉·莱姆基	联盟党	882479	1.9	—	
1940	**富兰克林·D. 罗斯福（纽约）**	民主党	27244160	54.8	449	62.5
	温德尔·V. 威尔基	共和党	22305198	44.8	82	
1944	**富兰克林·D. 罗斯福（纽约）**	民主党	25602504	53.5	432	55.9
	托马斯·E. 杜威	共和党	22006285	46.0	99	
1948	**哈里·S. 杜鲁门（密苏里）**	民主党	24105695	49.5	304	53.0
	托马斯·E. 杜威	共和党	21969170	45.1	189	
	斯特罗姆·瑟蒙德	州权党	1169021	2.4	38	
	亨利·A. 华莱士	进步党	1156103	2.4	—	
1952	**德怀特·D. 艾森豪威尔（纽约）**	共和党	33936252	55.1	442	63.3
	阿德莱·E. 史蒂文森	民主党	27314992	44.4	89	
1956	**德怀特·D. 艾森豪威尔（纽约）**	共和党	35575420	57.6	457	60.6
	阿德莱·E. 史蒂文森	民主党	26033066	42.1	73	
	其他	—	—		1	
1960	**约翰·F. 肯尼迪（马萨诸塞）**	民主党	34227096	49.9	303	62.8
	理查德·M. 尼克松	共和党	34108546	49.6	219	
	其他	—	—		15	
1964	**林登·B. 约翰逊（得克萨斯）**	民主党	43126506	61.1	486	61.7
	巴瑞·M. 戈德华特	共和党	27176799	38.5	52	
1968	**理查德·尼克松（纽约）**	共和党	31770237	43.4	301	60.6
	休伯特·汉弗莱	民主党	31270533	42.7	191	
	乔治·华莱士	美国独立党	9906141	13.5	46	
1972	**理查德·尼克松（纽约）**	共和党	47169911	60.7	520	55.2
	乔治·S. 麦戈文	民主党	29170383	37.5	17	
	其他	—	—		1	
1976	**吉米·卡特（佐治亚）**	民主党	40828587	50.0	297	53.5
	杰拉尔德·福特	共和党	39147613	47.9	241	
	其他	—	1575459	2.1	—	

(续表)

年份	候选人	党派	得票数	得票率	选举人票	投票率
1980	罗纳德·里根（加利福尼亚）	共和党	43901812	50.7	489	52.6
	吉米·卡特	民主党	35483820	41.0	49	
	约翰·B.安德森	独立候选人	5719722	6.6	—	
	其他	自由党	921188	1.1	—	
1984	罗纳德·里根（加利福尼亚）	共和党	54455075	59.0	525	53.3
	沃特尔·蒙代尔	民主党	37577185	41,0	13	
1988	乔治·布什（得克萨斯）	共和党	47946422	54.0	426	50.2
	迈克尔·杜卡基斯	民主党	41016429	46.0	112	
1992	比尔·克林顿（阿肯色）	民主党	44909889	43.3	370	55.2
	乔治·布什	共和党	39104545	37.7	168	
	罗斯·佩罗特	独立候选人	19742267	19.0	—	
1996	比尔·克林顿（阿肯色）	民主党	47401185	49.3	379	49
	罗伯特·多尔	共和党	39197469	40.7	159	
	罗斯·佩罗特	改良党	8085294	8.4	—	
2000	乔治·W.布什（得克萨斯）	共和党	504559211	47.89	271	51.0
	小阿尔伯特·戈尔	民主党	51003894	48.41	266	
	拉尔夫·纳德	绿党	2834410	2.69	—	
2004	乔治·W.布什（得克萨斯）	共和党	62028285	50.73	286	60.0
	约翰·克里	民主党	59028109	48.27	251	
	拉尔夫·纳德	独立候选人	463647	0.38	—	
2008	巴拉克·奥巴马（伊利诺伊）	民主党	65070489	53	364	61.7
	约翰·麦凯恩	共和党	57154810	46	174	

注：所有数据来自 www.fec.gov（联邦选举委员会）www.fec.gov/pubrec/fe2004/2004presgen.shtml

附录四 美国历届副总统及政府内阁成员

	华盛顿政府（1789—1797）	
副总统	约翰·亚当斯	1789—1797
国务卿	托马斯·杰斐逊 埃德蒙·伦道夫 蒂莫西·皮克林	1789—1793 1794—1795 1795—1797
财政部长	亚历山大·汉密尔顿 奥利弗·沃尔科特	1789—1795 1795—1797
陆军部长	亨利·诺克斯 蒂莫西·皮克林 詹姆斯·麦克亨利	1798—1794 1795—1796 1796—1797
司法部长	埃德蒙·伦道夫 威廉·布拉德福德 查尔斯·李	1789—1793 1794—1795 1795—1797
邮政部长	塞缪尔·奥斯古德 蒂莫西·皮克林 约瑟夫·哈伯萨姆	1789—1791 1791—1794 1795—1797
	约翰·亚当斯政府（1797—1801）	
副总统	托马斯·杰斐逊	1797—1801
国务卿	蒂莫西·皮克林 约翰·马歇尔	1797—1800 1800—1801
财政部长	奥利弗·沃尔科特 塞缪尔·德克斯特	1797—1800 1800—1801
陆军部长	詹姆斯·麦克亨利 塞缪尔·德克斯特	1797—1800 1800—1801
司法部长	查尔斯·李	1797—1801
邮政部长	约瑟夫·哈伯萨姆	1797—1801
海军部长	本杰明·斯托德特	1798—1801
	杰斐逊政府（1801—1809）	
副总统	艾伦·伯尔 乔治·克林顿	1801—1805 1805—1809
国务卿	詹姆斯·麦迪逊	1801—1809
财政部长	塞缪尔·德克斯特 阿尔伯特·加勒廷	1801 1801—1809
陆军部长	亨利·迪尔伯恩	1801—1809
司法部长	利瓦伊·林肯 罗伯特·史密斯 约翰·布雷肯里奇 西泽·罗德尼	1801—1805 1805 1805—1806 1807—1809
邮政部长	约瑟夫·哈伯萨姆 吉迪恩·格兰杰	1801 1801 1809
海军部长	罗伯特·史密斯	1801—1809
	麦迪逊政府（1809—1817）	
副总统	乔治·克林顿 埃尔布里奇·格里	1809—1813 1813—1817
国务卿	罗伯特·史密斯 詹姆斯·门罗	1809—1811 1811—1817
财政部长	阿尔伯特·加勒廷 乔治·康佩尔 亚历山大·达拉斯 威廉·克劳福德	1809—1813 1814 1814—1816 1816—1817
陆军部长	威廉·尤斯蒂斯 约翰·阿姆斯特朗 詹姆斯·门罗 威廉·克劳福德	1809—1812 1813—1814 1814—1815 1815—1817
司法部长	西泽·罗德尼 威廉·平克尼 理查德·拉什	1809—1811 1811—1814 1814—1817
邮政部长	吉迪恩·格兰杰 雷特恩·梅格斯	1809—1814 1814—1817
海军部长	保尔·汉密尔顿 威廉·琼斯 本杰明·克劳温希尔德	1809—1813 1813—1814 1814—1817
	门罗政府（1817—1825）	
副总统	丹尼尔·汤普金斯	1817—1825
国务卿	约翰·昆西·亚当斯	1817—1825
财政部长	威廉·克劳福德	1817—1825
陆军部长	乔治·格雷厄姆 约翰·C.卡尔霍恩	1817 1817—1825

(续表)

司法部长	理查德·拉什	1817		财政部长	利瓦伊·伍德伯里	1837—1841
	威廉·沃特	1817—1825		陆军部长	乔尔·波因塞特	1837—1841
邮政部长	雷特恩·梅格斯	1817—1823		司法部长	本杰明·巴特勒	1837—1838
	约翰·麦克林	1823—1825			费利克斯·格伦迪	1838—1840
海军部长	本杰明·克劳温希尔德	1817—1818			亨利·D.吉尔平	1840—1841
	史密斯·汤普森	1818—1823		邮政部长	阿莫斯·肯德尔	1837—1840
	塞缪尔·索瑟德	1823—1825			约翰·M.奈尔斯	1840—1841
约翰·昆西·亚当斯政府（1825—1829）				海军部长	马洪·迪克森	1837—1838
副总统	约翰·C.卡尔霍恩	1825—1829			詹姆斯·波尔丁	1838—1841
国务卿	亨利·克莱	1825—1829		**威廉·哈里森政府（1841—1845）**		
财政部长	亨利·克莱	1825—1829		副总统	约翰·泰勒	1841
陆军部长	詹姆斯·巴伯	1825—1828		国务卿	丹尼尔·韦伯斯特	1841
	皮特·波特	1828—1829		财政部长	托马斯·尤因	1841
司法部长	威廉·沃特	1825—1829		陆军部长	约翰·贝尔	1841
邮政部长	约翰·麦克林	1825—1829		司法部长	约翰·J.克里滕登	1841
海军部长	塞缪尔·索瑟德	1825—1829		邮政部长	弗朗西斯·格兰杰	1841
杰克逊政府（1829—1837）				海军部长	乔治·巴杰	1841
副总统	约翰·C.卡尔霍恩	1829—1833		**泰勒政府（1841—1845）**		
	马丁·范布伦	1833—1837		副总统	无	
国务卿	马丁·范布伦	1829—1831		国务卿	丹尼尔·韦伯斯特	1841—1843
	爱德华·利文斯顿	1831—1833			休·S.莱格	1843
	路易斯·麦克莱恩	1833—1834			阿贝尔·P.厄普舍	1843—1844
	约翰·福赛斯	1834—1837			约翰·C.卡尔霍恩	1844—1845
财政部长	塞缪尔·英厄姆	1829—1831		财政部长	托马斯·尤因	1841
	路易斯·麦克莱恩	1831—1833			沃尔特·福沃德	1841—1843
	威廉·杜安	1833			约翰·C.斯宾塞	1843—1844
	罗杰·B.托尼	1833—1834			乔治·比布	1844—1845
	利瓦伊·伍德伯里	1834—1837		陆军部长	约翰·贝尔	1841
陆军部长	约翰·伊登	1829—1831			约翰·C.斯宾塞	1841—1843
	路易斯·卡斯	1831—1837			詹姆斯·波特	1843—1844
	本杰明·巴特勒	1837			威廉·威尔金斯	1844—1845
司法部长	约翰·贝里恩	1829—1831		司法部长	约翰·J.克里滕登	1841
	罗杰·托尼	1831—1833			休·S.莱格	1841—1843
	本杰明·巴特勒	1833—1837			约翰·尼尔森	1843—1845
邮政部长	威廉·贝里	1829—1835		邮政部长	弗朗西斯·格兰杰	1841
	阿莫斯·肯德尔	1835—1837			查尔斯·威克利夫	1841
海军部长	约翰·布兰奇	1829—1831		海军部长	乔治·巴杰	1841
	利瓦伊·伍德伯里	1831—1834			阿贝尔·P.厄普舍	1841
	马洪·迪克森	1834—1837			戴维·亨肖	1843—1844
范布伦政府（1837—1841）					托马斯·吉尔莫	1844
副总统	理查德·M.约翰逊	1837—1841			约翰·Y.梅森	1844—1845
国务卿	约翰·福赛斯	1837—1841				

	波尔克政府 (1845—1849)	
副总统	乔治·M.达拉斯	1845—1849
国务卿	詹姆斯·布坎南	1845—1849
财政部长	罗伯特·沃尔克	1845—1849
陆军部长	威廉·马西	1845—1849
司法部长	约翰·Y.梅森 内森·克利福德 艾萨克·托西	1845—1846 1846—1848 1848—1849
邮政部长	凯夫·约翰逊	1845—1849
海军部长	乔治·班克罗夫特 约翰·Y.梅森	1845—1846 1846—1849
	泰勒政府 (1849—1850)	
副总统	米勒德·菲尔莫尔	1849—1850
国务卿	约翰·M.克莱顿	1849—1850
财政部长	威廉·梅雷迪斯	1849—1850
陆军部长	乔治·克劳福德	1849—1850
司法部长	雷弗迪·约翰逊	1849—1850
邮政部长	雅各布·科拉莫	1849—1850
海军部长	威廉·普雷斯顿	1849—1850
内政部长	托马斯·尤因	1849—1850
	菲尔莫尔政府 (1850—1853)	
副总统	无	
国务卿	丹尼尔·韦伯斯特 爱德华·埃弗里特	1850—1852 1852—1853
财政部长	托马斯·科温	1850—1853
陆军部长	查尔斯·康拉德	1850—1853
司法部长	约翰·J.克里滕登	1850—1853
邮政部长	内森·霍尔 山姆·D.哈伯德	1850—1852 1852—1853
海军部长	威廉·A.格雷厄姆 约翰·P.肯尼迪	1850—1852 1852—1853
内政部长	托马斯·麦坎南 亚历山大·司图尔特	1850 1850—1853
	皮尔斯政府 (1853—1857)	
副总统	威廉·R.金	1853—1857
国务卿	威廉·L.马西	1853—1857
财政部长	詹姆斯·格思里	1853—1857
陆军部长	杰斐逊·戴维斯	1853—1857
司法部长	凯莱布·顾盛	1853—1857
邮政部长	詹姆斯·康佩尔	1853—1857
海军部长	詹姆斯·杜宾	1853—1857
内政部长	罗伯特·麦克利兰	1853—1857
	布坎南政府 (1857—1861)	
副总统	约翰·C.布雷肯里奇	1857—1861
国务卿	路易斯·卡斯 杰里迈亚·S.布莱克	1857—1860 1860—1861
财政部长	豪厄尔·科布 菲利普·托马斯 约翰·A.迪克斯	1857—1860 1860—1861 1861
陆军部长	约翰·B.弗洛伊德 约瑟夫·霍尔特	1857—1861 1861
司法部长	杰里迈亚·S.布莱克 埃德温·M.斯坦顿	1857—1860 1860—1861
邮政部长	阿伦·布朗 约瑟夫·霍尔特 霍拉肖·金	1857—1859 1859—1861 1861
海军部长	艾萨克·托西	1857—1861
内政部长	雅各布·汤普森	1857—1861
	林肯政府 (1861—1865)	
副总统	汉尼巴尔·哈姆林 安德鲁·杰克逊	1861—1865 1865
国务卿	威廉·V.西沃德	1861—1865
财政部长	萨蒙·P.蔡斯 威廉·P.费森 休·麦卡洛克	1861—1864 1864—1865 1865
陆军部长	西蒙·卡梅伦 埃德温·M.斯坦顿	1861—1862 1862—1865
司法部长	爱德华·贝茨 詹姆斯·斯皮德	1861—1864 1864—1865
邮政部长	霍拉肖·金 蒙哥马利·布莱尔 威廉·丹尼森	1861 1861—1864 1864—1865
海军部长	吉迪恩·韦尔斯	1861—1865
内政部长	凯莱布·史密斯 约翰·P.厄舍	1861—1863 1863—1865
	安德鲁·约翰逊政府 (1865—1869)	
副总统	无	
国务卿	威廉·西沃德	1861—1865
财政部长	休·麦卡洛克	1865—1869

（续表）

陆军部长	埃德温·M.斯坦顿	1865—1867
	尤利西斯·S.格兰特	1867—1868
	洛伦佐·托马斯	1868
	约翰·M.斯科菲尔德	1868—1869
司法部长	詹姆斯·斯皮德	1865—1866
	亨利·斯坦伯里	1866—1868
	威廉·M.埃瓦茨	1868—1869
邮政部长	威廉·丹尼森	1865—1866
	亚历山大·兰德尔	1866—1869
海军部长	吉迪恩·韦尔斯	1865—1869
内政部长	约翰·P.厄舍	1865
	詹姆斯·哈兰	1865 1866
	奥维尔·布朗宁	1866 1869
格兰特政府（1869—1877）		
副总统	斯凯勒·科尔法克斯	1868—1873
	亨利·威尔逊	1873—1877
国务卿	伊莱休·B.沃什伯恩	1869
	汉密尔顿·菲什	1869—1877
财政部长	乔治·S.鲍特韦尔	1869—1873
	威廉·理查森	1873—1874
	本杰明·布里斯托	1874—1876
	洛特·M.莫里尔	1876—1877
陆军部长	约翰·A.罗林斯	1869
	威廉·舍曼	1869
	威廉·贝尔纳普	1869—1876
	阿方索·塔夫脱	1876
	詹姆斯·D.卡梅伦	1876—1877
司法部长	埃比泽·霍尔	1869—1870
	阿莫斯·T.阿克曼	1870—1871
	G.H.威廉斯	1871—1875
	爱德华·皮尔庞德	1875—1876
	阿方索·塔夫脱	1876—1877
邮政部长	约翰·克雷斯韦尔	1870—1874
	詹姆斯·W.马歇尔	1874
	马歇尔·朱厄尔	1875—1876
	詹姆斯·N.泰纳	1876—1877
海军部长	阿道夫·E.博里	1869
	乔治·罗伯逊	1869—1877
内政部长	雅各布·D.考克斯	1869—1870
	哥伦布·德拉诺	1870—1875
	扎卡赖亚·坎德勒	1875—1877

海斯政府（1877—1881）		
副总统	威廉·A.惠勒	1877—1881
国务卿	威廉·M.埃瓦茨	1877—1881
财政部长	约翰·舍曼	1877—1881
陆军部长	乔治·W.麦克拉里	1876—1879
	亚历克斯·拉姆齐	1879—1881
司法部长	查尔斯·德文斯	1877—1881
邮政部长	大卫·M.基	1877—1880
	霍勒斯·梅纳德	1880—1881
海军部长	理查德·汤普森	1877—1880
	小内森·戈夫	1880—1881
内政部长	卡尔·舒尔茨	1877—1881
加菲尔德政府（1881）		
副总统	切斯特·A.阿瑟	1881
国务卿	詹姆斯·G.布莱恩	1881
财政部长	威廉·温德姆	1881
陆军部长	罗伯特·T.林肯	1881
司法部长	韦恩·麦克维	1881
邮政部长	托马斯·L.詹姆斯	1881
海军部长	威廉·H.亨特	1881
内政部长	塞缪尔·J.柯克伍德	1881
阿瑟政府（1881—1885）		
副总统	无	
国务卿	F.T.弗里林海森	1881—1885
财政部长	查尔斯·J.福尔杰	1881—1884
	沃尔特·Q.格雷沙姆	1884
	休·麦卡洛克	1884—1885
陆军部长	罗伯特·T.林肯	1881—1885
司法部长	本杰明·H.布鲁斯特	1881—1885
邮政部长	蒂莫西·Q.豪	1881—1883
	沃尔特·Q.格雷沙姆	1883—1884
	弗兰克·哈顿	1884—1885
海军部长	威廉·H.亨特	1881—1882
	威廉·钱德勒	1882—1885
内政部长	塞缪尔·柯克伍德	1881—1882
	亨利·M.特勒	1882—1885
克利夫兰政府（1885—1889）		
副总统	托马斯·A.亨德里克斯	1885—1889

(续表)

国务卿	托马斯·F.贝亚德	1885—1889	**麦金利政府（1897—1901）**			
财政部长	丹尼尔·曼宁 查尔斯·S.费尔柴尔德	1885—1887 1887—1889	副总统	加勒特·A.霍巴特 西奥多·罗斯福	1897—1901 1901	
陆军部长	威廉·C.恩迪科特	1885—1889	国务卿	约翰·舍曼 威廉·R.戴 海约翰	1897—1898 1898 1898—1901	
司法部长	奥古斯塔斯·H.加兰德	1885—1889	财政部长	莱曼·J.盖奇	1897—1901	
邮政部长	威廉·F.维拉斯 唐·M.迪克森	1885—1888 1888—1889	陆军部长	拉塞尔·A.阿尔杰 伊莱休·鲁特	1897—1899 1899—1901	
海军部长	威廉·怀特尼	1885—1889	司法部长	约瑟夫·麦肯纳 约翰·W.格格斯 菲兰德·C.诺克斯	1897—1898 1898—1901 1901	
内政部长	卢修斯·Q.C.拉马尔 威廉·F.维拉斯	1885—1888 1888—1889	邮政部长	詹姆斯·盖里 查尔斯·E.史密斯	1897—1898 1898—1901	
农业部长	诺曼·J.科尔曼	1889	海军部长	约翰·D.朗	1897—1901	
本杰明·哈里森政府（1889—1893）			内政部长	科尼利厄斯·N.布利斯 伊桑·A.希区柯克	1897—1899 1899—1901	
副总统	利瓦伊·P.莫顿	1889—1893	农业部长	詹姆斯·威尔逊	1897—1901	
国务卿	詹姆斯·G.布赖恩	1889—1893	**西奥多·罗斯福政府（1901—1909）**			
财政部长	威廉·温德姆 查尔斯·福斯特	1889—1891 1892—1893	副总统	查尔斯·费尔班克斯	1905—1909	
陆军部长	雷德菲尔德·普罗克特 斯蒂芬·B.埃尔金斯	1889—1891 1891—1893	国务卿	海约翰 伊莱休·鲁特 罗伯特·培根	1901—1905 1905—1909 1909	
司法部长	威廉·H.H.米勒	1889—1893	财政部长	莱曼·J.盖奇 莱斯利·M.肖 乔治·B.科特柳	1901—1902 1902—1907 1907—1909	
邮政部长	约翰·沃纳梅克	1889—1893				
海军部长	本杰明·F.特蕾西	1889—1893	陆军部长	伊莱休·鲁特 威廉·塔夫脱 卢克·E.怀特	1901—1904 1903—1908 1908—1909	
内政部长	约翰·W.诺贝尔	1889—1893				
农业部长	杰里迈亚·M.腊斯克	1889—1893	司法部长	菲兰德·C.诺克斯 威廉·H.穆迪 查尔斯·J.波拿巴特	1901—1904 1904—1906 1906—1909	
克利夫兰政府（1893—1897）						
副总统	阿德莱·E.史蒂文森	1893—1897				
国务卿	沃尔特·Q.格雷沙姆 理查德·奥尔尼	1893—1895 1895—1897	邮政部长	查尔斯·史密斯 亨利·C.佩因 罗伯特·J.怀恩 乔治·B.科特柳 乔治·冯·L.迈耶	1901—1902 1902—1904 1904—1905 1905—1907 1907—1909	
财政部长	约翰·G.卡莱尔	1893—1897				
陆军部长	丹尼尔·S.拉蒙特	1893—1897				
司法部长	理查德·奥尔尼 詹姆斯·哈蒙	1893—1895 1895—1897	海军部长	约翰·D.朗 威廉·H.穆迪 保尔·莫顿 查尔斯·J.波拿巴特 维克多·H.梅特卡夫 杜鲁门·纽伯里	1901—1902 1902—1904 1904—1905 1905—1906 1906—1908 1908—1909	
邮政部长	威尔逊·S.比斯尔 威廉·I.威尔逊	1893—1896 1896—1897				
海军部长	希拉里·A.赫伯特	1893—1897				
内政部长	霍克·史密斯 大卫·R.弗朗西斯	1893—1896 1896—1897				
农业部长	朱利叶斯·R.莫顿	1893—1897				

(续表)

职位	姓名	年份
内政部长	伊桑·A.希区柯克 詹姆斯·加菲尔德	1901—1907 1907—1909
农业部长	詹姆斯·威尔逊	1901 1909
劳工及商务部长	乔治·B.科特柳 维克多·H.梅特卡夫 奥斯卡·S.斯特劳斯 查尔斯·内格尔	1903—1904 1904—1906 1905—1909 1909
塔夫脱政府（1909—1913）		
副总统	詹姆斯·S.舍曼	1909—1913
国务卿	菲兰德·C.诺克斯	1909—1913
财政部长	富兰克林·麦克维	1909—1913
陆军部长	雅各布·M.迪金森 亨利·L.史汀生	1909—1911 1911—1913
司法部长	乔治·W.威克沙姆	1909—1913
邮政部长	弗兰克·H.希区柯克	1909—1913
海军部长	乔治·冯·L.迈耶	1909—1913
内政部长	理查德·巴林杰 沃尔特·L.费舍	1909—1911 1911—1913
农业部长	詹姆斯·威尔逊	1909—1913
劳工及商务部长	查尔斯·内格尔	1909—1913
威尔逊政府（1913—1921）		
副总统	托马斯·R.马歇尔	1913 1921
国务卿	威廉·J.布赖恩 罗伯特·兰辛 班布里奇·科尔比	1913 1915 1915—1920 1920—1921
财政部长	威廉·G.麦卡杜 卡特·格拉斯 大卫·S.休斯顿	1913 1918 1918 1920 1920 1921
陆军部长	林德利·M.加里森 牛顿·D.贝克	1913—1916 1916—1921
司法部长	詹姆斯·C.麦克雷诺兹 托马斯·W.格雷戈里 A.米切尔·帕尔默	1913—1914 1914—1919 1919—1921
邮政部长	艾伯特·S.伯利森	1913—1921
海军部长	约瑟夫斯·丹尼尔斯	1913—1921
内政部长	富兰克林·K.莱恩 约翰·B.佩恩	1913—1920 1920—1921
农业部长	大卫·F.休斯顿 埃德温·T.梅雷迪斯	1913—1920 1920—1921

职位	姓名	年份
商务部长	威廉·C.雷德菲尔德 乔舒亚·W.亚历山大	1913—1919 1919—1921
劳工部长	威廉·B.威尔逊	1913—1921
哈定政府（1921—1923）		
副总统	卡尔文·柯立芝	1921—1923
国务卿	查尔斯·E.休斯	1921—1923
财政部长	安德鲁·梅隆	1921—1923
陆军部长	约翰·W.威克斯	1921—1923
司法部长	哈里.M.多尔蒂	1921—1923
邮政部长	威尔·H.海斯 赫伯特·沃克 哈里·S.纽	1921—1922 1922—1923 1923
海军部长	埃德温·登比	1921—1923
内政部长	艾伯特·B.福尔 赫伯特·沃克	1921 1923 1923
农业部长	亨利·C.华莱士	1921—1923
商务部长	赫伯特·胡佛	1921—1923
劳工部长	詹姆斯·戴维斯	1921—1923
柯立芝政府（1923—1929）		
副总统	查尔斯·G.道威斯	1925—1929
国务卿	查尔斯·E.休斯 弗兰克·B.凯洛格	1921—1925 1925—1929
财政部长	安德鲁·梅隆	1923—1929
陆军部长	约翰·W.威克斯 德怀特·戴维斯	1922—1925 1925—1929
司法部长	哈里·M.多尔蒂 哈兰·F.斯通 约翰·G.萨金特	1923—1924 1924—1925 1925—1929
邮政部长	哈里·S.纽	1923—1929
海军部长	埃德温·登比 柯蒂斯·D.威尔伯	1923—1924 1924—1929
内政部长	赫伯特·沃克 罗伊·O.威斯特	1923—1928 1928—1929
农业部长	亨利·C.华莱士 霍华德·M.戈尔 威廉·M.贾丁	1923—1924 1924—1925 1925—1929
商务部长	赫伯特·C.胡佛 威廉·F.怀汀	1923—1928 1928—1929
劳工部长	詹姆斯·戴维斯	1923—1929

胡佛政府 (1929—1933)		
副总统	查尔斯·柯蒂斯	1929—1933
国务卿	亨利·L.史汀生	1929—1933
财政部长	安德鲁·梅隆 奥格登·L.米尔斯	1929—1932 1932—1933
陆军部长	詹姆斯·W.古德 帕特里克·J.赫利	1929 1929—1933
司法部长	威廉·D.米歇尔	1929—1933
邮政部长	沃尔特·布朗	1929—1933
海军部长	查尔斯·F.亚当斯	1929—1933
内政部长	雷·L.威尔伯	1929—1933
农业部长	阿瑟·M.海德	1929—1933
商务部长	罗伯特·P.拉蒙特 罗伊·D.蔡平	1929—1932 1932—1933
劳工部长	詹姆斯·戴维斯 威廉·N.多克	1929—1930 1930—1933
富兰克林·D.罗斯福政府 (1933—1945)		
副总统	约翰·南斯·加纳 亨利·A.华莱士 哈里·S.杜鲁门	1933—1941 1941—1945 1945
国务卿	科德尔·赫尔 小爱德华·R.斯特蒂纽斯	1933—1944 1944—1945
财政部长	威廉·H.伍丁 亨利·摩根索	1933—1934 1934—1945
陆军部长	乔治·H.德恩 亨利·A.伍德林 亨利·L.史汀生	1933—1936 1936—1940 1940—1945
司法部长	霍莫·S.卡明斯 弗兰克·墨菲 罗伯特·H.杰克逊 弗朗西斯·比德尔	1933—1939 1939—1940 1940—1941 1941—1945
邮政部长	詹姆斯·A.法利 弗兰克·C.沃克	1933—1940 1940—1945
海军部长	克劳德·A.斯旺森 查尔斯·爱迪生 弗兰克·诺克斯 詹姆斯·V.福里斯特尔	1933—1940 1940 1940—1944 1944—1945
内政部长	哈罗德·L.伊克斯	1933—1945
农业部长	亨利·A.华莱士 克劳德·R.威卡德	1933—1940 1940—1945

(续表)

商务部长	丹尼尔·C.罗珀 哈里·L.霍普金斯 杰西·琼斯 亨利·A.华莱士	1933—1939 1939—1940 1940—1945 1941—1945
劳工部长	弗朗西斯·T.珀金斯	1933—1945
杜鲁门政府 (1945—1953)		
副总统	阿尔本·W.巴克利	1949—1953
国务卿	小爱德华·R.斯特蒂纽斯 詹姆斯·F.贝尔纳斯 乔治·C.马歇尔 迪安·G.艾奇逊	1945 1945—1947 1947—1949 1949—1953
财政部长	弗雷德·M.文森 约翰·W.斯奈德	1945—1946 1946—1953
陆军部长	罗伯特·帕特森 肯尼斯·罗亚尔	1945—1947 1947
司法部长	汤姆·C.克拉克 J.霍华德·麦格拉斯 詹姆斯·P.麦克雷纳里	1945—1949 1949—1952 1952—1953
邮政部长	弗兰克·C.沃克 罗伯特·E.汉尼根 杰西·M.唐纳森	1945 1945—1947 1947—1953
海军部长	詹姆斯·V.福里斯特尔	1945—1947
内政部长	哈罗德·L.伊基斯 朱利叶斯·克鲁格 奥斯卡·L.查普曼	1945—1946 1946—1949 1949—1953
农业部长	克林顿·P.安德森 查尔斯·F.布兰南	1945—1948 1948—1953
商务部长	亨利·C.华莱士 W.艾弗里尔·哈里曼 查尔斯·W.索亚	1945—1946 1946—1948 1948—1953
劳工部长	詹姆斯·V.福里斯特尔 路易斯·A.约翰逊 乔治·C.马歇尔 罗伯特·A.洛维特	1947—1949 1949—1950 1950—1951 1951—1953
艾森豪威尔政府 (1953—1961)		
副总统	理查德·M.尼克松	1953—1961
国务卿	约翰·福斯特·杜勒斯 克里斯蒂安·A.赫特	1952—1959 1959—1961
财政部长	乔治·M.汉弗莱 罗伯特·B.安德森	1953—1957 1957—1961

(续表)

司法部长	小赫伯特·布劳内尔	1954—1958		司法部长	罗伯特·F.肯尼迪	1964—1964
	威廉·P.罗杰斯	1958—1961			尼古拉斯·卡岑巴赫	1965—1966
邮政部长	阿瑟·E.萨默菲尔德	1953—1961			拉姆齐·克拉克	1968—1969
内政部长	道格拉斯·麦凯	1953—1956		邮政部长	约翰·A.格罗诺斯基	1963—1965
	弗雷德·A.西顿	1956—1961			劳伦斯·F.奥布莱恩	1964—1968
农业部长	埃兹拉·T.本森	1953—1961			马文·沃森	1968—1969
商务部长	辛克莱·威克斯	1953—1958		内政部长	斯图尔特·L.尤德尔	1963—1969
	路易斯·L.斯特劳斯	1958		农业部长	奥维尔·L.弗里曼	1963—1969
	弗雷德里克·H.米勒	1959—1961		商务部长	卢瑟·H.霍奇斯	1963—1964
劳工部长	马丁·P.德金	1953			约翰·T.康纳尔	1964—1967
	詹姆斯·P.米歇尔	1953—1961			亚历山大·B.特罗布里奇	1967—1968
国防部长	查尔斯·威尔逊	1953—1957			塞勒斯·R.史密斯	1968—1969
	尼尔·H.迈克尔罗伊	1957—1959		劳工部长	W.威拉德·沃茨	1963 1969
	小托马斯·S.盖茨	1959—1961		国防部长	罗伯特·S.麦克纳马拉	1963—1968
卫生、教育与福利部部长	奥维塔·卡尔普	1953—1955			克拉克·克利福德	1968—1969
	马里恩·B.福尔森	1955—1958		卫生、教育与福利部部长	安东尼·J.塞利布雷奇	1963—1965
	阿瑟·S.弗莱明	1958—1961			约翰·W.加德纳	1965—1968
肯尼迪政府（1961—1963）					威尔伯·J.科恩	1968—1969
副总统	林登·B.约翰逊	1961—1963		住房与城市发展部部长	罗伯特·C.韦弗	1966—1969
国务卿	迪安·腊斯克	1961—1963			罗伯特·C.伍德	1969
财政部长	C.道格拉斯·迪龙	1961—1963		交通部长	阿兰·S.博伊德	1867—1869
司法部长	罗伯特·F.肯尼迪	1961—1963		**尼克松政府（196S—1974）**		
邮政部长	J.爱德华·戴	1960—1963		副总统	斯皮罗·阿格纽	1969—1973
	约翰·A.格罗诺斯基	1963			杰拉尔德·福特	1973—1974
内政部长	斯图尔特·L.尤德尔	1961—1963		国务卿	威廉·P.罗杰斯	1970—1973
农业部长	奥维尔·L.弗里曼	1961—1963			亨利·R.基辛格	1973—1974
商务部长	卢瑟·H.霍奇斯	1961—1963		财政部长	大卫·M.肯尼迪	1969—1970
劳工部长	阿瑟·J.戈德伯格	1961—1962			约翰·B.康纳利	1971—1972
	W.威拉德·沃茨	1962—1963			乔治·P.舒尔茨	1972—1974
国防部长	罗伯特·S.麦克纳马拉	1961—1963			威廉·E.西蒙	1973—1974
卫生、教育与福利部部长	亚伯拉罕·A.利比科夫	1961—1962		司法部长	约翰·N.米歇尔	1969—1972
	安东尼·J.塞利布雷奇	1962—1963			理查德·G.克兰丁特	1971—1972
林登·约翰逊政府（1963—1969）					艾略特·L.理查森	1972—1974
副总统	赫伯特·H.汉弗莱	1963—1969			威廉·B.萨克斯比	1974
国务卿	迪安·腊斯克	1963—1969		邮政部长	温顿·M.布朗特	1969—1971
财政部长	C.道格拉斯·迪龙	1963—1965		内政部长	沃尔特·J.希克尔	1969—1970
	亨利·H.福勒	1965—1969			罗杰斯·莫顿	1970—1974

(续表)

农业部长	克利福德·哈定 厄尔·L.布茨	1971—1971 1971—1974	住房与城市发展部部长	詹姆斯·T.林 卡拉·A.希尔斯	1974—1975 1975—1977
商务部长	莫里斯·H.斯坦斯 皮特·G.皮特森 弗雷德里克·D.丹特	1969—1972 1972—1973 1973—1974	交通部长	克劳德·S.布林加尔 威廉·T.科尔曼	1974—1975 1975—1977
劳工部长	乔治·P.舒尔茨 詹姆斯·D.霍奇森 皮特·J.布伦南	1969—1970 1970—1973 1973—1974	卡特政府（1977—1981）		
			副总统	沃尔特·F.蒙代尔	1977—1983
			国务卿	塞勒斯·R.万斯 埃德蒙·马斯基	1976—1980 1980—1981
国防部长	梅尔文·R.莱尔德 艾略特·L.理查森 詹姆斯·R.施莱辛格	1969—1973 1973 1973—1974	财政部长	W.迈克尔·布鲁门撒尔 G.威廉·米勒	1977—1979 1979—1981
卫生、教育与福利部部长	罗伯特·H.芬奇 艾略特·L.理查森 卡斯珀·W.温伯格	1969—1970 1970—1973 1973—1974	司法部长	格里芬·贝尔 本杰明·R.西维莱蒂	1978—1979 1979—1981
			内政部长	塞西尔·D.安德勒斯	1977—1981
住房与城市发展部部长	乔治·罗姆尼 詹姆斯·T.林	1969—1973 1973—1974	农业部长	罗伯特·伯格兰	1977—1981
			商务部长	朱厄妮塔·M.克雷普斯 菲利普·M.克卢茨尼克	1976—1979 1979—1981
交通部长	约翰·A.沃尔普 克劳德·S.布林加尔	1969—1973 1973—1974	劳工部长	F.雷·马歇尔	1977—1981
福特政府（1974—1977）			国防部长	哈罗德·布朗	1977—1981
副总统	尼尔森·A.洛克菲勒	1974—1977	卫生、教育与福利部部长	约瑟夫·A.卡利法诺 帕特里夏·R.哈里斯	1977—1979 1979
国务卿	亨利·R.基辛格	1974—1977			
财政部长	威廉·E.西蒙	1974—1977	卫生和公共服务部部长	帕特里夏·R.哈里斯	1979—1981
司法部长	威廉·B.萨克斯比 爱德华·利瓦伊	1974—1975 1975—1977			
内政部长	罗杰斯·莫顿 斯坦利·K.哈撒韦 托马斯·克莱普	1974—1975 1975 1975—1977	教育部长	雪利·M.赫夫斯特德勒	1979—1981
			住房与城市发展部部长	帕特里夏·R.哈里斯 穆恩·兰德里欧	1978—1979 1979—1981
农业部长	厄尔·L.布茨 约翰·A.克内布尔	1974—1976 1976—1977			
商务部长	弗雷德里克·D.丹特 罗杰斯·莫顿 艾略特·L.理查森	1974—1975 1975—1976 1976—1977	交通部长	布罗克·亚当斯 尼尔·E.戈德施米特	1976—1979 1979—1981
			能源部长	詹姆斯·R.施莱辛格 查尔斯·W.邓肯	1977—1979 1979—1981
劳工部长	皮特·J.布伦南 约翰·T.邓拉普 W.J.尤塞里	1974—1975 1975—1976 1976—1977	里根政府（1981—1989）		
			副总统	乔治·布什	1981—1989
国防部长	詹姆斯·R.施莱辛格 唐纳德·拉姆斯菲尔德	1974—1975 1975—1977	国务卿	亚历山大·M.黑格 乔治·P.舒尔茨	1981—1982 1982—1989
卫生、教育与福利部部长	卡斯珀·W.温伯格 福雷斯特·D.马休	1974—1975 1975—1977	财政部长	唐纳德·里根 詹姆斯·F.贝克，III 尼古拉·F.布雷迪	1981—1985 1985—1988 1988—1989

(续表)

职务	姓名	任期
司法部长	威廉·F. 史密斯	1981—1985
	埃德温·A. 米斯三世	1985—1988
	理查德·索恩伯勒	1988—1989
内政部长	詹姆斯·瓦特	1981—1983
	小威廉·P. 克拉克	1983—1985
	唐纳德·P. 霍德尔	1985—1989
农业部长	约翰·布洛克	1981—1986
	理查德·E. 林	1986—1989
商务部长	马尔科姆·鲍德里奇	1981—1987
	小威廉·维里蒂	1987—1989
劳工部长	雷蒙德·多诺万	1981—1985
	威廉·布罗克	1985—1987
	安·D. 麦劳克林	1987—1989
国防部长	卡斯珀·温伯格	1981—1987
	弗兰克·C. 卡卢奇	1987—1989
卫生和公共服务部部长	理查德·施韦克	1981—1983
	马格丽特·赫克勒	1983—1985
	奥提斯·R. 布朗	1985—1989
教育部长	特雷尔·H. 贝尔	1981—1985
	威廉·J. 班奈特	1985—1988
	劳拉·F. 鲍恩	1988—1989
住房与城市发展部部长	塞缪尔·皮尔斯	1981—1989
交通部长	德鲁·路易斯	1981—1985
	伊丽莎白·多尔	1984—1987
	詹姆斯·F. 卡瓦佐斯	1987—1989
能源部长	詹姆斯·爱德华	1981—1982
	唐纳德·P. 霍德尔	1982—1985
	约翰·S. 赫林顿	1984—1989

乔治·H.W. 布什政府（1989—1993）

职务	姓名	任期
副总统	J. 丹福思·奎尔	1989—1993
国务卿	詹姆斯·F. 贝克三世	1989—1992
	劳伦斯·S. 伊格尔伯格	1992—1993
财政部长	尼古拉·F. 布雷迪	1989—1993
司法部长	理查德·索恩伯勒	1989—1991
	威廉·P. 巴尔	1991—1993
内政部长	曼纽尔·卢汉	1989—1993
农业部长	克雷顿·K. 尤特	1989—1991
	爱德华·马迪根	1991—1993
商务部长	罗伯特·A. 莫斯巴赫	1989—1992
	巴巴拉·H. 富兰克林	1992—1993
劳工部长	伊丽莎白·多尔	1989—1991
	林·M. 马丁	1991—1993
国防部长	理查德·B. 切尼	1989—1993
健康与人事服务部长	路易斯·W. 沙利文	1989—1993
教育部长	劳拉·F. 卡瓦佐斯	1989—1991
	拉马尔·亚历山大	1991—1993
住房与城市发展部部长	杰克·F. 肯普	1989—1993
交通部长	塞缪尔·K. 斯金纳	1989—1992
	安德鲁·H. 卡德	1992—1993
能源部长	詹姆斯·沃特金斯	1989—1993
退伍军人事务部部长	爱德华·J. 德温斯基	1989—1993

克林顿政府（1993—2001）

职务	姓名	任期
副总统	小艾伯特·戈尔	1993—2001
国务卿	华伦·M. 克里斯托夫	1993—1997
	马德琳·奥尔布赖特	1997—2001
财政部长	小劳埃德·M. 本特森	1993—1995
	罗伯特·E. 鲁宾	1995—1999
	劳伦斯·H. 萨默斯	1999—2001
司法部长	珍尼特·雷诺	1993—2001
内政部长	布鲁斯·巴比特	1993—2001
农业部长	麦克·埃斯皮	1993—1995
	丹尼尔·R. 格利克曼	1995—2000
商务部长	罗纳德·H. 布朗	1993—1996
	米基·坎特	1996—1997
	威廉·M. 戴利	1997—2000
	诺曼·米内塔	2001
劳工部长	罗伯特·赖克	1993—1996
	亚历克西·M. 赫尔曼	1999—2001
国防部长	莱斯·阿斯平	1993—1994
	威廉·佩里	1994—1996
	威廉·S. 科恩	1996—2001
卫生和公共服务部部长	唐娜·E. 沙拉拉	1993—2001
教育部长	理查德·W. 赖利	1993—2001

(续表)

住房与城市发展部部长	亨利·G.西斯内罗斯 安德鲁·科莫	1993—1997 1997—2001
交通部长	费德里科·佩纳 罗德尼·E.斯莱特	1993—1997 1997—2001
能源部长	黑兹尔·奥利里 费德里科·佩纳 比尔·理查森	1993—1997 1997—1998 1998—2001
退伍军人事务部部长	杰西·布朗 小多戈·韦斯特 赫歇尔·古伯（代理）	1993—1998 1998—2000 2000—2001
乔治·W.布什政府（2001—2009）		
副总统	理查德·B.切尼	2001—
国务卿	科林·鲍威尔 康多莉扎·赖斯	2001—2005 2005
财政部长	保罗·奥奈尔 肯尼斯·W.丹（代理） 约翰·斯诺 亨利·保尔森	2001—2002 2002—2003 2003—2006 2006—
司法部长	约翰·阿什克罗夫特 阿尔韦托·冈萨雷斯 迈克尔·穆卡西	2001—2005 2005—2007 2007—
内政部长	盖尔·诺顿 德克·肯普索恩	2001—2006 2006—
农业部长	安·M.维尼曼 麦克·约翰斯 爱德华·谢弗	2001—2005 2005—2008 2008—
商务部长	邓·伊万斯 卡洛斯·古蒂雷斯	2001—2005 2005—
劳工部长	赵小兰	2001—
国防部长	唐纳德·拉姆斯菲尔德 罗伯特·盖茨	2001—2006 2006—
卫生和公共服务部部长	汤米·G.汤普森 迈克尔·O.莱维特	2001—2005 2005—
教育部长	罗德里克·佩吉 玛格丽特·斯佩灵	2001—2005 2005—
住房与城市发展部部长	梅尔奎德斯·R.马丁内兹 阿方索·杰克逊 史蒂夫·普莱斯顿 罗伊·伯纳尔迪	2001—2003 2003—2008 2008— 2008—
交通部长	诺曼·米内塔 玛丽·彼得斯	2001—2006 2006—
能源部长	斯潘塞·亚伯拉罕 萨缪尔·W.鲍德曼	2001—2005 2005—
退伍军人事务部部长	安东尼·普林斯皮 吉姆·尼科尔森 詹姆斯·皮克	2001—2005 2005—2007 2007—
国家安全部部长	汤姆·瑞奇 迈克尔·切尔托夫	2003—2005 2005—

附录五 美国人口总数，1790—2006

年代	人口	增长百分比	每平方英里人口数	城市/乡村人口百分比	白人/非白人人口百分比	年龄中值
1790	3929214		4.5	5.1/94.9	80.7/19.3	数据不足
1800	5308483	35.1	6.1	6.1/93.9	81.1/18.9	数据不足
1810	7239881	36.4	4.3	7.3/92.7	81.0/19.0	数据不足
1820	9638453	33.1	5.5	7.2/92.8	81.6/18.4	16.7
1830	12866020	33.5	7.4	8.8/91.2	81.9/18.1	17.2
1840	17069453	32.7	9.8	10.8/89.2	83.2/16.8	17.8
1850	23191876	35.9	7.9	15.3/84.7	84.3/15.7	18.9
1860	31443321	35.6	10.6	19.8/80.2	85.6/14.4	19.4
1870	39818449	26.6	13.4	25.7/74.3	86.2/13.8	20.2
1880	50155783	26.0	16.9	28.2/71.8	86.5/13.5	20.9
1890	62947714	25.5	21.2	35.1/64.9	87.5/12.5	22.0
1900	75994575	20.7	25.6	39.6/60.4	87.9/12.1	22.9
1910	91972266	21.0	31.0	45.6/54.4	88.9/11.1	24.1
1920	105710620	14.9	35.6	51.2/48.8	89.7/10.3	25.3
1930	122775046	16.1	41.2	56.1/43.9	89.8/10.2	26.4
1940	131669275	7.2	44.2	56.5/43.5	89.8/10.2	29.0
1950	150697361	14.5	50.7	64.0/36.0	89.5/10.5	30.2
1960	179323175	18.5	50.6	69.9/30.1	88.6/11.4	29.5
1970	203302031	13.4	57.4	73.5/26.5	87.6/12.4	28.0
1980	226545805	11.4	64.0	73.7/26.3	86.0/14.0	30.0
1990	248718000	9.8	70.3	77.5/22.5	83.8/16.2	32.9
2000	281421906	13.0	79.6	79.0/21.0	83.0/17.0	35.3
2006	299801000		84.6	数据不足	80.0/20.0	36.4

附录六 美国就业人口，1870—2006

年份	就业人口总数（单位：百万）	男女就业人口百分比	加入工会人数百分比
1870	12.5	85/15	—
1880	17.4	85/15	—
1890	23.3	83/17	—
1900	29.1	82/18	3
1910	38.2	79/21	6
1920	41.6	79/21	12
1930	48.8	78/22	7
1940	53.0	76/24	27
1950	59.6	72/28	25
1960	69.9	68/32	26
1970	82.1	63/37	25
1980	108.5	58/42	23
1985	108.9	57/43	19
1990	118.8	55/45	16
2000	134.3	53/47	13.5
2006	144.4	54/46	12.0

附录七 国民生产总值、贸易额及联邦支出／赤字，1790—2006

年代	国民生产总值（GNP）（单位：10亿美元）	贸易差额（单位：10亿美元）	联邦预算（单位：10亿美元）	联邦盈余／赤字（单位：10亿美元）	联邦债务（单位：10亿美元）
1790	—	−3	0.004	+0.00015	0.076
1800	—	−20	0.011	+0.0006	0.083
1810	—	−18	0.008	+0.0012	0.053
1820	—	−4	0.018	−0.0004	0.091
1830	—	+3	0.015	+0.100	0.049
1840	—	+25	0.024	−0.005	0.004
1850	—	−26	0.040	+0,004	0.064
1860	—	−38	0.063	−0.01	0.065
1870	7.4	−11	0.310	+0.10	2.4
1880	11.2	+92	0.268	+0.07	2.1
1890	13.1	+87	0.318	+0,09	1.2
1900	18.7	+569	0.521	+0.05	1.2
1910	35.3	+273	0.694	−0.02	1.1
1920	91.5	+2880	6.357	+0.3	24.3
1930	90.7	+513	3.320	+0.7	16.3
1940	100.0	−3403	9.6	−2.7	43.0
1950	286.5	+1691	43.1	−2.2	257.4
1960	506.5	+4556	92.2	+0.3	286.3
1970	992.7	+2511	196.6	+2.8	371.0
1980	2631.7	+24088	579.6	−59.5	914.3
1985	4087.7	−148480	946.3	−212.3	1827.5
1990	5764.9	−101012	1251.8	−220.5	4064.6

（续表）

2000	9860.8	−436104	1789.6	+237.0	5674.2
2006	13252.7	−817304	2655.4	−248.0	8507.0

附录八　美国地图

附录九　美国地形图

附录十 美国的领土扩张，1783—1898

附录十一：全书地图彩色版

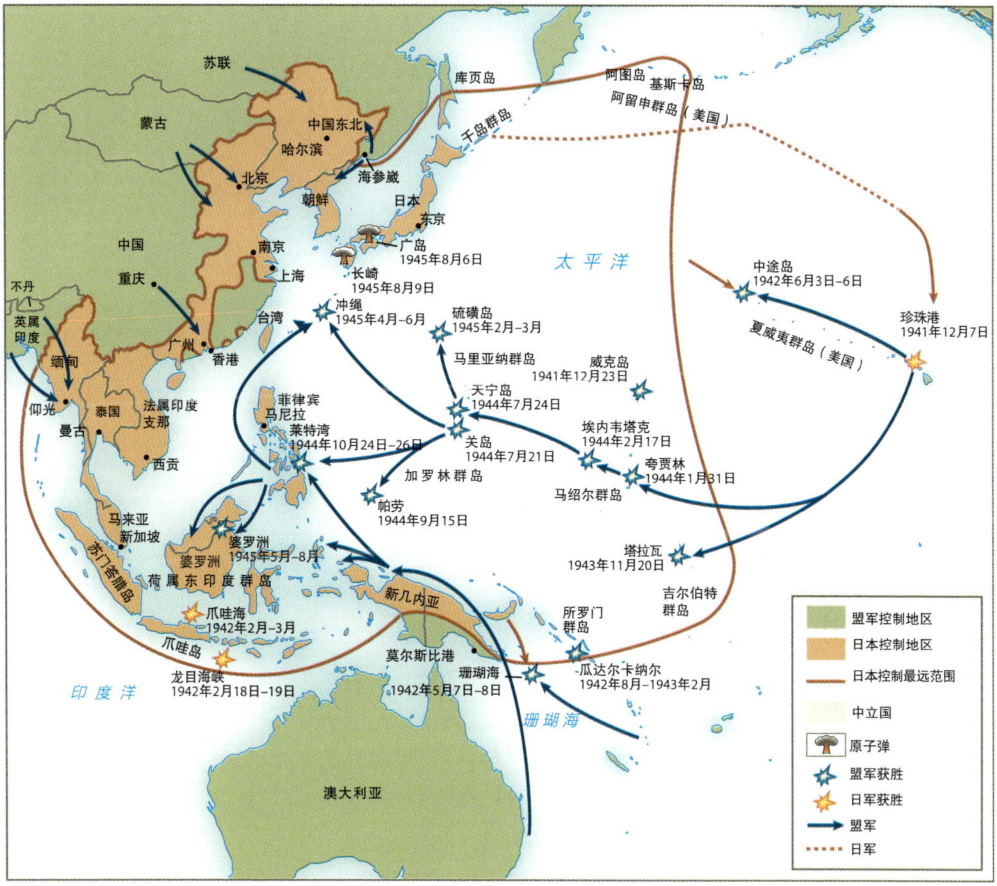

二战中的太平洋战场

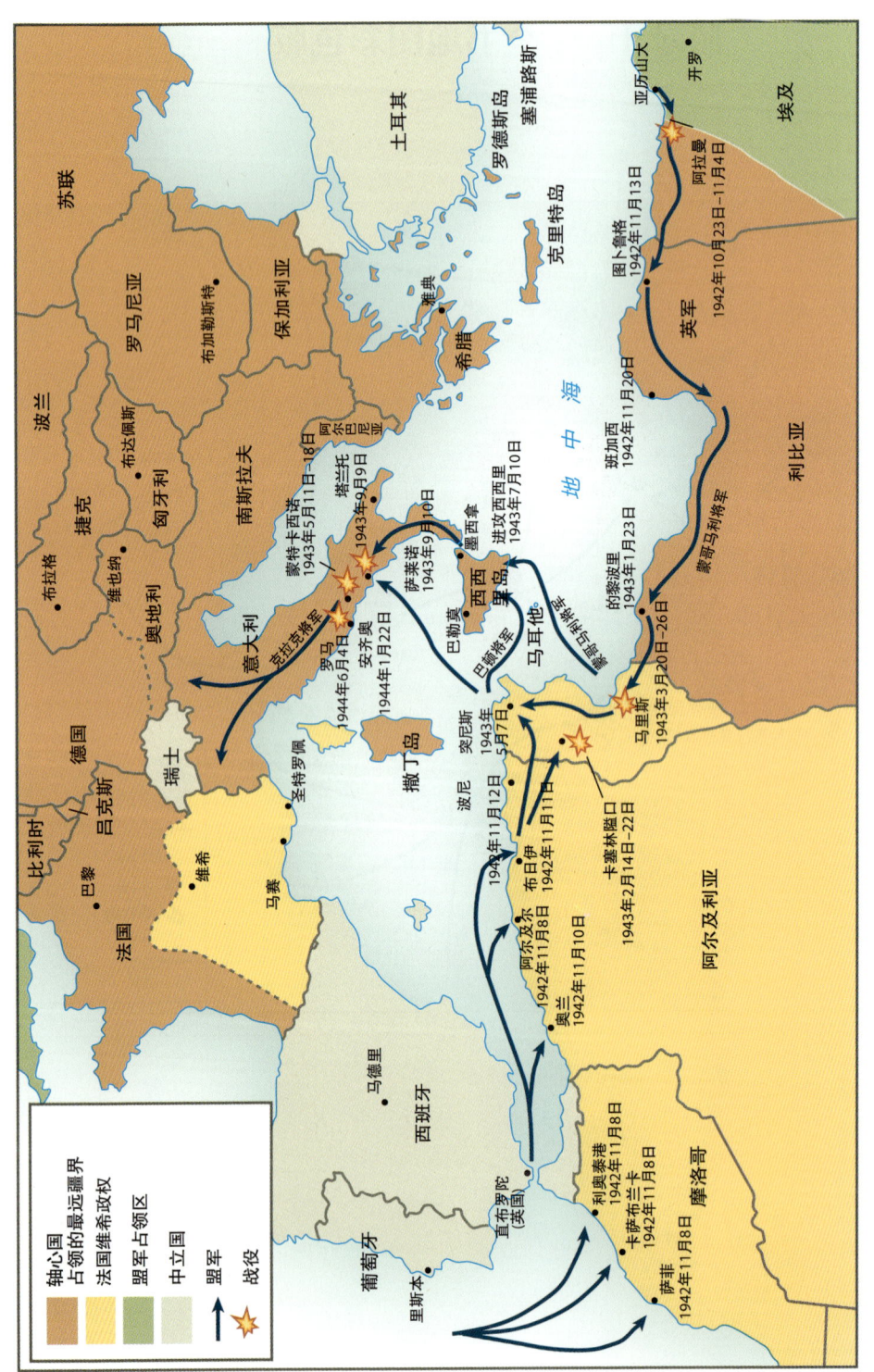

二战中的北非和意大利战场，1942—1943

二战时期的欧洲战场：1943—1945年盟军的反击

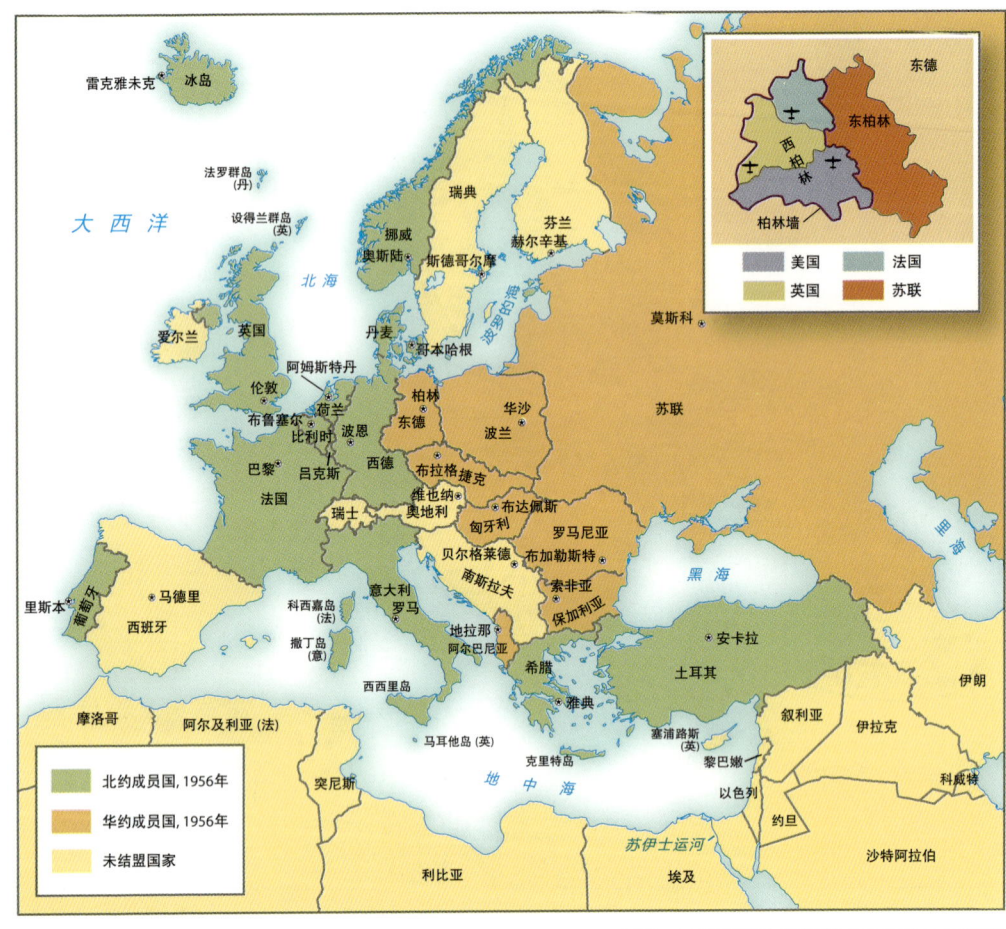

二战之后分裂的欧洲

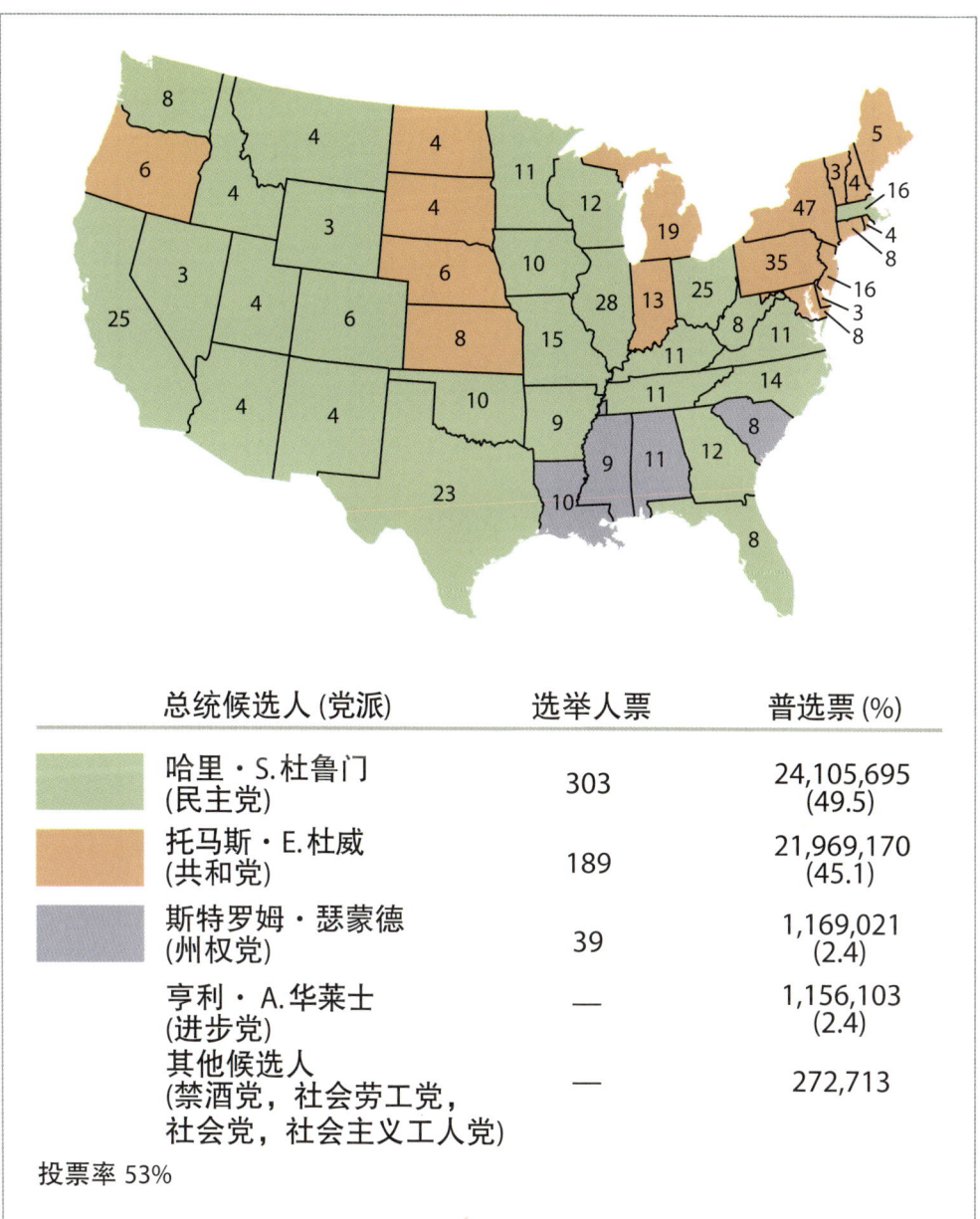

1948 年大选

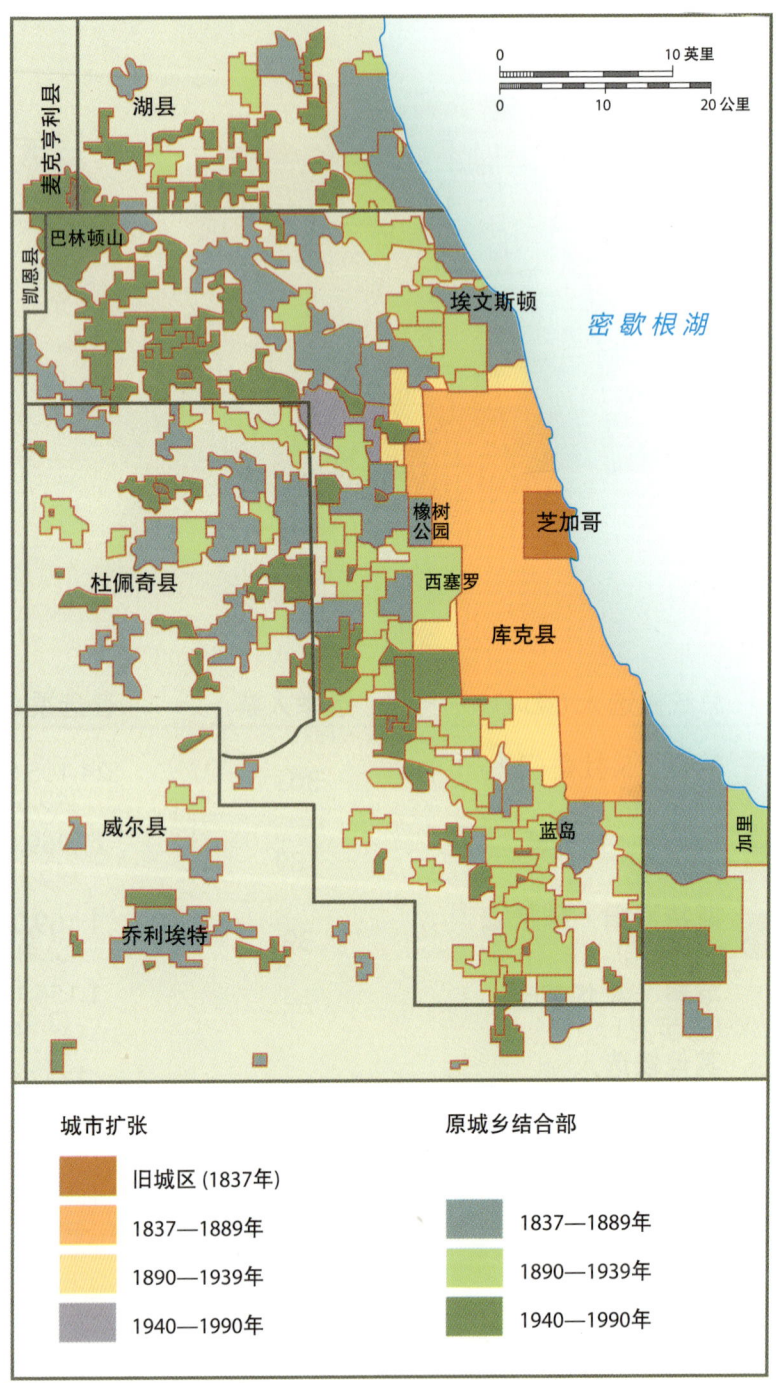

芝加哥附属区及其周边郊区

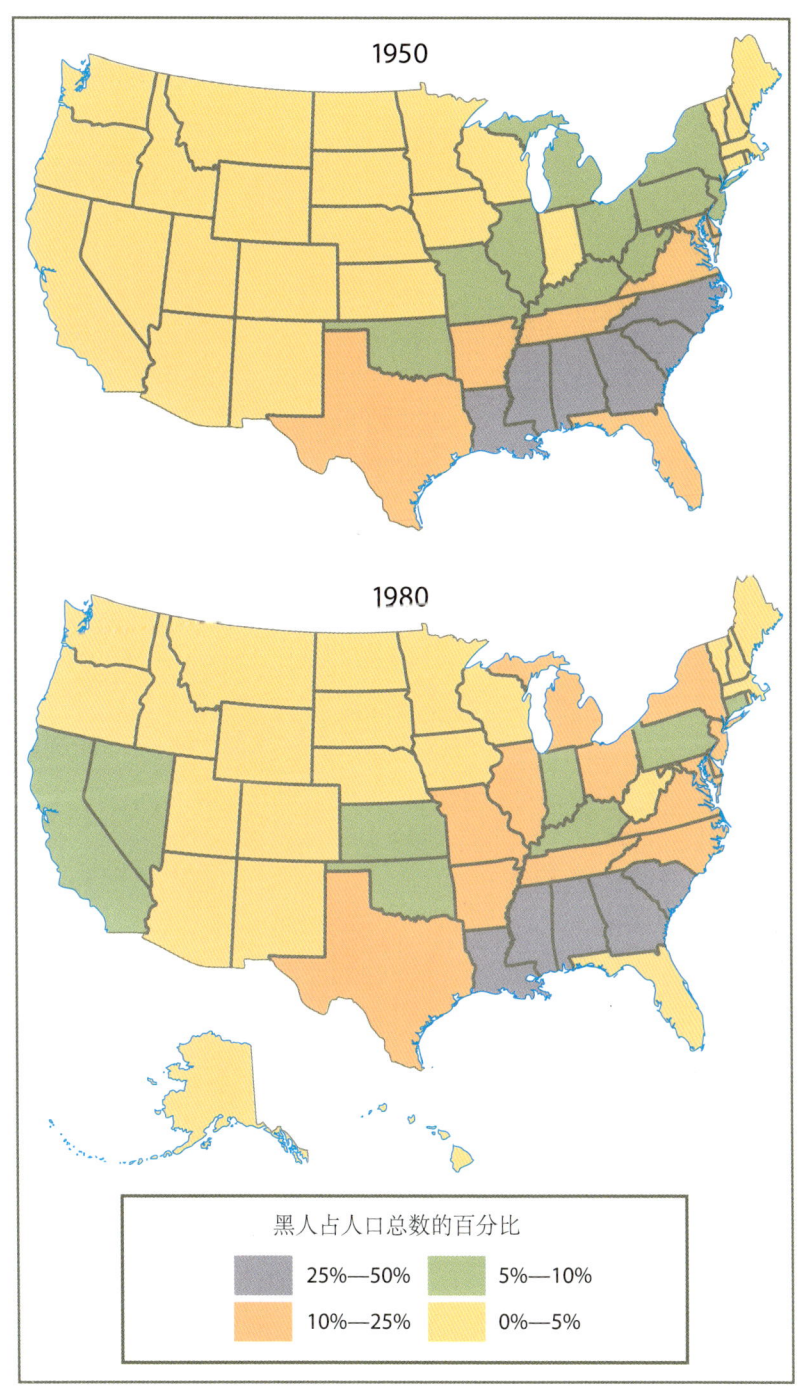

1950—1980年间非裔美国人的迁移

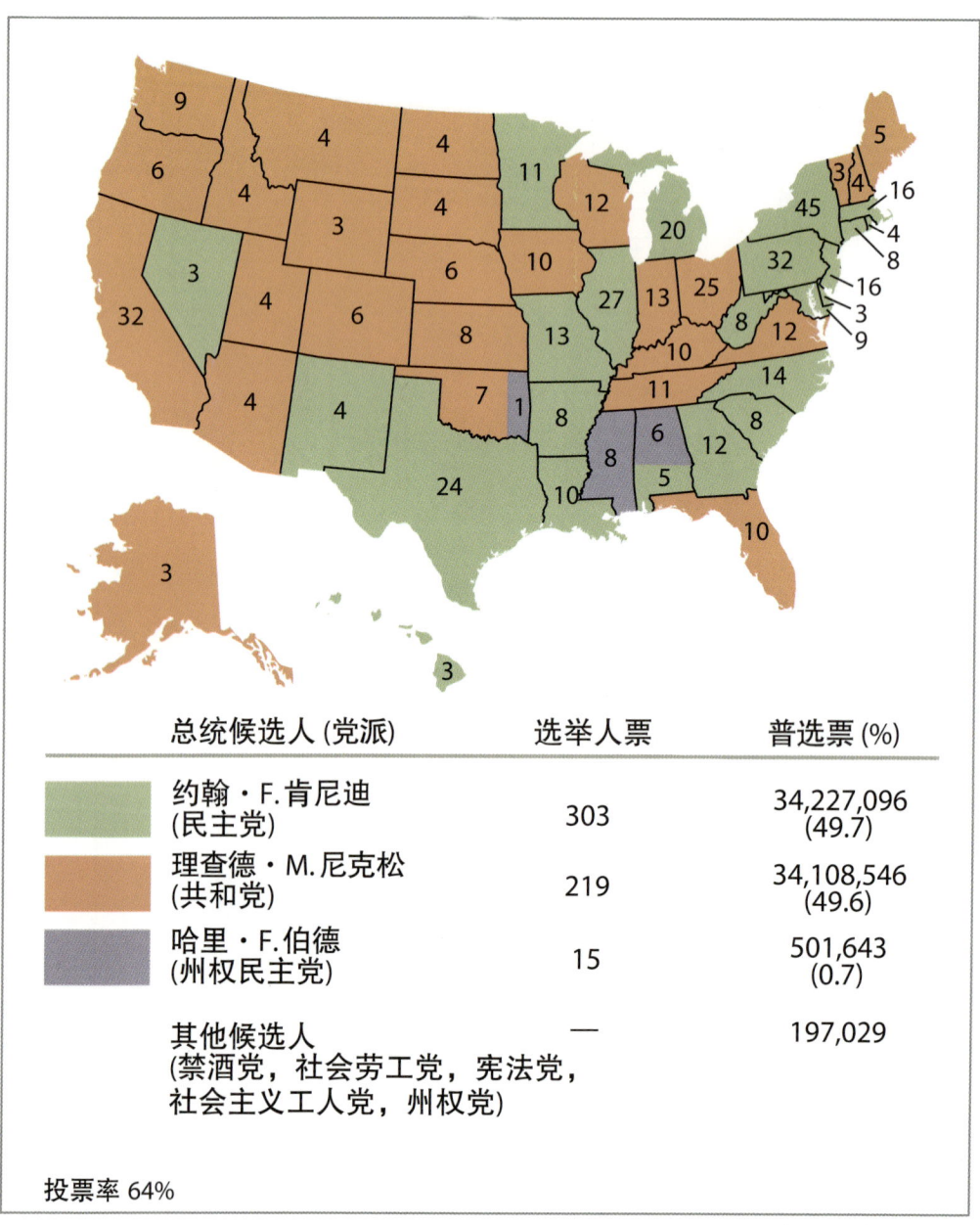

1960年大选

越南和印度支那的战争，1964—1975

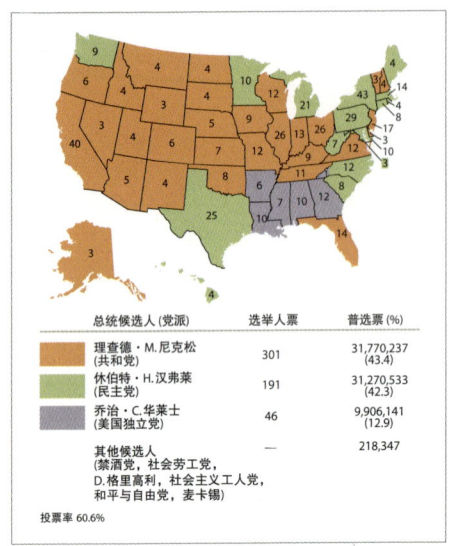

1968年大选

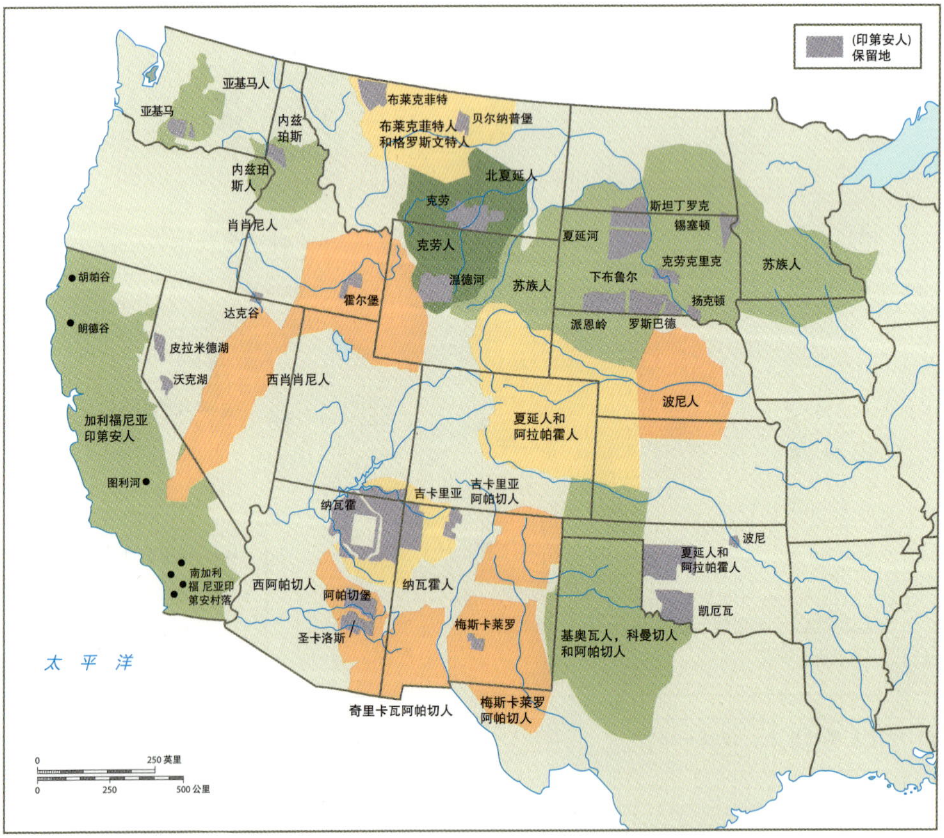

西部印第安部落的原始领地和现代保留地

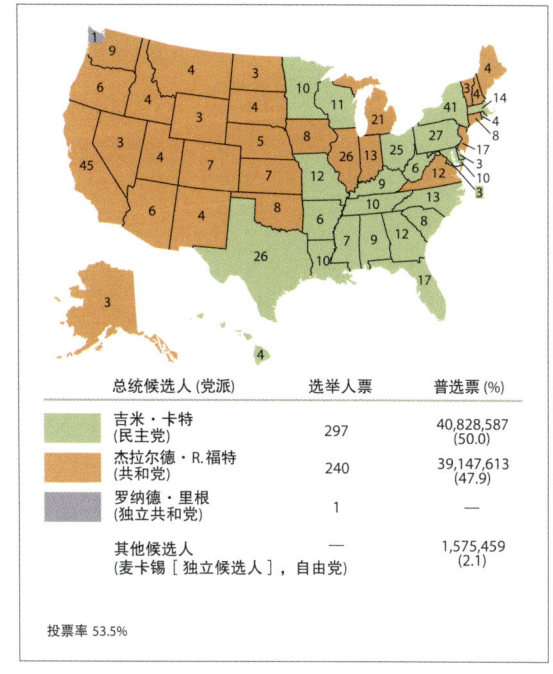

1976年大选

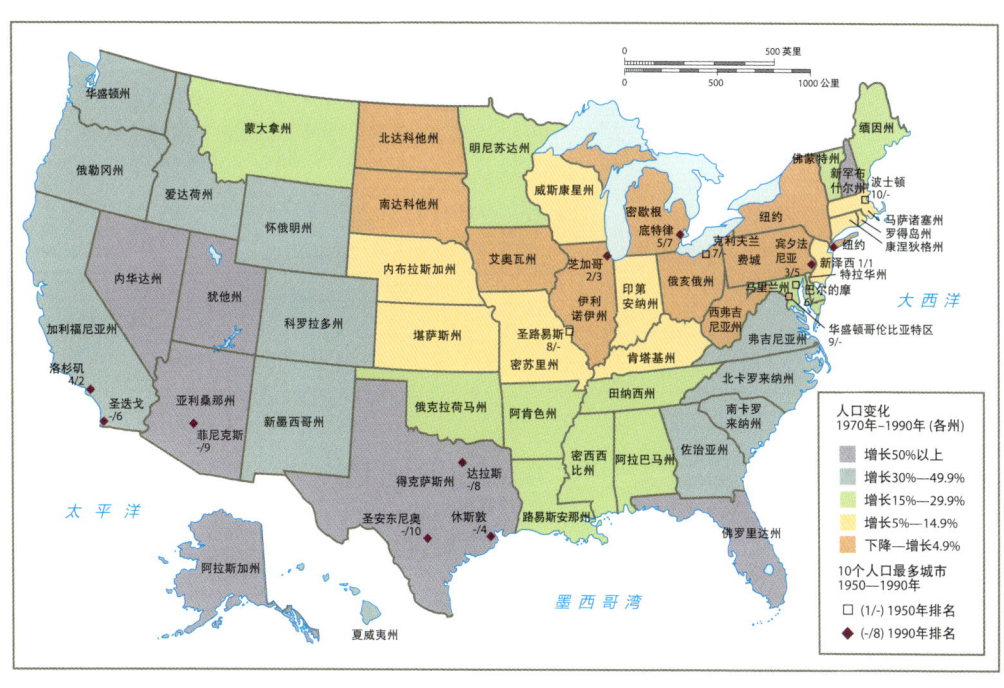

阳光地带的发展，1970—1990

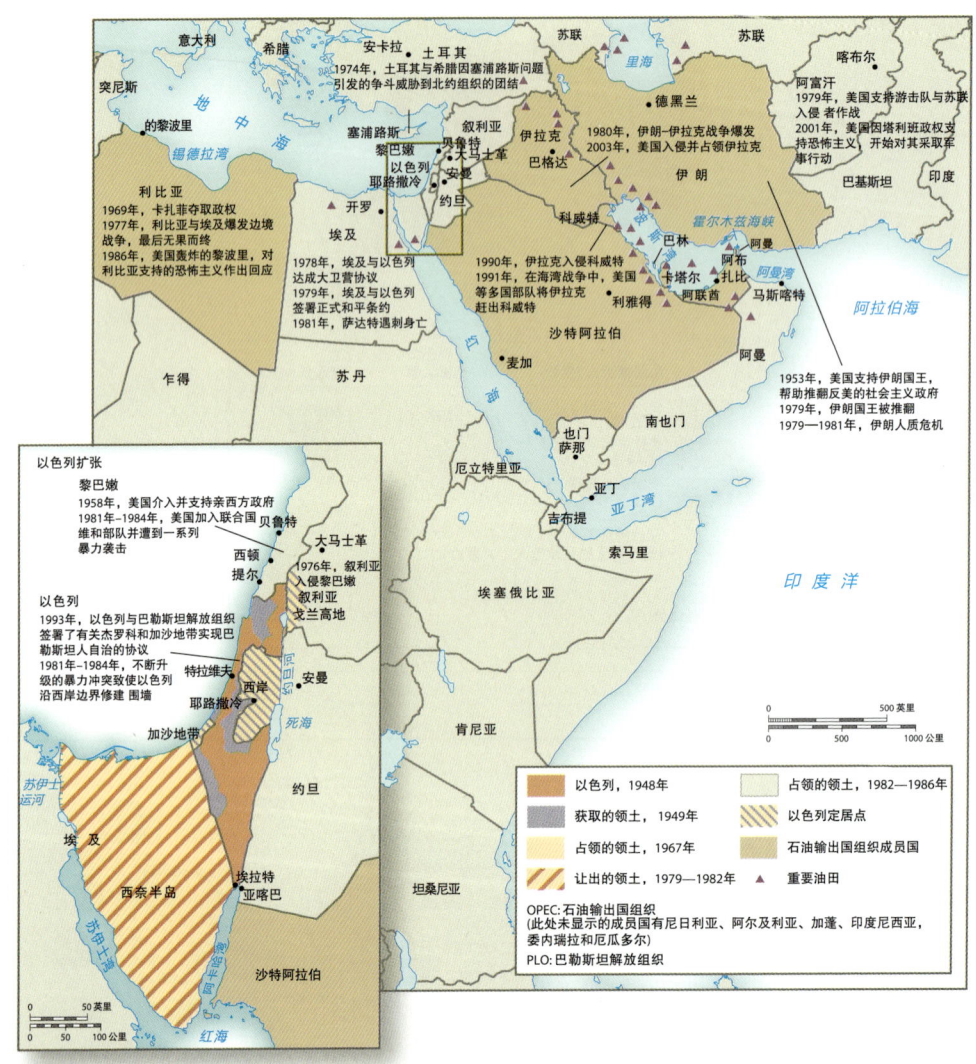

中东地区危机

翻译后记

艾伦·布林克利教授的这部《美国史》堪称一部鸿篇巨制，洋洋百万余言，系统介绍了美国历史从发轫到现今的完整过程，既有客观的叙事，又有独特的视角，是一部不可多得的美国历史佳作。全书文笔流畅、史料翔实、图例丰富、参考引用内容繁复，而且书中"历史学家的争论""美国大众文化"等模块为本书特有，体现了作者宏大的视角、客观的学术精神和深厚的史学功力。

如此宏大厚重的著作，译为汉语绝非易事，仅凭一人之力难以完成。所幸找到了几位对美国历史感兴趣又愿意翻译此书的同人，大家分工协作，一起"啃下这块硬骨头"。全书的翻译五位译者做了分工：陈志杰（天津师范大学外国语学院教授）第1—5章，杨天旻（天津师范大学外国语学院讲师）第8章和17—24章，王辉（天津师范大学外国语学院讲师）第9—16章，檀晓娟（北京决胜网教育科技股份有限公司项目经理）第25—32章，许人文（天津财经大学人文学院讲师）第6—7章。正如翻译家许渊冲先生所说："工作若有兴趣，就有了内在动力，成了热情，那就可以取得出色的成绩。"几位译者都是在工作之余和节假日锱铢积累完成各自的任务的，译文初稿的全部完成用了足足四年的时间，期间由于各种原因，修改校对又用了四年，所用的时间和美国独立战争一样，历经整整八年。

我们从这次翻译实践中获益良多。翻译的过程也是译者自己学习的过程，一方面重读美国历史，另一方面学习如何以顺畅、专业的译文忠实地传递原作的意图。译者不但要贴切地表达原文的意思，在选词和句子结构的安排上多动脑筋，而且还要忠实地传递作者的意图和情感。比如在第25章"中日战争，1931—1941"这部分翻译中有一句话"Visionary military planners in Japan began advocating a daring move to immobilize the Americans in the Pacific..."，在翻译的过程中，"visionary"既有"老谋深算"，也有"远见卓识"的意思，那么译者就要考虑原文及作者对日军的态度，因此选择了中性偏贬义的译法："野心勃勃的战争策划者"。再如，在第16章"西部部落"这部分翻译中有这样一个词组"buffalo chip"，字面意思为"水牛片",若采用该译法,会令读者费解而且容易引起错误的联想,实际上"buffalo chip"是美国西部定居者将牛粪制成饼状,晒干后用于取暖之用,因此译者选择了"干牛粪"一词,直接明了。在翻译工作中,这样的推敲与挣扎比比皆是,但就是在这样的过程中译者感受到了翻译之难,翻译之重与翻译之乐。我们再一次验证了前人的理论和经验。翻译工作不仅需要一定的语言能力,更需要严肃认真的态度和坚持不懈的精神。

能得到这次翻译实践的机会,我们非常感谢李剑鸣教授的推荐!李老师不仅帮我们联系此书的翻译,而且在翻译过程中给以悉心的指导和建议,最令我们感动的是,李老师还慨然应允为本书作序,使这部译作大为增色。

在译文校对期间,我们申请了教育部后期资助,有幸获批,这也使译者受到莫大的鼓舞,于是更为认真地对照原文进行研读,北大出版社的编辑李学宜老师反复帮助修改润色,同事和学生也提出了很多有益的建议,他们的名字无法一一列出,在此一并表示感谢。

由于我们的水平有限,而且由不同的译者分别完成,难免在表达风格方面存在一些不一致的地方,甚至会出现一些"硬伤",恳请方家读者批评指正。

译者
2018 年 8 月于天津

教师反馈表

美国麦格劳-希尔教育出版公司(McGraw-Hill Education)是全球领先的教育资源与数字化解决方案提供商。为了更好地提供教学服务,提升教学质量,麦格劳-希尔教师服务中心于2003年在京成立。在您确认将本书作为指定教材后,请填好以下表格并经系主任签字盖章后返回我们(或联系我们索要电子版),我们将免费向您提供相应的教学辅助资源。如果您需要订购或参阅本书的英文原版,我们也将竭诚为您服务。

★ 基本信息					
姓		名		性别	
学校			院系		
职称			职务		
办公电话			家庭电话		
手机			电子邮箱		
通信地址及邮编					
★ 课程信息					
主讲课程-1		课程性质		学生年级	
学生人数		授课语言		学时数	
开课日期		学期数		教材决策者	
教材名称、作者、出版社					
★ 教师需求及建议					
提供配套教学课件 (请注明作者/书名/版次)					
推荐教材 (请注明感兴趣领域或相关信息)					
其他需求					
意见和建议 (图书和服务)					
是否需要最新图书信息	是、否	系主任签字/盖章			
是否有翻译意愿	是、否				

教师服务信箱:instructorchina@mheducation.com
网址:www.mheducation.com

麦格劳-希尔教育出版公司教师服务中心
地址:北京市东城区北三环东路36号环球
　　　贸易中心A座702室　教师服务中心
　　　100013
电话:010-57997600
传真:010 59575582